ISBN 978-0-332-51343-0
PIBN 10568219

ENCYCLOPÉDIE
DE LA MUSIQUE
ET
DICTIONNAIRE DU CONSERVATOIRE

PREMIÈRE PARTIE
HISTOIRE DE LA MUSIQUE

ENCYCLOPÉDIE
DE LA MUSIQUE

ET

DICTIONNAIRE DU CONSERVATOIRE

Fondateur :

Albert LAVIGNAC

Professeur au Conservatoire
Membre du Conseil supérieur d'Enseignement.

Directeur :

Lionel de la LAURENCIE

Président
de la Société française de Musicologie.

PREMIERE PARTIE

★ ★ ★

FRANCE

BELGIQUE — ANGLETERRE

PARIS

LIBRAIRIE DELAGRAVE

15, RUE SOUFFLOT, 15

1921

AVERTISSEMENT[1]

Le but de cet ouvrage considérable, conçu sur un plan absolument nouveau et sans aucun parti pris d'école, est *de fixer l'état des connaissances musicales au début du vingtième siècle.*

C'est certainement le monument littéraire le plus considérable qui ait jamais été élevé, en quelque temps et en quelque pays que ce soit, à la gloire de l'art musical.

Depuis l'audacieuse initiative de Diderot et des Encyclopédistes (1751) portant sur l'ensemble des connaissances scientifiques et artistiques, aucune entreprise aussi complexe n'a été tentée en ce qui concerne les arts en général, et entre tous la musique, qui, plus que tout autre, a pris une extension si prodigieuse en ces derniers siècles.

En ce moment, l'effort de la littérature musicale, plus que jamais, se porte principalement sur des points de détail, des monographies, des mémoires, des correspondances, qui enrichissent considérablement la documentation, *mais l'ouvrage d'ensemble, vaste synthèse, restait à faire.*

.·.

Pour traiter une si ample matière, il était indispensable de grouper une véritable pléiade de collaborateurs d'une autorité indiscutable, à la fois indépendants et éclectiques. Il fallait, bien entendu, d'abord des musiciens, mais aussi des musicographes, des savants, des érudits, des archéologues, des hommes de lettres, aussi bien français qu'étrangers et possédant les connaissances les plus diverses.

Leur nombre s'élève à plus de *130,* et chacun d'eux a été appelé à choisir son sujet parmi ceux qui lui étaient les plus familiers, vers lesquels l'avaient orienté ses études précédentes ou ses sympathies personnelles. Presque tous, naturellement, sont des compositeurs ou des musiciens de premier ordre. *Parmi eux on peut compter 27 professeurs du Conservatoire ou membres du Conseil supérieur, 20 philologues, savants et érudits, 2 physicien et physiologiste, 21 critiques musicaux, journalistes, littérateurs et esthéticiens, 37 instrumentistes dont 8 organistes et maîtres de chapelle des différents cultes, et 6 facteurs d'instruments, enfin 15 correspondants étrangers, etc.*

On aurait pu craindre qu'une telle répartition entre tant de mains, et si différentes, pût nuire à l'homogénéité de l'ensemble; au contraire, il en est résulté une variété de style qui supprime toute monotonie et rend la lecture plus légère, l'assimilation plus

1. Les précédents volumes de l'**Histoire de la Musique** comprennent : 1° L'*Antiquité* et le *Moyen Age;* 2° l'*Italie* et l'*Allemagne.* Chaque vol. in-8°, illustré, broché, **16** fr.; relié demi-chagrin, fers spéciaux, **21** fr.

aisée. Une entière liberté a d'ailleurs été laissée aux auteurs pour exprimer leurs idées personnelles, dans le langage qui leur est propre. Chaque article est signé et daté et contient de nombreuses références bibliographiques.

Tous les sujets qui peuvent intéresser les compositeurs, les artistes, les érudits, les chercheurs et même les grands amateurs de musique, y sont traités *ex cathedra,* et souvent à plusieurs points de vue divers.

.

*
* *

Les grandes divisions de l'ouvrage se présentent ainsi :

En première ligne, l'Histoire de la musique dans tous les temps et dans tous les pays, traitée avec une extension jusqu'ici inconnue, résultant des recherches et des découvertes les plus récentes.

La deuxième partie, Technique, Pédagogie et Esthétique, traitera de l'ensemble des connaissances techniques (à l'exclusion de l'histoire) qui constituent la science musicale, ainsi que de celles qui, tout en sortant de son domaine exclusif, y confinent par des frontières communes : *Technique Générale. — Pédagogie. — Technologie. — Histoire de la Notation. — Acoustique. — Évolution des Systèmes Harmoniques. — Physiologie Vocale et Auditive. — Déclamation et Diction. — Facture instrumentale. — Technique de la Voix et des Instruments. — Musique de Chambre. — Orchestration. — L'Art de Diriger. — Musique liturgique et religieuse des différents cultes. — Esthétique. — Formes musicales, symphoniques et dramatiques. — Art de la mise en Scène. — Chorégraphie. — Histoire du Conservatoire, des Grandes Écoles de Musique et des Théâtres subventionnés. — Orphéons. — Écriture Musicale des Aveugles. — Notions de Jurisprudence à l'usage des Artistes, etc.*

Enfin, la troisième partie, qui ne sera pas la moins intéressante au point de vue pratique, consistera en un volumineux Dictionnaire qui ne pourra manquer d'être complet et sans lacunes, puisqu'il condensera, *sous la forme alphabétique,* et dans un style lapidaire, toute la science répandue dans l'ensemble de l'ouvrage, avec des renvois aux chapitres spéciaux, où chaque sujet est traité avec les plus grands développements.

*
* *

Nous entrerons ici dans plus de détails sur la *composition de la première partie,* l'Histoire de la musique, que nous livrons au public.

Plan. Commençant par les plus anciennes civilisations connues de l'antiquité la plus reculée, nous étudions chacune d'elles séparément dans son développement et dans ses filiations jusqu'au Moyen Age. Pour celles-là, *l'ordre chronologique* a dû être exclusivement adopté. Chaque chapitre de la période antique est rédigé par un savant philologue possédant une forte érudition musicale.

A partir de la Renaissance, chaque grande École musicale est traitée d'une façon à la fois *ethnologique et chronologique.* Les trois plus importantes (Italie, Allemagne, France) ont pris naturellement l'extension la plus considérable. Le développement de l'art y est présenté siècle par siècle jusqu'à nos jours. Pour ces grandes Écoles européennes, chaque division séculaire a été confiée à un musicographe éminent, soit français, soit étranger, particulièrement documenté sur la période historique à traiter.

Viennent ensuite les civilisations de deuxième plan ou les plus jeunes, puis les nations extra-européennes de l'Orient et de l'extrême Orient, du Nouveau Monde, et jusqu'à certaines peuplades insoupçonnées, encore à l'état rudimentaire.

Pour les pays musulmans, nous avons eu souvent recours à des écrivains orientaux ou à des missionnaires, de même que pour les peuples exotiques nous nous sommes adressés à des indigènes ou à des colons, qui nous donnent ainsi l'impression de l'art tel qu'il est compris dans le pays, et non selon notre fausse conception occidentale.

Illustration. La *partie iconographique,* très importante, a été particulièrement soignée. Pour la complète intelligence du texte, et chaque fois que les collaborateurs l'ont jugé opportun, d'innombrables exemples de musique, des figures représentant des instruments ou fragments d'instruments, des schémas, des photographies, des illustrations de toutes sortes, confiées à de très habiles dessinateurs, ont été disséminés à profusion dans le courant de l'ouvrage, complétant ainsi la clarté des démonstrations.

Ces dessins ont été l'objet de recherches minutieuses faites dans les musées, dans les collections ou dans les ouvrages classiques. La plupart sont entièrement inédits, et un très grand nombre ont été exécutés par les auteurs eux-mêmes.

Tel est, dans son ensemble, l'exposé du plan de cet immense travail, dont l'élaboration n'a pas duré moins de douze ans, et qui vient à son heure, au moment où le public d'élite qui l'attend se trouve suffisamment préparé pour en saisir la haute portée artistique, scientifique et philosophique.

L'ÉDITEUR.

SOMMAIRE

ET

LISTE DES COLLABORATEURS DE LA PREMIÈRE PARTIE

Egypte

M. Victor Loret, chargé du cours d'Égyptologie à l'Université de Lyon.

Assyrie-Chaldée

MM. Virolleaud, Maître de conférences d'Assyriologie à la Faculté des Lettres de Lyon, et F. Pélagaud, Avocat à la Cour d'appel de Lyon.

Syriens, Perses, Hittites, Phrygiens

M. F. Pélagaud.

Hébreux

Grand Rabbin Abraham Cahen, Sous-Directeur de l'École rabbinique.

Chine-Corée

M. Maurice Courant, Secrétaire interprète du Ministère des Affaires étrangères pour les langues chinoise et japonaise.

Japon

M. Maurice Courant.

Inde

M. J. Grosset, de la Faculté des Lettres de Lyon.

Grèce (*Art Gréco-Romain*)

M. Maurice Emmanuel, Professeur d'Histoire de la Musique au Conservatoire.

Lyres et Cithares grecques.
M. Camille Saint-Saens, Membre de l'Institut.

Moyen Age

Musique byzantine, M. Amédée Gastoué, Professeur de chant grégorien à la Schola Cantorum.
Musique occidentale, M. Amédée Gastoué.
Origines de la Musique polyphonique (Flandre, Angleterre, Italie, Allemagne, Espagne, France) *du XIe au XVIIe siècle*, MM. P. et L. Hillemacher, 1ers Grands Prix de Rome.

Italie

XIVe et XVe siècles, M. Guido Gasperini, Bibliothécaire au Conservatoire Royal de Musique de Parme.
XVIe et XVIIe siècles, Dr Oscar Chilesotti.
XVIIe siècle (*l'Opéra au*), M. Romain Rolland, Professeur d'Histoire de l'Art à la Faculté des Lettres de Paris.
XVIIe et XVIIIe siècles (*Musique instrumentale*), M. Villanis, Professeur d'Histoire et d'Esthétique musicales au Lycée Rossini de Pesaro.
XVIIIe siècle (*de 1725 à 1792*), M. A. Soffredini, Critique musical de la Revue *Nature et Arts* de Milan.

XVIIIe siècle (*fin*) *et début du XIXe siècle* (*de 1792 à 1837*), MM. G. Radiciotti, Professeur au Lycée Royal de Tivoli (Rome), et A. Cametti.
Période moderne, M. Albert Soubies, Vice-Président de l'Association de la critique.
Les Contemporains, M. Giovanni Mazzoni, Correspondant du *Théâtre illustré* de Milan.

Allemagne

XVIIe siècle (*l'Opéra au*), M. Romain Rolland.
XVIIe et XVIIIe siècles (*de 1620 à 1750*), M. André Pirro, Professeur d'Histoire de l'Art à la Faculté des Lettres de Paris.
XVIIIe siècle et début du XIXe siècle (*de 1750 à 1815*), M. Michel Brenet.
XIXe siècle (*de 1815 à 1837*), M. P.-H. Raymond Duval.
Période contemporaine, M. Camille Le Senne, Président de l'Association de la critique.

France

XIIIe siècle au XVIIe (*Musique instrumentale*), M. Henri Quittard, Archiviste de l'Opéra.
XVIe siècle, M. Henry Expert, Sous-Bibliothécaire au Conservatoire.
XVIe siècle (*le Mouvement humaniste*), M. Paul-Marie Masson, chargé de conf. d'histoire de la musique à l'Institut français de Florence (Univ. de Grenoble).
XVIIe siècle (*l'Opéra au*), M. Romain Rolland.
XVIIe siècle (*fin*) *et XVIIIe* (*de 1687 à 1789*), M. Lionel de La Laurencie.
XVIIIe siècle (*fin*) *et début du XIXe* (*de 1789 à 1815*), M. Henri Radiguer, Professeur au Conservatoire.
XIXe siècle (*de 1815 à 1837*), MM. Victor Debay et Paul Locard.
Période contemporaine, M. Camille Le Senne.

Belgique

École wallonne et flamande, M. René Lyr, Rédacteur en chef du S. I. M. pour la Belgique.
La Chanson populaire flamande et wallonne, M. Paul Gilson, Inspecteur général de l'Enseignement musical en Belgique.

Angleterre

Période ancienne, M. Camille Le Senne.
XVIIe siècle (*l'Opéra au*), M. Romain Rolland.
Période moderne, M. Ch. Maclean, M. A. Mus. Doct.

Espagne

M. Rafael Mitjana.
La Musique populaire espagnole, M. Raoul Laparra, 1er Grand-Prix de Rome.

Portugal

M. Michel'Angelo Lambertini, à Lisbonne.

Russie

MM. Henri Malherbe, Secrétaire Général de l'Opéra-Comique, et René Delange.

Finlande et Scandinavie

M. I. Philipp, Professeur au Conservatoire, Membre du Conseil Supérieur.

Autriche-Hongrie (*École tchèque*)

Bohême, M. Alexandre de Bertha, Critique musical tchèque.
Hongrie, M. Alexandre de Bertha.

Tziganes

M. Knosp, Professeur à l'École des Hautes Études musicales et dramatiques de Bruxelles.

Arabes

La Musique Arabe, M. Jules Rouanet, à Alger.
La Musique Maghrebine, M. Jules Rouanet.

Turquie

M. Raouf Yekta Bey, Chef du Bureau du Divan Impérial (Sublime-Porte) (Constantinople).

Perse

M. Clément Huart, Professeur à l'École des Langues orientales vivantes, Directeur d'Études à l'École des Hautes Études.

Thibet

M. A.-C. Francke, Missionnaire à Khalatsé (Ladak).

Éthiopie (*Abyssinie, Gallas, etc.*)

M. Mondon-Vidailhet, Conseiller d'État de l'Empereur Ménélik.

Birmanie-Cambodge-Laos-Siam

M. Gaston Knosp, chargé de mission musicale en Extrême Orient.

Annam-Tonkin-Cochinchine

M. Gaston Knosp.

Insulinde (*Java, Bornéo, Sumatra*)

MM. Daniel de Lange, Directeur du Conservatoire d'Amsterdam, et J. Snelleman, de Rotterdam.

Afrique méridionale

M. J. Tiersot, Bibliothécaire du Conservatoire.

Madagascar

M. J. Tiersot.
La Musique Malgache, M. Albrecht Sichel, fonctionnaire à Andilaména.

Canaries

M. Knosp.

Amérique

Miss Esther Singleton.

Indiens Peaux-Rouges

M. Ashtown, du Colorado.

FRANCE

I

MUSIQUE INSTRUMENTALE

JUSQU'A LULLY

MOYEN AGE — RENAISSANCE — XVIIᵉ SIÈCLE

Par Henri QUITTARD

ARCHIVISTE DE L'OPÉRA

Pour peu que l'on se propose de remonter un peu haut dans la série des siècles écoulés, l'histoire de la musique instrumentale apparaît, à peu de chose près, comme impossible à écrire. Ne parlons point de l'antiquité, ni même des premiers siècles du moyen âge, où la difficulté de dire quelque chose de précis demeurera sans doute toujours insurmontable. Mais aux âges contemporains de l'efflorescence du chant grégorien, alors que pour cet art monodique, exclusivement vocal, les textes abondent, tandis qu'une riche collection de documents caractéristiques permet l'étude approfondie de la musique destinée aux voix, rien ne demeure pour celle que faisaient entendre les instruments, dont les chroniqueurs nous ont conservé les noms. Pour l'époque suivante, alors qu'apparaissent les premiers essais de combinaisons de sons entendus simultanément et que se créent les différentes formes de cette musique nouvelle, la même pénurie subsiste. Pas tout à fait aussi complète, cependant, disons-le tout de suite; mais assez réelle pourtant pour que notre curiosité ne puisse se satisfaire que bien mal. Il semble que nous soyons condamnés à ignorer à peu près tout, jusqu'aux premières années du xvⁱᵉ siècle, de ces pièces instrumentales dont résonnaient cependant les églises, les places publiques aux jours de fêtes, les châteaux, les palais, les plus modestes demeures des simples citadins ou l'humble chaumière des villageois.

Ainsi que les instruments qui servaient à l'interpréter ont disparu par l'injure du temps, les compositions semblent avoir été à jamais effacées de la mémoire des hommes. Des premiers, il ne subsiste que d'interminables listes que les poètes, maintes fois, se sont amusés à insérer dans leurs vers, de fréquentes mentions des chroniqueurs et les représentations, fidèles souvent, incomplètes ou fantaisistes parfois, des imagiers. De l'existence des secondes, nous n'avons, à peu de chose près, que d'analogues témoignages. Et si nous demeurons, en bien des cas, incapables de concevoir une idée nette de la structure et du jeu de certains instruments du moyen âge, faudrait-il aussi, pour la musique à eux destinée, nous résigner à n'en pas savoir davantage?

Il est permis de s'étonner de la rareté des documents originaux propres à nous éclairer, surtout quand on considère l'abondance des manuscrits où se lisent les œuvres, monodiques ou polyphones, des trouvères et des déchanteurs. Cette différence, au profit de la musique vocale, ne s'atténue même que très peu avec l'invention de l'imprimerie. Car, dans la quantité prodigieuse de musiques imprimées que le xvⁱᵉ siècle nous a laissée, combien peu sont-elles expressément adaptées aux exigences et aux nécessités des instruments? A se référer aux énonciations strictes des titres, — nous verrons plus tard s'il est toujours légitime de le faire, — on doit constater que la Renaissance, si riche d'œuvres de toutes sortes, est au fond assez pauvre en musique précisément instrumentale. Rien d'étonnant qu'il en soit de même pour les siècles antérieurs. D'autres causes, au surplus, ont contribué à une pénurie que les musicologues déplorent aujourd'hui.

La première et la plus évidente est que la musique instrumentale a constitué le répertoire des jongleurs et d'eux seuls. Si la musique est cultivée au moyen âge par les clercs ou même par les classes supérieures, il ne s'agit que de ses formes les plus hautes. J'entends celles qui semblent prendre une dignité spéciale en s'unissant à la parole, soit pour rehausser le service divin s'il s'agit de musique d'église, soit pour animer les vers des poètes s'il est question d'art profane. Quant à la théorie musicale, aux doctes dissertations sur les intervalles, sur la consonance ou la dissonance, sur la combinaison des proportions numériques ou rythmiques, tout cela constitue une mathématique spéciale qui trouve naturellement sa place dans les Universités et qui participe de l'estime où l'on tient généralement les sciences qu'elles enseignent.

Mais la musique proprement instrumentale, celle qui borne son ambition modeste à animer les danses ou en évoquer le souvenir, celle-là, sans être précisément méprisée, reste tenue à l'écart du haut enseignement. Elle appartient au jongleur, à l'humble artiste qui ne saurait aspirer à sortir de son état médiocre. Donc le jongleur, au moyen âge, sera seul à cultiver le jeu des instruments, de ceux-là surtout dont l'utilité principale est de rythmer les danses ou de figurer dans les fêtes publiques. Lui seul, par conséquent, a intérêt à conserver, à part soi, les compositions qu'il leur destine, qu'elles soient son œuvre propre ou celle de quelqu'un de ses confrères. Lui seul en formera des recueils, analogues à ceux qu'il constitue des poèmes qu'il s'en va déclamer de ville en ville.

Mais les manuscrits à l'usage des jongleurs n'ont jamais été des chefs-d'œuvre de l'art calligraphique. De petit format (il le fallait bien, puisque la nécessité de les emporter avec soi s'imposait la première), d'une écriture rapide et peu soignée, ils avaient, au cours de l'existence nomade et aventureuse de leurs possesseurs, bien des chances de périr. De fait, très peu sont encore conservés dans nos bibliothèques. Et ceux qui s'y trouvent encore attestent éloquemment, par leur état d'usure et de dégradation, les vicissitudes auxquelles ils furent, en leur temps, soumis tous les jours. Encore ceux-là ne sont-ils ordinairement pas des manuscrits musicaux. Encore moins que les autres, les recueils de musique pouvaient éveiller l'intérêt lorsque la mode fut passée de celle qu'ils devaient renfermer. Et comme rien, dans leur aspect extérieur, ne risquait de retenir l'attention ou d'exciter la curiosité, ils ont presque tous disparu dès qu'ils eurent cessé d'être utilisés.

Il n'est pas très sûr, du reste, que ces recueils aient jamais été bien nombreux. En ces temps anciens, on n'avait guère besoin, comme aujourd'hui, du texte de la musique qu'on exécutait. Forcément plus exercée que de nos jours, la mémoire était facilement capable d'efforts quotidiens que nous trouvons volontiers inutiles et presque impossibles. Les musiciens du moyen âge, au chœur et plus encore à la ville, ne jouaient pas ordinairement, comme ceux de nos orchestres, avec la musique sous les yeux. La musique écrite servait surtout à l'étude, aux répétitions, comme nous dirions, et l'on exécutait par cœur la pièce une fois suffisamment concertée. Aussi, même possesseur d'un ou deux recueils d'airs, le jongleur ne s'en servait-il ordinairement que pour rafraîchir ses souvenirs en cas d'une défaillance de mémoire ou pour augmenter son répertoire en étudiant, au cours de ses courses vagabondes, quelque nouveauté récemment transcrite.

Mais beaucoup sans doute ne possédaient pas la pratique de la notation, art fort compliqué au temps de la notation proportionnelle. Il devait s'en trouver pas mal, au reste, qui eussent été assez embarrassés pour lire couramment un texte musical. Ce qu'ils savaient, ceux-là, ils l'avaient appris exclusivement par l'oreille en écoutant leurs confrères plus instruits. Et leur ignorance ne les empêchait pas d'augmenter à l'occasion un répertoire que leur mémoire assouplie enregistrait et conservait sans peine. Les ménétiers de village, beaucoup de chantres illettrés de rustiques lutrins aussi, ne procédaient pas autrement, voici quelque cinquante ou soixante ans. Ils ignoraient la musique : ils ne savaient pas lire. Cela ne les gênait guère pour exercer leur métier et satisfaire leurs auditeurs. Plus d'un jongleur, au temps passé, se tirait d'affaire de la même sorte.

Lettrés ou non, beaucoup de ces musiciens d'autrefois composaient eux-mêmes une grande partie des pièces qu'ils exécutaient. Celles-là, ils avaient encore moins besoin de les écrire. Peut-être même, bien souvent, ne s'en souciaient-ils pas du tout. En plein XVII° siècle, luthistes ou clavecinistes en vogue s'efforcent encore bien plus de trouver le moyen de garder pour eux seuls leurs compositions les plus réputées que d'en faciliter la diffusion. Ils craindraient trop que leurs rivaux s'en fissent honneur, et s'ils les notent en manuscrits, ils conservent ce trésor à part soi, se gardent bien de le donner à l'impression, si ce n'est à la fin de leur carrière. Bien des jongleurs ont dû connaître cet amour-propre exclusiviste et confier à leur seule mémoire celles de leurs compositions dont ils se promettaient le plus de louanges. Et voilà encore une raison de la disette de manuscrits de musique instrumentale.

Retrouvera-t-on quelque jour un de ces recueils que nous aimerions tant à connaître? Il serait bien imprudent de trop compter sur cette bonne fortune. Il faudra, j'imagine, nous contenter, pour augmenter le peu que nous savons de l'art spécial des jongleurs, des surprises imprévues du hasard.

C'est une de ces surprises qui nous a fait justement connaître le texte le plus ancien de musique vraiment instrumentale que nous possédions aujourd'hui. Et c'est à M. Pierre Aubry que nous devons cette découverte, précieuse pour la connaissance de l'art médiéval[1]. Elle nous a révélé un certain nombre de pièces monodiques notées, ainsi que M. P. Aubry a pu l'établir, dans les toutes premières années du XIV° siècle, mais pouvant avoir été composées à la fin du XIII°. Un amateur bien avisé eut l'idée d'utiliser, en les transcrivant, quelques folios restés en blanc d'un superbe manuscrit (Bib. Nat., franç., 844), lequel est un recueil bien connu de chansons de trouvères et de troubadours accompagnées de leurs mélodies. Ce recueil lui-même est sensiblement antérieur aux adjonctions dont nous avons à nous occuper. La fantaisie de son propriétaire, aux environs de 1310, l'a enrichi, à notre grand avantage, du texte musical de quelques danses dont le charme mélodique, sans doute, l'avait particulièrement séduit.

Ces pièces se lisent en deux endroits différents du manuscrit. Le premier groupe comporte deux morceaux : l'un sans titre, l'autre simplement appelé *Danse*. Le second, plus riche, comprend huit *Estampies* et une *Dansse réal*. Nous aurons à examiner ce que signifient ces termes. Mais citons tout d'abord la teneur d'un de ces textes vénérables, tel que le transcrit M. Pierre Aubry. On lira ci-après la seconde *Estampie* tout entière. Notons seulement que ce morceau se compose de cinq reprises, chacune dite deux fois, et chaque fois avec une conclusion différente (ceci est une loi du genre, comme nous l'allons voir). Dans chaque reprise, le début seul varie, la même conclusion (les deux mêmes conclusions plutôt) servant pour toutes. Pour éviter d'inutiles répétitions, nous donnons seulement la première reprise complète et le début des quatre autres, auquel on doit joindre la première ou la seconde conclusion, selon qu'on dit la reprise pour la première ou la seconde fois. Voici donc le schéma de l'exécution de ce morceau, dont

---

[1]. Pierre Aubry, *Estampies et Danses royales : les plus anciens textes de musique instrumentale au moyen âge* (Paris, Fischbacher, 1907).

l'étendue totale est, on le voit, assez longue : A, B, reprise de A, C. Ceci, bien entendu, pour chaque reprise, A variant seul chaque fois[1].

La seconde Estampie royal.

La découverte de ces pièces, si heureusement ajoutées au manuscrit 844 de la Nationale, fut d'autant plus précieuse qu'elle nous a fourni d'excellents exemples d'un genre de composition connu, par de nombreux témoignages, pour avoir été un des plus caractéristiques et des plus usités de l'art instrumental du moyen âge. L'estampie, à partir du xiiie siècle, paraît bien, en effet, avoir été très en faveur. L'étymologie du mot reste encore assez douteuse, mais tous les textes s'accordent à le définir : une musique de danse exécutée par des instruments. Et par extension — par extension seulement — le mot servit à désigner une poésie, une chanson faite pour s'adapter à une mélodie instrumentale existant déjà par elle-même. Il va sans dire que ce terme s'applique aussi bien à des pièces monodiques (telles que celles dont nous venons de citer un exemple) qu'à celles qui seraient écrites à plusieurs parties, dans le style harmonique des compositions savantes.

Il nous reste maintenant à déterminer les lois qui président à la construction de ces pièces et à l'enchaînement obligatoire de leurs diverses parties. Car c'est là ce qui en fait proprement l'originalité. Une estampie — et ce que nous en dirons s'applique aussi bien à d'autres genres analogues — n'est pas une mélodie composée au hasard et sans règles. C'est une suite assez complexe d'un certain nombre de périodes thématiques, se succédant ou se répétant d'après une ordonnance fixe.

L'exemple déjà donné le prouvait. Mais, par surcroît, nous avons encore des documents du temps qui en exposent la théorie dans les plus minutieux détail. Le plus important et le plus complet, c'est assurément le traité de musique de Jean de Grocheo, qui fut très vraisemblablement *regens Parisius* au xive siècle[2].

Ce traité est surtout précieux parce que l'auteur, donnant une classification complète des différents genres de composition en usage de son temps, a grand soin de séparer expressément la musique vo-

---

1. Je crois nécessaire, au cas où, ne considérant pas ce texte comme un document purement historique, on voudrait s'efforcer d'en discerner l'esprit et la signification proprement musicale, d'indiquer qu'il me paraît devoir être pris dans un mouvement très rapide, à peu près, si l'on veut, dans celui d'un *Scherzo* de symphonie beethovenienne. Les groupes secondaires ainsi notés ♪♪ se résoudraient, dans ce mouvement, en deux croches presque égales, la seconde à peine un peu plus appuyée. Il serait inutile de trop insister sur la différence de valeur de ces deux notes, différence, très probablement, n'existant guère qu'en théorie.

2. Le traité de Jean de Grocheo a été mis au jour par M. Johannès Wolf et publié par lui dans les *Sammelbände der Internationalen Musikgesellschaft*, 1er fascicule, 1899.

cale de la musique instrumentale. Ce qu'il dit de cette dernière, encore qu'il entremêle assez curieusement ses définitions de diverses considérations morales, demeure suffisamment détaillé et parfaitement clair. Nous lui emprunterons l'essentiel.

Jean de Grocheo commence par dire quelques mots des instruments, soit à vent, soit à cordes. Parmi les premiers il mentionne ceux qu'il appelle *tubæ, calami, fistulæ, organa*, soit, autant qu'on puisse bien entendre ces mots, les instruments de cuivre (trompettes et trombones), les instruments à anches (chalumeaux, hautbois et douçaines), les flûtes avec, sans

Fig. 300. — Cithare et luth. (Plaque de coffret, xive siècle. Musée de Cluny.)

doute, les cornets, et enfin les orgues. Parmi les instruments à cordes, sont nommés : *psalterium, cithara, lyra, quitarra sarracenica, viella*, soit les psaltérions (à cordes frappées), la harpe, les luths, les instruments du genre guitare et enfin les *vièles*, c'est-à-dire les instruments à archet. « Entre tous les instruments à cordes que je mentionne, ajoute-t-il, la vièle semble l'emporter... Un bon artiste sur la vièle peut exécuter toute espèce de chant et de mélodie et il peut aborder toutes les formes musicales. Celles qui sont généralement usitées dans les fêtes et les réjouissances des grands peuvent communément se ramener à trois, soit le Chant royal (*Cantus coronatus*), la Ductie (*Ductia*) et l'Estampie (S*tantipes*).

Laissons de côté le Chant royal, qu'il semble confondre avec le Conduit et sur lequel il insiste peu. Pour l'Estampie et la Ductie, leur caractéristique est d'être un chant sans paroles, composé d'une suite de *puncta*. Le nombre des *puncta* ne dépasse pas trois ou quatre. Il s'élève jusqu'à six ou sept dans l'Estampie.

Qu'est-ce qu'un *punctum*? « Une courte phrase mélodique, dit M. Pierre Aubry commentant notre auteur; une manière de clausule, reprise deux fois et terminée la première par l'ouvert, *apertum*, la seconde fois par le clos, *clausum*. » Réduisons cela en formule.

Soit A une mélodie de quelques mesures, B et C, deux secondes périodes pouvant indifféremment servir de conclusion à la première. B sera l'ouvert et conclura en permettant de reprendre A. C, qui sera le clos, apportera une cadence finale définitive. La suite (A + B) + (A + C) constitue un *punctum*. Dans une estampie ou une ductie, un certain nombre de ces *puncta* seront réunis. Mais si les premières parties (A) seront changées à chaque *punctum*, l'ouvert et le clos (B et C) resteront toujours les mêmes. Obligation qui assure très fortement l'unité de la pièce, mais qui crée une difficulté réelle en contraignant le compositeur à inventer des phrases variables, pouvant sans disparate s'unir à des terminaisons, constantes par définition.

Fussent-elles exclusivement monodiques, de telles pièces ont donc une construction savante, assez artificielle même. Elles constituent bien de véritables œuvres d'art au sens propre. Et il faut se garder de les confondre avec de simples manifestations de l'instinct populaire, quelque élémentaires qu'elles puissent paraître, au premier abord, à des oreilles modernes.

Y avait-il entre la ductie et l'estampie une différence autre que celle du nombre des *puncta* et, par conséquent, des dimensions? Il est probable, encore que l'on puisse désirer que Jean de Grocheo fût expliqué là-dessus avec moins de sobriété. Il semble cependant — et c'est tout ce que l'on peut dire — insister un peu plus sur le caractère rythmique de la ductie (est autem ductia sonus illitteratus cum *decenti percussione mensuratus*), et il paraît y voir un morceau plus spécialement destiné à mesurer les pas des danseurs. C'eût été, en ce cas, un véritable air de danse. Dans l'estampie, ce caractère aurait été moins évident, bien que la pièce pût aussi être exécutée dans ce but. L'art moderne, lui aussi, connaît de semblables nuances. Les *Valses* de Chopin sont assurément des valses. Cependant est-ce dans les réunions dansantes qu'on les entend d'ordinaire?

Quoi qu'il en soit, — puisque aussi bien nous sommes trop mal assurés de pouvoir discerner l'expression véritable de telle ou telle de ces pièces, — le critérium tiré de leurs dimensions nous reste le plus sûr pour faire la distinction d'une ductie ou d'une estampie. C'est là-dessus que s'est appuyé M. P. Aubry pour avancer la très vraisemblable hypothèse que le premier des deux groupes de pièces que renferme le manuscrit 844 doit être composé de deux ducties. La première des deux ne compte en effet que quatre *puncta*; la seconde, intitulée *Danse*, trois seulement. Enfin la *Dansse réal* par quoi se termine la collection représente une forme spéciale qui ne rentre pas exactement dans les catégories de Jean de Grocheo. Ses trois clausules ne comportent ni ouvert ni clos. Un refrain uniforme les termine tous les trois. Voici d'ailleurs cette pièce, assez brève :

Danse réal.

Il est difficile, en présence de textes de musique instrumentale aussi catégoriques que ceux-là, de ne pas essayer de déterminer, s'il se peut, sur quels instruments, dans l'esprit de leurs auteurs, ces mélodies devaient être exécutées. En langage moderne, pour quel instrument sont écrites les estampies que nous lisons sur les pages restées blanches du manuscrit de la Nationale?

N'espérons pas, il le faut dire tout de suite, arriver jamais à une détermination précise. La musique des temps anciens ignore cette spécialisation que notre art tient — en théorie du moins — pour naturelle et nécessaire. Dans nos combinaisons instrumentales, nous attachons une importance capitale au choix de tel ou tel instrument, parce que la complexité des sensations que nous entendons tirer de l'élément sonore s'est accrue démesurément. Non seulement le timbre nous apparaît de plus en plus comme un facteur d'expression qui n'est point négligeable, mais nous considérons encore maintes qualités du son dont le compositeur entend se servir pour rendre sa pensée pleinement. Il ^{v} a l'intensité — absolue — de la voix instrumentale désignée, le volume du son (ce qui n'est pas la même chose), la puissance ou la volubilité de l'attaque, la facilité plus ou moins grande de faire varier rapidement l'intensité, la commodité de soutenir la note sans variation pendant un certain temps, et bien d'autres choses encore.

Nous les sentons mieux que nous ne les saurions précisément formuler. Mais tout le monde entend bien qu'un premier morceau de sonate de violon, exécuté sur la flûte, — ce qui, matériellement, se peut faire et se fait, — a perdu beaucoup à cette substitution. Personne n'estimera qu'un trombone, fût-il manié par un excellent virtuose, réussisse à rendre convenablement la langueur flexible et expressive d'un *adagio* écrit pour violoncelle. Et ainsi de suite.

De telles délicatesses ne pouvaient venir à l'esprit de musiciens du moyen âge, et leurs successeurs du XVIᵉ siècle n'y auraient encore compris que bien peu de chose. Toute leur attention, dans le phénomène musical, se borne à la ligne sonore que forme la succession des intervalles, et leur polyphonie se satisfait d'en réunir plusieurs sans se préoccuper évidemment de chercher, par quelque artifice de réalisation, à en faire ressortir l'une ou l'autre. Dès lors, que leur importe, pour réaliser cette conception beaucoup plus simple que la nôtre, qu'on leur offre cet instrument plutôt que celui-ci, étant supposé, bien entendu, que tous deux auront une étendue et une puissance suffisantes, et que leur emploi demeurera pratique et commode pour ce qui en est attendu?

Ces restrictions, si simples qu'elles soient, ont suffi, dès les temps les plus anciens, pour établir une sorte de hiérarchie instrumentale assez précise, dont nous trouvons l'écho chez les poètes ou les chroniqueurs. Sans parler de la distinction, toute naturelle, des instruments « hauts » et « bas », c'est-à-dire des instruments bruyants et sonores propres aux musiques éclatantes des fêtes de plein air, et de ceux dont la voix plus douce et plus discrète convenait mieux aux exécutions intimes de la chambre, le moyen âge, tout comme nous, a connu que tous ceux qu'il employait ne méritaient pas la même estime. Au XIVᵉ siècle, au temps de Jean de Grocheo, il est visible que les instruments à cordes paraissent plus nobles, plus « distingués » que les instruments à vent, voués à des besognes subalternes et définies, ou abandonnés aux rustiques divertissements des musiciens d'instinct. Et Jean de Grocheo, parmi les instruments à cordes, accorde encore sans hésiter la prééminence à la vièle, l'ancêtre vénérable de la famille de notre moderne quatuor. M. P. Aubry, par de nombreuses citations de textes contemporains, établit que cette opinion était alors générale. La vièle paraît aux mains des jongleurs du premier rang; c'est elle qui, presque seule, résonne à la cour des princes, soit isolée, soit mêlant ses accents aux voix des chanteurs. Il est donc tout naturel de se rallier à la conjecture infiniment probable qu'il propose, et de voir avec lui, dans nos estampies, des pièces de musique composées pour la vièle.

Peut-on essayer de déterminer, avec quelque vraisemblance, les raisons de cette prééminence des instruments à cordes, de la vièle spécialement, aux temps de Grocheo et de nos estampies?

Peut-être suffira-t-il, pour y arriver, de réfléchir à ce qu'on pouvait alors demander aux instruments, à une époque dont la conception musicale était fort loin de ressembler à la nôtre. Au XIIIᵉ ou au XIVᵉ siècle, la musique à plusieurs voix, certes, est couramment pratiquée. Elle n'a pourtant point, comme aujourd'hui, étouffé complètement l'art exclusivement monodique. C'est sur celui-ci, dont la voix humaine demeure le plus parfait interprète, que s'est progressivement formée toute la théorie de la musique. L'étendue de l'échelle des sons, sur laquelle le musicien savant édifiera ses différents modes, s'est à peu près modelée sur l'étendue de la voix humaine, dont elle embrasse toutes les possibilités sans éprouver le besoin de les dépasser. J'entends d'une *seule* voix humaine, et non de l'ensemble des diverses voix masculines ou féminines que l'usage moderne s'accorde à placer à l'octave les unes des autres. Tout le système musical du moyen âge, au contraire, peut — au moins théoriquement — être contenu dans l'étendue d'une unique voix masculine. Supposé, bien entendu, que cette voix soit cultivée suivant une pratique assez différente de la nôtre et qu'elle ne s'interdise aucun de ses registres. J'entends dire par là que le registre de *faucet* ou voix de tète, à peu près sans usage aujourd'hui, ne doit pas, dans cette conception de l'art du chant, être plus négligé que celui, plus ordinaire, de la voix de poitrine. Nous savons, historiquement, que ces voix à demi artificielles, qui permettent à l'homme de s'élever jusqu'aux hauteurs du soprano féminin, étaient d'usage courant dans les chapelles du xve et du xvie siècle, et qu'en plein xviiie siècle les chœurs du Concert spirituel comptaient plusieurs « Dessus muės ». Il n'y a aucune raison de penser que cette pratique ne fût pas courante plusieurs siècles auparavant. Il y en a beaucoup, au contraire, de l'affirmer.

Du reste, pour l'art du xiiie ou du xive siècle, il n'est pas besoin d'une étendue prodigieuse. La musique, harmonique ou non, n'excède pas pratiquement l'étendue de deux octaves et une sixte (du *sol* grave du violoncelle au deuxième *mi* du violon). Contenue dans ces limites, elle est accessible à toute voix masculine qui ne voudra pas se borner à un unique registre et qui, dans sa formation, se sera montrée plus soucieuse de s'étendre que de gagner en intensité et en beauté de timbre.

Un instrument devait donc être d'autant plus volontiers tenu pour excellent qu'il pouvait plus facilement parcourir cette échelle tout entière. Plus restreint en son étendue, il ne pouvait jouer, régulièrement, dans tous les modes : son utilisation n'aurait su être qu'accidentelle et temporaire, alors que le mode employé coïncidait avec son diapason.

Une étendue de deux octaves et une sixte, pour un instrument à vent, cela est déjà considérable, même avec les progrès de la facture moderne et ceux, non moindres, du talent des exécutants. Avec les engins sonores plus rudimentaires que le moyen âge avait à sa disposition, l'artiste d'autrefois était contenu en des bornes bien plus étroites. Et cette infériorité explique assez pourquoi, malgré la force, la beauté et la variété de leur sonorité, les instruments à vent ne pouvaient prétendre, au moins dans l'estime des doctes, à la première place.

Au contraire, les instruments à cordes que cite Jean de Grocheo, tout au moins les luths, les harpes, les guitares, devaient pouvoir, sans trop de peine, se mouvoir du haut en bas de l'échelle imposée par la théorie : autant que nous en puissions juger, du moins, avec le peu que l'on connaît de leur structure et de leur accord. Mais nous savons bien, toutefois, que les nombreuses cordes de la harpe (elle en comptait 25 au xive siècle, comme nous l'apprend une poésie de Guillaume de Machaut) com-

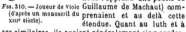

Fig. 310. — Joueur de Viole (d'après un manuscrit du xiiie siècle).

prenaient et au delà cette étendue. Quant au luth et à ses similaires, ils avaient généralement cinq cordes, ce qui, sans nécessité de dépasser beaucoup la première position de la main, paraît suffire à peu près.

Mais la sonorité des cordes pincées est fugace et frêle. Quelque agréable qu'elle soit, elle reste loin de la belle ampleur de son qui caractérise les instruments à archet. Le plus parfait de ceux-ci, la vièle, — cet ancêtre lointain des admirables violes du xviie ou du xviiie siècle, — ne le cède donc en rien pour les qualités du timbre aux instruments à vent les plus parfaits. Que cet instrument ait précisément eu l'étendue suffisante pour pouvoir contenir tout le système musical d'alors, et voilà suffisamment expliquées les raisons de sa prééminence.

Cette étendue, la vièle la possédait tout entière. Il n'est pas besoin, pour pouvoir l'affirmer, d'étudier les diverses représentations que nous en offrent les monuments figurés. L'interprétation en serait délicate, puisqu'il faut toujours compter avec la fantaisie de l'artiste, sculpteur ou peintre, et avec les difficultés de son métier. De plus, certaines de ces représentations peuvent nous donner l'image d'instruments analogues, mais réduits, et n'offrant pas toutes les ressources de l'instrument type. En fait, bien que le nombre des cordes de la vièle soit généralement de cinq, il s'en trouve sur les monuments qui en comptent plus et surtout moins.

Mais nous n'avons pas besoin de ces documents. Il existe un texte, suffisamment clair et explicite malgré quelques lacunes, qui nous fournit sur la vièle, telle qu'elle était pratiquée en plein xiiie siècle, tous les renseignements désirables au sujet de ce que nous souhaitons savoir. C'est le chapitre, très souvent cité, du traité de Jérôme de Moravie, qui décrit cet instrument, son étendue et les diverses manières de l'accorder[1].

Il n'est pas nécessaire de citer, en leur teneur entière, ces pages vénérables. C'est assez d'en extraire l'essentiel et de dire brièvement que Jérôme de Moravie indique trois manières d'accorder la vièle qui, pour lui, doit avoir cinq cordes. Deux de ces accords,

Fig. 311. — Un ange jouant de la viole. (*Triomphe de la Vierge* de G. Bellini.)

le premier et le troisième, admettent des cordes accordées à l'unisson, et le premier laisse une corde à vide hors du manche, sur laquelle les doigts ne peuvent agir. Il s'ensuit des lacunes dans le médium. Et ces singularités répondent sans doute à des habitudes et des nécessités d'exécution que nous ne nous expliquons plus.

1. Le manuscrit du traité de Jérôme de Moravie se trouve à la Bibliothèque Nationale (latin 16663, f° 187, 2°). Il a été publié dans la collection des *Scriptores* de Coussemaker (I, p. 152).

Mais la disposition qu'il donne en second lieu est beaucoup plus régulière. Elle est indispensable, dit-il, pour l'exécution des pièces profanes et de tous les chants irréguliers (entendez par là qui excèdent l'étendue d'un seul mode), qui, fréquemment, parcourent l'échelle tout entière. Dans cet accord la pre-

mière corde donne *ré²*, la 2ᵉ *sol¹*, la 3ᵉ *sol²*, la 4ᵉ *ré²*, la 5ᵉ *sol²*. Le doigter permet, sur cette dernière, de monter d'une quinte. D'où résulte l'échelle suivante, qui n'a pour nous de singulier que le fait de montrer la corde la plus grave encadrée de part et d'autre d'autres qui le sont moins.

La vièle, au moins sous sa forme la plus complète, était donc capable, au XIIIᵉ siècle, d'exprimer tous les modes, à leur diapason et dans leurs relations véritables. C'était un instrument complet, et toute la musique y était contenue. A ces mérites, qu'elle avait en commun avec d'autres instruments à cordes, elle joignait ceux qui résultaient du volume et de la tenue de ses sons. Rien d'étonnant à ce qu'on lui accordât facilement la première place[1].

Cette ample étendue n'assurait pas seulement sa supériorité pour les pièces de musique exclusivement monodique. Elle permettait aussi la combinaison facile de deux ou trois vièles pour l'exécution des morceaux à plusieurs voix, tels que les musiciens savaient depuis longtemps en écrire. En ce cas, assurément, rien n'empêchait non plus d'utiliser avantageusement d'autres instruments que les vièles, et surtout d'en employer plusieurs d'espèce différente. Mais disons-le tout de suite, dans les compositions instrumentales dont nous allons parler, on ne saurait être en général autorisé à dire quoi que ce soit de précis au sujet des instruments qui pouvaient concourir à l'interprétation. Car cette musique des temps anciens reste de la musique abstraite : la note, la ligne mélodique ou les relations harmoniques résultant de la superposition de deux ou plusieurs parties, cela seul compte. Du timbre ou de la nature du son, comme élément original et essentiel de l'œuvre d'art, il n'est point encore question.

Qu'il ait existé dès le XIIIᵉ siècle, en dehors des musiques que nous pouvons comprendre sous le terme — très largement entendu — de musique de danse, des compositions savantes destinées aux seuls instruments, c'est ce dont il n'est guère permis de douter aujourd'hui. L'*organum* du XIIᵉ siècle, tel qu'il apparaît dans les divers *Discantuum volumina* qui ont subsisté, était même peut-être, sous sa première forme, purement instrumental. On sait que ce genre de composition consiste essentiellement en un thème donné, *Tenor*, emprunté toujours au chant liturgique, sur lequel une, deux ou trois voix supérieures font entendre de longs mélismes dont le mouvement contraste avec la majesté régulière de la partie fondamentale. Le motet, à l'origine, n'est pas autre chose que le texte que l'on s'avisa d'écrire pour l'adapter à la mélodie de la partie supérieure d'une pièce d'organum. « Id est *motus* brevis cantilenæ, » dit un auteur du temps, Walter Odington, c'est-à-dire le texte d'une courte mélodie. Le même mot s'est appliqué à la partie qui faisait entendre ce chant, puis à la pièce tout

entière, qu'elle comportât au-dessus du ténor une seule partie avec parole (*motetus*), ou une deuxième (*triplum*), ou même une troisième (*quadruplum*).

La présence des paroles constitue donc la véritable différence entre ce qu'on appelle un motet et une pièce d'organum, car c'est un fait constant que les pièces d'organum primitives ne comportent point de texte. A la vérité, en tête de la partie de *tenor* figurent bien les deux ou trois premiers mots du chant liturgique auquel il est emprunté, mais à titre de simple indication seulement. Il serait tout à fait impossible, au surplus, de disposer des paroles quelconques sous ce chant, étiré en longues tenues ou coupé de fréquents silences. Quant aux parties supérieures, elles se présentent toujours *sine littera*. Qu'on les ait chantées vocalement, il se peut. C'était alors de simples vocalises; et un texte musical sans paroles, quelle différence valable présente-t-il avec un texte de musique instrumentale? Il y a donc de très bonnes raisons de conclure au caractère instrumental de l'ancien organum. Elles subsistent, ces raisons, avec toute leur force pour conférer le même caractère à certaines compositions, véritables motets sans paroles, que l'on rencontre parfois dans les recueils manuscrits du XIIIᵉ ou du XIVᵉ siècle.

Ces rencontres sont assez rares. Elles le seraient peut-être moins si la plupart des manuscrits musicaux du moyen âge avaient été l'objet d'un dépouillement successif et d'une publication intégrale. En tout cas, un manuscrit précieux de la Bibliothèque royale de Bamberg (coté Ed. IV, 6) renferme plusieurs compositions telles que celles dont il est ici question.

Ce manuscrit, qui appartient aux dernières années du XIIIᵉ siècle, contient, avec un traité de musique inédit, une ample collection de motets à trois voix, soit français, soit latins, religieux ou profanes : en tout cent pièces, dont l'étude est de la plus haute importance pour la connaissance de la musique au siècle de saint Louis. En appendice figurent un *Conductus* et sept pièces purement instrumentales. M. Pierre Aubry, qui s'est fait l'éditeur de ce document inestimable, n'a pas manqué de relever l'importance de cet appendice, dont la rédaction est de la même époque et de la même main que le reste du livre[2].

Ce sont là, dit le savant éditeur, « des compositions dont la nature instrumentale, nous dirons même purement instrumentale, ne saurait faire de doute. Ce sont des compositions à trois instruments, l'une sur le tenor *Neuma*, l'autre sur le tenor *Virgo*, et cinq autres sur le thème *In seculum*. De ces cinq fantaisies instrumentales du XIIIᵉ siècle sur le thème *In seculum*, la première porte le titre *In seculum longum*, en raison de son tenor qui appartient au cinquième mode, et la troisième *In seculum breve*, car cette fois

1. Tous les morceaux mis au jour par M. P. Aubry dans le manuscrit 844 sont contenus dans l'étendue de cet accord. Leur *ambitus* général n'excède pas   . Ils sont donc loin d'approcher des limites de la Vièle.

2. Pierre Aubry, *Cent Motets du treizième siècle publiés d'après le manuscrit Ed. IV. 6 de Bamberg*, 3 vol. Publication de la Société internationale de musique (section de Paris), 1908.

le tenor est du second mode[1]. La seconde pièce, d'une façon très curieuse, est intitulée *In seculum viellatoris :* nous avons dit la rareté des indications instrumentales dans la musique du moyen âge, et celle-ci est trop précieuse pour que nous hésitions à en signaler l'intérêt. » On peut penser, ajoute M. P. Aubry, qu'un trio de vièles exécutait cette composition.

Quoi qu'il en soit et quelle que puisse avoir été la composition du petit groupe d'instrumentistes qui traduisirent ces œuvres, il ne faut pas moins leur donner l'importance qui convient, car elles nous révèlent, à n'en pas douter, l'existence de pièces de musique conçues pour les instruments, et qui appartiennent néanmoins par leur style et leur structure à ce que l'art de leur temps connaissait de plus savant, de plus raffiné, de plus complet.

Voici donc des motets (employons ce mot faute d'un autre, encore qu'il constitue ici proprement un contresens) purement instrumentaux, où les voix n'ont rien à faire. Est-ce à dire que dans les autres, à coup sûr plus nombreux, où la présence d'un texte implique la nécessité de chanteurs, les instruments fussent tenus pour inutiles et mis à l'écart par principe ? En un mot, à côté d'une musique instrumentale pure — nous venons d'en constater l'existence — a-t-il existé, dès le XIIIe siècle (pour ne pas remonter plus haut), une musique de voix et d'instruments, ceux-ci accompagnant celles-là ?

Jusqu'à une époque toute récente, on ne semble même pas s'être posé la question. La musique du moyen âge, d'abord, était fort peu connue. Et si l'on s'était beaucoup soucié d'en disserter dans le détail, il est certain qu'on eût tranché cette difficulté par la négative. Car c'était matière de foi que la musique des primitifs — ainsi que l'on désignait communément les compositeurs du XVIe siècle — avait été purement vocale. D'ingénieux esthéticiens avaient même déduit de ce fait, tenu pour incontestable, des considérations fort profondes sur la nature et les mérites de cet art. Quand on en vint à s'occuper des musiciens du XVe siècle et de ceux de l'âge précédent, on leur appliqua tout naturellement la même conception *a priori*. Car y avait-il apparence, alors que les contemporains de Palestrina ou de Roland de Lassus n'avaient, disait-on, composé que pour les voix, que leurs prédécesseurs eussent connu et pratiqué des combinaisons plus complexes ? Et à plus forte raison eût-on conclu de même sorte à propos de motets du XIIIe siècle ?

Le malheur est que cette théorie n'est plus aujourd'hui soutenable. La vocalité exclusive des polyphonies du XVIe siècle n'est admissible tout au plus que pour les œuvres destinées à l'église, et encore avec d'abondantes restrictions. Il semble certain que, seule ou à peu près, la chapelle pontificale a pratiqué la musique exclusivement vocale, du moins par principe strict. Il est plus certain encore que toutes les œuvres profanes du même temps ont admis dans une très large mesure le mélange des voix et des instruments, et que l'aspect exclusivement choral qui est le leur dans les rééditions modernes est au fond un véritable trompe-l'œil. Enfin, pour les compositions

des XVe et XIVe siècles, M. Hugo Riemann a eu le premier l'honneur de démontrer que les instruments, encore que non spécifiés avec précision, jouaient un rôle constant et d'une importance souvent capitale[2].

Ceci posé, il n'est pas téméraire de supposer que l'art du XIIIe siècle procédait des mêmes traditions. Et il y a pour l'affirmer de très bonnes raisons, que M. P. Aubry a exposées avec une grande précision dans son commentaire du manuscrit de Bamberg.

Pour M. Aubry, la partie de tenor représente l'élément instrumental dans la composition d'un motet. Les preuves ? Premièrement, l'absence de paroles (sauf exceptions très rares) à cette partie. Deuxièmement, le caractère très particulier de la notation, caractérisé par l'emploi permanent des ligatures[3]. On sait que les ligatures, dans la notation proportionnelle, constituent une forme d'écriture abrégée en quelque sorte, où plusieurs notes se réunissent en un seul signe complexe suivant certaines règles. Les détails de graphie de ces ligatures, qui sont l'appropriation aux nécessités de la musique mesurée des anciens neumes du chant ecclésiastique, indiquent avec précision les valeurs diverses des notes qui entrent dans leur composition. Dans la musique vocale, les ligatures ne peuvent être employées que par exception, où plusieurs notes doivent être chantées sur une seule syllabe. Elles sont donc rares dans le style des parties vocales du motet, toujours en chant syllabique. Quand la musique, au contraire, devait s'exécuter *sine littera*, comme disent les théoriciens, c'est-à-dire sur un instrument, ou vocalisée sans parole, l'emploi des ligatures est aussi étendu que possible et à peu près constant[4]. « Le rôle du tenor, dit M. P. Aubry, était de faire dans le motet une basse harmonique et rythmique, de maintenir par la persistance de la formule modale l'unité de la composition. Nous concevons à merveille que ce rôle ait été confié à un instrument à cordes, vièle ou gigue : l'archet a un mordant et une précision à laquelle le chanteur ne peut atteindre. »

Ceci admis, nous trouverons, dans les motets, différents types de musique à la fois instrumentale et vocale : à un instrument et une, deux ou trois voix, selon qu'au tenor se joindra une simple partie chantée (*motetus*), ou deux ou trois (*triplum* et *quadruplum*). Le manuscrit de Bamberg nous offre même un exemple d'un motet à deux tenors, avec deux autres parties vocales. Celui-ci aurait donc requis pour son exécution deux instruments et deux chanteurs.

Il y a plus. Deux des pièces instrumentales à trois parties du manuscrit de Bamberg, l'*In seculum longum* et l'*In seculum breve*, se retrouvent dans le manuscrit bien connu de Montpellier, depuis si longtemps étudié par les érudits de l'art médiéval. Mais, dans le recueil de Montpellier, une quatrième partie, vocale celle-là et munie d'un texte, a été superposée par un autre compositeur aux trois parties d'instruments de la pièce originale.

Le moyen âge, on ne l'ignore point, considérait comme tout à fait légitimes de semblables remaniements, et il en faisait, sans scrupule, l'usage le plus

---

1. Je n'ai pas besoin de rappeler qu'il s'agit ici des modes rythmiques de la musique mesurée, et non de ce mot pris avec le sens que lui accordent les théoriciens du chant liturgique. Les modes rythmiques sont les formules qui guidaient alors — et enchaînaient — le musicien dans sa composition mélodique. Le cinquième est exclusivement composé de longues de trois temps : le second procède suivant cette formule :

2. Les arguments de M. Riemann se trouvent exposés en détail dans un article des *Sammelbände der Internationalen Musikgesellschaft*, 1906, p. 529 : *Das Kunstlied in 14-15 Jahrhundert*, ainsi que dans son *Manuel d'histoire musicale*.

3. Voir Rougnon, *Notation*.

4. Ces signes complexes représentant chacun plusieurs notes demeurent ainsi, ordinairement, en nombre très inférieur à celui des syllabes du texte. Et si l'on suppose ce texte dit par la voix, il serait nécessaire d'attribuer plusieurs syllabes à chaque ligature. Ce qui est inadmissible.

large. Celui-ci a du moins l'avantage de nous révéler un type nouveau, un morceau à voix seule soutenue de trois instruments.

Mais ce n'est pas encore tout. Ce même manuscrit de Montpellier contient aussi certaines compositions d'où il apparaît avec évidence que les instruments intervenaient d'une façon encore plus active dans l'exécution des motets. On y trouve des motets dans la forme ordinaire (deux voix et tenor instrumental) précédés d'un prélude instrumental et suivis d'un postlude de même nature, l'un et l'autre d'un développement fort considérable et pareillement à trois voix. Ailleurs, après un prélude, une seule des voix (*triplum*) chantera, tandis que le *motetus* et le tenor seront dits par les instruments. Puis la voix qui chantait le *triplum* se tait et est remplacée par une partie instrumentale, tandis que le *motetus* passe à son tour à la voix. Puis les deux voix s'uniront, toujours sur le tenor, et une conclusion purement instrumentale terminera la pièce[1]. Pour bien comprendre l'exécution de pièces de cette nature, il faut supposer deux chanteurs et trois instruments. Les deux instruments chargés des parties autres que celle de tenor jouaient ou se taisaient alternativement, selon que la voix se taisait ou se faisait entendre, ou bien doublaient-ils les voix quand ils n'exécutaient pas seuls. Le plus vraisemblable, semble-t-il, serait de supposer chaque chanteur jouant en même temps d'un instrument. Il est superflu de dire que les monuments figurés nous montrent d'innombrables scènes où se trouvent réunis instrumentistes et chanteurs et où les mêmes exécutants sont à la fois l'un et l'autre.

Si l'on doutait encore qu'il faille interpréter de la sorte les manuscrits musicaux, il ne serait pas inutile de se remémorer ce qu'était au juste le motet au xiii° siècle et quelle place tenait cette forme musicale dans l'art de ce temps. Aujourd'hui et depuis longtemps, le mot de « motet » évoque irrésistiblement l'idée de pièce destinée au service de l'Église. Le motet ancien, rappelons-le, est tout autre. Il se peut que, de même que les pièces d'organum dont il est issu, il ait été quelquefois exécuté dans le temple, à la place, par exemple, du chant liturgique qui lui avait fourni son tenor. Mais s'il a figuré parfois à l'église (ce qui est certain, puisque maintes fois les autorités ecclésiastiques s'occupèrent de l'en bannir), il a servi bien plus souvent au divertissement des clercs, des gens du peuple ou des seigneurs. Des paroles françaises fort profanes lui servent fréquemment de textes, et pour être écrits en latin, ces textes ne sont pas toujours liturgiques ni édifiants.

« Nous croyons, dit M. P. Aubry, à qui il faut toujours revenir, que le motet relève dans son exécution de l'art du jongleur. » Et cette conclusion est encore un argument très valable pour affirmer le caractère demi-instrumental du motet.

Si les musiciens d'église, vivant en quelque sorte en communauté à l'ombre du sanctuaire, eussent facilement pu se grouper pour une exécution chorale, le jongleur, de par sa vie errante, est nécessairement un isolé. S'il parcourt rarement seul les routes, du moins c'est ordinairement avec un seul

compagnon qu'il va de ville en ville, de château en château, faire admirer la science musicale qu'il possède. L'un et l'autre chantent et jouent des instruments. A eux deux, ils pourront faire entendre la plupart des types de motets que nous venons d'étudier. Mènent-ils avec eux quelque apprenti? Sont-ils ainsi trois? Les formes les plus complexes de l'art de leur temps leur deviennent d'un facile accès.

Il n'est donc point de motets qui paraissent avoir excédé les moyens d'exécution de ces musiciens errants, et les diverses variétés du genre convenaient à merveille aux différentes circonstances où ils pouvaient trouver à se faire valoir. Suivons-les, avec M. P. Aubry, dans leur course vagabonde. « Si, dans quelques églises, un clergé plus tolérant autorise l'exécution d'un motet, il ne faut point manquer l'aubaine, et les compositions d'une haute gravité comme l'*Ave gloriosa Mater Salvatoris* ou *Mellis Stilla, maris Stella*, conviendront merveilleusement à cette audition dans le sanctuaire. Mais supposons que, dans une abbaye, les jongleurs soient admis à distraire les moines à la récréation de l'après-dîner : ils chanteront

Fig. 312. — Un jongleur (d'après un manuscrit du xiv° siècle).

quelques-unes de ces pièces morales : *Ad solitum vomitum, Homo miserabilis;* ou satiriques, *Venditores labiorum,* qui encombrent la littérature du motet. Devant un auditoire illettré, le jongleur, qui connaît la psychologie de son public et son savoir-faire, changera de ton : il ouvrira son manuscrit aux pages grivoises, et l'*arçon* du sa gigue rythmera allégrement des motets, tels *A la cheminée, Au tems pascour, Hare hare hye godalier,* ou tant d'autres dont les recueils sont pleins. Enfin le jongleur peut être convié dans la haute société féodale pour chanter devant le seigneur et distraire ses hôtes. A cet auditoire étaient vraisemblablement réservés certains motets de grande allure... Le manuscrit de Bamberg contient ainsi plusieurs compositions en langue vulgaire, auxquelles nous n'apercevons point d'autre destination possible... »

.·.

On n'aurait point une idée complète du répertoire des instrumentistes médiévaux si l'on négligeait de tenir compte de ce que l'on pourrait appeler les transcriptions. J'entends par là l'exécution sur les instruments d'œuvres où les voix jouaient un rôle. Qui pourrait douter qu'en maintes occasions les jongleurs, à côté des pièces qui leur appartenaient en propre, n'aient été appelés pour diverses raisons à exécuter telle ou telle célèbre composition ordinairement dévolue aux chanteurs? L'exécution instrumentale des œuvres vocales polyphoniques, au xvi° ou au xvii° siècle, est un fait constant. Les transcriptions de ces morceaux remplissent les recueils et constituent bien une bonne moitié du répertoire des instrumentistes et des virtuoses. Il est à peine besoin de dire qu'à l'heure actuelle les artistes ne se font pas faute de s'approprier de la sorte des musiques que

---

1. Bien entendu, l'attribution aux instruments de tel ou tel fragment de chaque partie de dessus, notée tout au long sans indication spéciale, résulte des considérations que nous venons d'exposer. Si la pièce commence par une longue suite de notes, sans paroles et écrites en ligatures, nous sommes autorisés à voir là un prélude instrumental. La partie vocale commence avec le texte et la notation syllabique. Il en va de même pour les interludes et postludes.

l'auteur ne leur avait pas expressément destinées. A la vérité, nous estimons peu de tels arrangements et nous professons volontiers, avec une sévérité aussi juste qu'inutile, que le respect de la pensée des maîtres commande de s'en abstenir, au moins dans les exécutions qui n'ont pas un caractère d'intimité absolue.

C'est fort bien pensé. Mais l'usage subsiste et subsistera toujours. Et sa pérennité, en une époque de culture intensive comme la nôtre, nous autorise à penser qu'il fut toujours pratiqué et que les musiciens du xiiie siècle ne s'en abstenaient pas. Il ne faut pas,les en blâmer le moins du monde, du reste. En leur temps, transcrire une pièce vocale pour des instruments ne constituait ni un à peu près fâcheux ni une trahison coupable. Nous avons déjà insisté sur le caractère purement abstrait de cet art qui ne voit dans la musique qu'un enchaînement défini de sons et qui n'entend les considérer, ces sons, que comme fonctions mélodiques ou harmoniques, sans se soucier de leur intensité expressive ni de leur timbre. Est-il besoin de dire que la musique vocale du moyen âge, si elle juxtapose un texte à une mélodie, ne semble pas jamais s'être beaucoup tourmentée de faire de celle-ci l'interprète fidèle de celui-là? L'accommodation rythmique semble avoir été la seule qui ait préoccupé les musiciens. C'est-à-dire qu'étant donné, par exemple, un vers de huit pieds, il fallait que la musique tint compte de ce nombre de syllabes. On n'eût point pu, sur la même mélodie, chanter un vers de dix ou de six. Du moins, cela aurait paru choquant. Mais tous les vers de huit pieds — ou presque — eussent convenu parfaitement. Il n'y a dans le travail du musicien aucun souci de juste déclamation, ni même d'expression. On change les paroles d'un morceau, et à des paroles profanes en langue vulgaire se substituent, à chaque instant, des textes latins de prière ou d'édification. Cela ne choque point, surtout quand il s'agit des essais de la polyphonie naissante dont les maîtres, grisés par les sonorités nouvelles qu'ils inventent, s'abandonnent, sans autre pensée, aux jeux complexes des consonances.

Rendues par les voix, alors qu'ils avaient entendu tirer de l'alliance de la parole et du son un attrait, pour eux, extra-musical, ou traduites par des instruments, leurs compositions demeuraient à leurs yeux exactement pareilles en ce qu'elles offraient d'essentiel. La commodité éventuelle de ces arrangements les légitimerait donc à leurs yeux. Et nous n'avons pas à nous montrer plus sévères.

Dans une certaine mesure, on est donc en droit de porter au compte de la musique instrumentale tous les motets, toutes les compositions savantes du moyen âge, puisqu'il n'en est assurément pas une seule qui n'ait paru, souvent, exécutée de la sorte. Il est bien évident que, de ceci, n'apparaîtra peut-être jamais la démonstration, sous forme d'un texte où un morceau vocal connu se lira sans paroles et dans la notation aux multiples ligatures des instruments. Pour rendre l'une ou l'autre version indifféremment, les jongleurs n'avaient aucun besoin de deux arrangements distincts. Dans les motets à préludes et interludes dont il vient d'être question, la même partie doit servir au chanteur ou à l'instrumentiste quand les deux ne faisaient pas une seule personne. Qu'aurait-il coûté à ce dernier de s'attribuer toute la pièce?

Il est certain cas cependant où nous pourrions espérer trouver le témoignage direct de l'effort du

transcripteur. Qu'un motet, au lieu d'être joué par trois instruments monodiques réunis en un petit groupe, ait été exécuté par un seul artiste sur un instrument polyphone, il peut se faire que celui-ci ait eu besoin de noter pour son compte ce qu'il entendait faire entendre, puisque aucune partie séparée ne lui livrait l'œuvre tout entière. C'est ainsi qu'au xvie siècle nous allons trouver, dans le répertoire des luthistes, d'innombrables polyphonies, sacrées ou profanes, transcrites en tablature et adaptées aux ressources et au mécanisme du luth.

Il ne subsiste pour le xiiie ou xive siècle aucun monument de tablature de luth, ni de harpe, ni d'aucun instrument à cordes de même famille. Le luth, au surplus, ne jouissait pas encore de la vogue qu'il connaîtra plus tard. Plus rarement cité que la vièle, il n'est pas encore l'instrument roi, le symbole vivant de toute la musique. Et il se peut bien, surtout s'il est vraiment, comme il y a lieu de le croire, d'origine orientale, que son accord et sa technique ne fussent pas encore, en ces temps-là, adaptés comme plus tard à la traduction d'harmonies complexes. Mais il existait déjà un autre instrument tout à fait propre à rendre, facilement et clairement, les combinaisons des premiers contrepointistes. C'est l'orgue. Non pas seulement l'orgue, déjà considérable parfois, qui résonne sous les voûtes des grandes églises, mais surtout l'orgue portatif. Il se trouve partout, celui-là : dans les cloîtres pour l'instruction musicale des moines, dans les châteaux pour le délassement des seigneurs et des dames. Poètes et chroniqueurs y font des allusions fréquentes, et son image apparaît maintes fois dans l'œuvre des imagiers ou des enlumineurs.

Tout ce que nous avons dit de la vièle au sujet du rôle des instruments dans le motet doit s'appliquer à l'orgue. L'orgue,

> Où il meismes souffle et touche
> Et chante avec a pleine bouche
> Motès ou treble ou teneure,

comme le dit le poète du *Roman de la Rose*, pouvait donc, aussi bien que l'instrument à archet, soutenir un tenor, suppléer le *triplum* ou le *motetus* dans le jeu d'un prélude ou d'un interlude. Il était même capable, à lui seul, d'exécuter toute la pièce. Et l'unique tablature d'orgue qui nous reste de ces temps-là contient justement trois longs motets, transcrits de la sorte.

Ce manuscrit, qui remonte à la fin du premier tiers du xive siècle environ, fait partie des collections du British Museum (add. 28550). Il est originaire, croit-on, de la province de Sussex, unie au moyen âge, par des relations suivies, avec la France du Nord et les Flandres. Ce n'est, au surplus, qu'un fragment, — deux feuillets de parchemin, — mais qui renferme six pièces dont la notation, mélange de la notation mesurée et de lettres, est le premier prototype de la tablature d'orgue dont l'Allemagne gardera l'usage jusqu'au milieu du xviie siècle.

Six pièces s'y lisent, dont la première et la dernière sont incomplètes. Tout d'abord, trois pièces ayant le caractère de préludes, qui consistent essentiellement en une suite d'accords sur différentes notes dont la partie supérieure se diminue [1] en variations diatoniques. Chacune se divise en quatre ou cinq *puncta*, ainsi que les ducties ou les estampies que nous avons étudiées déjà. Et ces pièces, sans

---

1. Voir Rougnon, *Notation.*

doute, qui doivent être rapprochées de ces formes spéciales, pouvaient s'exécuter avant le début d'un motet ou de toute autre composition savante qui ne comportait pas de prélude.

En second lieu, le manuscrit nous a conservé trois transcriptions de motets fort développés, dont deux appartiennent au *Roman de Fauvel.* Le dernier, nous l'avons dit, est incomplet. Comme le *Roman de Fauvel,* avec la musique qu'il renferme, nous est parfaitement connu, notamment par le manuscrit de la Bibliothèque Nationale (fr. 146), rien n'est plus aisé que de comparer le texte vocal original et la transcription qu'en a donnée l'organiste inconnu du XIVᵉ siècle. Comparaison fort instructive, parce qu'elle nous apprend des habitudes d'exécution de ce temps-là. Il est malheureux que les dimensions considérables de ces trois pièces en rendent impossible la citation intégrale. Voici donc seulement le début du second de ces motets. Pour faciliter le rapprochement des deux versions, nous donnerons sous la transcription d'orgue le texte original du manuscrit de Paris, haussé cependant d'un ton, pour le ramener à la tonalité choisie par le transcripteur.

En ces quelques lignes, une comparaison rapide des deux versions permettra de découvrir immédiatement ce qu'il y avait d'original dans le travail du transcripteur. La version destinée à l'orgue ne vise pas à reproduire, note pour note, le texte du motet. Tout de même que les transcriptions pour le luth qui nous apparaîtront nombreuses, un siècle et demi plus tard, celle-ci respecte peu la ligne simple et ferme de la pièce vocale. La partie supérieure, notamment, y apparaît traduite en *diminution* continuelle ; autrement dit, les notes de valeur un peu prolongée s'y résolvent presque partout en variations diatoniques fluides, d'un mouvement sans doute assez vif.

Ce parti pris d'ornementation mélodique continue semble bien caractéristique de la musique instrumentale. Pour les transcripteurs luthistes qui n'agissaient pas autrement avec les textes, on peut invoquer une explication, en somme, plausible. Ils auraient cherché, dit-on, à suppléer par la multiplicité des notes au manque de sonorité et de plénitude de leur instrument. Le son d'une corde pincée s'évanouit promptement. Aux notes longuement soutenues d'une mélodie n'est-il pas naturel, dès lors, de substituer des figures plus ornées, synonymes harmoniquement, et dont chaque note n'avait à se faire entendre qu'un instant très court? Rien de plus naturel en effet. Mais pour notre transcription d'orgue, l'explication ne vaut rien. Mieux que tout autre instrument, l'orgue est apte à soutenir indéfiniment les sons. En outre, fût-il très

petit, sa sonorité ne manquerait jamais ni de volume ni d'ampleur. Cependant le transcripteur s'est cru obligé, lui aussi, de varier et de *diminuer* son texte.

Pourquoi donc l'eût-il fait si l'écriture en diminution n'eût pas paru inséparable — ou presque — de l'écriture instrumentale? Nous sommes donc amenés à cette conclusion logique, qui concorde d'ailleurs avec ce que nous savons des usages partout en vigueur plus tard. C'est pourquoi nous admettons volontiers qu'il soit presque nécessaire d'imaginer ces pièces instrumentales, ces motets composés ou transcrits pour les instruments, exécutés tout autrement que ne l'indique la précision stricte de la notation. Les jongleurs chargés de leur exécution ne devaient pas se faire faute de varier, à l'improviste, les parties qu'ils avaient à rendre. Au xiii° siècle comme au xiv°, ce talent, qui serait peu prisé de nos jours, de broder des variations sur le texte, devait paraître nécessaire et obligatoire pour qui se flattait d'exceller dans son art. Il n'est pas sans intérêt de trouver dans cette humble tablature d'un siècle déjà ancien les premières traces d'une tradition si longtemps persistante et qui contribua si fort à l'évolution de la musique instrumentale.

Ce document vénérable appelle encore d'autres remarques. Si nous le comparons note pour note au texte vocal original, nous allons découvrir, entre les deux versions, certaines différences qui ne sont pas négligeables[1]. C'est ainsi que, tandis que le motet

---

1. Je ne m'arrêterai point ici à celles de ces différences qui sont, proprement, des corrections ou des changements prémédités, ou encore la reproduction d'un texte qui n'aurait pas été tout à fait celui du manus-

crit de Paris. Il y a dans la pièce plusieurs passages en effet où l'harmonie (si l'on peut employer ici ce mot) était foncièrement différente de celle du motet. Et généralement le sens de ces variantes paraîtrait procéder d'un esprit plus moderne. Mais ce n'est pas ici le lieu de s'atdu *Roman de Fauvel* débute, monodiquement, par une seule voix, l'arrangement d'orgue ajoute, à cet endroit, une basse. Bien plus, à la septième mesure, le transcripteur complète d'une quinte (*ré*) l'intervalle de 10e (*sol, si*) que lui fournissait son texte. (On trouverait ailleurs, dans la suite non citée ici de la pièce, d'autres exemples de cette sorte de remplissage.) Les mesures 15, 16, 17, 18 de l'orgue nous montrent aussi une partie mélodique ajoutée aux deux parties du motet. Il semble que l'auteur ait voulu achever d'exprimer, en quelque sorte, le sens harmonique suggéré par les simples intervalles du modèle. Encore qu'il ne convienne point de rien exagérer, n'est-on pas en droit de conclure, de ces particularités, que le sens de l'harmonie n'était pas tout à fait étranger aux musiciens de ce temps et qu'ils pressentaient obscurément déjà la signification abstraite d'un groupe de sons défini, amené par la marche indépendante des divers contrepoints?

Nous aurions plaisir à asseoir sur de plus nombreux exemples la part de probabilité — déjà notable — que renferment ces conjectures. Malheureusement, cela n'est pas possible aujourd'hui. La tablature d'orgue du British Museum est unique. Aucun autre document du même siècle ne s'est encore révélé aux investigations des archéologues. Il faudra attendre un siècle au moins pour trouver dans les manuscrits de Conrad Paumann (son *Fundamentum organisandi* est daté de 1452) de nouveaux monuments de l'art d'écrire pour l'orgue. Aucune tablature de luth, soit française ou italienne, soit allemande, n'a été conservée non plus pour le XIVe siècle, où du reste il n'apparaît pas que cet instrument jouît déjà de la vogue incomparable qui, plus tard, fut la sienne.

En ce qui regarde la musique instrumentale, nous voici donc réduits, pour le XIVe siècle aussi bien que pour la première moitié du XVe, aux témoignages indirects auxquels nous avons eu déjà recours. C'est dans les manuscrits qui renferment les œuvres vocales — ou plutôt semi-vocales — de ce temps qu'il convient de chercher quelques indications sur l'emploi des instruments. Comme au XIIIe siècle, nous pourrons rencontrer quelques pièces polyphoniques où l'absence des paroles, les particularités connues de notation ou de style, marquent assez qu'elles furent destinées à enrichir le répertoire instrumental des jongleurs. Transcriptions, pièces originales? Ceci importe peu, puisque nous savons déjà que l'art du moyen âge n'avait pas d'idée très nette sur les rapports, qui nous semblent si nécessaires, entre une pièce de musique et les moyens sonores qui la doivent exposer. Mais c'est principalement sur la combinaison des voix et des instruments dans les motets, chansons ou ballades, qu'il serait de porter son attention, puisque ce caractère mixte est essentiel et que si on se refusait à admettre l'existence de ce mélange, l'exécution de la plupart des morceaux serait, bien souvent, impossible et même inconcevable.

Il est déjà très difficile, pour la musique effectivement vocale de ce temps, de trouver une disposition

acceptable des syllabes du texte sous les notes de la mélodie. Pour les parties que nous affirmons avoir été exposées par des instruments, cela serait presque toujours impossible. Et dans les cas où l'on finirait par trouver une sorte de compromis, le résultat serait si singulier, si insolite, si irrationnel, qu'il serait bien difficile vraiment de s'en contenter.

C'est qu'en effet, dans les œuvres musicales des musiciens les plus notables du XIVe siècle, de Guillaume de Machaut par exemple, le rôle des ritournelles instrumentales aura considérablement agrandi. En beaucoup de pièces du moins, motets, chansons balladées, ballades et autres semblables, on trouvera des préludes (désignés quelquefois du nom caractéristique d'*Introitus*) dont les dimensions atteignent parfois la moitié de la longueur totale de la pièce[1]. D'autres fois, une partie de *triplum* purement instrumentale et par conséquent sans paroles se superpose à une partie vocale, le tout au-dessus d'un *tenor* également instrumental, ainsi que c'est presque toujours la règle pour cette partie fondamentale[2]. Il serait facile de multiplier de tels exemples ou de citer d'autres combinaisons analogues. Mais trop peu d'œuvres du grand poète et musicien français que fut Guillaume de Machaut ont été jusqu'à présent transcrites en notation moderne pour que cette énumération soit plus utile.

Au surplus, nous pouvons trouver, ailleurs que dans la musique française de ce temps, des pages très caractéristiques aussi de ce style mi-vocal, mi-instrumental. Les plus intéressantes peut-être, les plus neuves en tout cas et les moins connues, il faut chercher dans les ouvrages laissés par cette école florentine du XIVe siècle dont M. Johannès Wolf, en 1902, nous a révélé l'existence[3]. Autant que l'on puisse se flatter de restituer aux compositions de ces maîtres leur aspect primitif (ce qu'il n'est point aisé de faire avec précision), on demeure surpris de la part laissée aux instruments. Dans les *Madrigali*, les *Caccie*, les *Ballate* des Jacopo di Bologna, des Donato da Cascia, des Giovanni et des Lorenzo di Firenze, des Gherardello, des Paolo, des Francesco degli Organi, les passages évidemment confiés aux voix sont presque toujours d'une étendue bien moindre que les ritournelles, les interludes ou les conclusions instrumentales. Il peut quelquefois y avoir doute au sujet de certaines vocalises. Bien que contrastant très sensiblement avec le style essentiellement syllabique des motifs pourvus de paroles, il n'est pas impossible qu'elles aient pu être exécutées par le chanteur. Et nous ne pouvons guère espérer trouver un moyen sûr de départir parfaitement le domaine de la voix et celui de l'instrument, qui peut-être, du temps des auteurs, n'étaient même pas rigoureusement délimités. Malgré cette restriction prudente qu'il convient toujours de faire en ces questions de détail, le caractère mixte de ces compositions ne saurait être contesté[4].

Il est intéressant, au surplus, de trouver dans une brève notice qu'un contemporain a consacrée à la

---

tacher à ces modifications (il n'y en a point de telles, d'ailleurs, dans le fragment cité).

1. Rondeau *Rose, lis, printemps, verdure* (publié par J. Wolf dans sa *Geschichte der mensural Notation von 1250-1460* (1904). Le motet *Felix Virgo*, transcrit dans le même recueil, porte l'indication d'*Introitus* pour désigner le début de la pièce.

2. Ballade notée *De petit po de nient volente.* (*Ibid.*)

3. On trouvera dans les *Sammelbände der Internationalen Musikgesellschaft* (année 1902-1903), avec plusieurs pièces intéressantes traduites en notation moderne, l'indication des sources où M. J. Wolf a

puisé. Une des principales est le manuscrit 568, fonds italien, de la Bibliothèque Nationale.

4. Si on se refusait, malgré l'évidence intrinsèque, à l'admettre, il faudrait alors supposer que les trois quarts de la composition s'exécutaient en vocalises sur une syllabe, prise au hasard du texte. Vocalises coupant les phrases, parsemées de silences souvent répétés et de l'aspect le plus étrange. Il est difficile d'admettre que ce mode d'exécution, très difficile et rendant les paroles absolument inintelligibles, ait jamais pu être usuel et voulu. Du moins aucun texte ne fait allusion aux particularités bien spéciales qui en résulteraient, tandis que l'exécution accompagnée d'un instrument est partout mentionnée comme habituelle.

louange du plus célèbre de ces maîtres, Francesco Landino, une mention très claire du mélange des voix et des instruments. Landino (1325-1397), devenu aveugle dans sa jeunesse, s'était consacré tout entier à la musique et y avait acquis une renommée universelle. Il est à noter que l'étude des instruments ne l'occupa pas moins que celle du chant ou de la composition, et que ses mérites de virtuose ne sont

FIG. 313. — *Flûte, petite viole, luth* (d'après un dessin de l'école florentine, fin XVe siècle). (Louvre.)

pas ceux qui lui valurent le moins de gloire. Il n'en était !point où il n'excellât (... *arte primo vivis vocibus, deinde fidibus canere coepit et organo...*), et son rare talent sur l'orgue lui valut le surnom (Francesco degli Organi) sous lequel il est généralement connu. Et l'habileté qu'il paraît avoir eue à employer ces instruments mêlés à la voix a incité son panégyriste à croire qu'il avait inventé ce genre de combinaisons. « Voulant faire rivaliser avec la voix les instruments qui, dans leurs symphonies variées, rendent un son

agréable, il les mêla aux concerts des chanteurs, inventant ainsi un troisième genre de musique par l'union de l'une et l'autre harmonie, genre d'un agrément exquis[1]. »

Quelles pouvaient être les règles précises de ce mélange, quels instruments étaient le plus volontiers mis en usage, et comment, voilà ce que nous ne pouvons guère que soupçonner tout au plus. *Fidibus canere coepit et organo*, nous dit-on de Landino. Ceci nous indique — ce que nous savions déjà — que l'orgue et les instruments à cordes, violes ou luths, étaient tenus en grand honneur. J'inclinerais volontiers à croire que, dans la plupart des pièces de ce temps écrites à deux parties (dont la plus grave n'a pas ordinairement de paroles), c'est plutôt le luth que l'on doit se représenter comme instrument accompagnateur. Le luth ou du moins un instrument de sa famille, portatif et susceptible de rendre à lui seul deux parties ou davantage, ce que ne pouvaient faire les instruments à archet. Nous aurons, au XVe et au XVIe siècle, en Italie, une école, fréquemment citée, de *cantori a liuto*. Il n'est pas invraisemblable de faire remonter ses débuts au siècle précédent. Au surplus, le caractère de beaucoup de ces pièces, les *Cascie* notamment, s'accorde parfaitement avec ce que l'exécution d'un chanteur s'accompagnant soi-même paraît avoir de spontané, de naturel, je dirais presque d'improvisé. Et il est telle d'entre elles où la forme même des traits suggère invinciblement l'idée qu'ils sont écrits pour le luth, tant est grande leur ressemblance avec les *coloratures* dont les luthistes du XVIe siècle aiment à animer leurs compositions. C'est le cas de celle dont on lira ci-dessus le début. Elle est l'œuvre de don Paolo, *tenorista di Firenze*, et se trouve dans le manuscrit 568, fonds italien, de la Bibliothèque Nationale. Rien ne serait plus aisé que de jouer sur le luth, simultanément, les deux parties qui la composent. Qu'on se la représente donc, si l'on veut, exécutée par un chanteur qui s'accompagne lui-même et dont le luth tantôt exécute seul les longues ritournelles, tantôt double la voix à l'unisson[2].

Fra du_ri scogli

Fra du_ri sco.gli senz'al_cun go_ver_

senz'al_cun go_ver no

1. « ... Et quæ reddunt sonitum concinnum per varias symphonias ore æmulans, humanoque commiscens concentui, tertiam quamdam ex utroque commixtam tono musicæ speciem adinvenit jucunditatis ingenuæ. »

2. Cependant le manuscrit porte des paroles aux deux voix, non tout au long, bien entendu, mais coupées, à la voix grave comme à la supérieure, de longs passages où la notation musicale reste seule. On peut donc, si l'on veut, supposer deux chanteurs accompagnés.

Encore qu'elles ne procèdent point exactement des mêmes traditions, les chansons à plusieurs voix de l'école franco-flamande du XVᵉ siècle semblent traitées dans le même esprit que celles-ci, pour ce qui regarde, bien entendu, la combinaison des voix et des instruments. Les œuvres profanes des Dufay, des Binchois, de leurs émules ou de leurs élèves, celles, en un mot, de toute cette brillante pléiade qui, dans les cours de France et de Bourgogne ou bien au service des princes italiens, prépare l'avènement de l'école de Josquin Deprez, ces œuvres — c'est à M. H. Riemann qu'appartient l'honneur de l'avoir définitivement établi — ne sont aussi que partiellement vocales. Différents manuscrits nous en ont fait connaître d'innombrables. Et sans qu'il soit nécessaire de réexposer ici les arguments qui nous avaient déjà servi pour l'art des XIIIᵉ et XIVᵉ siècles, nous sommes forcément amenés à accueillir les mêmes conclusions.

Le type de la polyphonie du XVᵉ siècle, exacte et déjà savante, c'est, pour la musique mondaine, la chanson à trois voix : *discant* et *tenor* d'abord (les deux seules vraiment essentielles et écrites en rapports contrapuntiques rigoureux), à quoi s'ajoute le *contratenor*, qui, tantôt au-dessus, tantôt au-dessous du *tenor*, mais au même diapason, complète l'ensemble harmonique. Il est rare — très rare — que ces trois parties soient attribuées aux voix. Encore en ce cas exceptionnel est-il nécessaire d'admettre une doublure instrumentale, seule entendue lorsque le chanteur se taira, pour faire retentir prélude, interludes ou postludes, souvent assez développés. Le plus ordinairement, une seule partie ou bien deux sont exécutées vocalement. Ces chansons, en lesquelles un préjugé tenace persiste à voir quelquefois des œuvres polyphones à voix seules, ne sont donc presque toujours que des pièces à une ou deux voix, soutenues d'instruments, plus rarement des trios accompagnés.

Les trios à voix seules, sans doute, ont pu être pratiqués, mais tout à fait par exception. Et le nombre des pièces admettant comme possible cette interprétation reste, à côté des autres, infime. N'oublions point, au reste, que là où les instruments figuraient, c'est-à-dire à peu près partout, leur rôle ne se bornait pas, au XVᵉ pas plus qu'aux XIIIᵉ ou XIVᵉ siècles, à la doublure des voix ou à l'exécution d'une partie harmonique spéciale.

Si l'on essaye maintenant de définir la nature de ces instruments et la manière dont la volonté du compositeur ou la tradition les faisaient figurer dans l'ensemble, il va sans dire qu'on ne saurait arriver à des résultats très précis. On peut former des hypothèses, des hypothèses même fort vraisemblables. Et il le faut bien, si l'on est curieux de faire entendre aujourd'hui telle ou telle de ces pièces, souvent pleines de charme, d'expression, parfois même d'un sentiment presque moderne. Si ingénieux, si bien fondé que soit le parti pris adopté en pareil cas, il ne faut pas se dissimuler ce qu'il a de fragile, ni se flatter d'avoir retrouvé exactement la pensée ou le goût des vieux maîtres.

Cependant nous sommes, pour cette période et

quand il s'agit de musique instrumentale, un peu mieux renseignés que pour l'âge précédent. Au témoignage des monuments figurés, — miniatures, peintures ou sculptures, — très abondant, mais forcément, en beaucoup de cas, un peu vague et peut-être parfois conventionnel, s'ajoutent les indices que l'on peut tirer des œuvres des poètes et les descriptions, plus précieuses encore, des chroniqueurs. Ce n'est pas en ce bref exposé qu'on pourrait les rapporter, encore moins les discuter en détail. Je citerai cependant ce qu'on peut dire d'essentiel de la *Chronique* de Mathieu d'Escouchy, texte assez souvent reproduit et de grande importance pour la question qui nous occupe [1].

Il s'agit de la description de la *Fête du faisan* et du grand banquet donné à Lille, le 17 février 1453, par le duc Philippe de Bourgogne à divers princes qui y firent vœu de se croiser et d'entreprendre, en Orient, une expédition qu'au surplus ils ne tentèrent jamais.

Célébré, suivant la mode d'alors, avec une profusion d'*entremets*, c'est-à-dire d'intermèdes de toute sorte, et avec le faste habituel à la cour de Bourgogne, de beaucoup en ce temps la plus riche d'Europe, cette fête comprenait une importante partie musicale. Deux groupes de musiciens y figuraient, cachés aux auditeurs dans deux constructions singulières, élevées, en la salle du festin, au bout des deux tables principales. L'un de ces édifices d'un jour représentait une église, avec des fenêtres garnies de vitraux et munie d'une cloche sonnante; quatre chantres ou enfants de chœur, avec un orgue, y avaient pris place.

Plus profane, l'autre construction représentait un pâté monumental. Ses flancs recélaient 28 musiciens, tant chanteurs qu'instrumentistes.

Je n'énumérerai point ici toutes les pièces de musique que firent entendre, alternativement, les musiciens de l'un ou l'autre groupe, composés, le premier sans doute, des chantres de la chapelle du duc, l'autre des *menestrels* de la « musique de la chambre », comme on eût dit un siècle et demi plus tard. Toutes, au surplus, n'ont pas été décrites par le chroniqueur avec assez de précision pour que nous en puissions tirer d'utiles éclaircissements. Par exemple, qu'il soit question de chansons à plusieurs voix, si on ne nous dit point qu'elles fussent accompagnées ou non, que pouvons-nous faire d'un renseignement semblable?

Il n'en est pas toujours ainsi, heureusement. Et si nous groupons les indications suffisamment détaillées, nous pourrons découvrir quelques combinaisons assez significatives. Ce qui regarde les voix et les instruments d'abord, « fut joué, ou *pasté*, dit le texte, d'un leux (luth) avec deux bonnes voix ». S'il s'agit, comme il est probable, d'une chanson à trois voix, nous nous représentons les deux chanteurs exécutant les parties essentielles, le Superius (ou Discant) et le Tenor. Au luth reviendrait le Contratenor, sans qu'on ne puisse pas supposer qu'il doublât aussi l'une des autres parties ou les deux.

1. *La Chronique de Mathieu d'Escouchy* (Société de l'Histoire de France), vol. II, chap. CIX.

Il lui était également facile d'exécuter seul, s'il y avait lieu, les préludes, interludes ou postludes.

L'autre combinaison est plus compliquée et plus remarquable : « Jouèrent les aveugles [deux ménestrels aveugles serviteurs de mondict Seigneur le duc] de vielles et avec eux, un leu (luth) bien accordé : et chantoit avec eux une damoiselle de l'ostel de la dicte duchesse nommée Pacquette, dont la chose ne valait pas pis. »

Nous trouvons ici une voix de femme (mention assez rare à cette époque où les dessus sont plutôt confiés à des sopranos d'enfants), un luth encore et deux violes (vielles). La voix (Superius) et les deux violes (Tenor et Contratenor) s'y partageaient sans doute les trois parties. Le luth pouvait doubler l'ensemble, tout en se réservant à l'occasion l'exécution du dessus, si la voix se taisait dans les ritournelles.

Fig. 314. — Ange jouant du cromorne. (*Triomphe de la Vierge,* de G. Bellini.)

On peut aussi bien, d'ailleurs, supposer une des violes de diapason plus aigu, doublant ou suppléant tour à tour la partie vocale (Superius), l'autre viole chargée du Tenor et le luth appliqué au Contratenor ou à la doublure de tout l'ensemble. Toutes les fois, du reste, qu'un témoignage figuré ou écrit nous renseigne sur la nature exacte des instruments groupés dans un ensemble, l'indécision réapparaît s'il s'agit de donner à chacun sa partie. Et plusieurs interprétations restent possibles et vraisemblables également.

Il ne faut pas espérer rencontrer jamais, répétons-le, dans la disposition de détail, une précision et une exactitude dont les contemporains se souciaient peu et qu'ils ne se sont jamais montrés curieux d'imposer par des indications propres à fixer les incertitudes. Car, il est à peine besoin de l'ajouter, si les manuscrits, par la disposition du texte chanté ou par l'emploi des ligatures, laissent assez facilement deviner ce qui doit revenir à la voix et ce qui appartient aux instruments, ils ne marquent jamais quelle sorte d'instruments le compositeur souhaitait voir employée de préférence; on s'en remettait évidemment là-dessus à certaines traditions connues de tous. Plus encore, aux circonstances. Et l'on utilisait le mieux

qu'il se pouvait les instruments qu'on avait sous la main.

Si générale qu'elle soit, cette règle souffre cependant quelques exceptions, mais bien rares. Dans les recueils parvenus jusqu'à nous, deux ou trois fois il se trouve en face d'une des parties une mention désignant expressément un instrument spécial. Par exemple, dans les manuscrits provenant de la cathédrale de Trente publiés dans les *Denkmäler der Tonkunst in Œsterrich*, on en lit quelques-unes de cette sorte : *Contratenor de fistolies* (Cod. 87, fol. 15 *b*); *Contratenor ad modum tubæ* (Cod. 90, fol. 131 *b*). Nous sommes avertis par là que, dans ces deux chansons, le Contratenor devait s'exécuter dans le premier cas sur quelque instrument (*fistula*) de la famille des hautbois ou douçaines; dans le second, sur un trombone sans doute, déjà parfaitement connu au xve siècle.

Mais, dans cet ordre d'idées, le document le plus significatif provient d'un manuscrit de la Bibliothèque de l'Escurial, que M. P. Aubry a signalé le premier à l'attention des musicologues[1]. C'est un chansonnier français rédigé très certainement vers 1450. Dans ce recueil se trouve une chanson de Pierre Fontaine, *papæ familiaris et suæ capellæ cantor*. Elle est à trois voix, sur les paroles *J'ayme bien celui qui s'en va*. Et la partie de contratenor non seulement porte cette indication fort claire : *Contra Tenor Trompette*, mais encore est écrite de telle sorte qu'aucun doute sur sa nature purement instrumentale n'est possible. Elle est notée sur une portée de huit lignes, et nulle voix humaine ne pourrait pratiquement parcourir l'étendue de deux octaves pleines qu'elle parcourt. Il suffit, pour s'en convaincre, de citer la formule finale qui la résume parfaitement :

Quant à l'instrument appelé ici *trompette*, il s'agit certainement d'un trombone dont le diapason exact, bien entendu, serait à déterminer, mais un trombone à coup sûr, puisque la partie comprend tous les intervalles diatoniques qu'un instrument du genre de la trompette simple ne saurait donner. Au reste, le nom du trombone, en ce temps, est sans doute habituellement *sacquebute*, mais très souvent on trouve *trompette sacquebute*, et le xviie dira encore *trompette harmonique*.

Quoi qu'il en soit, ce document est trop intéressant pour que nous ne le citions pas ici au moins un fragment de l'œuvre de Pierre Fontaine. Il ne faut pas oublier, pour bien en comprendre l'effet d'ensemble, que le *Tenor*, écrit en ligature sans paroles, était sans doute exécuté par un instrument, une viole grave par exemple. La partie de Superius elle-même renferme plusieurs interludes instrumentaux. Là aussi un instrument devait doubler la voix (écrite dans notre transcription comme l'est aujourd'hui la voix de ténor : une octave au-dessus de son diapason réel) et la suppléer, alors qu'elle se taisait. Voici le début de la chanson :

1. *Iter Hispanicum*. « Deux chansonniers français à la Bibliothèque de l'Escorial », dans les *Sammelbände der Intern. Mus. Gesellschaft*, 1906-07, p. 525.

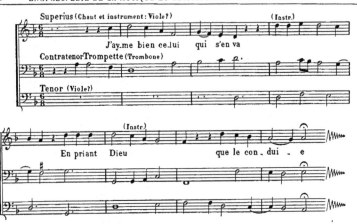

Si remarquable que soit ici l'emploi d'un instrument tel que le trombone dans ce qu'on peut appeler de la musique de chambre, si évidente que soit l'intention du compositeur ou tout au moins d'un *arrangeur* contemporain, il est à croire qu'une semblable combinaison demeura toujours assez exceptionnelle, pour des œuvres du caractère de celle-ci. Ce qui tend à le prouver, c'est moins l'absence de textes musicaux réellement affirmatifs, que celle de témoignages du même temps mentionnant l'emploi des cuivres en dehors des grandes exécutions chorales, cérémonies religieuses ou pompes triomphales.

Ces témoignages abondent, au contraire, pour nous révéler d'autres combinaisons dont il en est qui paraissent avoir été d'usage constant et pour ainsi dire classique. Il semble bien qu'au xve siècle la technique instrumentale, aussi bien la facture sans doute que la pratique proprement dite et l'habileté des virtuoses, ait fait des progrès considérables et décisifs. Plus vague sans doute et indécise encore aux siècles précédents, la distinction se précise entre certains instruments qui paraissent seuls convenables à l'art véritable et d'autres désormais abandonnés au populaire et aux ménétriers d'ordre inférieur. Parmi ceux que leur perfection et leurs ressources plus riches classent au premier rang, on ne tarde point à remarquer que les qualités ne sont pas identiques. Il en est dont la sonorité plus soutenue, plus éclatante, convient aux divertissements de plein air, aux danses, aux marches ou aux cortèges. D'autres, au contraire, se distinguent par le charme et la douce suavité du timbre. Leur jeu se fera valoir principalement dans la musique intime. Et dès le milieu du siècle, sinon avant, le classement définitif des engins sonores en instruments « hauts et bas » est un fait parfaitement établi. Il ne s'agit pas, comme on l'a cru souvent, de distinction entre instruments d'un diapason aigu ou d'un diapason grave. Point du tout. Les instruments « hauts » sont ceux dont la sonorité est éclatante : cuivres et instruments à vent en général. Les instruments « bas » seront ceux dont la sonorité est délicate et douce : instruments à cordes, violes, luths, harpes et autres semblables, et aussi les flûtes, les « douçaines » et les petites orgues portatives.

A ceux-ci seuls revient décidément la charge d'accompagner la voix dans les chansons savantes. Non pas qu'ils ne sachent aussi se faire entendre seuls. Au contraire, nous le verrons; mais leur rôle d'instruments accompagnateurs est essentiel et mérite d'attirer l'attention. Un texte cité par Morelot[1] dans le mémoire qu'il a consacré au manuscrit connu de la bibliothèque de Dijon provenant de la chapelle des ducs de Bourgogne, l'établit avec bien d'autres encore. L'anonyme cité par Morelot nous montre deux musiciens fameux du xve siècle, Morton et Heyne, chantant leurs compositions de la sorte :

Sur bas instrumens a planté
Ont joué et si fort chanté
Qu'on les ouy près de mais...

On comprend aisément que le luth, la harpe, l'orgue aussi, aient promptement acquis, dans l'usage, une prépondérance que nul autre instrument ne leur pouvait disputer. La douceur de leurs sons, la délicatesse de leur timbre, n'étaient pas seuls à considérer. Certes les violes pouvaient se vanter de mérites égaux tout au moins. Mais elles n'avaient point l'avantage de pouvoir réaliser commodément une harmonie complexe.

La harpe, au xive siècle, — nous le savons par une poésie de Guillaume de Machaut, — comptait déjà 25 cordes. C'était donc un instrument très complet et très étendu. Les artistes qui y excellaient avaient, si l'on en croit les contemporains, grandement dépassé le talent de leurs prédécesseurs immédiats. Martin Lefranc, dans son *Champion des dames*, écrit vers 1450, fait leur éloge.

Ne face mention d'Orphée
Dont les poètes tant descripvent :
Ce n'est qu'une droite lassée
Au regard des harpeurs qui vivent,
Qui si parfaitement arrivent
Leurs accords et leurs armonies...

Quoique moins souvent célébré, le luth a déjà inauguré la prodigieuse fortune qui sera sienne un siècle plus tard. Déjà riche de cinq ou six cordes, doubles ou non, c'est aussi un instrument dont l'*ambitus* con-

1. *Notice sur un manuscrit de Dijon, contenant deux cents chansons du quinzième siècle*, Dijon, 1856.

sidérable se prête bien à la reproduction des combinaisons polyphoniques, et, mieux que la harpe, il est apte à rendre, sans difficulté, le chromatisme naissant de compositions qui ne se tiennent déjà plus dans le strict diatonisme des modes officiels.

Un seul de ces instruments, luth ou harpe, suffit donc à la rigueur à l'accompagnement d'un, de deux ou de trois chanteurs. La fête de 1453 nous montre un luth « avec deux bonnes voix », et les monuments figurés abondent en reproduction de chanteurs accompagnés ou s'accompagnant de la sorte. Plus souvent cependant, il semble qu'à l'un ou à l'autre de ces instruments ou aux deux réunis (ainsi qu'ils le sont souvent) on ait jugé utile d'en ajouter quelques autres, susceptibles de mieux faire ressortir par la tenue des sons l'importance d'une partie de l'ensemble. Par exemple, ces ritournelles mélodiques où la voix se taisait, ou bien encore telle partie de tenor dont le rôle de fondamentale harmonique pouvait être utilement marqué mieux que par la voix fugitive d'une corde pincée.

L'orgue convenait très bien pour ces deux usages. Les instruments portatifs très petits ont dû s'employer exclusivement comme instruments mélodiques de dessus. Ceux dont les dimensions sont plus amples pouvaient commodément interpréter tenor ou contratenor ou l'ensemble tout entier. Nous venons de voir pareillement les violes dans ce même rôle (les deux violes et le luth avec une voix de femme de la fête de 1453). Toutefois, leur usage paraît moins fréquent qu'on ne le pourrait croire. Plutôt que de s'unir aux voix, communément du moins, ces instruments (ou leurs similaires les « rubèbes » ou « rebelles ») se font entendre très fréquemment, seuls ou du moins en des ensembles où les voix ne figurent point.

Mais les instruments de la famille des flûtes (flûtes à bec ou flageolet, de préférence au xv° siècle) semblent avoir joui alors d'une vogue sans pareille. Les flûtes sans doute devaient cette faveur au caprice de la mode, et bien des contemporains s'en étonnent et s'en indignent.

> ... Plutôt plaît la folle
> Fleute, sote, orde et trivolle
> Que les doux loyaulx instruments...

déclare le traducteur de Sébastien Brandt, l'auteur de *la Nef des folz du monde*. Mais ces indignations demeurent sans effet. Au siècle précédent, Eustache Deschamps constatait déjà le goût de ses contemporains pour cet aimable instrument :

> Compains, aprens a flajoler...
> Car princes oyent volontiers
> Le flajol...

Les gens du xv° siècle continuèrent à penser làdessus comme leurs prédécesseurs. Ils firent grand cas des flûtes et des flûtistes. Martin Lefranc n'hésite pas à en citer un parmi les plus excellents musiciens, non loin des maîtres, des Dufay, des Binchois, des Dunstable :

> Mais jamais on n'a compassé
> N'en doulseine n'en flajolet
> Ce qu'ung, naguères trespassé,
> Faisoit, appelé Verdelet.

Non content d'écouter les flûtes en concert ou mêlées à d'autres instruments, on se plut à les faire figurer dans l'accompagnement des voix. Si l'on s'en rapporte — et pourquoi non ? — au témoignage des monuments figurés, cette combinaison : harpe, luth, flûte, semble avoir été la plus ordinairement en usage avec la voix. Il serait fastidieux d'énumérer la longue série des tableaux, des dessins, des estampes, des frontispices de livres où l'on voit représenté, à côté d'un ou plusieurs chanteurs, ce petit trio instrumental, dont une peinture de Michael Wohlgemuth, au Musée de Cluny, donne une représentation minutieuse et parfaite.

Dans cet ensemble, assurément, le rôle de la flûte est celui que nous pouvons déterminer avec le plus de certitude. Doubler la voix supérieure, la suppléer quand elle se taisait, sans doute aussi redire à l'occasion le Superius tout entier brodé de diminutions ingénieuses : voilà ce qu'on lui pouvait demander. Luth et harpes faisaient le reste. Et certes la nature de la flûte la désignait pour ce rôle. Son timbre, agréable et doux, tranchait très bien cependant sur le murmure des cordes. D'autant mieux que, maintes fois, la flûte représentée semble trop petite pour avoir pu exécuter sa partie autrement qu'à l'octave, au moins, de la note écrite. La facilité de son doigté rend la flûte un instrument très agile, donc excellent pour les traits rapides et les variations brillantes. Ajoutons enfin qu'en ces temps où la facture devait être encore assez imparfaite, la simplicité même de son mécanisme lui assurait l'avantage presque certain d'une justesse et d'une égalité satisfaisantes.

En dehors de son emploi comme accompagnement des voix, ce petit ensemble, régulièrement constitué, pouvait s'employer parfaitement à l'exécution purement instrumentale des pièces. Transcriptions de polyphonies vocales ou compositions originales, ces morceaux ne différaient assurément que très peu de forme et d'écriture. Il ne semble pas que les contemporains en fissent la différence. En dehors des musiques spécialement faites pour régler les évolutions des danseurs, il apparaît clairement que le répertoire des ménestrels joueurs d'instrument ne diffère pas de celui des ménestrels qui sont véritablement des chanteurs. Les uns comme les autres, dans les mêmes circonstances et devant le même public, jouent ou chantent les mêmes chansons.

Le passage déjà signalé de la chronique de Mathieu d'Escouchy nous indique quelques-unes des combinaisons sonores qui plaisaient alors. Par exemple : un luth, une douçaine « avec un autre instrument concordant ». De ce dernier, si vaguement indiqué, inutile de vouloir rien dire. La douçaine, instrument à anche double comme le hautbois[1], mais, ainsi que son nom l'indique, au timbre doux et sans éclat, compte parmi les « bas instruments ». Elle pouvait donc très bien s'allier ici au luth pour l'exécution purement instrumentale de quelque chanson.

Plus loin, le chroniqueur mentionne quatre ménestrels jouant de « fleutres (flûtes) très mélodieusement » : des pièces de danse sans doute et assurément à plusieurs voix. Quoique l'habitude d'établir, pour chaque sorte d'instrument, une famille complète du grave à l'aigu, ne se soit régulièrement introduite qu'au cours du siècle suivant, les monuments, déjà au xv° siècle, nous font voir des flûtes à bec de dimensions et par conséquent de diapasons fort divers. Rien n'empêchait de les combiner harmoniquement entre elles. Un autre chroniqueur du même temps, décrivant les fêtes du mariage du duc Charles de

---

1. Il est très probable que la douçaine est un instrument analogue au cromorne, sinon le cromorne lui-même (cf. *Monatshefte der I. M. G.*, 1909-1910, p. 500, art. de M. Curt. Sachs), c'est-à-dire un instrument à anche double, mais à corps cylindrique comme la clarinette moderne, au lieu du corps conique du hautbois. Cette perce donne au timbre (pour le cromorne du moins) une couleur particulière, légèrement caverneuse, mais très douce et fort agréable.

Bourgogne avec Marguerite d'York, célébrée à Bruges en 1468, cite également un quatuor de flûtes analogues. Quatre ménestrels en forme de loups (les musiciens apparaissaient dans ce divertissement sous des déguisements d'animaux divers) se montrèrent dans la salle « ayant flustes en leurs pattes et commencèrent lesdits loups à jouer une chanson »...

Enfin, à côté de ces combinaisons d'instruments de tonalité plutôt discrète, signalons-en, chez le même Olivier de la Marche, une autre où apparaissent les « haults instruments » aux éclats plus rudes. Des fenêtres d'une construction en forme de tour « saillirent trois chèvres et un bouc moult bien et vivement faictz. Le bouc jouoit d'une trompette saicqueboute, et les trois chèvres de *schalmayes*. Et en cette manière jouèrent un motet... »

Le *schalmaye* (*schalmei*, nom allemand du chalumeau ou hautbois) s'unissait ici avec la *sacquebute*, notre trombone moderne. Combinaison dont nous trouverons plus tard d'autres exemples nombreux toutes les fois qu'il faudra réaliser une sonorité éclatante et majestueuse.

Le répertoire des joueurs d'instruments ne se bornait pas seulement aux pièces savantes à plusieurs parties. La musique harmonique n'était pas encore, comme elle l'est aujourd'hui, la musique tout entière, et dans les fêtes les plus richement ordonnées, des morceaux figuraient avec honneur, purement mélodiques et confiés à un seul instrument. La virtuosité de l'artiste, la justesse et la vivacité des traits en faisaient sans doute le plus grand mérite. Mais peut-être, s'il nous en était resté quelque chose, pourrions-nous retrouver dans l'ordonnance de ces fantaisies quelque chose de la composition régulière et symétrique de ces estampies déjà signalées comme les premiers monuments de notre art instrumental.

Quoi qu'il en soit, — Mathieu d'Escouchy l'atteste pour les fêtes de Lille de 1453, — ces morceaux non accompagnés ne paraissaient pas indignes d'un auditoire d'élite. Il cite avec honneur parmi les « numéros » de ce riche programme « un bergier qui joua d'une musette moult nouvellement » et un « cornet d'Allemagne ». Figurait encore dans ce concert cette petite flûte à bec à trois trous, jouée d'une seule main et dont la mélodie s'accompagne au bourdonnement du long tambourin que l'artiste, de l'autre main, percute d'une seule baguette. Sous le nom de « tabourin », qui désigne l'ensemble des deux instruments (ils ne vont jamais l'un sans l'autre), ceci plaisait extrêmement au XVᵉ siècle. Longtemps encore après, les tabourins « figurent parmi les ménestrels attachés aux cours des princes. « Trois tabourins jouèrent ensemble une très joyeuse chanson... » Ensemble, cela veut dire ici, très vraisemblablement, à l'unisson. C'est du moins la seule manière dont il puisse s'imaginer la chanson dite, sur leurs petites flûtes toutes pareilles, par les trois « tabourineurs ».

Parmi les instruments qui jouent seuls, dans cette fête de 1453, l'orgue enfin figure aussi. L'édifice construit en forme d'église, avec ses vitraux et sa cloche, renfermait, à côté des quatre chantres ou enfants de chœur, un orgue : sans doute de dimensions médiocres et tel, par exemple, que celui qui est si minutieusement figuré dans le célèbre *Triptyque de l'Agneau* de Van Eyck. Quoi qu'il en soit, cet orgue se fait souvent entendre. Peut-être accompagne-t-il les voix quand les chantres exécutent motets ou chansons. Le chroniqueur ne le dit point explicitement. Mais, de même que les musiciens de ce groupe alternent avec ceux que le pâté recèle en ses flancs, de même dans l'église alternent chantres et organiste. Sur neuf morceaux exécutés, l'orgue en dit seul quatre pour sa part.

Remarquons qu'il s'agit ici d'une fête toute mondaine et que les pièces que les chantres avaient à rendre, pour être quelquefois qualifiées de motets au lieu de chansons, n'étaient pas plus, assurément, morceaux de musique religieuse que la grande majorité des motets du XIIIᵉ ou du XIVᵉ siècle. Pour les auditeurs du XVᵉ siècle l'orgue n'était nullement, en effet, un instrument spécifiquement destiné à l'art sacré. Il apparaissait déjà bien dans l'église en ce temps-là, mais son usage y était encore fort loin d'être général, encore moins exclusif. Et quand il se risquait dans le temple, il n'y était rien de plus qu'un instrument comme les autres. La musique profane le revendiquait tout aussi bien pour elle, et dans ses combinaisons habituelles il figure avec honneur.

De l'art des organistes de cette époque, il subsiste un monument du plus haut intérêt et qui suffit, à lui seul, à nous instruire assez parfaitement du point où ils étaient alors parvenus. C'est l'œuvre de Conrad Paumann, né à Nuremberg vers 1410, mort à Munich en 1473, comblé de gloire et d'honneur pour le talent incomparable qu'il avait acquis, quoique aveugle, sur divers instruments, notamment sur l'orgue. Son *Fundamentum organisandi*, daté de 1452, est le plus ancien recueil de musique d'orgue parvenu jusqu'à nous.

Plus peut-être que par la valeur des pièces, assez nombreuses, qu'il renferme, il vaut par ce qu'il nous enseigne de la technique des organistes d'alors et de ce qu'on exigeait de leur talent. C'est surtout, en quelque sorte, un recueil d'exemples et de préceptes, de formules et d'indications propres à rendre familier aux artistes de ce temps l'art de transporter au clavier les œuvres de musique quelles qu'elles fussent, de préparer, par des préludes appropriés, l'audition des pièces vocales, de traiter avec les ornements et les *coloratures* appropriés des thèmes mélodiques connus. En un mot, ce livre réunit, en une manière de *compendium*, tous les artifices convenables pour adapter à l'orgue toute musique et pour adapter l'orgue à toute musique. Il est à croire que ce talent particulier était alors le plus indispensable aux organistes. Leur répertoire, improvisé dans la forme et dans les détails, pouvait comprendre tout ce qu'on écrivait autour d'eux, pourvu que l'exécutant fût parfaitement au fait des transformations nécessaires. Il se peut — c'est même probable — qu'il existât des compositions spécialement conçues pour l'orgue. Mais, le plus ordinairement, les organistes se devaient borner à traiter, suivant les règles imposées par la technique et les ressources de leur instrument, soit des thèmes, soit des pièces, religieuses ou autres, déjà élaborées complètement sous une autre forme.

Ce serait peut-être dans les préludes — *Præambulum*, comme dit le manuscrit — que la part d'invention resterait la plus considérable, si ces pièces, assez courtes, étaient autre chose que l'exposition plus ou moins variée d'une formule vocale, d'une cadence un peu prolongée. Qu'on en juge par cet exemple :

Praeambulum super Fa   CONRAD PAUMANN

Cela n'est pas d'un art très profond, et l'effort du compositeur s'y borne à la recherche de variations ingénieuses et agréables. Pareillement, quand il se borne à transcrire, pour son clavier, quelque chanson ou quelque motet, il n'excède point ces limites modestes. L'adaptateur inconnu du motet tiré du *Roman de Fauvel* (nous avons cité cette pièce), un siècle auparavant, n'opérait pas autrement. Ses successeurs, au xv° siècle, n'ont fait qu'étendre un peu ses procédés sans les transformer le moins du monde[1].

En principe, il n'en va pas autrement pour les pièces où le musicien s'applique à traiter un thème connu, profane ou religieux, il n'importe. Ces compositions sur un tenor donné prennent cependant un caractère assez original par la liberté avec laquelle ce tenor est toujours interprété. Au contraire des œuvres des déchanteurs d'autrefois, où le tenor reste toujours sans changement ou du moins n'est modifié que dans son rythme pour pouvoir entrer, de gré ou de force, dans le cadre du mode choisi, il est ici, lui aussi,

varié et travaillé de façon assez curieuse. Chaque cellule, chaque note en est amplifiée et étendue de telle sorte, il se joint à la signification harmonique primitive tant d'incidences, presque indépendantes parfois dans l'ensemble, que la mélodie primitive n'est guère reconnaissable du premier coup. S'il est permis de le dire, c'est comme un premier et timide essai de la grande variation beethovenienne, — toutes proportions gardées, bien entendu, et sans vouloir rapprocher des œuvres d'une portée si inégale.

Il convient de citer au moins un fragment de l'une de ces pièces, souvent assez développées. Et avant d'en donner le texte, nous reproduirons le thème choisi par le compositeur. Il se trouve, par un hasard heureux, dans un manuscrit du même temps (relié dans le même volume). La comparaison de cette simple mélodie avec son interprétation instrumentale ne manque pas d'intérêt.

Voici le début de ce chant, exposé monodiquement dans le manuscrit en question :

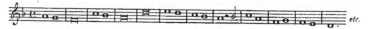

etc.

Qu'est devenue cette phrase grave et une sous la main du compositeur qui la mit en œuvre? Voyons la pièce d'orgue de Paumann, et de quelle façon, au-

dessous d'un contrepoint dont les *colaratures* n'ont rien qui ne nous soit déjà familier, il a disposé et varié le tenor fondamental.

Tenor "Benedicite Allmechtiger Got"   CONRAD PAUMANN

(La)   (Sol)

1. Il n'est pas sans intérêt, à ce propos, de remarquer que cette similitude s'étend même à la notation. Le *Fundamentum organisandi* unit pareillement l'écriture musicale mesurée (notes sur portée) et la tablature par lettres. La partie supérieure est seule écrite sur la portée, les autres (tenor et contratenor) en lettres au-dessous. Des indications complémentaires marquent au besoin (comme ce sera la règle pour les tablatures de luth) les différences de valeur.

Il est assurément aisé, à l'analyse, de retrouver dans la mélodie de ce tenor celle du chant original. Il n'en est pas moins vrai que le travail ingénieux du compositeur l'a singulièrement transformé, comme on peut s'en convaincre par l'indication des notes primitives placées au-dessous du texte. L'intérêt singulier de cette transformation (qui en fait tout autre chose), c'est qu'elle n'est point rythmique, mais essentiellement mélodique et harmonique. Il est curieux et digne de remarque de trouver déjà, dans la technique des organistes du xve siècle (car rien n'autorise à penser que Paumann ait été seul à composer dans ce goût), les premiers rudiments d'un procédé de développement qui devait avoir une si grande importance dans l'évolution progressive de l'art[1].

Il est donc heureux, pour notre connaissance de la musique instrumentale de ce temps, que les manuscrits de Paumann aient été conservés. Car ces monuments inestimables sont à peu près les seuls qui nous en restent. Aucune tablature de luth du xve siècle ne paraît être arrivée jusqu'à nous. Et pour trouver les moyens d'étudier les premiers témoignages de la riche littérature de cet instrument, si intéressante au point de vue de l'étude des formes musicales, il faut attendre les premières années du siècle suivant. Il est très vrai que quelques-uns des nombreux livres imprimés que renferment les bibliothèques remontent aux toutes premières années du siècle. Ils renferment l'œuvre de musiciens qui avaient fleuri dans l'âge précédent. Cela est manifeste pour les premières éditions de Petrucci et pour les compositions d'un des premiers luthistes allemands qui nous soit connu, cet Hans Judenkünig, qui fut peut-être un élève, tout au moins un imitateur de Paumann, luthiste excellent lui aussi. Mais nous reporterons cependant l'examen de ces livres au moment d'aborder l'art du xvie siècle.

Pour nous aider à concevoir, approximativement tout au moins, ce que pouvait être le répertoire des ménestrels que les princes du xve siècle entretenaient à leur cour et dont l'art déjà compliqué et brillant venait apporter aux fêtes et aux réjouissances leurs magnificences sonores, il faut se garder de négliger certains documents qui, sans la satisfaire pleinement, piqueront au moins notre curiosité. Il demeure en effet quelques pièces instrumentales du xve siècle, non point écrites pour un instrument seul, se suffisant à soi-même, tel que l'orgue, le luth ou la harpe, mais en parties, pour un petit groupe de musiciens.

Ce ne sont guère, il est vrai, que des transcriptions de chansons, et la forme de ces petits morceaux ne nous apprendra rien de très caractéristique. On peut en lire un certain nombre, par exemple, à trois ou quatre voix, dans ce recueil (Liederbuch) de Berlin qu'Eitner a reproduit dans ses Monatshefte de 1875. Cependant, si ce sont des chansons, celles-ci n'ont pas tout à fait l'aspect de celles qui semblent vraiment destinées à la voix. Plus rythmiques, plus animées, plus allantes, elles paraissent bien de véritables airs de danses, et, telles qu'elles se présentent, elles n'offrent point le retour périodique et caractéristique de certaines phrases qui, dans les chansons vocales, sont ordinairement imposées par la forme fixe du petit poème, rondeau ou ballade, lequel en fait le texte.

On en jugera, au surplus, par l'exemple suivant emprunté à Eitner. Il offre l'avantage d'être de la composition d'un musicien, Carmen, cité par Martin

1. La transcription complète du Fundamentum organisandi de Conrad Paumann a été publiée en 1867 dans le second Volume des Jahrbücher für musikalische Wissenschaft de Fr. Chrysander, par F. W. Arnold, aVec une étude sur le musicien et son œuVre.

Lefranc comme un des plus notables prédécesseurs de Dufay et de Binchois :

> Taplssier, Carmen, Cesaris,
> N'a pas longtemps si bien chantèrent
> Qu'ils esbahirent tout Paris
> Et tous ceux qui les fréquentèrent.

Voici l'œuvre de ce vieux maître. Est-elle, telle quelle, sortie de ses mains, ou le morceau n'est-il qu'une mise en œuvre nouvelle d'un thème à lui emprunté? J'inclinerais, sans rien affirmer, vers la seconde hypothèse. L'écriture, toute en imitations canoniques régulières et soutenues, entre le *Superius* et le *Tenor*, n'est déjà plus celle des musiciens de la première moitié du siècle.

Der Ratten Schwanz'.

CARMEN

Il est bien entendu que la notation originelle des pièces du *Liederbuch* de Berlin n'indique nullement pour quels instruments ces petites compositions furent écrites. Et il n'est pas moins certain que, suivant l'usage de ces temps-là, le musicien ne s'est pas du tout inquiété de savoir comment et par qui sa musique serait interprétée. Il s'en remettait, comme on le fera encore longtemps après lui, aux usages, aux circonstances et aux ressources dont on disposerait. Aussi bien, quels que fussent les instruments choisis, pourvu que leur diapason restât proportionné à la partie qui leur était assignée, l'effet ne pouvait être ni diminué ni modifié. Ne cherchons point, dans la musique des primitifs, à préciser ce qui ne le fut jamais et ne le pouvait être, et représentons-nous ces airs de danse exécutés par tel ou tel groupe d'artistes qu'il plaira d'imaginer, d'après les témoignages contemporains. Ce sera, si l'on veut, des joueurs de violes ou de rubèbe. Nous savons que ces instruments étaient fort goûtés dans la musique instrumentale. Et Martin Lefranc n'a pas manqué de marquer, pour la postérité, le passage à la Cour de Bourgogne d'artistes anglais de cette sorte, dont le talent avait étonné même les plus grands artistes d'alors.

> Tu as bien les Anglais ouy
> Jouer à la Cour de Bourgongne ;
> N'a pas certainement ouy,
> Fut-il jamais telle besongne ?
> J'ay veu Binchois avoir vergongne
> Et soy taire emprès leur rebelle.
> Et Du Fay despite et frongne
> Qu'il n'a mélodie si belle.

Au surplus, il est un monument iconographique célèbre qui, maintenant, résumera à merveille tout ce que nous croyons savoir des habitudes des artistes d'alors pour ce qui regarde le choix et le groupement des instruments dans la musique d'ensemble. C'est la belle suite de planches gravées attribuées à Albrecht Dürer et connue sous le nom de *Triomphe de*

Maximilien. Commenté par les indications d'un manuscrit de la Bibliothèque impériale de Vienne qui renferme les indications fournies à l'artiste pour l'exécution de son travail, ce document paraît d'une précision qui ne laisse aucune place à la fantaisie. Dans le vaste cortège organisé en l'honneur de l'empereur, les musiciens tiennent une place importante. Soit à cheval, puisqu'il s'agit d'une sorte de marche triomphale, soit placés sur des chars traînés par des animaux divers, ils constituent une suite de petits groupes séparés, suivant les affinités que les artistes remarquaient alors entre les différentes sortes d'instruments. Et nous avons ainsi l'image exacte, dans l'exercice de leurs fonctions, des éléments artistiques qu'une cour somptueuse pouvait réunir et mettre en œuvre. A la vérité, le *Triomphe de Maximilien,* daté de 1512, nous reporte un peu au delà du siècle que nous venons d'étudier. Mais la différence n'est pas grande. Les artistes que l'empereur Maximilien avait à son service s'étaient formés dans la

seconde moitié du xve siècle. *Élèves et héritiers des maîtres de cette période, ils en avaient assurément conservé les traditions et les habitudes, pour une très large part tout au moins.*

La chapelle, la musique; de la chambre, les musiciens de guerre ou de carrousel, rien ne manque dans cette revue, vraiment complète. Voici des bandes de trompettes, régulièrement constituées avec les timbaliers dont les timbales fournissaient à leurs fanfares l'accompagnement déjà consacré. Voici, soutenues des roulements des tambours, les flûtes. Flûtes traversières, assez semblables de proportions et de diapason par conséquent à celles de nos orchestres. Telles qu'elles paraissaient un instrument de guerre, comme le sera un peu plus tard le fifre des bandes suisses. Et le maître qui les conduit, Anthony de Dornstadt, a soin de rappeler qu'il « flûta » pour le belliqueux empereur Maximilien « en maints durs combats et chevaleresques bans ». Plus artistiques déjà, ou du moins se révé-

Fɪɢ. 315. — Joueurs de luth et de viole. (*Triomphe de Maximilien.*)

lant propres à l'exécution d'une musique harmonique complexe, apparaissent des bandes de trombones et de hautbois, constituant un véritable orchestre militaire. Un véritable orchestre, c'est bien le mot, puisqu'on y voit dix hautbois ordinaires, cinq d'un modèle plus grand (hautes-contre ou tailles?) et dix trombones altos ou ténors!

Tous ces musiciens figurent à cheval. Viennent ensuite, placés sur des chars, les artistes jouant d'instruments plus délicats et moins rudes, ceux qui constituent ce que le manuscrit de Vienne appelle proprement « la musique ». En premier lieu, un groupe de luths et de violes (*Lauten und Rybeben*) : trois luths, deux violes. L'un au moins de ces musiciens (sinon deux) semble chanter. Rien de plus naturel. Et cette combinaison d'archets et de cordes pincées fournissait aisément un accompagnement parfait à la voix, tout en pouvant servir à l'exécution de pièces instrumentales.

Un autre char porte des instruments plus éclatants : deux hautbois, deux cromornes de taille différente, un trombone. Ce groupe de « hauts instruments » (nous l'avons vu réalisé déjà dans la fête de

1468) paraît très propre à l'exécution des danses, aussi bien que des musiques de fête où la vigueur de la sonorité n'était pas déplacée.

Contrastant avec celui-ci, un autre char porte la « musique douce » (*Musica : suess melodey*). Nous y trouvons des instruments plus variés, mais tous d'intonation fine et suave. Un tambourin d'abord (*Tämerlin*), c'est-à-dire un de ces « tabourineurs » déjà signalés, dont la petite flûte droite, jouée d'une seule main, est soutenue du tambourin proprement dit, frappé d'une seule baguette. En 1512 donc, la mode n'était pas encore passée de ce petit ensemble, propre à rendre seulement une musique très simple et de caractère populaire. Le tambourin se joignait-il aux autres artistes? Cela semble peu probable. Quoi qu'il en soit, voici à côté de lui des instruments à cordes. Deux luths : l'un petit (*Quintern*), un plus grand (*Grosse lauten*); deux violes : une basse (*Rybeben*), un dessus (*Fydel*), et enfin une harpe. Puis encore deux flûtes à bec : une petite et une grande. Ces sept derniers instruments peuvent parfaitement sonner ensemble, aussi bien pour accompagner les voix que pour exécuter seuls. Et nous avons ainsi, réalisée, une combinaison dont la vogue, on le verra, fut grande et durable.

Pour être complet, il reste à signaler le char où figure, seul, le célèbre organiste Paul Hofhaimer jouant d'un petit orgue (*Possetif*) à tuyaux. Une régale (petit clavier à un seul jeu d'anches) se trouve à l'autre bout du char. Vient enfin celui où la chapelle a pris place. Il porte seize chanteurs, hommes ou en-

Fig. 316. — Hautbois, cromornes, trombone. (*Triomphe de Maximilien.*)

fants, en habit de chœur, chantant sur un seul grand livre ouvert. Avec eux, portant aussi le costume ecclésiastique, deux musiciens : un cornet (*Zincken*) et un trombone. Bien que le rôle de ces instruments dans la musique polyphonique d'église ait toujours été trop peu indépendant des voix pour valoir d'être étudié alors qu'il s'agit de musique instrumentale proprement dite, il convient cependant de signaler

Fig. 317. — Tabourin, grand et petit luth, dessus et basse de viole, harpe. (*Triomphe de Maximilien.*)

leur présence. Il semble résulter des notes manuscrites que leur mélange avec le chœur où ils soutenaient l'un — le cornet — toujours les dessus, l'autre — le trombone — sans doute ordinairement les basses, était alors, dans la chapelle impériale, une innovation récente. Quoi qu'il en soit, ce renforcement de certaines parties de l'ensemble vocal parut promptement indispensable.

Au xviᵉ siècle nous trouverons partout en France, en Italie, en Allemagne, les « cornets de musique » employés à doubler les voix des enfants, ou plutôt à exécuter leur partie en diminutions savantes et rapides, tandis qu'à l'autre extrémité de l'édifice contrapuntique gronderont les trombones, ou bien — en France surtout — les serpents, les grandes basses de hautbois ou de cromorne, les bassons.

Les affinités entre instruments de diverses sortes, telles que les groupes de la musique du *Triomphe de Maximilien,* par leur composition, nous les révèlent, ne devaient perdre pour les artistes du xviᵉ siècle aucun de leurs caractères d'impérative évidence. En fait, toute la musique instrumentale de cette époque — j'entends celle qui n'a pas pour interprète un virtuose unique — s'établit d'après les mêmes principes.

Toutes les fois que l'art musical s'emploiera à rehausser la splendeur d'un grand spectacle, d'une cérémonie pompeuse, partout où il aura à déployer sa puissance la plus efficace, nous verrons alterner successivement chacun de ces petits «orchestres », à peu près tels qu'ils avaient pris place déjà dans la pompe du cortège que fixa, pour la postérité, le burin du graveur du *Triomphe.* Les ballets, les intermèdes des comédies, les entrées de souverains, les bals de cour, partout où les ressources sont assez abondantes, s'enrichissent de leurs sonorités variées, moins habiles à s'unir qu'à se faire valoir par des contrastes tranchés. De ces instruments différents, les uns paraîtront seulement propres à se faire entendre seuls, leur éclat ne paraissant point pouvoir s'unir aux accents des chanteurs. D'autres, au contraire, sans renoncer à se

Fig. 318. — Orgue portatif et régale. (*Triomphe de Maximilien.*)

produire en concerts, seront jugés convenables à l'accompagnement des voix. Pour effacé qu'il soit, ce rôle ne les diminuera point. Ils resteront, ceux-là, les plus nobles et les plus estimés. Quand le drame lyrique, au début du xviᵉ siècle, naîtra de l'effort des humanistes florentins, les compositeurs qui s'essayeront en ce genre renouvelé, croient-ils, de la docte antiquité, n'en voudront point d'autres pour soutenir la déclamation de leurs acteurs. Ils jugeront inutiles et barbares la plupart de ces instruments variés dont le moyen âge s'était délecté. En Italie surtout, le triomphe de l'Opéra marquera leur définitive décadence. Le plus grand de tous, Monteverde, s'il s'est plu, en son *Orfeo,* à résumer magnifiquement tout ce que l'art des ordonnateurs de fêtes princières avait élaboré jusqu'alors, n'a jamais renouvelé cette tentative. Ses autres opéras ne confient guère aux instruments que l'abstraite harmonie sur quoi la mélodie s'exalte. Confinés dans ce rôle effacé, mais nécessaire, ceux qu'il a

conservés (si peu nombreux, du reste!) ne sont plus appelés à faire valoir le charme ou l'éclat de leur timbre. Et la fête sonore où nous convie l'orchestre — à l'ancienne mode — de l'*Orfeo* n'a pas eu]de lendemain.

Faut-il citer ici de multiples témoignages de la persistance, au cours du xviᵉ siècle, des traditions orchestrales établies par le précédent siècle? De nombreuses descriptions de fêtes musicales de ce temps ont été maintes fois données. Intéressantes d'ailleurs et nécessaires, faute de mieux, puisque, en somme, de toute la musique de ces solennités magnifiques il ne nous est guère resté que ces descriptions, quand il nous en est resté quelque chose. Encore souvent sont-elles, ces descriptions, trop vagues ou trop confuses pour nous apprendre beaucoup.

Voici, par exemple, le récit, tiré d'une lettre d'un contemporain, de la représentation devant le pape Léon X, en 1518, des *Suppositi* de l'Arioste. Raphaël avait peint les décors de cette comédie, dont chaque acte s'accompagnait d'un intermède de musique. Inconnus, bien entendu, le nom de l'auteur et le texte de ces musiques. Mais nous avons quelques renseignements sur la composition des groupes d'exécutants. Hautbois (*pifferi*), deux cornets, cornemuses[1], en voici un. Violes et luth, c'en est un autre. Un petit orgue « aux sons variés » se fait entendre aussi, probablement seul. Les autres combinaisons ont recours aux voix : une voix avec une flûte et un groupe de chanteurs en concert.

Sautons quelques années et passons en France. Voyons la pompe qui accompagne l'entrée de Henri II à Rouen en 1550. C'est un cortège mythologique où figurent, en diverses scènes, des personnages costumés à l'antique. Il y a des hérauts, sonnant des trompettes contournées selon la forme des buccins et du *lituus* des légionnaires romains. A côté, un groupe moins décoratif, mais plus moderne : un petit hautbois, un cornet droit, un cornet courbe, une sorte de trombone. Des instruments du même genre résonnent aux mains des Triton qui font cortège à Arion monté sur son dauphin et accompagnant de son luth les chants qu'il fait entendre. Plus loin, un trio de sirènes jouant des « doucines » (douçaines ou cromornes sans doute, ou peut-être flûtes douces). Enfin, sur un grand char, un groupe plus important : Orphée et les neuf Muses. Orphée joue de la harpe : les Muses sont neuf joueurs de viole dont les instruments « rendaient d'excellentes voix correspondant aux doux accords d'Orphœus ».

Avec bien plus de détails encore, le poète Jodelle, organisateur ordinaire des fêtes et mascarades de la Cour de France, nous a laissé la description d'une de ces ordonnances pompeuses où se plaisait l'esprit nourri d'antiquité des hommes de la Renaissance. C'est l'*Épithalame de Madame Marguerite*, sœur du roy Henri II très chrestien, duchesse de Savoie. La cérémonie est de 1559. Il s'agit encore d'un cortège allégorique où figurent « Chantres et sonneurs », c'est-à-dire chanteurs et instrumentistes, sous les traits de héros, de poètes ou de divinités antiques. Plus poète assurément que musicien, encore que, ainsi que tous les poètes de la Pléiade, il goûtât pleinement le charme de la musique, Jodelle a fait chanter presque tous les personnages de sa mascarade. Mais, en ce que les voix récitaient ainsi, la musique instrumentale tenait assurément grande place : qu'il s'agit de ritournelles longuement variées ou développées, de répétitions intégrales des mélodies reprises aux instruments ou d'airs alternant avec les couplets dits par les chanteurs. Malgré tout ce qu'elle laisse à deviner à notre curiosité, la description de cette tête musicale reste d'un intérêt singulier en ce qu'elle révèle de la complexité colorée de cet art du XVI° siècle, que nous croyons connaître et dont une partie seulement

à survécu, sans même les traditions d'exécution qui lui donnaient la vie.

Ce sont toujours, suivant la coutume que nous connaissons, de petits groupes de musiciens qui évoluent séparément :

Ainsi tous séparez, trois à trois, quatre à quatre,
Ne souffrent le plaisir par le discord combattre...

Mais laissons la parole au poète. Phébus, Amphion, Pan et Orphée composent le premier groupe, représentés par quatre musiciens du roi : Guillaume Le Boulanger, sieur de Vaumesnil, Charles Edinthon, Jean Dugué, Thomas Champion dit « Mithou ». Les deux premiers jouent du luth, dont ils accompagnent sans doute tour à tour leur voix ; Dugué joue des régales, Mithou du clavecin :

Les deux, dessus le luth, dont comme Dieux ils sonnent
Doucement un sonet doux et hautain fredonnent
Que sur ce jour j'ay fait : les deux autres suivans
Accordent au sonet et au son, émouvans
L'âme plus aigrement : l'un touche ses régales
Aux sept tuyaux de Pan Arcadien esgales,
Et l'autre un clavecin accorde gayment
Et selon sa partie avec l'autre instrument...

De quelle façon ces instruments se combinaient-ils entre eux et avec la voix ? Il semble bien que ces quatre artistes jouassent deux à deux, le clavecin et la régale répondant à la voix et au luth, c'est-à-dire traitant le même thème d'une façon différente ou exposant une ritournelle longue et développée. Ce que le texte insinue clairement, c'est que, les instruments jouant par deux, l'un exposait la mélodie (avec son accompagnement aussi) sous la forme simple, l'autre la même en variations.

Quand l'un d'eux tient le plain, l'autre, dessus, fredonne,
Et le tiers fredonnant, le quart pleinement sonne...

Ce mode d'exécution, dont nous trouverons des exemples nombreux dans les pièces à deux luths qu'on lit en divers recueils, peut nous paraître singulier. Il n'en était pas moins couramment usité. La vogue en durera longtemps.

Vient ensuite un chœur : les neuf Muses représen-

Fig. 319. — Luth et harpe accompagnant la voix (d'après une figure du *Carnaval de Stuttgard*, 1609).

tées par sept femmes et deux enfants. Ni le nombre des voix ni leur disposition ne sont indiqués. Mais des instruments joués par des chanteuses elles-mêmes (sans doute luths, harpes ou analogues) accompagnaient leurs accents. Passons sur d'autres chœurs semblables (Poètes de l'antiquité, Tritons, Sirènes).

---

1. Ces cornemuses (*cornamuti*) ne sont point sans doute l'instrument à réservoir d'air cher aux musiciens rustiques. Le mot désigne, en italien, une sorte d'instrument à anche double Voisin du cromorne, mais sans doute à tuyau droit. Le terme *cornamuti storti* désigne en italien les véritables cromornes à crosse recourbée.

Voici un autre groupe : Mercure avec une flûte, Sapho armée d'un cistre, Arion portant sa harpe, le centaure Chiron jouant de la lyre (c'est le nom que les poètes d'alors donnent en leurs vers à la viole). Sapho et Arion chantent tour à tour en s'accompagnant; la flûte de Mercure exécute sans doute les ritournelles, ou double ou varie le chant. Chiron sur sa viole les suit

> Et sonnant, fait le quart...

autrement dit la quatrième partie, la basse de l'ensemble.

Plus loin s'avance un trio d'instrumentistes. C'est un groupe pastoral :

> Trois pasteurs qui tantost jouaient tant à mon gré
> D'un flageol, d'une flûte et d'une cornemuse...

Il n'est pas très aisé de se figurer exactement quelle musique, et comment pour eux disposée, pouvaient exécuter ces trois instruments,'dont le dernier surtout, s'il s'agit bien là de la véritable cornemuse des modernes, ne paraît guère propre à s'unir à d'autres.

Mais le cortège comprend encore un groupe purement instrumental et décrit avec une clarté parfaite. C'est un concert de cornets aigus et graves :

> Un Triton embouchant un gros instrument creux,
> Trompe des Dieux marins, retorse en plusieurs nœus...
> Sert d'une basse-contre à ces quatre. Un Triton
> Plus jeune que celui, d'un plus mesuré ton
> Va remplissant sa trompe, autrement retournée
> Que celle que son père a si bas entonnée.
> Deux Satyres plus haut et plus clair que ces deux
> De cornets à bouquin esclattent avec eux...

Arrêtons-nous un instant à propos de cette dernière combinaison. Ce quatuor mérite de retenir l'attention, non pas tant parce qu'il montre ici mis en œuvre des instruments et des sonorités que les Français d'autrefois semblent avoir très particulièrement goûtés, et que l'orchestre moderne a dédaigneusement laissé perdre, mais parce que leur emploi révèle clairement une tendance caractéristique de la facture et de la composition instrumentales au xvi⁰ siècle. Ces cornets interprètent assurément ici une pièce à quatre parties : motet, air ou chanson, il n'importe. Et pour rendre les quatre voix de cette polyphonie calquée sur la polyphonie vocale, le compositeur emploie quatre instruments de

Fig. 320. — Un joueur de harpe.
(Carnaval de Stuttgard.)

même nature, mais de diapason différent. Du moins, si les deux parties supérieures s'exécutent sur le même instrument, le ténor et la basse en exigent de bien appropriés à leur plus grave diapason. Voilà donc une « famille » qui du grave à l'aigu compte au moins, en 1559, trois membres : dessus, taille et basse de cornet. Le xvi⁰ siècle, ceci est à noter, s'est efforcé de réaliser, dans chaque genre d'instruments musicaux qu'il connaissait, cette division régulière, calquée sur le type de la composition savante à quatre parties. Qu'il s'agisse des violes, des flûtes, des instru-

ments à anche ou à embouchure, des luths même, les facteurs — à l'inspiration des musiciens sans nul doute — s'empressent à les construire selon des diapasons classiquement échelonnés d'après les principes de l'école. Une modification quelconque est-elle apportée pour quelque raison à un instrument type? Le type réformé ou perfectionné engendre immédiatement une nouvelle famille. Et c'est une variété prodigieuse, un pullulement extraordinaire d'instruments de toute sorte et de toute taille se réunissant par groupes désormais homogènes — en théorie du moins — pour l'exécution des pièces de musique.

Le xv⁰ siècle n'avait pas connu cette spécialisation excessive. Les divers instruments qu'il pratiquait, inventés plus ou moins fortuitement au cours des âges avec un diapason déterminé qui les caractérisait en grande partie, ces instruments, pour réaliser la musique harmonique, se groupaient selon certaines affinités, sans qu'on crût nécessaire d'unifier si parfaitement les timbres. Conçus comme instruments nécessairement graves, les trombones, par exemple, ou les cromornes fournissaient des basses solides aux dessus des hautbois. Et l'on ne s'était point encore avisé qu'il fût utile de construire des trombones sopranos non plus que des hautbois graves, ainsi qu'on fit plus tard.

Aussi bien, n'oublions point que le contrepoint primitif (jusqu'à la fin du xv⁰ siècle) ne procédait pas par superposition de voix aux registres nettement différenciés. Il ignore, à vrai dire, les divisions précises de sopranos, d'altos, de ténors et de basses. Plus harmonique que polyphone (d'effet tout au moins), il oppose simplement à une partie supérieure une, deux ou trois autres de diapasons et d'étendue pareils, et qui ne sauraient se mouvoir qu'au prix de croisements perpétuels. C'est de leur parfaite fusion plutôt que de leurs marches diverses que le compositeur entend, d'ordinaire, tirer parti.

Il est utile peut-être qu'un contraste de timbres s'établisse — s'il s'agit de musique instrumentale — entre la mélodie du dessus et l'ensemble sonore qui la soutient. Quatre voix égales et pareilles ne sont pas, en tous cas, nécessaires, ainsi qu'elles sembleront l'être pour une polyphonie où les quatre voix visent à une parfaite et complète indépendance. Donc les facteurs du xv⁰ siècle n'avaient point à s'inquiéter de fournir aux musiciens des ressources que ceux-ci ne leur réclamaient pas.

Ceux du xvi⁰ siècle, au contraire, mirent tous leurs efforts à donner satisfaction à de nouvelles exigences. Pour tous les instruments, ils établirent des familles embrassant, du grave à l'aigu, l'étendue entière de l'échelle. Et jusqu'au premier quart du xvii⁰ siècle ils s'appliquèrent à perfectionner,comme à multiplier les variétés qu'ils imaginaient. De là, dans certains livres théoriques de ce temps, cette multiplicité prodigieuse d'engins sonores, gradués depuis le soprano le plus aigu jusqu'aux basses les plus profondes. Le traité connu de Prætorius (Syntagma Musicum, 1617) reste, à ce point de vue, le plus complet et le meilleur.

Mais il faut se garder de prendre à la lettre toutes les indications de Prætorius et de ceux qui ont traité le même objet. Assurément, beaucoup de ces variétés d'instruments n'ont guère eu qu'une existence à peu près imaginaire. Si quelque facteur s'avisa de les construire, elles n'entrèrent jamais dans l'usage, et il reste bien probable que beaucoup ne servirent, à de rares exemplaires, qu'à satisfaire la curiosité d'un amateur à l'esprit méthodique, sans s'adapter jamais à la pratique de l'art. Du moins ne les voit-on, en dehors des livres, mentionnées nulle part. Et cela ne doit pas surprendre. Car aujourd'hui encore, malgré les progrès de la facture qui rendent aisée la solution de problèmes presque insolubles autrefois, il est bien des instruments d'invention récente théoriquement établis par famille, dont quelques variétés seules ont réussi à s'imposer.

Les raisons du choix qui s'établit peu à peu n'ont pas changé au cours des âges. Aujourd'hui comme autrefois, — et plus encore autrefois, — certains spécimens créés avaient contre eux des inconvénients tels, que les exécutants préféraient s'abstenir. C'est ainsi, par exemple, qu'au temps passé, les grandes basses de la famille des hautbois n'ont jamais pu entrer dans l'usage ordinaire. Il était si incommode évidemment de jouer d'un de ces hautbois gigantesques, dont le tube droit, long de plus de deux mètres, trainait à terre derrière l'exécutant, qu'on préférait chercher une autre basse aux concerts de hautbois, dont les dessus et les tailles offraient seuls des dimensions raisonnables. On continua donc généralement à user des trombones comme basse de cet ensemble, jusqu'au jour du moins où un inventeur inconnu eût eu l'idée de replier sur lui-même ce tuyau démesuré et de créer ainsi la première esquisse du basson moderne[1].

D'autres instruments graves, les basses des flûtes par exemple, péchaient d'un autre côté. Outre l'incommodité de leurs dimensions, le son en demeurait si faible qu'il manquait de la plénitude requise pour la fondamentale d'un ensemble harmonique. Car faire parler un tuyau à bouche de huit pieds avec la fermeté d'intonation d'un jeu d'orgue exigerait une pression et une dépense d'air que les poumons humains ne sauraient point fournir. Aussi les basses de flûte, employées encore par Lully et ses prédécesseurs immédiats, ne sont-elles en réalité que de véritables ténors, à l'octave grave, à peu près, de notre flûte d'orchestre.

Il était enfin d'autres instruments — les cromornes sont dans ce cas — dont l'étendue restreinte et le timbre un peu terne ne pouvaient guère convenir aux parties de dessus. Réduits à l'intervalle d'une dixième à peu près, ils pouvaient rendre de bons services à la basse ou dans les parties intermédiaires, mais là seulement. Et vraisemblablement les dessus de cromorne ne furent jamais très estimés. Les hautbois les suppléaient avec avantage. Mais les variétés graves connurent une vogue assez longue.

A ces inconvénients résultant en quelque sorte de la nature même de l'instrument s'en joignaient d'autres, dont l'art encore rudimentaire des facteurs était seul responsable. On n'avait point encore imaginé de suppléer aux doigts de l'exécutant par un savant mécanisme de clefs et d'anneaux pour fermer les trous percés dans le tube sonore. Aussi, dès que l'instrument excédait certaines dimensions, devenait-il à peu près impossible que l'écart des doigts ne dépassât point les limites raisonnables. Pour obvier à une difficulté déjà très sensible dans les instruments du registre ténor et qu'exagérait encore la position des mains exigée par la forme de quelques-uns d'entre

eux, on imagina divers artifices. Le plus ordinaire fut d'user d'une perce oblique, l'orifice du trou débouchant ainsi à l'intérieur du tube assez loin de la place où il apparaissait au dehors. Mais ce procédé obligeait à donner aux parois une épaisseur considérable. L'instrument devenait lourd et peu maniable. De plus, il fallait aussi, pour que le doigt pût aisément le boucher, diminuer le diamètre de l'orifice au delà des dimensions qu'eussent voulues les lois de l'acoustique. Le résultat était un manque de justesse que l'habileté de l'exécutant pouvait atténuer, mais non faire disparaître. Un grand nombre de ces instruments étaient donc faux, irrémédiablement faux, pour beaucoup de leurs notes. Supposât-on, ce qui est exact, que nos ancêtres fissent volontiers assez bon marché de certaines défectuosités d'exécution que ne supportent plus aujourd'hui les auditeurs les plus accommodants, leur tolérance avait des bornes. Et les défauts que je signale devenaient d'autant plus choquants que les parties médianes, jouées sur des instruments forcément transpositeurs, se trouvaient disposées, pour le doigté, en des tonalités où les notes fausses ou sourdes ne pouvaient pas être évitées toujours.

Ces considérations, il est vrai, ne s'appliquent qu'aux instruments à vent seuls. Et c'est en effet pour eux que les inconvénients de la disposition par famille parurent, en la plupart des cas, assez fâcheux pour que l'usage ait d'assez bonne heure choisi celles de ces voix qu'il était possible d'utiliser avantageusement. On élimina assez promptement dans la pratique les basses et les ténors, en gardant seulement les bassons (pourtant bien défectueux jusqu'à nos jours), les basses de cornet (l'antique serpent où le talent de l'exécutant, alors que l'instrument était cultivé artistiquement, suppléait assez bien à l'imperfection du mécanisme) et le trombone. Seul, ce dernier était arrivé du premier coup à la perfection. Aussi, bien que la France en ait oublié l'usage dès la seconde moitié du xviie siècle, resta-t-il pendant ce temps, en Allemagne et en Italie surtout, le seul instrument à vent grave qui ne parût pas indigne de la haute musique. Quant aux variétés aiguës de chaque famille, elles demeurèrent presque toutes usitées. Sauf le cornet, extrêmement fatigant à jouer et qui disparut avec l'art polyphonique dont il avait été toujours l'indispensable complément, notre orchestre classique a conservé, à peu de chose près, les voix sonores qui avaient survécu à ces éliminations progressives.

Quant aux instruments à cordes, nul doute qu'ils n'aient dû à ces difficultés de facture la situation éminente qui devint peu à peu la leur. Modifier leurs dimensions n'altérait ni leur justesse ni leur commodité, et leurs ressources s'en augmentaient d'autant. Ceux d'entre eux, comme le luth et ses congénères, à qui les combinaisons polyphoniques n'étaient pas interdites, n'y gagnèrent la vérité ou une facilité plus grande à se réunir en concert. Mais les instruments à archet, dont le domaine se trouva prodigieusement accru, ne tardèrent pas à prendre la première place. Ils l'ont, depuis lors, conservée.

C'est, en effet, dans les dernières années de la première moitié du xvie siècle que nous voyons apparaitre le violon, dont la fortune devait être si prodigieuse. .

---

1. On lit partout, et toutes les histoires de la musique répètent l'une après l'autre que le basson (*Fagotto* en italien) fut inventé, vers 1539, par un chanoine de Pavie nommé Afranio, et que cet instrument supplanta promptement toutes les basses à anches. On cite comme preuve de cette allégation la description de l'instrument d'Afranio, exposée tout au long dans un ouvrage où on ne serait guère tenté d'aller la chercher, *Introductio in Chaldaicam linguam... et descriptio simulacrum Phagoti Afranii*, Rome, 1539. Il suffit de parcourir cette description pour se convaincre que le *phagotus* d'Afranio, instrument à anche de cuivre animée par des soufflets, est bien plutôt une sorte de régale, portative et sans clavier, qu'un basson même rudimentaire. Notre basson n'a rien de commun avec cet instrument bizarre.

L'origine de ce roi des instruments, sa patrie, le nom de son inventeur, tout cela reste à peu près inconnu. Mais on peut affirmer que soit en Italie, soit en France, cet inventeur oublié n'avait eu d'autre ambition que de créer un soprano aigu de la famille des violes, spécialement adapté à l'exécution purement mélodique, convenable à la partie supérieure d'un ensemble instrumental. Il diminua le nombre des cordes, puisque ce soprano n'avait plus besoin d'évoluer dans les registres grave ou moyen. Il adapta la forme aux nécessités d'un jeu plus complexe de l'archet. Il monta son instrument de cordes plus grosses et plus fortement tendues, afin que cette voix supérieure, avec une sonorité plus éclatante et plus ferme, émergeât aisément de l'ensemble. Et ce fut le violon moderne. Que ces divers perfectionnements aient été imaginés par un seul homme ou, ce qui est plus probable, qu'ils soient l'effet des recherches et des efforts de divers artistes, il n'importe. Le but cherché n'en était pas moins clair. Le résultat atteint devait aller bien au delà de ce que l'on attendait.

Il est impossible sans doute de différencier très nettement le violon de ces violes de petite taille qui, de ce qu'elles se jouaient dans la position qui est celle de nos violonistes, avaient reçu le nom de viole da brazzo. Mais, le violon une fois établi, on construisit sur ce modèle une famille tout entière. Elle en reproduisait les particularités de forme, l'accord par quinte des quatre cordes. Elle gardait ce mordant et cet éclat qu'on avait accoutumé de goûter en ce brillant prototype. La famille nouvelle des viole da brazzo (le nom resta même aux variétés qui par leur volume ne le justifiaient plus) — hautes-contres tailles ou basse de violon, comme on disait en France — ne différait plus de notre quatuor moderne. A côté des véritables violes — viole di gamba — aux cordes fines et plus nombreuses, au timbre plus faible et plus délicat, elle va se créer une place à part. Exclusivement consacrés à la musique instrumentale, les violons aigus ou graves seront, presque jusqu'à Lully, tenus à l'écart de la musique concertée où les voix se font entendre. Même quand il s'agira d'exécuter une transcription de pièce vocale — madrigal, chanson ou motet — on leur préférera les violes, dont le concert, seul admis à la chambre, paraît aussi seul convenable pour accompagner les chanteurs.

Mais les violons bientôt se réserveront le monopole — ou presque — de la musique de danse. De celle aussi des fêtes ou des ballets, où leur sonorité brillante — ailleurs on la jugeait excessive et trop crue — pouvait aisément se faire valoir. A la vérité, les danseries vulgaires au XVIe siècle se contentent à moins de frais. Partout, et quelquefois même à la cour, un ou deux hautbois y suffisent, soutenus ou non d'un trombone : parfois aussi une rustique cornemuse. Telle pièce, conservée dans la collection des copies de Philidor, nous représente sans doute au naturel ce que pouvait être cette musique. Philidor, qui assigne à ce morceau la date de 1540, l'a transcrit pour le quintette ordinaire des cordes. Mais la pédale marque assez qu'il s'agit ici d'un des effets de bourdons de la cornemuse vulgaire.

Bransle en faux-bourdon fait en 1540

Le tambourin, dont la petite flûte assez perçante pouvait être aisément entendue au-dessus du grondement rythmique de la caisse, fournissait souvent aussi avec un seul musicien de quoi animer les pas des danseurs.

Cependant les divertissements princiers en vinrent bientôt à requérir d'autres sonorités un peu moins indigentes, en même temps qu'une musique plus harmonique et plus complète. Les petits orchestres que nous avons vus constitués s'y employèrent avec succès. Si les concerts d'instruments à vent choquaient quelquefois par trop de rudesse, ceux des cordes pincées, luths ou harpes, manquaient de vigueur et d'accent. Les violes mêmes n'échappaient point à ce reproche, au moins dans les vastes espaces. Alors les violons paraissent ici sans rivaux. A côté de leurs musiciens de chambre, les rois, les princes, entretiendront donc bientôt des bandes de violons pour le service des fêtes de la Cour.

Qu'elles fussent exécutées aux violes ou aux violons, ces pièces de danses, élaborées avec art par d'excellents musiciens, ne demeurèrent pas toujours confinées dans le rôle, en somme presque secondaire, de rythmer les évolutions des danseurs. On les dansait sans doute, mais on les jouait aussi souvent pour le simple plaisir d'entendre de la musique. Les recueils qui nous en ont conservé un grand nombre n'ont pas exclusivement servi à fournir aux bals, ballets et mascarades une musique appropriée à ces divertissements. Les concerts de chambre y ont puisé pour leur répertoire. Et de fait, surtout dans les recueils les plus anciens, les airs de danse, gaillardes, pavanes, branles, basses-danses ou tourdions voisinent avec les transcriptions de « chansons musicales » d'auteurs connus. Par exemple, un des premiers livres sortis des presses d'Attaignant, en 1529, contient « Six gaillardes et six pavanes avec treize Chansons musicales », ces dernières de la composition de Claudin, Gombert, Jacotin, Jannequin et d'autres musiciens excellents. De telles pièces montrent assez que ces collections d'airs ne s'adressaient pas seulement aux ménétriers faisant danser, mais aussi aux artistes qu'on voulait entendre sans autre préoccupation que de goûter les charmes d'une musique agréable et savante.

Ces chansons transcrites pour instruments, nous les avons rencontrées déjà aux siècles antérieurs. Elles n'ajouteront rien de nouveau à ce que nous savons des formes musicales, puisqu'elles reproduisent telle qu'elle — ou peu s'en faut — la disposition des voix humaines de l'original. Transcrites pour la tablature d'un instrument polyphone et autonome, comme le luth, l'orgue ou l'épinette, les pièces vocales apparaissent *diminuées*, variées de diverses façons. Et la lecture de leur texte, orné et résolu en mille traits élégants et rapides, peut suggérer d'intéressantes considérations sur la technique des virtuoses et les particularités du goût musical. Mais rien de tel ici : parties vocales et parties instrumentales se reproduisent sans changement. La fantaisie de l'exécutant sans doute ne se faisait pas faute de fleurir ces mélodies tout unies. C'était à lui d'improviser les broderies dont il entendait parer son thème.

Les danses proprement dites participent de la même simplicité. L'écriture harmonique en est ordinairement très pure : souvent un peu nue, ou du moins d'une monotonie que ne suffit pas à toujours atténuer le charme ou la vivacité des motifs. Dans les recueils les plus récents surtout, ceux qui sont postérieurs au second tiers du siècle, le contrepoint note contre note des ensembles prend un caractère harmonique très prononcé, lequel, au goût moderne, exigerait, pour être intéressant, une variété

d'accords que ne pratiquent point ces musiciens sans curiosité. Il est juste d'observer qu'en d'autres collections — les plus anciennes — un sens polyphonique réel anime heureusement cette architecture sonore. De courts fragments d'imitations — jamais poursuivies, indiquées seulement — y circulent avec grâce. Le ténor y expose très souvent un thème qui n'a peut-être plus, placé comme il l'est, le premier rôle, mais qui contraste agréablement avec le dessin de la partie supérieure. Car l'habitude d'introduire dans la trame de la composition un motif connu, populaire, dirais-je, si ce mot peu précis ne risquait d'abuser, cette habitude héritée des premiers déchanteurs n'est pas inconnue aux compositeurs de ces danses. Cette mélodie du ténor, gardons-nous de croire, cependant, qu'elle soit — au sens moderne — le thème du morceau : j'entends le *chant* principal, celui qu'on doit surtout entendre et sans quoi la pièce ne serait pas ce qu'elle est. Ce chant-là, c'est toujours au soprano, en somme, qu'il est dévolu. Il faut bien, à vrai dire, — car c'est une discipline d'école, — que le dessin du soprano, pour prépondérant qu'il doive être, se superpose au ténor imposé. L'heureuse alliance de l'un et de l'autre, leurs oppositions, leur marche symétrique ou contrastée, feront ici le mérite le plus prisé de la musique.

Au reste, si un très grand nombre de ces pièces de danse sont construites sur un ténor emprunté à quelque chanson et dont le compositeur a cru devoir rappeler, en guise de titre, les paroles, il en est bien d'autres où c'est au Superius qu'est attribué le motif choisi. En ce cas, ce motif subit très fréquemment des modifications sensibles, soit dans le dessin, soit dans le rythme, pour s'approprier plus étroitement aux exigences d'une musique dansante. Les transformations qu'on lui fait subir, toutes proportions gardées, ne sont pas très différentes de celles que les compositeurs de valses ou de quadrilles, à une époque encore récente, avaient coutume d'infliger aux thèmes d'opéras et d'opéras-comiques sur

Fıg. 321. — Cornet, trombone, courtaud (sorte de basson). (*Carnaval de Stuttgard.*)

quoi ils se plaisaient à travailler. Pour être complet, n'oublions pas de rappeler que beaucoup de ces morceaux semblent également construits sur des thèmes originaux, inventés de toutes pièces. Cela est surtout fréquent pour certaines variétés. Les branles, par exemple, à cause du caractère vif et animé de cette sorte de danses. Les allemandes surtout, dont le caractère de marche solennelle, pantomime, dirait-on, plutôt que danse véritable, s'accommode volontiers d'un style plus recherché, plus périodique, d'où les développements et les imitations contrapuntiques ne soient pas tout à fait exclus.

Voici, à titre de spécimen du style le plus simple de ces danses, une pavane suivie de sa gaillarde. Ici, comme très souvent, la gaillarde qui sert de conclu-

sion à la pavane est construite sur le même thème, avec une modification du rythme, devenu ternaire de binaire qu'il était d'abord. Cette pièce : *Pavane d'Angleterre*, est tirée du *Sixième Livre de Danceries mis en musique à quatre parties par Claude Gervaise...* (1555)[1]. Malgré l'énoncé du titre, elle est écrite à cinq parties.

Pavane d'Angleterre

Gaillarde.

Voici, à côté de celle-ci, une autre pièce du même genre, mais de quelques années postérieure. Elle est tirée de la collection Philidor. S'il en faut croire le titre que le bibliothécaire de la musique de Louis XIV

lui a donné, elle aurait été composée lors du retour de Pologne de Henri III. Elle daterait donc de l'époque de l'avènement de ce prince au trône de France (1574).

---

1. Les six livres de *Danceries* (le premier est perdu) publiées par Pierre Atlaignant et sa Veuve de 1547 à 1557, sont les plus anciens recueils de musique de danse française qui nous soient parvenus. Le premier, qui n'est plus connu que par une mention du catalogue ancien de Brossard, mentionnait le nom de l'auteur (ou de l'arrangeur) des pièces de cette collection, Claude Gervaise. Ce nom figure sur le titre des 3e, 4e, 5e et 6e livres. Pour le septième livre, apparaît un autre musicien, Etienne du Tertre.

M. Henry Expert a consacré la 23e livraison de sa belle collection des *Maîtres Musiciens de la Renaissance française* à ces pièces, dont il a publié un choix judicieux.

Pavane pour le retour de Pologne

Que des pièces telles que celles-ci aient été destinées à un quatuor d'instruments à archet, violes ou violons, cela paraît très probable. Le titre même de celui des livres d'Attaignant qui est aujourd'hui perdu tendrait à le faire supposer, s'il est exact qu'il soit bien le premier de cette collection, ce qui n'est point absolument certain. Le catalogue ancien de Brossard en fait mention sous ce titre : *Premier Livre de violle, contenant dix chansons avec l'introduction de s'accorder et appliquer les doits selon la manière qu'on a accoutumé de jouer, le tout de la composition de Claude Gervaise...* Il n'est pas question, on le voit, d'airs à danser, mais de chansons, transcrites et adaptées pour les violes.

Comme les autres livres de Gervaise ne spécifient rien au sujet des instruments, pas plus au reste que les recueils analogues que l'on peut trouver pendant tout le siècle, en France, en Italie ou en Allemagne, il est prudent de n'être pas trop affirmatif. Sans aucun doute, violons ou violes en petite bande ont interprété maintes fois ces danceries. Mais on trouve souvent encore, au xvie siècle, même à la cour, des bals dont l'orchestre est composé exclusivement d'instruments à vent : hautbois, cornets, trombones. Aucune raison n'empêchait ces instrumentistes de faire usage de ces *Danceries* à plusieurs parties. Ils l'ont fait certainement. Instruments à cordes et instruments à vent pouvaient aussi fort bien s'unir ou partiellement se suppléer. C'est ainsi que, pour citer un tableau connu de tous, *les Noces de Cana* de P. Véronèse (l'œuvre est de 1562, suivant toute vraisem-

blance) nous montrent au premier plan un petit groupe de musiciens jouant pendant le banquet. C'est là un trait de mœurs du temps, et ce que jouent ces musiciens, c'est certainement quelque air de danse propre à rehausser la fête. Des quatre musiciens à qui le peintre, on le sait, a donné les traits de ses plus illustres confrères, trois jouent des violes : dessus, ténor, basse. Mais le quatrième souffle dans une flûte à bec de petite dimension et telle, assurément, qu'elle ne pouvait faire entendre qu'à l'octave la voix supérieure de la polyphonie. Sans doute, dans cette combinaison, la flûte doublait le dessus de viole, car beaucoup de compositions italiennes profanes d'alors ne sont écrites qu'à trois voix réelles.

Au reste, en ce temps-là, et longtemps encore après, n'oublions pas que les virtuoses ne se bornaient pas généralement à la pratique d'un seul instrument d'orchestre. La variété, à peu près obligatoire, de leurs aptitudes explique et justifie cette appropriation constante des mêmes musiques à des moyens d'exécution continuellement diversifiés au gré des circonstances.

A mesure que le temps marche pourtant et que dans les cours princières, tout au moins, où l'on dispose de ressources nombreuses, la musique tend à s'organiser sous une forme de plus en plus officielle, nous allons voir le groupe des cordes (en France, les violons aigus et graves) prendre une cohésion remarquable. Les musiciens qui jouent ces instruments forment une compagnie à part : aussi bien, disons-le tout de suite, au point de vue de la situation sociale que de la simple musique. Socialement, ce sont de bien moindres personnages que les musiciens de la chapelle et que ceux de la chambre. Chanteurs ou jouant des instruments réputés nobles, tant en considération de leurs ressources harmoniques que parce que, jugés seuls propres à l'accompagnement de la voix, ils participent à l'estime où elle est tenue, les musiciens de la chambre ne se recrutent point dans le même monde que les violons. Leur culture intellectuelle et artistique est ordinairement très supérieure. Beaucoup d'entre eux sont compositeurs, et ils tiennent en piètre estime ces ménétriers, dont ils disent, généralement assez ignorants des bonnes règles.

Il n'en reste pas moins que les violons voient leur importance de jour en jour grandir. Avec la vogue des mascarades et des ballets, il devient impossible de se passer d'eux, puisque leur musique paraît indispensable, pour l'éclat qu'elle leur donne, à ces divertissements magnifiques et pompeux préparant directement la venue de l'opéra.

La partie musicale des grands ballets réunit toutes les ressources dont on pouvait disposer. Il est fâcheux que de tant d'œuvres où, pendant presque un siècle, s'appliquèrent les artistes les plus réputés et les plus en vogue, il ne reste ordinairement que des descriptions qui ne sauraient, pour nous, remplacer vingt lignes de musique. A peine si, de loin en loin, quelques pages subsistent, nous donnant une idée de ce que fut la beauté sonore de ces fêtes où tout était réuni pour charmer les spectateurs. Cependant, une des plus anciennes a survécu sous une forme, il est vrai, bien imparfaite pour ce qui nous occupe. Car ce n'est point un musicien, mais le peintre des costumes et des décors qui s'occupa de l'impression du volume. Mais enfin, tel qu'il est, le *Ballet comique de la Royne* (c'est de cette œuvre dont il s'agit) demeure un document très précieux à qui sait l'interpréter. La description détaillée du spectacle, les belles planches aussi de l'édition de 1582, sont aussi riches en renseignements utiles que la musique elle-même, trop parcimonieusement reproduite.

L'ouvrage est assez connu par une réédition, fort défectueuse au reste en certains points, parue dans la collection Michaelis. Ce qui en fit, en son temps, la nouveauté, fut d'avoir, comme le dit Balthasar de Beaujoyeux, qui, sans écrire vers ni musique, en disposa l'ordonnance, mêlé la poésie à la danse et à l'art des sons. Il fit « parler le Balet et chanter et resoner la Comedie ». Le *Ballet de la Royne* est une sorte de drame en vers déclamés, coupé d'épisodes chantés, de pièces instrumentales et d'entrées de ballet. A chacun de ces trois genres de musique correspondent des instruments et des groupements différents.

Disons tout de suite que tout ce qui est destiné à rythmer les danses appartient aux violons. Ce petit groupe a cela de particulier qu'il figure en réalité parmi les acteurs. Les autres instrumentistes, on ne les voit point, dissimulés qu'ils sont dans une construction qui les dérobe aux regards. Les violons, eux, se mêlent aux personnages dansants. « ... Dix violons, cinq d'un costé et autant de l'autre, habillez de satin blanc enrichy d'or clinquant,... commencèrent à jouer la première entrée. » Dix violons, c'est-à-dire six violons, deux altos et deux basses. Cela nous paraît bien peu de chose. Mais le public dilettante d'alors n'avait pas encore contracté le goût des sonorités puissantes.

Ces violons jouent à cinq parties (ce mode d'écriture restera pour eux traditionnel pendant tout le XVIIe siècle), et ce qu'ils jouent ne diffère pas énormément, si ce n'est par plus de simplicité, des pièces de danses des recueils de Gervaise. Cependant les morceaux sont beaucoup plus longs, sans être plus développés d'ailleurs : la longueur, ici, ne résultant que de la juxtaposition d'un certain nombre de reprises de caractère assez uniforme. Ci-dessous la première reprise de la première entrée :

Le Son du premier Balet

etc.

Voici donc un premier groupe d'instruments dont l'importance est considérable, puisque les danses occupent beaucoup de temps dans le spectacle. Il est bien certain, à mon sens, que la musique de ballet notée dans le volume ne représente qu'une très petite part du rôle des violons : sans doute la partie écrite spécialement pour cette fête, probablement adaptée à certaines figures chorégraphiques particulières. Mais d'autres danses du répertoire ordinaire des musiciens y durent figurer ailleurs : par exemple, pour accompagner les mouvements d'ensemble et quelques scènes assez animées qu'il est bien difficile de concevoir sans musique.

A côté des violons, voici d'autres petits ensembles. Premièrement, en manière d'ouverture, « on ouït une note de hautbois, cornets, saquebouttes et autres doux instruments de musique ». Ce morceau n'est pas reproduit. Nous n'en pouvons rien dire, si ce n'est que son orchestration réunit les instruments qui, un peu plus tard, figurent dans les annuaires de la Cour sous le nom de *Hautbois de la Grande Ecurie* ou Grands Hautbois. C'était une musique d'instruments à vent comprenant douze exécutants : deux dessus, deux hautes-contre, deux tailles et deux basses de hautbois, deux cornets et deux sacquebutes ou trombones. Ils figurent dans toutes les fêtes, carrousels, ballets et autres divertissements, alors qu'une musique sonore est de rigueur. Dans les planches gravées représentant les cérémonies du sacre de Louis XIV, on voit les douze grands hautbois représentés, les basses de hautbois jouant encore, au lieu du basson, déjà bien connu cependant du grand instrument disgracieux et mal commode qui n'est que l'agrandissement gigantesque du hautbois ordinaire. Nous aurons à en reparler plus loin.

Après des morceaux à voix seules, parait un chœur accompagné «... huict Tritons... représentez par les chantres de la chambre du Roy, jouant de lyres, lutz, harpes, flustes et autres instruments avec les voix meslées... » Une planche gravée, nous en donne l'image : la lyre dont il s'agit ici n'est qu'une simple basse de viole à qui on donne volontiers en ce temps ce nom pompeux, renouvelé de l'antique. Violes, luths, harpes et flûtes : nous avons vu déjà cette combinaison s'unir aux voix. Rien de nouveau non plus dans le dialogue de Glauque et de Thétis. L'accompagnement n'est même pas écrit sous forme de simple basse. Mais nous savons par la description et par une figure que Glauque paraissait, tenant en mains une viole, et Thétis un luth. Chacun évidemment accompagnait soi-même son chant. Un peu plus loin, lors de l'entrée des quatre Vertus, deux d'entre elles jouent pareillement du luth. Et sans doute tous les airs, ou presque, étaient soutenus de cet instrument, comme il en sera encore dans les ballets de la première moitié du siècle suivant.

Signalons encore un intermède de satyres, «... sept desquels jouaient des flustes, un seul chantoit ». La représentation de cet épisode nous fait voir que ces flûtes étaient des cornets hauts et bas, un quatuor marchant avec le chanteur en contrepoint simple, en façon d'air de cour. Deux grands chœurs à six parties sont dits accompagnés d'instruments, ceux du second chœur différents des premiers. Mais comme on ne spécifie ni les uns ni les autres, il n'y a guère à tirer de l'indication. N'oublions pas un orgue qui se fait entendre à deux reprises, imitation stylisée de la flûte rustique dont le dieu Pan est censé jouer pendant ce temps-là. De cet épisode non plus, la musique n'est pas reproduite. Et pour finir l'énumération de toutes les richesses sonores du *Bullet de la Royne,* il ne reste plus qu'à mentionner la réponse instrumentale des musiciens invisibles enfermés dans la *Voûte dorée,* entre chaque couplet du chant des quatre Vertus. C'était, dit le texte, une musique de douze instruments sans voix. Nous donnons ici le texte de ce morceau, écrit à cinq parties et très probablement, d'après son caractère, pour des instruments à cordes : un groupe de violes sans doute, violes hautes et basses, doublées ou non par des luths ou instruments analogues.

Voici donc un spécimen de musique instrumentale pure très différente, pour le style et l'écriture, de ce que nous avons rencontré dans les divers livres de Danceries. Il nous révèle tout un autre côté du répertoire des artistes qui, s'il est moins facile à étudier parfaitement, ne doit pas être passé sous silence. Certainement, dans l'estime des contemporains son importance fut du premier ordre, et les maîtres, assurément, l'estimaient fort. Il comprend les pièces de forme savante, écrites dans le style observé qui est celui des grandes compositions polyphoniques vocales, avec toutes les ressources et les artifices d'un docte contrepoint. Il eût été bien surprenant qu'au xvie siècle, comme dans les siècles antérieurs, on ne s'efforçât point de ménager aux instruments l'occasion de s'exercer dans le style le plus recherché, et que les maîtres, s'ils avaient la fantaisie d'écrire pour d'autres interprètes que les chanteurs à qui ils avaient accoutumé de réserver leurs travaux les plus nobles, eussent été contraints de changer leur manière. A côté des compositions en simple contrepoint des livres de Danceries ou des pièces de ballet, il en existe d'autres où le style figuré, en imitations, des messes et des motets, n'est qu'à peine modifié par la liberté plus grande que tolère aisément l'emploi des instruments.

A dire le vrai, peu de pièces de cette nature (je ne parle point ici de celles qui furent écrites pour un instrument polyphone, luth ou clavier, à l'usage d'un virtuose unique) sont parvenues jusqu'à nous. Cette pénurie, peut-être, s'explique par ceci, que ce genre n'aurait pas connu une vogue aussi décisive que les pièces plus franchement mélodiques en style d'air. Réservées à des musiciens plus savants et plus difficiles, elles eussent été par là même plus rares.

Cela n'est pas impossible. Mais la raison principale en est, je crois, que ces compositions ne se pouvaient guère distinguer, dans l'usage, de celles qui, parce qu'elles sont accompagnées d'un texte, s'avèrent destinées aux voix. Motets d'églises ou chansons profanes appartenaient tout aussi bien au répertoire des instrumentistes, puisqu'il suffisait de les jouer, en parties, sur trois ou quatre instruments appropriés. Ceci, on le faisait constamment, et maints et maints

titres de recueils nous sont garants de cette habitude, puisqu'ils proclament les chansons qu'ils renferment « propres aux voix comme aux instruments musicaux[1] ». Pourquoi, dès lors, un compositeur eût-il écrit spécialement pour les instruments, puisque, ce faisant, il s'interdisait de voir son œuvre interprétée, faute de paroles, par des chanteurs? Tandis qu'en travaillant en vue des habitudes et de la commodité de ceux-ci, il travaillait tout aussi bien pour les autres. Et n'oublions point que la plupart des maîtres, par les fonctions qu'ils occupent, touchent de près aux maîtrises, que les plus excellents musiciens sont d'église et que c'est dans les psalettes ecclésiastiques, naturellement inclinées à la musique vocale, que se cultivent presque exclusivement la théorie et la pratique de l'art.

Il y aura donc peu de recueils de musique figurée, fantaisies, canons ou telle autre semblable, spécialement affectée au répertoire instrumental. Il existe bien quelques manuscrits où se lisent des pièces de ce genre, sans paroles. Mais ce sont ordinairement des transcriptions de chansons. Le célèbre recueil de 1503, l'*Odhecaton* de Petrucci, dont le Conservatoire possède l'unique exemplaire complet, n'est peut-être bien qu'une collection à l'usage des instrumentistes, puisque toutes les chansons des maîtres du xve siècle qu'il contient y figurent sans les paroles. Mais enfin, même s'il en est ainsi (et j'avoue ne pouvoir guère admettre qu'on ait destiné à des chanteurs des chansons dont. on ne leur livrait pas le texte, si connu qu'on ait voulu supposer), ce ne sont point là des compositions instrumentales originales.

De celles-ci, il en reste cependant quelques-unes. Voici, par exemple, une pièce de Hans Gerle, en style fugué correctement suivi, tirée de sa *Musica Teutsch...* (1532). Il est intéressant de constater qu'elle est spécialement destinée aux instruments à archet, et plutôt, semble-t-il, à s'en rapporter au titre, aux violons [*Geigen*] qu'aux véritables violes[2].

Füge für 4 Geigen   H. GERLE

Discant.

Alt.

Tenor.

Bass.

---

1. Il arrive même quelquefois que l'éditeur a donné une indication plus précise. Tel, par exemple, ce recueil d'Attaignant de 1533 où certaines chansons sont dites « ... les plus convenables à la fleuste d'Allemant ».

Il va sans dire que ce rapport de convenance n'est pas ici déterminé par leur caractère musical, mais par certaines particularités d'étendue

ou de tonalité qui les rendaient aisées à transporter sur cet instrument, notre flûte traversière d'aujourd'hui.

2. Les valeurs, dans cette transcription, sont diminuées en vue de faire de la noire l'unité de temps, selon l'usage moderne. Dans le texte, ce rôle est dévolu aux *semi-brèves*, c'est-à-dire aux rondes. Une noire, ici, égale une ronde de l'original.

Dans la seconde moitié du xvi° aussi bien qu'au commencement du xvii° siècle, les pièces de ce style observé, écrites pour un groupe *homogène* d'instruments tels que ceux-ci, ne sont pas introuvables. En Allemagne, en Angleterre (où les violes étaient particulièrement cultivées), leur littérature est même encore assez riche. Cependant, à en juger par de nombreux témoignages, il paraît certain qu'aux transcriptions de motets ou de chansons aussi bien qu'aux compositions originales analogues, on prisait aussi d'autres dispositions. Les ensembles d'instruments dissemblables, groupés suivant certaines règles dont la convenance nous échappe, trouvaient là leur emploi. Car, pour avoir constitué les instruments en familles (quelles restrictions d'ordre pratique limitaient effectivement cette tendance, nous l'avons dit), il ne s'ensuivait pas qu'on se fit scrupule de rapprocher des voix ne semblant pas toujours faites pour s'unir.

En effet, beaucoup de combinaisons courantes nous paraissent assez irrationnelles. Quels effets pouvaient bien résulter de certaines, quel plaisir les oreilles contemporaines goûtaient à ces rapprochements, nous avons peine à le comprendre. L'école vénitienne des Gabrieli, l'école allemande à sa suite, sont, à cet égard, tout particulièrement significatives. Leur orchestre, s'il est permis d'appliquer ce mot à une réunion d'instruments si peu nombreux, chacun restant seul de son espèce, devait manquer souvent d'équilibre. Dans une polyphonie réelle où figuraient sur le pied d'égalité, par exemple, un violon, une flûte, un ou plusieurs trombones, pouvait-on avoir une sonorité exactement balancée de part et d'autre? Et

si cette inégalité a pu servir à mieux faire ressortir la marche des diverses voix, l'effet d'ensemble, tout au moins, paraîtrait bien singulier, souvent, à notre goût moderne.

Ceci est évident surtout dans l'œuvre de G. Gabrieli. A la vérité, il s'agit moins, dans les *Symphoniæ sacræ* de ce maître, d'une musique instrumentale pure que de combinaisons où les instruments s'unissent aux voix en vastes ensembles. Toutefois le rôle des instruments reste assez considérable; il comporte des ritournelles fort étendues et suffisamment développées pour mériter d'être prises en considération. Divisés ordinairement en plusieurs groupes, de même que les voix le sont très souvent en deux ou trois chœurs, les instruments s'opposent l'un à l'autre, ils se répondent, ils concertent. Et ce style *concerté*, assez différent en son essence de l'ordinaire polyphonie dérivée d'un élément directeur unique, laisse déjà pressentir le style instrumental qui, dans l'œuvre de Bach, héritier direct des Allemands formés à l'école vénitienne, trouvera sa perfection la plus achevée.

A titre d'exemple, voici une « Symphonie » tirée d'un motet de G. Gabrieli pour voix et instruments : *Surrexit Christus.* Deux cornets, deux violons, quatre trombones, sans basse continue (au moins indiquée) : voilà les éléments sonores, assez simplement, mis en œuvre. Notons que les violons (*violini*) sont des instruments plus graves que ceux de nos orchestres, au diapason sans doute de nos altos. Cette circonstance atténue l'inconvénient résultant de la différence de volume et de sonorité de ces deux instruments à archet, mêlés effectivement au chœur puissant des quatre trombones et des deux cornets.

"Surrexit Christus" Symphonia 2ª

G. GABRIELI

Ce style instrumental persistera longtemps en Italie. Quand le système de la basse continue, harmoniquement réalisée sur un instrument polyphone à clavier, aura décidément prévalu, le remplissage sonore qu'il réalise lui fournira une base solide. Et l'ensemble, appuyé sur les accords de l'orgue ou du clavecin, prendra une plénitude suffisante. Ce sera surtout le mérite de l'école allemande, issue avec Schutz de l'école de Gabrieli, de réaliser tout ce que cette écriture comporte de plus riche et de plus parfait. Avec les différences légères amenées par le progrès des temps, et qui vont ordinairement à simplifier le réseau complexe des imitations superposées de la basse continue, les maîtres allemands, jusqu'aux dernières années du xviie siècle, conserveront assez fidèlement la tradition reçue de leurs instituteurs italiens. Si, dans leurs pièces de concerts, simples suites, à l'ordinaire, d'airs de danse plus ou moins stylisés, ils emploient volontiers l'instrumentation plus homogène d'un quatuor ou d'un quintette de cordes, il faudra l'influence de l'opéra et de l'orchestre français pour les amener à généraliser cette manière d'écrire. Ils fonderont alors, comme les Français, leurs symphonies instrumentales les plus travaillées sur un groupe d'archets suffisamment nourri. Mais pas si complètement cependant qu'on ne trouve encore dans Bach des traces persistantes de l'antique usage qui faisait concerter les divers instruments sur un pied d'égalité, la basse continue suffisant à relier leurs mouvements disparates et à réaliser l'unité de l'ensemble.

L'écriture des maîtres italiens n'évoluera pas tout à fait dans le même sens. Pour différentes raisons, les Italiens ne s'aviseront que tardivement de réunir des musiciens en nombre assez grand pour constituer un orchestre véritable. Comme leur art n'en est pas moins curieux de variété et de raffinement, comme ils sont de plus en plus ennemis des longues études et de la patiente application nécessaires à l'exercice collectif de la musique, comme ils se plaisent, par contre, à multiplier les auditions d'œuvres toujours renouvelées, ils en viendront promptement à demander à la virtuosité de quelques solistes excellents leurs plus exquises jouissances. De même que le triomphe chez eux de la musique récitative et du chant à voix seule a relégué bien vite au second plan les combinaisons contrapuntiques de l'ancien madrigal, de même les groupes concertants à la Gabrieli s'effaceront pour céder la place aux instruments *soli* dialoguant avec une fantaisie étincelante où l'improvisation tient toujours une large place, au-dessus de l'harmonie abstraite des instruments d'accompagnement. Ces derniers, clavecin, orgue, *chitarone*, lyre[1], le drame lyrique à ses débuts les accueille seuls. Tout au moins c'est pour eux exclusivement que le

musicien daigne écrire : une simple basse d'ailleurs, sur quoi ce sera leur affaire d'échafauder leurs accords. Si l'opéra tolère, dans les symphonies des ballets ou des ouvertures, d'autres voix instrumentales, il se contente le plus souvent d'indiquer qu'à ces endroits d'autres instruments joueront, sans spécifier quelles pièces. Les artistes, suivant leur convenance, choisiront en leur répertoire celles qu'ils devront faire entendre. Plus tard, ce sera tout au plus si le compositeur indiquera un ou deux violons, à qui il confiera quelque thème très simple et souvent médiocrement caractéristique, canevas dont les exécutants s'appliqueront, par leurs broderies ingénieuses et multiples, à animer brillamment la monotonie languissante. Les opéras italiens du xviie siècle n'auront guère d'autres instrumentations que deux ou trois violons concertants au-dessus de la basse réalisée sur le théorbe et le clavecin, avec le concours, qui n'est point obligatoire, d'une basse d'archet. Dès les premières années du xviie siècle, les bases de ce

Fig. 322. — *Viole da braccio* dessus et basse, et mandore. (*Carnaval de Stuttgard*, 1609.)

système sont déjà posées. A peine quelques années seront-elles écoulées que la plupart des instruments à vent, si en faveur autrefois, les violes moyennes et graves aussi, seront à peu près tombés en désuétude. L'*Orfeo* de Monteverde (1607) est peut-être la dernière des grandes œuvres qui aient mis en œuvre toutes les richesses musicales du passé.

Car, il ne faut pas l'oublier, l'*Orfeo*, au point de vue de la technique instrumentale, est une œuvre qui regarde vers le passé, point du tout vers l'avenir. Les musicologues du siècle dernier qui découvrirent ce chef-d'œuvre oublié l'ont célébré avec plus d'enthousiasme que de clairvoyance. Ils crurent voir de géniales innovations de l'auteur dans ce qui n'était que l'usage de pratiques courantes, en son temps, depuis de nombreuses années. Bien loin d'innover, Monteverde, dans l'emploi des instruments, s'est montré très conservateur. Musicien aux gages du duc de Mantoue, il s'accommoda aux usages et aux traditions d'une cour somptueuse et du prince fastueux qui

---

1. La lyre, dans les auteurs italiens, désigne une sorte de Viole à cordes nombreuses (12 ou 14) accordées par quartes ou quintes alternativement montantes et descendantes. Cet accord singulier permet à l'exécutant de trouver sous ses doigts, dans toutes les positions, des accords très pleins et très complets, mais il lui interdit tout trait tant soit peu figuré. La lyre est un compromis qui permet de réaliser, avec la continuité de son d'un instrument à archet, une harmonie complète, comme sur le luth ou le clavecin.

avait mis sous ses ordres un corps nombreux d'exécutants. Il n'est pas sûr que son esthétique ait approuvé pleinement ce luxe sonore dont il n'a jamais cherché l'équivalent dans ses opéras postérieurs. Pour qui s'attache au témoignage direct des textes, il n'y a rien dans l'*Orfeo* de ce qu'on a voulu et de ce que certains croient toujours y voir : des groupes d'instruments différenciés appliqués, dans un but expressif ou symbolique, à chacun des personnages du drame. S'il a cherché dans les combinaisons, peu nombreuses au reste, qu'il emploie, autre chose que le plaisir de la variété ou quelques imitations conventionnelles aisément intelligibles, il ne s'est appliqué qu'à réaliser, mécaniquement en quelque sorte, — tel un organiste registrant son clavier, — différentes nuances de sonorité[1]. Au surplus, ce n'est pas ici le lieu de traiter la question en détail. En dehors de l'accompagnement des chanteurs, réalisé suivant les procédés ordinaires par les divers instruments polyphones (orgue, clavecin, *chitarone*), la

partie instrumentale se résume dans les ritournelles confiées généralement à deux instruments *soli* (*violini*, petits violons « à la française », petites flûtes, cornets), sur la basse continue et dans les symphonies pour lesquelles deux groupes autonomes sont employés. D'abord un groupe de violons à cinq parties (*viole di brazzo*, au nombre de dix, deux à chaque partie) soutenues quelquefois à la basse de contrebasses de violes, de clavecins ou de *chitaroni*. Puis un groupe d'instruments à vent (cinq trombones et deux cornets, sept parties en tout) dont le rôle est beaucoup moins étendu, quoique très caractéristique[2]. Au surplus, ces symphonies, assez peu nombreuses, sont aussi très courtes, en forme d'air à une seule reprise. Leur contexture, très harmonique, se rapproche du style ordinaire des airs de danse, quelque différent qu'en soit le sentiment. Voici, par exemple, la première symphonie des violes, par quoi débute le drame. Elle se répète plusieurs fois au cours de l'ouvrage :

Sinfonia.   MONTEVERDE

Après Monteverde et dans la première moitié du XVIe siècle, la musique instrumentale italienne, que ce soit à l'opéra ou au concert, se réduira de plus en plus, sauf quelques exceptions, aux pièces écrites pour solistes. En adoptant la terminologie moderne, ce sera de la musique de chambre : suites et sonates succédant aux *sinfonie*, plus ou moins polyphoniques, à l'ancienne mode. Nous aurons à y revenir. Mais il nous reste auparavant à dire quelques mots des œuvres de musique française en qui, à côté des pièces d'airs de danse et de ballet, a survécu le sens du contrepoint véritable. Elles sont peu nombreuses, bien que leur existence soit attestée par des témoignages multiples. Nous avons exposé les raisons de cette pénurie, dont il n'est pas nécessaire de s'étonner outre mesure. C'est assez qu'elle ne soit pas complète et qu'il subsiste, avec l'imposant recueil des *Fantasies à III, IV, V et VI parties* d'Eustache du Caurroy, un monument considérable de leur importance. A la vérité, cet ouvrage de l'un des maîtres de la chapelle du Roi, du théoricien classique de la science musicale et du pur contrepoint, ne fut publié qu'au début du XVIIe siècle : en 1610, un an après la mort de l'auteur. Les 42 compositions, très développées,

qu'il renferme n'en contiennent pas moins le résumé très fidèle de la pratique des dernières années du XVIe siècle, pendant lesquelles l'auteur avait assis sa réputation, formulé sa doctrine et instruit les élèves qui la perpétueront pendant tout un siècle.

Très remarquables pour la science et la pureté de l'écriture, modèles achevés du style *français* en matière de contrepoint observé, ces fantaisies sont bien de la musique purement abstraite. Elles n'entendent tirer leur mérite que de la combinaison de parties mélodiques : elles ne s'intéressent qu'au jeu des intervalles et des proportions rythmiques. La nature physique du son, l'effet spécifiquement expressif des variations d'intensité et de mouvement, elles ignorent tout cela, ou du moins laissent aux exécutants le soin d'en avoir souci. Type achevé d'une musique qui ne veut être rien de plus qu'une belle architecture sonore : « science faisant partie des mathématiques, démonstrative et très certaine », écrira ailleurs le compositeur, et qu'on apprend « par la lecture des bons autheurs et la pratique des anciens ».

C'est assez dire qu'elle n'est point écrite pour tel instrument plutôt que pour tel autre et que, s'il est

---

1. Je me suis efforcé de démontrer, avec exemples à l'appui tirés de la partition telle qu'elle est, ce caractère de l'orchestre de Monteverde dans un article de la *Revue musicale* (juillet-août 1907).

2. Un groupe de cinq trompettes (instruments simples ne donnant que l'échelle des harmoniques) sert en outre à sonner la *Toccata*, qui fait fonction de prélude ou plutôt de fanfare pour annoncer le commencement du drame.

bien spécifié qu'elle n'est pas faite pour les voix, — ce qui laisse à l'imagination du maître sa liberté tout entière, — elle peut s'exécuter instrumentalement de la façon que détermineront la convenance ou les circonstances. En pratique, il semble bien qu'un certain nombre de ces pièces aient pu assez ordinairement être confiées à l'orgue ou, à son défaut, au clavecin. Il faut noter cependant que leurs dimensions devaient leur interdire presque toujours de paraître à l'église. Encore que beaucoup utilisent comme thèmes divers chants liturgiques connus, elles ne constituent pas du tout de la musique religieuse. Sous cette réserve, certaines conviendraient parfaitement au style de l'orgue. Celle, par exemple, dont voici le début :

Fantaisie N° XI à 4   DU CAURROY

Mais il s'en faut bien que toutes se puissent prêter à ce mode d'exécution. La majorité, à vrai dire, par la complexité des dessins, seraient, au clavier, d'une difficulté excessive, fort au-dessus, en tous cas, de ce qui pouvait en ce temps-là être commodément à la main des organistes. Ceux de ces morceaux qui sont à cinq ou six voix demeureraient souvent inexécutables sur un orgue moderne. Et il faut bien se souvenir que même celles des grandes églises, au temps de Du Caurroy, n'avaient pas toujours plusieurs claviers, ni souvent de pédalier. Pauvreté de ressources qui était la règle constante pour les petites orgues figurant dans les musiques privées.

Outre ces difficultés matérielles, cette musique est rarement bien adaptée à un instrument homogène en toute son étendue comme l'est, par définition, l'orgue. Le contrepoint de Du Caurroy (c'est là un trait distinctif du contrepoint français, survivance attardée de l'art du moyen âge) est peu enclin à différencier beaucoup, sous le rapport de leur place sur l'échelle, les diverses voix de la polyphonie. Le Superius mis à part (encore est-il généralement écrit très bas), les autres parties se meuvent en des registres si rapprochés que les croisements sont pour ainsi dire perpétuels. Cette écriture, au clavier, rend les mouvements des parties très malaisément perceptibles.

Enfin, beaucoup des pièces de ce recueil, nous l'avons dit, utilisent des chants liturgiques. Le compositeur les a traités de deux manières. Tantôt il écrit une pièce « à l'imitation de... », et en ce cas, il reproduit son thème plus ou moins modifié dans le rythme ou le dessin, l'introduisant en diverses combinaisons plus ou moins travaillées, mais sans s'astreindre à le formuler jamais, sous sa forme première. Au contraire, dans les pièces dites « sur » un sujet, le thème, au milieu de ses imitations, traitées comme nous venons de le dire, se fait entendre, simultanément, en longues notes soutenues. Une voix l'impose au milieu des autres, disposition qui ne serait perceptible que si ce thème était confié à un jeu particulièrement éclatant et joué sur un clavier spécial. Sans cet artifice, interdit aux petits instruments d'alors, comment exprimer clairement des polyphonies du genre de celle-ci :

Fantaisie N.º XXVII à 5　　　　　　　　DU CAURROY

etc

Il suffit de ce commencement pour déceler avec évidence qu'un pareil morceau n'était point fait pour le clavier; sans parler de l'impossibilité d'affirmer suffisamment le choral en « taille », l'écriture des autres voix morcelée, divisée en petites imitations très courtes, coupées de brefs silences, ne saurait être compréhensible autrement que rendue, partie par partie, par autant d'instruments. Et la plupart des pièces, les plus intéressantes et les plus développées du moins, sont d'une écriture toute semblable.

Il faut donc admettre que des fantaisies telles que celles de Du Caurroy étaient confiées ordinairement à un groupe plus ou moins nombreux d'instrumentistes[1]. Quels étaient les instruments que l'on employait de préférence et ceux dont on se plaisait plus

1. Cependant la préface d'un recueil analogue du même temps : *Vingt-quatre Fantaisies à IV parties selon l'ordre des XII modes*, par G. Guillet (1610), semble destiner plus particulièrement à l'orgue ces morceaux, imprimés, comme les *Fantaisies* de du Caurroy, en parties séparées.

particulièrement à rapprocher les sonorités, c'est ce qu'il n'est pas aisé d'établir avec certitude. Supposé — ce qui n'est pas certain — qu'il y eût quelques traditions régulièrement suivies lorsqu'ils ne faisaient pas partie d'une unique famille, ces traditions ne nous sont pas connues, ou du moins pas assez pour qu'il soit possible d'arriver à une exactitude qui, pour être chère aux modernes, n'en était pas moins alors généralement tenue pour inutile. Il faut, là-dessus, se contenter de vraisemblables conjectures, s'il se peut, sans prétendre davantage.

Que ces fantaisies aient pu très souvent s'exécuter à plusieurs violes (car le répertoire des violons n'eût pas comporté de telles musiques qui surpassaient sans doute la culture artistique du commun des violonistes), cela paraît assuré. Cette interprétation, la plus convenable, serait, en tout cas, partout très suffisante. Et à notre goût d'aujourd'hui, certaines des pièces du recueil semblent même convenir à merveille au jeu souple et nuancé de quelques archets exercés. Celle-ci, par exemple, n'est-elle point tout à fait dans le caractère, sévère et doux, d'un trio de violes grave?

Fantaisie Nᵒ V à 3   DU CAURROY

On est d'autant mieux fondé, au surplus, à attribuer aux violes la part la plus large dans l'instrumentation — si l'on peut user de ce mot — de morceaux de ce genre, que ces instruments, comme les luths, clavecins ou orgues, étaient particulièrement cultivés dans les milieux d'artistes doctes et curieux des subtilités de l'art, à qui s'adressait naturellement ce savant répertoire. Une tradition, recueillie par Sauval, fait honneur au musicien Jacques Mauduit d'avoir mis en vogue les épinettes et les violes dans les concerts qu'il fit chez lui, quand il reprit pour son compte les réunions de l'Académie de Baïf, après la mort du poète. Ceci se passait vers 1590, tout à fait dans le temps où Du Caurroy pouvait composer les Fantaisies de son recueil. Et des pièces comme les siennes, les siennes même, furent certainement entendues aux concerts de Mauduit. Il est à noter que ces auditions réunissaient un grand nombre de musiciens : « soixante et quatre-vingts personnes, dit Sauval, souvent jusqu'à cent vingt ». Sans doute faut-il déduire de cet effectif imposant les chantres des chœurs. Mais il reste encore assez d'instrumentistes pour composer un véritable orchestre. C'est dire qu'il nous faut représenter certaines de nos pièces, tout au moins, interprétées non pas avec le caractère de musique de chambre pour solistes, mais dans le sentiment un peu impersonnel et général qui est toujours celui d'une exécution collective.

Une lettre de d'Aubigné, du même temps, nous apprend dans quelles proportions on combinait les violes, les instruments à cordes pincées et ceux à clavier. Il entendit, nous dit-il, « un excellent concert de guitares, de douze violes, quatre espinettes, quatre luthz, deux pandores et deux tuorbes ». Voici déjà (sans les guitares dont il ne dit pas le nombre) vingt-quatre musiciens, et des morceaux à six ou sept voix constituaient l'essentiel de leur programme. Il se peut, au reste, qu'ils ne jouassent pas tous ensemble constamment. Toutefois, ces réunions nombreuses de cordes pincées ou frottées sont partout à la mode en cette fin de siècle. Prætorius (*Syntagma Musicum*, part. III, 1617) mentionne une semblable audition, dont il vante le charme et l'exquise sonorité. Il ne s'agit plus, il est vrai, d'une œuvre précisément instrumentale, mais bien de l'accompagnement d'un grand motet à sept voix de Jacques de Werth. De la façon dont ils étaient entendus, ces accompagnements constituaient une constante doublure des voix (quand ils ne les remplaçaient pas presque toutes), de telle sorte qu'ils ne différaient guère des transcriptions qui, nous le savons, avaient toujours enrichi le répertoire des instrumentistes. Pour interpréter ce motet, aux sept chanteurs s'étaient joints deux théorbes, trois luths, deux cithares, quatre clavecins ou épinettes et huit violes.

Nous manquons de témoignages aussi précis pour

décider la question de savoir si les instruments à vent se mêlaient ordinairement à ces concerts de luths et de violes. Sauf une mention assez vague de Sauval, qui dit qu'aux concerts de Baïf les flûtes, avec les luths et les pandores, étaient les bienvenus, les auteurs n'en disent rien. Il est à noter que dans l'orchestre de l'*Orfeo* de Monteverde les instruments à vent figurent toujours seuls, ou du moins, quand il s'agit de sopranos (cornets ou petites flûtes), ne s'unissent qu'en ritournelles au groupe des clavecins ou *chitaroni* remplissant les accords de la basse continue. Mais si les auteurs gardent le silence, nous avons quelques représentations graphiques pour montrer l'union réalisée des deux familles. Par exemple, le frontispice des *Missæ solemnes* de 1589, où sont figurés plusieurs musiciens concertants ensemble. On voit là une basse et un dessus de viole, une épinette, un luth, une flûte traversière, deux cornets et deux trombones. Rien ne prouve que de pareils orchestres n'aient pas servi à l'exécution de compositions telles que les fantaisies de Du Caurroy ou autres semblables.

VENVS.   MERCVRIVS.   LVNA.

CVPIDO.

FIG. 323. — *Viole da braccio. (Carnaval de Stuttgard.)*

Il convient d'ailleurs de faire grand état d'un chapitre de l'ouvrage de Prætorius lequel, jusqu'ici, n'a pas assez attiré l'attention. Prætorius y expose les usages suivis de son temps, en Allemagne du moins, pour l'interprétation de la musique polyphonique d'église à plusieurs chœurs, transportée presque entièrement aux instruments. Cette manière de rendre les œuvres des maîtres, très générale, affirme-t-il, parmi ses compatriotes, ne diffère que bien peu d'une transcription véritable. Car, si l'on avait toujours soin, dans une des parties de chaque chœur, de joindre au moins un chanteur aux instrumentistes, c'était plutôt par un scrupule religieux qu'artistique. Il fallait toujours — Prætorius insiste là-dessus — que les paroles pussent être entendues. Il reste néanmoins légitime de considérer ces dispositions sonores comme de très sûrs documents pour l'histoire de la musique instrumentale.

Sans pouvoir citer toutes les combinaisons de Prætorius, qui sont nombreuses et pour lesquelles il entre dans le plus grand détail, on ne saurait se dispenser de lui laisser tant soit peu la parole. Il prend comme exemples les motets de Roland de Lassus, qui, dit-il, sont dans toutes les mains. Voici le *Laudate pueri Dominum* à sept voix en deux chœurs (deux

dessus, alto; alto, deux ténors, basse). « Dans le premier chœur, écrit-il, si l'on a les instruments nécessaires, que l'on dispose les deux Discants (*soprani*) pour deux flûtes traversières, ou deux violons, ou deux cornets. L'Alto (pris comme basse de ce chœur) sera chanté à voix seule. Pour le deuxième chœur, l'Alto (pris ici comme dessus) sera dit également à voix seule. On confiera les deux ténors et la basse à trois Trombones. »

Dans un autre motet à 8 voix, à deux chœurs, *In convertendo* : « Pour le premier chœur, il sera bon d'employer trois traversières, ou trois cornets-sourdines, ou trois violons ; ou mieux encore un violon, un cornet, une flûte douce ou traversière, chaque instrument suivant la partie. Pour la basse, il faut un chanteur ténor avec, si l'on veut, un trombone. Ou bien encore un trombone ou un basson sans voix... Pour le deuxième chœur on n'emploiera rien que les voix. Ou bien encore, un chœur de violes de gambe, ou de violes da braccio (violons) ou de flûtes douces avec un basson et un trombone-basse (*Quart-posaune*). » Pour un autre chœur à 10 voix (deux chœurs à cinq), il indique jusqu'à sept combinaisons (*variationes*). Les voici :

1° Cornet, quatre trombones. — Cornet et quatre trombones jouant plus fort (*majore voce*).

2° Voix seules. — Cornet, quatre trombones.

3° Voix seules. — Violes da braccio.

4° Voix seules. — Deux flûtes douces, deux trombones, un basson.

5° Violes da braccio. — Flûte traversière, quatre trombones.

6° Violes da braccio. — Deux flûtes douces, deux trombones, un basson.

7° Deux flûtes douces, deux trombones, basson. — Cornet, quatre trombones.

Prætorius ne néglige aucun détail pour faciliter la bonne exécution de ces ensembles. Et ce qu'il dit à ce sujet montre assez qu'on s'attachait peu au caractère des timbres, mais que le choix des instruments était surtout dicté par des considérations de commodité. Ainsi, dans un chœur dont les trois parties supérieures sont notées en clef de *sol* ou d'*ut* première ou deuxième ligne, il sera bon d'employer des violons ou des cornets. Mais si le chœur monte assez haut, les violons sont à préférer, « à moins, ajoute Prætorius, qu'on ait à sa disposition un excellent cornettiste qui sache parfaitement modérer ou adoucir le son de son instrument ». Y a-t-il au-dessous des deux premières parties de violons ou de cornet une partie notée en clef d'*ut* troisième ligne? Pas de cornet en ce cas, mais un trombone (si l'artiste qui le jouera peut se servir d'un bon trombone alto, car le cornet ne descend qu'au *la*, tout au plus en sons factices au *sol* ou au *fa*. « Mais ces sons graves n'ont aucune grâce et semblent sortir d'une corne à appeler les vaches. » Si l'on a employé pour les dessus des violons ou bien des cornets, il faut pour cette partie un violon-ténor (*Tenor-geige*), « car le violon ordinaire ne descend qu'au *sol*, et sur cette corde grave ne donne pas une bonne qualité de son ». Et ce sont partout mille recommandations minutieuses de cette sorte.

Il est inutile de faire remarquer combien ce système d'instrumentation présente de rapport avec celui des Vénitiens et de Gabrieli. Rien de surprenant au surplus, si l'on réfléchit que c'est à Venise que les compositeurs allemands du début du xviie siècle ou de la fin du précédent sont allés chercher leurs maîtres et leurs modèles. Ils n'ont fait, à ce point de vue, que développer les principes qu'ils avaient reçus. Mieux armés pour la musique intrumentale, ils ont multiplié les combinaisons en même temps qu'ils avaient tendance à introduire dans ces groupements disparates un élément stable qui en unissait les éléments presque inassimilables en un harmonieux ensemble. Basse continue de l'orgue ou du clavecin, ou encore quatuor ou quintette de ces violes da braccio qui ne sont guère autre chose que violons et violoncelles, ces sonorités uniformes et bien équilibrées égaliseront de plus en plus ce que les autres, seules, pourraient avoir souvent d'inégal et de disproportionné.

Sur ce fondement solide, rien ne s'opposait à ce que quelques instruments à vent mêlassent leur voix à l'ensemble. Cornet, basson, trombone même, pourraient parfaitement figurer dans la polyphonie, et leur emploi semblait même indiqué quand il s'agissait, comme dans les exemples précédemment donnés, d'imposer un thème en larges notes au milieu du concert mouvementé de plusieurs autres parties. L'orchestre, volontiers éclatant, des *Variationes* de Prætorius, ne pouvait être à sa place qu'à l'église ou du moins dans les grandes auditions destinées à un nombreux public. Mais l'intervention d'un ou deux instruments à vent parmi les voix tendres et flexibles des violes ou des violons ne pouvait choquer nulle part. Si peut-être ne fut-elle jamais très fréquente, c'est que dans les concerts de chambre le timbre murmurant des luths et des autres instruments de cette famille en eût été, malgré tout, offusqué. C'est tout au plus si les résonances fugitives des cordes pincées s'accommodaient du voisinage des violes. Le luth est bien trop estimé des musiciens, il est d'usage trop courant pour qu'on se résigne aisément à s'en passer. Pendant deux siècles, sa vogue sera telle qu'il résumera pour ainsi dire toute la musique. Jusqu'au jour où le clavecin, s'étant approprié en quelque sorte son répertoire et ses fonctions, l'aura définitivement supplanté.

C'est que luth et clavecin (et la harpe, moins généralement cultivée) eût pu prétendre aux mêmes avantages, sur tous ces instruments que nous venons de voir concourir à l'exécution des œuvres des maîtres, cette supériorité évidente de se suffire, sans secours étranger. Comme le piano aujourd'hui, mais plus et mieux encore, le luth (pour ne parler que de lui seul) exprime au xvie siècle toute la musique. Son rôle, déjà considérable au siècle précédent, se précise et s'agrandit. Non seulement les poètes le chantent (et ce n'est pas chez eux pure fiction poétique), non seulement ils l'appellent pour soutenir de

ses harmonies délicates leurs vers mis en chant, mais les musiciens l'admirent et le pratiquent. Il n'est point de compositeur qui l'ignore. Il a ses virtuoses tenus pour égaux des plus grands. Et non seulement le public ami de la musique ne trouve pas de délice plus exquis que d'entendre ces habiles exécutants ou tels autres de leurs confrères plus modestes et moins fameux, même il met sa gloire à rivaliser avec eux. Instrument d'artiste, le luth paraît aussi aux mains de tous les amateurs. Il accompagne leur voix quand ils veulent chanter, et parmi les premiers livres sortis des presses des plus anciens éditeurs figureront ces recueils de chansons mises en tablatures avec la partie de dessus en notation ordinaire pour la voix. Ils veulent aussi jouer des pièces. La littérature du luth s'approprie toutes les formes. Le nombre considérable, et qui s'augmentera tous les jours, des volumes de tablatures publiées au xvie siècle et plus tard atteste assez quelle vogue fut la sienne.

De quoi se compose ce vaste répertoire? De transcriptions d'œuvres polyphoniques d'abord. Avec une ambition qu'aucune difficulté ne rebute, les luthistes

Fig. 324. — Courtaud, cornets courbes et cornet droit, trompette. (*Ibid.*)

adapteront à leur instrument les compositions les plus vastes et les plus complexes. Les messes les plus savamment écrites, les motets où se combinent les voix multiples de deux ou plusieurs chœurs, ne les effrayent pas. Sans doute, il est permis de trouver qu'en beaucoup de cas l'effet ne répond guère à la grandeur inconsidérée de leur effort. Mais nous devons admettre aussi que telles ou telles de ces transcriptions ne visaient qu'à mettre à la portée de tous des ouvrages considérables rarement exécutés et qu'il eût été malaisé d'entendre. En un mot, ces transcriptions-là, plus documentaires qu'artistiques, correspondaient assez à nos transcriptions, pour le piano, d'opéras et de symphonies.

D'autres pièces, et les plus nombreuses de beaucoup parmi les livres imprimés, ont l'ambition de plaire par elles-mêmes. Ce sont des morceaux de concert véritables, et le talent de l'adaptateur trouve à s'y affirmer grandement. Il ne s'agit point là du travail, assez machinal, par quoi passait aux instruments une pièce destinée aux voix. Transcrire chaque partie note pour note, ici, ne saurait suffire ni même être praticable toujours. Le luthiste se satisfait bien rarement d'une fidélité scrupuleuse à son texte, qui n'en donnerait au reste qu'une image décolorée et trompeuse. Par goût de la virtuosité, par la nécessité aussi de suppléer à ce que la sonorité des cordes pincées avait de fugitif, il traite en diminutions, ingénieusement variées, la musique qu'il veut traduire. Le talent de l'adaptateur et de l'exécutant peut s'affirmer au cours de ce travail délicat, toujours très personnel. Le sentiment primitif du morceau s'atténue bien parfois jusqu'à disparaltre; le charme de ces traits rapides, de ces sonorités fuyantes et dispersées ne fait pas toujours oublier ce que l'original avait si souvent d'expressif. Mais c'est un fait que les contemporains n'ont jamais trouvé rien de choquant à ces transformations, pour quoi notre esthétique, formaliste et sévère, serait sans indulgence.

Aujourd'hui qu'elles ne sont plus jamais entendues, puisque les luthistes ont depuis longtemps disparu et que nul instrument moderne ne saurait approcher du caractère de leur exécution, ces transcriptions ornées, qui représentent bien la moitié de ce que le xvi⁰ siècle nous a légué de musique de luth, ont perdu presque tout leur intérêt. Et sans nous y attacher davantage, nous prendrons plus de plaisir aux compositions originales. Airs de danse stylisés ou fantaisies d'écriture figurée, les uns comme les autres

révèlent un art très vivant, très riche et très varié.

Un des premiers ouvrages sortis des ateliers de O. Petrucci : *Tenori e contrabassi intabulati col soprano in canto figurato per cantar e sonar col lauto : Libro primo : Francisci Bossinensis opus,* nous fournira quelques spécimens des plus anciennes de ces œuvres à nous connues. Ce recueil, paru à Venise en 1509, contient un certain nombre de *frottole,* courtes chansons à trois voix de caractère simple et populaire datant sans doute de la fin du xv⁰ siècle et disposées ainsi que le titre l'indique. Pour faire entendre avant chacune de ces pièces, il s'y trouve aussi une série de préludes très brefs, que l'auteur désigne sous le nom de *Ricercar.* Pièces sans prétentions, se réduisant, à peu près, à de simples formules tonales un peu ornées, sans autres recherches. Leur antiquité seule et le fait de représenter le plus ancien monument imprimé de la tablature italienne de luth les rendent recommandables. Abstraction faite de leur fonction de préparer la tonalité de la chanson qui leur fera suite, leur intérêt artistique demeurerait fort mince. Qu'on en juge au surplus par celle-ci, l'une des plus mouvementées cependant :

Ricercar XV⁰.

Il serait aussi imprudent de prétendre juger du talent des luthistes d'alors sur de semblables compositions, que de s'aviser, aujourd'hui, de vouloir apprécier la virtuosité de nos pianistes d'après de simples accompagnements de mélodies de salon. Assurément, et quelque intérêt qu'elles aient pour nous, les *frottole* des recueils de Petrucci représentent une musique très simple et très facile, telle qu'elle pouvait convenir aux amateurs, qui n'étaient pas tous exécutants habiles. Il fallait bien, surtout pour des œuvres imprimées, songer un peu aux capacités du public à qui elles s'adressaient naturellement. Mais

se figurer l'habileté des artistes exercés réduite à des morceaux aussi peu complexes, ce serait leur faire grand tort et se méprendre étrangement. Au reste, même en se tenant dans le même temps et toujours dans les recueils de Petrucci, on trouve facilement des pièces plus brillantes et partant plus difficiles. Voici, par exemple, une *Calata de Stramboti,* du luthiste Dalza, d'un livre de 1508. La composition en est encore fort simple et sans recherches. Mais les traits peuvent faire valoir du moins un peu d'agilité. Il suffira d'en citer la première reprise.

Calata de Stramboti

Ce sera assez d'attendre quelques années pour rencontrer en abondance, partout, des pièces d'un art très supérieur et où la science de la composition est poussée assez loin, sans que pour cela l'auteur ait négligé de fournir au luthiste l'occasion de briller près de ceux que charment les grâces superficielles de la virtuosité pure. Voici un morceau extrait du *Livre de luth* du luthiste allemand Hans Judenkunig, daté de 1523. Héritier presque direct des traditions de Conrad Paumann, dont il est peut-être l'élève, Judenkunig nous donne les premiers modèles d'un style savant musicalement, intéressant.

Priamell

H. JUDENKUNIG (1523)

Des pièces telles que celle-ci montrent déjà parfaitement élaborés les caractères essentiels des compositions originales que tous les luthistes, jusqu'à la fin du xvie siècle, écrivent le plus volontiers. Sous le nom italien de *ricercari*, sous celui de *fantaisies* ou de *préludes*, sous celui enfin que Judenkunig a adopté ou sous tout autre analogue, la composition du morceau s'inspire des mêmes principes, toujours compatibles, au surplus, avec une indépendance très large. La *fantaisie* des luthistes est une pièce d'écriture intriguée où le thème s'expose ordinairement en manière d'entrées de fugue. Le travail des imitations, quelquefois simplement canonique, est assez régulier au début. Il se poursuit en certains cas jusqu'au bout de la pièce, parfois assez longue. Encore plus souvent il s'entremêle de traits de virtuosité, de marches, — symétriques ou non, — de successions d'accords ou de figures plus mélodiques : en un mot, de tout ce que l'imagination de l'artiste peut suggérer à ses doigts, assouplis par l'interprétation des transcriptions fleuries et de tout ce que la technique de l'instrument peut offrir de plus difficile et de plus brillant. Mais, si irrégulier que puisse être, au regard des traditions purement scolastiques, le contrepoint des luthistes, il demeure toujours du contrepoint au sens moderne. Le style homophonique de l'air d'une mélodie simplement accompagné n'est jamais employé là : attribué exclusivement qu'il est aux airs de danse plus ou moins stylisés complétant d'autre part le répertoire des exécutants.

L'intérêt très vif que peuvent présenter les fantaisies savantes et pittoresques de ces artistes trop négligés que sont les luthistes, apparaît clairement dès qu'on a pris la peine de transcrire la tablature[1] qui, pour les musiciens modernes, les obscurcit si fâcheusement. Aussi mal adaptée qu'il se puisse à la notation d'une musique intriguée et mouvementée, la tablature de luth, même traduite en notes, risquerait fort de déguiser grandement le caractère de ces morceaux, si, se bornant à la lettre stricte, on ne s'efforçait de retrouver le dessin, toujours visible avec un peu d'effort, des parties indépendantes. En ne négligeant pas ce souci d'exactitude véritable, on reproduit, plus fidèlement que par le respect superstitieux des lacunes d'une écriture laissant à deviner autant qu'elle précise, l'esprit d'une musique que l'exécution, en son temps, mettait suffisamment en évidence. C'est dans l'œuvre des grands luthistes de l'Italie du Nord et de leurs élèves immédiats que ces modèles les plus parfaits de cet art. La supériorité des luthistes français s'affirmera davantage au siècle suivant. Vers 1550, les Antonio de Rota, Jacopo Albutio, Pietro Paolo Bonono, Albert de Ripe, Francesco da Milano, à la fois compositeurs habiles et virtuoses incomparables, sont les maîtres incontestés qu'imitent à l'envi les artistes de tous pays. De Francesco da Milano, le plus célèbre de tous peut-être, voici le début d'une Fantaisie, trop longue malheureusement pour être ici donnée tout entière :

Fantasia   FRANCESCO DA MILANO

1. Voir Chilesotti, *Italie, seizième et dix-septième siècles.*

etc.

Adaptation stylisée, appropriée aux ressources particulières de l'instrument, de l'écriture polyphonique de chambre ou d'église, ces fantaisies conserveront jusqu'au XVIIe siècle la faveur des luthistes. Non point cependant qu'ils aient jamais négligé les airs de danse à forme fixe qui, avec les transcriptions, complètent leur répertoire. Au milieu du siècle, fantaisies ou airs de danse, dans les recueils, occupent une place à peu près équivalente. Mais il apparaît bien que les compositions d'écriture observée sont encore tenues en plus haute estime et qu'on prise plus leur harmonie exacte et pleine que les grâces ornées, encore médiocrement expressives, des morceaux en forme d'airs.

Ce goût de sonorités multiples simultanées progressant dans un harmonieux ensemble incita assurément les artistes à tenter des effets nouveaux et plus complets, en réunissant en concert deux ou trois luths. Ils écrivirent volontiers pour ce petit ensemble (à deux luths le plus souvent). Cette musique de chambre, où deux ou trois virtuoses se faisaient réciproquement valoir, paraît avoir été fort en vogue. L'écriture en est assez singulière, et il est souvent difficile de bien nous expliquer ces singularités. Quand il s'agit de polyphonies vocales transcrites ou de fantaisies traitées dans le style observé, le premier et le second luth se divisent les parties de l'ensemble. Rien de plus naturel. L'exécution est ainsi rendue plus aisée. Mais cette division n'a jamais rien de fixe ni d'immuable au cours de la pièce. Comme si les deux luthistes entendaient se réserver tour à tour la première place, ils ont à rendre tour à tour des fragments de chaque partie. Tantôt le premier, tantôt le second s'attribue tel ou tel passage de la voix la plus haute, celle où les traits, les ornements, tous les artifices en un mot de la virtuosité, peuvent le plus aisément trouver place. Ce parti pris rend très difficile la perception nette de la marche propre des voix et tend à transformer en effets simplement harmoniques les combinaisons plus complexes du contrepoint primitif.

Il arrive aussi que les deux instruments se doublent, l'un exécutant la pièce telle quelle, l'autre en *diminutions* plus ou moins agiles. Effet assez mal fait pour plaire aux oreilles modernes. Si atténués qu'ils puissent être par la sonorité fugitive des cordes pincées, les heurts qui résultent à chaque instant de ces traits simultanément entendus sous la forme simple et la forme ornée nous paraîtraient rarement agréables.

Assez fréquemment aussi, surtout dans les pièces en styles d'air, le second luth double le premier à l'octave grave, quand il s'agit, par exemple, de faire ressortir quelque figure rythmique importante. Cette combinaison sonore rappelle un peu l'effet d'un orgue où se mêleraient des jeux de huit et de seize pieds. Elle nécessite ordinairement l'emploi d'un instrument accordé à la quinte où à la quarte au-dessous du diapason du luth ordinaire. Ce sont ces grands luths qui, désignés plus tard pour l'acompagnement des voix par leur sonorité ample et grave, donneront naissance au théorbe, si en faveur au XVIIe siècle. A titre d'exemple de l'écriture à deux luths, voici la première reprise d'une *Galliarde* dont l'auteur n'est pas cité. Ce morceau est tiré de l'*Hortus musarum* de 1555 :

Galliarde

A mesure que l'on va s'éloigner des dernières années du XVI° siècle, ces combinaisons de deux ou trois luths deviendront d'un usage plus rare, jusqu'à disparaître tout à fait dès le premier quart du XVII° siècle, en France du moins. Le *Novus Partus sive concertationes musicæ*, de J.-B. Besard, paru en 1617, est peut-être le dernier recueil où de semblables compositions aient trouvé place. Quatorze années auparavant, le *Thesaurus* du même Besard, compilation gigantesque de tous les genres de pièces convenant au luth, empruntées à tant d'auteurs divers, ne renfermait déjà que des morceaux à un seul instrument. Il en va de même pour le *Trésor d'Orphée*, d'Antoine Francisque, datant de la première année du siècle.

Cette exclusion coïncide assez bien avec les tendances nouvelles qui s'affirment alors en musique et que le luth reflète très fidèlement. Aux pièces exactement concertées, au contrepoint savant de sonorité aussi ample et pleine qu'il se pouvait, virtuoses et compositeurs commencent à préférer un genre plus mélodique et moins apprêté. Au lieu de ces sonorités issues du concours des parties diverses au cours de fantaisies curieusement travaillées, voici un chant suivi, gracieux, expressif s'il se peut, mais toujours bien en dehors. Et ce thème s'accompagne d'une harmonie simple, réduite bien souvent à l'unique note d'une basse qu'enrichissent quelque peu sans doute, automatiquement, les résonances naturelles des cordes multiples. Car l'usage est devenu général du luth, désormais classique, dont le registre grave se complète d'une série diatonique de cinq ou six cordes ne se touchant guère qu'à vide.

C'est là une disposition qui facilite grandement la mise en valeur de la ligne mélodique. L'exécutant, s'il se satisfait d'une seule note de basse fondamentale pincée à vide, a gardé tous les doigts disponibles pour l'ornementation de son thème. Aux agiles diminutions de jadis s'ajoute la nombreuse série de ces menus ornements : mordants, pincés, appogiatures, tremblements et grupetti de toute sorte, si propres à souligner telle ou telle note plus significative de la mélodie. Docile à l'impulsion la plus légère de la main, interprète fidèle des nuances d'intensité les plus délicates, le luth, de jour en jour, tend à devenir un instrument vraiment expressif. Et ce rôle ne lui convenait-il pas mieux, peut-être, que celui, plus ambitieux, à quoi l'avaient voulu plier les artistes de la génération précédente? En tout cas, c'est maintenant qu'il va connaître ses jours de gloire les plus triomphants.

Les fantaisies, les pièces, originales ou transcrites, d'écriture figurée, disparaissent peu à peu des livres de tablature. Les luthistes ne traiteront plus bientôt que les seuls airs à forme fixe, qu'ils ne tarderont pas à grouper en *Suites*, organisées plus ou moins. Les types multiples des musiques de danse constituent désormais leur unique répertoire, ou peut s'en faut. Cependant, n'allons pas perdre de vue ceci que, de la manière dont ils se les sont appropriées, ces pièces eussent été le plus souvent fort impropres à l'usage que semble leur assigner leur titre. Moins encore que le menuet d'une symphonie de Haydn ou de Mozart, ces soi-disants airs de danse conviendraient-ils à la danse. Ni leurs auteurs, ni ceux qui les exécutent ou les écoutent, ne voudraient, au surplus, en faire servir les sonorités fugitives et délicates à rythmer les pas d'une troupe de danseurs. Ce sont des pièces de chambre et qu'on écoute seulement pour le plaisir raffiné que procurent leurs harmonies gracieuses. Musique de danse? Non pas, mais de concert seulement et de concerts intimes.

A ce point de son évolution, le luth va voir surgir à côté de soi un dangereux rival, lequel, après un siècle de compétition, l'aura supplanté tout entier et aura pris, dans le monde musical, sa place tout entière. C'est le clavecin (ce mot pris ici comme terme générique que comprennent toutes les variétés de cet instrument).

Sans entrer dans le détail de la construction et de la nature du clavecin ou de l'épinette (comme il était d'abord appelé communément avant d'avoir vu s'accroître ses ressources et sa puissance), il convient cependant de dire qu'à cette époque — à la fin du XVI° siècle — ce n'était pas un instrument nouveau. Du jour où l'on eut l'idée d'appliquer aux cordes métalliques d'un psaltérion ou d'un instrument analogue un clavier sur le modèle de celui de l'orgue, de ce jour-là le clavecin était né. Dès la fin du XIV° siècle peut-être, sous le nom de *clavicordium,* le clavecin était connu. En tout cas, au siècle suivant il est assez couramment en usage sans que, cependant, sa vogue paraisse avoir été très grande. De fait, il est rarement nommé, et, en fait d'instrument à clavier, l'orgue portatif lui fut de beaucoup préféré. Car celui-ci, nous l'avons vu, figure à chaque instant dans les monuments iconographiques du temps où sont représentées des scènes musicales.

Mais, remarquons-le, l'orgue, au XV° siècle, n'était pas tout l'instrument sacerdotal, voué presque exclusivement au service de l'église, que nous pratiquons aujourd'hui. Il n'est pas même certain qu'en ce temps le service musical des temples fût partout disposé à l'admettre, ou du moins à lui réserver une place privilégiée. Beaucoup d'églises, même considérables, n'avaient pas d'orgues au XV° siècle. J'entends d'orgues d'amples dimensions, construites spécialement à leur usage. Et si les petits instruments portatifs y étaient à l'occasion admis, c'était ni plus ni moins qu'au même titre que tous les autres instruments musicaux, souvent empruntés, eux aussi, à l'art des compositions de cour ou de chambre.

Au XVIe siècle, le rôle religieux de l'orgue se précise. Par cela même qu'il est de jour en jour plus particulièrement voué à se faire entendre au cours des cérémonies liturgiques, il tend à adopter un style mieux apparenté à celui des pièces polyphoniques, messes ou motets, qui en rehaussent la splendeur. Mais nous connaissons peu, à vrai dire, la manière des organistes de la première moitié du siècle, dont les compositions, souvent improvisées sans doute, n'ont guère été conservées.

Au reste, en ce temps-là encore, le rôle profane de l'orgue n'était point terminé. Il figure toujours dans la musique mondaine. Et là, l'épinette, c'est-à-dire le clavecin, vient le suppléer ou, au besoin, le remplacer. Sans doute, la commodité de ces derniers instruments, moins coûteux, moins lourds et moins encombrants que l'orgue le plus petit, fit-elle beaucoup pour leur succès. Car c'était un avantage à noter que d'avoir de la sorte, sans grandes difficultés, les facilités que seul le clavier donnait pour l'exécution d'un ensemble contrapuntique complet, correct et sonore, sans les compromis nécessaires exigés par la prati-

que et le doigter d'instruments tels que les luths ou les harpes.

Mais il serait vain, à cette époque, de chercher à faire la différence des musiques qui pourraient revenir plus précisément à l'orgue ou au clavecin. Il existe des compositions disposées pour le clavier. Que ce clavier soit celui d'un orgue à tuyaux, d'une régale (c'est-à-dire d'un petit jeu d'anches sans tuyaux, libres ou battantes) ou d'un instrument à cordes, ces compositions s'y adapteront parfaitement. Les contemporains n'y verront pas de différences, essentielles du moins.

C'est ce qui apparaît assez par le titre de quelques recueils anciens de musique de clavier. Tel ce volume d'Attaignant qui est peut-être le premier de tous (il date de 1529) : *Quatorze Gaillardes, neuf Pavanes, sept Bransles et deux Basses Dances, le tout reduict de musique en la Tabulature du jeu d'orgues, d'Espinettes, Manicordions et tels semblables instrumens musicaux...* Le fait que des airs de musique de danse comme ceux-ci aient paru s'adapter convenablement à l'orgue montre bien qu'en 1529 l'Eglise ne l'avait pas le moins du monde monopolisé pour l'usage de ses cérémonies. Voici une pièce de ce recueil, simple transcription sans doute comme les autres plutôt que morceau original, mais déjà parfaitement disposé pour la technique du clavier :

Bransle   (1529)

☞ Cette longue communauté entre l'orgue et le clavecin influera largement sur le style du premier de ces instruments. Jusqu'au milieu du XVIIe siècle ou à peu près, époque à laquelle l'orgue semble avoir presque réussi à trouver et à se réserver les formes d'écriture qui lui conviennent vraiment, le style des compositeurs, alors même qu'ils écrivent des pièces expressément pour l'orgue, ne réussit pas à se dégager complètement de particularités de réalisation caractéristiques. Il est certain que, à mesure que le temps progresse, l'orgue tend à se réserver les morceaux de style observé plus ou moins régulier, tandis que le clavecin, sans se les interdire le moins du monde

(ne fût-ce qu'à titre de suppléant perpétuel), se plaît plus particulièrement aux airs de plus en plus expressifs dont les diverses musiques de danse lui ont fourni la forme première. Mais, même alors que l'orgue se renferme le plus strictement dans l'écriture figurée dont la technique instrumentale se perfectionne de jour en jour, il applique à cette écriture un parti pris d'ornementation, dont l'à-propos et la convenance ne nous apparaissent plus toujours. Les pièces d'orgue de la fin du XVIe siècle, celles aussi des premières années du XVIIe, alors même qu'elles sont traitées par les plus grands maîtres et réservées par eux à l'usage exclusif de l'Eglise, laissent ordinairement à la virtuosité une place considérable. Leurs agiles et constantes diminutions, en Italie surtout, montrent assez (ce que nous savons par ailleurs) que les instruments sur quoi elles étaient exécutées étaient fort loin de l'ampleur, de la gravité et de la puissance des orgues de nos jours. On en pourra juger, par exemple, par le *Ricercar* dont le début est ici reproduit. Cette pièce d'Andrea Gabrieli, bien que tirée d'un recueil (*Ricercari d'organo*) de 1595, est sensiblement antérieure à cette date. A. Gabrieli, en effet, était mort en 1586, et ses œuvres d'orgue ne furent éditées qu'avec celles de son neveu Giovanni, plusieurs années plus tard.

Ricercar del X° Tono

A. GABRIELI

etc.

Les ouvrages du plus grand organiste de ce temps, Girolamo Frescobaldi (1583-1644), ne diffèrent pas extrèmement, en général, de celles-ci par leur caractère de réalisation extérieure. Ce n'est pas ici le lieu, à la vérité, d'essayer de définir le rôle véritable de ce grand artiste. On le retrouvera, au reste, en une autre partie de cet ouvrage. Tout ce qu'il a innové dans l'élaboration des formes musicales modernes, de la fugue notamment, dont la *Canzon francese,* telle qu'il l'a traitée souvent, laisse déjà pressentir les alternances et les mutations régulières, tout ce que son génie a pressenti des ressources de la tonalité moderne qu'il établissait définitivement — spécialement l'usage hardi et quelquefois téméraire du chromatisme — tout cela, et bien d'autres choses encore, ne serait pas ici à sa place. De lui, en ce moment, nous ne voulons que retenir ceci, c'est que la plus grande part des œuvres qu'il a laissées se destine indifféremment à l'orgue et au *cembalo,* et que tout ce que nous savons, par divers contemporains, de la technique de son jeu, nous le fait voir beaucoup plus préoccupé de la légèreté de la main, du brillant des traits et des ornements, que de cette sorte de gravité majestueuse qui nous paraît de plus en plus le propre de l'orgue. Maugars entendit Frescobaldi avec admiration à Rome, en 1639. Il loue avec complaisance les ornements et les « trouvailles merveilleuses » de ses *Toccate* improvisées.

Il est juste de dire que ces morceaux, qui ravissaient le virtuose français, étaient exécutés, quoique à l'église, sur le clavecin au cours d'une de ces cérémonies religieuses non liturgiques où paraissaient les premiers oratorios. Il est également vrai que lorsque Frescobaldi écrit des pièces destinées au service de la messe, il se montre beaucoup plus sobre et plus grave que dans ses compositions les plus recherchées. Le contrepoint de ses versets — par exemple dans les trois messes des *Fiori musicali* de

1635 — se rapproche alors singulièrement de celui des pièces vocales d'église[1]. Mais, quelle que soit la réserve dont il use dans ces cas exceptionnels, il ne faut pas oublier que ce n'est point là tout à fait le style qui lui est le plus ordinaire. Virtuose de génie, mais virtuose avant tout (la distinction du virtuose et du compositeur, au surplus, était-elle faite franchement de son temps?), Frescobaldi, quand il écrit comme nous l'avons dit, est soucieux de ne jamais négliger l'écriture qui lui permet de mettre en valeur une habileté d'exécutant, prisée par ses contemporains au moins autant que ses mérites plus profonds de compositeur. Il suivait là-dessus une tradition déjà ancienne. Si elle cède peu à peu, en France et en Allemagne, à d'autres préoccupations plus réellement musicales, elle a persisté en Italie tant que l'orgue y fut cultivé.

Est-il besoin de dire que lorsque telle ou telle pièce de Frescobaldi s'avère comme plus particulièrement sinon exclusivement destinée au clavecin, la virtuosité est amenée à y occuper une place prépondérante? C'est le cas pour certaines *Toccate*. Ce genre de pièce, tel que le définit *Prætorius*, comporte une grande liberté de formes et participe largement du caractère plus ou moins fantaisiste d'une simple improvisation. Le virtuose y entremêle les passages soutenus aux traits rapides, et la verve et le brio sont les qualités que l'on y exige avant tout. Une telle définition, à dire le vrai, s'applique plus exactement aux *Toccate* de G. Gabrieli ou de Cl. Merulo qu'à celles de Frescobaldi, dont la tenue et l'équilibre parfait des proportions ne le cèdent en rien à ce qu'on voit en d'autres pièces plus régulières. Néanmoins, cette régularité s'accommode, dans le détail, d'une richesse de traits et d'une vélocité d'élocution assez constante pour que ce caractère, quelque extérieur qu'il soit, frappe l'auditeur tout d'abord. On en jugera par le début de cette *Toccate*, tirée d'un recueil de 1614 :

G. FRESCOBALDI

Toccata

---

1. On sait que toutes les pièces, fort nombreuses, des *Fiori musicali* ont été l'objet des études de Bach, qui les copia toutes de sa main.

Tandis que le répertoire du clavecin, en Italie, s'enrichissait de pièces de la forme et du style de celle-ci, l'instrument, en France, était de jour en jour plus volontiers traité d'une façon bien différente. Il est vrai que nous sommes fort mal informés sur la musique que les clavecinistes pouvaient écrire et exécuter chez nous à la fin du xvi° et dans les premières années du xvii° siècle. Rien n'a survécu de leurs œuvres, qui dans ces temps troublés ne pouvaient guère être livrées à l'impression. Le peu que nous en savons — et ce n'est que par d'indirects témoignages — tend bien à établir que l'écriture observée n'était étrangère ni aux clavecinistes ni aux organistes. C'est ainsi que Mersenne, en consacrant quelques lignes d'éloge au père du claveciniste Chambonnières [1], le vieux Jacques Champion qui fut claveciniste de Henri IV et de Louis XIII avant son fils, loue cet artiste, — fort âgé alors, remarque le docte religieux, — en des termes laissant bien supposer que son art empruntait au contrepoint figuré ses plus plaisants agréments. Mais dès les premières années du xvii° siècle, à côté de ce style antique (lequel du reste ne disparaîtra jamais complètement), un autre, tout différent, tend à devenir prédominant. Style résolument mélodique et s'affirmant tel de plus en plus, que l'art des luthistes venait d'instaurer et que les clavecinistes tenaient de plus en plus à faire leur. La vogue extrême de la musique de luth, arrivée en ce temps-là à son apogée, leur inspire le désir de rivaliser avec ce que cette musique avait de plus séduisant au goût des contemporains. Mieux servi par

1. Jacques Champion de Chambonnières, pour lui donner son nom véritable et complet.

la commodité du clavier de son instrument, qui lui donne une liberté et une aisance dont les luthistes n'approchaient point, le claveciniste entend réaliser tout ce que le luth permettait, et bien d'autres choses encore.

Desservi du côté de l'expression, puisque le clavecin est, tout aussi bien que l'orgue, rebelle aux variétés subtiles et immédiates d'intensité dont le luth tire ses effets les plus charmants, il ne s'avance pas moins hardiment dans la voie que défriche heureusement son rival. Et comme, alors que ces ambitions lui viennent, le clavecin ne peut trouver nulle part les modèles d'un style à quoi ne l'avait point préparé sa technique primitive, il imitera tout d'abord les pièces nouvelles des luthistes. Un jour viendra sans doute où les virtuoses du clavecin auront fini, par une pratique assidue, de déterminer sûrement les effets que le plus avantageusement leur instrument peut produire. Jusque-là ils reproduiront fidèlement, avec la forme et l'esprit des compositions des luthistes, certains menus détails de réalisation qui chez eux ne seraient pas cependant nécessaires. Mieux que tout autre caractère, celui-ci montre combien cette imitation fut d'abord scrupuleuse et combien l'art des Chambonnières et des Couperins est apparenté étroitement à celui de ces admirables artistes, trop ignorés, que sont les maîtres de l'école de luth en France au xvii° siècle.

Il convient donc, avant tout, de déterminer ce que l'œuvre de ces derniers maîtres eut d'original et de rare. Nous avons dit, il n'y a qu'un instant, en quoi consista, extrinsèquement, la transformation du répertoire du luth. Aux fantaisies en style figuré, riches

d'une harmonie pleine et nombreuse et de contrepoints ingénieux et diserts, les luthistes ont substitué
les airs à forme fixe empruntés à la musique de
danse, stylisés peu à peu jusqu'à devenir des pièces
de musique pure, valant par l'expression mélodique
et le raffinement du sens harmonique. Ces morceaux, qui conservent encore les noms des danses
dont ils sont censés reproduire les rythmes, ne sont
plus autre chose que des mélodies, de style symétrique encore ou souvent très libre, soutenues d'un
accompagnement volontiers simplifié dans la réalisation, mais dont le sentiment demeure toujours très
fin, avec une indépendance tonale et une variété de
modulation extrêmes chez certains artistes, et dont
la musique du temps n'offre guère d'autre exemple. En même temps, le thème mélodique s'enrichit
d'un luxe d'ornementation très remarquable. Très
remarquable surtout par le caractère toujours expressif de ces menus agréments, véritables accents
mélodiques diversifiés de mille sortes et qui n'ont plus
rien de commun avec les diminutions diatoniques à
l'ancienne mode. Ces agréments font le plus grand
charme du luth, qu'ils soient expressément notés ou
improvisés au cours de l'exécution. Là-dessus, tous
les contemporains demeurent d'accord. *Tous* reconnaissent volontiers que ces raffinements délicats permettent au luth, sans trop de désavantages, de rivaliser avec ce que la voix humaine offre de plus tendre
et de plus exquis.

Aussi bien est-il permis de supposer que les luthistes, en en perfectionnant chaque jour l'usage et
la technique, avaient vraiment le dessein de s'approprier quelque chose de l'art des chanteurs. L'air de
cour, à voix seule accompagnée, est alors au temps
de son apogée. Comme les luthistes d'autrefois transportaient volontiers à leur instrument les chansons
polyphoniques les plus complexes, ceux du xviie siècle
ne se firent point faute d'enrichir leur répertoire de
transcriptions des airs les plus en vogue. Ceux-là

surtout qui, dans les grands ballets de cour, servaient
en quelque sorte d'intermèdes aux entrées des danseurs, semblent avoir attiré l'attention des transcripteurs. Et le ballet de cour, tel qu'il est compris dans
ses œuvres les plus considérables, laisse déjà assez
bien pressentir l'opéra pour qu'on n'en soit point
surpris. Les transcriptions instrumentales d'airs d'o-
péra, encore en usage aujourd'hui, font comprendre
quel plaisir les amateurs du temps de Henri IV ou de
Louis XIII pouvaient prendre à redire, sur leur luth,
les airs qui avaient illustré le pompeux spectacle offert
à l'admiration de la cour.

Quoi qu'il en soit, ces transcriptions d'airs pour la
voix ne sont pas rares dans les recueils, imprimés et
surtout manuscrits, de pièces de luth. *Le Livre de luth*
de R. Ballard, à la date de 1610 environ[1], en renferme
un très grand nombre. Presque toute la première
partie de l'ouvrage ne contient pas autre chose. Pour
donner ici un spécimen de ce genre d'adaptation, je
choisirai plutôt un air de Guédron : « C'est trop courir les eaux, » tiré d'un manuscrit de la bibliothèque
de Bâle. L'air original figurait dans le *Ballet de Madame, sœur aînée du Roy,* donné en 1616 avant le
départ de cette princesse, promise au prince royal
d'Espagne. Le sujet en était le *Triomphe de Minerve,*
et c'est une des œuvres les plus considérables de ce
temps par l'importance des ressources musicales,
chorégraphiques et décoratives employées. Quatre-
vingt-deux artistes, danseurs, chanteurs, instrumentistes (violons, hautbois, luths en groupe), s'y trouvaient réunis en la scène finale. On remarquera que
celui qui transcrivit pour le luth l'air de Guesdron
l'a présenté, pour chaque reprise, sous la forme
simple suivie de son *double* traité dans la forme
traditionnelle des variations instrumentales, telles que
nous en avons vu déjà maints exemples. Comme
dans la plupart des manuscrits, les ornements du
chant ne sont pas notés, mais laissés à la discrétion
de l'exécutant.

GUÉDRON

---

1. Ce livre, connu par un unique exemplaire de la Bibliothèque
Mazarine, est incomplet de sa page de titre. Il s'ensuit que ni ce titre

ni la date de publication ne sont déterminés avec une parfaite exactitude.

Cependant, disons-le tout de suite, des pièces telles que celle-ci ou d'autres analogues ne présentent pas un intérêt capital. Il peut être utile de noter, en passant, que cet effort des luthistes pour s'approprier le répertoire des chanteurs d'airs de cour a bien pu les amener à vouloir réaliser sur leur instrument, le mieux possible, la précise expression sentimentale dont la musique vocale ne se saurait passer. Mais c'est tout. Et les recherches les plus précieuses des artistes devaient porter sur d'autres points. Une fois en possession d'un style mélodique original, très différent de celui des airs vraiment faits pour la danse, ils s'en sont servis pour écrire des morceaux qui, bien que conservant encore la forme traditionnelle, s'en écartaient singulièrement par l'esprit. Ces allemandes, ces courantes, ces pavanes, ces sarabandes des maîtres luthistes de la première moitié du siècle, s'égayent d'un charme subtil, profond, mélancolique, héroïque ou rêveur, qui dépasse de beaucoup la grâce élégante, un peu superficielle, les rythmes vifs et amusants des anciens thèmes des suites. Que l'on compare avec les quelques exemples qui vont suivre les pièces les plus agréables et les plus fines du *Trésor d'Orphée*, par exemple, et l'on verra clairement comme, en quelques années, le sens musical avait évolué. Que tous les luthistes compositeurs de ce temps-là n'aient pas suivi la même progression, que

beaucoup soient demeurés fidèles aux traditions primitives, qu'ils aient, sans s'élever jusqu'à cette conception plus haute de la musique, suivi les anciens errements, ceci est l'évidence même. La différence des goûts et des tempéraments suffit bien à expliquer ce disparate, et nous ne devons pas savoir mauvais gré à ceux de ces artistes qui n'ont été que d'ingénieux compositeurs de divertissements légers. Il suffit, pour que cette école demeure extraordinairement intéressante, que quelques-uns aient ressenti profondément tout ce que la pure musique peut et doit être. C'en est assez pour que, lorsque la biographie et l'œuvre de chacun des principaux maîtres seront suffisamment élucidées, nous soyons assurés de pouvoir en placer quelques-uns au rang le plus éminent.

Sans vouloir prétendre pour l'instant à déterminer la valeur exacte de chacun des maîtres, quelques spécimens de leur art en feront connaître immédiatement l'originalité. Elle est saisissante. Que l'on rapproche leur œuvre de celle de leurs prédécesseurs immédiats, ou même qu'on la compare à l'idée que nous nous faisons généralement de la musique du XVII° siècle (dont l'opéra de Lully reste pour beaucoup le type, et bien à tort), la différence, immédiatement, se révélera considérable. Voici une *allemande* de Chancy, antérieure sans doute à 1630 :

Allemande.   CHANCY

Nous n'avions pas accoutumé de trouver un senti- du formalisme un peu étroit de l'école de Lully?
ment si profond et si intense, si vraiment musical en Sans rien innover, au sens propre, dans le matériel
un mot, en ces brèves pièces conçues originairement des accords, les luthistes emploient du moins les res-
pour accompagner les pas des danseurs. En outre, la sources communes avec un art si sûr et si véritable-
technique, sur bien des points, surprendra. Elle est ment ingénieux; les rapports qu'ils savent établir
infiniment plus libre et plus vivante que celle des entre leurs diverses agrégations de sons, leurs figures
musiques les plus observés et les plus considérables de contrepoint, présentent un aspect si neuf et si
du même temps. En quelles compositions de chambre imprévu, que leurs œuvres ne paraissent, pour ainsi
ou d'église trouverions-nous cette indépendance dans dire, pas de leur temps. Mais citons encore quelques
l'établissement de l'harmonie fondamentale, cette pièces. Voici une courante de Mésangeau, extrême-
aisance dans la modulation, cette mélodie spontanée ment simple et pourtant exquise :
et flexible qui n'a rien de la rigueur scolastique ni

A côté de bluettes telles que celle-ci, faite de rien et d'une délicatesse si subtile, on trouvera d'autres pièces, plus amples et plus riches de sonorités. En voici deux de G. Pinel, qui, autant qu'on en puisse juger, paraît bien avoir été le mieux doué de toute cette pléiade. De date un peu postérieure, Pinel exer-çait son art aux environs de 1655. Ces deux morceaux sont tirés d'un manuscrit de la bibliothèque de Schwerin. On remarquera sans doute la mélancolie grave et savoureuse du premier, la fougue héroïque du second, d'un accent, si l'on peut dire, déjà presque beethovenien.

Allemande.   PINEL

Pavane. PINEL

Tous ces morceaux, dans l'exécution, se groupaient en *Suites*, dont la disposition, improvisée au hasard des circonstances, n'était soumise précisément à aucune règle stricte. Les compositeurs luthistes de ce temps, pas plus que ceux qui les imitaient sur le clavecin, ne concevaient la suite comme une forme fixe, ni ne se souciaient d'en ordonner expressément dans leurs manuscrits les parties diverses au gré de certaines analogies expressives ou artificielles, ainsi qu'on le fit plus tard. Tout au plus prenaient-ils soin d'exécuter, au cours d'une séance, des pièces de même tonalité. Et ce lien, assez fragile, contribuait seul à l'unité.

Encore n'est-il pas sûr que, ce faisant, les luthistes n'aient pas simplement obéi à certaines considérations toutes matérielles, imposées par l'accord de leur instrument. Le luth était un instrument difficile. Pour en rendre le doigter et la pratique plus aisés, suivant le ton choisi et les particularités des traits, l'habitude s'introduisit d'assez bonne heure de varier — dans des limites en vérité assez étroites — l'accord des cordes. Au *vieil ton*, comme disaient les musiciens, accord classique par quartes avec une tierce (*sol, do, fa, la, ré, sol*), on substituait des combinaisons différentes, haussant ou baissant telle ou telle corde de façon à avoir, à vide, tel ou tel son réclamé plus fréquemment par l'économie du morceau. Sans insister plus qu'il ne faut sur cette technique (dont l'avantage est d'autant plus compréhensible que le luthiste, jouant d'après la tablature, ne se préoccupait guère de lier étroitement chaque son de la gamme à une position invariable de la main), il est aisé d'en apercevoir les raisons. Mais comme l'opération d'accorder, vu le grand nombre des cordes et l'extrême tension de quelques-unes, était toujours longue, délicate et minutieuse, on comprend bien que, l'instrument une fois en ordre, on se souciât peu d'en modifier la disposition au cours d'une exécution. Jouer plusieurs pièces successives, fort bien : mais à condition qu'elles pussent l'être commodément sur le même accord des cordes. Il était donc excellent de les choisir écrites dans la même tonalité.

Indirectement, l'usage des *tons* multiples produisit d'autres effets. Son instrument en main, le luthiste est forcément tenté, avant de commencer, d'en éprouver la justesse et la sonorité. Peu d'artistes, même aujourd'hui, savent s'abstenir de ces espèces de préludes improvisés par quoi ils s'assurent, en quelque sorte, du bon état de leur instrument et de l'agilité parfaite de leurs doigts. Les virtuoses du luth ne résistaient pas à cette tentation, assurément. Mais, heureusement pour nous, ils prirent de bonne heure l'habitude de styliser, si l'on peut dire, ces essais, généralement d'effet assez peu agréable. Et c'est ainsi, sans nul doute, que naquit l'idée des Préludes, à nous laissés par l'école de 1650, et qui sont, peut-être, ce que le répertoire de ces artistes offre de plus rare et de plus original.

Dans ces pièces singulières, qui unissent le caractère extérieur de l'improvisation la plus fantasque aux recherches harmoniques les plus osées et les plus ingénieuses, la liberté de l'artiste est désormais complète. Non seulement il s'affranchit de toute forme mélodique définie, mais encore il renonce de parti pris aux lois du rythme proportionnel et de la mesure fixe. *Telles qu'elles sont* écrites, ces pièces — fort nombreuses — n'offrent aucune indication de valeurs, ou du moins ces indications très rares restent approximatives. Une sorte de récitatif, flexible et fuyant, vague effusion mélodique issue du fond de l'harmonie, s'y superpose, au gré de la fantaisie de l'auteur, à larges accords semi-arpégés, sans qu'il soit jamais possible de disposer ces sonorités chatoyantes dans le cadre d'un *tempo* régulier. Et c'est là, en ces morceaux presque indéterminés, que le sentiment harmonique, si singulièrement affiné, des musiciens de cette école s'affirme le plus impérieusement, au cours de modulations où, parmi les agrégations irrégulières multipliées encore par les résonances multiples des cordes, le compositeur promène, sans souci des règles d'école, sa verve primesautière et savoureuse.

Il est regrettable que la transcription de ces pièces, par ce que leur notation laisse d'inexprimé, présente des difficultés assez grandes. Une connaissance au moins suffisante des ressources et de la technique du luth est indispensable, bien souvent, pour en fournir une traduction acceptable. Et notre écriture musicale, ici trop précise, ne la peut rendre qu'au moyen de certains compromis et de conventions nécessaires. De ces curieux préludes, qui éclairent d'un jour vraiment nouveau les conceptions musicales du XVII° siècle, G. Pinel en particulier a laissé d'admirables exemples. L'ampleur souvent considérable des développements qu'il leur donne en rend malheureusement la citation difficile ici. L'exemple qu'on lira ci-après est donc emprunté à un autre artiste, Du Fault, à qui l'on est aussi redevable de morceaux d'un très beau caractère[1].

Prélude   DU FAULT

---

1. Quelques conventions sont indispensables pour interpréter convenablement la traduction de ce prélude. 1° Les valeurs marquées, le thème excepté, ne représentent qu'une valeur approximative : leurs rapports de durée ne doivent avoir rien de rigoureusement proportionnel ; 2° les notes tenues, à la basse principalement, se prolongent pendant *toute la durée* qu'indiquent les traits de liaison qui les accompagnent ; 3° les notes réunies en accords étagés s'exécutent en arpège un peu lent, tout le poids de l'accord venant tomber sur la note supérieure, sans que les autres, cependant, perdent toute personnalité.

Tel est, résumé dans ses grandes lignes, l'art de l'école française de luth de la première moitié du xviie siècle, cet art dont le *Trésor d'Orphée* de Francisque, en 1600, annonçait l'apparition, que les Gautier, Mésangeau, Merville, Chancy, Pinel, devaient porter à sa perfection et que Mouton ou Gallot s'efforceront de prolonger au delà de 1660.

Pourquoi ces derniers artistes n'ont-ils pas réussi dans leur tentative, et pourquoi le luth, après sa période de splendeur, est-il tombé si vite dans l'oubli? Ce n'est point que le talent ait manqué à ses derniers fidèles. Le livre de Gallot, particulièrement, est riche de fort belles pièces qui, pour le sentiment et la facture, peuvent aisément soutenir la comparaison avec les meilleures de ses devanciers. Si le luth a disparu, ce n'est point non plus que sa sonorité argentine ait subitement cessé de plaire, puisque cette même sonorité — ou du moins une toute semblable — on continuait à la rechercher, en introduisant le théorbe — un luth un peu renforcé au grave et privé de ses dessus — dans tous les accompagnements. Peut-être estima-t-on que le luth demandait trop d'étude. Ceci n'est pas impossible. Mais la raison principale, ce fut que le clavecin s'était peu à peu approprié toutes ses ressources en les étendant encore, grâce à la commodité du clavier. Formés à l'école des luthistes, habitués à reproduire les formes et les agréments des pièces de leur répertoire, les clavecinistes, portés par la vogue, pouvaient réaliser sans peine tout ce qu'avaient imaginé leurs annonciateurs. Ils y joignaient les avantages multiples d'un instrument mieux propre que tout autre à faire entendre une harmonie régulière, également utile pour accompagner les voix, soutenir un chœur ou un groupe d'instruments, rivaliser avec l'orgue dans l'exécution des morceaux de style observé ou se faire entendre seul aussi bien qu'en concert.

Telle qu'elle apparaît avec Chambonnières et Louis Couperin (le premier de cette illustre famille), l'école de clavecin française est beaucoup mieux connue des musiciens que celle des luthistes. Depuis le *Trésor des pianistes* de Farrenc, qui a le premier réédité les deux livres du premier et un très grand nombre de pièces de l'unique recueil manuscrit laissé par le second, assez de collections usuelles ont donné des morceaux de l'un ou de l'autre pour qu'il soit aisé de se familiariser avec leur style ou leur écriture. Sans besoin de citer ici les textes, on pourra donc se convaincre, par une comparaison judicieuse, que toutes les formes et les particularités des pièces de luth se retrouvent dans celles que ces deux artistes écrivirent pour le clavecin. Je n'entends point tant parler, d'ailleurs, des formes générales que des habitudes d'écriture. Beaucoup de celles-ci, imposées au luth par les exigences de son doigter, se retrouvent identiques chez les clavecinistes, qui n'étaient nullement obligés, cependant, d'y recourir.

Par exemple, s'il est possible sur le luth d'écrire à trois ou quatre parties réelles, il est du moins fort difficile, ordinairement, de les faire toutes se mouvoir simultanément. Dans la polyphonie des luthistes, souvent une voix disparaît soudain sans raison proprement musicale. Plus souvent encore, les parties auront, pour ainsi dire, l'air de s'attendre et, dans l'enchaînement des accords, n'entreront en quelque sorte que l'une après l'autre. Voici le début et la fin d'une Courante de Pinel qui montrent précisément ce que je veux dire.

Rien de plus caractéristique, dans les pièces transcrites en notre notation, que les perpétuelles irrégularités de rythme et déplacements d'accents qui résultent de cette disposition. Et certes, pour nous, cette indécision commandée par la pratique de l'instrument ajoute quelque charme mystérieux à l'harmonie de ces vieux maîtres, dont la rigueur tonale s'estompe délicatement ainsi dans la brume sonore de perpétuels retards.

Il semble que le clavier du clavecin eût aisément permis plus de précision. Et en effet, dans celles de leurs pièces qui s'inspirent de la technique plus ou moins figurée propre à l'orgue, les clavecinistes se sont bien gardés d'éviter de la sorte la régularité des enchaînements et la netteté de l'attaque. Écrivent-ils au contraire en style d'air, immédiatement nous les verrons se conformer au goût des luthistes. Ce passage d'une *Allemande* (la *Dunkerque*) de Chambonnières ne paraît-il pas la transcription d'une tablature de luth?

N'est-il pas dans le même cas, le début de cette *Sarabande* de Couperin où les résolutions des accords sont continuellement interrompues par de brefs silences?

Il serait bien facile de multiplier ces exemples et de les faire porter sur d'autres particularités analogues qui prouveraient assez combien minutieux fut le travail d'imitation de ceux qui, à la suite des luthistes, ont créé le style nouveau du clavecin. C'est ainsi que l'on pourrait encore comparer les procédés appliqués à la *diminution* des thèmes. Comme les luthistes, les clavecinistes se contentent de gammes diatoniques rapides ou de traits résultant de la résolution d'une suite de tierces, plus rarement de quartes. Avec quelques cadences longuement battues, c'est tout. Ils n'auront que bien plus tard l'idée de formules suggérées par leurs propres instruments. Les combinaisons d'arpèges, entre autres, si naturelles sur le clavier, sont en effet très postérieures. Elles étaient impraticables sur le luth. C'en est assez pour que l'école de clavecin de 1650 les ait ignorées ou négligées. .

Tout l'art des « agréments », si important au clavecin, procède également de la technique du luth. Tels que Mersenne les énumère dans le petit traité qu'il emprunta au luthiste Basset, les agréments, avec le signe qui les représente, passèrent dans la pratique du clavecin. De bonne heure seulement, les clavecinistes en étendirent l'usage en en faisant un élément d'expression véritable. Privés des ressources que le luth tirait des délicates nuances d'intensité où il excellait, le clavecin, pour mettre en relief une mélodie ou pour pouvoir imposer un accent à telle ou telle note d'un thème expressif, se vit obligé de recourir à un système d'ornementation beaucoup plus général et plus constant que celui des luthistes. Pour une raison analogue, c'est à l'avènement du style nouveau — disons-le en passant — que correspond la vogue des grands clavecins à plusieurs claviers où l'exécutant, privé des gradations dynamiques progressives, trouvait du moins les éléments de sonorités et de timbres divers dont il tirait aisément les contrastes et les oppositions qu'il eût difficilement pu réaliser d'autre sorte.

A quel moment le clavecin s'était-il suffisamment assimilé tous les moyens d'exécution de son dangereux rival pour pouvoir, sans présomption, lutter avec lui, sur son propre terrain, dans l'estime des amateurs, c'est ce qu'il est malaisé de dire, faute d'œuvres suffisamment datées. On peut cependant, sans risque de se tromper beaucoup, assigner au développement de la nouvelle école de clavecin française les premières années du XVIIe siècle. Un manuscrit — français d'origine — de la bibliothèque de Copenhague contient des pièces du genre de celles qui nous occupent, datées de janvier 1626, et encore cette date est-elle celle celle du jour où le possesseur de ce recueil en enrichit sa collection, plutôt que celle de leur composition.

Au surplus, c'est à peu près aux mêmes années que remontent les débuts de Chambonnières, né sans doute vers 1604 ou 1605. A la vérité, des pièces qui nous restent de ce maître, le plus représentatif de cette école, aucune probablement ne se doit placer en ses années de jeunesse. De ses deux livres imprimés, le premier — le seul daté — est de 1670. Et le manuscrit de la Nationale qui renferme, avec quelques-unes des pièces imprimées plus tard, un grand nombre d'autres qui ne se trouvent que là, est une collection réunie entre 1650 et 1660. Toutefois dès 1629 Mersenne (*Harmonicorum libri XII*) faisait déjà l'éloge de Chambonnières. Et quand il parle encore de lui, quelques années après, dans la préface de son *Harmonie universelle*, c'est en termes qui s'appliquent on ne peut mieux à des compositions du genre de celles qui, ici, nous intéressent : « Après avoir ouy, dit-il, le clavecin touché par le sieur de Chambonnières,... je

n'en peux exprimer mon sentiment qu'en disant qu'il ne faut plus rien entendre après, soit que l'on désire les beaux chants et les belles parties d'harmonie meslées ensemble, ou la beauté des mouvements, ou le beau toucher et la légèreté et la vitesse de la main... » Jugement d'autant plus caractéristique qu'en vantant, au même lieu, les mérites du père et du grand-père de notre artiste, il s'exprime en tout autres termes. A Thomas Champion, le grand-père de Chambonnières, il fait honneur « d'avoir defriché le chemin en ce qui regarde l'orgue et l'espinette sur lesquels il faisoit toute sorte de canons et de fugues à l'improviste ». De Jacques Champion, son père, il loue le beau toucher et la profonde science. Et, sans connaître rien de cet artiste dont la belle époque coïncide avec la fin du XVIe siècle (il était octogénaire en 1629), nous sommes enclins à penser que son art se plaisait beaucoup mieux aux doctes recherches du style figuré qu'au charme expressif des pièces où son fils excella.

Quoi qu'il en soit, nous devons prendre l'œuvre de Chambonnières telle qu'elle est pour le monument le plus significatif d'une école qui, partout plus ou moins imitée, en France, en Italie ou en Allemagne, aboutira à celle de François Couperin et de Rameau, inspirera les *Suites françaises* du grand Bach et ne disparaîtra que pour ressusciter, régénérée sous la forme de la sonate classique. *Tout* imprégnés qu'ils soient de l'art des luthistes, Chambonnières et les maîtres moins connus qui ont rivalisé avec lui n'ont-ils rien apporté de nouveau au trésor des formes expressives réalisé par leurs devanciers?

Assurément, outre ce que l'originalité du compositeur y révèle de personnel. Tout en écrivant sans parti pris des airs de danses de diverses sortes, sans se soucier beaucoup plus de les réunir en suites volontairement construites, Chambonnières traite les unes plus volontiers que les autres. Ou plutôt Chambonnières et tous les clavecinistes après lui accordent à certaines variétés une importance que les luthistes ne leur avaient point témoignée. Les pièces lentes ou modérées d'allures, Allemandes, Courantes, Sarabandes, Gaillardes, Pavanes, figurent dans tous leurs recueils. Mais les morceaux rapides et brillants s'y trouvent beaucoup plus nombreux : les Gigues notamment, les Voltes, les Canons, les Brusques et autres analogues.

Ce n'est point que l'on ne trouve de ces compositions dans les livres de luth. Mais outre qu'elles y sont plus rares, elles n'y sont point traitées de même sorte. Les Gigues des clavecinistes empruntent volontiers au style figuré quelques artifices de contrepoint. Beaucoup commencent en véritables fugues, et quelquefois, traitées à peu près tout entières dans ce goût, se rapprochent assez des *Fantaisies*, dont elles Louis Couperin nous a laissé quelques exemples. Pour le développement et la conduite, ces morceaux, surtout chez les clavecinistes allemands, Froberger par exemple, sont assez étroitement apparentés à ce que Frescobaldi appelle *Canzone francese*, encore que le rythme du *Canzone* soit d'ordinaire tout différent. Ici, les thèmes ont moins d'importance que dans les airs vraiment expressifs. Ils se réduisent volontiers à une brève figure d'une ou deux mesures, répétée sans cesse et transportée à divers intervalles. Tout l'intérêt résulte des combinaisons plus ou moins ingénieuses où le compositeur a su l'engager.

Dans un genre bien différent, la même remarque s'appliquerait aux *Allemandes*, souvent aussi traitées en fugues ou du moins en imitations libres assez périodiques. Et, d'une façon générale, il convient de noter que de la tradition ancienne du clavier les clavecinistes ont retenu beaucoup de procédés et de figures de contrepoint qu'ils mêlent volontiers aux expositions thématiques les plus franchement mélodiques. Plus gênés assurément par la technique malaisée de leur instrument, les luthistes s'étaient tôt affranchis de ces entraves. Leur style mélodique y a gagné une liberté et une souplesse dont les clavecinistes, alors qu'ils sont le plus heureusement inspirés, n'approchent pas toujours. D'autre part, l'écriture de ceux-

ci, par ce qu'elle sait garder des procédés savants d'autrefois, montre souvent une fermeté et une précision élégante qui fait des moindres bluettes de petites œuvres d'art achevées. Voici, par exemple, une courte pièce de Chambonnières qui n'est rien de plus que la transcription d'une chanson, « Une fille est un oiseau qui semble aimer l'esclavage, » chanson gracieuse sans doute, mais sans plus. *Traitée en canon*, la mélodie un peu menue prend une ampleur et un charme qu'elle serait bien loin d'avoir sous une forme plus simple.

Gigue où il y a un canon.

DE CHAMBONNIÈRE

C'est un peu au hasard, à ce qu'il semble, que le titre de Gigue a été imposé à cet aimable morceau. Les gigues proprement dites sont très loin de ce caractère et se rapprochent volontiers, nous l'avons

dit, de la fugue. A titre d'exemple, il ne sera pas inutile d'en citer une. C'est dans ces pièces que les clavecinistes, on peut le dire, s'éloignent le plus des luthistes.

Gigue "La Madelonette"
(Vite)

DE CHAMBONNIÈRE

A côté de ce genre de compositions il en est d'autres que les luthistes, également, n'ont que bien rarement traitées et dont les clavecinistes se font honneur. Ce sont celles qui, telles les Chaconnes et Passacailles, se composent essentiellement de plusieurs couplets différents séparés par une reprise du refrain, chaque fois presque identique à soi-même, sinon tout à fait. Une telle forme, il faut l'avouer, risque fort de manquer de variété et de cohérence si l'auteur ne sait varier ingénieusement ses reprises et colorer par des transitions ménagées ce que le rappel du refrain a, malgré tout, presque toujours d'un peu prévu. Les variations possibles sur le luth étaient trop étroitement limitées à certaines figures, l'étendue de l'instrument trop bornée, sa polyphonie trop malaisément mouvante, pour qu'il pût déguiser agréablement les défauts du genre. Les clavecinistes, au contraire, mettent leur point d'honneur à ne paraître point rebutés de la difficulté. Ils s'ingénieront à débuter au refrain sur un accord de sixte, au lieu d'une tonique qui leur donnerait moins de commodité pour enchaîner la reprise. Ils termineront un couplet sur une cadence rompue, modifieront, s'il le faut, une ou deux mesures, multiplieront les retards, les appogiatures, les « suppositions » qui diversifient l'harmonie de dissonances fréquentes. Quelques-uns — Louis Couperin par exemple — ne craindront point de présenter parfois un couplet transposé au ton de la dominante, véritable procédé de développement, hardi déjà pour l'époque. Le même Couperin, qui, bien mieux que Chambonnières, a excellé dans ce genre de recherches où il se plaît volontiers, sait savamment varier ses combinaisons. Et lorsqu'il compose sur un trait de basse contrainte, — c'est la règle dans les passacailles, — il travaille cette basse avec art, qu'il en fasse passer le dessin obligé du majeur au mineur, qu'il le rejette

dans une partie intermédiaire, qu'il y introduise des intervalles chromatiques ou qu'il le représente renversé.

L'œuvre de Louis Couperin nous est précieuse, au reste, à d'autres titres. Ce disciple de Chambonnières, qui mourut malheureusement fort jeune (à 35 ans, en 1661), nous a laissé, conservée par bonheur en un unique manuscrit de la Bibliothèque Nationale, une riche collection de pièces du plus haut intérêt. La plupart, il est vrai, ne diffèrent de celles de Chambonnières que par ce que le talent du compositeur, plus robuste, plus savant avec moins de grâce peut-être, y apporte de personnel. Mais le style en reste le même, et nous retrouvons là les formes consacrées, traitées de façon à peu près identique[1]. A côté toutefois Couperin nous offre ce que nous ne saurions trouver nulle part ailleurs.

Son recueil comporte en effet plusieurs grandes pièces, *Fantaisies* ou *Duos*, comme il les appelle, qui demeurent de très remarquables monuments de la technique savante appliquée au clavecin. Le style fugué y est résolument employé d'un bout à l'autre, avec plus de liberté peut-être que chez les organistes allemands du même temps, mais assez constamment cependant pour que ces pièces ne puissent se réclamer en rien de l'écriture expressive et mélodique des autres. La technique en paraît déjà fort avancée. On demeure surpris d'y retrouver déjà çà et là certaines figures rythmiques ou thématiques que l'œuvre de Bach nous a rendues familières.

Certaines de ces compositions, à la vérité, peuvent tout aussi bien avoir été conçues pour l'orgue. Elles représenteraient en ce cas, pour nous, ce que peut avoir été l'œuvre des organistes français de ce temps, lesquels, Titelouze excepté, nous sont tout à fait inconnus[2]. Il faut dire cependant que le développement de ces morceaux ne leur aurait pas toujours permis de prendre place à l'office, et plusieurs en outre ne peuvent guère se réclamer que du clavecin,

---

1. Tel de ces morceaux cependant révèle certains soucis d'expression ou de pittoresque dont les exemples ne sont pas communs. Par exemple, *le Tombeau de M. Blancrocher*. Pour commémorer le souvenir de ce personnage, luthiste célèbre du temps, Couperin a écrit, en forme d'Allemande, un vrai petit poème descriptif. Marche funèbre, lamentation, sonnerie des cloches de l'église, tout y est curieusement indiqué et curieusement rendu.

2. Les deux livres de Titelouze, seuls livres d'orgue imprimés dans la première moitié du XVIIe siècle, ont été réédités par M. A. Guilmant dans les *Archives de l'orgue*. Ils représentent parfaitement le contrepoint observé tel que le comprenaient les Français d'alors.

ou du moins y paraissent, à nous modernes, beaucoup mieux à leur place.

Il est fâcheux que les dimensions de ces *Fantaisies*

en rendent ici la reproduction intégrale à peu près
impossible. Voici du moins le début d'un *duo* très
brillant de Louis Couperin :

Ce style, rythmique et mouvementé, n'est pas en
toutes les pièces si fort incliné à la virtuosité, et la
plupart des *Fantaisies* sont d'un goût plus grave
et plus sévère. Sans excès pourtant. Si raffinée qu'en
soit la technique, rien de pédant n'en dépare l'écriture. Ces pièces veulent plaire. Elles y réussissent, et
leur science excelle à se faire aimable.

Mais il est impossible de laisser là l'étude de l'é-
cole française de clavecin sans mentionner toute une
autre part, et très considérable, de l'œuvre de Louis
Couperin. Ce sont les *Préludes*. Chambonnières n'a
écrit aucune de ces pièces curieuses, au moins dans
ce qui nous reste de lui, et si l'on en rencontre quelques-unes dans le manuscrit de Copenhague déjà
cité, elles n'ont pas le développement que Couperin
leur a donné. Assurément ces Préludes ne sont rien
autre chose qu'une reproduction amplifiée et fixée
par l'écriture des introductions improvisées qui
précédaient forcément l'exécution des pièces. Tous les
clavecinistes ont dû composer de tels morceaux, mais
tous ne les ont pas écrits.

Il est impossible de ne pas les rapprocher immédiatement, ces Préludes de Couperin dont le manuscrit de ses œuvres nous a conservé un bon nombre,
des grands préludes des luthistes. Si différents qu'ils
en soient par l'étendue et la forme des traits, — ce qui
se comprend facilement, — ils s'y apparentent étroitement par le fait d'une liberté rythmique complète.
Car les Préludes à la Couperin ne connaissent pas la
mesure. L'auteur les a notés sans aucune indication
de valeur de notes. Ils offrent, sous l'aspect d'une
suite uniforme de rondes entremêlées de signes de

*tenue*s empruntés à la tablature de luth[1], une série
de grands accords arpégés, coupés de traits d'ornement, modulant avec assez de hardiesse, loin parfois
du ton principal, sans souci très apparent de logique
musicale stricte. Quelquefois, pour plus de variété,
Couperin interrompt ce tumulte sonore pour introduire un épisode régulier, fugué ordinairement, très
exactement suivi et même de proportions assez notables. Un second passage, de style libre comme au
début, en fait alors la conclusion. Ce *Tempo rubato* est
amené quelquefois insensiblement, la fugue, au lieu
de se terminer, se dissolvant pour ainsi dire peu à peu
dans la fantaisie indéterminée qui demeure le caractère général de cette écriture.

Que ces Préludes soient imités des grands Préludes
des luthistes, cela ne peut faire aucun doute. Il est
fâcheux seulement que les clavecinistes aient, pour
les écrire, adopté une notation encore plus indécise
et vague que l'incommode tablature. En un temps où
les traditions d'exécution de tels morceaux étaient
connues de tous, personne n'était gêné de cette
imperfection. Et de fait l'on retrouve des préludes
notés de même sorte jusque dans le premier livre de
clavecin de Rameau. Mais la lecture et l'interprétation de ceux, plus développés, du recueil de Couperin paraîtront fort malaisés aux virtuoses modernes,
même les plus experts.

Il serait inutile d'en reproduire un fragment, à
défaut d'une pièce entière, sous la forme originale.

---

1. Ce sont des traits semblables dont nous marquons les liaisons.
Ils indiquent que la note d'où ils partent doit être entendue — tenue
par conséquent — jusqu'à l'endroit où le trait cesse.

Comme pour les préludes de luth, une convention est nécessaire pour ordonner ces chaos de notes indéterminées. D'autant plus que, là, leur importance harmonique et rythmique paraît varier beaucoup. Certaines séries diatoniques sont évidemment des traits plus rapides que ne le doivent être les notes qui dessinent, à proprement parler, le thème du morceau. Sans se dissimuler ce que toute traduction ne saurait manquer d'avoir de conjectural, comme il faut prendre un parti, on devra chercher à déterminer le mieux possible le rythme général et le sens harmonique. C'est ce que j'ai tenté de faire dans l'exemple suivant, début d'un prélude, jusqu'à l'entrée de l'épisode fugué [1].

Prélude   **LOUIS COUPERIN**

1. On appliquera à l'exécution de cette pièce, telle qu'elle est ici transcrite, les remarques déjà faites à propos du Prélude de luth de Du Fault. Les diverses valeurs marquées ont, en général, un caractère d'approximation (au point de vue de leurs rapports de durée) encore plus marqué que dans les préludes de luth.

Des compositions telles que ces Préludes portent au plus haut point le caractère propre de l'instrument pour lequel elles furent conçues. On ne saurait les transcrire pour d'autres instruments que le clavier, quelque disposition que l'on voulût adopter. Il serait impossible d'en tirer parti à l'orgue. Elles ne sauraient convenir qu'au clavecin, tout comme les grands préludes écrits par les luthistes, dont elles se sont évidemment inspirées, ne pourraient convenir qu'au luth seul. Et c'est peut-être la première apparition, dans l'histoire de la musique, d'œuvres expressément destinées à un instrument déterminé. Jusqu'alors, la musique, quelle qu'elle fût, gardait ce caractère abstrait et universel de l'art des sons au moyen âge : combinaison de lignes sonores valant par elles-mêmes et se traduisant indifféremment, à l'occasion, suivant les moyens et les ressources dont on disposait, sans perdre beaucoup de leur valeur.

On ne trouve pas au même degré, à beaucoup près, cette étroite adaptation de la pensée musicale à des conditions d'exécution définies, dans les autres pièces que nous venons d'étudier du répertoire des clavecinistes. Celles qui conservent les formes observées de l'ancien style et se réclament plus ou moins des artifices contrapuntiques de la fugue prendraient parfaitement place dans celui des organistes. Nous avons, dans cet article, volontairement laissé de côté l'étude

1. Guilmant, l'Orgue.

de l'orgue, qu'on retrouvera en une autre partie de cet ouvrage[1]. Il suffira ici de rappeler que l'œuvre des plus éminents des maîtres, un Frescobali en Italie, un Scheidt ou un Pachelbel en Allemagne, un Sweelinck aux Pays-Bas, un Titelouze en France, présenterait les mêmes caractères généraux que ceux que nous avons trouvés dans les *Fantaisies* de Louis Couperin. Bien entendu, en beaucoup de cas, la technique de ces compositeurs sera plus profonde et plus savante. Tels d'entre eux se distingueront par des recherches et des intuitions géniales que l'on chercherait inutilement dans les pièces de clavecin, lesquelles visent surtout à plaire à un auditoire médiocrement enclin à suivre la docte fantaisie d'un musicien trop ami de la musique pure. Mais la ressemblance entre les procédés des uns et des autres ne s'en impose pas moins. Et pour ne parler que de Couperin seul, il est assez probable que certaines de ses *Fantaisies* ont été, dans sa pensée, plutôt destinées à retentir au clavier de l'orgue qu'à celui du clavecin, même à défaut de toute indication précise du manuscrit qui nous les fait connaître.

Pour la plupart de ces compositions, — les allemandes peut-être exceptées et quelques autres pièces lentes et de style majestueux, — l'orgue n'en saurait donner qu'une très imparfaite interprétation. Il est bien vrai que vers 1650, en France tout au moins, le style des organistes professionnels s'efforce parfois visiblement à s'enrichir de quelques essais de musique

« expressive », assurément à l'imitation du clavecin. Les *Livres d'orgue*, imprimés depuis 1650 jusqu'à la fin du xviiie siècle, renferment un bon nombre de ces morceaux, volontairement mélodieux au sens le plus étroit. Là, le thème se déclame sur un jeu de solo, cornet, trompette ou cromorne, au-dessus d'accords dans des jeux de fonds, ou bien, placé, comme on disait, « en taille », il résonne, mis en évidence sur un clavier, au milieu d'une polyphonie résolument harmonique. Qu'une telle manière d'écrire soit parfaitement conforme aux bonnes traditions et propre à bien mettre en leur lustre les plus précieuses ressources de l'instrument, on ne le prétendra certes pas. Destitués de tout effet véritablement expressif par l'impossibilité monotone des jeux de l'orgue, ces *soli* accompagnés devaient évoluer promptement dans le sens de la virtuosité, ou plutôt de la curiosité pure. Musique décorative ou pittoresque, mais à coup sûr ni religieuse ni profonde. Cependant ce parti pris des organistes français, assez caractéristique, doit n'être point passé sous silence. Il se peut, il est même très probable que ces fantaisies d'un goût souvent médiocre n'aient tenu dans leur œuvre qu'une place beaucoup moindre qu'on ne le croirait à la lecture de leurs *Livres d'orgue*. Car il ne faut pas oublier qu'en général ces recueils s'adressaient aux musiciens de second ordre, qui ne pouvaient jouer de pièces difficiles, ne savaient point improviser et cherchaient surtout à se faire valoir à peu de frais, en des morceaux aimables et brillants. Il se peut que les vrais maîtres aient gardé pour eux, sans les publier jamais, leurs inspirations les plus hautes et les plus savantes, et nous ne connaissons rien, au surplus, de leurs talents d'improvisateurs dont leurs contemporains pourtant, pour beaucoup, font l'éloge le plus vif. Quoi qu'il en soit, il convient, à titre de curiosité tout au moins, de citer ici un spécimen de ce style « mélodique » de l'orgue. Voici le début d'une pièce de G. Nivers, dont le *Livre d'orgue* est de 1665 :

Dialogue de Voix humaine et de Cornet
G. NIVERS
Jeu doux
(Voix humaine)
(Cornet)
(Voix humaine)   (Cornet)   (Voix hum.)
(Cornet)
etc.

Pour apparentée qu'elle soit aux procédés du style d'air, cette manière d'écrire en diffère cependant assez sensiblement. Le caractère des thèmes mélodiques qu'imaginent les organistes n'est pas celui que l'on remarque aux thèmes des pièces de luth ou de clavecin. Et il est visible que ces thèmes, si nettement développés qu'ils soient dans le sens de la mélodie pure, s'efforcent assez heureusement de se passer d'effets vraiment expressifs. Si peu expressif — au sens propre, c'est-à-dire au point de vue des variations d'intensité et des accents — que puisse être le clavecin, les maîtres qui écrivaient pour lui s'inspiraient au contraire d'assez près des œuvres pour avoir conçu leurs pensées dans la forme où ces effets paraissent les plus désirables. Il se peut que leur instrument n'exprimât point leurs intentions ou ne le fît du moins que par l'artifice de suggestions auditives dont bien peu de musiques, en fait, réussissent à s'affranchir. C'est pourquoi, en beaucoup de circonstances, les clavecinistes, pour l'exécution de leurs pièces « expressives », acceptaient-ils volontiers le concours d'autres instruments. Ces morceaux du répertoire ordinaire des Chambonnières et des Couperins, très souvent, cela va sans dire, l'artiste exécutait seul au clavier. Très souvent aussi, reparaissaient les mêmes pièces traduites cette fois, concurremment avec le clavecin, par un luth, un dessus de viole, une flûte ou tout autre instrument analogue, où les nuances fussent aisément réalisables, où la beauté du timbre se rehaussât d'accents pathétiques ou du charme de tenues longuement prolongées.

Que ces exécutions à deux aient été usuelles et fréquentes, nous en sommes assurés par le témoignage de divers contemporains. Un critique du temps, parlant du claveciniste Hardelle, l'élève préféré de Chambonnières, nous dit qu'il exécutait très fréquemment devant Louis XIV la série des pièces de son maître « de concert avec le luth de feu Porion ». Et nous savons, par un passage d'une des préfaces de François Couperin le Grand, que l'on faisait encore de même de son temps. Lui aussi exécutait volontiers ses pièces en concert avec un autre instrumentiste. Assurément nous aimerions assez à être fixés sur les détails de cette collaboration. Cependant il n'est pas téméraire, semble-t-il, d'affirmer qu'à l'instrument expressif revenait le soin d'exposer le thème mélodique, le clavecin se satisfaisant des détails ingénieux de la polyphonie qui le soutenait. La pièce devenait ainsi un morceau d'instrument accompagné au clavecin, mais accompagné de façon originale et vivante, non pas suivant les abstraites formules d'une basse continue réalisée.

Au surplus, au temps de Chambonnières, si d'autres instruments que le luth et le clavecin étaient admis à se faire entendre en solo, dans la musique de chambre, — les flûtes douces et les violes étaient dans ce cas, — il ne semble pas qu'ils aient eu un répertoire original très riche. Nous n'avons aucune pièce écrite pour la flûte seule. Si quelque artiste en a composé, elles n'ont pu différer beaucoup, pour la forme ou le style, de ce que serait la combinaison « flûte et clavecin » traduisant de concert une pièce mélodique du répertoire du clavecin. Louis Couperin, qui fut un violiste distingué, nous a laissé quatre ou cinq pièces pour le dessus de viole, ou pour basse et dessus de viole[1]. On peut en dire la même chose. Elles semblent requérir l'accompagnement du cla-

vier pour soutenir le chant du dessus de viole, tandis qu'une basse de viole doublait naturellement la partie grave de l'harmonie. Si rares que soient les monuments qui subsistent de ce genre de musique, nous savons pourtant d'autre part que les pièces mélodiques pour le dessus de viole (le violon ne lui fait pas encore ordinairement concurrence comme instrument de soliste) étaient extrêmement appréciées. Sans doute les virtuoses de la viole en composaient-ils beaucoup. Mais ils ne se devaient pas priver d'emprunter largement à l'œuvre des clavecinistes la matière d'agréables adaptations.

Très employé comme instrument mélodique *solo*, le dessus de viole n'empêchait pourtant point la basse de sa famille de paraître aussi avec honneur dans les concerts. Les ressources de la basse de viole étaient même plus grandes et plus variées. Elle assumait avec succès des rôles fort divers. N'oublions point au surplus que, dessus ou basse, la viole était indifféremment jouée par les mêmes artistes. Quoique à peu près au diapason du violon, le dessus de viole, tenu comme la basse dans la position de notre violoncelle, mais appuyé sur le genou, ne comportait pas des habitudes de doigter ou d'archet qui lui fussent particulières. Très différents pour la technique — la tenue et le rôle de l'archet en particulier — du violon et du violoncelle moderne, dessus et basse de viole ne faisaient en réalité qu'un seul et unique instrument. Le *Traité de la viole* de Jean Rousseau, à la vérité postérieur à la date qui nous occupe (il est de 1687), nous renseigne cependant très bien sur les divers emplois musicaux de cet instrument — en l'espèce de la basse : « On peut, écrit-il, jouer de la viole en quatre manières différentes : sçavoir, joüer des pièces de mélodie, joüer des pièces d'harmonie ou par accords, joüer la basse pendant qu'on chante le dessus, et cela s'appelle accompagner. On peut enfin joüer la basse dans un concert de voix et d'instrumens, et c'est ce qu'on appelle accompagnement. Il y en a une cinquième qui consiste à travailler un sujet sur-le-champ, mais il est peu en usage, parce qu'il demande un homme consommé dans la composition et dans l'exercice de la viole, avec une grande vivacité d'esprit. »

Peut-être, au temps où Rousseau écrivait, cette manière était-elle passée d'usage. Cinquante ans auparavant elle n'en représentait pas moins le triomphe de l'art des violistes. Maugars, excellent virtuose au service du cardinal de Richelieu[2], y était passé maître, et il estimait qu'on ne pouvait, sans savoir s'y distinguer, prétendre au premier rang. En quoi consistait le style de ces improvisations? Rousseau va nous l'apprendre : « Ce jeu consiste en cinq ou six notes que l'on donne sur-le-champ à un homme, et sur ce peu de notes comme sur un canevas, cet homme travaille, remplissant quelquefois son sujet d'accords en une infinité de manières et allant de diminutions en diminutions : tantost y faisant trouver des airs fort tendres et mille autres diversitez que son génie lui fournit. Et cela sans avoir rien premedité et jusqu'à ce qu'il ait epuisé tout ce qu'on peut faire de beau et de sçavant sur le sujet qu'on lui a donné. » Maugars lui-même, dans sa *Response à un curieux*, raconte avec complaisance comment, à l'église Saint-Louis des Français, il excita l'admiration de son auditoire italien en traitant de la sorte

---

1. Ces pièces ont été rééditées par M. Charles Bouvet dans le répertoire de la Fondation de S. Bach.

2. Maugars est bien connu des musicologues pour l'auteur d'une très intéressante brochure sur l'état de la musique en Italie (*Response à un curieux sur le sentiment de la musique d'Italie*, 1639).

« quinze ou vingt notes », qu'on lui donna pour « sonner avec un petit orgue ».

Nous ne connaîtrons jamais rien de précis au sujet
de ces fantaisies improvisées, cela va sans dire. Tout
ce qu'il faut en retenir, c'est l'emploi, presque constant, qu'y faisaient les artistes, des accords. Les pièces
des violistes du XVIIIe siècle nous renseignent tant soit
peu sur l'écriture harmonique de la viole, encore
que ces pièces soient généralement d'allure plutôt
mélodique. Au XVIIe siècle, la viole s'écrivait très souvent en accords, dans un goût assez voisin de celui des
pièces de luth, puisque aussi bien son accord, semblable à celui du luth, procédait par quartes, avec une
tierce (*ré, sol, do, mi, la, ré*). Mais ces accords, il ne
faut pas nous les représenter avec le caractère arpégé
de triples ou quadruples cordes du violoncelle. Les
artistes modernes qui ont ressuscité la viole de gambe,
autrement dit la basse de viole, les exécutent de la
sorte. C'est à tort. Ils se servent en effet d'un archet
de violoncelle tenu à la façon classique. Les violistes

Fig. 325. — Concert de violes, accompagnant des chanteurs (d'après un tableau du musée de Troyes, 1636).

d'autrefois usaient d'un archet très arqué, peu tendu,
et qu'ils tenaient la main en dessous. Le chevalet de
leur instrument était très peu convexe, et le manche
garni de sillets qui épargnent l'obligation de placer
les doigts avec une stricte précision. Ils pouvaient
ainsi faire entendre des suites d'accords serrés à
trois ou quatre parties, l'archet atteignant sans peine
les trois ou quatre cordes à la fois et les pouvant faire
résonner simultanément sans en quitter une seule. Ce
caractère vraiment harmonique de la viole (il va
sans dire que la basse seule se prêtait bien à ce jeu
complexe) explique suffisamment son rôle comme
instrument d'accompagnement, suffisant à soi seul.

Souvent aussi, dans la musique de chambre, deux,
trois, quatre, cinq ou six violes se réunissaient pour
l'exécution de pièces à plusieurs parties, aussi bien
dans le style figuré que dans le style d'air. Nous avons
déjà parlé de ces groupements, où dessus et basses

concertaient ensemble. A l'inverse de la famille des
violons, employée aux symphonies plus vraiment orchestrales des ballets ou bien aux airs destinés à
guider les danseurs d'un bal, les violes se réservaient
et se réserveront longtemps encore le monopole des
concerts de chambre. Leur timbre pénétrant, leurs
agréments délicats, leurs tremblements flatteurs, riva-
lisant avec les finesses des voix les plus exquises, semblaient, vers 1650, ce que la musique instrumentale
pouvait réaliser de plus parfait. Il est inutile, après
ce qui en a déjà été dit, d'insister plus longuement là-
dessus, sinon pour citer quelques mesures d'une de
ces symphonies de violes. Voici le début d'une pièce
que Mersenne donne pour l'œuvre d'un Anglais qu'il
ne nomme pas d'ailleurs. L'école anglaise excellait
dans le jeu de la viole, et Maugars, pourtant féru de
l'art des artistes français, déclare qu'ils y surpassaient,
en son temps, toutes les autres nations.

Fantaisie à six parties pour les Violes

L'emploi des instruments par famille, dans la première moitié du xviie siècle, n'est pas encore exclusivement limité aux instruments à archet. Sans doute,
les concerts de violes, tels que nous venons de les
voir, sont extrêmement fréquents et constituent un
des éléments les plus ordinaires des concerts. Sans
doute encore, la réunion des violons aigus et graves
(nous le verrons tout à l'heure) représente déjà l'é-
lément fondamental des grandes musiques d'ensemble et, sous forme d'airs de danse et de symphonies
diverses, suffisait à la réalisation sonore des ballets, des bals ou des divertissements de cour. Mais les
familles d'instruments à vent sont aussi complètes

généralement, du haut au bas de l'échelle. Les facteurs n'ont pas encore cessé de fabriquer ces flûtes
graves et aiguës, ces hautbois de diapasons divers,
ces séries de cromornes, de cornets ou de trombones dont la tradition remontait au siècle précédent.
Bien plus, en Allemagne surtout, ils s'efforcent même
d'étendre à l'aigu et surtout au grave la portée de
chacun des engins sonores que leur fantaisie, sur des
données à la vérité assez peu variées, invente tous les
jours.

Cependant de moins en moins, il faut le reconnaître,
les musiciens sont portés à utiliser pratiquement
leurs inventions. Ils commencent même à abandon-

ner l'antique usage d'employer ensemble une famille complète. Dans chacune, ils font choix d'un ou deux instruments et délaissent volontiers les autres, au point qu'en beaucoup de cas on peut se demander si certains de ces spécimens désuets ont jamais eu une existence musicale bien réelle. Nous avons déjà dit quelques mots, incidemment, des imperfections considérables que, dans l'état de la facture d'alors, présentaient certainement la plupart des instruments à vent sous la forme d'instruments graves. Il est permis de penser que ces imperfections, sans parler de l'incommodité de leur maniement, ont grandement contribué à leur abandon. A quoi se résignèrent d'autant plus aisément les artistes qu'ils n'étaient point, comme les maîtres modernes, enclins à chercher dans la variété des timbres un élément d'expression ou de pittoresque.

Ce n'est guère que vers 1650 que le départ sera fait, définitivement ou à peu près, entre ce qui doit être conservé et ce qui va disparaître, en France du moins. Même, il est fort vraisemblable que, chez nous, cette délimitation des moyens eût été faite longtemps auparavant sans l'influence conservatrice des organismes musicaux officiels. Le service musical des rois de France, très anciennement constitué, avait acquis dès le début du XVIIe siècle sa forme définitive. Divisé suivant une hiérarchie savante en plusieurs départements, selon qu'il s'agissait de la chapelle, de la chambre, de la musique des fêtes de plein air ou de ce que nous appellerions la musique militaire, il comprenait un grand nombre d'artistes avec une infinité de catégories. Et tel qu'il était, il devait durer

presque sans changements jusqu'à la fin de l'ancien régime, alors même que la signification des termes qui en désignaient les officiers était complètement oubliée. Les cromornes de la grande écurie, par exemple, figurent encore dans les états de la maison du Roi en plein XVIIIe siècle, quand aucun artiste n'en jouait et que plus d'un n'eût pas su certainement ce qu'était l'antique instrument qu'il était censé faire résonner pour le service du monarque.

Nous n'avons à parler ici ni de la chapelle ni de la chambre. A la chapelle, la musique instrumentale ne jouait pour ainsi dire aucun rôle, et la musique de la chambre, avec un certain nombre de chanteurs, ne comptait que des clavecinistes, des luthistes, des joueurs de viole ou de flûte douce, solistes virtuoses peu nombreux, n'ayant pas à réaliser d'ensembles symphoniques proprement dits. Aux vingt-quatre violons du roi, organisme alors relativement récent, revenait le soin des exécutions orchestrales d'instruments à cordes. Tout ce qui regarde les instruments à vent appartenait à un autre service, celui de la musique de la Grande Écurie. C'est aux artistes qui en faisaient partie que revenait la charge d'exécuter la musique des cérémonies d'apparat, comme généralement de figurer partout où leur présence était requise. On les voit sonner dans les carrousels, dans les cortèges, dans les entrées royales, mais aussi souvent dans les fêtes, les divertissements, les grands bals ou les ballets. Au commencement du siècle ils sont déjà divisés en cinq classes : 1° les trompettes, 2° les fifres et tambours, 3° les grands hautbois, 4° les cromornes, 5° les hautbois et musettes du Poitou.

FIG. 326. — *Sacre de Louis XIV*. Les douze grands hautbois.

Ni les douze trompettes, ni les huit fifres et tambours ne doivent nous retenir longtemps. Instruments de guerre, leur rôle est d'importance musicale assez secondaire et retenu, par leur nature même, en d'étroites limites. Au contraire, le corps de douze grands hautbois fait une figure intéressante. Outre ses fonctions de parade, il figurera à chaque instant dans les grands ballets de cour qui réunissent toutes les ressources musicales de l'époque.

Ces douze musiciens ne jouent pas tous du hautbois. Conformément à la pratique alors courante, ils excellent indifféremment sur des instruments divers. Le titre exact de leur fonction l'indique : *joueurs de violons, hautbois, sacqueboutes et cornets*. Il paraît probable qu'avant la création des vingt-quatre violons, ils se faisaient entendre bien comme orchestre d'instruments à cordes et que le service musical du roi ne comptait pas, pour les fêtes et les ballets, d'autres exécutants qu'eux. A l'époque où nous sommes arrivés, ils se sont limités, semble-t-il, à la pratique des instruments à vent. Leur petite compagnie comprend normalement deux dessus de hautbois, deux hautes-contre et deux tailles de hautbois, deux cornets, deux sacqueboutes ou trombones, deux basses de hautbois. Des basses de hautbois, remarquons-le : point encore de bassons. Car au temps de leur constitution en groupe, cet instrument était inconnu ou du moins inusité. Et dans les planches du *Sacre de Louis XIV* (1645), où figurent les grands hautbois, on voit encore les exécutants de la partie de basse souffler dans un de ces longs instruments incommodes, dépassant presque la taille de celui qui en joue.

Il est assez fréquent de rencontrer, dans les livrets des ballets, mention d' « airs » exécutés par les hautbois. C'est aux grands hautbois qu'il appartenait alors de les faire entendre. Les morceaux composés pour eux sont toujours à cinq ou même à six parties. Les cornets, très probablement, doublaient la partie supérieure; ou bien, dans le cas où (comme à six parties) il y a deux voix aiguës croisant très fréquemment et d'intérêt mélodique tour à tour égal, ils en assumaient l'une, laissant l'autre aux hautbois. Quant aux trombones, nous savons par Mersenne qu'ils prenaient seuls la partie de basse-taille (la première au-dessus de la basse), ou bien encore la basse elle-même, quelquefois à l'exclusion des hautbois graves.

Quant à la forme de ces pièces, elle ne diffère guère de celles que nous avons rencontrées déjà. Ce sont des airs à forme fixe, airs de danse, le plus souvent danses graves et solennelles comme pavanes ou gaillardes, d'une écriture résolument harmonique, sans moindre figure de contrepoint même très simple. Le premier volume de la collection Philidor, à la bibliothèque du Conservatoire, nous en a conservé un assez grand nombre : airs de danse (beaucoup de bals de cour du temps de Henri IV durent être dansés au son des hautbois), airs composés pour des carrousels (ceux, par exemple, du Ballet à cheval pour le grand carrousel à la place Royale lors du mariage de Louis XIII) ou pour des cérémonies (sacre de Louis XIII, par exemple. Ces compositions sont généralement, dans ce recueil, anonymes. A titre d'exemple, voici un « Charivary » tiré d'un « concert donné au Roy en 1627 par les 24 violons et les 12 hautbois ». Ce sont des airs de différents ballets exécutés tour à tour par l'un ou par l'autre des deux groupes de musiciens[1].

Charivary pour les Hautbois

[1]. Le mouvement de ce morceau étant extrêmement vif, il a paru préférable de réduire de moitié les valeurs du texte original.

Les six cromornes de la Grande Écurie ne paraissent pas, au moins au temps où nous sommes arrivés, jouer un rôle musical bien important. Il n'est même pas sûr que l'antique instrument dont ils portaient le nom ait été encore effectivement en usage. Plus tard nous avons la preuve que, dans les rares cérémonies où ils avaient officiellement à paraître, ils l'avaient remplacé par des hautbois et des bassons[1]. Et ce changement peut bien avoir été effectué d'assez bonne heure, puisque Mersenne, dans le chapitre où il parle des instruments, cite à peine les cromornes (ou *Tournebouts*), qu'il n'a guère l'air d'avoir jamais rencontrés. Instrument à tube cylindrique, monté d'une anche double enfermée dans une capsule percée d'une fente par où passait le souffle du musisien, le cromorne ne pouvait ni octavier ni faire entendre plus de sons que ne le comportait le nombre des trous dont il était percé. Son étendue était donc très limitée : une dixième tout au plus. Et cette indigence explique suffisamment sa disparition assez rapide[2].

Quant aux hautbois de Poitou et aux musettes (quatre ou six exécutants), ils représentent aussi une antique tradition. Ces instruments à prétentions pittoresquement pastorales, assez volontiers usités au XVIᵉ siècle et antérieurement, paraissent souvent dans les ballets, les musettes surtout. Les hautbois de Poitou (hautbois dont l'anche enfermée dans une capsule ne touchait pas les lèvres de l'exécutant) égayaient de leurs sonorités criardes et rustiques certaines danses d'origine villageoise que la mode avait mises en faveur. Voici, tirée de Mersenne, une *chanson* pour les hautbois de Poitou. Elle est de la composition de Henry le Jeune, musicien du roi Louis XIII, auteur de nombreuses compositions pour les instruments à vent.

Chanson à 3 parties

HENRY LE JEUNE

1. Dès la fin du XVIIᵉ siècle, les grands hautbois avaient aussi adopté pour leurs basses les bassons ordinaires. Les cornets et sacquebutes avaient en réalité disparu.

2. Les cromornes de la Grande Écurie étaient également chargés — sur les états — de jouer la trompette marine. Cette étrange sorte de monocorde, dont on utilisait seulement les sons harmoniques, fut-elle vraiment d'usage à un moment quelconque? Il faut le croire, mais nulle mention n'en est jamais faite.

Dans ces divers groupes d'instrumentistes, nous n'avons point vu, en titre, figurer les flûtes. Il y aurait lieu d'en être surpris, si nous ne savions qu'il n'est point alors de virtuoses se bornant à la pratique d'un seul instrument, surtout parmi les instruments à vent. Tous les hautbois jouaient donc indifféremment le hautbois ou la flûte, et l'orchestre de Lully conserva cette tradition. Les titulaires des diverses charges de la Grande Écurie, à peu de chose près, se devaient pouvoir remplacer les uns par les autres. Beaucoup exerçaient même plusieurs de ces charges simultanément. Il n'y avait donc nulle difficulté de trouver parmi eux les éléments requis pour un concert de flûtes : flûtes douces ou flûtes traversières. Voici une reprise d'une gavotte pour quatre flûtes douces, vraisemblablement aussi de la composition de Henry le Jeune[1].

accompagnaient les voix. Voici donc les entrées où figurent les divers petits ensembles que nous venons d'étudier. On remarquera que, selon la tradition constante du ballet, les instrumentistes figurent en scène, remplissant le rôle de personnages de l'action :

1° Pan et trois satyres jouant des cornets pour la danse de quatre « Sylvains effrayés ».

2° Quatre autres satyres sonnant des hautbois : ceci accompagne une entrée de quatre Silènes.

3° Six autres satyres formant un concert de flûtes : ils rythment ainsi les pas de quatre dryades.

4° Au cours de la pièce, on entend, « comme au loin dans la forest », une agréable symphonie de « musettes de bergers ».

5° Enfin à un autre endroit retentit soudain « un son de chalumeaux (hautbois de Poitou ou cornemuses probablement) avec quelques voix de bergers ».

Gavotte pour les Flustes douces

Sans doute, ces intermèdes musicaux gardent-ils toujours un caractère pittoresque et, disons-le, un peu accessoire. Le fond musical de la pièce est constitué, avec les airs chantés (ici de Guédron), par les airs de violons dont le compositeur (Belleville) est nommé seul, avec honneur, dans la notice. Néanmoins cette variété agréable est un caractère de l'art français de ce temps sous sa forme la plus complète. Et il ne faut pas le négliger, sans se dissimuler cependant que de telles recherches, commodes seulement avec le personnel musical considérable dont on disposait à la cour, ne pouvaient être ailleurs que fort rares. Ce qui explique bien pourquoi la musique française ne s'est pas, en somme, développée dans le sens où qu'elle a négligé assez vite de tirer ses effets de la multiplicité des timbres.

C'est dans les ballets de cour, nous l'avons dit, ceux du moins qui, par leur importance et la complication des moyens mis en œuvre, constituaient d'importantes manifestations musicales, que ces airs pour différents instruments trouvaient ordinairement place. Il serait peut-être hors de propos de vouloir énumérer ici les plus remarquables de ces compositions, en faisant le compte de ce qui, dans chacune, revient à telle ou telle famille sonore. D'autant plus que, le plus souvent, la musique ne nous en est point parvenue ou n'a subsisté que très mutilée et très incomplète. Je citerai cependant le « Grand ballet du Roy sur l'adventure de Tancrède en la forest enchantée », dansé le 12 février 1619, un des plus magnifiques et des plus pompeux de tous ceux dont il est fait mention. De ce ballet, quelques débris informes subsistent dans le recueil de Philidor, sous une forme très fragmentaire (dessus et basse des airs de danse, ou du moins de quelques-uns). Mais nous en avons une relation détaillée. Elle suffit bien pour marquer le rôle des instruments à vent dans ces divertissements où la part principale, bien entendu, revenait aux vingt-quatre violons, aussi bien qu'aux violes et luths qui

Au reste, l'Italie avait précédé notre pays dans cette voie. L'orchestre de Monteverde dans l'*Orfeo*, loin de marquer une aurore, nous l'avons dit, paraît, au contraire, le dernier effort de l'instrumentation, multiple en ses sonorités, à quoi s'était complu le siècle précédent. Non seulement Monteverde lui-même, dans ses autres drames, n'a plus renouvelé ses recherches de timbres, mais, de son temps, aucun de ses contemporains n'avait essayé d'imiter son exemple. Le drame lyrique italien pendant tout le XVII° siècle se contentera des instruments d'accompagnement, clavecins ou théorbes, pour soutenir les voix, et de quelques violons pour les symphonies. Ni la musique religieuse ni la musique instrumentale de chambre ne seront plus riches. Tout au plus cornets et trombones résonnent-ils quelquefois à l'église. Ces uniques survivants de tous les autres instruments à vent oubliés disparaîtront à leur tour, et, la première moitié du siècle écoulée, il n'en sera plus guère fait mention nulle part[2].

---

1. D'après ce que dit Mersenne des instruments de cette famille, il apparaîtrait que les flûtes graves, de grandes dimensions, étaient d'origine anglaise et relativement d'un emploi récent. Il dit qu'un jeu de ces grandes flûtes avait été envoyé par un roi d'Angleterre à la cour de France. Au surplus, l'usage, extrêmement mal commode, de ces grands instruments, joint sans doute à la dépense de souffle que leur jeu exigeait, dut toujours les rendre assez peu populaires. La flûte basse avait huit pieds de haut, et le joueur devait donner le vent au moyen d'un long tuyau de métal recourbé, descendant du sommet de ce fin-geolet gigantesque jusqu'à la hauteur de sa bouche. L'instrument avait neuf trous, plus quatre clefs ouvertes, dont les deux dernières se fermaient avec le pied.

2. Il est à remarquer que tandis que l'Italie, au cours du XVII° siècle, laisse ainsi disparaître l'usage des instruments à vent, l'Espagne, dans sa musique véritablement nationale, leur garde une place prépondérante. Les petits orchestres de musiciens qui prennent part aux divertissements, aux bals, aux fêtes de cour ou qui remplissent les intermèdes des comédies, sont composés, en général, comme la musique des grands hautbois de la musique des rois de France, ou peu s'en faut. On y retrouve les cornets, trombones, hautbois (du moins les

L'Allemagne devait se montrer beaucoup plus conservatrice. Pendant tout le XVIIᵉ siècle, les maîtres de ce pays continueront à l'envi de pratiquer les combinaisons dont Prætorius nous a révélé l'ordonnance. Dans le domaine des instruments à vent notamment, les facteurs s'appliqueront sans cesse à perfectionner les multiples variétés, et les musiciens ne dédaigneront point d'utiliser les résultats de leur ingénieux labeur. A la vérité, ce sera surtout dans leur mélange avec les voix que les sonorités éclatantes des chœurs d'instruments à vent trouveront l'emploi le plus ordinaire. En dehors de quelques pièces brillantes de fêtes ou de carrousel, ils ne se font guère entendre seuls. Ils ne se mêlent guère non plus aux orchestres d'instruments à cordes, à qui sont dévolues les compositions les plus savantes et les plus considérables. Mais leur rôle n'en reste pas moins important. S'ils s'isolent presque toujours par famille ou du moins selon certaines affinités traditionnelles et définies, l'extrême complication des grands ensembles vocaux, où toujours concertent plusieurs chœurs, chacun avec son accompagnement spécial, permet d'heureuses oppositions et des contrastes qui ne manquent ni de puissance ni d'agrément.

L'extrême vitalité de la musique allemande en ce siècle, le nombre considérable d'œuvres qui ont subsisté, grâce aux nombreux éditeurs de musique florissant en toutes les villes, rendent une étude complète extrêmement difficile. En tout cas, ce n'est pas ici qu'il faudrait la tenter. Ce sera assez, dans un tableau d'ensemble, nécessairement très sommaire et très incomplet, de donner, en quelque sorte, le programme d'une solennité musicale en Allemagne vers 1650. Nous choisirons le banquet en musique qui, le 25 septembre 1649, avait lieu à Nuremberg en l'honneur du prince Charles-Gustave, un peu plus tard roi de Suède et commandant alors comme feld-maréchal les troupes suédoises venues en Allemagne avec Gustave-Adolphe, au cours de la guerre de Trente ans. Quatre chœurs (entendons par là quatre groupes de chanteurs et d'instrumentistes), placés aux quatre extrémités de la salle, y prirent part, tantôt unis, tantôt séparés.

Le premier comptait onze chanteurs (sopranos, altos, ténors et basses) et quatre instrumentistes : deux artistes jouant l'un et l'autre du cornet, de la flûte ou du violon tour à tour, une contrebasse de viole et un organiste (peut-être au clavecin). Quatre chanteurs (deux sopranos, un alto, un ténor) figuraient au deuxième chœur, avec huit joueurs de violes et un théorbe. Deux hautes-contre, un ténor et une basse composaient le troisième chœur, tout de voix masculines; pour les soutenir trois trombones, alto, ténor, basse (*quart posaune*) avec une régale (*quart* régale, dit le texte). Il y avait en outre deux harpes. Enfin une haute-contre avec un baryton (*basset*) représentaient à eux deux le quatrième chœur, auquel se joignaient trois bassons (ordinaire à la quarte grave, contrebasson à l'octave). Une autre régale,

comme au chœur précédent, y sonnait la basse continue.

Cet ensemble varié et complexe exécutait des psaumes ou autres pièces latines à deux, trois et quatre chœurs, réunissant ainsi tout ou partie des ressources vocales et instrumentales dont on disposait. Ces compositions étaient dues pour la plupart à l'artiste qui dirigeait le concert, Ch. Staden, organiste de l'église Saint-Laurent. Une des pièces cependant était du maître italien G. Rovetta, celle-ci accompagnée des seules violes. Il y avait aussi un duo de deux soprani avec le théorbe seul, et enfin plusieurs pièces purement instrumentales qu'exécutaient les instruments à archet, également munis le secours des autres.

C'est que déjà la supériorité musicale des instruments à archet s'imposait chaque jour davantage. Même là où personne n'entendait se priver des ressources particulières que l'art pouvait tirer de l'emploi judicieux des autres, il fallait reconnaître que ceux-ci, plus souples, plus parfaits, plus riches d'effets, devaient jouer un rôle prépondérant. L'Italie estimait qu'ils pouvaient suffire. En France, sans aller jusque-là, de plus en plus on leur concédait la première place. Nous venons de voir quel usage nos musiciens, dans les ballets ou les grands divertissements de cour, savaient faire des instruments à vent. Mais dans ces festivités, il ne faut pas oublier, malgré tout, que les violons passaient bien avant eux[1].

Car c'est aux violons que reviennent de droit les airs de toutes les danses, ou peu s'en faut. Et si les instruments à vent résonnent de temps en temps pour quelque pittoresque intermède, si les luths et les violes paraissent avec les chanteurs, eux se feront entendre pendant tout le cours du ballet et du bal, qui quelquefois lui fera suite.

Dans tous les ballets royaux, dans toutes les fêtes de la cour, c'est au groupe connu des vingt-quatre violons du roi que revient la charge d'assurer ce service. Les vingt-quatre violons, bien constitués en petit orchestre, apparaissent nettement dès les premières années du XVIIᵉ siècle, mais point du tout, à vrai dire, comme une nouveauté véritable. Et il est certain, en effet, que, bien des années auparavant, de semblables réunions de violons existaient dans la musique royale. Il se peut que les exécutants fussent moins nombreux. En effet, la relation du Ballet comique de la Reine de 1583 ne mentionne que seulement dix violons. Mais de ce groupe réduit on attendait exactement les mêmes services. Et le fait d'en augmenter l'importance ne marque que l'intention d'obtenir des effets plus sonores et plus brillants, sans que leurs attributions musicales aient pour cela changé d'étendue ni de nature.

Vingt-quatre instruments à archet, cela ne représente pas, pour nous autres modernes, un quatuor d'orchestre bien considérable ni bien puissant. Nos ancêtres avaient là-dessus d'autres idées. Leur capacité d'audition avait des limites bien plus étroites que les nôtres. Il est à croire que les sonorités d'un

---

chirimias espagnoles sont-elles un instrument très voisin, le mot n'étant que la traduction du vieux français chalemie, chalumeau), bassons et petits bassons (bajoncillo). En 1652, s'ouvre à Madrid une sorte d'école ou de conservatoire pour la formation des artistes. Un personnel de 12 musiciens y était attaché : quatre dessus de cornet ou de chirimia, deux contraltos de chirimia jouant aussi les bassons ou petits bassons, deux ténors de même instrument et quatre trombones.

Ces instruments servaient aussi à l'accompagnement des pièces vocales, concurremment avec la harpe et la vihuela nationale, ancêtre immédiat de la guitare, qui, elles, soutenaient plutôt le chant des solistes. On les retrouve même dans les œuvres d'église. M. F. Pedrell

(Sammelbände der Internationalen Musik-Gesellschaft) cite, par exemple, un *Dixit Dominus* à 17 voix en quatre chœurs de Comes (1568-1643) ainsi disposé : le premier chœur accompagné à la harpe, le second à l'orgue, le troisième composé d'une seule voix (alto) avec deux cornels, trombone et basson. Les *vihuelas* et un second orgue soutenaient le quatrième chœur.

1. Il est infiniment probable que dans la solennité musicale de Nuremberg ci-dessus décrite, les *violes* de dessus et de basses se composait en réalité de violons, hauts et bas. Nous savons que le nom d'une variété de viole, les *violes di brazzo*, désigne en réalité un instrument qui ne diffère pas — ou presque pas — de nos violons.

de nos grands orchestres leur eussent paru un intolérable fracas, et les vingt-quatre violons du roi représentaient pour eux le summum de l'éclat·et de la magnificence sonores. Ils n'avaient pas tort, en somme, puisque ce groupe, bien homogène, dépassait de beaucoup tout ce qu'on avait fait jusque-là. Aussi les vingt-quatre violons ne paraissaient-ils déplacés nulle part. Dans les plus grandes salles, dans les églises les plus spacieuses, en plein air même, ces deux douzaines d'artistes satisfaisaient à toutes les exigences. Ils excitaient partout l'admiration. « Toutes ces parties sonnant ensemble, écrit le P. Mersenne, font une symphonie si précise et si agréable, que quiconque a entendu les vingt-quatre violons du roi exécuter toutes sortes d'airs et de danses, confessera volontiers qu'il ne se peut rien entendre dans l'harmonie de plus suave et de plus délicieux. » Et ailleurs, il ne néglige pas de remarquer que les violons (les basses surtout) ont une sonorité bien plus intense et plus forte que celle des violes.

Il va sans dire que, quoique désignés par le terme générique de « violons », ces vingt-quatre artistes ne jouaient pas tous de ce que nous appelons aujourd'hui violon. Leurs instruments constituaient une famille complète du grave à l'aigu, chaque variété différant des autres par l'accord ou la taille. Des violons d'abord, tels que les nôtres, pour les parties supérieures, mais dont certains, quoique accordés de même et d'étendue pareille, devaient être d'un modèle un peu plus fort. Puis un instrument (taille ou quinte de violon) au diapason de nos altos, mais sensiblement plus grand. La basse enfin accordée, par quintes au-dessous de l'accord de la taille (*sol, do, fa, si bémol*), descendant par conséquent un ton plus bas que notre violoncelle. Ces basses de violon, essentiellement instruments d'orchestres et non faites pour le solo, étaient au reste assez différentes des nôtres. De taille beaucoup plus forte, montées de cordes robustes, elles étaient peu propres sans doute à la virtuosité, mais leur son volumineux et puissant, beaucoup plus fourni que celui des basses de violes, suffisait à donner des basses solides en l'absence des contrebasses, encore tout à fait inconnues. C'est par une méconnaissance inconcevable des textes les plus clairs que l'on a prétendu et que l'on répète encore quelquefois — disons-le — que dans l'orchestre de Lully les violes fournissaient les basses et les parties moyennes. On le voit au contraire : la famille des violons était, du grave à l'aigu, complète, et les contemporains ne les confondaient pas du tout avec les violes, destinées à un emploi musical tout autre[1].

Si les artistes qui se livraient à l'étude de la basse ne jouaient pas des instruments plus petits, pas plus que nos violoncellistes ne pratiquent nécessairement le violon, les autres pouvaient s'employer indifféremment sur le dessus ou la taille (comme aujourd'hui sur le violon et l'alto), au bout de quelques jours d'étude. Cette facilité permettait de partager les exécutants entre les diverses parties des pièces, selon qu'il y en avait plus ou moins. Les concerts de violon sont le plus souvent à cinq voix, mais à quatre aussi quelquefois. Dans le premier cas, le dessus et la basse comptent chacun six musiciens, les trois parties intermédiaires (haute-contre, quinte et taille) quatre. A quatre parties il y a six artistes à chacune.

En ce cas, c'est l'exacte disposition de notre quatuor moderne.

Ces proportions et cet ordre se retrouvaient naturellement, à peu près pareils, dans les petites compagnies qui florissaient un peu partout à côté de celle-ci. Car, au xvii° siècle, il n'est aucun grand seigneur — ou presque — qui n'entretienne, plus ou moins, à ses frais quelque bande de violons, tandis qu'il n'existe d'autres qui louent leurs services à qui veut en faire usage. Ces associations d'exécutants, habiles ou non, régulièrement constituées et dont les membres s'engageaient à ne se produire ordinairement qu'ensemble, existent non seulement à Paris, mais dans toutes les villes un peu considérables. Elles sont souvent composées de musiciens de même famille ou unis par des liens d'association. Car, il faut bien le dire, les violons, assez peu considérés, sont volontiers tenus à l'écart par les musiciens d'ordre plus relevé : luthistes, clavecinistes, organistes, maîtres de musique des princes ou des églises. Si dédaignés que semblent avoir été le plus souvent leurs personnes et leurs talents, ils n'en remplissent pas moins un rôle considérable. Jouant presque toujours en bandes, au moins assez complètes, ils répandent partout le goût de la musique orchestrale polyphonique, et leur collaboration indispensable aux ballets, qui constitue la forme théâtrale unique de la musique, contribuera à préparer partout l'intelligence et le goût des symphonies expressives ou pittoresques de l'opéra. En outre, il n'est pas sans eux, hors des églises, — et encore y sont-ils admis occasionnellement, mais assez souvent, — de festivités musicales d'importance. Ces ménétriers — bien souvent ils ne sont guère autre chose — sont ainsi mêlés à toutes les cérémonies publiques. Il n'est plus de grandes musiques sans eux, et les sonorités brillantes de leurs instruments paraîtront bientôt à ce point indispensables que l'estime médiocre que l'on avait d'eux tout d'abord croîtra régulièrement de jour en jour.

Au surplus, si l'on examine de plus près ce qu'a pu être telle ou telle de ces compagnies, du moins parmi celles à qui l'opinion générale accordait un degré particulier d'excellence, on reconnaîtra que les artistes de talent n'y étaient pas rares. Talent tout relatif, bien entendu. Il n'est pas question de comparer, même de bien loin, la technique primitive de ces violonistes avec celle de leurs confrères d'aujourd'hui. Mais de là à faire des vingt-quatre violons, par exemple, comme on l'a fait trop souvent, une bande de râcleurs ignares et maladroits, il y a quelque distance. L'histoire musicale continue trop volontiers à accueillir à ce sujet une quantité d'anecdotes malveillantes ne reposant sur aucun fondement solide. Lully — il avait d'excellentes raisons pour être l'ennemi déclaré de tout organisme musical qui ne provenait pas de lui — a eu beau jeu pour discréditer ses confrères et prédécesseurs. Les historiens ignorants de la musique et de son histoire depuis Voltaire, lequel, dans son *Siècle de Louis XIV*, écrit là-dessus les pires billevesées, ont facilement accordé au Florentin ce qu'il eût été bien aise que l'on pensât de son temps : à savoir qu'avant lui il n'y avait en France aucune musique et qu'il a été le premier à réunir un orchestre, à l'exercer et à lui fournir des compositions dignes d'être écoutées. Nous nous sommes à peu près corrigés de ces grossières erreurs en

---

1. Remarquons que la taille volumineuse des basses n'empêchait pas ceux des Vingt-quatre Violons qui en étaient chargés de figurer — au sens scénique — dans les ballets. Mersenne note que ces bassistes adaptaient à leur instrument un bouton ou crochet, attaché à un cor-

don qu'ils portaient au col. Portant ainsi leur basse suspendue devant eux, ils pouvaient jouer en marchant ou en évoluant en scène, comme les autres.

ce qui regarde l'art d'église ou la musique vocale de chambre ou de clavecin. Elles ont encore cours en beaucoup d'endroits au sujet de la musique instrumentale, spécialement des violonistes, dont jusqu'ici personne ne se souciait de connaître la personne ni les œuvres.

En fait, il apparaît bien que les plus éminents des violonistes français, qu'ils fissent ou non partie des vingt-quatre, ont occupé — comme artistes — dans l'estime de leurs contemporains une place à peu près égale à celle des autres grands virtuoses. A moins de supposer une aberration du goût singulière, il faut bien admettre qu'ils étaient dignes de leur être comparés et que leur virtuosité ne pouvait différer beaucoup, en qualité, de celle que l'on admirait chez un Chambonnières par exemple. Pour réduite que fût la technique du violon, à qui l'on ne demandait que des effets fort simples, elle était assez étendue déjà pour qu'on louât, chez certains de ces artistes, des mérites d'ordre véritablement musical. Tout familier qu'il fût des musiciens de la catégorie la plus relevée, tout admirateur déclaré qu'il s'affirme à l'égard des instruments réputés plus nobles que les autres : luth, viole, orgue ou clavecin, le P. Mersenne n'a pas méconnu la valeur de nos violons. « Quoi de plus élégant, s'écrie-t-il en son latin classique, que le jeu de Constantin? Quoi de plus chaleureux que la verve de Bocan? ou de plus ingénieux et de plus délicat que les diminutions de Lazarin ou de Foucard? Ajoutez au-dessus de Constatin la basse de Léger, et vous aurez réalisé l'harmonie la plus parfaite. »

Ce n'est pas ici, on le voit, l'éloge de la bande tout entière des violons qu'il entend faire, mais celui de quelques artistes envisagés comme solistes. En effet, si le rôle des violons apparaît éminent et significatif dans la musique d'ensemble, il ne s'ensuit pas qu'ils ne se fissent point entendre, à l'occasion, seuls, mélodiquement, ou soutenus d'une simple basse, ou bien encore, comme nous dirions, en quatuor ou quintette. Au contraire, nous savons que de telles auditions étaient fréquentes, et d'autant plus goûtées qu'elles permettaient d'apprécier ce genre de mérite que Mersenne exalte dans Foucard et Lazarin, c'est-à-dire le talent des diminutions ou variations, improvisées souvent, sur un thème. Les violonistes, pas plus que les autres musiciens solistes, ne se sont privés de cette forme, alors si estimée, de la virtuosité. Contraints de s'en abstenir quand ils jouaient à plusieurs la même partie à l'orchestre ou quand leurs mélodies devaient guider les évolutions des danseurs, ils savaient prendre leur revanche alors que les pièces de leur répertoire, ce qui arrivait maintes fois, figuraient dans des suites de concert. Voici, tiré du livre de Mersenne, un exemple qui montrera la manière dont ils entendaient cet art. C'est une *Fantaisie* à cinq parties de Henry le Jeune, avec la première partie traitée en diminution. Les deux portées inférieures de notre exemple donnent les cinq parties, texte original. La portée supérieure expose le premier violon en diminution. De cette pièce à trois reprises fort développées, nous donnons seulement la première.

Phantaisie à 5   HENRY LE JEUNE

Des compositions telles que celle-ci (on remarquera qu'il s'agit d'une « fantaisie », c'est-à-dire
d'une pièce qui ne relève aucunement du répertoire
du ballet) montrent bien que les violons n'étaient pas
exclusivement confinés dans la partie musicale des
fêtes ou des danses de cour. Au surplus, les morceaux mêmes qui avaient charmé les spectateurs
d'un ballet reparaissaient souvent, en concert, hors
de la représentation qui leur avait servi de prétexte.
Le « Charivary » des hautbois que nous avons cité
était tiré d'un « Concert » composé d'airs de différents ballets précédemment représentés. Et ce fait
est loin d'être exceptionnel : les concerts de violons
sont mentionnés à chaque instant par les contemporains. Suivant le système adopté pour les airs de
luth ou de clavecin, ces pièces se groupaient naturellement en Suites, assemblage de morceaux de caractères divers et de tonalité identiques, rapprochés suivant certaines habitudes et disposés, sans autre souci,
pour mettre en valeur toutes les faces du talent des
exécutants.

De ces Suites de violons ou des collections de
compositions propres à en fournir à l'improviste la
matière, il nous reste, malheureusement, assez peu
pour l'époque qui nous occupe. La collection Philidor, que possède le Conservatoire, en renfermait un
grand nombre. Mais on sait que plusieurs volumes
ont été détruits, en un temps où personne n'attachait
d'importance à ces documents du passé. Un hasard
fâcheux a fait que parmi les volumes perdus fussent précisément ceux qui contenaient les compositions des violons du roi. Et — le premier volume,
assez précieux témoignage de leur art, mis à part —
nous ne connaîtrions pas grand'chose de ces artistes
si une bibliothèque étrangère n'était venue, fort à
point, livrer aux investigations des curieux une série

très riche de Suites françaises de violons de cette époque. De cette époque ou peu s'en faut, puisque ces pièces, quand elles sont datées (ce qui est le cas pour un certain nombre), s'échelonnent de 1650 à 1668.

C'est à la *Landes-Bibliothek* de Cassel que se trouve cette collection, reste incomplet d'une série infiniment plus considérable d'œuvres analogues, réunie là au XVIIᵉ siècle pour le service musical du landgrave de Cassel. S'étonner de la présence de ces airs en si grand nombre, dans une petite cour allemande, serait méconnaître singulièrement la force d'expansion de l'art français de ce temps. Tel qu'il est réalisé par les compositeurs violonistes, il a joui en effet d'une vogue considérable à l'étranger, en Allemagne particulièrement, et les traces qu'il y a laissées sont évidentes et nombreuses. Si l'Italie, mal outillée pour la musique instrumentale d'ensemble, pour l'orchestre en un mot, n'a guère fait accueil aux compositions instrumentales françaises que vers la fin du siècle, les pays du Nord, sans renoncer du reste à leurs propres traditions, se montrèrent de très bonne heure curieux de s'assimiler nos œuvres.

Dès 1612, Prætorius, dans sa *Terpsichore*, colligeait un ample répertoire de musique française instrumentale à cinq parties. Organiste du duc de Brunswick, il avait rencontré à Wolfenbüttel le violoniste parisien Francisque Caroubel, qui lui avait communiqué ses compositions et les plus récentes de celles de ses confrères. Cet art l'avait assez intéressé pour qu'il jugeât bon d'en faire profiter ses compatriotes. Et Caroubel n'était pas seul en ces années à porter à l'étranger les pièces les plus à la mode des violons parisiens. Bien d'autres artistes, nos compatriotes, en avaient fait autant, et le ballet français, musicalement et chorégraphiquement, était apprécié et imité partout.

Car la leçon qui se dégage de ce manuscrit de Cassel que M. J. Ecorcheville a récemment mis au jour[1], c'est que les artistes allemands ne dédaignaient pas de s'inspirer de l'exemple des Français. Un assez grand nombre de pièces portent le nom de leurs auteurs, à côté des noms de notre pays : Artus, Belleville, Bruslard, de la Croix, de la Haye, de la Voye, Mazuel, Nau, Pinel, Verdier, Constantin, Dumanoir,

ou de celui de l'Italien francisé Lazarin, célébré par Mersenne. Quelques musiciens allemands y figurent aussi : David Pohle, Adam Dresen, Christian Herwig et le landgrave de Hesse, pour qui furent réunies ces musiques[2]. Quelques particularités de style mises à part, les unes comme les autres des compositions ici rassemblées se réclament de la même esthétique et se destinent aux mêmes usages en employant les mêmes ressources.

L'art des musiciens du manuscrit de Cassel s'apparente très étroitement au style des clavecinistes et des luthistes. Qu'il s'agisse des danses proprement dites Courantes, Sarabandes, Branles, Gaillardes ou autres (il y en a 113 en suite avec trois Ballets complets) ou des pièces plus proprement symphoniques comme les vingt allemandes et quelques autres morceaux développés, c'est toujours le contrepoint « à la française » qu'emploient les auteurs. J'entends ce contrepoint libre où les parties, même très figurées, ne s'asservissent que dans une très faible mesure à la tyrannie de l'imitation régulière. Ce qu'il importe de constater, c'est que, même dans les airs les plus simples et les moins travaillés, les compositeurs violonistes de l'école de 1650, contemporains de la jeunesse de Lully, s'abstiennent à peu près complètement de l'homophonie systématique que le Florentin mit à la mode et dont l'influence fâcheuse se fera si longtemps sentir chez nous[3].

Au surplus, pour l'étude détaillée de cette école, on ne saurait mieux faire que de renvoyer le lecteur à l'étude dont M. Ecorcheville a accompagné sa réédition. Il suffira de tirer nos exemples de son recueil. Nous en emprunterons un d'abord au plus représentatif de ces artistes, à Guillaume Dumanoir, membre, puis conducteur des vingt-quatre violons, et à qui sa charge de « Roi des violons » assurait une manière de direction générale, bien que très réduite en pratique, sur tous les violons de France. La renommée et la faveur de Dumanoir, que Lully a fait oublier, furent assez grandes pour légitimer ce choix, encore que les pièces de lui qui figurent dans le manuscrit de Cassel ne soient pas parmi les plus étendues ni les plus symphoniquement traitées. Voici un *Branle* de Dumanoir pour quatre violons :

Bransle de Mʳ Dumanoir

1. *Vingt Suites d'orchestre du dix-septième siècle français (1640-1670), publiées pour la première fois et précédées d'une étude historique,* par Jules Ecorcheville, docteur ès lettres.

2. Il est probable aussi que beaucoup des pièces signées des initiales G. D. doivent être attribuées au compositeur suédois Gustaf Düben.

Un des trois ballets du manuscrit est précisément un ballet dansé à Stockholm.

3. Quelques pièces du recueil de Cassel appartiennent à Lully, bien que son nom ne soit point mentionné. On pourra facilement faire la comparaison.

Ceci n'est rien de plus qu'un air de danse et, quoique figurant dans une suite de concert, très propre cependant à guider effectivement des danseurs au cours d'un bal. A côté de ces pièces simples, il en est de plus figurées, de plus intriguées, où les rythmes l'imitent et se superposent aux différentes parties avec une liberté suffisante pour donner un mouvement assez vivant à cette polyphonie peu complexe. Les Allemandes sont écrites dans ce goût. En voici une, à cinq parties, de La Voys, musicien qui n'est pas identifié et duquel nous ne saurions rien dire.

Allemande de De La Voys

Ces spécimens de l'art de nos maîtres violonistes — les multiplier ne servirait de rien — permettent sans doute de se faire une idée assez juste de leur mérite et de ses limites. Il est facile de voir que leur technique n'est pas extrêmement raffinée, ni leur écriture d'une pureté parfaite. Qu'il ne soit pas équitable d'exagérer la portée de quelques incorrections évidentes, cela est certain. D'autant plus qu'à cette époque, en Italie ou en Allemagne pas plus qu'en France, personne ne se faisait scrupule d'irrégularités de réalisations que la doctrine plus stricte des conservatoires napolitains du XVIIIᵉ siècle fit partout, plus tard, juger très condamnables. Ce n'est donc pas pour quelques octaves ou quintes successives dissimulées qu'il faut chicaner ces compositeurs. Non plus pour leur goût un peu excessif des frôlements désagréables ou des fausses relations dans le mouvement des parties. Il se peut très bien qu'on ait goûté du plaisir, en ces temps, à ces sonorités acides, qu'au surplus dissimulaient très souvent les agréments improvisés, mais nécessaires, et les modifications légères des valeurs de notes sous l'influence d'accents expressifs, naturellement point notés.

Mais si l'on compare leur écriture à celle des clavecinistes, la supériorité musicale de ceux-ci éclate avec évidence. Le moindre d'entre eux s'entend avec autrement d'aisance à faire mouvoir ses parties. L'industrieuse élégance des clavecinistes réalise par des moyens infiniment plus sûrs ce mouvement et cette animation intérieure d'une polyphonie qui ne renonce pas encore à soi-même. Et si les violonistes ont gardé la même esthétique, s'ils résistent avec une égale énergie à l'homophonie envahissante dont l'école de Lully prépare la suprématie, il convient de confesser que, dans ce bon combat, ils manient quelquefois leurs armes avec quelque gaucherie.

Ils n'ont pas davantage le sentiment harmonique si neuf et si profond des grands luthistes, bien autrement experts au jeu des rapprochements imprévus de tonalités et d'accords. Si la verve mélodique de leurs meilleures pièces, la franchise de leurs rythmes, suffit à rendre leurs œuvres intéressantes, ce n'est point assez pour mettre ce qu'ils ont laissé tout à fait au premier rang.

Il faut regretter cependant que cette école de 1650 ait été sitôt oubliée et que les musiciens qui succédèrent à ceux-ci se soient si peu inspirés de leurs tentatives et de leurs efforts. L'art français y eût gagné plus de force et de variété, et cette monotonie qui dépare, en somme, les plus belles pages de Lully ou de la plupart de ses disciples immédiats aurait été certainement évitée. Quel dommage qu'un grand musicien ne soit pas né qui ait su coordonner les velléités un peu éparses de toute cette génération d'artistes, et que celui qui les devait faire tous oublier, Lully le Florentin, n'ait pas été, en somme, plus cultivé, ni surtout moins jaloux de tout ce qu'avaient fait ses prédécesseurs!

Quoi qu'il en soit, au point où nous en sommes arrivés et qui doit marquer le terme de cette étude, l'art instrumental est parvenu à un point de maturité suffisant pour que les plus grandes œuvres soient désormais possibles. Dans l'accumulation des moyens indifféremment mis en œuvre par les musiciens antérieurs, une sélection judicieuse a été patiemment opérée. Certains engins sonores, trop imparfaits ou faisant trop disparate, ont été éliminés; d'autres, en revanche, se sont perfectionnés. Et l'on commence à avoir une juste idée de l'importance de certains et de la proportion qu'il convient de donner à l'effectif des différents groupes qui doivent se rapprocher ou se confondre. Déjà c'est un fait acquis que la famille des violons, solidement constituée du grave à l'aigu, doit prédominer. Plus riches d'expression que les autres, plus souples et d'emploi plus commode, ces instruments occuperont définitivement le premier rang. Mais pour qu'ils se tiennent efficacement à cette place éminente, on a compris que le volume, relativement très médiocre, de leur sonorité devait se compenser par l'augmentation de leur nombre. C'est pourquoi, dans les ballets déjà, le groupe des vingt-quatre violons permet un redoublement des parties suffisant pour que l'effet de l'ensemble ne soit pas offusqué par l'éclatante vigueur des instruments à vent qui se font entendre à côté.

De ceux-ci, peu à peu, l'usage des musiciens n'a retenu que les hautbois, avec les flûtes. La famille des hautbois, délivrée de ses membres les plus graves, si incommodes et que les bassons remplacent avec avantage, sera la principale et même la seule complète, car les flûtes ne tarderont pas à perdre leurs grandes basses, dont la force n'était sans doute pas suffisante et la justesse assurément très médiocre. Les basses de flûte qui subsistent jusqu'à la fin du siècle (encore qu'assez rarement employées) ne sont en réalité que des instruments moyens, tout au plus au diapason du quatre pieds de l'orgue. Les cornets, hauts et bas, sont passés de mode et ne se conservent plus qu'à l'église, où ils se mêlent au chœur des voix. Les trombones sont oubliés en France, et les cromornes, si limités, ne sont plus pratiqués nulle part. Violons, hautbois et flûtes, telles sont les ressources sonores dont dispose chez nous, vers 1650, la musique instrumentale d'ensemble.

L'orchestre des opéras de Lully n'apparaît pas très différent. Il admet les mêmes instruments, auxquels il adjoint, d'aventure, timbales et trompette, et les combinaisons dans lesquelles il les engage se trouvaient déjà en usage dans les grands ballets du milieu du siècle. Si, au temps de Louis XIII, en effet, les diverses familles instrumentales employées dans ces solennités musicales et chorégraphiques apparaissent ordinairement isolées et vouées chacune à un rôle différent, cette spécialisation parfaite ne dura pas longtemps. Confinés d'abord dans l'exécution des airs de danse, les violons, les premiers, à mesure que le talent des exécutants devient plus souple et plus nuancé, tendent à agrandir leur domaine. Notons d'abord que, dès les premiers essais de grand spectacle, leur groupe, outre les danses proprement dites, se vit confier certains morceaux qui, autant qu'on en puisse juger, constituaient une manière d'accompagnement symphonique à de véritables pantomimes. Malheureusement, on le sait, il ne subsiste presque rien de la musique de ces ballets. Voici cependant, tiré du recueil de Philidor, le dessus et la basse d'un de ces morceaux. C'est un fragment de *Tancrède dans la forêt enchantée,* de 1619. Tandis que l'enchanteur Ismen faisait ses incantations magiques, les violons, dit le programme du ballet, « sonnoient un air mélancholique ». Le voici, mais dans le texte de Philidor, visiblement incomplet en sa seconde reprise, à moins qu'elle n'ait servi à amorcer, en manière de ritournelle, un récit chanté qui n'est pas conservé.

Est-ce là un air de danse? Et, sans vouloir exagérer l'importance de cette page bien simple, ne convient-il pas de remarquer que l'effet de ces larges tenues, soutenues en accords par la masse entière des cordes, dût paraître neuf et saisissant? C'est, en tout cas, la preuve qu'on jugeait déjà les violons aptes à autre chose qu'aux airs vifs et rythmés des danses, capables de suppléer les violes dans ces longs coups d'archet « mouvants » où se pâmait l'admiration des dilettanti du temps. De là à les remplacer, ces violes délicates, mais rares, dans l'accompagnement des chœurs qui se faisaient entendre dans les ballets ou dans l'exécution des ritournelles qui précédaient les airs, il n'y avait qu'un pas. Il fut vite franchi. Vers 1650, à l'orchestre de violes et de luths des premiers ballets se sont substitués, pour le soutien de la partie vocale, les violons qui s'unissent aux instruments d'harmonie, clavecin et théorbe.

Après avoir fait alterner, dans les diverses entrées, les violons et les hautbois, il était naturel que l'idée vint de faire entendre les deux groupes ensemble. C'était un moyen commode de renforcer, quand il le fallait, l'intensité de la sonorité générale, les hautbois doublant les dessus de violons, les bassons jouant à l'unisson des basses. Etant donné les proportions ordinaires des groupes en présence (huit hautbois et bassons, ou même davantage, pour vingt-quatre instruments à cordes), c'était un supplément de vigueur très appréciable. Et il n'y a pas de doute qu'il ne faille voir dans cette réunion de deux familles, fondement des grands ensembles de Lully, un artifice pratique de variété dynamique, tout à fait comparable à l'appel des anches que l'organiste, quand il désire une sonorité intense, réalise sur ses claviers. Nous n'avons point, par l'examen des partitions (qui au surplus laisseront toujours beaucoup à deviner à ce sujet) la ressource de déterminer avec exactitude à quel moment ce mode d'orchestration fut couramment pratiqué. Mais en 1650 c'était déjà chose faite.

Au surplus, cette combinaison habituelle n'empêchait point de faire entendre les hautbois seuls, épisodiquement. A deux parties de dessus (car la taille de hautbois est à peu près tombée en désuétude au milieu du siècle), avec le basson comme basse, ils apparaissent volontiers pour varier la sonorité générale, plus rarement comme ritournelle de quelque air chanté.

Comme les mêmes artistes jouaient ordinairement

la flûte, il n'y a pas de difficulté de faire entendre ces voix fragiles et tendres de la même façon, ou encore en concert à trois ou quatre parties. A deux voix, les clavecins et théorbes, soutenus ou non d'une basse à archet, rempliront, s'il le faut, l'harmonie. Rôle dont ces derniers instruments s'acquitteront aussi quand un petit groupe des meilleurs dessus de violons, pour contraster avec l'imposante plénitude des ensembles, rivaliseront dans les ritournelles avec les flûtes. Flûtes à bec ou flûtes traversières dans l'orchestration de ce temps, celles-ci sont toujours des instruments soli. Leur sonorité était jugée sans doute trop faible pour s'unir utilement avec l'orchestre tout entier.

Mais il est inutile maintenant de pousser plus loin une analyse de détail. Tel qu'il se trouve réalisé vers 1650, l'orchestre — nous pouvons donner ce nom à cette réunion méthodique et ordonnée d'instruments — va, grâce à l'opéra de Lully, s'imposer définitivement. Suprématie des cordes, doublées fréquemment d'un chœur nombreux de hautbois et de bassons; épisodes ou ritournelles (à trois parties d'ordinaire, basse et deux dessus) de flûtes, de hautbois ou de violons en petit nombre, tels en sont les caractères ordinaires et constants. De Lully à Rameau, aucun musicien n'y ajoutera, on peut le dire, rien d'essentiel. Et dans le domaine de l'orchestration, l'art des plus excellents se bornera à varier, avec une ingéniosité infatigable, les effets divers qui naissent de ces combinaisons assez simples. Tant par l'effet de l'imitation des traditions françaises — car l'influence du génie organisateur de Lully a été considérable — que par suite d'une évolution rationnelle et nécessaire, toute l'Europe musicale, au début du XVIII° siècle, avait, à quelques nuances près, adopté, pour l'expression de son art, des dispositions instrumentales assez semblables à celles-ci. Mais l'étude de ces manifestations sortirait du cadre de ce travail. En constatant l'existence de l'orchestre, déjà établi, on peut le dire, sur ses bases classiques, vers 1650, c'est assez d'avoir montré l'aboutissement d'une longue série d'efforts et d'essais multiples poursuivis depuis des siècles. En 1650, la musique instrumentale a constitué son matériel. Elle a les ressources nécessaires à l'expression des œuvres de grand style et de dimensions considérables. Ces ressources, elle a appris à les manier déjà avec assez d'aisance. La tâche des précurseurs est achevée. Les grands chefs-d'œuvre vont naître.

Henri QUITTARD, 1913.

II

XVI⁰ SIÈCLE

A PROPOS DE LA MUSIQUE FRANÇAISE A L'ÉPOQUE
DE LA RENAISSANCE

Par Henry EXPERT

SOUS-BIBLIOTHÉCAIRE AU CONSERVATOIRE

> Harmonie, harmonie!
> Langue que pour l'amour inventa le génie!
> Qui nous vins d'Italie, et qui lui vins des cieux!

Ces beaux vers d'Alfred de Musset chantent dans toutes les mémoires, et on les cite volontiers comme une formule consacrée et définitive disant la suprématie du génie musical de l'ancienne Italie.

En réalité, qu'a voulu dire Musset? Oh! il n'y a pas grand mystère! La lecture de ce morceau fameux du *Saule* et de *Lucie* nous fait entendre que l'enthousiasme, la ferveur du poète, va tout uniment au chant d'une cavatine de l'époque rossinienne. L'*harmonie,* c'est-à-dire la musique, est pour Musset, comme pour ses contemporains, cette mélodie entendue cent fois sur les lèvres harmonieuses des grandes cantatrices d'alors, la Malibran, par exemple.

Admettons que Musset jette les yeux un peu plus loin, et qu'il étende l'âge de la musique à l'époque antérieure, au siècle où fleurissaient les Cimarosa, les Pergolesi, les Lotti, les Marcello, les Porpora, et tant d'autres astres brillants de la mélodie italienne, certainement il ne va pas plus outre dans l'histoire de l'art musical.

Il faut donc se garder de donner à l'apostrophe du poète un sens général qu'elle n'a point; il faut y entendre seulement l'expression émue et passionnée de l'opinion courante d'une époque, déjà loin de nous, pour qui la musique était un beau chant, et un chant d'Italie, rien de plus! *Qui n'a pas entendu le chant italien,* disait la Corinne de Mᵐᵉ de Staël, *ne peut avoir l'idée de la musique.*

Un autre grand poète a touché aux choses de l'histoire de la musique, et, dans ce champ trop ignoré, a été plus loin qu'Alfred de Musset, a précisé davantage et, par là même, a mieux marqué l'erreur fondamentale d'une tradition dont il se faisait l'éclatant porte-parole. Victor Hugo, dans *les Rayons et les Ombres,* salue en Palestrina le père de la musique. Tout le monde connaît ces vers superbes :

> Puissant Palestrina, vieux maître, vieux génie,
> Je vous salue ici, père de l'harmonie;

> Car ainsi qu'un grand fleuve où boivent les humains,
> Toute cette musique a coulé de vos mains!
> Car Gluck et Beethoven, rameaux sous qui l'on rêve,
> Sont nés de votre souche et faits de votre sève!
> Car Mozart, votre fils, a pris sur vos autels
> Cette nouvelle lyre inconnue aux mortels,
> Plus tremblante que l'herbe au souffle des aurores,
> Née au seizième siècle entre vos doigts sonores!

C'est bien là du Victor Hugo le plus retentissant, le plus grandiosement sonore, émouvant par le jeu des images, chatoyantes et puissantes, faites d'ombres et tissu de contes en l'air!

Premièrement, Palestrina est venu à une époque où l'art qu'il devait illustrer était déjà un art accompli, et touchant au moment de sa transformation; il n'est donc point le père, ni de cet art qu'il continuait, ni de celui qui allait naître et s'élever en réaction contre l'art antérieur.

Deuxièmement, Gluck et Beethoven relèvent d'Écoles qui, jamais, n'eurent le moindre contact avec l'École romaine, — l'École de Palestrina, — de toutes les anciennes Écoles d'Italie, la plus exclusive et la plus fermée.

En troisième lieu, enfin, en Mozart, pas plus qu'en Beethoven ni en Gluck, on ne trouve trace de filiation palestrinienne; et il convient d'ajouter que les italianismes de Mozart sont la négation même de la manière de Palestrina.

L'œuvre de Palestrina est impérissable; elle ne saurait être trop honorée, mais il convient de l'honorer en la mettant à sa vraie place, historique, esthétique et humaine. Ceci ne se pourra faire que par la pratique, la connaissance des contemporains et des prédécesseurs du maître de Préneste, et surtout des vieux maîtres musiciens de France et de Flandre, les vrais pères, ceux-là, de l'harmonie.

Alors il apparaîtra clairement que la musique harmonique, créée aux plus belles années du moyen âge par nos illustres déchanteurs de l'Ile-de-France et des provinces gauloises d'Artois, de Picardie, de Flandre et de Hainaut, après de longues années d'incubation, après plusieurs siècles de productions primitives, s'est manifestée, vers le milieu du xvᵉ siècle, comme un *ordre d'art* supérieur, s'imposant bientôt, comme autrefois l'architecture gothique, à toute l'Europe civilisée.

De sorte que l'histoire de la musique de la Renaissance, c'est l'histoire de la suprématie, de l'hégémonie glorieuse du génie franco-belge par tous les centres artistiques de l'Italie, de l'Espagne et des États germaniques, imprimant partout sa marque souveraine et indélébile.

Nous voilà bien loin de l'opinion trop souvent citée, trop courante, de Hugo et de Musset! Bien loin aussi du sentiment de Voltaire qui, dans l'*Essai sur les mœurs et l'esprit des nations*, nous dit, au chap. 110 : « *Le royaume de France (sous Louis XII) était un des plus florissants de la terre; il lui manquait seulement l'industrie du commerce et la gloire des beaux-arts, qui étaient le partage de l'Italie.* » Et plus loin, au chap. 118 : « (François 1ᵉʳ) *transplante en France les beaux-arts, qui étaient en Italie au plus haut point de perfection.* »

La preuve la plus facile — et la plus éloquente — pour confondre de telles erreurs est encore celle des chiffres, des chronologies, des statistiques.

En 1501, le premier recueil de musique typographiée voit le jour. Il est imprimé à Venise par Ottaviano dei Petrucci de Fossombrone. C'est le très précieux *Harmonice Musices Odhecaton :* nos maîtres y dominent, et les quatre cinquièmes des pièces sont chansons françaises.

En 1502, 1503, 1504, encore chez Petrucci, paraissent les *Motetti;* les Franco-Belges Brumel, Compère, Josquin des Prés, Jean Mouton, Pierre de la Rue, Busnoys, etc., en font presque uniquement les frais.

En 1516, à Rome, Antiquus de Montona imprime le premier livre de musique sorti des presses romaines. Musicien lui-même, il veut dédier à Léon X, aussi fin connaisseur que Mécène magnifique. Quelles œuvres choisit-il? Quinze maîtres messes signées : Josquin des Prés, Antoine de Fevin, Jean Mouton, Pierre de la Rue, François Rousseau, Pipelare, Antoine Brumel; sept maîtres de France, de Flandre et de Hainaut, voilà la pléiade qui, au plus beau temps de Léon X, brille au plus haut firmament de l'art romain!

Qu'était donc, vu en bloc, cet art de musique de nos vieux maîtres? Je parle de l'art en soi, indépendamment de ses énergies, de ses puissances expressives, qualités qui relèvent du génie individuel des artistes. C'était l'art du contrepoint vocal, l'art architectural des superpositions mélodiques construites sur un thème, ou d'après un thème initial; et c'était un art infiniment complexe et subtil par les jeux multiples de ses modalités et de ses rythmes.

Je ne crois pas nécessaire d'entrer en des détails au sujet de ce terme de *contrepoint*[1]. On sait qu'il

dérive de la notation même de la musique que l'on figure par des manières de points. De sorte que, si à une mélodie donnée, c'est-à-dire à un dessin musical noté par des points, s'ajoute une seconde mélodie, on a, de ce fait, une superposition de dessins, une superposition de points, c'est-à-dire des dessins de points contre points.

Autrement dit, le contrepoint est l'art des mélodies superposées et concertantes.

Gardons-nous de prendre ce mot de *contrepoint* dans son acception actuelle. Aujourd'hui le contrepoint consiste en une série d'exercices purement scolastiques, préparatoires à l'étude de la fugue. Les musiciens qui en sont au moment de leurs humanités musicales le tiennent volontiers pour morose et fastidieux; ils y voient des harmonies frustes, des lignes raides, des rythmes uniformes ou quelconques, des artifices convenus; c'est, disent-ils, une gymnastique utile, indispensable même pour assouplir la main du compositeur, la rendre habile et déliée; mais ce n'est pas autre chose.

Pour les musiciens du xvᵉ et du xvrᵉ siècle, le contrepoint était tout l'art de musique. C'est-à-dire qu'il était mélodie, rythme et harmonie, non à l'état d'exercices mécaniques, mais à l'état d'art vivant. Les mélodies superposées étaient, non des suites insipides de notes, mais de franches mélodies[2], aux coupes cadencées, aux lignes fermement dessinées, douées d'accents et de caractères expressifs. Les rythmes, ou plutôt, qu'on me passe le mot, les polyrythmies les plus riches, fleurissaient ces polyphonies qui, en leurs multiples variétés, ne laissaient pas de se ramener constamment à une solide unité de coordination. Tel était, au temps de la Renaissance, ce qu'on nommait *la noble, et délectable, et tresplaisante science de musicque*.

Une pièce de Claude Le Jeune montrera d'une manière très sensible la façon dont nos vieux maîtres musiciens s'entendaient à superposer les mélodies. Cette pièce est faite d'une série de couplets — onze en tout — dans le style galant et précieux du temps de Henri III. Le Jeune y présente une mélodie à la ligne souple et gracieuse, d'un sentiment de tendresse quelque peu maniérée, mais charmante. Le soprano la chante sous tous les couplets, mais d'abord en solo : *à voix seule*. Au second couplet, le contralto ajoute au soprano le contrepoint de sa voix; au troisième, c'est le ténor qui entre, et au quatrième, la basse. Puis on reprend comme devant pour continuer ainsi jusqu'à la fin du morceau. Les couplets sont séparés par un refrain appelé *réplique* ou *rechant*, qui est, ici, un bref quatuor en style d'imitation des plus joliment tournés. Ce même refrain sert de terminaison au morceau.

Il n'est peut-être pas inutile de faire remarquer que ce chant du soprano est un des plus rarissimes exemples d'une monodie du xviᵉ siècle dont on connaisse l'auteur. On a toujours cru que les Italiens avaient donné, en ce temps-là, les premiers modèles d'un *air* : la chose reste à prouver.

---

1. Voir MOYEN ÂGE : *Origine de la Musique polyphonique.*

2. « Faire chanter ses parties le plus plaisamment que l'on pourra, » recommande le théoricien Michel de Menehou en son *Instruction familière* (1558).

CLAUDE LE JEUNE : « *S'ébahit-on si je vous aime.* »

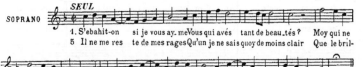

SOPRANO

SEUL

1. S'ebahit-on si je vous ay.meVous qui avés tant de beau.tés ? Moy qui ne
5 Il ne me res te de mes ragesQu'un je ne sais quoy de moins clair Que le bril-

voy de tous costés Rien qui n'aithon. te de soy.mesme Quand il void vos di.vi-- ni.tés.
_lement d'un éclair,Qui vo.lant par. mi les nu.a.ges Re - double les ombres de l'air.

SOPRANO

Bel . le, ne payés point à qui vous va ser. vant, La flam.me

CONTRALTO

Bel . le,ne payés point à qui vous va servant, La flam.me de fu.

HAUTE CONTRE

à qui vous va ser. vant, La

BARYTON ÉLEVÉ

La flamme de fu .

de fu . mé. e, la flam. me de fu.mée et les soupirs de vent.

.mé.e, la flam.me de fu . mé.e et les sou . pirs de vent.

flamme de fu . mé. e, la flam.me de fumée et les soupirs de vent

.mé.e, la flam.me de fu . mé. e et____ les soupirs de vent.

SOPRANO

A DEUX

2.Quand le so.leil sort hors de l'on . de Tout feu dans son
6. Ain . si dans moy je ne re . cel . le, Em . bra.sé de
9. Depuis que mon o . be . is . san . ce Ne dé.pend que

CONTRALTO

2.Quand le so.leil sort hors de l'on . de Tout feu dans son
6. Ain . si dans moy je ne re . cel . le, Em . bra.sé de
9. Depuis que mon o . be . is . san . ce Ne dé.pend que

vostre lu - mie - re Il e - stoit en - core é - lon - gné.
dre que j'es - say - e Des maux que vous m'aves don - né.
dre moins cru - el - le U - sés moins de vostre pou - voir.

vo - stre lu - mie - re Il e - stoit en - core é - lon - gné.
dre que j'es - say - e Des maux que vous m'aves don - né.
dre moins cru - el - le U - sés moins de vostre pou - voir.

vostre lu - mie - re Il e - stoit en - core é - lon - gné.
dre que j'es - say - e Des maux que vous m'aves don - né.
dre moins cru - el - le U - sés moins de vostre pou - voir.

A QUATRE

SOPRANO

4. Ces estoil - les demi bril - lantes M'allumoyent en - mile fa - çons, Mais elles
8. Encor'gardoy - je, ce me semble, En mon autre capti - vi - té, Quelque espoir
11. Ména - gés dou - cement ma vi - e, Me traitant com - me l'Amour veut, Luy n'a que

CONTRALTO

4. Ces estoil - les demi bril - lantes M'allumoyent en - mile fa - çons, Mais elles
8. Encor'gardoy - je, ce me semble, En mon autre capti - vi - té, Quelque espoir
11. Ména - gés dou - cement ma vi - e, Me traitant com - me l'Amour veut, Luy n'a que

Hte CORDE

4. Ces estoil - les demi bril - lantes M'allumoyent en - mi - le fa - çons, Mais elles
8. Encor'gardoy - je, ce me semble, En mon autre capti - vi - té, Quelque espoir
11. Ména - gés dou - cement ma vi - e, Me traitant com - me l'Amour veut, Luy n'a que

BARY. ÉLEVÉ

4. Ces estoil - les demi bril - lantes M'allumoyent en mi - le fa - çons, Mais elles
8. Encor'gardoy - je, ce me semble, En mon autre capti - vi - té, Quelque espoir
11. Ména - gés dou - cement ma vi - e, Me traitant com - me l'Amour veut, Luy n'a que

et moy cognoissons Qu'au pris de vos flammes bruslantes Ce n'estoyent rien que des glaçons.
en ma li - ber.té, Mais vous, sous qui mon â - me tremble, Vous me l'a - vés du tout o - sté.
le bien pour son but, Et non comme la ty - ran - ni - e Qui fait tout le mal qu'elle peut.

et moy cognoissons Qu'au pris de vos flammes bruslantes Ce n'estoyent rien que des glaçons.
en ma li - ber.té, Mais vous, sous qui mon â - me tremble, Vous me l'a - vés du tout o - sté.
le bien pour son but, Et non comme la ty - ran - ni - e Qui fait tout le mal qu'elle peut.

et moy cognoissons Qu'au pris de vos flammes bruslantes Ce n'estoyent rien que des glaçons.
en ma li - ber.té, Mais vous, sous qui mon â - me tremble, Vous me l'a - vés du tout o - sté.
le bien pour son but, Et non comme la ty - ran - ni - e Qui fait tout le mal qu'elle peut.

et moy cognoissons Qu'au pris de vos flammes bruslantes Ce n'estoyent rien que des glaçons.
en ma li - ber.té, Mais vous, sous qui mon â - me tremble, Vous me l'a - vés du tout o - sté.
le bien pour son but, Et non comme la ty - ran - ni - e Qui fait tout le mal qu'elle peut.

80

Mersenne, dans le livre cinquième de son *Harmonie universelle*, nous assure que « *la perfection de l'Harmonie consiste dans le nombre de quatre parties* ». Et, à propos de ces quatre voix, il ajoute : « *parce que la basse procède par des mouvements plus tardifs, elle n'est pas ordinairement si diminuée* (c'est-à-dire si fleurie, si rapide) *que les autres, et va souvent par les intervalles des tierces, des quartes, des quintes, et des octaves, afin de donner lieu aux autres parties, et particulièrement au Dessus qui doit chanter par mouvements ou degrez conjoints, tant que faire se peut ; comme la Taille doit particulièrement gouverner le mode, et faire les cadences dans leurs propres lieux. La Haute-contre doit user de passages fort élégans, afin d'embellir la chanson, ou de resjouir les auditeurs.* »

On remarquera dans la pièce de Le Jeune la juste application de ces préceptes, qui sont ceux de la théorie et de la pratique de la Renaissance dont Mersenne, au début du xviie siècle, se faisait un dernier écho.

Voici une autre pièce, d'un tout autre caractère, et datant de la fin du xve siècle ou des premières années du xvie, où le jeu contrapontique se présente à plein. C'est d'abord un *duo* dans lequel deux sopranos concertent en style soutenu sur le chant de l'*Ave verum*. Cette première partie de la composition terminée, le duo reprend, identique, sur la suite du texte « *vere passum* »; mais, aux voix supérieures, s'ajoute le contrepoint richement fleuri de la basse. Et, vraiment, c'est merveille de voir comme cette pièce, dans son duo, parfaite par la beauté de ses lignes, de ses harmonies, de ses rythmes, et par la sublimité de son expression religieuse, trouve encore à s'achever en sublimité et en perfection, cela par la simple adjonction d'une ligne mélodique : c'est un de ces miracles d'art dont le maître Josquin était coutumier.

JOSQUIN DES PRÈS : « *Ave verum corpus Christi.* »

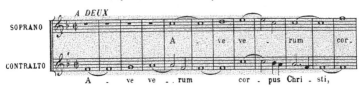

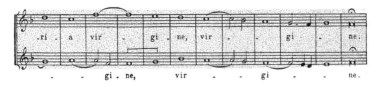

Il est des contrepoints où la mélodie thématique est reproduite, soit par fragments, soit en entier, par une ou plusieurs voix, à l'unisson, ou à l'octave, ou à la quarte, ou à la quinte, voire à tout autre intervalle, par mouvement semblable, ou contraire, par mouvement rétrograde; en valeurs identiques, ou diminuées, ou augmentées, etc., etc. Ces mélodies, ainsi disposées, sont régies par les règles de l'imitation stricte, de l'imitation canonique. Et les vieux maîtres excellèrent dans ces artifices de composition, dont ils ont laissé mille et mille exemples de la plus rare ingéniosité.

L'*imitation* se présente alors comme le principal moyen d'action de la polyphonie; c'est elle qui relie, accorde, dirige et maîtrise le discours des voix concertantes. Par les répétitions de ses dessins, elle multiplie la puissance mélodique des thèmes, comme, par ses dispositions symétriques, elle est l'ordre lumineux dans la variété et la complexité des accents polyphoniques et polyrythmiques. L'*imitation* est une source de joie pour l'esprit, et d'enchantement pour l'oreille, à qui plaisent les formes harmonieusement cadencées et harmonieusement enchaînées les unes aux autres; elle est souvent un très puissant moyen d'expression par le fait même qu'elle reproduit, qu'elle prolonge, et développe, un thème qui, de lui-même, peut déjà être émouvant.

La pièce de Le Jeune « *S'ébahit-on* » présentant dans sa *réplique* de charmantes imitations libres. Voici une chanson de Clément Janequin qui comprend une imitation stricte, un canon à l'octave entre le Ténor et le Soprano, qu'accompagnent les discrètes lignes de la Basse et du Contralto. A lire cette page, ce gracieux joyau d'art, qui croirait qu'il est conçu en une forme que beaucoup d'entre nous regardent comme difficultueuse, et contrainte, et lourde?

CLÉMENT JANEQUIN : « *Si j'ai esté vostre amy.* »

Je pourrais offrir nombre d'exemples de composi- tions basées sur les imitations, libres ou strictes. Qu'il me suffise de rappeler les messes et les motets du xvıᵉ siècle, ces nobles formes d'art où nos maîtres franco-belges, et leurs disciples de toutes les Écoles, prodiguèrent des trésors d'invention heureuse et d'ex- pression.

Parfois, cependant, le contrepoint se réduisait au rôle simple et effacé d'accompagnement d'une mé- lodie. Tel ce psaume de Goudimel où la voix prin- cipale, le choral liturgique, chanté par le *Ténor*, est, sauf çà et là aux retards de cadences, soutenu note contre note par les autres voix.

CLAUDE GOUDIMEL : « *A toi, mon Dieu, mon cœur monte.* »

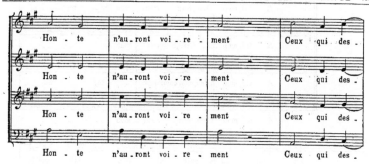

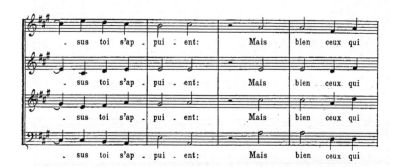

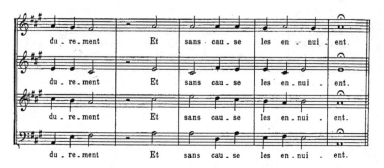

Voici, encore de Goudimel, le même psaume : la mélodie principale, transportée au soprano, s'accompagne de contrepoints en style fleuri; alors les voix concertent, usant d'imitations libres; le chant liturgique domine dans un ensemble prestigieux.

CLAUDE GOUDIMEL : « *A toi, mon Dieu, mon cœur monte.* »

La simultanéité du chant et des paroles en toutes les voix, que je nomme *contrepoint syllabique*, ne s'employait pas seulement dans l'accompagnement d'une mélodie donnée. Les compositeurs en usaient parfois dans les œuvres sans thème obligé. Cette manière nous est restée; elle est courante dans le choral moderne. Il faut avouer que les vieux maîtres de la Renaissance nous ont laissé, en ce genre, certains modèles que nous ne surpassons point. Témoin cette jolie bluette de maistre Clément Janequin :

CLÉMENT JANEQUIN : « *Ce moys de may.* »

☞ Il est des compositions où le style fleuri d'imitations alterne avec le style syllabique. Il en résulte des oppositions fort remarquables. L'ingéniosité d'un maître peut tirer de là de charmants ou de puissants effets. La *Mignonne* de Guillaume Costeley en offre un délicieux exemple. Du même maître, voici un morceau d'un travail non moins achevé, d'une expression non moins exquise :

GUILLAUME COSTELEY : « Allons au verd boccage. »

Il convient enfin de citer la musique mesurée à l'antique, traitée, elle aussi, polyphoniquement[1]. Il est curieux que nos musiciens humanistes n'aient pas, en cette matière, usé de la monodie, ne fût-ce que par esprit d'imitation des anciens. Mais peut-être est-ce précisément par déférence pour cette antiquité qu'ils vénéraient, qu'ils ont voulu parer les rythmes gréco-romains des formes supérieures de l'art de leur temps, c'est-à-dire du concert des voix.

Toutefois, si riches, si ornées que fussent les polyphonies des musiques mesurées à l'antique, elles conservaient toujours strictement l'allure syllabique par longues et par brèves : c'était la loi rythmique essentielle du genre.

EUSTACHE DU CAURROY : « *Delielle.* »

SOPRANO — De-li-et-te, mi-gno-net-te, pu-ce-let-te, pro-pe-let-te,

MEZZO SOPRANO — De-li-et-te, mi-gno-net-te, pu-ce-let-te, pro-pe-let-te,

HAUTE CONTRE — De-li-et-te, mi-gno-net-te, pu-ce-let-te, pro-pe-let-te,

BARYTON ÉLEVÉ — De-li-et-te, mi-gno-net-te, pu-ce-let-te, pro-pe-let-te,

1. Voir le *Mouvement humaniste.*

L'un de l'épi - ne piqué, l'au - tre jou - ir, de la fleur.

L'un de l'épi - ne piqué, l'au - tre jou - ir de la fleur.

L'un de l'épi - ne piqué, l'au - tre jou - ir de la fleur.

J'ai dit que le contrepoint de nos vieux maîtres était l'art des mélodies superposées et concertantes.

Mais ces mélodies, qui sont la base, le centre et le couronnement de ces architectures sonores, de ces concerts de voix que, de plus en plus, les sociétés chorales et les maîtrises remettent en honneur, ces mélodies n'ont pas été sans surprendre parfois nos habitudes musicales. Par leur tour, par leur diatonisme spécial, par les harmonies qu'elles provoquent, par leurs cadences, par tout leur être enfin, elles donnent souvent l'impression de l'inusité, voire de l'étrange. C'est que ces mélodies relèvent de modalités autres que celles que nous pratiquons aujourd'hui.

Regardons rapidement ces modalités. Parlons d'abord un peu de l'échelle générale, génératrice de tous les modes.

Nous appelons échelle commune diatonique, fondamentale de notre art de musique occidental, la série de tons et de demi-tons disposés ainsi :

qu'on peut étendre au grave ou à l'aigu, en observant les mêmes alternances de tons et de demi-tons. Cette échelle commune est la base des échelles particulières que nous nommons modes.

En effet, sur cette échelle prenons une série de sept sons; on arrive à un huitième son reproduisant le son initial : on a dès lors une *octave,* c'est-à-dire l'ensemble des tons et des demi-tons nécessaires à la composition d'une gamme, d'un mode, disons plus précisément *une espèce d'octave.*

Sur l'échelle commune on peut former sept octaves.

Ce sont les sept espèces d'octaves traditionnelles. Si l'on va plus outre, on reprend les mêmes séries.

Nous avons donc sept espèces d'octaves, pas plus; distinctes chacune par la place des demi-tons et des tons.

On pourrait s'arrêter là, et dire que nous avons sept modes d'être de la gamme diatonique; mais l'art qui nous occupe est plus complexe. Pour le moyen âge et la Renaissance, l'octave ne fut que le cadre extérieur d'un mode où agissaient intérieurement un *pentacorde,* groupe de 5 notes, et un *tétracorde,* groupe de 4 notes. C'est par l'espèce de ces deux derniers éléments, et la place qu'ils occupaient dans l'octave, que fut caractérisé le mode. Et ainsi, au lieu d'être restreint à 7 modes, on en compta jusqu'à 14, pour les réduire usuellement à 12 et, selon la classification grégorienne, à huit.

Expliquons-nous aussi brièvement que possible.

Sur l'échelle commune où nous avons pris les 7 espèces d'octaves, prenons des séries de 4 sons formant ce que nous nommons des 4ᵗᵉˢ justes, des *tétracordes* (c'est-à-dire des groupes de notes composés de 2 tons et 1 demi-ton).

Nous avons :

la si do ré, une première espèce de quarte, dont la caractéristique est le demi-ton placé entre le 2ᵉ et le 3ᵉ degré : c'est le tétracorde de première espèce :

Tétracorde de 1ʳᵉ espèce.

si do ré mi, deuxième espèce de quarte, dont le demi-ton caractéristique est placé entre le 1ᵉʳ et le 2ᵉ degré : c'est le tétracorde de deuxième espèce :

Tétracorde de 2ᵉ espèce.

do ré mi fa, troisième sorte de quarte, où le demiton est placé entre le 3ᵉ et le 4ᵉ degré : c'est le tétracorde de troisième espèce :

Tétracorde de 3ᵉ espèce.

Si, continuant la division de l'échelle en tétracordes, on va de *ré* à *sol,* on a l'équivalent du tétracorde de première espèce; de *mi* à *la,* celui de deuxième espèce; de *sol* à *do,* celui de la troisième espèce :

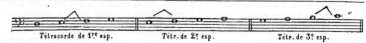

Tétracorde de 1ʳᵉ esp.   Tétr. de 2ᵉ esp.   Tétr. de 3ᵉ esp.

Mais de *fa* à *si*, on trouve un tétracorde où ne figure pas le *demi-ton ;* c'est une succession de trois tons entiers nommée *triton,* laquelle, à cause de son extrême dureté, a été l'objet des proscriptions de tous les théoriciens passés et présents. On l'a appelée *fausse quarte,* et le moyen âge mystique l'a maudite sous l'épithète de *diabolus in musica,* le diable dans la musique !

Somme toute, il nous reste trois espèces de tétracordes usuels.

Considérons maintenant les divisions de l'échelle en séries de 5 sons, c'est-à-dire en *penta-cordes.*

Si, commençant au *ré* (je suis à dessein l'ordre des anciens maîtres de la théorie), nous prenons une suite de 5 notes formant l'intervalle que nous nommons *quinte juste,* c'est-à-dire un ensemble de 3 tons et un demi-ton, nous avons un premier pentacorde *ré mi fa sol la,* où le demi-ton va du 2ᵉ au 3ᵉ degré : c'est le pentacorde de première espèce :

Pentacorde de 1ʳᵉ espèce.

De *mi* à *si,* nous relevons un second pentacorde, où le demi-ton va du 1ᵉʳ au 2ᵉ degré : c'est le pentacorde de 2ᵉ espèce :

Pentacorde de 2ᵉ espèce.

De *fa* à *do,* un troisième pentacorde, où le demi-ton va du 4ᵉ au 5ᵉ degré : c'est le pentacorde de troisième espèce :

Pentacorde de 3ᵉ espèce.

De *sol* à *ré,* un quatrième pentacorde, où le demi-ton va du 3ᵉ au 4ᵉ degré : c'est le pentacorde de quatrième espèce :

Pentacorde de 4ᵉ espèce.

De *la* à *mi,* le demi-ton se trouve du 2ᵉ au 3ᵉ degré ; c'est donc une reproduction, une transposition du pentacorde de première espèce ; du *do* au *sol,* le demi-ton va du 3ᵉ au 4ᵉ degré, c'est un pentacorde de quatrième espèce :

Pentacorde de 1ʳᵉ esp.   Pentacorde de 4ᵉ esp.

Du *si* au *fa,* au lieu d'un seul demi-ton, nous en comptons deux : l'équilibre de la consonance juste est dès lors rompu ; nous avons une 5ᵗᵉ diminuée qui, de même que le *triton,* son renversement, n'entre pas en composition usuelle dans les systèmes diatoniques de la Renaissance. On nommait le triton *fausse quarte ;* on nommait *fausse quinte* la quinte diminuée.

Nous avons donc quatre espèces de pentacordes, différenciées par la place du demi-ton dans l'ensemble des 3 tons et demi formant la quinte juste.

Ce n'est pas un jeu de vaine curiosité que cette division de l'octave en tétracordes et en pentacordes, puisque nos anciens établirent leurs modes d'après ces éléments, adoptant les gammes qui se pouvaient diviser par eux, rejetant celles qui ne pouvaient comporter cette division.

Ainsi, la deuxième octave, *si do ré mi fa sol la si,* forme un mode extrêmement usité, classé, dans la théorie glaréanienne, le IVᵉ (mode de *mi* plagal), divisé par une quarte juste : *si do ré mi,* deuxième espèce de tétracorde, et la quinte juste *mi fa sol la si,* deuxième espèce de pentacorde. C'est là une division appelée *arithmétique,* plaçant le tétracorde au-dessous du pentacorde.

Eh bien, la même octave *si do ré mi fa sol la si* ne peut se diviser harmoniquement, c'est-à-dire le pentacorde au-dessous du tétracorde ; elle ne forme pas ce que nous nommons un mode authentique, car il en résulterait deux divisions proscrites : la fausse quinte et le triton :

Tétracorde (quarte juste).   Pentacorde (quinte juste).   Pentacorde (fausse quinte).   Tétracorde (triton).
Division arithmétique, mode de *mi* plagal.   Division harmonique, mode inusité.

Il en est de même de la sixième espèce d'octave : *fa sol la si do ré mi fa,* qui, au contraire de la deuxième espèce d'octave, peut être divisée harmoniquement, et forme ainsi le Vᵉ mode (le mode de *fa* authentique), mais ne peut s'accommoder de la division arithmétique, à cause du tétracorde et du pentacorde défectueux qui se présenteraient :

Pentacorde (quinte juste).   Tétracorde (quarte juste).   Tétracorde (triton).   Pentacorde (fausse quinte).
Division harmonique, mode de *fa* authentique.   Division arithmétique, mode inusité.

Analysons maintenant les modes eux-mêmes. Il y en a six principaux, nommés *authentiques*, et six dérivés des authentiques, nommés *plagaux*. Chaque mode authentique est divisé harmoniquement : un pentacorde suivi d'un tétracorde. Chaque plagal possède les mêmes éléments que l'authentique dont il dérive, mais à l'état inverse, selon la division arithmétique : le tétracorde précède le pentacorde. La note principale de tout mode — nous dirions sa *tonique* — est appelée *finale*, parce que sur elle a lieu le repos final de toute mélodie régulièrement construite. Cette finale est invariablement à la base du pentacorde, c'est-à-dire au plus bas degré de la gamme des modes authentiques, au 4e degré des modes plagaux. Vu leurs éléments constitutifs, un plagal et son authentique ont la même finale; par conséquent la même *médiane* à la 3ce, ou majeure ou

mineure, de la finale, d'où il résulte qu'un mode principal et son dérivé sont du même genre, majeur ou mineur.

Une seconde note de valeur est à considérer dans ces modes, c'est la *dominante*. Dom Jumilhac dit excellemment d'elle : « *C'est comme la maîtresse et la reine des autres notes modales, elle est le soutien du chant, et, jointe à la finale, elle donne la principale forme et la distinction à chaque mode.* »

Nous allons voir que la place de la *dominante* varie selon les modes, à la différence de la dominante moderne, toujours fixée au 5e degré de la gamme.

Ier MODE. — Il a pour finale *ré*. Il est contenu dans la quatrième espèce d'octave divisée harmoniquement. Il se compose du pentacorde de première espèce *ré-la*, et du tétracorde de première espèce *la-ré* placé au-dessus.

Ier MODE (mode de *ré* authentique).

Sa dominante est *la*, placée à la 5te supérieure de la finale. Sa médiane, à la 3ce mineure de la finale, le classe dans les modes mineurs; mais il diffère de notre mineur par sa sixte majeure et par l'absence de sensible. Gláréan nous dit que ce mode est le premier des modes, tant par sa gravité vénérable que par sa majesté sublime et en quelque sorte inénar-

rable. Il est des plus répandus; des milliers de compositions sont faites d'après lui.

IIe MODE. — Plagal du Ier mode, il est contenu dans la première espèce d'octave divisée arithmétiquement. Il se compose de la première espèce de tétracorde *la-ré*, et de la première espèce de pentacorde *ré-la* placé au-dessus.

IIe MODE (mode de *ré* plagal).

Sa finale est *ré*, sa dominante est *fa* à la 3ce mineure de la finale.

Ce mode est d'une gravité sévère et convient généralement aux chants tristes et plaintifs, dit Gláréan. Il est à remarquer que la distinction du plagal et de l'authentique est surtout mélodique. Dans les chants de l'Église et dans les chants populaires, elle est en plein relief; mais dans l'harmonisation de ces mêmes chants, dans leur composition polyphonique, la distinction s'efface beaucoup, le mode principal et son dérivé s'unissent alors étroitement. Toutefois, le musicien exercé ne laisse pas, dans le concert des voix, de comprendre la modalité de chacune et d'en goûter la saveur.

Modi natura oppido pulchre expressa est… Tenor nobis Hypodorium belle exprimit… Basis pulcherrime hunc habet modum… (*Glareani Dodecachordon*, passim.) Il y a beaucoup à dire sur l'expression propre à chaque mode. Gláréan, le grand législateur en la matière, cite toujours l'opinion traditionnelle sur le

pouvoir esthétique des antiques modalités; mais il a soin d'ajouter :

Quel mode ne pourrait pas être approprié aux chants les plus divers? Il ne faut pour cela que l'heureux génie d'un Josquin des Prés, d'un Pierre de la Rue, ou d'un maître semblable.

Je crois, pour ma part, que chaque mode, bien que doué d'énergies expressives d'un caractère spécial, et qui lui donnent d'ailleurs sa couleur dominante, est une matière plastique qu'un maître manie et modèle au gré de son génie pour en tirer les accents les plus divers. Il y a une infinité d'exemples à citer pour démontrer que chacun des modes peut illustrer tous les genres du lyrisme religieux et profane.

IIIe MODE. — Sa finale est *mi*. Il est contenu dans la cinquième espèce d'octave divisée harmoniquement, et se compose de la deuxième espèce de pentacorde *mi-si*, et de la deuxième espèce de tétracorde *si-mi*, placée au-dessus.

IIIe MODE (mode de *mi* authentique).

Sa dominante est *ut*, c'est-à-dire à la sixte de la finale. Sa médiane *sol* le classe dans le genre mineur. Plus que le *mode de ré*, ce *mode de mi* diffère de notre mineur moderne. Non seulement il n'a pas de sensible, mais encore sa dominante, au lieu de figurer sur le 5e degré, se trouve sur le 6e; de plus, le 1er demi-ton est placé, non entre le 2e et le 3e degré, mais entre le 1er et

le 2e. Sa modulation sonne étrangement aux oreilles non accoutumées; toutefois on a bientôt fait d'y trouver une saveur extrême. Il excelle d'ailleurs d'une façon surprenante, dans l'expression religieuse et dans l'héroïque.

IVe MODE. — Plagal du IIIe mode, il a, par conséquent, la même finale *mi*. Il est contenu dans la deuxième espèce d'octave divisée arithmétiquement.

Il se compose du tétracorde de seconde espèce *si-mi*, et du pentacorde de seconde espèce *mi-si* placé au-dessus.

IVe MODE (mode de *mi* plagal).

Sa dominante est *la*, à la quarte de la finale.

Il n'est pas de mode plagal plus intimement uni à son authentique. On dit généralement qu'il a quelque chose de triste, de plaintif et de suppliant [Cf. Glaréan]; mais bien d'autres sentiments, et de fort énergiques, et de très plaisants, s'accommodent de cette gamme et de celle du IIIe mode.

Ve MODE. — Le Ve mode le mode triomphal, le mode de l'allégresse, dont la finale est *fa*, est formé de la sixième espèce d'octave divisée harmoniquement. Il se compose du pentacorde de troisième espèce *fa-do*, et du tétracorde de troisième espèce *do-fa* placé au-dessus.

Ve MODE (mode de *fa* authentique).

Sa dominante est *do*, 5e note de la gamme. Sa médiane est *la*; c'est donc un mode du genre majeur.

Il faut se garder de confondre ce mode avec le

XIe, qui est notre majeur actuel. Le Ve mode, dans le ton de *fa*, a un *si* naturel, bémolisé seulement par accident; transposé en *ut*, il aurait un *fa* ♯.

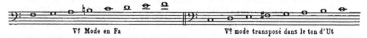

V? Mode en Fa   V? mode transposé dans le ton d'Ut

Mais, nous dit Glaréan, les exemples de ce mode sont des plus rares, presque toujours les anciens chants où ce mode est exprimé sont gâtés par les compositeurs, qui amollissent le Lydien [V^e mode] en Ionien [XIe mode], c'est-à-dire ramènent le Ve mode au XIe par la bémolisation constante du s'.

VIe MODE. — Le VIe mode, plagal du Ve, a, de même que son authentique, *fa* comme finale. Il est contenu dans la troisième espèce d'octave divisée arithmétiquement. Il se compose de la troisième espèce de tétracorde *do-fa* et de la troisième espèce de pentacorde *fa-do* placée au-dessus.

VIe MODE (mode de *fa* plagal).

Sa dominante est *la*, tierce majeure de la finale. De ce mode, comme du Ve, on peut dire qu'il est extrêmement rare dans la polyphonie, où les compositeurs substituent la 4e espèce de pentacorde à la 3e. Et, à ce sujet, Glaréan s'écrie : « Ce n'est pas la une petite chose, par Dieu! puisque de cette façon on tombe dans l'*hypoionien*, qui est un mode incomparablement plus souple et plus agréable que l'*hypolydien*. »

« Et précisément, ajoute le profond théoricien, cette attraction de l'*hypoionien* a tellement nui à l'*hypolydien* que ce dernier mode a été presque supprimé et

anéanti... Il est difficile de trouver des pièces des Ve et VIe modes qui ne soient pas altérées en quelque endroit et déformées, tellement les oreilles délicates de notre temps s'offensent de la moindre rudesse. » Le VIe mode (disons plutôt le XIIe), d'une suavité pénétrante, a été justement nommé le mode des larmes.

VIIe MODE. — Le VIIe mode, dont la finale est *sol*, est de la septième espèce d'octave divisée harmoniquement. Il se compose de la quatrième espèce de pentacorde et de la première espèce de tétracorde au-dessus.

VIIe MODE (mode de *sol* authentique).

Sa dominante est *ré*, à la quinte de la finale. Sa médiane *si* naturel, tierce majeure de *sol*; le classe dans les modes majeurs.

C'est un mode capital, extrêmement employé. « Malheureusement, dit Glaréan, la troisième sorte de tétracorde remplace trop souvent la première, tant est séduisant et attirant le mode *ionien*. » Autrement dit,

trop souvent le *fa* ♯ intervient et détruit le caractère si spécial de ce mode noble et émouvant.

VIIIe MODE. — L'élégant VIIIe mode, plagal du VIIe, est contenu dans la quatrième espèce d'octave divisée arithmétiquement. Il se compose de la première espèce de tétracorde, et de la quatrième espèce de pentacorde placée au-dessus.

VIIIe MODE (mode de *sol* plagal).

Sa dominante est *do*, à la quarte de la finale *sol*. Ce mode ressemble au premier quant à l'espèce d'oc- | tave *ré-ré;* mais par sa finale et sa dominante, par ses repos et sa modulation, il en diffère totalement.

1ᵉ Mode (Mode de Ré authentique) | **VIIIᵉ Mode (Mode de Sol plagal)**
Mode mineur; dominante à la quinte de la finale. | Mode majeur; dominante à la quarte de la finale.

IXᵉ MODE. — Le IXᵉ mode, dont la finale est *la*, est contenu dans la première espèce d'octave divisée har- | moniquement. Il se compose de la première espèce de pentacorde et de la deuxième espèce de tétracorde.

IXᵉ MODE (mode de *la* authentique).

Sa dominante est *mi*. Sa médiane *ut*, 3ᶜᵉ mineure de la finale, le classe dans le genre mineur. Et de fait c'est, des modes anciens, celui qui ressemble le plus à notre mineur moderne. Il ne lui manque, pour une ressemblance absolue, que d'avoir le *sol* altéré par le ♯, ce qui, du reste, arrive fréquemment, régulièrement même, dans les cadences après l'époque josquinienne. On le confond souvent avec le premier mode, parce qu'il est souvent transposé en *ré*. Mais alors cette gamme de *ré* IXᵉ mode (mode de *la*) porte un *si*♭ à la clef, tandis que la gamme de *ré* Iᵉʳ mode (mode de *ré*) use du *si* naturel et n'accepte le *si*♭ qu'accidentellement. Cette confusion des modes exaspère Claréan : c'est là une grande honte de l'art, dit-il, qu'une telle confusion, attendu que ces deux modes sont de deux espèces différentes d'octaves : l'*éolien* (IXᵉ mode), de la première, le *dorien* (Iᵉʳ mode) de la quatrième!

Un autre maître théoricien, compositeur renommé,

le Flamand Ghiselin Danckerts, n'est pas moins explicite ni moins absolu au sujet des modes que, vers le milieu du XVIᵉ siècle, la pratique allait confondant et altérant de plus en plus, sous prétexte de *nouveauté* ou de *suavité*, comme on disait alors. [Cf. Adrien de La Fage, *Essai de diphthérographie musicale*, p. 224 et suiv.]

Il importe également de ne pas confondre ce IXᵉ mode avec le IIᵉ; ils sont tous les deux contenus dans la première espèce d'octave, mais diffèrent par leur composition intérieure, et, de là, par leurs notes essentielles. Le IXᵉ mode participe, ainsi que le Xᵉ, des caractères du Iᵉʳ et du IIᵉ, mais en les tempérant, en quelque sorte, d'une grande douceur.

Xᵉ MODE. — Le plagal du IXᵉ mode est contenu dans la cinquième espèce d'octave divisée arithmétiquement. Il se compose de la deuxième espèce de tétracorde et de la première espèce de pentacorde.

Xᵉ MODE (mode de *la* plagal).

Sa dominante est *ut*, tierce de la finale *la*.

Il convient de ne pas confondre ce mode de *la* plagal avec le mode de *mi authentique*. Ils ont la même | espèce d'octave, la cinquième, mais leur composition, leur être mélodique, leurs énergies expressives, diffèrent profondément.

Xᵉ Mode (Mode de La plagal) | **IIIᵉ Mode (Mode de Mi authentique)**
Mode mineur; dominante à la tierce de la finale. | Mode mineur; dominante à la sixte de la finale.

XIᵉ MODE. — Le XIᵉ mode, dont la finale est *ut*, est contenu dans la troisième espèce d'octave divisée harmoniquement. Il se compose de la quatrième | espèce de pentacorde et de la troisième espèce de tétracorde.

XIᵉ MODE (mode d'*ut* authentique).

Sa dominante est *sol*. Sa médiane *mi*, 3ᶜᵉ majeure de la finale, le classe dans les modes majeurs. En vérité, c'est le prototype de notre mode majeur. Il est extrêmement employé, surtout transposé en *fa* avec *si*♭ à la clef. Il faut dire aussi qu'il prend à cet endroit, très souvent, la place du Vᵉ mode, dont il adoucit par le bémol le dur pentacorde de troisième espèce où sonne le *si* naturel. Le mode d'*ut*, ainsi | que son plagal, relèvent des modes V et VI, mais ils ont plus d'aisance, et plus de facilité pour la composition polyphonique.

XIIᵉ MODE. — Le XIIᵉ mode, plagal du XIᵉ, est contenu dans la septième octave divisée arithmétiquement. Il se compose de la troisième espèce de tétracorde, et de la quatrième espèce de pentacorde placée au-dessus.

XIIᵉ MODE (mode d'*ut* plagal).

Sa dominante est *mi*, sixte de la finale *ut*.

Le XIᵉ mode (mode *ut* authentique), de la même octave que le VIᵉ (mode de *fa* plagal), ne doit pas être confondu avec lui, à cause du jeu des finales et des dominantes. Il en est de même des modes XIIᵉ et VIIᵉ, qui usent tous deux de la septième espèce d'octave, et des modes IXᵉ et IIᵉ qui usent de la première. Voilà bien qui prouve que la distinction des modes n'est pas une chose vaine et de pure spéculation, puisque nous voyons qu'une même octave peut être variée et profondément différenciée par sa composition intérieure de qui relèvent les notes essentielles qui donnent aux modes leurs caractères et leurs énergies esthétiques.

Nous venons de définir sommairement les douze modes diatoniques usités au temps de la Renaissance. Ces modes se peuvent ramener à six, harmoniquement parlant, puisque dans le concert des voix le plagal s'unit à l'authentique. On a dès lors les modes d'*ut*, de *ré*, de *mi*, de *fa*, de *sol*, de *la*. Trois d'entre eux relèvent du genre majeur, les modes de *fa* (V-VI), de *sol* (VII-VIII), d'*ut* (XI-XII); trois relè-

vent du genre mineur, les modes de *ré* (I-II), de *mi* (III-IV), de *la* (IX-X). Toutefois, nous le répétons, ils ne se doivent pas confondre avec notre majeur et notre mineur modernes, car, même dans le XIᵉ mode, qui est le plus proche de nous, les fonctions tonales telles que nous les entendons, bases des attractions harmoniques, sont absentes. Ceux qui les y cherchent s'abusent, et la beauté propre des polyphonies du XVIᵉ siècle leur échappe. A moins toutefois qu'on ne veuille faire abstraction de l'art, de son expression et de son idéal, pour ne considérer scientifiquement que l'évolution des formes harmoniques; alors on peut suivre à la trace et saisir, en chaque mode, des germes de ce qui deviendra, vers la fin du XVIᵉ siècle, par l'altération, par la corruption des gammes antiques, notre mode majeur et notre mode mineur aux puissantes harmonies attractives.

Il faut ajouter à ces modes traditionnels un mode chromatique dont l'emploi fut des plus rares. Voici, comme exemple des plus significatifs, une courte pièce de Claude Le Jeune mesurée à l'antique dans le rythme du distique élégiaque :

CLAUDE LE JEUNE : « *Qu'est devenu ce bel œil ?* »

Il y a encore bien des choses à signaler au sujet des vieux modes : les modulations d'un mode à un autre, les altérations, les classifications, etc.; mais il faut nous borner. Je dirai seulement, à propos des classifications, que les noms grecs usités au xvi⁰ siècle ne coïncident pas avec la terminologie des hellénistes de nos jours. De plus, la nomenclature par *premier, deuxième, troisième mode...* n'a pas toujours été la même.

Voici un exemple frappant des divergences à ce sujet.

Il nous est offert par le grand Zarlino, en ses *Istituzioni harmoniche*. L'édition de 1558 suit la nomenclature glaréanienne : I⁰ʳ et II⁰ modes, finale *ré*; III⁰ et IV⁰, finale *mi;* V⁰ et VI⁰, finale *fa;* VII⁰ et VIII⁰, finale *sol;* IX⁰ et X⁰, finale *la;* XI⁰ et XII⁰, finale *do*. L'édi-

tion de 1573 change tout cela, et nous avons alors : finale *do*, I⁰ʳ et II⁰ modes; finale *ré*, III⁰ et IV⁰; finale *mi*, V⁰ et VI⁰; finale *fa*, VII⁰ et VIII⁰; finale *sol*, IX⁰ et X⁰; finale *la*, XI⁰ et XII⁰.

Quant aux vocables grecs, voici ceux dont use Glaréan dans le monumental *Dodecachordon* de 1547 :

) ODES AUTHENTIQUES	) ODES PLAGAUX
I⁰ʳ mode, finale *ré* Dorien.	II⁰ mode, finale *ré* Hypodorien.
III⁰ — — *mi* Phrygien.	IV⁰ — — *mi* Hypophrygien.
V⁰ — — *fa* Lydien.	VI⁰ — — *fa* Hypolydien.
VII⁰ — — *sol* Mixolydien.	VIII⁰ — — *sol* Hypomixolydien.
IX⁰ — — *la* Éolien.	X⁰ — — *la* Hypoéolien.
XI⁰ — — *do* Ionien.	XII⁰ — — *do* Hypoionien.

Regardant aux sept espèces d'octaves et aux modes qu'ils engendrent, usités ou inusités, on peut dresser le tableau suivant :

DIVISION HARMONIQUE (pentacorde-tétracorde)
MODES AUTHENTIQUES

Octave de *la*	(1ʳᵉ esp. d'oct.),	mode Éolien	(IX⁰ mode : finale *la*, dom. *mi*).
— *si*	(2⁰ —),	Hyperéolien	(inusité).
— *do*	(3⁰ —),	Ionien	(XI⁰ mode : finale *do*, dom. *sol*).
— *ré*	(4⁰ —),	Dorien	(I⁰ʳ — : — *ré*, — *la*).
— *mi*	(5⁰ —),	Phrygien	(III⁰ — : — *mi*, — *do*).
— *fa*	(6⁰ —),	Lydien	(V⁰ — : — *fa*, — *do*).
— *sol*	(7⁰ —),	Mixolydien	(VII⁰ — : — *sol*, — *ré*).

DIVISION ARITHMÉTIQUE (tétracorde-pentacorde)
) ODES PLAGAUX

Mode Hypodorien	(II⁰ mode : fin. *ré*, dom. *fa*).
— Hypophrygien	(IV⁰ — : — *mi*, — *la*).
— Hypolydien	(VI⁰ — : — *fa*, — *la*).
— Hypomixolydien	(VIII⁰ — : — *sol*, — *do*).
— Hypoéolien	(X⁰ — : — *la*, — *do*).
— Hyperphrygien	(inusité).
— Hypoionien	(XII⁰ — : fin. *do*, — *mi*).

Pour ces appellations, ces classifications, je ne pourrais trop redire qu'on en peut adopter de différentes, puisque le xvi⁰ siècle lui-même nous en donne l'exemple. Le Père Mersenne, au début du xvii⁰ siè-

cle, en son *Harmonie universelle* (1636), adopte la seconde classification de Zarlino et n'hésite pas d'y ajouter les noms suivants :

[Mode d'*ut*]	1ᵉʳ mode (authentique) Dorien;		2⁰ mode (plagal) Sous-Dorien.
[— de *ré*]	3⁰ — — Phrygien;	4⁰ — —	Sous-Phrygien.
[— de *mi*]	5⁰ — — Lydien;	6⁰ — —	Sous-Lydien.
[— de *fa*]	7⁰ — — Mixolydien;	8⁰ — —	Hypomixolydien.
[— de *sol*]	9⁰ — — Hyperdorien;	10⁰ — —	Sous-Hyperdorien.
[— de *la*]	11⁰ — — Hyperphrygien;	12⁰ — —	Sous-Hyperphrygien.

Il est vrai qu'à la proposition 16 du livre III, l'illustre érudit écrit : *Quant aux dictions grecques qui signifient le mode Dorien, Phrygien, Lydien, etc., il ne faut nullement s'y amuser, d'autant qu'il n'importe quels noms on leur donne pourveu qu'on les entende; or plusieurs tiennent que le 3⁰ mode est le Dorien des Grecs*[1]...

Il faut noter que Claude Le Jeune, en son admirable *Dodécacorde*, dit : 1ᵉʳ mode, 2⁰ mode, etc., suivant la dernière classification de Zarlino, mais qu'il n'use d'aucun nom. Très judicieusement, il écrit dans sa dédicace au duc de Bouillon : « *Deux raisons m'ont empesché de cotter tous les Modes par leurs noms : premièrement, i'ay voulu fuir l'ostentation des vocables recherchez, puis après la dissention des Anciens, et leurs diversitez d'opinions sur tels noms, requiert un plus curieux esprit que moy, qui ay mieux aimé estre leur disciple que leur iuge.* »

Pour ma part, je dis : 1ᵉʳ, 2⁰, 3⁰ mode... suivant la tradition la plus constante, tradition usitée encore dans la classification de nos chants d'église. Mais,

volontiers, je dis plus simplement : mode de *ré* authentique, mode de *ré* plagal, etc., ou, si je ne vois que l'ensemble du concert polyphonique : mode de *ré*, de *mi*, etc.

Encore une remarque. Malgré l'autorité d'excellents théoriciens, je me garde de confondre le *mode* et le *ton*. On voit souvent le *mode de ré* employé dans le *ton de ré*, mais souvent aussi transposé dans le *ton de sol* avec un ♭ à la clef. Dans le *ton de la*, le *mode de ré* porterait un ♯ à la clef. Lorsqu'on se trouve dans le *ton de ré* avec un ♭ à la clef, on est dans le *mode de la* transposé en *ré*, etc.

J'ai tenu à insister sur ces questions modales, car elles sont la base essentielle des polyphonies de la Renaissance. Sans la connaissance approfondie, je dirai même sans la pratique habituelle des anciennes modalités, l'art musical de la Renaissance reste, à peu près, lettre morte. On y voit des singularités de forme, des gaucheries, des imprécisions de primitifs, alors qu'il faudrait y voir, goûter et admirer la splendide floraison d'un ordre d'art supérieur parvenu à son apogée.

---

1. L'érudition moderne démontre que le Dorien est le mode de *mi*, le 3⁰ de Glaréan, le 5⁰ de Mersenne!

Voyons maintenant les genres qui différencient les productions de l'art polyphonique français au temps de la Renaissance.

Il s'agit de la musique profane, de la musique religieuse catholique, de la musique de la Réforme, de la musique de l'Humanisme : les grands ordres de pensée et d'art où, à travers la suite de deux glorieux siècles, se manifestent les individualités de nos maîtres musiciens.

En France, au temps de la Renaissance, la forme par excellence de l'art musical profane fut la *chanson*. La chanson, non pas au sens actuel du mot, et que Littré définit : *une petite composition d'un rythme populaire et facile*, mais la chanson au sens étymologique latin, *cantionem* : action de chanter, chant dans son acception la plus étendue, car elle s'applique à toute poésie chantée.

Monodique, la chanson a fleuri aux xve et xvie siècles. Elle se faisait l'écho des événements : guerres étrangères ou civiles, polémiques politiques ou religieuses, satires de toute sorte, galanteries, tout se chansonnait, s'accompagnait d'un air connu; la chanson était la gazette que chacun écoutait, que chacun allait répétant.

Mais ce n'était là que la chanson vulgaire; à côté, il y avait la chanson artistique, la *chanson musicale*, qui, elle aussi, prenait ses sujets parmi les faits de la vie courante, comme souvent elle prenait ses thèmes dans le trésor commun du chant populaire, mais qui était œuvre d'art. La *chanson musicale*, en effet, se présente à nous comme une œuvre de contrepoint, comme une superposition de voix concertantes où, généralement, une partie donnée, un thème, sert de clef de voûte à la construction polyphone.

Il en est de très simples, où des contrepoints syllabiques accompagnent tout uniment le chant principal. Il en est d'extrêmement travaillées, réalisant parfois un chef-d'œuvre de savoir et d'habileté scolastiques, atteignant, en même temps que la perfection de la forme, l'expression dramatique de la vie. De telles chansons on a pu dire que c'étaient de grands chefs-d'œuvre enfermés en des cadres étroits.

Cadres étroits; oui, fort souvent. Et il est des pièces, telle la jolie plaisanterie de Lassus : « Sçais tu dir' l'ave », qui tiennent en quelques mesures. Mais, outre ces légers feuillets d'album, il existe un grand nombre de chansons aux proportions moyennes; d'autres qui atteignent le développement spacieux d'un motet; d'autres enfin, rares il est vrai, qui sont des compositions grandioses. Ainsi, dans l'édition des *Maîtres Musiciens*, au VIIe volume, qui est consacré à Janequin, le *Chant des oiseaux* et la *Bataille de Marignan* comptent chacune 30 pages, et la *Chasse du cerf* qui suit ces deux belles compositions n'a pas moins de 42 pages. C'est Claude Le Jeune qui a laissé les chansons les plus développées. Dans son recueil intitulé *le Printemps*, on trouve une *Sestine* de 39 pages, et une *Mignonne je me plains* de 63 pages!

Généralement les chansons se trouvent écrites à 4 voix ou à 5 voix, mais on en rencontre aussi à 6, 7, 8 voix concertantes. On en peut trouver ordonnées en trio, surtout chez les maîtres de l'époque josquinienne; beaucoup plus rarement en duo.

La chanson musicale use de tous les styles, depuis le burlesque jusqu'au plus noble, au plus soutenu. Et, dans ce dernier cas, il est à remarquer que, par le tour de leurs dessins et de leurs rythmes, par le plan et l'allure de leur composition, les chansons ne laissent pas de se distinguer franchement des musiques religieuses, même de celles qui s'inspirent d'un esprit de jubilation.

Nous pouvons tenir cela pour une preuve certaine que nos vieux maîtres avaient un constant souci du texte qu'ils interprétaient. Le contrepoint, la forme recherchée, la beauté purement musicale, n'était pas tout pour eux : l'exquise, la *délectable* œuvre d'art s'animait d'un sujet.

Et quelle riche mine que les faits de l'actualité d'alors où le compositeur profane puisait à pleines mains!

Aussi bien, ce temps d'aventures chevaleresques et de guerres a vu naître d'admirables chants épiques. Qui ne connaît la *Bataille de Marignan* de Janequin, ce prototype des musiques pittoresques, cette large fresque d'histoire, splendide de mouvement, de vie, d'éclat, et si curieuse pour qui regarde aux détails réalistes qui la composent!

Faut-il rappeler la vogue de cette *chanson* durant le xvie siècle? Noël du Fail nous dit : *Quand l'on chantoit la chanson de la guerre faicte par Janequin devant ce grand François, pour la victoire qu'il avoit euë sur les Suisses, il n'y avoit celuy qui ne regardast si son espée tenoit au fourreau, et ne se haussast sur les orteils pour se rendre plus bragard et de la riche taille*. Et Sauval nous fait ainsi le récit de la mort de Mlle de Limeuil, l'une des plus distinguées filles d'honneur de la reine Catherine de Médicis : *Quand l'heure de sa fin fut venue, elle fit appeler son valet Julien. « Julien, lui dit-elle, prenez votre violon et sonnez-moi toujours jusqu'à ce que vous me voyiez morte (car je m'y en vais), la Défaite des Suisses; et quand vous serez sur le mot* ESCAMPE TOUTE FRELORE, *sonnez-le par quatre ou cinq fois le plus piteusement que vous pourrez. » Ce qu'il fit Julien, et quand ce vint :* TOUT EST PEROU, *elle réitéra par deux fois et, se retournant de l'autre côté du chevet, elle dit à ses compagnes :* TOUT EST PERDU A CE COUP. *» Et à bon escient, car elle décéda à l'instant.*

Cette *Bataille*, que l'on cite toujours, n'est point la seule de son espèce, ni même, peut-être, la plus parfaite; mais elle a pour elle l'escorte des légendes que je viens de citer; et puis, elle dit la journée de Marignan, la journée héroïque de GENTIL DE VALOIS!

Pour bien juger cette composition, il faut la comparer aux autres *guerres* composées par Janequin lui-même, par Costeley, Claude Le Jeune et d'autres, qui disent la *Prise de Boulogne*, le *Siège de Metz*, la *Guerre de Renty*, la *Prise de Caluis*, la *Prise du Havre*, etc. Comme pendant aux *guerres*, la musique chante les grandes *chasses*, celle du lièvre, celle du cerf, qui passionnaient si fort le xvie siècle. La chasse du cerf de Janequin nous fait témoins d'une de ces brillantes parties où François Ier, le *Père des Lettres*, qu'on appelait volontiers le *Père des Veneurs*, déployait une ardeur sans pareille. C'est en passe dans la forêt de Fontainebleau. Le roi préside; le grand sénéchal Loys de Brézé l'accompagne. Les veneurs d'élite sont là, le *Petit Pérot* en tête. La meute est au complet; on peut nommer les chiens illustres : Souillart, Réal, Friet, Clérant, Mirande... A travers un mouvement continu, fait des mille paroles, des appels, des cris aux liniers, des brefs colloques ou des exclamations des chasseurs, tantôt déçus, tantôt en bonne piste, de l'onomatopée du cerf fuyant, se déroulent, captivantes, les péripéties du jeu royal, depuis la distribution des quêtes jusqu'à la sonnerie de la mort de la bête que le fougueux François veut tuer de sa propre main. [Cf. *Maîtres musiciens de la Renaissance française*, vol. VII, pp. 62-104.]

Les compositions de cette envergure ne servent pas seulement aux nobles fresques historiques; sous la plume d'un Janequin, par exemple, elles se prêtent à des fantaisies des plus plaisantes, des plus piquantes. L'une est faite des cris des marchands ambulants de Paris. Rien de plus curieusement pittoresque, et qui rende mieux la rumeur des rues populeuses de la *grand'ville*. Bien des musiciens, et des plus modernes, qui ont repris ce thème peuvent envier la maîtrise du musicien du roi François. Dans une autre (le *Chant des oiseaux*), merle, coucou, sansonnet, rossignol, à l'envi, dégoisent leurs onomatopées charmantes. Nous avons aussi un *Chant de l'Alouette*, où, à la délicieuse chanson de l'oiseau : « *Petite, petite, que te dit Dieu?* »... répondent soudain de véhémentes imprécations contre le *faux jaloux*. Fantaisie et satire, cette chanson superbe, qui date de 1529 environ, était encore rééditée au temps de Henri IV, ce qui atteste un succès prodigieux.

Les satires furent toujours goûtées en France, et la musique, artistique aussi bien que populaire, s'en empara. Janequin nous fait un tableau du *Caquet des femmes*, un autre de la *Jalousie*. Le Jeune, Costeley, après bien d'autres, s'égayent aux scènes libertines. Toute satire, au XVIᵉ siècle, est ardente, et la musique, avec ses accents qui portent et ses rythmes incisifs, n'est pas pour en adoucir la pointe! Compositeurs, chanteurs et auditeurs la savent bien, et les cahiers de chansons musicales se multiplient, remplis d'histoires où s'aiguise la malice gauloise, l'ironie mordante et souvent licencieuse. Mais la guerre, la chasse, la satire, la libre fantaisie, ne suffisent pas à la musique de notre Renaissance; elle a des chants de deuil, des déplorations, comme elle a de triomphants épithalames. Elle s'essaye même dans les moralités, comme les *Quatrains de Pibrac* et ceux de Pierre Mathieu. Elle a force chansons d'anecdotes, réelles ou feintes, et des chansons d'aventures, des chansons de métiers, des chansons à boire. Toutefois c'est l'amour qui est le sujet habituel de la musique profane. La musique fut toujours l'art de l'amour. Calvin ne lui reconnaissait-il pas *une vertu secrète et quasi incroyable à esmouvoir les cœurs?*... Jean-Antoine de Baïf nous dit qu'elle sait : *par beaux accords accoiser* (calmer) *l'âme emuë, l'exciter assoupie, exprimer ses douleurs...* Autant, et plus que tout autre siècle, le XVIᵉ chanta ses amours; quelques inexorables moralistes exceptés, on pensa avec Montaigne que « *qui ostera aux Muses les imaginations amoureuses, leur desrobbera le plus bel entretien qu'elles ayent et la plus noble matiere de leur ouvrage...* » [*Essais*, III, 5.]

Pour être complet sur le genre profane, il faudrait parler des formes italiennes usitées chez nos maîtres musiciens, citer les madrigaux — on disait les *madrigales*, — les villanelles. Il faudrait également mentionner les chansons provinciales, telles que les *villageoises de Gascongne*.

Je laisse à d'autres de parler de la musique instrumentale, voire même de la musique de chant en solo qui s'accompagne du jeu d'un instrument, du luth par exemple[1]. Toutefois il est bon de signaler ici la musique instrumentale qui relève de la polyphonie des voix ou qui en emploie les formes. Il faut bien savoir qu'au XVIᵉ siècle il était de pratique courante d'accompagner des instruments dont on pouvait disposer le concert vocal. Nombre de livres de chansons portent la mention : *convenables tant aux instruments comme à la voix*. La musique d'église elle-même s'accompagnait, en certaines maîtrises du moins, puisqu'on voit des recueils de motets spécifier : *Cantiones sacrae... tum instrumentorum cuivis generi, tum vivae voci aptissimae*[2]...; ou encore : *Cantiones sacrae... quae in sacra Ecclesia catholica canuntur, ad omnis generis instrumenta musica accommodatae*[3]... Quant à la musique instrumentale concertante, on en a de beaux exemples dans les *Fantaisies* de Le Jeune et de Du Caurroy[4].

Je laisse également à un autre collaborateur de l'ENCYCLOPÉDIE de parler du *Ballet comique de la Royne*, et aussi des danses, qui jouaient un si grand rôle dans la vie de cour et dans la vie mondaine de notre XVIᵉ siècle français[5].

Il m'a suffi de présenter l'essentiel, et la plus noble forme du genre profane : la chanson polyphonique.

Cependant l'Église romaine avait confié aux maîtres musiciens les textes de sa riche liturgie et l'antique mélopée de ses plains-chants : de là ces messes, ces motets, ces hymnes, monuments d'une science prodigieuse, d'un art incomparable, comme aussi de la plus haute inspiration mystique.

La *messe* était le sujet capital des compositions religieuses catholiques. Les musiciens voyaient dans la composition d'une messe le plus sûr et le plus complet témoignage de leur savoir et de leur habileté.

Du commencement, du *Kyrie*, jusqu'à l'*Agnus* final, l'intérêt devait aller croissant. Mais, pour eux, l'intérêt d'une messe était tout autant dans l'expression du drame liturgique que dans la construction d'un vaste ensemble polyphonique dont les cinq grandes divisions : *Kyrie, Gloria, Credo, Sanctus* et *Agnus*, relevaient d'un thème initial, qui pouvaient se diversifier quant aux mouvements et à l'expression de détail, mais qui restaient maintenus dans une rigoureuse unité d'art. A n'en pas douter, la messe est la construction symphonique par excellence de ce temps-là, autrement dit, la plus haute expression de la musique de cette époque où *l'art de musique, la noble et délectable et très plaisante science de musique*, était une architecture sonore qui s'adressait à la fois à l'esprit et au cœur.

La messe polyphonique de la Renaissance, son architecture, son esthétique, les magnifiques individualités qui, sur son plan musical et dramatique, se sont manifestées, voilà, certes, la matière d'un des plus beaux livres de l'histoire de l'art. Mais ce livre ne pourra être écrit que lorsque seront remis au jour les chefs-d'œuvre des maîtres des XVᵉ et XVIᵉ siècles. J'en appelle à ceux qui ont lu et pénétré les rares

---

1. Voir la *Musique Instrumentale du XIII⁰ au XVII⁰ siècle*.

2. NoVae cantiones sacrae, quatuor, quinque et sex vocum, tum instrumentorum cuivis generi, tum vivae Voci aptissimae. Authoribus Francisco, Jacobo, Pascasio, Carolo Regnart fratribus germanis... Duaci, Ex officina Joannis Bogardi... Anno M. D. XC.

3. ... NoVi thesauri musici liber primus quo selectissime... cantiones sacrae (quas vulgo moteta Vocant) continentur... a praestantissimis ac buius aetatis precipuis Symphoniacis compositae, quae in sacra Eccle-

sia catholica... canuntur, ad omnis generis instrumenta musica accommodatae; Petri Joanelli... collectae... Venetiis, Apud Antonium Gardanum, 1568...

4. Voyez chez l'éditeur M. Senart : *Musique de Chambre, Écoles de la Renaissance*.

5. Voir le XXIIIᵉ volume des *Maîtres musiciens* : danseries instrumentales de Claude Gervaise et Estienne Du Tertre; Voir aussi la PaVane « *Belle qui tiens ma vie* » dans mon *Répertoire populaire de musique Renaissance*.

messes déjà publiées. (Voyez, par exemple, les volumes VIII et IX des *Maîtres musiciens*[1].)

Une chose qui nous étonne, c'est l'usage fréquent des thèmes populaires, dans les messes comme dans les motets du même temps. N'aurait-on pas dû se borner aux thèmes purement liturgiques?... On a donné une foule d'explications contradictoires. Ce n'est point ici le lieu de les exposer ni de les critiquer. Je rappellerai seulement que ce mélange du sacré et du profane était de très ancienne tradition, et que cette tradition s'est perpétuée bien longtemps après la Renaissance. Je croirais d'ailleurs volontiers que nos maîtres musiciens, invoquant un célèbre verset de l'Exode, disaient que c'étaient là vases d'or et d'argent dont ils dépouillaient l'idolâtre *Égypte* pour en parer les autels du vrai Dieu[2].

Le motet est aussi l'une des formes les plus hautes de l'art musical de la Renaissance.

Son plan et son caractère sont tout autres que ceux de la messe. Si grand qu'il soit, — et il en est de fort développés, — il n'a pourtant pas l'ampleur de la messe, ni la richesse du son développement issu d'un thème unique. Il n'est point le *nec plus ultra* de la science et de l'habileté contrapontique; mais il présente souvent, sous la main des maîtres, des merveilles de ciselure artistique, et il a d'ailleurs l'avantage de laisser plus libre carrière à l'expression par le fait de l'extrême variété de ses textes. Si dans la messe le compositeur fait preuve de sa maîtrise, dans le motet il donne la mesure de son sens dramatique; il y peut donner le plus touchant, le plus prenant, le meilleur de lui-même. Et les chefs-d'œuvre les plus variés abondent dans ce genre, qui s'élève, qui jaillit, comme d'une source merveilleuse, de l'incomparable trésor de la liturgie catholique.

La musique des motets son bas sur les mélodies de l'Église traitées parfois en contrepoint syllabique, mais, d'habitude, développées en style d'imitation

quelquefois rigoureuse, le plus souvent libre, c'est ce qu'on nomme le style, la forme de motet.

On y rencontre pourtant aussi des thèmes mondains. Le *Stabat* de Josquin des Prés en présente un exemple fameux avec son ténor sur le thème *Comme femme*[3].

N'entrant pas dans les détails, je n'ai pas signalé les messes contenant des textes extra-liturgiques [V. dans le VIIIᵉ volume des *Maîtres musiciens* le *Gloria* de la messe « *de Beata Virgine* » de Brumel]; je ferai de même pour les motets, où parfois aux paroles rituelles s'ajoutaient des paroles de circonstance, voire des paroles françaises. — Au xvᵉ siècle ce genre fleurissait; c'était une survivance de nos déchants du moyen âge. Au xvīᵉ siècle la chose devient de plus en plus rare et disparaît. On trouvera un exemple fort intéressant de texte double dans le motet de Cl. Le Jeune : *Tristitia obsedit me*[4].

Les chants sacrés composés dans la forme du motet sont fort nombreux. Au premier rang il faut citer les *Antiennes*, les *Offertoires*, les *Hymnes*, les *Lamentations*, les *Litanies*, les *Psaumes*, les *Magnificat*, les *Leçons* tirées du *Livre de Job*, les chants du *Cantique des Cantiques*; il faut y ajouter les *Passions*, des fragments de l'Ancien et du Nouveau Testament, etc.

Outre ces compositions proprement liturgiques, ou s'y rattachant étroitement, l'Église du xvīᵉ siècle a connu des cantiques en langue vulgaire. Les noëls sont au premier rang. Si, là, on pratiquait surtout les adaptations d'airs mondains accommodés aux chants de la Nativité, on avait aussi des mélodies originales composées dans le caractère populaire. Témoin ce chant de Nicolas Martin, *musicien en la cité Saint-Jean-de-Morienne, en Savoye*, publié à Lyon en 1555 avec quinze autres noëls tant en français qu'en patois du pays savoisien. La pièce entière comprend 18 couplets qui racontent, en un parler naïf, la vie et la mort de Jésus. En voici les trois premiers :

N. MARTIN : « *Noël nouveau est venu.* »

Les noëls polyphoniques sont des manières de motets français, d'une allure plus vive, de rythmes plus

accusés que les motets ordinaires; ils ont, le plus souvent, la coupe du rondeau.

Costeley en a donné deux admirables exemples : « *Allons, gay, gay, gay, bergeres,* » et « *Sus, debout, gentils pasteurs* ». Le maître du genre est l'illustre Eus-

1. L'illustre historien A. W. Ambros, dans sa *Geschichte der Musik*, a ouvert la Voie en ses copieux chapitres sur l'art néerlandais.

2. Sauf de très rares exceptions, les thèmes mondains utilisés ainsi étaient transformés par la composition, le mouvement et les nuances : ils s'adaptaient à leur nouveau milieu, en acquéraient l'esprit dévotieux et la majesté.

3. Voyez mon édition de ce *Stabat* chez Senart, et aussi la magis-

trale étude de Michel Brenet le *Stabat Mater de Josquin Deprés et la chanson : Comme femme*, publiée dans LA TRIBUNE DE SAINT-GERVAIS (décembre 1912-janvier 1913).

4. Chez Leduc, *Anthologie chorale*.

tache Du Caurroy [V. les volumes III et XVII des *Maîtres musiciens*].

Après les noëls, il convient de citer les chants spirituels, sur tous les sujets de la vie religieuse, et de tous les styles. Il en est qui sont de simples moralités, d'autres, des fragments de psaumes, des Proverbes de Salomon, des chapitres ou des Lamentations de Jérémie. A côté de ces chants, qui sont œuvres originales, il y avait les chansons dont la lettre profane était convertie en spirituelle, comme dans les grands recueils de l'Amphion sacré et de la Pieuse Alouette. Là, une foule de pièces légères, voire même érotiques, étaient changées en cantiques pieux, chantant Jésus, et la Vierge, et les saints, et les états de la vie mystique, depuis les premiers pas de la dévotion jusqu'aux élans enflammés de la vie illuminative. Les Jésuites, grands artisans de ces Anthologies, se donnaient ainsi pour but de combattre le monde, ses licences, ses impuretés, en lui empruntant ses propres armes, ses musiques les plus attirantes, les plus séduisantes, de mondaines et libertines, les faisant chastes et religieuses par la modification du texte.

Tout autre que l'art catholique fut l'art huguenot. Et vraiment c'est merveille de constater comment la pensée, l'idéal religieux, a pu différencier ces deux genres voisins.

La musique huguenote repose sur le psautier, traduit par Clément Marot et Théodore de Bèze, accompagné de mélodies[1]. Ces chants, conçus dans la coupe simple et robuste des mélodies populaires, sont bien tels que le père de la Réforme les a désirés pour *emporter poids et majesté convenable au subject et pour être propre à chanter en l'Église.*

En l'Église, c'est-à-dire en l'assemblée des fidèles de la Réforme, ce n'est pas, comme dans l'Église catholique, un chœur de chantres habiles qui exécute des musiques savantes; c'est l'assemblée tout entière qui, d'une seule voix, chante les psaumes qui traduisent ses joies, ses tristesses, ses espérances, ses appels au bras secourable de l'Éternel, toute sa vie morale enfin. Au xvi⁰ siècle, la Réforme française n'a pas d'autres chants liturgiques que ceux de son Psautier.

Mais Calvin veut étendre plus loin l'usage du chant des psaumes, afin que *par les maisons et par les champs ce nous soit une incitation et comme un organe à louer Dieu et élever nos cœurs à luy, pour nous consoler...* Il sait que nous ne sommes que trop enclins à nous *réjouir en vanité,* que *notre nature nous tire et induit à chercher tous moyens de resjouissance folle et vicieuse.* Il veut mener les hommes vers *la joie spirituelle.* C'est pourquoi il a recours à la musique, car : *entre autres choses qui sont propres à récréer l'homme et luy donner volupté, la musique est ou la première ou l'une des principales. Mais il importe de modérer son usage : pour la faire servir à toute honnesteté, et qu'elle ne soit point occasion de nous lascher la bride à dissolution ou de nous efféminer en délices desordonnées.*

Tels sont les motifs qui donnent le branle à l'art savant huguenot, qui sera la musique mondaine, la musique de chambre de la Réforme française, en regard de son chant d'église simplement mélodique. *Nous avons,* dit Goudimel dans la préface de ses Psaumes de 1565, *nous avons ajouté au chant des psaumes trois parties, non pas pour induire à les chanter en l'église, mais pour s'esjouir en Dieu particulière-*

1. Voyez *le Psautier huguenot du seizième siècle,* chez Fischbacher.

ment ès maisons. Ce qui ne doit estre trouvé maulvais, d'autant que le chant dont on use en l'église demeure en son entier comme s'il estoit seul.

C'est donc en dehors du culte public, mais sur le texte des Psaumes et sur les mélodies consacrées de ces psaumes, que d'habiles maîtres et que des hommes de génie tels que Loys Bourgeois, Philibert Jambe-de-Fer, Claude Goudimel, Claude Le Jeune, brodent leurs précieux contrepoints et bâtissent leurs œuvres grandioses et puissantes.

On a ainsi : 1° le psaume accompagné de contrepoints syllabiques, c'est-à-dire la simple harmonisation de la mélodie, placée soit au soprano, soit au ténor; 2° le psaume accompagné de contrepoints fleuris, où la mélodie se détache sur le fond des riches imitations tirées de ses propres phrases; 3° le psaume développé en forme de motets, soit que la mélodie reste, dans son intégrité, en l'une ou l'autre des parties concertantes, comme dans le Dodécacorde de Cl. Le Jeune [V. le volume VI des *Maîtres musiciens*], soit qu'elle se disperse dans le tissu des voix, comme dans les grands psaumes de Goudimel. Ces psaumes développés présentent des compositions de très vaste envergure; il en est, de Le Jeune, qui atteignent les dimensions des plus grandes messes. Ce qui donne à penser que les chapelles des seigneurs huguenots où de pareilles œuvres se pouvaient exécuter étaient royalement organisées.

Outre cette floraison d'art fondé sur les psaumes, la Réforme a produit des chansons spirituelles dans la forme des motets, par exemple les *Octonaires* de Claude Le Jeune.

Elle a aussi, fidèle à son esprit de moralisation, changé en spirituelle la lettre de mainte chanson célèbre. Nous avons des livres entiers d'Orlande de Lassus modifiés ainsi.

Il faudrait également citer les nombreuses chansons protestantes qui ont pour sujet la foi, la polémique, la guerre; mais ces pièces, s'adaptant à des timbres alors en faveur, se rattachent au genre populaire.

A côté de la foi religieuse, catholique ou calviniste, le xvi⁰ siècle français a professé le culte de l'Antiquité grecque et latine. Culte fervent, si l'on en juge par les actes, par les monuments, plastiques et littéraires, qui nous sont demeurés. Et ce beau nom de Renaissance n'a pas d'autre origine : en ce temps-là, l'ardente foi des humanistes ressuscita l'Antiquité. Cette renaissance eût été incomplète si la musique n'y avait pris la haute part à laquelle, suivant les anciennes traditions, elle avait droit. Aussi bien il fallait rendre la vie à cet art qui, à la beauté eurythmique des corps, par l'orchestique, à la beauté du verbe, par la poésie, unit la beauté musicale qui, elle, par ses mélodies, ses harmonies et ses rythmes, est l'âme même de cet art triple, dont l'art suprême qu'on appelle le lyrisme. Voilà ce qu'a réalisé l'humanisme du xvi⁰ siècle, et, disons-le fièrement, l'humanisme français, en associant des maîtres musiciens tels que les Courville, les Le Jeune, les Mauduit, les Du Caurroy, à de grands poètes tels que Jean-Antoine de Baïf et Agrippa d'Aubigné. Alors, sous la royale protection de Charles IX, fut formée cette Académie de musique et de poésie où, dit Scévole de Sainte-Marthe, *les plus habiles musiciens du monde venaient en troupe accorder le son mélodieux de leurs instruments à cette nouvelle cadence des vers mesurés.*

Il en résulta des ouvrages considérables dans lesquels, sur le relief des combinaisons métriques les plus heureuses, s'épanouissent d'admirables formes du lyrisme profane ou religieux. La caractéristique de cet art très spécial est l'application aux polyphonies vocales de la rythmique ancienne, avec ses dispositions de longues et de brèves relevées d'accents.

On en trouvera des exemples variés dans les volumes X, XII, XIII, XIV, XVII, XX, XXI, XXII, des *Maîtres musiciens de la Renaissance française*, et aussi dans mon Répertoire populaire. C'est à ce dernier que j'emprunte ces pièces, infiniment curieuses, de Le Jeune et de Mauduit :

CL. LE JEUNE : « *Donque tu vas te mourant.* »

SOPRANO — Don_que tu vas te mourant, ô fleur tu fle _ stris,

CONTRALTO — Don_que tu vas te mourant, ô fleur tu fle _ stris,

HAUTE CONTRE — Don_que tu vas te mourant, ô fleur tu fle _ stris,

BARYTON — Don_que tu vas te mourant, ô fleur tu fle _ stris,

Or' ta vi_gueur se fa_nit et tom_be sans pris,

Or' ta vi_gueur se fa_nit et tom_be sans pris,

Or' ta vi_gueur se fa_nit et tom_be sans pris,

Or' ta vi_gueur se fa_nit et tom_be sans pris,

Ton feuil_lage est com_me sec que cheoir ja l'on void,

Ton feuil_lage est com_me sec que cheoir ja l'on void,

Ton feuil_lage est com_me sec que cheoir ja l'on void,

Ton feuil_lage est com_me sec que cheoir ja l'on void,

MAUDUIT : « *En son temple sacré.* »

Lou_ez l'a_vec les fan _ fa_rans clairons et trom_bons.

Lou_ez l'a_vec les fan _ fa_rans clairons et_trom_bons.

Lou_ez l'a_vec les fan _ fa_rans clairons et trom_bons.

Lou_ez l'a_vec les fan _ fa_rans clairons___ et trom_bons.

Lou_ez l'a_vec les fan _ fa_rans clairons et trom_bons.

Louez l'avec _ que harp' et luth. Louez l'a_vec le fifr' et tam_bour,

Louez l'avec _ que harp' et luth.

Louez l'avec _ que harp' et luth.

Louez l'avec _ que harp' et luth.

Louez l'a_vec le fifr' et tam_bour,

Lou_ez l'a _ vec le fifr' et tam _ bour.

Lou_ez l'a _ vec le fifr' et tam _ bour.

Lou_ez l'a_vec_ques ins _ tru_ments de cor _ des ten _. dus.

Lou_ez l'a_vec_ques ins _ tru_ments de cor _ des ten _ dus.

Lou_ez l'a_vec_ques ins _ tru_ments de cor _ des ten _ dus.

Lou_ez l'a_vec_ques ins _ tru_ments de cor _ des ten _ dus. .

Lou _ ez le sur les or _ gues bruí _ ans.

Lou _ ez le sur les or _ gues brui _ ans.

Lou _ ez le sur les or _ gues brui _ ans.

Lou _ ez le sur les or _ gues brui _ ans.

Lou _ ez le sur les or _ gues. brui _ ans.

Lou _ ez l'a _ vec _ que 'cym _ ba _ lons son _ nans.

Lou _ ez l'a _ vec _ que cym _ ba _ lons son _ nans.

Lou _ ez l'a _ vec _ que cym _ ba _ lons son _ nans.

Lou _ ez l'a _ vec _ que cym _ ba _ lons son _ nans.

Lou_ez l'a_vec _ que cym _ ba _ lons   et clo _ ches é _ clatans.

Lou_ez l'a_vec _ que cym _ ba_lons   et clo _ ches é _ clatans.

Que tout qui souf_fle res _ pirant   Lou', lou', le Sei_gneur.

Que tout qui souf_fle res _ pirant   Lou', lou', le Sei_gneur.

Que tout qui souf_fle res _ pirant   Lou', lou', le Sei_gneur.

Que tout qui souf_fle res _ pirant   Lou', lou', le Sei_gneur.

Que tout qui souf_fle res _ pirant   Lou', lou', le Sei_gneur.

Lou _ ez Dieu!   Lou _ ez Dieu!

Lou _ ez Dieu!   Lou _ ez Dieu!

Lou _ ez Dieu!   Lou _ ez Dieu!

Lou _ ez Dieu!   Lou _ ez Dieu!

Lou _ ez Dieu!   Lou _ ez Dieu!

Je termine ici la brève étude qui m'a été demandée. J'ai parcouru d'une manière sommaire, comme à vol d'oiseau, notre musique française du temps de la Renaissance, et j'ai noté quelques-unes de ses caractéristiques essentielles en sa forme la plus élevée : la POLYPHONIE VOCALE.

Que le lecteur veuille regarder aux monuments eux-mêmes : il aura bientôt acquis la certitude que ces concerts de voix, où nos pères mirent toutes leurs complaisances et, peut-être, le meilleur génie, de leur présentent un art complet, un ordre d'art supérieur, qui nous demeure comme l'écho puissant et profond de la vie et des mœurs de la Société française du xvıe siècle.

HENRY EXPERT, 1913.

N. B. — L'Histoire de la Musique française des xve et xvıe siècles reste à écrire. J'estime qu'il appartiendrai à M. Michel Brenet, à l'auteur des admirables monographies d'Ockeghem, de Goudimel, des Musiciens de la Sainte-Chapelle du Palais, et de tant d'autres travaux qui honorent l'érudition de nos jours, d'entreprendre et d'accomplir ce grand et noble labeur.   H. E.

III

LE MOUVEMENT HUMANISTE

Par Paul-Marie MASSON

CHARGÉ DE CONFÉRENCES D'HISTOIRE DE LA MUSIQUE A L'INSTITUT FRANÇAIS DE FLORENCE
(UNIVERSITÉ DE GRENOBLE)

Comme tous les grands courants de la civilisation, l'humanisme a exercé sur la musique européenne une influence profonde, que les historiens ont maintes fois signalée. Les hommes de la Renaissance, qui vivaient familièrement avec tous les souvenirs historiques ou légendaires de l'antiquité gréco-latine, ne pouvaient s'empêcher de remarquer de quelle estime la musique jouissait parmi les anciens, et ils devaient être tentés de restaurer ou d'imiter un art dont on racontait tant de merveilles. Orphée subjuguant les bêtes féroces, Arion sauvé par le dauphin, Amphion bâtissant Thèbes aux accords de sa lyre, Platon lui-même affirmant qu'on ne peut changer les notes de sa gamme sans ébranler du même coup les fondements de l'Etat, mille autres traits fabuleux ou véridiques révélaient la puissance mystérieuse de l'art disparu et augmentaient le désir de le faire renaître.

Les poètes furent particulièrement séduits par cette idée de restaurer la musique ancienne. Mieux instruits des choses du passé que les purs musiciens, ils sentaient bien, en étudiant les chefs-d'œuvre du lyrisme grec, que cette poésie ne devait produire tout son effet qu'avec la mélodie pour laquelle elle était faite; ils se répétaient que poésie et musique ne formaient autrefois qu'un seul art, aujourd'hui mutilé, et que, pour marcher vraiment sur les traces des anciens, ils devaient recourir comme eux au charme des beaux sons. Le *chant* du poète et sa *lyre* tendent à redevenir des réalités, et non plus de simples métaphores. Ronsard, qui est éminemment représentatif de son époque, se plaît à dire que les « instruments suivent la vie et l'âme de la poésie », que poésie et musique sont deux sœurs inséparables, et que « sans la musique la poésie est presque sans grâce, comme la musique sans la mélodie des vers est inanimée et sans vie ». En composant ses vers, il les « chante » (c'est lui-même qui nous le dit) et il songe toujours aux musiciens qui doivent y adapter leurs airs. En fait, nous possédons la musique de très

nombreuses pièces de Ronsard, et nous sommes loin de connaître toutes les mélodies qui ont été faites sur ses vers. La première édition des *Amours,* imprimée en 1552 chez la veuve Maurice de la Porte, a paru accompagnée de 32 feuillets d'airs notés, composés par Certon, par Goudimel, par Janequin et par Muret lui-même. A cet égard, ce qui domine toute l'œuvre du poète dans ses plus chères créations, dans l'ode pindarique par exemple, c'est l'intention formelle de renouer l'antique union de la musique et de la poésie. On pourrait multiplier les exemples prouvant cette tendance à unir les deux arts en souvenir de l'antiquité. N'est-ce pas ce même esprit humaniste qui a donné naissance au genre de l'opéra?

Mais cette ancienne poésie que l'on voulait imiter, on n'en possédait plus la partie musicale, et, à la place des chants qui ravissaient les auditeurs de Pindare, il ne restait qu'une lettre froide. Si vraiment on voulait restaurer le lyrisme antique et atteindre l'idéal de poésie complète, si l'on voulait seulement connaître cette poésie tout entière, il fallait d'abord rendre la vie à ces beautés mortes. Mais comment retrouver les modes et les rythmes de ces mélodies perdues? Rien ne paraît plus simple : les modes antiques s'étaient conservés dans les tons d'église, du moins les hommes de la Renaissance en étaient-ils convaincus, et, en somme, abstraction faite des confusions de termes, la musicologie moderne leur a donné raison[1]. Quant au rythme, il subsistait intact dans la structure métrique des vers : pour y adapter la mélodie, il suffisait de remplacer les longues et les brèves prosodiques par les diverses valeurs des notes de la musique proportionnelle[2]. On

---

1. Pour rendre la ressemblance plus exacte, les musiciens du xvıe siècle voulurent imiter aussi le genre chromatique des anciens. Cet emploi plus fréquent des altérations, provoqué par l'humanisme, contribua au développement du sentiment tonal.

2. Et d'ailleurs, les rythmes élémentaires de la *musica mensurabilis* ne s'étaient-ils pas constitués sous l'influence de la métrique gréco-latine?

fit ainsi des mélodies assujetties aux types courants des modes ecclésiastiques et rythmées selon la structure métrique de chaque poème. Ces mélodies furent généralement écrites à quatre parties vocales, parce que la musique polyphonique, fort en honneur à cette époque, paraissait seule digne d'être alliée aux chefs-d'œuvre de l'antiquité.

Ce genre de musique adaptée à des textes anciens fut surtout cultivé en Allemagne et constitue un des aspects les plus curieux de l'humanisme dans ce pays. On mit en musique les poètes latins, qui étaient plus généralement connus que les grecs, et surtout Horace, dont les odes variées reproduisaient les principaux rythmes de la poésie hellénique et semblaient appeler le chant. Il suffira de mentionner ici les principales de ces adaptations : les *Melopoiae sive harmoniae tetracenticae* de Tritonius (1507), les *Melodiae scholasticae* d'Agricola (1512), les *Undeviginti odarum Horatii melodiae* de Michael (1526), les *Varia carminum genera...* de Senfl (1534), les *Harmoniae poeticae* de Hofheimer (1539). Mais toutes ces tentatives allemandes ont un caractère nettement pédagogique. Leur principal but, leur but avoué, est d'apprendre à des élèves les différents mètres de la poésie antique, les *genera carminum,* selon l'expression que l'on rencontre à tout instant dans les titres et dans les préfaces. Il y a autant de chants à quatre parties dans l'œuvre du musicien qu'il y a de genres métriques dans le texte latin donné, autant et pas plus. La même composition, j'allais dire le même timbre, sert pour tous les poèmes du même genre. Pour un tel usage, une musique savante et raffinée n'était pas nécessaire : elle eût été plutôt nuisible. Aussi la musique métrique allemande est-elle simple, facile et sans prétention. Le goût musical y est toujours subordonné aux préoccupations pédagogiques.

Il n'en est pas de même dans les œuvres françaises de musique « mesurée à l'antique » dont l'étude fera l'objet de ce chapitre. Sans doute, en France aussi, on chanta les vers des poètes latins, bien que cet usage semble y avoir laissé moins de traces. Le passage suivant de Montaigne (*Essais*, II, xii) suffirait à le prouver : « Quant à moy, je ne m'estime point assez fort pour ouyr en sens rassis des vers d'Horace et de Catulle, chantez d'une voix suffisante par une belle et jeûne bouche. » Dans une œuvre qui n'a pas été retrouvée, le musicien français Goudimel mit en musique « toutes les odes d'Horace qui sont d'un genre métrique différent », *Q. Horatii Flacci poetae lyrici odae omnes quotquot carminum generibus differunt ad rhythmos musicos redactae* (Paris, 1555). Mais c'est ailleurs qu'il faut chercher les véritables œuvres françaises de musique rythmée sur les mètres anciens : c'est dans les compositions des Le Jeune, des Mauduit, des Du Caurroy sur les « vers mesurés » français. La vraie musique humaniste française, celle des « vers mesurés », présente avec les essais des humanistes allemands des différences radicales. En Allemagne, cette musique était faite pour les écoles; en France, elle est faite pour les gens du monde. En Allemagne, elle avait un caractère surtout pédagogique; en France, elle est proprement artistique. Les Allemands mettaient sur des vers latins une musique relativement simple : les Français mettront une musique savante et ornée sur des vers français construits d'après les règles de la métrique grecque et latine. Ils seront les seuls à réaliser complètement l'idéal humaniste du lyrisme : non contents de rendre aux poèmes anciens leur musique perdue, ils créeront de toutes pièces, poème et musique, une lyrique nouvelle, moderne, française, conçue sur le modèle des chefs-d'œuvre antiques. Il y eut là un mouvement artistique considérable, entièrement original, et qui n'a pas d'analogue, que je sache, dans l'histoire musicale des autres nations. On comprendra dès lors qu'il doive occuper une place importante dans l'étude de la musique française du xvi° siècle.

I. — Les « vers mesurés ».

La grande originalité de la musique métrique française est de n'être pas adaptée uniquement à des vers latins, mais le plus souvent à des vers français, construits sur le patron des mètres anciens. Ces vers, auxquels on donna le nom de « vers mesurés », imposent à la musique son rythme et influent même sur sa structure polyphonique. Il importe donc de les étudier tout d'abord avec quelque détail pour arriver à une intelligence suffisante des œuvres françaises de musique « mesurée à l'antique ».

Les prédécesseurs de Baïf. — L'expression *vers mesurés* a deux sens différents au xvi° siècle. On entend d'abord par « vers mesurés » ou « mesurés à la lyre », des strophes, stances ou couplets qui, dans la même ode ou chanson, sont « identiques, d'un côté par le nombre et la longueur des vers et, s'il y avait lieu, par l'ordre des vers de différentes mesures; de l'autre, par l'agencement des diverses rimes, et surtout par la succession des rimes féminines et masculines » (Comte et Laumonier, *Ronsard et les musiciens du seizième siècle*). Cette régularité de construction et d'arrangement les rend éminemment propres à être mis en musique, et c'est pourquoi les poètes de la Pléiade ont généralement « mesuré leurs vers à la lyre ». On désigne aussi sous le nom de vers « mesurés » ou « mesurés à l'antique » (Vauquelin de La Fresnaye, *Art poétique*, II, 847) des vers français, théoriquement non rimés, et reproduisant les combinaisons métriques des anciens grâce à l'observation de la quantité prosodique des syllabes. Les premiers sont des vers français ordinaires qui ne sont mesurés et propres à la lyre que par leur disposition régulière et par une certaine alternance de leurs rimes; les seconds sont des vers d'un genre tout spécial : ce n'est plus leur arrangement extérieur qui est « mesuré », c'est leur structure interne. Par cette structure même, comme par leur origine, ils appellent une musique métrique, plus ou moins analogue à celle des humanistes allemands. Ce sont ces vers mesurés à l'antique que dont nous nous occupons ici.

L'humanisme devait porter les différents peuples de l'Europe civilisée à imiter dans leur langue nationale les mètres des vers des anciens. Pourquoi n'auraient-ils pas eu, eux aussi, des longues et des brèves? Et, s'ils en avaient, qui les empêchait de reproduire toutes les combinaisons métriques de l'antiquité? C'est naturellement en Italie que se produisirent les premières tentatives de ce genre. La plus ancienne que l'on connaisse a pour auteur Leon Battista Alberti (1404-1472), l'universel Alberti, l'un des plus grands noms de la Renaissance italienne, l'un de ceux qui en représentent le mieux l'esprit. Ce sont quelques hexamètres et un distique élégiaque, sans grande valeur poétique, mais d'une métrique très correcte. Une tentative plus marquante est faite peu après par Leonardo Dati, qui récite sa *Scena dell' Amicizia* devant l'*Academia coronaria* de Florence en 1441. Les deux premières parties de l'œuvre sont en hexamètres, la troisième en vers saphiques, et la quatrième est un sonnet rimé.

Mais il faut arriver jusqu'au premier tiers du XVIe siècle pour que ces divers essais deviennent un mouvement littéraire important. En 1539, Claudio Tolomei publie à Rome ses *Versi e Regole de la Nuova Poesia Toscana*, qui marquent une date dans l'histoire de la poésie italienne. C'est une abondante collection de vers mesurés italiens, composés par Tolomei et par ses amis, et suivis d'un petit traité de la poésie nouvelle. Tolomei, selon la mode du temps, avait fondé avec ses partisans une *Accademia della Nuova Poesia*, où l'on ne devait réciter que des vers mesurés. Il tenta de s'assurer le concours de Luigi Alamanni, l'apôtre du *verso sciolto* (vers blanc), qui avait déjà publié, en 1532, le premier volume de ses *Opere Toscane*, dédié à François Ier, mais qui ne s'était pas encore essayé dans la véritable poésie métrique. Alamanni, s'il ne composa ni hexamètres ni strophes saphiques ou alcaïques, écrivit sa comédie de la *Flora* (1555) en iambiques sénaires et octonaires. Comme il habita longtemps la France, il se pourrait qu'il ait eu une influence sur le développement de la poésie mesurée dans notre pays. Il est sûr toutefois que ce n'est pas lui qui l'y a importée.

On connaît, en effet, un exemple authentique de vers mesurés français, qui date de la fin du XVe siècle. Un nommé Michel de Boteauville composa en 1497 un traité en prose sur l'*Art de metrifier françois*, et en 1500 un poème en distiques mesurés sur la Guerre de Cent ans et sur la paix, sujet qu'il avait déjà traité en hexamètres latins en 1477. Cet ouvrage, dit-il lui-même, est « le premier qui oncquez fut fait en françois metrifié ». L'auteur essaye, en posant de nombreuses règles tout arbitraires, de déterminer la quantité prosodique des syllabes françaises ; quant à la constitution des différents pieds métriques, on en jugera par le passage suivant : « ... Ils sont six pieds de versifier, c'est *daptilus*, *spondeus*, *trocheus*, *iambus*, *tribracus* et *anapestus*. Daptilus a trois sillebes : la premiere est longue et les deux autres brefves, comme *justice*. Spondeus a deulz sillebes longues, comme *doulceur*. Trocheus a deulz sillebes : la première est longue et l'autre brefve, comme *charger*. Iambus a deulz sillebes : la premiere brefve et l'aultre longue, comme *chapons*. Tribracus a trois sillebes brefves, comme *reparer*. Anapestus a trois sillebes : les deulz premieres sont brefves et la derniere longue, comme *charité*. »

Vers 1530, une nouvelle tentative, s'il faut en croire d'Aubigné, fut faite par un nommé Mousset, qui fut précepteur du comte de Courtalin et qui traduisit Homère en hexamètres français. Joachim du Bellay, bien qu'il paraisse ignorer les tentatives précédentes, songe réellement, dans sa *Deffence et Illustration de la langue françoise* (1549), à la possibilité de faire des vers métriques en français. Selon lui, l'usage de ces vers a été établi en latin par une pure convention, et, par une convention analogue, il pourrait être aisément introduit en français. Jodelle met en tête des *Amours* d'Olivier de Magny (1553) un distique dont Pasquier fait le plus grand cas et qu'il considère comme le premier essai dans ce nouveau genre de versification. En 1555, Nicolas Denisot, comte d'Alsinois par anagramme, poète, peintre, géographe, et condisciple des poètes de la Pléiade, publiait des « hendecasyllabes phaleuces » en tête de la 2e édition du *Monophile* de Pasquier. Celui-ci composa l'année suivante, sur les instances de Ramus, une

élégie en vers hexamètres et pentamètres, qu'il transcrit tout au long dans ses *Recherches de la France*.

Au mois d'avril 1562, Jacques de La Taille mourait à vingt ans, emporté par la peste, laissant un traité sur *la Manière de faire des vers en françois, comme en grec et en latin*, qui ne fut publié que onze ans après. Il avait aussi composé des poèmes mesurés, qu'il n'a pas livrés au public. Comme Michel de Boteauville, La Taille, pour essayer de déterminer la quantité prosodique des syllabes françaises, ne s'appuie sur aucun principe solide. Si l'on excepte les finales, dont la prosodie dépend « de l'authorité et discretion des Escrivains », la quantité est tantôt exactement calquée sur le latin, tantôt secrètement influencée par l'accent français. On doit recourir « aux grammairiens latins, en tant que nostre langue est conforme à la leur, pour apprendre la quantité de la plus grande partie de nos syllabes... Ainsi Façon et Vâleureus auront la première courte pour être issus de Facio et de Valor ». Mais d'autre part, « si un mot de deux sillabes a la dernière féminine, il faudra que la première soit longue, comme dire, chôse, vice... nous ne sçaurions comment prononcer un dactile en un mot féminin, tel qu'est utile, fertile, et sommes contrains d'allonger la penultième... » Ici l'allongement provient de l'accent tonique français.

La Taille nous donne divers types de vers scandés d'après ces règles ; voici par exemple un vers héroïque :

> Désûr toûs âni-maûs Diêû fôrmâ l'hômmê mâl-heûreûx.

Un élégiaque :

> Il noûs faût âbô-lîr toûtê sû-pêrstiti-ôn.

Un hendécasyllabe saphique :

> Ô lê seûl aû-theûr dê cê môndê pârfâît.

Un iambique sénaire :

> Jê veûx dêsôr-maîs pûbliêr lê nôm dê Dieû.

Pour faire entrer les mots français dans ces cadres d'ailleurs assez souples, on peut encore user de licences, de « figures », dont les plus courantes sont les « métaplasmes », additions, suppressions, redoublements, allongements facultatifs, destinés à faciliter la tâche du poète.

On voit donc que Baïf est loin d'avoir inventé les vers mesurés ; mais s'il a attaché son nom à ce genre de poésie, c'est qu'il l'a employé systématiquement dans des œuvres de longue haleine ; c'est aussi parce que, le plus souvent, il y a joint la musique.

Baïf et ses successeurs. — Il n'est pas probable que Baïf, avant de composer ses premiers vers mesurés, ait connu le traité de La Taille, qui ne parut qu'en 1573 ; mais il put avoir d'autres modèles. Il se trouvait à Trente vers la fin du concile, en 1562 ou 1563 ; de là, il descendit en Italie, où il visita Mantoue, Vicence, Vérone et probablement Venise, sa ville natale. Pendant son voyage, il eut sans doute connaissance du développement de la poésie mesurée en Italie, et en 1567 il commençait, au mois de juillet, une traduction en vers mesurés du Psautier, « en intention de servir aux bons catholiques contre les Psalmes des haeretiques ». Mécontent de son Psautier, il l'abandonna en 1569, après avoir composé 68 psaumes, et en entreprit une autre traduction, également en vers mesurés, qu'il termina en 1573. C'est vraisemblablement vers la même époque qu'il composa ses *Chansonnettes mesurées*, dont les jolis rythmes semblent désirer la musique.

Il s'attribua naturellement la gloire d'avoir innové, et même il se considérait volontiers comme le vrai fondateur de la poésie française, car il croyait, avec beaucoup de bons esprits du XVIᵉ siècle, que les Grecs et les Latins avaient tout d'abord employé les vers rimés, jusqu'au jour où des poètes de génie inventèrent la poésie mesurée. S'il se donna à ce nouveau genre de poésie, ce n'est pas, comme le prétend Pasquier, par dépit de n'avoir pas réussi dans les vers rimés, c'est bien plutôt parce qu'il ambitionnait la gloire de restaurer les beautés musicales du lyrisme antique. Nous en avons pour témoignage un passage, assez peu connu [1], de ses poèmes latins, et les vers souvent cités de l'épître *A son livre* :

> Dy que cherchant d'orner la France
> Je prin de Courville accointance,
> Maistre de l'art de bien chanter :
> Qui me fit, pour l'art de Musique
> Reformer à la mode antique,
> Les Vers mesurez inventer.

C'est en effet avec le musicien Courville, dont on parlera plus loin, que Baïf fonda l'*Académie de poésie et musique*, ouverte en 1571. A cette date, et pendant quelques années, l'étude des vers mesurés appartient moins à l'histoire littéraire qu'à l'histoire musicale. Cependant il serait faux d'assurer que tous les vers mesurés de Baïf aient été composés pour la musique : dès le début de l'année 1574, Baïf adresse à Charles IX ses *Etrénes de poézie fransoèze an vèrs mezurés*. Si l'on en excepte l'Ode à la Reine Mère, cet ouvrage, tant par la forme que par le fond, ne se prête guère à la musique, et, en fait, on n'en connaît pas d'adaptation musicale. Il n'est pas impossible pourtant que même la simple déclamation de ces vers ait été soutenue par un léger accompagnement de luth ou de lyre.

Baïf ne changea pas grand'chose à la technique des vers mesurés telle qu'elle peut se dégager des quelques essais antérieurs à lui et du traité de Jacques de La Taille. Mais il réduisit en système ces tentatives isolées et donna au nouveau genre de poésie de véritables œuvres. Malheureusement il ne nous a pas laissé d'ouvrage didactique où soient exposés les principes de la versification mesurée; nous en sommes réduits à les reconstituer en nous aidant des vers mesurés eux-mêmes, de l'introduction des *Etrénes*, des schèmes métriques du premier psautier mesuré et des renseignements que Mersenne nous fournit avec complaisance et confusion dans son *Harmonie universelle* et dans ses *Quæstiones celeberrimæ in Genesim*.

En ce qui concerne la quantité des syllabes, on sait que Baïf admettait la règle d'allongement par position, car on possède, écrite de sa main, une phrase où il déclare que « 2 consonnes qui sont après les voyelles rendent la syllabe précédente longue ». Mais pour qu'une pareille règle répondît à quelque réalité phonétique, il fallait que le langage écrit fût la transcription exacte du langage parlé. On comprend alors que Baïf ait adopté un système d'orthographe simplifiée assez analogue à celui de Ramus. Cette orthographe, qui lui donnait

des signes différents pour les voyelles à quantité nettement variable (par exemple, deux signes pour *o* selon qu'il est bref ou long), lui permit d'indiquer assez exactement la nature prosodique d'un certain nombre de syllabes. Mais cette prosodie resta en grande partie conventionnelle et déterminée tantôt par l'analogie avec le latin, tantôt par une concession inconsciente aux exigences de l'accent tonique français; sur ce point, Baïf ne procéda pas autrement que ses plus obscurs devanciers.

Il fut plus original dans le choix des mètres où devaient entrer les longues et les brèves ainsi constituées. Tandis qu'avant lui les auteurs de vers mesurés français s'étaient bornés à composer des hexamètres, des distiques élégiaques ou tout au plus des vers saphiques, Baïf, surtout dans ses Psaumes et dans ses Chansonnettes, employa les formes de vers les plus variées, qu'il diversifia encore par l'usage fréquent des types catalectiques. Et il réunit ces vers ou *kôles* en groupes *dikôles, trikôles*, etc., formant ainsi de nombreuses combinaisons strophiques dont quelques-unes paraissent être de sa création. Enfin, il s'essaya aussi, en joignant divers types de strophes, à la grande ode lyrique « par strofe, antistrofe, épôde », expression dernière et parfaite du lyrisme selon l'esprit de l'antiquité.

Ces nouveautés, envisagées comme des œuvres purement littéraires et indépendamment de la musique qui était leur principale raison d'être, furent en général assez mal accueillies du public. Elles obtinrent sans doute les suffrages de quelques lettrés enthousiastes. Scévole de Sainte-Marthe déclare que c'est une entreprise « tout à fait excellente et qui mériterait un succès universel, si on la jugeait en elle-même et non d'après les préjugés enracinés ». (Cité dans Ménage, *Anti-Baillet*, art. CXI.) Mais ce passage lui-même nous donne à penser que l'opinion courante était tout autre. En réalité, malgré quelques réserves, il faut en croire là-dessus le témoignage formel de Pasquier, suivant lequel Baïf fut « en ce sujet si mauvais parrain que non seulement il ne fut suivi d'aucun, mais au contraire découragea un chacun de s'y employer ». (*Œuvres*, I, 733.) Il faut en croire surtout le témoignage de Baïf lui-même, qui, dès 1577, dans ses vers latins, se plaint amèrement de l'échec de sa tentative, de l'ingratitude des Français, et qui, découragé, ne trouve plus de consolation que dans le commerce des Muses latines.

Si les vers mesurés n'obtinrent jamais l'estime du public, ils furent considérés, dans certains milieux littéraires, comme un passe-temps de bon ton, comme un tour d'adresse dont il fallait, au moins une fois, s'être montré capable. Remy Belleau disait « qu'il en fallait faire, pour dire j'en ay fait ». D'ailleurs on ne tarda pas à ajouter la rime aux vers mesurés, ce qui, en les rapprochant des vers ordinaires, leur donna une vie nouvelle. Ronsard ne dédaigne pas d'écrire deux odes saphiques rimées. On trouve aussi des vers saphiques en rimes dans les *Œuvres poétiques* de Marc-Claude de Buttet (1588).

Enfin, un important mouvement de poésie mesurée se produit dans les dernières années du XVIᵉ siècle, autour de Nicolas Rapin. Passerat, Pasquier, Gilles Durand, Odet de La Noue, Scévole de Sainte-Marthe, Raoul Callier, composent des vers mesurés, rimés ou non rimés. D'Aubigné, provoqué par Rapin dans une discussion sur ce genre de poésie, écrit le lendemain, en vers saphiques, une paraphrase du psaume 88, qui fut mise en musique par Claude le Jeune et par

---

1. *Carmina*, fol. 17. Après avoir parlé des Vers grecs et latins, « Seculo quos aureo

> Docti solebant *Musicique* pangere
> Virique clari nobilesque feminae »,

il ajoute :

> Quorum relictis primus in vestigiis
> Insistere ausus, verba clausi Gallica,
> Brevesque longasque aure callens syllabas,
> Simplex duplexque tempus aptans ordine
> Certo, quod essel *arte junctum musica*.

Du Caurroy. Il fit d'autres vers mesurés par la suite, si bien qu'il put en publier dix-neuf pièces dans ses *Petites Œuvres meslées*. Mais le véritable chef d'école fut alors Nicolas Rapin, qui composa deux livres de vers mesurés, pour la plupart rimés, publiés par Callier en 1610, deux ans après la mort de l'auteur.

Après la disparition de Rapin et de son école, après les livres de Mersenne, qui consacra de longues pages aux efforts de Baïf et de ses successeurs, on peut dire que la poésie mesurée retombe au rang des curiosités littéraires. Il est inutile, et d'ailleurs hors de notre sujet, d'en suivre plus loin le développement. Pourtant mentionnons en passant deux tentatives curieuses faites par deux hommes dont on s'étonnera de trouver le nom ici, par Turgot et par Louis Bonaparte. Tous deux composèrent des vers mesurés, le premier un « poème en vers métriques hexamètres », intitulé *Didon* et traduit du 4ᵉ livre de l'*Énéide*, le second diverses pièces comprises dans un *Essai sur la versification* où il joignait la pratique à la théorie.

Esthétique du vers mesuré. — Sans vouloir étudier à fond le mécanisme rythmique de la versification mesurée, il est nécessaire d'entrer dans quelques détails indispensables à l'exacte compréhension de la musique humaniste. Les auteurs de vers mesurés français ont voulu imiter dans notre langue les procédés de la versification latine. Or l'harmonie du vers latin dépend de deux facteurs, la quantité et l'*ictus*. Quel peut être leur rôle dans les vers mesurés français ?

La quantité, qui, dans la versification latine, était assez nette pour déterminer à elle seule un rythme défini, est au contraire extrêmement incertaine en français. Dans notre langue, comme dans les autres langues romanes, elle est liée à l'accent tonique, qui porte sur la fin des mots à terminaison masculine et sur la pénultième des mots à terminaison féminine. Quant aux syllabes protoniques, qui sont en majorité, il est bien difficile d'en déterminer la prosodie : car, si on les compte longues ou pour brèves par analogie avec les mots latins de même structure, on leur donne le plus souvent une quantité qu'elles n'ont pas, et l'on fausse d'une façon ridicule la prononciation naturelle. Si l'on essaye de percevoir leur véritable durée, on ne perçoit rien de précis, et l'on est amené à les considérer comme douteuses, c'est-à-dire tout à fait impropres à former par elles-mêmes un rythme quelconque. Tandis qu'il y avait, entre les longues et les brèves de la poésie latine, des rapports de durée nettement perceptibles, la différence entre nos longues et nos brèves n'est ni bien définie pour un même mot, ni constante pour des mots différents. En somme, avec une prosodie aussi flottante, il paraît chimérique de vouloir former des vers métriques en notre langue, à moins que l'*ictus*, emprunté aussi à la métrique latine, ne puisse suppléer à l'indétermination de notre quantité.

Le rythme du vers latin était suffisamment défini par l'opposition des longues et des brèves, « disposées de telle sorte qu'une syllabe longue se trouvât toujours à certaines places ». Mais en outre cette longue (ou sa monnaie) portait l'*ictus* ou *percussio*, c'est-à-dire qu'on battait sur elle le temps fort de la mesure. Il est probable que l'*ictus* donnait à la syllabe sur laquelle il portait une intensité momentanée et toute relative au vers. Le retour périodique de la longue était ainsi mieux marqué, et le rythme du vers y gagnait en netteté et en force. L'*ictus* pou-

vait, selon les cas, tomber sur différentes syllabes d'un même mot, qui prenait ainsi, de par sa place dans le vers, une physionomie particulière. Tel, par exemple, le mot *fortunatus* dans ces deux vers de Virgile :

O fortunatos nimium sua si bona norint...

Fortunatus et ille Deos qui novit agrestes...

Nos vers mesurés, où l'opposition des longues et des brèves est si peu sensible, auraient bien besoin de cet ictus pour préciser leur rythme. Mais la nature de la langue française en rend l'application impossible. En effet, le mot latin, du moins pendant toute la période classique, ne possède qu'un accent purement musical, et chacune de ses syllabes longues, n'ayant pas d'intensité par elle-même, est également apte à recevoir le temps marqué. Au contraire, le mot français se présente avec un accent d'intensité qui lui est propre, et il serait complètement dénaturé s'il recevait l'*ictus*, à moins que l'*ictus* ne coïncidât par hasard avec cet accent d'intensité. Imaginez, dans le premier des deux vers ci-dessus, que le mot *fortunatos* ait un accent d'intensité sur *na*; celui-ci disparaîtrait entre les deux *ictus* des syllabes *tu* et *tos*, et l'aspect ordinaire du mot serait méconnaissable. C'est précisément ce qui arrive si l'on prend l'hexamètre suivant de Baïf, et qu'on le scande en appuyant sur les places où tombe l'*ictus*:

Les jours par Jupiter observant bien comme l'on doit...

Sans doute, de la sorte, le rythme est plus sensible, mais la prononciation ordinaire est dénaturée, au point que la phrase ainsi lue devient difficilement compréhensible. En effet, comme il n'y a presque aucune différence entre l'*ictus* et notre accent tonique, les mots *les, par, observant, l'on doit*, paraissent être accentués de travers. Une langue comme la nôtre, possédant une intensité à place fixe, ne pourrait s'accommoder d'une versification fondée sur l'*ictus* que si celui-ci coïncidait toujours avec l'accent tonique. Voici, par exemple, un pentamètre de Denisot dans lequel l'*ictus* n'altère pas la prononciation :

Vers que la France reçoit, vers que la France lira.

Mais c'est là en somme une rencontre assez rare, et les vers du premier type sont de beaucoup les plus fréquents. Ainsi, d'une manière générale, les vers mesurés français, insuffisamment rythmés par une quantité incertaine, auraient besoin de l'*ictus* pour devenir des vers, mais ils doivent s'en passer s'ils veulent rester du français. Sans rime, sans *ictus*, sans rythme quantitatif véritable, que sont-ils donc ? De la prose, tout simplement ; ou tout au plus un genre de prose dans lequel une déclamation affectée et emphatique peut seule préciser, en l'exagérant, la prosodie flottante des mots.

Il y avait pourtant, dans la tentative des vers mesurés, une idée qui aurait pu être féconde, l'idée d'une métrique du vers français. Les Latins avaient pris pour principe de leur versification un élément donné par leur prononciation naturelle, la quantité. Si l'on voulait les imiter avec succès, il fallait constituer une versification avec le facteur rythmique fourni par notre langue courante, avec l'accent tonique. Mersenne lui-même le dit excellemment : « ... Il faut mesurer nos quantitez par la vraye prononciation, et par l'accent François, sans nous arrester à la fontaine d'Hypocrene, ou au Tibre, dont la Seine et la Loire ne prennent pas leurs eaux ». Puisque la quantité française est douteuse, puisque l'*ictus* tombant en dehors de l'accent tonique produit l'effet de cet accent mal placé, en s'ingéniant à mettre l'accent de la prononciation usuelle sur les syllabes qui doivent recevoir l'*ictus*, on obtiendra par cette coïncidence un rythme à la fois saisissable et naturel. On l'a constaté dans le vers de Denisot cité plus haut. Au lieu d'une succession chaotique de longues et de brèves incertaines, on a une alternance fort nette de syllabes toniques et de syllabes atones. C'est le principe même de la versification accentuelle des Allemands et des Anglais : on peut y retrouver des dactyles et des spondées, à condition de remplacer l'opposition longue-brève par l'opposition tonique-atone. En fait, on a pu faire en français des tentatives estimables de versification accentuelle. Voici, par exemple, un bel hexamètre de M. Louis Dumur (*Lassitudes*, p. 42) :

Goûte à l'égal de la joie une amère et mâle souffrance.

Il n'y a donc rien d'absurde à parler de dactyles, d'anapestes ou d'iambes français, pourvu qu'on s'entende bien sur le sens de ces termes. D'ailleurs il n'est pas nécessaire, il serait même dangereux de s'en tenir sur ce point aux mètres anciens; nos vers français sont capables de combinaisons bien plus souples, et particulières au génie de la langue, mais qui peuvent être avec profit analysées en pieds rythmiques.

Ces données sur la formation et sur le mécanisme de la versification mesurée vont nous rendre bien plus facile l'étude des œuvres musicales auxquelles elle a donné naissance.

I. — La musique « mesurée à l'antique » : 1° Étude historique.

Cette expression est calquée sur celle de Vauquelin de La Fresnaye, qui, comme on l'a vu plus haut, désigne par le nom de « vers mesurez à l'antique » les nouveaux essais de versification. C'est celle dont s'est servi M. Henry Expert, qui a remis au jour, dans ses belles éditions, les plus caractéristiques de ces œuvres musicales. On peut maintenir « à l'antique » pour éviter toute confusion, car on appelle quelquefois « musique mesurée » (*musica mensurata, cantus mensurabilis, Mensuralmusik*) la musique proportionnelle en général. Toutefois, cela posé, il nous arrivera dans cette étude de dire « musique mesurée » tout court. C'est d'ailleurs le terme que l'on trouve couramment dans les préfaces ou dans les odes liminaires des partitions originales.

Les vers mesurés, tels que les a connus le xvi⁰ siècle, ne demeurent vraiment intéressants pour nous que lorsqu'ils sont unis à la musique. C'était d'ailleurs leur destination naturelle, puisqu'il s'agissait de restaurer le lyrisme de l'antiquité. En fait, si les vers mesurés sans musique avaient été froidement accueillis, les vers mesurés en musique furent généralement admirés. Transfigurées par la mélodie, ces maladroites inventions de pédants deviennent de véritables œuvres d'art, tour à tour nobles ou charmantes. D'Aubigné, qui n'a qu'une médiocre confiance dans la poésie mesurée, déclare expressément : « Il est certain que ces vers se marient mieux que les autres avec le chant : et c'est pourquoy j'ay escrit au commencement de la musique mesurée du Jeune une épigramme qui finist :

L'un se joinct par violence,
L'autre s'unist par amour... »

Et il dit ailleurs que « tels vers de peu de grâce à les lire et prononcer, en ont beaucoup à être chantés ». Bien plus, l'expression « vers mesurés » est parfois employée pour désigner les œuvres musicales composées sur ces vers.

Les œuvres mesurées de Baïf étaient, pour la plupart, destinées au chant, et, sauf les *Étrénes*, elles n'ont paru qu'en partitions musicales. Les juger comme de simples productions littéraires serait un contresens et une injustice. Ce serait oublier aussi l'idéal des humanistes, que Baïf exprime à merveille dans ces vers peu connus, imprimés en tête de la *Musique* de Guillaume Costeley (1570) :

Jadis Musiciens et Poëtes et Sages
Furent mesmes auteurs : mais la suite des ages,
Par le tems qui tout change, a séparé les troys.

Puissions-nous, d'entreprise heureusement hardie,
Du bon siecle amener la coustume abolie,
Et les troys réunir sous la faveur des Roys.

D'ailleurs, l'année même qu'il publiait ces vers, Baïf fondait avec le musicien Thibaut de Courville l'*Académie de Poésie et Musique*, composée de *Musiciens* et d'*Auditeurs*, et spécialement destinée au développement du lyrisme mesuré. Cette institution avait un caractère nettement musical, comme le montre bien le principal article des statuts : « Les musiciens seront tenus tous les jours de dimanche chanter et réciter leurs lettres et musique mesurees selon l'ordre convenu par entr'eux, deux heures d'horloge durant en faveur des auditeurs escrits au livre de l'Académie... » Cette société est une sorte de conservatoire qui donne régulièrement des concerts, et il faut y voir l'origine de notre « Académie de musique », bien plutôt que celle de l'Académie française.

Les lettres patentes sont de novembre 1570. Mais la nouvelle institution se heurta à l'opposition du Parlement et provoqua d'assez longs débats jusqu'au moment où, en février 1571, le roi mit fin à la discussion en ordonnant l'ouverture immédiate de l'Académie. Les séances et les concerts avaient lieu dans la maison même de Baïf, située « sur les fossés Saint-Victor-au-Fauxbourg » (sur l'emplacement actuel de la rue du Cardinal-Lemoine)[1], où Charles IX et Henri III dans les premiers temps de son règne ne dédaignaient pas de se rendre. C'est sans doute à ces visites que Dorat fait allusion dans un curieux sonnet qui se trouve à la fin de son hymne *Ad Divam Caeciliam* (1575), et qui est bien significatif de l'obsession humaniste :

Le thebain Amphion et le prestre de Thrace
Ont attiré les rocs par son mélodieux,
Ayant faict une lyre à l'exemple des cieux,
Qui par sept tons divers ses cadences compasse :

Aujourd'hui nous voyons un faict qui les surpasse,
Non un roc, mais un Roy, l'image des grands dieux,
Tiré du bon Palais par l'effort gracieux
D'un chant qui la douceur des antiques efface.

Arion d'un dauphin peut faire son navire,
Ramant de son archet : mais, que plus on admire,
Un roy, non un dauphin, on voit Seine pousser.

Thebes, Thrace, Lesbos vantent leur vieille Lyre,
Paris se vantera, que chantant il ne tire
Ny rochers, ny dauphins, mais un Roy très-puissant.

Sous Henri III l'Académie change bientôt de caractère : l'éloquence et la philosophie s'y introduisent et y supplantent bientôt la poésie et la musique. Celles-ci furent reléguées à la fin des séances, qui se termi-

---

1. C'est dans cette maison, rebâtie en 1639 par les dames Augustines anglaises et détruite au milieu du xixe siècle, que fut élevée George Sand.

naient souvent par des chants à quatre parties ou par des ballets chantés, organisés par Baïf et par le musicien Mauduit. La direction de la compagnie passe alors de Baïf à Pibrac, l'« Académie de poésie et musique » devient l'« Académie du Palais », car les réunions se tiennent dans le cabinet du roi, au Louvre, et l'on y voit Ronsard, philosophe malgré lui, prononcer par obéissance un discours sur cette question posée par le roi : « Quelles vertus sont les plus excellentes, les morales ou les intellectuelles? » D'ailleurs la situation politique du royaume était peu favorable au développement d'une telle institution et donnait à la cour des préoccupations plus pressantes : aussi, en 1584, l'Académie avait-elle cessé d'exister.

La fondation de l'*Académie de poésie et musique* est un bel exemple de l'esprit humaniste. L'idée grecque du rôle social de la musique est présente à l'esprit de Charles IX et se trouve abondamment exprimée en tête des lettres patentes, où il est dit que « l'opinion de plusieurs grands Personnages, tant Legislateurs que Philosophes anciens, ne soit à mépriser, à sçavoir qu'il importe grandement pour les mœurs des Citoyens d'une Ville que la Musique courante et usitée au pays soit retenue sous certaines loix, d'autant que la pluspart des esprits des hommes se conforment, et comportent, selon qu'elle est : de façon que où la Musique est désordonnée, là volontiers les mœurs sont dépravez, et où elle est bien ordonnée, là sont les hommes bien moriginez ». C'est cette même idée qui dicte au Parlement son opposition, ou qui, tout au moins, lui sert de prétexte, car il craint que cette institution musicale ne « tende à corrompre, amolir, effrener et pervertir le jeu nesse ». De plus, le but même de l'Académie, d'après la première phrase des statuts, est « de remettre en usage la Musique selon sa perfection et de renouveler « l'ancienne façon de composer Vers mesurez pour y accommoder le chant pareillement mesuré selon l'Art métrique ». Si Charles IX donne sa protection aux « entrepreneurs » de l'Académie, c'est parce qu'ils ont travaillé « à remettre sus, tant la façon de la Poésie, que la mesure et règlement de la Musique anciennement usitée par les Grecs et Romains », et parce que l'Académie est le « meilleur moyen de mettre en lumière l'usage des Essays heureusement reüssis ». Enfin il y avait comme une atmosphère d'humanisme dans le lieu de réunion de la Compagnie, dans cette demeure de lettré où « sous chaque fenêtre de la chambre on lisoit de belles inscriptions grecques en gros caractères tirées du poëte Anacréon, de Pindare, d'Homère et de plusieurs autres, qui attiroient agréablement les yeux des doctes passants ».

Les travaux de l'Académie consistaient naturellement dans l'exécution de chants mesurés à l'antique. Dès sa fondation et avant son répertoire, car depuis trois ans Baïf et Courville travaillaient ensemble et avaient « desja parachevé quelques essays de Vers mesurez mis en Musique, mesuré selon les lois à peu près des Maltres de la Musique du bon et ancien âge » (*Lettres patentes*).

Ce répertoire s'accrut rapidement grâce aux efforts réunis de Baïf et de ses musiciens : ce sont les « petites chansonnettes » qui, nous dit-il lui-même (III, 2),

Ecriles en vers mesurez,
Courant par les bouches des Dames,
Ebranlent les rebelles ames
Des barbares plus assurés.

Ce sont les Psaumes, dont Baïf avait achevé la rédaction complète en 1573 et dont Vauquelin de La Fresnaye nous rapporte le succès lorsque, dans son *Art Poétique* (II, 574), il rappelle à Henri III

Les chants et les accords qui Vous ont contenté,
Sire, en oyant si bien un David rechanté
De Baïf et Courville...

A ces psaumes en vers français mesurés il faut en ajouter d'autres en vers latins classiques, mis en musique par Le Jeune, par Mauduit et par Du Caurroy. Toutes ces œuvres, monopole de l'Académie, étaient jalousement conservées manuscrites par les « académiciens », ce qui explique que certaines aient été perdues et que les autres aient été généralement imprimées après la disparition de l'Académie. Un article des statuts ne laisse aucun doute à ce sujet : « Jureront les Musiciens ne bailler copie aucune des chansons de l'Académie à qui que ce soit sans le consentement de toute leur compagnie. Et quand aucun d'eux se retirera, ne pourra emporter ouvertement ou secrètement aucun des livres de l'Academie, ne copie d'iceux, tant de la Musique que des lettres. »

Voici un passage important où Baïf lui-même (II, 229-230) nous renseigne sur les occupations de son académie : on y remarquera qu'il avait poussé le souci de restaurer le lyrisme grec jusqu'à joindre la danse à la poésie et à la musique :

Il Vous pleut de m'ouir : Sire, je vous ren comte
. . . .
Que c'est que nous faisions. Je di premier comment
En vostre academie on œuvre incessamment
Pour, des Grecs et Latins imitant l'excellence,
Des Vers et chants reglez decorer Vostre France.
. . . .
Apres je Vous disoy comment je renouvelle
Non seulement des vieux la gentillesse belle
Aux chansons et aux Vers : mais que je remettoys
En usage leur danco : et comme j'en estoys
Encores en propos vous contant l'entreprise
D'un ballet que dressions, dont la demarche est mise
Selon que va marchant pas à pas la chanson
Et le parler suivi d'une propre façon...

Pour compléter cette imitation de l'art antique, il ne restait plus qu'à en faire revivre la plus haute et la plus complète manifestation, le drame musical des Grecs. L'Académie des derniers Valois y a certainement songé, et elle a failli faire à Paris ce que devait bientôt faire à Florence l'Académie du comte Bardi, créer l'opéra moderne. Baïf sentait bien que c'était là le terme de l'idéal humaniste en musique, et il avoue expressément qu'il est « honteux » de ne l'avoir pas atteint (III, 2) :

Combien que honteux je confesse
Que bien loin devant moy je lesse
L'honeur des siècles anciens,
Qui ont vu les fables chantées
Sus leur scène representées
Aux teatres Atheniens.

D'ailleurs il est fort probable que, dans ses traductions de pièces antiques, auxquelles il continua de travailler après la fondation de l'Académie, les chœurs étaient destinés à être chantés. Et lorsque, en 1567, Baïf avait fait jouer sa comédie du *Brave*, librement imitée de Plaute, et qui ne contenait pas de chœurs, il avait intercalé entre les différents actes cinq « chants » dont Ronsard, Baïf lui-même, Desportes, Filleul et Belleau avaient composé les paroles. Cet usage datait des premières tentatives dramatiques de Jodelle, qui l'avait introduit à l'imitation des pièces antiques, comme il nous l'apprend dans le prologue de l'*Eugène* :

Mesme le son qui les actes sépare,
Comme je croy, vous eust semblé barbare,

Si l'on eust eu la curiosité
De remoufler du tout l'antiquité.

Tout porte à croire que Baïf a connu et peut-être imité, dans cette Académie, « où tous les Musiciens étrangers étoient bien reçus pour y concerter », les essais qui étaient tentés à Venise, dans sa ville natale, et qu'il avait pu apprécier lui-même lors de son voyage en Italie. Mais c'étaient là des intermèdes, et non un drame; c'était de la poésie rimée, et non plus des vers mesurés. Le drame en vers mesurés et chantés ne fut jamais composé. S'il faut en croire Sauval, il faillit l'être dans les derniers jours de l'Académie : « On ajoute, écrit-il dans son *Histoire et Recherches des antiquités de la ville de Paris*, que, sans les troubles qui survinrent, Mauduit et Baïf auraient fait représenter une pièce de théâtre en vers mesurés, à la façon des Grecs. »

Nous savons assez peu de choses précises sur les compositeurs qui mirent les vers mesurés en musique. Il n'est pas douteux que Baïf n'ait eu un sens musical assez développé, et même un certain talent de luthiste, ce qui d'ailleurs n'était pas rare parmi les poètes de cette époque. Mais il n'est pas sûr qu'il ait composé des œuvres musicales. Fétis, après de Laborde, lui attribue : 1° une *Instruction pour toute musique des huit tons, en tablature de luth;* 2° une *Instruction pour apprendre la tablature de guiterne;* 3° *Douze Chansons spirituelles, paroles et musique;* 4° deux livres de *Chansons à quatre parties.* De ces quatre œuvres, les trois premières sont de A. Le Roy. Et la quatrième, jusqu'à présent introuvable, a dû être sans doute l'objet d'une confusion analogue. Toutefois une pièce des *Airs de différents Autheurs mis en tablature de luth* par Gabriel Bataille (3ᵉ livre, p. 65-66) est intitulée *Vers mezurés de Baïf.* Quoi qu'il en soit, c'est surtout dans ses vers que l'on peut trouver quelques renseignements sur les musiciens qui collaborèrent avec lui, et notamment dans une curieuse pièce en strophes saphiques, que Mersenne nous a conservée. Nous la transcrivons en remplaçant l'orthographe phonétique de Baïf, parfois malaisément compréhensible, par l'orthographe usuelle :

Compagnons, tâtons ce jour où je naquis
Dans le sein des flots Adriens : et chantons
Quelque chant plaisant qui après mille ans soit
    Encore chanté.
Jour natal marqué de Baïf, qui laissa
Les chemins frayés, et premier découvrit
Un nouveau sentier, à la France montra
    L'antique chanson,
Quand, d'en haut poussé, de *Thibaut* s'accosta,
Chantre et composeur qui premier devant tous,
En la danse après et *Du Faur* et *Claudin,*
    Osèrent entrer.
Faur, qui son doux luth maniait savamment,
Claudin, au bel art de la musique instruit,
Ont d'accords choisis honoré de ses vers
    Les mesurés chants.
Las! Thibaut n'est plus : et Du Faur davant lui
Nous quitta, laissant nos ouvrages naissants.
Puissent les enfants de Thibaut et Claudin
    L'ouvrage accomplir.
Mais voici *Mauduit* à la Muse bien duit,
Doux de mœurs et doux à mener le conchant,
Des accords suivis brève et longue marquant
    D'un bal agencé.
Tant que dans mon cœur me battra mon esprit
L'œuvre poursuivrai : vous, amis d'Apollon,
L'entreprise aidez : en honneur et plaisir
    L'œuvre se parfait.

Joachim Thibaut, dit Cornille ou de Courville, fut le collaborateur de la première heure. C'est lui qui, trois ans avant la fondation de l'Académie, entreprit avec Baïf l'œuvre commune, et c'est même peut-être

lui qui donna au poète l'idée de composer ses vers mesurés. Il avait le titre de joueur de lyre du roi, comme le montre un don que lui fait Charles IX en 1572. Fabrice Marin de Gaëte, dans la préface de ses *Airs mis en musique* (1578), nous dit avoir « fréquenté l'escole de Messieurs de Courville et Beaulieu, l'ung l'Orphée, l'autre l'Arion de France... Car ilz ne sont seulement excelents aux recits de la Lyre, mais tres-doctes en l'art de Musique ». Et, détail curieux, il ajoute : « Suivant leurs avertissements et bons avis, j'ay corrigé la plupart des fautes que j'avoy pu faire en n'observant les longues et les breves de la lettre. » Nous retrouvons Thibaut figurant en 1580 parmi les « officiers domestiques du roi »; il mourut avant le 2 juin 1585, date d'un don octroyé par Henri III à sa veuve. La plupart de ses œuvres musicales paraissent être perdues : je ne connais de lui que trois airs de cour, publiés dans le 5ᵉ livre des *Airs de différents Autheurs mis en tablature de luth par Gabriel Bataille* (1614); quelques autres (la partie de ténor seulement) dans les *Airs de Marin;* et un « rechant à trois » dans les *Airs mesurés de Claude Le Jeune* (éd. de 1608, livre I, f. 36).

On ne sait presque rien de Du Faur. Cependant, on ne doit pas le confondre avec Gui Du Faur de Pibrac, le directeur de l'*Académie du Palais.* Car deux pièces de Baïf qui lui sont dédiées (III, 29-36, et IV, 347-348) nous apprennent qu'il se nommait Jacques Du Faur et que vers 1573 il quitta Paris pour retourner sur les bords de la Garonne, qui paraissent être son pays d'origine.

Nous connaissons un peu mieux Claude Le Jeune, et surtout nous possédons une grande partie de son œuvre musicale. Il naquit à Valenciennes, probablement vers 1530, fut « compositeur de la chambre du roy » et, en 1598, « maître de la musique du roy », collabora au *Ballet de la Reine* en 1581 et mourut en 1600. Le Jeune est un des plus illustres musiciens français du xvıᵉ siècle et mériterait une étude spéciale. Tour à tour archaïsant et novateur, son étonnante variété de style et la richesse de son inspiration le placent au premier rang des maîtres de son époque. Ses contemporains se plaisaient à comparer l'impression produite par sa musique aux effets merveilleux attribués à la musique des anciens. « Il fut chanté un air (qu'il avoit composé avec les parties) aux magnificences qui furent faites aux nopces du feu duc de Joyeuse, lequel, comme on l'essayait en un concert qui se tenoit particulièrement, fit mettre la main aux armes à un gentilhomme qui estoit là present, et... il commença à jurer tout haut qu'il lui estoit impossible de s'empescher de s'en aller battre contre quelqu'un; et... alors on commença à chanter un autre air du mode sous-phrygien qui le rendit tranquille comme auparavant. » (Artus Thomas, *Commentaires sur Philostrate,* Paris, 1611, p. 282.) Les œuvres de Le Jeune, restées manuscrites jusqu'à la disparition de l'Académie, parurent de 1583 à 1610. La musique mesurée y tient une grande place : M. Expert nous a déjà rendu des *Pseaumes mesurez* et un recueil de « chansonnettes » de Baïf dont presque toutes étaient perdues pour l'histoire littéraire si la musique ne nous les avait conservées. Ce dernier recueil, intitulé *Le Printemps,* est un des plus beaux spécimens de la musique mesurée sous sa forme mondaine et hautement artistique. Autant et plus que Courville, Le Jeune a été par excellence le musicien de l'Académie, le musicien de Baïf. Une épigramme de Pasquier *Ad Janum Antonium Baïffum et Claudium Junium* associe dans un commun éloge le musicien et le poète (ı, 1179) :

> Edit molliculos Baïffus igneis,
> Addit Junius his melos canorum :
> Clarus Musicus hic, et is Poëta,
> Molleis Versiculi, melos suave,
> Alit mellifluam melos Poësim,
> Viret melliflua melos Poësi.
> Hem, quis Vestrum erit alterutri Achilles,
> Hem, quis Vestrum erit alterutri Homerus?

Jacques Mauduit, né en 1557, ne put guère prendre part, comme compositeur, aux concerts de la première Académie; mais il joua un rôle important dans l'*Académie du Palais*, où il faisait exécuter ses compositions à la fin des séances. Aussi vient-il le dernier dans l'énumération que fait Baïf de ses collaborateurs. Il mit en musique, comme nous l'apprend Mersenne, des psaumes mesurés de Baïf; et il publia en 1586 un recueil de chansonnettes mesurées du même poète, dont quelques-unes ne se retrouvent plus que dans sa partition. Il composa une *Messe de Requiem* pour les funérailles de Ronsard et sauva de la destruction pendant la guerre civile les œuvres manuscrites de Baïf et de Le Jeune. On le retrouve en 1617 dirigeant, dans une mascarade de cour, un concert composé de « soixante et quatre voix, vingt-huict violles et quatorze luths ». Il mourut en 1627. S'il faut en croire Mersenne, il avait composé des traités, aujourd'hui perdus, sur la rythmique et sur la « manière de faire des vers mesurez de toutes sortes d'especes en nostre langue pour donner une particulière vertu et énergie à la melodie ».

Peut-être faudrait-il ajouter aux noms des musiciens de l'Académie celui de Guillaume Costeley. Celui-ci, en effet, semble s'être proposé en 1570 de collaborer avec Baïf, comme l'indiquent les vers suivants, imprimés en tête de la *Musique de Guillaume Costeley* (1570) et reproduits en fac-similé dans l'édition Expert :

> Soyent tes chants, Costeley, l'avant-jeu gratieux
> Des nombres anciens qu'avec toy j'ay courage
> Pour un siecle meilleur de remettre en usage,
> Si n'en suis detourbé par la force des cieus.

Mais il renonça probablement à son projet, car Baïf ne parle plus de lui, et nous ne connaissons aucune musique mesurée de sa composition.

Après la disparition de l'Académie, le grand musicien Eustache Du Caurroy (1549-1609), pour qui Henri IV créa en 1599 la charge de surintendant de la musique du roi, ne dédaigna pas de composer de la musique mesurée. Elle est contenue dans ses *Meslanges*, publiés en 1610 et réédités par M. Henry Expert. Pendant longtemps il avait été hostile à cette forme d'art : mais, après avoir conduit un concert où un psaume mesuré de Le Jeune fut chanté par « près de cent voix de tout le choix de Paris », il fut pris d'émulation et il « mit le mesme Pseaume de saphiques en musique et en lumière, toutesfois sans effacer le premier ». (D'Aubigné, III, 273.) Il fallait que cette musique mesurée eût une réelle valeur d'art et fût autre chose qu'un exercice de pédant, pour qu'elle produisît cette impression sur un artiste que Mersenne place au-dessus de Le Jeune lui-même « pour la grande harmonie de sa composition et de son riche contrepoint ».

La vogue de la musique mesurée se prolongea assez avant dans le xviiᵉ siècle. Ce n'est qu'en 1610 que paraissent les *Meslanges* de Du Caurroy. En outre, la publication posthume des œuvres mesurées de Claude Le Jeune par sa sœur Cécile donna à la musique humaniste, dans les premières années du siècle, un regain de vitalité. En 1603 paraît le *Printemps*, recueil de « chansonnettes » mesurées; en 1606, les *Octonaires de la vanité et inconstance du monde*, réédités en 1610-1611 et en 1641; en 1606 encore, les *Pseaumes en vers mesurez mis en musique*; enfin, en 1608, les deux livres d'*Airs à III, IIII, V et VI parties*, qui contiennent de nombreuses pièces du *Printemps*, reproduites avec de légères variantes, et plusieurs morceaux curieux, entre autres une grande composition intitulée *la Guerre* (Chant héroïque, Sortie, Encouragement, Mêlée, Victoire) et rappelant un peu *la Bataille de Marignan* de Janequin.

On peut se rendre compte par ces quelques indications de l'importance historique du mouvement provoqué par les musiciens humanistes. Il reste maintenant à apprécier la valeur artistique des œuvres auxquelles il a donné naissance.

III. — **La musique « mesurée à l'antique » :**
2ᵉ **Étude esthétique.**

Les pièces de musique mesurée sont généralement écrites à quatre parties vocales, avec des passages à 2, à 3 ou à 5 parties. La plupart, outre le couplet ou « chant », sont accompagnées d'un refrain ou « rechant », qui, dans les œuvres de Le Jeune, est souvent repris « à cinq ». Cette musique, une fois mise en partition à la façon moderne, présente un aspect harmonique qui frappe au premier coup d'œil. C'est que le musicien, obligé de conserver aux syllabes du vers, dans chaque partie vocale, la même valeur prosodique, est amené à donner le même rythme à toutes les parties. Par là s'explique aussi la brièveté de ces sortes de pièces : les dimensions de l'œuvre musicale sont rigoureusement déterminées par les dimensions mêmes de la strophe poétique, car le musicien doit s'interdire tout développement proprement musical ou contrapontique, sous peine de voir s'anéantir le rythme général imposé par les vers.

C'est ce rythme qui fait la grande originalité de ce genre de musique. Les compositeurs humanistes n'ont pas prétendu innover dans le domaine de la polyphonie proprement dite, mais seulement y introduire les mètres de l'antiquité grecque et latine.

A cet égard, rien n'est plus instructif que la « préface sur la musique mesurée » qui se trouve en tête du *Printemps* de Claude Le Jeune et qui mérite d'être citée tout entière : « Les antiens qui ont traité de la Musique l'ont divisée en deux parties, Harmonique, et Rythmique : l'une consistant en l'assemblage proportionné des sons graves, et aigus, l'autre des tems briefz et longs. L'Harmonique a esté si peu cogneuë d'eux, qu'ils ne se sont permis d'autres consonances que de l'octave, la quinte, et la quarte : dont ils composoyent un certain accord sur la Lyre, au son duquel ils chantoient leurs vers. La Rythmique au contraire a esté mise par eux en telle perfection, qu'ils en ont fait des effects merveilleux : esmouvans par icelle les ames des hommes à telles passions qu'ils vouloient : ce qu'ils nous ont voulu representer sous les fables d'Orphée, et d'Amphion, qui adoucissoyent le courage selon les bestes plus sauvages, et animoyent les bois et les pierres, jusques à les faire mouvoir, et placer ou bon leur sembloit. Depuis, ceste Rythmique a esté tellement négligée, qu'elle s'est perduë du tout, et l'Harmonique depuis deux cens ans si exactement recherchée qu'elle s'est rendue parfaite, faisant de beaux et grands effects, mais non telz que ceux que l'antiquité ¡raconte. Ce qui a donné occasion de s'estonner de plusieurs, veu que les antiens ne chantoient qu'à une voix, et que nous avons la melodie de plusieurs voix ensemble : dont quelques-uns ont (peut estre) descouvert la cause : mais personne ne s'est trouvé pour y aporter remède, jusques à Claudin le Jeune, qui s'est le premier enhardy de retirer ceste pauvre Rythmique du tombeau ou elle avoit esté si long temps gisante, pour l'aparier à l'Harmonique. Ce qu'il a fait avec tel art et tel heur, que du premier coup il a mis nostre musique au comble d'une perfection qui le fera suyvre de beaucoup plus d'admirateurs que d'imitateurs : la rendant non seulement égale à celle des antiens, mais beaucoup plus excellente, et plus capable de beaux effects, en tant qu'il fait ouyr le corps marié avec son ame, qui jusques en avoit esté séparée. Car l'Harmonique seule avec ses agreables consonances peut bien arrester en admiration vraye les esprits plus subtils : mais la Rythmique venant à les animer, peut animer aussi, mouvoir, mener ou il luy plait par la douce violence de ses mouvemens reglés, toute une pour rude et grossière qu'elle soit. La preuve s'en verra es chansons mesurées de ce *Printemps*, esquelles si quelques uns manquent à gouster du premier coup ceste excellence, soit pour la façon des vers non accoutumée, soit pour la façon de les chanter, qu'ils accusent plustost les chantres que les chansons, et atendent à en faire jugement jusques a ce qu'ils les chantent bien ou qu'ils les oyent bien chanter à d'autres. » C'est donc le rythme qui, dans ces œuvres, doit retenir surtout notre attention. Ce rythme suppose une sorte de *prosodie* musicale, calquée sur la prosodie des syllabes, et il exprime ainsi par la musique la structure *métrique* du vers.

Pour ce qui est de la prosodie, rien n'est plus simple qu'une telle transcription. Bien plus, la copie a plus de précision que le modèle : le rapport (¹/₂) de

la brève à la longue, si peu net et si souvent insaisissable dans les vers mesurés, est au contraire rigoureusement exprimé par les notes de la musique proportionnelle dans le *tempus imperfectum*. La musique peut donner aux syllabes la quantité rigoureuse qui leur manquait, et ainsi les objections qui valaient contre la prosodie flottante des vers mesurés ne portent plus dès qu'on a mis ces mêmes vers en musique en respectant la durée idéale de leurs syllabes.

Dans cette transcription, quels sont les deux types de notes choisis pour représenter la longue et la brève? Les musiciens humanistes allemands, dans leur adaptation musicale des odes d'Horace, exprimaient la syllabe longue (–) par la semi-brève (○) de la musique proportionnelle, et la syllabe brève (◡) par la minime (♩). Dans la musique mesurée française, l'usage est différent : la syllabe longue est rendue par la minime (♩), et la syllabe brève par la semi-minime (♪).

En voici un exemple tiré des *Chansonnettes* de Mauduit[1]. Le rythme des quatre parties vocales étant identique, on comprend que, pour l'analyse rythmique, il suffise d'en citer une seule.

Vous ne m'aymez point, je le scay,

Ce mode de transcription se rencontre dans l'immense majorité des cas. Il faut noter toutefois quelques exceptions intéressantes. Il arrive, mais rarement, que la syllabe longue soit exprimée par une semi-brève (○), et la syllabe brève par une minime (♩), comme dans les compositions des humanistes allemands. Ex. (Le Jeune, *Pseaumes*, II, 24) :

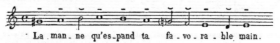

La man ne qu'es pand ta fa vo ra ble main.

Quelquefois aussi, la longue et la brève, unies sous la forme du trochée (–◡) sont traduites dans la musique par le groupe ○♪, de sorte que la longue vaut ²⁄₃ ○ et la brève ⅓ ○.

Ex. (Le Jeune, *Pseaumes*, II, 8) :

Ton se cours me fait le cœur A gran de

jóy e sau te ler de tant d'heur

Enfin, on trouve la longue et la brève exprimées par des valeurs encore plus réduites, la longue par la semi-minime (♪) et la brève par la « fusa » (♪), que l'on allait bientôt appeler plus couramment du nom de « crochue » ou de croche. Ex. (Le Jeune, *le Printemps*, III, 32) :

Dessus

Ain si je sui qui me fuit, Ain si je fui qui me suit.

---

1. Éd. Expert, p. 45. Toutes les citations suivantes sont faites d'après les éditions Expert.

Il arrive parfois que des valeurs différentes se trouvent dans un même vers. Ainsi, dans l'hexamètre suivant de Le Jeune (*le Printemps*, II, 76), la longue est traduite tour à tour par une minime et par une semi-minime :

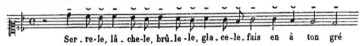

Ser . re-le, là . che-le, brû_le -le, gla_ce-le . fais en à ton gré

Mais en somme ce sont là des exceptions, où l'on peut voir soit l'impatience du musicien soumis au rythme poétique, soit parfois une intention expressive. Il reste que généralement, dans la musique mesurée française, la longue est rendue par la minime, c'est-à-dire par notre blanche, et la brève par la semi-minime, c'est-à-dire par notre noire.

Comme les vers mesurés sont uniquement composés de longues et de brèves, l'invention rythmique serait nulle chez le musicien s'il était condamné à se servir seulement de blanches et de noires. En réalité, il remplace souvent blanches et noires par leur monnaie; il peut faire chanter sur une même syllabe plusieurs notes de valeur moindre, dont l'ensemble doit valoir exactement la durée d'une blanche ou d'une noire. C'est ce que Mersenne appelle assez joliment *crispaturae vocum,* les frisures des voix. En voici un exemple, tiré du *Printemps* de Le Jeune (II, 115), chez qui ces ornements sont d'ailleurs beaucoup plus fréquents que chez Mauduit :

A l'aid', a l'aid', he_las he_las! ie suis bles_sé
Cinquiesme

A l'aid', a l'aid', he_las he_las! ie suis bles_sé
Haute-Contre

A l'aid', a l'aid', he_las he_las! ie suis bles_sé
Taille

A l'aid', a l'aid', he_las he_las! ie suis bles_sé
Basse

A l'aid', a l'aid', he_las he_las! ie suis bles_sé

On voit la variété des combinaisons que peuvent former ces fioritures dans les différentes voix : non seulement elles ajoutent à l'intérêt du discours musical, mais elles arrivent parfois à produire de véri-tables effets expressifs. Dans le passage suivant de Le Jeune, le choix des ornements produit une délicieuse impression d'envol (*Printemps*, I, 13) :

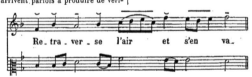

Re_tra_ver_se l'air et s'en va_

Dans cet autre exemple (Le Jeune, *Printemps*, III, 31), le mouvement précipité de la partie intérieure est évidemment destiné à exprimer l'idée d'ardeur furieuse contenue dans la seconde moitié du vers :

M'em_plit l'â_me d'un feu qui fu_ri_eus me rend,

Ce n'est pas non plus par hasard, apparemment, que l'on trouve à la partie de dessus, sur les mots *cantabo laetus,* cette floraison de notes qui fait son-ger aux « jubilations » grégoriennes (Le Jeune, *Pseaumes,* II, 51) : —

La mélodie nue et vigoureuse s'opposant brusquement à ces ornements compliqués peut produire des effet saisissants. A la façon dont la phrase suivante (*ibid*, II, 54) est traitée, il semble que l'auteur ait voulu opposer aux démarches tortueuses des médisants le geste rude et lourd de Dieu :

Le musicien assujetti à l'observation de la prosodie retrouve ainsi une partie de sa liberté par la faculté d'orner plus ou moins le chant des différentes voix. Mais sous ces arabesques, la prosodie est respectée, et les longues sont presque toujours exprimées par des blanches, les brèves par des noires.

Si cette prosodie musicale est relativement simple, la métrique soulève des questions autrement délicates. Comment les mètres anciens vont-ils s'accorder avec la mesure de la musique? Cette mesure est, presque sans exception, la mesure binaire, qui, battue plus ou moins lentement, est représentée dans la notation de la musique proportionnelle par un demi-cercle sans barre ou barré. Il y a donc deux battues (*tactus*) dans cette mesure. L'unité de battue varie selon qu'on adopte la mesure de *tempus* ou la mesure de *prolatio*. La mesure de *tempus* a la durée d'une brève (≡), et chacune des deux battues vaut

donc une semi-brève (○). La mesure de *prolatio* a la durée d'une semi-brève (○), et chacune des deux battues vaut donc une minime (𝅗𝅥). Cette dernière façon de battre la mesure est de plus en plus courante au xvie siècle, surtout en France, et l'examen des textes montre aisément que c'est celle qui était employée dans la musique mesurée à l'antique.

La mesure vaut donc une ronde, décomposée en deux battues valant chacune une blanche. Nous savons d'autre part que la syllabe longue est traduite par une blanche, la syllabe brève par une noire. Cela posé, comment le mètre du vers va-t-il se loger dans les mesures de la musique? Pour les vers dactyliques, anapestiques, ioniques, il n'y a pas de difficulté, puisque chaque pied métrique représente en musique une mesure juste ou une mesure et demie. Voici deux exemples tirés des *Chansonnettes* de Mauduit (p. 13 et 30) :

Exemple de vers dactyliques (‒⌣⌣ ≡ 𝆏 𝆏 𝆏 ≡ | 𝆏 𝆏 | ≡ | ○ |):

1. Les barres en pointillé, les seules qui soient marquées dans le texte, indiquent la séparation des Vers.

Exemple de vers ioniques :

Ici le mètre poétique se laisse aisément loger dans la mesure musicale. Mais il n'en est pas de même pour les mètres iambiques, surtout s'ils admettent des pieds de substitution, pour les mètres logaédiques[1], et, d'une manière générale, pour les vers composés de pieds inégaux. Car ces pieds inégaux ne cadrent plus exactement avec les mesures de la musique, qui, elles, sont égales. Comment le musicien va-t-il traiter de pareils vers? C'est la vieille querelle entre les *musiciens* et les *métriciens*, les premiers voulant allonger ou raccourcir les syllabes pour les faire entrer dans leurs mesures, les seconds soucieux avant tout de conserver aux syllabes leur exacte valeur prosodique. Les deux procédés furent employés dans la traduction des mètres anciens en musique. Mais le premier est de beaucoup le plus rare au xvie siècle et ne se rencontre pour ainsi dire jamais dans la production vraiment artistique des musiciens humanistes français. Goudimel, s'il faut en croire Salinas, l'aurait employé dans son adaptation musicale des Odes d'Horace; et l'on trouve dans un traité de musique. manuscrit (Bibl. nat., ms. fr. 19098), composé vers 1580, une strophe saphique d'Horace, mise en musique de la façon suivante :

La valeur de la longue et de la brève est altérée par endroits ($\flat\cdot$ $\flat$ au lieu de $\circ$ $\flat$) pour que le mètre logaédique puisse cadrer avec la mesure.

Au contraire, tous les compositeurs qui mirent en musique les vers mesurés eurent à cœur d'être des métriciens. Avec un respect absolu du rythme antique ou de ce qu'ils croyaient tel, ils observèrent toujours exactement le rapport de la longue à la brève. Comment la mesure musicale s'en accommode-t-elle? Les pieds métriques ne remplissent plus exactement les mesures musicales, commencent dans l'intervalle des battues et non plus en même temps qu'elles, et ainsi chevauchent souvent de mesure en mesure par une longue suite de syncopes. Des syncopes de ce genre sont fréquentes dans la musique proportionnelle et n'étaient pas faites pour étonner les gens du xvie siècle. De nos jours nous battons trop souvent la mesure avec l'idée d'un temps fort et d'un temps faible; sous l'influence de la musique de danse et de la musique instrumentale qui en est en grande partie dérivée, notre mesure est presque devenue un *rythme*, et il n'est pas étonnant que nous puissions être déconcertés en présence de mélodies dont le rythme réel ne coïncide pas avec le rythme idéal de notre mesure. Mais la mesure du xvie siècle était tout autre chose que la nôtre : c'était un simple cadre, à peu près indifférent à son contenu, une pure division de la durée, uniquement destinée à assurer l'ensemble des voix et à déterminer la vitesse de leurs mouvements. Elle n'exigeait pas que le rythme réel de la mélodie fût enfermé entre ses barrières imaginaires, et les notes pouvaient les enjamber sans façon. Chose curieuse, jamais la mesure ne fut plus rigoureuse qu'alors; et cela se comprend : elle était d'autant plus rigoureuse qu'elle était plus indifférente au rythme vivant et réel qui se jouait par-dessus sa raideur abstraite, mathématique, mécanique. D'ailleurs ce rythme libre, formé par les pieds souvent inégaux des vers mesurés, n'était pas fait pour choquer des oreilles encore habituées au rythme oratoire du chant grégorien.

Pourtant la mensuration de ce genre de musique soulève une difficulté que nous ne pouvons pas signaler ici. Dans la musique proportionnelle ordinaire, il est normal que la dernière note du morceau coïncide avec une battue de la mesure. Or, dans plus de 20 pour 100 des airs mesurés, la dernière

---

1. Caractérisés par le mélange du dactyle et du trochée, c'est-à-dire des rimes binaires et des rythmes ternaires.

mesure ne comporte pas cette coïncidence et se présente sous la forme :

que l'on peut transcrire ainsi, grâce au point d'orgue
final, si l'on veut conserver la mensuration initiale :

Cette anomalie a déterminé M. Henry Expert à
s'abstenir, dans sa réédition, de diviser ces musiques
humanistes par des barres de mesure, comme le
C ou ₵ l'y autorisait. Et l'on peut même se demander si, dans la pratique, les musiciens collaborateurs
de Baïf n'employaient pas une manière de battre la
mesure qui se modelât plus exactement sur le contour sinueux des mètres logaédiques.

Jusqu'à quel point cette musique se rapproche-t-elle
de la musique de l'antiquité? Il faudrait être mieux
renseignés sur celle-ci pour pouvoir le dire avec certitude. Toutefois il est bien certain que l'harmonisation à quatre parties est une chose peu antique.
Quant au rythme, les mètres à pieds égaux paraissent être exactement reproduits par la musique
mesurée tels qu'on les trouve dans les vers des poètes anciens. Pour les mètres à pieds inégaux, dont
l'analyse reste matière à discussion pour les métriciens eux-mêmes, les avis seront naturellement par-
tagés : si l'on admet en métrique l'emploi courant

des valeurs irrationnelles et la réduction des pieds
inégaux à des durées égales, on contestera sur ce
point l'exactitude de l'imitation humaniste; si au
contraire on veut maintenir, dans l'interprétation des
mètres anciens, l'inégalité de rythme donnée par la
notation prosodique, on trouvera l'imitation exacte,
tout en reconnaissant que les musiciens humanistes
sont peut-être allés un peu loin dans le sens de l'inégalité. Cette transcription par trop scrupuleuse des
longues et des brèves du mètre logaédique ne doit
pas être regrettée, car elle donne naissance à des
rythmes d'une charmante hardiesse et d'une liberté
qui ne se retrouvera pas de longtemps dans l'histoire
de la musique.

D'ailleurs il ne semble pas qu'en dehors des lettrés le public du temps se soit attaché à distinguer
soigneusement chaque espèce de mètre : on pouvait
être charmé par les finesses rythmiques de ce genre
de musique sans savoir que l'on était en présence
d' « ioniques du mineur rebrizés » ou d'un « dimètre
trochaïque court-cadencé », pour employer la terminologie métrique de Baïf. De même, on pouvait exécuter cette musique sans connaître autre chose que
la notation musicale, et, en fait, il n'est pas question
de métrique dans les partitions de ces œuvres. Bien
plus, dans les *Airs de differents autheurs mis en Tablature de luth,* de Gabriel Bataille (1614), on n'a pas
pris la peine de mentionner spécialement comme
musique mesurée à l'antique la pièce suivante, de
Mauduit, qui est pourtant une strophe saphique du
type le plus pur (3° liv., f. 52) :

Soit que l'œil pour-veu de nou-vel-le clair-té Entre les ob-jectz ou re-luit la beau-té
Ail-le con-tem-plant et la grâce et les   trais Qu'il trouve por-trais

Le mètre ancien, reconnaissable pour tout œil un
peu exercé, se trahit toujours par la liberté avec
laquelle il se loge dans la mesure musicale, et par
l'aspect nettement harmonique qu'il donne à la polyphonie. Il provoque dans la mesure des mouvements
de syncope qui, envisagés dans une seule partie vocale, sont analogues à ceux de la polyphonie ordinaire; mais dans celle-ci ces mouvements sont contre-
balancés par les divers mouvements des autres parties et noyés dans l'ensemble, qui n'a proprement
aucun rythme. Au contraire, de par sa nature, le
rythme quantitatif des vers mesurés force la polyphonie à le reproduire à la fois dans toutes les parties vocales. La musique mesurée a un *rythme d'ensemble* nettement marqué : c'est là son originalité
essentielle. C'est ce qui frappa surtout les contemporains. On se souvient que dans la *Préface sur la
musique mesurée* il est parlé de « la douce violence
de ses mouvements réglés »; Mersenne remarque
également que les vers mesurés donnent « une particulière vertu et énergie à la mélodie ». Ce rythme
unique, à la fois vigoureux et souple, d'autant plus
impérieux qu'il ne suit jamais passivement la me-

sure, s'imposait aux musiciens avec une tyrannie
qu'ils fluirent ou supporter impatiemment. « Il est
difficile, écrit Mersenne dans son *Harmonie universelle,* de faire gouster les noms, la suite et le plaisir
de ces pieds ou mouvements reglez, et des vers qui
en sont composez à nos Musiciens,... car ils ne veulent pas être gesnez, et aiment mieux suivre les mouvements qui leur viennent dans l'imagination, que
d'estre contraints par aucune regle, parce qu'ils ont
plus de diversité, et qu'ils se trouvent bas sitost que
les vers hexametres, pentametres, saphiques, et les
autres, qui vont toujours d'une même cadence. »

Le plus surprenant est précisément que des musiciens soumis à cette contrainte, scrupuleux à respecter les rythmes imposés par le poème, aient pu produire des œuvres d'une inspiration si fraîche et d'une
si délicieuse fantaisie. On s'attendrait à trouver les
inventions pédantesques de métriciens en mal de
musique : et l'on découvre l'un des plus charmants
joyaux de notre musique française, les « chansonnettes » du *Printemps,* composées par Claude le Jeune
sur les vers de Baïf. Ce sont tour à tour des danses
légères et des chansons mignardes où l'inspiration

populaire se mêle au souvenir de ces cantilènes raf- | Voici le début d'une pièce où l'on goûte à plein la
finées que nous a léguées le moyen âge finissant. | douce saveur de notre terroir (*le Printemps*, III, 91) :

Ici, au contraire, c'est la chute délicate et langoureuse d'un air tendrement expressif (*ibid.*, II, 69) :

Mais cette expression est toujours sobre et con- | set, une « brunette » de Lambert ou une danse de
tenue. Naturelles sans vulgarité, touchantes sans | Rameau. On en jugera par les pièces suivantes, que
outrance, ces « chansonnettes » mesurées sont déjà | nous reproduisons intégralement d'après les éditions
aussi purement françaises qu'un air de cour de Boës- | de M. Henry Expert :

LE JEUNE : « *Revecy venir du Printans.* »

Dessus

L'a_mou_reuz' et bel _ le sai _ zon.

L'a_mou_reuz' et bel _ le sai _ zon.

L'a_mou_reuz' et bel _ le sai _ zon.

L'a_mou_reuz' et bel _ le sai _ zon.

L'a_mou_reuz' et bel _ le sai _ zon.

Dessus

De Ve_nus le filz Cu_pi _ don

Haute-Contre

De Ve_nus le filz Cu_pi _ don

Taille

De Ve_nus le filz Cu_pi _ don

Basse-Contre

De Ve_nus le filz Cu_pi _ don

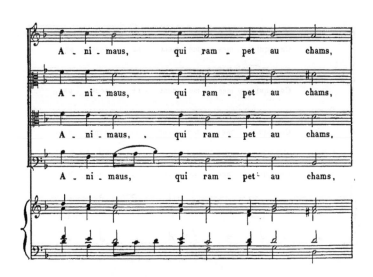

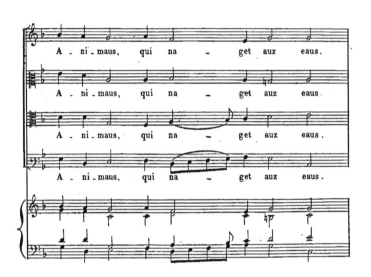

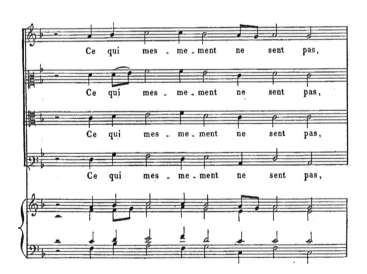

A_mou_reux   se   fond   de   plai   zir.

A_mou_reux   se   fond   de   plai   zir.

A_mou_reux   se   fond   de   plai   zir.

A_mou_reux   se   fond   de   plai   zir.

Dessus

Re_ve_cy   ve_nir   du   Prin   .   tans

Cinquiesme

Re_ve_cy   ve_nir   du   Prin   .   tans

Haute-Contre

Re_ve_cy   ve_nir   du   Prin   .   tans

Taille

Re_ve_cy   ve_nir   du   Prin   .   tans

Basse-Contre

Re_ve_cy   ve_nir   du   Prin   ;.   tans

L'a _ mou _ reuz' et bel _ le sai _ zon.

L'a _ mou _ reuz' et bel _ le sai _ zon.

L'a _ mou _ reuz' et bel _ le sai _ zon.

L'a _ mou _ reuz' et _ bel _ le sai _ zon.

L'a _ mou _ reuz' et bel _ le sai _ zon.

Re _ ve _ cy ve _ nir du Prin _ tans

Re _ ve _ cy ve _ nir du Prin _ tans

Re _ ve _ cy ve _ nir du Prin _ tans

Re _ ve _ cy ve _ nir du Prin _ tans

Re _ ve _ cy ve _ nir du Prin _ tans

Le Jeune : « Ic l'ay, ic l'ay la belle fleur. »

O bé - le quand ie t'ou - bli - ray

O bé - le quand ie t'ou - bli - ray

O bé - le quand ie t'ou - bli - ray

Dessus — le l'ay, ie l'ay la bel - le fleur que m'as do - né,

Haute-Contre — le l'ay, ie l'ay la bel - le fleur que m'as do - nê',

Cinquiesme — le l'ay, ie l'ay la bel - le fleur que m'as do - nê',

Taille — le l'ay, ie l'ay la bel - le fleur que m'as do - nê',

Basse-Contre — le l'ay, ie l'ay la bel - le fleur que m'as do - nê',

Le Jeune : « *Pastourelles ioliétes.* »

JACQUES MAUDUIT : « *Vous me tuez si doucement.* »

A - vec - que tour - mans tant be - nins, Que ne sçay cho - se de dou - ceur

A - vec - que tour - mans tant be - nins, Que ne sçay cho - se de dou - ceur

A - vec - que tour - mans tant be - nins, Que ne sçay cho - se de dou - ceur

A - vec - que tour - mans tant be - nins, Que ne sçay cho - se de dou - ceur

Plus dou - ce qu'est ma dou - ce mort S'il faut mourir, mouron d'amour

Plus dou - ce qu'est ma dou - ce mort. S'il faut mourir, mouron d'amour

Plus dou - ce qu'est ma dou - ce mort. S'il faut mourir, mouron d'amour

Plus dou - ce qu'est ma dou - ce mort. S'il faut mourir, mouron d'amour

Jacques Mauduit : « *Voyci le verd et beau may.* »

On peut apprécier maintenant toute la valeur artistique de cette musique humaniste; on voit combien son contenu musical présente d'affinités avec l'ensemble de la musique française du xvi° siècle et du début du xvii°. Et, chose curieuse, ce rythme emprunté aux mètres anciens, ce rythme, qui distingue la musique mesurée des autres œuvres de la même époque, a exercé son influence en accord avec toutes les tendances musicales du temps. La musique du xvi° siècle est profondément travaillée par cet instinct du rythme, révélateur de l'individualité qui se libère. Cet instinct a sa source dans la musique populaire dont la tradition ininterrompue s'est maintenue à côté de la musique savante, et dont la gaieté pétille dans les *chansons musicales* du temps. On a vu que, bien qu'imaginée par des lettrés, la musique mesurée s'inspire souvent de la musique populaire : certaines « chansonnettes » de Le Jeune ou de Mauduit sont de véritables « chansons musicales ». Et là même où les musiciens humanistes, par une interprétation sans doute trop littérale de l'art antique, avaient obtenu des rythmes inégaux et sans carrure, l'instinct musical populaire avait de quoi se contenter. Cette musique pouvait être parfois difficile à exécuter, mais, grâce à la simplicité, à l'*unité* du contour rythmique, elle était toujours facile à comprendre. Aussi veut-elle plaire non seulement aux « esprits plus subtils », mais à « toute âme pour rude et grossière qu'elle soit » (*Préface sur la musique mesurée*). C'est précisément l'idéal d'un genre de musique très important au xvi° siècle , et d'origine essentiellement populaire, je veux parler de la musique protestante, qui, selon l'expression d'un de ses musiciens, Loys Bourgeois, se propose de « profiter aux rudes ». Sur le terrain de ·la musique, comme sur plusieurs autres, Humanisme et Réforme se côtoient et parfois se rencontrent.

La musique humaniste se rapproche encore de la musique protestante par son caractère harmonique, conséquence directe de l'unité de rythme. Sans doute elle est beaucoup plus ornée, et les piliers harmoniques qui soutiennent ses longues et ses brèves sont parfois reliés par des guirlandes de mélodie. Mais, en somme, elle est écrite dans le style du contrepoint note contre note, qui est d'un emploi constant dans la musique protestante et que les titres des psautiers appellent « harmonie consonante au verbe ». Il n'est pas sans intérêt de noter à ce propos que Claude Le Jeune était protestant et qu'il composa dans ce style des psaumes qui eurent un immense succès au début du xvii° siècle. D'ailleurs ce genre d'écriture n'était pas chose nouvelle dans la polyphonie et tendait à se développer de plus en plus : sans parler de certaines *chansons musicales* qui sont simplement harmonisées, on trouve dans les œuvres de maîtres comme Josquin ou Arcadelt maints passages où l'écriture harmonique alterne avec les imitations du contrepoint. Le développement considérable de la musique de luth pendant tout le xvi° siècle exerçait une influence décisive dans le sens de l'harmonisation et révélait en même temps la puissance du goût nouveau.

Une autre conséquence de ce style harmonique et de cette marche parallèle des parties vocales, c'est que dans la musique humaniste, autant et plus que dans la musique protestante, le sens des paroles est nettement perçu. Les phrases du texte, distinctement articulées grâce à l'observation des longues et des brèves, ne sont plus disloquées ni dénaturées par le développement contrapontique. L'idéal de la musique, pour Baïf et Courville, c'est « de représenter la parole en chant accomply de son harmonie et mélodie, qui consistent au choix, règle des voix, sons et accords bien accommodez pour faire l'effet selon que le sens de la lettre le requiert... » (*Statuts de l'Académie.*| Ce sera aussi la conception la plus répandue parmi les Français du xvii° siècle, et, si Mersenne a un goût particulier pour la musique mesurée, c'est surtout parce qu'on y peut entendre nettement les paroles « qui· doivent être l'âme de la musique ».

En outre, dans les cas où l'opposition des longues et des brèves reproduit à peu près celle des accents toniques et des syllabes atones, comme il arrive dans bon nombre de *Chansonnettes* de Baïf, l'observation de la pseudo-quantité conduit tout naturellement le musicien à cette exacte déclamation musicale que le style d'opéra va rechercher avec tant de soin. Témoin cette jolie phrase de Le Jeune (*Printemps*, III, 87) :

Ces a-mou-reus n'ont que douleur et tourment, Ne font que plaindr'
et lamen - ter, Et je-ter cris, et je - ter pleur, et soupirs chaus

Toutefois cette déclamation est moins oratoire et moins dramatique que le récitatif des Italiens. Elle aboutit à l'*air de cour* français, où l'on en peut retrouver maintes traces.

Que la musique « mesurée à l'antique » ait pu favoriser le développement de la monodie accompagnée, c'est ce qu'on ne saurait mettre en doute. Dans chacun des accords déterminés par la marche parallèle des parties vocales, une des voix, surtout le dessus, tend naturellement à prendre un rôle prépondérant, à garder pour elle seule l'intérêt mélodique en réduisant les autres parties au rôle de simple accompagnement. Cette musique est prête pour donner des airs à voix seule avec accompagnement de luth. Déjà, au xvi° siècle, il arrivait assez fréquemment que l'on chantât une seule des parties vocales en exécutant sur le luth l'ensemble des autres voix. Ces adaptations pour voix seule et luth furent faites pour des œuvres purement contrapontiques, à plus forte raison et bien plus souvent pour des œuvres écrites dans le style harmonique. Il est donc probable que bon nombre de pièces « mesurées à l'anti-que » furent exécutées sous la forme de monodies accompagnées par le luth. En fait, on a vu, par l'ode de Baïf citée plus haut, qu'un des musiciens de l'Académie, Jacques Du Faur, était avant tout un luthiste ; et l'on trouve de la musique mesurée dans les *Airs mis en tablature de luth* publiés en 1614 par Gabriel Bataille. L'air de cour se développe au moment où l'on publie les œuvres mesurées de Claude Le Jeune, et celui-ci, mort en 1600, précède immédiatement Guédron dans la charge de « compositeur de la musique du roi ». De la musique humaniste à l'air de cour la transition est presque insensible.

On voit que les curieuses tentatives des collaborateurs de Baïf touchent à tout ce qu'il y a de vivant dans la musique de la fin du xvi° siècle. Elles ont tenu une place importante dans la vie artistique de la France à cette époque, et ont·produit des chefs-d'œuvre dont la substance musicale est purement française. Peut-être même conservent-elles aujourd'hui plus qu'une valeur historique et seront-elles d'une étude profitable à ceux qui tenteront encore la tâche décevante d'unir musique et poésie.

PAUL-MARIE MASSON, 1913.

PRINCIPAUX TEXTES MUSICAUX. — DU CAURROY, *Meslanges*, Paris, Pierre Ballard, 1610 (réédité par M. Henry Expert dans la collection des *Maîtres Musiciens de la Renaissance française*). — LE JEUNE, *Airs à III, IIII, V et VI parties*, Paris, Pierre Ballard, 1608 ; *Le Printemps*, Paris, Pierre Ballard, 1603 (réédition Expert) ; *Pseaumes en vers mesurés*, Paris, Pierre Ballard, 1606 (réédition Expert), *Octonaires de la vanité et inconstance du monde*, Paris, Pierre Ballard, 1606. — MAUDUIT, *Chansonnettes mesurées de Jean-Antoine de Baïf*, Paris, A. Le Roy et R. Ballard, 1586 (réédition Expert).

PRINCIPALES SOURCES. — AUBIGNÉ (Agrippa d'), *Œuvres complètes*, éd. Réaume et de Caussade, Paris, Lemerre, 1873-1892. — BAÏF (Jean-Antoine de), *Œuvres en rime*, éd. Marty-Laveaux,

Paris, Lemerre, 1881-1890 ; *Psaultier*, éd. Ernst Joh. Groth, Heilbronn, Henninger, 1888 ; *Carminum liber I*, Paris, Rob. Estienne, 1577. — BRENET (Michel), *Jacques Mauduit*, Tribune de Saint-Gervais, année 1901. — FREMY (Edouard), *L'Académie des derniers Valois*, Paris, Lerous, s. d. (1887). — LA TAILLE (Jacques de), *La Manière de faire des vers en françois, comme en grec et en latin*, Paris, Morel, 1573. — MASSON (Paul-Marie), *L'Humanisme musical en France au seizième siècle*, Bulletin français de la S. I. M., avril et juillet 1907 (l'étude actuelle est en grande partie un abrégé et un remaniement de ce travail). — MERSENNE, *Quaestiones celeberrimae in Genesim*, Paris, 1623 ; *Harmonie universelle*, Paris, 1636. — PASQUIER (Etienne), *Œuvres*, Amsterdam, Libraires associés, 1723. — TIERSOT, *Ronsard et la musique de son temps* (Recueil de la Société internationale de musique, IV, 1).

IV

L'OPÉRA AU XVIIᴱ SIÈCLE

Par Romain ROLLAND

CHAPITRE PREMIER

LES ORIGINES DE L'OPÉRA EN FRANCE [1]

**L'Académie de Baïf. — Les Ballets chantés.
Mazarin et les Barberini : l'*Orfeo* de Luigi Rossi.
Perrin et Cambert.**

Malgré la magnifique floraison du chant polyphonique dans la France du XVIᵉ siècle, le même mouvement qu'en Italie s'y fit sentir, du commencement à la fin du siècle, en faveur de la monodie. Il s'exprima de diverses façons : les unes qui furent communes à la France et à l'Italie; les autres, tout à fait spéciales à la France et caractéristiques de son génie.

En France, comme en Italie, il y eut toujours des chanteurs à *liuto*, des poètes joueurs de lyre, ou luthistes. Tout homme, musicien de goût, sans l'être de profession, chantait en s'accompagnant. Cet art se satisfaisait, à l'ordinaire, de l'improvisation, ou de la tradition orale; cependant, on publiait aussi des réductions de pièces polyphoniques pour voix seule et luth, à la façon. de nos partitions d'opéras ou de symphonies réduites pour piano. M. Quittard a signalé un curieux recueil de la Bibliothèque de Dunkerque, l'*Hortus Musarum* de 1552 (chez Pierre Phalèse), où l'on trouve des arrangements de chansons polyphoniques de Créquillon, de Clemens non Papa, etc., ou même de motets et de pièces religieuses, comme un *Stabat* de Josquin, pour chant à une voix.

D'autre part, il y eut toujours, même dans l'œuvre des maîtres les plus raffinés de la polyphonie vocale, un courant populaire, parallèle au courant de la musique savante. On aurait tort de croire qu'il fallût attendre jusqu'à la fin du XVIᵉ siècle, pour que la polyphonie s'acheminât vers la suprématie d'une des parties vocales, appuyée sur les autres parties accompagnantes, comme sur de grands piliers harmoniques. Dès les premières années du siècle, Josquin et Févin emploient couramment le contrepoint syllabique, côte à côte avec le contrepoint fleuri, pour des effets de contrastes expressifs ou purement musicaux. Telle chanson de Jannequin, comme : *Ce mois de may*, est une véritable mélodie populaire, qui ressort avec une netteté parfaite' de l'accompagnement strictement syllabique des autres voix. Des exemples du même genre abondent dans le livre des *31 Chansons musicales*, publiées en 1529, chez Attaingnant[2], et en particulier dans l'œuvre de Claudin de Sermisy, qui semble avoir eu une prédilection pour ce style. On en trouvera bien d'autres chez Costeley[3], et chez Claude le Jeune[4].

Cette tendance instinctive de l'art vers la simplicité populaire fut renforcée par le grand mouvement protestant, qui naturellement ne cherchait pas l'art pour l'art, mais l'art pour tous, l'art qui est l'expression sobre et directe de l'âme religieuse de tous. Calvin n'admettait dans les temples que le chant à l'unisson; et le plus grand nombre des mélodies du Psautier furent des adaptations de chants populaires ou profanes. Si les Psaumes furent ensuite harmonisés pour être chantés, en dehors des assemblées des fidèles, dans les réunions particulières, les premiers harmonistes ont bien soin, comme Philibert Jambe de Fer, « d'accommoder le chant et la note le mieux possible aux paroles et sentences »[5], et, comme Louis Bourgeois, « de conformer au sujet et chant commun des Psaumes trois parties concordantes opposant note contre note ». Bourgeois ajoute que si cette simplification de la polyphonie risque de sembler ridicule aux maîtres musiciens, il s'en consolera aisément par la pensée « qu'il profitera aux

---

1. Bibliographie : Édouard Frémy, *l'Académie des derniers Valois*, 1887. — Paul Masson, *l'Humanisme musical en France au XVIᵉ siècle, Essai sur la musique mesurée à l'antique*, 1906. — Michel Brenet, *Musique et Musiciens de la vieille France*, 1911; — *les Concerts en France sous l'ancien Régime*, 1900; — *Notes sur l'histoire du luth en France* (*Rivista musicale italiana*, 1898); — H. Quittard, *Pierre Guedron* (*Revue musicale*, 1ᵉʳ nov. 1905); — *la Première Comédie en musique* (S. I. M., 1909); — *les arrangements de pièces polyphoniques pour voix seule et luth* (*Recueil de la Société Intern. de musique*, janv.-mars 1907). — Paul Lacroix, *Ballets et mascarades de cour*. — Romain Rolland, *Musiciens d'autrefois* (article sur Luigi Rossi), 1908. — Nuitter et Thoinan, *les origines de l'opéra français*, 1886. — Henry Prunières, *le Ballet de cour*; — *les Origines italiennes de l'opéra français*, 1912.

2. 5ᵉ Volume de la collection des *Maîtres musiciens de la Renaissance française*, publiée par M. Henry Expert.

3. Par exemple, le noël : *Allons, gay, bergères* (1ᵉʳ Volume), ou : *Je vois les glissantes eaux* (2ᵉ volume).

4. Voir surtout la *Villageoise de Gascogne : Debat la nostre trill'* en may (dans les *Mélanges* de Claude le Jeune, publiés par H. Expert).

5. Préface des *Psaumes* de 1561, Lyon.

rudes[1] ». Ce fut donc bien un mouvement populaire; et le succès étonnant des Psaumes protestants, au XVIe siècle, tint en partie à la simplicité de leur style, en réaction déclarée contre la polyphonie compliquée.

Mais la forme la plus curieuse que trouva cet instinct de simplification expressive en France fut l'admirable mouvement de *Musique mesurée à l'antique*, qui, sous l'impulsion de Baïf et de ses collaborateurs musiciens : Joachim Thibaut de Courville, Jacques du Faur, Jacques Mauduit, Eustache du Caurroy, et, le plus grand de tous, Claude le Jeune, réunis en une Académie de Poésie et Musique, s'efforça de rétablir l'antique union des deux arts[2]. Ç'avait été aussi la pensée du Cénacle florentin, et le point de départ de la réforme mélodramatique, qui aboutit à l'opéra de Peri et de Caccini. Les musiciens de la Pléiade française, non moins soucieux des droits de la poésie, mais plus jaloux de ceux de la musique, ne se résignèrent pas, comme les collaborateurs du comte Bardi, à sacrifier l'art magnifique de la polyphonie, qui était en pleine fleur. Ils entreprirent de le modeler exactement sur la poésie, en calquant la prosodie musicale sur la prosodie des syllabes déclamées; et ainsi ils obtinrent une musique nouvelle, riche, souple et précise, s'incorporant aux mots, et suivant leur métrique aux ondulations capricieuses, avec une variété et une fluidité de rythmes admirables. Cette rythmique, qui fait la principale beauté de la musique mesurée à l'antique, issue de l'Académie de Baïf, caractérise aussi les Airs à voix seule avec accompagnement de luth, auxquels cette musique donna naissance, dans les premières années du XVIIe siècle[3]. L'Air de cour français diffère de l'Air récitatif italien par l'observation de la quantité des syllabes, au détriment parfois de l'accent pathétique, par la richesse de l'accompagnement harmonique, et surtout par l'extraordinaire liberté rythmique[4].

Les poètes et les musiciens de l'Académie de Baïf ne voulaient pas seulement réformer la poésie chantée, mais y joindre la danse[5], et ressusciter le drame antique[6]. Les troubles religieux et politiques de la fin du règne de Henri III vinrent malheureusement arrêter leurs travaux, au moment où Mauduit et Baïf allaient faire représenter « une pièce de théâtre en vers mesurés, à la façon des Grecs[7] ». — Il est vrai que la conception du théâtre grec a étrangement varié, suivant les pays et les siècles; et sans doute, Baïf et ses collaborateurs, Mauduit, Claude le Jeune, croyaient-ils la réaliser en partie, quand ils composaient *le Ballet comique de la Reine*, dont la musique nous a été conservée. A cette œuvre fameuse, donnée le 15 octobre 1581, au Louvre, devant le roi, pour le mariage du duc de Joyeuse avec Mlle de Vaudemont, sœur de la reine, prit part en effet toute l'Académie de Poésie et Musique; et, comme l'a montré M. H. Prunières, c'est à tort qu'on en a fait honneur seulement, pour la direction générale, à Baltasarini, dit Beaujoyeulx, violoniste piémontais de Catherine de Médicis; pour le poème, à Agrippa d'Aubigné et à La Chesnaye, qui le signa; pour la musique, à Beaulieu et Salmon, musiciens de la chambre du roi. Cette représentation dramatico-musicale, dont les personnages étaient Circé et divers dieux ou demidieux, comprenait des récits en vers déclamés, des chants à 4, 5 et 6 parties, des chœurs d'instruments à 5 parties, deux ballets, quelques airs à voix seule et un dialogue. Musicalement, il n'y avait là rien de nouveau. C'était une combinaison d'éléments anciens, assemblés en une première ébauche de comédie-ballet. Ni la situation dramatique, d'ailleurs sans intérêt, ni l'accent des paroles n'ont la moindre influence sur le chant mélodique, qui est agréable, clair, bien balancé, et présente quelques rapports avec la mélodie de Caccini, avec ses vocalises ornementales[8].

Interrompu par les guerres de religion, le genre du Ballet chanté reprit une vie nouvelle, sous Henri IV. Le récit parlé disparaît; et l'élément dramatique s'introduit dans la musique, au commencement du XVIIe siècle, peut-être sous l'influence d'Italiens venus en France, comme Caccini, peut-être grâce au génie d'un artiste qui fut le plus grand des musiciens français de la première moitié du XVIIe siècle, Guesdron. M. H. Prunières a mis en lumière la floraison subite, entre 1605 environ et 1620, du ballet dramatique, sans déclamation parlée, avec récits et dialogues chantés, dont les ressources vocales et instrumentales, dont disposaient les compositeurs, étaient souvent considérables[9]. Le faîte du genre fut atteint, avec le *Tancrède* de 1613 et la *Délivrance de Renault*, de 1617. Le vigoureux air d'Armide, que

---

1. Préface des *Psaumes à 4 parties, à voix de contrepoint égal consonnante au verbe*, 1547, Lyon.

2. L'Académie de Poésie et Musique, fondée en 1570, donnait des concerts hebdomadaires dans la maison de Baïf. Charles IX y assistait. Sous Henri III, l'Académie devint l'Académie du Palais, qui se tint au Louvre, et prit un caractère plus littéraire que musical. Cependant, la musique terminait ordinairement les séances, et parfois Baïf et Mauduit organisaient des Ballets chantés. L'Académie cessa d'exister vers 1584; mais son œuvre lui survécut; elle reprit un regain de vie entre 1600 et 1610.

3. Les maîtres de la musique mesurée à l'antique furent aussi les premiers maîtres de l'air à voix seule avec accompagnement de luth. Certaines pièces mesurées de Claude le Jeune et de Mauduit furent publiées, au commencement du XVIIe siècle, réduites comme airs à une voix, ou arrangées en tablature de luth. Le principal maître de l'air de cour sous Louis XIII, Pierre Guesdron, procède de Claude le Jeune; et il y a lieu de constater que l'apparition de l'air de cour coïncide avec l'engouement surprenant pour les œuvres mesurées à l'antique, qui furent presque toutes publiées après 1600, c'est-à-dire après la mort de Baïf et de Claude le Jeune. On trouvera les principales de ces œuvres de Claude le Jeune, Mauduit et du Caurroy, dans la collection des *Maîtres musiciens de la Renaissance* par H. Expert.

4. Cette liberté fut telle, que nombre des pièces de Guesdron ne peuvent plus être ramenées à aucun rythme musical ni poétique connu. Il dut y avoir vers 1610 une véritable ivresse de rythmes libres. Et cette floraison rythmique persista jusque vers 1640, dans l'air de cour, la musique de luth et les danses françaises.

5. Baïf écrit au roi :

« Après je vous disoy comment je renouvelle
non seulement des vieux la gentillesse belle
aux chansons et aux vers : mais que je remettoys
en usage leur eimee.
... vous contant l'entreprise
d'un ballet que dressions, dont la demarche est mise
selon que va marchant pas à pas la chanson
et le parler suivi d'une propre façon... »
(*Œuvres compl.*, Éd. Marty-Laveaux, II, 220-33.)

6. Baïf était hypnotisé par cette idée :

« Combien que honteur je confesse
pour bien devant moy je laisse
l'honneur des siècles anciens,
qui pût vu les fables chantées
sur leur scène représentées
aux téatres athéniens. »
(*Id.*, III, 2.)

7. SauVal : *Histoire et recherches des antiquités de la ville de Paris*, 1724, II, 493.

8. M. Weckerlin a réédité, en y ajoutant parfois un accompagnement, le *Ballet comique de la Reine*. (Collection Michaëlis.) — Dans la partition originale, qui est au Conservatoire, seuls les airs de ballet figurent avec leurs 5 parties de violons. L'accompagnement des chœurs n'est pas écrit. Quelques airs (le dialogue de Glauque et Thétis, la chanson de Mercure) ne sont publiés qu'à voix seule, sans aucune basse. — Voir H. Quittard, le *Ballet de la Royne* (*Revue musicale*, 1er juin 1905).

9. Pour la *Délivrance de Renault*, en 1617, Mauduit dirigeait 64 chanteurs, 28 violes et 14 luths. A la fin du spectacle, son « concert », se joignant à celui que dirigeait Guesdron, formait un ensemble de 92 voix et 45 instruments.

nous empruntons à ce dernier Ballet, et qui est sans doute de Guesdron, annonce déjà, comme l'a juste- ment fait remarquer M. Quittard, le style énergique et pompeux de Lully.

ARMIDE[1]

O Dieux! quel est le sort dont je suis poursui_vi _ e, _ qui per_met que Re_ _nault, ce re _ dou_té vain _ queur, à qui mes pas_si _ ons vou_loyent os_ter la vi _ e, en_dor_ _mi qu'il es _toit, m'ayt des_ró_bé le cœur.

1. *La Délivrance de Renault.* Ballet du Ro. (1617. M . i ne de Guesdron et Antheio

..

Mais brusquement, ce genre du Ballet dramatique, qui était en plein éclat, disparut avec ceux qui l'avaient illustré, Guesdron et Bataille. M. Prunières a montré que, depuis 1620 jusqu'à la fin du règne de Louis XIII, le Ballet perd tout caractère dramatique. Les Mascarades s'y mêlent et forment avec lui le Ballet à entrées, comportant un grand luxe de décors, de machines et des tableaux variés, mais sans lien, sans unité d'action, sans unité de style; la plupart des ballets étaient l'œuvre de plusieurs compositeurs associés; et la musique, en général, est loin de valoir celle de l'époque précédente.

C'est le règne de l'air de cour. Pendant toute la première moitié du XVIIe siècle, la France garda le goût et l'art du beau chant, indépendamment de toute recherche dramatique. La douceur, la grâce aisée, la beauté de la forme, la variété des rythmes, étaient son idéal; il lui inspirait de l'aversion pour le chant italien, précisément à cause de ses tendances dramatiques, qui le faisaient paraître barbare aux oreilles françaises[1]. Si fort était le charme du chant français que le grand compositeur italien Luigi Rossi fut conquis par lui, quand il vint à Paris; il ne pouvait plus souffrir ensuite d'autre façon de chanter. L'art du chant et l'art du luth, qui se complétaient l'un l'autre, étaient une gloire française, qui s'étendait bien au delà des frontières[2]; et l'on peut dire que, jusqu'au milieu du siècle, la musique française resta réfractaire au style de l'opéra[3].

Ce fut Mazarin qui importa à Paris l'opéra italien[4]. A peine arrivé au pouvoir, en 1643, il fit venir de Rome des chanteurs et des musiciens pour donner des spectacles musicaux. Des maîtres célèbres, comme Marco Marazzoli et Carlo Caproli, furent mandés à Paris. Le plus curieux de ces artistes italiens fut Atto Melani de Pistoie, frère de l'auteur de *la Tancia*[5], chanteur, compositeur, impresario et agent secret de Mazarin. Les premiers essais à Paris de représentation en musique semblent avoir été faits en 1645, avec une comédie musicale de Marco Marazzoli[6]. L'essai parut trop sérieux. Mme de Motteville dit de cette soirée : « Nous n'étions que vingt ou trente personnes, et nous pensâmes mourir d'ennui et de froid.·»

Mais Mazarin n'en resta pas là, et, avec sa ténacité

1. Maugars, en 1633, dans son Voyage en Italie, est frappé de la « rudesse » du chant italien. Ismaël Boulliau, en 1645, écrit que « la nation italienne n'a aucune aptitude naturelle à la modulation et au chant », comparée à la nation française. Michel de Marolles. en 1657, dit que « la musique des Français Vaut bien celle des Italiens, bien qu'elle ne soit pas si bruyante et qu'elle ait plus de douceur ». Le Père Mersenne oppose nettement le chant italien au chant français, dans son Harmonie universelle (1636-1637) : « Les Italiens, dit-Il, représentent tant qu'ils peuVent les passions et les affections de l'âme et de l'esprit, aVec une Violence étrange; au lieu que nos Français se contentent de flatter l'oreille, et qu'ils usent d'une douceur perpétuelle dans leurs chants. » — Et il ajoute que l'art français de son temps rejetait le style italien, comme trop tragique. « Nos chantres s'imaginent que les exclamations et les accents dont les Italiens usent en chantant tiennent trop de la tragédie ou de la comédie : c'est pourquoi ils ne les Veulent pas faire. »

2. Je citerai, comme exemple de l'étonnante renommée des maîtres français sous Louis XIII, l'Album Amicorum de Morel, maître de luth orléanais (Bibl. Nat., mss franç. 25185). Il y a là une centaine de feuillets couVerts des signatures de ses élèves. Ce sont des noms de toute l'Europe : Allemagne, Prusse, Autriche, Angleterre, Scandinavie, etc., grands seigneurs et roturiers. Et il ne s'agit là que d'un maître proVincial, dont le nom aVait disparu.

3. M. H. Quittard a sans doute mis en lumière la recherche de l'expression dramatique, dans les motets religieux de certains maîtres proVinciaux, comme Bouziguac de Narbonne; mais le Midi français,

habituelle, il fit de nouveaux essais[7], qui eurent un bien autre retentissement. — Les Barberini, qui avaient régné à Rome, de 1623 à 1644, et qui y avaient réellement fondé l'opéra, durent, après l'élection au trône pontifical de leur ennemi Innocent X, quitter précipitamment l'Italie, où leurs biens et leur vie étaient menacés. Ils vinrent s'installer à Paris, en 1646, suivis d'une petite cour d'artistes, parmi lesquels étaient le musicien Luigi Rossi et le poète Buti. Quelques mois après leur arrivée, on donna au Louvre l'*Orfeo* de Buti et de Luigi Rossi (2 mars 1647), en présence du jeune roi, de la reine-mère, de Mazarin, et du prince de Galles, (Charles II)[8]. Ce furent les véritables débuts de l'opéra en France. Il se heurta à une violente opposition religieuse et politique. La Sorbonne condamnait ces spectacles, au nom de la dévotion, et le Parlement, au nom de la misère publique, que les dépenses excessives de Mazarin menaçaient d'accroître. En dépit de tout, l'*Orfeo* eut un succès considérable.

L'auteur, Luigi Rossi[9], « le signor Louygi », comme on l'appelait en France, était né à Naples vers 1598, et naturalisé Romain; il était ami de Salvator Rosa, et en relations avec les musiciens et poètes de Venise, sans aucun doute aussi avec Carissimi. Il était surtout populaire à Rome pour ses cantates, dont nous parlons ailleurs, et pour ses *canzonette*, qu'il chantait lui-même. Il avait fait jouer à Rome, en 1642, un très bel opéra, d'un style très mélodique : *Il Palazzo incantato*; le poème en était extrait du *Roland furieux* par le futur pape Clément IX. Il était le musicien à la mode, auprès des Barberini et de l'aristocratie romaine. C'était un des maîtres italiens les plus avancés pour la forme et, parfois, les plus expressifs.

Le poème son *Orfeo* était loin, sans doute, de la belle simplicité antique de l'*Orfeo* de Monteverdi. Ses incidents baroques, ses clowns (Momus, un satyre, une nourrice), et ses ballets burlesques de « Bucentaures, hiboux, tortues et escargots, qui dansaient au son des cornets à bouquin, avec des pas extravagants et une musique de même », en faisaient un spectacle plus voisin de l'*Orphée* des Variétés, que de celui de Gluck. Mais la musique de Luigi Rossi est d'une haute valeur. Son opéra est médiocrement fait pour la scène, et ne s'en préoccupe guère; mais il a une grande beauté lyrique[10]. La forme des airs est très variée. La mélodie pure prend une place

comme il le remarque lui-même, était sous l'influence des prélats italiens, évêques ou archevêques à Aix, AVignon, Carpentras, etc., et Bouziguac avait probablement été au serVice des Jésuites, patrons du style récitatif nouveau. Il semble qu'on soit là en présence d'exceptions; et leur peu de retentissement est un indice qu'elles ne répondaient pas au goût national.

4. Voir, sur Mazarin musicien et sur les musiciens italiens à Paris, Romain Rolland, Musiciens d'autrefois, 1908.

5. Voir, sur Jacopo Melani, auteur de la Tancia, comme pour Marco Marazzoli et pour les cantates de Luigi Rossi, le chapitre sur l'Opéra en Italie.

6. Cette découVerte toute récente est due à M. Henry Prunières.

7. La comédie musicale de Marazzoli fut suiVie, six mois plus tard, d'une comédie italienne mêlée de chants, la Finta Pazza, puis d'un opéra Vénitien, l'Egisto de CaValli.

8. Les somptueux décors étaient exécutés d'après les dessins de Charles Errard, le futur directeur de l'Académie de France à Rome, par une équipe de jeunes peintres et sculpteurs, parmi lesquels De Sève l'aîné et Coypel, qui faisait là ses débuts.

9. Ne pas le confondre aVec Michelangelo Rossi, l'auteur de l'Erminia sul Giordano, jouée en 1637 sur le théâtre des Barberini, à Rome.

10. On en trouVera quelques extraits, ainsi qu'un fragment du Palazzo Incantato, dans le livre déjà cité de M. H. GOLDSCHMIDT : Studien zur Geschichte der italienischen Oper, t. I, 1901, — et dans les Musiciens d'autrefois de Romain Rolland.

prépondérante dans l'opéra; et sa structure est déjà d'une beauté toute classique, telle qu'on la trouvera plus tard chez Alessandro Scarlatti et chez Hændel. De nombreux airs *da capo*, comme chez Scarlatti, des cavatines à deux parties, comme chez Graun et Hasse, des récitatifs *ariosi*, coupés en strophes régulières, à la fin desquelles revient, comme des vers rimés à la fin d'un couplet en prose rythmée, une phrase mélodique d'un caractère expressif. Un des plus beaux exemples de ce genre est la scène admirable des lamentations d'Orphée (acte III, sc. x). C'est du récitatif à la façon de Gluck, du récitatif classique à haut relief, et non plus le récitatif à relief presque effacé des premiers Florentins.

ORFEO[1].

Las _ cia _ te A _ ver _ no, ô pe _ ne, e me se _ gui _ te, las _ cia _ te A _ ver _ no, ô pe _ ne, e me e me se _ gui _ te

Ritornello.

ORFEO

Quel ben ch'a mè si to_glie riman là giù nè ponno angoscie è

do_glie star giàmai seco u_ni_te più pe_no_so ri_cet_to_

più dispera_to lo_co del mio mi_se_ro pet_to non hà l'eter_no

fo_co. Son le mise_rie mi_e solo in_fini_te Lascia_

_te A_ver_no, ô pe_ne, e me e me segui_te.

Ritorn^{llo} come sopra.

13   E voi del Tracio suol piaggie ri_den_ti, ch'impa_

_rando à gioir dalla mi_a ce_tra garreg_gias_te con l'etra, hor,

all' as petto | sol de miei tor men ti d'horror vi ri co pri te,

e tu, ce tra infe li ce, oblia gli ac centi tuoi già si ca

no ri, e per og ni pendi ce vien pur me co pi an gendo i miei do

lo ri; son le gioie per noi tut te smarri te. Lascia

te, A verno, ô pe ne, e me e me segui te

Mà che tar do à mo ri re? ma che tardo à mo ri re? te

può con lie ta sor te ri con dur mi la mor te al la bella ca

Luigi mêle aussi les rythmes, de la façon la plus vivante[1]. Son style est à la fois très souple et d'un dessin très net. Il manie habilement la polyphonie, comme la plupart des maîtres romains, au service des Barberini; il semble avoir été le dernier grand représentant de l'opéra italien avec chœurs. Les chœurs sur la mort d'Eurydice rappellent ceux de la *Galatea* de Vittori, et la *Plainte des Damnez* de

Carissimi. — Mais surtout Luigi est un maître dans les duos et les trios, où il annonce et surpasse Lully. Tels, les deux charmants trios des Grâces : *Pastor gentile*, et : *Dormite, begli ochi* (acte II, sc. V et IX). Les voix s'appellent, s'entrelacent, jouent entre elles, répondent aux instruments, avec une élégance facile et spirituelle.

Trio (Acte II, scène V, fragments.)

1. Tel air de la Bibliothèque Nationale, qui compte une cinquantaine de mesures, a une dizaine de changements de rythmes.

non ta_cer più

nel dol_ce can_to si no_bil van_to non ta_cer più

non ta_cer più

che morta è nel ta _ cer la tua vir_ tù la

che morta è nel ta _ cer la tua vir_ tù la

che morta è nel ta _ cer la tua vir _ tù la

tua vir _ tù la tua vir_ tù la tua vir _ tù.

tua vir _ tù la tua vir_ tù la tua vir _ tù.

tua vir _ tù la tua vir _ tù la tua vir _ tù.

Trio (Acte II, scène ix, fragments).

Enfin, on trouve dans l'*Orfeo* beaucoup d'airs bouffes, assez réussis. La variété et la mobilité extrême de cette musique émerveillèrent les auditeurs français[1].

Cependant, cette victoire de l'opéra italien n'eut pas de lendemain. La Fronde avait éclaté, et les Italiens eurent beaucoup à souffrir de la haine contre Mazarin[2]. Luigi, plus habile que ses compatriotes, réussit néanmoins à rester quelques années en France, où il fut en excellents termes avec nos

1. Consulter sur Luigi Rossi l'*Étude bibliographique* de M. Alfred Wotquenne, 1909, Bruxelles. Elle contient le catalogue thématique de ses œuvres (plus de 200 cantates). Les plus remarquables de ces compositions sont à la Bibliothèque Nationale de Paris et à la Bibliothèque Barberini de Rome.

2. En particulier, Torelli, le fameux architecte, décorateur, et machiniste d'*Orfeo*, fut poursuivi, emprisonné, ruiné pendant la Fronde.

artistes. Il devint lui-même à demi Français; si bien
qu'à son retour en Italie, s'il faut en croire Saint-
Evremond, les Italiens lui surent mauvais gré de ses
préférences déclarées pour le chant français. Il avait
lui-même contribué à perfectionner ce chant. Ce
fut de lui que les célèbres virtuoses De Nyert, Hilaire
et Lambert apprirent « ce que c'était que de prononcer bien les paroles [1] ». On peut dire qu'il fonda
chez nous le style de la tragédie musicale, non moins
en donnant, dans son *Orfeo* et dans ses cantates,
des modèles de déclamation lyrique, qu'en formant une école de chanteurs dramatiques. — Il eut
une autre influence indirecte sur le théâtre français.
L'*Orfeo* contribua sans doute à faire naître un certain
nombre de tragédies avec musique et machines,
entre autres, *la Naissance d'Hercule* de Rotrou (1649)
et l'*Andromède* de Corneille (1650). Pour l'*Andromède*, dont la musique était de Dassoucy, grand admirateur et ami de Luigi Rossi, on utilisa même les
machines d'*Orfeo* [2].

..

Vingt ans s'écoulèrent avant que l'opéra, implanté
en France par Luigi Rossi, y prît définitivement
racine. Malgré le brillant succès de l'*Orfeo*, l'intelligence française était peu disposée à adopter un
genre qui lui semblait exclusivement italien. Les
auteurs dramatiques n'acceptaient guère de l'opéra
que les machines. Les musiciens donnaient toute
leur faveur aux Ballets, qui eurent une nouvelle et
magnifique floraison, de 1650 à 1670, grâce aux préférences du jeune roi et au talent de Benserade,
secondé par des musiciens tels que Louis Molier,
Mazuel, Verpré pour les symphonies, et, pour la
partie vocale, J.-B. Boësset, Jean Cambefort, et
François Chancy, que Lully, débutant, va bientôt
éclipser [3]. Enfin le peuple avait ses vaudevilles [4], ses
comédies avec chansons, voire même ses *comédies
de chansons*, faites entièrement de chansons cousues
ensemble, du commencement à la fin [5].
Mais en dehors de ces divers courants, en dehors
même du théâtre, un petit groupe de musiciens
s'appliquaient, timidement, curieusement, à noter
dans des airs de concert l'expression des passions.
Ce petit groupe était composé de certains des meilleurs musiciens de la cour : Lambert, Boësset, qui
avaient été en relations avec Luigi Rossi. Ils cher-

chaient à créer une bonne déclamation lyrique; et
certains airs de Lambert, bien que d'un art conventionnel et mondain, ont déjà le style des airs de
Lully [6]. Un autre musicien de ce groupe, qui devait
prendre une place importante dans notre histoire
musicale, Robert Cambert, né vers 1628 à Paris,
élève du grand claveciniste Chambonnières, et organiste de l'église collégiale de Saint-Honoré, faisait,
en 1658, un essai de petite comédie en musique,
— « une élégie à trois voix, en forme de dialogue »,
avec récits et symphonies, — qui se nommait *la
Muette ingrate* [7].

Mais jamais ces timides efforts n'eussent réussi à
vaincre les préventions déclarées de la nation contre
l'opéra, sans l'intervention d'une des plus baroques
personnalités qu'on puisse rencontrer dans l'histoire
de l'art : un braque, un intrigant, un poète sans
talent, un homme sans moralité, un famélique,
réduit aux expédients, et qui passa une partie de
sa vie en prison, mais un homme plein d'idées, et
surtout plein de lui-même, et ne doutant de rien,
un homme qui ne craignit pas de rompre en visière
avec l'opinion de son temps, et qui se lança tête
baissée dans une entreprise jugée ridicule par Lully,
(qui ne manqua pas ensuite de s'en emparer; quand
il vit qu'elle réussissait). Ce fut l'abbé Perrin, —
Pierre Perrin, né à Lyon vers 1625, célèbre par ses
démêlés avec Boileau, qui le ridiculisa, conseiller
du roi, introducteur des ambassadeurs auprès du
duc d'Orléans, en relations avec le cardinal Barberini et avec tout le monde italien de la cour. Depuis
1655, il s'était fait une spécialité d'écrire des poésies
pour la musique [8], et il se crut désigné pour créer
le théâtre musical français. Il avait été en Italie [9]
et, s'il affectait un profond mépris pour les opéras
qu'il y avait vus, nul doute qu'il n'en fit son profit.
Il s'associa avec Cambert et donna, en avril 1659,
à Issy, près de Paris, dans la maison de campagne
d'un orfèvre du roi, M. de la Haye, une œuvre qu'il
intitula, avec son impudence ordinaire, la *Première
Comédie française en musique, représentée en France :
Pastorale*. Fidèle au préjugé français d'alors, qui se
méfiait de tout drame en musique, Perrin avait eu
soin d'éliminer de son poème tout élément dramatique, toute action, de façon qu'il n'y eût pas une
scène, comme il dit, « dont on ne pût faire une
chanson ». La partition de Cambert a disparu; mais

---

1. « Avant de Nyert et Lambert, dit Tallemant des Réaux, on ne
savait guère ce que c'était que de prononcer bien les paroles »; et
Tallemant l'attribue aux leçons des Italiens.
2. La musique d'*Andromède* ne nous a été conservée que d'une
façon fragmentaire, dans les *Airs à quatre parties* de Dassoucy
(1653), dont il ne reste que la taille et la basse (Bibl. Nat.). — Elle
comprenait une Ouverture, un Prélude pour l'apparition de Melpo-
mène, une Tempête, plusieurs intermèdes, dont un Caprice et une
Gigue anglaise, et, au second acte, une scène où le chant est, dans
une certaine mesure, lié à l'action. — En 1682, Marc-Antoine Charpentier récrivit la musique de' l'*Andromède* de Corneille. — Voir
J. Écorcheville : *Corneille et la Musique* (*Courrier musical*,
15 juin, 1er juillet 1906).
3. Sous l'influence de Mazarin et du jeune Lully, ces ballets se
combinent peu à peu avec l'opéra italien. Ils ont de petites intrigues; et leur architecture musicale annonce et prépare l'opéra de
Lully. — Benserade inaugure en 1651, avec le ballet de *Cassandre*,
cette somptueuse série des Ballets de Louis XIV. Lully y débuta,
comme acteur, en 1653, dans le *Ballet de la Nuit*, où il jouait une
des trois Grâces, et, comme compositeur, en 1657, dans l'*Amore
ammalato*.
4. Le Vaudeville, qui paraît dater du temps de François Ier, et
avoir quelques rapports avec la Passacaille espagnole, chanson de
ville ou des rues, par opposition avec la Villanelle italienne, chanson
des campagnes, eut une étonnante fortune en France, à partir du
xviie siècle. Il pénétra même à la cour, comme le montre un

Livre d'airs et vaudevilles de cour, dédiés à Mademoiselle, en 1665,
que signale M. Julien Tiersot. Mais son pays d'élection était au
Pont-Neuf. Dans les farces et parades qu'y jouaient les bateleurs, la chanson se trouvait couramment associée à l'action
comique.
5. Ainsi, la *Comédie des Chansons* de 1640, où « il n'y avait pas
un mot, qui ne fût un Vers ou un couplet de quelque chanson ». —
Voir J. Tiersot : *Histoire de la Chanson populaire en France*, 1889.
6. Voir à la Bibl. Nat. les *Airs* (manuscrits de *Boësset, Lambert, Lully, Le Camus*, etc. (Bibl. Nat. Rés. V^{m7}, 501), — et les
Airs (imprimés) à 1, 2, 3 et 4 parties avec la basse continue, composés par MM. *Boësset, Lambert, Lulli*, 1669. — La dernière
place du volume est un *Dialogue de Marc Anthoine avec Cléopâtre*.
— Sur les *Dialogues* de Lambert, consulter une étude de
M. H. Quittard, dans la revue S. I. M. (15 mai 1908).
7. Mémoire de Cambert au Roi. (Voir NUITTER et THOINAN : *les
Origines de l'opéra français*, 1886, p. 33.) — D'autres essais du
même genre furent tentés dans le même temps. M. H. Quittard a
retrouvé récemment le *libretto* d'une comédie en musique de
Michel de la Guerre et de Charles de Beys, *le Triomphe de l'Amour*,
qui date de 1654.
8. Airs de cour, dialogues, récits, noëls, Vaudevilles, etc., mis en
musique par Lambert, Cambert, Boësset. Pinel, Bacilly, Dumont, etc.
Ces vers étaient fort médiocres, mais bien rythmés; et ils plaisaient
aux musiciens.
9. Lettre de Perrin au cardinal de la Rovère, 30 avril 1659.

nous pouvons croire qu'elle était écrite dans le même esprit : car Saint-Evremond, qui connaissait Cambert, dit « qu'il aimait les paroles qui n'exprimaient rien [1] ». C'était donc là un bien timide essai. Mais le succès fut considérable. Le chauvinisme français se réveillait alors, d'une façon agressive, contre l'italianisme imposé par Mazarin ; les spectateurs apportaient à la représentation d'Issy, comme l'avoue Perrin, « la passion de voir triompher notre langue, notre poésie et notre musique, d'une musique, d'une poésie et d'une langue étrangères ».

Encouragés par cet accueil, Perrin et Cambert se remirent à l'œuvre, et composèrent un nouvel opéra : *Ariane et Bacchus*, qui ne fut pas représenté [2]. Perrin écrivit aussi avec Jean-Baptiste Boësset, surintendant de la musique de la Chambre, une *Mort d'Adonis*, qu'on ne joua pas davantage [3]. Mazarin était mort en 1661 [4], et l'opéra, privé de son appui, se heurtait à la cabale des musiciens français. Enfin, vers 1667, Perrin rencontra le protecteur qu'il cherchait pour réaliser sa marotte de l'opéra français : c'était Colbert, acharné, dans son ardent patriotisme, à arracher aux étrangers tous leurs titres de gloire. Colbert crut trouver dans Perrin son Lebrun de la musique. Perrin le poussa à fonder une Académie de poésie et de musique, dont il comptait bien être le directeur [5]. Colbert appuya ses projets ; et, le 28 juin 1669, Perrin reçut par lettres patentes du roi, un « Privilège pour l'établissement des Académies d'opéra, ou représentations en musique, en vers français, à Paris et dans les autres villes du royaume, pendant l'espace de douze années [6] ». Perrin s'associa avec Cambert [7] ; mais ils manquaient d'argent. Ils s'associèrent deux autres personnages qui devaient en apporter, mais qui en réalité n'entrèrent dans l'entreprise que pour les gruger : deux tristes sires, le marquis de Sourdéac, grand seigneur crapuleux et toqué, mais le premier machiniste de France, depuis Torelli [8] ; — et son compère Champeron, un faux noble, un escroc déguisé. Sourdéac et Champeron s'adjugèrent l'administration de l'affaire et laissèrent aux pauvres benêts Perrin et Cambert la partie artistique. Cambert fut simple chef d'orchestre à gages, et Perrin poète de l'opéra, dont les deux autres tenaient la caisse. On passa assez longtemps à recruter des artistes à Paris et en province, surtout en Languedoc, à Béziers, à Albi, à Toulouse. On transforma en théâtre un jeu de paume, rue Mazarine ; et, le 3 mars 1671, l'Opéra français donna sa première représentation : *Pomone*, pastorale en cinq actes et un prologue, de Perrin et Cambert. Le poème, fort médiocre, est un mélange de pastorale et de féerie du Châtelet, avec des transformations à vue et un comique assez grossier. Nous n'avons conservé de la musique que le prologue, le premier acte, et les cinq premières scènes du second [9]. Des ouvertures précèdent le prologue et le premier acte, — la première, en trois mouvements : 1° à 4 temps, grave et saccadé ; 2° à 3 temps, très vite ; 3° à 4 temps, comme le premier mouvement, mais se ralentissant et s'élargissant vers la fin ; — la seconde ouverture, en deux mouvements : 1° à 4 temps, gai et saccadé ; 2° à 3 temps, vif, auquel s'enchaîne le premier air de Pomone. — Les chants, où alternent assez habilement les rythmes à 4 et à 3 temps, s'enchaînent assez bien les uns aux autres. Les scènes comiques ne manquent pas de carrure ; les chœurs, les soli et les danses se répondent, à la façon de Lully, dont la noble grâce élégiaque et racinienne s'annonce déjà dans la scène de Vertumne amoureux, écrite avec aisance et non sans quelques audaces harmoniques.

Pomone réussit au delà de toute espérance [10]. On en donna 146 représentations. Mais toutes les recettes restèrent dans les mains de Sourdéac et Champeron, qui laissèrent mettre Perrin en prison pour dettes. Il y resta un an. Personne ne s'inquiétait de lui ; mais son œuvre faisait son chemin. Guichard et Sablières donnaient à Versailles, en novembre 1671, une pastorale en musique : *les Amours de Diane et d'Endymion* [11] ; et Cambert composait, avec Gabriel Gilbert, résident de Christine de Suède en France, un second opéra : *la Pastorale héroïque des Peines et des Plaisirs de l'amour*, qui fut représentée au théâtre de la rue Mazarine, en février ou mars 1672. Le poème, bien que fort inégal, est très supérieur à celui de *Pomone*. Les deux premiers actes offrent un mélange poétique de volupté, de passion, de mélancolie, de langueur pastorale, de noblesse néo-grecque et de pompe royale. C'est un prototype des livrets de Quinault. La musique nous est parvenue aussi mutilée que celle de *Pomone*. Nous n'en possédons plus que le premier acte [12]. Il a une ouverture en quatre mouvements : 1° à 4 temps, grave et pompeux ; 2° à 4 temps, vite et saccadé ; 3° à 3/2, mouvement de gigue ; 4° à 4 temps, lent et grave,

1. L'orchestre de Cambert comprenait des clavecins, théorbes, Violes et Violons, qui jouaient tous ensemble l'ouverture, a ce que dit Perrin. Saint-Évremond parle de concerts de flûtes, qui l'avaient ravi. Pour la partie vocale, 3 soprani, une basse, une basse-dessus, une taille et une basse-taille.

2. Il n'en reste que le livret et quelques indications instrumentales. L'ouverture comprenait un concert de trompettes, tambours et fifres, après lequel commençait le chant, accompagné par les théorbes et les luths. Au second acte, il y avait un concert de musettes ; au 3e, de clavecins, théorbes et luths ; au 4e, de hautbois ; au 5e, une grande symphonie de Violons.

3. On en fit entendre seulement quelques fragments, au petit coucher du roi ; mais il semble que Lully ait eu à la cabale les ensevelis. — La *Mort d'Adonis* devait être, d'après les déclarations de Perrin, un modèle de tragédie musicale, comme l'*Ariane* était, suivant lui, un modèle de comédie musicale, et la pièce jouée à Issy, de pastorale musicale.

4. Mazarin, qui avait témoigné de sa sympathie pour les premiers essais de Perrin et de Cambert, n'en avait pas moins continué à s'adresser aux Italiens. Deux mois avant sa mort, il faisait représenter dans sa chambre le *Serse* de Cavalli.

5. Dédicace par Perrin à Colbert de son *Recueil de paroles de musique* (1667-1668). Perrin excite Colbert à ne pas souffrir « qu'une nation, partout ailleurs Victorieuse, soit Vaincue par les étrangers en la connaissance de ces deux beaux arts : la poésie et la musique ».

6. Les termes du Privilège montrent qu'on Voulait imiter « les Académies non seulement de Rome, Venise et autres cours d'Italie, mais encore des villes et cours d'Allemagne et d'Angleterre, où ces Académies avaient été parcillement établies à l'imitation des Italiens ». — Les gentilshommes, damoiselles et personnes de condition, étaient autorisés à chanter à l'Opéra, sans déroger.

7. Cambert était devenu maître de la musique de la reine Anne d'Autriche. De cette époque date un trio bouffe de lui, composé pour une comédie de Brécourt : le *Jaloux invisible* (1666) ; M. Weckerlin a réédité ce morceau, à la suite de la partition des *Peines et Plaisirs de l'Amour* (édition Michaelis). C'est une caricature de l'opéra italien.

8. Sourdéac avait donné, en 1660, dans son château de Neufbourg, en Normandie, la *Toison d'Or* de Corneille, avec décors et machines de son invention.

9. Manuscrit de la Bibliothèque du Conservatoire. M. Weckerlin l'a réédité, dans la collection Michaelis.

10. Perrin et Cambert disposaient d'une troupe de 5 chanteurs, 4 chanteuses, 15 symphonistes, et 13 symphonistes à l'orchestre. Ils avaient aussi des danseurs ; pas de danseuses.

11. Cette œuvre, remaniée, fut redonnée à Saint-Germain-en-Laye, devant le roi, en février 1672, sous le titre de : *Triomphe de l'Amour*.

12. Publié par M. Weckerlin, dans la collection Michaelis. — Le second acte, qui nous manque, passait pour le plus beau. (Voir Saint-Evremond.)

servant de transition à la première scène. — Le Prologue, plus développé que celui de *Pomone*, se rapproche de ceux de Lully; les soli, duos, trios, chœurs et danses y alternent d'une façon harmonieuse. Les scènes mélancoliques manquent de force, mais non de grâce ni d'émotion; et surtout les danses et chants des bergers et des satyres ont une carrure, une franchise et une souplesse remarquables; c'est d'un style excellent, et tout à fait français. En somme, Cambert, d'après les trop courts spécimens que nous avons de son talent, nous apparaît comme un sérieux musicien, qui avait une écriture facile, élégante, une émotion et une gaieté moyennes, un génie modéré. Il était un harmoniste assez fin; et son récitatif semble avoir été plus nuancé que celui de Lully. Le principaux reproches des contemporains, comme Saint-Evremond, portent sur son tempérament pluélégiaque que dramatique, et sur son manque d'intelligence. « Il lui fallait quelqu'un plus intelligent que lui pour la direction de son génie. »

Les Peines et les Plaisirs de l'amour eurent un grand succès d'argent; et, ce succès venant après celui de *Pomone*, la cause de l'opéra français fut gagnée. Ce fut aussitôt à Paris un engouement général. Les comédiens du Marais, la troupe de Molière firent une place de plus en plus large à la musique dans la comédie[1]. Les Jésuites s'adressèrent même à Cambert pour des exéoutions musicales dans les églises. Molière, qui, depuis 1661, cherchait à fondre la comédie, la musique et la danse[2], eut l'idée de racheter à Perrin, toujours emprisonné et enragé contre l'ingratitude de ses associés, son Privilège royal, pour reprendre, à sa place, l'entreprise des représentations d'opéra.

Mais ici Lully entre en scène. Et aussitôt Perrin, Cambert, Sourdéac, Gilbert, Sablières, Molière lui-même, tous vont rentrer dans l'ombre; leur carrière est finie : ils ont travaillé pour lui.

CHAPITRE II

LULLY [3]

Jean-Baptiste Lully naquit à Florence, le 29 no-

vembre 1632. Il vint en France, vers 1646, à la suite du chevalier de Guise. Il savait tout juste alors chanter et pincer de la guitare. Sa formation musicale fut presque exclusivement française. Au service de la Grande Mademoiselle, il fut remarqué par le comte de Nogent, qui lui fit apprendre le violon. Il devint un des premiers violonistes du temps [4]. Il étudia aussi le clavecin et la composition, sous la direction de Nicolas Métru, François Roberday et Nicolas Gigault, organistes parisiens [5]. Il profita des exemples de notre école symphonique française, alors assez brillante [6]; et, pour le style vocal, il dut beaucoup à nos maîtres de l'Air de cour, ainsi qu'aux nombreux compositeurs et chanteurs italiens établis à Paris. Cavalli eut certainement quelque influence sur lui, quand il vint à Paris. Lully fut chargé, en 1660, de remettre au point le *Serse* du maître vénitien pour la scène française, et il en écrivit les airs de ballet. Sans doute eut-il aussi connaissance des œuvres de Cesti, qui paraît avoir été, comme nous le disons ailleurs [7], en rapports avec la France.

De bonne heure, il entra dans la grande bande des violons du roi; il reçut en 1652 l'inspection générale des violons du roi et la direction d'une nouvelle bande formée par lui, celle des Petits Violons; en 1653, il fut nommé compositeur de la musique de la chambre, à la mort de Lazzarini; et il prit dès lors une grande part aux Ballets de la cour, où il se prodiguait comme directeur, compositeur, acteur et danseur. A partir de 1657, il y régna sans conteste. Les éloges de Benserade, dès 1658, montrent à quel point l'habile homme était bien vu du roi, grâce à son esprit courtisan et bouffon, non moins qu'à son talent. En 1661, il réussit à se faire nommer surintendant de la musique de la Chambre, ce qui, dans l'anarchie des charges musicales à la cour, lui assura une situation prédominante. Il fut le collaborateur et l'ami de Molière, et il écrivit et organisa la partie musicale de ses Comédies-Ballets, jusqu'en 1670. Il abusait pendant quinze ans au genre du Ballet, il fut longtemps un adversaire obstiné de l'opéra français; jusqu'en 1672, « il soutenait que c'était une chose impossible à exécuter en notre langue [8] », et il fit

1. La troupe du Marais donna en 1670 *les Amours de Vénus et d'Adonis*; en 1671 et 1672, *les Amours du Soleil*; en 1672, *les Amours de Bacchus et d'Ariane*, avec machines et musique de Doneau de Visé. — La troupe de Molière décida « d'avoir dorénavant à toutes sortes de représentations tant simples que de machines, un concert de douze Violons et des chanteurs », et elle donna en 1671 et 1672, sur le théâtre du Palais-Royal, *Psyché* de Corneille, Molière et Quinault, musique de Lully.

2. *Les Fâcheux* (1661), le *Mariage forcé* (1664), la *Princesse d'Élide* (1664). *Mélicerte* (1666), la *Pastorale comique* (1666), *l'Amour médecin*, le *Sicilien* (1667), *Georges Dandin* (1668), les *Amants magnifiques* (1670), dont le sixième intermède est du pur opéra, *M. de Pourceaugnac* (1669), et surtout le *Bourgeois gentilhomme* (1670), dont le Ballet des Nations est une scène de grand opera-buffa.
Ce n'est pas à l'opéra-comique, comme on l'a dit quelquefois, que s'acheminait Molière. Molière évitait justement l'écueil de l'opéra-comique : le passage trop brusque du dialogue parlé au chant. Il introduisait de préférence dans les comédies des scènes chantées pastorales, ou bouffes; les acteurs n'en étaient pas ceux de l'action comique, mais des personnages accessoires, soit poétiques, soit burlesques; dans les deux cas, c'était un élément de fantaisie et d'outrance qui s'introduisait, avec la musique, dans la comédie. On n'altérait pas la physionomie habituelle de la comédie parlée, mais on l'enveloppait de musique. De plus, le pouvoir d'ivresse, qu'il y a dans la musique, rendait possibles toutes les audaces de la fantaisie. Elle permettait au *Bourgeois gentilhomme* et au *Malade imaginaire* de se terminer en grandes farces rabelaisiennes. Si Molière eût vécu, il eût été amené à doter la France d'une sorte d'épopée bouffe, rappelant la comédie aristophanesque.

3. BIBLIOGRAPHIE : LECERF DE LA VIÉVILLE DE LA FRESNEUSE,

Comparaison de la musique italienne et de la musique française, 1705, Bruxelles. — TITON DU TILLET, le *Parnasse français*, 1732. — FRANÇOIS LE PREVOST D'EXMES, *Lully musicien*, 1779. — CHARLES PERRAULT, les *Hommes illustres qui ont paru en France pendant ce siècle*, 1696; — *Parallèle des anciens et des modernes*, 1692. — *Critique de l'opéra*, 1675 — Abbé DUBOS, *Réflexions critiques sur la poésie et sur la peinture*, 1733. — GEORG MUFFAT, Préfaces au *Florilegium*, 1695, 1698, (réédité dans les *Denkmäler der Tonkunst in Œsterreich*). — F. W. MARPURG, *Historisch-Kritische Beyträge zur Aufnahme der Musik*, 1754, Berlin.— NUITTER ET THOINAN, les *Origines de l'opéra*. — A. POUGIN, la *Troupe de Lully* (*Ménestrel*, 1893-5-6). — EDMOND RADET, *Lully, homme d'affaires, propriétaire et musicien*, 1891. — LIONEL DE LA LAURENCIE, *Histoire du goût musical en France*, 1905; — *Lully*, 1911. — HENRY PRUNIÈRES, *Lully*, 1910. — LAJARTE, *Catalogue historique de la bibliothèque du théâtre de l'Opéra*, 1878. — ROMAIN ROLLAND, *Musiciens d'autrefois* (*Notes sur Lully*), 1908.

4. Le talent de Lully comme Violoniste devint proverbial. On trouve dans les lettres de Mme de Sévigné, l'expression : « Jouer du Violon comme Baptiste ».

5. M. Guilmant a réédité le *Livre de musique pour l'orgue de Gigault*, paru en 1685, et les *Fugues et Caprices de Roberday*, parus en 1660, dans ses *Archives des maîtres de l'orgue*, avec d'excellentes notices de M. A. Pirro.

6. Ces maîtres, dont les plus connus sont G. Dumanoir, roi des Violons et chef de la grande bande des 24 Violons, Mazuel, Verdier, BelleVille, Constantin, ont été récemment remis en lumière par M. J. Écorcheville dans sa publication de *Vingt suites d'orchestre du XVII° siècle français*, d'après un manuscrit de Cassel.

7. Voir le chapitre de l'Opéra en Italie.

8. Factum de Guichard et Sablières, à propos de leur *Triomphe de l'Amour* de 1672 (cité par Nuitter et Thoinan, p. 206).

tout pour en empêcher l'établissement. Puis, en homme intelligent et sans scrupules, quand il vit, par les premiers essais de Cambert et de Perrin, que non seulement l'opéra français était possible, mais qu'il était avantageux, il sut en un tour de main supplanter ses devanciers et son ami Molière, dont il connaissait les projets musico-dramatiques. Il alla secrètement trouver Perrin, emprisonné à la Conciergerie, lui racheta son Privilège, qu'il fit confirmer par le roi, en le rendant plus oppressif pour les autres théâtres, et en particulier pour celui de Molière [1]. Par lettres patentes du 13 mars 1672, il reçut le droit exclusif d'établir à Paris une Académie Royale de musique, « pour faire des représentations des pièces de musique, composées tant en vers français qu'autres langues étrangères, pour en jouir sa vie durant, et après lui, celui de ses enfants qui serait pourvu et reçu en survivance de sa charge de Surintendant de la musique de la chambre ». Il eut de plus le droit d'ouvrir à Paris, et partout où il le jugerait nécessaire, des Ecoles de musique, et enfin de faire imprimer et vendre à son gré, en dépit du privilège de l'imprimeur Ballard, sa musique et les poèmes de ses opéras. C'était une véritable dictature héréditaire qui s'établissait sur la musique. Ses adversaires furent rapidement évincés. L'Opéra de Sourdéac et de Champeron fut fermé par ordonnance de police. Perrin mourut en 1675, endetté comme toujours. Cambert passa en Angleterre, où Charles II lui offrit la place de surintendant de sa musique; il y mourut assassiné, en 1677. Quant à Molière, beaucoup plus redoutable, la mort eut raison de lui, le 27 février 1673; et, dès le 28 avril de la même année, Lully faisait expulser de la salle du Palais-Royal la troupe de Molière, pour installer à la place son Académie Royale de musique.

Dès lors, il fut seul maître, et maître absolu. De 1672, date de sa première œuvre représentée au théâtre de l'Opéra de la rue de Vaugirard : les Festes de l'Amour et de Bacchus, jusqu'à 1686, date de sa dernière œuvre : Acis et Galathée, il donna 20 œuvres dramatiques, qui se divisent en 13 tragédies, 3 pastorales, 4 ballets, opéras-ballets, ou divertissements [2]. Il s'était associé, comme librettiste, Quinault, qu'il tenait à ses gages [3]. Il avait comme sous-chefs d'orchestre, Lalouette, Collasse et Marais [4]. Sa troupe théâtrale avait été en partie formée par lui, en partie héritée de Perrin et de Cambert; elle comptait certains des artistes les plus célèbres de l'Europe. Louis XIV, passionné pour l'opéra, ne cessa de témoigner l'intérêt le plus attentif à son organisation

sous la main de Lully; il accorda à celui-ci, en 1681, les lettres de noblesse et le titre de conseiller-secrétaire du roi, en dépit de l'opposition de Louvois. Très riche, par suite de son mariage avec la fille du célèbre musicien Lambert, de ses divers traitements et de ses spéculations [5], Lully devint une véritable puissance [6]; et la fortune insolente de ce roturier, qui avait la juste conscience de son génie, faisait scandale à la cour, où la faveur du roi le soutint, jusqu'à sa mort, le 22 mars 1687, à l'âge de cinquante-cinq ans.

* *

L'œuvre de Lully comprend deux parties, de valeur inégale : ses comédies-ballets, dont l'étude a été beaucoup trop négligée, jusqu'à ces derniers temps [7], — et ses opéras. Les premières servent de transition entre le Ballet français et l'Opéra. Le génie raisonné de Lully s'y forme graduellement. Il inaugure le genre de l'ouverture française, dès le ballet de l'Amore ammalato (1657), et surtout dans Alcidiane (1658) et dans le Ballet de la Raillerie (1659) [8]. Il pratique déjà sa grande architecture décorative, qui encadre ses pièces dans de pompeux Prologues et Épilogues. Pour le chant, il est encore très italien. Si ces premières œuvres nous semblent un peu manquer d'invention proprement musicale et de puissance de développement, elles n'en marquent pas moins un progrès considérable sur les Ballets qui précédent les débuts de Lully. Où il paraît surtout supérieur, dès cette période, c'est par son intelligence de la scène. Il obtient des effets irrésistibles, par le moyen du rythme et de l'accent comiques, — soit, comme dans la scène du magicien du Mariage Forcé, par le contraste entre la gravité du chant et le ridicule de la situation, — soit, comme dans la scène du Mufti du Bourgeois Gentilhomme, par l'application, au chant, de rythmes de danses saccadées et déhanchées, avec de grands sauts de voix, de brusques alternances de rythmes, des contretemps burlesques [9]. Ce comique bouffe, un peu grimaçant, qui a quelque chose d'Offenbach, tend à donner un caractère épileptique à la comédie-ballet de Molière. Si plaisante que soit la musique, elle n'a pas la généreuse verve de Molière; elle semble pauvre, quand on la compare à l'impétueuse bouffonnerie des Italiens de son temps, de Stradella et des Napolitains. Le génie de Lully manque d'abondance; il est sec. Mais il est extrêmement intelligent. Il est maître de son style, qui a une clarté et un ordre lumineux. Rien de trop.

---

1. Il faisait défense à tout autre théâtre de « donner des représentations accompagnées de plus de deux airs et de deux instruments, sans sa permission par écrit ». Molière réussit à faire rapporter cette clause ridiculement tyrannique; mais, deux mois après sa mort, Lully revint à la charge, et obtint, le 30 avril 1673, une ordonnance interdisant aux comédiens de faire usage de plus de deux voix et de six Violons. Peu lui importait, pour satisfaire son ambition personnelle, de tuer un des plus beaux genres dramatiques français : cette comédie-ballet, à laquelle lui-même avait travaillé pendant plus de dix ans.

2. Les Festes de l'Amour et de Bacchus (1672), Cadmus et Hermione (1673), Alceste (1674), Thésée (1675), le Carnaval (1675), Atys (1677), Isis (1677), Psyché (1678), Bellérophon (1679), Proserpine (1680), le Triomphe de l'Amour (1681), Persée (1682), Phaéton (1683), Amadis (1684), Roland (1685), l'Idylle sur la Paix (1685), l'Eglogue de Versailles (1685), le Temple de la Paix (1685), Armide (1686), Acis et Galathée (1686).

3. Il lui avait assuré 4 000 livres par opéra, et le roi, une pension de 2 000. Moyennant quoi, Quinault était son employé.

4. Lalouette (1651-1728), bon Violoniste, fut maître de chapelle à Saint-Germain-l'Auxerrois et à Notre-Dame; il écrivit des cantales et des motets. Pascal Collasse (1649-1709) fut maître de la musique

de la chambre, et auteur de nombreux opéras. Marin Marais (1656-1728), virtuose remarquable sur la basse de Viole, écrivit des opéras, dont certains, comme l'Alcyone de 1706, furent célèbres.

5. Notamment dans des achats et ventes de terrains, et dans des constructions et locations d'immeubles. Il avait 6 maisons de location à Paris, plus des maisons de campagne à Puleaux et à Sèvres. Il fut sur le point d'acquérir, en 1682, le comté de Grignon. M. Radet calcule que sa fortune s'élevait, quand il mourut, à plus de deux millions d'aujourd'hui, en y joignant les revenus de l'Opéra, de ses ouvrages en librairie, et la vente de ses diverses charges, M. Ecorcheville évalue le tout à plus de sept millions.

6. Un des fils d'un meunier florentin réussit, par le mariage de sa fille Catherine avec le fils de Pierre de Francine, à s'allier aux Le Tellier-Louvois.

7. M. Henry Prunières a été le premier à en faire une étude attentive.

8. H. Prunières, Notes sur les origines de l'ouverture française (I. M. G., 1911).

9. Ludovic Celler a réédité en 1867 le texte du Mariage Forcé, paroles et musique, d'après le manuscrit de Philidor, qui est au Conservatoire. M. Weckerlin a publié une réduction de la partition du Bourgeois Gentilhomme, pour piano et chant.

Des qualités de classique français. Sa maîtrise, dès ces œuvres de début, est dans l'accent. — C'est sur cette puissance de l'accent qu'il bâtira, dans la suite, d'une façon raisonnée, sans passion, ses superbes opéras.

Les opéras de Lully ne se nomment pas opéras. Ils se nomment tragédies lyriques, ou tragédies mises en musique, ou simplement tragédies. Le modèle du Florentin était la tragédie française. Comme plus tard Gluck et Grétry, il avait pour idéal musical la déclamation tragique. Gluck diffère des deux autres et leur est supérieur, en ce qu'il a cherché son modèle dans une tragédie idéale, — la tragédie grecque, telle qu'on l'imaginait alors; — au lieu que le modèle de Lully et de Grétry était l'art tragique de leur temps. « C'est au Théâtre-Français, écrira plus tard Grétry, c'est dans la bouche des grands acteurs, que le musicien apprend à interroger les passions, à scruter le cœur humain, à connaître et à rendre ses véritables accents. » Il consultera Mlle Clairon pour un duo, il copiera en musique « ses intonations, ses intervalles et ses accents », il notera les modulations d'une page d'*Andromaque*. — Cette idée artistique, dont il était si fier, comme d'une invention personnelle, était celle de Lully.

« Si vous voulez bien chanter ma musique, disait-il, allez entendre la Champmeslé. »

Et Lecerf de la Viéville écrit :

« Il allait se former à la Comédie-Française sur les tons de la Champmeslé. »

Cette remarque est la clef de tout l'art de Lully. De nombreuses relations du temps nous font connaître cette déclamation de la Champmeslé. Nous savons par Louis Racine que, « venue sur l'âge, elle poussait de grands éclats de voix », et qu'elle avait « une déclamation enflée et chantante[1] ». Boileau, déclamant à Brossette des passages de Racine, comme les disait la Champmeslé, y met « toute la force possible », et ajoute que « le théâtre demandait de ces grands traits outrés, aussi bien dans la voix, dans la déclamation, que dans le geste[2] ». Les frères Parfait notent que sa récitation était « une espèce de chant[3] »; et l'abbé Du Bos rappelle « les ports de voix extraordinaires » dont elle usait dans la déclamation, en particulier, dans une scène fameuse de *Mithridate* (IV, 3), où brusquement « elle prenait le ton à l'octave au-dessus » du reste de sa mélopée[4]. Enfin la tradition rapporte que cette voix si touchante était prodigieusement sonore. « Si on eût ouvert la loge du fond de la salle, on eût entendu l'actrice jusque dans le café Procope[5]. » Ainsi, cette déclamation était un chant véhément et emphatique. Or, c'était la déclamation même de Racine. Louis Racine nous dit que son père « dictait les tons » à la Champmeslé « et même qu'il les lui notait »[6]. Nous arrivons donc à cette conclusion qu'en allant « se former sur les tons de la Champmeslé », Lully allait se former « sur

les tons » de Racine, sur la déclamation personnelle de Racine, et que c'est cette déclamation qu'il a notée en musique[7].

La première chose qui frappe dans la tragédie de Lully, c'est la place éminente qu'y tient le récitatif. Il n'en est pas un accessoire, une sorte de lien factice qui unit les différents airs; il est le cœur de l'œuvre. Dans ce siècle de l'intelligence, le récitatif représentait la partie raisonnable de l'opéra, le raisonnement mis en musique; on s'en délectait. Ce fut principalement par là que Lully établit sa supériorité. « Après lui, dit la Viéville, on peut trouver des airs et des symphonies qui valent ses airs et ses symphonies. Mais son récitatif est inimitable. Nos maîtres d'aujourd'hui ne sauraient attraper une certaine manière de réciter, vive, sans être bizarre, que Lully donnait à son chanteur. » — La première loi de ce récitatif, c'est la stricte observation du style syllabique. La ligne déclamée est nettoyée de toute « végétation mélodique », comme dit M. L. de la Laurencie. Lully réagit vigoureusement contre le goût italien des vocalises, des « roulements », des « doubles » (c'est-à-dire, des répétitions ornées), que son beau-père, Lambert, avait contribué à mettre à la mode; non seulement il évitait d'en écrire, mais il se mettait en fureur, quand les chanteurs, suivant la coutume, ajoutaient quelques fioritures à la partie qui leur était confiée. « Point de broderie! leur criait-il. *Mon récitatif n'est fait que pour parler*, je veux qu'il soit tout uni[8]. » — Le récitatif de Lully épouse donc fidèlement les mouvements du discours. Mais, avant tout, il en épouse les rythmes poétiques, il se moule sur les vers; et c'est là souvent, il faut bien le dire, une grande cause de monotonie. Quelle que soit l'habileté de Quinault à varier dans ses vers les accents rythmiques, sa déclamation, traduite en musique par Lully, est dominée par l'accentuation exagérée de la rime dans les vers courts, de la césure et de la rime dans les alexandrins. On trouve souvent des steppes de récitatifs et d'airs, scandés de la façon suivante :

Lully mit en musique l'*Idylle sur la Paix* de Racine ; et, d'après le jugement de Louis Racine, il y « avait parfaitement rendu le poète ». Le Prevost d'Exmes raconte aussi, d'après un récit de Louis Racine, que Lully mit un jour en musique et chanta les vers d'*Iphigénie* :

> « Un prêtre environné d'une foule cruelle
> Portera sur ma fille une main criminelle, etc. »

et qu'il fit frissonner l'auditoire par la Vérité et la Véhémence tragique de ses accents.

---

1. Louis Racine, *Mémoires sur la vie de J. Racine.*
2. *Correspondance entre Boileau et Brossette*, 1858, p. 521-2.
3. *Histoire du Théâtre-Français*, t. XIV.
4. Abbé Du Bos, *Réflexions critiques sur la poésie et sur la peinture*, 1733, III, 144.
5. Lemazurier, *Galerie historique des acteurs du Théâtre-Français*, 1810.
6. Boileau et l'abbé Du Bos apportent leurs témoignages à l'appui de cette assertion, dont il ne paraît pas possible de douter.
7. Racine faisait paraître *Bérénice, Bajazet, Mithridate, Iphigénie* et *Phèdre*, précisément dans les années où Lully faisait jouer ses premiers opéras, c'est-à-dire dans les années où il formait son style récitatif; et ces tragédies de Racine servaient de débuts à la Champmeslé.
8. Lecerf de la Viéville.
9. *Isis*. Acte II, sc. II. Air de Jupiter.
10. *Id.* Acte II, sc. IV. Air de Mercure.

Quand à la monotonie de ce perpétuel dactyle se joint la monotonie de la ligne mélodique, comme il arrive souvent, c'est le ronronnement fastidieux de l'alexandrin classique. — Heureusement, dans ses pages les plus soignées, Lully, tout en maintenant l'accentuation de la césure et de la rime, en rachète la monotonie par l'alternance des mesures à quatre et à trois temps, par la beauté expressive du dessin mélodique et par l'accent pathétique. Ainsi, dans l'admirable scène de Méduse, au troisième acte de *Persée*, ou dans les deux airs de Médée, au second acte de *Thésée*, dont la déclamation se modèle, si l'on peut dire, sur la respiration de l'héroïne :

Doux repos | innocen-te paix,

Heureux, | heureux un cœur,

qui ne vous perd jamais. | ...

Dépit mortel, | transport | jaloux,

Je m'abandonne | à vous.

Mais, en général, la mesure, après avoir flotté, un moment, librement balancée, reprend aussitôt après son rythme monotone. Il arrive même que la rime qui termine la phrase ou la période soit appesantie encore par l'adjonction d'un battement de gosier, d'un trille. J.-J. Rousseau, dans sa *Lettre sur la musique française*, s'indigne contre « ces repos » à la fin de chaque vers, « ces cadences parfaites qui tombent si lourdement, et sont la mort de l'expression ». Il ne critique pas moins les inflexions exagérées et les grands sauts de voix[1]. — Sans adopter entièrement ses conclusions, dont la sévérité va jusqu'à l'injustice, on doit, dans presque tous les récitatifs ou airs récitatifs de Lully, distinguer de l'ensemble du morceau certaines phrases, qui en sont en quelque sorte le noyau. Ces phrases, d'ordinaire au début du récitatif, sont généralement bien observées d'après les intonations naturelles du personnage et de la passion ; et elles sont gravées avec

précision. Les phrases qui suivent sont beaucoup plus molles et plus conventionnelles. Il arrive souvent d'ailleurs que la première phrase soit répétée plusieurs fois textuellement, au cours du morceau, puis à la fin, pour conclure. C'en est ainsi l'arète, qui soutient le reste de la construction, un peu grossièrement maçonnée. Il est rare que Lully n'amorce pas ses scènes d'une façon assez vraie et vivante. Il est rare qu'il les développe avec liberté. Il suit presque toujours le même chemin, qui n'offre rien d'imprévu. Il finit d'ordinaire dans le ton où il a commencé, sans avoir jamais quitté les tons les plus analogues au ton principal, oscillant régulièrement de la dominante à la tonique, et élargissant les phrases vers la fin, en les ornant d'un *gruppetto* sur le dernier mot. Qui connait le majestueux développement de l'un de ces récitatifs les connait tous. Déjà, de son temps, on se plaignait de « ces fades récitatifs, qui se ressemblent presque tous[2] ». Ses partisans, comme la Viéville, expliquaient ses répétitions par l'honnêteté artistique de Lully, qui, ayant à redire les mêmes choses, les redisait de la même façon : car il n'y a, déclaraient-ils, qu'une façon de dire la vérité ; et toutes les autres s'en éloignent[3]. Mais, en réalité, ces répétitions avaient une autre raison. Ce n'est pas seulement le retour de certains sentiments identiques qui ramène les mêmes types mélodiques chez Lully ; c'est le retour de certaines tournures de phrases, de certaines cadences du discours. La structure de la phrase littéraire, sa construction logique, se décalquent dans le discours musical : et cela, quel que soit le sentiment exprimé. C'est le despotisme de la période oratoire, avec son ample déroulement et ses majestueuses cadences. En un mot, l'idéal qui règne dans l'ensemble de cette déclamation est toujours un idéal oratoire, bien plus encore que dramatique. On s'en convaincra en analysant une des plus célèbres pages, le récitatif d'Armide trouvant Renaud endormi. Tous les mouvements de l'âme, toutes les inflexions de la voix, obéissent à un rythme oratoire, noble et pompeux, qui semblait d'ailleurs au public du temps l'expression de la vie[4] ; car le récitatif de Lully ne faisait que traduire en musique, comme nous l'avons dit, la récitation théâtrale à laquelle les oreilles et l'esprit étaient accoutumés, — et qui était celle de la tragédie française[5].

.   .

Si le récitatif est la charpente de l'opéra de Lully, il s'en faut que le reste de la construction y réponde

1. Avec un modernisme curieux, J.-J. Rousseau réclame, contre Lully, un récitatif plus conforme à la nature de la langue française, « dont l'accent est si uni, si simple, si modeste, si peu chantant », un récitatif « qui roule entre de fort petits intervalles, qui n'élève ni n'abaisse beaucoup la voix, peu de sons soutenus, jamais d'éclats, encore moins de cris, rien surtout qui ressemble au chant, peu d'inégalité dans la durée ou valeur des notes ainsi que dans leurs degrés ».

2. Lecerf de la Viéville.

3. La Viéville expose cette théorie dans une page extrêmement intéressante, où il s'appuie sur l'autorité des maitres de la langue française. « Le but de la musique, conclut-il, est de repeindre la poésie. Si le musicien applique à un vers, à une pensée, des tons qui ne leur conviennent point, il ne m'importe que ces tons soient nouveaux et savants. Cela ne peint plus, parce que cela peint différemment : donc cela est mauvais. Dès que ma pensée par elle-même plaît, frappe, émeut, je n'ai point besoin d'aller chercher une phrase élégante : il me suffit que les mots rendent bien le sens. Bien exprimer, bien peindre, voilà le chef-d'œuvre. Quoi qu'il en puisse coûter au musicien pour y arriver, stérilité apparente, science négligée, il y gagnera toujours assez... » (*Comparaison de la musique italienne et de la musique française*, 1705. — Quatrième conversation, p. 153-4.)

On croit entendre Gluck. C'est, presque exactement, la préface d'*Alceste*.

4. « Lorsque Armide s'anime à poignarder Renaud dans la dernière scène de l'acte II, écrit la Viéville, j'ai vu vingt fois tout le monde saisi de frayeur ne soufflant pas, demeurer immobile, l'âme tout entière dans les oreilles et dans les yeux, jusqu'à ce que l'air de violon qui finit la scène donnât permission de respirer, puis respirant là avec un bourdonnement de joie et d'admiration. »

5. Si Lully allait entendre et étudier la Champmeslé, la Champmeslé de son côté, la Duclos, Baron, et leurs camarades du Théâtre-Français allaient entendre et étudier la déclamation des grands acteurs de Lully, et particulièrement de la Le Rochois dans *Armide*. Il y avait influence réciproque des deux théâtres.

L'école de chant formée par Lully était avant tout une école de déclamation tragique et d'action : Beaumavielle était qualifié par les contemporains de « tragédien puissant » ; Duménil, de « parfait acteur » ; Mlle Saint-Christophle et surtout la Le Rochois semblent avoir égalé les plus célèbres actrices de la Comédie-Française. Titon du Tillet appelle la Le Rochois « la plus grande actrice et le plus parfait modèle pour la déclamation, qui ait jamais paru sur le théâtre ».

exactement; elle n'est pas toujours du même style; elle n'est pas très homogène : c'est une maçonnerie d'éléments divers qui sont noyés dans le mortier.

Dans tout grand artiste réformateur, il y a deux choses : son génie réformateur, qui a le plus souvent un caractère volontaire, raisonné; et son instinct, qui très souvent le contredit. Lully qui, en certaines choses, fut un novateur, en beaucoup d'autres ne fit que reprendre et que suivre les traditions passées. Jamais il ne dépouilla tout à fait le vieil homme : le bouffon, le mufti du *Bourgeois Gentilhomme*, le musicien attitré des ballets du roi, le collaborateur de Molière. Ses premiers opéras, — en particulier, son admirable *Cadmus et Hermione*[1], une de ses œuvres les plus riches, — présentent, à côté des plus beaux modèles de tragédie lyrique[2], une large partie comique, voire même bouffe et burlesque; les airs de cour, les airs de concert, les chansons dansées, les airs de vaudevilles, tiennent avec les danses les quatre cinquièmes de la partition. *Alceste*, qui suivit (1674), offre le même caractère hétérogène. Ensuite, le goût de la cour détourna Lully de ces licences, et l'inclina vers l'élégie amoureuse; ce changement s'annonce déjà dans le *Thésée* de 1675, malgré d'excellentes scènes comiques, d'ailleurs de demi-teinte[3]; il est achevé dans l'*Atys* de 1676, qui est le type le plus parfait de la tragédie musicale de salon, psychologique et romanesque : on pourrait nommer cette œuvre la *Bérénice* de Lully[4]. Toutefois l'instinct comique était trop fort chez lui, pour qu'il pût se résigner à l'étouffer tout à fait; constamment, on voit reparaître cette veine burlesque dans ses opéras[5]. C'est le trio des Frileux d'*Isis*; c'est le Polyphème d'*Acis et Galathée*, d'une ampleur et d'une jovialité admirables. Le comique de Lully s'attaque volontiers aux défauts physiques, qu'il note en musique d'une façon plaisante[6] : un trait assez italien.

Un autre héritage du Ballet de cour était la Pastorale. Lully y excella. Ici, cette âme sèche, plus intelligente que sensible, atteint à une pureté d'émotion qui l'égale aux plus grands poètes de la musique. C'est le prologue de *Cadmus*; c'est la scène champêtre de *Thésée*; ce sont les chœurs et danses de nymphes dans *Proserpine*; c'est la noce de village

de *Roland*; c'est le *Triomphe de l'Amour* et *Acis* tout entier. Entre toutes ces œuvres imprégnées de la poésie de la nature, trois scènes se détachent surtout, également fameuses : le sommeil de Renaud dans *Armide*, le sommeil d'*Atys*, et la nymphe changée en roseaux d'*Isis*. Elles ont une beauté antique. Rien n'est plus intéressant que de comparer la scène du sommeil de Renaud chez Lully et chez Gluck. A côté du paysage touffu de Gluck, la scène de Lully est nette et pure, comme une belle silhouette sur la lumière, un dessin de vase grec.

Supérieur dans le sentiment pastoral, remarquablement doué pour le comique, psychologue élégant et fin, sinon profond, des caractères aristocratiques et des dialogues de cour[7], c'est peut-être — chose curieuse — dans le drame que Lully est le moins personnel. Au reste, le nombre des airs vraiment dramatiques est relativement rare dans son œuvre[8]. Les grands mouvements de la passion ne lui étaient pas naturels. Il n'était pas un homme violent et emporté comme Gluck. Il était un homme intelligent, qui comprenait la passion, qui la voyait du dehors, et qui la racontait. Il a très rarement la force dramatique. Il a la force du rythme, toujours, et il a presque toujours la force et la justesse de l'accent. C'est-à-dire qu'il avait tous les moyens d'exprimer la passion, si elle avait été en lui. Mais elle lui manquait.

.

Si nous examinons maintenant les formes musicales employées par Lully, nous voyons que l'*aria* régulière est assez rare chez lui. Il lui préfère des formes d'airs plus élastiques, taillées sur le patron du couplet poétique, ou de la danse, suivant que le sentiment à exprimer appartient de préférence au théâtre, ou au concert. Souvent une phrase mélodique, courte, parfois très heureuse, et d'une beauté classique, est suivie de récitatifs, où elle s'insère plusieurs fois, et qu'elle finit par clore[9]. Point de développement musical. Une libre déclamation, sertie dans une belle phrase mélodique. Les rythmes à 4 et à 3 y alternent. Peu de modulations. « Tout est doux, facile, coulant, lié, naturel, suivi, uni et égal [10]. » Rien de surprenant, puisque le modèle était le parler des gens de bonne compa-

---

1. *Cadmus et Hermione* (avril 1673) fut le premier opéra véritable de Lully : car celui qui l'avait précédé, *les Festes de l'Amour et de Bacchus*, n'était qu'un pastiche fait d'anciens airs de ballets, cousus ensemble. Il lient dans l'œuvre de Lully une place un peu analogue à celle d'*Hippolyte et Aricie*, dans l'œuvre de Rameau. — Une réédition moderne de *Cadmus* a été publiée par Th. de Lajarte, dans la collection Michaelis, où l'on trouvera aussi des rééditions (réduites pour piano et chant) d'*Alceste*, *Thésée*, *Atys*, *Isis*, *Psyché*, *Bellérophon*, *Proserpine*, *Persée*, *Phaéton* et *Armide*.

2. Il y a peu de pages de Lully comparables, pour la vérité et la souplesse de la déclamation, aux fameux adieux de *Cadmus à Hermione* (acte II, sc. IV); et la grande scène chorale du sacrifice à Mars est une des plus somptueuses fresques musicales du XVII° siècle.

3. Le charmant duo des Vieillards athéniens, qui a, dans la caricature, une grâce attique.

4. Surtout le premier acte, qui est un des chefs-d'œuvre de Quinault, à peine inférieur par endroits aux plus belles scènes de Racine. *Atys* fut « l'opéra du Roi »; et Louis XIV garda pour cet ouvrage une prédilection qui ne se démentit jamais.

5. Les lullystes même reprochaient à Lully de s'être laissé parfois entraîner à tort par son humeur comique. Ils critiquaient « le badinage vicieux » de tel air de *Phaéton*, la gaieté mal placée du duo du prologue de *Persée*, ou de telle scène d'*Amadis*. (Voir Lecerf de la Viéville). — Lully écrivait des Vaudevilles. Et combien de ses airs d'opéra ont un caractère de Vaudevilles! (Voir l'air de Straton à la fin d'*Alceste* : « A quoi bon tant de raison? » ou l'air du berger de *Thésée* : « L'amour plaît malgré ses peines. »)

6. Le chevrotement des Vieillards dans *Thésée*; le grelottement des peuples hyperboréens dans *Isis*; le trait vocal, burlesque et saccadé, qui semble caractériser Polyphème, le monstre galant.

7. Les admirateurs de Lully notaient déjà que ce n'étaient pas les passages de passion qu'il rendait le mieux. « L'esprit de Lully se montre partout, écrit La Viéville. Cependant ce n'est pas dans les grands airs, dans les grands morceaux que cet esprit frappe davantage. C'est dans de petits traits, dans de certaines réponses qu'il fait faire à ses chanteurs, du même ton et avec le même air de finesse que les ferait une personne du monde très spirituelle. »

8. Je citerai particulièrement l'air d'Io, au 5° acte d'*Isis* : « Terminez mes tourments! », un des plus pathétiques qu'il ait écrits; — l'air de Roland furieux : « Je suis trahi », où Lully a mis toute l'énergie qu'il avait, où même il a poussé, aussi loin qu'il pouvait, la peinture de la folie; — les beaux airs des prisonniers, au 3° acte d'*Amadis*. (Je signale, en passant, la ressemblance de la situation avec celle de *Fidelio*. La scène représente une prison, une troupe de prisonniers, des geôliers, et Floreslan enchaîné).

Dans *Armide*, c'est surtout les récits qui sont dramatiques. Rousseau a pu parler, sans trop d'injustice, du « petit air de guinguette, qui est à la fin du monologue d'Armide de l'acte II ».

9. Air de Médée : « Dépit mortel, transport jaloux » (*Thésée*). Ou, dans le prologue du même opéra, l'air de Vénus : « Revenez, amours, revenez »

10. Lecerf de la Viéville.

gnie. Mais les Italiens se moquaient de cette « endormante mélopée » [1]. Ils prodiguaient « les passages du bécarre au bémol, du bémol au bécarre, le chromatique, les dissonances ». Lully en est toujours extrèmement sobre.

Ses duos sont en général écrits note contre note; et par là encore il se distingue des Italiens de son temps [2]. Il en est à peu prés de même de ses trios « toujours liés et suivis », beaucoup moins libres que ceux de Luigi Rossi, mais d'une simplicité majestueuse, qui, sans doute dans l'intention de Lully, avait un caractère néo-antique. Tel d'entre eux, comme l'admirable trio des Parques d'*Isis*, annonce les grandes scènes religieuses de *la Flûte Enchantée* [3].

Quant aux chœurs, les Lullystes triomphent aisément des Italiens, qui y avaient à peu près renoncé, à la fin du XVIIe siècle. Ce n'est pas qu'ils soient très intéressants chez Lully. Ce sont des blocs compacts, où le musicien cherche toujours à faire prédominer la mélodie placée à la partie supérieure. Lully s'en désintéressait; souvent, il n'en écrivait que le dessus et la basse, laissant à ses secrétaires le soin d'écrire les parties intermédiaires. Dans ces conditions, il est clair que leur étude n'offre qu'un intérêt limité. Ils ont parfois un aspect ordonné, régulier, d'un ordre sec; tout y semble bien rangé, comme avec des étiquettes. L'effet est parfois burlesque, surtout quand il s'agit d'exprimer l'action passionnée d'une foule; en ce cas, Lully échoue complètement [4]. Certains chœurs cependant, qu'il avait particulièrement soignés, ont de l'ampleur et une jubilation triomphale, dont se sont souvenus peut-être Purcell et Hændel [5].

Il nous reste à parler de son orchestre. Il a pour base les cinq parties de violons, qui exécutent les ritournelles, doublent les chœurs, et ponctuent les *soli* par leurs harmonies. Dans les « airs de mouvements, pour l'expression de certaines passions brusques », la voix est accompagnée par deux violons, « qui exécutent un chant fort suivi et travaillé. Puis, quand l'emportement est calmé, on retourne au récitatif ordinaire [6] ». — Les flûtes [7], très employées par Lully (différent en cela de l'opéra vénitien, qui en fait rarement usage), tantôt jouent à l'unisson des cordes, tantôt forment de petits concerts, tantôt s'associent aux sonneries des trompettes et des violons. — Les trompettes ont un rôle magnifique. Elles jouent souvent seules, à trois ou cinq parties, avec les timbales. — Lully employait aussi les hautbois, les bassons et les instruments de percussion, dont il usait beaucoup dans les ballets (tambour de basque, castagnettes, tambours). Il fit même entrer dans l'orchestre des musettes, guitares, trompes de chasse (dans *la Princesse d'Elide*), « des sifflets de chaudronnier » (dans *Acis*); et, comme l'auteur de *Siegfried*, il ne craint pas d'avoir recours au bruit des enclumes et des forges (dans *Isis*). — Le trait caractéristique de cet orchestre, — trait essentiellement français, — c'était que Lully l'employait rarement tout entier à la fois. Il le divisait en groupes qui dialoguaient entre eux, ou avec les voix. Ce système mettait beaucoup de lumière dans le tableau, l'air y circulait mieux; les étrangers en furent frappés. — L'orchestre de Lully était nombreux [8], soigneusement recruté et formé par lui. Il fut célèbre en Europe; on venait d'Allemagne et d'Italie pour l'entendre [10]. On admirait sa justesse, son rythme, la perfection de ses ensembles, et surtout la douceur, la finesse, l'égalité du jeu des violons.

Les symphonies des opéras de Lully ont été une des parties de son œuvre les plus appréciées de son temps. Ses ouvertures, d'un caractère monumental, ont fondé un type spécial : l'ouverture française, en deux mouvements : le premier, de mesure binaire, grave, massif, saccadé, aussi sonore que possible, tout à fait hændélien [11], le second, vif, sautillant, fugué, ordinairement de mesure ternaire : après quoi vient souvent une conclusion grave, de rythme binaire, reprenant les phrases du début en les élargissant, pour finir avec plénitude. Elles ravissaient le public du XVIIe et du XVIIIe siècle, et elles furent longtemps imitées en Allemagne [12]. — Les marches et les symphonies guerrières eurent aussi un succès européen. Leur pouvoir héroïque est attesté par les critiques du temps. L'abbé Du Bos écrit qu' « elles agissaient sur le public à peu près comme les vers de Corneille »; les armées ennemies, qui marchaient contre la France, marchaient, comme les nôtres, au son des marches de Lully [13]. — D'autres symphonies, d'un caractère plus original, faisaient partie intégrante de l'action, soit qu'elles voulussent décrire une scène, soit que, comme l'admirable symphonie *Logistille*,

1. Ce fut le sujet d'une interminable querelle entre les Italiens et les Français, à la fin du XVIIe siècle. Les lullystes protestaient que « les Italiens étaient des gens à pâtisseries, à ragoûts, à confitures ambrées, et qui ne mangeaient que de cela. Leur musique est toujours forcée, toujours hors des bornes de la nature, sans liaison, sans suite. » Ils étaient bien forcés de reconnaître que « la musique italienne, peut-être moins bonne au fond, donnait toujours un plaisir plus vif et plus piquant ». Mais ils se dédommageaient, en pensant que la musique française était le ton des gens bien élevés. (Voir la polémique du lullyste La Viéville et de l'italianiste Raguenet.)

2. Voir les deux grands duos de *Bellérophon* et de *Phaéton*. Cette forme de duo que Lully préférait est restée, pour tous les musiciens du XVIIIe siècle, caractéristique du duo français. Mattheson distingue, en 1737, le duo italien « fugué, intrigué, plein d'artifices », du duo français, « en contrepoint égal, où les voix chantent la même chose l'une que l'autre, et qui a un caractère religieux ». Pour types des duos français il prend ceux de Lully, pour types des duos italiens ceux de Steffani. Chez les Italiens contemporains de Lully, comme Scarlatti, les vrais duos sont assez rares. Ce sont des dialogues, où les voix se répondent, s'entre-croisent, mais chantent rarement ensemble.

3. Rapprocher ce trio du trio des Parques, dans *Hippolyte et Aricie* de Rameau. L'analogie est frappante.

4. Premier chœur des combattants invisibles, dans *Thésée*. — Chœur de la fin du premier acte d'*Armide*.

5. Ainsi, le beau chœur de *Bellérophon* : « Le monstre est défait. Bellérophon remporte la victoire. » Ou tel chœur de *Persée*.

6. Lecerf de la Viéville.

7. En général des flûtes droites et à bec. Quand ce sont des flûtes d'Allemagne, ou traversières, Lully l'indique expressément.

8. La Viéville parle, avec exagération, de 50 à 60 instruments. En 1712, il y avait exactement 48 symphonistes à l'orchestre de l'Opéra, plus le clavecin.

9. La Viéville donne de curieux détails sur la façon dont Lully choisissait ses musiciens, les examinait, surveillait les répétitions, sans rien laisser passer.

10. Georges Muffat, qui séjourna six ans à Paris, sous la direction de Lully, nota soigneusement ses observations sur le style de l'orchestre français, et spécialement sur le jeu des Violons. (*Auf Lullianisch französische Art Tänze aufzuführen*, préface au *Florilegium*, II, 1698, publiée par Robert Eitner dans les *Monatshefte für Musikgeschichte*, 1891.)

11. M. Hubert Parry, dans le 3e vol. de l'*Oxford History*, a justement rapproché la première partie de l'ouverture de *Thésée* de la première partie de l'ouverture du *Messie*.

12. *L'ouverture française*, introduite en Allemagne par les élèves personnels de Lully : Cousser, G. Muffat, J. Fischer, se maintint dans la suite d'orchestre allemande jusqu'au milieu du XVIIIe siècle. J. S. Bach en fit usage.

13. Le prince d'Orange s'adressa à Lully, afin d'avoir une marche pour ses troupes. — La belle *Marche des Sacrificateurs* dans *Cadmus*, et la *Marche des Sacrificateurs et des combattants qui apportent les étendards et les dépouilles des ennemis vaincus*, dans *Thésée*, semblent avoir été les marches des armées du Roi, victorieuses.

au cinquième acte de *Roland*, elles cherchassent à suggérer des états d'âme précis [1]. — Enfin les ballets marquèrent une révolution dans l'art de la danse. Non seulement Lully les anima, au point que certains lui reprochaient de faire de la danse « un baladinage »; mais il chercha à les relier à l'action, à les rendre expressifs et dramatiques. Ce furent d'abord des « airs caractérisés », exprimant des sentiments : telles, les danses de l'Enfer, au 4° acte d'*Alceste*, « qui respirent, comme Lully disait lui-même, une « joie voilée ». Puis, il en vint à des « ballets presque sans pas de danse, mais composés de gestes, de démonstrations, en un mot, d'un jeu muet, des chœurs qui ne parlaient pas, à la façon antique » [2] : ainsi, les ballets funèbres d'*Alceste*, de *Psyché*, les Songes Funestes d'*Atys* et les Frileux d'*Isis*.

..

On voit combien il y avait d'éléments divers dans l'opéra de Lully. L'œuvre semblerait hétérogène, sans l'étonnante unité de l'esprit qui la gouvernait et fondait ensemble ces éléments. Et c'est l'ensemble du monument qu'il faut surtout admirer chez Lully. Si Lully est grand, s'il mérite de garder sa haute place parmi les maîtres de l'art, c'est moins comme musicien-poète que comme architecte musical. Ses opéras sont des temples aux grandes lignes nobles et nettes, précédés, comme d'un majestueux péristyle et d'un portique aux robustes colonnes, par l'ouverture massive et par le prologue allégorique, où se groupent toutes les ressources de l'orchestre, des voix et des danses. A l'intérieur de l'œuvre, c'est le même équilibre intelligent qui règne entre les divers éléments de l'action théâtrale, entre le divertissement et le drame; et Lully tâche d'établir une progression dans les effets musicaux et dramatiques, du commencement à la fin de la tragédie. Il en arrivera, au terme de sa carrière, à la perfection de son *Armide*, « pièce souverainement belle, dit La Viéville, et où la beauté croît d'acte en acte. C'est la *Rodogune* de Lully. » — Toutes ces œuvres sont faites essentiellement pour le théâtre; toute leur beauté est à leur place; elle tient à une exactitude minutieuse; à une soumission littérale aux intentions du compositeur. Lully ne laissait rien au

hasard; il dirigeait l'orchestre, il enseignait les rôles aux acteurs, leur montrait tous les gestes, dansait même, au besoin, pour faire comprendre aux danseurs les pas qu'il avait inventés. On peut dire de sa musique ce que Gluck disait de la sienne : « La présence du compositeur lui est aussi nécessaire que le soleil l'est aux ouvrages de la nature : il en est l'âme et la vie. » — Aussi, le sens de cette musique s'altéra-t-il, aussitôt après la mort de Lully; il y eut un alourdissement du goût et de l'exécution, qui faussa le caractère de cet art; et ce serait une grave erreur d'en juger, comme on le fait souvent, d'après la fausse tradition du XVIII° siècle, qui en prit le contrepied [3].

En dépit de ce contresens, la gloire de Lully fut immense. Elle s'étendit dans tous les pays, et — chose à peu près unique dans l'histoire de la musique — elle pénétra toutes les classes de la société. Musiciens italiens [4], allemands [5] et anglais [6] vinrent se mettre à l'école de Lully. Son influence ne se limita pas au théâtre; elle s'exerça sur tous les genres de musique [7]. On le chantait à la cour et à la ville, dans les alcôves et dans les cuisines [8]. On le jouait sur le Pont-Neuf et aux coins des rues [9]. Ses airs devinrent vaudevilles. Cette musique, qui était la réunion de tant de rivières de musique sorties des régions les plus diverses, se trouva être naturellement la musique de tous. C'est une ressemblance de plus entre Lully et Gluck, formé lui aussi de tant d'affluents. Mais, chez Gluck, ces affluents sont de toutes les races : Allemagne, Italie, France, Angleterre; et, grâce à cette formation cosmopolite, il fut un musicien vraiment européen. Chez Lully, ses éléments constitutifs sont presque entièrement français, — français de toutes les classes : vaudevilles, airs de cour, déclamation tragique, comédies-ballets, symphonies françaises. Il n'y a pas eu beaucoup de musiciens aussi français que cet Italien; et il fut le seul en France qui conservât sa popularité pendant tout un siècle. On jouait encore son *Thésée* en 1779. De son vivant, il faisait échec à Marc-Antoine Charpentier; après sa mort, il fit échec à Rameau; et il résista jusqu'à Gluck, jusqu'après Gluck. Son règne a été celui de la vieille France et de l'esthétique de la vieille France. Ses destinées se sont confondues avec celles de la tragédie française, d'où l'opéra était sorti [10].

---

1. Voir, dans les *Réflexions critiques sur la poésie et sur la peinture* de l'abbé Du Bos, l'analyse de cette *Logistille*. C'est une des pages les plus pénétrantes de critique musicale, au commencement du XVIII° siècle.

2. « Il était facile, en voyant exécuter ces danses, dit encore l'abbé Du Bos, de comprendre comment la mesure pouvait régler le geste sur les théâtres des anciens. L'homme de génie qu'était Lully avait conçu la seule force de son imagination que le spectacle pouvait tirer du pathétique même de l'action muette des chœurs. »
Le jeu muet tenait une grande place dans l'opéra de Lully. Ce fut la gloire de la Le Rochois, la fameuse Armide. « Elle entendait merveilleusement bien la ritournelle, qu'on joue dans le temps que l'actrice entre et se présente au théâtre, de même que le jeu muet, où, dans le silence, tous les sentiments et les passions se peignent sur le visage et paraissent dans l'action. » (Titon du Tillet.)

3. Les souvenirs recueillis par l'abbé Du Bos et par J.-J. Rousseau attestent que la représentation des opéras de Lully fut alourdie à tel point, dès le commencement du XVIII° siècle, que leur durée devint beaucoup plus longue, malgré les suppressions qu'on y fit. Le rythme se perdit tout à fait; sans parler du manque de justesse et de la brutalité du jeu des instruments.

4. Teobaldo di Gatti de Florence vint à Paris vers 1675, y entra à l'orchestre de l'Opéra, et écrivit plus tard un opéra célèbre :

Scylla. — Titon du Tillet parle de l'influence exercée par Lully sur Francesco Gasparini de Modène, et sur Corelli, d'après leur propre aveu.

5. Jean-Sigismond Cousser, qui joua un rôle capital dans l'histoire de l'opéra allemand, et le grand musicien instrumental, Georges Muffat, vinrent étudier six ans à Paris, avec Lully. Peut-être en fut-il de même de Johann Fischer et de Erlebach. Steffani, Keiser même subirent aussi l'influence de Lully.

6. Pelham Humphrey, maître de Purcell, vint étudier à Paris, auprès de Lully.

7. Le livre de clavecin de d'Anglebert, en 1689, contient des transcriptions des opéras de Lully. Son style se retrouve chez les organistes français du commencement du XVIII° siècle. R. Eitner croit reconnaître dans les Suites de J. S. Bach l'influence des danses de Lully.

8. « Et quiconque n'en chante, ou bien plutôt n'en gronde
   Quelque récitatif, n'a pas l'air du beau monde »,
nous dit La Fontaine. Et La Viéville raconte : « L'air d'*Amadis* : « Amour, que veux-tu de moi? » était chanté par toutes les cuisinières de France. »

9. Titon du Tillet.

10. Les partitions de Lully étant à la portée de tous, dans les grandes bibliothèques, nous avons renoncé à toute citation musicale, pour ne pas surcharger cette étude.

ROMAIN ROLLAND, 1912.

V

LA MUSIQUE FRANCAISE

DE LULLI A GLUCK

(1687-1789)

Par LIONEL de LA LAURENCIE

AVANT-PROPOS

Afin d'embrasser méthodiquement l'ensemble de la musique française pendant le siècle qui s'étend depuis la mort de Lulli (1687) jusqu'à celle de Gluck (1787), nous divisons le travail qui va suivre en trois parties, consacrées respectivement à l'opéra, à l'opéra-comique et à la musique de chambre, de concert et d'église.

Chacune de ces trois grandes divisions se subdivise, à son tour, en chapitres où sont étudiées, soit les diverses phases du développement de chacun des genres considérés, soit, comme dans la troisième partie, les diverses manifestations que comporte la musique de chambre, de concert et d'église.

Lorsqu'il arrive, ce qui est fréquent, qu'un même musicien a composé des œuvres rentrant dans plusieurs des catégories spécifiées ci-dessus, nous avons, pour éviter des redites, placé les renseignements biographiques qui le concernent dans celle des grandes divisions sous laquelle se rangent ses ouvrages les

plus importants. Des renvois indiquent alors où sont énumérées ses autres compositions.

En règle générale, il n'est question ici que de musiciens français; cependant, nous avons fait fléchir ce principe et accordé l'hospitalité à un certain nombre d'artistes étrangers, toutes les fois que ceux-ci ont paru exercer sur notre art une influence décisive ou seulement notable. On n'ignore pas, en effet, que la musique française, tout en affirmant les caractéristiques de notre race, s'est profondément imprégnée d'éléments puisés en dehors du territoire national.

PREMIÈRE PARTIE

L'OPÉRA DE 1687 A 1787[1]

La période qui s'étend de la mort de Lulli à l'éclatante apparition de Gluck est, sans contredit, une

1. BIBLIOGRAPHIE GÉNÉRALE. — Le P. Ménestrier, *Des représentations en musique anciennes et modernes* (1681). — L'abbé Raguenet, *Parallèle des Italiens et des Français en ce qui concerne la musique et les opéras* (1702), et *Défense du Parallèle* (1705). — Lecerf de la Viéville de Freneuse, *Comparaison de la musique italienne et de la musique française* (1705, 1706), et *l'Art de décrire ce qu'on n'entend pas* (1706). — Le Brun, *Théâtre lyrique* (1712). — Bonnet, *Histoire de la musique* (1715, réimprimée en 1725). — L'abbé Dubos, *Réflexions sur la poésie* (1719). — Bonnet, *Histoire de la danse sacrée et profane* (1723). — Titon du Tillet, *le Parnasse français* (1725-1732), avec deux suppléments publiés respectivement en 1744 et 1755. — L'abbé Pluche, *le Spectacle de la Nature* (1732). — Maupoint, *Bibliothèque des théâtres* (1733). — De Beauchamps, *Recherches sur les théâtres de France* (1735). — Bonnot de Mably, *Lettres à M*** la marquise de P*** (Pompadour) sur l'opéra* (1741). — Rémond de Saint-Mard, *Réflexions sur l'opéra* (1741). — Bourdelot, *Histoire de la musique* (1743). — Le Batteux, *les Beaux-Arts réduits à un même principe* (1743). — La Molie-Houdard, *Œuvres complètes* (1750). — Une série d'ouvrages et de pamphlets concernant la guerre des Bouffons (1753). — Cahusac, *la Danse ancienne et moderne* (1754). — Lacombe, *le Spectacle des beaux-arts*, 3ᵉ partie (1758). — La Vallière, *Ballets, opéras et autres ouvrages lyriques* (1760). — Chastellux, *Essai sur l'union de la poésie et de la musique* (1765). — Noverre, *Lettres sur les arts imitateurs en général et sur la danse en particulier* (1767). — De BlainVille, *Histoire générale et philosophique de la musique* (1767). — Nougaret, *l'Art du théâtre en général* (1769). — Garcins, *Traité du mélodrame ou Réflexions sur la musique dramatique* (1772). — Delisle de Sales, *Traité du mélodrame* (1772). — Algarotti, *Essai sur l'opéra* (1773). — L'abbé de Fontenai, *Dictionnaire des artistes* (1776). —

Moyne dit des Essarts, *les Trois Théâtres de Paris* (1777). — De Laborde, *Essai sur la musique ancienne et moderne* (1780-81); — Clément et l'abbé de la Porte, *Anecdotes dramatiques* (1784), — *Dictionnaire dramatique* (1784), — *les Spectacles de Paris*. — Beffara, *Dictionnaire de l'Académie royale de musique* (ms.). — *les Révolutions du théâtre musical en Italie* (1802). — Burney (Ch.), *De l'état présent de la musique en France, en Italie,* etc., traduction Brack (1809). — Martine, *De la musique dramatique en France* (1813). — Castil-Blaze, *l'opéra en France* (1820) et *l'Académie impériale de musique* (1857). — Labat (J.-B.), *Études philosophiques et morales sur l'histoire de la musique* (1852). — A. Dureau, *Notes pour servir à l'histoire du théâtre et de la musique* (1860); — C. Poisot, *Histoire de la musique en France* (1860). — Nérée Desarbres, *Deux siècles à l'opéra* (1868). — H. Lavoix fils, *les Successeurs de Lulli jusqu'à Rameau* (ReVue contemporaine, 1868). — Berbrand, *les Nationalités musicales étudiées dans le drame lyrique* (1872). — Desnoiresterres, *la Musique française au dix-huitième siècle : Gluck et Piccini* (1872). — Clément et Larousse, *Dictionnaire lyrique* (s. d.). — G. Chouquet, *Histoire de la musique dramatique en France* (1873). — H. LaVoix, *la Musique française* (s. d.). — De Boislile, *les Débuts de l'opéra français* (1875). — A. Jullien, *la Cour et l'Opéra sous Louis XVI* (1878). — Campardon (E.), *L'Académie royale de musique au dix-huitième siècle* (1884). — Reissmann (A.), *Die Oper in ihrer Kunst und Kultur historischer Bedeutung* (1885). — Schletterer, *Vorgeschichte und erste Versuche der französischen Oper* (1885). — H. Riemann, *Opern Handbuch* (1887). — E. de Bricqueville, *le Livret d'opéra de Lulli à Gluck* (1888). — E. Hirschberg, *Die Encyklopädisten und die Französische Oper im 18 Jahrhundert* (1903). — J. Ecorcheville, *De Lulli à Rameau, l'Esthétique musicale* (1906).

On consultera aussi le *Mercure galant*, le *Mercure de France*, les *Mémoires du temps* (Saint-Simon, Dangeau, Marais, Barbier, Luynes), le *Journal de Collé*, la *Correspondance* de Voltaire, les *Mémoires de*

des plus intéressantes de l'histoire de l'opéra français. Touchant, par une de ses extrémités, à l'art
majestueux, noble, mais un peu monotone du Florentin, et, par l'autre, à l'art harmonieux et vivant
du Chevalier, elle embrasse l'évolution de la tragédie lyrique depuis sa forme aristocratique de spectacle de cour jusqu'au drame plus humain et profondément pathétique du chantre d'*Alceste*. Tout un
siècle s'y montre attentif à la conquête de l'expression musicale, à la culture de l'émotion; en même
temps, les querelles esthétiques surgissent et se ré-
percutent en longues et bruyantes batailles d'idées
au sein desquelles naît la critique musicale.

A cette période si tumultueuse de l'histoire de la
musique française, Rameau confère un éclat particulier. Son art, volontaire et réfléchi, issu des principes lullistes, ajoute au respect de la déclamation et
à la justesse de l'expression des touches brillantes,
des rehauts de couleur empruntés à la musique
pure. On dirait que, dans la tragédie lyrique de
Lulli, la musique, servante appliquée de la poésie,
s'efforce de ne point trop détourner l'attention sur
elle-même; elle demeure discrète et un peu effacée,
et c'est très exactement que M. Henry Houssaye a
traité de camaïeu les compositions du surintendant de la musique du grand roi. Rameau, lui,
brosse des fresques lumineuses et éclatantes; si sa
conception théâtrale reste aristocratique, du moins
laisse-t-elle bénéficier l'opéra des progrès que l'art
des sons a réalisés depuis la fin du xvii° siècle;
aussi, Rameau va-t-il joindre à de robustes architectures des décorations plus délicates et plus nouvelles. Combinaisons ingénieuses de rythmes expressifs ou spirituels, utilisation originale des timbres
de l'orchestre, il ne négligera rien pour éclairer et
parer la tragédie en musique, mais il faudra attendre Gluck pour que cet art à la fois puissant et recherché, pour que cet art de lettrés et de connaisseurs palpite d'un grand souffle d'humanité et de
sympathie.

Nous diviserons la présente étude en trois parties :
la première sera consacrée à la période, longue de
près d'un demi-siècle, qui sépare la mort de Lulli
des premiers opéras de Rameau; nous l'appelons la
période préramiste. La seconde traitera de Rameau,
et dans la troisième nous essayerons de retracer le
rôle glorieux que le chevalier Gluck a joué dans la
réforme de l'opéra.

I. — La période préramiste.

Nous désignons ainsi la période qui commence
en 1687 pour se terminer en 1733, et au cours de
laquelle les prédécesseurs de Rameau préparèrent
par des conquêtes progressives la magnifique efflorescence dramatique et musicale que le maître bourguignon allait révéler à l'art public français.

Un premier fait se présente d'abord à nos yeux,
c'est la faveur presque unanime dont l'opéra jouit
auprès des diverses classes de la société. L'opéra, en

effet, se substitue à la tragédie classique agonisante,
et nous voyons poètes et dramaturges se transformer peu à peu en librettistes; tout en puisant aux
mêmes sources que la tragédie, en demandant ses
sujets à l'histoire ancienne ou bien au roman pastoral ou héroïque du xvii° siècle, l'opéra a introduit sur
la scène un élément nouveau; il y a introduit cet
élément de plaisir, cet élément voluptueux contre
lequel les moralistes, la Sorbonne et l'Eglise prennent inutilement les armes. L'opéra est une féerie
pour les oreilles comme pour les yeux; il charme et
il enchante; il fait appel aux sens, il éveille et excite
la sensibilité; il est un grand producteur d'émotion :
« L'opéra, déclare la Sorbonne en 1693, est d'autant
plus dangereux, qu'à la faveur de la musique, dont
tous les tons sont disposés et recherchés exprès pour
toucher, l'âme est bien plus susceptible de passion... » Et pourtant, en dépit de Boileau, en dépit
de Bossuet, les « lieux communs de morale lubri-
que » dont il fait étalage trouvent grâce même devant certains ecclésiastiques, puisque le P. Caffaro,
dans une lettre célèbre, ne craint pas d'en établir
l'apologie[1]. D'ailleurs, on l'a justement remarqué,
la tragédie classique marchait tout naturellement,
de par sa constitution même, vers l'opéra; l'évolution
était fatale; rien ne pouvait l'empêcher, et le goût
manifesté par le public français pour l'opéra héritait de la faveur acquise précédemment par les œuvres de Corneille et de Racine[2]. Nobles, bourgeois,
Parisiens et provinciaux courent à ce spectacle avec
une frénésie incroyable, et le xvii° siècle a certainement été le siècle de l'opéra. On connaît l'épître dans
laquelle La Fontaine dépeint l'engouement de ses
contemporains :·

Le Français pour lui seul contraignant sa nature
N'a que pour l'opéra de passion qui dure.
Les jours de l'opéra, de l'un à l'autre bout,
Saint-Honoré, rempli de carrosses partout,
Voit, malgré la misère à tous états commune,
Que l'opéra tout seul fait leur bonne fortune.
Il a l'or de l'abbé, du brave, du commis;
La coquette s'y fait mener par ses amis;
L'officier, le marchand tout son rôti retranche
Pour y pouvoir porter tout son gain le dimanche.
On ne va plus au bal, on ne va plus au cours,
Hiver, été, printemps, bref, opéra toujours.
Et quiconque n'en chante, ou bien plutôt n'en gronde
Quelque récitatif, n'a pas l'air du beau monde[3].

Et cet engouement, le fabuliste l'exprime très
bien, est général. Il détient la ville, l'église même
et la province. A l'église, Lulli fait entrer la pompe,
la grandiloquence de l'opéra. Un anonyme ne craint
pas de dédier à l'archevêque de Paris des recueils
d'airs spirituels à une, deux et trois parties « composez dans le goust des airs de l'opéra »[4]. Les collèges des Jésuites sont le théâtre de représentations lyriques auxquelles Marc-Antoine Charpentier
apporte le concours de son talent, et la tragédie
scolaire vaut la mode universelle. « Ces tragédies, explique le *Mercure galant,* n'estoient autrefois meslées
que de Ballets, parce que la danse est fort nécessaire
pour donner de la bonne grâce et rendre le corps

Bachaumont, les *Nouvelles Littéraires* et la *Correspondance littéraire*
de Grimm, les *Dictionnaires biographiques* de Fétis, Chorou et Fayolle,
Mendel, Grove, le *Dictionnaire critique* de Jal, le *Catalogue* de M. de
Lajarte, les *Histoires de la Musique* de MM. P. Landormy et H. Woollett.
Des opéras de la période préramiste ont été publiés sous forme de
réduction pour le piano dans la collection Michaëlis. Ce sont *les Saisons, Thétis et Pélée* de Colasse, *l'Europe galante, Tancrède,* les *Fêtes
vénitiennes* de Campra, *Issé, Omphale* et les *Eléments* de Destouches.
La maison Durand publie la collection des œuvres complètes de Rameau, les premiers Volumes sont paru. (Voir à la Bibliographie de Rameau pour les détails.)

1. Voir Boursault, *Lettres d'un théologien illustre,* 1694. (Œuvres
de Boursault, édit. de 1723), et J. Ecorcheville, *De Lulli à Rameau*
(1690-1730), ch. iii.
2. « D'elle-même, écrit M. Romain Rolland, la tragédie française
marchait vers l'opéra. Ses dialogues balancés, ses périodes cadencées,
ses phrases qui se répondent, ses nobles proportions, la logique de
son développement, se prêtaient naturellement à l'eurythmie musicale. »
— R. Rolland, *Histoire de l'opéra en Europe avant Lully et Scarlatti* (1895), p. 261.
3. Epître à M. de Niert (1677).
4. *Mercure galant,* mai 1699, p. 260-261.

agile; mais, depuis que la musique est en règne, on a trouvé à propos d'y en mesler, afin de rendre ces divertissements complets[1]. »

La province ne veut pas, non plus, rester en retard sur la capitale. Des académies de musique jouent l'opéra à Lyon, à Marseille, à Rouen, et nous savons, par le *Mercure*, quels succès remportaient les ouvrages de Lulli dans ces établissements[2]. Bref, tout est à l'opéra en France; des polémiques s'engagent à son sujet, et philosophes, moralistes et beaux-esprits dissertent à qui mieux mieux sur sa nature, sur ses effets, sur les innovations imaginées par les successcurs de Lulli.

Il est un autre fait sur lequel nous devons porter notre attention : c'est la persistance de la domination que Lulli exerce sur l'opéra après sa mort. Le monopole que le Florentin s'était attribué de son vivant, dans le domaine de la tragédie lyrique, se continue bien au delà de l'aube du xviiie siècle, et, Lulli disparu, le lullisme demeure. On ne cesse, en effet, de procéder à des reprises de ses œuvres contre lesquelles les ouvrages nouveaux essayent vainement de lutter, et *Cadmus, Psyché, Persée, Armide, Isis, Acis et Galathée, Bellérophon, Roland* et *Alceste* reprennent possession de la scène avec un succès toujours renouvelé[3]. C'est Lulli que l'on opposera à Rameau en 1733, c'est lui qui ralliera les partisans de la musique française contre les tenants de la musique italienne. On reprend *Cadmus* en 1737, après l'apparition des premières œuvres de Rameau; *Thésée* et *Amadis* tiennent l'affiche jusqu'à la fin du siècle, puisqu'on assiste à des reprises de ces opéras en 1779 et en 1771. De plus, l'influence de Lulli pèse de tout son poids sur les nouveaux compositeurs, dont, plus d'une fois, elle entrave l'élan. Lulli tient lieu de modèle sacro-saint; les amateurs comme nous avons en Lecerf de la Viéville un remarquable spécimen, le manquent pas de critiquer les ouvrages des successeurs du surintendant. Sans cesse, ceux-ci se verront attaqués dès qu'ils paraissent vouloir contrevenir aux règles édictées par Baptiste : « Nos maîtres d'aujourd'hui, écrit Lecerf, ne sçauroient du tout attraper une certaine manière de réciter vive, sans être bizarre, que Lulli donnoit à un chanteur, et il paroît bien qu'ils connaissent eux-mêmes leur faiblesse et leur manque de génie à cet égard[4] ». On leur sait mauvais gré de leurs « tons particuliers et bizarres », de leurs « chants détournés[5]. » Ce sont des corrupteurs du bon goût, du goût lulliste.

Quelle est la cause de cette conception du goût que blâment avec tant de vigueur les partisans de l'ancienne musique? A quoi faut-il attribuer l'emploi de ces « tons particuliers et bizarres », de ces « chants détournés » qui indignent Lecerf et les vieux amateurs et qui tendent de plus en plus à se généraliser dans la musique française?

Sans nul doute, ces changements, ces velléités nouvelles sont imputables à la propagation de la musique italienne, à l'infiltration en France du goût italien. Et l'italianisme va se dresser en face

de l'influence exercée par Lulli comme une force antagoniste. Il représentera, vis-à-vis de la tradition, l'esprit d'innovation et de libre recherche, et viendra bien à son heure, car le changement qui s'opère dans les esprits, à partir de la fin du xviie siècle, fournit un terrain particulièrement favorable à son extension.

De la sorte, la période préramiste se trouve remplie des luttes qui s'engagent entre les deux tendances, entre le goût français, conservateur, immobile, invoquant une tradition qui ne remonte guère d'ailleurs qu'à un demi-siècle, et le goût italien, progressiste, féru de nouveauté, irrespectueux des règles fixes, apparenté avec l'esprit frondeur, avec l'esprit de critique qui commence à poindre aux lieu et place de l'esprit de discipline et d'autorité dont le xviie siècle a connu la toute-puissance.

Trois documents nous renseignent de façon précise sur ce conflit d'idées; ce sont le *Parallèle* de l'abbé Raguenet, la *Comparaison* de Lecerf et l'article publié en novembre 1713 dans le *Mercure*. Nous voyons ainsi que les auteurs italiens, Luigi, Carissimi, Bononcini, ont « mis à la tête des modernes », tandis que l'art lulliste retire toute sa valeur, aux yeux de ses partisans, de ce qu'il est conçu en imitation des anciens. On invoque en sa faveur le naturel, la simplicité, la facilité avec laquelle il est compris du grand public, tandis qu'on reproche à l'art italien son caractère révolutionnaire, son mépris de la règle, son individualisme, sa recherche de la variété à outrance. On le trouve trop indépendant, trop indiscipliné, trop libre. Il n'est accessible qu'à un petit nombre de raffinés; sa complication l'empêche d'être apprécié du grand public.

En quoi consiste donc ce goût italien? On peut en résumer les caractéristiques de la manière suivante :

1° La mélodie italienne est plus vocale que la mélodie française; elle cherche par son contour plus flexible, par divers artifices que les *tenues*, par exemple, à faire valoir l'organe du chanteur. De même, dans la musique instrumentale, l'air vise à la sonorité et aux caresses que celle-ci dispense.

2° La musique italienne est plus savante que la musique française, en ce qu'elle emploie des tons plus chargés de dièses et de bémols, qu'elle module plus fréquemment, passant sans cesse, ainsi que le dit l'abbé Raguenet, du ♭ au ♮, qu'elle fait usage du chromatisme, qu'elle se fonde sur une harmonie plus riche, plus nourrie que la musique française[6], qu'elle multiplie les *disonances*, sans les sauver, c'est-à-dire sans les résoudre, et cela, parce qu'elle ne les conçoit pas comme dissonances.

3° L'opéra italien est tout rempli de traits de violon, de détails instrumentaux; il ne craint pas les « airs de vitesse »; il distingue nettement l'*air* du *récitatif*, et le premier prend la forme ternaire dite à *da capo*.

Si le goût italien seconde et favorise la plupart des tentatives d'innovation que nous voyons se réaliser durant la période préramiste, la musique proprement dite ne peut que gagner au développement d'un

---

1. *Mercure galant*, mars 1688, p. 317 à 322.
2. Voir notamment la Vogue dont bénéficia *Phaéton* à l'opéra de Lyon; on y venait de 40 lieues à la ronde (*Mercure galant*, mars 1688, p. 322-323).
3. Ce n'est pas à dire, cependant, que certains esprits ne manifestaient pas quelque lassitude en présence des Vieux opéras. A la foire, on chantait ferme sur l'Académie royale de musique, à laquelle on reprochait cruellement d'ignorer les airs nouVeaux.
4. Lecerf de la ViéVille, *Comparaison*, etc., 3e *Dialogue*, p. 103.
5. *Ibid.*, 1er *Dialogue*, p. 34. « Rien n'a tant gâté leurs ouvrages, dit le cheValier, et ces successeurs de Lulli, bien malheureux qu'il nous ait laissé tant de belles choses, ont échoué quand ils ont eu recours à ces délours et à ces raffinements. »
6. La musique française n'emploie que des tons simples peu chargés d'accidents. Quant à l'harmonie, elle se présente, chez Lulli, de façon très claire, très marquée, aVec des cadences bien accusées. Les Italiens, au dire de Lecerf, emploient une fausse quinte et une fausse septième; il s'agit probablement là de l'accord de 7e de sensible; ils usent aussi de l'accord de 7e diminuée, ce qui choque profondément les lullistes.

genre qui s'affirme, de plus en plus, aux côtés de la tragédie lyrique; nous voulons parler de l'opéra-ballet.

L'opéra-ballet, en reléguant au second plan l'unité
dramatique, n'est pas sans porter atteinte aux règles
imposées par Quinault et Lulli : « La tragédie lyrique, dit l'*Encyclopédie,* doit avoir des divertissements
de danse et de chant que le fond de l'action amène.
Le ballet doit être un divertissement de chant et de
danse qui amène une action et lui sert de fondement. » On saisit la différence; elle est considérable.
Alors que, dans la tragédie lyrique de Lulli, la musique seconde fidèlement la poésie motrice du drame,
dans le ballet, les rôles sont renversés, et la musique
passe en première ligne, tandis que l'action dramatique se contente d'encadrer les divertissements et les
danses et, en quelque sorte, d'en fournir une explication.

L'opéra-ballet provient du ballet de cour, mais il
consiste en un ballet de cour démocratisé, décou-
ronné de sa grandeur royale. Depuis que le souverain ne participait plus de sa personne à l'exécution
des danses, le divertissement avait émigré à l'Opéra
et s'était mêlé à la tragédie lyrique. De 1672 à 1697,
l'Académie royale de musique ne monte que neuf ballets proprement dits, c'est-à-dire ayant une existence
indépendante, depuis les *Festes de l'Amour et de
Bacchus,* de Molière, Benserade et Quinault (1672),
jusqu'à l'*Aricie* de Pic et Lacoste (1697)[1]. Il appartient
à Houdard de La Motte à Campra de transformer
ce ballet, jusque-là peu apprécié, en opéra-ballet.
« L'opéra imaginé par Quinault, déclare Cahusac, est
une grande action suivie pendant le cours des cinq
actes. Le spectacle trouvé par La Motte est un composé de plusieurs actes différents qui représentent
chacun une action mêlée de divertissements, de chant
et de danse[2]. » C'est là une « miniature piquante »,
qui devait balancer le succès du grand opéra, et
dont l'*Europe galante* offre le premier exemple. Composé de parties chantées et dansées, le ballet laisse
prédominer l'élément spectacle, au détriment de
l'intrigue dramatique; chaque acte comporte une
action spéciale, séparée; l'unité d'action n'existe plus;
elle est remplacée par l'unité de caractère.

Tantôt, en effet, les diverses « entrées » présentent
toutes un caractère météorologique, comme dans les
Saisons de Colasse, tantôt elles se relient les unes aux
autres par un même caractère ethnographique, comme
dans l'*Europe galante,* où figurent, avec leurs types
distinctifs, quatre nations européennes. De même,
les *Éléments* se composent d'autres dont chacune
est consacrée à un des quatre éléments. On pourrait
multiplier les exemples[3].

L'opéra-ballet différait encore, à un autre point de
vue, de l'opéra traditionnel : il en différait par la
nature des sujets mis en scène, car il préférait de fins
sujets sérieux ou tragiques des sujets gracieux, fantaisistes ou galants. Ainsi, l'art échappait au protocole

versaillais et tournait à la bergerie[1]. Pendant la Régence, cette évolution se marque très nettement,
et un mythologisme badin, ingénieux, d'une sensibilité un peu artificielle, se substitue à l'emphase du
xviie siècle lulliste. Tout est à la galanterie, à la pastorale galante, et ainsi, une nouvelle orientation se
dessine dans la psychologie de l'art lyrique. Cette
orientation résulte, en grande partie, du désir que
manifeste alors l'esthétique de se rapprocher de la
nature, car, du point de vue où on s'est placé, la vie
des bergers est considérée comme une vie simple,
naturelle, plus accessible et plus humaine que l'existence hautaine des héros lyriques du grand siècle.
Là-dessus, il ne saurait y avoir aucun doute; d'après
Brossard, la *pastorale* « est un chant qui imite celui
des bergers, qui en a la *douceur,* la *tendresse,* le *naturel*[5] ». Même note dans le *Dictionnaire* de J.-J.
Rousseau; la *pastorale* est « un opéra champêtre,
dont les personnages sont des bergers, et dont la
musique doit être assortie à la *simplicité de goûts et
de mœurs* qu'on leur suppose[6] ». Naturel, simplicité,
goûts champêtres, émotions douces, telles sont donc
les velléités de tendresse de ces bergeries, velléités qui
inclinent vers cette « sensibilité » qui sera tant prô-
née des philosophes. « A la pompe un peu emphatique
de Lulli, écrit M. Lavoix, succéda la sensibilité plus
émue, plus sincère peut-être, de Campra et de Destouches[7]. »

Ainsi, l'opéra-ballet, par la prépondérance qu'il
attribue à l'élément spectacle, à l'élément « divertissement », favorise le développement de la partie
purement musicale de la pièce lyrique, et en même
temps, il entraîne celle-ci dans des voies plus simples et moins escarpées que celles où se complaisait la
tragédie lulliste. Il s'efforce d'intéresser le public au
spectacle, et travaille à exprimer la « nature », nature,
en vérité, encore très conventionnelle et abstraite; s'il
échappe ainsi à l'emphase ennuyeuse de l'opéra du
xviie siècle, il tombe dans un autre travers qu'on ne
manquera pas de relever. A la pastorale galante, on
reprochera bientôt son appareil arbitraire, un peu
puéril; on lui reprochera de sacrifier l'action dramatique, et de ne s'attacher qu'à d'encombrants hors-
d'œuvre. Quoi qu'il en soit, tandis que l'influence du
surintendant et de ses doctrines représente le goût
français, goût quelque peu réactionnaire et attardé,
l'influence italienne tend à musicaliser l'opéra, au
grand désespoir des lullistes impénitents[8].

Lulli était mort le 22 mars 1687. Ses trois fils,
Louis (né en 1664), Jean-Baptiste (né en 1665) et
Jean-Louis (né en 1667), ne firent guère honneur à
son nom[9].

Jean-Louis, le plus jeune des trois, était destiné à
la musique pour recueillir les charges de son père.
Le 8 juin 1687, en effet, il devenait surintendant de
la musique du roi, et, au mois d'août suivant, il
composait, en même temps que son frère Louis, de

---

1. Voir Ch. Malherbe : *Commentaire bibliographique du t. VII des
Œuvres complètes de Rameau* (1902).
2. Cahusac, *la Danse ancienne et moderne,* III, p. 108-111.
3. Dans l'opéra-ballet, les danses présentent toujours des caractères
bien marqués; elles sont nettement caractérisées.
4. La « bergerie » se perpétua jusqu'à la Révolution, seulement les
bergers portaient alors des rubans tricolores.
5. S. de Brossard, article *Pastorale,* du *Dictionnaire de musique*
(1703).
6. J.-J. Rousseau, *Dictionnaire de musique* (1769), p. 81.
7. H. Lavoix, *la Musique française,* p. 104. — Voir aussi E. de
Bricqueville, *le Livret d'opéra français de Lully à Gluck* (1888).
8. On trouve un écho de ces doléances dans le *Journal* de Mathieu
Marais, et, en même temps, on peut y constater que les opéras de

Lulli commençaient à baisser dans la faveur de certain public : « On
joue *Persée* (novembre 1722), et le goût est si tombé qu'on ne trouve
plus les opéras de Lulli bons, et qu'on leur préfère de petits ballets
propres pour la Foire ou les Danseurs de corde. » — Marais accusait
en outre Mme de Prie de jeter la France dans le goût de la musique
italienne : « Elle protège les La Motte et tous les autres censeurs d'Homère; il ne reste plus qu'à nous dégoûter de Molière et de Lulli, et
voilà la France dans le bel état du côté des sciences et des lettres. Il
ne faut qu'une femme pour tourner la tête à tout un siècle. » (*Journal
et Mémoires de Mathieu Marais,* II, p. 369.) — Ceci montre bien que
l'influence italienne, dont Mme de Prie était une ardente protagoniste,
représentait alors la tendance moderne, à l'encontre du classicisme.
9. Voir J. Écorcheville, *Lulli gentilhomme et sa descendance,* tirage
à part d'une série d'articles parus dans la *S. I. M.* en 1911.

la musique pour une fête donnée à Anet, chez Ven-dôme. Chacun des deux Lulli écrivait, à cette occa-sion, une *Idylle* en musique; puis, en collaboration, ils composent l'opéra de *Zéphire et Flore*[1], qu'ils dédient au roi, et que suit bientôt un *Epithalame* pour les noces du prince de Conti et de Mlle de Bour-bon. Enfin, Jean-Louis, seul cette fois, illustre la fête de Chantilly de 1688 d'un ballet champêtre, et meurt le 23 décembre de la même année. Ce fut La-lande qui recueillit la charge de surintendant laissée vacante par sa mort[2].

Louis n'était qu'un mauvais sujet que son père fit interner à Charenton, et qu'il déshérita; mais un codicille du 15 mars 1687 le rétablit dans ses droits. Toute sa vie, Louis Lulli accumula dettes et prodiga-lités; il trouva cependant le temps de faire de la musique, ou du moins d'en faire écrire sous son nom. Le 4 avril 1690, il dédiait au roi son opéra d'*Orphée*, et se voyait condamné, sur les instances de Ballard, à en payer les frais d'impression. Puis, après avoir mis en musique une idylle et une églogue destinées aux fêtes d'Anet de 1691, il donnait, le 3 février 1693, en collaboration avec Marin Marais, un autre ou-vrage, *Alcide*, dont Campistron avait écrit le livret. Au début de 1695, il travaillait à la *Clytemnestre* du même Campistron, de concert avec Desmarets, mais cet opéra ne fut pas achevé. Louis Lulli mourut le 1er avril 1734.

Le 18 mai 1687, les héritiers de son frère Jean-Louis et lui avaient été condamnés à payer 800 livres à un maître de musique nommé Vignon qui aurait composé la musique du *Divertissement d'Anet* et de *Zéphire et Flore*. La supercherie de Jean-Louis et de Louis se trouvait ainsi dévoilée. Quant à Jean-Baptiste, que l'on destinait d'abord à l'état ecclésias-tique, il reçut (1678) l'abbaye de Saint-Hilaire, près Narbonne, puis (1687) celle de Saint-Georges-sur-Loire. Il portait encore les titres d'abbé de Saint-Médard (Loiret) et d'aumônier de Monsieur, frère unique du roi. Il supporta le lourd héritage de son père en obtenant, le 2 février 1696, la surintendance de la musique royale devenue vacante par la mort de J.-B. Boësset, charge qu'il conserva jusqu'en 1719. Le 25 octobre 1696, il faisait représenter devant le roi, à Fontainebleau, la pastorale du *Triomphe de la Raison sur l'Amour*, composée à l'instigation de Mme de Maintenon pour offrir au souverain un divertissement moral, pastorale qui semble devoir être attribuée à Campra. En 1707, un *Concert* pour le souper du roi parait sous son nom, et en 1721, il « composa exprès » de la musique à l'occasion d'une fête donnée par M. de Vendôme.

En réalité, les trois fils de Lulli n'étaient que des incapables. Un mémoire rédigé en 1768 déclare que Jean-Baptiste « savait à peine la musique[3] ». Lulli avait donc été sagement inspiré en stipulant, dans son testament, que son secrétaire Colasse resterait attaché à ses fils, moyennant une pension de 100 li-vres et un logement. Mais les prévisions du Floren-

tin se virent déjouées par la brouille qui sépara ses enfants.

Laissons donc les fils Lulli, mauvais musiciens, faus-saires et chicaneurs, pour en venir à l'élève préféré de leur père, Pascal Colasse.

Pascal Colasse ou Collasse[4], baptisé à Reims le 22 janvier 1649, et qui, d'après Jal, s'appelait vrai-semblablement Colas, fit son éducation musicale à la maîtrise de Saint-Paul, et la termina au collège de Navarre. Pris en amitié par Lulli dès 1675, il travailla avec lui à la composition de ses opéras[5] et, à la suite du concours de 1683, il obtint une des quatre places de maître de la musique de la chapelle du roi. En 1685, Colasse, très protégé par Lulli, reçoit la charge de compositeur de la musique de la chambre, conjointe-ment avec Lalande[6], puis celle de maître des enfants de la musique, qu'il conserva jusqu'à la fin de sa vie. A la mort de Lambert et Lulli, Colasse recueillit leur lourde succession et fut chargé de mettre à la scène les opéras posthumes du Florentin. C'est en août 1696 que, d'après le *Mercure*, Colasse obtint la place de Lambert. Le 7 novembre 1689, il avait épousé Blaisine Hérain, fille du dessinateur ordinaire de la chambre et du cabinet du roi. Il tenta de fonder un opéra à Lille, en 1696, mais un incendie détruisit cet établis-sement, et Colasse, pris d'une sorte de folie, acheva de se ruiner en cherchant la pierre philosophale. Il mourut à Versailles, le 17 juillet 1709. Depuis la fin de l'année 1698, Colasse recevait de Francine une pension de 1,000 écus[7], et par brevet du 1er avril 1704, le roi lui faisait une pension de 900 livres[8].

Outre ses *Cantiques spirituels* écrits en 1695, Co-lasse a laissé dix ouvrages lyriques : *Achille et Po-lyxène*, en collaboration avec Lulli, qui a composé l'ouverture et le 1er acte (7 novembre 1687), *Thétis et Pélée* (11 janvier 1689), *Enée et Lavinie* (16 décembre 1690), *Astrée et Céladon* (28 novembre 1691), le *Ballet de Villeneuve-Saint-Georges* en 3 entrées (1er septem-bre 1692), *les Saisons* (ballet en 4 actes et prologues, 18 octobre 1695), *Jason ou la Toison d'or* (janvier 1696), *la Naissance de Vénus* (pastorale, 1er mai 1696), *Ca-nente* (4 novembre 1700), *Polyxène et Pyrrhus* (21 octo-bre 1706). On a encore de lui la pastorale d'*Amarillis* et le *Divertissement de Livry*. Naturellement, la tra-gédie lyrique de Colasse est conforme au modèle de Quinault et Lulli; elle comporte 5 actes précédés d'un prologue; naturellement aussi, et en raison des rapports qui s'étaient établis entre Colasse et Lulli, on accusa le premier de plagiat, et J.-B. Rousseau ne manqua pas de décocher à ce propos au pauvre musi-cien ses traits les plus perfides[9]. Sans doute Colasse, grâce à sa longue fréquentation des ouvrages du Florentin, s'en était tout à fait assimilé la manière, mais il a montré dans certaines de ses tragédies lyri-ques des qualités personnelles, et de plus, il prit toujours soin de rendre à Lulli ce qui était à Lulli. C'est ainsi que, dans la préface des *Saisons*, il déclare qu'il reconnaît avec admiration que tout ce qui est de M. de Lulli ne doit souffrir aucun mélange, et en

1. *Zéphire et Flore* fut représenté jour pour jour à l'anniversaire de la mort de Lulli (*Mercure*, mars 1688, p. 324).

2. Le 9 janvier 1689.

3. Arch. nat., O¹, 842.

4. Sur Colasse, Voir Titon du Tillet, *Parnasse français*, p. 518. — Durey de Noinville, *Histoire de l'opéra*, II, p. 5. — *Histoire de l'Aca-démie royale de musique*, I., p. 213, 214. — Jal, *Dictionnaire critique*. — Campardon, *l'Académie royale de musique au dix-huitième siècle*, I, p. 138. — Introduction de *Thétis et Pélée* dans la collection Michaëlis (*Chefs-d'œuvre de l'opéra français*). — A. Pougin, *l'Orchestre de Lulli* (*Ménestrel*, 23 févr. 1896). On consultera aussi les *Mémoires* de Dangeau, II, p. 69, 296, 332; III, p. 435, et VI, p. 471 (édition F. Didot).

5. D'après Titon du Tillet, *loco cit.*, Lulli employait Colasse à écrire les parties intermédiaires de ses chœurs. De son côté, Parfaict, dans son *Histoire de l'Académie royale de musique* (p. 214), raconte que « Colasse écrivait la haute-contre, la taille et la quinte dans les sym-phonies de Lulli ».

6. Le brevet du 8 janvier 1685. Arch. nat., O¹, 29, f° 38.

7. Cf. Dangeau, VI, p. 471.

8. Arch. nat., O¹, 48, f° 53.

9. L'animosité de J.-B. Rousseau se manifesta, en 1696, à la suite de la chute de *Médée et Jason*, dont cet auteur avait écrit les paroles.

publiant la *Naissance de Vénus*, il écrit un avertissement dans lequel il déclare franchement avoir emprunté à son maître treize morceaux de symphonie. Néanmoins, l'accusation de plagiat pesa sur toute la vie de Colasse et ne fut pas sans déprimer ses facultés. Son opéra de *Thétis et Pélée*, dont Fontenelle avait fourni le livret, resta soixante-cinq ans au répertoire ; il est vierge d'emprunts lullistes et contient trois scènes qui accusent nettement le talent personnel de Colasse : l'entrée de la Nuit, la *Tempête* et l'acte du *Destin*.

La *Tempête* de *Thétis et Pélée* apporte au préramisme un de ses premiers jalons ; elle précède celle de l'*Alcyone* de Marais, et constitue le modèle de toutes les pièces analogues qui naîtront innombrables, dans la musique du XVIIIe siècle. Elle dépasse de

beaucoup, par son développement, celles qu'a tracées Lulli, et elle enveloppe fort habilement un beau récit de Neptune. C'est là une de ces « symphonies » qui caractérisaient d'une façon un peu automatique et conventionnelle certaines situations générales ; il y avait des symphonies de *tempête*, de *fureur*, de *calme* et de *repos*. Colasse a employé le tambour, qu'il place dans la coulisse et dont l'intervention est spécifiée de la façon suivante : « On entend ici une tempête : on se sert d'un tambour pour imiter le bruit des vents et des flots, en frappant doucement quand le dessus est bas, et fort quand il est haut. »

Cette tempête (*allegro non troppo*) débute comme il suit, en *ut* majeur, par des battements pianissssimo de tonique, qui laissent peu à peu s'élever la houle des triolets en doubles croches :

Progressivement, la figuration se complique et s'agite ; on voit surgir dans le ton mineur des gammes rapides en triples croches par mouvements contraires simulant des lames qui déferlent :

Quant au *chœur* et à la *marche* des prêtres du Destin (acte III), ils se déploient avec une pompe grandiose et sévère qui égale celle des plus majestueuses pages de Lulli.

Ajoutons que la tessiture est fort élevée, et que le rôle de Pélée exige une voix de ténor haute et claire. L'opéra avait, du reste, remporté un grand succès, et le *Mercure* déclarait que « les endroits qui demandent une belle musique, dans cet opéra, sont si bien poussés, qu'il est impossible de faire mieux[1] ».

La principale originalité du musicien consiste dans son instrumentation. En raison même des fonctions qu'il occupait auprès de Lulli, il se trouvait particulièrement bien placé pour connaître les ressources de l'orchestre, et son œuvre témoigne, à cet égard, d'un réel mérite.

C'est ainsi que la partition de *Thétis et Pélée* comporte en plusieurs endroits des combinaisons variées de violons et de flûtes. Colasse emploie tantôt les flûtes comme instruments de dessus ; il les fait alors accompagner par les violons ; tantôt il les traite en duo, tantôt il leur substitue les violons seuls, réalisant de la sorte trois types bien distincts d'instrumen-

tation. Il a le sentiment des timbres, et même des timbres rares, intercalant, par exemple, dans la fête de Bacchus d'*Enée et Lavinie* (acte III, scène 4), des cromornes comme instruments intermédiaires entre les hautbois et les bassons. Enfin, il connaît le mélange des timbres obtenu en faisant sonner à l'unisson des instruments de familles différentes, et par là, se montre un véritable initiateur des procédés de l'orchestration moderne.

Toutefois il n'y a rien, chez Colasse, qui ne rentre dans le cadre lulliste. Charpentier, au contraire, dans sa *Médée* (4 décembre 1693), a essayé de se libérer, en partie, de ce cadre[3]. « On entendait dans la coulisse un chœur ; les airs étaient assez développés ; il y avait un remarquable duo d'amour et une grande scène où l'enfer obéit à la voix de Médée[4] ; de plus, de nombreux divertissements symphoniques dénotent un meilleur musicien que Lulli, mais le poème, dû à Thomas Corneille, ne pouvait que desservir le compositeur, dont les grandes qualités dramatiques se seraient certainement développées sans la jalousie de Lulli, qui lui fermait l'accès de l'opéra[5].

1. *Thétis et Pélée* (édition Michaëlis), acte II, scène 9.
2. *Mercure*, février 1689. De son côté, Dangeau (II, p. 332) rapporte que lors d'une représentation de *Thétis et Pélée* donnée à Trianon, le 16 février 1689, le roi et la dauphine furent fort contents de la musique et en félicitèrent Colasse.

3. G. Chouquet, *Histoire de la musique dramatique en France*, p. 325. Sur Charpentier, voir troisième partie.
4. Chouquet, *loco cit.*, p. 123-123.
5. M. Brenel. *Notice sur Charpentier* (Concerts spirituels publiés par la *Schola Cantorum*). Les grandes qualités de Charpentier avaient été quelque peu méconnues de ses contemporains ; c'est ainsi que

Henri Desmarets[1], lui, appartient bien à la famille des musiciens lullistes. Né à Paris vers 1659[2] et élevé dans le corps des pages de la musique du roi sous la direction de Robert et de Dumont, il prit part au concours de 1683 pour obtenir une des quatre places de maître de la chapelle; mais, quoique le motet qu'il fit chanter à cette occasion parût excellent, il fut éliminé en raison de son âge; en guise de compensation, Louis XIV lui octroya une pension de 900 livres. Desmarets désirait beaucoup se rendre en Italie, lorsque Lulli persuada au roi que le jeune musicien perdrait infailliblement dans ce pays « l'excellent goût qu'il avait pour la musique française »; aussi fut-il invité à ne point quitter la France. On raconte[3] que Desmarets composa beaucoup de motets, dont un certain nombre parurent sous le nom de Goupillet, et que Louis XIV, ayant découvert la supercherie, défendit à ce dernier de se montrer à la cour[4]. On dit aussi qu'il remplit les fonctions de maître de musique des Jésuites de la maison professe. Veuf d'Elisabeth Desprets ou Des Prés, Desmarets enleva à. Senlis la fille du président de l'élection, Marie-Marguerite de Saint-Gobert, qu'il épousa secrètement. Poursuivi en justice, il fut condamné à mort et obligé de se sauver à Bruxelles, avec une lettre de recommandation que son ancien camarade aux pages, le chanteur Matho, lui avait obtenue du duc de Bourgogne pour Philippe V, roi d'Espagne. Nommé surintendant de la musique de ce souverain, Desmarets partit pour l'Espagne vers 1700, y demeura 6 ou 7 ans, puis vint se fixer en Lorraine, où, en 1708, il touchait 2,000 livres pour diriger la musique du duc Léopold; il faisait alors chanter à Nancy et à Lunéville divers divertissements, dont le Temple d'Astrée (9 novembre 1709) et une Pastorale où figurèrent les princes de Lorraine (1721). A l'occasion du mariage de la princesse Elisabeth-Thérèse avec le roi de Sardaigne (mars 1737), Desmarets composa encore un motet et un Te Deum, et, d'après M. Jacquot, conserva sous le règne de Stanislas Leckzinski les fonctions qu'il occupait sous son prédécesseur François III.

Le Parlement, en 1722, avait examiné l'affaire de Desmarets et déclaré son mariage valable; réhabilité, le musicien reçut une pension du régent et termina sa carrière en Lorraine, où il mourut à Lunéville, le 7 septembre 1741, âgé de 82 ans.

Outre les divertissements, motets et pièces de circonstance qu'il écrivit en Lorraine, Desmarets a composé huit opéras et une idylle sur la naissance du duc de Bourgogne (1682).

En voici l'énumération : Didon (juin ou septembre 1693), Circé (1er octobre 1694), Théagène et Chariclée (12 avril 1693), les Amours de Momus, opéra-ballet (25 mai 1695), Vénus et Adonis (17 mars 1697), les Fêtes galantes (10 mai 1698), ballet en 3 entrées et prologue, Iphigénie en Tauride, avec Campra (6 mai 1704), Renaud ou la suite d'Armide (5 mars 1722).

Dans son ensemble, l'œuvre de Desmarets reflète fidèlement l'influence lulliste. A propos de Théagène et Chariclée, Louis-François Ladvocat, conseiller du roi et maître ordinaire de la chambre des comptes, qui suivait avec grande attention les spectacles de Paris, écrivait : « On se persuade que la musique est prise ou imitée de Lulli[5]. » Seulement, les livrets sur lesquels travaillait le musicien, et dont les auteurs s'appelaient Mme Gillot de Sainctonge, Duché et l'abbé Pellegrin, ne valaient pas ceux de Quinault. C'étaient, en général, de mauvais poèmes, de lourdes tragédies encombrées d'interminables récits et aussi mal disposées que possible pour la musique. Desmarets n'en eut que plus de mérite à écrire des ouvrages solides, sinon très originaux.

Dès son début, il affirme de sérieuses qualités. Les récits de Didon sont pleins de franchise et de vigueur, d'une déclamation très sûre et très juste; les chœurs sonnent bien, dans une harmonie claire, moins compacte que celle de Lulli; les airs de ballet ont beaucoup de grâce. On peut signaler, au IIe acte, l'air de Jarbe, et le beau monologue de Didon, à la fin du IIIe acte. Comme chez Lulli, il y a ici de la grandeur et une parfaite noblesse de tenue. Parfois, l'imitation ne se borne pas à des caractéristiques générales de style; elle se fait plus précise : c'est ainsi que la scène 2 du IIIe acte de Circé (sommeil d'Ulysse) s'inspire évidemment du sommeil de Renaud dans l'Armide de Lulli; mais Desmarets possède une énergie concentrée, une vigueur soutenue, que n'a pas toujours le Florentin. L'évocation magique de Circé, au IVe acte de cet opéra, témoigne hautement de la puissance du musicien. Il excellait aussi dans les mélodies bien en dehors, « très chantantes », qu'il confiait aux solistes, et dont Ladvocat nous entretient avec éloges. Vénus et Adonis réussit également auprès des connaisseurs, quoique, d'après le chevalier des Dialogues de Lecerf de la Viéville, les roulements y fussent un peu trop fréquents[6].

Desmarets collabora avec Campra dans son Iphigénie en Tauride, qu'il avait laissée inachevée au moment de son départ pour la Belgique. Le prologue et les deux dernières scènes du Ve acte sont de Campra, le reste appartient en propre à Desmarets, et la marche des Scythes (acte I), ainsi que la scène de la fureur d'Oreste (acte II), sont de bons exemples de la ferme écriture du musicien.

A côté de Desmarets, citons son ami le Breton Jean-Baptiste Matho, un chanteur distingué de la musique du roi, où nous le voyons figurer en 1699; le duc et la duchesse de Bourgogne apprenaient avec lui la musique, et la dauphine l'avait choisi comme professeur de chant[7]. Matho, rapporte le Mercure galant, jouissait d'une grande réputation pour sa manière de chanter et pour sa science de la musique. Chargé d'enseigner son art aux enfants de France,

1. Lecerf de la Viéville déclare qu' « on ferait un tort criant à Colasse, qui est quelquefois froid et gêné, mais qui est excellent quand il l'ait bien », en lui comparant Charpentier. (Lecerf de la Viéville, Comparaison, IIIe partie, p. 138.)

1. Sur Desmarets, consulter : Titon du Tillet, Supplément au Parnasse français, 1743, p. 753 et suiv. — Durey de Noinville, loco cit., II, p. 11 et suiv. — Castil-Blaze, l'Académie impériale de musique, I, p. 60. — Biographie Michaud. — A. Jacquot, la Musique en Lorraine. — M. Brenet, Desmarets, un compositeur oublié du dix-septième siècle (Ménestrel, 1883, nos 39 à 42). — A. Jacquot, Réunion des Sociétés des Beaux-Arts des départements, 1903, p. 682.

2. A. Jacquot, Réunion des Sociétés des Beaux-Arts des départements, loco cit.

3. Biographie Michaud, p. 521, 522.

4. Il est inexact que Louis XIV ait donné à Desmarets la place de Goupillet, comme l'a écrit Marpurg (Kritische Beiträge, II, p. 237). Sur les indélicatesses commises par Goupillet, voir Lecerf de la Viéville, IIIe partie, Discours sur la musique d'église, p. 146.

5. Lettre du 16 avril 1695. Voir le Mercure musical du 15 décembre 1905.

6. Lecerf de la Viéville, Comparaison, etc., 3e Dialogue, p. 97-98.

7. Sur Matho, voir notre ouvrage : l'Académie de musique et le Concert de Nantes à l'hôtel de la Bourse, p. 77 et suiv.

Matho mourut à Versailles le 16 mars 1746. Il laissait, outre plusieurs pièces de musique religieuse dont un *Nisi Dominus* que conserve la Bibliothèque de Versailles, un divertissement, le *Ballet de la jeunesse*, composé en collaboration avec Alarius (Hilaire Verloge), et représenté à Versailles en 1686, les tragédies de *Coronis* (1692), *Philémon et Baucis* (1703) et *Arion* (1714). Il écrivit aussi le *Ballet des Tuileries* et une comédie-ballet en un acte représentée à Chastenay en présence de la duchesse du Maine, et intitulée le *Prince de Cathay* (1704). On trouvait sa musique « extrêmement gracieuse et de bon goût ». « Tout, disait le *Mercure*, est fort travaillé et bien suivi ; son chant touche, sa symphonie est bien entendue, et ses chœurs sont agréables et bien remplis[1]. » Malgré tant de mérites, nous devons ranger Matho dans la catégorie des imitateurs de Lulli et de Campra.

En Marin Marais[2] nous trouvons un artiste qui s'ingénie à faire profiter la tragédie lyrique des progrès réalisés par la musique instrumentale. Il naquit à Paris, le 31 mars 1656, et fut élève de Sainte-Colombe pour la viole[3], dont, au dire d'Hubert Le Blanc, il jouait « comme un ange ». Titon du Tillet déclare de son côté « qu'il porta la viole à son plus haut degré de perfection ». Il travailla également avec Hottman, et Lulli lui enseigna la composition. Entré en 1685 comme violiste à la chapelle royale, il occupait encore cette charge en 1727, pour le semestre de janvier[4]. D'après Durey de Noinville, il se retira quelque temps avant sa mort rue de Lourcine, et donnait des leçons de viole dans une salle située rue du Battoir, dans le quartier Saint-André-des-Arcs[5]. Il mourut le 15 août 1728, dans sa 73° année, et fut inhumé à Saint-Hippolyte.

Marié à Catherine Damicourt, Marais en avait eu dix-neuf enfants ; trois de ses fils furent d'excellents joueurs de viole[6].

Marin Marais n'a pas seulement laissé d'intéressantes pièces pour la viole ; il s'est encore attaqué à la tragédie lyrique, qu'il a conduite hors des voies que Lulli lui faisait suivre. Sans doute, ses récits, comme ceux de Colasse et de Desmarets, sont écrits à l'imitation de ceux de Lulli, avec le même respect minutieux de la prosodie, et aussi avec la même monotonie. Marais ignore les audacieuses et expressives modulations qu'Alexandre Scarlatti dispose dans les récits de ses œuvres lyriques, et dont la manière pénétrera peu à peu en France avec la *Cantate italienne*, mais ses *Airs* atteignent à une bien plus grande liberté que ceux de Lulli et à plus de vérité dramatique[7] ; enfin, l'instrumentation présente de curieuses particularités.

Son bilan dramatique se compose des quatre tragédies lyriques d'*Alcide* (3 février 1693), d'*Ariane et Bacchus* (8 mars 1696), d'*Alcyone* (18 février 1706) et de *Sémélé* (9 avril 1709).

Alcide (paroles de Campistron) n'eut guère de succès. L'*Histoire* manuscrite de Parfaict juge la pièce sévèrement : « Le sujet est fort triste, mal conduit, et la versification peu lyrique. » C'est surtout dans *Alcyone*, dont Houdard de La Motte avait fourni les

paroles et qui fut reprise cinq fois en 1719, 1730, 1741, 1757 et 1771, que se trouvent les épisodes symphoniques qui consacrèrent la réputation de Marais. Marais a véritablement l'intuition du coloris instrumental ; il sait non seulement faire mouvoir les voix avec une grande franchise et une grande liberté d'allure, mais encore et surtout, il détache les parties instrumentales des parties vocales ; il ne les laisse plus, comme Lulli, suivre un peu servilement celles-ci, et leur donne des fonctions indépendantes. Le chœur du 1er acte : « Que rien ne trouble plus une fête si belle, » montre bien l'innovation réalisée par Marais dans l'écriture de la symphonie d'accompagnement.

De plus, les parties instrumentales s'enrichissent des acquisitions les plus récentes, et notamment de la contrebasse, introduite en 1700 à l'orchestre, par Montéclair. Marais emploie le tambour dans l'orchestre même, au cours de la fameuse tempête du IV° acte d'*Alcyone*, tempête qui fait époque dans l'histoire de l'instrumentation.

Avant d'aller plus loin, nous croyons nécessaire de formuler ici une observation générale à l'égard de l'instrumentation des ouvrages lyriques de la période préramiste. Il importe, en effet, de n'aborder cette question de l'instrumentation qu'avec une extrême réserve, car les éditions originales des opéras ne fournissent le plus souvent, à cette époque, que de très sommaires indications en ce qui concerne la distribution des parties symphoniques entre les divers timbres de l'orchestre. D'ordinaire, les partitions imprimées ou gravées présentent seulement un simple canevas sous la forme d'un duo ou d'un trio (un ou deux dessus et la basse chiffrée). C'est sous cette forme de partition réduite, très points analogue à celle de nos réductions de partitions modernes pour piano et chant, que l'éditeur Ballard présentait au public les ouvrages contemporains. Il appartenait au chef d'orchestre ou au copiste d'effectuer, au moyen de ce canevas, la réalisation de la symphonie. Nous avons vu, ainsi, Colasse faisant le « remplissage », c'est-à-dire écrivant les parties intermédiaires dans les chœurs et les symphonies de Lulli. C'était donc au moment de l'exécution qu'on procédait à la réalisation du schéma musical fourni par l'auteur.

Lorsqu'il s'agissait de la symphonie accompagnant les chœurs, cette réalisation comportait généralement le doublement des parties vocales par les divers représentants de la famille des violons. Pour les symphonies proprement dites, les indications de la basse chiffrée, jointes aux mentions de l'auteur, telles que : violons, flutes, hautbois, etc., apportaient au praticien chargé de l'instrumentation les éléments nécessaires à la réalisation de celle-ci.

Notons, en outre, que l'orchestre de l'Opéra, au point de vue des instruments à archet, se subdivisait en deux parties : le *petit chœur* comprenant deux dessus de violon, les meilleures basses et le clavecin d'accompagnement tenu par le « maître de musique », et chargé de soutenir les récits et les airs ; et le *grand*

---

1. *Mercure galant*, mai 1688, 1re partie, p. 204-208.

2. Sur M. Marais, consulter : Titon du Tillet, *le Parnasse français*, p. 624. — Parfaict. *Histoire de l'Académie royale de musique*, I, p. 381-382. — Durey de Noinville, II, p. 9. — Hubert le Blanc, *Défense de la basse de viole*, p. 59. — La Borde, *Essai sur la musique*, III, p. 449. — Eitner, *Quellen Lexikon*, IV, p. 307. — M. Brenet, *les Concerts en France sous l'ancien régime*, p. 100-101. — H. Lavoix, *Histoire de l'instrumentation*, p. 221-222.

3. C'est Sainte-Colombe qui ajouta une 7e corde à la basse de Viole.

4. *État de la France*, 1727, I, p. 413.

5. *Le Livre commode des adresses de Paris pour 1692* (I, p. 209) le fait habiter, à cette époque, rue Quincampoix.

6. Son fils Rolland Marais a donné en 1735 un livre de pièces pour la Viole (annonce du *Mercure* de décembre 1734). Sur la musique instrumentale de Marais, Voir la troisième partie de cette étude.

7. Voir A. Reissmann, *Christoph Willibald von Gluck*, Leipzig, 1882.

chœur, composé des parties secondaires de violon (quintes et tailles), ainsi que du reste des basses, et destiné à nourrir, à grossir, comme dans le *Concerto grosso*, les ensembles, les danses, etc.

Les partitions lyriques et manuscrites de la Bibliothèque de l'Opéra présentent, à ce point de vue, un très grand intérêt, car elles permettent de saisir sur le vif, non seulement les réalisations symphoniques pratiquées sur les partitions originales, mais encore les avatars successifs de ces partitions, lors des reprises auxquelles les opéras donnèrent lieu. On conçoit,

dès lors, qu'on ne saurait montrer trop de prudence dans l'attribution à tel ou tel compositeur d'une de ces réalisations. Certaines d'entre elles sont très postérieures aux ouvrages originaux, et les auteurs n'y sont pour rien.

Nous trouvons un excellent exemple de semblables transformations dans la tempête d'*Alcyone*.

La partition originale[1] de ce morceau symphonique le note à trois parties, d'après le dispositif suivant qui indique les instruments chargés de la réalisation :

Sur cette partition originale, une mention manuscrite : *A 5*, montre que l'instrumentation devait comprendre cinq parties ; de plus, on avait modifié les trémolos en doubles croches pratiqués par les basses, et même ceux qu'effectuaient les violons. Au lieu de faire des battements égaux, on cherchait un effet plus saccadé, qu'on notait de la façon suivante :

Enfin, une modification était apportée à l'instrumentation indiquée sur la partition originale ; on a effacé au crayon rouge la mention : *basse de violons*, pour la remplacer par : *violoncelles ;* de même, on a remplacé celle qui porte : *contrebasse, bassons et B.*

C. par celle-ci : *contrebasse, clavecin, violes et bassons.* Bien plus, lors d'une reprise de l'ouvrage, on a ajouté une partie de flûte, qui fut effacée par la suite. C'est probablement à cette addition que se réfère la description donnée par Clément et l'abbé de la Porte, lorsqu'ils écrivent : « On y admire surtout une tempête qui fait un effet prodigieux. Un bruit sourd et lugubre, s'unissant avec les *tons aigus des flûtes* et autres instruments, rend toute l'horreur d'une mer agitée et le sifflement des vents déchaînés[2]. »

Il existe à la Bibliothèque de l'Opéra une autre partition manuscrite in-folio qui présente la réalisation complète de la symphonie et qui paraît dater de 1730 (date de la deuxième reprise d'*Alcyone*). Voici de quelle façon la tempête y est écrite[3] :

---

1. Cette partition porte la cote 71 B (in-4° obl.).

2. *Anecdotes dramatiques*. III. p. 320.
3. Ms. in-f°, sans date (Bibl. de l'Opéra), n° 71).

Ici, on le voit, la réalisation est complète, et c'est sans doute celle-ci que M. Lacroix avait sous les yeux lorsqu'il écrivait : « La basse de viole suit le mouvement harmonique de la basse à l'octave ou à la double octave, dans un rythme saccadé et vigoureux. De temps en temps, elle est chargée d'un dessin oblique, gammes rapides descendantes sur un deuxième renversement de l'accord de 7e de dominante. La taille dessine le même rythme; la haute-contre des violons tantôt marche à la tierce supérieure de la taille, tantôt à la tierce inférieure des dessus, tandis que les premiers violons, dans la région aiguë, simulent les sifflements de la tempête. Un beau chœur de matelots,

soutenu par la même instrumentation, complète ce tableau, durant lequel on entend un roulement ininterrompu de tambour[1]. »

Cette introduction du tambour dans la tempête d'*Alcyone* avait fait sensation : « Marais, raconte Titon du Tillet, imagina de faire exécuter la basse de sa tempête non seulement sur les bassons et les basses de violon, à l'ordinaire, mais encore sur des tambours *peu tendus* qui, roulant continuellement, forment un bruit sourd et lugubre, lequel, joint à des *tons aigres et perçants* pris sur le haut de la

---

1. H. Lavoix, *Histoire de l'instrumentation*, p. 221-222.

chanterelle des violons et sur les hautbois, font
sentir ensemble toute la fureur d'une mer agitée et
d'un vent furieux qui gronde et qui siffle[1]. »

Il convient de remarquer les détails d'instrumentation qui sont donnés ici ; on nous dit que, « comme
à l'ordinaire », les bassons soutiennent les basses
d'archet; de même les dessus de violon sont doublés
par les hautbois, et nous constatons le même dispositif dans la plupart des symphonies de l'époque
préramiste et même dans les ouvrages de Rameau.
Hautbois et bassons marchent le plus souvent avec
le groupe des instruments à archet, dont ils doublent
les dessus et les basses[2].

La partition d'Alcyone, au cours de sa longue carrière, a subi bien des avatars dont l'histoire a été
narrée par M. de Lajarte[3]. Signalons en particulier
l'une des additions faites, lors de la reprise d'a-
vril 1771. On peut lire sur la partition de la Bibliothèque de l'Opéra, au chœur lent de Phorbas et
Ismène : « Après ce chœur, mettre l'air de démons
en mi et à deux temps, viste, du VIe acte de Scilla et
Glaucus de M. Leclerc, et le chœur qui suit cet air. »
Nous retrouverons plus loin l'opéra de Jean-Marie
Leclair auquel on avait emprunté cette addition.

Colasse, Desmarets et Marais ont surtout cultivé
la tragédie lyrique en cinq actes et prologue ; mais les
deux premiers se sont aussi essayés dans le ballet,
Colasse avec le Ballet de Villeneuve-Saint-Georges et
les Saisons, Desmarets avec les Fêtes galantes.

Le flûtiste Michel de la Barre[4] suivit leurs traces en
donnant à l'Académie royale une ballet et une comédie-ballet, composés tous deux par Houdard de La
Motte, le Triomphe des Arts, en cinq entrées (16 mai
1700[5]), et la Vénitienne, comédie-ballet en trois actes
et prologue (26 mai 1705[6]), mais il dut à son librettiste une meilleure disposition que celle des ouvrages
de ses prédécesseurs, et ses ballets ont quelque chose
de moins traînant et de mieux coordonné. Il appartenait à Campra, avec le concours du même poète,
de rénover ce genre et d'orienter la production lyrique vers des ouvrages de demi-caractère.

André Campra[7] naquit à Aix-en-Provence, où il
fut baptisé le 4 décembre 1660 ; il descendait d'une
famille piémontaise fixée en Provence, et fit ses
premières études musicales à la maîtrise de l'église
Saint-Sauveur d'Aix, sous la direction de Guillaume
Poitevin. D'après Fontenai, il aurait composé à 17 ans
un Deus noster refugium de réel mérite. Successivement maître de musique à Arles (1681) et à Toulouse,
où il séjourna de 1683 à 1694, et où il lui arriva une
curieuse aventure que rapporte Jal[8], il fut appelé
à Paris, en cette dernière année, et reçu maître de
musique de Notre-Dame, le 21 juin 1694, à la place
de Jean Mignon ; il ne passa point, comme on l'a dit,
par la maison professe des Jésuites avant d'entrer au
chœur de la cathédrale[9].

Dévoré de la fièvre du théâtre, Campra, qui avait
fait la connaissance d'Houdard de La Motte, donna
alors sous le nom de son frère Joseph, modeste symphoniste de l'Opéra, un opéra-ballet, l'Europe galante
(24 octobre 1697), dont le succès fut immédiat et triomphal. Deux ans après, le Carnaval de Venise (28 février 1699) emportait encore tous les suffrages, et, en
dépit du soin que Campra prenait à se cacher, nul
n'avait été dupe de la supercherie endossée par son
frère, témoin le quatrain suivant :

> Quand notre archevêque saura
> L'auteur du nouvel Opéra
> Monsieur Campra décampera.
> Alleluia!

Le 13 octobre 1700, Campra se décide à quitter la
maîtrise de Notre-Dame, et s'adonne alors exclusivement au théâtre. Nommé maître de la chapelle royale
(1722) et chargé par le prince de Conti de sa musique,
il devint aussi maître des pages et compta André
Philidor parmi ses élèves. Après une longue et laborieuse carrière, il mourait à Versailles, le 29 juin
1744, et fut enterré à la grande Paroisse[10].

Campra a laissé une abondante littérature lyrique;
outre ses Motets et ses Cantates, dont nous parlons
ailleurs[11], il a composé des tragédies lyriques, des
opéras-ballets et des divertissements pour les spectacles de la Cour. Voici un aperçu de cette production : l'Europe galante, opéra-ballet (24 octobre 1697),
le Carnaval de Venise, opéra-ballet (28 février 1699),
Hésione, tragédie (21 décembre 1700), Aréthuse ou la
Vengeance de l'Amour, ballet (14 juillet 1701), les
Fragments de Lulli (pastiche) (10 septembre 1702),
Tancrède, tragédie (7 novembre 1702), le Ballet des
Muses (28 octobre 1703), Iphigénie en Tauride (en collaboration avec Desmarets) (6 mai 1704), Télémaque
(pastiche) (11 novembre 1704), Alcine, tragédie (15
janvier 1705), Hippodamie, tragédie (6 mars 1708),
les Fêtes vénitiennes, comédie-ballet (17 juin 1710),
le Triomphe de la Folie (1711), Idoménée, tragédie (12
janvier 1712), les Amours de Mars et de Vénus, comédie-ballet (7 septembre 1712), Téléphe, tragédie (28
novembre 1713), Camille, tragédie (9 novembre 1717),
les Ages, ballet (9 octobre 1718), les Nouveaux fragments (19 juillet 1729), Achille et Déidamie, tragédie
(24 février 1735). A cette liste, il faut ajouter une
pastorale, Amaryllis, et les ouvrages suivants destinés
à la Cour : Vénus (27 janvier 1698), le Destin du nouveau siècle (1700), les Fêtes de Corinthe (1717), la Fête
de l'Isle-Adam (1722), les Muses rassemblées par l'A-
mour (1723), les Noces de Vénus, divertissement en
trois actes (1740).

Nous trouvons en Campra un des musiciens les
plus remarquables de la période préramiste, en ce
sens qu'il est vraiment novateur ; il ne se contente
pas, en effet, de donner une forme presque définitive, ainsi que nous l'avons dit plus haut, à l'opéra-

---

1. Parfaict, Histoire de l'Académie royale de musique, p. 382; note
extraite du Parnasse français. Cette tempête d'Alcyone avait fortement frappé l'imagination de Rameau.

2. On verra plus loin d'autres exemples de cette disposition, dans
les opéras de Monteclair et de Campra.

3. Transformations d'un opéra au dix-huitième siècle, par Th. de
Lajarte (Chronique musicale du 15 avril 1874, p. 61). Tous ces arrangements avaient été « ajustés » par F. Rebel.

4. Voir à la troisième partie de cette étude.

5. La cinquième entrée de ce ballet, intitulée la Sculpture, a reparu
en 1748, sous le titre de Pygmalion, musique de Rameau.

6. La Vénitienne fut remise en musique par Dauvergne en 1768.

7. Sur Campra, consulter Lecerf de la Viéville, Comparaison de la
musique italienne et de la musique française. — Titon du Tillet,
deuxième Supplément au Parnasse français, p. 19-21. — Durey de
Noinville, II, p. 21. — Dictionnaire des Artistes de l'abbé de Fontenai.

— La Borde Essai, III, p. 401. — Anecdotes dramatiques, III, p. 89. —
Le P. Bougerel, Mémoires pour l'histoire de plusieurs hommes illustres
de Provence (1752). — Jal, Dictionnaire critique, p. 310. — A. Pougin,
André Campra (Revue et Gazette musicale de Paris, 1861). — Campardon, l'Académie royale de musique au dix-huitième siècle, I, p. 98.
— Eitner, Quellen Lexikon, II, p. 301. — Abbé Marbot, Gilles, Cabassol, Campra. 1903. — Voir aussi les Mémoires du duc de Luynes. II,
III, VI, IX, XII, et Miettes de l'histoire de Provence, par Stephan d'Arve
(1902). — A. Gouirand, la Musique en Provence et le Conservatoire
de Marseille (1908), p. 90-99, et L. de la Laurencie : Notes sur la jeunesse d'André Campra (Recueil de la Société internationale de musique, janvier 1909).

8. Cette aventure serait arrivée en 1690. C'était un enrôlement forcé.

9. C'est ce qui résulte des registres capitulaires de Notre-Dame.

10. Et non pas le 29 juillet, comme on l'a imprimé jusqu'ici.

11. Voir la troisième partie de cette étude.

ballet, dont Colasse fournissait déjà un type très
perfectionné avec son ballet des *Saisons* (1695); il
apporte encore à la musique proprement dite une
foule de modifications des plus heureuses; il est
inventif, ingénieux, habile, plein de ressources.

Cherchons donc les caractéristiques de l'art de
Campra, et essayons de préciser en quoi cet art diffère
de celui de Lulli.

Ce qui frappe, tout d'abord, dans la musique de
Campra, ce sont les infiltrations italiennes dont elle
se montre pénétrée. L'italianisme du musicien aixois
se manifeste par de nombreux symptômes : d'abord,
il insère fréquemment des airs italiens dans ses œuvres; ensuite, il situe en Italie des scènes entières
de ses ouvrages, plaçant même dans ce pays tout son
ballet du *Carnaval de Venise* et retraçant, dans les *Fêtes
vénitiennes*, des épisodes de la vie de Venise. Tout
cela est bien l'indice de tendances et de sympathies
nettement italiennes, comme aussi la facilité avec
laquelle Campra glisse la *Cantate*, genre éminemment
italien, au sein de ses compositions lyriques[1].

Néanmoins, Campra s'efforce de concilier le goût
français et le goût italien; il le dit lui-même dans
l'avertissement de son premier *Livre de Cantates*, et on
sent que, désireux de devenir le fournisseur attitré de
l'Opéra et de remplacer Lulli, il ne veut rien brusquer; il cherche évidemment un terrain de transac-
tion et d'entente. A cet effet, il ne donnera point à
ses ouvrages un aspect radicalement différent de
ceux de Lulli; il conservera les grandes lignes de la
tragédie lyrique, depuis l'ouverture[2] jusqu'au récitatif et à l'air. Chez lui, le récitatif demeure même
inférieur comme netteté et vigueur à celui de Lulli;
les airs sont fréquemment de forme binaire, quoique
la forme à *da capo* s'y montre de temps en temps.
C'est plutôt dans le détail, dans la contexture intime
de sa musique, que les innovations se font jour.

A l'égard de l'opéra-ballet, on peut dire que l'*Europe galante* servit de modèle à toutes les pièces du
même genre que l'on représenta pendant la période
préramiste, et Rameau lui-même ne manquera
pas de s'en inspirer. — Dès le Prologue, le chœur
de la *Forge galante* : « Frappons, frappons, ne nous
lassons jamais, » dénote chez Campra une personna-

lité tout à fait caractéristique; ce chœur a pour
ossature un simple accent rythmique, extrêmement
expressif :

et la personnalité de Campra consistera justement
à abandonner le ton pompeux et guindé que Lulli
ne quittait guère; elle s'épanchera en de douces et
tendres mélodies, tel l'air de la Bergère au Ier acte :
« Soupirez, jeunes cœurs, » dont la terminaison ne
rappelle en rien les ordinaires cadences de ce temps,
ou bien, elle s'exprimera par des rythmes particulièrement vifs et animés. Le 1er *Menuet* et les *Canaries*
du Prologue :

sont fort intéressants, et montrent à quel point le
musicien assouplit et allège sa rythmique. On retrouve partout chez lui les fameuses « vitesses » qui
choquaient le purisme ombrageux des lullistes, et
même, dans ses ballets, la profusion des mouvements
vifs en arrive à causer une certaine impression de
monotonie.

La première Entrée (la France) contient deux airs
à danser, deux rigaudons et un passe-pied dont le
développement dépasse de beaucoup les bornes habituelles, et dont l'allure accorte et gracieuse annonce
déjà Rameau.

Très souvent, Campra laisse ses rythmes s'évanouir sur les temps faibles, comme, par exemple,
dans la *Gigue* du début des *Fêtes vénitiennes*. Souvent aussi, il réalise avec bonheur des contrastes
rythmiques, comme dans la deuxième entrée de l'*Europe galante*, où l'air de ténor : « Sommeil qui chaque
nuit, » se construit sur une basse contrainte poursuivie tout le long du morceau, tandis que les parties
supérieures se déroulent en toute liberté. Dans la
troisième entrée (l'Italie), une curieuse *forlane* vient
jeter sa note pittoresque :

et interrompt à la fin de chaque phrase son rythme
de sicilienne pour donner naissance à un nouveau
dispositif rythmique[3]. De plus, Campra sait traiter
une mélodie; il sait développer un air, lui donner un
caractère propre, vraiment musical, en agencer les
périodes sans heurts et sans à-coups. A la vérité, on
trouve dans sa musique beaucoup d'airs à la Lulli,
écrits avec de grands intervalles et soutenus par une
harmonie claire, marquée; mais à côté de ces airs
de type ancien, il écrit des mélodies très vocales, formant un ensemble bien déterminé et qui n'ont plus
cet aspect haché que de continuels changements de
rythme donnent si fréquemment aux airs de Lulli. Au

IVe acte de l'*Europe galante*, un duo à deux parties
simultanées : « Livrons nos cœurs à la tendresse, »
ne connaît guère de précédents.

L'harmonie présente aussi çà et là de curieuses
particularités qu'il importe de ne pas passer sous
silence, car ces particularités témoignent d'un sentiment très vif d'innovation, en même temps que
de profondes infiltrations italiennes. Lorsque, à la
deuxième scène du Prologue de l'*Europe galante*, la
Discorde fait son apparition, elle s'accompagne d'une
atmosphère rythmique et harmonique toute spéciale,
dans laquelle surgissent l'accord de 7e diminuée et
enfin un accord altéré avec tierce diminuée :

---

1. C'est ainsi que les *Fêtes vénitiennes* renferment trois cantates.
2. Dans l'ouverture, Campra conserve le modèle de Lulli, c'est-à-dire
ouverture en deux ou trois parties du type A, B, A'. A représentant
un mouvement lent, et B un mouvement vif; on observe seulement qu'il
raccourcit beaucoup les mouvements lents. Mais il lui arrive d'adopter
le type inverse, le type de l'ouverture italienne, B, A, B', qu'il est le

premier à avoir introduit dans l'opéra français. Voir, par exemple, le
petit opéra italien inséré dans le *Carnaval de Venise*, *Orphée aux
Enfers*.
3. Nous citons d'après l'édition Michaëlis. Dans la partition originale,
cette *forlane* est écrite à 6/4.

très caractéristiques tous deux de la musique d'outremonts. De même, Campra fait un usage fréquent de l'accord de 7e majeure qu'il ne résout pas.

Ses modulations s'effectuent avec beaucoup plus d'aisance que celles de Lulli. On lui a reproché de se donner rarement la peine de moduler d'un ton dans son relatif, et d'abuser des changements de tonalité sans les préparer suffisamment[2]. Mais c'est justement en quoi Campra se distingue de Lulli et se rapproche des Italiens; dans les deuxièmes parties de ses airs, il module plus librement que le Florentin, et fait appel à un nombre bien plus considérable de tonalités que lui. C'est ainsi qu'il emploie des tons chargés en dièses ou en bémols, poussant jusqu'à quatre dièses ou quatre bémols, et que, dans *Idoménée*, on rencontre même la tonalité de si ♭ mineur, chose fort rare à l'époque.

Cette musique souple, alerte, nerveuse, traversée d'accents tendres et délicats, faisait un contraste violent avec les pesantes et tranquilles tragédies lullistes, animée qu'elle était d'une vie plus jeune et plus intense[3].

Le croirait-on, mais une des raisons qui assurèrent la vogue de l'opéra-ballet fut l'élasticité de son cadre. A chaque reprise, c'étaient de nouveaux remaniements; on allongeait ou on raccourcissait, on intervertissait, on changeait les entrées; c'est ainsi que les *Fêtes vénitiennes*, dont Danchet, devenu le librettiste attitré de Campra, avait écrit les paroles, et qui furent représentées soixante-six fois de suite, subirent de nombreuses modifications. A l'origine, elles se composaient d'un Prologue et de trois entrées, ainsi désignés :

Prologue : le Triomphe de la Folie sur la Raison dans le temps du Carnaval. — *1re entrée : la Fête des Barquerolles.* — *2e entrée : les Sérénades et les Joueurs.* — *3e entrée : l'Amour saltimbanque.*

Puis on remplaça la *Fête des Barquerolles* par la *Fête marine*, et on ajouta une quatrième entrée, *le Bal ou le Maître à danser;* plus tard, on remplaça les *Sérénades et les Joueurs* par *les Devins de la place Saint-Marc*. On donna au Prologue le titre du *Carnaval de Venise;* enfin, on ajouta une cinquième entrée : *le Triomphe de l'Amour et de la Folie.*

La pièce devenait de la sorte un noyau autour duquel, selon l'accueil que le public lui réservait, on groupait des annexes plus ou moins sensationnelles[4].

Comme leurs aînés l'*Europe galante* et le *Carnaval de Venise*, les *Fêtes vénitiennes* se distinguent par la vivacité du rythme et la légèreté de l'allure. Campra y déploie toute la grâce coquette et câline de sa mélodie; il s'y montre tendre et mélancolique, ou bien mutin et pimpant. L'air de Lucile : « Ah! que puis-je espérer du destin, » a de bien délicates inflexions. On sent que le musicien a pris aux Italiens quelque chose de leur aisance mélodique; il leur a pris aussi la joliesse expressive des vocalises, témoin cet air italien d'Irène : « La farfalla intorno ai fiori, » où l'indécision du trait symbolise, avec autant de grâce que de justesse, le vol incertain d'un papillon butineur :

On remarquera que les vocalises, chez Campra, se développent bien sur certaines diphtongues comme chez Lulli, mais elles n'ont plus le caractère de notes de passage diatoniques; elles reçoivent un caractère mélodique tout spécial. Une des particularités les plus remarquables du talent de Campra, c'est son extrême, sa merveilleuse souplesse. Nul mieux que lui ne s'entend à passer du plaisant au sévère. L'homme qui a fait les *Fêtes vénitiennes* a aussi écrit *Hésione* et *Tancrède*, échangeant le plus facilement du monde un style coupé, badin, élégant, contre une tenue noble et pathétique.

Danchet lui avait fourni le livret d'*Hésione*, commençant par là une longue et fidèle collaboration[6]. On retrouve dans cette tragédie lyrique la plupart des qualités de grâce et d'entrain qui distinguent Campra, jointes à de l'éclat et à de la grandeur. Les chœurs présentent une belle sonorité et sont traités sans raideur, avec une parfaite entente du mouvement des voix, comme, par exemple, celui du Prologue : « Tout rit à nos délices, » qui contraste avec le morceau instrumental suivant où Campra a montré la plus exquise élégance. Dans les développements des pièces chorales ou instrumentales, le musicien

1. *L'Europe galante*, p. 22 de l'édition Michaëlis.
2. A. Pougin, *André Campra*, p. 323.
3. Il est à remarquer que le ballet ethnographique de l'*Europe galante* esquisse une tentative d'exotisme en musique, puisque Campra y montre quatre nations européennes dont Il cherche à caractériser musicalement les physionomies respectives. Durey de Noinville signale ce souci de Campra d'introduire dans sa musique des éléments musicaux étrangers. De son côté, Maupoint vante sa musique « toujours variée et nouvelle par le goût des Musiques étrangères qu'il a sçu allier aux manières françaises ». (*Bibliothèque des théâtres*, p. 124.) On verra dans le 3e Dialogue de Lecerf de la Viéville que l'*Europe galante* obtint un succès considérable (3e *Dialogue*, p. 97).

4. D'après Parfaict, l'*Europe galante* marque l'origine d'un usage qui fut toujours observé depuis, et qui concerne les honoraires des poètes et des musiciens. On accorda au musicien 100 livres par jour pour chacune des 10 premières représentations, puis 50 livres pour chacune des représentations suivantes jusqu'à la vingtième, après quoi l'ouvrage appartenait à l'Opéra.
5. *Les Fêtes vénitiennes*, 5e entrée, scène v.
6. *Hésione* fut « reçue avec de grands applaudissements », rapporte Parfaict, et la musique en fut trouvée « chantante d'un bout à l'autre ». (*Histoire de l'Académie royale de musique*, I, p. 324.) Dans sa *Bibliothèque des théâtres*, Maupoint déclare que « cet opéra eut un succès extraordinaire » (p. 160).

recourt fréquemment à la palette que lui fournit l'é-
chelle des tonalités; comme nous l'avons dit, il aime
beaucoup pratiquer des moirures tonales, et faire
passer une phrase dans tous les tons qui entourent
la tonalité principale. Il faut voir là le résultat d'un
effort heureux pour introduire plus de musique dans
l'opéra, pour *caractériser* musicalement les airs et les
symphonies. On trouve un excellent exemple de ce
procédé dans le chœur : « Rendons hommage aux
immortels [1] », du 1er acte, chœur construit au moyen
d'un seul thème promené de tonalité en tonalité.

Au point de vue mélodique, *Hésione* apporte aussi
des spécimens de l'art à la fois si raffiné et si coulant de Campra [1]. Les contemporains de Campra reconnaissaient d'ailleurs la valeur d'*Hésione*. Lecerf en
signale le Prologue, si plein de « choses neuves et brillantes », et met au niveau des plus beaux airs de Lulli
celui qui commence par ces mots : « Ah! que mon
cœur va payer chèrement. » Certains airs sont d'une
coupe toute moderne dont nous allons retrouver des
exemples dans *Tancrède*.

Ici, le musicien, servi à souhait par les vers harmonieux de Danchet, et porté par un sujet chevaleresque, s'est véritablement surpassé.

Sa musique s'adapte toujours exactement aux
paroles. Campra, d'instinct, a l'accent juste. Nous
signalerons, à ce propos, l'air élégiaque d'Herminie
au IIe acte : « Cessez, mes yeux, de contraindre vos
larmes, » dont la réputation fut universelle; les
académies de musique et les concerts de province
l'avaient mis dans leur répertoire. Au IVe acte, l'air
de Clorinde : « Êtes-vous satisfaits, Devoir, Gloire
cruelle? » fournit un autre exemple de vérité dramatique. Par l'alternance de deux tonalités mineures,
Campra y traduit avec bonheur une profonde impression de résignation. « On convient, écrit Parfaict,
que la musique est plus forte que celle d'*Hésione*,
quoique beaucoup de personnes de goût lui préfèrent la dernière comme plus galante et même plus
variée [3]. »

Nous parlions, tout à l'heure, de coupes mélodiques modernes; voici un air épisodique du Ve acte
(scène III), dont l'élégante ondulation annonce un art
vraiment neuf :

Un sort plein de charmes Flat _ te   nos   dé _ sirs,   Quit _

_ tons tous les   ar_mes; A _ près mille a_ larmes, sui _ vons les plai _ sirs.

Et quel contraste, avec cette gracieuse et fraîche
mélodie, nous trouvons dans le chant pathétique de
Tancrède au IVe acte! Désespéré d'avoir perdu Clorinde, le héros appelle la mort de ses vœux. Deux
phrases suffiront à exprimer la plus poignante tristesse (« Sombres forêts, asile redoutable »).

Dans les ensembles vocaux, Campra atteint à une
maîtrise d'écriture que Rameau ne dépassera pas. Le
chœur à quatre parties du IIe acte : « Quittons nos
fers, » scandé énergiquement par les guerriers et
reprenant le motif chanté par Tancrède, est d'une superbe venue. Peu de pages sont comparables à celle-
là dans la musique française de l'époque préramiste.
Le musicien s'efforce aussi d'assouplir, de varier le
dispositif des chœurs. Il brise fréquemment le bloc
massif de l'ensemble lulliste; il y sème des épisodes;
il détache de la masse chorale des solistes qui dialoguent avec elle, comme, par exemple, les deux guerrières du chœur du IIe acte, scène III, et confère de
la sorte une vie, une animation nouvelles à ces personnages collectifs trop souvent figés dans un rôle
compassé.

Campra manie fort habilement le style fugué, et
son écriture se tisse d'une foule d'imitations distribuées entre toutes les parties secondaires, alors que,
dans la musique de Lulli, celles-ci sont pauvrement
traitées. Mais aucune lourdeur ne résulte de ce travail; le musicien sait éviter la surcharge, l'insistance;
il place ses courtes formules, qui souvent se réduisent
à de simples accents, à de simples schémas rythmiques, aux divers étages des parties, et il en résulte
que jamais sa musique ne pèche par confusion. Elle
reste toujours claire, aérée. Rompu au contrepoint
par une solide éducation, Campra n'évite pourtant pas,
de temps en temps, le défaut d'écrire en « maître de
chapelle ». Il est parfois un peu compassé, un peu
solennel.

Du reste, cette solennité compense vis-à-vis des
lullistes ce que ses innovations et ses tendances italiennes affichent de trop révolutionnaire. Il est même
possible qu'afin de ménager les susceptibilités des
partisans de la vieille musique française, Campra ait
adopté certains dispositifs qui semblaient en réaction contre l'italianisme. On avait paru surpris, par
exemple, du choix qu'il faisait des registres vocaux
dans *Tancrède*, où trois voix de basse représentent les
trois personnages masculins de la pièce, et on voyait
là un indice d'affranchissement à l'égard de la musique italienne, si prédisposée à laisser dominer les
dessus [4]. C'est ce qu'on peut déduire d'un passage [1]

1. Le *Menuet* d'*Hésione* fut longtemps célèbre; passé à l'état de
timbre, il fut employé à l'opéra-comique.

2. *Histoire de l'Académie royale*, I, p. 342 à 346. Le « chevalier »
des *Dialogues* de Lecerf de la Viéville dit à la « comtesse » des mêmes
Dialogues, à propos de *Tancrède* : « Je veux, avant qu'il soit huit jours,
Vous en entendre chanter quatre ou cinq airs qui Vous feront plaisir
aujourd'hui et que Vous apprendrez bien Vite. » (1er *Dialogue*, p. 3.)
Un peu plus loin, la comtesse trouve *Tancrède* très court, et son mari
ajoute : « Il me semble qu'il y a de beaux airs, de belles symphonies
et des chants bien *détournés*. » (2e *Dialogue*, p. 43-44.) Par « chants
détournés », le comte entend des chants travaillés à l'italienne et
n'ayant pas le caractère de « naturel » et de « simplicité » qu'on se
plaisait à reconnaître dans les airs de Lulli.

3. Les Italiens écrivaient leurs dessus beaucoup plus haut que les
nôtres; cela entraînait les deuxièmes dessus à monter; aussi repro-
chait-on aux trios italiens d'avoir les deux parties hautes en position
trop serrée et trop écartées de la basse. (Lecerf, *loco cit.*, 2e *Dialogue*,
p. 64-65.)

4. « Je me suis tantôt aperçu, dit la comtesse, dans *Tancrède* que
Campra, qui doit sçavoir beaucoup de musique italienne, n'est guère
de leur goût (des Italiens) sur l'avantage des Voix hautes, et à une
grande inclination pour les basses. Car les trois personnages d'homme
de *Tancrède* sont des basses tous trois.

— Les trois basses m'ont choqué comme vous, répliqua le chevalier;
c'est imiter l'excès des Italiens en prenant le contrepied. L'excès est
toujours un défaut, et encore y a-t-il aujourd'huy des tailles et des

des *Dialogues* de Lecerf de la Viéville, dans lequel les interlocuteurs s'accordent pour critiquer l'emploi des trois voix d'homme dans *Tancrède*. Le duo du 1ᵉʳ acte entre Isménor et Argant : « Suivons la fureur et la rage, » était une curiosité,

parce qu'il paraissait « difficile et extraordinaire de faire chanter deux basses ensemble ». La nouveauté de ce passage, sa fougue et son emportement, entraînaient d'ailleurs des éloges[2], et Campra, afin de relever un peu le centre de gravité de la sonorité, accompagnait son duo au moyen du timbre éclatant des violons et des hautbois. C'était là un procédé assez familier au compositeur, qui, dans *Hésione*, se bornait à entourer un air de basse de contre-sujets confiés à deux flûtes allemandes et à deux violons[3]. Ceci nous amène à parler de l'instrumentation de Campra.

Dans ses grandes lignes, et à première vue, cette instrumentation ne semble pas très différente de celle de Lulli ; elle procède par masses, par familles instrumentales, dont les timbres ne se mélangent pas individuellement. Cependant, des symptômes de différenciation s'y montrent qu'il importe de faire connaître, et aussi des recherches de la plus délicate ingéniosité.

Chez Campra, comme il était d'usage à l'époque, les pièces symphoniques sont écrites sous la forme presque schématique d'un duo de dessus et d'une basse. Par exemple, l'ouverture de *Tancrède* se présente de la sorte dans l'édition originale. Après un début conçu dans un style fier et majestueux[4] :

hautes-contre à l'Opéra de Paris. Si elles ne sont pas tout à fait aussi belles qu'on le voudrait bien et qu'il s'y trouve d'ordinaires, elles auroient du moins égayé et diversifié *Tancrède*. »

1. *Tancrède*, 1ᵉʳ acte, scène ii. Les trois basses sont : Argant, Tancrède et le magicien Isménor.

2. Lecerf, *loco cit.*, 3ᵉ *Dialogue*, p. 115-116.

3. *Hésione*, acte II, scène v.

4. *Tancrède*. Ouverture du *Prologue*. Une mention manuscrite : A 4, indique que cette ouverture était exécutée à quatre parties.

une deuxième partie, en style intrigué, offre un remarquable travail de basse. Il convient de remarquer ici, en passant, qu'on intercala une deuxième ouverture entre le *Prologue* et la *Tragédie* propre-

ment dite, et cela probablement lors d'une des reprises de l'ouvrage (il y en eut quatre avant 1730), ouverque la Bibliothèque de l'Opéra possède en manuscrit, et dont voici le commencement :

Mais, si les partitions de Campra n'existent le plus souvent que sous la forme réduite dont nous venons de parler, nous pouvons cependant nous rendre un compte assez exact de la réalisation de son orchestre, car la Bibliothèque de l'Opéra conserve les partitions d'orchestre de quatre de ses ouvrages : l'*Europe galante, Alcine,* les *Fêtes vénitiennes* et les *Ages.*

C'est assurément sur le terrain de l'instrumentation que Campra affiche le plus d'originalité.

Normalement, ce sont les violons qui jouent le rôle d'accompagnateurs des voix ; ils suivent les sinuosités de la mélodie vocale, tantôt en les doublant, tantôt en les reproduisant à la tierce ; de temps en temps, ils dessinent des guirlandes expressives, font fleurir des accents, tracent de petits contrepoints indépendants, mais toujours avec beaucoup de légèreté et de discrétion. Nulle surcharge, nul empâtement ; la voix doit avant tout se détacher, car il importe que l'auditeur puisse entendre distinctement les paroles[1]. A l'exemple de Lalande, Campra jette à travers la trame de ses chœurs des dessins de violons souvent fort caractéristiques.

Lorsque les instruments doublent les voix, de fréquentes indications précisent les timbres instrumentaux appelés à s'associer aux parties vocales ; ainsi, dans le chœur du III⁰ acte de *Tancrède* : « Règne,

---

1. Dans ses *Dialogues*, Lecerf vante nos « airs de mouVement » accompagnés de deux Violons, et le comte trouve que leurs accompagnements ont un chant aussi suiVi qu'ils doivent l'aVoir, « liés comme ils sont aux airs qu'ils accompagnent, et qu'ils jouent et traVaillent quelquefois d'une manière fort sçavante ». Il donne comme exemple l'air du II⁰ acte de l'*Europe galante : «* Descendez pour régner sur elle » (2⁰ *Dialogue*, p. 60, 75). Nous Verrons plus loin comment les symphonies se relient aux airs.

amour, » les flûtes jouent avec le premier dessus, et les violons avec le deuxième. L'emploi des instruments à vent est le plus souvent réservé aux airs de danse, où ces instruments alternent avec les cordes. Le *Menuet* du IIIᵉ acte, scène IV, réalise l'opposition des petites flûtes et des tailles de flûtes et de violons; il en est de même dans le *Rondeau* du IIᵉ acte, scène III, où l'alternance des flûtes et des violons se complique de *Tutti* instrumentaux dans lesquels les deux groupes sonnent ensemble, et de l'intervention, pour quelques mesures seulement, des hautbois. Tout ceci indique la préoccupation, que nous rencontrerons chez Jean-Ferry Rebel, dans la troisième partie de cette étude, d'écrire l'orchestre d'une manière plus serrée et plus minutieuse.

Campra introduit les trompettes, à l'occasion des épisodes guerriers, et il les oppose aux violons (*Tancrède*, deuxième air des Guerriers, acte V, scène III), tantôt en opérant par familles séparées, tantôt en rassemblant en *Tutti* les deux classes d'instruments de façon à obtenir par l'unisson des effets spéciaux de sonorité. Certains accusaient même Campra d'avoir imité par là le grand Lulli. Lecerf, par la bouche du chevalier, défend fort justement le musicien de tout plagiat[1].

Si, par son instrumentation, Campra manifeste des velléités plus coloristes que Lulli, il s'en sépare encore plus profondément par le rôle qu'il confère à son orchestre.

Il est, en effet, le premier musicien qui ait senti tout le parti qu'on pouvait tirer de l'orchestre au point de vue dramatique; il est le premier à avoir tenté d'utiliser l'orchestre comme personnage. Voilà pourquoi il confie à la masse instrumentale des motifs distincts de ceux que chantent les acteurs en scène. L'orchestre expose souvent des mélodies qui lui sont propres, des mélodies caractéristiques qui évoquent, qui suggèrent ce que le chant n'indique pas, et ainsi se trouve complétée et agrandie l'expression dramatique. En d'autres termes, Campra a pressenti le rôle dramatique de l'orchestre. On trouvera un exemple de la façon dont il emploie les instruments à cet égard dans la scène de *Tancrède* où Isménor évoque les Dieux morts.

De plus, ainsi que le remarquait justement Lecerf,

les symphonies se rattachent aux airs, aux morceaux de chant, et cela parce que, chez Campra, la mélodie est devenue plus individuelle, douée qu'elle est d'une vie propre. On voit alors des airs passer leur motif à l'orchestre, qui le développe et le transforme en symphonie descriptive ou en air de danse. Une ritournelle d'orchestre de la première entrée des *Fêtes vénitiennes* (la Bohémienne), présentée d'abord comme figure d'accompagnement, évolue et sert de base à une symphonie de danse. On dirait même que Campra a une sorte d'intuition du motif caractéristique, du *leitmotif;* sans doute, ce n'est chez lui qu'une ébauche, qu'une simple esquisse, beaucoup moins précise que la réalisation que Rebel devait en donner plus tard dans ses *Éléments*, mais enfin le germe du *leitmotif* existe déjà. La Discorde, dans l'*Europe galante*, s'accompagne d'un thème en doubles croches très caractéristique. De même, dans *Hésione*, la *Nature sauvage* semble caractérisée par le motif suivant, confié à l'orchestre[2] :

Il y a, dans l'œuvre de Campra, de véritables « paysages musicaux », de véritables transpositions en musique de spectacles visuels. Signalons le délicieux « Sommeil où chaque nuit » de l'*Europe galante*, avec ses tenues de flûte qui donnent une impression vraiment crépusculaire et apaisante. Signalons encore une sorte d'ébauche des « Murmures de la forêt » de *Siegfried*, dans la forêt enchantée de *Tancrède*. La forêt dans laquelle le héros vient de pénétrer essaye de l'arrêter par des enchantements, et la partition porte l'indication suivante : « On entend des gémissements et des plaintes qui sortent des arbres. » Et, en effet, tous les arbres se mettent à gémir : il y a là une page de délicate et pénétrante poésie. C'est l'orchestre qui la réalise par le jeu de ses rythmes et de ses timbres. Avec deux flûtes et un violon, Campra dessine ce tableau de féerie. D'abord, les instruments exposent une courte plainte de deux notes, puis les violons imitent les flûtes en écho, et finalement le murmure de la forêt se réduit à un gémissement, répété faiblement et comme mourant[3] :

Campra, enfin, a le sentiment pastoral : il introduit dans ses opéras des danses rustiques, telles que la *Villanelle*, la *Bourrée*, la *Musette*, dont la pédale donne lieu à des effets très piquants et que le XVIIIᵉ siècle a tout particulièrement goûtés[4].

En résumé, Campra dépasse de beaucoup Lulli par sa qualité mélodique, par la variété, la vivacité et l'originalité de ses rythmes, par la façon toute personnelle dont il traite et emploie l'orchestre. « Il ne semble pas, écrit M. Lavoix, qu'aucun maître du XVIIIᵉ siècle ait eu plus d'éclat, d'esprit et de variété que l'auteur de l'*Europe galante*. » Par instants, et notamment dans ses épisodes pastoraux, Campra est très rapproché de Rameau. C'est un musicien abondant, trop abondant même, dont les mélodies aiment à se répéter, à se développer, à s'étendre. Il pèche un peu par défaut de distinction, et manque de cette

---

1. « Campra, affirme le chevalier, n'a pas eu l'intention de piller Lulli. Mais c'est qu'on ne sçaurait guère faire des airs de trompette que sur deux très Voisins : *C, sol, ut,* et *D la, ré, sol majeur*. Lulli a pris, pour les symphonies de *Thésée, C, sol, ut naturel*, ton heureux et brillant qu'il aimait fort. Campra s'est servi du *D la, ré, sol majeur*, pour celles de Tancrède. » (2ᵉ *Dialogue*, p. 59.)

2. *Hésione*, acte II. scène III.
3. *Tancrède*, acte III. La forêt enchantée.
4. Voir en particulier la *Villanelle* et les *Bourrées* des *Fêtes vénitiennes*, la *Musette d'Achille et Déidamie*.
5. H. Lavoix, *loco cit.*, p. 106.

sobriété, de cette réserve auxquelles la musique française emprunte tant de charme.

Campra a beaucoup cultivé les spectacles coupés. Avec Danchet, il réunit, sous le titre de *Fragments de Lulli*, des airs de différents ballets du Florentin, et ce pastiche bénéficia d'un succès continu, puisque, né en 1702, il fut repris de 1708 à 1731. Le musicien opéra de même dans *Télémaque*, où il ajusta des fragments de Colasse, de Desmarets, de Charpentier, de Marais et de Rebel père. La vogue qui s'attache alors à ces spectacles panachés marque, en même temps qu'une atténuation du sentiment de l'unité dramatique et de l'unité de style, un goût très vif pour tout ce qui est varié, contrasté, ingénieux.

Autour de Campra gravitent des astres de moindre grandeur. Le Provençal Salomon[1], qui végétait obscurément à la musique de la chapelle royale, où il jouait de la basse de viole, se révèle tout à coup par un opéra fort estimable, *Médée et Jason* (24 avril 1713). De même, La Coste[2], ordinaire de la musique du roi, composait, de 1697 à 1732, sept opéras, dont la tragédie de *Biblis* (6 novembre 1732) ne manque pas d'une certaine grâce aimable, caractéristique de l'influence de Campra. Le maître de clavecin de Mesdemoiselles d'Orléans, Bertin[3], écrit, en collaboration avec un chanteur d'opéra nommé Bouvard, l'opéra de *Cassandre* (22 juin 1706), encore très lulliste, puis, en 1716, et sans le secours de son associé, l'opéra d'*Ajax* (20 avril 1716), dont le succès s'étendit à la province. — Dans le *Jugement de Pâris* et dans les *Plaisirs de la campagne*, Bertin essaye, sans grand bonheur du reste, d'écrire comme Campra une musique plus légère et des pièces de demi-caractère.

Avec Montéclair, nous rencontrons mieux qu'un épigone.

Michel Pinolet, plus connu sous le nom de Montéclair[4], fut baptisé le 4 décembre 1667, à Andelot (Haute-Marne), où son père était tisserand. Entré comme enfant de chœur à la maîtrise de la cathédrale de Langres, que dirigeait alors Jean-Baptiste Moreau, Michel Pinolet, une fois ses études terminées, mena la vie errante des artistes de son temps. D'abord maître de musique du prince de Vaudémont, on le trouve à l'orchestre de l'Opéra, à la fin du XVII° siècle. Il avait pris le nom de Montéclair, d'une forteresse ruinée qui domine Andelot.

Avant de figurer parmi les symphonistes de l'Académie royale de musique, Montéclair s'était initié à l'art instrumental italien, et c'est d'Italie qu'il rapporta la *contrebasse* à trois cordes, instrument beaucoup plus sonore que le *violone* et d'un secours précieux pour étoffer la basse. Montéclair introduisit la contrebasse à l'Opéra vers 1700 ; il ne se faisait entendre que le vendredi sur son instrument[5].

Séduit par l'émouvant récit de *Jephté*, l'abbé Pellegrin en avait tiré un livret que Montéclair mit en musique. Représentée le 28 février 1732, la tragédie lyrique de *Jephté*, qui compte parmi les manifestations les plus caractéristiques du préramisme, remporta un succès considérable.

En 1729 et en 1730, Montéclair, dont l'instruction harmonique était des plus solides, engagea avec Rameau, et à propos du *Traité d'harmonie*, une polémique qui fit quelque bruit. Pensionné à l'Opéra à partir du 1er juillet 1737, il mourut cette année-là, probablement à la fin d'août ou au commencement de septembre[6].

Montéclair s'est essayé dans presque tous les genres. On a de lui des ouvrages lyriques, des motets, une messe de *Requiem*, des cantates, de la musique de chambre et de danse, enfin d'intéressants traités pédagogiques. Nous traitons plus loin de ses motets et de sa musique de chambre, et nous ne l'envisagerons ici que comme musicien dramatique et comme pédagogue.

Il a écrit, avant *Jephté*, un opéra-ballet, les *Festes de l'été*, qui fut représenté le 12 juin 1716, et repris en 1725, 1748 et 1752.

Dès son apparition, la tragédie lyrique de l'abbé Pellegrin produisit un grand effet, bien que l'initiative du librettiste ne fût pas du goût de tout le monde et qu'on critiquât beaucoup l'introduction à l'Opéra d'un sujet emprunté à la Bible. « La nouveauté du poème, disait le *Mercure*, en avait rendu le succès si douteux qu'on ne croyait pas qu'elle pût être jouée deux fois. Cette prévention presque générale n'a pas tenu contre les beautés du poème et de la musique[7]. » Enthousiasmés, les connaisseurs, pour donner une mesure de leur admiration, proclamaient que Montéclair s'était placé à la hauteur de Lulli.

Jephté est, en effet, une œuvre aussi remarquable par la vérité et la justesse de la déclamation que par le coloris instrumental. De plus, elle eut l'honneur de donner à Rameau l'idée d'écrire pour le théâtre. Elle marque donc une date importante dans l'histoire de l'opéra français[8].

Le 1er acte renferme un chœur célèbre : « La Terre, l'Enfer, le Ciel même, tout tremble devant le Seigneur », d'une écriture serrée que soutient un beau dessin de basse. Le fragment qui suit donnera une idée de l'écriture de Montéclair ; au-dessus du tremblement des basses, les entrées successives des voix expriment à merveille, par leur polyphonie cahotée, l'anxiété qui étreint le peuple.

---

1. Consulter : Titon du Tillet, *le Parnasse français*, p. 658. — Durey de Noinville, II, p. 28. — Fétis et Eitner. — Voir aussi A. Gouirand, *la Musique en Provence*, p. 99.

2. Sur La Coste. Voir Fétis, V, p. 137. Nous retrouverons plus loin La Coste comme compositeur de l'opéra-comique.

3. Titon du Tillet, *deuxième Supplément*, p. 84. — Durey de Noinville, II, p. 27. — Il s'appelait Bertin de la Doué.

4. E. Voillard, *Essai sur Montéclair* (1878). — J. Carlez, *Un Opéra biblique au dix-huitième siècle, la Jephté de Montéclair* (1879).

5. La contrebasse était surtout employée dans les airs de démons, de magiciens, dans les tempêtes, etc.

6. D'après la *Régie actuelle de l'Opéra* (ms. 1738), Montéclair serait mort à la fin d'août. Le ms. Amelot fixe la date de sa mort au 27 sep-

tembre. Les frères Parfaict la fixent au 24 mars 1737, comme le *Mercure*. Titon du Tillet adopte la date de septembre 1737.

7. *Mercure*, mars 1732, p. 571. Ce n'est pas le cardinal de Noailles, mort en 1729, qui interdit *Jephté* ; ce fut Mgr de Vintimille, son successeur.

8. Le sujet de *Jephté* avait déjà inspiré plusieurs auteurs dramatiques. On connaissait *Jephté ou le Vœu*, tragédie latine de Buchanan ; *Jephté*, tragédie en trois actes et chœurs (1692), de l'abbé Boyer, et *Jephté*, tragédie lyrique (1700), musique de Bernard Gaël.

Enregistrant le succès remporté par l'œuvre de Montéclair, le *Mercure* ne trouvait pas de meilleur compliment à faire à l'auteur que de le rapprocher de Lulli. « Pour la musique, les plus grands connaisseurs la trouvent très digne de Lully, et on ne les contredit point... »

Il renferme encore une marche pour hautbois, vio- | éclatante que majestueuse (scène IV), dont voici les
ons, trompettes, bassons, basses et timbales aussi | premières mesures :

On remarquera dans l'instrumentation de cette marche que le hautbois et les trompettes marchent avec les premiers dessus de violons, tandis que les bassons doublent les basses, comme à l'ordinaire. Citons encore à côté de ces deux passages le morceau célèbre : « Viens répandre le trouble et l'effroi, » et la prière : « Dieu d'Israël, » largement appuyée par l'orchestre[1]. Enfin, Montéclair fait usage de deux chœurs alternants, procédé fréquent en Italie, et moins employé en France, malgré les précédents du xviie siècle.

Tout son ouvrage respire une noble simplicité et un sentiment exact des situations dramatiques; aussi, de 1733 à 1761, fut-il l'objet de nombreuses reprises. Ajoutons que des morceaux détachés de *Jephté* reçurent du public du Concert spirituel un accueil extrêmement flatteur.

Les œuvres pédagogiques de Montéclair comprennent une *Méthode pour apprendre la musique avec plusieurs leçons à 1 et 2 voix* (1700), refondue en 1709, et rééditée en 1736, travail très judicieusement coordonné, où le mécanisme de la transposition est bien exposé, et une *Méthode facile pour apprendre à jouer du violon* (1711), méthode complétée en 1720, et qui constitue le premier traité technique de violon publié en France.

Un contemporain de Montéclair, André-Cardinal Destouches[2], mérite de retenir plus longuement notre attention, car sa fertilité d'invention et ses audaces harmoniques lui donnent une place éminente parmi les musiciens français du xviiie siècle. Bien certainement, Destouches avait l'étoffe d'un artiste de tout premier ordre; si, en dépit de ses remarquables qualités natives, il demeura au second plan, la faute en revient à la paresse et à la nonchalance qui desservirent chez lui une imagination extraordinairement riche.

Né à Paris en 1672 ou 1673, de bonne famille bourgeoise[3], et élève des Jésuites à Louis-le-Grand, Destouches débuta dans la vie par un aventureux voyage. Il s'embarquait, en effet, en 1685, comme garde-marine sur la frégate *l'Oiseau*, à destination du Siam, où il accompagnait le père Tachard, chargé d'une mission à la fois diplomatique et scientifique. Le P. Tachard voyait en Destouches un futur religieux, et sans doute aussi un futur savant; mais le jeune homme, à peine revenu en France, embrassa l'état militaire. En 1692, il s'engageait dans la deuxième compagnie des mousquetaires du roi et s'en allait assister au siège de Namur. Avec un de ses camarades qui touchait fort bien de la guitare, Duoméni, il exécutait de gaies chansons[4] de sa composition, qui ne tardèrent pas à lui acquérir une grande réputation. Très choyé dans les salons parisiens, et menant joyeuse vie, Destouches quittait le service en 1696, afin de travailler aux plaisirs du roi, c'est-à-dire afin d'écrire des opéras. Il s'adonne alors à la com-

position musicale sous la direction de Campra[5], obtient de La Motte un livret de pièce lyrique, et, le 17 décembre 1697, fait jouer à Trianon la pastorale d'*Issé*, qui lui vaut, de la part de Louis XIV, une bourse de 200 louis. Le roi lui voue une grande amitié et s'intéresse vivement à ses œuvres. D'après Titon du Tillet, Louis XIV aurait assuré à Destouches que, depuis Lulli, aucun musicien ne lui avait fait autant de plaisir qui lui, assertion qui se trouve appuyée par un récit de Dangeau[6]. En 1713, Destouches est nommé inspecteur général de l'Opéra, situation qui lui est confirmée en 1715 : il touche de ce chef 4,000 livres[7]. Survivancier de la charge de Lalande en 1718[8], Destouches devient titulaire de cette charge en 1727[9], puis obtient en 1728[10] la direction de l'Opéra, en remplacement de Francine. Au cours de sa surintendance, Destouches avait organisé dans ses appartements, à Versailles, des auditions analogues à celles du Concert spirituel, et cela pour gagner la faveur de Marie Leczinska. En mars 1735, on y exécuta deux motets de lui en présence de la reine[11].

Depuis 1731, Destouches avait quitté la direction de l'Opéra et ne s'occupait plus de musique. Il mourut à Paris le 8 février 1749, dans une situation voisine de l'opulence[12].

Son œuvre se compose de six tragédies lyriques et de quatre pastorales, comédies-ballets ou opéras-ballets.

Depuis *Issé*, Destouches donna successivement *Amadis de Grèce* (26 mai 1699), *Marthésie* (29 novembre 1699), *Omphale* (10 novembre 1701), *Callirhoé* (27 décembre 1712), *Télémaque et Calypso* (29 novembre 1714) et *Sémiramis* (7 décembre 1718), toutes tragédies en cinq actes du modèle classique, auxquelles il convient d'ajouter *le Carnaval et la Folie*, comédie-ballet (3 janvier 1704), *les Eléments*, ballet en collaboration avec Lalande (31 décembre 1721), et *les Stratagèmes de l'amour*, ballet (28 mars 1726).

On vantait « les chants mélodieux » de Destouches, et Daquin a écrit : « Destouches plaira toujours; les reproches qu'on lui a faits avec raison de n'être pas savant ne l'empêcheront pas d'enchanter l'âme. » Il faut, du reste, en rabattre sur la réputation d'ignorance que Destouches sut entretenir toute sa vie et qui lui assura le succès auprès d'un certain public. Destouches n'était point si ignorant qu'on voulait bien le dire; il était seulement paresseux et insouciant; mais, en dépit de sa nonchalance, il a fait preuve des plus étonnantes qualités d'invention, et, sans ce défaut, il serait probablement le plus remarquable musicien français du xviiie siècle.

L'invention de Destouches se manifeste au point de vue mélodique et rythmique, mais surtout au point de vue harmonique et au point de vue de l'instrumentation.

Le chansonnier que fut Destouches, à l'origine, transparaît dans son œuvre lyrique; ses mélodies

---

1. H. Lavoix, *Histoire de l'instrumentation*, p. 222, 223.

2. Sur Destouches, consulter Daquin, *Lettres sur les hommes célèbres...*, p. 46-47. — Titon du Tillet, *Deuxième Supplément au Parnasse français*, p. 55-56. — Nemeitz, *le Séjour à Paris*, p. 351. — Voltaire, *Mélanges* (André Destouches à Siam). — *Anecdotes dramatiques*, III, p. 154. — Jal, *Dictionnaire critique*, p. 1126. — Préface d'*Omphale* et des *Eléments* dans la collection Michaëlis. — Schletterer, *Studien zur Geschichte der französischen Musik*, I, p. 202-203. — H. Lavoix, *la Musique française*, p. 108. — *Famille, Fortune et Succession d'André-Cardinal Destouches, Parisien*, par L.-G. Pélissier, dans *Mémoires de la Société de l'histoire de Paris et de l'Île-de-France*, 1899, p. 25-59 (Documents provenant de la Bibliothèque d'Arles). — *Le Journal du voyage de Siam*, par l'abbé de Choisy, est antérieur au Voyage de Destouches (1685-1686).

On consultera aussi les *Mémoires* de de Luynes, le *Journal de Dan-*

geau, l'*Histoire de l'Académie royale de musique* de Parfaict, I, p. 303-305, les *Lettres de Mlle Aïssé*.

3. Son père, Etienne Cardinal, « marchand bourgeois », prenait les titres de sieur des Touches et de Guilleville; sa mère s'appelait Suzanne Doublet (Pélissier, *loco cit.*).

4. Il avait pour parolier Morfontaine, le collaborateur de Du Boussel.

5. Campra lui fit écrire trois airs des *Indes galantes*.

6. Dangeau, *Journal*, octobre 1697, VI, p. 204, 212.

7. Le 24 juin 1715 (art. de L. G. Pélissier dans les *Mémoires de la Société de Paris et de l'Île-de-France*, *loco cit.*). Ces fonctions lui avaient valu quelques inimitiés (*Mercure galant*, déc. 1714, p. 11).

8. Arch. nat., O¹, 62, f° 29 (18 janvier 1718).

9. Arch. nat., O¹, 71, f° 304. Le brevet est du 26 septembre 1727.

10. Le 8 février 1728 (Pélissier, *loco cit.*).

11. M. Brenet, *les Concerts en France sous l'ancien régime*, p. 173.

12. Voir l'inventaire de Destouches publié par M. Pélissier, *loco cit.*

rappellent tantôt la manière de Lulli, en ce sens qu'elles sont construites sur un rythme régulier et net, et que leur courbe présente des inflexions modérées; tantôt, elles prennent une valeur plus musicale, se caractérisent, deviennent de véritables mélodies, mais en restant toujours sobres et d'une concise élégance. Concision et élégance, telles semblent être les deux qualités essentielles de la mélodie de Destouches. Nous allons en trouver des exemples dans *Issé* et dans *Omphale*[1]. Exécutée le 17 décembre 1697, à Trianon, en présence du souverain, la pastorale héroïque d'*Issé* formait un des divertissements donnés à l'occasion du mariage du duc de Bourgogne. Lors de cette représentation, « l'assemblée, rapporte le *Mercure galant*, fut nombreuse et en sortit très satisfaite[2] ».

Au IIe acte de cette pastorale, l'air d'*Issé* : « Amour, laisse mon cœur en paix[3], »

offre un excellent échantillon de la manière réservée, précise et élégante du musicien.

Destouches connaît la puissance d'un rythme répété avec insistance. C'est ainsi que, dans le Prologue, l'inévitable épisode descriptif se présente sous les espèces d'un « bruit de guerre » soutenu par un dessin persistant et martelé de la basse :

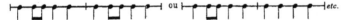

au-dessus duquel violons et trompettes clament d'énergiques fanfares.

Comme Campra, mais moins fréquemment que celui-ci, Destouches emploie la forme de l'air italien, à *da capo*. L' « Invocation à la Nature » d'Hilas, dans *Issé*, appartient à ce type[4]. Destouches ne montre, du reste, aucune prédilection particulière pour tel ou tel dispositif, passant indifféremment des formes binaires aux formes ternaires. Chez lui, les vocalises se font plus rares que chez Campra, le style demeurant généralement syllabique. Certains airs sont de véritables ariosos intermédiaires entre l'air proprement dit et le récitatif, tel celui de Leucosie au IIe acte des *Éléments*. Somme toute, Destouches ne modifie rien aux formes mélodiques employées avant lui; il leur donne seulement plus de concision, plus de relief.

Son récitatif ne diffère guère de celui de Lulli, auquel il emprunte ses caractères principaux et sa fidélité à suivre la parole. Ainsi, au IIe acte d'*Issé*, le dialogue amoureux de Pan et de Doris (scène III) est assurément d'une belle et juste déclamation; dans le ballet des *Éléments*, écrit en collaboration avec Lalande, la part réservée au récitatif se restreint beaucoup, alors que celle qu'occupent les airs se développe de façon notable[5].

La tragédie lyrique d'*Omphale*, que Destouches composa sur un livret d'Houdard de La Motte, et qui fut reprise au moment de la *Guerre des Bouffons*, amène aux mêmes conclusions à l'égard du style mélodique de son auteur. Au Prologue, le duo : « Amants qui souffrez, » donne bien la mesure du talent de Destouches, talent fait d'élégance et de pondération. L'air d'Hercule au Ier acte montre le musicien attentif à saisir l'accent juste, et il en est encore ainsi dans le beau récit de la magicienne Argine (IVe acte). Destouches aime les rythmes piquants, ingénieux, tel le deuxième air à 3/8 des Magiciens (IVe acte), où on peut lire ceci[6] :

1. Les seules éditions modernes de Destouches existant actuellement sont celles de la collection Michaëlis, à savoir, *Issé*, *Omphale* et les *Éléments*.

2. *Mercure galant*, janvier 1698, p. 340. On prétendait que Destouches ignorait l'art de la composition lorsqu'il écrivit *Issé*. Clément et l'abbé de La Porte, dans leurs *Anecdotes dramatiques*, assurent que Destouches fut obligé d'avoir recours à des musiciens pour écrire ses chants et ses basses, mais ils ajoutent qu'il « apprit les Règles dans la suite » (III, p. 154). Dans son *Histoire de l'opéra*, Parfaict ne dispense à l'auteur que des éloges : « Le musicien fait voir dans cette Pastorale qu'on peut, dès le premier pas, faire douter si on pourra se surpasser par la suite; son génie et son goût s'y déploient tout entiers. Rien de plus naturel que son chant, de plus vif que ses peintures, et surtout rien de plus flatteur que son récitatif. » (I, p. 303.)

L'accusation d'ignorance portée contre Destouches remonte à Lecerf de la Viéville, qui écrit : « Je ne puis m'empêcher de dire ici l'histoire de M. Destouches jeune, occupé de ses exercices, ou, si vous voulez, des plaisirs d'un mousquetaire, sachant à peine les éléments de la musique. M. Destouches est saisi de la fureur de faire des opéras. Il ne fait qu'écouter un génie qui lui parle et qui l'échauffe en secret.

Il produit des airs, des symphonies qu'il ne saurait noter; il les chante comme la nature les lui dicte; il faut qu'un autre les note sous lui, et, pendant qu'il apprend les règles de la composition, il compose par avance en maître, il fait *Issé*, un des plus aimables opéras qui aient paru depuis Lulli. » (Lecerf, *loco cit.*, 3e *Dialogue*, p. 136.)

3. *Issé*, acte II, p. 91 de l'édition Michaëlis.

4. Dans l'édition Michaëlis, cette invocation : « Sombres déserts » (acte III, sc. II), est mise par erreur au compte de Pan.

5. Il est assez malaisé de déterminer exactement la part qui revient à Lalande dans le ballet des *Éléments*. D'après Titon du Tillet, ce serait Lalande qui aurait écrit le *Prologue*, et, de fait, le style du *Prologue* diffère un peu de celui du reste de l'ouvrage. En l'absence d'autres indications, nous nous en tiendrons donc à l'affirmation de Titon du Tillet et nous attribuerons avec lui le *Prologue* des *Éléments* à Lalande.

Ce ballet, dansé par le roi aux Tuileries, le 31 décembre 1721, fut représenté devant le duc d'Orléans et le duc de Chartres. Repris en 1727, 1734 et 1742, il bénéficia d'un long succès, puisqu'on le joua encore en 1767, 1771, 1772, 1776, 1778 et 1780.

6. Deuxième air des Magiciens, édition Michaëlis, p. 241.

Mais c'est surtout sur le terrain de l'harmonie et de l'instrumentation que Destouches se montre novateur.

L'harmonie du musicien d'*Issé* est souvent des plus curieuses par son audace et par son caractère expressif, et on peut classer Destouches, à cet égard, parmi les premiers artisans de l'impressionnisme musical. A l'encontre des musiciens qui l'ont précédé, et en particulier de Campra, lequel n'envisage l'harmonie qu'au strict point de vue tonal, Destouches aime l'accord pour lui-même, pour sa valeur propre, pour son pouvoir spécial d'expression. Il ne se préoccupe pas de savoir si tel accord nuit à l'établissement de telle tonalité ou confirme celle-ci; il ne confine pas les agrégations sonores dans le rôle qu'elles ont avant lui d'agents exclusifs de la tonalité; il les emploie indépendamment de toute idée de cadence. Bien entendu, Destouches n'opère pas ainsi de façon continue et systématique; le plus souvent, il traite l'harmonie de manière purement tonale, et

ses inventions n'ont qu'un caractère intermittent; mais, telles quelles, elles n'en sont pas moins remarquablement caractéristiques. Chez lui, les dissonances, septièmes, neuvièmes, accords altérés, apparaissent librement, dans le but d'exprimer un sentiment, soit que, conformément à l'esthétique de son temps, il emploie la dissonance comme représentative d'un déchirement, d'une douleur, comme expressive d'une atmosphère de tristesse et d'accablement, soit qu'au contraire la dissonance intervienne pour suggérer une impression de calme, de quiétude grave. Nous allons montrer des exemples de ces deux aspects de la dissonance dans la musique de Destouches.

Voici d'abord la dissonance employée pour assombrir, pour endeuiller une situation. La scène de l'oracle, dans *Callirhoé*, s'accompagne d'une série de 7es où, vers la fin, se glisse une 9e qui se résout par deux 7es. Il résulte de cette série de dissonances une grande impression de tristesse. En voici le début[1] :

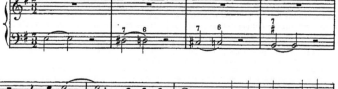

Voici maintenant la dissonance employée comme moyen d'expression du calme. Dans le chœur à trois voix d'*Issé* : « Belle Issé, suspendez vos plaintes, » le mot « calmer » repose sur l'accord *sol, ut, ré,* dans lequel la 9e *ut, ré,* sonne avec une profondeur tranquille du plus heureux effet[2]. Nous trouvons un autre passage encore plus surprenant dans le ballet

des *Éléments*, au moment où Leucosie, seule sur le bord de la mer, chante : « La mer était tranquille au lever de l'aurore[3]. » Il y a là une étonnante 9e qui esquisse. dans le ton de *sol* mineur, celui de *fa* majeur, et qui est suivie d'un accord de 9e avec quinte augmentée à la basse :

1. *Callirhoé*, acte III. scène iv, p. 178.
Nous avons supprimé dans cet exemple les deux violons d'accompagnement.

2. *Issé*, acte IV, scène ii, p. 188 de l'édition Michaëlis. Ce chœur est écrit pour deux suprani et contralto.

3. *Les Éléments*, acte II, p. 102 de l'édition Michaëlis.

disposition tout a fait extraordinaire pour l'époque. Ces deux accords dissonants s'adaptent on ne peut mieux au caractère de rêverie de la scène; c'est une véritable touche d'impressionnisme musical.

De semblables trouvailles harmoniques émaillent çà et là la musique de Destouches, mais l'auteur des *Éléments* ne systématise pas ses inventions; il les distribue nonchalamment, comme en passant; il n'a pas de style harmonique personnel, et trop souvent, à côté de détails d'une ingéniosité remarquable, il étale d'inqualifiables fadeurs. Grimm, dans sa célèbre *Lettre sur Omphale*, lui reprochait maladroitement les passages où il fait justement preuve d'originalité, en l'accusant de laisser sa basse errer au hasard.

Au point de vue instrumentation, Destouches marque une prédilection particulière pour l'isolement des timbres. Son instrumentation est très individualiste; il aime entendre les divers instruments sonner séparément, en solo; il évite, dans son orchestre, toute surcharge, toute lourdeur, et instrumente légèrement et finement.

C'est ainsi qu'il recherche et réalise heureusement les oppositions de timbres. Les *Canaries* de *Marthésie*[1] établissent une opposition qui se maintient tout le long du morceau entre deux flûtes et le *Tutti* symphonique. La partition porte les mentions alternatives : *Tous, flûtes, Tous, flûtes*, etc.

De même, au Ier acte des *Stratagèmes de l'Amour*[2], les deux tambourins des airs pour les Matelots présentent une orchestration fort piquante et très pittoresque, basée sur le contraste des petites flûtes, des bassons et de la basse de violon. Le IIIe acte de ce ballet contient un rondeau qui marie le timbre du hautbois aux bassons, et qui oppose le groupe de ces deux instruments au reste de la symphonie[3].

Cette préoccupation d'affirmer le coloris instrumental au moyen de contrastes de timbres se manifeste presque continuellement dans l'œuvre de Destouches. Nous pourrions citer encore à cet égard la grande chaconne variée qui termine le IIIe acte des *Éléments*, et qui, ainsi que l'observe M. d'Indy, rappelle par son style et par son ampleur certaines pièces de J.-S. Bach[4].

Destouches, toujours en vertu des mêmes préoccupations, emploie souvent des instruments solistes. Le Prologue d'*Issé* nous montre un air d'une Hespéride accompagné seulement d'une flûte et d'une viole solo, ce qui donne lieu à une sonorité très douce, très langoureuse. L'usage simultané de la flûte et des instruments à cordes est, du reste, fréquemment pratiqué par Destouches; ainsi, au IVe acte d'*Issé*, la flûte, pour imiter un ramage d'oiseaux, gazouille amoureusement au-dessus de dessins chromatiques présentés par les violons (scène I, Issé seule).

Destouches manie fort habilement les instruments de cuivre, trompettes et cors; il se sert des trompettes non seulement à l'occasion des épisodes guerriers, mais encore pour caractériser des parties souvent fort étendues de ses opéras, pour donner à celles-ci une couleur martiale; le Ier acte d'*Omphale*, par exemple, se trouve situé de la sorte dans une atmosphère belliqueuse et noble.

Quant aux cors, il les emploie tantôt seuls, tantôt avec les violons, comme dans la scène de Pan du

IVe acte des *Éléments*[5]. Le « deuxième air ou Rondeau pour les Chasseurs[6] » de ce même ballet est instrumenté de la façon la plus neuve au point de vue des cors, qui y sont traités tout à fait symphoniquement. On les entend d'abord seuls, puis avec les instruments à archet, enfin hautbois et bassons leur répondent. Le *Trio* de cet air présente des oppositions de même nature; il débute piano par le thème des cors, que les bassons soutiennent en notes piquées. *Tout* le morceau a l'allure d'un véritable scherzo symphonique. L'écriture du quatuor à cordes offre certaines particularités qu'il importe de signaler. Destouches, dans son attention à user du coloris instrumental et à rechercher des effets expressifs, se garde bien de pratiquer l'écriture à tout faire de ses contemporains; il s'ingénie à varier la sonorité du groupe des instruments à archet, qu'il place tantôt dans le grave, tantôt à l'aigu, allant même jusqu'à supprimer les basses, comme, par exemple, dans la scène de la sirène Leucosie que nous avons citée plus haut et qui n'admet que des violons et des tailles, sans basses; il en résulte alors une sonorité estompée et mystérieuse.

Du reste, la suppression de la basse se manifeste chez Destouches lorsqu'il veut réaliser un effet de légèreté. Les « Airs pour les Zéphyrs » des *Éléments*[7] sont instrumentés seulement au moyen de flûtes, de dessus de violon et de hautes-contres qui dessinent un motif en canon très expressif.

D'une manière générale, Destouches attache une grande importance au choix des timbres auxquels il confie l'exposé de ses mélodies; il confère, de la sorte, à celle-ci un caractère extrêmement marqué; souvent, alors, les thèmes mélodiques, fortement soulignés par leur véhicule instrumental, s'abrègent, se condensent, se réduisent à de simples accents mélodiques, un peu comme chez Campra.

Ainsi, dans *Amadis de Grèce*, on remarque au Ier acte[8] une figure rythmique :

qui passe à travers tous les timbres de l'orchestre.

De même encore, l' « Air pour les Heures » des *Éléments*[9] retire son caractère d'un accent mélodique, réduit à une seule note qui pointe au dehors de la symphonie et qui accroche l'oreille :

C'est par de semblables procédés d'écriture que Destouches se montre vraiment novateur et original; il possède un sentiment très raffiné de la couleur instrumentale, mais, en dépit de ce sentiment et de ses brillantes qualités de musicien, il n'est jamais parvenu à composer d'œuvre parfaitement homogène; il a trop d'indolence, trop de facilité, trop de laisser-aller.

1. *Marthésie*, acte III, scène III.
2. *Les Stratagèmes de l'amour*, Ier acte, dit *Scamandre*, scène VII.
3. Ce IIIe acte est intitulé *la Feste de Philotis*; voir scène IV.
4. Préface des *Éléments*, dans la collection Michaëlis.
5. *Les Éléments*, édition Michaëlis, p. 236.
6. *Les Éléments*, p. 247 et suiv.
7. *Ibid*, p. 75.
8. *Amadis de Grèce*, acte I, scène II, p. 60.
9. *Les Éléments*, p. 72 de l'édition Michaëlis.

L'influence italienne n'a pas pesé sur lui d'un poids très lourd. Cependant, on peut en retrouver des traces çà et là dans son œuvre, et sa comédie-ballet du *Carnaval et la Folie* n'est point sans présenter quelques caractères italiens; il s'agit, ici, d'un véritable opéra-comique; au IIIe acte, une addition intitulée *le Professeur de Folie* est écrite sur des paroles italiennes, et met en scène une troupe de matassins, un musicien, un danseur et un poète[1].

Le goût du pittoresque et la passion de l'exotisme qui sévissait de son temps, aussi bien dans l'opéra que dans l'opéra-comique et jusque dans la tragédie, ont inspiré à Destouches des airs qui étaient censés caractériser différentes nations. Le IIIe acte de la pastorale d'*Issé* présente, à la fin, une série de morceaux symphoniques destinés à être dansés par des Européens, des Chinois, des Américains et des Égyptiens[2]. Il est superflu d'ajouter que ces airs n'ont aucun aspect exotique, et que, de son voyage à Siam, Destouches ne rapporta aucune impression musicale susceptible de modifier ou d'influencer sa manière[3]. La couleur locale, au cours de ces danses, se réalise simplement par les costumes plus ou moins fantaisistes dont sont revêtus les danseurs.

Si Destouches ne parvient pas à imprimer à ses symphonies de danse le caractère ethnique que leurs titres pourraient laisser supposer, du moins possède-t-il, à un rare degré, le sentiment pastoral. Il excelle dans ce genre, et sa galanterie enrubannée s'exprime en de délicieuses pages qui font de lui une sorte de Watteau musical. Rien de plus gracieux que la scène III du IIIe acte d'*Issé* (Hilas et Issé endormie), toute remplie du fleurtis murmurant des ruisseaux; rien de plus tendre que la célèbre sarabande de cette même pastorale, qui jouit si longtemps d'une juste faveur. Les velléités pastorales de Destouches s'affirment encore par le grand nombre d'airs campagnards, musettes, tambourins, qu'il a écrits, et qui s'accordent si bien avec l'esthétique galante et rustique de son temps.

En résumé, la musique de Destouches est une musique à la fois noble et tendre, de caractère galant et pastoral très marqué; elle possède les qualités françaises de clarté, de sobriété et d'élégance que nous retrouvons à un degré si éminent chez Rameau. Il n'a manqué à Destouches, pour être un grand musicien, qu'un peu de goût pour le travail.

Destouches accuse bien nettement la tendance que présente l'opéra français de l'époque de la Régence à incliner vers le ballet et le demi-genre.

Cette tendance, nous la retrouvons chez Charles-Hubert Gervais, intendant de la musique du Régent, et maître de composition de ce prince[4]. Son opéra d'*Hypermnestre*, joué le 3 novembre 1716, appartenait,

tout comme son ballet des *Amours de Protée* (16 mai 1720), au type gracieux et léger qui semble prévaloir alors[5].

C'est encore l'opéra-ballet que cultive Bourgeois[6]. Thomas-Louis Bourgeois était, selon Titon du Tillet, originaire de Dijon, où il naquit vers 1676[7]. D'abord haute-contre à l'Opéra (vers 1708), il préfère les aventures à l'existence sédentaire d'un fonctionnaire lyrique, s'en va à Toul, puis à Strasbourg, comme maître de chapelle. En 1725 ou 1730, Bourgeois, « usé à Paris », venait chanter au concert de sa ville natale[8], et, après avoir dirigé la musique du duc de Bourbon, il mourait à Paris, en 1750 ou 1751.

Célèbre surtout par ses *Cantates*[9], Bourgeois a laissé deux ballets en trois entrées, *les Amours déguisés* (22 août 1713) et *les Plaisirs de la Paix* (29 avril 1715), d'un agréable caractère et d'une écriture aisée.

La musique de Mouret[10] rentre dans le même type léger, tendre et spirituel, auquel une mythologie féconde fournissait des cadres appropriés. Jean-Joseph Mouret naquit à Avignon le 11 avril 1682. Comme Campra, il appartenait à cette génération de musiciens provençaux chez qui la plante mélodique poussait de gracieuses fleurs. Tout jeune encore, il jouissait d'une célébrité locale d'excellent compositeur. Agréablement doué au point de vue physique, possédant une voix bien timbrée et ne manquant pas d'esprit, Mouret fut accueilli à bras ouverts par la société parisienne. Il entra, en qualité de maître de musique, chez le maréchal de Noailles[11], et la duchesse du Maine ne tarda pas à le distinguer. Elle en fit le directeur de sa musique (1707), ce qui valut au musicien de nombreux succès lors des fêtes de Sceaux. Depuis 1717, il s'était attaché aux comédiens italiens, pour lesquels il composait des divertissements. Mouret devait être moins heureux en affaires. Associé commanditaire du Concert spirituel avec Lannoy et Simard, il est poursuivi par la veuve Lannoy, à la mort de son associé, en restitution d'une somme de 10.000 livres, est condamné au Châtelet, et finit par traiter à l'amiable en 1731, après évocation de sa cause au conseil du roi. A peine délivré de ces préoccupations, il tombe dans les griffes du nouveau concessionnaire de l'Opéra, le sieur Gruer, puis assume la direction artistique du Concert, et est nommé compositeur de la Comédie italienne. Les tracas qu'il avait endurés ne le laissèrent pas indemne, et bientôt Mouret manifesta des signes de dérangement d'esprit. Obligé alors d'abandonner son emploi à la Comédie italienne et ses fonctions auprès de la nymphe de Sceaux, l'infortuné musicien dut être enfermé à Charenton, chez les Pères de la Charité, où il mourut le 20 décembre 1738, en possession d'une pension de 1.000 livres que lui servait le prince de Carignan[12].

---

1. La comédie-ballet *le Carnaval et la Folie*, dont les paroles étaient d'Houdard de La Motte, fut reprise avec succès jusqu'en 1756.

2. Lorsque, à la reprise de 1708, *Issé* fut mise en trois actes en cinq, les airs exotiques furent reportés à la fin du Ve acte.

3. Au cours de son *Voyage à Siam* (Relation de son premier Voyage), le P. Tachard avait assisté à des danses locales et entendu la musique si originale et si nouvelle pour des indigènes; mais Destouches ne retint rien de cette musique.

4. D'après Choron et Fayolle, le Régent aurait composé une partie d'*Hypermnestre*, et notamment le *Tambourin* de cet opéra.

5. Gervais fut pendant plus de 15 ans maître de musique de la chapelle du roi (Titon du Tillet, *Deuxième Supplément au Parnasse français*, CXCVII, p. 19). Voir aussi Nemeitz, *le Séjour à Paris*, p. 354, et La Borde, *Essai sur la musique*, III, p. 425. Gervais composa des *Motets* pour la chapelle royale et des *Cantates françaises* qui parurent en 1712.

6. *Deuxième Supplément au Parnasse français*, p. 59. — M. Brenet, *les Concerts en France*, p. 133, 186 et suiv. — La Borde, *Essai*, III, p. 394. — Fétis.

7. D'après La Borde, Bourgeois serait né dans le Hainaut vers 1675.

8. M. Brenet, *loco cit.*, p. 186.

9. Voir la troisième partie de cette étude.

10. Sur Mouret, consulter: *Histoire de l'Académie royale de musique*, par Parfaict, II, p. 43. — Daquin, p. 47, 91. — Durey de Noinville, II, p. 30. — Fétis, VI, p. 219. — Choron et Fayolle, *Dictionnaire historique des musiciens*, II, p. 69, 70. — M. Brenet, *loco cit.*, p. 137, 138, 140. — H. LaVoix, *la Musique française*, p. 105. — A. Gouirand, *la Musique en Provence*, p. 99-102.

11. Parfaict, II, p. 43.

12. On raconte que, durant ses accès de folie, Mouret chantait continuellement l'air du chœur des Démons du IVe acte de *Castor et Pollux* de Rameau :

    Qu'au feu du tonnerre
    Le feu des Enfers
    Déclare la guerre.

D'après l'histoire manuscrite de Parfaict, Mouret serait mort « très regretté de ses amis ».

Mouret a beaucoup produit, et cela dans tous les genres. Sa muse facile et accorte se prêtait avec autant de bonne volonté au drame lyrique qu'à la cantatille, et passait sans encombre du divertissement d'opéra à la sonate de flûte. Peu disposée, néanmoins, à s'appliquer à la tragédie classique en cinq actes, elle n'en inspira que deux à Mouret : *Ariane et Thésée* (6 avril 1717) et *Pirithoüs* (26 janvier 1723). En revanche, l'opéra-ballet la séduisit davantage; successivement, *les Fêtes de Thalie* (14 août 1714), *les Amours des Dieux* (14 sept. 1727), *les Sens* (5 juin 1732), *les Grâces* (5 mai 1735), *le Temple de Gnide* (31 décembre 1741) et les *Amours de Ragonde* (30 janvier 1742), destinés à Sceaux, témoignèrent de sa fécondité. A cela il convient d'ajouter de nombreux divertissements, tant pour la duchesse du Maine que pour la Comédie italienne, tels que *le Guy l'an neuf*, *les Amours de Silène*, *la Beauté couronnée* (tiré de l'opéra *le Temple de Gnide*), *Arlequin Pluton*, etc., et des fragments de musique pour la comédie des *Mécontents*, représentée par la Comédie française en 1734.

Mouret semblait mal doué pour l'opéra proprement dit; son récitatif est pâle, sans relief ni vigueur, et, de *Pirithoüs*, on n'avait applaudi que les danses; il excellait, au contraire, dans le ballet, genre tout à fait ajusté à sa taille. Daquin déclare, en outre, que la Comédie italienne se souviendra longtemps de ses excellents vaudevilles[1]. Plusieurs de ses airs devinrent populaires et allèrent grossir le recueil de timbres où puisaient Panard et Favart; nous citerons en particulier *Cahin-Caha* et *Dans ma jeunesse*.

La musique que Mouret composa pour le théâtre italien ne comprend pas moins de quarante-sept divertissements, répartis en six recueils dédiés au duc d'Orléans régent[2]; ces divertissements, écrits d'une plume légère et facile, contiennent un certain nombre d'airs italiens et une foule d'airs « de caractère » dans lesquels le musicien s'abandonne à une gracieuse et piquante fantaisie, soit qu'il tente, comme tous ses contemporains, à réaliser une sorte d'exotisme musical, soit que, par le choix d'une rythmique appropriée, ou d'une instrumentation pittoresque, il s'efforce d'imprimer à ses morceaux un aspect lyrique souvent très comique. Nous citerons en particulier les airs pseudo-chinois du deuxième divertissement du *Naufrage au port à l'Anglais*, l'air suisse et les airs allemands de *l'Amour maître de langues*, l'air de « niais » d'une allure vraiment amusante et les turqueries des *Amants ignorants*. Avec un matériel très simple, Mouret atteint à une expression souvent fort juste; rien de plus caractéristique que l'air comique des. Ogres dans *Mélusine*, rien de plus léger que le plus mutin que l'air des Esprits follets d'*Arlequin camarade du diable*, en lequel surgissent, rapides, de petits dessins de flûtes.

Le *Philosophe trompé par la Nature* du troisième recueil contient une fête de village où on entend une vielle associée à la basse de viole, instrumentation aussi ingénieuse qu'expressive.

En 1722, Mouret donna un précédent à l'*Alcimadure* de Mondonville, en ajoutant aux *Fêtes de Thalie* une quatrième entrée, écrite en patois provençal et intitulée *la Provençale*.

C'est dans les *Fêtes de Thalie* que l'on vit, pour la première fois, des femmes habillées à la française et des confidentes se rapprochant du type soubrette. Maupoint, qui rapporte ce détail, ajoute : « Le public en fut d'abord alarmé; cependant, il y vint en foule, mais presque à contre-cœur. L'auteur dit qu'il se fit conscience de divertir ainsi les gens malgré eux[3]. »

Si Mouret réussissait à merveille les entrées de ses ballets, entrées auxquelles présidait souvent une fine psychologie (comme dans les *Grâces*, par exemple), le violoniste Jacques Aubert[4] se montrait pétillant d'esprit et très inspiré des procédés de l'école de Pergolèse dans les airs de danse de sa comédie persane, *la Reine des Péris* (10 avril 1725).

Avec François Colin de Blamont[5], nous trouvons encore un autre auteur de ballets. Né à Versailles le 22 novembre 1690 et fils de Nicolas Colin, ordinaire de la musique du roi, François Colin fut admis, à l'âge de 17 ans, dans la musique de la duchesse du Maine et ne tarda pas à devenir élève de Lalande[6]. En 1719, il acquiert de Lulli une charge de surintendant de la musique royale, et ajouta alors à son nom celui de Blamont. Maître de la musique de la chambre, après la mort de Lalande (18 juin 1726), décoré, selon Beffara, de l'ordre de Saint-Michel, le 8 mai 1751, il touchait, à partir de 1756, une pension de 2.000 livres[7] et mourut le 14 février 1760, à Versailles, où il fut inhumé dans l'église Saint-Julien. On l'appelait le chevalier de Blamont.

Colin de Blamont fut essentiellement un musicien de cour, un musicien officiel. Sa réputation date de 1723, époque à laquelle il fit représenter à l'Opéra le ballet des *Fêtes grecques et romaines* (13 juillet 1723). Le succès de cet ouvrage lui valut de composer en 1725 un divertissement pour le mariage de Louis XV, divertissement intitulé *le Retour des Dieux sur la Terre*. A la pastorale de *Diane et Endymion* (17 mai 1731), que le public accueillit froidement, succédèrent *les Caractères de l'amour*, ballet représenté d'abord à la cour, en 1735, puis à l'Opéra (15 avril 1738), avec un grand succès. Signalons encore *Jupiter vainqueur des Titans* (1745) et *les Fêtes de Thétys* (1750), ainsi qu'un certain nombre de cantates, motets et divertissements écrits pour le service de la cour[8].

Sans atteindre à l'originalité de Destouches ou à la grâce éprouvée de Mouret, Colin de Blamont ne manque point de mérite. Sa musique, qui porte la trace de l'enseignement de Lalande, se recommande surtout par la variété et l'éclat des airs de danse. C'est ainsi que le ballet des *Fêtes grecques et romaines*, dont la réputation gagna la province, puisque en 1742 les académiciens de Moulins l'exécutèrent en présence de l'ambassadeur du Pacha Méhémet Haïd Pacha[9], se signale, dès le Prologue, par une chaconne fort bien traitée et par une gigue et menuet de piquante

1. Daquin, *Lettres sur les hommes célèbres sous le règne de Louis XV*, p. 47. — Voltaire a chanté la « gaieté de Mouret ».
2. Ces recueils portent le titre suivant : *Recueil des divertissements du nouveau théâtre italien, augmenté de toutes les simphonies, accompagnemens, airs de violons, de flûtes, de hautbois, de musettes, airs italiens, et de plusieurs divertissements qui n'ont jamais paru*.
3. Maupoint, *Bibliothèque des théâtres*, p. 136.
4. Sur Jacques Aubert, Voir la troisième partie de cette étude.
5. La Borde, *Essai*, III, p. 391. — Fétis, I, p. 433. — J. Vasseur, *Notice sur Colin de Blamont*, dans les *Mémoires de la Société des sciences morales de Seine-et-Oise*, XIII, p. 373 et suiv. (1883). — P. Fromageot, *les Compositeurs de musique versaillais* (1906), p. 7 et suiv. — J.-G. Prod'homme, *Écrits de musiciens* (1912), p. 314, 315.

6. L'ouvrage de début que Colin de Blamont présenta à Lalande était une cantate intitulée *Circé*.
7. Arch. nat., O¹, 633, f° 21.
8. Sa cantate de *Didon* fut jouée chez la Reine : « Je n'oublierai pas la *Didon* de M. Colin de Blamont, écrit Daquin. Elle a fait beaucoup de bruit dans le monde. Les paroles sont d'un grand prince (feu Mgr le prince de Conti). » (Daquin, *loco cit.*, p. 92.)
9. M. Brenet, *les Concerts en France sous l'ancien régime*, p. 189. D'après les frères Parfaict, le succès des *Fêtes grecques et romaines* s'affirma très brillant, et la reprise de 1733 fut triomphale (II, p. 120, 264). — En 1734, il paraissait un *Examen critique du Ballet des Fêtes grecques et romaines*.

écriture. La deuxième entrée (*les Bacchanales*) contient un bel air de Cléopâtre, et la troisième (*les Saturnales*) un délicieux rondeau[1]. Le rôle de Cléopâtre avait, du reste, séduit Mme de Pompadour, qui le remplit, en 1748, au théâtre du Château[2].

En outre de ses compositions musicales, le chevalier de Blamont a laissé un ouvrage d'esthétique, *Essai sur les goûts anciens et modernes de la musique française*, qu'il publia en 1754, au moment où le conflit entre la musique française et la musique italienne défrayait toutes les discussions. Ce livre répondait aux attaques de J.-J. Rousseau.

On voit, par ce qui précède, le développement considérable que prenait alors la littérature du ballet.

C'est encore au ballet que s'adonne, et non sans succès, Joseph-Nicolas-Pancrace Royer[3]. Né en Savoie vers 1701, et, au dire de La Borde, fils d'un gentilhomme bourguignon, intendant des jardins de Madame Royale, régente de Savoie, Royer, après avoir obtenu sa naturalisation en France[4], se fit connaître d'abord sur l'orgue et le clavecin, et se vit fort recherché comme professeur, lorsqu'il vint se fixer à Paris en 1725.

A la fin de 1734 (le 15 novembre)[5], le roi lui accordait, conjointement avec Matho, la charge de maître de musique des enfants de France, dont il devint unique titulaire en 1746, après la mort de celui-ci.

Entrepreneur du Concert spirituel en 1747, Royer obtint, le 22 septembre 1753, la survivance de la charge de maître de musique de la chambre qui appartenait à François Rebel, auquel il succédait peu de temps après comme inspecteur *général* de l'Opéra; il garda cette position jusqu'à sa mort, arrivée le 11 janvier 1755.

Royer a composé une tragédie lyrique en cinq actes et prologue, *Pyrrhus* (26 octobre 1730), et trois ballets : *Zaïde, reine de Grenade* (3 septembre 1739), représentée plus tard (1745) à Versailles pour une des fêtes du premier mariage du Dauphin; *le Pouvoir de l'Amour* (23 avril 1743), et *Almasis*, représenté d'abord sur le théâtre des Petits-Appartements (1748) et ensuite à l'Opéra (28 août 1750).

Il faisait exécuter, le 25 décembre 1746, au Concert spirituel, l'*Ode à la fortune* de J.-B. Rousseau, qu'il avait mise en musique sur la demande du Dauphin, son élève, dérogeant à la sorte à l'usage qui voulait qu'on n'exécutât au Concert que de la musique latine[6].

Une autre dérogation du même genre se produisit après la mort de Royer, et en guise d'hommage à sa mémoire : le 1er novembre 1755, on jouait en effet, au Concert spirituel, le quatuor de la chasse de *Zaïde*[7].

Solidement écrite, la musique de Royer ne mérite pas l'oubli dans lequel elle est tombée; à côté d'épisodes descriptifs fort habilement traités, tel que celui que nous venons de signaler, elle renferme des pages émues et expressives.

On trouve les mêmes qualités dans une pastorale en un acte que La Garde écrivit sur des paroles de Laujon, et qu'il fit représenter à Versailles, sous le titre d'*Æglé*, le 13 janvier 1748 et le 25 février 1750, puis à l'Opéra le 18 février 1751.

Pierre de La Garde[8], qui était ordinaire de la musique de la chambre du roi, ordinaire de l'Académie royale et maître de musique des Enfants de France, devint compositeur de la chambre et batteur de musique à l'Opéra; il conserva ce dernier poste jusqu'en 1756. Le succès remporté par sa pastorale l'incita à entreprendre, à partir de 1758, la publication d'un recueil mensuel de cantatilles, de duos, de chansons, et de *brunettes*, avec accompagnement de guitare[9], instrument qui, d'après le *Mercure*, « semblait fait pour la société et pour les personnes dont la voix est souple et légère ».

Les duos de La Garde bénéficièrent d'une grande réputation. Le musicien travailla aussi pour le prince de Conti, dont les concerts du Temple et de l'Isle-Adam étaient justement célèbres[10]. D'après La Borde, il n'avait pas son pareil dans le genre de la chanson. Remarquablement doué du côté vocal, et possesseur d'une voix de basse-taille très étendue, il chantait avec Jeliotte.

Disons un mot de deux musiciens qui furent toute leur vie de fidèles associés, Rebel et Francœur[11]. Tous deux portaient le prénom de François, et tous deux jouaient du violon alors qu'ils étaient enfants, ce qui les faisait désigner sous le nom de « petits violons ».

François Rebel était fils de Jean-Ferry Rebel, que nous retrouverons dans la troisième partie de cette étude, et naquit le 19 juin 1701 à Paris.

François-Francœur, né le 25 septembre 1698, appartenait aussi à une famille de musiciens et se lia d'une vive amitié avec François Rebel, en compagnie duquel il voyagea en Allemagne et en Bohême. Étroitement unis, les deux amis, dont les carrières se développaient parallèlement, obtinrent en 1757 la ferme de l'Académie de musique, mais furent contraints de l'abandonner le 1er avril 1767.

Travaillant toujours ensemble, sans qu'il soit possible de déterminer la part qui revient à chacun d'eux, Rebel et Francœur ont donné à l'Opéra un certain nombre d'ouvrages. La Borde affirme que les « morceaux de force » provenaient de Rebel, tandis que Francœur pouvait revendiquer la paternité des « morceaux de sentiment ». Quoi qu'il en soit, *Pyrame et Thisbé* (17 octobre 1726), *Tarsis et Zélie* (19 octobre 1728), la *Pastorale héroïque* (1730) (de Rebel seul), *Scanderberg* (27 octobre 1735), dont le sujet oriental secouait un peu la routine de l'Opéra, le *Ballet de la paix* (29 mai 1738), les *Augustales* (15 novembre 1744), la *Félicité* (10 juillet 1745), *Zélindor, roi des Sylphes* (10 août 1745), et le *Prince de*

---

1. Cf. Vasseur et Fromageot, p. 11, 12.

2. Fromageot, *loco cit.*, p. 12.

3. Titon du Tillet, *Deuxième Supplément au Parnasse français*, p. 78, 79. — Durey de Noinville, II, p. 43. — La Borde, *Essai*, III. p. 483. — M. Brenet, *les Concerts en France*, p. 203, 204 et suiv., 255, 265. On consultera aussi les *Mémoires* de Luynes, VIII, p. 14, 15, et la troisième partie de cette étude pour la musique de clavecin. — Dans l'introduction de son *Dictionnaire historique des départements du Mont-Blanc et du Léman*, Grillet donne quelques détails sur ce musicien savoisien (L. 1er, p. 210). Il en est également question de façon très brève dans *les Musiciens, la Musique et les instruments en Savoie du treizième au dix-neuvième siècle* (*Mémoires et Documents publiés par la Société savoisienne d'histoire et d'archéologie*, Chambéry, 1878, t. XVII, p. 150-151).

4. Arch. nat., O¹, 229, f° 386.

5. Arch. nat., O¹, 78, f° 274.

6. M. Brenet, *les Concerts en France*, p. 203.

7. *Ibid.*, p. 265. « M. Royer, dit Daquin, si connu par l'opéra de *Zaïde* et par ses succès sur le clavecin, met de l'âme et du feu dans ses compositions... (Au Concert spirituel), il semble inspirer toute sa vivacité aux habiles gens qui le composent. » (Daquin, I, p. 49-50.)

8. Sur La Garde, consulter La Borde, *Essai sur la Musique ancienne et moderne*, t. III, p. 421, et Fétis.

9. *Mercure*, décembre 1757, p. 153, 156.

10. Voir M. Brenet, *loco cit.*, p. 350. En 1764, La Garde publia *les Soirées de l'Isle-Adam, première, suite de différents morceaux de chant à une et deux voix, avec accompagnement de violon, basse, basson, cor et hautbois, exécutés au Concert de Mgr le Prince de Conti.*

11. Sur François Rebel, voir le *Recueil de la Société internationale de musique*, janvier 1906. Sur François Francœur, voir à la troisième partie de cette étude.

Noisy (16 septembre 1760)[1], sans révéler des talents supérieurs, sont l'indice d'une honorable fécondité. Comme toujours, c'est le ballet qui domine dans ces productions, au détriment de la tragédie lyrique.

En résumé, l'époque préramiste, emplie du conflit des opinions et des goûts, dominée par l'influence lulliste, à laquelle s'oppose le courant italien, présente tous les aspects d'une période de transition au cours de laquelle les musiciens français procèdent à de lentes conquêtes sur le terrain de l'harmonie, de la mélodie et de l'instrumentation. Mais leurs efforts s'éparpillent se et dispersent. Aucun d'eux ne possède un style homogène; lorsque certains font des découvertes de haute valeur, comme Campra et Destouches, ces découvertes demeurent isolées, sans lien déterminé les unes avec les autres. Les musiciens pratiquent un art de cour, un art opportuniste; ils cultivent le goût du public et s'appliquent, avant tout, à dissimuler leurs innovations afin de ne pas choquer personne.

Il appartenait à Rameau d'apporter une synthèse puissante des tendances novatrices du début du xviii° siècle, de réaliser ce qui manquait à ses précurseurs, l'unité du style, de poser avec une ferme intransigeance ses conditions au public, au lieu de se laisser tracer par celui-ci la voie qu'il devait suivre. Dans toute la force du terme, Rameau fut un artiste, un artiste complet, fier, indépendant, dépourvu de l'ordinaire courtisannerie des musiciens de son temps.

Il convient toutefois de rendre justice à ses prédécesseurs, et de leur donner acte du travail qu'ils accomplirent. Durant le premier tiers du xviii° siècle, la musique prend conscience d'elle-même. Elle se révèle sous forme de *symphonies*, d'*ouvertures* ou d'*airs de danses*, toutes pièces qui commentent, soit un spectacle proprement dit, comme une *tempête*, ou une *scène pastorale*, laissant ainsi l'art se pénétrer du sentiment de la nature, soit des épisodes chorégraphiques. En outre, la mélodie vocale s'assouplit et se caractérise musicalement en se libérant de son asservissement au langage, afin de revêtir des formes musicales organisées, et, en même temps, elle se pénètre d'éléments expressifs dont la tragédie bénéficiera par la suite.

II. — Rameau[2].

Rameau eut la singulière fortune d'aborder la scène lyrique à un âge où la plupart des hommes cessent de regarder l'avenir d'un œil assuré, et de triompher par son inlassable énergie des obstacles qui se dressaient devant un débutant de cinquante ans. Riche d'expérience et de volonté, il apportait à l'Opéra un art mûrement réfléchi, mais dont les premières approches de la vieillesse n'altéraient ni la verdeur ni l'émotion. Nous voudrions essayer de retracer ici l'image de ce grand musicien et de rappeler les multiples aspects de son œuvre si vaste.

1. Représenté d'abord à Versailles, le 13 mars 1749.
2. Bibliographie de Rameau ; Daquin, *Lettres sur les hommes célèbres sous le règne de Louis XV* (1752), I, lettre 3. — *Gazette de France* (17 sept. 1764). — *Annonces, Affiches* (26 sept. 1764). — *Avant-coureur* (1er octobre 1764). — *Mercure de France* (octobre 1764, p. 182, 190, vol. I). — *Nécrologe des hommes célèbres de France* (1765), article non signé, mais attribué à Palissot. — Chabanon, *Éloge de M. Rameau* (1764). — *La Raméide*, poème, 1766. — Maret, *Éloge de Rameau*, 1766. — *Galerie française ou Portraits des hommes et femmes célèbres*. Rameau, par G. Dagoty (1771). — *Dictionnaire des artistes*, par l'abbé de Fontenai (1776),. II, p. 411, 414. — *L'Ami des Arts* (1776). — La Borde, *Essai sur la musique ancienne et moderne* (1780), III, p. 464-469. — Manuel, *l'Année française ou Vie des hommes qui ont honoré la France* ,(1789), III, p. 327-331. — Choron et Fayolle, *Dictionnaire historique des musiciens* (1817), II, p. 190-198. — Maurice Bourges, *Rameau* (*Revue et Gazette musicale de Paris*, 1839). — Gillotte, *Rameau* (*Courrier de la Côte-d'Or*, 2 mars 1844). — J.-B. Labat, *Études philosophiques et morales sur l'histoire de la musique* (1852), II, p. 192-229. — A. Adam, *Rameau* (*Revue contemporaine du* 15 oct. 1852). — A. Adam, *les Derniers Souvenirs d'un musicien*. — Solié, *Études biographiques, anecdotiques et esthétiques sur les compositeurs qui ont illustré la scène française*. *Rameau*. — Ch. Poisot, *Essai sur les musiciens bourguignons* (1854). — Arsène Houssaye, *Œuvres complètes*, III (1860). — A. Farrenc, *Notice sur Rameau dans le Trésor des pianistes*, I (1861). — Fétis, *Biographie universelle*. — Denne-Baron, *Rameau* (1862). — E. Nesle, *le Panthéon de la Bourgogne* (1863). — Ch. Poisot, *Notice biographique sur J.-Ph. Rameau* (1864). — Léon Danjou, *Rameau, sa vie, ses œuvres* (1876). — *Notice sur Rameau par un Ramiste* (*Journal de la Côte-d'Or*, août 1876). — Reuchsel, *les Fêtes de Rameau à Dijon* (*Revue et Gazette musicale de Paris*, 20 août 1876). — Article de A. Pougin dans l'*Art* (V, p. 212) (1876). — A. Jullien, *Rameau, ses débuts et son opéra de « Castor et Pollux »* (*Revue et Gazette musicale*, 1877). — Marmontel, *Symphonistes et virtuoses* (1880). — Léon Pillault, *Instruments et musiciens* (1880). — René de Récy, *la Critique musicale au siècle dernier. Rameau et les Encyclopédistes* (*Revue des Deux Mondes*, juillet 1886). — Garraud, *J.-Ph. Rameau* (*Bulletin d'histoire et d'archéologie religieuse du diocèse de Dijon*, 1887). — Hugues Imbert, *Un portrait de Rameau* (*Guide musical*, 1890). — Ernest Newmann, *Gluck and the Opera* (1895), p. 222-249. — H. Imbert, l'*Œuvre de J.-Ph. Rameau* (*Guide musical*, 1896). — M. Brenet, *Notes et croquis sur J.-Ph. Rameau* (*Guide musical*, 1899). — H. Imbert, *J.-Ph. Rameau* (*Guide mus.*, 1900). — P. Lalo, *Jean-Philippe Rameau* (*le Temps*, 1901). — M. Brenet, *la Jeunesse de Rameau* (*Rivista musicale italiana*, 1902-1903). — A. Pougin, *les Lettres de noblesse de*

Rameau. — H. Quittard, *les Années de jeunesse de Rameau* (*Revue d'histoire et de critique musicale*, 1902). — E. Dacier, *l'Opéra au dix-huitième siècle* (*Revue musicale*, 1902). — Ch. Malherbe, *Notices*, dans l'Édition complète des œuvres de Rameau. — L. de la Laurencie, *Quelques documents sur J.-Ph. Rameau et sa famille* (*Mercure musical*, février 1907). — Louis Laloy, *Rameau* (*les Maîtres de la Musique*) (1908). — L. de la Laurencie, *Rameau* (*les Musiciens célèbres*, 1908). — A. Julien, *Musiciens d'hier et d'aujourd'hui* (1910). — P.-M. Masson, *Lullistes et Ramistes* (*Année musicale*, 1911). — L. de la Laurencie, *Rameau et ses descendants* (*S. I. M.*, 1911). — L. Striffling, *le Goût musical en France au dix-huitième siècle* (1913). — G. Cucuel, *La Pouplinière et la musique de chambre au dix-huitième siècle* (1913).

On consultera encore sur Rameau la *Correspondance de Voltaire*, le *Journal de Collé*, les *Mémoires de Bachaumont* et la *Correspondance littéraire de Grimm*. — Ajoutons que la Bibliographie complète de Rameau a été établie par M. Brenet dans le *Courrier musical* (1908). La collection complète des œuvres de Rameau, publiée par la maison Durand, comprend actuellement (1913) 18 volumes dont voici le contenu :

Tome I (1895). — *Pièces de clavecin* (révision de M. Saint-Saëns).
Tome II (1896). — *Musique instrumentale* (révision de MM. Taffanel et Delsart).
Tome III (1897). — *Cantates* (révision de M. Saint-Saëns).
Tome IV (1898). — *Motets* (1re série) (révision de M. Saint-Saëns).
Tome V (1899). — *Motets* (2e série).
Tome VI (1900). — *Hippolyte et Aricie* (rev. de M. Vincent d'Indy).
Tome VII (1902). — *Les Indes galantes* (rev. de M. P. Dukas).
Tome VIII (1903). — *Castor et Pollux* (rev. de M. Chapuis).
Tome IX (1904). — *Les Fêtes d'Hébé ou les Talents lyriques* (rev. de M. A. Guilmant).
Tome X (1905). — *Dardanus* (rev. de M. Vincent d'Indy).
Tome XI (1906). — *La Princesse de Navarre* (rev. de M. P. Dukas). Les Fêtes de Ramire, Nélée et Myrthis, Zéphyre.
Tome XII (1907). — *Platée* (rev. de M. G. Marty).
Tome XIII (1908). — *Les Fêtes de Polymnie* (rev. de M. Cl. Debussy).
Tome XIV (1909). — *Le Temple de la Gloire* (rev. de M. A. Guilmant).
Tome XV (1910). — *Les Fêtes de l'Hymen et de l'Amour* (rev. de M. Reynaldo Hahn).
Tome XVI (1911). — *Zaïs* (rev. de M. Vincent d'Indy).
Tome XVII (1912). — *Pygmalion*. — *Les Surprises de l'Amour* (rev. de M. H. Büsser).
Tome XVIII (1913). — *Naïs* (rev. de M. Reynaldo Hahn).

Chacun de ces 18 volumes est accompagné d'un commentaire bibliographique et critique par MM. Charles Malherbe, Maurice Emmanuel et Martial Tenco.

Jean-Philippe Rameau naquit à Dijon, rue Saint-Michel, dans une maison de l'ancienne cour Saint-Vincent, actuellement 5 et 7 de la rue Vaillant, et fut baptisé, le 25 septembre 1683, dans l'église Saint-Étienne, église collégiale pour le compte de l'église Saint-Médard en reconstruction depuis 1680.

Il était fils de Jean Rameau, organiste à Dijon, et de Claudine de Martinécourt, sa femme, et avait pour parrain un conseiller du roi au parlement de Bourgogne, Lautin de Montagny, et pour marraine demoiselle Anne-Philippe de Mimeure, fille d'un ancien conseiller au Parlement[1].

Son père occupait en 1669 les fonctions d'organiste à Saint-Étienne, puis, de 1674 à 1676, touchait les orgues de Sainte-Bénigne, et enfin, s'engageait pour vingt ans, au mois de juillet 1690, vis-à-vis de la fabrique de Notre-Dame. Il mourut avant 1715[2], et ne jouissait point, ainsi qu'on l'a prétendu, d'une large aisance. Tout au contraire, ses moyens paraissent avoir été des plus modestes pour un père de famille chargé de huit enfants : Jean-Philippe (1683), Claude, Catherine, Élisabeth, Marie-Marguerite, Marie, Marie-Madeleine (morte en bas âge) et Philippe.

L'organiste dijonnais ne négligea rien pour donner à ses enfants « une tête musicale », et M. Pougin assure que Jean-Philippe exécutait à première vue toute espèce de musique sur le clavecin, dès l'âge de sept ans[3].

Rien dans De Croix[4] ni dans Maret[5] n'autorise à croire que le père Rameau nourrissait l'ambition de faire de Jean-Philippe un magistrat ; il le fit entrer au collège des Jésuites de Dijon, où Jean-Philippe ne dépassa pas la quatrième et manifesta, selon Maret, de grandes dispositions pour la musique, en même temps qu'un caractère fort vif. Fétis a prétendu que son éducation musicale s'était effectuée à bâtons rompus. C'est là, affirme M. Quittard, une insinuation de tous points inexacte, car Dijon, ville parlementaire et lettrée, offrait de grandes ressources intellectuelles et artistiques, et on y comptait deux maîtres de musique de mérite : Richard Menault et le chanoine Farjonel[6].

Toujours est-il que, vers 1701 (Rameau avait alors dix-huit ans), son père prit le parti de l'envoyer en *Italie*, détermination qu'on a entourée de circonstances romanesques qui ne sont pas éclaircies[7]. Habile claveciniste et bon violoniste, Jean-Philippe semblait devoir retirer grand profit d'un pareil voyage, mais il ne dépassa pas Milan et, somme toute, ne rapporta point de Lombardie d'impressions musicales bien vives. Ce fut surtout à Paris que, grâce au concert italien du Louvre (1724), aux œuvres de Bononcini et à la première apparition de l'opéra-buffa (1729), il apprit à connaître la musique italienne. Chabanon rapporte même que, vers la fin de sa vie, il regrettait de n'avoir pas mieux étudié l'art italien durant sa jeunesse.

Selon M. Brenet, Rameau aurait penché du côté des Bouffonnistes[8]. Dès 1737, il se plaignait, comme plus tard les Encyclopédistes, de l'incapacité et de la mauvaise exécution des chanteurs français, et ne manquait pas de vanter le théâtre italien.

Il est fort malaisé de reconstituer la vie de Rameau à partir de son retour en France. En 1702, Rameau trouvait à Avignon une place de maître de musique provisoire[9], et le 23 juin de la même année, il passait avec le chapitre de la cathédrale de Clermont-en-Auvergne un bail de six ans pour tenir l'orgue de cette église. C'est à Clermont que, selon Maret, il composa les trois cantates *Médée*, *l'Absence* et *l'Impatience*, qui y furent accueillies avec beaucoup de succès et qui montrent que, dès cette époque, Rameau n'ignorait point la musique italienne, car la cantate était un genre qui nous venait d'Italie. En 1706, il avait toutefois quitté cette ville, et l'anecdote narrée par Maret et reportée en 1722, lors de son second séjour en Auvergne, anecdote selon laquelle Rameau, pour vaincre la résistance du chapitre qui s'obstinait à lui refuser la résiliation de son bail, se livra sur l'orgue à un véritable charivari, ne semble pas des mieux fondées. Peut-être n'est-elle pas l'attribution à Jean-Philippe d'une histoire identique survenue à son frère Claude, en 1737, à Notre-Dame de Dijon[10].

Quoi qu'il en soit, nous trouvons Rameau installé, en 1706, à Paris, où il fait graver sa première œuvre, le premier *Livre de Pièces de clavecin*, et on est en droit de supposer que le musicien habitait déjà la capitale dès le printemps de 1705. Il se peut aussi qu'il ait demandé des leçons à Louis Marchand, dont il paraissait grand admirateur, et que ce dernier l'ait désigné aux Jésuites de la rue Saint-Jacques comme capable d'y recueillir sa succession. Rameau touchait là 120 livres par an, ce qui n'était guère ; aussi se mit-il sur les rangs lors du concours ouvert, en septembre 1706, pour une place d'organiste de Sainte-Madeleine en la Cité. Six candidats demeurèrent en présence pour l'épreuve finale : Manceau, Calvière, Vaudry, Poulain, Dornel et Rameau. Bien que Rameau eût été jugé le plus habile, ce fut Dornel qui l'emporta.

On a cru longtemps que cet échec décida Rameau à quitter Paris, mais M. P.-M. Masson a montré que, de septembre 1706 à la fin de 1708, le musicien habitait encore la capitale[11]. De 1709 à 1715, ses biographes avaient perdu sa trace, et ce n'est que depuis peu qu'on est parvenu à la retrouver, au moins partiellement. Au mois de mars 1709, Jean-Philippe, sous la désignation de Jean-Baptiste Rameau fils, remplace son père à Notre-Dame de Dijon en qualité d'organiste, moyennant des gages annuels de 130 livres[12]. Mais, en 1714, Rameau avait déjà abandonné cette situation, puisqu'il occupait alors l'orgue des Jacobins de Lyon, où il séjourna une année entière[13], et où il touchait un traitement de 200 livres. L'année suivante (10 janv. 1715), il assiste au mariage de son frère Claude avec Marguerite Rondelet, et quitte peu après Dijon[14]. On a raconté que Rameau avait eu

---

1. R. Garraud, *J.-Ph. Rameau*, dans le *Bulletin d'histoire et d'archéologie religieuses du diocèse de Dijon*, 1887, p. 139, cité par M. Brenet, *la Jeunesse de Rameau* (*Riv. music. ital.*, 1902).

2. H. Quittard, *les Années de jeunesse de Rameau*. *Revue d'histoire et de critique musicales*, 1902, p. 163).

3. A. Pougin, *Rameau. Essai sur sa vie et ses œuvres*, p. 13.

4. De Croix, *l'Ami des Arts, ou justification de plusieurs grands hommes* (1776).

5. *Éloge historique de Rameau*, par Maret (1766).

6. H. Quittard, *les Années de jeunesse de Rameau* (*Revue d'histoire et de critique musicales*, 1902).

7. Voir Maret, *loco cit.*, p. 8.

8. M. Brenet, *la Jeunesse de Rameau* (*Rivista musicale italiana*, 1902, p. 676.

9. H. Quittard, *loco cit.*, p. 109, d'après le *Journal d'Arnavon* (20 nov. 1704).

10. La scène, arrivée en janvier 1737 à Claude Rameau à la fête de la confrérie des marchands merciers, est relatée dans l'*Histoire de Notre-Dame de Dijon* par J. Brisson, p. 533 et suiv. (cité par M. Brenet).

11. S. I. M., 15 mai 1910.

12. M. Brenet, *la Jeunesse de Rameau* (*Riv. music. ital.*, 1902), p. 861. — L'engagement de Rameau devait durer six ans.

13. Voir, sur le séjour de Rameau à Lyon, le livre de M. L. Vallas, *la Musique à Lyon au dix-huitième siècle* (1908), p. 35 et suivantes, ainsi que la *Revue musicale de Lyon* du 13 février 1910.

14. Cf. la *Raméide*, poème, p. 17. Nous apprenons par ce poème qu'il était en rivalité amoureuse avec son frère.

l'orgue de l'église Saint-Etienne de Lille. Mais la chose paraît peu probable. Ce qu'il y a de certain, c'est qu'il se dirigea pour la seconde fois vers Clermont-Ferrand, où il obtint de nouveau la place d'organiste de la cathédrale. Le titre du *Traité de l'Harmonie* (1722) porte en effet la mention de sa situation d'« organiste de la cathédrale de Clermont-en-Auvergne ». Puis il abandonna cette ville, afin de venir s'installer définitivement à Paris.

Son ouvrage l'y avait précédé et menait quelque tapage. « Les savants, écrit M. Lalo, furent étonnés de tout ce qu'il contenait de neuf, de profond et de fort[1]. » Rameau, qui n'était point « souple, point courtisan, d'abord difficile, de naturel âpre et inflexible », fut de suite connu dans la capitale, et les élèves affluèrent chez lui. En 1730, il occupait l'emploi d'organiste de la maison professe des Jésuites, où se donnaient des concerts fort suivis, et il est possible que ses *Motets* remontent à cette époque.

Quelque temps auparavant, Rameau avait fait de bien modestes débuts dramatiques. Son compatriote Alexis Piron, auteur d'une féerie burlesque intitulée *l'Endriague*, sollicitait de lui quelque musique. La pièce, ornée par Rameau de divertissements et dont quelques airs de caractère tragique furent peut-être utilisés plus tard dans les opéras, passa, en février 1723, à la Foire Saint-Germain. Rameau travailla aussi à la musique de l'*Enrôlement d'Arlequin* et la *Robe de dissention ou le Faux Prodige* (1726). Le 7 janvier 1724, il avait pris un privilège pour publier des cantates et autres pièces, et il se servait de ce privilège pour mettre au jour son deuxième recueil de *Pièces de clavecin*. Deux ans plus tard (1726), et le 25 février, il épousait, en l'église Saint-Germain-l'Auxerrois, Marie-Louise Mangot, une bonne musicienne douée d'une jolie voix, puis publiait son *Nouveau Système de musique théorique*, où il affirmait et précisait ses conceptions antérieures.

D'après M. Brenet[2], les *Nouvelles Suites de Pièces de clavecin* se placent vers cette époque (de 1727 à 1731).

Rameau, en 1727, prend part au concours institué pour l'orgue de Saint-Paul. Il s'agissait de recueillir la succession de Buterne, et en même temps que Rameau, Vaudry, Couperin et Daquin s'étaient mis sur les rangs[3]. Le 28 avril 1727, à l'issue des épreuves, Daquin fut proclamé vainqueur : c'était donc la seconde fois que Rameau échouait dans un concours d'orgue.

Nommé organiste de l'église Sainte-Croix de la Bretonnerie, où il tenait l'orgue en 1732, il remplissait, quatre ans plus tard (1736), les mêmes fonctions chez les Jésuites du Collège; en outre, il donnait des leçons de clavecin et d'accompagnement, et consolidait sa solide réputation de professeur, tout en s'engageant dans le *Mercure* de longues discussions avec Bournonville[4].

Désireux, avant tout, d'écrire pour le théâtre, Rameau adressait, en 1727, une lettre à Houdard de

La Motte[5], dans laquelle il présentait, non sans habileté, mais avec fermeté, son propre plaidoyer, en invoquant comme témoignage de ses capacités dramatiques les *Cantates* et les *Pièces de clavecin* déjà publiées. Houdard ne se laissa pas convaincre, et Rameau ne fut pas plus heureux auprès des autres librettistes à la mode, Danchet, Lafont, Roy, etc. On lui concédait beaucoup de science théorique, mais on lui reprochait de manquer de mélodie. Ses relations avec le fameux Le Riche de la Poplinière, dont la femme, Thérèse Deshayes[6], devait plus tard prendre de ses leçons, faillirent lui procurer le librettiste si ardemment souhaité. Grâce sans doute à Piron, il fréquentait chez le financier, qui, dès 1725, hébergeait une foule de gens de lettres. La Poplinière aurait alors négocié, à l'intention du musicien, la collaboration de Voltaire; celui-ci, dans une lettre à Thiériot, datée du 1er décembre 1731, se déclarait, en effet, tout au service d'*Orphée-Rameau*, pour l'opéra de *Samson*; mais, soit cabale contre la pièce, soit lenteur dans la remise du livret, aucune suite ne fut donnée à ce projet[7]. Dans la Préface de sa tragédie, Voltaire dit bien que *Samson* est le premier ouvrage de Rameau, mais le privilège de cette pièce est de 1734, et nous savons de plus qu'en 1736 la musique n'en était pas encore terminée, des difficultés s'élevant entre le poète et le musicien.

Rameau avait rencontré chez le financier un autre librettiste très connu, l'abbé Joseph-Nicolas Pellegrin, ancien religieux servite, venu à Paris en 1704 et que protégeait Mme de Maintenon. C'était lui qui, en 1732, apportait à Montéclair le beau poème de *Jephté*, et Rameau, extrêmement frappé de l'originalité de cet ouvrage, où la variété du spectacle s'alliait à des sentiments héroïques, parvint, probablement par l'entremise de la Poplinière, à décider l'abbé à lui confier un livret. Telle fut l'origine d'*Hippolyte et Aricie* (1er octobre 1733), poème tiré de la *Phèdre* de Racine. On connaît l'histoire du billet de 500 livres, payable par le musicien en cas d'insuccès, que, prudemment, Pellegrin avait fait souscrire à Rameau, et que le librettiste déchira après la première audition donnée chez La Poplinière, rue Neuve des Petits-Champs, au printemps de 1733. Cette anecdote ayant paru dans l'*Almanach des Spectacles* du vivant de Rameau, sans attirer de démenti de sa part, nous pensons, avec M. Brenet, qu'il y a lieu de la tenir pour exacte[8].

Le succès d'*Hippolyte* ne se dessina pas immédiatement, et les opinions se partagèrent. Les Lullistes s'indignaient violemment de l'harmonie audacieuse et du « papillotage » de la musique de Rameau. « On a trouvé, déclarait le *Mercure*, la musique de cet opéra un peu difficile à exécuter, mais, par l'habileté des symphonistes et des autres musiciens, la difficulté n'en a pas empêché l'exécution... Le musicien a forcé les plus sévères critiques à convenir que, dans son premier ouvrage lyrique, il a donné une musique mâle et harmonieuse, d'un caractère neuf[9]. » Au reste,

---

1. P. Lalo, *Jean-Philippe Rameau* (*le Temps*, 3 sept. 1901).
2. M. Brenet, *loco cit.* (1903), p. 191.
3. Ce concours eut lieu en 1727, et non pas en 1717, comme l'ont dit tous les biographes de Rameau.
4. Cf. Brenet, *loco cit.*
5. Cette lettre est du 25 octobre 1727.
6. Mme de la Poplinière a écrit un commentaire sur la *Génération harmonique de Rameau*. (Voir correspondance de Voltaire, lettre à Thiériot du 3 novembre 1737.) Voltaire, précisant le double caractère du talent de Rameau, l'appelait l'*Euclide-Orphée*.
7. D'après les *Souvenirs d'un octogénaire* de Maurice Bourges, Rameau aurait emprunté « quelques mélodies à la Poplinière, qui faisait facilement les airs de brunettes ». M. Cucuel pense que la collabo-

ration de Rameau et de Voltaire remontait à l'automne de 1730 (G. Cucuel, *La Poplinière et la musique de chambre au dix-huitième siècle* (1913), p. 36 et suiv.). — Il résulte d'une lettre de Voltaire, en date de décembre 1732, que le livret de *Samson* n'était pas encore terminé à cette époque.

8. Elle parut pour la première fois dans l'*Almanach* de 1763, soit trente ans après *Hippolyte*. — Voir Cucuel, *La Poplinière*, p. 66. Sur l'abbé Pellegrin, consulter *Un librettiste au siècle dernier*, l'abbé Pellegrin, par E. de Briqueville (Mémoires de l'Académie de Vaucluse, 1880), et, du même auteur, le *Livret d'opéra de Lully à Gluck.*

9. *Mercure*, octobre 1733, p. 2248, 2249. Voici comment Daquin rendait compte plus tard de l'impression produite par le trio des Parques : « Ce trio affecte tellement les sens que les cheveux se héris-

c'était le poète, Roy, et non un musicien, qui menait l'attaque des Lullistes[1]. Puis, des pamphlets circulèrent, et on reprocha au compositeur de s'être nourri des principes de l'école italienne. Un moment ébranlé, Rameau hésita s'il continuerait à travailler pour le théâtre, mais les musiciens ne s'y trompaient pas, et Campra déclarait qu'il y avait assez de musique dans *Hippolyte* pour faire dix opéras; il ajoutait : « Cet homme nous éclipsera tous. »

Peu à peu, Rameau reprit courage au fur et à mesure que le public revenait de son étonnement, et de 1734 à 1760, il donna à la scène française, avec des périodes de recueillement succédant à des périodes d'activité, vingt et un de ses ouvrages[2], sans compter deux petits actes de Piron, les *Courses de Tempé* (1734), à la Comédie française, et les *Jardins de l'Hymen ou la Rose* (1744), à la Foire Saint-Germain.

Au moment où il prenait pied à l'Opéra, Rameau avait doublé le cap de la cinquantaine; on ne saurait donc trop admirer la volonté et l'énergie dont il fit preuve; en 1735, paraît son premier opéra-ballet, les *Indes galantes*, avec lequel il entre dans la voie tracée par Campra, Destouches et Mouret, et où il déploie ses brillantes qualités de symphoniste. Seulement si, d'après le *Mercure*, le public recevait cet ouvrage avec faveur et « beaucoup d'applaudissements », on critiquait vertement le poème de Fuzelier, et on continuait à reprocher à Rameau la difficulté de sa musique. « La musique et les ballets ont de grandes beautés, » écrivait à un marquis de Caumont le commissaire Dubuisson; seulement, il ajoutait que l'exécution en était malaisée. Et, en raison des critiques formulées contre le récitatif des *Indes galantes*, le musicien se décidait à le supprimer[3]. Très affecté des manœuvres des Lullistes qui le représentaient comme un adversaire de l'art de Lulli, Rameau disait, dans sa préface des *Indes galantes*, toute son admiration pour le surintendant de Louis XIV. Malgré ses déclarations, les Lullistes qualifiaient la musique des *Indes galantes* de « galimatias ».

Rameau avait fait la connaissance, chez La Poupinière, du poète Gentil-Bernard, qui lui fournit le livret de *Castor et Pollux* (24 octobre 1737). Si l'on en croit le *Mercure* d'octobre 1737, *Castor* « fut extrêmement applaudi », mais il ne faut pas oublier que le Mercure est un sempiternel bénisseur; tout au contraire, les controverses qui mettaient aux prises Lullistes et Ramistes continuaient de plus belle et partageaient le parterre en deux camps ennemis[4]. « Ceux qui tenaient pour la musique de Lulli, écrit M. Malherbe, en grand nombre encore, devaient protester contre un art si différent de celui qui avait fait les délices de leur jeunesse. Les amis de la nouveauté

devaient, au contraire, saluer avec joie cette musique moins solennelle, plus savante et surtout plus libre d'allure et d'inspiration[5]. » Quelques Lullistes enragés faisaient semblant de se convertir à l'art de Rameau, mais prenaient bien soin de déclarer qu'ils « n'y goûtaient aucun attendrissement », occupés seulement et amusés qu'ils étaient par « une prodigieuse mécanique[6] ».

« On dit que les *Indes galantes* de Rameau pourraient réussir, écrivait, en 1735, Voltaire à Thiériot. Je crois que la profusion de ses doubles croches peut révolter les Lullistes; mais, à la longue, il faudra bien que le goût de Rameau devienne le goût dominant de la nation, à mesure qu'elle sera plus savante. » La prophétie de Voltaire se réalisa en grande partie, car le *Mercure* d'août 1778 publiait une étude complète et fort élogieuse de la partition, étude en laquelle s'affirment les progrès réalisés par la critique musicale. En 1737, Rameau établissait à l'hôtel d'Effiat, où il habitait alors, une école de composition; il se proposait d'y instruire douze élèves, moyennant versement par chacun d'eux d'une contribution mensuelle de vingt livres[7].

Le cénacle de La Poupinière continuait à favoriser les relations du musicien avec des librettistes éventuels. Pour les *Festes d'Hébé ou les Talents lyriques*, qui parurent, pour la première fois, le 21 mai 1739, le poème était le résultat d'une multiple collaboration. D'après M. Malherbe[8], Rameau aurait raconté chez le financier qu'il avait toujours en portefeuille sa tragédie lyrique de *Samson*. Des habitués du salon de La Poupinière (Mᵐᵉ de Bersin et Mondorge) virent la possibilité d'utiliser la musique de cet ouvrage en vue d'un opéra-ballet en trois entrées : la *Poésie*, la *Musique* et la *Danse* (d'où le nom de *Talents lyriques*), et s'associèrent, dans ce but, à Gentil-Bernard et à Pellegrin; La Poupinière lui-même aurait fait partie de la combinaison[9]. Malgré le décousu d'une semblable association, l'ouvrage eut du succès, succès qu'enregistrent à la fois le *Mercure* de décembre 1739 et les *Nouvelles à la main*[10]. « La musique, écrivait Grimm, en est délicieuse[11]. » On allait même jusqu'à dire que les *Talents lyriques* feraient disparaître de l'affiche la tragédie de *Dardanus*, qui l'occupait depuis le 19 novembre 1739.

Pour *Dardanus* (19 novembre 1739), c'était La Bruère qui avait accordé sa collaboration à Rameau. La pièce se heurta à l'hésitation du public, et le commissaire Dubuisson rapporte que la musique « n'a pas encore fait son effet sur toutes les oreilles[12]. » Les *Nouvelles à la main* manifestent l'agitation qui s'était emparée du public à l'annonce de la nouvelle œuvre de Rameau. Longtemps à l'avance,

---

sent : il n'y a point de terme pour rendre tout l'effet qu'il produit : c'est au-dessus de l'agitation, de l'effroi, de la terreur; il semble que la nature s'anéantisse et que tout aille périr. Il est dans le genre composé qu'on appelle le diatonique enharmonique. » (Daquin, *Lettres sur les hommes célèbres sous le règne de Louis XV*, 1ʳᵉ partie, p. 70, 71.)

1. P.-M. Masson, *Lullistes et Ramistes* (*Année musicale*, 1911, p. 189).

2. A. Pougin, *Rameau, Essai sur sa vie et ses œuvres*, p. 65.

3. C'est à la suite de la représentation des *Indes galantes* que Montéclair, qui n'aimait point Rameau, alla le complimenter sur un certain passage de la partition. « L'endroit que vous louez, aurait répliqué Rameau, est cependant contre les règles, car il y a trois quintes de suite. » (*Anecdotes dramatiques*, 1775, I, p. 445.)

4. Le duc de Luynes écrit à propos de *Castor* : « Cet opéra n'a point réussi. » (*Mémoires*, I, p. 401, novembre 1737.) Ce n'est pas à l'occasion de *Castor*, ainsi qu'on l'a prétendu, que parurent les vers célèbres : « Contre la moderne musique, » etc. L'épigramme s'adressait à *Hippolyte et Aricie*; c'est du moins ce que déclare M. Malherbe dans le Commentaire bibliographique d'*Hippolyte* (p. LIX), en se basant sur ce que *Castor* eut peu de détracteurs.

5. Ch. Malherbe, t. VI des *Œuvres complètes*.

6. Voir notre ouvrage *le Goût musical en France*, p. 162. C'est dans sa lettre du 23 juillet 1737 à M. de Formont, que Voltaire signale, pour la première fois, l'expression de *Ramoneur* imaginé pour désigner les partisans de Rameau. — Consulter P.-M. Masson, *Lullistes et Ramistes* (*Année musicale*, 1911).

7. L. de la Laurencie, *Quelques documents sur J.-Ph. Rameau et sa famille* (1907).

8. Ch. Malherbe, t. IX des *Œuvres complètes*, p. XII.

9. La Poupinière aurait même collaboré aux *Festes d'Hébé* pour la musique; il composait, en effet, des brunettes, et Rameau lui aurait emprunté le Menuet des *Talents lyriques*. La deuxième chanson d'Hébé, de *Castor et Pollux*, serait aussi due au financier.

10. Les *Nouvelles* du 11 décembre 1739 disaient : « Hier, le ballet des *Talents lyriques* a extrêmement plu pour la musique. »

11. « Cet ouvrage, écrit Grimm, a été fait dans la société de Mᵐᵉ Bersin. Bien des personnes y ont travaillé; aussi, le style n'en est-il pas uniforme. » (*Nouvelles littéraires*, I, p. 80-81.)

12. Lettre du 30 novembre 1739.

on avait retenu toutes les loges; après chaque répétition, les palabres allaient leur train; on admettait
« qu'il y avait de belles choses », mais on trouvait la
musique « trop chargée de travail, de difficile exécution », et accessible seulement aux « Ramoneurs
outrés ». On parlait aussi d'une mobilisation générale « de plus de mille Ramoneurs » destinés à
soutenir la pièce de leur présence, au moins jusqu'à
Pâques. Voici en quels termes pittoresques les nou-
vellistes narraient leurs impressions, le lendemain
de la première : l'ouvrage est « si chargé de musique, que les musiciens de l'orchestre, pendant trois
heures entières, n'ont pas le temps d'éternuer[1] ».

Discussions dans les cafés et dans les couloirs,
polémiques de presse, tout révèle le trouble et l'indécision d'une opinion qui commence pourtant à se
fixer. Sur le poème, on tombe d'accord qu'il ne vaut
rien, et Dubuisson déclare que Rameau mérite son
sort, à cause de son avarice, qui lui fait rechercher
d'obscurs collaborateurs, résignés à ne toucher aucune rétribution.

Pour la musique, on s'aperçoit peu à peu que Rameau ne modifie pas le cadre de l'opéra lulliste,
qu'il se borne à l'ouvrager, et surtout à le remplir
d'une musique plus raffinée et plus savante. Du
reste, le musicien semblait réclamer la protection
posthume du Florentin; ne lançait-il pas, à propos
des Indes galantes, une profession de foi caractéristique? « Toujours occupé de la belle déclamation
et du beau tour de chant qui règnent dans les récitatifs du grand Lulli, je tâche de l'imiter, non en
copiste servile, mais en prenant, comme lui, la belle
et simple nature comme modèle[2]. »

Dardanus clôt la première période de la carrière
lyrique de Rameau. Pendant six années, il va rester
éloigné de la scène, probablement en raison d'une
brouille survenue avec la direction de l'Opéra. Il ne
reparaîtra au théâtre qu'en qualité de musicien officiel, et il sera accompagné, cette fois, d'un collaborateur de marque. Comme musicien de cour, Rameau
va se montrer sous un tout autre aspect que celui
qu'il avait pris jusque-là; il va écrire de petites
pièces et devenir un compositeur léger et badin. A
l'occasion du mariage du Dauphin et de l'infante
Marie-Thérèse, on avait confié au duc de Richelieu
le soin d'organiser les divertissements de circonstance. Celui-ci chargea plusieurs littérateurs, dont
Voltaire, d'écrire des poèmes pour célébrer cet événement; ainsi naquit la Princesse de Navarre[3]. Rameau
devait en composer la musique, et nous verrons plus
loin avec quelle désinvolture il s'ingéra dans le travail de son illustre collaborateur. Représentée le
23 février 1745 à Versailles, à la Grande Ecurie transformée en salle de spectacle, la pièce fut fort applaudie[4]. C'était le roi qui en avait payé les frais
d'édition, et le Mercure, dans son compte rendu,

déclarait Rameau « le premier de son art, non seulement en France, mais même en Europe[5] ». La
Princesse de Navarre valut à Rameau le titre nouveau de compositeur de la musique du cabinet du
roi, avec une pension de 2.000 livres, que les directeurs de l'Opéra, Rebel et Francœur, grossissaient
encore, douze ans plus tard (1757), d'une gratifica-
tion annuelle de 1.500 livres.

Sur le même théâtre de la Grande Ecurie paraît,
en 1745, Platée ou Junon jalouse (31 mars). Le poème
était dû à trois collaborateurs, Autreau, Balot de
Sauveau et Le Valois d'Orville. Autreau en avait eu
la première idée en 1740, et la pièce avait été écrite
avant la Princesse de Navarre[6]. Rameau se mit à
l'ouvrage vers la même époque, mais il prit la pré-
caution de s'assurer la propriété du livret, afin de
pouvoir le modifier à sa guise[7]. Successivement,
Ballot de Sauveau ou de Savot et Le Valois d'Orville
travaillèrent à remanier le poème dont d'Orville développa beaucoup le caractère comique. La pièce devint
ainsi un opéra bouffon, où la danse se relie intimement à l'action. C'est encore là un fait tout particulièrement intéressant, car Platée apporte une sorte
de précédent français à la Serva padrona.

Et pourtant, ce fut la couleur bouffe du poème qui
causa le plus de tort à l'ouvrage. A Versailles (31
mars 1745), la pièce ne remporta qu'un succès médiocre; le public demeura stupéfait du parti pris de
bouffonnerie qu'elle affichait, et on trouva que, dans
la circonstance, Richelieu avait manqué de goût. La
même défaveur s'appliqua aux Festes de Polymnie et
au Temple de la Gloire, également exécutés en 1745.

A Paris (9 février 1749), l'accueil fait à Platée se
conforma à celui que la cour lui avait ménagé. Gaze-
tiers et mémorialistes s'accordent pour jeter l'anathème aux paroles. Collé se montre extrêmement
acerbe et ne modifie pas son jugement lors de la
reprise de 1750[8]. Grimm porte la musique aux nues,
mais, à propos du livret, il parle de catastrophe et
trouve que le poème est « le plus plat, le plus indé-
cent, le plus grossier, le plus ridiculement bouffon
que nous ayons dans notre langue[9] ». Sur la musique, les avis différaient; toutefois, les connaisseurs
trouvaient l'opéra de Rameau « le morceau le plus
singulier de musique qu'il eût fait, et de la plus belle
et de la plus forte[10] ». Ajoutons que le Mercure de
juillet 1749 publiait une lettre adressée par Rameau
au directeur de ce journal pour protester contre les
allégations des Lullistes, qui cherchaient à diminuer
aux yeux du public de province le succès de Platée[11].

Avec les Festes de Ramire (Versailles, 22 décembre
1745), nous avons une simple réduction de la Princesse de Navarre, sur laquelle Rousseau se serait es-
crimé; sa tâche, selon les uns, se réduisit à fort peu
de chose; selon les Confessions, au contraire, une
grande partie de la musique lui reviendrait[12]. Le

---

1. Consulter, à ce sujet, l'Opéra au dix-huitième siècle, par M. E.
Dacier. Revue musicale, 1903, p. 163. Les nouvelles reproduites dans
cet article sont extraites du ms. 26700 de la Bibliothèque de la Ville
de Paris.
2. Cette déclaration est intéressante en ce qu'elle marque l'empreinte
profonde faite par Lulli sur les grands musiciens du xviiie siècle.
3. Voltaire fait allusion pour la première fois à la Princesse de Navarre dans une lettre datée de Cirey, du 15 avril 1744. A côté de Voltaire, Moncrif et Roy recevaient des commandes du duc de Richelieu.
4. Luynes écrit, à propos de la Princesse de Navarre : « Il paraît
que la musique a été fort approuvée. » (Mémoires, VI, p. 321, février
1745).
5. Mercure, avril 1745. — Voir Cf. Malherbe, Commentaire bibliographique, Œuvres complètes, t. XI.
6. Voir l'avertissement du 4e volume des Œuvres d'Autreau, où il
est dit : « On voudrait à l'Opéra quelque pièce comique du goût de

Carizelli qu'on pût mettre sur le théâtre au carnaval ou dans les vuides
de l'été. »
7. C'est ce que raconte de Léris dans son Dictionnaire des théâtres. — Cf. A. Pougin, loco cit., p. 86.
8. « Quelque admirable qu'en soit la musique, écrit Collé, il faut
avouer qu'on a toujours peiné à tenir contre la stupidité et l'ennui des
paroles. » (Journal historique, I, p. 134; mars 1730).
9. Nouvelles littéraires, I, p. 268, 269 (éd. Tourneux).
10. Collé, Journal historique (éd. 1868), II, p. 210, 212. — Grimm, qui
admirait encore Rameau à cette époque, déclarait que Platée restė-
rait sans rivale.
11. Cette lettre a été publiée par M. Masson dans son mémoire intitulé Lullistes et Ramistes (Année musicale, 1911, p. 199, 200).
12. Voir plus loin, sur la collaboration de Rousseau : Ch. Malherbe,
p. LII et LIII, t. XI des Œuvres complètes de Rameau, et Tiersot, J.-J.
Rousseau, p. 256 et suiv.

second mariage du dauphin provoquait, en 1747, la représentation des *Fêtes de l'Hymen et de l'Amour* (15 mars), à propos desquelles Grimm signalait la préférence de plus en plus accusée que le public témoignait en faveur des ballets, alors qu'il délaissait les tragédies[1]. L'année suivante, venait *Zaïs* (29 février 1748), paroles de Cahusac : « Depuis longtemps, déclare Grimm, on n'avait pas vu au théâtre de sujet susceptible d'autant de spectacle par la variété qui y règne. » Il ajoute que « la musique de ce ballet a des censeurs et des partisans. En général, les airs de violon sont très bien, les airs chantants fort inférieurs[2] ». Quant au *Mercure*, il proclame la musique « admirable ». « Les symphonies sont d'un goût agréable, léger et pour ainsi dire aérien[3] ». A *Zaïs* succéda, sous le titre de *Pygmalion* (27 août 1748), un acte d'un ancien ballet des *Arts* de La Motte que, d'après le *Mercure*, Ballot de Sauveau avait complètement défiguré ; mais Collé nous dit que « le démon de la musique » de Rameau l'emporta sur ce « barbouillage », et que le compositeur réussit, en dépit du poème, qui avait de quoi couler à fond dix autres « musiciens[4] ». Après les *Surprises de l'amour* (17 novembre 1748), la terminaison de la campagne des Flandres et la conclusion du traité d'Aix-la-Chapelle procuraient à Rameau l'occasion d'écrire un opéra « pour la paix », *Naïs* (22 avril 1749), dont le livret sortait des mains de Cahusac[5]. L'Académie royale s'était mise en frais pour la circonstance, et s'était appliquée à soigner particulièrement la mise en scène[6]. La décoration du Prologue représentait de façon suggestive le combat des Dieux et des Titans. Collé trouvait la musique jolie et les scènes d'un ennui mortel ; le *Mercure* célébrait de confiance la beauté de la composition, et déclarait qu'on y découvrait « des traits admirables de génie[7] ».

Les affaires de Rameau n'allaient pas toutes seules à l'Opéra. Il paraîtrait, d'après Collé, que M. d'Argenson, qui avait la haute main sur l'Académie royale de musique, interdisait aux directeurs de mettre plus de deux opéras de Rameau par an à la scène, et cela, pour ne pas décourager les autres musiciens. Cette mesure indisposait les Ramistes et piquait au vif Rameau lui-même, qui menaçait de ne plus travailler pour ce théâtre[8].

Quoi qu'il en soit, il n'eut pas lieu de se plaindre de la façon dont l'Académie royale représenta son *Zoroastre* (5 décembre 1749). Monté avec un luxe inouï, l'ouvrage, en dépit des critiques et des passions qu'il suscita, s'acquit une réputation qui dépassa les frontières ; traduit en italien, il fut joué, en 1751, à l'Opéra de Dresde[9]. Sur la magnificence du spectacle, toute la critique se montre unanime : « Il y a plus de soixante ans, écrit Grimm, qu'on n'avait vu tant de

magnificence à notre Opéra, » et, moins sévère que Collé, qui déclarait que, dans *Zoroastre*, « Cahusac était encore au-dessous de Cahusac », la critique trouvait le poème bien écrit. Quant à la musique, « elle n'était pas, selon Collé, partout digne de Rameau » ; le récitatif paraissait faible, les symphonies médiocres[10]. D'après Collé, le quatrième acte seul méritait les plus grands éloges. Mais les connaisseurs soutenaient que l'opéra de *Zoroastre* était le chef-d'œuvre de Rameau. Enfin, de méchantes langues comparaient l'ouvrage au musicien, qui était « long, sec, noir et dur ». Bref, *Zoroastre* suscitait toutes sortes de mots et d'épigrammes ; un exemple : Mlle Carton répondant à Cahusac qui, trouvant prématurée l'apparition de la pièce, déclarait : « La poire n'est pas encore mûre, » répliquait : « Cela n'empêchera pas de tomber[11]. »

Si la querelle des Lullistes et des Ramistes ou des Ramoneurs n'était pas complètement close, du moins ses éclats perdaient-ils à ce moment toute violence, et la reprise de *Pygmalion* (mars 1751) paraît avoir mis définitivement fin à la cabale menée par les ennemis du musicien. L'art de Rameau conquérait à la consécration officielle l'approbation d'un public dont la conquête lui avait demandé de longs efforts. On ne le discutait plus guère, lorsqu'un incident fit surgir une nouvelle querelle, beaucoup plus ardente et plus âpre que celle qui s'était élevée à l'origine autour des ouvrages du musicien. Nous avons nommé la Guerre des *Bouffons ou des Coins*.

« Les derniers Lullistes, écrit M. Masson, réussirent, en partie, à entraver les représentations de *Zoroastre*. On opposait à cet ouvrage le *Carnaval du Parnasse* de Mondonville[12].

D'une façon générale, on peut dire que, durant le XVIIIe siècle, l'esthétique française et l'esthétique italienne ne cessèrent de se combattre ; mais la lutte ne fut pas continue ; elle procéda par crises successives, dont la première remonte aux polémiques de l'abbé Raguenet et de Lecerf, dont la seconde caractérise l'état d'esprit des Lullistes, qui traitent Rameau d'Italien, dont la troisième éclate à propos des *Bouffons*, et dont la quatrième s'est appelée Guerre des *Gluckistes et des Piccinnistes*. A la vérité, ainsi que l'observe justement M. Masson, l'accusation d'italianisme dirigée contre Rameau par les Lullistes n'exprimait pas toute leur hostilité. Fréron disait que la musique de Rameau n'était « ni purement française ni purement italienne ». Ce qui choquait surtout dans les ouvrages dramatiques de Rameau, c'était l'abondance, alors nouvelle, de la musique[13].

La position prise vis-à-vis de Rameau par les Encyclopédistes, à l'occasion de la Guerre des *Bouffons*, a déjà fait éclore une nombreuse littérature[14],

---

1. *Nouvelles litt.*, I, p. 238, 239. A propos de ce ballet, Grimm s'étendait longuement sur l'esthétique de Rameau.

2. *Ibid.*, I, p. 142-147.

3. *Mercure*, mars 1748, p. 145.

4. Collé, *loco cit.*, I, p. 4.

5. Collé dit à ce propos : « Si Cahusac continue, on manquera de termes pour rendre l'excès de la platitude de ses opéras. » (*Loco cit.*, I, p. 69-70.) — Voir aussi *Mercure*, mai 1749, p. 170, pour le livret, et p. 190, pour la musique.

6. On avait prétendu que Cahusac, joignant les talents du machiniste à ceux du poète, avait inventé les principales machines de *Naïs* (*Mercure*, mai 1749.) Cahusac démentit cette information dans une lettre à Rémond de Sainte-Albine insérée dans le *Mercure* de juin 1749 (p. 197). — Les machines étaient du machiniste Arnould, et, pour le cinquième acte, d'un italien nommé Pierre Algieri (*Ibid.*).

7. *Mercure*, mai 1749, p. 190 et suiv.

8. *Journal* de Collé, I, p. 82-83.

9. *Mercure*, mai 1752, p. 164 et suiv. Le *Zoroastre* de Dresde était

plutôt une adaptation qu'une traduction. De la musique de Rameau, on n'avait conservé que l'ouverture et le premier chœur. (Cf. M. Brenet, *Guide musical*, 2 avril 1899.)

10. *Nouvelles litt.*, p. I, 385. Grimm trouvait les chœurs admirables, ce qui avait fait dire à un mauvais plaisant que « c'était l'opéra des laitues, dont il n'y a que le cœur qui soit bon » (*Ibid.*, I, p. 393). Déjà l'animosité de Grimm contre Rameau commençait à se dessiner.

11. *Ibid.*, I, p. 394.

12. P.-M. Masson. *Lullistes et Ramistes*, p. 199.

13. *Ibid.*, p. 210-212.

14. On consultera en particulier, à ce propos, Jules Carlez, *Grimm et la Musique de son temps* (1872). — Ad. Jullien, *la Musique et les Philosophes au dix-huitième siècle* (1873). — A. Jansen, *Rousseau als musiker* (1884); — A. Pougin, *Rousseau musicien* (1901). — P. Lalo, *J.-Ph. Rameau* (le *Temps*, 1901, septembre, octobre). — E. Hirschberg, *Die Encyclopädisten und die französische Oper im 18 Jahrhundert* (1903). — Romain Rolland, *Gluck : une révolution dramatique* (Revue de Paris, 15 juin 1904) et *Musiciens d'autrefois* (1908). — F. Hellouin, *Essai d'*

et deux camps se sont formés, l'un défendant les Encyclopédistes, l'autre leur reprochant leur attitude vis-à-vis de Rameau. Nous allons essayer d'exposer aussi impartialement que possible ce retentissant débat, dont les échos se sont prolongés jusqu'à nous.

On sait que le succès triomphal de la *Serva padrona* de Pergolèse à l'Opéra (1er août 1752) déchaîna la guerre; mais, à vrai dire, celle-ci couvait, et, depuis longtemps, toutes les occasions étaient bonnes pour ranimer la discorde qui régnait, à l'état chronique, entre la musique française et la musique italienne. L'abbé Mably détaillait avec une parfaite netteté, en 1741, les défauts de notre musique lyrique, défauts qui, ainsi que nous l'avons vu précédemment, provenaient en quelque sorte de la transformation en concerts des ouvrages dramatiques, au détriment de l'unité d'action[1]. Les mêmes reproches se faisaient jour dans la *Lettre sur Omphale* de Grimm. Quant à Rameau, il n'était pas encore directement visé; Grimm lui rendait à peu près justice, et, dans le combat qu'il eut à soutenir contre la réaction lulliste, les philosophes, sincères admirateurs de ses efforts de novateur, ne lui ménagèrent pas leur appui[2]. Diderot, dans les *Bijoux indiscrets*, résume fort exactement leur manière de voir; il y met en scène la querelle des Lullistes et des Ramistes, représentés respectivement par *ut mi ut sol* (Lulli) et *ut ré mi fa sol la si ut ut* (Rameau). Le premier, déclare-t-il, commence à vieillir et n'intéresse plus que les barbons, tandis que le second, singulier, savant, trop savant même, se crée une clientèle parmi les jeunes et les enthousiastes; mais les gens de goût sont pour les deux musiciens. Diderot émettait là une appréciation assez ingénieuse, qui faisait la part des qualités respectives de Lulli et de Rameau. A Lulli revenait l'avantage d'un respect fidèle de l'unité dramatique; à Rameau il convenait de reconnaître une musicalité plus étendue, une science plus profonde de l'harmonie et des ressources instrumentales. Rameau apparaissait, ainsi, sous les espèces d'un novateur, et, de ce point de vue, il devait s'attirer les sympathies des Encyclopédistes[3]. Lui aussi, du reste, invoquait comme Rousseau le « retour à la nature ». Il écrivait, en 1727, à Houdard de La Motte : « Il serait à souhaiter qu'il se trouvât un musicien qui étudiât la nature avant que de la peindre. » Plus tard, en 1744, il déclarait à un jeune musicien qu' « il faut avoir longtemps étudié la nature pour la peindre le plus au vrai qu'il est possible ». Rameau défend les mêmes principes que les philosophes et s'accorde avec d'Alembert pour proclamer la nécessité de faire

rentrer l'art dans la Nature[4]. Seulement, Rameau parle peut-être plutôt en naturaliste, en physicien, voire en métaphysicien, tandis que les Encyclopédistes s'affirment plutôt naturistes; ce qui intéresse Rameau dans la Nature, et il le montre bien dans ses ouvrages théoriques, c'est l'existence de lois abstraites et absolues, c'est la toute-puissance du Nombre, au lieu que les philosophes prennent le mot Nature dans un sens plus contingent; la Nature, pour eux, est synonyme de naturel, de simplicité, de spontanéité. Elle est étrangère à tout arbitraire, à toute convention. Un art « naturel » sera un art d'où la scolastique sera bannie, et où les produits de la réflexion, de la volonté intelligente et tenace, feront place à une plus grande liberté, à une facilité immédiate, à quelque chose de naïf, de sincère et d'ému.

Or, il y a dans le caractère de Rameau un facteur intellectuel qui ne se sépare jamais de son imagination; il y a dans son art quelque chose de ferme, de volontaire, de cristallisé, de classique, qui doit forcément déplaire aux Encyclopédistes; la part faite à l'intelligence, à la logique dominatrice, y est grande; loin de s'élever contre les conventions de l'opéra français, contre son caractère spectaculeux, contre l'arbitraire des divertissements, contre la fausse nature qu'il exprime, il consolide et confirme ces conventions. Les Encyclopédistes sont, avant tout, les apôtres de la simplicité et de l'émotion. Leurs desiderata visent trois points : le récitatif, qu'ils veulent plus naturel et plus rapproché du langage parlé; la mélodie ou air, qu'ils désirent moins plate, moins chargée d'ornements et plus rapprochée du drame; les danses, dont ils blâment l'intempérance et le nombre. « L'opéra français, disait assez justement Grimm, est un spectacle où tout le bonheur et tout le malheur des personnages consiste à voir danser autour d'eux[5]. »

Dès lors, il est assez facile de concevoir que devant l'apparition de la *Serva padrona*[6], les Encyclopédistes, rencontrant, dans les légères pièces italiennes, une réalisation plus approchée de leur idéal, aient été de considérer Rameau en novateur, pour ne plus apercevoir que le côté métaphysique, volontaire et classique de son esprit. Par suite, il devenait pour eux un réactionnaire[7]. Au surplus, il ne répondait en rien à leurs desiderata, car, portant tout son effort sur la seule musique, il n'apportait aucune réforme de l'opéra proprement dit.

Il s'en faut d'ailleurs que l'attitude de tous les Encyclopédistes ait été la même à l'égard de Rameau. Ici, des distinctions s'imposent, car si Grimm et Rousseau se montrèrent nettement hostiles au mu-

---

crit*ique de la critique musicale* (1906). Voir aussi la biographie de Mozart par Otto Jahn, tome II, et l'article consacré par M. René de Récy à Rameau et aux Encyclopédistes, dans la *Revue des Deux Mondes* (juillet 1886).

1. L'abbé Mably, *Lettres à Mme la marquise de P. sur l'opéra*, p. 137.

2. Voici de quelle façon Grimm caractérisait la manière de Rameau : « Dans ses opéras, cet homme célèbre a effacé tous ses prédécesseurs à force d'harmonie et de notes. Il y a de lui des chœurs qui sont fort beaux. Lulli ne savait que soutenir par la basse une voix qui psalmodiait; Rameau ajoute presque partout à ses récits des accompagnements d'orchestre... A l'égard de ses airs, comme le poète ne lui a jamais imposé d'autre tâche que de jouer autour des *lance, voie, triomphe, enchaîne*, etc., ou d'imiter le chant des rossignols par des flageolets et autres puérilités de cette espèce, il n'y a rien à en dire. » (Corresp. *litt.*, IV, p. 80 et suiv.)

3. Le *Discours préliminaire* de l'Encyclopédie traite Rameau de « génie mâle, fécond et hardi », et ajoute : « M. Rameau, en poussant la pratique de son art à un si haut degré de perfection, est devenu tout ensemble le modèle et l'objet de la jalousie d'un grand nombre d'artistes. »

4. D'Alembert, *Fragments sur la musique en général et sur la nôtre en particulier* (1773).

5. Grimm a longuement insisté sur l'invraisemblance de l'opéra français; il écrit à propos du Turc des *Lettres persanes* qui va à l'Opéra : « Si j'étais Turc, et que je visse l'Opéra de Paris pour la première fois, je ne pourrais m'empêcher de trouver ce spectacle extrêmement ennuyeux et puéril, parce que le bon sens est choqué à chaque instant, et qu'il semble qu'on s'y soit fait une loi de détruire toute sorte d'illusion, sans laquelle il n'y a point de spectacle qui soit supportable. » (*Correspondance littéraire*, juin 1753, p. 246.)

6. Voir F. de Villars, *La Serva padrona; son apparition à Paris en 1752, son influence* (1863). — L. de la Laurencie, *La grande saison italienne de 1752, les Bouffons* (S. I. M., juin 1912).

7. Dans ses *Réflexions sur la théorie de la musique*, lues en 1777 à l'Académie des sciences, d'Alembert exposait éloquemment l'évolution qui s'accomplissait en France à l'égard de la musique. « Aucune nation, peut-être, disait-il, n'est plus propre en cet instant que la nôtre à faire et à recevoir une autre musique et une autre harmonie. *Nous renonçons* à notre vieille musique pour en prendre une autre. Nos oreilles, si l'on peut parler ainsi, ne demandent qu'à s'ouvrir à des impressions nouvelles. »

sicien, Diderot et d'Alembert affectèrent à son égard
beaucoup moins d'intransigeance.

En ce qui concerne Grimm, nous observerons que
ses opinions varièrent avec une extrême facilité. Dans
sa *Lettre sur Omphale*, il fait l'éloge du récitatif de
Rameau; ses jugements sur *Hippolyte* et sur *Platée*
sont très favorables, mais, déjà, les reproches se font
jour dans le compte rendu de *Naïs* où il traite l'harmonie de « mécanique ». C'est la réponse de Rameau
à la *Lettre sur la musique française* de Rousseau qui
déchaîne la fureur du critique; à partir de ce moment, ses insultes ne cessent point, et la mort de
Rameau n'en arrête pas le cours[1].

Rousseau, lui aussi, avait commencé par être Ramiste. A Chambéry, en 1732, il se nourrissait de « son
Rameau ». Dans la Préface de son *Dictionnaire*, il
exposait que ses premières prédilections l'attiraient
vers la musique française. Même après son voyage à
Venise, il chantait avec délices les opéras de Lulli et
cherchait à écrire les *Muses galantes* dans le goût français[2]. Au cours d'une lettre datée de 1750 et adressée à Grimm, il trouvait encore des mots aimables
pour l'opéra français et vantait beaucoup *Dardanus*[3].

Sa première attaque, au demeurant assez légère,
contre Rameau se trouve dans la *Lettre à M. Grimm
au sujet des remarques ajoutées à sa Lettre sur Omphale*
(1752). Là, il dénigre les ouvrages du musicien, et
soutient que, sauf le principe de la basse fondamentale, ceux-ci ne contiennent rien de neuf.

La *Lettre sur la musique française* vise directement
Rameau. Rousseau y expose deux points essentiels :
l'instrumentation, qu'il veut faible, effacée, et la nécessité de la vraisemblance dramatique. Il reproche à Rameau ses entassements harmoniques qui gênent l'expression du chant; il s'élève contre la prépondérance
que l'auteur d'*Hippolyte* attribue à l'harmonie sur la
mélodie, et revient sur la question dans l'*Examen
des deux principes avancés par M. Rameau*, où il déclare que l'harmonie produit seulement un effet physique et stérile. La *Nouvelle Héloïse* insiste encore sur
le côté mécanique et physique de l'harmonie. Rousseau ne craignait pas de proclamer, trois ans après
la mort de Bach, que ni la France ni l'Allemagne ne
sauraient avoir de musique. C'est pourtant ce même
Rousseau, à la fois si injustement passionné et si
pénétrant, qui a écrit à propos de Rameau : « Il faudrait que la nation lui rendît bien des honneurs pour
lui accorder ce qu'elle lui doit[4]. »

Diderot ne semble avoir montré de l'hostilité
contre Rameau que par camaraderie, que par esprit
de corps. Il ne faut pas le juger sur le seul *Neveu de
Rameau*, où il a laissé pourtant une bien curieuse
description de la manière du musicien : « Il y a de
l'harmonie, des bouts de chant, des idées décousues,
des fracas, des vols, des triomphes, des lances, des
gloires, des murmures, des victoires à perte d'ha-

leine, des airs de danse qui dureront éternellement. »

Dans les trois brochures qu'il écrivit durant la querelle des Bouffons, il s'élève contre l'intransigeance
des cabales, montre la vanité de toutes les disputes
esthétiques et, somme toute, demeure neutre[5].

Quant à d'Alembert, il a jugé Rameau avec justice
et impartialité. Après avoir proclamé, dans le *Discours préliminaire de l'Encyclopédie*, les immortels
mérites de Rameau, il collabore, en quelque sorte,
avec le musicien, en écrivant ses *Eléments de musique
théorique et pratique* (1752). S'il combat plus tard la
doctrine de Rameau, il ne dénigre point la musique
française, et, à l'égard des polémiques, il se tient sur
une sage réserve. Dans la *Liberté de la Musique*, il
proteste contre l'expulsion des Bouffons et contre le
principe d'une espèce de musique d'État[6]. Comme
Grimm, il vante *Platée*, mais, mieux doué que son
confrère au point de vue historique, il situe très exactement Rameau dans le temps, enregistre ses efforts,
déclare que sa musique a préparé nos oreilles à recevoir les beautés de 1752, et estime fort ses symphonies, qu'il trouve bien supérieures à celles des Italiens. Bref, d'Alembert a compris Rameau et lui a
rendu justice.

Rameau, qui n'était point homme à se laisser attaquer sans se défendre, riposta vertement aux Encyclopédistes. Successivement, il lance ses *Observations
sur notre instinct pour la musique et sur son principe*
(1754)[7], les *Erreurs sur la musique dans l'Encyclopédie* (1755), et la *Suite des erreurs sur la musique dans
l'Encyclopédie* (1756). Puis, vinrent la *Réponse de
M. Rameau à MM. les Éditeurs de l'Encyclopédie sur
leur dernier avertissement* (1757) et la réponse que le
musicien adressa à l'Alembert « concernant le corps
sonore » (probablement en 1759). Les éditeurs de l'Encyclopédie l'avaient prié de se charger de la partie
musicale de cette publication; mais Rameau déclina
la collaboration qu'on lui demandait, et se borna à
accepter d'entreprendre la correction des articles
relatifs à la musique. Ces articles ne lui auraient
point été soumis, et, tout naturellement, des froissements en résultèrent, qui contribuèrent à exciter l'a-
nimosité du musicien contre les philosophes.

De toutes ces polémiques, il ressort que, personnellement, Rameau en voulait beaucoup plus à ses
adversaires de son camp encyclopédiste qu'à la musique
italienne, et que la guerre des Bouffons fut, avant tout
et surtout, une bataille de coteries, une querelle de
« coins », le coin du roi défendant la musique française, et le coin de la reine, rempli, comme le proclame Rousseau, de « gens à talents », se dressant en
champion de l'art italien[8]. Ceci est tellement vrai
que nous savons par Maret que les « nouveaux
opéras-comiques », c'est-à-dire les pièces inspirées
par le mouvement bouffonniste, reçurent les applaudissements de Rameau, qui proclamait volontiers les

---

1. D'après Grimm, « une des conséquences les plus naturelles des
principes de Rameau est que, pour faire de la musique, il ne faut rien
moins que du génie » (*Corresp. litt.*, juin 1754, II, p. 367-368). Après
la mort de Rameau, il traitait ses inventions « de prétendues découvertes ». On a dit que Grimm n'était pas musicien et parlait de la
musique en ignorant. C'est là une erreur. Il a composé la musique
d'une petite pastorale, *la Nanette*.
2. Cf. Hirschberg, *loco cit.*, p. 67 et suiv.
3. Ms. de Neufchâtel, cité par Jansen dans *J.-J. Rousseau als Musiker*.
4. *Œuvres*, II, p. 276.
5. Les trois brochures écrites par Diderot pendant la guerre des
Bouffons sont :
1° *Arrêt rendu à l'amphithéâtre de l'Opéra sur la plainte du milieu du parterre intervenant dans la querelle des deux coins* (1753);

2° *Les trois chapitres ou la vision de la nuit du mardi gras au mer-
credi des Cendres* (1753).
3° *Au petit prophète de Boehmischroda, au grand prophète Mo-
net, etc.* (1753).
6. *De la Liberté de la musique* (1760).
7. Sur cet ouvrage et sur le suivant, on consultera les *Nouvelles
littéraires*, II, p. 162, 163, la *Correspondance littéraire*, II, p. 367,
368, et III, p. 29. Dans une lettre adressée à un correspondant italien,
Rameau déclarait que ses *Observations* étaient « de grand vol ».
8. La guerre des Bouffons s'est, en quelque sorte, perpétuée jusqu'à nos jours, et on en trouve la continuation au sein de la critique
contemporaine, où Rameau a rencontré en MM. Lalo et Hellouin des
défenseurs contre les Encyclopédistes, alors que MM. E. Hirschberg
et Romain Rolland s'efforçaient d'expliquer et de justifier l'attitude
de ceux-ci.

progrès que « le goût italien » ferait faire à la musique[1].

Mais laissons là la querelle des Bouffons, qui s'apaisa peu à peu, du moins à la surface, pour revenir à la vie de Rameau. La reprise de *Pygmalion*, avec un succès considérable, en mars 1751, remplit Rameau de joie. Il s'indignait, cependant, que le prévôt des marchands, alors chargé de la gestion de l'Opéra, ne voulût pas faire représenter trois tragédies, deux ballets, trois actes séparés qu'il tenait tout prêts. Il voyait là une hostilité contre ses ouvrages, hostilité d'autant plus inexplicable que, par disette de nouveautés, on remettait d'anciens opéras à la scène. Collé critique vivement l'attitude prise par d'Argenson en cette circonstance[2].

Deux mois plus tard, le prévôt des marchands se décida cependant à faire une démarche auprès de Rameau, dans le but d'obtenir de lui les œuvres nouvelles qu'il annonçait; le musicien répondait alors en demandant une pension de 1.000 écus sur l'Opéra. Il représentait que Campra et Destouches avaient reçu chacun une pension de 2.000 écus, sans avoir apporté à l'Académie royale une contribution lyrique comparable à celle dont lui, Rameau, pouvait se prévaloir. M. d'Argenson refusa d'acquiescer à la réclamation du compositeur, qui s'adressa à l'abbé de Bernis et lui mit sous les yeux un état d'où il ressortait que ses opéras avaient produit une somme totale de 978.000 livres, sur laquelle il n'avait touché que 22.000 livres. Collé, qui rapporte ce détail, ajoute que l'abbé s'était chargé de soumettre les pièces du procès à Mᵐᵉ de Pompadour; mais c'était là un appui bien précaire. « *Elle ne fera rien pour Rameau*, déclare Collé; elle n'aime guère sa musique, moins encore sa personne[3]. »

Cependant, au mois de septembre de la même année, l'Opéra montait, conjointement avec les *Génies tutélaires* de Rebel et Francœur, un ouvrage nouveau de Rameau, *la Guirlande ou les Fleurs enchantées* (21 sept. 1751), comédie-ballet dont Marmontel avait écrit le livret. La carrière de cette pièce ne fut, du reste, pas longue, car le *Mercure* de décembre 1751 annonce qu'on la retira de l'affiche après quatorze représentations[4]. D'après Grimm, l'idée du poème était « plus jolie qu'heureusement exécutée », et la musique « pleine de ressouvenirs[5] ».

Le 19 novembre suivant, l'Opéra jouait, à l'occasion de la naissance du duc de Bourgogne, une pièce de circonstance, le ballet héroïque d'*Acante et Céphise ou la Sympathie*, paroles du même Marmontel, musique de Rameau. Collé critique vertement le poème : « Quelles paroles! s'exclame-t-il. Elles font regretter Cahusac[6]. » *Quant au Mercure*, contrairement à son habitude, il donne une assez longue analyse de la musique : « L'ouverture, écrit-il, est une des plus

belles que Rameau ait faites, et personne n'ignore combien il excelle dans cette partie; elle est destinée à peindre les désirs et la joie de la France par l'heureux événement de la naissance de Mᵍʳ le duc de Bourgogne... La fin est une fanfare où les cris de *vive le roi* sont admirablement imités par des instruments qui montent et font assaut les uns sur les autres[7]. »

A partir de ce moment, la carrière dramatique de Rameau est, pour ainsi dire, terminée. Il avait fait représenter, soit chez le duc de Richelieu, soit chez la Pouplinière[8], deux petites pièces en un acte, *Nélée et Myrthis* et *Zéphire;* il ne produit plus alors que des bluettes pour les spectacles de la cour. Ce sont : *Daphnis et Eglé* (30 octobre 1753), les *Sybarites* (1753), la pastorale de *Lysis et Délie* (1753), *Anacréon* (1754), dont Grimm trouvait la musique encore plus mauvaise que les paroles, bien que celles-ci fussent de l'infortuné Cahusac[9], et la *Naissance d'Osiris ou la Fête de Pamilie*, représentée à Fontainebleau en novembre 1754, à l'occasion de la naissance du duc de Berry et cruellement critiquée par l'auteur de la *Correspondance littéraire*[10].

En 1760, Rameau donne son dernier ouvrage à l'Opéra, la comédie-ballet des *Paladins* (12 février 1760), dont le livret, anonyme, était tiré d'un conte de La Fontaine. Comme pour *Platée*, le public protesta contre « le mélange de sérieux et de comique que présentait la pièce; » « ce mélange, déclarait sévèrement le *Mercure*, a révolté la plus grande partie des spectateurs, qui voudraient voir ce théâtre uniquement consacré au genre noble[11] ». On avait accusé successivement Bernard, l'abbé de Voisenon et M. de Tressan de la confection du poème, lequel revenait à Monticourt[12]. Collé trouve celui-ci détestable : « Je ne craindrai pas d'avancer que feu Cahusac est un second Quinault en comparaison du polisson qui a gâché les paroles de ce ballet. » Mais la critique ne s'arrête pas au livret; elle s'étend encore à la musique, que Collé déclare « d'un ennui insoutenable », ajoutant : « Rameau a paru radoter, et le public lui a dit qu'il est temps de dételer[13]. » L'ouvrage tomba rapidement.

Désormais retiré du théâtre[14], Rameau put jouir du succès de quelques-unes de ses œuvres précédentes, auxquelles, en dépit du mouvement bouffoniste, qui n'était que ralenti, le public ne ménageait plus les applaudissements[15]. Il avait alors 77 ans. « De jour en jour, j'acquiers du goût, disait-il à Chabanon, mais je n'ai plus de génie. » Sentant lui-même, comme il le déclarait au président de Brosses, que sa veille tête n'avait plus d'imagination, il se remet à écrire des ouvrages théoriques. On peut dire que Rameau travailla jusqu'à sa mort. En 1760, il publie le *Code de musique pratique*, qui est, en quelque sorte, son testament musical; puis, viennent l'*Origine*

---

1. Maret., *loco cit.*, p. 71.
2. Collé, I, p. 299, 300.
3. *Journal de Collé*, I, p. 321-322.
4. Voir *Mercure*, octobre 1751, p. 175, et *Mercure*, décembre 1751, p. 156.
5. *Nouvell. litt.*, II, p. 104-105.
6. Collé, *loco cit.*, I, p. 375-376.
7. *Mercure*, décembre 1751, p. 177-179.
8. D'après M. Mallerbe (tome XI des *Œuvres complètes*). *Nélée et Myrthis* remonterait aux environs de 1745. *Zéphyre* se placerait entre 1750 et 1755 (p. LXV du Commentaire bibliographique).
9. *Corresp. litt*, II, p. 436.
10. *Ibid.* « Le prologue qui fait allusion à la naissance du duc de Berry est intitulé la *Naissance d'Osiris;* il a été jugé détestable d'une voix unanime. »
11. *Mercure*, mars 1760, p. 179.
12. Voir le catalogue de M. de Lajarte.

13. *Journal de Collé*, II, p. 210-212. La *Correspondance littéraire*, à propos des *Paladins*, rapporte que Rameau se plaignit à juste raison de la chute prématurée de cet ouvrage. « Ceux qui trouvent le genre bon et qui admirent les autres ouvrages de M. Rameau, écrit Grimm, auraient de la peine à nous dire les raisons qui leur ont fait abandonner celui-ci. Il est certain que l'opéra des *Paladins* est aussi agréable pour la musique qu'aucun autre opéra de Rameau. » (*Corresp. litt*, mars 1760, IV, p. 198.)
14. Il convient cependant de remarquer que, quelque temps avant sa mort, Rameau fit répéter à l'Opéra une partition restée inédite, *Abaris* ou les *Boréades;* les répétitions furent interrompues par sa mort. (Cf. notre article du 15 juin 1907 dans le *Mercure musical*.)
15. On lit dans le *Censeur hebdomadaire* de 1766, t. V : « Nous n'avons rien à ajouter ici aux applaudissements que le public donne à *Dardanus*... Eh! qui n'admire pas la verve sublime et la profonde harmonie de l'Orphée de la France! »

des sciences (1761) et la *Lettre aux philosophes concernant le corps sonore et la sympathie des tons* (1762).

L'année précédente, sa ville natale, en guise d'hommage, l'avait exempté, lui et ses descendants, de l'impôt de la taille[1], et Maret rapporte que ses lettres de noblesse furent enregistrées au Parlement en 1764, peu de temps avant sa mort[2]. En dépit de l'âge et de la maladie qui commençait à le miner, il se préparait à diriger les répétitions d'un opéra en cinq actes, *Abaris ou les Boréades,* lorsque, atteint d'une fièvre pernicieuse, il mourut le 12 septembre 1764, à l'âge de 81 ans; on l'enterra à Saint-Eustache. Deux services solennels eurent lieu après sa mort, l'un, le 27 septembre, chez les Pères de l'Oratoire et avec la participation des artistes de l'Opéra; l'autre, le 11 octobre, aux Carmes du Luxembourg.

Au physique, l'homme était très grand, très maigre et ressemblait étonnamment à Voltaire. Les portraits de Restout et de Caffieri nous le montrent avec un visage dur, énergique et fermé. On le voyait constamment arpenter le Palais-Royal et les Tuileries, son chapeau sous le bras, et Carmontelle en a laissé un croquis des plus expressifs qui le représente de haute stature, mais d'aspect débile, sec et courbé, perché sur de longues jambes, et de profil anguleux et tourmenté.

Au moral, Rameau était d'humeur revêche et sombre. Chabanon raconte que « toute la première moitié de sa vie est absolument inconnue », et qu'il n'en a rapporté aucune particularité à ses amis, ni même à Mᵐᵉ Rameau, sa femme[3]. Il vivait solitaire, enfermé en lui-même, et avait peu ou point d'amis. Jamais il ne se montra courtisan; on ne possède de lui que quelques rares dédicaces, alors que tous les musiciens de son temps déposaient sans cesse leurs flatteries aux pieds de leurs protecteurs. Hautain et brusque, Rameau avait le caractère grincheux, autoritaire; il fut une sorte de tyran domestique. Piron, qui l'a connu d'assez près, en trace l'ironique portrait que voici : « Caractère sombre, intéressé, dur, glorieux, insociable, n'aimant, n'estimant personne, ne voyant que ses chambrées, n'écoutant que l'orchestre et les applaudissements, et ne goûtant que la mélodie des écus du trésorier de l'Opéra. » Que Rameau fût intéressé et avare, c'est ce qu'il ne paraît malheureusement pas possible de nier[4]; mais Piron exagère évidemment la malveillance en prétendant que Rameau n'aimait que la mélodie des écus. Quant à Collé, toujours disposé à répandre quelque fiel, il terminait un portrait très poussé au noir, par ces mots : « C'était d'ailleurs le mortel le plus impoli, le plus grossier et le plus insociable de son temps; voilà son oraison funèbre[5]. » Bref, Rameau ne jouissait pas d'une bonne réputation; cependant, divers témoignages, ceux de Balbâtre et de Dauvergne, lui sont tout particulièrement favorables, en montrant qu'il aimait à rendre service aux artistes[6].

A la vérité, c'était l'art qui le possédait tout entier, et ce bourgeois hargneux cachait une grande

et noble âme d'artiste. La musique accaparait toutes ses facultés, tout son être, et Piron en convient lui-même dans les lignes suivantes : « Toute son âme et son esprit étaient dans son clavecin; quand il l'avait fermé, il n'y avait plus personne au logis. » C'est la même idée qui guide Diderot, lorsqu'il écrit dans le *Neveu de Rameau :* « Sa femme et sa fille n'ont qu'à mourir quand elles voudront; pourvu que les cloches de la paroisse qui sonneront pour elles continuent de résonner la douzième ou la dix-septième, tout sera bien[7]. »

Rameau marchait dans la vie à la poursuite de son rêve, dominé par une idée fixe, la musique. Chabanon le dépeint sous ce jour quand il rapporte que, lorsqu'on l'abordait, « il semblait sortir d'une extase et ne reconnaissait personne ». Avec cela, et en dépit de son aspect bougon, plein de passion et de sensibilité, il pleurait en entendant de la musique; « il était réellement dans l'enthousiasme en composant, » écrit Maret[8]. Aux répétitions, ou bien au cours des discussions dont il était si friand, il parlait avec tant de feu que sa bouche se desséchait : « Alors on le voyait, dans l'instant où il était le plus animé, se taire, ouvrir la bouche et faire comprendre par ses gestes qu'il ne pouvait parler[9]. »

Esprit à idées arrêtées, féru de logique et de dialectique, Rameau supportait mal la contradiction, et ses longues et fréquentes polémiques sont un indice de l'ardeur et de la ténacité qu'il mettait dans les discussions. Il convient de reconnaître que sa combativité ne fut pas toujours bien inspirée et que, plus d'une fois, il partit en guerre, de façon un peu puérile, contre de redoutables adversaires. C'est ainsi qu'il n'avait pas craint de se mesurer avec Euler, au sujet de l'identité des octaves (1753), et que, malgré son instruction mathématique rudimentaire, il entreprenait tranquillement une discussion de calculs avec d'Alembert. Vainement, le P. Castel, un de ses premiers admirateurs, avait-il, dès 1736, cherché à lui faire comprendre le danger de pareilles tentatives. Rien n'y fit, et, jusqu'à la fin de sa vie, Rameau bataillait opiniâtrément pour ses idées théoriques, joignant les démonstrations les plus hasardées aux intuitions du génie.

Son indépendance de caractère, sa fierté native, le rendaient intransigeant sur son art; sa probité artistique, sa conscience, étaient extrêmes. Plein des scrupules les plus élevés, il ne se laissait aller à aucune concession. Lors du demi-échec d'*Hippolyte,* il montra un véritable stoïcisme : « Je me suis trompé, dit-il, j'ai cru que mon goût réussirait : je n'en ai point d'autre[10]. » En écrivant à un jeune musicien qui, en 1744, sollicitait son appui et ses conseils, il témoignait d'une modestie touchante. En même temps, il montrait une largeur de goût que l'on observe bien rarement chez les artistes créateurs[11]. Nous avons vu qu'il appréciait à sa juste valeur la musique italienne; nul chauvinisme ne venait déparer ses belles qualités, et bien qu'on eût fait des opéras-comiques italiens une machine de guerre dirigée contre sa per-

1. Rameau avait été reçu en juillet 1752, membre de la société littéraire du président Richard de Ruffey, à Dijon, et, le 22 mai 1761, membre de l'Académie de Dijon.

2. Sur l'anoblissement de Rameau, consulter l'article de M. A. Pougin dans le *Bulletin de l'histoire du théâtre* d'avril 1902, et celui de M. L. de Grandmaison dans la *Réunion des sociétés des beaux-arts des départements* (1904) ; *Essai d'armorial des artistes français,* p. 648-650.

3. Chabanon, *Éloge,* p. 7.

4. Cf. notre article : *Quelques documents sur J.-P. Rameau et sa famille* (*Mercure musical* du 15 juin 1907).

5. Collé, *Journal,* II, p. 374-375.

6. Maret, *Éloge historique de Rameau,* p. 70.

7. C'est là, ainsi que nous le verrons plus loin, une allusion à la théorie musicale de Rameau. Cf. Malherbe, *Œuvres de Rameau,* I. *Notice bibliographique,* p. XXIV.

8. Maret, *loco cit.*, p. 72.

9. *Ibid.*, p. 72.

10. Chabanon, *Éloge,* p. 13.

11. « Trop grand pour être jaloux, écrit Maret, il louait avec sincérité, avec plaisir, avec chaleur, ceux qui méritaient des louanges, eussent-ils même été ses ennemis ; il distinguait, il encourageait les talents. » (*Ibid.*, p. 36.)

sonne, il en parlait favorablement; il disait : « Embrasser un goût national, plutôt qu'un autre, c'est prouver qu'on est encore bien novice dans l'art[1], » dévoilant ainsi toute la générosité de son caractère.

Maret fournit de précieux renseignements sur sa méthode de travail. Le feu sacré l'agitait véritablement au moment où le vol de l'inspiration venait le toucher. Il raturait beaucoup, comme on peut s'en convaincre en parcourant ses autographes. Ce n'était point un homme à écrire facilement, de premier jet; tout au contraire, il revenait sans cesse sur ce qu'il avait fixé sur le papier; il reprenait des passages entiers, ou modifiait des détails, la volonté et l'intelligence tenant toujours, chez lui, l'imagination et la sensibilité en bride. Ses opéras comportent ainsi de nombreux remaniements et de multiples variantes. Il faut voir là l'indice d'un esprit consciencieux et appliqué, peu disposé à se satisfaire vaille que vaille.

D'après le même biographe, Rameau lisait plusieurs fois ses livrets à haute voix, en les déclamant et en les commentant. S'apercevait-il de quelque défaut, il demandait au poète des changements immédiats, et se montrait aussi exigeant vis-à-vis de ses collaborateurs que sévère vis-à-vis de lui-même.

La correspondance de Voltaire nous révèle, à ce sujet, de piquants détails, car Rameau en usa vis-à-vis du grand écrivain tout comme vis-à-vis des médiocres librettistes auxquels il s'associait d'ordinaire. Lors de la composition de la *Princesse de Navarre,* il ne se gêna nullement pour pratiquer des amputations dans le poème de Voltaire, et le président Hénault écrivait, fort scandalisé : « Que dites-vous de Rameau qui est devenu bel esprit et critique, et qui s'est mis à corriger les vers de Voltaire? » De son côté, l'auteur de la *Henriade* signalait avec quelque ironie les procédés de son musicien : « J'ai laissé, écrivait-il à Hénault, la *Princesse de Navarre* entre les mains de M. d'Argental, et le divertissement entre les mains de Rameau. Ce Rameau est aussi grand original que grand musicien. Il me demande *que j'aie à mettre en 4 vers tout ce qui est en 8, et en 8 tout ce qui est en 4.* Il est fou, mais je tiens toujours qu'il faut avoir pitié de ses talents. Permis d'être fou à celui qui a fait l'acte des *Incas.* Cependant, si M. de Richelieu ne lui fait pas parler sérieusement, je commence à craindre pour la fête[2]. »

Maret assure encore que le violon lui servait fréquemment pour composer ses mélodies, et un portrait, attribué à Chardin[3], le représente dans l'attitude d'un violoniste tenant son instrument sous le bras; il n'est, du reste, pas certain que ce portrait soit celui de Rameau; plus rarement, ce qui peut paraître singulier de la part d'un claveciniste et d'un organiste, Rameau se mettait au clavecin. Enfin, et c'est là un point fort important, Maret assure qu'il composait plus facilement la musique instrumentale que la musique vocale[4].

**

« Comme, dans un haut édifice, écrit Chabanon, divers ordres d'architecture se succèdent et forment de nouveaux édifices établis sur le premier, de même deux ordres de talents se découvrent dans M. Rameau... l'un, musicien fécond et homme de génie, l'autre, artiste philosophe et homme. de génie encore[5]. » Il était « né philosophe, » ajoute l'éloquent panégyriste. C'est ce passage qu'Adolphe Adam a paraphrasé en disant que Rameau eut le rare et unique privilège d'être à la fois un grand théoricien et un grand compositeur[6].

L'œuvre théorique de Rameau est considérable, et s'ouvre par le fameux *Traité de l'Harmonie réduite à ses principes naturels,* qu'il publia en 1722.

Divisé en quatre livres traitant respectivement : 1° du rapport des raisons et proportions harmoniques; 2° de la nature et de la propriété des accords et de tout ce qui peut servir à rendre une musique parfaite; 3° des principes de composition; 4° des principes d'accompagnement, cet ouvrage fut composé pendant le second séjour de Rameau à Clermont-Ferrand. Il convient pourtant d'observer que lorsque, en 1706, il habitait Paris, Rameau eut tout le loisir de recueillir quelques bribes des idées qui s'y discutaient alors, et qu'il put se pénétrer de l'esprit géométrique qui allait dominer la plupart des ouvrages du xviii° siècle. « Fontenelle, le héraut de cette nouvelle puissance, écrit M. Brenet, proclamait que n'importe quel ouvrage serait plus beau s'il était fait de main de géomètre[7]. » La préface du *Traité* de Rameau, respire le même culte pour l'esprit géométrique, et relève de la mentalité qui s'affichera. plus tard dans l'*Encyclopédie,* car Rameau y pose quelques définitions très nettes, telles que celles-ci : « La musique est la science des sons; » ou bien : « Le son est le principal objet de la musique. » Seulement, Rameau n'a point l'esprit scientifique. Entiché des doctrines pythagoriciennes, il n'est qu'un métaphysicien. Il cite ensuite les ouvrages dans lesquels il a puisé, à savoir ceux de Platon et d'Aristote, les *Institutions harmoniques* de Zarlino (1573), vis-à-vis desquelles il s'érige en critique, le *Compendium* ou *Abrégé de la Musique* de Descartes (1618), le *Traité de l'Harmonie universelle* de Mersenne (1627), les *Harmonicorum libri XII* (1635) du même, puis les *Éléments de géométrie du P. Pardies;* mais il ne fait aucune allusion aux découvertes dont le physicien Sauveur avait cependant publié les résultats dans les recueils de l'Académie des sciences[8].

Plus loin (livres II et III), il énumère quelques traités français : les *Principes très faciles pour bien apprendre la musique* de Michel l'Affilard (1691), les *Éléments ou Principes de musique* d'Etienne Loulié (1696), le *Nouveau Traité des règles pour la composition de la musique,* par Masson (1694), et l'ouvrage de Frère sur la transposition, le premier qui s'en soit occupé (1706). Enfin, il fait appel au *Dictionnaire de musique* de Sébastien de Brossard (1703), où se résume l'ensemble des connaissances musicales de cette époque.

Telle est la littérature qui a inspiré Rameau, sans que, d'ailleurs, le musicien se soit inféodé à aucun auteur. Bien au contraire, il fait montre d'esprit très critique, et les célébrités les mieux établies ne l'intimident pas. Son *Traité de l'Harmonie* est son

---

1. *Code de musique pratique,* p. 16. Il disait encore que, pour former l'oreille, « il faut écouter souvent de la musique de tous les goûts ».

2. *Correspondance de Voltaire,* lettre 1676 à Hénault, datée de Clamps, le 14 septembre 1744. Nous avons souligné. ce qui, de cette lettre, est entre guillemets, et que Voltaire donne comme étant le texte même de Rameau.

3. Le musée de Dijon possède ce portrait, dont il existe une copie à la bibliothèque de l'Opéra.

4. Maret, *loco cit.,* p. 72..

5. Chabanon, *loco cit.,* p. 43.

6. *Constitutionnel,* 10 septembre 1843.

7. M. Brenet, la *Jeunesse de Rameau, loco cit.*

8. *Ibid.,* p. 872.. Les *Principes d'acoustique et de musique ou système général des intervalles des sons et son application à tous les systèmes et instruments de musique* de Sauveur parurent en 1701.

ouvrage théorique le plus essentiel ; c'est dans ce livre qu'il a jeté les bases de toutes ses innovations, et la plupart des publications théoriques qu'il fera par la suite ne seront que des gloses, que des développements du *Traité* initial, ou bien dés écrits de polémique suscités par les attaques ou les observations que l'on dirigea contre son système. Malheureusement, la lecture du livre de Rameau exige beaucoup de patience, en raison de sa rédaction confuse, obscure, souvent contradictoire, et il est fort heureux, pour les idées du maître bourguignon, que d'Alembert se soit chargé de les mettre au point, dans un petit écrit aussi clair que précis, intitulé : *Eléments de musique théorique et pratique, suivant les principes de M. Rameau, éclaircis, développés et simplifiés*[1] (1752).

Fondé sur une conception toute nouvelle du phénomène de l'accord, le système de Rameau[2] part d'une proposition de Descartes, aux termes de laquelle toutes les consonances sont contenues dans les six premiers nombres. *Observons*, d'ailleurs, que Zarlino et Francisco Salinas se préoccupent également de l'importance du nombre six, en lequel Salinas enferme l'harmonie tout entière[3]. Rameau prend pour base le corps sonore « tel qu'il peut l'observer dans la nature », c'est-à-dire la corde divisée d'après une progression régulière permettant de produire la série des intervalles, puis il la fait résonner : il obtient alors, outre le son principal, deux autres sons à l'aigu de celui-ci, à savoir : la *douzième*, c'est-à-dire l'octave de la quinte, et la *dix-septième*, c'est-à-dire la double octave de la tierce majeure. En d'autres termes, pour tout corps sonore, au son fondamental ou générateur viennent se joindre, comme harmoniques, sa douzième et la tierce située immédiatement au-dessus. L'accord s'engendre par la consonance des harmoniques d'un son principal.

Un second fait invoqué par Rameau consiste en la ressemblance qui existe entre un son quelconque et son octave. Dès lors, toute sa théorie s'échafaude ; la quinte et la tierce pouvant être abaissées d'une ou de deux octaves sans modifier le principe de l'accord, et pouvant par conséquent être rapprochées de la note de base, il s'ensuit : 1° que l'accord parfait, produit par la série naturelle des harmoniques et *le plus naturel des accords*, se compose de deux tierces superposées ; 2° qu'il est loisible d'obtenir tous les renversements de cet accord, renversements qui résultent des positions des harmoniques générateurs. Harmoniquement parlant, *ut-mi-sol* est l'équivalent de *mi-sol-ut*. C'est là une découverte précieuse et géniale, car, au lieu de considérer chaque renversement comme un accord ayant sa personnalité propre, on n'envisagera dorénavant les divers renversements que comme différents aspects d'un même accord, et Rameau, résumant son système en un aphorisme bien XVIIIe siècle, déclarera « que la raison ne nous met sous les yeux qu'un seul accord[4] ».

L'accord de 7e s'engendrait par l'adjonction d'une

tierce mineure à l'accord parfait. Quant à l'accord mineur, sa genèse s'expose et se développe surtout dans la *Démonstration du principe de l'harmonie* (1750)[5], où Rameau, moins catégorique que Zarlino au sujet de la résonance inférieure, forme l'accord mineur en prenant trois sons ayant tous trois un même harmonique commun, à savoir, la quinte de l'accord. Ainsi : *ut₁, mi♭₁, sol* comptent *sol₂* parmi leurs harmoniques.

Voici comment Rameau expose la genèse du mode mineur. Supposons avec le corps sonore donnant *ut* cinq corps fondamentale, quatre autres corps, les deux premiers à la quinte et à la tierce au-dessus du premier, et les deux derniers à la quinte et à la tierce au-dessous du premier. En faisant résonner le corps *ut*, on voit les deux premiers « frémir » dans leur totalité, tandis que les trois derniers ne frémissent que partiellement ; l'un se divise en trois parties égales, et l'autre en cinq.

Si on désigne par 1 la corde qui donne le son fondamental *ut*, les deux harmoniques supérieurs (quinte et tierce) seront représentés par $\frac{1}{3}$ et $\frac{1}{5}$, tandis que les cordes donnant la quinte et la tierce au-dessous le seront par 3 et 5. On aura donc les deux séries suivantes :

$$ 5 \quad . \quad 3 \quad . \quad 1 \quad . \quad \frac{1}{3} \quad \frac{1}{5} $$

Harmoniques inférieurs.   Harmoniques supérieurs.

En vertu du principe de l'identité des octaves, et en considérant, au lieu des longueurs de cordes, les nombres de vibrations, Rameau substitue à ces deux séries les deux séries suivantes :

$$ \underset{A}{6 \quad . \quad 5} \quad . \quad 4 \quad .. \quad \underset{A'}{5 \quad . \quad 6} $$

On voit alors que la différence entre A et A' réside simplement en la transposition des tierces, car dans A, on a la quinte $\frac{6}{4}$ formée des deux tierces $\frac{5}{4}$ et $\frac{6}{5}$, tandis que dans A', on a la même quinte formée des deux tierces $\frac{6}{5}$ et $\frac{5}{4}$. L'ordre des tierces est renversé, et la différence de cet arrangement des tierces constitue celle des modes majeur et mineur. Rameau conçoit donc ces deux modes comme *opposés* l'un à l'autre.

De la sorte, les deux accords majeur et mineur ne se placent pas sur le même rang ; si l'accord majeur est fourni par les harmoniques supérieurs d'une corde vibrante, le mineur est *suggéré* par plusieurs cordes ayant une longueur qui leur permette de vibrer par sympathie avec le son fondamental générateur des harmoniques supérieurs. Rameau qualifiait de *frémissement* cette vibration par sympathie.

Il résulte de là que, bien que fourni par la nature, l'accord mineur n'est pas aussi *naturel* que l'accord parfait majeur ; Rameau appelle celui-ci le *souverain*

---

1. Ces *Eléments* furent traduits en allemand par Marpurg et parurent à Leipzig en 1757. Rameau, par une lettre insérée dans le *Mercure* de mai 1752, rendait l'hommage, dans les termes suivants, au travail de d'Alembert : « M. d'Alembert a cherché dans mes ouvrages des vérités à simplifier, à rendre plus familières, plus lumineuses, et, par conséquent, plus utiles au grand nombre. Enfin, il m'a donné la consolation de voir ajouter à la solidité de mes principes une simplicité dont je les sentais susceptibles, mais que je ne leur aurais donnée qu'avec beaucoup de peine et peut-être moins heureusement que lui. »

2. Voici quelques ouvrages concernant le *Traité de l'harmonie* : Helmholtz, *Théorie physiologique de la musique*, 1868. — L. Bussler.

Ein Wink Rameau's für die ersten harmonischen Ubüngen (*Allgemeine musikalische Zeitung*, 1869, n° 4). — Ch. Henry, *la Théorie de Rameau sur la musique*, 1887. — Hugo Riemann, *Geschichte der Musiktheorie*, 1898. — V. d'Indy, *Cours de composition musicale*, 1er livre, *Histoire des théories musicales*, p. 135 (*Revue musicale*, 1er avril 1906).

3. M. Brenet, *la Jeunesse de Rameau*, loco cit.

4. *Traité*, p. 126.

5. D'après les *Nouvelles littéraires*, Diderot aurait prêté sa plume à Rameau pour la rédaction de cet ouvrage. Bien que la collaboration de Diderot ne soit pas autrement établie, un passage de Raynal semble être de nature à confirmer le dire de Burney (*Nouvelles littéraires*, I, p. 313).

de l'harmonie. Ainsi s'établissait un critérium de beauté bien caractéristique de l'époque, critérium selon lequel la beauté d'une chose se mesurait à sa *naturalité.*

Le *centre harmonique* et la *basse fondamentale* constituaient deux autres inventions aussi intéressantes. Rameau expose sa conception du *centre harmonique* au chapitre xviii du deuxième livre de son *Traité* : « Le principe de l'harmonie, déclare-t-il, ne subsiste pas seulement dans l'accord parfait dont se forme celui de la 7e, mais encore, plus précisément, dans le son grave des deux accords, qui est, pour ainsi dire, e *centre harmonique,* auquel tous les autres sons doivent se rapporter. » Ce son grave fondamental devient le principe de la *basse fondamentale,* « unique boussole de l'oreille et guide invisible du musicien[1] ».

La *basse fondamentale* se forme des notes fondamentales des accords; elle ne comporte que les notes essentielles du ton, sur lesquelles elle n'admet que des accords parfaits ou de septième. Alors, avec quelques intervalles disposés par tierces, intervalles dont le principe subsiste dans un son unique, on pouvait expliquer toute la musique en son infinie diversité[2]. C'était là un trait de génie, et de plus, ainsi que le fait observer M. Quittard, « la simplicité, au regard des hommes de ce temps, constituait le caractère de l'évidence[3] ».

Il ne faut pas confondre la *basse fondamentale* avec la *basse continue,* car la première peut ne pas être écrite et ne dépend pas de l'artiste qui réalise celle-ci. Elle consiste, nous le répétons, en la note génératrice, réelle ou sous-entendue, de l'accord qui lui est superposé[4]. Ainsi, la basse fondamentale de l'accord :

est *la.*

La *basse fondamentale* ne porte que des accords parfaits ou de septième, tandis que la *basse continue* porte des accords de toute espèce[5]. Cette théorie de Rameau, reprise par d'Alembert et plus tard par Helmholtz, est de la plus haute importance au point de vue théorique, car, pour la première fois, la théorie de la consonance se trouvait placée sur une base scientifique[6].

Aux yeux de Rameau, l'harmonie doit avoir pour objet essentiel de préciser de façon aussi claire que possible la tonalité, le sens tonal. Son harmonie est une harmonie d'enchaînement d'accords; elle présente, dans la musique, l'élément logique, l'élément intellectuel. Rameau réintègre, en quelque sorte, dans la tonalité, des accords qu'on ne savait comment classer avant lui, et qui, pour cette raison, se trouvaient affectés d'une individualité distincte. Ainsi, les accords énumérés par Dandrieu dans ses *Principes d'accompagnement,* la sixte doublée, la petite sixte, la fausse quinte, le triton, ne sont que des renversements

de l'accord parfait ou de celui de septième de dominante. De même, l'accord de neuvième avec quinte superflue (augmentée)  n'est envisagé par Rameau que comme un accord appelant une cadence. Rameau simplifie l'harmonie, la rend claire et logique. Il fut un grand artisan de la tonalité.

Aussi repousse-t-il les gammes qui ne sont pas construites comme la gamme diatonique, et voilà pourquoi il témoigne de l'hostilité à l'égard du plain-chant, qui, selon lui, fut cause de l'infériorité des anciens[7].

Le *Traité* de Rameau, outre l'établissement d'une gamme mineure qu'on a appelée plus tard la *gamme de Rameau*[8], et un système destiné à simplifier les signes de mesure, contient, au chapitre xix du deuxième livre et dans le quatrième livre, quelques principes d'esthétique et d'accompagnement.

Rameau déclare d'abord que « la mélodie vient de l'harmonie », idée qu'il développera plus tard dans ses *Observations sur notre instinct pour la musique et sur son principe* (1754)[9] : « Dès qu'on veut éprouver l'effet d'un chant, il faut toujours le soutenir de toute l'harmonie dont il dérive; c'est dans cette harmonie même que réside la cause de l'effet, nullement dans la mélodie qui n'en est que le produit. » Plus loin (quatrième livre), il s'occupe du problème de l'expression sentimentale, problème que, naturellement, il rattache à l'harmonie. Il confère, en effet, aux accords des propriétés expressives; selon lui, chaque agglomération sonore correspond à une association d'idées. C'est que non seulement il cherche à rendre l'harmonie claire, mais encore à lui imprimer une grande force d'expression. « Il est certain, assure Rameau, que l'harmonie peut émouvoir en nous différentes passions, à proportion des accords qu'on y emploie. Il y a des accords tristes, languissants, tendres, agréables, gais et surprenants; il y a encore une certaine suite d'accords pour exprimer les mêmes passions[10]. »

Pour les « chants d'allégresse et de magnificence », il faut des accords consonants; emploie-t-on des dissonances, celles-ci doivent se présenter de façon naturelle, et il convient de les préparer.

La « douceur » et la « tendresse » s'expriment par des dissonances mineures préparées, les « plaintes » par des dissonances « par emprunt et par supposition »[11], également mineures; les « langueurs » et les « souffrances », par les dissonances par emprunt, et surtout par le chromatique. Quant à la fureur et au désespoir, sentiments tendus, ils s'accompagneront de dissonances non préparées.

Pour Rameau, les tonalités, elles aussi, revêtent un caractère expressif. Ainsi, les tons majeurs d'*ut,* de *ré,* de *la,* conviennent fort bien aux « chants d'allégresse »; ceux de *fa* et de *si♭* s'adaptent aux « tem-

1. *Génération harmonique,* préface. Sur la théorie musicale de Rameau, on consultera le livre de M. Cl. Lalo, *Essai d'une esthétique musicale scientifique,* p. 82 et suiv. (1908).

2. Rameau a cependant admis des accords qui, comme celui de sixte ajoutée, ne se construisent pas par tierces.

3. H. Quittard, *Revue d'Histoire et de critique musicales,* 1902, p. 211.

4. Dans la *Démonstration du principe de l'Harmonie,* œuvre de maturité, Rameau explique que le fondement de sa découverte consiste en ce que le son musical est un composé contenant une sorte de chant intérieur. Déjà, Descartes et les théoriciens du xviie siècle avaient pressenti quelque chose de la complexité des sons musicaux. Cf. A. Pirro, *Descartes et la Musique* (1907).

5. *Traité,* p. 206.

6. On remarquera que la « prime » de M. Riemann n'est autre que la basse fondamentale de Rameau. Les clavecinistes, avant Rameau, faisaient tous, sans s'en douter, de la basse fondamentale.

7. *Traité,* II, p. 146-147.

8. *Ibid.,* p. 246.

9. *Observations sur notre instinct pour la Musique et sur son Principe, où les moyens de reconnaître l'un par l'autre conduisent à pouvoir se rendre raison avec certitude des différents effets de cet art* (1754).

10. *Traité,* II, chap. xx, p. 141.

11. Les *dissonances par emprunt* sont des accords dépourvus de fondamentale, tel que l'accord de 7e diminuée, parce que cet accord emprunte sa perfection d'un son qui n'y paraît point. Les *accords par supposition* sont ceux qui dépassent la portée de l'octave, tels que ceux de 9e ou de 11e.

pètes et aux furies ». Pour les chants « tendres et gais », on choisira les tonalités de *sol* ou de *mi*. Enfin, celles de *ré*, de *la* ou de *mi* s'appliquent, on ne peut mieux, au « grand » et au « magnifique ».

Dans le mineur, les tons de *ré*, *sol*, *si* ou *mi* correspondent à la douceur et à la tendresse; pour les « plaintes », la tonalité d'*ut* mineur sera bien choisie. Celles de *fa* mineur et de *si* ♭ mineur s'accorderont avec les « chants lugubres ».

Dans toutes ces questions, Rameau procède à priori et se montre par là bien homme de son temps[1]. Il est, ainsi qu'on l'a justement remarqué, un pur cartésien, à l'esprit abstrait et généralisateur; il a une tendance « à substituer à l'observation directe et sans cesse renouvelée de la nature vivante des formules abstraites assurément intelligentes, mais invariables, des sortes de canons auxquels la nature doit se ramener. Il est dominé par ses idées, et il les impose à son observation et à son style[2] ». Observons encore que, selon Rameau, l'expression résulte bien plus de l'harmonie que de la tonalité.

Quelque prééminence que Rameau assure à l'harmonie, il ne néglige pas pour cela la mélodie; il reconnaît que celle-ci dépend presque entièrement de la force des sentiments, mais que, provenant surtout de l'inspiration, elle échappe aux règles. « Il est presque impossible de donner des règles certaines, en ce que le bon *goût* y a plus de part que le reste. » La mélodie demeure donc la marque d'un « heureux génie ». C'est elle qui rend la musique frappante; c'est elle qui en constitue l'élément personnel, caractéristique. Sans elle, la plus belle harmonie devient quelquefois insipide[3].

Rameau expose aussi d'intéressantes remarques sur la coupe des vers, sur l'union de la musique et des paroles, sur la façon d'établir le récitatif en décalquant les inflexions du langage. A la fin du chapitre de la Mélodie, il écrit : « Un bon musicien doit se livrer à tous les caractères qu'il veut dépeindre et, comme un habile comédien, se mettre à la place de celui qui parle; se croire être dans les lieux où se passent les différents événements qu'il veut représenter, et y prendre la même part que ceux qui y sont les plus intéressés, au moins en soi-même[4] ». Il faut que « le chant imite la parole[5] »; et, par cette profession de foi, Rameau se révèle encore imbu de l'esprit des Encyclopédistes, de cet esprit qui dirigera Gluck et Grétry.

Dans son second livre, *Nouveau système de musique théorique où l'on découvre toutes les règles nécessaires à la pratique pour servir d'introduction au Traité de l'Harmonie* (1726), Rameau mettait cette fois à contribution les travaux d'acoustique de Sauveur (battements, analyse des harmoniques, découverte des nœuds et des ventres), et les utilisait pour consolider son système et justifier sa base fondamentale. D'une façon générale, on peut dire que Rameau n'a cessé de refaire le même livre, en développant les idées d'a-

bord émises dans son *Traité* de 1722. En 1730, il donnait, au cours de ses discussions avec Bournonville, un *Plan abrégé d'une méthode nouvelle d'accompagnement*, et publiait en 1732 sa *Dissertation sur les différentes méthodes d'accompagnement pour le clavecin ou pour l'orgue*, dans laquelle il proposait de substituer à la fameuse « règle de l'octave », professée par tous les maîtres d'accompagnement[6], une méthode nouvelle fondée sur sa théorie du renversement des accords, enseignée mécaniquement par tierces. Il supprimait aussi la vieille solmisation *A-mi-la*, encore en usage, et commençait à se lancer dans des calculs à perte de vue, convaincu qu'il était que les sciences ont leur origine dans les proportions fournies par le corps sonore.

Le traité de la *Génération harmonique* (1737) et la *Démonstration du principe de l'harmonie, servant de base à tout l'art musical* (1750), ainsi que les *Nouvelles Réflexions sur la démonstration du principe de l'Harmonie* (1752), résultent des mêmes conceptions simplistes et trop généralisatrices. Séduit par la simplicité d'une idée, Rameau n'hésite pas à lui conférer un caractère de quasi-universalité et à lui subordonner la théorie musicale tout entière. Ce qu'il importe de retenir surtout du système de Rameau, c'est l'opposition qu'il établit entre les accords majeur et mineur, ces deux accords constitués, ainsi que nous l'avons exposé plus haut, par les mêmes intervalles disposés dans un ordre inverse l'un de l'autre.

A partir de 1752, Rameau écrit surtout des ouvrages de polémique dirigés contre les Encyclopédistes, avec lesquels il avait pourtant un si grand nombre de points communs. Il discute avec Euler (1753) sur l'identité des octaves; l'année d'après (1754), il publie ses intéressantes *Observations sur notre instinct pour la musique*, qui consistent en un véritable traité de critique musicale avec exemples tirés des œuvres de Lulli et en une virulente réfutation de la fameuse *Lettre sur la musique française* de Rousseau, puis les deux libelles relatifs aux *Erreurs sur la musique dans l'Encyclopédie* (1755 et 1756), enfin, sa *Lettre à d'Alembert concernant le corps sonore* (vers 1759), le *Code de musique pratique ou Méthode pour apprendre la musique même à des aveugles, pour former la voix et l'oreille, pour la position de la main, avec une méchanique des doigts sur le clavecin et l'orgue, pour l'accompagnement sur tous les instruments qui en sont susceptibles, et pour le prélude, avec de nouvelles réflexions sur le principe sonore* (1760), l'*Origine des sciences* (1761) et une *Lettre aux philosophes concernant le principe sonore et la sympathie des tons* (1762).

On voit à quel point il se préoccupa de la théorie et de la pédagogie de son art; sa querelle avec les Encyclopédistes se fonda bien plutôt sur des questions de pure théorie que sur des appréciations de musique pratique. Rameau s'intéressait assurément davantage au « corps sonore » et à la « basse fondamentale » qu'aux divergences qui séparaient les esthétiques des deux coins. Toute son œuvre théorique est là pour le

---

1. *Traité*, II, chap. XXIV : « De la propriété des modes et des tons. » — Rameau confère même un pouvoir expressif aux intervalles; c'est ainsi qu'on lit dans le *Nouveau Système de Musique* (1726) : « Il est bon de remarquer que nous recevons des impressions différentes des intervalles, à proportion de leur différente altération; par exemple, la tierce majeure, qui nous excite naturellement à la joie selon ce que nous en éprouvons, nous imprime jusqu'à des idées de fureur lorsqu'elle est trop forte; et la tierce mineure, qui nous porte naturellement à la douceur et à la tendresse, nous attriste lorsqu'elle est trop faible. »

2. Romain Rolland, *Musiciens d'autrefois*, p. 220. Cf. aussi Cl. Lalo, *loco cit.*, p. 86; *Nouvelles Réflexions de M. Rameau* (1752) et *Observations sur notre instinct pour la musique* (1754).

3. *Traité*, II, p. 142.

4. *Traité*, p. 143. Rameau ajoute qu'il faut « qu'il semble que l'on parle au lieu de chanter ». On peut même trouver dans les *Observations* une sorte de critique du récitatif lulliste; il y dit, en effet : « Souvent, ou croit tenir de la musique ce qui n'est dû qu'aux paroles... On tâche de s'y soumettre par des inflexions forcées... »

5. *Ibid.*, p. 162.

6. Rameau, dans le *Mercure* de juin 1730 (II, p. 1337), déclare que M. Lacroix de Montpellier lui donna une « connaissance distincte de la règle de l'octave, à l'âge de 20 ans ». Voir la troisième partie de cette étude.

prouver, et c'est cette œuvre que Rameau lui-même considérait comme son plus beau titre de gloire[1].

Chez Rameau, le musicien et le théoricien demeurent étroitement unis, l'un mettant en application les doctrines de l'autre, et c'est justement ce qu'on a reproché à Rameau. On lui a reproché d'être un musicien conscient, d'être un musicien désireux de réfléchir, de méditer sur son art, de se rendre compte des lois auxquelles obéissait la musique. On l'a presque traité de mécanicien musical, tant on lui faisait grief de chercher à démonter, en quelque sorte, les constructions sonores. De son temps, il ne faut pas l'oublier, on trouvait singulier qu'un musicien osât être autre chose qu'un compositeur; ne suffisait-il pas au musicien d'écouter l'inspiration, de chanter comme le rossignol, et qu'avait-il besoin de raisonner, de disserter sur son art?

Si Rameau rassemble en lui-même les qualités du compositeur et du théoricien, il le fait sans effort apparent. C'est le plus naturellement du monde qu'il passe de la théorie à la pratique; nulle trace de fatigue ne se manifeste dans son œuvre; seulement, celle-ci reçoit du double caractère de son auteur un aspect spécial; elle a quelque chose de volontaire et de réfléchi qui n'appartient qu'à Rameau. Le logicien que découvrent les ouvrages théoriques se retrouve chez le compositeur; le besoin d'unité qui s'affirme chez l'harmoniste confère à sa musique une clarté intense, en même temps qu'un vigoureux pouvoir d'expression. Ainsi que l'a judicieusement remarqué M. Louis Laloy, cette association étroite, chez Rameau, de l'intelligence et de la sensibilité fait de l'auteur de *Castor* un esprit tout à fait classique, un esprit clair et pondéré qui ne sépare jamais l'émotion d'un certain état intellectuel; il a, comme les héros du grand siècle, l'émotion raisonnable; il s'équilibre entre la passion et le calcul, entre les poussées du sentiment et la froide raison.

Aussi peut-on, par ce caractère, expliquer les variations de l'opinion à l'égard de Rameau. A l'origine, on le traita d'Italien; à la fin, on le considérait comme un lulliste invétéré, un réactionnaire. Il fut, tour à tour, jugé comme un dangereux novateur et comme un esprit rétrograde. C'est qu'il était, en effet, Italien, ou plus simplement musicien, lorsqu'il emplissait de musique le cadre de l'opéra lulliste, et cela, à la grande indignation des vieux amateurs effrayés de la croissance de l'élément musical dans ses ouvrages dramatiques; d'autre part, le côté classique, intellectuel, pondéré, de son génie commandait à la « qualité » de sa musique, au désespoir des Encyclopédistes et des beaux esprits de la seconde moitié du XVIIIᵉ siècle, tout entichés de sensibilité, de passion et de naturel.

La musique de Rameau est l'image de Rameau lui-même, car elle est, en même temps, inspirée et réfléchie, vivante et calculée, contingente et abstraite. Elle réalise le mariage de la raison et de la sensibilité.

Nous allons essayer d'en dégager les caractéristiques en l'étudiant dans l'œuvre dramatique du maître.

Si l'on jette un regard d'ensemble sur l'œuvre de Rameau, on constate, tout d'abord, que le plus grand nombre de ses compositions dramatiques appartiennent au genre du ballet ou de l'opéra-ballet. Ses tragédies lyriques proprement dites sont seulement au nombre de quatre: *Hippolyte et Aricie*, *Castor et Pollux*, *Dardanus* et *Zoroastre*; les autres œuvres se rangent dans les catégories de l'opéra-ballet, du ballet héroïque ou de la pastorale, sans compter les pièces et divertissements de circonstance écrits à l'occasion des fêtes de la cour. Il apparaît ainsi que Rameau a bien pris la suite du mouvement dont nous avons constaté l'existence durant la période préramiste, mouvement caractérisé par la prédominance du ballet et de l'opéra-ballet, autrement dit, par la tendance qui entraîne tous les musiciens vers le développement du spectacle par la musique. Ses tragédies lyriques, sauf la dernière, *Zoroastre*, qui ne comprend pas de Prologue, sont établies sur le type classique. Elles s'ouvrent par un Prologue, la petite pièce avant la grande, généralement consacrée à de mythologiques courtisanneries. Si la mort de Louis XIV avait porté un rude coup à ces préambules, dans lesquels le souverain était directement mis en cause, on se rattrapait sur les succès remportés par les armées royales, et on trouvait là d'excellents prétextes à brûler de l'encens. C'est ainsi que, dans deux pièces de circonstance, les *Fêtes de Polymnie* et les *Fêtes de l'Hymen*, le Prologue met en scène l'actualité. Dans les *Fêtes de Polymnie*, on célèbre le triomphe de Fontenoy, alors que Cahusac, dans les *Fêtes de l'Hymen*, solennise le traité de Vienne, consécutif des victoires de Berwick et de Villars. Dans le Prologue exposé, les tragédies de Rameau se déroulent en cinq actes, conformément à l'ordonnance réglée par Quinault[2].

Le musicien professait un grand dédain à l'égard des livrets, ou du moins n'entendait nullement plier sa muse aux exigences du librettiste. A dire vrai, il n'attachait qu'une médiocre importance aux paroles. Collé lui reprochait de sacrifier sans pitié et « sans raison, comme un stupide, le poète à son orgueil musical », et d'avoir eu la présomption de dire qu'on mettra la *Gazette de Hollande* en musique. De son côté, Grimm déclare, à propos des *Festes d'Hébé*, que Rameau a dit qu'il mettrait en musique la *Gazette de France*[3]. On connaît le mot qu'il fit à l'une des répétitions des *Paladins*. Comme une des actrices objectait que le mouvement indiqué par Rameau empêchait d'entendre les paroles, il répliqua : « Il suffit qu'on entende ma musique. » Collé a encore tracé de lui un portrait où apparaît l'intransigeance incoercible du compositeur, préoccupé avant tout de musique. « Tous ceux qui ont travaillé avec lui étaient obligés d'étrangler leurs sujets, de manquer leurs pièces, ou les défigurer, *afin de lui amener des divertissements, et il ne voulait que cela*. Il brusquait les auteurs à un point qu'un galant homme ne pouvait pas soutenir de travailler une deuxième fois avec lui[4]. »

1. Chabanon, dans son *Éloge*, déclare que « le phénomène des résonances occupa presque uniquement M. Rameau toutes les dernières années de sa vie... On lui a entendu dire qu'il regrettait le temps qu'il avait donné à la composition, puisqu'il était perdu pour la recherche des principes de son art. » Il est à remarquer, aussi, que les théories de Rameau demeurèrent la base presque unique de sa réputation à l'étranger. Le *Traité* de 1722 fut discuté en Allemagne dès son apparition. Si Bach et son fils Emmanuel se déclarèrent antiramistes, Handel, d'après Hawkins, ne parlait de Rameau qu'avec la plus grande considération. Quelques-uns des traités de Rameau furent traduits en italien. Le *Musikalisches Lexicon* de Walter mentionne le *Traité de l'Harmonie* et le *Nouveau Système*, et Marpurg, dans ses *Beiträge*,

fait l'éloge de la science musicale de Rameau. Cf. M. Brenet, *Guide musical* du 26 mars 1899.

2. Sur ce point, consulter le livre de M. de Briequeville, *le Livret d'opéra français de Lully à Gluck* (1673-1779).

3. Voir Collé, *Journal*, II, p. 219 et suiv. *Nouvelles littéraires*, I, p. 80-84 (édit. Tourneux).

4. *Journal* de Collé, II, p. 374 (éd. Bonhomme). Collé rapporte qu'il avait fait de Cahusac une espèce de valet de chambre parolier : « La bassesse d'âme de ce dernier, continue-t-il, l'avait plié à tout ce qu'il avait voulu. La patience et l'esprit souple de Bernard lui ont aussi donné les forces de composer trois fois avec lui; mais je crois que si on lui demandait ce qu'il a souffert, il en ferait de bons contes, pourvu qu'il voulût être vrai et nous parler en conscience. » (Collé, *ibid.*)

Nous avons vu plus haut que la personnalité de ses collaborateurs ne l'arrêtait pas, et qu'il ne traita pas mieux Voltaire que les médiocres gens de lettres qui lui apportaient le concours de leur plume.

Cette attitude de Rameau s'explique sans doute un peu par la faiblesse des poëmes sur lesquels il travaillait. A ce point de vue, il n'eut guère de chance; il ne trouva point, comme Lulli, un Quinault susceptible de le comprendre, d'accorder son effort avec le sien, et il fut presque constamment desservi par des librettistes dont les insipides productions paraissaient déjà ridicules à nombre de contemporains. Peut-être même Rameau s'en rendait-il compte, et l'achat qu'il fit du poëme de *Platée*, afin de pouvoir le remanier à sa guise, tendrait à prouver qu'il ne s'illusionnait guère sur la valeur de l'ouvrage d'Autreau. Quoi qu'il en soit, la platitude des livrets confiés à Rameau contribua peut-être à empêcher le musicien de modifier le dispositif de l'opéra classique; mais elle contribua sûrement à exciter l'animosité des Encyclopédistes contre ses ouvrages dramatiques. De plus, il y a lieu d'observer que l'influence de Lulli, encore très vivace et très puissante au moment où Rameau se mit à écrire pour l'Opéra, pesa sur lui d'un poids très lourd, en s'opposant à la réalisation de réformes profondes dans la tragédie lyrique.

D'une façon générale, Rameau est le représentant le plus complet et le plus marquant de la tendance qui, au XVIIIe siècle, impose à l'opéra le caractère essentiel d'être un spectacle. Il suffit, pour s'en rendre compte, de constater le grand nombre de divertissements que Rameau a introduits dans les tragédies lyriques. Ainsi, *Castor et Pollux* ne contient pas moins de dix-sept divertissements répartis entre cinq actes, et *Dardanus* fournit un contingent à peu près égal[1]. On sent bien que ce qui l'intéresse surtout, c'est ce qu'on appelait alors les « symphonies ». Rameau est un symphoniste qui a écrit des opéras. Si la profusion de divertissements qu'il a mise dans ses compositions de théâtre permet à sa fantaisie de se déployer librement, et favorise, pour ainsi dire, le développe-

ment de la musique pure, elle constitue, par contre, un grave inconvénient au point de vue de l'action dramatique, qu'elle brise et qu'elle émiette, car, le plus souvent, les divertissements sont amenés de la façon la plus arbitraire du monde; ils n'ont que rarement un lien avec l'action, et relèvent seulement du désir des auteurs de fournir un spectacle à la fois aux yeux et aux oreilles[2].

Nous ne voulons point dire, toutefois, que Rameau soit dépourvu de toute qualité dramatique. Bien au contraire, et c'est là un des points qui le distinguent de la plupart des musiciens antérieurs, l'auteur d'*Hippolyte et Aricie*, par sa vive sensibilité, par son esprit net et équilibré, se montre mieux disposé que ses précurseurs à rechercher une expression exacte de la vérité dramatique. Sous sa puissante main, on sent se constituer déjà la scène lyrique. Il s'efforce d'assurer la convergence de moyens qui est nécessaire pour dégager d'une situation donnée le summum d'émotion qu'elle comporte. Il se montre infiniment plus homme de théâtre que ses devanciers, et, en dépit de ses mauvais livrets, il parvient à bien poser les situations et à produire des « crescendo » émotionnels de l'effet le plus poignant.

Dès ses ouvertures, généralement construites à deux mouvements, et débutant dans une allure lente et fière, de cette fierté si typique et si spéciale à Rameau, le musicien affirme sa préoccupation d'amener progressivement l'auditeur dans le drame. Par leur tenue générale et par l'impression qui en découle, elles sont de véritables préfaces, et d'Alembert n'avait point manqué d'en faire la remarque[3].

Quant à la scène lyrique, on peut en citer de nombreux exemples. Le IIe acte d'*Hippolyte et Aricie*, l'acte dit des Enfers, nous montre bien clairement la gradation observée par Rameau dans l'emploi de ses moyens musicaux. Il crée véritablement là une atmosphère *sui generis*, une atmosphère infernale qui enveloppe et transfigure l'action dramatique. Rien de plus grandiose que le récit de Pluton soutenu par de graves et sévères harmonies.

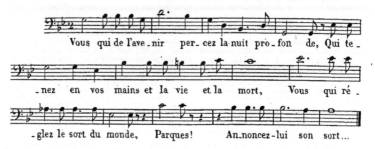

Vous qui de l'ave_nir per_cez la nuit pro_fon_de, Qui te_
nez en vos mains et la vie et la mort, Vous qui ré
_glez le sort du monde, Parques! An_noncez_lui son sort...

Rien de plus propre à préparer l'auditeur à ce magnifique et célèbre trio où les Parques, après un orageux prélude confié aux violons, s'écrient, par entrées successives : « Quelle soudaine horreur ton destin nous inspire! » Coupé par les déchaînements et les

soubresauts de la symphonie, leur chant atteint à une incomparable intensité d'émotion dans le fameux passage : « *Où cours-tu, malheureux?* »

Il y a, dans tout cet acte, une progression continue de l'ensemble des éléments musicaux vers le point

---

1. *Dardanus* contient seize divertissements, abstraction faite du Prologue.

2. Mais c'est là, nous le répétons, la caractéristique de l'opéra français au XVIIIe siècle; il veut être, avant tout, un féerie, un spectacle enchanteur. C'est dans le spectacle que réside l'élément poétique, bien plus que dans le drame.

3. D'Alembert, dans *la Liberté de la musique* (1760), après avoir déclaré que l'ouverture doit préparer l'auditeur aux premières scènes du drame, reconnaît que les ouvertures de Rameau satisfont fréquemment à cette condition.

Cf. Hirschberg, *Die Encyklopädisten und die Französische Oper im 18 Jahrhundert*, p. 110.

culminant de la situation. Ce ne sont pas des tableaux séparés, isolés les uns des autres; c'est une scène lyrique solidement constituée, bien caractérisée, formant un tout homogène.

De même, le beau monologue de Phèdre qui termine le IVe acte et « où, écrit M. Quittard, des harmonies fières et douloureuses semblent accompagner le triomphe de la fatalité et pleurer la défaite des humains, proie du sort et des dieux », s'enchâsse dans une véritable scène lyrique, savamment aménagée, avec l'intervention du chœur : « O remords superflus! » lié, lui aussi, à l'action[1].

La seconde tragédie lyrique de Rameau, Castor et Pollux, écrite sur un bien meilleur livret, logiquement édifiée et présentant d'excellentes situations musicales, apporte des exemples encore plus nets de scènes lyriques. Dès le Ier acte, l'admirable scène funèbre et l'air de Télaïre : « Tristes apprêts », qui la suit, forment un ensemble d'une rare unité expressive. De même, on a justement remarqué que le débat qui, dans l'Alceste de Gluck, met aux prises Alceste et Admète, n'est pas plus pathétique que celui auquel se livrent Castor et Pollux; il y a, dans l'opéra de Rameau, comme une esquisse du tableau que Gluck brossera par la suite. Un doux prélude, en sol mineur, confié aux violons et aux flûtes, exprime sobrement le charme tranquille des Champs Élysées : « Que ce murmure est doux, que cet ombrage est frais ! » puis, les Ombres heureuses amènent la tonalité majeure qui, dans la gavotte, passe au ton de mi mineur. L'arrivée de Pollux (scène III) fait surgir la brillante tonalité de ré majeur, et alors, le dialogue des deux frères s'engage au travers de couleurs tonales, tantôt éclatantes avec l'espoir, tantôt assombries avec l'anxiété. Successivement, les tons de si mineur, de sol, de mi mineur, servent de véhicules à leur commune émotion, et lorsque Pollux, évoquant la gracieuse image de Télaïre, décide enfin Castor à lui céder, la tonalité éclatante de la majeur jette sur cette fin de scène comme une lueur joyeuse[2].

Ceci nous montre à quel judicieux emploi des tonalités Rameau a recours afin de sceller l'unité expressive d'une scène. A ce point de vue spécial des tonalités, certains actes, tels le IVe acte de Dardanus, constituent de grands ensembles d'une parfaite cohésion et d'une logique absolue[3].

Ces préliminaires posés, venons-en à l'examen de la musique dramatique de Rameau. Elle comprend deux éléments : le premier, qu'on appelait alors le « vocal », constitué par le récitatif, les airs et les

chœurs; le second, constitué par les diverses « symphonies », divertissements et symphonies d'accompagnement.

a) ÉLÉMENTS VOCAUX

Le récitatif de Rameau ne diffère pas sensiblement de celui de Lulli en tant que récitatif proprement dit. Sans doute, la déclamation s'y montre ferme et incisive, mais ce n'est pas elle qui, quoi qu'on en ait dit, constitue un des caractères les plus remarquables de l'art de Rameau. Comme dans celui de Lulli, le récitatif ramiste progresse par petits fragments mélodiques de rythmes différents mis bout à bout. La déclamation reste aussi solennelle, aussi tendue que dans les opéras de Lulli. Rameau ne change rien à l'essence de cette déclamation, son récitatif ne se rapproche, en aucune façon, de la simplicité et du naturel du récitatif italien. Là-dessus, les contemporains de Rameau l'ont bien jugé. Depuis Grimm et Rousseau jusqu'à ses amis, comme Chabanon, tous ont élevé de justes critiques contre ce fameux « vocal français[4] ».

Rameau, toutefois, s'il ne touche pas au modèle que lui a laissé son illustre prédécesseur, introduit la musique sous le récitatif. Ce n'est plus une série de cadences qui sert de piédestal, de support à la voix; c'est dorénavant une base plus musicale, plus variée, plus souple, plus modulante. Ici, nous retrouvons en action l'ingénieux théoricien. Son récitatif devient plus vivant, les tonalités se jouent dans sa substance, se succèdent selon les exigences de l'expression, apportent aux paroles une plus-value dramatique. Ce milieu tonal, dans lequel baignent les récits, prend de la sorte des aspects chatoyants et s'adapte à la variété des situations. Rameau y applique ses principes sur le pouvoir expressif des tonalités, principes dont nous venons de voir déjà l'application aux scènes lyriques. Il est conduit, ainsi, à des tonalités peu usitées. Au IIIe acte d'Hippolyte, il arrive au ton de si majeur; lorsque cette tonalité tendue, le récitatif devient haletant, et le musicien souligne encore davantage son caractère anxieux par l'effet très agogique produit par un thème syncopé[5]. Parfois même, l'harmonie elle-même devient expressive; des dissonances apparaissent, telles des touches décisives, dans le corps du récitatif pour souligner un mot, un accent. Ainsi, dans Hippolyte, Rameau commente de la façon suivante le mot « tremble », mis dans la bouche de Tisiphone :

1. Nous trouvons ici un des premiers exemples de la linaison du cœur, personnage collectif, à l'action qu'il commente. Gluck devait imiter en cela Rameau. Nous reviendrons plus loin sur l'utilisation des chœurs par Rameau.

2. Castor et Pollux, acte IV, p. 178 de la réduction pour piano et chant (éd. Durand).

3. La scène I est en sol mineur, puis majeur; la scène II est en mi mineur, puis majeur; la scène III, en mi majeur et fa majeur; la scène IV, qui comprend la délivrance de Dardanus, est à la dominante du ton initial, en ré, etc. Dans son Eloge de Rameau, Chabanon signale l'examen que d'Alembert a fait de la belle scène de Dardanus, et montre que « Rameau était sensible à l'énergie des passions et qu'il savait les rendre » (p. 33).

4. Voici de quelle manière Chabanon s'exprime sur le compte du

« vocal français » dans l'œuvre de Rameau : « Il a porté aussi loin que possible la musique vocale, mais il n'a fait que perfectionner ce genre au lieu de l'anéantir, pour lui en substituer un meilleur; voilà ce qu'il nous laissé à regretter. » (Chabanon, Eloge de Rameau, p. 30.) Plus loin, le même auteur, traitant le récitatif français d' « hydre qu'il faut abattre », résume fort bien les griefs qu'on formulait alors contre ce récitatif : « Le vice du vocal français et de notre opéra en général est le récitatif tel que nous l'avons : espèce de monstre amplibie, moitié chant, moitié déclamation, mais qui, n'étant ni l'un ni l'autre, les représente tous deux et empêche qu'ils ne soient ce qu'ils devroient être ». (Ib., p. 32.) Il réclame, avec nombre de bons esprits, un « récitatif presque parlé, et par conséquent rapide et son débit ».

5. Hippolyte, acte III, scène IX.

6. Hippolyte, acte II, scène I.

Trem _ ble! le même sort t'a _ tend.

L'effet résultant de la quinte augmentée *fa♮ ut♯*, avec le *mi* supérieur, s'ajuste très heureusement au mot « tremble ». De même encore, au Ve acte de *Castor*, Rameau frappe un accord avec quinte diminuée sous le cri déchirant de Castor : « Je sens trembler la terre[1]. » On ne saurait donc nier les intentions expressives de l'harmonie qui supporte le récitatif. Mais, en général, ce récitatif demeure froid et conventionnel.

Les airs, au contraire, respirent maintes fois une vie intense. Ils sont généralement bien caractérisés, très clairs et très expressifs..Rameau n'a point échappé à l'influence italienne si active au début du xviiie siècle ; sa mélodie vocale nous en est une preuve ; elle présente, en effet, de nombreuses *tenues* et *vocalises*, si caractéristiques du style italien.

Il est des tenues vocales qui durent trois mesures et plus, telles celle de l'air d'Aricie au 1er acte d'*Hippolyte* sur les mots « sans cesse[2] », ou encore, celles de la Folie, au IIe acte de *Platée*, qui atteignent jusqu'à quatre mesures[3]. Ces tenues insistent généralement sur des idées de durée (*sans cesse, jamais, toujours*), sur des idées de grandeur (*univers, ciel, règne*) ou sur des idées d'extension, d'élargissement, de nombre (*tous*). Comme les *I*taliens, Rameau se montre même sensible à l'attrait de certaines voyelles qui donnent un bon point d'appui à la voix, telles que la voyelle *a*, par exemple ; il place des tenues ou des vocalises sur *Naïades, Hyades*, etc. De plus, ces vocalises sont souvent d'une expression charmante et soulignent des mots typiques tels que « lance », « voler », etc. Les vocalises de la Folie, au IIe acte de *Platée*, sur le mot « métamorphose », transposent de la façon la plus pittoresque, par leurs modulations et par leur rythme, la métamorphose de Daphné. Enfin, celles de l' « Air du Rossignol » d'*Hippolyte et Aricie* furent longtemps célèbres ; la voix d'une Bergère rivalise de virtuosité avec les violons et la flûte[1]. Il y a là tout un symbolisme sonore hérité de l'esthétique expressive du xviie siècle.

L'influence italienne se fait encore jour dans les airs de Rameau lorsqu'on les étudie au point de vue de la forme. Ces airs, en effet, appartiennent à deux types, au type binaire de l'air français et au type de l'air italien à reprises. Les airs à reprises se montrent fréquemment dans les opéras de Rameau, mais ils affectent une forme plus brève, plus ramassée,

que les mélodies italiennes à *da capo*. Quelques-uns même, de forme très libre, ressemblent à des airs allemands, tel, par exemple, l'invocation de Phèdre à Vénus dans *Hippolyte*[5].

On peut citer, parmi les airs de forme lied, celui d'Hippolyte : « Ah! faut-il un jour[6] ; » celui d'Iphise dans *Dardanus* : « Cesse, cruel amour[7] ; » l'air des Plaisirs, du même *Dardanus*[8] ; celui de Vénus dans le prologue de *Dardanus*, air en *fa*, avec cadence à la dominante et seconde partie en *sol* mineur, etc.

Quant aux airs de disposition binaire, ils sont beaucoup moins développés, et, le plus souvent, ils se glissent dans le récitatif lorsque la tension lyrique augmente. Rameau greffe ainsi, sur la tige un peu raide de ses récits, une infinité d'airs tendres, d'airs gracieux ou fiers, qui les diversifient de la plus heureuse façon[9]. Ainsi, le IIe acte d'*Hippolyte* présente dans la deuxième scène (Pollux, Télaïre) un bon exemple de la grâce flexible avec laquelle Rameau distribue son lyrisme. Après un récit de Pollux, commence « l'air tendre » : « Lorsqu'un Dieu s'est laissé charmer, » auquel Télaïre répondra par un « air gracieux » : « Si de ses feux un Dieu n'est pas le maître, » etc. Il s'ensuit une sorte d'arioso souple, onduleux et vivant, dans lequel le jeu tonal projette des lueurs expressives et dramatiques. De même, la scène v du IIe acte de *Dardanus* se compose d'une série de petits airs français fort courts, enchaînés les uns aux autres et formant un ensemble des plus gracieux.

Il arrive parfois que Rameau, contrairement aux habitudes reçues, se sert d'airs vocaux comme de basses à des mélodies instrumentales. Ainsi, l'air de Diane du Prologue d'*Hippolyte et Aricie :* « Sur ces bords fortunés, » associe la voix aux seconds violons, pendant que deux flûtes exécutent des broderies. De même encore, l'air de Thésée, au IIe acte de cet opéra : « Sous les drapeaux de Mars, » est doublé par la basse continue, alors que les dessus conservent leur indépendance et leur rôle ornemental.

Qu'il s'agisse d'airs français ou d'airs à reprises, les mélodies vocales de Rameau ne sont jamais indifférentes. Toutes portent caractère, comme on disait alors ; toutes revêtent un contour gracieux ou pathétique, s'affirment avec une noblesse, une fierté qui sont la marque éminente du musicien. On a dit de Rameau qu'il est un grand seigneur en musique. Rien de plus juste. C'est l'air tendre d'Iphise au 1er acte de *Dardanus*, c'est le délicieux rondeau du même opéra,

1. *Castor et Pollux*, acte V, scène iv.
2. *Hippolyte*, acte I, scène ii.
3. *Platée*, acte II, scène v. Il y a même dans *Platée* des tenues et vocalises qui se prolongent pendant dix mesures. (Cf. Ariette de la Folie, p. 222 de la réduction pour piano.)
4. *Hippolyte*, acte V, scène viii.
5. *Ibid.*, acte III, scène i.
6. *Ibid.*, acte III, scène i.

7. *Dardanus*, acte I, p. 53 de la réduction pour piano et chant (éd. Durand).
8. *Ibid.*, acte V, p. 265.
9. Otto Jahn, dans sa biographie de Mozart, signale, dans l'œuvre de Rameau, la grande liberté du chant, la fermeté du récitatif, que soutiennent des accords plus fournis et plus multipliés. (Otto Jahn, II, p. 198.)

c'est encore l'air grave d'Anténor, ou bien, dans la note grave et dramatique, l'air de Dardanus : « Lieux funestes, » celui de Thésée aux enfers dans *Hippolyte,* etc. Quelques-uns ont un charme triste et poignant. Quoi de plus douloureux que l'air de Phèdre dans *Hippolyte,* au début si saisissant : « Dieux cruels, vengeurs implacables, » ou que celui d'Iphise dans *Dardanus :* « Arrachez de mon cœur le trait qui le déchire! » On pourrait multiplier les exemples.

Il est, toutefois, un revers à cette brillante médaille, et il convient de reconnaître que les mélodies vocales de Rameau ne constituent pas le plus beau fleuron de sa couronne. On y sent parfois un je ne sais quoi de saccadé et de guindé qui n'avait point échappé à Chabanon. Il semble que le musicien ne s'y trouve pas à l'aise et que les anciennes formes de chant gênent son inspiration. Au contraire, il s'exprime magnifiquement dans les chœurs, toujours pleins d'une sonorité si puissante, tels, dans *Castor,* « Brisons tous nos fers, » et : « Que tout gémisse. » Ses mélodies instrumentales vont nous le montrer en pleine liberté et en plein génie.

b) SYMPHONIES [1]

Sous cette rubrique, nous étudierons successivement le caractère des thèmes instrumentaux de Rameau, la mise en œuvre de ces thèmes, la fonction expressive de son orchestre et l'instrumentation. Nous avons dit plus haut que, chez Rameau, le musicien ne se séparait point du théoricien; c'est ce qui résulte, ainsi qu'on va le voir, de l'examen de ses symphonies. Ici, en effet, Rameau se montre à nous sous son double aspect de compositeur inspiré et de philosophe, sous sa double face de musicien imaginatif et d'harmoniste calculateur et réfléchi. Les qualités essentielles de la musique de Rameau.

sont la clarté et l'expression; la clarté, qui résulte du travail qu'il a fait subir aux agglomérations sonores en les condensant toutes en quelques formules simples, synthétiques; l'expression, qui résulte de ce que, suivant l'heureuse définition donnée par M. Louis Laloy, la musique de Rameau cherche sa fin en dehors d'elle-même. Cette musique s'efforce de peindre, d'exprimer; elle a une fonction extra-musicale; elle vise sans doute à traduire les sentiments humains, mais aussi et surtout, à transposer les spectacles, des visions, à en caractériser les apparences et la signification profonde. C'est par là que Rameau est un grand, un magnifique musicien.

Tout d'abord, ses thèmes s'offrent à nous comme burinés avec un relief et une fermeté de contours étonnants. Ils ont une précision merveilleuse et quelque chose de définitif. Leur clarté tonale est parfaite et leur caractère nettement indiqué.

La clarté tonale provient de ce que, fidèle à son principe qui fait découler la mélodie de l'harmonie, Rameau n'emploie dans ses thèmes que des notes ayant un sens harmonique. Bien souvent, ces thèmes sont des accords déployés, couchés horizontalement en quelque sorte. Toute note étrangère à la signification harmonique qu'il veut leur imposer en est sévèrement bannie. Leur simple exposé détermine la tonalité avec une clarté qui ne laisse prise à aucune indécision. Les thèmes consonants, formés de l'arpège du ton, clairs, limpides et décidés, interprètent des sentiments de force, de grandeur héroïque, de toute-puissance. Ainsi, le thème de l'entrée des athlètes, dans *Castor et Pollux,* n'est autre que l'accord déployé d'*ut* majeur. Cette mélodie s'expose dans toute sa nudité héroïque et caractérise immédiatement ce que le musicien a l'intention d'exprimer [2] :

Voici encore, dans ce même opéra, un air de Démons qui n'est constitué que par les notes de l'accord de *la* majeur [3] :

En outre, et afin d'affirmer encore plus énergiquement la tonalité, Rameau répète certaines notes de ses mélodies, et ces notes ne sont autres que les notes tonales, que celles qu'on appelle en harmonie les « bonnes notes », la tonique, la dominante.

Ces répétitions de « bonnes notes » confèrent aux thèmes une fermeté, une décision tonales inimaginables. Dans le célèbre Rigaudon de *Dardanus,* il répétera neuf fois la tonique *sol :*

1. Nous citerons encore ici l'appréciation prophétique de Chabanon sur les symphonies de Rameau : « Il n'eut jamais de modèle ni de rival, et nous ne craignons pas d'affirmer hautement qu'après toutes les révolutions que l'art pourra subir, lorsqu'il sera porté à sa plus haute perfection par quelque peuple que ce soit, alors même, ce sera beaucoup faire que d'égaler notre artiste dans cette partie et de mériter d'être placé à côté de lui. » (*Éloge,* p. 19.) Ceci est à rapprocher de l'opinion de Diderot, qui disait que les symphonies de Rameau dureraient éternellement.

2. *Castor,* acte I, scène v.
3. *Ibid.,* acte III, scène iv.

Voici encore un thème dans lequel il frappe à couPs redoublés sur la tonique et la dominante[1] :

Naturellement, la construction des mélodies, au moyen des notes constitutives des accords, ne s'effectue pas toujours selon la position normale desdits accords. Rameau utilise les divers renversements pour présenter ses thèmes, puis, une fois qu'il les a exposés avec toute la netteté tonale désirable, il leur impose des mouvements harmoniques plus ou moins vifs, mais qui ne cessent jamais d'être parfaitement clairs.

Ce système, qui consiste à briser l'accord afin d'en extraire la mélodie qu'il contient, Rameau l'emploie très souvent dans ses figures d'accompagnement, et cela sous forme d'arpèges. Il a créé ainsi, et notamment dans la basse des récitatifs et des airs, une foule de dessins souples, vaporeux, symétriques, d'un effet charmant, et qui enveloppent les mélodies d'une sorte de gaze tonale.

Au II° acte d'*Hippolyte*, nous voyons apparaître des accords brisés de violons dans l'air de Tisiphone[2] :

puis, dans la *Tempête*, où les premiers violons dessinent l'arpège du ton, tandis que les deuxièmes et troisièmes exécutent de foudroyantes gammes par mouvements contraires, et que le reste des instruments à cordes, reprenant des fragments de gammes, ou roulant des trémolos, forment le fond du tableau sonore[3]. On retrouve les arpèges au III° acte du même opéra, après l'air de Thésée qui précède le fameux « frémissement des flots », en *sol* majeur : dans ce « frémissement », il y a des heurts, des croisements de violons par gammes contraires, pendant que bassons et violoncelles font des tierces[4].

Les thèmes instrumentaux de Rameau se réduisent parfois à de simples accents mélodiques que leur répétition rend caractéristiques. Ainsi, au II° acte de *Dardanus*, une figure de deux notes : *la-fa* ou *ré-si* se répète en passant successivement à tous les instruments de l'orchestre.

Toujours préoccupé de la tonalité, Rameau assoit solidement sa mélodie sur des cadences bien nettes; parfois, des groupes de deux notes formant cadence s'enchaînent les uns aux autres, dans l'air des Prêtresses de Diane d'*Hippolyte et Aricie*, par exemple. Voici cette série de cadences[5] :

A la reprise suivante, on entend, avec le même dessin de noires liées de deux en deux, retentir chaque fois une note appartenant à l'accord de la dominante et à l'accord de la tonique.

La mélodie, oscillant ainsi entre les notes tonales, exprime une série de cadences. Vient-elle à moduler, elle le fait toujours avec la clarté si caractéristique du musicien. Des chaînes de cadences parfaites transportent alors la mélodie, le plus simplement et le plus logiquement possible, du ton initial à la nouvelle tonalité. Nous trouvons un bon exemple de la manière de Rameau à cet égard au I° acte d'*Hippolyte*. Là, l'*Air en rondeau* pour les Amours, qui débute en *fa* mineur, passe par une série de cadences parfaites au ton relatif majeur de *la*[6].

Rameau, en raison du souci qui l'occupe de maintenir toujours fermement la tonalité, fait rarement usage du chromatisme. Il emploie le chromatisme pour suggérer des idées lugubres, le malheur (« Où cours-tu, malheureux Hippolyte? »), la tristesse (les fous tristes de Platée). Son chromatisme échappe d'ailleurs à toute incertitude, car il le fonde sur des cadences bien caractérisées, précisant de proche en proche la tonalité. C'est ainsi qu'au I° acte de *Castor et Pollux*, on rencontre une mélodie chromatique, la fameuse ritournelle d'orchestre qui précède le chœur des Spartiates : « Que tout gémisse, » mélodie chromatique assise sur une série de cadences parfaites. Là encore, chaque groupe de deux notes constitue une cadence qui détermine nettement une tonalité. De la sorte, on passe successivement de *fa* mineur en *ut* mineur et en *si* mineur[7].

1. *Castor et Pollux*, acte II, scène III.
2. *Hippolyte et Aricie*, acte II, scène I.
3. *Ibid.*, H. Lavoix, *Histoire de l'instrumentation*, p. 227 et suiv.
4. Dans l'ouverture des *Fêtes d'Hébé*, les instruments à cordes dessinent aussi des arpèges.
5. *Hippolyte et Aricie*, acte I, scène III.
6. *Ibid.*, acte I, scène V.
7. *Castor et Pollux*, acte I, scène I. Le *Mercure* d'août 1778 disait à propos de ce « cœur » : « Ce passage d'harmonie, si souvent employé depuis, conservoit encore quelque fleur de nouveauté lorsque Rameau

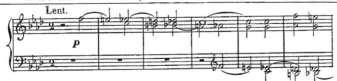

Au surplus, l'harmonie de Rameau est toujours simple et claire, fondée qu'elle est sur l'emploi presque constant de l'accord parfait et de l'accord de septième de dominante. Les dissonances qui se glissent dans la trame harmonique n'apparaissent que comme moyens d'expression. Elles sont, du reste, le plus souvent préparées et résolues. Voici deux neuvièmes préparées et résolues[1] :

Rameau emploie les dissonances pour susciter des effets singuliers, baroques. Par exemple, dans *Platée,* le coassement des grenouilles se traduit par des roulements de quartes et de quintes successives ou par des froissements de secondes[2]. Mais, nous le répétons, la dissonance n'intervient que tout à fait passagèrement dans la musique de Rameau, qui, à ce point de vue, n'offre point les recherches ou, pour mieux dire, les trouvailles raffinées de celle de Destouches, cet impressionniste avant la lettre.

Si Rameau montre une grande circonspection à l'égard de la dissonance, il module avec la plus extrême facilité, et, là encore, le théoricien vient seconder le musicien. Car, c'est grâce à la connaissance approfondie qu'il possède des renversements

des accords, qu'il peut donner à sa modulation autant d'aisance et de variété. Rameau jongle, en quelque sorte, avec les tonalités et les diverses positions des accords. Et sans doute faut-il voir là une des raisons pour lesquelles on le critiquait, en lui reprochant d'entasser obscurité sur obscurité.

On se fera une idée de la hardiesse avec laquelle Rameau module en examinant le monologue célèbre de Télaïre dans *Castor* : « Tristes apprêts[3]. » Dans ses *Observations sur notre instinct pour la musique,* Rameau dit que « le sentiment d'une douleur morne et du lugubre qui y règnent tient du chromatique fourni par la succession fondamentale, pendant qu'il ne se trouve pas un seul intervalle de ce genre dans toutes les parties[4] ». C'est qu'en effet, rien, dans ce bel air ne vient troubler la solidité et la clarté tonale; le chromatisme surgit seulement dans l'harmonie, et Rameau passe, successivement, de *la♭* à *fa* naturel, à *si♭* et à *sol* mineur, par une série de notes alternativement bémolisées et naturelles : *sol, la♭, la♮, si♭, si♮, ut.*

La hardiesse de modulation de Rameau le fait pousser jusqu'à l'enharmonie dont le célèbre « Trio des Parques » d'*Hippolyte* offre un remarquable exemple. Ici, la modulation suit une descente chromatique d'*ut♯* majeur, *fa* mineur, *ut* majeur, *mi* mineur, *si* majeur, *mi♭* mineur, *ré* mineur, pour retomber au ton principal, *sol* mineur. Le *sol♯* devient *la♭*, le *mi♯ fa♮*, le *fa♯ sol♭*, le *ré♯ mi♭*[5].

en fit usage. Il l'a rendu plus frappant en y joignant la note tonique que les[r]choeurs chantans soutiennent à des octaves différentes, tandis que les violons font entendre le chromatique qui descend. » Rappelons, en outre, que ce choeur avait attiré l'attention admirative de Gluck.

1. *Hippolyte et Aricie,* acte III, scène I.
2. *Platée,* acte I, scène III.
3. *Castor et Pollux,* acte I, scène III.
4. *Observations sur notre instinct pour la musique,* p. 67.
5. *Hippolyte et Aricie,* acte II, scène V.

Ce passage présentait, pour l'époque, de grandes difficultés d'exécution, et Rameau nous expose lui-même qu'il dut lui apporter des modifications[1].

Au point de vue rythmique, les thèmes de Rameau sont d'une variété inépuisable. Tantôt ferme et volontaire, tantôt majestueux, solennel ou hautain, tantôt tendre, mélancolique, d'une grâce un peu triste, le rythme, chez Rameau, affirme l'originalité puissante du musicien. Et ici, encore, se font jour les préoccu-pations harmoniques de celui-ci, car le rythme lié à l'harmonie découle des péripéties de cette dernière. L'accent se porte sur les dissonances, et la répartition des accords consonants et dissonants entraine *ipso facto* certains dispositifs rythmiques. De sorte que Rameau rend ses thèmes caractéristiques par le fait qu'il les situe dans une série déterminée d'harmonies.

La mise en œuvre des thèmes présente nombre de particularités intéressantes. En général, Rameau ne pratique pas systématiquement le contrepoint; il a,

1. Voici comment Rameau s'exprime à cet égard : « Nous avions trouvé le moyen d'insérer, dans le deuxième trio des Parques de l'opéra d'*Hippolyte et Aricie*, un chant formé du genre diatonique enharmonique, dont nous nous promettions beaucoup par rapport à la situation; mais, si quelques-unes des chanteurs étaient capables de s'y prêter, tous n'y répondaient pas également, de sorte que ce qui peut être de la plus grande beauté dans la plus parfaite exécution, devenant insupportable quand cette exécution manque, nous avons été obligé de le changer pour le théâtre... » (*Génération harmonique*, p. 154.) Decroix, de son côté, signale les difficultés que Rameau eut à vaincre du chef de l'exécution : « Il dut, pour ainsi dire, créer des musiciens nouveaux pour exécuter ses premiers opéras. Les symphonistes de ce temps, accoutumés au diatonique de Lulli et de ses imitateurs, se crurent transportés dans une autre région en voyant la tragédie d'*Hippolyte* remplie de traits mâles et hardis et de pratiques d'harmonie inusitées jusqu'alors... Si l'orchestre de l'Académie de musique est justement admiré des connaisseurs pour sa belle exécution, c'est à Rameau que nous en sommes redevables. » (Decroix, *l'Ami des Arts, ou Justification de plusieurs grands hommes*.)

ne l'oublions pas, une mentalité harmonique, et les artifices contrapuntiques ne le séduisent guère. Sans doute, il fait fréquemment usage d'imitations; mais ces imitations sont courtes et sèches; elles ne še prolongent pas; de plus, il arrive rarement à Rameau de superposer des thèmes de caractères différents. Lorsqu'il veut se servir de pareils thèmes, il préfère les exposer successivement, en faisant ressortir très nettement leurs contrastes et leurs caractères respectifs. Dans *Platée*, par exemple, les Fous gais, caractérisés par un air « un peu gai », se mêlent aux Fous tristes, auxquels est attribué un air « un peu lent »; mais la mêlée des deux troupes ne provoque point de travail contrapuntique sur les deux thèmes[1]. Toutefois, le Prologue de *Dardanus* montre le thème léger des Plaisirs et le thème tortueux de la Jalousie qui vont en s'enchevêtrant.

Rameau opère d'une façon qui lui est toute spéciale dans l'écriture des diverses parties. Par cette écriture, il affirme la prééminence de l'harmonie en tirant partie des accords qu'il réalise de façons variées, grâce à sa connaissance des renversements. De telle sorte que, fréquemment, l'écriture des parties intermédiaires résulte d'ingénieuses réalisations harmoniques, ces parties intermédiaires étant puisées dans la substance même des accords. Ainsi, dans le passage que nous avons cité plus haut, dans l'air des Prêtresses de Diane d'*Hippolyte*, toute la figuration provient de la réalisation, du choix des différentes positions des accords. Le musicien y démontre expérimentalement que la mélodie découle de l'harmonie, apportant, de cette façon, à sa thèse la plus ingénieuse des vérifications.

Ces réalisations mélodiques de l'harmonie, Rameau les pratique presque toujours pour étoffer la mélodie principale, qui se trouve, de la sorte, engagée dans un lacis de dessins secondaires extraits de l'harmonie elle-même. Mais il s'entend à merveille à provoquer des contrastes expressifs entre cette harmonie figurée, vivante, et l'harmonie verticale; il alterne les accords plaqués avec les accords ouvragés, et le monologue de Phèdre dans *Hippolyte* montre le parti saisissant que Rameau s'entend à tirer de semblables oppositions. En condensant l'harmonie verticalement, en lui faisant faire masse, en quelque sorte, il produit un effet vraiment dramatique. Nous donnons ci-après les premières mesures de ce monologue : on y remarquera la pédale de *sol* sous le *fa*♯ et de beaux accords pathétiques.

Un autre exemple, tout aussi caractéristique, de l'effet produit par l'alternance de l'harmonie verticale et de l'harmonie figurée est fourni par le fameux Rondeau du Sommeil de *Dardanus*, dans le refrain duquel Rameau introduit une cadence en *sol* mineur qui, succédant au dessin si câlin des noires liées de deux en deux, suggère très exactement le sommeil qui envahit Dardanus; et ici, à l'effet harmonique se superpose un effet rythmique, car la cadence en question vient tout à coup élargir le rythme et le rendre plus caressant.

Si, maintenant, nous recherchons de quelle façon les symphonies de Rameau contribuent à illustrer ses opéras, nous aboutirons à cette conclusion qu'elles sont toutes éminemment caractéristiques, soit de la psychologie générale des personnages auxquels elles s'appliquent, soit d'un spectacle, soit d'une scène de la nature.

Chacun des opéras de Rameau contient des symphonies caractérisant les personnages. C'est, dans *Castor*, la puissante et héroïque entrée des athlètes; c'est, dans *Hippolyte*, la grâce des prêtresses d'Artémis, et dans *Castor*, la tranquillité des Ombres heureuses. Le Prologue de *Dardanus* met en présence les Plaisirs et la Jalousie, les premiers représentés par un thème vaporeux, alors que la Jalousie s'accompagne de gammes tortueuses en triples croches, et vient troubler l'heureuse insouciance des Plaisirs. Lorsque l'Amour demande à Vénus de chasser cette importune et son cortège de soupçons, les Plaisirs, cessant d'être aiguillonnés par la Jalousie, ralentissent leur danse; peu à peu, on voit l'air s'alanguir, passer d'un pimpant 6/8 à un 2 plus calme; le mouvement s'atténue de plus en plus, et, finalement les Plaisirs s'endorment. Il y a là, par la décroissance progressive de l'allure, une symphonie expressive d'un effet tout à fait caractéristique. De même encore, l'entr'acte du IIe acte de *Dardanus* dépeint l'anxiété d'Iphise, par la continuelle et impuissante ascension de ses phrases angoissées; on dirait une sorte d'ébauche du prélude de *Tristan*.

« Musique mâle et harmonieuse », déclarait le *Mercure*, en rendant sommairement compte d'*Hippolyte et Aricie*, en 1733. On ne saurait mieux dire. Rameau est le musicien de l'héroïsme, mais d'un héroïsme noble, assuré, tranquille, dépourvu de tout cabotinage. La grande et superbe chaconne qui clôt le Ve acte de *Dardanus* résume, par son allure magnifique, toute la fierté de l'opéra. Le joyeux tambourin des *Festes d'Hébé*, la charmante gavotte chantée du Prologue d'*Hippolyte*, au rythme si vif et si précis, révèlent un autre aspect du caractère musical de Rameau, l'élégance aisée, la grâce facile qui ignore la mièvrerie. Tous ses airs de danse s'appliquent à souligner le

---

1. *Platée*, acte II, scène v. On remarquera que, dans l'air des Fous tristes, les figures descendantes prédominent, et que Rameau y fait état du thème chromatique descendant compris dans l'intervalle de quarte, thème qui, dans la tradition expressive du XVIIe siècle, s'apparentait fidèlement à l'idée d'affliction. Cf. A. Pirro, l'*Esthétique de Bach*, p. 74 et suiv.

spectacle qu'ils accompagnent, à en dégager la signification, la portée. Par là, ils précisent l'esthétique
de l'opéra du XVIIIe siècle; ils montrent tout ce qu'il
renferme de féerie poétique. Ces « divertissements »,
si bien nommés, sortent l'auditeur de lui-même, en
le transportant en un monde de rêve, de fantaisie,
de lumière; ils sont, pour tout dire en un mot, la
raison même de l'opéra, en lequel le drame proprement dit ne sert souvent que de prétexte à une magie
sans cesse renouvelée.

Appréciées à leur juste valeur par les contemporains[1], les symphonies de Rameau paraissaient à
nombre d'entre eux, et notamment aux Encyclopédistes, de simples hors-d'œuvre. Collé reprochait au
musicien de n'aimer que les airs de violon[2]. Cependant, ces « airs de violon » ne sont pas sans se ratta-

cher parfois de façon très intime au drame lui-même.
Souvent, en effet, les thèmes symphoniques découlent
de ceux proposés par les chanteurs. Ils sont alors
repris et développés par l'orchestre; c'est ainsi que
dans les *Indes galantes* (4e Concert), Huascar chante
ce thème caractéristique :

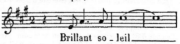

Brillant so _ leil

dont la longue tenue s'étend comme une lueur. Aussitôt, les violons dessinent un trait ascendant qui
semble déchirer des voiles et finir par un éclat, trait
provenant, par diminution, de l'appel chaleureux
d'Huascar[3] :

Mais la symphonie n'est pas seule à s'emparer de
ce thème; le chœur suivant reprend le même dessin,
pendant que les soprani assurent la persistance du
motif d'appel (Brillant soleil). Aussi bien, d'une manière générale, les chœurs de Rameau s'associent-ils
étroitement aux divertissements; ils viennent para-
phraser, en quelque sorte, les thèmes proposés par la
symphonie et les mettre en œuvre, au moyen d'un
nouveau matériel d'exécution : ainsi, dans *Dardanus*,
la scène finale du 1er acte : « Par des jeux éclatants, »
ou encore, dans *Hippolyte*, le chœur des chasseurs du
Prologue qui répète le thème de l'air en rondeau précédent, et le chœur des habitants de la forêt d'Aricie
exposant à nouveau le thème de la marche[4]. De même
dans *Castor*, au IIIe acte, le motif de l'air des Spartiates reparaît dans le chœur qui suit[5].

Rameau cherche donc non seulement à relier ses
symphonies et ses ensembles au drame, mais encore

à établir une certaine unité thématique, au sein des
divertissements, entre les épisodes symphoniques et
les épisodes chantés; il a considérablement élargi
l'idée de *ritournelle*.

Dans son œuvre, les pages de description symphonique revêtent une couleur nouvelle et frappante; le
musicien excelle à reproduire un orage, une tempête,
à réaliser musicalement par des rythmes appropriés
les drames du vent et de la mer, à transposer des
mouvements dans le monde sonore et, ainsi qu'on l'a
justement dit, « à dégager l'âme d'un spectacle[6] ».

Ces transpositions s'effectuent toujours avec une
extraordinaire subtilité. Nous citerons, comme
exemple, le *tremblement de terre des Indes galantes*,
où le décousu des rythmes et l'asymétrie inquiétante de la disposition des battements de l'orchestre
produisent une curieuse impression de trouble et
d'anxiété[7] :

1. *Nous avons cité plus haut les éloges prophétiques que Chabanon
décerne à Rameau symphoniste. Le même biographe revient, en des
termes d'une extrême justesse, sur les qualités que doit posséder le
symphoniste, sur le développement des motifs, « générateurs » d'autres idées. Il vante les « idées neuves », « caractérisées », « portant
leur impression avec elles », des symphonies de Rameau. Il assure
que « chacun des divertissements renferme vingt motifs différents,
c'est-à-dire vingt pensées musicales toutes heureuses et heureusement
développées », et il ajoute qu' « il n'en est pas une peut-être empruntée
ni imitée d'aucune autre ». (Éloge, p. 22 et suiv.).*

2. « *Dans ses ouvrages, écrit Collé de Rameau, il n'a jamais regardé
que lui directement, et non le but où l'opéra doit tendre. Il voulait faire
de la musique, et, pour cet effet, il a tout mis en ballets, en danses et
en airs de violon; il a tout mis en ports de mer, il ne pouvait souffrir
les scènes.* » (Collé, Journal, II, p. 374.)

3. On trouve un dispositif thématique analogue dans les *Symphonies
sacrées* de Schütz pour exprimer que « Dieu se lève ». Cf. A. Pirro,
l'*Esthétique de Bach*, p. 22.

4. *Hippolyte*, acte V, scène VIII.

5. *Castor et Pollux*, acte III, scène 1re.

6. Voici comment Rémond de Saint-Mard, l'auteur des *Réflexions
sur l'Opéra* (1749), s'exprime sur le compte des velléités descriptives
de Rameau : « Un des grands musiciens que nous ayons eu en France
s'est persuadé qu'on pouvait tout peindre en musique; personne ne
rend plus volontiers que moi justice à son mérite, mais il me permettra de ne pas être de son avis. » Voir aussi Daquin, *loco cit.*, 1re partie,
p. 86, 87.

Chabanon, qui n'admettait point sans réserves la musique descriptive, signale l'effet extraordinaire produit par l'exécution de l'ouverture
de *Pygmalion* pendant un orage, mais il voit là un résultat fortuit : « La
salle de concert était ouverte de tous côtés, et il faisait un orage épouvantable. On exécuta l'ouverture de *Pygmalion*, et au *fortissimo* de la
reprise, il survint un éclair terrible accompagné d'éclats de tonnerre;
nous fûmes tous frappés, au même instant, du rapport merveilleux qui
se trouvait entre la tempête et la musique; assurément, ce rapport n'a
pas été cherché par le musicien... » (Chabanon, Éloge, p. 29.)

7. *Indes galantes*, édition Durand, p. 206.

On retrouve un procédé analogue dans le Prologue du ballet héroïque de *Zaïs,* Prologue dont l'ouverture « peint le débrouillement du chaos » ; à cet effet, violons, hautbois, basses et bassons s'adjoignent un tambour dont les sourdes pulsations, présentées sur des rythmes incertains, fréquemment coupés, expriment ingénieusement la matière qui cherche à s'organiser[1].

C'est, du reste, une habitude assez fréquente chez Rameau, que d'imposer un programme à ses ouvertures. Celle de *Naïs* se propose de représenter le combat des *Titans,* celle d'*Acante et Céphise* figurera un feu d'artifice, et Rameau poussera la précision de la transposition musicale jusqu'à prétendre faire reproduire par ses fanfares le cri de : Vive le roi ! La plus curieuse, à ce point de vue, est l'ouverture de *Zoroastre.* Divisée en deux parties, comme la plupart des ouvertures de Rameau, elle comporte le programme suivant : « La première partie est un tableau fort et pathétique du pouvoir barbare d'Abramane et des gémissements des peuples qu'il opprime. La deuxième partie est une image riante et vive de la puissance de Zoroastre et du bonheur des peuples qu'il a délivrés de l'oppression. »

En conséquence, la première partie, vivement remplie de batteries et de gammes rapides de violon, contraste, par son allure orageuse et barbare, avec un passage (andante) fort doux, relatif à Zoroastre, passage auquel un mouvement vif, symbolisant la joie, forme une coda des plus heureuses.

Dans ce même opéra de *Zoroastre,* il y a, à l'acte II (scène iv), une véritable incantation du feu, première esquisse des pages magistrales que Wagner devait écrire dans la *Walkyrie.* Après l'interjection du chœur : « Ciel ! de feux ce mont étincelle, » l'orchestre, divisé en deux groupes, l'un formé du quatuor, l'autre des trompettes, cors et timbales, trace un véritable paysage d'éblouissement et de lumière. Sur un dessin persistant des basses, les violons et les bassons font scintiller des trilles qui scandent l'ascension d'un thème de fanfare[2] :

A côté de cette étonnante évocation, la marche lente et majestueuse pour l'adoration d'Orosmade (même scène) semble annoncer la marche des prêtres de l'*Alceste* de Gluck.

Venons-en maintenant à l'instrumentation. A vrai dire, sur ce terrain, Rameau ne réalise pas beaucoup d'innovations. Il conserve dans son orchestre la basse continue, et se rattache, ainsi, quelque peu lourdement, au passé. En général, il n'emploie guère que l'ensemble instrumental favori à ses devanciers.

Comme presque toutes les parties d'orchestre de ses opéras ont été conservées, il est aisé de se rendre compte de la façon dont il traitait l'orchestre.

Les instruments à archet comprennent deux dessus de violon, hautes-contre, tailles et basses. Rameau les emploie à peu près comme ses prédécesseurs, et instrumente à quatre ou à cinq parties, en adjoignant aux dessus de violon les hautbois et les flûtes, tandis que les bassons viennent s'associer aux basses.

Ainsi, dans *Hippolyte,* il y a deux dessus de violon, haute-contre et taille de violon, basse et bassons, premier et deuxième dessus de hautbois et flûtes, basse générale et clavecin[3].

Les *Indes galantes* emploient le même matériel, avec deux flûtes marchant avec les deux dessus de violon. Dans *Castor et Pollux,* les premiers violons sont associés aux hautbois et flûtes, les deuxièmes violons aux deuxièmes dessus des mêmes instruments, puis viennent la haute-contre et la taille de violons, suivies de la basse de violon avec les bassons[4]. *Dardanus* présente une disposition analogue, seulement la basse de viole figure dans l'orchestre d'archets[5].

Parfois, la composition de l'orchestre varie au cours d'un ouvrage. Dans les *Festes d'Hébé,* par exemple, l'ouverture est écrite à quatre parties en quatuor, avec deux violons, alto et basse ; mais, pour le Prologue et les première et troisième entrées, Rameau reprend l'ancien dispositif : deux dessus de violon, hautes-contre, taille et basse, dispositif auquel il ajoute la contrebasse et la basse de viole.

1. Les *Nouvelles littéraires* rendent ainsi compte de cette ouverture : « On a dit qu'à l'ouverture on croyait être à l'enterrement d'un officier suisse, parce qu'un roulis de timbales couvertes d'une gaze annonce par un bruit sourd le débrouillement du chaos. Cependant, il faut convenir que cette idée du musicien est assez naturelle. Ce n'est pas le moment des autres instruments ; ce n'est qu'à mesure que le développement se fait que la Nature naît et s'anime. Alors, vous entendez un léger frémissement, c'est le zéphyr ; les flûtes résonnent, c'est l'image des oiseaux ; les violons se joignent aux flûtes et, par leurs modulations variées, tantôt vives et tantôt lentes, vous représentent l'image d'un torrent qui roule à grand bruit, » etc.

Le journal ajoute : « Rameau passe pour le seul de nos musiciens qui possède au dernier degré ces sortes de transitions. Les oreilles harmoniques ont toujours, avec lui, de quoi se satisfaire, même dans les plus petites choses. » (*Nouvelles littér.,* éd. Tourneux, I, p. 142, 145.)

2. On rapprochera ce thème de celui des *Indes galantes* : « Brillant soleil, » indiqué plus haut.

3. Ces parties d'orchestre correspondent à la première version de l'opéra. Cf. Commentaire de M. Malherbe, p. LXXV.

4. Voir le Commentaire de M. Malherbe, p. XCI. Les parties en question correspondent à la reprise de 1754 ; il y a un matériel de douze parties pour la création de l'ouvrage.

5. Les parties de *Dardanus* proviennent de la collection du marquis de la Salle.

Ainsi, Rameau a employé tantôt l'écriture instrumentale à cinq parties avec les hautes-contre et les
tailles, tantôt l'écriture à quatre parties, en quatuor,
comme on l'emploie de nos jours. La partition de
Dardanus, que conserve la bibliothèque de l'Opéra,
et celle de *Zaïs* présentent un vif intérêt à ce point de
vue, car toutes deux contiennent, sous forme de corrections et de collettes, de nombreux autographes de
Rameau. Il en est de même de celle des *Boréades*[1],

qui n'a jamais été gravée, et dont la bibliothèque
nationale conserve deux exemplaires réalisés avec les
parties d'orchestre copiées. Nous prendrons deux
exemples que nous emprunterons à la partition
de *Zaïs*. Dans l'exemple ci-après reproduit d'après
l'autographe de Rameau, on voit une ouverture écrite
selon l'ancien dispositif, avec cette différence que les
bassons ont, de temps en temps, des dessins indépendants[2] :

Voici maintenant un chœur à quatre parties accompagné par le quatuor à cordes : deux violons, alto et
basse :

---

1. Sur les *Boréades,* consulter notre article du *Mercure musical* du
15 juin 1907.

2. Cette ouverture fut gravée sous le titre de *Nouveau Début de
l'ouverture* (additions à l'opéra de *Zaïs*), mais à deux parties seulement

Dans les transcriptions des opéras de Rameau que présente l'édition Durand (Œuvres complètes), on a adopté pour l'orchestre d'archets le dispositif à quatre parties.

Une des innovations les plus caractéristiques de Rameau, à l'égard de l'écriture du groupe des instruments à archet, consiste dans l'utilisation fréquente, par les violons, de la double corde, alors très répandue dans la littérature du violon, mais qu'on n'avait pas osé introduire à l'orchestre. L'usage de la double corde par les deuxièmes parties de violon détermine, dans la sonorité, une grande plénitude, qui s'accorde d'ailleurs parfaitement avec les idées que professait Rameau à l'égard des accords. Ces accords, il les

voulait aussi pleins et aussi nourris que possible, et sans doute convient-il de reconnaître, dans la généralisation de l'usage de la double corde, une application des théories harmoniques de l'auteur[1].

De plus, les progrès réalisés par la technique instrumentale et par la pratique du démancher lui rendent possible l'extension jusqu'au *ré* et au *mi* sur la chanterelle de l'échelle des violons. Signalons ici l'usage que fait Rameau du *pizzicato* des cordes, détachant des accords plaqués qui allègent et portent la mélodie. On peut lire ce qui suit sur le manuscrit de *Naïs* que possède la bibliothèque de l'Opéra (acte I, 1ᵉʳ tambourin) :

Au groupe des cordes et des bois qui constitue le fond de son orchestre, Rameau ajoute les trompettes et les timbales, quelques instruments pittoresques tels que le flageolet et la musette (*Hippolyte, Pygmalion*), enfin des clarinettes et des cors (*Acante et Céphise*). Ces divers instruments, sauf les clarinettes, sont employés par Rameau à peu près dans les mêmes conditions que ses devanciers. Mais il marque une tendance plus accusée à assurer l'indépendance et l'individualisation des timbres, à opposer les uns aux autres les instruments de familles différentes ou à rechercher, par le mélange des timbres, des effets de sonorité inédits. Il s'efforce surtout de faire ressortir, en les confiant à des timbres convenablement choisis, certaines notes de son harmonie, les « bonnes notes », les notes tonales. A ce point de vue, on peut dire qu'il instrumente ses accords, et que, là encore, on retrouve l'harmoniste pour lequel l'instrumentation n'a d'autre objet que de servir au mieux l'harmonie.

Mais toujours le choix des instruments et les recherches de coloris visent à l'expression. C'est ainsi qu'au IIᵉ acte d'*Hippolyte*, le duo tragique entre Thésée et Tisiphone est accompagné seulement par deux bassons et la basse continue, et que, là encore, on se trouve par là situé dans une atmosphère *sui generis*. La sonorité est caverneuse, sinistre[2]. Au IIIᵉ acte de ce même opéra, le joyeux « premier rigaudon en tambourin » comporte un flageolet donnant la double octave et un basson qui réplique comiquement à cet instrument aigu[3].

L'entrée des Sybarites des *Surprises de l'Amour* exige la division de l'orchestre en deux groupes, l'un

constitué par les violons et les flûtes, et chargé du soin de traduire la mollesse voluptueuse des Sybarites, l'autre, où se rangent trompettes et timbales, auquel il incombe d'accompagner les belliqueux Crotoniates.

On entend déjà un effet de cors dans *Hippolyte*, sous les espèces du 6/8 suivant[4] :

que la troupe des chasseurs et des chasseresses reprend dans le chœur : « Faisons partout voler. »

Les cors dont Rameau se sert sont presque toujours des cors en *ré*. Cependant, on rencontre des cors en *fa* dans quelques-unes de ses partitions, par exemple dans *Acante et Céphise, les Paladins* et *les Boréades*. L'ouverture de ce dernier opéra nous montre les cors en *fa* chargés du dessin mélodique, tandis que les violons n'ont qu'un rôle secondaire. Au Vᵉ acte, un duo d'Alphise et d'Abaris est accompagné d'une façon très ingénieuse par deux violons en *ré*, ceux-ci soutenant de leurs longues tenues le gazouillement des violons et des voix. L'effet produit est d'une grande douceur et d'une exquise préciosité.

En ce qui concerne les clarinettes, que Rameau a été le premier à faire entendre à l'Opéra, dans l'opéra de *Zoroastre*[5], le manuscrit d'*Acante et Céphise* du fonds Decroix, à la Bibliothèque nationale, four-

1. Dans ses *Erreurs sur la Musique dans l'Encyclopédie* (1755), Rameau blâme vertement Rousseau de prétendre nous donner « pour raffinement du goût une l'harmonie dénuée de sa plénitude ». Rousseau, au cours de sa *Lettre sur la Musique française*, s'appuyant sur le caractère expressif que Rameau attribuait aux consonances, assurait que deux consonances ajoutées mal à propos l'une à l'autre, sous prétexte de nourrir un accord, affaibliraient mutuellement leur effet. Il

donnait en exemple aux musiciens français l'accompagnement italien, lequel « ne remplit presque jamais les accords ».

2. *Hippolyte et Aricie*, acte II, scène I.

3. *Ibid.*, acte III, scène VIII.

4. *Ibid.*, acte IV, scène II.

5. Nous avons montré que Rameau introduisit les clarinettes avec les hautbois ou en remplacement de ceux-ci dans son opéra de *Zoroastre* (déc. 1749). *Rameau et les Clarinettes* (S. *I. M.*, déc. 1912).

nit de précieuses indications. On y voit, en effet, que ces instruments ne donnent pas seulement dans la célèbre fanfare, dans les airs de danse et les entrées, mais qu'ils collaborent à l'accompagnement des scènes et des chœurs[1].

Le passage suivant, emprunté à la « fanfare » de ...

...te et *Céphise*, fait voir comment coloris instrumental : flûtes, clari... et cors résonnent en parties dont ... clairement soulignée par des

Citons encore, au point de vue du maniement des instruments à vent, l'air pastoral de la *Naissance d'Osiris*, où l'accompagnement se réalise par un trio d'hautbois et de basson; ailleurs, ce seront deux flûtes à la tierce qui soutiendront une cantilène. Bref, toute l'œuvre du musicien proclame son souci de libérer l'instrumentation de son ancienne raideur, d'assurer l'indépendance des timbres ou le mélange des sonorités.

« Il fut avant tout, écrit M. Lalo, un grand musicien[2]; » et l'auteur de *Castor* nous semble excellemment qualifié de la sorte. Appartenant à une famille d'organistes, et organiste lui-même, il héritait d'une solide éducation musicale, longuement mûrie pendant sa jeunesse. Rameau est, en quelque sorte, le produit de l'école française d'orgue de la fin du XVIIe siècle, dont il rassemble en lui-même toutes les énergies et toute la science et qu'il synthétise à merveille. Et c'est surtout par ce caractère synthétique qu'il se distingue de ses prédécesseurs. Ce point de vue n'a pas échappé à Marx quand il attribue à la musique de Rameau les deux caractères suivants : 1° solidité provenant de fortes études musicales et de la maturité d'esprit d'un compositeur qui ne gaspilla pas sa jeunesse, et qui ne commença à écrire pour le théâtre qu'à l'âge de cinquante ans; 2° rythmique aiguisée et ferme[3].

Eh bien, il est possible que ce soit justement cette extrême, cette prodigieuse musicalité, qui ait indisposé contre lui les Encyclopédistes entichés d'une musique dramatique plus simple. Non seulement Rameau emplissait de musique ses opéras et opéras-

ballets, ... et ceci prouve bien ses prédilections ... musicales, il arrangea en *concerts* les *In...* retranchant toute la partie dramatique ..., c'est-à-dire la déclamation et le réc... pour conserver seulement les airs de danse, ... partit en quatre concerts dont les trois premiers ... tonalité unique :

Le 1er ... est en *sol*. majeur ou mineur;

Le 2e ... en *ré*. majeur ou mineur;

Le 3e ... *la*. majeur ou mineur.

Quant à ... me, il présente des tonalités un peu plus ...es, et l'acte des *Sauvages* est donné en entier.

Comme Campra, et mieux encore que le musicien de l'*Euro...*, Rameau manifeste une extraordinaire souplesse de talent, se montrant tour à tour pathétique et brillant, sévère et gracieux. S'il excelle dans l'expression d'une beauté énergique et fière, il sait aussi ... et jouer au bouffon. Son ballet de *Platée* est là pour le prouver. « Ici, observe M. Lavoix, le maître a voulu être gai, et il a touché très spirituellement la note à la fois comique et pittoresque dans les chœurs des grenouilles, d'une très amusant antaisie. » Rameau a prodigué dans la partition ... annotations, les remarques les plus minutieus... : *ariette badine*, *en coupant un peu les premières air...*, *en pédalisant*, *en gracieusant avec feu*, *en faisant l'agréable*, etc.; il accumule ainsi des nuances ... diverses et très ténues, imite le braiment de l'âne et le coassement des grenouilles, dont il tire même une caricature vocale (acte I, scène IV).

Quoi! Quoi! ___ Quoi! Quoi! ___ Quoi! Quoi! ___ Quoi!

1. en manuscrit, p. 102, 166, 169, 180. Consulter aussi Brenet intitulé *Rameau, Gossec et les clarinettes* (Guide — L. de la Laurencie, *Rameau, son gendre et ses descendants. M.*, 18 février 1911). — G. Cucuel, *la Question des clarinettes/instrumentation du dix-huitième siècle* (*Bulletin mensuel international de musique*, juillet 1911).

2. Lalo *Rameau*, loco cit.

3. *Gluck und die Oper*, I, p. 117 et suiv.

4. L'origine des *Sauvages* mérite d'être rappelée; la première idée en parut dans *Endriague*, puis, se confirma en 1725, à l'occasion de la venue et de l'exposition à Paris de sauvages caraïbes. Cet intermède, réduit pour clavecin, devint les *Sauvages*, qui parurent dans les *Nouvelles Suites de pièces de clavecin* publiées entre 1727 et 1731; enfin, il se transforma en l'entrée des *Sauvages* ajoutée aux *Indes galantes*, lors de la reprise de cet opéra, le 10 mars 1736. (Cf. Brenet, *la Jeunesse de Rameau*.)

Si, comme l'exprime justement M. Hellouin « la besogne vivificatrice de Rameau s'attacha à passer plus loin la nuance que Lulli et à créer le lyrisme musical », cet ensemble de qualités fut atténué par un défaut : l'adhésion trop entière au préjugé du grandiose et du solennel, adhésion qui provoque parfois des combinaisons musicales en rapport insuffisant avec la situation du drame[1] ». Et par là, il donait prise aux attaques des Encyclopédistes; par là, il semblait ignorer le puissant mouvement de réforme qui, parti humblement de l'opéra-comique, issu de modestes piécettes de la Foire, allait révolutionner la tragédie lyrique.

Contrairement à ce qu'avait fait Lulli, Rameau n'accapara point l'Opéra, et en même temps que lui, de nombreux compositeurs se produisirent sur la scène de l'Académie royale de musique.

A ce propos, il n'est pas sans intérêt de se demander quelle influence il exerça, au point de vue du drame lyrique, sur ses contemporains et sur ses successeurs.

Ses contemporains ne paraissent guère avoir imité, car, si l'unique opéra de Leclair marque quelques tendances ramistes, celles-ci ne pénétrer que très faiblement les ouvrages de Rebel et Francœur et de Mondonville.

Quant à ses successeurs, ce ne sont assurément pas des élèves comme La Borde et Trial qui lui ront jamais grand honneur. Certainement, Berton et Dauvergne s'efforcèrent d'atteindre à une musique plus nourrie et plus substantielle que celle qui, inspirée par les intermezzi italiens, faisait fureur à l'Opéra-Comique, mais leur style demeura bien monotone et bien figé, et c'est une chose digne de remarque que la longue médiocrité dont souffrit l'Opéra après la retraite et la mort de Rameau. Jamais notre première scène ne vit pareille détresse. Sans doute, de brillantes reprises des œuvres de Rameau attiraient la foule, et le baron Grimm pouvait écrire vers 1770 : « Castor et Pollux est aujourd'hui le seul pivot sur lequel repose la gloire de la musique française. » Sans doute, Gossec, peu de temps avant l'apparition des premières œuvres de Gluck, s'inspirait du style de Rameau dans son Sabinus. Mais, à partir du moment où la Serva padrona surgit à l'horizon parisien, l'intérêt n'allait plus à l'Opéra; il allait ailleurs, à cet Opéra-comique où Duni, Philidor, Mosigny et Grétry jetaient les bases de la réforme du drame lyrique.

Rameau, lui, était classique jusqu'aux moelles, c'est-à-dire épris de clarté, de précision, de logique. Il était classique en théorie musicale, car il condensait en une synthèse simplificatrice toutes les théories antérieures; il mettait de l'ordre et de la logique dans l'harmonie; il était classique dans ses mélodies claires et tonales, classique dans son harmonie

tranquille, forte, mais peu riche en innovations, classique dans ses airs concis et équilibrés, classique dans son récitatif, classique partout et toujours. Rameau représente dans la deuxième moitié du xviiie siècle, l'un des plus remarquables survivants de l'esprit classique. Aussi, est-il bien plutôt un glorieux aboutissement, une manière d'apothéose, qu'un point de départ. Mais nul mieux que lui n'a souligné le trait caractéristique de nos velléités françaises, à savoir, la soif de la clarté, le besoin intense d'un art à la fois lumineux et sobre.

C'est là ce qui explique que Rameau ne laissa point d'école, à proprement parler. Son influence, supplantée par celle des Bouffons et de leurs imitateurs, devait rapidement s'éclipser devant celle de Gluck[2]. L'art de Rameau, représentant majestueux de l'ancienne musique française, était un art sans avenir. Néanmoins, en étudiant la réforme dramatique réalisée par l'Orphée allemand, nous constaterons de quel poids les innovations de Rameau pesèrent sur elle.

Pendant l'interrègne Rameau-Gluck, le drapeau de la musique lyrique passa entre les mains de Boismortier, de Bury fils, de Grenet, des deux violonistes Leclair et Mondonville.

Du fécond et médiocre Boismortier[3], on avait entendu, en 1736, les *Voyages de l'Amour;* son ballet comique de *Don Quichotte chez la Duchesse* (12 février 1743), écrit sur des paroles de Favart, remporta peu de succès; mais sa pastorale de *Daphnis et Chloé* (28 septembre 1747) eut les honneurs d'une parodie. François Grenet était un bon musicien. Entré à l'Opéra en 1733, en qualité de maître de musique, il fit représenter, le 9 mai 1737, un ballet héroïque, *le Triomphe de l'Harmonie,* fort applaudi lors des reprises de 1738 et de 1746. Très apprécié pour « le goût du chant » et son talent de professeur, Grenet quitta Paris, en 1739, pour se rendre à Lyon, où on lui offrait la position de maître de musique et de directeur du concert de cette ville.

Le violoniste J.-M. Leclair[4], pour son coup d'essai à l'Opéra, donna une œuvre fort intéressante; sa tragédie lyrique de *Scylla et Glaucus* (4 octobre 1746) laisse percer l'influence de Rameau, qui se fait jour, notamment, dans le Prologue, où Leclair imite de très près l'air « Tristes apprêts » de *Castor et Pollux,* mais se signale à l'attention des musiciens par la belle écriture des chœurs et des ensembles symphoniques. L'ouverture est un superbe morceau d'orchestre que Rameau pourrait envier à Leclair; elle se développe avec une parfaite logique, et le violon y est employé à de curieux travaux d'arpèges générateurs d'effets tout aériens.

Citons encore la charmante gigue en *ré mineur* de ce même Prologue, dont nous donnons ci-dessous la première reprise :

---

1. F. Hellouin, *Essai de critique de la critique musicale*, 161, 62.
2. Sur ce point, cf. Hellouin, *loco cit.*, p. 63 et suiv., et l'article de M. Romain Rolland, *Gluck, une révolution musicale* (*Revue de Paris*, 15 juin 1904).

3. Sur Boismortier, voir la troisième partie de cette étude.
4. Sur Leclair, voir à la troisième partie.

nit de précieuses indications. On y voit, en effet, que ces instruments ne donnent pas seulement dans la célèbre fanfare, dans les airs de danse et les entrées, mais qu'ils collaborent à l'accompagnement des scènes et des chœurs[1].

Le passage suivant, emprunté à la « fanfare » de l'ouverture d'*Acante et Céphise*, fait voir comment Rameau réalise le coloris instrumental : flûtes, clarinettes, trompettes et cors résonnent en parties dont l'indépendance est clairement soulignée par des entrées successives :

Citons encore, au point de vue du maniement des instruments à vent, l'air pastoral de la *Naissance d'Osiris*, où l'accompagnement se réalise par un trio de hautbois et de basson; ailleurs, ce seront deux flûtes à la tierce qui soutiendront une cantilène. Bref, toute l'œuvre du musicien proclame son souci de libérer l'instrumentation de son ancienne raideur, d'assurer l'indépendance des timbres ou le mélange des sonorités.

« Il fut avant tout, écrit M. Lalo, un grand musicien[2]; » et l'auteur de *Castor* nous semble excellemment qualifié de la sorte. Appartenant à une famille d'organistes, et organiste lui-même, il héritait d'une solide éducation musicale, longuement mûrie pendant sa jeunesse. Rameau est, en quelque sorte, le produit de l'école française d'orgue de la fin du XVIIᵉ siècle, dont il rassemble en lui-même toutes les énergies et toute la science et qu'il synthétise à merveille. Et c'est surtout par ce caractère synthétique qu'il se distingue de ses prédécesseurs. Ce point de vue n'a pas échappé à Marx quand il attribue à la musique de Rameau les deux caractères suivants : 1º solidité provenant de fortes études musicales et de la maturité d'esprit d'un compositeur qui ne gaspilla pas sa jeunesse, et qui ne commença à écrire pour le théâtre qu'à l'âge de cinquante ans; 2º rythmique aiguisée et ferme[3].

Eh bien, il est possible que ce soit justement cette extrême, cette prodigieuse musicalité, qui ait indisposé contre lui les Encyclopédistes entichés d'une musique dramatique plus simple. Non seulement Rameau emplissait de musique ses opéras et opéras-ballets, mais encore (et ceci prouve bien ses prédilections purement musicales), il arrangea en *concerts* les *Indes galantes*, retranchant toute la partie dramatique proprement dite, c'est-à-dire la déclamation et le récitatif, pour conserver seulement les airs de danse, qu'il répartit en quatre *concerts* dont les trois premiers ont une tonalité unique :

Le 1ᵉʳ concert est en *sol*, majeur ou mineur;
Le 2ᵉ est en *ré*, majeur ou mineur;
Le 3ᵉ est en *sol*, majeur ou mineur.

Quant au quatrième, il présente des tonalités un peu plus mélangées, et l'acte des *Sauvages* est donné en entier[4].

Comme Campra, et mieux encore que le musicien de l'*Europe galante*, Rameau manifeste une extraordinaire souplesse de talent, se montrant tour à tour pathétique et brillant, sévère et gracieux. S'il excelle dans l'expression d'une beauté énergique et fière, il sait aussi plaisanter et jouer au bouffon. Son ballet de *Platée* est là pour le prouver. « Ici, observe M. Lavoix, le maître a voulu être gai, et il a touché très spirituellement la note à la fois comique et pittoresque dans les chœurs des grenouilles, d'une très amusante fantaisie. » Rameau a prodigué dans la partition les annotations, les remarques les plus minutieuses : *ariette badine, en coupant un peu les premières noires, en pédalisant, en gracieusant avec feu, en faisant l'agréable*, etc.; il accumule ainsi des nuances très diverses et très ténues, imite le braiment de l'âne et le coassement des grenouilles, dont il trace même une caricature vocale (acte I, scène IV).

Quoi! Quoi!__ Quoi! Quoi!__ Quoi! Quoi!__ Quoi!

---

1. Voir dans ce manuscrit, p. 102, 166, 169, 180. Consulter aussi l'article de M. Brenet intitulé *Rameau, Gossec et les clarinettes* (*Guide musical*, 1903). — L. de la Laurencie, *Rameau, son gendre et ses descendants* (S. I. M., 15 février 1911). — G. Cucuel, *la Question des clarinettes dans l'instrumentation du dix-huitième siècle* (*Bulletin mensuel de la Société internationale de musique*, juillet 1911).

2. Jean-Philippe Rameau, loco cit.

3. A.-B. Marx, *Gluck und die Oper*, I, p. 117 et suiv.

4. L'origine des *Sauvages* mérite d'être rappelée; la première idée en parut dans l'*Endriague*, puis, se confirma en 1725, à l'occasion de la venue et de l'exposition à Paris de sauvages caraïbes. Cet intermède, réduit pour le clavecin, devint les *Sauvages*, qui parurent dans les *Nouvelles Suites de pièces de clavecin* publiées entre 1727 et 1731; enfin, il se transforma en l'entrée des *Sauvages* ajoutée aux *Indes galantes*, lors de la reprise de cet opéra, le 10 mars 1736. (Cf. Brenet, *la Jeunesse de Rameau*.)

Si, comme l'exprime justement M. Hellouin, « la besogne vivificatrice de Rameau s'attacha à pousser plus loin la nuance que Lulli et à créer le lyrisme musical », cet ensemble de qualités fut atténué par un défaut : l'adhésion trop entière au préjugé du grandiose et du solennel, adhésion qui provoque parfois des combinaisons musicales en rapport insuffisant avec la situation du drame[1] ». Et par là, il donnait prise aux attaques des Encyclopédistes; par là, il semblait ignorer le puissant mouvement de réforme qui, parti humblement de l'opéra-comique, issu des modestes piécettes de la Foire, allait révolutionner la tragédie lyrique.

Contrairement à ce qu'avait fait Lulli, Rameau n'accapara point l'Opéra, et en même temps que lui, de nombreux compositeurs se produisirent sur la scène de l'Académie royale de musique.

A ce propos, il n'est pas sans intérêt de se demander quelle influence il exerça, au point de vue du drame lyrique, sur ses contemporains et sur ses successeurs.

Ses contemporains ne paraissent guère l'avoir imité, car, si l'unique opéra de Leclair marque quelques tendances ramistes, celles-ci ne pénétrèrent que très faiblement les ouvrages de Rebel et Francœur et de Moudonville.

Quant à ses successeurs, ce ne sont assurément pas des élèves comme La Borde et Trial qui lui feront jamais grand honneur. Certainement, Berton et Dauvergne s'efforcèrent d'atteindre à une musique plus nourrie et plus substantielle que celle qui, inspirée par les intermezzi italiens, faisait fureur à l'Opéra-Comique, mais leur style demeura bien monotone et bien figé, et c'est une chose digne de remarque que la longue médiocrité dont souffrit l'Opéra après la retraite et la mort de Rameau. Jamais notre première scène ne vit pareille détresse. Sans doute, de brillantes reprises des œuvres de Rameau attiraient la foule, et le baron Grimm pouvait écrire vers 1770 : « *Castor et Pollux* est aujourd'hui le seul pivot sur lequel repose la gloire de la musique française. » Sans doute, Gossec, peu de temps avant l'apparition des premières œuvres de Gluck, s'inspirait du style de Rameau dans son *Sabinus*. Mais, à partir du moment où la *Serva padrona* surgit à l'horizon parisien, l'intérêt n'allait plus à l'Opéra; il allait ailleurs, à cet Opéra-comique où Duni, Philidor, Monsigny et Grétry jetaient les bases de la réforme du drame lyrique.

Rameau, lui, était classique jusqu'aux moelles, c'est-à-dire épris de clarté, de précision, de logique. Il était classique dans la musique, car il condensait en une synthèse simplificatrice toutes les théories antérieures; il mettait de l'ordre et de la logique dans l'harmonie; il était classique dans ses mélodies claires et tonales, classique dans son harmonie

1. F. Hellouin, *Essai de critique de la critique musicale*, p. 61, 62.
2. Sur ce point, cf. Hellouin, *loco cit.*, p. 62 et suiv., et l'article de M. Romain Rolland, *Gluck, une révolution musicale* (*Revue de Paris*, 15 juin 1904).

tranquille, forte, mais peu riche en innovations, classique dans ses airs concis et équilibrés, classique dans son récitatif, classique partout et toujours. Rameau représente dans la deuxième moitié du xviiie siècle, l'un des plus remarquables survivants de l'esprit classique. Aussi, est-il bien plutôt un glorieux aboutissement, une manière d'apothéose, qu'un point de départ. Mais nul mieux que lui n'a souligné le trait caractéristique de nos velléités françaises, à savoir, la soif de la clarté, le besoin intense d'un art à la fois lumineux et sobre.

C'est là ce qui explique que Rameau ne laissa point d'école, à proprement parler. Son influence, supplantée par celle des Bouffons et de leurs imitateurs, devait rapidement s'éclipser devant celle de Gluck[2]. L'art de Rameau, représentant majestueux de l'ancienne musique française, était un art sans avenir. Néanmoins, en étudiant la réforme dramatique réalisée par l'Orphée allemand, nous constaterons de quel poids les innovations de Rameau pesèrent sur elle.

Pendant l'interrègne Rameau-Gluck, le drapeau de la musique lyrique passa entre les mains de Boismortier, de Bury fils, de Grenet, des deux violonistes Leclair et Moudonville.

Du fécond et médiocre Boismortier[3], on avait entendu, en 1736, les *Voyages de l'Amour*; son ballet comique de *Don Quichotte chez la Duchesse* (12 février 1743), écrit sur des paroles de Favart, remporta peu de succès; mais sa pastorale de *Daphnis et Chloé* (28 septembre 1747) eut les honneurs d'une parodie.

François Grenet était un bon musicien. Entré à l'Opéra en 1733, en qualité de maître de musique, il fit représenter, le 9 mai 1737, un ballet héroïque, le *Triomphe de l'Harmonie*, fort applaudi lors des reprises de 1738 et de 1746. Très apprécié pour « le goût du chant » et son talent de professeur, Grenet quitta Paris, en 1739, pour se rendre à Lyon, où on lui offrait la position de maître de musique et de directeur du concert de cette ville.

Le violoniste J.-M. Leclair[4], pour son coup d'essai à l'Opéra, donna une œuvre fort intéressante : sa tragédie lyrique de *Scylla et Glaucus* (4 octobre 1746) laisse percer l'influence de Rameau, qui se fait jour, notamment, dans le Prologue, où Leclair imite de très près l'air « Tristes apprêts » de *Castor et Pollux*, mais se signale à l'attention des musiciens par la belle écriture des chœurs et des ensembles symphoniques. L'ouverture est un superbe morceau d'orchestre que Rameau pourrait envier à Leclair; elle se développe avec une parfaite logique, et le violon y est employé à de curieux travaux d'arpèges générateurs d'effets tout aériens.

Citons encore la charmante gigue en *ré mineur* de ce même Prologue, dont nous donnons ci-dessous la première reprise :

3. Sur Boismortier, voir la troisième partie de cette étude.
4. Sur Leclair, voir à la troisième partie.

et venons-en à un musicien qui joua du temps de Rameau un rôle extrêmement important à l'Opéra, puisqu'il fut le champion de l'école française dans la *Querelle des Bouffons*. Nous avons nommé Mondonville[1].

Mondonville débuta à l'Académie royale par la pastorale d'*Isbé* (10 avril 1742), dans laquelle il combinait les sons harmoniques du violon, une de ses inventions, avec deux flûtes; mais l'ouvrage tomba. Mondonville fut plus heureux avec le *Carnaval du Parnasse* (23 septembre 1749), qui le signalait quelques années plus tard à l'attention des Lullistes, lorsque ceux-ci cherchèrent à donner une contre-partie à la *Serva padrona*[2].

Le poème de *Titon et l'Aurore*, écrit par La Marre, avait été retouché par Voisenon, et Houdard de la Motte s'était chargé du Prologue. La pièce passa le 9 janvier 1753, et obtint un énorme succès qui se traduisit matériellement par le doublement de la recette. Elle mettait en scène la rivalité, vis-à-vis de l'Aurore, d'Éole et du berger Titon, et présentait quelques pages bien venues de musique descriptive, telles que la curieuse scène de la nuit, au premier acte, pendant laquelle basses et bassons s'emploient à « peindre » l'obscurité, tandis que l'appa-

rition progressive de l'Aurore s'accompagne des registres aigus des violons et des flûtes. A côté de ce tableau très naturiste, le duo d'amour de l'Aurore et du berger Titon, situé par Mondonville dans une sonorité pastorale à laquelle collabore la musette, mérite tous les éloges. Il convient aussi de s'arrêter au rôle d'Éole, dont le personnage ne manque ni de grandeur ni de hardiesse. Lorsque, au deuxième acte, le Dieu adresse son appel aux vents, Mondonville, rassemblant toutes ses ressources vocales et instrumentales, écrit une page mouvementée et puissante, qui n'est surpassée que par le monologue de la vieillesse de Titon (3e acte)[3].

Le succès de *Titon* ne décida pas immédiatement de la retraite des Bouffons, ainsi qu'on l'a trop souvent répété, car les musiciens italiens quittèrent seulement Paris au mois de mars 1754[4].

Avec *Daphnis et Alcimadure*, pastorale languedocienne jouée d'abord à Fontainebleau, puis à l'Opéra (29 décembre 1754), Mondonville, reprenant une idée de Mouret[5], introduisait le patois à l'Académie royale. La vogue en fut, d'ailleurs, considérable, et la pièce, traduite cette fois en français, retrouva un nouveau succès en 1768.

La teinte générale de *Daphnis*, douce et monotone,

---

1. Même observation. Voir aussi A. Pougin, *Mondonville et la Guerre des Coins*, dans la *Revue et Gazette musicale de Paris* (1860).

2. Le *Carnaval du Parnasse*, repris le 15 février 1750, fut un grand succès pour Mondonville. « Les spectateurs, rapporte le *Mercure*, ayant aperçu à la première M. Mondonville dans une loge, il fut applaudi comme M. de Voltaire l'a été à *Mérope*, presque comme M. de Crébillon le fut autrefois à *Électre*... » (*Mercure*, février 1750, p. 185.)

3. Cf. Hellouin, *Mondonville, sa Vie et ses Œuvres*, p. 106 et suiv., et l'article de M. de Villars consacré à *Titon et l'Aurore*, dans l'*Art musical* de 1866.

4. Diderot protesta dans la *Liberté de la musique* contre les mesures prises à l'égard des Bouffons. Voir L. de la Laurencie, *la Grande Saison Italienne de 1752* (S. I. M., juillet 1912).

5. Dans les *Fêtes de Thalie* (1722).

s'adapte bien au genre pastoral; c'est une bergerie dans le goût du temps, et rien de plus. En tête de sa partition, Mondonville avait déclaré s'être servi d'une mélodie populaire languedocienne, dans un divertissement du premier acte. « J'ay cru nécessaire, dit-il, d'introduire dans mon ouvrage un air du pays que J'ai ajusté. » D'après M. Tiersot[1], ce serait là la première apparition de la mélodie populaire dans l'opéra, mais on a contesté cette manière de voir au moyen d'une argumentation d'ailleurs peu probante[2].

Mondonville revenait à l'opéra le 9 mai 1758, avec les *Fêtes de Paphos*, ballet composé de trois actes indépendants les uns des autres, dont les deux premiers, *Vénus et Adonis, Bacchus et Érigone*, provenaient du répertoire du théâtre des Petits-Cabinets. Enfin, le 13 janvier 1767, il faisait représenter un *Thésée*, écrit sur le poème de Quinault. La chute de cet ouvrage provoqua la résurrection du vieil opéra de Lulli. La musique dramatique de Mondonville appartient au demi-caractère et s'affirme tout particulièrement gaie et gracieuse; la complication de l'écriture instrumentale et surtout les parties de violon rappellent l'excellent violoniste qu'était Mondonville.

Nous exposons plus loin l'agitation qui s'empara du public parisien lors de la représentation de la *Serva padrona*, en 1752. Nul ne prit part à la guerre des Bouffons avec plus de fougue et de passion que Jean-Jacques Rousseau. Devenu un partisan déterminé de la musique italienne, il ne fut pas seulement un compositeur de mérite, mais surtout un grand semeur d'idées. C'est à ce double titre qu'il doit figurer ici[3].

Toute sa vie, Rousseau s'occupa de musique. Très impressionnable, très sensitif, il suppléa par sa puissance d'intuition à l'insuffisance de sa technique, laquelle, du reste, n'était nullement aussi faible qu'on l'a prétendu sans preuves. Elevé par sa tante Suzon qui chantait « d'une voix fort douce », Jean-Jacques reçut de Mme de Warens, à Annecy, ses premières leçons de musique. Du séminaire, il rapporta une cantate de Clérambault, mais ne songea guère à composer avant l'âge de 18 ans. Après avoir suivi, à la maîtrise d'Annecy, d'octobre 1729 à Pâques 1730, l'enseignement de Jacques-Louis-Nicolas Le Maître[4], Rousseau va à Lausanne, où il entreprend de donner

un concert chez un M. de Treytorens; il reconnaît lui-même, dans ses *Confessions*, que le succès de cette audition fut nul; néanmoins, il resta à Lausanne comme maître de musique, puis, poussa jusqu'à Neuchâtel, d'où il vint, au printemps de 1731, faire un court séjour à Paris. De retour auprès de Mme de Warens, à Chambéry, il achète le *Traité de l'harmonie* de Rameau et se met à l'étudier, tout en dirigeant les concerts de sa protectrice et en se livrant à l'enseignement de la musique[5]. En 1733, il s'en va voir l'abbé Blanchard[6], à Besançon, revient à Chambéry où il ébauche un ouvrage dramatique, *Iphis et Anaxarète*[7], et part pour Lyon où il la passe un an (1740-1741) comme précepteur. C'est dans cette ville qu'il entreprend un nouvel essai dramatique, *la Découverte du Nouveau Monde*[8], avant de regagner d'abord Chambéry, et enfin Paris. Il avait imaginé un système dans lequel des chiffres se substituaient aux notes et à la portée, et lut, à ce propos, un mémoire explicatif à l'Académie des sciences de Paris, le 22 août 1742[9]. Chose curieuse, ses débuts littéraires s'accomplirent sous les auspices de l'art qui lui était si cher, car la fameuse *Dissertation sur la musique moderne*, publiée en 1743, et le premier de ses écrits qui ait été imprimé, complète simplement le mémoire en question.

A Paris, Rousseau prend contact avec les philosophes et projette de rassembler en un ballet héroïque, intitulé *les Muses galantes*, des mélodies qui se grouperont en trois genres différents[10]. Sur ces entrefaites, il part pour Venise, afin d'y rejoindre M. de Montaigu; là, il se met en relations avec des musiciens italiens, fait entendre quelques pièces de son cru, et, à son retour à Paris, reprend la composition des *Muses galantes*, qu'il termine le 9 juillet 1745. Cet opéra, il convient de le remarquer, rentrait tout à fait dans le type français traditionnel[11]. L'audition en eut lieu chez le fermier général La Pouplinière, et en présence de Rameau, qui ne se gêna pas pour formuler à l'égard de l'ouvrage un jugement plutôt sévère[12].

Les *Muses galantes* furent cependant rejouées devant le duc de Richelieu, et Rousseau, qui désirait vivement les voir représenter à l'Opéra, parvint même à les faire répéter en 1747, au Magasin; mais il s'arrêta la carrière de cette composition, qui, longtemps considérée comme perdue, a pu être retrouvée dans les papiers de la famille de Girardin[13].

1. J. Tiersot, *Histoire de la Chanson populaire en France*, p. 509.

2. Fr. Hellouin, loco cit., p. 117.

3. Sur Rousseau musicien, voir Adam, *J.-J. Rousseau musicien*, dans les *Souvenirs d'un musicien* (1857). — J. Carlez, *Grimm et la Musique de son temps* (1872). — A. Jullien, *la Musique et les Philosophes au dix-huitième siècle* (1873). — G. Becker, « *Pygmalion* », par *M. J.-J. Rousseau* (1878). — L. de Vesly, *J.-J. Rousseau à Trye-le-Château* (1879). — A. Jansen, *J.-J. Rousseau als Musiker* (1884). — A. Pougin, *J.-J. Rousseau musicien*, d'abord dans le *Ménestrel* (1899-1900), puis en volume (1901). — E. Istel, *J.-J. Rousseau als komponist seiner lyrischen scene Pygmalion* (1901). — A. Arnheim, *le Devin du village* von *J.-J. Rousseau* (Revue int. de musique, juillet 1903). — E. Hirschberg, *Die Encyclopädisten und die französische Musik im 18 Jahrhundert* (1903). — Fr. Hellouin, *J.-J. Rousseau et sa Psychologie à l'orchestre* (*Feuillets d'histoire musicale française*, 1903). — E. Istel, *l'Influence de J.-J. Rousseau sur l'Histoire de la musique* (*Guide musical*, 1904). — H. Kling, *J.-J. Rousseau et ses Etudes sur l'harmonie et le contrepoint* (*Rivista music. italiana*, 1905). — L. Vallas, *le « Pygmalion » de J.-J. Rousseau* (Revue music. de Lyon, 1905). — J. Tiersot, articles sur le *Devin du village* (*Ménestrel*, 1891, 1910); *la Musique de J.-J. Rousseau* (S. I. M., juin 1912); *J.-J. Rousseau (les Maîtres de la Musique*, 1912). — P.-M. Masson, *les Idées de Rousseau sur la Musique* (S. I. M., juin 1912). — G. Cucuel, *Notes sur J.-J. Rousseau musicien* (*Bulletin mensuel de la Soc. int. de musique*, juin 1912). — Consulter aussi: Castil-Blaze, *Molière musicien et l'Académie impériale de musique*. — Berlioz, *les Grotesques de la musique* (p. 247), enfin les *Confessions*.

4. Le maître de Rousseau, à la maîtrise de la cathédrale d'Annecy,

s'appelait bien Le Maître, comme Jean-Jacques le dit dans ses *Confessions*; c'est un recensement de la ville d'Annecy, effectué en 1726, qui a laissé supposer, par suite d'une erreur matérielle du copiste, qu'il se nommait Louis Nicolas. Le Maître était Parisien. Voir *Nouveaux Documents sur Mme de Warens, Le Maître, professeur de musique de J.-J. Rousseau et Claude Anet, J. Serand* (Revue Savoisienne, 1899-1900, p. 241).

5. *Confessions*, livre V.

6. L'abbé Blanchard succéda à Bernier à la chapelle royale.

7. Le *Mercure* de juin 1737 inséra une *Chanson* de Rousseau, composée par lui à Chambéry vers cette époque. (Cf. J. Peyrot, *le Premier air gravé de J.-J. Rousseau*. *Bulletin mensuel de la Société internationale de musique*, septembre 1913).

8. Seuls, les poèmes d'*Iphis* et de la *Découverte du Nouveau Monde* ont été conservés.

9. Le mémoire de Rousseau était intitulé *Projets concernant de nouveaux signes pour la musique*. Rameau émit sur ce projet un avis défavorable.

10. Sur les *Muses galantes*, voir J. Tiersot, *la Musique de J.-J. Rousseau* (S. I. M., juin 1912).

11. Voir l'*Avertissement* placé en tête des *Muses galantes*. Dans la préface du *Dictionnaire de musique*, Rousseau déclare qu'il fut « enthousiaste ouvertement » de la musique française.

12. Voir J. Tiersot, *J.-J. Rousseau*, p. 83 et suiv. — G. Cucuel, *La Pouplinière et la musique de chambre au dix-huitième siècle*, p. 120 et suiv.

13. *Ibid.*, p. 259, 260.

Rousseau raconte, dans ses *Confessions*, que le duc de Richelieu l'avait chargé de remanier la *Princesse de Navarre* de Voltaire et Rameau, pour la transformer en *Fêtes de Ramire*. Après avoir expliqué que la partie littéraire de ce travail fut exécutée très rapidement, Rousseau insiste sur la partie musicale, notamment sur les récitatifs nouveaux, qu'il dut écrire en entier. M. Malherbe s'est montré très sceptique à l'égard de l'importance que Rousseau se donna en cette circonstance[1], tandis que M. Tiersot a récemment soutenu que la participation de Jean-Jacques fut bien celle qu'indiquent les *Confessions*[2]. Toutefois, la question demeure obscure.

Afin d'assurer son existence matérielle, Rousseau copiait de la musique, et on a pu établir qu'en sept années il en copia environ 11.000 pages[3]. De plus, il fournissait à l'*Encyclopédie* une série d'articles relatifs à la musique qui, remaniés, devinrent plus tard le *Dictionnaire de musique* (1767). Enfin, il prenait une part active à la fameuse *Querelle des Bouffons* ou *Guerre des Coins*.

On sait qu'elle éclata à la suite de la représentation, à l'Opéra par la troupe de Manelli et d'Anna Tonelli, de la *Serva padrona* de Pergolèse (1er août 1752)[4]. A vrai dire, la guerre entre la musique française et la musique italienne couvait depuis le commencement du siècle, depuis le *Parallèle* de l'abbé Raguenet et la *Comparaison* de Lecerf de la Viéville, et l'arrivée des Bouffons à Paris ne fut qu'un épisode plus marqué de cette longue querelle. Durant la première moitié du xviiie siècle, l'influence de l'Italie s'était exercée de façon constante sur notre musique; sans cesse, compositeurs et esthéticiens se préoccupaient soit d'accorder les deux goûts, français et italien, soit d'expliquer leur divergence. Non seulement la musique instrumentale se pénétrait d'éléments italiens, mais encore nombre d'ouvrages dramatiques, tels que ceux de Campra et d'Aubert, par exemple, reflétaient l'action exercée sur leurs auteurs par les artistes transalpins. Rameau lui-même, nous l'avons vu, appréciait vivement Pergolèse et s'entendit traiter d'Italien par les Lullistes[5].

Quoi qu'il en soit, les hostilités s'ouvrirent sur l'initiative de Grimm, au moment de la reprise de l'*Omphale* de Destouches, en janvier 1752. A peine ce vieil opéra eut-il revu le feu de la rampe, que Grimm l'attaqua violemment; mais, à travers *Omphale*, la *Lettre de M. Grimm sur « Omphale »* atteignait directement toute la musique française. Ce pamphlet provoqua une réponse de l'abbé Raynal, sous le titre de *Remarques au sujet de la Lettre de M. Grimm sur « Omphale »*, bientôt suivie de la *Lettre [de Rousseau] à*

M. Grimm au sujet des Remarques sur « Omphale ». Dans cette *Lettre*, Rousseau, converti à la musique italienne, traitait celle-ci d'hirondelle, et assimilait la musique française à une oie grasse qui se traîne péniblement; il prenait aussi Rameau à partie, et, après lui avoir reproché ses accompagnements trop savants, il écrivait : « Toutes ces belles finesses de l'art, ces imitations, ces doubles dessins, ces basses contraintes, ces doubles fugues, ne sont que des monstres difformes. »

Aussitôt le succès de la *Serva padrona* enregistré, les coups pleuvent de toutes parts : le coin du Roi, violemment attaqué dans le *Petit Prophète de Bœmischroda* de Grimm (1753), et les pamphlets font rage; Voisenon, d'Holbach, etc., discutent avec âpreté, et la *Lettre sur la Musique française* de Rousseau (1753) suscite un nouveau contingent de combattants, Fréron, Cazotte, Travenol, l'abbé Laugier, Yzo, de Morand, de Bonneval, Bâton, etc.[6].

Rousseau, se plaçant sur le terrain philologique, prétendait que la langue française était impropre à la musique; il défendait l'*unité de mélodie* et proscrivait, comme barbares, les fugues, les artifices du contrepoint et tout excès symphonique en général. Cependant, et c'est là un point à noter, il prédisait le rôle psychologique de l'orchestre, en reconnaissant à celui-ci le pouvoir d'exprimer « par des chants pathétiques et variés ce que l'acteur ne doit que réciter[7] ». Il reprochait à la musique française le bruit de son inexpressive harmonie, et prônait l'art italien moins compliqué et plus « naturel[8] ». Il terminait sa *Lettre* par la boutade célèbre que « les Français n'ont point de musique et n'en peuvent avoir ».

On retrouve les mêmes préoccupations musicales dans toute l'œuvre de Rousseau, depuis ses *Confessions* jusqu'à la *Nouvelle Héloïse*, et il convient de remarquer, qu'en dépit de leurs exagérations et de leurs erreurs, les critiques de Jean-Jacques contenaient une grande part de vérité. C'était justement que Rousseau s'élevait contre le merveilleux et l'emphase solennelle de l'opéra français; c'était à juste raison que, dans la *Nouvelle Héloïse*, il accusait l'opéra français de représenter, « non seulement toutes les merveilles de la nature, mais beaucoup de merveilles bien plus grandes que personne n'a jamais vues », ajoutant que « sûrement Pope a voulu désigner ce véritable théâtre par celui où il dit qu'on voit, pêle-mêle, des dieux, des lutins, des monstres, des rois, des bergers, des fées, de la fureur, de la joie, un feu, une digue, une bataille et un bal[9] ».

Tout ce merveilleux, aussi fantastique que décousu, commençait à devenir suranné; la mise en scène et

---

1. Rameau, *Œuvres complètes*, t. XI, p. LIII du Commentaire bibliographique.

2. J. Tiersot, *loco cit.*, p. 256, 259. Voici en quels termes Rousseau précise sa collaboration : « Mon travail en musique fut plus long et plus pénible. Outre que j'eus à faire plusieurs morceaux d'apparat, et entre autres l'Ouverture, tout le récitatif, dont j'étais chargé, se trouva d'une difficulté extrême, en ce qu'il fallait lier souvent en peu de vers et par des modulations très rapides des symphonies et des chœurs dans des tons fort éloignés; car, pour que Rameau ne m'accusât pas d'avoir défiguré ses airs, je n'en voulus changer ni transposer aucun. Je réussis à ce récitatif. Il était fort bien accentué, plein d'énergie, et surtout excellemment modulé. »

3. Tiersot, *loco cit.*, p. 268.

4. Sur les représentations des Bouffons et l'esthétique de leurs intermèdes, voir notre étude *la Grande Saison italienne de 1752, Les Bouffons*, parue partiellement dans la *S. I. M.* (juin-juillet 1912), et en tirage à part (1912).

5. Voir P.-M. Masson, *Lullistes et Ramistes* (*Année musicale*, 1911).

6. Grimm a très bien exposé, dans le passage qui suit, l'importance que Paris donna à la Querelle des Bouffons :

« Les brouilleries du Parlement de Paris avec la cour, écrit-il, son

exil et la grand'chambre transféré à Pontoise, tous ces événements n'ont été un sujet d'entretien pour Paris que pendant vingt-quatre heures, et quoi que ce corps respectable ait fait, depuis un an, pour fixer les yeux du public, il n'a jamais pu obtenir la trentième partie de l'attention qu'on a donnée à la révolution arrivée dans la musique. Les acteurs italiens qui jouent depuis dix mois sur le théâtre de l'Opéra de Paris, et qu'on nomme ici bouffons, ont tellement absorbé l'attention de Paris, que le Parlement, malgré toutes ses démarches et procédures qui devaient lui donner de la célébrité, ne pouvait pas manquer de tomber dans un oubli entier. Un homme d'esprit a dit que l'arrivée de Manelli nous avait évité une guerre civile, parce que, sans cet événement, les esprits oisifs et tranquilles se seraient sans doute occupés des différends du Parlement et du clergé, et que le fanatisme, qui échauffe et aisément les têtes, aurait pu avoir des suites funestes. » (Grimm, *Correspondance littéraire*, juillet 1753, p. 259.)

7. Voir *J.-J. Rousseau et la psychologie à l'orchestre*, par F. Hellouin (1903).

8. Cette lettre provoqua trente réponses. Marpurg en donne une analyse dans ses *Beyträge* de 1754 (I, p. 57, 58). Voir P.-M. Masson, *les Idées de Rousseau sur la musique*.

9. *Nouvelle Héloïse*, 2e partie, lettre XXIII.

l'exécution ne trouvaient pas grâce davantage aux yeux de Rousseau, et sa *Lettre d'un symphoniste de l'Académie royale de musique à ses camarades de l'orchestre* (1753) soulignait cruellement quelques-uns des travers les plus évidents de cet établissement officiel. D'un autre côté, sa collaboration à l'*Encyclopédie* lui attirait les critiques de Rameau, auxquelles il répondait par l'*Examen de deux principes avancés* par M. *Rameau dans sa brochure intitulée* « *Erreurs sur la musique* », *dans l'Encyclopédie* (1755).

La plupart des ouvrages de Jean-Jacques touchent de près ou de loin à la musique. Son *Essai sur l'origine des langues*, qui, originairement, devait porter le titre d'*Essai sur l'origine de la mélodie*, contient d'intéressantes observations sur la mélodie et sur l'imitation musicale, et lors de la querelle des Gluckistes et des Piccinnistes, le philosophe, toujours aussi combatif, embrassait ouvertement le parti de Gluck.

Le *Dictionnaire de Musique*, publié à Genève en 1767, remporta un succès justifié; c'était, en effet, vraiment, le premier dictionnaire de musique que l'on vit en France, et, bien que déparé par de nombreuses erreurs, ce livre marque une date dans notre histoire musicale. On peut y suivre les étapes de l'évolution musicale de l'esprit de Rousseau, qui, d'abord enthousiaste de la musique française, était devenu grand partisan de la musique italienne et, enfin, défenseur de musique internationale. En outre, cet ouvrage est précieux pour la connaissance de l'esthétique de Rousseau[1]. Une édition parisienne en parut en 1768.

Les ouvrages musicaux laissés par Rousseau sont : les *Muses galantes*, le *Devin du village*, intermède en un acte (1er mars 1753); *Pygmalion*, scène lyrique; des fragments de *Daphnis et Chloé* (1779), et le recueil publié en 1781, après sa mort, sous le titre : *les Consolations des misères de ma vie*, dans lequel on a rassemblé 95 morceaux de chant[2].

Au cours de ses *Confessions*, Rousseau a exposé la genèse du *Devin*, dont la première esquisse remonte à 1751. Joué d'abord à Fontainebleau, le 18 octobre 1752, le *Devin* parut à l'Opéra, avec un succès complet, le 1er mars 1753. Les légères mélodies de cet acte, écrites, soit dans le goût des pièces italiennes du temps, soit dans le plus pur goût français, eurent un succès énorme. Le roi chantait lui-même : « J'ai perdu tout mon bonheur, » et la pièce se maintint 76 ans au répertoire[3].

On a insinué que le *Devin du village* n'était pas de Rousseau, et d'Holbach fut le premier à colporter ce bruit malveillant, que les remaniements subis par l'ouvrage[4] et les propres déclarations de Rousseau lui-même, relatives à trois des morceaux de la partition, pouvaient jusqu'à un certain point excuser. Fanton, Francœur et un certain Granier ou Grenet auraient collaboré à la partition de Rousseau. M. Tiersot ne croit pas possible de soutenir que le philosophe ait volé la musique du *Devin* à quelque compositeur obscur.

On sait, en effet, que si le *Journal encyclopédique* d'octobre 1780 attribuait cette musique à un Lyonnais nommé Granier ou Grenet, un démenti formel lui fut donné par Marignan, l'année suivante. De son côté, Grétry, dans ses *Mémoires*, reconnaît à Rousseau l'entière paternité du *Devin*[5].

Cette petite partition met en scène deux enfants amoureux, Colin et Colette; il s'en dégage, en dépit de quelque inexpérience, une sorte de charme naïf et mystique qui sent l'art populaire[6]. La romance de Colette : « J'ai perdu tout mon bonheur, » est assez caractéristique à cet égard; M. Tiersot a pu la rapprocher du « Robin m'aime » du *Jeu de Robin et Marion* d'Adam de la Halle :

On peut en dire autant de la ronde finale : « Allons danser sous les ormeaux, » d'allure très peuple, dans sa gaieté fruste et franche. Dans l'ensemble rien n'est plus français que cette musique d'un ennemi de la musique française. Mais une des conceptions musicales les plus originales de Rousseau est sans contredit celle de son *Pygmalion*. *Pygmalion* est, en quelque sorte, un ouvrage synthétique, dans lequel Rousseau se propose d'appliquer toutes ses idées sur la déclamation, le récitatif, le rôle de l'orchestre, la mimique. Il imagine de faire entendre successivement le drame et la musique, de préparer la phrase parlée au moyen de la phrase musicale, et d'interpréter

musicalement la mimique de l'acteur. Nous nous trouvons donc ici, et c'est là un point de la plus haute importance, en présence de la première tentative de *mélodrame* essayée en France.

L'idée de *mélodrame* hantait depuis longtemps le cerveau de Rousseau. Elle se trouve certainement indiquée dans le passage de la *Lettre sur la Musique française* où le philosophe expose le rôle psychologique de l'orchestre. Ce passage s'applique bien plutôt au mélodrame qu'à l'opéra proprement dit. De plus, Rousseau raconte lui-même[7] qu'avec le concours de Mme d'Epinay, il avait composé « une espèce de pièce, moitié drame, moitié pantomime », dont il revendiquait la musique comme sienne. Enfin, dans ses

1. Voir J. Tiersot, *loco cit.*, p. 239 et suiv.

2. Le 26 août 1779, la veuve de J.-J. Rousseau recevait un privilège valable 10 ans pour un « *Recueil de musique de chambre* par J.-J. Rousseau, avec six nouveaux airs du *Devin du Village* et les fragments de *Daphnis et Chloé* par le même ». (*La Librairie musicale en France* par M. Brenet, *Recueil de la Société internat. de musique*, 1907, p. 463). Il convient d'ajouter à cette liste cinq *Motets*, dont il sera question dans la troisième partie de cette étude.

3. Le *Devin du village* a fourni jusqu'en 1829 près de 400 représentations.

4. Une autre version du *Devin* parut le 20 avril 1779; elle contenait une nouvelle ouverture et six nouveaux airs, et était encore plus fautive que la première.

5. Grétry, *Mémoires*, I, p. 276. D'après M. Salles (*Revue musicale de Lyon*, 31 décembre 1905, p. 343), le *Devin* aurait été écrit par un Lyonnais du nom de Gauthier. Voir Tiersot, *J.-J. Rousseau*, p. 218, 219.

6. J. Tiersot, *Histoire de la chanson populaire en France*, p. 510, 511, et *J.-J. Rousseau* (1912), p. 99 à 110, et 197 à 219.

7. *Confessions*, IX. Ceci se passait en 1757.

Observations sur l'Alceste de M. Gluck, il explique tout au long son esthétique à cet égard[1].

Pygmalion cherche donc l'expression de la vérité dramatique au moyen d'une nouvelle alliance de la parole, du geste et de la musique. A qui en revient la musique? C'est là une question qui a fait l'objet de nombreuses controverses et qui demeure assez obscure[2]. Comme pour le *Devin*, ce fut à un Lyonnais qu'on attribua la musique de *Pygmalion*. Rousseau avait rencontré à Lyon un négociant de cette ville appelé Horace Coignet, auteur d'un opéra-comique intitulé *le Médecin d'amour*. Enthousiasmé à l'audition de la musique de Coignet, Rousseau aurait sollicité et obtenu pour son *Pygmalion* la collaboration du négociant lyonnais. Le livret et deux morceaux seulement de la partition appartiendraient en propre à Rousseau[3].

Exécuté pour la première fois en 1770 à Lyon, chez M. de La Verpillière, *Pygmalion* y remporta un grand succès, mais ne fut joué à la Comédie française que le 30 octobre 1775.

Le *Mercure* ayant publié, en novembre 1770, une correspondance de « l'Observateur français à Londres » qui attribuait à Jean-Jacques le drame et la musique de *Pygmalion*, Coignet réclama aussitôt (26 novembre), et Rousseau laissa passer cette rectification sans protester à son tour. D'un autre côté, Grimm et Bachaumont s'accordent pour déclarer que Coignet est l'auteur de la musique. Mais, lorsque l'ouvrage fut monté à la Comédie française en 1775, Baudron, le chef d'orchestre de ce théâtre, écrivit une nouvelle partition de *Pygmalion*, dans laquelle il ne laissa subsister que deux morceaux de Rousseau,

déjà intercalés dans l'œuvre de Coignet[4], partition à laquelle, sur l'insistance du public, on substitua d'ailleurs la musique du compositeur lyonnais. M. Edgar Istel prétend qu'un manuscrit de la bibliothèque particulière du château de Berlin, découvert par M. Thouret, contient la partition originale de *Pygmalion*, et que cette partition a été écrite par Rousseau lui-même. Il a étudié attentivement les rapports de la musique avec l'argument; il signale l'emploi fréquent de la sourdine par les instruments à cordes, et conclut en affirmant que la partition de Rousseau est bien plus rapprochée du texte de l'édition de Kurzböck, à Vienne (1771-1772), que l'ouvrage de Coignet[5].

Quoi qu'il en soit, il convient de rendre justice à Rousseau et de reconnaître en lui le père du mélodrame français. Le *Traité du mélodrame* publié en 1772[6] proclamait que *Pygmalion* « deviendrait l'époque d'une grande révolution du théâtre ». Grimm le déclarait « d'un effet surprenant », et Gœthe disait que ce petit ouvrage ferait époque.

Il ne subsiste que des fragments de *Daphnis et Chloé*, fragments publiés en 1779, après la mort de Rousseau, par des amis du philosophe[7]. Le poème est de Corancez; quant à la musique, elle n'ajoutera rien à la gloire de Rousseau.

Enfin, le recueil posthume (1781) contient quelques romances bien typiques de la manière de l'auteur du *Devin*, entre autres : « Que le jour me dure » et : « Je l'ai planté. » La première de ces romances consiste en un simple air de trois notes; en voici le début :

Que   le jour me   du _ re   Pas _ sé loin de toi!

La deuxième devint célèbre sous le titre *le Rosier*. Quant à la *Romance du Saule*, écrite sur des paroles de Deleyre : « Chantez le saule, » et qu'on a appelée le chant du cygne de Rousseau, elle témoigne d'un profond pathétique. Dans les *Consolations* figurent aussi plusieurs morceaux du recueil de douze *Canzonettes italiennes*, recueil publié après le retour de Jean-Jacques de Venise, et aujourd'hui perdu[8].

Bien que Rousseau n'eût pas une pratique très approfondie et très solide de la musique, il ne mérite point le dédain dont certains musiciens l'ont accablé. Il possédait un sentiment pénétrant de la vérité d'expression dans la musique dramatique, et il a parlé de la musique en des termes inconnus avant lui. Sa tentative de mélodrame marque une date dans notre histoire musicale, et, comme théoricien et polémiste, sa réputation fut considérable et justifiée. Il a émis, sur la musique, à côté de nombreux paradoxes, des idées fécondes et neuves.

Il y aurait encore à citer, parmi les œuvres contemporaines du *Devin du village*, la pastorale d'*Ægle*, due au maître de musique des Enfants de France, de Lagarde[9]. Cette pastorale, d'abord représentée à Versailles, le 30 mars 1748 et le 25 février 1750, parut sur la scène de l'Opéra, le 18 février 1751, et remporta un certain succès. La Garde s'était acquis de la réputation avec ses mélodies; ses duos, surtout, faisaient les délices des salons, et il avait entrepris de donner, à partir du mois de janvier 1758, un *recueil mensuel* de pièces de chant, cantatilles, duos et brunettes. Il travailla aussi pour le prince de Conti, à l'intervention duquel il composa les *Soirées de l'Isle-Adam*, première suite de *différents morceaux de chant à une et plusieurs voix, avec accompagnement de violon, basse, basson, cor et hautbois* (1764). L'impression causée par les Bouffons provoquait aussi l'éclosion d'ouvrages d'imitation ou d'adapta-

1. Ces *Observations* furent publiées en 1774-75.
2. Sur l'affaire *Pygmalion*, on consultera : G. Becker, « *Pygmalion* », *par M. J-J Rousseau*, *publié d'après l'édition rarissime de Kurzböck*, Vienne, 1772 (1878). — E. Istel, *J.-J. Rousseau als komponist seiner lyrischen scene* « *Pygmalion* » (1901). — J. Combarieu, « *Pygmalion* » et *l'opéra sans auteurs* (*Revue de Paris*, 1er mai 1900). — Hellouin, *loco cit.*, les deux articles consacrés à Horace Coignet par M. A. Sallès dans la *Revue musicale de Lyon*, 24 et 31 décembre 1905, et Tiersot, *J.-J. Rousseau* (1912), p. 225, 227.
3. Les particularités du séjour de Rousseau à Lyon furent écrites par Coignet et publiées, en 1822, dans les *Tablettes historiques et littéraires de Lyon*, puis dans les *Œuvres inédites de J.-J. Rousseau* (1825), et enfin dans un recueil intitulé : *Lyon vu de Fourvières* (1833). Cf.

Istel, *loco cit.*, p. 27, 28. Dans son livre sur la *Musique à Lyon au dix-huitième siècle* (1908), M. Léon Vallas donne d'intéressants détails sur le séjour de Rousseau à Lyon, p. 138 et suiv.
4. A. Sallès, *loco cit.*, p. 343, 344.
5. E. Istel, *loco cit.*, p. 55 et suiv. D'après M. Sallès, la prétendue partition de Rousseau devrait être attribuée à Aspelmayer.
6. Ce *Traité* était anonyme. On l'attribue à Delisle de Sales.
7. A. Pougin, *Ménestrel*, 1900, p. 82. La musique comprend 167 pages de gravure, soit la partition achevée du 1er acte; il y a, en outre, des esquisses du IIe acte (Hirschberg, *Die Encyclopädisten und die Französische Oper im 18 Jahrhundert*, p. 90).
8. J. Tiersot, *J.-J. Rousseau*, p. 77-78.
9. La Borde, III, p. 424; Fétis; M. Brenet, *les Concerts en France*, p. 350, 368.

tion. C'est ainsi que le flûtiste Blavet[1] parodiait, dans le *Jaloux corrigé* (1er mars 1753), des ariettes italiennes de la *Serva padrona*, d'*il Giocatore* et d'*il Maestro di Musica*.

Depuis la mort de Rameau, le répertoire de l'Opéra ne se renouvelait plus que grâce aux œuvres de quelques auteurs médiocres, dont les pâles succès n'avaient pas de lendemains; une crise intense sévissait sur la production dramatique, et l'Académie royale de musique en ressentait les fâcheux effets. « Cette scène privilégiée, écrit M. Chouquet, languissait tristement et se voyait condamnée à composer ses spectacles de fragments favoris, expédient des directions dans l'embarras, et leur ressource ordinaire quand elles ont à traverser une période de mauvais jours[2]. »

Deux procédés étaient alors en vigueur, celui des *fragments* et celui des *réfections*. Pendant une quinzaine d'années, de 1760 à 1775, on donne, sous le nom de *Fragments*, des spectacles morcelés, dont la matière provient soit d'anciens ouvrages, soit d'œuvres contemporaines chères au public, auxquelles s'adjoignent quelques pièces nouvelles écrites pour la circonstance. Ces *Fragments* se parent d'épithètes diverses; à côté des *Fragments* tout court joués en 1755, 1760, 1765 et 1766, il y a des *Fragments héroïques* (1759, 1773), des *Fragments nouveaux* (1767, 1775), des *Fragments lyriques* (1767). D'autres pièces aux noms moins significatifs en apparence, telles les *Fêtes*, rentrent dans la même catégorie. Tous ces spectacles font de maigres recettes.

Un autre système consistait à reprendre d'anciennes tragédies lyriques et à les ajuster au goût du jour, en les parant de musique nouvelle. C'était le système des réfections que Dauvergne[3] pratiqua sur quelques opéras de Colasse, de La Barre et de Destouches. Ainsi parurent rajeunis *Enée et Lavinie* (14 février 1758) et *Canente* (décembre 1760) de Colasse; *la Vénitienne* (6 mai 1768) de Campra et *Callirhoé* (9 novembre 1773) de Destouches. Malgré son incontestable talent, Dauvergne ne parvint guère à galvaniser ces cadavres, et Grimm ne dissimulait pas l'antipathie qu'il éprouvait à l'égard de tentatives semblables.

L'auteur des *Troqueurs* s'employa, du reste, du mieux qu'il put à combattre, au moyen d'œuvres personnelles, la terrible famine lyrique dont souffrait l'Opéra; mais, ni les *Amours de Tempé* (25 novembre 1752), ni les *Fêtes d'Euterpe* (8 août 1758), ni *Hercule mourant* (3 avril 1761), ni *Pyrrhus et Polyxène* (11 janvier 1763), ni *le Prix de la valeur* (4 octobre 1771) ne parvinrent à se soutenir.

Du moins, dans ses réfections, Dauvergne se bornait-il à écrire de la musique nouvelle sur un ancien livret. Berton, lui, agissait tout autrement : il coupait, taillait, allongeait, rognait sans vergogne des ouvrages du répertoire, portant une main sacrilège sur les opéras de Rameau, afin d'y pratiquer les « changements jugés nécessaires ». C'est le prototype de l'arrangeur. Né à Maubert-Fontaine (Ardennes), le 6 janvier 1727, Pierre Montan Berton[4] apprit la musique dès son jeune âge, et manifesta immé-

diatement les dispositions les plus étonnantes, puisque à six ans il lisait à livre ouvert. Il apprit à Senlis le chant sur le livre, la composition, le clavecin, le violoncelle et l'orgue, et fit chanter des motets de sa composition à la cathédrale de cette ville. Reçu comme basse-taille, d'abord à Notre-Dame de Paris, puis à l'Opéra, Berton débute sur cette scène en 1744, puis, au bout de deux ans, se met à voyager en province; en 1746, il habite Marseille, où l'affaiblissement de sa voix le contraint à abandonner le chant et à se transformer en chef d'orchestre. C'est en cette qualité qu'il va diriger le concert de Bordeaux en 1750[5].

De retour à Paris vers 1755, Berton attend sept années pour devenir chef d'orchestre à l'Opéra, où il est maître de musique en 1760, puis il reçoit, avec Trial, en 1767, la direction de l'Opéra, abandonnée par Rebel et Francœur, et le 28 juin 1768, il obtient la survivance de la charge de maître de la musique du roi. Après la résiliation de l'entreprise de l'Opéra en 1769, Berton conserve les fonctions de chef d'orchestre, est pensionné par le roi en 1772 et 1773, et dirige en cette année 1773, conjointement avec Dauvergne, le Concert spirituel. En 1775, il succède à François Rebel comme administrateur général de l'Opéra et obtient la survivance de la surintendance de la musique royale le 2 août 1776. Retraité à l'Opéra en 1778, Berton reprend cependant du service à la rentrée de Pâques 1780, et meurt quelques jours après d'une fluxion de poitrine (14 mai 1780)[6]. Le 1er avril 1780, il recevait un brevet de pension de 4.700 livres[7]. Berton s'était livré, au début de sa carrière, à la musique latine, et donna en 1755 un *In convertendo* au Concert spirituel[8]. Mais il ne persévéra pas longtemps dans cette voie, et la même année il composa *Deucalion et Pyrrha* sur une comédie de Saint-Foix (septembre ou octobre 1755). A partir de ce moment, Berton travaille à des raccommodages. Il raccommode et augmente de chœurs et d'airs de danse *Camille* de Campra, l'*Iphigénie* de Desmarets, puis, en collaboration avec Trial, il donne *Sylvie*, ballet héroïque en 3 actes (11 nov. 1766) et *Théonis* (1768). Il raccommode encore, avec le concours de La Borde, l'*Amadis de Gaule* de Lulli (4 décembre 1771) et, avec Granier, pour les spectacles de la cour, le *Bellérophon* du même Baptiste (1773). Dans l'intervalle, il travailla, en 1770, à un opéra intitulé *Linus*, et, associé à La Borde, fit représenter *Adèle de Ponthieu* (1er décembre 1772), pièce qui parut assez hardie, en raison de son livret.

Mais la liste des arrangements perpétrés par Berton ne se clôt pas avec les quelques ouvrages qui précèdent; il a pris soin de rédiger lui-même une liste complète de ses œuvres, que l'*Almanach des spectacles* publia en 1781. Nous apprenons, de la sorte, qu'il a « raccommodé » l'acte de Tibulle des *Fêtes grecques et romaines* de Colin de Blamont, qu'il a touché aux *Éléments* de Lalande et Destouches, qu'il a fait un monologue dans le *Zaïs* de Rameau, et ajouté une scène au *Dardanus* du même maître, que le *Phaéton* de Lulli et l'*Issé* de Destouches subirent ses adaptations, tout comme *Hippolyte et Aricie* et *Zoroastre*. Berton fait pardonner ses coupures et ses arrange-

---

1. Sur Blavet, voir la troisième partie de cette étude.

2. G. Chouquet, *Histoire de la musique dramatique en France*, p. 182.

3. Sur Dauvergne, voir la partie de cette étude consacrée à l'Opéra-Comique.

4. Sur Berton, voir La Borde, *Essai*, III. p. 387. — Campardon, *l'Académie de musique au dix-huitième siècle*, I, p. 59 et suiv. —

Souvenirs de famille de H. M. Berton, publiés par M. Ténéo (S. I. M.), juin-juillet 1911).

5. Biographie Michaud.

6. *Ibid.* On écrit aussi Le Berton.

7. Arch. nat., O¹, 668.

8. M. Brenet, les *Concerts en France*, p. 263.

ments par son grand talent de chef d'orchestre, et c'est grâce aux perfectionnements qu'il apporta à l'exécution symphonique, que les réformes de Gluck purent germer à l'Opéra.

Son collègue, Jean-Claude Trial[1], était né, le 13 décembre 1732, dans le Comtat, à Avignon, d'une famille de musiciens. Venu à Paris après un séjour à Montpellier, il obtint la place de chef d'orchestre à l'Opéra-Comique et passa ensuite à la musique du prince de Conti, qu'il dirigea avec grand talent. Directeur de l'Opéra, avec Berton, en 1767, il mourut subitement, le 23 juin 1771.

Aux ouvrages qu'il composa en collaboration avec Berton[2], Trial a ajouté un opéra-ballet de son cru, la Fête de Flore (18 juin 1771), et une pièce jouée à la Comédie italienne, et contenant une sanglante satire de l'opéra, Esope à Cythère (15 décembre 1766)[3]. De plus, il écrivit de la musique instrumentale et des cantates pour les concerts du prince de Conti.

Disons un mot de Jean-Benjamin de La Borde, l'auteur de l'Essai sur la Musique ancienne et moderne, dont les médiocres productions lyriques tenaient compagnie à celles de Trial. Élève de Dauvergne et de Rameau[4], La Borde devait à sa situation de valet de chambre du roi assez de crédit pour pouvoir imposer ses ouvrages; c'est sans doute à cette circonstance qu'on dut de voir à l'Opéra des banalités telles qu'Ismène et Isménias (1770) et la Cinquantaine (1771). S'imaginant peut-être que la singularité de l'entreprise rendrait le public indulgent à l'égard de sa réalisation, La Borde infligea une traduction musicale à un Privilège du Roy, et la Bibliothèque nationale possède cette facétie, que l'auteur intitule : Privilège du Roy pour chant et orchestre, et à laquelle collaborent, en plus de la voix, deux violons, un alto, une basse, deux hautbois et deux cors[5]. En voici les mesures du début, que nous donnons à titre de curiosité :

Monsigny, dont la célébrité allait s'établir solidement à l'Opéra-Comique, tâta de l'Opéra avec Aline, reine de Golconde (avril 1766), œuvre qui parut un peu mince à l'Académie royale de musique, mais dans laquelle se faisaient jour quelques réminiscences de l'Orphée de Gluck, gravé et publié à Paris de 1763 à 1766. C'est ainsi que l'air d'Aline au IIIe acte : « Si

l'éclat du diadème, » s'inspire d'une façon évidente des strophes d'Orphée : « Chiamo il mio ben cosi. »

Il faut en venir à Philidor pour rencontrer, enfin, un véritable musicien, durant cette période si peu féconde. Son Ernelinde, reine de Norwège (24 nov. 1767), après avoir été considérablement remaniée, reparut, le 8 juillet 1777, en pleine époque gluckiste et fut accueillie avec enthousiasme[6]. Philidor avait

1. Voir La Borde, Essai, III, p. 486. — Nécrologe de 1772. — Mercure de janvier 1772, p. 162-172. — Barjavel, Dictionnaire historique de Vaucluse, et A. Gouirand, la Musique en Provence, p. 109-110.
2. Deux actes et demi de Linus étaient de lui.
3. Voir notre étude sur les Rebel, Une Dynastie de musiciens aux dix-septième et dix-huitième siècles (Recueil de la Société internationale de musique, janvier 1906).
4. « Rameau disait de ce M. de La Borde qu'il étoit très savant en musique, mais qu'il n'avoit ni génie ni talent. Si la nature lui a refusé du génie et même du talent, elle l'en a prodigieusement dédommagé par la présomption qu'elle lui a donné. » Et Collé, auquel nous emprun-

tons ce détail, raconte que, lors de l'arrangement de Thétis et Pélée qu'il avait effectué, La Borde « disoit à qui vouloit l'entendre qu'il avoit laissé subsister par malice la musique de Colasse, dans l'acte du Destin ». Or il arriva que, contrairement aux prévisions de La Borde, ce fut la musique de Colasse qui l'emporta sur la sienne (Journal de Collé, III, p. 47, octobre 1765).
5. Cf. Rivista musicale italiana, V, p. 54.
6. Cf. A. Pougin, André Philidor (Chronique musicale de Paris, 1874, IV). — En 1769, la pièce avait revu le feu de la rampe sous le titre de Sandomir, prince de Danemark.

retrouvé « quelques-uns des beaux accents expressifs de Lulli et de Rameau[1] » et cette mâle vigueur que les habitués de l'Opéra commençaient à oublier. Il y a dans sa pièce un crescendo de cors du plus pathétique effet (récitatif d'Ernelinde), et l'orchestre s'y voit traité souvent de façon très neuve, notamment dans l'air de Sandomir : « O toi, chère âme, » où se retrouve l'écriture ferme et colorée de l'auteur de *Tom Jones.* Enfin, le magnifique chœur ajouté en 1777 : « Jurons sur ces glaives sanglants, » donna à la partition un relief que la plupart des ouvrages contemporains ne connaissaient plus.

Cet opéra venait donc à propos pour rehausser le niveau bien abaissé de la production lyrique et pour sortir un peu l'Académie royale du marasme dans lequel elle se débattait depuis une quinzaine d'années; et ce n'est pas faire un mince éloge d'*Ernelinde* que de dire qu'elle put mériter des applaudissements à un moment où Gluck possédait en maître la scène française. Gluck, du reste, avait inspiré Philidor comme il avait inspiré Monsigny, et de nombreux passages d'*Ernelinde* révèlent chez son auteur une connaissance trop exacte de l'*Orphée* du maître allemand.

III. — Gluck et sa réforme dramatique.

A l'aurore de la période gluckiste de notre histoire musicale, nous rencontrons un gracieux musicien dont le talent s'enlève en touche brillante sur la fade grisaille de l'art contemporain. C'est le Provençal Floquet.

Étienne-Joseph Floquet[2] naquit à Aix-en-Provence le 25 novembre 1748, et montra une grande précocité musicale. Enfant de chœur à la maîtrise de l'église Saint-Sauveur de cette ville, il faisait, selon La Borde, chanter, dès l'âge de 11 ans, une messe de sa composition. Devenu très bonne heure, par suite de la mort de son père, le chef de sa famille, il se rendit à Paris avec sa mère et sa sœur pour y chercher fortune. Tout d'abord, il composa de la musique de genre, puis prit part, mais sans succès, au concours institué au Concert spirituel en 1768[3]. A la fin de l'année 1772, il donnait à l'église des Petits-Pères une messe en musique pour le repos de l'âme de Mondonville, messe dont on admira le *Tuba mirum*, tout en faisant de vives critiques sur l'ensemble. Protégé par le marquis de Fleury, Floquet parvint à forcer les portes de l'Académie royale de musique; mais l'échec de son opéra d'*Azolan* et la terrible concurrence de Gluck le décidèrent à aller compléter son éducation musicale en Italie. Il partit en 1775, sur l'initiative du

comte de Maillebois, travailla le contrepoint avec Sala à Naples, puis avec le P. Martini à Bologne, où, après une épreuve brillamment subie, il fut reçu membre de l'Académie des *Philharmoniques.* Rentré en France, Floquet offrait aux habitués du Concert spirituel un *Te Deum* « à grand chœur et à deux orchestres » (29 mai 1777), qu'il avait composé à Naples, et qui fut froidement accueilli[4]. Trois ans après, il donnait avec succès, à l'Opéra, le *Seigneur bienfaisant*, et mourait le 10 mai 1785, après avoir cherché à concurrencer Gluck lui-même, en reprenant le sujet d'*Alceste.*

Les ouvrages lyriques laissés par Floquet sont : l'*Union de l'Amour et des Arts* (7 septembre 1773), ballet héroïque; *Azolan*, tiré d'un conte de Voltaire (15 novembre 1774[5]); *Hellé* (5 janv. 1779); le *Seigneur bienfaisant* (14 décembre 1780); enfin, la *Nouvelle Omphale*, comédie en trois actes mêlée d'ariettes, jouée d'abord à Versailles, puis à la Comédie italienne, le 26 novembre 1782, avec un grand succès.

Floquet, racontent ses biographes, ne péchait point par excès de modestie, et son orgueil frisait le ridicule; les entreprises que, en dépit des cabales, il dirigea contre Gluck témoignent suffisamment de sa naïveté, naïveté dont sa musique garde des traces; mais, pour son plus grand bien, il faut le dire, Floquet n'était pas harmoniste; il séduisait par la jeunesse et la fraîcheur de ses idées, et Grimm le comparait à une jeune nymphe qui plaît malgré l'irrégularité de ses traits. Mélodiste gracieux et caressant, il se laissait souvent aller à son extrême facilité, d'où un style mou et lâche que relèvent parfois de délicats détails d'orchestre. Nous ne retiendrons ici de l'œuvre de ce musicien que ses ballets de l'*Union de l'Amour et des Arts* et du *Seigneur bienfaisant.*

A l'occasion du premier, dont Lemonnier lui avait fourni le livret, le succès, qu'enregistrent Bachaumont, Grimm et le *Mercure*, fut tel que Floquet se vit appelé sur la scène; c'était la première fois que pareil honneur arrivait à un compositeur, et l'honneur s'augmentait des difficultés qui se dressaient alors devant tout musicien susceptible d'encombrer la voie triomphale réservée au Chevalier[6]. Durement, impitoyablement, les partisans de Gluck écartaient les intrus, faisaient choir les importuns, et, plus d'une fois, Floquet éprouva la déloyauté de leurs attaques[7]. C'est ainsi que le succès de l'*Union de l'Amour et des Arts* incita les gluckistes à prendre leur revanche sur *Azolan.* Ajoutons que, seuls, dans l'*Union de l'Amour et des Arts*, les airs de ballet présentent quelque intérêt. La chaconne à 2/4 du IIe acte, l'acte de *Théodore*, fut longtemps célèbre[8]. En voici le début :

1. H. Lavoix, *la Musique française*, p. 118. Sur Philidor, voir deuxième partie (opéra-comique) : « La musique de cet opéra est superbe, déclare Grimm... Vous y trouvez un fond de musique immense : il y en a trop; les repos ne sont pas assez ménagés; les connaisseurs pourront reprocher à cet opéra de n'être pas assez sage, mais le compositeur s'est conformé au goût de son pays; il sait que quand on ne brise pas ici le tympan à force de bruit, on n'est pas censé avoir fait de la musique. » Grimm saisit cette occasion pour tomber sur le « sauvage Rameau » et ajoute que Philidor « connaît les bonnes sources et a pillé Jomelli ». (*Corr. litt.*, VIII, p. 262-264.)

2. Sur Floquet, consulter La Borde, *Essai*, III. p. 417-418. — De Clarmois, *Précis historique sur E.-J. Floquet*, in *Almanach littéraire*, 1787. — A. Pougin, *Musiciens français du dix-huitième siècle. Floquet* (*Revue et Gazette musicale de Paris*, et Extrait, 1863). — M. Brenet, *les Concerts en France*, p. 286-321. — Abbé Marbot, *les Maîtres de chapelle de Saint Sauveur au dix-huitième siècle* (1903), p. 13-14. — F. Huot, *Étude biographique sur E.-Jos. Floquet* (Aix, 1903). — A. Gouirand, *la Musique en Provence* (1908), p. 104-108. — J.-G. Prod'homme, *Écrits de musiciens* (1912), p. 433, 439. — Consulter aussi G. Chouquet, *loco cit.*, p. 152-153, et Grimm, *Corr. litt.*, X, XI, XII et XIII.

3. Floquet avait écrit *la Gloire du Seigneur*, sur l'ode de J.-B. Rousseau. Sa composition, dont le manuscrit est à la Bibliothèque nationale, est longue et prétentieuse.

4. Floquet s'était présenté au public sous les couleurs piccinnistes. On l'accusa d'un pillage continuel. Voir *Mémoires secrets*, 30 mai 1777; *Mercure*, juin 1777, p. 165.

5. Le ballet héroïque d'*Azolan* fut appelé *Désolant*. On raconte que la chute de cet ouvrage fut provoquée par les manœuvres déloyales des gluckistes.

6. Fréron déclarait que les chœurs du ballet de Floquet étaient du plus grand effet, que les chants en étaient expressifs, et les accompagnements riches.

7. Voir Desnoiresterres, *Gluck et Piccinni*, p. 117.

8. Grimm, tout en faisant l'éloge de Floquet, ne manquait pas l'occasion de lancer des critiques, d'ailleurs assez incohérentes, contre les compositeurs français; il écrivait en effet : « Il paraît que cet ouvrage (l'*Union de l'Amour et des Arts*) doit le succès brillant dont il jouit à M. Floquet, jeune musicien dont le début annonce quelques talents surtout pour la symphonie. Son ouverture, ses airs de danse, sont bien dessinés et d'un chant agréable; mais il manque à l'auteur *ce qui manque et manquera toujours à tous nos musiciens français, c'est de*

Quant au *Seigneur bienfaisant*, que Gluck, irrévé-
rencieusement, traitait de pont-neuf[1], et que Floquet
avait eu beaucoup de peine à faire jouer, tant on caba-
lait contre lui, il se composait de trois actes précédés
d'une ouverture agrémentée d'un solo de galoubet.

Si Floquet, arborant le drapeau picciniste, avait
vainement tenté d'ébranler le colosse gluckiste, Gossec,
lui, tenait d'une main ferme l'étendard de la musique
française. Dès qu'il prend pied au théâtre, nous le
voyons, en effet, s'inféoder soit à Rameau, soit à
Gluck : à Rameau avec *Sabinus*, à Gluck avec *Thésée*.
Son *Sabinus* n'était que la mise en musique d'une
ancienne tragédie de Chabanon, *Éponine*. Représentée
à Versailles, le 4 décembre 1773, à l'occasion du mariage du comte d'Artois, cette tragédie avait précédé
de deux mois, à l'Opéra, l'*Iphigénie en Aulide* de
Gluck, et passait le 22 février 1774. Pièce patriotique
où figurait le génie de la Gaule, *Sabinus* palpitait d'un
souffle large et fier, et l'influence directe de Rameau
s'y faisait jour, aussi bien dans la disposition du récitatif et des airs, que dans celle des accompagnements[2].
De plus, et pour la première fois, les trombones pénétraient dans l'orchestre de l'Opéra. *Sabinus* marque
donc une date dans l'histoire de l'instrumentation.
Grimm en trouvait la musique « savante » et le regrettait de n'y trouver « ni grâce ni génie »; il comparait Gossec à « une beauté triste et froide qu'on
admire sans goût et sans plaisir[3] ». Avec *Philémon et
Baucis* (26 septembre 1775), Gossec enregistre son plus
beau succès à l'Académie royale, mais c'est dans *Thésée* qu'il affirme nettement ses tendances gluckistes.
Ici, le musicien ne s'était pas contenté de reprendre
le livret de Quinault; il conservait, de Lulli, l'air d'E-

gée : « Faites grâce à mon âge, » en l'enveloppant
seulement d'un nouvel accompagnement (28 février
1782).

L'arrivée de Gluck en France, à l'automne de 1773,
avait fixé tous les regards et magnétisé toutes les
attentions. On sentait chez le nouveau venu une puissance de réforme, une ardeur créatrice qui devaient
tout bouleverser. « Il me semble, écrivait Voltaire en
1774, que Louis XVI et M. Gluck vont créer un nouveau siècle; » et jamais prophétie ne se trouva plus
juste, car, comme le dit M. d'Udine, « la révolution
de Gluck coûta moins de sang que l'autre, mais elle
fit couler beaucoup d'encre[4] ».

Ce fut une fortune singulière que celle
de ce musicien allemand, d'éducation italienne, qui
ne parvint à prendre conscience de son art et de
lui-même qu'à Paris, et qui forgea sur l'enclume de
la langue française l'incomparable métal de ses cinq
chefs-d'œuvre, les deux *Iphigénies*, *Orphée*, *Alceste* et
Armide. Et cet homme venu du fond de la Bohême,
après avoir parcouru l'Europe entière, nous appartient bien en propre, tout en occupant dans l'histoire
de l'opéra mondial, pourrait-on dire, une place éminente. Depuis longtemps, il avait des visées sur la
France, pressentant, en quelque sorte, que c'était en
ce pays si friand de luttes d'idées, et en ce pays seulement, qu'il arriverait à réaliser les siennes. Durant
sa longue carrière cosmopolite, il avait beaucoup vu,
beaucoup observé, beaucoup réfléchi; aucun musicien n'entra dans la lutte artistique avec une pareille
moisson de documents, aucun musicien ne se montra
plus convaincu des nécessités historiques, et à l'évolution dont il avait mesuré la marche, il apporta le

ne savoit point écrire la musique... » (*Corresp. litt.*, X, p. 294, 295.)
Sa causticité facile et trop souvent injuste se donnait encore carrière
à propos du *Seigneur bienfaisant* (*loco cit.*, XII, p. 463).
  1. *Ibid.*, p. 311.

2. F. Hellouin, *Gossec et la Musique française à la fin du dix-huitième siècle*, p. 124 et suiv.
3. *Corr. litt.*, X, 395.
4. J. d'Udine, *Gluck*, 1906, p. 6.

vivifiant concours d'un génie hardi et d'une intuition pénétrante. Au cours de l'étude qui va suivre, nous examinerons successivement : 1° la biographie de Gluck; 2° sa réforme dramatique; 3° la réalisation de celle-ci dans ses cinq opéras français.

Christophe Willibald Gluck[1] naquit à Weidenwang, près de Neumarkt, dans le haut Palatinat, le 2 juillet 1714, d'Alexandre Gluck et d'Anna Walburga[2]. Il était l'aîné d'une famille de sept enfants. Son père Alexandre, après avoir appartenu, en qualité de porte-arquebuse, au prince Eugène de Savoie, s'était fixé, comme garde forestier, à Weidenwang, et entrait en 1717 au service du comte Kaunitz. Il allait alors habiter Neuschloss, dans le nord de la Bohême, devenait, en 1722, maître forestier du comte Kinsky, puis, deux ans plus tard, du prince Lobkowitz. Alexandre Gluck mourut en 1747, à Reichstadt, au service de la grande-duchesse de Toscane[3].

Pour étudier la vie si agitée et si remplie de Gluck, nous la diviserons en un certain nombre de périodes, dont nous chercherons à dégager la caractéristique.

Son enfance fut forestière et errante, et on a pu dire justement que la forêt a été sa vraie patrie[4]; il puisa en elle ce profond sentiment de la nature qu'il devait insuffler à toutes ses créations. Nous ne pouvons résister à l'envie de citer ici quelques lignes harmonieuses que M. Jean d'Udine écrit à ce sujet : « Le futur auteur d'*Armide* écouta dans ces forêts de Bohême les mille frémissements de l'espace, chuchotements de la source et du brin d'herbe, longue plainte du vent dans les aiguilles de pins, concert des oiseaux cachés sous les ramures, musiques totales, dont les musiques humaines ne sont qu'un abrégé synthétique, accommodé à nos moyens vocaux et ins-

trumentaux, organisé suivant les besoins naturels de nos sens et de notre esprit[5]. »

Christophe Gluck, en suivant son père au cours de ses dures pérégrinations de garde forestier, ne s'imprégnait pas seulement l'esprit d'images grandioses et fortes, il se constituait une santé solide, un organisme robuste qui allait lui permettre de mener à travers l'Europe une des vies les plus actives qui furent jamais. Il avait douze ans lorsque son père passa au service du prince Lobkowitz; il va alors à l'école d'Eisenberg, où on lui apprend le chant et peut-être le violon; puis, en 1726, il entre au gymnase que les Jésuites tenaient à Kommotau, et y reste six ans. Là, on perfectionna les quelques connaissances musicales acquises à Eisenberg, et, lorsque Christophe quitte Kommotau pour Prague, il se trouve en état de donner des leçons de chant et de violoncelle[6], et se faire entendre dans diverses églises, notamment à la Teinkirche[7]. MM. Desnoiresterres et Tiersot ont laissé un curieux tableau de la vie de musicien nomade que menait Gluck à cette époque, et à laquelle la protection éclairée du prince Lobkowitz ne tardait pas à donner sa direction définitive. Christophe Gluck fixe alors à Vienne (1736) et se met à travailler l'harmonie, le contrepoint et la composition. Nous remarquerons, avec M. Marx, que, jusqu'à ce moment, son éducation musicale s'était opérée au moyen d'instruments mélodiques, violon et violoncelle.

A partir de 1736, nous entrons dans la seconde période de la vie de Gluck, dans celle que nous appellerons la période d'éducation italienne. Vienne était à cette époque absolument conquise à la musique d'Italie, et le jeune Gluck put y entendre des œuvres de Caldara, de Conti et de Porsile; de plus, il allait rencontrer, chez son protecteur, un grand seigneur lombard, le prince Melzi, qui l'emmena à Milan et le confia à Giovanni Battista Sammartini; Christophe

1. Bibliographie générale de Gluck. — La littérature gluckiste est considérable; nous n'indiquons ici que les ouvrages et articles principaux concernant Gluck et sa réforme dramatique. — Noverre, *Lettres sur la danse et les ballets* (1760). — Pianelli, *Dell' Opera in Musica* (1772). — Burney, *The Present State of music in France and Italy* (1771-1773, 2° éd.). — Chabanon, *Lettre sur les propriétés de la langue française* (Mercure, janvier 1773, p. 171). — Moline, *Dialogue entre Lulli, Rameau et Orphée* (*Gluck dans les Champs Elysées* (1774). — Riedel, *Uber die Musik des Ritters Christoph von Gluck* (1775). — Le chevalier de Saint-Alban, *Lettres à M. de Chabanon pour servir de réponse à celle qu'il a écrite sur les propriétés musicales de la langue française* (Mercure, février 1775, II, p. 193). — Marmontel, *Essai sur les révolutions de la musique en France* (1777); *Polymnie* (Œuvres posthumes de Marmontel, 1820). — De Rossi, *Preuve sans réplique du progrès incontestable que les Français ont fait en musique* (1777). — Coqueau, *de la Mélopée chez les anciens et de la Mélodie chez les modernes* (1778). — Forkel, *Musikalisch-Kritische Bibliothek... « Uber die Musik des Ritters von Gluck »* (1778-1779). — Bemetzrieder, *le Tolérantisme musical* (1779). — Coqueau, *Entretiens sur l'état actuel de l'Opéra de Paris* (1779). — L'abbé Leblond, *Mémoires pour servir à l'histoire de la révolution opérée dans la musique par M. le Chevalier Gluck* (1781). — Arteaga, *le Rivoluzioni del teatro musicale italiano dalla sua origine fine al presente* (1785). — Suard, *Mélanges de littérature* (1803). — Karl von Dittersdorf, *Seine kurze Biographie* (1810). — Gerber, *Lexikon der Tonkünstler* (1812). — G.-J. Dlabacz, *Künstler Lexikon für Böhmen* (1815). — Siegmeyer, *Ueber den Ritter Gluck und seine Werke* (1825). — Gluck, par Berlioz (*Gazette musicale*, 1834). — Miel, *Notice sur C. Gluck* (1840). — J.-G. Schneider, *Geschichte der Oper und des Königlichen Opernhauses in Berlin* (1852). — Solié, *Etudes biographiques, anecdotiques et esthétiques sur les compositeurs qui ont illustré la scène française; Gluck* (1853). — Anton Schmid, *Christoph Willibald Ritter von Gluck* (1854). — Otto Jahn, W.-A. Mozart (1856), t. II. — A. Adam, *Derniers Souvenirs d'un musicien* (1857). — Troplong, art. dans la *Revue contemporaine* (31 déc. 1858). — Bertrand. *Etude sur l' « Alceste » de Gluck* (*Revue germanique*, novembre 1861); — P. Scudo, article dans la *Revue des Deux Mondes* (novembre 1861). — Riehl (W.-H.), *Gluck als Liedercomponist* (1862). — Adolf-Bernhard Marx, *Gluck und die Oper* (1862). — Blaze de Bury, *le Chevalier Gluck* (Rev. des Deux Mondes, 1866). — F. de Villars, *les Iphigénies de Gluck* (1868). — Ludwig Nohl, *Gluck und*

Wagner (1870). — *Gluck et l'Opéra en 1774* (*Revue britannique*, 1872). — G. Chouquet, *Histoire de la musique dramatique en France* (1873), p. 153-163. — Desnoiresterres, *Gluck et Piccinni, 1774-1800* (1875). — Barbedette, *Gluck, sa vie, son système et ses œuvres* (*Ménestrel*, 1882). — Reissmann, *Christoph Willibald von Gluck* (1882). — H. Bitter, *Die Reform der Oper durch Gluck* (1884). — Riemann, *Opern-Handbuch* (1887). — A. Coquard, *la Musique française depuis Rameau* (1891). — H. Welti, *Gluck und Calsabigi* (*Vierteljahresschrift*, VII, 1891). — Ernest Newmann, *Gluck and the Opera* (1895). — H. Lavoix, *la Musique française* (s. d.), p. 123 à 128; *Histoire de l'instrumentation.* — De Curzon, *Autour de l'ancien opéra* (*Revue intern. de mus.*, 1898). — J. Tiersot, *le Dernier Opéra de Gluck, « Echo et Narcisse »* (*Revue mus. ital.*, 1902). — Arnheim, *Einfluss auf Philidor und Gluck über Rousseau* (*Recueil de la Soc. int. de mus.*, 1903). — A. Heuss, *Anschauung über das Wesen der Ouverture* (*Id.*, 1903). — Kolut, *Klopstock und Gluck* (*Id.*, 1903). — A. Wotquenne, *Catalogue thématique des œuvres de Gluck* (1904). — R. Rolland, *Gluck. Une révolution dramatique* (*Revue de Paris*, 1904); et *Musiciens d'autrefois* (1908), p. 203, 246. — J. Tiersot, *Au pays de Gluck* (*Ménestrel*, 1905); *Gluck et les Maîtres de la vie de Gluck* (*Ménestrel*, 1907-1908) et *Gluck* (*les Maîtres de la musique*, 1910). — J. d'Udine, *Gluck* (1906). — F. Piovano, *Un Opéra inconnu de Gluck* (*Recueil de la Société int. de musique*, 1908). — A. Jullien, *Musiciens d'hier et d'aujourd'hui* (1910). — J.-G. Prod'homme, *Ecrits de musiciens* (1912). — Ernst Kurth, *Die Jugendopern von Gluck* (1913). — On consultera aussi les éditions des œuvres de Gluck, Pelletan Damcke et Lemoine, Fétis, Grove, Berlioz (*A. Travers chants*) et Schuré (*le Drame musical*). On consultera encore sur Gluck : les *Mémoires de Bachaumont* de 1766 à 1786, la *Correspondance littéraire* de Grimm, etc. Enfin, la *Gluckgesellschaft* prépare, sous la direction de M. Abert, une publication annuelle sur la biographie et l'esthétique de Gluck.

2. C'est à M. Schmid que l'on est redevable de la découverte de l'acte de naissance de Gluck. — Voir dans son ouvrage, suppl., p. 461.

3. Adolph-Bernhard Marx, *Gluck und die Oper*, 1862.

4. *Ibid.*, I, 14.

5. *Gluck*, par Jean d'Udine (1906), p. 31.

6. Cf. Desnoiresterres. *Gluck et Piccinni*, p. 7.

7. A. Marx. *Gluck und die Oper.* — A la Teinkirche, Gluck aurait étudié sous la direction d'un musicien bohémien qui avait été le maître de Tartini, le franciscain Czernohorsky (Tiersot, *Soixante ans de la vie de Gluck*; *Ménestrel*, 18 janvier 1908).

travailla quatre ans avec ce très fécond maître et apprit auprès de lui ce qu'un compositeur d'opéras italiens ne pouvait pas ignorer, assez mince bagage, au demeurant, et dont l'auteur d'*Alceste* éprouva plus d'une fois l'insuffisance[1]. En revanche, il utilisa quelques formules chères à Sammartini dans les parties symphoniques des ouvrages de sa première et de sa seconde manière; Reissmann a montré que les ouvertures, notamment, en sont tout à fait conçues dans le style du vieux maître milanais.

Quoi qu'il en soit, l'opéra italien jouissait alors partout d'une suprématie incontestée, et le jeune Gluck ne put que sacrifier à l'idole de son temps. Il suivit donc la voie qui s'offrait tout naturellement à lui, et se mit à écrire des opéras italiens sur des poèmes de Métastase. Il donne ainsi, à Milan, *Artaserce* (26 décembre 1741), à Venise, *Demetrio* (mai 1742), à Milan, *Demofoonte* (26 décembre 1742), *Arsace* (en collaboration, décembre 1743). A Crema, près de Milan[2], on avait représenté en 1743, pour la foire de septembre, un opéra écrit sur un ancien poème vénitien de 1691, plusieurs fois remanié et récemment mis en lumière par M. Francesco Piovano, *il Tigrane*[3]. Puis, venaient *Sofonisba*[4] (13 janvier 1744), à Milan, le pasticcio de *la Finta Schiava* (1744) et *Ipermestra* (1744), au théâtre de Venise. Turin assistait, le 26 décembre 1744, à la première représentation d'*il Re Poro*, et Milan, l'année suivante, applaudissait *Ippolito* (la *Fedra* de plusieurs biographes) (31 janvier 1745). En moins de cinq ans, Gluck avait donc achevé près de dix opéras italiens, et sa réputation s'étendait à toute l'Italie du Nord, où on le tenait pour le meilleur compositeur dramatique de l'époque[5]. C'est alors que lord Middlesex le fit engager au théâtre d'Haymarket, à Londres.

Gluck se met aussitôt en route, accompagné d'un représentant de la famille de ses protecteurs Lobkowitz; il avait 31 ans et une entière confiance en ses moyens. Dès le mois de janvier 1746 (le 7), il débuta par la *Caduta dé Giganti*, dans laquelle il utilise de la musique de ses opéras antérieurs, mais dont, au dire de Burney[6], les airs surprirent par leur nouveauté, puis il donne *Artamène*[7] (4 avril 1746); selon la plupart des historiens[8], il aurait encore composé, à l'aide de ses meilleurs morceaux, un pasticcio intitulé *Pyrame e Thisbe*, auquel le public aurait fait mauvais accueil. Rapportée par Suard, cette anecdote est inexacte, et les travaux récents de MM. Wotquenne, Piovano et Tiersot ont montré que *Pyrame e Thisbe* n'avait jamais existé. Le seul pasticcio londonien de Gluck fut la *Caduta*. En réfléchissant sur les causes de son échec, Gluck « jugea que toute musique bien faite doit être l'expression propre d'une situation »[9]. C'était là une leçon qui ne fut pas perdue pour le musicien.

Mais son voyage à Londres lui apportait d'autres enseignements, en le mettant en contact avec des

artistes susceptibles d'influencer fortement sa propre évolution[10]. D'abord, lorsqu'il traversa la France pour gagner l'Angleterre, le nom de Rameau ne lui était pas resté inconnu, bien qu'il n'ait pas dû entendre d'œuvres du maître d'*Hippolyte;* puis, à Londres, la fréquentation d'Hændel inspirait à l'élève de Sammartini un respect pour le contrepoint qu'il n'avait point retenu des leçons de son maître. Quel contraste que celui de ce jeune homme, féru de mélodies faciles, et de cet opiniâtre constructeur de vastes et solennelles architectures polyphoniques! Hændel déclarait tout net que Gluck entendait le contrepoint comme son cuisinier[11]; mais, en dépit de leur forme un peu brusque, les conseils de l'auteur du *Messie* furent pieusement recueillis par le néophyte. A Londres, Gluck rencontrait aussi une délicate et charmante nature de musicien en la personne de cet Arne, dont Burney souligne les aspirations vers un art fait de naturel et de simplicité. Arne ne manqua pas de s'entretenir avec Gluck de sa conception esthétique, et le futur rénovateur de l'opéra puisa, dans ses conversations, maintes indications utiles. Avec Rameau et Hændel, Gluck avait senti la nécessité, pour le drame lyrique, de reposer sur une musique solide, expressive, fermement rythmée. Arne lui ouvrait des perspectives limpides, en lesquelles les souvenirs cueillis jadis à travers les forêts de Bohême trouvaient tout naturellement place[12].

A la fin de 1746, Gluck quitte l'Angleterre pour regagner le continent, et, au cours des seize années qui suivent (1746-1762), il mène une existence errante, faite d'allées et de venues continuelles, visitant, tour à tour, l'Allemagne, le Danemark, l'Autriche et l'Italie. Durant cette période de voyages, les œuvres qu'il écrit commencent à témoigner des transformations qui s'effectuaient en lui. Déjà, on y voit poindre les tendances qu'il précisera par la suite, et on peut dire que son évolution se dessine vers 1750. Nous ne relaterons pas ici, en détail, les mille péripéties de l'existence de Gluck à cette époque; de celle-ci, on trouvera une histoire très complète dans les ouvrages de Marx, de Desnoiresterres, de Newman et de Tiersot. Nous nous bornerons à en résumer les faits essentiels.

Musicien des plus cosmopolites[13], Gluck fait représenter à Dresde, par la troupe Mingoti, le *Nozze d'Ercole et d'Ebe* (29 juin 1747), puis, à Vienne, *Semiramide riconosciuta* (14 mai 1748). Sur le théâtre italien de Charlottenbourg, on joue, le 9 avril 1749, pour fêter la naissance du prince Christian de Danemark, *la Contesa de Numi*[14]. Entre temps, Gluck a perdu son père et épousé Marianne Pergin (15 septembre 1750)[15]. Auparavant, il avait, pendant le carnaval, donné *Ezio* à Prague (1750); puis, deux ans après, *Issipile*, encore à Prague (1752), et *la Clemenza di Tito*, à Naples (4 novembre 1752), suivie par *le Cinesi*, chez le prince de Saxe-Hildburghausen, au château de Schlosshof

---

1. M. Tiersot semble attacher peu d'importance à l'influence éducatrice que Sammartini aurait exercée sur Gluck (*Ménestrel*, 25 janvier 1908).
2. Et non pas Crémone, ainsi que l'ont répété la plupart des historiens. Cf. A. Wotquenne, *Catalogue thématique des œuvres de Gluck.*
3. Voir sur cette question l'article de M. Piovano dans le *Recueil de la Société internationale de musique*, janvier-mars 1908.
4. Appelé aussi *Siface.*
5. A.-Bernhard Marx, *loco cit.*, I, p. 107. Ou l'appelait : « Il giovine tedesco. »
6. Burney, *History of Arts*, IV, p. 452. On blâmait Gluck de couvrir les chanteurs avec son orchestre. Sur le séjour à Londres, voir Burney, *Etat présent de la musique*, III, p. 230.
7. M. Piovano a montré qu'il est presque certain qu'il n'a composé qu'une version d'*Artamène*, et que c'est celle qui fut jouée à Londres.
8. Desnoiresterres, Newman, Marx.
9. Desnoiresterres, *loco cit.*, p. 16. Il y a lieu, cependant, de remar-

quer que, jusqu'à la fin de sa carrière, Gluck pratiqua le système du remploi de morceaux empruntés à des œuvres déjà exécutées. Au surplus, nous reviendrons plus loin sur cette importante question.
10. Voir sur le séjour de Gluck en Angleterre, F.-G. Edwards, *Gluck in England* (*Musical Times*, 49, 786, année 1908).
11. Burney, *Life of Hændel* (1785), p. 33. Cf. Tiersot, *Soixante Ans de la vie de Gluck* (*Ménestrel*, 28 mars 1908).
12. Marx rapporte que Gluck aurait dit des airs symétriques italiens : « Es ist alles recht, ma questo non tira sangue, » parole caractéristique et révélatrice de ses nouvelles dispositions.
13. Il ne nous paraît pas rationnel d'admettre une période viennoise dans la carrière de Gluck.
14. Cette pièce de circonstance fut appelée *Der Götter Zanck*. On l'a aussi faussement désignée sous le nom de *Teride.*
15. Sur le mariage de Gluck avec Marianne Pergin, voir Desnoiresterres, p. 18 et 30.

(24 septembre 1754). Marie-Thérèse avait nommé le musicien chef de sa musique, et l'Opéra de Vienne lui confiait les fonctions de kapellmeister, au traitement de 2.000 florins. L'année suivante, c'est le théâtre *della Favorita* à Laxenburg qui prête asile à la *Danza*, pastorale (3 mai 1755)[1], pendant que Vienne assiste à l'apparition de l'*Innocenza giustificata* (8 déc. 1755). A Rome, on représente avec succès *Antigono* (9 février 1756), où deux rôles de femmes étaient chantés par des castrats, et le pape nomme chevalier de l'éperon d'or l'heureux musicien, dont le théâtre de Vienne montait, onze mois après, *il Re Pastore* (8 déc. 1756). Enfin, le mariage de l'archiduc Joseph fournissait au Chevalier l'occasion d'écrire une œuvre nouvelle, la sérénade de *Tetide*, pièce de circonstance, jouée à Vienne le 8 octobre 1760. Nous verrons, en étudiant la réforme dramatique de Gluck, que déjà *Telemacco, Ezio, l'Innocenza, il Re Pastore* et *Tetide* réalisent des ébauches, pleines de promesses, des futurs chefs-d'œuvre.

Mais il est une autre direction dans laquelle Gluck va s'exercer : c'est celle de l'opéra-comique français[2]. De 1758 à 1764, il écrivit, en effet, à Vienne, et à la demande du comte Durazzo, directeur des spectacles de Vienne, quelques pièces légères sur des paroles de Favart, de Lesage, d'Anseaume, etc. Gluck s'acquittait fort bien de cette besogne, au dire de Favart lui-même, qui, en janvier 1760, mandait à Durazzo : « Il me parait que M. le chevalier Gluck entend parfaitement cette espèce de composition. J'ai examiné et fait exécuter les deux opéras-comiques *Cythère assiégée* et l'*Isle de Merlin;* je n'y ai rien trouvé à désirer pour l'expression, le goût, l'harmonie, et même pour la prosodie française[3]. »

M. R. Rolland a judicieusement montré que ces pièces légères constituaient pour Gluck un excellent exercice, qu'il apprenait ainsi à pénétrer l'esprit de notre langue, en même temps qu'il se trouvait là sur un terrain propice à l'application des principes d'Arne relatifs à la simplicité et au naturel. Marx reconnaît également les qualités d'homme de théâtre affirmées par le Chevalier dans ses opéras-comiques, et constate que Gluck entra avec une habileté singulière dans le ton de la scène française[4].

L'*Isle de Merlin*, représentée à Schönbrunn, le 3 octobre 1758, n'était autre que le *Monde renversé* de Lesage et d'Orneval, joué à la foire Saint-Laurent, en 1718. Gluck s'était borné à ajouter à la pièce des « airs nouveaux ». On peut en dire autant de la première version de *Cythère assiégée* (1759), et d'*On ne s'avise jamais de tout* (1762).

Au contraire, il avait composé en entier la musique de la *Fausse Esclave*, d'Anseaume (1758), de la première version de l'*Arbre enchanté* (Schönbrunn, 3 octobre 1759), et de l'*Ivrogne corrigé* (1760). Quant au *Cadi dupé*, dont la première version était de Monsigny, Gluck l'ornait de musique nouvelle[6] (1761?).

Enfin, il composait en 1764, sur un livret de Dancourt, sa charmante *Rencontre imprévue* (janvier 1764), qui annonce l'*Enlèvement au sérail* de Mozart, et qui, d'après M. Jullien, resta aux répertoires de Berlin et de Vienne jusqu'à la fin du xviiie siècle.

Avec l'année 1762, commence pour Gluck une période particulièrement féconde; c'est celle de sa collaboration avec Calzabigi. Raniero di Calzabigi, en traduisant en français les ouvrages de Métastase, avait été frappé de ce qu'ils contenaient d'arbitraire, d'artificiel. « J'ai pensé, il y a vingt ans, écrivait-il en 1734,... que plus la poésie était serrée, énergique, passionnée, touchante, harmonieuse, et plus la musique qui chercherait à la bien exprimer, d'après sa véritable déclamation, serait la musique vraie de cette poésie. » Il chercha donc à composer des drames ramassés et énergiques, où les grands mouvements de l'âme auraient une place prépondérante, et ainsi naquit *Orfeo ed Euridice* (5 octobre 1762). A partir de ce moment, on peut dire que la réforme dramatique était chose accomplie[7].

L'impression produite à Vienne par l'*Orfeo* fut profonde.

L'année suivante, Gluck redonnait son *Ezio* (1763), puis écrivait, sur une farce de Lesage, la *Rencontre imprévue* ou *les Pèlerins de la Mecque*, un gracieux opéra-comique, et faisait représenter à Bologne, où il entrait en relations avec le P. Martini, *il Trionfo di Clelia* (14 mai 1763). L'année suivante, il se rendait à Francfort, à l'occasion des fêtes du couronnement de Joseph II, et y faisait jouer son *Orfeo*, pour lequel il composa un air de bravoure qui, par la suite, lui fut contesté[8]. A l'occasion de la gravure d'*Orfeo*[9], il séjournait quelque temps à Paris (mars 1764)[9], puis, de retour à Vienne, assistait à l'exécution de son *Parnasso confuso* à Schönbrunn, pour le mariage de l'archiduc Joseph avec une princesse de Bavière (24 janvier 1765).

Citons, après *il Parnasso confuso*, avant *la Corona* (non exécutée, décembre 1765)[10], et un *Prologo* chanté à Florence, le 22 février 1767, le remarquable *Telemacco*, composé sur un poème de l'abbé Coltellini et représenté à Vienne le 30 janvier 1765, sur le théâtre de la cour; Gluck devait emprunter à cet ouvrage nombre de thèmes qu'il transporta dans les œuvres de sa dernière manière[11].

Le 16 décembre 1767[12], l'*Alceste* italienne voyait, pour la première fois, le feu de la rampe, sous la direction de Scalabrini : « Calzabigi, écrit M. Desnoiresterres, obéissant en cela aux convictions de Gluck autant qu'aux siennes, chercha à se rapprocher le plus possible de l'excessive sobriété du drame antique[13]. » Ce noble sujet d'*Alceste*, qui déjà avait séduit Quinault et Lulli, prenait, entre les mains de Gluck et de son poète, une allure vraiment digne d'Euripide, mais aussi l'unique situation du drame entraînait celui-ci à quelque monotonie. Les spectateurs ne cachèrent cri-

---

1. Sur la *Danza, pastorella*, consulter l'article publié par M. Romain Rolland dans la *Revue musicale* de 1903, p. 40.

2. Plusieurs auteurs ont trouvé qu'en agissant de la sorte, Gluck dérogeait. M. Desnoiresterres, entre autres, déclare que « son activité s'éparpilla dans des œuvres qui n'étaient pas faites pour le grandir », et qu'il se livra ainsi à « une besogne dont la postérité n'a pas à lui savoir gré » (p. 26, 27). Tel n'est pas notre avis. Cf. Romain Rolland, *Gluck : Une Révolution dramatique* (*Revue de Paris* du 15 juin 1904, p. 764), et *Musiciens d'autrefois*, p. 233; Tiersot, *Soixante ans de la vie de Gluck* (*Ménestrel*, 6 juin 1908 et n[os] suivants).

3. Favart, *Mémoires et Correspondance littéraire*, I, p. 11, 12.

4. Marx, *loco cit.*, I, p. 258.

5. *Les Amours champêtres* (1755), *le Chinois poli en France* et *le Déguisement pastoral* (1756) ne sont pas de Gluck, comme on l'a trop souvent répété, ou du moins leur attribution au Chevalier est des plus douteuses. Quant au *Diable à quatre* (mai 1759), deux partitions manus-

6. *Mercure* de France, 18 mai 1784; cité par J. d'Udine, *loco cit.*, p. 44.

7. Newman, 1re partie, chap. III. On a reproché à Calzabigi de s'être arrogé le seul mérite d'*Orfeo*, en prétendant avoir tracé, à l'intention de Gluck, un véritable plan de réduction musicale.

8. J. Tiersot, *Gluck*, p. 66.

9. Desnoiresterres, p. 59, 60, et A. Jullien, *la Cour et l'Opéra sous Louis XVI : Favart et Gluck*, p. 322 et suiv.

10. *La Corona* devait être exécutée par les archiduchesses.

11. J. Tiersot, *Gluck*, p. 72, 73. On a faussement attribué *Telemacco* la date de 1757.

12. Et non pas 1766, comme le dit Desnoiresterres.

13. Desnoiresterres, p. 62.

crites de Dresde ont permis à M. Tiersot d'en attribuer au Chevalier une partie des airs (Tiersot, *Soixante ans de la vie de Gluck*, 4 juillet 1908).

point leur déception et traitèrent la pièce de « messe d'enterrement[1] ». Seulement, l'hostilité dura peu, et le public, bientôt subjugué par la grandeur pathétique de l'ouvrage, voua à *Alceste* le culte qu'il professait pour *Orfeo*, dédommageant ainsi Gluck d'un instant d'indécision et d'égarement. Trois ans après l'apparition d'*Alceste*, le théâtre de Vienne était appelé à juger un nouvel opéra des deux collaborateurs[2]. *Paride ed Elena* (30 novembre 1770), œuvre sans grand relief et assez monotone, mais où Gluck s'efforçait d'exprimer par sa musique l'opposition des caractères des Phrygiens et des Spartiates, et à laquelle, dans ses compositions ultérieures, il emprunta de nombreux motifs.

L'année précédente (24 août 1769) et à l'occasion du mariage de l'infant don Ferdinand, Parme s'était divertie d'un spectacle coupé, dans le genre de ceux qui se produisaient avec tant de persévérance sur la scène française, et intitulé *le Feste d'Apollo*. Après un Prologue, venaient trois actes écrits sur des sujets différents, dont les deux premiers, l'*Atto de Bauci e Filemone* et l'*Atto d'Aristeo*, étaient inédits, mais dont le troisième, à l'imitation des *Fragments* alors si goûtés à Paris, consistait en un pot pourri de morceaux d'*Orfeo*. Gluck avait alors quelque peu refréné son humeur voyageuse et ne quittait guère plus Vienne, où il vivait adulé et heureux, mais très sauvage et fantasque. Burney, qui lui fut présenté en 1772, grâce à l'entremise de la comtesse de Thun, a laissé d'intéressants détails sur le caractère de son intimité. Il avait écrit en 1770 un recueil de sept lieder sur les odes de Klopstock : *Klopstock's Oden und Lieder beym Clavier zu singen in Musik gesetzt von Herrn Ritter Gluck*[3]. Bien que la valeur artistique de ce petit recueil soit assez faible, et que Marx le qualifie de déclamatoire, l'ouvrage de Gluck présente, comme le remarque M. R. Rolland, un grand intérêt historique, en ce qu'il apporte un des premiers exemples du lied tel que le concevront Mozart et Beethoven. De plus, le musicien utilisa à plusieurs reprises la forme lied dans ses tragédies lyriques.

Arrivons maintenant à ce que nous appellerons la carrière française de Gluck, carrière qui s'étend de 1774 à 1779.

Depuis longtemps, l'Orphée allemand ne cachait pas ses visées à l'égard de la France, dont il méditait la conquête musicale, et dont la langue réunissait les qualités qui convenaient le plus à son talent vigoureux, « l'énergie et la clarté[4] ». En s'emparant de livrets d'opéras-comiques français, il avait déjà fait un pas dans cette voie, et lorsque, en 1767, le comte d'Escherny l'invitait à dîner avec M. de Sevelinges, il manœuvrait habilement pour s'attirer la confiance de ce Français influent, louant dans Lulli

« une noble simplicité, un chant rapproché de la nature et des intentions dramatiques », et déclarant que « s'il était appelé à travailler pour l'Opéra de Paris, il espérait, en conservant le genre de Lulli, créer la véritable tragédie lyrique »[5]. M. de Sevelinges joua donc le rôle d'un des premiers annonciateurs du Chevalier, que l'étude des œuvres de Lulli et de Rameau avait convaincu de la similitude de leurs styles avec le sien propre, l'assurant ainsi par avance du succès à Paris[6]. Gluck trouvait un autre concours encore plus précieux dans celui que lui offrait un attaché à l'ambassade de France à Vienne, le bailli Le Blanc du Roullet. Partisan enthousiaste de l'art gluckiste, du Roullet proposa une collaboration qui fut acceptée de suite. Il s'agissait du poème d'*Iphigénie en Aulide*, qu'il avait condensé en trois actes, et sur lequel Gluck se mit à l'œuvre. En 1772, du Roullet écrit à Dauvergne, directeur de l'Opéra, pour lui soumettre la nouvelle tragédie; il le fait en termes insinuants et habiles, et Dauvergne de publier dans le *Mercure* l'exposé des propositions qui viennent de la capitale autrichienne[7]. De son côté Gluck, rompu à toutes les questions de tactique, ne demeure pas inactif; lui aussi va prendre la plume, et, d'un ton modeste, il repousse les éloges dont on l'encense; en même temps, il flatte l'amour-propre national et manœuvre autour de J.-J. Rousseau, dans l'intention bien arrêtée de s'en faire un allié.

Après avoir examiné le Ier acte de la partition, Dauvergne avait rendu son verdict : « Un tel ouvrage était fait pour tuer tous les anciens opéras français[8]. » Pour brusquer les négociations, Gluck implore l'appui de son ancienne élève, la dauphine Marie-Antoinette, et, fort de ce soutien, débarque à Paris en janvier 1774[9].

À peine arrivé, il cherche à se concilier à la fois le parti musical vieux-français et les Encyclopédistes, en particulier Rousseau, que savait Bouffonniste déterminé, et avec qui Corancez lui ménage une entrevue. Sans perdre de temps, il s'informe soigneusement des personnalités marquantes et s'introduit dans le cercle dont Mme de Tessé était l'âme à Chaville. Là, il rencontrait Arnaud, le comte de Caylus, le comte de Lauraguais, de Creutz, etc., puis il s'en allait chez l'abbé Morellet, où, le dimanche, fréquentaient Philidor, Duni, Diderot, d'Alembert, l'abbé Delille, Suard, Van Loo, etc. [10]. On avait, sur ces entrefaites, mis *Iphigénie* en répétitions, et à ce propos, la plupart des auteurs, sur la foi de Mercier, de Rousseau, de Saint-Preux et de Castil-Blaze, ont tracé de l'orchestre et des chanteurs de l'Opéra, en 1774, un tableau extrêmement noir. Nous pensons qu'il y a là quelque exagération; la troupe des artistes du chant renfermait les artistes qui, comme

1. Desnoiresterres, p. 65. L'*Alceste* italienne diffère profondément de l'*Alceste* française; Voir plus loin.

2. Bien que le poète ne soit pas nommé dans l'ouvrage, il est certain qu'il n'est autre que Calzabigi; c'est Gluck lui-même qui l'affirme, dans sa lettre au *Mercure* de février 1773.

3. M. Newman, dans sa liste chronologique des œuvres de Gluck, place bien ce recueil entre *Philémon et Baucis* (1769) et *Iphigénie en Aulide* (1774), mais n'en précise pas la date, que M. Rolland a donnée dans son étude sur Gluck (*Revue de Paris*, 15 juin 1904, p. 761). La 1re édition est de 1787 (Wotquenne). Gluck a composé en outre de la musique religieuse et de la musique instrumentale. Son *De Profundis* est un ouvrage posthume. Parmi ses œuvres instrumentales, nous citerons : trois ballets : l'*Orfano della China* (1755), *Don Juan* (1761) et *Alessandro* (1755), puis des Sonates pour deux Violons et la basse, publiées à Londres en 1746, neuf Ouvertures ou symphonies, dont trois pour quatuor seul, cinq pour quatuor et deux cors, et un pour quatuor, deux hautbois, basson et deux cors, etc. (Cf. A. Wotquenne, *Catalogue thématique des œuvres de Gluck*.)

4. Desnoiresterres, p. 76.

5. Le comte d'Escherny, *Mélanges de littérature, d'histoire, de morale et de philosophie* (1811), II, p. 356-358.

6. Newman, *loco cit.*, p. 111.

7. La lettre du du Roullet du 1er août 1772. Dauvergne subordonnait son acceptation à l'engagement par Gluck d'écrire pour la scène de l'Opéra six œuvres semblables à celle qu'on lui proposait.

8. Desnoiresterres, p. 83.

9. Avant cette époque, le public parisien connaissait déjà le nom de Gluck, ou de *Glouck*, comme on l'écrivait; il avait, en effet, entendu quelques petits airs de ses opéras italiens, parodiés sur des paroles françaises, et introduits par Blaise dans son opéra-comique d'*Isabelle et Gertrude* (1765). De plus, Godard, le 2 février 1768, chantait au Concert spirituel un motet à voix seule de « M. le chevalier Gluck, célèbre et savant musicien de S. M. Impériale » (M. Brenet, *les Concerts en France*, p. 247).

10. Voir E. de Bricqueville, *Un Critique musical au siècle dernier* (1883).

Sophie Arnould et Larrivée, méritaient tous les éloges. Quant aux chœurs, Laujon nous raconte qu'en 1766 ils étaient déjà arrivés à prendre une part active au drame et à abandonner leur attitude figée[1]. Enfin l'orchestre, dressé et assoupli par la difficile musique de Rameau, comprenait, en 1774, des virtuoses remarquables que les accompagnements, somme toute, assez simples de Gluck ne pouvaient guère effaroucher. Nous citerons notamment Caraffe, Tarade, Dun et Sallantin[2]. De tels artistes sont certainement bien différents de ceux dont Mercier dessine le fantaisiste portrait[3]. Néanmoins, il y a lieu de croire que tous ces musiciens, passablement infatués de leur valeur, péchaient beaucoup sous le rapport de l'expression, et que Gluck dut s'employer énergiquement à triompher de leur apathie.

La première d'Iphigénie en Aulide eut lieu le 19 avril 1774. Applaudie par la dauphine et par les princesses, la pièce fut assez froidement accueillie; mais, dès la deuxième représentation, la salle conquise ne cacha pas son enthousiasme. Gluck ne ménageait rien, d'ailleurs, pour « chauffer » sa cause, qu'il laissait complaisamment défendre par de zélés séides, comme l'abbé Arnauld[4] et Corancez[5], pendant qu'il continuait à rabattre de tous côtés des partisans susceptibles de lui faire honneur, tels que Mme de Genlis et la duchesse de Kingston[6].

Le 22 août 1774, l'Opéra représentait Orphée et Eurydice, traduit par Molines, et considérablement remanié par le musicien, qui baissait d'une quarte le rôle d'Orphée, écrit pour contralto dans la pièce italienne. Le succès surpassa celui d'Iphigénie, à cause du caractère plus simple et plus émouvant du drame[7]; journaux et mémoires du temps s'emplissent alors d'éloges, et Corancez, Rousseau, Voltaire et Mlle de Lespinasse font montre d'un bruyant enthousiasme; Rousseau, en particulier, s'était attaché passionnément à la nouvelle œuvre du Chevalier, devenu l'homme à la mode[8]. On s'arrachait les places pour les représentations de ses opéras, et les répétitions elles-mêmes avaient attiré une foule inouïe, avide de contempler de près et en plein travail l'homme extraordinaire qui commençait à diviser la capitale en deux camps également surexcités, et que l'on accueillait avec ferveur à Versailles, où une deuxième version de l'Arbre enchanté était représentée devant la cour le 27 février 1775[9].

Gluck n'assista point à la chute de Cythère assiégée (1er août 1775); vers la fin de février 1775, il avait quitté Paris pour Vienne, « son cabinet de travail », afin d'y préparer une adaptation française de l'Alceste italienne et d'y écrire deux nouvelles tragédies lyriques : Roland et Armide.

Alceste ne parut sur la scène de l'Académie royale de musique que le 23 avril 1776, et faillit sombrer à

cause du dernier acte. « Alceste est tombée, s'écriait Gluck. — Tombée du ciel », répliquait Arnaud en guise de consolation, tandis que le musicien disait à Corancez : « Alceste ne doit pas plaire seulement à présent et dans sa nouveauté; il n'y a point de temps pour elle, j'affirme qu'elle plaira également dans deux cents ans, si la langue française ne change point[10]. »

L'apparition d'Alceste marque un degré de plus dans la tension qui avait surgi entre gluckistes et antigluckistes, sans que, du reste, les uns et les autres pussent préciser d'une façon nette les arguments qu'ils se jetaient à la tête. D'ailleurs, le public affirmait pour le nouvel ouvrage une admiration croissante, admiration qui allait dépasser celle dont il avait entouré Iphigénie et Orphée. Visiblement, Gluck se trouvait le maître de la situation; aussi, comprend-on l'irritation dont il fit preuve en apprenant que la direction de l'Opéra avait confié à Piccinni le poème de Roland sur lequel il travaillait lui-même[11], irritation qui traduisit par une lettre emportée qu'il écrivit à du Roullet[12]. Ce Nicolas Piccinni, que les derniers jours de l'année 1776 allaient amener en France[13], était destiné à porter l'étendard des divers partis hostiles à Gluck. Ce fut la reprise d'Iphigénie en Aulide, en 1777, qui, définitivement, déchaîna une guerre de plume violente, injurieuse et injuste. Nous n'avons pas l'intention d'écrire ici l'histoire de cette trop fameuse et bien confuse Querelle des Gluckistes et des Piccinnistes, dont on trouvera une exposé solidement documenté dans le livre de M. Desnoiresterres. Aussi bien, cette guerre n'est-elle que la quatrième crise du conflit qui, durant tout le XVIIIe siècle, sépara de façon chronique la musique française et la musique italienne. On vit, du côté de Gluck, se ranger Arnaud, Suard, Rousseau, Grimm, tandis que le clan opposé comptait La Harpe, Marmontel, Ginguené, etc., parmi les meilleurs combattants. Des innombrables écrits et pamphlets qui apparurent alors, et que l'abbé Leblond a rassemblés en 1781, il ne reste assurément pas grand'chose, et c'est, en général, un fâcheux verbiage que déclament à qui mieux mieux ces adversaires échauffés. Cependant, tout n'est pas à blâmer dans cette littérature. Du côté gluckiste, Arnaud et Suard (l'Anonyme de Vaugirard) font souvent preuve, dans le Journal de Paris, d'une extrême pénétration; dans le camp opposé, si le Journal de politique et de littérature, sous la signature de La Harpe, se montre trop facilement d'arguments médiocres et ressassés, Marmontel ne manque pas d'énoncer quelques idées fort justes. Son Essai sur les révolutions de la musique française pose un certain nombre de questions intéressantes et contient de judicieuses réflexions. Marmontel a évidemment raison quand il se demande en quoi Gluck se distingue tant des Italiens, observation d'autant plus exacte que le chantre d'Orphée ne

---

1. Laujon, Œuvres choisies, I, p. 176, 177.
2. Arch. de l'Opéra. En outre, Daquin indique très nettement l'influence réformatrice que Rameau avait exercée sur l'orchestre de l'Opéra : « En général, écrit-il, l'orchestre de l'Opéra est composé d'excellents sujets; tous ont l'obligation à l'Orphée du siècle de la rapidité de leur exécution. Sous un génie comme M. Rameau, on devait s'attendre à une grande révolution dans la musique, ou plutôt à la perfection de l'Art. » (Lettres sur les hommes célèbres sous le règne de Louis XV, I, p. 140.)
3. Mercier, Tableau de Paris, édition de 1853, p. 167. (Cité par Desnoiresterres.)
4. Lettre publiée dans la Gazette de littérature, avril 1774.
5. Corancez a raconté un certain nombre d'anecdotes sur Gluck et sur son esthétique dans le Journal de Paris du 22 août 1788, n° 234.
6. Marie-Antoinette, qui protégeait Gluck, écrivit à sa sœur Christine, à Vienne, pour lui rendre compte de l'effet produit par Iphigénie en Aulide (Tiersot, Gluck, p. 131-132).

7. Newman, p. 145.
8. Gluck tenait, du reste, Jean-Jacques en haute estime. Voici le jugement qu'a porté sur le philosophe : « L'étude que j'ai faite des ouvrages de M. Rousseau sur la musique, la lettre, entre autres, dans laquelle il fait l'analyse du monologue de l'Armide de Lulli, prouvent la sublimité de ses connaissances et la sûreté de son goût et m'ont pénétré d'admiration. » (Mémoires pour servir à l'histoire de la révolution opérée dans la musique par M. le chevalier Gluck, p. 8 à 10.) — Sur les rapports de Gluck avec Rousseau, voir J. Tiersot, Jean-Jacques Rousseau, p. 269, 270.
9. Cette deuxième version ne différait de la première (1759) que par un seul morceau que Gluck lui avait ajouté.
10. Journal de Paris, août 1788.
11. Il détruisit ce qu'il avait déjà écrit de Roland.
12. Cette lettre fut publiée dans le tome VII de l'Année littéraire de 1776. Cf. Tiersot, Gluck, p. 178, 179.
13. Piccinni arriva en France le 31 décembre 1776.

renia jamais son éducation italienne[1]. Au demeurant, Gluck lui-même ne descendit que bien rarement dans l'arène où on rompait des lances à propos de lui. De loin en loin, il disait son mot à l'occasion, un mot vif et péremptoire. Mais c'est très justement que M. d'Udine, en citant la lettre qu'il écrivait le 16 novembre 1777 à la comtesse de Frise, ajoute : « Tout Gluck se retrouve dans cette page, avec ses défauts, sa gaieté, ses préoccupations financières et l'ennui — un plus gros mot vient à l'esprit — que lui causaient au fond les combats déchaînés par son intransigeance[2]. »

Le 23 septembre 1777, l'Opéra représentait *Armide*, que le Chevalier avait composée en utilisant, à la grande indignation des Lullistes, le vieux poème de Quinault; aussi, le premier contact avec le public fut-il réservé et quelque peu froid. Dans le *Journal de politique et de littérature*[3], La Harpe déclarait tout net qu'il n'y avait ni mélodie ni chant dans le nouvel ouvrage, et que le rôle d'Armide était une criaillerie monotone et fatigante. Piqué au vif, Gluck riposta dans le *Journal de Paris* par une lettre cinglante[4], et ce duel suscita une recrudescence d'épigrammes et de pamphlets à l'adresse du défenseur de Piccinni. Cependant *Armide*, où, ainsi que l'écrit M. Coquard, le Chevalier, espérant porter un coup décisif aux Piccinnistes, « avait mis toutes les séductions possibles » , ne tardait pas à conquérir la foule; de son côté, Berton, le directeur de l'Opéra, cherchait à rapprocher les deux rivaux; mais le *Roland* de Piccinni remportait un grand succès le 27 janvier 1778, et Marmontel, auteur du livret, ne cachait point son intention de l'accommoder, à l'intention du maestro, les autres poèmes de Quinault. C'était donc une série d'opéras piccinnistes qui s'annonçait, de sorte que les deux camps, loin de désarmer, allaient continuer à combattre avec une inlassable opiniâtreté.

Devismes, le nouveau directeur de l'Académie royale, personnage de goût éclectique et d'esprit avisé, songea alors à exploiter à son profit la querelle des Gluckistes et des Piccinnistes et à transformer l'Opéra en un champ de bataille de la musique. Non seulement il mandait une troupe de bouffonnistes, mais encore, désireux d'opposer les deux adversaires sur le même terrain, il confiait à Piccinni le même sujet, *Iphigénie en Tauride*, que celui que Gluck avait emporté à Vienne, en février 1778; il y joignait la promesse de faire représenter l'ouvrage du maestro italien avant celui du Chevalier[5]. Piccinni n'était pas seul, d'ailleurs, à s'intéresser à ce beau drame; Gluck avait longtemps hésité devant le livret que lui offrait Guillard, et, fort de ces tergiversations, Grétry s'était fait promettre la pièce, au moment où il rêvait de s'installer à côté du musicien allemand à l'Opéra. On juge de son désappointement lorsqu'il apprit que Gluck acceptait définitivement de mettre en musique le poème de Guillard[6].

Piccinni devait éprouver une déception un peu analogue lorsque, en novembre 1778, le bruit courut de l'imminent retour de Gluck, qui, disait-on, apportait achevée la partition d'*Iphigénie*[7]. Gluck arrivait, en effet, et malgré les protestations de Piccinni, auquel Devismes assurait qu'on « lui forçait la main », l'*Iphigénie* allemande entrait en répétitions pour passer le 18 mai 1779. Elle subjugua Paris du premier coup, et d'une façon irrésistible, dont témoignent éloquemment les articles du *Mercure* et du *Journal de Paris*. « Cette compréhension par un public théâtral, écrit M. Gevaert, d'une pareille œuvre, est un phénomène presque unique dans l'histoire de l'art musical, et fait le plus grand honneur à la population parisienne de 1779[8]. »

La retentissante carrière d'*Iphigénie* allait rendre plus sensible au Chevalier l'insuccès de son dernier opéra français, *Echo et Narcisse*, paroles du baron de Tschudi, ministre du prince de Liège, que l'Académie royale représenta le 24 septembre 1779[9]. Chansons, parodies et calembours surgirent alors de tous côtés, où les Piccinnistes se vengeaient cruellement de l'insolence hautaine affichée par les Gluckistes au cours de leurs triomphes. Gluck ne pardonna pas à la France la chute d'*Echo et Narcisse;* il quitta Paris pour n'y plus revenir, au mois d'octobre suivant, bien qu'il fût nommé maître de musique des enfants de France; il avait alors 65 ans[10].

Fixé désormais à Vienne, il y achève tranquillement ses années de vieillesse, idolâtré de ses concitoyens et dédaigneux des efforts auxquels se livrait le parti gluckiste, qui ne voulait pas désespérer de le voir réapparaître à Paris. Cependant, en septembre 1780, le ministre Amelot engageait des démarches pour rappeler le fugitif. On promettait à Gluck une somme de 6.000 livres par an, à charge de donner un opéra nouveau; si cet opéra arrivait à dépasser 40 représentations, on lui allouait en plus 2.000 livres, auxquelles s'ajoutaient les droits d'auteur habituels. Après le succès de quatre ou cinq opéras nouveaux, on accordait à Gluck une pension de 2.000 livres réversible à sa femme; enfin, le ministre lui passait annuellement 4.000 livres sur mandats particuliers[11]. Deux ans plus tard, le bruit court que le Chevalier arrive avec un nouvel opéra, *Hypermnestre*[12], et le comité de l'Opéra s'assemble afin de délibérer sur le prix fort élevé, 20.000 livres, qu'en demande le musicien. Il s'agissait d'un poème écrit par Calzabigi en 1778, et que Gluck, après l'avoir fait retoucher par le bailli du Roullet, avait confié à un de ses meilleurs élèves, Antonio Salieri. On finit par régler la question d'argent, et la pièce fut jouée, le 26 avril 1784, sous le titre des *Danaïdes*.

Les démarches auxquelles Gluck s'était livré à cette occasion ne le montrent pas sous un jour trop favorable; on peut même dire, avec M. Jullien, qu'il joua là un rôle plus cauteleux que fier[13]. Il abusait,

---

1. Cf. L. de la Laurencie, *le Goût musical en France*, chap. v.
2. Jean d'Udine, *loco cit.*, p. 108.
3. *Journal de politique et de littérature*, III, p. 169-170.
4. *Journal de Paris*, n° 285.
5. Le poème confié à Piccinni était de Dubreuil, tandis que celui sur lequel travaillait Gluck était de Guillard. Voir Ginguené, *Notice sur la vie et les ouvrages de Nicolas Piccinni*, p. 47 et suiv. Cité par Desnoiresterres, p. 256-257.
6. Lettre de Grétry à Guillard, 1776. Desnoiresterres, p. 254-255.
7. *Journal de Paris* du 28 novembre 1778. Gluck apportait, avec *Iphigénie en Tauride*, un deuxième opéra qui n'était autre qu'*Echo et Narcisse*.
8. Gevaert, préface de l'*Iphigénie en Tauride* de l'édition Lemoine.
9. Sur *Echo et Narcisse*, voir le *Dernier Opéra de Gluck*, Echo et *Narcisse*, par J. Tiersot (*Rivista musicale italiana*, 1902, p. 264 et suiv.), l'article de M. R. Rolland (*Revue musicale*, 1903, p. 212) et la préface de MM. Saint-Saëns et Tiersot dans l'édition Pelletan.
10. Gluck disait en 1780 : « Je n'irai plus à Paris, jusqu'à ce que les Français soient d'accord sur le genre de musique qu'il leur faut. Ce peuple volage, après m'avoir accueilli de la manière la plus flatteuse, semble vouloir se dégoûter de tous mes opéras; il semble vouloir retourner à ses ponts-neufs; il faut le laisser faire. » Voir *Mémoires secrets*, XVII, p. 197.
11. De Curzon, *Autour de l'ancien opéra* (*Revue internationale de musique*, 1898, p. 812.)
12. A. Jullien, *la Cour et l'Opéra sous Louis XVI.* — Salieri, p. 157 et suiv.
13. *Ibid.*, p. 171.

en effet, du comité de l'Opéra pour faire agréer, au prix de 12.000 livres, le travail de son élève, revendiquant d'abord la paternité des deux premiers actes, pour lever le masque, en mai 1784, une fois le succès de l'ouvrage assuré, en déclarant alors que les *Danaïdes* étaient entièrement de la main de Salieri. « Cette manœuvre peu scrupuleuse, observe M. Jullien, ne jetait pas un moindre discrédit sur l'élève que sur le maître[1]. »

Quoi qu'il en soit, en dépêchant à Paris une manière de « missus dominicus », Gluck remportait une revanche sur le piccinnisme, qui, après *Atys* (22 février 1780) et *Iphigénie en Tauride* (23 janvier 1783), triomphait avec la charmante *Didon* (1er décembre 1783); et peut-être n'applaudissait-on tant celle-ci que parce qu'elle s'affirmait très gluckiste. Mais, toujours rancunier, le vieillard ne se répandait pas moins en sarcasmes contre l'hospitalier pays où il avait cueilli de si prestigieux lauriers.

A Vienne, Gluck habitait tantôt un hôtel de la rue Alte Wieden, tantôt sa maison de campagne de Petersdorf, située dans la banlieue de la capitale. En 1787, malgré de fréquentes attaques d'apoplexie qui mettaient sa vie en danger et le contraignaient à observer un régime sévère, il travaillait avec Salieri à un oratorio français, *le Jugement dernier*. Le 14 novembre de cette année, après une promenade en voiture, il éprouva une nouvelle attaque et mourut le lendemain 15 novembre, à l'âge de 73 ans[2].

Les portraits et les bustes que nous connaissons de Gluck, joints à l'abondante littérature laissée par ses contemporains, et dans laquelle sont fixées nombre de particularités typiques de son caractère et de sa manière d'être, permettent de se figurer le personnage au moment de ses grands triomphes, vers 1775. De haute taille, d'aspect robuste et de forte corpulence, il avait le visage rond, avec les joues épaisses et profondément marquées de la petite vérole, le front haut et puissant. Les yeux, d'un gris clair et très vifs, illuminaient cette face grêlée, mais harmonieuse, d'un singulier éclat d'intelligence gouailleuse. Il s'habillait de façon recherchée, non sans faste, et portait dans le monde un habit brodé.

A la fois rustique et grand seigneur, grand mangeur et grand buveur, Gluck savait allier un ton bourru à des manières distinguées, et voici l'amusante esquisse qu'en trace M. d'Udine, qui le croque en pleine fièvre de répétition : « On se l'imagine aisément, tel que les Parisiens le connurent aux chandelles de la rampe, pendant les répétitions d'*Iphigénie*, la perruque et l'habit bas, invectivant sans vergogne ses interprètes, dans la pénombre de la salle remplie de princesses et de marquis, et toute retentissante de ses quolibets et de ses ordres, lancés avec un rude accent teuton, mais dans un français pittoresque et net[3]. » Plus tard, lorsque Reichaerd fit sa connaissance à Berchtholdsdorf, c'était un grand et majestueux vieillard, « vêtu d'un habit gris richement

brodé d'argent », entouré d'une sorte de cour, tel un prince, et s'appuyant sur un jonc à pomme d'or[4].

Sur l'homme moral, nous sommes renseignés d'abord par Anton Schmid, dont le soin pieux a restitué une biographie très complète du Chevalier, puis par Mosel[5], Burney[6] et Charles de Dittersdorf, avec qui il voyagea en Italie[7]; les *Mémoires* de Favart, les œuvres du comte d'Escherny, les *Mémoires* de Mmes de Genlis et Campan, l'histoire de la vie de la duchesse de Kingston[8], les nombreux articles que Corancez qui l'approchait de près, écrivit pour le *Journal de Paris*, le livre que Ginguené consacra à Piccinni[9] et les récits de Méhul, nous apportent, en outre, une foule de documents intéressants et caractéristiques.

Il était d'abord solennel et guindé, et ne se détendait que lorsqu'on mettait la conversation sur la musique; alors, son visage s'épanouissait, et l'homme devenait aussitôt des plus aimables et des plus spirituels[10]. Sans doute, il ignorait toute modestie, mais les grands hommes ont le droit de rester étrangers à ce qui tient lieu de qualités au commun des mortels. Extrêmement habile en affaires, il se montrait en toute circonstance insinuant et manœuvrier. Son plus grand défaut fut, sans contredit, un invraisemblable amour du gain, qui l'abaissait, parfois, jusqu'à de louches besognes de brocanteur; il n'hésitait pas, par exemple, à trafiquer mesquinement sur des bijoux, « refilant à quelque marquise de Versailles, pendant une répétition d'*Alceste*, la montre qu'il avait acquise au rabais d'une archiduchesse autrichienne[11] ». Nul mieux que lui ne savait flatter l'opinion, assiéger les personnalités influentes, se ménager des appuis et des protections; sitôt débarqué à Paris, il pénétrait dans les milieux littéraires, cimentant des amitiés utiles, se procurant des défenseurs éventuels, en un mot, amadouant la galerie et « chauffant » sa presse. Berlioz a blâmé son insouciance et sa paresse d'écriture, qui lui faisaient laisser les fautes les plus grossières dans ses partitions.

Intéressé, âpre au gain, et possesseur d'une fortune considérable, Gluck témoigna, cependant, de grandes et solides qualités de cœur. Toute sa vie, il fut un ami fidèle, et sa femme et sa nièce se partagèrent une affection qui ne se démentit jamais. S'agissait-il de sa musique, l'homme montrait une susceptibilité et une énergie extrêmes. *Impitoyable* vis-à-vis des interprètes, il ne laissait rien passer, veillant minutieusement au moindre détail. Une grande et haute flamme s'élevait en lui dès que, assis au clavecin, il essayait avec sa faible voix de traduire les sublimes accents de ses tragédies, et on ne peut lire sans émotion le portrait que fait Reichaerd du vieillard transfiguré devant les odes de Klopstock, et pathétique encore en chantant des fragments de son *Hermannschlacht*[12].

.·.

Ainsi que l'observe Newman, il est presque impossible de dire avec certitude à quelle époque les idées réformatrices de Gluck se firent jour d'une façon

---

1. *Ibid.*, p. 182.
2. Desnoiresterres, p. 382, 383. Tiersot, *Gluck*, p. 227. La mémoire de Gluck fut l'objet d'un *Tombeau* que composa le harpiste Vernier, et que le *Mercure* de mars 1788 annonçait sous le titre suivant : *Le Tombeau de l'immortel chevalier Gluck, pour le clavecin*. Gluck fut enterré au cimetière de Matzleinsdorf.
3. Jean d'Udine, *Gluck*, p. 29.
4. Desnoiresterres, p. 583.
5. Mosel, *Über das Leben und die Werke des Anton Salieri* (1827).
6. Burney, *The Present State of music in Germany, the Netherlands, and United Provinces* (1773).
7. *Karl von Dittersdorf's Lebensbeschreibung* (1801).
8. *Histoire de la vie et des aventures de la duchesse de Kingston*.

(1789). On peut ajouter à cette liste de sources d'information les *Souvenirs de Mme Vigée-Lebrun* (Paris, 1869). Voir, en particulier, t. I, p. 12, 13.
9. Ginguené, *Notice sur la vie et les ouvrages de Nicolas Piccinni*, an IX.
10. Il accueillit avec bienveillance le jeune Lacépède, qui, dans sa jeunesse, avait composé une *Armide*, sur laquelle Gluck voulut bien le complimenter. G.-T. Villenave a laissé, en 1826, de curieux détails sur les entretiens de Gluck et de Lacépède.
11. J. d'Udine, *loco cit.*, p. 101.
12. Desnoiresterres, p. 583. — Tiersot, p. 226.

définitive. L'évolution du musicien s'effectua lentement, mais sûrement, en suivant simplement « la
ligne de moindre résistance[1] ». Elle s'effectua aussi
avec méthode, après de longues réflexions, et par
un exercice constant de la volonté.

Il convient, d'ailleurs, d'observer que les projets
de Gluck étaient, en quelque sorte, dans l'air et que
ses principes, ceci soit dit sans vouloir aucunement
diminuer sa gloire, ne lui appartenaient point en
propre. On les trouve, en effet, exprimés en termes
déjà suffisamment explicites dans les écrits de ceux
que nous pourrions appeler les « théoriciens pré-
gluckistes ». Sans rappeler ici les griefs que Boileau,
La Bruyère, La Fontaine et Saint-Evremond formu-
laient contre le genre opéra, nous remarquerons seulement que, dès 1705, Lecerf de la Viéville, dans sa
Comparaison de la musique italienne et de la musique
française, traçait une sorte d'esquisse de la réforme
que Gluck allait réaliser plus de soixante ans après[2].
De même, Benedetto Marcello consacrait sa cruelle
satire du Teatro alla moda à souligner l'ineptie de
l'opéra de son temps. Mais il appartenait au comte
Algarotti de rassembler et de présenter sous une
forme précise toutes ces critiques. Esprit très cultivé,
en relations constantes avec la plupart des esthéticiens et des gens de lettres de l'Europe, Algarotti
publiait dans le Mercure de mai 1757 une traduction
d'un Essai sur l'opéra qui est véritablement prophétique, et dans lequel se retrouvent les principes
énoncés par Gluck au cours de la préface d'Alceste[3].

Considérant en détail les divers éléments constitutifs de l'opéra, Algarotti divise son travail en cinq
parties qui passent successivement en revue : 1° le
sujet, 2° la musique, 3° la manière de chanter et de
déclamer, 4° les ballets, 5° les décorations. Comme
Gluck et plus tard Wagner, il comprend que la réforme
capitale consiste en celle du libretto, et il affirme la
prédominance de l'élément poétique sur l'élément
musical : « La qualité essentielle du sujet est qu'il
contienne une action connue, grande et intéressante[4]. » De plus, il faut absolument, dans l'intérêt
de la discipline théâtrale, que le musicien entre dans
les vues du poète[5].

Sur la symphonie qui précède l'opéra, il s'exprime
presque dans les mêmes termes que Gluck : « La
symphonie devrait faire partie de l'action, ainsi que
l'exorde du discours, et préparer les auditeurs à recevoir les impressions du drame même. » Pour le récitatif, il préconise la substitution du récitatif accompagné au « secco », rappelle le soin avec lequel Peri
composait cette partie de ses opéras, et réclame la
participation de l'orchestre[6]. Il insiste aussi sur la
nécessité de fusionner les airs et le récitatif, nécessité que Rameau avait bien comprise en instituant
son système d'arioso souple et mélodique.

Algarotti déclare les passages et les ornements
incompatibles avec l'expression dramatique, et critique l'habitude prise par tant de compositeurs qui
se préoccupent de mettre le mot en musique, habitude

à laquelle Rameau n'avait pas échappé et qu'il qualifie
de « dissonance d'expression ». Il proteste contre l'abus
du « da capo » et de la répétition des mots, demande
qu'on supprime, ou tout au moins qu'on réduise les
ritournelles, et recommande, avant tout, la simplicité, le naturel ; il ne cache point sa méfiance à l'endroit du contrepoint et d'une technique trop savante
qui ne va pas droit au cœur. Fort intéressantes aussi
sont ses observations sur les danses, qui n'ont de raison d'être qu'autant qu'elles se relient à l'action.

A la vérité, l'Essai d'Algarotti n'était que l'écho des
idées qui régnaient de son temps, et nous pourrions
trouver de nombreux précurseurs au noble Vénitien.
L'abbé Du Bos dans ses Réflexions critiques (1719),
l'abbé Pluche dans son Spectacle de la Nature (1732),
le P. André dans son Essai sur le Beau (1741), Le
Batteux dans son livre sur les Beaux-Arts réduits
à un même principe (1746), professent, à l'égard de l'o-
péra, quelques-unes des idées d'Algarotti[7]. D'un autre
côté, les Encyclopédistes peuvent être considérés,
dans tous leurs écrits relatifs à la réforme de l'opéra,
comme les premiers théoriciens et les annonciateurs
du Gluckisme. Grimm, avec sa Lettre sur Omphale et
son Traité du Poème lyrique (1765), Rousseau, avec sa
Lettre sur la musique française et son Dictionnaire[8],
d'Alembert dans ses Fragments sur l'opéra (1752) et,
dans la Liberté de la musique (1760), Diderot, dans son
Troisième entretien sur le Fils naturel et dans le Neveu
de Rameau (1762), énoncent très lucidement les principes essentiels de la révolution dramatique. De
même encore, l'abbé Arnaud (Lettre sur la musique,
1754), Chabanon (de la Musique considérée en elle-
même et dans ses rapports avec la parole, les langues,
la poésie et le théâtre), Chastellux (Essai sur l'union de
la poésie et de la musique, 1765), s'associaient plus ou
moins directement au mouvement d'idées que suscitait la question de l'opéra. Il n'est pas jusqu'au danseur Noverre, dont les Lettres sur la danse et les ballets
(1760) n'exposent une réforme du ballet conçue dans
le même sens que celui qui préside à l'esthétique
d'Algarotti et de Gluck[9]. Enfin, le futur librettiste
du Chevalier, Calzabigi, en publiant en 1755 une édition des œuvres de Métastase, indique, dans sa préface, quelques-uns des principes qui reparaîtront
plus tard dans celle d'Alceste. Ainsi que le dit M. Tiersot[10], il appuie « sa conception de l'œuvre de l'avenir » et préconise une action purement humaine,
« à l'exclusion du divin, de la mythologie, du diabo-
lique et du cabalistique », l'union de la poésie et de
la musique avec les chœurs, la danse, les décorations, ainsi que la convergence vers un but commun,
le drame, de tous les moyens d'expression.

Gluck connaissait probablement l'Essai d'Algarotti,
dont la publication en 1757 obtint immédiatement
un grand retentissement en France, en Allemagne,
en Italie et en Angleterre ; il pouvait d'autant mieux
le connaître, qu'il résidait à Vienne, où l'esthéticien
J. von Sonnenberg se faisait alors l'écho des philosophes français. Cette influence des Encyclopédistes sur

---

1. Newman, Gluck and the Opera, p. 228. Voir aussi R. de Récy,
la Critique musicale au siècle dernier : le système de Gluck (Revue
des Deux Mondes, 1er janvier 1867), et J. Tiersot, Gluck (1909). Newman a écrit, non sans quelque raison, qu'au xviiie siècle le mouvement
musical fut enrayé par le régime du patronage qui enlevait aux artistes
une partie de leur liberté (loco cit., p. 230).

2. Lecerf de la Viéville, Comparaison de la musique italienne et de
la musique françoise, 1705, 4e conversation, p. 153 et suiv.

3. Voir sur Algarotti l'article de M. Ch. Malherbe dans la Revue
d'histoire et de critique musicales de sept.-octobre 1902. L'ouvrage
d'Algarotti avait paru en 1755, sous le titre de Saggio sopra l'Opera
in Musica.

4. C'est la médiocrité des livrets qui nuisit le plus à Rameau.

5. Newman, loco cit., p. 233.

6. Rameau s'était fort bien rendu compte de cette nécessité en mul-
tipliant les figures d'accompagnement.

7. Voir sur cette question J. Ecorcheville, De Lulli à Rameau,
l'esthétique musicale (1906).

8. Notamment, à l'article Opéra.

9. Noverre condamnait les morceaux de virtuosité chorégraphique
et la forme stéréotypée des airs de danse ; il voulait, lui aussi, que la
danse prît la nature pour modèle, et soutenait que le maître de ballet
devait être poète et peintre.

10. Tiersot, Ménestrel, 29 août 1908.

l'auteur d'*Alceste* a été mise en lumière par M. Romain Rolland, qui a remarqué combien Gluck s'était appliqué à réaliser l'ensemble de leurs desiderata, culture italienne, emploi de la mélodie populaire du lied, composition d'opéras-comiques français, « art monumental et populaire, antisavant[1] ».

L'éducation première de Gluck est, en effet, toute italienne, et les œuvres de sa première manière présentent les caractères classiques de l'opéra italien; de plus, il a écrit un recueil de romances et travaillé sur des livrets de Favart.

Demandons-nous maintenant si ses ouvrages de sa seconde manière fournissent quelques symptômes avant-coureurs de sa réforme dramatique.

En dépit de l'assertion formulée par Schmid, on ne saurait admettre que Gluck cherche, dès la production d'*Artaserce* (1741), à s'écarter des chemins battus[2]; qui veut trop prouver ne prouve rien, et Schmid s'est laissé aveugler ici par le culte qu'il a voué au grand dramaturge. Il nous semble beaucoup plus intéressant de suivre à la trace l'évolution de son génie, que d'imaginer chez lui une sorte de révélation à priori. Toutefois, nous reconnaissons avec Arteaga que Métastase, le premier librettiste de Gluck, a pour sa part contribué à la transformation de l'opéra italien, en assouplissant la langue à la musique et en évitant les mauvaises syllabes[3]. Calzabigi devait faire mieux encore[4].

L'*Ezio* de 1750 manifeste déjà un style serré et fort; le musicien s'efforce d'associer étroitement la voix aux instruments. Avec l'*Innocenza giustificata* (1755), les progrès accomplis sont plus sensibles, et Gluck perçoit très bien, à cette époque, que l'amélioration de l'opéra se lie intimement à celle du poème.

Son ouverture, coulée dans le moule traditionnel à trois parties, n'emprunte à l'ancienne « symphonie » que son dispositif extérieur. Si la lettre demeure, l'esprit a changé, et, dans les première et troisième parties, Gluck s'efforce de tracer une sorte de symbole sonore du caractère romain; il emploie, à cet effet, des sonneries de cors de la façon suivante :

De plus, les chœurs se mêlent à l'action, renforçant le drame de la participation du peuple[5].

La liaison de l'ouverture au drame se resserre dans *il Re Pastore* (1756), où nous trouvons l'ouverture définitivement constituée; elle débute en *ut* majeur, pour conclure à la dominante, tandis que la première scène s'ouvre en *ut*[6]. En outre, l'influence populaire se répand dans la composition avec le *lied* d'amour du berger Amyntas, *lied* qui s'écoule délicieusement tranquille et simple, sous le bercement respectueux des instruments à cordes. Ici encore, comme dans *Telemacco*, Gluck manifeste le souci d'unifier la trame de l'opéra, et dans le quatuor de la fin du IIᵉ acte, chacun des personnages chante des fragments, des périodes de la même mélodie.

Voyons, maintenant, que nous sommes en présence d'une œuvre de circonstance, d'un ouvrage destiné à une cour princière, telle que la *Tetide* de 1760. Il lui faudra accepter le point de vue spécial, l'esthétique particulière de cette sorte de composition; alors, le « secco » rattachera les uns aux autres des airs pompeux, taillés tous sur le même patron et ornés tous de passages destinés à faire valoir la virtuosité des exécutants; néanmoins, le musicien va tirer parti des pauvres conventions auxquelles on l'astreint, et, forcé d'écrire des passages et des vocalises, il cherchera, au moins, à donner à la voix d'excellents points d'appui[7].

Mais ce ne sont pas seulement les opéras de la deuxième manière de Gluck qui nous renseignent sur sa propre évolution; il y a encore ses opéras-comiques français, où nous pouvons relever nombre d'indications précieuses. Dans l'*Arbre enchanté*, par exemple, le style vocal s'affirme très tendre et devient presque français; il s'aventure sur le domaine populaire, cueillant quelques fleurs des montagnes de Bavière et de Bohême, dont il se pare avec une candeur charmante. Et voici que Gluck, entrant dans la peau de ses personnages, apparaît délicieusement bonhomme, ou délibérément comique, attentif toujours à dessiner des figures caractéristiques, à relever le trait contingent et typique d'une physionomie musicale. Le passage qui suit, à l'allure de polka, n'est-il pas du meilleur et du plus franc opéra-comique?

---

1. R. Rolland, *Gluck; une révolution dramatique* (*Revue de Paris* du 15 juin 1904) et *Musiciens d'autrefois*, p. 208 et suiv.
2. Anton Schmid, *Christoph Willibald Ritter von Gluck. Dessen Leben und tonkünstlerisches Wirken*, p. 25.
3. Arteaga, *Rivoluzioni del Teatro antico*, II, chap. II, p. 64.
4. Ceci ne veut pas dire qu'antérieurement, Gluck n'ait déjà laissé percer ses tendances puissamment expressives. M. Tiersot, en traitant de Gluck compositeur d'opéras italiens, a montré, en effet, que, dès les premières œuvres de l'auteur d'*Alceste*, on rencontre des airs carac-

téristiques, de sentiment vigoureusement dramatique, et dont Gluck fera usage plus tard en les modifiant. Ainsi, un air du *Tigrane* de 1743 deviendra, après simplifications, le fameux « Esprit de haine et de rage » d'*Armide* (1777). Nos remarques ne s'appliquent qu'à l'allure générale de ses opéras italiens.

5. Cf. Tiersot, *Ménestrel*, 9 mai 1908.
6. Marx, *loco cit.*, p. 237.
7. *Ibid.*, p. 250.

L'aventure est très comique, ah! ah! ah! est très comique et le cas fort curieux

De même, la *Rencontre imprévue*, grâce à l'appoint du fifre et de la grosse caisse, situera l'instrumentation dans une atmosphère de turquerie, en même temps que le musicien y fera des emprunts à la musique tzigane[1].

En résumé, la deuxième manière de Gluck, à quelque genre qu'elle s'applique, montre le musicien encore assujetti à l'italianisme. Elle admet encore des airs de bravoure brodés de longs passages, et utilise ces grands bonds mélodiques chers au style transalpin, bonds violents et sauvages que signalait Lecerf de la Viéville et qui sont si fréquents chez Cavalli, par exemple. *Inférieur* aux Italiens sur le terrain purement vocal, maniant plus lourdement qu'eux la partie élevée de l'échelle des voix, Gluck esquisse cependant, çà et là, quelques croquis de l'édifice futur. C'est dans sa deuxième manière qu'il faut chercher les formes de transition qui préparent sa complète réalisation du drame lyrique.

Nous voici maintenant à un tournant de sa vie artistique. Convaincu de la parfaite incohérence de l'opéra italien, où les instants dramatiques sont séparés les uns des autres par des steppes rebelles à toute végétation expressive, Gluck n'hésite plus sur la cause première de cette incohérence. La faute en est au livret, qui ne resserre pas suffisamment le drame, mais qui le laisse fuir, se disperser de tous côtés. Aussi, l'auteur d'*Alceste* va-t-il procéder, non pas à une réforme musicale, mais seulement à une réforme dramatique. « Avant de travailler, disait-il, je cherche à oublier que je suis musicien[2]. »

Il trouva en Calzabigi l'homme de haute culture philosophique et littéraire qui devait le seconder[3]. Calzabigi avait conçu un plan nouveau de drame lyrique; aux descriptions fleuries et avantageuses, aux comparaisons radicales mythologiques, à la morale froide et sentencieuse de l'opéra italien classique, il substituait des situations intéressantes, un drame sincère, bouillonnant d'une passion véritable et profonde. C'était là, somme toute, le point de vue de l'art dramatique français; mais, depuis Lulli, la danse, en envahissant la tragédie lyrique, détruisait peu à peu l'action, et la bergerie, quoique fondée sur de bonnes intentions, traduisait de façon bien affectée et bien arbitraire le besoin de simplicité et de naturel qui avait contribué à la faire naître.

De son côté, Gluck présentait les qualités typiques de l'homme de combat, du révolutionnaire. Doué d'une haute intelligence, qu'une culture générale fort étendue avait encore affinée, Gluck était homme de combat par sa verve âpre, par son ironie mordante,

par son caractère dominateur. Enfant du peuple, habitué dès sa jeunesse à une vie errante et difficile, il avait trempé son énergie, en même temps que ses yeux s'emplissaient des incomparables spectacles de la libre nature; A la fois réfléchi, patient et volontaire, il semblait prédestiné à créer quelque chose de fort. *Orphée* fut le merveilleux résultat de sa collaboration avec Calzabigi.

Ici, les chœurs, le récitatif et l'air ont subi leurs transformations essentielles; ils sont, pour ainsi dire, fixés pour les œuvres qui suivront. En lisant les tragédies de Rameau, Gluck a appris de quelle puissance le chœur soutient une scène, lorsqu'il s'incorpore à l'action, et Calzabigi porte toute son attention à bien placer celui-ci. On connaît la belle scène infernale d'*Orfeo* et la terrible intervention des démons répondant *No* au chanteur sacré, scène que J.-J. Rousseau a très habilement analysée.

Quant au récitatif, son allure perd de sa rigidité première. Gluck commence à éliminer le « secco », cette forme inférieure du discours musical; il exige qu'il cède la place au récitatif accompagné, dont le rôle s'augmente des richesses expressives du support instrumental, et se fortifie de l'orchestre devenu une sorte de chœur, de commentateur à l'antique. Dorénavant, le récitatif accompagné sera la langue même du drame.

Les airs ont une tenue lyrique qui marque, à n'en pas douter, l'influence exercée par le musicien sur le poète, bien que Grétry ait voulu amoindrir la part de Gluck au bénéfice de celle de Calzabigi dans la réforme de l'opéra[4], et que Calzabigi lui-même se soit complaisamment chargé de faire ressortir ses propres mérites[5]. L'air énergiquement transformé par Gluck ne revêt plus l'uniforme coutumier : il échappe au gabarit scellé de la « da capo » de l'aria italien, et dans son intéressant ouvrage sur Gluck, M. Jean d'Udine a très nettement montré comment l'originalité du Chevalier s'affirma par le mélange et la fusion de trois types mélodiques judicieusement gradués[6]. Cependant, l'air : « Che faro senza Euridice » est un rondeau, mais Gluck en a fait un des plus beaux chants de désespoir qui soient.

Ainsi que l'observe justement M. Tiersot, le *Telemacco* de 1765 « offre une sorte de compromis entre l'ancienne manière et celle qu'avait inaugurée *Orphée*[7] ». Ici, Gluck travaille sur un poème tout différent de ceux de Métastase, poème resserré en deux actes et présentant une série de tableaux qui favorisent de vivantes réalisations musicales. L'ouverture reflète bien le style de Sammartini, avec ses figures

1. Marx, *loco cit.*, p. 270. Voir aussi Tiersot, *Ménestrel*, chap. VI, *Gluck composit. d'opéras-comiques*, et *Gluck*, p. 36 et suiv.

2. Anton Schmid, *loco cit.*, p. 425.

3. Dans la lettre qu'il adressait au *Mercure* avant son arrivée en France, Gluck l'econnaissait pleinement lui-même l'importance du rôle joué par son collaborateur dans sa réforme dramatique : « C'est à M. Calzabigi, écrivait-il, qu'en appartient le principal mérite, et si ma muse a eu quelque éclat, je dois reconnaître que c'est lui qui m'a mis à portée de développer les ressources de mon art. » (*Mercure*, février

1773.) Nous avons vu plus haut que, dès 1755, Calzabigi, dans son édition des œuvres de Métastase, jetait les bases de la future réforme du drame lyrique.

4. Grétry, *Essais*, I, p. 345.

5. L'apologie de Calzabigi fait de lui-même se trouve dans une lettre qu'il adressa le 18 mai 1784 au *Mercure*.

6. J. d'Udine, *loco cit.*, p. 62 et suiv. — J. Tiersot, *Gluck*, p. 49 et suiv.

7. J. Tiersot, *Gluck*, p. 68.

rythmiques disposées verticalement à toutes les parties, en un ensemble un peu massif; toutefois, elle constitue une véritable ouverture d'opéra liée à l'action. On sent que le musicien porte son effort sur trois points principaux; il s'essaye à grouper la composition par grandes masses, reliant, par exemple, le premier chœur avec l'air de Circé, traitant, du reste, les chœurs avec ampleur et leur conférant un rôle important[1]; de plus, il emploie plus fréquemment le récitatif accompagné, qu'il achemine peu à peu vers le type *arioso*, au détriment du *recitativo secco*, accompagné au clavecin, qui persiste cependant; enfin, il s'attache à mettre en valeur les moments culminants du drame, et néglige de plus en plus les airs de bravoure. La scène de la forêt enchantée : « Bosco d'antiche pianto, » est une des plus belles pages de la partition. Ajoutons que le *Telemacco* sera, pour Gluck, une des mines les plus riches où il puisera par la suite.

C'est avec *Alceste* que Gluck, parvenu à maturité, met au point ses conquêtes et prend définitivement conscience de lui-même. Il a, dorénavant, rassemblé en un vigoureux faisceau les principes jusque-là un peu épars qui lui servaient de soutien, et marche maintenant à coup sûr. On peut dire, avec M. Tiersot, que « l'*Alceste* de Gluck a consommé la définitive rupture avec le passé[2] ». Gluck a fort peu écrit sur son art; il n'a pas, comme Wagner, consacré une copieuse littérature à l'exposé et à la défense de ses doctrines. A l'exception des deux *Epîtres dédicatoires d'Alceste* et de *Paride ed Elena* et de quelques écrits de polémique, ses œuvres portent seules témoignage sur ses idées; mais il a confié sa pensée à de nombreux amis qui l'ont pieusement conservée, et auprès desquels nous pouvons en goûter la justesse et la vigueur.

La préface d'*Alceste*, qui fut peut-être rédigée par l'abbé Coltellini[3], est le manifeste le plus retentissant que Gluck ait lancé : il y proclame son insurrection contre l'art conventionnel de l'époque et y expose les relations de la musique avec la poésie. De plus, ce manifeste synthétise avec une grande clarté toute l'esthétique du XVIIIe siècle. En voici les points principaux : 1° Gluck s'élève contre la vanité des chanteurs et l'inutile pompe de l'opéra : « Je cherchais à réduire la musique à sa véritable fonction, celle de seconder la poésie, pour fortifier l'expression des sentiments et l'intérêt des situations sans interrompre l'action et la refroidir par des arguments superflus... »

Donc, pas d'interruption ou d'attente, du fait de ritournelles ou de colorature installées sur des voyelles favorables au « bel canto ».

2° « Je ne passe pas rapidement sur la deuxième partie d'un air, lorsque cette deuxième partie est la plus passionnée et la plus importante; » Gluck ne termine un air que lorsque le sens l'exige.

3° En ce qui concerne l'ouverture, elle « devait prévenir les spectateurs sur le caractère de l'action qu'on allait mettre sous leurs yeux et leur en indiquer le sujet ».

4° « Il fallait surtout éviter une disparate trop tranchante entre l'air et le récitatif, afin de ne pas tronquer à contresens la période, et de ne pas interrompre mal à propos le mouvement et la chaleur de la scène. »

5° L'essentiel, le point capital de son travail, consistait « à chercher une belle simplicité[1] », et à éviter « de faire parade de difficultés aux dépens de la clarté; « il n'y a aucune règle que je n'aie cru devoir sacrifier de bonne grâce, en faveur de l'effet ».

Dans sa deuxième profession de foi (*Epître dédicatoire de Paride ed Elena*, adressée au duc de Bragance, 1770), il reprend des points de détail et insiste sur la nécessité de mettre un terme aux abus qui déshonorent l'opéra italien, aussi bien que sur celle qui s'impose afin de bien juger son œuvre, de le contempler dans son ensemble, avec un recul suffisant[5]. Il stigmatise la pédanterie des harmonistes occupés à disséquer ses ouvrages pour y découvrir des fautes contre les règles édictées par les traités techniques.

Dramaturge avant tout, Gluck travaillait assidûment avec ses librettistes, et la lettre qu'il écrivait à Guillard, le poète d'*Iphigénie en Tauride*, prouve bien avec quel soin minutieux il réglait les moindres détails du texte littéraire[6]. Nous savons aussi, par ce que rapporte Méhul, qu'il mettait lui-même en scène, en s'aidant de son mobilier, les diverses parties de ses drames.

Il se livrait à de pénétrantes exégèses des situations, et ne laissait rien au hasard; tout chez lui était longuement médité, et chaque effet musical se déduisait, par d'ingénieuses analyses, de l'interprétation approfondie du poème. Corancez a laissé l'explication qu'il lui donna de la répétition du chant dans le chœur des soldats grecs au commencement d'*Iphigénie en Aulide*[7], et celle de la façon dont il avait noté le fameux : « Je n'obéirai point à cet ordre inhumain. » Le même Corancez relate encore comment Gluck justifiait le *fa* répété par le chœur des dieux infernaux d'*Alceste*; les dieux infernaux, dit-il, sont des ministres du destin et sont impassibles : « Pour montrer cette impassibilité qui les caractérise spécialement, je n'ai pas cru pouvoir mieux faire que de les priver de tout accent[8]. »

S'il écrivit pour la scène française, et si, dans sa troisième manière, il parvint, sur cette scène, à réaliser complètement sa réforme, c'est que, comme du Roullet l'exprime dans sa lettre du 1er août 1772 au directeur de l'Opéra, il s'était convaincu que « le genre français était le véritable genre dramatique musical », et que, si l'opéra français n'était point parvenu à sa perfection, il fallait s'en prendre à la mauvaise qualité des poèmes mis en musique. Il ne s'associait donc point aux écrivains qui dénigraient la langue française; aussi Rousseau, après la représentation d'*Iphigénie*, adora-t-il ce qu'il avait brûlé : « Jean-Jacques, raconte Grimm, a déclaré qu'il s'était trompé jusqu'à présent; que l'opéra de M. Gluck renversait toutes ses idées, et qu'il était aujourd'hui très convaincu que la langue française pouvait être aussi susceptible qu'une autre d'une musique forte, touchante et sensible[9]. »

Notons, enfin, que Gluck se rapprochait de Rameau dans sa façon de considérer la mélodie et, en général, l'expression musicale. « Il faut, avant tout, déclarait-il à Corancez, que vous sachiez que la mu-

---

1. Nous citerons notamment le chœur des prisonniers de Circé.
2. « *Orphée*, écrit M. Tiersot, n'était qu'une pastorale mythologique... *Alceste*, c'est la tragédie antique elle-même. » (*Gluck*, p. 87, 88.)
3. D'après une note de Brack, le traducteur de Burney, la préface d'*Alceste* aurait été écrite par l'abbé Coltellini. Elle est adressée au grand-duc de Toscane, et porte la date de 1769. Cf. Desnoiresterres, p. 66, et Newman, p. 91.

4. Ingres disait que Gluck avait dédaigné « les coquetteries du métier qui ne disent rien à l'âme ».
5. Corancez a développé et repris ce point de vue dans le *Journal de Paris* du 21 août 1788. Grétry disait de même, en parlant de l'opéra : « C'est un tableau fait pour être vu à distance. » (*Essais*, IV, chap. IV.)
6. Desnoiresterres, *loco cit.*, p. 250-252.
7. *Ibid.*, p. 101-104.
8. *Ibid.*, p. 134-135.
9. *Corresp. littéraire*, VIII, p. 321. Cf. Jahn, II, p. 46.

sique est un art très borné, et qu'il l'est surtout dans la partie que l'on appelle la *mélodie*. On chercherait en vain, dans la combinaison des notes qui composent le chant, un caractère propre à certaines passions; il n'en existe point. Le compositeur a la ressource de l'harmonie, mais souvent elle-même est insuffisante[1]. » Puis, il explique comme quoi toute sa magie consiste dans les contrastes et dans l'instrumentation. Par là, il répondait à ceux qui, séparant systématiquement la mélodie et l'harmonie, prônaient avant toutes choses la première. Pour lui, mélodie, harmonie et instrumentation étaient également nécessaires à l'expression. « La voix, les instruments, écrivait-il à La Harpe, tous les sons, les silences même, doivent tendre à un seul but, qui est l'expression[2]. » Aussi, augmentait-il le rôle et la sonorité de l'orchestre, au grand désespoir de Marmontel, qui lui reprochait amèrement de « faire bruire les trompes, ronfler les cordes et mugir les voix ».

Or, Rameau professait des idées sensiblement analogues. Voici, en effet, ce qu'on peut lire dans ses *Observations sur notre instinct pour la musique* (1754): « Dès qu'on veut éprouver l'effet d'un chant, il faut toujours le soutenir de toute l'harmonie dont il dérive; c'est dans cette harmonie même que réside la cause de l'effet, nullement dans la mélodie, qui n'en est que le produit. » Et plus loin : « C'est principalement du fonds d'harmonie dont se tire la mélodie appliquée aux paroles que le chanteur reçoit l'impression du sentiment qu'il doit peindre[3]. » Toutefois, il semble bien probable que Lulli a exercé sur Gluck une influence beaucoup plus profonde et plus générale que Rameau. Le comte d'Escherny écrivait que « l'étude des partitions de Lulli avait été pour lui un coup de lumière[4] ».

Le modèle de Gluck était la tragédie grecque; le P. Martini aurait dit, à l'audition d'*Alceste* : « Cela est tout à fait grec. » Il voulait un art sobre, ramassé, puissant, fortement rythmé à la Hændel ou à la Rameau; quant aux danses, elles faisaient partie intégrante de l'action, soit qu'elles missent en scène les *Ombres* heureuses dans le perpétuel matin des champs Elysées, soient qu'elles déchaînassent les Furies implacables.

Enfin, Gluck, par la création d'un art international, auquel le prédisposait son existence cosmopolite, cherchait à provoquer la cessation des querelles musicales : « Je cherche, disait-il,... à fixer le moyen de produire une musique propre à toutes les nations, et à faire disparaître la ridicule distinction des musiques nationales[5]. »

Il nous reste à examiner la réforme de Gluck dans les cinq tragédies lyriques qu'il a remaniées ou composées pour la scène française. Si ces cinq chefs-d'œuvre assurent d'une façon définitive les conquêtes réalisées par le musicien au cours de sa laborieuse existence, ils ne montrent pas moins Gluck toujours préoccupé d'améliorer, d'une étape à l'autre, l'exécution de sa tâche. Chacun d'eux révèle, en effet, un nouvel effort vers le mieux, et le souci de poursuivre sans défaillance la route glorieuse qui monte vers l'idéal du grand prédominateur.

Orphée, Alceste, Armide et les deux *Iphigénies* voient se fondre en un harmonieux mélange les éléments jadis séparés et quelque peu disparates de l'opéra, le récitatif, l'air, les chœurs et les danses. Traducteur de l'émotion précise et contingente qui découle des diverses situations, le récitatif se coupe d'épanchements lyriques, ou bien d'airs magnifiquement tragiques, pendant que les chœurs et les danses constituent, en quelque sorte, l'élément social du drame. Ce drame ne se borne point à entre-choquer les sentiments de quelques individualités en vedette; il se situe socialement, il s'irradie sur les collectivités qui assistent à son développement et s'intéressent à ses péripéties, et décuple ainsi son action devant un décor humain d'une noblesse et d'une vitalité incomparables. La scène lyrique se construit logiquement à l'aide d'éléments variés, tant individuels que collectifs, tous rassemblés en vue d'un but unique : l'intensité d'expression, et, en même temps, elle élimine tout détail oiseux, toute longueur, toute redondance.

Aussi bien, les caractéristiques du style de Gluck se peuvent-elles ramener à trois : la concentration, l'intensité, la sobriété.

La concentration s'assure grâce à la convergence de tous les moyens expressifs, de tous les facteurs susceptibles de provoquer l'émotion; elle s'affirme, à la fois du point de vue musical proprement dit, c'est-à-dire par la mise en œuvre des voix et des instruments, et du point de vue « personnage », que celui-ci soit individuel ou collectif.

L'intensité résulte du réalisme puissant avec lequel Gluck note et traduit l'accent pathétique, avec lequel il transforme le texte poétique en un langage de sons révélateur de l'essence du sentiment. Pour ce faire, tous les éléments dynamiques et agogiques de la musique lui viennent en aide; la transposition sentimentale s'effectue au moyen des inflexions mélodiques, des rythmes, des timbres, des modulations, des nuances, des gradations de toute nature. Nul mieux que Gluck n'a compris le pouvoir des rythmes répétés avec obstination, des mouvements mélodiques caractéristiques, des harmonies douloureuses ou sereines, des modulations expressives, des contrastes de nuances.

La sobriété, enfin, découle de l'entière subordination de l'élément musical à l'élément dramatique. Gluck atteint au maximum d'effet par le minimum de moyens; il obéit à la loi du moindre effort, et dit tout ce qu'il veut dire, mais rien que ce qu'il veut dire. Ses procédés techniques s'inspirent toujours de la plus grande simplicité. « Rien, écrit M. Gevaert, n'y est donné à l'amplification musicale, au développement polyphonique, à la volupté du timbre. Tout ce qui a pour objet d'arrondir la phrase mélodique, de l'orner, de l'encadrer, est systématiquement mis de côté... Le musicien ne retient que ce qui a une valeur dramatique[6] ».

S'agit-il de sentiments individuels, il les transposera par la courbure mélodique de la mélopée vocale, mais en soutenant et en commentant celle-ci de figures orchestrales, de timbres, d'harmonies, qui la rendent plus pénétrante et plus intime. Les sentiments collectifs, au contraire, se marqueront par la prédominance du rythme et ne se refuseront pas à se plier à quelque symétrie très simple. Ils s'exposeront par des rythmes caractéristiques, fréquemment répétés et groupés par séries. Afin de bien distinguer les personnages de second plan des personnages

1. *Journal de Paris*, 21 août 1788, n° 234.
2. *Ibid.*, 22 octobre 1777.
3. *Observations sur notre instinct pour la musique*, p. 102. Nous verrons plus loin que l'influence de Rameau s'exerça d'une façon toute particulière sur Gluck dans son dernier opéra *Echo et Narcisse*.
4. Cf. R. Rolland, *Musiciens d'autrefois*, p. 221.
5. *Mercure*, février 1773.
6. Gevaert, Avant-propos d'*Iphigénie en Aulide* (édition Lemoine).

principaux, Gluck confie souvent aux premiers des mélodies de forme symétrique, tandis que l'arioso ou la mélodie libre demeure l'apanage des autres[1].

On ne saurait trop insister sur la simplicité de moyens que révèle l'œuvre de Gluck. Avec combien peu de « procédé » il va droit à nous! Comme il sait bien trouver la note humaine, la seule, l'unique, qui, à un moment donné, parlera!

Le fond de tableau se présente sobrement coloré. Généralement, un frottis de battements du quatuor correspond, par les variations de sa vitesse, aux nuances dynamiques des situations. Souvent aussi, des figures persistantes, proposées par les basses, définissent des états très généraux de trouble ou de calme. Le trait expressif et particulier intervient épisodiquement et dessine la substructure, le dedans d'une situation dont il commente musicalement le caractère saillant. Et c'est dans le choix de ce caractère qu'éclate le génie de Gluck. Il sait trier, pour ainsi dire, dans la masse des phénomènes sonores, les touches essentielles, celles qui demeurent indispensables et définitives, et édifie de la sorte des charpentes robustes, qu'on pourrait concevoir plus garnies, mais dont les axes sont établis pour l'éternité.

Les cinq tragédies lyriques qui résument la vie réformatrice de Gluck font de nombreux emprunts à ses opéras italiens. Ce fait a été mis en évidence par l'intéressant *Catalogue thématique* des œuvres du Chevalier publié par M. A. Wotquenne[2]. Faut-il s'en étonner? Nous ne le pensons pas. Gluck, en effet, n'a guère « peint » que des « états d'âme abstraits », des « sentiments communs », assez conformes aux velléités de l'esprit classique. Il a tracé des *schèmes expressifs,* correspondant aux diverses catégories d'émotions. Voilà pourquoi il a pu utiliser des fragments d'œuvres anciennes, en les adaptant à des situations analogues, et ainsi, il a fait preuve d'une singulière puissance d'intuition, puisqu'il discernait par là les communes mesures, mystérieuses et troublantes, qui apparentent certaines familles sentimentales bien éloignées, semble-t-il, les unes des autres.

On peut même dire que, durant toute sa carrière, Gluck pratiqua, en définitive, le système des « pasticcios[3] ». Il n'a pas la facilité d'invention, la fécondité d'imagination de Rameau[4]. Sans cesse, il va chercher dans le fonds musical qu'il a constitué les matériaux de ses œuvres nouvelles. Ici, il prend un passage mélodique, là une formule caractéristique d'accompagnement, et construit de pièces et de morceaux des ensembles d'aspect homogène. Il excelle, en un mot, à tirer parti de ses créations, à les développer, à les remanier, à leur donner une vie incessante, et M. Gevaert a pu dire justement que ses œuvres anciennes sont pour lui des sortes d'ébauches. Un exemple va nous montrer sur le vif sa méthode de travail.

Le passage final de III° acte d'*Armide* commence de la façon suivante :

(B)

(A)

dont la partie (A) se retrouve intégralement au IV° acte de *Paride ed Elena* (même rythme, même tonalité), et dont la partie (B), présentée presque de la même façon dans ce dernier opéra, provient elle-même de *Telemacco* (II° acte) :

Mais il convient d'observer, avec M. Romain Rolland, que les remplois de mélodies et de thèmes antérieurs ne constituent point, pour Gluck, des accrocs à ses théories dramatiques. Les emprunts sont d'autant plus rares que les œuvres lui tiennent plus à cœur, et, lorsque le musicien a recours à ses anciennes partitions, il met simplement au point des thèmes ou des airs qu'il ne considère que comme de simples esquisses[5].

A chacun de ses cinq opéras français, Gluck a conféré des caractères différents. Dans *Orphée et Eury-* *dice,* il trace « une inoubliable image de la douleur amoureuse et de l'éternelle joie », ainsi que l'écrit si éloquemment M. Jean d'Udine. L'*Alceste*, moins colorée, affirme une beauté plus constante, plus soutenue; d'un caractère à la fois solennel et âpre, elle peint, avec une intensité que nul musicien n'avait encore atteinte, le drame de la désolation et du dévouement. Et dans *Armide*, cette désolation s'éclaire d'une magnifique noblesse; jamais, la passion n'avait trouvé des accents comparables à ceux d'Armide délaissée. Quant aux deux *Iphigénies*, leur grâce s'avère plus racinienne, plus délicate, plus virginale. Gluck s'y est surpassé dans la peinture du caractère féminin, qu'il a marqué de traits ineffaçables de séduction et de tendre énergie.

Ces cinq tragédies adoptent des cadres assez diversifiés; une seule d'entre elles, *Armide*, reprend l'ancien dispositif en cinq actes, tandis que quatre actes suffisent à dérouler le drame auguste et poignant d'*Iphigénie en Tauride. Orphée, Alceste* et *Iphigénie en Aulide* comportent seulement trois actes, et l'action

1. On s'assurera de ceci par l'examen des formes mélodiques confiées aux *suivantes*, aux *démons*, etc.

2. *Catalogue thématique des Œuvres de Ch.-W. v. Gluck*, par Alfred Wotquenne, Leipzig, 1904.

3. Sur les pastiches et les remaniements qu'on faisait alors subir aux partitions, voir Piovano, *Un Opéra inconnu de Gluck (Recueil de la Société int. de musique*, 1908, p. 262).

4. Il ne faudrait pas croire cependant que Rameau ne se soit jamais servi de motifs ou d'airs qu'il avait déjà employés. C'est ainsi que les *Sauvages* furent repris par lui dans les *Indes galantes*; de même, le motif des « Niais de Sologne » sert à nouveau dans *Dardanus*.

Il est à remarquer aussi que Gluck s'est parfois servi de thèmes d'autres musiciens. Un air de Bérénice d'*Antigono* est bâti sur le thème employé par Bach dans sa Gigue à mains croisées (I° livre des *Partitas*) et ce thème fut replacé par Gluck dans *Telemacco* et dans *Iphigénie en Tauride*.

Enfin, on peut, à propos de Rameau, relever certaines coïncidences curieuses entre quelques mélodies des deux maîtres; M. Tiersot a montré qu'un air d'*Arsace* 1743) présente un dispositif tout à fait analogue à celui du Rigaudon de *Dardanus* (1739).

5. R. Rolland, *Musiciens d'autrefois*, p. 244, 245.

s'y resserre en un raccourci puissant. Quant au Prologue, ce hors-d'œuvre de l'opéra aristocratique, il a complètement disparu de l'opéra de Gluck, où rien ne vient plus distraire l'auditeur du drame lui-même.

Nous voudrions essayer, au moyen d'exemples tirés des cinq chefs-d'œuvre du Chevalier, de montrer l'application de sa réforme; à cet effet, nous examinerons d'abord l'ouverture, puis la constitution de la scène lyrique, celle-ci pouvant s'envisager à quatre points de vue essentiels : 1° construction tonale et emploi de la modulation expressive; 2° distribution des divers types mélodiques, récits, ariosos, airs; 3° intervention des personnages collectifs sous forme de chœurs et de danses; 4° rôle psychologique de l'orchestre avec la mise en œuvre de rythmes et de timbres caractéristiques.

Orphée et Eurydice, le plus ancien en date des cinq opéras français de Gluck, remet à la scène la fable touchante qui, naguère, avait inspiré Jacopo Peri, Claudio Monteverdi et Luigi Rossi. En transportant à l'Opéra son *Orfeo* italien, le Chevalier dut lui apporter quelques modifications. Le rôle d'Orphée, qui,

Écrite dans le ton candide et clair d'*ut* majeur, elle ne s'associe pas encore très étroitement au drame, que le passage suivant, subitement assombri, laisse pourtant pressentir :

et conclut sur la tonique, tandis que le premier chœur : « Ah! dans ce bois tranquille, » s'expose en *ut* mineur[1].

Examinons maintenant la réalisation de la scène lyrique.

Au point de vue tonal, Gluck adopte généralement une tonalité générale correspondant à la teinte d'ensemble de la scène, et il adjoint à celle-ci des tonalités accessoires toujours judicieusement choisies. Voici, par exemple, la fameuse scène des Enfers au II⁰ acte. Préparée par un court prélude en *mi* ♭ solennellement coupé de larges accords et de mystérieux points d'orgue, elle se situe tout entière dans le ton d'*ut* mineur, autour duquel se disposent ceux de *si* ♭, de *sol* mineur et de *mi* ♭. De même, la scène des Champs Elysées, qui a commencé en *fa* majeur, baigne dans la sérénité tonale d'*ut* majeur. Ici, tout respire le calme,

dans l'*Orfeo*, était chanté par le castrat Gaetano Guadagni, fut confié à une haute-contre et perdit, par là, un peu de son caractère de mélancolie, en même temps que cette transposition entraînait certains changements de tonalité[1]. En outre, Gluck procéda à quelques adjonctions, entre autres à celles de l'air de bravoure de Legros au I⁰ᵉ acte : « L'espoir renaît dans mon âme, » air qui n'est pas de Bertoni, mais bien de Gluck lui-même, car il provient des *Feste d'Apollo*[2], de l'arioso de l'Amour au I⁰ᵉ acte, de l'admirable solo de flûte et de la plainte d'Eurydice et de la gavotte des *Ombres* au II⁰ acte, etc.

L'*Orfeo* faisait des emprunts à *Ezio* et à *Antigono*. *Orphée et Eurydice* en fait au final du ballet de *Don Juan*, à la gavotte de *Paride ed Elena* et au *Trionfo di Clelia*[3].

L'ouverture ne se présente plus sous la forme italienne de la *sinfonia* (allegro, grave, allegro), et n'adopte pas davantage le type français (grave, allegro, grave); elle est, si l'on veut, une sorte de grande sonate construite sur deux thèmes dont l'enjouement facile rappelle le style de Sammartini :

le repos, et lorsque Orphée, plaçant son chant à la dominante du ton initial, chante la pureté du ciel et l'éclat du soleil, il passe à travers sa cantilène comme une lueur très douce d'espoir; la scène se termine en *fa* majeur par la reprise du chœur des *Ombres* heureuses.

L'opéra d'*Orphée* est encore très marqué d'italianisme, et Gluck n'y assouplit point la mélopée vocale avec la rigueur qu'il mettra dans ses œuvres ultérieures; le récitatif et l'air se montrent ici assez nettement séparés, et le cantabile ne va pas sans une certaine rondeur qui sent bien son origine transalpine, témoin le trop célèbre : « J'ai perdu mon Eurydice. »

En revanche, l'intervention des collectivités s'effectue avec un à-propos et une force expressive dont on ne peut méconnaître la haute éloquence. Le chœur : « Quel est l'audacieux, » que les Furies clament sur un rythme implacable,

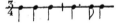

et écrasant pour la lyre du chantre de Thrace, se coupe de danses où, tels des fantômes, d'effrayantes figures surgissent du fond de l'orchestre en poussées continuelles et menaçantes :

---

1. Cf. Marx, *loco cit.*, p. 136. Lors de la reprise d'*Orphée* au Théâtre lyrique, en 1859, le rôle principal fut rendu à un contralto féminin (Mᵐᵉ Pauline Viardot), à l'instigation de Berlioz, et tous les chants mesurés de ce rôle furent remis dans le ton de la partition italienne. Voir de Curzon, l'« *Orphée* » français de Gluck (*Guide musical*, 1899, p. 186).

2. A. Wotquenne, *loco cit.*, p. 211. Gluck avait composé cet air pour être chanté aux fêtes du couronnement de l'empereur Joseph II, à Francfort, en 1764; il l'utilisa dans l'opéra *Aristeo*, deuxième partie des *Feste d'Apollo* (1769) (J. Tiersot, *Gluck*, 1909, p. 134, 135).

3. *Ibid.*, p. 211.

4. Nous citons les tonalités d'après l'édition Lemoine.

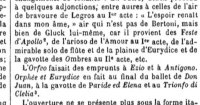

Durant le chant si pathétique d'Orphée : « Laissez-vous toucher par mes pleurs, » auquel le ton de *mi* b, sonore et énergique, confère une allure volontaire, les Erynnies hachent impitoyablement la noble supplication de leur *Non* répété sur un *fa* #, tandis que la basse fait entendre le *sol* b, enharmonie célèbre qu'alourdissent encore les trombones et les trompettes, dont le poids tombe sur ce monosyllabe brutal[1]. Il y a là, on le voit, mise à contribution de tous les moyens expressifs, rythme féroce et répété, violentes sonorités des cuivres, contraste entre la tendre mais courageuse mélodie d'Orphée et le tumulte de l'orchestre infernal.

Le rôle de l'orchestre s'affirme et s'impose. Au cours de la scène des Enfers, Gluck a utilisé deux orchestres, l'un composé du quatuor, des trompettes, trombones et hautbois, et l'autre placé derrière le théâtre et destiné à accompagner le personnage d'Orphée. Ce deuxième orchestre comprend des instruments à archet et la harpe[2]. Monteverdi avait déjà employé un procédé analogue de division des timbres instrumentaux dans son *Orfeo*, où Orphée s'entoure d'un ensemble d'instruments de sonorité douce, chargés de réaliser une *lyre orchestrale*.

Cette lyre, les Erynnies l'écrasent de leurs fureurs; mais aux Champs Elysées, nous entendrons le poète célébrer, au sein de sonorités tout aériennes, la quiétude de ce beau lieu. Deux flûtes et le quatuor murmurent, en *fa* majeur, une tranquille mélodie, et lorsque, au relatif mineur, la flûte solo soupire l'air célèbre, sous lequel les instruments à cordes mettent de légères palpitations, il semble que nous assistions à la promenade silencieuse de groupes harmonieux et lents à travers les prairies élyséennes où la mélancolie se fait heureuse. Les basses appuient de leurs pizzicati à peine effleurés le chant d'Orphée, et le cor émet de longues tenues forestières. Nul paysage musical n'est plus simplement émouvant[3].

Avec *Alceste*, le souci de Gluck d'atteindre à l'unité et de concentrer ses moyens d'expression devient encore plus évident. A l'encontre d'*Orfeo*, qui, à part les quelques changements de registre et de tonalités que nous avons indiqués, passa tout entier à la scène française, l'*Alceste* italienne dut être presque complètement refaite pour paraître à l'Académie royale de musique[4]. De profonds remaniements s'imposaient, tels que la suppression des rôles des confidents et des enfants, et l'abandon de la répétition de quelques procédés dramatiques.

Alceste est une œuvre capitale, et, en raison des différences considérables qui séparent la partition française de la partition italienne, on peut dire, avec M. R. Rolland, que la pièce fut véritablement écrite deux fois[5]. Les emprunts aux ouvrages antérieurs y sont plus rares que dans les autres opéras du Chevalier; nous signalerons seulement le chœur : « Parez vos fronts de fleurs nouvelles, » qui provient des *Feste d'Apollo*, et l'air d'Hercule : « C'est en vain que l'*Enfer*[6], » que l'on retrouve dans *Ezio* (« Ecco alle mie catene »). Dans la partition française, les IIe et IIIe actes diffèrent complètement de ceux de l'édition italienne, où le IIe se passe aux Enfers, et où Alceste se voue à la mort pour revenir ensuite faire ses adieux à Admète, tandis que le IIIe acte se dénoue sans l'intervention d'Hercule.

Alceste est le premier opéra de Gluck dont l'ouverture constitue véritablement le prologue naturel. Tragiquement, cette ouverture débute par l'accord de *ré* mineur, exposé à plein orchestre et magnifiquement élargi par les trombones. Du reste, l'emploi fréquent et magistral que le Chevalier fait ici de ces instruments a mérité à *Alceste* le nom d'*Opéra des trombones*. On relève bien çà et là quelques longueurs, et aussi quelques souvenirs de la manière de Sammartini, mais qu'elle est belle et poignante, cette *Intrata*, avec la « giration désespérée » de ses grands accords, avec son *lento* accablant comme le destin !

Plusieurs scènes lyriques sont d'un modèle achevé. Celle du temple d'Apollon au Ier acte, dont Berlioz a écrit un admirable commentaire, fournit un excellent exemple de stricte construction tonale. Solennellement, elle s'ouvre par la marche des prêtres en *sol* majeur, qui apporte une note nouvelle dans les teintes sombres et bémolisées mises en œuvre jusque-là; puis, elle s'établit dans le ton pathétique d'*ut* mineur, passe au *si* mineur, pour laisser parler l'oracle, et revient à la tonalité initiale de *sol* majeur.

De même, le jeu des modulations expressives emplit la scène v du Ier acte (Alceste seule) et celle où la reine avoue à Admète son sublime sacrifice. Dans la première de ces scènes, le récitatif angoissé d'Alceste, commençant en *fa* majeur, ne tarde pas à s'endeuiller de tonalités mineures; en suivant la série des quintes, il passe de *ré* mineur en *la* mineur, puis, lorsque la reine porte sa pensée douloureuse sur son époux, il touche au ton de *mi* mineur et s'élève, toujours sombre et agité, de *si* mineur à *fa* # mineur, lorsque l'héroïque victime, éperdue et désemparée,

---

1. Ce changement enharmonique dans deux voix distinctes a été cité par Berlioz dans son *Grand Traité d'instrumentation*, et a été signalé dans une série d'études publiées dans la *Revue musicale* de 1905, sous le titre de : *Questions d'harmonie* (1er déc. 1905, p. 568).
2. Haendel s'était servi de la harpe dans *Jules César* et dans *Saül*. Gluck accompagne de cet instrument l'air : « Gli occhi » du IIIe acte de *Paride ed Eleno*.
3. Consulter sur Orphée : Scudo, *Une Polémique à propos de Gluck : l'Orphée et l'Alceste* (Revue des Deux Mondes, 1859 et 1861).

4. Voir sur ce point Marx, loco cit., p. 352. L'auteur allemand traite l'*Alceste* française de déformation de l'*Alceste* italienne.
5. R. Rolland, *Gluck, une révolution dramatique* (Revue de Paris, 15 juin 1904). Voir aussi sur *Alceste* l'étude de M. Bertrand dans la *Revue germanique* de novembre 1861, et Kufferath, l'*Alceste de Gluck* (Guide musical, 1904, p. 918).
6. Cet air a été longtemps attribué à Gossec. — Cf. Wotquenne, loco cit., p. 213. M. Tiersot admet qu'il a pu être remanié par Gossec (Ménestrel, 18 avril 1908).

songe à son isolement. Mais soudain, comme transfigurée par la joie de sauver celui qu'elle aime, elle aborde, dans le ton éclatant de *ré* majeur, l'air célèbre : « Non, ce n'est point un sacrifice[1]. »

Ainsi, tour à tour éclairée et obscurcie, la mélopée vocale prend, dans ces alternatives d'ombre et de lumière, un relief, une émotion intenses.

La distribution du *récit* et de l'*air* dans les scènes s'effectue avec une liberté et une souplesse merveilleuses. Gluck attribue aux divinités, aux puissances infernales, à la voix du destin, des récitatifs unis, proférés sur la même note. Voici comment il fait parler l'oracle au 1er acte :

Quel contraste entre l'impassibilité de ce verdict et l'agitation désordonnée du chœur qui suit !

Plus loin (acte III, scène III), les dieux infernaux accueilleront Alceste sur un *fa* répété avec une insistance sinistre :

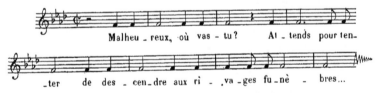

et la malheureuse reine, clamant sa terreur d'une voix étranglée : « Que vois-je, justes Dieux! », pendant que l'orchestre dessine largement de grandes figures descendantes d'allure fatale, balbutiera, en chancelant :

Tel est le récitatif, inorganisé, pour ainsi dire, qui tient autant du balbutiement que du geste, et qui transpose vraiment, dans le monde sonore, la mimique du personnage, quand il ne sert pas de véhicule à l'expression de la volonté des dieux inexorables. Plus accidenté, haché de silences, dans l'émouvante scène où Alceste avoue à Admète le sacrifice qu'elle a consenti, le récitatif se transforme en air dès que la tension lyrique augmente, et la mélodie s'épanouit alors, fervente et illuminée. L'admirable scène qui met les deux époux en présence à la porte des Enfers, et au cours de laquelle tous deux font assaut de dévouement, va encore nous donner des exemples de cette floraison mélodique. C'est ainsi qu'Alceste interrompt un dialogue haletant par une touchante effu-

1. On remarquera, avec M, Tiersot (*Gluck*, 1909, p. 159), que *Gluck* reprend ici une tradition française en répétant périodiquement une phrase musicale de type bien net.

sion d'amour conjugal, et chante le court cantabile : « Vis pour garder le souvenir, » tandis qu'Admète, faisant sa supplication plus passionnée et plus ardente, substitue à ses gémissements l'arioso : « Alceste, au nom des dieux, » et que les deux infortunés adressent ensemble un dernier appel aux divinités cruelles dans un air dont les formes symétriques s'expliquent par l'insistance désespérée qu'ils mettent à conjurer le destin.

De même encore, pendant la scène des aveux au II° acte, l'*andante* d'Alceste : « Je n'ai jamais chéri la vie, » naît tout naturellement de l'interrogatoire anxieux qu'Admète fait subir à la reine, et l'exaltation à laquelle celle-ci se trouve en proie explique à la fois la symétrie et les reprises de cet *andante*. Le récitatif est le sol fécond dans lequel germe la plante mélodique ; jamais celle-ci ne s'impose arbitrairement ; jamais elle n'apparaît plaquée ou importée brusquement sur le terrain qui la supporte. On la pressent toujours, et elle apparaît avec un caractère de nécessité, dès que l'exaltation du récitatif dépasse certaines limites. C'est ainsi que Gluck évite de laisser subsister « une disparate trop tranchante » entre les airs et les récitatifs.

Dans *Alceste*, les collectivités agissantes participent étroitement à l'action. A peine le rideau est-il levé, au I°ʳ acte, que le personnage collectif se présente sous les espèces du chœur qui se subdivise lui-même, à l'arrivée de la reine, en deux demichœurs entre lesquels celle-ci évolue. Rien de plus majestueux et de plus noble que ce dispositif inspiré d'une eurythmie toute hellénique[1].

C'est au chœur de la scène du temple qu'incombe le soin de traduire, d'abord l'inquiétude que ressent le peuple avant l'invocation adressée par les prêtres à la Divinité, puis la terreur folle qui se répand parmi les assistants après l'oracle. De son côté, l'orchestre, en véritable personnage anonyme qu'il est, commente l'état d'âme de la foule, dont il trahit le trouble par les arpèges des cordes et le frémissement de battements précipités. On dirait qu'à l'approche du Dieu, toute sa masse vibre en proie à une religieuse terreur. Sitôt après l'énoncé solennel de la volonté divine, les assistants s'enfuient éperdus : « Fuyons, fuyons. » Le chœur français se déroule sur un rythme de croches à puissant dynamisme, mais il est peut-être moins terriblement expressif que le « Fuggiamo » de l'*Alceste* italienne, où ce cri, proféré par les basses sur une note unique, symbolise avec une étonnante vigueur l'emprise de l'idée fixe, l'invincible et folle panique. Au II° acte de cette même *Alceste* italienne, après la scène dans laquelle la reine apprend à Admète qu'elle mourra pour qu'il vive, le chœur et l'orchestre, en *fa* mineur et à cinq reprises différentes, exhalent des plaintes qui contrastent de façon tragique avec la résignation tranquille de la princesse. Citons encore la brusque intervention du chœur (II° acte), au moment où Alceste, vaincue, se résout à faire à Admète l'aveu de son héroïque dévouement. Effondré sous le poids de la révélation qu'il vient d'entendre, le malheureux roi ne peut que balbutier quelques interjections désordonnées, pendant que le chœur, véritable « conscience vivante du drame, » s'écrie soudain : « *Oh! Dieu!* » Il y a là un instant dramatique d'une rare intensité[2].

Les timbres instrumentaux jouent dans *Alceste* un rôle des plus importants. Gluck y a fait le plus merveilleux usage du timbre des trombones, dont il discerne la double face expressive. Majestueux et grave, le trombone s'adapte, soit à l'invocation religieuse, soit à la longue plainte qui s'étend sur la terre thessalienne, lorsqu'on apprend que la reine va mourir ; ou bien, terrible et strident, il appuie les cris des divinités infernales. Nous avons cité plus haut l'exemple de l'oracle, auquel le quatuor des trombones prête la majesté et la sombre grandeur de ses larges accords[3]. On remarquera que, lorsque Gluck adjoint les trombones aux chœurs, il en fait un emploi assez analogue à celui de Bach, et la déploration : « Pleure, ô patrie, » dans laquelle le trombone-basse scande largement le rythme de la déclamation, rappelle les procédés d'orchestration du maître allemand ; on y voit, en effet, les trombones doubler les voix des chœurs comme dans les chorals[4] :

La menaçante question des Dieux infernaux au III° acte : « Malheureux, où vas-tu? » se ponctue de l'intervention des trois trombones assistés des cors et des clarinettes. Ce sont également les trombones qui, associés aux bassons, jettent de rauques accents dans l'air : « Divinités du Styx! »

Pour Gluck, le hautbois n'est ni un instrument

---

1. M. Marx a donné une excellente analyse de cette scène, *loco cit.*, p. 362.
2. Acte II, scène III.
3. Lavoix, *Histoire de l'instrumentation*, p. 315.

4. Acte III, scène I. M. Tiersot (*Gluck*, 1909, p. 155) remarque justement que les chœurs se renvoient de place en place cette psalmodie « comme si la ville entière était pleine de la même lamentation ».

gai ni un instrument pastoral; il est triste, plaintif, douloureux; au moment de son sacrifice, c'est le souvenir de ses enfants qui assombrit Alceste, et sous les mots : « Oh ciel! quel sacrifice! » la figuration s'agite, tandis que le hautbois sanglote éperdument.

Le musicien confère aux flûtes un double caractère : tantôt elles s'apparentent avec des sentiments de solennité auguste et majestueuse, comme dans la marche du temple; tantôt, au contraire, elles prennent un accent d'infinie tristesse; ainsi, lorsque, au IIᵉ acte, Alceste, angoissée, se demande comment elle répondra aux pressantes interrogations d'Admète, deux flûtes viennent envelopper le soupir de l'infortunée reine et, désespérément, l'étendent jusqu'aux derniers confins de la souffrance humaine.

Iphigénie en Aulide est la première tragédie lyrique qui appartienne à la série écrite spécialement pour la scène française. Remarquable au point de vue de la concentration de l'action dramatique et de la simplicité des moyens mis en œuvre, elle marque les progrès réalisés par Gluck dans la voie de la brièveté, de la concision. Ainsi, le chœur de bienvenue des princesses s'écoule rapidement en cinq mesures, et le premier air de Clytemnestre n'en contient que douze. Qu'il y a loin ici des longs développements mélodiques qui se déploient interminablement dans les opéras italiens! De plus en plus, la musique se

tasse, devient plus essentielle et plus sobre. Certaines interventions chorales durent seulement quelques mesures, tout comme dans la scène des aveux d'Alceste[1].

Le drame d'*Iphigénie en Aulide* est, pourrait-on dire, un drame des rythmes. Nulle part Gluck n'a fait état de rythmes aussi frappants et aussi variés; nulle part il n'a plus profondément innervé l'action d'accents puissants et définitifs. Nous en verrons plus loin des exemples.

A ses ouvrages précédents il a emprunté, pour le Iᵉʳ acte, l'air d'Agamemnon : « A chi di voi m'addita, » qui provient de *Telemacco*, et le chœur : « Que d'attraits, » dont le thème se trouve dans la *Clemenza di Tito*; au IIᵉ acte, le duo : « De votre audace téméraire, » résulte d'un remaniement de « Perfide cœur volage » du *Cadi trompé*, et l'air : « Heureux guerrier, » du IIIᵉ acte, a été extrait de *Paride ed Elena*[2].

L'ouverture s'inspire des moments capitaux de l'œuvre, et présente un caractère d'énergie guerrière où se reflète quelque chose de l'*Iliade*. Elle ne conclut pas, s'arrête sur la dominante et se raccorde avec l'appel d'Agamemnon : « Diane impitoyable[3]. » Composée de deux mouvements, le premier un *andante* en *ut* mineur, le deuxième un *allegro* en *ut* majeur, elle se distingue surtout par sa sobriété et sa ferme rythmique. Ainsi, dans l'*allegro*, les poussées du quatuor :

scandées par les appels des cors, établissent de vigoureux accents, que le rythme obstiné des instruments à vent :

soutient de son énergie combative, en traçant un tableau tout rempli d'ardeur héroïque.

Nous considérerons surtout dans *Iphigénie en Aulide* la distribution et la rythmique des types mélodiques, et la participation à l'action des chœurs et de l'orchestre.

Ici, Gluck a créé de véritables personnages musicaux, dont le style, une fois arrêté dans ses lignes générales, ne se dément plus. Calchas, Agamemnon, Achille, Clytemnestre et Iphigénie revêtent, de la sorte, des aspects caractéristiques, et les récits et les airs confiés à chacun d'eux découlent tout entiers de leur être intérieur. On sait que Richard Wagner

a signalé l'application du système du *leitmotif* dans l'ouverture d'*Iphigénie en Aulide*. Les silences, disait Gluck, doivent être expressifs; le rôle de Calchas fournit un frappant exemple de ce principe. Calchas, oraculaire et fatal, laisse tomber ses notes graves, grosses de la souffrance qu'elles contiennent, et il semble, au Iᵉʳ acte, qu'on entende un Bossuet païen jetant à la face des rois une austère leçon d'obéissance. Ecoutez son air : « Au faite des grandeurs, » qui s'interrompt de longs silences méditatifs, et dans lequel le « fléchissement » s'exprime si éloquemment par des chutes mélodiques :

Roi   sous qui tout flé_chit,   Fléchis_sez sous les Dieux!...

1. Cf. Marx, *loco cit.*, II, p. 65.
2. A. Wotquenne, *loco cit.*, p. 210-211. L'air de *Telemacco* constitue

le thème initial de l'ouverture.
3. Acte I, scène I.

Quoi de plus expressif de l'indécision qui tenaille le cœur d'Agamemnon, que le fameux récitatif? :

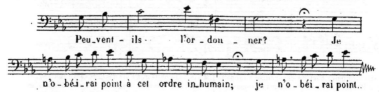

La première fois, le père d'Iphigénie hésite encore, et sa voix s'attarde un peu sur le « je » de « je n'obéirai point »; la seconde fois, son parti est pris, et la noire devient une croche[1].

Dès son premier récitatif, au contraire, le caractère altier et tenace de Clytemnestre se révèle sous

le rythme anapestique ⬚⬚⬚ qu'elle adopte

avec obstination : ⬚⬚⬚ ⬚⬚⬚ etc.

D'ailleurs, Gluck fait, dans *Iphigénie en Aulide,* un fréquent usage de l'anapeste, qu'on retrouve, par exemple, dans le chœur des Thessaliens : « Non, non, nous ne souffrirons pas[2]. »

Dans les airs que le Chevalier enchâsse, toujours d'une main sûre, dans le corps des récits, les reprises redisent l'idée première, dont le personnage s'était temporairement laissé écarter, et la forme classique se prête alors étonnamment au développement psychologique. C'est le voile de tristesse qui retombe après qu'une pensée secourable l'avait soulevé un instant, ou bien c'est la joyeuse lumière qui jaillit à nouveau et éclate en fanfare. Ainsi utilisée, la reprise n'a plus de caractère arbitraire; elle fait corps avec l'évolution logique du sentiment et le conflit nécessaire des passions. Nous en trouvons un éloquent exemple dans le récitatif et l'air d'Iphigénie du Iᵉʳ acte[3] : « Hélas! mon cœur sensible. » Ces mots s'écoulent en un *andante 3/4,* plein de charme, qui, de la tonalité de *si♭* passe en *fa* majeur, puis en *sol* mineur, et que vient subitement couper l'*allegro :* « Parjure, tu m'oses trahir! » A ce moment, Iphigénie s'indigne contre Achille, et la lutte de son amour et de l'aversion que lui cause la défection de l'aimé se traduit, avec une ingénieuse plasticité, par les heurts du chant et les soubresauts de la figure d'accompagnement. Mais l'amour reconquiert sa proie, et un *andante :* « Que sa tendresse avait pour moi de charmes, » où la tonalité oscille entre *fa* majeur et *ré* mineur, jusqu'à l'aveu échappé à la pudeur de la vierge, aveu entrecoupé de silences, sangloté dans la mélancolie du bonheur évanoui.

Les personnages collectifs ne sont pas employés avec moins de justesse que dans *Alceste* et *Orphée.* « Dès la scène, écrit M. Jean d'Udine, où Clytemnes-

tre et sa fille arrivent en Aulide, le chant si pur et si simple des chœurs célébrant les attraits et la majesté de la jeune princesse, que nous voyons pour la première fois, tissent autour d'elle une atmosphère de séduction[4], » et le chœur, entremêlé de danses, que précède l'air d'Achille : « Chantez, célébrez votre reine, » au IIᵉ acte[5], suscite une explosion d'allégresse qui contraste cruellement avec le sort réservé à Iphigénie.

Et, que de traits de génie dans cet orchestre si souple, si attentif à commenter l'action, à lui donner un profond retentissement au dedans de nous-mêmes! Combattu entre le respect des dieux et le « cri de la nature », le malheureux Agamemnon chancelle éperdu[6]. Par quel artifice symphonique Gluck exprime-t-il cette situation angoissante? Deux notes seulement de hautbois lui suffisent. Cette courte plainte du hautbois :

déjà présentée dans l'ouverture, c'est le vagissement inquiet de l'enfant, en lequel, par une idée touchante, se trouve condensée l'humanité entière, si chétive en face du destin, qu'affirme le cor, à intervalles réguliers, avec une obstination implacable. Alors, du contraste de ce murmure plaintif et impuissant et de cette sonorité voilée, venue du fond des choses, au timbre mystérieux et inflexible, jaillit l'émotion violente, irrésistible.

Au IIᵉ acte, au moment où Agamemnon va immoler sa fille, le cri des Euménides grince au-dessus des accords rauques que frappent, acharnés, trompettes et trombones[7]:

Et avec quelle force l'orchestre souligne l'invasion du remords dans le cœur du père :

1. Cf. la lettre de Corancez publiée dans le *Journal de Paris* du 21 août 1788, p. 1009, 1010. Au point de vue de la déclamation, il convient, cependant, de remarquer que c'est dans *Iphigénie en Aulide* qu'on rencontre le plus de traces d'indécision de la part de Gluck; on sent que le musicien n'est pas encore rompu avec la prosodie française.
2. Acte III, scène I.
3. Acte I, scène VII.
4. J. d'Udine, *loco cit.*, p. 93.
5. Après la scène III.
6. Acte I, scène II.
7. Acte II, scène VII.

Cet extraordinaire effet de chromatisme rappelle celui que Rameau avait employé dans le chœur des Spartiates de *Castor et Pollux*[1].

Au IIIe acte, alors que Clytemnestre croit assister au cruel sacrifice, l'orchestre s'associera aux angoisses de la mère; il s'arrêtera, comme suffoqué, et une figure, vraiment palpitante dans son réalisme brutal,

frémira comme de la chair humaine torturée.

Enfin, à ce même IIIe acte, l'air fameux de la colère d'Achille ne produit tant d'effet qu'en raison des contrastes de timbres que Gluck a savamment ménagés entre l'air d'Iphigénie qui précède et que soutiennent seulement le quatuor et les cors, et les rugissements d'Achille qui déchaînent les flûtes, les hautbois, les bassons, les cors, les trompettes et les timbales, en un mot, toute la masse instrumentale appliquée à dessiner un vigoureux thème guerrier[3]. Notons, au point de vue instrumental, la première introduction, à l'orchestre, de la grosse caisse, dans le défilé de l'armée grecque qui termine l'ouvrage[3].

Gluck s'est rarement livré à la musique descriptive[4], et lorsqu'il l'a fait, il a généralement obéi à une intention comique ou ironique, comme dans la *Rencontre imprévue*, par exemple. Mais, sans s'attacher à des effets strictement imitatifs, il procède parfois à de véritables transpositions symboliques, utilisant une peinture matérielle pour marquer plus fortement une situation psychologique. Telle nous apparaît l'intervention de l'orchestre au Ier acte d'*Iphigénie en Aulide*, dans l'air d'Agamemnon : « En vain vous promettez de nous être propice, » où, semble-t-il, pendant que le roi adresse ses plaintes à la Déesse, des rafales de vent bouleversent la symphonie. Par les dessins puissants qui se soulèvent dans la masse instrumentale, le Chevalier a, sans doute, voulu donner une transcription plus énergique de l'ardente prière du souverain.

Avec *Armide*[2], Gluck abandonne les fables de l'antiquité grecque pour mettre en musique une sorte de drame romantique tiré de la *Jérusalem délivrée* du Tasse, et situé dans « le monde irréel et charmant des conteurs médiévaux ». Il avait commencé à y travailler à Vienne, en 1775, et l'opéra était achevé au mois de juillet 1777. Les répétitions commencèrent aussitôt, et le Chevalier déclarait à la reine Marie-Antoinette que « vraiment ce serait superbe »[5].

Dans cette nouvelle tragédie lyrique, Gluck s'en tenait à l'ancien livret de Quinault, dont, selon Marx, il anima seulement les inexpressives poupées[7].

Armide utilise un grand nombre de morceaux des opéras italiens de Gluck. L'ouverture reproduit celle de *Telemacco*, sujet assez analogue, puisqu'il met en scène les artifices d'une magicienne semblable à *Armide*. Au Ier acte, Gluck emploie le deuxième mouvement de l'ouverture de *Tetide*, dans l'air d'Hidraol : « Pour vous, quand il vous plaît; » le IIe acte présente sous la forme du duo : « Esprits de haine, » la cinquième version d'un thème datant de 1744 (*Sofonisba*), et que le musicien avait déjà employé quatre fois. Toute la scène de la Haine (IIIe acte) se bâtit au moyen de fragments provenant de *Tigrane*[8], d'*Ippolito*, de *Telemacco*, et le sublime monologue : « Oh ciel! quelle horrible menace! » utilise un rythme obstiné des seconds violons extrait de *Paride ed Elena*. Enfin, dans les actes suivants, prennent place des fragments de l'*Innocenza giustificata*, d'*Antigono*[9], etc.

Mais Gluck ne s'est pas seulement souvenu ici de lui-même; il s'est encore souvenu de l'*Armide* de Lulli : « En guise d'hommage à Lulli, écrit M. Gevaert, Gluck, à certains endroits de son *Armide*, rappelle soit un rythme, soit un ton, soit un dessin mélodique employé à l'endroit correspondant de l'œuvre de son prédécesseur[10]. » On peut citer notamment : « Dans un jour de triomphe, » au Ier acte, et : « Venez, venez, Haine implacable, » au IIIe.

L'ouverture d'*Armide* débute par une phrase en forme de marche, à laquelle succède une deuxième idée relativement peu intéressante et rappelant encore le style de Sammartini. Le ton de l'ouverture est celui d'*ut* majeur, et la forme est toujours celle d'une *Sonate*.

Au point de vue de la construction tonale, le IIIe acte, celui de la Haine, apporte l'exemple de l'extension à tout un acte du système employé pour la scène lyrique. Ici, Gluck établit son acte en suivant les lois tonales qui régissent la symphonie. Il commence en *sol* majeur et termine dans le même ton, après avoir mis en œuvre une série de tonalités logiquement enchaînées. C'est ainsi que l'invocation de la Haine par Armide fait apparaître le ton de *fa* majeur plus déprimé que le ton initial, et qui s'assombrit encore en mineur, marquant par là les regrets et les hésitations de la magicienne. L'arrivée de la Haine s'accompagne du surgissement de la tonalité de *la* majeur, qui s'adoucit en mineur dans la bouche d'Armide, et redescend en *ré* majeur pour

1. On peut Voir là un exemple de la persistance de l'esthétique du xviiie siècle, en ce qui concerne l'usage de la suite chromatique descendante.

2. Acte III, scène iii.

3. J. Tiersot, *Gluck*, p. 130.

4. Il convient toutefois de remarquer que, dans la *Semiramide riconosciuta*, on constate, de-ci, de-là, une tendance à la peinture instrumentale (Cf. l'ouvrage de M. Reissmann). De plus, l'ouverture d'*Iphigénie en Tauride* témoigne d'intentions descriptives.

5. Voir Blaze de Bury, l' « *Armide* » de Gluck (*Revue des Deux Mondes*, 1869).

6. *Mémoires* de Mme Campan, I, p. 154.

7. Marx, *loco cit.*, II, p. 187.

8. L'air de *Tigrane* : « Presso l'onda d'Acheronte » a passé dans *Armide*.

9. A. Wotquenne, *loco cit.*, p. 215.

10. Avant-propos de M. Gevaert dans l'édition Lemoine.

revenir au point de départ, *sol* majeur. Avec ce clavier tonal très simple, Gluck exprime merveilleusement les fluctuations sentimentales dont l'âme de son héroïne est le théâtre.

Le jeu de la modulation expressive lui permet de suivre, dans toutes ses modifications, la psychologie de ses personnages; il y ajoute même des fautes d'harmonie qui, sous sa plume, se transforment en trouvailles de génie. On connaît, en effet, les fameuses quintes de la IIIe scène du IIe acte : « Plus j'observe ces lieux, plus je les admire. » Renaud se trouve en une sorte de paradis magique, et s'abandonne à toutes les impressions de grâce et de charme qui l'envahissent; il lutte cependant avec lui-même, hésite s'il doit rester en ce lieu enchanteur ou le quitter. C'est à cette hésitation que se rapporte la phrase : « Non, je ne puis quitter cet asile charmant. » Sans doute, Gluck, en délié psychologue, a-t-il voulu marquer le combat intérieur qui résulte des scrupules du chevalier, et il écrit les quintes successives que voici[1] :

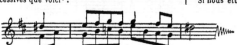

Dans la fameuse scène où Armide essaye de tuer Renaud endormi[2] : « Enfin, il est en ma puissance, » le jeu des modulations dessine une sorte de pantomime sonore, en soulignant les déchirements qui font saigner le cœur d'Armide. La magicienne commence en *la* mineur un récitatif entrecoupé qui s'exalte en *si* mineur, pour tomber en *mi* mineur lorsqu'elle lève le fer sur son amant; mais la voici désarmée : « Quel trouble me saisit? » (*si* majeur); elle hésite, tremble; le récitatif s'abaisse encore vers le ton de *mi* mineur, puis se clôt en *sol* majeur par l'air : « Ah! quelle cruauté! », où son jeune et ensorcelant amour triomphe définitivement des visions de meurtre qui l'ont obsédée.

A ce jeu de modulations, s'ajoute l'extrême plasticité de la matière mélodique. C'est dans *Armide*, en effet, que s'affirment, le plus clairement, les idées

rénovatrices de Gluck; c'est dans cet opéra qu'il a le mieux souligné son affranchissement de toute forme conventionnelle et de tout cliché. « La nouveauté, écrit M. Gevaert, consiste en ce que les tirades que le poète met dans la bouche des personnages prennent généralement la forme d'ariosos soumis à la mesure, mais affranchis de symétrie rythmique et de reprises, aussi bien que de répétitions des paroles[3]. » Au cours des œuvres que nous avons étudiées plus haut, nous avons constaté que l'air, avec sa symétrie et ses reprises, apparaissait nécessairement lorsque la tension émotionnelle, dépassant les limites d'un état conscient, suscitait dans l'âme des personnages une exaltation lyrique. Ici, le même phénomène s'observe encore, mais l'air s'affranchit de ce qui lui restait de guindé, de convenu; il abandonne son balancement ordonné, et le lyrisme, brisant les anciens moules, prend une envolée nouvelle. On voit donc combien l'évolution du génie de Gluck fut constante et sûre.

Si nous étudions cette scène v au point de vue de la distribution psychologique des types mélodiques, que voyons-nous? D'abord, un *récitatif* désordonné, haletant, dans lequel la magicienne déchaînée crie sa soif de vengeance, mais ne peut se décider à tuer Renaud endormi; peu à peu, la tension lyrique s'accroît; le récitatif se transforme en *arioso*, et, lorsque Armide désarmée repousse le fer pour recourir à ses charmes, et qu'au lieu de sacrifier son amant, elle se dresse dans toute sa puissance de femme amoureuse, l'*air* : « Démons, transformez-vous en d'aimables zéphyrs, » chante éperdument et sa défaite et sa victoire. Le beaux violons soupire, une voix palpitent légèrement, et le lyrisme, parvenu à son maximum, déborde sous forme de libre mélodie, passionnée et vivante.

Les IIIe et Ve actes d'*Armide* fournissent des exemples encore plus suggestifs de l'émancipation de Gluck à l'égard de l'*air*. Il n'y a rien de l'*aria* italien et de l'*air* français dans l'invocation d'Armide à la Haine, avec la prestigieuse et fatale montée de son ardente supplication[4] :

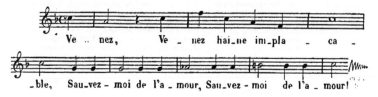

Ve nez, Ve nez hai ne im pla ca ble, Sau vez - moi de l'a mour, Sau vez - moi de l'a mour!

Il n'y a rien, non plus, qui rappelle les anciennes formes mélodiques dans les IIIe et Ve scènes du Ve acte, dans la dernière surtout, qui marque le point culminant du drame. Gluck s'y propose, uniquement, de suivre pas à pas les angoisses d'Armide, en imaginant des formes appropriées à tous les mouvements de son cœur, en décalquant, pour ainsi dire, les soubresauts

1. Acte II, scène III. Voir, à ce sujet, la *Revue musicale* du 1er juin 1906, p. 253. M. Max George a analysé ce passage de façon intéressante dans son ouvrage sur l'*Harmonisation*, p. 275.

2. Acte II, scène v.

3. Avant-propos d'*Armide*, par M. Gevaert, dans l'édition Lemoine. Il convient de remarquer que le *Mercure* de mai 1774, en rendant compte de la première représentation d'*Iphigénie en Aulide*, soulignait très exactement l'extrême plasticité du récitatif de Gluck : « La plus grande partie de cet opéra, déclarait-il, est en récitatif, dont le savant compositeur a varié les formes. Il a employé un récitatif en quelque sorte parlé pour les choses qui ne demandent qu'un simple récit; il a

employé un récitatif en quelque sorte *déclamé* et fortifié par de grands traits détachés d'harmonie, lorsque les paroles renferment un sentiment; enfin, un récitatif en quelque sorte *chanté* pour exprimer la passion ou un grand intérêt; et ce dernier récitatif est ordinairement terminé par un air de passion ou de sentiment, qui donne les derniers traits et la vie au tableau. » (*Mercure*, mai 1774, p. 174, 175.)

4. Acte III, scène III. C'est là un de ces motifs ascendants, à tonalité trouble, dont Bach a fait un si prestigieux emploi pour caractériser le réveil d'une âme douloureuse. Cf. A. Pirro, l'*Esthétique de Bach*, p. 80 et suiv.

de sa passion. Il n'y a plus ici d'héroïne d'opéra, assujettie à certaines conventions de psychologie protocolaire ; il n'y a plus qu'une femme qui souffre, tour à tour amoureuse et enfiellée de haine, meurtrie irrémédiablement par le définitif abandon. C'est du drame purement humain, en lequel on peut, avec M. Vincent d'Indy[1], discerner trois phases principales : d'abord, « de la douleur tempérée par des souvenirs d'amour », puis une exaspération qui peu à peu atteint à la folie ; enfin, la réapparition de la magicienne dans la femme délaissée, magicienne qui détruit son palais enchanté sous l'acharnement implacable des accords répétés de *ré* majeur. Il y a

là des passages qui rappellent l'immense détresse de la mort d'Isolde.

Si, avec *Armide*, Gluck élargit son emprise sur le terrain de la vérité dramatique, la façon dont il manie les personnages collectifs se montre digne de sa maîtrise mélodique et expressive.

L'admirable chœur du Ier acte : « Poursuivons jusqu'au trépas » va nous permettre de prendre sur le vif les procédés nouveaux que Gluck met en œuvre à cet égard. Du fond de l'orchestre, s'élève d'abord le thème d'appel fortement accentué qui figure dans l'*allegro* de l'ouverture ; en second lieu, quatre solistes, et tout le chœur après eux, dessinent un étonnant tableau de sauvage fureur :

On voit ici sous quelle forme ramassée et concise se présente la ritournelle d'orchestre ; ces appels qui jaillissent de la profondeur de la symphonie, la reprise du thème, par les quatre solistes, à l'octave

supérieure, préparent l'entrée du chœur qui, inlassablement, au-dessus de l'emportement des basses roulant de fougueux triolets, martelle d'un rythme féroce le motif de la poursuite :

Le cri des solistes : « L'ennemi ! », jeté en *ut* mineur, s'oppose aux appels analogues que ténors et basses du chœur clament en un mouvement tumultueux, pendant que les autres voix répètent avec obstination le thème (A). Gluck a rarement écrit un ensemble aussi véhément et aussi réaliste. On rapprochera ce thème de celui du chœur magique au IIIe acte : « Plus on connaît l'amour. »

Au Ve acte, alors que Renaud repose dans les jardins d'Armide, le personnage collectif intervient sous la forme d'un chœur dansé qui crée une atmosphère de plaisir autour du héros ; ce chœur dansé, avec son rythme souple et câlin, est un maître morceau de magie ensorceleuse. « Ces chansons bocagères, écrit M. Tiersot, semblent venir de la nature même ; l'air de la Naïade : « On s'étonnerait moins que « la saison nouvelle, » est devenu un modèle de chant classique[2]. » Mais il faut savoir gré à Gluck de n'avoir

point terminé son drame par le divertissement final qui était de règle à l'époque, et qui se trouve encore dans *Orphée*, *Alceste* et *Iphigénie en Aulide*. Le musicien n'a pas voulu atténuer chez l'auditeur l'émotion intense que provoque la dramatique conclusion d'*Armide*, l'écroulement du palais enchanté, le désespoir de la magicienne, et, supprimant le ballet classique de la fin, il se montre plus attaché à la vérité que dans ses précédents ouvrages.

Son orchestre est rempli d'intentions expressives ; par les rythmes qu'il propose et par les timbres mis en œuvre, il souligne les situations, accentue la psychologie des personnages, révèle ce que la déclamation ne peut exprimer. Au IIIe acte, les regrets d'Armide, au moment où elle se décide à invoquer la Haine, afin de chasser l'obsédant amour qui la possède, se traduisent fortement dans le rythme obstiné des instruments à archet, aux brusques oppositions dynamiques :

et plus loin, les âpres dissonances des hautbois disent toute sa désolation, lorsqu'elle supplie la Haine de la sauver de l'amour :

1. *Tablettes de la Schola*, 20 avril 1902.   2. J. Tiersot, *Gluck*, p. 136.

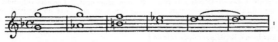

Enfin, les battements des seconds violons, à la fin de cet acte,

dessinant une figure rythmique dont on retrouve l'analogue dans *Paride ed Elena*[2], dépeignent, avec un réalisme puissant et sobre, comme les « battements » du *cœur* de la magicienne. Nous pourrions encore citer toute la scène des Plaisirs, avec sa belle chaconne en *si ♭*, à cinq couplets, le mélange si naturiste des voix de l'orchestre à celles des chanteurs, le paysage de rêve qui surgit de la symphonie, et le curieux menuet tissé de rythmes binaires et ternaires entre-croisés, qu'illumine le « scintillement de trilles incessants ».

Gluck avait 63 ans lorsqu'il composa *Iphigénie en Tauride*, et pourtant aucune trace de fatigue ne transparaît dans l'admirable partition qui clôt la série de ses cinq grands opéras français. Comme *Iphigénie en Aulide* et *Armide*, la deuxième *Iphigénie* fut écrite sur un poème français : « *Iphigénie en Tauride*, déclare M. Gevaert, couronnement de la carrière musicale de Gluck, montre l'auteur pleinement conscient de son ascendant sur le public, et réalisant en toute liberté sa nouvelle conception du drame musical[3]. »

Les emprunts que, fidèle à son habitude, il fait à ses œuvres antérieures, sont les suivants : l'introduction est l'ouverture amplifiée de l'*Ile de Merlin;* au IIe acte, l'air d'Oreste : « Dieux qui me poursuivez, » provient des *Feste d'Apollo*, et la célèbre cantilène d'Iphigénie : « O malheureuse Iphigénie, » se retrouve dans la *Clemenza di Tito* (Se mai senti spirarti); au IVe acte, l'air : « Je t'implore et je tremble, » extrait d'*Antigono*, avait déjà servi dans *Telemacco*, les *Feste d'Apollo* et *Paride ed Elena*[4].

On sent, de la part de Gluck, dans la seconde *Iphigénie*, une assurance complète et une entière possession de soi. Le musicien développe ses idées avec une maîtrise parfaite, et sur certaines scènes, il plane une sorte de sérénité imposante et profondément religieuse. On a justement remarqué que, par ce caractère contemplatif, *Iphigénie en Tauride* contrastait

très nettement avec son aînée[5]. Nous nous attacherons, dans ce qui suit à en faire ressortir quelques particularités typiques.

L'ouverture, en *ut* majeur, s'enchaîne directement et sans aucun arrêt au drame, dont elle constitue non seulement la préface naturelle, mais encore une partie essentielle, puisqu'elle explique l'arrivée en Tauride d'Oreste et de Pylade. En outre, et c'est là un point qu'il importe de signaler, cette ouverture est une page de musique descriptive. Un court *andante*, intitulé « le calme » par Gluck lui-même, dépeint la tranquillité des flots qui ne tardent pas à se soulever dans l'*allegro* suivant, qualifié de « tempête », et durant lequel la petite flûte résonne stridente, lorsque la pluie et la grêle déchaînent leurs rafales. Le rideau se lève en plein ouragan, et l'appel d'Iphigénie : « Grands Dieux, soyez-nous secourables, » emprunte sa tonalité à celle de l'introduction. Ainsi, cohésion parfaite entre l'ouverture et le drame.

Au point de vue mélodique, il n'y a peut-être pas, dans *Iphigénie en Tauride*, autant de recherches strictement dramatiques que dans *Alceste* et *Armide*, et le lyrisme de cette pièce paraît plus soutenu. Mais les caractères des divers personnages sont établis de façon magistrale par les mélodies que Gluck confie à chacun d'eux. Tandis qu'Oreste, même dans ses accès de désespoir, demeure un Grec lumineux et clair, à la voix nette, au rythme accusé, Thoas apparaît sous les teintes plus sombres, avec un je ne sais quoi de traînant et de lourd. — Et que de candeur, que de grâce touchante dans le personnage d'Iphigénie! Comme elle est bien de son pays et de sa race, cette pure et noble prêtresse! Sa prière à Diane reflète une haute et incomparable idéalité; son exclamation : « Ah! laissons là ce souvenir funeste, » décèle une sensibilité exquise. Tout dans ce caractère n'est que pureté et harmonie.

Les rythmes jouent un rôle essentiellement expressif dans les divers types mélodiques d'*Iphigénie en Tauride*, et aussi les intervalles. Nous donnerons comme exemple l'air d'Oreste au IIe acte (scène I). Ecrasé par le malheur qui l'accable, l'infortuné supplie les Dieux de le frapper, et voici qu'au milieu du déchaînement de l'orchestre, il halète, éperdu, sur un rythme tenace, l'anapeste cher à Gluck, soutenant un intervalle de quarte ascendante :

De l'en_fer,   Sous mes pas,   entr'ou_vrez,   les a_bîmes...

qui pousse sa voix de la dominante à la tonique, et la fait insister à coups redoublés sur cette dernière.

Rien de plus frappant et de plus caractéristique que ce bond de quarte. Après une phrase intermédiaire, pleine de douleur, *Oreste* revient à la phrase initiale, et c'est avec raison que la symétrie pénètre de la sorte dans son chant, car elle s'accorde bien ici avec la hantise de l'idée fixe, avec la terrible obsession du crime impardonnable.

1. On lira dans l'étude publiée dans le *Ménestrel*, par M. Tiersot, chap. III, *Gluck compositeur italien*, la façon dont Gluck a utilisé et remanié, pour l'invocation d'Armide, un air de *Tigrane*. Cet air contient les mêmes dissonances des hautbois, l'arpège de l'accord parfait par les cuivres et la Voix; seulement, Gluck a simplifié son accompagnement, qu'il a réduit aux parties essentielles, au rythme saccadé des violons (*Soixante ans de la vie de Gluck*).

2. Voici cette formule rythmique :

3. Avant-propos d'*Iphigénie en Tauride* dans l'édition Lemoine. Voir l'analyse d'*Iphigénie en Tauride* par Berlioz, dans la *Gazette musicale*, 1834, p. 361, 365, 377, 389.

4. A. Wotquenne, *loco cit.*, p. 215.

5. Cf. A. Marx, II, p. 269 et suiv.

Les chœurs présentent des caractères très marqués, grâce auxquels Gluck fixe la physionomie des Grecs et des Barbares. Avec ceux que chantent les prêtresses de Diane, s'imposent le calme, l'eurythmie, l'obéissance aux Dieux. Ecrits pour deux voix de femmes seulement, ces chœurs respirent le repos le plus absolu et une sorte de passivité religieuse et imposante; l'âme de Sophocle a passé ici dans la musique du Chevalier[1] :

O songe af_freux! Nuit ef_fro_ya_ble...

Chez les Scythes, au contraire, résonne une joie grossière qui se traduit par la brutalité des rythmes, par la répétition des mêmes formules. Le chœur des Scythes entraîne le seul ballet qui trouve place dans l'ouvrage : c'est une danse de sauvages, pendant laquelle le tambour (la caisse roulante) bat un rythme continu de croches[2].

Dans le monde infernal, les Euménides parlent en vengeresses acharnées : « Vengeons et la nature et les Dieux en courroux, » et, lorsqu'elles annoncent l'horrible forfait perpétré par Oreste : « Il a tué sa mère, » soudain leur chant s'élargit, amplifié par tout l'orchestre, et comme effrayé devant une telle monstruosité.

Le langage de la symphonie, même en l'absence de tout texte, est aussi pénétrant que celui que profère la voix humaine. Parfois, un simple accord, une simple note, suffisent à provoquer l'émotion, à souligner un instant dramatique, tel le *fa #* qui prépare, de façon si saisissante, le récit du songe d'Iphigénie[3]; ou bien encore, ce sont des battements, des rythmes obstinés qui décrivent, pour ainsi dire, le facies physiologique du sentiment. Nous citerons, à ce sujet, deux exemples : d'abord, les sanglots des violons au moment où Oreste se désespère d'avoir entraîné Pylade dans son malheur[4] :

puis, les soubresauts si suggestifs de l'orchestre durant la scène célèbre où Oreste chante : « Le calme renaît dans mon cœur. » « Après un terrible accès de fureur, écrivait le *Mercure*[5], Oreste tombe anéanti et dans un calme apparent. Mais écoutez l'orchestre, il vous dira que c'est là de l'accablement, et non du repos... Son chant (celui d'Oreste), qui n'a rien de périodique et reste confiné dans un petit nombre de sons, est accompagné par les altos-violes, qui peignent la voix sombre et menaçante des remords, pendant que les violons expriment une agitation profonde mêlée de soupirs et de sanglots. » Voici le début de ce surprenant passage[6] :

Au point de vue des timbres, le hautbois conserve, dans *Iphigénie en Tauride*, le caractère de tristesse que Gluck lui affecte d'ordinaire, et, dans la scène du IIᵉ acte, entre Iphigénie et les Prêtresses, sa lamentation désolée alterne avec les plaintes de la fille d'Agamemnon. Le trombone mugit durant le cauchemar infernal où s'agitent les Euménides; enfin, les instruments à percussion caractérisent nettement la sauvagerie des Scythes, dont les danses et les chœurs sont brutalement scandés par les tambours, les cymbales et le triangle, pendant que les petites flûtes crient et que les clarinettes gémissent.

Le dernier opéra de Gluck, *Echo et Narcisse*, *drame lyrique en trois actes avec un prologue, musique de Gluck, poème du baron de Tschudi*[8], dont l'insuccès dépita tant son auteur, ne méritait pas la sévérité avec laquelle l'accueillit le public parisien. Sans doute, le livret fut pour beaucoup dans cet insuccès; il était très faible, sans vigueur, d'une fadeur désolante; mais la musique aurait dû sauver la pièce, car, ainsi que l'observent MM. Camille Saint-Saëns et Julien Tiersot, c'est dans ce chant du cygne qu'on observe la forme la plus parfaite. Nulle part Gluck n'a réalisé en ensemble plus harmonieux, un récitatif plus juste et plus expressif, une mélodie plus coulante, plus aérienne; nulle part il n'a fait preuve d'un sentiment plus pénétrant de la nature.

Et pourtant, *Echo et Narcisse*, tout comme les cinq autres opéras français du Chevalier, consiste en une œuvre composite, formée d'éléments disparates empruntés à tous les ouvrages de jeunesse. M. Rolland a montré[9] que l'air de l'Amour du prologue : « Amu-

1. Acte I, scène II.
2. Voir Tiersot, *Gluck*, p. 204, 205.
3. Acte I, scène I.
4. Acte II, scène I.
5. *Mercure* du 15 juin 1779.
6. Acte II, scène III.

7. Sur les deux *Iphigénies*, Voir F. de Villars, *les Deux Iphigénies de Gluck* (1868).
8. Cf. *le Dernier Opéra de Gluck*, par J. Tiersot (*Rivista musicale italiana*, 1902) et l'article de M. R. Rolland dans la *Revue musicale* de 1903.
9. *Revue musicale*, 1903, p. 214.

sez, sachez plaire, » se retrouve intégralement, note pour note, dans une pastorale écrite par Gluck en 1755, dans la *Danza pastorella.* Pour tout l'opéra, Gluck demeure fidèle à son système de pasticcio; au Ier acte, il utilise encore des fragments de la même *Danza;* le quatuor du IIe acte : « O chère et tendre amie, » est tiré du *Re Pastore,* et le musicien met aussi à contribution *Paride ed Elena;* enfin, l'a-

rioso de Narcisse du IIIe acte : « Au reproche douloureux, » est extrait de la deuxième partie d'un air d'*Ezio* déjà employé dans *il Re Pastore*[1].

Il convient, en outre, de remarquer que Gluck s'est affirmé très influencé par Rameau en écrivant les danses d'*Echo et Narcisse.* Nous signalerons dans la partition, outre l'exquis « Air de l'Amour » (acte III, scène I) dont nous donnons ci-après le début :

les airs d'Echo mourante au IIe acte : « Quel cœur plus sensible et plus tendre, » et : « O mes compagnes fidèles, » d'une si touchante effusion.

Echo et Narcisse, lors de la reprise de 1781 (31 août), remporta un succès complet[2], et le chœur : « Le Dieu de Paphos et de Gnide, » demeura célèbre.

Sophie Arnould, à laquelle échut l'honneur d'incarner la première, sur la scène française, la douce et douloureuse figure d'Iphigénie, a porté sur Gluck un jugement qui subsiste en entier de nos jours : « Gluck, déclarait-elle, est le musicien de l'âme; il saisit toutes les modulations propres à former l'expression des sentiments et des passions, surtout de la douleur. » Oui, de la douleur, car personne mieux que Gluck n'a saisi le contraste lamentable et tragique de la vie et de la destinée. Qu'elles sont belles et touchantes ces héroïnes, soit qu'elles se résignent dans leur âme de vierges héroïques, telle Iphigénie, soit qu'elles crient à l'univers leur passion vengeresse, telle Armide. Mais c'est peut-être la belle et triste prêtresse d'Artémis qui nous donne les impressions les plus définitives du pathétique dans le drame lyrique.

.   .

Nous terminerons cette étude par l'examen rapide des œuvres de quelques musiciens dramatiques de l'époque gluckiste. Trois auteurs italiens, surtout, dont le fameux adversaire du Chevalier, Nicolas Pic-

cinni, retiendront notre attention, car il y a peu de chose à dire des compositeurs français qui, concurremment avec Grétry, Floquet, Philidor, Cossec et Berton, firent, à cette époque, représenter des œuvres lyriques à l'Académie royale de musique. L'*Omphale* de Philibert Gardonne (2 mai 1769) n'eut guère de succès, et la réfection de l'acte des *Amours des Dieux,* qu'il produisit en 1773, sous le titre d'*Ovide et Julie,* ne s'élève pas au-dessus d'une honnête médiocrité. Léopold-Bastien Désormery, un ancien musicien de la cathédrale de Strasbourg, venu à Paris pour participer au concours institué en 1769, au Concert spirituel[3], et couronné à la suite de ce concours, donna à l'Opéra *Euthyme et Lyris* (1er octobre 1776), que suivit la pastorale de *Myrtil et Lycoris* (2 décembre 1777), exécutée avec un très grand succès, et qui dénote un musicien sérieux, aussi habile dans la musique vocale que dans le travail symphonique.

Pierre-Joseph Candeille ne s'est pas seulement fait connaître par des motets à grand chœur, joués au Concert spirituel, de 1770 à 1788, et par quelques « symphonies à orchestre[4] »; il a encore écrit deux opéras en cinq actes : *Pizarre ou la Conquête du Pérou* (3 mai 1785) et *Castor et Pollux* (14 juin 1791). Doué d'un certain instinct dramatique, Candeille, qui était chanteur à l'Académie royale de musique, eut le bon esprit de respecter, dans sa « réfection » de *Castor,* les principaux morceaux de Rameau, auxquels il

1. Wotquenne, *loco cit.*, 217.
2. Préface d'*Echo et Narcisse,* éd. Pellctan, Saint-Sacns, Tiersot, p. xxviii.

3. Cf. M. Brenet, *les Concerts en France,* p. 287. — *Mémoires secrets,* 3 mai 1770. — *Mercure,* mai 1769 et mai 1770.
4. Voir M. Brenet, *loco cit.,* p. 339, 341, 342.

ajouta seulement des récits de sa façon, baptisant cette singulière adaptation du titre de « musique nouvelle ».

Nous nous arrêterons un peu plus sur Jean-Baptiste Moyne, dit Lemoyne, dont nous retrouverons l'*Ode sur le combat d'Ouessant* dans la troisième partie de cette étude[1]. Né à Eymet en Périgord, le 3 avril 1751, Lemoyne fit son éducation musicale auprès de son oncle, maître de chapelle de la cathédrale de Périgueux. Après avoir parcouru la province, en qualité de chef d'orchestre, il se rendit à Berlin, où il se serait perfectionné avec Schulz, Graun et Kirnberger, et où il reçut des libéralités du prince de Prusse. De Berlin, Lemoyne gagna Varsovie, et écrivit pour le théâtre de cette ville le *Bouquet de Colette*, pièce dans laquelle débuta la Saint-Huberty, son élève, puis, il rentra à Paris et composa alors *Electre* (2 juillet 1782) et *Phèdre* (26 octobre 1786), deux opéras en trois actes. Après un voyage en *Italie*, Lemoyne revint en France, en 1788, et ne cessa, depuis cette époque jusqu'à sa mort (30 décembre 1796), de travailler pour l'Opéra et le théâtre Favart.

Lemoyne est un musicien de très médiocre originalité. Il ne présente guère d'intérêt que comme épigone, reflétant la plupart des influences qui se disputaient alors le monde musical. Voici les œuvres de son répertoire d'opéra : *Electre*, *Phèdre*, *Nephté* (15 décembre 1789), *Louis IX en Egypte* (15 juin 1790), *Miltiade à Marathon* (3 novembre 1793), *Toute la Grèce, ou ce que peut la liberté* (5 janvier 1794). Dans le demi-genre, il a donné *les Prétendus*, comédie lyrique (2 juin 1789), et *les Pommiers et le Moulin* (22 janvier 1790).

Malgré son insuccès, *Electre* n'est point sans mérite, et quelques-uns des chœurs de cette pièce valent d'être remarqués en raison de leur énergie. L'auteur avait manifestement cherché à pasticher le style de Gluck; repoussé en dehors du clan gluckiste, Lemoyne se tourna alors vers les *Italiens*; il se mit à étudier Piccinni et Sacchini, et sa *Phèdre* prouve qu'il avait su s'approprier la manière de ces maîtres, à la grande satisfaction de Grimm, qui, chaudement, l'en félicitait. La scène religieuse du Ier acte de *Phèdre* comprend une marche avec un chœur à trois voix : « Divine Cithérée, » d'une belle écriture, puis une marche de prêtresses, au cours de laquelle la flûte, la clarinette et les violons dialoguent ingénieusement, enfin, un hymne suffisamment majestueux. Lemoyne n'a pas seulement imité l'école napolitaine; il s'est encore inspiré de Mozart, auquel il emprunte fréquemment sa façon de terminer les phrases par une gamme rapide préparant la cadence finale. Dans le style bouffe, il est parfois alerte, pimpant, plus souvent fade et banal; cependant la scène de dispute qui, au cours des *Prétendus*, met M. et Mme Orgon aux prises, s'affirme fort plaisante, avec l'insistance des gruppetti de l'orchestre sur les mots : « J'enrage. » De plus, dans *les Pommiers et le Moulin*, le compositeur réalise, par l'emploi du syllabisme, nombre d'effets extrêmement comiques.

Comme Lemoyne, l'organiste Jean-Nicolas Lefroid de Méreaux, attaché à l'église Saint-Sauveur, occupe une place honorable parmi les *poetæ minores;* son *Alexandre aux Indes*, écrit sur un livret de Métastase (26 août 1783), ne put, malgré les magnificences de la mise en scène, entrer en comparaison avec celui de Piccinni[2]. Mais la réputation des auteurs français que nous venons de citer pâlit singulièrement à côté de celle de trois musiciens italiens qui, attirés à Paris par le renom artistique de la capitale et par les luttes d'idées qui s'y livraient, opérèrent, au contact du théâtre français, une rénovation complète de leur talent. Nous avons nommé Piccinni, Sacchini et Salieri.

A tout seigneur tout honneur. Piccinni, l'émule et l'adversaire de Gluck, fut longtemps diminué par les historiens, au profit du Chevalier[3]. Sans doute, la distance qui sépare les deux champions de la fameuse querelle est considérable, mais il faut se garder de discréditer le maestro « de confiance et sans connaître ses ouvrages». « La musique de Piccinni, écrit M. Jullien, malgré son origine italienne, se rapproche souvent de celle de Gluck; ce n'est pas le chant pur, mais bien l'expression de la vérité, l'accent de la passion, qui préoccupent surtout ce maître[4]. » Aussi, convient-il d'examiner avec attention les ouvrages qui correspondent à la période française de sa vie.

Né à Bari le 16 janvier 1728, élève de Léo et de Durante au Conservatoire de Saint-Onuphre, Nicolo Piccinni s'était acquis une réputation glorieuse en *Italie*, depuis l'apparition de sa fameuse *Cecchina* (1760), dont la vogue atteignit des proportions inouïes. Pendant quinze ans, de 1760 à 1775, il régna sur Rome en véritable maître artistique, et lorsqu'il partit pour la France, ébloui du succès triomphal de ses œuvres, il n'allait pas, assure Galiani, y chercher de la gloire, mais bien de l'argent[5]. L'ambassadeur de Naples, Caraccioli, lui avait fait signer un engagement de trois ans; il débarqua à Paris le 31 décembre 1776, mais, peu armé pour la lutte, il ne put s'entendre avec les comédiens italiens au sujet de sa *Buona Figliola*[6] et dut se contenter des applaudissements qu'on lui prodigua au concert des Amateurs. Cependant, Marmontel prenait soin de lui inculquer les principes de la prosodie française, et travaillait d'arrache-pied avec le pauvre maestro, dont la parfaite docilité compensait heureusement la profonde ignorance de notre langue. *Roland* naquit de cette collahoration patiente (27 janvier 1778). Piccinni, qui ne possédait point les brillantes qualités de lutteur de son adversaire, comptait heureusement de zélés et puissants protecteurs, Caraccioli, Creutz, l'abbé Morellet et son cénacle, La Borde, le banquier de la cour; de plus, on le voyait d'un fort bon œil à Versailles, où, deux fois par semaine, il allait donner des leçons de chant à la reine. En 1778, Devismes lui confia la direction de la troupe de Bouffons qui exécuta *Finte Gemelle* (11 juin 1778) et la *Buona Figliola* (7 décembre 1778), puis, avec des fortunes

1. Sur Lemoyne, consulter Fétis, V, p. 269. — Eitner, VI, p. 130, 131. — Choron et Fayolle, *Dictionnaire historique des musiciens*. — Correspondance littéraire de Grimm, et G. Chouquet, *Histoire de la musique dramatique en France* (1873).

2. Sur Méreaux, voir *Correspondance de Grimm*, t. X, XI, XII, XIII.

3. Sur Piccinni, consulter P.-L. Ginguené, *Notice sur la vie et les ouvrages de Nicolas Piccinni* (an IX). — *Mémoires secrets*. — *Leipz. Zeitung* (1867), p. 77. — G. Chouquet, *Histoire de la musique dramatique en France* (1873). — Desnoiresterres, *Gluck et Piccinni* (1875). — Grégoir, *Panthéon musical populaire* (1876), V, p. 112. — F. Florimo, la *Scuola musicale di Napoli e i suoi Conservatori* (1880). — Le *Ménes-*

trel (1888), p. 312. — M. Teneo, la *Détresse de Niccola Piccinni* (*Revue musicale*, 1908). — H. de Curzon, les *Dernières années de Piccinni à Paris* (1890). — Fétis et Eitner. — Préfaces de *Didon* et *Roland* (collection Michaëlis). — Bachaumont, dans ses *Mémoires*, parle fréquemment de Piccinni; voir tomes VII, IX, X, XII, XIV, XV, XVII, XVIII, XXI, XXIV, XXVI, XXVII, XXXIII, XXXIV et XXXVI. — Consulter aussi la *Correspondance de Grimm*, tomes IX, XI, XII, XIII, XIV, XV.

4. A. Jullien, la *Cour et l'Opéra sous Louis XVI*, p. 4.

5. L'abbé Galiani, *Correspondance* (1818), t. II, p. 259.

6. Desnoiresterres, *loco cit.*, p. 184.

diverses, paraissaient *Atys* (22 février 1780), *Iphigénie en Tauride* (23 janvier 1781), *Adèle de Ponthieu* (27 octobre 1781), et *Didon* (16 septembre 1783 à Fontainebleau, et 1er décembre de la même année à l'Opéra), où l'influence de Gluck se faisait fortement sentir[1]. Lorsque le baron de Breteuil imagina d'organiser une école de musique destinée à recruter des sujets pour l'Opéra, il songea à en confier la direction à Piccinni; après quelques tergiversations, celui-ci finit par accepter les propositions de Breteuil, et en 1784 il recevait une pension de 6.000 livres, en qualité de directeur de l'École de musique de l'Académie royale[2]. Cette année-là, le 7 septembre, il donnait, sans grand succès, *Diane et Endymion*, bien que le piccinnisme régnât en haut lieu, et notamment à l'Académie française. *Pénélope*, jouée d'abord à Fontainebleau, puis à l'Opéra (9 décembre 1785), recevait un accueil assez froid, et, en dépit des remaniements que son auteur lui faisait subir, ne parvenait pas à garder l'affiche de l'Académie royale de musique. Poursuivi par la malchance, Piccinni ne pouvait pas davantage décider le comité de l'Opéra, animé à son égard d'une sourde hostilité, à lui délivrer la pension de 3.000 livres à laquelle, croyait-il, ses services lui donnaient droit. D'un autre côté, Sacchini, dont il s'était complu à protéger les débuts, se transformait en adversaire, et la *Clytemnestre* de l'infortuné maestro lui restait pour compte[3].

L'auteur de *Didon* recevait bien 4.000 livres comme compositeur des spectacles de la reine, et, au moment de la Révolution, l'Académie de musique lui servait une pension de 3.000 livres; mais elle se déchargeait sur le Trésor du soin de la verser à Piccinni, et celui-ci, malgré ses réclamations, se voyait dans l'impossibilité de toucher l'argent qui lui était dû. La rente que M. de La Borde lui avait promise demeurait également impayée; aussi, la situation du pauvre musicien allait-elle sans cesse en s'aggravant. Le 13 juillet 1791, il se décide, enfin, à quitter Paris pour Naples, et son passage à Lyon apporte quelque dédommagement à ses déboires, car il a la joie d'y assister à l'éclatant triomphe de *Didon*. Ses idées libérales lui valurent toutes sortes d'ennuis, au pays natal, où Acton l'entoura de la surveillance la plus désobligeante[4]. Le 13 frimaire an VII, Piccinni rentrait à Paris; là, on s'efforçait vainement de procurer quelque soulagement à la misère qui l'accablait. Sa pension de l'Opéra, rétablie, était réduite à 1.000 livres; le premier consul lui commandait une marche pour la garde nationale et le faisait nommer inspecteur de l'enseignement au Conservatoire[5]; mais les payements s'effectuaient irrégulièrement. Piccinni mourut à Passy, le 7 mai 1800, entouré des siens, à l'âge de 72 ans[6].

Sans être un novateur de l'envergure de Gluck, Piccinni s'appliqua cependant à modifier quelques détails de la constitution intime des opéras. Nous savons, par son biographe Ginguené, qu'il préférait de beaucoup l'*opera buffa* à l'*opera seria*. « Là, du moins [dans l'*opera buffa*], écrit Ginguené, il pouvait ne s'occuper que d'exprimer les passions et d'imiter

la nature, car il s'en faut bien, et l'exemple de la *Bonne Fille* suffit pour le prouver, que dans l'*opera buffa* il n'y ait que des bouffonneries. » Piccinni reprochait à l'*opera seria* de sacrifier trop souvent la nature aux conventions[7].

Aussi s'évertua-t-il, en portant son effort sur la coupe des airs et des finales, à introduire dans l'opéra plus de logique et de naturel. D'abord, il perfectionne ce qu'on appelle « l'air à deux mouvements », dans lequel il s'efforce de marquer une progression de l'effet musical, en faisant suivre un premier mouvement modéré d'un deuxième mouvement plus vif et plus entraînant. L'*Olimpiade* de 1761 fournit des exemples de cette transformation. Ensuite, il s'attaque aux finales, qui, conformément à l'habitude italienne, rassemblaient, après chaque acte, en un mouvement serré ou *strette*, tous les personnages qui avaient pris part à l'action. Piccinni trouvait sans doute que c'était là un gabarit bien fâcheux et bien conventionnel; s'il ne le brisa pas, du moins enlevat-il à ces finales quelque chose de leur raideur stéréotypée. Il les rendit plus mouvementés, plus souples, plus expressifs, en y introduisant des changements de rythme et de tonalité, et la *Buona Figliola* montre l'heureux parti qu'il en a tiré. Ainsi, l'*opera buffa* contribuait à l'amélioration du grand opéra.

En dépit des appréhensions que manifestait Piccinni, son premier opéra français, *Roland*, fut accueilli par des ovations; et cependant, la déclamation en est embarrassée et témoigne des efforts auxquels le musicien a dû s'astreindre afin de plier sa musique à une langue qu'il ne possédait que très imparfaitement. *Atys* se heurta à la résistance des gluckistes. L'air du sommeil d'Atys : « Quel trouble agite mon cœur, » et l'air plein de passion de Sangaride : « Malheureux! hélas! j'aime encore, » ne sont pas, pourtant, dénués de mérite; il manque seulement à la musique de Piccinni cette attention à respecter la vérité dramatique que le public était accoutumé à rencontrer dans les ouvrages du Chevalier.

Le maestro s'en aperçut bien, et ses opéras ultérieurs prouvent l'importance des progrès qu'il accomplit dans ce sens. Dans *Iphigénie en Tauride*, le récitatif, les chœurs et l'orchestre sont déjà mieux traités, avec un souci plus marqué de recherche expressive, avec plus d'indifférence à l'égard du dispositif traditionnel, et l'air de Pylade au IIIe acte : « *Oreste, au nom de la patrie*, » qui subjugua la salle le soir de la première représentation, respire d'un beau souffle tragique. Sans atteindre à la religiosité profonde et sereine dont Gluck a pénétré ses chœurs de prêtresses, Piccinni donne cependant aux siens quelque chose du caractère qui distingue ceux-là. Le chœur : « *Sans murmurer, servons les Dieux*, » fournit, à cet égard, un témoignage tout particulièrement intéressant.

Evidemment, Piccinni cherchait à combattre son rival par ses propres armes. Après *Didon*, on déclara qu'il était devenu gluckiste : « Le rôle de Didon, écrivait Mme Saint-Huberty, est tout jeu; le récitatif est si bien fait qu'il est impossible de le chanter[8]. »

---

1. Grimm faisait un éloge enthousiaste de la partition après la première à l'Opéra; il disait de la scène : du IIIe acte qu'elle avait été « sublimement rendue par le musicien ». Il ajoutait : « Les zélateurs de Gluck, ces ennemis si injustes et si décourageants du talent de son rival, sont les plus grands partisans de *Didon*, et prétendent que Piccinni s'est fait gluckiste. » (T. XIII, p. 412, 414.)

2. Desnoiresterres, *loco cit.*, p. 339.

3. *Ibid.*, p. 394, 395.

4. *Ibid.*, p. 401, 402.

5. Cf. M. Teneo, *la Détresse de N. Piccinni* (*Revue musicale*, 1908).

6. *Ibid.*, p. 412. Après la mort de Gluck, Piccinni avait eu la généreuse idée de fonder un concert qui aurait eu lieu chaque année, le jour anniversaire de la mort du Chevalier, et qui aurait été consacré entièrement à ses œuvres. Voir Grimm, *Corr. litt.*, t. XV, p. 180.

7. Ginguené, *loco cit.*, p. 108.

8. Cf. Castil-Blaze, *l'Académie impériale de musique*, I, p. 443. La lettre de Mme Saint-Huberty est du 18 novembre 1783; elle est adressée à Louis Grégoire. Voir plus haut la réflexion de Grimm sur le style de *Didon*.

C'était là, on le voit, un véritable aveu de gluckisme, et, de fait, l'opéra de Piccinni se rapproche par nombre de points de ceux du Chevalier. De plus, il affirme de merveilleuses qualités de charme, de souplesse, d'aisance mélodique ; l'orchestre s'y montre clair et coloré, et les instruments à vent sont traités avec une grande habileté. L'ouverture, dont l'*andante sostenuto* est confié au hautbois, se raccorde logiquement à l'ouvrage, et les scènes lyriques adoptent une construction solide, à la Gluck[1].

Au Ier acte, Didon chante : « Vaines frayeurs, sombres présages, » sur des battements du quatuor d'un bel effet dramatique, et la déclamation, correctement observée, fait honneur aux leçons de Marmontel et à l'application de son élève. Au IIe acte, le cantabile de Didon : « Ah ! que je fus bien inspirée, » s'écoule dans un style à la fois simple et pathétique.

Ah! Que je fus bien ins_pi_rée.   Que je fus bien ins_pi_ré_e.

Point de fioritures, de passages, nul étalage de virtuosité. On remarquera seulement que le musicien fait usage de deux notes par syllabe, procédé fort employé par l'école italienne. La façon dont Piccinni associe les chœurs à l'action manifeste bien aussi l'influence que Gluck avait exercée sur lui. Le chœur funéraire du IIIe acte (scène x) : « Apaisez-vous, mànes terribles, » débute par une symphonie en forme de marche funèbre, dont le chœur reprend le thème ; il y a donc ici continuité, soudure parfaite entre les divers éléments musicaux, et l'expression résultante en devient très grande et très noble[2]. Piccinni avait voulu montrer qu'il pouvait, lui aussi, respecter la vérité dramatique. Aussi, Grimm écrivait-il : « Ses airs, toujours aussi mélodieux, toujours aussi arrondis que ceux de *Roland*, d'*Atys*, etc., ont encore, de plus, une vérité et une énergie d'expression dont ses détracteurs ne le croyaient pas capable[3]. »

A côté de Piccinni, Sacchini mena contre Gluck le combat de la musique italienne, et on peut dire que Salieri et lui prolongèrent la querelle des Gluckistes et des Piccinnistes, après que les deux principaux champions se furent retirés de la lice.

Né à Pouzzoles, le 23 juillet 1734, Antonio-Maria-Gasparo Sacchini passa en France les cinq années les plus glorieuses de sa carrière, et c'est à ce titre qu'il en est question ici[4]. Distingué par Durante, et élevé au Conservatoire de Santa-Maria di Loreto, Sacchini représentait donc, comme Piccinni, la brillante école napolitaine. Lorsque, après des voyages en Allemagne et un long séjour à Londres, il arriva en 1781 à Paris, l'italianisation musicale de la capitale avait fait beaucoup de progrès. On sait qu'elle s'était accentuée à partir du moment (1777) où Legros prenait la direction du Concert spirituel ; non seulement Legros appelait alors la fleur des chanteurs et des solistes italiens à participer aux concerts, mais encore il remplissait les programmes d'un nombre toujours croissant d'œuvres italiennes[5]. Sacchini, en mettant le pied dans la capitale, n'y était d'ailleurs pas inconnu. Sa *Colonie*, traduction par Framery de l'*Isola d'Amore* (1766), fournissait aux comédiens italiens l'occasion d'un vif succès

(16 août 1775), à la grande joie de La Harpe et du parti piccinniste, et deux ans plus tard (2 octobre 1777), la représentation de l'*Olimpiade* révélait aux amis de Gluck qu'ils devaient compter avec un nouvel adversaire.

L'établissement de Sacchini à Paris, négocié à Londres par Framery et très désiré par Piccinni, se signala de suite par les difficultés de toute nature que le comité de l'Opéra suscita au musicien, quand il s'agit de la représentation de son *Renaud*. Il faut lire, dans l'ouvrage de M. Jullien[6], les singulières intrigues qui se nouèrent alors pour étouffer l'œuvre nouvelle, intrigues dont le clan gluckiste tenait tous les fils. L'intervention directe de la reine parvint à y mettre fin, et *Renaud* passa le 28 février 1783, devant une salle comble, surexcitée par tant d'orageux préliminaires. L'accueil fut froid ; il ne se réchauffa guère lors de *Chimène*, représentée d'abord, à l'automne de 1783, à Fontainebleau, où elle s'était trouvée en concurrence avec la *Didon* de Piccinni, puis à l'Académie royale, le 9 février 1784. *Dardanus* (30 novembre 1784) échoua, et les Gluckistes s'accordèrent avec les Piccinnistes pour en reconnaître la grande médiocrité, en dépit des efforts auxquels se livrait la reine Marie-Antoinette pour soutenir le musicien. Le succès du chef-d'œuvre de Sacchini, *Œdipe à Colone*, écrit sur un poème de Guillard, d'abord confié à Grétry, devait être posthume. La pièce ne réussit qu'à moitié le 4 janvier 1786, à Versailles, et Sacchini, désespéré de ce que la reine avait fait représenter à Fontainebleau la *Phèdre* de Lemoyne avant son *Œdipe*, mourut de chagrin le 8 octobre 1786, à l'âge de 52 ans[7]. Moins de quatre mois après, le 1er février 1787, *Œdipe à Colone* recevait à l'Opéra un accueil triomphal. Sacchini laissait, en outre, un ouvrage inachevé, *Arvire et Evelina*, que Rey termina et qui vit sans succès le feu de la rampe, le 29 avril 1788.

En débutant sur la scène française, Sacchini, comme Gluck, se servit d'une de ses anciennes compositions, qu'il remania en collaboration avec Lebœuf pour le poème. C'est ainsi que *Renaud* présente une deuxième version de l'*Armida* exécutée en 1772, à Milan.

1. Grimm, cependant, blâme le duo pastoral du hautbois et de la flûte de l'ouverture, qui, assure-t-il, « est loin du caractère propre à une tragédie de ce genre ». (*Corr. litt.*, XIII, p. 415.)

2. Cf. la préface de M. Gustave Lefèvre pour la *Didon* de Piccinni, dans l'édition Michaëlis, et *Revue internat. de musique*, 1903, p. 285.

3. Grimm, *Corresp. litt.*, XI, p. 496. Piccinni avait encore composé l'opéra de *Phaon*, qui ne fut pas gravé (Ginguené, loco cit., p. 81).

4. Sur Sacchini, consulter Framery, *Notice nécrologique*, dans le *Journal encyclopédique* du 15 décembre 1786. — *Mémoires secrets*. — *Almanach des spectacles* (1787). — *Neues deutsches Merkur* (1797). — G. Chouquet, *Histoire de la musique dramatique en France* (1873). — A. Jullien, *la Cour et l'Opéra sous Louis XVI : Marie-Antoinette et Sacchini* (1878). — F. Florimo, *loco cit.*, II. — Art. de M. C. Caputo

dans la *Gazetta musicale di Milano*, 17 octobre 1886. — Préfaces de *Renaud* et *Chimène*, dans la collection Michaëlis. — Grove, Fétis et Eitner, VIII, p. 378, 382. — Consulter aussi les *Mémoires de Bachaumont*, tomes VIII, X, XIV, XVIII, XXI, XXII, XXIII, XXV, XXVII, XXIX, XXX, XXXI, XXXII, XXXIII, XXXIV et XXXVI, et Grimm, *Corresp. litt.*, tomes XI, XIII, XIV, XV.

5. M. Brenet, *les Concerts en France sous l'ancien régime*, p. 317 et suiv.

6. A. Jullien, *loco cit.*, p. 25 et suiv.

7. Piccinni publia, le 15 octobre 1786, une notice nécrologique sur Sacchini dans le *Journal de Paris*. Il y vantait la richesse de ses accompagnements et l'heureuse disposition des voix de ses chœurs. (Ginguené, p. 75.)

Le meilleur des trois actes de cet ouvrage est, sans contredit, le deuxième, où le quatuor des soprani : « Vous triomphez, belle princesse, » étonna par sa nouveauté, et où le duo de Renaud et d'Armide offre un type accompli d'air italien. La cantilène : « Barbare amour, tyran des cœurs, » malgré les qualités d'un accompagnement onduleux et palpitant, module de façon bien vulgaire; c'est un air de concert à reprises, et rien de plus[1].

Dans *Chimène*, dont le livret sortait des mains de Guillard, Sacchini a utilisé les principaux morceaux d'un de ses opéras italiens joué à Rome en 1764, et à Londres en 1773, *il Gran Cid*. La mélodie abondante et facile de cette composition la faisait traiter d' « enchanteresse » par la Saint-Huberty; nous la trouvons plutôt plate, enlaidie de cadences malheureuses, de conclusions banales et de répétitions bien fâcheuses à la manière italienne. Cependant, le Ier acte renferme un émouvant duo, confié à Rodrigue et à Chimène : « Que de maux, que de pleurs ! » et la phrase que chante Chimène au IIIe acte : « Puisqu'il combat, son succès est certain, » est d'une belle envolée. Après la représentation de *Chimène* à Fontainebleau, Sacchini obtint du roi une pension de 6.000 livres, égale à celle que recevait Piccinni.

Avec *Œdipe à Colone*, le style se relève, en même temps que se laissent discerner quelques imitations de la manière de Gluck. Ainsi, la scène religieuse du Ier acte s'inspire, évidemment, de celle d'*Alceste*, et en reproduit à peu près le dispositif. Le IIe acte contient de fort belles scènes entre Œdipe et Antigone, dont les rôles sont traités magistralement et atteignent à une magnifique ampleur dramatique, en même temps que l'intervention tragique des chœurs s'y effectue avec une véhémence et une force d'expression qui rappellent l'auteur d'*Alceste*. De même, au IIIe acte, la scène entre Œdipe, Polynice et Antigone avec le bel air : « Elle m'a prodigué sa tendresse et ses soins, » révèle un maître. Malheureusement, malgré ses dons incontestables de dramaturge, qui lui ont, notamment, permis de rendre d'une façon touchante la tendresse filiale d'Antigone, Sacchini se voit souvent desservi par son extrême facilité; il s'est trop longtemps borné à adapter des vers français à de la musique essentiellement italienne, sans bien se rendre compte des relations et des réactions qui devaient s'établir entre le texte musical et le texte littéraire. De plus, son orchestre est faible, peu expressif, tissé de formules, et on sent que l'auteur a, de ce côté, reçu une instruction très négligée[2].

En résumé, Sacchini reste, malgré tout, un musicien italien; il hésita longtemps pour savoir à quel camp il se rattacherait, et pour décider s'il s'inféoderait définitivement au parti piccinniste, qui le considéra d'abord comme un des siens, ou bien s'il se rangerait sous l'étendard gluckiste. Il n'avait assurément ni le génie de Gluck, ni le talent de Piccinni, et louvoya entre les deux maîtres pendant la plus grande partie de son séjour en France. Salieri[3], au contraire, s'affirme foncièrement et

résolument gluckiste. Après la disparition du Chevalier, c'est lui qui prolonge sur la scène française l'action énergique de son maître, et qui forme le trait d'union qui relie le chantre d'*Orphée* à Spontini. Il n'était point, comme Piccinni et Sacchini, de l'Italie méridionale, mais bien des États de Venise, où il naquit en 1750, à Legnano, et ce fait peut expliquer, en partie, comment il se distingua, dans la suite, de ses compatriotes napolitains. Elevé à la maîtrise de Saint-Marc à Venise, il y reçut les leçons de Pacini et de Pescetti, puis se rendit à Vienne (juin 1766). Là, le maître de la chapelle impériale, Gaasman, perfectionna soigneusement son éducation musicale; Salieri devait lui succéder en 1775, après avoir composé des *opera buffa* et un *opera seria* déjà très remarquable, *Armida* (1771).

Présenté à Gluck par Calzabigi, Salieri recueillit les conseils du grand dramaturge, et, bien que son caractère fût plus tendre et plus porté à l'expansion mélodique que celui du Chevalier, il parvint à s'approprier complètement le style de celui-ci. Bientôt, sa réputation s'étendit; Milan, Rome et Venise, de 1778 à 1780, représentent ses ouvrages, et lorsqu'il retourne à Vienne, pour s'essayer dans l'opéra allemand[4], Gluck lui propose de travailler à un grand ouvrage en cinq actes destiné à l'Opéra de Paris.

Nous avons relaté plus haut la supercherie qui accompagna l'apparition des *Danaïdes*; nous n'y reviendrons pas. Ajoutons seulement que l'impression causée fut profonde, en dépit de l'horreur ressentie par le public, en présence de l'atroce tragédie que Salieri avait mise en musique.

Le musicien n'appartient pas à la musique française que par les *Danaïdes*, les *Horaces* et *Tarare*. Des *Horaces*, nous dirons seulement quelques mots, car cet opéra de Guillard ne remporta aucun succès à l'Académie royale, le 7 décembre 1786. Le poème en était misérable, et on s'indignait qu'on eût ainsi osé déshonorer le grand Corneille. On critiquait aussi, chez le musicien, l'exagération et la déformation du système de Gluck. « D'après un système captieux, qui veut qu'on marche toujours vers l'action, écrivait le *Mercure*, l'auteur ne suit pas un motif, ne répète pas une parole[5]. » Mais ces reproches mêmes rendaient particulièrement intéressant ce qu'on savait des projets de Beaumarchais et de sa collaboration avec Salieri·

Beaumarchais, en effet, avait des vues personnelles sur l'alliance de la poésie et de la musique. Fortement impressionné par la musique de Gluck, il se montrait disposé à faire un pas de plus dans la voie tracée par le Chevalier, et méditait de pousser jusqu'à leurs conséquences extrêmes les idées dont celui-ci avait commencé la réalisation.

Aussi, dès qu'il eut achevé son poème de *Tarare*, s'empressa-t-il de le faire parvenir à Gluck, qui déclina, en raison de son âge, la collaboration que lui proposait Beaumarchais, mais qui indiqua Salieri, « le plus savant de ses disciples », comme susceptible de mener à bonne fin la composition de l'opéra projeté[6].

Beaumarchais expose spirituellement ses idées

1. Voir la préface de M. de Thémines dans l'édition Michaëlis, et Grimm, *Corr. litt.*, XIII, p. 285.

2. Cf. A. Jullien, *loco cit.*, p. 111 et suiv.; et Grimm, XIII, p. 406.

3. Sur Salieri, consulter : une biographie, dans la collection Fritsch de Leipzig (s. d.). — *Leipziger Zeitung* (1825). — Von Mosel, *Über das Leben un die Werke des Anton Salieri* (1827). — Desnoiresterres, *Gluck et Piccinni* (1875). — A. Jullien, *l'Opéra en 1788*, et la *Cour et l'Opéra sous Louis XVI*. — G. Chouquet, *Histoire de la musique dramatique en France*. — A. von Hermann, *Anton Salieri, Eine Studie zum Geschichte seines künstlerischen Wirkens* (1897). — Voir aussi les *Mémoires secrets* de Bachaumont, Fétis, Grove et Eitner, VIII, p. 394-398. Bachaumont fait mention de Salieri dans les tomes XXV, XXVI, XXXII, XXXIV, XXXV et XXXVI de ses *Mémoires*, et la *Correspondance littéraire* de Grimm parle de lui dans les tomes XIII, XIV et XV.

4. Cet opéra s'appelait *Der Rauchfangkehrer*. (Cf. Jullien, *la Cour et l'Opéra sous Louis XVI*, p. 164.)

5. Cf. Grimm, *Corr. litt.*, XIV, p. 485, 526.

6. Beaumarchais avait terminé *Tarare* en mai 1784. *Tarare* comprend un prologue et cinq actes. Cf. Jullien, *loco cit.*, p. 215, 216.

réformatrices dans la préface de *Tarare*, qu'il dédie « Aux abonnés de l'Opéra qui voudraient aimer l'Opéra ». En voici les points principaux : il faut réaliser l'alliance intime des divers éléments de l'opéra. La musique doit renforcer l'expression, sans s'isoler et sans se séparer du drame. Il convient d'introduire le merveilleux sous forme mythique, et aussi d'imposer au drame une idée philosophique qui le domine. Les voix et l'orchestre doivent fusionner complètement[1].

Beaumarchais donne à sa composition le titre de *Mélodrame*, et il n'est pas sans intérêt de constater l'analogie qui existe entre sa conception du drame lyrique et celle que Richard Wagner devait exposer plus tard. Seulement, ainsi que nous le verrons ci-après, la réalisation des innovations préconisées par l'auteur du *Mariage de Figaro* resta bien au-dessous de l'audace qui régnait dans sa profession de foi, et *Tarare* n'apporta, somme toute, qu'une très timide exécution de projets trop retentissants.

Autour de sa pièce, savamment et patiemment, Beaumarchais commença à organiser une vaste réclame. Bientôt, il parvint à tourner toutes les têtes[2]; on ne parlait que de *Tarare*, et l'apparition de cet opéra prenait les proportions d'un événement extraordinaire; mais, en dépit des prévisions qui laissaient croire à une séance orageuse, la représentation s'écoula le plus tranquillement du monde (8 juin 1787). Le succès de *Tarare* fut vif et mérité, bien que la pièce ne présentât pas l'allure révolutionnaire qu'on avait annoncée si bruyamment. Peu lyrique, elle absorbait toute l'action dans le récit; mais Salieri avait donné aux récitatifs une intensité pathétique incomparable. Conformément aux doctrines émises par Beaumarchais, et qui prescrivaient d'asservir la musique aux paroles « avec une telle sévérité qu'elle semblait à l'auditeur n'en pouvoir être séparée », le musicien avait rapproché ses scènes de la déclamation parlée, « en distinguant sur sa partition tous les morceaux de chant obligé par le mot *chanté*, de ceux qu'il croyait susceptibles d'une simple déclamation, et qu'il désignait par celui de *parlé*[3] ».

Les scènes lyriques de *Tarare* sont extrêmement mouvementées. Salieri y adopte tout à fait la manière de Gluck, mais il la perfectionne encore dans le sens d'une plus grande exactitude de la déclamation; le récit se déploie avec une souplesse parfaite, en changeant constamment de mouvement, s'accélérant ou se ralentissant selon les exigences du texte littéraire; les indications *andante*, *allegro*, *presto*, qui le ponctuent à chaque instant, ne portent souvent que sur une seule mesure, tant le musicien se montre attentif à respecter la déclamation[4].

L'orchestre est plus neuf, plus accidenté, plus original que celui de Gluck; Salieri emploie fréquemment, dans les secondes parties des violons, le système de brisement des accords connu sous le nom de *basse d'Alberti*.

A côté de ce récitatif fluide, tantôt âpre, tantôt voluptueusement adouci, on est parfois surpris de rencontrer des piécettes sans grand intérêt, telle la barcarolle de Calpigi, au IIIe acte : « Je suis né natif de Ferrare, » qui bénéficia, cependant, d'une vogue considérable, et aussi, des épisodes qui, conformément à la théorie de Beaumarchais sur le mélange du tragique et du comique, relèvent bien plus de la comédie lyrique que de l'opéra.

Les airs de *Tarare* se recommandent par leur sobriété et leur caractère expressif; la romance de Tarare au Ier acte : « Astasie est une déesse, » l'air d'Astasie, au début du IVe acte : « O mort, termine mes douleurs : »

qui constitue la page capitale de la partition, et l'air d'Atar au Ve acte : « Tarare, enfin tu mourras cette fois, » peuvent se placer à côté des plus belles inspirations de Gluck. En outre, certains chœurs, ceux des *Ombres*, du prologue, par exemple, sont d'une harmonie grandiose et pleine, d'un caractère noble et majestueux. Salieri possède le sens exact des proportions, de la mesure. A la suite de son maitre, il ajuste l'effort au résultat à obtenir, et ne vagabonde jamais en dehors des voies que lui trace un instinct dramatique aussi sobre que juste[5].

L'opéra de Salieri et de Beaumarchais provoqua l'éclosion d'une foule d'épigrammes et de chansons;
à la Foire, on ne compta pas moins de douze parodies de *Tarare*.

Signalons, enfin, l'oratorio du *Jugement dernier*, exécuté le 30 mars 1788, au Concert spirituel, et que Gluck avait accepté d'écrire pour la société des *Enfants d'Apollon*, mais que l'affaiblissement de sa santé le contraignit à passer à son élève. Salieri rejoignit Vienne après le succès de *Tarare* à Paris, et la capitale autrichienne put applaudir, sous le titre d'*Axur re d'Ormus*, une traduction du nouvel ouvrage de son musicien favori. L'associé de Beaumarchais se remettait alors à écrire des opéras italiens, de la musique religieuse et quelques morceaux pour la *Princesse*

---

1. Jullien, *loco cit.* p. 251, 252. Dans la préface du *Barbier de Séville*, Beaumarchais formulait de vives critiques contre les « reprises » des airs.

2. Grimm, dans sa *Correspondance* de juin 1787, plaisante Beaumarchais sur ce fameux *Tarare* et sur l'ingénieuse réclame qui le mit en Vedette : « *Tarare* devint l'unique sujet de toutes les conversations, partout on ne s'entretenait que de *Tarare*. » (*Corr. litt.*, XV, p. 93.)

3. Avis de l'éditeur imbault, en tête de la partition de *Tarare*.

4. Afin de prendre à la réalisation musicale de son œuvre une part égale à celle qu'il attribuait au librettiste, Beaumarchais avait hébergé Salieri chez lui, et les deux auteurs travaillaient ensemble.

8. « Quant à la musique de *Tarare*, dit Grimm, elle n'ajoutera rien à la réputation de l'auteur; on l'a trouvée très inférieure à celle des *Danaïdes*. Le peu de chant qu'on y rencontre est du genre le plus facile et le plus commun; le récitatif presque toujours insipide, et d'une monotonie fatigante; quelques chœurs sont d'un bel effet et offrent même quelquefois une mélodie qu'on regrette de ne pas retrouver dans le chant et dans les airs de danse... Ce qu'il (Beaumarchais) désirait, *c'est une musique qui n'en fût pas*. M. Salieri ne l'a que trop bien servi. » (*Loco cit.*, XV, p. 96.)

de Babylone, qu'il n'acheva pas[1]. Il mourut, pensionné par l'empereur, le 12 mai 1825.

Tarare occupe, dans l'histoire de la tragédie lyrique française, une place importante, car nous devons saluer en cet ouvrage le premier essai de *drame musical* qui ait vu le jour dans notre pays.

Deux autres musiciens étrangers, Vogel et Paisiello, appartiennent encore au mouvement gluckopiccinniste. Né à Nuremberg en 1756, et élève de Riepel à Ratisbonne, Jean-Christophe Vogel[2] s'établit à Paris vers 1776, et, dans la *Toison d'Or* (5 septembre 1786), il manifeste une imitation presque servile de Gluck. Il mourut le 26 juin 1788, avant d'avoir vu exécuter son *Démophon* (22 septembre 1789), dont l'ouverture demeura célèbre.

Quant à Giovanni Paisiello, il a représenté à Paris, de concert avec Piccinni et Sacchini, l'école napolitaine. Célèbre dans le style bouffe, Paisiello avait composé à Vienne *il Re Teodoro*, qui passa à l'Académie royale de musique le 11 septembre 1787, sous le titre : *le Roi Théodore à Venise*. Cet opéra présentait une intéressante particularité, car le final en était constitué par un septuor vocal, disposition à laquelle on ne connaissait pas de précédent. Paisiello sut tirer un excellent parti des morceaux d'ensemble, et réalisa, de la sorte, une combinaison toute nouvelle, puisque, en dehors des chœurs, l'ancien opéra ne comportait que des morceaux à voix seule, des duos et quelques trios. De plus, Paisiello a perfectionné l'air à deux mouvements et, en précurseur de Rossini, il a coupé ses airs, ses chœurs, ses ensembles, de marches symphoniques d'effet éclatant[3].

Nous arrêtons ici notre travail. La révolution musicale est dorénavant accomplie; c'est maintenant à la révolution politique « à créer un nouveau siècle », et la musique ne se fera pas faute de contribuer, pour une large part, à cette lourde tâche.

DEUXIÈME PARTIE

L'OPÉRA-COMIQUE[4]

Sainte-Beuve, dans un article de ses *Nouveaux Lundis* consacré à Piron, écrit que l'opéra-comique

était primitivement des plus humbles et des plus bas. Sans souscrire entièrement à cette appréciation, qui sacrifie, semble-t-il, au préjugé de la hiérarchie des genres, force nous est, cependant, de reconnaître que l'origine de l'opéra-comique s'affirme à la fois modeste et multiple. Issu des spectacles forains, ce genre a rassemblé et mis au point divers éléments que l'on trouve épars au XVIIe siècle dans les comédies-ballets de Molière, et dans les pièces jouées par la troupe italienne qui vint à Paris sous Anne d'Autriche. Il n'est pas jusqu'à Quinault et Lulli qui n'aient contribué eux-mêmes, par les saillies des intermèdes comiques qu'ils glissaient dans la tragédie lyrique, à préparer la voie à la comédie musicale.

L'opéra-comique est défini par Lesage et d'Orneval dans la *Préface* de leur *Théâtre* : « Ce théâtre était caractérisé, expliquent-ils, par le *vaudeville*, espèce de poésie particulière aux Français, estimée des étrangers, aimée de tout le monde, et la plus propre à faire valoir les saillies de l'esprit, à relever le ridicule, à corriger les mœurs[5]. » Ces vaudevilles sont bien français, et voilà sans doute pourquoi on a baptisé l'opéra-comique un genre national. Du reste, Lecerf de la Viéville les revendique comme un produit national : « ces petits airs en vaudevilles, dans lesquels, tout courts qu'ils sont, nous mettons souvent beaucoup de musique, et qui, comme les airs à boire, sont des biens propres à la France et que les *Italiens* ne connaissent pas; » et un peu plus loin : « Les François, depuis les Grecs et les Latins, sont à peu près les seuls qui aient entendu cette brièveté raisonnable qui est la perfection des vaudevilles, et cette naïveté qui en est le sel... Nous avons vingt airs de vaudevilles d'un goût peu remarqué, mais exquis[6]. »

D'un autre côté, l'opéra-comique se distingue par

1. A. Jullien, *loco cit.*, p. 306, 307.
2. Cf. Fétis, VIII, M. Brenet, *loco cit.*, p. 326, et G. Chouquet, *loco cit.*, p. 160.
3. Voir G. Chouquet, p. 171.
4. BIBLIOGRAPHIE GÉNÉRALE. — Loret, *la Foire Saint-Germain* (Poésies burlesques) (1646) et *Gazette* du 27 août 1663. — Dancourt, *la Foire Saint-Germain* (1696). — *Théâtre italien de Gherardi* (1701). — *Le Nouveau Théâtre italien* (1718). — Lesage et d'Orneval, *Théâtre de la Foire ou l'Opéra-Comique* (1721-1737). — Maupoint, *Bibliothèque des Théâtres* (1733). — Parfaict, *Mémoires pour servir à l'histoire des Spectacles de la Foire par un acteur forain* (1743). — *Table alphabétique et chronologique des Pièces représentées sur l'ancien théâtre italien* (1750). — *Calendrier des Théâtres*, de 1751 à 1762. — Parfaict, *Dictionnaire des Théâtres de Paris* (1756). — *Le Nouveau théâtre de la Foire* (1763). — De Léris, *Dictionnaire portatif des Théâtres* (1763). — *Les Muses françoises* (1764). — *Histoire de l'ancien Théâtre italien* (1767). — J.-A.-J. Desboulmiers, *Histoire du Théâtre italien* (1768). — Contant d'Orville, *Histoire de l'opéra-bouffon* (1768). — Desboulmiers, *Histoire anecdotique et raisonnée du Théâtre italien depuis son établissement en France jusqu'en 1769*. — Desboulmiers, *Histoire de l'opéra-comique* (1769). — *Recueil général des opéras bouffons* (1771). — J. Monnet, *le Supplément au Roman comique, ou Mémoires pour servir à la vie de Jean Monnet, ci-devant directeur de l'Opéra-Comique à Paris, de l'Opéra de Lyon, et d'une Comédie française à Londres, écrits par lui-même* (1772). [Ces *Mémoires* ont été réédités en 1909, avec une introduction historique, par M. Henri d'Al-

meras. Paris, Michaud, 1909.] — Clément et l'abbé de La Porte, *Anecdotes dramatiques* (1775). — *Mémoires et Correspondance de Ch.-S. Favart publiés par son petit-fils* (1808). — E. Solié, *Histoire du Théâtre royal de l'Opéra-Comique* (1847). — Freiherr von Biedenfeld, *Die komische Oper der Italiener, der Franzosen, und der Deutschen*, (1848). — A. Pougin, *Mondonville et la Guerre des Coins* (Revue musicale, 1860). — V. Fournel, *les Contemporains de Molière : Histoire du Ballet de Cour* (1866). — J. Carlez, *Essai sur l'opéra-bouffe* (Bulletin de la Société des Beaux-Arts de Caen, 1867). — Moland, *Molière et la Comédie italienne* (1867). — G. Chouquet, *Histoire de la musique dramatique en France* (1873). — E. Campardon, *les Comédiens du roi de la troupe italienne* (1875). — Bonnassies, *les Spectacles forains et la Comédie française* (1875). — E. Campardon, *les Spectacles de la Foire* (1877). — A. Heulhard, *la Foire Saint-Laurent* (1878). — A. Pougin, *Molière et l'Opéra-Comique* (1882). — A. Heulhard, *Jean Monnet* (1884). — G. Desnoiresterres, *la Comédie satirique au dix-huitième siècle* (1885). — Ch. Nuitter et E. Thoinan, *les Origines de l'opéra français* (1886). — Soubies et Malherbe, *Précis de l'histoire de l'opéra-comique* (1887). — H. Riemann, *Opern Handbuch* (1887). — V. Barberet, *Lesage et le Théâtre de la Foire* (1887). — J. Tiersot, *Histoire de la chanson populaire en France* (1889). — le *Théâtre de la Foire : la Comédie italienne et l'Opéra-Comique* (1re série, 1658-1720) (1889). — A. La Laurencie, *la Grande saison italienne de 1752 : les Bouffons* (S. I. M., juin-juillet 1912). — G. Cucuel, *la Critique musicale dans les revues du dix-huitième siècle* (Année musicale, 1912). On consultera aussi pour les anecdotes, *l'Histoire manuscrite de l'opéra-comique* de Castil-Blaze (Bibl. de l'Opéra), et E. Istel, *Die komische Oper : Eine historischæsthetische Studie*.
5. Lesage et d'Orneval, *Théâtre de la Foire ou de l'Opéra-Comique*, Préface.
6. Lecerf de la Viéville, *Comparaison*, etc., 4e Dialogue, p. 120-121. Il a été donné trois étymologies du terme *vaudeville* : 1° chanson qui court à *vau la ville*; 2° *voix de ville*; 3° *vau-de-Vire*.

le mélange du *parlé* et du *chanté* : « L'opéra-comique, écrit M. Font, sera créé le jour où le public admettra qu'un personnage, après s'être exprimé en prose et en vers, puisse se mettre à chanter, et puis revenir au *parlé*, sans que son interlocuteur paraisse remarquer ce changement de langue[1]. » A ce titre, les dispositifs adoptés par les comédies-ballets de Molière et par les pièces italiennes, à l'égard de la répartition de la musique entre les scènes, se confirment pendant les représentations de la Foi e. Le mélange de *parlé* et de *chanté*, caractéristique de l'opéra-comique, résultera, comme nous l'allons voir, de ces diverses influences, auxquelles les persécutions continuelles dirigées contre les théâtres forains par la Comédie française et par l'Opéra, apportèrent encore une manière de renfort. On peut, en effet, soutenir jusqu'à un certain point que les tracasseries exercées par ces deux puissantes compagnies contre leurs modestes rivales de la Foire contribuèrent à fixer le caractère définitif de l'opéra-comique, la Comédie française défendant de représenter des pièces sans y mêler du chant, et l'Opéra brandissant son monopole contre toute troupe assez audacieuse pour jouer des ouvrages entièrement en musique.

Nous voudrions essayer ici de retracer brièvement l'évolution de l'opéra-comique, et, dans ce but, nous diviserons son histoire en deux périodes, la première se terminant à la fameuse *Guerre des bouffons*, la seconde aliant de cette guerre à la Révolution. Au cours de la première période, nous allons rencontrer l'opéra-comique sous différents avatars qui se succèdent de la façon suivante : 1° opéra-comique seulement en vaudevilles, à la muette et en écriteaux; 2° opéra-comique en vaudevilles chantés par les acteurs; 3° opéra-comique en vaudevilles, avec introduction de musique nouvelle; 4° opéra-comique mixte, en prose et en vaudevilles. Durant la deuxième période, l'opéra-comique prendra sa forme moderne, avec musique nouvelle, soli et ensembles.

I. — Les origines de l'opéra-comique.

Dans la transformation que Molière fait subir aux ballets, la comédie-vaudeville existe en germe. Déjà, les *Fâcheux* (1661) rattachent les intermèdes au sujet, mais on ne trouve pas encore de chant dans cette pièce. Avec le *Mariage forcé* (1664) et la *Princesse d'Élide* (1664), le chant fait son apparition au sein des intermèdes. C'est ainsi que, pendant la troisième entrée du *Mariage forcé*, un magicien chante un air : « Holà! qui va là? » la musique que Lulli a écrite pour cette pièce appartient, du reste, au style bouffe le mieux caractérisé, et Loret, dans sa *Muse historique*, qualifiait l'ouvrage de « musical et de comique ». Qu'il nous suffise de rappeler le charivari

grotesque de la septième entrée, auquel Lulli prenait part lui-même[2]. Il en est de même dans la *Princesse d'Élide*, dont les cinq intermèdes renferment des chants et des danses. Ainsi, au Prologue, des valets de chiens qui chantent ensemble; dans le troisième intermède, c'est Tircis qui chante un air noble et gracieux, tandis que Moron (Molière), après avoir prévenu qu'il ne sait pas chanter, exécute un air bouffon et trivial. La *Pastorale comique* (1667) est une sorte d'opéra-comique. Quant au ballet comique du *Sicilien* (1667), il contient des duos, des ariettes, et des divertissements à la fin des actes, et semble une forme ancestrale de l'opéra-comique. Seulement, dans toutes ces pièces, le chant est considéré comme une langue de convention. Il y a superposition et non pas fusion de la comédie littéraire et de la comédie musicale, bien que celle-ci soit préparée et amenée avec soin, de façon à entrer dans l'action sans trop d'invraisemblance. On trouvera des exemples de cette superposition dans *Georges Dandin* (1668) et dans *M. de Pourceaugnac* (1669)[3]. De même, dans le *Bourgeois gentilhomme* (1670), le chant s'introduit à titre de divertissement, mais ici Molière a très nettement exprimé l'idée qui préside à la distribution entre les divers personnages des *rôles parlés* et des *rôles chantés*. Peut-être convient-il de voir là une confirmation de ce fait, mis en évidence par l'esthétique du XVII° siècle, et qui, suivant l'expression de M. Henri Quittard, dénie à la musique le droit et le pouvoir de narrer[4]. Nous y apprenons, en effet, que le chant doit être réservé aux personnages de fantaisie : « Lorsqu'on a des personnes à faire parler en musique, il faut bien que, pour la vraisemblance, on donne dans la bergerie. Le chant a été de tout temps affecté aux bergers, et il n'est guère naturel, en dialogue, que des princes ou des bourgeois chantent leurs passions[5]. » Ainsi, le chant ne convient point aux protagonistes ordinaires de la comédie humaine; il ne se justifie que confiné dans un monde de féerie, dans un monde de fantaisie; aussi est-il toujours réservé aux magiciens, aux bergers, aux personnages mythologiques, et les chanteurs ne se confondent pas avec les acteurs proprement dits[6].

Si le chant, et en général la musique, se trouvent ainsi un peu situés en marge de la comédie proprement dite, il est cependant des cas où tous deux participent de façon très étroite à l'action. C'est ce qui se produit dans le *Malade imaginaire* (1673), par exemple. Ici, Charpentier, qui, comme Lulli avec Molière, ne fait pas seulement servir la musique à des divertissements tels que celui du premier intermède, pendant lequel Polichinelle donne une sérénade à sa maîtresse. La musique seconde directement les intentions des personnages de la comédie, et devient entre les mains de ceux-ci un moyen de faire aboutir leurs projets; elle favorise, par exemple, la ruse de Cléante

---

1. Font, *Favart, l'Opéra-Comique et la Comédie-Vaudeville aux dix-septième et dix-huitième siècles*, p. 22.

2. Il y figurait avec les sieurs Balthazard, Vagnac, Bonnard, La Piarre, Descosteaux et les trois frères Hotteterre. Cf. l'édition des Grands Écrivains, t. IV. La musique du *Mariage forcé* se trouve dans le vol. XIII de la collection Philidor du Conservatoire. Elle a été publiée en 1867 par M. Ludovic Celler.

3. Dans *Pourceaugnac*, à la fin de l'acte II, Sbrigani annonce à M. de Pourceaugnac que les avocats qu'il désire consulter vont chanter. La pièce se termine par une scène dansante.

4. H. Quittard, *la Première Comédie française en musique* (*Bulletin français de la S. I. M.*, 15 mai 1908).

5. Acte I, scène II. Au surplus, nous savons, par le Maître de musique du *Bourgeois gentilhomme*, de quelle façon se composait l'orchestre d'accompagnement. Il s'agit du « concert de musique » qu'à l'imitation des gens de qualité, M. Jourdain désire avoir chez lui. « Il vous

faudra, déclare le Maître de musique, trois voix : un dessus, une haute-contre et une basse qui seront accompagnés d'une basse de viole, d'un théorbe et d'un clavecin pour les basses continues, avec deux dessus de violon pour jouer les ritournelles. » (Acte II, scène I.)

6. Cette division entre acteurs et chanteurs tient à plusieurs causes : d'abord, au caractère de féerie qu'on attribuait à la musique; ensuite, à la répugnance que manifestait le public en entendant le même acteur parler et chanter tour à tour; enfin, à l'absence, dans la troupe de Molière, d'acteurs vraiment musiciens et susceptibles d'exécuter une partie de chant, comme l'étaient ceux de la Comédie italienne. M. Quittard a pu justement rattacher la conception de ce temps, qui réserve la musique aux bergers, à celle de Richard Wagner exigeant, pour le drame lyrique, des personnages légendaires. (Cf. Quittard, *la Première Comédie française en musique; Bulletin français de la S. I. M.*, 15 mai 1908.)

et d'Angélique, qui, sous le couvert d'une leçon de chant, se déclarent leur amour.

Ainsi, les comédies-ballets de Molière se rapprochent sensiblement de l'opéra-comique, puisqu'elles admettent alternativement le *parlé* et le *chanté*, et on a pu dire justement que « Molière a fait de l'opéra-comique, sans le savoir[1] ».

Nous trouvons le même mélange de musique et de déclamation dans le répertoire de la troupe italienne de Scaramouche et de Dominique. Le *Régal des dames* (1668) contient une chanson à boire, et laisse entendre un concert. Concerts encore dans le *Remède à tous les maux* (1668), dans le *Collier de perles* (1672), où la danse se mêle au chant, et dans le *Baron de Fœneste* (1674). Grâce au soin que prit Evariste Gherardi, dit Arlequin, de recueillir les comédies représentées par la troupe italienne de l'Hôtel de Bourgogne, de 1682 à 1697[1], il est aisé de mesurer la place que la musique occupe dans cette littérature. Cette place est considérable; au cours de la plupart des pièces italiennes, on fredonnait des airs de Lulli, on jouait des entrées, des chaconnes, des airs de danse. Voici, par exemple, *Arlequin Mercure galant* (1682); on y trouve six airs : un air français : « Dieu du sommeil, endormez mes rivaux, » deux airs italiens avec basse continue, deux airs français également accompagnés de la basse, puis le duo : « Ne veux-tu pas, Perrette, » que Perrette chante avec Lucas[3].

La musique ne tient pas seulement une place effective dans ce théâtre, elle inspire encore l'iconographie de la publication. C'est ainsi, qu'en tête du tome II, figure une symphonie d'Amours jouant de la basse de viole, du luth, du violon, de la flûte traversière et du clavecin. Le frontispice des *Filles errantes* (1690) présente un charmant concert de douze personnages, jouant les uns de la basse, du violon et du hautbois, tandis que d'autres touchent de la guitare. De plus, de temps en temps on assiste à des divertissements, à des charivaris chantés, joués et dansés. Dans les *Deux Arlequins* (1690), scène XIV, Géronte annonce un divertissement bizarre : « Le fond du théâtre s'ouvre, d'où sort un charivari de toutes sortes d'instruments grotesques, à la tête desquels dansent quatre petits arlequins..., et, dans les pauses de la danse et du charivari, une voix vient chanter un air en deux couplets, à la louange de la vieillesse[4]. » Autre charivari au II° acte, scène dernière, de *Phaéton* (1692), charivari auquel prennent part les Dieux des Bois et des Eaux, la Terre, deux Satyres, le fleuve Pô, et jusqu'à des seringues.

Un grand nombre d'entre ces pièces renferment des vaudevilles, telles l'*Homme à bonnes fortunes* (1690) *Ulysse et Circé* (1691) et *Phaéton* déjà nommé. Déjà, même, on voit apparaître l'alternance des vaudevilles avec des airs originaux (les *Chinois*, 1692, et la

Baguette de Vulcain, 1693), alternance qui s'établit sur un pied d'absolue égalité. Très souvent, la parodie musicale sert de véhicule à l'imagination des auteurs, par exemple dans l'*Opéra de campagne* de Dufresny (1692), où l'*Armide* de Lulli est parodiée par une troupe de musiciens[5].

Avec la *Vénus justifiée* du même Dufresny (1693), nous touchons à une pièce des plus intéressantes, car elle contient une grande quantité d'airs, et le *parlé* et le *chanté* s'y mélangent librement. L'assemblée des Dieux s'effectue aux sons d'une marche jouée par la symphonie, et dont le thème sert ensuite à Momus lorsque celui-ci veut blâmer Vulcain jaloux.

Examinons un peu la nature des éléments musicaux qu'employait ce théâtre. Ces éléments, outre les symphonies, entrées et airs de danse, se composaient surtout de vaudevilles et d'airs italiens et français. Les vaudevilles provenaient de plusieurs sources; les uns consistaient simplement en chansons des rues, en ponts-neufs; les autres se réclamaient d'une origine plus relevée, et portaient les signatures de Guédron, de Boësset, de Mauduit, de Saint-Amant, de Niert, de Lambert, etc. On puisait aussi dans les *Recueils d'airs sérieux et à boire* que Ballard publia de 1695 à 1724, collection qui comprend une trentaine de volumes. Tous les mois, il paraissait un fascicule, et cette publication fournit une mine presque inépuisable d'airs sérieux et à boire, de vaudevilles à boire, de printemps, chansons consacrées à célébrer le renouveau, de chansonnettes, de branles, de menuets, de brunettes, de petits airs tendres. Presque tous les musiciens du temps ont collaboré aux recueils de Ballard; on y rencontre les noms d'artistes de la musique du roi et de l'Académie royale, tels que ceux de de La Barre, de Montéclair, de Rebel, de L'Affilard, de Le Camus, de Desvoyes, de Marchand, de Couperin, de Prunier, de d'Ambruis, de de La Croix, etc., à côté de ceux de nombreux amateurs[6]. On y relève aussi des noms de compositeurs italiens, et les productions de ceux-ci deviennent de plus en plus fréquentes à partir des premières années du XVIII° siècle; on assiste, de la sorte, au développement de l'influence italienne que colportent Bononcini, Scarlatti, Bassani, etc., influence si puissante qu'elle entraîne des musiciens français, tels que Marchand et Campra, à écrire eux-mêmes des airs italiens[7]. L'*Air sérieux*, le *Printemps*, adoptent généralement la forme binaire, c'est-à-dire qu'ils se construisent en deux reprises, la première allant de la tonique à un ton voisin ou à la dominante, et la seconde revenant de ce ton voisin ou de cette dominante à la tonique. Animé d'un bel entrain, l'*Air à boire* ou l'*Air à fumer* tranche nettement, grâce à son rythme décidé et à ses répétitions comiques, sur la langoureuse et dolente *Brunette*. Très souvent, il se présente sous la forme du rondeau,

---

1. A. Font, *loco cit.*, p. 29.

2. Ce recueil se compose de 6 volumes in-12, intitulés *Théâtre italien, ou le Recueil général de toutes les comédies et scènes françaises jouées par les comédiens italiens du Roy, pendant tout le temps qu'ils ont été au service de Sa Majesté* (éditions : 1700, 1701, 1716).

3. Voir tome I du recueil de Gherardi.

4. Tome III, scène XIV, p. 381.

5. Dans cette parodie, d'un goût plus que douteux, les vers célèbres :

> Plus j'observe ces lieux, et plus je les admire,
> Ce fleuve coule lentement.

·deviennent :

> Plus j'observe ce rôt, et plus je le désire,
> La broche tourne lentement.

Remarquons que la parodie d'opéra peut se présenter sous deux formes : la première, la plus habituelle, résulte de paroles nouvelles mises sur des airs d'opéra ; la seconde, au contraire, respecte les paroles et change la musique ; on adapte alors les vers d'un opéra à des ponts-

neufs ; c'est ainsi que le *Départ des Comédiens* (1694) substitue aux airs de *Bellérophon* des vaudevilles sur lesquels se chantent les vers de Quinault.

6. Les airs champêtres, printemps et brunettes, étaient fort à la mode dans les dernières années du XVII° siècle et dans les premières du XVIII°. La Comtesse des *Dialogues* de Lecerf de la Viéville dit, à propos des brunettes : « Mon Dieu, Monsieur le Chevalier, prouvez bien, je vous prie, qu'on doit compter pour vraies beautés la douceur et la naïveté de ces petits airs, afin que je n'aye point honte d'aimer celui-là (« Nicolas va voir Jeanne... ») autant que je le fais. » (Lecerf, 1° Dialogue, p. 32.)

Ballard publia en 1703, 1704 et 1711 trois volumes de *Brunettes, ou petits airs tendres avec les doubles et la B. C. mêlées de chansons à danser.*

7. On trouve également, dans les *Recueils* mensuels de Ballard, un certain nombre de petits opéras-comiques ; nous en reparlerons plus loin.

à couplets et à refrain. Il y a aussi des vaudevilles à équivoques et des vaudevilles satiriques, des danses populaires, des fanfares et des carillons, tel ce mélancolique : *Orléans-Beaugency* :

Orlé_ans Beaugency, Notre Dame de Cléry, Vendô_me, Vendô_me!

Beaucoup de ces vaudevilles, de ces fredons, adoptent un dispositif analogue à celui du lied, à savoir : deux phrases musicales dont la première se répète à la fin; c'est là, somme toute, une forme qui dérive de l'air italien à *da capo*.

Quelles étaient leurs qualités musicales?

« Leur coupe de prédilection, écrit M. Font, est A-A B-B, A-A ; chaque phrase du fredon se répète deux fois, et la première revient deux fois encore à la fin. Ainsi, deux phrases musicales se multiplient en six. Elles frappent à coups répétés sur l'oreille par la même succession de notes : elles se gravent vite dans la mémoire[1]. »

Les chansons populaires sont souvent en majeur, et les vaudevilles en mineur; les unes et les autres se contentent d'un dessin mélodique fort simple, à faible ambitus; le syllabisme y règne, et le refrain, agrémenté parfois d'onomatopées, se chante sur un rythme plus vif. « C'est le tutti final, que tout le monde entonne. »

Les fredons s'adaptaient on ne peut mieux à leur rôle; très souples et très ductiles, ils s'accommodaient, par de légères modifications à des paroles nouvelles; ils s'allongeaient ou se raccourcissaient à volonté, constituant, de la sorte, le plus docile et le plus précieux des répertoires mélodiques.

On y joignait des airs d'opéra passés à l'état de *timbres*, tels le *Menuet d'Hésione*, l'air des *Trembleurs* d'*Isis*, celui des *Vieillards de Thésée*, et des fragments empruntés à *Thétis et Pélée*, à *Persée*, à *Armide*, à *Alceste*, à *Phaéton*, à *Roland*, à *Amadis*, etc.

Dans les comédies italiennes, les vaudevilles et les parodies alternaient avec des airs originaux confiés à de véritables chanteurs, à des professionnels, tandis que les vaudevilles n'exigeaient des interprètes aucun talent spécial. Ces airs originaux, composés tout exprès, étaient réservés aux moments tendres, aux instants pathétiques, alors que les vaudevilles s'appliquaient aux situations comiques, et ne reculaient point devant la trivialité. De plus, on employait tantôt la prose, tantôt les vers, et ainsi se constituait peu à peu la comédie-vaudeville, telle que nous pouvons l'observer chez Dufresny, dont une des dernières pièces, *Pasquin et Marforio* (1697), présente bien nette-

ment le dispositif futur de l'opéra-comique, avec son double mélange de prose et de vers, de parlé et de chant[2].

A côté des comédies-ballets de Molière et des pièces de l'ancien théâtre italien, les opéras de Quinault et Lulli contribuent aussi à la formation de l'opéra-comique, et cela, de plusieurs manières. Tout d'abord, il y a, dans ces opéras, des scènes bouffonnes qui sont du ressort de la comédie musicale. Sans doute, les bouffonneries intercalées dans les tragédies lyriques relèvent d'un sens du comique qui n'est pas encore celui des pièces de la Foire. Le comique de Quinault et Lulli est un comique large, un peu majestueux, tel que l'aimait le roi, qui, on le sait, tenait lieu, sinon de collaborateur, du moins d'inspirateur au poète et au musicien. Ce comique s'attachait surtout aux difformités, aux déformations de la réalité ; il appartenait à la caricature, tandis que le comique qui naîtra au sein des ouvrages représentés à la Foire prendra une tout autre allure. Plus léger, moins majestueux et moins appuyé, il s'attaquera à tout, et prétendra trouver le ridicule dans la réalité même. Point ne lui sera besoin, pour amener le rire, de procéder à une caricature du réel. Ce réel, il le montrera tel qu'il est, avec ses défauts et ses tares. Par elle-même, la vie contient d'inépuisables éléments comiques, et le talent des auteurs de la Foire consistera précisément à faire ressortir ces éléments et à amuser le spectateur aux dépens de la réalité. L'ironie, le persiflage, toutes choses inconnues au XVIIe siècle, prendront leur essor au XVIIIe, d'où le comique de Voltaire, dont les germes se trouvent déjà chez Regnard.

Quoi qu'il en soit, il y a du comique dans les opéras de Lulli. C'est, dans *Cadmus*, par exemple, la réjouissante couardise du valet Arbas, vestige des tragi-comédies de Hardy et de Rotrou. Les airs bouffes de ce valet, qui sert de confident à Cadmus, rappellent la manière de Cavalli[3]. C'est encore, dans *Alceste*, les plaisanteries que Caron dirige contre les ombres peu fortunées, qui ne possèdent pas de quoi payer leur passage. On trouve même, dans cet opéra d'*Alceste*, un vaudeville bien caractérisé, placé dans la bouche de Straton[4] :

Modéré.

Qui craint le dan_ger de s'en_ga_ger est sans cou_ra_ge.

Observons, toutefois, que, respectueux de la majesté de l'opéra et des goûts du souverain, Quinault et Lulli utilisent avec discrétion les intermèdes comiques. L'opéra est un genre protocolaire, où le langage une intrusion trop soulignée de bouffonnerie paraîtrait malséante.

Mais l'opéra ne fournit pas seulement des ébauches fragmentaires de la comédie musicale. Par sa nature même et par ses défauts, il apporte à celle-ci la meilleure des justifications; car, vers la fin du XVIIe siècle, nombreux étaient ceux qui élevaient contre l'esthétique de l'opéra de sérieuses objections. On sait ce

---

1. A. Font, *loco cit.*, p. 16. C'est, on le voit, la forme lied, ou de l'air a reprises.

2. *Pasquin et Marforio* est l'avant-dernière pièce du t. VI du *Théâtre de Gherardi*. Les comédiens italiens quittèrent la France en 1697, et n'y rentrèrent que sous la Régence, en 1716.

3. Consulter à ce sujet les *Notes sur Lulli* publiées par M. Romain Rolland dans le *Mercure musical* du 15 janvier 1907, et, du même auteur, *Musiciens d'autrefois*, 1re édition, p. 172-173.

4. *Alceste*. Acte V, sc. v.

que Saint-Evremond pensait à cet égard, et on peut trouver parmi les contemporains de Lulli des adversaires d'une des parties les plus essentielles de l'opéra, à savoir, le récitatif. Voici, sous la plume d'un diplomate, homme de lettres, François de Callières, la condamnation fort explicite de cet ennuyeux et monotone récitatif : « Peu de gens en sortent (de l'opéra), après une représentation de trois heures, sans avoir mal à la teste, et sans y avoir bâillé fort fréquemment... Si vous entendiez les longs et ennuyeux récitatifs de ces opéras, qui occupent la plus grande partie de ce spectacle, vous seriez surpris de la facilité et de la patience de cette bonne nation (française). » Il y a bien, de loin en loin, quelques airs agréables, et c'est grâce à eux qu'on peut entendre « des chanteurs et des chanteuses qui viennent *raconter en chantant de sottes aventures*,... des discours froids et des entretiens fort ordinaires qui n'intéressent point l'auditeur et *qui ne sont nullement propres à être chantés*. » Callières expose en très bons termes les rôles respectifs du poète et du musicien[1]. Toute la pièce ne doit pas être mise en musique. Ce qui « n'est pas naturellement susceptible des ornements de la musique, *doit être simplement récité par de bons comédiens qui nous représentent beaucoup plus agréablement les discours et les actions ordinaires que des acteurs qui ne s'entretiennent jamais qu'en chantant*[2] ».

Les déclarations de Callières sont très importantes. Elles apportent, en effet, dès 1688, un exposé aussi précis que possible de l'esthétique de l'opéra-comique. Elles défendent qui consiste à alterner, dans le drame lyrique, le *parlé* et le *chanté*. On voit donc que l'opéra classique suscite, chez certains critiques, l'idée d'un autre théâtre musical plus rapproché de la vérité et du naturel.

On trouve, enfin, les germes de l'opéra-comique dans les spectacles forains, et c'est à la Foire que devait se former la comédie musicale.

Deux foires fort importantes se tenaient à Paris au XVII* siècle, la foire Saint-Germain et la foire Saint-Laurent. La foire Saint-Germain, établie sur l'emplacement actuel du marché Saint-Germain et des rues adjacentes, comportait neuf rues qui la partageaient en vingt-quatre îlots, dont chacun servait de siège à une exposition particulière ou à un spectacle ; cette foire appartenait à l'abbé et aux prêtres de Saint-Germain des Prés. Du 3 février au dimanche de la Passion, elle attirait une foule joyeuse et bigarrée, friande de curiosités et de tours de gobelets, alléchée par les acrobates, les théâtres de marionnettes et les montreurs de bêtes savantes.

Durant l'été, une autre foire faisait les délices des badauds. Sise entre le faubourg Saint-Denis et le faubourg Saint-Martin, la foire Saint-Laurent ouvrait ses portes d'août à la fin de septembre. Quatre halles spacieuses couvraient ses larges rues tirées au cordeau et bordées de loges et de boutiques qui, assure Sauval, « formaient un quartier propre et galant[3] ». Elle appartenait aux religieux de Saint-Lazare et aux prêtres de la Mission.

Ces deux foires avaient chacune un caractère différent, qui résultait un peu de leurs clientèles respectives. Ainsi, la foire Saint-Germain, où fréquentaient l'aristocratie et les étudiants, brillait d'un plus vif éclat que la foire Saint-Laurent, située dans un quartier plus démocratique et plus bourgeois. Mais qu'il s'agit de la foire de carême ou de la foire d'été, il était évident que le spectacle forain devait, tôt ou tard, tenir lieu de berceau à un nouveau genre dramatique. A la fin du XVII* siècle, il y avait, en effet, une sorte de divorce entre les mœurs réelles et celles qu'on affichait en façade. La tragédie classique se mourait, et la comédie laissait le spectateur froid ; on demandait moins d'abstractions et plus de vérités contingentes : « La comédie, écrit M. Barberet, se sentait attirée vers la ville et les champs, vers le monde des bourgeois, des artisans et des paysans. La noblesse elle-même, qu'une sorte de réaction et de libertinage inclinait aux vulgarités de la vie plébéienne, la poussait dans cette voie. De là l'ancien théâtre italien, de là Dancourt, de là le théâtre de la Foire[4]. »

Jusqu'en 1697, les foires ne donnent guère asile qu'à des danseurs de corde, à des acrobates, à des marionnettes et à des montreurs d'animaux savants[5]. Cependant, une troupe célèbre de vingt-quatre baladins, dirigée à la foire Saint-Germain par les frères Alard, avait eu l'idée d'encadrer ses cabrioles de petites scènes dialoguées, dans le genre de nos entrées de clowns. Ceci se passait en 1678, et le divertissement farci d'acrobaties, dont Charles et Pierre Alard régalaient le public, s'appelait *les Forces de l'Amour et de la Magie*. « C'est, dit M. Albert, le premier type littéraire des comédies foraines. » Ingénieux mélange de gymnastique, d'escamotage et de comédie naïve, la pièce présente deux faces révélatrices, l'une de sa modeste origine, l'autre des ambitions que réalisera l'avenir. Mais une pareille innovation ne pouvait se produire sans éveiller les susceptibilités de la Comédie française, qui engagea alors contre les forains une guerre sans merci. D'un autre côté, les *Forces de l'Amour et de la Magie* ne contenaient pas seulement du parlé ; quelques lazzi, quelques couplets lestement troussés, s'y étaient glissés, et voilà que l'Opéra, à son tour, va prendre ombrage des maigres fredons qui retentissent sur les tréteaux. Fort de son privilège, il autorisera bien « les sauts accompagnés de quelques discours », mais à la condition expresse qu'on n'y chantera, ni dansera ailleurs que sur la corde[6].

Ainsi, le spectacle forain se trouve en quelque sorte placé entre l'enclume et le marteau, entre la Comédie et l'Opéra. Pour ne mécontenter personne, il sera donc aussi naturellement amené à adopter un caractère mixte, à mélanger la déclamation et la musique.

La jalousie de la Comédie française s'accentue à l'égard des Forains, à partir du moment où, les comédiens italiens ayant quitté Paris (12 mai 1697), les bateleurs de la foire se transforment en acteurs[7].

1. François de Callières, *Histoire poétique de la guerre nouvellement déclarée entre les Anciens et les Modernes*, 1688, p. 268, 269. D'après Callières, « le musicien devroit suivre les idées du poète et n'estre employé qu'à augmenter la force de ses expressions, et à animer, par des sons appropriés au sujet, les grands traits de passion que le poète doit jeter dans ces sortes d'ouvrages destinés à être chantés ».

2. *Ibid.*

3. *Histoire et Recherche des Antiquités de la ville de Paris*, par H. Sauval, avocat au Parlement, 1733. Sur les Foires, on consultera, outre Sauval indiqué ci-dessus : Loret, *la Foire Saint-Germain* (dans

les poésies burlesques) (1646), la *Gazette du même*, du 27 août 1663; Dancourt, *la Foire Saint-Germain* (1696), et Hurtaut, *Dictionnaire historique de la ville de Paris*, III (1779). Nous ne signalerons que pour mémoire *la Foire Saint-Ovide*, qui se tenait place Vendôme, du 15 août au 15 septembre.

4. Barberet, *Lesage et le Théâtre de la Foire*, p. 23.

5. On sait en particulier, qu'un singe fameux, le singe de Brioché, s'y distingua.

6. Font, *loco cit.*, p. 52. Depuis le 21 octobre 1680, les acteurs de l'Hôtel de Bourgogne et ceux du théâtre Guénégaud, réunis en une seule troupe, avaient le monopole des pièces ou comédies récitées.

7. On sait que l'expulsion des italiens résulta de l'annonce, faite par eux, d'une pièce intitulée *la Fausse Prude*, qui visait directement Mme de

Alors, ce ne sont que condamnations, appels au Parlement, chicanes de toute nature[1]. Les Forains reçoivent l'interdiction de jouer des pièces, mais ils s'arrangent aussitôt pour ne représenter que des scènes détachées, qui se voient interdites en 1704.

En février 1707, les comédies, colloques et dialogues tombent sous les prohibitions de la puissante compagnie. Seulement, il reste les monologues, et les pauvres persécutés ne manqueront pas de saisir cette échappatoire. Lorsque deux interlocuteurs sont en présence, l'un parle tout haut, tandis que l'autre répond à voix basse; c'est ce que les bateleurs appellent « l'art de parler seul inventé par la Comédie française[2] ». Mais le subterfuge ne donne point satisfaction à celle-ci; elle accumule procès-verbaux et requêtes; elle fait démolir les loges des Forains et les réduit à la pantomime. Alors, ils se vengent en parodiant les gestes de ceux qu'ils appellent plaisamment les *Romains*, et, en même temps, ils s'efforcent d'agrandir, dans leurs spectacles mutilés, la place attribuée aux danses, aux jeux et aux chansons.

Restait à s'assurer contre l'hostilité de l'Opéra; c'est ce que firent, en 1707, Alard et la veuve de Maurice Von der Beck[3]; ils s'abouchèrent avec le directeur de l'Académie royale de musique, Guyenet, et demandèrent l'autorisation de chanter dans les divertissements.

Guyenet, qui était fort mal dans ses affaires, ne laissa pas échapper l'occasion qu'on lui offrait de se procurer quelque argent; il vendit à Alard et à la veuve Maurice « le droit de faire usage, sur leur théâtre, de changements de décoration, de chanteurs dans les divertissements, et de danseurs dans les ballets (1708) ». Tout semblait donc aller au mieux, mais les Comédiens français ne devaient pas tarder à se retourner contre Alard. Le 17 avril 1709, sur requête de la Comédie, défense est faite à l'Opéra « de donner la permission aux danseurs de corde et autres gens publics dans Paris, de chanter des pièces de musique entières ni autrement, de faire aucun ballet ni danses, d'avoir des machines, même des décorations, même de se servir de plus de deux violons ». Guyenet s'exécute, et signifie à Alard l'interdiction qu'on venait de lui adresser[4].

Que faire? C'est alors que les Forains inventent d'abord le système des cartons, sur lesquels étaient inscrits les rôles, cartons que les acteurs tiraient de leurs poches, au fur et à mesure de leurs besoins, et qu'ils exposaient aux yeux des spectateurs. On lisait ainsi ce qu'ils ne pouvaient déclamer.

Comme ce système était aussi encombrant que défectueux, on ne tarda pas à lui en substituer un autre. En 1711, les acteurs d'Alard, dans une pièce intitulée *Femme juge et partie*, abandonnèrent complètement le procédé des cartons. Au moment voulu, deux enfants, habillés en Amours et suspendus en l'air, laissaient descendre du cintre des pancartes portant le nom du personnage en scène et le couplet qu'il aurait dû prononcer; l'acteur n'avait plus alors

qu'à réaliser la mimique. C'est ce qu'on appelait les *Pièces par écriteaux*[5], pièces qui nécessitaient un mécanisme assez délié, puisque le nombre des écriteaux dépassait souvent cinquante par acte, et que les pièces avaient trois actes[6].

« Quelques personnes, écrit Parfaict, imaginèrent de substituer à ces écriteaux en prose des couplets sur des airs connus qu'on nomme vaudevilles, qui, en rendant la même idée, y jetaient un agrément et une gaieté dont l'autre genre n'était pas susceptible. Pour faciliter la lecture de ces couplets, l'orchestre en jouait l'air, et des gens gagés par la troupe et placés au parquet et aux amphithéâtres les chantaient et, par ce moyen, engageaient les spectateurs à les imiter[7]. »

Voilà donc les Forains réduits, par la sévérité de l'Opéra, au système des vaudevilles en écriteaux : « L'opéra-comique, remarque M. Font, fut ainsi ajourné par les circonstances au profit de la comédie en vaudevilles, mieux accommodée aux goûts musicaux du public[8]. »

En quoi consistaient ces pièces par écriteaux? Deux manuscrits de la Bibliothèque nationale, qui renferment celles que l'on joua à la foire de 1711 à 1716, permettent de s'en rendre compte[9].

Voici, d'abord, un divertissement de Fuzelier, *Scaramouche pédant*, représenté à la foire Saint-Laurent, le 12 septembre 1711 ; il se compose d'un seul acte avec scène à lazzi et couplets équivoques d'une grande platitude.

Orphée aux Enfers, de la même collection, n'offre guère d'intérêt; en revanche, l'*Arlequin à la guinguette*, de Pellegrin, s'égaye de couplets satiriques d'assez bonne venue, tout comme le *Curieux impertinent* de Fuzelier. Si quelques-unes de ces petites pièces sont agréablement tournées, dans l'ensemble, elles produisent plutôt une impression fâcheuse et tombent, pour la plupart, dans la trivialité, l'équivoque grossière, l'extravagance et le coq-à-l'âne[10].

Les timbres mis à contribution étaient populaires : « Réveillez-vous, belle endormie », « Quand je tiens de ce jus d'octobre », « La faridondaine, la faridondon », « Quand la bergère vient des champs », etc. Ce fut Lesage qui, avec *Arlequin roi de Serendib* (1713), dont tant de passages pétillent véritablement d'esprit, donna à la pièce en écriteaux sa forme définitive. La date de 1713 marque donc une étape importante dans l'évolution du théâtre forain. Transfuge de la Comédie française, Lesage avait l'étoffe d'un réformateur. Il n'entendait point se plier servilement aux genres reçus et traitait fort cavalièrement le Parnasse : « On n'y regardait, déclare-t-il, la meilleure comédie, le roman le plus ingénieux et le plus égayé, que comme une simple production qui ne méritait aucune louange. » C'était un indépendant, un frondeur, un esprit libre, disposé à toutes les initiatives dès qu'il s'agissait de pourfendre quelque hypocrisie. L'œuvre qu'il écrivit pour la Foire a puissamment contribué à ramener dans les mœurs le sentiment « de la nature et le goût du simple et du vrai[11] ». « Le mérite litté-

---

Maintenon. (Cf. l'Introduction de la réédition des *Mémoires de Monnet*, par H. d'Alméras, p. 22.)

1. Toutes ces querelles ont été résumées par M. Campardon dans son *Théâtre de la Foire*, t. II, p. 250 et suiv.

2. On lira, dans l'Appendice qui termine l'ouvrage de M. Barberet (p. 232, 233), la déclaration d'un commissaire de police qui constate, en 1710, « qu'il n'y a que monologues de deux sortes, l'un d'un acteur ou d'une actrice qui parlent sans adresser la parole à personne, et l'autre d'un acteur ou d'une actrice qui parlent et adressent la parole à d'autres, sans qu'on leur réponde ».

3. Moritz ou Maurice Von der Beck était élève de Charles Alard.

4. M. Albert, *les Théâtres de la Foire*, p. 43-44.

5. *Ibid.*, p. 44.

6. Houlbard, *la Foire Saint-Laurent*, p. 248-249.

7. Parfaict, *Mémoire pour servir à l'histoire des Spectacles de la Foire*, I, p. 108. Les inventeurs de ce truc ingénieux étaient les sieurs Rémy, greffier à l'hôtel de Ville, et Chaillot, aide à mouleur à bois (Barberet, *loco cit.*, p. 27).

8. Font, *loco cit.*, p. 64.

9. N⁰ˢ 25476 et 25485.

10. Ces spectacles dépassaient l'ancien Théâtre italien en farces et en extravagances.

11. Barberet, *loco cit.*, p. 36. M. Barberet remarque fort justement que le Théâtre de la Foire continue le *Diable boiteux*.

raire, écrit de son côté M. Heulhard, gisait dans le couplet bien troussé, à pointe aiguisée de main gauloise. La fortune du genre était dans le couplet semé d'allusions aux mœurs et aux ridicules du temps[1]. »

Dans sa conception des pièces en écriteaux, Lesage s'en tenait à deux excellents principes. Il fallait d'abord n'employer que très peu de personnages; ensuite, il était indispensable que l'un d'eux jouât un rôle prépondérant. De la sorte, économie de personnel et concentration de la pièce au bénéfice de sa clarté[2]. De plus, grâce aux écriteaux et aux couplets entonnés par toute la salle, le public liait son sort à celui des Forains, et affirmait sa complicité.

La Foire n'était, du reste, pas seule à représenter des pièces à musique et à divertissements, pièces dont le goût se répandait toujours davantage, car la Comédie française elle-même « se mettait, dit M. Font, dans le cas d'être poursuivie par l'Académie de musique ». Voici ce qu'on peut lire, à ce propos, dans l'ouvrage de M. Bonnassies : « La Comédie joua fréquemment des pièces accompagnées de chant. Bientôt, quand les Forains absorbèrent une partie de son public et que l'Opéra-comique parvint à éluder les prohibitions réglementaires en traitant avec l'Opéra, la plupart des comédies qu'elle joua furent entremêlées de vaudevilles et devinrent à peu près des opérascomiques[3]. » On trouvera des spécimens de ces pièces en musique jouées à la Comédie française, dans les *Recueils* de Ballard dont nous parlons plus haut, et dans une collection de « vaudevilles et airs choisis » chantés à ce théâtre depuis 1659[4]. Nous citons, en particulier, quelques petits ouvrages musiqués par un compositeur que nous allons retrouver tout à l'heure, par Gillier : *la Sérénade* (1694), *la Foire de Besons et les Vendanges de Surène* (1695), *le Moulin de Javelle* (1696), *le Charivary et le Retour des Officiers* (1697), *les Curieux de Compiègne* (1698), *la Noce interrompue* (1699), *les Trois Cousines* (1700), *Colin Maillard* (1701), *l'Opérateur Barry* (1702), *l'Inconnu* (1703), *le Galant Jardinier* (1704), *l'Amour diable* (1708), *l'Amour charlatan* (1710), *la Famille extravagante ou les Proverbes* (1711), *les Festes du Cours* (1713)[5]. On peut joindre à cette liste le *Mary retrouvé* (1698), de Campra, puis toute une série de pièces dont la musique est de Grandval.

La comédie *les Curieux de Compiègne*[6] comprend une partition complète, avec prélude figurant un « bruit de guerre », fanfares de trompettes, airs gais accompagnés par les hautbois et les bassons, qui alternent en trio avec les tutti de la symphonie, canaries, rigaudons et branle général pour finir.

Le mot d'*opéra-comique*, imaginé dans une intention satirique qui visait les ridicules du grand Opéra, fait son apparition à la foire Saint-Germain en 1715, et sur les affiches de la dame Baron et des Saint-Edme, deux entrepreneurs et directeurs de spectacles forains qui, par convention du 21 août 1713, avaient associé leurs efforts, la veuve Baron (Catherine Von der Beck, fille de la veuve Maurice) exploitant son théâtre sous le nom de *Nouvel Opéra-Comique de Baxter et Saurin*, et Saint-Edme tenant le sien sous le titre de *Nouvel Opéra-Comique de Dominique*[8].

A l'Opéra-comique naissant, l'Académie royale de musique, atténuant son ancienne sévérité, ouvrait des perspectives moins étroites, en permettant, dès le 26 décembre 1714, aux acteurs de la dame Baron et des Saint-Edme de chanter eux-mêmes les couplets des vaudevilles[9]. C'en était donc fini du système des écriteaux, au moins provisoirement, et on inaugura le nouveau régime avec le *Télémaque* de Pellegrin, qui plut autant par la disparition des pancartes que par l'ingéniosité de ses parodies.

Les avantages qu'on voulait bien lui consentir entraînaient l'Opéra-comique à élargir ses ambitions; par la bouche de Dominique, il expliquait au public de quelle façon il comprenait son nouveau rôle, et comment il comptait exploiter l'avenir dont un peu de libéralisme lui faisait la grâce. Devenus plus délicats et plus exigeants, les spectateurs ne se contenteraient plus désormais de la grosse farce foraine, de ses lazzi médiocrement spirituels, de ses plaisanteries scatologiques; l'exemple de l'ancienne Comédie italienne avait aussi porté ses fruits, et, aux timbres rebattus du répertoire, à ces « Dondaine, dondaine », ou « Monsieur de la Palisse est mort », dont la comédie en vaudevilles abusait paresseusement, on se proposait, en dépit de la répugnance des auteurs, d'ajouter sinon de substituer de la musique nouvelle, créée spécialement pour l'Opéra-comique, et non plus empruntée à la défroque de Lulli ou aux tabarins du Pont-Neuf.

Ainsi, une double révolution, littéraire et musicale, allait transformer le spectacle forain. Déjà, dans la *Foire de Guibray*, représentée à la foire Saint-Laurent de 1714, au *Nouvel Opéra-Comique de Baxter et Saurin*, on avait exécuté une cantate, *Le Chasseur Actéon* et une sonate de ce Gillier qui travaillait à la fois pour la Foire et pour la Comédie française, et que nous avons cité tout à l'heure. Nous donnons ci-après le texte et la musique d'une autre cantate de Gillier insérée dans le *Temple de l'Ennui* (1716) :

Puissant Dieu de l'En-nui! Quel peu-ple sur la ter-re Ne se-_
_conde pas tes pro-jets? Les trois quarts des Mor-tels Au moins sont tes su-

1. A. Heulhard, *loco cit.*, p. 248, 250.
2. Lesage utilisait ainsi au mieux le personnel très réduit dont il pouvait disposer, l'Arlequin Baxter, entre autres, et Mlle Maillard, accorte Colombine.
3. Bonnassies, *la Musique à la Comédie française*, p. 21.
4. Voici le titre de cet intéressant recueil : *Recueil complet de Vaudevilles et Airs choisis qui ont été chantés à la Comédie française, depuis l'année 1659 jusqu'à l'année présente 1753, Avec les dattes de toutes les années et le nom des Auteurs* (1753).
5. Cette pièce était déjà composée en 1699. Voir plus loin.

6. La musique de cette comédie figure dans le *Recueil d'airs sérieux et à boire* de la collection Ballard correspondant à l'année 1698.
7. L'arlequin Baxter et l'acteur Saurin étaient deux gagistes de la dame Baron.
8. A. Heulhard, *loco cit.*, p. 233. Le fameux Dominique Biancolelli, dit Dominique, faisait partie de la troupe de Saint-Edme.
9. L'autorisation n'avait point été accordée gratuitement. Les Forains payaient à l'Opéra une lourde contribution, qui, dans la suite, s'éleva jusqu'à 40.000 livres par an. (Cf. Barberet, *loco cit.*, p. 42.)

Jean-Claude Gillier, né, selon Fétis, à Paris, en 1667, et ancien enfant de chœur de Notre-Dame, fut, en effet, attaché à l'orchestre de la Comédie française et écrivit¡pour ce théâtre la musique d'un grand nombre de pièces de Regnard et de Dancourt, de 1694 à 1716[1]. En même temps, il s'occupait activement de l'organisation musicale du théâtre de la Foire ou Opéra-comique, et composait, de 1699 à 1735, une foule de vaudevilles, d'airs et de ballets, dont certains devinrent populaires. Il mourut vers 1737.

On a de lui, outre les Vaudevilles et airs choisis cités plus haut, des Airs de la Comédie française (1704-1705), des Airs pour la Comédie de la Foire Saint-Germain, représentée sur le théâtre des comédiens italiens (1696), une tragédie mise en musique, Amphion (1696), les Plaisirs de l'Amour et de Bacchus, idylle (1697), le Divertissement de la petite pièce des Festes du Cours (1699), et, la même année, celui de l'Hyménée royal.

1. Voir sur ce point l'ouvrage précité de M. Bonnassies. Les Archives de la Comédie française conservent un certain nombre de petites partitions de Gillier, dont une, assez importante, pour le Galant Jardinier (1704), comprend cinq numéros.

De plus, Lesage et Dorneval ont publié, à la suite des volumes de leur *Théâtre de la Foire,* un grand nombre d'airs de Gillier, dont deux *Cantates*[1], l'air avec un double : « Heureux qui soir et matin[2] » et un trio[3]. Les deux auteurs déclarent encore dans leur préface qu'on est redevable à Gillier des meilleurs vaudevilles qui se soient entendus en Europe depuis plus de quarante ans. Compositeur attitré du théâtre forain, le spirituel musicien écrit des morceaux nouveaux pour la *Ceinture de Vénus* et le *Temple du Destin,* joués tous deux à la Foire en 1715. Il n'était pas, du reste, le seul à alimenter l'opéra-comique de musique originale[4]; Bernier, de La Croix, Lacoste, Aubert, Mlle de La Guerre, enfin Mouret[5], l'habile et gracieux compositeur des *Nuits de Sceaux,* collaboraient assidûment à toutes ces pièces légères et vives que l'imagination de Lesage et de Fuzelier produisait sans fatigue.

Quelles sont les caractéristiques et les moyens d'expression de ce théâtre?

Comme l'observe très justement M. Barberet, avant Lesage, personne ne pensait qu'on pût tirer un genre littéraire d'un « mélange de lazzi et de couplets ». Lesage compose deux sortes de pièces, qu'il veut courtes et condensées; les unes sont des pièces à intrigue qui se développent et se dénouent rapidement, les autres, dites à tiroir, consistent en un défilé de personnages épisodiques, en présence d'un personnage machine comme Mercure, Momus, etc. Les pièces de Lesage adoptent soit des sujets féeriques, et se parent alors de couleurs orientales, soit des sujets de mœurs, où s'affirme une observation des plus aiguës de la vie réelle. Lesage parcourt tous les mondes pour se procurer des ridicules ou pour se documenter, et son information est bien plus étendue que celle de Molière. En même temps, il ne se pose pas en moraliste[6] et ne nous importune pas de ses conseils; c'est, avant tout et uniquement, un peintre impitoyable et précis. Sa verve s'exerce contre les hypocrisies sociales et contre l'Opéra, dont il démasque sans pitié les faiblesses; aussi, son théâtre incline-t-il à la parodie, et Lesage transforme-t-il ces opéras en opéras-comiques, en vaudevilles, « ce qui'permettait, écrit Barberet, d'atteindre à la fois les paroles et la musique[7] ». Ainsi, pièces orientales, pièces de mœurs, parodies, voilà les différents aspects que revêtent les compositions du malicieux écrivain.

La plupart des pièces de la Foire présentent, en outre, un caractère très marqué de « Revues[8] ». Déjà, celles du Théâtre italien faisaient appel à l'actualité, mais d'une façon moins accusée que les œuvres de Lesage et de ses successeurs. Les questions musicales, les querelles esthétiques, défrayent toutes ces pièces. Ainsi, dans la *Foire de Guibray* (1714), il

est longuement question de sonates, et c'est à la Foire qu'apparaît, pour la première fois, le *Cotillon* dont *Arlequin traitant* (1716) fera l'éloge[9].

Comme bien l'on pense, la question de la rivalité de la musique française et de la musique italienne, les démêlés de la Foire et des deux Comédies, les ridicules de l'Opéra et des musiciens alimentent copieusement la verve satirique des auteurs, et M. G. Cucuel a justement fait ressortir que la critique musicale se trouve très utilement représentée dans le répertoire forain. On peut dire que toutes les questions qui occupèrent la critique, au XVIII° siècle, rencontrèrent leur écho à la Foire. Citons quelques exemples.

D'abord, la rivalité musicale franco-italienne et le nationalisme en musique; une des premières pièces qui lui fassent allusion est la *Ceinture de Vénus* (1713); le même thème reparaît dans nombre de revues, à partir de 1716; nous signalerons, en particulier, le *Temple de l'Ennui* (1716). La *Querelle des Bouffons* vient-elle raviver la vieille dispute, alors, tantôt les pièces foraines, comme la *Frivolité* de Boissy, parodient les airs les plus célèbres des opéras-bouffons joués à Paris; tantôt, comme le *Monde renversé* d'Anseaume (1753), elles s'amusent à opposer le goût français et le goût italien. Qu'il s'agisse de la *Revue des Théâtres* de Chevrier (1753), des *Adieux du Goût* ou du *Retour du Goût,* les allusions les plus transparentes aux événements contemporains foisonnent dans toutes ces pièces[10]. Plus tard, l'Opéra-comique va refléter les tendances qui entraînent la musique vers le cosmopolitisme. C'est ainsi que l'*Hôtel garni* de Voisenon (1768) portera aux nues le « concert encyclopédique[11] ».

Sur les démêlés de la Foire avec l'Opéra et la Comédie française, les auteurs forains sont inépuisables. Dès 1725, J. Bailly introduit dans *Momus censeur des théâtres* la « scène des théâtres » à laquelle les revues devaient assurer une si belle carrière. Le *Temple de la Vérité* (1726), la *Nouveauté* de Le Grand (1727), les *Spectacles malades* (1729), ont tous leur « scène des théâtres »; encore, en 1759, Favart donne sa *Parodie au Parnasse,* il a bien soin de recourir à cette scène, désormais classique.

Enfin, les questions d'esthétique se traitent à la Foire. Sans parler ici des *Couplets en procès* de Lesage et d'Orneval (1730), que nous retrouverons tout à l'heure, et dont Favart reprendra la thèse en 1760 avec son *Procès des Ariettes et des Vaudevilles*[12], nous signalerons qu'à partir de 1733, Panard, Piron, Favart, Fagan, s'occupent, à des titres divers, du Ramisme; que les *Talents à la mode* de Boissy ramènent la querelle des Lullistes et des Ramistes; que, dans ses *Tableaux* (1748), Panard critique la surpro-

---

1. T. I, n° 173, et t. II, n° 184. La première cantate, le *Chasseur Actéon,* se trouve dans la *Foire de Guibray,* et la seconde dans le *Temple de l'Ennui.*

2. T. II, n° 209.

3. T. III, n° 237. (Dans le *Rappel de la Foire à la Vie.*)

4. Sur Gillier, consulter Titon du Tillet, *Premier Supplément au Parnasse français,* p. 607, 608. On voit que Gillier jouait de la basse de violon dans l'orchestre de la Comédie française. G. Becker, dans les *Monatshefte für Musikgeschichte,* année IX, 1877, p. 4 et suiv., a donné les titres de 14 compositions de Gillier. Son fils, qui le remplaça dans cet orchestre, a écrit aussi pour l'Opéra-Comique. Nous citerons, de lui, l'opéra-comique-vaudeville des *Deux Suivantes* (20 juillet 1730), et l'opéra-comique du *Bouquet du Roy* (août 1730). Voir aussi M. Brenet, *Recueil de la Société internat. de musique,* 1907, t. VIII, p. 417-419.

5. La Bibliothèque du Conservatoire contient un très important recueil manuscrit d'airs composés par Mouret pour la Comédie italienne sous le titre de *Premier Livre de divertissements des comédies du Théâtre*

italien, composés par Mouret... pour l'an de grâce 1733. Les divertissements de ce recueil s'appliquent à des pièces jouées de 1716 à 1731.

6. Barberet, *loco cit.,* p. 111.

7. *Ibid.,* p. 113.

8. Ce point de vue a été mis en lumière par M. G. Cucuel, *la Critique musicale dans les Revues du dix-huitième siècle* (*Année musicale,* 1912).

9. Il est question du Cotillon dans la *Foire de Guibray;* ce type de contredanse aura un succès considérable dans la seconde moitié du XVIII° siècle. Cf. Cucuel, *loco cit.,* p. 147.

10. Dans les *Adieux du Goût,* une scène rassemblait les personnages de la Pouplinière et de J.-J. Rousseau. Il est à remarquer qu'au moment de la *Querelle des Bouffons,* aucune pièce foraine n'est favorable aux Italiens.

11. Voisenon, *Œuvres,* t. II, p. 624.

12. Il est à remarquer qu'en 1760 les nouveaux ennemis des Vaudevilles sont les ariettes à l'italienne.

duction musicale qui sévit alors, et que, dans le *Départ de l'Opéra-comique* de Favart, nous voyons, pour la première fois, l'orchestre réclamer sa place au soleil, à côté des chanteurs et des poètes[1].

De la sorte, la Foire fournit à l'historien un tableau extrêmement vivant et coloré de l'actualité musicale au XVIIIe siècle, tableau qui ajoute aux personnages typiques du théâtre forain ceux des musiciens Cliquette, Harmoniphile et de l'Ariette.

Ces personnages du théâtre forain appartiennent à plusieurs catégories; il y a d'abord les personnages *à masque* du théâtre italien, personnages dont la Foire hérite en ligne directe, car elle puise immédiatement dans les traditions de l'hôtel de Bourgogne. C'est ainsi que nous voyons sur ses tréteaux *Arlequin, Pierrot, Scaramouche, Mezzetin*, le *Docteur*; *Arlequin*, francisé par Dominique et devenu une manière de chevalier d'industrie, à la fois sceptique, railleur et naïf; *Pierrot*, qui représente les rustres de la banlieue de Paris[2]; *Scaramouche*, qui joue les messagers et les valets avec une pointe de tartarinade et beaucoup de jargon; le *Docteur*, pédant, bavard, sentencieux et emphatique; enfin *Mezzetin*, à demi aventurier et à demi valet.

Il y a ensuite les personnages de *convention*, parmi lesquels les *Soubrettes* avec Colombine, Marinette, Olivette, Lisette, etc.; les *Amoureux* et *Amoureuses*, tous insignifiants et de même modèle, sauf dans les pièces orientales; puis les *Pères, Rois, Sultans* et *Enchanteurs*. Il y a, enfin, les personnages *épisodiques*, une des principales originalités de la Foire[3]. C'est à l'aide de ceux-ci que Lesage établit ses études sociales, si curieuses. Tour à tour, nous voyons défiler des représentants de la noblesse, sous les traits du *Petit Maître*, de la *Grande Dame*, dont le cynisme est souvent extraordinaire, de l'*Abbé* et du *Gascon*, « héros de lansquenet et de pharaon », puis les gens de lettres et les artistes, parmi lesquels les musiciens sont cruellement traités[4]; les bourgeois, avec les types du *Procureur*, du *Notaire*, du *Médecin*, de l'*Avocat* bavard et glapissant; enfin, les petites gens, avec le *Suisse*, jargonneur et ivrogne, et les *Paysans*, que ni Lesage, ni Dancourt, ni Vadé, ni Piron, ne connaissent bien[5].

Dans les pièces à écriteaux, la prose fait naturellement défaut; ces pièces sont de simples chapelets de vaudevilles, dans les intervalles desquels l'acteur supplée aux explications nécessaires par un jeu de scène approprié. Ce genre de spectacle tournait à la pantomime; Lesage l'oriente vers la féerie et la parodie[6].

Avec l'introduction de la prose, la peinture des caractères devient possible; cette prose cimente les couplets, les relie les uns aux autres. Quant à ceux-ci, leur rôle est multiple : tantôt ils s'emploient à exposer le sujet, tantôt ils visent à l'expression des passions ou au dessin des caractères. Lesage fait alors des vers de toutes mesures, mais ceux de six, sept et huit pieds sont les plus fréquents, l'alexandrin n'apparaissant que lorsque le poète manifeste l'intention de se gausser de la Comédie française. Dans tous les cas, ce qui le guide dans le choix de ses rythmes, c'est surtout l'air auquel le couplet doit s'adapter, et ceci nous amène aux moyens musicaux dont dispose le théâtre de Lesage.

A l'origine, le répertoire des airs de vaudevilles était très modeste; avec une douzaine d'airs de cette nature, les auteurs d'opéras-comiques se chargeaient de construire leurs petites pièces. Mais, dès que Lesage se met à collaborer au théâtre de la Foire, la situation change, et les airs mis à contribution se multiplient. Qu'il nous suffise de remarquer que l'*Arlequin roi de Sérendib* n'en contient pas moins de 150. Au fur et à mesure que les prohibitions qui pesaient sur les Forains s'atténuent, et que les acteurs peuvent chanter eux-mêmes les couplets, le nombre des airs introduits dans les opéras-comiques augmente sensiblement. La part réservée à la musique devient de plus en plus considérable, et la collaboration d'un musicien s'impose. C'est à ce titre que Gillier et les compositeurs que nous avons énumérés plus haut s'attachent aux spectacles forains.

A vrai dire, leur rôle est assez subalterne; il se borne essentiellement à « ajuster » les airs aux couplets, à choisir, parmi les vieux fredons, ceux dont l'expression musicale s'adapte le mieux aux paroles[7]. Et, à ce point de vue, le répertoire de ces vieux fredons apporte aux musiciens de grandes facilités. Il y a toute une série de mélodies dont le sens expressif est parfaitement déterminé et parfaitement clair. Employés toujours dans les mêmes situations, ces airs prennent une valeur de véritables *leitmotifs*, car tout le monde sait ce qu'ils veulent dire, et point n'est besoin de gloses explicatives pour définir leur signification. On peut, ainsi, dresser une sorte de tableau des *leitmotifs* employés, une manière de catalogue des thèmes conducteurs de l'opéra-comique. En voici quelques exemples :

JOIE: Al_lons gay _ _ _ _ _ _ _ _ _ _ _

CONTENTEMENT: Lai _ re,   la,   lai _ re, lan _ lai _ re

1. On s'occupe assez peu, en général, de musique instrumentale dans les Revues du XVIIIe siècle. Rappelons, cependant, que, dans le *Supplément à la Soirée des Boulevards* (1760), Favart met en scène deux musiciens qui prétendent composer toutes sortes de symphonies par le moyen de dés. Cf. Cucuel, *loco cit.*, p. 186.

2. Ce fut Jarreton qui créa le type de Pierrot en imitation du Polichinelle napolitain. Pierrot est essentiellement un personnage parisien; il est à la fois sot, sentencieux et rusé. Hamoche réalisait excellemment ce personnage.

3. Barberet, *loco cit.*, p. 174. Les personnages épisodiques existaient déjà dans les pièces dites à tiroir de l'ancien théâtre italien.

4. Lesage leur reproche surtout leur ivrognerie et leur goût pour la musique exotique

5. Les paysans sont toujours de pays indécis; on ne sait trop s'ils sont bourguignons ou normands; ils affichent un caractère gaillard, avantageux.

6. Barberet, *loco cit.*, p. 79.

7. Mais le rôle du musicien ne s'arrêtait pas là : « Aux Vaudevilles anciens, écrit M. Font, il ajoutait un accompagnement pour l'orchestre; il les transposait dans le ton qui convenait à la voix de l'acteur. Il composait les airs de ballet où il pouvait donner carrière à son talent descriptif et à sa gaieté. Enfin, il mettait presque toujours en musique le Vaudeville final. » (Font, *loco cit.*, p. 84.) Nous verrons un peu plus loin les résultats de la participation du musicien aux divertissements et aux Vaudevilles finaux.

SURPRISE AGRÉABLE: La bon-ne a-ven-tu-re ô gué.

SCEPTICISME, RAILLERIE: Va t'en voir s'ils vien-nent, Jean.

MOQUERIE: Jean Gil-le, Gil-le, jo-li Jean.

ou encore: Oui da, ma com-mè-re, oui.

FATUITÉ: O gué lon la___ lan-laire

ESPRIT D'AVENTURE: Et vo-gue la ga-lère.

PEUR: Ho! Ho! Tou-re lou ri-bo!

PROMESSE PRÉCAIRE: At-ten-dez-moi sous l'or-me.

DÉSOLATION: Mon-sieur La pa-lisse est mort.

IMPERTINENCE: Tur-lu-tu-tu r'en-gaî___ne.

Ce répertoire est fort étendu et se prête à l'expression musicale d'un très grand nombre de nuances. Les musiciens ont ainsi à leur disposition tout un langage qui traduit les sentiments et les passions. S'agit-il de refréner l'orgueil, on chantera : « Eh! ne vous estimez pas tant! » Faudra-t-il exprimer qu'on doute d'une assertion un peu trop osée, le fredon « Ahi! ahi! » viendra à la rescousse. Il n'y a pas jusqu'à des sentiments un peu estompés comme l'indécision qui n'aient leur véhicule mélodique : « Comment faire? » L'étonnement se traduira en toute évidence avec « Oh! Oh! Ah! Ah! » On pourrait multiplier les exemples[1].

Mais là ne se borne pas le rôle des fredons.

Lesage s'en sert fort habilement pour exprimer des réticences, des sous-entendus, des équivoques souvent scabreuses. Il cache derrière des « Ne m'entendez-vous pas? », ou derrière des « Vous m'entendez bien » des choses qu'il vaut mieux chanter que dire.

A côté des *leitmotifs* psychologiques, il y avait des *leitmotifs* qui conditionnaient certains personnages, tels que les suisses, les paysans. Un plus petit nombre de thèmes rentrait dans la catégorie des airs à tout faire. Parmi ceux-ci, nous citerons les suivants, que l'on rencontre à foison et un peu partout : « Réveillez-vous, belle endormie »; « Quand le péril est agréable »; « Les Trembleurs d'Isis, etc.[2] ».

Ainsi donc, la musique jouait un rôle capital; à

---

1. Cf. Barberet, *loco cit.*, p. 91.
2. Le timbre des *Trembleurs d'Isis* est toujours très ingénieusement ajusté dans le théâtre de Lesage. Voici deux exemples de son adaptation aux situations; nous les empruntons à *la Grand'Mère amoureuse* (1726). Au IIe acte, scène II, lorsque Cybèle dit à Atys et à Sangaride :

« Venez chercher le supplice, » ce timbre s'ajuste très bien aux paroles nouvelles. Un peu plus loin, lorsque les Apothicaires ont poursuivi Atys avec leurs seringues, et lui ont donné la *Phrénésie*, Atys tout ému chante sur l'air des *Trembleurs* : « Quelle Vapeur m'environne! » *La Grand'Mère amoureuse* est une parodie de l'*Atys* de Lulli.

elle incombait le soin de traduire clairement, non seulement des sentiments simples, gaieté, amour, tristesse, etc., mais encore des sentiments plus complexes, et il y avait souvent une grande ingéniosité dans le choix de tel ou tel vaudeville. Intentions rythmiques et tonales, sens de l'imitation et de la raillerie, tout un ensemble de finesses et de subtilités s'exprimait par des moyens presque élémentaires.

Ces moyens obéissaient à des règles essentielles, fondées sur l'analogie et le contraste : « Par l'analogie, explique M. Barberet, on arrive à des effets plus justes, et, dans ce cas, la musique renforce les paroles; par le contraste, au contraire, on arrive à des effets plus piquants, souvent comiques, on touche à la parodie, à la caricature[1]. » Aussi, le même auteur peut-il écrire : « Avec Lesage, la valeur musicale commence à entrer en ligne de compte dans le succès et dans l'appréciation d'un opéra-comique[2]. »

Les couplets à fredons, sous la main de Lesage, se morcellent, se coupent, s'émiettent en dialogues justes et vivants; les chanteurs se passaient de l'un à l'autre, avec la plus grande aisance, des fragments de fredons, et on en venait à s'exprimer le plus facilement du monde par ce procédé.

On conçoit donc l'attachement que le théâtre de la Foire conservait à l'égard de ce vieux matériel mélodique si expressif et si plastique. Aussi, faisait-on quelque difficulté à admettre les airs nouveaux que, peu à peu, les compositeurs attitrés de l'Opéra-comique cherchaient à introduire parmi les fredons. A ce point de vue, la pièce des Couplets en procès, jouée en 1730 à la foire Saint-Laurent, présente le plus vif intérêt. Nous y voyons, en effet, le Menuet et la Musette, couplets nouveaux qui, associés au Cotillon, à la Contredanse, au Tambourin et à la Loure, viennent s'opposer aux vieux airs figurés par Flon-flon, le Mitron de Gonesse, Marotte mignonne, Pierre Bagnolet, la Belle Diguedon, le Traquenard, Grisélidis, etc.[3]

Flon-flon et les vieux fredons demandent à être maintenus dans la possession où ils sont de débiter leur marchandise à l'Opéra-comique, et cela, contre les nouveaux airs qui les ont fait assigner à la Basoche du Parnasse pour avoir à « vider les lieux ».

C'est maître Grossel qui plaide pour les vieux couplets, tandis que les airs nouveaux sont représentés à la barre par Me Gouffin. Or voici ce que déclare Me Grossel :

« Pour bien apprécier les Airs nouveaux, ils ne sont bons, à l'Opéra-comique, qu'à délasser l'esprit de l'attention qu'il a donnée aux vieux couplets qui sont chargés de l'essentiel : Je veux dire, du soin important d'exprimer les passions. »

Mais un Zon-zon
Un Ha, voyez donc,
Qui chante une pensée,
Bien sensée,
Est toujours de saison[4].

1. Barberet, loco cit., p. 94.
2. Ibid., p. 95.
3. Dans cette pièce, Vieux fredons et airs nouVeaux se présentent sous la forme de personnages dansants et chantants.
4. Les Couplets en procès, tome VII du Théâtre de l'Opéra-Comique, p. 346.
5. Dans l'Enchanteur Mirliton (1725), prologue en vaudeVilles, Mezzettin déclare que la mort de l'Opéra-comique décidoralt de celle de l'Opéra, « qui ne se porte déjà pas trop bien ». Dans les Spectacles malades (1729), Dame Alizon, auprès de laquelle l'Opéra Vient se plaindre de ses maux, déclare à celui-ci qu'il est en fort piteux état, et fait un tableau pittoresque de la mauVaise condition de l'orchestre. L'Opéra se lamenter, et de dire qu'il a repris son Tancrède, dont il s'est bien trouvé, mais qu'il ne rencontre plus de « nouVeauté ».

En vain, Gouffin prétend-il que les airs nouveaux sont aussi capables de remplir cet office que les vieux fredons : « Je vous en défie, reprend Grossel. Est-ce avec un Menuet, est-ce avec une Contredanse que vous ferez l'exposition d'un sujet? Lequel de vos nouveaux couplets est aussi propre à faire un récit que le Cap de Bonne-Espérance et le vieux Joconde? Pour bien marquer la joie, avez-vous l'équivalent d'un Allons, gai! toujours gai? Comment peindrez-vous la désolation, si vous n'avez pas l'air de La Palisse? »

A cela, Gouffin répond qu'il a cent couplets pour marquer l'allégresse, et que, lorsqu'il faudra des Airs de tristesse, l'Opéra en fournira abondamment. L'avocat du procès fait ainsi coup double, et, tout en défendant ses clients, il lance une pointe à l'Académie royale de musique[5].

La résistance aux airs nouveaux se prolongea très longtemps, et c'est la même querelle que celle des Couplets en procès qui est reprise en 1760, sous le titre de Procès des Ariettes et des Vaudevilles. Favart s'y plaint des empiétements continuels des ariettes, dont l'originalité attire l'attention du spectateur et fait du tort à la pièce[6]. Cet ouvrage n'est d'ailleurs qu'une sorte de reproduction de l'opéra-comique de Lesage. Mais, en dépit de l'hostilité des auteurs, l'air nouveau se propageait dans l'opéra-comique, et, à travers les scènes que Gillier met en musique, on sent déjà que le genre évolue, qu'il s'éloigne de l'ancienne pièce à vaudevilles pour acquérir de la cohésion et de l'unité. Le goût, manifestement, s'épure et se développe, et la pièce foraine subit le contre-coup des querelles esthétiques du temps. Comme nous l'avons déjà remarqué, non seulement la pièce foraine met en scène sa propre histoire et ses démélés avec ses puissants rivaux, mais encore elle reflète l'agitation qui règne entre les partisans de la musique française et ceux de la musique italienne. C'est ainsi que, dans la Ceinture de Vénus, un maître à chanter imite successivement le goût français et le goût italien.

A côté du leitmotif fourni par le vieux fredon, et de l'air original dû à l'imagination des compositeurs de la Foire, d'autres éléments musicaux jouent un rôle important dans l'opéra-comique.

Nous avons vu plus haut que, fréquemment, le dialogue s'y déroulait au moyen des fredons, mais il existe, en outre, des dialogues musicaux créés de toutes pièces ou parodies. Tel est celui de Mlle de la Guerre, entre Nicole et Pierrot, dans la Ceinture de Vénus, dialogue qui réalise de façon comique une dispute en musique, surtout dans la deuxième partie, où, pendant que l'une des voix caquette « Ah! que de façons! » l'autre exécute d'amusantes tenues sur l'interjection « Ah! ». Dans la Foire de Guibray, le dialogue, dont voici le début :

J'ai beau reprendre du solide,
De la rhubarbe d'Amadis,
Du vrai catholicon d'Armide,
De la confection d'Atys,
De l'élixir de Proserpine,
Ces drogues du Verlu diVine,
Qui m'ont jadis fait tant de bien,
Aujourd'hui ne me font plus rien.

6. Recueil d'Opéras comiques, t. XXXI. M. Barberet, dans son ouVrage sur Lesage et le Théâtre de la Foire, défend les Vieux fredons : « Il était dit, écrit-il, que la gaieté française périrait par l'ariette italienne. » On retrouve dans cette querelle des couplets un diminutif de celle qui sévissait au xviiie siècle à propos de l'Opéra; ce que les gens de lettres critiquaient dans l'opéra français, c'était l'excès de la musique qu'il contenait, parce que cette musique dériVait à son profit l'attention du public et qu'elle laissait la tragédie au second plan. « Le musicien, dit M. Barberet, à la suite de Favart, triomphe du poète deVenu un simple librettiste. » (Loco cit., p. 89, 90.)

Ah! c'est vous, C'est vous qui l'empor_tez___ sur moi

Ah! c'est vous qui l'em_portez___ sur moi

produit un effet assez plaisant[1].

Les ensembles vocaux, duos, trios et chœurs, deviennent de plus en plus fréquents à partir des pièces du tome III (1718) du *Théâtre* de Lesage. Nous citerons encore, comme exemples, le duo composé par M. de La Croix et qui clôt le II⁰ acte. d'*Arlequin traitant* (1716)[2] : « Que la faim lui livre la guerre; » ce duo comprend deux parties réelles confiées aux voix, et une partie de violon d'accompagnement. Les thèmes de ces trois parties sont indépendants; les violons ne doublent pas le dessus, et la basse esquisse quelques mouvements contraires. Dans la *Princesse de*

Carizme[3], qui est un type de ces pièces orientales chères à Lesage, il y a aussi un véritable duo : « Goûtons bien les plaisirs, bergère. » Pour ces ensembles, on se sert à la fois de musique d'opéra parodiée et de musique nouvelle. C'est ainsi que la *Querelle des théâtres*[4] fait appel au duo des Gorgones de *Persée*, et que, dans le *Rappel de la Foire à la vie*[5], on trouve un trio parodié de l'opéra de *Roland*, trio chanté par l'Opéra, la Foire, et M. Vaudeville, à côté duquel la musique originale tient sa place, avec un trio de Gillier dont voici le début[6] :

Heu _ reu _ se in _ tel _ li _ gence, dou _

Heu _ reu _ se in _ tel _ li _ gence, dou _

Heu _ reu _ se in _ tel _ li _ gence, dou

_ ce et sin_cè_re paix que la triste in _ di _ gen_ce

_ ce et sin_cè_re paix que la triste in _ di _ gen_ce

_ ce et sin_cè_re paix que la triste in _ di _ gen_ce

Quant aux chœurs, leur intervention se produit, tantôt sous forme de vaudeville final, tantôt au cours de la pièce, et pour l'expression de sentiments collectifs.

Le vaudeville final, placé à la fin des actes, rassemble les personnages marquants et comporte un certain nombre de couplets entremêlés de reprises en chœur et de danses. Il constitue ainsi un divertissement fort goûté, et à propos duquel les musiciens donnaient carrière à leur fantaisie, car presque tou-

jours, le vaudeville final était écrit sur de la musique nouvelle. Ces musiciens s'ingéniaient à le varier dans sa forme, soit qu'il se composât de soli et d'ensembles alternés, soit qu'il présentât un ensemble chanté par tous les acteurs, soit enfin que la danse y prît une part importante. Le vaudeville final rappelle, de la sorte, les divertissements qui, au XVIII⁰ siècle, clôturaient les actes des tragédies lyriques, et surtout le grand divertissement final, en lequel les héros d'opéra, après avoir vu leurs amours contra-

---

1. Ce dialogue n'est autre que l'air de l'entrée du Bal des *Fêtes vénitiennes* (*Théâtre de la Foire*, t. I, p. 109.)
2. Tome II, p. 194.
3. Scène x, entre un Carizmien et une Carizmienne. T. III, p. 131.

4. Scène ix, t. III, p. 57.
5. Scène viii, t. III, p. 87.
6. *Ibid.*, scène xvi, p. 448. Ce trio est chanté par la Foire, la Comédie française et la Comédie italienne.

riées, célébraient le triomphe de celles-ci par une fête chorégraphique.

Les solistes du vaudeville final chantent leur couplet à tour de rôle, et d'ordinaire le dernier couplet est adressé au public, en guise d'adieu. C'était là, en même temps qu'une tradition des danseurs de corde, une manière d'imitation des ballets de l'Opéra[1].

Lesage a arrêté la forme de ces divertissements, tout en laissant pleine liberté à ses musiciens; il y a d'abord un petit ballet, puis un vaudeville en cinq ou six couplets. Après chaque couplet, le chœur chante le refrain. Ainsi, dans le vaudeville de l'*Isle des Amazones*[2], dû à Gillier, Marphise, Bradamante, Arlequin et Pierrot, les quatre personnages essentiels de la pièce, chantent chacun un couplet auquel le chœur des Amazones répond : « En suivant Bellone, qu'il est doux de passer son temps en Amazone! »

Le ballet qui précédait le vaudeville se composait d'entrées de masques, de Flamands, de matelots, de bergers, de démons. Ainsi, le *Tableau du mariage*[3] se termine par des danses de masques. La dernière scène du *Tombeau de Nostradamus*[4] est remplie par une danse de Provençaux coupée par un vaudeville en six couplets, dû à Gillier, avec chœur de Provençaux et de Provençales. De même encore, le vaudeville final

du *Prologue des Eaux de Merlin*[5] met en scène deux troupes d'amants heureux et malheureux qui chantent et dansent un *Cotillon*. Ces entrées de personnages se produisent le plus souvent de façon assez artificielle et assez arbitraire, car le ballet n'est point l'action. Il se détache même de la pièce et tend à prendre une existence indépendante; il devient comme une manière de pièce en écriteaux, dans laquelle les évolutions chorégraphiques remplacent les explications écrites des cartons d'antan[6].

Quoi qu'il en soit, le vaudeville final se coule très fréquemment dans la forme d'un *Branle*. C'est à ce type de danse que se rapporte le curieux finale du *Temple du Destin*, où le merveilleux s'associe à la satire, et où on voit apparaître le destin, flanqué symboliquement des six Heures blanches et des six Heures noires, qui s'ébranlent au son de la musique de Gillier et viennent chanter de gracieux couplets. C'est encore par un *Branle* que le même Gillier termine *Arlequin défenseur d'Homère*[7], et le *Monde renversé*[8]. Quant à l'intéressant opéra-comique des *Funérailles de la Foire*[9], il nous apporte un *Branle* en trois couplets, chantés respectivement par la Comédie française et la Comédie italienne :

Cette Foire ex_tra_va_ gante sans cesse ex_ci_tait des ris.

et assez expressif, avec la figuration cahotée des deuxième et quatrième mesures. Notons, de plus, l'intention à la fois dramatique et comique qui préside à l'établissement de cette scène, car, avant l'explosion du *Branle* terminal, Colombine vient dire d'un ton lamentable : « La Foire est morte », après quoi, le chœur, à quatre parties, parodiant tristement l'*Alceste* de Lulli (acte III, scène iv), reprend : « La Foire est morte » :

La Foire est mor _ te

Jacques Aubert, qui, lui aussi, a beaucoup écrit pour la Foire, a laissé un certain nombre de *Branles* finaux. Citons ceux des *Arrests de l'Amour*[10], des *Animaux raisonnables*[11], et de cette curieuse *Forêt de Dodone*[12], dont le vaudeville de la fin rassemble, avec les chênes oraculaires, Arlequin, Colin, Colinette, les gens de la noce, tous chantant : « Ici, les bois savent parler, » ce qui donne lieu à une manière de *Waldweben* comique.

Avant de quitter le vaudeville final, remarquons que c'est lui qui a subi l'évolution la plus marquée dans l'ancien opéra-comique. Importateur de musique originale, il a, en outre, substitué aux petites entrées des premières pièces de la Foire des divertissements souvent fort développés et que réglait Dumoulin l'aîné.

Mais il n'est pas le seul à provoquer l'intervention du chœur. Celui-ci apparaît encore, plus rarement, il est vrai, au cours de la pièce, lorsque l'auteur veut exprimer un sentiment collectif.

Ainsi, dans la *Princesse de Carizme* déjà citée, la suite du Grand Prêtre forme un chœur qui déclare que le mariage de la Princesse « regarde et intéresse tout Carizmien ». C'est à ce titre que le chœur intervient. A cet effet, il chante une sorte d'épithalame dû à La Coste : « Io, hymen, hymen, io! » qui témoigne de son allégresse.

Dans les *Funérailles de la Foire*, nous avons déjà rencontré un chœur à quatre parties emprunté à Lulli. En voici un autre (scène x), en lequel on remarquera les amusantes interjections que lancent les quatre voix :

1. Barberet, *loco cit.*, p. 202, 204. Le dernier couplet devenait une sorte de compliment adressé au public, compliment traditionnel à la Foire.

2. T. III, n° 228.

3. T. II, scène xv, p. 315.

4. T. I, scène finale, air n° 175.

5. T. II, scène finale.

6. Barberet, *loco cit.*, p. 206.

7. T. II, scène ix. Ce *branle* se compose de cinq couplets après lesquels le chœur chante : « Et zon, zon, zon, jetez Votre hameçon. »

8. Tome III. Dans cette pièce, on trouve une satire des *doubles* employés par les musiciens. Un philosophe chante d'abord le *simple* d'un

air de Gillier, qu'Arlequin déclare fort plat; le philosophe chante alors le *double*, à la grande satisfaction d'Arlequin. Ce double donne lieu à des répétitions de syllabes telles que *ca, ca, ca*, dont on imagine l'effet (p. 225).

9. T. III, scène xi (1718).

10. T. II, scène viii.

11. T. III, sc. xv.

12. Cette pièce fut jouée à la foire Saint-Germain, en 1721. T. IV, scène xx, p. 350.

Citons encore, parmi les auteurs de Vaudevilles finaux, le compositeur L'abbé. Il a écrit la musique des *Pèlerins de la Mecque* (1726) et des *Comédiens corsaires* (1726).

temps qui rend la Foire à ses en _ fants qui rend la Foire à ses en _ fants!

Cette pièce présente, du reste, de nombreux épisodes choraux[1]. Le plus souvent, les chœurs sont parodiés et proviennent de l'opéra. Nous venons d'en signaler un qui est emprunté à l'*Alceste* de Lulli; de même *Persée* et *Thésée*, *Phaéton* et *Roland*, fournissent des ensembles au *Rappel de la Foire à la vie*. De même encore, le chœur à trois voix de la *Parodie de Télémaque* : « Ah! Madame Anroux, nons deviendrons fous, » présente une ressemblance voulue avec un de ceux de l'opéra de *Télémaque*[2].

Les pièces du *Théâtre de la Foire* font enfin appel, comme instrument d'expression, à la symphonie, à l'orchestre. De six musiciens en 1715, l'orchestre passait à quatorze exécutants l'année suivante, et jouait des cotillons, des menuets, des préludes, des ritournelles et des airs puisés dans le répertoire des fredons, dans celui de l'Opéra, ou composés par les musiciens attitrés de l'Opéra-comique[3].

Il y a, d'abord, des sortes d'*ouvertures*. Ainsi, en tête de la *Parodie de Télémaque*, une mention porte que l'orchestre joue l'*ouverture*. De quelle ouverture s'agit-il ici? Probablement de celle de l'opéra de *Télémaque* lui-même. Cette ouverture est suivie de la

Tempête d'Alcyone de Marin Marais, grand morceau descriptif fort célèbre, pendant l'exécution duquel la scène représente deux vaisseaux secoués par une mer agitée. Les *Arrests de l'Amour* débutent par « une symphonie douce », tandis que le *Rappel de la Foire à la vie* s'ouvre par « une symphonie lugubre », et que le *Réveil de l'Opéra-comique*[4] est précédé d'une symphonie extravagante. On voit que les musiciens de l'Opéra-comique s'efforcent de relier le morceau symphonique, qui prélude à chaque pièce, avec le contenu de cette pièce. L'ouverture prend ainsi la couleur, le caractère général de l'action. Au moment où le rideau se lève sur le décor de l'*Isle des Amazones*, figurant, en vue d'optique, un port de mer, on entend une symphonie où résonnent trompettes et timbales, ce qui marque immédiatement l'allure belliqueuse, guerrière, de la pièce qui va suivre.

De plus, l'orchestre intervient fréquemment pendant les pièces, et presque toujours pour annoncer un spectacle ou l'arrivée d'un personnage important ou extraordinaire. La symphonie crée, de la sorte, une atmosphère de magie, de féerie, et joue sensiblement ici le même rôle qu'à l'Opéra, où elle se relie

1. Voir même scène, p. 405, le chœur des Forains : « Hélas! hélas ! »
2. T. I, scène XIII, p. 345.

3. A. Heulhard, *la Foire Saint-Laurent*, p. 264, 265.
4. T. IX. Pièce jouée à la foire Saint-Laurent, en 1732.

intimement à l'élément spectacle et à l'élément merveilleux. Parfois aussi, elle précise son expression en s'associant étroitement à l'action. Nous allons citer quelques exemples qui mettront en lumière ce rôle multiple de l'orchestre.

Au moment où, dans la *Foire de Guibray*, Arlequin s'avance en dansant, « on entend un bruit de timbales et de trompettes[1] »; dans la *Princesse de Carizme*, les danses joyeuses d'Arlequin s'accompagnent d'une symphonie de violons et de hautbois[2].

S'agit-il de faire apparaître Pallas? Les trompettes et les timbales entoureront de leur musique l'arrivée de la déesse[3]. C'est encore l'orchestre qui annonce la descente de Cybèle dans la *Grand'Mère amoureuse*[4], et celle de l'Amour dans le *Remouleur d'Amour*[5]. La *Foire des Fées*[6] met en présence la Fée doyenne et la Fée Amphionne, à laquelle la Fée doyenne demande de faire l'ouverture de la Foire. On entend alors le son des timbales, des trompettes et des hautbois, cependant que la Fée Amphionne chante une cantate de Mouret : « Venez, rassemblez-vous, chalands. » Cette cantate, fort développée, comporte de très nombreux épisodes symphoniques. Ainsi, le personnage mythologique, le personnage de féerie, surgit dans un milieu sonore qui le caractérise. De même, le personnage symbolique ou métaphysique s'accompagnera presque toujours d'une intervention de l'orchestre. C'est ce qui se produit au moment de l'entrée en scène d'un « Plaisir », dans les *Arrests de l'Amour;* on entend alors résonner « une symphonie douce ». C'est ce qui se produit encore dans le *Mariage du Caprice et de la Folie*[7]. Là, lorsque Iris va frapper à la porte du temple du Caprice, trompettes et timbales retentissent bruyamment, et l'orchestre ne manque pas de souligner l'entrée en scène d'êtres métaphysiques comme la Nature et la Folie. Des personnages sont-ils amenés d'une façon originale, inusitée, sur quelque machine, par exemple, la symphonie s'associe à leur entrée en scène. On en trouve un bon exemple, au moment où Pierrot et Jacquot apparaissent sur un char comique dans l'*Industrie*[8].

Le sentiment combatif qui règne dans l'*Opéra-Comique assiégé*[9] se traduit par la marche des Dragons, battue sur le tambour et reprise par l'orchestre. Il est même des cas où l'orchestre devient pittoresque, où l'exotisme s'efforce de le pénétrer; de semblables tendances s'observent dans quelques pièces orientales telles que la *Princesse de la Chine*[10]. Là, on adjoint à l'orchestre habituel des instruments spéciaux et on essaye, bien timidement, il est vrai, de faire un peu de couleur locale. Voici, par exemple, un défilé durant lequel « l'orchestre joue une marche triste, accompagnée par des clochettes et des tambours chinois ». Il ne s'agit de rien moins, du reste, que de conduire le Prince au supplice, et puisqu'on est en Chine, les clochettes s'imposent de toute nécessité. On retrouve ces clochettes un peu plus loin, où elles accompagnent un sacrifice de Bonzes[11].

Il ne faudrait pas croire, toutefois, que l'exotisme musical soit bien caractérisé à la Foire; il n'y est pas plus marqué qu'à l'Opéra, et revêt les mêmes dehors arbitraires et conventionnels que dans la tragédie lyrique. Voici un exemple qui permettra d'en juger : c'est l'*Air chinois* qui figure à la table des airs du tome I du *Théâtre* de Lesage, sous le n° 157 :

et dont la chinoiserie apparaît plutôt approximative. De même, un « Calender », dans les *Pèlerins de la Mecque*, prétend chanter en turc une chanson composée par Mahomet.

Quoi qu'il en soit, la symphonie de l'opéra-comique se propose encore un but descriptif, tout comme celle de l'opéra. Les scènes pastorales, les tempêtes, les ports de mer, revendiquent sa participation. Aussi l'orchestre jouera-t-il une *Musette*, à l'occasion du débarquement des Pèlerins et des Pèlerines de Cythère, dans le *Remouleur d'amour*[12]. Les paysanneries, qui deviennent très fréquentes et que s'assimilera l'opéra-comique moderne, entraînent l'exécution d'une musique appropriée dans laquelle dominent les instruments pastoraux et les airs champêtres. La série des pièces paysannes s'ouvre, en 1726, avec l'*Obstacle favorable*, et les Blaise et les Lucas font retentir la scène de leur langage rustique : « Morgué! Je nous gaussons, » etc. Dans la *Pénélope moderne*[13], le vaudeville du premier acte est précédé par une *Musette* chantée par une fileuse et par un air chanté par un paysan : « Je ne connaissions pas autrefois dans nos champs. »

Enfin, l'orchestre assurait l'accompagnement des airs, tant fredons qu'airs nouveaux, chantés durant toute la pièce, et exécutait les ballets des vaudevilles finaux.

Tels étaient, dans leur ensemble, les éléments musicaux du théâtre de Lesage. Pour mieux lier les vaudevilles, on mêlait aux vers des fragments de prose, et ainsi se constituait ce qu'on appela les *pièces mixtes*, mi-partie en prose, mi-partie en vers. L'importance du dialogue s'en trouvait augmentée, au grand bénéfice de la cohésion des pièces.

Ces diverses transformations, dues à Lesage et à ses collaborateurs d'Orneval, Fuzelier, Piron, Pannard et Vadé, s'effectuaient au milieu d'une situation toujours troublée, car, en dépit d'accalmies passagères, l'Opéra-comique ne cessait de lutter contre ses ennemis. C'est ainsi que, depuis 1716, une nouvelle troupe italienne, rassemblée par les ordres du Régent, s'était installée à l'hôtel de Bourgogne, où

---

1. Scène IV, p. 102.
2. Scène VIII, p. 128.
3. *Le Jugement de Paris* (foire Saint-Laurent), 1718, t. III, scène VII, p. 85.
4. Tome VIII (foire Saint-Germain, 1726), scène VII, p. 16.
5. Tome V (foire Saint-Germain, 1722), scène II, p. 77.
6. Tome V (1722), scène II, p. 371.
7. Tome VIII (foire Saint-Laurent, 1724), scène II, p. 193.

8. Tome VIII (Prologue, foire Saint-Laurent, 1730), scène I.
9. Tome VII (foire Saint-Germain, 1730), sc. X et XI, p. 423, 424.
10. Tome VII (foire Saint-Laurent, 1729), scène IV, p. 130, et scène XI, p. 152. L'air chanté par le Grand Prêtre est de Gillier.
11. *Ibid.*, scène X, p. 150.
12. *Loco cit.*, scène III, p. 80.
13. Tome VII (foire Saint-Laurent, 1728), scène XIII, p. 41. Tous les airs sont de Gillier.

elle donnait des représentations en français[1]. Par là, elle liait sa cause à celle de la Comédie française contre la Foire. On s'en aperçoit bien dans la *Querelle des Théâtres*, où les deux Comédies, la française et l'italienne, attaquent les Forains que défend l'Opéra, sous les traits « d'un grand monsieur de bonne mine qui chante à tort et à travers tout ce qui lui vient à l'esprit ». Supprimé en 1719, l'Opéra-comique renaissait en 1722, toujours aussi vivace, toujours aussi mordant, évoluant sans cesse en perfectionnant ses moyens d'action[2].

Ce serait ici l'occasion de dire quelques mots des *parodies d'opéras*, car ces parodies rentrent tout à fait dans le cadre et dans l'esthétique de l'Opéra-comique.

L'Opéra apporte, en effet, un sérieux appoint au répertoire de l'Opéra-comique, en lui fournissant une inépuisable moisson de parodies[3]. Nous trouvons la parodie d'opéra bien et dûment instituée dès la fin du XVII⁰ siècle, et elle se prolonge à travers le théâtre de Favart, où elle occupe une place prépondérante.

Il y avait, comme on l'a vu, deux manières de parodier un opéra. La première, la plus répandue, consistait à utiliser un certain nombre d'airs de cet opéra, en leur ajustant des paroles nouvelles[4]. L'autre manière, beaucoup moins usitée, consistait à garder les paroles et à changer la musique; elle ne fut pratiquée que plus tard, et correspond un peu à la signification moderne. C'est alors à la musique et non aux paroles, qu'incombe le rôle de déformer, de caricaturer l'ouvrage primitif.

La plupart des opéras furent parodiés. Dans ces parodies, on introduisait des allusions aux événements contemporains, et l'actualité s'y taillait une large place. Nous avons constaté que, dès 1692, Dufresny parodie l'*Armide* de Lulli. On jugera du nombre de ces parodies d'après la liste suivante, relative aux seuls ouvrages de Lulli : *Alceste* a été parodiée trois fois; *Thésée*, deux fois; *Atys*, sept fois; *Isis*, deux fois; *Bellérophon* et *Proserpine*, chacun une fois; *Persée*, quatre fois; *Phaéton*, quatre fois; *Amadis* et *Roland*, chacun cinq fois.

L'*Hésione* de Campra fut parodiée, et aussi l'*Omphale* de Destouches[5]. Les *Éléments* de Destouches et Lalande devinrent, en 1725, sous la plume de Fuzelier, *Momus exilé ou les Terreurs paniques*, puis le *Chaos*, musique de Mouret.

A partir de la deuxième moitié du XVIII⁰ siècle, lorsque Favart s'occupe activement de l'Opéra-comique, les parodies se multiplient[6]. Le *Pygmalion* de Rameau devient *Briochê ou l'Origine des marionnettes* (1753); *Castor et Pollux* se transforment en *les Jumeaux*. *Dardanus* fut parodié à la Comédie italienne (14 janvier 1740); les *Indes galantes* devinrent les *Amours des Indes* à l'Opéra-Comique, et les *Indes*

chantantes à la Comédie italienne. En 1743, on en fit le *Ballet des Dindons*, et Favart les transforma en *Indes dansantes* (1751). Les *Fêtes d'Hébé* donnent lieu aussi à un grand nombre de parodies, d'abord en 1739, aux *Talens comiques* à la foire Saint-Laurent, puis à l'*Amour impromptu* de Favart (1747), etc. Tous les auteurs à succès y passent, et Mondonville, Gluck, Sacchini et Salieri virent leurs ouvrages ainsi caricaturés.

En 1732, l'Opéra-comique a la bonne fortune de s'attacher Favart, qui vient compléter et consolider l'œuvre entreprise par les artistes dont nous avons examiné sommairement les productions scéniques. Mais, à vrai dire, « la situation ne change pour ainsi dire pas; l'opéra-comique est toujours composé d'une majorité d'airs connus auxquels s'adjoignent peu à peu quelques pages musicales de compositeurs contemporains[7] ». Favart porte au directeur Pontau ses premières œuvres[8] : *les Jumelles* (1734), l'*Enlèvement précipité* (1735), *la Pièce sans titre* (1737), etc., dont la représentation précède aux foires celle de son chef-d'œuvre la *Chercheuse d'esprit* (20 février 1741).

Le succès de la *Chercheuse d'esprit* fut triomphal, et se traduisit par une série ininterrompue de deux cents représentations. Cette pièce faisait largement appel au système des timbres et des vaudevilles et n'accueillait qu'un fort petit nombre d'airs originaux. Elle empruntait à l'Opéra l'air « Quel désespoir! » (Musette de Rameau) et un air de l'*Amadis* de Lulli; au vaudeville, « Quand la bergère vient des champs, » « Rossignolet du vert bocage; » à l'art populaire, des onomatopées telles que « O riguingué, o lon la, » « Tarare ponpon, » etc.[9].

Lorsque Jean Monnet remplaça Pontau, en 1743, il engagea Favart à faire office de régisseur, moyennant 2.000 livres par an. Monnet avait monté son théâtre sur un pied luxueux, demandant des peintures à Boucher et enrôlant un orchestre de dix-huit musiciens dirigés par Blaise et Boismortier, dont six violons, deux cors, quatre basses, deux bassons, un hautbois et une flûte[10]. Ajoutez à cela que les parodies écrites par Favart remportaient un succès étonnant; aussi, le public désertait-il la Comédies pour courir à l'Opéra-comique, plus florissant et plus achalandé que jamais. Jugeant cette concurrence par trop redoutable, les Italiens et les Comédiens français obtinrent encore une fois la suppression des spectacles forains. Ce fut chose faite en juin 1745, à la fin de la foire Saint-Germain[11].

Six ans plus tard, en 1751, la ville rétablissait l'Opéra-comique et en vendait le privilège à Monnet pour une durée de six ans[12]. Monnet rouvrait ce théâtre, le 3 février 1752.

Il nous faut nous arrêter un peu sur le talent de Favart, qui, de 1732 à 1752, porta à la perfection la

---

1. Voir E. Solié, *Histoire du théâtre royal de l'Opéra-comique*, et Albert, loco cit., p. 98, 99 et suiv.

2. Les Forains, en 1719, étaient redevenus danseurs de cordes; ils se mirent à montrer des marionnettes. Lesage, dans une comédie en vaudevilles intitulée Histoire de l'*Opéra-Comique, ou les Métamorphoses de la Foire* (1736), avait retracé le tableau des transformations de la Foire, depuis la parade originaire jusqu'à la *pièce mixte* en prose et vaudeville. Cf. Font, loco cit., p. 105.

3. On trouvera des documents sur la parodie d'opéra dans les *Parodies du nouveau Théâtre Italien*, 2⁰ édition, 1738. Cf. Recueil de la *Société Internationale de musique*, août 1907, compte rendu d'une communication faite à la section de Berlin par Mᶦˡᵉ Amélie Arnheim, p. 300-301.

4. Le mot « parodier » veut dire « mettre sur d'autres paroles, changer de paroles ».

5. L'*Omphale* de Destouches devint, successivement, Hercule filant,

6. La Correspondance littéraire de Grimm fournit d'abondants renseignements sur les parodies de la seconde moitié du XVIII⁰ siècle.

7. J. Tiersot, *Histoire de la chanson populaire*, p. 513.

8. M. Font, dans l'ouvrage que nous citons, a donné une liste très complète des œuvres composant le théâtre de Favart depuis 1732 jusqu'en 1779 (Voir p. 337 à 351).

9. J. Tiersot, loco cit., p. 516, 517.

10. *Mémoires*, de Monnet, t. I, ch. VII (carton AA des papiers de Favart, à l'Opéra, cité par M. Font, loco cit., p. 124, en note). A l'orchestre, était attaché un copiste de musique.

11. Voir, sur tous les détails de cette suppression, l'introduction de la réédition des *Mémoires* de Monnet par H. d'Alméras, p. 26 et suiv.

12. J. Bonnassies, les *Spectacles forains et la Comédie française*, p. 51. Monnet payait 12.000 livres pour les trois premières années, et 15.000 livres pour les trois dernières.

comédie-vaudeville, et examiner de quelle façon il traitait ce genre.

La pièce s'ouvre par une exposition rapide et claire; puis, vient une intrigue solidement nouée, ne se dispersant jamais, et mettant en scène des personnages à la fois villageois et ingénus, et dont la seule raison d'être consiste dans le plaisir qu'ils se donnent. Ces personnages sont, par définition, des amoureux, mais l'amour qui les possède n'a rien de l'amour-passion et n'entraîne jamais d'incorrectes catastrophes; il est un prétexte à dissertations galantes et fardées, à équivoques tracées d'une main légère et qui n'insiste pas.

Ces personnages chantent des couplets habilement répartis dans le dialogue, couplets qui occupent une place prépondérante, et qui interviennent toutes les fois qu'un sentiment se fait jour, ou que la situation frise l'équivoque. Nous voilà donc assez près de l'o-péra-comique.

L'œuvre de Favart ne comprend pas moins de huit cents fredons; dans cet énorme répertoire, Favart pratique le plus judicieux des choix, et s'entend à merveille à approprier les timbres aux situations et à la condition des personnages. S'agit-il d'un paysan balourd, on chantera (le Coq de village, 1743), sur un timbre très expressif, très caractéristique, d'une allure embarrassée : « Mon berger, je ne puis sans vous » :

Voyez comme ces blanches appuyées sont pesantes[1]. S'agit-il, au contraire, de rendre la vivacité du caquet d'une commère, ou bien de traduire une querelle de ménage, Favart choisira des timbres plus agités, à figuration plus leste et plus diversifiée, en même temps que le vers se raccourcira, entre-choquant ses rimes en un amusant tintamarre. Voici un exemple de ces fredons alertes. Il est tiré des Bateliers de Saint-Cloud (1743) :

chante Mme Thomas, en querellant son mari. L'accumulation des croches répétées à la tonique et à la sous-dominante, qui fournissent deux intonations à la colère de la mégère, est d'un effet excellent. Aussi, Parfaict peut-il dire avec raison : « Le choix des airs dans les pièces où on fait usage du vaudeville est un des endroits par lesquels M. Favart s'est principalement distingué[2]. » Amenée à ce point par Favart, la comédie vaudeville préparait le terrain pour une nouvelle forme lyrique. Elle avait affiné l'éducation du public, rendu, désormais, apte à apprécier un genre de ton plus relevé; ses progrès ouvraient sa succession. Ce fut l'opéra-comique qui la recueillit.

Justement, et comme à point donné, un événement musical venait révolutionner Paris et allait, sinon déterminer, du moins hâter la substitution des ariettes aux vaudevilles. Le 4 octobre 1746, la Comédie italienne représentait la Serva padrona de Pergolèse; bien que le grand public ne fût pas préparé, cette représentation causa dans le monde de la critique une sensation considérable, et lorsque l'Opéra voulut reprendre, six ans après, un opéra de Destouches, Omphale, Grimm publia son premier pamphlet contre la musique française. Ainsi naissait et se propageait une grande agitation, pendant laquelle l'Opéra s'avisa de mander la troupe italienne de Bambini et de la faire débuter, le 1er août 1752, par la fameuse Serva padrona. Cette fois, le public alla d'un seul élan à cette musique si simple et si pure, et, pendant les vingt mois que dura leur séjour, les Bouffons italiens ajoutèrent à l'œuvre de Pergolèse le Giocatore d'Au-letta et divers auteurs, parmi lesquels il conviendrait, selon Mlle G. Calmus, de compter Leonardo Vinci[3], la Finta Cameriera de Latilla, la Scaltra Go-vernatrice de Cocchi, le Cinese rimpatriato de Selletti, la Zingara de Rinaldo da Capua, le Bertoldo in Corte de Ciampi, etc.

Tout Paris, raconte Rousseau, se divisa en deux partis, plus échauffés « que s'il se fût agi d'une affaire d'État ou de religion ». C'est ce qu'on a appelé la Guerre des Bouffons ou Guerre des Coins, parce que les partisans de la musique française se tenaient sous la loge du roi, tandis que les défenseurs de la musique italienne se rassemblaient sous celle de la reine[4].

Ces opéras bouffons, que la troupe de Cosimi venait de révéler au public parisien, étaient pleins d'ariettes,

1. Cf. Font, loco cit., p. 233.
2. Parfaict, Dictionnaire des Théâtres, VI, p. 69 et suiv.
3. Zeitschrift de l'I. M. G., mai 1893, p. 257, 258.
4. Sur la Querelle des Bouffons, on consultera à la Bibliothèque nationale le Recueil de Mémoires coté Z 334, Réserve. — Nous avons étudié l'histoire et l'esthétique des Bouffons dans une série d'articles publiés dans la S. I. M. (juin-juillet 1912) et ensuite, en tirage à part, sous le titre de la Grande Saison italienne de 1752; les Bouffons.

c'est-à-dire d'airs gais, vifs et courts, que J.-J. Rousseau, dans sa *Lettre sur la Musique française*, déclarait inapplicables à notre langue; et bien haut, il proclamait, en guise de conclusion, que, non seulement les Français n'ont pas de musique, mais encore qu'ils n'en peuvent pas avoir.

On essaya, cependant, de les imiter, et J.-J. Rousseau tout le premier s'y appliqua. Après le départ des Bouffons, Favart se mit à traduire les pièces italiennes dont le succès s'était affirmé si décisif. Avec sa femme, il engagea Beaurans à transporter en français la *Serra padrona*, et nous eûmes ainsi la *Servante maîtresse*. Mais l'astucieux Monnet allait faire mieux : il allait jouer un tour aux partisans des Bouffons et, du même coup, démontrer l'inanité des pronostics de Rousseau à l'endroit de la musique française.

Il s'aboucha avec Dauvergne et Vadé, qui, en moins de quinze jours, mirent sur pied un ouvrage destiné à confondre les Bouffonnistes. C'est ainsi que les *Troqueurs* furent joués, le 30 juillet 1753. Monnet avait pris soin de dissimuler le véritable auteur de la pièce, qu'il annonçait comme l'œuvre d'un musicien italien résidant à Vienne. Les Bouffonnistes les plus déterminés l'ayant applaudie, Monnet se donna le malin plaisir de dévoiler sa supercherie[1].

En fait, la partition des *Troqueurs* ressemble beaucoup aux opéras-bouffes italiens, dont elle s'inspire manifestement; mais elle s'éloigne du genre *pasticcio* parce qu'elle contient plus de musique originale que de musique empruntée. Les *Troqueurs* marquent une date importante dans l'histoire de l'opéra-comique : « Pour la première fois en France, écrit M. Font, un poète avait écrit un livret d'opéra-comique, et un compositeur une partition[2]. »

Antoine Dauvergne[3] était fils d'un joueur d'instruments du nom de Jacques Dauvergne, et naquit à Moulins, le 3 octobre 1713. Peut-être fut-il premier violon du concert de Clermont-en-Auvergne, mais il résida certainement dans cette ville, puis il entra, vers 1740, à la musique de la chambre[4], et, quelque temps après (1744), à l'Opéra. En 1732, il avait donné son premier ouvrage dramatique, les *Amours de Tempé*, paroles de Cahusac; mais, dégoûté par les tracasseries qu'il subissait à l'Opéra, il entra en relations avec Monnet, directeur de l'Opéra-comique, et composa les *Troqueurs* pour ce théâtre. Possesseur de la moitié de la charge de compositeur de la chambre du roi sur la démission de François Rebel, et survivancier de ce dernier pour la charge de maître de musique de la chambre (1755)[5], Dauvergne quitte l'Académie royale. Il cherche à remettre en musique d'anciens opéras et, à l'instigation du comte d'Argenson, procède de la sorte à une réfection d'*Enée et Lavinie*, qui a du succès (1758)[6]. Avec Joliveau et Caperan, il prend l'entreprise du Concert spirituel pour 9 ans, puis en 1762, compose des *Motets* pour ce Concert et y bat la mesure[7]. Choisi, en 1763, par Mesdames comme maître de composition, il obtient, l'année suivante, la survivance de la charge de surin-

tendant de la musique du roi, veut prendre l'Opéra en 1766, de concert avec Joliveau, mais se laisse supplanter par Trial et Berton. Dauvergne devait occuper à trois reprises successives le poste de directeur de l'Académie de musique : 1° de 1769 à 1776; 2° de 1780 à 1782; 3° de 1786 à 1790. En 1771, il reprit le Concert spirituel, en même temps qu'il faisait le service de surintendant de la musique du roi[8]. Au commencement de la Révolution il se retira à Lyon et mourut dans cette ville, le 23 pluviôse an V.

*Outre sa musique instrumentale et ses *Motets*[9], Dauvergne a remis en musique un grand nombre d'opéras. Citons, avec *Enée et Lavinie* (1758), *Canente* (1760), *Alphée et Aréthuse* (1762), *la Vénitienne* (1768), *Callirhoé* (1773)[10]. De plus, il composa quelques pièces nouvelles : les *Fêtes d'Euterpe*, ballet en quatre actes, avec, comme entrées, *la Sybille*, *la Coquette trompée* (8 août 1758); *Hercule mourant*, tragédie lyrique en trois actes, avec Marmontel (3 avril 1761); *Polyxène* (11 janvier 1763), avec Joliveau; *le Prix de la valeur*, opéra-ballet, avec Joliveau (1ᵉʳ octobre 1771), etc.

La Borde trouve sa musique très bonne et déclare ses chants agréables et souvent d'une grande beauté[11]. Ses fameux *Troqueurs* (30 juillet 1753), sans afficher une originalité aussi éclatante que les historiens de la musique l'ont prétendu, méritent cependant de retenir l'attention. Le duo fameux : « Troquons, troquons, » et l'air de Lubin, « Margot, morbleu, » relèvent tout à fait de l'esthétique des Bouffons italiens. Dans l'ensemble, les *Troqueurs* constituent une œuvre de transition entre la comédie en vaudevilles et ariettes et le futur opéra-comique en ariettes; ils préparent la ruine des vaudevilles et l'avènement des ariettes. C'est un de nos premiers opéras-bouffes.

De son côté, Favart, après avoir traduit les intermèdes italiens, se mettait à les imiter; il les *parodiait*, c'est-à-dire qu'il employait leur musique sur d'autres paroles. De la sorte, *Ninette à la cour* devenait une simple parodie de *Bertolde à la cour* de Ciampi (12 mars 1756), la musique du maestro italien passant presque tout entière dans l'opéra-comique français.

Mais les parodies n'empêchaient pas les traductions de persister, et les triomphes remportés par Mᵐᵉ Favart à la Comédie italienne devaient encourager ce théâtre et, en même temps, l'Opéra-comique, à persévérer dans la voie où tous deux s'étaient engagés à la suite des Bouffons. C'est ainsi qu'on donna, à la Comédie italienne, *le Maître de Musique* (31 mai 1755), d'après celui de Pergolèse, et que les deux théâtres représentaient, chacun la même année, une traduction de la *Zingara* (*la Bohémienne*); puis vinrent *il Paratajo* (sous le nom de la *Pipée* (19 janvier 1756), et *il Cinese* (*le Chinois*) de Selletti, déjà joué depuis 1754[12].

Là, *le Diable à quatre* (19 août 1756) allait aux nues; le livret en était de Sedaine; quant à la musique, elle se composait d'un entassement d'airs connus, parmi lesquels l'ancien et célèbre *Rossignolet du bois*, et d'airs nouveaux, ariettes parodiées et empruntées

---

1. *Mémoires* de J. Monnet, II, p. 68-73.

2. A. Font, loco cit., p. 264. Sur les *Troqueurs*, voir plus loin.

3. Sur Dauvergne, voir La Borde, *Essai sur la Musique*, III, p. 378 et suiv. — Le Bas, *Dictionnaire encyclopédique de la France*. — Nérée Desarbres, *Deux Siècles à l'Opéra* (1868), p. 25. — Campardon, *l'Académie royale de musique au dix-huitième siècle*, I, p. 182 et suiv. — A. Pougin, *Monsigny et son temps* (*Ménestrel*, 23 mars 1907). — Du Roure de Paulin, *la Vie et les œuvres d'Antoine Dauvergne* (1911). — L. de la Laurencie, *Deux imitateurs français des Bouffons, Blavet et Dauvergne* (*Année musicale*, 1912). Consulter aussi les *Mémoires* de Bachaumont, tomes I, III, IV, VI, VII, XIII, XV, XVI (addition), XX, XXIV (add.) et XXVIII; et Grimm, *Correspondance littéraire*, tomes III, IV, V, VI, VIII.

4. C'est ce qui résulte de la lettre du 27 juin 1786 à M. de La Ferté.

5. O¹, 99 (Arch. nat.).

6. Voir Grimm, III, 500, et VIII, 210.

7. M. Brenet, *les Concerts en France sous l'ancien régime*, p. 281.

8. Il avait été nommé survivancier de Francœur, le 25 décembre 1764. O¹, 673.

9. Voir la troisième partie de cette étude.

10. Grimm trouve ses réfections très faibles.

11. La Borde, *Essai*, III, 382.

12. Voir A. Pougin, *Duni et les commencements de l'Opéra-comique* (*Ménestrel*, 1879-1880), et *Monsigny et son temps* (*Ménestrel*, mai 1907).

par Beaurans aux intermèdes italiens, travail que Philidor allait remanier plus tard, en harmonisant et en orchestrant les petites mélodies choisies par le traducteur de la Serva padrona[1]. A partir de 1757, le goût que l'on avait manifesté pour les traductions s'émousse; on demande autre chose, et les directeurs se mettent à rechercher des musiciens susceptibles d'imaginer de nouvelles pièces à ariettes. En raison du monopole de l'Opéra, qui s'opposait à ce qu'un autre théâtre représentât des œuvres chantées d'un bout à l'autre, toutes ces pièces comportaient l'alternance du parlé et du chanté. La forme de pièce à ariettes, conservée par l'Opéra-comique, résulte donc, en grande partie, des nécessités que l'Opéra, d'une part, et la Comédie française, de l'autre, imposèrent aux théâtres forains.

II. — L'opéra-comique de Duni à Dalayrac.

Les opéras-comiques dont nous venons de parcourir rapidement l'histoire présentent, jusqu'ici, le caractère de pièces à vaudevilles et à ariettes, c'est-à-dire que leur musique utilise à la fois des timbres d'origine populaire ou empruntés à l'opéra, et des ariettes, petits airs composés spécialement à leur intention. Nous entrons maintenant dans la seconde période de l'existence de l'opéra-comique, période au cours de laquelle chaque pièce ne recevra que de la musique originale et directement appropriée aux paroles. C'est donc la période qui voit disparaître le régime des vaudevilles.

Disons de suite que ce régime ne disparaît pas tout d'un coup, mais qu'il se prolonge, au contraire, assez longtemps, et que Favart lui-même, dans une lettre au comte Durazzo, prend soin de signaler l'attachement que le public lui conserve : « Le chant simple et naturel des vaudevilles, écrit-il à propos d'Annette et Lubin, semble ramener le public à l'ancien goût de l'opéra-comique. Les ariettes ne paraissent presque rien, en comparaison[2]. »

Cette pièce d'Annette et Lubin apporte, précisément, un excellent exemple de la persistance des vaudevilles dans l'opéra-comique. La gracieuse Mme Favart lui avait donné sa collaboration, ainsi qu'en témoigne le titre : Annette et Lubin, comédie en un acte en vers par M Favart, mêlée d'ariettes et de vaudevilles dont les accompagnements sont de M. Blaise (1762). Les personnages sont du plus pur opéra-comique; il y a un bailli, un seigneur, des bergers. Blaise, basson à la Comédie italienne, a bien signé quelques airs, mais la majeure partie de la musique se compose de vaudevilles et de morceaux d'opéras français et italiens. C'est ainsi que l'air « Ma chère Annette » porte un timbre italien. On y trouve, en quantité, des mélodies populaires parodiées, c'est-à-dire changées de paroles, comme « Quand la bergère vient des champs », ou la fameuse complainte d'amour la Pernette. J.-J. Rousseau a été également mis à contribution, et Annette lui emprunte l'air « Dans ma cabane obscure » du Devin du village[3].

Il appartenait à Duni[4] d'écrire vraiment des opéras-comiques sur des paroles françaises. Déjà, avec son arrangement d'intermède italien, Ninette à la cour, Duni s'était fait connaître et apprécier du public parisien, alors tout entier à l'opera buffa et porté à ne donner son approbation qu'à la formule révélée par Pergolèse. Dorénavant, l'opéra-comique allait vivre d'une vie propre, préciser et confirmer son genre, chercher à se caractériser. En même temps, par les tendances qu'il affichait, par son attention à approcher du naturel, de la simplicité et de l'émotion sincère, par le cachet bourgeois et familier qu'il imprimait à son action, l'opéra-comique préludait, en quelque sorte, à la réforme de l'opéra français.

Egidio-Romoaldo Duni naquit dans le royaume de Naples, le 9 février 1709, à Matera, où son père était maître de musique. A l'âge de neuf ans, Egidio s'en fut à Naples, afin d'y perfectionner son éducation musicale auprès du fameux Durante, alors au Conservatoire de la Madonna di Loreta. Appelé à Rome, après ses études, il y compose son opéra de Néron, qui l'emporte sur l'Olympiade de Pergolèse, puis écrit à Naples un Artaserse qui lui vaut de grands succès, et traverse la France, en 1743, pour se rendre à Londres. L'infant Don Philippe de Parme lui confie l'éducation de sa fille Isabelle, et c'est dans la cour toute française de ce prince, que Duni met au jour Ninette à la cour; quelque temps après, il revenait en France, et faisait jouer le Peintre amoureux de son modèle à la foire Saint-Laurent (1757)[5].

L'accueil qu'il reçut alors du public le décida à se fixer définitivement à Paris, où deux excellents librettistes, Favart et Anseaume, se mettaient à sa disposition. Le 13 février 1758, il donne à l'Opéra-comique une pièce en un acte, le Docteur Sangrado, puis aborde la scène plus importante de la Comédie-italienne avec la Fille mal gardée, dont Favart et l'abbé de l'Attaignant lui avaient fourni les paroles (4 mars 1758). Mme Favart s'était chargée du rôle principal; pièce et interprètes furent très applaudis.

Signalons ici la part prise par Gluck au développement de l'opéra-comique français. On peut, en effet, considérer l'auteur d'Alceste comme un précurseur de Monsigny, de Philidor et de Grétry. Dès 1755 et 1756, Gluck fait représenter à Vienne des opéras-comiques écrits sur des paroles françaises, les Amours champêtres, le Chinois poli en France et le Déguisement pastoral[6]. Durant le carnaval de 1758, c'est-à-dire seulement un an, environ, après la Fille mal gardée de Duni, il donne la Fausse Esclave, bientôt suivie de l'Ile de Merlin (octobre 1758).

Dans cette dernière pièce, on le voit introduire, sous forme d'airs de danse, dont certains revêtent un caractère tchèque bien marqué, de nombreux éléments populaires. Ainsi, le Procureur chante une

---

1. J. Tiersot, Histoire de la chanson populaire en France, p. 521. Voir aussi Spectacles de Paris, 1757, p. 102.
2. A. Font, loco cit., p. 277 (Correspondance de Favart, I, p. 242).
3. J. Tiersot, Histoire de la chanson populaire en France, p. 519, 520.
4. Sur Duni, on consultera : Grétry, Essais sur la Musique, I, 425 — Villarosa, Memorie dei compositori di musica del regno di Napoli — Eitner, Quellen Lexikon, III, 274. — Eloge de Duni dans le Nécrologe des Hommes célèbres de France, 1776. — Les travaux de M. Francesco Florimo (Cenni storici sulla Scuola musicale di Napoli) et les

articles de M. A. Pougin dans le Ménestrel (1879-1880), Duni et les commencements de l'Opéra-comique. — Biedenfeld (Die komische Oper) en dit quelques mots, p. 27, 28. — Voir aussi la Correspondance littéraire de Grimm, tomes V, VI, VII, VIII, IX.
5. D'après Contant d'Orville, la pièce de Duni ne serait que la traduction d'un intermède italien; mais Desboulmiers (Histoire de l'Opéra-comique, II, 82, 83) l'indique bien comme appartenant en propre à Duni. Il y a encore des airs de vaudeville dans le Peintre amoureux de son modèle. Le Peintre amoureux de son modèle fut joué à la foire Saint-Laurent pendant l'hiver 1757-1758. Grimm se fonde sur le succès remporté par cette petite pièce pour parier en guerre contre le répertoire de l'Opéra (Corr. litt., III, p. 500-501).
6. Voir la première partie de ce travail, et consultez J. Tiersot, Soixante ans de la vie de Gluck, chap. vi, Gluck compositeur d'opéras-comiques français (Ménestrel, 6 juin 1908 et nos suivants).

« polka[1] ». De même, la *Rencontre imprévue* de 1769 contient un air franchement tzigane dont nous citons une partie du thème, d'après M. Tiersot[2] :

L'*Arbre enchanté* témoigne aussi d'emprunts faits par le musicien à l'art de son pays natal, et, en comparant la romance « Si votre flamme est trahie, » du *Cadi dupé* (1761), que Monsigny et Gluck traitèrent simultanément, à celle du compositeur français, M. Tiersot n'a pas eu de peine à faire ressortir la supériorité de Gluck, au point de vue du naturel et de la justesse d'expression[3].

Il convient ici d'ouvrir une parenthèse, et d'indiquer, en quelques mots, la situation respective de l'Opéra-comique et de la Comédie italienne depuis la crise de 1745.

Nous avons vu plus haut que Jean Monnet avait obtenu, en 1751, la résurrection de son théâtre et la paix avec les *I*taliens. Favart écrivait à ce propos : « Enfin! voilà le sort de l'Opéra-comique décidé; la réunion aura son plein et entier effet au 1ᵉʳ février prochain. Plus d'opéra-comique aux foires, mais sur le Théâtre italien, pendant toute l'année, à l'exception de la semaine de la Passion, dans le cours de laquelle on représentera comme à l'ordinaire, sur le théâtre de l'Opéra-comique à la foire Saint-Germain, nos petits opéras bouffons, pour l'intérêt des pauvres et l'édification des badauds. »

Jusqu'en 1762, la Foire et les *I*taliens restèrent ainsi séparés; à force d'intrigues, la Comédie italienne parvint à fusionner avec l'Opéra-comique, désireuse qu'elle était d'en recueillir la troupe et le répertoire (12 janvier 1762)[4]; mais ce fut elle qui, en définitive, s'absorba dans l'établissement rival. Des vacances se produisaient-elles parmi les comédiens italiens, on les comblait au moyen d'artistes français. En 1783, la Comédie italienne abandonnait la salle de la rue Mauconseil pour la salle Favart, et sept ans plus tard, elle quittait son nom pour adopter celui d'Opéra-comique.

Après la *Fille mal gardée*, Duni fit applaudir *Nina et Lindor ou les Caprices du cœur* (9 septembre 1758), puis la *Veuve indécise* (1759). Jalouse du succès que l'heureux auteur ne cessait d'attirer sur l'Opéra-comique, la Comédie italienne imagine de se l'attacher, et lui propose l'emploi de « Directeur » de sa musique. Duni accepte, et passe à la maison rivale, où il donne l'*Isle des Fous* (29 décembre 1760), et où il procède à un arrangement de la *Buona Figliola* de Piccinni, sous le titre de la *Cecchina ou la Bonne Fille* (8 juin 1761), arrangement dont la presse enregistre le demi-échec.

Pendant deux ans, et jusqu'aux *Deux Chasseurs et la Laitière* (21 juillet 1763), dont le succès fut triomphal, Duni semble expier sa défection par des échecs persistants. Mais la chance tourne à nouveau, et l'*École de la jeunesse* (24 janvier 1765), la *Fée Urgèle* (4 décembre 1765) et les *Moissonneurs* (27 janvier 1768) mettent le sceau à la réputation du musicien.

Lorsque Duni composa ses premiers opéras-comiques, aucun modèle ne s'offrait à lui, puisque ni Philidor ni Monsigny n'avaient encore pris la plume. Son mérite de créateur paraît donc incontestable. Dans la *Fille mal gardée*, dans *Nina et Lindor*, il remplace les vaudevilles d'antan par des ariettes peut-être un peu terre à terre et bourgeoises, mais, néanmoins, d'une grâce aimable. Cet *I*talien possède à merveille les règles de notre prosodie, et sa verve mélodique semble inépuisable[5]. De plus, sous la main de Favart, l'opéra-comique se resserre dans son action, tout en s'élevant dans sa condition. Il s'établit définitivement, sous des couleurs franchement bourgeoises, répudiant la mythologie et le personnage « antique » qui végétait à l'Opéra, pour exprimer la vie réelle et un pathétique moins pompeux. Mais, de ce côté, Favart réalise des progrès considérables, par rapport au théâtre de Lesage et d'Orneval. L'*École de la jeunesse*, la *Fée Urgèle*, les *Moissonneurs*, s'animent d'un véritable sentiment dramatique et ne ressemblent point aux pièces de l'ancien répertoire de la Foire. Favart se montre vraiment maître de son art dans la *Fée Urgèle;* il est presque poète dans les *Moissonneurs*[6], s'occupe à fortifier l'intrigue, à éliminer les personnages inutiles et à concentrer l'attention. Son musicien le seconde excellemment, car Duni triomphe dans le pathétique tendre, et sa mélodie a de petites inflexions naïves qui charment; l'ariette de Marton dans la *Fée Urgèle* : « Non, non, je ne puis me défendre, » est d'un sentiment parfait. En outre, le comique musical commence à se dessiner. Voyez, dans cette même pièce, le rôle plein de drôlerie de Lahire. Étroite adaptation de la musique aux paroles, bariolage des timbres instrumentaux, Duni connaît tout cela, encore que son orchestration s'avère assez pauvre, en dépit de l'influence que Philidor, déjà célèbre, exerce sur lui à partir de l'*École de la jeunesse*[7].

Les deux dernières pièces de Duni furent les *Sabots*, pastorale en un acte dont Sedaine avait fourni le livret, et *Thémire*, représentées, la première le 26 oc-

1. Cf. Tiersot, loco cit. (*Ménestrel*, 13 juin 1908). M. Tiersot a même constaté une amusante analogie entre l'air d'Argentine et le début de certains refrains de la *Fille de Mᵐᵉ Angot*, de Lecocq.

2. *Ménestrel*, 25 juillet 1908, p. 234.

3. *Ibid.*, 18 juillet 1908.

4. On lira dans les articles publiés par M. Pougin dans le *Ménestrel* (18 et 25 mai 1907) le récit des intrigues qui se produisirent à ce propos.

5. « Un des moindres mérites de M. Duni, lit-on dans la *Correspondance littéraire* d'août 1761, c'est que, quoique étranger et parlant fort mal le français, il ne lui arrive jamais de violer dans sa musique la

prosodie française, que tous nos musiciens du pays, depuis le grand Rameau jusqu'au petit Boismortier, ont si impitoyablement estropiée dans leurs ouvrages. » (*Corr. litt.*, IV, p. 456, 457.)

6. Sur le grand succès remporté par les *Moissonneurs*, au Théâtre italien, voir : A. Marandet, *Manuscrits inédits de la famille Favart* (Bulletin de la Société de l'*Histoire du Théâtre*, avril-juin 1913.)

7. Quoique Grimm trouve la musique de la *Fée Urgèle* « d'un style un peu vieux et faible », il lui reconnaît néanmoins de la finesse, du charme, de la grâce et de la vérité, et la propose en exemple à nos compositeurs nationaux. (*Loco cit.*, VI, p. 401.)

tobre 1768, la seconde le 26 novembre 1770. A l'occasion des *Sabots*, Grimm disait : « Il y a longtemps que je crie à mon pauvre ami Duni : *Solve senescentem*. Il devrait se reposer et renoncer au métier, et céder la carrière à Philidor et à Grétry[1]. » Duni mourut le 11 juin 1775, âgé de 66 ans, et fut enterré dans le cimetière de l'église Saint-Laurent.

Avec François-André Danican Philidor[2], nous touchons à un art beaucoup plus ferme, beaucoup plus solide que celui de Duni. Né à Dreux le 7 septembre 1726, André Philidor descendait d'une véritable dynastie de musiciens, dont le chef, Michel Danican, d'origine dauphinoise, fut hautboïste de Louis XIII[3].

André, admis tout enfant à la chapelle royale, fit ses études musicales sous la direction de Campra, et montra de très bonne heure aussi les étonnantes dispositions pour le jeu d'échecs qui allaient ajouter à son renom de musicien une célébrité universelle. Toute sa jeunesse est consacrée à des voyages en Hollande, en Angleterre, à Aix-la-Chapelle, où, en 1748, il rédige la fameuse *Analyse du jeu d'échecs*, et à Berlin, où l'appelle le grand Frédéric, intrigué par sa réputation de virtuose de l'échiquier.

En Angleterre, Philidor avait entendu les *Oratorios* d'Haendel et s'était familiarisé avec le style et l'instrumentation de ce maître. A peine de retour en France (novembre 1754), il compose des *Motets à grand chœur*, reflets des puissantes compositions de l'auteur du *Messie*. Philidor ne se contentait pas de faire de la musique et de jouer aux échecs ; il tenait encore un fonds de mercerie rue du Four-Saint-Germain ; car il s'intitule « marchand mercier » sur son acte de mariage, le 13 février 1760[4].

On lui avait demandé quelques airs pour les *Pèlerins de la Mecque* à l'Opéra-Comique. Il donne successivement *Blaise le Savetier* (9 mars 1759), le *Jardinier et son Seigneur* (1761), *le Maréchal ferrant* (22 août 1764), *Sancho Pança dans son isle* (2 juillet 1762), *le Bûcheron ou les trois-souhaits* (28 février 1763), *le Sorcier* (2 janvier 1764), *Tom Jones* (27 février 1765), puis, il se lance à l'Opéra avec son *Ernelinde* (29 novembre 1767), et revient à la Comédie italienne avec *le Jardinier de Sidon* (18 juillet 1768), *le Jardinier supposé* (2 septembre 1769), *la Nouvelle École des femmes* (22 janvier 1770), *le Bon Fils* (11 janvier 1773), *Zémire et Mélide* (30 octobre 1773), *les Femmes vengées* (20 mars 1775). De 1775 à 1779, Philidor voyage derechef en Angleterre, et publie à Londres, en 1777, une nouvelle *Analyse du jeu des échecs*. Diderot, dans le *Neveu de Rameau*, l'appelle Philidor le subtil, et le fameux joueur d'échecs gagna, bien malgré lui, une partie contre l'automate du baron de Kempelen.

Après la représentation à Londres de son *Carmen sæculare* (1779), Philidor revient faire entendre cet ouvrage aux Parisiens (concert spirituel du 24 janvier 1780), puis, il donne au petit théâtre du Bois de Boulogne le *Puits d'amour ou les Amours de Pierre le Long et de Blanche Bazu*, joué par des enfants, refait le *Persée* de Lulli, écrit l'*Amitié au village* (31 août 1785) pour la Comédie italienne, puis *Thémistocle* (23 mai 1786). A partir de 1788, Philidor, selon M. Pougin, aurait passé la plus grande partie de son temps à Londres ; en 1789, il compose, dans cette ville, un *Canon à la quinte* que M. Pougin a publié, et meurt de la goutte le 31 août 1795, âgé de 69 ans. Le club des échecs de Londres le comptait parmi ses pensionnaires. Il laissait une œuvre posthume : *Bélisaire*.

Signalons encore, parmi les œuvres de Philidor, deux bluettes qui furent interprétées par des enfants au théâtre des Petits Comédiens du comte de Beaujolais en 1787 et en 1788, *la Belle Esclave* et *le Mari comme il les faudrait tous*.

Au moment où Philidor prend possession de la scène de l'Opéra-comique, c'est-à-dire aux environs de 1760, la comédie musicale subit des modifications importantes. On s'est engoué de la campagne que représentent les décors de Watteau et de Boucher ; de toutes parts, les fêtes champêtres sont à la mode, et les poètes pastoraux sont légion. De plus en plus, sous la poussée des philosophes, on aime la nature, et avec elle une simplicité un peu apprêtée.

Aussi, les héroïnes de Favart, depuis l'Annette d'*Annette et Lubin* jusqu'à la Vieille de la *Fée Urgèle*, la Rosine des *Moissonneurs* et la Lucile du *Jardinier supposé*, se présentent-elles toutes en ingénues sensibles, vertueuses et raisonneuses, « qui aiment à parler de l'amour et ne l'ont jamais ressenti[5] ». Le cadre où elles évoluent est un cadre bourgeois, bon enfant, naturel ; il donne asile aux ordinaires personnages d'opéra-comique, et exige le pittoresque en même temps que le souci de la couleur locale.

De semblables caractères devaient influencer la musique. Celle de Philidor répond à un grand nombre d'entre eux. Lorsqu'on joua *Blaise le Savetier*, la sensation fut grande, avec un peu d'étonnement. Framery, en 1770, disait de Philidor que son premier ouvrage sembla plus extraordinaire qu'agréable[6]. Ce qui distinguait, par-dessus tout, la musique de *Blaise le Savetier* de celle qu'on avait entendue à l'Opéra-comique jusque-là, c'était la force, la qualité scénique, la vigueur et le coloris de l'instrumentation. Le musicien ne s'assujettissait point à donner à ses ariettes la carrure et la physionomie des brunettes à la mode ; il leur imprimait de la personnalité, de la variété. En outre, il maniait aisément les ensembles ; à côté de la jolie romance de Blaisine, « Lorsque tu me faisais l'amour, » un beau quintette manifeste de solides qualités d'écriture[7].

Le trio de la dispute du *Maréchal ferrant* (premier acte), avec son rythme décidé et sa facture serrée, celui du deuxième acte : « Fripon, réponds, » sont de bons exemples de la manière dont Philidor traite les voix. Nous sommes ici très loin de Duni, qui, tout élève de Durante qu'il était, se montrait peu capable d'échafauder un quatuor vocal. Comparez à ses maigres

---

1. *Corr. litt.*, VIII, p. 200.

2. Consulter sur Philidor : La Borde, *Essai sur la Musique*. — Les *Échecs*, poème par l'abbé Roman (1807). — Philidor (1726-1795) (*Bulletin de la Société polymatique de Bordeaux* (1811). — *Philidor peint par lui-même* dans le *Palamède* (*Revue des Echecs* de janvier 1847. — Biedenfeld, *Die komische Oper* (1848). — Comte de Basterot, *Traité élémentaire du Jeu d'échecs* (1853). — E. Thoinan, *les Philidor, généalogie biographique des musiciens de ce nom* (France musicale, décembre 1867-janvier 1868). — Jal, *Dictionnaire critique*, p. 965. — A. Pougin, *André Philidor*, dans la *Chronique musicale*, Paris (1874-1875), t. IV à VIII. — G. Chouquet, *Histoire de la musique dramatique en France* (1873), p. 147. — P. Fromageot, *les Compositeurs de musique versaillais* (1906), p. 23. — Voir aussi les tomes IV, V, VI, VIII, IX, X, XI, XII, XIV de la *Correspondance littéraire* de Grimm.

3. On connaît l'anecdote à laquelle les Philidor seraient redevables de leur nom, Michel Danican ayant fait oublier à Louis XIII son musicien Filidori.

4. Voir, à ce sujet, Jal, *loco cit.*, p. 965.

5. A. Font, *loco cit.*, p. 295.

6. *Journal de musique*, mai 1770.

7. En 1759, Grimm n'avait pas encore trouvé de génie à Philidor. Voici ce qu'il écrivait, à propos de *Blaise le Savetier* : « *Blaise le Savetier* a été mis en musique par M. Philidor, fameux joueur d'échecs. Cette musique est monotone, parce qu'elle manque d'idées. Cet inconvénient est la faute du poète, qui a fourni à son musicien des situations très plaisantes. M. Philidor a, je crois, plus de génie aux échecs qu'en musique. » (*Corr. litt.*, IV, p. 153.)

contre-points, le fameux quatuor des Créanciers du *Bûcheron*, construit en canon; le grand septuor de la même pièce, ou encore le beau quatuor en canon sans accompagnement de *Tom Jones*[1]. Philidor n'appartient pas à la famille de ces petits mélodistes qui,

avec deux violons et une basse, entouraient leurs ariettes d'une légère broderie harmonique. Philidor est de la race des grands musiciens. S'il manifeste une large inspiration, comme dans le récitatif de Mercure du *Bûcheron* (scène III) :

Blai _ se,   ras _ su _ re   toi   Le grand Dieu du ton _

_ner _ re Veut bien touché de la mi _ sè _ re.   Y mettre fin et pour ja _ mais!

s'il n'ignore point le pathétique tendre et pénétrant (romance de Suzette du *Bûcheron* : « Je voudrais bien vous obéir »), il sait pourtant se maintenir dans le cadre, dans l'atmosphère de l'opéra-comique. Point de vaine grandiloquence, point de tintamarre héroïque; Philidor s'entend fort bien à employer le comique, et un comique bonhomme, bon enfant, sans effets de charge. Le *Maréchal ferrant* est rempli, à cet égard, d'intéressants exemples dans l'air de la Bride : « Quand pour le grand voyage »; le « Dindin Dondon », soutenu par les gammes ascendantes du quatuor, imite très drôlement les cloches, et dans le trio bouffe : « Que voulez-vous, Monsieur le Maréchal », Bastien contrefait les braiments de son âne sans tomber dans la farce. Au deuxième acte du *Sorcier*, les lutins répondent aussi d'une façon très comique à l'appel de Jullien. Par ces divers artifices, le musicien rend au genre ce qui est dû au genre.

A côté de ces qualités, et précisément à cause de ces qualités mêmes, le style de Philidor présente quelques défauts : il est parfois lourd, appuyé, compact; la science du musicien l'emporte sur son goût, et quelques-uns de ses ensembles gagneraient à s'alléger.

Le *Sorcier* a suscité nombre de discussions, à propos du plagiat qu'aurait commis Philidor, en y intercalant l'air « Objet de mon amour » de l'*Orphée* de Gluck, dont il corrigeait alors les épreuves. Desnoiresterres, la *Biographie universelle et portative des contemporains* et Berlioz ont lancé l'accusation. M. Pougin s'est chargé de la défense, mais on trouvera peut-être que son plaidoyer n'entraîne pas suffisamment la conviction en l'innocence de son client[2].

Quoi qu'il en soit, Philidor est un maître de l'opéra-comique; également bien doué au point de vue du pathétique et du comique, il possède à un rare degré l'instinct scénique; musicien solide et réfléchi, harmoniste audacieux, il manie habilement l'orchestre et trouve d'intéressants effets d'instrumentation.

Bien que, dans *le Jardinier et son Seigneur*, il se soit encore conformé à l'ancien usage des vaudevilles, il commence à imposer à l'opéra-comique l'unité de composition que nous allons retrouver chez son contemporain Monsigny.

Pierre-Alexandre Monsigny[3] naquit le 17 octobre 1729 à Fauquembergues (Pas-de-Calais) d'une famille originaire de Sardaigne. Elevé au collège des Jésuites de Saint-Omer, il cultiva le violon de très bonne heure, et on prétend que le carillonneur de l'abbaye de Saint-Bertin, à Saint-Omer, fut son premier maître de musique; mais la mort de son père l'obligea à travailler pour sa famille, dont il restait l'unique soutien. Venu à Paris, en octobre 1749, pour y chercher une place, et protégé par M. Couette d'Aubonne[4], il entre dans les bureaux de M. de Saint-Julien, receveur général du clergé, et parvient à faire d'un de ses frères un capitaine au régiment de Beauce. Dix ans s'écoulent alors avant qu'il ne s'essaye au théâtre, après avoir pris des leçons de composition de Gianotti[5].

En 1759, le théâtre de la Foire représentait les *Aveux indiscrets*, pour lesquels il gardait l'anonyme[6]. Il ne consentit à dévoiler son nom qu'en 1762, alors que le succès se fût définitivement attaché à ses ouvrages, mais l'anonymat qu'il gardait était depuis longtemps percé à jour. Nommé maître d'hôtel du duc d'Orléans, Monsigny se trouvait dans une situation aisée, qu'il perdit lorsque la Révolution éclata. Il aurait alors connu la misère sans la pension de 2.400 francs que lui servait l'Opéra-comique. Il remplaça Piccinni en 1800, en qualité d'inspecteur des études au Conservatoire, entra à l'Institut en 1813, après la mort de Grétry, et mourut à Paris le 17 janvier 1817, à l'âge de 88 ans.

Son œuvre, qui reflète un des caractères les plus saillants du XVIIIe siècle, la sensibilité, est d'une extraordinaire richesse mélodique. Grétry en définissait l'auteur : le musicien le plus chantant, le musicien qui chante d'instinct[7].

1. Grimm enregistrait avec joie les sifflets qui avaient accueilli le livret de *Tom Jones* signé de Poinsinet; il se montrait moins inhumain à l'égard de la musique : « Il y a dans la musique de très belles choses, et c'est peut-être, à tout prendre, le meilleur ouvrage de Philidor. » (*Corr. litt.*, VI, p. 219.)

2. Les deux actes du *Sorcier* avaient été écrits par Poinsinet. Cf. la *Biographie Michaud* et la *Biographie universelle*, par Rabbe, Boisjolin et Sainte-Preuve (1830). — Berlioz, *A travers chants*, p. 125 à 127. — J. Tiersot, *Histoire de la chanson populaire*, p. 522. Grimm commençait à modifier ses appréciations sur Philidor. « Le musicien, écrivait-il, a, ce me semble, fait des progrès, et dans son goût, et dans son style, et dans l'art d'arranger les paroles. » (V. p. 441.)

3. Sur Monsigny, consulter : Quatremère de Quincy, *Notice* lue le 3 octobre 1818 à l'Académie des Beaux-Arts de l'Institut. — *Eloge historique de P.-A. Monsigny*, couronné par l'Académie d'Arras, par M. Alexandre (1819). — *Notice historique sur P.-A. de Monsigny*, par P. Hédouin (1821). — Biedenfeld, *Die komische Oper* (1848), p. 28. — *Biographie de Mozart*, par Jahn, II, p. 205. — *Wiener Musikzeitung*,

I, p. 46. — Soubies, *les Membres de l'Académie des Beaux-Arts*, 1re partie, I, p. 212 et suiv. — *Recueil de la Société internationale de musique*, 1903, p. 533. — A. Pougin, *Monsigny et son temps* (*Ménestrel*, 1907).

Il est fréquemment question de Monsigny dans les *Mémoires* de Bachaumont, tomes I, II, IV, VI, VIII, X, XIV et addition, tomes XVI et XIX. — On consultera aussi la *Correspondance littéraire* de Grimm, tomes IV, V, VII, VIII, IX, XI, XII.

4. Le *Journal* de Mlle Élise Henry, dont les extraits ont paru dans le *Temps* du 23 juin 1884, donne des détails intéressants sur l'arrivée de Monsigny à Paris.

5. Gianotti, qui était contrebassiste, a laissé un ouvrage théorique intitulé *Guide du compositeur*.

6. L'auteur des paroles des *Aveux indiscrets* était un certain La Ribardière (voir *Mémoires de Favart*).

7. Biedenfeld trouve ses mélodies plaisantes et pleines d'intentions piquantes (*Die komische Oper*, p. 28).

Sans doute, à cet instinct, Monsigny n'ajoute presque aucune science ; il chante tout simplement en se
fiant à sa sensibilité, qui était exquise et véhémente.
C'est un ingénu qui erre dans les champs de la musique, en cueillant des fleurs, mais ces fleurs déga-
gent un parfum délicieux.

Quand Monsigny veut sortir de son rôle de houque-
tière candide, il demeure assez médiocre, quoique sa
façon de manier l'orchestre ne manque ni de finesse
ni d'ingéniosité. C'est à tort qu'on a critiqué l'orage
en sol mineur qui suit la scène finale du premier acte
dans *le Roi et le Fermier.* Celui par lequel s'ouvre le
IV° acte de la *Belle Arsène* témoigne d'une inconics-
table habileté. Il y a, dans cette page, de l'emportement, de la vigueur et une certaine hardiesse ; les
petites flûtes sont employées pour « peindre » les
éclairs ; l'orchestre se soulève en brusques rafales qui
s'apaisent soudain. C'est là de la musique descriptive à laquelle on ne saurait refuser quelque mérite.

Mais, à côté de semblables tentatives symphoniques,
Monsigny sait rendre, jusqu'à la moindre nuance, les
sentiments de ses personnages[1]. De plus, son œuvre
manifeste le désir qu'il animait de se dégager de l'ancien style d'opéra-comique, d'échapper à la tyrannie
des vaudevilles et des airs à tout faire. « Je veux,
disait-il à ses amis, essayer d'un autre genre que celui
qu'on nous a donné jusqu'à présent[2]. » Et, de fait, on
ne trouve pas de vaudevilles dans les *Aveux indiscrets,*
sa première œuvre ; tout de suite, le gentil musicien a
taillé dans le neuf, en adressant un appel à sa jeune
muse. Les mêmes tendances s'observent dans le
Maître en Droit (1760) et le *Cadi dupé*(1761), si rempli
de mélodies dont la facilité ne masque ni l'émotion ni l'esprit. On raconte que l'audition du *Cadi*

dupé décida Sedaine à accorder sa collaboration à
Monsigny ; tout Paris fredonnait l'aimable partition.

C'était là pour le musicien un précieux appoint, et
d'autant plus précieux, que de secrètes affinités rapprochaient le talent de Sedaine de celui de Monsigny :
Sedaine était vraiment le librettiste qu'il fallait à
l'auteur du *Déserteur.* L'un et l'autre possédaient une
égale sensibilité, le même sens du pathétique, la même
qualité d'esprit. Après la représentation du *Déserteur,*
Mme du Deffand écrivait : « Ce Sedaine a un génie
qui fait grand effet. Il a trouvé de nouvelles cordes
pour exciter la sensibilité. » Grimm exaltait le livret
du poète, et terminait son dithyrambe en déclarant
que, s'il croyait à la métempsycose, il dirait que
l'âme de Shakespeare était venue habiter le corps de
Sedaine[3].

Si Monsigny se montre enjoué et spirituel dans
On ne s'avise jamais de tout (1761)[4], le livret ingénieusement dramatique du *Roi et le Fermier* (1762) va
permettre au musicien d'affirmer ses qualités d'attendrissement[5].

Une des caractéristiques les plus saillantes du génie
de Monsigny, c'est sa spontanéité ; ainsi que le fait
très justement remarquer M. Tiersot, « quelques-
uns de ses chants ont l'émotion douce et touchante
de nos plus charmantes mélodies populaires[6] ». Et ce
caractère populaire de la mélodie de Monsigny, qu'un
autre musicien instinctif, J.-J. Rousseau, a lui aussi,
rencontré, se manifeste par d'intéressantes particularités que M. Tiersot a mises en lumière. Il y a, d'a-
bord, l'abondance des petites notes d'ornement, qui
donnent à la mélodie un tour un peu chevrotant,
un peu campagnard, tel ce fragment du premier air
de Lise dans *On ne s'avise jamais de tout :*

Pour moi, tout est son i _ ma_ge! Mon cœur en a sou_pi _ ré!

Il y a ensuite l'altération du 7° degré de la gamme, dont Monsigny fait fréquemment usage, et que l'on
retrouve dans les anciennes chansons populaires[7] :

Non, non, non, J'ai trop de _ fier _ té !

Le Roi et le Fermier est particulièrement riche en
caractères de cette nature. Le début du III° acte assemble, dans le trio des femmes, une ronde, une
pastourelle et une complainte, toutes mélodies manifestement imitées de l'art populaire.

C'est à partir de cet opéra-comique que Monsigny

abandonna l'anonymat. En treize ans, il enrichit le
théâtre de *Rose et Colas* (1764), du *Déserteur* (1769),
de la *Belle Arsène* (1775) et de *Félix* (1777), et sa faible
fécondité s'explique par la crainte qu'il avait de se
mesurer avec Grétry. Dans *Rose et Colas,* l'accord entre
le dialogue, l'action et la musique est si intime qu'on

1. H. Lavoix, *la Musique française,* p. 157.
2. Hédouin, *loco cit.*
3. A. Font, *loco cit.,* p. 319. Mais il critiquait vertement Monsigny,
et déplorait que Sedaine se fût adressé à ce compositeur (*Corr. litt.,*
VIII, p. 307-308).
4. Voici le jugement que Grimm porte sur cet ouvrage : « L'auteur
s'appelle Monsigny. Il a des chants agréables, la tournure presque
française ; il n'a pas la vigueur de Philidor, mais il plaît. Si ce compositeur avait été quelque temps à l'école en Italie, il aurait fait des
choses charmantes. » Grimm ajoute qu'il « écrase souvent un chant
simple par de mauvais accompagnements », et que son trio : « Pauvre
petite charité, » peut être considéré comme son chef-d'œuvre. (*Corr.*

litt., IV, p. 503.) L'ariette syllabique : « Une fille est un oiseau, » obtint
un succès considérable.
5. Ici, Grimm se montre d'une injustice inconcevable : « M. de Monsigny, affirme-t-il, n'est pas musicien ; ses partitions sont remplies de
fautes et de choses de mauvais goût, mais il a des chants agréables. »
(*Loco cit.,* V, p. 191.) *Le Roi et le Fermier* était tiré d'un conte anglais,
le Roi et le Meunier de Mansfield, de Dodsley, imité lui-même de l'espagnol.
6. J. Tiersot, *Histoire de la chanson populaire en France,* p. 523.
7. *La Belle Arsène,* 1er air d'Arsène. Cité par M. Tiersot, *Histoire de
la chanson populaire.*

croirait l'ouvrage sorti des mains d'un seul auteur[1]. Le ton s'élève dans le *Déserteur* et atteint au pathétique. Cette partition, qui est restée au répertoire, est trop connue pour que nous insistions sur son compte. Qu'il nous suffise de remarquer, d'abord, que l'instrumentation, comme portée par le sujet, est en réel progrès sur celle des œuvres précédentes, et que le rôle d'Alexis se dessine avec une force, avec une unité singulières, dont on rencontre peu d'exemples avant Monsigny. Il y a vraiment là mieux que l'esquisse d'un caractère musical. Les adieux d'Alexis à Louise : « Adieu, chère Louise, » sont du pathétique le plus vrai, le plus simple et le plus touchant. Voilà ce que les Encyclopédistes appelaient de l'art naturel. Et toujours la tendance populaire, soit vers l'imitation des tonalités grégoriennes (« Tous les hommes sont bons »), soit vers la ronde à 6/8 si typique de la musique française au xviii⁰ siècle (« Je ne déserterai jamais »).

Nous ajouterons que Monsigny, dans le fameux duo de la prison, emprunte à Philidor un effet employé par ce dernier au cours de *Tom Jones*, et s'essaye, non sans bonheur, à faire un peu de contrepoint[2].

L'air « L'art surpasse la nature » de la *Belle Arsène* fut longtemps célèbre, et on l'utilisa à plusieurs reprises[3].

Félix ou l'Enfant trouvé montre le talent de Monsigny en sa pleine maturité. Cet opéra-comique a été regardé comme le chef-d'œuvre du musicien et témoigne de grandes qualités dramatiques. Monsigny s'est surpassé en écrivant un excellent quintette, « Finissez donc, Monsieur le militaire, » l'admirable trio « Nous travaillons[4]» et l'air « Qu'on se batte, qu'on se déchire. » C'est, remarque M. Lavoix, de la musique plus parlée que chantée, mais parlée avec le cœur[5].

En même temps que Monsigny, et avec plus de science musicale que la tendre mélodiste du *Déserteur*, Gossec a tâté de l'opéra-comique, mais sans s'y attarder. Son talent ne semblait pas, du reste, devoir le fixer à la Comédie italienne. Gossec n'était pas bien doué pour l'opéra-comique, où il faut de la grâce, de la sensibilité et de l'entrain.

Nous signalerons, cependant, ici les œuvres qu'il a données à la Foire et à la Comédie italienne. Il débuta par un petit opéra-comique en un acte tiré par le comédien Audinot d'un conte de Voltaire, *le Tonnelier* (28 septembre 1761). Quatre ans plus tard, la Comé-

die italienne représentait le *Faux Lord* (27 juin 1765), puis les *Pêcheurs* (23 avril 1766), qui remportèrent un succès fort honorable. En 1767, apparurent *Toinon et Toinette* (20 juin) et le *Double Déguisement* (28 sept.). De ces divers ouvrages, seules les partitions du *Tonnelier*, des *Pêcheurs* et de *Toinon et Toinette* ont été conservées. Ce sont de petites pièces, conçues dans le modèle alors en faveur, et consistant en séries d'ariettes, tantôt sentimentales, tantôt mutines. Gossec y pèche par quelque froideur, mais le symphoniste se retrouve dans l'art ingénieux avec lequel il tire parti du maigre orchestre de l'Opéra-comique ; attentif à rechercher les oppositions de timbres, il sépare nettement les instruments à vent du quatuor.

Si Gossec ne pouvait guère revendiquer les qualités qui conviennent à un musicien d'opéra-comique, s'il manquait de grâce, de pathétique et de vivacité, son rival Grétry possédait à un degré éminent toutes ces qualités.

André-Ernest-Modeste Grétry[7] naquit le 11 février 1741 à Liège, où son père François était premier violon de l'église Saint-Martin. Elevé à la campagne, chez sa grand'mère, Grétry eut devant ses yeux d'enfant le spectacle de la vie calme, des mœurs douces et simples dont Greuze s'était fait le peintre attendri. Choriste à l'église Saint-Denis de Liège, il travaille avec un certain Leclerc, s'enthousiasme des œuvres de Pergolèse, puis prend des leçons de l'organiste Renekin et du sévère Moreau, maître de musique de Saint-Paul. Le chanoine de Harlez, qui s'intéressait à lui, l'envoie terminer ses études à Rome, où il habite au Collège liégeois. Avant de quitter Liège, Grétry avait écrit sa première œuvre importante, une messe[8]. A Rome, Grétry ne semble goûter qu'à l'opéra buffa ; il devient fanatique de Pergolèse, de Galuppi et de Piccinni, dont la *Cecchina* excite son enthousiasme. Elève de l'abbé Casali, maître de chapelle de Saint-Jean de Latran, il ne témoigne pas beaucoup d'intérêt à la partie scientifique de l'art, compose, sous la direction de son maître, de la musique sur le Psaume CX (1762), puis s'en va se faire recevoir de l'*Académie des philharmoniques* de Bologne, et écrit les *Vendangeuses* pour le théâtre Aliberti. Le succès fut considérable, et Grétry reçut les félicitations de Piccinni.

Entraîné en Suisse par un musicien de ce pays, du nom de Weiss, Grétry quitte Rome le 1ᵉʳ janvier 1767, après un séjour de huit ans dans cette ville, et

---

1. Grimm en trouvait la musique très médiocre. « Cet auteur, écrivait-il de Monsigny, ne sait point du tout écrire, et ses partitions sont barbares. » (*Corr. litt.*, V, p. 472.)

2. Voir Blaze de Bury, *le Déserteur* (*Revue des Deux Mondes*, 1ᵉʳ jan. Vier 1844.)

3. Chouquet, *Histoire de la musique dramatique en France*, p. 145.

4. Monsigny a expliqué lui-même comment le tableau de Greuze, la *Bénédiction du père de famille*, lui inspira cette scène.

5. H. LaVoix, *loco cit.*, p. 158.

6. F. Hellouin, *Gossec et la Musique française à la fin du dix-huitième siècle*, p. 122 et suiv.

7. La bibliographie de Grétry est fort importante. En voici un aperçu : *Grétry, Mémoires ou Essais sur la Musique*, 1789 (ou l'auteur, à l'exemple de Rousseau, dans ses *Confessions*, a tracé son autobiographie) ; *La Vérité*, 3 vol., an X. — Société académique des Enfants d'Apollon, *Hommage à Grétry*, 1809. — Méhul, *Sur Grétry*, Académie des Beaux-Arts, 1813. — Baillot, *Notice sur Grétry*, 1814. — Joachim Le Breton, *Notice historique sur la vie et les ouvrages de A.-E.-M. G.*, 1814. — Flamand-Grétry, *l'Ermitage de J.-J. Rousseau et de Grétry*, 1820. — De Gerlache, *Essai sur Grétry*, 1821. — Flamand-Grétry, *Cause célèbre relative à la consécration du cœur de Grétry*, 1824. — *Essai sur la musique de Grétry* (*Revue musicale*, 1831, p. 28). — Van Hulst, *Grétry*, 1842. — Biedenfeld, *Die komische Oper der Italiener, der Deutschen und der Franzosen*, 1848. — L. de Saglier, *Grétry*, 1869. — E. Regnard, *Grétry*, 1869. — Ch. Piot, *Sur la correspondance de Grétry avec Vitzthumb*, 1875. — Comte H. de Livry, *Recueil de lettres écrites à Grétry* (s. d.). — Ed. Grégoir, *Grétry* (*A.-E.-M.*),

1883. — Michel Brenet, *Grétry, sa Vie et ses Œuvres*, 1884. — J.-B. Rongé, *Grétry* [Biographie nationale publiée par l'Académie royale de Belgique, t. VIII (1884-1885)]. — S. de Schryver, *Quatorze Lettres inédites de Grétry conservées au musée Grétry à Liège*, 1891 ; *Un Autographe inédit de Grétry*, 1893. — H. de Curzon, *les Idées de Grétry et ses Visions d'avenir* (*Guide musical*, mai, juin, juillet 1907) ; *Grétry* (*les Musiciens célèbres*, 1907). — R. Rolland, *Musiciens d'autrefois*, 1908, p. 247-272.

Il convient d'ajouter à ces ouvrages les travaux de critique suivants :

Lettre à M. de Voltaire sur les opéras philosophi-comiques (1769).
— *Lettre de Mᵐᵉ le Hoc à M. le Hic à propos de la Fausse Magie* (1775). — Dessales-Régis, *Poète et Musicien* (*Sedaine et Grétry*) (*Revue de Paris*, 13 août 1843). — Castil-Blaze, *Grétry musicien* (*Revue de Paris*, février 1845). — Hédouin, *Mosaïque*, 1856. — Ch. Nuitter, *Deux Opéras révolutionnaires de Grétry* (*Chronique musicale*, t. 256, 265). — V. Wilder, *Notices de la collection Michaelis*.

On consultera aussi les *Mémoires* de Bachaumont, tomes III, IV, V, VI, VII, VIII, IX, X, XIV, XV, XVI, XVIII, XX, XXI, XXIII, XXV, XXVI, XXVIII, XXX, XXXII, XXXIII, XXXVI et la *Correspondance littéraire* de Grimm, tomes VIII, IX, X, XI, XII, XIII, XIV, XV et XVI, ainsi que l'article consacré par Jal à Grétry dans son *Dictionnaire critique*, p. 657. De plus, l'édition des *Œuvres de Grétry*, publiée par le gouvernement belge et commencée en 1884, contient déjà environ 40 volumes in-4⁰, précédés chacun d'un commentaire critique des mieux documentés. On consultera enfin le *Catalogue du musée Grétry*, récemment publié.

8. H. de Curzon, *Grétry*, p. 12.

se rend à Genève, où il donne des leçons de chant et apprend à connaître les opéras-comiques de Monsigny et de Philidor; puis, il se fait présenter à Voltaire, avec le secret espoir d'en obtenir un livret; déçu de ce côté, et violemment attiré par la scène française, il part pour Paris, durant l'été de 1767[1], et ne tarde pas à succomber aux séductions dont se paraît alors la Comédie italienne. De nombreux protecteurs, Arnaud, Suard, l'ambassadeur de Suède comte de Creutz, le prince de Conti, lui rendaient les premiers pas faciles[2], et lorsqu'il donne le *Huron* au théâtre de ses rêves (20 août 1768), il lui affecte le numéro d'œuvre 1. Marmontel en avait tiré le livret d'un conte de La Fontaine, *l'Ingénu*. Le succès éclata, très grand[3], très sincère, et, sitôt après l'apparition de *Lucile* et du *Tableau parlant* (1769), Paris tout entier s'engoue du jeune musicien. Soutenu par Mme Trudaine, par le fermier général Bourret, par la duchesse de La Rochefoucauld, Grétry fréquente Mme Vigée-Lebrun, Grimm et La Tour; il est l'ami des Encyclopédistes et s'entend appeler partout « l'aimable Grétry[4] ».

En 1771, à l'occasion du mariage du comte de Provence, il compose *Zémire et Azor*, que le théâtre de la cour joue le 9 novembre 1771, et, la même année, il reçoit du roi une pension de 1.200 livres, qui s'ajoute aux 1.200 livres qu'il touchait déjà de la Comédie italienne. Séduit par l'éclat de sa réputation, Sedaine se met à collaborer avec lui, à la grande fureur des Monsignistes, indignés contre un musicien assez audacieux pour arracher Sedaine à son associé[5]. *Le Magnifique* fut l'heureux résultat de cette collaboration (4 mars 1773)[6].

Enivré par ses triomphes, Grétry voulut essayer sur une grande scène des forces qu'il savait puissantes, et il composa pour les fêtes données à Versailles à la fin de l'année 1773, au moment du mariage du comte d'Artois, un ballet héroïque en trois actes, sur des paroles de Marmontel, *Céphale et Procris*. Déjà, l'astre de Gluck se levait, et Grétry ne pouvait songer sérieusement à lutter contre l'auteur d'*Iphigénie*. Mlle de Lespinasse lui conseillait de s'en tenir au genre aimable de demi-caractère, dans lequel il avait jusque-là si bien réussi[7]. Mais Grétry n'entendait point suivre ce sage conseil, et la reprise de *Céphale et Procris* (23 mai 1777) ne fit que souligner davantage la disproportion qui régnait entre le génial chantre d'*Alceste* et lui. A partir de 1778, Marmontel cesse de collaborer avec Grétry[8], et le musicien le remplace par un Anglais du nom de Hales (d'Hèle, Hèle, d'Hel)[9], puis, recommence ses tentatives de conquête de l'Opéra. La place qu'il rêvait de prendre à côté de Gluck était malheureusement occupée déjà par Piccinni; néanmoins, son *Andromaque* remporta des succès fort honorables, auxquels mit fin l'incendie de l'Opéra (8 juin 1781).

Avec *Colinette à la cour* (1er janvier 1782), Grétry introduit la comédie musicale à l'Académie royale;

accueillie favorablement, la pièce vaut à son auteur la pension de 1.000 livres qu'on accordait aux musiciens ayant fait représenter trois grands ouvrages à l'Opéra. La *Caravane du Caire* (15 janvier 1784), qui connut un succès prolongé, et *Panurge dans l'île des Lanternes* (25 janvier 1785), plus critiqué, venaient fortifier la position que Grétry avait enlevée de haute lutte à l'Académie royale[10].

Il n'abandonnait pas, pour cela, l'Opéra-comique, puisqu'à la même époque (24 juin et 24 octobre 1784), il ajoutait à la liste de ses compositions de demi-caractère ses deux chefs-d'œuvre dont l'un demeure définitif, l'*Epreuve villageoise* et *Richard Cœur de lion*.

De 1786 à 1789, il n'écrit plus que de bien faibles partitions, et travaille à ses *Mémoires ou Essais sur la musique*, dont le premier volume parut en 1789, et dont les deux suivants, terminés en l'an III, ne parurent qu'en l'an V (publiés aux frais de l'Etat).

Grétry possédait les charges de « censeur royal », sorte de sinécure, et de « directeur de la musique particulière de la reine ». Il était aussi inspecteur de la Comédie italienne depuis 1787. Au commencement de la période révolutionnaire, il fit représenter un *Pierre le Grand* (13 janvier 1790), qui parut un peu une pièce de circonstance, en raison des allusions à Louis XVI et à Necker qu'elle contenait. Déjà, sa ville natale lui avait élevé un buste (1780), le sacrant ainsi grand homme de son vivant. Paris [l'honora d'une statue dans le péristyle de l'Opéra-Comique, en 1803, et la société des *Enfants d'Apollon* l'accueillait en 1809. Enfin, la municipalité de Liège donnait son nom à une des places de la ville[11]. Après les mauvais jours de la Révolution, Grétry était devenu inspecteur du Conservatoire (1795) et membre de l'Institut. En 1796, il se fixa à l'*Ermitage* de J.-J. Rousseau à Montmorency. C'est là qu'il mourut, le 24 septembre 1813, d'une violente hémorragie. Ses obsèques furent célébrées à Saint-Roch, et on y exécuta la *Messe des Morts* de Gossec. Il avait épousé, le 3 juillet 1771, à Saint-Roch, Jeanne-Marie Grandon[12].

Outre ses *Mémoires*, Grétry laissait un ouvrage en trois volumes intitulé *de la Vérité, ce que nous fûmes, ce que nous sommes, et ce que nous devrions être*, publié en l'an IX, dont il était dans lequel il exposait ses vues politiques et son idéal républicain. Au moment de sa mort, on trouva chez lui en manuscrit les *Réflexions d'un Solitaire*, sorte de promenades philosophiques que l'auteur dirige à travers les sujets les plus disparates. Disons de suite que Grétry philosophe n'égale point Grétry musicien et encore moins Grétry esthéticien, bien que cette production littéraire témoigne d'une étonnante vivacité d'esprit.

Nous ne pouvons donner ici la liste complète de ses compositions musicales, et nous devrons nous borner à en signaler les plus importantes. Les voici, rangées par ordre chronologique:

1. Mme Cramer, qui avait négocié la présentation, fournit à Grétry un livret intitulé *le Savetier philosophe*. A cette époque, il fit de la musique sur l'*Isabelle et Gertrude* de Favart.

2. Le prince de Conti avait fait jouer chez lui, sans succès, le premier essai parisien de Grétry, *les Mariages samnites*.

3. Si grand que Voltaire adressa à Grétry deux poèmes d'opéra-comique (H. de Curzon, *loco cit.*, p. 27).

4. Cf. Burney, *The Present State of music in France and Italy*, p. 46. — Souvenirs de Mme Vigée-Lebrun, I, p. 41. — Garat, *Mémoires sur le dix-huitième siècle*, I, p. 357, 358.

5. Brenet, *Grétry, sa Vie et ses Œuvres*, p. 84 et suiv., et Martine, *de la Musique dramatique en France*, p. 170.

6. H. de Curzon, *Grétry*, p. 38 et suiv.

7. Brenet, *loco cit.*, p. 101 et suiv.

8. En 1778, Grétry travaillait en même temps que Gluck à *Iphigénie en Tauride*.

9. Hales avait été présenté à Grétry par Suard; il avait écrit deux pièces fort spirituelles : *Midas* et l'*Amant jaloux*, et mourut en 1780, laissant à Grétry le livret des *Evénements imprévus*. On trouvera un article biographique sur Thomas d'Hèle, écuyer anglais, dans l'*Almanach musical* de 1781, p. 153.

10. La *Caravane du Caire* resta au répertoire jusqu'en 1829 et compta 506 représentations. Cf. H. de Curzon, *loco cit.*, p. 55.

11. Sur l'inauguration à Liège de la statue de Grétry, voir *Gazette musicale de Paris*, 1842.

12. De ce mariage naquirent trois filles, Jenni, Lucile et Antoinette, que Grétry perdit toutes trois. Grétry avait reçu la croix de la Légion d'honneur en 1804. (Constant Pierre, *Le Conservatoire de musique et de déclamation*, p. 443.)

Le Huron, op. com. (20 août 1768)[1], *Lucile* (5 janvier 1769), *le Tableau parlant* (20 septembre 1769), *Silvain* (19 février 1770), *les Deux Avares* (27 oct. 1770, à Fontainebleau), *l'Amitié à l'épreuve* (13 novembre 1770), *Zémire et Azor* (9 novembre 1771, à la cour, et, à Paris, le 16 décembre 1771)[2], *l'Ami de la Maison* (14 mai 1772), *le Magnifique* (4 mars 1773), *la Rosière de Salency* (aux Italiens, le 28 février 1774), *la Fausse Magie* (1ᵉʳ mars 1775)[3], *Céphale et Procris* (à Versailles, le 30 décembre 1773; à l'Opéra, le 2 mai 1775), *Matroco* (23 février 1778), *les Trois Ages de l'Opéra* (27 avril 1778), *le Jugement de Midas* (27 juin 1778), *l'Amant jaloux* (23 décembre 1778)[4], *les Événements imprévus* (1779), *Aucassin et Nicolette* (Versailles, 30 décembre 1779), *Andromaque* (6 juin 1780), *Emilie ou la Belle Esclave*, dans la *Fête de Mirza* de Gardel (1780), *Colinette à la cour ou la Double Epreuve* (1ᵉʳ janvier 1782), *l'Embarras des richesses* (26 nov. 1782), *la Caravane du Caire* (15 janvier 1784), *l'Epreuve villageoise* (24 juin 1784), *Richard Cœur de lion* (24 octobre 1784), *Panurge dans l'île des Lanternes* (25 janvier 1785), *les Méprises par ressemblance* (1786), *le Comte d'Albret* (8 février 1787), *le Prisonnier anglais* (26 décembre 1787), *le Rival confident* (26 juin 1788), *Amphytrion* (15 juillet 1788), *Raoul Barbe bleue, Aspasie, Pierre le Grand* (1790), plus quelques œuvres de ses dernières années, dont *Anacréon chez Polycrate* (17 janvier 1797), qui remporta un vif succès.

Grétry, outre ses compositions dramatiques, a écrit de la musique instrumentale : *deux quatuors pour clavecin, flûte, violon et basse*, et un ouvrage didactique, destiné à une de ses nièces, sous le titre de *Méthode simple pour apprendre à préluder en peu de temps avec toutes les ressources de l'harmonie* (an X).

On voit, par l'énumération qui précède, et qui n'a pas, nous le répétons, la prétention d'être complète, que l'œuvre de Grétry est considérable. Le gouvernement belge a entrepris la publication complète de ses ouvrages dramatiques, et environ 40 volumes ont déjà paru. Grétry occupe incontestablement une place éminente dans l'histoire de l'opéra-comique français, et règne sans partage, dans le demi-genre, avec des qualités que nul autre artiste de son temps ne posséda au même degré.

L'esthétique de Grétry est celle que professèrent les gens de lettres du XVIIIᵉ siècle, et en particulier les Encyclopédistes. Cette esthétique proclame la supériorité de la musique dramatique sur la musique instrumentale, et se fonde sur l'imitation de la nature. Déjà, la vocation de Grétry pour l'opéra avait trouvé

l'occasion de se manifester en Italie, où ses essais de musique religieuse restèrent sans lendemain. A Rome, il ne cachait pas son antipathie à l'égard du récitatif d'opéra seria. Pourquoi, écrivait-il plus tard dans ses *Mémoires*, ne pas laisser l'acteur réciter, une fois l'effusion lyrique achevée[5]? En arrivant à Paris, tout imprégné des œuvres de Pergolèse, de Galuppi, etc., dont la fraîcheur et la vivacité l'avaient conquis dès son enfance, il se trouva en contact avec le clan encyclopédiste, et adopta les théories de J.-J. Rousseau et de Le Batteux.

Pour lui, la musique instrumentale appartient à un genre inférieur. Non pas qu'il refuse toute originalité à quiconque cultive la symphonie, bien au contraire; seulement, d'après lui, le symphoniste « n'a pas le goût et le tact nécessaires pour bien classer des pensées neuves et piquantes, en s'astreignant partout à l'expression et à la prosodie de la langue[6] ». Grétry souligne sa pensée sans ambages lorsqu'il déclare qu'il conviendrait d'ajouter des paroles aux symphonies d'Haydn[7]. Il voit dans les œuvres instrumentales d'Haydn « un vaste dictionnaire d'expressions » où doit puiser le compositeur dramatique.

La musique de théâtre est donc la musique la plus parfaite, et cela, parce qu'elle exprime quelque chose, parce qu'elle peint les passions, les caractères de l'âme, parce qu'elle imite la Nature. Ici, le mot Nature n'est pas seulement pris dans le sens de Cosmos : il est synonyme surtout de naturel, de simple, d'adéquat au but qu'on se propose.

Pour Grétry, « la parole est un bruit où le chant est renfermé[8] »; par conséquent, le modèle proposé au chant sera la parole elle-même, et c'est en étudiant les inflexions de celle-ci, qu'on parviendra au chant naturel. « La musique vocale ne sera jamais bonne si elle ne copie les vrais accents de la parole; sans cette qualité, elle n'est qu'une pure symphonie », écrit Grétry, posant ainsi clairement la question. Le compositeur doit, avant tout, étudier la déclamation, comme le peintre doit pratiquer d'abord le dessin d'après nature. Selon l'heureuse expression de M. H. de Curzon, Grétry « voulait une sorte de musique sentimentale[9] ».

Tels sont les principes directeurs de l'esthétique de Grétry; on reconnaît sans peine en eux la marque des Encyclopédistes, des philosophes, dont Grétry faisait sa société habituelle, et dont il était vraiment l'homme. On peut dire que l'auteur de *Lucile* réalisa dans sa musique toutes les doctrines formulées par Diderot, Rousseau, d'Alembert, et notamment, par Lacombe qui déjà, en 1758, exposait, dans son *Spectacle des Beaux-Arts*, la plupart des idées de Grétry. Sans

---

1. Grimm, dans sa *Correspondance littéraire*, consacre un intéressant article au premier ouvrage de Grétry représenté à la Comédie italienne. Après avoir critiqué le livret du *Huron* et dit son fait à Marmontel qui en était l'auteur, il ajoute : « Le génie de M. Grétry a soutenu le poète sur le bord du précipice où sa maussaderie et sa maladresse l'auraient infailliblement jeté ; » puis, il trace du jeune musicien le portrait suivant :

« Ce M. Grétry est un jeune homme qui fait son coup d'essai ; mais ce coup d'essai est le chef-d'œuvre d'un maître qui élève l'auteur sans contradiction au premier rang. Il n'y a, dans toute la France, que Philidor qui puisse se mesurer avec celui-là, et espérer de conserver ses réputation et sa place. Le style de Grétry est purement italien. Philidor a le style un peu allemand, et en tout moins châtié. Il entraîne souvent de force par son nerf et sa vigueur. Grétry entraîne d'une manière plus douce, plus séduisante, plus voluptueuse ; sans manquer de force, quand il le faut, il vous ôte, par le charme de son style, la volonté de lui résister ; du côté du métier, il est savant et profond, mais jamais aux dépens du goût. La pureté de son style enchante ; le plus grand agrément est toujours à côté du plus grand savoir ; il sait surtout finir ses airs et leur donner la juste étendue, secret très peu connu de nos compositeurs...; depuis le grand tragique jusqu'au comique, depuis le gracieux jusqu'aux finesses d'une déclamation tranquille et sans passion, on trouve dans son opéra des modèles de tous les caractères. »

Plus loin, Grimm, toujours aussi dithyrambique, nous dépeint Grétry : « M. Grétry est de Liège ; il est jeune, il a l'air pâle, blême, souffrant, tourmenté, toutes les symptômes d'un homme de génie. » (*Corresp. litt.*, septembre 1768, VIII, p. 163, 166). — Mᵐᵉ de Bawr a laissé sur Grétry des pages émues et attachantes (Cf. H. de Curzon, *Grétry*, p. 77 et suiv.).

2. Ibid.

3. Voir Scudo, *Zémire et Azor, la Fausse Magie* (*Revue des Deux Mondes*, 1ᵉʳ nov. 1862 et 1ᵉʳ août 1863).

4. Voir Blaze de Bury, *l'Amant jaloux* (*Revue des Deux Mondes*, 15 oct. 1850).

5. *Essais*, I, p. 130, 131. On voit par là que Grétry est l'héritier des idées émises jadis par François de Callières et reprises plus tard par Chabanon.

6. *Ibid.*, I, p. 78. M. R. Rolland fait ressortir que Grétry réclame l'affranchissement des formes instrumentales, et entrevoit la « Tonmalerei » (*Musiciens d'autrefois*, p. 269, 270).

7. *Ibid.*, I, p. 348.

8. *Ibid.*, I, p. 244.

9. H. de Curzon, *les Idées de Grétry et ses Visions d'avenir* (*Guide musical*, juin 1907, p. 413), et *Grétry* (1907), p. 90.

sortir du terrain réservé à l'opéra-comique, Grétry contribua, comme ses prédécesseurs Duni, Philidor, Monsigny, à la réforme de l'opéra, en vulgarisant l'usage d'une déclamation calquée sur le langage naturel, où l'ironie et l'émotion se mêlaient comme dans la vie réelle.

La lecture des *Essais* de Grétry est particulièrement intéressante et instructive, en ce qu'elle montre que leur auteur fut un précurseur véritablement inspiré. Grétry devina avec une parfaite clairvoyance l'avenir réservé à la musique dramatique; il a émis des principes dont le modernisme nous étonne sous la plume d'un écrivain de la seconde moitié du XVIIIe siècle; il a résumé en un corps de doctrines les idées que Gluck réalisa à l'Opéra, et que Wagner reprit, par la suite, sans leur apporter de modifications essentielles[1]. Et il apparaît ainsi que Richard Wagner est, dans une certaine mesure, le fils intellectuel de Rousseau, de Diderot, de d'Alembert et de Grétry.

Grétry a proclamé avec force et avec une parfaite netteté la nécessité, dans la musique dramatique, de l'union intime de la poésie et de la musique. Il a proclamé que, dans le drame, chaque personnage devait avoir le langage qui lui convenait[2]. Il a écrit : « La musique est un non-sens si, par le bruit de son orchestre, elle empêche les paroles d'arriver intelligiblement à l'oreille de l'auditeur; elle est un contresens si elle éclate sans raison... elle est un contresens quand elle n'est pas tellement d'accord avec la poésie *qu'on ne sache*, pour ainsi dire, *distinguer le musicien*[3]. » Aussi, pouvait-il justement ajouter : « Oui, j'ose prédire encore une révolution en musique. »

Sans doute, l'esthétique de Grétry dépasse de beaucoup ses compositions; le technicien, chez lui, en dépit d'efforts méritoires et de dons naturels des plus remarquables, n'égalait point le théoricien. Grétry faisait peu de cas des recherches purement musicales, des accompagnements trop savants, trop souvent froids et conventionnels, et disait, avec infiniment de raison, qu'une beauté inutile est une beauté nuisible[4]. A l'encontre de Rameau, il demandait la prédominance de la mélodie sur l'harmonie; mais, s'il critiquait l'abus de la science, s'il craignait pour l'artiste les entraves trop étroites des règles, il ne méconnaissait point la nécessité d'une solide éducation musicale : « L'artiste inspiré, écrit-il, peut parfois se passer de la science, mais, souvent aussi, il s'égare; il est sans caractère, parce qu'il est sans principes[5]. » Seulement, il fallait se garder d'étouffer le sentiment : « Que l'harmonie des accompagnements, la partie scolastique, ne soit regardée que pour ce qu'elle est, je veux dire le support de la mélodie, le *piédestal de la statue*[6]. » Dans toute son œuvre, Grétry a réalisé un heureux mélange de « Gemüthlichkeit » allemande et d'esprit français.

Voyons maintenant comment Grétry a appliqué ses principes. En matière de déclamation, il se montre très strict; il s'est livré à une étude minutieuse de la langue et de la prosodie françaises; aucun détail, aucune finesse ne lui échappent, et il triomphe des

difficultés causées par les rimes féminines avec une prodigieuse aisance, dont le *Tableau parlant* apporte de nombreux exemples[7].

Attentif à la vérité de la déclamation, Grétry s'efforce de nuancer celle-ci selon le personnage qui est en scène; en un mot, il cherche à caractériser musicalement son personnage; écoutons ce que disait Lacombe à ce propos : « Les expressions générales du sentiment ou de la passion prennent des modifications particulières suivant l'âge, le sexe, les conditions; » et Lacombe déclare que le compositeur peut établir de véritables *caractères musicaux*, tels que ceux du babillard, du grondeur, du rieur, du jaloux, de l'avare, etc.[8]. On ne saurait méconnaître que Grétry ait fort bien réussi à créer de semblables caractères. L'espièglerie d'Agathe, la niaiserie de Jacquinot, la malice d'Isabelle, le dévouement de Blondel, sont réalisés de main de maître. Et que dire du « naturel »? Il se rencontre à chaque page de l'œuvre de Grétry. On connaît l'histoire de l'orchestre s'arrêtant pendant les répétitions du *Huron*, au moment où Caillot, le meilleur acteur de la Comédie italienne, chantait le morceau célèbre : « Dans quel canton est l'Huronie? », morceau d'un naturel si parfait qu'il décalque, pour ainsi dire, la parole[9].

Grétry, qui était bien de son temps, n'avait pas manqué aussi d'inonder ses ouvrages de « sensibilité ». *Lucile* en déborde; c'est le type de la pièce à mouchoirs; tout l'auditoire y fondait en larmes. Le fameux quatuor : « Où peut-on être mieux qu'au sein de sa famille? » devenait le prototype national de cette sensibilité, et bénéficia d'une vogue immense et tenace. Quelque soin que Grétry ait mis à respecter le « naturel » dans sa déclamation et dans sa mélodie, il faut cependant remarquer qu'il abandonna quelques concessions à l'ancien goût français, en plaçant des vocalises sur les mots à panache, tels que *victoire* et *gloire*. Dans la réalisation de ses personnages musicaux, Grétry complète l'action du « langage chanté » au moyen de tous les artifices que lui procure la technique musicale, savoir, le rythme, la tonalité, l'instrumentation.

Du rythme, il fait un emploi judicieux; chaque caractère possède son rythme propre; les sentiments s'adjoignent des ossatures rythmiques qui deviennent spéciales à chacun d'eux, qui les particularisent et les définissent. M. Brenet observe justement que, dans *Colinette à la Cour*, les paysans chantent à 2/4 ou à 6/8, tandis que la comtesse se réserve la mesure à 4 temps, plus grave, de condition plus élevée, en quelque sorte[10]. Grétry associe l'idée de sérieux à l'usage presque exclusif de la mesure à 4 temps. S'agit-il de mettre en scène des vieillards, il leur attribuera des rythmes secs et menus, comme dans le duo de la *Fausse Magie*, où le syllabisme se trouve si bien en situation, alors qu'il fera chanter Linval et Lucette sur des mélodies doucement infléchies, à rythmes alanguis.

Grétry marque une prédilection accusée à l'égard de certaines successions de valeurs qui ne manquent

---

1. Consulter sur ce point l'étude précitée de M. de Curzon (*Guide musical*, mai-juin 1907) et son ouvrage Grétry (*les Musiciens célèbres*, 1907). Voir aussi R. Rolland, *Musiciens d'autrefois* (1908).

2. Dans son second volume, il expose longuement la façon dont la musique doit peindre les différentes passions et les divers caractères. (R. Rolland, *loco cit.*, p. 265.)

3. *Essais*, III, p. 326, 327.

4. *Ibid.*, p. 229.

5. *Ibid.*

6. *Ibid.*, III, p. 444. Grétry excelle à trouver des formules lapidaires, à donner à ses idées une forme nette, précise, de haut relief.

7. En 1782, Forkel reconnaissait à quel point la déclamation de Grétry se montre respectueuse du langage.

8. Lacombe, *Spectacle des Beaux-Arts.* Cité par M. Brenet dans *Grétry, sa Vie et ses Œuvres*, p. 253. Cf. R. Rolland, *loco cit.*, p. 265.

9. Grétry écrivait : « Je lis, je relis vingt fois les paroles que je veux peindre avec les sons; il me faut plusieurs jours pour échauffer ma tête. » (*Essais*, I, 168.)

10. M. Brenet, *loco cit.*, p. 254.

pas de produire un peu de monotonie. C'est ainsi qu'il use fréquemment du rythme :

dont la répétition devient, à la longue, fatigante.

La tonalité entre aussi dans ses moyens d'expression. Grétry caractérise quelques gammes de la façon suivante : le ton d'*ut* majeur est noble, celui d'*ut* mineur pathétique; *ré* majeur est brillant, et *ré*

mineur mélancolique. Le ton de *sol* est guerrier, et celui de *si* majeur brillant et folâtre[1]. Classification d'ailleurs assez peu stable, et que Grétry modifie lui-même à plusieurs reprises. Enfin, et c'est un point sur lequel il convient d'insister, Grétry fait emploi du *leitmotif;* il se sert de thèmes caractéristiques qu'il répète lorsque la situation ramène l'idée dont ils sont les soutiens : telle la fameuse romance de *Richard Cœur de lion*, romance qu'il fait entendre à neuf reprises différentes :

Tendrement.

Le système du *leitmotif* s'expose, du reste, dans certains ouvrages théoriques contemporains, et notamment dans la *Poétique de la Musique* de Lacépède, qui attire l'attention des musiciens sur les effets résultant du rappel de thèmes déjà entendus[2]. Ce sont des effets de cette nature que Grétry met à contribution dans la *Fausse Magie* (le chant du coq).

Si le souffle tragique de l'auteur de *Richard* demeure court, son sens comique, en revanche,

ménage à l'auditeur les plus amusantes péripéties. Chez lui, le comique musical s'exprime par la déclamation, la contexture mélodique et les formules d'accompagnement dont il tire maints effets plaisants. La répétition obstinée d'un même thème ne va pas, non plus, sans provoquer l'hilarité, tel le thème suivant que ressassent et rabâchent de la façon la plus drôle les Lanternois de *Panurge* (1er acte) :

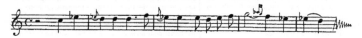

Bienfai_san _ te Dé _ es _ se, hé_las! Vois notre ar_deur!

De plus, Grétry met toute son attention à varier le dispositif intérieur des actes qui s'écoulent légèrement, sans insistance fâcheuse. Prenons, par exemple, le deuxième acte de *Colinette à la cour*. A des duos et des récitatifs, le musicien ajoutera un chœur avec soli, une danse, un chœur avec danse, une gavotte, des couplets avec chœur, une gigue, un arioso, un air, un quatuor. Tout cela se meut

aisément et rapidement, sans longueurs ni frictions.

A vrai dire, la science musicale de Grétry paraît plutôt mince. Lorsqu'il intitule pompeusement double chœur une scène de *Colinette à la cour*, il fait simplement sourire. Cette scène met bien deux thèmes en opposition, mais les groupes de voix auxquels sont confiés ces deux thèmes ne constituent point un double chœur; un des groupes chante à l'unisson[3] :

et l'autre groupe présente à deux parties le motif ci-après :

D'ailleurs, son inexpérience à manier les masses est flagrante; quand il écrit un chœur à sept ou huit parties, son écriture polyphonique n'est, à proprement parler, qu'un simple trompe-l'œil, car le chœur se réduit à un trio. On disait avec raison que, dans les ensembles de Grétry, on pouvait faire passer un carrosse à quatre chevaux entre les dessus et la basse.

Cependant, il ne faudrait pas conclure de là que Grétry manque du sens symphonique; ce sens symphonique, bien que peu développé chez lui, se manifeste par endroits de façon très claire. Nous citons, en particulier, la gracieuse ouverture de la *Rosière*

de *Salency,* où le musicien se livre à un intéressant travail thématique. On peut même, avec M. de Lacerda, signaler, dans cette ouverture, une sorte d'esquisse de l'*Ode à la Joie* de la neuvième symphonie de Beethoven, esquisse à laquelle Grétry associe, en outre, une figure de basse qui rappelle, tout à fait, celle du basson dans le « village festival » de la symphonie pastorale.

Voici, en effet, ce qu'écrit notre musicien :

1. *Essais,* II, p. 357.
2. Lacépède, *Poétique de la Musique,* 1785, I, p. 123 à 131.
3. *Colinette à la cour,* acte III, scène v.

On retrouve dans la figure descendante (A) les mêmes intervalles que dans celle que Beethoven a confiée au basson, lors du Divertissement de sa sixième symphonie[1] :

La théorie de l'imitation de la nature, prise dans un sens matériel et immédiat, l'incite aux effets descriptifs. Bruits d'oiseaux, galopades, chant du coucou dans la scène du *Tableau parlant* où Isabelle chante : « Ils sont passés, ces soirs de fête, » rentrent dans l'esthétique classique du xviiie siècle ; parfois, ces imitations sont puériles : une gamme rapide représentera un coup d'œil ; dans les *Deux Avares*, on entendra grincer une poulie, etc. Le plus amusant, c'est que Grétry lui-même condamnait de pareilles niaiseries ; s'y abandonnait-il, c'était « parce que l'esprit flatte infiniment la nation française[2] », et qu'il les jugeait sans doute spirituelles, tout en déclarant que « quoiqu'il y ait du mérite à bien rendre ces différents effets, le plus souvent ils me font une sorte de pitié[3] ».

Venons-en maintenant à l'instrumentation. Assez maigre, en général, elle est toujours réalisée dans un but dramatique, et rarement avec une intention symphonique. Aux yeux de Grétry comme à ceux de Lacépède, les instruments sont des manières de personnages dont l'intervention se lie intimement aux modalités de la situation. Chacun d'eux possède un caractère sentimental. Le basson est lugubre, la clarinette pathétique, la flûte tendre et amoureuse, le hautbois champêtre et gai, les timbales et les trompettes héroïques[4]. A ce point de vue, [il n'y a que des éloges à adresser à Grétry pour la perspicacité et la finesse avec lesquelles il distribue sur le canevas dramatique les touches colorées et expressives de son instrumentation.

Voici, par exemple, de quelle façon douloureuse l'alto soutiendra les lamentations de Colinette[5] :

Grétry n'emploie les trombones que dans ses grands opéras. Au reste, l'orchestre de la Comédie italienne n'en comprenait point, et la plupart de ses opéras-comiques comportent seulement le quatuor, les hautbois, les cors et la flûte ; il oppose, parfois, d'amusante façon, les timbres des instruments à archet et ceux des instruments à vent, associe l'alto au basson dans le *Tableau parlant*, et recourt à des instruments accessoires pour souligner le pittoresque et la couleur locale (mandoline, guitare, dans le *Rival confident*, cimbales et triangles dans la marche des Bohémiens de la *Fausse Magie*).

Grétry a su tirer des instruments à vent des effets particulièrement originaux et pénétrants. Nous citerons, dans cet ordre d'idées, le célèbre morceau du Tableau magique de *Zémire et Azor* (IIIe acte). Zémire a demandé à Azor de revoir son père : la toile du fond s'éclaire, et laisse apercevoir, à travers une gaze brillante, Sander et ses deux filles, pendant que deux cors, deux clarinettes et deux bassons, placés sous les coulisses, enveloppent la scène d'une sonorité doucement mystérieuse.

En résumé, Grétry, qui, de très bonne heure, a subi l'influence de l'opéra buffa, influence que les huit années de son séjour à Rome et en Italie ne firent que confirmer, incarne, dans la musique de demi-genre, la simplicité, le naturel, la force et la justesse d'expression[6]. Bien qu'assez médiocre musicien, il fut, avant tout, homme de théâtre, subordonnant toujours le chant et l'orchestre aux exigences de la situation dramatique, montrant une entente parfaite des proportions, connaissant l'art d'enchaîner et de développer les scènes. De ses mélodies naïves ou spirituelles, de l'agencement de ses pièces, se dégage un charme inexprimable, et on l'a justement appelé le Pergolèse français. Plus espiègle que son modèle italien, Grétry nous appartient vraiment par son esprit et par son entrain. Sa musique, disait-on, était à tourner la tête, et elle la tournait en effet ; du *Déserteur* à *Richard Cœur de lion*, on peut mesurer le chemin parcouru,

1. Grimm qualifiait la musique de la *Rosière de Salency* d' « insigne rapsodie » et prétendait que le baron van Swieten, Monsigny et Philidor en avaient fourni les morceaux. (*Corr. litt.*, VIII, p. 406, 407.)

2. *Essais*, II, ch. 1, p. 11.

3. *Essais*, I, p. 35.

4. *Essais*, I, p. 340-341.

5. *Colinette à la cour*, acte I, scène viii.

6. Il disait : « L'école italienne est la meilleure qui existe tant pour la composition que pour le chant. » (*Essais*, I, p. 112.)

les progrès réalisés. Avec Grétry, la musique possède son Greuze[1].

A côté de lui, le mystérieux Desaides ou Dezède[2] occupe une place très distinguée. Son origine est fort obscure. Quelques biographes le tiennent pour Allemand, tandis que d'autres le disent Lyonnais, et que Reichardt le fait naître à Turin en 1744.

Quoi qu'il en soit, il serait venu de bonne heure à Paris, après avoir appris d'un abbé les principes de la musique et le maniement de la harpe ; puis, s'étant perfectionné dans la composition, il débuta aux Italiens avec l'opéra de *Julie* le 22 septembre 1772. Fétis raconte qu'il ne connut jamais sa famille, et qu'un personnage mytérieux lui servait une pension de 25.000 livres, qui fut doublée à sa majorité; Dezède s'étant livré à des démarches pour découvrir le nom de son protecteur, la pension cessa de lui être versée, et il dut se mettre à composer pour vivre.

Il signait ses premières œuvres M. D. Z. ou D. Z., d'où le nom de Dezède qui n'est probablement que l'énoncé des lettres D. Z. En 1785, le duc Maximilien de Deux-Ponts le manda à sa cour et le pensionna. Dezède était de caractère fantasque; il mourut en 1792, d'après l'*Almanach des Spectacles* de 1793.

Il a travaillé pour l'Opéra-Comique et pour l'Opéra.

Aux Italiens, il a donné *Julie* (22 septembre 1772), en trois actes; *l'Erreur d'un moment ou la Suite de Julie* (1773) ; *le Stratagème découvert* (1773); *les Trois Fermiers* (24 mai 1777); *Zulima* (1778); *le Porteur de chaise* (1778); *A trompeur trompeur et demi* et *Cécile* (1780), *Blaise et Babet ou la Suite des Trois Fermiers* (30 juin 1783); *Alexis et Justine*, deux actes (17 janvier 1785); *les Deux Pages* et *Ferdinand ou la Suite des Deux Pages* (1790); *la Cinquantaine* (1790). A l'Opéra, il fit représenter : *Fatmé ou le Langage des fleurs* (15 mai 1777); *Péronne sauvée* (27 mai 1783) et *Alcindor* (17 avril 1787). Si les pièces que Dezède destina à notre première scène lyrique passèrent à peu près inaperçues, le succès qu'il remporta aux Italiens le mirent très favorablement en lumière[3]. C'est un musicien personnel, intéressant, qui n'imite personne. Grétry le déclarait unique dans le style champêtre, et son orchestration fouillée fait, par instants, songer à Philidor. Les *Trois Fermiers* sont précédés d'une ouverture très développée, composée d'un allegro en *ut* majeur et d'un rondeau à la sous-dominante, qui démontre l'habileté de Dezède dans le genre symphonique; l'écriture en est élégante, jamais massive, et instruments à cordes et à vent dialoguent très finement. Dezède, du reste, se distingue par ses ouvertures, d'un cachet toujours très personnel. Dans celle de *Blaise et Babet*, il pratique un style menu et haché

qu'illuminent les trilles scintillants des petites flûtes, et qui suggère immédiatement une atmosphère de paysannerie narquoise. S'agit-il de l'accompagnement des mélodies qui, chez lui, revêtent un tour naïf et gracieux, il excellera à provoquer des échanges entre les cordes et les bois, comme dans la romance en rondeau de Louis, des *Trois Fermiers :* « Dr'ès l'instant que je vis le jour, » ou bien, il se servira du quatuor seul, qu'il traite avec une sobre élégance (couplets de Bahet, scène II).

Plus loin, il imagine de curieux effets de carillon. Les cors sonnent le *sol* à deux octaves, pendant que les basses tiennent *ff* une pédale de tonique (*fa* majeur), et que violons et hautbois dessinent des figures ingénieusement imitatives.

Quoi de plus gracieux que le duetto de Blaise et de Babet, avec ses interruptions si « nature « et son amusante strette finale !

Les chœurs de Dezède sont traités dans un style vif, piquant, très dynamique. Le chœur de *Blaise et Babet :* « Que chacun de nous s'empresse, » comprend neuf parties vocales; divisé en trois reprises, ce chœur, dont le syllabisme s'accentue à la deuxième reprise, respire un entrain d'une vie incroyable, et le triolet en doubles croches, que toutes les voix reprennent par six fois, donne comme un coup de fouet à l'ensemble.

Sa musique vit, s'agite, se trémousse, ou bien s'alanguit contemplative et pastorale, comme dans le petit entr'acte qui précède le deuxième acte de *Blaise et Babet*. Dezède est un charmant musicien d'opéracomique, qui sut exploiter fort habilement le côté comique du syllabisme.

Nicolas Dalayrac[4] continue la série des mélodistes gracieux de la fin du XVIII⁰ siècle. Il était Languedocien et natif de Muret (13 juin 1753). Son père, Jean Dalayrac, conseiller du roi en l'élection de Comminges, le destinait au barreau et l'envoya au collège de Toulouse, où il fit d'excellentes études, tout en manifestant de bonne heure de très vives dispositions pour le violon. On a raconté, à ce propos, une anecdote de pure invention sur laquelle Adolphe Adam a consciencieusement brodé[5]. Dalayrac travaillait le droit très assidûment, se fit recevoir avocat et plaida avec quelque succès; mais on décida de lui donner une autre carrière; quittant la robe pour l'épée, il reçut, en 1774, un brevet de garde du comte d'Artois, dans la compagnie de Crussol.

Il s'occupe alors passionnément de musique; protégé à Paris par M. de Bezenval, par Savalette de Lange, garde du trésor royal, et par le chevalier de Saint-Georges, il se lie avec Langlé, élève de Caffaro,

---

1. Voir C. Bellaigue, *Un Siècle de musique française* (*Revue des Deux Mondes* du 1ᵉʳ février 1880).

2. Sur Dezède, consulter Fétis, *Biographie univ.*, III, p. 13. — *Magasin pittoresque*, XXII, 1854, p. 353. — Eitner, *Quellen Lexikon*, III, p. 193. — Chouquet, *loco cit.*, p. 170-189. — A. Pougin, *Musiciens français du dix-huitième siècle, Dezèdes* (1862). — Il est fréquemment question de Dezède dans les *Mémoires* de Bachaumont. Voir notamment tomes VI, VII, X, XV, XVII, XVIII, XX, XXI, XXII, XXIII, XXVIII, XXXI et XXXIV. On consultera encore la *Correspondance littéraire* de Grimm, tomes X, XI, XII, XIII, XIV, XV, XVI.

3. Grimm juge Dezède sévèrement, et son parti pris éclate dès la représentation de *Julie :* « Si la musique de *Julie*, écrit-il, avait été faite par Philidor ou Grétry, ou quelque autre bon faiseur, c'était une pièce à faire rester au théâtre malgré sa faiblesse. Mais M. Monvel (l'auteur du livret) a à propos de la donner à un M. Dezède, Allemand, amateur à ce que l'on prétend; et si cet amateur a assez de facilité dans le style, il n'a point d'étude; il ne sait pas donner d'étendue à ses chants; tous ses airs sont découpés sur le même carton écourté, et, tout considéré, M. l'amateur mériterait d'être inscrit dans la liste des musiciens de France avoués par l'Académie royale de musique, entre M. Dauvergne, surnommé *l'ennuyeux et le plat*, et M. de La

Borde, premier Valet de chambre ordinaire dudit roi, le baroque; mais, entre Grétry et Philidor, M. l'amateur ne fera jamais rien. » (*Corresp. litt.*, oct. 1772, X, p. 70.)

Grimm n'est pas moins sévère pour l'*Erreur d'un moment*, à l'occasion de laquelle il accuse Dezède de plagiat. Toutefois, il enregistre le très grand succès des *Trois Fermiers* (*Corresp. litt.*, juin 1777, XI, p. 482.)

4. Sur Dalayrac, voir *Vie de Dalayrac*, par R. C. G. P. (Pixérécourt), 1810. — La Chesnaye, *Éloge funèbre du T ∴ R ∴ F ∴ Dalayrac*, 1810. — Biedenfeld, *Die komische Oper*, 1848. — L. Escudier, *Mes Souvenirs*, 1863. — A. Fourgeaud, *les Violons de Dalayrac*, 1856. — Adolphe Adam, *Souvenirs d'un musicien*, 1857. — Amédée de Bast, journal *la Guienne* (nᵒˢ 2 à 9 du mois de mai 1865), *Nicolas Dalayrac*. — Augusto Laget, *le Monde artiste*, 1883, II, p. 131. — Eitner, I, p. 76. — *Leipz. Zeitung*, 12, p. 889; 13, p. 729. — Les *Mémoires* de Bachaumont parlent souvent de Dalayrac; Voir tomes XIII, XIV, XV, XVI de la *Correspondance littéraire* de Grimm, et le Supplément à Z. Pougin à la *Biographie universelle* de Fétis. I, p. 223, 224.

5. C'est cette anecdote qui a servi à M. Fourgeaud pour écrire le roman qu'il a intitulé *les Violons de Dalayrac*.

et prend de lui des leçons d'harmonie. Bientôt, ses progrès lui permettent de publier sa première œuvre, des *Duos de violon*. Membre de la fameuse Loge des *Neuf Sœurs*, il compose la musique de la fête qui fut donnée en l'honneur de Franklin, le 27 février 1778[1].

En 1781, le théâtre de la cour représente, avec succès, deux opéras-comiques de lui : *le Petit Souper* et *le Chevalier à la mode*. Dès lors, son parti est pris ; il quitte l'armée pour s'adonner entièrement à la musique, et débute à l'Opéra-Comique, le 7 mars 1782, avec l'*Éclipse totale*, dont le livret lui avait été fourni par un de ses anciens camarades, M. de la Chabeaussière. Le succès répondit à son attente, et Dalayrac ne cessa de produire jusqu'en 1809[2].

Dalayrac était bon, généreux et de commerce agréable[3]. Pendant la Terreur, il fit rayer des listes de proscription à ses anciens camarades aux gardes du comte d'Artois. En 1790, il renonça à l'héritage paternel en faveur de sa mère et de son frère puîné, et montra un grand stoïcisme à la suite de la faillite de Savalette de Lange qui engloutissait la plus grande partie de son avoir. Il mourut le 27 novembre 1809, et fut enterré à Fontenay-sous-Bois.

Nous ne nous occuperons ici que des œuvres de Dalayrac qui parurent avant la Révolution, les autres sortant de notre cadre. Auteur excellemment fécond, Dalayrac a donné près de soixante pièces à la Comédie italienne et à l'Opéra-Comique. De 1783 à 1790, paraissent de lui : *le Corsaire*, opéra-comique en trois actes (1783), les *Deux Tuteurs*, deux actes (1784), l'*Amant-Statue*, un acte (1785), la *Dot*, trois actes (1785), *Nina ou la Folle par amour*, un acte (1786), *Azémia*, trois actes (1787), *Renaud d'Ast*, deux actes (1787), les *Deux Sérénades*, deux actes (1788), *Sargines*, quatre actes (1788), *Fanchette*, trois actes (1788), les *Deux Petits Savoyards*, un acte (1789), *Raoul, sire de Créqui* (1789), puis les œuvres de la période révolutionnaire, commençant par *le Chêne patriotique*, un acte (1790), *Vert-Vert* (1790), *Camille ou le Souterrain* (1791), etc. Nous parlons ailleurs de sa musique instrumentale. D'après le catalogue de La Chevardière, sa première œuvre consisterait en six *Duos pour deux violons*, dédiés au comte d'Artois (s. d.) et sur lesquels il s'intitule : M. d'Alayrac, Amateur[4].

La caractéristique de l'œuvre de Dalayrac est son extrême facilité. « Sa facilité banale, écrit M. Lavoix, son aisance à tourner le couplet, sa sentimentalité fade et sans sincérité, la mollesse et le lâche de son style, tout fait de Dalayrac un musicien médiocre[5]. » Encore que ce jugement, nous paraisse exact sur quelques points, nous croyons cependant qu'il est possible d'en appeler de sa sévérité. Dalayrac est bien un homme de son temps ; il cultive la « sensibilité », ou plutôt, cette sensiblerie affectée et artificielle dont tant d'ouvrages des dernières années du xviiie siècle portent la trace. Cependant, ses contemporains lui reconnaissaient de l'émotion vraie, de la grâce et de l'esprit, et on trouvait que sa musique s'accordait toujours avec la situation. Pour nous, il

est éminemment représentatif de son époque, dont il synthétise très exactement les qualités et les défauts.

Sans doute, ce n'est point un savant harmoniste ; mais Duni, Monsigny et Grétry ne l'étaient pas davantage. Il se contente de produire sans effort des mélodies dans la note « touchante », mélodies qu'il accompagne légèrement, selon les règles de la vieille harmonie ; point de recherches originales, aucune innovation un peu audacieuse ; « des accords simples, plaqués ou arpégés, soutenant des phrases sévèrement carrées, allant de la tonique à la dominante ou à la sous-dominante et revenant naturellement à la tonique[6]. » Il excelle surtout dans la romance, et a fourni à la sentimentalité éplorée de ses contemporains une ample pâture ; nul mieux que lui ne connaît les pleurnicheries du chromatisme et les effusions ramassées sur les sensibles. Ses duos, écrits pour Elleviou et Martin, faisaient fureur. Dalayrac fut le musicien de salon pendant la Révolution, le Consulat et l'Empire. Le duo de la leçon de lecture de *Sargines*, le duo du souterrain de *Camille*, le « Quand le bien-aimé reviendra » de *Nina*, et tant d'autres romances d'*Azémia* et de *Raoul* jouirent d'une étonnante popularité.

A dire vrai, ses ouvrages s'esquissent plus qu'ils ne se dessinent. Non seulement Dalayrac n'insiste pas, mais encore sa plume semble prendre à peine le temps de se poser sur le papier. Il saisit son bien partout où il le trouve, utilisant dans l'ouverture d'*Azémia* le fameux « Air des sauvages » de Rameau, mêlant, dans *Vert-Vert*, la prose de Pâques « O filii » avec une chanson à boire, histoire de symboliser à sa façon le poème de Gresset, mélange de sacré et de profane. Il aime beaucoup, du reste, cette sorte de plaisanterie musicale, et, dans *Renaud d'Ast*, l'entrée du principal personnage s'effectue, pendant une nuit d'orage, sur l'air : « Il pleut, il pleut, bergère[7]. »

Notons ici que la romance de *Renaud d'Ast* : « Vous qui d'amoureuse aventure, » est devenue le chant patriotique : « Veillons au salut de l'Empire, » et que l'air de Céphise dans la même pièce : « Comment goûter quelque repos, » s'est transformé en cantique.

Si les ensembles de Dalayrac laissent un peu à désirer, son orchestre n'est point écrit sans habileté et surpasse souvent celui de Grétry. Enfin, l'auteur de *Camille* possède à un haut degré le sentiment dramatique et l'instinct du théâtre[8].

Une vue d'ensemble sur l'opéra-comique à la fin du xviiie siècle nécessiterait l'étude des productions des nombreux auteurs étrangers, et en particulier des Italiens, qui s'abattirent sur notre seconde scène lyrique. Le développement du Concert spirituel, la fondation du Concert des Amateurs, avaient provoqué la création à Paris d'une véritable colonie musicale ; de toutes parts, les artistes étrangers affluaient dans la capitale, et un grand nombre d'entre eux cultivèrent l'opéra-comique. Ces musiciens ne rentrent pas dans notre cadre, car leur musique n'est ni de la musique française, ni de la musique francisée ou

1. A. Laget, *Le Monde artiste*, p. 137. Dalayrac reçut aussi des conseils de Grétry, dont au dire de Grétry lui-même, il fréquenta longtemps le cabinet. (Cf. *Essais*.)

2. Il signait ses œuvres M. Dal. *** ou M. Da. ***. Au sujet de l'*Éclipse totale*, Grimm approuvait l'ouverture et la chanson de Rosette. « Il y a dans tout le reste des détails agréables, mais beaucoup de réminiscences, peu de traits saillants... » (*Corresp.* litt., XIII, p. 100, 101.)

3. Il prit en mains les intérêts de ses confrères, et défendit leurs droits dans une écrit intitulé : *Réponse de Dalayrac à MM. les Directeurs de spectacles réclamant contre deux décrets de l'Assemblée nationale de 1789.*

4. Voir, pour les œuvres instrumentales de Dalayrac, la troisième partie de cette étude.

5. H. LaVoix, *la Musique française*, p. 177.

6. A. Pujol, cité dans l'article d'Auguste Laget (*Monde artiste*). Grimm jugeait la musique de Dalayrac de « bonne facture », mais il lui reprochait, ainsi que nous l'avons vu plus haut, « d'avoir peu de traits saillants », et de nombreuses réminiscences. Cf. *Corr.* litt., XIII, p. 100, 101 ; XIV, p. 216 et p. 277 (*la Dot*).

7. Tiersot, *Histoire de la chanson populaire* en France, p. 572.

8. Cf. Chouquet, *Histoire de la musique dramatique en France*, p. 181 et suiv.

ayant subi l'influence française; ce sont, pour la plupart, des improvisateurs aussi habiles que hâtifs, désireux de capter le succès coûte que coûte. Nous citerons seulement les noms de Bianchi, Fridzeri, dont les *Souliers mordorés* (1776) eurent quelque réputation; de Cambini, un des fournisseurs les plus féconds du Concert des Amateurs, auteur des oratorios du *Sacrifice d'Abraham* et de *Joad* (1775), chef d'orchestre du théâtre des Beaujolais et du théâtre Louvois; Bonesi, Antoine Bruni, Prati et Mengozzi. Nous nous arrêterons un peu plus sur Martini, Rigel et Champein. Martini (de son vrai nom Jean-Paul-Egide Schwartzendorf) était un musicien gracieux et expressif. Né en 1741, à Freestadt, dans le Haut-Palatinat, il donna, de 1771 à 1800, l'*Amoureux de quinze ans* (1771), *Henri IV* (1774), le *Droit du Seigneur* (1783), *Annette et Lubin* (1800). C'est à lui qu'on doit la célèbre romance : « Plaisir d'amour ne dure qu'un moment. » Martini s'était essayé dans la symphonie descriptive et imitative, dont l'ouverture du *Droit du Seigneur* fournit un bon exemple.

Henri-Joseph Rigel, né à Wertheim (Franconie), le 9 février 1741, arriva à Paris en 1768, après avoir travaillé avec Richter et Jomelli. Excellent maître de clavecin, il se fit connaître par ses symphonies exécutées au Concert des Amateurs, par ses oratorios joués au Concert spirituel, et donna à l'Opéra-Comique le *Savetier et le Financier* (1778), *Rosanie* (1780) et *Blanche et Vermeille* (1781).

Quant au Marseillais Stanislas Champein (1753-1800), il exagère, si possible, au détriment de leur qualité, la fécondité et la facilité de Dalayrac. Son *Nouveau Don Quichotte*, composé à la manière italienne (1795), parut sous le pseudonyme de Zucarelli. Champein restera l'auteur de la *Mélomanie* (1781), c'est-à-dire un mélodiste aisé, sans grande distinction, mais aussi sans prétentions[1].

Arrivé à ce point de son histoire, l'opéra-comique est définitivement établi dans sa forme classique, forme en laquelle Monsigny et Grétry ont coulé de véritables chefs-d'œuvre susceptibles de rivaliser avec les meilleurs opéras. Ce n'est pas à dire, toutefois, qu'il ne subsiste rien de l'ancienne comédie mêlée de vaudevilles et d'ariettes. Le genre a persisté, parallèlement à la vigoureuse floraison de l'opéra-comique, modeste satellite d'un astre resplendissant, et, après Blaise, de petits maîtres tels que Deshayes, Solié, Devienne, Caveaux et Della Maria, produisent d'aimables partitions saupoudrées de légères mélodies et de menues romances sentimentales. On a, notamment, conservé le souvenir des *Visitandines* de Devienne (1792).

La popularité attachée à l'opéra-comique donne lieu, enfin, à un fait assez curieux; après avoir puisé, à l'origine, dans le répertoire des airs populaires et des vaudevilles, voici que l'opéra-comique alimente à son tour ce répertoire au moyen de mélodies tirées de lui-même. Les plus goûtés se transforment en fredons, et il paye ainsi la dette qu'il avait contractée vis-à-vis de l'art populaire.

En résumé, nous constatons que les libres ouvrages des comédies-ballets, de la Comédie italienne et de la Foire habituérent notre public à d'autres conventions théâtrales que celles qui régnaient à l'Opéra. Il fut admis que des personnages pouvaient chanter et parler alternativement. On accepta que le pittoresque, la couleur locale, la paysannerie, la vie bourgeoise, vinssent s'afficher à la scène.

La première forme qui prit naissance au sein des anciens répertoires français et italien fut la comédie-vaudeville, plus prompte à s'établir à cause des fredons que tout le monde connaissait. Lorsque éclata la guerre des Bouffons, la comédie-vaudeville, perfectionnée par Favart, préparait déjà l'apparition d'un genre plus relevé et plus dramatique. Au moment de la Révolution, l'opéra-comique se drapera dans l'héroïsme, et prendra des attitudes tendues qui contrastent singulièrement avec les coquettes pastorales des premières années du règne de Louis XVI.

On a appelé l'opéra-comique un genre « éminemment national ». Sans doute, ses origines, la pièce à vaudevilles, en font un enfant de notre sol, bien que la comédie italienne, nous croyons l'avoir suffisamment montré, ait joué un rôle extrêmement important dans son développement, et que les opéras bouffons italiens l'aient profondément influencé. Mais on pourrait peut-être justifier, à un autre point de vue, l'épithète de « national », car l'esthétique de l'opéra-comique, en proclamant la nécessité de la simplicité et du naturel, en demandant, avec Diderot et Grétry, la substitution d'une tragédie musicale bourgeoise à l'opéra emphatique et spectaculeux, s'est profondément inspirée de tout un siècle de pensée française.

TROISIÈME PARTIE

LA MUSIQUE DE CHAMBRE, DE CONCERT ET D'ÉGLISE

Le XVIII° siècle français a produit une abondante littérature instrumentale et vocale pour la chambre, le concert et l'église, et le temps n'est plus où les historiens de la musique en France ne voyaient celle-ci qu'à travers le théâtre. C'est en foule que cantates, sonates et pièces de clavecin viennent satisfaire la passion toujours plus grande que les amateurs et les personnes de qualité manifestent à l'égard de l'art des sons. De toutes parts, disait Hubert Le Blanc dans son style imagé, les musiciens s'embarquent à voiles déployées sur la mer immense des sonates, et le *Mercure* signalait, en 1713, cette production musicale sans cesse croissante : « Les cantates et les sonates naissent ici sous les pas; un musicien n'arrive plus que la sonate ou la cantate en poche; il n'y en a point qui ne veuille faire son livre et être buriné et ne prétende faire assaut contre les *Italiens* et leur damer le pion[2]. » Héritier du glorieux passé instrumental que lui a légué le siècle précédent, où brillèrent tant de virtuoses du luth, du clavecin, de l'orgue, de la guitare et de la viole, les Gaultier, les Mouton, les Gallot, les Cham-

---

1. Cf. Grimm, *Corresp. litt.*, tomes XII, XIII, XIV, XVI.
2. *Mercure de France*, nov. 1713, p. 35.
On trouve aussi chez Lecerf de la Viéville d'intéressantes observations concernant les « mélomanes » de la fin du XVIII° siècle. On y voit, en particulier, que la jeunesse est envahie du désir de briller dans l'accompagnement, et de se constituer, de la sorte, une réputation d'habileté et de science : « Jouer des pièces pour s'amuser soi-même agréablement, ou pour divertir sa maîtresse ou son ami, est

au-dessous d'eux. Mais se clouer trois ou quatre ans sur un clavecin pour parvenir enfin à la gloire d'être membre d'un concert, d'être assis entre deux Violons et une basse de Violon de l'Opéra, et de brocher, bien ou mal, quelques accords qui ne seront entendus de personne. Voilà leur noble ambition. » (Lecerf de la Viéville, *Comparaison de la musique française et de la musique italienne*, 4° *Dialogue*, p. 104-105.) Voir aussi, sur le goût que la société manifestait pour la musique à cette époque, les *Mémoires* de Dangeau, VII, p. 320.

bonnières, les Hardel, les d'Anglebert, lesCouperin , les Le Bègue, les Thomelin, les Dumont, les Corbet, les de Visée, les Sainte-Colombe, le XVIIIᵉ siècle, fortement pénétré à ses débuts d'influences italiennes, et soumis plus tard à des influences allemandes, verra la musique de chambre et de concert se développer sous la forme de la *Suite*, de la *Sonate*, de la *Symphonie*, du *Motet à grand chœur*, de la *Cantate*, etc. Nous nous proposons ici de dresser un inventaire sommaire de la production musicale en France, en ce qui concerne la chambre, le concert et l'église, depuis la fin du XVIIᵉ siècle jusqu'à l'époque où Gluck vient réformer, avec le retentissement que l'on sait, notre tragédie lyrique, et où les symphonies d'Haydn et de Mozart sont jouées au Concert spirituel. — A cet effet, nous examinerons successivement les œuvres des organistes et clavecinistes, des instrumentistes à archet et à vent, les motets et les cantates, en suivant, autant que possible, dans chaque catégorie, l'ordre chronologique.

I. — La Musique de luth, de guitare et de harpe [1].

Disons d'abord quelques mots de la musique de luth, de théorbe et de guitare, durant la période qui nous intéresse. A la vérité, le luth est en décadence dès la fin du XVIIᵉ siècle; à l'instrument des Pinel, des Mézangeau et des Mouton, on préfère le clavecin, qui permettait de réaliser plus facilement la basse continue, ou encore la basse de viole. L'introduction du système de la basse continue en France avait eu très vite sa répercussion sur la culture instrumentale. En 1660, nous voyons apparaître une *Méthode* de Nicolas Fleury pour apprendre à toucher la basse continue sur le théorbe, dont le manche offrait, à cet égard, plus de ressources que celui du luth [2]. D'autres livres ou manuels de théorbe, dus au Bolonais Michel Bartoloni (1669) et à Henry Grénerin, montrent bien que la faveur des amateurs va vers cet instrument en raison de sa facilité; on abandonne le luth aux professionnels, aux virtuoses, et c'est un peu à la paresse des musiciens que s'adresse le *Traité de l'accompagnement pour le théorbe et le clavessin* que Delair publie en 1690 [3], et dans lequel il cherche à donner aux accompagnateurs novices des moyens pratiques et rapides pour établir tant bien que mal des successions d'accords à peu près correctes. Dans la deuxième édition de son *Traité* (1724), Delair introduisait la fameuse « règle de l'octave », qui consistait à placer à placer les accords sur les différents degrés de la gamme, toujours dans le but de faciliter l'accompagnement et la réalisation de la basse. — Les *Nouveaux Principes pour la guitare*, publiés par De Rosier en 1699, contenaient une « table universelle de

tous les accords ». Une autre cause de la décadence du luth consistait en l'emploi de la tablature, dont la lecture exigeait une étude spéciale et que les professionnels ne voulaient point abandonner. Lecerf de la Viéville se fait l'écho des amateurs, lorsqu'il rapporte qu'au début du XVIIIᵉ siècle, on renonçait au luth, parce qu'on le trouvait trop difficile [4]. Sans doute, quelques luthistes avaient cherché à supprimer la difficulté provenant de la tablature, et c'est dans cette intention que Perrine donnait, en 1680, des *Pièces de Luth en musique*, écrites avec la notation ordinaire [5], que le même Perrine publiait, en 1682, une *Méthode nouvelle et facile pour apprendre à toucher le luth sur les notes de la musique*, et une *Table pour apprendre à toucher le luth sur la basse continue ». Rien n'y faisait, le luth tombait de plus en plus en désuétude. On voit bien encore dans les corps de la musique royale-et à l'Opéra quelques luthistes, tels que François Campion et Jean-Baptiste Marchand, que Louis-Joseph Francœur remplaça à la fin de 1754, mais c'étaient là des titres de pure forme; on finissait par ignorer complètement la tablature et on transformait de plus en plus les luths en théorbes. Cette désaffection des tablatures s'étendait à la guitare, car en 1705, Campion publiait, en même temps que des *Nouvelles Découvertes sur la guitare* [6], une *Version de Tablature en musique des pièces de guitare*. Les *Pièces de théorbe et de luth* que de Visée publie en 1716 ne sont pas écrites en tablature, et l'auteur ajoute qu'elles conviennent au clavecin, à la viole et au violon. En 1715, Campion donne un des derniers traités d'accompagnement « pour le théorbe, la guitare et le luth [7] ». Lorsque la mode des instruments champêtres, vielles et musettes, s'établit en France, le luth sera une victime du nouveau goût, car on le transformera sans vergogne en vielle, et l'abbé Carbasus le traitera « d'instrument gothique et méprisable ». Dès 1732, la raillerie s'attaque à ce pauvre instrument, et les rares musiciens qui persistent à s'y adonner se voient considérés curieusement comme des témoins d'un âge disparu.

Le dernier luthiste que l'on entendit à Paris fut Kohaut, qui, en 1763 et 1764, joua au Concert spirituel des duos pour luth et violoncelle avec le violoncelliste Duport. L'invention du *Bissex*, en 1774, par Van Hecke, n'eut aucun succès. Ce que perdait le luth, le clavecin et la basse de viole le gagnaient, nous allons bientôt le constater.

Si le XVIIIᵉ siècle a appris la décadence du luth, il a donné, dans ses dernières années, un renouveau de faveur à la guitare. A partir de 1760, on voit, en effet, paraître de nombreux recueils d'« airs avec guitare », les chanteurs à la mode, dont Jelyotte, ayant propagé l'usage de l'instrument. Ce sont alors les *Recueils de chansons avec guitare* de Patouart (1761), les *Airs avec guitare* de Merchi (1762, 1764), les *Airs*

1. BIBLIOGRAPHIE GÉNÉRALE. — Ph.-J. Meyer, *Essai ou méthode sur la vraie manière de jouer de la harpe* (1763). — Winter, *Versuch einer richtigen Art die Harfe zu spielen* (1772). — Backofen, *Anleitung zum Harfenspiel* (1801). — Mᵐᵉ de Genlis, *Nouvelle Méthode pour apprendre à jouer de la harpe* (1806), et *Mémoires* (édit. de 1825), I, p. 87 et suiv. — Gevaert, *Nouveau Traité d'instrumentation.* — Michel Brenet. *Notes sur l'histoire du luth en France*, Turin (1899). — *Les Concerts en France sous l'ancien régime* (1900). — et Mᵐᵉ de Genlis musicienne, S. I. M., 15 février (1912). — E. de Rey-Pailhade, *les Instruments de musique anciens et modernes* (1911). — G. Cucuel, *Études sur un orchestre au dix-huitième siècle* (1913).

2. M. Brenet, *Notes sur l'histoire du luth*, p. 76.

3. *Traité d'accompagnement pour le théorbe et le clavecin, qui comprend toutes les règles nécessaires pour accompagner sur ces deux instruments, avec des observations particulières touchant les différentes manières qui leur conviennent; il enseigne aussi à accompagner les basses qui ne sont pas chiffrées.* — Une 2ᵉ édition parut en 1724.

4. Voici en quels termes s'exprime Lecerf : « On leur demande [aux jeunes gens d'aujourd'hui] pourquoi ils ont abandonné le luth, cet instrument si vanté, si harmonieux, et qui, dans trente ans, ne sera plus connu que de nom; ils répondent qu'il est trop difficile. Est-il moins difficile d'accompagner? Il l'est autant et vingt fois plus d'accompagner des pièces italiennes [ce qui était alors la manie]. Mais le luth ne les feroit pas aujourd'hui concerter. Ils veulent avoir entrée et faire figure dans le corps des Musiciens. » (Lecerf, *Comparaison*, 4ᵉ *Dialogue*, p. 105.)

5. M. Brenet, *loco cit.*, p. 77, 78.

6. *Nouvelles Découvertes sur la guitare contenant plusieurs suites de pièces sur huit manières différentes d'accorder* (1705).

7. *Traité d'accompagnement et de composition selon la règle des octaves de musique* (1715). Campion s'intitulait, en 1715, « maître de théorbe et de guitare » de l'Académie royale de musique.

avec guitare de Bezard (1764), de Morbé (1765), de Gougelot (1766). A la guitare se joint la mandoline, dont Cifolelli joue des sonates au Concert spirituel et dont Léoné publie en 1768 une *Méthode*[1]. Plus tard, en 1775, Bailleux devait éditer une *Méthode de guitare et de mandoline*. Laurent donnait en 1774 un *Choix d'ariettes* avec accompagnement de cytre ou guitare allemande, et Corbelin faisait connaître, en 1776, sa *Méthode de guitare*. Ariettes, romances, vaudevilles, airs d'opéra-comique en vogue, sont arrangés pour la guitare, ou accompagnés par celle-ci, et d'innombrables recueils, parmi lesquels nous citerons ceux de Berquin, de Pollet aîné et de Mⁱˡᵉ de Contamine, voient alors le jour.

A côté de la guitare, la harpe va jouer un rôle extrêmement important, puisque non seulement elle servira d'instrument d'accompagnement, mais encore elle sera incorporée à l'orchestre symphonique. Dès la fin du xviiᵉ siècle, elle était fréquemment employée, et une cantate de Sébastien de Brossard, *les Trois Enfants de la fournaise de Babylone*, en fait usage. L'instrument ne comportait pas alors de pédales. C'est Hochbrucker, de Donauwerth, qui, le premier, en 1710, munit la harpe de cinq pédales[2], et c'est un instrument de cette nature que l'Allemand Georges-Adam Geopffert présenta au Concert spirituel, le 25 mai 1749. Geopffert, qui était musicien de la Poupelinière, s'établit à Paris comme professeur de harpe, et Mᵐᵉ de Genlis rapporte qu'on l'avait surnommé le roi David. Une véritable école de harpe fonctionnait à Passy chez la Poupelinière, et l'instrument nouveau ne tarda pas à faire fureur[3]. Christian Hochbrucker en joue au Concert spirituel en 1760 et 1761, et Ph.-J. Meyer en 1762. De toutes parts éclosent des « pièces de harpe », pièces originales ou simples adaptations. A la harpe, on ne tarde pas à adjoindre d'autres instruments, tels que le violon, la flûte, le clavecin ou le forte-piano, et une copieuse littérature prend ainsi naissance. A partir de 1760, Simon entreprend la publication de recueils de petites pièces arrangées pour la guitare ou la harpe; en 1762, *Ignace* donne ses *Pièces de harpe*; en 1763, Meyer fait connaître sa *Méthode de harpe*, et Schenker (1765) le premier de ses trios pour harpe. Citons le *Recueil d'airs choisis*, avec accompagnement de harpe et de lyre, par Mᵐᵉ de Saint-Aubin (1765)[4], les *Sonates pour la harpe*, avec accompagnement de violon, de Lévy (1765), les *Six Divertissements pour harpe et violon* de Meyer (1767), les arrangements des menuets de Bauerschmidt pour harpe et clavecin (1767). Puis, en 1771, le fécond Petrini commence la publication de ses ouvrages pour

la harpe, parmi lesquels nous signalerons le *Divertissement pour harpe, flûte, violon et basse* (1774) et des *Sonates pour la harpe, avec accompagnement de violon ad libitum*.

Ainsi, non seulement la harpe servait à l'accompagnement de la voix[5], rôle qu'elle joue dans les nombreux recueils factices d'ariettes et de romances qui paraissent à partir de 1760, mais encore, dès cette époque, on lui confie un rôle d'instrument « récitant », dont les *Amusements des Dames*, de J.-B. Miroglio (harpe, clavecin avec violon *ad libitum*), nous fournissent un intéressant exemple. Enfin, l'usage de la harpe se propage à l'Opéra, avec l'*Orphée* de Gluck, en attendant que J.-B. Krumpholtz et Sébastien Erard achèvent de perfectionner l'instrument.

II. — La musique pour instruments à clavier[6].

Nous étudierons simultanément sous cette rubrique la musique d'orgue et celle de clavecin, ainsi que les musiciens qui ont cultivé ces deux instruments, car, depuis la fin du xviiᵉ siècle jusque fort avant dans le xviiiᵉ, l'organiste était presque toujours doublé d'un claveciniste, et *vice versa*. Organistes et clavecinistes ont écrit indifféremment des pièces d'orgue et des pièces de clavecin auxquelles ils ont, plus d'une fois, adjoint des pièces « en concert » nécessitant l'emploi d'autres instruments, tels que les instruments à archet.

On peut considérer Jacques Champion de Chambonnières[7] comme le fondateur de l'école française de clavecin.

Né en 1602, de Jacques Champion, sieur de la Chapelle, et d'Anne, fille de Robert Chatriot, sieur de Chambonnières, il ajouta ce dernier nom à son nom patronymique, et eut fort à cœur de figurer parmi les gens de qualité. Claveciniste de Louis XIV en 1643; il mena cependant une existence assez errante, cherchant du service en Suède et à la cour de Brandebourg, et mourut à Paris vers 1672. Son œuvre est fort importante, car il a laissé plus de cent pièces de clavecin en lesquelles se montrent déjà la plupart des qualités de l'école de clavecin française. Nous possédons de lui deux livres de *Pièces de clavessin*, contenant des airs de danse groupés en ensembles qui relèvent manifestement de la *Suite* de luth. En France, cette *Suite* de luth possède un type bien net, représenté par trois danses caractéristiques, disposées dans l'ordre suivant : *Allemande*, *Courante*, *Sarabande*, et appartenant à la même tonalité. C'est autour de ce dispositif primordial, autour de ces

1. On écrivit même des duos à deux mandolines (Merchi, 1766).
2. M. de Pontécoulant, dans son *Organographie* de 1861 (I, p. 220), prétend que la harpe à pédales fut introduite en France par un musicien appelé Strecht. Ce nom est complètement inconnu.
3. G. Cucuel, *Études sur un orchestre au dix-huitième siècle*, p. 32, 33.
4. Mᵐᵉ de Saint-Aubin faisait partie du cercle de la Poupelinière. Cf. Cucuel, *loco cit.*, p. 32.
5. Le plus ancien morceau de harpe publié en France se trouve dans le journal *l'Echo*, en août 1760 (Cucuel, *loco cit.*, p. 33).
6. BIBLIOGRAPHIE GÉNÉRALE. — Amédée Méreaux, *les Clavecinistes de 1637 à 1790*, Paris, 1867. — D'Oscar Paul, *Geschichte des Klaviers*, 1868. — E. Sansay, *L'école de l'accompagnement* (1869). — Labat, *les Organistes du dix-huitième siècle*, 1872. — Marmontel, *l'Art classique et moderne du piano : les Pianistes célèbres*, 1878. — Louis Grignon, *Vieilles Orgues et Vieux Organistes*, Châlons, 1879. — I. Pillault, *Instruments et musiciens*, 1880. — A.-G. Ritter, *Zur Geschichte des Orgelspieles, vornehmlich des deutschen im 14 bis zum Anfange des 18 Jahrhunderts*, 1884. — Weckerlin, *Catalogue de la réserve du Conservatoire*, 1886. — B. Kothe et Th. Forchhammer, *Führer durch die Orgel litteratur*, 1890. — L. Farrenc, *Traité des abréviations employées par les clavecinistes*, 1895. — A. Pirro et G.

Guilmant, *Archives des Maîtres de l'Orgue des seizième, dix-septième et dix-huitième siècles*, 8 vol. — J. Lalouе, *le Clavecin*, 1896. — Bie, *Geschichte der Clavier Musik*, 1898. — A. Pirro, *les Organistes français du dix-septième siècle* (Trib. de Saint-Gervais, 1898), et *l'Esthétique de Jean-Sébastien Bach*, 1907. — Weitzmann (Seiffert-Fleischel), *Geschichte der Klavier Musik*, 1899. — H. Quittard, *les Anciennes Orgues françaises* (Trib. de Saint-Gervais, 1899.) — L.-A. Villanis, *l'Arte del clavicembalo*, 1901. — E. de Bricqueville, *Notes historiques et critiques sur l'orgue*, 1899. — P. Clabesus, *Nos vieux Maîtres, Les clavecinistes célèbres de France, de 1620 à 1768* (1903). E. Rapin, *Histoire du Piano et des Pianistes*, Lausanne-Paris, 1904. — L. Greilsamer, *Pianistes et Clavecinistes* (Guide musical, 1904, p. 825). — H. Michel, *La Sonate pour clavecin avant Beethoven* (1908). — Ed. Ballot, *les Grandes orgues de l'église Saint-Gervais* (Bulletin mensuel de la Société de Saint-Jean, Paris, 1911). — Ch. Symon, *les Grandes Orgues de l'église Saint-Gervais* (*La France illustrée*, novembre 1911, p. 407-408).

7. Sur Chambonnières, voir Le Gallois, *Lettre à Mⁱˡᵉ Regnault de Soliet concernant la musique*, p. 72, 74. — H. Quittard, *Revue internationale de musique*, I, 1898, p. 722; *Jacques Champion de Chambonnières* (Tribune de Saint-Gervais, 1901). — J.-G. Prod'homme, *Écrits de musiciens*, 1912, p. 180, 181.

trois axes que l'architecture de la *Suite* va se développer, aussi bien dans la littérature du luth que
dans celle du clavecin; mais, quelle que soit l'extension que prendra la *Suite*, le dispositif ternaire initial
et une tonalité constante en constitueront les caractères distinctifs et essentiels.

En tête, on ajoutera un *Prélude* non mesuré; à la
place de l'*Allemande*, on mettra une *Pavane*, et on fera
suivre la *Sarabande* d'une *Gigue*; mais le souhasse-
ment primitif demeurera toujours perceptible, et ce
sera généralement après le dispositif principal que
se produiront les modifications. Ce dispositif reste
la tête de la *Suite*, tête à laquelle on ajoute d'autres
danses telles que la *Gavotte*, la *Passacaille*, la *Bourrée*,
le *Rigaudon*, la *Chaconne*, etc., danses qui sont tantôt intercalées entre la *Sarabande* et la *Gigue*, tantôt
placées à la file après la *Gigue*. Désignons par A, C,
S, les trois types initiaux des airs de danse qui constituent l'embryon de la *Suite*, par P le *Prélude*, et par
G la *Gigue*, nous obtiendrons, pour représenter l'é-
volution architecturale de la *Suite*, les schémas suivants :

(Danses intercalées.)

P.-[A.-C.-S.]. . . . .[G.]

(Tête.)   (Queue.)

ou bien :

(Danses ajoutées.)

P.-[A.-C.-S.]-[G.]. . . . .

(Tête.)   (Queue.)

Vers 1650, une forme nouvelle, le tranquille *Tombeau*, se substitue parfois à l'*Allemande*, et on a alors
le dispositif :

Prélude, Tombeau, Courante, Sarabande, Gigue.

Il convient, du reste, de remarquer cette forme
de *Tombeau*, que les luthistes transmettent aux clavecinistes, et dont le caractère expressif d'hommage
funèbre dérive de celui des « Tombeaux poétiques »
si fréquents dans la littérature du XVIᵉ siècle, n'est
autre qu'une *Allemande grave*. En raison de l'intention que les musiciens se proposaient de réaliser,
il leur fallait une danse triste et solennelle. L'*Allemande grave* remplissait cette double condition, et
nous savons que les luthistes l'exécutaient en accompagnant leur jeu d'une mimique appropriée. C'est
aux effets d'exécution dont les *Tombeaux* étaient
l'occasion qu'il faut faire remonter l'origine d'un cer-

tain nombre d'artifices rythmiques tels que les notes
pointées, par exemple. Au point de vue expressif, le
facteur rythmique a toujours été prépondérant, et
c'est à lui, bien plutôt qu'au facteur tonal ou modal,
que les luthistes et les clavecinistes demandaient les
moyens de réaliser leurs « peintures » musicales[1].

Remarquons enfin, et c'est là une observation générale qui s'applique à tous les airs de danse incorporés dans les *Suites*, que ces airs de danse n'y figuraient que sous le couvert d'une complète idéalisation
symphonique. Du temps de Chambonnières, l'*Allemande* ne se dansait plus. Les autres airs de danse
devenaient de petites pièces symphoniques tout à
fait impropres à accompagner des mouvements chorégraphiques : « Ni le luth, ni plus tard le clavecin,
écrit M. Quittard, n'étaient vraiment bien propres à
satisfaire, au cours d'un bal, les exigences de ceux
qui se proposaient d'y faire admirer une savante chorégraphie[2]. » La construction essentiellement polyphonique de ces morceaux, dans les *Suites* de clavecin,
empêchait que l'accompagnement de la mélodie princi-
cipale jouât un rôle conducteur au point de vue de
l'orchestique, ainsi qu'il arrive pour nos airs de danse
modernes.

Souvent, dans les *Suites* de luth, dans celles de
de Visée, par exemple, on constate que le musicien
s'efforce de provoquer des contrastes, en faisant se
suivre des danses gaies et des danses graves d'un
même type. L'*Allemande* se trouve dans ce cas, et il
y a fréquemment une *Allemande gaie* et une *Allemande
grave*. Tel est le dispositif qui passe tout entier dans
la *Suite* de clavecin, et que les deux *Livres* de Chambonnières nous permettent d'étudier. Chez lui, l'*Allemande*, la *Courante*, la *Sarabande*, forment le noyau
de la *Suite*; il cherche le contraste des vitesses, en
alternant les mouvements lents et les mouvements
vifs; il cherche encore à créer un style propre au clavecin, style éminemment expressif, en lequel le contrepoint s'allège, afin que chaque voix puisse se
mouvoir avec élégance et qu'il soit possible de produire des effets de sonorité et de coloris.

Enfin Chambonnières, dans la Préface du premier
livre de ses *Pièces de clavecin*[3], attache une grande
importance à l'emploi des agréments, dont il donne
la table ci-après.

Cadence	Pincement	Port de Voix	Double Cadence	Coulé	Harpègement	Harpègement

Démonstration des Marques.

Cette table est la première qui ait été publiée en
France pour le clavecin.

Il importe de remarquer que la *Suite* de clavecin,
telle qu'elle apparaît dans l'œuvre de Chambonnières,
et qu'elle apparaîtra dans celle de Couperin, témoi-

gne, par la façon dont son écriture est réalisée, de la
profonde influence qu'a exercée sur elle la *Suite* de
luth. Les clavecinistes ont emprunté aux luthistes
toute une série de procédés et de particularités qui

1. *Les Tombeaux en musique*, par M. Brenet (*Revue musicale*, 1903, p. 568 et 631).
2. Voir sur ce point l'article publié par M. Henri Quittard dans la *Revue musicale* du 15 octobre 1906, p. 482.
3. Le premier livre des *Pièces de clavecin de Monsieur de Chambonnières* (1670) est dédié à la duchesse d'Enghien et contient quatre pièces de vers en l'honneur de l'auteur, dont deux latines et deux fran-

çaises. Une des premières porte la dédicace suivante :

AD NOBILISSIMUM VIRUM J. CAMBONERIUM CLAVICEMBALI MODULATOREM HUJUSCE AETATIS FACILE PRINCIPEM

et commence par ces vers :

QUANTO VIRGILIO VATES DECEDIMUS OMNES, TANTO CAMBONIDE TIBI CEDAT ET ORPHEUS.

Le privilège accordé à Chambonnières pour ses *Pièces de clavecin* est du 25 août 1670.

n'étaient nullement commandés par leur instrument, mais que la technique du luth rendait indispensables. Retards d'une partie sur l'autre, comme dans la *Dunquerque* de Chambonnières, résolutions suspendues, fréquentes chez Couperin, prolongations de seconde transportées sur le clavier et provenant du prolongement du son d'une note à l'autre, lorsque celles-ci sont pincées sur deux cordes différentes du luth, voilà des caractères qui s'observent souvent dans la littérature de clavier de cette époque, et qui soulignent chez les clavecinistes une imitation évidente des artifices du luth. De même, les *diminutions* des thèmes se réalisent au clavecin par des moyens identiques à ceux qui s'emploient sur le luth. M. Quittard note, à cet effet, des gammes diatoniques d'étendue variable, puis des traits provenant de la résolution de séries de tierces. Les *ornements*, eux aussi, prouvent la parenté des deux manières.

Sans doute, les clavecinistes s'efforcent de se créer un style qui soit propre à leur instrument, mais cet effort utilise des dispositifs empruntés au luth. Les *Préludes*, par exemple, avec leur « apparence d'une suite de grands accords arpégés, entremêlés de traits diatoniques et de broderies diverses », avec leurs modulations audacieuses, rappellent tout à fait les préludes improvisés par les luthistes. On y introduira des épisodes mesurés, traités en style fugué, mais leur forme générale restera celle des *Suites* de luth, et le claveciniste se bornera à multiplier les passages, à développer les traits, à faire parade de virtuosité. La *Suite* de clavecin, tant au point de vue morphologique qu'à celui de sa réalisation intime, dérive donc de la *Suite* de luth[1].

Chambonnières eut pour élèves les trois frères Couperin, et nous devons nous arrêter sur cette intéressante famille qui a joué en France un rôle analogue à celui que joua en Allemagne la dynastie des Bach, puisque, pendant près de deux cents ans, les Couperin pratiquèrent l'art musical[2].

Louis, François et Charles Couperin étaient tous originaires d'une petite ville de la Brie, Chaume, située à proximité de la terre de Chambonnières. Après une fête donnée chez Chambonnières vers 1653, et à laquelle les Couperin se seraient fait entendre, le claveciniste conseilla à Louis Couperin de l'accompagner à Paris[3].

Louis Couperin naquit à Chaume vers 1626, de Charles et de Marie Andry, et était mort en septembre 1661, ainsi que le prouvent deux lettres conservées dans les archives du ministère de la guerre[4]. Élève de Chambonnières, il ne tarda pas, selon Le Gallois[5], à se placer presque au niveau de son maître, obtint l'orgue de Saint-Gervais vers 1655, et fut violiste de la chapelle du roi. D'après ses contemporains, il touchait l'oreille, tandis que Chambonnières touchait le cœur. Son œuvre consiste en trois *Suites de pièces de clavecin* demeurées manuscrites[6], qui constituent un véritable monument dans la littérature française du clavecin, et en *Symphonies* pour deux violes et le clavecin. Louis Couperin introduit dans ses *Suites* des *Préludes* composés d'une entrée très libre en style lié et en harmonies brisées, reliée à un mouvement intermédiaire en style fugué, auquel succède un autre mouvement qualifié *suite* et ramenant les passages de fantaisie du début. On peut voir dans cette disposition un type analogue à celui qu'emploie Gabrieli dans ses *Toccate*. Ces *Préludes*, absolument originaux, sont écrits sans mesures marquées et sans indication de valeurs; la succession des grands accords arpégés qu'ils développent, en les entremêlant de traits d'ornements, module souvent avec hardiesse. Les airs de danse, construits sur les types traditionnels, marquent une tendance à se développer qu'on voit seulement esquissée chez Chambonnières; mais Couperin veille à ce que le sentiment mélodique ne soit point écrasé par sa solide polyphonie; dans les pièces comportant plusieurs reprises (*Chaconnes*), il prend soin d'éviter la monotonie que la forme serait susceptible de provoquer, et cela, au moyen d'artifices harmoniques des plus ingénieux. On rencontre même des refrains transposés au relatif qui annoncent avec une singulière précocité le futur développement symphonique.

Couperin n'a pas peu contribué à briser l'ancien système des tonalités au bénéfice du dualisme du majeur et du mineur. Comme Chambonnières, mais avec plus d'audace que son maître, il parcourt une grande partie du cycle des tonalités. À signaler de lui, sous le nom du *Tombeau de M. Blancrocher*, un véritable petit poème symphonique que nous reproduisons ici d'après le manuscrit de la Bibliothèque nationale[7].

1. H. Quittard, *les Origines de la Suite de clavecin* (*Courrier musical*, 13 novembre et 15 décembre 1911).

2. Sur les Couperin, consulter: Titon du Tillet, *le Parnasse français*, édit. de 1732, p. 403, et *Suite du Parnasse français*, CCLXI, p. 664 (1743). — Daquin, *Lettres sur les hommes célèbres...*, I, lettre V. — Fontenai, *Dictionnaire des artistes*, 1776. — Ladvocat, *Dictionnaire historique*, 1777. — Laborde, *Essai sur la musique ancienne et moderne*, 1780, p. 408, 610. — Gabet (Ch.), *Dictionnaire des artistes de l'école française au dix-neuvième siècle*, 1831 (article Taskin). — Denne-Baron (D.), *Patria. Histoire de l'art musical en France* (1846), p. 2312, 2316. — Amédée Méreaux, *les Clavecinistes de 1637 à 1790* (1867). — Jal, *Dictionnaire critique*, p. 440-441. — Lhuillier (Th.), *Note sur quelques musiciens dans la Brie*, 1870. — Grégoir (E.-G.-J.), *Des Gloires de l'Opéra et de la musique* (1878), II, p. 21, 114, 218, 219, III, p. 31, 32, 45. — Marmontel (A.), *Symphonistes et Virtuoses* (1880). — Weckerlin (J.-B.), *Nouveau Musicien* (1890). — Quittard (H.), *Revue musicale*, 1902, p. 438 et 1903, p. 129. — Pirro (A.), *Tribune de Saint-Gervais*, oct. 1903, p. 361, 365. — Bricqueville (E. de), *la Couperin* (1905). — Ecorcheville (J.), *Bulletin de la Société de l'art fran-*
cais, 1907, fasc. III. — Hartmann (G.), *la Cité*. Bulletin trimestriel de la Société historique et archéologique du IV° arrondissement de Paris, juillet 1907, octobre 1910, et les deux articles de MM. Ballot et Symon mentionnés à la Bibliographie générale de la musique pour instruments à clavier.

3. Le nom de Couperin figure parmi ceux des musiciens qui prirent part aux ballets de cour de *Psyché* (1656), de l'*Amour malade* et des *Plaisirs troublés* (1657), de la *Raillerie* (1659) (Arch. Opéra. *Manuscrit Nuitter.*)

4. Arch. historiques du Ministère de la guerre, n° 162, f° 162. Le ms. français 10252 de la Bibl. nat. nous apprend la date de sa mort, 29 août 1661.

5. *Lettres à Mlle Regnault de Solier touchant la musique* (1680). L'abbé Le Gallois dit que sa manière de jouer était estimée par les personnes savantes.

6. La Bibl. nat. possède ce manuscrit sous la cote Vm⁷, 862.

7. Publié dans le *Trésor des Pianistes* de Farrenc (vol. XX). Blancrocher était le fils d'une filleule du prince de Conti; excellent luthiste, il se lia d'amitié avec Froberger, qui fit un *Tombeau* pour lui.

Tombeau de Mr de Blanc-Rocher.

On remarquera qu'à deux reprises différentes, Couperin y figure un glas, dispositif fréquent chez les musiciens du XVIIe siècle, qui aimaient beaucoup à représenter des *Carillons*. On trouve dans le vol. I de la collection Philidor un *Carillon* de Couperin.

Son second frère, François Couperin[1], fut aussi élève de Chambonnières. Né à Chaume vers 1631 ou 1632, il vint probablement à Paris en même temps que Louis, c'est-à-dire vers 1656; à la mort de son frère, il eut l'orgue de Saint-Gervais, et mourut par accident en 1703, à l'âge de 72 ans. Titon du Tillet raconte qu'il cultivait beaucoup la dive bouteille; il se faisait appeler le seigneur de Crouilly. Son talent de professeur était fort apprécié[2].

Il a laissé quelques pièces vocales et un livre d'orgue : *Recueil de pièces d'orgue consistant en deux messes, l'une à l'usage ordinaire des paroisses pour les fêtes solennelles, l'autre pour les couvents de religieux et religieuses* (in-4°, s. d.)[3]. François Couperin est original, plein d'imagination; ses offertoires sont longuement développés.

Le troisième frère de Louis, Charles Couperin, fut baptisé le 9 avril 1638 à Chaume i. Titon du Tillet l'appelle un savant organiste »; il tint, lui aussi, l'orgue de Saint-Gervais à partir de 1661, et mourut en 1679; il avait épousé, le 20 février 1662, Marie Guérin, dont il eut, le 10 novembre 1668, un fils qui devait devenir le fameux François Couperin, dit le Grand[5].

Avec le Parisien François Roberday, valet de la chambre servant par quartier de la reine Anne d'Autriche et de la reine Marie-Thérèse, nous trouvons un organiste sur lequel Frescobaldi a exercé une certaine influence[6]. Roberday publie en 1660 des *Fugues et Caprices à quatre parties, mises en partition pour l'orgue*, dont l'avertissement nous indique que ce recueil contient des pièces de J.-J. Froberger et de Frescobaldi, et que, pour celles qu'il a composées lui-même, les sujets lui ont été fournis par La Barre, Couperin, Cambert, Froberger et d'Anglebert. En outre, Roberday se montre très influencé par les musiciens allemands et italiens. C'est ainsi qu'il traite la suite chromatique descendante à l'imitation de ceux-ci. Il eut l'orgue des Petits-Pères, et mourut antérieurement à 1695. On sait qu'il fut le maître de Lulli.

D'Anglebert, qui portait les prénoms de Jean-Henri, naquit en 1735[7] et remplissait, en 1661, les fonctions d'organiste du duc d'Orléans; trois ans après, en 1664, il s'intitule : « ordinaire de la musique de la chambre du roi pour le clavecin »; il était, en outre, « joueur d'épinette de la chambre de S. M. ». Il a laissé des *Pièces de clavecin*[8] qui portent la date de 1689, et auxquelles est jointe une table d'*agréments* (Marques des agrémens et leur signification). On sait, en effet, que l'usage des *agréments* est une caractéristique issue, tout comme l'architecture de la *Suite*, du style de luth. Nous donnons, ci-après, la table des agréments de Jean-Henri d'Anglebert :

Cette table montre quelle variété d'ornements était déjà familière à d'Anglebert.

On a expliqué cette pratique ornementale en invoquant la nécessité dans laquelle on se trouvait de remédier à la sécheresse de l'instrument, dont la

1. A. Pirro, *François Couperin* (*Tribune de Saint-Gervais*), oct. 1903).

2. Il se maria deux fois, la première fois avec Madeleine Joutteau, la seconde fois avec Louise Bougard (Jal, loco cit., p. 440, 441).

3. Il est possible de dater approximativement ces pièces, car le privilège accordé à Couperin est du 2 sept. 1690. Elles ne furent point gravées.

4. L'Huillier (loco cit.), p. 15.

5. Titon du Tillet (*Suite du Parnasse français jusqu'en 1743*,

p. 664) a rectifié, lui-même, la date de la mort de Charles Couperin, 1679 et non pas 1669 comme tous les historiens modernes l'ont répété.

6. *Archives des Maîtres de l'Orgue des seizième, dix-septième et dix-huitième siècles*, t. III. — *Tribune de Saint-Gervais*, mars et avril 1901. — *L'Esthétique de J.-S. Bach*, par A. Pirro, p. 427.

7. Jal, *Dictionnaire critique*, p. 51, 52.

8. Cf. Dannreuther, *Musical Ornamentation*, p. 93. — Weitzmann, *Geschichte der Klavier-Musik*, p. 286 et suiv.

sonorité fort grêle résultait de l'agrippement des cordes par des becs de plume; les ornements permettaient de prolonger le son, et c'est là, sans doute, une des raisons de leur emploi; mais il y en a, bien certainement, d'autres d'ordre esthétique. On peut affirmer, d'abord, qu'ils passèrent du luth, où leur usage était courant, au clavecin, et ensuite, que leur mise en œuvre permettait au compositeur, encore bien limité sur le terrain de la liberté mélodique, d'ouvrir la porte à son imagination, de briser la monotonie de formules un peu timides et traînantes par le jeu de tous ces petits artifices décoratifs, d'introduire l'expression en un style souvent austère et froid, en un mot, de communiquer à ce style un peu de chaleur, de vie et de libre fantaisie. L'ornement traduit le caprice du compositeur; il est conforme à l'esthétique française si favorable à l'embellissement de la nature. C'est en lui que gît le germe, l'embryon du pouvoir expressif.

D'Anglebert, dans ses *Pièces de clavecin*, témoigne d'une originalité qui souligne le culte que l'on professait de son temps pour la musique dramatique en général et pour celle de Lulli en particulier, car aux formes types de la *Suite* il ajoute des *Ouvertures* ou des danses favorites empruntées aux opéras[1], ou encore des mélodies d'origine populaire, des vaudevilles. Tout cela se présente en un style tissé de petites imitations, et dans lequel la ligne mélodique reste étriquée, sans ampleur. Du moins, d'Anglebert manifeste-t-il clairement l'intention d'élargir la forme *Suite*.

Cette même intention se manifeste chez Nicolas Le Bègue, né à Laon en 1630, et qui, après avoir été organiste du roi par quartier en 1678 et organiste de Saint-Médéric, mourut à Paris le 6 juillet 1702, selon Fétis. Il était, d'après le *Mercure galant*, « également recommandable par sa rare piété et par l'excellence de son art », et le roi « l'honorait d'une estime particulière ». Le Bègue a composé trois *Livres d'orgue* et un *Livre de clavecin*, dont l'étude présente le plus vif intérêt. Les livres d'orgue remontent à 1676, les pièces pour clavecin à 1677[2].

Dans ces dernières, Le Bègue présente des *Suites* de type français, qui s'ouvrent par l'*Allemande* et font suivre celle-ci des airs de danse habituels; mais, comme Louis Couperin, Le Bègue ajoute aux

anciens types d'autres formes de danses, des *Gavottes, Menuets, Canaries, Bourrées, Rondeaux*, etc.; de plus, il supprime les titres descriptifs et rompt l'unité tonale en plaçant après une série de danses en majeur une autre série de danses en mineur; il se distingue de Couperin dans ses *Préludes*, qu'il établit dans un style de *Toccata* : « J'ay tâché, écrit-il, de mettre les préludes avec toute la facilité possible, tant pour la conformité que pour le toucher du clavecin, dont la manière est de *séparer et de rebattre plustôt les accords que de les tenir ensemble à l'orgue.* »

Tandis que Couperin ne mesure pas ses *Préludes*, Le Bègue mesure les siens, et fait preuve d'une plus grande liberté mélodique; il ne faut point chercher chez lui la rigueur du contrepoint; Le Bègue donne toutes ses préférences à l'harmonie, et sa façon de manier le chromatique est tout à fait remarquable pour l'époque.

Un autre organiste, Nicolas de Grigny[3], mérite une grande attention, en raison de la place très importante qu'il occupe parmi les artistes de son temps, dont l'écriture fort relâchée sentait plus ou moins l'improvisation. Nicolas de Grigny, né à Reims en février 1671, appartenait à une famille de musiciens, et fut élève de Jacques Rousseau à la maîtrise de Rouen; puis il vint à Paris, où nous le voyons figurer parmi les organistes en 1695. Il mourut le 30 novembre 1703, à Reims, et fut enterré à l'église Saint-Michel de cette ville. Son *Livre d'orgue contenant une messe et quatre hymnes pour les principales fêtes de l'année* fut publié après sa mort, en 1711. La Bibliothèque de Berlin possède une copie partielle des pièces d'orgue de de Grigny, avec la date de 1700, et Bach lui-même transcrivit dans sa jeunesse le *Livre d'orgue* du musicien rémois[4].

De Grigny réagit contre le style haché et martelé que pratiquaient la plupart des organistes de son temps, portés souvent à traiter l'orgue comme le clavecin au point de vue rythmique. Sa musique est grave et élégante à la fois; il sait développer et assouplir sa ligne mélodique et les thèmes de plain-chant, qu'il traite « en longues lignes fleuries ». Il connaissait les œuvres de Froberger et n'ignorait point les maîtres italiens, ainsi qu'en fait foi sa façon de manier le chromatique. Il traitera, par exemple, le thème suivant :

d'une façon qui ne rappelle en rien le style de nos organistes.

Jacques Boyvin[5] (1653[?]-1706) fut organiste de N.-D. de Rouen de 1674 à 1706, et se vit désigner plusieurs fois pour expertiser les orgues de la ville ou pour juger des organistes. Lecerf de la Viéville cite ses

pièces d'orgue, qu'il qualifie d'excellentes. Organiste à Saint-Herbland en 1697, Boyvin mourut le 1er juillet 1706.

Son œuvre comprend deux *Livres d'orgue contenant les huit tons à l'usage ordinaire de l'église*, parus tous deux en 1700, et un *Traité abrégé de l'accompa-*

1. En 1689, d'Anglebert publiait des *Pièces de clavecin avec la manière de les jouer; diverses chaconnes, ouvertures et autres airs de M. de Lully mis sur cet instrument*.

2. Fétis, II, p. 321. — *Catalogue de la réserve du Conservatoire*, p. 476. — Weitzmann, *Geschichte der Klavier Musik*, p. 283 et suiv. —Le *Mercure galant* de novembre 1699 rapporte que Le Bègue subit l'opération de la taille au mois d'octobre précédent, et se rétablit promptement (p. 222-225). Le privilège concédé à Nicolas Le Bègue pour ses pièces d'orgue et de clavecin remonte au 16 septembre 1675.

3. *Archives des maîtres de l'orgue*, tome III, A. Pirro dans la *Tri-*

bune de Saint-Gervais, XI, p. 14, et l'*Esthétique de Bach* (1907), p. 424-427.

4. Voir à ce sujet, et aussi à l'égard de l'influence exercée par de Grigny sur les musiciens allemands, le livre de M. A. Pirro, l'*Esthétique de J.-S. Bach*, p. 424 et suivantes.

5. Archives des maîtres de l'orgue, tome IX. — J. Carlez, *Quelques Musiciens de Rouen, Boyvin, Broche, Ezaudet, Chapelle* (*Mém. de l'Acad. de Caen*, 1883). — Abbé Collette, *Notice historique sur les orgues et les organistes de la cathédrale de Rouen*, 1894.

gnement[1], publication de grande valeur que l'on traduisit en italien et en hollandais, et qui offre beaucoup d'intérêt au point de vue de la pratique musicale de la fin du XVIIe siècle. Boyvin y indique, notamment, la technique de l'orgue pour les dissonances : « Sur l'orgue, écrit-il, il faut lier les dissonances, c'est-à-dire qu'il faut tenir le doigt; mais, sur le clavecin, il faut tout dégager. »

En tête du premier *Livre*, il place un « Avis au public » au cours duquel il explique de quelle façon on doit jouer les « fugues graves », le quatuor, qui est une fugue de mouvement « dont les parties sont plus agissantes et plus chantantes », les récits, les trios, la voix humaine, etc., et donne des indications sur le mélange des jeux et sur les *agréments*, dont il publie une table.

Mais c'est au *Livre d'orgue* de Nicolas Gigault[2] qu'il faut recourir si l'on veut se faire une idée d'ensemble des formes de la musique française d'orgue de ce temps. Né près de Paris en 1624 ou 1625, Nicolas Gigault obtint, vers 1652, l'orgue de Saint-Nicolas des Champs, après avoir fait ses études musicales dans la capitale. Le *Livre de Noëls*[3] qu'il publia en 1682 ou 1683 contient nombre de vieilles mélodies déjà traditionnelles au XVIe siècle. En 1685, paraît son *Livre d'orgue*[4]; à cette époque, Gigault, outre l'orgue de Saint-Nicolas des Champs, avait celles de l'hôpital du Saint-Esprit et de Saint-Martin; en 1693, il prend une part active à la querelle qui mettait aux prises les clavecinistes et les maîtres à danser et qui se termina, en 1695, par la victoire des premiers. La date de sa mort est incertaine, mais.antérieure à 1707.

Nous disions plus haut que le *Livre d'orgue* de Gigault offre comme un raccourci de la musique d'orgue de son temps. M. Pirro y relève, d'abord, les traces des influences qui opéraient sur un compositeur soumis aux prescriptions de l'Eglise et assujetti au *Céré-*

monial de Paris (1662). A cette époque, on considère le langage de l'orgue comme une sorte de harangue, et la durée du jeu de l'instrument se trouve strictement fixée. Gigault prend très soin de ne pas dépasser les limites ainsi établies, et marque toujours le point « où on peut finir ». Du chœur, en effet, une clochette indique aux organistes le moment où ils doivent s'arrêter. Ensuite, à l'égard des *Pièces à cinq parties*, qu'il revendique comme siennes, il indique un nouveau procédé d'exécution, le thème étant confié au jeu le plus en dehors de la pédale, tandis que le jeu du grand orgue est chargé de l'accompagnement. Les orgues de la fin du XVIIe siècle étaient déjà munies de claviers séparés, celui du grand orgue, du positif, du récit et de l'écho; une pareille disposition devait inciter les organistes à trouver de nouveaux moyens d'expression, à effectuer le mélange des jeux, à rechercher des sonorités inédites, et cela, d'autant plus que le style mélodique et récitatif pénétrait de plus en plus la musique d'orgue. On aime alors des mélodies présentées bien en dehors; on raffole des oppositions, des contrastes se produisant de clavier à clavier; pour tout dire, on *instrumente* à l'orgue, un peu comme nous le faisons avec l'orchestre. Seulement, le style mélodique que les organistes du XVIIe siècle adoptent presque tous ne va pas sans un entourage contrapontique éminemment propre à l'instrument, et si certains d'entre eux, plus clavecinistes qu'organistes, travaillent dans une manière saccadée et heurtée, la plupart de ceux dont nous avons parlé conservent précieusement le style lié, l'usage des imitations et des fugues.

Gigault perpétue ces traditions, sans pour cela faire fi du goût de ses contemporains; il écrit de nombreux ornements, et déclare que « pour animer le jeu, on pourra ajouter plus ou moins des points où l'on voudra ». Il entend par là qu'il faut jouer, par exemple :

autrement dit, de la façon dont Couperin le Grand comprend qu'on accentue la première note, en la pointant un tant soit peu[5].

Signalons, enfin, la manière indépendante et souvent fort heureuse dont Gigault traite les dissonances : l'exemple ci-après en donnera une idée; il est tiré d'une pièce d'orgue publiée par la *Revue musicale :*

Lentement.

1. *Traité abrégé de l'accompagnement pour l'orgue et le clavecin, avec une explication facile des principales règles de la composition, une démonstration des chiffres et de toutes les manières dont on se sert ordinairement dans la basse continue.* — Le privilège accordé à Boyvin pour ses pièces d'orgue et de clavecin est du 12 décembre 1689.

2. *Archives des maîtres de l'orgue*, t. IV. — *Un Organiste au dix-septième siècle, Nicolas Gigault,* par A. Pirro (*Revue musicale*, 1903, p. 550).

3. Il porte le privilège de 1682, et est intitulé *Livre de musique dédié à la Très Sainte Vierge.*

4. *Livre de musique pour l'orgue, composé par Gigault, organiste du Saint-Esprit.*

5. Voir *Archives des maîtres de l'orgue, loco cit.*, et l'article précité, *Un Organiste au dix-septième siècle, Nicolas Gigault.* Ces deux figures étaient déjà employées par Frescobaldi en 1637.

C'est la tradition de l'école d'orgue du xviie siècle que représentent encore les organistes André Raison et Louis Marchand.

André Raison[1], élève de Titelouze, était organiste de l'abbaye Sainte-Geneviève, à Paris; il forma d'excellents élèves, dont Nicolas Clérambault, et laissa deux *Livres d'orgue* qui parurent, respectivement, en 1687 et en 1714. Le second contenait des *Noëls*[2]. Ces deux livres d'André Raison témoignaient d'une solide science contrapontique, en même temps que d'une parfaite entente des jeux de l'orgue. André Raison mourut vers 1716, et fut remplacé à l'abbaye de Sainte-Geneviève par Dornel.

Louis Marchand[3] était fils d'un maître de musique lyonnais, et fut baptisé le 2 février 1669 en l'église Saint-Nizier de Lyon; il est inexact qu'il ait occupé une place d'organiste à Auxerre de 1693 à 1698, puisque, depuis 1689, il habitait Paris, où il épousa Marie-Angélique Denis', fille d'un facteur de clavecins. Organiste chez les Jésuites de la rue Saint-Jacques, il chercha par des procédés indélicats à déposséder Pierre Dandrieu de l'orgue de Saint-Barthélemy. En 1696, il donne sa première œuvre, qu'il intitule *Grand Dialogue*[4], et alimente les *Recueils d'airs sérieux et à boire* édités par Ballard de nombreux airs de sa composition. Il avait déjà une grande réputation qui lui valut, en 1699 les orgues de Saint-Benoît et des Cordeliers, et quatre ans plus tard (1703), l'orgue de Saint-Honoré dont il se démit en 1707, probablement à cause de ses démêlés avec sa femme et du procès qu'il avait perdu contre elle. Marchand collectionnait, pour ainsi dire, toutes les orgues de Paris et les élèves affluaient de toutes parts auprès de lui; en 1704, les Jésuites de la rue Saint-Antoine prenaient « cet habile homme » pour organiste; le 28 juin 1708, « l'illustre M. Marchand » obtenait le brevet d'organiste de la chapelle royale, où il remplaçait Guillaume-Gabriel Nivers, dont les *Livres d'orgue contenant des pièces des huit tons de l'Eglise* avaient paru de 1665 à 1675, et signalaient leur auteur parmi les meilleurs contrapontistes de l'époque[5]. Marchand quitta la chapelle royale en 1714 et se mit à voyager; peut-être, suivit-il un de ses admirateurs, le prince Emmanuel de Portugal; en tout cas, il se rendit en Allemagne et séjourna à Dresde en 1717; c'est là qu'il eut avec J.-S. Bach le duel au clavecin resté célèbre[6]. A son retour en France, Marchand ne reprit que l'orgue des Cordeliers et mourut le 17 février 1732. On l'enterra au cimetière des Saints Innocents.

Rameau disait de Marchand qu'il était incomparable dans le maniement de la fugue, et Du Mage, en lui dédiant son *Livre d'orgue*, annonce qu'il s'est efforcé de l'écrire « selon la savante école de l'illustre M. Marchand, son maître ». En Allemagne, Marchand était apprécié comme un habile harmoniste. Bach connaissait son œuvre et lui faisait des emprunts. M. Pirro cite, notamment, un motif de fugue de Marchand qui a servi à Bach dans un de ses concertos brandebourgeois[7]. Il existe dans les recueils manuscrits de Brossard une *Règle pour la composition des accords à trois parties*, due à Marchand, qui y distingue trois espèces d'accords : 1° les accords consonances, 2° les accords dissonances, 3° les accords faux.

On a de lui, outre de nombreux petits airs et un opéra, *Pyrame et Thisbé*, écrit sur des paroles de Morfontaine, des *Pièces choisies pour l'orgue de feu le Grand Marchand*, livre Ier, œuvre posthume, et deux *Livres de clavecin*, datés respectivement de 1702 et de 1703.

Daquin nous apprend que Marchand sacrifiait au goût du temps; c'est, en effet, ce que révèle l'étude de ses compositions pour clavier, car son style commence à se séparer nettement de celui de ses devanciers. En dépit de ses connaissances techniques, Marchand ne se complait plus, en effet, à entrelacer des mélodies pour en tisser une riche polyphonie. Aussi bien dans ses pièces d'orgue que dans ses pièces de clavecin, cherche seulement l'accouplement de deux ou trois voix; il tend manifestement vers l'écriture en trio que nous trouverons si répandue dans toute la musique instrumentale de la première partie du xviiie siècle. Sous sa main, la vie polyphonique se dessèche petit à petit, et se résume en des mouvements harmoniques d'où, trop souvent, l'expression est absente. On pressent déjà le règne de la mélodie affadie et du formalisme vide qui caractériseront la seconde école française d'orgue; mais, ainsi que le remarque M. Pirro, sa musique est d'une grâce toute française, avec une pointe de délicate sensualité[8].

Parmi les élèves de Louis Marchand, il convient de citer Du Mage[9], qui, en qualité d'organiste à Saint-Quentin, dédia au chapitre de cette ville un *Livre d'orgue* portant la date de 1708[10] et dont la lecture présente un vif intérêt; Du Mage se rattache encore à cette école d'orgue qui n'a point perdu le sentiment de la musique d'église.

Un autre contemporain de Marchand, l'organiste Guilain, jouissait d'une brillante réputation au début du xviiie siècle, et le *Mercure* de mai 1702 l'appelait

1. Sur André Raison, voir *Archives des maîtres de l'orgue*, t. II.
2. Les *Noëls* étaient fort à la mode; leur allure n'évitait point une certaine trivialité, dont s'indignait l'Allemand Nemeitz dans son *Séjour de Paris* (1727).
3. *Archives des maîtres de l'orgue*, t. III. — A. Pirro, *Louis Marchand* (1669-1732), dans « Recueil de la Société internationale de musique, oct.-déc. 1904, et *Tribune de Saint-Gervais* (1900). — Voir aussi Titon du Tillet, *le Parnasse françois*, p. 658.
4. Ce *Grand Dialogue* existe en manuscrit à la Bibliothèque de Versailles et a été édité dans le tome VIII des *Archives des maîtres de l'orgue*.

5. Nivers était organiste à Saint-Sulpice.
6. L'histoire de ce duel est relatée dans le *Kritischer Musikus* de Scheibe (1745). Cf. Spitta, p. 576, et aussi A. Pirro, *l'Esthétique de Bach*, p. 434, 435. D'après Spitta, la rencontre de Bach et de Marchand aurait été préparée chez un amateur, le comte Flemming.
7. A. Pirro, *l'Esthétique de Bach*, p. 435.
8. *Ibid.*, p. 429.
9. *Archives des maîtres de l'orgue*, t. III.
10. Premier *Livre d'orgue contenant une suite du premier ton*. Le privilège est du 10 juin 1708.

« un fameux organiste ». On a de lui un *Livre d'orgue* datant de 1706[1]. Nous pourrions aussi citer Buterne, organiste du roi depuis 1678 et qui obtint, en 1684, l'orgue de Saint-Paul, où il remplaça Henry du Mont. Selon Daquin, Buterne, capitoul de Toulouse, possédait à merveille l'art du clavecin, qu'il enseignait à la duchesse de Bourgogne. Il mourut en 1727, et sa mort donna lieu au célèbre concours auquel Rameau participa sans succès[2].

Nous avons vu, plus haut, que les organistes portaient tout particulièrement leur effort sur la création de mélodies mises en valeur au moyen des divers jeux de leur instrument. Cette préoccupation mélodique se trouve affirmée, à un degré éminent, chez un compositeur qui, à vrai dire, dut surtout sa célébrité à ses charmantes cantates, mais dont le style d'orgue témoigne, à tous égards, d'excellentes qualités, à Louis Nicolas Clérambault[3].

Né à Paris le 19 décembre 1676, et fils de Dominique Clérambault, l'un des vingt-quatre violons du roi, Louis-Nicolas Clérambault reçut des leçons d'André Raison, auquel il succéda chez les Jacobins de la rue Saint-Jacques. Dès l'âge de vingt ans, il remplissait à l'église Saint-Louis de Saint-Cyr les fonctions d'organiste, et quatre ans plus tard, il donnait son *Premier Livre de cantates françaises*, dont nous parlerons ultérieurement. En 1704, paraît son *Premier Livre de Pièces de clavecin*, et en 1710 son *Premier Livre d'orgue*, dédié à Raison. Pièces de clavecin et pièces d'orgue témoignent d'une manière mélodique des plus intéressantes. Si Clérambault partage avec son maître Raison une solide et sûre instruction technique, il l'emporte sur le vieil organiste par son charme et son imagination, par la grâce, la fierté, la mélancolie de ses inspirations. Par là, Clérambault s'affirme comme un musicien bien français; mais ce n'est pas à dire qu'il ne se rencontre pas dans ses œuvres quelques traces de l'influence italienne. On trouve, notamment, chez lui la suite chromatique descendante déjà employée par Roberday, et que Couperin utilisera encore dans sa *Muse plaintive*. Nicolas Clérambault mourut à Paris, le 26 octobre 1749. Il avait eu, en plus de l'orgue des Jésuites, celui de Saint-Sulpice.

Toujours dans le même ordre d'idées, nous citerons encore un maître de clavecin fort réputé à cette époque, Gaspard Le Roux, dont le *Livre de clavecin*, publié en 1705[4], comprend plusieurs *Suites* en lesquelles le sentiment mélodique s'affirme très élargi et d'un beau caractère, en même temps que l'auteur se préoccupe du coloris instrumental; il y donne, en effet, — et c'est là un fait digne de remarque, — des exemples d'arrangement à deux clavecins, précédant dans cette voie le grand Couperin[5]. Ses pièces sont écrites à trois parties, de façon à pouvoir être jouées par deux dessus de violon et la basse. Elles se composent de cinq et six mouvements, dont des *Menuets*, des *Passepieds* et généralement une *Chaconne* pour finir. La *Suite* en *fa* majeur comprend, comme pièce de début, une *Allemande grave* d'une grande

noblesse. Les *Préludes* sont écrits en notation blanche et ne sont pas mesurés. Le Roux, ainsi que beaucoup de clavecinistes de son temps, se servait assez fréquemment de motifs empruntés à l'hexacorde ascendant ou descendant, procédé commode et fort économique au point de vue de l'imagination; nous rencontrerons, du reste, ce procédé chez un grand nombre de musiciens du XVIIIe siècle, chez des violonistes, des flûtistes, des symphonistes. *Or*, il est à remarquer que J.-S. Bach, qui, lui aussi, en a fait usage, s'est inspiré, dans le *Prélude* de la *Première Suite anglaise*, d'un thème de Gaspard Le Roux, simple hexacorde descendant que le claveciniste français a utilisé dans la *Gigue* d'une *Suite* en *la* majeur. Non seulement Bach emploie le même thème, mais il emploie le même rythme 12/8, la même tonalité et le même type de danse, la *Gigue*. Il y a là un exemple curieux de l'influence que l'école française de clavecin a exercée sur le vieux cantor de Leipzig[6].

Ce nom de Bach nous amène au musicien de clavier le plus brillant de cette époque, à François Couperin le Grand, auquel le célèbre musicien allemand emprunta bien souvent ses inventions thématiques.

François Couperin naquit à Paris, de Charles Couperin et de Marie Guérin, le 10 novembre 1668[7]. Ses qualités éminentes sont celles de l'art français luimême, et M. Henri Quittard a pu dire justement « qu'à côté de Rameau, François Couperin marque à merveille en quoi se dessine le génie de notre race dans le domaine de la musique pure : inspiration soutenue, toujours claire et élégante, recherche exquise dans le choix et la mise en œuvre des idées, science plus soigneuse de se dissimuler que portée à se faire valoir, émotion discrète. »

Son père, Charles Couperin, avait, selon Titon du Tillet, commencé son éducation musicale, mais mourut sans la terminer. Ce fut à Thomelin, organiste de Saint-Jacques de la Boucherie, qu'échut ce soin[8]. François suivit avec éclat la route qu'avait tracée son oncle Louis Couperin. Organiste à Saint-Gervais, où il attirait une foule d'admirateurs de son talent, il fut nommé, en 1693, organiste de la chapelle du roi[9] et obtint, en 1717[10], la survivance de la charge de joueur de clavecin de la chambre. Professeur du dauphin, d'Anne de Bourbon, princesse douairière de Conti, et de Louis-Alexandre de Bourbon, comte de Toulouse, qui lui fit une pension de 1.000 livres, François Couperin avait épousé Marie-Anne Ansaut, à laquelle le roi accorda, en 1718, une pension de 400 livres, et s'intitulait, en 1705, « chevalier de l'ordre de Latran ». Il démissionna en faveur de sa fille, Antoinette-Marguerite, en février 1730, et mourut le 12 septembre 1733, d'après Titon du Tillet; il fut enterré à l'église Saint-Joseph.

Son œuvre, considérable, fait époque dans l'histoire de la musique française. Outre quatre *Livres de pièces de clavecin* publiés en 1713, 1717, 1722 et 1730, les *Concerts royaux*[11] et un ouvrage didactique, l'*Art de toucher le clavecin* (1716), François Couperin a encore

---

1. Les *Pièces d'orgue pour le Magnificat sur les huit tons différents de l'Église* de Guilain étaient dédiées à Marchand.
2. Cf. Quittard, *Revue d'histoire et de critique musicales*, 1902, p. 213.
3. *Archives des maîtres de l'orgue*, t. III, p. 89, 91.
4. *Pièces de clavecin avec la manière de les jouer.*
5. Voir plus loin ; il s'agit de l'*Apothéose en l'honneur de Lulli.*
6. Consulter à ce sujet l'ouvrage déjà cité de M. Pirro, l'*Esthétique de Bach*, p. 430, 431.
7. Sur François Couperin le Grand, Voir, outre les sources indiquées plus haut pour les Couperin, J.-G. Prod'homme, *Écrits de musiciens*, pages 228-229. Il naquit rue du Monceau Saint-Gervais et fut tenu, le

12 novembre 1668, sur les fonts du baptême, par son oncle François Ier l'organiste. (Jal, loco cit., p. 440.)
8. Voir A. Pirro, *Revue musicale*, 1903, p. 552.
9. 26 décembre 1693. Couperin remplaçait, dans cette charge, Jacques Thomelin; Arch. nat., O¹, 37.
10. Le 5 mars 1717. Arch. nat., O¹, 61. Il était survivancier d'Anglebert.
11. Ces *Concerts royaux*, au nombre de quatre, sont des *Suites* que Couperin composa pour les concerts de la chambre de Louis XIV; ils furent exécutés, en 1714 et 1715, par Du Val, Philidor, Alarius et Dubois. Couperin tenait le clavecin, les pièces des *Concerts royaux* « convenant » au violon, à la flûte, au hautbois et au basson.

laissé des compositions instrumentales, des « Concerts », comme on disait alors : *les Goûts réunis ou Nouveaux Concerts* (1724)[1], l'*Apothéose de l'incomparable M. de Lully* (1725)[2], les *Nations, suites de Symphonies en trio* (1726)[3], des *Leçons de Ténèbres* à une et deux voix, des *Motets*, des *Pièces de viole* et de la musique d'orgue. Nous nous arrêterons plus spécialement ici sur son œuvre de clavecin, et nous examinerons successivement son esthétique, son style et sa technique de claveciniste.

Couperin formule son esthétique dans la Préface de son premier livre de *Pièces de clavecin* (1713) : « J'ay toujours, déclare-t-il, eu un objet en composant toutes ces pièces; des occasions différentes me l'ont fourni; ainsi, les titres répondent aux idées que j'ay eues; on me dispensera d'en rendre compte; cependant, comme, parmi ces titres, il y en a qui semblent me flater, il est bon d'avertir que les pièces qui les portent sont des espèces de portraits qu'on a trouvés quelquefois assez ressemblants sous mes doigts, et que la plupart de ces titres avantageux sont plutôt donnés aux aimables originaux que j'ay voulu représenter qu'aux copies que j'en ay tirées. » Rien, donc, de plus net; l'esthétique de Couperin est une esthétique objective; sa musique cherche à provoquer dans l'esprit de l'auditeur des « représentations » bien définies, qui doivent même atteindre à la précision de « portraits musicaux ». Ailleurs, Couperin va développer sa manière de voir. Il écrit dans la Préface de l'*Art de toucher le clavecin*[4] : « Nos airs de violon, nos pièces de clavecin, de viole, désignent et semblent vouloir exprimer quelque sentiment. Ainsi, n'ayant point imaginé de signes ou caractères pour communiquer nos idées particulières, nous tâchons d'y remédier en marquant, au commencement de nos pièces, par quelques mots : *tendrement, vivement*, à peu près ce que nous voudrions entendre. » A la vérité, Couperin ne faisait que suivre les tendances de l'esthétique musicale française de son temps, esthétique toujours attentive à l'« imitation de la nature », à la « représentation des sentiments ». Il fallait que la musique eût un sens, présentât à l'esprit l'image de quelque objet que l'on pût saisir. C'est de cette façon que les théoriciens et les critiques, Lecerf de la Viéville en 1705, l'abbé Dubos en 1719, et, plus tard, l'abbé Pluche et Lamotte-Houdard, comprenaient le rôle de l'art musical. Chez les clavecinistes aussi bien que chez les autres compositeurs, on relevait, depuis longtemps déjà, une prédisposition naturelle à rechercher des effets pittoresques, à transposer l'expression littéraire. Les violistes et les luthistes offrent de nombreux exemples des velléités affirmées par cette esthétique, et ce sont partout des titres descriptifs, destinés à suggérer à l'auditeur une image visuelle, ou à le préparer à goûter la symbolique sonore que lui réserve la musique. Dès 1697, dans ses *Principes de clavecin*, la première méthode pour cet instrument qui ait paru en France, Saint-Lambert déclarait que les maîtres de clavecin doivent juger leurs élèves sur la promptitude avec laquelle ceux-ci

arrivent à discerner les intentions littéraires de l'œuvre qu'ils exécutent. Du reste, cette esthétique n'était pas absolument spéciale à la France, et on peut la rapprocher de celle que Kuhnau professait en Allemagne[5].

Couperin avait tenté de donner aux pièces de musique instrumentale et vocale, telles que la *Sonate* et la *Cantate*, une désignation qui, tout en respectant leur origine italienne, s'agrémentât d'une désinence française. C'est ainsi qu'il appelait ces pièces *Sonade, Cantade*, par analogie avec *Sérénade*; et dans les *Goûts réunis* il introduit, à cet effet, une *Sonade en trio intitulée le Parnasse;* plus tard, et toujours avec la même intention, il publie *les Nations, Sonades et suites de Symphonies en trio.* La tentative de Couperin demeura stérile, et les vocables de *Sonade* et de *Cantade* ne lui survécurent pas[6].

Dans ses quatre livres de *Pièces de clavecin*, qui contiennent vingt-sept suites intitulées *Ordres*, Couperin cherche, avec un rare bonheur, à tracer de petites miniatures musicales, de véritables tableaux de genre. Tantôt il s'efforce de donner l'impression générale d'une personnalité (l'*Auguste*, la *Séduisante*, etc.), tantôt son portrait devient plus précis, plus individuel (la *tendre Nanette*, la *Basque*, etc.), tantôt il élargit son cadre et cherche à peindre des sentiments (les *Langueurs tendres*, les *Regrets*), tantôt il va jusqu'au raccourci d'une action complète, telle une bataille, ou il *la Triomphante* nous en décrit les phases successives. Les *Folies françaises ou les Dominos* sont une peinture des plus expressives et des plus amusantes de nos défauts et de nos qualités. Couperin s'essaye aussi dans le genre satirique, et on connaît à ce propos la pièce à laquelle il donne le titre original suivant : *Les Fastes de la grande et ancienne M+N+ST+ND+S+*, titre sous lequel il faut lire le mot « ménestrandise ». C'est là une œuvre de véritable polémique qui se divise en quatre actes, affublés eux-mêmes de sous-titres descriptifs :

1er Acte : *Marche des notables et jurés m+n+st+nd+urs.*

2e Acte : *Air de vièle avec bourdqn. Les Vièleux et les Gueux.*

3e Acte : *Les Invalides ou gens estropiés au service de la grande M+n+...*

4e Acte : *Désordre et déroute de toute la troupe causés par les ivrognes, les singes et les ours*[7].

La pièce satirique de Couperin se rapporte à la querelle qui éclata entre les organistes et maîtres de clavecin et les ménétriers, et qui se termina, le 4 juillet 1707, par la reconnaissance des droits des organistes.

Enfin, Couperin a le sentiment de la nature, et ses *Bergeries*[8] constituent les vrais tableaux pastoraux d'une expression naïve et gracieuse; les 'sons de la musette et du chalumeau, les imitations de cris d'animaux ou du chant des oiseaux, ont fait de ces paysages dignes d'un Watteau musical. On peut en dire autant de toutes les pièces analogues telles que les

---

1. *Les Goûts réunis ou Nouveaux Concerts à l'usage de toutes sortes d'instruments de musique, augmentés d'une sonade en trio intitulée le Parnasse ou l'Apothéose de Corelli.*

2. *Concert instrumental sous le titre d'Apothéose, composé à la mémoire immortelle de l'incomparable M. de Lully.*

3. *Les Nations, sonates et suites de symphonies en trio en quatre livres séparés pour la commodité des Académies de musique et des concerts particuliers.*

4. Voir *Revue d'histoire et de critique musicales*, mars 1902. Art. de M. J. Combarieu, p. 116.

5. Comme Saint-Lambert dans ses *Principes de clavecin*, François

Couperin insiste sur l'importance du doigté. Les clavecinistes ne recherchaient, à ce point de vue, que leur commodité, mais l'exclusion du pouce était alors de règle. — Sur l'esthétique de Kuhnau, voir A. Pirro, *l'Esthétique de Bach*, ch. x.

6. Cf. Michel Brenet, *Revue musicale*, 1903, p. 568.

7. Voir, à ce propos, l'article de M. Combarieu dans la *Revue d'histoire et de critique musicales* d'avril 1902, p. 170-172, et Paul Lacome, la *Grande Querelle des Organistes et des Ménétriers*, Ménestrel, 42e année, n° 8.

8. Cf. Méreaux, *les Clavecinistes*, p. 33. — Weitzmann, *Geschichte der Klaviermusik.*

Vendangeurs si artistement animés, les *Moissonneurs* et les *Musettes.*

Comment Couperin réalise-t-il son esthétique? Comment compose-t-il cette « musique à programme »? C'est ce qu'il nous faut maintenant examiner. Ses *Ordres ou Suites* comprennent un nombre de pièces très variables : le 2e *Ordre* en a 19, les 4e et 27e *Ordres* 4 seulement. On voit, de la sorte, à quelle souplesse est parvenue la *Suite* française de clavecin, et quelle extension elle a prise, les piliers fondamentaux de cette forme ne dominant plus la composition, mais se trouvant noyés dans une quantité de danses brillantes et expressives. Dans le premier livre, Couperin commence encore par l'*Allemande,* que suivent deux *Courantes* et une *Sarabande* (1er, 2e, 3e, 5e *Ordres*). C'est donc encore bien là le type classique; mais, dès le quatrième il débutera par une *Marche des gris vêtus,* suivie des *Bacchanales,* de la *Pateline* et du *Réveil-Matin.*

Le deuxième livre ne présente presque plus de noms de danses noms auxquels se substituent des titres pittoresques; Couperin, dans ses troisième et quatrième livres, se libère complètement du cadre primitif de la *Suite.*

A l'exemple de d'Anglebert, il sacrifie l'unité tonale, mais il procède aux changements de tonalité d'une façon nouvelle : généralement, le début et la fin de l'*Ordre* appartiennent à la tonalité principale, et ce sont les pièces intermédiaires qui éprouvent des modifications tonales; de plus, le changement du majeur au mineur sur la même tonique ne s'effectue pas seulement entre deux morceaux différents, mais bien à l'intérieur du même morceau, qui se trouve, ainsi, divisé en deux parties, l'une en majeur, l'autre en mineur. Au point de vue des tonalités parcourues dans le cycle des quintes, observe **M.** Weitzmann, François Couperin n'a pas dépassé son oncle Louis.

La polyphonie est assez mince chez Couperin. Couperin marque une tendance évidente à pratiquer l'écriture à deux ou à trois parties, et en même temps il travaille à varier le coloris instrumental. C'est là une de ses caractéristiques les plus remarquables et dont les *Pièces croisées* témoignent éloquemment. Dans la Préface de son troisième livre, il dit, à propos de ces pièces : « On trouvera dans ce livre des pièces que je nomme *Pièces croisées*... qui devront être jouées sur deux claviers. » Ce que Couperin désire, c'est la mise en œuvre de deux registres, de deux claviers, mise en œuvre qui donne à l'auditeur l'impression qu'il entend deux clavecinistes. Les *Musettes,* en particulier, sont d'excellents exemples de cette pratique. Dans la *Musette de Choisy,* il écrit un *sujet* et une *contrepartie* de la façon suivante :

Dans la *Musette de Taverny,* pendant que la main droite dessine des gammes rapides et joyeuses, on entend avec persistance le *Bourdon* ci-après :

Les *Tic-Toc-Choc ou les Maillotins* montrent encore Couperin à la recherche d'une véritable *instrumentation* sur le clavecin, instrumentation qu'il réalise au moyen d'arpèges, de batteries et d'accords brisés de l'effet le plus heureux. A l'égard de l'expression, de la transposition musicale des sentiments ou du monde extérieur, il emploiera tantôt des rythmes caractéristiques, tels que ♪♪, véritable thème rythmique qui soutient d'un bout à l'autre *les Fauvettes plaintives,* tantôt, comme dans *le Dodo ou l'Amour au Berceau,* il terminera sa mélodie par un rythme de deux notes figurant le chant des nourrices :

Tantôt encore, comme dans le *Moucheron,* le posé un peu inquiet et incertain de l'insecte sera représenté par la pédale de tonique syncopée. On pourrait multiplier les exemples. Enfin, Couperin a sacrifié à la mode suivie par tous les clavecinistes de son temps en composant un *Carillon, le Carillon de Cythère*[1].

C'est merveille de voir quelle variété Couperin sait faire surgir d'un air de danse. Comme Rameau, il affectionne la forme *Rondeau,* dont il tire un parti charmant; parfois, ce simple rondeau se transforme en une manière de petit poème symphonique aux péripéties diverses. Les trois couplets des *Bergeries,* avec leur refrain d'un rythme apaisé et tranquille, tantôt à trois parties réelles, tantôt à deux parties concertantes, offrent les plus curieuses oppositions; le dernier couplet présente un chant rustique tranquille et monotone, tandis que la cantilène du second s'expose sur les cordes graves. Il en est de même des *Bacchanales* avec leurs trois parties diversifiées, du *Bavolet flottant* aux traits en doubles croches, souples comme des écharpes, etc. La fertilité d'invention de Couperin s'affirme par la manière fantaisiste et brillante dont il traite les pièces construites sur un plan contraint, telles que la *Passacaille.* Il atteint alors à une maîtrise étonnante[2].

Enfin et surtout, Couperin parsème son œuvre de trouvailles harmoniques audacieuses et inédites. C'est certainement le plus subtil et le plus ingénieux des harmonistes français de son temps; les deux exemples suivants, choisis entre mille, montrent à quel point il possède le don d'évoquer les sentiments par des harmonies rares et précieuses. Les étonnantes

1. 3e livre de *Pièces de clavecin.*
2. Porkel, cependant, l'a jugé sévèrement en déclarant ses idées « pauvres et sans force ». *Uebel Bach's Leben, Kunst und Kunstwerke, für patriotische Verehrer achter musikalischer Kunst* (1802), p. 7.

dixièmes des *Barricades mystérieuses*[1] et de la *Favorite*[2] sont des marques frappantes de sa féconde imagination :

Le style de clavecin de Couperin est éminemment expressif, et sa méthode nous apporte, à ce propos, de précieuses confidences. On a dit avec raison qu'il était le *théoricien des agréments,* auxquels il attachait une importance fondamentale. La Préface du troisième livre de *Pièces de clavecin* souligne très nettement l'obligation qu'il impose aux clavecinistes d'exécuter ponctuellement les agréments : « Je suis toujours surpris (après les soins que je me suis donné pour marquer les agrémens qui conviennent à mes pièces) d'entendre des personnes qui les ont apprises sans s'y assujettir... C'est une négligence *qui n'est pas pardonnable,* d'autant qu'il n'est point arbitraire d'y mettre tels agrémens qu'on veut[3]... »

Couperin distingue sept classes d'ornements, et subdivise chaque classe en un certain nombre de variétés. La première classe comprend les *Pincés,* consistant à prendre en dessous une petite note à distance de demi-ton de la note de base. La deuxième classe comprend les *Ports de voix;* la troisième, les *Coulés,* qui se font en montant ou en descendant; la quatrième, les *Tremblements,* genre d'ornements correspondant au trille moderne, et qui comportait de nombreuses variétés; la cinquième, les *Tierces coulées,* en montant et en descendant; la sixième, les *Cadences,* et la septième, les *Arpèges.*

Voici l'indication de ces agréments d'après le premier livre :

1. Rondeau du 2° livre de *Pièces.*
2. Chaconne-rondeau du 1er livre de *Pièces.*

3. M. Pirro a montré que J.-S. Bach connaissait et enseignait à ses élèves toute la technique d'agréments indiquée par Couperin, ce que Ludwig-Gerber appelle « ses manières ». Cf. Pirro, *loco cit.*, p. 434.

5º LES TIERCES COULÉES.   6º LES CADENCES.   7º LES ARPÈGES.

En montant. En descendant. Cadence appuyée. Cadence double. Arpég.¹ en montant. Arpég.¹ en descendant.

Couperin déclare que le mouvement des pièces est généralement animé, et que ces pièces doivent être exécutées avec vivacité; à l'égard des *Pièces tendres*, il ne convient point de les jouer aussi lentement que sur les autres instruments, à cause du peu de durée des sons du clavecin. « Couperin, dit M. Méreaux, jouait en musicien sentant profondément son art; » mais il ne voulait pas que l'expression du jeu se traduisît par des mouvements du corps ou des grimaces du visage, et il insiste là-dessus dans sa curieuse Préface de l'*Art de toucher le clavecin*.

Il entre dans de longs développements au sujet de l'assouplissement des doigts et du mécanisme du clavier, indique, notamment, la façon de doigter les passages en tierces (5/3, 4/2), et lie ces passages, alors que les anciens clavecinistes, qui attaquaient les tierces avec le deuxième et le quatrième doigt, ne pouvaient que les exécuter en détaché. De nombreux exemples accompagnent les prescriptions de Couperin. Toujours préoccupé d'une exécution nuancée, subtile et expressive, il explique l'usage qu'il propose de la *suspension* :

SUSPENSION

« L'impression sensible que je propose, dit-il, doit son effet à la cessation et à la *suspension* des sons, faites à propos et selon les caractères qu'exigent les chants des pièces. » La *suspension*, d'après Couperin, n'est employée que dans les mouvements lents et tendres; on peut la considérer comme un des premiers essais de *tempo rubato*.

François Couperin a écrit des *Préludes* mesurés qui sont d'un excellent exercice pour les élèves et qui, en assurant l'assouplissement et l'indépendance des doigts, préparent parfaitement à une correcte interprétation de ses *Ordres*. Il a lui-même résumé ses tendances et sa manière, en déclarant « qu'il aime beaucoup mieux ce qui le touche que ce qui le surprend ».

Couperin a eu une grande influence, non seulement sur l'école française de clavecin, mais encore sur l'école allemande. Les élèves de Bach jouaient ses pièces, et le cantor de Leipzig, lui-même, ne craignit pas de lui emprunter thèmes et ornements. C'est ainsi que le motif de l'*Allemande* du premier des *Concerts royaux* de 1722 se retrouve développé et transformé dans la fugue en *la♭* du *Clavecin bien tempéré*[1].

Enfin, au cours de l'Avertissement de son *Apothéose de Lulli*, Couperin se livre à une intéressante déclaration, en disant qu'il avait fait exécuter cette œuvre sur deux clavecins, chacun des clavecinistes jouant la même basse. Cette pièce est un de ses nombreux essais de musique à programme que l'on relève dans la musique française de ce temps, chaque morceau s'accompagnant d'une suscription que la musique traduit, le plus souvent, avec un rare bonheur; la mélodie proposée par Lulli est légère et sautillante, tandis que celle qu'exécute Corelli se recommande par des qualités plus tendres et plus élégiaques[2]. Il faut voir, dans cette *Apothéose*, comme dans la *Sonate en trio* intitulée le *Parnasse ou Apothéose de Corelli*, un dérivé de l'ancien *Tombeau*. C'est sous l'influence du style d'opéra, écrit M. Brenet, que Couperin a substitué l'*Apothéose* au *Tombeau*[3]. Apollon persuade à Lulli et à Corelli que la réunion des goûts français et italien doit assurer la perfection de la musique, et énonce ainsi un aphorisme qui constituait la marotte de cette époque.

Sans atteindre à la hauteur du grand musicien dont nous venons d'esquisser rapidement le caractère, Jean-François Dandrieu occupe, néanmoins, une place fort enviable parmi les artistes de la première moitié du xviiiᵉ siècle[4].

Né à Paris vers 1683, il montra de très bonne heure de grandes dispositions pour la musique, puisqu'il rappelle, dans la dédicace de son œuvre I, qu'il n'avait pas cinq ans lorsque Madame l'entendit jouer du clavecin[5]. Organiste à Saint-Merry (1705), à Saint-Barthélemy (1710), et enfin à la chapelle royale, en remplacement de J.-B. Buterne (1721), Dandrieu mourut le 13 avril 1739.

On possède de lui un *Livre de Sonates en trio*, op. I (1705), écrit pour deux violons et la basse; un *Livre de Sonates à violon seul*, op. II (1710), trois

---

1. Cf. Pirro, l'*Esthétique de Bach*, p. 430.

2. Cette *Apothéose* a été transcrite par M. Georges Marty. — Voir l'art. de M. Heuss dans le bulletin mensuel de janvier 1905 de la *Société internationale de musique*, p. 180.

3. M. Brenet, les *Tombeaux en musique* (*Revue musicale*, 1903, p. 631).

4. A. Méreaux, les *Clavecinistes*. — Titon du Tillet, *Premier Supplément au Parnasse français*, CCLXXVI, p. 708, 710. — *Archives des Maîtres de l'Orgue*, IIᵉ année, 1ʳᵉ livraison.

Titon du Tillet cite de lui un *Livre d'orgue*, gravé en 1729. Sa sœur, Mˡˡᵉ Dandrieu, vendait sa musique et possédait, elle aussi, un remarquable talent de claveciniste et d'organiste. Titon du Tillet rapporte qu'à la mort de son frère, les marguilliers de Saint-Barthélemy la

chargèrent de l'orgue de l'église, et qu'elle recevait une pension de l'Électeur de Bavière.

Il ne faut pas confondre Jean-François Dandrieu avec Pierre Dandrieu, qui fut, lui aussi, organiste à Saint-Barthélemy. — D'après M. Pirro, l'ouvrage intitulé : *Noëls,, O filii, Chansons de saint Jacques, Stabat mater et Carillons*, le tout revu, augmenté, extrêmement varié et mis pour l'orgue et le clavecin (s. d.), qui se trouve à la réserve du Conservatoire de Paris, n'est pas de J.-F. Dandrieu, mais bien de Pierre Dandrieu, le prêtre diffamé par Marchand. Voir Pirro, *Esthétique de Bach*, p. 201, et du même, *Louis Marchand* (*Recueil de la Société int. de musique*, oct.-nov. 1904).

5. Titon du Tillet dit qu'il fut élève de J.-B. Moreau (*Suite du Parnasse Français jusqu'en 1743*, p. 663, 664).

livres de *Pièces de clavecin* portant respectivement
les dates de 1724, 1728 et 1734; enfin, un ouvrage
didactique : *Principes de l'accompagnement du clavecin* (1718). Chez Dandrieu, l'imitation du style de
Couperin apparaît manifeste; comme l'auteur des
Ordres, il marque une grande prédilection à l'endroit
de la musique à programme. C'est ainsi que son premier livre de *Pièces de clavecin* contient trois pièces
descriptives et imitatives intitulées : *les Caractères
de la Guerre*, *les Caractères de la Chasse* et la *Fête du
village*. Dans les *Caractères de la Guerre*, on entend
une marche, des fanfares, la charge, on assiste à
une mêlée, pendant que retentissent les « plaintes »
des blessés ; la pièce se termine par la « victoire ». Dandrieu, comme Couperin, est un habile rythmicien et
atteint fréquemment, grâce à l'emploi de rythmes
typiques, à des effets très expressifs; nous citerons,
à ce propos, la *Contrariante*, avec ses spirituelles
syncopes. Il a écrit, en outre, des pièces dans le style
de l'*Ouverture française*, témoin la *Lully* (2⁰ livre),
composée d'une introduction lente et d'un allegro
en style fugué.

Il pratique aussi la variation, et fait usage de six
espèces d'agréments, dont il donne une table, comprenant quatre sortes de *tremblements* et deux espèces de *pincés*. Ses fantaisies guerrières l'amènent à
fournir des explications sur la façon d'exécuter les
« coups de canon ». Daquin, qui le traite « d'organiste estimable, » rapporte « qu'il était surtout connu
par la façon ingénieuse avec laquelle il touchait des
Noëls[1] ».

A côté de ses compositions pour le clavecin, l'ouvrage didactique de Dandrieu, les *Principes de l'accompagnement du clavecin*, mérite quelque examen,
car il nous apporte un précieux résumé de l'état de
la science harmonique au début du xviii⁰ siècle[2].
Cet ouvrage, en effet, précède de quatre ans seulement l'apparition du célèbre traité de Rameau (1722),
et montre à quel point régnait l'empirisme dans la
classification des accords, avant que le musicien de
Dijon ne fût venu exposer sa théorie du tempérament. Sous forme de *Tables*, dont chacune est consacrée à un accord déterminé, Dandrieu présente des
sortes de préludes en notes égales destinés à familiariser les élèves avec la réalisation des accords. Le
livre de Dandrieu contient vingt et une tables correspondant à vingt et un accords différents dont voici
la liste :

1° Accord parfait, majeur ou mineur.
2° Sixte simple (tierce, sixte, octave).
3° Petite sixte (sixte majeure, tierce mineure,
quarte).
4° Fausse quinte (quinte diminuée, sixte, tierce).
5° Sixte doublée (tierce, sixte avec l'octave).
6° Quinte et sixte.
7° Triton (quarte augmentée, seconde, sixte).
8° Quarte (quarte, quinte, octave).
9° Seconde (seconde, quarte, sixte).
10° Septième (tierce, quinte, septième).
11° Neuvième (neuvième, tierce, quinte).

12° Quarte consonante (quarte, sixte majeure ou
mineure, octave).
13° Septième et neuvième (septième, neuvième,
tierce, quinte[3]).
14° Septième superflue (septième, seconde, quarte
et quinte).
15° Septième superflue jointe à la sixte mineure
(septième, seconde, quarte, sixte mineure).
16° Sixte majeure jointe à la fausse quinte (quinte
diminuée, tierce et sixte majeure).

17° { Sixte jointe au triton (sixte, tierce, quarte
augmentée).
Septième jointe à la fausse quinte (septième,
tierce, quinte diminuée).

18° Quinte superflue (quinte augmentée, septième,
neuvième, tierce).
19° Triton joint à la tierce mineure (tierce mineure,
quarte augmentée, sixte).
20° Seconde superflue (seconde augmentée, quarte
augmentée, sixte).
21° Septième diminuée.

Ainsi que l'observe M. Quittard, cette classification, cet état des accords en usage au commencement du xviii⁰ siècle, prouvent de quelles ressources
s'était enrichie la musique depuis Lulli, mais démontrent aussi la décadence du contrepoint. Rameau n'a
que fort peu ajouté à ce matériel.

Signalons encore un grand amateur de musique
descriptive, Guillaume-Antoine Calvière[4], qui, né à
Paris vers 1695, mourut, dans cette ville, le 18 avril
1755. En janvier 1739, Calvière obtenait une place
d'organiste à la chapelle royale, après le décès de
Guillaume Marchand. Calvière avait déjà concouru
antérieurement pour une place d'organiste de la
chapelle royale, et à ce concours prenait part d'A-
gincourt, qui lui fut préféré en raison de son âge.
Formé, ainsi qu'il le disait lui-même, « sous l'orgue
de Saint-Gervais » tenu par François Couperin, Calvière pouvait se proclamer élève du célèbre musicien; il obtint, en outre, l'orgue de Sainte-Marguerite
et de Notre-Dame et laissa un grand nombre de *Pièces d'orgue* manuscrites.

Calvière professait l'esthétique objective de Couperin, que nous retrouverons lorsque nous traiterons
du *Motet*.

Son rival François d'Agincourt, né à Rouen, organiste de la cathédrale de cette ville et décédé en juin
1758, après avoir occupé une charge à la chapelle
royale, a laissé un livre de *Pièces de clavecin* (1733)
où s'observent les mêmes tendances[5].

On peut en dire autant de Louis-Claude Daquin ou
d'Aquin, qui fait bonne figure aux côtés de Marchand
et de François Couperin[6].

Né à Paris, le 4 juillet 1694, et filleul d'Elisabeth-
Claude Jacquet de la Guerre[7], qui lui donna ses premières impressions musicales, Daquin se faisait
entendre au roi dès l'âge de six ans. A huit ans, cet
enfant prodige apportait à son maître Bernier un
Beatus vir à grand chœur et symphonie, et se voyait
nommé comme organiste à la Sainte Chapelle, à l'âge
invraisemblable de douze ans. Titulaire de l'orgue
des chanoines réguliers du Petit-Saint-Antoine (1706),
Daquin concourt en 1727 pour l'orgue de Saint-Paul,

---

1. Daquin, *Lettres sur les hommes célèbres*, I, p. 112-113. Ses contemporains l'appelaient : « organiste allemand ».
2. Voir, à ce sujet, l'article publié par M. H. Quittard dans la *Revue
musicale* du 15 mars 1907, p. 144 et suiv.
3. Avec cet accord, on entre dans la catégorie des accords appelés
par Rameau *accords par supposition*, parce que ceux-ci supposent
une note ajoutée au-dessous de la basse fondamentale.
4. Titon du Tillet, *Deuxième Supplément au Parnasse français*,
p. 79, 80. — Daquin, *Lettres*, I, p. 116-117.
5. Cf. Weitzmann, *loco cit.*, p. 432.

6. *Archives des maîtres de l'orgue*, t. III. — La vie de Daquin se
trouve dans le t. II de l'*Année française ou vies des Hommes illustres qui ont honoré la France*, par M. Manuel, p. 359. Voir aussi
Mercier, *Tableau de Paris* (4⁰ édit. de 1782), II, p. 81 et suivantes, et
Fétis, II, p. 428.
7. M¹¹⁰ Jacquet de Laguerre ou La Guerre était née à Paris vers 1664,
et mourut en 1729. Voir l'*Art*, 20⁰ année (1894), p. 108, 112.

et a l'honneur de triompher de Rameau. Marchand trouvait que, seul de tous les organistes de son temps, Daquin était vraiment digne de lui, et, de son côté, Rameau déclarait qu'il était le seul à avoir conservé à l'orgue la majesté qui lui convient.

De fait, Daquin, en s'inspirant de Louis Marchand, maintenait les traditions sévères du style d'orgue. Son *Livre de Noëls pour l'orgue* contient nombre de thèmes que ses prédécesseurs avaient traités; l'écriture en est correcte, souvent majestueuse. En 1732, Daquin remplace Marchand aux Cordeliers, et, en 1739, il est nommé organiste du roi[1]. Jusqu'à un âge fort avancé, il faisait courir tout Paris à Saint-Paul. Daquin mourut le 15 juin 1772, et fut enterré à Saint-Paul.

Il a composé un *Livre de Pièces de clavecin* portant la date de 1735 et où s'avèrent ses tendances descriptives en même temps que l'imitation de Marchand, auquel il emprunte son style à deux ou trois voix et ses dispositions harmoniques. Il a subi aussi l'influence italienne, et, dans sa technique, notamment, on peut relever des traces de la manière de Scarlatti.

Au point de vue formel, Daquin groupe ses pièces en *Suites* et leur donne des titres pittoresques; il affectionne la forme *Rondeau* (le *Coucou*, l'*Hirondelle*) et procède de la même façon que Couperin à l'échange des tonalités; comme Couperin encore, il écrit dans ses pièces des deuxièmes parties en mineur et néglige les désignations classiques de danses. On ne rencontre presque plus, au cours de son œuvre, d'*Allemandes*, de *Courantes*, même de *Menuets*; les pièces portent des titres suggestifs, et le musicien s'efforce de les traiter comme de petits ensembles poétiques, voire dramatiques. Nous citerons, en particulier, les *Plaisirs de la Chasse*, qui constituent toute une scène chargée de péripéties. A l'exemple de Couperin, il élargit le *Rondeau*, pour lequel il marque une grande prédilection[2], mais il a moins de variété dans l'exécution, moins de richesse dans l'invention.

Lorsqu'il tenait l'orgue du Concert spirituel, sous la direction Royer, Daquin brodait des interludes sur les airs de *Noëls* et les *Carillons* qui faisaient fureur à cette époque[3]. Il aimait aussi beaucoup transcrire sa musique pour d'autres instruments, et l'*Avertissement* de ses *Pièces de clavecin* témoigne de ses goûts symphoniques. C'était un exécutant précis, doué d'une remarquable égalité des mains. La *Mélodie*, la *Guitare* et les *Trois Cadences* demeurèrent longtemps célèbres. Outre son *Premier Livre de Noëls* pour l'orgue et ses *Pièces de clavecin*, il a laissé un *Nouveau Livre de Noëls* pour l'orgue et le clavecin, dont la plupart *peuvent s'exécuter sur les Violons, Flûtes, Hautbois* (s. d.).

Venons-en maintenant à l'illustre musicien qui, de sa haute stature, domine toute cette époque, à Jean-Philippe Rameau[4]. Nous n'insisterons pas ici sur sa biographie, que nous avons déjà exposée ailleurs; nous n'examinerons que son œuvre de clavecin.

En voici l'inventaire : 1° *Premier Livre de Pièces de clavecin*, Paris, 1706; 2° *Pièces de clavecin avec une Méthode pour la méchanique des doigts, où l'on enseigne les moyens de se procurer une parfaite exécution sur cet instrument*, Paris, 1724; 3° *Nouvelles Suites*

de Pièces de clavecin avec des remarques sur les différents genres de Musique, Paris, avant 1731; 4° *Pièces de clavecin en concerts avec un violon ou une flûte et une viole ou un deuxième violon*, 1741.

On sait, qu'installé à Paris vers 1705, Rameau s'était mis au nombre des élèves de Marchand. Son premier livre de *Pièces de clavecin*, publié en 1706 et gravé par Roussel, ne produisit pas grande sensation, lors de son apparition, et il convient de reconnaître que cette œuvre de jeunesse (l'auteur n'avait que vingt-trois ans) ne laissait point pressentir la brillante carrière que l'avenir réservait à Rameau. Ce livre comprend neuf pièces en forme d'airs de danse qu'accompagne, à la fin, une indication des signes d'agréments, au nombre de six, employés par le musicien. Le style rappelle, en plus ferme, celui de Marchand, et ces neuf pièces constituent une *Suite* conçue sur le vieux type français et précédée d'un *Prélude* non mesuré.

Lorsque Rameau, dix-huit ans plus tard[5], fait graver son deuxième livre de *Pièces de clavecin*, son talent a mûri, sa technique, après de longues méditations sur la théorie de la musique, s'est affermie, et toute trace d'imitation a disparu de son style. Les deux groupes de pièces qui constituent ce volume se rapprochent des *Ordres* de Couperin; il y règne une fantaisie et une souplesse charmantes, que symbolisent à ravir les titres donnés par Rameau à ses compositions. Sans doute ainsi que l'*Entretien des Muses* est une *Sarabande*, que les *Tourbillons* et les *Cyclopes* dissimulent des *Rondeaux*, que le *Lardon* consiste en un *Menuet* dont la *Boiteuse* constitue le trio; mais la forme type de toutes ces danses s'assouplit dans la main de Rameau; le jeu des tonalités se perfectionne, la mélodie prend un caractère plus accusé, plus neuf, plus généreux. Les moyens d'expression s'accumulent au sein de ces petites pièces avec une prodigalité et une intensité inconnues de Couperin, quoique des rapports évidents, mis en lumière par M. Weitzmann, relient les deux maîtres[6]. Il convient d'ajouter, qu'au point de vue harmonique, les pièces de Rameau sont loin de présenter le même intérêt que celles de Couperin; l'harmonie de Rameau est toujours réalisée d'une façon volontaire, réfléchie; elle n'a pas de ces échappées audacieuses et imprévues si fréquentes chez Couperin. Les *Nouvelles Suites* de 1731, véritable chef-d'œuvre de la musique de clavecin, affirment la maturité d'invention de Rameau. Ici, le musicien incline vers la manière de Scarlatti, multiplie les échanges entre les deux claviers, au grand avantage de l'expression et des nuances; on le sent évoluer vers un dispositif qui se rapproche de la forme sonate, car, dans l'air de danse en deux parties, il introduit des motifs accessoires qui, présentés dans la première partie, se développent dans la seconde. Les intentions descriptives et imitatives y abondent, et tout le monde connaît son amusante transcription du cri de la poule.

Déjà le traité « de la méchanique des doigts », qui précède le deuxième livre de *Pièces de clavecin*, montre l'importance que Rameau attribuait au doigter et au mécanisme; il apportait là de précieuses indications et d'importantes innovations, car il s'élevait contre l'exclusion du

---

1. La nomination est du 13 avril 1739. Daquin remplaçait Dandrieu. Arch. nat., O¹, 83.

2. Comme exemples de l'ondeau de Daquin, nous citerons la *Mélodieuse* et la *Ronde bachique* (1735).

3. Voir M. Brenet, *les Concerts en France*, p. 218, 242, 251.

4. Sur Rameau, voir à la partie de ce travail consacrée à la tragédie

lyrique. — Les pièces de clavecin de Rameau figurent dans le t. II des *Œuvres complètes*.

5. Il se servit, à cet effet, du privilège qu'il avait obtenu le 7 janvier 1724 pour plusieurs *Cantates*, *pièces de clavecin*, et autres pièces de musique instrumentale.

6. Weitzmann, *Geschichte der Klaviermusik*, p. 436, 437.

pouce pratiquée par tous les clavecinistes, et conseillait, lorsqu'on exécutait les *roulements* (les gammes), le
passage du pouce « au-dessous de tel doigt que l'on
veut ». Lorsqu'il publie ses *Nouvelles Suites*, il reprend
ses observations sur le doigter et sur les agréments,
auxquels il attache une importance majeure, et dont
il donne la table suivante, déjà publiée en 1724 et considérablement plus étendue que celle qui accompagne le livre de 1706, puisqu'elle comprend dix-huit
agréments au lieu de six :

SIGNES		EFFET
CADENCE		CADENCE
CADENCE APPUYÉE		CADENCE APPUYÉE
DOUBLE CADENCE		DOUBLE CADENCE
DOUBLÉ		DOUBLÉ
PINCÉ		PINCÉ
PORT DE VOIX		PORT DE VOIX
COULÉ		COULÉ
PINCÉ ET PORT DE VOIX		PINCÉ ET PORT DE VOIX
SON COUPÉ		SON COUPÉ
SUSPENSION		SUSPENSION
ARPÈGEMENT SIMPLE		ARPÈGEMENT SIMPLE
ARPÈGEMENT FIGURÉ		ARPÈGEMENT FIGURÉ

Il insiste ensuite sur le rôle des deux mains dans l'exécution, sur le mouvement qu'il conseille de ne pas exagérer[1]; il se livre à de curieuses considérations harmoniques à propos de deux pièces appelées l'*Enharmonique* et la *Triomphante* où il prétendait faire état d'un genre de modulation basé sur le quart de ton. « L'effet, écrit-il, que l'on éprouve dans la douzième mesure de l'*Enharmonique* ne sera peut-être pas d'abord du goût de tout le monde; on s'y accoutume, cependant, pour peu qu'on s'y prête, et l'on en sent même toute la beauté quand on a surmonté la première répugnance que le défaut d'habitude peut

occasionner en ce cas. L'harmonie qui cause cet effet n'est point jetée au hasard; elle est fondée en raisons et autorisée par la nature même; c'est pour les connaisseurs ce qu'il y a de plus piquant, mais il faut que l'exécution y seconde l'intention de l'Auteur, en attendrissant le Toucher et en suspendant de plus en plus les *coulés* à mesure qu'on approche du trait *saisissant* où l'on doit s'arrêter un moment comme le marque ce signe ⌢. Cet effet naît de la différence d'un quart de ton qui se trouve entre l'*ut* dièse et le *ré* bémol. »

Voici le passage en question :

Un effet analogue s'observe dans la deuxième reprise de la *Triomphante*.

Rameau, qui s'était acquis une solide réputation de professeur de clavecin et d'accompagnement, ne manquait aucune occasion de disserter et même de polémiquer sur son art. De 1729 à 1730, le *Mercure de France* contient nombre de discussions qu'il entretient, à ce sujet, avec un des meilleurs maîtres d'accompagnement de l'époque, Bournonville, et en 1732 il publiait une *Dissertation sur les différentes méthodes d'accompagnement pour le clavecin ou l'orgue*[2], où il critiquait les méthodes suivies jusque-là et relatives à la fameuse « règle de l'octave »; il proposait de leur substituer un nouveau procédé d'enseignement fondé sur le renversement des accords, procédé avec lequel il prétendait apprendre en six mois la pratique d'une harmonie correcte aux personnes les plus inexpérimentées sur le clavier.

Les *Pièces de clavecin en concerts* (1741)[3] présentent le plus vif intérêt au point de vue de l'évolution de la musique de chambre en France. Ce sont, en effet, des *Suites* pour trois instruments, de véritables trios, qui revêtent bien la forme classique de la *Suite*, mais en lesquels on voit déjà apparaître la forme en trois mouvements caractéristique du *Concerto* ou *Concert*. Les *Concerts* I, III, IV et V ont, en effet, trois mouvements seulement; Rameau débute par un morceau vif, du type *Allegro*, auquel succède un *Rondeau* gracieux ou d'allure modérée, suivi lui-même d'un mouvement vif. Le type architectural se rapproche donc sensiblement du dispositif du *Concerto* : *Allegro-Andante-Allegro*.

Toutes ces pièces ont une forme brève, une allure capricieuse; le clavecin n'y est plus employé comme instrument chargé seulement de la basse continue; il concerte avec le violon et la viole, et joue un rôle

actif dans la présentation des thèmes; dans le premier *Concert*, par exemple, c'est lui qui propose le thème du dernier mouvement intitulé *le Vésinet*, et dans le travail de la composition, il se place sur le même rang que ses compagnons, tantôt faisant silence, lorsque le rôle d'accompagnement est assuré par un autre instrument, tantôt soutenant d'harmonies et de batteries les mélodies exposées par les cordes.

Les titres de ces pièces évoquent, soit des souvenirs topographiques, comme *La Livri*, *Le Vésinet*, soit des protecteurs tels que la *La Pouplinière*, la *La Borde*, ou bien encore ils soulignent un hommage adressé à quelque artiste, comme *là Cupis*, la *Forqueray*, la *Marais*[4].

Rameau a introduit en France un genre de *batteries* que l'école française de clavecin n'avait point encore pratiqué, l'exécution des accords brisés au moyen des deux mains employées alternativement et sautant sur le clavier. En voici un exemple :

Dans la pièce qu'il appelle *les Trois Mains*, véritable étude de croisement des mains, le déplacement continuel de la main gauche, au-dessus et au-dessous du chant, donne réellement l'illusion de l'emploi d'une troisième main. Son exécution était, du reste, admirable, et M. Méreaux dit justement qu' « au point de vue du mécanisme de l'instrument, Rameau a dépassé de beaucoup ses prédécesseurs. La formule technique, le dessin instrumental, les ressources et le brio de l'exécution, la nouveauté des traits, sont de belles

---

1. A cet égard, Rameau indique très clairement de quelle façon il faut déterminer les mouvements dans l'exécution. Il déclare, en effet, que lorsqu'on possède une composition musicale, on en saisit insensiblement le goût et le véritable mouvement. Ceci montre que Rameau n'était point partisan d'une exécution rigide et métronomique. La question de la fixation pratique des mouvements fut agitée plus tard, en 1730, par les abbés Soumille et Boëry.

2. M. Brenet, *la Jeunesse de Rameau* (*Riv. mus.* ital., 1903).

3. Tome II des *Œuvres complètes de Rameau*. Voir commentaire de M. Ch. Malherbe, et Schering, *Geschichte des Instrumental Konzerts*, p. 167.

4. Une des *Pièces en concerts* de Rameau porte le titre singulier de *la Coulicam*. M. Brenet (*loco cit.*, 1903, 2ᵉ art.) a donné l'explication de ce titre. Rameau était en relations suivies avec les Pères Jésuites. Or l'un d'eux, le P. Du Cerceau, composa, d'abord sans nom d'auteur, en 1728, puis sous le nom, en 1740, les aventures de Thamas Kouli Khan, sophi de Perse. Deux tragédies mettant en scène le même personnage, Thomas Kouli-Khan, furent publiées par la suite. La pièce de Rameau se rattache à cet épisode.

conquêtes qu'il fit faire au clavecin 1 ». Comparé à François Couperin, il n'a pas, dans ses mélodies, le charme et la délicatesse qui s'observent chez le vieux maître, mais il l'emporte sur lui par la clarté de son harmonie, par une hardiesse et une fierté qui ne sont qu'à lui et qui impriment à son style une frappante personnalité.

La clarté de l'harmonie de Rameau provient, ainsi que nous l'avons déjà vu [2], de la force et de la précision avec lesquelles cette harmonie affirme le sentiment de la tonalité. Dans les *Pièces de clavecin*, comme dans les *Pièces en concerts*, on retrouve la mélodie constituée au moyen des notes de l'accord du ton ; ainsi, la *Gigue en Rondeau* du deuxième livre laisse la main droite déployer des renversements ou des positions initiales de l'accord de *mi* majeur. Le fameux *Rappel des Oiseaux* s'établit sur l'appel *si, mi,* que la main gauche complète en faisant entendre la tierce, *sol,* de l'accord du ton (*mi* mineur). Les deux premières notes entendues, notes caractéristiques, sont donc la dominante et la tonique.

Dans les *Cyclopes* (*ré* mineur), on remarque une série d'arpèges assis sur le *ré* tonique ; dans la *Poule,* le thème initial n'est autre que l'accord tonique déployé : *sol, si* ♭, *ré.* On pourrait multiplier les exemples.

Les *Pièces en concerts* affirment le sentiment tonal avec autant de précision. Ainsi, la *Coulicam* présente, à la partie de violon, trois renversements successifs de l'accord d'*ut* mineur ; la *Pouplinière* charge la basse d'arpéger l'accord de *la* majeur, pendant que le violon frappe, en redoublant, la dominante et la tonique. Dans le *Rameau,* il y a un départ brusque de la viole qui, sur une pédale de tonique, dessine un déploiement de l'accord de *si* ♭, tandis que le violon expose le premier renversement de cet accord et insiste sur la dominante, *fa* [3].

Parmi les contemporains de Rameau qui composèrent de la musique de clavecin, deux musiciens méritent d'être cités : ce sont Joseph-Nicolas-Pancrace Royer [4] et Du Phly.

Royer, qui à la charge de maître de musique des Enfants de France devait joindre, en 1747, la direction du Concert spirituel, a laissé en 1746 un *Livre de clavecin* qu'il dédia à Mesdames. Deux pièces de ce livre, *la Zaïde* et *la Sensible,* se rapprochent assez du style de Rameau pour qu'on ait pu les attribuer à ce maître.

Du Phly était un excellent claveciniste. Né à Dieppe, il prit des leçons d'Agincourt à Rouen, et vint se fixer à Paris vers 1750 ; il publia quatre livres de *Pièces de clavecin* qui jouirent d'une grande réputation ; dans le troisième livre, Du Phly ajoute au clavecin un violon d'accompagnement. La *Victoire* et la *Villeroy* de ce claveciniste ont été attribuées à Rameau, ainsi que la *Vanloo* et un menuet de son troisième livre.

Nommons encore l'organiste Antoine Dornel [5], titulaire, en 1706, de l'orgue de Sainte-Marie-Madeleine en la Cité, et, plus tard, de l'orgue de l'église royale et abbatiale de Sainte-Geneviève ; ses *Pièces de clavecin,*

publiées en 1731, sont assez intéressantes ; elles eurent la bonne fortune d'être « parodiées », comme on disait alors, c'est-à-dire d'être adaptées à des paroles par l'abbé de Lattaignant. Les *Tourterelles* et la *Marche de la Calotte* figurent parmi celles qui obtinrent de la sorte un succès passager.

Dornel s'était fait connaître, dès 1709, par des pièces de musique instrumentale qu'il appelait *Livre de symphonies, contenant six suites en trio pour les Flûtes, Violons, Hautbois,* etc. A ce titre, on peut le considérer comme un de nos premiers symphonistes. Les *Symphonies* de Dornel ne sont que des pièces écrites à trois parties, en trio, et conçues strictement dans la forme *Suite.* Elles comportent un nombre de mouvements très variable, tels les *Ordres* de Couperin, début tent toutes par une *Ouverture* ou un *Prélude* que suivent des airs de danse souvent divisés en deux parties, avec l'opposition habituelle du majeur au mineur sur la même tonique.

Au point de vue instrumental, les *Symphonies* de Dornel, destinées à deux dessus et une basse, nous fournissent un bon exemple de l'état de la musique de chambre aux environs de 1710. Elles portent quelques indications relatives à l'emploi des instruments, violons, hautbois, flûtes, et sont suivies d'une *Sonate en quatuor* en *si* mineur, d'une instrumentation un peu plus complète, une partie d'alto venant s'adjoindre aux deux dessus et à la basse. Dornel, quatre ans plus tard (1713), donnait une autre série de pièces en trio, *Sonates en trio pour les flûtes allemandes, violons, hautbois,* etc., qui présentent les mêmes caractéristiques et qu'avaient précédées, en 1711, des *Sonates pour violon seul* et des *Suites pour la flûte traversière avec la basse,* dans lesquelles l'auteur baptise ses morceaux de noms d'artistes célèbres tels que Marais, Forcroix, Sénallié.

On voit, par là, que les organistes et clavecinistes ne se contentaient pas d'écrire pour leurs instruments habituels, mais qu'ils s'adonnaient encore à la musique symphonique.

Parmi ces organistes, dont l'activité s'étendit à presque toutes les branches de la musique, Michel Corrette mérite une place à part, car il a écrit un nombre considérable d'œuvres dont, malheureusement, la qualité laisse à désirer. Né à Saint-Germain, Michel Corrette, était, en 1737, organiste du Grand Prieur de France, puis, en 1759, organiste du prince de Conti. Il eut aussi l'orgue des Jésuites de la rue Saint-Antoine, et s'intitulait chevalier de l'ordre du Christ. En 1780, il devint organiste du duc d'Angoulême. De ses *Livres d'orgue,* le troisième contient des messes et des hymnes de l'Église « pour toucher en trio sur la trompette du grand orgue avec le *fleurtis* sur le plein jeu du positif ». Il contient aussi des « plein-chants accommodés en quatuor pour toucher sur le grand plein-jeu avec les pédales », et montre que la décadence du style d'orgue s'accusait rapidement. Chez Corrette, ce style s'affadit sous le poids des variantes, des ornements, des doubles, des triolets, de tout ce travail de variations et de broderies qu'on appelait le *fleurtis* et que les organistes ajoutaient à leurs transcriptions et à leur accompagnement du plain-chant.

1. A. Méreaux, *les Clavecinistes,* p. 61, 64.

2. Cf. la première partie de cette étude.

3. Rameau, en publiant ses *Pièces en concerts,* semble s'être inspiré des sonates de clavecin et violon qui commencèrent à paraître vers 1735. C'est ce qui résulte de l' « Avis aux Concertans » placé en tête de son ouvrage : « Le succès des Sonates qui ont paru depuis peu en pièces de clavecin avec un Violon m'a fait naître le dessein de suivre à peu près le même plan dans les nouvelles pièces de clavecin que je me hasarde aujourd'hui de mettre au jour. »

4. Sur Royer. Voir à la partie de ce travail consacrée à l'opéra.

5. On lit sur un document de la série LL des Arch. nat. (826) : « Le sieur Anthoine Dornel, organiste, demeurant rue Dauphine, paroisse Saint-André des Arts, chez le sieur Lebègue, perruquier, qui n'avait aucun orgue, et qui avait toutes les bonnes vie, mœurs et capacités, fut nommé organiste de l'église de Sainte-Madeleine de la Cité en octobre 1706. » Cf. H. Quittard, *Revue musicale* (1902), p. 155.

Corrette pratiquait à outrance le système des transcriptions. Dans ses *Amusements du Parnasse*, il brode de variations de clavecin des ariettes italiennes chantées au Concert spirituel et à l'Opéra; on y trouve, en particulier, des morceaux de la *Serva padrona*. Son *Premier Livre de Pièces de clavecin*, avec explication des signes d'agréments, ne témoigne d'autre originalité que celle des titres de certains morceaux, comme *les Giboulées de mars* et *les Bottes de sept lieues*. Il en est de même de ses *Sonates de clavecin avec accompagnement de violon*. Corrette n'est guère plus heureux sur le terrain pédagogique; il passait, de son temps, pour un maître assez médiocre, en dépit des innombrables méthodes qu'il publiait, et on désignait malicieusement ses élèves sous le nom d'*anachorètes*. Néanmoins, son *Maître de clavecin pour l'accompagnement* (1753) contient, outre une Préface intéressante, quelques bons conseils exposés avec une clarté qu'on rencontre rarement dans les traités de l'époque. Nous reparlerons de Michel Corrette et de ses œuvres symphoniques lorsque nous traiterons des instruments à archet et des instruments à vent[1].

Jusqu'à présent, nous avons vu que les compositions de clavecin prennent toujours le titre de *Pièces de clavecin*. Aux environs de 1735, une modification s'opère dans leur intitulé, et on voit apparaître le nom de *Sonates*. C'est ainsi que le violoniste Mondonville appelle son œuvre III : *Pièces de clavecin en Sonates avec accompagnement de violon*, et que le violoniste Guillemain publie, en 1740, des pièces de clavecin portant la même désignation.

Ce changement de terminologie correspond à une transformation des pièces de clavecin, qui abandonnent le dispositif de la *Suite* pour adopter celui de la *Sonate*, que la littérature du violon employait déjà couramment. La *Suite* se contracte, se resserre et se réduit à trois ou quatre mouvements à vitesses alternées. C'est ainsi que Mondonville bâtit ses *Sonates* sur le type ternaire : *Allegro-Aria-Allegro*, type que Guillemain applique également à ses six *Sonates de clavecin*, dans lesquelles on peut observer d'intéressantes recherches rythmiques et des « batteries » ou accords brisés, exécutés alternativement par les deux mains, selon la manière de Rameau.

Il convient de remarquer que, dans les six *Pièces de clavecin en Sonates* de Mondonville, la partie de violon est la partie principale; les arias sont généralement d'une sveltesse charmante, et nous citerons en particulier la sonate III, que sa verve et sa grâce placent hors de pair. En outre, les anciennes *Pièces* françaises de clavecin étaient l'équivalent des « Toccate » italiennes. On avait adopté, en *Italie*, pour la musique de chambre, une terminologie basée sur la nature des instruments d'exécution. C'est ainsi que le vocable de « Suonata » ou « Sonata » s'appliqua d'abord presque exclusivement aux compositions destinées aux instruments à archet et à vent, et celui de « Toccata » qualifia celles appelées à être touchées par les instruments à clavier. Les premières sonates se destinaient aux violes, aux violons, aux trompettes, aux flûtes, puis le terme de « Sonate » s'étendit jusqu'aux pièces d'orgue et de clavecin.

Les *Sonates et Pièces de clavecin*, que Jean Barrière publie en 1739, sont également à trois et à quatre mouvements et présentent des points d'orgue pour le clavecin[2]; le style de ces compositions manifeste d'ailleurs un maniérisme exagéré; l'ornementation en est excessive.

Dans toutes ces *Sonates*, les divers morceaux ne portent plus que la désignation italienne des mouvements, *Allegro, Andante*, etc. Au contraire, lorsqu'il s'agit de *Pièces*, les anciens titres, pittoresques et descriptifs, font leur réapparition, et on sent ainsi que la forme *Suite* persiste toujours parallèlement à la *Sonate*. Presque toujours, le morceau du milieu, généralement un *Aria*, se dédouble en deux parties traitées, l'une en majeur, l'autre en mineur. Souvent aussi, la *Sonate de clavecin* admet l'accompagnement d'un autre instrument tel que le violon.

Mais ce dernier n'est pas le seul que l'on adjoigne au clavecin; au moment où la mode des instruments champêtres fait fureur, et où on rêve plus que bergeries musicales, au moment où on transforme en vielle le noble luth, nous voyons apparaître les accouplements instrumentaux les plus singuliers. Ainsi, J.-B. Dupuits des Bricettes, qui, en 1757, tenait à Paris une école de musique, où il faisait à ses élèves des cours de musique d'ensemble, avait publié en 1741 des *Sonates pour le clavecin et une vielle*, dans lesquelles il s'efforçait d'ajuster la sonorité grêle et nasillarde de la vielle à celle du clavecin, tentative dont la bizarrerie ne trouva, d'ailleurs, point d'imitateurs[3].

Clément, vers cette même époque, compose des *Sonates en trio* où le clavecin dialogue avec des violons; Simon publie des pièces analogues; Marchand donne en 1743 des *Pièces* avec accompagnement de violon, hautbois, violoncelle ou viole; Damoreau le jeune, maître de clavecin, édite lui-même un intéressant recueil pour le clavecin et le violon[4]. Toutes ces productions démontrent à quel point le goût de la musique de chambre s'était développé en France. Il fallait bien alimenter les concerts particuliers que la noblesse et la finance donnaient dans leurs hôtels, et apporter à des amateurs, dont la compétence n'égalait sans doute point la bonne volonté, une pâture musicale sans cesse renouvelée. Les amateurs prenaient, du reste, eux-mêmes la plume du compositeur, et on voyait le chevalier d'Herbain écrire des *Sonates avec accompagnement de violon ou de flûte, en forme de dialogue*.

Dans cette littérature, il y a évidemment du médiocre et du pire; cependant, on y rencontre presque toujours de la virtuosité, du brillant, une grande facilité, la recherche constante d'un éclat un peu factice. De plus, la *Sonate de clavecin avec accompagnement de violon* présente une sorte de contre-partie de la *Sonate de violon et Basse continue*, tout en montrant l'abandon dans lequel tombe petit à petit le système de la basse continue, les progrès de la technique du

---

1. On doit encore à Michel Corrette d'étonnantes pièces descriptives et imitatives pour le clavecin. Nous citerons comme modèle du genre, sa *Victoire d'un combat naval remportée par une frégate contre plusieurs corsaires réunis*. C'est toute une tragédie : « Dans ce combat, assure Corrette, on exprime par l'harmonie le bruit des armes, du canon, les cris des blessés, les plaintes des prisonniers mis à fond de cale, etc. »

2. Le privilège accordé à Jean Barrière, musicien organiste de l'Académie royale de musique, était du 22 octobre 1733.

3. Jean-Baptiste Dupuits des Bricettes était « Maître de clavecin et

de Viole ». Son *Avertissement des Sonates pour le clavecin et une vielle* contient des conseils pour l'exécution des pièces de Vielle. Sur l'*École publique de musique* dirigée par Dupuits des Bricettes, Voir le *Mercure* de juin 1757, p. 133, 136, qui donne le catalogue des œuvres, au nombre de dix-neuf, de ce musicien.

4. Il y avait deux musiciens de ce nom : l'aîné était Violoniste ; le jeune, Jean-François, était claveciniste. Ses pièces de clavecin sont de 1754. Son frère aîné, Étienne-Grégoire, avait obtenu, le 4 mars de la même année, un privilège pour des *Sonates* et autre musique instrumentale.

clavecin et aussi ceux du style « concertant » incitant les compositeurs à écrire complètement les parties de clavecin. Malheureusement, ceux-ci se confinent presque exclusivement dans des questions d'écriture, de métier; ils sont très habiles, trop habiles même, mais cette habileté accapare tous leurs moyens. Tel fut le cas d'un excellent organiste de l'illustre famille des Couperin, Armand-Louis Couperin[1]. Il était fils de Nicolas Couperin et de Françoise de la Coste, et petit-fils de François Couperin Ier; il naquit à Paris le 25 février 1725. Son remarquable talent sur l'orgue et sa parfaite connaissance de cet instrument lui valurent les orgues de Saint-Gervais, de la chapelle royale, de Saint-Barthélemy, jusqu'en 1770, et de Sainte-Marguerite; il obtint également une des quatre places d'organiste de Notre-Dame, et fut tué par un cheval le 2 février 1789, en revenant de la Sainte Chapelle du Palais[2].

Des œuvres que nous connaissons de lui, son *Premier Livre de pièces de clavecin* (1749) se rapproche des *Ordres* du grand François; ces pièces ont, en général, des titres pittoresques, ou bien portent le nom des personnages qui en reçoivent l'hommage. Sa deuxième œuvre consiste en des *Sonates de clavecin avec violon* (1765), où nous retrouvons la *Sonate* bien établie en ses trois mouvements; le clavecin s'y livre à des variations d'une haute virtuosité, pendant que le violon, imperturbable, continue à exposer le thème initial. Armand-Louis Couperin a encore composé des *Sonates en trio pour le clavecin, le violon et le violoncelle*, construites sur le même type.

Claude Balbastre[3], né à Dijon en 1729, est un des derniers représentants en France du grand style d'orgue. Neveu et élève d'un organiste dijonnais du même nom, auquel il succéda à la cathédrale de Dijon, il fut un sincère admirateur de Rameau, dont il transcrivit pour l'orgue et le clavecin des ouvertures et des morceaux d'orchestre. Attaché depuis 1755 au Concert spirituel, il y exécutait de nombreuses transcriptions et des *Concertos* d'orgue, et on vantait « son talent singulier ». Sonates de Mondonville, ouvertures de Rameau, jusqu'à l'air fameux des *Sauvages*, tout lui était bon pour ses transcriptions d'orgue; en 1739, il avait déjà réduit pour le clavecin l'*Ouverture des Festes d'Hébé* de Rameau. Organiste à Saint-Roch et à Notre-Dame, maître de clavecin de l'abbaye royale de Panthémont, Balbastre maniait son instrument avec une rare maîtrise; on se pressait à Saint-Roch chaque fois qu'il y jouait, tant et si bien que l'archevêque de Paris fut obligé, en 1762 et en 1776, de prendre des mesures afin d'éviter l'encombrement dans cette église, lors des cérémonies où Balbastre tenait l'orgue. Balbastre mourut à Paris en 1799.

Sés deux *Livres de pièces de clavecin* (1748 et 1759) sont d'une belle écriture, où cependant le maniérisme se glisse çà et là; on sent, de plus en plus, se définir la tendance à l'enjolivement, à l'effet descriptif, à la variation, dont on trouve de nombreux exemples dans son *Recueil de Noëls formant quatre suites*. Balbastre était célèbre au Concert spirituel par ses « tonnerres

d'orgue ». Ajoutons qu'il a composé quatre *Sonates en quatuor* pour le clavecin, deux violons, une basse et deux cors *ad libitum*, qui prouvent sa parfaite entente de l'instrumentation. On y voit apparaître la *Romance*, comme mouvement lent.

Bien que l'école française de clavecin et d'orgue, orientée désormais presque exclusivement vers la virtuosité et l'effet, conserve, par malheur, très nettement ce caractère brillant et un peu factice, les influences étrangères, et notamment celle de Philippe-Emmanuel Bach, ne sont pas sans pénétrer de divers côtés notre littérature musicale.

C'est ainsi que J.-P. Legrand, organiste de l'église Saint-Cosme et de l'abbaye de Saint-Germain des Prés, après avoir publié une *Sonate* dans le goût purement français, fait paraître, en 1763, un recueil de *Six Sonates* écrites dans le style du maître allemand. Un autre organiste, Virbès[4], titulaire de l'orgue de Saint-Germain-l'Auxerrois, donnait aussi, quatre ans plus tard, des *Sonates de clavecin* qui, sans rappeler la manière de Philippe-Emmanuel, présentent quelques particularités intéressantes; de ces six sonates, en effet, quatre se terminent par deux *Menuets*, et on peut voir là une conséquence de l'évolution de la forme *Suite* en *Sonate*, le *Menuet*, dans la *Suite*, succédant le plus souvent au *Rondeau* ou au mouvement tranquille.

Au reste, à partir de 1760, la littérature étrangère du clavecin commence à inonder Paris, et ce ne sont partout que sonates allemandes et pièces italiennes. Citons les *Sonates* de Vondradschek (1759-1760), les *Concertos* du même (1763), une collection de vingt *Sonates* de « varii autori » (1760), trois ouvrages de Wagenseil (1761), six *Sonates* de Pellegrino (1761), six *Sonates* de Honaver (1761), des *Concertos* de Lorenzini, Wagenseil, etc. En 1765, Valentin Rœser fait connaître l'*Art de toucher le clavecin* de Marpurg, et, au mois de février de cette même année, paraissent, chez Bordet, deux *Livres de Sonates de clavecin* du jeune Mozart. Plus tard, les compositions d'Eberhard (1769) et de F.-Th. Schumann (1778) continuent à renforcer le courant de musique étrangère qui circule dans la capitale.

Ajoutons qu'à côté d'œuvres originales destinées au clavecin ou au piano-forte, de nombreux auteurs travaillaient à transcrire pour ces intruments les ariettes à la mode. Dès 1762, Clément annonçait un *Journal de clavecin*, composé sur les ariettes des comédies, intermèdes et opéras-comiques qui avaient le plus de succès[5]. Comme la harpe, le violon et la flûte, le clavecin se trouvait, de la sorte, posséder une importante littérature de transcriptions.

Avec l'abbé Gravier, organiste de la métropole de Bordeaux, qui publie en 1762 *Six Sonates pour le clavecin*, s'affirme la décadence du style de clavecin et d'orgue. Ce ne sont plus alors, à côté de traits et d'artifices de virtuosité, que mélodies aussi plates que pleurardes, soutenues mécaniquement par des batteries ou des triolets. En voici un exemple, que Gravier intitule *Plainte* :

---

1. Voir Méreaux. *Jal, loco cit.*, et Eitner, III, p. 82.

2. Armand-Louis Couperin épousa Elisabeth-Antoinette Blanchet, dont il eut deux fils, organistes tous deux, et une fille.

3. Labat, *les Organistes du dix-huitième siècle.* — M. Brenet, *les Concerts en France*, p. 262. — *La Jeunesse de Rameau (Rivista musicale italiana*, 1902, p. 650). Balbastre prenait, le 15 décembre 1758, un privilège de quinze ans « pour des œuvres instrumentales de

sa composition » (M. Brenet, *la Librairie musicale en France de 1653 à 1790, Recueil de la Soc. int. de musique*, avril 1907).

4. Virbès était l'inventeur du *clavecin à marteaux*, qu'il fit présenter par son fils au Concert spirituel, en 1769. Il travailla aussi à la construction d'un clavecin susceptible d'imiter quinze instruments différents. Le privilège relatif à ses sonates est du 2 décembre 1767.

5. *Le Journal du clavecin* paraissait tous les mois, chez l'éditeur Le Menu.

Ce dispositif d'accompagnement, consistant en l'emploi continu, par la main gauche, d'accords brisés en croches ou en doubles croches, avait été imaginé vers 1740 par Domenico Alberti, et ne tarda pas à se répandre dans toute l'Europe, sous le nom de *Basse d'Alberti*.

Nous trouverons encore un exemple de l'emploi de la *Basse d'Alberti* chez un autre claveciniste, fort réputé alors à Paris et qui, comme Legrand, eut la bonne fortune d'approcher le jeune Mozart, au moment de son premier séjour en France. Jean-Godefroy Eckard n'était pas Français, mais il passa à Paris la plus grande partie de son existence et remporta dans cette ville de vifs et nombreux succès. Né en 1734, à Augsbourg, il débarqua à Paris à peine âgé de 24 ans, et se mettait, pour gagner sa vie, à peindre des miniatures. Il amassait, ainsi, de quoi faire graver, en 1763, un recueil de *Six Sonates* qu'il dédiait à Gaviniès et dans lesquelles la multiplicité des indications de nuances révèle des compositions destinées surtout au piano-forte.

Les sonates d'Eckard[1] témoignent d'un emploi constant de la *Basse d'Alberti*, mais elles ne témoignent pas que de cela. Elles contiennent, en effet, à côté de passages de virtuosité (croisements de mains très fréquents), de vraie et de bonne musique. Eckard s'est complètement assimilé le style de Philippe-Emmanuel Bach, et ses trois premières sonates surtout reproduisent avec une grande fidélité les divisions et les procédés de développement du père de la sonate moderne. Léopold Mozart, qui l'admirait beaucoup, trouvait sa musique difficile. A son recueil de 1763, Eckard ajoutait, l'année suivante, des *Variations sur le Menuet d'Exaudet* et deux autres petites *Sonates*.

Il eut une grande influence sur les premières œuvres de Mozart, où on constate de nombreuses traces d'imitation des sonates de 1763[3].

Nous ne citerons que pour mémoire le *Livre de sonates* de Philibert Gardonne (1765) et les insipides productions de Moyreau, pour arriver à Nicolas Séjan, habile organiste, dont l'exécution à la fois solide et brillante jette un dernier éclat sur le forma-

lisme étriqué de notre école d'orgue. Séjan naquit à Paris, selon Fétis, le 19 mars 1745; il était le neveu de l'organiste Forqueray et, de très bonne heure, il affirma de surprenantes dispositions musicales, puisqu'il aurait improvisé un *Te Deum* à l'âge de 13 ans. Organiste à Saint-André des Arts, au Concert spirituel, où il exécuta des *Concertos*, à Notre-Dame (1772), à Saint-Sulpice (1783), à la chapelle royale (1789)[3], Nicolas Séjan fut, sans contredit, le meilleur organiste français de la fin du XVIII⁰ siècle. Il a laissé des *Sonates*, des *Fugues* et des *Noëls* pour l'orgue, et un *Recueil de pièces de clavecin ou de piano forte, dans le genre gracieux ou gai*.

Ce qui caractérise le style d'orgue de cette époque, c'est son absolue méconnaissance de l'art religieux. Les organistes sont, presque tous, de brillants virtuoses, tels que Miroir l'aîné[5], d'habiles improvisateurs sans cesse à la recherche d'effets nouveaux, d'oppositions de timbres, de variations singulières. Mais tout cet art papillote et sent le clinquant; la mélodie est banale, d'une pauvreté lamentable, et l'harmonie se cantonne dans des formules usées.

Pour trouver alors quelque musique de clavecin qui dépasse le bien médiocre niveau de la production contemporaine, il faut s'adresser aux œuvres d'un étranger, le Silésien Jean Schobert, dont l'indiscutable valeur annonce déjà la grâce et le charme incomparables du jeune maître de Salzbourg. Rival d'Eckard, Schobert avait publié en 1763 cinq cahiers de *Sonates;* la lecture en est tout particulièrement intéressante et laisse discerner le rôle important que leur auteur joua dans le développement artistique de Mozart[5].

III. — La musique pour instruments à archet et pour instruments à vent[6].

Les œuvres qui rentrent dans cette catégorie constituent une copieuse et intéressante littérature, que, jusqu'à présent, les historiens de la musique ont un peu laissée de côté. Si, dans cet ordre d'idées, la musique française ne peut invoquer des noms aussi glorieux que ceux de Couperin et de Rameau, du

1. Voir l'article de M. Th. de Wyzewa, *la Jeunesse de Mozart*, dans la *Revue des Deux Mondes* du 1er décembre 1905. Le privilège relatif à ces sonates est du 31 décembre 1763.

2. Cf. Wyzewa, *loco cit.*, p. 655.

3. Nicolas Séjan avait pris, le 31 décembre 1771, un privilège de six ans pour « plusieurs pièces de musique tant instrumentale que vocale de sa composition. » En 1783, l'*Almanach musical* nous apprend qu'il était organiste à Saint-Séverin et à Louis-le-Grand.

4. En 1788, Miroir l'aîné était titulaire d'un grand nombre d'orgues, Saint-Benoît, Saint-Honoré, Saint-Louis-en-l'île, les Bénédictins anglais, le Saint-Sépulcre de Belle-Chasse, rue Saint-Dominique (*Almanach musical*, 1783).

5. D'après Grimm, Schobert était Silésien; il était claveciniste du prince de Conti, et mourut à Paris en septembre 1761, empoisonné par des champignons. On consultera, sur ce musicien et sur l'influence que sa musique exerça sur le jeune Mozart, Th. de Wyzewa et G. de Saint-Foix, *Un Maître inconnu de Mozart*, *Bulletin mensuel de l'I. M. G.*, octobre 1908, et le *Mozart* des mêmes auteurs (1911).

6. BIBLIOGRAPHIE GÉNÉRALE. — J.-W. v. Wasielewski, *Die Violine und ihre Meister* (1868-1893). — A. Vidal, *les Instruments à archet* (1876). — H. Lavoix, *Histoire de l'instrumentation*. — F. Huet, *Étude sur les différentes écoles de violon* (1880). — M. Brenet, *Histoire de la symphonie à orchestre* (1882). — Schletterer, *Geschichte der Spielmannszunft in Frankreich und der* [Pariser] *Geigenkönige* (1884). — Wasielewski, *Die Violine im XVII Jahrhundert und die Anfänge der instrumental composition. — Das Violoncell und seine Geschichte* (1889). — Ch. Dancla, *Notes et Souvenirs* (1893). — A. Ehlich *Berühmte Geiger der Vergangenheit und Gegenwart* (1893). — L. Grillet, *les Ancêtres du violon et du violoncelle* (1901). — Boehm, *Die Flöte und das Flötenspiel* (s. d.). — Schering, *Geschichte des Instrumental Konzerts* (1905). — J. Ecorcheville, *Vingt Suites d'orchestre du dix-septième siècle français* (1906). — M. Reuchsel, *l'École classique du violon* (1906). — P. Wetzger, *Die Flöte, ihre Entstehung und Entwicklung bis zur Jetztzeit.* — A. Untersteiner, *Storia del violino, dei violinisti e della musica per violino* (1906). — A. Goldberg, *Biographien zur Porträts-sammlung hervorragender Flöten-virtuosen, Dilettanten und Komponisten* (1906). — J. Loisel, *les Origines de la Sonate* (*Courrier musical*, oct.-nov. 1907). — A. Bachmann, *le Violon, Lutherie, Œuvres, Biographie* (1912). — M. Pincherle, *La Technique du violon chez les premiers sonatistes français* (S. I. M., 1912). — Consulter aussi les *Beyträge* de Marpurg et les méthodes de Cartier et de Baillot.

moins lui est-il loisible d'inscrire à son livre d'or de féconds et habiles violonistes tels que Leclair et Gaviniès et un des pères de la symphonie à orchestre, Gossec. A côté de ces maîtres, de nombreux musiciens ont travaillé, souvent avec bonheur, à perfectionner l'art instrumental, et leurs efforts, secondant ceux des clavecinistes, aboutirent à l'établissement définitif de la forme *Sonate,* et, par conséquent, de la *Symphonie.* D'un autre côté, en développant la technique de leurs instruments, et en particulier du violon, ce futur roi de l'orchestre, ils fécondèrent la musique dramatique, en lui apportant, grâce au concours de la symphonie, de nouveaux et puissants moyens d'expression. Sans eux, l'art de Rameau et de Gluck n'aurait pu venir à terme, il convient de ne point l'oublier.

Nous n'insisterons pas, au cours de ce travail, sur la période lulliste, qui sort de notre cadre; nous dirons seulement que, dans la seconde moitié du xvii⁰ siècle, la littérature instrumentale du violon consiste uniquement en *Ouvertures* de tragédies lyriques, en *Ballets* et en *Suites.* Les unes et les autres sont des œuvres symphoniques, destinées à une exécution d'ensemble. Pour en juger, nous possédons quelques recueils, parmi lesquels nous citerons : les volumes I, XXXVI et LI de la précieuse *Collection Philidor,* un recueil de *Ballets et Airs de violon* conservé à la Bibliothèque nationale, les *Ballets de Lulli,* père et fils, un recueil de *Danses pour violons et hautbois qui servaient d'ordinaire à tous les bals chez le roi,* recueilli par Philidor l'aîné en 1699, les *Symphonies de M. de Lalande,* qui se jouaient pendant le souper du roi (copiées par Philidor en 1703), un *Recueil d'airs détachés et d'airs de violon de M. de Lalande* (1727); de plus, la Bibliothèque de Bruxelles possède un volume contenant des airs de danse, celle de Versailles trois volumes in-4⁰ contenant 800 trios, dont les plus anciens ne remontent pas au delà de 1670, et celle de Cassel un fonds de musique française récemment publié par M. Ecorcheville [1].

En dehors des *Ouvertures* de tragédies lyriques, toute cette musique se compose presque exclusivement d'airs de danse, tantôt présentés isolément, tantôt, et le plus souvent, groupés sous forme de *Suites.* Son exécution était confiée à un orchestre d'archets, à la fameuse bande des vingt-quatre violons du roi qui comprenait une famille entière d'instruments à cordes, répartie en *Dessus, Hautes-Contre, Tailles, Basses* et *Quintes* ou cinquièmes parties, ces dernières placées, dans l'échelle des registres, entre les *Tailles* et les *Basses.*

Les trois premières voix (*Dessus, Haute-Contre* et *Taille*) étaient confiées à des violons proprement dits, accordés du *sol* au *mi;* la quatrième ou *Quinte* était un alto, accordé de l'*ut* au *la;* enfin, la cinquième voix ou *Basse de violon,* chargée d'assurer la stabilité de l'édifice harmonique, s'accordait à l'octave au-dessous de l'alto.

Ces vingt-quatre violons, lorsqu'ils jouaient à cinq parties, se répartissaient de la façon suivante :

{ 14 violons (6 *dessus,* 4 *hautes-contre,* 4 *tailles*).
4 altos (*quintes*).
4 *basses.*

Dans les pièces écrites à quatre parties, la répartition s'opérait comme il suit :

{ 6 *dessus* (1ᵉʳˢ violons).
6 *hautes-contre* (2ᵉˢ violons).
6 *tailles* (altos).
6 *basses.*

On le voit, dans les deux répartitions, l'effort principal était porté sur les *Dessus,* dont le nombre s'élevait à quatorze ou à douze, tandis que les parties intermédiaires et les basses variaient de quatre à six.

Si les instruments de la famille des violons prennent, dès la fin du xvii⁰ siècle, une prépondérance marquée, il n'en est pas moins vrai que les violes prolongent leur existence fort avant dans le siècle suivant, sous forme de pardessus et de basse de viole.

Quoi qu'il en soit, la technique des instruments à archet nous est expliquée en grand détail par le P. Mersenne, au livre IV de son *Harmonie universelle* [2]. Nous y voyons, notamment, que les *agréments,* si caractéristiques du style des clavecinistes, se retrouvent dans celui des violonistes qui pratiquent également les *doubles* ou *diminutions* dont Mersenne fournit un curieux exemple en transcrivant les trente premières mesures de la partie de dessus d'une *Fantaisie* de Henry le jeune. Les violonistes de ce temps ne connaissaient point le *démancher;* leur main gauche restait cantonnée au bas du manche, à ce qu'on appelle la première position, et la limite de l'échelle du dessus de violon à l'aigu se trouvait fixée par l'*ut* sur la chanterelle, obtenu par l'extension du petit doigt. Mais, si leur virtuosité ignorait l'éclat et le brio des positions élevées, elle se montrait accomplie dans le bas de l'échelle, car l'usage des *agréments* et des *diminutions* exigeait une grande vélocité d'articulation, en même temps qu'une solide instruction harmonique, puisque les broderies jetées sur la trame des airs relevaient, somme toute, de l'improvisation.

Le violon en France, à cette époque, était considéré, avant tout, comme un instrument mélodique; cette conception, qui se rattachait, sans doute, au système alors presque exclusif de l'exécution d'ensemble, n'était pas celle des étrangers, des Allemands et des Italiens, en particulier. Ceux-ci tenaient bien le violon pour un instrument mélodique, mais ils en faisaient aussi un instrument harmonique, propre à produire des accords; ils le faisaient entendre en solo, au lieu de le confiner dans l'orchestre, où il ne jouait qu'une seule partie, d'où la différence, tout à l'avantage des étrangers, que l'on constate dans la technique de cet instrument, à la fin du xvii⁰ siècle, différence que proclament éloquemment les *Sonates* exécutées en 1682, devant Louis XIV, par le violoniste allemand Jean-Paul Westhoff [3]. Mersenne reflète bien la conception mélodique de notre technique, lorsqu'il écrit, au début de la proposition IV : « Encore que l'on puisse *quelquefois* toucher deux cordes de violon pour faire un accord, il en faut plusieurs pour faire un concert entier. »

Cette conception devait se modifier sous l'influence de l'usage de la basse continue, et aussi, des œuvres de violon importées d'Italie. Dans ce pays, la *Sonate* solo avec basse continue apparaît vers 1620; la *Romanesca per violino solo e basso si piace* de Biagio Marini fournit un des premiers exemples de pièces pour violon seul avec accompagnement. En 1626, la

---

1. J. Ecorcheville, *Vingt Suites d'orchestre du dix-septième siècle français* (1906).

2. Le Père Mersenne, *Harmonie universelle* (1636). — M. Pinchette, *La Technique du violon chez les premiers sonatistes français* (1912).

3. Westhof était musicien de la chambre de l'Electeur de Saxe. Le *Mercure de France* de décembre 1682 et de janvier 1683 a publié de lui une *Sonate* avec basse, et une *Suite* pour violon seul. Cf. Wasielewski, *loco cit.,* p. 210. — H. Lavoix, *Westhoff, un virtuose en 1682,* dans la *Chronique musicale.* — H. Quittard, *Westhoff (Revue musicale,* 1902, p. 357). — P. von Bojanowski, *Das Weimar J.-S. Bachs* (1903), p. 14.

dénomination de *Sonata*, qui désigne une pièce instrumentale impropre à la danse, conçue uniquement en vue de l'exécution instrumentale, se fait jour sous la plume de Carlo Farina. C'est que le système de la basse continue, en favorisant le développement du style d'air, du style monodique, se répercute sur la littérature instrumentale. A l'imitation de la voix, l'instrument voudra sonner à lui tout seul, soutenu seulement par le clavecin chargé de réaliser la basse; d'où la *Sonata* ou *Sonate* qui prendra deux types, le type *da camera*, de *chambre*, dérivant directement de la *Suite*, et le type *da chiesa*, d'*église*, plus rapproché du style sévère de la polyphonie vocale.

En France, l'évolution se produit seulement dans les dernières années du XVIIe siècle, et peut-être l'influence de Lulli et de Louis XIV ne fut-elle pas étrangère à son développement tardif, car en combattant opiniâtrement les infiltrations étrangères dans la musique française, ces deux potentats contribuèrent à retarder l'épanouissement de celle-ci. Quoi qu'il en soit, l'évolution s'effectue suivant deux points de vue différents : d'abord, suivant le point de vue du nombre des instruments en œuvre, nombre qui se réduit à un ou deux, grâce à l'entrée en jeu du clavecin d'accompagnement; ensuite suivant le point de vue de la transformation de la *Suite* en *Sonate*, transformation qui provient tout à la fois d'un resserrement de la *Suite* et de l'introduction dans celle-ci d'éléments nouveaux.

L'ancienne *Suite* instrumentale, comme la *Suite* de luth et de clavecin, comprenait un nombre très variable de pièces de danse groupées autour de trois types caractéristiques et fondamentaux, l'*Allemande*, la *Courante* et la *Sarabande;* à ce triptyque essentiel, on y ajoutera de nouveaux types de danses, tels que le *Menuet*, la *Bourrée*, qui supplanteront les anciens ; on y ajoutera encore des pièces dépourvues de tout caractère chorégraphique, tels que les *Préludes* et les *Sonates*, ces derniers désignant d'abord un morceau de pure fantaisie, morceau isolé dont le titre s'étendra à tout le groupement; on y ajoutera enfin des pièces provenant du style vocal, comme les *Airs* et les *Rondeaux*[1].

Telle sera la *Sonata da camera* proprement dite, genre que les musiciens français cultiveront de préférence; elle dérive de la musique de danse et de la musique dramatique, à laquelle elle emprunte des *Arias*. Ses origines sont donc purement profanes. Mais, malgré que la différence de la *Sonate de chambre* et de la *Sonate d'église* se maintienne durant tout le XVIIIe siècle[2], la première se pénètre cependant d'éléments caractéristiques de la seconde, de sorte que les deux genres tendent de plus en plus à se confondre. Nous verrons, en effet, que les morceaux fugués et les *Largo* du style d'église apparaissent au sein de la *Sonata da camera* de plusieurs compositeurs français, tels que Senallié, Francœur et J.-M. Leclair.

Néanmoins, la *Suite* persiste toujours parallèlement à la *Sonate*, et cela tout particulièrement en France, où elle existe encore aux environs de 1750. Mais, soit qu'il s'agisse de *Suite*, soit qu'il s'agisse de *Sonate*, la musique de violon, à l'exemple de celle de clavier, tend, de plus en plus, à se constituer un style propre, et la définition que Sébastien de Brossard donne de la *Sonate*, dans son *Dictionnaire*, marque bien l'absence, dans l'esthétique de celle-ci, de toute préoccupation chorégraphique. C'est à partir de 1695 que les *Sonates* italiennes commencent à se répandre en France. Brossard, dans son *Catalogue manuscrit*, nous dit que « tous les compositeurs de Paris avaient, en ce temps-là, la fureur de composer des sonates à la mode italienne ». Sorte de *Cantate* instrumentale, la *Sonate* italienne pénètre donc chez nous. Peu à peu, le violon, instrument jadis décrié et qui ne « sentait pas sa personne noble », jouit d'une faveur croissante. On joue les sonates de Corelli, et on s'initie à la manière italienne qui a profondément influencé notre école de violon.

Le premier musicien français qui ait écrit des pièces de violon à basse continue et des sonates pour cet instrument est Jean-Ferry Rebel[3].

Il naquit, en avril 1661, à Paris, où son père Jean Rebel était chanteur de la musique royale. Enfant précoce, il jouait du violon dès l'âge de huit ans. En 1700, il entre à l'Opéra, et accompagne en Espagne l'ex-duc d'Anjou devenu Philippe V. L'année 1705 le trouve membre de la bande des vingt-quatre violons, et en 1713, il remplit à l'Opéra les fonctions d'accompagnateur pour le clavecin. Le 30 mars 1718, il obtient la survivance d'une moitié de la charge de compositeur de la chambre dont son beau-frère Lalande était investi, puis devient batteur de mesure à l'Opéra et au Concert spirituel, et meurt le 2 janvier 1747.

Son œuvre, très considérable et fondamentale pour l'histoire de la musique instrumentale en France, comprend un opéra (*Ulysse*) représenté le 21 janvier 1703, de la musique de chambre et des symphonies chorégraphiques.

Il a laissé trois recueils pour le violon : des *Pièces pour le violon et la basse continue divisées par suites de tons* (1705), un *Recueil de douze Sonates à deux et à trois parties avec la basse continue* (1712), et des *Sonates à violon seul et basse continue* (1713). De ces trois recueils, le deuxième et le troisième sont, à nos yeux, les plus dignes d'intérêt, parce qu'ils étaient composés dès 1695, et que Rebel ne les fit imprimer que plus tard. Les *Sonates* à deux et à trois offrent un exemple de cette écriture en trio qui devait marquer si fortement son empreinte sur la musique française de la première moitié du XVIIIe siècle; elles comportent deux violons et la basse, et appartiennent, par leur dispositif, à la forme *Suite*, car elles comprennent sept et huit mouvements; seulement, Rebel ne donne plus à ces mouvements des noms de danses, mais bien des désignations agogiques ou expressives. Il en est de même des *Sonates à violon seul*. L'influence de Corelli, qui, à cette époque, avait établi le type *Sonate* à quatre mouvements, n'a évidemment pas pesé sur Rebel. En héritier des violistes, celui-ci pratique les arpèges et aussi la double corde, comme on peut en juger ci-après :

1. Voir, sur l'évolution de la *Suite* en *Sonate*, Tobias Nordling, *Zur Geschichte der Suite (Recueil de la Société internationale de musique*, janvier 1906), et J. Loisel, *les Origines de la Sonate* (*Courrier musical*, oct.-novembre 1907).

2. Dans l'*Encyclopédie*, J.-J. Rousseau sépare très nettement les deux genres.

3. Sur Rebel, voir les articles de MM. P. Aubry et Dacier dans la *Revue musicale*, 1er et 15 juin et 1er et 15 juillet 1905, et notre étude sur la famille Rebel parue dans le *Recueil de la Société internationale de musique*, janvier 1906.

Rebel a écrit un *Tombeau pour M. de Lully*, et, à l'imitation des clavecinistes, il a composé un *Carillon* qui figure dans ses *Pièces* de 1705 (troisième suite), sous le titre *les Cloches*. Dans ses symphonies chorégraphiques ou *Ballets*, parmi lesquelles nous citerons *le Caprice*, *les Caractères de la Danse*, *la Terpsichore*, *les Plaisirs champêtres*. et *les Eléments*, Rebel fait preuve d'élégance, de solides connaissances harmoniques et d'ingéniosité[2]. *Les Eléments*, surtout, présentent une fort curieuse particularité, car Rebel y introduit le *leitmotif*, et cela afin de « peindre » chacun des éléments. Voici les thèmes caractéristiques qu'il attribue à la *Terre*, à l'*Eau*, à l'*Air* et au *Feu* :

Son contemporain François Du Val est aussi un des fondateurs les plus remarquables de notre école de violon. Né dans la seconde moitié du xviie siècle, et musicien du duc d'Orléans, il s'initia aux sonates de Corelli qui se répandaient à Paris ; en janvier 1714, il entrait aux vingt-quatre violons, et mourut en janvier 1723[3].

Du Val n'a écrit que de la musique de violon. Sept livres de *Sonates* sont sortis de sa plume, de 1704 à 1720 ; six de ces livres sont des *Sonates à violon seul et basse continue*, le septième contient des *Sonates à deux violons et basse continue* du 'type « en trio ». C'est à Du Val que revient l'honneur d'avoir publié le premier en France, les *Sonates de violon seul* (1704). A l'inverse de Rebel, Du Val adopte, en principe, le cadre à quatre compartiments instauré par Corelli, mais son inspiration demeure bien française ; on s'en aperçoit dans les qualifications pittoresques qu'il donne à ses pièces, l'*Archiluth*, le *Tourbillon*, la *Guitare*, etc., un peu à la manière de Couperin. C'est un brillant et ingénieux rythmicien, fort habile dans le fugato, et aussi un intéressant harmoniste. Sans doute, son harmonie oscille généralement de la tonique à la dominante et se tisse d'accords de sixte, mais il module audacieusement pour son époque. Déjà, en effet, le cadre de la tonalité s'est élargi et s'étend non seulement de la dominante supérieure à la dominante inférieure, mais encore il incorpore le relatif et ses deux dominantes, de sorte qu'une tonalité donnée établit des rapports entre six éléments.

Du Val manie habilement les arpèges et la double corde ; comme beaucoup de violonistes de son temps, entre autres Jakob Walther, il se complaît aux effets de sonorité imitatifs qu'on pouvait tirer du violon, effets tant admirés par Mersenne[4]. Son quatrième *Livre de Sonates* contient une « variation dans le goût de la trompette » ; il affectionne tout spécialement la forme *Rondeau*, à laquelle il donne une souplesse et une variété charmantes, et conserve fréquemment les noms des airs de danses qu'il entremêle de qualifications telles que : lentement, gai, gracieusement, etc.

Quand il adopte trois mouvements, il les répartit généralement de la manière suivante : vite-lentement-vite ; cependant, on trouve des sonates à trois mouvements vifs. Le dispositif à quatre mouvements comporte la même alternance de vitesses, avec une introduction lente.

A cette époque, les violonistes hésitent encore entre le type *Suite* et le type *Sonate*. Joseph Marchand[5], par exemple, que nous trouvons aux vingt-quatre violons en 1706, compose, l'année suivante, des *Suites de pièces mêlées de sonates* pour le violon et la basse qui sont bien l'indice d'une période de transition. On peut faire la même constatation sur les œuvres de Jacques Huguenet[6] et de Charles La Ferté[7], œuvres un peu sèches et un peu incertaines, mais dont la rythmique présente de sérieuses qualités. La première sonate de La Ferté débute par un beau prélude dans la manière française. Signalons encore les *Sonates à violon seul et basse continue* de

1. On voit par là ce qu'il faut penser de la légende qui attribue à Jean-Marie Leclair l'invention en France de la double corde.

2. Outre son opéra d'*Ulysse*, sur des paroles de Henri Guichard, Rebel a encore écrit des airs sérieux et à boire qui parurent dans les *Recueils* de Christophe Ballard, de 1695 à 1700.

3. Sur Du Val, voir notre article du *Mercure musical* du 1er juin 1905.

4. Mersenne, *Harmonie universelle*, *Traité des instruments à cordes*, p. 183. « Le Violon, dit Mersenne,... imite et contrefait toutes sortes d'instruments comme les Voix, les orgues, les Vielles, la cornemuse, le titre, etc., de sorte qu'il peut apporter de la tristesse comme fait le luth, et animer comme la trompette... » Carlo Farina et Walther se sont abondamment livrés à ces sortes d'imitations.

5. Ce Joseph Marchand n'a aucune parenté avec l'organiste Louis Marchand.

6. Le premier livre de *Sonates* de Jacques Huguenet porte la date de 1713.

7. Charles La Ferté était aux vingt-quatre violons en 1722. Son livre de *Sonates* est de 1707.

Ranc (vers 1715). Dans toutes ces compositions, chaque mouvement est monothématique, et le procédé de développement consiste dans l'emploi des *doubles*. Au point de vue tonal, il y a passage de la tonique à la dominante, et retour de celle-ci à la tonique, avec quelques modulations dans les tons voisins. Le principe de l'unité tonale est brisé par l'établissement d'un mouvement intermédiaire, généralement un *Aria* dans le relatif mineur, comme chez les clavecinistes.

Chez les violonistes que nous venons d'examiner, l'influence italienne se réduit à peu de chose. Elle s'affirme davantage dans les œuvres de Jean-Baptiste Anet, plus connu sous le nom de Baptiste, excellent violoniste qui, après avoir pris les leçons de Corelli, vint se faire applaudir au Concert spirituel, où nous le trouvons en 1725. Né vers 1661, Anet mourut à Lunéville, au service de Stanislas de Lorraine, en 1755[1].

Il a laissé deux livres de *Sonates à violon seul et la basse* (1724, 1729) et trois livres d'*Œuvres de Musette* qui parurent respectivement en 1726, 1730 et 1734.

Les *Sonates* d'Anet sont au nombre de 22 et comportent généralement cinq mouvements de vitesses alternées; le violoniste y adopte résolument la terminologie italienne, *Allegro, Andante, Adagio*, et imite plus d'une fois son maître Corelli, soit dans la préparation des cadences, soit dans les inflexions mélodiques (sauts d'octave) familières au maître de Fusignano.

Dans son œuvre de musette que Baptiste, cédant à l'engouement manifesté par le public pour les instruments champêtres, entre 1730 et 1740, dédiait au célèbre joueur de musette Colin Charpentier, il conserve la forme *Suite*, et agence des séries de tableautins musicaux aux titres pittoresques, comprenant un nombre souvent considérable de morceaux; tout cela est manifestement imité des *Ordres* de François Couperin. On y entend l'*Innocente Bergère*, l'*Amour adolescent*, la *Calotine*, la *Petite Nanette*, etc.; l'auteur prévient que ses pièces conviennent à la flûte traversière, aux violons, aux hautbois et même aux vielles, laissant ainsi à chacun le soin d'instrumenter, selon sa fantaisie, de simples duos de musettes.

Anet avait eu pour rival au Concert spirituel un habile violoniste piémontais, Jean-Pierre Guignon, qui, né à Turin vers 1694 et élève du fameux Somis, n'avait pas tardé, dès son arrivée en France, à acquérir la plus brillante réputation[2]. Entré à la musique de la chapelle du roi, où il se posa plus tard en concurrent de Jean-Marie Leclair, Guignon ressuscita, en juin 1741, le titre de « Roi des violons » qui n'avait plus été porté depuis 1685. Il mourut à Versailles, le 30 janvier 1744.

Guignon a laissé un nombre assez considérable

d'œuvres (on en connaît neuf), dont deux *Livres de Sonates à violon seul et basse*, des *Sonates à deux violons* et à *deux violoncelles*.

Ces sonates se présentent sous le type italien à trois ou quatre mouvements; Guignon y fait un usage fréquent de traits en triolets, de doubles croches, et en staccato, qui dénotent une grande virtuosité. Le style en est alerte et brillant.

Un autre italianisant est Jean-Baptiste Sénallié[3], né vers 1687 ou 1690 à Paris, élève de Converset, puis de Bonnefons, tous deux membres de la bande des vingt-quatre violons, où il entra lui-même en janvier 1713. Sénallié s'était initié à la musique italienne auprès de Baptiste Anet, et, attiré par le renom des violonistes d'outre-monts, il se rendit en *Italie*, avec le comte de Caylus, en 1715. Là, ses succès décidèrent la duchesse d'Este à le retenir à sa cour, où il demeura jusqu'en 1719[4] et où il se perfectionna dans l'étude du violon auprès du célèbre Vitali. Sénallié mourut à Paris, le 15 octobre 1730.

Il a composé cinq livres de *Sonates de violon et basse* qui s'échelonnent de 1710 à 1727. Construites, en général, sur le modèle de l'œuvre V de Corelli, ces sonates présentent souvent le dédoublement des *Airs* ou des *Gavottes*, le second morceau étant écrit en mineur sur la même tonique. La terminologie employée est italienne, et les divers mouvements se rapprochent sensiblement, surtout par le caractère de leur rythmique, des types corelliens; la basse se déplace souvent par mouvements chromatiques, et sa figuration se montre plus accidentée que celle des basses françaises. Si l'influence exercée par Corelli sur Anet paraît certaine, l'œuvre de Sénallié, en revanche, porte des traces bien faibles de l'enseignement de Tommaso Vitali. Sénallié est peu virtuose, peu audacieux; il hésite à manier la double corde et démanche peu. Il se contente de faire étalage de ses belles qualités de mélodiste, et de ce je ne sais quoi de mélancolique et de voilé qui caractérise ses mouvements lents.

Plus virtuose que Sénallié s'affirme Quentin le jeune[5], dont les seize livres de *Sonates* renferment déjà d'appréciables difficultés, notamment dans les arpèges, et aussi Gabriel Besson[6], qui nous a laissé d'intéressantes sonates. Quant à François Francœur, l'ami et l'associé du fils de Jean-Ferry Rebel, François Rebel, qui publie entre 1720 et 1740 deux livres de *Sonates*, ses qualités lui font une place à part dans la littérature musicale de ce temps. Compositeur élégant et original, François Francœur fleurit de façon charmante ses *Adagios*, qu'il brode un peu comme Des Planes et les Allemands. De la sorte, ses mouvements lents échappent à l'allure traînante et monotone que manifestaient les dolentes *Sarabandes* étroitement emprisonnées dans leurs cadences. François Francœur avait voyagé en Allemagne, car le flûtiste

---

1. Sur Anet, voir nos articles de la *Revue musicale* des 15 novembre et 1er décembre 1905.

2. M. Bernhard a publié dans la Bibliothèque de l'École des chartes un article sur la corporation des ménétriers, dans lequel il étudie la royauté violonistique de Guignon, tomes III, IV et V. Nous avons donné quelques détails biographiques sur Guignon dans notre ouvrage l'*Académie de musique de Nantes*, 1906, p. 37 et suiv., détails que nous avons complétés dans notre article sur Guignon de la *Rivista musicale italiana*, 1911, fasc. 4.

3. Sur Sénallié. Voir Félix Huet, *Études sur les différentes écoles de violon*, 1880; Valdrighi, *Capelle, Concerti e musiche di casa d'Este*, publiés dans *Atti e Memorie delle R. R. Deputazioni d'istoria patria per le Provincie Modenesi e Parmensi*, série III, Volume II, 2e partie, p. 434, 492, 493; consulter aussi Ancelot, *Observations sur la musique et les musiciens*, p. 13, et Lacombe, *Dictionnaire portatif des Beaux-Arts* (1749), p. 576

4. Sénallié était à Paris en 1720; il figure parmi les musiciens qui prenaient part aux divertissements de la cour (Arch. nat., O¹, 2851).

5. De ces seize livres, trois sont à violon seul et basse; les autres consistent en recueils de Sonates en trio pour les violons, flûtes et la basse. Cf. Fétis, VII, p. 151, et Eitner, VIII, p. 101, 102. Il y a deux musiciens de ce nom, l'aîné et le jeune. L'aîné a publié, avec un privilège du 24 août 1730, sous le nom de Bertin Cantin ou Quentin, une première œuvre consistant en Sonates à violon seul et pour la flûte avec la basse continue. Il était aux Vingt-quatre Violons de la chambre et à l'Académie royale de musique, où il entra en 1706 (État de la régie actuelle de l'Opéra, 1738). Le jeune publia son premier livre de trios en 1724, son deuxième en 1726, et son troisième en 1728. Le premier livre de trios date de 1724.

6. Gabriel Besson, ordinaire de la musique de la chapelle et de la chambre du roi, a publié en 1720 son livre de Sonates.

Quantz signale sa présence à Prague et à Vienne en 1723, et il est possible que ce voyage ait influencé sa manière, en lui permettant de prendre directement contact avec la musique allemande[1].

Au point où nous en en sommes arrivés, c'est-à-dire aux environs de 1730, deux faits ressortent de l'examen de l'ensemble de la littérature de violon: le dispositif de la *Sonate* tend à se fixer comme il suit : 1° un mouvement lent, en guise d'introduction; 2° un mouvement assez modéré, dans le genre de l'*Allemande;* 3° un mouvement tranquille, très expressif, écrit souvent en mineur, *Aria, Sarabande* ou *Gavotte;* enfin, 4° un mouvement très vif, *Presto* ou *Gigue.* Tous ces mouvements, et principalement le premier et le dernier, rentrent dans la même tonalité et dérivent, en général, d'un motif unique dont la *Sonate* est comme la floraison, ainsi que nous le verrons plus loin.

Ensuite, l'écriture en trio s'affirme dans les *Sonates à deux violons et la basse* tout comme dans les *Suites* convenant à plusieurs instruments; quels que soient les timbres employés pour réaliser ces compositions, elles ne comportent guère que deux dessus et la basse. Nous avons cité précédemment les *Trios* de l'organiste Dornel. La *Sérénade ou Concert*[2] que Montéclair avait publiée en 1697 rentre sensiblement dans le même type : premier dessus, deuxième dessus et basse. Si ces compositions admettent des hautbois et des flûtes avec les violons, les groupes d'instruments à vent alternent simplement avec ces derniers quand ils ne les doublent pas, autrement dit, les trois parties réelles de la composition passent à travers des timbres différents, mais la multiplicité des instruments employés à l'exécution ne semble pas entraîner celle des parties.

Il convient, toutefois, de remarquer que chez certains auteurs, chez Rebel, par exemple, la préoccupation symphonique se manifeste très clairement, et que l'orchestration suppose une écriture plus diversifiée que l'écriture en trio. Les *Caractères de la danse,* la *Fantaisie* et la *Terpsichore* du vieux violoniste sont là pour montrer à quel point il tient aux détails de l'instrumentation; d'une façon générale, les « embellissements » de trompettes et timbales comportaient des parties séparées que tirait le copiste, celui-ci jouant en l'occurrence, vis-à-vis de l'auteur de la musique, un rôle de collaborateur ou d'interprétateur.

Un élève de Sénallié, Jacques Aubert[3], qui, lui aussi, s'adonna à l'écriture en trio, va modifier cette écriture dans le sens symphonique, en publiant les premiers *Concertos* français de violon. A ce titre, il mérite une place d'honneur dans l'histoire de notre musique instrumentale.

Né vers 1683, à Paris, Jacques Aubert descendait d'une dynastie de musiciens. Successivement attaché au duc de Bourbon, à la chapelle royale (1726) et à l'Opéra (1727), intendant de la musique du duc de Bourbon, Jacques Aubert mourut à Belleville en mai

1733, après avoir écrit trente-trois œuvres et cultivé la musique instrumentale, le ballet et la musique dramatique.

Les *Sonates à violon seul et la basse* qu'il a laissées, et dont le nombre dépasse quarante, sont construites à quatre mouvements; ses *Sonates à deux violons* comprennent trois mouvements. Les unes et les autres révèlent un musicien habile, d'inspiration facile, trop facile même, et fortement influencé par l'Italie; son style, vif, gai, se rapproche, en effet, beaucoup de celui des auteurs bouffes de ce pays, et notamment de Pergolèse. A côté de ces sonates, où Aubert pratique le *démancher* et la *double corde,* les *Concerts de Symphonie* (1730) marquent nettement son intention de créer un genre qui se rapproche de la musique de Corelli et de Vivaldi, sans en présenter la difficulté d'exécution et en respectant le goût français. C'est ce qu'il déclare catégoriquement dans l'*Avertissement* de son ouvrage. Or, ces douze *Concerts* sont écrits dans la forme *Suite* et à trois parties; ils comportent deux violons, ou flûtes, ou hautbois, et la basse, et ne ressemblent en rien, par leur architecture, au *Concert* italien dont le type ternaire *Allegro, Adagio, Allegro,* était fortement établi à cette époque. Aubert a adopté la forme *Suite* chère aux Français et y a adapté l'écriture en trio. Pour trouver l'équivalent des *Concerts* italiens, il faut attendre ses *Concertos à quatre violons, violoncelle et basse continue,* dont le premier livre parut pendant l'hiver 1734-1735. Ici, Aubert prend le cadre italien à trois mouvements, et, en même temps, il complique son écriture : à deux dessus et la basse, il ajoute deux autres parties, et réalise, de la sorte, une écriture à cinq parties. A dire vrai, ses *Concertos* ne comportent fréquemment que trois parties réelles, en raison du redoublement de certaines d'entre elles, et rentrent alors dans le type d'écriture en trio; mais il convient de donner acte à Jacques Aubert de l'effort qu'il a accompli.

Une autre particularité de ses concertos consiste dans leur instrumentation : quatre violons et la basse, sans parties intermédiaires, instrumentation dont Vivaldi et Leonardo Léo lui ont fourni l'exemple.

Dans le corps des concertos d'Aubert, la répartition des *Tutti* et des *Soli* s'effectue d'une façon analogue à celle d'Albinoni, et les procédés d'accompagnement, basés sur l'action alternative des ripiénistes et du clavecin, rappellent, tout à fait, la manière de Tartini. Ce que nous tenons à constater, c'est que le type ternaire du *Concert* était en vigueur en France dans la littérature du violon, en 1734. François Du Val, Pierre Guignon et Jacques Aubert l'y avaient introduit[4]. L'exemple suivant donnera une idée de l'écriture de Jacques Aubert dans ses concertos à quatre violons. Il est emprunté au premier livre, et reproduit le début de la *Gavotte* du deuxième concerto en *sol* majeur; dans ce passage, Aubert laisse le violon principal bien en dehors, et le fait accompagner doucement par les trois autres violons à l'unisson, sans faire intervenir la basse :

---

1. Sur Francœur, voir *Mémoires de Bachaumont,* t. III, V, VIII, XXVIII, XXXV.

2. *Sérénade ou Concert, divisé en trois suites de pièces pour les violons, flûtes et hautbois, composées d'Airs de fanfares, d'Airs tendres et d'Airs champestres, propres à danser.* par M. Montéclair (1697). C'est là, on le voit, uniquement de la musique de danse.

3. Sur Jacques Aubert, voir notre article du *Mercure musical* (15 mai 1906).

4. Sur le *Concert* de l'école française de Violon, voir A. Schering, *Geschichte des Instrumentalkonzerts,* 1905, p. 166.

Si les concertos à quatre violons d'Aubert sont les premiers représentants du genre *Concerto* dans notre littérature du violon, il convient, cependant, de remarquer que le type ternaire du *Concert* italien était déjà connu en France à cette époque, où des violonistes transalpins avaient propagé les œuvres de Corelli et de Vivaldi.

Ce serait le lieu de dire quelques mots de Michel Mascitti, plus connu sous le nom de Michel, musicien du duc d'Orléans et de Crozat, qui, bien que né à Santa Maria, dans le royaume de Naples, s'était fixé à Paris, où il publia neuf œuvres de violon, et où il se fit naturaliser au mois de décembre 1739[1]. Mascitti, selon Daquin, avait écrit « dans le goût français », et ses compositions bénéficièrent d'une très grande réputation. De 1704 à 1738, il fit paraître des *Sonates à violon seul et la basse*, des *Sonates à deux violons et la basse* et quatre *Concertos à six instruments* (1727) du type *Concerto grosso*.

Les concertos de Mascitti comportent trois instruments principaux ou *di Concertino* (deux violons et une basse) et trois instruments d'accompagnement, *di ripieno* (un violon, un alto et une basse).

Ils débutent par un allegro et révèlent la forme ternaire; le musicien cherche à s'inspirer du style de Geminiani, mais il demeure assez loin derrière son modèle. Sa mélodie est fluide, coulante, très italienne; jamais Mascitti ne cherche à produire des effets d'opposition entre les deux ensembles instrumentaux, concertants et ripiénistes. Le premier violon reste toujours très en dehors, et souvent Mascitti lui confie un travail de pure virtuosité.

Venons-en maintenant à un de nos plus illustres violonistes, à Jean-Marie Leclair. Lui aussi a puissamment contribué au développement de notre littérature symphonique.

Jean-Marie Leclair, né à Lyon le 10 mai 1697, était l'aîné des huit enfants d'un modeste passementier de cette ville. D'abord danseur et maître de ballet à

Turin de 1722 à 1726, il prend, dans cette ville, des leçons avec Somis, et débute brillamment au Concert spirituel en 1728; en 1734, il entre à la musique royale, où il se trouve en rivalité avec Guignon. Cette circonstance lui fait quitter son emploi à la cour. Il va en Hollande sur la demande de la princesse Anne d'Orange[3], puis est appelé, en 1744, auprès de l'infant d'Espagne don Philippe. De retour à Paris, en 1745, Leclair compose un opéra de *Scylla et Glaucus*, paroles de d'Albaret, que l'Académie royale de musique représente le 4 octobre 1746, et entre au service du duc de Gramont. Il meurt assassiné dans des conditions assez mystérieuses, pendant la nuit du 22 au 23 octobre 1764. On l'inhuma dans le cimetière de l'église Saint-Laurent[4].

Son œuvre, considérable, comprend près de cent compositions gravées, dont quatre *Livres de Sonates à violon seul et basse*, le premier portant la date de 1723, le quatrième paru vers 1740; des *Sonates à deux violons*, les *Ouvertures et Sonates en trio*, et douze *Concertos à trois violons, alto et basse* en deux livres (1736, 1744). Leclair a donc cherché à réaliser la plupart des combinaisons instrumentales usitées de son temps, et se montre, dans tous ses ouvrages, aussi excellent musicien qu'il était habile violoniste. Sur son talent d'exécution, ses contemporains, Daquin, Hubert le Blanc, Ancelet, de Rozoy, s'affirment unanimes; on l'appelait « l'admirable M. Leclair ». Mais ce sont ses qualités musicales qui retiendront surtout notre attention.

Les quatre *Livres de Sonates à violon seul avec la basse* occupent dans notre littérature de violon un rang éminent. Leclair, qui s'était assimilé le *Gradus ad Parnassum* de Fux, et qui avait longtemps travaillé avec André Chéron, y fait preuve des plus remarquables qualités de compositeur. Sans doute, les deux premiers livres reflètent l'influence de Somis; mais, dans les deux derniers, le musicien s'émancipe, sa

1. Sur Mascitti, consulter notre ouvrage *l'Académie de musique de Nantes*, p. 41 à 45; Wazielewski, *loco cit.*, p. 180-181, et A. Schering, *loco cit.*, p. 54.

2. Voir les articles publiés par nous dans la *Revue musicale* (15 octobre 1904), dans le *Courrier musical* (15 novembre 1904) et dans le *Recueil de la Société internationale de musique* (janvier 1905). — D. F. Scheurleer, *J. M. Leclair l'aîné in Holland* (Soc. int. de musique,

janvier, mars 1909). — J.-G. Prod'homme, *Écrits de musiciens* (1912), p. 339, 340.

3. Scheurleer a montré que, de juillet 1740 à août 1742, Leclair était au service du fameux juif du Lis, à la Haye.

4. L'*Avant-Coureur* du 25 novembre 1765 rapporte qu'à l'occasion de la messe de bout de l'an célébrée à l'intention de Leclair aux Feuillants, on exécuta, durant la cérémonie, son *Tombeau* mis en grande symphonie par Dupont, un de ses élèves.

s'émancipe, sa personnalité se dessine incisive, de caractère arrêté. La mélodie de Leclair se développe largement, toujours d'une façon logique, avec une souplesse particulière. Son harmonie est ferme, pleine, majestueuse, et rappelle celle de Haendel[1].

Au point de vue de la forme, si l'on désigne par A les mouvements lents et par B les mouvements rapides, le premier livre offre le plus souvent le dispositif suivant : A, B, A, B, plus rarement B, A, B et A, B, A, B, A ; le deuxième, A, B, A, B, une fois seulement A, B, B, et A, B, A, B, A. Leclair joint à la terminologie *Andante, Allegro*, etc., celle qui caractérise les airs de danse ; c'est ainsi que ses seconds mouvements s'intitulent fréquemment *Allemande* ou *Courante*, que les morceaux lents sont des *Sarabandes* ou des *Airs*, et qu'il choisit très souvent la *Gigue* ou la *Gavotte* comme pièce finale. Dans tous les cas, sa *Sonate* est établie sur le type à trois ou quatre mouvements. On en connaît surtout le *Tombeau* (*ut* mineur) et une composition en *sol* majeur publiée par David, qui ne sont pas les plus remarquables de son œuvre[2].

Leclair pratique parfois le dédoublement de l'*Air* en se servant pour « l'altro » du mineur ou du majeur sur la même tonique. Il affectionne, tout particulièrement, les tonalités majeures et module fort habilement. Si ses mouvements ne présentent qu'un seul thème, si le développement se borne à un travail effectué sur ce thème unique, on peut cependant trouver dans le troisième livre quelques variations qui, par les altérations qu'elles apportent au rythme, préparent l'apparition du deuxième thème. Quoi qu'il en soit, la *Sonate* de Leclair est bien de type italien ; toujours, le thème primitif est réexposé dans le ton principal. — Quant aux deux livres de concertos, ils offrent l'intérêt le plus vif. Ecrits pour violon principal et orchestre de ripiénistes à quatre parties (deux violons, alto et basse), ils sont généralement à trois

mouvements du type B, A, B. Le premier livre (op. VII) témoigne de l'imitation du *Concert d'église* de Torelli, mais, au lieu de présenter dans les mouvements vifs deux groupes de *Soli* encadrés par les *Tutti*, conformément au schéma T. S. T. S. T. (dans ce schéma la lettre T désigne les *Tutti*, et la lettre S les *Soli*) comme chez ce maître, les mouvements de Leclair rappellent le dispositif adopté par Albinoni, et le solo s'y fait jour trois fois :

T. S. T. S. T. S. T.

Nous sommes donc bien en présence, ici, de concertos écrits pour un instrument principal qui oppose franchement des *Soli* à l'ensemble instrumental ; il n'y a rien du *Concerto grosso*, où les divers instruments dialoguent sur un pied d'égalité. Leclair étend largement ses *Soli*, pendant que les *Tutti* reprennent le thème ou fragment de thème exposé par le soliste. Dans les *Airs* ou mouvements lents, la répartition des rôles est différente, et l'alternance des *Soli* et des *Tutti* s'y montre tantôt plus fréquente, tantôt plus restreinte.

Le deuxième livre (op. X), de tous points, remarquable par le caractère et la personnalité des thèmes et par l'extension donnée aux *Soli*, qui occupent jusqu'à soixante ou soixante-dix mesures. Le travail de passages et d'ornementation confié au violon principal ne consiste pas seulement en broderies décoratives, mais bien en un véritable développement. D'un thème donné, Leclair sait extraire toute la substance expressive que contient ce thème. Ce livre apporte le véritable prototype du concerto français de violon.

Au point de vue de la technique instrumentale, Leclair aborde crânement les difficultés les plus épineuses. Il démanche avec audace, atteignant les régions les plus élevées de l'échelle du violon. Dès son deuxième livre de sonates, il écrit des passages fort scabreux dont voici un exemple :

il exécute avec brio des passages en tierces et en sixtes, à allure vive, des doubles trilles, des arpèges malaisés :

et imagine le trémolo de la main gauche, artifice technique qui consiste à faire entendre à la fois le chant et son accompagnement[3]. Si sa main gauche ignorait la difficulté, son archet devait être d'une légèreté étonnante ; les traits en *staccato* qu'il a semés au cours de son œuvre en témoignent éloquemment.

Leclair, qui s'était, vers la fin de sa vie, voué à l'enseignement, a donné une vive impulsion à l'école

française de violon, dont il peut, à bon droit, être proclamé le chef. L'abbé le fils, Guillemain et le chevalier de Saint-Georges comptent parmi ses élèves les plus réputés. Avant d'en venir à ces musiciens, il nous semble utile de jeter un coup d'œil d'ensemble sur la *Sonate de violon*, telle que l'ont conçue les compositeurs qui précèdent.

Nous avons indiqué plus haut le dispositif à quatre mouvements que présentent la majorité des sonates de violon de la première période (des origines à Leclair inclus). Ce dispositif admet de nombreuses exceptions, le nombre des morceaux de la *Sonate* variant de trois à cinq, mais il demeure, somme toute, le plus fréquemment employé.

La sonate française est éminemment une *Sonata da camera*, en ce sens qu'elle se compose surtout d'airs de danse stylisés et appropriés à l'instrument, en dehors de toute préoccupation de danse[4]. A la

---

1. Il convient de remarquer que Leclair, lors de son séjour en Hollande auprès de la princesse d'Orange, qui donnait en son château du Loo des concerts fort réputés, et qui avait protégé Haendel, a sans doute entendu exécuter des compositions de ce maître.

2. MM. Debrous et Guilmant ont entrepris la publication des œuvres de Leclair, et déjà deux livres de sonates ont paru.

3. Sonate VI, quatrième livre. — Cf. Félix Huet, *Etude sur les différentes écoles de violon*, 1880, et Pincherle, *loco cit.*

4. Il est à remarquer que, dans les premières œuvres de Corelli (op. 2, 1685, et op. 3, 1690), la Sonata da camera porte le nom de « Balleto di camera ».

Sarabande, danse lente et grave, s'adjoint l'*Aria* emprunté à la musique dramatique, et selon que le compositeur entend imprimer à son œuvre un caractère gai ou triste, il multiplie les mouvements vifs ou les mouvements lents[1]. Nous voyons, de la sorte, J.-B. Sénallié employer deux *Arias* dans une sonate de son cinquième livre[2], Louis Francœur faire suivre un *Aria* d'une *Sarabande*[3], et son frère François placer deux *Gavottes* de mouvement tranquille après ou avant une *Sarabande*[4]. Au contraire, Leclair supprimera parfois tout mouvement lent, afin d'obtenir une composition vive et joyeuse[5]. Le dédoublement des morceaux vifs et des morceaux lents s'effectue fréquemment; lorsque le premier *Allegro* est dédoublé, on obtient le type corellien A B B₁ A₁ B₂, qui se rencontre souvent dans le deuxième livre de Louis Francœur; ce dédoublement s'accompagne de changements de rythme, les rythmes ternaires alternant avec les rythmes binaires afin d'obtenir plus de variété. D'une manière générale, le mouvement va en s'accélérant du début à la fin de la sonate, qui est ordinairement terminée par un *Presto* ou par une *Gigue*.

Si la sonate française appartient surtout au type *da camera,* elle se pénètre, cependant, d'éléments provenant du style d'église. Dans son deuxième livre, Louis Francœur emploie le style fugué pour le premier *Allegro,* à l'exemple de Corelli; il substitue un *Largo* ou un *Adagio* à la *Sarabande* et à l'*Aria.* Sénallié et Leclair agissent de même[6].

La terminologie des mouvements est très variable; les indications *Adagio, Allegro, Largo,* etc., s'associent à des noms de danses. Cela tient à ce que les airs de danse subissent de profondes modifications, l'*Allemande,* par exemple, devenant plus vive, et certaines *Courantes* se transformant en *Largo*[7]. De plus, sous les titres d'*Allegro* ou de *Final,* on verra Leclair déguiser de véritables airs de danse[8].

Au point de vue tonal, la sonate de violon se développe en conservant d'un bout à l'autre la même tonalité; il n'y a d'exceptions à cette règle que dans le cas des *Arias* et du dédoublement de ceux-ci. On voit alors les musiciens écrire l'*Aria* au relatif mineur, ou bien, lorsqu'il est dédoublé, le présenter dans deux modes différents, mais sur la même tonique[9]. De la sorte, tout en échappant à la monotonie, la sonate assure son unité de composition.

Cette unité se manifeste encore par d'autres caractères. D'abord, les divers mouvements, qu'ils soient au nombre de quatre ou cinq, s'enchaînent souvent les uns aux autres, grâce à des notes d'attente formant lien entre deux morceaux successifs, à la manière de Corelli. On observera ce fait chez Leclair, Sénallié et Francœur[10]. Alors, la sonate ne se compose plus, en définitive, que d'une manière de couple dont chaque partie comprend un mouvement vif lié à un mouvement lent :

Ensuite, la sonate se construit presque toujours sur un thème unique, thème initial et générateur, proposé d'ordinaire dans le *Prélude;* elle obéit ainsi à un principe de sévère coordination qu'on a baptisé du nom de *cyclisme.* Tantôt ce principe reçoit une application absolue, et tous les mouvements dérivent du motif générateur modifié rythmiquement de façon à entrer dans les différents cadres des airs de danse; tantôt le *cyclisme* n'apparaît que partiellement sous forme de rappel de thèmes, de reprise d'incises mélodiques.

Sénallié, par exemple, bâtira toute une sonate sur ce thème[11] :

François Francœur et Leclair emploieront le même motif légèrement déformé dans les divers morceaux de plusieurs sonates, ainsi qu'il résulte des exemples ci-après :

1. Le plus souvent, la multiplication des mouvements lents destinée à imprimer à la composition un caractère mélancolique ou dolent, se renforce d'une tonalité mineure.

2. Sénallié, cinquième livre, sonate 7.

3. L. Francœur, premier livre, sonate 5.

4. F. Francœur, deuxième livre, sonates 5 et 8.

5. J.-M. Leclair, premier livre, sonate 2; de même, Sénallié, 2ᵉ livre, sonate 5.

6. Sénallié, livre quatrième, sonate 9. Leclair, premier livre, sonates 3 et 4. Dans le troisième livre de Leclair, il y a de nombreux allegros fugués.

7. On trouve des exemples de l'élargissement de la courante chez Hændel.

8. Leclair, premier livre, sonate 4.

9. Voyez, par exemple. F. Francœur, deuxième livre, sonate 5 (1ʳᵉ gavotte, *la* mineur; 2ᵉ gavotte, *la* majeur); Sénallié, troisième livre, sonate 8.

10. Ainsi, dans la sonate 9 du premier livre de F. Francœur, l'adagio du milieu se termine sur la sensible et s'enchaîne avec la gigue qui suit; il en est de même pour le premier adagio de la sonate 8 de ce même livre. Cf. Leclair, premier livre, sonates 1, 3 et 4.

11. Sénallié, cinquième livre, sonate 7.

12. F. Francœur, deuxième livre, sonate 6.

13. F. Francœur, premier livre, sonate 6. Voir encore, du même, deuxième livre, sonates 1, 5 et 10.

14. J.-M. Leclair, premier livre, sonate 2.

Ou bien, ce seront des traits caractéristiques, des mouvements mélodiques, comme chez Du Val[1], qu'on retrouvera dans toutes les parties de la sonate. Les deux Francœur, Leclair, Anet, font souvent appel à ce procédé pour sceller l'unité de leurs sonates. Ils imitent en cela les compositions de l'op. V de Corelli, qui offrent, à ce point de vue, les exemples les plus frappants, marquant bien ainsi l'influence profonde que les violonistes italiens ont exercée sur notre première école de violon.

On retrouve cette influence chez un autre violoniste qui s'acquit une grande célébrité par des *Motets à grand chœur* exécutés au Concert spirituel, Mondonville.

Jean-Joseph Cassanéa, dit Mondonville ou de Mondonville[2], naquit à Narbonne le 24 ou le 25 décembre 1711. Son père était musicien à la cathédrale de cette ville et lui enseigna le violon. Attaché au Concert de Lille, où il occupait l'emploi de premier violon, Mondonville y composa des œuvres vocales et instrumentales[3], puis vint à Paris en 1734, et débuta avec succès au Concert spirituel. La musique du roi l'accueille en avril 1739, et l'Académie de musique, qui gérait alors le Concert spirituel, se l'attache comme compositeur et comme virtuose aux appointements de 1.200 livres par an. Mondonville alimente le répertoire du Concert de ses motets, donne à l'Opéra sa pastorale d'*Isbé* (1742), fait des tournées en province avec Guignon, puis entre au Théâtre des Petits Cabinets et prend part à la Guerre des Bouffons, en donnant à l'Opéra *Titon et l'Aurore* (1753). A partir de 1755, il dirige le Concert spirituel, où il fait exécuter de nouveaux motets et de nouvelles pièces (*Oratorios*), quitte sa place de sous-maître de la chapelle royale (1758) et la direction du Concert spirituel (1762), et meurt à Belleville le 8 octobre 1772.

Violoniste habile et brillant, Mondonville a écrit, dans le domaine de la musique instrumentale, des *Sonates pour le violon et la basse* (liv. I) (1733), des *Sonates en trio pour deux violons ou flûtes avec la basse* (1734), des *Pièces de clavecin en sonates avec accompagnement de violon*, dont nous avons déjà parlé[4], les *Sons harmoniques, Sonates à violon seul*, et des *Concertos de violon avec chant, orchestre et chœur*. Son originalité s'affirme surtout dans les *Sons harmoniques*, où, à travers une rédaction d'ailleurs obscure, il explique la manière de produire sur le violon les sons harmoniques. On en connaissait déjà l'usage, car la trompette marine[5] les mettait à contribution, et, dès 1711, le physicien Sauveur avait traité, devant l'Académie des sciences, de leur nature et de leurs propriétés. Néanmoins, Mondonville peut revendiquer l'honneur de les avoir introduits dans la technique de son instrument; il les exécute par effleurement sur les cordes et les désigne de la façon

suivante : où la note supérieure indique la note *réellement* produite.

1. Du Val, troisième livre, sonate 5.
2. Sur Mondonville. Voir *Nécrologe des Hommes célèbres de la France*. 1773. — Galibert, *Jean-Joseph Cassanéa de Mondonville*, Narbonne, 1856, et F. Hellouin, *Mondonville, sa Vie et son Œuvre*, dans *Feuilles d'Histoire musicale française*, 1903. Consulter aussi les *Mémoires* de Bachaumont, tomes I, II, III, IV, V, VI, XVI (add.) et XVIII (add.), et le *Concert de Lille* de M. Lefebvre (1905).

Quant aux *Concertos de violon et chant*, ils restent introuvables, et nous en sommes réduits, à leur égard, aux explications que donne le *Mercure* de mai 1752 : la première partie revenait au violon, chargée de la deuxième, reprenait en imitation la voix, chargée de la deuxième, reprenait en imitation tous les traits effectués par l'instrument. Les *Concertos de violon avec voix, orchestre et chœur* se composaient de quatre mouvements[6].

Un contemporain de Leclair, Gabriel Guillemain, suivit celui-ci dans la voie de la brillante technique qu'il avait inaugurée[7].

Né à Paris en 1705, et élevé par le comte de Rochechouart, Guillemain voyagea de bonne heure en Italie et était déjà célèbre à l'âge de vingt ans. L'Académie de musique de Dijon lui offrit la place de premier violon, et Guillemain remporta dans cette ville de nombreux succès (1734). Protégé par le duc de Chartres, il entre, en 1737, à la musique royale, où il joue avec Guignon, puis, de 1747 à 1750, il fait partie de l'orchestre du théâtre de Mme de Pompadour, et écrit, à l'intention de la marquise, la musique de la *Cubale*. Pensionné par le roi en 1750, il fait exécuter des œuvres symphoniques au Concert spirituel de 1757 à 1761, mais, poursuivi par ses créanciers et se trouvant dans l'impossibilité de les satisfaire, il se suicide à Chaville, le 1er octobre 1770.

Guillemain a beaucoup produit; le catalogue de ses œuvres comprend dix-huit numéros, dont trois livres de *Sonates à violon seul et la basse*, des *Sonates en duo pour violon et flûte sans basse* (deux livres), des *Sonates en trio* (deux livres), un livre de *Sonates en quatuor*, des *Concertino*, des *Symphonies et Divertissements en trio*, des *Pièces pour le clavecin* et des *Amusements et Caprices pour violon seul*.

Plus virtuose que musicien, Guillemain marque déjà la tendance qui ne fera que s'accentuer durant la seconde moitié du XVIIIe siècle, et qui portera la musique de violon à être surtout violonistique. Néanmoins, la part qu'il a prise au développement de l'écriture symphonique ressort de ses *Six Sonates en quatuor* (1743), destinées à la flûte traversière, au violon, à la basse de viole et à la basse continue: ces sonates, qui comportent quatre mouvements, ne devaient pas être exécutées « à grand orchestre, » et constituaient de véritables quatuors de chambre. En général, le style de Guillemain est barriolé de triolets en doubles croches jetés dans les mouvements binaires, à la mode italienne. Guillemain était cité pour sa main prodigieuse et son extrême habileté; il a mis toute sa virtuosité, qui le faisait passer de son temps pour bizarre, dans ses *Amusements pour violon seul*, où il entasse difficultés sur difficultés. Il est le premier, avec L'abbé le fils, à composer en France de la musique pour violon sans accompagnement.

Ce L'abbé le fils fut un des meilleurs élèves de

3. C'est à Lille, qu'en 1733, il fait paraître son œuvre I.
4. Voir plus haut, aux instruments à clavier.
5. Remarquons, à ce propos, que l'usage de la *Trompette marine* se prolongea encore longtemps au XVIIIe siècle. Ainsi, en janvier 1742, un sieur Jean-Baptiste Prin, maître à danser de Paris et musicien de la ville de Strasbourg, adressait aux Académiciens du Concert de Lyon un *Mémoire sur la trompette marine*, dans lequel il exposait le moyen d'apprendre à jouer sans maître de cet instrument. Consulter : L. Vallas, *J.-B. Prin et sa méthode de trompette marine* (*S. I. M.*, 15 novembre 1909).
6. Les *Concertos avec voix* de Mondonville devaient probablement ressortir de la même esthétique que ses *Pièces de clavecin avec voix ou violon* (œuvre V).
7. Sur Guillemain, Voir notre article du *Courrier musical* du 1er août 1909.

Leclair[1]. Il s'appelait en réalité Joseph-Barnabé Saint-Sevin, dit L'abbé, à cause des fonctions musicales que son père exerçait dans les églises de la ville d'Agen, où il naquit le 11 juin 1727. En 1739, il entrait en qualité de violoniste à la Comédie française, se produisait au Concert spirituel en 1741, et était admis la même année à l'orchestre de l'Opéra. L'abbé mourut à Paris le 6 thermidor an XI.

Son œuvre de violon, dont le premier livre parut après 1743, consiste en *Sonates* à quatre et trois mouvements, où se manifeste l'alerte technique de Leclair. L'abbé aimait à broder de variations des mélodies connues; c'est ainsi qu'il en écrivit de fort intéressantes sur le fameux *Air des Sauvages* de Rameau (*Jolis airs ajustés et variés pour un violon seul*), où, avec l'aide de son seul instrument, il parvient à donner une impression presque symphonique. On a aussi de lui un ouvrage pédagogique : *Principes de violon,* qui parut en 1761.

Ajoutons que L'abbé le fils s'essaya aussi dans la *Symphonie.* La fondation et le développement de notre école de violon, en fournissant aux orchestres d'excellents instrumentistes, favorisaient l'extension du genre symphonique, que de nombreux Mécènes,

entre autres La Pouplinière, cultivaient dans leurs concerts particuliers, initiant le public à de nouvelles utilisations instrumentales. De plus, les élémen1s étrangers affluaient; dès 1748, des cors de chasse allemands s'étaient fait entendre dans une symphonie de Guignon. En 1750, L'abbé donnait, lui aussi, au Concert spirituel, une symphonie à deux cors de chasse; si cette symphonie, qui est malheureusement perdue, utilisait d'autres instruments que les cors, L'abbé aurait précédé ainsi, de quatre ans, l'initiative que devait prendre Jean Stamitz. Jusqu'à ce moment, la flûte, le hautbois et le basson étaient à peu près les seuls instrumen1s à vent qu'on employât concurremment avec les cordes. Les timbales et les trompettes n'apparaissaient que par intermittences et *ad libitum,* comme dans les *Plaisirs de la paix,* symphonie en trio avec timbales et trompettes de Le Maire (1749). Une fois entré dans la voie symphonique, L'abbé, fidèle à son système de transcriptions, compose, en 1764, une *Grande Symphonie avec variations* pour deux violons, alto, violoncelle ou basson, hautbois ou flûtes et deux cors, dans laquelle ces différents instruments récitent alternativement, et dont le thème consiste dans le *Menuet* du violoniste Exaudet[2] :

En 1753, il avait publié des symphonies à trois violons et une basse.

Plus modestes dans leur ambition, André-Noël Pagin et Charles-Antoine Branche se bornèrent à la sonate de violon.

Le premier[3], né à Paris en 1721 et élève de Tartini, débuta en 1747 au Concert spirituel, en jouant des sonates de son maître; il y figure encore en 1733. Il était protégé par le comte de Clermont, dont il fut le premier violon, et par le prince de Grimberghen, et Burney, qui fit sa connaissance en 1770, vante sa belle sonorité. Son livre de *Sonates à violon seul et la basse* (1748) révèle un style noble, hardi, plein de trouvailles rythmiques et harmoniques.

De Charles-Antoine Branche[4], nous ne savons pas grand'chose. Né à Vernon en 1722, il appartenait à l'orchestre de la Comédie française et donna, en 1748, un livre de *Sonates,* d'excellente facture et dont certains passages respirent une émotion pénétrante; Branche manifeste une recherche de l'expression intime à laquelle ses prédécesseurs restaient en général assez indifférents.

Avec Pierre Vachon[5], nous retrouvons des tendances nettement symphoniques. C'était un Arlésien, élève de Chahran, et qui se fit entendre au Concert spirituel

en 1756. Le prince de Conti, qui l'avait remarqué, l'engagea cinq ans plus tard dans sa musique. Vachon quitta la France en 1784; il excellait, selon La Borde, comme quartettiste, et a laissé, outre trois livres de *Sonates à violon seul et basse* (1769-1770) des *Concertos* pour violon principal et orchestre et des *Quatuors* pour instruments à cordes.

Si l'écriture en trio conservait encore des adeptes, le développement de la symphonie s'affirmait néanmoins dans un grand nombre d'œuvres destinées aux instruments à archet. C'est ainsi qu'Antoine Dauvergne[6], après avoir donné des *Trios* pour deux violons et la basse et un livre de *Sonates à violon seul* (1739), apportait, en 1750, son contingent à la production symphonique sous la forme de deux livres de *Concerts de Symphonie à quatre parties* (op. III et IV) qui dénotent une grande sûreté d'écriture et une bonne utilisation des registres instrumentaux. Ces *Concerts de Symphonie* comportent deux violons, un alto et la basse; le style en est fier et parfois expressif.

Le nom de Pierre Gaviniès[7] domine, avec celui de Leclair, l'histoire du violon en France au cours du XVIIIe siècle.

Pendant longtemps, on ne fut pas bien fixé sur le lieu et sur la date de sa naissance. Etait-il né à Paris

1. Sur L'abbé le fils, voir Vidal, *les Instruments à archet*, II; Laurent Grillet, *les Ancêtres du violon et du violoncelle*, et Campardon, *l'Académie royale de musique*, II, p. 27.

2. André-Joseph Exaudet était Violoniste à l'Opéra. Consulter sur lui Carlez, *Quelques Musiciens de Rouen* (Académie de Caen, 1885, p. 312). Son *Menuet* a subi de nombreuses transcriptions et adaptations. On a de lui des *Sonates à violon seul et basse* (manuscrites) et six *Sonates en trio pour deux violons* (1751).

3. Sur Pagin, voir Daquin, *Lettres sur les Hommes célèbres*, p. 136, 138. — Vidal, *loco cit.* — Wasielewski, *Die Violine und ihre Meister*, p. 318-319. — Fétis, IV, p. 419.

4. Voir Bonnassies, *la Musique à la Comédie française*.

5. Wasielewski, *loco cit.*, p. 318. — Bachaumont, t. III (1766), XIX. (1760) (addition). — A. Gouirand, *la Musique en Provence* (1908), p. 108-109.

6. Voir à la partie de ce travail consacrée au motet et à l'opéra-comique.

7. Sur Gaviniès, voir *Éloge historique de P. Gaviniès* par la princesse de Salm, 1801. — Fayolle, *Notices sur Corelli, Tartini, Gaviniès et Viotti*, 1810. — Wasielewski, *loco cit.*, p. 325 et suiv. — Constant Pierre, *Le Conservatoire de musique et de déclamation*, p. 129, 444, et *Les Facteurs d'instruments de musique*.

ou à Bordeaux? La Borde lui assigne le 11 mai 1728 pour date de naissance, tandis que Mᵐᵉ de Salm et M. Constant Pierre le font naître, la première deux ans plus tôt, le 26 mai 1726, et le second à Bordeaux, le 11 mai 1728[1]. Il résulte des recherches que nous avons faites à Bordeaux que Pierre Gaviniès naquit bien dans cette ville le 11 mai 1728, de François Gaviniès, luthier, et de Marie Laporte[2]. Il débuta en 1741 au Concert spirituel, où, en 1744, il occupait la place de premier violon. Après avoir quitté l'orchestre de cet établissement en 1759, il y reparut trois ans plus tard, et mourut à Paris le 9 septembre 1800, après avoir obtenu, le 22 novembre 1795, la chaire de violon au Conservatoire.

Tous ses contemporains vantent le charme et la grandeur de son style, qu'il s'efforçait de transmettre à ses nombreux élèves, Capron, Paisible, Le Duc aîné, l'abbé Robineau, Guénin, Imbault, etc.

On a de lui deux livres de *Sonates* de violon (op. I et III) que caractérise l'abondance des variations accumulées dans les *Arie* et les *Andantes*. Gaviniès, suivant en cela Guillemain, multiplie ses variations jusqu'à en présenter huit ou neuf sur le même thème. Ce sont là d'excellents exercices de virtuosité, mais le plus souvent ils n'offrent qu'un fort médiocre intérêt musical.

Les six *Concertos* qu'il a laissés ont d'autres mérites. Ecrits pour violon principal, quatuor, deux hautbois et deux cors, et antérieurs à 1763, date à laquelle Gaviniès en exécuta un au Concert spirituel, mais publiés, par souscription en 1764, ces *Concertos* comportent trois mouvements : *Allegro, Andante, Allegro,* et reflètent évidemment, dans leur orchestration, l'influence exercée par Jean Stamitz sur les musiciens français de son temps. C'est, en effet, en 1754 et en 1755 que le concertmeister allemand faisait entendre au Concert spirituel deux symphonies, l'une avec cors de chasse et hautbois, l'autre avec clarinettes et cors de chasse.

Dans les *Concertos* de Gaviniès, les *Soli* sont largement développés, et leur alternance avec les *Tutti* se rapproche du type adopté par Leclair : trois groupes de *Soli* encadrés par des interventions de l'orchestre d'accompagnement.

Un des principaux mérites de Gaviniès, qu'on nommait le Tartini français, et qui n'est pas sans présenter de nombreuses analogies avec le maître padouan, consiste dans son initiative pédagogique et dans l'œuvre qu'il consacra, sous le titre : *les Vingt-Quatre Matinées de P. Gaviniès, Exercices pour le violon* (1794), à l'enseignement rationnel du violon. De la sorte, Gaviniès apparaît comme le précurseur des Rode et des Kreutzer ; il a judicieusement accumulé les difficultés de l'instrument dans ses études qui composent son recueil et porte son attention sur l'emploi de la double corde ainsi que sur les brusques déman-

chers. Voici un exemple de ceux-ci que nous empruntons au nº 19 :

Allegro brillante

Ainsi s'annonçait ce style hardi et fier que l'on devait admirer dans l'école de Viotti.

Un des élèves de Gaviniès, Nicolas Capron[3], employé comme son maître au Concert spirituel, a laissé un livre de six *Sonates pour violon et basse* (op. I, 1769) qui présente une particularité intéressante, car on y voit apparaître très nettement le deuxième thème dans les *Allegros*[4].

Joseph Canavas, dit l'aîné, maître de musique du prince de Carignan, Touchemoulin, Bornet l'aîné, Lahoussaye, J.-Amable, Mathieu[5] et les deux Navoigille contribuèrent aussi à assurer le bon renom de l'école française de violon. Nous nous arrêterons plus particulièrement sur un élève de Leclair, le fameux chevalier de Saint-Georges[6], né à la Guadeloupe en décembre 1745, et qui maniait aussi bien l'épée que l'archet. Saint-Georges fonda avec Gossec le Concert des Amateurs et a laissé, outre des sonates à violon seul et des sonates pour deux violons, des *Concertos* à violon principal, quatuor, hautbois ou flûte et deux cors *ad libitum* qui se rattachent au genre symphonique. Les *Concertos* de Saint-Georges sont à trois mouvements, de la forme *Allegro, Adagio, Rondeau,* le *Rondeau* faisant dans tous fonction de pièce terminale. A signaler aussi ses six *Quatuors* à deux violons, alto et basse composés avec un cadre binaire : *Allegro, Rondeau,* et dans lesquels le *Rondeau* terminal se dédouble fréquemment en deux parties, l'une écrite en majeur et l'autre en mineur, ou *vice versa.*

Isidore Bertheaume[7], qui débuta à onze ans, au Concert spirituel en 1765, et occupa successivement les places de premier violon au Concert d'émulation et de chef d'orchestre du Concert spirituel (1789), mérite d'être rappelé, en raison de la particularité que présente son œuvre IV consistant en deux sonates *à cordes ravallées*, dans le style de Lolli, sonates pour lesquelles l'accord du violon est fixé ainsi qu'il suit :

et comporte le *ré* au grave, la quatrième

corde étant descendue d'une quarte, du *sol* au *ré.* Enfin, les œuvres de Marie-Alexandre Guénin[8], un élève de Gaviniès et de Gossec, qui, après avoir rempli les fonctions d'intendant de la musique du prince de Condé (1777), entra, en 1778, à la musique de la chapelle royale, sont dignes d'attention ; ses *Sonates,* ses *Trios* dédiés à Gossec, ses *Duos* pour deux violons, ses deux *Concertos* et ses trois *Symphonies à huit parties* montrent l'influence que la musique allemande, notamment celle de l'école de Mannheim

1. Fétis, III, 430, et Eitner. — Bachaumont (*Mémoires*), tomes I (1762) et IV (1769). — Constant Pierre, *le Conservatoire de musique et de déclamation*, p. 444.

2. Arch. mun. de Bordeaux, G. G., 73.

3. Voir Vidal, *les Instruments d'archet*, II, p. 261. — G. Cucuel, *Le baron de Bagge et son temps* (*Année musicale*, 1911).

4. Cette particularité s'observe aussi dans quelques sonates publiées par Guillemain en 1734. Voir plus loin.

5. Sur Joseph Canavas, Voir G. Cucuel, *La Pouplinière et la musique de chambre au dix-huitième siècle*, 1913, p. 341, et sur Julien-Amable Mathieu, Voir P. Fromageot, *les Compositeurs de musique versaillais*, 1906, p. 64.

6. Sur Saint-Georges, Voir, outre Fétis et Eitner, *Correspondance de Grimm*, années 1776, 1777, 1778. *Notice historique sur Saint-Georges* en tête du *Traité de l'Art des armes* par la Boessière fils. Saint-Georges a inspiré un roman à M. Roger de Beauvoir.

7. Voir Vidal, *loco cit.*, II, p. 254.

8. *Ibid.*, II, p. 279-280, et le *Mercure* de juin 1755.

et d'Haydn, commençaità exercer sur nos compositions instrumentales. Les symphonies de Guénin furent comparées, au dire de Fétis, à celles d'Haydn; elles comportent, outre le quatuor, deux hautbois obligés et deux cors *ad libitum* (1776).

Nous pourrions ajouter à cette étude des violonistes français du XVIIIᵉ siècle le nom de Nicolas Dalayrac[1], qui, grâce à ses *Duos* et à ses *Quatuors,* appartient à l'histoire de la littérature instrumentale. Des *Quatuors* de Dalayrac, les uns sont dits « concertants », et la composition en revient de toutes pièces à leur auteur; les autres portent le titre de *Quatuors d'Airs connus, mis en variation et en dialogue pour deux violons, alto et basse,* et se composent d'airs empruntés aux opéras-comiques à la mode, airs variés et brodés de mille manières, souvent de façon très habile; les *Quatuors concertants,* véritables quatuors à cordes, qui, avec ceux de Vachon, constituent les premiers représentants français de ce genre, sont généralement à trois mouvements, *Allegro, Allegretto, Menuets* ou *Romance.* L'écriture présente un certain intérêt, et nous citerons en particulier le quatuor n° 5 de l'œuvre VII, en mi♭[2].

L'influence allemande, à laquelle nous venons de faire allusion, n'est pas la seule qui s'exerce alors sur notre école de violon; les œuvres des violonistes italiens, de mieux en mieux connues, impressionnent profondément les maîtres français, et l'institution du Concert spirituel, en attirant à Paris les virtuoses étrangers les plus notoires, entraîne la musique vers le cosmopolitisme. Déjà, ce cosmopolitisme musical, si caractéristique de la fin du XVIIIᵉ siècle, se faisait jour, en 1768, dans la *Sinfonia nel gusto di cinque Nazioni,* où Ditters de Dittersdorf rassemblait toutes les musiques européennes. Les compositions pour le violon s'enrichissent de pièces pittoresques, ethnographiques, telles que *Polonaises, Boleros, Rondos russes, Alla spagnuola,* etc. Dans son 7ᵉ *Concerto,* le violoniste Jarnowick introduit un *Rondo* russe, en même temps qu'il est le premier à confier des *Romances* aux violons[3].

Ces diverses influences, jointes à une connaissance parfaite des qualités musicales de notre race, trouvèrent leur équilibre chez un virtuose italien que nous devons considérer comme le fondateur de l'école classique du violon en France, chez Jean-Baptiste Viotti. Non pas qu'il n'existât, avant Viotti, une école française de violon, les lignes qui précèdent montrent combien elle fut brillante et caractéristique. Mais, avec Viotti, s'inaugurent des tendances nouvelles. Viotti a joué, à l'égard de notre école de violon, un rôle assez analogue à celui que Lulli sut remplir jadis vis-à-vis de l'opéra. Il s'est complètement francisé sans abandonner aucune de ses dispositions natives, et a su, à l'aide d'éléments assez

disparates, créer un art neuf, vivant et original. On voit ainsi, à l'aube de la Révolution, naître à Paris un type tout nouveau et très caractéristique du *Concerto de violon;* et, chose curieuse, ce *Concerto* de l'école française, en raison de ses particularités expressives, en raison de son allure héroïque, guerrière, un peu emphatique, annonce bien le grand mouvement politique qui va s'effectuer[4].

Viotti[5] était né à Fontaneto, en Piémont, le 23 mai 1753[6]. Élève de Pugnani, il voyagea d'abord avec son maître et parcourut en triomphateur une partie de l'Europe. Il se fit entendre pour la première fois à Paris pendant l'hiver de 1782, au Temple, chez le prince de Conti, et débuta le 17 mars 1782 au Concert spirituel, où il éclipsa Jarnowick[7]. A la fin de 1783, Viotti, pour des raisons qui ne sont pas encore bien élucidées[8], quittait le Concert, dirigeait en 1786 les exécutions de la Loge olympique, et avec Léonard, le coiffeur de la reine, prenait l'entreprise du Théâtre italien; puis, en 1789, il demandait, sans l'obtenir, le privilège de l'Opéra et offrait, à cet effet, un cautionnement de trois millions. En 1792, Viotti, ruiné par l'émigration de la plupart de ses actionnaires, quittait Paris pour Londres. Tel fut son premier séjour en France, au cours duquel il composa un grand nombre de pièces de musique instrumentale, parmi lesquelles nous citerons, d'abord, les vingt premiers *Concertos* dits parisiens[9], puis deux *Symphonies concertantes* pour deux violons, l'une en *fa* majeur, l'autre en *si♭,* que Guérillot et Imbault jouèrent en mars et avril 1787 au Concert spirituel, ses belles *Sonates* de violon[10], un *Concerto pour piano et orchestre* (24 déc. 1787) et le premier recueil des *Duos pour deux violons* (1789), sans compter les transcriptions pour piano et pour violoncelle de ses compositions destinées au violon.

Construit sur le type ternaire consacré par l'usage, le *Concerto* de Viotti reflète peu l'influence de Pugnani; il s'apparente plutôt, au point de vue de la partie purement technique, avec les œuvres de Le Lolli que nous avons vu plus haut inspirant Bertheaume, et qui fut le prototype du pur virtuose; de ce côté, il touche aussi à l'art élégant et crâne de Jarnowick. Ainsi que l'observe très judicieusement M. Schering, c'est dans le dernier mouvement, généralement du type *Rondo,* que s'accumulent toutes les audaces, toutes les originalités du compositeur; c'est là que sa fantaisie étincelle, radieuse et sans cesse renouvelée[11].

Seulement, le concerto de l'école française pèche par excès de virtuosité; le *Solo* se dresse héroïquement contre le *Tutti,* et tous deux se livrent à de véritables combats; si, déclare Baillot, « les premiers concertos de Viotti montrent de toutes parts cette fougue d'imagination qui dépasse le but en visant plus à étonner qu'à plaire », le maestro ne tarde pas à mettre en pratique un de ses aphorismes favoris,

1. Voir la partie de ce travail relative à l'opéra-comique.

2. Ces *Quatuors* de Dalayrac sont annoncés dans l'*Almanach musical* de 1781. L'annonce est accompagnée des lignes suivantes : « Il faut distinguer ces quatuors des productions de cette espèce. M. Dalayrac (sic) a une manière d'écrire en musique simple et naturelle, un style net et clair ; les traits difficiles ne font rien perdre à ses idées de la grâce et de l'élégance avec lesquelles elles sont tournées. L'auteur paroît avoir une connaissance profonde de son art. » (P. 183.)

3. Schering, *Geschichte des Instrumentalkonzerts,* p. 171.

4. Baillot ne voyait-il pas dans les concertos de Viotti des « héros d'Homère en action » ?

5. Sur Viotti, voir A.-M. Eymar, *Anecdotes sur Viotti* (1ʳᵉ édition, 1792; 2ᵉ, 1801). — Fr. Fayolle, *Notices sur Corelli, Tartini, Gaviniès, Pugnani et Viotti* (1810). — Baillot, *Notice sur J.-B. Viotti* (1825). — Miel, *Notice historique sur J.-B. Viotti* (1827). — Francesco Regli, *Storia del violino in Piemonte* (1863). — A. Pougin, *Viotti et l'École moderne de violon* (1888). — *Gazetta musicale* (Ricordi, à Milan), 1891,

p. 486. — Wasielewski, *Die Violine und ihre Meister* (1893), p. 162 et suiv. — Fétis, VII, p. 360 et suiv. — Eitner, X, p. 101. — Schering, *Geschichte des Instrumentalkonzerts* (1905), p. 170, 171 et suiv. — Consulter aussi les *Mémoires de Mᵐᵉ de Genlis,* I, p. 144, *Leipziger Zeitung,* 14, 435, 22, 5. — M. Brenet, *les Concerts en France. Revue internationale de musique* (1903). — Bachaumont cite Viotti au tome XX de ses *Mémoires.*

6. A. Pougin, *loco cit.,* p. 10.

7. Baillot, *loco cit.,* p. 5. Jarnowick s'appelait Jean-Marie Giornovicchi et était né à Palerme en 1745.

8. A. Pougin, *loco cit.,* p. 29, 30.

9. Les Vingt premiers concertos de Viotti, composés à Paris, sont désignés par des chiffres ; les neuf suivants, écrits à Londres, portent des lettres de A à I. Le premier concerto est de 1782.

10. Il y a deux livres de six sonates chacun.

11. Schering, *loco cit.,* p. 172.

à « ben cantare », à chanter avec émotion, et, à partir des *Concertos* 17 et 18, il adopte l'imposante forme dramatique qui en a fait la renommée. Baillot rapporte que les *Tutti* du dix-huitième furent aussi applaudis qu'une des belles symphonies d'Haydn qu'on exécutait alors[1].

L'orchestre d'accompagnement des vingt premiers concertos de Viotti comprend, outre le quatuor, deux hautbois et deux cors; c'est le même que celui qu'avait choisi Jarnowick pour ses compositions analogues; à partir du 21e concerto (*Concertos anglais*), Viotti augmente le nombre des instruments à vent[2].

Le style des *Sonates* est plein de noblesse et de vigueur. Établies généralement en trois mouvements, ces œuvres comportent un *Allegro*, un *Adagio*, et comme morceau final, soit un *Andante varié*, soit un *Rondo* pétillant et spirituel; les sonates en *mi* ♭ majeur et *la* majeur du deuxième livre sont particulièrement remarquables.

L'Europe entière ne tarda pas à connaître et à applaudir les concertos de Viotti, et l'école française, sous l'énergique impulsion de ses successeurs, Rode et Kreutzer, affirma une exceptionnelle et retentissante maîtrise.

* *

Dans le champ des violistes et des violoncellistes,

la moisson n'est pas moins intéressante que dans celui des violonistes[3].

Nous avons dit que l'usage de la basse de viole s'était perpétué fort avant dans le xviiie siècle. On en a la preuve dans la littérature relativement importante consacrée à cet instrument jusque vers 1750 ou 1760. En écrivant le singulier pamphlet intitulé : *Défense de la basse de viole contre les entreprises du violon et les prétentions du violoncel* (1740), l'abbé Hubert Le Blanc souligne bien l'attachement que nombre de musiciens manifestaient à l'égard de la basse de viole, en dépit des progrès sans cesse croissants du violoncelle ou basse de violon; d'autre part, nous savons, par les *Variétés historiques et littéraires* (1752), que les divers représentants de la famille des violes restaient en faveur pour la musique de concert et la musique de chambre. Mais si, au cours du xviiie siècle, certaines violes, telle que la viole d'amour, conservent un rôle d'instrument de solo, la plupart de ces anciens instruments se démodent de plus en plus[4].

Le plus ancien *Livre de viole* qui ait paru en France porte la signature de De Machy et la date de 1685; il est précédé d'un Avertissement destiné à faire connaître les principales règles qui enseignent à bien jouer de la viole, et d'une *Table des ornements* que nous donnons ci-après :

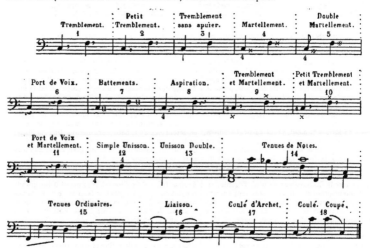

Deux ans, plus tard, en 1687, apparaissent simultanément le *Traité de la Viole* de Jean Rousseau et l'*Art de jouer de la Viole* de Danoville.

Jean Rousseau, qui s'intitulait « maître de musique et de viole », insiste, comme De Machy, sur les *Agréments : «* On peut dire, écrit-il en tête de son *Traité,*

que les Agrémens sont un sel mélodique qui assaisonne le chant, et qui lui donne le goût, sans lequel il serait fade et insipide; et comme le sel doit estre employé avec prudence, en sorte qu'il n'en faut ny trop ny peu, et qu'il en faut plus dans l'assaisonnement de certaines viandes et moins en d'autres. Ainsi, dans

1. Baillot, *loco cit.*, p. 6, 7.
2. L'orchestre se compose alors d'une flûte, de deux hautbois, de deux clarinettes, de deux cors, de deux trompettes, de deux bassons et des timbales.
3. Sur les violes et les Violistes, outre les ouvrages déjà cités de MM. Vidal et Grillet, on consultera l'article publié par M. Paul Viardot dans la *Revue musicale* (1903), p. 469, sous le titre : *Trompette marine et violes.*

4. En 1757, Ancelet écrivait : « La Basse de Viole est donc maintenant reléguée dans les cabinets des vieux partisans de l'ancienne musique, qui, après s'être amusés toute leur vie, semblent vouloir perpétuer leur goût en inspirant à leurs enfants, et surtout aux jeunes demoiselles de préférence, par décence, le pardessus de viole aux autres instruments, comme s'il était moins honnête de mettre un Violon sur l'épaule qu'un pardessus entre les jambes. » (*Observations*, etc., p. 23.)

l'usage des Agrémens, il faut les appliquer avec modération, et sçavoir discerner où il en faut plus et où il en faut moins. » Rousseau déclare que les *Agréments* usités dans le chant s'appliquent également à la viole : cadence ou tremblement, port de voix, aspiration, plainte, chute et double cadence. — D'autres ornements, tels que le martellement, le battement et la langueur, sont, au contraire, spéciaux à la viole[1].

Danoville divise son ouvrage en quatre parties, consacrées, respectivement, à la position de la main gauche, à l'explication de la gamme, à celle du manche « tant par notes que par lettres » et à celle des *Agréments*. Il en compte dix[2], et recommande par-dessus tout aux exécutants de s'abstenir de faire des grimaces et de remuer le corps.

Le plus brillant représentant des violistes français du xviie siècle est sans contredit Marin Marais[3], ordinaire de la chambre du roi pour la viole. Son œuvre instrumental comprend cinq livres de *Pièces à une et deux violes* publiées en 1686, 1701, 1711 et 1717 (pièces à une et trois violes). On a encore de lui des *Pièces en trio* pour les flûtes, violons et dessus de viole (1692) qui rentrent dans la catégorie des *Symphonies* que nous avons étudiées à l'occasion de la littérature du violon.

Dans le premier livre de *Pièces à une et deux violes,* dédié à Lulli, Marais considère les pièces à deux violes comme une nouveauté, et donne l'indication des notations qu'il a adoptées pour ses *Agréments.* Les voici :

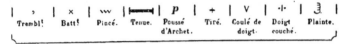

Trembl!	Batt!	Pincé.	Tenue.	Poussé d'Archet.	Tiré.	Coulé de doigt.	Doigt couché.	Plainte.

Le port de voix se marque par une petite note, le port de main s'emploie surtout dans le « jeu par accords ».

Son deuxième livre (1701) apporte trente-deux variations sur le fameux thème des *Folies d'Espagne,* qu'il présente de la façon suivante :

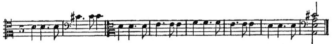

·Marais ne rassemble pas, à proprement parler, ses *Pièces* sous la forme *Suite;* ses livres constituent bien plutôt des recueils de morceaux à jouer sur la viole, recueils rassemblés sans préoccupation architecturale, et seulement suivant une progression de difficulté d'exécution résultant des diverses tonalités employées. C'est ainsi que ces recueils débutent, presque toujours, par la tonalité de *ré* ou de *la* mineur. On trouve des *Préludes* à la fin, ou bien·des *Rondeaux* à couplets multiples, des *Chaconnes,* des séries de variations, etc.[4].

Le style de Marais se montre tout particulièrement intéressant dans les *Pièces à deux violes,* où le charme de la mélodie, qui revêt souvent un caractère populaire, se joint à la façon dont les deux parties de viole sont conduites par tierces et par sixtes. C'est là de l'écriture en trio bien caractérisée; les violes concertent avec le *Continuo* sur un pied d'égalité, et, comme l'auteur.prévient que ses pièces sont susceptibles d'être exécutées sans basse continue, il les enrichit de nombreux accords. — Les pièces à deux violes jouissaient alors d'une grande vogue, et plusieurs auteurs en publièrent; nous citerons, notamment, Heudeline, dont les deux livres de *Suites de Pièces à deux violes* parurent respectivement en 1701 et 1705.

Marais s'attache aussi à faire de la musique descriptive. Son *Labyrinthe,* où, par un mélange de dissonances et de tons graves et aigus, il prétendait peindre l'indécision d'un homme errant dans un labyrinthe,

était célèbre à cet égard, et, aussi sa fameuse *Opération de la Taille*[5], dont le canevas littéraire explique point par point les intentions imitatives. Au reste, la plupart des titres qu'il a attribués à ses compositions (*la Désolée, la Mutine, la Pointilleuse, la Bourrasque,* etc.) se rattachent à la même esthétique. Il a écrit le *Tombeau* de son maître Sainte-Colombe[6]. C'est là une pièce des plus curieuses, où le *Tombeau* abandonne sa forme primitive d'*Allemande* pour adopter un dispositif beaucoup plus libre. La composition de Marin Marais vise, avant tout, à l'expression et présente un caractère élégiaque nettement marqué. On peut louer, enfin, une pièce de son deuxième livre, consistant en un *Carillon,* pièce dont la forme était chère à la plupart des musiciens de ce temps.

A côté de Marin Marais, dont le fils Roland Marais devait, en 1735 et 1738, donner deux livres de *Pièces de viole,* Louis Caix d'Hervelois jouissait d'une grande réputation, que partagea une famille de violistes dénommée de Caix tout court, et dont deux membres, François de Caix et de Caix l'aîné, enseignèrent la viole aux princesses royales[7].

De Caix d'Hervelois a laissé six livres de *Pièces de viole* (1708 à 1751), dont le sixième est écrit pour « par-dessus de viole à cinq et six cordes». — A l'encontre de Marais, il adopte la forme *Suite,* et son quatrième livre (1740) contient même des *Sonates.*

Antoine Forqueray[8] a composé aussi des *Pièces de viole* qui méritent mieux que l'oubli. Né en 1672 et

1. Rousseau, *loco cit.,* p. 75.

2. Le tremblement, la supposition, le battement, le pincé, le port de Voix, le coulé du doigt, le balancement de main, la tenue, le couché du doigt, le poussé et tiré (coup d'archet).

3. Sur Marin Marais, Voir la première partie de ce travail.

4. Voir Alfred Einstein, *Zur deutschen Litteratur für viola da Gamba im 16 und 17 Jahrhundert,* 1905.

5. Cf. M. Brenet, *les Concerts en France,* p. 101. L'*Opération de la Taille* se trouve dans le cinquième livre, nos 108 et 109.

6. Cette pièce a été publiée par M. Brenet dans son deuxième article sur les « Tombeaux en musique » (*Revue musicale,* 1903, p. 631).

7. L. de la Laurencie, *Les de Caix et les de Caix d'Hervelois* (*Guide musical,* 17 et 24 juillet 1910).

8. Le nom de cet artiste s'écrivait aussi Forcroix, Forécroix, Fourcroix, etc. Voir sur la famille Forqueray, *les Forqueray,* par J.-B. Prod'homme (*Rivista musicale italiana,* 1903), notre article *Deux Violistes célèbres; Notes sur les Forqueray* (*Bulletin français de la S. I. M.,* décembre 1908 et janvier 1900), et *Les Forqueray,* par L. Forqueray (1912).

fort habile violiste, il fut maître de musique du régent; attaché au service du prince de Conti et ordinaire de la musique du roi, depuis le 31 décembre 1689, Antoine Forqueray, au dire de Daquin, égalait Marais; Nemeitz et Marpurg parlent de lui avec éloges. Il mourut à Mantes, le 28 juin 1745. Ses *Pièces de viole*, dédiées à Mme Henriette de France, ne parurent qu'en 1747; elles sont précédées d'un Avertissement et doigtées, et constituent des pièces en trio, écrites pour deux violes et le clavecin; le livre de Forqueray contient cinq *Suites* divisées en cinq, six et sept morceaux portant les noms des personnages auxquels l'auteur en avait adressé l'hommage, ou bien ceux des localités où elles furent exécutées pour la première fois. On y relève les noms de Rameau, de Couperin, de Guignon, de Bournonville, etc.

Le fils d'Antoine, Jean-Baptiste Forqueray (1699-1782), devint, comme son père, ordinaire de la chambre, musicien du prince de Conti, professeur de la princesse Anne-Henriette; il joua au Concert spirituel avec le fameux Blavet, et fut un des derniers virtuoses de la basse de viole, que le violoncelle tendait de plus en plus à supplanter. Ce fut lui qui publia les pièces de son père, en y ajoutant un arrangement pour le clavecin (1747).

On attribue généralement l'introduction du violoncelle en France à un musicien florentin, d'origine allemande, qui vint se fixer à Paris vers le début du XVIIIe siècle, et fut attaché à la musique du duc d'Orléans et à l'Opéra, à Jean-Baptiste Stück, dit Baptistin ou Batistin, dont nous signalons plus loin les *Cantates*.

Bientôt, une école de violoncelle se forme en France et produit des artistes remarquables, dont les œuvres

ne tardent pas à éclipser les faibles compositions pour la viole publiées par Charles Dollé (1737) et par Boismortier (1725-1734).

Bertaut ou Berteau, né à Valenciennes en 1700, mort à Angers vers 1771, peut, à ce titre, être considéré comme le véritable fondateur de l'école du violoncelle. D'après M. Grard, Bertaut aurait voyagé en Allemagne pendant sa jeunesse et aurait travaillé la basse de viole avec le Bohémien Kozaiz; mais il ne tarda pas à abandonner la basse de viole pour le violoncelle. Le premier, il se sert du pouce en guise de sillet mobile, et se fait entendre en 1739, au Concert spirituel, dans un *Concerto* de sa composition. On ne connaissait de lui, jusqu'à présent, qu'une petite pièce en *sol* majeur que Duport a insérée dans sa *Méthode*, et une *Sonate* en *la* mineur recueillie par J.-B. Bréval. Ces deux pièces constituent un excellent exercice pour l'archet, et l'emploi du pouce s'y montre jusqu'au deuxième *mi* sur le *la*[1]. Mais on peut trouver un certain nombre d'airs de Bertaut dans un *Recueil d'airs choisis pour le violoncelle* établi par Cupis le jeune, après 1760; nous en donnons plus bas un spécimen.

Bertaut jouissait d'une grande réputation auprès de ses contemporains. « Personne aujourd'hui, écrit Daquin, ne peut se flatter d'avoir plus de feu que M. Bertaut. » Les « Airs de Bertau » que Cupis a insérés dans son *Recueil* sont des *Menuets*, des *Airs gracieux*, des *Airs gays*. L'exemple (B) montre de quelle façon l'artiste passait du *pizzicato* au *col' arco*. Déjà, dans son deuxième livre de *Pièces de Viole* (1701), Marin Marais écrivait un *Rondeau* à demi pincé et à demi à coups d'archet.

Il existe enfin, en manuscrit, au Conservatoire, trois *Sonates* et un *Air varié* pour le violoncelle de Bertaut, toutes écrites très haut, en clef de *sol*, et témoignant d'une virtuosité déjà remarquable.

A la même époque, Jean Barrière donne quatre livres d'intéressantes *Sonates de violoncelle et basse continue*, dont le premier est annoncé par le *Mercure* de novembre 1733. Jean Barrière s'était rendu en *Italie* vers 1736, pour y entendre Franciscello et y travailler avec lui. Ordinaire de l'Académie royale de musique, il mourut en 1751. Un autre violoncelliste de ce nom figure en 1775 parmi les artistes du Concert spirituel[2].

Les vingt-quatre *Sonates* de Barrière comportent généralement quatre mouvements et présentent de nombreuses formules ornementales, des arpèges, des passages en double corde d'une exécution difficile. On le considérait un peu, de son temps, comme le Leclair du violoncelle. Barrière emploie le « pouce », et ses sonates offrent quelques exemples de cet artifice technique. Si la *Méthode* de Cupis, qui était élève de Bertaut, reste muette à l'endroit du « pouce » (1768), du moins celle que le violoncelliste Tillière publia en 1774 en donne-t-elle la théorie jusqu'aux registres les plus élevés. Tillière avait, du reste, composé des *Sonates* qui ne manquent pas de valeur.

Ancelet, dans ses *Observations sur la Musique et les*

1. *Méthode* de Bréval, p. 164. C'est un ViVace à 2/4. Voir aussi Laurent GRillet, *les Ancêtres du violon et du violoncelle*, II, p. 152-153, et Vidal, *loco cit.*, II. — Consulter également E. Grard, *Bertaut violoncelliste*, *Bibliographie valenciennoise*, t. VII, p. 230.

2. C'est Etienne BaRrière, né en 1748, mort en 1818. Cf. Grard, *loco cit.*, t. XIV, p. 270.

Musiciens[1], cite, parmi les violoncellistes de son temps, Edouard, Barrière, Patoir ou Patouart, Labbé, Martin, Chrétien, Bertaut et Davesne, auxquels nous ajouterons Olivier Aubert, auteur d'exercices et de sonates pour le violoncelle.

Patouart était musicien à la Comédie française[2] et a laissé un livre de *Sonates* qui jouissait d'une excellente réputation; Boisgelou rapporte qu' « il jouait avec goût et ne cherchait point à étonner par trop de difficultés ».

Jean-Baptiste Chrétien[3], né en 1727, avait été élève de Campra aux pages de la musique du roi. En 1747, il entrait à l'orchestre du Théâtre des Petits Cabinets[4], et fut pourvu, en octobre 1753, de la charge de joueur de viole de la chambre, en remplacement d'Ithier; après avoir donné un divertissement intitulé *Iris ou l'Orage dissipé* (1752) aux concerts de la cour, et quelques morceaux symphoniques au Concert spirituel, il mourut le 29 mars 1760, à Versailles. Enfant prodige, Chrétien était connu dans sa jeunesse sous le nom du « petit Chrétien ».

Janson aîné, auquel nous devons d'assez médiocres sonates, fut, lui aussi, un enfant prodige, puisqu'il débuta au Concert spirituel à l'âge de treize ans, en mars 1755.

Déjà, à l'exemple de Barrière, les violoncellistes cultivaient la virtuosité; Baur, dans ses deux livres de *Sonates*, inaugure, à l'imitation de ce que Mondonville pratiquait sur le violon, l'emploi des sons harmoniques. Duport l'aîné (Jean-Pierre), musicien du prince de Conti, publie quatre livres de six *Sonates* chacun, où l'usage de la double corde et des positions élevées indique un artiste en pleine possession de son instrument. Duport l'aîné avait dans le jeu une vigueur extrême, attaquant les cordes avec la plus grande énergie et les faisant résonner comme si elles eussent été de métal. Sa réputation s'étendit du reste à l'étranger, et, lors d'un voyage qu'il fit à Berlin en 1773, le grand Frédéric le nomma son premier violoncelliste et lui confia l'éducation musicale du prince royal, ainsi que la direction de l'Opéra[5].

Son frère cadet, Jean-Louis Duport dit le jeune, était né à Paris le 4 octobre 1749; lui aussi fut un violoncelliste de talent, élève de Bertaut, et de son aîné; il acquit une manière très personnelle, que caractérisaient une grande pureté et beaucoup de charme, et, après avoir débuté, en 1768, au Concert spirituel, il entreprit des voyages artistiques à travers l'Europe et mérita les compliments de Voltaire, chez qui il se fit entendre à Ferney. De retour en France, il se vit recherché au Concert spirituel et à la Loge olympique. Le prince de Guéménée, le baron de Bagge et la société des Enfants d'Apollon se l'attachèrent également, mais, au moment où la Révolution éclata, Duport, appelé par son frère à Berlin, s'en fut remplacer celui-ci auprès du roi de Prusse. Il a laissé des *Concertos*, des *Nocturnes* et

une excellente méthode de violoncelle : *Essai sur le doigter du violoncelle et sur la conduite de l'archet*[6].

Non contents d'enrichir la littérature spéciale à leur instrument, les violoncellistes cultivaient encore le genre symphonique. Certains, comme Jean-Baptiste Masse, ordinaire de la chambre du roi, suivant l'exemple de Guignon, composaient des *Sonates à deux violoncelles* (1736). D'autres, tels que Blainville, maître de musique de la marquise de Villeroy, écrivaient des *Symphonies à grand orchestre;* celle que Blainville fit entendre au Concert spirituel en 1751 (le 30 mai) était écrite dans un nouveau mode, dont il revendiquait l'invention, et qu'il appelait le mode mixte[7].

Quelques-unes de ces œuvres ne manquent pas de mérite. C'est ainsi que la première *Ouverture* de ses symphonies, que François Martin, musicien du duc de Grammont et fort habile violoncelliste[8], fait exécuter en 1753, au Concert spirituel, et qui comporte deux violons, l'alto et la basse, se compose d'un *Prélude*, d'un *Allegro* en 2/4, d'un *Andante* en *ré* mineur (la pièce est en *ré* majeur) et d'une *Gigue*. Le recueil de Martin, dont le privilège remonte à 1746, contient trois *Ouvertures* et trois *Symphonies*, les *Ouvertures* toutes à quatre mouvements, sur le type qui vient d'être indiqué; les *Symphonies*, toutes à trois mouvements : *Allegro, Andante, Allegro*. Sans faire emploi du bithématisme, ces œuvres sont faiblement développées et portent un curieux témoignage sur l'état de la symphonie française vers 1750.

On peut rattacher à ce genre de composition les six *Trios ou Conversations à trois pour deux violons ou flûtes et un violoncelle*, que François Martin dédia au duc de Grammont, et qui portent aussi le privilège de 1746. Ces pièces sont à quatre mouvements écrits dans le même ton; la dernière se termine par une longue *Chaconne* variée, comportant un intermède mineur.

La première œuvre de Martin paraît être un livre de sonates pour violoncelle et basse continue, dédié « Alli Amatori di Musica » et qui est signé *dal signor Martino*.

Citons enfin le violoncelliste Canavas le cadet (Jean-Baptiste)[9], dont J.-J. Rousseau parle aux livres IV et V de ses *Confessions*, et qui fit paraître, en 1746, un recueil de six sonates pour le violoncelle, fort apprécié de son temps. Il mourut le 7 juin 1784.

*

Jusqu'à ce jour, la littérature des instruments à vent, et notamment de la flûte et du hautbois, a été peu étudiée en France. Sans avoir la prétention de combler ici cette lacune, nous voudrions, cependant, signaler quelques artistes et quelques œuvres dont le rôle nous paraît digne d'attirer l'attention des musicologues.

1. Page 25.
2. V. Bonnassies, *la Musique à la Comédie française*, p. 31.
3. Sur J.-B. Chrétien. Voir P. Fromageot, *les Compositeurs de musique versaillais*, 1906, p. 56. L'un des fils de Jean-Baptiste, Gilles-Louis Chrétien, né en 1754 à Versailles, fut aussi violoncelliste et inventa le *physionotrace* qui porte son nom (*loco cit.*, p. 61).
4. A. Jullien, *le Théâtre de M*^{me} *de Pompadour*.
5. *Notice sur Duport le jeune*, par Miel, p. 1, 2; *Annales de la Société libre des Beaux-Arts*, t. VII, deuxième partie, p. 68-92. Le *Mercure* du 24 décembre 1764 parle en termes enthousiastes de son « talent prodigieux ».
6. Miel, *loco cit.*, p. 7.
7. Sur Blainville. Voir La Borde, *Essai*, III, p. 577; — le *Mercure de France* de novembre 1751. — Fétis, I, p. 432. — L. de la Laurencie

et G. de Saint-Foix, *Contribution à l'histoire de la Symphonie française vers 1750* (*Année musicale*, 1911). Rousseau a écrit une lettre à Raynal à propos du mode mixte de Blainville, qui n'était que le mode mineur de la dépourvu de sensible. Blainville, outre son *Harmonie théorico-pratique divisée en six parties* (1746), a publié un ouvrage didactique intitulé l'*Esprit de l'art musical ou Réflexions sur la musique et ses différentes parties* (1754), qui présente un certain intérêt au point de vue de la Querelle des Bouffons.
8. Daquin en parle avec de grands éloges : « M. Martin, si admirable sur son instrument et si habile compositeur, jouit de la réputation qu'il mérite. » (*Lettres sur les Hommes célèbres*, etc., p. 151.)
9. Le frère aîné de Jean-Baptiste Canavas, Joseph Canavas, ordinaire de la musique du prince de Carignan, avait publié, en 1739, six *Sonates à violon seul et basse avec suite de Menuets italiens*.

Dès la seconde moitié du xvii° siècle, la flûte était en grand honneur en France. Qu'il nous suffise, à ce propos, de rappeler les noms de Philbert Rebillé et de François Pignon Descosteaux[1]. On se servait surtout alors de la flûte douce ou flûte à bec, mais à partir des premières années du xviii° siècle, la flûte allemande ou flûte traversière tend à supplanter la flûte à bec, sans que celle-ci soit, d'ailleurs, complètement abandonnée. Bach, en effet, a su tirer un admirable parti de ces instruments à la sonorité douce et calme.

Philbert apparaît, vers 1670, sur les registres de la maison du roi. C'était un homme à bonnes fortunes et de caractère plaisant, qui, selon le *Mercure*, passait pour contrefaire les bruits les plus divers ; à ce titre, il figurait dans le *Bourgeois gentilhomme*, où il imitait à s'y méprendre « le bruit d'un ménage en rumeur ». Il exerça entre 1670 et 1715.

Le nom de Descosteaux est celui d'un des plus habiles flûtistes du temps de Louis XIV. Né en 1645, il figurait, dès 1662, dans la musique royale, et mourut en 1728. De ces deux auteurs, les œuvres sont perdues. Il n'en est pas de même de celles de Pierre Gaultier et de Michel de la Barre.

Pierre Gaultier, natif de la Ciotat, en Provence, dirigea, selon Titon du Tillet, un opéra nomade qui séjournait alternativement à Marseille, Aix et Montpellier. Il fit naufrage en 1697 avec toute sa troupe, en vue du port de Cette. On a de lui une œuvre posthume : *Sym-phonies de feu M. Gaultier de Marseille, divisées par suites de tons* (Ballard, 1707), et comprenant des duos pour flûte et violon avec la basse continue, et des suites en trio pour flûte, violon et basse. Ce recueil était très estimé[2]. On y rencontre encore un de ces *Carillons* si goûtés à l'époque.

La Barre naquit à Paris vers[1] 1675 et y mourut, selon Fétis, vers 1743, après avoir occupé les charges de flûtiste de la chambre royale (1705) et de l'Opéra (1700)[3].

Son œuvre instrumental, consacré presque exclusivement à la flûte, comprend trois livres de *Trios* pour la flûte, dont le dernier parut en 1707, des *Sonates pour la flûte avec basse* (op. IV) (1703) et treize *Suites de pièces à deux flûtes sans basse* (la douzième est de 1725).

Les *Trios* de La Barre sont écrits pour les flûtes, violons et hautbois ; ils rentrent donc dans ce genre symphonique dont nous avons déjà rencontré nombre de représentants, et auquel diverses instrumentations pouvaient s'adapter, au choix et à la convenance des exécutants. Élève et collègue de Philbert et de Descosteaux, La Barre appartient encore à l'ancienne école de flûte, et ses œuvres, à ce point de vue, présentent un vif intérêt historique. C'est ainsi qu'il pratique abondamment ces « diminutions » et ces « doubles » que réprouvait Lulli. En voici un exemple que nous tirons de son œuvre IV :

Michel de la Barre cultive à la fois la forme *Suite* et la forme *Sonate*. Ses *Suites* comprennent six ou sept mouvements, airs de danse, ou petits morceaux à titres fantaisistes, et débutent toutes par un *Prélude*. Dans les *Sonates*, il y a quatre mouvements dont le premier est aussi un *Prélude* ou une introduction lente, et dont le dernier est quelquefois une pièce de fantaisie, telle que *Fugue en canon*, par exemple. Lorsqu'il emploie deux flûtes sans basse, comme dans les treize *Suites*, les deux instruments dialoguent en imitations habiles et piquantes ; les mouvements lents (*Sarabandes*, etc.), se signalent par le charme de la qualité mélodique, et on conçoit que Daquin ait pu caractériser le musicien en écrivant qu' « il avait le merveilleux talent d'attendrir[4] ».

Mais, sur ce point, et aussi sur le terrain de la virtuosité, « l'admirable Blavet » devait bientôt le faire oublier.

En 1700, Jean-Pierre Freillon-Poncein publiait une méthode de hautbois, de flûte et de flageolet, dans laquelle il exposait les principes de la flûte douce ou flûte à bec, et qu'il faisait suivre d'un petit recueil de plusieurs pièces assez pittoresques. Qu'on en juge : l'une d'elles, intitulée *l'Embarras de Paris*, « exprime, par ses reprises à six parties (c'est l'auteur qui parle), le grand bruit et le tumulte qu'il s'y fait les matins et les après-midi par les différents cris de chaque chose, le contre-passage des personnes qui vont et qui viennent, celui des carrosses, des charrettes et autres[5] ».

Mais ces reprises à six parties, qui constituent un canon dans lequel les cinq dessus répètent la même phrase mélodique, sont suivies de reprises à trois parties, comprenant seulement deux dessus et la basse. Poncein explique comme il suit la signification de ces reprises en trio : « Les reprises qui sont à trois parties expriment la modération du bruit pendant les heures du dîné et de la nuit. » Nous donnons ci-après un aperçu de l'*Embarras de Paris*, avec ses deux types de reprises :

1. Voir J. Ecorcheville, *Quelques Documents sur la musique de la Grande Écurie du roi (Recueil de la Société internationale de musique*, t. II, 1901).

2. On le trouve en province, où il servait aux concerts de certaines Académies de musique. Cf. notre ouvrage *l'Académie de musique et le Concert de Nantes*, p. 74-75. — Sur Pierre Gaultier, voir notre article *Un Émule de Lully, Pierre Gaultier de Marseille (Recueil de la Société internationale de musique*, oct. 1911).

3. « C'était, dit Parfaict, un excellent joueur de flûte allemande de l'Académie royale de musique. » Comme celles de Gaultier, ses œuvres se retrouvent dans les fonds de musique de certaines Académies provinciales. Cf. Prod'homme, *Écrits de musiciens*, p. 241, 242. Michel de la Barre a laissé un testament qui porte la date du 8 mars 1741 et un *Mémoire sur les Musettes et Hautbois* (vers 1740) (Arch. nat., O¹,

878). Il a aussi composé des ouvrages lyriques. Voir à la première partie de ce travail.

4. La Barre était célèbre pour ses trios de flûte. Lecerf et Nemeitz en parlent avec éloges.

5. Voici le titre de cette méthode : *la Véritable Méthode d'apprendre à jouer en perfection du hautbois, de la flûte et du flageolet, avec les principes de la musique pour la voix et les instruments* (1700). Elle est dédiée à M¹ de Bérulle, premier président du Parlement du Dauphiné, et commandant en ladite province, qui était le protecteur de Poncein. Elle contient des planches explicatives pour le jeu du hautbois, de la flûte à bec et du flageolet.

Poncein a composé aussi des *Airs sérieux à boire* qui furent publiés dans la collection de Ballard. Rien ne permet d'affirmer qu'il était prévôt des hautbois de la Grande Écurie du roi, ainsi que le dit Fétis.

À SIX

À TROIS.

Le recueil contient encore une *Passacaille* très développée pour deux flûtes (dessus et basse), et des *Bruits de guerre*, où la basse doit être exécutée par les basses, bassons, trompettes et timbales, tandis que les dessus sont confiés aux violons et aux hautbois. De temps en temps, la « symphonie » est coupée de duos de trompettes (deux dessus) et de trios de hautbois soutenus par les bassons.

A côté de Michel de la Barre et de Poncein, la dynastie des Hotteterre a fourni d'excellents flûtistes, et, en général, d'excellents joueurs d'instruments à vent. Les Hotteterre[1] étaient originaires de la commune de la Couture-Boussey, diocèse d'Evreux, d'où ils vinrent habiter Paris. Le chef de la dynastie, Jean premier du nom, jouait non seulement de la flûte, mais encore du hautbois et du flageolet; c'était, de plus, un habile facteur d'instruments.

Ses fils, Jean II, Nicolas I et Martin, suivirent la carrière paternelle, et figurent, en qualité de flûtistes et de hautboïstes, parmi les musiciens de la Grande Ecurie du roi. Martin Hotteterre s'adonna plus particulièrement à la musette, qu'il perfectionna, en doublant le chalumeau. On a de lui une petite marche pour les musettes composée pour le régiment de Zurlauben, et un air à quatre parties recueilli par Philidor dans son recueil de la bibliothèque de Versailles: *Partition de plusieurs marches et batteries de tambour, tant françaises qu'étrangères, avec les airs de fifres et de hautbois*, etc. Il mourut en 1712.

Un de ses fils, Jacques dit le Romain, devait ajouter un nouveau lustre au nom de Hotteterre. Son surnom provient, sans doute, d'un séjour qu'il fit en *Italie*. Admis, entre 1705 et 1707, dans la musique de la Grande Ecurie, il publia, en 1707, un excellent traité de flûte (*Principes de la flûte traversière ou flûte d'Allemagne, de la flûte à bec ou flûte douce, et du hautbois, divisés par traités*) dont la renommée gagna l'étranger, et qui fut réédité pour la dernière fois en France, en 1760[2]. En 1717, Jacques le Romain était survivancier de Pignon Descosteaux, comme flûtiste de la chambre. Il mourut vers 1760 ou 1761. Il a laissé une copieuse littérature, dans laquelle nous distinguerons, d'abord, les *Pièces pour la flûte traversière* (1708, 1715), ses *Sonates en trio pour la flûte traversière et à bec, violon, hautbois* (1712), et ses

trois *Suites de pièces à deux dessus* pour les flûtes traversières ou autres instruments (1712, 1717[?]).

Jacques Hotteterre coule ses pièces dans le moule de la *Suite*, et pratique l'écriture en trio si chère à tous les musiciens de son temps. En outre, son éducation italienne laisse des traces dans son œuvre, et, non content de l'y affirmer, il arrange pour son instrument des *Sonates* d'Albinoni. On lui doit enfin une *Méthode pour la Musette* (1738).

C'est encore la *Suite* que cultive Jean-Joseph Mouret[3] dans ses œuvres I et II, consistant en *Concerts de chambre à deux et trois parties pour les violons, flûtes et hautbois* (1718). Débutant par une *Ouverture* et finissant par une *Chaconne*, ces Concerts sont écrits pour deux dessus et la basse. L'intervention de chacun des instruments est indiquée par les mentions : *Tous, Trio, Duo*. Mouret a laissé, en outre, un livre de *Sonates à deux flûtes* et un livre de *Fanfares* pour trompettes et cors de chasse.

Michel Blavet[4] complète, avec La Barre et Jacques Hotteterre, le brillant trio des grands flûtistes français du premier tiers du XVIII° siècle. Baptisé à Besançon, le 13 mars 1700, Blavet s'était formé de lui-même et n'avait pas tardé à acquérir une remarquable maîtrise sur la flûte. A l'instigation du duc Charles-Eugène de Lévis, il vint à Paris vers 1723, et y trouva, en la personne du prince de Carignan, un puissant et zélé protecteur[5]. Blavet se fit entendre (1726) au Concert spirituel, où son succès s'affirma si prodigieux qu'il dut reparaître dans presque chaque concert. Sollicité par Louis de Bourbon, comte de Clermont, il quitta Carignan, et devint surintendant de la musique que Clermont entretenait à Berny et à l'abbaye de Saint-Germain des Prés[6]. En 1740, il prend place à l'orchestre de l'Opéra, d'où il se retira en 1760, tout en conservant sa place auprès du comte de Clermont. Michel Blavet mourut à Paris, le 28 octobre 1768.

On vantait la netteté de son embouchure, ses sons filés et sa vivacité qui, d'après Daquin, tenait du prodige. Quantz, bon juge en la matière, le place au-dessus de tous ses contemporains. Blavet, outre la flûte, cultivait le basson; il se faisait entendre aux concerts du prince d'Ardore, ambassadeur des Deux-Siciles, et de Mme de Lauraguais[7]; il voyagea aussi à l'étranger, poussa peut-être en Russie, mais séjourna

1. Ernest Thoinan, *les Hotteterre et les Chédeville* (1894). On consultera aussi Carlez, *les Hotteterre* (*Bulletin de la Société des Beaux-Arts de Caen*, t. V, 1878, p. 409).
2. Les *Mémoires de Trévoux* d'août 1707 consacraient une étude aux *Principes de flûte* de Jacques Hotteterre (p. 1487).
3. Sur Mouret, voir la première partie de cette étude.
4. *Eloge de M. Blavet, musicien, mort en 1768*, par M. François (de Neufchâteau), dans le *Nécrologe de 1770*, p. 335. — Daquin, *loco cit.*, I, p. 130. — Marpurg, *Beyträge, Quantz's Lebenslauffe*, I, p. 238. — L. de la Laurencie, *Deux Imitateurs des Bouffons, Blavet et Dau-*

vergne (*Année musicale*, 1912). — Blavet publia, vers 1740, deux *Recueils de pièces, petits airs, Brunettes, Menuets*, etc., avec des doubles et variations accommodées pour les flûtes traversières.
5. C'est ce que confirme son privilège de 1728.
6. Blavet avait là pour collègue le violoniste Pagin.
7. Voir Luynes, *Mémoires*, IV, p. 148; VI, p. 422; et XI, p. 267 Sur le prince d'Ardore, consulter notre article : *Un diplomate musicien au dix-huitième siècle. Le Prince d'Ardore* (*Courrier musical*, 1er mars 1913).

certainement auprès du grand Frédéric, flûtiste lui-même, qui tenta vainement de le retenir.

Ses œuvres de flûte marquent un réel progrès sur les compositions de Jacques Hotteterre, d'Anne-Danican Philidor (1712) et de Pierre Philidor (2 livres, 1716, 1717).

L'œuvre I, écrite pour deux flûtes traversières sans basse, porte la date de 1728; ce sont des *Sonates à quatre mouvements* bien équilibrées pour les deux instruments. Dans l'œuvre II, *Sonates mêlées de pièces pour la flûte traversière avec la basse* (1732), Blavet fait preuve, à la fois, d'une virtuosité accomplie et

d'une excellente musicalité; il a saisi, on ne peut mieux, le caractère spécial de son instrument, et excelle à le produire dans des mélodies graves et douces, comme les *Siciliennes*, en même temps que dans les traits brillants. Nous citerons, tout particulièrement, la première sonate de ce deuxième livre, dédiée à la duchesse de Bouillon, véritable petit chef-d'œuvre d'esprit et de grâce. Blavet donne aux divers mouvements de ses sonates des titres pittoresques et expressifs : l'*Insinuante*, la *Lutin*, etc. Voici les débuts d'un *Allegretto* qu'il appelle les *Tendres Badinages :*

Citons, encore, avec Daquin, un flûtiste qui avait un grand renom, Lucas. D'après notre auteur, « Lucas était admirable pour accompagner, et personne ne pouvait lui disputer le prix[1]. » Il se fit entendre en 1726, au Concert spirituel.

A côté de Blavet et de Lucas, Jean-Jacques Nadot fait bonne figure. Protégé par le comte d'Egmont, Nadot a laissé un nombre considérable d'ouvrages, dont cinq livres de *Sonates pour la flûte traversière avec la basse*, des *Sonates pour deux flûtes avec la basse et sans basse*, des *Sonates* et des *Pièces* pour les musettes, vielles, hautbois, violons, des *Sonates de*

vielle et de basse, enfin de véritables compositions symphoniques, sous le titre de six *Concertos en sept parties,* pour la flûte, trois violons, alto et deux basses (op. XI[2]). Les *Sonates* de Naudot (1726-1740) comprennent trois, quatre ou cinq mouvements; le *Rondeau* y figure fréquemment; le style est simple, peu chargé d'ornements, mais de rythmique vive et piquante. Dans les *Concertos* (s. d.), au contraire, qui se construisent sur le type ternaire B, A, B, les airs lents sont généralement tissés de broderies, de fleurtis et de points d'orgue, avec des traits rapides dans le genre de celui-ci :

De plus, Naudot affectionne beaucoup la *Sicilienne* à 6/8.

Ce serait ici le cas de signaler Montéclair[3], qui a laissé pour la flûte une littérature assez importante. Après sa *Sérénade* ou *Concert* de 1697, destinée aux violons, flûtes et hautbois, il donna six *Concerts pour la flûte traversière et la basse*, et six *Concerts à deux flûtes*, qui furent réédités en 1720; enfin, un *Recueil de brunettes* où la flûte dialogue avec le violon. On sait, en effet, que, de même qu'elle entrait dans la symphonie d'accompagnement des *Cantates*, la flûte, en raison de son caractère tendre, langoureux, s'appliquait très bien à accompagner les *Brunettes*. Nous en trouvons la raison dans les *Observations sur la musique* d'Ancelet[4].

Les brillantes qualités de Naudot se rencontrent chez un flûtiste allemand qui vint habiter Paris vers 1741, et dont Quantz et Cafflaux parlent avec éloges, Braun le cadet. Il laissa des *Concertos pour flûte* (op. IX et X), des *Sonates* (1728) et des œuvres en trio.

Les musiciens qui écrivent pour la flûte sont, du reste, légion dans la première moitié du XVIIIe siècle; une nombreuse littérature prend naissance, qui réalise les combinaisons instrumentales les plus variées, soit que la flûte seule s'associe à la basse (*Sonate de flûte*

avec basse), soit que deux flûtes dialoguent entre elles sans basse (*Sonates à deux flûtes*), soit que la combinaison devienne un *Trio* par l'adjonction de la basse aux deux dessus concertants. Il est, enfin, des auteurs qui tentent de véritables *Concerts* de flûtes, rassemblant jusqu'à trois et cinq flûtes concertantes. Notons enfin qu'un grand nombre de violonistes écrivent des sonates qui conviennent à la flûte traversière. C'est ainsi que J.-M. Leclair, dans son premier livre, enrichit la littérature de flûte d'un certain nombre de compositions.

Les précieux catalogues publiés par Le Clerc et Boivin en 1742, et que possède la Bibliothèque nationale, dressent un inventaire de tous ces ouvrages[5].

A côté des noms que nous avons déjà cités, nous indiquerons, parmi les auteurs d'œuvres pour flûte seule, Bourgouin, Santis, Chéron (1729), Roget, Buffardin, Chalais, Rebour, Chauvon, l'auteur des *Tibiades* (1717), qui était élève du grand Couperin, Villeneuve, qui intitule gaîment son premier œuvre de flûte : *Conversations en manière de Sonates pour la flûte ou le violon et la basse continue* (1733), Pipereau, Gautier, de Caix.

Parmi ces flûtistes nous distinguerons spécialement Buffardin, en raison du rôle qu'il a joué hors

1. Daquin, *loco cit.*, I, p. 149-150.

2. Ces *Concertos* de Naudot annoncent les *Symphonies concertantes* qu'on verra se développer dans notre littérature instrumentale aux environs de 1750.

3. Sur Montéclair, voir à la première partie de ce travail. Un privilège lui est accordé, en mars 1727, pour la gravure de plusieurs menuets qui se dansent aux bals de l'Opéra.

4. « On conviendra, dit Ancelet, qu'elle [la flûte] n'embrasse pas

tous les genres et les caractères de musique tels que sont les airs de *Démons*, de *Furies*, de *Guerriers*, de *Tempêtes*, de *Matelots* et de plusieurs autres, dans lesquels elle n'est pas, du moins, employée au principal. Elle sera donc mieux placée dans les morceaux tendres et pathétiques et les accompagnements, dans les petits airs et les brunettes, que dans les *Sonates* et les *Concertos* réservés aux meilleurs maîtres, qui ne doivent point eux-mêmes en abuser. »

5. Ces catalogues portent à la Bibl. nat. les cotes Q 9036 à Q 9038,

en France, et, notamment, à Dresde, où il introduisit les principes de l'école française de flûte.

Pierre-Gabriel Buffardin serait né à Marseille vers 1690, et suivit à Constantinople l'ambassadeur de France; dans cette ville, il enseigna, pendant quelque temps, la flûte à Jean-Jacob Bach[1], puis entra, le 26 novembre 1715, au service de l'électeur Frédéric-Auguste Ier de Saxe comme flûtiste de la chapelle de ce prince. Il recevait là 500 thalers d'appointements, gages qui furent doublés en 1741. Mais sa situation à Dresde ne l'empêchait pas de venir se faire entendre à Paris. C'est ainsi qu'il joua au Concert spirituel en 1726 et en mai 1737[2].

Au bout de 35 ans de services, il obtint, de Frédéric-Auguste II, une pension de 1.000 écus, et se retira en France, où Luynes l'entendit à un concert donné chez la Dauphine en juillet 1750[3]. Nous n'avons malheureusement pu retrouver qu'une œuvre de cet artiste dans les bibliothèques parisiennes; c'est une *Sonata a tre* conservée dans le fonds Blancheton du Conservatoire; le catalogue de Leclerc de 1742 indique de lui un livre de *Sonates* de flûte. Il mourut dans la misère, à Paris, le 14 janvier 1768.

La plupart de ces musiciens cultivent aussi la *Sonate à deux flûtes sans basse,* mais il nous faut

ajouter aux noms qui précèdent ceux de Quignard (2 livres), Roget (1 livre), Ripert (3 livres), Desmarais (1 livre), Le Goust (1 livre), Prunier (2 livres), Morel Régnier, David (1 livre) et Handouville (1 livre), tous compositeurs de *Duos* de flûtes. On aime alors beaucoup marier les douces sonorités de ces instruments[2], et nous trouvons, dans l'œuvre III de Naudot, de bons exemples de *Duos de flûtes sans basse.* Tantôt les deux flûtes marchent à la tierce, ondulant doucement et réalisant une harmonie un peu molle, tantôt elles se plient lestement aux vivacités et aux intrigues du style canonique. Généralement, les mouvements vifs l'emportent par leur rythmique élégante et preste sur les mouvements lents, toujours un peu monotones et languissants.

Dans le *Trio* (*deux flûtes et la basse*), genre que cultivent, outre Naudot et Braun, Telemann avec ses *Trietti,* et ses *Corellizantes,* Spourny (4 livres), Mayer (1 livre), Dollé (1 livre) et Chéron (1 livre, 1727), l'harmonie s'étoffe, le style devient plus dense. L'exemple ci-après, que nous empruntons à l'*Allemande* de la quatrième sonate à deux flûtes et la basse, en *sol mineur,* de Chéron, montre comment ce musicien maniait les imitations. C'est là un morceau vivement et spirituellement écrit[5]:

1. Spitta, *Johann-Sebastian Bach,* I, p. 763.

2. *Mercure,* juin 1737, I, p. 1209. Buffardin exécuta un concerto de flûte. Ancelot le considère comme un étranger : « Parmi les étrangers, rapporte-t-il, Pufardin a été un des meilleurs que nous ayons entendus. » (*Observations sur la Musique et les Musiciens,* p. 28.)

— M. Brenet, *les Concerts en France,* p. 129 (en note), et A. Pirro, l'*Esthétique de Bach,* p. 434.

4. Mattheson, dans son *Neu eröffnete Orchester,* déclarait que la flûte allemande était, de tous les instruments de l'orchestre, celui qui se rapprochait le plus de la voix humaine.

5. André Chéron, « maître de musique », enseigna la composition à

Mais un des plus féconds compositeurs de ce temps pour la flûte fut, sans contredit, Joseph Bodin de Boismortier[1]. On peut dire qu'il a épuisé toutes les combinaisons instrumentales dans lesquelles la flûte était susceptible de figurer; il a écrit pour flûte et basse; pour deux flûtes avec ou sans basse; pour flûte, violon et basse; pour flûte, violon et hautbois, basson et basse (1732[2]), enfin pour cinq flûtes. Cette dernière combinaison, en raison de sa singularité et de sa rareté dans notre littérature instrumentale,

mérite qu'on s'y arrête un peu. Les six *Concertos pour cinq flûtes traversières* de Boismortier portent la date de 1727[3]. Ils sont écrits pour cinq flûtes égales, dont une chiffrée; les quatre flûtes concertantes se répartissent, le plus souvent, en deux groupes qu échangent des imitations, mais l'égalité des timbres donne simplement, à l'audition, l'impression d'un duo de flûtes et basse. C'est là, encore, de l'écriture en trio, mais déguisée. Nous donnons, ci-après, le début de l'*Allegro* du deuxième *Concerto* :

FLÛTE 1
FLÛTE 2
FLÛTE 3
FLÛTE 4
FLÛTE 5

Ces œuvres sont, au demeurant, assez médiocres, et nous ne les signalons qu'en raison de leur curieuse disposition. Mais il importe de remarquer que ces *Concertos* sont construits sur le type italien en trois parties; quatre d'entre eux adoptent la disposition : *Allegro, Largo, Allegro*, les deux autres débutent par un mouvement lent que suivent deux *Allegros*. Ainsi, la forme *Concerto* en trois parties existait en France dès 1727, où elle était représentée par l'œuvre XV de Boismortier, précédant ainsi de sept années les *Concertos* de violon de Jacques Aubert.

Michel Corrette[4], qui rivalise avec Boismortier par son inimaginable fécondité et par la modeste valeur de sa musique, a, lui aussi, laissé des *Concertos* de flûte. Son œuvre XXVI présente, à cet égard, un certain intérêt; elle comprend : six *Concerti a sei strementi*,

cimbalo o organo obligato, tre violini, flauto, alto viola e violoncello. On le voit, nous sommes ici en présence de véritables pièces symphoniques, écrites à six parties. Corrette manifestait, du reste, une grande prédilection à l'endroit des *Concertos;* il en a écrit de toutes façons : *Concertos spirituels, Concertos pour quatre violoncelles, violes ou bassons, Concertos* qu'il intitule *comiques,* enfin les *Récréations du berger fortuné* pour musette, vielle, flûte, violon, flûte à bec, hautbois, pardessus de viole et basse continue.

Les *Concertos spirituels* ou *Concertos de Noëls* sont au nombre de trois. Ils comportent une flûte, deux violons et la basse. Corrette y introduit des airs populaires de *Noëls*, et aussi des thèmes liturgiques. Le premier *Concerto,* par exemple, débute par l'*Allegro* suivant, construit sur un thème de *Noël :*

que suit le thème de l'hymne *Christe redemptor :*

auquel Corrette inflige un certain nombre de variations. Ces *Concertos* contiennent trois mouvements.

Quant à ceux qu'il destine à quatre violoncelles, ils sont susceptibles d'être exécutés en trio, en suppri-

mant la seconde basse. Il en est de même des *Récréations du berger fortuné,* pour lesquelles la multiplicité des instruments indiqués par l'auteur ne vise que la diverses adaptations que les pièces peuvent recevoir.

Les *Concertos comiques,* si nombreux dans l'œuvre de

Jean-Marie Leclair l'aîné. Il était, comme son élève, le protégé de Bonnier de la Mosson et fut batteur de mesure à l'Opéra. Le premier livre de sonates en trio de Chéron (1727) contient sept sonates.
1. Sur Boismortier. Voir *La Borde, Essai*, III, p. 392-394. — M. Brenet, *les Concerts*, p. 201 et suiv. — Fétis et Eitner, II, p. 98-99.

2. XXXVIIe œuvre de Boismortier (1732). Voir plus loin.
3. La partition indique qu'on peut jouer aussi ces concerts avec basse; c'est à cet effet que la partie de cinquième flûte porte un chiffrage.
4. Voir plus haut aux instruments à clavier. Corrette est mort en 1793.

Corrette, comportent tous la participation des instruments à vent. Dans le *Mirliton*, « ouvrage utile aux mélancoliques, » trois flûtes concertent avec la basse; dans *Margoton*, ce sont trois musettes qui remplissent le même office; dans *Ma mie Margot*, Corrette joint deux violons à la flûte, au hautbois et à la musette; dans la *Tante Tourelourette*, le pardessus de viole vient se mêler au concert, etc.

Toute cette littérature badine correspond à l'époque où les instruments champêtres, musette, vielle, jouissaient, auprès du public, d'une vogue que l'on expliquait par un besoin de « simplicité », de « bergerie ». Boismortier exerçait ses talents de symphoniste en publiant les *Loisirs du bercail* pour une musette ou une vielle et un violon sans basse, et nous avons vu le violoniste Baptiste Anet sacrifier à cette mode pseudo-pastorale, en écrivant des *Suites* destinées à deux musettes.

Les principaux fournisseurs d'œuvres pastorales étaient les Chédeville, dont la dynastie se trouvait alliée à celle des Hotteterre[1]. Tous furent d'excellents hautboïstes et de gracieux joueurs de musette. Il y avait trois frères de ce nom, fils de Pierre Chédeville, de Sérez, près d'Evreux.

L'aîné, Pierre, naquit à Oulins en 1694, entra à l'Opéra en 1709 et mourut en 1725, après avoir été survivancier de Louis Hotteterre aux hautbois du roi.

Esprit-Philippe, dit le cadet, puis l'aîné, après la mort de Pierre, était également né à Oulins (1696), et entra à l'Opéra la même année que son aîné; il était joueur de musette de la chambre, et a laissé un bagage musical aussi considérable que caractéristique du goût de son époque : deux livres de *Symphonies pour la musette* (1730), convenant naturellement aux vielles, flûtes et hautbois, des *Concerts champêtres* en trio, des *Sonates* et *Sonatilles* pour la musette, des *Duos galants* et des *Fêtes pastorales*. Il mourut le 9 mars 1762.

Nicolas, dit le jeune, puis le cadet, naquit à Sérez en 1705, entra à l'Opéra en 1725, et fut survivancier de son frère Esprit-Philippe à la musique de la chambre. Excellent professeur, il se vit très apprécié, à ce titre, par la haute société, et mourut en 1783, après avoir composé quatorze ouvrages, auxquels il attribue trop facilement l'épithète d'amusants : *Amusements champêtres*, *Sonates amusantes*, *Galanteries amusantes*, etc.

Quittons les badinages, et revenons aux flûtistes. Ils sont particulièrement nombreux à partir de 1750. Pierre Taillard passait pour un des meilleurs instrumentistes du Concert spirituel, et publiait, en 1751, une *Méthode de flûte*[2]. Amable Lavaux donnait, vers la même époque, quatre livres de sonates de flûte, pendant que Benoist Guillemant écrivait des *Sonates en trio* (1746) et même des *Sonates en quatuor*, toutes compositions conçues dans le type à trois mouvements, généralement adopté pour les pièces à plusieurs instruments. Antoine Mahaut ou Mahault

enrichissait, vers 1740, la littérature de la flûte de sonates à un ou deux instruments, et s'exerçait aussi dans le genre symphonique. Les six *Symphonies* à plusieurs instruments qu'il a composées, et qui datent de 1751, comportent l'emploi obligé du quatuor et deux cors de chasse *ad libitum* dans trois d'entre elles. Le premier mouvement de la sixième symphonie de Mahaut présente deux thèmes. Quant aux cors de chasse, leur intervention n'est qu'intermittente et se borne à ponctuer les entrées de violon[3].

Signalons encore les ouvrages de De Lusse, de Wendling, de Greiner, de Pujolas, de Devienne, un flûtiste auquel nous devons des symphonies. En même temps, le hautboïste Antoine Sallentin, qui avait travaillé avec Fischer[4], abandonnait la sonorité criarde et dure pratiquée depuis le XVIIᵉ siècle par l'école française de hautbois[5].

D'un autre côté, on enrichissait la littérature des cuivres, trompettes et cors de chasse. Mouret et le fécond Boismortier écrivaient, pour ces instruments, des duos et des trios; Naudot donnait un livre de duos intitulé *Pièces pour deux cors de chasse*, et vingt-cinq *Menuets* pour deux cors; Corrette publiait la *Chasse* et un *Divertissement pour deux cors;* Rebour, ce hautbois des mousquetaires noirs, dont nous avons déjà mentionné le nom plus haut, faisait graver, sous le titre de *Fanfard* (sic) *nouvelle, à deux dessus sans basse, convenable pour le corps* (sic) *de chasse, trompette*, etc., vingt-quatre petites pièces telles que « la Babillarde », « la Rosette », « la Montauban », « la Dijonnaise », qui témoignent déjà d'une appréciable virtuosité. Bouvard et Carlin donnaient, chacun, un livre destiné à ces instruments[6]. Le Concert spirituel, enfin, grâce à la large hospitalité qu'il offrait aux artistes et aux virtuoses étrangers, contribuait, de la façon la plus efficace, au développement de la technique des instruments à vent. Cornistes, clarinettistes, bassonnistes, hautboïstes s'y produisaient, et le besoin se faisait sentir d'apporter aux ensembles instrumentaux une diversité de timbres plus accusée.

· ·

Ceci nous amène à la *Symphonie*.

Le problème du développement de la *Symphonie* est extrêmement complexe, mais, de jour en jour, les progrès des découvertes historiques contribuent à l'élucider[7].

Il semble que, primitivement, le vocable symphonie désigne seulement un ensemble instrumental; il ne spécifie point que cet ensemble se plie à une forme musicale déterminée; il ne vise que le fait d'une réunion d'instrumentistes jouant ensemble. Cette réunion peut, en effet, plusieurs formes qui coexistent parallèlement, la *Suite*, la *Sonate* et le *Concerto*. La *Suite*, ainsi que nous l'avons vu, comporte un nombre variable de mouvements, airs de danse ou pièces pittoresques; la *Sonate* tend à s'équilibrer dans un dispositif à quatre mouvements A B, A₁ B₁, avec la

---

1. E. Thoinan, *les Hotteterre et les Chédeville*, 1894.

2. Voir sur lui *Mémoires de Bachaumont*, XX, 1782, 16 mars. Le privilège relatif à la publication de ses *Sonates* est du 30 août 1749.

3. Le privilège relatif aux six symphonies de Mahaut est du 14 octobre 1754.

4. Le célèbre hautboïste Jean-Chrétien Fischer était né à Fribourg-en-Brisgau.

5. Mersenne nous enseigne sur l'effet produit par la forte sonorité des hautbois. Il nous parle « du grand bruit qu'ils font », et assure qu'ils « ont le son le plus fort et le plus violent de tous les instruments, si on excepte la trompette ». (Mersenne, *Harmonie universelle*, Traité des instruments, p. 303.)

6. Tous ces ouvrages sont écrits pour le cor de chasse, sans tons de rechange, qu'il ne faut pas confondre avec le cor d'harmonie que le catalogue de Boisgelou désigne sous le nom de petit cor allemand. Ces cors de chasse étaient en *ré*, en *ut* et en *mi*.

7. Sur le développement du genre symphonie. Voir, outre les ouvrages de M. Brenet sur la *Symphonie à orchestre* et de M. Schering, P. Bagnette, *Note sur le Concerto grosso*, les tomes VIII, IX, XV, XX, XXVIII, XXIX-XXX, XXXII, XXXIII de la 1ʳᵉ série des *Denkmäler deutscher Tonkunst*, les tomes XVᵉ, XIXᵉ des *Denkmäler der Tonkunst in Oesterreich*, C. Mennicke, *Hasse un die Brüder Graun als symphoniker* (1906), L. de la Laurencie et G. de Saint-Foix, *Contribution à l'histoire de la symphonie française vers 1750* (*Année musicale*, 1911), G. Cucuel, *Études sur un orchestre au dix-huitième siècle* (1913).

préoccupation constante d'associer étroitement les thèmes et les tonalités. Le *Concerto* ou *Concert* a toujours une architecture ternaire B, A, B.

Mais la *Suite* était précédée d'une *Ouverture* qui en vint à constituer une œuvre indépendante, divisée en trois mouvements. En 1748, Schielferdecker publie un livre d'*Ouvertures*, et un catalogue de Breitkopf de 1765 annonce plus de cent ouvertures françaises[1]. Durant la première moitié du xviiie siècle, apparaissent un grand nombre de morceaux de musique instrumentale affectés des noms les plus divers : *Divertissements, Cassations, Sérénades*, etc., et de formes très variables. Les *Sonates* en trois parties d'Emmanuel Bach apportent dans ce chaos un type net, symétrique, dont le succès fut considérable, et ne contribua pas peu à fixer l'ordre qui devait régner dans la symphonie.

Mais ce type définitif ne s'établit pas en un jour ; il ne fut pas davantage le fait de l'invention d'un seul artiste ; il se créa, petit à petit, par suite de longs et multiples tâtonnements. Des réactions réciproques s'exercèrent entre la forme musicale proprement dite et la nature des instruments appelés à réaliser celle-ci ; construction et instrumentation se constituent ensemble, sans qu'il soit parfois possible de déterminer si l'une ou l'autre joua le rôle de cause déterminante du développement de la symphonie.

En France, nous voyons les musiciens adopter indifféremment pour leurs symphonies toutes les formes de terminologie assez vague dont nous venons de parler.

Au type *Suite* appartiennent la *Sérénade* de Montéclair, les *Symphonies* de Dornel, les *Pièces* d'Anet, les *Symphonies* de J.-F. Rebel, les *Concerts de symphonie* d'Aubert. C'est ce dernier musicien qui établit de façon définitive en France la forme *Concerto,* déjà esquissée par Du Val, et employée, en 1727, pour la flûte par Boismortier.

Signalons, enfin, parmi les œuvres symphoniques qui se rattachent, par leur dispositif, à la *Suite,* les *Symphonies* de Michel-Richard de Lalande. Lalande a écrit pour divers instruments un grand nombre de pièces groupées en plusieurs recueils. L'un de ceux-ci, intitulé *les Symphonies de M. de Lalande, qui se jouent ordinairement au souper du Roy*[2], a été constitué en 1703 par Philidor l'aîné et par son fils. Ces compositions sont au nombre de huit. Elles étaient destinées aux « petits violons ». Elles sont écrites à quatre parties : deux dessus de violon et hautbois, deux basses de violon et basson, et on en jouait, tous les quinze jours, pendant le souper du roi.

L'« air vif » transcrit pour instruments à archet qui suit, fait partie de cette collection, laquelle comprend, en outre, un concert de trompettes, en six parties, dont un *Menuet* exécuté par les hautbois :

1. M. Brenet, *Haydn (les Maîtres de la Musique)*, p. 167.
2. *Les Symphonies de M. de Lalande, surintendant de la musique du Roy, qui se jouent ordinairement au souper du Roy, copiées par ordre exprès de Son Altesse Sérénissime Mgr le comte de Toulouse par M. Philidor l'Aîné, ordinaire de la musique du Roy et garde de toute sa bibliothèque de musique, et par son fils aîné, l'an 1703.* L'« air vif » que nous citons ici a été transcrit par M. Vincent d'Indy.

Un autre recueil, intitulé *Recueil d'airs détachés et d'airs de violons de M. de Lalande*[1], date de 1727, et comporte une *Symphonie des Noëls* pour deux hautbois et la basse, des *Caprices* et des *Suites* pour violons, flûtes et hautbois.

On compose aussi des *Symphonies* dans la forme *Sonate* et dans la forme *Ouverture*. L'élasticité de la *Sonate*, qui passe de cinq à trois mouvements, ajoute encore à la confusion des genres. Depuis les *Sonates à deux violons* d'Aubert et de Leclair, jusqu'à celles de Mondonville et de Guillemain avec clavecin, jusqu'aux *Quatuors* de Vachon, de Philidor (*l'Art de la modulation*) et de Dalayrac, nous rencontrons des œuvres comprenant un mouvement lent flanqué de deux *Allegros*, et cela, indépendamment de la dénomination qui leur est affectée. De même, les *Symphonies* du violoncelliste Martin et du flûtiste Mahaut (1754) sont à trois mouvements, à côté d'*Ouvertures* à quatre mouvements (Martin).

Il arrive aussi qu'entre l'*Adagio* ou l'*Air* et le dernier *Allegro*, on intercale un *Menuet* simple ou dédoublé[2]. C'est ainsi que Clément, L'abbé le fils, Guillemain, Louis Aubert, introduisent le menuet dans leurs symphonies[3]. Les compositions de Miroglio contiennent deux *Menuets* après le mouvement lent, et une symphonie de Papavoine[4] se termine par deux *Menuets*.

Nulle question n'est plus délicate que celle qui consiste à fixer l'instant précis à partir duquel la symphonie, sortie des ébauches successives qu'elle a présentées, et dont les programmes du Concert spirituel apportent quelques échantillons de 1740 à 1760, s'établit définitivement dans sa forme classique. Deux points sont, en effet, à considérer :

1° *Introduction du Menuet dans le cadre symphonique;*

2° *Construction de l'Allegro sur deux thèmes.*

Sur le premier point, l'intercalation du *Menuet* entre le mouvement lent et le final fut, sans doute, généralisée par l'influence de Jean Stamitz et des musiciens de l'école de Mannheim[5]. Mais, dès 1738, les musiciens français employaient le *Menuet* dans leurs symphonies. L'influence des Mannheimistes fut néanmoins certaine, attendu que les productions de plusieurs musiciens de ce groupe étaient connues à Paris avant 1750. Le 22 février 1744, un sieur Dutès prenait, en effet, un privilège pour publier douze symphonies de Richter et douze concertos de Hasse[6]. A la fin de 1750, les œuvres de Cannabich, de Schmitz, de Telemann, étaient publiées chez Charles-Nicolas Leclerc, et successivement les œuvres des musiciens de Mannheim s'infiltraient à Paris. Jean Stamitz, Wagenseil, Filtz, Toeschi, Holzbauer, voyaient, ainsi, leurs compositions pénétrer dans le monde musical de

la capitale[7], et il ne paraît pas douteux que toutes ces compositions aient contribué à déterminer chez nous la formation d'un important courant symphonique.

Sur le deuxième point, celui du bithématisme, l'initiative de Stamitz fut précédée des tentatives de quelques musiciens français, tels que Guillemain, qui laisse pressentir la construction de l'*Allegro*, sur deux thèmes dans la première et la cinquième de ses *Sonates* publiées en 1734, et Papavoine, dans sa troisième *Symphonie*. Dès sa première œuvre symphonique, qui est antérieure à 1754, c'est-à-dire au moment où le nom de concertmeister se répand à Paris, Cossec fait très nettement usage du bithématisme.

Au point de vue de l'*instrumentation*, nous remarquerons que l'écriture en trio prédomine d'abord dans les compositions destinées au concert et à la chambre. Cette écriture, qui n'emploie que deux dessus et la basse continue, celle-ci baignant d'effluves harmoniques la mince polyphonie des deux parties mélodiques, apparaît dans les dernières années du XVII° siècle, et correspond à l'emploi de la basse continue. Il est à remarquer, en effet, qu'auparavant, l'instrumentation se réalisait à quatre ou cinq parties, et que le système de la basse chiffrée en arriva à faire disparaître de l'écriture symphonique les parties intermédiaires, pour ne laisser subsister que les dessus et la basse; c'était à cette dernière qu'incombait le soin de pratiquer le « remplissage », autrement dit, de remplacer les parties intermédiaires de la famille des violons dont nous avons indiqué les deux espèces de groupement (à quatre ou cinq), au commencement de notre étude sur les instruments à archet. En France, l'écriture en trio détient longtemps la faveur du public et des musiciens, et, ainsi que nous l'avons observé, elle s'accompagne d'une sorte d'indifférence à l'égard des instruments chargés de la réaliser. Qu'ils soient à archet ou à vent, ces instruments paraissent interchangeables; violons, flûtes, hautbois, s'emparent de ces deux parties, selon le bon plaisir des exécutants ou du chef d'orchestre, et la question des timbres obligés semble tout à fait secondaire. A cette indifférence, il y a une raison d'ordre commercial. Les musiciens, en écrivant que leurs ouvrages « convenaient » à toutes sortes d'instruments, en facilitaient par cela même la vente, puisqu'on les pouvait interpréter au moyen d'un matériel d'exécution qui n'était pas imposé. Le caractère « à tout faire » de l'instrumentation de ces ouvrages relève donc beaucoup, semble-t-il, de préoccupations pratiques. Cependant, et nous y avons insisté, quelques musiciens prennent bien soin de régler minutieusement les détails de l'instrumentation, et Rebel, par exemple, fournit, à

---

1. *Recueil d'airs détachés et d'airs de violons de M. de Lalande, surintendant de la musique du Roy et compositeur ordinaire de la chapelle et de la chambre de Sa Majesté* (1727). Un grand nombre de morceaux de ce recueil proviennent du ballet de l'*Inconnu*, dansé par Louis XV en 1720.

2. Lorsque le menuet est dédoublé, le second s'écrit en mineur sur la même tonique.

3. Voir L. de la Laurencie et G. de Saint-Foix, *loco cit.*, p. 115-117.

4. Papavoine était premier Violon au Concert de Rouen, vers 1730. Le privilège relatif à son œuvre I, les *Six Symphonies*, est du 4 février 1752.

5. Cf. sur ce point et sur le développement de la symphonie en général, M. Brenet, *les Concerts en France sous l'ancien régime*, p. 253; — Haydn, p. 165 et suiv.; — F. Hellouin, *Gossec et la Musique française à la fin du dix-huitième siècle*, p. 81; — L. de la Laurencie et G. de Saint-Foix, *Contribution à l'histoire de la symphonie française vers 1750* (*Année musicale*, 1911); — G. Cucuel, *La Pouplinière et la musique de chambre au dix-huitième siècle* (1913), *Études sur un or-*

chestre au dix-huitième siècle (1913). — Jean Stamitz, né en Bohême en 1717, remplissait, depuis 1742, auprès de l'électeur palatin à Mannheim, les fonctions de directeur de musique. Sa présence à Paris remonte à l'année 1754.

Le caractère des symphonies et concerts de l'école de Mannheim se retrouve, en partie, dans les compositions similaires postérieures à 1750. Chaque instrument participe au développement symphonique; à l'intérieur du quatuor à cordes, les rôles se précisent et se dessinent; l'alto manifeste des intentions mélodiques, pendant que la basse s'assouplit. L'orchestre cesse d'être traité massivement, en choral. Dans les *Symphonies concertantes*, chaque instrument joue un caractère de soliste.

6. M. Brenet, *la Librairie musicale en France de 1653 à 1790* (*Recueil de la Société internationale de musique*, avril 1909, p. 443).

7. *Ibid.*, *passim*. M. Brenet (*Haydn*, p. 171) remarque que c'est par les exemplaires gravés et imprimés à Paris, que l'on connaît aujourd'hui la majeure partie des compositions de l'école de Mannheim.

cet égard, des indications fort intéressantes que l'historien ne doit pas négliger. *Observons que le maintien de la basse continue se prolonge assez tard.* Les symphonies de Papavoine (1752), par exemple, comportent encore la basse continue.

Lorsque l'écriture s'établit à quatre parties obligées, elle constitue le fond orchestral confié au quatuor à cordes, sur lequel s'enlèveront quelques couleurs plus vives, posées, *ad libitum,* par les instruments de cuivre ou les clarinettes. La transformation s'effectua aux environs de 1750, et nous rappellerons, à ce propos, les symphonies avec cors de chasse de Guignon (1748) et de L'abbé le fils (1750)[1]. Le terme « symphonie à plusieurs instruments » s'ap-

plique toujours au quatuor des instruments à archet, auquel on essaye d'adjoindre d'autres éléments concertants empruntés au groupe des instruments à vent, dont la technique, de plus en plus perfectionnée, permet une semblable participation. Les *Concertos* de Boismortier à cinq flûtes montrent qu'on était parvenu à manier symphoniquement ces instruments, et à en tirer des effets nouveaux. Ainsi qu'on pourra en juger par le début que nous transcrivons, ci-après, d'un *Concerto* à cinq parties du même Boismortier pour une flûte, un violon, un hautbois, un basson et la basse, les diverses parties d'instruments à vent sont déjà concertantes : il n'y a plus ici de doublement de parties :

1. Une symphonie de Guignon fut jouée au Concert spirituel les 24 et 25 décembre 1748 par les « deux nouveaux cors de chasse allemands ». La symphonie de L'abbé le fils fut exécutée le 25 novembre 1750. Les instruments employés pour ces symphonies n'étaient, probablement, plus les anciens cors, mais bien des cors d'harmonie, avec tons de rechange.

Si les timbales et les trompettes formaient encore un ensemble séparé, comme dans la symphonie de Plessis cadet, jouée en 1750 au Concert spirituel, du moins les cors et les clarinettes commençaient-ils à pénétrer, à l'état de parties concertantes, dans l'édifice symphonique[1].

La question de l'introduction des cors dans l'orchestre a soulevé bien des controverses, et demeure un peu obscure. Néanmoins, il y a tout lieu de croire que cet enrichissement de la symphonie fut provoqué par les concerts donnés par La Pouplinière, où des cornistes et des clarinettistes allemands figurent dès 1748[2]. Sans doute, Mouret écrit, vers 1730, des symphonies avec cors de chasse, mais, ainsi que nous l'avons vu plus haut, ces cors n'ont rien de commun avec les cors d'harmonie employés chez La Pouplinière. Les clarinettistes Proksch et Flieger se faisaient entendre, aux réunions du riche fermier général et aux séances du Concert spirituel[3]. Nous possédons, d'ailleurs, à ce sujet un témoignage contenant, du

reste, une inexactitude, témoignage qui émane de Gossec, attaché, lui aussi, aux concerts de La Poupli nière : « Ce fut, dit-il, M. Le Riche de La Pouplinière qui, le premier, amena l'usage des cors à ses concerts, d'après les conseils du célèbre Jean Stamitz[4]. » Gossec nous apprend, de même, que l'orchestre de La Pouplinière contenait deux clarinettes et trois trombones, tous venus d'Allemagne. Nous le savons aussi par l'auteur des *Ancecdotes sur ce qui s'est passé chez M. de la Pouplinière*[5]. L'influence exercée par Stamitz sur le développement de la symphonie en France ne paraît pas niable ; toutefois, il convient d'observer que la venue à Paris des instrumentistes allemands, auxquels Gossec fait allusion, est antérieure à celle de Stamitz lui-même, qui n'arriva dans la capitale qu'en 1754 seulement, alors que les cornistes y exécutaient, en 1748, la symphonie de Guignon.

L'usage que fait Rameau des clarinettes dans *Acanthe et Céphise* (1751) semble tout à l'honneur de l'initiative française[6] ; cependant, il se peut que le

1. Voir M. Brenet, *les Concerts en France*, p. 251-252.

2. Les cornistes s'appelaient Syryneck et Steinmetz (*Ibid.*, p. 223). Cf. G. Cucuel, *La Pouplinière et la musique de chambre au dix-huitième siècle*, p. 330 et suiv. et *Études sur un orchestre au dix-huitième siècle* (1913), p. 26 et suiv.

3. Gaspard Proksch ou Procksch et Flieger étaient employés comme musiciens extraordinaires à l'Opéra ; c'est ainsi que nous les voyons figurer en 1753 dans *Acanthe et Céphise* de Rameau, à raison de six livres par représentation (Arch. Opéra, *Historique*, II). Voir aussi G. Cucuel, *Études*, p. 17.

4. M. Brenet, *loco cit.*, p. 221, et *Haydn* (1909), p. 169. En 1754 et 1755, Stamitz donna au Concert spirituel des symphonies à cors de chasse, hautbois et clarinettes.

5. Cf. Cucuel, *loco cit.*, p. 17-18.

6. On lit dans le *Mercure* de décembre 1751, p. 178, à propos de la première d'*Acanthe et Céphise* : « On a extrêmement goûte la musette et les deux menuets (au deuxième acte), et dans la fête des Chasseurs qui vient ensuite, les airs joués par les clarinettes. »

Ancelet ne paraît pas très au courant des progrès réalisés en France dans l'instrumentation, lorsqu'il écrit en 1757 « Les cors de chasse

grand musicien, qui fréquentait assidûment chez La Pouplinière, ait entendu là les clarinettistes d'outre-Rhin dont la présence à Paris est constatée à cette époque. Toujours est-il que les clarinettistes allemands figurent comme musiciens extraordinaires dans *Acanthe et Céphise*[1]. Bien plus, Rameau employa deux clarinettistes dans son opéra de *Zoroastre* représenté à la fin de 1749, et nous apprenons par une lettre du 11 février 1749, adressée au comte de Billy par le comte de Clermont, que l'orchestre de celui-ci contenait des cors et des clarinettes[2].

L'usage du cor d'harmonie se répand de plus en plus, après 1762. Le célèbre Rodolphe émerveille, en 1764, les auditeurs du Concert spirituel et, en 1768, il publie des *fanfares* pour deux cors. L'année 1770 voit apparaître les premiers recueils périodiques de morceaux pour cors[3].

A partir de 1750, les *Symphonies* se multiplient au Concert spirituel, où Blainville, Caraffe, Miroglio, Plessis, Désormeaux, Chrétien et Touchemoulin font entendre des œuvres dont quelques-unes sont à cors obligés. De même, les symphonies de Papavoine (1764) utilisent, outre le quatuor, les hautbois, les flûtes et les cors de chasse, comme celles à huit parties que Baudron écrit la même année. Le type d'instrumentation fondé sur l'emploi du quatuor, des hautbois et des cors devient de plus en plus fréquent. C'est à ce type que se rapportent les six *Symphonies* qu'Hippolyte Barthélemont annonce dans le *Mercure* de septembre 1769, où deux hautbois et deux cors s'opposent au groupe des instruments à archet. Les deux *Concertos* publiés en 1771 par le violoniste Paisible nécessitent, outre le violon principal, le quatuor à cordes, des flûtes ou hautbois et deux cors; de même, les quatre *Symphonies concertantes* de Vanhall (1775) sont écrites pour huit instruments, dont deux hautbois et la flûte, auxquels le même auteur ajoutera, en 1778, deux clarinettes, deux cors et le tympanon, réalisant ainsi l'instrumentation employée par Gossec.

Ainsi, dans toutes ces œuvres, que nous ne citons qu'en raison de leur intérêt historique, l'orchestre élargit son clavier instrumental; mais ce fut Gossec qui, en utilisant de façon plus complète et plus personnelle les diverses familles d'instruments à vent, contribua, avec Stamitz et Haydn, à fonder définitivement la symphonie à orchestre[4].

François-Joseph Cossé, dit Gossec[5], naquit à Vernies, près Maubeuge, le 17 janvier 1734, de Philippe Cossé et de Marguerite Brasseur. Tout jeune, il fit montre de grandes dispositions pour la musique, qu'il étudiait en qualité d'enfant de chœur, d'abord à Walcourt, puis à Sainte-Aldegonde de Maubeuge. Après avoir chanté à la cathédrale d'Anvers et s'être essayé,

dans cette ville, à la composition, il partit pour Paris et y arriva en 1752, muni d'une recommandation pour Rameau, qui s'empressa de lui ouvrir les portes du cénacle de La Pouplinière. Gossec s'entendit fort bien à y faire son chemin; pendant l'hiver 1754-1755, il faisait partie de l'orchestre de La Pouplinière, et, selon La Borde, il aurait été promu en 1757 à la dignité de chef d'orchestre des concerts du célèbre financier, mais il le dirigeait depuis 1756; d'après Fétis, il aurait composé, en 1757, deux airs pour Sophie Arnould, assertion difficile à vérifier, puis donnait, en 1760, sa *Messe des Morts* aux Jacobins.

Attaché successivement à la musique du prince de Conti (dans le courant de l'année 1763) et du prince de Condé (jusqu'en 1769), Gossec écrit, sans grand succès, de 1765 à 1769, cinq pièces pour l'Opéra-Comique : *le Tonnelier* (16 mars 1765), le *Faux Lord* (27 juin 1765), *les Pêcheurs* (7 juin 1766), *Toinon et Toinette* (20 juin 1767) et le *Double Déguisement* (28 septembre 1767).

Lors de la fondation du Concert des Amateurs, en 1769, Gossec assume la direction artistique de cet établissement, pour lequel il composera des symphonies, et dirige, en 1773, le Concert spirituel avec Gaviniès et Leduc aîné. Il y fait alors jouer son *Te Deum* (1779), son oratorio de l'*Arche d'alliance* (1782) et son fameux *O salutaris* pour trois voix d'hommes, qui se transforma plus tard en *Hymne à la Liberté*.

En outre, Versailles d'abord (4 décembre 1773) et l'Opéra ensuite (22 février 1774) entendaient son *Sabinus*, où, comme on sait, Gossec s'attribuait l'honneur d'avoir, le premier, introduit les trombones au théâtre[6]. En 1774, il faisait jouer à Bruxelles un ouvrage lyrique intitulé *Berthe*[7]. Maître de musique des chœurs (1778) à l'Académie royale, puis maître de musique au théâtre (1780), et sous-directeur du chant (1781), Gossec portait, en 1782, le titre de compositeur de l'Opéra. Il avait, du reste, connu quelques succès à l'Académie de musique avec *Alexis et Daphné* et *Philémon et Baucis*. Lorsque la Révolution éclate, Gossec va devenir le musicien attitré des fêtes nationales, et, à partir de ce moment, sa carrière sort du cadre que nous nous sommes imposé.

Nous l'étudierons ici en qualité de symphoniste.

Sa première œuvre symphonique, qui paraît pouvoir se placer vers 1753, s'intitule : *Sei Sonate a due violini e basso*[8]. Gossec y adopte le cadre ternaire de la *Sinfonia* italienne et l'écriture en trio, mais le bithématisme apparaît nettement dans les premières reprises des *Allegros*, et c'est là un point sur lequel nous attirons l'attention. On sent que l'effort des musiciens pour perfectionner la *Sonate* s'est exercé surtout à l'égard des premiers mouvements, les autres subissant plus lentement, et comme par

plaisent encore davantage quand ils accompagnent les clarinettes, *instruments ignorés jusqu'ici en France*, et qui ont sur nos cœurs et sur nos oreilles des droits qui nous étoient inconnus. Quel emploi nos compositeurs n'en pourroient-ils pas faire dans leur musique! » (*Observations*, etc., p. 33.)

1. Voir M. Brenet, *Rameau. Gossec et les Clarinettes* (Guide musical, 1903, p. 183, 203 et 227). L. de La Laurencie, *Rameau, son gendre et ses descendants* (S. I. M., 15 février 1911).

2. G. Cucuel, *loco cit.*, p. 15.

3. Cucuel, *Études*, p. 28, 29.

4. Voir M. Brenet, *la Symphonie à orchestre* (1882), p. 36, et Haydn (1909), p. 168 et suiv. — L. de La Laurencie et G. de Saint-Foix, *Contribution à l'histoire de la symphonie française vers 1750* (*Année musicale*, 1911). — G. Cucuel, *Études sur un orchestre au dix-huitième siècle* (1913).

5. Sur Gossec, consulter La Borde, *Essai sur la musique*, III, p. 428, 430; — Hédouin, *Notice sur Gossec*, dans la *Mosaïque* (1856); — F. Hellouin, *Gossec et la Musique française à la fin du dix-huitième*

siècle (1903); — A. Soubies, *Les Membres de l'Académie des Beaux-Arts*, 1re série, chap. 1; — G. Cucuel, *La Pouplinière et la musique de chambre au dix-huitième siècle* (1913) et *Études sur un orchestre au dix-huitième siècle* (1913).

Bachaumont mentionne Gossec dans les tomes VII, IX, X, XIV, XV, XVI et XVI (addition), XVIII et addition, XIX (add.), XX, XXIV (addition), XXVII (add.) et XXXII de ses *Mémoires*. Consulter aussi la *Correspondance littéraire* de Grimm, tomes VII, VIII, X, XI, XII, XIII, XIV, XVI.

6. Sur cette question, voir G. Cucuel, *Études*, p. 34, 35.

7. A. Goovaerts, *Un opéra français composé en 1774 pour la Monnaie de Bruxelles*. (*Réunion des Sociétés des Beaux-Arts des départements*, 1890, p. 747 et suiv.).

8. *Sei Sonate a due violini e Basso, composte del Francesco Gossec di Anversa*, op. prima. Sur ces Sonates, voir L. de La Laurencie et G. de Saint-Foix, *Contribution à l'histoire de la symphonie française vers 1750* (*Année musicale*, 1911), p. 75-76. — G. Cucuel, *loco cit.*, p. 40, 49.

reflet, la modification qui devait résulter d'une plus grande richesse thématique, et d'une plus grande maîtrise dans l'art du développement.

Toujours est-il que les *Adagios* de ce premier œuvre adoptent, souvent, la sous-dominante du ton principal, et, si Gossec n'écrit que trois mouvements, du moins voit-on poindre le *Menuet* à la fin des troisième et quatrième sonates. Nous avons indiqué plus haut l'introduction de *Menuets* dans nombre de symphonies françaises de 1738 à 1760. On observe l'apparition de ce même morceau dans les deuxième et sixième quatuors de l'*Art de la modulation* de Philidor. Le moment est donc proche où le *Menuet* fera partie intégrante de la symphonie, entre l'*Adagio* et le *Finale.*

Si l'œuvre I de Gossec manifeste d'évidentes tendances italiennes, l'œuvre IV, *Sei Sinfonie a più stromenti,* qui date de 1759[1], se rapproche sensiblement de la manière de l'école de Mannheim. Écrites pour quatuor, deux hautbois, deux flûtes et deux cors, les symphonies de l'œuvre IV sont toutes construites à quatre mouvements, sur le modèle adopté par Stamitz et son cénacle[2]. Le *Menuet,* accompagné d'un *Trio,* se place entre le mouvement lent et le final, lequel consiste en un *Presto.* Les *Allegros* initiaux admettent deux thèmes contrastés, et la basse continue se trouve éliminée de l'orchestre. En outre, Gossec perfectionne la dynamique, le jeu des nuances, et fait souvent jouer les instruments à archet « con sordini ».

L'œuvre V, *Six Symphonies a più stromenti* (vers 1761-1762) confirme pleinement l'évolution déjà marquée dans l'œuvre précédente; Gossec s'y montre un véritable Mannheimiste. Ses symphonies, comportant le quatuor, deux flûtes, deux cors, deux bassons, et deux clarinettes ou hautbois pour les symphonies I et II, sont établies en quatre mouvements et comprennent des *Menuets.* — Ce n'est pas cependant à dire que Gossec ne revienne pas parfois au dispositif en trois mouvements de la *Sinfonia.* Des *Trois Grandes Symphonies* pour quatuor, deux hautbois ou clarinettes et deux cors *ad libitum* publiées peu après, vers 1765, la deuxième, en *fa* majeur, ne contient pas de *Menuet* et présente encore la forme *Sinfonia* ou *Concert*[3]. Une courte introduction précède le premier *Allegro,* et le mouvement lent (*Adagio poco andante*) est en *si* ♭, sous-dominante du ton principal. Les deux autres symphonies, l'une en *la* ♭ majeur, l'autre en *fa* majeur, renferment, au contraire, des *Menuets* et comportent quatre mouvements.

Dans toutes ces symphonies, le rôle des cors consiste, surtout, à renforcer les ensembles. En général, les compositions à *Menuets* sont plus développées et mieux orchestrées que les symphonies en trois parties. Les clarinettes s'ajoutent alors aux hautbois, que, conformément à l'usage du temps, elles peuvent remplacer, et aux cors; Gossec leur confie fréquemment des parties mélodiques. Nous donnons, ci-après, le début du *Menuet* de la première de ces symphonies (*mi* ♭).

1. La chronologie des œuvres instrumentales de Gossec n'est pas très facile à établir avec précision. La liste qu'en donne Eitner dans son *Quellen Lexikon* présente le plus grand désordre. Gossec a dressé lui-même la liste de ses œuvres I à XIII qu'il a fait graver sous le titre de son œuvre XIV (1769). Cf. Cucuel, *Etudes,* p. 39 et suiv. Nous ajouterons que les œuvres II et III se placent entre 1753 et 1756; elles n'ont pu être retrouvées.

2. Voir L. de la Laurencie et G. de Saint-Foix, *Contribution à l'histoire de la symphonie française vers 1750* (*Année musicale,* 1911).

3. Il en est de même de la *Symphonie concertante,* écrite pour deux violons principaux, alto ou violoncelle obligé, et orchestre d'accompagnement. Les *Trois Grandes Symphonies* constituent l'œuvre VIII.

Les six symphonies de l'œuvre V ont déjà une allure tout à fait analogue à celle des petites symphonies d'Haydn. Elles comprennent quatre mouvements : *Allegro Andante* ou *Adagio Menuet, Presto.*

Nous signalerons surtout la première, en *fa* majeur.

L'*Allegro* de début à quatre temps est construit sur deux thèmes :

présentés l'un dans la force, l'autre très piano. Gossec nuance certains traits, comme les Mannheimistes, avec des contrastes marqués de *forte* et de *piano.*

Sa mélodie est brève, de souffle court; il abuse des battements des instruments à cordes, et fait état de formules qu'on retrouve, du reste, chez la plupart des symphonistes de la fin du XVIIIᵉ siècle (Rigel, Davaux, Guénin, etc.).

L'œuvre VI, qui comporte six symphonies, dont les trois premières avec hautbois et cors, et les trois dernières en quatuor (vers 1763), présente (Symphonie VI, *la* majeur) un *Allegro staccato* avec grands écarts d'octave très caractéristiques de la manière de Gossec.

Venons-en à la *Chasse,* qui détint longtemps la célébrité, et à laquelle Méhul a demandé l'idée de son ouverture de la *Chasse du jeune Henri*[1]. Les *Chasses* furent, au demeurant, des plus fréquentes durant le XVIIIᵉ siècle, et Cartier en a rassemblé, dans son *Art du violon,* une sorte d'anthologie dont il a puisé les éléments chez les violonistes italiens, français et allemands.

La *Chasse* de Gossec, en *ré* majeur, est écrite pour deux violons, altos, deux hautbois, deux clarinettes, deux cors, deux basson et basse, et se compose de quatre mouvements, dont trois à 6/8. Elle fut exécutée pour la première fois, au Concert spirituel, en mars 1774, mais a pu être composée un peu avant cette époque. Elle émerveilla les auditeurs par son caractère pittoresque; l'*Allegro* du début, « tempo di caccia », représente l'aboiement des chiens et la galopade des chevaux :

Gossec y emploie les instruments à vent de façon plus indépendante et plus libre que dans ses autres compositions. Ceux-ci dialoguent avec le groupe des cordes et possèdent déjà une personnalité bien définie.

La dernière symphonie, la *Symphonie en dix-sept parties,* composée en 1809 (*fa* maj.), constitue le chef-d'œuvre du musicien, parvenu alors à une véritable maîtrise dans le genre instrumental. Elle comporte, outre l'orchestre des pièces précédentes, deux trompettes. « Tous les thèmes qui la composent, écrit M. Hellouin, sont intéressants, développés avec tact et habileté... Il avait eu grandement le temps de s'assimiler les symphonies d'Haydn[2]. »

Gossec a, du reste, écrit une grande quantité de musique instrumentale, dont *six Trios pour deux violons, basse et cors* (op. IX), *six Symphonies à grand orchestre* (op. XII), *trois Symphonies à grand orchestre*

avec *trompettes et timbales* (pour le Concert des Amateurs), *douze Quatuors à cordes* (op. XIV, et XV), etc.[3].

Son attention, et ce n'est pas là un de ses moindres mérites, se porta de bonne heure sur les instruments à vent et sur le rôle plus large qu'ils semblaient susceptibles de jouer dans l'orchestre symphonique. C'est ainsi, qu'antérieurement à 1769, il avait écrit des pièces symphoniques pour instruments à vent seulement (deux clarinettes, deux cors et deux bassons). En ce qui concerne les clarinettes, il les emploie d'abord à la place des hautbois, comme dans les symphonies de l'œuvre V, dans les *Trois grandes symphonies* et dans la cinquième symphonie (*mi* ♭ majeur) de l'œuvre XII; plus tard, il leur confie des parties distinctes. Dès 1760[4], il se sert de clarinettes dans sa *Messe des Morts,* et le *Dies iræ* exécuté en avril 1762 joint les clarinettes aux cors et aux timbales[5]. Gossec a également débarrassé l'orchestre

1. Chez Méhul le développement est beaucoup plus habile. On retrouve chez Gossec l'hallali des cors en *ré* qui termine l'ouverture de Méhul. Il est à remarquer que plusieurs œuvres analogues apparurent à partir de 1775, *Chasse* de Ch. Stamitz, *Chasse* de G. Cramer.

2. Hellouin, *loco cit.*, p. 95.

3. Pour le catalogue de l'œuvre de Gossec antérieure à la Révolution, voir Cucuel, *loco cit.*, p. 39 et suiv.

4. G. Cucuel, *la Question des clarinettes dans l'instrumentation du*

dix-huitième siècle (*Bulletin mensuel de la Société internationale de musique,* juillet 1911), et *Études sur un orchestre au dix-huitième siècle* (1913).

5. Il convient de remarquer que les parties de clarinettes sont souvent, à cette époque, publiées *ad libitum,* et qu'on adjoint les clarinettes ou s'emploie en remplacement des hautbois ou à l'unisson de ceux-ci. D'où la rareté des parties de clarinettes. Signalons parmi les musiciens

de l'appui que lui prêtait le clavecin chargé de la basse continue, basse continue qui disparaît des opéras de Gluck, comme elle disparaît des symphonies de Gossec.

La question Gossec-Haydn, posée jadis à propos de la primauté que ces deux auteurs pouvaient revendiquer dans la création de la symphonie à orchestre, ne se pose plus actuellement, mais la question Gossec-Stamitz s'est substituée à la première[1]. Nous avons indiqué plus haut combien il nous paraissait difficile de déterminer de façon précise à qui revient la paternité de la forme *Symphonie* tant au point de vue de la construction de l'*Allegro* sur deux thèmes qu'à celui de l'adjonction du *Menuet* aux trois mouvements de la *Sinfonia* ou du *Concert*. Au reste, d'un point de vue scientifique, cette question est complètement dépourvue d'intérêt ; la forme *Symphonie* n'a pas un père : elle résulte d'une lente évolution.

Quoi qu'il en soit, Gossec se préoccupait avant tout de la mélodie, et se servait d'un violon pour composer ; sa mélodie est un peu raide, un peu sèche, un peu scolastique, mais il l'entoure d'une harmonie souvent sonore et ingénieuse que relève, une orchestration de véritable coloriste musical.

Il n'est pas sans intérêt de rechercher de quelle façon les « amateurs », ainsi qu'on les appelait, considéraient la musique d'orchestre, à l'époque où Gossec ouvrait une voie nouvelle à la symphonie. On jugeait alors de cette musique en se plaçant à un point de vue purement dramatique, et la symphonie était surtout goûtée en raison de ce qu'elle « représentait », de ce qu'elle « peignait ». La musique pure ne jouissait pas d'un grand crédit auprès des Encyclopédistes. Pour d'Alembert, les symphonies ne disent rien au cœur et à l'esprit ; elles sont, comme un dictionnaire, composées de mots, placés simplement à la suite les uns des autres ; les violonistes du Concert spirituel semblent, « par leurs tours de force », réciter un dictionnaire.[2] Il faudrait faire précéder chaque symphonie d'un argument rendant compte des idées et des intentions du compositeur[2]. L'idéal de la symphonie devenait ainsi la « symphonie à programme », et les réflexions auxquelles Lacépède se livre, à ce propos, dans sa *Poétique de la musique*[3], soulignent bien cette manière de voir. Voici en quels termes Lacépède expose l'esthétique de la composition symphonique, et les moyens qu'emploiera le musicien pour atteindre, dans ce genre, au maximum d'effet : « Le musicien composera chacun de ses trois morceaux[4] comme s'il travaillait à un grand air, où une ou plusieurs voix chercheraient à exprimer des affections plus ou moins vives ; il remplacera ces voix par le premier violon, ou par d'autres instruments aisés à distinguer ; de temps en temps, il cherchera à imiter les accents de la voix humaine par des instruments susceptibles d'inflexions douces

ou pathétiques... Mais, ensuite, il faudrait qu'il ne les (ces morceaux) considérât que *comme trois grands actes d'une pièce de théâtre, qu'il crût travailler à une tragédie, à une comédie ou à une pastorale.* »

Après quelques lignes consacrées à la signification que doivent présenter l'*Allegro*, l'*Andante* et le *Final*, ainsi envisagés sous un angle dramatique, Lacépède, en digne précurseur de Berlioz, définit de la façon suivante le *Personnage instrumental* : « Pour qu'on pût, en quelque sorte, y *distinguer différents interlocuteurs*, on choisirait, dans l'orchestre, les instruments les plus saillants, et dont la nature conviendrait le mieux aux caractères qu'on aura feints ; on s'en servirait pour former des espèces de dialogues accompagnés par tout le reflet de l'orchestre,... et lorsqu'on aurait besoin d'introduire des chœurs dans le drame, tout l'orchestre, jouant d'une manière plus bruyante et plus marquée, *représenterait une multitude,* qui joindrait ses clameurs aux cris des passions des personnages les plus intéressants. » Lacépède ajoute, pour préciser le rôle dévolu au compositeur : « Ce sera, en quelque sorte, un *ballet pantomime* qu'il devra dessiner et mettre ensuite en musique ; il y aura, cependant, cette différence, qu'il n'aura pas, comme dans un ballet, la ressource du spectacle, des décorations, du jeu des danseurs[5]. »

Cette citation montre que la musique spectacle, la musique se suffisant à elle-même, telle que Lesueur et Berlioz la comprirent plus tard, était déjà en faveur aux environs de 1780. Au surplus, une telle conception de la symphonie n'était que l'aboutissement logique de l'esthétique française du XVIIIe siècle.

IV. — Le motet et la cantate[6].

Le genre de composition qui, sous le nom de *Motet*, alimentera si abondamment la littérature musicale durant la plus grande partie du XVIIIe siècle, n'a que des rapports assez lointains avec le *Motet* de l'école du contrepoint vocal. A cet ancien *Motet*, où la polyphonie savait se montrer savante, tout en restant expressive, le nouveau *Motet* a emprunté son titre et l'usage de la langue latine ; mais, par ailleurs, les deux genres diffèrent profondément. Basé sur l'emploi de la basse continue, le *Motet* des dernières années du XVIIIe siècle est un *Motet récitatif* à intentions dramatiques. Il n'est pas exact de dire que Lulli a créé, le premier, les grands motets qui se substituèrent à la polyphonie traditionnelle, en introduisant à l'église le style d'opéra, car Lulli avait écrit de la musique religieuse sur des paroles latines avant de composer pour le théâtre. De plus, les ouvrages de Henri du Mont lui offraient déjà, à ce point de vue, d'intéressants modèles. Lulli dériva plutôt vers l'homophonie, en les agrandissant, les inventions du maître de la musique de la reine.

français qui furent des premiers à se servir de la clarinette, le chevalier d'Herbain (Ouverture de *Célime*, 1756). A partir de 1762, on commence à publier des méthodes de clarinettes, tel l'*Essai d'instruction* de Valentin Rœser (1764). Ce musicien publiait en 1770, 1771, des *Divertissements militaires* pour deux clarinettes, deux cors et basse. Tissier, Vilzthumb et Ozi donnent, de 1776 à 1783, des *Pièces de clarinette*.

1. M. M. Brenet, dans *les Concerts en France sous l'ancien régime*, p. 222 et suiv., admet que les symphonies de Stamitz servirent de modèle à celles de Gossec. M. Hellouin (loco cit., p. 80 et suiv.) émet un avis opposé.

2. Cf. Hirschberg, *Die Encyklopädisten und die Französische Oper im 18 Jahrhundert* (1903), p. 118, 122, 125.

3. Lacépède, la *Poétique de la musique*, t. II, p. 329 et suiv. (1785). Consulter aussi l'abbé Dubos, *Réflexions sur la poésie*, I, p. 638.

4. On voit qu'en 1785, le cadre de la symphonie était encore considéré comme ternaire.

5. Lacépède, *loco cit.*, p. 334. On consultera, sur cette question, un article publié par M. Edouard Perrin dans le *Mercure musical* du 15 août 1907 : *Un Livre de Lacépède sur la Musique*. Lacépède affectait à chacun des instruments de l'orchestre un caractère expressif et sentimental différent. Il esquisse une sorte de théorie du leitmotif.

6. BIBLIOGRAPHIE GÉNÉRALE. — Michel Brenet, *Notes sur l'histoire du motet* (*Tribune de Saint-Gervais*, 1895). — *La Musique sacrée sous Louis XIV*, 1899. — *Les Concerts en France sous l'ancien régime*, 1900. — *Œuvres de* J.-P. Rameau, tome IV, 1898. — Art. *Motet* de l'*Encyclopédie*. — On consultera aussi Lecerf de la Viéville, *Comparaison de la musique française et de la musique italienne*; 1705 ; IIIe partie, *Discours sur la musique d'église*. — H. Quittard, *Un Musicien en France au dix-septième siècle*, Henry du Mont, 1906. — Leichtentritt, *Geschichte der Motette*. — A. Schering, *Geschichte des Oratoriums*.

On sait que Henri du Mont publia, le premier en France, des compositions à basse continue. Toutefois, ses *Cantica sacra cum basso continuo*, qui datent de 1652, ne révélaient point à notre pays un système venu d'Italie, où il avait ruiné l'art polyphonique vocal. L'usage de la basse continue était, en effet, connu d'un grand nombre de nos musiciens, et cela bien avant la venue en France du maître liégeois. Boësset, Moulinier, Péchon, Thomas Gobert, et d'autres artistes sans doute, pratiquaient couramment le nouveau style[1]. Cette invention venait à son heure, au moment où le charme de la mélodie commençait à l'emporter sur les savantes combinaisons du contrepoint; le style d'air, en favorisant le développement de la mélodie, en précisant l'expression de celle-ci, allait détrôner la pieuse austérité des œuvres polyphoniques. « Lulli, remarque M. Michel Brenet, écrivit plusieurs grands psaumes à huit ou dix voix en deux chœurs, comme avaient fait depuis longtemps Formé, Gobert, Villot. Mais il doubla ces voix de tout son orchestre d'opéra, il coupa le texte, verset par verset, en morceaux variés : récits presque déclamés, accompagnés de la simple basse-continue, airs, duos, trios, chantés par des solistes, avec cette basse et des instruments concertants : dialogues et réponses des deux chœurs; en somme, grandes œuvres que le texte latin disait d'église, et que le plan général, la préoccupation de l'expression, la variété et de l'effet, ainsi que la nature des moyens employés et leur agencement, rattachaient de près au théâtre[2]. » Mᵐᵉ de Sévigné traitait de musique céleste le *Miserere* et le *Libera* de Lulli. Du Mont écrivait au souverain pour déclarer que ses motets à deux voix lui paraissaient bien grêles, et qu'il sentait la nécessité de la mise en œuvre de masses puissantes. Ainsi, la pompe, l'emphase dramatique, avec la multiplicité des moyens en usage à l'Opéra, pénétraient la musique religieuse. Les innombrables *Te Deum* célébrés à l'occasion des victoires des armées royales et des naissances princières, mettaient en œuvre d'imposantes masses chorales soutenues par un orchestre auquel les timbales et les trompettes conféraient encore un rehaut de solennité. Bref, tout concourait au développement d'un genre de musique qui alliait le spectacle à la religion, les fastes du souverain et de la cour à une dévotion protocolaire. La fondation du Concert spirituel en 1725 fournit au *Motet à grand chœur* un cadre qui lui était bien adapté, car le *Motet* tenait lieu, en quelque sorte, de maigre musical à l'usage des jours où l'Opéra faisait relâche, et on allait y entendre les artistes que l'on applaudissait d'ordinaire dans le décor brillant de la tragédie lyrique.

Nous pouvons donc considérer le *Motet* un peu comme une sorte de déviation mondaine de la musique religieuse. J.-J. Rousseau l'avait bien senti, lorsqu'il écrivait dans son *Dictionnaire de musique* : « Les chants sacrés ne doivent point représenter le tumulte des passions humaines, mais, seulement, la majesté de celui à qui ils s'adressent, et l'égalité d'âme de ceux qui les prononcent. Quoi que puissent dire ceux qui les prononcent, toute autre expression dans le chant est un contresens. Il faut n'avoir, je ne dis pas aucune piété, mais je dis aucun goût, pour préférer dans les églises la musique au plain-chant[3]. »

Un des maîtres qui, avec du Mont et Lulli, transportèrent dans la musique religieuse le sentiment dramatique, est Marc-Antoine Charpentier[4].

Né à Paris, postérieurement à 1634, Charpentier, qui appartenait à une famille de peintres, entendit à Rome les compositions de Carissimi, et cela détermina sa vocation. On prétend que sa mémoire lui permettait de transcrire les oratorios du maître italien, après une seule audition. Ce qu'il y a de certain, c'est que Charpentier travailla auprès de Carissimi, et qu'il copia de sa main la *Jephté* du musicien romain. Une fois de retour à Paris, il entra au service de Mˡˡᵉ de Guise[5], pour la musique de laquelle il se mit à composer, en même temps qu'il collaborait avec Molière. Il écrivait ainsi de la musique nouvelle pour la *Comtesse d'Escarbagnas*, pour le *Mariage forcé* et le *Malade imaginaire* (1673). Cette collaboration de Charpentier aux représentations du Théâtre-Français continua après la mort de Molière; successivement, il compose de la musique pour *Circé* (1675), pour l'*Inconnu* (1675), les *Fous divertissants* (1680), la *Pierre philosophale* (1681), l'*Andromède* de Corneille (1682). En 1684, il refait la *Psyché* de Lulli, et donne, en 1685, des intermèdes pour *Vénus et Adonis*.

Lors du concours de 1683, à la suite duquel Lalande obtint une des quatre places de sous-maître de la chapelle par quartiers, Charpentier tomba malade et ne put continuer les épreuves. Le roi l'avait cependant distingué et pensionné. Il entra alors au service des Jésuites de la maison professe (vers 1684), et se mit à travailler pour les tragédies musicales que les Pères faisaient représenter au collège de Clermont. A cette époque, presque tous les couvents étaient, ainsi, des centres d'activité musicale, et les concerts donnés par les Théatins jouissaient, en particulier, d'une grande réputation.

Chez les Jésuites, Charpentier collabora à nombre de tragédies spirituelles, parmi lesquelles nous citerons : *Clissonus* (1685), *Celse martyr* (1687), *David et Jonathas*, *Saül* (1688), toutes tragédies latines, auxquelles s'adjoignaient des ballets, tels que le *Ballet des Saisons* (1688) et *Orphée* (1690)[6].

Enfin, Charpentier s'essaya dans un genre plus profane, et donna à l'Opéra, le 4 décembre 1693, la tragédie de *Médée*, dont Thomas Corneille avait fourni le poème, et dans laquelle il avait cherché à se libérer du cadre lulliste. Philippe d'Orléans le prit alors comme maître de composition et, d'après Titon du Tillet, Charpentier aurait composé, de concert avec son élève, l'opéra de *Philomèle*, qui fut représenté au Palais-Royal[7]. Le 28 juin 1698, Charpentier était nommé maître de musique à la Sainte Chapelle, en remplacement de François Chaperon, et mourait le 24 février 1704.

---

1. H. Quittard, *loco cit.*, p. 95 et suivantes.
2. M. Brenet, *la Musique sacrée sous Louis XIV*, p. 9.
3. Art. *Motet* du *Dictionnaire de musique*. Il est assez piquant de constater que Jean-Jacques s'affirme, de la sorte, comme l'annonciateur des idées qui devaient s'exposer dans le *Motu proprio* de Pie X.
4. Sur Charpentier, Voir le *Mercure galant*, mai 1699; — le *Journal de Trévoux*, novembre 1704; — Lecerf de la Viéville, *loco cit.*; — Clément et de la Porte, *Anecdotes dramatiques*, III, p. 104; — Michel Brenet, *M.-A. Charpentier* (*Tribune de Saint-Gervais*, 1900, p. 65 et suiv.) et *Les Musiciens de la Sainte Chapelle du Palais*, 1910, p. 353 et suiv.; — H. Quittard, *Revue d'histoire et de critique musicales*, 1902, p. 315, 1904, p. 495, 1908, p. 482, et *Bulletin mensuel de la Société internationale de musique*, mai 1905.

5. Sur les concerts donnés par Mˡˡᵉ de Guise dans son hôtel, Voir le *Mercure galant* de mars 1682, p. 98. Le maître de musique de la princesse était un M. de Montailly qui possédait très bien l'art du chant, et qui était élève de Bacilly (*Ibid.*, p. 98, 205, 206).
6. Sur les opéras et tragédies spirituelles représentés dans les collèges de Jésuites, on consultera le *Mercure galant* de mai 1699, p. 317 à 322.
7. Cette partition n'a pu être retrouvée, mais la Bibl. nat. possède les *Règles de composition* et l'*Abrégé des règles pour l'accompagnement*, rédigés par Charpentier pour le Régent.

La brève incursion de Charpentier au théâtre ne permet pas de discerner les résultats qu'il aurait pu y atteindre. Sur ce terrain, il se trouvait paralysé par la jalousie de Lulli, qui l'empêcha de donner sa mesure. Mais, comme compositeur de musique religieuse, Charpentier occupe, avec Lalande, une place prépondérante dans l'art français de la fin du xviie siècle. Sa fécondité n'a d'égale que son talent; huit ou dix *Messes* et plus de trente *Psaumes* sortirent de sa plume, sans compter les *Motets* écrits pour la plupart des fêtes de l'année, plusieurs *Te Deum, Magnificat*, des hymnes, des proses, des *Leçons de Ténèbres*, etc. En outre, Charpentier composa des morceaux à une, deux et trois voix de femmes, avec la basse continue, destinés à des couvents de femmes, et notamment à Port-Royal et à l'Abbaye aux Bois. A la chapelle du dauphin, il donna de grands *Psaumes* comportant des soli, des chœurs et une partie symphonique[1].

Ce sont ses *Cantates latines* et ses *Oratorios* qui constituent la partie la plus originale de son œuvre si vaste. Il avait plaisanté son prédécesseur à la Sainte Chapelle, François Chaperon, dans une cantate latine burlesque, intitulée *Epitaphium Carpentarii;* son inspiration se fait au moins satirique à l'occasion de la guérison du dauphin, de la mort de la reine Marie-Thérèse (1683), du rétablissement du roi (1696).

Il a laissé, enfin, d'admirables *Oratorios*, et fut certainement le seul musicien français qui se soit essayé dans l'*Histoire sacrée*, où il s'affirme bien l'élève de Carissimi. Empruntées à l'Ancien et au Nouveau Testament, les *Histoires sacrées* de Charpentier ouvrent libre carrière à son talent si dramatique et si coloré. Elles comportent une action en laquelle l'historien ou récitant, les chœurs et divers interlocuteurs

mettent une intensité extrême de vie et d'expression. *Le Jugement de Salomon* (1702), le seul oratorio de Charpentier qui soit daté, le *Sacrifice d'Abraham*, l'*Enfant prodigue*, la *Naissance de Jésus-Christ*, le *Massacre des Innocents*, l'*Histoire de sainte Cécile*, la curieuse *Peste de Milan* et l'admirable et poignant *Reniement de saint Pierre* fournissent des pages d'une haute éloquence, où l'expression pathétique atteint à son maximum. Charpentier excelle dans la peinture de la passion; il a des accents brefs et émouvants, une mélodie beaucoup plus arrêtée et plus précise que celle de Lulli, parfois un peu sèche dans son rythme fortement accusé. Le *Reniement de saint Pierre* caractérise parfaitement le style dramatique et incisif de Charpentier; la scène où Pierre renie son maître et sa déploration finale peuvent être rapprochées des plus nobles inspirations de Carissimi[2].

Une œuvre de Charpentier mérite tout particulièrement l'attention, en raison de son écriture personnelle et vraiment nouvelle. C'est une *Cantate à cinq voix et instruments*, composée sur des paroles italiennes en l'honneur de l'électeur de Bavière Maximilien-Emmanuel, et qu'on a qualifiée d'*Epithalame* (vers 1698)[3]. On ne saurait trop en admirer la fermeté et l'éclat du style, ainsi que l'orchestration, qui est beaucoup plus poussée que dans les œuvres similaires italiennes.

L'orchestre employé par Charpentier dans cet *Epithalame* ne comporte pas moins, en effet, de douze parties, deux violons, deux flûtes, deux hautbois ou musettes, deux trompettes, timbales, basson, violon et clavecin; il n'y a pas, comme dans l'orchestre lulliste, de parties intermédiaires de violon. Les trompettes, surtout, sont traitées avec une grande liberté, que fera ressortir l'exemple suivant :

Trompettes

A côté de Charpentier, nous citerons l'Angevin Jean-Baptiste Moreau, qui fit chanter, en 1697, un *Concert spirituel ou le peuple juif délivré par Esther*, sur des vers de M. de Banzy, de même mesure que ceux de Racine. Moreau était maître de musique à Saint-Cyr et a écrit de la musique d'inspiration toute racinienne; toutefois, son *Concert spirituel* ne constitue point un *Oratorio* à proprement parler, genre dont Charpentier fut à cette époque le seul protagoniste en France[4].

J.-B. Moreau fut enterré le 25 août 1733 au cimetière des Saints Innocents. Rappelons ici les *Leçons de Ténèbres* de François Couperin et ses *Motets* chantés devant le roi en 1703, 1704 et 1705, dans lesquels la voix est souvent traitée dans un style instrumental.

Michel-Richard de Lalande[5] mérite une place à part dans l'histoire de la musique religieuse; il fut vraiment, ainsi qu'on l'a justement écrit, un prince de l'art français.

---

1. Dans son *Discours sur la musique d'Eglise*, Lecerf de la Viéville porte sur Charpentier une appréciation plutôt sévère. Voici en quels termes il la formule : « Je n'ai point entendu de motets de Charpentier... Mais je ne comprends point par quel miracle Charpentier auroit été expressif, c'est-à-dire naturel, vif et juste dans sa musique latine, lui qui étoit dur, sec et guindé à l'excès dans sa musique française, et que le méchant opéra de *Médée*, un recueil de chansons que je connais, et *Jonathas*, petit opéra représenté au collège de Clermont même, et duquel j'ai vu, depuis peu, la partition, témoignent de reste. » (Lecerf, *loco cit.*, p. 138.) Les *Mémoires de Trévoux* d'août 1709 consacrent un article aux *Motets* de Charpentier (p. 1487). M. Brenet a donné une liste des œuvres de Charpentier, dans son article précité de la *Tribune de Saint-Gervais.*

2. Nous rappellerons ici les vers suivants :

> Charpentier, revêtu d'une sage richesse,
> Des chromatiques sons fit sentir la finesse.
> Dans la belle harmonie il s'ouvrit un chemin.
> Neuvièmes et tritons brillèrent sous sa main.

3. Cf. H. Quittard, *Revue d'histoire et de critique musicales*, 1902, p. 315, et *Bulletin mensuel de la Société internationale de musique*, mai 1905, n° 8.

4. M. Brenet, *les Concerts en France sous l'ancien régime*, p. 94. Cf. aussi *les Chœurs d'Esther de Moreau*, par J. Tiersot, *Revue musicale*, 1903, p. 35.

5. Sur Lalande, consulter : *Discours sur la Vie et les Œuvres de Michel-Richard de Lalande* (1er Volume des *Motets*, 1729). — Oroux, *Histoire ecclésiastique de la cour de France*, II, p. 522, 523. — *Notes sur Michel-Richard de Lalande*, par H. Quittard (*Revue d'histoire et de critique musicales*, juillet 1902, p. 315). — L. de Grandmaison, *Essai d'armorial des artistes français*, 1904 (Sociétés des Beaux-Arts des départements*, p. 617, 618). — *Mémoires de Dangeau*, vol. I, II, VI, VIII, X, XIV, XV, XVII (édition F. Didot). Nous avons précisé quelques points de la biographie de Lalande dans notre article sur le Recueil, publié dans le *Recueil de la Société internationale de musique*, en janvier 1906.

Voici les vers que lui a consacrés Seré de Rieux :

> La Lande, triomphant d'un préjugé rebelle,
> Attira dans la Cour une façon nouvelle.
> Ses Violons brillans, enchâssés dans ses Airs,
> Font éclore à propos mille desseins légers.
>
> (Seré de Rieux, *la Musique*, chant IV.
> p. 113, 141.)

Il naquit à Paris le 15 décembre 1657, et était fils d'un marchand tailleur qui le fit entrer, de bonne heure, à la maîtrise de Saint-Germain-l'Auxerrois, dirigée alors par ce Chaperon contre lequel Charpentier avait aiguisé ses sarcasmes musicaux. Non content d'étudier la composition, Lalande apprit à jouer du clavecin, de l'orgue et du violon, mais Lulli ne le trouva pas assez habile pour figurer dans son orchestre, et Lalande, après cet échec, se voua exclusivement à l'orgue. Son talent fut de suite fort remarqué, et de nombreuses églises tinrent à cœur de l'avoir comme organiste. Il exerça à Saint-Jean en Grève (1681), aux Jésuites de la maison professe et au Petit Saint-Antoine. En 1678, il se présente au concours institué à Saint-Germain pour donner un remplaçant à Joseph de La Barre, organiste du roi, mais sa jeunesse le fait écarter. C'est alors que le duc de Noailles lui confie l'éducation de sa fille aînée, la future maréchale de Gramont, et que le roi le choisit en qualité de maître de clavecin de Mlles de Nantes et de Blois (vers 1681). Lalande habitait alors à Clagny, où le roi l'allait visiter fréquemment, assistant à ses travaux de composition et les rectifiant au besoin. *L'Amour berger*, pastorale parue dans le *Mercure* d'avril 1683, fournit un spécimen des œuvres que Lalande écrivait ainsi sous le contrôle de Louis XIV. Cette même année 1683, il prend part au concours ouvert après la retraite de Robert et de du Mont, et se voit nommé par le roi, pour le quartier d'octobre, avec Coupillet, Minoret et Collasse. A partir de ce moment, les libéralités royales pleuvent sur la tête du musicien; le 8 janvier 1685, il obtient la moitié de la charge de compositeur de la musique de la chambre; deux ans après (1687), le roi le nomme compositeur de la musique de la chapelle, puis surintendant de la musique de la chambre (1689), pour le semestre que détenait le fils cadet de Lulli[1]. L'année suivante (1690), il obtient l'autre moitié de la charge de compositeur de la chambre, et, en 1693, il a le quartier de janvier à la chapelle, auquel se joignit, en 1704, le quartier de Collasse, de sorte qu'il resta seul chargé de la chapelle royale, en même temps qu'unique détenteur de la charge de surintendant (1695).

Lalande passa toute sa vie à Versailles, entouré par Louis XIV de l'affection la plus constante; il avait épousé Anne Rebel en 1684, et, après la mort de celle-ci (1722), la demoiselle de Cury; il se démit, en 1722, de trois quartiers de maître de la chapelle, qui échurent à Bernier, Gervais et Campra. Lalande mourut à Versailles, le 18 juin 1726; depuis quarante-cinq ans, il était au service du roi, qui lui avait accordé le cordon de Saint-Michel.

Son œuvre est considérable. Lalande travailla opiniâtrement toute sa vie, et a laissé quarante *Grands Motets*, trois *Leçons de Ténèbres* avec un *Miserere à voix seule*, le ballet de *Mélicerte* (1698), un recueil de *Musique pour les soupers du Roy* conservé dans la collection Philidor, et le ballet des *Eléments*, écrit de concert avec Destouches (1721)[2]. Après sa mort, ses grands *Motets* furent publiés en vingt livres in-f° et

précédés d'un *Discours sur la vie et les œuvres de Michel Richard de Lalande*[3] et d'une lettre de Colin de Blamont à laquelle nous empruntons le passage suivant, qui caractérise assez exactement le style de Lalande :

« *Il faisait toute son étude et mettait toute son application à toucher l'âme par la richesse de l'expression et les vives peintures, et à délasser l'esprit par les agréments de la variété, non seulement, dans le merveilleux contraste de ses morceaux, mais dans le morceau même qu'il traitait; ce qu'il est aisé de voir par les disparates ingénieuses dont il ornait ses ouvrages, et par les traits de chant gracieux, aimables, qui servaient, pour ainsi dire, d'épisodes à ses chants les plus travaillés*[4]. »

On le voit, c'est encore l'esthétique française qu'applique Lalande, sans trop se soucier du côté religieux et liturgique de son œuvre : peinture des sentiments, aimable variété, disparates ingénieuses, voilà bien les desiderata du goût des contemporains de Louis XIV.

Lalande n'imite point Lulli avec la servilité qu'on reprochera à juste raison aux successeurs du surintendant de Louis XIV. Ainsi que le remarque M. Quittard, Lalande se rattache plutôt à la génération précédente et, en particulier à du Mont, par son entente parfaite du style polyphonique. Ses *Motets* n'ont point l'aspect lourd, massif, des chœurs lullistes; il s'entend à merveille à manier librement les voix et « à faire étinceler au-dessus de ses chœurs les fulgurants contrepoints des deux violons obligés de son orchestre[5] ». De plus, il emprunte à du Mont, mais pour le perfectionner, le dialogue d'une voix avec un instrument soliste, flûte, hautbois ou violon, et prépare ainsi la voie que Bach devait suivre si heureusement dans ses *Airs*. Dès son *Te Deum* de 1684, les hautbois dialoguent avec les voix.

L'entente du développement polyphonique et du style concerté éclate à chaque page de son œuvre. Dans le *Cantate Domino* (II° livre, 1707), le chœur *Notum fecit Dominus* en apporte un exemple typique : il oppose un petit chœur de deux dessus, soutenu par les deux violons et la basse continue, à un grand chœur tout tissé d'entrées multiples, d'une ampleur de développement qui rappelle Haëndel. On retrouve le même procédé dans l'*Ora pro nobis* du *Regina cœli lætare* (III° livre). Le *Miserere mei Deus* de ce même livre emploie deux chœurs de quatre voix chacun, qui concertent avec une étonnante liberté. Le dernier chœur du *De Profundis* est résolument contrapuntique.

Au point de vue harmonique, Lalande ne présente pas moins d'intérêt; il accumule les hardiesses dans son *Requiem æternam* et son *De Profundis* (1689), au début si solennel et si émouvant, dans lequel la flûte allemande paraît en solo. Et que dire de la fougue prodigieuse et grandiose du final du *Benedictus* (1695), de ce chœur : *Deus, canticum novum cantabo* si rempli de péripéties suggestives, avec l'alternance des chœurs et la mélodie prenante

1. Dangeau écrit à la date du 8 janvier 1689 : « Le roi a donné à Lalande la charge de surintendant de la musique qu'avait Lulli le cadet. » (II, p. 294.) De son mariage avec Anne Rebel, Lalande eut un deux filles qui brillèrent comme cantatrices. Cf. le *Mercure galant* d'octobre 1702, p. 152, 155.

2. Lalande, en effet, ne travaillait pas seulement pour la chapelle royale; il composait encore pour les fêtes de la cour, et on peut ajouter au Ballet de *Mélicerte* et à la *Musique pour les soupers du Roy*, dont nous avons donné un échantillon plus haut (instruments à archet

et à vent), les œuvres suivantes : *Ballet de la Jeunesse* (1686), *Ballet de Flore* (1689), *l'Amour fléchi par la constance*, pastorale (1689), *Adonis*, *Myrtil*, sérénade (1699), *la Noce de village* (1700), *Ballet de la Paix* (1713), *Ballet de l'Inconnu* et *Ballet des Folies de Cardenio* (1720).

3. Ce *Discours*, que nous indiquons comme source d'informations sur Lalande, serait, d'après Titon du Tillet, de Tannevot.

4. Cette lettre, adressée à Tannevot, est du 28 septembre 1728.

5. H. Quittard, *Revue d'histoire et de critique musicales*, 1902, et *Henry du Mont*, p. 210 et suiv.

de l'alto solo (IIIe livre), avec les vocalises de jubilation qui jaillissent à toutes les parties? Lalande possède, au suprême degré, le sentiment de l'expression tonale, et de l'opposition des tonalités choisies par lui, jaillissent les effets les plus dramatiques. Sa musicalité s'affirme très supérieure à celle de Lulli.

Sans doute, il doit beaucoup à l'Italie; il avait acquis, selon Brossard, une importante collection d'œuvres italiennes appartenant au curé de Saint-André des Arcs; aussi, son écriture vocale se montre-t-elle moins syllabique et plus ornée que celle de ses prédécesseurs; il écrit pour les voix de façon un peu instrumentale. M. Quittard a signalé les ressemblances qui rapprochent le début du *De Profundis* d'un air de Carissimi. L'aisance des basses continues rappelle aussi beaucoup le style italien; elles dialoguent vraiment avec les voix et les violons.

En résumé, Lalande se révèle grand artiste, musicien sincère et habile, aussi expert à manier les voix que les instruments. Sa réputation, qui se prolongea pendant la plus grande partie du xviiie siècle, eut des échos à l'étranger, et notamment en Allemagne[1].

De ses contemporains, Lallouette, Bernier et Campra produisirent aussi des *Motets* dignes de retenir notre attention.

Jean-François Lallouette[2], né vers 1653, d'après Titon du Tillet, apprit la musique à la maîtrise de Saint-Eustache, et fut élève de Lulli, qui le fit travailler à quelques fragments de ses opéras, tant et si bien que le *Mercure galant* de janvier 1677, relatant l'exécution. d'un *Divertissement* de notre auteur, ne manque pas de signaler les rapports que sa musique présente avec celle de son maître. Lallouette laissait même à entendre qu'il fit les meilleurs morceaux d'*Isis* lui reve-

naient en propre, de sorte que le Florentin le congédia. Après la mort de Lulli, Lallouette s'adonna surtout à la musique d'église, et, après avoir tenu l'emploi de maître de musique de la cathédrale de Rouen, il fut nommé maître de musique de Saint-Germain-l'Auxerrois, puis de Notre-Dame. Il mourut à Paris, le 31 août 1728.

On a de lui deux *Livres de Motets*, le premier portant la date de 1726, et le second la date de 1730. Le *Psalme Miserere à grand chœur* et l'*Hymne Veni Creator à trois voix et basse continue* (liv. II) furent exécutés au Concert spirituel. Les motets de Lallouette sont des œuvres qui reflètent l'imitation de Lalande, et dont quelques pages bien venues n'atténuent pas suffisamment l'emphase et la vaine grandiloquence. D'après Lecerf de la Viéville, Lallouette, qui avait une exactitude de « composition et une beauté de génie particulières », ne savait pas le latin et était fort paresseux[3].

Nicolas Bernier[4], né à Mantes le 28 juin 1664, mort à Paris le 5 septembre 1734, maître de musique de la cathédrale de Chartres (1694), puis (1698) maître de musique de Saint-Germain-l'Auxerrois, fit chanter, en 1700, un *Te Deum* devant le roi à Fontainebleau. Le 5 avril 1704, il succédait à Charpentier à la Sainte Chapelle et devint, en 1723, un des quatre sous-maîtres de la chapelle du roi. Il a laissé trois *Livres de Motets* à une, deux et trois voix avec et sans symphonie,

1. C'est ainsi que l'auteur des *Gedanken über die welschen Tonkünstler*, en désignant (p. 7) quelques hommes de France qui dominent les Italiens, cite Lalande, à cause de ses *Messes*, de son *Miserere* et de ses *Leçons de Ténèbres*.

2. Voir Titon du Tillet, *Parnasse français*, p. 628 (ccxliii). — *Mercure galant*, janvier 1677, p. 26, octobre 1685, novembre 1708 et septembre 1728. — Collette et Bourdon, *Histoire de la Maîtrise de*

Rouen, 1892. — A. Pougin, *l'Orchestre de Lully* (*Ménestrel*, 23 février 1896, p. 59.)

3. Lecerf, *loco cit.*, IIe partie, p. 203.

4. Sur Bernier, voir Lecerf, IIIe partie, p. 162-163. — Titon du Tillet, *Premier Supplément du Parnasse*, p. 678. — Daquin, *Lettres*, etc., p. 90 et suiv. — Fétis, I, p. 376-377. — Brenet, *les Musiciens de la Sainte Chapelle du Palais*, p. 357-359.

qui portent respectivement les dates de 1703, 1713 et 1736 (œuvre posthume). D'après Daquin, Bernier, qui avait pris des leçons du célèbre Caldara, se recommandait par sa science et par l'excellence de son enseignement. Il employait fort habilement le style fugué, et, sous ce rapport, il se rapproche de Lalande. C'est ainsi que, dans son *Motet pour tous les Temps* à voix seule, avec symphonie (deux violons, deux flûtes allemandes et la basse), les instruments et la voix se livrent à un intéressant travail canonique; il excellait encore dans les effets descriptifs (*Motet pour la Nativité*), et on prétendait que, sous sa main, les deux goûts français et italien semblaient se réunir. Aussi, d'aucuns reprochaient-ils à Bernier d'avoir imité les compositions religieuses d'outre-monts. Lecerf trouve que « les duos et trios de Bernier sont désagréablement marqués au coin de l'Italie », et espère qu'il changera sa manière.

Avec André Campra[1], nous arrivons à un des musiciens de théâtre les plus remarquables qui se soient produits pendant la période qui sépare la mort de Lulli de l'apparition de Rameau. On trouvera donc sa biographie dans la partie de cette étude qui est consacrée à la musique dramatique. Mais Campra, alors qu'il occupait à Notre-Dame la position de maître de musique, s'adonna avec ardeur à la musique religieuse et écrivit de nombreux *Motets*. Lecerf de la Viéville assure que Campra, le premier, introduisit l'orchestre symphonique à la métropole parisienne[2]. De son côté, Titon du Tillet nous apprend que les *Motets* de Campra attiraient toujours la foule à Notre-Dame. Ses *Motets* et ses *Cantates*, dont nous nous occuperons plus loin, figuraient au répertoire du Concert spirituel et des Académies de musique de province.

Les *Motets* de Campra forment cinq livres, dont plusieurs éditions parurent de 1695 à 1734[3]. Le premier livre date de 1695; une *Messe à quatre voix* fut publiée en 1700; le quatrième livre est daté de 1706, et fut corrigé en 1734, avec adjonction d'accompagnements de violons ou de flûtes; le cinquième livre, *Motets, à une, deux et trois voix avec et sans symphonie*, est de 1720.

Enfin, Campra a publié, en 1737 et en 1738, deux livres de *Psaumes mis en musique à grand chœur*, qu'il a dédiés au roi et publiés, chacun, deux psaumes. Ces psaumes à grand chœur furent exécutés à la Chapelle royale et au Concert spirituel.

On remarque, dans toute cette littérature, la qualité mélodique pleine de charme et d'aisance, souvent très appuyée, à l'italienne, qui distingue l'auteur de l'*Europe galante*, et une entente de l'instrumentation et du style concerté qui le place certainement au-dessus de Lulli.

Lecerf porte aux nues les motets de Campra. « Si, dit-il, Campra, le plus fécond de tous et celui que je placerai en premier,... nous avait donné dans chacun de ces trois livres (il écrivait ceci en 1705, avant la publication du quatrième livre) quatre ou cinq *Motets* comme son *In te Domine spes*, ou seulement comme son *Jubilate* (premier motet du livre II), beau chant d'une gaieté encore louable, ou *si le malheureux garçon* n'avait point déserté l'église pour aller servir l'Opéra,

je pense que l'Italie aurait peine à tenir contre nous. » Il regrette ensuite que la muse de Campra se soit *égarée* à l'Opéra[4].

Campra avait eu comme condisciple, à Aix-en-Provence, un musicien dont les programmes du Concert spirituel portent fréquemment le nom, Jean Gilles[5].

Jean Gilles naquit à Tarascon, en 1669; après avoir été enfant de chœur à la cathédrale d'Aix depuis 1678, il devint organiste et sous-maître de la maîtrise de cette église. En 1693, il s'en alla à Agde, où on lui offrait une place de maître de chapelle, et ne tarda pas à étendre sa réputation dans tout le Midi. A Montpellier, il fait chanter, en 1697, un psaume pour l'ouverture des Etats de Languedoc et, sur les instances de Mgr de Bertier, il obtient en décembre 1697 la maîtrise de Saint-Etienne de Toulouse; il mourut le 5 février 1705 à Avignon, où il avait accepté les offres du chapitre de Notre-Dame des Doms.

Sept grands *Motets* conservés en manuscrit à la Bibliothèque nationale et une *Messe des Morts*, longtemps célèbre et considérée comme le chef-d'œuvre du musicien, constituent l'œuvre de Gilles, dont Daquin regrettait la mort prématurée, assurant qu'il aurait remplacé le fameux Lalande. Philidor faisait représenter au Concert spirituel le *Beatus vir* de Gilles, et sa *Messe des Morts* eut l'honneur d'être exécutée lors du service funèbre de Rameau, le 27 septembre 1764.

La plupart des *Motets à grand chœur* dont nous venons d'énumérer les auteurs formaient le fonds obligé du répertoire du Concert spirituel, institué le 22 janvier 1725 par Anne-Danican Philidor, dans la Salle des Suisses du palais des Tuileries, et il faut reconnaître qu'ils y étaient vraiment bien à leur place. Le *Motet à grand chœur*, de par son caractère théâtral et pseudo-religieux, convenait, en effet, beaucoup plus au concert qu'à l'église. Voici comment M. Michel Brenet en décrit les lignes principales : « Une ouverture ou du moins une ritournelle instrumentale précédait un premier grand chœur avec orchestre; des récits et des duos accompagnés de solos de flûte, de violon ou de basse de viole alternaient avec d'autres ensembles d'allures et de dispositions soigneusement contrastées; la conclusion était formée de nouveau par quelque imposante réunion de toutes les voix, de tous les instruments[6]. » Le même auteur remarque qu'en général, « la recherche de la variété et celle de la symétrie l'emportaient sur le souci de l'expression ». C'était un peu de la musique à tout faire, le plat de résistance du concert, musique à tendances descriptives, inclinant à la pastorale, à la bergerie, ou bien empruntant aux timbales et aux trompettes une allure guerrière et tapageuse. C'était aussi de la musique à virtuoses, où chanteurs et chanteuses en renom, instrumentistes réputés, trouvaient d'excellentes occasions pour faire valoir leurs talents.

Malgré la faveur presque inusable dont bénéficiait ce genre de composition, à la fois massif, prétentieux et froid, les auteurs sentaient bien, de temps en temps, la nécessité d'y apporter quelque condiment nouveau; le public ne se montrait-il pas friand de

1. Sur Campra, Voir à la partie de cette étude consacrée à l'Opéra.
2. Lecerf de La Viéville, *Comparaison*, etc., III⁰ partie, p. 178 (éd. de 1705).
3. Sur les motets de Campra, Voir notre article : *Notes sur la jeunesse d'André Campra (Recueil de la Société internationale de musique, janVier-mars 1909).*
4. Lecerf de La Viéville, *Comparaison*, etc., II⁰ partie, p. 203-204.

5. Le P. Bougerel, *Mémoires pour l'histoire de plusieurs hommes illustres de Provence*, 1752. — M. Brenet, *les Concerts en France*, etc., p. 127. — H. Quittard, *les Années de jeunesse de Rameau (Revue d'hist. et de crit. mus.*, 1902, p. 110). — Daquin, *Lettres*, p. 96. — Abbé Marbot, *Gilles Cabassol et Campra*, Aix, 1903. — A. Gouirand, *la Musique en Provence*, 1908, p. 84-85.
6. M. Brenet, *loco cit.*, p. 120-121.

« singularités » ? Aussi voyons-nous Alexandre de Villeneuve, en dépit du cahier des charges du Concert qui prescrivait de n'y faire exécuter que de la musique latine, donner, le 30 mars 1727, un motet à grand chœur traduit en français. L'œuvre était ainsi intitulée : *Premier concert spirituel à I, II, III, IV voix avec symphonie, sur une traduction française du Psaume XCVI, Dominus regnavit exultet terra.* Mais l'exemple donné par cet ancien maître de musique de la cathédrale d'Arles ne fut pas suivi ; il devait l'être, plus tard, par Mondonville et François-André-Danican Philidor.

Au *Motet à grand chœur* s'adjoignaient d'innombrables *Petits Motets à voix seule* dont la Bibliothèque nationale possède une collection considérable, et qu'il serait fastidieux de passer en revue d'une manière détaillée. Ces petits motets ne diffèrent du grand motet que par l'absence des chœurs et par leur brièveté[1].

Toutes ces œuvres, taillées sur le même patron, laissent une accablante impression de monotonie. Au moins, le grand motet, par la diversité des moyens mis en œuvre, procurait-il des sensations un peu plus variées ; le petit motet, lui, n'a, le plus souvent, d'autre but que de faire valoir la voix d'un chanteur ou d'une chanteuse.

Une pléiade de compositeurs, de maîtres de musique, tant de Paris que de province, cherchait à imiter les modèles sortis de la plume des Lalande, des Campra et des Bernier. Le directeur du Concert lui-même, Philidor, faisait jouer ses motets et son *Te Deum*, et accueillait les œuvres de Gomay, de l'abbé Gaveau, dont le *Lauda Jerusalem* et le *Judica me Deus* ne sont pas sans mérite ; de Bordier, des abbés Henri Madin et Antoine-Louis-Esprit Blanchard ; le premier, d'origine irlandaise, d'après Titon du Tillet[2], fut maître de chapelle à Tours, à Rouen et à la chapelle royale (1731) ; le second, maître de chapelle à Besançon, puis à Amiens, remplit les fonctions de sous-maître à la chapelle royale en même temps que Madin, et introduisit les clarinettes dans la musique de cette chapelle, vers 1767.

A côté de ces musiciens, nous citerons Jean-Jacques Rousseau[3], qui a laissé cinq *Motets*, dont quatre à voix seule, et un à deux voix. Comme la plupart des compositeurs de son temps, Jean-Jacques, initié, du reste, de bonne heure à la musique religieuse, s'adonna, lui aussi, au motet sur des paroles latines[4]. Son *Salve regina* aurait été chanté, en 1752, au Concert spirituel par Mlle Fel. C'est une œuvre en trois parties, écrite pour voix de femme et orchestre, ainsi que le *Ecce sedes hic tonantis* (1757), composé de six morceaux. M. Tiersot relève, dans ces deux pièces, à côté de passages conçus en style galant, des pages d'un beau caractère. Le *Quam dilecta tabernacula* (1769), à deux voix, présente peu d'intérêt, et il en est de même

du dernier motet, *Principes persecuti sunt,* le moins bon de toute la série. En revanche, la Leçon de Ténèbres avec un Répons, *Quomodo sedet sola civitas* (1772), atteint à une « expression juste et élevée[5] ». Sauf le premier, les *Motets* de Rousseau ne semblent pas avoir été exécutés au Concert spirituel.

Un autre fournisseur du Concert spirituel était Louis Lemaire, ancien élève de Brossard à Meaux, auteur de *Motets à une et deux voix avec et sans symphonie, chantés au Concert spirituel du château des Tuileries, depuis 1728 jusqu'en 1733, divisés en 18 saluts,* et d'un *Te Deum,* toutes œuvres de la plus complète banalité. Avec Mouret, Chéron, Cordelet, Paulin, Petouille et Michel, le motet creusait toujours la même ornière ; aucun de ces auteurs ne pouvait faire oublier Lalande, et leurs compositions ne se sauvaient que grâce à l'éclat de l'exécution.

Les cinq *Motets à grand chœur,* qui sont tout ce que nous connaissons de la musique religieuse de Rameau, passèrent assez inaperçus. Ces ouvrages, fort développés, comportent des soli, des chœurs et la symphonie. En voici les titres : *In convertendo, Quam dilecta, Deus noster refugium, Laboravi, Diligam te[6].* Un seul d'entre eux, *Laboravi,* fut gravé du vivant de Rameau, qui le donne comme exemple dans son *Traité de l'harmonie[7].* L'*In convertendo* présente deux versions, l'une avec deux hautbois, l'autre avec deux cors obligés. D'après M. Brenet, la version avec cors serait celle que l'on exécuta, en 1751, au Concert spirituel, Rameau ayant tenu à mettre son instrumentation au niveau des innovations apportées par les cornistes allemands qui s'étaient fait entendre l'année précédente chez La Pouplinière. Il y a lieu de supposer que Rameau destinait la plupart de ses motets à la messe du roi, et que, par conséquent, il les composa après son établissement définitif à Paris[8].

Avec Jean-Joseph Cassanéa de Mondonville[9], le *Motet* va se renouveler, et les productions du musicien gascon donnera dans ce genre vont contrebalancer la vogue si persistante qui, jusque-là, s'attachait aux motets de Lalande. En même temps, Mondonville fera d'intéressantes tentatives afin d'acclimater en France l'*Oratorio,* que, depuis Marc-Antoine Charpentier, nul compositeur n'avait songé à aborder.

Mondonville a composé des *Motets à grand chœur* et des *Petits Motets*; aux uns et aux autres il apporta des modifications originales, qui remportèrent auprès de ses contemporains le succès le plus vif.

Des douze grands motets qu'il a écrits, et dont aucun n'est imprimé, quelques-uns remontent à l'époque de son séjour à Lille, antérieurement à 1734[10]. Ils portent les titres suivants : *Bonum est, Cantate Domino, Cœli enarrant* (1749), *De profundis* (1748), *Dominus regnavit, In exitu, Jubilate, Lauda Jerusalem* (1742),

1. On trouvera une description du style du *Petit Motet* dans le *Mercure* de mars 1751, à propos d'un motet du Violoncelliste François Martin.

2. Titon du Tillet, *Deuxième Supplément au Parnasse français,* p. 21, 22.

3. Sur J.-J. Rousseau, Voir la première partie de cette étude.

4. Les *Motets* de J.-J. Rousseau sont restés manuscrits. L'*Ecce sedes* a été publié par M. Tiersot dans la S. I. M. du 15 juin 1912.

5. J. Tiersot, *J.-J. Rousseau,* p. 219, 225.

6. *Œuvres complètes de J.-Ph. Rameau,* tome IV (édition Durand). Les *Nouvelles littéraires* rapportent l'insuccès de l'*In convertendo* au Concert spirituel : « Rameau a voulu être le premier à l'église, comme il l'est au théâtre. Cette ambition l'a déterminé à donner un motet au Concert spirituel, mardi 30 mars 1751. Il a choisi le psaume *In convertendo.* Tout Paris était occupé à cette nouveauté depuis quinze jours. Le succès a été tout à fait malheureux... Mondonville n'a pas été détrôné, et la rivalité de Rameau a redoublé l'estime qu'on avait pour ses motets. » (*Nouvelles littéraires,* II, p. 46.)

C'est à cette même exécution que se rapporte la note suivante de Collé : « On a exécuté à ce concert un ancien motet de Rameau... Son motet n'a point du tout réussi, au contraire ; c'est un ouvrage de sa jeunesse que les musiciens ont jugé mauvais et peu digne de lui ; il a été sensible à cette petite chute. Il est trop prudent à lui de ne pas s'y exposer ; cela ne peut pourtant lui faire aucun tort, ni effleurer sa réputation. » (*Journal de Collé,* avril 1751, I, p. 308.)

7. Le motet *Laboravi,* que Rameau appelle un *Quinque,* est une fugue à cinq Voix ; mais cette fugue n'est suivie de la typeclassique ; il n'y a pas de modulation à la sous-dominante, et pas de pédale.

8. M. Brenet, la *Jeunesse de Rameau (Riv. mus. ital.,* 1903). On a émis l'opinion que plusieurs des motets de Rameau furent écrits pendant le séjour que le musicien fit à Lyon en 1714 (Léon Vallas, *La Musique à Lyon au dix-huitième siècle,* 1909, p. 39).

9. Sur Mondonville, Voir aux instruments à archet.

10. On consultera sur ce point le livre de M. Léon Lefebvre, *le Concert de Lille* (1908).

Laudate Dominum (1736), *Magnus Dominus, Nisi Dominus* (1743), *Venite exultemus* (1750).

Si, dans ces compositions, Mondonville s'apparente à Lalande par la manière de traiter les voix et les instruments, il fait preuve de plus d'aisance et de moins de solennité que son célèbre prédécesseur.

Son cadre reste identique à celui de Lalande; c'est toujours un psaume ou un hymne soumis au même dispositif d'airs, de récitatifs à une ou plusieurs voix, alternant avec des chœurs coupés de ritournelles instrumentales, dispositif qui se préoccupe peu de l'esprit liturgique, et qui vise seulement à des effets décoratifs et dramatiques. L'instrumentation ne varie guère : deux violons obligés et la basse continue, auxquels s'ajoutent des « parties » pour les ouvertures, des hautbois pour les épisodes pastoraux, des flûtes et des bassons. De larges vocalises supportent certains mots ferments qui appellent l'ornementation, ou dessinent des épisodes descriptifs, car une belle tempête soutenue par des batteries de basses et traversée par de fulgurantes gammes de violons, produira toujours un effet assuré. C'est ainsi que, dans son fameux *In exitu*, un récit de haute-contre se pare de traits ondulés et capricants sur les mots : *Montes exultaverunt*, dessins imitatifs qu'une figure persistante confiée aux basses appuie avec une force singulière.

Mondonville porte la plus grande attention à construire symétriquement ses motets, à en balancer sa-

vamment les parties, à ménager des contrastes, soit par l'échange des tonalités, soit par l'alternance des soli et des ensembles, soit en jouant de l'opposition des registres des voix. Le *Dominus regnavit*, par exemple, qui eut tant de succès au Concert spirituel et qu'on ne se lassait pas d'entendre, présente la disposition suivante :

1° *Ouverture*; 2° *Chœur*; 3° *Duo*; 4° *Trio*; 5° *Chœur et tempête*; 6° *Récit*; 7° *Chœur*.

Il y a là une ingénieuse symétrie; trois chœurs encadrent deux groupes de soli ou de petits ensembles confiés à des solistes; le chœur médian, avec sa tempête *Elevaverunt flumina*, forme le point culminant de l'ouvrage, et donne lieu à un beau déploiement de tous les éléments vocaux et instrumentaux. De même, le *Cantate Domino*, solidement charpenté au moyen de quatre chœurs, oppose un récit de dessus à un récit de basse-taille, un duo grave au *petit chœur*, dans lequel figuraient les sujets d'élite, tandis que le *grand chœur* ne comprenait que les choristes ordinaires.

En sa qualité d'habile violoniste, Mondonville l'emporte sur Lalande par sa façon d'écrire les parties instrumentales, dont la figuration devient plus vivante et plus variée; il utilise assez souvent l'arpège comme figure d'accompagnement, assurant, de la sorte, le sentiment tonal, et donnant beaucoup de souplesse au soutien harmonique; il écrira des traits comme ceux-ci :

Il allégera le tissu un peu lourd de l'instrumentation de Lalande; les instruments à vent sont aussi employés avec moins de parcimonie.

Outre de *Petits Motets*, que Mondonville appelait *Concertos de voix*, il a encore écrit des *Pièces de clavecin avec voix ou violon* qui comportent une combinaison singulière; dans ces pièces, en effet, la voix peut être remplacée par le violon et *vice versa*, et même ne pas être remplacée du tout. Il y a là quelque chose d'analogue aux pièces de clavecin avec accompagnement de violon *ad libitum*.

L'innovation la plus intéressante de Mondonville consiste dans ses *Oratorios*, dont il ne reste malheureusement pas trace dans nos bibliothèques. Ces *Oratorios* sont au nombre de trois : les *Israélites à la montagne d'Horeb* (1758), les *Fureurs de Saül* (1759), les *Titans* (1761).

Les *Israélites* furent donnés sous le nom de « motet français », et provoquèrent des discussions parmi les dilettanti; alors que le *Mercure* trouvait que le sujet avait été rendu « avec sublimité », Grimm et les Bouffonnistes affichaient un avis opposé. Les oratorios de Mondonville ne dépassaient pas les dimensions des grands motets, mais nous ne pouvons juger de leur valeur que par les appréciations des contemporains.

Nous ferons remarquer que Villeneuve, dont nous avons déjà parlé, avait fourni, en 1727, un précédent aux « motets français » de Mondonville; toujours est-il que l'essai réussit, fut applaudi dans la

presse et encouragé par la critique[1]. Mondonville trouva des imitateurs dans la personne de Loiseau de Persuis et de Davesne, qui firent exécuter, le premier, le *Passage de la mer Rouge* (1759), et le second, la *Conquête de Jéricho* (1760).

Si l'*Oratorio* semblait devoir profiter de l'initiative de Mondonville, le *Motet à grand chœur* n'en continuait pas moins à détenir la faveur du public. Un musicien assez fécond que médiocre, Joseph Bodin de Boismortier[2], avait réussi à se poser en rival de l'heureux auteur du *Dominus regnavit* et du *Venite exultemus*. Nous avons déjà examiné, précédemment, l'abondante littérature instrumentale qui sortit de l'imagination de Boismortier. Ses motets s'établirent en concurrence avec ceux de Mondonville au Concert spirituel. On connaît de lui un livre de *Motets à voix seule et symphonie* (1728), un *Exaudiat te Dominus*, resté manuscrit, motet à grand chœur avec timbales et trompettes (1741), enfin le fameux *Fugit nox* qui, pendant plus de vingt ans, eut le monopole de l'exécution le jour de Noël. Boismortier y avait employé des Noëls populaires qui « se mariaient agréablement avec des récits, des chœurs, des symphonies[3] », et dont la grâce naïve plaisait fort.

L'organiste Antoine Calvière[4] ne faisait point appel à des sentiments aussi idylliques; c'est au pathétique, à la terreur, qu'il demandait les effets de son *Te Deum*, et, si les pages descriptives de sa composition ne nous donnent plus le frisson et ne nous inspirent plus l'admiration effrayée que relate complaisamment

1. Bricaire de la Dixmerie, dans ses *Lettres sur l'état présent de nos spectacles* (1765), disait (p. 75) qu'on devait poursuivre la substitution du motet français au motet latin.

2. Voir aux instruments à archet et à vent.

3. La Borde, *Essai*, p. 392 et suiv.

4. Titon du Tillet, *Deuxième Supplément au Parnasse français*, p. 79-80. — *Sentiments d'un harmoniphile sur différents ouvrages de musique*, p. 9. — Daquin, *Lettres*, I, p. 116-117.

l'*Harmoniphile*[1], du moins méritent-elles mieux que du dédain. Elles montrent, en effet, les progrès sensibles réalisés alors par l'orchestre en France dans la voie de l'expression dramatique. Calvière, qui « sentait vivement les choses », excellait à traduire musicalement « le sifflement des vents » et la tempête. Il employait le tambour, dont le crescendo imitait le tonnerre; il se servait de trompettes placées « de deux côtés opposés » et esquissait ainsi l'idée qu'allait suivre Gossec en utilisant deux orchestres.

Antoine Dauvergne[2] opérait sensiblement de même. Durant sa direction du Concert spirituel, du 15 août 1762 au 31 mars 1763, il compose quinze motets, dont huit à grand chœur, et fait entendre, successivement, un *Te Deum*, un *Benedic anima mea*, un *Miserere*, un *De profundis*, un *Regina cœli*, un *Omnes gentes*, ne craignant pas, écrit M. Michel Brenet, de coudre des ariettes aux versets des hymnes liturgiques, afin de donner satisfaction au goût de ses auditeurs. Dans tous ces ouvrages, Dauvergne recherchait l'effet pathétique, théâtral, et le grand motet perdait ainsi, de plus en plus, ce qui lui restait de caractère religieux.

C'est la même esthétique qu'adopte François Giroust[3]. Elevé à la maîtrise de Notre-Dame de Paris, sous la direction d'Antoine Goulet, Giroust occupait, en 1762, la place de maître de chapelle de la cathédrale d'Orléans. Le Concert spirituel, en 1762 et 1767, avait exécuté de lui un *Magnus Dominus* et un *Miserere* à grand chœur, lorsque, à la suite du concours institué en 1767 pour rajeunir le fond des motets, il triomphe avec une composition sur le psaume *Super flumina Babylonis*, composition qui remporte un succès prodigieux et qui entraîne son établissement à

Paris, où il devient maître de musique des Saints-Innocents.

Giroust, dans son *Judica Domine*, dans son *In convertendo* (1769), et surtout dans son *Regina cœli*, affirme des qualités dramatiques qui devaient tout naturellement l'orienter vers l'*Oratorio*; aussi écrit-il, en 1781, les *Fureurs de Saül*, paroles de Moline; cet oratorio fut accueilli sans enthousiasme.

Nous retrouvons le même sentiment dramatique dans la célèbre *Messe des morts* de François Gossec[4]. Gossec, lorsqu'il composa cette *Messe* (1760), avait certainement entendu le *Te Deum* de Calvière, et s'était engagé résolument dans la voie indiquée par son prédécesseur; seulement, il l'élargit et la pare de toute sa science symphonique. L'orchestre de la *Messe des morts* comprend, en effet, outre le quatuor à cordes, deux flûtes, deux hautbois, deux clarinettes, deux cors, deux bassons, deux trompettes, trois trombones et les timbales. Mais Gossec utilise très ingénieusement cet orchestre formidable pour l'époque, et, à aucun moment, les déchaînements de la symphonie ne couvrent les voix; fréquemment, Gossec brosse la toile de fond au moyen de battements pianissimo du quatuor et il n'emploie la voix majestueuse des trombones que dans son fameux *Tuba mirum*[5]. Là, deux orchestres se trouvent en présence, l'un qualifié « d'orchestre éloigné » et destiné à produire un effet de recul et d'agrandissement, en quelque sorte, comprenant des clarinettes, des trompettes, le deuxième cor et trois trombones; l'autre, formé du quatuor, des hautbois et du premier cor. La pièce est écrite pour voix de baryton. Dès le début, les deux orchestres entrent en jeu de la façon suivante : d'abord par des appels du quatuor, puis par le thème imposant clamé par tous les instruments de l'orchestre éloigné :

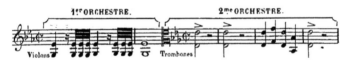

Gossec devait, du reste, recourir à un procédé analogue, au cours de son oratorio de la *Nativité* (1774), dont les paroles lui avaient été fournies par M. de Chabanon. Le parolier a traité le sujet en manière de pastorale[6], et cette orientation n'a pas manqué d'influencer le musicien. C'est un véritable paysage florianesque qu'il trace; au commencement, une gracieuse phrase de violon en 6/8 laisse échapper de câlines inflexions, pendant que la flûte et les chanteurs s'escriment dans l'imitation du rossignol; puis, le « sommeil des bergers » s'expose par un calme adagio, pendant lequel altos et bassons jettent des dessins liés sur le fond des pizzicati des violons et des basses, pour aboutir à une marche pastorale construite sur l'air du Noël : « Où s'en vont les gais bergers. » Enfin, résonne un double chœur, chœur de bergers d'une part, chœur d'anges d'un autre, ce dernier étant séparé de l'orchestre, et les bergers lui faisant écho. C'est là la première utilisation du *chœur*

invisible, que Wagner a magistralement adaptée à la scène religieuse de *Parsifal*[7].

A l'époque où Gossec écrivait sa *Nativité*, l'*Oratorio* s'emparait à nouveau de la faveur du public. Rey et Langlé s'essayaient dans ce genre, ainsi que Lefroid de Méreaux, organiste de Saint-Sauveur, qui, en avril 1775, faisait exécuter un motet français sur le *Samson de Voltaire et des chœurs sur *Esther*; Méreaux était bientôt suivi par Rigel (la *Sortie d'Egypte*, mai 1775) et par Joubert (la *Ruine de Jérusalem*, 1776).

Le système des deux orchestres prenait aussi de l'extension. Un musicien provençal, élevé à l'école napolitaine, Etienne-Joseph Floquet, qui avait participé au concours de 1767 relatif aux motets à grand chœur, et qui, l'année suivante, avait écrit sur l'ode de J.-B. Rousseau, *la Gloire du Seigneur*, une composition prétentieuse et médiocre, apportait aux habitués du Concert spirituel un *Te Deum* à grand chœur et à deux orchestres. Ce *Te Deum* n'était vraisemblablement autre que celui qu'il avait fait exécuter à

1. Cf. Brenet, *loco cit.*, p. 297.
2. Voir à l'opéra-comique.
3. *Eloge historique de Fr. Giroust par sa veuve*, au IX.
4. Voir aux instruments à archet et à vent.
5. Sur l'orchestration du *Tuba mirum*, voir G. Cucuel, *Etudes sur un orchestre au dix-huitième siècle* (1913), p. 19, 20.

6. Cf. Hellouin, *Gossec et la Musique française à la fin du dix-huitième siècle*, 1903, p. 110.
7. M. Hellouin indique, d'après la partition de la Bibliothèque du Conservatoire, comment était disposé ce « chœur invisible » (*Ibid.*, p. 112).

Naples, au cours de son voyage de perfectionnement. Floquet, inféodé au clan piccinniste, proclamait bien haut la provenance italienne de son ouvrage; il n'eut cependant guère de succès et fut accusé de plagiat[1].

Le *Te Deum* de Gossec connut une carrière plus heureuse. Exécuté pour la première fois en juin 1779, il bénéficia de la sympathie que les dilettanti ne cessaient de témoigner aux œuvres de l'auteur de la *Nativité*. On en admirait surtout le verset : *Judex crederis*, où Gossec, reprenant une invention de Calvière, employait la grosse caisse battue pianissimo, et le public, avide d'impressions fortes, frémissait devant la peinture du « tremblement de terre ». Néanmoins, l'introduction de menuets et d'airs de danse dans la partition n'allait pas sans soulever les critiques des gens avisés[2].

Aux environs de 1780, l'*Oratorio* et l'*Ode* prennent décidément le pas sur le *Motet à grand chœur*, dont la vogue se met à décliner de jour en jour. Rigel donne trois oratorios : *la Sortie d'Egypte*, déjà citée, *la Destruction de Jéricho* et *les Macchabées*. Le Noble écrit *la Mort d'Absalon* (1782); Méhul (17 mars 1782) fait exécuter sa première œuvre, une ode de J.-B. Rousseau mise en musique; Lemoyne en compose une autre sur le combat d'Ouessant (1778). Les motets latins, écrit le *Mercure* de février 1783, n'excitent plus l'intérêt, et la critique laisse paraître à leur égard d'évidents signes de lassitude. On demande à grands cris un peu de nouveauté. Bricaire de la Dixmerie remarque plus d'un contresens dans le motet classique, et exprime le désir de voir les compositeurs mettre en musique les odes de J.-B. Rousseau et de Lefranc de Pompignan. Il réclame « des morceaux où l'on rappellerait certains événements glorieux à la nation et chers à son souvenir[3] ». Ainsi, petit à petit, aux approches du grand mouvement de 1789, le civisme tend à pénétrer la musique, et déjà commence à se dessiner le lyrisme patriotique qui retentira lors des fêtes révolutionnaires.

C'est probablement à l'influence de cette tendance qu'il convient de rapporter le *Carmen sœculare* de Philidor[4]. Sans doute, l'adaptation musicale du texte d'Horace se heurtait à de grandes difficultés au point de vue de la déclamation, et présentait le même inconvénient que le motet liturgique, auquel on reprochait d'être écrit en latin. Mais le *Carmen* prépare, d'une certaine façon, l'apparition des hymnes patriotiques, en magnifiant ce romanisme dont la Révolution allait s'inspirer.

L'histoire en est curieuse. Philidor avait fait exécuter son *Carmen sœculare* à Londres, le 26 février 1779, avec un retentissant succès. Le *Mercure*, sous la signature de Suard, consacrait à l'œuvre nouvelle un important article. C'était sur l'avis d'un littérateur italien, Baretti, que Philidor, après avoir consulté Diderot, s'était mis au travail. Une souscription ouverte à Londres permettait bientôt l'exécution du *Carmen*, et, dès le retour du musicien à Paris, le Concert des Tuileries livrait à la curiosité des amateurs cet ouvrage fameux (19 janvier 1780). Qualifié de « sublime », le chœur : *Alme sol* avait les honneurs du bis; il en était de même de la strophe *Fertilis frugum*. Bachaumont, emporté par son enthousiasme, plaçait le *Carmen sœculare* à côté des œuvres de Haëndel, de Hasse et de Jomelli. L'impératrice Catherine de Russie faisait même adresser par Grimm des propositions à Philidor, pour que sa composition parût en Russie[5].

Le *Carmen* se divise en un Prologue et quatre parties, tous d'une écriture ferme et solide. Une belle ouverture précède le Prologue; on y remarque un tumultueux *Allegro* et un solennel *Largo*. Philidor emploie le quatuor d'une manière très vivante et très chaleureuse, en déroulant de longs traits accidentés et rapides; deux trompettes, deux cors, deux flûtes, deux hautbois, deux bassons, et les timbales complètent l'orchestre. La seconde partie, *Hymne à Apollon*, renferme un *Cantabile moderato* pour soprano où le thème suivant :

offre, à son début, une certaine analogie avec celui de l'*Andante cantabile* du trio de Beethoven dédié à l'archiduc Rodolphe (op. 97).

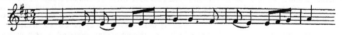

Philidor se sert très habilement des pizzicati du quatuor pour ponctuer ses chœurs, comme, par exemple, dans le chœur de la quatrième partie : *Condito mitis placidusque telo*.

Nous terminerons par cette œuvre l'étude du *Motet à grand chœur* et de l'*Oratorio*. Dorénavant, l'objet de la musique vocale et instrumentale va prendre,

sous la pression des événements politiques, une autre orientation.

* *

Il nous reste à examiner la *Cantate*[6], dont le développement fut si considérable pendant la première

1. Sur Floquet, voir la partie de ce travail consacrée à l'opéra.
2. Cf. Hellouin, *loco cit.*, p. 115, et Tiersot, *Trois Chants du 14 juillet*, dans la *Revue internationale de musique* du 1er août 1898.
3. Bricaire de la Dixmerie, *Lettre sur l'état présent de nos spectacles*.
4. Il s'agit ici de François-André Danican Philidor. Bachaumont parle de lui dans les tomes I, II, VI, X, XIV, XV, XVI, XIX (addition), XXI, XXII, XXX et XXXII de ses *Mémoires*.
5. Cf., A. Pougin, *la Chronique musicale*, Paris, 1875. VII, p. 217 et suiv. — M. Brenet, *les Concerts en France*, p. 343. La Bibl. du

Conservatoire possède un des exemplaires dédiés à l'impératrice de Russie.
Voici de quelle façon Grimm s'exprime au sujet du *Carmen sœculare* : « Cet ouvrage fait un honneur infini aux talents de ce célèbre virtuose. On a été étonné de l'art avec lequel il a su saisir toute la variété des motifs de chant dont ce poème était susceptible, sans s'éloigner jamais de ce ton sublime et religieux qui en est le caractère dominant. » On reconnaîtra bien là le genre de critique purement littéraire dont Grimm faisait emploi vis-à-vis des musiciens. (*Corr. litt.*, XII, p. 371-372.)
6. BIBLIOGRAPHIE GÉNÉRALE. — S. de Brossard, *Dissertation sur la Can*

moitié du xviii⁰ siècle, et qui partagea avec le *Motet* la faveur du public.

Née en *Italie*, vers les premières années du xvii⁰ siècle, la *Cantate* devient en France, dès le début du siècle suivant, une sorte de réduction de la tragédie lyrique, dont elle répudie la pompe et le luxueux décor, pour ne garder qu'un caractère d'intimité qui en fait l'équivalent vocal de la *Sonate* dans la musique de chambre. Voici la définition qu'en donne Sébastien de Brossard dans son *Dictionnaire : « Cantata*, au pluriel *Cantate*. On commence à rendre ce terme françois par celui de Cantate. C'est une grande pièce dont les paroles sont en italien, variée de récitatifs, d'ariettes et de mouvements différents, pour l'ordinaire à voix seule et basse continue, souvent avec deux violons et plusieurs instruments... » Dans la réimpression du *Dictionnaire* de Brossard, faite à Amsterdam, l'article *Cantate* porte l'addition suivante : « On a fait depuis peu des Cantates françoises qui ont très bien réussi; le sujet du chant est une histoire dont les différentes actions sont marquées par des mouvements différents... » Brossard nous indique assez nettement par là en quoi consistait la *Cantate*, sorte de *Petit Motet* généralement à voix seule, sur un sujet profane, traité en français et accompagné de quelques instruments.

A vrai dire, les transformations que l'*Air de cour* avait subies au xvii⁰ siècle lui donnaient déjà, vers 1650, l'aspect d'une *Cantate*. Les airs de Henri du Mont s'accompagnaient d'une basse continue que la basse de viole, à défaut de théorbe ou de clavecin, se chargeait de réaliser. Ceux de Michel Lambert (*Airs à une, deux, trois et quatre parties avec la basse continue*) (1689) comprenaient des parties instrumentales pour deux violons et la basse, et contenaient des dialogues et des ensembles. Il en était de même des *Airs du sieur d'Ambruis* (1685). Les six livres que Brossard publia, de 1691 à 1698, présentent des caractères analogues, tout comme les *Stances chrétiennes* de l'abbé Testu mises en musique par Claude Oudot (1682 à 1722). Ces *Stances* se rapprochaient beaucoup, par leur dispositif varié, des *Cantates morales* (Cantate morali o spirituali) des *Italiens*; elles admettaient des intermèdes symphoniques, des chœurs, etc. De même, les transcriptions musicales des *Cantiques* de Racine faites par Jean-Baptiste Moreau et Collasse[1], en 1695, inclinaient vers ce genre, et M. Brenet peut dire à bon droit que « le plan et la forme poétique et musicale de certains ouvrages français, profanes ou religieux, de la fin du xvii⁰ siècle se rapprochaient sensiblement de la cantate[2]. »

La passion de musique qui régnait en France à cette époque, et qui n'allait que croître au siècle suivant, l'influence italienne, la mode sans cesse grandissante pour la musique d'Italie, devaient favoriser la riche floraison de la *Cantate*[3]. Un poète, J.-B. Rousseau, fut l'inventeur de la *Cantate*, dont il fixa le cadre

d'une façon à peu près définitive. Ce qu'était ce cadre, l'Encyclopédie va nous l'apprendre : « Petit poème fait pour être mis en musique », la *Cantate* « contenait le récit d'une action galante ou héroïque »; elle se composait « d'un récit exposant le sujet, d'un air en rondeau, d'un deuxième récit et d'un dernier air contenant le point moral de l'ouvrage ». Plus resserrée que la *Cantate italienne*, et exigeant un personnel d'exécution beaucoup plus réduit que sa congénère d'outre-monts, la *Cantate française* présentait un type achevé de musique de chambre. « Les meilleures, continue l'Encyclopédie, sont celles où, dans une situation vive et touchante, le principal personnage parle lui-même, car nos *Cantates* sont communément à voix seule. Il y en a pourtant quelques-unes à deux voix, en forme de dialogue, et celles-là sont encore agréables quand on sait y introduire de l'intérêt[4]. »

Dans ce but, le poète prenait ses sujets dans la mythologie, mettait l'Amour en jeu, ou bien exposait pompeusement la silhouette morale de quelque héros antique; parfois, mais plus rarement, on mettait la Bible à contribution; toujours on avait soin de joindre la galanterie au pittoresque, l'allégorie au souci de flatter le prince ou quelque protecteur.

Voilà pour le sujet. Comment la musique s'adaptait-elle au cadre poétique? Le compositeur enchaînait des récitatifs et des airs les uns aux autres, les récitatifs étant destinés à l'exposé des situations, tandis que le rôle des airs consistait à développer lyriquement ces situations ou à tracer des épisodes descriptifs.

Sous les réserves que nous avons formulées plus haut à l'égard de l'origine de la *Cantate*, on peut admettre que Marc-Antoine Charpentier est le premier qui écrivit de ces sortes de compositions. Sa cantate d'*Orphée descendant aux Enfers* date, en effet, des environs de 1683. Destinée, vraisemblablement, aux concerts de Mˡˡᵉ de Guise, elle comporte trois voix, une flûte à bec, une flûte allemande, la basse de viole et le clavecin. L'air d'Orphée : « Hélas! hélas! ou rendez-moi mon aymable Eurydice, ou laissez-moi descendre aux ombres du trépas, » est d'une noblesse et d'un pathétique admirables[5].

Après Charpentier, Jean-Baptiste Morin[6] peut revendiquer le titre de « père de la cantate » en France. Né, selon Fétis, à Orléans vers 1677, Morin était ordinaire de la musique du Régent, auquel il dédia ses deux livres de *Cantates françaises à une et deux voix, mêlées de symphonies* (1706 et 1707). Le premier livre porte un Avis dans lequel Morin se donne pour l'inventeur de la cantate française : « Il y a quelques années, déclare-t-il, j'eus dessein d'essayer si notre langue ne seroit point susceptible des compositions de Musique appelées communément en *Italie Cantates*, ou sujets différents de Poésies mêlées d'Airs et de Récitatifs... » Mais l'Avis de Morin est intéressant à un autre titre, car il nous apprend

tate, Bibl. nat., ms. fr. 8369. — J. Bachelier, *Recueil de Cantates contenant toutes celles qui se chantent dans les concerts pour l'usage des amateurs de la musique et de la poésie*, 1728. — J.-J. Rousseau, *Dictionnaire de musique*, art. Cantate et Cantatille. — Lemaire et Lavoix, *le Chant, ses principes et son histoire*, 1881. — J. Tiersot, *les Cantates françaises au dix-huitième siècle* (*Ménestrel*, 1893, nᵒˢ 17, 18, 20 à 24). — R. Rolland, *Histoire de l'opéra en Europe avant Lulli et Scarlatti*, 1895. — Ch. Malherbe, *la Cantate, son esprit et son histoire*, t. III des Œuvres complètes de Rameau, 1897. — M. Brenet, *les Concerts en France sous l'ancien régime*, 1900. — *Dictionnaire de Grove*, t. I, art. Cantate. Cet article est muet sur le développement de la cantate française.

1. Sur Collasse, voir la partie de ce travail consacrée à l'opéra.

2. M. Brenet, *les Concerts en France sous l'ancien régime*, p. 90. Les *Airs sérieux, et à boire* dont Ballard a publié de 1695 à 1724 une trentaine de Volumes, n'appartiennent pas au type de la Cantate. Ils sont accompagnés de la basse continue et ne présentent qu'un faible développement. Voir plus haut à la deuxième partie de ce travail (opéracomique).

3. Brossard remarque qu'aucun genre ne s'était répandu plus rapidement en France et n'y avait été accueilli avec plus d'« avidité ».

4. *Encyclopédie*, art. Cantate.

5. Voir *Revue musicale* du 15 octobre 1904, p. 495, art. de M. H. Quittard.

6. Morin aurait fait ses premières études musicales à Orléans. Cf. *Hommes illustres de l'Orléanais*, t. I, p. 74.

la façon dont on doit procéder à l'exécution de ses *Cantates*. Celles qui sont « sans symphonie » s'accompagnent purement et simplement du clavecin, tandis que la « symphonie » comporte l'adjonction d'une basse de viole.

Bien que ses *Cantates françoises* ne constituent qu'une faible partie de son œuvre, nous croyons devoir citer ici le nom de Jean-Baptiste de Bousset, en raison de l'importance et du nombre de ses autres compositions vocales.

Jean-Baptiste de Bousset[1] était né à Dijon vers 1662. Maître de musique de la chapelle du Louvre et de celle des Académies française et des sciences, où, d'après Daquin, il faisait exécuter, tous les ans, un *Motet* par composition, Bousset mourut le 3 octobre 1725, et fut inhumé en l'église de Saint-Jean en Grève.

A ses débuts à Paris, il enseignait avec grand succès « le goût du chant », et écrivit des *Airs sérieux et à boire* à une, deux et trois voix. Sa fécondité, dans ce genre, était telle que, durant trente-quatre ans, il publia, chaque année, un recueil de ces airs, qu'il dédiait à la duchesse de Bourgogne, à la duchesse de Berry, etc. Le premier des recueils de de Bousset porte la date de 1691. Il a laissé aussi des *Cantates françoises*, dont un livre parut en 1710, et une *Eglogue bachique* (1695). On vantait beaucoup son chant « noble, agréable et naturel », parfaitement adapté aux paroles. *Cantates* et *Airs* ont de la langueur et de la grâce, et présentent de bons spécimens de l'état de la mélodie vocale de chambre à la fin du XVIIe siècle et au début du XVIIIe.

Vers le même temps, Nicolas Bernier publie trois livres de *Cantates françoises ou musique de chambre avec ou sans symphonie et la basse continue*[2]; il devait en donner sept livres contenant chacun quatre cantates, le cinquième intitulé *les Nuits de Sceaux*, les sixième et septième, datés de 1718 et 1723. Puis, coup sur coup, de nouvelles œuvres surgissent : c'est Battistin (Jean-Baptiste Stük, dit Battistin[3]) qui publie quatre livres en 1707, 1708, 1711 et 1714; ce sont Brunet du Molan, Mlle Jacquet de la Guerre[4] et Montéclair[5] qui font paraître, le premier des *Cantades et Ariettes*, la seconde des *Cantates françaises sur des sujets tirés de l'Ecriture sainte à voix seule et basse continue* (1708 et 1711), le troisième trois livres de *Cantates françaises et italiennes* (1709), ces dernières laissant souvent pressentir la manière expressive et pittoresque de Rameau. Enfin, Nicolas Clérambault

et Louis Bourgeois donnent des *Cantates* dont la réputation devait se poursuivre longtemps.

Battistin, comme on l'a vu plus haut, était né à Florence d'une famille allemande; attaché au service du duc d'Orléans, il dédia à ce prince ses quatre livres de cantates. Son style, passionné et fougueux, reflète l'influence italienne, et Boisgelou trouve spirituelle la tournure de son chant. Il convient d'ajouter que les accompagnements de Battistin présentent un réel intérêt, car le musicien, en sa qualité d'excellent violoncelliste, y a introduit toutes sortes de broderies et de traits pour le violoncelle, qui se substituait alors à la basse de viole.

Quelques-unes de ses cantates furent célèbres, notamment les *Bains de Thomery*, où l'allégorie se déguise à peine, *Mars jaloux*, et surtout l'amusante cantate d'*Héraclite et Démocrite*, dans laquelle Battistin mit en scène, avec beaucoup d'esprit, l'optimisme et le pessimisme des deux philosophes. Après qu'Héraclite a chanté d'un ton dolent, et que Démocrite lui a répondu sur un ton vif et gai, tous deux exécutent un duo qui accouple fort ingénieusement leurs sentiments opposés. Daquin, qui traite Battistin de « rival de Clérambault », déclare qu'*Héraclite et Démocrite* est un de ces ouvrages qui suffisent à immortaliser un artiste[7].

Bernier ne tarda pas à éclipser Battistin, et l'on s'arracha ses cantates. Recommandable par sa science, comme le dit Daquin, appelé le savant Bernier, il excellait dans le style fugué, et a mis en musique la plupart des cantates de J.-B. Rousseau. Les *Nymphes de Diane*, surtout, jouirent longtemps d'une grande vogue.

Clérambault a été un maître de la *Cantate*. On connaît de lui cinq livres de *Cantates françaises* (1710, 1713, 1716, 1720, 1726), dont le premier (1710) contient deux de ses œuvres les plus célèbres, *Orphée* et *Médée*. « Rien n'est plus beau que *Léandre et Héro*, » s'écriait Daquin. Si le style de Clérambault pèche parfois par quelque sécheresse et quelque raideur, du moins faut-il lui reconnaître une parfaite correction; on lui a trouvé des analogies avec celui de Haendel; de plus, le musicien a souvent atteint à de beaux effets expressifs, à une grâce touchante et noble, et le sujet d'*Orphée*, par exemple, lui a fourni l'occasion d'écrire une page émouvante, dont le fragment suivant donnera une idée : des flûtes et des violons accompagnent la voix d'Orphée gémissant : « Rendez-moi ma chère Eurydice[8]. »

---

1. Sur de Bousset, consulter Titon du Tillet, *Parnasse français*, CCXXXIII, p. 603-604, et La Borde, *loco cit.*, III, p. 395. On trouvera aussi des airs de de Bousset dans les *Recueils d'Airs sérieux et à boire* de Ballard. Son parolier était Morfontaine. De Bousset laissa un fils qui mit en musique des *Odes* de J.-B. Rousseau, et qui publia aussi des airs sérieux et à boire. Voir plus loin.

2. Sur Bernier, voir plus haut.

3. Battistin mourut à Paris le 8 décembre 1755, et fut enterré à Saint-Eustache; voir la note 3 de ce travail consacrée à la musique pour instruments à archet.

4. Mlle de la Guerre (Claude-Elisabeth Jacquet), née à Paris vers 1664, mourut dans cette ville le 27 juin 1729. Elle a laissé, outre ses *Cantates* de 1708 et 1711, *Sémélé*, l'*Isle de Délos*, le *Sommeil d'Ulysse* et le *Raccommodement comique*. C'était une habile claveciniste. Voir dans l'*Art*, 20e année, t. LIX (1894) l'article de M. Brenet intitulé : *Quatre femmes musiciennes*. Les *Cantates françaises sur des sujets*

tirés de l'*Ecriture* font l'objet d'un article inséré dans les *Mémoires de Trévoux* de février 1709, p. 294.

5. Voir aux instruments à archet et à l'opéra.

6. On doit encore à Battistin un divertissement intitulé l'*Union de la musique française et de la musique italienne*, qui fut joué au Concert spirituel (Cf. Brenet, *les Concerts en France*, p. 165).

7. Daquin, *loco cit.*, p. 91-92.

8. Sur *Héro et Léandre* de Clérambault (2e livre, 1713), voir l'article de M. Lalo dans le *Temps* du 2 avril 1907. Chabanon disait de lui : « Clérambault a tiré du récitatif français tout le parti qu'on peut en tirer. Il y a jeté du pathétique et l'a rendu facile à déclamer, autant qu'il peut l'être. Ses chants sont presque tous aimables. La seule ritournelle de « *Léandre et Héro* » dans la cantate de *Léandre et Héro* annonce une tête capable d'idées nobles et simples. » (Chabanon, *Eloge de Rameau*, 1764, p. 9-10.) — Voir aussi Daquin, *loco cit.*, p. 90-91, et LaVoix et Lemaire, *le Chant*, etc., p. 340.

Clérambault apporte tous ses soins à la partie ins-trumentale de ses cantates, et, dans *Héro et Léandre*, il fait lutter une trompette avec la voix humaine. Son style vocal est souvent très orné (*l'Amour piqué par une abeille*).

Nous pouvons rapprocher des cantates de Cléram-bault celles de Louis Bourgeois, haute-contre de l'O-péra, qui devait quitter ce théâtre en 1711, pour deve-nir maître de musique à Toul et à Strasbourg. Ces cantates parurent postérieurement à 1708, et eurent une telle vogue, qu'on mit le nom de Bourgeois à côté de celui de Rameau, sur les copies de *Thétis et d'Aquilon et Orithie* de ce dernier maître[1].

La plupart des compositeurs dont nous venons de parler ont cultivé, dans la *Cantate*, le genre noble, mythologique, ou bien le genre pastoral et tendre. *Orphée, Médée, Didon*, l'*Enlèvement de Proserpine* de Bernier, *Zéphire et Flore, Alphée et Aréthuse, Léan-dre et Héro*, qui inspira à la fois Clérambault et Bou-vard, appartiennent à ces deux caractères.

Venons-en maintenant à des musiciens qui se sont essayés dans le genre comique, dans le genre bur-lesque. A dire vrai, *Héraclite et Démocrite* de Battis-tin se range déjà dans la catégorie des *Cantates comiques*. Philippe Courbois, maître de musique à Paris, dédiait, en 1710, à la duchesse du Maine sa pre-mière œuvre, un livre de *Cantates françaises à une et deux voix, avec et sans symphonie*[2], puis *Don Quichotte, cantate française avec grande symphonie*, laquelle mérite de retenir un peu notre attention. C'est une cantate à voix seule, avec une symphonie comprenant des violons, flûtes, bassons, trompettes, timbales et clavecin pour la basse continue. Courbois, désireux d'accentuer le caractère rustique et lourdaud de San-cho Pança, a même ajouté une vielle à son orchestre, et celle-ci figure dans l'air à 6/8 « Mordi ». L'air : « Vous qui travaillez à ma gloire, » utilise les trompet-tes et les timbales, en raison de son allure héroïque.

Un autre auteur, Laurent Gervais[3], de Rouen, qu'il ne faut pas confondre avec Charles-Hubert Gervais[4], auquel le Régent avait demandé, comme à Charpen-tier, Campra et Desmarets, des leçons de musique, a publié, vers 1732, une *Cantate à voix seule et sympho-nie*, initulée *Ragotin*, et qui constitue une sorte de sérénade burlesque. Voici comment Laurent Gervais introduit le comique dans la musique. Le petit Ragotin, hâbleur, menteur et grand Turlupin, au demeurant fort bon auteur de mauvais vers, veut donner une sérénade à sa belle. Une fois minuit sonné, il s'achemine vers « le logement de l'objet » avec une « orgue portative, accompagnée d'un vieux bonhomme organiste et chanteur et d'un enfant de chœur ». Alors, commence le concert ; d'abord un air à 3/8 : « Belle étoile dont la lumière efface l'astre du jour, » puis, un air « gay et mar-qué » : « Si je ne suis pas fort grand, je suis tout plein de mérite, » où le caractère burlesque des « divertissements » de la basse rappelle de loin les radotages scolastiques de la sérénade de Beckmesser, dans les *Maîtres chanteurs* :

1· M. Brenet, *la Jeunesse de Rameau* (*Riv. mus. ital.*, 1903).
2. Courbois a aussi composé des *Motets* qui furent exécutés à la messe du roi et au Concert spirituel. Il imite Lalande dans son *Omnes gentes*.

3. Laurent Gervais a été maître de musique des Académies de Lille et de Rouen. Outre ses cantates, il a publié une *Méthode pour l'ac-compagnement du clavecin* (1733).
4. Sur Charles-Hubert Gervais, voir à l'opéra.

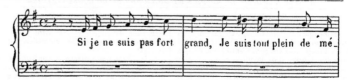

MM. Lavoix et Lemaire remarquent justement que Gervais manie avec adresse le style imitatif[1].

Avec André Campra, nous rentrons dans le genre mythologique et pastoral. Chez lui, l'inspiration est plus abondante que chez Clérambault et Bernier, mais elle puise davantage aux sources italiennes. La mélodie de Campra est souple, câline, d'une extrême élégance et, parfois, de coupe toute moderne. Ses cantates forment trois livres, parus respectivement en 1708, 1714 et 1728, et, dès l'Avertissement du premier livre, Campra annonçait que, « les Cantates étant devenues à la mode[2], il avait tâché, autant qu'il avait pu, de mêler avec la délicatesse de la musique française la vivacité de la musique italienne », affichant ainsi une préoccupation de fusionner les deux genres de musique qui s'était emparée de la plupart des musiciens français de son temps, et en particulier de Battistin. Un grand nombre de cantates de Campra demeurèrent célèbres, *Didon, Silène, Daphné,* où la voix et la basse dialoguent très habilement, *les Femmes, l'Heureux jaloux,* etc. Le musicien se montre supérieur à ses contemporains; la conduite de la voix est plus libre, les basses sont personnelles et intéressantes; de plus, la partie instrumentale se développe; au lieu du clavecin, auquel on adjoignait une basse d'archet pour le continuo, et un ou deux dessus de violon ou de flûte, Campra introduit des groupes de hautbois et de bassons, qu'il n'emploie pas seulement à renforcer les cordes, mais qui sont chargés de présenter des thèmes individuels, des solos[3].

Rameau a laissé sept *Cantates;* il paraît, toutefois, en avoir composé un plus grand nombre, puisque Maret, dans son *Eloge historique de M. Rameau,* cite deux cantates aujourd'hui disparues, *Médée* et *l'Absence*[4], parmi les œuvres écrites par Rameau à Clermont-Ferrand. Voici les titres de celles qui nous ont été conservées : *les Amants trahis*[5], *Aquilon et Orithie*[6], *le Berger fidèle, l'Impatience*[7], *la Musette,*

Orphée, Thétis[8]. Rameau, on le voit, s'est conformé, pour le choix de ses sujets, à la mode régnante, et presque tous les thèmes poétiques qu'il a traités avaient déjà servi à d'autres musiciens; il a abordé toutes les variétés de la cantate, passant du genre comique, avec les *Amants trahis,* au genre dramatique, avec le *Berger fidèle* et *Orphée,* sans oublier la pastorale héroïque (*Thétis*).

M. Malherbe place ces cantates entre 1710 et 1730. *Orithie* et *Thétis* sont datées approximativement par Rameau lui-même, au cours de sa lettre du 25 octobre 1727 à Houdard de la Motte; elles remontent à 1715 environ, et on peut admettre que toutes furent écrites pendant la période provinciale de la vie du musicien.

La première seule (*les Amants trahis*) comporte deux voix, ténor et basse; les autres sont écrites pour voix seule, soprano, ténor ou basse. Quant à l'accompagnement, il est extrêmement simple; le clavecin et la basse de viole suffisent dans les *Amants* et l'*Impatience.* Pour *Aquilon et Orithie, Orphée, Thétis;* Rameau ajoute au continuo un dessus de violon; il en ajoute deux au *Berger fidèle,* et, dans la *Musette,* il introduit des bassons et un petit orgue[9].

Rameau, à l'instar des Italiens, considérait la *Cantate* comme un diminutif de l'opéra, comme un opéra de salon, et prônait le genre descriptif, influencé sans doute qu'il était par l'*Alcyone* de Marin Marais. Au reste, dans presque toutes les cantates de ce temps, l'épisode descriptif est de rigueur. Les tempêtes, les combats, les luttes, suscitent immédiatement une figuration mouvementée, le heurt de mouvements contraires, l'échappée brusque de gammes rapides, ascendantes ou descendantes. Il est des mots sur lesquels les vocalises aiment à se dérouler et qui, pour ainsi dire, ne se séparent jamais d'elles, tels les mots victoire, gloire, voler,

---

1. Lavoix et Lemaire, *loco cit.,* p. 341.

2. Nous rappellerons, à ce propos, ce que constatait le *Mercure,* en novembre 1713 : « Les cantates et les sonates naissent ici sous les pas ; un musicien n'arrive plus que la sonate ou la cantate en poche. » (*Mercure,* nov. 1713, p. 35).

3. Cf. Langhans, *Geschichte der Musik,* Leipzig, 1884; et Daquin, *Lettres sur les hommes célèbres dans les Sciences, les Lettres et les Arts, sous Louis XV,* 1752.

4. *Médée* avait déjà été traité par Bernier (quatrième livre de cantates) ainsi que l'*Absence* (septième livre.)

5. Le premier livre de Morin contient, sous le nom des *Amants mécontents,* une cantate de sujet analogue à celle de Rameau.

6. Dans le deuxième livre de Montéclair, il y a un *Enlèvement d'Orithie.*

7. L'*Impatience* se trouve dans le premier livre de Morin.

8. La cantate *Diane et Actéon* placée en appendice dans le t. III des *Œuvres complètes,* n'est pas de Rameau, mais bien de Boismortier.

9. Sur les cantates de Rameau, voir le tome III des *Œuvres complètes de Rameau,* Paris, 1897, et le Commentaire de M. Malherbe; *la Jeunesse de Rameau,* par M. Brenet (*Rivista musicale italiana,* années 1902-1903). *Le Berger fidèle* fut chanté le 28 novembre 1728, au Concert spirituel, par Mlle Lemaure.

etc. Les cantates de Colin de Blamont appartiennent à ce genre dramatico-descriptif[1]. A côté de la cantate dramatique, anacréontique, pastorale et héroïque, apparaît aussi la *Cantate météorologique*, qui, grâce à d'assez fades allégories, entreprend de symboliser les *Saisons*. C'est là un sujet que chantera Boismortier. L'*Eté*, l'*Automne*, l'*Hiver* et le *Printemps* portent la date de 1724, et, la même année, Louis Lemaire fait concurrence au fécond compositeur, en publiant ses *Quatre Saisons*. La *Cantate* affiche bien, de la sorte, son intention de figurer une sorte d'opéra réduit, car, à cette époque, les ballets empruntent aussi leurs sujets à la météorologie, à la physique ou à l'astronomie.

D'innombrables musiciens et amateurs cultivent la *Cantate* pendant sa période de floraison, qui s'étend à peu près de 1690 à 1730 et se prolonge, en languissant, jusqu'en 1750. Nous citerons parmi eux Alexandre, Pipereau, Destouches, Piroye, Grandval, de Bousset[2], Mouret[3], Villeneuve, Renier, Du Tartre, Bouvard, Clérambault le fils, Travenol, Du Puitz, Le Jay, Trial, le comte de Brassac. De toutes leurs œuvres, il n'y a rien de particulier à dire; ces auteurs s'adonnent industriellement à un genre qui détient la vogue; ils travaillent pour le public sans nulle préoccupation artistique, et ressassent des formules mille fois entendues. Ils font du métier, et non pas de l'art[4].

A la *Cantate* se rattache la *Cantatille*. C'est un diminutif, une réduction de la première, qui, au dire de J.-J. Rousseau, constituait une ressource pour les petits faiseurs de vers et pour les musiciens sans génie. Les *Cantatilles* prolongent le règne de la *Cantate* en l'affadissant, et servent surtout à mettre en valeur le talent d'interprétation des chanteurs et des chanteuses; elles reviennent aux proportions de l'*Air*, et ne comportent plus les développements qu'on s'ingéniait à mettre dans les cantates. Une abondante littérature représente ces œuvrettes, dont le style rococo et le maniérisme ne peuvent que justifier l'oubli. Mouret, Lemaire, Bertin, Gervais de Rouen, Duché, Armand-Louis Couperin, Naudé, Corrette, Martin, Le Febvre, Légat de Furcy, Blainville, Buée, Désormeaux, Torlez, le chevalier d'Herbain, contribuèrent à l'enrichir, sans parvenir à lui donner quelque vitalité.

---

1. Sur les cantates de Colin de Blamont, consulter les *Mémoires de Trévoux* d'avril 1723, p. 735.
2. De Bousset était le fils de J.-B. de Bousset, dont il est question plus haut.
3. Mouret a composé dix cantatilles.

4. A côté des cantates en langue française, on peut citer les *Cantates patoises* écrites en provençal par un musicien fort intéressant de l'école d'Avignon, Mallet. Cf. Gastoué, *la Musique à Avignon et dans le Comtat, du quatorzième au dix-huitième siècle* (*Rivista musicale italiana*, XI, 1904).

Lionel de la Laurencie, 1913.

VI

LA MUSIQUE FRANCAISE

De 1789 à 1815

Par Henri RADIGUER

PROFESSEUR AU CONSERVATOIRE

I

1. Reconnaissance du rôle social de la musique.

La musique a tenu une si grande place dans les événements de la période révolutionnaire, qu'on a pu appeler la Révolution française « un drame lyrique, poème de M.-J. Chénier, musique de Gossec, décors de David ».

Par le rôle social qu'elle peut avoir dans une république, par son action puissante et entraînante sur les masses, la musique est en effet le plus utile des arts. Dès le premier effort du peuple français vers la liberté, cela apparut aux hommes de pensée et d'action, dont l'influence devait être prépondérante, après 1789.

En 1790, Mirabeau, puis Condorcet, donnent place à la musique dans leurs plans d'instruction publique Car, dit Leclerc, représentant de Maine-et-Loire, dans un rapport sur les écoles de musique au conseil des Cinq-Cents, les philosophes avaient vu, aux travaux du champ de Mars, pour la fête de la Fédération, « le degré d'exaltation que des chants d'allégresse et des concerts populaires peuvent donner aux mouvements de la liberté ». Et cela justifiait, ajoute-t-il, « leur innovation en faveur d'un art qu'on regardait auparavant comme frivole, et qui n'aurait pas, en effet, mérité d'autre nom, s'il n'eût exercé, aux gages de la tyrannie et du fanatisme, une influence d'autant plus pernicieuse qu'elle était moins aperçue ».

Après Mirabeau et Condorcet, Daunou définit l'utilité sociale de la musique. Il écrivit, dans un rapport sur l'instruction publique : « ... On est frappé, en lisant les anciens philosophes, de l'immense place qu'ils accordaient à la musique dans leurs écrits et dans leurs institutions... Il nous a suffi de commencer de vivre sous des lois républicaines pour sentir la profondeur de cette sagesse antique et pour entrevoir la nécessité de nous en appliquer les leçons. L'expérience a déjà pu nous apprendre ce qu'il peut pour la liberté, cet art qui, plus qu'aucun autre, captive la pensée, fanatise l'imagination, fait bouillonner les passions humaines, imprime à des multitudes des affections simultanément unanimes, et met, pour ainsi dire, en accord d'innombrables volontés... »

Ainsi soutenus, les jeunes musiciens qui, en 1789, naissaient à la vie musicale, et même les meilleurs parmi leurs aînés, marchèrent dans une voie nouvelle. Ils ne pratiquèrent pas la musique seulement en artistes, mais en citoyens. La musique devint un art éminemment social. Avant 1789, Fontenelle avait pu lancer son fameux « Sonate, que me veux-tu? » Après 1815, Benjamin Constant pourra renouveler le mot de Fontenelle, en qualifiant de « Sonate sur le despotisme » un ouvrage de Molé, où « ce sont des mots qui tantôt n'ont aucun sens, tantôt n'en ont qu'un vague, comme le motif d'une sonate ». Aujourd'hui, même en dehors du cercle des musiciens, peut se répandre cette conception de l'art musical, qu'affranchie de paroles ou d'idées qui la précisent, la musique constitue un art perfectionné, ayant le privilège merveilleux de permettre à chaque auditeur d'éprouver une impression qui lui est propre, et qui convient aux dispositions du moment. Mais, au temps de la Révolution, la musique ne vaut que par la faculté qu'elle possède de faire éprouver à une foule une même impression; d'imprimer, suivant la parole de Daunou, à des multitudes des affections simultanément unanimes, et de mettre en accord d'innombrables volontés. Cette conception de l'art, considéré comme moyen de gouvernement, n'aura pas seulement comme résultat de réunir les gouvernants et les musiciens pour que le rôle social de la musique soit rempli, mais elle suscitera des œuvres réclamant des moyens d'expression nombreux, des masses de voix et d'instruments, qui feront apparaître la nécessité d'organiser en France l'éducation musicale.

2. Situation sociale des musiciens en 1789.

C'est en vain qu'au début de la Révolution on aurait proclamé l'utilité de la musique et défini le rôle social de cet art, si les musiciens n'avaient pas été préparés à tenir dignement la place qu'on leur réservait dans la vie nationale.

Antérieurement, considérés comme artistes, mais méprisés comme hommes, ils avaient peu à peu conquis, sous le règne de Louis XVI, droit au respect de tous. Grétry a laissé sur ce sujet de précieux renseignements, qu'on trouve dans plusieurs chapitres de son ouvrage *de la Vérité*, écrit pendant la Révolution. Peu d'années avant 1789, les musiciens étaient tenus à distance, même par leurs collaborateurs gens de lettres:

« ... Depuis François Ier jusqu'à Louis XVI, les savants, et surtout les gens de lettres, ne purent voir les prérogatives brillantes de la noblesse sans vouloir y participer; ils voulurent être les premiers, les plus nobles entre les gens à talents; et l'artiste, plus simple, plus ingénu, plus rapproché de la nature

qu'il imite sans cesse, leur semblait d'une classe inférieure. Ils ne le disaient point, mais ils le faisaient sentir... Les *lettrés* n'oubliaient jamais le *monsieur de ...* en nommant l'homme de lettres, et l'artiste était simplement désigné par son nom. Ils disaient : « Monsieur de Poinsinet et Philidor vont donner un « opéra. » Cependant, le premier était un pygmée, et le second un homme d'une vigueur de tête extraordinaire. Ils le savaient, ils le disaient, mais ils suivaient l'usage, qu'ils ne combattaient point et qu'ils favorisaient, au contraire. Tel auteur dramatique affectait de ne travailler uniquement que pour obliger son musicien et pour l'avantage de l'art; mais il courait toujours le premier chez le caissier du théâtre... J'ai toujours aimé les gens de lettres, avec lesquels j'ai vécu longtemps, et qui m'ont appris à réfléchir; mais la ligne de démarcation qu'ils mettaient entre eux et les artistes les plus distingués me faisait pitié... Je ne crains pas d'être démenti sur ces faits, la moitié de la France encore existante en fut le témoin... »

Une autre page de Grétry montre le relèvement social des musiciens exécutants, aux approches de l'heure où leur art va collaborer au relèvement social de la nation entière : « ... J'ai vu naître et s'effectuer une révolution parmi les artistes musiciens, qui a précédé de peu la grande révolution politique. Oui, je m'en souviens, les musiciens, que l'opinion maltraitait, se sont levés tout à coup et ont repoussé l'humiliation dont on les accablait. C'est par la force que se font toutes les révolutions, il n'est pas d'autres moyens de les opérer. En déracinant petit à petit un abus déjà trop multiplié, mille autres s'établissent chemin faisant. C'est comme une pièce de terre couverte de mauvaises herbes; ôtez-en seulement quelques-unes chaque jour, bientôt la terre en sera jonchée. Dans ce cas, le plus court est de la retourner.

« Sous l'ancien régime, les musiciens n'étaient guère regardés que comme des instruments de musique, bons à déposer dans le même étui, après qu'ils avaient joué. Cependant, ils lisaient, s'instruisaient comme le reste des hommes. Un amateur distingué, très distingué, doué de la force d'Hercule, et le premier homme de son siècle dans la pratique des armes, rougissait de l'humiliante position des musiciens ses amis, avec lesquels il passait sa vie dans les concerts. Saint-Georges sut profiter de leurs conseils en musique, et les musiciens s'enflammèrent à son mâle courage. Bientôt chaque chef d'orchestre fut un homme intrépide qui soutint l'honneur de son corps. Le public assemblé dans les spectacles, ou plutôt les roquets qui faisaient partie du public, insultaient souvent les artistes des orchestres; ils virent des hommes qui osèrent leur dire : « Venez tous nous parler l'un après l'autre, vous verrez que nous ne sommes pas des « gens que l'on insulte impunément. » Les braves du parterre disaient que les musiciens avaient raison et criaient bravo! Une autre fois, un ci-devant grand seigneur, assis au parquet, derrière les musiciens, dit à l'un d'eux de plier bagage au plus tôt, parce qu'il l'empêchait de voir; le musicien sourit, et le monsieur continua de le plaisanter sur sa taille et et sur ses larges épaules. Le lendemain matin, notre brave fut le trouver chez lui, lui représenta très poliment qu'il ne serait plus reçu parmi ses confrères, si M. le marquis n'avait la bonté de lui faire raison des insultes de la veille. M. le marquis lui dit que sa noblesse ne lui permettait pas de se battre avec un

homme comme lui. « Il serait bien plus dégradant
« pour votre noblesse, lui dit le musicien, si vous m'o-
« bligiez, monsieur le marquis, à vous donner une cor-
« rection roturière. » Ils furent au bois de Boulogne ; le
musicien perça le bras à l'insolent marquis, après lui
avoir dit : « Je n'ai pas voulu vous tuer, mais seu-
« lement vous donner une petite leçon d'harmonie
« sociale, dont vous aviez grand besoin. » Quelques
scènes de ce genre eurent lieu dans différents endroits et relevèrent considérablement le crédit des
musiciens... »

Au début de la Révolution, les musiciens n'étaient
pas seulement victorieux des préjugés qui les avaient
asservis si longtemps. Sur eux, la gloire de Gluck
rayonnait. Pour une question de musique, Paris s'é-
tait divisé en gluckistes et piccinnistes. Partout, en
France, leur art avait pénétré. Dans la philosophie,
c'est le souvenir de Jean-Jacques Rousseau, musicien ;
dans les lettres, c'est l'agitation persistante entre les
anciens combattants de la fameuse querelle ; dans
les sciences, c'est Lacépède, le continuateur de Buf-
fon, qui a commencé par être le disciple de Gluck et
a publié une *Poétique de la musique ;* dans la peinture,
c'est David, qui donne à la pratique du violon ses
loisirs ; dans l'armée, ce sont de jeunes officiers que
la musique passionne et qu'une place attend dans
l'histoire musicale : Rouget de Lisle, Bernard Sarrette.

Lorsque l'heure vint, les musiciens étaient donc
prêts et les circonstances étaient favorables à un glorieux développement de leur art.

3. Le monde musical en 1789.

Quand s'ouvre la période héroïque qui va de 1789
à 1815, des compositeurs dont le nom appartient
déjà à l'histoire musicale sont capables encore d'activité artistique.

Ce sont, dans l'ordre d'ancienneté : Piccinni, né en
1728 ; Monsigny, né en 1729 ; Gossec, né en 1733 ;
Grétry, Martini, Paisiello, tous les trois nés en 1741 ;
Dalayrac, né en 1753.

Piccinni, mort en 1800, donnera seulement un
Hymne à l'hymen, pour la célébration des mariages
du culte décadaire, en 1799.

Monsigny, mort en 1817, ne sortira de la retraite
qu'il s'impose que pour être pendant deux années,
de 1800 à 1802, inspecteur du Conservatoire. Il sera
membre de l'Institut et chevalier de la Légion d'honneur.

Paisiello, mort en 1816, après s'être signalé à l'at-
tention de Bonaparte, en *Italie,* en composant une
Musique funèbre à l'occasion de la mort du général
Hoche, en 1797, deviendra maître de chapelle de
Napoléon Ier et écrira de la musique religieuse pour
la chapelle des Tuileries.

Grétry, mort en 1813, ne se désintéressera pas des
événements de la Révolution. Il écrira même plusieurs œuvres, *Denis le Tyran, maître d'école à Corinthe,* un acte, et la *Rosière républicaine,* un acte, à
l'Opéra, en 1794 ; *Barra,* un acte, et *Callias,* un acte,
aux *Italiens,* en 1794 ; puis *Lisbeth,* trois actes, aux
Italiens, et *Anacréon,* trois actes, à l'Opéra, en 1796.
Pour les fêtes de la première République, il donnera
une ronde, la *Plantation de l'arbre de la Liberté.*

GRÉTRY. — *Ronde pour la plantation de l'arbre de la Liberté.*

1. *La Vérité,* introduction.

Que ton em _ blème,   ô Li_ber _ té;   Sois le si _ gnal

de la gaî _   té   La tris _ tesse en ce   jour n'est que pour l'es_cla_

_va _ ges,Les jeux,les chants sont un hom _ ma   _

_ ge Pour les suc _ cès les suc _ cès des Fran _ çais   Les jeux, les

Refrain

chants sont un hom _ ma   _   _   ge Pour le suc _ cès les suc _

_cès des Fran_çais.

Il sera membre de l'Institut et chevalier de la Légion d'honneur. Mais ce n'est plus à des travaux de compositeur qu'il se consacre. Nommé inspecteur de l'enseignement, à la fondation du Conservatoire, en 1795, il démissionne presque immédiatement. Retiré à Montmorency, dans l'ermitage de Jean-Jacques Rousseau, il réédite et complète ses *Mémoires ou Essais sur la musique,* qui paraissent, en 1796, imprimés par les soins du gouvernement, en trois volumes. En 1801, il publie un nouvel ouvrage en trois volumes, *De la Vérité, Ce que nous fûmes, Ce que nous sommes, Ce que nous devrions être,* dédié à l'Institut national des Sciences et des Arts. Lorsque la mort le frappe dans sa retraite, il écrit un nouvel ouvrage, demeuré inédit, *Réflexions d'un solitaire,* dont le manuscrit en plusieurs cahiers est aujourd'hui dispersé.

Les autres compositeurs, Gossec, Martini, Dalayrac, enthousiastes, comme Grétry, de la Révolution, poursuivront leur carrière de musicien avec une vigueur nouvelle, et c'est le plus vieux d'entre eux, Gossec, l'un des plus ignorés de notre génération, qui donnera aux musiciens les plus jeunes l'exemple de la verve inspirée et de la fécondité heureuse.

En 1789, les jeunes compositeurs qui n'ont pas encore conquis la renommée, mais ont déjà fait leurs débuts au théâtre, au concert, ou dans la musique de chambre, sont, suivant leur âge : *Ignace* Pleyel, né en 1757 ; Cherubini, Lesueur, tous les deux nés en 1760 ; Méhul, né en 1763 ; Henri Berton, né en 1767. Un tout jeune musicien n'est encore que le disciple de Gossec, mais il ne va pas tarder à compter parmi les musiciens les plus actifs. C'est Catel, né en 1773.

Un autre jeune musicien est né en 1775. Mais celui-là ne marquera pas dans la période. Après un début au théâtre en 1797, il quittera la France, en 1803, pour rester en Russie jusqu'en 1811. Il figurera glorieusement parmi les musiciens célèbres de la Restauration. C'est Boïeldieu.

Les virtuoses contemporains restés les plus célèbres sont : pour le violon, Rodolphe Kreutzer, Baillot, Rode ; pour la flûte, Devienne ; dans l'art du chant, Louise Dugazon, Garat, Caveaux.

A côté de ces musiciens, prennent place — et place prépondérante — deux hommes qui n'étaient pas tout d'abord destinés à la musique. Tous les deux appartiennent à l'armée. Ils se sont préparés, par la culture artistique qui a occupé leurs loisirs, à entrer dans la vie musicale, où les événements les conduisent. L'un, né en 1760, Rouget de Lisle, donnera à la France son chant national. L'autre, né en 1765, Bernard Sarrette, sera le fondateur de notre Conservatoire national de musique et de déclamation.

4. Plan adopté dans cette étude de la musique française de 1789 à 1815.

C'est par l'étude de Bernard Sarrette que nous commencerons, car ce fut de son action, au début de la Révolution, que sortit le mouvement artistique populaire qui décida de l'orientation nouvelle de l'art en France, et son histoire est celle de la fondation du Conservatoire. Nous suivrons par l'étude de Gossec, qui fut le premier à soutenir l'effort de Sarrette, qui sut le vivifier, y entraîner tous les autres musiciens par son ardeur convaincue, et dont l'œuvre vaste résume presque complètement l'histoire des fêtes et des cérémonie auxquelles la musique fut mêlée pendant la Révolution.

Ensuite nous retracerons rapidement ce que firent, pendant cette période, Grétry, Martini, Dalayrac. Puis nous étudierons plus complètement l'œuvre des musiciens qui appartiennent à l'histoire de la première République et du premier Empire : les Pleyel, Cherubini, Lesueur, Rouget de Lisle, Méhul, Berton, Catel.

Enfin, pour qu'on trouve réunis ici des documents historiques aussi complets que possible, nous consacrerons quelques pages aux moins inconnus parmi les musiciens qui, en continuant à écrire de tendres romances, comme au temps des bergères de Trianon, maintinrent curieusement, en pleine ardeur révolutionnaire, la tradition de la musique aimable, insouciante jusqu'à la naïveté, que le Directoire et l'Empire devaient rendre à la vogue la plus florissante.

***

II

BERNARD SARRETTE
LA FONDATION DU CONSERVATOIRE

Bernard Sarrette est né à Bordeaux le 27 novembre 1765. Par son acte de naissance, on sait que son père était cordonnier ; mais tout ce qui concerne son enfance et son éducation demeure ignoré. Un document antérieur à la Révolution prouve qu'à l'âge de 24 ans il était à Paris et prenait part aux manifestations organisées par les citoyens dévoués aux idées nouvelles ; son nom figure parmi ceux des signataires d'une adresse transmise, le 26 juin 1789, à l'Assemblée constituante, afin de remercier les représentants du clergé et de la noblesse qui avaient annoncé leur volonté de « confondre l'intérêt particulier dans l'intérêt général pour le bonheur de tous »

A partir du 13 juillet 1789, veille de la Révolution, où fut organisée, en face des troupes étrangères appelées par la cour, la milice bourgeoise d'où allait sortir la garde nationale, le rôle de Sarrette peut être suivi avec précision. L'assemblée des électeurs avait nommé le commandant général La Fayette et les états-majors, et laissé à chaque district la charge de nommer les officiers et sous-officiers de la milice du district. Choisi par ses concitoyens, Sarrette rassemble au district des Filles Saint-Thomas, où il habite, cent cinquante soldats de différents régiments; le lendemain, il les arme, puis le district le charge, comme capitaine, du détail et du commandement de ces troupes, auxquelles il fait faire le service des caisses publiques. Quelques jours plus tard, pour ne point laisser se disperser des artistes d'élite, et en prévision de leur nécessité qu'il entrevoit prochaine, il réunit au district les musiciens et les élèves du dépôt des gardes françaises. Désormais Sarrette appartient à la musique.

Dans le tumulte révolutionnaire qui bouleversa toutes les organisations après le serment du Jeu de Paume et la prise de la Bastille, on ne s'était point inquiété de ces musiciens du corps des gardes françaises. Les Parisiens cependant avaient marqué leur prédilection pour ces artistes, en suivant assidûment les concerts qui, depuis la guerre de Sept ans, à l'imitation d'une coutume allemande, étaient donnés dans les endroits publics. Mais la fièvre guerrière avait gagné les âmes les plus douces; le bruit rythmé des tambours semblait la seule musique nécessaire au peuple en marche vers la liberté; on ne pensait pas que l'enthousiasme de la foule victorieuse allait bientôt déborder des églises, où l'orgue et l'orchestre de l'Opéra suffisaient à soutenir les chants, pour s'affirmer dans des cérémonies en plein air, où il serait nécessaire de recourir à un orchestre assez nombreux et à une sonorité assez puissante pour accompagner la voix de Paris. Guidé par un zèle civique prévoyant encore plus que par le souci artistique d'éviter leur dipersement, Sarrette, membre du comité du district des Filles Saint-Thomas, recueillit les quarante-cinq musiciens et élèves du dépôt des gardes françaises. Il veilla à leur subsistance et les prépara à participer aux premières manifestations populaires de la rue, comme le retour à Paris de la députation des femmes et des filles d'artistes venues à Versailles, le 7 septembre 1789, pour offrir à l'Assemblée nationale, délibérant alors sur les moyens d'acquitter la dette publique, les bijoux « qu'elles rougissaient de porter quand le patriotisme leur en commandait le sacrifice »; ou comme la réception triomphale de Louis XVI, le 6 octobre, arraché à Versailles par les femmes de Paris.

En reconnaissance des services rendus, le district des Filles Saint-Thomas avait voté à Sarrette une épée; mais la situation de ses musiciens n'en restait pas moins irrégulière. Deux mois après la prise de la Bastille, le 1er septembre 1789, le grade de capitaine, donné par ses concitoyens du district, lui avait été maintenu en passant dans la garde soldée; mais il lui fallut attendre plus d'une année, jusqu'en octobre 1790, pour que fût régularisée la situation officielle des musiciens, dont le logement, la nourriture, l'entretien, étaient restés à sa charge.

Leur participation à toutes les fêtes et cérémonies qui suivirent la prise de la Bastille, et qui furent couronnées par les jours d'enthousiasme de la Fédération, où ils apparurent véritablement comme l'orchestre du peuple, méritait cependant la sollicitude pour eux et l'encouragement pour l'officier-citoyen qui s'était vaillamment improvisé leur chef. On fut longtemps à le comprendre, car personne ne prévoyait alors ce que la grande intelligence de Sarrette, sa ferme volonté, son ardent dévouement à l'art civique, allaient faire naître de ce noyau de musiciens.

En octobre 1790, quelques jours après la célébration de la cérémonie funèbre en l'honneur des citoyens morts à Nancy, la musique de la garde nationale, jusqu'ici abandonnée à la vigilance de Sarrette, était installée, par la municipalité de Paris, dans une maison sise rue Saint-Joseph, numéro 11. Sarrette voyait ainsi reconnaître officiellement le corps de musiciens dont il s'était fait l'organisateur, au temps où la nécessité d'un orchestre pour le peuple n'était pas encore comprise. Par la participation de plus en plus active de ses musiciens aux manifestations de la rue, puis à la fête de la Fédération, et surtout à la cérémonie funèbre du 20 septembre 1790, où ils avaient exécuté la *Marche lugubre* composée par Gossec pour la circonstance, Sarrette avait montré qu'il ne s'était pas trompé dans ses pressentiment d'un enthousiasme assez grandissant pour instituer l'habitude des fêtes civiques, et donné la preuve qu'il avait su admirablement préparer l'orchestre qui convenait pour leur célébration en plein air. Aussi, dès le 1er octobre, mettant en exécution la délibération que son bureau avait prise au mois de mai 1790, de veiller « à l'entretien futur de la musique de la garde nationale », la municipalité de Paris donnait à Sarrette les moyens de pourvoir à la subsistance des musiciens, de continuer l'exemple donné aux compositeurs, désormais préoccupés des émotions nationales, et de poursuivre l'effort artistique qui, un an plus tard, le 17 octobre 1791, devait aboutir à la mise en discussion, devant le corps municipal, de son projet d'établir une école pour fournir des sujets à toute l'armée et assurer le service artistique des fêtes nationales. En 1790, il était encore trop tôt pour que Sarrette pût tenter la réalisation de ce projet, d'où l'*Ecole de la garde nationale* devait naître en 1792, puis l'*Institut national de musique* en 1793, enfin le *Conservatoire de musique* en 1795. Mais, après les circonstances solennelles qui réunirent le peuple au cours de l'année 1793, et où les musiciens de la garde nationale eurent un rôle prépondérant, le succès s'affirma avec certitude.

En possession de la maison louée par la municipalité de Paris pour les musiciens de la garde nationale, Sarrette se voua au développement et au perfectionnement de son œuvre avec une ardeur nouvelle. Des instruments nouveaux, le *tuba curva*, le *buccin*, reconstitués d'après les représentations de la colonne Trajane à Rome, s'ajoutèrent aux clarinettes, bassons et cors qui formaient la base de l'orchestre d'instruments à vent au xviii° siècle, et aux autres instruments à vent dont, jusqu'à cette époque, l'emploi n'était pas habituel dans cette forme d'orchestre, les hautbois, flûtes, petites flûtes, trompettes, tambours, serpents. Le tam-tam apparut, devançant le canon. Rien ne fut négligé pour assurer la bonne exécution des hymnes composés d'abord par Gossec, puis par ses émules, à l'occasion des fêtes. Le peuple souverain eut désormais sa musique, comme le roi avait eu la sienne.

Malgré l'activité déployée au cours de l'année 1791 par les musiciens de Sarrette, malgré leur participation très remarquée aux funérailles de Mirabeau, le 4 avril 1791, qui marquent la dernière manifestation religieuse des cérémonies de la Révolution, puis à la translation de Voltaire au Panthéon, le 11 juillet, et à la fête du 18 septembre en l'honneur de l'achèvement de la Constitution, la loi, promulguée en octobre 1791, qui organisait la garde nationale comprit Sarrette parmi les officiers ayant droit à la retraite, mais aucun article ne régla la situation des musiciens de la garde nationale. Sarrette et ses artistes ne se laissèrent point aller au découragement. Ils continuèrent à prêter leur concours à des concerts organisés au lycée des Arts et aux fêtes célébrées dans la première moitié de l'année 1792.

Ce zèle persévérant attira sur eux l'intérêt bienveillant de la municipalité, et le projet de fondation d'une école, que Sarrette n'avait jamais désespéré de voir triompher, put enfin être réalisé. Le 9 juin 1792, le conseil général de la commune de Paris décréta l'installation, dans la maison de la rue Saint-Joseph, d'une « Ecole de musique de la garde nationale », gratuitement ouverte à cent vingt élèves et destinée à faire le service de la garde nationale et des fêtes publiques.

Pour la première fois, fonctionnait en France une école populaire de musique; pour la première fois, l'enseignement donné ne concernait point la musique d'église, comme dans les maîtrises de cathédrale, ni la musique de théâtre, comme à l'Ecole royale de chant. Au peuple qui avait conquis la liberté et célébré la fraternité, Sarrette apportait l'organisation nécessaire aux manifestations artistiques inspirées par ses enthousiasmes. Il avait lutté pour le créer, il sut renverser tous les obstacles dressés contre son développement, et lui mériter, après les sympathies de la municipalité, celles du gouvernement national. Fort des services rendus, de juin 1792 à novembre 1793, par les professeurs et les élèves de l'école, à l'occasion des fêtes, particulièrement de la grande fête du 20 août 1793, à laquelle avaient le plus activement collaboré, avec le peintre David et le poète M.-J. Chénier, Gossec, maître de musique, et Sarrette, commandant de l'école; et, en outre, ayant prouvé l'utilité de son effort par la formation d'un corps de musique pour l'armée de l'Ouest, Sarrette vint, le 8 novembre 1793, à la Convention, accompagné de tous ses musiciens et d'une députation de la commune de Paris. Il lut une pétition demandant le concours de la Convention et le changement de « l'Ecole de musique de la garde nationale » en « Institut national de musique ». Une audition des professeurs et des élèves suivit; enfin Chénier, changeant en motion la demande du pétitionnaire, et obtenant un vote immédiat, fit décréter « la formation d'un Institut national de musique dans la commune de Paris et

le renvoi au comité d'instruction publique du projet d'organisation de cet établissement ».

Jusqu'au mois de mars 1794, des mesures provisoires réglèrent le fonctionnement de l'Institut. A cette époque, Sarrette fut arrêté.

Mêlé aux mouvements politiques par sa participation aux réunions du Comité de surveillance de la section Brutus, il fut dénoncé à la fois comme ennemi des nobles et comme favorisant les intrigues des aristocrates. Le malentendu se prolongea pendant plus d'une année, jusqu'au mois de mai 1795, où sa mise en liberté, après une succession d'arrestations et d'élargissements, devint définitive.

Malgré ces entraves apportées aux travaux qu'il multipliait pour assurer la vitalité de son œuvre, Sarrette put maintenir l'institution, que ne soutenait encore aucune organisation officielle. Il réussit même à lui fournir les ressources nécessaires à son développement par la très heureuse création du « Magasin de musique à l'usage des fêtes nationales ». Les compositeurs, devenus leur propre éditeur, et unis par le dévouement à la propagation de leur idéal artistique commun, publièrent en livraison des œuvres écrites pour les fêtes nationales; puis, sous forme de périodique, des recueils de chants civiques, avec orchestre réduit, destinés à la province et à l'armée. Tant de ténacité obtint que la Convention reconnut enfin, suivant l'expression du rapporteur, que « l'on avait mis quelque négligence à fonder d'une manière positive cette institution », et que le temps était venu de se préoccuper de l'adoption du projet d'organisation depuis longtemps proposé.

Au lendemain d'un concert donné au théâtre de la rue Feydeau pour l'exercice annuel des élèves, le poète M.-J. Chénier présenta à la Convention, au nom des comités de l'Instruction publique et des Finances, un rapport sur l'organisation définitive de l'Institut. De vifs applaudissements accueillirent son discours, où l'effort de Sarrette et de ses collaborateurs était célébré avec une éloquence convaincue. L'effet fut décisif, et, le 3 août 1795, la Convention promulgua la loi organisant l'établissement créé en 1793 sous le nom d'Institut national de musique, et lui donnant désormais le nom de Conservatoire de musique. Par une lettre de Sarrette adressée, en 1842, à M. Taillandier, et conservée dans les manuscrits de la Bibliothèque nationale, on sait la raison de ce changement de nom : Daunou avait demandé de renoncer au mot institut, « dont il avait besoin pour l'*Institut national des Sciences et des Arts* »; et, sentant l'importance de la demande, Sarrette avait prié Chénier, avant la discussion, de « remplacer le mot *Institut* par celui de *Conservatoire,* comme indiquant justement le but de cet établissement[1] ».

Le but de Sarrette était atteint. Toutefois, des dif-

---

1. Nous reproduisons ici les principales dispositions de la loi de 16 thermidor an III — 3 août 1795 — portant établissement du Conservatoire de musique. Elles précisent nettement ce que fut l'institution à son origine :

I. — Le Conservatoire de musique est établi pour *exécuter* et *enseigner* la musique. Il est composé de 115 artistes.

II. — *Sous le rapport d'exécution,* il est employé à célébrer les fêtes nationales; *sous le rapport d'enseignement,* il est chargé de former les élèves dans toutes les parties de l'art musical.

III. — 600 élèves des deux sexes reçoivent gratuitement l'instruction dans le Conservatoire. *Ils sont choisis proportionnellement dans tous les départements.*

IV. — La surveillance dans toutes les parties de l'enseignement *et de l'exécution dans les fêtes publiques* est confiée à 5 inspecteurs de l'enseignement, choisis parmi les compositeurs.

V. — Les cinq inspecteurs sont nommés par l'Institut national des sciences et arts.

XV. — Le Conservatoire fournit tous les jours un corps de musiciens pour le service de la garde nationale près le Corps législatif.

La loi stipulait ainsi la « formation » :

ENSEIGNEMENT. — Professeurs de solfège, 14; clarinette, 19; flûte, 6; hautbois, 4; basson, 12; cor, 12; trompette, 2; trombone, 1; serpent, 4; buccins et tuba corvæ, 1; timbalier, 1; Violon, 8; basse, 4; contrebasse, 1; claVecin, 6; orgue, 1; vocalisation, 3; chant simple, 4; chant déclamé, 2; accompagnement, 3; composition, 7.

Total : 115.

EXÉCUTION. — Compositeurs dirigeant l'exécution, 5; chef d'orchestre exécutant, 1; clarinettes, 30; flûtes, 10; cors, 12; bassons, 18; serpents, 8; trombones, 3; trompettes, 4; tuba corvæ, 2; buccins, 2; timbaliers, 2; cymbaliers, 2; tambours turcs, 2; triangles, 2; grosses caisses, 2; non-exécutants employés à diriger les élèves chantant ou exécutant dans les fêtes publiques, 10.

Total : 115.

ficultés matérielles retardèrent l'ouverture de l'établissement pendant plus d'un an. Ce n'est que le 1er brumaire an V — 22 octobre 1796 — que toutes les questions concernant l'installation dans les bâtiments de l'Hôtel des Menus Plaisirs furent complètement réglées, et que la cérémonie d'ouverture put être faite, en présence du ministre de l'intérieur, d'un délégué de l'Institut national des Sciences et des Arts et des divers personnages officiels.

Sarrette y prononça un discours dont il n'est pas inutile de rappeler le passage consacré aux instruments à vent, car il explique la très grande part faite à l'enseignement et à la pratique de ces instruments, dans l'organisation des fondateurs du Conservatoire :

> ... Les nouvelles institutions du Gouvernement républicain dans l'instruction publique font un devoir au Conservatoire de diriger ses soins vers la perfection et la multiplicité des instruments à vent. En effet, la célébration des fêtes nationales devant se faire en plein air, ne laisse aucun doute sur l'importante utilité de ces instruments : on sait que leur volume de son et la résistance qu'ils opposent à l'intempérie de l'air ne permettent aucune espèce de comparaison avec ceux à cordes. Chargés du service des fêtes publiques, les instruments à vent ont une nouvelle carrière à parcourir ; alors, prenant la place des violons et des basses, soit dans les symphonies, soit dans l'accompagnement des hymnes, leur partie devient entièrement principale. Ce nouvel emploi, et la nécessité de propager et d'étendre les moyens de ces instruments, réclament impérieusement un système d'enseignement beaucoup plus étendu que celui qui jusqu'ici fut pratiqué par les écoles de musique militaire. Mais, quel que soit le mode d'enseignement adopté pour cette partie, il est deux puissants moyens qui doivent être employés pour multiplier les grands artistes que la nation possède dans ce genre : le premier, c'est de donner aux instruments à vent, arrivés à un certain degré de perfection, la pratique d'un instrument à cordes afin que l'élève, introduit dans l'exécution des bons ouvrages à cette partie, puisse y prendre le sentiment de la bonne musique, et devenir lecteur à force d'occasions de lire ; le second, d'inviter les harmonistes à écrire plus souvent qu'ils ne l'ont fait pour cette utile portion de leur art...

Le Conservatoire de musique fondé et son fonctionnement organisé, Sarrette voulut céder la place aux musiciens de profession. Mais ceux-ci comprirent de quelle force ils seraient privés, si l'homme d'énergie toute-puissante qui, d'une petite phalange de musiciens militaires, avait fait la plus grande école de musique de l'Europe, venait à leur manquer. Grétry, Gossec, Cherubini, Méhul et Lesueur, les cinq inspecteurs de l'enseignement, demandèrent à la Convention que Sarrette fût placé à la tête de l'établissement dont il avait été le premier à concevoir le projet et le plus ardent à vouloir la réalisation. Sarrette fut nommé commissaire du gouvernement ; puis, sous le Directoire, ce titre fut changé en celui de directeur, qui fut maintenu sous l'Empire.

À mesure que s'affirma le retour vers les usages et les idées du passé, Sarrette et ses collaborateurs durent s'éloigner de la tradition artistique féconde qu'ils avaient instituée, en voulant mettre l'art en communion avec le peuple, et se borner à des progrès ne concernant que l'enseignement, tels que la publication de méthodes, la création de classes de déclamation, d'un pensionnat pour les élèves de chant, d'une bibliothèque, d'une salle de concert. Ils eurent aussi à se défendre contre de violentes attaques suscitées par ceux qui voulaient le rétablissement des anciennes maîtrises dans les cathédrales, et dont les intrigues parvinrent à briser les liens d'amitié qui, jusque-là, avaient uni Lesueur à Sarrette, mais ne purent rien pour détacher du Conservatoire et de son organisateur Gossec, Cherubini, Méhul et Catel. Il reste acquis à la mémoire de Sarrette qu'il s'efforça

de réagir contre l'abandon de la tradition. La meilleure preuve en fut donnée lorsqu'il refusa d'adjoindre à la direction du Conservatoire et à la direction des fêtes nationales, dont il avait réclamé la réunion, celle de l'Opéra, qu'on jugeait utile et logique de lui confier. Cette fidélité au passé lui valut d'être chassé du Conservatoire, lorsque les Bourbons restaurèrent la monarchie, et poussèrent la haine des œuvres nées de la Révolution jusqu'à effacer le titre « Conservatoire » pour le remplacer par l'ancienne appellation « Ecole royale de musique ».

Le 28 décembre 1814, quelques jours après sa nomination au grade de chevalier de la Légion d'honneur, l'abbé de Montesquiou lui avait transmis l'avis de sa destitution. Sarrette se retira dans un coin de Paris, où il prit l'habitude d'être oublié. Après 1830, le gouvernement lui offrit de reprendre la direction du Conservatoire, qui avait cessé de s'appeler Ecole royale de musique. Mais la direction était aux mains de son ami Cherubini, et Sarrette ne voulut pas qu'elle en sortît. Il demeura dans sa retraite. Dix ans plus tard, en 1840, d'anciens élèves se souvinrent de lui et organisèrent un banquet en son honneur. Il y prit place en face de Cherubini, et rappela qu'il avait eu « le bonheur de le retenir en France dans des temps difficiles ». Berton, Adam, Habeneck, Tulou, Vogt, Dauprat, Dourlen, Halévy, Panseron, Leborne, Ponchard, Samson, de la Comédie française, Zimmerman, Henry Lemoine, Léonard, pour ne citer que les plus célèbres, étaient groupés autour de lui. Après les toasts, l'acteur Samson improvisa quelques vers, qui restent comme un témoignage de l'affection qu'avaient pour Sarrette tous ceux qui s'étaient approchés de lui :

> De celui qui fonda notre Conservatoire
> Dans ce banquet heureux nous célébrons la gloire.
> Il revoit ses enfants qui sont un peu barbons ;
> Les cheveux ont blanchi ; toujours jeunes et bons,
> Les cœurs n'ont pas changé. Dans ce moment prospère
> Nous nous sentons enfants, en voyant notre père.

Dix-huit ans après ce banquet, en 1858, le gouvernement prit la décision de placer le buste de Sarrette dans une des salles du Conservatoire. Quelques jours plus tard, le 11 avril 1858, âgé de 93 ans, Sarrette mourut. Les obsèques furent solennelles, et des discours émus furent prononcés à l'inhumation, au cimetière Montmartre. Puis le silence se fit. On ne se souvint pas que Sarrette avait laissé un fils dont la piété filiale obtint qu'après 32 ans, en 1890, une rue de Paris prît le nom du fondateur du Conservatoire. On la choisit au Petit-Montrouge, très loin du quartier des musiciens, où sainte Cécile a sa rue, et où Bernard Sarrette est oublié.

III

GOSSEC
LES FÊTES DE LA PREMIÈRE RÉPUBLIQUE

1. Gossec. — Sa carrière jusqu'à 1789.

François-Joseph Gossec, de son vrai nom Cossé, est né le 17 janvier 1734 à Vergnies, village de la prévôté de Maubeuge, que Louis XIV avait fait français, et qui est redevenu belge depuis 1815.

Fils d'un laboureur très pauvre, il fut occupé, dès la tendre enfance, à garder les vaches. Poussé par l'instinct musical qui l'animait, il remplit les longues heures vécues dans les champs, en écoutant chanter les oiseaux et en improvisant de naïves mélodies qui leur répondaient. Puis, après avoir entendu le ménétrier, il se fit, avec un sabot, une espèce de violon, sur lequel il s'efforça de reproduire les sons qui chantaient en lui. Bientôt tout le village s'intéressa au petit pâtre musicien, et un oncle plus fortuné prit soin d'aider au développement de son intelligence et de ses dispositions musicales si précoces.

On le mit à l'école et à l'église, pour qu'il chantât au lutrin avec les enfants de chœur. Quelques mois plus tard, Gossec était admis à la maîtrise de la cathédrale d'Anvers, où, pendant huit années, il étudia la musique. Lorsqu'il en sortit, à l'âge de dix-sept ans, il savait jouer du violon, et ses connaissances en contrepoint et en fugue étaient suffisantes pour lui permettre de composer correctement. De riches amateurs de musique réunirent alors les ressources nécessaires à la réalisation du désir ardent qui lui vint de se rendre à Paris.

Il y arriva en 1751, avec une lettre de recommandation pour Rameau. Le maître accueillit paternellement son jeune confrère, reconnut en lui un talent et une énergie dignes d'être encouragés, et lui procura l'emploi de directeur de la musique chez le fermier général La Popelinière.

L'orchestre du célèbre financier avait été formé pour l'exécution des œuvres nouvelles de Rameau. Gossec, en dirigeant avec une consciencieuse reconnaissance l'étude et l'interprétation des ouvrages de son protecteur, acquit rapidement une grande expérience de chef d'orchestre et compléta son éducation de compositeur. Dès l'année 1754 il fut en état de se produire à côté du maître glorieux; et, pour l'orchestre dont il avait la direction, il écrivit ses premières *symphonies*. Leur apparition attira sur lui l'attention de tous les musiciens. Il inaugurait en effet un genre que personne n'avait encore essayé en France, et qui ne devait fleurir en Allemagne que cinq ans plus tard, avec Haydn. Le répertoire des concerts se bornait jusque-là à des pièces pour le clavecin, à des sonates pour violon ou viole avec clavecin, à des ouvertures pour orchestre. Les symphonies de Gossec assurèrent à l'art musical tout entier une extension féconde, qui s'étendit au développement des formes et au perfectionnement de l'instrumentation. La place de Gossec était désormais marquée dans l'histoire de la musique. Ses contemporains lui ont rendu justice, en ne sacrifiant pas sa gloire à celle d'Haydn. Parlant de la « Symphonie », au livre premier de ses *Essais sur la musique*, Grétry écrira : « Quoi qu'on ait dit Fontenelle, nous savons ce que nous veut une bonne sonate, et surtout une symphonie de Haydn ou de Gossec. »

Le fermier général La Popelinière ayant licencié son orchestre, Gossec devint directeur de la musique chez le prince de Conti. Il y fit exécuter de nouvelles symphonies, puis les premiers quatuors qui parurent en 1759. A la même époque, il donna son premier essai dramatique, la *Périgourdine*, opéra-comique en un acte, représenté chez le prince de Conti. Une *Messe des Morts*, solennellement interprétée à Saint-Roch en 1762, lui valut des témoignages d'admiration particulièrement précieux, comme celui de Philidor, déclarant, après l'audition, qu'il « donnerait tous ses ouvrages pour avoir fait celui-là ». Tous

les théâtres s'ouvrirent alors à Gossec, et, sans interrompre la publication de ses symphonies, quatuors et trios, il donna :

Le Faux Lord, en 1764; *les Pêcheurs*, en 1766; *le Double Déguisement, Toinon et Toinette*, deux actes représentés à la Comédie italienne, en 1767; puis *Sabinus*, cinq actes, à l'Académie royale de musique, en 1774; et, sur diverses scènes, *Alexis et Daphné*, *Philémon et Baucis*, en 1755; *la Fête du village*, en 1778; *Thésée*, trois actes, en 1782; *Rosine*, trois actes, en 1786; la musique des chœurs de la tragédie *Electra*, en 1783; celle des chœurs d'*Athalie*, de Racine, en 1786.

L'extraordinaire activité de Gossec se manifesta aussi en dehors de la composition. En 1770, il avait fondé, dans les salons de l'hôtel de Soubise, avec le chevalier de Saint-Georges, le Concert des Amateurs, pour l'exécution de la musique symphonique; puis, en 1773, il prit la direction, avec Gaviniès et Leduc, du Concert spirituel; dont les séances, très suivies, étaient données pendant le carême, et pour lesquelles il écrivit deux oratorios, *la Nativité*, *l'Arche d'alliance*, puis un *O salutaris* à trois voix sans accompagnement, devenu bientôt célèbre, et dont la musique, adaptée à d'autres paroles, devait être souvent chantée pendant la Révolution, pour célébrer la Liberté.

Gossec fut aussi un professeur de grand talent et un organisateur de l'enseignement musical, ardemment dévoué au progrès de son art. La nécessité de créer une *Ecole royale de chant* était apparue depuis longtemps aux musiciens et aux fonctionnaires royaux chargés des rapports avec l'Opéra. Pendant l'année 1783, la création de l'école avait été décidée. Mais aucun des musiciens qualifiés pour en prendre la direction ne se décidait à assumer cette tâche. Le glorieux émule de Gluck, Piccinni, le surintendant de la musique du roi, Dauvergne, refusaient leur concours. L'énergie et l'abnégation de Gossec mirent fin aux incertitudes et aux attentes. Il donna à Louis XVI son concours le plus complet. Le 3 janvier 1784, un arrêt du Conseil d'Etat organisa l'*Ecole royale de chant*, qui ouvrit le 1er avril, sous la direction de Gossec. Il y avait appelé les meilleurs professeurs. Son activité fut un stimulant pour tous, et d'heureux résultats se manifestèrent rapidement. Lorsque, vingt ans plus tard, la République décidera de développer considérablement l'œuvre d'éducation artistique commencée par la royauté, elle trouvera en Gossec le collaborateur nécessaire, formé par une longue expérience, et dont le dévouement se montrera alors encore plus ardent, parce qu'il ne s'agira plus de servir l'intérêt artistique de quelques privilégiés seulement, mais celui de la nation tout entière.

En 1789, Gossec avait acquis, par ses œuvres et par son zèle artistique, assez de gloire pour immortaliser son nom et mériter l'admiration reconnaissante des musiciens. Il avait ouvert la voie à ses successeurs, en donnant les premiers modèles de symphonie, en créant des concerts, en développant l'orchestre par l'introduction des clarinettes, des cors, des trombones à l'opéra, par la recherche d'effets, comme le chœur invisible de l'oratorio la *Nativité*, chantant dans la coupole, qu'on retrouve dans *Parsifal* de Richard Wagner, comme l'orchestre de trompettes, cors, trombones, clarinettes et bassons, placé dans une tribune élevée et répondant, pour le « Tuba mirum » de la *Messe des Morts*, à l'orchestre occupant la place habituelle, exemple dont s'inspireront Lesueur et Berlioz.

On a oublié ses symphonies depuis Haydn, ses opéras depuis le triomphe de ceux de Gluck, la *Messe des Morts*, depuis le *Requiem* de Mozart, et toutes ses initiatives depuis les heureuses imitations qui en furent faites. Mais il reste à Gossec une gloire qui n'a point été éclipsée : celle d'avoir été le plus grand musicien de la Révolution.

Quand elle éclata, il avait cinquante-cinq ans, et sa renommée était faite. Cependant, il va s'affirmer le plus ardent parmi les jeunes musiciens qui se grouperont autour de son enthousiasme, et le plus actif parmi ceux qu'enflammera son ardeur. Il sera le compositeur des premières fêtes célébrées en 1790, à qui se joindront Catel, Pleyel, Rouget de Lisle, en 1791, Méhul, en 1793, Cherubini, Dalayrac, Devienne, Lesueur, en 1794, Berton, Caveaux, en 1795; et, aux dernières fêtes célébrées en 1799, il paraîtra encore. Il prendra une part prépondérante dans la fondation du Conservatoire, en 1795, et collaborera à toutes les méthodes rédigées pour l'enseignement des élèves. Pendant dix années, il sera l'apôtre convaincu de la doctrine artistique, qui veut l'art en communion avec le peuple. Et, dans l'histoire, le nom de Gossec restera glorieusement représentatif, avec ceux de David et de J.-M. Chénier, de l'art né de la Révolution, du mouvement à la fois social, philosophique, artistique, qui institua les fêtes de la première République.

Les premières manifestations de ce mouvement, depuis 1789, au lendemain de la prise de la Bastille, jusqu'en 1792, au lendemain de la première fête de la Liberté, sont particulièrement utiles à connaître. Nous les retracerons donc ici avec le développement nécessaire.

2. Les Fêtes de la première République. Première période : 1789 à 1794.

Ce n'est point dans la rue que furent célébrées les premières fêtes de la Révolution, mais dans les églises, et avec de la musique religieuse. Le lendemain de la prise de la Bastille, on chanta un *Te Deum* à Notre-Dame. Comme l'ont écrit Edm. et J. de Goncourt, « le bon Dieu eut, aux premiers jours de la Révolution, la popularité de Louis XVI ». Et ils ont cité cette profession de foi imprimée dans un journal du temps : « Le père des humains peut-il être un aristocrate? L'arc-en-ciel qui couronne sa tête majestueuse n'est-il pas une assez belle cocarde patriotique et directement aux couleurs de la nation ?... »

Pour accueillir Louis XVI arrivant de Versailles à Paris, le 17 juillet, ce fut, il est vrai, à un opéra-comique en vogue de Grétry, *Lucile*, que le peuple emprunta son chant de bienvenue : *Où peut-on être mieux qu'au sein de sa famille;* mais, au matin de la nuit du 4 août, où noblesse et clergé avaient abdiqué leurs droits territoriaux et personnels, ce furent des chants liturgiques et un sermon qui préludèrent au mouvement populaire dont Paris fut animé, à l'issue du service funèbre célébré « pour le repos des citoyens morts à la défense de la cause commune ».

Ce jour-là, le tambour fut la seule musique qui retentit dans la rue.

L'enthousiasme ne devait atteindre l'art que peu à peu. Le peuple fut appelé à l'église pour honorer la mémoire des citoyens morts à la prise de la Bastille. C'est là aussi que, quatre jours après, le dimanche 9 août, il fut convié pour fêter les soldats-citoyens de la garde nationale, au jour où, inaugurant leurs uniformes, des bataillons se réunirent dans plusieurs districts pour la bénédiction des drapeaux.

Le lendemain, Paris était encore en fête. Les dames du marché Saint-Martin se réunirent au prieuré pour se rendre à l'église Sainte-Geneviève, ayant à leur tête des tambours, de la musique et un détachement de la garde nationale. Arrivées à l'église, ces dames « assistèrent à une messe solennelle et musicale, ainsi qu'à un *Te Deum* en action de grâce de l'heureuse révolution qui venait de s'opérer » (*Révolutions de Paris*).

Puis, le mois suivant, les hommes, eux aussi, voulurent mettre en action leur enthousiasme, et, le 14 septembre, vers l'église de la patronne de Paris, monta le nouveau cortège.

On verra par le compte rendu de cette manifestation, extrait de la *Chronique de Paris*, que déjà le peuple aspirait à exprimer sa joie de la liberté conquise, en une fête célébrée hors des enceintes qui ne pouvaient le contenir tout entier :

Le faubourg Saint-Antoine s'est rendu en procession à Sainte-Geneviève. Le nombre prodigieux des femmes, toutes vêtues de blanc et rangées sur deux files, leur air religieux et l'ordre dans lequel elles marchaient, les armes ornées de bouquets qui s'élevaient au milieu du sexe désarmé, douze cents hommes de la milice bourgeoise en uniforme, le bruit du tambour, le son des instruments et jusqu'au choix des airs, la représentation en bois de cette formidable forteresse, portée sur les épaules des braves gardes-français qui l'ont prise, le concours du peuple et les applaudissements qui partaient des rues, des croisées remplies de spectateurs, tout donnait un vif intérêt à cette fête patriotique, dont la pompe a dû être superbe du côté de la rue Saint-Antoine, où elle a pu bien mieux se développer.

Enfin, rien ne donnait une idée de ce que doit être un jour la fête dont la célébration doit sans doute suivre la clôture de la constitution et dont l'anniversaire sera notre première fête nationale.

Mais l'heure n'était pas venue, et c'est encore à l'occasion d'une cérémonie religieuse que, le 27 septembre, le peuple fraternisa. A l'église Notre-Dame fut renouvelée, avec un appareil extraordinairement pompeux, pour les drapeaux des soixante bataillons des soixante districts, la solennité de la bénédiction; et l'abbé Fauchet, devenu le « prédicateur ordinaire du peuple parisien », depuis un sermon où il avait appelé Jésus-Christ « la divinité concitoyenne du genre humain », y glorifia la liberté.

Cependant, la musique s'organisait; le capitaine Bernard Sarrette, avec les musiciens et les élèves du dépôt des gardes françaises, soldés, habillés et pourvus d'instruments à ses frais, avait formé la musique de la garde nationale, et Gossec écrivait pour elle des marches dont la joyeuse sonorité mettait en fête les rues de Paris. Jusque-là, le peuple n'avait guère chanté qu'au son de l'orgue; désormais il allait pouvoir chanter dans la rue, au son de la musique militaire.

Le mouvement artistique commençait seulement à se dessiner, lorsque la première fête en plein air de la Révolution, la Fédération, fut décrétée par l'Assemblée nationale. La musique n'y tint point la place qu'elle devait occuper dans les fêtes suivantes; mais, ce jour-là, l'élan fut donné, et l'indifférence avec laquelle fut accueillie l'exécution du *Te Deum* de Gossec, transplanté de l'église Notre-Dame dans l'immensité du champ de Mars, montra la nécessité de créer des œuvres nouvelles, de renoncer aux architectures sonores des cathédrales, de ne plus continuer, dans les jours de fêtes, suivant l'expression d'un auditeur, « à assourdir le peuple de l'hymne latine, qui ne peut émouvoir son cœur, ni peindre ses affections ».

Bernard Sarrette était en avance sur les compositeurs, et, avec ses musiciens de la garde nationale, il accompagna l'enthousiasme du peuple non seulement au jour de la fête, mais pendant les semaines qui précédèrent et qui remplirent le champ de Mars, aménagé par les citoyens eux-mêmes, d'une allégresse formidable.

Les musiciens n'étant pas encore venus à lui, le peuple se donna une chanson pour soutenir son enthousiasme. Au dicton populaire qui exprimait naïve-ment sa foi : Ça ira, ça ira…, il adapta l'air d'une contredanse fameuse, *le Carillon national,* sur lequel on avait tant dansé chez Marie-Antoinette, et ce fut le chant national, dont la France entière retentit, quand les provinces libérées se préparèrent à venir s'unir fraternellement à Paris. Pour avoir devancé la *Marseillaise,* le *Ça ira* a mérité que Michelet lui consacrât une page immortelle dans son *Histoire de la Révolution.*

C'est une formidable poussée d'enthousiasme qui, renversant les hésitations de l'Assemblée nationale et les objections des réactionnaires, décida la *fête de la Fédération,* célébrée au champ de Mars le 14 juillet 1790.

A la volonté du peuple de Paris qui désirait ardemment commémorer la prise de la Bastille, s'était ajoutée la volonté du peuple des départements, qui, délivré des antiques barrières provinciales, aspirait à solenniser l'unité de la patrie. Dès la fin de 1789, à Valence, à Montélimar, en Bretagne, dans le Jura, des citoyens s'étaient réunis pour abjurer la province et affirmer la joie de la destruction des petites patries locales et de l'avènement de la nation soumise à une loi commune; peu à peu, l'enthousiasme avait gagné le pays tout entier, et, dès les premiers beaux jours de l'année 1790, les Parisiens savaient que, lorsqu'ils s'assembleraient au champ de Mars pour fêter la France libre, les représentants de tous les départements se joindraient à eux pour fêter la fraternité des Français. Aussi, contre cet immense mouvement, tous les obstacles accumulés devaient-ils être impuissants à empêcher que la célébration de la date anniversaire de l'affranchissement ne devînt la date anniversaire de l'union.

On avait mis de la mauvaise volonté à préparer le champ de Mars; mais, en quelques jours, le peuple avait bouleversé le terrain et l'avait transformé en un vaste amphithéâtre garni de gradins, au milieu duquel s'élevait l'autel de la Patrie, où l'on montait par quatre escaliers terminés chacun par une plate-forme couronnée de cassolettes antiques; puis il avait édifié, du côté de l'Ecole militaire, une haute tribune drapée en bleu et en blanc et, du côté de la Seine, un gigantesque arc de triomphe.

Pour cette première manifestation en dehors de l'Église, on n'avait point recherché autre chose que la pompe religieuse, et ce fut une messe qui précéda la cérémonie du serment civique. Cinq mois auparavant, le 14 février 1790, une même cérémonie avait eu lieu à Notre-Dame, où les membres de l'Assemblée nationale avaient juré fidélité à la nation, à la loi et au roi. Les journaux avaient constaté la froideur de la fête; mais, au champ de Mars, le 14 juillet, l'enthousiasme du peuple fit la fête grandiose.

Un souvenir du formidable enthousiasme de la Fédération nous reste. C'est le *Chant du 14 juillet,* de Gossec, sur un poème de Chénier.

L'œuvre ne fut point entendue à la cérémonie du champ de Mars, où l'on exécuta un *Te Deum* composé par Gossec, ni dans les jours de fête qui précédèrent et suivirent, où l'on chanta le refrain entraînant du *Ça ira.* Dans cette première fête célébrée hors de l'église, mais demeurée attachée à la pompe religieuse par la célébration de la messe sur l'autel de la patrie érigé au champ de Mars, il n'y avait pas place pour l'art, né de l'enthousiasme du peuple. Cependant, l'œuvre était née le 14 juillet 1790, car les journaux publiés au commencement du mois citent les vers les plus caractéristiques du poème, et l'émouvante sincérité de la musique marque l'heure d'exaltation et de foi en la liberté qui l'inspira. Elle demeure pour rappeler de quels sentiments furent pénétrés nos aïeux, lorsque l'anniversaire de la liberté conquise les unit dans le même espoir de fraternité, et ce serait aujourd'hui le chant national des Français, si n'avait point surgi la *Marseillaise*, devenue, avec assez de gloire, le chant guerrier de la France victorieuse, pour que fût délaissé le chant pacifique de la France affranchie.

Moins de deux mois après la fête de la Fédération, une nouvelle tragique bouleversait Paris : plusieurs centaines de soldats de la garnison de Nancy, appartenant au régiment Mestre-de-Camp, à celui du Roi, à celui des Suisses de Châteauvieux, avaient été massacrés, le 31 août, par la troupe des gardes nationales de la Meurthe et des départements voisins, commandée par le général Bouillé.

L'exaspération des Parisiens menaçait de devenir dangereuse, lorsque l'Assemblée nationale décida de donner au champ de Mars une fête funèbre en l'honneur des citoyens morts à Nancy; et, le 20 septembre 1790, Paris s'assembla au champ de la Fédération, où, en présence de la garde nationale et d'une députation des régiments de Nancy, sur l'autel de la Patrie, qu'entouraient soixante aumôniers revêtus de leurs ornements sacerdotaux de deuil, fut célébrée, à la mémoire « des victimes de l'amour de la patrie et des victimes de la loi », la cérémonie expiatoire. Dans le compte rendu qu'en donna la *Chronique de Paris* nous voyons apparaître une nouvelle préoccupation : celle d'associer pleinement la musique aux fêtes, par des œuvres écrites spécialement.

La fête funèbre du champ de la Fédération a été imposante. L'autel de la Patrie était tendu en noir drapé de blanc, entouré de cyprès et de quatre cassolettes d'où sortait une fumée épaisse; il était surmonté d'une forteresse. La galerie était drapée comme l'autel. Les six divisions sont entrées en même temps par les principales ouvertures, les armes bas et dans le plus grand ordre; elles portaient un étendard à la romaine, surmonté d'une couronne de cyprès. La musique a exécuté l'*ouverture de Démophon* et quelques marches. On aurait désiré des morceaux mieux adaptés à la circonstance...

D'après ce témoignage contemporain, aucune musique spéciale n'aurait été composée à l'occasion de cette fête funèbre. Quelques marches sont seulement signalées, avec l'ouverture de l'opéra de Vogel, *Démophon*, représenté en 1789, qu'un autre récit du temps dit avoir été exécutée au champ de Mars, le 20 septembre, par « douze cents instruments à vent ». Cependant, un portrait de Gossec, exposé dans la bibliothèque du Conservatoire, montre, sur le pupitre servant d'appui au compositeur, des feuillets de musique qui portent ce titre : *Marche lugubre pour les honneurs funéraires qui doivent être rendus au champ de la Fédération, le 20 septembre 1790, aux mânes des citoyens morts à l'affaire de Nancy.* La très grande impression que produisit cette marche lugubre de Gossec, quelques mois plus tard, aux obsèques de Mirabeau, et qui fut éprouvée par tous, rend peu vraisemblable l'exécution à la cérémonie du 20 septembre. C'est là une question d'histoire peu passionnante et dont nous ne nous serions point inquiété, si elle ne nous avait donné l'occasion de mettre en relief la très significative remarque de la *Chronique de Paris* sur la musique, qu'on aurait désirée « mieux adaptée à la circonstance ».

Cette préoccupation marque qu'en dehors des artistes, comme Sarrette et Gossec, déjà orientés vers un art musical nouveau, commençait à s'affirmer universellement le rôle prépondérant de la musique dans les fêtes de la Révolution; et que, deux mois après la Fédération, où l'on n'avait point fait place à la musique, on s'inquiétait de la part qu'elle avait prise à la cérémonie funèbre en l'honneur des soldats morts à Nancy, et on conviait les musiciens à créer des œuvres pour les cérémonies futures.

Le 4 avril 1791, Paris tout entier conduisit Mirabeau au Panthéon. On avait proposé d'abord l'inhumation sous l'autel de la Patrie, érigé au champ de la Fédération; mais bientôt on avait compris que le héros de la liberté ne serait dignement honoré que si l'hommage rendu préparait l'instauration du culte à l'humanité libre, et on avait décidé de mener dans un triomphe le corps de Mirabeau à l'église Sainte-Geneviève, vouée par la patrie reconnaissante à la mémoire des grands hommes et choisie pour être leur panthéon.

La sévère beauté et la majesté de l'édifice évoquaient des pensées dont Edgar Quinet s'est fait l'interprète éloquent : « Voilà pourquoi cette vaste enceinte ressemblait à un forum; c'est la place où se réunira le peuple pour rendre son jugement sur les morts. » Voilà pourquoi cette colonnade portait si haut ses splendeurs; pourquoi la coupole se dressait comme une couronne sur la tête de Paris. Il s'agit ici de l'apothéose non d'une bergère, mais de la France, de la patrie, sous la figure des grands hommes qui vont surgir au souffle d'un monde nouveau... »

Pendant que l'Assemblée nationale décidait l'apothéose de Mirabeau, le peuple avait empli la ville de son agitation inquiète et émue; mais quand était venu le moment de la cérémonie, il était entré dans le recueillement, et il n'en sortit point pendant tout le temps que dura la pompe funèbre de Mirabeau, la plus vaste, « la plus populaire qu'il y ait eu au monde avant celle de Napoléon », a écrit Michelet.

L'exécution, à la pompe funèbre de Mirabeau, de la *Marche lugubre*, de Gossec, où le compositeur avait employé le tam-tam, laissa aux contemporains un profond souvenir. Les *Révolutions de Paris* écrivirent : « ... Les prêtres étaient précédés d'un corps de musiciens, exécutant sur divers instruments étrangers, naturalisés depuis peu en France, une marche véritablement funèbre et religieuse; les notes, détachées l'une de l'autre, brisaient le cœur, arrachaient les entrailles et peignaient d'avance la situation où on allait se trouver à la vue du cercueil... » Le *Moniteur* rappela « le roulement lugubre du tambour et les sons déchirants des instruments funèbres qui répandaient dans l'âme une terreur religieuse... » Longtemps après, Mme de Genlis évoqua la mémoire de cette cérémonie et de l'émotion créée par la *Marche lugubre* : « ... Je ne connais point de compositions musicales de concerts où l'on ait imaginé de placer des silences complets de tous les instruments; cependant, dans le genre religieux et funèbre, le plus beau de tous, des silences composés d'une ou deux mesures produisent un effet prodigieux; ceux qui ont entendu la musique funèbre exécutée à l'enterrement de Mirabeau peuvent en juger. Cette musique était admirable, les silences faisaient frémir, c'était véritablement le silence de la tombe. »

Si profonde avait été l'impression produite par la marche lugubre de Gossec, dont les harmonies douloureuses avaient rythmé la marche du cortège dans la nuit, que désormais la musique eut sa place définitivement reconnue dans toutes les fêtes de la Révolution, et qu'elle s'y manifesta non seulement par l'orchestre d'instruments de cuivre et de bois dont Sarrette avait pressenti la nécessité, mais encore par des œuvres spécialement composées pour l'événement célébré.

Trois mois après la pompe funèbre de Mirabeau, Voltaire entrait au Panthéon; et déjà les chœurs s'unissaient aux instruments pour l'exécution grandiose d'hymnes qui restent parmi les plus beaux de ceux qu'a produits l'art de la Révolution.

Dès l'année 1790, Charles Villette, mari de la fille adoptive de Voltaire, avait demandé la translation du corps de Voltaire à Paris, où la sépulture lui avait été refusée en 1778, et proposé la consécration aux grands hommes d'un temple de la capitale :

« D'après les décrets de l'Assemblée nationale, l'abbaye de Sellières est vendue. Le corps de Voltaire y repose. Souffrirez-vous que cette précieuse relique devienne la propriété d'un particulier?... Vous approuverez sans doute, messieurs, la translation de Voltaire à Paris ; il s'agit de déterminer le lieu où il doit être déposé... Si les Anglais ont réuni leurs grands hommes dans Westminster, pourquoi hésiterions-nous à placer le cercueil de Voltaire dans le plus beau de nos temples, dans la nouvelle Sainte-Geneviève, en face du mausolée de Descartes, que l'on alla chercher de même à Stockholm, seize ans après sa mort ? C'est là que j'offre de lui élever un monument à mes frais... »

Poussée par l'enthousiasme du peuple, qui voulait affirmer dans la pompe des fêtes civiques son avènement à la liberté et à la fraternité, l'Assemblée nationale saisit l'occasion qu'apportait la circonstance imprévue de la vente de l'abbaye de Sellières, et, le 30 mai 1791, elle décréta la translation des cendres de Voltaire au Panthéon.

Pour cette fête, qui ne réclamait point de chants funèbres, et dont aucun rite ne prévoyait la célébration, on fit appel au concours de tous les arts: le peintre David en fut l'ordonnateur, et l'architecte Cellerier l'exécuteur; le poète M.-J. Chénier écrivit des odes et des hymnes, le compositeur Gossec les mit en musique, et Bernard Sarrette en assura l'interprétation.

A l'effort de ces talents se joignit celui de tous ceux qui avaient fait la Révolution, et dont la manifestation se produisit sous les formes les plus diverses.

Fixée d'abord au 4 juillet 1791, la translation des cendres de Voltaire fut retardée au 11 juillet par la fuite du roi et son arrestation à Varennes. Mais les esprits oublièrent pour un moment leur inquiétude de l'avenir, et une grande exaltation anima Paris pendant les jours que dura la glorification de Voltaire.

Le dimanche 10 juillet, le char portant son corps entrait dans la capitale après un trajet triomphal à travers les provinces enthousiastes.

Les restes de Voltaire furent conduits à la place de la Bastille et déposés sur un cénotaphe de lauriers et de roses, élevé à l'endroit où, depuis deux ans, n'étaient plus les cachots qui avaient jadis emprisonné le poète. Un immense pèlerinage s'empressa vers le cercueil fleuri, et rien n'aurait troublé la majesté de cet hommage émouvant si quelques malveillances ne s'étaient efforcées de créer un mouvement de protestation, en prétextant l'indignité scandaleuse d'une cérémonie où l'on n'avait point convié la religion qui avait rejeté Voltaire, et aussi l'imprévoyance administrative de l'Assemblée nationale, qui dilapidait des finances en fêtes inutilement pompeuses.

Pour répondre à ces tentatives de désordre, Charles Villette donna la preuve que la dépense de l'État se bornait à 18.000 livres. Et le rédacteur des *Révolutions de Paris* s'opposa au reproche de scandale, en rappelant la glorification du poète italien Pétrarque, où le pape lui-même avait pris place, sans étonnement, à côté des dieux mythologiques figurés. La cérémonie de la translation des cendres de Voltaire au Panthéon, le lundi 11 juillet 1791, put s'accomplir avec la sérénité et la grandeur qui convenaient à l'acte de glorification accompli par un peuple affranchi envers le génie libérateur. Gossec avait écrit un chœur à trois voix d'homme, avec harmonie, *Peuple, éveille-toi*, sur un fragment de *Samson* de Voltaire, qui fut exécuté devant l'Opéra; puis un chant, avec harmonie, sur un poème de Chénier, *Ce ne sont plus de pleurs*, qui fut exécuté devant la maison de Voltaire, quai des Théâtins, devenu quai Voltaire, le jour même de la cérémonie.

La place qui convient aux arts leur avait été, pour la première fois, donnée sans parcimonie, dans la translation de Voltaire au Panthéon. Aussi, désormais, à l'habitude déjà prise de mettre en action les enthousiasmes du peuple, au moyen de fêtes et de cérémonies, s'ajoute celle de ne plus recourir aux rites consacrés de la liturgie, pour la gloire solennelle des événements patriotiques et des vertus civiques. Les esprits étaient encore sous l'impression du spectacle grandiose de la translation de Voltaire au Panthéon, le 11 juillet 1791, lorsque vint le jour de la commémoration de la prise de la Bastille, devenu, depuis le 14 juillet 1790, l'anniversaire de la Fédération.

Le peuple s'assembla au champ de Mars, mais ne s'y anima point. Le goût lui était venu de cérémonies moins prévues et plus « analogues au temps », que la célébration de la messe sur l'autel de la Patrie par l'évêque de Paris. En outre, à cette heure, que l'arrestation du roi dans sa fuite vers l'étranger et les hésitations de l'Assemblée nationale rendaient anxieuse, cette répétition stricte, où même l'élément liturgique était diminué, la cérémonie accompagnant le serment de fidélité à la nation célébrait si pauvrement le deuxième anniversaire de l'affranchissement de la patrie et le premier anniversaire de l'union des citoyens, que le peuple ne se souvint de son triomphe à la Bastille et de son enthousiasme à la Fédération, que pour ressentir plus douloureusement la déception de son immense espoir.

Le lendemain 15 juillet, l'inquiétude de l'avenir l'avait repris tout entier. Dix mille citoyens signèrent, ce jour-là, sur l'autel de la Patrie, une pétition à l'Assemblée nationale, qui discutait alors l'inviolabilité de la personne du roi. L'Assemblée avait espéré faire le calme en rendant un décret qui mettait en accusation le général de Bouillé pour avoir préparé la fuite du roi, et un décret qui mettait Louis XVI hors de toute accusation.

On avait espéré faire le calme; ce fut l'agitation qui sortit de cette décision précipitée. Toutes les sociétés patriotiques se donnèrent rendez-vous au champ de Mars, le 17 juillet, et plus de quarante mille personnes se préparèrent à signer, sur l'autel de la Patrie, une nouvelle pétition demandant à l'As-

semblée nationale de revenir sur le décret qui, avec un trop grand empressement, innocentait le roi.

L'apparition subite de dix mille gardes nationaux en armes, accompagnés d'un détachement de cavalerie, interrompit brusquement les danses et les chants de ceux qui trompaient ainsi l'impatience d'apposer leur signature. Puis les têtes s'affolèrent devant tout cet appareil de violence, qui défiait la liberté d'opinion; les gardes nationaux furent injuriés, ils répondirent par des coups de fusil; des hommes, des femmes, des enfants réfugiés près de l'autel de la Patrie y furent massacrés. Pour ne point avoir su prévoir l'oubli des sommations préalables, auxquelles la foule eût obéi, le maire Bailly et La Fayette mirent à leur popularité cette tache de sang ineffaçable, et les atroces exaspérations de la Terreur furent devancées.

Les espérances de réaction que fit naître cette lugubre journée du 14 juillet 1791 ne devaient pas durer longtemps.

L'Assemblée nationale, en s'empressant de mettre le roi hors de cause, n'avait pas trompé la confiance du peuple. On le comprit, lorsque les esprits commencèrent à revenir au calme. Dans la constitution dont elle allait achever l'élaboration, un article reconnaissait l'abdication du roi au cas où le serment prêté par lui ne serait pas fidèlement tenu. La générosité de la mesure politique qui avait innocenté Louis XVI au retour de Varennes apparut alors, et la proclamation prochaine de la Constitution sembla la promesse certaine d'une ère de paix fraternelle.

On accueillit avec joie la décision prise par l'Assemblée nationale de fêter solennellement la proclamation de la Constitution, et quand vint le jour fixé, le 18 septembre 1791, le peuple montra, par son enthousiasme, qu'il était revenu à la confiance et à l'espoir.

La proclamation de la Constitution solennellement faite le 18 septembre 1791 marque dans notre histoire une date inoubliable, car, en ce jour, avec les devoirs liant les gouvernés aux gouvernants, furent déclarés les droits de l'homme. A la célébration de cette fête civique, qu'on avait voulue sans apparat, sans décor, simplement grandiose, la musique avait été jugée digne d'être conviée. L'hymne de Gossec, déjà exécuté à la translation de Voltaire au Panthéon, *Peuple, éveille-toi, Romps tes fers*, y devint l'expression de l'enthousiasme du peuple français, soulevé par la sincérité de sa foi jusqu'à la certitude de la Liberté et de la Fraternité. Abandonnant leurs armes, les soldats de la garde nationale portèrent Gossec en triomphe, quand résonnèrent les dernières notes de l'hymne.

Les musiciens peuvent se souvenir avec orgueil de la place que leur art à la fête où furent proclamés, par la déclaration des droits de l'homme et du citoyen, les principes qui sont demeurés l'évangile de la Révolution. Et pour cette manifestation glorieuse, ils doivent une reconnaissance particulière à leur ancêtre Gossec.

A l'occasion du retour à Paris des Suisses du régiment de Châteauvieux, fut célébrée la première « fête de la Liberté ».

Complètement éclairée par les arrière-pensées réactionnaires du général de Bouillé, qui avait voulu la condamnation de ces soldats républicains en 1790 et qui avait préparé la fuite du roi à l'étranger en 1791, l'Assemblée nationale s'était décidée, dès le commencement de l'année 1792, à amnistier les survivants du régiment de Châteauvieux. Elle n'avait songé qu'à accomplir un acte de justice ; mais ceux en qui les derniers événements avaient exaspéré l'attachement aux anciennes institutions y voulurent voir un encouragement à l'insubordination, et ils créèrent un mouvement de protestation. L'organisation d'une fête de la Liberté, pour accueillir les graciés, fut la réponse du peuple.

Malgré les obstacles accumulés, les préparatifs furent poussés avec tant d'activité, que la date de la célébration put être fixée au 15 avril, et que rien ne manqua à l'éclat de la journée, pas même les décorations imaginées par le peintre David, auxquelles on avait proposé de renoncer pour ne pas retarder la fête, qui suscitait des récriminations de plus en plus bruyantes.

Impuissants, les détracteurs de la fête de la Liberté durent assister à son succès. Tous les arts s'étaient unis pour la faire triomphante. Le peintre David avait organisé le cortège et orné le char de la Liberté de peintures dignes d'un musée. Le musicien Gossec avait exprimé l'allégresse populaire en une *Ronde nationale*, que tous chantèrent et dansèrent, au son de l'orchestre d'harmonie de Sarrette, et en un *Hymne à la Liberté*, sur un poème de Chénier, *Premier bien des mortels, ô Liberté*, qui mêla à la gaieté de la danse chantée la pure émotion d'un gracieux cantique.

Le récit que nous trouvons de cette fête dans le *Moniteur* montre qu'il y avait alors assez d'unanimité dans les esprits du plus grand nombre pour qu'on ne redoutât point les occasions de rassembler le peuple, et que la fête de la Liberté, célébrée le 15 avril 1792, fut assez impressionnante pour qu'apparût, dès ce moment, la préoccupation de voir instituer des fêtes nationales, régulièrement fixées à diverses époques de l'année :

... La fête de la Liberté a été célébrée avec une affluence, une allégresse, un ordre, une paix, une effusion franche de bienveillance et de joie populaire qui doit laisser un souvenir doux dans l'âme de tous les patriotes, un sentiment de confusion dans celle des ennemis impuissants du bien public, et un regret cuisant dans le cœur de quelques écrivains qui, opposant à cette fête une contradiction aussi absurde qu'opiniâtre, ont risqué de la rendre sanglante...

... Le peuple est digne d'être libre. Livré à lui-même dans l'effort d'un triomphe qu'on lui a disputé, il a su à la fois s'y livrer et s'y contenir. Il était là dans toute sa force, et il n'en a point abusé.

Pas une arme pour réprimer les excès, mais pas un excès à réprimer. Nous dirons aux administrateurs : Donnez souvent de ces fêtes au peuple ; répétez celle-ci chaque année le 15 avril ; que la fête de la Liberté soit notre fête printanière, que d'autres solennités civiques signalent le retour des autres saisons de l'année...

Les fêtes populaires sont la meilleure éducation du peuple...

L'élan est en effet donné, et désormais l'habitude de se réunir dans des fêtes et dans des cérémonies est prise. Beaucoup, par esprit de réaction, avaient tenté de s'opposer à cette fête de la Liberté, célébrée le 15 avril 1792. Mais ceux-là mêmes s'empresseront de vouloir répondre au succès de la fête obtenu contre eux, en instituant une autre fête. Dans une émeute, le maire d'Étampes, Simoneau, a été tué. La glorification de sa mémoire, en une cérémonie funèbre au champ de Mars, sera la raison de cette fête, dite « fête de la loi ». Elle eut lieu le 3 juin 1792, et, pour la circonstance, Gossec composa un nouvel hymne, *le Triomphe de la loi*.

A cette préoccupation unanime de réunions populaires solennelles, les événements, en cette fin d'avril 1792, vont encore ajouter. L'Autriche a déclaré la guerre à la France, le 25 avril, et quelques semaines après, la Russie et la Prusse seront alliées à l'Autriche. C'est l'heure où l'Assemblée législative proclamera la patrie en danger. La fièvre patriotique anime tous les Français. Le soir de la déclaration de guerre, à Strasbourg, naît le *Chant de guerre pour l'armée du Rhin*, que son auteur, le capitaine Rouget de Lisle, dédie au maréchal Lukner. Trois mois plus tard, les Marseillais, dans la journée du 10 août, le chanteront pour entraîner le peuple aux Tuileries. Paris, qui chante déjà le *Ça ira*, la *Carmagnole*, *Veillons au salut de l'empire*, adoptera alors la *Marseillaise*, bientôt chant national, et, quand viendront les occasions de se réunir, ce chant, que tous connaissent et dont l'ardeur est ressentie par tous, sera l'éloquente expression du sentiment collectif.

Ma-dam' Vé-to a-vait pro-mis De faire é-gor-
-ger tout Pa-ris, Ma-dam' Vé-to a-vait promis De faire é-gor-
-ger tout Pa-ris. Mais son coup a man-qué Grâce à nos ca-non-
-niers. Dan-sons la Car-ma-gno-le, Vi-ve le son, vi-ve le son ! Dan-
-sons la Car-ma-gno-le, Vi-ve le son du ca-non.

La commémoration du 14 juillet 1789 est célébrée en 1792, au champ de Mars. On y chante le *Chant du 14 juillet* de Chénier et de Gossec, et une œuvre nouvelle des mêmes auteurs intitulée *Dithyrambe pour la Fédération :* « Vive à jamais, vive la liberté! » Les esprits cependant sont en pleine agitation. Le 20 juin, les faubourgs Saint-Marceau et Saint-Antoine, commandés par Santerre, ont envahi les Tuileries et forcé le roi à porter le bonnet rouge. L'orage, qui éclatera le 10 août, gronde déjà. Mais rien ne peut contre le désir général de se réunir au jour de l'anniversaire glorieux. De plus en plus, la musique prend une place prépondérante. Tous ces musiciens, toutes ces voix d'hommes et de femmes, collaborant à l'exécution de la même œuvre, apparaissent comme le symbole des sentiments d'union et d'enthousiasme qui appellent tout un peuple, le même jour, dans le même lieu.

La journée du 10 août même est immédiatement célébrée par une cérémonie funèbre, improvisée dix-sept jours après l'événement, le 27 août. Cette fête commémorative eut lieu, à neuf heures du soir, aux Tuileries, à l'endroit où étaient tombés les morts dont on honorait le souvenir. Elle fut très impressionnante et laissa aux assistants une douloureuse émotion, que Michelet a notée dans l'*Histoire de la Révolution :* «... Les chants sévères de Chénier, la musique âpre et terrible de Gossec, la nuit qui venait et qui apportait son deuil, tout remplit les cœurs d'une ivresse de mort et de pressentiments sombres... »

Enfin la proclamation de la République, le 22 septembre 1792, va marquer le progrès décisif des idées nouvelles. C'est l'avènement de la démocratie. Tout ce qui est conforme à l'organisation sociale que la France se donne, et peut la fortifier, se développera naturellement et librement. On ne discute plus dans les clubs, dans les journaux, sur l'utilité des fêtes. Le temps est proche où les gouvernants voudront ériger en système et établir avec une régularité périodique les manifestations jusqu'alors inspirées par l'enthousiasme du moment ou la fierté des souvenirs. Celles de la fin de l'année 1792 et celles de l'année 1793 orientèrent définitivement la pensée des hommes au pouvoir vers cette préoccupation.

En cette fin de l'année 1792, le mouvement s'étendit hors Paris. Après la victoire de Valmy, le général Kellermann organise une fête triomphale sur le champ de bataille. Il veut faire chanter un *Te Deum,* mais le ministre de la guerre, Servan, lui écrit, à la date du 26 septembre : « La mode des *Te Deum* est passée. Faites chanter solennellement, et avec la même pompe que vous auriez mise au *Te Deum,* l'*Hymne des Marseillais,* que je joins ici à cet effet. » Le 5 octobre, Carnot et Lamarque arrivent à Bordeaux, pour se rendre en mission près de l'armée des Pyrénées. Leur passage est l'occasion d'une cérémonie au champ de Mars, en l'honneur de « l'inauguration de la République ». Du 20 septembre au 12 octobre, la victoire de Valmy, la conquête de la Savoie, la dissolution de l'armée des princes, le recul de l'armée des alliés au delà du Rhin et dans les Pays-Bas, ont exalté l'ardeur patriotique. Dès le 28 septembre, le ministre de la guerre a proposé à la Convention de décréter l'exécution solennelle à Paris de l'*Hymne des Marseillais,* sur la place Louis XV, qui va devenir la place de la Révolution. Le 14 octobre, la fête est célébrée en l'honneur de « la conquête de la Savoie ». On n'y entendit pas d'autre musique que l'*Hymne des Marseillais,* qui, dans le compte rendu du *Moniteur,* le 17 octobre, reçoit déjà le titre d'« hymne de la République ».

Cette première version de la *Marseillaise* est donnée ici à titre de curiosité, avec toutes les défectuosités de la première impression, faite à Strasbourg.   *(Note de l'éditeur.)*

_dart sanglant est le . vé,   L'Eten_dart sanglant est le_vé.   Entendez

vous dans les   cam . pa . gnes, Mu . gir ces féro.ces sol.dats?   Ils

Cresc.

viennent jusque dans vos bras,   E.gorger vos fils, vos com.pa.gnes!...   Aux

REFRAIN.

ar . mes, Ci.toy.éns!   For.mez _ vos Ba.taillons: Mar .

_ chez,   mar .. chez,   Qu'un sang im _ pur,   A.

_breu _ ve nos sil _ lons.

Ritournelle.

Avec l'année 1793 commença l'agitation révolutionnaire tumultueuse et sanglante. Louis XVI est exécuté, Marat assassiné, la France en guerre avec l'Europe; la Vendée se soulève, une nouvelle constitution est promulguée au mois de juin. Le 14 juillet passe sans qu'on le commémore. Mais, pour l'anniversaire du 10 août, une fête grandiose se prépare. Elle n'avait pas seulement pour but de rappeler la date qui marquait la chute du pouvoir royal, mais de proclamer la nouvelle constitution et son acceptation par le peuple. En cette journée du 10 août 1793, on s'arrache au souvenir des événements tragiques, et par toute la France, dans toutes les assemblées primaires, célébrant à la même heure la « fête de l'Union, de l'Unité et de l'Indivisibilité françaises », règne un immense espoir d'apaisement et de fraternité. A Strasbourg, dans le milieu de patriotisme exubérant où la _Marseillaise_ est née, Ignace Pleyel a composé la _Révolution du 10 août_, ou le _Toscin allégorique_, dont l'exécution réunit un chœur immense et un orchestre auquel s'ajoutent sept cloches réquisi-

tionnées dans les églises, des tambours, trompettes, fifres et du canon. A Paris, le peintre David a tracé le plan de la cérémonie. Gossec a écrit quatre œuvres, pour chœur de voix d'hommes et de femmes, avec accompagnement d'instruments à vent : _Hymne à la liberté_, dit ensuite _Hymne à la nature_, dit ensuite _Hymne à l'égalité, Quel peuple immense,_ et _Hymne à la statue de la liberté_, dit ensuite _Hymne à la liberté._ La première de ces œuvres est développée; elle comporte trois parties avec une introduction instrumentale, et elle reste l'une des plus belles et des plus intéressantes productions musicales de la période (*). La fête elle-même fut la plus émouvante des cérémonies instituées par les hommes de la Révolution. Rien de ce qui peut mettre aux prises les diverses opinions politiques ou religieuses ne s'y trouva mêlé. En d'autres fêtes, la part de la musique sera plus grande et donnera lieu à des manifestations d'art plus complètes, mais jamais la même unanimité dans l'enthousiasme ne sera retrouvée.

(*)

Orchestre
Réduction

Larghetto.

Sotto voce.

Cresc.   rall.

Par des citations caractéristiques de documents contemporains, nous avons essayé de montrer comment les premières manifestations de la rue, où la musique tient peu de place, créèrent peu à peu l'habitude des fêtes, où, de plus en plus, la musique sera agissante. Il faut aussi connaître, dans ses détails, exprimés par le style du temps, la fête du 10 août 1793, dont le président de la Convention, Hérault de Séchelles, dans son discours au pied de la fontaine de la « Régénération », put dire qu'elle était « le jour le plus beau qu'ait éclairé le soleil depuis qu'il est suspendu dans l'immensité de l'espace ».

Le récit qu'on en trouve dans les *Tableaux de la Révolution* n'est que « la transposition au passé du programme qui avait été rédigé par David ».

Les Français réunis pour célébrer la fête de l'Unité et de l'Indivisibilité se sont levés avant l'aurore; la scène touchante de leur réunion a été éclairée par le premier rayon de soleil; cet astre bienfaisant, dont la lumière s'étend sur tout l'univers, a été pour eux le symbole de la vérité, à laquelle ils ont adressé des louanges et des hymnes.

PREMIÈRE STATION. — Le rassemblement s'est fait sur l'emplacement de la Bastille : au milieu de ces décombres on a vu s'élever la fontaine de la *Régénération*, représentée par la *Nature*. De ses fécondes mamelles, qu'elle a pressées de ses mains, a jailli avec abondance l'eau pure et salutaire dont ont bu, tour à tour, quatre-vingt-six commissaires, envoyés des assemblées primaires, c'est-à-dire un par département; le plus ancien d'âge a eu la préférence; une même coupe a servi pour tous...

Le cortège a dirigé sa marche par les boulevards. En tête étaient les sociétés populaires réunies en masse... Le second groupe a été formé par la Convention nationale marchant en corps... Le troisième groupe était formé par toute la masse respectable du souverain. Ici tout s'éclipse, tout se confond en présence des assemblées primaires; ici, il n'y a plus de corporation, tous les individus de la société sont été indistinctement confondus, quoique caractérisés par leurs marques distinctives : ainsi l'on a vu le président du conseil exécutif provisoire sur la même ligne que le forgeron; le maire avec écharpe à côté du bûcheron et du maçon; le juge, dans son costume et son chapeau à plume, auprès du tisserand ou du cordonnier; le noir africain, qui ne diffère que par la couleur, a marché à côté du blanc européen; les intéressants élèves de l'institution des aveugles, traînés sur un plateau roulant, ont offert le spectacle touchant du malheur honoré... Enfin, parmi cette nombreuse et industrieuse famille, on a remarqué surtout un char vraiment triomphal, qu'a formé une simple charrue sur laquelle étaient assis un vieillard et sa vieille épouse, traînés par leurs propres enfants : exemple touchant de piété filiale et de vénération pour la vieillesse... Un groupe militaire a succédé à celui-ci ; il conduisait en triomphe un char contenant une urne dépositaire des cendres des héros morts glorieusement pour la patrie...

SECONDE STATION. — Le cortège étant arrivé dans cet ordre au boulevard Poissonnière, a rencontré sous un portique un arc de triomphe des héroïnes du 5 et du 6 octobre 1789, assises, comme elles étaient alors, sur leurs canons ; les unes portaient des branches d'arbres, les autres des trophées, signes non équivoques de la Victoire éclatante que ces courageuses citoyennes remportèrent sur les serviles gardes du corps. Là, elles ont reçu des mains du président de la Convention nationale une branche de laurier; puis, faisant tourner leurs canons, elles ont suivi en ordre la marche, et, toujours dans une attitude fière, elles se sont réunies au souverain...

TROISIÈME STATION. — Sur les débris évidents de la tyrannie était élevée la statue de la Liberté, dont l'inauguration s'est faite avec solennité... Aussitôt après, des milliers d'oiseaux rendus à la liberté, portant à leur cou de légères banderoles, ont pris leur vol rapide dans les airs, et portèrent au ciel le témoignage de la liberté rendue à la terre.

QUATRIÈME STATION. — Elle s'est faite sur la place des Invalides. Au milieu de la place, sur la cime d'une montagne, a été représenté en sculpture, par une figure colossale, le Peuple français, de ses bras vigoureux rassemblant le faisceau départemental; l'ambitieux Fédéralisme sortant de son fangeux marais, d'une main écartant les roseaux, s'efforce de l'autre d'en détacher quelques parties; le Peuple français l'aperçoit, prend sa massue, le frappe et le fait rentrer dans ses eaux croupissantes, pour n'en sortir jamais.

CINQUIÈME STATION. — Enfin la cinquième et dernière station a eu lieu au *champ de Mars*. Avant d'y entrer on a rendu hommage à l'égalité par un acte authentique et nécessaire dans une république; on a passé sous ce portique dont la nature seule semblait avoir fait tous les frais; deux termes, symboles de l'Égalité et de la Liberté, ombragés par un épais feuillage, séparés et en

face l'un de l'autre, tenaient à une distance proportionnée une guirlande tricolore et tendue, à laquelle était suspendue un vaste niveau, le niveau national ; il planait sur toutes les têtes indistinctement : orgueilleux, vous avez courbé la tête !... Le peuple s'est rangé autour de l'autel. Là, le président de la Convention nationale, ayant déposé sur l'autel de la Patrie tous les actes de recensement des votes des assemblées primaires, le vœu des Français la Convention a été proclamé sous la voûte du ciel...

Le terme de toutes ces cérémonies a été un banquet superbe : le peuple, assis fraternellement sur l'herbe sous des tentes pratiquées à cet effet au pourtour de l'enceinte, a consommé avec ses frères la nourriture qu'il avait apportée; enfin il a été construit un vaste théâtre où étaient représentés par des pantomimes les principaux événements de notre Révolution.

Sur les fêtes de l'année 1793, qui suivirent la cérémonie grandiose du 10 août, influèrent les tendances politiques s'affirmant contraires avec une précision croissante, les sourdes tentatives des ennemis de la république auxquelles répondent des manifestations d'un caractère nettement révolutionnaire, la guerre toujours plus étendue avec l'Europe et avec la Vendée.

Lorsque, le 27 octobre 1793, le peuple se réunit pour l'inauguration des bustes de Le Pelletier de Saint-Fargeau, tué pour avoir voté la mort du roi, et de Marat, « martyr de la fureur despotique », la France a été « déclarée en révolution », par un décret du 28 août, et, depuis le 1er octobre, — dit 10 vendémiaire an II, — le calendrier grégorien a été aboli et remplacé par le calendrier républicain de Fabre d'Églantine, qui ouvre une ère nouvelle, depuis le 22 septembre 1792, — dit 1er vendémiaire an I, — jour de la proclamation de la République. Cette fête du 27 octobre, 6 brumaire an II, fut en quelque sorte un « concert du peuple ». Devant l'Opéra, devenu « le temple des Arts et de la Liberté », les bustes furent couronnés. La troupe du théâtre et les musiciens de Sarrette et de Gossec interprétèrent le *Chant du 14 juillet* de Chénier et Gossec, le « serment » de la tragédie lyrique de Philidor, *Ernelinde*, puis l'œuvre composée pour la circonstance par Gossec, *Chant patriotique pour l'inauguration des bustes de Marat et Le Pelletier*, vigoureuse mélodie pour voix de baryton, qui restera au répertoire des fêtes républicaines, sous le titre de *Chant en l'honneur des martyrs de la liberté*.

Le Conseil général du département avait fixé au 20 brumaire an II, 10 novembre 1793, une « fête de la Liberté », dont la célébration devait avoir lieu au jardin du Palais-Royal. Gossec avait composé un nouvel hymne à la Liberté : *Descends, ô liberté, fille de la nature*, dont les paroles de Chénier seules subsistent, et que les musiciens de la garde nationale exécutèrent, le 8 novembre, devant la Convention, en présentant la pétition qui demandait la création d'un Institut national de musique. Mais, trois jours avant la date fixée, le 17 brumaire, l'archevêque constitutionnel de Paris, Gobel, vint renoncer, devant la Convention, aux fonctions du culte et recevoir l'accolade du président, dont la réponse proclamait que « l'Être suprême ne veut pas d'autre culte que celui de la raison, et que ce sera désormais la religion nationale ». L'église Notre-Name allait devenir désormais le temple de la Raison. « Pour célébrer le triomphe remporté, dans cette séance de la Convention, par la raison sur les préjugés de dix-huit siècles, » le département et la Commune décidèrent alors que la fête projetée n'aurait pas lieu au Palais-Royal, mais que, le 20 brumaire an II, la Liberté serait célébrée « devant l'image de cette divinité des Français, dans l'édifice ci-devant dit l'église métropolitaine ».

La cérémonie du 20 brumaire réunit, à dix heures

du matin, les représentants du Département et de la Commune à Notre-Dame. Au milieu de la nef se dressait une « montagne », portant un temple grec, dédié « à la philosophie ». Au pied, sur un autel, rayonnait « le flambeau de la Vérité », symbolisant la Raison. Après une marche instrumentale, parut un cortège de femmes vêtues de blanc, qui s'éleva au sommet de la montagne, de chaque côté d'un siège de verdure sur lequel vint prendre place « la Liberté », personnifiée par l'une des interprètes de Gluck et de Méhul à l'Opéra, vêtue d'une robe blanche, d'un manteau bleu, d'un bonnet rouge. *L'Hymne à la liberté*, de Gossec, fut exécuté. La même cérémonie, renouvelée à la fin de la journée, réunit aux représentants du département et de la Commune ceux de la Convention.

Ainsi fut improvisée la « Fête de la Raison », dont le souvenir, confondu avec celui des mascarades qui, plus tard, animèrent les rues de la capitale de scènes burlesques antireligieuses, a été propagé par les écrivains du XIXᵉ siècle, subissant l'influence contre-révolutionnaire, pour discréditer et railler toutes les fêtes instituées par la première République.

Les historiens les plus récents ont précisé le caractère du mouvement dont la fête du 20 brumaire an II était la première manifestation retentissante à Paris.

Nullement matérialiste, dit M. Aulard, le mouvement fut joyeux et superficiel tant que le peuple s'en mêla, pédant et stérile quand il ne fut plus entretenu que par quelques lettrés. En province, au contraire, il y eut de graves et sincères tentatives pour abdiquer la religion ancienne et établir la nouvelle. Les déesses de la Raison y furent presque partout, et les témoins hostiles ne le nient pas, de belles et vertueuses jeunes filles, appartenant à l'élite de la bourgeoisie.

Il y eut, dit M. Gabriel Monod, beaucoup de candeur parfois dans les fêtes de la Raison. Michelet rappelle que souvent les jeunes filles des meilleures familles y représentaient la Raison ou la Liberté. Flaubert aimait à raconter qu'une de ses parentes avait figuré la Liberté dans je ne sais plus quelle ville normande. Elle portait un bonnet phrygien, avec une banderole sur laquelle était écrit : Ne me tournez pas en licence. »

M. Mathiez, professeur d'histoire au lycée de Caen, écrit dans son *Essai sur l'histoire religieuse de la Révolution*, publié en 1904 :

Laissés longtemps en suspens par l'opposition des Jacobins, qui craignaient, avec Robespierre et Danton, de compromettre la cause de la liberté en la privant de l'appui du clergé constitutionnel, les projets de « culte civique » furent partiellement réalisés, lors des grands périls de 93, par Chaumette, Fouché et leurs amis. Le culte de la Raison consista essentiellement en un essai désordonné, mais sincère, de propagande patriotique, par des chansons, des discours et des spectacles. Le culte de l'Être suprême, que les contemporains ne distinguent pas, ou distinguent mal du culte de la Raison, n'en fut, à vrai dire, qu'un perfectionnement.

Enfin, contre la légende de scandale et de dévergondage, restent les documents artistiques de l'époque. Un mois après la cérémonie du 20 brumaire, une fête de la Raison fut célébrée, le 20 frimaire an II, 10 décembre 1793. Gossec a été suivi. On y exécute : de Catel, une *Ouverture pour instruments à vent* et une *Ode patriotique*, en trois parties, pour chœur de voix d'hommes, avec accompagnement d'instruments à vent ; de Méhul, une *Ouverture pour instruments à vent* et un *Hymne à la Raison* (*), pour trois voix d'hommes, sans accompagnement, et chœur à quatre voix mixtes avec accompagnement symphonique ; de Rouget de Lisle, un *Hymne à la Raison*, chœur à trois voix. En province, la Raison est aussi célébrée. Boïeldieu, âgé de dix-huit ans, écrit, à Rouen, un *Chant populaire de la fête de la Raison*. Les œuvres de Catel et de Méhul nous sont parvenues. Elles comptent parmi les plus intéressantes et les plus caractéristiques de la période.

(*)

Lent et religieux.
TRIO.

HAUTE CONTRE

Au _ gus _ te com _ pa _ gne du sa _ ge, Dé _

TAILLE ET
BASSE TAILLE

_ truis les rê _ ves im _ pos _ teurs ! D'un peu _ ple libre ob _

D'un peu _ ple libre

_ tiens l'hom _ ma _ ge, Viens le gouver _ ner par les mœurs ! Ô Rai _

Commencée à l'occasion des fêtes de la Raison, la collaboration d'autres musiciens que Gossec aux fêtes de la Révolution ne cessera plus désormais. A la fin de l'année 1793, le 10 nivôse an II, 30 décembre, pour célébrer la reprise de Toulon sur les Anglais et les victoires des armées républicaines, la Convention organise la « fête des triomphes de la République ». Suivant le plan dressé par David, quatorze chars remplis de soldats blessés au combat, escortés par des jeunes filles portant des palmes et précédant le char de la Victoire, se réunirent aux Tuileries, firent une station devant les *Invalides* et vinrent au champ de Mars, où fut exécutée l'œuvre composée pour la circonstance, l'*Hymne sur la prise de Toulon*, poème de Chénier. Les journaux écrivirent que la musique était de Gossec. La publication de l'œuvre, six ans plus tard, donne le nom de Catel. Vraisemblablement, les témoins de la fête l'ignorèrent, car c'est vers cette époque que l'*Almanach des Spectacles* écrivait : « Quelques artistes se plaignent que le citoyen Gossec ait le privilège exclusif de toutes les fêtes civiques. Cola blesse l'égalité et la liberté, c'est une aristocratie digne de l'ancien régime, que d'étouffer le talent de ses frères. Le citoyen Gossec, homme libre, doit savoir que les succès obtenus imposent l'obligation de se prêter à ceux de ses semblables. »

Le rôle d'apôtre et de précurseur appelle l'injuste critique. Depuis 1789, sans défaillance, Gossec avait rempli ce rôle avec une activité trop généreuse et un succès trop complet pour être épargné. Quand vient l'année 1794, son exemple est suivi par tous les musiciens ; l'Institut national de musique, bientôt Conservatoire, né de ses efforts et de ceux de Sarrette, organisé et groupe les artistes nécessaires à la célébration des fêtes ; l'organisation régulière et périodique des fêtes est à l'ordre du jour de la Convention. Dans la séance du 6 frimaire an II (26 novembre 1793), Danton a dit :

> Le peuple entier doit célébrer les grandes actions de notre Révolution. Il faut qu'il se réunisse dans un vaste temple, et je demande que les artistes les plus distingués concourent pour l'élévation de cet édifice où, au jour indiqué, seront célébrés des jeux nationaux. Si la Grèce eut des jeux Olympiques, la France solennisera aussi ses jours sans-culottides... Donnons des armes à ceux qui peuvent les porter, de l'instruction à la jeunesse, et des fêtes nationales au peuple.

Le décret du 14 frimaire an II, 4 décembre 1793, qui organise le gouvernement révolutionnaire, a préparé l'habitude de fêtes patriotiques en décidant que « chaque décadi, les lois seront lues aux citoyens, dans un lieu public, soit par le maire, soit par un officier municipal, soit par les présidents de section ».

Les premiers mois de l'année 1794 virent le premier essai d'organisation nationale, sous le titre de « fêtes décadaires », à propos de la « Fête à l'Etre suprême », qui vint après une « fête de l'ouverture des travaux pour l'extraction des salpêtres », célébrée en février, et une « fête des élèves pour la fabrication des canons, poudre et salpêtre », célébrée en mars, qu'il faut mentionner, parce qu'il reste de la première le *Salpêtre républicain*, de Cherubini, qui venait prendre place à côté de Gossec, Catel et Méhul, avec une souriante et spirituelle chanson, en attendant l'occasion des grandes œuvres, et parce qu'il reste de la seconde des *Stances* de Catel et de Dalayrac.

Décrétée par la Convention le 18 floréal an II, 7 mai 1794, après le rapport lu par Robespierre, au nom du comité de salut public, « sur les rapports des idées religieuses et morales avec les principes républicains et sur les fêtes nationales », la « Fête de l'Etre suprême » fut célébrée, un mois plus tard, le 20 prairial, 8 juin, à Paris, et dans toutes les communes de la République. Le plan proposé par David pour la fête de Paris avait été adopté. Il comprenait une cérémonie aux Tuileries et une autre au champ de Mars, alors champ de la Réunion. Le *Détail des cérémonies, de l'ordre à observer dans la fête de l'Être suprême*, et l'*Instruction particulière pour les commissaires chargés des détails de la fête*, complétèrent le plan, en préparant l'exécution parfaite de toutes les parties de la fête, dont la fin, au champ de Mars, comportait le chant d'un hymne à l'Être suprême et à la patrie par le peuple tout entier. Cette grandiose et audacieuse conception de Robespierre, inspirateur de la fête, put être pleinement réalisée. Ce concert immense, unissant les mille et mille voix de tout un peuple assemblé, reste l'événement caractéristique de la fête de l'Être suprême. Il est un fait unique dans l'histoire musicale de tous les pays, et, dans l'histoire musicale de la France, il marque le triomphe définitif des efforts accomplis, depuis les premiers temps de la Révolution, pour mêler la musique à la vie sociale et la mettre au rang des autres arts.

Dans la préparation de cette apothéose, tous les musiciens rivalisèrent de dévouement. Il avait été décidé que, dans chacune des quarante-huit sections de Paris, dix vieillards, dix jeunes gens, dix mères de famille, dix jeunes filles, dix enfants, formant un chœur de 2.400 voix, seraient réunis pour chanter, avec les artistes de l'Institut national de musique et des théâtres, aux Tuileries, l'hymne à l'Être suprême, au champ de Mars, les strophes à l'Être suprême et à la Patrie « sur l'air des Marseillais », dont le refrain devait être repris par tout le peuple. Pour chaque section, un musicien fut désigné et chargé des répétitions. Les archives du temps apprennent que Méhul fut désigné pour la section des Tuileries, Catel pour la section Marat, Devienne pour la section Guillaume-Tell, Dalayrac pour la section des Lombards, Kreutzer pour la section des Piques. Lesueur était dans une autre, et aussi Cherubini, comme l'a rappelé Henri Blanchard dans la *Gazette musicale* du 4 août 1844 : « Il nous souvient d'avoir entendu dire à Cherubini que, malgré sa qualité d'étranger, il se mit à enseigner aux dames de la halle, violon en main, et dans le lieu même de leur commerce journalier, ce fameux chant national qui poussait nos soldats à la victoire ou les faisait mourir gaiement pour la gloire du pays ». La veille de la fête, le 19 prairial, 7 juin, tout le peuple répandu dans les rues apprit des musiciens le refrain final des strophes adaptées par Chénier à la *Marseillaise* :

> Avant de déposer nos glaives triomphants,
> Jurons d'anéantir le crime et les tyrans.

Un tableau du peintre Lefebvre, à la bibliothèque du Conservatoire, depuis 1870, conserve cet émouvant souvenir. Il représente Méhul, sur un tréteau, près de la rue Montmartre, entouré d'une foule attentive au chant du violon.

Gossec avait composé, sur un poème de Chénier, une œuvre développée, pour chœur à voix mixtes et accompagnement d'instruments à vent, *Hymne à l'Être suprême*, et, sur deux strophes du même poème, un chant populaire destiné à l'exécution par le peuple, aux Tuileries. A la suite de circonstances encore ignorées des historiens (presque certainement parce que les idées exprimées par Chénier ne répondaient pas à la pensée de Robespierre), Gossec dut adapter à la musique écrite un poème de Desorgues, parodié sur celui de Chénier. En outre, la version développée pour chœurs n'eut pas à être exécutée. On ne se servit que de la version populaire en deux strophes de *l'Hymne à l'Être suprême*, simple cantique qui devint le chant le plus populaire de Gossec, et que, longtemps après ces temps héroïques, on lui rappelait pour égayer sa vieillesse.

Larghetto (*très gracieux et religieux*)

CHANT

Pè - re de l'u-ni vers, su-prême-in-tel-li-gen-ce, Bien- fai-teur i - gno-ré des a - veu-gles mor-tels. Tu ré-vè-las ton être à ta reconnais-san-ce Qui seule

2ᵐᵉ STROPHE.

La veille de la fête, toutes les maisons furent ornées. « Une mer de fleurs, écrit Michelet, inonda Paris : les roses de vingt lieues à la ronde y furent apportées, et des fleurs de toutes sortes, ce qu'il fallait pour fleurir les maisons et les personnes d'une ville de 700.000 âmes ». Ce ne pouvait être l'ardent et unanime enthousiasme de la fête du 10 août 1793, où la proclamation de la constitution nouvelle apportait l'espoir de la réconciliation nationale et de la paix avec l'étranger. Mais, en cette journée du 8 juin 1794, Paris tout entier avait été préparé à l'union et à la joie, par la musique, qui allait donner à la fête la collaboration de tous. Un beau soleil de printemps fit le reste.

Aux Tuileries, Robespierre prononça un discours, qu'il interrompit pour mettre le feu à un monstre symbolisant l'athéisme, dont les débris fumants s'abattirent au pied de la statue de la Sagesse. Puis les musiciens, avec les 2.400 voix réunies dans les 48 sections, chantèrent l'*Hymne à l'Être suprême* de Desorgues et Gossec. — « Les hymnes, écrit Tissot dans l'*Histoire complète de la Révolution française*, empreints d'un caractère éminemment grave et religieux, et bientôt répétés par tout le peuple, semblaient être des chants sortis de tous les cœurs, qui s'élevaient vers le ciel sur les ailes de l'ardente espérance. » Le cortège se forma au champ de Mars, suivant l'ordre et les dispositions arrêtés par David et que les commissaires avaient fait connaître à tous. Le peuple, groupé dans ses 48 sections, se divisa en deux colonnes, l'une formée des hommes, l'autre formée des femmes. Entre les deux colonnes prirent place les professeurs et les élèves de l'Institut national de musique, dont les symphonies rythmèrent la marche, et la Convention avec Robespierre, escortant un char traîné par huit bœufs, qui portait un chêne abritant la Liberté, au pied de laquelle étaient une charrue et une presse d'imprimerie.

Lorsque l'immense cortège parvint au champ de Mars, ainsi organisé, tout était disposé pour l'exécution grandiose des strophes adaptées à la *Marseillaise* par le peuple tout entier. A la place de l'autel de la Patrie, une montagne avait été élevée. Elle était surmontée d'une colonne, où Sarrette pouvait diriger les signaux annonçant les diverses reprises du chant au peuple d'exécutants rangé sous la baguette de Gossec. Sur le sommet de la montagne, la Convention prit place. Au-dessous de la Convention, dans le milieu de la montagne, se rangèrent les artistes de l'Institut national de musique et des théâtres. De chaque côté s'étagèrent les 2.400 voix, choisies dans les 48 sections, les voix d'homme du côté où s'étendaient, jusqu'aux extrémités du champ de Mars, la colonne formée par les femmes. Les artistes chantèrent le *Chant du 14 juillet* de Chénier et Gossec, et jouèrent une des diverses reprises composées pour la musique de Sarrette. Puis l'heure du peuple vint.

Le détail des cérémonies avait réglé l'exécution des strophes de Chénier adaptées à la *Marseillaise* pour célébrer l'Être suprême et la Patrie :

Les vieillards et les adolescents qui seront sur la montagne chanteront une première strophe sur l'air des Marseillais, et jureront ensemble de ne poser les armes qu'après avoir anéanti les ennemis de la République.

Tous les hommes répandus dans le champ de la Réunion répéteront en chœur le refrain.

Les mères de famille et les jeunes filles placées sur la montagne chanteront une seconde strophe : celles-ci promettront de n'épouser que des citoyens qui auront servi la patrie, et les mères remercieront l'Être suprême de leur fécondité.

Toutes les femmes répandues dans le champ de la Réunion répéteront ensemble le refrain.

La troisième et dernière strophe sera chantée par tout ce qui sera sur la montagne.

Le peuple entier répétera en chœur le dernier refrain.

Ces instructions, données dans les sections par les musiciens-répétiteurs, étaient présentes à l'esprit de tous, au moment solennel. Elles furent suivies par tout le peuple, que disciplinait l'art. Rien ne troubla la majesté du splendide concert, rien ne diminua l'apothéose, audacieusement conçue, de la fête.

Le jour du 10 août 1793 avait pu être proclamé « le plus beau qu'ait éclairé le soleil ». Ce chant de la *Marseillaise*, le 8 juin 1794, méritait d'être proclamé le plus beau concert qu'aient entendu les hommes.

Un témoignage nous reste de la forte impression laissée parmi les musiciens, au lendemain de leur collaboration avec le peuple. C'est une lettre de Méhul, conservée au musée des Archives nationales. Elle est datée du 29 prairial an II, 17 juin 1794, neuf jours après la célébration de la fête de l'Être suprême, et adressée à un membre de la commission d'instruction publique, à propos d'un hymne à l'Être suprême de Désaugiers, qu'on proposait à Méhul de mettre en musique, pour le répertoire des fêtes futures.

Je m'empresse, citoyen, de répondre à l'invitation de la Commission d'instruction publique, et de l'assurer qu'elle me trouvera toujours disposé à lui consacrer mon temps et mes faibles talents, lorsqu'il s'agira d'être utile à la chose publique. Je vais donc m'occuper sur-le-champ de l'hymne de Désaugiers, mais avant je voudrais connaître les intentions de la commission sur les moyens d'exécution qu'elle désire. L'hymne se chantant à l'Opéra peut prendre un caractère dramatique ; il peut offrir des peintures musicales, des récitatifs, des airs et des chœurs ; mais s'il n'était destiné qu'à être chanté par le peuple dans les fêtes décadaires, il faudrait nécessairement lui donner plus de simplicité.

Le peuple français n'est pas encore musicien, quoiqu'il soit très sensible à la musique ; mais avec le temps il chantera et chantera bien, si les artistes musiciens, bien pénétrés de la dignité de leur art, et surtout de l'influence qu'il peut avoir sur l'esprit public, oublient leurs chants efféminés, pour donner à leurs nouveaux accords la grandeur et la fermeté qui doit caractériser l'artiste républicain.

Fais-moi donc savoir, citoyen, si le peuple doit chanter l'hymne de Désaugiers, ou si la musique que la Commission me demande ne sera exécutée qu'à l'Opéra. Pour moi, il me semble que le peuple doit chanter, et que c'est à l'Opéra à adopter le chant du peuple.

Salut et fraternité.   Méhul.

En Méhul, la conviction était sincère et ardente. Entre cette lettre du 17 juin 1794 et une fête pour célébrer Fleurus, donnée aux Tuileries le 4 juillet 1794, où on l'entendra pour la première fois, Méhul écrit le *Chant du départ,* « la seconde *Marseillaise* ».

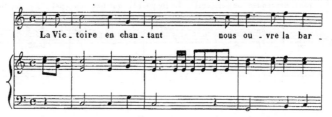

La Vic‿toire en chan‿tant   nous ou‿vre la bar‿

Nord au Mi _ di   la trom _ pet _ te guer _ riè _ re A sonné

l'heu _ re des com _ bats.   Trem _ blez, ennemis de la Fran _ ce, Rois

i _ vres de sang et d'or _ gueil!   Le peuple souve _ rain s'a _ van _ ce, Ty _

_ rans, descendez au cer _ cueil!   La Ré _ pu _ bli _ que nous ap _ pel _ le, Sachons

vaincre ou sachons pé _ rir!   Un Français doit vi _ vre pour el _ le, Pour

elle un français doit mou_rir   Un Fran_çais doit vi_vre pour el _ le, Pour

DESSUS

elle un Français doit mourir.   La Répu_bli_que nous ap_ pel _ le, Sachons

HAUTE CONTRE

La Répu_bli_que nous ap_ pel _ le, Sachons

TAILLE

La Répu_bli_que nous ap_ pel _ le, Sachons

BASSE TAILLE

La Répu_bli_que nous ap_ pel _ le, Sachons

vaincre ou sachons pé_ rir!   Un fran_çais   doit vi _ vre pour

vaincre ou sachons pé_ rir!   Un fran_çais   doit vi_ vre pour

vaincre ou sachons pé_ rir!   Un français doit vi_vre pour

vaincre ou sachons pé_ rir.

3. Deuxième période : 1794 à 1800.

Dans l'histoire des fêtes de la première République, la fête de l'Être suprême marque la fin d'une période et en inaugure une autre. Le rapport lu par Robespierre à la Convention, le 18 floréal an II, 7 mai 1794, n'avait pas seulement pour but de faire décréter la célébration de la fête de l'Être suprême. Il avait nettement affirmé la nécessité politique d'instituer des fêtes nationales :

Rassemblez les hommes, vous les rendrez meilleurs; car les hommes rassemblés cherchent à se plaire, et ils ne pourront se plaire que par les choses qui les rendent estimables. Donnez à leur réunion un grand motif moral et politique, et l'amour des choses honnêtes entrera avec le plaisir dans tous les cœurs, car les hommes ne se voient pas sans plaisir. Un système de fêtes nationales bien entendu serait à la fois le plus doux lien de fraternité et le plus puissant moyen de régénération.

Ayez des fêtes générales et plus solennelles pour toute la république ; ayez des fêtes particulières et pour chaque lieu, qui soient des jours de repos et qui remplacent ce que les circonstances ont détruit...

En conséquence, Robespierre proposait l'institution de fêtes régulièrement périodiques, commémorant les anniversaires glorieux, tels ceux du 14 juillet, du 10 août, du 21 janvier, et l'institution des fêtes décadaires — le décadi remplaçait le dimanche — célébrant la nature, le genre humain, le peuple français, les bienfaiteurs de l'humanité, les héros de la liberté, les martyrs de la république.

La Convention vota le projet, qui concluait en fixant au 20 prairial, 8 juin, la célébration d'une fête nationale en l'honneur de l'Être suprême. Un mois plus tard, le 10 thermidor, 28 juillet, Robespierre tombait. Mais l'organisation systématique des fêtes n'est pas abandonnée après le 10 thermidor par la Convention. Au comité d'Instruction publique, Chénier et ses collègues restent préoccupés de la question. Le rapporteur Eschassériaux apporte à la tribune de la Convention, le 17 pluviôse an III, 5 février 1795, un nouveau rapport :

... Le peuple soupire après les fêtes nationales avec la même ardeur qu'il a reçu la constitution que vous lui avez donnée. Il faut des institutions pour achever la Révolution.

Les lois politiques fondent la liberté ; ce sont les institutions qui leur impriment la durée et la vénération des siècles ; ce sont elles qui créent la morale du peuple et qui forment le caractère national... elles sont le rempart de la liberté... La tyrannie et la superstition ont désolé la terre ; vous l'avez vengée de l'une, législateurs, vous devez soulager les maux de l'autre, vous devez éclairer les erreurs... Chaque fête civique offrira une vertu, un bienfait de la nature, de la société ou de la révolution à célébrer... C'est aux patriarches des générations à présider les représentations de la vertu...

... Nous nous sommes rappelés que ce furent les sons de l'harmonie qui arrachèrent le sauvage de ses forêts qu'il ensanglantait par ses combats... C'est dans les fêtes civiques que les hommes de tous les cultes viendront se réunir.

Lorsque, après avoir voté, le 30 thermidor an III, 17 août 1795, la constitution dite de l'an III, la Convention se sépare, le 4 brumaire an IV, 26 octobre 1795, elle a institué, la veille de sa clôture, par la loi du 3 brumaire, au titre VI, sept fêtes nationales :

ARTICLE Iᵉʳ. — Dans chaque canton de la République, il sera célébré chaque année sept fêtes nationales, savoir : celle de la fondation de la République, le 1ᵉʳ vendémiaire ; celle de la jeunesse, le 10 germinal ; celle des époux, le 10 floréal ; celle de la reconnaissance, le 10 prairial ; celle de l'agriculture, le 10 messidor ; celle de la liberté, les 9 et 10 thermidor ; celle des vieillards, le 10 fructidor.

ARTICLE II. — La célébration des fêtes nationales des cantons consiste en chants patriotiques, en discours sur la morale du citoyen, en banquets fraternels, en divers jeux publics propres à chaque localité, et dans la distribution des récompenses.

« Ce que nous vous proposons, avait dit le rapporteur Daunou, n'est qu'un *essai* qui devra, dans des temps meilleurs, recevoir des développements utiles ». Pendant tout le Directoire, du 13 brumaire an IV (4 novembre 1795) au 18 brumaire an VIII (9 novembre 1799) sans interruption, après le coup d'État du 18 fructidor an V (4 septembre 1797), les hommes au pouvoir s'efforceront de fortifier par « des développements utiles » l'œuvre commencée par la Convention. En messidor an IV, juin 1796, le député de Maine-et-Loire, Leclerc, intime ami de Méhul, et grand admirateur de Gluck, publiera un *Essai sur la propagation de la musique en France, sa conservation et ses rapports avec le gouvernement*, qui montre le

développement des fêtes lié au développement de l'éducation musicale de la France et établit la nécessité de créer dans les villes de province, dans les villages même, des institutions dépendant du Conservatoire. Au nom du Directoire, pour répondre à des railleries contre une fête de la vieillesse, célébrée le 10 fructidor an IV, 27 août 1796, le directeur La Réveillère-Lepeaux fera insérer dans le *Rédacteur*, journal officiel, du 23 fructidor an IV, 9 septembre 1796, ces fermes déclarations :

La République existait, mais les lumières, les coutumes, les institutions qui doivent la consolider n'existaient pas encore.

Il appartenait au gouvernement actuel, chargé par les lois et par la propension de ses principes, autant que par l'intérêt de son existence, de l'honorable soin de la consolider, d'employer à ce but l'utile moteur des fêtes publiques, d'en faire chérir les maximes, par l'attrait naturel des délassements et des spectacles, et de mettre en quelque sorte en représentation les vertus les plus propres à lui servir d'appui pour en rendre le culte agréable et familier.

Tous les législateurs des peuples libres ont su ménager et employer habilement ces espèces de commotions électriques, qui impriment à la fois à tout un peuple une même pensée, celle d'une vertu, qui identifient tous les citoyens par le sentiment de fraternité qu'inspirent des jouissances communes, instants de bonheur pour les âmes sensibles, goûtés d'avance par l'espoir de les voir renaître, goûtés après qu'ils se sont écoulés par le souvenir qui les perpétue...

Ceux qui ont cherché à verser le ridicule sur une telle fête par cela seul qu'elle n'était pas de nature à provoquer un rassemblement de citoyens, n'ont pas observé que pour remplir son but, il suffisait qu'elle fût l'occasion d'une exhortation familière que chaque père de famille a pu faire le même jour à ses enfants, et ils ont oublié surtout combien une institution publique ajoute de force à ces sortes de leçons sur l'esprit de la jeunesse.

Une instruction « sur la célébration des fêtes nationales, à l'usage des commissaires du Directoire près des administrations départementales et municipales », sera rédigée, en ventôse an V, mars 1797, par le ministère de l'Intérieur, dont la direction générale de l'Instruction publique, occupée par Ginguené, comporte l'instruction publique, la morale publique, les fêtes nationales, les institutions républicaines. Le « bureau des fêtes nationales, des théâtres et des monuments » y est chargé de la « partie morale » des fêtes, dont la « partie esthétique » reste dépendante du Conservatoire.

Enfin, l'un des plus actifs ministres de l'intérieur du Directoire, François de Neufchâteau, ne se préoccupe pas seulement de tracer lui-même le programme de fêtes qui seront l'origine de nos expositions universelles, de nos concours agricoles ; il rappellera, dans de fréquentes circulaires, le but élevé poursuivi par le gouvernement du Directoire. « Une pensée philosophique, écrit-il dans une circulaire du 17 ventôse an VII, 7 mars 1799, a présidé à l'ordonnance du système des fêtes. Elles sont politiques ou morales. Les premières ont pour but de rappeler à l'universalité des citoyens, par des images imposantes, le sentiment de leur dignité, de leurs droits et de leurs devoirs, ou de solenniser les époques mémorables et les grands souvenirs des triomphes de la République. Les autres présentent des tableaux moins vastes, mais gracieux, mais revêtus de l'intérêt le plus touchant ; elles retracent les vertus des différents âges, des professions diverses ; elle répandent et approprient l'instruction à toutes les époques, à toutes les circonstances les plus marquantes de la vie, et c'est ainsi que l'institution des fêtes contribue à former à la fois l'homme et le citoyen. » Des instructions détaillées seront adressées par lui aux administrations centrales, pour la célébration des fêtes politiques du 9 thermidor, du 10 août, du 18 fructidor, du 1ᵉʳ vendémiaire, du 2 pluviôse (21 janvier), du 30 ventôse (souveraineté du peuple), des fêtes morales du 10 germinal (jeunesse), du 10 floréal (époux), du 10 messidor (agriculture), du 10 prairial (reconnaissance), du 10 fructidor (vieillesse).

. En outre, François de Neufchâteau voudra faciliter la célébration des fêtes, dans tout le pays, par la publication officielle de musique et de chants spéciaux. Déjà, dès le mois de mars 1794, les artistes de l'Institut national de musique avaient créé le *Magasin de musique à l'usage des fêtes nationales*, dont on a conservé les douze livraisons, parues de germinal an II, avril 1794, à ventôse an III, mars 1795, en un format réduit, *Ouvrage périodique de chansons et romances civiques*. François de Neufchâteau commencera en 1799 la publication du *Recueil des époques de la Révolution française*, qui réédite, avec un accompagnement restreint à 2 clarinettes, 2 cors, 2 bassons, les principales œuvres écrites pour les fêtes antérieures. Le 18 brumaire arrêtera cette publication, qui devait comporter trois parties : *livre 1, des Epoques de la Révolution française; livre 2, des Fêtes nationales; livre 3, des Epoques de la vie de l'homme*. Le seul spécimen du *Recueil des époques* qui ait été retrouvé, un exemplaire d'épreuve conservé à la bibliothèque du Conservatoire, montre l'impression arrêtée au début du livre 3.

Au 18 brumaire, à la fin de l'année 1799, l'organisation des fêtes nationales, léguée par la Convention, a été poursuivie sans défaillance par le Directoire; mais elle n'a pu être définitivement établie. Dans un rapport au ministre de l'intérieur, en 1797, Ginguené signalait parmi les principales causes des difficultés de la propagande civique officielle : les manœuvres des prêtres, la modicité des fonds consacrés aux fêtes, la malveillance attaquant les fêtes par l'arme terrible du ridicule, le peu d'empressement des administrations composées de royalistes déguisés ou de républicains très tièdes, enfin les souvenirs de la Terreur, dont le culte républicain semble être une survivance... A ces causes, M. Mathiez, dans son *Essai sur l'histoire religieuse de la Révolution*, ajoute cette considération :

... La propagande, qui était surtout patriotique, politique, devient de plus en plus morale. Les *institutions politiques* ont perdu leur prestige, on s'aperçoit de plus en plus de ce que valent les hommes, et changer la forme du gouvernement apparaît une œuvre assez vaine tant que les hommes restent les mêmes. Aussi compte-t-on de moins en moins sur les pouvoirs publics pour opérer la transformation nécessaire, et davantage sur l'action individuelle, sur l'exemple des bons citoyens. On parle plus rarement des institutions républicaines, et plus souvent des *institutions domestiques*.

Par l'institution de fêtes où la propagande devient de plus en plus morale, de moins en moins politique, l'Eglise était particulièrement menacée. Arrachée aux périls de 93, peu à peu renaissant au prestige et à l'autorité, elle ne pouvait pas ne point lutter contre ce mouvement. Sa première victoire sera de ce fait le Consulat, lorsque, pendant la première année, en 1800, se désintéresser des résultats acquis dans l'organisation des fêtes, abandonner la propagande morale à des efforts privés, tels que ceux des théophilanthropes, et ne conserver de la propagande politique que deux manifestations : la célébration de l'anniversaire du 25 messidor (14 juillet) et celle de l'anniversaire du 1er vendémiaire (22 septembre). L'avenir lui appartiendra lorsque, après 1800, le Consulat préparera l'empire, par des manifestations exclusivement militaires, par des revues au Carrousel, où la musique n'est plus représentée que par

des marches qu'interprète le corps de musique de la garde consulaire, formé de musiciens détachés du Conservatoire, dont la tradition est désormais brisée et la fonction limitée à l'enseignement d'une *aristocratie* d'artistes.

Le peuple n'est pas mêlé à l'histoire de la deuxième période des fêtes de la première république, comme à l'histoire de la première. Il n'en est pas de même pour les musiciens. Si la première période appartient presque exclusivement à Gossec, la deuxième réunit tous les maîtres du moment dans le même effort. Une admirable floraison d'œuvres commence en 1794. Elle s'achèvera magnifiquement en 1800 par deux œuvres considérables, le *Chant national du 14 juillet*, de Méhul, le *Chant du 1er vendémiaire*, de Lesueur, véritables oratorios laïques, qui demeurent pour attester la généreuse vitalité de l'art républicain au début du xixe siècle.

De 1790 à 1794, en dehors de la fête de la Raison et de la fête de l'Être suprême, l'objet des fêtes et des œuvres qu'elles inspirèrent avait été la commémoration d'anniversaires glorieux, des cérémonies funèbres, la glorification des grands citoyens, la célébration des victoires des armées. Les fêtes de la fin de l'année 1794 à 1800, et les œuvres eurent le même objet. Reprenant, sous une forme moins accentuée, ce qui avait été tenté avec la fête de la Raison et la fête de l'Être suprême, les fêtes civiques du Directoire apportèrent un élément nouveau, où la musique aurait trouvé un essor fécond, si leur durée avait été moins éphémère.

Les principales œuvres de la deuxième période de l'histoire des fêtes de la première République, de 1794 à 1800, sont :

POUR LA COMMÉMORATION DE L'ANNIVERSAIRE DU 14 JUILLET :

Chant national du 14 juillet, exécuté dans le temple de Mars, le 25 messidor an VIII (14 juillet 1800), scène lyrique avec récitatifs, soli, duos, trois chœurs à voix d'hommes et de femmes, et à trois orchestres, de Fontanes et Méhul.

DE L'ANNIVERSAIRE DU 10 AOUT :

Hymne du 10 août, exécuté le 23 thermidor an III, 10 août 1795, chœur à quatre voix, avec harmonie, de Chénier et Catel.

Chant républicain du 10 août, exécuté à la même date, chœur à quatre voix, avec harmonie, de Lebrun et Cherubini.

DE L'ANNIVERSAIRE DU 22 SEPTEMBRE :

Chant pour l'anniversaire de la fondation de la République française, chant populaire d'Amalric et Catel, exécuté en 1796.

Hymne à la République, exécuté le 1er vendémiaire an VII, 22 septembre 1798, chœur à quatre voix, avec harmonie, de Chénier et Martini.

Chant triomphal pour la fête du 1er vendémiaire an VII, exécuté le même jour, chœur à quatre voix, avec harmonie, de Leclerc et Marini.

Chant du 1er vendémiaire, exécuté dans le temple de Mars, le 1er vendémiaire an IX (22 septembre 1800), scène lyrique à quatre chœurs à voix d'hommes et de femmes, avec récitatifs, soli, duos, trios et quatre orchestres, d'Esménard et Lesueur.

DE L'ANNIVERSAIRE DU 21 JANVIER :

Serment républicain, exécuté le 1er pluviôse an IV, 21 janvier 1796, chœur à quatre voix, avec orchestre, de Chénier et Gossec, parodié sur le « serment », d'*Athalie* de Racine, extrait des intermèdes pour cette tragédie composés par Gossec en 1785.

Hymne du 21 janvier, exécuté à la même date, chant de H. Berton, sur un poème de Lebrun, qui fut employé aussi par H. Jadin, et par Lesueur, dans l'œuvre suivante.

Chant national pour l'anniversaire du 21 janvier, exécuté le 2 pluviôse an VI, 21 janvier 1798, chœur à quatre voix, avec harmonie, deux altos, violoncelle et contrebasse, de Lebrun et Lesueur.

Du 9 THERMIDOR :

Stances pour l'anniversaire du 9 thermidor, exécuté le 9 thermidor an III, 27 juillet 1795, chant de Pillet et Catel.

Hymne à l'Humanité, exécuté à la même date, chœur à quatre voix, avec harmonie, de Baour-Lormian et Cossec.

Chant du 9 thermidor, exécuté à la même date, chant de Desorgues et Lesueur.

Hymne du 9 thermidor, exécuté à la même date, chant de Chénier et Méhul.

Hymne dithyrambique sur la conjuration de Robespierre et la révolution du 9 thermidor, exécuté à la même date, mais composé un an avant, solo et chœur, de Rouget de Lisle, avec accompagnement d'orchestre par Eller.

Chant dithyrambique (pour l'entrée triomphale des objets de science et d'art recueillis en *Italie*), exécuté le 10 thermidor an VI, 28 juillet 1798, chœur avec soli et orchestre de Lebrun et Lesueur.

Du 18 FRUCTIDOR :

Le 18 fructidor, exécuté le 18 fructidor an VI, septembre 1798, chant de Lebrun-Tossa et Méhul.

Ode sur le 18 fructidor, exécuté à la même date, chœur à trois voix d'hommes, avec harmonie, de Andrieux et Cherubini.

Ode sur le 18 fructidor (fragment).

POUR LES CÉRÉMONIES FUNÈBRES :
Hymne du Panthéon, exécuté le 5e jour compl.,

5e sans-culottide an II, 21 septembre 1794, pour l'entrée de Marat au Panthéon, chœur à trois voix d'hommes, avec harmonie, de Chénier et Cherubini.

Hymne du Panthéon (fragment).

Chant funèbre sur la mort de Féraud, exécuté le 14 prairial an III, 2 juin 1795, solo avec chœur de voix d'hommes, et harmonie, de Coupigny et Gossec.

Chant funèbre à la mémoire de Féraud, exécuté à la même date, chant avec harmonie, de Baour-Lormian et Méhul.

Aux mânes de la Gironde, hymne élégiaque, solo, trio et chœur à quatre voix, avec harmonie, exécuté à la « fête des martyrs de la liberté », le 11 vendémiaire an IV, 3 octobre 1795, de Coupigny et Gossec.

L'Hymne des vingt-deux, solo et chœur à quatre voix, avec harmonie, exécuté le même jour, de Chénier et Méhul.

Hymne funèbre sur la mort du général Hoche, marche funèbre, chant pour voix de femmes, chant pour voix d'hommes, chœur pour voix d'hommes, avec harmonie, exécuté le 10 vendémiaire an V, 1er octobre 1797, au champ de Mars, de Chénier et Méhul.

Cantate funèbre, en mémoire des plénipotentiaires de la République française au congrès de Rastadt, chant pour la fête du 20 prairial an VII, 8 juin 1799, de Boisjolin et Gossec.

POUR LA GLORIFICATION DES GRANDS CITOYENS :

Hymne chanté par le peuple à la fête de Barra et Viala, chant préparé pour une fête fixée au 10 thermidor an II, 28 juillet 1794, qui n'eut pas lieu, de Daurigny et Méhul.

Hymne à Jean-Jacques Rousseau, solo et chœur, avec harmonie, exécuté au Panthéon le 20 vendémiaire an III, 11 octobre 1794, de Chénier et Gossec.

Ode sur le vaisseau le Vengeur, chant avec harmonie, exécuté en 1795, de Lebrun et Catel.

POUR LA CÉLÉBRATION DES VICTOIRES :

Hymne sur la reprise de Toulon, trois voix sans accompagnement, composé en 1793, de Chénier et Catel.

Le Chant des victoires, chœur à quatre voix avec harmonie, exécuté le 16 messidor an II, 4 juillet 1794, de Chénier et Méhul.

La Bataille de Fleurus, chœur à trois voix d'hommes, exécuté en partie au « concert du peuple » du 2 messidor an II, 29 juin 1794, et intégralement à celui du 14 juillet suivant, de Lebrun et Catel.

Hymne à la Fraternité, chœur à quatre voix, avec harmonie, exécuté le 21 septembre 1794, à la fête des victoires des armées et de l'entrée de Marat au Panthéon, de Desorgues et Cherubini.

Le Chant des triomphes de la République française, chœur à quatre voix, avec harmonie, exécuté le 30 vendémiaire an III, 21 octobre 1794, de La Harpe et Lesueur.

Hymne à la Victoire, chœur à quatre voix, avec harmonie, exécuté le 10 prairial an IV, 29 mai 1796, à la fête de la Reconnaissance et des Victoires, de Coupigny et Gossec.

Chant martial, solo et refrain en chœur à quatre voix, avec harmonie, exécuté le même jour, de Lachabeaussière et Gossec.

Chant du banquet républicain, solo avec chœur à quatre voix et harmonie, exécuté le même jour, de Lebrun et Catel.

Hymne à la Victoire, solo avec chœur à quatre voix et harmonie, exécuté le même jour, de Flins et Cherubini.

Le Chant du retour, chœur à quatre voix, avec harmonie, exécuté au palais du Directoire après le traité de Campo-Formio, de Chénier et Méhul.

POUR LES FÊTES CIVIQUES DÉCADAIRES :

FÊTE DE LA JEUNESSE, 10 germinal (30 mars).

Hymne pour la fête de la jeunesse, chant avec harmonie réduite (2 clarinettes, 2 cors, 2 bassons), exécuté en 1799, de Parny et Cherubini.

FÊTE DES ÉPOUX, 10 floréal (29 avril).

Hymne pour la fête des époux, chant avec harmonie réduite, exécuté en 1798, de Ducis et Méhul.

FÊTE DE LA RECONNAISSANCE, 10 prairial (29 mai).

Hymne pour la fête de la Reconnaissance, chant avec harmonie réduite, exécuté en 1799, de Mahérault et Cherubini.

FÊTE DE L'AGRICULTURE, 10 messidor (28 juin).

Hymne à l'Agriculture, quatuor et chœur, avec orchestre, exécutée en 1796, de Pipelet et Martini.

Hymne pour la fête de l'Agriculture, solo et chœur à quatre voix, avec harmonie, exécuté en 1796, de Lebrun et Berton.

Hymne pour la fête de l'Agriculture, chant avec harmonie réduite, exécuté en 1798, de Neufchâteau et Lesueur.

FÊTE DE LA VIEILLESSE, 10 fructidor (27 août).

Chant pour la fête de la Vieillesse, chant avec chœur à deux voix, exécuté en 1796, de Desorgues et Gossec.

Hymne pour la fête de la Vieillesse, chant avec harmonie réduite, écrit en 1799, de Arnault et Lesueur.

FÊTES DIVERSES.

Hymne à la souveraineté du peuple, chant et chœur à trois voix d'hommes, avec harmonie réduite, exécuté dans les temples du culte décadaire, en 1799, de Boisjolin et Catel.

Hymne à la tolérance, exécuté comme l'œuvre précédente, de X... et Beauvarlet-Charpentier.

Hymne pour l'inauguration d'un temple à la Liberté, chant avec harmonie réduite, exécuté en 1799, de François de Neufchâteau et Lesueur.

Hymne à l'Hymen, pour la célébration des mariages, duo avec harmonie réduite, plus 2 hautbois, exécuté en 1799, de Ginguené et Piccinni.

Ronde pour la plantation de l'arbre de la Liberté, chant avec harmonie réduite, exécuté le 16 ventôse an VII (6 mars 1799) devant le palais du Directoire, de Mahérault et Grétry.

4. Gossec, après 1800.

Aux dernières heures de la République, Gossec pouvait considérer avec fierté les progrès accomplis depuis 1790, où seul, avec Bernard Sarrette, il luttait pour ne pas laisser la musique en dehors du mouvement social qui régénérait la France. Sous l'empire, il conserva toute son ardeur des temps héroïques, mais il la consacra à ses fonctions de professeur au Conservatoire.

Lorsque les Bourbons vinrent, il fut chassé, avec Sarrette, en 1816, de l'école qu'on voulait rendre aux habitudes monarchiques. Il quitta en pleurant les élèves auxquels il enseignait la composition avec un zèle patient, qui se résumait dans cette expression favorite : « Mon ami, c'est bien cela ; mais cependant ce n'est pas cela... » Il se retira à Passy, où il vécut dans le souvenir des jours heureux qui avaient vu la réalisation de sa foi artistique, pendant lesquels l'art, affranchi de la servitude aristocratique et de la protection des princes, avait été offert au peuple et mis au service de ses enthousiasmes.

Gossec mourut le 9 février 1829, âgé de quatre-vingt-quinze ans, presque éteint depuis six années déjà, et ayant traîné pendant quinze années la honte d'être

traité en paria par la royauté. On n'avait pu l'arracher à l'Institut, où la République l'avait placé dès la fondation en 1795, et à la Légion d'honneur, où l'Empire l'avait inscrit en 1804. Son élève Panseron composa, pour être exécuté à ses obsèques, un *Pie Jesu* qui fut souvent entendu depuis. Sa tombe fut creusée au cimetière du Père-Lachaise, près de celles de Grétry, de Méhul, de Monsigny.

Un jour viendra où cette tombe sera visitée avec dévotion. La musique aura alors reconquis la place qu'elle doit occuper dans la Cité, et justice sera rendue au précurseur qui, sur un passé glorieux dont les musiciens du XIXᵉ siècle se sont inspirés, a élevé un avenir plus glorieux encore, vers lequel marcheront les musiciens du XXᵉ siècle.

IV

LES COMPOSITEURS QUI POURSUIVENT LEUR CARRIÈRE APRÈS 1789. — MARTINI, DALAYRAC

1. J.-P.-E. Martini.

L'auteur de la célèbre romance *Plaisir d'amour ne dure qu'un moment* est né en 1741 à Freistadt, dans le royaume de Bavière, sous le nom peu musical pour des oreilles françaises de Schwartzendorf ; il se fit Français et se donna un nom italien.

Son éducation première terminée à l'excellent collège de Neubourg, ville bavaroise sur le Danube, où s'étaient installés des Pères jésuites, il était venu en 1758 à Fribourg-en-Brisgau pour y suivre les cours de l'Université et compléter en même temps son éducation musicale, commencée de bonne heure avec un succès qui lui avait permis de tenir l'emploi d'organiste au collège dès l'âge de dix ans, et au couvent des Franciscains dès son arrivée à Fribourg.

Pendant son absence, son père était devenu veuf, puis s'était remarié. En rentrant à la maison familiale, après un séjour de deux années remplies par de consciencieuses études de philosophie et de musique, il trouva une belle-mère ennemie. Bientôt désespéré de l'insuccès de ses tentatives de conciliation, il se décida à fuir, et, soutenu par la belle insouciance de ses dix-neuf ans, il reprit la route de Fribourg, remettant aux bonnes inspirations qui ne pouvaient manquer de lui venir pendant le voyage le soin de rendre réalisables ses rêves confus de gloire et de richesse.

Il était depuis quelque temps déjà à Fribourg, que l'heureuse inspiration n'avait pas encore soufflé ; il résolut alors de s'en rapporter au hasard qui l'avait fait naître dans une ville maussade, pour lui indiquer une ville souriante à sa jeunesse et accueillante à son activité. Il fit l'ascension du clocher de la ville, détacha une plume de sa toque d'étudiant et l'abandonna au vent. La plume volait vers la France, vers Nancy...

Il ne se préoccupa point de son ignorance absolue de la langue française ; aussitôt il partit vers la ville amie, où il parvint ayant épuisé presque toutes ses ressources. Il allait être réduit à avoir faim, lorsque, passant un jour dans une rue de Nancy qu'il n'avait pas encore parcourue, il remarqua l'inexpérience d'ouvriers occupés à ajuster les pièces d'un orgue en construction. Impatienté par les erreurs qu'il voyait commettre et dont sa science d'organiste lui montrait la gravité, il n'hésita pas à pénétrer dans l'atelier et à démontrer aux ouvriers les défauts de leur travail par une pantomime mêlée des quelques mots de français appris depuis son arrivée.

Le mal était presque réparé quand arriva le patron, un facteur d'orgues nommé Dupont. On lui expliqua la présence de l'étranger parmi ses ouvriers et le bienfait de son intervention. La connaissance fut vite faite, et comme le patron comprenait quelque peu l'allemand, l'étudiant put raconter son odyssée et confesser son incertitude du lendemain. Sa détresse émut le facteur d'orgues, qui proposa immédiatement au jeune Schwartzendorf d'entrer dans sa maison et d'y vivre comme son propre enfant.

Désormais l'étudiant vagabond avait une nouvelle patrie et une nouvelle famille; il ne lui restait plus, pour rendre complète la réforme de sa destinée, qu'à changer de nom. Et bientôt, conservant seulement ses prénoms Jean-Paul-Egide, il se donna le nom plus séduisant de Martini, qu'il s'appliqua à rendre illustre par un effort constant d'intelligence et de volonté.

Devenu rapidement habile dans la facture, il occupa ses loisirs en étudiant le français et en développant son savoir musical par l'analyse des partitions des maîtres, où il apprenait les règles du contrepoint, l'instrumentation et les formes de compositions consacrées par le génie. Invinciblement attiré vers la musique, et encouragé par le succès de romances écrites pour s'essayer, il se désintéressa peu à peu de tout ce qui n'était pas la composition. Aussi, lorsque l'ex-roi de Pologne, le duc de Lorraine Stanislas, qui avait entendu vanter sa jeune réputation, lui fit proposer d'entrer dans sa maison, il n'hésita pas longtemps à quitter l'atelier de son protecteur Dupont. Mais il s'en éloigna, conservant pour la vie le souvenir attendri du brave homme qui lui avait été secourable.

Au palais du Stanislas, Martini n'eut plus à se préoccuper que de musique; il se livra avec ardeur à la composition, et, pour compléter son bonheur, il épousa une femme dont il était devenu éperdument amoureux.

En 1766, à la mort de Stanislas, le jeune ménage, enthousiaste de vie et de gloire, avait abandonné Nancy pour Paris. Un concours venait d'y être ouvert pour la composition d'une marche solennelle destinée à la musique du régiment des gardes suisses, dont le répertoire, borné aux airs et marches de Lulli et de ses contemporains, était en cours de renouvellement. La marche présentée par Martini, qui s'était mis à l'œuvre le jour même de son entrée dans la capitale, obtint le prix et valut à son auteur la protection immédiate du duc de Choiseul, dont la première faveur fut le don d'un brevet d'officier à la suite du régiment des hussards de Chamboran.

Martini composa alors un grand nombre de morceaux pour musique militaire qui eurent, en même temps qu'une grande vogue, une salutaire influence sur le style puéril des musiciens adonnés à ce genre de composition; puis il ajouta, à sa réputation en écrivant des romances, des divertissements pour la harpe, des trios et quatuors pour clavecin et instruments à cordes, des symphonies. Il ne lui manqua bientôt plus que la consécration définitive d'un triomphe au théâtre; il l'obtint en 1771 avec l'*Amoureux de quinze ans*, comédie en trois actes avec ariettes et divertissements, représentée au théâtre de la Comédie italienne.

L'heure de la renommée avait sonné; désormais Martini était l'émule de Grétry, de Philidor et de Monsigny. Il donna sa démission d'officier et fut nommé directeur de la musique, d'abord dans la maison du prince de Condé, puis, en 1775, dans la maison du comte d'Artois.

Après quelques insuccès, dont furent surtout responsables ses collaborateurs, entre autres le librettiste du Rosoy, qui mérita le surnom de « Ravaillac Second » pour deux indignes poèmes d'opéra sur Henri IV, Martini obtint une éclatante revanche avec le *Droit du seigneur*, comédie en trois actes mêlée d'ariettes et de divertissements, représentée en 1783 à la Comédie italienne, et restée pendant vingt-cinq ans au répertoire; puis il dut renoncer à la composition pour se consacrer, avec le célèbre violoniste Viotti, à la direction générale d'une colossale entreprise théâtrale montée à l'instigation de Monsieur, frère du roi, et de Léonard Autié, coiffeur de la reine Marie-Antoinette, et qui, pendant trois années et demie, de janvier 1789 à août 1792, eut une destinée très prospère. On y donnait successivement, dans une admirable salle du palais des Tuileries, des représentations modèles d'opéras italiens, d'opéras-comiques français, de comédies en prose et en vers, de vaudevilles, qui eurent pour principal résultat de développer l'art musical en France et de créer, par l'émulation des virtuoses venus d'Italie, notre école nationale de chant, dont Garat fut l'initiateur et est demeuré la gloire.

L'entreprise fut renversée par la Révolution. Martini se trouva alors presque sans ressources. Avec la monarchie disparaissaient et sa place de directeur de théâtre et sa fonction de surintendant de la musique du roi, dont il avait acheté la charge seize mille livres; il dut même, au début de la tourmente, se cacher pour qu'on oubliât mieux ses relations avec la cour. Sans se laisser abattre, il se remit à l'œuvre et se donna tout entier à la composition d'une tragédie lyrique en trois actes, *Sapho*, dont le poème avait été écrit par une de ses plus ferventes admiratrices, la princesse Constance de Salm. Représentée au théâtre Louvois en 1794, la tragédie fut acclamée pendant cent représentations consécutives, et son succès se serait encore prolongé si, après la fermeture du théâtre Louvois, le genre de l'œuvre eût permis qu'elle entrât au répertoire de l'Opéra ou à celui de l'Opéra-Comique.

Nommé, avec Méhul, Gossec, Lesueur, Cherubini et Monsigny, inspecteur des classes et professeur de composition à la fondation du Conservatoire par la Convention, en 1795, Martini ne se détourna de ses fonctions que pour écrire des chants patriotiques destinés aux fêtes de la République, *Chant funèbre*, *Hymne à l'Agriculture*.

En 1800, il fit représenter au théâtre Feydeau ses deux derniers ouvrages dramatiques, *Annette et Lubin*, *Ziméo*, dont la musique ne parvint pas à faire triompher les livrets; et à partir de 1802, où il perdit, comme Lesueur, sa place d'inspecteur des classes du Conservatoire, il se voua à la composition de musique religieuse.

Les déboires de la fin de sa carrière avaient aigri son caractère; il ne connut plus la joie. Sa réintégration dans sa place de surintendant de la musique par Louis XVIII, en 1814, lui fut un adoucissement; mais il ne se consola point d'avoir été écarté du

Conservatoire. Il mourut en 1816, trois semaines après une solennelle exécution, à Saint-Denis, de son *Requiem,* à la mémoire de Louis XVI.

Il laissait, avec ses œuvres de théâtre, six recueils de romances et trois ouvrages théoriques, *Traité élémentaire d'harmonie et de composition, l'Art du chant réduit en principes, Partition pour accorder le piano et l'orgue.* Il ne reste de tout cela qu'une romance : *Plaisir d'Amour ne dure qu'un moment;* mais ce chant simple et profond défie le temps.

Cette aumône de gloire est bien due au musicien qui, le premier, eut la préoccupation de remplacer la monotone basse chiffrée habituelle de la romance par un accompagnement complétant le chant, et celle de cultiver une forme musicale populaire avec assez de talent pour l'imposer à l'attention de tous.

2. N. D'ALAYRAC

Nicolas d'Alayrac est né le 13 juin 1753 dans les environs de Toulouse, à Muret.

Du collège toulousain, où ses études, très consciencieusement accomplies, prirent fin avant qu'il eût achevé sa quatorzième année, il revint dans sa petite ville natale, pénétré d'admiration pour Tacite et Horace, qui devaient rester ses auteurs favoris, mais beaucoup plus enthousiasmé encore pour la musique. En assistant aux réunions artistiques qu'organisait souvent le principal du collège, la passion musicale avait si complètement gagné le jeune étudiant, qu'il ne s'était tant appliqué à l'achèvement rapide de ses études littéraires que pour mériter le droit de choisir lui-même la récompense légitimement due par le contentement de ses parents à son application exemplaire.

Aux offres les plus tentantes qu'on lui fit, il préféra des leçons de violon.

Lorsqu'il en eut obtenu la promesse de son père, l'exubérance de sa joie montra qu'il se trouvait justement récompensé de ses mérites, et ce fut un grand sujet d'étonnement pour les siens que de constater l'ardeur de son goût pour un art auquel toute la famille était indifférente, et pour un instrument dont l'apprentissage était jugé mystérieusement aride. On crut à un caprice, et, sans défiance, on laissa d'Alayrac étudier le violon en même temps que la science du droit, qui devait former le complément de son éducation.

Cependant, après quelques mois seulement, devait éclater entre le père et le fils, à propos de musique et de violon, une lutte dont les péripéties ne laissèrent pas indifférents les habitants de Muret, parce que la haute situation administrative du père, subdélégué de la province, sollicitait toutes les curiosités, et parce que la ténacité rusée du fils allait réaliser d'étonnants exploits.

Ce furent les plaintes des membres de l'orchestre d'amateurs de la ville qui amenèrent la déclaration de guerre. Sans aucun respect pour les barbes grises musiciennes, au milieu desquelles il se faufilait, et sans aucun souci des récriminations unanimes, le « petit à Monsieur d'Alayrac » ne cessait point de se signaler, avec un zèle insupportable, par son inexpérience audacieuse dans le jeu des « airs à jouer et à danser » de Lulli et de Rameau, qui formaient le répertoire traditionnel, et dont il bousculait la cadence, lorsqu'il ne s'attardait pas à d'intempestives fioritures. L'intervention du père pouvait seule mettre fin au scandale. On y fit appel, et le bouillant

violoniste reçut l'ordre de s'abstenir désormais de paraître aux réunions, où son ignorance portait le trouble.

Excité par le ton ironique de la semonce paternelle, d'Alayrac s'appliqua alors si activement à l'étude de la musique et du violon, que les *Institutes* de Justinien, avec leur cortège de grimoires juridiques, furent tout à fait délaissées.

Voyant la joie du professeur de violon et la tristesse du professeur de droit, le père s'informa. L'effroyable vérité lui apparut : son fils désertait la voie qu'il lui avait tracée, pour s'adonner à des travaux futiles, indignes de son enfance studieuse. Les leçons de violon furent supprimées pour toujours, et on veilla sévèrement à l'accomplissement des études qui devaient faire de lui un savant avocat.

Très triste d'être privé de leçons, d'Alayrac se consola un peu en songeant que le violon lui restait.

Quelques semaines après la catastrophe, le son de l'instrument emplit joyeusement la maison. Mais, dès qu'il l'entendit, le père se précipita; car la haine de la musique le possédait maintenant, et, sans pitié pour les pleurs qui coulaient déjà, son geste furieux ne laissa aux mains du pauvre musicien que des morceaux de bois pendant lamentablement au bout des cordes qui vibraient pour la dernière fois.

Peu à peu le calme se fit dans l'âme du violoniste persécuté, et il réfléchit qu'un violon pouvait facilement se remplacer. Sur ses économies il préleva ce qui fut nécessaire pour s'en procurer un autre chez le marchand de Muret, et il se cacha pour en jouer. A force d'adresse, la tranquillité lui fut acquise pendant quelque temps; mais il ne pouvait échapper, un jour ou l'autre, à la surveillance du terrible père, même avec la bienveillante complicité de la maman indulgente. Le second violon, découvert, fut impitoyablement brisé comme le premier.

Alors le marchand de violons de Muret connut des jours heureux : sans se lasser d'acheter, sans se lasser de briser, le fils et le père d'Alayrac assurèrent à son commerce une prospérité inattendue.

Le gaspillage d'argent n'inquiétait point le fils; mais, à la fin, le père s'en préoccupa, et il se souvint de l'autorité que lui donnait son titre de subdélégué pour en abuser : défense fut faite au marchand de vendre des violons. Il n'était pas possible d'aller contre la volonté administrative; le malheureux fils du subdélégué resta impuissant devant les débris de son dernier violon.

La force appelait la ruse; l'enragé violoniste n'eut plus d'espoir qu'en elle. Il épia les musiciens ambulants et parvint à en découvrir un qui troqua son misérable instrument contre ce qui lui restait d'économies et la belle montre dont sa mère l'avait un jour consolé.

Pour être certain que ce violon échapperait au massacre et pour en jouer avec sécurité, d'Alayrac décida qu'il n'en userait seulement que la nuit et dans un coin de la maison où, depuis longtemps, personne ne s'aventurait plus : une vieille mansarde ouvrant sur le jardin du couvent voisin, et dans laquelle on ne pouvait pénétrer qu'en passant par le toit. Dans cette paisible retraite aérienne, il vint chaque nuit retrouver le cher violon, qui portait aux étoiles les tendres mélodies de son âme rêveuse. Quelle divine musique n'aurait-il pas improvisée, s'il s'était douté que, dans le mystère du jardin voisin, chaque soir, les petites pensionnaires de l'austère couvent venaient bercer à ses chants leur mélancolie de recluses !

L'une d'elles, en s'attardant dans le jardin, avait fait la découverte merveilleuse, et, avec admiration, elle en avait fait part à ses camarades. D'abord on crut à un rêve, mais les plus hardies étaient allées voir, et bientôt toutes, la nuit venue, avaient pris l'habitude de déserter le dortoir pour ouïr le beau concert que leur donnait peut-être Notre-Seigneur Jésus ou, tout au moins, l'ange Gabriel.

Un soir, la sœur supérieure, qui, depuis quelque temps, remarquait une certaine agitation dans son pensionnat, entendit elle aussi le violon. Comme sa foi était moins naïve que celle de ses élèves, elle ne crut pas à la présence d'un musicien céleste; le lendemain, en observant attentivement, elle remarqua que le virtuose ne descendait point du ciel, mais seulement du toit, et qu'il ressemblait tout à fait au fils de M. d'Alayrac. Afin de sauvegarder la tranquillité de son couvent, elle prévint immédiatement le subdélégué.

Celui-ci, comprenant enfin qu'il serait toujours vaincu, retint sa fureur, même à l'égard du violon, et jugea que, peut-être, la passion musicale de son fils serait victorieusement combattue par un heureux début au barreau de Toulouse. Il engagea d'Alayrac à ne pas différer plus longtemps son entrée dans la carrière. Le fils mit tous ses soins à préparer sa première plaidoirie; mais, au jour de l'audience, il oublia ses belles phrases et fut si peu brillant, que, pour la première fois depuis sept années, le père et le fils se trouvèrent d'accord pour juger impossible la profession d'avocat.

Toutefois, le père n'abandonnait pas l'espoir d'arracher son fils à la musique, et il choisit la carrière militaire. Comme toujours, d'Alayrac s'inclina et ne fit aucune difficulté d'entrer, comme sous-lieutenant, dans les gardes du comte d'Artois, qui tenaient garnison à Versailles, tout près de Paris, de ses beaux théâtres et de ses glorieux musiciens.

Le pauvre père ne soupçonnait pas qu'il s'était arrêté à la solution la plus favorable pour livrer complètement son fils à la musique.

En 1774, au lendemain de sa vingtième année, d'Alayrac vint à Versailles occuper le poste de sous-lieutenant qu'on lui avait choisi dans les gardes du comte d'Artois, pour vaincre son entêtement musical par la séduction de la carrière militaire accomplie dans la résidence royale.

Uniquement préoccupé de satisfaire sa passion de musique, il devint précieux pour ses camarades, car il ne refusait jamais de prendre à leur place la faction de nuit, afin d'être certainement libre aux moments où les artistes de l'Académie royale et de la Comédie italienne venaient, dans le palais de Versailles, interpréter les œuvres nouvelles du répertoire. Mais d'Alayrac ne pouvait se contenter de ces rares auditions, et, tous les jours de loisir, il fit le voyage de Versailles à Paris, pour entendre les œuvres de Philidor, de Monsigny, de Grétry, accomplissant à pied tout le trajet, n'ayant pour ressources quotidiennes qu'un malheureux écu de trois francs.

Bientôt d'utiles relations lui procurèrent l'appui qui lui avait manqué jusque-là, pour prendre confiance dans ses dispositions musicales instinctives et pour se décider à l'étude approfondie de la composition. Il se fit recevoir membre de la loge des Neuf-Sœurs, que fréquentaient les esprits les plus distingués dans les lettres et les arts, puis devint l'hôte très assidu des salons alors célèbres parmi les musiciens : celui du baron de Besenval, où il recueillit les encouragements du violoniste fameux le cheva-

lier de Saint-Georges, et celui du financier Savalette de Lange, où il rencontra le plus savant professeur du temps, Langlé, dont il sut mériter la sympathie au point de devenir son disciple préféré.

Sous la direction de ce maître expérimenté, les progrès de d'Alayrac furent rapides. Après quelques mois, il en sut assez pour exprimer correctement et habilement ses idées musicales. Ne pouvant encore songer à aborder la scène, il composa des quatuors pour instruments à cordes et, de connivence avec Langlé, les signa d'un pseudonyme italien pour les soumettre au jugement des hôtes du baron de Besenval. Encouragé par le bon accueil fait à sa musique, il renouvela l'expérience sans se départir de l'incognito, qui lui donnait la très douce joie de se voir interpréter avec une ardeur et un soin dont les exécutants n'auraient pas eu le souci s'ils savaient pu deviner la présence du compositeur italien tant applaudi sous l'uniforme du sous-lieutenant d'Alayrac.

Un soir, où un nouveau quatuor était exécuté pour la première fois, le mystère fut brusquement dévoilé. Le second violon avait joué des notes si inattendues que tous s'étaient arrêtés et que d'Alayrac avait bondi vers lui en s'écriant : « Vous vous trompez, ce n'est pas cela qui est écrit. — Mais si. — Mais non. — Regardez la musique. — C'est inutile, voici ce que vous devez jouer. — Comment le savez-vous ? »

Cloué sur place par la question, le faux compositeur italien, trahi, s'embarrassait dans de confuses explications, prétendant avoir vu le manuscrit chez le copiste, lorsque Langlé saisit ce moment opportun pour avouer, et présenter à tous d'Alayrac comme son meilleur élève, ainsi qu'on en pouvait juger par les charmants quatuors exécutés chez le baron de Besenval.

Les compliments et les éloges s'exprimèrent si sincèrement, que d'Alayrac ne put résister à la joie d'y associer son maître. Il raconta que, depuis longtemps, il allait chaque jour étudier sous la direction de Langlé, qui, connaissant ses modestes appointements de sous-lieutenant et la ténacité de sa passion pour la musique, n'avait voulu recevoir aucune rémunération de ses leçons. Alors on fit fête au maître et à l'élève, désormais sacré professeur et mis à la mode par ce début quelque peu romanesque dans la carrière, qui venait s'ajouter aux étonnantes péripéties de sa jeunesse à Muret.

Avant de paraître au théâtre, d'Alayrac se signala en écrivant deux œuvres de circonstance pour deux cérémonies fameuses : la réception de Voltaire à la loge des Neuf-Sœurs, celle de Franklin chez Mᵐᵉ Helvétius.

La protection de la reine Marie-Antoinette, auditrice des soirées lyriques données par le baron de Besenval, où deux petits actes de d'Alayrac, le Petit Souper, le Chevalier à la mode, avaient été représentés, lui ouvrit les portes de la Comédie italienne en 1781.

Le succès de l'Éclipse totale, dont son camarade des gardes du comte d'Artois, Lachabeaussière, avait écrit le livret, puis ceux du Corsaire en 1783, de Nina en 1786, d'Azémia en 1787, établirent assez solidement sa réputation qu'il pût renoncer à la carrière militaire et s'adonner entièrement à la musique.

Pendant une période de vingt-huit ans, de 1781 à 1809, il donna chaque année deux ouvrages dramatiques en moyenne et affirma, par plus de cinquante opéras-comiques, la fécondité gracieuse et spirituelle de son talent. Avec Nina, représenté en 1786, ce furent *Camille* ou le *Souterrain*, représenté en 1791, *Adolphe et Clara* en 1799, *Maison à vendre* en 1800, *Gulistan* en 1805, qui marquèrent parmi ses plus heureuses productions. Il compta très peu d'insuccès, et de la plupart de ses ouvrages restèrent des fragments que la vogue perpétua longtemps, comme la romance de *Renaud d'Ast* : *Comment goûter quelque repos;* celle de *Sargines* : *Si l'Hymen a quelque douceur,* dont la paternité fut attribuée à Paër dans le célèbre recueil des *Echos de France;* la chanson de *Raoul, sire de Créqui* : *Un jour Lisette allait aux champs,* qui fut populaire; le vieil air montagnard des *Deux Savoyards,* les duos de *Nina* et de *Primerose,* etc.

Il excella dans la composition des duos, qui réunissaient ses interprètes favoris, Elleviou et Martin, et surtout dans la composition du genre aimable qui allait devenir si florissant sous le Directoire et l'Empire : la romance, dont il fut le vulgarisateur inspiré dès 1782, suivant son collaborateur et biographe, R.-C.-G. de Pixérécourt :

« C'est lui qui a naturalisé dans toute la France ces airs tendres et mélancoliques connus sous le nom de romances, et qui avaient été pendant plusieurs siècles l'apanage exclusif des troubadours, avant que d'Alayrac les eût fait entendre sur nos théâtres. C'est donc à lui que nous devons ce genre de musique d'autant plus difficile qu'il s'écrit avec l'âme... »

Mais d'Alayrac n'était pas seulement capable de grâce, de tendresse, d'esprit; il était doué d'un instinct scénique très sûr. A cette qualité si rare, des hommages unanimes ont été rendus. Par ses collaborateurs eux-mêmes, qui l'appelaient le « musicien-poète » et dont l'un, Alexandre Duval, a écrit :

« ... D'Alayrac est un homme de beaucoup d'esprit. Il sent lorsque l'intrigue est assez forte pour se passer de musique, et il place ses morceaux là où ils ne peuvent point retarder l'action... »

Par Grétry, le premier dans le genre où d'Alayrac s'est élevé à la seconde place, qui lui a consacré ce passage au tome III de ses *Essais :*

« Sans être son élève, d'Alayrac est le seul artiste qui, avant d'entrer dans la carrière, a fréquenté longtemps mon cabinet. Me voyant à l'ouvrage et, comme l'on dit, les mains dans la pâte, souvent il était étonné de me voir rejeter des idées, des inflexions qui lui paraissaient bonnes. Je lui en disais aussitôt la raison : « C'est une fille qui parle, disais-je, et je « lui donne les accents d'un homme. » Une autre fois, je lui faisais remarquer que l'acteur ne croyait pas

un mot de ce qu'il affirmait et que sa déclamation, ce type du chant dramatique, ne devait pas être aussi affirmative... Aussi d'Alayrac, né avec de l'esprit et avec de la grâce, est un musicien qui a le mieux respecté les convenances... »

Par Adolphe Adam, qui, dans la notice consacrée au maître dont il continuait la tradition, s'exprime ainsi :

« ... Ce qui doit être loué sans restriction aucune, c'est le sentiment de la scène, qu'il possédait au plus haut degré. C'est à cet instinct excellent qu'il dut en partie ses nombreux succès, tant pour le choix heureux de ses sujets que pour la manière réservée, habile et ingénieuse dont il savait les présenter sous la forme musicale. Aussi sa réputation fut-elle beaucoup plus grande au théâtre que parmi les musiciens. Il ne fit jamais partie du Conservatoire, où Monsigny et Grétry avaient été appelés à professer dès l'origine de l'établissement... »

Dès les premières heures de la Révolution, d'Alayrac se montra citoyen dévoué aux idées nouvelles. Il supprima la marque nobiliaire de son nom et ne signa plus désormais que *Dalayrac;* avec Beaumarchais et Grétry, il prit une part active aux discussions qui s'élevèrent à l'Assemblée nationale et au comité d'instruction publique au sujet de la propriété artistique admise et du droit d'auteur que refusaient de reconnaître les directeurs de spectacle. Il porta sur la scène les événements mémorables de l'époque, en donnant *le Chêne patriotique ou la Matinée du 14 juillet* en 1790, *Philippe et Georgette* en 1792, œuvre inspirée par l'épisode d'un soldat du régiment de Châteauvieux, échappé aux massacres de Nancy et sauvé par l'amour d'une jeune fille; en collaborant, avec Kreutzer, Grétry, Méhul, Deshayes, Solié, Devienne, Berton, Jadin, Trial, Blasius, Cherubini, à l'opéra *le Congrès des Rois,* représenté en 1793; en écrivant, la même année, *le Prisonnier,* pour glorifier le jurisconsulte anglais Asgill, emprisonné pendant trente années à cause des idées républicaines exprimées dans ses ouvrages, puis, en 1794, *la Prise de Toulon, l'Enfance de Jean-Jacques Rousseau;* enfin, en souvenir de deux faits historiques, *les Détenus, le Vieillard des Vosges.*

Dalayrac ne composa pas, comme Gossec, Méhul, Lesueur et Cherubini, d'œuvres grandioses pour les Fêtes de la Révolution, mais il écrivit pour le peuple une *Ode à l'Être suprême,* la *Chanson des canons,* et adapta la musique d'un air de son *Renaud d'Ast* aux couplets qui devinrent populaires dès 1792 : *Veillons au salut de l'empire...*

Veil-lons au sa-lut de l'em-pi-re. Veil-lons au maintien de nos lois,— Si le des-po-tisme cons-pi-re, Cons-pi-rons la per-te des rois Li-ber-té!— Li-ber-té!— Que tout mortel te rende hom-ma-ge, Ty-rans,— trem-blez!— Vous al-lez ex-pi-er vos for-faits.

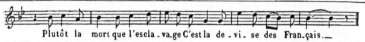

Plutôt la mort que l'escla _ va _ ge C'est la de _ vi _ se des Fran _ çais. _

En 1809, parvenu à la gloire, membre de l'Académie de Stockholm depuis 1798, fait chevalier de la Légion d'honneur en 1808, Dalayrac vivait honoré de tous, pour son œuvre qu'il ne cessait d'accroître, et pour son caractère dont on avait connu toute la noblesse, lorsque, au lendemain de la faillite de son ami le financier Savalette de Lange, dépositaire de toute sa fortune acquise, il s'était refusé à accepter le testament de son père qui, en mémoire du passé, avait diminué à son profit la part des autres. Il venait de terminer un opéra-comique en 3 actes, *le Poète et le Musicien*, auquel il s'était adonné avec passion afin de prouver que la distinction reçue par l'empereur lui était légitimement due. Un soir, dans les derniers jours du mois de novembre, il revint à sa maison de Fontenay-aux-Roses profondément découragé. Son principal interprète, le chanteur Martin, était tombé malade, et le prochain départ de l'empereur était annoncé. Dans la nuit, une fièvre nerveuse intense le saisit, et il tomba dans le délire. Pendant cinq jours, sa femme et ses amis assistèrent impuissants et terrifiés à son atroce agonie : les chants de sa dernière œuvre s'échappaient avec effort de sa bouche convulsée, et un rythme imprécis, incessamment répété, se fixa sur ses lèvres. Enfin, il mourut le 27 novembre 1809.

Suivant sa volonté, il fut inhumé dans le jardin de sa maison de Fontenay. Une foule immense, qui comprenait des poètes, des musiciens, les artistes de l'Opéra et de l'Opéra-Comique, lui fit un imposant cortège. Son collaborateur Marsollier prononça un discours émouvant, et sur une médaille de plomb attachée à la voûte du caveau, on grava : *Respect au chantre des Grâces*. Quelques jours après, une cérémonie fut faite à l'Opéra-Comique pour l'installation, dans le foyer du théâtre, de son buste, sculpté par Cartellier, et orné de cette dédicace : « A notre bon ami Dalayrac. »

Un an et demi après sa mort, le 30 mai 1811, on représenta à l'Opéra-Comique *le Poète et le Musicien*. Ce fut l'occasion d'un nouvel hommage rendu à Dalayrac par le théâtre dont il avait fait la fortune : son buste fut couronné sur la scène. Puis on oublia, et quand mourut la veuve, en 1820, l'article nécrologique qui lui fut consacré par un littérateur qui se souvenait, put adresser aux artistes volages l'amer reproche « de n'avoir pas envoyé au moins une députation à la cérémonie, comme ils le devaient aux convenances, puisque, dans cinq mois, les soixante ouvrages de Dalayrac devenaient leur propriété, et que des héritiers se dispensent rarement de ce dernier devoir ».

Réinstrumentés par Adolphe Adam, *Camille* fut repris en 1841, et *Gulistan* en 1844. Depuis, aucune tentative n'a plus été faite pour la gloire de l'œuvre de Dalayrac, maintenant tout à fait délaissé, et dont seuls se préoccupent les faiseurs de cantiques, qui, en adaptant des paroles pieuses et en supprimant le nom du compositeur, ont rendu « sacrée » la musique de ses plus tendres romances. Et c'est ainsi que les jeunes musiciens d'aujourd'hui qui fréquentent les églises peuvent être charmés par du Dalayrac sans le savoir, comme il arriva à Berlioz, au jour de sa première communion, suivant ses mémoires :

« Au moment où je recevais l'hostie consacrée, un chœur de voix virginales, entonnant un hymne à l'Eucharistie, me remplit d'un trouble à la fois mystique et passionné, que je ne savais comment dérober à l'attention des assistants. Je crus voir le ciel s'ouvrir, le ciel de l'amour et des chastes délices, un ciel plus pur et plus beau mille fois que celui dont on m'avait tant parlé. *O* merveilleuse puissance de l'expression vraie, incomparable beauté de la mélodie du cœur! Cet air si naïvement adapté à de saintes paroles et chanté dans une cérémonie religieuse était celui de la romance de *Nina* : « Quand « le bien-aimé reviendra. » Je l'ai reconnu dix ans après. »

Quand le bien-ai _ mé re _ vien _ dra Près de sa languis _ sante a _ mie. Le Prin _ tems a _ lors renaî _ tra L'herbe se _ ra tou _ jours fleuri _ e. Mais je re _ gar _ de Mais je re _ gar _ de hé _ las hé _ las.... Le bien-ai _ mé ne re _ vient pas Le bien-ai _ mé ne re _ vient pas.

Mais le peuple musicien est demeuré fidèle à Dalayrac et conserve sa mémoire : les musiciens de sa ville natale l'ont choisi pour patron, et lorsque Muret est en fête, l'*Harmonie Dalayrac* réveille, par ses concerts, la gloire du « chantre des grâces ».

V

LES COMPOSITEURS DE LA PÉRIODE

1. Ignace Pleyel.

Du mariage d'inclination qui avait uni un simple maître d'école de village à une femme de haute naissance, 23 enfants étaient déjà nés, lorsque vint au monde, en 1757, à Ruppersthal, près de Vienne, Ignace Pleyel. Bien que sa naissance eût causé la mort de sa mère, il ne devait point rester le plus jeune de la famille, car son père — qui vécut jusqu'à 99 ans — s'étant remarié, 14 autres frères et sœurs lui furent donnés.

Entraîné vers la musique dès l'enfance, Ignace Pleyel fit de tels progrès sans le secours de professeurs et manifesta des dispositions si heureuses, qu'on l'envoya étudier à Vienne. Il y fut bientôt remarqué par un grand seigneur hongrois, le comte Erdœdy, qui, l'entendant jouer du clavecin avec un talent extraordinaire vers ses 15 ans, s'intéressa à son avenir et paya une pension de cent louis par an à Haydn, pour qu'il prît chez lui le jeune musicien et devînt son maître.

Quatre ans plus tard, en 1776, au lendemain du triomphe d'*Alceste* à Paris, Gluck venait à Vienne rendre visite à Haydn. Le jeune musicien n'avait point tardé à devenir l'élève favori, et son éducation allait prendre fin ; il fut invité à montrer ses essais de composition. Gluck se plut à les examiner, et pour mieux témoigner que ces travaux de débutant ne le laissaient pas indifférent, il ajouta à ses compliments ce conseil : « Mon jeune ami, maintenant que vous avez appris à mettre des notes sur le papier, il ne vous reste plus qu'à apprendre à en effacer. »

Ignace Pleyel acquit l'expérience, qui lui manquait encore après les leçons d'Haydn, en exerçant les fonctions de maître de chapelle chez son protecteur, le comte Erdœdy ; puis il obtint de visiter l'Italie, où, par la fréquentation des maîtres Cimarosa, Guglielmi, Paisiello, et par l'audition de leurs œuvres, interprétées par les plus fameux virtuoses du chant, il acheva l'apprentissage de son métier de compositeur.

Jusqu'alors la musique instrumentale l'avait seule attiré : il voulut faire un essai dramatique et donna à Naples une *Iphigénie* qui fut aussi représentée en Allemagne, quand il y revint, en 1781. Il accomplissait un deuxième voyage en *Italie*, lorsqu'il fut appelé à Strasbourg, en 1783, comme maître de chapelle adjoint de la cathédrale. A la mort du titulaire, en 1789, il bénéficia de la survivance qu'on lui avait promise, et, assuré désormais des ressources nécessaires à l'existence de sa famille, il put se consacrer librement à la musique de chambre, qui l'intéressait beaucoup plus que la musique religieuse ou dramatique.

De Strasbourg se répandit à Vienne, à Berlin, à Leipzig, à Paris, à Londres, en Hollande, la réputation de ses célèbres quatuors pour instruments à cordes, qui glorifièrent son nom et lui méritèrent les admirations les plus flatteuses, telles que celle de Mozart, formulée dans cette lettre :

« On a publié des quatuors d'un certain Pleyel, qui est un élève de Joseph Haydn. Si vous ne les avez pas encore, tâchez de vous les procurer, cela en vaut la peine. Ils sont très bien écrits et très agréables ; vous reconnaîtrez bientôt son maître. Quel bonheur pour la musique, si Pleyel pouvait nous remplacer Haydn ! »

La célébrité d'Ignace Pleyel lui valut d'être appelé à Londres, en 1791, par les membres du « Professional Concert », pour diriger des concerts, comme son maître Haydn, qui, l'année précédente, avait été appelé par les membres d'une société concurrente. L'élève reçut les mêmes acclamations que le maître. Revenu à Strasbourg, au mois de septembre 1791, à l'heure où Paris fêtait la proclamation de la constitution, Ignace Pleyel fut, avec le maire Dietrich et le capitaine Rouget de Lisle, l'organisateur d'une cérémonie en l'honneur de la constitution, pendant laquelle tout le peuple de Strasbourg chanta le refrain d'un hymne, *Liberté sainte,* dont il avait écrit la musique sur un poème de Rouget de Lisle.

Deux ans après, en 1793, au 10 août, il donnait une nouvelle preuve de sa foi républicaine en composant une symphonie descriptive, la *Révolution du 10 août ou le Tocsin allégorique*, dont la solennelle exécution laissa aux Strasbourgeois l'extraordinaire souvenir d'une œuvre construite avec tous les thèmes en vogue de la Révolution, et aboutissant à une formidable polyphonie dans laquelle carillonnaient toutes les cloches de la ville.

Installé à Paris, avec sa famille, depuis l'année 1795, Ignace Pleyel, que le mouvement de la Révolution avait entraîné, ne retrouva point la sérénité qui convenait à un compositeur de quatuors et d'autres œuvres de musique de chambre.

Pour occuper son activité, il se fit éditeur de musique, publiant ses propres œuvres et celles de ses confrères, s'appliquant à faire respecter les droits de propriété, donnant aux musiciens des éditions correctes et élégantes dont jusque-là ils avaient été privés. Ses affaires devinrent bientôt si brillantes, qu'à la maison d'édition il ajouta une fabrique de pianos, dont la très rapide extension le détourna complètement de la composition et même de l'édition.

Lorsqu'il fut certain de l'avenir, il se retira aux environs de Paris, pour se reposer de son existence laborieuse, qui lui avait donné la gloire comme compositeur, et la fortune comme éditeur et facteur. Il avait laissé la direction de la fabrique de pianos aux mains de son fils Camille Pleyel, excellent musicien, élève de son père et de Dussek. Associé depuis 1824 avec Kalbrenner, Camille Pleyel devait léguer en 1855, à son gendre Auguste Wolf, l'un des plus remarquables élèves formés par Victor Massé, la maison universellement renommée, dont M. Gustave Lyon, gendre de M. Auguste Wolf, continue aujourd'hui la tradition fameuse.

Les troubles des journées de juillet 1830 portèrent un coup mortel à Ignace Pleyel, qui redouta des complications pour la maison confiée à son fils, dont il suivait avec passion les incessants progrès.

Il mourut le 14 novembre 1831, regretté de tous les musiciens, qui honoraient en lui un confrère de grand talent et qui se souvenaient aussi avec reconnaissance des multiples services rendus par l'éditeur bienveillant, auquel tous avaient eu recours.

2. — Luigi Cherubini.

Luigi Cherubini est né à Florence le 8 septembre 1760, dixième enfant d'une famille qui en compta douze.

Dès l'extrême enfance, par d'extraordinaires aptitudes et par une curiosité incessamment dirigée vers tout ce qui touchait à la musique, il prouva qu'il s'élèverait dans l'art musical beaucoup plus haut que son père, professeur de musique renommé et chef d'orchestre du théâtre Della Pergola; aussi rien ne fut négligé pour le rapide' développement de ses facultés.

A l'âge de 6 ans, il n'ignorait plus rien du solfège; à 9 ans, il était familiarisé avec les règles du contrepoint et abordait l'étude du chant, puis celle de l'orgue; à 13 ans, il composait une messe à quatre voix avec orgue et orchestre, exécutée dans l'une des églises de la ville, puis un *Intermède*, représenté dans un théâtre de société. Une précocité aussi triomphante aurait pu compromettre l'avenir de Cherubini, s'il se fût abandonné à la griserie des premiers succès et aux adulations qui accueillaient ses moindres essais, au lieu d'obéir à son ambition de devenir un maître par une longue et patiente étude de son art.

La protection du grand-duc de Toscane Léopold II, qui lui accorda une pension, permit à Cherubini d'aller à Bologne recevoir les leçons de Sarti, le musicien d'Italie alors le plus réputé. Il vécut près de lui, de 1777 à 1780, et, sous sa direction, apprit à admirer Palestrina. En collaborant aux œuvres de son maître, qui lui confiait le soin d'écrire les scènes les moins importantes des opéras dont il recevait la commande, et qui l'initiait aux divers travaux précédant les représentations, Cherubini acquit très vite les connaissances nécessaires au compositeur de théâtre. Lorsqu'il eut atteint sa vingtième année, en 1780, il était assez avancé en science et en expérience pour ne plus différer ses débuts. Son premier opéra, *Quinto Fabio,* fut représenté à Alexandrie-de-la-Paille en 1780; puis il donna : en 1782, à Livourne, *Adriano in Siria;* à Florence, *Mesenzio,* et, sans redouter un sujet traité déjà glorieusement par Lulli, Haydn, Jomelli, Salieri, Sacchini, Cimarosa et Gluck, *Armida;* en 1783, à Rome, une nouvelle version de son premier opéra, *Quinto Fabio;* à Venise, un opéra-bouffe, *l'Epoux de trois femmes, le Mari d'aucune;* en 1784, à Mantoue, *Alessandre nell' Indie;* à Florence, *Idalide.* Ces ouvrages avaient établi la réputation de Cherubini en Italie et au dehors. Sur la demande des Jésuites établis dans sa ville natale, il dut composer, avec des thèmes de ses opéras, un oratorio destiné à attirer la foule dans leur église. Puis il fut appelé à Londres pour y faire représenter deux opéras nouveaux, *la Finta principessa* en 1785, *Gulio Sabino* en 1786.

A Londres, Cherubini connut le virtuose Viotti, qui l'engagea à visiter Paris et vint lui-même le présenter à la reine Marie-Antoinette et à l'écrivain influent Marmontel. La séduction de Paris devait conquérir à jamais Cherubini. Il se mit immédiatement à composer la musique des 18 romances du roman de Florian *Estelle,* afin de s'assimiler la prosodie française, et, après un court séjour à Turin pour les

représentations d'un nouvel ouvrage, *Iphigenia,* il s'installa définitivement à Paris. Il consacra tous ses soins à la partition du livret que lui avait confié Marmontel, *Démophon.* L'œuvre fut représentée à l'Opéra, le 2 décembre 1788. L'année suivante, sous les auspices du frère du roi, le coiffeur de la reine Marie-Antoinette, Léonard Astié, obtenait le privilège d'ouvrir un théâtre dans la salle de spectacle des Tuileries. La direction artistique fut confiée à Viotti, qui choisit comme directeur de la musique Cherubini.

Pour cette scène, qui, après l'abandon de Versailles par la famille royale, dut émigrer des Tuileries à la foire Saint-Germain, dans la salle des Variétés amusantes, en attendant la construction de la salle de la rue Feydeau, où, jusqu'en 1801, elle fit concurrence à la scène de la rue Favart, Cherubini écrivit une série d'ouvrages qui lui donnèrent une renommée universelle et exercèrent une profonde influence sur le développement de la musique dramatique en France : *Lodoïska,* en 1791; *Elisa, ou le Voyage au mont Saint-Bernard,* en 1793; *Médée,* en 1797; *l'Hôtellerie portugaise,* en 1798; *la Punition,* en 1799; *les Deux Journées,* en 1800.

Toutes ces partitions sont aussi délaissées que les autres opéras' de Cherubini antérieurs à *Lodoïska* et écrits dans un style beaucoup moins élevé. Elles ont cependant inspiré Méhul, Lesueur, Berton et tous les autres maîtres contemporains, et elles ont mérité à leur auteur des admirations qui nous étonnent aujourd'hui. Au lendemain de *Médée,* Méhul répondait à un journaliste qui avait découvert des réminiscences : « Je dis et je prouverai à toute l'Europe que l'inimitable auteur de *Démophon,* de *Lodoïska,* d'*Elisa* et de *Médée* n'a jamais eu besoin d'imiter pour être tour à tour élégant et sensible, gracieux ou tragique, pour être enfin ce Cherubini que quelques personnes pourront bien accuser d'être imitateur, mais qu'elles ne manqueront pas d'imiter malheureusement à la première occasion. Cet artiste, justement célèbre, aura pour défenseurs tous ceux qui l'admirent, c'est-à-dire tous ceux qui sont faits pour sentir et apprécier les grands talents... »

Adolphe Adam a jugé « sa manière moins italienne que celle de Mozart et plus pure que celle de Beethoven ». Schumann a écrit : « Beethoven vivant, Cherubini était certainement le second des maîtres de l'époque contemporaine, et, depuis que celui-là n'est plus, c'est bien comme le premier qu'il doit être considéré parmi les artistes vivants... »

La transformation musicale commencée par Cherubini [dans *Lodoïska* consistait dans le développement du rôle de la musique, dans l'ampleur donnée aux morceaux, dans les trios, quatuors, ensembles, qu'on avait employés jusque-là avec une extrême sobriété, et dont il usa sans aucun souci des nécessités scéniques. Il posséda admirablement l'art de faire harmonieusement chanter ensemble des acteurs animés de sentiments contraires et de prolonger les situations dans un bavardage aimablement ou pompeusement sonore. Nous n'admettons plus maintenant que les personnages prennent prétexte des inimitiés qui les divisent pour s'unir dans un trio, un quatuor ou même un septuor, ni que des gens pressés affirment longuement leur décision de partir en chantant en chœur et dans tous les tons, *Marchons...* Mais au temps de *Lodoïska,* les musiciens s'extasièrent devant l'architecture sonore que le souple talent de Cherubini prodiguait, et ils ambitionnèrent tous de pouvoir aussi brillamment violer les règles les plus élémentaires du bon sens théâtral.

Pour avoir ainsi sacrifié la scène à la musique, Cherubini eut l'admiration des musiciens et l'indifférence de la foule, car le succès durable ne soutint aucun des ouvrages déjà cités, sauf la comédie lyrique *les Deux Journées,* ni les autres ouvrages qui complètent la liste de ses essais dramatiques.

Venu en France au moment de la Révolution, il fut entraîné dans le mouvement artistique que suscita l'enthousiasme du peuple. Musicien de la garde nationale, professeur à l'Institut national et inspec-

teur du Conservatoire dès sa création, il collabora avec Kreutzer, Grétry, Méhul, Dalayrac, Deshayes, Devienne, Solié, Berton, Jadin, Trial fils et Blasius au *Congrès des Rois,* opéra-comique représenté au théâtre Favart en 1793, écrivit des *Marches* pour la musique de Bernard Sarrette et composa, pour les fêtes, des œuvres qui comptent parmi ses plus belles productions. Son infatigable activité s'appliqua, même sous la Révolution, à l'édition de musique, comme le prouvent deux très circulaires, conservées dans les papiers d'Ignace Pleyel, annonçant la formation et la dissolution d'une société ayant pour firme : « Cherubini, Méhul et Cⁱᵉ. »

La musique de chambre attira aussi Cherubini : il écrivit des quatuors dédiés à Baillot; il composa en outre une *Symphonie,* une *Ouverture* pour la Société philharmonique de Londres, une *Cantate pour la mort d'Haydn,* même des airs spéciaux pour orgue mécanique.

Enfin, de 1816 à 1830, alors qu'il était attaché à la chapelle royale, supprimée après Charles X, il publia un nombre considérable d'œuvres de musique religieuse, et, dans ce genre, il s'éleva plus haut qu'aucun autre maître moderne, parce que sa tendance aux développements uniformément grandioses et aux savantes et patientes combinaisons vocales ou instrumentales, qui était un défaut au théâtre, où l'action domine la musique, lui devint une qualité à l'église, où la musique ne risque jamais d'être trop longuement attrayante ou impressionnante.

Vers la musique religieuse qui lui valut ses titres de gloire les moins éphémères, Cherubini fut entraîné par le hasard de l'antipathie que lui témoigna Napoléon. Il avait un jour répondu au premier consul, qui lui reprochait de faire de la musique trop bruyante : « J'entends, vous aimez la musique qui ne vous empêche pas de songer aux affaires de l'État. » Cette brusque sortie avait pour toujours

détourné de lui les faveurs. Le dédain dans lequel on le tenait lui fit ressentir, dès 1800, les premières attaques d'une maladie nerveuse qui ne devait jamais guérir et qui fut aggravée, en 1804, par le refus de Napoléon de décorer Cherubini de la Légion d'honneur, malgré la très vive insistance de Méhul, au moment de la première promotion.

En revenant de Vienne en 1806, il avait trouvé la surintendance de la chapelle impériale donnée au musicien favori de l'empereur, Paisiello, et la musique particulière de Napoléon à Paër. Le découragement prit Cherubini, et il se jeta dans l'amour de la botanique, abandonnant la composition. Emmené par l'un de ses élèves au château de Chimay, il fut pris de remords en entendant, dans la chapelle du château, une *Messe* d'Haydn; et, dès le lendemain, il négligea sa passion de botanique pour écrire une messe. L'exécution en fut si retentissante, qu'il publia l'œuvre, bientôt connue sous le nom de *Messe à trois voix.* Il reprit alors courage, revint à ses travaux de composition et espéra que le succès de ses nouvelles œuvres de musique religieuse allait forcer la faveur de l'empereur et lui assurer la succession de Paisiello, dont les musiciens détestaient l'autorité, assez ouvertement pour rendre sa retraite nécessaire. Mais lorsque le compositeur favori de l'empereur se décida à abandonner la place, ce fut à Méhul qu'on l'offrit. Si Méhul n'en devint point titulaire, c'est qu'il demanda à la partager avec Cherubini. Fidèle à sa rancune et à son antipathie, Napoléon aima mieux la donner à Lesueur.

Lorsque les Bourbons firent la Restauration, Cherubini fut dédommagé; la royauté se montra pleine de prévenances pour l'artiste que l'empereur avait dédaigné. En considération de ses œuvres de musique religieuse, elle ne se souvint pas de son rôle actif sous la Révolution. On ne le chassa pas du Conservatoire, comme Sarrette et Gossec, on le nomma professeur de composition, et il reçut la surintendance de la chapelle royale, qu'il partagea avec Lesueur, ne voulant pas déposséder complètement le collègue que Napoléon lui avait préféré.

La royauté fit plus encore : en 1822, elle le nomma directeur du Conservatoire, dont le titre avait été changé, par dédain de la Révolution, comme nous l'avons déjà dit, en celui d' « École royale de musique », maintenu jusqu'en 1830. Cherubini abandonna sa classe de composition, où il avait eu comme élèves Auber, Halévy, Carafa, Zimmermann, Leborne. Il se consacra avec une activité très consciencieuse au relèvement de l'école, qui, tombée depuis le départ de Sarrette dans les mains du déplorable intendant de la Ferté, avait périclité de jour en jour pendant sept années. Il ne se contenta pas de faire d'heureuses réformes dans l'enseignement, il exagéra la discipline de l'école. Aussi fut-il plus craint qu'aimé; mais il donna à tous l'exemple du travail et de la régularité. On se rappelle encore qu'il arrivait tous les matins à son bureau, « apportant un morceau de sucre au chien de son garçon de classe, et en apportant deux le lundi, parce qu'il n'était pas venu le dimanche »; et on se rappelle aussi les innombrables incidents qu'il suscita entre lui et les professeurs ou les élèves, par la bizarrerie de son caractère. Aussi l'un de ses biographes a-t-il pu écrire : « Il est ponctuel, régulier, méthodique, c'est l'ordre personnifié; mais qu'un insecte vienne bourdonner à ses oreilles, voilà l'équilibre rompu et les nerfs en révolte; il n'est plus son maître. Alors, gare les brusqueries! » Un autre a prétendu : « Cherubini n'a pas l'humeur égale? Allons donc! il est toujours en colère. » Berlioz a égayé ses *Mémoires* de récits hautement comiques.

Cherubini, âgé de quatre-vingt-deux ans, « ayant déjà cessé d'être dans ses organes affaiblis, et vivant encore dans toutes les facultés de son esprit », donna sa démission de directeur du Conservatoire le 4 février 1842. On le nomma commandeur de la Légion d'honneur. Quelques semaines plus tard, le 15 mars, il mourait, au moment où il venait d'achever la composition d'un *Canon à trois voix*, dédié à son ami Ingres, en remerciement du portrait où il l'avait peint, écoutant l'inspiration de la muse Polymnie.

Ses funérailles furent un événement auquel s'intéressa tout le monde musical, car par sa grande science, par la fierté de sa pensée, par son labeur colossal, par la dignité de sa vie, Cherubini avait fait rayonner dans le monde, avec une splendeur jamais encore atteinte, la gloire de la musique française. En présence du corps exposé, on exécuta pieusement une des plus admirables œuvres de Cherubini, l'*Hymne funèbre*, qu'il avait composée pour la mort du général Hoche, 50 années avant, sous la Révolution, aux jours où la musique avait dans les joies et les tristesses de la Cité la place que lui fait l'Église dans ses cérémonies. Ce fut un spectacle grandiose. Tous les cœurs furent étreints; mais personne ne songea que d'autres œuvres aussi belles et aussi dignes de vie auraient été léguées à l'avenir, si la tradition des musiciens de la Révolution n'avait pas été brisée. Et aucun effort de renaissance ne vint de cette foule en pleurs, que l'émotion pouvait instruire.

3. — J.-F. Lesueur.

Jean-François Lesueur naquit le 15 février 1760 dans la Somme, au hameau de Plessiel, situé dans le canton d'Abbeville. Dès l'âge de six ans, son instinct musical fut éveillé, mais par un événement tout à fait imprévu, qui influença profondément son esprit, endormi dans l'indolence du petit village. Une musique militaire était passée, attirant sur les bords de la route les hommes occupés aux champs, et sur le seuil des portes les mamans gardiennes d'enfants. Dans Plessiel en fête, tous les travaux étaient délaissés; on causait encore, que depuis longtemps s'étaient éteintes les joyeuses sonneries. Lentement, on s'apprêtait à reprendre l'ouvrage, lorsque l'inquiétude d'une mère qui réclamait son petit Jean-François mit en émoi toutes les voisines. L'enfant avait disparu. Cinq heures plus tard, on le retrouva, tombé sur la route, où il n'avait pu suivre plus avant la musique militaire, exténué de fatigue, mais assez vaillant encore pour épier les sons qui lui venaient du lointain.

Depuis ce jour, « où il avait entendu *plusieurs airs à la fois* », et où la musique lui avait été révélée, rien ne put le distraire de l'impression reçue et du plaisir de chanter ce qu'il avait retenu. Quelqu'un conseilla de le mettre à la maîtrise d'Abbeville, pour « y chanter tout à son aise et peut-être plus que de contentement ». C'est là que Jean-François Lesueur commença l'étude de la musique. Sous la royauté, les seules écoles de musique en France étaient les maîtrises des chapelles, cathédrales et collégiales. Un budget de plus de vingt millions les soutenait, et cependant, par l'incapacité des professeurs, la nullité des méthodes et une funeste autonomie, elles ne rendaient que des services bien infimes à côté de ceux rendus par le Conservatoire et ses quelques succursales, qui, depuis la Révolution, ont créé notre glorieuse école musicale française, en coûtant à l'État moins d'un demi-million chaque année. Lesueur ne put donc parvenir à la connaissance complète de son art qu'en développant considérablement par l'étude et la réflexion la science enseignée par ses professeurs. Après avoir appris chez les chanoines d'Abbeville les rudiments de la musique, il entra à la maîtrise de la cathédrale d'Amiens, où il développa son éducation artistique, tout en faisant des études littéraires complètes; puis, lorsqu'il eut seize ans, il prit, pendant trois années, la direction de la maîtrise de Séez. De là, il vint à Paris comme maître de musique à l'église des Saints-Innocents, dont le maître de chapelle, l'abbé Rose, théoricien renommé, se dévoua au perfectionnement de son talent.

Il fut ensuite maître de chapelle aux maîtrises des cathédrales de Dijon, du Mans, de Tours, et revint à Paris, en 1784, pour faire exécuter au « Concert spirituel », dirigé par Gossec, la musique qu'il avait écrite sur une ode de J.-B. Rousseau. Dès lors, il fut connu des musiciens et protégé par les plus influentes renommées : celles de Gossec, de Grétry, de Philidor, de Sacchini, qui affirmait « ne pas connaître en *Italie* deux maîtres de chapelle capables d'égaler Lesueur ». A la mort de l'abbé Rose, il fut nommé maître de chapelle à l'église des Saints-Innocents, et deux ans plus tard, en 1786, après un concours où cinquante concurrents s'étaient présentés, il obtint là direction de la maîtrise de Notre-Dame.

En possession de ce poste très recherché, Lesueur s'abandonna aux inspirations de sa verve originale et féconde. De véritables concerts, avec un orchestre complet, furent organisés pour l'exécution de ses œuvres dans l'immense basilique, qui fut parfois trop petite pour contenir la foule attirée par l'annonce d'une audition grandiose. Bientôt Notre-Dame fut baptisée « l'Opéra des gueux », et beaucoup devinrent jaloux du musicien qui rendait l'église plus attrayante que le théâtre. Lesueur eut alors à se défendre contre ceux qui l'accusaient d'innover dangereusement, et, en 1787, il publia une brochure, *Essai de musique sacrée et Exposé d'une musique une, imitative et particulière pour chaque solennité*, dont le retentissement devait rendre sa situation vis-à-vis de l'archevêché plus difficile encore. Il y affirmait sa conviction que la musique doit peindre; il y montrait que les paroles latines de la liturgie peuvent être dramatisées, car « ces paroles sont comparées aux habits sacerdotaux qui, sans changer de formes, prennent cependant une couleur particulière à chaque solennité ». Et pour exprimer clairement sa pensée, il y analysait une de ses œuvres discutées : une Messe de *Noël* dont l'*Ouverture*, qui avait suscité tant d'étonnement, signifiait la prophétie sur la naissance du Rédempteur, les vœux des prophètes pour la venue du Messie; dont le *Gloria*, où apparaissait dans le tissu symphonique la mélodie du cantique populaire : *Où vont ces gais bergers...*, représentait la marche des bergers vers l'étable de Bethléem; dont la composition enfin mettait strictement en action la nouvelle manière de concevoir la musique religieuse qu'on lui reprochait, et que sa brochure s'appliquait à faire triompher. L'archevêque et les chanoines n'osèrent point soutenir, contre les dévots alarmés, Lesueur, qui, las de tracasseries et épuisé par ses travaux, demanda un congé. On voulut considérer cette demande comme une démission, et sa place fut mise au concours. Mais pas un de ses confrères ne consentit à s'associer à cette manœuvre déloyale, et on dut recourir à un étranger, qui reçut les appointements sans le titre. Accueilli dans une maison de campagne, aux environs de Paris, par M. de Champagny, Lesueur se détourna de la musique religieuse pour se livrer à la composition dramatique. Dans le calme de sa retraite, il ne fut point troublé par les bouleversements de la Révolution, et il put achever paisiblement la composition de son premier ouvrage de théâtre, *la Caverne*. Ramené à Paris par le désir de le voir représenter, il trouva la musique orientée vers une vie nouvelle et les meilleurs de ses confrères préoccupés d'un même idéal, plus fraternellement unis qu'au temps où leur art, dédaigneux du peuple, se bornait au service des églises, théâtres ou salons. Il se joignit à eux avec ardeur, et, tout en édifiant sa renommée de compositeur dramatique par les représentations au théâtre Feydeau de *la Caverne* en 1792, de *Paul et Virginie* en 1794, de *Télémaque* en 1796, il marqua glorieusement sa place en professant à l'Institut national de musique de 1793, en participant, comme inspecteur et collègue de Gossec, Grétry, Méhul, Cherubini, aux travaux de

la fondation du Conservatoire de 1795, en composant pour les fêtes de la Révolution le *Chant des Triomphes de la République*, l'*Hymne du 9 thermidor*, le *Chant National* pour *l'anniversaire du 21 janvier*, le *Chant dithyrambique* pour *l'entrée triomphale des objets d'art et de science recueillis en Italie*, le *Chant du 1er vendémiaire an IX*, à quatre chœurs, des *Hymnes* pour les fêtes de la Vieillesse et de l'Agriculture, pour l'inauguration d'un temple à la liberté, une *Scène patriotique*. Au moment où tombaient les derniers restes de l'enthousiasme de la Révolution, sous le Consulat, en 1802, Lesueur fut le prétexte d'attaques venimeuses et sournoises dirigées contre Sarrette et le Conservatoire. Dans une brochure intitulée *Lettre à Guillard sur l'opéra « la Mort d'Adam »*, *et sur plusieurs points d'utilité relatifs aux arts et aux lettres*, il avait suscité, suivant l'expression du conseiller d'État Rœderer, chargé de l'enquête, « l'improbation de ses confrères, la rumeur de ses subordonnés et le murmure de ses élèves », en prenant prétexte de griefs qu'il pouvait avoir contre l'administration de l'Opéra pour critiquer nettement Bernard Sarrette et certaines décisions prises par ses collègues du Conservatoire. Et il n'avait rien négligé pour rendre bruyante la publication de sa brochure, écrite dans une heure d'exaltation, sous l'inspiration d'une fierté blessée, comme le montre bien la lettre qui accompagnait son envoi au premier consul :

« Le plus grand des hommes,

« Me permettras-tu de te dérober quelques minutes du temps que tu emploies au bonheur du monde? Ce n'est pas devant toi que je m'abaisserai à changer les sentiments d'honneur et d'indépendance contre l'art mensonger des courtisans. Fais-toi lire les réclamations que, par ma faible voix, l'art des Grâces et d'Orphée te présente. Terpandre et Timothée en discouraient avec Alexandre; le héros les écoutait avec intérêt. Il leur fit droit. Tu me le dois, je l'attends de toi.

« Salut et respect. »

Pour répondre à la brochure de Lesueur, et surtout aux libelles dirigés contre le Conservatoire, que les ennemis de l'institution fondée par la Convention s'empressèrent de faire paraître à l'occasion du scandale fait par Lesueur, tous les membres du Conservatoire se réunirent, rédigèrent une victorieuse défense et flétrirent celui qui avait donné le signal de la discorde : l'artiste « assez oublieux de sa mission pour diriger ses efforts contre les jeunes aspirants qu'il devait, aux termes de son contrat, soutenir et favoriser », l'inspecteur de l'enseignement qui n'avait pas craint « de mettre en jeu les passions et les divers intérêts de ceux qui *n'attendaient qu'une occasion favorable pour attaquer le Conservatoire afin de réédifier les maîtrises sur ses ruines* ». En tête des musiciens qui rejetaient ainsi Lesueur avaient signé ses frères d'armes de la Révolution, Gossec, Méhul, Cherubini.

Nous savons aujourd'hui, avec certitude et précision, qu'à partir de 1802, Lesueur fut avec ceux qui voulaient la reconstitution des maîtrises dans les églises et la reprise par le clergé de l'éducation musicale. Dès le début, il fut acquis à la campagne poursuivie avec ténacité pendant tout le siècle, et qui, si elle ne put aboutir à la ruine du Conservatoire, réussit cependant à faire inscrire au budget, en faveur des maîtrises, une somme annuelle supérieure à la subvention du Conservatoire et de ses succursales, et dont le total dépassait 450.000 francs lorsque ces crédits furent combattus par le parlement et progressivement diminués à partir de 1885.

La bibliothèque de l'Opéra conserve, en effet, des papiers et lettres de Lesueur, parmi lesquels se trouvent des certificats, datés de 1802, que Lesueur avait sollicités des personnes autorisées qui l'avaient connu organiste au commencement de sa carrière, à Tours, à Paris. Et, après 1802, jusqu'à la fin de sa carrière, Lesueur devait affirmer encore plus complètement son retour aux habitudes de sa jeunesse et sa sympa-

thie pour l'organisation artistique du passé, en reprenant ses principales œuvres composées à l'occasion des fêtes de la Révolution, afin de les adapter à de la musique religieuse. Il est intéressant de signaler que, dans plusieurs de ces adaptations, Lesueur a abaissé la tonalité d'un ton ou d'un ton et demi.

Le thème principal du *Chant des triomphes de la République* devint celui de la *Marche du sacre de Napoléon*. Le chant pour voix de basse qui ouvre la *Scène patriotique* reçut les paroles d'une *ode d'Anacréon*. Du *Chant national pour l'anniversaire du 21 janvier*, en *mi* ♭, il fit le *Fiat misericordia* du 2e *Te Deum*, en *ut*;

du *Chant dithyrambique*, en *ut*, le *In peritia sua* de la *Cantate religieuse* exécutée au mariage de Napoléon, en *si* ♭;

.tè _ ge   si   beau!   L'O _ lympe en   est ja _

_ veaux   con _ certs!   Ja _ mais   aux

_ loux   et n'a rien qui   l'é _ ga _ le, La

ri _ ves   de   l'Al _ phé _ e   Pin_

toile a   respi _ ré   sous le feu du pin_ceau   Tous ces

_ da _ re   ne   chan _ ta

mar _ bres . vi _ vants sont les fils du ci _ seau   De _

de   tri _ _ om _ phes   plus chers   Ja _

_ vant   leur mar _ che tri _ om _

_ mais   plus su _ per _ _ be   tro _

_ pha _ le   La gloire a _ gi _ te son flam _

_ phé _ e   N'ap _ pe _ la sur nos

du *Chant du 1er vendémiaire* il prit le quadruple chœur d'introduction, *Jour glorieux,* en *ut* mineur, pour faire le n° 4 du 3ᵉ *Oratorio pour le couronnement, Ora pro nobis,* double chœur en *la* mineur;

France hé ri

France hé ri

La France hé

_ti _ que   sors du tom_beau,   La France au_ra   toute ta

_ti _ que   sors du tom_beau,   La France au_ra   toute ta

Ô Rome an_ti _ que   sors du tembeau   La France aura

_ _ te   de   ta   gloire,   hé

_ _ te   de   ta   gloire,   hé

_rite   hé

gloi_re,   Et par les mains   de la vic_toi _ re,   El_le ral_

gloi_re,   Et par les mains   de la vic_toi _ re,   El_le ral_

toute la gloi_re   Et par les mains   de la victoi _ re

¹e trio et chœur *Tu renais parmi nous,* en *si* ♭, pour faire le n° 6 du 3e *Te Deum,* dans le même ton; le chœur *Condamnés au malheur de la guerre,* en *ré* majeur, pour faire le n° 3 du psaume *Super flumina,* dans le même ton; le chœur *Et l'avare Albion,* en *ré* majeur, pour faire le n° 1 du motet *Veni sponsa coronaberis.* dans le même ton; le chœur final *Nous donnerons la paix,* en *ut* majeur, pour en faire le n° 2 du 1er *Te Deum, Fiat misericordia,* dans le même ton.

Après les polémiques de l'année 1802, Lesueur traversa une période critique. Le Conservatoire lui fut fermé, et ses confrères le tinrent en disgrâce. Mais bientôt l'admiration du compositeur favori de l'empereur, Paisiello, lui valut de recueillir sa succession à la direction de la chapelle impériale, et il mérita l'oubli du passé par la gloire qu'il donnait à l'Ecole française, en faisant représenter à l'Opéra, en 1804, son œuvre la plus fameuse, *Ossian ou les Bardes.* L'œuvre fut accueillie avec tant d'enthousiasme, que Lesueur dut venir saluer la foule de la loge de l'empereur, où il s'était laissé traîner, malgré le désordre de son costume, parce que Napoléon avait dit : « Je sais ce que c'est qu'un jour de bataille; je ne regarderai pas plus à son habit que je ne fais attention ce jour-là à celui de mes généraux; qu'il vienne. »

Après *Ossian,* Lesueur donna encore, à l'Opéra, le *Triomphe de Trajan,* en 1807; la *Mort d'Adam,* en 1809. Puis il écrivit de puissantes symphonies vocales et instrumentales pour les cérémonies impériales. Après l'Empire, Lesueur ne devait plus rien donner au théâtre, car sa dernière œuvre dramatique, terminée en 1823, *Alexandre à Babylone,* ne fut pas représentée. Cependant, son activité ne se démentit jamais. Partageant avec Cherubini la direction de la chapelle royale, il retrouva l'enthousiasme de sa jeunesse pour la musique religieuse. Avec plus de gloire que son collègue, dont le style froidement impeccable suscitait plus d'admiration parmi les musiciens que d'émotion dans la foule, il sut renouveler les belles fêtes musicales de l'ancienne Église par ses compositions grandioses, qui, suivant un mot de Gounod, « peuvent se comparer aux fresques du moyen âge, aux mosaïques byzantines d'une si étrange grandeur », et, suivant un mot de Choron, « sont construites en pierre de taille ». Cherubini ne comprenait guère leur influence, et il l'exprimait naïvement à son émule en lui disant avec son zézaiement accoutumé : « Qué zé n'y comprends rien; à la répétizionne, z'ai touzours beaucoup de soussès, et à l'église, c'est toi qui emportes tout! » Elu membre de l'Institut en 1815, Lesueur fut appelé en 1818 à professer la composition au Conservatoire. Il y forma une admirable pléiade d'élèves : Hector Berlioz, Ambroise Thomas, Gounod, Elwart, Guiraud (père d'Ernest Guiraud), Lecarpentier, qui furent lauréats du prix de Rome, et parmi ceux qui ne se vouèrent pas à la composition dramatique, Dietsch, Reber, Marmontel, Henri Lemoine. Son dévouement pour ses disciples fut extrême et lui inspira souvent des actes courageux. Un jour, il se trouva seul pour plaider la cause des jeunes musiciens, contre tous les membres de la chapelle royale, qui avaient mal accueilli une demande d'exécution présentée par Berlioz.

A la première représentation de l'opéra de début de son élève Marc, *Arabelle et Vasco,* il renouvela ce que Gluck avait fait jadis pour les *Danaïdes* de Saliéri, et laissa croire jusqu'au jour du succès obtenu que l'ouvrage était de lui. Lesueur mourut à Paris le 6 octobre 1837, laissant inachevé un très important travail sur l'histoire de la musique, qui n'a pas été publié.

Sa mémoire a été honorée par le don d'une pension à la veuve qu'il laissait; par l'érection à Abbeville, en 1852, d'une statue qu'on inaugura solennellement avec une cantate d'Ambroise *Thomas*; par la publication d'un volume d'Octave Fouque, qui salua en lui un révolutionnaire de la musique, et le prophète d'Hector Berlioz, dont certaines originalités, l'emploi des modes antiques, une conception en quelque sorte picturale, se retrouvent dans les œuvres de Lesueur et justifient la parole qu'Elwart, après la mort du maître vénéré, adressait à son camarade Berlioz : « Toi qui parais venu parmi nous pour appliquer les idées de notre maître... » Lesueur rayonne dans l'école musicale française comme un précurseur. Il demeure l'ancêtre des artistes qui, comme Berlioz, sont des musiciens poètes, faisant jaillir avec tant de force la musique de la vie et nous remuant par des sonorités si vastes, qu'ils donnent l'illusion d'une humanité capable de toute-puissance.

4. — Rouget de Lisle.

Claude-Joseph Rouget de Lisle, aîné des huit enfants issus du mariage de Claude-Ignace Rouget, avocat du roi, et de Jeanne-Magdeleine Gaillande, est né le 10 mai 1760 dans le Jura, à Lons-le-Saunier.

Alors qu'il était encore tout enfant, un hasard montra que l'instinct de la musique l'animait : sur la place de Montaigu, village voisin de Lons-le-Saunier, que ses parents habitaient de préférence à la ville, une troupe ambulante s'était arrêtée pour donner un concert; la séduction avait été telle sur lui, que, ne pouvant s'arracher aux musiciens, il les avait suivis hors du village, assez loin pour qu'on le crût perdu.

Dans le même temps, au nord de la France, une musique militaire de passage entraînait aussi hors du village natal un enfant du même âge, dont la vocation musicale ne devait pas être contrariée : Gossec.

Parce que l'étude approfondie d'un art d'agrément était indigne d'un fils de bourgeois aisés, Rouget de Lisle ne fut pas donné à la musique qui l'appelait. On le plaça au collège de Lons-le-Saunier, pour y recevoir l'éducation littéraire et scientifique nécessaire à son admission à l'École militaire, et on ne lui permit d'autres études musicales que celles qui lui étaient indispensables pour acquérir sur le violon le talent d'amateur, imposé alors par la mode aux jeunes gens de bonne famille.

En 1776, il vint à Paris et entra à l'École militaire, où son admission l'obligea à ajouter une marque de noblesse au nom roturier de son père, ainsi qu'en témoigne ce fragment d'un mémoire publié en 1863 par un de ses descendants, le dernier, M. Amédée Rouget de Lisle :

« Le père de l'auteur de la *Marseillaise* s'appelait Claude Rouget. Le nom ajouté « de Lisle » est celui de mon grand-père. Ce nom fut ajouté à celui de Rouget pour faciliter l'entrée de mon illustre parent à l'École militaire, qui ne recevait alors que des cadets gentilshommes. »

A partir de cette époque, il devint Rouget, sieur de Lisle, et tous les actes officiels ne le désignèrent plus que par son nom anobli.

Pendant les six années qu'il passa à l'École militaire, de 1776 à 1782, Rouget de Lisle eut des préoccupations de poésie et de musique, car, vers 1780, il donna un essai au théâtre qui réunissait les deux arts à la Comédie italienne, et songea peut-être alors à sacrifier sa carrière militaire à ses amours artistiques.

En 1782, nommé sous-lieutenant, Rouget de Lisle vint terminer à l'École d'application du génie de Mézières ses études d'officier-ingénieur. Il en sortit en 1784 avec le grade d'aspirant lieutenant en second au corps royal du génie, fut envoyé à Grenoble, puis, après quelques mois, à Mont-Dauphin, dans les Hautes-Alpes, où il resta cinq années.

De cette époque datent les premières œuvres connues de Rouget de Lisle; elles consistent en poésies, pour la plupart destinées à être chantées, dont il écrivit la musique, lorsqu'il ne les adapta pas à des airs populaires ou à des airs en vogue. Le volume qu'il publia en 1796, *Essais en vers et en prose*, les donne, avec leur date de composition. Ce sont d'aimables fantaisies inspirées par de menus incidents de l'existence quotidienne, et par lesquelles Rouget de Lisle rendait utiles au développement de ses dispositions, et agréables pour ses amis, les loisirs d'une vie de garnison fort peu remplie par ses fonctions militaires, car, en ce temps-là, le corps du génie ne comprenait que des officiers et pas de soldats.

De Mont-Dauphin, Rouget de Lisle fut envoyé, en 1789, au fort du Joux, dans le Jura, avec le grade de lieutenant en premier. Mais, dès le commencement de l'année 1790, il prit un congé et vint à Paris, où il devait rester pendant plus d'un an, insoucieux de sa carrière militaire, ramené par ses constantes préoccupations de poésie et de musique vers le théâtre.

Il apportait avec lui trois ouvrages dramatiques : un opéra féerie en trois actes, *Almanzor et Féline*, que refusa l'administration de l'Opéra ; une comédie en deux actes, mêlée de chants, *l'Aurore d'un beau jour ou Henri de Navarre*, présentée aux sociétaires de la Comédie italienne, qui ne l'acceptèrent pas, mais qui reçurent *Bayard dans Bresse*, opéra en deux actes, dont le soin d'écrire la musique fut confié au compositeur Champein.

Bayard dans Bresse, représenté en février 1791, ne put être joué que deux fois; d'ailleurs, Rouget de Lisle condamna lui-même son œuvre, en écrivant sur la première page du manuscrit, qui a été conservé : « Mauvais ».

Le mouvement révolutionnaire, qui commençait à gagner même la musique, ne tarda pas à influencer Rouget de Lisle. Devenu l'ami de Grétry, il écrivit, pour qu'il la mît en musique, une comédie en trois actes mêlée de chant, *les Deux Couvents*, « dont le but moral était de mettre dans tout leur jour l'hypocrisie et les fureurs monacales, et de prouver que la justice et l'humanité résident ensemble chez le peuple ». Ce nouvel essai, représenté en 1792, quoique beaucoup plus heureux que *Bayard dans Bresse*, ne devait cependant pas parvenir au succès, car Grétry se servit de l'ouverture pour un autre ouvrage donné en 1793, *la Fête de la Raison ou la Rosière républicaine* ».

Mais c'est hors du théâtre que Rouget de Lisle va désormais exprimer ses impressions, nées du mouvement révolutionnaire. Déjà l'inoubliable fête de la Fédération du 14 juillet 1790 a mis de l'enthousiasme dans ses vers. Il ébauche un Hymne à la Liberté :

> Liberté sainte,
> Viens, sois l'âme de mes vers...

Il entend les bruits alarmants qui viennent de la frontière et reprend sa place dans l'armée. A Strasbourg, où il est envoyé, le 1er mai 1791, comme capitaine, l'héroïsme de poète et de musicien qu'il porte en lui va se révéler.

L'enthousiasme que l'agitation révolutionnaire de Paris avait mis au cœur de Rouget de Lisle, loin de tomber, s'y exalta.

Le maire, Frédéric Diétrich, élu par ses concitoyens dès la constitution de la municipalité, en 1790, était ardemment dévoué aux idées nouvelles, qui ralliaient de plus en plus unanimement des habitants dont l'instinct patriotique se révoltait contre les louches manœuvres, sans cesse renouvelées, des nobles émigrés à Coblentz.

Quelques semaines après son arrivée, à la fin du mois de juin, Rouget de Lisle connut la sincérité révolutionnaire de la grande majorité des habitants de Strasbourg, en voyant la ville fêter spontanément, par des chants et des illuminations, la nouvelle de l'arrestation de Louis XVI à Varenne.

En outre, la destinée l'avait conduit dans une ville où la musique tenait une grande place. Ses deux théâtres d'opéras et ses deux chapelles étaient renommés. Des artistes fameux y avaient été attirés, tels que Edelmann, qui, dix années auparavant, triomphait à Paris, comme compositeur de l'opéra *Ariane dans l'île de Naxos* et comme professeur de Méhul, à qui Gluck l'avait confié; tels que Ignace Pleyel, fixé depuis 1783 à Strasbourg. Le maire, Frédéric Diétrich, était lui-même musicien, et ceux qui vivaient avec lui s'adonnaient à la musique : sa femme et ses deux nièces jouaient du clavecin, lui chantait, jouait du violon, et composait même parfois des « allemandes ».

A Strasbourg, rien ne manquait donc de ce qui pouvait servir les préoccupations poétiques et musicales de Rouget de Lisle, détourné du théâtre et de la frivolité artistique depuis que la fièvre révolutionnaire l'avait gagné.

Dès le mois de septembre 1791, l'occasion de les manifester, sous la forme nouvelle qu'inspiraient les circonstances, fut donnée à Rouget de Lisle. Le 14 septembre, Louis XVI avait juré fidélité à la Constitution. L'acceptation du roi avait été fêtée, à Paris, le 18 septembre; elle fut célébrée à Strasbourg, le 25, par une cérémonie grandiose. Le maire Diétrich avait demandé à Rouget de Lisle d'écrire un hymne, et à Ignace Pleyel de le mettre en musique, puis il avait convié les habitants à apprendre et à chanter le refrain de cet hymne.

Au jour de la fête, le peuple de Strasbourg s'unit au chœur et à l'orchestre pour dire avec ferveur, sur la mélodie presque religieuse qu'y avait adaptée Ignace Pleyel, le refrain de l'*Hymne à la Liberté* dont Rouget de Lisle avait ébauché quelques vers après les premières impressions reçues à Paris et où s'affirmait maintenant, à l'initiative du maire Diétrich, sa volonté de mettre son art au service des enthousiasmes de la Révolution :

> Loin de nous le vain délire
> D'une profane gaité !
> Loin de nous les chants qu'inspire
> Une molle volupté !
>
> Liberté sainte,
> Viens, sois l'âme de mes vers,
> Et que, jusqu'à nos concerts,
> Tout porte ta noble empreinte.

L'hymne survécut à la fête qu'il avait animée. Propagé par l'immense voix du peuple, il franchit la frontière, et, dans une brochure qu'il publia en 1794, Rouget de Lisle, s'adressant au peuple et à ses représentants, le poète de l'*Hymne à la Liberté* put rappeler, avec une fierté légitime, que « souvent, de la rive libre du fleuve, il entendit le rivage opposé retentir de ce chant consacré à la liberté française, traduit en allemand sur le même rythme que l'original ».

Sept mois plus tard, une nouvelle initiative du maire Diétrich mit à l'œuvre Rouget de Lisle. L'enthousiasme avait encore grandi en lui; il fut à la fois poète et musicien, et c'est le chant national de la France qu'il créa.

Le 20 avril 1792, l'Assemblée nationale avait déclaré la guerre à l'Autriche et à la Prusse; le 25 avril, la guerre avait été proclamée à Strasbourg, où le maréchal Lukner était venu prendre le commandement de l'armée du Rhin. Pendant toute la journée, la ville avait été secouée d'un frisson patriotique, le bataillon des jeunes volontaires « les Enfants de la Patrie », que commandait le fils aîné de Diétrich, avait défilé au chant du *Ça ira*, et dans tous les cœurs étaient les pensées que formulait une proclamation de la « Société des Amis de la Constitution » :

« Aux armes, citoyens! L'étendard de la guerre est déployé; le signal est donné. Aux armes ! Il faut combattre, vaincre ou mourir...

« Qu'ils tremblent donc, ces despotes couronnés! L'éclat de la liberté luira pour tous les hommes...

« Marchons! Soyons libres jusqu'au dernier soupir, et que nos vœux soient constamment pour la félicité de la patrie et le bonheur de tout le genre humain. »

Le soir, un dîner réunissait chez le maire Diétrich les principaux officiers : Rouget de Lisle était au nombre des convives. Lorsqu'il quitta ce banquet, qui avait prolongé tard dans la nuit l'animation patriotique de la journée et ajouté encore à l'excitation des esprits, son imagination était tout entière à une proposition du maire Diétrich, lancée dans la conversation, et dont les termes ont été rapportés par l'un des témoins, le lieutenant C. Masclet :

« ... Il nous faut un chant de guerre pour animer et guider nos soldats; le corps municipal décernera un prix au meilleur. Parlez-en à vos amis; je vais faire annoncer le concours dans les papiers publics... »

Mais ce n'est point l'idée de triompher à un tournoi artistique qui le poussait. Il raconta plus tard à son ami Désiré Monnier, que « se sentant subjugué par le sentiment héroïque qui exaltait le maire Diétrich, il avait entendu en lui la voix d'une muse qui lui criait : « Va! va... » Et il était allé.

Rentré chez sa chambre, en proie à son rêve, il s'efforça de rythmer et les ardentes paroles entendues: « Aux armes, citoyens... L'étendard de la guerre est déployé... Marchons... » et les sons que ses doigts, obéissant à sa pensée enthousiaste, faisaient jaillir de son violon. Sous la poussée de l'exaltation patriotique, les vers et les notes s'organisaient.

Lorsque Rouget de Lisle, jeté sur son lit pour quelques heures par l'épuisement, se réveilla, au matin du 26 avril 1792, les brouillons qui encombraient sa table de travail rappelèrent à son esprit le rêve de la nuit. Il retrouva fixé sur le papier en vers et en notes.

Anxieux de son œuvre, il courut la montrer au maire Diétrich, qui donna aussitôt l'ordre de réunir chez lui, le soir même, les invités de la veille. Quand ils furent tous là, sa voix vibrante, que soutenait le clavecin, entonna l'hymne de Rouget de Lisle. L'émotion tenait tous les assistants après qu'il eut chanté; ils sentaient confusément qu'un miracle s'était accompli : l'héroïsme avait élevé jusqu'au génie l'aimable talent de l'officier, amateur poète et musicien ; mais nul ne prévoyait alors la destinée glorieuse réservée à l'hymne de Rouget de Lisle, qu'il avait appelé *Chant de guerre de l'armée du Rhin*, dédié au maréchal Lukner.

Le souvenir de cette première audition dans le salon du maire Diétrich ne fut même pas conservé fidèlement. Une fausse tradition s'établit. Ce ne fut plus Diétrich qui avait chanté, mais Rouget de Lisle, et la vérité fut effacée par la légende, dont Lamartine se fit le propagateur dans l'*Histoire des Girondins*, où le peintre Pils a pris le sujet de son tableau très connu.

Rapidement, le *Chant de guerre de l'armée du Rhin* se répandit.

Quelques jours après son éclosion, il était exécuté par la musique de la garde nationale, pour saluer l'arrivée à Strasbourg du bataillon de Rhône-et-Loire. Les vaillants soldats s'étaient reconnus dans cet air, auquel ils trouvaient des moustaches. Rouget de Lisle l'envoyait à Grétry, qui, « d'après l'invitation de l'auteur », en tirait plusieurs copies qu'il distribuait à Paris. Puis, par la voie d'un journal constitutionnel, rédigé sous les auspices de Diétrich, le *Chant de guerre* parvint à Marseille.

A ce moment, les clubs de Montpellier et de Marseille réunissaient des volontaires « sachant mourir » pour les envoyer au camp des fédérés, dont l'Assemblée nationale avait décrété la formation sous Paris. Le bataillon fut bientôt levé, et il partit vers Paris, à travers la France, emportant avec lui l'hymne de Rouget de Lisle pour chanson de route. Dans les villes, dans les villages, l'enthousiasme du : *Aux armes, citoyens*, retentit, et tout le long du chemin parcouru par les Marseillais, le chant nouveau fut semé. Ils l'avaient sur les lèvres en entrant à Paris le 30 juillet ; quelques jours après, ils l'avaient mis aux lèvres de tous les Parisiens. C'est en chantant leur hymne, familièrement baptisé la *Marseillaise*, que le peuple envahit les Tuileries au 10 août, et c'est en le jouant sur le précieux clavecin de Marie-Antoinette, pour une ronde joyeuse, qu'un des assaillants arrêta la fureur destructrice qui gagnait la foule.

Un mois plus tard, le 26 septembre, le ministre de la guerre, Servan, écrivait au général Kellermann, après Valmy :

« ... La mode des *Te Deum* est passée, il faut y substituer quelque chose de plus utile et de plus conforme à l'esprit public. Je vous autorise donc, général, si vous avez besoin d'autorisation, à faire chanter solennellement, et avec la même pompe que vous auriez mise au *Te Deum*, l'*Hymne des Marseillais*, que je joins ici à cet effet... »

Et le 29 septembre, du quartier général de Dampierre-sur-Aisne, Kellermann répondait au ministre :

« ... Je substituerai très volontiers au *Te Deum* l'*Hymne des Marseillais*, que j'ai trouvé joint à votre lettre, et le ferai chanter solennellement avec la même pompe que j'aurais mise au *Te Deum*... »

Désormais, l'œuvre n'appartient plus à Rouget de Lisle ; le peuple l'a donnée à la France.

Trois mois seulement après que Rouget de Lisle eut écrit le *Chant de guerre de l'armée du Rhin*, les destinées de l'œuvre et de l'auteur étaient si complètement désunies, que le même événement marqua le commencement de la gloire pour l'œuvre et le commencement du malheur pour l'auteur.

Après la journée du 10 août 1792, dans laquelle le peuple de Paris avait renversé la monarchie et préparé la République en chantant la nouvelle chanson apportée par les volontaires marseillais, le *Chant de guerre de l'armée du Rhin*, définitivement appelé la *Marseillaise*, devint à la fois le chant des citoyens républicains et celui des soldats de la République, le chant instinctivement entonné aux heures d'enthousiasme.

Lorsque, à Huningue, où il avait été envoyé de Strasbourg depuis le mois de juin, les commissaires Carnot et Prieur vinrent, le 25 août, recueillir l'adhésion des fonctionnaires aux décrets rendus par l'Assemblée législative au lendemain du 10 août, Rouget de Lisle, insensible aux raisons qui avaient détourné le peuple du roi, fut le seul à refuser et à protester contre la suspension des pouvoirs de Louis XVI et la convocation d'une Convention nationale. Inébranlable dans son refus, malgré l'insistance des deux commissaires, comme lui officiers du génie, il subit la loi et fut suspendu de ses fonctions.

Se croyant menacé de proscription, il quitta Huningue et se réfugia dans les montagnes du pays.

Son ami Désiré Monnier a raconté qu'il y errait depuis plusieurs semaines, quand il rencontra un montagnard chantant : « Allons, enfants de la patrie... »

« Que chantes-tu là ? lui dit-il.

— C'est la Chanson des Marseillais ! Est-ce que vous ne la connaissez pas ?

— Oh ! si, si, je la connais bien, je la sais par cœur comme toi. Mais cette chanson, faite à Strasbourg, pourquoi l'appelles-tu *Marseillaise*?

— Elle n'est pas de Strasbourg ; ce sont les Marseillais qui l'ont composée et qui l'ont portée à Paris, où elle se chante tous les soirs sur les théâtres. J'ai vu ces Marseillais, avec leurs bérets rouges, et les ai assez entendus chanter leurs couplets... »

En même temps que la gloire de son hymne lui était ainsi révélée, Rouget de Lisle apprenait que la patrie avait adopté l'œuvre sans prendre souci de son auteur. Peut-être trouva-t-il cela juste, car lui aussi était alors indifférent aux dangers qui menaçaient la patrie ; l'ennemi avait pénétré jusqu'en Champagne et marchait sur Paris. Rappelé au devoir, il vint à Colmar, et voyant les actes de l'Assemblée législative sanctionnés par la nation, qui avait accepté la Convention, la déchéance de Louis XVI et la République proclamée le 22 septembre, il écrivit au général Valence pour reprendre du service dans l'armée du Nord comme volontaire.

Le général Valence répondit en lui offrant une place d'aide de camp et en l'assurant qu'il aurait bien soin de l'auteur d'une chanson devenue le cri général de la République.

Rouget de Lisle vint rejoindre à Verdun en octobre 1792 et y fut réintégré dans l'armée, après avoir prêté le serment civique et reçu acte de sa réhabilitation provisoire.

Pendant la campagne, à laquelle il prit une part active, particulièrement au siège de Namur, où il servit « avec zèle, bravoure et intelligence dans sa qualité d'ingénieur », Rouget de Lisle vit quelle place tenait son hymne dans l'armée des volontaires de la République, les vainqueurs de Jemmapes, qui avaient marché à l'assaut, entraînés à la victoire par Dumouriez chantant la *Marseillaise*.

Les lettres de ses amis lui apprirent qu'à Paris son hymne n'était pas moins glorieux.

Le jour de la proclamation de la République, dans une représentation donnée « au profit des femmes et des enfants de nos frères partis pour les frontières », il avait été chanté à l'Opéra. Le 30 septembre, au même théâtre, il fut mis en scène par Gossec et Gardel, sous le titre : *Offrande à la Liberté*.

La Marseillaise (fragment), arrangement de GOSSEC.

Le 14 octobre, à la fête donnée sur la place de la Révolution, pour célébrer la conquête de la Savoie, la *Marseillaise* avait remplacé le *Te Deum*, et un poète inspiré, dont le nom n'est pas encore connu avec certitude, y avait ajouté le couplet des enfants :

> Nous entrerons dans la carrière
> Quand nos aînés n'y seront plus...

Enfin, une lettre de Grétry, datée de novembre, affirmait la popularité acquise :

« ... Vos couplets des Marseillais, *Allons, enfants de la patrie*, sont chantés dans tous les spectacles et dans tous les coins de Paris; l'air est très bien saisi par tout le monde, parce qu'on l'entend tous les jours chanté par de bons chanteurs... »

Aussi lorsque, en janvier 1793, il vint à Paris avec le général Valence, qui l'y laissait pour veiller à la régularisation de sa situation militaire, Rouget de Lisle fut-il tout naturellement plus disposé à s'abandonner aux rêves de poésie et de musique suggérés par la gloire retentissante de la *Marseillaise*, que de faire les démarches intéressant l'avenir de sa carrière d'officier. Il resta capitaine du génie, mais sans solde, et se livra aux préoccupations artistiques qui, depuis quelque temps, sommeillaient en lui.

Alors qu'il était encore à Strasbourg en 1792, l'inspiration héroïque lui étant revenue, en cherchant à « renouveler la fameuse romance de Roland », qui était le chant de guerre de nos ancêtres », il avait écrit le poème et la musique du chant de guerre *Roland à Roncevaux* :

> ... Mourir pour la patrie,
> C'est le sort le plus beau, le plus digne d'envie..

qui, trois ans plus tard, allait devenir la chanson de route et de victoire des soldats de Hoche à Quiberon, et qu'on admirerait davantage aujourd'hui, si l'hymne écrit un mois auparavant ne s'était pas élevé à tant de gloire. Pour *Roland à Roncevaux* Rouget de Lisle s'inspira de la chanson sur Roland de Sedaine dans

son opéra *Guillaume Tell*, mis en musique par Grétry en 1791. Au refrain de Sedaine, *Mourons pour la patrie, Un jour de gloire vaut cent ans de vie*, il substitua le refrain qu'Alexandre Dumas et Maquet reprirent textuellement en 1847, pour le *Chant des Girondins* mis en musique par Varney dans le *Chevalier de Maison-Rouge*.

Quand, en 1793, il voulut se remettre à l'œuvre, c'est vers le théâtre qu'il se tourna. Il s'y était déjà essayé sans succès en 1790, avec les livrets de *Bayard dans Bresse* et des *Deux Couvents*; maintenant il se sentait porté par la gloire de son hymne, dont on ignorait moins qu'il était l'auteur. Il offrit à l'Opéra le livret *Almanzor et Féline*, qu'on lui avait refusé autrefois. L'ouvrage ne fut pas accepté, et Rouget de Lisle ne put se lancer dans de nouvelles tentatives; car, encore une fois suspendu de ses fonctions, en août, il fut atteint par la loi des suspects et, en septembre, fut incarcéré à Saint-Germain-en-Laye, où il s'était réfugié.

Rendu à la liberté, après quelques jours, au moment où la Raison était célébrée, en novembre, il fut le poète et le musicien d'un « Hymne à la Raison » écrit pour trois voix.

Une nouvelle imprudence d'action ou de langage le signala au Comité de salut public. En janvier 1794, il fut réenfermé à la prison de Saint-Germain, pour n'en sortir qu'après le 9 thermidor, sept mois plus tard.

Pendant ce temps, la *Marseillaise* continuait sa destinée glorieuse.

En 1793, alors que Rouget de Lisle s'efforçait vainement de triompher au théâtre, elle avait paru encore une fois à l'Opéra, dans le *Congrès des Rois*, où, succédant à la musique de *O Richard, ô mon roi*, de Grétry, la musique de l'hymne de Rouget de Lisle signifiait, avec une éloquente ingénuité, l'avènement et le triomphe de la République; elle était devenue l'auxiliaire des Carnot, des Bonaparte, des

Dumouriez, dont les soldats victorieux la chantaient dans les villes conquises « pour donner envie d'être libre »; en Allemagne, après Mayence, Goethe avait glorifié ce « *Te Deum* révolutionnaire, saisissant et terrible ». Pour se venger de cette gloire qui leur était funeste, les réactionnaires avaient tenté de l'avilir :

Allons, enfants de la Courtille,
Le jour de boire est arrivé;
C'est pour nous que le boudin grille...

En 1794, alors que Rouget de Lisle était emprisonné, ce fut sur l'air de la *Marseillaise* que se chantèrent les innombrables couplets nés des événements : pour célébrer les victoires des armées, la mémoire des républicains victimes de leur cause, Charlier, Marat, Lepelletier; en juin, le peuple tout entier de Paris, rassemblé au Champ de Mars pour la fête de l'Être suprême, chanta le refrain de l'hymne écrit par J. Chénier sur la musique de la *Marseillaise*, mêlant sa voix aux deux cents tambours et aux salves « annonçant aux républicains que le jour de gloire est arrivé ».

À l'heure de cette apothéose, dont aucune musique n'avait encore été jugée plus digne, Rouget de Lisle, prisonnier, obéissait au décret appelant tous les citoyens détenus « à justifier de leur conduite, de leur état et de leurs principes depuis les premiers jours de la Révolution ». Dans son manifeste adressé au peuple et à ses représentants, il en fut réduit à rappeler, pour sa défense, qu'il était l'auteur de la *Marseillaise*...

Mais la désunion entre les destinées de l'œuvre et de l'auteur devait devenir encore plus complète.

Mis en liberté, en juillet, après le 9 thermidor, Rouget de Lisle célébra la chute de Robespierre dans un *Hymne dithyrambique*, qu'il écrivit avec exaltation, aussi généreusement inspiré par l'amour de la liberté qu'il l'avait été par l'amour de la patrie. D'autres célébrèrent aussi la chute de Robespierre; parmi eux, le poète Souriguière et le musicien Pierre Caveaux, dont la collaboration donna le *Réveil du Peuple*, qui fut bientôt adopté par les réactionnaires, et qu'ils opposèrent, dans les rues, dans les théâtres, aux républicains demeurés fidèles à la *Marseillaise*. Alors on vit Rouget de Lisle du côté des muscadins et de la jeunesse dorée, pour qui la *Marseillaise* était criminelle, et le *Réveil du Peuple* hymne favori.

Cependant, un moment vint où Rouget de Lisle fut associé à la glorieuse destinée de son œuvre.

À la séance de la Convention du 14 juillet 1795, le représentant Jean Delry, après l'audition de la *Marseillaise* par l'Institut national de musique, déposa cette proposition :

« ... Je demande que l'hymne à jamais célèbre des Marseillais soit consigné tout entier au procès-verbal d'aujourd'hui et que le comité militaire donne des ordres pour que cet air soit joué à la garde nationale... Je demande que le nom de l'auteur de l'hymne des Marseillais, Rouget de Lisle, soit honorablement inscrit au procès-verbal. »

L'assemblée adopta la proposition aux cris de : « Vive la République ! »

Depuis ce jour, où s'associaient enfin les destinées de l'œuvre et de l'auteur, et qui marquait la glorification suprême, la *Marseillaise* est devenue officiellement le chant national de la France.

Pendant que la Convention décrétait son œuvre « chant national » et inscrivait son nom « honorablement » au procès-verbal de la séance du 14 juillet 1795, Rouget de Lisle n'était pas à Paris.

Arraché pour quelques mois aux vicissitudes de sa destinée, il avait été réintégré dans l'armée en mars 1795, avec le grade de capitaine de 1re classe, et désigné, en mai, pour être employé à l'armée du Rhin; mais il avait préféré aller en Bretagne prendre place comme volontaire dans les colonnes républicaines commandées par Hoche et participer à la campagne contre les Anglais et les émigrés, dont il écrivit plus tard le récit sous le titre : *Historique et Souvenirs de Quiberon*.

Lorsqu'il revint à Paris, après avoir été blessé à la cuisse d'un coup de mitraille, de nouveaux hommages l'attendaient : à la séance du 27 juillet, le représentant Fréron prononça l'éloge du « nouveau Tyrtée » qui savait « également chanter la liberté et combattre pour elle », et fit décréter qu'un emploi lui serait donné dans l'armée; quelques semaines après, le Comité d'instruction publique prit un arrêté autorisant l'auteur de l'hymne des Marseillais à choisir dans le dépôt national deux violons avec leurs archets et étuis; enfin, en mars 1796, il fut nommé chef de bataillon.

Presque aussitôt il retomba dans les tribulations : se croyant suspecté d'incivisme pour avoir demandé à être désigné pour conduire à l'empereur d'Autriche la fille de Louis XVI, et convaincu que le directeur Carnot lui était hostile, depuis les événements du 10 août 1792, Rouget de Lisle donna sa démission, quelques semaines seulement après sa nomination; il la maintint malgré une tentative de réconciliation faite par un ami commun à Carnot et à lui, qu'il rendit vaine, « pour maintenir la dignité de son caractère, que rien ne dégradait à ses propres yeux comme une réconciliation aussi visiblement intéressée... »

Cette décision, qui brisait à jamais sa carrière militaire, le rendit à ses préoccupations de poésie, de musique et de théâtre. Pendant l'année 1796, il fit paraître des livraisons de *Romances* avec accompagnement de forte-piano et violon, écrites sur des poèmes de lui et de divers collaborateurs. Puis il publia un volume intitulé *Essais en vers et en prose*, dédié à son ami Méhul et contenant, avec les aimables fantaisies rimées pendant sa jeunesse à Mont-Dauphin, au fort de Joux, à Paris, une nouvelle en prose, *Adélaïde et Monville*, que termine un *Hymne à l'Espérance*, puis les œuvres nées de la Révolution : la *Marseillaise*, sous le titre *Chant des Combats*, *vulgairement appelé Hymne des Marseillais*, avec l'*Exegi monumentum* d'Horace pour épigraphe; l'*Hymne à la Liberté*, *Roland à Roncevaux*, l'*Hymne à la Raison*, l'*Hymne du 9 thermidor*, les *Héros du Vengeur*, hymne composé en 1794 pour célébrer l'héroïsme des marins français.

Après ces publications, Rouget de Lisle se vit placé par les journaux à un rang distingué parmi les gens de lettres et les musiciens; on ne voulut plus voir en lui que l'artiste, et le soldat fut effacé.

En 1797, il voulut rentrer dans l'armée comme aide de camp de Hoche.

L'arrêté du Directoire décidant qu'un officier démissionnaire ne pouvait rentrer dans l'armée fut rigoureusement opposé à sa demande, que ne put servir en la circonstance son prestige artistique, dont le Directoire se souvient seulement quelques mois plus tard, à l'heure de la proclamation faite au Champ de Mars pour l'anniversaire de la fondation de la

République. Dans le texte lu, le nom de Rouget de Lisle fut associé à ceux des autres poètes et compositeurs ayant contribué à l'ornement des fêtes nationales depuis la conquête de la Liberté, proclamés dignes de la reconnaissance de la nation et conviés à servir encore, par leurs talents, la gloire de la patrie.

Homme d'action, sollicité par les entreprises militaires qui lui étaient à jamais interdites, Rouget de Lisle fut désormais réduit à vivre en contradiction avec son instinct d'activité exubérante et à s'efforcer de tromper son impatience en s'employant aux travaux les plus divers.

En 1798, il compose le poème et la musique du *Chant des Vengeances*, qu'il met en scène au théâtre de la République et des Arts, et écrit, en collaboration avec Després, comme autrefois *Deux Couvents*, le livret de l'opéra-comique *Jacquot ou l'Ecole des Mères*, représenté au théâtre Favart, avec la musique de Della-Maria; puis il se fait nommer agent accrédité par la République batave auprès du gouvernement français, et part en Hollande, afin d'étudier consciencieusement les besoins du pays. Il revient à Paris, à la fin de 1799, quand le 18 brumaire a consacré la puissance de Bonaparte, et, rendant compte de sa mission au premier consul, lui parle en même temps de la France avec son habituelle sincérité imprudente :

« ... Surtout, quoi qu'il arrive, au nom de votre gloire, au nom de la patrie, ne cherchez jamais à forcer la confiance nationale ou à la suppléer; du moment que vous y songeriez, tout serait perdu... »

Pour le faire taire, Bonaparte lui commande un hymne de guerre, et Rouget de Lisle écrit le poème et la musique du *Chant des Combats*, mis en scène au théâtre de la République et des Arts en 1800. Ayant vu de près, à cette occasion, l'anarchie qui régnait dans ce théâtre, il veut y remédier et pose sa candidature à la direction.

Sa proposition n'a pas de suite, et, en novembre 1800, se reprenant à espérer une place dans l'armée, il écrit à Bonaparte :

« ... Emmenez-moi comme officier du génie, comme officier d'état-major, comme simple grenadier, pourquoi pas comme votre barde? Mais enfin, emmenez-moi. »

Bonaparte ne veut pas de Rouget de Lisle dans l'armée, même comme barde, et lui donne, en récompense, la mission d'aller présenter au roi d'Espagne les cadeaux qu'il offre en gage d'amitié. En revenant, il se laisse entraîner par la femme du premier consul dans une entreprise de fournitures de vivres pour l'armée et s'y ruine.

En 1802 il est sans ressources et, « frustré de toute perspective dans sa patrie », songe à s'exiler en Angleterre. Le vote sur le consulat à vie de Bonaparte intervient; il est parmi les huit mille opposants, « pour les mêmes motifs et les mêmes pressentiments qui lui avaient fait voter contre le 10 août », et, devenu l'adversaire irréductible des menées du premier consul contre la liberté, il a l'audace de lui écrire, au mois de février 1804 :

« Bonaparte! vous vous perdez, et, ce qu'il y a de pire, vous perdez la France avec vous. Qu'avez-vous fait de la liberté? Qu'avez-vous fait de la République? A quoi se réduisent aujourd'hui les destinées superbes auxquelles votre 18 brumaire avait reconquis cette malheureuse France?... Ce ne fut point pour la domination d'un seul qu'elle abjura la tyrannie des cinq... »

Trois mois après, l'Empire est fait. Rouget de Lisle, désemparé jusque-là, est maintenant lamentablement échoué. L'ennui pesant qui l'accable ne lui laisse de force que pour faire confidence aux siens de son remords d'inaction.

Pour vivre, il copie de la musique et en compose, que son ancien collaborateur de Strasbourg, devenu éditeur, Ignace Pleyel, édite et lui paye. Sa plus grande distraction est de se mêler parfois aux savants et aux artistes réunis chez Sophie Gail, dont les aimables compositions sont en pleine vogue, et qui témoigne à Rouget de Lisle une sympathie sincère. Signalé à la police, on ne voit en lui qu'un « individu peu connu », mais on l'inquiète à propos de libelles anonymes ou des conspirations de Pichegru et de Cadoudal, et surtout à cause de sa parenté avec le général Mallet, deux fois mêlé aux complots dressés contre Napoléon.

En 1812, ayant abandonné toute espérance, il fuit Paris et revient au pays natal, vers la douce maison familiale de Montaigu, déserte maintenant qu'il ne lui reste plus qu'un frère, dont la carrière militaire se continue brillamment sur les champs de bataille. Il rêve d'y mourir en paix, à l'abri des événements, dont il ne se préoccupe plus que pour chanter, dans un *Hymne à la Paix*, écrit pendant la campagne de Moscou, le désir d'activité pacifique qui anime la nation, et dans l'hymne *Dieu conserve le Roi*, le *Chant du Jura*, écrits en 1814, les espérances de réconciliation attendues, du renversement de l'Empire et de la Restauration du régime de la vieille France.

Mais la suprême consolation de terminer ses jours au berceau de son enfance lui va être ravie. Son frère, le général Rouget, ne veut pas abandonner la part qui lui revient de la propriété de Montaigu et en demande la mise en vente. Traînant cette nouvelle amertume, il revient à Paris, tombé jusqu'à la misère de l'hôtel garni et jusqu'à la besogne anonyme de traductions pour la *Revue britannique*.

Cependant, l'héroïsme qu'il porte en lui n'est pas encore éteint : à l'occasion du relèvement de la statue du Pont Neuf, en 1817, il compose *Henri IV*, chant héroïque, puis, dans les années suivantes, *les Vétérans, Mon Dernier Vœu*, et lorsque paraît la *Sainte Alliance des Peuples*, de Béranger, il s'enthousiasme pour la chanson qui convie les peuples à la fraternité, et sa musique fait joyeusement résonner le refrain :

> Peuples, formez une sainte alliance
> Et donnez-vous la main.

Cette collaboration inaugure d'affectueuses relations entre Rouget de Lisle et Béranger, qui devient le confident de l'auteur méconnu du glorieux chant national proscrit et s'applique à soulager sa détresse.

Bientôt désabusé par les progrès de l'esprit réactionnaire qui sévit contre la liberté avec plus de hardiesse encore qu'au temps de l'Empire, Rouget de Lisle se tourne vers l'avenir et se passionne pour les projets de réformes sociales de Saint-Simon, le prophète des socialistes d'aujourd'hui; il lui conseille de faire entrer la musique dans ses moyens d'action, et, comme exemple, il compose le poème et la musique du *Chant des Industriels*, exécuté par les ouvriers d'une manufacture dont le directeur, Terneaux, est aussi un adepte de la doctrine nouvelle.

En 1826, quelques mois après la publication du recueil contenant ses principales œuvres de poésie et de musique, sous le titre de *Cinquante Chants français*, et à laquelle furent consacrées ses dernières ressources, on l'enferme pour dettes à Sainte-Pélagie. Il avoue cette honte à Béranger, qui s'emploie à le tirer d'embarras.

Sorti de prison et recueilli par ses amis à Choisy-le-Roi, il compte, pour se soustraire aux bienveillautes générosités qui lui pèsent, sur son opéra, tiré de Shakespeare, *Macbeth*, mis en musique par le compositeur Chélard, et représenté à l'Académie royale de musique en juin 1827 : l'ouvrage ne peut dépasser cinq représentations. Le compositeur va le faire triompher en Allemagne, où son succès lui vaut la place de maître de chapelle du roi de Bavière, pendant que son collaborateur, désespéré, songe au suicide.

Vient 1830. Le mouvement révolutionnaire rappelle Rouget de Lisle à l'énergie. Il part de Choisy-le-Roi pour aller aux barricades, sans souci de ses 70 ans, et ne peut accomplir le trajet. Mais le pressentiment qui le poussait vers Paris ne le trompait pas : avant même d'être proclamé roi, le duc d'Orléans se souvient qu'en 1792 il a été le compagnon d'armes de l'auteur de la *Marseillaise;* il le décore, lui donne une pension et restitue à son hymne sa gloire nationale. Maintenant, la *Marseillaise* est réveillée, et Berlioz, qui vient de remporter le prix de Rome, en fait un arrangement à grand orchestre et à double chœur, où les désignations « ténors et basses » sont remplacées par « tout ce qui a une voix, un cœur et du sang dans les veines », en souvenir de l'enthousiasme avec lequel le peuple, assemblé au Palais-Royal, avait chanté l'hymne après les trois glorieuses.

L'heure de la justice était enfin venue pour Rouget de Lisle. Les dernières années de sa vieillesse furent douces. *T*oute une cour de jeunes Francs-Comtois égaya son asile de Choisy et le vénéra comme un patriarche auréolé d'héroïsme. Lui, dans cette apothéose inespérée, resta fidèle à ses préoccupations de poésie, de musique et de théâtre; il écrivit des romances restées manuscrites, ses souvenirs de Quiberon, et tira d'*Othello* de Shakespeare un livret d'opéra, destiné à son jeune émule Berlioz, auquel il avait écrit, en le remerciant de la dédicace de son arrangement de la *Marseillaise :*

« Voulez-vous que nous fassions connaissance? Votre tête paraît être un volcan toujours en éruption : dans la mienne, il n'y eut jamais qu'un feu de paille qui s'éteint en fumant un peu. Mais enfin, de la richesse de votre volcan et des débris de mon feu de paille combinés, il peut résulter quelque chose... »

Mais Berlioz avait dû partir en Italie.

Il fallut plusieurs mois de maladie pour ruiner le tempérament robuste de Rouget de Lisle, qui mourut, après avoir dépassé sa soixante-seizième année, le 27 juin 1836.

Au cimetière de Choisy-le-Roi, après les discours de deux amis, pendant le lent défilé de la foule, des ouvriers, massés près de la tombe, chantèrent avec une gravité émue la *Marseillaise*.

Ce simple hommage fut grandiose : il venait de ceux dont les espoirs de beauté avaient inspiré le dernier enthousiasme lyrique de Rouget de Lisle, le *Chant des Industriels,* et, à cette heure solennelle, aucune cérémonie, aucune parole, ne pouvaient être aussi impressionnantes que le chant de l'hymne où apparaissait vivante, libérée des douloureuses désillusions, l'âme héroïque de Rouget de Lisle, suprêmement glorieuse d'avoir contenu, un instant, l'héroïsme de tout un peuple.

5. — E.-N. Méhul.

Étienne-Nicolas Méhul est né le 22 juin 1763 à Givet, dans les Ardennes. Venu au monde avec une complexion frêle et maladive, il fut, pendant sa première enfance, entouré des soins les plus tendres et les plus assidus par sa mère, dont les chansons souriantes éveillèrent en lui l'instinct de la musique et la passion précoce d'un art qui, sans cela peut-être, n'aurait jamais attiré le fils de l'obscur maître d'hôtel de Givet, Jean-François Méhul.

C'est en mémoire de cette influence maternelle qu'au jour de son glorieux début au théâtre, Méhul écrivit en tête de sa partition le nom de sa mère.

L'organiste aveugle de la chapelle des Récollets fut le premier professeur de Méhul; il mourut quand son élève, âgé de dix ans, était déjà devenu assez musicien pour lui succéder à l'orgue de la chapelle des moines, où, désertant par curiosité l'église paroissiale, et infidèles à leur curé, les dames dévotes de Givet s'empressèrent de venir l'entendre.

Sa jeune réputation lui valut, deux ans plus tard, en 1775, d'être accueilli à l'abbaye de La Val-Dieu, communauté de Prémontrés, installée dans les montagnes, aux environs de Givet. Depuis un an, Guillaume Hanser, savant moine musicien, venu de l'abbaye allemande de Schussenried pour enseigner la musique aux novices de La Val-Dieu, se dévouait à l'éducation de sept élèves. Méhul fut le huitième et montra bientôt, par ses progrès et son talent, qu'il n'était pas destiné à le devenir, comme les autres, qu'un brillant organiste de cathédrale.

Pendant quatre années, il vécut dans la solitude studieuse de l'abbaye, ne se préoccupant, après avoir bien rempli la tâche quotidienne, que de soigneusement cultiver le petit coin de jardin abandonné à son amour des fleurs, et d'accomplir avec zèle sa fonction d'organiste adjoint par laquelle il s'acquittait de l'hospitalité reçue à La Val-Dieu.

S'il n'eût écouté que l'ambition bornée des siens et la séduction d'une existence paisible, il se serait fait moine et aurait attendu la succession de son maître Guillaume Hanser; mais le moment vint où son âme ardente ne s'accommoda plus de la quiétude. En 1779, encouragé par les promesses d'avenir que lui faisait un amateur de musique, colonel d'un régiment en garnison à Charlemont, il se décida à franchir le seuil du cloître, où il étouffait, pour entrer dans la vie et affronter la gloire.

Méhul avait alors seize ans. Il quitta sans faiblesse la douceur de l'abbaye de La Val-Dieu, et courageusement il vint à Paris, n'ayant d'autres ressources qu'une lettre de recommandation adressée par son maître à Gluck, qui bientôt le prit en affection.

Cinq mois après la représentation d'*Iphigénie en Tauride*, quelques jours après celle, moins applaudie, de sa dernière œuvre, *Echo et Narcisse*, en octobre 1779, Gluck quittait Paris pour retourner mourir à Vienne. En partant, il confia Méhul à Frédéric Edelmann, claveciniste, compositeur et professeur renommé, qui termina son éducation musicale et le prépara à mettre habilement en œuvre les précieux conseils recueillis dans ses entretiens avec Gluck.

Après avoir publié, en se recommandant de son professeur Edelmann, les arrangements des airs du ballet de l'opéra de Gossec, *Thésée*, Méhul obtint que sa première œuvre, composée sur une Ode de J.-B. Rousseau, fût exécutée au Concert spirituel, que dirigeait Gossec.

Dans la même séance, donnée le 17 mars 1784, débutait aussi Lesueur, son aîné de trois années, appelé comme lui à prendre glorieusement part au mouvement musical de la Révolution, mais qui devait auparavant s'employer bruyamment à la transformation de l'église Notre-Dame en « opéra des gueux », pendant que Méhul, détourné par conviction de la musique religieuse, allait attendre dans le silence la possibilité de se manifester au théâtre.

Les six années qui séparèrent le début de Méhul au concert, en 1784, de son début au théâtre, en 1790, furent remplies par trois essais dramatiques, qui lui servirent d'étude et d'entraînement, par la publication de plusieurs recueils de Sonates pour piano et pour piano et violon, où apparaissait déjà son instinct d'homme de théâtre, par la composition de *Scènes lyriques* exécutées à la Société académique des Enfants d'Apollon et au Concert spirituel, par celle de l'opéra *Cora* et celle de l'opéra-comique *Euphrosine et Coradin*. Enfin Méhul donnait des leçons de musique, comme le prouve ce fragment des *Mémoires* de la femme du peintre Godfroy, dépeignant le salon de son mari avant la prise de la Bastille, et partiellièrement intéressant en ce qu'il montre Méhul lié, dès sa jeunesse, avec son futur collaborateur des fêtes de la Révolution, le peintre L. David, violoniste comme Ingres, et en ce qu'il dévoile une particularité inattendue du caractère de l'auteur de tant de partitions sévères.

« ... J'ai vu des petits concerts d'amateurs où Méhul, mon maître de musique, tenait le clavecin, où L. David faisait une partie de violon, où Mlle Moreau, depuis Mme Carle Vernet, chantait... Le croira-t-on? Comme Godefroid, Méhul, le pathétique compositeur, était inimitable dans la farce! Son imperturbable sérieux donnait une gaieté folle à ses plaisanteries... »

Las d'attendre la représentation, à l'Académie royale de musique, de son opéra *Cora,* écrit cependant comme celui d'*Œdipe à Colone,* mis en musique par Sacchini et représenté au lendemain de sa mort, en 1787, l'un des trois livrets couronnés au concours de poèmes dramatiques institué par un arrêté du Conseil d'État, en 1784, pour enrichir le répertoire de l'Académie royale de musique, Méhul avait composé *Euphrosine et Coradin*, sur un livret en trois actes d'Hoffman. L'œuvre fut donnée au Théâtre Italien, qui n'était pas encore l'Opéra-Comique, le 4 septembre 1790, et aussitôt Méhul fut célèbre.

En transformant le genre opéra-comique, qui restait caractérisé seulement par le mélange de chants et de dialogues, comme Gluck avait transformé le genre opéra, et surtout en remplaçant le drame héroïque ou fabuleux par le drame simplement humain, Méhul ouvrait la voie qu'allaient suivre des compositeurs jeunes comme lui, Cherubini, Lesueur, Berton, et même ses aînés Grétry et Dalayrac, pour la plus grande gloire de la musique dramatique française.

Malgré l'agitation de la période où parut *Euphrosine et Coradin,* dans la « deuxième année de la liberté », l'œuvre par laquelle Méhul débutait retint l'attention « d'un peuple qui le refusait à tout ce qui ne se rattachait pas à la Révolution »; car si elle était, par son sujet, étrangère aux préoccupations politiques du moment, elle se manifestait digne de l'actualité par son audacieuse nouveauté.

Dans les écrits du temps, on retrouve la preuve de l'enthousiasme qui gagna les musiciens.

Et, presque cinquante ans après son apparition, l'œuvre de Méhul, aujourd'hui délaissée, impressionnait fortement Berlioz.

Le succès d'*Euphrosine et Coradin* fit souvenir l'administration de l'Académie royale de musique qu'elle tenait en dépôt l'opéra de Méhul, *Cora*. On s'empressa de le monter, et la première représentation de cet ouvrage, écrit plusieurs années avant, fut donnée le 15 février 1791 sans rien ajouter à la gloire de Méhul. Mais une œuvre nouvelle, *Stratonice,* drame lyrique en un acte d'Hoffmann, représenté au théâtre Favart le 3 mai 1792, allait consacrer sa réputation par un succès retentissant et durable, et rendre définitif le triomphe de son art, assez éloquemment expressif pour émouvoir, « sans le concours des poignards, des poisons, des cachots, sans tableaux et sans grands mouvements, avec un sujet d'une simplicité antique ».

La comédie mêlée d'ariettes qu'il donna ensuite, en collaboration avec Hoffmann, le 28 mars 1793, au théâtre Favart, *le Jeune Sage et le Vieux Fou*, ne rencontra plus la moindre hostilité, et fut même accueillie avec tant de louanges, que Méhul réclama des critiques pour l'avenir.

A partir de 1793, et jusqu'à la fin de la Révolution, la vie de Méhul fut activement mêlée au mouvement artistique suscité par les événements.

Parvenu à une gloire qui le plaçait au-dessus de tous les musiciens contemporains, protégé par la riche famille Le Sénéchal, qui avait mis à sa disposition la maison et le parc qu'elle possédait aux environs de Paris, à Gentilly, près de Montrouge, Méhul aurait pu dédaigner l'agitation du moment et rester étranger aux efforts qui allaient assurer définitivement à la musique française ce que lui-même appelle la « consistance politique ». Mais de même qu'il avait renoncé autrefois à la quiétude de l'abbaye de La Val-Dieu pour accomplir sa destinée de musicien, il n'hésita pas à quitter la tour d'ivoire pour se joindre aux artistes déjà entraînés vers le peuple, au peintre L. David, au poète J. Chénier, aux musiciens Sarrette et Gossec, auxquels il apportait le concours d'un génie en pleine force et d'un enthousiasme décidé à l'action.

Devenu membre de la musique de la garde nationale au moment où la petite école de musique militaire de Sarrette et de Gossec se transformait en Institut national, Méhul allait contribuer puissamment à la fondation du Conservatoire, qui affranchit la musique française de l'enseignement restreint et retardataire des maîtrises. Appliquant son art au service de la Révolution, il allait célébrer le patriotisme et la liberté par des chants civiques qui se répandirent jusque dans les plus lointaines provinces, par des hymnes qui animèrent les fêtes et cérémonies et ajoutèrent à leur éclat, par des œuvres représentées au théâtre des Arts et au théâtre de la République, à l'Opéra et à la Comédie française, dignes des premiers ouvrages purement artistiques qui avaient établi sa renommée, dans lesquels, suivant l'expression de son collaborateur et biographe Arnaud, il avait réservé, pour exprimer les passions, « toute l'énergie avec laquelle il les eût senties, s'il s'y fût abandonné ». Enfin, par le *Chant du Départ,* Méhul allait attacher son nom au souvenir impérissable des victoires de la nation française armée pour défendre la liberté, et mêler sa gloire de musicien à la gloire de la patrie.

L'influence du mouvement révolutionnaire sur la musique dramatique ne se manifesta pas seulement dans les œuvres dont le sujet était devenu moins vain et le style plus énergique, comme *Euphrosine* et *Stratonice,* qui avaient donné à Méhul la gloire avant qu'il eût atteint sa trentième année; elle gagna bientôt le répertoire lui-même, où

> ‘ La vertu républicaine,
> Dans les jeux inventés pour notre amusement,
> De tableaux naturels embellissant la scène,
> D'une école de mœurs devint le fondement...

et jusqu'à l'Opéra, dont l'aristocratique majesté s'abaissa à « célébrer le peuple souverain »,

> En chantant les vertus, le triomphe et la gloire
> De nos héros républicains.
> *(Prologue d'inauguration du Théâtre*
> *des Arts, 1794.)*

A la fin de l'année 1792, Gossec avait débuté en donnant l'*Offrande à la Liberté* qui mettait en action, sur la scène de l'Opéra, *la Marseillaise;* puis, au commencement de 1793, il avait continué par le *Triomphe de la République ou le Camp de Grandpré,* dont une ronde allait devenir populaire. Les autres compositeurs étaient venus et, dans cette même année, avaient successivement donné : *la Patrie reconnaissante ou l'Apothéose de Beaurepaire,* par P. Candeille, hommage au commandant de Verdun qui se tua pour ne pas signer la capitulation de la place; le *Congrès des Rois,* qui réunit douze collaborateurs; le *Siège de Thionville,* par Jadin, épisode de 1792; *Fabius,* par Méreaux; *Miltiade à Marathon,* par Lemoyne; *la Montagne ou la Fondation du Temple de la Liberté,* par Grange de Fontenelle; *la Rosière républicaine ou la Fête de la Raison,* par Grétry; *la Journée du 10 août 1792 ou la Chute du dernier Tyran,* par Kreutzer.

Pendant cette année 1793, si activement remplie à l'Opéra que le bouleversement de son répertoire peut sembler moins étonnant que la transformation de sa traditionnelle apathie, Méhul avait seulement collaboré au *Congrès des Rois.* En 1794, avant *Toulon soumis,* par Rochefort, la *Réunion du 10 août ou l'Inauguration de la République française,* par Porta, il fit représenter, le 18 février, *Horatius Coclès,* opéra en un acte, dont Arnaud avait écrit le livret.

Les autres ouvrages dramatiques écrits par Méhul sous l'impulsion du mouvement révolutionnaire furent : une *ouverture* et six *chœurs* pour la tragédie de J. Chénier, *Timoléon,* représentée au théâtre de la République en septembre 1794; *Doria ou la Tyrannie détruite,* opéra héroïque, qui eut comme ouverture celle de *Cora,* représenté au théâtre Favart en mars 1795; *le Pont de Lodi,* opéra, représenté au même théâtre en décembre 1797.

Mais c'est en dehors du théâtre, dans l'organisation de la musique par la fondation du Conservatoire, et dans la composition d'œuvres exprimant l'enthousiasme du peuple, que le rôle de Méhul apparaît prépondérant et particulièrement glorieux.

Dès la fondation de l'Institut national de musique, en novembre 1793, avec Lesueur et avant Cherubini, il se joignit à Gossec, à Catel, et, comme eux, ne dédaigna pas d'écrire pour l'orchestre d'instruments à vent des musiciens de la garde nationale réunis par Bernard Sarrette. Lorsqu'il fut question de transformer l'Institut national en Conservatoire de musique, il prépara le succès par ses démarches auprès de son collaborateur J. Chénier, chargé du rapport par le Comité d'instruction publique.

Lorsque le Conservatoire fut fondé, par la loi du 3 août 1795, il fut le premier nommé au poste d'ins-

pecteur de l'enseignement, que Grétry, Gossec, Lesueur, Cherubini, partagèrent avec lui; et il ne cessera désormais de prendre une part très active à tous les travaux de la nouvelle école, à l'éducation des élèves, à la célébration des fêtes nationales, à la rédaction d'ouvrages d'enseignement, au choix des ouvrages de bibliothèque, à la défense auprès des pouvoirs publics de l'institution attaquée à plusieurs reprises et violemment par les réactionnaires, partisans des maîtrises et des écoles de chapitre.

En même temps qu'il entrait dans la musique de la garde nationale, Méhul appliquait son talent, qui, par de retentissants triomphes au théâtre, l'avait élevé au-dessus de tous ses émules, à la composition d'hymnes inspirés par la liberté et le patriotisme.

Il débuta, quelques jours après la Fête de la Raison, célébrée le 10 novembre 1793, par un *Hymne à la Raison,* poème de J. Chénier, que l'histoire impartiale conserve, avec l'*Hymne à la Liberté* de Gossec, exécuté à la Fête de la Raison, et avec l'*Hymne à la Raison* de Rouget de Lisle, composé, comme celui de Méhul, au lendemain de la fête, pour démentir la légende créée autour de cet événement, auquel n'aurait point participé la loyale musique de Gossec, et dont l'objet n'aurait point sollicité les deux musiciens qui célébrèrent le mieux la patrie, le chantre de la *Marseillaise,* le chantre du *Chant du Départ,* si la « Fête de la Raison » n'avait été qu'un dévergondage irréligieux.

Quelques mois plus tard, pour la préparation de la fête de l'Être suprême, qui, célébrée le 8 juin 1794, fut l'occasion de la plus imposante manifestation musicale de la Révolution, Méhul entra en contact direct avec le peuple. Suivant le programme arrêté par Robespierre, David et les musiciens de l'Institut national, un chœur immense de 2.400 citoyens et citoyennes, délégués au nombre de cinquante par chacune des quarante-huit sections de Paris, devait dialoguer les strophes adaptées par J. Chénier à la *Marseillaise,* et préluder à la formidable explosion vocale du dernier refrain, chanté par le peuple tout entier. Méhul fut un des plus ardents parmi les musiciens qui, se dévouant sincèrement au succès de cette grandiose tentative, surent la réaliser complètement : un tableau, exposé dans la bibliothèque de l'ancien Conservatoire, représentant Méhul au milieu d'une foule attentive à suivre sa voix, conservait le souvenir de ces jours d'enthousiasme, où le peuple parisien eut pour éducateur le glorieux musicien.

De ce contact entre Méhul et le peuple jaillit l'inspiration du *Chant du Départ,* exécuté pour la première fois le 4 juillet 1794, quelques semaines après la fête de l'Être suprême, au concert donné au jardin des Tuileries, en réjouissance de la victoire remportée à Fleurus. D'après la tradition, Méhul aurait écrit la musique du *Chant du Départ* sur le coin de la cheminée du salon de Sarrette, au milieu de bruyantes conversations, improvisant ainsi, dans un moment de fiévreuse fierté patriotique, comme Rouget de Lisle à Strasbourg, l'hymne que l'instinct populaire devait adopter, avec la *Marseillaise,* pour conduire à la victoire les armées de la République.

Si Méhul chanta la gloire de la guerre par le *Chant du Départ,* par l'*Hymne de Bara et Viala,* par le *Chant des Victoires,* écrits en juillet et en août 1794, il chanta aussi la gloire de la paix par le *Chant du Retour,* écrit en 1797.

Le chant du Retour (fragment).

Il célébra l'héroïsme civique par le *Chant funèbre à la mémoire du représentant du peuple Féraud* et l'*Hymne des vingt-deux*, écrits en 1795; les vertus morales qu'honorait le culte décadaire, par l'*Hymne du 9 thermidor*, le *Chant du 18 fructidor* et l'*Hymne pour la fête des époux;* la conquête de la liberté, par le *Chant du 25 messidor*, exécuté au temple de Mars, le 14 juillet 1800, par trois chœurs et trois orchestres, placés dans trois endroits opposés, et dont il dirigea lui-même l'ensemble en marquant la mesure « le bras entouré d'un mouchoir blanc ».

Très lié avec La Réveillère-Lepeaux, qui assura à la théophilanthropie une existence officielle, il écrivit, en collaboration avec lui, des œuvres spéciales, comme la *Cantate pour la naissance d'Oscar Leclerc*, pour une fête familiale théophilanthropique, et lorsque La Réveillère recherocha « les moyens de faire participer l'universalité des spectateurs à tout ce qui se pratique dans les fêtes nationales », Méhul, consulté sur la possibilité d'unir le peuple dans un chœur de cent mille voix, lui donna cette indication qui figura au projet lu à l'Institut en 1798 : « Le peuple chante l'invocation à quatre parties, la première sur la *tonique*, la deuxième, la troisième et la quatrième ensuite et successivement sur la *tierce*, la *quinte* et l'*octave*, après quoi, les quatre parties reprenant simultanément font entendre l'invocation sur les quatre notes à la fois. »

Enfin Méhul, en collaboration avec L.-F. Jauffret, composa des *Romances historiques*, dont on a seulement conservé quelques titres : *le Petit Nantais*, *le Triomphe de l'Amour paternel*, *l'Héroïne de l'Amour conjugal.*

Les musiciens d'aujourd'hui n'ont plus de telles préoccupations. Ils doivent pourtant se souvenir qu'au temps où la musique était en communion aussi intime avec le peuple, leur art était délivré de la jalousie et de la méfiance. Alors, les musiciens les plus glorieux, unis dans un même idéal, s'aimaient fraternellement.

Rouget de Lisle, dédiant à Méhul ses *Essais en Vers et en Prose*, lui écrivait :

« Reçois, ami, ce tribut de l'estime et de l'admiration... Tu es l'orgueil de tes rivaux, ton siècle te contemple, la postérité t'appelle. Puisse la couronne qu'elle te destine s'embellir à tes yeux par cette fleur qu'y ajoute l'amitié. »

Et Méhul lui répondait :

« ... Tu sais que j'ai la folie de vouloir sauver mon nom de l'oubli; eh bien! si mes ouvrages ne peuvent parvenir à ce but, tu auras fait en un instant ce que je n'aurai pu faire dans toute ma vie... »

La composition d'une œuvre nouvelle était pour Cherubini et Méhul l'occasion d'affirmer publiquement leur sympathie. A Cherubini, qui lui avait dédié *Médée*, Méhul répondait en lui dédiant *Ariodant*, un an après :

« Tu m'as dédié *Médée*, je te dédie *Ariodant*. *Médée* fut un gage d'amitié dont mon cœur a senti le prix; *Ariodant* est un tribut d'estime offert au grand talent... »

Nommé à l'Institut, à la fondation, en 1795, et y devant son aîné Gossec, Méhul lui écrivait bientôt :

« Je m'empresse, mon cher collègue, de vous faire part de notre double réunion par le choix de l'Institut qui vous appelle dans son sein. Cet hommage vous était dû, et je n'ai jamais douté qu'il ne fût rendu à vos grands talents; cependant, si l'intrigue active et brouillonne était parvenue à vous écarter

d'un poste que vous honorez et qui vous honorera, j'aurais donné ma démission pour vous venger et rentrer dans l'obscurité, dont je n'aurais dû sortir qu'à votre voix. »

Et Gossec vengeait Méhul d'attaques imprimées contre *Joseph* dans les *Tablettes de Polymnie*, en écrivant au journal :

« ... Je vous renvoie les numéros de mai et de juin; je garde celui de juillet comme un monument curieux d'injustice, ou d'ineptie, ou de délire... »

Si puissante était l'activité de Méhul, que, même pendant la période la plus animée de la Révolution, de 1794 à 1799, où il fut à la tête du mouvement artistique suscité par les événements, Méhul ne se détourna pas de ses travaux habituels de musicien : il poursuivit glorieusement sa carrière de compositeur dramatique, qu'il avait inaugurée au moment des premières agitations révolutionnaires, et commença à écrire des *Symphonies* pour l'orchestre du Conservatoire, afin « d'accoutumer peu à peu le public à penser qu'un Français pouvait suivre Haydn et Mozart ».

Outre ses œuvres de théâtre inspirées par les circonstances, *Horatius Coclès*, *Doria ou la Tyrannie détruite*, *le Pont de Lodi*, *Timoléon*, les ouvrages dramatiques que Méhul donna pendant cette période furent : en 1794, *Phrosine et Mélidor*, drame lyrique en trois actes; en 1795, *la Caverne*, drame lyrique en trois actes; en 1797, *le Jeune Henri*, opéra-comique en deux actes; en 1798, *Ariodant*, drame lyrique en trois actes. Ces quatre ouvrages furent représentés au théâtre Favart. En 1799, *Adrien*, opéra en trois actes, représenté à l'Opéra, théâtre de la République et des Arts.

Phrosine et Mélidor parut dans le temps où « tous étaient au pied de la guillotine », quelques semaines avant la chute de Robespierre, et on l'oublia vite. Le *Jeune Henri* échoua par la maladresse scénique du librettiste; mais l'ouverture, encore vivante aujourd'hui, reçut un accueil si enthousiaste, qu'après la première et seule représentation, où elle dut être exécutée trois fois, la coutume s'établit, au théâtre Favart, de l'exécuter presque chaque soir, en entr'acte. *Adrien*, composé depuis 1792, et dont les représentations avaient été ajournées pendant sept années, malgré les réclamations très ardentes du librettiste Hoffman, devait encore être interdit en 1799, après quatre représentations, pour reparaître en 1803, mais sans réussir à tenir longtemps l'affiche.

La *Caverne* et *Ariodant* sollicitèrent davantage l'attention et furent au nombre des œuvres par lesquelles s'affirma l'heureuse émulation des deux théâtres d'opéra-comique qui existaient alors à Paris, le théâtre Favart et le théâtre Feydeau.

La *Caverne* de Méhul, donnée par le théâtre Favart en 1795, répondait à la *Caverne* de Lesueur, donnée par le théâtre Feydeau en 1793, comme *Paul et Virginie* de Lesueur, donné à Feydeau en 1794, avait répondu à *Paul et Virginie* de Kreutzer, donné par le théâtre Favart en 1791. Et à *Ariodant*, de Méhul, allait répondre, avec un titre modifié, mais sans changement dans le sujet, *Montano et Stéphanie*, de Berton, donné par le théâtre Feydeau en 1799.

Ainsi parurent aussi : *Lodoïska*, par Cherubini, au théâtre Feydeau, en juillet 1791, et par Kreutzer, au théâtre Favart, en août 1791; *Roméo et Juliette*, par Dalayrac, au théâtre Favart, en 1792, et par Steibelt, au théâtre Feydeau, en 1793.

Ariodant fut le plus grand succès dramatique

obtenu par Méhul pendant cette période. Longtemps la vogue de la romance *Femme sensible* devait conserver le souvenir de cette partition : encore aujourd'hui, elle reste un exemple pour les musiciens français, car, dans une préface, Méhul y affirma sa volonté de clarté, et convia les compositeurs à rendre désormais accessible à tous la compréhension de leurs essais dans un art dont les manifestations peuvent si facilement demeurer obscures ou être faussement interprétées.

Après le 18 brumaire, pendant le Consulat, jusqu'au dernier moment de la Révolution, Méhul continua à fidèlement marquer chaque année par une œuvre dramatique nouvelle, ou par plusieurs, lorsqu'elles furent de moindre importance.

Il donna : en 1800, *Epicure*, opéra-comique en trois actes, en collaboration avec Cherubini, et *Biony*, opéra-comique en un acte, représentés au théâtre Favart; *la Dansomanie*, ballet représenté à l'Opéra, où, pendant vingt-six ans, il resta au répertoire; en 1801, *l'Irato ou l'Emporté*, opéra bouffe en un acte, représenté au théâtre Favart; en 1802, *Une Folie, le Trésor supposé*, deux autres opéras bouffes, et *Joanna*, drame lyrique en deux actes, représentés à la salle de la rue Feydeau, où, depuis septembre 1801, la fusion des deux théâtres Favart et Feydeau avait fait le théâtre de l'Opéra-Comique; en 1803, *Daphnis et Pandrose*, ballet représenté à l'Opéra; *Héléna*, drame lyrique en trois actes; *le Baiser et la Quittance*, opéra-comique en trois actes en collaboration avec Boïeldieu, Kreutzer et Nicolo; *l'Heureux malgré lui*, ces trois ouvrages représentés à l'Opéra-Comique; « un hymne, *la Chanson de Roland* », pour le drame d'Alexandre Duval, représenté à la Comédie française; en 1804, quelques jours après la proclamation de l'Empire, *les Hussites*, mélodrame représenté à la Porte-Saint-Martin, et tiré de l'opéra que Méhul et son collaborateur Alexandre Duval n'avaient pu parvenir à faire admettre au théâtre de l'Opéra. L'administration était alors hostile aux membres les plus influents du Conservatoire.

La plus retentissante de ces œuvres fut l'opéra bouffe *l'Irato*, que Méhul dédia au général Bonaparte, dont il fréquentait assidûment le salon, à la Malmaison.

Par l'*Irato*, Méhul répondait victorieusement aux envieux qui l'avaient prétendu incapable de la grâce et de la gaieté des musiciens d'Italie. Aussi, lorsque son nom fut dévoilé après le succès, la surprise fut-elle grande parmi ceux qui s'étaient plu, jusque-là, à lui opposer Paisiello; mais ils ne purent cacher la déception de leur jalousie, en proclamant que le sévère musicien de *Stratonice* changeait sa manière, car Méhul avait pris soin de précéder sa tentative par une note placée en tête de la partition de l'*Irato* :

« Quelques personnes croiront ou diront que j'ai enfin abandonné le genre auquel je paraissais exclusivement attaché... Je ne connais en musique aucun genre ennemi de l'autre, si tous tendent également à la rendre en même temps plus agréable et plus vraie. Je crois que cet art a un but plus noble que celui de chatouiller l'oreille, et qu'il n'est pas condamné à n'être jamais qu'aimable... »

A partir de l'établissement de l'Empire, quand le mouvement révolutionnaire fut tout à fait étouffé, la fécondité de Méhul cessa. Lui qui, de 1790 à 1804, malgré sa collaboration très agissante au Conservatoire et aux Fêtes, s'était manifesté au théâtre fidèlement chaque année, sauf en 1796, allait rester complètement éloigné de la scène en 1805, 1808, 1809, 1812, et ne paraître en 1814 que par un ouvrage de circonstance écrit en collaboration avec trois autres compositeurs.

Cependant, en 1805, il n'était âgé que de quarante et un ans, son talent était en pleine vigueur, et son œuvre la plus fameuse, *Joseph*, n'était pas encore écrite. Mais il était arraché aux illusions généreuses qui lui avaient donné tant d'ardeur au temps de la liberté, et il voyait son art, que la République avait affranchi, ramené par l'Empire à la servilité de jadis. Et c'est pourquoi les treize années qui lui restaient à vivre ne furent point remplies comme les quatorze années de l'époque révolutionnaire, dont le début avait marqué son avènement à la gloire, et pendant laquelle, sans renoncer au théâtre, où sa réputation s'était établie, il avait mérité, par ses autres travaux, qu'à l'admiration des musiciens s'ajoutât la reconnaissance de tous les patriotes.

Pendant cette dernière période, de 1805 à 1817, Méhul fit représenter : à l'Opéra-Comique, en 1806, les *Deux Aveugles de Tolède*, dont l'ouverture devait rester célèbre; *Ushal*, drame lyrique en un acte, inspiré des chants d'Ossian, comme les *Bardes* de Lesueur, mais dont le succès ne fut pas aussi grand, malgré le consciencieux effort de Méhul, qui avait été jusqu'à supprimer les violons de son orchestre, pour laisser dominer le timbre des altos, qui convenait à la musique de la légende mise en drame; *Gabrielle d'Estrées*, opéra-comique en trois actes; en 1807, *Joseph*, opéra-comique en trois actes, livret d'Alexandre Duval; en 1813, le *Prince Troubadour*, opéra-comique en un acte; en 1816, la *Journée aux Aventures*, opéra-comique en trois actes; puis au théâtre de l'Opéra, en 1810, *Persée et Andromède*, ballet; en 1811, les *Amazones*, opéra en trois actes; en 1814, *l'Oriflamme*, opéra de circonstance en un acte, en collaboration avec Paër, Berton et Kreutzer.

Le dernier ouvrage dramatique de Méhul, *Valentine de Milan*, opéra-comique en trois actes, ne devait être représenté au théâtre de l'Opéra-Comique que cinq ans après sa mort, en 1822.

Aucune de ces œuvres ne remporta un succès capable de combattre le découragement de Méhul, dont, peu à peu, la santé était devenue chancelante et l'esprit si chagrin, qu'au lendemain des *Amazones*, en 1811, il écrivait à son collaborateur Jouy : « Je désire m'en tenir là. Je suis meurtri, je suis écrasé, dégoûté ! Il faut du bonheur, le mien est usé... »

Depuis le retour aux mœurs du passé, le génie de Méhul était comme dépaysé; son art n'était plus à sa place dans une société revenue à la frivolité. Aussi l'insuccès frit-il même l'ouvrage qu'on proclame aujourd'hui son chef-d'œuvre, la partition de *Joseph*, écrite avec une probité tellement scrupuleuse, qu'on a retrouvé jusqu'à quatre versions de la romance *A peine au sortir de l'enfance...*, et pourtant jugée par les musiciens contemporains la plus digne du prix décennal institué par Napoléon en faveur du meilleur ouvrage représenté à l'Opéra-Comique.

Méhul ne put être arraché à la tristesse de ses échecs dramatiques ni par les faveurs de Napoléon, qui le fit chevalier de la Légion d'honneur, avec Grétry et Gossec, dès la fondation de l'ordre, en 1804, et qui lui proposa la place de directeur de la chapelle impériale, donnée à Lesueur après le refus de Méhul, ni par le succès de ses *Symphonies* aux concerts du Conservatoire, ni par celui de ses *Cantates*, composées pour des cérémonies officielles, où se perpétuait la tradition musicale des fêtes de la Révolution, mais dénaturée et bientôt tombée jusqu'à la courtisanerie. Ces *Cantates* furent écrites en collaboration avec le poète Arnault : en 1808, pour la réception, par la Ville de Paris, d'un corps de la grande armée; en 1810, en avril, pour la fête donnée aux Tuileries à l'occasion du second mariage de l'Empereur; en juin, pour la fête offerte par la municipalité de Paris à l'Impératrice Marie-Louise; en décembre, à l'Opéra, pour fêter la naissance prochaine de l'enfant attendu dans la famille impériale; en 1811, en juin, pour la fête donnée par la Ville de Paris à l'occasion du baptême du Roi de Rome; en juillet, avec Catel et Cherubini, pour l'inauguration de la nouvelle salle des concerts du Conservatoire, et, dans le même mois, pour l'inauguration de la statue de Napoléon, érigée par l'Institut.

Méhul ne trouva d'apaisement qu'en se retirant loin des coteries, pour se vouer à l'éducation de ses élèves de composition au Conservatoire, à ses travaux de l'Institut et à son amour des fleurs, qui était aussi celui de Cherubini.

Dans la petite maison de campagne qu'il possédait à Pantin, il revécut les jours de sa jeunesse où, pensionnaire de l'abbaye de La Val-Dieu, il réjouissait son âme candide par la culture des fleurs. Son nom devint familier aux plus fameux horticulteurs; il eut parmi eux le renom d'être « fou tulipier », et les étonna par la splendeur de ses tulipes et de ses renoncules, dont la floraison, savamment ordonnée, « était à son œil ce qu'était à son oreille la musique de Mozart et de Gluck ».

A l'Institut, il lut des rapports très remarqués sur le prix de Rome, sur les travaux d'émulation des élèves prix de Rome, sur de nouveaux instruments, et collabora assidûment à tous les travaux de la classe de musique.

Au Conservatoire, le zèle de son enseignement fut récompensé par le premier prix de Rome cinq fois décerné à ses élèves, dont le meilleur allait être Hérold, qui débuta, avec l'opéra-comique en trois actes *les Rosières,* assez glorieusement pour que Méhul eût la certitude que la postérité appliquerait à lui-même l'éloge qu'il avait adressé à son confrère Gossec, dans le rapport lu à l'Institut en 1808 :

« Se reproduire en de nombreux élèves d'un mérite distingué, c'est couronner dignement une longue et honorable carrière; c'est acquitter la dette du talent envers la patrie. »

Le 18 octobre 1817, Méhul mourut à Paris, dans sa maison de la rue Montholon, emporté à l'âge de cinquante-quatre ans par une maladie de poitrine qu'il avait essayé vainement de combattre par un séjour dans le Midi, à Montpellier et aux Iles d'Hyères.

Depuis l'année 1816, où avait commencé la désorganisation systématique du Conservatoire, entreprise par la réaction royaliste triomphante, il était sans force et sans espoir. Le titre d'inspecteur d'enseignement lui avait été enlevé, ainsi qu'à Cherubini; le nom même de « Conservatoire » avait été supprimé pour faire revivre l'ancienne appellation, « Ecole royale de musique»; Sarrette, Gossec, Catel, avaient été chassés de l'établissement qu'ils avaient fondé, et dont Méhul voyait l'œuvre anéantie. Le témoignage de son ami Vieillard, qui fut son biographe, atteste la douleur ressentie alors par Méhul :

« ... Il n'en fallait pas tant pour achever de ruiner les forces d'un homme qui, à des sujets de mélan-colie, voyait s'ajouter aujourd'hui des causes trop réelles et d'autant plus pénibles pour un cœur comme le sien, qu'elles allaient à la perte de ce qu'il avait chéri et glorifié toute sa vie. »

On fit à Méhul des funérailles grandioses. Il fut conduit, après un service à Saint-Vincent-de-Paul, au cimetière du Père-Lachaise par un imposant cortège que précédait le corps de musique de l'état-major de la garde nationale, dont Méhul était lieutenant. Des discours furent prononcés par Quatremère de Quincy au nom de l'Académie des Beaux-Arts, par Bouilly au nom de ses collaborateurs, par Pradher au nom de ses amis, et dans la mémoire de la foule pressée derrière le cercueil chanta, avec un rythme funèbre, son héroïque *Chant du Départ,* en ce temps-là proscrit.

6. — H.-M. Berton.

Henri-Montan Berton est né à Paris le 17 septembre 1767. Son père, Pierre-Montan Berton, compositeur de talent, surintendant de la musique du roi et administrateur de l'Académie royale de musique au temps de la querelle entre gluckistes et piccinnistes, réunissait souvent chez lui les deux compositeurs qui divisaient Paris en deux partis également ardents. Loin de leurs belliqueux partisans, les maîtres qu'on avait faits rivaux fraternisaient alors en de pacifiques causeries sur la musique, que le jeune Henri Berton écoutait avidement ; car, initié dès la première enfance aux études musicales, et vivant dans un milieu où chaque jour lui était une nouvelle occasion de développer son goût artistique, il était déjà capable de s'intéresser aux entretiens élevés de Gluck, de Piccinni, et il s'enthousiasmait au spectacle de leur gloire qui suscitait tant d'agitation, en songeant qu'il pourrait lui aussi devenir un jour, par la musique, un homme célèbre, pour lequel d'autres hommes discutent. On ne l'encouragea guère au début ; il avait douze ans quand mourut son père, qui était professeur, et il ne retrouva point un enseignement aussi bienveillant auprès de Rey, chef de l'orchestre de l'Opéra, où on l'avait admis comme violon, à l'âge de treize ans.

Le nouveau maître examina sans indulgence ses essais de composition. Henri Berton allait se détourner de son ambition et abandonner ses rêves d'avenir, lorsqu'une cantatrice de l'Opéra, qui avait foi en lui, le présenta à Sacchini. Le maître fut accueillant et offrit ses conseils au compositeur débutant, qui devait se montrer le plus zélé et le plus reconnaissant des disciples. Sacchini mourut en 1786; la même année, Henri Berton, âgé de dix-neuf ans, débuta en faisant exécuter au Concert spirituel un *Oratorio,* et, l'année suivante, à la Comédie Italienne un opéra bouffe, *les Promesses de Mariage.* Pendant la Révolution, Henri Berton suivit le mouvement artistique créé par les événements, mais sans se mêler aux premières tentatives de Sarrette et de Gossec. Dès 1790, en même temps qu'il donnait, à la Comédie Italienne, un opéra-comique, *les Rigueurs du Cloître,* il faisait représenter au théâtre Favart un opéra inspiré des circonstances, *le Nouveau d'Assas,* suivi, en 1794, d'un opéra-comique exécuté au théâtre Feydeau, *Viala ou le Héros de la Durance,* et d'un opéra, *Tyrtée,* répété, mais non représenté. A partir de 1795, il fut l'un des plus actifs collaborateurs de Sarrette et de Gossec, en devenant professeur d'harmonie au Conservatoire, lors de sa fondation, en écrivant un nombre considérable de marches pour la musique de la garde nationale, en composant pour les fêtes de la Révolution des œuvres comme l'*Hymne du 21 janvier* et l'*Hymne pour la fête de l'Agriculture.*

. Henri Berton n'avait pas encore trente ans lorsqu'il fut appelé à professer au Conservatoire la classe d'harmonie. Il sut former de brillants élèves sans recourir à des manières pédantes et à un enseignement austère.

Les appointements de professeur au Conservatoire n'enrichissaient pas Henri Berton, qui était marié et père de deux enfants, et, à la fin de l'année 1798, après les représentations peu fructueuses d'un opéra bouffe en trois actes, dont il avait écrit le livret et la musique, *Ponce de Léon*, il se trouva assez dénué de ressources pour être obligé de vendre jusqu'à son piano, et pour être même contraint d'interrompre, faute de papier à musique, la composition de l'opéra *Montano et Stéphanie*, qui allait être son chef-d'œuvre. Les représentations à l'Opéra-Comique, en 1799, de *Montano et Stéphanie* furent un très grand succès, qui alla jusqu'à faire oublier l'œuvre de Méhul, écrite sur le même sujet et représentée un an auparavant, *Ariodant*. Le nom de Henri Berton fut alors glorieux, et les deux ouvrages qu'il donna ensuite ajoutèrent encore à sa renommée : *le Délire*, opéra-comique très dramatique, où triompha le chanteur Gavaudan, si tragique dans une des scènes, que chaque soir plusieurs spectatrices s'évanouissaient; *Aline, reine de Golconde*, opéra-comique en trois actes, représenté au théâtre Feydeau en 1803, dont la musique fut arrangée, vingt ans après, en ballet, et qu'Adolphe Adam reprit en 1847, lors de sa tentative d'opéra national. Il fit ensuite représenter de nombreux ouvrages, dont les plus connus sont : *l'Enlèvement des Sabines* en 1811, ballet; *l'Oriflamme*, avec Méhul et Paër, en 1814; *Roger de Sicile*, à l'Opéra, en 1817; *Corisandre*, à l'Opéra-Comique, en 1820; *Blanche de Provence*, avec Boïeldieu, Cherubini et Paër, en 1821; *Pharamond*, avec Boïeldieu et Kreutzer, en 1825; *les Petits Appartements*, en 1827; *la Marquise de Brinvilliers*, avec Auber, Batton, Blangini, Boïeldieu, Carafa, Cherubini, Hérold et Paër, en 1831. Outre ces ouvrages dramatiques, Henri Berton a composé des *Cantates* pour les cérémonies de l'Empire, de la musique religieuse, des *Symphonies*, des *Ouvertures*, des *Quatuors*, des *Romances*, un grand nombre de Canons à plusieurs voix, « pleins de gaieté, de verve et de mélodie, chantés dans tous les salons de la capitale et répétés par les musiciens des régiments dans leurs marches vers Vienne, Madrid ou Berlin ». En dehors de la composition, il exerça son activité par le professorat au Conservatoire, dans la classe d'harmonie, puis dans la classe de composition, où il succéda à Méhul en 1817, deux ans après avoir été créé membre de l'Institut et chevalier de la Légion d'honneur; en publiant un traité d'harmonie, en écrivant des rapports pour l'Institut, des articles dans le journal *l'Abeille*, en rédigeant toute la partie musicale de l'Encyclopédie moderne de Courtin, en défendant l'art de Gluck et de Mozart contre l'invasion de Rossini dans des manifestes dont quelques-uns furent retentissants, comme les *Observations sur la Musique mécanique et la musique philosophique*, l'*Épitre à un célèbre compositeur* (Boïeldieu).

Épuisé par le labeur, Henri Berton vécut dans la retraite ses dernières années, ne conservant de vaillance que pour sa classe du Conservatoire, où il pro-

fessa jusqu'à sa mort. En 1832, il avait eu l'immense douleur de voir succomber, dans l'épidémie, de peste, son fils Henri, compositeur aussi et déjà assez glorieux pour qu'on saluât en lui le digne descendant d'un grand-père et d'un père célèbres. Ce deuil s'était ajouté aux déceptions artistiques qui avaient suivi les triomphes de Rossini et l'abandon de ses ouvrages. Mais lorsqu'il mourut, après une épuisante maladie, le 22 avril 1844, il avait repris sa sérénité, résigné à l'impuissance de son rêve d'enfant et consolé de n'être point parvenu à la gloire de Gluck par la conscience d'avoir suivi fidèlement sa trace. Lorsqu'il fut conduit au cimetière, où reposaient déjà Méhul, Lesueur, Catel, Boïeldieu, Cherubini, la foule, qui l'avait applaudi jadis, se souvint de son œuvre et de son nom. Les musiciens eurent pour Henri-Montan Berton un souvenir ému ; ils se rappelèrent la dignité de sa vie et de son œuvre et sa glorieuse part dans la fondation du Conservatoire et de l'Ecole Française.

7. — C.-S. Catel.

Charles-Simon Catel est né à Laigle, dans le département de l'Orne, le 10 juin 1773. La protection de Sacchini, que sa très jolie voix d'enfant avait séduit, lui valut d'être admis dès l'âge de onze ans, en 1784, à l'école royale de chant que dirigeait Gossec, et qui avait été fondée l'année précédente, sur les sollicitations de l'intendant général Papillon de la Ferté, pour assurer le recrutement d'artistes destinés à l'Opéra ou à la chapelle du roi. Il y reçut les leçons de Gobert pour le piano et celles de Gossec pour la composition, gagna l'affection de ses maîtres par son zèle dans l'étude et développa si rapidement son talent précoce que, trois années après son admission, en 1787, Gossec lui confiait le poste d'accompagnateur. Ses études terminées, il fut nommé accompagnateur à l'Opéra, où ce poste lui fut conservé jusqu'en 1802. Choisi par Bernard Sarrette pour être collaborateur de Gossec dans l'organisation artistique de la musique de la Garde nationale, il fut associé, dès le commencement, à l'heureuse initiative qui, sur les débris sauvegardés de la meilleure musique militaire du roi, devait élever l'Ecole de musique de la Garde nationale, puis l'Institut national de musique, enfin le Conservatoire de musique. Comme musicien de première classe, aux côtés de son maître Gossec qui avait reçu le titre de lieutenant, Catel prit part à toutes les manifestations où parut la musique que Sarrette avait constituée, sous le nom de Musique de la garde nationale, avec les musiciens et élèves du dépôt des gardes françaises, abandonnés depuis la prise de la Bastille. Les marches, les symphonies que la musique de la garde nationale joua aux heures joyeuses où le peuple se réunit pour manifester ses joies de la liberté conquise, ou ses espérances de fraternité, furent composées par Gossec et par Catel, qui suivait avec foi son maître et Sarrette dans leur apostolat artistique, et qui était convaincu, comme eux, de l'insuffisance et de l'inconvénient des instruments à cordes pour l'exécution en plein air, sur la place publique, qui appartenait aux instruments à vent. Pendant la seconde période de 1790 à 1799, outre des *marches* et *symphonies* pour instruments à vent, il écrivit *un hymne à la liberté*, en 1791; un *De Profundis*, à la mémoire du major général de la garde, Gouvion, en 1792; une *Ode patriotique* et un *Hymne sur la reprise de Toulon*, en 1793;

Ode patriotique (fragment).

.dats, esclaves des ty _ rans,   Vous tombe _ rez   lâ _ ches bri.

_ gands!   Vous tom_be_ rez lâ_ches bri _

_ gands,   Sous nos ar _ mes répu _ bli _ cai _ nes.   Plus

Plus

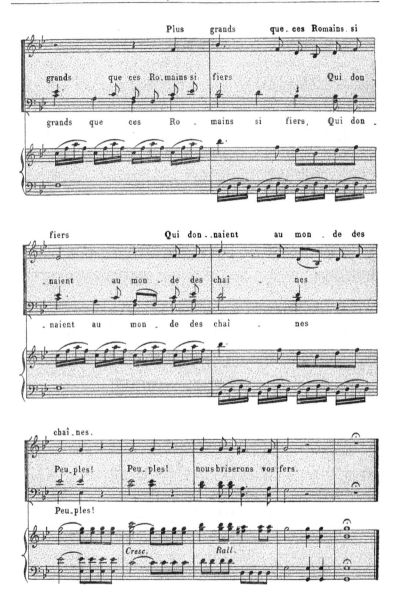

des *Stances* pour la fête de la fabrication des canons, poudres et salpêtres ; un *hymne à la victoire*, et un Chœur sur la *Bataille de Fleurus*, un *Hymne à l'Être suprême*. Une *Ode au vaisseau le Vengeur*, en 1794 ; des *Stances* pour l'anniversaire du 9 thermidor, l'*Hymne du 10 août*, en 1795 ; le *Chant du Banquet républicain*, le *Chant pour l'Anniversaire de la fondation de la République*, des *Chants* pour le recueil des chants civiques, en 1796 ; l'*Hymne à la Souveraineté du Peuple*, en 1799.

Et lorsque la Convention décréta, en 1795, la création du Conservatoire, où il fut nommé professeur d'harmonie, il apporta à Sarrette et à Gossec la collaboration la plus dévouée pour défendre l'institution contre les attaques des ennemis de la République, la plus active dans l'élaboration des méthodes et la publication des solfèges, la plus précieuse dans l'enseignement. Il écrivit son célèbre *Traité d'Harmonie*, qui, pour la première fois, et par un système plus simple que celui de Rameau, codifiait les règles de cet art avec tant de netteté que, pendant 50 ans, les professeurs ne se sont point souciés d'une théorie plus rationnelle et plus approfondie.

Au théâtre, Catel débuta par *Sémiramis*, opéra en trois actes, représenté à l'Opéra en 1802. Une cabale organisée par les ennemis du Conservatoire, qui ne pardonnaient point à Catel d'être devenu le professeur alors le plus influent de l'établissement, et par les détracteurs de son système d'harmonie, qui haïssaient en lui le réformateur triomphant de la routine, empêcha l'œuvre de poursuivre au delà de vingt représentations la carrière dont elle était digne. En outre, on parla très haut de « musique savante », et désormais le talent de Catel fut tenu en suspicion par la foule.

Sans parvenir à se dégager de l'entrave fleurie par laquelle le jaloux de sa science l'avaient lié, sinon à l'insuccès, du moins aux victoires sans lendemain, Catel donna ensuite : l'*Auberge de Bagnères*, opéra-comique en trois actes, représenté en 1807, qui obtint, avec les *Deux Journées* de Cherubini, *Montano et Stéphanie* de Berton, *Ariodant* de Méhul, une mention honorable dans l'un des concours décennaux institués par Napoléon, et où le premier et le second prix furent donnés à la *Vestale* de Spontini et à *Joseph* de Méhul. Puis il fit représenter, la même année, *les Artistes par occasion*, dont un trio pour deux ténors et basse est demeuré fameux ; en 1808, *Alexandre chez Apelle*, ballet ; en 1810, *les Bayadères*, opéra en trois actes.

A l'Opéra, succédèrent aux *Bayadères* : en 1812, *les Aubergistes de qualité*, opéra-comique ; en 1814, *le Premier en date*, opéra-comique ; en 1817, *Wallace*, drame lyrique en trois actes, qu'on reprit à l'Opéra-Comique en 1844 ; en 1818, *Zirphyle et Fleur de Myrte*, opéra en deux actes ; en 1819, l'*Officier enlevé*, opéra-comique. Après ce dernier ouvrage, Catel renonça définitivement au théâtre, et presque complétement à la composition, pour se consacrer à l'enseignement et vivre aux environs de Paris. Il était cependant à cette époque en pleine maturité de son talent et n'avait que 46 ans. Mais quelques années avant, en 1814, une violente secousse morale avait ébranlé son énergie. Les Bourbons, revenus au pouvoir, avaient chassé du Conservatoire qu'ils avaient fondé, Bernard Sarrette et Gossec. Affectueusement attaché aux deux sacrifiés par la reconnaissance et le souvenir des jours glorieux vécus près d'eux, Catel ne voulut pas les renier, et, en démissionnant, il

donna un admirable exemple de fermeté. Ses collègues lui manifestèrent leur sympathie pour cet acte en le faisant entrer à l'Institut en 1815 et en réclamant pour lui la croix de la Légion d'honneur, qu'il reçut en 1824 ; mais il refusa toutes les offres qu'on lui fit pour qu'il reprît place au Conservatoire. Il demeura inflexible dans sa résolution de retraite volontaire et de protestation contre la mesure inique qui avait frappé Sarrette et Gossec. Un an après Gossec, vingt ans avant Sarrette, le 29 novembre 1830, Catel mourut. On loua avec éloquence, sur sa tombe, la pureté et la solidité de son talent, on déplora avec tristesse sa mort prématurée ; mais ceux qui prirent la parole s'appliquèrent surtout à exalter la grandeur morale de Catel, dont l'amitié fidèle et désintéressée envers ceux qui avaient été ses modèles apparut alors à tous comme un très noble exemple, comme un enseignement plus profitable qu'un chef-d'œuvre.

VI

LES COMPOSITEURS DE ROMANCES ET MUSICIENS DE L'EMPIRE

Comme la Ballade en Ecosse, comme la Barcarolle à Venise, la Romance est en France une forme nationale d'art.

La Romance est favorable à l'expression des sentiments tendres et gracieux, et son nom même dérive de l'appellation primitive « Roman » donnée à notre idiome, alors qu'il n'était déjà plus le latin et n'était pas encore le français.

Avec la Renaissance, les caractères de la Romance s'étaient affirmés. Noé Faignent, Lupi, Guillaume le Heurteur, Pierre Vermont avaient composé des romances avec assez de talent pour que le genre fût transplanté en Italie sous le nom de *Canzonette alla Francese*. Puis les musiciens Beaulieu, Deschamps, Claudin, Pierre Guédron, Boisset, avaient trouvé d'aimables inspirations dans les poésies de Ronsard, Baïf, David du Perron. Les rois eux-mêmes, épris de musique, avaient contribué au succès du genre en le pratiquant. On vit François Ier, Henri IV, Louis XIII, rivaliser avec leurs sujets musiciens, et composer des romances.

Sous Louis XIV, Quinault et Boileau avaient rimé des romances pour les musiciens Lambert, beau-père de Lulli, et Bernier.

Les mœurs débraillées de la Régence ne pouvaient qu'arrêter le développement de l'aimable Romance et favoriser le goût des chansons libertines. Cependant l'effort des poètes et des musiciens, astreints à l'assouplissement des rythmes poétiques et musicaux pour être gais et alertes dans leurs chansons, devait se faire heureusement sentir au moment où la Romance allait revenir à la mode. Les Romances mises en musique par Colin de Boismont, Bury, Campra, sont écrites avec élégance et finesse. On présent les Romances célèbres que vont donner les poètes et les compositeurs contemporains de Louis XV et dont les qualités devaient assurer au genre une popularité si vivace, qu'elle persista jusqu'aux trente dernières années du XIX° siècle.

La romance de Riboutet, *Que ne suis-je la Fougère*,

dont la musique est d'Albanèse, commença l'ère de la grande vogue. Puis le duc de la Vallière mit en honneur la « Romance historique », la complainte où Berquin devint bientôt son émule. On chanta partout *Geneviève de Brabant.* Parfois le ton était forcé. Alors des parodistes s'égayaient, en des romances burlesques de trente et quarante couplets, des auteurs qui avaient la sentimentalité par trop dramatique. Mais la pure romance ne perdait pas ses droits. Parmi les mieux réussies, on connait la romance de l'abbé Mongenot *Tircis au bord d'une fontaine,* dont Viotti prit le thème pour écrire des variations célèbres, celle de la Harpe, *O ma tendre Musette,* celle surtout de Martini, *Plaisir d'Amour ne dure qu'un moment,* qui contribua à un changement dans les habitudes sociales des artistes. Depuis le jour où, abandonnant la tradition des trouvères, l'auteur des paroles avait cessé d'être aussi l'auteur de la musique, le rôle du musicien était devenu sans éclat; la gloire était réservée au poète. Avec Martini, musicien triomphant, la situation du compositeur vis-à-vis du poète commença à se modifier. Les musiciens prirent souci de leur réputation auprès du public. Ils réclamèrent leur part de succès, et souvent ils l'obtinrent plus grande que leurs collaborateurs poètes. L'art du compositeur de romances devint ainsi un moyen de renommée. D'excellents musiciens, capables d'œuvres moins modestes, s'appliquèrent à la romance. Et quand la Révolution vint, les bouleversements ne purent qu'arrêter un instant l'essor acquis.

Pendant quelque temps l'ardeur guerrière fut universelle. Puis la romance eut une allure vigoureuse, au moment où Méhul voulait que le peuple se souvint de ses plus belles gloires nationales, comme celle des enfants héroïques, Bara et Viala. Mais bientôt poètes et musiciens purent s'attendrir sur les malheurs de Marie-Antoinette et sur l'exil des jeunes émigrés. Et peu à peu la romance retrouve son succès. Sous le Directoire, elle est accueillie avec empressement. Sous l'Empire, elle triomphe partout.

Le temps où la romance sera encombrante va venir. Toutefois, s'ils durent beaucoup de leur renommée à la romance, les plus célèbres musiciens représentants du genre, sous la Révolution et l'Empire, furent aussi autre chose. Pierre Caveaux est un admirable acteur, et par la musique de son *Réveil du Peuple* il est mêlé à l'agitation révolutionnaire. Garat reste le fondateur de notre école nationale de chant et compte parmi les plus illustres professeurs de notre Conservatoire. Plantade devient le collègue de Cherubini et de Lesueur à la chapelle de Louis XVIII, dans la composition de musique religieuse, et leur émule Choron est un savant, un pédagogue éminent, fondateur d'école, un initiateur qui attire l'attention des musiciens sur Palestrina et les maîtres oubliés de la Renaissance. Sophie Gail est la première femme compositeur qui trouve le succès, au théâtre. Pradher, professeur de piano au Conservatoire, commence l'œuvre que continueront Zimmermann, Marmontel, Diémer; et il donne l'exemple de la féconde décentralisation artistique en fondant le Conservatoire de Toulouse. Blangini lui-même se distingue comme maître de chapelle et comme professeur de chant au Conservatoire. Seule, la Reine Hortense n'est en musique que pour la romance. Mais son exemple est retentissant. De la cour impériale et des salons parisiens la romance se répand alors jusqu'au village. *Tout* contribue à sa vogue. On est las de la vigueur et de

l'héroïsme. On ne demande qu'à se laisser bercer par la tendre musique. Longtemps on continuera. Des musiciens et des musiciennes sans valeur en abuseront.

L'art musical aurait alors beaucoup perdu, si cette vogue encombrante de la romance au cours du XIXᵉ siècle n'avait pas contribué à propager partout le goût du chant, et à hâter l'évolution complète d'un genre que nous retrouvons aujourd'hui considérablement perfectionné et transformé dans les Recueils de Mélodies de nos maîtres contemporains.

1. — Pierre Gaveaux.

Pierre Gaveaux, né à Béziers en 1761, fut placé à la maîtrise de l'évêché dès qu'il eut atteint sa septième année.

Pendant toute sa jeunesse, il resta attaché à la cathédrale de Béziers, apprenant, avec la musique, le latin et la philosophie. Comme on le destinait à l'état ecclésiastique, parce qu'il s'était distingué par son intelligence et son application, le développement de son éducation avait été dirigé plutôt vers les lettres et la théologie que vers la musique; mais il se montra cependant le meilleur parmi les enfants de chœur musiciens de la cathédrale de Béziers, car, après s'être égosillé au lutrin, il avait dû à sa jolie voix d'être chargé de l'interprétation des soli, et bientôt le goût de la musique lui était venu si fortement, qu'il se levait souvent, la nuit, pour se livrer aux études qu'on lui abrégeait pendant le jour.

Il avait douze ans lorsque mourut son professeur de musique, l'organiste de la cathédrale, Combès, qui s'était dévoué à ses progrès en musique. Il dut abandonner ses premiers essais de composition et prit patience en rencontrant dans son maître de latin l'abbé Tindel, un bon violoncelliste, grand amateur des œuvres de Pergolèse alors en pleine vogue et bruyamment opposées à la musique française de Lulli et de Rameau.

Ensemble ils exécutèrent le *Stabat Mater* et la *Servante Maîtresse,* l'élève chantant, accompagné par le violoncelle du maître, et tous les deux si enthousiasmés que, dans leur admiration de pieux musiciens, ils avaient décrété : « Quiconque n'aime pas cette musique sera damné. »

Pierre Caveaux, toujours voué à l'église, et en possession du petit collet depuis l'âge de dix-sept ans, se disposait à partir pour Naples, afin d'étudier pendant quelque temps la musique auprès du savant maître Sala, quand la mort imprévue de l'évêque de Béziers ruina son avenir : avec l'évêque disparaissait la promesse du bénéfice qui lui était réservé pour le jour de son entrée définitive dans les ordres. N'ayant plus à compter sur une puissante protection dans sa ville natale, il partit pour Bordeaux et entra, comme ténor, à la collégiale de l'église Saint-Séverin.

Là, sous la direction de François Becᴄ , musicien éminent dont le talent servait à la fois la musique sacrée et la musique profane, il se remit à l'étude de la composition; puis il développa ses dons naturels de chanteur par la fréquentation de Garat, qui, envoyé à Bordeaux par sa famille pour faire son droit, aimait comme lui la musique avec passion et recevait aussi les leçons de François Becᴄ .

Peu à peu, sous l'influence de son professeur, qu'il voyait chaque jour descendre de la tribune de l'orgue pour monter au pupitre de chef d'orchestre du Grand-Théâtre, et sous celle de son condisciple Garat, qui, s'étant bientôt détourné du droit, malgré les menaces de son père, avait fui à Paris vivre librement pour la musique et le chant, Pierre Gaveaux en vint à préférer aux sévères antiennes du plainchant les charmantes mélodies de Grétry, à douter de la vanité de l'agitation mondaine qu'on lui avait tant prêchée à la cathédrale, à rêver d'un avenir qui lui apparaissait moins morose, s'il désertait l'église pour la musique.

La tentation fut irrésistible, et il devint le ténor le plus applaudi du Grand-Théâtre de Bordeaux ; mais en son cœur resta le souvenir attendri de sa jeunesse ecclésiastique. Son collaborateur Planard a raconté qu'aux jours d'adversité, rappelant à ses amis le temps où il portait la petite calotte rouge, il avait coutume de dire :

« J'étais avec ces pieux fainéants et ces bons vivants dont parle Boileau, qui

faisaient chanter matines
Sans sortir de leurs lits, plus doux que leurs hermines,
Veillaient à bien dîner et laissaient en leur lieu,
A des chantres gagés, le soin de louer Dieu...

Du théâtre de Bordeaux, Pierre Caveaux passa à celui de Montpellier, et, en 1799, sa réputation l'appela à Paris, au théâtre de Monsieur qui allait devenir le théâtre Feydeau, puis, après la réunion avec le théâtre Favart, le théâtre de l'Opéra - Comique, régi, comme l'est encore aujourd'hui la Comédie française, par une société d'artistes, où les jeunes comédiens-chanteurs, admis d'abord en qualité de pensionnaires, ne devenaient sociétaires que par un vote de leurs camarades.

Dès l'origine, Pierre Gaveaux fut sociétaire de l'Opéra-Comique, où il s'illustra comme acteur et comme compositeur.

Sa carrière d'acteur fut, un moment, très brillante. Le rôle triomphant du ténor amoureux lui était dévolu ; on l'applaudissait tout particulièrement dans *Lodoïska* de Cherubini, *Roméo* de Steibelt, les *Visitandines* de Devienne. Excellent musicien, il guidait dans les morceaux d'ensemble les acteurs, stimulait la verve de leur interprétation. Mais des artistes nouveaux parurent, qui l'éclipsèrent, et il dut abandonner la première place à Elleviou, à Martin, à son beau-frère Gavaudan, dont il avait épousé la sœur Émilie.

Sa renommée de compositeur fut moins éphémère. Beaucoup de ses romances furent populaires. Il enrichit le répertoire de l'Opéra-Comique de 35 ouvrages dramatiques, très naturellement gracieux, où, parmi les mieux accueillis, figurent : l'*Amour Filial* (1792), la *Famille indigente*, les *Deux Ermites*, la *Partie carrée* (1793), le *Petit Matelot* (1796), *Sophie et Moncars*, le *Traité nul* (1797), le *Locataire* (1800), le *Bouffe et le Tailleur* (1804), la seule de ses aimables productions dont on se souvienne encore aujourd'hui ; le *Diable couleur de rose* (1804), l'*Échelle de soie* (1808), l'*Enfant prodigue* (1811).

Rarement Pierre Caveaux appliqua son talent à des œuvres dramatiques sévères, et il ne réussit jamais complètement lorsqu'il voulut forcer en ce sens son inspiration prime-sautière. *Léonore ou l'Amour conjugal*, qu'il donna en 1798, fut assez vite oublié pour que le livret devînt, en 1805, celui de l'immortel *Fidelio* de Beethoven. La *Rose Blanche et la Rose Rouge*,

« opéra sérieux en trois actes », représenté en 1809, et rapidement abandonné, laissa à l'auteur du livret, Guilbert de Pixérécourt, le regret de n'avoir point assuré une longue vie à son drame en confiant à Méhul, comme cela avait été son intention, le soin d'écrire une partition, « qu'on jouerait probablement encore », comme le dit Guilbert de Pixérécourt dans l'édition complète de ses œuvres de théâtre.

Acteur applaudi, mais bientôt éclipsé par des émules extraordinairement brillants, compositeur aimable, mais peu estimé par ses contemporains musiciens, et rapidement déchu dans la faveur du public insouciant, Pierre Caveaux compte cependant parmi les musiciens fameux de son époque.

L'Hymne, de Souriguière, qu'il mit en musique, le *Réveil du Peuple*, et l'agitation créée autour de ce chant pendant toute la période du Directoire, demeurent en effet un fait historique inoubliable et un étonnant exemple de ce que peut devenir une chose insignifiante, lorsque le caprice d'une foule passionnée s'en empare. Le *Réveil du Peuple*, composé par Pierre Caveaux en 1795, fut le chant thermidorien, le chant adopté avec enthousiasme, pendant quatre années, par la coalition des ennemis du régime républicain ligués pour le rétablissement du despotisme, dont la chute retentissante de Robespierre leur avait donné l'espoir.

On retrouve, dans la musique de la Révolution, un abondant témoignage du mouvement sorti de l'événement du 9 thermidor. L'anniversaire devint le prétexte d'une « Fête de la Liberté », célébrée en 1798 avec un éclat exceptionnel, dont le souvenir artistique nous est conservé surtout par une des plus importantes œuvres musicales de la Révolution : le *Chant dithyrambique*, de Lesueur, pour la présentation au peuple, assemblé au champ de Mars, des objets de science et d'art recueillis en Italie et apportés en France, où « ils sont enfin sur une terre libre », suivant l'expression du programme de la fête.

Dès 1794, avant Pierre Caveaux, Rouget de Lisle, arraché à l'échafaud de la Terreur, avait célébré le 9 thermidor par un *Hymne à la Liberté*, aussi généreusement inspiré que la *Marseillaise ;* en 1795, l'année même où paraissait le *Réveil du Peuple*, Catel composait les *Stances pour l'Anniversaire du 9 thermidor*, Gossec l'*Hymne à l'Humanité*, en mémoire du 9 thermidor, Méhul l'*Hymne du 9 thermidor, jour de la délivrance*, Lesueur l'*Hymne du 9 thermidor*.

Cependant la « jeunesse dorée » n'eut d'oreille que pour le *Réveil du Peuple*, devenu une sorte de *Marseillaise* à l'usage des réactionnaires, qui triomphaient, après la disparition du comité de Salut public, jusqu'à organiser en plein Paris ces « bals à la victime », où n'étaient admis que des parents de guillotinés, qui se montraient ennemis de l'ordre, des patriotes et des républicains pendant le gouvernement du Directoire, jusqu'à faire succéder à la Terreur rouge une Terreur blanche, plus implacable et plus sanguinaire.

La fureur, qui voulait s'exprimer en chants, préféra à ceux dont les paroles étaient violentes et la musique fougueuse, celui où le poète et le musicien avaient seulement forcé leur talent aimable.

Ainsi, par le caprice de la passion, fut assurée à une chose insignifiante en elle-même une renommée historique.

Fièrement et marqué

CHANT

Peu_ple Fran_çais, peu_ple de frè_res, Peux-tu

PIANO

voirsansfrémir d'horreur Lecrimear_bo_rer les banniè_res,Ducarna_

_geet de la ter_reur? Tusouffresqu'unehorde a_tro_ceEtd'assassins et de bri_

_gands, Souillé par son souffle fè_ro_ceLeterritoi_re des vi_vants

Par la vogue du *Réveil du Peuple*, qui dura cinq années, Pierre Caveaux acquit une célébrité tapageuse, contrastant singulièrement avec l'amabilité de ses talents de compositeur et d'acteur et avec la douceur de son caractère. Il devint un personnage séditieux. Dès le mois de mars 1793, les rapports de police se préoccupèrent de lui.

Ensuite vint l'arrêté du Directoire exécutif du 4 janvier 1796, concernant les spectacles :

« Tous les directeurs, entrepreneurs et propriétaires de spectacles de Paris sont tenus de faire jouer, chaque jour, par leur orchestre avant la levée de la toile, les airs chéris des républicains, tels que la *Marseillaise*, *Ça ira*, *Veillons au salut de l'Empire*, le *Chant du Départ*. Il est expressément défendu de chanter, laisser ou faire chanter l'air homicide dit le *Réveil du Peuple*. »

Alors le public commença à devenir agressif contre Pierre Gaveaux. Lorsqu'il se présenta sur la scène du théâtre Feydeau, pour chanter la *Marseillaise*, des voix s'élevèrent du parterre, criant : « A bas le Chouan ! » Ce fut un scandale, dont la police prit prétexte pour le compromettre définitivement, en interprétant défavorablement ses moindres intentions, et qui valut au musicien d'être traité... en homme politique par le rédacteur de l'*Ami des Lois*...

« L'auteur de cet air homicide est, comme tout le monde le sait à présent, le chanteur Caveaux. Considéré sous ce seul rapport, il ne paraîtrait pas autant criminel... Mais qui ne sait pas aussi que ce même Caveaux, après avoir prêté sa verve musicale à des paroles qui ne respirent et qui ne provoquent que le meurtre et le carnage, qui ne sait, dis-je, que cet imprudent Gaveaux a été, jusqu'à l'organisation complète des massacres du Midi, non pas seulement le chanteur, mais le vociférateur par excellence de son air homicide, chéri de toute la horde des Chouans et des royalistes de toutes couleurs?... »

Ainsi traqué par le public, la police et la presse, Pierre Caveaux vit l'agitation révolutionnaire pénétrer son existence, auparavant paisiblement remplie par ses travaux d'acteur et d'auteur, par la lecture des ouvrages composant sa bibliothèque choisie, par la fréquentation d'amis sincères que séduisaient ses mœurs de parfait honnête homme et l'agrément de sa conversation, par les soins de la maison de commerce de musique qu'il avait fondée, en 1793, avec son frère Simon, attaché comme lui au théâtre Feydeau, où il remplissait les fonctions de répétiteur et de souffleur.

En 1799, dans les derniers mois du Directoire, il encombre encore les rapports de police, qui parlent, comme en 1796, de la « bouche impure de Caveaux profanant l'hymne de la Liberté », qui signalent les « tumultes considérables » causés au théâtre Feydeau par « celui que les patriotes appellent le chantre des égorgeurs ». Mais le ministre de l'intérieur, las des cabales organisées contre le musicien du *Réveil du peuple,* qu'on ne chante déjà plus, donne des instructions précises à la police des théâtres, et achève le drame en comédie :

« ... Il y a deux moyens de mettre fin au conflit ; c'est, en premier lieu, d'interdire au sieur Gaveaux de chanter l'hymne de la Liberté.

« En second lieu, c'est de le lui laisser chanter et — les patriotes étant en force dans la salle — de le contraindre par tous les moyens possibles, hors l'effusion du sang, de se retirer honteusement, et, s'il persiste, de le couvrir d'une grêle de pommes. Cet expédient est aussi simple qu'immanquable... »

Peu à peu, l'apaisement se fit, et, après le 18 brumaire, la politique se détourna complètement de Pierre Gaveaux, qui poursuivit sans grand éclat sa carrière de musicien, auteur et acteur, jusqu'en 1812.

A cette époque, il dut renoncer à la composition, qui lui avait donné un seul grand succès au théâtre, avec le *Bouffe et le Tailleur,* représenté en 1804, et beaucoup dans les salons, avec ses *romances.* Il dut renoncer également à sa place de chanteur de la chapelle impériale, qu'il occupait depuis 1804, et à l'Opéra-Comique, où, depuis longtemps, sa réputation première était tombée, mais où, ne jouant plus que les utilités, il était cependant toujours content de paraître, « endossant l'éternel frac vert-pomme, à boutonnières dorées, du seigneur de *Blaise et Babet,* avec autant de zèle qu'il avait eu jadis de plaisir à faire jouer sur sa tête la toque élégante de Roméo ».

Au mois d'avril 1812, une maladie longue et cruelle, contre-coup des secousses morales qui l'avaient si brutalement agité pendant la Révolution, attaqua sa raison. Il ne conserva de lucidité que pour le souvenir de sa jeunesse dévote et pour le remords de souffrances où il voyait « le doigt de Dieu » qui le punissait d'avoir déserté les saints concerts.

Après quelques années, des soins dévoués rendirent la paix à son esprit. Il put se remettre à la composition et écrivit la musique de la scène lyrique de Rousseau, *Pygmalion,* restée inédite, puis un opéra-comique, *Une nuit au Bois ou le Muet de circonstance,* représenté en 1818.

En 1819, la folie le reprit. On le plaça dans une maison de santé à Passy. Il y mourut, tout à fait oublié, le 7 février 1824 ou le 5 février 1825, car les rares notes de dictionnaire concernant Pierre Gaveaux ne s'accordent pas plus pour la date de sa mort que pour la date de sa naissance, fixée par les plus dignes de foi à 1761, par d'autres à 1760 ou à 1764.

Dans le temps où Pierre Caveaux mourait oublié, Rouget de Lisle végétait misérablement. Moins de trente ans après le Directoire, républicains déçus et royalistes triomphants se retrouvaient unis pour oublier, avec un égal dédain, le musicien de la *Marseillaise* et celui du *Réveil du Peuple,* dont ils s'étaient emparés jadis et qu'ils avaient opposé l'un à l'autre avec tant de bruit.

2. — Garat.

Garat est né le 25 avril 1764 à Ustaritz, dans les Basses-Pyrénées. Fils d'un avocat, neveu d'un littérateur qui fut ministre de la justice sous la Convention et membre de l'Institut sous l'Empire, il était destiné à entrer au barreau ; son instinct, auquel il se soumit malgré les violentes oppositions de sa famille, le poussa à se faire chanteur et compositeur de romances.

Envoyé à Bordeaux pour faire son droit, il fut peu à peu entraîné, en suivant les représentations du *Grand-Théâtre,* particulièrement celles de l'*Orphée* de Gluck, à cultiver son goût pour le chant, que sa mère, qui était douée d'une jolie voix, lui avait inculqué dès l'enfance. Sur le conseil du chef d'orchestre du Grand-Théâtre, François Becq, à qui il avait demandé quelques leçons, il se décida bientôt à abandonner Bordeaux et l'étude du droit, malgré les menaces de son père, et à venir à Paris, où il arriva en 1786 presque sans argent et certain de n'avoir plus à compter désormais sur l'appui des siens.

En ce temps-là, la grande allée du Palais-Royal était le rendez-vous de la société élégante ; pendant les belles soirées d'été, elle y venait en foule. Avec l'insouciance de son âge, la gaieté de son caractère, sa hardiesse de Méridional, Garat y improvisa des concerts où, à la grande admiration des promeneurs, il imitait, à s'y tromper, les voix des acteurs et des actrices alors en vogue, les instruments de l'orchestre, exécutant à lui seul un opéra entier. Son merveilleux organe, l'extraordinaire étendue de sa voix, la pureté de sa diction, la beauté de son style, ne tardèrent pas à exciter un enthousiasme qui parvint jusqu'aux musiciens. Ne pouvant croire à un tel prodige, les maîtres Piccinni, Sacchini, Grétry, Philidor, vinrent au Palais-Royal pour se convaincre, et furent émerveillés.

La réputation de Garat devint assez grande pour qu'on en parlât à la cour. La reine Marie-Antoinette voulut entendre le triomphateur, et il fut invité à se rendre au palais de Versailles. La reine, le comte d'Artois, frère du roi, des seigneurs et des dames l'y attendaient. D'abord interdit devant l'assemblée imposante, mais rassuré par un accueil rempli de bonté, Garat chanta avec un succès si grand et reçut tant de compliments, qu'il ne put s'empêcher de s'écrier : « Ah ! si mon père me voyait ici, qu'est-ce qu'il dirait ? » Et il lui écrivit la réception flatteuse qui lui avait été faite. Son père, inflexible dans son mécontentement de l'abandon du droit, lui répondit brutalement : « Je n'ignorais pas, mon fils, que dans Rome dégénérée des baladins et des histrions avaient été les favoris des empereurs. »

La carrière s'annonçait trop belle à Garat pour qu'il se laissât aller au découragement. Sa jeune gloire l'avait fait l'idole des belles dames et le roi des salons ; la fortune elle-même lui vint.

Le comte d'Artois le nomma son secrétaire, pour avoir un prétexte de lui servir des appointements, et la reine Marie-Antoinette lui fit tenir une pension de 6.000 livres.

La Révolution renversa ses protecteurs. Il leur demeura fidèle et faillit payer de sa vie les succès populaires qu'il obtenait en chantant sa romance *le Ménestrel exilé*, pour implorer la pitié en faveur des émigrés, et sa complainte *Vous qui portez un cœur sensible*, qui évoquait les malheurs et la fin tragique de Marie-Antoinette.

Après avoir voyagé en Allemagne et en Angleterre, il vint en Espagne ; il y était appelé par l'ex-ambassadrice à Paris, dont il n'avait pu oublier le compliment audacieux adressé, avec de tendres œillades, lors de ses débuts à la cour, en présence de jeunes seigneurs qui louaient ses belles épaules et sa gorge séduisante : « Ma foi, avait-elle dit en faisant allusion à sa gorge, je changerais bien, si cela était possible, pour celle qui nous fait entendre de si douces et de si belles choses... »

Garat revint à Paris pour triompher aux soirées données au Luxembourg par Barras, le président du Directoire, et aux concerts de la rue de Cléry et de la rue Feydeau, rendez-vous des muscadins et des élégantes qui venaient à ces concerts, comme ils se rendaient au « bal des victimes » pour porter le deuil de leurs amis ou de leurs parents guillotinés, en se réjouissant bruyamment de la chute de leurs bourreaux.

C'est à cette époque qu'il composa la plus grande partie de ses romances. Il les chantait lui-même. Le genre, oublié pendant la Révolution, retrouva toute sa vogue. Avec Garat, qui ne dédaignait pas d'interpréter les œuvres de ses émules, Boïeldieu et Pradher devinrent les auteurs favoris du public.

Nommé professeur de chant au Conservatoire par Napoléon, subventionné de 6.000 fr. par an par son oncle pour ne plus se faire entendre au concert, Garat renonça à ses succès retentissants pour se consacrer à ses élèves. L'un d'eux, M. Miel, a laissé d'intéressantes notes sur sa façon d'enseigner :

« Lorsqu'il voulait régler un air, il ne jetait jamais les yeux sur la musique, ni la lisant que difficilement. Il faisait chanter le morceau par son disciple, qu'il écoutait avec une attention profonde ; il le faisait redire une seconde fois, sans y placer la moindre observation ; puis, imposant silence du geste, il parlait tout à coup, la figure animée, l'œil étincelant, et chantait le morceau à sa manière, avec la verve la plus véhémente et la chaleur la plus expressive, en corrigeant les fautes de prosodie, en accentuant le style, en improvisant les traits les plus convenables, les points d'orgue les plus hardis et les plus élégants,

enfin en donnant de la vie à cet air dont on venait de lui faire entendre la lettre morte. »

Par cette méthode, qui montre qu'il était chanteur avant d'être musicien, il forma des élèves comme Nourrit, Derivis, Pouchard, Levasseur, Mmes Branchu, Saint-Aubin, Boulanger...

La préoccupation de plaire aux femmes avait tenu toujours une très grande place dans la vie de Garat. Pour soutenir ses succès auprès d'elles, il n'avait pas reculé devant le renom de fatuité, en aspirant à régenter la mode, en devenant le type même des « Incroyables », en lançant des habits, des badines, des lorgnons, des bottes à la Garat, en affectant, par l'élision de tous les *r*, une manière de s'exprimer précieuse dont se moquaient même ses amis, qui rendirent fameuse la « *paole d'honneu de Gaa* ». Cette préoccupation ne le quitta pas après que la cinquantaine eut sonné.

Le « ci-devant jeune homme », comme on disait, devint éperdument amoureux d'une de ses élèves, Mlle Duchamp. Mais il n'était plus aux beaux jours où il pouvait chanter avec assurance le couplet du rondeau des *Visitandines*, l'un de ses morceaux favoris :

> Enfant chéri des dames,
> Je fus, en tous pays,
> Fort bien avec les femmes,
> Mal avec les maris...

Mlle Duchamp lui fit connaître les affres de la jalousie, puis le délaissa. Il devait en mourir. Rencontrant, vers la fin du mois de février 1823, un ami qui partait vers le Midi, vers son pays :

« Moi aussi, lui dit-il mélancoliquement, je vais partir pour un voyage, mais long, bien long... »

Quelques jours plus tard, le 1er mars, il était mort.

En pensant à Garat, on peut avoir quelque indulgence envers les « ténors » qui continuent parmi nous la fâcheuse tradition du chanteur fat, puisque leur maître, le créateur de notre école nationale de chant, leur donna l'exemple.

Ils doivent se souvenir cependant que Garat eut l'excuse d'être un très grand artiste, un chanteur extraordinaire et de la souplesse d'un organe capable d'interpréter tour à tour des airs écrits pour basse, ténor, contralto ou soprano, et qu'enfin il prit soin, en composant de charmantes romances, que sa gloire, si répandue parmi les femmes d'autrefois, ne fût pas tout à fait indifférente aux femmes d'aujourd'hui.

3. — Ch.-H. Plantade.

Charles-Henri Plantade est né à Paris le 19 octobre 1764. Il commença son éducation musicale à la cour de Louis XV, où, dès l'âge de sept ans, il fut page de la musique de la chambre du roi.

En ce temps-là, il n'y avait point de Conservatoire ; les maîtrises donnaient au clergé le monopole de l'enseignement, et pour assurer le service de la musique à la cour, il existait une organisation dont le duc de Luynes nous a laissé le détail dans ses *Mémoires :*

« Deux surintendants de la musique servent, c'est-à-dire battent la mesure, au concert de la reine chacun pendant six mois. Outre cela, il y a deux maîtres de musique chargés, l'un des pages de la musique de la chambre, l'autre des pages de la musique de la chapelle ; ils nourrissent les pages, les instruisent ou les font instruire, et font prendre soin d'eux moyennant environ 40 sols par jour, que le roi donne. Le roi leur fournit l'habit, et les parents les entretiennent de linge.

« Ces pages de la musique de la chambre, ainsi que ceux de la chapelle, sont ordinairement des enfants de musiciens ou qui ont de la disposition à chanter; il n'est point question de noblesse, mais de voix. »

Par sa jolie voix, et aussi par son intelligence, Plantade se distingua des autres pages. On le choisit pour interpréter les soli dans les messes chantées à la chapelle du château de Versailles, et il dut à Gluck de pouvoir se signaler davantage.

Appelé en France par la reine Marie-Antoinette, dont il avait été le professeur à Vienne, le maître présidait souvent les concerts de la cour, où il avait d'abord prêté à rire en répondant à l'accueil empressé de la reine, qui n'était plus une frêle jeune fille lors de la première entrevue :

« Ah! c'est vous, c'est donc vous, mon cher maître! » par ce compliment barbare :

« Oh! Madame, que Votre Majesté est donc devenue *grossière* depuis que je ne l'ai vue! »

Mais bientôt, avant que Gluck fût complètement familiarisé avec la langue française, son génie s'était imposé au respect et à l'admiration de tous.

Il remarqua le talent du page Plantade et le convia à l'honneur de chanter des duos avec la reine.

A sa sortie de la musique des pages, Plantade vint à Paris et y termina son éducation musicale en étudiant la composition avec Langlé, le violoncelle avec Dupont, le piano avec Hullmandel, la harpe avec Piétrini.

Devenu habile claveciniste et accompagnateur expérimenté, il vit tous les salons s'ouvrir devant lui, et sa renommée y devenir très grande lorsqu'il se mit à cultiver le genre favori, la romance, dont il contribua à accentuer la vogue par sa recherche d'effets dramatiques dans les accompagnements, qui contrastait avec les platitudes habituelles. Sa romance, *Te bien aimer*, parue en 1791, obtint un succès colossal; elle se répandit par 20.000 exemplaires, ce qui ne s'était jamais vu.

La gloire mondaine ne lui apportant pas d'argent, Plantade devint contrebasse à l'orchestre de l'Opéra-Comique, puis professeur de chant et accompagnateur de Garat. Le patronage du célèbre chanteur le fit nommer, en 1797, maître de chant à l'aristocratique institution de jeunes filles de Mme Campan. Il y eut comme élève Hortense de Beauharnais, dont il commença l'éducation musicale alors qu'elle n'était encore que la belle-fille du général Bonaparte, par le mariage de sa mère Joséphine avec le premier consul, et à laquelle il continua ses leçons quand elle fut devenue la belle-sœur de Napoléon par son mariage avec Louis Bonaparte, l'un des quatre frères de l'empereur.

Après avoir tenté presque vainement le succès au théâtre par huit opéras-comiques représentés de 1794 à 1800, Plantade revint à la romance et y trouva de nouveaux triomphes, qui lui valurent d'être nommé, en 1799, avec Garat, professeur au Conservatoire, fondé depuis 1793. Il démissionna en 1806 pour suivre en Hollande, avec le titre de maître de chapelle et directeur de la musique, la reine Hortense, qui accompagnait sans grand enthousiasme son mari, devenu roi par la volonté de son frère.

Lorsque la Hollande fut annexée à l'Empire français, en 1810, Plantade revint sans regret un pays où les distractions ne manquaient cependant pas, si l'on s'en rapporte à ce passage d'un volume consacré à l'histoire du séjour du roi Louis à la Haye, par l'un

des officiers français, M. de Smet, envoyé en Hollande :

« Le commissaire de police a été obligé, au théâtre français d'Amsterdam, de rappeler à de jeunes fiancés hollandais qu'ils étaient au spectacle (au balcon), et que le public ne devait pas être témoin de leurs doux embrassements... »

Plantade revint à Paris avec la reine Hortense, qui lui donna la direction de sa musique et lui confia le soin d'écrire l'accompagnement des romances qu'elle composait, pour la plus grande joie des habitués de son salon, à qui elle les chantait en s'accompagnant sur le clavecin de la reine Marie-Antoinette, arraché par sa piété à une maison où la *Carmagnole* avait retenti, pour être rendu, comme au temps du page Plantade, aux tendres harmonies et aux caresses d'une jolie main.

Afin de se rappeler au souvenir des musiciens, Plantade fit exécuter, dès son retour de Hollande, en 1810, une *Messe* avec orchestre à l'église Saint-Eustache, puis il fit paraître de nouvelles romances. Toute la noblesse impériale lui fit fête. Nommé, en 1812, chef du chant à l'Opéra, il essaya deux fois, et sans plus de succès qu'auparavant, de triompher au théâtre de l'Opéra-Comique; cet échec l'éloigna pour toujours de la scène.

Une Cantate, *Ossian*, exécutée en 1814 avec un grand succès, lui mérita la croix de la Légion d'honneur et sa réintégration au Conservatoire comme professeur de chant; mais il dut quitter au bout d'une année.

Réintégré de nouveau en 1818 par Louis XVIII, il prit sa retraite en 1828, laissant d'excellents élèves comme Dabadie, Mme Cinti-Damoreau, et se consacra tout entier à ses fonctions de maître de la chapelle royale, qu'il occupait depuis 1816 et auxquelles il dut de renoncer à la romance pour devenir l'émule de Lesueur et de Cherubini dans la composition de la musique religieuse.

La révolution de 1830 lui enleva ses deux places, celle de chef de chant à l'Opéra et celle de maître de la chapelle royale. Comprenant que sa carrière était désormais terminée, il se retira aux Batignolles, et, pendant neuf ans, il y attendit la mort. Elle l'emporta le 18 décembre 1839, après une courte maladie dont les souffrances avaient été apaisées par les soins affectueux de ses deux fils, dont l'un, Charles-François, devait se faire un renom de compositeur aimable en écrivant des romances et surtout des chansonnettes.

Charles-Henri Plantade, qui vécut soixante-quinze années, avait voué sa vie à des œuvres menues, dont la douce inspiration n'avait point varié au milieu des plus tragiques bouleversements de la Royauté, de la Révolution, de l'Empire, de la Restauration; aussi était-il presque oublié lorsqu'il mourut. Il eut cependant des funérailles pompeuses, dignes d'un musicien très glorieux. L'église Notre-Dame-de-Lorette ne fut pas assez vaste pour contenir la foule de ceux dont il avait été l'ami, le camarade, le professeur. L'orchestre de l'Opéra, où il avait été chef de chant, et celui du Conservatoire, où il avait enseigné, placés sous la direction de Habeneck, se firent entendre pendant la cérémonie; on y chanta ses plus célèbres romances, auxquelles on avait adapté des paroles liturgiques, entre autres la fameuse romance de ses débuts, *Te bien aimer*, devenue un *Pie Jesu...*

En entendant, ainsi transfigurée par des paroles de deuil, cette romance qui chantait souriante dans leur mémoire, les plus vieux parmi les assistants durent éprouver qu'ils n'étaient pas réunis là pour rendre un suprême hommage seulement au compositeur que cette simple mélodie avait fait célèbre, mais à la génération entière des musiciens du XVIII° siècle, dont Charles-Henri Plantade, en s'attardant dans le XIX°, avait continué parmi eux la sentimentalité naïve et la grâce fragile.

4. — Alexandre Choron.

Alexandre Choron est né le 21 octobre 1772 à Caen, où son père était directeur général des fermes royales de Normandie. Envoyé chez les pères oratoriens de Juilly, il quitta leur collège à l'âge de quinze ans, sachant parler et écrire le latin et le grec aussi couramment que le français, et laissant la réputation d'un élève extraordinaire par sa vivacité d'esprit, par ses facultés d'assimilation et par son ardente activité. Revenu à Caen, il espérait pouvoir s'adonner à la musique, qu'il aimait avec passion, et il demanda à recevoir comme ses sœurs des leçons de clavecin. Son père refusa, prétextant que la culture d'un art « d'agrément » était indigne des hommes, qui ont pour devoir la science, et admissible seulement pour les femmes, dont la fonction est de plaire. Et, pour couper court à toute discussion, on le renvoya immédiatement à Paris étudier le droit chez le procureur Rohard, qu'on prévint des velléités artistiques de l'étudiant, afin qu'il s'y opposât.

Tout en s'initiant aux mystères de la procédure par sa participation à la rédaction des paperasses du procureur, Alexandre Choron, invinciblement attiré vers l'art défendu, commença son éducation musicale en passant ses nuits à apprendre notre système de notation. Complètement ignorant du solfège, il parvint à connaître les notes, les intervalles, la mesure, par le seul secours de sa mémoire : il assistait assidûment aux représentations de l'Opéra et de l'Opéra-Comique, puis il achetait la musique de ce qu'il avait entendu et comparait aux signes gravés la hauteur et la durée des sons composant les mélodies retenues.

Il sut bientôt noter sur le papier ce qui était fixé dans sa mémoire, et en l'absence du sévère procureur, il ne s'occupa plus qu'à égayer les papiers administratifs de portées où s'inscrivaient tous les airs en vogue.

Tout alla bien jusqu'au jour où le président du Parlement renvoya au procureur Rohard, avec menace de le destituer, un placet dont l'un des feuillets portait la musique de la romance *O Richard, ô mon roi*... Le coupable dut se dénoncer et reprendre, après une terrible admonestation, la route de Caen.

Désespérant de fléchir l'entêtement des parents, Alexandre Choron allait renoncer à la musique, lorsque son père mourut, en 1789. En possession de la part de fortune qui lui revenait, il repartit pour Paris, où il put alors se consacrer librement à l'art vers lequel son instinct le poussait. Il étudia le *Dictionnaire de musique* de J.-J. Rousseau, le *Traité* de Rameau, et, après quelques mois, il fut en état d'accepter la direction de la maîtrise de l'église Saint-Séverin.

Le désir de pénétrer plus avant dans l'étude de la musique lui fit abandonner ce poste; il décida, en effet, qu'il ne saurait jamais la musique s'il ne connaissait très bien les sciences mathématiques.

La lecture des ouvrages théoriques de Rameau, qui sont hérissés de calculs, l'avait conduit à chercher son but par ce chemin détourné.

En 1793, il entra à l'École des Mines, qu'on venait de fonder, et, entraîné par son esprit très précis, il se passionna pour ses nouvelles études. D'étonnants progrès attirèrent l'attention du savant mathématicien Monge, qui l'adopta comme élève, lui confia les fonctions de répétiteur de géométrie descriptive à l'École normale et en fit son collaborateur dans l'organisation de l'École polytechnique, où il fut nommé chef de brigade.

Mais, en avançant dans ses études scientifiques et en réfléchissant, il constata que « les rapports entre la musique et les mathématiques avaient beaucoup moins d'importance que l'action toute métaphysique de la musique sur l'organisme », et comme il n'avait abordé ces études que dans le seul but de devenir musicien, il les abandonna, persuadé que « la musique ne pouvait être étudiée qu'en elle-même ». Il avait alors vingt-cinq ans. Sur les conseils de Grétry, auquel il soumit ses premiers essais de composition, il choisit comme professeurs un Italien, Bonesi, et l'abbé Rose.

Ses professeurs lui ayant parlé des maîtres italiens Martini, Eximeno, Sabbatini, des maîtres allemands Marpurg, Albrechtsberger, et de la musique antique, il apprit l'italien, l'allemand et même l'hébreu. Il devait prouver, en plusieurs circonstances, que la connaissance de ces langues lui était devenue familière, car il traduisit l'enseignement des maîtres d'Italie dans son ouvrage *Principes d'accompagnement des maîtres d'Italie*, celui des maîtres d'Allemagne dans son ouvrage *Principes de composition des écoles d'Allemagne*, et on le vit un jour au Collège de France suppléer le professeur titulaire de la chaire d'hébreu, qu'une indisposition empêchait de faire son cours.

Alexandre Choron était devenu le musicien le plus savant de France, lorsque des affaires de famille le rappelèrent en Normandie. Dans le calme de la province, il médita. La nécessité de populariser l'enseignement de la musique lui apparut, et il rêva d'une école de musique où l'on étudierait l'art en même temps que les belles-lettres. Il devint l'apôtre de son idée. La fréquentation des écoles primaires de la campagne, où il voulut acquérir l'expérience de pédagogie nécessaire à la réalisation de son rêve, lui ayant démontré la faiblesse de la méthode appliquée à l'instruction des jeunes enfants, il se préoccupa d'un nouveau système d'éducation, et il publia une *Méthode d'instruction primaire pour apprendre à lire et à écrire*, qu'il mit en pratique dans celles des écoles de Caen et des environs où le niveau des études était particulièrement bas. Par son nouveau système, « qui remplaçait l'étude des lettres isolées par des exercices sur les sons, sur les voix de la langue française », il obtint de surprenants résultats, dont le succès lui valut les félicitations du corps enseignant de la région et celles du ministre. Encouragé, il revint en 1805 se fixer définitivement à Paris pour y poursuivre le triomphe de ses projets.

En possession d'une fortune dont il était décidé à ne point user pour des satisfactions égoïstes, il s'associa avec l'éditeur Leduc, fonda un « Bulletin musical » et entreprit l'édition des chefs-d'œuvre classiques, alors complètement inconnus en France, des vieux maîtres français Josquin des Prés, Clément Jannequin. Il se ruina rapidement dans cette tentative artistique, à laquelle le public, indifférent à tout ce qui n'était pas Napoléon, ne daigna pas s'intéresser. La passion guerrière qui sévissait alors assura du moins à l'une de ses compositions un succès colossal.

En 1806, il avait publié un recueil de Romances, Chansons et Poésies mises en musique. L'une de ses romances, *la Sentinelle*, devint en quelque sorte la « *Marseillaise* de l'Empire » ; elle fut chantée sur tous les théâtres, dans tous les concerts et dans tous les salons, puis transcrite avec variations pour tous les instruments. Cette romance, qui reste, par sa fierté et sa tendresse chevaleresques, une œuvre très caractéristique de l'époque où elle parut, fut le plus grand succès de composition d'Alexandre Choron ; et, toute

sa vie, il en conserva une grande fierté. Il signa désormais tous ses ouvrages en faisant suivre son nom de la mention : « auteur de la *Sentinelle*. » Il alla même jusqu'à être offensé par une mauvaise interprétation de sa chère romance. Passant un soir sur le boulevard du Temple, il entendit un pauvre aveugle qui écorchait sur son violon l'air de la *Sentinelle;* indigné de s'entendre ainsi calomnier, il s'approche de l'aveugle, lui arrache le violon des mains et s'écrie :

« Malheureux! qui t'a permis de défigurer ainsi un chef-d'œuvre? *Tiens*, voilà dix francs, mais à condition que tu apprendras à mieux jouer un air que toute l'Europe sait par cœur. »

La Sentinelle.

L'astre des nuits de son paisible é- -clat Lançait des feux sur les ten - tes de Fran - ce Non loin du

Mais Alexandre Choron n'était pas fait pour s'attarder dans la romance. Par la traduction d'ouvrages didactiques, par son *Dictionnaire des Musiciens*, il préparait l'édification d'un très grand ouvrage encyclopédique, *Introduction à la connaissance raisonnée de la Musique*, qui devait demeurer inachevé, lorsque, en 1810, il fut nommé membre correspondant de l'Académie des Beaux-Arts. Les remarquables rapports sur des objets d'art et de littérature qu'il rédigea alors, entre autres celui sur les *Principes de Versification*, de Scoppa, attirèrent sur lui l'attention du gouvernement. Une brochure publiée en 1815, *l'Organisation des Arts en France*, lui valut d'être nommé, par Louis XVIII, directeur des fêtes et cérémonies religieuses et d'être appelé à préparer la réorganisation des maîtrises de cathédrales. C'était accepter d'entrer en lutte contre le Conservatoire, que la Révolution avait fondé pour enlever au clergé le monopole de l'enseignement de la musique, et que la Restauration, ennemie de l'influence laïque, voulait amoindrir.

Alexandre Choron, qui était un croyant fervent, et qui avait le culte de Palestrina ainsi que des autres maîtres de la musique religieuse, n'hésita pas à se charger d'une mission qui pouvait devenir favorable à ses projets. Il se mit à l'œuvre, insoucieux des inimitiés qu'il suscitait. Le retour de Napoléon arrêta les réformes qu'il avait préparées; il fut rendu à d'autres travaux.

La protection du ministre Carnot, qui avait ordonné l'usage de sa méthode pour apprendre à lire et à écrire, devenue la base de l'enseignement mutuel, allait lui permettre de voir enfin aboutir son projet d'école, lorsque l'Empire fut renversé. Le ministre successeur de Carnot n'avait pas la même confiance, et il se contenta de témoigner sa bienveillance à Alexandre Choron en le nommant, en 1816, régisseur général de l'Opéra. En ce temps-là, le directeur de l'Opéra, nommé par le roi, ne possédait, pour parvenir à cet emploi, d'autre titre que la noblesse de son nom, et comme il était nécessaire de lui adjoindre un homme actif, intelligent et quelque peu musicien, on avait inventé la fonction de régisseur général.

Alexandre Choron la remplit pendant dix-sept mois avec un dévouement et une supériorité dont on n'avait pas encore eu d'exemple. Il parvint à monter, en moins d'un an et demi, sept ouvrages nouveaux et quatorze ouvrages anciens. Mais comme sa bonne volonté se heurtait constamment à l'incapacité du directeur, et parce qu'il voulait des réformes, il dut démissionner en 1817.

Il quitta l'Opéra, où il avait trouvé des chœurs très faibles et un public sans culture, avec la volonté de réaliser immédiatement son projet d'une école dont le but serait :

« La préparation à l'exécution la plus parfaite possible des œuvres classiques, principalement les compositions vocales des maîtres de toutes les écoles et de toutes les générations; le perfectionnement du chant national par l'enseignement universel de la musique élémentaire et la propagation générale du chant choral; l'instruction de jeunes professeurs destinés à seconder les vues des législateurs relatives à l'enseignement du chant dans l'enseignement primaire. »

Et il fonda l'Ecole normale de musique, où il mit en pratique une *Méthode concertante de musique à quatre parties*, dont on put bientôt constater l'excellence. Dans cette méthode, les études du solfège ne se confondaient pas avec celles du chant, ni celles de la tonalité avec celles du rythme. En outre, elle avait l'immense avantage de faire étudier simultanément sous un même maître des élèves de force différente, car les quatre parties formant les divers exercices étaient distribuées de telle sorte que les élèves encore inexpérimentés dans l'étude de l'intonation ou dans celle du rythme pouvaient chanter en même temps que les élèves déjà familiarisés avec toutes les difficultés du solfège.

Avec des ressources presque infimes, mais avec un dévouement qui le poussa jusqu'à parcourir à pied les provinces du Nord et du Midi, afin de recruter des voix, Alexandre Choron réussit à donner des exécutions de grandes œuvres de Bach, de Haendel et de Palestrina.

Les Exercices de l'Ecole normale de musique, installée au cours de Rohan, près le faubourg Saint-Germain, eurent un tel retentissement, qu'une subvention, qui peu à peu s'éleva jusqu'à 46.000 francs, fut accordée par le gouvernement et que, en 1828, leur succès entraîna, par émulation, la fondation de la *Société des concerts du Conservatoire*. L'Ecole prit le titre de *Conservatoire de musique pratique*, puis, son caractère s'affirmant de plus en plus, celui d'*Ecole de musique religieuse*, que Niedermeyer devait reprendre vingt ans plus tard.

Alexandre Choron, décoré de la Légion d'honneur, nommé maître de l'Université, directeur de la maîtrise de l'église de la Sorbonne, où de fréquentes solennités musicales réunissaient les admirateurs des maîtres de la Renaissance, devint un précieux auxiliaire pour les évêques, qui, de partout, le conviaient à la rénovation de leurs maîtrises.

La subvention ayant été réduite à 12.000 francs, l'Ecole fut transportée rue de Vaugirard, et, par des prodiges d'ingéniosité, Alexandre Choron parvint à en maintenir la réputation. Il se consacrait tout entier à ses élèves, qu'il réunissait trois fois par semaine dans une classe générale où il enseignait avec éloquence et enthousiasme, captivant son auditoire par sa vaste érudition, qui embrassait la, philosophie, la littérature, l'histoire, la religion et la science, l'instruisant sans effort, grâce à l'expérience acquise par sa propre éducation, par son séjour à l'Ecole normale, par ses recherches pour faciliter les méthodes de l'enseignement primaire. Et son incroyable activité se reposait par des travaux de composition, des psaumes et des motets, ou d'érudition, *Exposition abrégée de la musique, manuel encyclopédique de musique* (collection Roret).

Le gouvernement de Juillet ne soutint pas son œuvre. Choron avait rendu d'immenses services, mais on ne pouvait oublier qu'il avait dressé son école contre le Conservatoire avec une audace de moins en moins dissimulée, et que, devenu un instrument dans les mains du clergé, il poursuivait une tentative de réaction au profit des maîtrises. Cet abandon, qui rendait vains ses efforts, causa la mort d'Alexandre Choron; sa santé déclina rapidement; il prit froid, un soir qu'il était descendu, malgré son médecin, dans la cour de l'école voisine de la salle de concert où l'on exécutait un des chefs-d'œuvre par lui remis en honneur, et il mourut peu après, le 26 mai 1834. Ses funérailles furent très simples, suivant sa volonté.

Quelques jours après sa mort, tous ses élèves, dont plusieurs devaient se faire un nom, comme le compositeur de romances Monpou, le critique Scudo, le chef d'orchestre Dietsch et son gendre Nicou, se réunirent à la chapelle des Invalides et y célébrèrent sa mémoire en chantant le *Requiem* de Mozart, dont il avait préparé les études. Quelques mois plus tard, son élève préféré, le fameux ténor Duprez, excitant à l'Opéra l'admiration générale par la puissance de sa déclamation, par la grandeur de l'accent dramatique, par l'ampleur du chant, associait à son triomphe le glorieux enseignement de son maître.

Les musiciens éprouvèrent alors qu'ils avaient perdu l'un des meilleurs parmi eux et qu'ils étaient désormais privés d'une force immense, dont l'emploi, s'il eût été appliqué au progrès de l'éducation populaire et de la musique contemporaine, au lieu de se restreindre à la rénovation des maîtrises et des œuvres anciennes, aurait assuré à Alexandre Choron la reconnaissance durable que la postérité, oublieuse des hommes qui aimèrent trop le passé, réserve aux apôtres de l'avenir.

5. — Sophie Gail.

Sophie-Edmée Garre, qui illustra dans les arts le nom que son mari, l'helléniste Gail, illustra dans les lettres, est née à Paris le 28 août 1775.

Son père, habile chirurgien-major, avait été appelé de Melun à la cour, où il était entré en relations avec l'élite des artistes et des gens de lettres, pour lesquels son salon était très hospitalier. Ce milieu intellectuel favorisa le développement rapide des précoces dispositions musicales de Sophie Gail. Dès l'âge de douze ans, elle fut excellente pianiste et sut chanter avec tant de goût et d'habileté, que son extraordinaire talent de fillette donnait aux auditeurs émerveillés l'illusion d'entendre une minuscule cantatrice.

A quinze ans, elle fit ses débuts dans la composition, en écrivant des romances jugées dignes d'être insérées dans les journaux spéciaux créés par la vogue du genre, entre autres dans le *Journal d'Ariettes* d'Antoine Bailleux, professeur et compositeur, devenu marchand de musique.

En 1794, on la maria, sans trop la consulter, à un savant professeur de grec au Collège de France; bientôt, les incompatibilités de caractère devinrent si vives, qu'il fallut recourir à la séparation. Sophie Gail abandonna l'austérité du foyer conjugal pour retourner à la joie de briller dans les réunions mondaines par ses talents, par son esprit et par sa jeunesse.

Les succès de salon ne lui suffisant plus, elle partit pour donner des concerts dans les provinces méridionales de la France et en Espagne. Elle en revint décidée à se consacrer tout entière à la musique, car les applaudissements qui l'avaient partout accueillie lui donnèrent en son talent une confiance dont jusque-là elle avait manqué, parce qu'elle était assez sage pour se défier des flatteries de son entourage.

La vogue de quelques-unes de ses romances l'incita à s'élever jusqu'à la composition dramatique. Elle écrivit d'abord deux airs pour un drame, *Montoni*, représenté au théâtre de la Cité, puis un opéra en un acte, représenté dans un salon.

Méhul s'intéressa à ces premiers essais, dont l'inexpérience n'était pas sans promesse. Oubliant alors pour un temps qu'elle était adulée par les hommes les plus illustres, qu'elle séduisait par sa physionomie animée, par son esprit souple, par ses reparties

ingénieuses, Sophie Gail se retira dans le travail et se livra à de patientes études musicales sous la direction de Fétis, de Paër et de Neukomm.

La représentation au théâtre Feydeau, en 1813, de son opéra-comique en un acte, *les Deux Jaloux*, fut, par son grand succès, la récompense de son effort courageux. C'était la première fois qu'une femme triomphait véritablement au théâtre; aussi la victoire fut-elle très retentissante.

On se souvint[†]des échecs éprouvés par les femmes compositeurs qui, avant elle, avaient osé briguer la gloire dramatique : Mlle de la Guerre, en 1694, avec un opéra en cinq actes, *Céphale et Procris;* Mlle Duval, en 1756, avec un opéra-ballet, *les Génies ;* Mme Louis, en 1758, avec un opéra-comique en un acte, *Fleur d'épine;* Mme Devinnes, en 1800, avec un opéra en un acte, *la Ceinture de Vénus;* Mme Simon Candeille, en 1807, avec un opéra-comique en deux actes, *Ida ou l'Orpheline de Berlin;* puis Mlles de Zède et Lucile Grétry, la fille de l'auteur de *Richard Cœur de lion.*

Le succès de l'opéra-comique *les Deux Jaloux* apparut comme une revanche du sexe féminin, et Sophie Gail devint célèbre.

Les opéras-comiques *Mlle de Launay à la Bastille*, *Angéla ou l'Atelier de Jean Cousin*, en collaboration avec Boïeldieu, et *la Méprise*, représentés en 1813 et en 1814, n'ajoutèrent rien à sa réputation; mais, en 1816, la réussite complète de son opéra-comique *la Sérénade* lui valut une renommée encore plus glorieuse.

Mis en musique par Sophie Gail sur une pièce écrite par une femme qui avait illustré dans le roman, et aussi dans la romance, un nom presque homonyme, Sophie Gay, l'opéra-comique *la Sérénade* mérita, autant pour les qualités de la partition que pour les qualités du livret, une vogue qui se maintint au cours de nombreuses représentations et qui affirma définitivement, par une double victoire, que le triomphe dans le genre opéra-comique n'était point inaccessible au génie féminin.

Quelques années plus tard, Sophie Gay devait rendre encore plus certaine cette affirmation en écrivant pour Paër le livret du *Maître de Chapelle.* Mais Sophie Gail ne put ajouter à son succès de la *Sérénade*[1].

Le souci de rechercher la gloire de compositeur dramatique ne lui avait pas fait renoncer au genre de ses débuts. Elle avait publié un nombre considérable de romances et de nocturnes à deux voix, parmi lesquelles étaient devenus populaires, même en dehors de la France : *la Jeune et Charmante Isabelle, Heures du Soir, Celui qui sut toucher mon cœur*, romance tyrolienne, *N'est-ce pas elle? Vous qui priez, priez pour moi*, romance composée sur les derniers vers écrits par le poète Millevoye, *Mœris*, dont Sophie Gail avait écrit le poème et la musique.

Peu après le succès de son opéra-comique, elle était allée à Londres interpréter ses romances; puis sa liaison avec une cantatrice fameuse, Mme Catalani, l'avait entraînée jusqu'en Allemagne, où des concerts donnés en commun se poursuivaient dans l'enthousiasme, lorsque la parole imprudente d'un prince allemand vint les interrompre en brisant l'union des deux amies. Il avait dit un jour, sans prendre garde au voisinage de Mme Catalani :

« J'aime écouter la cantatrice, mais je préfère causer avec la femme compositeur. »

[1] Un fils de Sophie Gail épousa une fille de Sophie Gay. La famille est représentée aujourd'hui par Mme Léonie Detroyat.

Et, lasse de scènes de jalousie, Sophie Gail était revenue à Paris. Elle s'apprêtait à faire représenter un nouvel ouvrage au théâtre Feydeau, lorsqu'elle succomba aux atteintes d'une maladie de poitrine, le 24 juillet 1819, dans sa quarante-quatrième année.

Ses obsèques réunirent à la foule de ses admirateurs les notabilités des lettres et des arts, et, en présence de l'assistance sincèrement émue, son éloge funèbre fut prononcé par l'académicien Lemontey. Encore plus que par son œuvre, trop fragile pour durer longtemps, et, en outre, interrompu à l'heure de la maturité du talent, Sophie Gail était digne, par l'énergie de son caractère et par la supériorité de son intelligence, des solennels hommages rendus à sa mémoire.

Cette glorification que lui firent ses contemporains, au lendemain de sa mort, peut nous sembler exagérée; mais il convient de se souvenir qu'ayant su s'élever, dans l'art auquel sa vie avait été vouée, à un point qu'aucune femme n'avait encore atteint, elle méritait qu'on attirât l'attention sur le bel exemple de volonté qu'elle avait donné.

6. — L.-B. Pradher.

Louis-Barthélemy Pradher est né à Paris le 18 décembre 1781. Fils d'un professeur de violon réputé, il fut tout naturellement porté vers la musique. Dès l'âge de huit ans, il en commença l'étude avec un oncle Lefèvre, chef d'orchestre de l'Opéra-Comique, puis il entra à l'École royale de musique, où il reçut les leçons de Gobert pour le clavecin. Les cours de l'École ayant été interrompus à la chute de la royauté, il fut confié pendant deux ans par le gouvernement, ainsi que son condisciple Boëly, qui devint un célèbre organiste, aux soins de Mme de Montgeroult, dame de l'aristocratie que son admirable talent de virtuose et de professeur avait sauvée de l'émigration.

A la fondation du Conservatoire, il fut rappelé par son maître Gobert, qui avait été réintégré dans son enseignement, et, en 1798, il obtenait le 1er prix de piano. Il étudia ensuite l'harmonie dans la classe de Berton, le contrepoint, la fugue, la composition, dans celle de Méhul.

En 1800, il abandonna le Conservatoire et épousa la fille du compositeur Philidor, mort cinq années avant.

En 1800, la publication de la romance *Bouton de Rose*, sur une poésie de la princesse de Salm, qui portait alors un nom moins solennel, celui de Mme Pipelet, valut à Pradher une précoce renommée, à laquelle s'ajoutèrent bientôt ses succès de virtuose dans les salons et dans les concerts.

Nommé après concours, en 1802, à la mort de Hyacinthe Jadin, professeur de piano au Conservatoire, Pradher forma de remarquables élèves, comme Henri et Jacques Herz, Rosellen. Sa classe triompha dans tous les concours, et la réputation de son enseignement lui mérita la faveur de Louis XVIII, qui l'attacha à sa chapelle et à sa musique particulière; la faveur de Charles X, qui le maintint dans ce poste envié et le décora de la Légion d'honneur; la faveur de Louis-Philippe, qui lui confia l'éducation musicale de ses enfants.

Après vingt-cinq années d'enseignement au Conservatoire, Pradher prit sa retraite, léguant à son successeur Zimmermann une classe dont la brillante destinée devait se continuer indéfiniment, car à Zim-

mermann succéda Marmontel, et à Marmontel Diémer, qui en assure actuellement la glorieuse tradition.

Tout en enseignant le piano, Pradher n'avait pas renoncé à la composition. Ses nombreuses romances, qui furent réunies en vingt-deux recueils; ses opéras-comiques, *le Voisinage*, *le Chevalier d'industrie*, la *Folie musicale*, *l'Emprunt secret*, *le Philosophe en voyage*, *Jenny la Bouquetière*, *les Enlèvements impromptus*, représentés de 1800 à 1824; ses compositions pour piano ou pour instruments à cordes, lui valurent une notoriété très grande, dont il eût pu profiter pour s'élever encore plus haut, si ses goûts très modestes ne l'avaient poussé à abandonner Paris pour vivre paisiblement en province les vingt dernières années de sa vie.

Veuf de sa première femme en 1825, il avait épousé en secondes noces Mlle Félicité More, fille d'un directeur de théâtre du Midi, qui avait débuté à la scène dès l'âge de cinq ans, dans le rôle de Jeannette du *Déserteur*, et qui d'enfant prodige était devenue l'une des artistes les plus applaudies de l'Opéra-Comique, l'interprète recherchée par les compositeurs les plus célèbres, par Auber pour créer *Fra Diavolo*, par Adam pour créer le *Chalet*.

Quelques années après les bouleversements de la révolution de 1830, Pradher et Mme Pradher-More, abandonnant le Conservatoire et l'Opéra-Comique, partirent à l'étranger donner quelques concerts, puis ils se fixèrent à Toulouse, où l'activité toujours jeune de Pradher s'employa à la fondation d'un Conservatoire devenu florissant après lui.

Retiré à Gray, dans la Haute-Saône, où habitait la famille de sa femme, Pradher y mourut en 1843. On l'avait presque oublié à Paris, et sa mort ne fit pas grand bruit dans le monde musical. Sa femme lui survécut pendant près de quarante ans; elle disparut elle aussi sans éclat.

Il ne reste plus de l'œuvre de Pradher que quelques romances; mais les musiciens peuvent se souvenir avec reconnaissance qu'il fut un vaillant serviteur de la musique par la probité et le dévouement de sa carrière de professeur au Conservatoire de Paris et par son souci de décentralisation artistique, auquel nous devons la fondation du Conservatoire de Toulouse.

7. — J.-M.-F. Blangini.

Joseph-Marie-Félix Blangini est né à Turin le 18 novembre 1781. Son père détestait la musique au point de s'enfuir quand on en faisait dans sa maison; mais il avait l'humeur assez procédurière pour se désintéresser de tout ce qui n'était point la chicane et s'adonner, avec autant d'activité que d'inconscience, à la dilapidation de sa fortune en frais de justice. Aussi négligea-t-il de s'opposer à ce que son fils fût, à la cathédrale de Turin, le meilleur élève du maître de chapelle.

Ce désintéressement permit au jeune Blangini de devenir un excellent violoncelliste, de débuter dans la composition dès l'âge de 12 ans et d'être en état, quatre ans avant sa vingtième année, de subvenir, par l'exercice de son talent, à ses besoins, à ceux de sa mère et de ses sœurs, lorsque son père mourut après avoir achevé la dissipation du patrimoine familial, et lorsque l'envahissement du Piémont par les armées françaises, en 1799, rendit nécessaire la fuite vers un pays étranger hospitalier.

Sur le conseil de la princesse Félicité de Savoie, la famille Blangini avait décidé de s'établir en France, à Paris. La mère, les trois filles et les deux fils partirent, emportant le peu qui restait de leur richesse disparue. La voiture qui les portait fut attaquée, avant de parvenir à la frontière, par des brigands qui ne laissèrent aux fugitifs que la vie. L'exode jusqu'à Paris était désormais impossible; mais Félix Blangini ne tarda point à relever les siens du découragement où les avait jetés l'aventure.

Avec deux de ses sœurs, l'une qui jouait du violon, l'autre qui chantait, il organisa des concerts dans les villes du Midi, à Marseille, à Montpellier, à Lyon et jusqu'en Suisse; en quelques mois, les moyens de gagner Paris furent trouvés.

Dès l'arrivée à Paris, Blangini alla se présenter au Conservatoire et fit valoir son talent de pianiste en présence du jury d'examen. A l'unanimité on l'admit, en lui donnant même la faculté de choisir entre les différentes classes de piano celle dont il préférait devenir l'élève! Ce fut pour lui une déconvenue... car il n'avait point douté un seul instant qu'on pût lui proposer autre chose qu'une place de professeur. Mais il s'en remit vite.

Dans l'hôtel où il s'était installé avec toute sa famille, habitait une vieille grande dame, la marquise de Saint-Simon, qui, habillée à la Pompadour, fidèle à l'épinette et à la musique de Lulli et de Rameau, évitait jalousement toute fréquentation avec ses voisins. En faveur de Blangini, qui, comme elle, donnait tout son temps à la musique, elle adoucit la sévérité de sa solitude et lui permit de venir parfois la distraire de l'isolement où son attachement au passé se complaisait. Elle s'intéressa à Blangini et se plut à lui enseigner la science du monde et l'art des belles façons.

Cette éducation ne devait point être inutile à Blangini, car le succès de concerts donnés avec ses sœurs, en 1799, et celui de ses premières romances, publiées en 1800, lui ouvrirent les salons aristocratiques, où il sut plaire autant par ses manières charmantes que par sa musique gracieuse.

En 1802, il fit ses débuts au théâtre en écrivant les deux derniers actes d'un opéra-comique, *la Fausse Duègne,* que le compositeur Della-Maria avait laissé inachevé. Le succès fut médiocre; mais en même temps sa romance *Il est trop tard,* chantée dans toute la France et répandue jusqu'en Sibérie, lui assurait une grande notoriété, qu'il s'appliqua à développer en composant d'innombrables romances et nocturnes, la plupart à plusieurs voix, dont il ne dédaignait point de se faire l'interprète, et qui lui valurent de devenir le professeur de chant de toutes les femmes à la mode, renommées pour leur naissance, leur beauté ou leur esprit. Il lui fallut déployer une activité excessive. Dix salons le réclamaient le même soir, et il ne pouvait éviter d'aller dans un, quand il était allé dans un autre, sous peine de faire pleurer de beaux yeux. Car certaines de ses élèves, au cœur très tendre, se seraient alarmées d'une trop longue visite dans un autre salon que le leur, ou de trop longs nocturnes à deux voix chantés avec une autre partenaire qu'elles.

Peu à peu, la vogue des romances et des nocturnes se répandit partout, jusque dans la rue, et il fut exposé à ne pouvoir se soustraire à l'obsession de sa musique. Dans un article de la *Revue de Paris,* consacré à Blangini, Arsène Houssaye a raconté qu'il lui demanda un jour :

« Pourquoi avez-vous l'habitude de vous boucher de temps en temps les oreilles? — C'est un souvenir d'un certain temps de ma vie où je ne pouvais faire un pas sans entendre ma musique, » répondit Blangini.

En 1805, le désir de se reposer de Paris en voyageant le conduisit à Munich, où le duc de Saxe-Cobourg le nomma maître de chapelle et où tous les grands personnages se disputèrent ses leçons. Quand il fut las de compliments, il revint à Paris avec l'intention de triompher au théâtre comme il avait triomphé dans les salons.

Il fit représenter, à l'Opéra, *Nephtali,* opéra en 3 actes, dont le succès fut assuré par quelques heureuses mélodies, entre autres celle de l'air *Votre cœur est-il inflexible?* que Méhul jugeait admirable; puis il donna au théâtre Feydeau plusieurs opéras-comiques qui ne réussirent pas. Bientôt découragé par ses essais infructueux, le compositeur abandonna son rêve de gloire dramatique, pour retourner à la romance et au nocturne à deux voix.

La cour de Napoléon était alors à l'apogée de sa splendeur. Le talent de Blangini était sympathique au grand maître des cérémonies, le comte de Ségur, au premier ministre, Talleyrand, à Napoléon lui-même; aussi fut-il convié à toutes les fêtes. Il y rencontra la sœur de Napoléon, femme du prince Borghèse, la belle et insouciante Pauline, qui, « séduite autant par ses yeux que par sa musique », le nomma directeur de sa musique particulière, afin de mieux accaparer l'artiste et de le posséder toujours près d'elle. Bientôt, sans souci du qu'en dira-t-on, elle l'emmena à Nice, où, loin du mari, l'amoureuse princesse et le galant musicien vécurent des mois délicieux. Napoléon, scandalisé d'un tête-à-tête trop longtemps prolongé, voulut interrompre le duo en rappelant à Paris Blangini, qui, par crainte du ressentiment de l'empereur, s'apprêtait à obéir immédiatement. Mais la princesse Pauline empêcha son départ.

« J'improvise, lui dit-elle, les paroles, et vous la musique d'un nocturne qui ne regarde pas Sa Majesté mon frère; je ne céderai qu'à la force des baïonnettes. »

Elle dut céder à l'obligation de revoir son mari, envoyé à Nice par la volonté de Napoléon; et Blangini, emportant l'ineffaçable souvenir des jours de bonheur, parvint à Paris au moment où l'empereur organisait pour son frère Jérôme le royaume de Westphalie.

On le choisit pour être directeur de la musique du nouveau souverain. Il partit pour Cassel et y séjourna jusqu'aux désastres de 1814, qui entraînèrent la chute de Jérôme.

Revenu à Paris pendant les Cent-Jours, il dut à la protection de la duchesse de Berri de pouvoir y demeurer sous la Restauration et de bénéficier des faveurs de Louis XVIII. En 1817, il fut nommé surintendant de la chapelle du roi et professeur de chant au Conservatoire; quelques années après, il reçut des titres de noblesse, la décoration de la Légion d'honneur, la naturalisation française, et, pour compléter son bonheur, il épousa la fille d'un financier. Le succès lui était demeuré fidèle, et, par la vogue persistante de ses romances, il avait pris place à côté des maîtres contemporains les plus illustres; aussi fut-il désigné, en 1823, lorsque l'élite des musiciens de la capitale fut appelée à former un corps de musique attaché à l'état-major de la garde nationale. Il eut l'occasion d'y constater que « les plus habiles généraux réunis ne formeraient peut-être pas une compagnie de bons soldats », comme le prouve une anecdote qu'il a racontée dans ses *Souvenirs*, publiés en 1834 par Maxime de Villemarest :

« ... Avec Catel, je fus nommé sergent ayant grade de sous-lieutenant ; j'allai plusieurs fois me mêler à ce corps de musique, composé en majeure partie des célébrités du Conservatoire. Le célèbre violoniste Baillot y tenait le triangle ; cela peut donner une idée du reste ; un professeur de violoncelle était chargé de la grosse caisse. Ce corps d'élite, s'il en fut jamais, marchait sous les ordres de son capitaine Cherubini, ayant pour lieutenants Berton et Paër.

« Un jour que nous étions sur la place du Carrousel, en tête de la légion de service, on exécutait, comme de coutume, la marche des *Deux Journées*, opéra de Cherubini... que le bon goût du capitaine lui faisait toujours choisir. J'entendis derrière moi des gardes nationaux qui murmuraient dans leurs rangs : « Il est impossible de marcher en mesure avec de pareils musiciens !... »

Il ne manquait à Blangini, pour n'avoir plus rien à ambitionner, que de remporter au théâtre un succès définitif.

Il s'efforça de le rechercher au théâtre Feydeau, aux Nouveautés, aux Variétés ; mais la révolution de 1830 vint avant qu'il pût ajouter à sa gloire de compositeur de romances le couronnement d'une œuvre de théâtre triomphante. Et alors, avec le changement de régime, disparut son bien-être! Il perdit le bénéfice de ses places ; et la faillite d'une banque anéantit ses économies. Avec le changement de mœurs disparut sa gloire. On se lassa de ses romances et de ses nocturnes, de ses petites œuvres seulement élégantes, qui avaient réjoui une génération dont la nonchalance allait faire place aux ardeurs du romantisme.

Lorsqu'il mourut, le 18 décembre 1841, il était devenu si oublié, si détaché de la gloire, que ses derniers jours avaient été remplis par la préoccupation d'être nommé adjoint au maire dans une petite commune de la Beauce, et que, pendant les dernières années de sa vie, comme jadis le vieux poète Benserade, réduit à faire la confidence de ses vers méprisés aux murs de sa chambre, sur lesquels il écrivait avec du charbon, Blangini avait dû se consoler de l'indifférence où il était tombé, en faisant la confidence de ses dernières mélodies à son violoncelle.

Sentant que son œuvre était condamné à l'oubli, il ne voulut pas que quelque chose de lui-même survécût aux grandes dames qu'il avait charmées, et, avant de mourir, il brisa son violoncelle.

8. — La reine Hortense.

Hortense-Eugénie de Beauharnais est née à Paris le 10 avril 1783. Son père, le vicomte Alexandre de Beauharnais, et sa mère, Joséphine Tascher de la Pagerie, étaient originaires de la Martinique.

Jusqu'à l'âge de onze ans, elle eut une existence uniformément heureuse dont l'avenir paraissait devoir être toujours souriant, car le monde privilégié de l'aristocratie lui était ouvert par droit de naissance, et elle était destinée à s'y élever très haut par les extraordinaires qualités de grâce, d'intelligence et d'esprit, que sa tante et marraine proclamait en l'appelant sa « Céleste Filleule ».

Mais, dès les premiers bouleversements de la Révolution, elle fut arrachée à la quiétude et jetée, pour quarante-trois années, dans l'agitation d'une nouvelle vie, où elle dut expier la gloire de marquer sa place dans l'histoire, comme fille d'impératrice, épouse de roi et mère d'empereur, en éprouvant les pires douleurs qui peuvent atteindre une jeune fille, une épouse, une mère...

La musique tint une grande place dans la vie de la reine Hortense ; elle consacra tous ses loisirs à la composition de romances qui restent comme un écho des tristesses et des joies de sa vie. L'ambition d'écrire une grande œuvre ne lui vint jamais ; elle se borna à exprimer en de légères compositions les tendresses de ses rêves, les désillusions de son cœur, les fiertés de son âme chevaleresque. Aussi n'a-t-elle point de place dans les recueils d'histoire musicale.

Seul, le critique Scudo, qui vivait au temps où la piété du fils s'efforçait de ressusciter les œuvres de la mère, a consacré à la reine Hortense musicienne quelques lignes qui résument tout ce qui a été écrit sur ce sujet :

« Au milieu des splendeurs de l'Empire, au milieu de ce bruit d'armes et de conquêtes, on vit une femme charmante, une reine comme il y en eut autrefois sous les Valois, qui joignait au prestige de la grandeur des grâces de la personne et le goût des talents aimables. Blonde, bonne et tendre, la reine Hortense réunissait dans son hôtel tout ce qu'il y avait d'artistes distingués, de poètes, de musiciens et d'hommes de loisir que le tourbillon des affaires n'avait point absorbés. Là, on causait beaucoup de galanterie, de théâtre, de peinture et surtout de musique. Lorsqu'un sentiment doux ou pénible, une espérance ou un regret, traversaient le cœur de la reine, elle se mettait au piano et cherchait à exprimer, dans une mélodie simple et naïve, les soucis dont son âme était pénétrée. Le chant une fois trouvé, on le communiquait aux invités avec liberté entière de blâmer ou d'approuver, puis on le passait à Plantade ou à Carbonnel pour qu'ils fissent un accompagnement.

« Les choses se passaient, chez la reine Hortense, absolument comme aux XII° et XIII° siècles, alors qu'une noble châtelaine allait chez un harmoniseur, ou musicien de profession, faire noter la romance que l'amour lui avait inspirée. On pense bien que celles de la reine Hortense étaient recherchées des amateurs. On les chantait dans tous les salons, et les orgues de Barbarie les faisaient retentir dans tous les carrefours de l'Europe.

« C'est à la reine Hortense qu'on doit le premier album de romances qui ait été publié en France ; c'est elle qui eut l'idée de mettre un dessin en regard de chaque romance et de traduire par le crayon la pensée du poète et du musicien. »

Pour rendre complet ce portrait de la reine Hortense musicienne, il reste à ajouter que sa gloire d'avoir eu du succès ne fut pas épargnée par la jalousie ; sa carrière de musicienne, bornée à la romance, apparaît ainsi comme la miniature de la carrière d'un grand musicien.

On prétendit, en effet, que la reine musicienne n'était pas l'auteur de la plus célèbre de ses romances, *Partant pour la Syrie*, qui reste le type de la romance sentimentalement belliqueuse, et on l'attribua au professeur de harpe de l'impératrice Joséphine, Dalvimare. Mais les Mémoires du temps font justice de ce dénigrement.

On sait que cette romance, maintenant délaissée, a eu une destinée fameuse : sous la Restauration, elle servit de ralliement aux bonapartistes et devint un chant séditieux ; sous le deuxième Empire, elle fut l'hymne patriotique que, pendant dix-huit ans, le pays tout entier chanta.

Partant pour la Syrie.

Comme la *Sentinelle* de Choron, sous Napoléon 1er, *Partant pour la Syrie* de la reine Hortense, sous Napoléon III, a fait oublier à la France la *Marseillaise* de Rouget de Lisle. Rien ne marque mieux l'influence que la politique peut exercer en France sur les goûts artistiques du peuple, et combien facilement nous sommes attirés vers la musique souriante.

Henri RADIGUER, 1914.

VII

ÉCOLE ROMANTIQUE FRANÇAISE
de 1815 à 1837

Par V. DEBAY et P. LOCARD

PRÉAMBULE

Enfermés que nous sommes dans les bornes nécessaires que nous impose le plan de cet ouvrage, nous apportons ici, sous le titre d'école romantique francaise, le résumé historique d'une période plutôt que l'étude complète d'une école. Des dates limitent notre travail, et les influences ne connaissent pas ces divisions du temps. Une même époque voit toujours la lutte de deux ou plusieurs esthétiques contraires, semblables à des courants opposés, dont l'un se retire tandis que l'autre afflue. En toutes choses, dans tous les domaines, il y a les hommes attachés aux traditions et ceux qui tentent de s'en libérer. En art, les uns restent fidèles au passé, les autres s'efforcent d'exprimer, par des formes nouvelles, leurs rêves anciens ou l'idéal et la réalité de leur temps. On appelle classiques les premiers, les autres sont tour à tour romantiques, symbolistes ou naturalistes. Un éclectisme pratique et conciliant parvient quelquefois à fusionner ces tendances diverses pour n'apporter que des œuvres transitoires dont le génie, par ses coups d'audace et avec sa manière personnelle de sentir et de rendre, met à néant les habiletés sans conviction. En matière artistique rien ne se recommence, mais tout se continue.

Le romantisme que nous verrons éclore dans la musique française fut chez nous ce qu'il se manifesta en Allemagne, une révolution qui suivit de près le mouvement littéraire. Nos classiques avaient produit des chefs-d'œuvre où le sentiment et sa traduction lyrique obéissaient aux lois austères de la raison. Mais leurs règles, dictées par la logique, parurent bien étroites aux esprits tourmentés qui naquirent ou se formèrent pendant et après les événements dont l'Europe et la France surtout avaient été le théâtre à la fin du xviiie siècle et à l'orée du xixe. Les imaginations connaissaient maintenant le désordre qui avait régné dans le monde bouleversé. Elles faisaient d'autres rêves que ceux dont s'étaient nourris leurs devanciers. Pour les distraire des réalités souvent brutales et de l'inquiétude qu'avaient partout laissée les changements de régime et de mœurs, il leur fallait en art des émotions plus fortes et neuves avant tout. On était lassé jusqu'à l'écœurement de l'antiquité grecque et latine qui, depuis deux siècles, avait, sauf de rares exceptions, inspiré toutes les œuvres de la littérature, de la peinture et de la musique. On venait de s'apercevoir par les faits récents que l'horreur sanglante n'était plus le privilège de la famille des Atrides, qu'il était d'autres héros

que ceux d'Homère, que les vertus modernes, civiques ou militaires, étaient dignes de solliciter la plume biographique d'un nouveau Plutarque, et que les drames politiques dont la nation venait de fournir les féroces ou douloureux personnages ne le cédaient en rien aux tragédies de Sophocle. On n'osait pas encore mettre à la scène l'action révolutionnaire et l'épopée napoléonienne, les malheurs et les gloires de notre patrie frémissante : on aurait considéré cela comme un sacrilège; le pouvoir public ne l'aurait d'ailleurs pas autorisé, par crainte de voir surgir les haines à peine apaisées; et puis les événements n'avaient pas le recul nécessaire pour permettre aux créateurs, sans être les esclaves de la stricte vérité, d'en dégager, dans un intérêt artistique, la seule vraisemblance et la beauté latente qui se cache sous les gestes humains. Mais les artistes, romanciers, dramaturges et musiciens, s'enthousiasmèrent pour les grandes époques de notre histoire et pour ceux qui les vécurent. Le théâtre de Shakespeare, qu'on commençait à traduire et qu'on adaptait si timidement à la scène pour le faire accepter du public, leur fut un exemple et un encouragement. Une à une ils brisèrent les barrières que les classiques avaient élevées autour de leur imagination pour l'empêcher de s'écarter des sages et étroits chemins. La musique allait s'étioler sous une discipline trop rigoureuse. En desserrant les liens qui l'embarrassaient, ils lui permirent de respirer plus librement. Ils lui donnaient une vie plus intense, elle s'y jeta à corps perdu. Il serait injuste de ne pas reconnaître dès à présent tout ce que, avec son indépendance et son originalité, la musique romantique apporta de nouveaux et heureux modes d'expression pour nous rendre sensible par les sons l'émotion intérieure que provoquent la vie et le rêve.

Ardent, exalté, le romantisme, avec son appétit de vague idéal et de légende qui reposait les esprits des réalités cruelles, se passionna bientôt pour le moyen âge. Cette période sombre et peu connue alors parut une mine facile et fructueuse à exploiter. Tout y semblait énorme et fantastique. On pouvait, grâce à lui, divaguer à loisir. On allait y puiser toute une poésie étrange et séduisante, alors que Phèdre et Andromaque n'avaient plus de mystère pour personne, depuis le temps que leurs infortunes publiées, déclamées ou chantées, étaient l'aliment pathétique des âmes sensibles.

D'autre part, tout au moins en ce qui concerne le théâtre musical, l'opéra-comique avait préparé la réforme. Né de l'opéra bouffe italien, il était devenu une facile comédie de genre mêlée de couplets, de duos et de petits ensembles. Les personnages n'y avaient rien de pompeux ni d'antique ; ils étaient d'aimables gens dont l'amour et ses intrigues étaient la seule occupation. Ils amusaient et ils charmaient. Il n'y avait qu'à substituer à leurs sobriquets de vaudeville des noms historiques, tout en laissant cependant un tour agréable à leur discours et un heureux dénouement à leurs aventures, et *Richard Cœur de lion* s'avançait sur la scène lyrique, précédant les grands opéras romantiques où M. Scribe coupait l'histoire en quatre et cinq actes que Meyerbeer et ses successeurs illustraient de leur musique.

Le romantisme devait également porter à son paroxysme le besoin, jusqu'alors refréné, qu'a l'homme d'extérioriser sa personnalité, de faire de lui le centre d'un monde, de grandir à ses propres yeux et aux yeux de tous ses plus modestes sensations. Désirs, chagrins, espoirs, déceptions, illusions, douleurs, rêves d'amour, furent le complaisant sujet d'œuvres où l'artiste, sous la forme intime et touchante d'une confidence, prenait la terre entière à témoin de ses infortunes. Toutes ses pensées les plus secrètes étaient exposées au grand jour, pour la satisfaction d'étonner les contemporains et d'élargir son moi en le leur donnant en quotidienne communion. Mais ce caractère spécial du romantisme ne se manifesta pas en France par la musique dans la période que nous traitons. Aucun compositeur français ne peut être, à ce moment, comparé à un Mendelssohn, à un Schubert ou à un Schumann, qui mettaient toute la douleur, toute la grâce sentimentale, toute la mélancoliie pénétrante, toute la passion dramatique de leur âme, dans un seul une pièce de piano. Jusqu'à Berlioz le romantisme musical demeura chez nous exclusivement théâtral. La musique pure n'avait pas d'adeptes. En dehors de la scène on ne chantait que la chanson gauloise ou la fade romance. Et, quant à la musique orchestrale, nos compositeurs n'en écrivaient guère que pour des circonstances officielles, lorsqu'elle était destinée à rehausser passagèrement l'éclat d'une cérémonie glorieuse ou funèbre. Les exécutions n'avaient pas de lendemain.

Si nous en exceptons Berlioz, Onslow, Niedermeyer et Reber, le théâtre fut le seul objectif des compositeurs de cette période. Alors que la nature rêveuse de l'Allemand le portait vers la musique pure, symphonie, œuvres de chambre, musique instrumentale ou recueil de lieder, traduction musicale d'un sentiment ou d'un état d'âme, le plus souvent indéfini, le caractère actif du Français ne lui permettait de goûter que la musique qui accompagnait le geste humain ; de là sa préférence longtemps marquée pour la musique de danse ou de théâtre. L'Allemand pensait en musique, le Français de ce temps n'acceptait la musique que lorsqu'elle rythmait sa parole ou ses pas. Un compositeur, en écrivant de la musique pure, n'aurait trouvé que des dilettantes pour l'apprécier. En dirigeant son effort vers le théâtre, il avait toute la foule pour l'applaudir.

L'étude de l'école romantique, ou plutôt de la période de l'école romantique que nous entreprenons ici, comportera donc surtout une rapide analyse de la musique lyrique en France. Nous parlerons tout d'abord de l'opéra-comique de Boïeldieu à Adam, du grand opéra de Meyerbeer et de ses imitateurs ; nous passerons en revue l'œuvre des quelques compositeurs qui se consacrèrent à la musique religieuse, à la musique de chambre, et nous terminerons par un chapitre sur Berlioz qui, ainsi placé chronologique-

ment, peut être considéré comme l'épanouissement du romantisme français dont il est le génial et plus caractéristique représentant.

L'opéra-comique de Boïeldieu à Adam.

La période romantique vit s'élever à son apogée l'opéra-comique, ce genre *éminemment français* que revendiquait autrefois l'orgueil national, lorsque devant lui on voulait mettre en doute notre tempérament musical. Issu de l'opéra bouffe qu'avait importé en France, en 1752, une troupe italienne, l'opéra-comique avait déjà Grétry, lorsque la *Dame blanche* de Boïeldieu vint lui donner un lustre qu'un siècle de succès n'a pas terni. Tout d'abord simple vaudeville à couplets, il avait pris peu à peu une plus grande importance musicale et s'était élevé avec Méhul à une hauteur de style où prédominait l'influence gluckiste. Boïeldieu le rendit moins déclamatoire, y apporta plus d'esprit et de simplicité et séduisit tout de suite un public ami de la clarté mélodique par la franchise expressive de ses accents. A propos de *Jean de Paris,* Weber écrivait ce jugement sur Boïeldieu : « Ce qui le place au-dessus de ses émules, c'est sa mélodie coulante et bien menée, le plan des morceaux séparés et le plan général, l'instrumentation excellente et soignée, toutes qualités qui désignent un maitre et donnent droit de vie éternelle et de classicité à son œuvre dans le royaume de l'art. »

BOIELDIEU (François-Adrien) naquit à Rouen le 16 décembre 1775. Son père y remplissait les fonctions de secrétaire de l'archevêché, tandis que sa mère dirigeait une maison de modes. Le petit Boïel, comme on l'appelait, avait par bonheur des parents intelligents. A peine eut-il manifesté son goût pour la musique, qu'il l'eut confié à Broche, l'organiste de la cathédrale. Ce musicien jouissait d'une grande réputation, mais son intempérance égalait son talent. Le jeune Boïeldieu eut à en souffrir. Les mauvais traitements l'obligèrent à fuir la maison de ce maitre. Réalisant un projet que son rêve caressait depuis longtemps, il se mit bravement en route et, à pied, gagna Paris. Cet enfant de 14 ans avait pour tout viatique la modique somme de 18 francs, qui fut bientôt dépensée. A bout de ressources à son arrivée dans la grande ville, il allait se jeter dans la Seine, quand la Providence vint à son secours sous la figure d'un vieux serviteur de son père qui lui apportait de l'argent et des lettres de recommandation signées de M. Mollien, pair de France, pour l'introduire auprès de hautes personnalités parisiennes. Mais on était alors en pleine période révolutionnaire. Il dut retourner dans sa ville natale (novembre 93), où il fit jouer ses deux premières productions, *la Fille coupable,* dont le livret médiocre était de son père, et *Rosalie et Myrza,* opéra auquel avait collaboré Boïeldieu père. Dans ces œuvres, où éclatait l'inexpérience, on pouvait déjà remarquer de réelles qualités de clarté.

Après le 9 thermidor, le jeune Boïeldieu, âgé de 18 ans, quitta de nouveau Rouen pour Paris, où il fut reçu, grâce à la bienveillance de Jadin, dans le salon des Erard, que fréquentaient là plupart des musiciens renommés. Il y rencontra Garat, Méhul, Cherubini, dont les conseils lui furent d'une si précieuse utilité. Garat chanta des romances de Boïeldieu et attira l'attention sur le jeune musicien, qui, le 23 février 1797, donna au théâtre Feydeau un acte intitulé *la Famille suisse*, assez bien accueillie par le public. Vinrent bientôt l'*Heureuse Nouvelle* (novembre 1797), à Feydeau; puis à Favart, *le Pari ou Mombreuil et Merville*, 11 mai 1798; au même théâtre, *Zoraïme et Zulnare*, qu'il avait composé sur un livret de Saint-Just et Longchamp, ses collaborateurs habituels. C'était son premier vrai succès. Dès lors Boïeldieu était un homme connu, et le public, en effet, n'hésitait pas à le placer au rang de Méhul, de Grétry, de Cherubini. Il pouvait en être d'autant plus fier et heureux qu'il n'avait que 22 ans. Six mois après, il donnait sur la même scène un acte charmant, *la Dot de Suzette*, que Mme Saint-Aubin chanta pendant plus de cinquante représentations. Cette même année 1798, il fut nommé professeur au Conservatoire, et l'enseignement ne le détourna pas de la composition. Il revint en 1799 au théâtre Feydeau avec les *Méprises espagnoles*, dont il fut peu parlé, et il aborda le théâtre Montansier avec *Emma ou la Prisonnière*, qui fut appréciée. Il écrivit à cette même époque une romance pour le *Pinto* de Népomucène Lemercier. Le 18 juin 1800, un nouvel ouvrage, *Beniowski*, en 3 actes, obtenait le plus franc succès, et, le 16 septembre, le *Calife* excitait chez les spectateurs un grand enthousiasme. Alors que, à l'exception de ses autres œuvres, *Beniowski* présentait une tendance dramatique, le *Calife*, au contraire, n'était qu'une petite chose aimable, et il est permis de penser que l'auteur fut quelque peu surpris de la faveur spécialement témoignée à ce dernier ouvrage. Boïeldieu était un sage. Malgré ses succès, il jugea qu'il ne possédait pas une science suffisante, et il eut le courage de s'éloigner de la scène pendant près de trois ans pour travailler avec Cherubini.

Ce n'est que le 13 janvier 1803 qu'il fit sa rentrée au théâtre Feydeau avec *Ma Tante Aurore*. La première représentation fut loin d'être brillante, mais celles qui suivirent furent triomphales. Le troisième acte, qui avait été sifflé, fut supprimé après la première représentation, et on n'en conserva qu'une romance applaudie par le public, et qui fut intercalée dans le deuxième acte. Cet opéra-comique, écrit sur un livret d'allure quasi bouffonne, a de la gaieté et renferme des mélodies d'une réelle valeur, comme en témoignent les couplets : « *Non, ma nièce, vous n'aimez pas*, » et le duo « *Quoi! vous avez connu l'amour?* » Le succès de *Ma Tante Aurore* ne se démentit point durant plusieurs années, et il faut le retenir, car il est une date de l'évolution de Boïeldieu. Désormais, en effet, le compositeur a conscience de ses moyens, et l'on devine l'épanouissement prochain des qualités qui jusqu'alors n'avaient été qu'indiquées. Entre temps, le 19 mars 1802, Boïeldieu avait épousé une femme dont il était passionnément épris et qui n'était autre que Clotilde Mafleurai, la danseuse de l'Opéra, dont on louait partout la virtuosité, mais dont on célébrait encore plus, malheureusement pour Boïeldieu, la beauté et la galanterie. Cette union, à laquelle le compositeur, par un amour aveugle, avait ardemment aspiré, ne tarda pas à dégénérer en une fâcheuse mésaventure. Boïeldieu reconnut son erreur, et, pour la réparer, il fut servi par les circonstances. On lui faisait de Russie des offres brillantes, il les accepta. Il quitta donc Paris en juin 1803, au moment même où l'Opéra-Comique montait un opéra intitulé : *le Baiser et la Quittance*, auquel il avait collaboré avec trois autres compositeurs, Méhul, Kreutzer et Nicolo.

A peine fut-il arrivé à Saint-Pétersbourg que l'em-

pereur Alexandre, dont la bienveillance s'exerçait d'une façon spéciale à l'endroit des artistes français, le nomma son maître de chapelle. De son côté, Boïeldieu promit d'écrire pour le tzar trois opéras chaque année. Il s'acquitta à peu près de cet engagement et fournit ainsi, sans compter des marches militaires et autres compositions officielles, une dizaine d'opéras au sujet desquels ses biographes ne nous donnent que peu de renseignements. Ce sont les suivants : *Aline, reine de Golconde* (1804), *Abder-Khan*, *Un Tour de soubrette*, *Amour et Mystère*, *la Jeune Femme colère* (1805), *Télémaque* (1806), où l'auteur faisait preuve d'un pathétique très vif, *les Voitures versées*, *la Dame invisible*, et *Rien de trop ou les Deux Paravents* (1810). De plus Boïeldieu avait entrepris une partition, *les Deux Califes*, qu'il n'acheva pas et dont il répartit les différentes pages dans les œuvres postérieures. Il composa aussi des chœurs pour l'*Athalie* de Racine, qui furent chantés à la chapelle impériale.

Les hommages, les honneurs, la considération de tous, faisaient de son séjour en Russie la chose la plus heureuse et la plus agréable. Ce ne furent pas là cependant des raisons suffisantes pour l'y retenir plus longtemps. Le climat lui était défavorable, et il lui tardait de se mettre au courant de la vie musicale de Paris. Quelques jours après la première représentation de la *Femme colère*, c'est-à-dire dès le début de l'année 1810, il se décida à regagner la France. Il ne devait pas d'ailleurs se repentir de cette résolution. Sa rentrée au théâtre eut lieu à l'Opéra-Comique avec *Rien de trop* (19 avril 1811), précédemment joué à Saint-Pétersbourg. Le succès fut plus vif encore qu'en Russie. Cependant Boïeldieu revenait en France au moment où Nicolo y jouissait d'une vogue considérable et excessive. Le public voyait en lui le chef de la nouvelle école et lui était tout acquis. C'était donc un rival redoutable contre qui Boïeldieu allait avoir à lutter. L'occasion ne se fit pas attendre. Sur un livret de Saint-Just, intitulé *Jean de Paris*, le dernier que lui fournit ce fidèle collaborateur, il écrivit une partition à laquelle il donna tous ses soins. La première représentation en fut donnée à l'Opéra-Comique le 4 avril 1812, et l'accueil du public fut enthousiaste. La valeur du livret était minime, mais la brillante musique dont Boïeldieu l'avait habillé en faisait oublier la pauvreté. *Jean de Paris* marque dans la carrière du maître une date nouvelle et met en évidence l'indiscutable progrès accompli depuis son séjour en Russie. « Son style, écrit Fétis, avait acquis une correction remarquable, son instrumentation était devenue brillante, plus sonore, plus colorée; enfin, Boïeldieu n'était pas seulement un agréable et spirituel compositeur, il se montrait, dans *Jean de Paris*, digne émule de Méhul et de Catel, qu'il avait considérés longtemps comme ses maîtres. »

On le voit, la rentrée de Boïeldieu fut triomphale, et il sut du premier coup conquérir cette première place à laquelle, de tous les compositeurs français, ses contemporains, il pouvait seul prétendre.

Le 12 octobre 1812, l'Opéra-Comique joua *la Jeune Femme colère*, composée et représentée à Saint-Pétersbourg. Bien que l'œuvre fût peu remarquable, le public lui témoigna quelque faveur. Mais Boïeldieu n'entendit pas gratifier la scène des compositions qu'il avait écrites pour la Russie. Il se remit au travail, et, le 29 juin 1813, avait lieu la première représentation du *Nouveau Seigneur du village*, un acte seulement, mais un acte charmant, habile, gracieux, élégant, pour lequel la foule se passionna et dont le succès se montra constant pendant de longues années. Boïeldieu demeura ensuite près de quatre ans sans travailler, et, si l'on excepte quelques collaborations plus ou moins heureuses, son mauvais état de santé le tint éloigné de la scène. Il revint au théâtre le 5 mars 1816 avec la *Fête du village voisin*, trois actes composés sur un livret fort médiocre, inspiré du *Jeu de l'amour et du hasard* de Marivaux, que Boïeldieu parvint cependant à revêtir de grâce et d'agréments. Puis un ouvrage de circonstance lui fut demandé à l'occasion du mariage du duc de Berry. Il s'adressa alors à Hérold, tout fier d'une telle collaboration et ravi d'une si précieuse protection, et leur commun travail aboutit à deux actes intitulés *Charles de France,* qui furent représentés le 18 juin 1816. C'est peu de temps après que Boïeldieu fut appelé à remplacer Méhul à l'Institut (1817). Il consacra bientôt ses soins à une œuvre nouvelle, *le Chaperon rouge,* qui remporta un éclatant succès et marqua un progrès de plus dans la marche ascendante du compositeur (30 juin 1818). Enfin il fit jouer, le 20 avril 1820, les *Voitures versées,* mise au point d'une ébauche commencée lors de son séjour en Russie. Le livret sur lequel il avait travaillé était d'ailleurs de qualité très inférieure, et, si la musique sut plaire, celui-ci ne réussit qu'à être sifflé. Tout en composant incidemment quelques ouvrages secondaires, Boïeldieu ne s'occupa plus alors que du nouvel opéra-comique qui allait se présenter comme l'aboutissement naturel et logique de son développement musical. *Blanche de Provence* et *Pharamond* ne peuvent être considérés autrement que comme des satisfactions accordées aux nombreuses sollicitations dont il était l'objet de la part des librettistes.

Voici venir enfin l'œuvre qu'il avait primitivement appelée *la Dame d'Avenel* et qui prit le nom désormais célèbre de *la Dame blanche.* Scribe avait tiré son livret des chroniques écossaises, dans lesquelles Walter Scott avait déjà puisé avant lui. Quant à la partition, bien que plusieurs de ses pages, les meilleures, aient été le résultat du premier jet et, pour ainsi dire, le fruit du hasard et des circonstances (nombreux sont les témoignages des amis et des élèves qu'on peut citer à l'appui de cette affirmation), elle fut consciencieusement et longuement travaillée. « Je jure que jamais poème n'a dormi *quatre ans* pour lui, » écrit Boïeldieu lui-même en parlant de Scribe. On monta la pièce rapidement; les répétitions ne durèrent en effet que trois semaines, et la première représentation fut donnée le 10 décembre 1825. La victoire fut triomphale et prit les proportions d'un événement. Il suffit de relire les journaux de l'époque pour y retrouver tout vivant encore un enthousiasme qui tint quelque peu du fanatisme. Il suffit également de se rappeler un fait unique et pittoresque : l'orchestre de l'Opéra-Comique se transportant tout entier, au lendemain de la première, devant le domicile de Boïeldieu pour lui adresser l'aubade de la reconnaissance et de l'admiration. A vrai dire, ce grand succès était légitime. Jamais l'Opéra-Comique n'avait présenté une œuvre analogue. Le modèle du genre était définitivement créé. Boïeldieu n'avait pas encore atteint cette aisance de style, cette grâce de la mélodie, ce contour parfait de la phrase. Dramatiquement il avait tiré de l'excellent livret de Scribe tout le parti possible. Il y avait introduit des airs populaires pleins de charme, et trouvé en lui matière à grouper naturellement les

voix en des ensembles, ce en quoi il excellait tout particulièrement. Il est inutile de rappeler ici le sujet de la *Dame blanche;* aussi bien est-il dans toutes les mémoires. Nous nous bornerons à rappeler les morceaux les plus célèbres : le chœur des montaguards, l'air de Georges, le joli duetto de la peur, le trio final du 1er acte, au 2e acte l'air : « *Viens, gentille dame,* » et la fameuse scène de la vente; au 3e, le chœur : « *Chantez, ménestrel.* » La *Dame blanche* eut trois cents représentations en moins de deux ans. Le 25 février 1826 elle fut donnée à Rouen sous la direction de Boïeldieu. Sa ville natale lui prodigua les marques d'honneur les plus diverses; des particuliers lui dédièrent des vers; le conseil municipal fit frapper une médaille à son effigie et aux armes de la ville, médaille qui lui fut remise au théâtre avec la plus grande solennité [1].

Boïeldieu ne devait pas retrouver un pareil succès. Sa bonté naturelle fit qu'il n'osa point refuser un livret sans caractère du vieux Bouilly. Scribe, il est vrai, répondit à l'appel qu'on lui adressa pour sauver l'incohérence et la banalité de ce livret. On lui demanda de trouver un dénouement passable; mais cela n'aurait pas suffi, il eût fallu tout refaire. C'est ainsi que, le 20 mai 1829, les *Deux Nuits* apportèrent au public une déception d'autant plus forte, que le souvenir de la *Dame blanche* était trop vivant dans les esprits. Plus d'une page cependant se révélait égale à celles de la *Dame blanche.* Cet échec fut sensible au cœur de Boïeldieu au point que sa santé s'en trouva profondément altérée. Quoi qu'il en fût, il n'eut point, ainsi qu'on l'a souvent prétendu, l'intention de quitter le théâtre. Au contraire, des lettres de lui prouvent qu'il songeait à écrire de nouveau pour la scène. La maladie seule l'en empêcha. L'unique composition que l'on connaisse de lui depuis cette année 1829 est un morceau compris dans la *Marquise de Brinvilliers,* drame lyrique en trois actes auquel travaillèrent neuf musiciens : Auber, Batton, Berton, Blangini, Boïeldieu, Carafa, Cherubini, Hérold et Paër. Au commencement de 1830, Boïeldieu partit pour le Midi, se rendant successivement aux Eaux-Bonnes, à Toulouse, à Marseille et aux Iles d'Hyères, découragé par son mal et par l'inaction à laquelle il se trouvait condamné. La maladie de poitrine dont il avait rapporté le germe de Russie se faisait plus grave de jour en jour. En 1832 il gagna Cauterets et, bientôt après, Pise. Toutefois, ces voyages et le mauvais état de sa fortune, liée à la vie précaire de l'Opéra-Comique, finirent par le ruiner presque entièrement, et lors de son retour à Paris, dans les premiers mois de 1833, la question de l'existence matérielle se posa brutalement pour lui. Dans une lettre du 3 août 1833, adressée à Charles Maurice, il sollicitait une place qui lui procurerait quelque argent. A l'avènement de Louis-Philippe, en 1830, il fut, en effet, privé de la pension que lui avait servie le roi Charles X. Après la banqueroute de l'Opéra-Comique, il vit encore disparaître les 1.200 francs que lui versait le théâtre. Aussi se décida-t-il à envoyer au ministre de l'instruction publique une lettre très noble et très fière de ton, où il priait qu'on l'attachât en qualité de conservateur au dépôt de musique de la bibliothèque du roi. Cette demande resta sans réponse. Son ami Cartigny, directeur de la Monnaie de Bruxelles, voulut orga-

---

1. La millième représentation de la *Dame blanche* eut lieu à l'Opéra-Comique le 16 décembre 1862, et la pièce fut donnée à ce seul et même théâtre 1.340 fois jusqu'en juin 1875.

niser une représentation à bénéfice. Mais Boïeldieu considéra qu'il était de sa dignité de refuser cette offre généreuse. Enfin Thiers, nouvellement appelé au ministère de l'instruction publique, vint au secours du musicien. Il le nomma professeur de composition au Conservatoire et ajouta à son traitement de 3.000 francs une pension s'élevant à la même somme. Cependant la santé de Boïeldieu devenait plus mauvaise encore. Après un court voyage aux Pyrénées, qui lui fut fatal, il revint près de Paris, dans sa maison de campagne de Jarcy, et là, il ne tarda pas à fermer les yeux, le 8 octobre 1834. Cette mort produisit la plus vive impression dans le monde musical et dans le cœur de tous ceux qui, ayant approché le musicien, avaient pu apprécier la douceur, la générosité et la droiture morale qui étaient les qualités prédominantes de son caractère.

Si maintenant on jette un coup d'œil d'ensemble sur l'œuvre de Boïeldieu, il est facile de voir les continuels progrès de sa carrière. Depuis ses premiers ouvrages jusqu'à la *Fête du village voisin,* puis de ce dernier au *Chaperon* et à la *Dame blanche,* on peut compter autant d'étapes bien accusées. Aussi semble-t-il juste de déclarer que, très supérieur à ses devanciers, il éleva le genre de l'opéra-comique à un degré de perfection jusqu'alors inconnu, en indiquant nettement la voie à ceux qui allaient le suivre : Hérold, Auber, Adam, Halévy. Au point de vue *harmonique,* la science de Boïeldieu est très contestable, et la cause en est sans doute due à l'âge relativement avancé auquel il entreprit de l'étudier. D'autre part, la chaleur et l'éclat, le charme et la couleur sont loin de faire défaut à son instrumentation, et c'est dans leur pleine valeur qu'il présente habituellement les pures mélodies et les phrases gracieuses dans lesquelles il excelle. Castil-Blaze a écrit assez justement : « Musicien spirituel, plein de tact et de finesse, il a su donner aux paroles l'expression, le coloris qu'elles réclamaient, sans s'attacher à jouer sur les mots... Il a déclamé sans altérer les contours de la mélodie, sans descendre au débit aride et disgracieux du récitatif. » Et voici encore quelques lignes de Scudo[1] qui, d'une façon brève et précise, caractérisent équitablement l'auteur de la *Dame blanche :* « Il est un peu dans l'école française que ce que Cimarosa est dans l'école italienne, un heureux mélange de finesse et de sentiment, de gaieté tempérée de tendresse, de sourires et de larmes, un bouquet exquis de chants et d'harmonies faciles, appropriées à la situation et au caractère des personnages. L'œuvre de Boïeldieu forme l'heureuse transition entre Grétry et Hérold, qui est, avec Méhul et Cherubini, la plus haute expression musicale dans le genre de l'opéra-comique. »

La mélodie de Boïeldieu est instinctive, il s'y reflète comme une image de la vieille France, et c'est par là qu'elle nous émeut et nous séduit. Dans son livre *Cent Années de musique française,* M. de Soleniéres dit très heureusement : « Boïeldieu, s'il est moins profond et moins grandiose que Méhul, a néanmoins, lui aussi, quelque chose d'inappréciable : c'est l'instinct du sentiment populaire, c'est le je ne sais quoi de touchant et de tendre qu'il y a dans les légendes provinciales, dans les souvenirs et les récits de la famille et du chaume, ce parfum du terroir, cette représentation des êtres et des choses dans leur primitive émotion et dans leur naïve sim-

plicité... Il semble avant tout être le musicien des humbles et des petits, le poète des fleurs, des champs, et c'est pourquoi la *Dame blanche* est une des jolies choses du lyrisme français, et c'est pourquoi les mélodies, si attachantes qu'on les croirait prises dans un recueil de chansons locales (souvenez-vous des couplets de dame Marguerite), qui émaillent son œuvre, parleront toujours si franchement et si directement aux âmes simples et aux cœurs sincères. »

Immédiatement après Boïeldieu il convient de nommer Auber, qui porta l'opéra-comique à son apogée. Il fut le plus brillant représentant de ce genre, où, à défaut de passion, de sensibilité et de poésie, il triompha par l'esprit qui éclate dans toute son œuvre et qui lui valut longtemps l'honneur d'être considéré en Allemagne comme le plus grand des musiciens français.

AUBER naquit à Caen. L'an 1782, le 29 janvier, l'abbé Debordeau, curé de l'église Saint-Julien, baptisa le fils, né la veille, du légitime mariage de Baptiste Auber, officier des chasses du roi, et de Françoise-Adélaïde-Esprit Vincent. L'enfant fut nommé Daniel-François-Esprit par Daniel Auber, peintre du roi. Issu d'une famille d'origine normande, c'est cependant par accident qu'il vint au monde à Caen, où ses parents ne faisaient qu'un court séjour. Fixés à Paris depuis deux générations, les Auber avaient transmis à leur héritier le goût le plus vif pour la capitale, et il est remarquable qu'Auber, qui a d'ailleurs fort peu voyagé, ait préféré, en 1871, braver les rigueurs du siège plutôt que de s'éloigner de sa ville de prédilection. C'était le type du parfait Parisien. Le grand-père d'Auber avait été peintre du roi ; son père joignait à cette qualité celles d'officier des chasses royales, de chanteur et de violoniste amateur. Après la Révolution, il se fit marchand d'estampes. Auber avait donc grandi dans une atmosphère d'art, et les dons qu'il tenait de son hérédité ne pouvaient que s'y épanouir. Il manifesta en effet dès ses premières années les dispositions les plus heureuses pour la musique. Le chanteur Martin lui apprit ses notes, et il était à peine sorti de l'enfance qu'il publia plusieurs romances, entre autres le *Bonjour,* qui eurent un succès inattendu et firent le tour des salons du Directoire. On l'avait surnommé le petit Auber, pour le distinguer de quelques autres musiciens, ses homonymes, et en particulier d'Olivier Auber, violoncelliste réputé à cette époque. Prudents à l'excès, les parents d'Auber craignirent d'être les dupes de ces succès faciles et le destinèrent au commerce. En 1802 on l'envoya en Angleterre afin qu'il se perfectionnât dans l'idiome des affaires, mais il ne s'adonna guère qu'à la musique, et ses compositions ne charmèrent pas moins la haute société londonienne que les dilettantis parisiens Mais une certaine timidité, dont il ne se défit jamais, ne lui permit pas de recueillir le fruit de ses succès. La rupture du traité d'Amiens le ramena à Paris en 1804, et dès lors il ne fut plus question pour lui de négoce ni d'industrie. Ayant acquis un certain talent de violoniste, il ne tarda pas à jouir de la réputation d'un accompagnateur habile. Une circonstance particulière le fit connaître. Il était lié avec un violoncelliste célèbre nommé Lamare, qui recherchait avant tout l'effet propre à faire valoir sa virtuosité, mais qui était incapable d'écrire la musique qu'il rêvait d'exécuter. Auber publia alors sous le nom de Lamare un certain nombre de concertos pour violon-

---

1. *Année musicale,* 1861.

celle dont on ne tarda pas à savoir qu'il était l'auteur. Peu de temps après, un concerto pour violon de sa composition, joué au Conservatoire par Mazas, acheva de consacrer sa réputation. On trouve dans le livret de 1808 de la société académique des *Enfants d'Apollon* les deux mentions ci-jointes annexées à la liste de ses membres : « Auber père, amateur de chant et de violon, peintre, reçu en 1804, et Auber fils, compositeur, reçu en 1806. »

Les débuts d'Auber au théâtre furent des plus modestes. Sa première œuvre dramatique, *Julie*, est un opéra-comique assez menu, destiné à un groupe d'amateurs et où l'accompagnement était confié au seul quintette à cordes. Cette petite pièce reçut un accueil favorable et décida de la vocation d'Auber. Cherubini, qui se trouvait dans l'auditoire, eut la sagacité de discerner, sous l'inexpérience que cet essai révélait, un tempérament de musicien. « Votre fils, dit-il au père d'Auber, ne manque pas d'imagination, mais il lui faudra commencer par oublier tout ce qu'il sait, en admettant qu'il sache quelque chose. » Il offrit en outre au jeune homme de le prendre comme élève à titre privé. Auber n'appartint pas au Conservatoire, dont il devait devenir un jour directeur. Sous la direction de Cherubini, il eut vite fait de s'instruire dans la technique de son art. A cette époque, le prince de Chimay donnait périodiquement des représentations dans son château de Belgique; Auber fut chargé de les diriger et d'en renouveler le répertoire. Il écrivit vers le même temps, sous l'influence de Cherubini, une messe à quatre voix qui est demeurée manuscrite et dont on ne connaît guère que l'*Agnus Dei*, devenu la prière du mariage au premier acte de la *Muette*.

Cependant, las de son rôle et de son titre de musicien amateur, il tentait d'affronter le véritable public. Dès lors l'histoire de la vie d'Auber se confond avec celle de ses ouvrages. Il va, jusqu'à l'âge de 75 ans environ, produire sans relâche, mais sans enthousiasme, à ce qu'il affirme, comme par une sorte d'instinct qu'il lui faut, bon gré, mal gré, satisfaire. Ses premières œuvres, *le Séjour militaire* (théâtre Feydeau, 1813), *le Testament et les Billets doux* (1819), ne se différencièrent point des œuvres de jeunesse de la plupart des compositeurs. Ce sont des pages inexpérimentées et un peu gauches, où l'on ne peut guère constater que des intentions et des promesses. Les louanges qu'elles lui valurent étaient fondées sur ce fait qu'il avait témoigné d'une méritoire abstention du bruit et de la recherche, mais ce fut avec une certaine surprise qu'on y remarqua « une sagesse inconcevable pour son âge ». Lavoix fils affirme, dans son *Histoire de la musique*, que ces partitions sont indignes de lui, et l'on peut lire dans le *Feuilleton de l'Assemblée nationale* du 5 juin 1855 cette déclaration d'Adam en parlant du *Testament* : « La partition est gravée, et il est très curieux de la consulter, ne fût-ce que pour se tenir en garde contre les jugements que l'on fait. » En 1820 Auber donna *la Bergère Châtelaine*, et en 1821 *Emma*. On remarqua dans la *Bergère* les mêmes qualités de sobriété que dans les œuvres précédentes, et il est difficile de voir dans cette remarque un vif éloge à l'égard d'un compositeur jeune encore et au début de sa carrière. Dans le *Journal des Débats*, cependant, Duvicquet[1] lui reprocha l'éclat des finales des deux

premiers actes, car il n'y voyait autre chose qu'une concession faite à l'italianisme alors très en vogue. Quant à la partition d'*Emma*, elle semblait accuser un petit progrès sur son aînée. Elle fut pour Castil-Blaze l'occasion de signaler la manière d'Auber comme étant celle de la bonne et grande école de musique, et de vanter l'excellence de son harmonie et la richesse de ses effets d'orchestre.

Le 25 janvier 1823 commença avec *Leicester* la longue série des ouvrages composés par Auber sur des livrets de Scribe. Le 8 octobre de la même année lui succéda *la Neige*, dont le livret avait été refusé par Boïeldieu, sous le prétexte que Martin, son interprète préféré, n'y avait pas de rôle. Le reproche qu'Adam faisait à Auber de manquer d'idées se retrouve dans un article des *Débats* rédigé au lendemain de la représentation de la *Neige* (1822) : « Le désir d'imitation se reproduit si souvent dans le cours de l'ouvrage, que M. Auber semble avouer son impuissance à créer, à être lui-même, et se faire l'écolier d'un maître dont il approcherait davantage en essayant de se faire son rival. » Le maître n'était autre que Rossini. Cet ouvrage, qui ne réussit guère, fut repris à l'Opéra-Comique en août 1840 pour permettre à une jeune cantatrice d'aborder le public avec succès. Auber, qui s'y entendait, avait en effet découvert une jeune Anglaise de grande beauté, Anna Thillon, laquelle tenait par sa méthode à la fois de Mme Cinti-Damoreau et de Mme Eugénie Garcia. Il intercala dans le dernier acte un air nouvellement composé en son honneur; mais ce fut la dernière fois que la *Neige* fut représentée en public. Il n'est d'aucun intérêt, sinon d'un intérêt de curiosité pure, de s'arrêter sur *Un Concert à la Cour* (1824), fâcheux produit d'une invraisemblable collaboration où figuraient les noms de Mozart, Méhul, Weber, et ceux de Donizetti, Boïeldieu, Rossini et autres. Ce petit acte bâtard fut cependant repris en 1842, et il donna satisfaction à l'ironie vengeresse de plus d'un musicien, car l'un des personnages, Astuccio, incarnation de l'hypocrisie et de la perfidie, avait été, à ce que rapportent MM. Soubies et Malherbe, dessiné d'après nature et représentait le compositeur Paër. Cette petite vengeance était d'autant plus excusable, il faut le reconnaître, qu'elle s'appliquait à un homme qui avait la réputation de ne pas épargner ses confrères. Au *Concert à la Cour* succéda, la même année, *Léocadie*, tirée d'une nouvelle de Cervantès.

Le *Maçon* (3 mars 1825) fut le premier vrai succès d'Auber, et, en dépit de quelques critiques sévères, affirma sa gloire naissante. Dans cette œuvre il se débarrassait de l'influence rossinienne qu'il avait cru devoir subir pour attirer sur lui l'attention du public, tout à la dévotion du maestro italien. La mélodie en était fraîche, joyeuse et facile, sans vains ornements susceptibles d'en alourdir l'aimable inspiration. L'interprétation en avait été confiée à Ponchard, Lafeuillade, Vizantini, Mmes Rigaud et Boulanger. L'année 1826 vit éclore le *Timide* (30 juin) et *Fiorella* (28 novembre), qui semblent limiter la période des débuts d'Auber. L'ère des grands ouvrages, de ceux du moins qui ont consacré sa réputation, commence. Le 29 février 1828, la *Muette de Portici* parut et triompha sur la scène de l'Opéra. Nous parlerons de cette œuvre dans le chapitre consacré au grand opéra. Elle-

<hr>

1. Duvicquet (Pierre), critique français, né à Clamecy en 1766, mort à Paris en 1835. Entra au barreau en 1790. Fut envoyé à Grenoble comme accusateur public et siégea en 1798 au Conseil des Cinq-Cents comme représentant du département de la Nièvre. Après le 18 brumaire,
il occupa le poste d'avocat au tribunal de cassation et quitta le barreau pour enseigner au lycée Napoléon. A la mort du critique Geoffroy (1814), il fut appelé à le remplacer au *Journal des Débats*, où il défendit la tradition classique. Ses articles n'ont pas été réunis.

valut à son auteur d'être nommé par l'Académie des Beaux-Arts pour remplacer Gossec.

Le 28 janvier 1830, *Fra Diavolo* déchaîna l'enthousiasme de l'auditoire et la fureur de la critique, pour ne pas manquer à la tradition. La représentation de cet opéra-comique eut lieu un an avant celle de *Zampa*, avec lequel elle n'était pas sans offrir des analogies, au moins en ce qui concerne le livret, et quoiqu'il ne présentât en rien les qualités romantiques et byroniennes de la partition d'Hérold, il ne fut pas sans recevoir un accueil bienveillant. Le livret lui-même, sorti de la plume de Scribe, avait, grâce à la célèbre habileté de son auteur, contribué au succès, et cela en introduisant une légère nouveauté scénique : le déshabillé de l'héroïne. Théophile Gautier salua dans ce moyen une trouvaille remarquable, et beaucoup pensèrent comme lui. *Fra Diavolo* est une œuvre inégale où l'on trouve à la fois des pages charmantes et des passages médiocres. L'entrée de milady, le quintette et le duo du 1er acte, le trio du 2e, « *Allons, Milord, allons dormir,* » comptent parmi les meilleures choses de la partition. Un critique allemand on ne peut plus bienveillant, M. Hauslick[1], prétendait que « l'excellent livret de Scribe, où le romantisme de la vie des brigands se mêle au plus fin comique, a trouvé dans la musique d'Auber la plus heureuse illustration ». Le 13 octobre 1830 Auber donna à l'Opéra *le Dieu et la Bayadère*, qui, comme la *Muette*, avait un personnage mimé dont la Taglioni fut l'interprète. Le 20 juin 1831 fut chanté à l'Opéra le *Philtre*, qui inspira une parodie, l'*Elixir d'Amour*. Après la première représentation du *Serment* (1er octobre 1832), la presse sonna le glas de la musique d'Auber, qui ne ressuscitait pas moins quelques mois après avec *Gustave III ou le Bal masqué*, dont les principaux rôles avaient été confiés à Nourrit, Levasseur et à la Falcon. En 1834 venait *Lestocq*, et en 1835 le *Cheval de Bronze*. Écrit sur un livret de Scribe et donné à l'Opéra, le *Cheval de Bronze* souleva des critiques très diverses. Toutefois l'opinion dominante fut défavorable à Auber. On lui reprochait et sa musique et l'idée d'avoir choisi un livret aussi dénué d'intérêt que l'était ce conte chinois arrangé pour la scène. Scudo formula avec une grande vivacité ses griefs contre la pièce ; il lui déplaisait de voir l'Opéra envahi par le vaudeville, alors que les chefs-d'œuvre de Gluck en étaient écartés. « Trente théâtres, disait-il, ne suffisent pas à rassasier le public de gaudrioles, il faut que l'Opéra se mette aussi de la partie... J'avoue que puisqu'il existe un théâtre exclusivement consacré à ce genre trop national, je ne vois pas la nécessité de faire de l'Opéra une succursale de l'Opéra-Comique. » Une autre critique adressée par Scudo à l'auteur, c'était que la moitié, et la plus belle moitié de la partition, revenait à Rossini. Le *Cheval de Bronze* fut, en 1857, transformé en grand ballet. L'année 1836 fut très productive et vit paraître *Actéon*, les *Chaperons blancs* et l'*Ambassadrice*, œuvre légère pleine de motifs frais et gracieux, à propos de laquelle on pouvait dire en parlant d'Auber : « C'est toujours son faire tourmenté, ses petites pensées harmoniques assez élégantes dans les parties intermédiaires. Mais rien de largement

musical. C'est un compositeur luttant avec son poète et qui est souvent vaincu. »

En décembre 1837 fut créé le *Domino noir* par Mmes Damoreau, Boulanger, Julie Berthaud et par Couderc. Cet opéra-comique est non seulement le plus remarquable qui soit dans l'œuvre d'Auber, c'est de plus le type de l'opéra-comique tel qu'il l'imposa pour longtemps et le rendit populaire. Au lendemain de la première, Berlioz écrivait : « On a trouvé la musique de M. Auber, comme toujours, vive, légère et piquante. Quelques personnes d'un goût sévère lui reprochent, il est vrai, ses formes un peu étroites, ses mélodies courtes, sa tendance vaudevillesque. » Quoi qu'il en soit, le *Domino noir* obtint le succès le plus vif. Une verve pleine de vie animait les idées légères de la musique ; des rythmes caractéristiques, pimpants et faciles, donnaient du mouvement à la partition. M. Camille Bellaigue fait remarquer combien la mesure vive à trois temps est fréquente dans ces pages et quelle allure preste elle lui donne. « Quelle folle aventure que celle de ces deux novices ! Comme Auber a sauvé de la vulgarité cette aventure de carnaval, ce bal masqué, ce souper de garçons, et ce tableau finement satirique d'un couvent de religieuses ! Il s'est gardé, comme il le fallait dans une œuvre aussi mince, de la lourdeur et de la caricature... Son tact exquis l'a préservé aussi d'un sentimentalisme fade... Cette justesse du sentiment et du ton donne au *Domino noir* un charme particulier. Il faut y ajouter l'attrait d'une facture musicale toujours ingénieuse, toujours coquette, d'un orchestre varié[2]. » Aussi M. Bellaigue ajoute-t-il avec raison qu'Auber usait vis-à-vis de lui-même d'une sévérité exagérée ; quand, se comparant à Hérold, il prétendait n'avoir que la quantité, tandis que l'auteur de *Zampa* possédait la qualité. L'ouvrage qui suivit le *Domino noir*, le *Lac des Fées*, 1835, lui est très inférieur. Il en est de même de *Zanetta* (1840), qui ne demeura pas longtemps sur l'affiche. Un grand succès, au contraire, accueillit les *Diamants de la Couronne* (1841). Dans l'année même de leur apparition ils furent en dix-huit mois donnés 84 fois en dix mois. Cependant les avis sur cette œuvre, comme sur les précédentes, furent loin de concorder, et, si quelques jugements prirent en cette occasion une forme plus vive, c'est qu'il y avait, pour parler de cette partition, non pas seulement un intérêt musical, mais un intérêt fondé sur des intrigues de coulisses. Auber l'avait écrite, en effet, pour Mme Cinti-Damoreau, qui avait conquis les faveurs du public tant à l'Opéra qu'à l'Opéra-Comique ; mais au dernier moment il confia le rôle à Mme Anna Thillon, qui jouissait d'un grand succès de beauté, et cela malgré les protestations et la défense qu'opposa la grande cantatrice. Au point de vue musical seul Berlioz formula de sévères critiques. L'année 1842, où parut le *Duc d'Olonne*, vit appeler Auber à succéder à Cherubini comme directeur du Conservatoire. La *Part du Diable* fut encore un succès. Mais la *Sirène* (1844) et la *Barcarolle ou l'Amour de la musique* (1845) révélèrent que l'inspiration faiblissait. Théophile Gautier ne se fit pas faute de porter sur le livret et sur la musique un jugement dépourvu d'aménité : « Sans nouveauté de

---

1. Hanslick (Edouard), l'un des plus célèbres critiques musicaux de notre époque. Né à Prague le 11 septembre 1825. Reçu docteur en droit en 1849, il entra au service de l'Etat, tout en s'occupant de journalisme. Il fut d'abord, jusqu'en 1840, critique musical de la *Wiener Zeitung*, où ses articles firent sensation. Son *Traité d'Esthétique musicale*, publié en 1854, a eu un grand retentissement et a suscité des discussions passionnées. Chargé en 1855 de la rédaction de la partie

musicale de la *Presse*, il fut nommé en 1856 privat-docent d'esthétique et d'histoire de la musique à l'Université de Vienne. Il quitta en 1864 la *Presse* pour devenir critique musical à la *Neue freie Presse*. Il a publié de nombreux articles détachés sur la musique, les musiciens et l'esthétique musicale.

2. *Un Siècle de musique française*.

conception, sans profondeur de pensée, sans sévérité de style, sans force comique, sans traits et sans mots, M. Scribe parvient à faire les ouvrages les plus agréables de tous ceux dont se compose la fourniture des théâtres. » Voici pour le livret. Quant à la partition : « M. Auber ne se souvient pas, et il est le seul, de tous les airs charmants qu'il a faits, et quelquefois ils lui reviennent involontairement sous la plume... Il est singulier que le compositeur qui a fait tant de charmantes barcarolles dans des pièces où elles n'étaient qu'accessoires, ait manqué celle-ci qui donne le titre à l'ouvrage et qui en était en quelque sorte la pensée musicale. »

Mais, juste au moment opportun, pour tromper une lassitude qui commençait à se manifester, *Haydée* (1847) vint révéler un effort inconnu chez son auteur. — La couleur locale n'y existe en aucune façon, bien que le pays où se déroule l'action, Venise, offre une abondante matière à exploiter à ce point de vue. En revanche, les personnages sont un peu mieux traités. Ce n'est pas que « l'infernal Malipiéri » soit beaucoup plus qu'un traître de mélodrame. Toute la partie guerrière de l'ouvrage est vulgaire et ridicule, mais le rôle de Lorédan n'est pas sans noblesse. On peut citer parmi les passages écrits dans son style et dans une note chaleureuse l'air : « *Ah! que Venise est belle!* » le nocturne : « *C'est la fête au Lido*[5], » le début du 1er acte, où Raphaëla s'entend murmurer par Lorédan une très jolie phrase de tendresse, et d'autres encore qu'on n'était pas habitué à voir figurer dans les œuvres du maître. Il faut distinguer encore *l'Enfant prodigue* (1850) et *Marco Spada* (1852), qui méritèrent les éloges de Berlioz. De la première partition il déclarait qu'elle était. « complètement pure de ces beautés terribles qu'accompagne l'ennui ». De la seconde il écrivait : « L'indomptable jeunesse de M. Auber s'est encore donné carrière dans cette nouvelle partition. Il y a partout de la verve, une fraîcheur d'idées incroyable, une originalité presque téméraire parfois, un coloris instrumental, qui n'ont jamais brillé d'un plus vif éclat dans les précédents ouvrages de l'auteur. » Citons seulement *Zerline*, qui en 1851 parut entre les deux œuvres dont nous venons de parler. N'insistons pas davantage sur *Manon Lescaut* (1854), *Jenny Bell* (1856), *Magenta* (1859), pour signaler la *Circassienne* (1861), écrite par Auber à l'âge de 80 ans et qui connut une certaine faveur grâce à un 1er acte, d'une composition habile et gracieuse. « Le petit finale, lisons-nous dans Scudo, est un chef-d'œuvre de gaieté musicale. Les exclamations de l'eunuque lancées dans le vide par sa voix glapissante (celle de Montaubry) forment un trait d'union des plus heureux entre les différentes parties du tissu harmonique qui se renoue plusieurs fois d'une manière habile. Ce finale et tout le 1er acte, dont il résume la situation, me paraissent à la hauteur de ce que M. Auber a écrit de plus heureux. » Il écrivit encore *la Fiancée du roi de Garbe* (1864), *le Premier Jour de bonheur* (1868) et *Rêve d'amour* (1869). Auber mourut à Paris le 12 mai 1871, pendant la Commune. Le spectacle des événements dont la capitale, qu'il n'avait pas voulu quitter, était le triste théâtre, et les privations hâtèrent la fin de ce musicien, qui, pendant les derniers jours de sa vie, composa plusieurs quatuors à cordes demeurés inédits. A son déclin, il revivait sans doute, comme le font tous les vieillards, les heures de sa jeunesse où il avait un culte d'admiration pour les œuvres d'Haydn, dont il relisait sans cesse la musique de chambre. Les anec-

dotes qu'on raconte à propos de ce compositeur sont trop nombreuses pour qu'elles trouvent ici leur place. Rappelons seulement que cet homme heureux et très spirituel était un timide qui n'a jamais assisté à la représentation de ses œuvres. Il surveillait les répétitions et ne revenait au théâtre que pour la préparation d'un nouvel ouvrage. Travailleur acharné, il n'avait pas besoin de plus de trois ou quatre heures de sommeil. Grand amateur de mouvement, il parcourait le bois de Boulogne à cheval ou en voiture, et, au retour, il écrivait sur des cahiers ce qu'il avait chanté dans l'imagination pendant la promenade, et c'était dans ces cahiers qu'il allait puiser les motifs de ses œuvres. Il prétendait que la composition était pour lui un ennui. Il disait : « On trouve ma musique gaie. J'ignore comment cela se fait et peut se faire. Il n'y a pas de motif, parmi ceux qu'on a la bonté de trouver bien, qui n'ait été écrit entre deux bâillements. » N'accordons à cette boutade que le crédit qu'elle mérite. Auber semble n'avoir visé qu'à la facilité, et ce devait lui être un plaisir de s'abandonner à la joie de créer sans effort des partitions spirituelles, amusantes et légères. On peut lui refuser l'émotion, la profondeur et la poésie, mais il faut reconnaître en lui la grâce, une grâce bien française, même plutôt parisienne, a dit M. de Solenière.

Cette facilité n'était pas dépourvue de science. « Auber fait de la petite musique, disait Rossini, mais il la fait en grand musicien. » Il le prouva non seulement en maints passages de ses partitions où la mélodie aisée parvenait à déguiser le savoir du compositeur, mais en plusieurs autres occasions, notamment dans une séance à la Société des Concerts, qui fit entendre en 1850, sur un thème et fugue de Haendel, des *variations pour orchestre* écrites de sa main, et dont le public admira la délicatesse et le goût sans qu'on lui en eût fait connaître l'auteur. Les qualités prédominantes d'Auber étaient l'esprit et la clarté. Ses motifs étaient comme la source limpide de tant d'eux qu'il faut, la foule pouvait retenir sans difficulté. C'est en eux qu'il faut, selon Blaze de Bury, chercher le secret du génie d'Auber : « *Toute idée est motif*, et les artifices de l'instrumentation, dont il dispose avec tant de finesse et d'esprit, ne lui servent guère qu'après coup et lorsqu'il sent le besoin de donner à ses idées cette filiation naturelle qui leur 'manque. Les grandes lignes font défaut, mais les détails curieux abondent, et vous avez devant vous une jolie mosaïque faite avec toutes sortes de petits morceaux d'or et de fragments de pierres précieuses. »

Dans le discours que Jules Simon a prononcé au Conservatoire quelque temps après la mort du maître, se trouve résumée judicieusement l'opinion de ses contemporains sur ce musicien, dont notre génération ignore l'œuvre, qu'on ne chante plus guère qu'en Allemagne : « Le nom d'Auber, disait-il, est facilité. Tout lui a réussi dans l'art et dans la vie. Les moins musiciens le comprenaient et l'aimaient à première vue, et l'on sentait que ses airs lui venaient tout seuls et ne lui coûtaient aucun effort. Il y a plus de travail dans la plus courte scène des *Huguenots* que dans toute la *Muette*, qui, pourtant, est un chef-d'œuvre. Oui, cet homme a plus produit que personne, et il est certain qu'il n'a jamais travaillé... La facilité le perdit parfois et le sauva toujours. Par l'abondance, par l'intarissable épanchement de sa mélodie, il fut en effet une exception magnifique. A 86 ans il composait un opéra-comique, *le Premier*

Jour de bonheur. Ce titre seul à son âge ne fait-il pas sourire? »

Ce fut un an après la *Dame blanche*, en 1826, qu'Hérold, avec *Marie*, attira définitivement sur lui l'attention d'un public charmé par la poésie pénétrante de son inspiration, par la distinction et la mélancolie de son chant. Il se manifestait dans cette œuvre continuatrice de Boïeldieu.

Né à Paris le 28 janvier 1791, HÉROLD (Louis-Joseph-Ferdinand) révéla dès l'enfance de très sérieuses aptitudes musicales et un penchant inné pour tout ce qui touchait à l'art dans lequel il devait s'illustrer par la suite. Son père, François-Joseph Hérold, était connu lui-même comme pianiste accompli, et avait tenu l'orgue de l'église de Saltz (Alsace) en digne élève du maître qui l'avait instruit, Charles-Philippe-Emmanuel Bach. Le jeune Hérold grandit au milieu d'une famille qui lui était à la fois un vivant exemple et une naturelle stimulation. Aussi apprit-il rapidement le piano. Son père, tout d'abord, ne désira pas le voir embrasser la carrière de musicien, et, pour lui procurer une éducation soignée, il le mit dans une excellente pension des Champs-Elysées, à l'institution Hix. Sans se laisser détourner de sa vocation, l'enfant fut en toutes matières un brillant élève, mais il excellait surtout en solfège, dont la classe était dirigée par Fétis. Sur les bancs de l'école, Hérold songeait déjà à des scènes lyriques, et il composa même un morceau qu'on exécuta un jour de distribution de prix. En 1802 son père succomba à la phtisie, et cette mort eut un retentissement profond dans l'âme de l'enfant. A partir de ce moment, et sur le conseil de Grétry, sa mère résolut de donner libre cours aux aspirations qui le guidaient. Hérold entra donc au Conservatoire de Paris en 1806, dans la classe de piano de son parrain Adam. En même temps il étudia le violon avec Kreutzer et l'harmonie avec Catel. En 1810 il obtint son premier prix de piano, et, l'année suivante, il étudia la composition avec Méhul, s'acharnant au travail, écrivant d'abondance plusieurs œuvres, parmi lesquelles une *Fantaisie* pour piano, des *sonates* et un *concerto* pour piano et orchestre. Il était en même temps répétiteur d'une classe de solfège et accompagnateur de la classe de déclamation lyrique. Après avoir conquis en 1812 le grand prix de Rome avec la cantate *Mᴵᴵᵉ de la Vallière*, Hérold partit pour l'Italie. A peine arrivé à Rome, il composa un *Hymne à quatre voix sur la Transfiguration*, avec orchestre, une symphonie, une cantate, plusieurs pièces de musique de chambre. Ces œuvres ne témoignent ni d'une longue haleine ni d'une profonde inspiration, mais elles contiennent çà et là des idées intéressantes. L'examen de ces premiers essais et de la 2ᵉ symphonie qu'il allait écrire en 1814 montre qu'Hérold aurait pu composer des pages d'un très réel intérêt dans le genre symphonique s'il y avait consacré son effort.

· A la fin de 1813 il quitta Rome pour venir habiter Naples. Il fut admirablement accueilli dans cette ville, et particulièrement à la cour du roi de Naples, Joachim Murat; l'éducation musicale des filles de la reine lui fut confiée moyennant un traitement de 5.000 francs. Tout d'abord le spectacle nouveau du pays, du ciel et de la mer le charmèrent au point de l'entraîner à vivre dans une douce nonchalance, mais ce ne fut que pour un temps passager, et, sa nature réclamant ses droits, le travail redevint bientôt sa règle et son habitude. Il écrivit sa 2ᵉ symphonie,

trois quatuors pour instruments à cordes et une scène avec chœurs. Le théâtre occupait déjà cependant sa pensée d'une façon constante. Son rêve ne tarda pas à revêtir une forme plus concrète. Il mit en musique une pièce d'Alexandre Duval, *la Jeunesse de Henri V*, jouée auparavant à la Comédie française, et, le 15 janvier 1813, le théâtre du Fondo, de Naples, donna la première représentation de la *Gioventa di Enrico V*. Bien que le succès fût très modeste, Hérold n'en écrivit pas moins à sa mère, dans le feu d'un ardent enthousiasme : « Je suis le seul Français qui ait eu un succès depuis cinquante ans en Italie. » Au mois de février 1815 il retourna à Rome, et de là gagna Vienne. Il y fréquenta assidûment le théâtre et les artistes, en particulier Salieri et le pianiste Hummel. Il rencontra alors Beethoven, et, quoique muni d'une lettre d'introduction auprès du maître, préféra s'abstenir plutôt que d'affronter son abord peu engageant. Pendant son séjour dans la capitale autrichienne, il réfléchit beaucoup sur son art, comme l'atteste un petit carnet de notes sur la couverture duquel on lit : « Cahier rempli de sottises plus ou moins grandes, rassemblées en forme de principes par moi. » On y peut relever des conseils et des maximes sur l'opéra et sur la musique dramatique, sur le rythme, sur le style, etc. Ce cahier ne témoigne pas généralement d'une profondeur de pensée particulière. Enfin il quitta Vienne et revint à Paris après avoir passé par Munich. Il avait de beaux projets, mais il lui fallait tout d'abord gagner sa vie.

Dès son retour on lui confia les fonctions d'accompagnateur de piano au Théâtre Italien, ce qui lui prit un temps assez considérable. Il travailla néanmoins d'une manière suivie, et, tandis qu'il cherchait avec impatience un poème d'opéra, la chance la plus heureuse s'offrit à lui. Boïeldieu, qui jouissait alors de toute sa renommée, le pria de collaborer avec lui à un opéra intitulé *Charles de France ou Amour et Gloire*. L'opéra fut représenté le 18 juin 1816 avec un grand succès. Puis, presque aussitôt, on lui demanda de composer de la musique sur plusieurs poèmes; il s'acquitta de sa tâche, mais un seul d'entre eux, *les Rosières*, fut représenté le 27 janvier 1817 à l'Opéra-Comique et y réussit. M. Pongin écrit au sujet de cet opéra : « Jamais on ne croirait, en étudiant les *Rosières*, que c'est là l'œuvre d'un artiste de 25 ans, à peine à ses débuts à la scène, tellement la partition est écrite d'une main ferme et sûre, tellement elle dénote une expérience précoce, tellement enfin elle est riche en idées neuves, brillantes, mises en valeur et en relief avec une étonnante habileté. » Il faut ajouter que le succès fut aussi complet dans la presse que dans le public et que Méhul écrivit à Hérold une lettre de félicitations débordante de bonté et d'affectueuse amitié. Rempli de joie et de courage, Hérold ne songea plus qu'à travailler sur de nouveaux poèmes. Il choisit l'*Aventure d'Aladin ou la Lampe merveilleuse*, et le conte des Mille et une nuits devint *la Clochette*. La pièce fut donnée à l'Opéra-Comique le 18 octobre 1817 avec le succès le plus complet et fournit une carrière ininterrompue de cent représentations. Cependant l'opéra-comique ne suffisait pas à Hérold, et toujours il songeait à l'opéra. En septembre 1818 il donna encore à l'Opéra-Comique *le Premier Venu*, qui reçut un accueil favorable, puis *les Troqueurs*, joué sans succès, et, le 18 décembre 1820, l'*Auteur mort et vivant*, œuvre très agréable et qui, bien que vouée à une brève fortune, fut assez bien accueillie. Ces demi-succès, dus en grande partie à l'extrême médiocrité des libretti sur lesquels il travaillait, lui firent perdre un peu de son assurance et le plongèrent dans une mélancolie déprimante. Sur ces entrefaites, Hérold fut envoyé en Italie avec mission d'en ramener des artistes de choix pour le Théâtre Italien. Quatre mois après il revint à Paris, mais malade. Il cessa tout travail, tant l'effort lui était devenu pénible. Il ne put même assister à la première représentation du Moïse de Rossini qu'il avait rapporté d'Italie et pour lequel il professait une grande admiration. Il put se ressaisir et écrivit un opéra-comique dont le livret avait été tiré par Paul de Kock d'un conte de La Fontaine, le Muletier. Cette pièce fut représentée le 12 mai 1823 à l'Opéra-Comique. Le livret ne faisait pas preuve d'une pruderie exagérée; il allait gaillardement jusqu'aux extrêmes limites de la grivoiserie, et n'aurait pas manqué de soulever des protestations si la musique n'était survenue pour sauver la situation. On peut lire à ce sujet les lignes suivantes dans le Journal des Débats : « La scène du rendez-vous a excité des murmures. La pudeur, la décence même, ont fait entendre quelques sifflets; le parterre a ri, on a applaudi, la musique de M. Hérold a décidé le succès de la pièce. » Hérold eut en effet une bonne presse. Cet opéra comique témoignait d'un grand progrès sur les œuvres précédentes. Hérold demeurait de plus en plus maître de son talent. Son orchestration se faisait plus habile et plus solide, et l'excellente tenue du style n'était point un obstacle au libre cours de sa fantaisie prime-sautière et gracieuse.

Désormais ce fut une phase nouvelle qu'il aborda. Les hésitations à travers lesquelles il cherchait sa voie cessèrent de le troubler. Il devint lui-même. Le rêve qu'il caressait depuis longtemps se réalisa enfin, et en septembre 1823 il entra à l'Opéra, mais ce ne fut que pour y faire jouer un acte de mérite fort médiocre, l'Asthénie, écrit sur un livret dénué d'intérêt. Peu après, il donna au même théâtre Vendôme en Espagne (novembre 1823), ouvrage officiel fait sur commande avec la collaboration d'Auber. Puis il revint à l'Opéra-Comique, où l'on monta, en août 1824, pour la tête du roi, le Roi René, et l'année suivante le Lapin blanc, qui fit une chute dont il ne se releva jamais. Hérold retombait de nouveau dans un sombre découragement, quand Planard lui apporta un livret qu'il venait de tirer d'un roman et qu'il avait intitulé Marie. Sans être remarquable, le sujet offrait au musicien une situation pathétique et lui fournissait l'occasion, depuis longtemps cherchée, de manifester sa sensibilité. L'œuvre fut jouée à l'Opéra-Comique le 12 août 1826. Ce fut un succès éclatant, presque égal à celui que la Dame blanche avait obtenu l'année précédente. En une année elle atteignit la centième. La mélodie y abondait, facile et bien chantante. En outre, une certaine mélancolie, inhérente au talent d'Hérold, ajoutait au caractère des situations naturellement dramatiques. Les pages les plus marquantes sont la romance de Henri, la barcarolle « Et vogue ma nacelle, » l'air de Suzette, le duo du 2e acte entre Marie et Adolphe, l'air de Marie et le sextuor du 3e acte[1].

L'année suivante (1827), Hérold quitta le Théâtre Italien, où il était toujours accompagnateur, pour aller remplir à l'Opéra la fonction de premier chef du chant. L'Opéra profita de sa présence pour lui donner à écrire la musique de plusieurs ballets, ce dont il

s'acquitta à merveille, remplaçant les vieux procédés par une fantaisie nouvelle, transformant l'ancienne pantomime en une œuvre vraiment vivante et musicale. Ce fut d'abord le ballet d'Astolphe et Joconde, représenté le 29 janvier 1827, puis la Somnambule, 3 actes (1er juillet 1828), la Fille mal gardée, 2 actes (novembre 1828), la Belle au bois dormant, 4 actes (27 avril 1829). Entre temps, Hérold écrivit une partition pour un drame d'Ozannaux, le Dernier Jour de Missolonghi, qui fut représenté à l'Odéon en avril 1828. Puis en 1829 il donna à l'Opéra-Comique une pièce en un acte, l'Illusion (dont le finale contenait une valse charmante), et une autre en trois actes, Emmeline, la première très dramatique et accueillie assez brillamment, la seconde d'une inspiration moins heureuse et dont le succès fut très médiocre.

Vint enfin l'une des deux œuvres maîtresses d'Hérold, Zampa ou la Fiancée de Marbre, qui, par son inspiration romantique et son allure dramatique, convenait admirablement à la nature du musicien. Voici le jugement très élogieux que, dans le livre qu'il lui a consacré, exprime M. Arthur Pougin : « L'œuvre est pleine de noblesse, et aussi remarquable par la forme que par le fond, écrite de main d'ouvrier, et d'une richesse, d'une nouveauté, d'une élégance d'inspiration qui étonnent et subjuguent l'auditeur. Tantôt mélancolique et pleine de poésie, tantôt ardente et passionnée, parfois toute empreinte de verve et de sentiment comique, cette partition de Zampa présente, dans son unité, une variété d'accents, de tons et de couleurs dont bien peu d'artistes sont capables et qui décèle un créateur de premier ordre. Il semble bien qu'en elle Hérold ait donné la forme exacte de son génie et établi des droits à l'admiration de la postérité. » De cette œuvre il faut citer l'ouverture très brillante, le chœur des jeunes filles de l'introduction, la ballade de Camille, où les instruments à vent ont un rôle très intéressant, le trio de la peur, le quatuor de l'entrée de Zampa, plein d'ampleur, le chœur des corsaires du finale; au 2e acte, l'air de Zampa : Il faut céder à mes lois, le duo de Rita et Daniel, ainsi que le brillant finale; enfin, au 3e acte, la scène entre Camille et Zampa. La première représentation en fut donnée à l'Opéra-Comique le 3 mai 1831, avec Chollet dans Zampa et Mmes Casimir et Boulanger. Le succès fut immense, en dépit des mésaventures financières par lesquelles passait à cette époque la direction de l'Opéra-Comique, qui fut forcée de fermer le théâtre à plusieurs reprises. La presse fut excellente également, quoique non unanime, puisque Berlioz écrivait quelques mois après dans les Débats : « Il n'y a au monde que l'Opéra-Comique où l'on puisse entendre de pareils vers : eh bien! en général, la musique de Zampa n'a guère plus d'élévation dans la pensée, de vérité dans l'expression ni de distinction dans la forme... Je signalerai le défaut qu'on remarque dans tout l'opéra : c'est l'abus des appogiatures, qui dénature tous les accords, donne à l'harmonie une couleur vague, sans caractère décidé, affaiblit l'âpreté de certaines dissonances ou l'augmente jusqu'à la discordance, transforme la douceur en fadeur, fait minauder la grâce et me paraît enfin la plus insupportable des affectations de l'école parisienne. » L'œuvre obtint néanmoins un énorme succès, aussi bien à l'étranger qu'en France, et si nous accordons plus volontiers la préférence au Pré aux clercs, les Allemands voient en elle le chef-d'œuvre d'Hérold.

Très peu de temps après cette première retentis-

---

1. De brillantes reprises en furent faites en 1843, en 1855 et en 1866.

sante, l'auteur de *Zampa* écrivit un chant funèbre, *Hymne aux morts de Juillet*, pour voix seule et chœurs, sur les célèbres vers de Victor Hugo : « *Ceux qui pieusement sont morts pour la patrie.* » — Cet hymne, qu'il composa rapidement en l'honneur de ceux qui avaient succombé pendant les trois journées mémorables de 1830 et que Louis-Philippe voulait honorer avec éclat dans une cérémonie nationale au Panthéon, cet hymne fut écrit pour un orchestre puissamment renforcé, et l'effet produit fut, paraît-il, considérable. Il collabora ensuite à un ouvrage étrange, *la Marquise de Brinvilliers*, poème en 3 actes de Scribe et de Castil-Blaze. Ses collaborateurs pour la musique étaient au nombre de huit, à savoir : Auber, Batton, Berton, Blangini, Boïeldieu, Carafa, Cherubini et Paër. Il est facile de comprendre que l'œuvre n'en fut pas meilleure pour cela, et c'est un succès très modéré qui accueillit, en octobre 1831, la *Marquise de Brinvilliers*.

Pendant ce temps, Hérold travaillait assidûment au *Pré aux clercs*. A ce moment encore l'Opéra-Comique traversait une crise pleine de danger et d'imprévu. Obligé par six fois de fermer ses portes, ayant à subir le contre-coups de l'apparition du choléra dans Paris, victime indirecte des émeutes de la rue, abandonné du gouvernement qui lui retira soudainement son privilège, le malheureux théâtre se demandait avec angoisse quel sort lui pouvait être réservé. Pris de pitié, Hérold se mit à écrire bâtivement un opéra en un acte, *la Médecine sans médecin*. L'Opéra-Comique le monta en trois semaines environ et en donna la première représentation le 15 octobre 1832. Il reçut un accueil très favorable, que ne compromit point la faiblesse du livret, dû à Scribe et à Bayard. Mais le salut définitif survint deux mois après, le 15 décembre 1832, avec le *Pré aux clercs*, qui souleva l'enthousiasme spontané et les applaudissements unanimes de la salle. Cette soirée laissa une impression profonde à ceux qui y assistèrent, car, au milieu des acclamations du public réclamant impérieusement l'auteur, le chanteur Thénard vint se faire l'émissaire d'une mauvaise nouvelle. Hérold, en effet, était hors d'état de se présenter sur la scène. Son succès lui avait donné une émotion telle, qu'il fut pris soudain d'un terrible crachement de sang. Cette crise douloureuse nécessita un repos immédiat et les soins les plus énergiques, on le ramena chez lui ; il s'alita pour ne plus se relever, ou à peu près.

Le livret du *Pré aux clercs* avait été écrit par Planard, et le sujet, tiré des *Chroniques du temps de Charles IX*, de Mérimée, offrait une matière variée à la sensibilité et à l'imagination du musicien. Toutes ses qualités de grâce, de poésie, de gaieté et d'émotion trouvaient naturellement à s'y employer avec abondance : l'esprit français et chevaleresque s'y révélait dans toute sa franchise et toute sa vivacité, le style enfin se montrait extrèmement soigné. Outre l'ouverture, très claire et bien ordonnée, il faut citer les airs célèbres et universellement connus : « *Rendez-moi ma patrie ou laissez-moi mourir*, » que chante Isabelle au 1er acte, celui qui lui est confié au 2e acte, « *Jours de mon enfance*, » puis le trio de la reine, Isabelle et Cantarelli, la scène du bal, le récit de Mergy ; enfin, au 3e acte, le meilleur de la partition, où l'on remarque avant tout le caractère pathétique et la couleur variée de l'orchestre, le trio de Mergy, Isabelle et la reine, la scène de Mergy et de Comminges, et celle où Isabelle et Mergy se retrouvent. L'inspiration dramatique et la sensibi-

lité très vive d'Hérold se manifestaient à chaque page de la partition, et plus que jamais, mieux encore que dans *Zampa*, il atteignait à l'unité de style, qu'il s'efforçait de perfectionner davantage dans chacun de ses ouvrages. Hérold mourant avait conscience du progrès de son effort, et à l'un de ses amis il disait avec modestie : « Je m'en vais trop tôt ; je commençais justement à comprendre le théâtre. » Des interprètes, Thénard, Lemonnier, Féréol et Mmes Casimir, Ponchard et Massy, il faut dire qu'ils contribuèrent largement au grand succès de l'œuvre. Dans la première année de son apparition, le *Pré aux clercs* fournit plus de 150 représentations, et jusqu'en 1895 on peut compter 1.589 représentations du *Pré aux clercs* contre 682 représentations de *Zampa*.

Les représentations du *Pré aux clercs* faillirent d'ailleurs être interrompues, et la deuxième audition fut retardée par la mauvaise volonté de Mme Casimir, qui, se sachant indispensable, voulut imposer au théâtre des conditions inacceptables. Par bonheur, une jeune chanteuse, Mlle Dorns, de l'Opéra, travailla le rôle avec rapidité et avec conscience. Cinq jours après, l'accueil flatteur du public la récompensait de son généreux effort. Mais ce nouveau contretemps avait été d'un effet brutal et funeste sur la santé d'Hérold. Ne songeant qu'à son œuvre, il avait voulu faire travailler lui-même Mlle Dorus. Cette fatigue augmenta son mal, et, le 19 janvier 1833, il succomba dans sa maison des Ternes, qu'il n'avait cessé d'habiter depuis 1827, date de son mariage avec Adèle-Elise Rollet. Dans son délire, Hérold prononçait le nom de Mme Casimir, et, quelques jours avant sa mort, il disait à Paul Dutreilh, administrateur de l'Opéra-Comique : « Elle m'a fait bien du mal par son ingratitude. » Le lendemain de sa mort, l'Opéra-Comique donna le *Pré aux clercs* ; les artistes se groupèrent autour d'une urne voilée de crêpe sur laquelle on lisait le nom d'Hérold, et des vers furent dits avec émotion à la mémoire de celui qui avait été l'un des plus brillants auteurs et l'un des plus généreux bienfaiteurs de ce théâtre.

Trois mois après, le 16 mai 1833, l'Opéra-Comique mit à la scène un opéra en deux actes qu'Hérold avait laissé inachevé, *Ludovic*, et qu'Halévy prit le soin de parfaire. Le public fit bon accueil à cet ouvrage, qui ne pouvait compter parmi les meilleurs du musicien. Il disparut de l'affiche au bout de peu de temps. Il serait d'ailleurs erroné de croire qu'Hérold composa exclusivement de la musique de théâtre. Nombreuses sont les compositions de musique vocale et de musique de chambre, sonates et concertos, dont il est l'auteur. Mais elles n'occupent qu'un rang assez effacé dans son œuvre, et c'est au théâtre qu'il a consacré le meilleur de ses efforts et de son inspiration. A ce titre, sa place est nettement marquée parmi les compositeurs de son temps, et on s'accorde généralement à le considérer, lui et Boïeldieu, comme les meilleurs représentants de l'opéra-comique pendant la première partie du XIXe siècle. Dans ce genre, Hérold réserva à la mélodie le rôle le plus large et le plus indépendant ; il laissa chanter librement et sut la traiter avec une grande souplesse et une heureuse variété. M. Pougin, dans sa très intéressante biographie du musicien, caractérise en ces termes ses principales qualités : « Poète et rêveur, mais artiste en même temps, pourvu du sentiment dramatique le plus précis et le plus intense, Hérold se distingue, d'une part, par la fraîcheur et l'abondance de l'inspiration, l'élégance des formes harmoniques, la variété des rythmes et la vivacité allègre de l'orchestre, de l'autre, par le sens parfait de la vérité scénique, par sa puissance pathétique et sa tendresse pénétrante, surtout par une noblesse de style qu'il est rare de rencontrer à un pareil degré. »

Hérold disparut au seuil de la période dans laquelle il aurait produit sans doute ses meilleures œuvres. Le progrès incessant dont témoignent ses ouvrages successifs permet d'affirmer en effet que son talent n'arriva point à son plein développement et que, s'il lui avait été donné de vivre quelques années encore, il aurait dépassé *Zampa* et le *Pré aux clercs*, qui lui valurent cependant un si complet succès. En dehors des œuvres de théâtre, voici quelles sont les compositions vocales et instrumentales d'Hérold : *Regrets des Braves*, stances sur la mort du duc de Berry ; *les Grandes Journées*, chant national ; *Hymne aux morts de Juillet ; le Chasseur des montagnes*, romance ; · 7 *sonates ;* 9 *caprices* en trois suites ; *Caprice*, avec accompagnement de quatuor, op. 8 ; caprice sur la *Clochette ;* caprice sur la *Médecine sans médecins*, 11 *Fantaisies* brillantes sur des thèmes d'opéras ; 23 *Rondeaux*, originaux ou sur des motifs d'opéras ; *Variation Trio* concertant pour deux bassons et cor, etc. Parmi les œuvres posthumes il faut citer : première et seconde symphonies, réduites pour piano par Charles René ; trois *quatuors* pour deux violons, alto et violoncelle, réduits au piano par Ch. René ; deux concertos pour piano et orchestre ; trois sonates pour piano, deux sonates pour piano et violon.

Bien qu'Halévy ait écrit des grands opéras, sa place, comme celle d'Auber qui composa la *Muette*, est plutôt ici parmi les maîtres de l'opéra-comique. Nous devons donc parler de lui aussitôt après Hérold, dont il fut l'élève et devint le gendre.

Halévy (Jacques-Fromental-Elie) naquit à Paris le 26 mai 1799. Son père, Elie Halévy, fut un poète hébraïsant, très versé dans la science thalmudique. Sa vocation fut, dit-on, déterminée par l'audition, à une distribution de prix, de l'ouverture du *Calife de Bagdad* de Boïeldieu, jouée par un violon et une flûte qu'accompagnait le piano. Le fils de son maître de pension, Cazot, qui était titulaire au Conservatoire d'une classe élémentaire, remarqua alors les dispositions d'Halévy et l'admit parmi ses disciples en 1809. Il reçut simultanément les leçons de Lambert pour le piano, de Berton pour l'harmonie et de Cherubini pour la composition. En l'absence de ce maître, il travailla même quelques mois avec Méhul. Cherubini, qui s'intéressait beaucoup à lui, lui témoigna toujours beaucoup d'affection. Après trois concours il obtint le prix de Rome en 1819 pour sa cantate *Herminie*. Il avait, à cette époque, écrit sur le texte hébreu un *De Profundis* à grand orchestre pour la mort du duc de Berry et avait dédié à Cherubini cette œuvre, qui fut exécutée pour la cérémonie funèbre de ce prince. Pendant son séjour en Italie il composa, entre autres ouvrages qui ne furent jamais joués, *Pygmalion* sur un poème de Patin. Cet opéra antique faillit être reçu en 1827 pour l'Opéra, où il fut présenté à un jury chargé de juger les envois. Habeneck conduisait l'orchestre, Mᵐᵉ Damoreau chantait Galatée, et Nourrit Pygmalion. Cet ouvrage fut refusé, parce qu'on pouvait établir une similitude entre lui et un *Phidias* de Jouy et de Fétis, qui ne

fut d'ailleurs pas joué. Pendant son séjour en Italie Halévy avait encore écrit un ballet pour le théâtre San-Carlo et trois *Canzonetti* en style napolitain.

Après son retour d'Italie, l'Opéra-Comique joua en 1827 l'*Artisan*, petite œuvre en un acte dont le livret était de Pixérécourt et qui eut pour interprètes Chollet et Mᵐᵉ Casimir. On y remarqua une jolie romance avec refrains chantés par les chœurs, mais le reste de l'ouvrage était médiocre.

Citons encore deux ouvrages sans importance : en 1828, *le Roi et le Batelier*, en collaboration avec Brifaut, pièce de circonstance en l'honneur de Charles X, et *le Dilettante d'Avignon*, pour arriver au premier succès que remporta Halévy avec *Clari*, le 9 décembre 1828, sur la scène du Théâtre Italien, où il avait été nommé accompagnateur et chef de chant en remplacement d'Hérold, appelé à l'Opéra en la même qualité. La Malibran chanta le principal rôle de cet opéra. En 1830 Halévy donna à l'Opéra-Comique *Attendre et courir*, à l'Opéra le ballet de *Manon Lescaut*, dont le livret était de Scribe ; en 1831, à l'Opéra-Comique, *la Langue musicale*, qui, malgré la faiblesse du poème, réussit grâce à la musique. La faillite de ce théâtre en 1832 empêcha la représentation de *Yella*, opéra-comique en deux actes, demeuré manuscrit. Rappelons la *Tentation*, ballet en cinq actes à l'Opéra, qui contenait d'excellents chœurs. Puis Halévy acheva la partition de *Ludovic*, dont, avant de mourir, Hérold avait écrit en partie le premier acte. Cette œuvre fut représentée à l'Opéra-Comique le 28 mai 1833. Cette même année il fut nommé au Conservatoire professeur de fugue et de contrepoint en remplacement de Fétis. En 1834 l'Opéra-Comique donnait les *Souvenirs de Lafleur*, bluette en un acte écrite pour la rentrée de Martin, le célèbre baryton. Ce fut Halévy qui recueillit encore à l'Opéra la succession d'Hérold en y recevant les fonctions de chef de chant.

Jusque-là, Halévy, musicien estimé, n'avait pas encore donné la mesure de ce qu'il pouvait produire. L'année 1835 vit paraître ses deux œuvres maîtresses, la *Juive*, le 24 février, à l'Opéra, et l'*Eclair*, le 10 décembre, à l'Opéra-Comique. Il se révélait à la fois le rival de Meyerbeer et le continuateur de Boïeldieu et d'Hérold. Si Halévy n'a rien écrit de supérieur à *la Juive*, dont nous parlerons à propos de l'opéra, il n'a rien produit de plus gracieux que l'*Eclair*, petit drame intime à quatre personnages et en trois actes qui offrait alors cette particularité de ne contenait pas de chœur. Dans cette œuvre élégiaque il rappelait la manière charmante d'Hérold. Les mélodies y sont empreintes d'une mélancolie qui, à cette époque, gagna tous les cœurs sensibles. La romance de l'*Eclair* a fait les délices de toute une génération, dont celle exprimait le sentimentalité. Il faut encore citer, parmi les meilleures pages de cette partition, l'étincelante ouverture, le duo des sœurs, l'air du ténor : « *Partons, la mer est belle* », la scène pathétique de l'orage, etc. Le succès triomphal remporté par *la Juive* et par l'*Eclair* ouvrit à Halévy les portes de l'Institut, dont il fut nommé membre (2 juillet 1836) à la mort de Reicha. En 1838 il donna à l'Opéra *Guido et Ginevra*[1]. En 1839, l'Opéra-Comique représenta *les Treize* et *le Schérif*. En 1840 *le Drapier* ne réussit pas à l'Opéra. La même année Halévy fut nommé professeur de composition lyrique au Conservatoire. En 1841 il fit

---

1. Un air de *Guido et Ginevra :* « *Quand renaîtra la pâle aurore*, » présente cette singularité de se terminer un demi-ton plus haut qu'il n'a commencé ; ce dont l'auteur a tiré un effet charmant et très neuf.

jouer, le 21 janvier, à l'Opéra-Comique, *le Guitarero*,
et le 22 décembre, à l'Opéra, *la Reine de Chypre*, suivi
de *Charles VI* (1843). Citons en 1844 *le Lazzarone*,
opéra bouffe en deux actes; le 3 février 1846, à l'O-
péra-Comique, *les Mousquetaires de la Reine*, une de
ses plus charmantes partitions; le 22 mai 1846, la
cantate *les Plages du Nil*, œuvre de circonstance exécutée dans les salons du ministère de l'instruction
publique en l'honneur du vice-roi d'Egypte, Ibrahim
Pacha; le 11 novembre 1848, à l'Opéra-Comique, *le
Val d'Andorre*, dont la *Chanson du Vieux Chevrier*
est demeurée au répertoire des basses chantantes;
en octobre 1849, au même théâtre, *la Fée aux roses*,
opéra féerie. La même année Halévy fit entendre au
Conservatoire *Prométhée enchaîné*, scène lyrique
d'après Eschyle. Dans la composition de ce morceau il s'était proposé, prétend son frère, de donner
une idée de l'effet que pouvait produire l'emploi du
quart de ton, *élément caractéristique de la gamme
enharmonique des Grecs*. On y remarqua des récitatifs intéressants et le chœur des Océanides. Cette
œuvre ne paraît pas avoir apporté grande lumière à
l'obscure question de la musique ancienne.

Halévy écrivit pour le théâtre de Londres un opéra
italien, *la Tempesta*, d'après Shakespeare, qui y fut
représenté en 1850 et à Paris en 1851. Cette partition
sans caractère avait été composée pour Lablache,
chargé du rôle de Caliban. L'Opéra-Comique monta
la même année *la Dame de Pique*. Le 23 avril 1852,
le Juif errant, opéra fantastique, ne remportait à
l'Opéra qu'un succès de curiosité. Le héros en était
le légendaire Ahasverus. On y remarque le joli ballet des abeilles. Pour clore la longue liste des œuvres
lyriques d'Halévy, rappelons en 1853 *le Nabab* à
l'Opéra-Comique; le 14 mai 1855, au Théâtre-Lyrique,
Jaguarita l'Indienne; en 1856, à l'Opéra-Comique, *Valentine d'Aubigny*, que desservit un mauvais poème,
et enfin, le 18 mars 1858, à l'Opéra, *la Magicienne*,
dont le beau 5e acte ne put intéresser le public, qu'avait ennuyé l'action fabuleuse.

Fromental Halévy, qui avait été nommé secrétaire perpétuel de l'Académie des Beaux-Arts, mourut à Paris le 18 mars 1862. Il laissait deux opéras
presque terminés, *Noé ou le Déluge* et *Vanina d'Ornano*. Bizet, son gendre et son élève, acheva cette dernière œuvre. En dehors de son œuvre dramatique,
Halévy a peu composé. On connaît de lui des morceaux de musique religieuse, des chœurs pour orphéons, un rondo, un caprice, une sonate pour
piano à quatre mains, des chants pour le temple
israélite. Esprit cultivé, Halévy a publié différents
travaux touchant la musique et l'art : au *Moniteur*
une étude sur *Gregorio Allegri ou les Miserere de la
chapelle Sixtine*, une étude sur *Cherubini*, son maître
vénéré, une étude sur *Mozart*, de nombreux articles
dans différents journaux. Le 28 décembre 1852 il
lisait à la séance publique des cinq Académies une
étude sur *Britton le charbonnier*, piquant tableau des
mœurs anglaises au xvII^e siècle, et le 25 octobre 1853
une notice sur l'*organiste Froberger*. En 1861 ces
différents travaux furent réunis en un volume ayant
pour titre *Etudes et Portraits*.

Nous ne faisons que mentionner ici le titre des
deux opéras-comiques de Meyerbeer, *l'Etoile du Nord*
et *le Pardon de Ploermel*, ne voulant pas séparer
l'analyse de ces deux ouvrages de l'étude que nous
consacrons plus loin à l'ensemble de l'œuvre de ce
maître du grand opéra.

Pour les opéras-comiques écrits par Onslow et
Reber et dont, pour ce dernier, quelques-uns eurent
en leur temps beaucoup de succès, nous renvoyons
également le lecteur à la notice concernant ces compositeurs dans notre chapitre sur la musique symphonique.

Monpou, qui écrivit quelques opéras-comiques, dut
au romantisme, dont il se montre un des plus fervents défenseurs, sa rapide et éphémère gloire. Né à
Paris le 12 janvier 1802 et mort à Orléans le 10 août
1841, Hippolyte Monpou fut l'élève de Fétis, à l'école
de musique de Choron, à Paris, et n'y reçut qu'une
instruction incomplète qui, malgré sa facilité mélodique et une certaine originalité d'imagination, ne
lui permit pas de donner à ses travaux cette solidité
de construction grâce à laquelle une œuvre peut
demeurer. Sa nature ardente et combative le fit
s'éprendre un des premiers du mouvement littéraire
dont Victor Hugo était l'apôtre, et il devint bientôt
le barde des cénacles romantiques. Il mit en musique les poésies des poètes de ce temps, telles que *le
Lever*, *Sara la baigneuse*, *Madrid*, *la Chanson de
Mignon*, *le Fou de Tolède*, et acquit aussitôt la réputation d'un grand artiste. Un gracieux nocturne à
trois voix sur les paroles de Béranger, *Si j'étais petit
oiseau*, le fit presque considérer comme un génie. On
a l'enthousiasme facile dans les chapelles littéraires,
et pour peu que le public, flatté dans son mauvais
goût, se fasse l'écho de ce bruit, la renommée d'un
homme est répandue et exagérée. Il ne faudrait pas
cependant refuser aux romances et aux ballades de
Monpou ce qu'elles avaient d'heureux dans leur
spontanéité, dans leur fantaisie et dans leur rythme
parfois. Mais elles ne résistent pas à l'examen, ni
même à une seconde audition, si l'on a pu être tout
d'abord attiré par leur bizarrerie. Aux idées jolies
succèdent des extravagances, la phrase est mal faite,
le rythme heurté et indécis, les cadences tombent à
faux, le style est décousu. Quant à l'accompagnement,
on le trouve enfantin, lorsqu'il n'est pas ridicule.
On y découvre enfin tout ce qui caractérise la prétentieuse ignorance. Aussi quand, grisé par sa gloire,
Monpou voulut écrire pour le théâtre, il n'y rencontra
pas le succès que lui avaient valu ses mélodies.

En 1835, *les Deux Reines*, paroles de Soulié, révélèrent l'inexpérience du compositeur et son impuissance à l'orchestration. Il donna encore en 1836 *le
Luthier de Vienne*, en 1837 *Piquillo*; en 1839, à l'O-
péra-Comique, *Un Conte d'autrefois* et *le Planteur*, et
la même année, au théâtre de la Renaissance, *la
Chaste Suzanne*. Tous ces ouvrages ne sont qu'une
suite de romances. Monpou manquait de sentiment
dramatique. Il laissa inachevé un opéra-comique,
Lambert Simnel, qu'Adam termina et qui fut représenté en 1843.

Grisar, sans autre qualité qu'une aimable inspiration, fut plus heureux que Monpou au théâtre.
Né à Anvers le 26 décembre 1808, Grisar (Albert)
était destiné par sa famille à l'industrie. Mais il se
sauva de la maison de Liverpool où on l'avait placé
pour venir à Paris travailler la composition sous la
direction de Reicha. Ses parents entravèrent bientôt
cette vocation, et il dut rentrer à Anvers; mais le
succès estimable à Bruxelles, en 1833, de sa première
œuvre, *le Mariage impossible*, et l'obtention d'une
bourse de l'Etat facilitèrent son retour à Paris, où il
acheva ses études. Dès 1836 il donnait à l'Opéra-

Comique un ouvrage en deux actes où se manifestait surtout l'inexpérience du compositeur tant dans l'art d'écrire pour les voix que dans celui de l'orchestration. Avec *l'An mil*, en 1837, on remarqua sinon des progrès, du moins quelques traces d'originalité. *Lady Melvil* (1838), *l'Eau merveilleuse* (1838), attirèrent l'attention sur Grisar. Citons encore de lui, la même année, *les Travestissements* et, en 1840, *l'Opéra à la Cour*, avec Boïeldieu.

Quoique le succès commençât à lui sourire, Grisar sentit qu'il avait encore à apprendre pour bien exprimer sa pensée. En 1840 il partit pour Naples, où il travailla avec ardeur sous la direction de Mercadante. Il ne rentra à Paris qu'en 1848, et il y fit entendre aussitôt *Gilles ravisseur* (le 21 février), où l'on put constater qu'il avait acquis du maître italien la science de l'effet vocal et une certaine habileté de main. On écoutait avec plaisir cette mélodie facile où l'esprit français s'alliait à la floriture italienne corrigée par le bon goût. Ces qualités se retrouvèrent dans les œuvres qui suivirent : *les Porcherons*, le 12 janvier 1850, *Bonsoir, Monsieur Pantalon*, le 15 février 1851, *le Carillonneur de Bruges*, le 20 février 1852, ces trois œuvres à l'Opéra-Comique; *les Amours du diable*, le 11 mars 1853, au Théâtre-Lyrique; *le Chien du jardinier*, le 15 mars 1855, à l'Opéra-Comique; le *Voyage autour de ma chambre* (1859), *la Chatte merveilleuse*, le 18 mars 1862, au Théâtre-Lyrique; *Bégaiement d'Amour* (1864), au même théâtre, et *Douze Innocentes* (1865), aux Bouffes Parisiens.

Grisar, qui mourut à Asnières, près Paris, le 15 juin 1869, a laissé onze opéras inachevés et de nombreuses romances dont une, *la Folle*, œuvre de jeunesse, fut très en vogue lorsqu'elle parut.

Les ouvrages de la seconde manière de Grisar ont dû leur succès à leur style facile, à leur instrumentation spirituelle, à leur gaieté communicative et à l'instinct du théâtre que possédait Grisar. Il a montré de l'entrain et de la délicatesse dans un genre agréable et a su ne pas forcer un talent aimable, ayant conscience de sa fragilité.

Si le nom de Grisar n'est pas encore tout à fait tombé dans l'oubli, qui se souvient aujourd'hui de Clapisson?

Il arrive, pourtant, qu'en furetant dans des antiques casiers à musique, on ouvre un de ces albums où, vers 1830, nos aïeules recueillaient soigneusement les nouveautés de l'époque et où persiste la trace des œuvres que la faveur populaire avait consacrées. On ne peut manquer d'y trouver un arrangement plus ou moins heureux de *la Fanchonnette*, d'Antonin-Louis Clapisson, qui fit fureur en son temps et dont le nom est venu jusqu'à nous. Clapisson a partagé le destin de la plupart des compositeurs de cette période. Les rigueurs de l'évolution musicale ne l'ont pas épargné, et il est de ceux dont notre jeune esthétique sourit. Peut-être n'a-t-il pas mérité ni l'excès d'honneur qu'il connut ni l'indignité où on le tient, et il apparaît supérieur à un certain nombre de musiciens pour lesquels la critique du temps s'est montrée peut-être trop indulgente.

Clapisson naquit à Naples le 15 septembre 1808 et mourut à Paris le 19 mars 1866. Il posséda, dans son jeune âge, un remarquable talent de violoniste, fit partie pendant quelque temps de l'orchestre du Grand Théâtre de Bordeaux, et vint se fixer à Paris pour terminer ses études musicales. Il obtint un second prix de violon au Conservatoire, en 1833, et

commença à publier des romances qui eurent une certaine vogue. Mais il visait plus haut, et bientôt il donnait à l'Opéra-Comique son premier ouvrage, *la Figurante*, qui fut sympathiquement accueilli. Il avait toutefois le tort de ne pas se montrer assez exigeant dans le choix de ses livrets, et la pauvreté des scénarios qu'il traitait lui rendait la tâche particulièrement ingrate. *La Figurante* fut suivie de toute une série d'ouvrages, dont *Gibby la Cornemuse* (1846) paraît être l'un des meilleurs. Quelques échecs successifs parurent à une certaine époque avoir éteint sa verve, mais Halévy étant devenu secrétaire perpétuel de l'Académie des Beaux-Arts, Clapisson se vit appelé à lui succéder en qualité de membre de cette Académie, et il semble que l'honneur qu'il recevait là lui avait redonné une certaine confiance. En 1856, *la Fanchonnette* réussit au Théâtre Lyrique au delà de toute espérance. Elle avait d'ailleurs comme principale interprète Mme Miolan Carvalho, qui contribua à sa fortune.

Clapisson avait, d'autre part, trouvé le temps de réunir une collection magnifique d'instruments anciens, dont il était un amateur passionné. Il la céda en 1861 à l'État, moyennant une somme de trente mille francs, une pension de trois mille francs dont une moitié était réversible sur la tête de sa veuve, et le titre de conservateur du musée. La collection Clapisson est devenue par la suite le fonds du musée instrumental du Conservatoire, qui est en ce moment l'un des plus riches en spécimens de toutes sortes. Il est à noter que Clapisson ne s'était point débarrassé de tous ses instruments et qu'une vente eut lieu après son décès. Le catalogue était ainsi intitulé : « Collection de sifflets, instruments de musique et curiosités diverses de feu M. Clapisson, membre de l'Institut, professeur au Conservatoire. »

Clapisson débutait dans le même temps où Auber et Adam accaparaient la scène et possédaient la faveur du public. Leur influence sur son style est incontestable, et il leur ressemble d'ailleurs par plusieurs côtés. Doué d'une facilité rare d'invention mélodique, de tact, d'une certaine finesse, il composa avec amour, s'intéressant aux faits et gestes de ses personnages, qu'il excelle à animer et à faire vivre, quelque médiocres que soient les thèmes qu'on lui propose. Il a traité des sujets très différents, avec un sens juste de l'expression dramatique et de l'effet théâtral. La longue liste de ses compositions démontre que les idées ne lui faisaient pas défaut et que le travail ne lui était rien moins que pénible. *La Figurante* avait été écrite en quelques semaines. Elle date de 1838. Depuis cette époque jusqu'à sa mort, Clapisson composa à peu près sans interruption. Nous énumérons aussi complètement que possible ses principaux ouvrages. Ce sont *la Figurante* (1838); *la Symphonie* (1839); *la Perruche* (1840); *le Pendu* (1841); *Irène et Marie* (1841); *le Code noir* (1842); *Gibby la Cornemuse* (1846); *Don Quichotte et Sancho* (1847); *Jeanne la Folle*, opéra en 5 actes (1848); *la Statue équestre* (1850); *les Mystères d'Udolphe* (1852); *Dans les Vignes*, joué au Théâtre-Lyrique en 1854; *la Promise* (1854); *les Coffres de saint Dominique* (1855); *les Amoureux de Perrette*, joués au théâtre de Bade en 1855; *le Sylphe* (1856); *la Fanchonnette*, jouée au Théâtre Lyrique en 1856; *Margot* (1857); *les Trois Nicolas* (1858); *Madame Grégoire* (1861); *la Poularde de Caux*, opérette en 1 acte, jouée au Palais-Royal vers 1856 et écrite en collaboration avec Bazille, Gauthier, Gevaert, Jonas Mangeant et Poise.

Clapisson a composé en outre plus de deux cents « romances », dont il publiait un album chaque année, et un certain nombre de chœurs destinés à des sociétés orphéoniques, *la Parole de Dieu, Voici le Port, les Chants de nos pères,* etc.

Avant d'examiner l'œuvre d'Adam, nous devons citer un certain nombre de compositeurs secondaires de la période romantique qui eurent leur heure de notoriété, mais dont les productions sont aujourd'hui ignorées.

Krenhé (Charles-Frédéric), 1777-1846, violoniste et chef d'orchestre de l'Opéra-Comique, écrivit quelques œuvres lyriques en collaboration avec le pianiste Pradher, puis avec A. Kreutzer, composa seul *la Jeune Tante* 1820; *le Coq du village* (1822); *l'Officier et le Paysan* (1824); *les Enfants de maître Pierre* (1825) et bien d'autres ouvrages tout aussi oubliés que les premiers.

Habeneck (François-Antoine), 1781-1849, premier prix de violon du Conservatoire et qui écrivit quelques compositions pour instruments à cordes, est surtout connu parce qu'il dirigea et réorganisa la Société des Concerts du Conservatoire, où il fit le premier apprécier les œuvres de Beethoven, et il mérite à ce titre une place à part.

Fils d'un artiste d'origine allemande, Habeneck naquit à Mézières le 22 janvier 1781. Son père lui enseigna dès son jeune âge le solfège et le violon, et l'enfant ne tarda pas à acquérir une remarquable habileté d'exécution. Il entreprit de bonne heure des tournées de concert. Mais bientôt, conscient des lacunes de son éducation, il se fit admettre au Conservatoire dans la classe de Baillot et obtint en 1804 un premier prix.

Pensionné par l'impératrice Joséphine, à la suite d'une audition où il a remporté un succès considérable, Habeneck entre à l'Opéra-Comique, puis à l'Opéra, en qualité de premier violon, et il est appelé à diriger au Conservatoire les exercices publics des élèves qui, après avoir été supprimés en 1815, ont retrouvé de nos jours une vie nouvelle.

En 1818, Habeneck préside aux concerts spirituels de l'Opéra, et il y fait jouer diverses œuvres de Beethoven.

Il est nommé directeur de l'Opéra le 1er décembre 1821 et débute avec l'opéra-féerie de Nicolo, *Aladin ou la Lampe merveilleuse,* que l'auteur avait laissé inachevé. Il monte un certain nombre d'ouvrages, parmi lesquels il faut citer particulièrement *Sapho,* de Reicha, d'*Asthénie,* d'Hérold, et l'*Iphigénie en Aulide* de Gluck, dont on lui doit la reprise solennelle le 15 avril 1822.

Habeneck quitte l'Opéra en 1824. Il est chargé par le vicomte de La Rochefoucauld de l'inspection générale du Conservatoire et d'une classe de violon.

Il prend à l'Opéra la direction de l'orchestre et fait exécuter notamment *le Comte Ory, Guillaume Tell, Othello,* de Rossini; plusieurs ouvrages d'Hérold ; *la Juive,* d'Halévy ; *Robert le Diable, les Huguenots,* de Meyerbeer; *Marie Stuart, Stradella,* de Niedermeyer; *la Favorite, Lucie de Lamermoor,* de Donizetti; *Benvenuto Cellini,* de Berlioz, et *Don Juan,* de Mozart, (le 10 mars 1834).

Mais l'œuvre originale d'Habeneck, celle dont son nom demeure véritablement inséparable, c'est la création de la *Société des Concerts du Conservatoire,* encore florissante et dont le prestige, en dépit de la multiplication prodigieuse des sociétés symphoniques, n'a point diminué. Le premier concert eut lieu le 9 mars 1828, et c'est une date qu'il faut retenir. Elle allait ouvrir en France une ère nouvelle. Le programme de début comprenait, entre autres œuvres, la *Symphonie héroïque.* Superbement campé au frontispice, le duo de *Sémiramis,* de Rossini, et des pages dramatiques ou religieuses de Cherubini. Le second concert, entièrement consacré à Beethoven, ramenait l'*Héroïque,* suivie d'un fragment du *Concerto en ut* pour piano, du quatuor de *Fidelio,* du *Concerto* de violon exécuté par Baillot et du *Christ au mont des Oliviers,* que plusieurs sociétés chorales ont inscrit ces dernières années à leurs programmes. La nomenclature des œuvres que pendant vingt et un ans Habeneck incorpora au répertoire de la Société des Concerts serait une éloquente apologie de celui qui a véritablement révolutionné le goût musical de son temps.

Berlioz, qui eut avec Habeneck des démêlés sans nombre, lui a lui-même su rendre justice.

Le 8 février 1849 Habeneck s'éteignait, laissant d'unanimes regrets aux musiciens qui avaient pleinement compris la valeur de son action féconde. Des funérailles splendides lui étaient faites à la Madeleine, et Deldevez écrivait spécialement pour la circonstance une *Messe de Requiem.*

DAUSSOIGNE-MÉHUL (Louis-Joseph), 1790-1875, neveu et élève de Méhul, prix de Rome en 1809.

Après quelques insuccès sur les scènes lyriques, mérite d'être cité parce qu'il contribua à la prospérité du Conservatoire de Liège, dont il fut nommé directeur en 1827, et parce qu'il acheva les œuvres posthumes de son oncle avec une telle perfection scrupuleuse qu'il est difficile de distinguer la main du maître de celle de l'élève.

Panseron (Auguste-Mathieu), 1796-1859, fut élève du Conservatoire et prix de Rome en 1813 avec la cantate *Herminie.*

Il voyagea cinq années à travers l'Italie et l'Allemagne, où il se perfectionna dans l'art du chant et du contrepoint. A son retour il fut nommé accompagnateur à l'Opéra-Comique, puis au *Théâtre Italien,* et enfin professeur de chant au Conservatoire. C'est à ce dernier poste qu'il doit toute sa réputation, et aussi à ses romances, jadis très en vogue et aujourd'hui tombées dans l'oubli.

Les plus répandues à son époque furent le *Songe de Tartini* avec accompagnement de violon obligé, la *Fête de la madone,* etc.

Il publia de nombreux ouvrages didactiques tels que *Solfèges, Méthodes de vocalisation, Cahier de vocalises,* et un *Traité de l'harmonie pratique et de la modulation.*

Il donna au théâtre Feydeau, en 1820, *la Grille du Parc, les Deux Cousines;* et à l'Odéon, en 1829, *l'Ecole de Rome,* œuvre sans intérêt.

Aimé Leborne (1797-1856), prix de Rome en 1820, professeur de composition au Conservatoire, successeur de Reicha, écrivit quelques opéras-comiques tombés dans l'oubli.

Alexandre Montfort (1803-1856), musicien élégant et correct, à qui manqua la vigueur, donna un joli ballet, *la Chatte métamorphosée en femme, Polichinelle* (1839), *la Jeunesse de Charles-Quint* (1841), *Sainte*

Cécile, opéra en 3 actes (1844), *la Charbonnière,* opéra en 3 actes (1845), *Deucalion et Pyrrha,* opéra-comique (1855).

Gide (Casimir), 1804-1868, auteur d'opéras et de ballets, dont il est inutile de rapporter ici la nomenclature, fut le collaborateur d'Halévy pour le ballet *la Tentation.*

Jules Godefroid (1811-1840), célèbre harpiste, fit représenter à l'Opéra-Comique *le Diadesté* et la *Chasse royale,* sans valeur réelle.

Si Adam partageait avec Auber la faveur du public, sans posséder d'ailleurs les qualités qu'on ne peut refuser à ce maître, il contribua, par sa trop grande facilité, par sa fécondité et par la vulgarité de son inspiration, à précipiter la décadence d'un genre qui, avec Boïeldieu, Hérold et Auber, avait donné tout ce qu'on en pouvait attendre et qui, parti de l'opéra bouffe italien, allait aboutir à l'opérette française. A d'autres incombait la tâche, pour répondre aux aspirations d'un public plus éclairé, de transformer peu à peu l'opéra-comique jusqu'à en faire le drame musical moderne.

Adam (Adolphe-Charles), né à Paris le 24 juillet 1803, mort dans la même ville le 3 mai 1856, était le fils d'Adam (Louis), professeur de piano au Conservatoire.

Son père ne le destinait pas à la carrière musicale, mais le jeune Adam, dès la quatrième, abandonna le collège et prétendit suivre la vocation artistique qu'il sentait en lui. Ses études musicales furent peu surveillées; il obéissait à son instinct plutôt qu'il ne se livrait au travail. A 16 ans, il jouait assez bien du piano et improvisait d'une façon brillante sur l'orgue, alors qu'il n'aurait peut-être pas su lire couramment une difficile leçon de solfège.

Son premier professeur fut Winecker, jusqu'au jour où, en 1817, il entra au Conservatoire. Il fut tout d'abord placé sous la direction de Reicha. Il ne fit guère de progrès avec ce maître.

Heureusement pour Adam, Boïeldieu eut un jour sous les yeux les cahiers de composition du jeune homme, et à travers les incorrections de style et d'écriture il discerna le germe d'un talent mélodique qui était fait pour plaire à l'auteur de la *Dame blanche.* Il prit Adolphe Adam en amitié, et, sous cette nouvelle et plus sympathique direction, Adam fit des progrès qui lui permirent de concourir pour le prix de Rome.

Il n'obtint que la seconde récompense avec la cantate *Ariane,* dont il transporta plus tard une des scènes dans le *Chalet.* Un élève plus laborieux aurait redoublé d'ardeur pour conquérir l'année suivante le premier prix, mais Adam était impatient d'utiliser les qualités de facilité expressive et l'intelligence de la scène que Boïeldieu reconnaissait en lui. Il tenta de se lancer aussitôt dans la carrière dramatique, mais il ne trouva pas de librettiste disposé à confier un poème à son inexpérience. Il fallait avoir fait ses preuves. Les circonstances le servirent. Il entra comme symphoniste à l'orchestre du Gymnase dramatique, puis comme accompagnateur au piano à ce même théâtre, et là, se trouvant en rapports journaliers avec les vaudevillistes en renom, il fut appelé peu à peu à mettre en musique les couplets de leurs pièces. Le succès de certains refrains de la *Batelière,* de *Caleb,* du *Hussard de Felsheim,* de *Monsieur Botte* et de maints autres vaudevilles attirèrent sur lui, en même temps que celle du public, l'attention des auteurs.

En 1829 il donna à l'Opéra-Comique sa première œuvre, un petit acte intitulé *Pierre et Catherine.* Il y avait un peu de talent et beaucoup de cette facilité qui fut le grave défaut de ce compositeur, parce qu'elle l'entraînait à une négligence qui compromettait ses dons naturels. La même année il épousait, contre la volonté de sa famille, une jeune choriste du théâtre du Vaudeville, auprès de laquelle il ne trouva pas le bonheur rêvé. En 1830 il fit jouer successivement trois actes, *Danilowa, Trois Jours en une heure* et *Joséphine,* dans lesquels on remarquait plus d'habileté de facture que dans les précédents ouvrages. Il convient ici de rappeler ces lignes qu'Halévy a écrites sur la jeunesse d'Adam : « Ce qui est bizarre, c'est qu'Adam, dont le talent naturel et gracieux avait dévié sous l'influence d'études mal commencées et mal dirigées, ne se plaisait qu'au milieu des modulations les plus sombres et les plus tourmentées. Boïeldieu le dégagea de ce labyrinthe où il s'était égaré. »

Adam produisit, en 1831, le *Morceau d'ensemble,* le *Grand Prix, Casimir;* en 1832, deux œuvres médiocres pour un théâtre de Londres, dont le ballet de *Faust;* en 1833, le *Proscrit,* à l'Opéra-Comique; en 1834, une *Bonne Fortune* et le *Chalet,* à l'Opéra-Comique, composition élégante et spirituelle dont Boïeldieu, au sortir de la première représentation, disait : « Je voudrais que cette musique fût de moi. » En 1835 Adam fit jouer la *Marquise* et *Micheline.*

En 1836 vint le *Postillon de Longjumeau,* à l'Opéra-Comique. Cette œuvre inégale, imparfaite, où certains airs sont d'une attristante banalité, plut et resta quelque temps au répertoire grâce à la vie, au mouvement et à la verve comique qui en animent les meilleures pages. La même année, Adam donna à Paris le ballet de la *Fille du Danube,* bientôt suivi en 1837 de celui des *Mohicans.* Dans ce genre de composition il se montra assez heureusement inspiré, et beaucoup de ses airs de danse sont charmants.

En 1839 *Régine,* la *Reine d'un jour,* la *Jolie Fille de Gand,* ballet; en 1841, la *Rose de Péronne,* la *Main de fer ou le Secret,* et *Giselle,* ballet en 2 actes; deux grands ballets, l'un pour Saint-Pétersbourg, l'autre pour Berlin. L'esprit s'effare à la pensée d'une telle et si inutile fécondité.

En 1842 parut le *Roi d'Yvetot.* En 1843, Adam termina pour l'Opéra-Comique, où elle fut représentée, la partition de *Lambert Simnel,* que Monpou avait laissée inachevée. En 1844 furent joués *Cagliostro,* et *Richard en Palestine,* grand opéra en 3 actes.

Ce fut à cette époque qu'Adam relit la plus grande partie de l'orchestration du *Richard Cœur de lion* de Grétry, du *Déserteur* de Monsigny, de *Gulistan* de Dalayrac et de *Cendrillon* de Nicolo. La critique accabla de pamphlets l'audacieux remanieur. Il est certain qu'on aurait pu confier ce travail à des mains plus habiles; mais le succès de la reprise de ces œuvres retouchées imposa silence à l'indignation.

En 1845, Adam ne donna que le ballet du *Diable à quatre* à l'Opéra, et en 1846 que la *Bouquetière.* A la suite de différends avec la direction de l'Opéra-Comique, il se trouvait occupé à la fondation d'un théâtre national destiné à faciliter la représentation des œuvres des jeunes littérateurs et musiciens. Tout son temps était pris par la préparation de ce généreux projet. Le théâtre ouvrit ses portes le 15 novembre 1847 avec un prologue, *les Premiers Pas,* dont Adam écrivit la musique en collaboration avec Auber, Carafa et Halévy.

En 1848, la révolution de février hâta la ruine d'une entreprise qui allait tant bien que mal. Adam y avait perdu toute sa fortune et contracté une soixantaine de mille francs de dettes. Il travailla tout le reste de sa vie pour les payer. De là sans doute cette activité productive et fiévreuse qu'il montra jusqu'à sa mort, cela d'ailleurs tout à l'honneur de l'homme. Il fut alors nommé professeur de composition au Conservatoire. En 1848 Adam donna *Grisélidis ou les Cinq Sens*, ballet en 5 actes; en 1849, à l'Opéra-Comique, *le Toréador*, œuvre gaie et élégante; à l'Opéra, *le Fanal*, et le ballet *la Fillcule des Fées;* en 1850, *Giralda ou la Nouvelle Psyché*, que M. Pongin considère comme une œuvre accomplie et dont il dit qu'elle est « la résultante du style et de la personnalité d'Adam ». Citons encore : en 1851, la grande cantate *les Nations*, à l'Opéra; en 1852, *le Farfadet*, à l'Opéra-Comique; *la Poupée de Nuremberg*, opéra bouffe en 1 acte, au Théâtre-Lyrique; *la Fête des arts*, cantate, à l'Opéra-Comique, et *Si j'étais roi*, au Théâtre Lyrique, œuvre d'une abondance mélodique dont la romance « *J'ignore son nom, sa naissance,* prouve la banalité; enfin *Orfa,* ballet en 2 actes, à l'Opéra; en 1853, *le Sourd,* à l'Opéra-Comique; *le Bijou perdu, le Roi des Halles,* ces deux œuvres au Théâtre-Lyrique. En 1854, *A Clichy,* au Théâtre-Lyrique, et *le Muletier de Tolède;* en 1855, *le Houzard de Berchény,* à l'Opéra-Comique; *le Chant de Victoire,* cantate qui fut exécutée à l'Opéra-Comique et au Théâtre-Lyrique; en 1856, *le Corsaire,* grand ballet en 3 actes, à l'Opéra; *Falstaff,* à l'Opéra-Comique; *Mam'zelle Geneviève,* au Théâtre-Lyrique; *les Pantins de Violette,* 1 acte, aux Bouffes-Parisiens.

Adam a laissé un opéra-comique en 3 actes, *le Dernier Bal,* qui ne fut jamais représenté.

A ces compositions théâtrales il faut ajouter, pour compléter la nomenclature des œuvres d'Adam : une *Messe solennelle,* une *Messe à trois voix,* la *Messe de Sainte-Cécile,* la *Messe de l'Orphéon* pour chœurs et quatre voix d'hommes, écrite en collaboration avec Halévy, Clapisson et Ambroise Thomas, le *Mois de Marie de Saint-Philippe,* recueil de motets, un recueil de chants d'église, parmi lesquels se trouve le fameux *Noël* qui rappellera à tous ceux qui le connaissent (et qui ne le connaît?) la façon dont Adam comprenait la musique religieuse; des chœurs, un grand nombre de mélodies et toute une bibliothèque de morceaux faciles pour le piano, arrangements, fantaisies, transcriptions où Adam triturait, à l'usage de l'enfance, les thèmes et airs des opéras en vogue. C'est là un des côtés fâcheux de cette production à outrance, qui mit entre les mains des jeunes gens tant de morceaux ridicules ou insignifiants.

Adam fut un collaborateur assidu de la *Gazette musicale.* Les articles par lui publiés et réunis à des notes qu'il avait jetées sur le papier ont été édités en 2 volumes sous le titre de *Souvenirs d'un musicien* (1858) et *Derniers Souvenirs d'un musicien* (1859).

Adam reçut en 1836 la décoration de la Légion d'honneur et fut en 1844 nommé membre de l'Institut.

Telle est la carrière de ce compositeur aimable, enjoué et facile. Son œuvre est claire, mais elle n'a pas de personnalité. Le sentiment poétique lui fait défaut, et comment pouvait-il en être autrement chez cet homme qui ne comprenait pas les beautés de la nature et qui était fermé aux émotions artistiques, sauf à celles de la musique, et encore de la sienne seulement, peut-être ? Aucune page de son œuvre ne respire la passion ; il se contente de plaisanter. Il fut

moins un musicien qu'un compositeur de chansons et de refrains. On peut le considérer comme le précurseur de l'opérette. Il s'attristait, dit-on, de sentir que ses productions ne seraient qu'éphémères. Il manquait à sa mélodie la distinction et l'imagination, et le style n'était pas là pour en parer la pauvreté. Il ne fut qu'un improvisateur, et des improvisateurs il ne reste rien qu'un nom dans le souvenir de ceux qu'ils ont amusés ou étonnés. L'œuvre d'Adam n'est déjà plus, son nom seul subsiste.

Le grand opéra.
Meyerbeer. — Ses précurseurs et ses imitateurs.

Le « grand opéra », qui eut la France pour berceau, et qui ne pouvait naître que chez nous, fut créé par des étrangers. On le voit poindre en 1807 dans la *Vestale* de Spontini. Les *Abencerages* de Cherubini en précisent la tendance, en accordant au drame la faveur de la musique, qui n'avait jusque-là illustré que la tragédie antique. Et quand, après la *Muette de Portici* (1828), Rossini, le 3 août 1829, fit représenter à Paris *Guillaume Tell,* tiré de l'œuvre du dramaturge romantique de l'Allemagne, Schiller, le grand opéra n'attendait plus que Meyerbeer pour lui donner sa forme définitive, telle qu'elle s'imposa pendant cinquante années, renouvelant le répertoire de notre première scène lyrique et retardant chez nous l'évolution musicale, car le grand opéra n'était pas une conquête artistique; il n'était qu'un amalgame des genres et des styles les plus divers un instant fusionnés par le génie assimilateur de l'auteur de *Robert le Diable.*

Dans une fâcheuse intention d'éclectisme habile, le grand opéra chercha à concilier à la fois la vérité dramatique que Gluck avait portée à son plus haut degré d'expression, le *bel canto* italien avec toutes ses floritures, corrigées par le goût français, et le développement symphonique dont l'Allemagne gardait le secret. On tentait de fondre en caractère harmonieux les génies propres de trois nations qui n'ont pas le même idéal. On ne réussit qu'à souder des métaux différents, sans effectuer un alliage. L'action, de classique qu'elle était jadis avec l'unité, et la simplicité de la règle, sous l'empire des idées d'esthétiques nouvelles, devint compliquée et, sans se soucier des vraisemblances, offrit au compositeur, qui d'ailleurs les recherchait, des situations dont l'effet mélodramatique assurait d'ailleurs le succès d'une œuvre. Pour les traduire la musique enfla la voix, ne recula devant aucune emphase, se fit enfin romantique. Le public crut qu'on lui apportait quelque chose de nouveau et mordit à l'appât. Pour l'attirer davantage, Meyerbeer, esprit pratique, fit du grand opéra un spectacle qui empruntait aux autres tous leurs genres d'attractions. Il fallait avant tout que ce fût grand et luxueux, et comme le succès répondait à cet effort, les successeurs de Meyerbeer le suivirent dans cette voie dangereuse. Pas de grand opéra où l'on ne vit des cortèges, des processions, des ballets pompeux où évoluait une armée de danseuses. Orchestre dans la salle, orchestre sur la scène, orchestre dans les coulisses, rien ne fut épargné pour faire le plus de bruit possible. Le public vibrait d'enthousiasme; ce fut la belle période du grand opéra.

Le premier grand opéra écrit par un compositeur français fut, bien avant *Guillaume Tell,* la *Muette de Portici,* qui est l'une des meilleures œuvres d'Auber. Elle fut représentée sur la scène de l'Opéra le 29 février 1828. Les créateurs étaient Nourrit, d'Abadie,

Dupont, Massol, Mme Damoreau; Mme Noblet ainée mimait le rôle de la muette. Le succès de cette œuvre fut considérable. Elle fit le tour de l'Europe. La légende veut que l'air : « *Amour sacré de la patrie* » ait à ce point enflammé les cœurs, qu'il contribua à la réussite de la révolution de juillet 1830. Gustave Bertrand[1] se demande pourquoi cette œuvre fut à peu près la seule à tirer profit du mouvement politique de 1830. Or, indépendamment de la musique, il indique deux raisons : « Le livret d'abord était supérieur à tout ce qu'on connaissait à cette époque, et puis il mettait l'émeute à la scène avec une franchise tout à fait intéressante. » Puis, passant à l'analyse de la partition, il déclare que le 1er acte ne contient pas une page originale ! c'est du faux italianisme. Mais le plaisir commence au 2e acte. Les *Débats* du 2 mars 1828 prétendirent qu'en travaillant pour notre grande scène lyrique, Auber put s'élever à des effets qu'il ne lui avait pas été permis de tenter sur d'autres théâtres. Il est bon de rappeler les paroles que M. Lionel Dauriac, dans le cours qu'il professa en 1895 à la Sorbonne, prononça sur la *Muette*. Il voyait en elle « le premier exemple d'un genre exclusivement national ». « Volontiers nous dirions qu'Auber, médiocrement soucieux de drame musical, rachète amplement ses négligences par d'incomparables mérites d'invention et de style... — J'admire la *Prière* pour l'impression de recueillement qu'elle donne, pour le sentiment religieux qu'elle excite, et surtout pour la noble simplicité du style musical. Je trouve à la *Cavatine du Sommeil* des qualités du même genre avec une nuance de tendresse qui manque, qui d'ailleurs devait manquer à la prière. » M. Dauriac établissait une comparaison entre Meyerbeer et Auber, montrant que celui-ci était loin de posséder la maîtrise de celui-là et qu'il ignorait l'art avec lequel l'auteur de *Don Juan* savait unir le charme à l'élévation. Pourtant on constate un effort en ce sens dans l'air célèbre du sommeil, et les mérites dont Auber y a fait montre « trahissent la lecture des maîtres de la symphonie, et de Mozart en particulier ». Ce serait enfin commettre un grave oubli, en parlant des jugements suscités par la *Muette*, que de ne pas rappeler la grande sympathie que lui témoigna Richard Wagner, en dépit de quelques réserves. Wagner reconnaissait qu'Auber n'était point fait pour écrire des opéras. Cette œuvre fut, en effet, une exception dans la production légère d'Auber. Le *Dieu et la Bayadère* et le *Philtre*, qui suivirent la *Muette* à l'Opéra, le ramenaient pour jamais à la musique facile, à l'art élégant et aimable qui, se détournant des douleurs, veut ignorer la tendre mélancolie et se former à sourire.

Les étapes solennelles et décisives du grand opéra furent, après la *Muette*, *Guillaume Tell* (1829) de Rossini et *Robert le Diable* (1831) de Meyerbeer.

Si, malgré son origine allemande, nous étudions ici, parmi les romantiques français, la vie et l'œuvre de Meyerbeer, c'est que nous pouvons revendiquer l'œuvre. En effet, bien qu'ayant écrit successivement de la musique allemande et de la musique italienne, il ne connut la gloire que le jour où il s'assimila la musique française et s'évertua à plaire au public parisien, après s'être converti à notre art.

Le prénom et le nom connus de Giacomo Meyerbeer sont, comme son œuvre, faits d'emprunts, de concessions et d'adaptations. L'Italie et l'Allemagne s'y marient pour former un assemblage disparate. Il s'appelait en réalité Jacob Liebmann Beer. A son nom patronymique il ajouta celui de Meyer pour céder au désir d'un parent qui lui légua à cette condition une grosse fortune. Quant au prénom, il est une fantaisie du jeune Beer, qui, au cours d'un voyage à Rome, italianisa le Jacob primitif; et voilà comment Jacob Liebmann Beer devint Giacomo Meyerbeer. Il naquit le 23 septembre 1791 à Berlin, où son père dirigeait une importante maison de banque. C'est dire qu'il ne connut pas les difficultés pécuniaires dont souffrirent la plupart des artistes.

Il montra, dès son jeune âge, de telles dispositions pour la musique, qu'à 9 ans il se faisait entendre comme pianiste dans un concert à Berlin. Il travailla le piano avec Clémenti, la composition avec Bernard-Anselme Weber, chef d'orchestre de l'opéra de Berlin, puis avec l'abbé Vogler, qui, maître de chapelle à Darmstadt, y avait fondé une école de musique. Sous la direction de ce professeur, Meyerbeer rencontra Carl-Maria Weber, et les deux jeunes hommes se lièrent d'amitié. Ils reçurent les mêmes sévères principes de discipline musicale que Meyerbeer allait bientôt oublier. Les élèves de l'abbé Vogler devaient assister aux offices; il tenait un des deux orgues, et l'autre était joué à tour de rôle par chacun de ses élèves, à qui il donnait un thème sur lequel il devait improviser. Rompu à ce difficile exercice et pénétré des principes austères de la musique religieuse, Meyerbeer composa de nombreux motets et autres morceaux d'église qui ne furent jamais publiés. Avant de quitter Darmstadt, il fit entendre devant le grand duc une cantate, *Dieu et la Nature*, dont l'exécution lui valut le titre de compositeur de la cour.

Ce fut le 27 janvier 1813 que Meyerbeer vit représenter sur le théâtre de Munich son premier opéra, *la Fille de Jephté*. L'œuvre, qui avait la forme scolastique d'un oratorio, ne plut pas à un public qui avait plus de goût aux facilités séduisantes de la musique italienne. Meyerbeer se rendit alors à Vienne dans l'intention de s'y faire connaitre comme pianiste. Hummel lui déconseilla de poursuivre la carrière de virtuose, bien qu'il eût composé des pièces pour piano qui, exécutées par lui, avaient obtenu du succès.

A Vienne on donna de lui les *Amours de Thécelinde*, monodrame pour chœur et soprano avec clarinette obligée, et *Abimélech ou les Deux Califes*, opéra-comique précédemment joué à Stuttgard. Conçues dans le style sévère qui lui avait été enseigné, ces deux œuvres furent très froidement accueillies. Salieri exhorta Meyerbeer à aller en Italie apprendre ce qui lui manquait pour remporter les suffrages de la foule. C'était toucher Meyerbeer au défaut de la cuirasse. Son grand souci, durant sa brillante carrière, fut toujours, au prix de toutes les concessions au bon goût, de satisfaire celui du public. Il arriva à Venise à l'époque où Rossini, avec son *Tancrède*, une des meilleures œuvres de sa première manière, faisait palpiter tous les cœurs. Meyerbeer partagea l'enthousiasme commun et travailla dès lors à acquérir un certain style mélodique dont les leçons de l'abbé Vogler l'avaient détourné. Esprit cultivé, laborieux et tenace, il y parvint bientôt, et le 19 juillet 1818 Padoue applaudissait son premier opéra italien, *Romilda e Constanza*. Meyerbeer, plus

---

1. Bertrand (Gustave), né à Paris le 24 décembre 1834, critique musical et feuilletoniste de divers journaux parisiens, publia une *Histoire ecclésiastique de l'orgue* (1859), *Essai sur la musique de l'anti-*　quité, les *Origines de l'harmonie* (1866), *De la Réforme des études du chant au Conservatoire* (1871), les *Nationalités musicales étudiées dans le drame lyrique* (1872).

que tout autre, était jaloux de gloire. *Romilda* fut suivie bientôt à Turin (1819) de *Semiramide riconos-ciuta*, sur un poème de Métastase, et à Venise (1820) d'*Emma di Resburgo*, qui fut traduite et exécutée sous le nom de *Emma von Leicester* à Vienne, Dresde, Munich, Francfort, Berlin et Stuttgard. Weber, après avoir entendu cet opéra partout acclamé, écrivit à Meyerbeer une lettre amicale dans laquelle il lui reprochait son éclectisme. Meyerbeer n'en continua pas moins à demeurer Italien. Le 14 novembre 1820 Milan acclamait *Margherita d'Anjou*, puis, le 12 mars 1822, l'*Esule di Granata*.

En 1823 Meyerbeer revint à Berlin, où il rencontra Weber. Son ami, qui était demeuré fidèle à l'art alle-mand, lui rappela leur commune origine musicale en des termes si persuasifs que, croyant l'avoir convaincu, il écrivait à la suite de cet entretien : « Je lui ai parlé en conscience. Meyerbeer doit revenir dans un an à Berlin pour y écrire un opéra alle-mand. Fasse le Ciel qu'il tienne sa promesse ! » Il la tint, car il composa pour le théâtre de Berlin la *Porte de Brandebourg*, qui ne fut jamais représentée. On peut supposer que les affectueuses remontrances de Weber touchèrent alors Meyerbeer. Dans *il Cro-ciato in Egitto*, qui fut joué à Venise le 26 décembre 1824 et dont une grande partie avait été écrite avant son voyage à Berlin, on remarque une fusion de ses tendances primitives avec le style italien. Il pensait se créer une originalité en s'inspirant à la fois de Weber et de Rossini. C'est dans cet opéra qu'appa-raît pour la première fois la manière composite de Meyerbeer à laquelle, grâce à une facilité d'assimi-lation unie à un incontestable talent, il dut une éclatante réputation, que le temps a fortement en-tamée.

De 1824 à 1829, le silence de Meyerbeer pourrait s'expliquer par les événements qui remplirent sa vie. A cette époque son père mourut ; il se maria et perdit deux enfants. Mais nous savons qu'il était venu à Paris pour les études du *Crociato*, qui fut chanté le 22 septembre 1825 au Théâtre Italien par la Pasta. Il avait pris contact avec les œuvres lyri-ques françaises, et devant la franchise de leur rythme et la justesse de leur expression, il se sentit touché par une grâce nouvelle. Il se transforma une seconde fois et définitivement, d'Allemand d'origine, d'Italien par dilettantisme, il devint Français par nécessité. Savoir changer est un art qu'on ne peut lui refuser. La première manifestation de ce dernier avatar fut *Robert le Diable*, qui fut chanté sur la scène de l'O-péra de Paris le 22 novembre 1831.

La composition et la représentation de cette œuvre n'allèrent pas sans entraves. Elle lui avait été com-mandée par Pixérécourt, alors directeur de l'Opéra-Comique, qui lui avait fourni le livret de Germain Delavigne et de Scribe. Très enthousiaste du sujet, Meyerbeer, de retour à Berlin, y travailla avec achar-nement. Mais lorsqu'il en eut écrit le premier acte, il s'aperçut que l'exécution en était impossible pour les chanteurs de l'Opéra-Comique auxquels elle était destinée. Il avait, en réalité, fait un grand opéra. Il aurait renoncé à achever cette œuvre, si M. de La Rochefoucauld, directeur général des beaux-arts, n'était venu demander à l'auteur du *Crociato* la mu-sique d'un ballet pour la Taglioni. C'est de ces pour-parlers que sortit, en même temps que le livret de danseuses de leurs tombeaux, la transformation de *Robert le Diable* opéra-comique en grand opéra. Le rôle de Bertram, primitivement écrit pour baryton,

fut transposé pour basse sur les conseils du docteur Véron, directeur de l'Opéra. Les principaux interprètes étaient Mmes Dorus, Damoreau, la Taglioni, Nour-rit et Levasseur. La première représentation fut marquée par trois accidents qui auraient pu être graves : la chute d'un portant avec ses lampes sur Mme Dorus, celle d'un rideau de nuages sur la Ta-glioni, la disparition de Nourrit dans la trappe où Bertram s'enfonçait. Les journaux du temps épilo-guèrent sur ces trois chutes et y virent un fâcheux présage pour le succès de l'œuvre. Au lieu de tomber, elle s'éleva aux nues. Le public d'aujour-d'hui ne lui fait plus le même accueil. A côté de pages supérieures, telles que le trio final, d'une grande justesse de sentiment dramatique, et la scène de l'E-vocation, se trouvent des morceaux d'une platitude d'expression et d'une pauvreté d'invention qui nous étonnent, lorsqu'on songe que les belles recettes réa-lisées au début relevèrent la fortune compromise du théâtre de l'Opéra. L'influence de Rossini s'y fait grandement sentir, et la partition de *Robert* est loin de valoir *Guillaume Tell*, qu'elle remplaça dans la faveur d'un public dont le mauvais goût était flatté par des banalités ou par de grossiers moyens d'en-semble et d'orchestration qui ne visaient qu'à l'effet. Pour en terminer avec cet ouvrage justement dis-crédité maintenant ; on prétendait que Meyerbeer avait payé les frais de la mise en scène de *Robert le Diable*. Sa grosse fortune lui eût permis ce luxe, mais le doc-teur Véron se défendit d'avoir accepté ce ce fût de la main du maître. On sait d'ailleurs que Meyerbeer ne négligeait rien pour assurer la réussite de ses œuvres. Avant la première représentation de ses opéras il réunissait en de succulents dîners les feuilletonistes des principaux journaux, que la re-connaissance de l'estomac obligeait ensuite à ména-ger leur amphytrion.

Vers cette époque il publia un recueil de mélodies à une ou plusieurs voix, dont les meilleures sont : *Mina*, *les Souvenirs*, *les Chants du trappiste*, *la Séré-nade sicilienne*, etc. Succès oblige. Après cinq années de réflexion et de travail, Meyerbeer donna, le 21 fé-vrier 1836, *les Huguenots*, à l'Opéra. Le talent de Meyerbeer s'était mûri, et un abîme sépare cette der-nière œuvre de *Robert le Diable*. Si l'on y rencontre, comme dans toutes ses partitions d'ailleurs, le souci de l'effet, l'effet y est plus heureux et plus habile-ment ménagé. Les *Huguenots* sont sans conteste la meilleure œuvre de Meyerbeer.

Parmi les pages les plus célèbres il convient de citer tout spécialement le début du 1er acte avec les chœurs bien mouvementés, les récits élégants du comte de Nevers et l'entrée de Raoul ; le choral de Luther, dont Meyerbeer a su tirer un excellent parti dramatique ; le duo de Valentine et de Marcel au 3e acte, qui est d'une solide architecture et contient des phrases d'une noble et large expression. Le 4e acte dans son ensemble est considéré, dit M. Chou-quet dans son *Histoire de la musique dramatique*, comme l'une des inspirations les plus laborieuses, mais les plus puissantes, de l'art contemporain. Dans la fameuse conjuration des poignards, pour corser l'effet des ensembles, il n'a point hésité, contre toute vraisemblance, à adjoindre aux moines un chœur de femmes affublées de robes de novices. Quant au grand duo d'amour entre Valentine et Raoul, il n'existait pas dans la partition qu'il présenta à l'O-péra, et c'est au cours des études que le grand chanteur Nourrit en suggéra l'idée au compositeur. Dans son travail Meyerbeer était très hésitant. Il écrivait, a-t-on rapporté, avec des encres différentes, plusieurs versions de certains traits, phrases ou passages d'orchestre, et c'est après l'audition à la répétition qu'il se décidait, et son choix se portait toujours sur la version qu'il croyait susceptible de produire le plus gros effet. En 1842 les *Huguenots* et *Robert le Diable* furent représentés à Berlin avec un succès qui valut à leur auteur, de la part du roi Frédéric-Guillaume IV, le titre de Directeur général de la cour. Par reconnaissance il composa pour l'inauguration du théâtre de la capitale prussienne un opéra en 3 actes, *Das Feldlager in Schlesien* (le Camp de Silésie), dont Frédéric le Grand était le héros. Représentée le 7 décembre 1844, cette œuvre fut froidement accueillie. Elle ne méritait pas mieux. Nous en reparlerons bientôt. Sous le titre de *Vielka* et avec l'interprétation de Jenny Lind, elle obtint cependant quelque succès à Vienne, en 1847. Meyerbeer composa une belle musique de scène pour *Struensée*, tragédie de son frère, Michel Beer. La partition comprend une ouverture, quatre entr'actes dont un avec chœur, neuf mélodrames. L'ouverture et la polonaise seules ont survécu.

De retour à Paris, il donna à l'Opéra, le 16 avril 1849, *le Prophète* avec Mmes Viardot et Castillan, MM. Roger et Levasseur dans les principaux rôles. La critique et le public firent des réserves. Le livret de Scribe, avec des prétentions historiques, présentait une admirable situation dramatique entre une mère et son fils, des épisodes qui réduisaient à l'état de sinistres fantoches les personnages auxquels il voulait intéresser. M. Etienne Destranges[1] en a fort bien jugé la partition. « Le *Prophète*, dit-il, laisse l'impression d'une œuvre incomplète, d'une ébauche manqué. Certes on y trouve peut-être les inspirations les plus nobles, les plus élevées, de Meyerbeer. Le *songe*, l'*arioso*, certaines phrases de Fidès, certains récits de Jean, sont d'une admirable grandeur. Mais ces morceaux, dont on ne saurait trop louer la beauté, sont perdus dans un tel fouillis de lourdes médiocrités, de rengaines, de pages sans style et d'une désespérante uniformité, qu'il me semble impossible de placer une œuvre aussi inégale sur le même rang que les *Huguenots*. » La retentissante *marche du sacre*, avec ses répétitions de phrases et sa pesante orchestration, démontre l'incapacité de Meyerbeer à développer un morceau purement symphonique. Ses ouvertures le font encore mieux comprendre.

Désormais, Meyerbeer partagea son temps entre Berlin et Paris, mais c'était toujours Paris qui avait la primeur de ses opéras. Il réservait pour Berlin ses cantates, marches, hymnes et autres musiques officielles que nous citerons bientôt et qui sont d'ailleurs tout à fait de second ordre. Cependant, le 16 février 1854, il nous rapportait à l'Opéra-Comique, sous le titre de *l'Etoile du Nord*, une partition que Berlin, quelque dix ans auparavant, avait peu goûtée dans le *Camp de Silésie*. Scribe, qui fut pendant un demi-siècle le fournisseur de la médiocre littérature destinée à la musique, s'était chargé d'écrire un livret dans lequel trouver place tous les morceaux laissés pour compte du *Camp de Silésie*. Il composa un scénario sans intérêt dont Pierre le

Grand et Catherine de Russie sont les principaux et insignifiants personnages et où Pierre le Grand joue de la flûte, parce que le grand Frédéric, héros du *Camp de Silésie*, soufflait à ses heures de loisir dans cet instrument. Dans la partition touffue de Meyerbeer il y a de tout : du comique, auquel le talent de Meyerbeer ne se prêtait pas plus qu'à l'émotion ; des airs à vocalises et à couplets, des chansons, des chœurs, des ensembles, des duos, des quintettes, des marches, et un finale à grand fracas où deux musiques militaires luttent de sonorité. Ce finale compte parmi les meilleures pages de cette partition, qui, malgré de réelles beautés mélodiques et des trouvailles heureuses de rythme, ne laisse à l'auditeur qu'une impression d'ennui. Aussi était-il difficile de plaquer sous une musique déjà faite et dont on cherchait l'emploi, une action s'y adaptant et offrant en plus quelque intérêt. Meyerbeer a donné là une preuve de sa grande habileté, mais non de son scrupule artistique. Les créateurs de l'*Etoile du Nord* à Paris furent Caroline Duprey, Lefèvre et Bataille.

Dans la dernière œuvre lyrique qui fut donnée de son vivant, *le Pardon de Ploërmel*, Meyerbeer fut plus heureusement inspiré. Elle débute par une très longue ouverture. Il est curieux de remarquer que Meyerbeer, qui n'a fait précéder ses grands opéras que de courtes et insignifiantes introductions, a mis au seuil de ses deux opéras-comiques des ouvertures dont la dimension n'est pas en rapport avec l'importance de l'œuvre. Ici on aurait mauvaise grâce à le lui reprocher, car l'ouverture du *Pardon de Ploërmel* est un des morceaux symphoniques les mieux venus de Meyerbeer, l'adjonction des chœurs chantant derrière le rideau y a de l'originalité, et on y trouve une intention descriptive qui prépare l'auditeur à l'action. C'est à la fois une préface et un prélude. Si le livret de MM. Barbier et Carré est un peu languissant, il offrait néanmoins au compositeur des épisodes et des tableaux propres au développement musical, et Meyerbeer a su en tirer un excellent parti. Les scènes champêtres telles que le *chœur villageois* du début, l'intermède du 3e acte et le *chant du chasseur* sont fort bien traités, et l'orchestration en est d'une jolie couleur. De cette partition, qui a peu à peu disparu du répertoire, de nombreux morceaux sont demeurés célèbres et ont servi souvent d'épreuves pour les concours de chant du Conservatoire : le grand air d'Hoël « O puissante magie », d'une large inspiration ; la jolie berceuse de Dinorah, la *Valse de l'ombre*, d'une vocalisation difficile, mais élégante. La scène de l'orage y est d'un grand effet. Le finale du troisième acte, avec sa belle marche religieuse, fournit une imposante conclusion à cet opéra-comique, la plus homogène des œuvres de Meyerbeer. Le *Pardon de Ploërmel* fut chanté sur la scène de l'Opéra-Comique le 4 avril 1859 par Mme Marie Cabel, Faure et Sainte-Foy.

Depuis longtemps déjà la santé du maître était fort ébranlée, et c'est dans un grand état de faiblesse qu'il acheva sa partition de l'*Africaine*, commencée vers 1838. Scribe lui en avait fourni le livret. Meyerbeer mourut à Paris le 2 mai 1864, comme il y était venu surveiller les répétitions de sa dernière œuvre. Elle ne fut représentée que l'année suivante, en avril 1865, à l'Opéra. Les artistes de la création étaient

1. Destranges (Louis-Augustin-Etienne Rouillé), né à Nantes le 29 mars 1863, a collaboré de bonne heure à de nombreuses reVues. Il a beaucoup fait pour la propagation du wagnérisme en France et soutient les théories qu'il affectionne dans l'*Ouest-Artiste*, revue musicale dont il est depuis 1890 le rédacteur en chef. Il a publié de nombreux articles de critique musicale et des monographies sur des œuvres diVerses de Wagner, de César Franck, de Camille Saint-Saëns et de Vincent d'Indy.

Mᵐᵉˢ Marie Sasse et Marie Battu, MM. Naudin (puis Villaret) et Faure. Nous n'insisterons pas sur l'invraisemblance de l'action, ni sur la psychologie des personnages, il serait trop facile d'en sourire. Constatons seulement, pour le regretter, le peu de discernement que montraient les compositeurs de cette époque dans l'acceptation des livrets qui leur étaient présentés. Sans le moindre scrupule artistique, ils mettaient en musique des vers à peine français, qui ne pourraient être récités sans provoquer les railleries de la foule la moins lettrée qu'il soit possible d'imaginer. Il faut sans doute accuser le livret du disparate et de l'inégalité qu'à une simple lecture on remarque dans la partition. Meyerbeer y fait retour au style italien dans les parties médiocres d'une œuvre où il a su s'élever pourtant à une hauteur que les *Huguenots* n'ont peut-être pas atteinte. Le finale du premier acte, la première partie de l'air du baryton, « *Fille des rois* », certaines phrases du baryton, la *marche indienne*, l'air du ténor, « *Pays merveilleux* », avec son orchestration suave, les premiers récits de la scène du mancenillier sont des pages qu'un grand musicien pouvait seul écrire. Il est dommage qu'elles soient déparées par des morceaux dont la platitude étonne et qui semblent être un contresens d'expression.

L'œuvre de Meyerbeer consiste essentiellement dans ses opéras. Ses autres compositions ne doivent guère être citées que pour mémoire : la *Marche aux flambeaux,* écrite en 1846 à l'occasion du mariage du roi de Bavière avec la princesse Wilhelmine de Prusse (il existe quatre marches aux flambeaux, et toutes les quatre pour musique militaire); la *Marche des Archers,* cantate pour 4 voix d'hommes, chœur et instruments de cuivre; *Ode au sculpteur Rauch* pour soli, chœurs et orchestre, exécutée à l'Académie des Beaux-Arts de Berlin en 1851 pour l'inauguration de la statue de Frédéric le Grand; *Hymne a capella* pour 4 voix et chœur, exécuté à l'occasion du 25ᵉ anniversaire du mariage du roi de Prusse; *Schiller-Marsch,* ouverture en forme de marche pour l'inauguration de l'Exposition universelle de Londres; *Marche du couronnement* pour le sacre de Guillaume Iᵉʳ (1861). Meyerbeer a écrit aussi de nombreuses pièces de musique religieuse : *91ᵉ Psaume de David* pour deux chœurs et soli, destiné à la maîtrise de la cathédrale de Berlin; *Pater noster* (a capella), *sept chants religieux* à 4 voix, *Chant tiré de l'Imitation de Jésus-Christ* et le *Recueil de mélodies* dont nous avons déjà parlé. On connaît encore de Meyerbeer la cantate *Génie de la musique au tombeau de Beethoven,* et *Amitié,* quatuor pour voix d'hommes.

Telle est l'œuvre d'un homme dont les productions lyriques de sa *manière française* ont occupé pendant plus de cinquante ans les scènes musicales du monde entier. Meyerbeer a su s'imposer, et ce n'est guère qu'à présent qu'un public plus éclairé secoue le joug d'admiration sous lequel ses devanciers étaient courbés. Meyerbeer a traité l'art comme une affaire dont il faut assurer la réussite, et, grâce à sa grande fortune, il appela l'argent à son secours. Il ne négligea aucun des appâts auxquels se prend la foule, artifices de mise en scène, richesse des costumes, engagements coûteux des interprètes célèbres, dont il s'efforçait, au détriment même de la musique, de servir les moyens vocaux, toutes les petites indiscrétions qui excitent la curiosité, toute la réclame qui accapare l'attention et la tyrannise. Ce furent là les causes

matérielles de son succès. Mais il faut dire aussi que ces procédés regrettables étaient mis en œuvre par un homme laborieux et très intelligent qui, avec une habileté indigne d'un artiste, sut discerner ce qui pouvait flatter et satisfaire le goût des spectateurs de son temps. Pour plaire, il consentit à un compromis musical où tous les styles sont admis, où tous les genres sont représentés. Son œuvre avait des partisans dans toutes les écoles, qu'il amalgamait avec une adresse dont nous ne sommes plus les dupes. Schumann disait, en parlant des œuvres de Meyerbeer : « *Tout* y est facture, apparence et hypocrisie... Le principe le plus élevé de Meyerbeer est d'étourdir ou de flatter. » Citons encore cette page décisive du maître de Zwickau : « Au fond, Meyerbeer poursuit avant tout l'effet matériel. Son manque de style, sa banalité supérieure sautent aux yeux, aussi bien que son talent d'arrangement, son savoir-faire dramatique et sa grande variété de forme. C'est un mosaïste, et l'on peut avec lui passer en revue, à son aise, Rossini, Mozart, Hérold, Weber, Boïeldieu, Spohr même, la musique universelle. » Il est malheureux de constater qu'un musicien doué comme il l'était et armé du solide enseignement qu'il avait reçu, n'ait eu en vue que le succès et n'ait pas cherché plutôt à développer une personnalité qui, malgré tous ses emprunts, éclate dans certaines de ses meilleures pages. Il possédait à un très haut degré le sens du théâtre et la puissance dramatique. Il donna dans son œuvre une plus grande place à l'orchestre que ses devanciers. Il y abusa des cuivres, de la grosse caisse et y introduisit la clarinette-basse. Pour nous résumer, quelque intérêt qu'aient provoqué les opéras de Meyerbeer, ils n'ajoutèrent à l'histoire de l'art pas autre chose qu'un laborieux et inutile arrangement des formes déjà connues.

L'influence de Meyerbeer se fit sentir sur tous les compositeurs de son époque. Il avait donné au grand opéra une forme pompeuse qu'ils adoptèrent, conseillés par les succès éclatants que remportait l'auteur des *Huguenots.* Halévy fut à la fois son disciple et son rival. Mais il possédait plus d'émotion et de sincérité que Meyerbeer, dont il n'avait pas d'ailleurs les dons brillants.

Le 24 février 1835, Halévy donnait *la Juive* à l'Opéra. Le livret était de Scribe. Primitivement, l'action avait pour théâtre la ville de Goya, en Espagne, au lieu de Constance. On y voyait l'inquisition et le massacre des israélites. D'autres modifications furent apportées à la version première, où le rôle du père était confié à la basse-taille, alors qu'il fut composé ensuite pour le fort ténor et créé par Nourrit. C'est à ce remarquable artiste qu'est due la scène finale du quatrième acte, qui se terminait par un récit. Il estima qu'un grand air chanté par lui traduirait avec plus d'effet la situation, et il écrivit lui-même les paroles de ce monologue dramatique : « *Rachel, quand du Seigneur la grâce tutélaire.* » Le rôle de Rachel eut pour créatrice Mˡˡᵉ Falcon. Elle commençait déjà à sentir les premières atteintes de la maladie de gorge qui l'obligea à renoncer à la scène. Le succès de *la Juive* fut considérable. Cette œuvre, qui vit le jour entre *Robert le Diable* et *les Huguenots,* témoignait de qualités expressives et d'une sincérité qui manquaient au premier grand opéra de Meyerbeer. Ayant à peindre le sort misérable de ses coreligionnaires, il se donna tout entier, et il trouva des accents passionnés et douloureux qu'on ne rencontre

plus avec la même puissance dans ses autres partitions. Les récits y sont d'une juste et énergique
déclamation; la Pâque, l'air de Rachel, le trio du
second acte, la scène de l'excommunication et celle
d'Eléazar et du cardinal, le grand air du ténor,
sont des pages demeurées célèbres. On peut reprocher à cet opéra, comme à toutes les œuvres d'Halévy d'ailleurs, l'abus du mode mineur, la couleur
sombre de son orchestre, qu'il éclaire par de trop
brusques explosions, la répétition trop fréquente de
ce moyen facile de contraste. Mais il faut reconnai-
tre en lui l'élévation de la pensée et un sentiment
pathétique naturel dont il aurait pu tirer un plus
grand parti, s'il n'avait pas écrit avec tant de pré-
cipitation et s'il avait choisi des poèmes plus dignes
d'une inspiration dont il prodigua la généreuse abondance. L'instrumentation de la *Juive* apportait des
effets nouveaux de groupements et de timbres que
Meyerbeer n'écouta pas sans en profiter.

Le second grand opéra d'Halévy fut *Guido e Ginevra* (1838), que créèrent Mᵐᵉ Dorus-Gras et Duprez,
dont l'engagement à l'Opéra fit partir Nourrit, à qui
un des principaux rôles était destiné. Cette œuvre,
qui peut être considérée comme une des meilleures
d'Halévy, n'eut pas le succès auquel son auteur s'attendait, malgré l'abondance de la mélodie, l'élégance de
la forme et les recherches d'orchestration. Le rôle
de Guido y était aussi heureusement traité que celui
d'Eléazar dans la *Juive*. La défaveur dont souffrit
cette œuvre tient sans doute à la tristesse du sujet
et à sa teinte assombrie.

En 1840, *le Drapier*, écrit pour Mario, excellent
chanteur, mais mauvais comédien, fut un insuccès.
Le 22 décembre 1841, Duprez, Baroilhet et Mᵐᵉ Stoltz
créèrent à l'Opéra la *Reine de Chypre*. Ce grand
opéra, qui contient un très beau second acte d'une
jolie couleur locale et dont un duo a survécu à l'ensemble oublié de la partition, n'avait pas, quoi qu'on
en dise, la valeur de la *Juive*. Halévy, esprit irrésolu,
n'avait pas su résister à la tentation d'imiter Meyerbeer, dont les *Huguenots* avaient rendu le nom universel. Il essaya de marcher sur ses traces, et perdit
de sa personnalité. Cependant, dans *Charles VI*, qu'un
souffle patriotique animait, il retrouva de sincères
accents. Malheureusement des raisons d'État inter-
rompirent les représentations de cette œuvre, dont
la première avait été donnée à la scène de l'Opéra
le 15 mars 1843 avec Duprez, Baroilhet et Mᵐᵉ Stoltz.
On craignit que le chant *Guerre aux tyrans* n'amenât
des complications extérieures. Cette œuvre contient
de belles pages mélodiques. L'âme sensible d'Halévy
s'y retrouve dans les airs d'Odette et du roi dément.
Le livret avait été versifié par Casimir et Germain
Delavigne.

Pour compléter la liste des grands opéras composés par Halévy, nous devons rappeler le *Juif errant*
(1852), la *Magicienne* (1858) et deux œuvres que la
mort ne lui permit pas d'achever, *Vanina d'Ornano*
et *Noé ou le Déluge*, que Bizet termina et qui n'a
jamais été représenté.

Il nous reste à citer, pour mémoire, quelques
compositeurs dont les grands opéras ne purent pas
rivaliser avec ceux de Meyerbeer et d'Halévy.

Court de **Fontmichel** (1789-1862), amateur distingué, écrivit un grand opéra, *Macbeth*, d'où le souffle
de Shakespeare était absent.

Alexandre **Batton** (1797-1853), élève de Cherubini,
prix de Rome en 1811, composa cinq opéras qui ne
remportèrent aucun succès. Il fut professeur d'une
classe vocale au Conservatoire, et fut un des collaborateurs de la *Marquise de Brinvilliers*, avec Hérold,
Auber, etc.

Mˡˡᵉ Louise **Bertin** (1805-1878) doit être rangée
dans la catégorie des amateurs. Sans avoir fait les
études sérieuses qu'exige l'art musical, elle composa
des opéras, parmi lesquels *Guy Mannering, le Loup-
Garou* (1827), *Faust* (1831) et *Esmeralda* (1836), sur un
livret que Victor Hugo lui-même tira de *Notre-Dame
de Paris*. Elle écrivit encore des romances, de la
musique pour instruments, qui, de même que ses
œuvres lyriques, ne lui ont pas survécu.

Malgré leur insuccès, les trois grands opéras de
Niedermeyer, dont nous analyserons l'œuvre au chapitre de la musique religieuse, *Stradella* (1837), *Marie
Stuart* (1844) et *la Fronde* (1853), méritent de n'être pas
confondus avec ceux des auteurs que nous venons
d'énumérer. Ils sont les erreurs d'un musicien à qui
manquait le sens du théâtre, mais qui sut avoir, en
musique sacrée, une influence dont nous ressentons
aujourd'hui plus que jamais l'heureux effet.

Pour terminer ce chapitre, il nous faudrait parler
des œuvres lyriques de Berlioz, que son admiration
pour Gluck rapprocha de la forme classique dans la
Prise de Troie et les *Troyens à Carthage*, tout en gardant à son orchestre la couleur et le pittoresque que
le romantisme avait acquis; mais nous estimons que
l'étude de cette tragédie lyrique en deux parties ne
saurait, sans inconvénient, être séparée du chapitre
où nous traitons de l'œuvre de Berlioz.

La musique religieuse.

Le théâtre absorba si fortement les compositeurs
de la période « romantique », qu'ils n'eurent pas le
temps de se recueillir pour écrire de la musique religieuse digne de parvenir jusqu'à nous. De la messe
d'Auber, l'*Agnus Dei* seul nous est resté, parce qu'il
devint la prière de la *Muette de Portici*. Halévy, quoique d'origine israélite, nous a laissé quelques morceaux de musique religieuse catholique; Panseron,
un *Mois de Marie*, un recueil de motets à 1 et 3 voix
et deux messes pour 3 voix de soprano. Le plus
fécond en cette matière fut un de ceux qu'on ne
s'attendait pas à voir s'y adonner. Adam, en effet, ne
composa pas moins de 4 messes : une messe solennelle, une messe à 3 voix, la messe de sainte Cécile,
la messe de l'orphéon pour chœur et quatre voix
d'homme, cette dernière en collaboration avec Clapisson, Halévy et Auber. Il écrivit en outre le *Mois de
Marie de Saint-Philippe*, un recueil de motets et un
recueil de chants d'église contenant le fameux *Noël*,
dont le seul souvenir peut permettre au lecteur de
juger de quelle façon Adam comprenait la musique
religieuse. La première œuvre de Berlioz fut une
messe à grand orchestre. Dans une seconde messe
écrite pendant son séjour à Rome, M. Tiersot a
retrouvé l'esquisse du *Tuba-mirum* du célèbre *Requiem*. Berlioz composa en outre un *Te Deum* à
triple chœur avec orchestre et orgue (voir Berlioz).
Deux hommes se consacrèrent plus particulièrement
à la musique sacrée : Boëly et Niedermeyer.

Boëly (Alexandre-Pierre-François) était le fils de Boëly (Jean-François), musicien, dont les polémiques avec Gossec sont, s'il faut en croire Fétis, demeurées célèbres. Il naquit à Versailles en 1785 et mourut à Paris le 18 décembre 1858. Dès son plus jeune âge, il avait commencé l'étude de la musique sous la dircetion de ses parents. Il entra au Conservatoire, mais fut bientôt obligé de le quitter pour suivre son père en province, et ne put à son retour être admis de nouveau. Il travailla par la suite seul ou presque seul, s'instruisant surtout au contact des grands maîtres, lisant assidûment Bach, Haendel, Haydn, Mozart. Boëly avait été au Conservatoire l'élève de Ladurner, qui fut le professeur de piano d'Auber. Il jouait du piano et du violon avec un talent véritable, en musicien plutôt qu'en virtuose. Il fut longtemps organiste à Saint-Germain-l'Auxerrois. Il a laissé un assez grand nombre de compositions, réfléchies mûrement, dont l'inspiration est souvent intéressante et où il ne sacrifie jamais à la recherche de l'effet. Ce sont : deux *Sonates* pour piano, trente *Caprices* ou pièces d'étude, des *Variations* pour piano et violon sur l'air de *Richard Cœur de lion*, un duo pour piano à quatre mains, trois duos pour violon, alto et violoncelle, trente études, deux caprices à quatre mains, un caprice à trois mains, un caprice pour piano, quatre *Offertoires* pour orgue, une *Messe de Noël*, deux recueils de quatorze et de vingt-quatre pièces d'orgue, une troisième suite d'études pour piano, douze petites pièces pour orgue expressif et quatorze cantiques pour orgue avec pédale obligée. Il faut faire une place à part aux compositions pour orgue de Boëly. Leur facture solide, la profondeur et le charme du sentiment qui les anime, les ont fait vivre dans le répertoire des organistes contemporains, et nous avons entendu souvent aux offices quelques-unes d'entre elles avec un plaisir singulier.

Louis Niedermeyer naquit à Noyon le 27 avril 1802, d'un père bavarois et d'une mère française. Ses parents s'étaient expatriés pour échapper l'un et l'autre à la contrainte religieuse à laquelle leurs familles voulaient les assujettir. Son père, Georges-Michel de Niedermeyer, avait été destiné à la vie monacale, afin que son frère aîné pût garder par-devers lui la fortune patrimoniale. Quant à sa mère, Louise-Charlotte Bayon, elle était issue d'une famille calviniste que la révocation de l'édit de Nantes avait obligée à fuir la France et à se réfugier à Noyon. Niedermeyer n'eut donc en 1848 qu'à faire valoir ses droits pour être considéré comme sujet français et figurer sur les contrôles de la garde nationale ainsi que sur les listes électorales.

Niedermeyer fit preuve dès son jeune âge des dispositions les plus remarquables pour la musique, et son père, qui, à Genève, s'était vu forcé, durant des jours critiques, d'enseigner le clavecin et le piano, fut son premier maître. Après avoir terminé dans une institution de Genève les études qu'il avait commencées au collège de Noyon, le jeune homme manifesta le désir de se consacrer entièrement à la musique, et il obtint de son père l'autorisation d'aller chercher à l'étranger, sauf toutefois en Allemagne, une culture musicale que son pays d'adoption ne pouvait plus lui fournir. Niedermeyer était alors âgé de 17 ans. Il se rendit d'abord à Vienne, où il travailla le piano avec Moschelès, l'harmonie et la composition avec Loster. Il fit ensuite à Rome un séjour pendant lequel il approfondit, sous la direction de Valentino Fioravanti,

maître de la chapelle pontificale, l'art d'écrire pour la voix. Nous le retrouvons au bout d'un an, en 1821, à Naples, où il reçoit les leçons de Zingarelli. C'est dans cette ville qu'il se lia avec Rossini, dont l'amitié ne lui fit jamais défaut et ne lui épargna d'ailleurs pas les critiques. Il faut noter toutefois que c'est Rossini qui l'engagea à faire représenter son premier opéra : *Il Reo por amore*, que, malgré le succès qu'il avait obtenu, l'auteur lui-même appelait un péché de jeunesse.

Après avoir passé quelques mois à Noyon en 1825, Niedermeyer vint se fixer à Paris. Il écrivit alors plusieurs mélodies, entre autres le *Lac* sur les vers célèbres de Lamartine, que l'éditeur Pacini publia et s'efforça de répandre dans le public après l'avoir substituée à l'œuvre d'un certain Balouch, dont il n'hésita pas à briser les planches. Le succès du *Lac* répondit aux espérances de Pacini, et la renommée de Niedermeyer commença de croître. Il eût pu y aider d'ailleurs en se faisant connaître comme virtuose. Pianiste brillant, très recherché dans les salons, il ne consentit jamais à se faire entendre dans les concerts et refusa même son concours à son ancien maître Moschelès, qui, se trouvant à Paris, avait inscrit le nom de Niedermeyer à son insu sur un programme. Le 15 juillet 1828, Niedermeyer faisait représenter au théâtre royal italien un opéra en deux actes : *la Casa nel bosco*, qui fut joué assez longtemps en dépit de l'accueil assez réservé des connaisseurs, qui n'osaient juger par eux-mêmes l'ouvrage d'un compositeur jeune et peu connu. L'année suivante, Niedermeyer était rappelé en Suisse par la santé chancelante de son père, qu'il perdit quelques mois après son retour. En 1831 il épousa Mlle des Vignes de Givrins et passa les premières années de son mariage dans l'ancienne châtellenie de Genollier, située au pied du Jura, non loin du lac Léman. Il y vécut une vie assez retirée, partageant son temps entre les soins de ses affaires et l'improvisation, à laquelle il s'adonnait sur un grand orgue que lui avait construit le facteur Moser. Cédant aux instances de quelques-uns de ses amis, hôtes assidus de ses réunions musicales, et en particulier aux prières du comte Rossi, il partit en 1834 pour Bruxelles, où il venait d'être nommé professeur d'art musical dans un institut dont les cours de droit étaient professés par le comte Rossi. Mais cette fondation ne vécut que peu de temps, et en 1836 Niedermeyer regagnait Paris où il faisait jouer, grâce à l'appui tout-puissant de Pacini, un premier grand opéra en cinq actes, *Stradella*, bientôt suivi de quelques mélodies et de deux grandes scènes lyriques.

C'est en 1840 que Niedermeyer partagea avec le prince de la Moskowa, son fondateur, la direction de la « Société de musique vocale et classique » dite « de la Moskowa ». Composée principalement d'amateurs et de quelques solistes professionnels, cette association avait pour but de faire connaître les œuvres vocales, avec ou sans accompagnement d'orgue, des maîtres italiens, allemands et français des XVIe-XVIIe siècles, à l'exclusion des auteurs modernes. De fréquentes auditions, auxquelles s'empressait d'ailleurs un auditoire de choix, étaient données dans la salle Sainte-Cécile. On y exécutait des fragments d'œuvres de Palestrina, Victoria, Orlando de Lassus, Clément Jannequin, Bach, Haendel, etc. Niedermeyer dirigeait toutes les répétitions et remettait la baguette au prince de la Moskowa, le jour du concert. La matière musicale de ces séances se condensa en onze recueils publiés sous la direction de Niedermeyer et qui sont aujourd'hui assez rares. La Société du prince de la Moscova, qu'il avait été pendant quelque temps d'assez bon ton de patronner, ne survécut pas à l'engouement passager du public et se dispersa en 1843. Niedermeyer était d'ailleurs, à cette époque, adonné tout entier à la composition d'un nouvel opéra, *Marie Stuart*, qu'il devait faire jouer l'année suivante. Quoi qu'il en soit, sa tentative nous apparaît aujourd'hui singulièrement intéressante, alors qu'il nous a été donné d'assister à la bienheureuse et définitive résurrection des chefs-d'œuvre de la Renaissance. Nous n'avons pas à étudier ici l'œuvre des Chanteurs de Saint-Gervais, qui ont créé, sous la direction de M. Bordes, un mouvement décisif, ni les beaux travaux de M. Expert, à qui nous devons de connaître les secrets des monuments musicaux de cette époque et dont les précieuses publications ne sauraient être trop répandues et encouragées. Nous voulons seulement indiquer que la voie de ces deux éminents vulgarisateurs d'un art oublié leur a été ouverte par Niedermeyer.

Marie Stuart, nous l'avons vu, parut sur la scène en 1844. La direction de l'Opéra s'avisa de lui faire succéder un ouvrage de Rossini. Mais le maître vivait alors loin de la foule, à Bologne, et il fut impossible de l'arracher à son indolence. On put tout au plus obtenir de lui l'autorisation d'extraire un opéra de deux de ses premières œuvres, la *Donna del Lago* et *Zelmire*. C'est Niedermeyer qui fut chargé de coordonner les airs entre eux et de composer les récits nécessaires à l'intelligence du texte. Il partit pour Bologne afin de décider Rossini à écrire quelques fragments nouveaux, mais ne put y réussir. C'est dans ces conditions que la nouvelle partition fut montée le 30 décembre 1846, sous le titre de *Robert Bruce*. Comme on se l'imagine aisément, elle n'ajouta rien à la gloire de Rossini.

Niedermeyer se consola de ses labeurs ingrats en écrivant sa *Messe solennelle en ré mineur*, dont l'exécution se trouva retardée par les troubles de 1848, auxquels le compositeur se trouva d'ailleurs mêlé, comme nous l'avons dit, en qualité de garde national. Sa messe fut donnée en 1849, le jour de la Sainte-Cécile, et eut un succès retentissant. Elle a été exécutée maintes fois, et notamment ces dernières années dans les mêmes circonstances.

Bientôt, cédant de nouveau à l'attrait du théâtre, il écrivit la *Fronde*, qui devait être son dernier opéra. Les représentations de cette œuvre, jugée séditieuse par la censure, furent suspendues dès le début (1853), et Niedermeyer dit adieu à l'art dramatique, déclinant l'offre que lui faisait son directeur Roqueplan d'écrire un opéra sur un livret de Leuven et Deligny. Il consacra les dernières années de sa vie à une tâche qui eût suffi à l'illustrer, la restauration de la musique sacrée. L'austérité calviniste bannissant de son culte toute pompe dans les cérémonies, il se tourna vers le catholicisme. Il souffrait de voir la musique religieuse tombée en pleine décadence. Il se rappelait les difficultés sans nombre qu'il avait rencontrées lorsqu'il avait voulu faire exécuter ses œuvres, et il résolut de créer une école où l'on pût recevoir les enseignements qui se rattachent à l'art musical, et principalement à la musique religieuse, solfège, chant, plain-chant, orgue et piano, accompagnement, harmonie, contrepoint, instrumentation et histoire de la musique. L'école ouvrit ses portes en octobre 1853 à trente internes, et le gouvernement lui vint pécuniairement en aide en instituant des bourses d'études. Rien d'ailleurs ne fut négligé quant au choix des pro-

fesseurs et à l'installation matérielle pour assurer à l'œuvre un succès durable. Un grand orgue et une bibliothèque musicale très complète étaient mises à la disposition des élèves. Niedermeyer enseigna lui-même pendant les dernières années de sa vie le plainchant, la composition et le piano, classes supérieures qui furent plus tard confiées à M. Saint-Saëns. Depuis sa fondation, d'ailleurs, et grâce à la direction de maîtres éminents, l'école Niedermeyer a formé de nombreux élèves dont plusieurs sont devenus illustres à leur tour, tels, pour n'en citer que quelques-uns, MM. Gabriel Fauré, Gigout, Alexandre Georges, sans compter quelques jeunes lauréats des concours de Rome, MM. Büsser, Letorey, etc. Niedermeyer avait été chargé entre temps de diriger la musique à l'église Saint-Louis d'Antin, de laquelle ressortissaient alors les quartiers de la Trinité et de Saint-Augustin. Il jugea que dans cette situation il pourrait mettre en pratique ses théories sur la musique religieuse, et il ne négligea rien pour rehausser l'éclat des fêtes liturgiques, puisant dans sa propre bourse pour subvenir aux frais auxquels il se trouvait entraîné et la subvention qui lui était accordée suffisait à peine à couvrir.

Les compositions et les ouvrages théoriques de Niedermeyer, sa situation de directeur d'une école justement renommée, l'agrément de son commerce lui avaient assuré une grande notoriété et de solides sympathies. On avait fréquemment recours à ses lumières pour toutes les questions se rattachant à la musique religieuse. Il mourut presque subitement le 14 mars 1861, à l'âge de cinquante-neuf ans, étouffé par une angine de poitrine.

Niedermeyer, comme nous l'avons vu, aborda tous les genres, depuis le théâtre jusqu'à la musique sacrée, en passant par les lieds, la musique d'orgue et de piano. Il composa une symphonie et écrivit plusieurs ouvrages théoriques. On a remarqué que la nature de ses premières études aurait pu tendre à le rattacher à l'école allemande, mais c'est l'influence des auteurs italiens qu'il avait pris pour modèles qui est manifeste dans son œuvre ; et si l'art français modifie le caractère de sa musique religieuse, ses opéras, du moins, sont nettement italiens.

On a quelquefois reproché à Niedermeyer de n'avoir point une personnalité franchement accusée. Son orchestre, toujours parfaitement clair, manque un peu d'imprévu. Par contre, il faut lui reconnaître une réelle abondance mélodique, une correction qui ne sera jamais en défaut, une délicatesse d'expression qui se dévoile dans la peinture des sentiments tendres et mélancodiques où sa nature l'inclinait.

Les œuvres scéniques de Niedermeyer n'appartiennent plus au répertoire et ne correspondent plus à la conception de l'art dramatique que nous nous faisons aujourd'hui. Elles fournirent, à l'époque où elles furent représentées, une heureuse carrière. Quelques parties de la *Casa nel bosco*, l'œuvre de début de l'auteur, ne manquent pas d'intérêt, l'ouverture notamment, dont Liszt fit une transcription à quatre mains. Mais le plus grand succès de Niedermeyer fut *Stradella*, dont le livret était dû à Emilien Pacini, fils de l'éditeur, et à Emile Deschamps, qui s'étaient inspirés d'un fait historique. L'action était légèrement languissante, mais l'opéra fut réduit à trois actes pour la reprise, qui eut lieu vers 1840. La critique montra quelque bienveillance pour le compositeur, auquel elle reprocha seulement l'emploi de formules trop faciles, mais elle cita avec éloges certains morceaux, parmi lesquels la sérénade et le duo du premier acte, les couplets à boire de Spadoni, un trio bouffe, l'air final du doge, etc.

L'opéra de *Marie Stuart* fut conçu et écrit sur un livret remis à Niedermeyer par la direction de l'Opéra. La première représentation eut lieu en 1844, en présence de Louis-Philippe et de la cour. Le livret n'est pas infidèle à la vérité traditionnelle. Interprétée par d'excellents artistes comme Levasseur, Mmes Stolz et Dorus-Gras, *Marie Stuart* réussit. La versification du livret parut généralement heureuse, et le compositeur sut se garder dans ces cinq actes de la monotonie où le caractère de son sujet eût pu l'entraîner. Tout en louant la richesse et l'élégance mélodique de la partition, on reprocha de nouveau à Niedermeyer de manquer de vigueur et de fougue. Il faut citer, parmi les fragments les plus remarquables de l'œuvre, les adieux de Marie Stuart, une villanelle empruntée au style populaire écossais, un duo d'hommes, un chœur de conjurés sans accompagnement, un duo entre Marie et Bothwell. *Marie Stuart* resta au répertoire jusqu'en février 1846. Elle fut montée en Allemagne au théâtre royal de Stuttgart en 1877. La presse l'accueillit avec faveur et eut le bon esprit de lui pardonner, eu égard à son âge, sa facture nettement italienne.

La *Fronde*, dernière œuvre dramatique de Niedermeyer, fut composée sur un livret de P. Maquet et Jules Lacroix et représentée à l'Académie impériale de musique en 1853. Le titre primitif devait être *la Belle Gabrielle*, mais le scénario soumis à la censure avant que les vers du livret ne fussent ébauchés fut jugé séditieux. Les auteurs choisirent alors sans consulter la censure un certain nombre de scènes de la *Fronde* et présentèrent à son visa l'ouvrage entièrement achevé. Il eût été refusé une seconde fois, si Napoléon III n'en avait personnellement autorisé l'exécution. Il subit néanmoins de nombreux remaniements et fut retiré de l'affiche à la huitième représentation, sur l'ordre du ministre, bien que l'attitude du public ne pût en rien motiver cette décision arbitraire, et qu'à la vérité les auteurs aient cherché, dans la résurrection de quelques épisodes de la Fronde, moins une série d'allusions piquantes qu'un milieu pittoresque et animé où ils pussent faire évoluer le héros d'une intrigue amoureuse. La *Fronde* fut peut-être l'opéra de Niedermeyer qui reçut le meilleur accueil. On lui avait prédit longue vie. Il en faut détacher quelques pages plus particulièrement remarquables : l'ouverture et le chœur qui la suit, la chanson du duc de Beaufort, spirituelle et goguenarde, le *cantabile* du second acte, un air de danse, la prière chantée par Richard et Loise, enfin le grand air du ténor au cinquième acte.

Niedermeyer est surtout connu de nos jours comme auteur de musique sacrée. Ses pièces d'orgue sont fréquemment jouées; son *Pater noster* et son *Pie Jesu* sont aussi célèbres dans leur genre que le *Lac*. Il composa trois messes, dont une en *si* mineur à quatre voix avec accompagnement d'orgue et d'orchestre. Elle fut exécutée pour la première fois à Saint-Eustache le jour de la Sainte-Cécile en 1849. Berlioz, qui en fit l'analyse dans les *Débats* le 27 décembre, la loua sans réserves. Il signala le *Kyrie*, le *Credo*, proclamation de foi éclatante, fière et pompeuse, l'*O salutaris* et l'*Agnus Dei*. Il convient de remarquer la correction de la prosodie; mérite qui à cette époque n'était pas commun.

Niedermeyer fonda, dans les dernières années de sa vie, avec son ami et élève d'Ortigue, un journal intitulé *la Maîtrise*, uniquement voué à la défense de la musique sacrée. Il entendait parler, suivant sa propre expression, « de tous les chants qui retentissent dans le sanctuaire », musique religieuse, plain-chant, orgue. « Pour le plain-chant nous disons : saint Grégoire; pour la musique sacrée : Palestrina; pour l'orgue : J.-S. Bach. » D'importants fragments des œuvres des anciens maîtres et de quelques bons auteurs modernes accompagnaient, dans chaque numéro, les articles de critique et d'histoire.

Enfin Niedermeyer est l'auteur d'un ouvrage intitulé *Traité théorique et pratique de l'accompagnement du plain-chant,* qui ne put, en raison de ses dimensions, être inséré dans la *Maîtrise* et fut publié à part. La rédaction en est due à d'Ortigue, qui ne fit que mettre un peu d'ordre dans les notes qu'il avait prises au cours du maître. Voici les principes essentiels du système :

1° Nécessité, dans l'accompagnement du plain-chant, de l'emploi exclusif des notes de l'échelle.

2° Nécessité d'attribuer aux accords de finale et de dominante dans chaque mode, des fonctions analogues à celles que les notes essentielles exercent dans la mélodie.

La première de ces règles donne la loi de la tonalité générale du plain-chant, la seconde la loi de la modalité, lois en vertu desquelles les modes peuvent être discernés entre eux.

Niedermeyer avait entrepris d'écrire, pour réaliser ses théories, l'accompagnement pour orgue des offices de l'Église. Il put terminer ce travail énorme, qui ne fut publié qu'après sa mort. On sait que la question du plain-chant suscite à l'heure actuelle de nombreuses controverses, et l'accord n'est pas près de se faire entre les divers théoriciens, parmi lesquels les Bénédictins ont à leur tour assumé la tâche de publier le texte musical des offices religieux. Nous ne pouvons que renvoyer nos lecteurs aux articles spéciaux consacrés à cette matière dans le présent ouvrage.

La musique de chambre et la symphonie.

Alors qu'en Allemagne la période correspondant à celle que nous traitons s'honorait des noms de Beethoven, Schubert, Mendelssohn et Schumann, pour ne citer que les plus grands, la musique de chambre et la symphonie ne furent guère cultivées par les maîtres français que d'une façon accidentelle. Le théâtre seul sollicitait leur inspiration.

On ne peut citer que pour mémoire les deux symphonies d'Hérold, quelques quatuors, quintettes, concertos d'Auber.

Quant au lied, nous n'aurons pas la prétention de comparer aux admirables recueils d'un Schubert ou d'un Schumann les cahiers de romances de Clapisson sur paroles d'Amédée de Beauplan (1790-1853) ou les élucubrations ultra-romantiques de Monpon.

Avec Boëly, dont nous parlons plus haut, deux seuls compositeurs, avant Berlioz, cultivèrent la musique pure et la symphonie, Onslow et Reber.

Le nom d'**Onslow** est aujourd'hui à peu près inconnu du grand public. Il nous semble malaisé de comprendre comment ce compositeur fut longtemps regardé par les Allemands comme une des gloires de la musique française et comme le seul symphoniste que nous eussions possédé aux environs de

1830. Onslow naquit à Clermont-Ferrand le 27 juillet 1784. Il appartenait par son père à l'aristocratie anglaise et jouissait d'une fortune qui lui épargna les rudes labeurs qui sont la pierre de touche du génie. Il commença en Angleterre l'étude du piano, sous la direction de Hullmandel, de Dussek et de Cramer. Mais, bien qu'il manifestât une certaine inclination pour la musique et que la technique de l'instrument parût l'intéresser, rien ne dévoilait en lui une sensibilité rare et un tempérament véritable. Il a raconté qu'à l'audition de l'ouverture de *Stratonice* de Méhul, son cœur s'émut et qu'il sentit véritablement qu'il était, lui aussi, musicien. Onslow, qui était non seulement un pianiste de talent, mais aussi un violoncelliste passable, jouait fréquemment les quatuors d'Haydn, de Mozart et de Beethoven. La musique de chambre fut donc en réalité son éducatrice, et à vingt-deux ans, bien qu'il fût encore novice dans l'art d'écrire, il composait un quintette à l'imitation des quintettes de Mozart, qu'il affectionnait particulièrement. Ce quintette pour deux violons, alto et deux violoncelles, constitue, avec deux autres quintettes écrits pour les mêmes instruments, l'op. n° 1 de Onslow qui parut en 1807. Sentant, au fur et à mesure qu'il composait, qu'il n'était pas, comme il l'eût fallu, maître de sa plume, le jeune homme se décida à suivre le cours de Reicha, qui était formé, comme on le sait, d'illustres élèves.

Vers 1837, Onslow, cédant aux instances de ses amis, tenta d'aborder le théâtre, mais la faveur du public ne l'y suivit point. Ses symphonies furent, elles aussi, accueillies avec une froideur marquée, où il voulut voir du parti pris. En 1829 il avait été victime d'un accident de chasse très grave qui avait déterminé une surdité légère. En 1842 il entrait à l'Institut, succédant à Cherubini, qui lui avait donné des preuves manifestes de l'estime où il le tenait. Dans la notice consacrée à Onslow par Halévy, en sa qualité de secrétaire perpétuel de l'Académie des Beaux-Arts, figure une anecdote assez curieuse à ce sujet. On venait d'exécuter au Conservatoire une des symphonies d'Onslow. Cherubini, frappé de l'élégance aisée d'un passage où les instruments dialoguaient avec une grâce correcte et ingénieuse, se rendit sur la scène, détacha de la partition d'orchestre le fragment qui l'avait séduit et l'emporta. Puis, rentré chez lui, il le recopia entièrement; plaça l'original dans un album et fit porter sa copie à Onslow, en lui disant que depuis longtemps il désirait posséder un autographe de lui.

On a pensé qu'Onslow, qui mourut en 1852, avait vécu juste assez de temps pour ne pas être témoin de l'indifférence dont ses œuvres devaient souffrir, indifférence qui n'a pas été passagère et qui a fait place à l'oubli. La musique d'Onslow est bien aristocratique, si l'on peut dire. Elle est élégante, correcte, aisée, agréable et de bonne compagnie, mais sans éclat, sans chaleur, sans qu'on y pressente jamais le don secret qui fait les œuvres immortelles. On la flétrirait de nos jours du nom de musique d'amateur, d'un amateur intelligent, habile, qui ne connut jamais les grandes et fécondes émotions. Les trois ouvrages dramatiques d'Onslow fourniront une médiocre carrière. Ils étaient destinés à l'Opéra-Comique et furent représentés, l'*Alcade de Vega* en 1824, le *Colporteur* en 1827, et le *Duc de Guise* en 1837. Le livret de l'*Alcade de Vega* était, à la vérité, détestable. Mais, s'il y a dans le *Colporteur* un certain nombre de pages qui ne sont pas sans valeur, et si quelques fragments

du *Duc de Guise* sont heureusement traités, le style d'Onslow au théâtre est lourd et sans vie. Onslow était avant tout un symphoniste, un scolastique, et c'est encore dans ses quintettes que l'on trouve le meilleur de son talent. La notice d'Halévy nous apprend que le quinzième *quintette*, commencé en 1829, fut interrompu précisément par l'accident de chasse auquel nous faisions allusion. Pendant sa convalescence, Onslow continua le travail ébauché, et il donna aux différentes parties de cette composition les noms qui caractérisaient la période au cours de laquelle elles avaient été créées. L'une s'appelle *la Douleur*, l'autre *la Fièvre et le Délire*, l'andante est intitulé *Convalescence*, et le finale, *la Guérison*. Ce quintette est un de ses meilleurs ouvrages, et il a dit souvent que bien qu'il lui ait coûté cher, il ne voudrait pas ne pas l'avoir fait. On demeure véritablement stupéfait quand on lit le catalogue des œuvres d'Onslow dont on s'est actuellement désintéressé et qui comprennent : 34 quintettes, 36 quatuors, 3 symphonies, 10 trios avec piano, 3 sonates pour piano, 3 sonates à quatre mains, 6 sonates pour violon, 3 sonates pour violoncelle, un sextuor pour piano, flûte, clarinette, cor, basson et contrebasse, ou bien avec quatuor d'instruments à archet au lieu d'instruments à vent, un septuor pour piano, flûte, hautbois, clarinette, cor, basson et contrebasse, et une nonette pour flûte, hautbois, clarinette, cor, basson et quatuor d'instruments à archet avec contrebasse. Ajoutons à cette liste *la Mort d'Abel*, scène pour basse, solo et orchestre. Et de tout cela on ne joue plus rien.

Né à Mulhouse le 21 octobre 1807, et mort à Paris le 24 novembre 1880, REBER (Napoléon-Henri) était destiné à devenir un industriel. Mais la vocation musicale devait, comme tant d'autres, l'obliger à tromper les espérances de sa famille. Il apprit le piano et la flûte et fut au Conservatoire l'élève de Reicha pour l'harmonie, et de Lesueur pour la composition. Il quitta sans récompense l'école où il devait revenir en 1851 comme professeur d'harmonie, et en 1862 être nommé professeur de composition à la place d'Halévy, puis en 1871 inspecteur des succursales de province. Pour en terminer avec ses titres, disons tout de suite qu'en 1853 il succéda à Onslow à l'Académie. Esprit très cultivé, Reber a peu écrit, mais ses œuvres, d'une forme classique, surtout dans sa musique instrumentale, révèlent le souci de la perfection, qui le garda de cette plate fécondité dont tant de ses contemporains donnèrent l'exemple. Il composa pour le théâtre le ballet *le Diable amoureux* (1840), en collaboration avec Benoist. Cette œuvre eut peu de succès. En 1848, il donna à l'Opéra-Comique la *Nuit de Noël*. La partition était charmante, mais les événements politiques appelaient l'attention des esprits sur des choses plus graves. Reber prit sa revanche en 1852 avec le *Père Gaillard*, œuvre gaie et fine, qui rappelle la simplicité et les qualités charmantes de notre vieil opéra-comique. Puis vinrent en 1857, au même théâtre, les *Papillotes de M. Benoist* et les *Dames Capitaines*. Il laissa un opéra-comique, *le Ménétrier de la Cour*, qui ne fut jamais représenté, de même que *Naïm*, grand opéra, dont l'ouverture seule fut jouée. Reber a composé quatre symphonies, dont les trois premières sont des œuvres de jeunesse. A propos de ces œuvres trop oubliées, M. Saint-Saens, qui fut le successeur de Reber dans la section musicale de l'Institut, a écrit : « On peut dire sans exagération que Reber est le premier compositeur français qui ait complètement réussi dans ce genre difficile; d'autres y avaient montré du talent, il y a montré de l'originalité. Il a su se dégager de l'imitation de ses maitres préférés, Mozart et Beethoven, et rallier, par un tour hardi, leur style à celui de nos vieux maitres français. » Le recueil de 33 mélodies de Reber avec accompagnement de piano contient des pages d'une grande distinction. On connait encore de lui un *Chœur de pirates* pour trois voix d'hommes; *le Soir*, chœur d'hommes à quatre voix; un *Ave Maria* et un *Agnus Dei* pour deux sopranos, ténor, basse et orgue. Ses œuvres de musique de chambre sont : trois quatuors pour instruments à cordes, un quintette pour cordes, un quatuor avec piano, sept trios avec piano et de nombreuses pièces pour piano. Dans ses dernières œuvres, Reber se montre délicat et peut-être trop précieux. L'œuvre la plus parfaite de ce musicien est son *Traité d'harmonie*, qui fut publié en 1862. M. Saint-Saens le juge en ces termes : « L'alliance si rare d'une grande concision et d'une parfaite clarté en font un véritable chef-d'œuvre qui suffirait à la gloire de son auteur. »

Enfin, avec Berlioz, la symphonie prit une direction nouvelle et devint, elle aussi, romantique.

Le grand romantique. — Berlioz.

BERLIOZ (Louis-Hector) naquit le 11 décembre 1803 à la Côte-Saint-André, petite ville de l'Isère, enfermée entre le massif de la Grande Chartreuse et les Cévennes. La famille de Berlioz, originaire de la Savoie, s'était fixée à la Côte au XIV° siècle environ. Le grand-père d'Hector, auditeur en la Chambre des Comptes en Dauphiné, s'y était marié en 1873. Son père n'avait encore que le titre d'officier de santé, quand il épousa Mlle Marmion, fille d'un avocat au parlement de Grenoble. Mlle Marmion avait alors vingt et un ans. Grande, svelte, blonde, aux traits réguliers, elle recherchait volontiers les réunions mondaines; elle était d'ailleurs d'une dévotion exaltée et étroite dont son fils eut souvent à souffrir, surtout lorsqu'une maladie de foie, dont Hector hérita, eut rendu son caractère plus irritable et acariâtre encore.. Le docteur Berlioz, au contraire, dont son fils a dit qu'il ne lui « connaissait aucun préjugé social, politique ou religieux », était doué d'une indulgence alliée à un certain scepticisme, et Hector, qui trouva surtout en lui un appui aux heures critiques de sa vie, ne cessa de lui témoigner une profonde affection. De ses deux sœurs, l'une, Nancy, l'ainée, belle, intelligente et fière, écrivait volontiers et facilement et entretint avec Hector une correspondance où elle affiche quelques prétentions littéraires. Elle se maria à vingt-huit ans avec un magistrat sans fortune, après avoir refusé de brillants partis. L'autre, Adèle, qui eut toujours une certaine faiblesse pour les caprices de son frère, épousa un notaire de Vienne et mourut en 1860. Berlioz eut encore un frère, Prosper, né vers 1820.

Hector fut soumis tout d'abord à l'influence maternelle jusqu'à l'âge de six ans, puis on l'envoya au séminaire de sa ville, où il commença le latin et travailla assidûment... le tambour et le catéchisme « napoléonien ». Mais le séminaire est fermé en 1811 par décret impérial, et Berlioz reintègre la maison familiale. Son père devient alors son unique maitre et lui enseigne les langues, la littérature, l'histoire, la géographie et les éléments des mathématiques, poussé en quelque sorte lui-même par son fils, qui manifeste le plus vif désir de s'instruire et de se

rendre compte de tout. Hector est alors rempli d'une piété fervente, et c'est le jour de sa première communion qu'il reçoit sa première impression musicale véritablement durable, en entendant chanter un cantique sur l'air de Dalayrac : *Quand le bien-aimé reviendra*. Il découvre un flageolet à la Côte; son père lui en explique le mécanisme, et, à défaut de piano, Hector travaille la flûte, apprend un peu de solfège et fait bientôt partie de la légion côtoise « l'Espérance ». Cependant il poursuit avec la même ardeur ses études classiques, s'attachant de préférence au latin, lisant et relisant l'*Enéide*, pour laquelle il ne cessera pas d'avoir une vive prédilection. A l'âge de douze ans, il va passer les vacances chez son grand-père Marmion à Meylan, aux environs de Grenoble. Il y rencontre une amie de sa famille maternelle, Mme Gautier, qui habite Meylan avec ses deux nièces Estelle et Minon Dubœuf. L'ainée, Estelle, a dix-neuf ans, et elle inspire une passion ardente à Hector, qui lit à ce moment même l'*Estelle et Némorin* de Florian. L'image d'Estelle « avec ses souliers roses » sera toute sa vie présente à sa mémoire, et il invoquera fréquemment le nom de sa bien-aimée, sa *Stella montis*.

Cependant la musique ne perd pas ses droits. Berlioz étudie le traité d'harmonie de Rameau, commenté par d'Alembert; mais il le comprend malaisément et n'en retire aucun profit. Il se contente du traité de Catel et s'essaye à composer un pot pourri à six parties sur des thèmes italiens qu'il envoie à des éditeurs en les « sommant » de l'imprimer. Il écrit également un quintette pour flûte et quatuor, d'une exécution difficile et dont l'un des thèmes se retrouve dans l'ouverture des *Francs-Juges*. Il apprend la guitare et compose un certain nombre de mélodies. L'une d'elles, la mélodie d'Estelle, il chantera plus tard dans la *Symphonie fantastique*, dont elle sera en quelque sorte le principe. Berlioz lit assidûment les œuvres d'André Chénier et de Chateaubriand et a parcouru quelques bonnes études sur Gluck, mais il ignore totalement Bach et Haendel. Il passe son baccalauréat à dix-sept ans, et l'année suivante, en 1821, il quitte la Côte-Saint-André avec son cousin Alphonse Robert et vient à Paris, où son père l'envoie étudier la médecine. Il essaye scrupuleusement de s'intéresser à ses travaux, de surmonter son dégoût pour l'amphithéâtre. Il est un des auditeurs les plus zélés de Gay-Lussac et fréquente le cours d'Andrieu au Collège de France. Mais, par-dessus tout, l'Opéra l'attire, et il y va souvent écouter les œuvres de Gluck, de Spontini et de Salieri. Son goût musical n'est pas encore absolument fixé. Il aime Dalayrac et ses grâces légères. Mais, à la suite d'une représentation d'*Iphigénie en Tauride*, dont il avait étudié la partition à la Bibliothèque du Conservatoire et qu'il savait par cœur, il abandonne résolument la médecine, se lie avec Gérone, élève de Lesueur, lequel l'admet à sa classe et ne tarde pas à s'intéresser à lui. Berlioz entreprend bientôt la composition d'une messe qu'il parvient à faire exécuter, fort mal d'ailleurs, et qui n'a aucun succès. En vue d'une seconde audition, il sollicite de Chateaubriand un prêt de douze cents francs qui lui est durement refusé. Il se décide alors à retourner à la Côte-Saint-André et à découvrir à sa famille sa vocation véritable. Son père, qui ne juge pas sa résolution définitive, l'accueille sans hostilité. A peine Hector a-t-il regagné Paris qu'il refond son œuvre et la fait exécuter, non sans succès cette fois, par les artistes de l'Opéra.

Il prend part au concours de Rome, échoue aux épreuves éliminatoires et se voit supprimer la pension, modeste d'ailleurs, que lui allouait son père. A la suite d'un second voyage à la Côte et après une série d'explications orageuses, il obtient enfin de son père l'autorisation de poursuivre ses études musicales, mais à l'insu de sa mère. Il commence à écrire l'opéra *les Francs-Juges* et une scène héroïque avec chœur, *la Révolution grecque*, que Kreutzer, directeur de la musique à l'Opéra, refuse de monter. « Que deviendrions-nous, s'écrie-t-il, si nous aidions les jeunes? »

Cependant Berlioz fréquente les cercles littéraires et sympathise avec le romantisme naissant. Il se lie étroitement avec Humbert Ferrand, poète timide et doux, qui sera toute sa vie son ami et son confident le plus cher. Il entre en relations avec d'Ortigues, critique musical des *Débats*, Hiller et Liszt. Il collabore au *Corsaire* et s'y fait remarquer par l'âpreté de ses polémiques. Il attaque violemment Rossini, que défend Stendhal, et soutient les « Pontifes de l'Institut ». Il ne dédaigne pas néanmoins de rentrer au Conservatoire en 1826 et de redevenir l'élève de Lesueur, en même temps qu'il suit les cours de contrepoint et de fugue de Reicha. Il a souvent manifesté son antipathie pour la fugue, et en particulier pour ces « interminables fugues construites sur le mot *Amen* » ou sur quelque autre. Il continue à fréquenter l'Opéra. Le *Freischütz* arrangé par Castil-Blaze et représenté à l'Odéon sous le titre de *Robin des Bois*, enthousiasme Berlioz, qui, toute une journée durant, cherche à rencontrer Weber de passage à Paris, sans parvenir à le trouver. Ses ressources se faisant chaque jour plus modestes, il est contraint de s'engager comme choriste au théâtre des Nouveautés, dont le répertoire est exclusivement consacré à l'opérette. Il donne péniblement quelques leçons, car son père lui a de nouveau supprimé sa pension. Au concours de Rome de l'année 1827, sa cantate *la Mort d'Orphée* est jugée inexécutable. Il se console en suivant régulièrement les représentations données à l'Odéon par une troupe anglaise dont font partie Ch. Remble, Abbott, Mrs. Smithson et sa fille Henriette, tragédienne remarquable dont Berlioz tombe éperdument amoureux, après l'avoir entendue dans *Hamlet* et dans *Roméo et Juliette*. Il perd le sommeil; tout travail lui devient impossible; il couche en plein hiver dans les champs; son état confine à la démence. Il veut donner un concert dont le programme sera composé de ses œuvres, afin de se faire connaître de Miss Smithson. Il obtient, malgré l'opposition de Cherubini, la salle du Conservatoire, grâce à l'appui de M. de Larochefoucauld. Le public l'applaudit chaleureusement, mais, hélas! son idole ne sait rien de son succès. Il remporte enfin en 1828 un second prix au concours de Rome, avec la cantate *Herminie* et le *Tasse*, et retourne à la Côte, où, après trois ans d'absence, il est affectueusement reçu et choyé. Mais cet entourage qui ne le comprend pas, qui n'admire point ses dieux, lui devient promptement insupportable.

Il s'est épris, non plus seulement de Shakespeare, mais de Gœthe et de Beethoven. La IXe symphonie le ravit; Faust s'est emparé de sa pensée. Dès 1829, les *Huit Scènes de Faust* sont vraisemblablement terminées. Il les fait graver à ses frais et en adresse deux exemplaires à Gœthe, qui les soumet à son ami Zelter, un des oracles musicaux de Berlin, l'ancien maître de Mendelssohn. Zelter juge que l'ou-

vrage vaut moins que rien; Gœthe ne répond pas à Berlioz. Du moins le jeune musicien est-il vengé de cet étrange jugement par un article de la *Gazette musicale* où Fétis loue très vivement, au contraire, les *Huit Scènes de Faust*. Durant cette période, l'amour de Berlioz pour Henriette Smithson ne fait que croître, le charme ou le désespère tour à tour. Il échoue malencontreusement, pour la quatrième fois, au concours de Rome en 1829 avec la cantate *Mort de Cléopâtre*, grâce à l'opposition de Catel et de Boieldieu. Ce dernier va même jusqu'à dire « qu'un jeune homme qui a de pareilles idées et qui écrit ainsi doit bien le mépriser ». Il passe quelque temps à la Côte, et à son retour organise un concert consacré pour la plus grande partie à ses œuvres. Le *Figaro* et la *Revue musicale* de Fétis enregistrent son succès. Entre temps il apprend d'affreuses vérités sur le compte de Henriette, et en deux mois achève sa *Symphonie fantastique*, où il essaye de trouver un remède à sa passion. Il tente vainement de la faire exécuter; aucun orchestre ne se trouve disponible, et Henriette, qui séjourne alors à Paris, ne peut entendre l'œuvre « vengeresse ». C'est alors que se place en intermède la « distraction violente » que Berlioz cherche dans un nouvel amour. Il s'éprend de Camille Moocke, jeune pianiste de réel talent, coquette, mutine, assez peu surveillée par sa mère et dont le charme n'avait pas laissé insensible le pianiste Ferdinand Hiller. Hector va souvent, très souvent chez Mme Moocke. Il appelle Camille son « gracieux Ariel », songe à l'épouser, et, quand il remporte enfin le grand prix de Rome, à l'unanimité, avec la cantate *Sardanapale*, Mme Moocke et sa fille assistent à l'audition. A ce même moment Miss Smithson se débat contre ses créanciers, mais Berlioz n'en a cure. Il compose l'ouverture de la *Tempête*, louée par Fétis. Son mariage avec « le gracieux Ariel » est fixé pour la semaine de Pâques de 1832, et il se prépare à partir pour l'Italie. Après un court séjour à la Côte, il gagne Marseille et s'y embarque. Il est attendu à la Villa Médicis comme un phénomène, et Horace Vernet, qui dirige alors l'école de Rome, l'y accueille paternellement. Bientôt désespéré de ne pas recevoir la moindre lettre de Camille, il reprend, en dépit des conseils paternels d'Horace Vernet, le chemin de France, et se trouve brusquement arrêté en route par un court billet de Mme Moocke lui annonçant le mariage de sa fille avec Camille Pleyel. Il veut alors, à la faveur d'un déguisement, assassiner Ariel et sa mère et se tuer ensuite. Mais son exaltation ne dure pas, et il écrit à Horace Vernet pour le prier de vouloir bien le recevoir de nouveau. A Florence il avait réinstrumenté la scène du bal de la *Symphonie fantastique*. A Nice il compose *Lelio ou le Retour à la vie*.

Rentré à Rome, il fait la connaissance de Mendelssohn, qui ne le comprend pas, qu'il étonne et qu'il scandalise. Il se lie également avec Glinka, avec Brizeux, qui lui inspire le *Jeune Pâtre breton*. Les monuments de Rome l'intéressent peu. Quant à la musique italienne, il la flétrit de rudes épithètes, dont « catin » et « sotte bête » sont les moindres. Il aime les Italiens, les paysans italiens surtout, essaye, sans y parvenir, de rencontrer des brigands, et prend part à d'interminables chasses. La bienveillance d'Horace Vernet lui permet de quitter Rome six mois avant le délai fixé par les règlements. Son séjour en Italie a d'ailleurs été peu fécond. Néanmoins il a recueilli, au contact de cette nature splendide, une foule d'impressions qui se retrouvent dans *Benvenuto Cellini*, *Hamlet* ou le *Requiem*.

En 1832 Berlioz rentre à Paris. Il se venge de Mme Moocke et de sa fille en appelant la mère l'Hippopotame et en se montrant très dur pour Ariel dans ses critiques musicales. Il fait entendre la *Symphonie fantastique* et *Lélio* au cours d'un concert qui marque une date importante dans sa vie. D'une part, il est à jamais brouillé avec Fétis, qui ne lui pardonne pas certaines épigrammes mordantes et dont les articles vont devenir féroces pour le jeune compositeur. D'autre part, Henriette Smithson qui assiste à son concert et à laquelle d'ailleurs il ne songeait plus, ne doute pas que les déclarations brûlantes de *Lélio* ne s'adressent à elle, et elle s'enflamme à son tour. Berlioz lui est présenté, et, comme il l'écrit dans ses mémoires, « pendant de longs mois à des craintes affreuses succèdent des espoirs délirants ». Henriette continue à se débattre parmi les soucis d'argent les plus pressants. Elle organise une représentation à son bénéfice, mais à la veille de paraître en scène elle se casse une jambe, et Paganini lui refuse son concours, attitude que Berlioz flétrit violemment dans l'*Europe littéraire*. Il entend une foule de calomnies répandues sur le compte de Henriette, passe par des alternatives de joie et de tortures indicibles, rompt, renoue, rompt encore et renoue de nouveau avec « Ophélie », qu'il épouse enfin à l'ambassade d'Angleterre, le 3 octobre 1833. Le ménage ne tarde pas à connaître la gêne la plus pénible. Berlioz se voit obligé d'organiser un concert à l'Odéon. Henriette Smithson joue dans la première partie, mais la partie musicale ne peut être entendue, et à minuit les artistes quittent le théâtre, sans souci du programme. Une seconde tentative réussit mieux, et Paganini étreint, à la sortie, Berlioz dans ses bras. Berlioz collabore à différentes feuilles, à l'*Europe littéraire*, à la *Gazette musicale* et surtout au *Journal des Débats*. Il termine *Harold en Italie*, dont la première audition réussit brillamment. Mme Berlioz essaye de reparaître sur la scène, mais elle doit rompre son engagement, sa santé s'étant trouvée profondément ébranlée depuis son accident. D'ailleurs elle est bientôt mère d'un fils, Louis, qui va être désormais l'objet unique de sa sollicitude. Berlioz tente de se faire jouer à l'Opéra, et de nombreux journaux le soutiennent.

En 1835 enfin *Benvenuto Cellini* est reçu par Duponchel, mais Berlioz, qui avait été nommé directeur du Gymnase musical, aux appointements de 6.000 fr. par an, ne put obtenir de Thiers que le chant y fût autorisé. L'établissement fut fermé. En 1836, le comte de Gasparin, ministre de l'intérieur, commande à Berlioz une messe de *Requiem*. Berlioz était depuis longtemps hanté par la prose des morts. Il se met hardiment au travail et achève son œuvre en trois mois. Une audition devait avoir lieu aux Invalides, à la mémoire des victimes de l'attentat de Fieschi, mais elle est ajournée, et Berlioz conçoit une violente fureur de ce qu'il appelle un « vol ». On le dédommage un peu plus tard en faisant exécuter sa messe à la mémoire du général Damrémont et des soldats tombés devant Constantine. L'œuvre produit une impression

profonde sur l'auditoire, mais Berlioz a grand'peine à obtenir du ministre les 5.000 francs qui lui ont été promis. Toutefois ce succès invite Duponchel à monter *Benvenuto Cellini*, qui est à peu près terminé, en octobre 1836. Legouvé prête à Berlioz 2.000 francs pour lui permettre de travailler sans souci. Après de nombreuses répétitions et malgré la mauvaise volonté des interprètes, la première représentation a lieu le 10 septembre 1838. Meyerbeer, Paganini, Spontini, y assistent. Le succès est honorable, et les applaudissements couvrent les sifflets. Néanmoins Duprez se montre inférieur à sa réputation et s'en excuse d'ailleurs. Dupont le supplée, et Mlle Nau remplace elle-même Mme Dorus pour la quatrième et dernière représentation, en janvier 1839. *Benvenuto* ne devait être reprise qu'en 1913. Cet échec, qui jette Berlioz dans un découragement mortel, marque une date décisive dans sa vie de luttes et de déboires incessants.

En décembre 1839 il donne deux concerts qui réussissent. Paganini entend *Harold* et se jette aux pieds de l'auteur, auquel il envoie, le lendemain, un chèque de 20.000 francs. Berlioz, grâce à cette générosité, va pouvoir travailler trois années durant à l'abri des soucis d'argent immédiat et créer un de ses chefs-d'œuvre, la symphonie de *Roméo et Juliette*. Depuis les représentations anglaises données à l'Odéon en 1828, le drame de Shakespeare retenait sa pensée. Depuis longtemps aussi son plan était fait, le livret était écrit. Deschamps le met en vers, et Berlioz compose d'un seul trait sa symphonie, qu'il fait exécuter au Conservatoire le 24 novembre 1839. Fait sans précédent, il faut trois auditions pour en épuiser le succès. On critique violemment cette forme dramatico-symphonique, et d'Ortigue[1] signale quelques longueurs dans la dernière partie. L'année s'achève heureusement pour Berlioz, qui entreprend la composition de la *Symphonie funèbre et triomphale* commandée par de Rémusat à l'occasion de la commémoration des « trois glorieuses » au pied de la colonne de Juillet. L'exécution ne donne pas ce que l'on était en droit d'attendre. Durant la Marche on n'entend rien. Aussi Berlioz fait-il rejouer sa Symphonie avec l'adjonction d'un orchestre symphonique, aux concerts Vivienne, afin qu'on puisse la juger plus justement. Wagner en fait un grand éloge dans un article adressé à un journal de Dresde. Un concert donné par Berlioz à l'Opéra en octobre 1840 est troublé par une cabale. En 1841, Berlioz est amené à rompre complètement avec Henriette Smithson, à la suite de scènes de jalousie, d'ailleurs motivées, qu'elle lui fait. Il est chargé peu de temps après de remanier la partition du *Freischütz* en y ajoutant des récitatifs qui permettent de le transporter à l'Opéra, et il s'acquitte de ce travail avec un tact qui lui vaut les éloges de Wagner lui-même. Un voyage effectué par Berlioz en Belgique marque sa séparation définitive d'avec Henriette Smithson.

Il se décide alors à partir pour l'Allemagne, où il n'est pas inconnu. Il traverse plusieurs villes sans pouvoir, faute d'un orchestre ou d'une salle, se faire entendre. Son premier concert a lieu à Stuttgart en présence du prince d'Elchingen, dont il fait la connaissance et dont il devient l'ami. Ses pérégrinations le ramènent à Francfort, où il est suivi par la can-

---

1. Ortigue (Joseph-Louis d'), musicographe, né à Cavaillon (Vaucluse) le 22 mai 1802, mort à Paris le 20 novembre 1866. S'est occupé principalement de l'histoire de la musique d'église et a été chargé à ce titre par le gouvernement français de travaux importants. Il faut citer parmi ses principaux écrits : *De la guerre des dilettanti, ou de la révolution opérée par M. Rossini dans l'opéra français* (1829), *le Balcon de l'Opéra* (1833), collection de feuilletons épars ; *Du Théâtre italien et de son influence sur le goût musical français* (1840), *Dictionnaire liturgique, historique et théorique du plain-chant* (1854), en partie en collaboration avec Nisard ; *Traité théorique et pratique de l'accompagnement du plain-chant* (1856), en collaboration avec Niedermeyer. Il a collaboré à diverses revues, comme la *Gazette musicale*, le *Ménestrel*, etc.

tatrice Marie Recio, qu'il avait fait entrer à l'Opéra et qui voulait, bon gré, mal gré, chanter à toutes ses auditions. C'est à Weimar qu'il obtient un succès véritable. Il y trouve une lettre de Mendelssohn le pressant de venir à Leipzig, où sa *Symphonie fantastique* d'ailleurs ne réussit que médiocrement. Le public est encore peu habitué à sa musique, et un critique écrit « qu'à côté de son *Sabbat*, la *Gorge aux loups* de Weber pourrait passer pour une berceuse ». Il touche Dresde, revient à Leipzig, où il donne un *Requiem* dont Schumann dit que « l'offertoire surpasse tout ». A Dresde il s'était lié avec Wagner, qui l'avait obligeamment aidé, et il avait, de son côté, jugé avec beaucoup de bienveillance le *Hollandais volant* et *Rienzi*. Il visite ensuite Brunswick, Hambourg, Berlin, où le roi de Prusse l'accueille avec empressement, puis Hanovre et Darmstadt. A la fin du mois de mai il regagne Paris et travaille à la *Nonne sanglante*. En 1844 il publie son grand Traité d'instrumentation et d'orchestration, dédié au roi de Prusse. Il organise un festival monstre auquel prennent part près de neuf cents artistes, à l'occasion de la clôture de l'exposition. Au programme figurent l'ouverture de la *Vestale*, le 3e acte d'*Armide*, l'ouverture du *Freischütz*, un *Hymne à la France* composé par Berlioz pour la circonstance, et la *Symphonie funèbre*. Il part pour Nice, sur les conseils de son médecin, et à son retour il donne aux Champs Elysées une série de concerts où figurent, à côté de ses œuvres, le *Désert* de Félicien David et des fragments de la *Vie pour le Tzar* de Glinka. Il revient découragé d'une tournée en province au cours de laquelle il s'est senti encore moins compris qu'à Paris. En 1846 il va assister à Bonn à l'inauguration de la statue de Beethoven et se rencontre avec les célébrités musicales et littéraires de l'Europe. Il prépare à son retour un second voyage musical.

A Vienne il connaît enfin les jours de triomphe. On lui offre des couronnes, des souvenirs précieux de son passage, le public l'acclame sans répit. La presse, par contre, est très divisée, l'exalte ou le déchire. A Prague, encore que le public se montre plus réfractaire que les auditoires viennois à sa musique, il est applaudi. Quelques-uns des morceaux inscrits à ses programmes sont trissés. A Pesth il fait entendre pour la première fois la *Marche de Rackoczy*, qui déchaîne des tonnerres d'applaudissements. Il donne *Roméo et Juliette* avec le concours de Liszt, reçoit une coupe en vermeil, et l'empereur d'Autriche lui offre la succession du maître de sa chapelle. Mais il refuse. Paris lui est indispensable. Il reprend les *Huit Scènes de Faust*, compose un peu partout, en bateau, en chaise de poste, en chemin de fer, l'invocation à la nature de la *Damnation*, l'air « Voici des Roses », le ballet des *Sylphes*. Il termine le retour en France à son retour « au café, sur une borne du faubourg du Temple, etc. ». Il fait exécuter à Lille le *Chant des chemins de fer*, pour l'inauguration du chemin de fer du Nord, et à Saint-Eustache son *Requiem*.

Il donne enfin la première audition de la *Damnation* à l'Opéra-Comique le 6 décembre 1846, par un temps épouvantable, le jour même de la distribution des prix du Conservatoire. La salle est à moitié pleine; cependant la presse se montre favorable au malheureux auteur, auquel ses amis doivent venir en aide pour lui permettre de couvrir les frais de son concert.

En 1847 Berlioz part pour la Russie, où on lui prédit qu'il gagnera une fortune. Il s'arrête à Berlin pour solliciter du roi de Prusse une lettre de recomman-

dation auprès de sa sœur la tzarine et lui promet de faire exécuter à son retour la *Damnation*. Il se fait annoncer à Saint-Pétersbourg par les journaux, qui publient sa biographie. Son premier concert attire le public en foule et lui procure un bénéfice de douze mille francs environ. Il y fait entendre des fragments de *Faust* et de *Roméo*, que les choristes chantent en allemand. Faust interroge en français Méphisto, qui lui répond en allemand. Un second concert obtient un succès à peu près analogue. Berlioz se dirige alors vers Moscou, où il est également fêté. Toutefois, à Saint-Pétersbourg, *Roméo* et *Harold* ne rencontrent pas la même faveur. A Berlin, sur les instances du roi de Prusse et malgré les intrigues du prince de Radziwill, auteur lui aussi d'un *Faust*, Berlioz fait exécuter sa *Damnation* et reçoit la décoration de l'Aigle rouge. Ses rapports avec le roi sont empreints de la plus vive cordialité. Il lui dédie son Traité d'instrumentation. A Paris, il entre en pourparlers, mais sans grande conviction, pour obtenir la place de chef d'orchestre à l'Opéra. Après un séjour d'un mois à la Côte avec son vieux père et son fils, il va à Londres, où il signe trois traités en vue de conduire l'orchestre à Drury Lane et de donner des concerts. Il dirige quelques-unes de ses œuvres et obtient un réel succès, mais son impresario, trop aventureux, est mis en faillite. Berlioz semble pendant quelque temps renoncer à la France et ne plus songer qu'à l'Angleterre et à la Russie, mais à peine la saison musicale est-elle terminée, qu'il regagne Paris, l'ingrate cité dont il ne peut demeurer éloigné. Son père meurt; il retourne à la Côte et s'attendrit en contemplant le mont Eynard où, vingt-trois ans auparavant, il avait rencontré Estelle. Il faut lire les pages profondément émouvantes qu'il a consacrées dans ses Mémoires à ce souvenir. Il veut aller revoir Estelle elle-même, qui est devenue Mme Fornier; il lui écrit, mais il ne recevra la réponse que quinze ans plus tard. Il revient à Paris en pleine période révolutionnaire, mais il veut ignorer les causes d'un mouvement qui risque de l'atteindre dans ses affections et dans ses intérêts. Tandis qu'à Dresde Wagner se pose, vers 1849, en champion de la liberté, Berlioz salue avec joie le rétablissement de l'ordre et la présidence de Napoléon. Toutefois il n'en a point fini avec les désillusions. Cette époque est peu propice aux artistes. Il parvient cependant à créer la Société Philharmonique (1850). Le premier concert a lieu en février avec le concours de Joachim. En novembre, la société donne la première audition de la *Fuite en Egypte*, oratorio attribué par Berlioz, qui veut prendre ses contemporains en flagrant délit de partialité, à un prétendu Pierre Ducré, maître de la Sainte Chapelle en 1679. Après une série de concerts, la Philharmonique tombe. Berlioz effectue un second voyage à Londres en donne plusieurs concerts qu'il dirige lui-même à la New-Philharmonic et auxquels prend part Mme Pleyel, « le délicieux Ariel » qui joue le *Concertstück* de Weber. Berlioz remporte, cette fois encore, un succès considérable, mais on juge que son concours est ruineux et on évite de le rappeler dans l'avenir.

Pendant quinze ans il va continuer ainsi sa vie nomade, fuyant la France où « l'art est mort et se putréfie », mais ne pouvant cependant vivre complètement hors de France. Il n'écrira plus que dans le style de sa « seconde manière », si l'on peut dire, et produit quatre grands ouvrages : le *Te Deum*, l'*Enfance du Christ*, les *Troyens*, *Béatrice et Bénédict*. Il publie les *Soirées de l'orchestre*, dont la première édition est épuisée dans l'année. Liszt, qui montre à Weimar les œuvres des « jeunes », donne en 1850 *Lohengrin*, et en 1851 *Benvenuto Cellini*, qu'il considère comme l'œuvre dramatique la plus importante des vingt années précédentes, à part toutefois les drames de Wagner. Berlioz reparaît à Weimar en novembre et y est chaleureusement fêté à l'occasion des auditions de la *Damnation de Faust* et de *Roméo*. Liszt veut mettre en répétition le *Te Deum*, mais Berlioz le réserve pour le mariage de Napoléon III, où il ne sera d'ailleurs pas exécuté. Le 29 juin 1853 *Benvenuto* est représenté sur le théâtre de Covent Garden à Londres et tombe à plat, grâce à une cabale dont les procédés perfides indignent les artistes. On offre deux cents guinées à Berlioz, qui ne les accepte que pour faire graver la grande partition de *Faust*. Il rentre à Paris, où il séjourne un mois, traverse Baden, Brunswick, Hanovre, Brême et Leipzig, où il est magnifiquement reçu. Il se mêle à un procès intenté à la direction de l'Opéra de Paris, coupable d'avoir représenté une version inexacte du *Freischütz*. A son retour à Paris, il fait courir le bruit de son départ définitif et annonce dans son journal qu'il va diriger à Madagascar « l'orchestre des Hovas ». Il compose l'arrivée à Saïs de l'*Enfance du Christ*. En 1854, Henriette Smithson meurt après de longues années de souffrances et de solitude, et Liszt répond à Berlioz qui lui fait part de son deuil : « Elle t'inspira; tu l'as aimée, tu l'as chantée; sa tâche était accomplie. » Seul J. Janin se rappelle celle qui avait été Ophélie, et évoque en une chronique sa mémoire.

Berlioz entreprend un nouveau voyage en Allemagne. Il ne peut entendre *Lohengrin* à Hanovre. Il donne à Dresde quatre concerts extrèmement brillants, à l'issue desquels on lui offre la direction de la chapelle royale. A Paris il achève l'*Enfance du Christ*, qui est accueillie, à la première audition, avec un enthousiasme « révoltant pour ses frères aînés ». Il va diriger son œuvre à Bruxelles, où elle est exécutée trois fois; il dine chez Fétis, mais il ne se réconciliera véritablement avec lui que dix ans plus tard, lorsqu'ils communieront dans une même admiration pour l'*Alceste* de Gluck. A Paris, les amis de Berlioz se cotisent pour lui permettre de monter à Saint-Eustache son *Te Deum*, dont l'exécution a lieu en 1855. Neuf cent cinquante exécutants y prennent part, et l'effet produit est considérable. L'œuvre est immédiatement gravée, dédiée au prince Albert, et les souverains d'Europe figurent à peu près tous sur les listes de souscription. Il est bientôt chargé de la partie musicale du festival donné à l'occasion de l'Exposition. Puis il part pour Weimar, accompagné de Théodore Ritter, dont le talent de pianiste était justement réputé. Liszt y monte l'*Enfance du Christ*, la *Damnation de Faust* tout entière et *Benvenuto*. Berlioz entend enfin *Lohengrin*, qu'il goûte médiocrement, ce dont Liszt se montre douloureusement surpris. Il retrouve l'amie de Liszt, la princesse de Sayn-Wittgenstein qu'il avait connue en 1847 à Saint-Pétersbourg, et il ne cessera de correspondre avec elle jusqu'à sa mort. C'est à elle que nous devons, en réalité, les *Troyens*. Elle poussa ardemment Berlioz à écrire une grande œuvre sur un sujet antique, en particulier sur l'*Enéide*, qu'il avait toujours aimée et dont il sentait profondément la beauté. Berlioz ébauche le livret, encore hésitant sur le titre de l'œuvre nouvelle, qu'il changera plusieurs fois. Il est nommé entre temps à l'Académie des Beaux-Arts, où il remplace Adam. Au cours d'un voyage à Plombières, il écrit deux morceaux de la *Prise de Troie*. Au mois de janvier 1857, un acte et demi environ est terminé; en mars, trois actes lui restent encore à parfaire; en mai 1858, l'œuvre est prête pour la scène, et Berlioz essaye d'intéresser l'Empereur à son sort, mais vainement. Pendant plusieurs années Berlioz va régulièrement à Baden, où Bénazet, fermier des jeux, lui offre une généreuse hospitalité. Il y fait entendre des fragments des *Troyens* et orchestre le *Roi des Aulnes*. A Paris, il s'occupe de la reprise d'*Orphée* au Théâtre-Lyrique, redevient feuilletoniste, s'attaque au *Roméo* de Bellini, exalte *Fidelio* et publie sa fameuse réponse à Wagner sur la musique de l'avenir, son « non-credo », en dépit de l'attitude amicale de Wagner qui lui avait offert le premier exemplaire de *Tristan* et l'avait félicité à propos de son étude sur *Fidelio*. Berlioz voit en Wagner un rival dangereux. *Tannhäuser* va être joué, cependant que l'on oublie les *Troyens*. Berlioz ne veut rien entendre et lui demeure hostile. En 1860 il compose *Béatrice et Bénédict* et reçoit 4.000 fr. de Bénazet, qui veut monter l'œuvre à Baden. La chute retentissante de *Tannhäuser* met Berlioz en joie. Liszt, qui le voit à cette époque, écrit à la princesse de Sayn-Wittgenstein que Berlioz est moralement et physiquement dans un état qui l'afflige; son attitude à l'égard de Wagner lui a aliéné de précieuses sympathies. Les *Troyens* sont enfin reçus à l'Opéra, et un ordre officiel enjoint au directeur de les monter. Berlioz termine *Béatrice et Bénédict* et en dirige les répétitions chez lui, avec une fiévreuse activité, mais il est arrêté en plein travail par la mort de Marie Recio, qu'il avait épousée peu de temps après la mort de Henriette Smithson et qui tombe terrassée par une maladie de cœur. Berlioz demande alors à son fils de venir le rejoindre. La solitude l'effraye, et sa santé est de plus en plus chancelante. Le 9 août 1862 il dirige la première représentation de *Béatrice et Bénédict* à Baden. Mme Charton-Demeur, qui interprète le personnage de Béatrice avec un charme infini, assure au succès de l'œuvre, que le public accueille avec sympathie ainsi que la presse d'ailleurs, dont plusieurs correspondants sont venus à Baden spécialement. Les journaux allemands toutefois parlent de l'œuvre en termes plus mesurés.

Désespérant de faire jouer les *Troyens* à l'Opéra, Berlioz accepte les propositions de Carvalho, directeur du Théâtre-Lyrique; mais, en raison de l'exiguïté de la salle, on doit sacrifier toute la première partie, et Berlioz écrit un prélude spécial. Berlioz retourne à Weimar, où *Béatrice et Bénédict*, traduit en allemand, est unanimement applaudi une troisième fois. A Strasbourg il monte l'*Enfance du Christ*. Il est accueilli par une triple sonnerie de fanfares, et à Kehl les canons tonnent en son honneur. Après une série de répétitions absorbantes, les *Troyens* voient enfin le feu de la rampe, au Théâtre Lyrique, le 4 novembre 1863. A vingt-cinq ans à cette date que *Benvenuto Cellini* échouait. Bien que le public soit mal préparé à comprendre une telle musique, les *Troyens* remportent un certain succès; le septuor est bissé. Après vingt-deux représentations, ils disparaissent de l'affiche. La presse lui avait été cependant favorable, et Scudo lui-même reconnaissait que Berlioz était quelqu'un. Les droits d'auteur des *Troyens* touchait alors lui avaient permis d'abandonner son feuilleton des *Débats*. L'éditeur Choudens lui achetait bientôt sa partition pour le prix de quinze mille francs, avec promesse de faire graver la grande partition. Berlioz ne peut plus que difficilement écrire. « C'est à peine si la comédie de Meyerbeer et le rôle qu'y joue ce gros abcès de Rossini peuvent me faire rire, » écrit-il en août 1860 à la princesse de Sayn-Wittgenstein. Sa passion pour « Estelle » se réveille; son fils est absent; il va en Dauphiné revoir le mont Eynard, et retrouve à Lyon Mme Fornier. Désormais une correspondance va s'échanger entre les deux vieillards. Nous possédons les lettres de Berlioz, toutes frémissantes d'une folle passion. Celles de Mme Fornier, tendres, graves, raisonnables, ont été brûlées, suivant son désir... Berlioz termine ses *Mémoires*. Il les envoie à Mme Fornier et lui demande la permission de les communiquer à la princesse Sayn-Wittgenstein. A la suite d'un voyage à Genève où il est allé retrouver Mme Fornier, Berlioz rentre à Paris plus seul, plus désemparé que jamais. On veut reprendre les *Troyens* au Théâtre-Lyrique avec Mme Charton-Demeur, mais Berlioz s'y oppose. Ses relations avec Liszt sont peu amicales, et Liszt s'en plaint dans ses lettres. Berlioz s'occupe de la reprise d'*Armide* et d'*Alceste* à l'Opéra, mais il est aigri, souffrant, et son courage l'abandonne. Il part cependant pour Vienne, où il dirige la *Damnation*. L'*Enfance du Christ* est donnée à Lausanne avec un vif succès. A son retour à Paris il apprend subitement la mort de son fils (juin 1867), à l'heure où ses rapports avec lui étaient devenus étroitement affectueux et où Louis Berlioz s'efforçait de racheter la dureté qu'il avait montrée à l'égard de son père.

Dès lors la vie de Berlioz n'est plus qu'une longue agonie, pendant deux années. Les souffrances redoublent. Il se laisse néanmoins entraîner, sur les instances de la grande-duchesse Hélène, à Saint-Pétersbourg et à Moscou. Quelque temps après son retour à Paris, il part pour Monaco, mais au cours d'une promenade à travers des sentiers qu'il a explorés dans sa jeunesse, il tombe et se blesse à la tête. Le lendemain, il fait à Nice une seconde chute plus grave encore, qui ébranle profondément son organisme délabré. Il regagne enfin Paris, où il végète jusqu'à sa mort, et le 8 mars 1869 il rend le dernier soupir, entouré de quelques amis. Reyer vient passer la nuit dans la chambre mortuaire et lui consacre, dans les *Débats* où il l'a remplacé, un feuilleton qui est une des plus magnifiques pages que l'on ait écrites sur Berlioz. Paris fait à l'auteur de la *Damnation* des obsèques solennelles, et à quelque temps de là honore sa mémoire en un festival où le public accourt en foule. Ainsi s'accomplit une des dernières paroles de Berlioz qui murmure à son lit de mort : « Ils viennent, mais je m'en vais ! »

La musique de Berlioz a été l'objet de haines et d'admirations passionnées. Le temps a fait justice de celles-là, et si cet œuvre aujourd'hui même, précisément en raison de sa puissante originalité et parce que, bon ou mauvais, il n'est jamais indifférent, compte encore certains adversaires, du moins nul ne songe plus à méconnaître le génie de Berlioz et à lui refuser des premières places parmi les musiciens les plus considérables que la France ait produits. Depuis quelques années la critique s'est attachée à Berlioz avec un zèle, une ferveur qui rachètent à peine les dédains dont il eut à souffrir. Elle a fait revivre avec force ce type à peu près unique dans l'histoire de la musique, et elle a jugé sainement les caractères, les tendances et la portée de cet art spontané, vigoureux, si profondément personnel et attachant, alors même qu'on ne peut se défendre de quelque antipathie envers lui.

On a reconnu dans la musique de Berlioz un équilibre parfait des qualités françaises et allemandes, une science raffinée de l'instrumentation, l'absence du style vulgaire, du colifichet musical. D'ailleurs Berlioz a pour les maîtres allemands un culte qu'il proclame volontiers. Il faut excepter toutefois les maîtres anciens comme Bach, qu'il connaît mal et dont il goûte peu le langage perpétuellement contrapuntique. La fugue n'est pas ce que Berlioz aime. D'autre part, il est clair, vif, il a le sens de la couleur, et il fuit l'abstraction qui « cache souvent le vide de la pensée ». Il est avant tout expressif, et, comme Flaubert poursuivait âprement l'épithète propre et pleine de sens, Berlioz suit la formule, fouille son texte et cherche avec une ténacité patiente l'harmonie qui seule en éclairera le commentaire. Il faut noter toute la vérité, la solidité de sa déclamation, spécialement dans les récits. La musique *pure* n'est pas son fait, il ne perd jamais de vue l'idée poétique, dont la tyrannie l'entraîne parfois à certains excès. Il a une dangereuse horreur du banal, et, trahi par l'insuffisance de ses premières études musicales, lorsqu'il n'est plus soutenu par la grandeur du caractère qu'il trace ou les péripéties de l'action, il sait malaisément être simple, et n'échappe pas à une affectation sensible dans maintes et maintes pages.

La *Symphonie fantastique*, conçue et écrite à une heure où Berlioz est loin d'être maître encore de sa plume, est la plus significative des victoires « sanglantes » qu'il a remportées sur lui-même en luttant avec acharnement pour faire triompher sa pensée. Nul avant lui n'avait possédé ce sens de l'orchestre, cette divination des timbres, cette intensité de coloris, cette science paradoxale de l'effet imprévu qui stupéfiait des musiciens comme Mendelssohn, pour lequel la lecture des partitions d'orchestre de Berlioz était un perpétuel sujet d'étonnement. On sait quelles polémiques la question, toujours actuelle d'ailleurs, de la musique descriptive, de la musique à programme, a suscitées. Berlioz s'est vu amèrement reprocher ses tendances à la musique descriptive. La description, qui est d'ailleurs un moyen d'expression puissant, ne doit pas tomber dans l'imitation puérile, que Berlioz est le premier à proscrire. Il est inutile de justifier par d'illustres exemples les tentatives de Berlioz. Il a pu quelquefois s'aventurer trop loin, et, en voulant exprimer trop d'idées, être obscur, voire inintelligible. Il va d'ailleurs expressément jusqu'à la musique à programme. La *Symphonie fantastique* et *Lélio* sont précédés d'une notice explicative, exemple qui a été abondamment suivi de nos jours.

Si Berlioz n'a pas traité le leitmotiv comme Wagner, et peut-être faut-il voir là encore l'influence directe de ses premières études, du moins il l'a employé volontairement, systématiquement, dans *Harold* par exemple, ou dans *Roméo*. Il est juste de dire que le leitmotiv a été mis en œuvre sous cette forme par tous les musiciens. M. d'Indy a fait justement remarquer qu'on le retrouvait dans certains chants grégoriens, où un même groupe de notes correspond à une même idée. Nous ne signalerons que pour mémoire les jugements portés par les contemporains de Berlioz sur sa musique. Comme tous ceux qui innovent, Berlioz a été peu compris et mal compris. On a fréquemment observé que, en art comme d'ailleurs en politique, nous supportons assez mal la liberté. Nous avons été longtemps sous la domination musicale de l'Italie, puis sous celle de l'Allemagne. A cette heure la musique russe semble exercer sur nos jeunes compositeurs une influence prépondérante. *Tout* ce qu'il y a dans l'art de Berlioz de libre, d'aventureux, de révolutionnaire, devait choquer profondément des oreilles accoutumées aux douceurs molles des mélodies italiennes. A Berlioz comme à Wagner on a reproché l'éclat bruyant et discordant des orchestres, la dureté de ses dissonances et les « incorrections » dont son écriture musicale est entachée. Fétis, qui revisait les quatuors de Mozart, relevait dans l'œuvre de Berlioz des fautes à chaque ligne et s'en indignait. Nous avons fait la part de ce qu'il peut y avoir sinon de juste, du moins de spécieux dans cette critique, en indiquant les répugnances de Berlioz, qui fut au Conservatoire un élève indiscipliné, pour la contrainte et les exercices d'écoles. Si Berlioz avait pour la fugue une horreur que, selon le mot de Cherubini, « la fugue lui rendait bien » il s'est néanmoins fréquemment servi du *fugato*, dans le *Requiem* et dans l'*Enfance du Christ*, par exemple, sans compter la fugue de la *Damnation*, qui est une amusante parodie de la scolastique allemande. M. Saint-Saëns a remarqué que Gounod, qui a fréquemment recours au *fugato* et qui a introduit jusque dans ses opéras un certain nombre d'expositions, n'a jamais poussé jusqu'au bout le développement de la fugue ébauchée, dont la forme rigide lui paraissait sans doute convenir médiocrement à la musique expressive, qu'il recherchait avant tout. Ce qu'il faut louer hautement chez Berlioz, c'est la beauté plastique, la richesse et la souplesse de sa mélodie, où toute la pensée poétique se reflète et s'amplifie sans que la musique, d'ailleurs, consente à s'asservir au texte jusqu'à abdiquer devant lui. C'est ainsi que Berlioz s'est trouvé tout doucement amené à la symphonie dramatique et à *Roméo*, pour lequel il avait une prédilection constante et que certains de ses admirateurs considèrent, assez justement, à notre avis, comme son chef-d'œuvre.

L'un des dons les plus rares qui lui aient été dévolus fut ce sens de l'orchestration, colorée, pittoresque, fertile en combinaisons jusqu'alors inconnues et qui étonna à bon droit des auditeurs peu accoutumés à de semblables prodigalités. Il a considérablement innové dans ce domaine[1]. Il est, en particulier, le premier à avoir subdivisé les groupes d'instruments, procédé dont Wagner usera fréquemment. Il excelle à faire ressortir le timbre d'un instrument grâce à l'atmosphère symphonique dont il l'entoure, il réhabilite l'alto, dont il fait, dans *Harold* par exemple, un personnage de premier plan. Les bois sont ses interprètes favoris, tels la flûte ou le cor anglais. C'est ce même cor anglais qui prélude dans la *Damnation de Faust* à l'air de Marguerite : « *D'amour l'ardente flamme...* » De même il a traité les cuivres avec une maîtrise incomparable. Il rêve perpétuellement d'un orchestre géant et de masses chorales imposantes, seules propres, croit-il, à atteindre à l'effet grandiose qu'il peut produire. Pour qui désirerait d'ailleurs être exactement renseigné sur l'orchestration des œuvres de Berlioz, il est nécessaire de lire son grand *Traité*, qui n'a rien moins que l'allure d'un ouvrage didactique, mais où la technique, le lyrisme et la littérature se mêlent étrangement. Ajoutons que l'exécution de la musique de Berlioz exige du chef d'orchestre qui y préside un tact, une expérience de cette instrumentation vétilleuse et perfide qui ne s'acquiert que

par une longue pratique. Elle ne « sonne » pas naturellement comme les œuvres classiques. Il faut connaître le secret de cet équilibre harmonieux, et c'est là le fruit d'un constant amour et d'une longue patience.

Quelle que soit l'originalité de Berlioz, il est constant qu'il a subi un certain nombre d'influences, parmi lesquelles les plus sensibles sont celles de Beethoven, de Weber, de Gluck, de Méhul et de Lesueur, son maître.

C'est l'école française qui lui a laissé la première son empreinte. A son arrivée à Paris, Berlioz, qui a été sevré de musique pendant sa jeunesse, fréquente assidûment l'opéra et suit le cours de Lesueur au Conservatoire. Rappelons en quelques mots les origines et les tendances de Lesueur, qui a fait d'ailleurs l'objet d'une notice spéciale, dans le chapitre concernant la période révolutionnaire. Né en 1760, Lesueur est attaché pendant son enfance à une des nombreuses maîtrises qui étaient en fonctions à cette époque. A l'âge de vingt-cinq ans il est nommé maître de chapelle à Notre-Dame, organise des concerts spirituels où Marie-Antoinette apparaît quelquefois. Il compose pour chaque fête religieuse un *Oratorio* propre et explique en une sorte de titrepréface ses intentions, sans se douter peut-être qu'il fait de la musique à programme. Obligé de quitter Notre-Dame, où ses concerts causent du scandale, il travaille à un drame révolutionnaire et à plusieurs opéras, puis il écrit ses Mémoires, où il se justifie contre les calomnies de ses ennemis. Sous l'Empire il obtient la place de maître de chapelle aux Tuileries. Son opéra *les Bardes* est représenté avec succès. Il se voit nommé professeur au Conservatoire et membre de l'Institut. Mais, si l'on peut dire, ses œuvres musicales comptent peu à côté de ses ouvrages théoriques, qui forment la matière de près de quatre-vingts volumes. Il se montre partisan de la plus entière liberté dans le développement du tempérament musical des élèves. Le professeur se bornera à indiquer à son disciple quelques ouvrages que celui-ci s'assimilera plus tard. C'est ainsi que, sans encombrer son enseignement de préceptes pédantesques, il initiera Berlioz au culte de Gluck; il développera en lui le goût de la musique descriptive, de la vérité dans l'expression, le mépris des ornements inutiles et de pure virtuosité. Lesueur a des idées erronées sur la musique des anciens, mais il met Berlioz en contact avec elle, et cette fréquentation ne sera pas stérile. L'utilisation des mélodies populaires, qui est la pensée la plus chère de l'école musicale contemporaine, compte parmi les thèmes que Lesueur a développés avec complaisance, et il n'est pas très loin de faire la théorie du leitmotiv. Tel qu'il était, Lesueur devenait, comme on l'a dit, pour Berlioz un maître « providentiel » dont le jeune homme n'oubliera pas les conseils et subira longtemps l'ascendant.

Ce que Berlioz doit à Gluck, on le devine aisément. C'est le souci de la vérité dans l'expression dramatique. De Beethoven il aime l'indépendance farouche, la force volontaire. *Roméo* n'eût peut-être pas vu le jour sans la neuvième symphonie. Chez Weber enfin il admire le pittoresque instrumental, le coloris éblouissant. Les épisodes fantastiques du *Freischütz* le ravissent.

Nous ne pensons pas qu'il faille croire entièrement Berlioz quand il affirme dans ses *Mémoires* qu'il est devenu critique malgré lui et par une sorte de « fatalité ». La presse ne lui fut pas inutile. Peut-être tou-

---

1. Les coloristes de l'école russe, comme Rimsky-Konakow, lui doivent beaucoup.

tefois lui prit-elle le meilleur de son temps. Berlioz n'a pas écrit moins de six ou sept cents feuilletons dans le *Corsaire*, le *Correspondant*, l'*Europe littéraire*, le *Rénovateur*, la *Gazette musicale* et surtout dans les *Débats*. Sa correspondance était considérable. Outre la correspondance inédite et les lettres intimes (M. Tiersot a publié récemment quelques lettres dites des années romantiques), ont paru successivement ses lettres à Liszt, à la princesse de Sayn-Wittgenstein, à Gounet, à Mᵐᵉ Fornier.

En dehors de son Traité d'orchestration, il a écrit ses *Mémoires*, les *Soirées de l'orchestre*, les *Grotesques de la musique*, *A travers chants*. Il a écrit également l'argument de la *Symphonie fantastique*, les livrets de *Lélio*, de *Béatrice et Bénédict*, des *Troyens*, et en partie celui de la *Damnation*. Berlioz se montre dans ses feuilletons et dans ses lettres un écrivain incomparable, un conteur exquis, verveux, spirituel, incisif, un polémiste redoutable. Ses lettres nous le livrent tout entier, enthousiaste, amer, ironique, sincère avant tout, et nous ne croyons pas qu'il faille chercher à ses œuvres un commentaire plus éloquent et plus significatif.

Il importe de mentionner à part ses analyses des symphonies de Beethoven, qui sont d'admirables monuments de critique musicale. Si les remarques techniques tiennent peut-être une place un peu trop importante là où l'on eût souhaité que l'auteur cherchât principalement à mettre en lumière l'idée beethovenienne, l'admiration sincère et l'émotion qui les a inspirées leur donnent une éloquence singulièrement forte et communicative. Il faut lire Berlioz après avoir entendu Beethoven.

On sait quels dissentiments ont séparé Berlioz et Wagner, dissentiments qu'il faut, il est vrai, imputer en grande partie à des causes étrangères à l'art. Berlioz aigri, déçu, pardonne difficilement à *Tannhäuser* d'avoir supplanté les *Troyens*. On n'en demeure pas moins stupéfait, lorsqu'on rencontre dans sa correspondance cette lettre à Mᵐᵉ Massart où il narre la première représentation de *Tannhäuser* dans des termes que Scudo n'eût pas désavoués. M. Saint-Saëns a montré, en une page lumineuse, tout ce qui sépare le système musical de Berlioz du système wagnérien, que le vulgaire confond assez volontiers. L'écriture de la *Damnation* et celle de *Tristan* n'ont pas le moindre rapport. S'il y a eu entre Berlioz et Wagner l'une de ces antipathies assez communes entre deux génies qui ne peuvent se pénétrer et se comprendre, précisément parce qu'ils ont leur individualité propre et singulière (tels Weber et Beethoven, notamment à propos de la *Symphonie en la*), il n'en est pas moins vrai que Berlioz peut être considéré à certains égards comme le précurseur de Wagner par la transformation qu'il a fait subir au vieil opéra, par cette sorte d'intuition de la mélodie continue dont ses ouvrages offrent de remarquables exemples, par cette obsession de l'idée fixe qui deviendra le leitmotiv avec ses modifications organiques et la multiplicité de ses aspects. Et l'on ne peut s'empêcher de découvrir un sens profond à la dédicace inscrite par Wagner sur la partition d'orchestre de *Tristan* qu'il envoyait à Berlioz : « Au grand et cher auteur de *Roméo et Juliette*, l'auteur reconnaissant de *Tristan et Ysolde* ».

Essayons de caractériser en une courte analyse quelques-unes des principales œuvres de Berlioz. *Benvenuto Cellini*, dont la première représentation eut lieu le 30 septembre 1831, est, dans son ensemble, inférieur à ses autres partitions. Mais il contient des pages de premier ordre, et en particulier l'ouverture, que les Allemands eux-mêmes tiennent pour un pur chef-d'œuvre. Il convient de citer au premier acte le *Larghetto* de Thérésa, au second acte la romance de Cellini, que Berlioz, en l'attribuant à Schubert, fit applaudir par ceux qui avaient sifflé son opéra, puis le finale, d'une intensité de vie et de mouvement incomparable. *Benvenuto Cellini* n'est pas exempt de cet italianisme que Berlioz répudiait véhémentement. Mais les traces, à la vérité, en sont rares. *Roméo et Juliette*, exécuté pour la première fois le 24 novembre 1839, enferme la plus pure essence de son génie. La symphonie est, dans son esprit, infiniment plus apte qu'on ne pense à exprimer des sentiments nettement déterminés et à caractériser certaines situations. Peu importe qu'il ait poussé trop loin ce système, si l'œuvre est sans contredit admirable. Après une introduction où l'on voit lutter les Capulet contre les Montaigu jusqu'à ce que le prince intervienne (et ici on remarquera le *récitatif instrumental* déclamé par un trombone), le chœur explique l'action au cours d'un prologue où le thème de la fête et le thème de la scène d'amour font leur apparition. Le *scherzetto de la reine Mab*, justement célèbre et qui émut certains critiques réfractaires à l'orchestration de Berlioz, symbolise le sommeil de Roméo. Mais ce qu'il importe de signaler par-dessus tout, c'est l'immortelle scène d'amour, ce duo de la flûte et du cor anglais, cet enivrement de la symphonie où toutes les joies, toutes les fièvres de la passion palpitent et frémissent. Et c'est ici que l'on sent combien la parole précise, étriquée, formulaire, serait impuissante à traduire l'extase de *Roméo et Juliette*, avec tout ce qu'il y a en elle de mystérieux, d'éternel et de divin. La scène des funérailles de Juliette, la scène du tombeau, le finale où le père Laurence révèle aux Montaigu et aux Capulet le mariage clandestin de Juliette, sont des pages d'une grandeur et d'une majesté admirables, et c'est justement que M. Ernst[1] a pu appeler l'air du père Laurence : « *Pauvre enfant que je pleure,* » et le serment de réconciliation des maisons ennemies sur le *Crucifix*, « une phrase sublime, une mélodie où toute l'ampleur de la déclamation musicale se joint à l'indescriptible puissance de l'orchestre. »

Nous avons indiqué, en passant, la genèse de la *Damnation de Faust*, l'œuvre de Berlioz la plus populaire aujourd'hui. Berlioz a été séduit dans le poème de Gœthe, moins par la philosophie ou le mysticisme que par l'élément pittoresque et fantastique, et il en a rendu les multiples aspects. Le thème de Faust qui prélude à la première partie est à la fois descriptif. La mélodie lente et grave exposée d'abord par les violoncelles pendant que Faust songe douloureusement dans son cabinet de travail, est d'une expression dramatique profondément émouvante. Le récitatif « *Mes larmes ont coulé, le ciel m'a reconquis* », ne lui cède en rien. A peine est-il besoin de signaler l'épisode fameux de la taverne d'Auerbach, le réalisme bouffon de la *chanson du rat*, la

---

1. Ernst (Alfred), né à Périgueux le 9 avril 1860, mort à Paris le 15 mai 1898. Musicographe distingué, qui a enrichi principalement l'exégèse wagnérienne. Ses principaux ouvrages sont : *l'Œuvre dramatique d'Hector Berlioz* (1884), *Richard Wagner et le Drame con-* temporain (1887), *l'Art de Richard Wagner, Etude sur Tannhäuser*, puis la traduction des *Maîtres chanteurs de Nuremberg* et de *l'Anneau du Niebelung*. Il a rédigé la chronique musicale de la *Revue encyclopédique*.

ᶠugue sur le thème de la chanson de Brander, et la chanson de la puce, la phrase célèbre murmurée par Méphisto, « *Voici des Roses* », soutenue, *pianissimo*, par les cuivres, l'exquise valse lente du *Ballet des sylphes*, musique aérienne et quasiment irréelle ! Remarquons la superposition des deux thèmes des étudiants et des soldats dont Faust suit le cortège, travail contrapuntique dont Berlioz n'est pas coutumier. La troisième et la quatrième partie de la *Damnation* renferment des pages immortelles qui chantent dans toutes les mémoires, toute la scène où Faust erre dans la chambre de Marguerite, la mélancolie de la jeune fille qu'un noir pressentiment agite, la gothique ballade du roi de *Thulé*, l'évocation des follets, dont l'orchestration subtile, légère, cristalline, rappelle le *scherzo* de la reine Mab ; la sérénade de Méphisto, et le magnifique duo *Ange adoré*, où vibre l'ardente passion qui animait la scène d'amour de Roméo.

Signalons dans la quatrième partie l'air de Marguerite : « *D'amour l'ardente flamme* », l'invocation à la nature en *ut* dièse mineur et sa conclusion curieuse en mode hypodorien, enfin la course à l'abîme où Berlioz a cru pouvoir employer, sans éviter toutefois un léger ridicule, la langue que Swedenborg prête aux démons. L'œuvre s'achève en une vision céleste. Des légions d'anges chantent la gloire du Très-Haut, soutenus par deux groupes de harpes sur une trame continue des cordes et des bois. Un chœur suave de femmes et d'enfants (deux ou trois cents, d'après les indications de Berlioz) soupire et murmure *perdendosi* « comme l'écho lointain des infinies béatitudes », selon l'expression de M. Ernst.

La *Damnation de Faust*, religieusement exécutée chaque année à Paris, spécialement aux concerts Colonne, n'a pas épuisé la curiosité du public, et elle a l'heureux privilège de combler la vaste salle du Châtelet. Elle n'est pas moins populaire en Allemagne, où des chefs d'orchestre comme M. Moṭṭl, qui a une vive admiration pour l'œuvre de Berlioz, se sont attachés à la faire connaître et aimer.

L'*Enfance du Christ* remporta, dès son apparition, un succès très vif. C'est là une circonstance unique dans la vie de Berlioz. Elle est conçue à la façon des mystères, avec adjonction d'un récitant qui relie les divers épisodes musicaux en commentant pour les spectateurs les événements intermédiaires. Elle est empreinte d'une naïveté non dénuée d'artifice, il est vrai, et d'un archaïsme légèrement affecté. Le sentiment religieux s'y affirme néanmoins avec une sérénité et une candeur véritables, que la musique reflète fidèlement. Elle plut par cette simplicité même, par le charme qui s'en dégage, aux contemporains de Berlioz, qui y reconnaissent malaisément le style habituel de l'auteur. La marche nocturne de la première partie est d'un effet pittoresque. Il faut remarquer dans le prélude de l'air d'Hérode l'emploi du mode phrygien. Tout ce passage est d'ailleurs un des plus admirables de la partition. La scène de la crèche, le chant de la Vierge, enveloppé d'une orchestration délicieuse, est un chef-d'œuvre. La seconde partie débute par une fugue instrumentale en *fa* dièse mineur sans note sensible. L'épisode de la fuite en Égypte, le chœur des bergers, le Repos de la sainte famille ont été chantés partout. Ces tableaux sont traités avec un tact, une mesure parfaite, sans le moindre excès. Le romantisme échevelé de Berlioz sommeille. Il n'y a pas non plus la moindre trace d'exagération, le moindre « effet » contestable dans le début de la troisième partie qui retrace les péré-

grinations de Joseph à la recherche d'un abri pour la Vierge et pour Jésus. Le trio des Ismaélites (deux flûtes et une harpe) est aujourd'hui célèbre. Le ténor conclut la trilogie en un dernier récit, et un chœur *a capella* d'un caractère très purement religieux chante la miséricorde de Dieu et l'humilité des créatures.

Les *Troyens* se subdivisent en deux parties, la *Prise de Troie* et les *Troyens à Carthage*. Le premier acte de la *Prise de Troie* est rempli par les lamentations vaines de Cassandre et un duo entre la jeune fille et son fiancé Chorèbe. On a remarqué que Berlioz y avait introduit, en le déformant légèrement, le thème fondamental de la *Symphonie fantastique*. La marche religieuse du second acte, chantée par le peuple et les prêtres et étayée sur de larges accords consonants, laisse une impression saisissante de beauté grandiose et sévère. Il faut admirer également la sombre introduction du troisième acte ainsi que la strophe splendide où Cassandre excite le courage des Troyennes et les adjure de mourir plutôt que de tomber entre les mains des Grecs.

Le livret de la *Prise de Troie* est une transcription fantaisiste de l'*Énéide*. Berlioz a créé le personnage de Chorèbe et modifié le caractère de Cassandre sensiblement. Il ne lui a d'ailleurs jamais été donné d'entendre son œuvre.

Dans les *Troyens à Carthage*, au contraire, il s'est scrupuleusement inspiré de Virgile. Au cours du prélude, qui débute par un *lamento* expressif destiné à commémorer la prise et la chute de Troie, un rhapsode s'avance et raconte la destruction de la ville, puis deux chœurs chantent la *Marche troyenne*, qui est une des plus remarquables pages de la partition. Le premier acte, où l'action languit, dès le début tout au moins, contient d'intéressants épisodes descriptifs. Il faut en détacher le récitatif d'Ascagne, dont la déclamation est d'une justesse et d'une vérité frappantes. Le second acte est traité symphoniquement. Il s'ouvre par une pantomime suivie d'une chasse malencontreusement interrompue par un orage. Euée et Didon se réfugient dans une grotte jusqu'à ce que la tempête s'éloigne et que le calme renaisse. Les airs du ballet du troisième acte sont d'une séduction et d'une couleur enchanteresses. Nul n'ignore plus le récit d'Énée, le quintette qui suit et le célèbre septuor débutant par la phrase « *Nuit splendide et charmante* » qu'accompagne le bruit lointain de la mer ondulante et houleuse, enfin le duo de Didon et d'Énée, « *Nuit d'ivresse et d'extase infinie,* » tout brûlant de passion. C'est au quatrième acte que se place le délicieux et mélancolique chant du matelot Hylas, écrit dans le mode hypomixolydien. Toute la scène des adieux d'Énée à Didon est d'une beauté incomparable, et l'inspiration de Berlioz n'a point faibli dans le premier tableau du cinquième acte, si puissamment dramatique, où Jopas annonce à l'infortunée Didon le départ d'Énée et de ses compagnons. Didon, incapable de vaincre sa douleur, monte sur le bûcher funèbre qu'elle a fait préparer et, saisissant l'épée d'Énée, la plonge dans son sein en maudissant la ville future que Carthage poursuivra de sa haine.

Arrêtons-nous quelques instants sur cette *Symphonie fantastique* qui est en quelque sorte une autobiographie de Berlioz, où il a condensé ses espoirs, ses souffrances, où toute une période de sa jeunesse revit tumultueuse et passionnée, et qui devient peu à peu l'histoire de son amour pour Henriette Smithson. Berlioz avait songé de bonne heure à une immense composition instrumentale d'un genre nouveau, « au moyen de laquelle il tâcherait d'impressionner fortement son auditoire ». Il avait repris, sans savoir encore quelle forme il donnerait à son ouvrage, une mélodie qu'il avait composée sur des vers de l'*Estelle et Némorin* de Florian en l'honneur d'Estelle Dubœuf. Peu à peu son idée se précise. « L'immense composition sera l'effusion musicale de son émotion, de ses rêves d'amour, des aspirations secrètes de son cœur. Henriette Smithson, pour laquelle sa passion s'est réveillée plus furieuse que jamais, en sera l'inspiratrice, l'idée fixe, et, lorsqu'il apprend, par un mot négligemment échappé à quelque passant, que son Ophélie est peut-être indigne du culte qu'il lui a voué, il imagine ce dénouement fantastique, infernal, cette nuit de sabbat où l'idole se prostitue, triviale, ignoble, déchue. Cette marche au supplice, qui n'est, comme M. Boschot[1] paraît l'avoir péremptoirement démontré, que la marche des gardes extraite des *Francs Juges* et augmentée d'une collette afin d'y introduire l'idée fixe de sa symphonie, la *Fantastique*, que Berlioz ne cessera point de revoir et de corriger, est terminée dès le printemps de 1830.

Voici le commentaire qui accompagnait le programme de la première audition, le 30 mai de la même année : « Épisode de la vie d'un artiste. — Symphonie fantastique en cinq parties, par M. Hector Berlioz. Le compositeur a eu pour but de développer, dans ce qu'elles ont de musical, différentes situations de la vie d'un artiste. Le plan du drame instrumental, privé du secours de la parole, a besoin d'être exposé d'avance. Le programme suivant doit donc être considéré comme le texte parlé d'un opéra, servant à amener des morceaux de musique dont il motive le caractère et l'expression : « Rêve- « ries, existence passionnée. *Première partie*. L'auteur « suppose qu'un jeune musicien, affecté de cette mala- « die morale qu'un écrivain appelle le vague des pas- « sions, voit pour la première fois celle qui réu- « nit tous les charmes de l'être idéal que rêvait son « imagination et en devient éperdument amoureux. « Par une singulière bizarrerie, l'image chère ne se « représente jamais à l'esprit de l'artiste que liée à une « pensée musicale dans laquelle il trouve un certain « caractère passionné, mais noble et timide, comme « celui qu'il prête à l'objet aimé. Ce reflet mélanco- « lique avec son modèle le poursuivent sans cesse « comme une double idée fixe. Telle est la raison de « l'apparition constante, dans tous les morceaux de la « symphonie, de la mélodie qui commence le premier « *allegro*. Le passage de cet état de rêverie mélancoli- « que interrompu par quelques accès de joie sans « sujet, à celui d'une passion délirante, avec ses mou- « vements de fureur, de jalousie, ses retours de ten- « dresse, ses larmes, ses consolations religieuses, est « le sujet du premier morceau. — Un bal. *Deuxième* « *partie*. L'artiste est placé dans les circonstances de « la vie les plus diverses; au milieu du tumulte d'une « fête, dans la paisible contemplation des beautés de « la nature; mais partout, à la ville, aux champs, l'i- « mage chérie vient se présenter à lui et jeter le trouble « dans son âme. — Scène aux champs. *Troisième partie*. « Se trouvant un soir à la campagne, il entend au loin « deux pâtres qui dialoguent un ranz des vaches; ce « duo pastoral, le lieu de la scène, le léger bruissement « des arbres doucement agités par le vent, quelques

« motifs d'espérance qu'il a conçus depuis peu, tout « concourt à rendre à son cœur un calme inaccoutumé « et à donner à ses idées une couleur plus riante. I « réfléchit sur son isolement; il espère n'être bientôt « plus seul... Mais si elle le trompait! Ce mélange « d'espoir et de crainte, ces idées de bonheur, trou- « blées par quelques noirs pressentiments, forment le « sujet de l'*adagio*. A la fin, l'un des pâtres reprend le « ranz des vaches; l'autre ne répond plus... Bruit éloi- « gné du tonnerre... Solitude... Silence[2]. — Marche « au supplice. *Quatrième partie*. Ayant acquis la certi- « tude que non seulement celle qu'il adore ne répond « pas à son amour, mais qu'elle est incapable de le « comprendre, que de plus elle en est indigne[3], l'ar- « tiste s'empoisonne avec de l'opium. La dose du « narcotique, trop faible pour lui donner la mort, le « plonge dans un sommeil accompagné des plus hor- « ribles visions. Il rêve qu'il a tué celle qu'il aimait, « qu'il est condamné, conduit au supplice, et qu'il « assiste à sa propre exécution. Le cortège s'avance « au son d'une marche bruyante, tantôt sombre et « farouche, tantôt brillante et solennelle, dans laquelle « un bruit sourd de pas graves succède sans transi- « tion aux éclats les plus bruyants. A la fin de la mar- « che, les quatre premières mesures de l'*idée fixe* « reparaissent comme une dernière pensée d'amour « interrompue par le coup fatal. — Songe d'une nuit « de sabbat. *Cinquième partie*. Il se voit au sabbat, au « milieu d'une troupe affreuse d'ombres, de sorciers, « de monstres de toute espèce réunis pour ses funé- « railles. Bruits étranges, gémissements, éclats de « rire, cris lointains auxquels d'autres cris semblent « répondre. La mélodie aimée paraît encore, mais elle « a perdu son caractère de noblesse et de timidité; ce « n'est plus qu'un air de danse ignoble, trivial et gro- « tesque; c'est *elle* qui vient au sabbat... rugissement « de joie à son arrivée... elle se mêle à l'orgie diabo- « lique... cérémonie funèbre [parodie burlesque du « *Dies iræ*, ronde du sabbat et *Dies* « *iræ*, ensemble]. »

Le concert dut être remis d'ailleurs, et Miss Smithson, qui se trouvait pourtant à Paris, n'entendit point l'œuvre vengeresse. Il est malaisé d'imaginer avec quelle richesse d'imagination, avec quelle puissance de coloris, avec quelle fougue Berlioz a traité ces tableaux sonores. « La *Fantastique*, dit M. Boschot, est trop sincère pour n'avoir rien d'une humanité plus générale. Si la mode n'est plus de rêver qu'on tue celle qu'on aime, puis qu'on assiste soi-même à son propre supplice et qu'on voit son âme sortir de la tombe pour danser un sabbat au son du *Dies iræ*, du moins peut-on encore admirer avec quelle imagination, quel brillant, quel brio, un apprenti musicien de vingt-six ans, tirant presque toute son habileté de son propre fonds et n'utilisant presque aucune recette de ses professeurs ou de ses devanciers, brossait ces amusants et fantasques décors. Dans les autres parties, quelle poésie délicieuse! Rêveries, accès de la passion dans un cœur adolescent; frémissements, angoisse, extase voluptueuse à voir passer la femme élue dans le tourbillon d'une fête... Tout cela est peint avec la jolie touche fraîche, un peu timide encore, mais si sincère, d'un génie qui se découvre à lui-même dans son propre essai, dans sa première grande œuvre. Et aussi

---

1. Adolphe Boschot, *la Jeunesse d'un romantique*.
2. Phrase ajoutée au programme lors du concert du 5 décembre 1830.

3. Phrase modifiée ainsi : « Ayant acquis la certitude que son amour est méconnu, l'artiste... » (Décembre 1810.)
Consulter à ce sujet le remarquable ouvrage de S.-G. Prodhomme, *Hector Berlioz*.

quelle ingéniosité, quelle sûreté dans les effets, quelle adresse à échantillonner les couleurs, à les varier, à les opposer, à les faire jouer par des contrastes inattendus, piquants, par des rappels, par des rehauts, par des chocs qui font comme des effets de surprise et qui charment, qui séduisent l'imagination de l'auditeur ! »

On lira avec curiosité l'analyse que Schumann a faite de la *Fantastique* et où, malgré toute l'antipathie qu'il ressent instinctivement pour l'art étrange et parfois même si monstrueux de Berlioz, qu'il nomme un « aventurier de la musique », il laisse percer une admiration inquiète et comme nerveuse pour l'auteur de cet ouvrage unique, de cette féerie sonore dont les auditeurs, « amusés, séduits, charmés, irrités parfois, mais toujours entraînés, laissent errer leur rêve parmi les évocations de l'euchauteur » !

Tel est ce génie fécond, vigoureux et irrésistiblement attachant, qui demeurera l'un des créateurs les plus spontanés dont l'histoire de l'art nous offre l'exemple, et en qui l'universelle admiration a salué l'une des gloires les plus pures de la musique française.

Victor DEBAY, Paul LOCARD, 1914.

VIII

PÉRIODE CONTEMPORAINE

Par Camille LE SENNE

PRÉSIDENT DE L'ASSOCIATION DE LA CRITIQUE DRAMATIQUE ET MUSICALE

AMBROISE THOMAS (1811-1896)

C'est par Ambroise Thomas qu'il convient de commencer l'étude de la période contemporaine de notre histoire musicale. Assurément il ne fut ni Wagner ni Verdi, mais, comme Wagner et comme Verdi, toutes proportions gardées, il a rempli un demi-siècle. Et sa production a été non seulement considérable, mais éclectique et variée.

Le 13 mai 1894, l'Opéra-Comique célébrait la millième de *Mignon* devant les représentants du Tout-Paris politique, littéraire, musical et mondain. La soirée n'était qu'une longue ovation de nature à réjouir les admirateurs du doyen de la musique française. Quant au programme, il était assez bien compris, sauf une lacune dont nous parlerons tout à l'heure.

La première partie débutait par l'ouverture de *Raymond ou le Portrait de la Reine*, un opéra-comique qui date de 1851 et qui fut replongé, après trente-quatre représentations, dans la nuit éternelle par la faute du livret de Rosier et de Leuven, romanesque et même fantasmagorique adaptation de la légende du Masque de fer. Venaient ensuite le chœur des gardes du *Songe d'une nuit d'été*, dont la carrière a été infiniment plus brillante, car l'œuvre n'a pas compté moins de deux cent vingt-sept représentations, de 1850 à 1886; la cavatine de *Raymond*; la gavotte de *Mignon*; les couplets de Mercure, la perle de *Psyché*, ainsi que la romance et le chœur des Nymphes. Deuxième partie : la scène et le duo du *Songe d'une nuit d'été*. Troisième partie : fragments de *Mignon*. Quatrième partie : la scène de la folie et le ballet d'*Hamlet*.

Au demeurant, une notation assez étroite des phases principales de la carrière du compositeur. Mais ce programme avait un caractère historique plutôt que critique, comme il arrive toujours en pareille cir-constance. Pour la postérité d'aujourd'hui comme pour le grand public d'hier l'œuvre d'Ambroise Thomas, dégagée des demi-succès et des tentatives incomplètes, comprend trois œuvres maîtresses : *Mignon, Hamlet* et le *Caïd*.

« *Mignon* fut donnée à l'Opéra-Comique pour la première fois le 19 novembre 1866; six mois plus tard, cet ouvrage atteignait sa centième représentation, et depuis il n'a pour ainsi dire jamais quitté l'affiche. C'est donc, avec la *Dame blanche* et le *Pré aux Clercs*, le plus grand succès que l'Opéra-Comique ait rencontré. » Ainsi parlait, vers le milieu de la période ascendante de la gloire d'Ambroise Thomas, un critique qui, sans être des plus bienveillants, se montrait pourtant impartial. A vrai dire, cette première de *Mignon* fut une révélation. En vain Ambroise Thomas avait-il donné, avec le *Songe d'une nuit d'été*, de l'Auber de la meilleure marque, teinté de Weber, multiplié les tentatives intéressantes en faisant représenter, de 1851 à 1860, six œuvres dont aucune ne devait se maintenir au répertoire : *Raymond*, la *Tonelli*, le *Cœur de Célimène*, *Psyché*, le *Carnaval de Venise*, le *Roman d'Elvire*. Depuis six ans, il restait sous sa tente, loin des batailles théâtrales, peut-être inquiet, certainement attristé, à cette époque critique où tout musicien se demande s'il laissera la mémoire d'un professeur estimable ou celle d'un compositeur éminent, quand *Mignon* vint le sortir de la pénombre.

Les réserves de la critique d'antan n'ont plus qu'un intérêt rétrospectif devant ce triomphal fait accompli, l'immense popularité de *Mignon*. Qui n'a soupiré le presque trop célèbre « Connais-tu le pays où fleurit l'oranger, » et encore « Légères hirondelles, oiseaux bénis de Dieu, » et tant d'autres motifs tombés pour ainsi dire dans le domaine de l'admiration publique? Si tout n'y est pas or pur, tout en est monnaie courante.

Mignon avait affirmé la maîtrise d'Ambroise Thomas en tant qu'opérateur-comique. *Hamlet* fut sa grande partition d'opéra, la seule qui doive survivre. Non que les librettistes aient fourni au compositeur une excellente plate-forme. Ils ont fait du drame de Shakespeare uue pièce à tiroirs, un cadre spécial destiné à mettre en valeur telle ou telle cantatrice, hier la Nilson ou Mme Devriès, demain quelque virtuose exceptionnelle dont l'individualité pourra s'accommoder des grâces caractéristiques du rôle d'Ophélie. La blonde Danoise, fille de Polonius, et son idylle avec Hamlet, c'est tout l'opéra d'Ambroise Thomas (en faisant exception pour le tableau de l'Esplanade, qui a vraiment une allure grandiose). Mais ce rôle d'Ophélie est traité avec tant d'ampleur lyrique, tant de variété, tant de souplesse, une telle habileté de procédé!

Quand *Hamlet* fut donné pour la première fois à l'Opéra de la rue Le Peletier, le 9 mars 1868, avec Faure et Christine Nilson, tous les motifs d'Ophélie furent acclamés, depuis la scène du jardin jusqu'au tableau de la mort, qui rappelle par tant de points l'agonie de Séli a dans l'*Africaine*, — même accompagnement de voix surnaturelles et symphonie de harpes à la cantonade, — mais qui garde une valeur si personnelle et qui a fait verser tant de larmes.

A quelque rang que l'avenir classe Ambroise Thomas, — nos petits-neveux se dispenseront peut-être de décerner des places et se borneront à honorer d'un égal hommage Gounod, Thomas, Reyer, Saint-Saëns, Massenet, les chefs incontestés de cette courageuse école nationale qui a su vivre, s'affirmer, garder son originalité au milieu des querelles de parti, pendant la période la plus troublée de l'histoire dramatico-lyrique, — Mignon et Ophélie assurent au compositeur disparu cette forte moyenne de survie qu'on appelle vulgairement l'immortalité. Reste une autre région musicale où l'influence d'Ambroise Thomas sera durable, région tempérée, « coteaux modérés », comme disait Sainte-Beuve : le domaine de l'opérette.

Celui qu'on a appelé un « Verdi solennel », le sombre et toujours concentré—Ambroise Thomas des vingt-cinq dernières années, le promeneur solitaire qui semblait toujours penser à la mort (il y pensait si bien qu'il avait acheté une île sur la côte bretonne, un récif battu de la tempête, et que son tombeau, creusé dans le granit, l'y attend un quart de siècle), le chantre d'Ophélie et de Francesca fut le véritable créateur de l'opérette. Jusqu'au *Caïd*, — qui date de 1849, — il y avait bien eu les parodies de l'*Irato* et du *Dilettante d'Avignon*, mais pas de fantaisie franche, d'œuvre bouffe aussi nettement caractérisée. En commettant ce délicieux péché de jeunesse, Ambroise Thomas ne se doutait guère qu'il allait être le précurseur d'Offenbach et de Lecocq. Quand il dut se rendre à l'évidence, il en témoigna quelque méchante humeur, excusable chez le haut fonctionnaire, chez le gardien attitré de la tradition officielle. Mais le public n'a pas les mêmes raisons pour proscrire Abouli-far et son compère Ali-Bajou. Si le *Caïd*, puérilement exclu du programme de la millième de *Mignon*, n'affecte aucun caractère monumental, après tout c'est quelque chose de créer, même dans un genre secondaire. Cette humble fleurette a son charme délicat, sa grâce exquise, et mérite de reposer sur la tombe du maître, parmi les lauriers toujours verts, à l'ombre des palmes orgueilleuses.

L'homme.

Charles-Louis-Ambroise Thomas était né à Metz, le 5 août 1811, d'un père et d'une mère qui tous deux professaient la musique en cette ville. M. Arthur Pongin possède une brochure de huit pages, sans date, mais évidemment de l'époque de la Restauration, qui a pour titre : *Prospectus d'un établissement musical à Metz*, et dont voici les premières lignes : « M. et Mme Thomas ont l'honneur d'annoncer qu'ils viennent d'ouvrir une École d'enseignement mutuel pour la musique, à l'instar de celles de Paris et de plusieurs autres grandes villes, pour l'un et l'autre sexe. » L'auteur de cette brochure prend le titre de « correspondant de l'École royale de musique de Paris », ce qui indique suffisamment que c'était un artiste capable et instruit.

Ambroise Thomas reçut de son père sa première instruction spéciale. Dès l'âge de quatre ans il apprenait le solfège; trois ans plus tard il commençait l'étude du violon et du piano. Il entrait au Conservatoire de Paris, en 1828, dans la classe de piano de Zimmermann et dans la classe d'harmonie de Dourlen. En 1829 il remportait le premier prix de piano, en 1830 le premier prix d'harmonie; en 1832, les sections lui décernaient le prix de Rome.

Aucun détail particulier ne marque le séjour du futur auteur de *Mignon* dans la *Ville Eternelle*. Une lettre d'Ingres indique cependant qu'il fut secourable à la mélomanie du directeur, qui écrivait à un ami de Paris à la date du 25 mars 1835 : « ... La Providence est grande. Elle a eu pitié de moi en prolongeant le séjour à Rome d'un pensionnaire musicien compositeur, nommé Thomas : jeune homme excellent, du plus beau talent sur le piano, et qui a dans son cœur et dans sa tête tout ce que Mozart, Beethoven, Weber, etc., ont écrit. Il dit la musique comme notre admirable ami Benoist, et la plupart de nos soirées sont délicieuses... »

Berlioz signale dans la *Gazette musicale* du 16 octobre 1836 l'exécution, dans la séance de l'Institut où l'on donnait les envois de Rome, d'un duo italien « très goûté, envoyé par M. Thomas » et écrit « avec infiniment plus de conscience et de talent que les élèves n'en mettent d'ordinaire à remplir leur tâche académique. »

D'artistiques relations firent obtenir au jeune musicien le livret de la *Double Echelle*, qui, en 1834, fut son début à l'Opéra-Comique, deux ans après l'obtention du prix de Rome. Viennent ensuite le *Perruquier de la Régence*, en 1838; *la Gipsy* et le *Panier Fleuri*, en 1839; *Carline*, en 1840; *le Comte de Carmagnole*, en 1841; *le Guerillero*, en 1842; *Angélique et Médor*, en 1843, ainsi que *Mina*; *le Caïd*, en 1849; *le Songe d'une nuit d'été*, en 1850; en 1851, *Raymond ou le Secret de la Reine*; en 1853, la *Tonelli*; en 1855, *le Cœur de Célimène*; en 1856, *le Roman d'Elvire*; en 1857, *Psyché* et *le Carnaval de Venise*; *Mignon* en 1866, *Hamlet* en 1868; enfin *Gilles et Gillotin* en 1874, *Françoise de Rimini* en 1882 et *la Tempête* en 1889.

En 1852, Ambroise Thomas était élu à l'Académie des Beaux-Arts en remplacement de Spontini; en 1856, il devenait professeur de composition au Conservatoire, où il allait former onze grands prix de Rome : Charles Colin (1857), Théodore Dubois (1861), Bourgault-Ducoudray (1861), Massenet (1863), Victor Sieg (1864), Charles Lenepveu (1865), Rabuteau et Wintzweiller (1868), Charles Lefebvre (1870), Gaston Serpette (1871), Gaston Salvayre (1872).

En 1871, après la mort d'Auber et sur le refus de Gounod, il était appelé à la direction du Conservatoire, qu'il devait conserver jusqu'à sa mort.

Il mourut à quatre-vingt-cinq ans, le 12 février 1896, chargé d'ans et d'honneurs. Quinze jours avant sa fin, le public des concerts de l'Opéra lui avait fait une ovation spontanée après l'exécution du prologue de *Françoise de Rimini*. Pour son convoi, on transforma en chapelle ardente le péristyle de la salle des concerts au Conservatoire. Bourgault-Ducoudray dit le dernier adieu au nom de l'École avant l'enlèvement du corps. A la Trinité, l'orchestre et les chœurs, sous la conduite de Taffanel, exécutèrent la marche funèbre de la Symphonie héroïque de Beethoven et un *Requiem* d'Ambroise Thomas, œuvre de jeunesse écrite à Rome en 1833. M. Delmas chanta un *Pie Jesu* adapté sur l'arioso d'*Hamlet*, et M. Alvarez un *Agnus Dei* composé par l'illustre défunt.

Au cimetière Montmartre, M. Henry Roujon parla au nom du ministère des Beaux-Arts, M. Bonnat au nom de l'Institut, M. Mézières en souvenir de Metz, M. Théodore Dubois pour les anciens élèves du Conservatoire, M. Gailhard pour l'Opéra, Carvalho pour l'Opéra-Comique; mais il convient de reproduire intégralement le discours prononcé par Massenet au nom de la Société des auteurs et compositeurs de musique :

« On rapporte qu'un roi de France, mis en présence du corps étendu à terre d'un puissant seigneur de sa cour, ne put s'empêcher de s'écrier : « Comme il est grand! »

« Comme il nous paraît grand aussi, celui qui repose ici devant nous, étant de ceux dont on ne mesure bien la taille qu'après leur mort! A le voir passer si simple et si calme dans la vie, enfermé dans son rêve d'art, qui de nous, habitués à le sentir toujours à nos côtés, pétri de bonté et d'indulgence, s'était aperçu qu'il fallait tant lever la tête pour le bien regarder en face?

« Et c'est à moi que des amis, des confrères de la Société des auteurs, ont confié la douloureuse mission de glorifier ce haut et noble artiste, alors que j'aurais encore bien plus d'envie de le pleurer. — Car elle est profonde, notre douleur, à nous surtout ses disciples, un peu les enfants de son cerveau, ceux auxquels il prodigua ses leçons et ses conseils, nous donnant sous compter le meilleur de lui-même dans cet apprentissage de la langue des sons qu'il parlait si bien. Enseignement doux parfois et vigoureux aussi, où semblait se mêler le miel de Virgile aux saveurs plus âpres du Dante, — heureux alliage dont il devait nous donner plus tard la synthèse dans ce superbe prologue de *Françoise de Rimini*, tant acclamé aux derniers concerts de l'Opéra.

« Sa muse d'ailleurs s'accommodait des modes les plus divers, chantant aussi bien les amours joyeuses d'un tambour-major que les tendres désespoirs d'une Mignon. Elle pouvait s'élever jusqu'aux sombres terreurs d'un drame de Shakespeare, en passant par la grâce attique d'une Psyché ou les rêveries d'une nuit d'été.

« Sans doute il n'était pas de ces artistes tumultueux qui font sauter toutes les cordes de la lyre, pythonisses agitées sur des trépieds de flammes, prophétisant dans l'enveloppement des fumées mystérieuses. Mais, dans les arts comme dans la nature, s'il est des torrents fougueux, impatients de toutes

les digues, superbes dans leur furie et portant quelquefois le ravage et la désolation sur les rives approchantes, il s'y trouve aussi des fleuves pleins d'azur qui s'en vont calmes et majestueux, fécondant les plaines qu'ils traversent.

« Ambroise Thomas eut cette sérénité et cette force assagie. Elles furent les bases inébranlables sur lesquelles il établit partout sa grande renommée de musicien sincère et probe. Et quand quelques-uns d'entre nous n'apportent pas dans leurs jugements toute la justice et toute l'admiration qui lui sont dues, portons vite nos regards au delà des frontières, et quand nous verrons dans quelle estime et dans quelle vénération on le tient en ces contrées lointaines, où son œuvre a pénétré glorieusement, portant dans ses pages vibrantes un peu du drapeau de la France, nous trouverons là l'indication de notre devoir. N'étouffons pas la voix de ceux qui portent au loin la bonne chanson, celle de notre pays.

« D'autres avant moi, et plus éloquemment, vous ont retracé la lumineuse carrière du maître que nous pleurons. Ils vous ont dit quelle fut sa noblesse d'âme et quel fut aussi son haut caractère. S'il eut tous les honneurs, il n'en rechercha aucun. Comme la Fortune pour l'homme de la Fable, ils vinrent tous le trouver sans qu'il y songeât, parce qu'il en était le plus digne. Ce n'est donc pas seulement un grand compositeur qui vient de disparaître, c'est encore un grand exemple. »

L'œuvre.

La Double Échelle (23 août 1834), paroles de Planard, musique d'Ambroise Thomas, opéra-comique en un acte, fut le premier ouvrage (on peut dire le premier échelon), ce ne fut pas le brillant début au théâtre d'un maître qui devait tenir une si grande place à la salle Favart et y remporter de si nombreux et si durables succès.

Après *le Panier fleuri* (16 mars 1839, à l'Opéra-Comique), un acte, que les théâtres de province n'ont jamais abandonné, Ambroise Thomas parut à l'Opéra avec un acte de ballet, *la Gipsy*. Le compositeur Benoist avait écrit le premier acte, Marliani le troisième. Thomas, dans le second, réussit à merveille; c'est dans cet acte que Fanny Elssler fut acclamée avec une danse qui devint célèbre, la « Cracovienne ».

Le quatrième ouvrage est *Carline* (24 février 1840, à l'Opéra-Comique). *Carline* aussi fournit une carrière honorable, mais ne fut point l'objet de reprises par la suite. Dans cette pièce débutait Mme Henri Potier, artiste douée d'une agréable voix et d'une intelligence scénique qu'elle pouvait tenir de famille; car elle était la belle-fille de Potier, le comédien bien connu, la fille d'une ancienne coryphée de l'Opéra, et enfin, nous apprend un journal sérieux, « la nièce de cette excellente Minette qui a fait si longtemps les délices du Vaudeville ». En outre, pour s'attirer les bonnes grâces du public, elle possédait la beauté, et le *Figaro* d'alors n'hésite pas à la proclamer « la plus complètement jolie qui soit dans les théâtres parisiens ». On disait d'elle : « C'est Anna Thillon en gras et Jenny Colon en maigre! »

Mentionnons encore *le Comte de Carmagnole* (1841) et *le Guerillero* (1842), *Angélique et Médor* en 1843. Voilà un titre qui semblait annoncer des héros de l'Arioste; mais le librettiste, Sauvage, avait ajouté : *opéra bouffon* en un acte, ce qui rassurait le spectateur; il s'agissait en effet d'une comédie *à poudre*, comme on dit au théâtre, et la scène se passait entre comédiens, dans le cabinet du régisseur de l'Opéra.

En 1843 vint *Mina ou le Ménage à trois*, opéra-comique en trois actes, paroles de Planard. « Voici, écrivait un journaliste, sévère habituellement, voici une pièce dans le véritable genre du théâtre où elle a été donnée, un opéra-comique pur sang, qui, indépendamment de son Laruette, de son Lesage, de son comique obligé enfin, offre aussi des personnages qui excitent la gaieté, le rire, mais le rire des honnêtes gens, comme dit Molière dans ses Préfaces, pour dire le rire des gens de goût. » Tous ses confrères s'exprimaient à peu près sur le même ton, sauf peut-être Charles Maurice, qui ne semblait pas compter parmi les amis du compositeur; en revanche, il trouvait du piquant et de l'originalité à ce livret, qui, sans la prudence de l'auteur, aurait facilement revêtu les couleurs sombres, puisqu'on y voyait la trahison d'un séducteur marié, ourdissant une intrigue afin d'avoir une jeune fille, Mina, qu'un honnête homme finit par arracher au danger. Comme particularité caractéristique, cet ouvrage, écrit sans chœurs, comme l'*Eclair*, et qui affectait en plus les allures de la comédie, ne contenait que trois rôles d'hommes, qui furent joués par trois ténors : Roger, Moker et Moreau-Sainti; pas une note grave pendant toute la soirée. Les rôles de femmes étaient tenus par Mᶫˡᵉ Darcier, Mᵐᵉˢ Boulanger et Félix Melotte. Il est certain que les spectateurs prirent goût à la pièce, très agréablement interprétée d'ailleurs; les chiffres le prouvent : elle resta trois années au répertoire, et fut jouée 28 fois en 1843, 21 en 1844 et 7 en 1845.

L'année 1849 fut inaugurée à l'Opéra-Comique par un succès dont l'éclat ne devait pas être simplement éphémère. Le *Caïd* compte en effet parmi ces quelque dix ou douze œuvres qui formèrent pour ainsi dire le patrimoine du théâtre, et virent presque chaque année grossir le nombre de leurs représentations. De 1849 à 1866, il n'a quitté l'affiche qu'en 1859; après une éclipse de huit ans, il a reparu en 1875, 1876, 1879 et 1880; bref, on l'a joué trois cent une fois dans la seconde salle Favart. Le *Caïd* ou d'abord le *Kaïd*, portait primitivement un titre aussi bizarre que peu harmonieux : *les Boudjous*; c'est ainsi que les auteurs, peu experts en connaissances orientales, désignent une monnaie arabe ou bédouine dont l'appoint était nécessaire au développement de leur intrigue. A ce seul mot, on devine qu'il s'agit d'une bouffonnerie, et, pour mieux marquer l'intention de pasticher les sujets italiens, l'affiche portait cette désignation : « Opéra bouffe en deux actes et en vers libres, *libretto* de M. Sauvage. » Libretto remplaçait ici poème, terme ordinairement employé. Il est bon de constater que la première représentation du *Caïd* coïncida avec une brillante représentation de l'*Italiana in Algeri*, interprétée par Morelli, Ronconi et l'Alboni. Cette rencontre imprévue du modèle et de la copie fut presque un attrait de plus pour l'ouvrage du maître français, représenté le 3 janvier et joué soixante et une fois dès la première année. On put constater ainsi que la satire n'avait rien de mordant, et que la parodie était écrite par un compositeur qui a su demeurer toujours et partout respectueux de son art. « Sa muse, écrivait-on à ce sujet, est une demoiselle bien élevée qui a voulu essayer de se faire cocotte et d'aller en partie fine; elle s'y est montrée avec une décence piquante, une folie scientifique, un dévergondage de bon goût. » Et cette définition caractérise assez justement la première manière d'Ambroise Thomas, dont le *Caïd* marque le point suprême; avec le *Songe d'une nuit d'été*, en effet, une évolution devait commencer à se produire, et les résultats en sont connus de tous : ils s'appellent *Mignon* et *Hamlet*.

Ajoutons que le livret ne manque ni de mouvement ni d'intérêt, malgré ses vulgarités de gros vaudeville. Les aventures du barbier Birotteau promettant à un caïd algérien de le délivrer des mauvais plaisants qui le bâtonnent chaque soir, tenté d'échanger les 20.000 boudjous de récompense contre la main de la fille du caïd, finalement restant fidèle à la modiste Virginie et assurant le bonheur de Fatma avec le tambour-major français qu'elle aime, — le croisement des races n'y perd rien! — cette grosse histoire a de l'allure et de la vie. Elle est moins insipide que la plupart de nos livrets d'opérette, et le public des diverses reprises lui a fait un accueil fort empressé.

Le *Songe d'une nuit d'été*, opéra-comique en trois actes, paroles de Rosier et Leuven, représenté à l'Opéra-Comique le 20 avril 1850, s'imposa tout d'abord par l'heureuse inspiration des mélodies, jointe à un souci de la facture, à une élégance de l'instrumentation qui ne pouvaient manquer de frapper les moins clairvoyants. Le ton de la comédie musicale s'était visiblement haussé; il ne s'agissait plus d'un bouffonnerie spirituelle et d'un amusant pastiche comme le *Caïd*, mais d'une fantaisie dramatique plus touchante et plus noble. Par endroits, même, un souffle lyrique traversait ce rêve; le compositeur avait évidemment fait un grand pas en avant. C'est comme un pont musical entre le *Caïd* et *Mignon*, mais un pont solide, puisqu'il n'a pas faibli en plus d'un quart de siècle. L'œuvre est à la fois d'un charme délicat et d'une constitution robuste : on y retrouve les qualités distinctives de l'école française : la clarté, la franchise, l'originalité fantaisiste, la sève mélodique jointe à une impeccable science orchestrale.

Tout d'abord, le livret n'avait pas été sans causer quelques déceptions; l'amour de la reine Elisabeth pour le poète Shakespeare semblait bizarre, presque inadmissible : on objectait qu'à l'époque de l'action, cette noble et puissante dame avait atteint la soixantaine, âge respectable auquel il semble que la passion ne devrait plus faire de victimes. Mais on oubliait que l'histoire absolvait presque les librettistes, car Elisabeth avait soixante-neuf ans bien comptés quand elle se vengea d'Essex. Il est vrai qu'à l'Opéra-Comique le rôle n'était pas tenu par une duègne; c'était là tout le tort des acteurs. Mᶫˡᵉ Lefebvre personnifiait la reine, remplaçant ainsi, au dernier moment, celle en vue de qui la partie brillante de la partition avait été écrite, Mᵐᵉ Ugalde. Chose curieuse, cette cantatrice d'apparence robuste, et qui devait fournir au théâtre une longue et glorieuse carrière, se voyait, au début, sans cesse entravée par quelque malaise ou indisposition. Il lui fallut même, en cette année, interrompre son service et partir pour le Midi; c'est alors qu'elle fit aux Eaux-Bonnes ce voyage accidenté dont elle a dû garder le souvenir, puisque, revenant vers Pau, elle fut surprise au milieu de la nuit par l'inondation du Gave et dut, non sans danger, modifier son itinéraire, afin de se réfugier à Oloron, d'où elle gagna Saint-Sébastien. Elle reparut seulement au mois de septembre dans ce rôle d'Elisabeth, à côté des autres créateurs de la pièce : Mᶫˡᵉ Grimm; Boulo, ténor dramatique et gracieux tout à la fois; Couderc, qui rentrait à l'Opéra-Comique après une longue absence, et sous les traits de Shakespeare laissait percer quelque émotion; Bataille enfin, qui aborda il, avec le personnage de Falstaff, les rôles bouffes et ajoutait une création remarquable à toutes celles qu'il avait déjà faites en l'espace de dix-huit mois.

A la fin de son compte rendu, Florentino, très favorablement impressionné, disait que le *Songe d'une nuit d'été* aurait « ses cent représentations ». Il en a eu davantage, soit 227 : 117 de 1850 à 1856; 68 de 1859 à 1864; 13 de 1866 à 1867; 29 en 1886. Est-il besoin d'ajouter qu'en province le total des représentations atteindrait un chiffre bien autrement élevé? Car il n'est pas une grande ville de nos départements où l'ouvrage d'Ambroise Thomas n'ait paru et ne paraisse encore, presque chaque année. Certains morceaux ont joui même d'une véritable popularité, et pour n'en citer qu'un exemple, on trouverait peu de sociétés chorales au répertoire desquelles ne figure pas le chœur des *Gardes-chasse*, qui d'ailleurs avait été bissé le soir de la première.

De belles recettes ne furent jamais celles de *Raymond ou le Secret de la Reine*, opéra-comique en trois actes, représenté le 5 juillet 1851. Ambroise Thomas ne pouvait réussir à donner grande valeur au poème à la fois invraisemblable et banal que lui avaient confectionné de Leuven et Rosier. C'est l'histoire du Masque de fer que ces librettistes avaient prétendu faire mettre en musique. Suivant eux, le paysan Raymond, qui veut épouser la jeune Stella, fille d'une Espagnole nommée Juana, serait le propre frère de Louis XIV et, pour cause, verrait sa liberté menacée et ses amours contrariées. Quant au prisonnier célèbre, ce serait tout simplement le chevalier de Rosargues, séducteur de Juana et père de Stella, un diable incarné qui se ferait ermite au dénouement, en se substituant à Raymond en prenant son masque de fer pour expier ses péchés de jeunesse. Voilà une version nouvelle et pour le moins inattendue de ce fameux problème historique. Le public y prit un médiocre intérêt, car au bout de trente-quatre représentations il renonça au plaisir de goûter une partition qui valait mieux pourtant qu'un simple succès d'estime. Nous n'en voulons retenir ici que deux analogies curieuses, deux points de ressemblance avec une autre pièce du même auteur : Le premier acte de *Raymond* se termine par un incendie, comme le deuxième acte de *Mignon;* l'entr'acte du deuxième acte est pour l'un un menuet, et pour l'autre une gavotte.

Au surplus, le compositeur pouvait se consoler d'un demi-succès au théâtre, en songeant au triomphe qu'il avait obtenu quelques mois auparavant, le 22 mars, à l'Institut. Pour occuper le fauteuil de Spontini, décédé le 24 janvier 1851, onze candidats se présentaient, savoir : Batton, Benoist, Berlioz, Clapisson, Collet, Elwart, Martin d'Angers, Niedermeyer, Panseron, A. Thomas, Zimmermann, qui eut la modestie et le bon goût de se désister au dernier moment. Malgré ce nombre exceptionnel de concurrents, il n'y eut qu'un tour de scrutin : Ambroise Thomas obtint trente voix contre cinq données à Niedermeyer et trois à Batton! On remarquera que Berlioz n'en eut pas une seule!

Après la *Tonelli* (1853), deux actes vite disparus, vint le *Cœur de Célimène*, donnée le 11 avril 1855 et qui se heurta, non pas à la résistance, mais à l'indifférence du public. Le librettiste Rosier avait pris texte de la coquetterie de Célimène pour grouper autour d'elle toute une armée de soupirants et les

mettre aux prises pour les yeux de la belle. On y comptait quatre vieillards, quatre jeunes gens et quatre adolescents (*sic*) représentés par des femmes, Mlles Révilly, Decroix, Talmon, Bélia. Aussi la pièce s'appelait-elle primitivement *les Douze*. Elle aurait dû, en ce cas, s'appeler plutôt *les Quatorze*, car on avait oublié dans ce nombre le commandeur (Bataille) et le chevalier (Jourdan), les deux seuls amoureux sérieux, justement. Par une disposition originale, ces diverses voix, réparties en trois groupes, tenaient lieu de chœurs et donnaient plus de légèreté à cette comédie, que l'on s'était efforcé de maintenir dans le ton du xviiie siècle. Le compositeur avait écrit son principal rôle pour Mme Miolan-Carvalho, dont ce fut la dernière création à la salle Favart. Le mari avait déjà résilié, préparant en sous-main son entrée dans la carrière directoriale : la femme allait le suivre et porter ailleurs ces triomphes qui l'ont associée au succès de tant de compositeurs.

Psyché, la première nouveauté de l'année à la salle Favart, en 1857 (26 janvier), est une de ces œuvres sur lesquelles on fondait de grandes espérances et qui ne les ont jamais complètement justifiées. Les trois actes de Jules Barbier et Michel Carré ne manquent pas cependant d'intérêt; en tout cas, le sujet choisi par eux est ou doit être musical, si l'on songe au nombre de musiciens qui l'ont traité avant Ambroise Thomas. Sait-on, en effet, qu'il existait déjà *onze* opéras de ce nom, et *cinq* ballets, dont un, celui de Gardel, musique de Miller, fut joué à l'Opéra, de 1790 à 1829, *onze cent soixante et une fois*?

Quant à la partition, elle compte un certain nombre de morceaux justement réputés et goûtés par tous les connaisseurs, comme la romance : « O toi, qu'on dit plus belle, » comme le chœur : « Quoi! c'est Eros lui-même! » et les spirituels couplets de Mercure : « Simple mortelle où déesse. » On ne saurait non plus s'en prendre aux interprètes. A l'origine, comme à la reprise du 21 mai 1878, où l'œuvre reparut après avoir subi de notables remaniements, dont quelques-uns furent d'ailleurs critiqués, ces interprètes furent excellents, les deux distributions suivantes le prouvent :

	1857	1878
Mercure.......	MM. Battaille.	MM. Morlet.
Antinoüs	Sainte-Foy.	Collin.
Gorgias	Prilleux.	Prax.
Le Roi........	Beaupré.	Bacquié.
Eros..........	Mmes Ugalde.	Mmes Engally.
Psyché........	Lefebvre.	Heilbronn.
Daphné.......	Boulard.	Donadio-Fodor.
Bérénice.......	Révilly.	Irma-Marié.

Le 9 décembre 1857, l'Opéra-Comique représentait le *Carnaval de Venise*, trois actes de Victor Sauvage. Le *Carnaval de Venise*, s'écriait un critique, Henri Boisseaux, « c'est tout un monde d'intrigue, d'amour, de folie; c'est le quiproquo en action, c'est le bruit, c'est le rire. » Par malheur, l'intrigue fut embrouillée, le quiproquo banal, l'éclat assez terne et le rire absent. Aussi le public réserva-t-il toute son admiration pour la principale interprète, Mme Cabel. Au bout de trente-trois représentations, l'œuvre avait vécu; il n'en est resté que l'ouverture, où sont intercalées de charmantes variations sur l'air qui donne son nom à la pièce.

* *

Nous arrivons à *Mignon*. De tous les succès remportés à la seconde salle Favart, celui-là a été le plus continu, le plus assuré, le plus grand. Avant la représentation, il se trouvait bien des gens pour croire qu'Ambroise Thomas avait donné sa mesure et qu'il resterait éternellement l'auteur du *Caïd* et du *Songe d'une nuit d'été*. On constatait même un temps de repos après une période singulièrement active, car, à l'Opéra ou à l'Opéra-Comique, il avait, depuis 1837 jusqu'à 1851 (sauf en 1847 et en 1848), donné un ouvrage *tous les ans*, puis tous les deux ans en 1853, 1855, 1857, année même où il avait livré double bataille avec *Psyché* et le *Carnaval de Venise*. Or, depuis le *Roman d'Elvire*, il se taisait, ou, pour mieux dire, il se recueillait et préparait dans l'ombre ses deux œuvres maîtresses, *Mignon* et *Hamlet*.

Chose curieuse, nul alors ne doutait de la réussite plus que l'auteur lui-même; une série de demi-succès, dont plus d'un immérité, l'avait sans doute attristé, rendu timide, presque découragé. Il hésitait, et, le soir de la répétition générale, il pariait avec une personne de nos amis que la pièce nouvelle n'aurait pas cinquante représentations. Elle les eut, très vite; le compositeur s'exécuta galamment et put constater, par la même occasion, de quelles sympathies dans la presse et dans le public sa personne était entourée. Dès le lendemain, en effet, de la première représentation de *Mignon*, il assistait à un concert donné dans le Cirque des Champs-Elysées, et, après l'ouverture du *Carnaval de Venise*, toute la salle se levait spontanément et l'acclamait, comme pour confirmer avec plus d'éclat le succès de la veille. Bientôt les reporters se mettaient en quête d'annoncer les œuvres qui allaient suivre; ils parlaient d'un livret des auteurs du *Voyage en Chine*, Labiche et Delacour, qu'allait mettre en musique M. Ambroise Thomas, aspirant ainsi aux lauriers de Bazin, puis mentionnaient, en racontant déjà le scénario, sa *Françoise de Rimini*, qui devait venir au monde quelque quinze ans plus tard.

On a dit, à tort, que la pièce avait été méconnue à son apparition. Sans être « délirante », — les outrances n'étaient pas encore à la mode, — la presse fut bonne et rendit pleine justice aux mérites du drame lyrique. Le critique du *Siècle*, Gustave Chadeuil, terminait ainsi son article :

« En sortant de la représentation de *Mignon*, j'entendais dire par quelques-uns : Musique d'Institut ! — Où est le mal? N'est-il pas bon que de temps en temps une plume expérimentée donne une leçon de style aux faiseurs pressés?... Additionnez : grande musique, excellente interprétation, beaux décors, mise en scène soignée, total : franc succès. »

Dans la *Revue des Deux Mondes*, le collaborateur de Buloz commençait par rappeler que nous sommes habitués en France à une Mignon tout à fait dénaturée par l'interprétation d'Ary Scheffer : « Combien de gens nous parlent de Mignon comme d'une intime connaissance, qui ne l'ont jamais aperçue que derrière la vitrine d'un marchand d'estampes! » La figure véritable qui flotte entre la vierge raphaélesque et le mendiant de Murillo lui paraissait impossible à réaliser complètement; mais quant à la partition, il en faisait un commentaire à peu près dépourvu de sous-entendus perfides, « musique soignée, élégante, moins inspirée que délicatement ouvragée, moins originale par la pensée que variée par le tour et la recherche ingénieuse des sonorités, plus symphonique assurément que dramatique, un peu madrigalesque, mais en tous cas pleine d'intérêt ».

Au demeurant, là critique se montra des plus clairvoyantes. Elle sut distinguer ce qui était et demeure critiquable; elle fit la part du connu et du convenu, mais elle n'omit aucune des pages dont la valeur devait s'imposer, et son mérite était d'autant plus grand que les partitions ne se publiaient pas, comme aujourd'hui, avant la représentation. Les journalistes n'avaient alors d'autre critérium à leur jugement que l'unique audition du premier soir, et pourtant presque tous, par exemple, se rencontrèrent pour formuler un reproche : c'est que le poème avait perdu, dans les exigences de son adaptation lyrique, « son goût de terroir », disaient les uns, « son parfum germanique », disaient les autres. Peut-être gagnait-il ainsi plus sûrement son droit de cité à Paris.

Le sujet, tiré par J. Barbier et Carré des *Années d'apprentissage de Wilhelm Meister*, avait été traité, en effet, comme celui de *Faust*, à la manière française, c'est-à-dire avec un mélange de grâce aimable et de logique un peu bourgeoise. Les librettistes, disait-on, avaient admiré la Mignon d'Ary Scheffer, et ils s'étaient inspirés des tableaux du peintre plus que de ceux du poète. Pour la partie musicale, la critique aperçut dès l'abord les points d'ombre et les signala; ils disparurent peu à peu. Dès la deuxième représentation on pratiquait des coupures dans le second acte; d'autres venaient par la suite, comme au premier acte le rondo que chantait Wilhelm à son entrée, et le ballet qui précédait la danse de Mignon. Le second tableau du troisième acte, avec sa *forlane* chantée et dansée, avec sa scène cruelle de la rencontre de Philine et de Mignon, avait déplu à quelques-uns. Le rédacteur de la *Revue et Gazette musicale*, notamment, plein d'admiration pour le grand trio du précédent tableau, s'écriait : « Combien j'eusse préféré rester sous l'impression de mon cher trio et de sa simple prière! » Ce vœu musical devait être exaucé. Le dernier tableau, d'abord raccourci, a fini par être complètement supprimé.

Toutefois, si le dénouement s'est quelque peu modifié, jamais plus il n'est revenu à son terme logique, à la mort de l'héroïne, telle que l'avaient présentée les librettistes dans la version primitive. L'étude d'un tel document aurait son prix et, retraçant la genèse d'une œuvre célèbre, montrerait par quelles modifications peut passer un livret avant d'atteindre sa forme définitive. Qu'il nous suffise de dire ici que la pièce avait alors quatre actes au lieu de trois, et qu'en regard du nom de Mignon on lisait celui de... Mme Miolan-Carvalho! Une histoire presque aussi curieuse serait celle de cet ouvrage, et de bien d'autres d'ailleurs, *après la représentation*, changeant d'aspect peu à peu, comme l'homme lui-même qui se transforme avec l'âge, mais par degrés presque insensibles. Le succès impose à l'œuvre une physionomie nouvelle; on retranche d'abord quelques mesures dans une scène, puis la scène tout entière; par une sorte de convention tacite entre les auteurs, le directeur et le public, l'action se resserre et les effets se déplacent. La *Mignon* que nous voyons aujourd'hui, et qui nous satisfait pleinement, diffère sensiblement de la *Mignon* qu'applaudissaient les spectateurs de 1866, et il en est ainsi de mainte pièce célèbre, depuis les *Huguenots* jusqu'à *Faust*, dont l'introduction a gardé la trace d'un air de Valentin définitivement supprimé. *Mireille*, par exemple, comporte toute une série d'avatars, et la partition à *quatre mains* du *Trouvère* contient, après le « Miserere », un allegro qui non seulement n'est jamais exécuté, mais qui ne figure même plus dans aucune édition!...

Avec le temps, l'interprétation fut encore plus bouleversée que l'œuvre elle-même. Les premiers rôles avaient été établis par d'incomparables interprètes. Préférée, et avec raison, à M¹¹ᵉ Marie Roze, que voulait essayer d'imposer un groupe d'admirateurs, Mᵐᵉ Galli-Marié avait trouvé dans *Mignon* un des plus grands succès de sa carrière dramatique. Les chanteuses qui lui ont succédé dans ce rôle poétique, plein de rêverie langoureuse, d'espièglerie naïve et de puissance dramatique, ont pu l'imiter, mais aucune ne l'a surpassée. Achard était le plus charmant des Wilhelm, Couderc le plus spirituel des Laërte, et Mᵐᵉ Cabel la plus coquette des Philine, sans oublier un artiste alors désigné sous le nom de Voisy et qui plus tard, sous celui de Vois, acquit un certain renom dans l'opérette. Il jouait le personnage de Frédéric, lequel partage avec celui de Panope dans *Phèdre*, de Pygmalion dans *Galathée*, de Virgile dans *Françoise de Rimini* et d'autres encore, le singulier privilège d'être tour à tour masculin ou féminin, autrement dit, d'être tenu indifféremment par un homme ou par une femme. C'est ainsi que, le 18 mars 1874, M¹¹ᵉ Ducasse reprenait ce rôle, réservé jusque-là au sexe fort, et y intercalait une gavotte composée d'abord pour Mᵐᵉ Trebelli, tandis que M¹¹ᵉ Chapuy, qui, le même soir, succédait à Mᵐᵉ Galli-Marié, ajoutait à son rôle une styrienne primitivement écrite pour M¹¹ᵉ Nilsson.

Dès 1867, Mᵐᵉ Cabel était remplacée par M¹¹ᵉ Cico (12 mars), Achard cédait le pas à Capoul (6 août), Couderc à Ponchard, Bataille à Melchissédec. En 1868, après une interruption de huit mois, *Mignon* reparaissait le 4 novembre, sur l'affiche, avec Couderc et tous les artistes de la création. En 1869, Gailhard succédait à Bataille, et le nouveau Lothario obtenait un succès qui lui valait un réengagement; le 30 août de cette même année, Philine se montrait sous les traits d'une débutante, M¹¹ᵉ Moreau, qui, après un séjour au Théâtre-Lyrique, avait quitté Paris pour Bruxelles. Au surplus, il est presque impossible et surtout il serait fastidieux d'entreprendre le dénombrement de tous les artistes qui ont prêté à l'œuvre d'Ambroise Thomas le concours de leur talent. Il n'est pas un ténor élégant, pas un soprano agile, pas un comique noble, qui n'ait paru plus ou moins longtemps sous les traits de Wilhelm, de Philine et de Laerte, et l'incomparable Galli-Marié elle-même a pu voir sa robe de bure et son costume de page endossés par des successeurs qui ne la valaient pas. Mais qu'importe? Après tant d'années la fortune de *Mignon* n'a pas subi la moindre atteinte, et elle s'est maintenue au répertoire avec une fixité telle que l'année 1871, où le théâtre resta fermé pendant six mois, fut *la seule* où l'Opéra-Comique n'ait pas vu son nom sur une de ses affiches.

Quant aux recettes, elles présentent un chiffre énorme et peut-être le plus gros, par sa continuité même, qu'une pièce ait fait tomber dans la caisse du théâtre. La *Revue et Gazette musicale* parlait avec enthousiasme d'une moyenne de 6,000 fr. La vérité est que tout d'abord ce chiffre ne fut dépassé que deux fois : le 1ᵉʳ décembre avec 6,118 fr. 20 c., et le 8 avec 6,312 fr. 70 c., résultat déjà fort satisfaisant. Si les recettes de *Mignon* furent d'abord inférieures à celles du *Premier Jour de bonheur*, il n'en faut pas absolument conclure à un succès moindre dans l'opinion du public; c'est que *Mignon* parut presque au mois de décembre, le mois où, pour cause d'approche du jour de l'an et de ses dépenses obligées, les bénéfices des spectacles s'abaissent sensiblement. A partir de

la fin de janvier 1869, l'ascension régulière commençait à se produire; le mardi gras on réalisait 5,300 fr., et, pendant cette année, l'Opéra-Comique encaissait la somme colossale de 1,566,928 fr. 80.

L'Exposition universelle était bien pour quelque chose dans un tel résultat; mais une large part en devait revenir à l'œuvre nouvelle, à l'œuvre d'attraction pour les étrangers, *Mignon*, qui, le 8 juillet 1869, *huit* mois presque jour pour jour après la première représentation, atteignait la centième, et se jouait *cent trente et une* fois dans le cours de cette même année.

En 1873 on atteignait la *trois centième*, et chaque année a, depuis lors, apporté un contingent de représentations qui n'a jamais été inférieur à *douze* et qui s'est élevé jusqu'à *cinquante-huit*.

Le dimanche 13 mai 1894 avait lieu la *millième* à l'Opéra-Comique. Le surlendemain on donnait la représentation de gala, dont il n'est pas indifférent de reproduire ce compte rendu, d'une touchante sincérité :

« A l'exception de la *Marseillaise*, qui fut écoutée debout par toute la salle à l'entrée (c'était aussi une rentrée) de M. le Président de la République et de Mᵐᵉ Carnot, la musique de M. Ambroise Thomas faisait naturellement tous les frais de la séance. C'était d'abord la triomphale ouverture de *Raymond ou le Secret de la Reine*, fort bien enlevée par l'excellent orchestre de l'Opéra-Comique; puis le célèbre chœur des gardes-chasse du *Songe d'une nuit d'été*, entonné par toute les artistes de l'Opéra-Comique, les élèves du Conservatoire et les choristes du théâtre; la cavatine de *Raymond*, délicieusement chantée par le ténor Clément; la fameuse gavotte entr'acte de *Mignon*, redemandée comme toujours; les couplets de Mercure de *Psyché*, que Fugère, l'impeccable artiste, a dû redire, et la romance d'Eros, où M¹¹ᵉ Delna a fait applaudir une fois de plus son admirable mezzo, et pour terminer ces fragments de *Psyché*, le chœur des nymphes, où les fraîches voix des élèves du Conservatoire se mêlaient à celles des artistes de la maison.

« Ici, premier entr'acte, au cours duquel on vit apparaître dans la loge présidentielle M. Ambroise Thomas, revêtu du grand cordon de la Légion d'honneur : c'est la première fois que pareille dignité, la plus grande qui puisse être donnée, est conférée à un musicien... La salle applaudit, comme on pense, et le maître assiste, à côté du chef de l'Etat, à l'exécution de la scène et du duo du *Songe d'une nuit d'été*, brillamment interprétés par Mᵐᵉ Isaac, exceptionnellement revenue pour cette solennelle circonstance, et par M. Bouvet, abordant le rôle que créa Couderc.

« M. Ambroise Thomas quitte alors l'avant-scène de M. Carnot et vient prendre place dans une loge de face, où il accompagne M. Spuller et où il retrouve Mᵐᵉ Ambroise Thomas. C'est le duo de *Mignon* avec M¹¹ᵉ Wyns et M. Mouliérat : « Connais-tu le pays où fleurit l'oranger; » c'est le trio final avec M. Tascin, et, dans la coulisse, les vocalises de M¹¹ᵉ Leclerc. C'est une nouvelle et chaleureuse ovation pour le vénéré maître, qui doit se lever et remercier le public enthousiaste. Il a reçu dans sa loge le duc d'Aumale, qui est venu l'embrasser cordialement; il aperçoit au balcon Mᵐᵉ Nilsson, la créatrice de son Ophélie, à laquelle il adresse un salut affectueux.

« Quand la toile se relève pour la dernière fois, M. Madier de Montjau est au pupitre à la place de M. Daubé, et nous assistons au charmant ballet du Printemps, d'*Hamlet*, spirituellement dansé par

Mlles Subra et Salle et leurs gentilles camarades de l'Opéra, légèrement à l'étroit sur la scène de l'Opéra-Comique, dans la forêt du troisième acte de *Falstaff;* on sait, d'ailleurs, que les décors d'*Hamlet* furent brûlés dans le récent incendie de la rue Richer. Et Mlle Berthet chante très remarquablement (MM. Bertrand et Gailhard semblaient ravis) la scène de la Folie, qui termine dignement cette belle représentation. »

Au foyer du public, M. Spuller, ayant à ses côtés MM. Roujon et Deschapelles, félicita M. Ambroise Thomas d'être le premier compositeur qui ait pu assister à la millième représentation d'une de ses œuvres et lui remit une médaille commémorative, sur laquelle Allart avait gravé d'un côté la Mignon d'Ary Scheffer, tandis qu'on lisait de l'autre cette inscription :

LE 13 MAI 1894
M. CARNOT
ÉTANT PRÉSIDENT DE LA RÉPUBLIQUE
M. EUGÈNE SPULLER
MINISTRE DE L'INSTRUCTION PUBLIQUE ET DES BEAUX-ARTS
LE THÉATRE DE L'OPÉRA-COMIQUE
SOUS LA DIRECTION DE M. LÉON CARVALHO
DONNA LA 1.000ᵉ REPRÉSENTATION
DE *MIGNON*, EN PRÉSENCE DE SON AUTEUR
M. AMBROISE THOMAS

⁎

En 1868, l'Opéra jouait *Hamlet.*

Que d'Hamlets musiqués avant ou pendant celui d'Ambroise Thomas! Les nomenclatures en débordent : ouverture et entr'acte de l'abbé Vogler en 1791, un opéra de Mareczek représenté à Brünn en 1843; un autre opéra (posthume, celui-là) d'Alexandre Stadtfeldt (Darmstadt, 1857); une suite de morceaux de Victorin Joncières, ouverture, marche, entr'actes, mélodrames, pour accompagner l'adaptation de Dumas père et Paul Meurice au Grand Théâtre de Nantes, en septembre 1867, au cours de soirées dont le plus vif intérêt fut l'interprétation du rôle d'*Hamlet* par Mme Judith, l'ancienne sociétaire de la Comédie française.

Le plus malchanceux de ces drames lyriques fût composé par un musicien de valeur, Aristide Higuard (au nom déjà malencontreux), sur un arrangement de Pierre de Garal. L'auteur venait de terminer sa partition quand il apprit que l'opéra... parallèle d'Ambroise Thomas était non seulement terminé, mais à l'étude. L'infortuné ne songea pas à soutenir une lutte inégale; il se contenta de publier la musique, afin de pouvoir témoigner qu'il y avait eu simultanéité, non plagiat. Vingt ans plus tard il eut la fiche de consolation de voir son *Hamlet* exécuté à Nantes avec le concours de Mme Vaillant-Couturier (Ophélie) et de M. Laurent (Hamlet). Mais ce fut une joie sans lendemain.

L'*Hamlet* de Michel Carré et Jules Barbier reste supérieur à la plupart des adaptations présentées sur les scènes du boulevard, où nous avons vu le prince de Danemarc marcher, sans musique, à travers son cauchemar sanglant. Presque tous les arrangements pèchent en effet par une prétention d'autant plus obsédante qu'elle a été pendant longtemps, qu'elle est encore encouragée par un clan de critiques dramatico-littéraires : celle de prêter à Shaxespeare et à son héros toutes sortes de pensées de derrière la tête, auxquelles ils n'ont pas songé. A voir trop de dessous dans *Hamlet,* — une philosophie, un mythe, le résumé des souffrances de l'humanité, l'avant-préface

du pessimisme, — on finit par n'y plus reconnaître ce qui s'y trouve réellement et ce que Gœthe a défini avec tant de bonheur d'expression : une âme chargée d'une grande mission et incapable de l'accomplir :

« Un chêne est planté dans un vase qui ne devait porter que des fleurs délicieuses; les racines foisonnent, le vase éclate. Un être beau, pur, noble, éminemment moral, mais dépourvu de cette robustesse physique qui fait les héros, succombe sous le poids d'un fardeau qu'il ne saurait ni rejeter ni porter : la tâche sacrée est précisée pour Hamlet, mais l'exécution trop difficile. C'est l'impossible que le spectre exige de lui, non l'impossible en soi, mais ce qui, pour lui, est impossible. »

François-Victor Hugo montrait aussi en Hamlet, dans la préface de sa grande traduction, « l'homme qui lutte contre les fatalités de ce monde ». L'explication n'a pas suffi à certains esprits délicats et distingués, mais portés à tondre sur un vers de Bornier ou une phrase de Mallefille. « Œuvre déconcertante! » s'écrie l'un. « Explications banales, » murmure l'autre... A quoi bon quintessencier? Le drame shaxespearien, tel qu'il se déroule, n'est-il pas assez passionnant? La sociologie comparée nous fournirait-elle quelque chose de comparable à cette détresse de l'homme accablé par le poids du devoir? Hamlet n'est qu'une créature faible et chancelante; voilà le secret de ses hésitations, de ses souffrances, de son désespoir.

Insuffisamment armé pour la tâche que lui impose le spectre, c'est un « prince déplorable », à la mode racinienne, un Oreste moderne. Il a des moments de faiblesse devant Ophélie, même quand il a résolu le terrible sacrifice de l'abandon et de la relégation dans un cloître. Il s'attendrit, il flotte, absolument comme dans la tragédie classique :

... Oreste vous adore,
Mais de mille remords son esprit combattu
Craint tantôt son amour et tantôt sa vertu...
Il craint les Grecs, il craint l'univers en courroux,
Mais il se craint, dit-il, soi-même plus que tout...

C'est cet Hamlet raisonneur et débile, justicier sans virilité, comme Macbeth est une meurtrière désœuvrée (la galerie des monstres de Shaxespeare) qui apparaît en meilleur relief dans le livret d'opéra que dans les nombreux arrangements où se sont essayés tant de tragédiens. L'essentiel du drame tient dans les cinq actes, courts, mais serrés, dont voici le schéma : premier acte, couronnement de la reine Gertrude, veuve du feu roi et femme du nouveau souverain, son beau-frère Claudius; Hamlet rumine des soupçons encore vagues; duo d'amour avec Ophélie; scène de l'esplanade; apparition du spectre; — deuxième acte : scène de Gertrude et d'Ophélie, délaissée, qui veut partir pour le couvent; entrevue de Claudius et de la reine; arrivée d'Hamlet et des histrions; pantomime du meurtre de Gonzague, pendant laquelle Claudius laisse échapper l'aveu de l'assassinat de son frère; — troisième acte : monologue d'Hamlet, caché derrière la tapisserie pour tuer le roi; remords de Claudius, qui voudrait prier à qui cette demi-contrition sauve la vie; duo tragique de la reine et d'Hamlet; le spectre lui ordonne d'épargner la mère; — quatrième acte : mort d'Ophélie, épisode que Shaxespeare n'a pas mis en scène, mais qui s'imposait dans un arrangement lyrique; — cinquième acte : funérailles d'Ophélie, violente explication d'Hamlet et de Laerte et mort de Claudius.

La pièce est faite ainsi, et bien faite. Quant à la

musique d'Ambroise Thomas, à quelque opinion qu'on se rallie, ou plutôt à quelque parti pris d'école qu'on obéisse, on n'a pas le droit d'oublier que cette partition marqua, en 1868, un effort du compositeur pour renouveler sa manière. Nous ne croyons guère qu'il ait subi, à cette date, l'influence du wagnérisme; l'échec récent du *Tannhäuser* avait eu trop de retentissement et paraissait trop irréparable pour que l'auteur d'*Hamlet* se souciât de remonter le courant. Au contraire, tout porte à supposer qu'il restait vivement impressionné par le succès de plus en plus marqué du *Faust* de Gounod, qu'il y voyait, à tort ou à raison (ce n'est pas le cas de discuter à fond cette question délicate), un modèle de vérité dramatique et d'expression pathétique et qu'il songeait à lui donner un pendant.

Quoi qu'il en soit, on a pu dire que la partition d'*Hamlet,* à défaut d'une prodigalité d'invention qu'aurait peut-être comportée ce sujet, mais dont le compositeur n'était pas coutumier, résume les qualités originales et individuelles du maître, et fait réellement surgir du drame shakespearien Hamlet et Ophélie avec leurs nuances tendres, passionnées ou terribles. Sans y voir tout à fait « un suprême exemple d'éclectisme reliant les fougueux élans mélodiques des maîtres italiens à la science de l'école allemande, fortifiée elle-même par l'expression vraie du drame, qualité toute française », comme l'a écrit Marmontel, du moins faut-il rendre hommage à la belle tenue tragique des scènes maîtresses, telles que l'apparition du spectre et le terrifiant dialogue de la mère et du fils, qui semble une rencontre d'Atrides.

Ces pages d'une inspiration soutenue et d'un accent pathétique auraient suffi à justifier la reprise d'*Hamlet* aux yeux — ou plutôt aux oreilles — des critiques les plus sévères; mais le public a gardé sa faveur à beaucoup d'autres morceaux, la marche du couronnement, le duo célèbre : « Doute de la lumière... » et sa phrase mélodique soulignée par des arpèges, l'arioso de la reine, le chœur des histrions : « Princes sans apanages... » la phrase d'Hamlet : « Allez dans un cloître, allez, Ophélie... » la fête du printemps, l'andante chanté par la sœur de Laerte : « Un doux serment nous lie... » sur le rythme de la valse : « Partagez-vous ces fleurs », le chœur à bouche fermée, *bocca chiusa*, des Willis, le cantabile d'Hamlet au finale.

Rappelons qu'en 1868 Ophélie était Mⁿᵉ Christine Nilsson (mariée en 1878 avec le baryton Rouzaud, veuve en 1887 et remariée au comte de Miranda). Elle fut acclamée. On essaya Gueymard dans le rôle d'Hamlet, qui avait été écrit pour ténor. Mais on s'avisa bientôt d'un incomparable prince de Danemark, Faure. Du ténor, Ambroise Thomas fit un baryton. Après la première, il lui écrivait : « Notre ouvrage, car je considère comme une collaboration véritable l'autorité de votre grand talent, les conseils de votre expérience. » A côté de Nilsson et de Faure, inoubliables protagonistes d'une interprétation magistrale, je retrouve les noms de Mᵐᵉ Gueymard et de MM. Belval, Colin, David, Castelmary et Grisy.

· ·

Françoise de Rimini, jouée à l'Opéra le 14 avril 1882, a laissé le souvenir d'un complet échec. Ce fut une soirée morne, cette représentation du 14 avril 1882, dont on retrouvera l'impression très exacte dans le feuilleton du *Télégraphe* de M. Marcel Girette :

« *Françoise de Rimini* a été représentée vendredi soir, devant une salle sympathique et navrée. On se posait une question dans les couloirs : quel est le devoir de la critique envers l'illustre compositeur? Et certains ne croyaient pas que ce fût le dire toute la vérité. Je suis résolument d'un avis contraire et ne me crois pas le droit de dissimuler notre immense déception. Il n'y a pas de gloire consacrée qui tienne, l'intérêt supérieur de l'art exigeant que les œuvres trop faibles ne réussissent pas. »

En vain l'œuvre avait-elle été bien défendue par Mˡˡᵉ Salla, Mˡˡᵉ Richard, Sellier, Lassalle, Giraudet, M. Gailhard et Mˡˡᵉ Mauri. Rien ne put réagir contre la fâcheuse impression du public. A vrai dire, comme l'observait encore M. Marcel Girette, le poème de Jules Barbier et Michel Carré avait sa lourde part de responsabilité, car il est d'une insigne faiblesse.

« Son premier tort est de fausser les types, de rendre Malatesta presque aussi sympathique que Françoise et Paolo. Les deux amants sont des coupables, je le veux bien, puisque Françoise a trompé son époux avec son beau-frère; et Dante les place, en effet, dans le second cercle de l'enfer, où sont punis « les pécheurs charnels qui mettent la raison au-dessous du désir ». Mais l'art et la poésie les ont absous parce qu'ils s'aimaient, qu'ils étaient beaux, que Malatesta était difforme, et qu'il les a tués! Voyez l'adresse du livret! Francesca, ce modèle des amantes, est infidèle au souvenir de Paolo, qu'elle croit mort, et se laisse marier à Malatesta! et Malatesta n'est pas difforme ni repoussant d'aucune manière, puisque le rôle est fait pour M. Lassalle et que la note amoureuse y domine! Malatesta est même généreux, car il pardonne à Paolo, levant sur lui l'épée, et, pour comble, lui confie la garde de sa femme! On me dira que c'est un piège! Mais Paolo n'en accepte pas moins cette garde. Au lieu d'un simple adultère, nous avons donc un abus de confiance. En vérité, notre sympathie hésite entre Paolo et Malatesta!

« Et puis, pourquoi quatre actes, lorsque l'action n'en peut remplir qu'un ou deux? Les auteurs ont allongé comme ils ont pu, péniblement. De là des actes presque entièrement vides, comme le deuxième et le troisième. De là des chœurs qui ressassent sur place les mêmes mots et les mêmes sentiments. De là des rôles inutiles, qu'on supprimerait sans aucun inconvénient : celui de Guido, le père de Francesca; celui d'Ascanio, le page de Paolo. Quatre heures et demie d'un plaisir pareil, c'est mortel! »

Ajoutons que Thomas, déjà atteint par l'âge, se montra inférieur à lui-même dans cette partition pseudo-dantesque, où, comme on l'a fait observer, le compositeur remplit sa tâche avec conscience sans nous faire éprouver une sensation absolument nouvelle, sans nous apporter une de ces surprises d'art que nous gardent quelquefois des œuvres d'une correction moins haute. On trouva, malheureusement avec raison, une insigne vulgarité dans l'ensemble

> Italie! Italie!
> Noble terre avilie,
> Qu'on livre à l'étranger!

note patriotique accommodée à l'italienne, dans le chœur de la défection, dans le chant de guerre de Paolo, dans les pages en style de romance de Lauciotto Malatesta, étrangement doucereuses, dans l'air italianissime : « Il vit! il vit! » où Louis Gallet dénonçait avec raison une des pires fins de tableau qui soient. A peine rendit-on justice à l'arioso madrigalesque de Malatesta et au morceau à trois périodes du page Ascanio. En revanche, le pas de la Captive avec son délicieux solo d'instruments en cuivre, l'adagio, le capriccio, la habanera, la caractéristique Sevillana, furent un long triomphe pour la danseuse.

Au demeurant, il ne subsistera guère au théâtre que le prologue de *Françoise de Rimini*. Notez que cette page remarquable fut accueillie très froidement lors de la première représentation de la nouvelle *Francesca*. Ce tableau grandiose, d'une majesté classique rappelant les plus nobles inspirations de Gluck, parut languissant au public. Blaze de Bury, un des admirateurs fervents du prologue, a laissé un témoignage ironiquement éloquent de sa déception, et en même temps a fait, lui aussi, le procès du poème.

« En voyant de pareilles beautés (il s'agit du prologue) n'émouvoir dans la salle que les artistes et les connaisseurs, on serait d'abord tenté d'invectiver le gros du public, qui déjà semble languir et ne se réveillera que plus tard ; mais à mesure qu'on y réfléchit on devient moins sévère, et vous finissez par donner raison à ce tout le monde qui décidément a plus d'esprit que Voltaire... Passe encore pour l'anecdote de Françoise de Rimini, si vous aviez eu sous la main un librettiste comme Scribe pour en tirer des personnages et des situations ; mais ce Virgile joué en travesti, ce Dante qui prend les animaux symboliques pour de vrais tigres et de vrais lions, ces Trônes et ces Dominations qui surplombent cette Béatrice à la cantonade avec son nimbe d'or et son lis de feu, ces nuages inventés pour rendre un peu plus inintelligible une action qui se déroule dans la confusion et dans les non-sens ; à quoi pensiez-vous d'aller supposer que le public de l'Opéra, le monde des *premières*, s'intéresserait à cette fantasmagorie ? Votre pièce n'est pas une pièce, c'est une vision, quelque chose d'indécis, de flottant comme un spectacle d'ombres chinoises, les ombres chinoises des Séraphins ! Tout le monde y montre la lanterne magique ; dans le prologue, c'est Virgile qui tient la baguette, et dans les actes suivants, c'est le page Ascanio. »

Il est parfaitement certain qu'au point de vue scénique, le prologue de *Françoise de Rimini* fait longueur. Un autre témoin du médiocre effet produit par la première représentation, J. Weber, dont la critique manquait de belle humeur, mais non de justesse, l'a dit en termes excellents : « Meyerbeer n'aurait certes pas commencé un opéra par des situations aussi fortes ; il ménageait les effets pour employer les plus puissants aux derniers actes. » Et il ajoutait : « Est-ce un bon moyen d'intéresser les spectateurs à des personnages dramatiques, de commencer par les montrer en enfer, où ils doivent arriver à la fin de la pièce ? Da Ponte et Mozart l'ont-ils fait pour *Don Juan*? Dans *Faust* de Gounod, l'apothéose se trouve-t-elle au commencement? Dans *Roméo et Juliette* de Gounod, il y a un prologue ; mais on sait qu'il n'a pas une forme dramatique et, pour ma part, je le trouve déplacé. »

Toutes ces critiques, d'ordre purement théâtral, n'enlèvent rien à la valeur symphonique du prologue de *Françoise de Rimini*; elles la soulignent au contraire, et donnent raison aux directeurs de l'Opéra, qui naguère lui rendirent son vrai cadre en l'intercalant au programme des concerts dominicaux.

Le 26 juin 1889 fut représentée à l'Opéra *la Tempête*, d'après Shakespeare, livret de J. Barbier, chorégraphie de Hansen, ballet fantastique en trois actes et six tableaux. On remarque dans la partition un certain nombre de jolies pages, au début la prière chantée par l'âme de la mère de Miranda et le chœur à quatre parties ; puis le prélude du deuxième acte, la barcarolle qui sert de *leitmotiv*, la variation d'Ariel en *si* bémol, l'*agitato* de la Tempête, le pas des libellules, le pas des bijoux, le pas des abeilles, la danse orientale, les scènes d'amour du deuxième tableau. Mlle Mauri fut une incomparable Miranda. On ne pouvait traduire avec plus de verve, plus de variété, plus d'éclat, le poème des premières coquetteries amoureuses, l'éveil des sens et les révoltes de la pudeur, les tressaillements, les angoisses, l'abandon final triomphant de sa propre défaite. Les Esprits de la nuit étaient tout simplement les trois plus jolies ballerines de la troupe de M. Hansen : Mlles Invernizzi, Monnier et Tórri, et les soiristes purent dire : « Tant qu'on jouera la *Tempête*, la nuit aura bien de l'esprit à l'Opéra ! »

Cependant le ballet fut bientôt retiré de l'affiche et ne devait pas être repris.

En dehors de la musique théâtrale, Ambroise Thomas a composé une messe de *Requiem* et une messe solennelle exécutée à l'église Saint-Eustache. Ces deux belles compositions religieuses, plusieurs motets avec accompagnements d'orgue, et une marche à grand orchestre, représentent sa musique écrite pour l'église. Suivant la très juste observation de Marmontel, le style sobre et simple de ces œuvres est tel qu'on devait l'attendre du disciple et fervent admirateur de Cherubini. Mentionnons encore deux recueils de romances italiennes avec accompagnement de piano, et un grand nombre de chœurs orphéoniques d'une remarquable importance, soit par le développement donné aux idées, soit par la richesse, l'ampleur et la variété des effets. Voici les titres de quelques-unes de ces compositions, d'un mérite bien supérieur à la plupart des morceaux spécialement écrits pour les ensembles populaires : *le Chant des amis, la Vapeur, France, les Archers de Bouvines, le Temple de la Paix, l'Atlantique, la Nuit du Sabbat*, etc. Plusieurs de ces compositions chorales ont été exécutées aux grandes réunions des orphéons de Paris, et les masses vocales, habilement dirigées par leurs moniteurs, arrivaient à une précision, à une vigueur d'attaque, à des oppositions de sonorité, voire à des nuances délicates tout à fait surprenantes, si on se reporte par la pensée aux débuts de l'institution orphéonique et des classes populaires de chant dans les écoles d'enfants et d'adultes.

L'œuvre instrumentale d'Ambroise Thomas a donc une valeur artistique très réelle, mais la grande réputation du compositeur dramatique l'a laissée dans un demi-jour. Peu de musiciens savent que l'auteur de *Mignon* et d'*Hamlet* a écrit un grand quintette pour deux violons, deux altos et basse, un quatuor pour deux violons, alto et violoncelle, un trio pour piano, violon et violoncelle, une grande fantaisie pour piano et orchestre, une fantaisie pour piano solo, des caprices sous formes de valses, une valse de salon, deux nocturnes pour piano, et des rondos à quatre mains pour piano.

FÉLICIEN DAVID (1810-1876)

En dépit de la chronologie qui situe la naissance de Félicien David un an avant celle d'Ambroise Thomas, nous ne placerons qu'après la biographie de l'auteur de *Mignon* celle d'un musicien représentant une époque de transition. Romantique, l'auteur du *Désert* et de *Lalla-Roukh* le fut naturellement, en vertu de l'ambiance où son inspiration commença à se développer. Coloriste, il le devint avec la même facilité, et ce fut par ce sentiment de la couleur musicale qu'il s'imposa à ses contemporains. Mais il laissera surtout le souvenir d'un orientaliste exceptionnellement doué. Chez lui, comme l'a très bien observé Louis Gallet, le véritable compositeur se retrouve lorsque la vision de l'Orient le hante. Orientaliste, il l'est, et de la plus merveilleuse façon, et pour ainsi dire originellement. On a voulu voir dans ses voyages à Constantinople et en Egypte la cause d'une prédilection qui s'affirme dans tout son œuvre; peut-être ne faut-il pas aller chercher si loin cette influence. Elle résidait dans la nature même de l'artiste : homme de race latine et peut-être même sarrasine, — car le sang sarrasin coule encore çà et là dans nos régions du Sud-Est, dont était Félicien David; — il a pu, par l'effet d'une simple loi d'atavisme, s'éprendre de ces pays étincelants, dont il a rapporté sans doute quelques formules, mais dont il aurait trouvé l'impression en lui et autour de lui.

« Comme Diaz, qui n'a jamais eu d'autres horizons que ceux de Fontainebleau, il eût fait de l'Orient par la méthode intuitive. Comme Diaz aussi, — détail à noter, — il avait des yeux de coloriste, de ces gros yeux construits pour boire le Soleil et en condenser les rayons.

« Puis, dès le berceau, vivant dans cette Provence si chaude et si lumineuse, on peut dire qu'il y avait suffisamment goûté aux sources de la poésie orientale, en présence de ces grandes lignes fuyant sous le ciel argenté du matin, devant les hauts rochers aux déchirures roses, plaqués d'ombres violettes, au milieu des aridités du désert de la Crau, où chantent les cigales et où retentissait au loin, dans l'ombre noire des thuyas, les tambourins et les galoubets, tandis que, là-bas, la mer bleue frissonne sur les rivages éclatants.

« Toute sa vie, il demeura fidèle à ces impressions de la première jeunesse; entre le *Désert* qui commence sa carrière musicale et *Lalla-Roukh* qui la termine, pour ne parler que de ses succès les plus marquants, il n'est aucun de ses ouvrages qui n'ait porté la marque de ses visions ensoleillées. »

Félicien-César David naquit à Cadenet (Vaucluse) le 13 mai 1810. Enfant de chœur à la maîtrise de Saint-Sauveur, à Aix, placé sept ans plus tard au collège des Jésuites de la même ville pour y terminer ses études, second chef d'orchestre dans un théâtre de vaudeville, petit clerc dans une étude d'avoué, revenant ensuite occuper à la cathédrale de Saint-Sauveur le poste très important — et très peu rétribué — de maître de musique, Félicien David, en passant par les vicissitudes que la plupart des « prédestinés de la gloire » ont connues, arriva ainsi jusqu'à Paris.

Il entre au Conservatoire dans la classe de Millaud, suit en même temps les cours d'harmonie que faisait à cette époque Robert Henri à l'hôtel Corneille, étudie à la fois le système de Catel et celui de Reicha, reçoit pendant un an des leçons de contrepoint de Benoist, et enfin quitte le Conservatoire, après y être resté dix-huit mois tout au plus.

Félicien David n'a jamais concouru pour le prix de Rome.

Le peintre Justus, qui lui avait fait quitter le Conservatoire, le conduisit chez les saint-simoniens, dans la maison de Ménilmontant, où « le Père » s'était retiré avec ses plus dévoués disciples. Il y fut maître de chapelle. La condamnation des principaux chefs du saint-simonisme entraîna la fermeture de la maison commune et la dispersion de la famille. Plusieurs exodes successifs eurent lieu à peu de jours de distance. Félicien David quitta Paris l'un des derniers, le 15 décembre 1832, accompagné du professeur Barrault et de quelques amis, dont le rêve était d'aller évangéliser l'Egypte. Ce fut tout un voyage en Orient, dont il rapporta des impressions très vives et qui lui fit publier, dès son retour en France, un album de *Mélodies orientales*, ainsi préfacé :

« Les *Mélodies orientales* sont dues à la vie nomade du jeune auteur de ce recueil. Le titre de *Mélodies* n'a pas été adopté sans discernement. Les peuples à demi barbares qui pullulent dans le Levant n'ont guère d'autre musique que quelques cris nationaux chantés à l'unisson; ils ignorent ce que c'est que l'*Harmonie*. Les morceaux publiés n'étant souvent autre chose que des souvenirs, des thèmes populaires transportés sur le clavier, le titre de *Mélodies* était un hommage rendu à leurs auteurs primitifs et inconnus, et un moyen de cacher modestement au public le travail d'*Harmonie* qu'il a fallu faire pour rendre cette musique sauvage agréable à nos oreilles européennes. »

En réalité, ce fut seulement douze ans plus tard et à la suite de nombreux essais que Félicien David écrivit le *Désert*, qui allait le mettre hors de pair. Commencée au mois d'avril 1844, la partition fut terminée dans les premiers jours de juillet. L'auteur avait eu la fortune inespérée d'obtenir la salle du Conservatoire. Le grand jour arriva, ce fut le 8 décembre 1844, un dimanche :

« L'émotion des auditeurs, dit Alexis Azevedo, fut si vive, si puissante, si parfaitement irrésistible, qu'une heure et plus après la fin du concert, le grand vestibule du Conservatoire était encore rempli de personnes demeurées là pour parler, pour s'extasier, pour se communiquer leurs impressions, pour se chanter les principaux motifs du *Désert*, pour entendre ceux qu'il chantait le voisin, et tous disaient d'une voix unanime (sans doute après avoir fini de chanter) : « Un grand compositeur nous est né. »

Berlioz se fit remarquer parmi ceux qui entonnèrent les dithyrambes les plus élogieux à l'adresse du jeune maître. Son bulletin du *Journal des Débats* débutait ainsi :

« J'écrivais un jour à Spontini : « Si la musique « n'était pas abandonnée à la charité publique, on « aurait quelque part en Europe un théâtre, un Pan- « théon lyrique, exclusivement consacré à la repré- « sentation des chefs-d'œuvre monumentaux, où « ils seraient exécutés à longs intervalles, avec un « soin et une pompe dignes d'eux, et écoutés aux fêtes « solennelles de l'art, par des auditeurs sensibles et « intelligents. »

« J'ajouterai aujourd'hui : Si nous étions un peuple artiste, si nous adorions le beau, si nous savions honorer l'intelligence et le génie, si ce Panthéon existait à Paris, nous l'eussions vu, dimanche dernier, illuminé jusqu'au faîte, car un grand compositeur venait d'apparaître, car un chef-d'œuvre venait d'être dévoilé. Le compositeur se nomme Félicien David; le chef-d'œuvre a pour titre *le Désert*, ode-symphonie!... »

Mais, hélas! suivant la remarque de Reyer, lorsque, au mois de mars 1846, Félicien David fit exécuter dans la salle de l'Opéra l'oratorio de *Moïse au Sinaï*, on ne semblait plus se souvenir du succès du *Désert*, ou plutôt on ne s'en souvenait que pour mieux faire ressortir l'infériorité de l'œuvre nouvelle. Il y a pourtant dans cet oratorio des pages superbes et bien dignes d'êtres admirées.

L'ode-symphonie de *Christophe Colomb*, donnée pour la première fois au Conservatoire le 7 mars 1847, fut la revanche de *Moïse*. Le compositeur avait retrouvé, sur sa palette, les brillantes couleurs dont il s'était servi pour peindre les paysages d'Orient. Il fut moins heureux avec l'*Eden*, exécuté à l'Opéra le 25 août 1848, et dont il ne faut pas attribuer entièrement l'insuccès aux préoccupations politiques du moment.

Le 22 novembre 1851, Félicien David abordait le théâtre avec la *Perle du Brésil*, acceptée d'abord par Emile Perrin, directeur de l'Opéra-Comique, rendue à l'auteur et finalement portée à Sevestre, directeur de l'Opéra-Comique. Le livret est étrange : un palais de Lisbonne, le pont d'un vaisseau amiral, une forêt brésilienne, servent tour à tour à encadrer une action des plus platement sentimentales qui soient, en dépit des efforts faits pour lui donner quelque relief et quelque clarté. M. René Brancour l'a résumé avec beaucoup d'humour. On y rencontre un amiral ayant rapporté en Portugal, parmi ses souvenirs de voyage, la jeune Brésilienne Zora. Il l'aime et veut l'épouser. Elle ne l'aime pas et veut épouser le beau lieutenant Lorenz. Au moment où l'officier supérieur va se venger par la voie hiérarchique sur son impertinent subordonné, la tempête classique, obligatoire et providentielle engloutit le navire et « oblige l'amiral, ajoute un naïf commentateur, à différer sa vengeance ». Notons, entre autres incohérences, que ce vieux loup de mer avait profité de l'instant où un matelot venait obligeamment l'informer du « grain » précurseur de l'orage, pour dévoiler à l'équipage « le doux secret de son amour »!! Par un heureux hasard, les naufragés abordent en corps sur la rive brésilienne, au milieu de farouches indigènes qui ne professent point, au sujet de l'hospitalité, des principes conformes à leurs montagnards écossais. Chance inespérée : Zora invoque le Grand Esprit, ses compatriotes tombent à ses pieds, et l'amiral, d'abord par grandeur d'âme puis parce qu'il ne peut guère faire autrement, bénit les jeunes amoureux. Le tout conclut sur ces vers remarquables :

ENSEMBLE

Lorenz.	*Zora.*
O sainte Providence,	Oui, le Ciel récompense
Vers toi mon cœur s'élance.	Notre vive constance,
Ce jour plein d'espérance	Et Dieu bénit d'avance
Vient charmer tous nos cœurs.	Nos fidèles serments.

La musique fut chaleureusement accueillie. On applaudit notamment le trio qui précède la ballade du Grand Esprit, la tarentelle du deuxième acte, la marche de l'amiral, l'intermède du « rêve » et les couplets du réveil de Zora. Mais, une fois encore, les événements politiques se déclarèrent contre David,

et le coup d'Etat nuisit à la carrière de son nouvel ouvrage; il continua cependant à tenir assez fructueusement l'affiche. Reprise au Théâtre-Lyrique en 1858, avec Mme Carvalho, la *Perle du Brésil* reparut en 1883 sur la scène de l'Opéra-Comique.

Vint ensuite *Herculanum*. Le poème, qui est de Méry, s'était d'abord appelé *le Dernier Amour*. C'est sous ce titre que l'ouvrage fut reçu et répété au Théâtre-Lyrique sous la direction de M. Emile Perrin. Méry y avait utilisé, avec son habituelle souplesse, les morceaux écrits par Félicien David pour une pièce que le théâtre de la Porte-Saint-Martin s'était refusé à représenter. Les répétitions furent interrompues, et du *Théâtre-Lyrique* le *Dernier Amour* passa à l'Opéra, où, changeant de titre et quelque peu modifié, il fut représenté le 4 mars 1859, sous la direction de M. Alphonse Royer.

La partition d'*Herculanum* ne remporta qu'un succès d'estime et ne tarda pas à disparaître du répertoire de l'Opéra. Plusieurs morceaux mériteraient pourtant de survivre, notamment la mélodie :

Je veux aimer toujours dans l'air que tu respires,
Déesse de la volupté...

Le 12 mai 1862 se livrait à l'Opéra-Comique la grosse bataille artistique de l'année : *Lalla-Roukh*, opéra-comique en deux actes, de Michel Carré et Hippolyte Lucas, musique de Félicien David. A proprement parler, on ne batailla guère, car le triomphe fut immédiat, éclatant, reconnu par tous. « Ou je me trompe fort, écrivait Berlioz dans les *Débats*, ou la partition de *Lalla-Roukh* est dans son ensemble ce que l'auteur du *Désert* a fait de mieux. »

Le livret était tiré d'une des œuvres les plus célèbres de Thomas Moore, ce poète gracieux dont Sheridan disait : « Il n'existe pas d'homme qui ait aussi bien réussi à faire passer le langage du cœur dans les élans de l'imagination. Il semble que son âme soit une étincelle du feu céleste qui, détachée du soleil, voltige sans cesse pour remonter vers cette source de lumière et de vie. » Dans le poème anglais, la belle Lalla-Roukh, fille de l'empereur de Delhi, se rend près de son fiancé, le fils d'Abdallah, roi de la petite Tartarie; elle est accompagnée d'une chambellan, Fadladeen, et d'un poète, Feramorz, qui abrège les longueurs du voyage par de charmants récits et finit par inspirer à la princesse une véritable passion. Tout se découvre au dénouement; l'aimable conteur n'était autre que le fiancé. Quant au chambellan, qui jugeait exécrables les vers de son compagnon, il en est quitte pour changer d'opinion, ce qui lui coûte d'autant moins que sa maxime favorite est plus simple : « Si le prince, dit-il, vient à prétendre qu'il fait nuit à midi, jurez que vous voyez la lune et les étoiles. » Dans la version de l'opéra-comique, Lalla-Roukh a gardé son nom, mais Feramorz est devenu Noureddin, prince de Samarcande, et Fadladeen un envoyé du prince, juge de village chargé de tenir l'emploi de chambellan et d'amener la princesse à bon port. Ce joli conte, qui depuis a servi d'ailleurs à Rubinstein pour son opéra *Feramors*, ressemble fort à quelque *Jean de Paris* un peu idéalisé et transporté dans le pays des roses; c'est l'histoire très morale d'un roi qui se fait passer pour son propre rival, afin de s'assurer de l'amour de sa fiancée et ne devoir qu'à lui-même son bonheur. Félicien David avait saisi avec bonheur et délicatement nuancé le côté poétique et pittoresque de cette aventure, et dès le premier jour sa partition fut saluée comme une réaction contre le prosaïsme sot et vulgaire des œuvres alors acclamées par la foule.

« On regardait presque comme tarie la source de l'idéal, écrivait un critique, et cette source jaillit tout à coup comme par une baguette magique et convie à des jouissances nouvelles tous les esprits d'élite, toutes les âmes délicates et tendres, tous les cœurs qui ont aimé et qui doivent aimer... C'est un honneur pour un pays que de voir éclore des productions capables de ramener la foule égarée au culte du vrai et du beau... »

La foule, en effet, accourut avec un tel empressement que, pendant plus de trois mois, la moyenne des recettes dépassa presque régulièrement 6.000 fr.; on donnait *Lalla-Roukh* trois fois par semaine, et même quatre (19, 20, 22, 24 mai et 28, 29, 31 juillet et 2 août). La province elle-même apportait son contingent d'admirateurs, et le 21 juillet, en particulier, on vit arriver par train spécial une caravane de huit cents Angevins pour assister à la représentation. En leur honneur, l'aimable Perrin avait fait brosser un rideau d'entr'acte, double encadrement ovale contenant, d'une part, le panorama d'Angers, de l'autre une vue du Vieux Château, le tout relié par des sujets emblématiques et des enroulements où se lisait la date de cette mémorable visite. Voilà une attention que n'auraient guère aujourd'hui pour d'honorables « ruraux » les directeurs de nos scènes subventionnées. Le succès, au surplus, se maintint. De 1862 à 1867, on compta 154 représentations; la reprise de 1870 en fournit 13; de 1876 à 1880 et de 1881 à 1884, on retrouve deux séries, l'une de 85, l'autre de 27 : soit un total de 279 représentations à la salle Favart.

Le *Saphir* date de 1865. Il était né sous une mauvaise étoile, Félicien David avait fait, en l'écrivant, une assez grave maladie. A peine revenait-il à la santé, que le feu prend à son appartement, un instant même il tremble de voir sa partition devenir la proie des flammes, et l'émotion ressentie lui donne une rechute qui retarde les répétitions. La pièce est jouée, enfin, mais on rend peu justice au mérite de certaines pages, charmantes pourtant, comme le chœur du premier acte, le quatuor et la sérénade du second. Bien plus, Paul de Saint-Victor exprime le regret que Félicien David soit « descendu de son chameau », et le mot fait fortune : chacun s'en empare pour frapper sur l'auteur et sur l'œuvre, qui se traîne péniblement jusqu'à la *vingtième* représentation. Ce jour-là (1er mai), la déveine s'accentue. Avant le spectacle, un craquement se produit sur la scène, le rideau s'agite violemment sous le manteau d'arlequin et brusquement se déchire : c'était un lourd châssis qui, mal manœuvré, avait crevé la toile et failli tuer, en tombant, le régisseur, prêt à frapper les trois coups. Pendant le premier acte, la chute d'un autre portant provoque une nouvelle émotion. Enfin, pendant le second acte, une odeur de fumée se répand dans la salle. Montaubry, qui chantait en scène, s'interrompt et parlemente avec le personnel des coulisses; mais la fumée redouble et, s'échappant des portes latérales, envahit le trou du souffleur et remonte vers les frises. Toutes les loges se dégarnissent et le sauve-qui-peut commence, lorsque enfin Montaubry rétablit l'ordre en jetant au milieu du tumulte ces paroles rassurantes et mémorables : « Il n'y a rien à craindre; cette fumée provient d'un feu de cheminée allumé par les pompiers. » Peu à peu chacun reprit

sa place, et tout finit par un procès-verbal que le commissaire dressa... contre les pompiers!

Ils avaient allumé le feu; vingt ans après ils devaient, hélas! ne pas réussir à l'éteindre! Cette fois le théâtre était sauvé, mais la pièce était perdue; la vingt et unième n'eut jamais lieu. Et, pour comble d'ironie, il arriva au *Saphir* ce qui était arrivé aux *Dames capitaines* avec la *Guerre joyeuse* et à la *Circassienne* avec *Fatinitza* : il devint *Gillette de Narbonne*; la musique d'Audran lui valut en France et à l'étranger des représentations par centaines, et l'opérette rapporta à ses auteurs les milliers de francs que l'opéra-comique n'avait jamais rapportés aux siens.

Faut-il attribuer à cet échec le silence gardé depuis par Félicien David? Le fait est qu'il ne travailla plus pour la scène. On a bien parlé de la *Captive*, et, dans son supplément à la *Biographie des musiciens*, M. Arthur Pougin paraît croire que cet ouvrage dut être représenté *après* le *Saphir*; c'est *avant* qu'il faut lire. Il était question de la *Captive* du temps de l'*Erostrate* de Reyer, que le Théâtre-Lyrique annonçait pour 1857 et qui devait attendre 1871 pour être joué deux fois à l'Opéra. La *Captive*, d'abord en deux actes, avait été augmentée d'un troisième acte avec ballet; ses interprètes s'appelaient Mmes Saunier et Hébrard, MM. Monjauze et Petit. L'éditeur Gambogi annonçait « pour paraître le lendemain de la représentation, la *Captive*; grand opéra en trois actes, paroles de Michel Carré, musique de Félicien David ». Bien plus, cette première représentation était fixée au 23 avril 1864. Une répétition générale eut lieu, et, chose curieuse, brusquement, sans explications données à la presse ni au public, la pièce fut retirée par ses auteurs. M. Arthur Pougin nous apprend qu'un opéra a dû rester encore dans le portefeuille du compositeur, car un « chant de guerre des Palicares », dont il ignore le titre, au Grand-Théâtre de Lyon en 1871. Cette exécution a été la dernière d'un fragment inédit de Félicien David. L'auteur du *Désert* est mort dans une obscurité que ne pouvaient faire prévoir ses succès antérieurs.

Il s'éteignit, résigné, à Saint-Germain-en-Laye, dans la villa Juno. « La veille du jour où sa maladie, qui avait semblé jusque-là peu dangereuse, prit tout à coup un caractère si alarmant, raconte son ami Louis Jourdan, la vieille bonne qui gardait son petit pavillon de la rue La Rochefoucauld vint le voir à Saint-Germain et lui apporter des lettres déposées chez lui pendant son absence.

« — Ah! monsieur, lui dit-elle, il est arrivé quelque chose de bien extraordinaire chez nous, allez!

« — Qu'est-il arrivé, Marie? demanda le musicien, d'une voix déjà très affaiblie.

« — J'avais laissé la nuit toutes les fenêtres ouvertes à cause de la chaleur. Voilà qu'hier matin, en venant faire le salon de Monsieur, j'aperçois sur le cadre du grand portrait qui est au-dessus du piano (c'était le portrait du père Enfantin), un gros oiseau me regardant avec des yeux énormes. J'eus peur et j'allai chercher la concierge, qui vint effrayée comme moi... L'oiseau étendit ses ailes, puis reprit son immobilité, et nous regardant toujours... C'était un hibou qu'un voisin emporta. »

« Après que la servante eut cessé de parler, David resta quelques instants pensif, puis il dit ces mots:

« — C'est l'annonce de ma mort, c'est Enfantin qui m'appelle. »

Enfantin était mort le 31 mai 1864. On songe

involontairement, en lisant ce récit, au *Corbeau* d'Edgar Poë.

Il serait difficile d'apprécier l'influence que ce fait exerça sur la marche de la maladie. Toujours est-il que celle-ci ne tarda point à s'aggraver et que le dénouement fatal s'approcha rapidement. Il se produisit le 29 août 1876, après une agonie brève et peu douloureuse.

D'après le récit émouvant de M. René Brancourt, le 1er septembre, du lit mortuaire jonché de roses, le musicien fut porté au cercueil et enseveli parmi les roses. « On joignit une branche de buis, bénie le jour même de son baptême, qu'avait envoyée une de ses compatriotes, puis quelques pétales de roses mystérieusement enclos dans une lettre venant d'Angleterre, et que peut-être avait effleurés une lèvre amie... »

Comme le rappelle le même biographe, selon le désir formel de David, fermement attaché aux doctrines du saint-simonisme, les obsèques civiles donnèrent lieu à des faits regrettables : l'officier commandant le détachement chargé de rendre au défunt les honneurs militaires attribués à son grade dans la Légion d'honneur fit faire demi-tour à ses soldats. Quant aux « amis » et collègues appartenant au monde artistique officiel : MM. Meissonier, président de l'Académie des Beaux-Arts; Ambroise Thomas, directeur du Conservatoire de musique; Halanzier, directeur de l'Opéra; Ludovic Halévy, représentant la Société des auteurs et compositeurs, ils eurent le triste courage de ne point prononcer une simple parole d'adieu. Gounod, Bazin, le baron Taylor, étaient simplement restés chez eux. Plus de deux mille personnes cependant suivirent le char funèbre, parmi lesquelles Reber, Perrin, Jules Simon, Charles Garnier, Émile Réty.

Presque aussitôt après la mort du musicien, *Lalla-Roukh* faisait sa réapparition sur la scène de l'Opéra-Comique, avec MM. Furst et Queulain, Mmes Brunet, Lafleur et Ducasse comme interprètes.

De toutes les œuvres dramatiques de Félicien David, *Lalla-Roukh* est la seule qui se soit maintenue au répertoire.

C'est aussi la seule où l'auteur du *Désert* ait su montrer un sentiment très juste de la scène, tout en gardant ses qualités natives, l'intuition des sonorités pittoresques, l'originalité des rythmes, le charme du coloris, la fraîcheur de l'inspiration, et cela sans imiter, comme dans ses précédents ouvrages, les maîtres italiens. Il suffit, pour s'en convaincre, d'écouter avec attention le délicieux ensemble final du premier acte, où le chant pittoresquement cadencé des soldats ivres, les moqueuses vocalises de Mirza et les plaintes grondeuses de Bascir présentent un si piquant contraste avec les tendres et rêveuses cantilènes de Noureddin et de Lalla-Roukh.

M. Saint-Saëns a comparé Félicien David à Haydn. La comparaison ne semble pas très juste, car il manquait précisément à Félicien David un des dons les plus caractéristiques de Haydn, l'art du développement. Mais, si ses idées paraissent un peu courtes, elles sont toujours personnelles, et il n'est peut-être pas, parmi les représentants de l'école contemporaine, un compositeur à qui l'on puisse appliquer plus justement le vers célèbre de Musset :

Mon verre n'est pas grand, mais je bois dans mon verre !

CHARLES GOUNOD (1818-1893)

Années d'enfance et de jeunesse.

Parmi les compositeurs qui ont illustré la seconde moitié du XIXe siècle et dont le XXe a partiellement recueilli l'héritage, il serait excessif d'attribuer une prééminence à Charles Gounod : ses plus fervents admirateurs ne vont pas jusque-là. En revanche, c'est le musicien dramatiste le mieux caractérisé dans cette série par une double originalité d'ailleurs presque contradictoire. En effet, il a limité dans le champ de la production lyrique un domaine bien à lui, où tout ce qu'il a composé garde l'empreinte de son tempérament personnel; mais cette personnalité était si robuste qu'elle aurait pu s'attaquer avec un égal succès à toutes les autres formes de l'activité esthétique. A l'époque de la Renaissance, dans cette floraison librement épanouie où la lutte pour la vie ne forçait pas encore l'artiste à se spécialiser, Gounod eût excessé, d'un Léonard de Vinci ou d'un Benvenuto Cellini, grâce à sa fièvre d'invention, à sa curiosité toujours en éveil, à sa prodigieuse mémoire, qui n'était pas un simple instrument récepteur, mais un véritable laboratoire d'assimilation et de transformation.

Il lui fallut cependant choisir, assez jeune, et même faire violence aux craintes de sa mère, qui rêvait pour lui une carrière tranquille, malgré un intéressant atavisme esthétique. Louis Pagnerre, un de ses meilleurs biographes, a établi sa généalogie très régulière. Il était issu d'une famille d'artistes. Au XVIIIe siècle, ses ancêtres étaient logés dans la grande galerie du Louvre en qualité de fourbisseurs du roi. Un brevet de logement aux galeries du Louvre fut accordé, le 16 novembre 1730, à Antoine Gounod, fourbisseur, à la place de Jean-Baptiste Fontenai, peintre fleuriste. Cette pièce figure aux Archives nationales sous le numéro O1, 1063, p. 284, ainsi qu'un autre brevet de survivance, donné, le 10 juillet 1751, à Nicolas-François Gounod, fils cadet d'Antoine Gounod, fourbisseur ordinaire du roi, en place de son père (O1, 1058, p. 386).

Nicolas-François, le grand-père du musicien, était un armurier fort habile. Son fils François-Louis, élevé au Louvre, fut, dès son enfance, mêlé aux peintres qui habitaient les galeries du Palais. Se destina à la peinture, et il entra de bonne heure à l'école de Lépicié fils, où il devint le camarade de Carle Vernet. Ce fut un peintre de talent. Il eut le second grand prix de Rome en 1783; il existe de lui une étude à l'école des Beaux-Arts de Paris et un tableau au musée de Nantes. Il se maria à un âge assez avancé; de cette union naquit, le 17 juin 1818, à Paris, Charles Gounod. Le père mourut en 1823, laissant deux fils dont l'aîné était alors âgé de quinze ans. Sa veuve, demeurée sans grandes ressources, donna des leçons et put subvenir aux frais de l'éducation de ses enfants.

Charles Gounod entra au lycée Saint-Louis. Il devait faire ses humanités, comme on disait alors, puis travailler dans la basoche. Les études furent complètes, et il acquit ainsi un fond littéraire qui ne devait pas lui être inutile dans le développement de sa carrière artistique; quant à la vocation véritable, elle remontait assez haut : avant même de s'asseoir sur

¹es bancs de l'Université, Gounod s'était révélé excellent déchiffreur, et plus tard tous ses livres de classe portaient la trace de griffonnages caractéristiques. Sa mère, alarmée, s'adressa au proviseur, M. Poirson, qui commença par lui promettre de diriger le jeune homme vers l'Ecole normale. Mais il devait se laisser convaincre lui-même à la suite d'une surprise ainsi racontée dans l'autobiographie des *Mémoires d'un artiste* :

« M. Poirson transcrivit un jour sur une feuille de papier les vers de la romance de Joseph : « A peine au sortir de l'enfance... » et dit à Gounod : « Emporte cela et mets-le-moi en musique. » Gounod ne se fait pas prier; il prend la poésie, s'en pénètre et se laisse aller à toute sa juvénile inspiration, qu'aucun souvenir de l'opéra de Méhul, ignoré de lui, ne pouvait influencer. Le morceau était écrit. La récréation venue, il court chez le proviseur et n'a de cesse qu'il ne lui ait fait entendre sa romance à lui. Ce bon M. Poirson écoute, étonné d'abord; son regard de juge s'attendrit peu à peu; enfin, vaincu, les larmes aux yeux, il prend dans ses deux mains la tête de Gounod et, l'embrassant, lui dit : « Va, mon enfant, « fais de la musique. »

Gounod fit donc de la musique avec Antoine Reicha, le célèbre professeur de composition du Conservatoire, qui lui apprit la technique du métier, mais sans abandonner les études classiques, qu'il poursuivit jusqu'au couronnement du baccalauréat ès lettres. Cette formalité accomplie, il s'agissait pour lui de devenir prix de Rome comme son père. En 1837 il se présenta au concours de l'Institut, après avoir suivi le cours de contrepoint d'Halévy et le cours de composition de Berton, puis de Lesueur et de Paër.

Les cinq concurrents retenus après l'élimination préliminaire étaient Deldevez, Gounod, Planet, Chollet et Besozzi. Ce dernier eut le premier grand prix; deux seconds étaient décernés à Chollet et à Gounod. Celui-ci n'arrivait que troisième; du moins était-il parvenu à se faire brillamment classer pour un premier concours. En 1838 il fut moins heureux et ne figura pas sur la liste, où Bousquet remportait le premier grand prix. Le dernier concours allait être décisif. En 1839 Gounod se voyait attribuer le premier grand prix par 25 suffrages sur 27 votants.

Du séjour de Charles Gounod à Rome il n'y a lieu de retenir aucun détail original. Ce fut, au début, l'habituelle désillusion devant la Ville éternelle, dont le premier aspect répond si peu à l'image que les voyageurs se sont formée d'avance; puis la période extatique, non moins inévitable, et dont le jeune pensionnaire de la Villa Médicis devait traduire les manifestations avec grandiloquence. Ces effusions lyriques étaient évidemment sincères, mais Gounod avait un tempérament trop personnel pour ne pas ramener tout à des impressions subjectives. Il est facile de se convaincre que ses plus grandes joies furent surtout les belles soirées d'art passées en compagnie des pensionnaires compositeurs chez le directeur Ingres, mélomane fervent. L'inspiration mélodique commençait à s'épanouir dans son cerveau, et nous en avons pour preuve deux mélodies, datées de cette époque et qui devaient faire autant que de grandes œuvres pour la popularité du compositeur : *le Vallon* et *le Soir* (la future cantilène de *Sapho*).

En 1841, suivant le règlement de l'Institut, Gounod allait passer sa troisième année de pensionnat en Allemagne. Il était déjà plus mûr, plus préoc-

cupé des solutions pratiques, sans avoir rien abdiqué de ses généreuses curiosités juvéniles. A Vienne il fit des connaissances utiles et trouva des sympathies assez effectives pour assurer l'exécution par la Société philharmonique d'une messe et d'un *Requiem*. De même il devait trouver à Berlin l'accueil encourageant de Mendelssohn à propos du *Requiem* applaudi à Vienne. En 1843 il était libéré de toute servitude scolastique.

A Rome, Gounod avait traversé une crise morale; c'était la première, il devait en subir d'autres. Comme le dit le bon Pagnerre, en employant une métaphore un peu audacieuse, là-bas il eut en quelque sorte un pied dans le séminaire, et l'autre dans le monde. De retour à Paris, il allait mettre les deux pieds dans le sentier ecclésiastique. Le personnel de la petite église des Missions étrangères, rue du Bac, où il avait été ordonné maître de chapelle, l'appelait monsieur l'abbé, et, en février 1846, les journaux publiaient l'entrefilet suivant : « M. Charles Gounod, grand prix de l'Institut, vient d'entrer dans les ordres. »

Information inexacte. Gounod n'avait pas reçu les ordres et ne les reçut jamais, pas même les ordres mineurs, mais il portait la longue robe et le costume des ministres des Missions, et, suivant le témoignage de M. Arthur Pougin, ceux qui le voyaient étaient frappés de ses allures mystiques. Son abord, son maintien, faisaient prévoir une résolution inébranlable.

Cependant la nature indépendante du jeune musicien ne pouvait se plier aux exigences de la vie régulière et du cénobitisme. Un motif plus puissant encore vint le soustraire aux claustrations du séminaire.

Une admiration fervente décida le jeune musicien à rentrer dans la vie mondaine et artistique. Il jeta le froc aux orties. Grâce à Mᵐᵉ Viardot, il fut chargé de la partition d'un opéra dont Emile Augier ferait le livret. Sa carrière de compositeur commençait.

De « Sapho » à « Ulysse ».

Sapho, dont la première représentation devait couper court sinon aux tendances mystiques de Gounod (il les conserva toute sa vie), du moins à sa vocation sacerdotale, fut la première grande composition lyrique du prix de Rome de 1839. Elle se présentait sous des auspices assez favorables. Comme nous l'avons dit, Mᵐᵉ Viardot, en pleine possession de la célébrité à cette date de 1851, patronnait l'œuvre. Emile Augier, jeune encore, mais déjà illustré par le retentissant succès de *l'Aventurière* et de *Gabrielle*, avait accepté d'écrire le livret. Il ne semble pas, à cette distance, que l'excellent dramaturge, doublé d'un médiocre poète bourgeois et ponsardisant, fût spécialement prédestiné à ce genre de travail. Mais nous oublions que le petit-fils de Pigault-Lebrun hellénisait alors, avec un effort vers la grâce aussi méritoire qu'infructueux (*la Ciguë*, *le Joueur de flûte*), et qu'il se croyait appelé à mettre en pratique le précepte d'André Chénier :

Sur des pensers nouveaux faisons des vers antiques.

Les vers de *Sapho* n'avaient rien d'antique; le poème marquait cependant un certain souci de la couleur locale, comme on en jugera d'après cette analyse où nous résumons l'enthousiasme évidemment sincère des critiques du temps. Phaon, jeune, beau, riche, épris de toutes les émotions qui donnent fortement le sentiment intense de la vie, Phaon conspire avec ses amis pour la liberté de Lesbos opprimée par le tyran Pittacus. Mais l'amour de la liberté n'occupe que la moitié de son cœur, l'autre est destinée à une femme dont le nom flotte indécis sur ses lèvres. Aimera-t-il Sapho, la muse adorée de la Grèce? Préférera-t-il la courtisane, la Glycère, chez laquelle l'âme semble n'avoir qu'une seule mission, celle d'animer un corps charmant? Enchaînera-t-il une grande renommée? Adorera-t-il une beauté qui peut rendre jalouse Vénus même? Aimé passionnément des deux femmes, il peut choisir. Mais Sapho improvise en sa présence au milieu du peuple; la couronne triomphale consacre la Muse. Phaon ne balance plus et s'abandonne tout entier à Sapho, dont le bonheur éclate dans un chant d'amour et de triomphe.

Au deuxième acte, nous retrouvons les conjurés dans la maison de Phaon; couronnés de roses, suivant la tradition, ils prennent le repas qui doit précéder la lutte pour la liberté. C'est le lendemain que Pittacus doit être frappé. Sapho partage les espérances de la conjuration, dont son amant est le chef. La muse de la poésie est devenue la muse de la liberté. Les conjurés s'engagent par serment et ils se séparent après avoir pris leur dernier rendez-vous.

Un seul convive reste dans la salle du festin; c'est Pythéas, ami de Phaon et dépositaire d'un parchemin dont la remise entre les mains de Pittacus pourrait envoyer à la mort tous les conjurés. Pythéas est épicurien, quoique précurseur d'Epicure; il fait de la politique par ennui et songe beaucoup plus à plaire à la rivale dédaignée de Sapho, qu'à détrôner le tyran. Soudain Glycère se présente. Un pressentiment l'attire chez Phaon. Pythéas a laissé un peu de sa raison au fond de son verre. Il veut plaire et se vante de conspirer pour faire preuve de courage.

Glycère lui arrache le secret, puis le renvoie avec de fallacieuses promesses. Restée seule, elle appelle son esclave : « Prends cet écrit, dit-elle, et si demain tu ne me revois pas, va le porter à Pittacus. » Ici se placent une scène vraiment dramatique et une situation forte, le coup de chantage passionnel. Sapho apprend de la bouche de Glycère qu'il lui faut renoncer à son amant ou le perdre. En vain elle s'humilie et supplie. Elle doit choisir et choisir vite; elle se résigne : Phaon s'éloigne plein de mépris pour Sapho dont il se croira abandonné, suivi de Glycère, dont l'hypocrite dévouement semble faire ressortir la trahison de la poétesse.

Au troisième acte nous sommes sur les bords de la mer, au pied des rochers; Phaon espérait revoir encore Sapho et s'embarque avec Glycère, en la maudissant. Un pâtre vient jouer de la flûte double et chante quelques vers d'un sentiment calme et doux, afin de préparer le dénouement par un contraste. Sapho s'évanouit sur les rochers en voyant s'éloigner avec une rivale celui qui emporte son cœur, puis se ranime, et le rideau tombe au moment où elle gravit les rochers pour se précipiter dans les flots.

La première représentation n'aboutit qu'à un succès d'estime, et le public ne fit pas amende honorable quand on lui offrit de nouveau, en juillet 1858, l'opéra réduit à deux actes. Ce n'est pourtant pas une partition indifférente, et les interprètes d'une réelle valeur, Gueymard, Marié, Mᵐᵉ Viardot, furent applaudis, dans un certain nombre de pages inspirées, l'ode de Sapho, la mélodie du « Soir », le chant du pâtre :

« Broutez le thym, broutez, mes chèvres, » d'une facture délicieuse avec accompagnement de hautbois et de tambourins, enfin les stances de Sapho : « O ma lyre immortelle! » si curieusement mélangées de lyrisme et de sensualité.

Berlioz s'était montré les yeux pleins de larmes à la fin de la représentation et avait serré sur sa poitrine le jeune compositeur; mais, si élogieux que fût son feuilleton, d'autres documents permettent de mettre en doute son entière sincérité. Adolphe Adam loua « la tentative d'un jeune homme qui veut se créer une manière ». Il y eut aussi un éloge involontaire, mais décisif, la courte réflexion d'Auber interregé par Lacombe : « Ça manque d'airs! » Entendez par là que Gounod, en avance de vingt ans, répudiait le moule classique et la coupe traditionnelle en morceaux aussi indépendants l'un de l'autre qu'étrangers au sens général du poème. Mais l'ensemble des feuilletons accusa soit la malveillance, soit l'indifférence, et l'œuvre ne fut pas jouée plus de six fois. Elle devait reparaître à l'Opéra en 1884, après un remaniement en quatre actes et une refonte totale (notamment un ballet dansé par Mˡˡᵉ Subra). Cette fois encore elle ne se maintint pas sur l'affiche.

Après Augier, Ponsard. Gounod n'était pas gâté au point de vue des collaborations poétiques. Cependant il crut devoir se féliciter d'un coup de chance quand l'auteur d'*Ulysse* lui demanda d'écrire la musique de scène de sa tragédie, représentée le 18 juin 1852 à la Comédie française et qui devait être jouée une quarantaine de fois. D'ailleurs, les vers du chef de l'école du bon sens sont médiocres, mais les chœurs comptent parmi les plus remarquables inspirations du musicien. Placés au début, au milieu et à la fin de chaque acte, ils composent une partition entière avec divers morceaux d'orchestre accompagnant des paroles déclamées.

Si le résultat matériel d'*Ulysse* avait été négatif, il n'en était pas de même du résultat moral. Gounod avait dégagé sa personnalité. Son mariage avec la fille de Zimmermann, un des doyens de l'enseignement du piano au Conservatoire, puis sa nomination de directeur de l'Orphéon, lui apportaient la consolidation d'une double assise bourgeoise et administrative. Il allait pouvoir, sans trop grand dommage, ajouter à l'insuccès de *Sapho* le fiasco complet de la *Nonne sanglante*.

Gounod, sans être un franc romantique, avait été tenté par le scénario, genre Anna Radcliffe, que Scribe et Casimir Delavigne avaient tiré d'un roman de Lewis. L'habillement musical de cette histoire de revenants ne manquait pas de couleur; on applaudit un duo passionnel d'un beau caractère, mais de toute la partition jouée le 15 octobre 1854 il n'a guère survécu que l'intermède fantastique du deuxième acte et la scène des spectres dans les ruines du château gothique.

Le « Médecin malgré lui ».

Après la *Nonne sanglante*, quatre années s'écoulèrent sans que Gounod redonnât signe de vie au théâtre. Les confrères, qui ont l'élimination facile et sommaire, le déclaraient « vidé » en tant que compositeur dramatique. Il leur préparait un démenti formel avec le *Médecin malgré lui*, représenté en 1858.

Dès le début de sa carrière, Charles Gounod s'appliqua à mettre en musique des pièces de Molière. Dans son numéro du 18 janvier 1852, la *Gazette musi-*

cale annonçait une nouvelle version du *Bourgeois gentilhomme*, comprenant la Cérémonie et les Divertissements au Théâtre-Français. Gounod avait été chargé d'accommoder la musique de Lulli au goût du public contemporain ; il s'offrit l'innocente satisfaction de faire applaudir, sous le couvert du vieux maître, quelques airs certainement nouveaux, entre autres la danse des garçons tailleurs. Pour le *Médecin malgré lui*, il composa une partition entièrement originale. Apparemment, avant de l'écrire il se pénétra de la manière de Rameau, de Grétry, de Monsigny, mais ces études préparatoires ne devaient rien enlever à son originalité, et il composa une œuvre vraiment personnelle.

De toutes les partitions de Gounod, c'est la plus solidement enchaînée, la plus homogène. Le public de la première représentation se montra enthousiaste. On força le compositeur à paraître sur la scène. Molière lui-même — ce qui n'arrive pas à tous les adaptés — eut sa part du triomphe, la représentation ayant eu lieu le jour anniversaire de sa naissance. Après le dernier baisser du rideau, la toile se relevant découvrit le buste du grand Poquelin sous une arcade de fleurs. Mᵐᵉ Carvalho, en muse grecque, une palme à la main, chantait :

> Salut, Molière, ô grand génie !
> Ta muse est sœur de l'harmonie.

Les chœurs reprenaient la cantate ; Mᵐᵉ Carvalho agitait sa palme, et dans la salle on disait : « Ce chant rappelle le finale du premier acte de *Sapho*. »

La critique fut unanime à signaler les couplets de Sganarelle : « Qu'ils sont doux, — bouteille jolie, — qu'ils sont doux, vos petits glous-glous ! » ce trio précurseur des coups de bâton, le prologue symphonique du deuxième acte, la sérénade de Léandre, l'air de Jacqueline, la scène de la consultation, le duo de Sganarelle et de Jacqueline, le quintette de la guérison de Lucinde.

« Faust ».

Arrivons à *Faust*, c'est-à-dire à l'apogée de Gounod. En réalité le compositeur n'avait reçu la commande de ce petit chef-d'œuvre, le *Médecin malgré lui*, que comme compensation à un déboire très vif : l'ajournement de *Faust*. Le sujet l'avait toujours séduit ; mais quand il porta à Carvalho la partition écrite sur le scénario de Jules Barbier et Michel Carré, un incident faillit ruiner ses espérances. On apprit que la Porte-Saint-Martin préparait un *Faust* dramatisé pour Dumaine et Mˡˡᵉ Raphaël Félix. Carvalho prit peur. Heureusement le mélo tomba à plat, et les répétitions de l'œuvre de Gounod commencèrent au mois d'octobre 1858 ; elles furent menées activement ; on annonçait la première représentation pour le 24 février 1859, quand le ténor Guardi, qui devait chanter Faust, pris d'une extinction de voix subite, fut contraint, par ordre des médecins, de renoncer à paraître sur la scène pour longtemps. On prétendit que Gounod — comme le fit plus tard M. Richepin, qui dans *Nana-Sahib* prit la place de Marais — voulut créer lui-même le personnage principal (Gounod avait une fort jolie voix de ténor et il chantait admirablement). Mais Carvalho s'y opposa, trouvant l'aventure dangereuse. On proposa le rôle à Barbot, qui l'accepta et l'apprit en quinze jours.

D'autre part, on s'était aperçu, aux dernières répétitions, que la représentation, commençant à sept heures et demie, finirait à une heure du matin. On pratiqua de larges entailles : au second acte, un trio entre Faust, Siebel et Wagner ; au troisième, un duo entre Marguerite et Valentin ; au quatrième, une romance chantée par Seibel ; enfin, au dernier, une grande partie du duo de la Prison.

La censure, de peur d'effaroucher la cour de Rome, voulait même supprimer le tableau entier de l'église. Il fallut l'intervention de Mᵍʳ de Ségur, évêque apostolique, condisciple et ami de Gounod, pour empêcher qu'on ne commit ce sacrilège artistique. Louis Pagnerre ajoute même que Mᵍʳ de Ségur, touché par le talent de Mᵐᵉ Carvalho, lui fit remettre un livre d'heures, avec quelques mots de dédicace.

Enfin, le samedi 19 mars 1859, la presse du matin annonça pour le soir même la première représentation de *Faust*, et les critiques reçurent du directeur du Théâtre-Lyrique un avis les priant de se présenter au contrôle à l'heure exacte, sept heures et demie.

La salle, assez houleuse, était composée, moitié de gounodistes fervents, moitié d'adversaires. Mᵐᵉ Carvalho remporta un succès triomphal. On ne lui ménagea ni les applaudissements ni les rappels ; c'est même une des rares circonstances où une cantatrice changeant de répertoire vocal ait aussi franchement rallié le public. La partition fut plus sévèrement traitée ; cependant il n'est pas exact de prétendre — comme on l'a souvent répété — que *Faust* est « tombé » à l'origine. L'œuvre, au premier abord, déconcerta un peu le public, mais, dans le monde artistique, on comprit que l'on se trouvait en présence d'un ouvrage rare, délicat, excellemment *musical ;* on sentit immédiatement le charme de cette inspiration alors nouvelle.

Faust, aujourd'hui, nous paraît presque trop clair. En 1859, on ne le jugea pas exempt d'obscurité. Il faut lire, à cet égard, l'article que, dans la *Revue des Deux Mondes*, lui consacra Scudo, alors très écouté dans le grand public. Cet article est, en un sens, aussi curieux que l'étude singulière publiée par le même écrivain sur le *Prophète*, et où il vantait comme le point le plus brillant de la partition le trio bouffe, sous la tente, entre deux des anabaptistes et Oberthal.

En réalité, lorsqu'il s'agit de musique, ces deux termes, *clair* et *obscur*, sont essentiellement relatifs. En ce temps-là, n'a-t-on pas trouvé confuse et incohérente l'ouverture de *Tannhäuser*, qui aujourd'hui nous paraît si logique et si fermement construite ? Il serait donc imprudent de trop insister sur ce point, comme l'a fait quelquefois Jules Barbier, précisément à propos de *Faust*, qu'il opposait, au nom de la clarté, aux productions de l'art germanique.

D'ailleurs, plus nous allons, et plus nous voyons que tout ou presque tout, en musique, est une question de mode, d'engouement, de culture plus ou moins avancée. Assurément l'on ne trouverait plus aujourd'hui aucun amateur pour imiter Méry, qui faisait le voyage de Marseille à Paris exprès pour réentendre la *Sémiramide*.

Ce qui est demeuré jeune et intéressant dans *Faust*, ce qui sera toujours apprécié et admiré, c'est ce que, dès le début, les connaisseurs avaient discerné dans cet ouvrage de haute valeur : la finesse et la sûreté du métier, la sobriété, la distinction, la délicatesse de l'orchestration, l'élégance de la modulation et la qualité exquise de l'émotion répandue sur certains endroits du drame, l'intensité et la véhémence de la sensibilité, le charme et pur et discret de certaines inventions mélodiques. Par là l'œuvre est bien d'un maître, et d'un maître très français, qui d'ailleurs n'était pas resté étranger à l'étude des modèles germaniques, particulièrement de Mozart et de Schumann.

De tous les ouvrages musicaux qu'a engendrés le *Faust* de Gœthe, l'opéra de Gounod est celui qui a atteint le plus haut degré de popularité. Le *Faust* de Spohr est à peu près délaissé. D'autre part, il semble évident que la *Damnation* de Berlioz et le *Mefistofele* de M. Boïto n'ont pas et n'auront jamais, pour la foule, en dépit de qualités transcendantes, le prestige qui appartient au simple et touchant *Faust* de Charles Gounod. Il est à noter que celui-ci, dans la vaste composition de Gœthe, s'est restreint à la partie que les critiques allemands appellent « la Tragédie de Marguerite », et a laissé de côté tout le reste. C'est d'ailleurs sous le titre de *Marguerite* que fréquemment l'ouvrage a été exécuté en Allemagne.

Dès 1859, Berlioz, dans le *Journal des Débats*, constatait « le grand et légitime succès » de la partition et en signalait « les nombreuses beautés », éloge doublement flatteur venant d'un confrère. Il traitait la scène du jardin d' « admirable page »; il écrivait: « La scène de l'église pour l'orgue et les chants religieux mêlés aux imprécations de Méphisto est supérieurement traitée. »

Dans la *Presse*, Paul de Saint-Victor ne se contentait pas de mettre hors de pair « le second acte, si plein, si coloré, si émouvant »; il saluait en Gounod un des chefs de la jeune école. Dans le *Figaro*, Jouvin écrivait: « Félicien David et Gounod sont deux grands symphonistes. *Herculanum* et *Faust* sont deux tentatives de rénovation musicale, d'une égale importance toutes deux. »

Rappelons succinctement l'odyssée triomphale à travers l'Europe de Gounod et de son éditeur Choudens, ce dernier également désireux, suivant la plaisante expression du musicien, « de faire fortune avec *Faust* et de faire la fortune de *Faust* ». Chacun sait que la première ville où l'œuvre fut représentée après Paris est Strasbourg, la première en même temps qui la fit entendre sous la forme d'un grand opéra. Puis est venu Rouen, où, détail assez amusant, on rappela sur la scène, à la fin de la première représentation, non seulement Gounod, mais le directeur du théâtre municipal, Halanzier, celui-là même qui plus tard devait monter *Polyeucte* à Paris.

Lorsque Carvalho rentra au Théâtre-Lyrique, alors transféré au Châtelet, en septembre 1862, presque à l'improviste, — il était, au même moment, candidat à l'Opéra-Comique pour la succession d'Émile Perrin, succession qui devait finalement échoir à Adolphe de Leuven, — il y ramena aussitôt *Faust,* tout brillant de l'auréole des succès étrangers, et monté comme à l'origine, sauf en ce qui concerne le rôle de Faust, tenu alors par Monjauze, bon comédien, chanteur à la voix cuivrée et mordante, mais un peu sèche pour les scènes d'amour du troisième acte; et, sauf aussi un changement important, éphémère d'ailleurs, dans la mise en scène de l'église, le dernier qui devait se produire tant que *Faust* resterait au Théâtre-Lyrique.

C'est de cette époque que date véritablement le succès de *Faust* à Paris : l'ouvrage fut représenté plus de soixante fois dans l'hiver, et depuis lors resta toujours au répertoire.

Quand le Théâtre-Lyrique eut vécu, *Faust* passa à l'Opéra de la rue Le Peletier.

La première représentation fut donnée le 3 mars 1869. Le dialogue parlé fut remplacé par des récitatifs, et Gounod écrivit un ballet. Au témoignage de M. Julien Torchet, on n'était pas sans inquiétude sur l'accueil qui lui serait fait dans une salle spacieuse. « Les parties délicates, telles que les scènes du Jardin et de la Prison, conservèrent leurs intimes beautés. Mais la kermesse et la scène de l'église produisirent un effet considérable et qu'on était loin de prévoir. Faure et Colin se montrèrent admirables; le succès de Mlle Nilsonn fut moindre et ne fit pas oublier Mme Carvalho, qui, quelques mois après, au mois de juin, reprit naturellement le rôle de Marguerite qu'elle avait créé.

« Quand elle entra en scène, — l'inoubliable souvenir! — de toutes parts éclatèrent des applaudissements; on trépignait, on jetait des fleurs, on était véritablement affolé. Elle était si émue, si tremblante, qu'elle fondit en larmes et qu'elle ne put commencer: « Non, monsieur, je ne suis demoiselle ni belle, » ce simple récit sur une seule note, que personne n'a jamais dit comme elle. »

La critique, cette fois, désarma presque entière. Seuls, Blaze de Bury et Léon Escudier demeurèrent acerbes. L'un écrivit dédaigneusement que *Faust* était de la vulgaire musique italienne, l'autre traita Gounod de musicien pédant à qui manquait la libre des passions.

A partir de ce moment, il convient de ne plus indiquer que par des notations précises les diverses étapes de la pièce jusqu'à la millième, qui fut célébrée le 7 décembre 1894.

Avant de passer au répertoire de l'Opéra, *Faust* avait été joué 316 fois : 307 fois au Théâtre-Lyrique, 8 fois au théâtre de la Renaissance et 1 fois à l'Opéra-Comique. A cette dernière représentation, on ne joua que le 2e acte, au bénéfice de Mme Miolan-Carvalho.

Au Théâtre-Lyrique, l'ouvrage fut dirigé par M. Deloffre, le chef d'orchestre qui monta *Mireille*, *Philémon et Baucis* et *Roméo et Juliette*, et, plus tard, par M. Buziau, deuxième chef d'orchestre.

Le rôle de Faust fut chanté au Théâtre-Lyrique par Barbot, Michot et Montjauze; le rôle de Méphisto, par Balanqué et Cazaux; le rôle de Valentin, par Raynal et Lutz, et celui de Marguerite, par Mmes Miolan-Carvalho, Schrœder et Vendenheuvel-Dupré.

Quand, le 3 mars 1869, *Faust* passa au répertoire de l'Opéra, l'ouvrage fut monté par Vauthrot, chef de chant, Victor Massé et Léo Delibes, chefs des chœurs, sous la direction de l'auteur et de Gevaert, directeur de la musique. Léo Delibes avait monté l'ouvrage comme chef de chant au Théâtre-Lyrique.

Les différents chefs d'orchestre qui dirigèrent *Faust* à l'Opéra sont : Georges Hainl, Deldevez, Ernest Altès, Madier de Montjau, Vianesi, Taffanel et Mangin.

De « Philémon et Baucis » à la « Colombe ».

Il est assez difficile de savoir si Gounod, au milieu des commentaires de toutes sortes — et de sortes contradictoires — qu'avait provoqués la première audition de *Faust*, eut quelque divination de la carrière que devait fournir son nouvel opéra. En tous cas, il n'estima pas, comme disent le faire un de ses biographes les plus sévères, que ce fût là « le zénith de son apogée », qu'il y eût épuisé « les éléments d'un génie factice » et que, vu l'impossibilité de rencontrer deux fois un drame ayant autant d'affinités avec sa propre nature, ses productions suivantes marqueraient nécessairement une décadence. L'expérience, dont on ne pouvait encore augurer avec certitude, surexcita au contraire sa rare faculté de composition, et une année à peine s'était écoulée depuis la mémorable soirée du 19 mars 1859, que le Lyrique du boulevard du Temple représentait *Philémon et Baucis*.

La partition avait été d'abord écrite pour le théâtre de Bade. Sur la demande de Carvalho, l'ouvrage resta à Paris, et Gounod promit au casino badois une compensation qui fut *la Colombe*, représentée un an plus tard. Pour revenir à *Philémon et Baucis*, l'œuvre devait se ressentir dès le début de ce changement de destination. Carré et Barbier avaient eu la sagesse de ne tirer qu'un livret en deux actes de l'anecdote touchante, mais un peu maigre, des amours ancestrales de Philémon et Baucis. C'était assez pour la scène de Bade, — et pour toutes les scènes, — mais Carvalho voulait un spectacle entier.

On ajouta donc tout un acte, le tableau du temple avec l'orgie, le chœur des bacchantes, le chœur des blasphémateurs et l'intervention de Jupiter qui foudroie les impies. Le livret se trouva alourdi par cette adjonction.

L'Opéra-Comique, en reprenant la pièce seize ans plus tard, en 1876, l'amputa de tous les épisodes superflus et lui donna sa coupe en deux actes. Ce fut son seul et dernier avatar. C'était se ranger d'ailleurs à l'avis du compositeur, qui écrivait lui-même : « *Philémon et Baucis* est une fable très simple qui comporte peu de développements. De plus, c'est une idylle, et les sujets de ce genre, surtout au théâtre, où le mouvement et l'action sont indispensables, perdent et se détériorent à être délayés. »

On ne lira pas sans intérêt les deux distributions de la pièce, correspondant à ses deux états :

	Théâtre-Lyrique.	*Opéra-Comique.*
Philémon	MM. Froment.	MM. Nicot.
Jupiter	Battaille.	Bouhy.
Vulcain	Balanqué.	Giraudet.
Baucis	Mme Carvalho.	Mlle Chapuy.
La Bacchante.......	Marie Sasse.	(Rôle supprimé.)

Sans être la meilleure, la seconde suffisait à bien mettre en valeur toutes les parties de l'œuvre que Jules Barbier et Michel Carré ont eu quelque peine à traiter, car il était dangereux de montrer Jupiter mystifié par Baucis, sans verser dans l'ornière de l'opérette. Même au dire de Paul de Saint-Victor, la difficulté n'avait pas été complètement tournée, puisque, parlant du livret, il ajoutait : « Ce qui m'en déplait, c'est le faux air de bouffonnerie qu'il prend par endroits. Le langage des dieux y tombe à chaque instant dans les cascades de la charge. Vulcain, substitué à Mercure, joue le rôle d'un Sganarelle berné et grondeur. Rien n'est déplaisant comme cette parodie des plus nobles types qui soient sortis du génie humain. Un tel genre de plaisanterie n'est supportable que dans les *mythologies* à l'usage des enfants et dans les farces des petits théâtres. »

Il fallait toute la grâce élégante de la musique pour dissimuler ce défaut. Encore un critique autorisé faisait-il observer que « ces qualités de forme et de style, cette instrumentation ciselée, ne suffisent pas à faire vivre une composition où, à proprement parler, il n'y a pas de pièce, partant nul intérêt; où la musique, toute jolie qu'elle fût, devait nécessairement manquer de chaleur, d'élan passionné, surtout de variété dans les couleurs, et l'accent appa-

raître monotone à la longue... Ainsi s'expliquent, ajoutait-il, l'échec de cet ouvrage à l'origine et sa mise à l'écart pendant seize ans. Ainsi s'expliquera la courte durée de la reprise actuelle, intéressante cependant pour les esprits délicats enclins à la douce rêverie, mais peu attrayante pour le grand public. » En effet, la reprise de 1876 n'aboutit qu'à huit représentations; mais il est juste d'ajouter que le théâtre traversait une phase assez anormale, et qu'une clôture anticipée devait nécessairement bouleverser la marche des spectacles et le sort des ouvrages.

Avec la *Reine de Saba*, Gounod allait aborder de nouveau l'Opéra, où la *Nonne sanglante* avait éprouvé un échec si rude. Ses fournisseurs habituels avaient tiré le poème d'une légende rapportée par Gérard de Nerval dans son *Voyage en Orient*. C'est le récit d'une visite faite par la reine de Saba au roi Salomon, — que les auteurs ont appelé Soliman, — à l'époque de la construction du fameux temple de Jérusalem.

Cette légende vient de loin, comme l'a rappelé M. Antoine Bauer. On la trouve d'abord dans la Bible, puis, avant de parvenir jusqu'à Gérard de Nerval, on la rencontre dans l'Idumée, l'Arabie, la Perse et, en dernier lieu, dans le midi de la France. Le bon roi René, en effet, ayant institué, à Aix-en-Provence, un *cérémonial pour la Fête-Dieu*, avait intercalé pour ce cérémonial un *entremets* ou *intermède* qui mettait en scène la visite de la reine de Saba au roi Salomon. La reine y exécutait des danses plastiques rythmées sur un air mélancolique composé tout exprès par le roi René lui-même.

Le livret fut durement traité par la critique du temps, et voici l'amusante parodie que Scudo en donna sous forme de compte rendu. C'est un des plus curieux modèles de l'analyse tendancieuse, très pratiquée à cette époque.

« La reine Balcis se rend à Jérusalem pour voir le grand roi Soliman et admirer les merveilles du temple qu'il fait bâtir. Elle dit au roi que, s'il devine certaines énigmes qu'elle soumettra à sa sagacité, elle s'engage à lui donner, avec sa main, un anneau magique avec lequel il pourra faire tout ce qu'il voudra. Soliman ayant répondu victorieusement aux questions de la reine Balcis, elle s'apprête à épouser le roi, dont elle admire la grandeur et la sagesse; mais avant de conclure cet hymen extraordinaire, la reine, qui a le goût des arts très développé, désire visiter le temple et voir le grand artiste qui a conçu et exécuté les travaux si gigantesques. Cette curiosité bien légitime de la reine Balcis est fatale à l'amour de Soliman, car elle s'éprend tout à coup d'une passion vive et profonde pour Adoniram, le grand artiste dont le génie a créé tout ce qu'elle vient d'admirer. Voilà donc la reine Balcis dans une position assez difficile, ne voulant plus de Soliman, à qui elle a remis imprudemment l'anneau magique, et portée vers l'artiste, qui ressent pour elle un amour ardent et respectueux. Après avoir passé quelques jours dans une hésitation qui inquiète fort Soliman, puisqu'il s'écrie :

Oui, depuis quatre jours, hommes d'armes, lévites,
Tout veille, tout est prêt; la flamme est sur l'autel,
Et quand l'heure est venue, au moment solennel,
O perfide Balkis, tu me fuis, tu m'évites !...

« Le fait est que Balcis se conduit fort mal et que, pendant quatre jours, on ne sait trop ce qu'elle devient; elle découche, elle se perd dans le temple à s'entretenir avec Adoniram. Et ce qui prouve que la conduite de la reine Balcis est plus que légère, c'est qu'elle simule une scène de volupté avec Soliman, pendant laquelle elle lui administre un narcotique. C'est pendant ce sommeil factice de Soliman que Balçis lui arrache du doigt l'anneau magique dont elle va se servir pour sauver son amant; mais les choses s'embrouillent. Soliman se réveille furieux et jaloux comme un tigre, une conspiration de trois ouvriers s'ourdit contre Adoniram, qui meurt assassiné sur les bords affreux du Cédron. Balçis, qui avait assisté son amant jusqu'à son dernier soupir, s'écrie alors :

> Emportons dans la nuit vers un autre rivage
> Les restes vénérés du maître qui n'est plus!
> Et que son nom divin soit redit d'âge en âge
> Jusques au dernier jour des siècles révolus!

« Ainsi finit la comédie, le drame burlesque que MM. Jules Barbier et Michel Carré ont tiré d'une légende admirable. »

Scudo exagérait. Quoi qu'il en soit, Alphonse Royer avait brillamment monté la pièce, dont la première représentation fut donnée le 28 février 1862 — un vendredi! — devant l'Empereur et l'Impératrice.

Les interprètes étaient Mmes Gueymard, Hamackers, Tarby; Gueymard, Balval, Grisy, Marié, Coulon et Frérel. Le ballet, réglé par Petipa, fut dansé par Zina Mérante et Emma Livry. Dietsch dirigea l'orchestre, et Cormon établit la mise en scène. Le soin de brosser les décors avait été confié à Desplechin (1er acte), Martin (2e acte), Notau et Rubé (3e acte), Cambon et Rubé (4e acte). Alfred Albert dessina les costumes.

On rendit justice aux grandes pages de la partition, qui fut cependant qualifiée de wagnérienne (!) : la romance « Comme la croissante aurore », la phrase des fiançailles de Balçis et de Soliman, le chœur des filles sabéennes, la célèbre cavatine « Plus grand dans son obscurité... » Cependant le parti pris de dénigrement était marqué, et Azevedo s'exprimait ainsi dans l'Opinion nationale du 4 mars : « Qu'on nous ramène au Tannhäuser! Ce cri, nous supplions qu'on ne le prenne pas pour une boutade, et l'expression rapide et douloureuse d'une opinion qui ne peut manquer, tout nous le prouve, d'être confirmée par la majorité du public... M. Gounod n'est pas mélodiste ou l'est si peu que ce n'est vraiment pas la peine d'en parler. »

L'ouvrage disparut après quinze représentations. Il devait être repris à l'Opéra-Populaire en novembre 1900, et s'est maintenu au répertoire de l'étranger, notamment en Belgique et en Allemagne.

La partition de Mireille ne réservait qu'une demi-revanche au compositeur, de son vivant... Cette fois encore Gounod devait être victime de ce manque de caractère qu'on lui a souvent reproché et de sa facilité à consentir des remaniements. Aucun opéra n'a été plus souvent repris, revu, amplifié, diminué. Était-il possible de tirer cinq actes de la lyrique Mireio de Mistral? Jules Barbier et Michel Carré le crurent, sans doute, puisqu'ils adoptèrent d'abord cette coupe grand format; mais il leur fallut remplacer l'action absente par des détails épisodiques, la très simple histoire de la riche paysanne qui veut épouser un pauvre vannier malgré la résistance de ses parents et meurt d'un coup de soleil en traversant la plaine de la Crau, n'offrant qu'un minimum de complications dramatiques.

Les librettistes avaient dû se rabattre sur les hors-d'œuvre de la cueillette des mûriers, de la farandole dans les arènes d'Arles, de la rivalité de Vincent et d'Ourias, du repas des moissonneurs, etc., qui ne sont pas directement reliés à l'action. Peut-être, cependant, eût-on obtenu une apparence d'unité si Gounod avait pu suivre son inspiration jusqu'au bout. En effet, il avait mis une réelle ardeur à composer la partition de Mireille; il avait même fait un effort d'isolement qui n'était pas dans sa nature en allant passer quelques mois d'intimité avec le paysage où se déroule l'idylle tragique. Retiré à Saint-Remy, un hameau voisin d'Arles, devenu « monsieur Charles » tout court chez les habitants du pays, ne rendant visite qu'à Mistral, il était en bonne voie pour produire une œuvre de solide tenue musicale et dramatique. Malheureusement des influences respectables, mais désastreuses, devaient s'exercer à distance sur la composition et le compositeur. Mme Carvalho écrivait avec une insistance jamais lassée : « Du brillant, du brillant, je veux du brillant! » Puis elle se plaignit que Gounod exigeât de la cantatrice des « vociférations ». Finalement il opéra de fâcheuses mutilations. Elles devaient lui coûter cher. Les frères Hillemacher ont écrit à ce propos, dans leur étude critique sur Gounod, une page dont la moralité pratique mérite d'être reproduite.

« Les directeurs de théâtre — même ceux, surtout ceux qui sont intelligents — devraient se persuader qu'à les tripatouiller ils n'ajoutent rien aux œuvres qu'on leur apporte; tout au contraire. L'exemple de Mireille est un enseignement dont nul encore n'a osé faire son profit. »

L'enseignement était cependant d'une singulière éloquence. Pour complaire à son interprète, le compositeur, avant la première représentation, avait amoindri le rôle de Mireille, dont la tessiture primitive exigeait des moyens vocaux incompatibles avec l'organe de l'ancienne Fanchonnette passée Marguerite, mais restée en marge du registre de Valentine. La scène de la Crau (celle où Mme Carvalho se plaignait d'avoir à vociférer) fut amputée.

La cantatrice n'en garda pas moins un trac formidable et prit contact avec le public de la première comme dans la plénitude de ses moyens. Le reste de l'interprétation était assez ordinaire, en faisant exception pour Ismaël, dont la belle voix de baryton fit valoir le rôle d'Ourias. Aussi, en dépit de certains ménagements de la critique qui comptait enfin avec Gounod et craignait de formuler des pronostics aventurés, et d'un très élogieux article de d'Ortigue qui, tout en discutant la couleur locale de l'ouvrage, faisait ressortir « l'élévation du style » et « les reflets d'ensemble d'un grandiose, d'une plénitude admirables », la soirée fut un désastre.

Il y a eu un certain nombre de revanches partielles, mais on peut craindre que l'œuvre n'ait pas trouvé un classement définitif et qu'elle doive finir par échouer dans le répertoire des salons, grâce à la chanson de Magali et à quelques autres détails de la partition.

On doit attribuer aussi la Colombe au répertoire mondain. C'est un badinage aimable où la légèreté de touche s'unit à l'inspiration. La Fontaine en avait fourni le sujet, puisque la Colombe n'est qu'une adaptation de son naïf et joli conte, le Faucon. Jules Barbier et Michel Carré en avaient tiré un petit acte d'abord joué à Bade, sur le théâtre de M. Bénazet, fermier des jeux, par Roger, Balanqué,

Mmes Carvalho et Faivre. Puis ce premier acte s'était, sans grande utilité d'ailleurs, augmenté d'un second, et, dans cette version, l'ouvrage fut servi au public parisien, le 7 juin 1866, salle Favart, par Capoul, Battaille, Mmes Cico et Girard, cette dernière bientôt remplacée par Mlle Bélia.

La *Colombe* s'envola bien loin au bout de vingt-neuf représentations et ne reparut plus qu'au théâtre Taitbout, transformé en « Nouveau Lyrique », le 4 novembre 1879, avec Gruyer, Morras, Mmes Peschard et Parent. A treize ans de distance, les résultats ne différaient guère : *vingt-quatre* soirées seulement donnèrent alors le maigre chiffre de 8.315 francs.

« Roméo et Juliette ».

En 1866 Gounod avait été élu à l'Institut en remplacement de Clapisson. L'année suivante lui réservait un succès d'un autre genre, l'accueil enthousiaste et cette fois sans aucune réserve fait à *Roméo et Juliette* par le public du Théâtre-Lyrique. Si exploité qu'ait été le sujet par les adaptateurs de tout mérite et les compositeurs de toute nationalité, les Steibelt, les Dalayrac, les Zingarai, les Vaccai, les Bellini ; si présente à toutes les mémoires que fût l'admirable symphonie de Berlioz, la tragique histoire des amants de Vérone revenait de droit au chantre de Marguerite, et il a écrit sur la donnée shakespearienne une partition que ses plus fervents admirateurs mirent d'abord au rang de *Faust,* que, dans la suite des temps, quelques-uns placèrent au-dessus. Quant aux ennemis de Gounod, ils se contentèrent de pronostiquer qu'il ne ferait jamais rien de supérieur ni même d'égal, et l'avenir devait leur donner raison, mais par la faute des événements plutôt qu'en raison d'un brusque arrêt de l'inspiration du compositeur.

Un demi-siècle s'est écoulé depuis la mise en parallèle de *Faust* et de *Roméo* devant le grand public détaché des considérations d'école et uniquement soucieux de son plaisir. Les faits ont établi de la façon la plus nette qu'au point de vue de l'effet dramatique, l'épisodique arrangement du poème de Gœthe l'emportera toujours sur l'extrême variété de la partition, par sa sensualité à la portée des masses comme par l'ingéniosité féerique du livret, qu'on pourrait appeler le triomphe de la magie blanche, le Méphistophélès de Carré et Barbier n'étant qu'un montreur de prestiges. Mais *Roméo* s'est assuré une clientèle presque aussi nombreuse à mesure que s'épurait le goût des auditeurs. Si le décor musical est absent ; si, dans le bal chez les Capulet et dans les scènes annexes, il n'y a rien, comme on l'a dit, qui approche de la kermesse, du choral des épées, de la scène de l'église, de la mort de Valentin, la partition, dans son ensemble, est d'une lyrique ampleur que ne gâte presque aucune vulgarité.

Il serait injuste de ne pas rappeler qu'un des tableaux qui impressionnent le plus vivement le public, le prologue où les principaux personnages de la pièce apparaissent groupés comme dans une fresque, tandis qu'un chœur sans accompagnement, coupé de deux en deux vers par un accord d'orchestre, récite une sorte de schéma de la légende :

Vérone vit jadis deux familles rivales...

est renouvelé de la symphonie de Berlioz. Celui-ci, malgré sa très vive amitié pour Gounod, ne voyait pas sans amertume cette incursion dans des plates-

bandes lyriques qu'il croyait s'être réservées, et ce sentiment perce dans une lettre qu'il adressait en juin 1867 à Humbert Ferrand : « Vous n'avez pas lu les nombreux journaux qui ont parlé de ma partition *Roméo et Juliette* à propos de l'opéra de Gounod, et cela d'une façon peu agréable pour lui. C'est un succès... dont je ne me suis pas mêlé et qui ne m'a pas étonné. »

En effet, l'emprunt de la mise en scène est direct, mais la musique reste très personnelle, ainsi d'ailleurs que tout le reste de la partition. Avons-nous besoin de rappeler que si quelques pages du premier acte ont assez rapidement vieilli, par exemple le chœur des masques et la valse à vocalises, trop visiblement intercalée pour favoriser la virtuosité de Mme Carvalho, toute la partie réellement dramatique a gardé son intérêt passionnel, notamment au second acte, pour lequel on peut s'associer presque sans réserve à cette page éloquente du beau livre de M. Camille Bellaigue sur l'*Amour dans la musique* :

« Le second acte est à lui seul un chef-d'œuvre et la merveille de *Roméo*. Il ne s'enferme pas dans une coupe régulière. Il s'affranchit des traditions, même de celles du maître ; il commence en dialogue, en causerie où la tonalité, le mouvement, le rythme, varient continuellement, avec une pleine liberté, selon les nuances les plus délicates du sentiment. A la fin, seulement, l'entretien s'achève en duo concertant. Malgré cette indépendance, rien de décousu ; tout se tient et s'enchaîne. On suit l'acte entier comme un ruisseau qui coule et qui chante.

« Il fait nuit ; des souffles passent sur le jardin avec une berceuse d'orchestre qui semble le murmure des arbres. Roméo guette sous le balcon. Ses amis le cherchent, et leurs voix qu'on entend dans l'éloignement redoublent le mystère dont le jeune homme s'environne. La cavatine : *Ah! lève-toi, soleil!* est analogue, sans être identique, à celle de Faust : *Salut, demeure chaste et pure.* Des deux morceaux, la forme est à peu près la même, mais non le fond. Roméo peut sans crainte et sans remords expliquer son loyal amour : Il ignore le trouble « qui *fit* hésiter Faust au seuil de Marguerite » ; aussi commence-t-il avec franchise l'air qui s'achève par un grand cri de passion. Deux accords de harpes perlent discrètement, et Juliette paraît à son balcon. Elle s'y accoude rêveuse, mais non troublée. Les syncopes discrètes de l'orchestre trahissent seulement les battements de son cœur. Roméo l'appelle ; et aussitôt, avec une fierté douce : *Qui m'écoute?* dit-elle, *et surprend mes secrets dans l'ombre de la nuit!* Cette courte phrase, à elle seule, est exquise. Exquise encore la phrase, ou plutôt exquises toutes les phrases qui suivent. Comme des reflets sur l'eau, mille sentiments passent sur l'âme de Juliette, sur cette âme plus complexe que celle de la simple Gretchen. »

Roméo eut cent représentations continues au Théâtre-Lyrique, où la distribution comprenait Michot, Puget, Laurent, Barré, Laveissière, Mmes Carvalho, Daram et Duclos. Carvalho emmena l'œuvre salle Ventadour. En 1873 elle passa à l'Opéra-Comique, où Mme Carvalho fut entourée, cette fois, de Duchesne (puis de Talazac), Bach, Raoult, Duvernoy, Melchissédec, etc. Le 22 novembre 1888 elle s'installa d'une façon triomphale et définitive à l'Opéra, avec Mme Adelina Patti, MM. Jean et Edmond de Reszké, Delmas, Muratet, Warmbrodt, Melchissédec, Mlles Agussol et Canti. On avait perfectionné la mise en scène du prologue par l'emploi de dégradations lumineuses, ajouté une *coda* reprise par le chœur entier : « Ah! jour de deuil, et d'angoisses et d'alarmes... » et un ballet comprenant sept numéros dansés par Mlle Mauri.

Période intermédiaire.

L'année 1870 — l'Année terrible, suivant le nom que lui donnèrent les contemporains, et qu'elle a conservé — devait creuser un véritable abîme dans le domaine de la production. Il est peu de situations artistiques, littéraires ou musicales qu'elle n'ait modifiées profondément. Elle devait exercer une influence très caractéristique sur la carrière de Gounod et limiter strictement son œuvre. Le compositeur a cependant survécu vingt-trois ans, et son autorité se prolongea pendant tout ce quart de siècle; il multiplia les ouvrages nouveaux, et l'on ne saurait négliger complètement ce supplément de bagage. Mais il convient d'en faire précéder l'analyse d'une remarque qui en précise l'intérêt particulièrement historique et biographique, à savoir qu'exception faite pour les oratorios terminés, comme *Rédemption*, ou exécutés de première main, comme *Mors et Vita*, pendant ces années de grâce, aucune des compositions écrites par Gounod après 1870 n'indique une évolution ou un perfectionnement de sa manière, aucune n'a augmenté la gloire, ou plus simplement accru la popularité du maître.

La déclaration de guerre surprit Gounod à Rome au moment où il traçait le plan de *Polyeucte,* dont nous aurons bientôt à parler. Il revint avec sa famille s'installer à Varangeville, près de Dieppe. A la nouvelle des premiers revers, il composa une ode-cantate, *A la frontière,* d'inspiration assez peu originale, que Devoyod chanta à l'Opéra le 8 août 1870. Après la révolution du 4 septembre Gounod s'embarqua avec sa famille pour l'Angleterre, où il reçut aussitôt de nombreuses proposition d'éditeurs. De ce séjour date une grande œuvre religieuse commandée par l'administration de l'Exposition internationale organisée à Londres pour 1871, et exécutée sous la direction du compositeur : *Gallia,* le 1er mai, à Royal-Albert-Hall.

L'œuvre se divise en quatre parties :

1° Introduction. — Chœur : La voilà seule, vide, la cité Reine des cités! Ses enfants pleurent nuit et jour dans ses murs désolés...

2° Soprano solo et chœur. — Soprano solo : Ses tribus plaintives ne viennent plus à tes temples saints chanter leurs cantiques. — Reprise du chœur sur les mêmes paroles. Soprano solo : Ses remparts ne sont que décombres... Sous les fronts vierges plus de fleurs, etc.

3° Solo et chœur. — Chœur : O mes frères qui passez sur la route, voyez mes pleurs, ma misère!... Grâce, Dieu vengeur, pour tes enfants sans armes! Contre l'insolent vainqueur, arme ton bras! — Pendant ce morceau, la voix de soprano s'entremêle au chœur et alterne avec lui.

4° Final. — Soprano solo : Jérusalem, Jérusalem, reviens vers le Seigneur! — Réponse du chœur sur les mêmes paroles.

Cette lamentation, écrite en style de cantate, fut exécutée au Conservatoire de Paris, le dimanche 29 octobre 1871, ainsi qu'à un concert du dimanche suivant.

La faculté productrice du maître allait être surexcitée et même exaspérée par un incident d'ordre mi-commercial, mi-passionnel, la mainmise du couple Weldon sur le compositeur et sur ses compositions.

Un soir de février 1871, Gounod reçut chez le célèbre critique anglais Julius Bénédict l'hommage presque rituel d'une cantatrice mondaine, Mistress Georgina Weldon, qu'accompagnait son mari. Cette présentation devait avoir des suites comico-tragiques et même des conséquences judiciaires. Sans entrer dans tous les détails de cette fâcheuse aventure, rappelons que, sous l'influence de Mistress Weldon, Gounod refusa la place de directeur du Conservatoire de Paris rendue vacante par la mort d'Auber, puis, chambré à Tavestocc-house, chez les Weldon dont il était devenu le pensionnaire, s'attela à un travail écrasant.

L'entreprise Weldon comprenait un orphelinat, à la fois asile et conservatoire infantile de musique, et un Chœur-Gounod (*Gounod's Choir*) qui devait donner chaque année cinq grandes séances publiques à Saint-James Hall. Pour subvenir à ces programmes qui comprirent les saisons de 1872-1873, 1873-1874, Gounod accomplit une besogne surhumaine pendant trois années de Tavestocc-house (coupées par un voyage à Paris où Mistress Weldon interpréta *Gallia* sans grand succès au Conservatoire, à l'Opéra-Comique et à Saint-Eustache, une tournée artistique en Belgique... et une maladie assez grave du compositeur). Tant d'efforts devaient aboutir à une double série de procès avec la toute-puissante ligue des éditeurs anglais, que Mistress Weldon voulait concurrencer directement. Aussi, à la suite de ces incidents judiciaires qui lui valurent même une incarcération, ne paraît-il pas avoir fait de grandes difficultés pour se laisser rapatrier. Il partit même si vite à la suite de divers incidents, qu'il devait faire réclamer par l'intermédiaire de l'ambassade de France à Londres divers manuscrits, notamment celui de *Polyeucte.*.

La restitution fut mouvementée et si longue que Gounod réinstallé à Paris refit *Polyeucte* de mémoire. L'œuvre était reconstituée en 1875. Finalement Mistress Weldon rendit le manuscrit, ce qui n'empêcha pas la vindicative associée de faire condamner le maître à 10.000 livres de dommages-intérêts, suivant sentence prononcée le 7 mai 1885 par la Cour du Shérif, et confirmée par la Haute Cour de Justice, section du Banc de la Reine, arrêt du 30 mai.

Des « Deux Reines » au « Tribut de Zamora ».

Revenons à la production dramatico-lyrique de Gounod. De 1872 à 1881, — période de déclin et en même temps de laborieux efforts, phénomènes qui n'ont rien de contradictoire dans toute carrière artistique, — le compositeur n'a pas fait représenter moins de cinq œuvres, d'inspiration et de valeur inégales : *les Deux Reines, Jeanne d'Arc, Cinq-Mars, Polyeucte, le Tribut de Zamora.*

Les deux premières furent jouées à Paris pendant la durée du séjour à Londres et le développement des divers incidents Weldon. Aussi bien la partition des *Deux Reines* était antérieure de beaucoup à l'Année terrible. Gounod, dont cet assemblage de chœurs, de récitatifs et de morceaux symphoniques est d'ailleurs l'un des ouvrages les moins caractéristiques, l'avait écrite vers 1865 pour illustrer musicalement une pièce d'Ernest Legouvé sur la répudiation de la reine Ingelburge par Philippe-Auguste, aventure domestique qui se compliqua d'une intervention du pape, de la mise en interdit de la France entière et de l'excommunication du roi.

L'opéra devait être créé au Théâtre-Lyrique par Mme Ristori, en mars 1865, mais des considérations diplomatiques (on traversait alors la phase la plus aiguë de la question romaine) le firent mettre lui aussi en interdit. En 1872 la situation se trouvait profondément modifiée, et les *Deux Reines* purent se produire sur la scène de la salle Ventadour sans intervention de la censure. On fit un accueil poli, mais assez froid, à l'ouverture, d'ailleurs remarquablement sobre et claire, des deux chœurs de sopranos du premier acte, à l'intermède musical du deuxième acte et au refrain pittoresque qui en précède le finale, enfin aux motifs religieux qui se succèdent d'assez près dans le décor de l'introduction.

En 1873, Offenbach, devenu directeur de la Gaîté, où il n'avait pas encore pris le parti simpliste, mais dangereux, de se livrer à l'unique exploitation de ses œuvres personnelles revues et considérablement diluées, faisait représenter une *Jeanne d'Arc* de Jules Barbier, mise en musique par Gounod; le succès fut tel qu'on dut l'interrompre en plein cours de recettes pour faire place à *Orphée aux enfers*. Le poème était une sorte de panorama légendaire, aux cases d'enluminure depuis la chaumière de Domrémy, où Jeanne entend les voix, jusqu'au bûcher, en passant par Chinon, Orléans et Reims.

La principale originalité de la partition est la dédicace au ménage Weldon :

« J'offre ce manuscrit à mes deux chers et courageux amis Henry et Georgina Weldon, en souvenir du bûcher sur lequel la malveillance publique les fit brûler avec moi, depuis que j'ai le bonheur de les avoir pour amis. — 6 octobre 1873.

« CH. GOUNOD. »

Cependant, au point de vue musical, elle renferme des pages de grand style et de réelle envolée lyrique : chœur des fugitifs, scène des voix, marche patriotique, ronde populaire, marche du sacre, marche funèbre. L'œuvre devait être reprise à la Porte-Saint-Martin (direction Sarah Bernhardt) en 1890, avec la directrice en personne dans le rôle de la Bonne Lorraine, et fournir un brillant regain de carrière.

Gounod livrait en 1877, salle Favart, une grosse partie avec *Cinq-Mars*, et ne la gagnait qu'à demi. Le triomphe rêvé ne fut pas obtenu, mais on n'eut pas non plus à déplorer une chute, et, grâce à une cinquante-sept représentations, l'œuvre nouvelle prit rang parmi les plus honorables succès d'estime.

A dire vrai, le choix du sujet laissait à désirer, comme aussi la façon dont il avait été traité. Un amateur et ami du compositeur, Paul Poirson, avait découpé tant bien que mal un scénario dans le roman célèbre d'Alfred de Vigny, et Louis Gallet s'était chargé d'en faire un livret d'opéra. Mais, pour qui connaît le roman, les personnages paraissent à la scène singulièrement diminués, les faits de l'histoire fâcheusement altérés; pour qui l'ignore, l'action trop resserrée manque de vraisemblance et d'intérêt. Pourtant, cette aventure avait séduit jadis Meyerbeer lui-même. Ses manuscrits, achetés il y a quelques années à Berlin et conservés aujourd'hui à la bibliothèque de l'Opéra de Paris, nous montrent que le grand compositeur avait mené assez avant cet ouvrage, antérieur aux *Huguenots* et destiné très probablement à l'Opéra-Comique. La couleur sombre du tableau avait contribué à le détourner de sa tâche, qu'il laissa inachevée; elle n'effraya point Gounod, qui, pour séduire le public, comptait sur le

charme de ses mélodies et l'abondance de ses improvisations, s'il est vrai, comme le bruit en courait alors dans les journaux, qu'il avait mis seulement six semaines à écrire la partition de ce drame lyrique en quatre actes et cinq tableaux, où le « parlé » se bornait tout juste à quelques mots par acte.

Pour arriver à cette soirée de *Cinq-Mars* (qui eut lieu le 5 avril), le directeur avait travaillé juste autant de semaines que le compositeur, et donné la preuve de son activité, car les obstacles n'avaient pas manqué sur la route. La distribution, notamment, avait été l'objet de bien des hésitations depuis le 10 janvier, jour de la première lecture aux artistes. Les deux principaux rôles étaient confiés à deux débutants : Cinq-Mars, M. Dereims; Marie de Gonzague, Mⁱˡᵉ Chevrier. Ancien lauréat du Conservatoire, où il avait remporté un premier prix, M. Dereims avait débuté jadis à l'Athénée, puis couru la province et l'étranger, épousant en chemin la sœur de Mᵐᵉ Fidès-Devriès, Mⁱˡᵉ Jeanne Devriès, qu'il était question d'engager alors à l'Opéra-Comique. Élève de Duprez, Mⁱˡᵉ Devriez n'avait jamais abordé la scène; brune avec de beaux yeux noirs, elle avait une voix chaude qui plut assez pour que l'on fondât de sérieuses espérances sur elle; mais pendant les trois ans qu'elle demeura salle Favart, elle eut la mauvaise chance de créer le principal rôle de pièces dont aucune ne put se maintenir au répertoire : *Cinq-Mars*, *la Statue*, *les Noces de Fernande*, *la Courte Echelle*.

Pour le Père Joseph, rôle de basse important, M. Gounod souhaitait Obin; celui-ci ayant renoncé pour toujours à la scène, ce fut Queulain qui répéta, et Giraudet qui joua finalement. Pour de Thou, on demandait un baryton à tous les échos d'alentour; on avait songé un instant à un frère de Mᵐᵉ Dereims, M. Devriès, qui chantait à Liège; puis on avait fait répéter Dufriche; bref, on choisit un ténor dont la voix pouvait descendre assez bas, M. Stéphanne, et le rôle fut un peu remanié à son intention. Pour Marion de Lorme, Mⁱˡᵉ Vergin, désignée d'abord, quitta le théâtre afin d'aller au Lyrique, et ce fut Mᵐᵉ Francc-Duvernoy à qui l'on confia les vocalises de la partition. Pour Ninon de Lenclos, Mⁱˡᵉ Périer, débutante assez obscure, avait été désignée de préférence à Mⁱˡᵉ Clerc; c'était une chanteuse d'opérette qui avait quitté les Bouffes afin de chercher fortune en Russie, et qui, entrée à l'Opéra-Comique, en sortit avant la fin de l'année. Un autre débutant, Chenevière, qui devait tenir jusqu'en 1885 l'emploi modeste des seconds ténors, figurait Montglat; Barré enlevait à merveille les couplets réussis de Fontrailles, et Mⁱˡᵉ Philippine Lévy tenait agréablement le court mais joli rôle du berger chantant, dans le divertissement.

La mise en scène n'avait pas donné moins de tracas que la distribution; les coupures avaient été nombreuses, et l'on avait supprimé notamment tout un tableau, le deuxième, qui se passait à Perpignan. Il n'était pas jusqu'aux choristes, ces fameux choristes qui faisaient des procès, et avec des opinions politiques desquels il avait fallu, prétendait-on, compter. Ils devaient, au finale du second acte, célébrer le trône et l'autel dans un grand chœur où se trouvaient ces mots : «·Sauvons la Noblesse et la France! » Comme ils montraient aux répétitions peu d'entrain : « Vous ne chantez pas avec assez de vigueur! leur dit un jour Carvalho. — Dame! répondit l'un d'eux, c'est que ce n'est guère agréable, pour de vrais républicains comme nous, de chanter des choses semblables! — Eh bien! figurez-vous que vous chantez la *Marseillaise!* » repartit spirituellement le directeur; et désormais toute mollesse cessa, tant et si bien que, le premier soir, la scène fut bissée avec enthousiasme.

Sans classer ce nouvel ouvrage de Gounod parmi ses meilleurs, on convint généralement qu'il contenait quelques pages remarquables, et surtout un charmant ballet épisodique mettant en action la « Carte du Tendre » dans une fête galante chez Marion de Lorme.

Polyeucte devait être moins heureux quand l'œuvre séquestrée par Mistress Weldon, récrite par Gounod et finalement restituée, parut sur la scène de l'Opéra en octobre 1875. Grand sujet, cependant, et qui devait tenter Gounod, comme il avait tenté Donizetti. Le compositeur attachait une importance capitale à cette partition écrite dans sa pleine maturité, et le directeur de notre Académie de musique n'avait rien négligé pour lui assurer un cadre splendide. On savait que la maison Lemoine avait acheté la partition cent mille francs, chiffre énorme pour l'époque. La salle était comble, mais l'accueil fut réservé, et les recettes ne couvrirent pas les frais de mise en scène. On jugea la partition inégale. En réalité, suivant la remarque de M. Camille Saint-Saëns, la peinture de l'amour divin parut peu intéressante :

« La première fois que Gounod me fit entendre un fragment de *Polyeucte*, ce fut le chœur des païens, chanté dans la coulisse, et la barcarolle qui le suit.

« — Mais, lui dis-je, si vous entourez le paganisme « de telles séductions, quelle figure fera près de lui « le christianisme? — Je ne puis pourtant pas lui « ôter ses armes, » me répondit-il avec un regard dans lequel il y avait des visions de nymphes et de déesses.

Ce que craignait le futur auteur de *Henri VIII* se réalisa : les païens, sous les traits de Lassalle, de Marot, de Mⁱˡᵉ Mauri, l'emportèrent sur les chrétiens, qui parurent ennuyeux. Quelques pages seulement devaient surnager après ce grand naufrage dont le compositeur ne se consola jamais : le chœur de fête dans le temple de Vesta, l'air de Sextus :

Nymphes attentives
Dans les roseaux,
Naïades plaintives
Au fond des eaux,
Tous les dieux sans nombre,
Fuyant le jour,
Glissent dans l'ombre,
Et la nuit sombre
Frémit d'amour...

L'avenir ne réservait aucune revanche au compositeur. En 1881, il commit l'imprudence de laisser représenter sur la scène de l'Opéra le *Tribut de Zamora*, opéra en quatre actes sur un livret de Dennery et Brésil.

Ainsi que M. Edouard Noël le fit remarquer à cette époque dans sa très judicieuse critique du *Télégraphe*, la fable dramatique du *Tribut de Zamora* n'est pas autre chose que la situation de la *Reine de Chypre*. Il y a entre les personnages principaux du drame de d'Ennery et Brésil plus d'un point de ressemblance avec ceux de la pièce de Saint-Georges.

Les Espagnols, vaincus à Zamora par Abd-El-Rhaman, n'ont obtenu la paix qu'à la condition acceptée par eux de payer chaque année au vainqueur un tribut de cent vierges. C'est l'exécution de cet odieux traité que Ben-Saïd, ambassadeur d'Abd-El-Rhaman, vient réclamer de Ramire, roi d'Oviédo. Parmi les jeunes filles que le sort désigne se trouve Xaïma, la fiancée de Manoël, dont le père a été tué dans le combat de Zamora et dont la mère, devenue folle à la suite de ce désastre, est en ce moment au pouvoir de Ben-Saïd. C'est en vain que la population d'Oviédo se révolte et prend parti pour Manoël. La parole du roi la rappelle prudemment à la soumission. Ben-Saïd triomphant emmène Xaïma, non sans avoir jeté sur la beauté de la fiancée de Manoël un regard d'amoureuse convoitise.

Le second acte sur les rives de l'Oued-El-Kébir, devant Cordoue, est peu scénique. Les captives d'Oviédo ne tardent pas à arriver, et Manoël, qui, pour ne pas abandonner sa fiancée, a réussi à se glisser dans le cortège sous le déguisement d'un soldat africain, trouve un protecteur inattendu dans le frère même de Ben-Saïd, qu'au combat de Zamora il a sauvé jadis d'une mort certaine. Cela n'empêchera pas pourtant tout à l'heure Xaïma, quand le cadi mettra aux enchères les cent vierges espagnoles, de devenir la propriété de Ben-Saïd. Cette scène du marché est d'ailleurs longue et sans intérêt musical. Sans doute, dans l'élaboration de cet acte, les auteurs avaient-ils compté sur la rencontre de la mère folle et de sa fille Xaïma. Pour que l'effet dramatique prévu fût produit, il eût fallu admettre que Xaïma, encore au berceau lorsque celle-ci devint la prisonnière et l'esclave de Ben-Saïd, la fiancée de Manoël ne paraît pas se douter un seul instant qu'elle se trouve en présence de sa mère.

Le troisième acte est rempli par la fête que Ben-Saïd donne à son esclave favorite, la lutte entre Manoël et Ben-Saïd, et par la reconnaissance de la fille et de la mère, qu'un éclair de raison rend à la tendresse de Xaïma.

Manoël ne renonce pas à disputer Xaïma à l'amour de Ben-Saïd. Il a pénétré nuitamment dans les jardins du palais et va entraîner sa fiancée, lorsque l'arrivée de son rival les arrête dans leur fuite. Ils seraient perdus tous les deux si Hermosa ne coupait court aux obsessions de Ben-Saïd en le poignardant, et si Hadjar n'invoquait, pour excuser le meurtre de son frère, la folie d'Hermosa, qu'un texte du Coran rend sacrée.

La critique, prise dans son ensemble, dénonça dans ce libretto un canevas grossier, ayant du mouvement sans présenter d'intérêt, sorte de construction hâtivement faite avec les vieux matériaux des mélodrames surannés. « Quant au style, ajoutait Henry Fouquier dans le *XIXᵉ Siècle*, les auteurs ont dépassé ce qu'on tolère de ridicule aux vers d'opéra. Pour la partition, elle est pauvre, je le répète. Trois ou quatre numéros du catalogue mis hors de cause, on ne retrouve plus guère que des réminiscences auxquelles le musicien s'arrache brusquement, au moment même où l'auditeur attend un développement. Les cadences imparfaites, selon le procédé nouveau, sont multipliées et portent leur effet, pour être employées presque toujours en finale. Mais, avec ces faiblesses, l'œuvre garde pourtant un charme dû à des détails délicats et trop fugitifs, à des pages très agréables dans une forme un peu vulgaire, à un orchestre discret, sans tapage, où les violons règnent en maîtres, et aussi à une certaine simplicité de style, qui repose. Par exemple, il n'y a guère de roulades, pas d'agréments parasites, et, je crois, un seul trille battu par Mme Krauss. Ce style, qui n'a pas la couleur orientale ni un grand caractère historique, à la Meyerbeer, a de la grâce, de la tendresse, et il est des moments où la banalité même apparaît comme une facilité sans prétention et comme le laisser-aller mélancolique d'un homme d'esprit et de talent qui sait que, la muse une fois partie, ce qu'il reste de mieux à faire est de vivre sur le souvenir et sur les derniers échos de sa voix. »

Cruelle oraison funèbre! En effet, cette partition, qui ne contient aucune page saillante en dehors de la bruyante et vulgaire Marseillaise espagnole : « Enfants de l'Ibérie, haut les glaives et haut les cœurs! » tomba dans le vide et n'eut qu'une reprise éphémère en 1885.

Musique sacrée et compositions diverses.

Nous avons dit quelles tentations mystiques assaillirent Gounod dès le début de sa carrière. Peu s'en fallut que le futur compositeur de *Faust* ne se consacrât au ministère ecclésiastique. Resté dans le siècle, il y garda une ferveur passionnée pour la musique religieuse. M. Camille Saint-Saëns estime même que « c'est dans la messe de Sainte-Cécile et dans les oratorios *Rédemption* et *Mors et Vita* qu'il s'est élevé le plus haut. » On se ferait, dit-il, une idée incomplète du génie de Gounod, si l'on se bornait à l'étude de ses œuvres dramatiques.

« Les travaux du théâtre n'ont jamais arrêté chez lui le cours des œuvres écrites pour l'église. Là encore, il fut un hardi novateur, ayant apporté dans la musique religieuse non seulement ses recherches curieuses de sonorités orchestrales, mais aussi ses préoccupations au sujet de la vérité de la déclamation et de la justesse d'expression, appliquées d'une façon inusitée aux paroles latines, le tout joint à un grand souci de l'effet vocal et à un sentiment tout nouveau rapprochant l'amour divin de l'amour terrestre, sous la sauvegarde de l'ampleur et de la pureté du style. La *Messe de Sainte-Cécile* fut le triomphe de l'auteur dans le genre religieux, à cette époque printanière de son talent; elle fut très discutée, en raison même du grand effet qu'elle produisait, car l'effet, sous les voûtes de Saint-Eustache, en fut immense. De ce moment date aussi le fameux « Prélude de Bach »; ces quelques mesures, auxquelles je ne crois pas que l'auteur, quand il les écrivit, prêtât beaucoup d'importance, firent plus pour sa gloire que tout ce qu'il avait écrit jusqu'alors. Il était de mode, pour les femmes, de s'évanouir pendant le second *crescendo!* »

D'autre part, pour Louis Pagnerre la *Messe de Sainte-Cécile* « est à l'œuvre religieuse du maître ce que *Faust* est à son œuvre dramatique ».

La *Messe de Sainte-Cécile* fut exécutée le 29 novembre 1858, sous la direction de Tilmant pour l'orchestre et de Gounod pour les chœurs. Batiste tenait le grand orgue. Les solistes étaient Bussine, Jourdan et Mlle Dussy. L'œuvre devait s'inscrire en première place dans le répertoire de la musique religieuse contemporaine et faire le tour de toutes les cathédrales, à l'étranger comme en France. La critique du temps loua surtout le *Credo*, l'offertoire écrit pour orchestre seul, et l'*Agnus Dei*. Ce sont encore les morceaux écoutés le plus d'intérêt au cours des exécutions qui se renouvellent à dates régulières.

La *Rédemption*, trilogie sacrée (24 chœurs, 33 récitatifs, solos, duos, trios, quatuors, morceaux d'or-

chestre) date d'une autre époque de la vie du compositeur. Elle fut exécutée en 1882 au festival de Birmingham, institution philanthropique destinée à subvenir aux besoins de l'hôpital de la ville. Le prologue part de la création du monde pour aboutir à la mélodie de l'Homme-Dieu rédempteur. Le Calvaire est la première grande division : montée au Calvaire, *Stabat*, tableau du cataclysme déchaîné sur Jérusalem, choral de l'Adoration de la Croix.

La Résurrection débute par un chœur mystique (Gounod avait écrit le poème de son oratorio) dans le style lamartinien :

> Mon Rédempteur, je sais que vous êtes la vie,
> Je sais que de mes os la poussière endormie
> Au fond de son sépulcre entendra votre voix,
> Que dans ma propre chair je verrai votre gloire
> Quand la Mort, absorbée un jour dans sa victoire,
> Fuira devant le Roi des rois...

La suite de cette seconde division comprend les Saintes Femmes au Sépulcre, l'Apparition de Jésus, le Sanhédrin, l'Ascension. Quant à la Pentecôte, après un prélude instrumental du charme le plus pénétrant, elle contient comme premier chœur « un hymne à la gloire du dernier âge de l'humanité qui verra régner sur terre la grande fraternité par la paix et l'amour », le Cénacle et le miracle de la Pentecôte, enfin l'hymne apostolique, « glorification de la très sainte Trinité dans les siècles des siècles ».

L'œuvre laisse une impression très franche d'unité dans l'inspiration. Cependant l'exécution fut fragmentée.

A la fin de son commentaire, Gounod nous apprend en quelles circonstances il écrivit sa partition : « C'est, dit-il, pendant l'automne de l'année 1867 que me vint la pensée de composer une œuvre musicale sur la *Rédemption*. J'en écrivis le libretto à Rome, où je passais deux mois de l'hiver 1867-1868 chez mon ami Hébert, peintre célèbre, alors Directeur de l'Académie de France. Quant à la musique, je n'en composai à cette époque que deux fragments : 1° la marche au Calvaire en entier; 2° le début du premier morceau de la troisième partie : la *Pentecôte*. Ce ne fut que douze ans plus tard que je terminai ce travail si longtemps interrompu... »

D'Angleterre, *Rédemption* revint à Bruxelles (1883), puis à Paris, en 1884, au Trocadéro avec Faure (Jésus); Ketten, ténor, professeur au Conservatoire de Genève, frère de Henri Ketten; Mmes Albani, venue exprès de Londres, et Rosine Bloch (la Vierge Marie).

Mors et Vita, la dernière production de Gounod, trilogie sacrée dédiée au Pape Léon XIII, est la suite de *Rédemption*. *Mors et Vita* fut exécutée en 1885 au Festival de Birmingham, puis, en 1886, au Trocadéro. Mmes Krauss et Conneau, Faure et un ténor anglais, Lloyd, interprétaient les solos.

Le plan de l'oratorio, emprunté aux textes liturgiques, comprend trois parties : *la Mort, le Jugement, la Vie*. Quatre leitmotiv reviennent dans toute la suite de l'œuvre et lui assurent une remarquable tenue. La première partie est d'ailleurs un immense développement du *Requiem*, la seconde un hymne extatique développé en chant d'amour autour de la phrase délicieuse de l'*Agnus Dei*. La dernière partie, le tableau de la Jérusalem céleste, offre un moindre intérêt, malgré la richesse des procédés descriptifs. C'est, en somme, le *Jugement* qui a remporté le plus franc succès dans toutes les exécutions de *Mors et Vita*, et il n'est pas inutile de faire ressortir que l'expression de l'amour divin s'y apparente d'une façon très marquée aux peintures de l'amour terrestre, où excella toujours le compositeur de *Faust* et de *Roméo*.

Conclusion.

Le 17 octobre 1893, assis dans le salon de sa villa de Saint-Cloud, Gounod relisait les feuillets d'un *Requiem* composé en mémoire d'un petit-fils prématurément disparu. Dans une chambre voisine, Mme Gounod vaquait aux soins de la maison. Elle vit la tête de son mari s'incliner doucement sur l'épaule et crut d'abord à un assoupissement momentané. Mais l'immobilité se prolongeait. Le maître venait d'être frappé d'une congestion cérébrale. Vingt-quatre heures plus tard il expirait sans être sorti du coma.

Le gouvernement lui fit des funérailles nationales; la France entière s'associa avec un pieux respect à la cérémonie de la Madeleine. Hommage deux fois posthume. Depuis le *Tribut de Zamora*, le maître se survivait à lui-même, et les dix dernières années de son existence n'avaient rien ajouté à sa gloire. Celle-ci, éclatante avec *Faust*, vacillante avec *Mireille*, resplendit après *Roméo et Juliette*, qui marque son apogée; mais, en réalité, les titres du musicien à la reconnaissance publique datent sinon du début de sa carrière, du moins des premières œuvres lyriques qu'il fit représenter. A cette époque, il rendit d'immenses services qu'on essaye parfois de méconnaître, mais qui ont été mis en relief par les principaux biographes de Gounod, et en particulier par son plus enthousiaste commentateur, M. Camille Saint-Saëns.

Comme l'a rappelé l'auteur de *Henry VIII* dans une étude qui est un monument de persistante confraternité et de haute esthétique, les jeunes musiciens d'aujourd'hui se feraient difficilement une idée de l'état de la musique en France au moment où parut Gounod. Le public, hypnotisé par la formule courante de l'opéra et de l'opéra-comique français (y compris l'importation étrangère), ne comprenait, n'admettait que la mélodie, « ou plutôt, sous cette étiquette, le motif s'implantant sans effort dans le cerveau et facile à saisir du premier coup ». On ne jurait que par Rossini, Meyerbeer, Hérold, Boïeldieu, Adolphe Adam et surtout Auber; Haydn, Mozart et Beethoven n'étaient connus que d'une élite peu démonstrative. Ce système de l'indépendance mélodique dédaigneuse du livret et de la situation, Gounod le battit en brèche dès sa première production dramatique, spontanément et sans effort; le souci de l'expression lui fit serrer de près la nature, supprimer les insipides redites, les interminables reprises du motif, demander à l'orchestre des effets et des nuances inconnus jusqu'alors, remplacer la trivialité et la platitude, que la routine courante exaltait sous le vocable de « netteté », par le charme de la modulation et l'expression des sentiments.

La critique du lendemain (qui trop souvent en matière musicale est celle de l'avant-veille) contesta cette musique si vivante et si personnelle, ainsi qu'il arrive presque toujours quand un musicien sort des routes battues. Il suffit de se reporter aux articles du temps pour apprendre quels reproches superficiels ou exagérément grossis adressaient au compositeur les Scudo (celui-là est mort fou), les Blaze de Bury (il avait une sourde rancune de grand prêtre qui voit s'épaissir le crépuscule de ses dieux), les Escudier (ils étaient orfèvres !). Louis Pagnerre les a très loyalement rappelés et résumés dans la conclusion de son

étude un peu ingénue, mais si consciencieuse, sur la vie et les œuvres de Charles Gounod.

En voici le sommaire : emploi à satiété des formules et des procédés tels que la note tenue, les unissons, les marches harmoniques; parties instrumentales enveloppant le motif et se déroulant d'une façon invariable pour obtenir certains effets, abus des rosalies, c'est-à-dire des répétitions du dessin mélodique en progression régulière sur les degrés de la gamme. Ces chicanes de métier étaient faites par des gens du métier habiles à découvrir le point faible. Elles ne sont pas entièrement négligeables, mais elles laissèrent indifférents les contemporains de la véritable révélation opérée par l'auteur de *Sapho*, et déjà très apparente dans ce premier ouvrage. On eut beau accuser Gounod de n'être ni mélodique ni féerique, — uniquement parce qu'il était autrement qu'Auber ou Boïeldieu, — le public sentit ce qu'il y avait de vraiment théâtral, de puissamment lyrique, dans ce réalisme musical où la passion prenait corps et dont chaque note était une vibration de l'âme humaine.

La jeune génération musicale, l'école en formation — dans l'histoire de l'art, c'est toujours la seule dont l'opinion soit à considérer, car c'est la seule qui reste perméable aux impressions nouvelles et veuille écouter et sache entendre — ne s'y trompa pas plus que le public étranger aux coteries. Elle prouva pendant près de vingt ans combien le compositeur l'avait impressionnée, elle en apporta le témoignage matériel, elle le multiplia et le souligna par l'abondance et la continuité de ses pastiches : cadence, chute de phrases, mélopées indéfiniment prolongées, voluptueux alanguissements, sans oublier l'inévitable abus des rosalies. Gounod connut alors les jouissances de la popularité non seulement répandue dans la masse du public, mais immédiatement tangible parmi ces groupes d'auditeurs fanatisés à qui il jouait, avec sa conviction si communicative, tantôt les mélodies, célèbres dans le monde entier, du *Soir*, du *Vallon*, de *Medjé*, tantôt les pages les plus caractéristiques de ses opéras. Satisfaction trop légitime, mais qui devait l'enfermer lui-même dans le cadre de ses premiers succès et exercer une influence plutôt regrettable sur son développement musical.

Il est permis de craindre, en effet, que Gounod n'ait mis une sorte de point d'honneur à se considérer comme le prisonnier de sa propre gloire et le ne pas quitter le piédestal où l'avait élevé le suffrage des jeunes compositeurs, longtemps ses admirateurs, ses disciples et ses copieurs, quand une évolution se dessine et quand cette même jeunesse se tourne vers d'autres autels. Il aurait pu alors, très utilement, se déraciner de son socle, et, à l'exemple de Beethoven, de Wagner, de Verdi, révéler au monde un Gounod rallié aux doctrines qui élargissaient le domaine de la composition dramatique.

Sa personnalité, d'une étoffe esthétique si abondante et si riche, offrait assez de ressources pour que cette transformation nous valût un nouveau cycle d'œuvres puissantes gardant la marque de l'auteur de *Faust* et de *Roméo*, mais conforme au nouvel idéal. Or, par suite d'une sorte de raidissement contre les phénomènes d'évolution dessinés de toutes parts, ce fut le moment que choisit le musicien non seulement pour ne pas progresser, mais pour antidater ses productions nouvelles. Sa réponse à la triomphante intrusion de Wagner consiste à se draper dans le vieux manteau de l'opéra à coupe régulière et classique, airs, récits, mélodies franchement découpées, répétitions de phrases avec augmentation régulière d'un ton ou d'un demi-ton. Consultez les textes et relevez les dates! Gounod écrit *Polyeucte* en recul sur *Roméo*. L'échec, brutal, ne lui apporte aucun enseignement. Au contraire, il compose le *Tribut de Zamora,* d'une sommarité ingénue. Il dresse ainsi une véritable muraille et se retranche du mouvement contemporain.

L'enceinte que Gounod avait édifiée de ses propres mains autour de ses dernières productions les borne encore et les isole; les gens de métier ne copient plus des formules trop usagées; d'autres pastiches les séduisent. Mais la masse du public, étrangère aux questions d'école, goûte encore la ferveur lyrique de *Faust,* de *Roméo* et même de *Mireille,* et cette trinité d'œuvres passionnelles gardera le nom du maître d'un trop rapide oubli.

ERNEST REYER (1823-1909)

Quand Ernest Reyer disparut dans sa quatre-vingt-sixième année, la représentation de sa dernière œuvre remontait à près de vingt ans, et sa carrière avait commencé plus d'un demi-siècle avant l'agonie au Lavandou. M. Arthur Pougin put donc partir de ces constatations pour affirmer qu'il y avait recul suffisant, droit de juger avec retard d'une façon impartiale et conclure.: « La place qu'il occupe dans l'art du xixᵉ siècle restera sans doute secondaire par suite de certaines lacunes de son éducation première qui nuisirent toujours à son plein essor, mais il était doué de facultés assez brillantes pour mériter de n'être pas complètement oublié. »

M. Gabriel Fauré écrivait à la même date : « On peut dire que ce qui caractérise le plus particulièrement la personnalité de Reyer, ce fut une aspiration constante vers tout ce qui est élevé, noble, poétique, et ce fut aussi cette abondance, cette franchise d'inspiration qui lui ont fait créer tant de belles et amples mélodies fixées aujourd'hui dans toutes les mémoires : mélodies populaires dans la haute acception du mot et qui font de lui, en quelque sorte, un musicien national. Evocateur, il le fut puissamment aussi, si l'on en juge par la diversité d'atmosphère, de milieu, où évoluent les personnages de la *Statue,* de *Sigurd,* de *Salammbô,* et par l'expressive justesse avec laquelle sont traduits les différents caractères de chacun de ses personnages. » Et M. Louis de Fourcand insistait sur cette justice due à Reyer qu'il eut des aspirations constamment hautes, un noble souci de la vérité lyrique et de très belles idées.

« Si l'on cherche à déterminer les influences qui se sont exercées sur lui, les noms de Gluck, de Weber et de Berlioz se présentent d'eux-mêmes. Ses drames attestent son souci de la justesse expressive de la déclamation, se notent d'élans chevaleresques et s'empreignent de rêverie passionnée. On y peut regretter des inégalités, des indécisions, je ne sais quoi de hasardeux dans le développement, je ne sais quoi d'incertain dans le caractère : sa musique n'en a pas moins une sincérité qui la signale et un charme qui la soutient. »

La franchise, la sincérité, la noblesse, une belle intransigeance, ce sont en effet les qualités dont l'éloge revient dans tous les articles nécrologiques consacrés à l'illustre défunt. Ajoutons que l'homme y avait des droits égaux à ceux de l'écrivain. Ses biographes n'auront pas de peine à retrouver des élans de cœur sous ses boutades. Suivant la juste remarque de M. Georges Loiseau, on exaltera son esprit acerbe, terrible à quelques-uns, mais toujours au service d'une vision critique élevée et employée à la défense des artistes sincères. Il laisse enfin le souvenir — qu'on ne saurait trop rappeler — d'un clair cerveau qui sut, au cours d'une vie difficile, dédaigner les basses flatteries à l'adresse de la foule, et l'exemple d'un homme qui — maître avéré, reconnu — ne consentit jamais à profiter du succès enfin venu, pour accaparer la place, s'y cramponner et s'y maintenir dans la décroissance des facultés et de la force vive.

On a également rappelé avec raison, au sujet d'Ernest Reyer, la préface écrite pour les *Lettres intimes* d'Hector Berlioz, où Gounod s'exprime ainsi sur l'auteur de la *Damnation de Faust :*

« Berlioz était un homme tout d'une pièce, sans concessions ni transactions ; il appartenait à la race des Alceste ; naturellement il eut contre lui la race des Oronte ; et Dieu sait si les Oronte sont nombreux ! On l'a trouvé quinteux, grincheux, hargneux, que sais-je? Mais à côté de cette sensibilité, il eût fallu faire la part des choses irritantes, des épreuves personnelles, des mille rebuts essuyés par cette âme fière et incapable de basses complaisances et de lâches courbettes ; toujours est-il que si ses jugements ont semblé durs à ceux qu'ils atteignaient, jamais du moins n'a-t-on pu les attribuer à ce honteux mobile de la jalousie si incompatible avec les hautes proportions de cette noble, généreuse et loyale nature. »

Comme Berlioz, Reyer fut un Alceste, sans que pourtant la vie lui ait été particulièrement cruelle. Si le jeune Rey (qui plus tard se baptisa lui-même Reyer) dut se dégager d'une famille hostile aux carrières libérales, quoique appartenant au Midi le plus méridional (il était né à Marseille le 1ᵉʳ décembre 1823), il trouva à Paris une solide éducatrice en sa tante, Mᵐᵉ Farrenc, professeur de piano au Conservatoire, M. J.-L. Croze a retrouvé cette biographie dans l'*Annuaire musical* de 1837 :

« Mᵐᵉ Farrenc (Jeanne-Louise) est née à Paris le 31 mai 1804. D'habiles maîtres dirigèrent son éducation musicale. Elle eut pour professeur de piano Mᵐᵉ Loria et reçut des conseils des célèbres pianistes Moschelès et Hummel, dont les belles traditions ont laissé dans le monde des arts de si profondes traces.

« Elle étudia la composition avec Antoine Reicha, et a tenu, avec le concours de son maître, des cours d'harmonie, de contrepoint et de fugue.

« Nommée professeur de piano au Conservatoire de Paris, en 1842, Mᵐᵉ Farrenc entra en fonctions au mois de novembre de la même année. Depuis cette époque elle a déployé dans l'enseignement un zèle infatigable et un talent de premier ordre; on lui doit plusieurs artistes distingués.

« Elle a eu l'honneur de donner des leçons de piano à S. A. R. la Duchesse d'Orléans.

« Pianiste d'un goût exquis, d'une élégance soutenue, Mᵐᵉ Farrenc a conquis depuis longtemps une première place parmi nos compositeurs sérieux. »

En réalité, c'est à Mᵐᵉ Farrenc que l'école musicale française doit d'avoir formé Reyer; elle suppléa même directement aux lacunes de son éducation technique, qui fut toujours imparfaite. En 1850, le jeune Marseillais, très répandu dans le milieu romantique et orientaliste, obtenait la collaboration de Théophile Gautier pour le livret du *Selam,* ode symphonique donnée en 1850 à la salle Ventadour et qui fut bien accueillie. Le *Selam* comprend quatre parties. La première a trois subdivisions : *Sérénade*, solo; *Razzia*, chœur alterné des guerriers et des pasteurs; *Pastorale*, solo; la seconde partie, *Conjuration des djinns*, est un chœur des sorcières; la troisième, *Chant du soir*, contient les paroles arabes du muezzin: « Samalaïkoum el Salam, etc. ; » la quatrième et dernière partie, la *Dhossa*, évoque la cérémonie de ce nom, célèbre au Caire, quand les pèlerins reviennent de la Mecque.

Quatre ans plus tard (1854), Reyer débutait au Théâtre-Lyrique avec *Maître Wolfram*. On nous l'a rendu assez récemment pour quelques représentations à l'Opéra-Comique. Sans doute le livret de Méry ne s'est pas gardé de l'enveillissement. L'historiette de l'humble organiste Wolfram, — tous les organistes étaient « humbles » dans ce temps-là par définition comme par profession; depuis ils ont pris leur revanche, — amoureux de sa sœur de lait Hélène, qui, naturellement, lui préfère un beau lieutenant, cette anecdote sentimentale et déjà coppéenniforme est on ne peut plus dénuée de fraîcheur. Mais la partition ne parut vraiment pas centenaire; le cantabile « Douce harmonie » et les mélodies du rôle d'Hélène gardèrent toute leur action sur le public. On les fêta, ainsi que l'orchestre de Luigini et l'excellent quatuor vocal Delvoye, Grivot, Jahn et Mlle Eyreams.

Dans la liste des critiques qui rendirent compte en 1854 de *Maître Wolfram*, on trouve le nom d'Halévy. Le compte rendu de l'auteur de la *Juive* est le seul qu'il donna cette année-là à la *Gazette musicale*, dont il était le collaborateur intermittent.

L'article se terminait ainsi :

« M. Méry, qui a prêté au jeune compositeur l'appui de sa brillante renommée, M. Seveste, l'habile et infatigable directeur du *Théâtre-Lyrique*, doivent être heureux de l'accueil véritablement sympathique que les artistes et le public ont fait au début de M. Ernest Reyer.

« Quant à celui-ci, sa part est belle. Si le *Selam* n'a pas fait oublier le *Désert*, il n'en restera pas moins comme une composition où l'on trouve des idées riantes et fraîches, une instrumentation riche de détails piquants et imprévus. Aujourd'hui *Maître Wolfram* inaugure heureusement la carrière théâtrale de M. Reyer. J'aime à penser qu'il y a dans le jeune auteur du *Selam* et de *Maître Wolfram* l'avenir d'un compositeur. »

Le pronostic n'était pas trompeur.

En 1858, l'Opéra ouvrait ses portes à la *Sakountala* (livret de *Théophile Gautier*) et première suite des S qui devaient porter bonheur au compositeur. On applaudit le gracieux épilogue des amours de Douchmanta, roi des Indes, et de Sakountala, « protégée des oiseaux », tiré du drame hindou de Calédasô. En 1861, Reyer s'affirmait avec la *Statue* (Théâtre-Lyrique, 11 avril 1861).

Le livret de Carré et Barbier nous conduit à Damas, au temps fabuleux des califes et des génies. Un des jeunes seigneurs, l'un des plus brillants et des plus prodigues, Sélim, a dissipé les richesses amassées par son père. Lassé de tous les plaisirs, il vient demander à l'ivresse de l'opium ou du haschisch la consolation et l'oubli. Il dort dans un repaire obscur, mêlé à la foule hébétée des buveurs d'opium. Un vieillard pénètre dans cette morue enceinte; son aspect est vénérable, il porte le costume et le bâton sacré des derviches; du doigt il touche Sélim : « Chasse cet indigne sommeil; au lieu de la mort, veux-tu ressai-

sir la volonté et la vie? Sous les ruines de l'antique Balbeck dorment des trésors. Là seulement, et de la voix seule du génie Amgiad, tu pourras connaître à quelle condition ces trésors pourront t'appartenir. Veux-tu te soumettre d'avance, et te sens-tu la force de tenter cette épreuve? Pars à l'instant; voici les premières lueurs de l'aurore. Une barque t'attend. Elle va t'emporter loin de Damas, tu me retrouveras à Balbeck. » Ainsi parle le derviche, et il disparaît. Sélim se croit sous l'empire du rêve. Pourtant, la barque est prête; son fidèle serviteur, Mouk, l'attend la rame à la main.

Le théâtre a changé. Voici le désert et les ruines de l'ancienne cité du soleil. A l'ombre des palmiers s'est arrêtée la caravane des pèlerins qui accomplissent le voyage de la Mecque. Une jeune fille, Margyane, est venue puiser de l'eau à une citerne, et, tandis qu'elle remonte les degrés, Sélim, épuisé de fatigue, vient tomber presque inanimé sur le sable; Margyane baisse son voile et, du geste dont on représente Rébecca donnant à boire à Eliézer, elle approche le vase des lèvres de Sélim. Ranimé, il supplie la jeune fille de lui laisser voir son visage. Margyane écarte un moment son voile : elle est d'une admirable beauté; maïs ce n'est point l'amour qu'il est venu chercher au désert; il laisse s'éloigner Margyane sans lui demander son nom. Le derviche s'approche : « Prends garde, lui dit-il, cette jeune fille qui s'éloigne, c'est peut-être le bonheur que tu laisses passer à côté de toi. — C'est la richesse que tu m'as promise; donne-la-moi! — Elle est là! » Au geste du derviche, les ruines s'ébranlent, les rochers s'entr'ouvrent.

La nuit est venue; on entend le pas cadencé des pèlerins en route vers la ville sainte. Margyane est avec eux; elle jette en passant un regard de regret sur la fontaine solitaire près de laquelle elle a secouru le bel inconnu. Quant à Sélim, il raconte au fidèle Souc son merveilleux voyage :

Je vois devant mes yeux surgir douze statues
Qu'un dieu tailla dans l'or et dans le diamant.
Seul, parmi ces chefs-d'œuvre, un piédestal est vide;
Il semble provoquer mes regards curieux.
Et, tandis que sur lui j'attache un œil avide,
J'entends flotter dans l'air ces mots mystérieux :
« La treizième statue absente est sans pareille;
L'or et le diamant sont moins rares encor.
Le génie Amgiad t'offre cette merveille
Qu'un roi ne paîrait pas assez de son trésor.
Mais toi-même choisis une fille innocente,
Epouse-la · reviens avec elle en ces lieux :
Livre-la chaste et pure, et la statue absente
Va, sur son piédestal, apparaître à tes yeux. »

« Cette jeune fille, dit le secourable derviche, c'est à la Mecque qu'il faut l'aller chercher. On t'indiquera la demeure d'un vieillard nommé Kaloum-Barouc; tu lui demanderas la main de sa nièce; s'il te résiste, je te seconderai. Mais jure de la ramener au génie Amgiad. Les puissances mystérieuses qui président aux destinées du monde écoutent et reçoivent ton serment. »

Le second acte nous conduit à la Mecque, où Sélim se marie, à la suite de péripéties d'un assez médiocre intérêt. Il conduit à la mosquée sa fiancée, voilée selon la coutume. Au retour seulement, il reconnaît la jeune fille rencontrée aux ruines de Balbeck. Elle est devenue sa femme, et c'est elle qu'il doit maintenant livrer au génie. Il s'y est engagé par le plus terrible serment. Au moment de l'accomplir, il avoue à Margyane son amour et son cruel secret dans le romantique décor de Balbeck... Il ne la livrera pas au génie, dût-il affronter le plus terrible châtiment. Margyane veut se dévouer à son tour, mais Amgiad avait imaginé cette épreuve pour ramener Sélim dans la bonne route. La treizième statue, plus merveilleuse, plus rare que les douze autres, c'est Margyane, belle, chaste et aimante. Le bon génie la remet aux mains de Sélim en rappelant les sages paroles que le derviche a chantées :

> Il est un trésor
> Plus rare que l'or
> De toute la terre,
> Plus pur que le jour :
> C'est le doux mystère
> Qu'on appelle Amour !

Ce livret, qui nous paraît aujourd'hui bien désuet, était très supportable pour le public de 1861. Quant à la musique, un des critiques du temps — Emile Perrin — constatait son succès en ces termes dans la *Revue européenne :* « C'est le plus doux des devoirs de pouvoir louer presque sans réserve, et d'avoir à signaler l'avènement d'un talent nouveau, jeune, plein de sève et d'originalité. La musique de M. Reyer réunit, en effet, les plus précieuses qualités : la distinction, l'élégance, la vigueur, la clarté. Sa mélodie est toujours bien développée, jamais banale. Le contour en est d'une grâce infinie ; il cherche la forme, mais il hait la formule, c'est-à-dire la forme convenue, dictée et prévue à l'avance. Il dit bien ce qu'il veut dire, et quand il a exprimé un sentiment, exposé sa pensée musicale, il croit inutile de la ressasser à l'infini ; il fuit les redites, il a horreur des redondances. Don inestimable chez un compositeur dramatique, et dont le public apprendra chaque jour à faire plus de cas ! »

En effet, si la reprise faite à l'Opéra en 1903 n'eut pas beaucoup de lendemains, la critique tout entière loua « ces morceaux, d'une mélodie si fraîche, d'une harmonie si colorée », le chœur des fumeurs d'opium, les couplets de Margyane, au bord de la citerne :

> Ton asile frais, au simoun perfide
> Demeure fermé,
> Et, semblable à toi, fontaine limpide,
> Je n'ai pas aimé !

La chanson de Mouck : « On dit que certains serpents ; » le chœur de la caravane ; le duo entre Sélim et Margyane : « Ah ! permets à ma main ; » le chœur du Souterrain ; l'air d'Amgiad : « Prends garde, ami Sélim ; » le prélude du deuxième acte ; le chœur : « Bonjour, bonjour, permettez qu'on vous félicite ; » le duo comique des Kaloum-Barouch. Au troisième acte, le duo entre Sélim et Margyane, le trio avec le chœur invisible et le chœur final, qui reprend le couplet du génie : « Il est un trésor. »

Le 23 août 1862, Reyer fit applaudir au théâtre de Bade un *Erostrate* qui devait tomber neuf ans plus tard à l'Opéra de Paris (16 octobre 1871), par suite de l'insuffisance de la mise en scène et de l'interprétation. Puis il composa *Sigurd*. Il lui fallut attendre longtemps la représentation. Emile Perrin berna diplomatiquement le compositeur. La mythologie scandinave troublait Halanzier. Il doutait qu'Odin et Freïa pussent devenir populaires, et il disait d'eux ce que Courbet disait des anges : « En avez-vous rencontré sur le boulevard ? Il ne pouvait se faire au nom d'Hilda, la sœur du farouche Gunther, et s'obstinait à l'appeler Bilda, ce qui mettait M. Reyer en des rages folles... « Bilda ! Bilda ! ripostait-il ; est-ce que je vous appelle Balanzier ? » Vau-

corbeil se montra terrifié. Il murmurait : « Vous voulez donc que je démolisse l'Opéra ? »

Enfin, en 1884, l'opéra refusé successivement par Perrin, Halanzier et Vaucorbeil triomphait au théâtre de la Monnaie de Bruxelles (direction Stoumon et Calabresi). Il rentrait à Paris en 1885, sur l'initiative de M. Gaillard, et s'inscrivait au répertoire d'une façon définitive avec cette œuvre de Camille de Locle et Alfred Blau qui ont pris leur poème dans les Nibelungen. Le sujet de *Sigurd* est exactement celui de *Siegfried*.

Quand la toile se lève pour le premier acte, on est à Worms, dans la grande salle du burg de Gunther, roi des Burgondes.

Hilda, sœur de Gunther, déclare qu'elle veut vivre à jamais sans amour :

> J'ai refusé le trône d'Attila.
> Quel moins digne voudrait se condamner lui-même
> Aux dédains du cœur qui dort là ?

Uta, nourrice de Hilda, réplique :

> Un héros vient toujours... et c'est celui qu'on aime.

En effet, Hilda dissimulait. Elle aime « le noble et valeureux Sigurd », qui l'a délivrée de l'esclavage.

Or, Sigurd se présente chez Gunther. Or Gunther veut aller délivrer Brunehild, la Walkyrie prisonnière, et il vient le défier.

N'oubliant pas que Sigurd a sauvé Hilda, lui offre l'hospitalité et ce que nous appellerons le *vin d'honneur,* mais la nourrice a mis dans la coupe un philtre qui doit faire aimer Hilda par Sigurd. Celui-ci renonce à convoiter la Walkyrie et s'offre pour aider le roi des Burgondes à conquérir Brunehild, sous la condition tacite d'obtenir en échange la sœur de Gunther.

Au second acte, nous sommes transportés en Islande ; c'est là qu'est Brunehild. Sigurd, Gunther et Hagen apparaissent. Lequel des trois tentera de pénétrer vers la Walkyrie ?

> Un guerrier, brave entre les braves,
> Doit délivrer de ses entraves
> La jeune vierge et l'éveiller...

Mais il ne lui suffira pas d'être brave, il faut qu'il soit encore

> Plus pur que l'aube d'un beau jour,
> Vierge de corps et d'âme,
> N'ayant jamais subi le joug d'aucune femme,
> Ni jamais murmuré des paroles d'amour...

Ce sera Sigurd, vierge de corps et d'âme, qui pénétrera dans l'asile enchanté. Mais il s'engage à ne pas se faire connaître de Brunehild et à amener celle-ci, pure, au roi Gunther, qui passera pour être le libérateur. Il subit toutes les épreuves, résiste à la peur, à la séduction, traverse une fournaise ardente et pénètre dans le palais enchanté. La Walkyrie tombe dans ses bras :

> La Valkyrie est ta conquête,
> Et ne crains pas qu'elle regrette
> Près de toi la splendeur des cieux.

Cependant, fidèle à son serment, Sigurd cache son visage ; Brunehild ne sait pas à qui elle doit sa délivrance, et Sigurd l'amène à Worms dans le burg du roi Gunther.

Malgré le pressentiment qui lui serre le cœur, Brunehild épouse Gunther pendant que Sigurd convole avec Hilda. Mais, dès le lendemain des noces, elle découvre la supercherie. Drame, adultère, conclusion violente. Gunther et Hagen ont surpris les deux amants, cachés derrière le feuillage, et tandis que Sigurd s'éloigne pour combattre Gunther, Hagen le frappe traîtreusement par derrière. Sigurd, blessé à mort, vient tomber à côté de la Valkyrie, qui expire du même coup qui a frappé le héros, auquel sa vie était enchaînée. Odin réunit le couple dans son paradis.

Un certain nombre de grandes pages ont assuré le durable succès de *Sigurd* : au cours du récit de Hilda, la fanfare caractéristique, le leitmotiv de Sigurd, sonnerie de trompettes en *si* bémol qui module brusquement en *ré* majeur, la pompeuse entrée de Gunther, le quatuor sans accompagnement des envoyés d'Attila, la phrase célèbre : « Je suis Sigurd, fils du roi Sigemond, » l'ensemble vocal; au deuxième acte, la cérémonie religieuse, le chant du grand prêtre : « Et toi, Freia, déesse de l'amour, » le monologue de Sigurd, la suite des épreuves fantastiques, la phrase de Brunehild : « La Valkyrie est ta conquête, » accompagnée par le cor anglais et les harpes; au « trois », le duo de Brunehild et de Gunther, le chant d'allégresse d'Hagen; au « quatre », le duo des deux femmes et la scène de l'incantation.

Quant à l'inspiration wagnérienne, s'il convient de noter que *Sigurd* était conçu avant que les *Niebelungen* eussent fait connaissance avec le public français, cette simultanéité, suivant la remarque de M. Ecorcheville, n'exclut pas la similitude. L'analogie est évidente entre les deux caractères, les deux mentalités, les deux tendances esthétiques. « Le romantisme commun est là pour quelque chose, je le sais; et Berlioz aussi. Mais je ne puis croire, malgré tout, à une simple coïncidence. Comme Gounod, comme Chabrier, comme toute la musique française de la seconde moitié du XIXᵉ siècle, le drame de Reyer n'a pas échappé à l'ambiance wagnérienne. L'idéal intransigeant et réformateur, le parti pris d'épuration de l'opéra, le goût de l'héroïsme légendaire, la conviction que l'artiste producteur doit faire la loi du public consommateur, ne sont-ce pas précisément les éléments essentiels de la doctrine de Bayreuth, tout génie personnel mis à part. » Ajoutons avec Jonciéres que si Reyer a emprunté dans une juste mesure le système des motifs caractéristiques (leitmotiv) qui, par leur retour, donnent une grande unité à l'ensemble de l'ouvrage, il s'est bien gardé de proscrire les formes constitutives de l'art même. Dégagé de cet esprit de système, qui a trop souvent dévoyé le génie du grand maître allemand, le compositeur a su rester français, en s'appropriant et en adaptant à son tempérament personnel ce qui lui a semblé bon dans l'œuvre de Wagner.

Reyer était classé, après *Sigurd*, même dans son pays, et *Salammbô*, dont il réserva, par reconnaissance envers la Monnaie, la primeur à Bruxelles, parut en 1890, sans encombre. M. Georges Loiseau rappelle que, prêtresse de Tanit, Mᵐᵉ Rose Caron arracha à Reyer ce cri : « Je veux que cette sublime artiste rapporte mon œuvre à Paris dans son manteau. Elle m'ensevelira dans son triomphe, car je n'écrirai plus rien. » *Salammbô* fut en effet sa dernière œuvre.

Le poème est emprunté au roman sans trop de modifications notables. Le rideau se lève sur le campement des mercenaires dans les jardins d'Hamilcar. Celui-ci est absent, et les soldats qu'il a commandés en Sicile, Ligures, Baléares, Lusitaniens, Grecs, Gaulois et déserteurs des légions romaines, célèbrent l'anniversaire de la bataille d'Eryx. Deux « grands chefs », le roi numide Narr'Havas et le Libyen Mathô, se pro-

mettent amitié lorsque retentit dans le lointain un chant plaintif. Ce sont les plaintes des esclaves du capitaine carthaginois renfermés dans l'ergastule. Mathô les délivre et ramène Spendius, un Grec qui, à peine libre, excite les mercenaires contre Carthage. « Où sont, leur demande-t-il, les coupes d'or incrustées d'émeraudes, les coupes de la légion sacrée dans lesquelles doivent boire tous les guerriers vainqueurs ?

— Les coupes! » hurle le chœur des mercenaires; et quand Ciscou, l'envoyé du conseil des Anciens, essaye de calmer les soldats ivres en usant de faux-fuyants diplomatiques, l'émeute éclate : les soldats brisent les tables et font un bûcher avec les arbres précieux.

Une porte s'ouvre, et Salammbô apparaît. Tandis que les prêtres de Tanit, recouverts de robes blanches, chantent des hymnes à la déesse, elle reproche aux mercenaires la violation de l'hospitalité.

Les barbares restent immobiles. Salammbô prend une coupe et la tend à Mathô en signe de pardon et d'alliance. Mais Narr'Havas, jaloux, frappe le Libyen d'un coup de poignard. A la faveur du tumulte, Salammbô et les prêtres disparaissent. La foule des soldats se précipite vers les tavernes de Mégara; Mathô reste seul avec Spendius, qui panse sa blessure et lui promet de le rendre maître de la fille d'Hamilcar et de Carthage. Les mercenaires reviennent, acclament le chef qui doit les conduire à la vengeance et au pillage. Mathô accepte au moment où Salammbô, fuyant le palais, glisse comme une vision sur la terrasse baignée d'une clarté lunaire.

Le deuxième acte se passe dans le temple de Tanit. Spendius et Mathô parviennent jusqu'au sanctuaire en suivant le courant de l'aqueduc. Le Grec montre à son compagnon le palladium de Carthage, le manteau de la déesse, le Zaïmph.

« Prends ce voile, et tu seras maître de la vierge et de la ville. » Pendant que le barbare sacrilège hésite devant le sacrilège, Salammbô apparaît. Des pressentiments l'obsèdent; des voix lui ont annoncé que le Zaïmph est en péril, et elle supplie Schahabarim, le grand prêtre, de lui laisser voir le précieux voile. Il refuse :

« Ne sais-tu pas, dit-il, que la vue du Zaïmph foudroie les profanes? »

La vierge désespérée reste seule, agenouillée sur les dalles du temple. Le sanctuaire s'illumine. Un homme apparaît enveloppé du voile aux mailles scintillantes de pierreries, un homme ou plutôt un dieu pour Salammbô qui l'adore, toute pénétrée d'une terreur religieuse. Mais le voleur du Zaïmph raille la fille d'Hamilcar et se nomme :

Je suis le mercenaire
Dont tu remplis la coupe aux jardins d'Hamilcar.

Salammbô appelle les prêtres de Tanit pour chasser le parjure. Mais les serviteurs de la déesse reculent devant le Zaïmph. Mathô s'éloigne respecté et maudit, tandis que la princesse tombe aux pieds de Schahabarim en s'accusant d'avoir été la cause involontaire du vol du palladium de Carthage.

Le premier tableau du troisième acte représente la salle du conseil des Anciens présidés par une statue colossale de Moloch. Les Carthaginois se désespèrent : Carthage est investie par les barbares, dont la possession du Zaïmph a décuplé les forces. Hamilcar, revenu de Sicile, paraît au milieu des représentants de la bourgeoisie punique, et violemment leur demande compte des malheurs de la patrie. N'est-ce pas leur refus de payer les gages des soldats, leur mauvaise foi, leur insatiable avidité, qui ont causé la révolte des mercenaires ? Un cri de colère s'élève contre le suffète ; des poignards le menacent, mais la houle se brise aux pieds d'Hamilcar impassible, et les Anciens le supplient de reprendre le commandement suprême. Il refuse jusqu'au moment où Schahabarim lui révèle que le Zaïmph a été volé et que le ravisseur ose aimer Salammbô. Le suffète, furieux, accepte le pouvoir qui lui permettra de poursuivre Mathô. Mais il pose une condition. Les Anciens eux-mêmes payeront la rançon du sacrilège avec le sang de leur sang et la chair de leur chair :

> ...Que Moloch en feu reçoive entre ses bras
> Vingt de vos fils, rançon du succès de nos armes.

Le deuxième tableau nous ramène à Mégara, sur la terrasse du palais d'Hamilcar. Salammbô, désespérée, s'accuse des malheurs de la patrie. Quelle est cette flamme qui s'élève ?... C'est la lueur du sacrifice préparé dans le temple de Moloch. Mais à quoi bon ces sacrifices tant que les barbares resteront maîtres du Zaïmph ? Salammbô propose au grand prêtre de se dévouer pour sauver Carthage. Elle se glissera dans le camp des mercenaires, un poignard à la main. « Non ce n'est pas ainsi, répond Schahabarim.

> Va, souriante, avec ta plus riche parure.
> Si tu dois mourir... ce sera plus tard.

Salammbô jure d'obéir aux ordres du grand prêtre. Elle se fait apporter la toilette préparée pour ses noces, et, pendant que ses esclaves la parent, une blanche nuée passe dans le ciel, toutes les colombes de Carthage qui fuient la ville assiégée, cherchant un refuge pour leurs amours de l'autre côté de la mer. Salammbô les regarde disparaître. C'est sa jeunesse, ce sont ses rêves qui disparaissent à l'horizon. Et la nouvelle Judith, tremblante comme une autre fille de Jephté, — ici toutes les légendes se confondent, — demande à la maison paternelle de la cacher dans son ombre... Ce n'est qu'un instant de défaillance. Les trompettes sacrés retentissent dans le temple de Tanit, et Salammbô descend d'un pas rythmique les degrés de la terrasse.

Nous arrivons au point culminant du drame lyrique : le quatrième acte, divisé en deux tableaux, dont le premier se passe dans la tente de Mathô, et le second représente le champ de bataille où se livre la lutte suprême entre les mercenaires et les Carthaginois. Des transfuges de l'armée d'Hamilcar conduisent à Mathô une femme voilée, et le barbare, éperdu, reconnaît Salammbô.

La prêtresse de Tanit ordonne à Mathô de lui rendre le voile sacré, et le Libyen obéit ; des lueurs éclairent la tente ; le camp est en feu. Narr'Havas, qui a reconnu Salammbô, a trahi Mathô par jalousie, et la fille d'Hamilcar s'enfuit à la faveur de la déroute, emportant le Zaïmph :

> Le voile saint est reconquis,
> Mais que la foudre me dévore.
> O dieux cruels, je vous abborre
> Et vous maudis !

Les barbares sont vaincus. Spendius et leurs chefs seront envoyés au supplice. Hamilcar ne réserve que Mathô ; le Libyen sera sacrifié le lendemain sur l'autel de la déesse qu'il a outragée avant que s'accomplissent les noces de Salammbô, fiancée à Narr'Havas, pour prix de la trahison du chef numide.

Le dénouement a lieu dans le forum de la cité, au pied de la statue de Tanit. La ville est en fête ; on amène la victime propitiatoire couverte de chaînes. C'est Mathô, et Schahabarim va l'égorger. Mais le peuple murmure. Ce n'est pas le grand prêtre qui doit frapper le sacrilège, mais la Judith carthaginoise, celle qui a délivré le Zaïmph... Salammbô, haletante, implore du regard Hamilcar, Narr'Havas, Schahabarim, mais un cri s'élève : « Tu es la vengeresse. Poignarde Mathô. » Elle saisit le couteau sacré et tombe mourante dans les bras du barbare, qui se frappe à son tour. Tanit est satisfaite : elle a ses deux victimes :

> Quiconque aura touché ton voile vénérable
> Devra mourir, ô déesse implacable !

On voit quel parti Camille du Locle a tiré du roman de Gustave Flaubert. Il rappelle à la fois *Aïda* et certaines parties de *Sigurd*, mais l'ensemble ne manque ni d'unité ni de grandeur. C'est également le caractère de la partition traitée par Reyer avec un excès d'austérité, mais une ampleur et une simplicité vraiment admirables. Il y a du chant dans *Salammbô*, des phrases vocales d'un dessin très net et très pur : il n'y a pas un air proprement dit. Cette belle partition est surtout un oratorio, une composition de forme et de cachet mystique, traversée ou plutôt contrastée çà et là par l'éclat des fanfares de l'armée mercenaire, une sorte d'antithèse grandiloquente à la façon des formules romantiques.

Les morceaux qui se détachent en vigueur sur ce fond volontairement monochrome sont au début le festin des mercenaires et l'apparition de Salammbô ; au second acte, le duo de Mathô et de la fille d'Hamilcar, ainsi que le duo dialogué de Schahabarim et de la vierge qui ouvre la scène ; le finale du troisième acte, traité avec l'émotion la plus communicative, et la romance mystique traduite des beaux vers de Pétrarque (du Pétrarque latinisant) :

> *Quis dabit ut pennas, posita gravitate, columbæ*
> *Induar, alta petens...*
> Qui me donnera, comme à la colombe,
> Des ailes pour fuir dans le soir qui tombe.

La page capitale du tableau de la tente est le superbe duo de Mathô et de Salammbô, et l'admirable phrase du barbare ivre de passion :

> Ne les détourne pas, ces regards radieux,
> Profonds comme la mer et purs comme l'amour.

Reyer observa une longue retraite presque absolue après *Salammbô*. Il était de l'Académie des Beaux-Arts depuis 1886 et fut promu grand-croix de la Légion d'honneur en 1906.

Ses fonctions officielles, soit d'inspecteur général des Conservatoires et maîtrises de France, soit de bibliothécaire à l'Opéra, ne l'inquiétaient guère : la première était pour lui une sorte de sinécure ; quant à la seconde, il la considérait comme un simple titre honorifique. Il conserva cependant jusqu'à son dernier jour la critique musicale des *Débats*, qu'il tenait de Berlioz et pour laquelle il fit cette profession de foi dans son premier article, daté du 2 décembre 1866 : « Je voudrais que le public, prêché plus souvent par des gens compétents et désireux de l'instruire, comprît qu'il doit se défier un peu plus de ses goûts naturels, de ses préférences pour le joli, le facile, le trivial même ; qu'il doit se défier de ses impressions du moment quand il entend pour la première fois une œuvre savante et forte, et qu'il ne doit surtout pas se hâter d'affirmer son opinion sur l'œuvre elle-même et sur l'artiste convaincu qui l'a péniblement et consciencieusement élaborée. Je m'en souviens, il y a bien longtemps de cela, — et j'aime à confesser un péché de jeunesse, — on venait de donner la première représentation du *Prophète,* à laquelle j'avais assisté dans les conditions les plus fatigantes : mal assis, mal avoisiné, juché sur un banc et adossé à l'une des cariatides de l'amphithéâtre (le paradis de l'Opéra). J'en étais sorti moulu, harassé, abasourdi, donnant le bras à un ami à qui j'avais hâte de faire partager mes confidences, de raconter mes impressions. Que Dieu me pardonne, après Meyerbeer, auquel je fis plus tard l'aveu de ma faute, toutes les hérésies qui sortirent de ma bouche cette nuit-là. Les tuyaux de cheminée de la rue des Martyrs s'éclairaient déjà aux premiers feux du crépuscule et je cherchais encore des mots, des phrases et des périphrases pour exprimer mes doléances, pour définir et justifier mon ennui. Les comparaisons les plus absurdes venaient au bout de ma langue et s'en allaient rebondir aux oreilles de mon ami, qui haussait les épaules et me laissait parler. Quand j'eus fini, il me serra la main et me fit promettre que je retournerais entendre le *Prophète* dans de meilleures conditions que la première fois. J'y retournai en effet ; et mieux placé, mieux disposé, je compris alors ce que je n'avais pas compris la veille : les beautés de l'œuvre m'apparurent dans toute leur splendeur ; je les voyais défiler devant moi comme de belles statues mouvantes qui se dévoilent à mesure qu'elles passent ; c'était une transfiguration, c'était une initiation spontanée, c'était la révélation d'un chef-d'œuvre.

« Depuis cette aventure, dont l'impression ne s'effacera jamais de mon souvenir, je me défie du jugement de ceux qui, après une seule audition, croient pouvoir se prononcer sur la valeur d'une œuvre, et je me défie aussi de mon propre jugement... »

Après le décès d'Ernest Reyer, tandis qu'une cérémonie tout intime avait lieu à Paris, la ville de Marseille lui faisait—des funérailles grandioses. Au cimetière, M. Jean Aicard parlait au nom des amis personnels de Reyer ; M. de Nalèche, directeur des *Débats,* rappelait la carrière de Reyer journaliste, critique parfois acerbe, mais d'une haute probité. M. Denys Puech apportait l'hommage de l'Institut ; M. Dujardin-Beaumetz retraçait la vie du compositeur et terminait en constatant que son œuvre marque une date dans l'histoire de la musique française.

MASSENET (1842-1912)

L'homme.

Il y a quelques mois, au cœur de l'été, le jour où toutes les feuilles du matin parurent avec cette manchette : « La mort de Massenet, » ce fut un coup de surprise et même de stupeur éloquemment rappelé en ces termes par M. Xavier Leroux, un des élèves du maître :

« Les rares passants qui se trouvaient, vers les quatre heures du matin, dans la rue de Vaugirard, étaient frappés de l'aspect insolite d'une fenêtre illuminée au milieu des façades noires. Ils se demandaient quelle fête tardive s'y donnait. C'était la fête

des sons et des harmonies, qu'un prestigieux maître menait une ronde charmante. L'heure avait sonné où Massenet avait accoutumé de gagner sa table de travail. Alors commençait la merveilleuse incantation. La Muse se posait près de lui, lui soufflait à l'oreille, et sous la main blanche et nerveuse de l'artiste naissaient les chants de *Manon,* de *Charlotte,* d'*Esclarmonde.*

« La lueur s'est éteinte. La fenêtre ne brillera plus sur le jardin. Celui qui a guidé toute une génération musicale vers le beau est mort. Le gardien du feu n'est plus. Son œuvre continuera de briller éternellement. Cette œuvre, en effet, est gigantesque. Si Massenet a connu le triomphe et la gloire, il les a bien mérités, l'un et l'autre, par son labeur fécond. D'aucuns furent les hommes d'une chose, d'une symphonie, d'un opéra ; lui se lança dans toutes les manifestations de son art, et dans toutes il remporta la victoire. »

L'émotion que résume si bien M. Xavier Leroux fut d'autant plus vive que, malgré les soixante-dix ans de Massenet, on le voyait toujours jeune, ardent, plein de vie. On le croyait immortel. Lui seul sentait venir la fin, et vaguement la désirait par une sorte de mystérieuse discrétion dont on trouve la trace dans ce passage de ses *Mémoires* où il raconte sa dernière rencontre avec Auber :

« En mai 1871... On était alors en pleine insurrection, presque dans les dernières convulsions de la Commune, et Auber, fidèle quand même à son boulevard aimé, près du passage de l'Opéra, — sa promenade favorite, — rencontrant un ami qui se désespérait aussi des jours terribles que l'on traversait, lui dit avec une expression de lassitude indéfinissable : « Ah ! j'ai trop vécu ! » — Puis il ajouta, avec un léger sourire : « Il ne faut jamais abuser de « rien. »

Apparemment Massenet non plus n'avait pas voulu abuser, et s'il est vrai, comme on l'a dit souvent, qu'on ne meure que par distraction, il y eut peut-être quelque négligence voulue et une suprême élégance dans cette brusque disparition. Mais le départ d'un compositeur illustre cause toujours une émotion profonde. Pour Massenet elle s'est doublée des regrets inspirés par l'homme. Il était accueillant et patriarcal ; on l'aimait, on le préférait, comme jadis était préféré Musset par les très jeunes gens dans le cénacle romantique, où l'apôtre des *Nuits* fit une si courte apparition entre Victor Hugo et Vigny. Les affinités mystiques dont parle Gœthe, mais qu'il ne faut pas prendre tout à fait dans le même sens, s'aimantaient vers lui avec une spontanéité touchante.

Non qu'il les attirât bruyamment. Au contraire, il se maintenait dans une réserve élégante et discrète, sans aucun rapport avec les allures bénisseuses de Gounod, en qui il y eut toujours du cardinal laïque, et de la morosité distante d'Ambroise Thomas, que les élèves du Conservatoire avaient baptisé le chevalier de la Sombre-Figure. Mais on le sentait plein de sympathie pour les vocations réelles (bien qu'il sût décourager, au besoin), tout prêt à les accueillir, à les aider, capable de fraterniser, en généreux aîné, avec ces premiers essais, où l'auteur de *Faust* et celui de *Mignon* ne voyaient que des balbutiements indignes de leur attention.

Sans démonstration tapageuse, d'un froncement de sourcils, d'un pli des lèvres, avec la moue amusée et gamine qui lui était familière, il exécutait les réputations usurpées, les détenteurs de succès factices, les « recordmen » de la réclame. Les poncifs et les formules le blessaient comme de fausses notes, et jamais musicien n'eut l'oreille plus sensible! En revanche, il avait prescience de ce qui devait survivre aux injustices du public et aux iniquités de la critique. Peu après la première de *Carmen* (il n'y avait pas encore de générales), comme nous étions plusieurs à déplorer devant lui non pas la chute de l'œuvre, — elle avait été écoutée avec une froideur courtoise, puis avec une attention inquiète, — mais la douche d'un succès d'estime, il nous rassura d'un mot tout à fait joli et confraternel, où l'on retrouvait, d'ailleurs, l'esprit pratique du fils de maître de forges :

« Soyez donc tranquilles... C'est une valeur à recouvrer. La postérité paye toujours quand on a pris une solide hypothèque. »

Elle devait payer, en effet, et même avec arrérages, mais aux héritiers de Bizet!

Familiale et discrète, toute de travail, la biographie de Massenet doit être ramenée à quelques indications très simples. Il était né en 1842 à Montaud, un faubourg de Saint-Étienne maintenant réuni à la ville même. Issu d'un second mariage, il était le vingt-troisième enfant d'un industriel de la région. Sa vocation fut précoce; il n'en eut pas moins à lutter contre les résistances de sa famille, au début. Il y eut fugue, « ramenage » à Saint-Étienne, période d'attente, enfin installation à Paris avec consentement paternel. Entré au Conservatoire dans la classe de Laurent, Massenet se créa de maigres ressources comme timbalier dans un orchestre de Montmartre. D'autre part, il travaillait avec une remarquable assiduité. M. Arthur Pougin, qui appartient à la même génération artistique, rapporte qu'à la classe de piano de Laurent, où Massenet obtint successivement l'accessit, le second et le premier prix (car il fut un pianiste merveilleux), il avait joint la classe d'harmonie de Bazin, et c'est là que se produisit le fait le plus étonnant de sa carrière.

« Bazin, professeur assez aigre et classique renforcé, sans doute effrayé et courroucé de certaines velléités de son élève, qu'il ne pouvait comprendre, se mit un jour en fureur contre lui, au point de le prendre par les épaules et de le mettre à la porte de sa classe en lui disant brutalement :

« — Allez-vous-en. Vous ne ferez jamais rien! »

« Massenet, à la suite de cet incident, eut un instant assez naturel de découragement, mais qui dura peu. Il alla trouver mon vieux maître Henri Reber, qui le prit volontiers dans sa classe, et sous la conduite duquel il travailla avec acharnement. Pourtant, l'époque du concours arrivée, il ne fut pas heureux dans l'épreuve comme il aurait dû l'être. Reber, plus avisé que Bazin et le comprenant mieux sans doute, lui dit, avec le flegme que nous lui connaissions tous :

« — Écoutez; vous méritiez le premier prix; vous « ne l'avez pas eu. Croyez-moi, vous n'avez plus « rien à faire dans ma classe, où vous perdriez votre « temps. Prenez tout de suite une classe de compo« sition. »

« C'est alors que Massenet entra dans la classe d'Ambroise Thomas, dont il devint aussitôt l'un des élèves préférés. Et c'est dès lors qu'il fut pris de cette fièvre de production qui, on peut le dire, fut l'une des caractéristiques de son tempérament d'artiste. Il ne se passait pas de classe qu'il n'apportât soit une valse, soit une ouverture, soit un mouvement de symphonie, soit un morceau d'opéra ou toute autre chose. »

L'époque du premier triomphe approchait. En 1863 Massenet remportait le grand prix de Rome. Il a raconté avec une émotion communicative comment il apprit ce bonheur presque inespéré :

« Ayant passé le premier, j'allai errer à l'aventure dans la rue Mazarine, sur le pont des Arts, et enfin dans la cour carrée du Louvre. Je m'y assis sur l'un des bancs de fer qui la garnissent. J'entendis sonner cinq heures. Mon anxiété était grande : « *Tout doit « être fini, maintenant,* » me disais-je en moi-même... J'avais bien deviné, car tout à coup j'aperçus sous la voûte un groupe de trois personnes qui causaient ensemble, et dans lesquelles je reconnus Berlioz, Ambroise Thomas et M. Auber.

« La fuite était impossible. Ils étaient devant moi, comme me barrant presque la route. Mon maître bien-aimé, Ambroise Thomas, s'avança et me dit : « Embrassez Berlioz, vous lui devez beaucoup de « votre prix! — Le prix! m'écriai-je avec effarement « et la figure inondée de joie. J'ai le prix!... » J'embrassai Berlioz avec une indicible émotion, puis mon maître et enfin Auber.

« M. Auber me réconforta. En avais-je besoin? Puis il dit à Berlioz en me montrant :

« — Il ira bien, ce gamin-là, quand il aura moins « d'expérience. »

Ne mentionnons que pour mémoire les années romaines de Massenet, qui furent des années de joie entrecoupées de voyages à Naples, à Florence, à Venise, à Perth, à Munich, et y reprit l'*Esmeralda* de Victor Hugo, écrivit une ouverture de concert, un grand *Requiem*, des mélodies. Il se maria, — et cette union, toute de tendresse réciproque, devait durer quarante-sept ans, — puis revint à Paris.

La presse a rapporté à ce sujet qu'il y avait à Paris, dans les dernières années du second Empire, une jeune dame américaine qui, possédant elle-même une jolie voix de soprano, employait volontiers une petite partie de ses millions à protéger la musique et les musiciens. Un jour de printemps de l'année 1863, le vieil Auber, qu'elle admirait et aimait tout partienlièrement, lui avait recommandé un des meilleurs élèves du Conservatoire, revenu la veille de Rome, où il venait de passer quatre ans en qualité de grand prix de composition musicale.

« — Ce garçon m'intéresse beaucoup, me dit Auber. « Il ne connaît encore presque personne à Paris, « et je vous serais infiniment obligé de tout ce qu'il « vous plairait de faire pour lui. Il a sûrement du « génie : mais les hommes de génie, comme vous « savez, manquent souvent d'argent dans leurs poches.

« — Dites-lui de venir me voir, répondis-je. J'ai « précisément toutes sortes de morceaux que je vou-« drais faire transposer pour pouvoir les chanter. « Croyez-vous que votre jeune ami consentirait à se « charger de ce travail?

« — Certes, dit Auber. Il sera trop heureux de se « charger de n'importe quel travail qui ait chance de « lui procurer un peu d'argent.

« Le lendemain, un jeune homme maigre et pâle se présenta chez moi (au château du Petit-Val, près de Choisy-le-Roi), et, d'une voix très douce, me dit qu'il venait de la part de son maître Auber. Je lui remis aussitôt les morceaux à transposer, et je l'installai dans une petite chambre isolée, à l'étage supérieur, où il y avait un piano, une table et de quoi écrire. Deux ou trois fois il revint sans que je l'entendisse jouer; mais un jour, comme je passais par hasard dans le corridor du second étage, figurez-vous la surprise que j'éprouvai en entendant sortir une musique absolument divine de la petite chambre où travaillait le jeune prix de Rome! Je ne pus m'empêcher d'entrer et de lui demander ce que c'était qu'il venait de jouer.

« — Ce n'est rien, madame! répondit-il.

« — Rien? m'écriai-je. Mais je n'ai jamais entendu « quelque chose d'aussi délicieux! Jouez-le-moi de « nouveau!

« — C'était simplement une idée qui m'était passée « par la tête! murmura-t-il.

« — Eh bien, faites en sorte que d'autres idées « encore vous passent par la tête! Je tiens à les en-« tendre! »

« Il se remit à jouer, et moi, assise là, près de lui, j'écoutais la musique la plus charmante qu'il m'eût jamais été donné d'entendre. Auber a raison : c'est un véritable génie. Comme je voudrais que vous l'entendissiez improviser! Inutile d'ajouter que depuis ce moment il n'a plus été question pour lui de me copier des morceaux.

« Nous le recevons ici très souvent : il s'abandonne avec délices au repos et à l'agrément de la vie qu'il y trouve. Déjà, sous cette heureuse influence, il a composé plusieurs mélodies ravissantes. L'une d'elles, intitulée l'Esclave, m'a été dédiée pour le jour de ma fête. Il m'accompagne au piano comme personne encore ne l'avait fait avant lui.

« Auber, qui se fait amener chez nous en voiture de temps à autre, est enchanté de voir que « notre « Massenet », ainsi qu'il l'appelle, est en train de reprendre de la couleur sur ses joues pâles, que ses yeux sont plus vifs et brillants que jamais et que même déjà il commence à engraisser. »

La dame américaine se trompait, heureusement Massenet ne devait pas engraisser, — et pour cause. Le travail allait le maintenir dans une bonne moyenne de plénitude physique, mais sans excès. Il publia à cette époque les recueils de mélodies intitulés Poème pastoral, Poème d'Amour, Poème d'Avril, Poème de Souvenir; en 1867 il donnait à l'Opéra-Comique la Grand'Tante, et au concert Pasdeloup une série de suites d'orchestre étincelantes, sous les titres de Scènes pittoresques, Scènes hongroises, Scènes alsaciennes, Scènes napolitaines, Scènes de féerie, etc. Ici se place un incident dont nous empruntons le récit à l'un des meilleurs historiens du Conservatoire, le regretté André Martinet.

« Ce même jour, au cirque Napoléon, Pasdeloup offrait à ses auditeurs, entre l'ouverture de la Flûte enchantée et celle de la Belle Mélusine, une suite d'orchestre de Jules Massenet : pastorale, thème hongrois, adagio et marche. La salle est soulevée, divisée, comme aux séances de Lohengrin, décidée à manifester pour et contre le débutant. Aux bravos répondent des sifflets, puis les protestataires l'emportent, et la suite d'orchestre s'achève dans un formidable tapage.

« Deux jours plus tard, Albert Wolff s'en prend et à Pasdeloup qui a eu l'audace de jouer un musicien jeune et peu connu, et à Massenet, qu'il exécute avec la plus aimable désinvolture : « Nous avons « encore un incident à enregistrer. La partition d'un « tout jeune musicien, s'étant aventurée hier aux « Concerts populaires, entre deux ouvertures de « Mozart et de Mendelssohn, a été victime de sa témé-« rité. Le public a accueilli la petite malheureuse « avec une froideur telle qu'au bout de dix minutes « elle avait le nez gelé. On a transporté cette partition

« chez le pharmacien voisin, qui lui a prodigué les « premiers soins, si bien qu'à quatre heures un quart « le jeune compositeur, M. Massenet, a pu recon-« duire la pauvre blessée à son domicile!... Le musi-« cien qui a transporté le jeune Massenet avec sa « partition au cirque Napoléon lui a rendu un piètre « service. »

« Le grand maître de la chronique avait parlé; le musicien n'avait qu'à s'incliner, à chercher une carrière plus clémente, à se livrer à la peinture, à s'improviser critique au besoin. Il trouva un défenseur en M. Théodore Dubois, maître de chapelle à Sainte-Clotilde après un court séjour à l'orgue des Invalides, qui, sans crainte des représailles, adressa à Albert Wolff une longue lettre, plaidoyer véritable en faveur des débutants :

« J'admets de la façon la plus large l'appréciation « par la presse des œuvres livrées au public, mais « alors faites de la vraie critique, franche, loyale, « artistique et raisonnée; analysez les morceaux et « dites pourquoi ils vous déplaisent... Vous jetez de « gaieté de cœur le découragement dans l'esprit « d'un jeune compositeur qui peut avoir du talent et « de l'avenir... »

« Riposte du chroniqueur, qui affirme à M. Théodore Dubois qu'il fera à la première occasion fournie par son correspondant cette critique raisonnée qu'il réclame. Deux mois plus tard, les Sept Paroles du Christ étaient une surprise pour tous les musiciens réunis à Sainte-Clotilde. Malgré l'appel du compositeur, Albert Wolff demeura invisible et muet. »

M. Théodore Dubois eut, ce jour-là, le beau rôle, et même un rôle très beau. Il était juste de le rappeler.

Après la guerre, la biographie de Massenet se résume dans les titres de ses œuvres, depuis Marie-Magdeleine jouée à l'Odéon, jusqu'à Roma : Don César de Bazan à l'Opéra-Comique, le Roi de Lahore à l'Opéra, Hérodiade à Bruxelles, Manon à l'Opéra-Comique, le Cid à l'Opéra, Werther à Vienne puis à l'Opéra-Comique, le Carillon à Vienne, Esclarmonde à l'Opéra-Comique, le Mage à l'Opéra, Thaïs à l'Opéra, Navarraise à Covent-Garden puis à l'Opéra-Comique, le Portrait de Manon à l'Opéra-Comique, et successivement au même théâtre Sapho, Cendrillon, Grisélidis, le Jongleur de Notre-Dame, Chérubin; à l'Opéra, Ariane, Bacchus; à la Gaîté-Lyrique, Don Quichotte; à l'Opéra-Comique, Roma.

Mentionnons encore Panurge, représenté peu après la mort du compositeur; Amadis, Cléopâtre, encore inédits; ballets, Cigale et España; deux scènes lyriques, Biblis et Narcisse; trois suites d'orchestre : Suite Parnassienne et Suite théâtrale et les Erinnyes; un oratorio en trois parties, la Terre promise; un concerto pour piano et orchestre; divers morceaux de piano : Eau courante, Eau dormante, Papillons noirs, Papillons blancs, Valse très lente, etc.; des chœurs et enfin plus de cent cinquante mélodies vocales.

Massenet fut professeur au Conservatoire, de 1878 à 1896. Il eut un grand nombre d'élèves qui furent prix de Rome. Signalons : MM. L. Hillemacher, Alfred Bruneau, Paul Vidal, G. Marty, G. Pierné, X. Leroux, G. Charpentier, A. Savard, Silver, Gaston Carraud, Rabeaud, Max d'Ollonne.

Il avait été nommé officier de la Légion d'honneur en 1888, commandeur en 1895, grand officier en 1900. On parlait de le nommer grand-croix.

Massenet villégiaturait depuis quelques jours dans sa propriété d'Egreville, pendant l'été de 1912, quand, se sentant fatigué, il résolut d'aller consulter son docteur à Paris. L'indisposition semblait bénigne. Subitement l'état du maître s'aggrava. On courut chercher un médecin dans le quartier. La nuit du 12 août fut mauvaise. Au matin, à 6 heures, l'illustre compositeur fut saisi d'un long frisson, perdit connaissance et expira quelques moments après. On prévint, par dépêche, Mme Massenet, qui se trouvait encore à Egreville. Elle arriva quelques heures après au domicile mortuaire, suivie de la fille et de la petite-fille du grand musicien.

Au point de vue technique, M. Pierre Lalo l'a fait très justement observer, des qualités proprement musicales qui composent la personnalité de Massenet, il en est une dont la prépondérance est si souveraine que toutes les autres s'effacent devant elle. « Sans doute, Massenet a su de la musique à peu près tout ce qu'il est possible d'en savoir; sans doute, il a été un harmoniste ingénieux; sans doute, il a eu un orchestre brillant et coloré. Mais sa qualité essentielle, c'est d'avoir inventé une forme mélodique qui, bien qu'on puisse découvrir son origine chez Gounod, lui appartient en propre, une forme mélodique dont les inflexions caressantes et les courbes langoureuses sont aussi reconnaissables que si elles portaient une marque de fabrique; une forme si nette, si particulière, qu'on ne peut jamais la confondre avec aucune autre; une forme dont la séduction immédiate est si captivante et si tenace que, depuis qu'elle est apparue, presque tous les jeunes compositeurs ont subi, bon gré, mal gré, son attrait. Ce don d'originalité mélodique est, certes, l'un des plus précieux que puisse recevoir un musicien... Entendez une mélodie de Massenet que vous ne connaissez pas encore : vous n'aurez jamais la pensée de l'attribuer à l'un quelconque de ces élèves appliqués à copier leur maître; il n'est que le maître pour l'avoir faite. Ecrire une musique qui se distingue ainsi, au premier coup d'œil, non seulement de celle d'un rival quelconque, mais de celle même des imitateurs les plus ingénieux et les plus assidus, voilà qui achève de montrer quelle fut la personnalité vivace de Massenet. »

Ajoutons que tous ceux qui entouraient Massenet sentaient en lui quelque chose de supérieur à l'homme de métier et de virtuosité transcendante, non seulement le symphoniste expressif, le dramatiste inspiré, mais le poète de l'amour et de la jeunesse. Le « leitmotiv » qui s'épanouira dans *Manon* : « N'est-ce plus ma main que cette main presse — tout comme autrefois; » le voluptueux repentir de Marie-Magdeleine, les fougueux élans d'Hérodiade, les chastes ardeurs de Charlotte, tout cela murmurait autour du jeune maître :

Les voilà ces buissons où toule ma jeunesse
Comme un essaim d'oiseaux chante au bruit de mes pas!

Ah! la galerie des héroïnes de Massenet : Eve, Marie-Magdeleine, Hérodiade, Manon, Charlotte, la Navarraise, Sapho, Cendrillon, Grisélidis, Jacqueline, Ariane, Thérèse, on ne saurait la comparer qu'à la série suggestive de celles qu'on a appelées si bizarrement les femmes de Musset. Et, en effet, elles s'apparentent à travers le temps et l'espace. On disait parfois : Mademoiselle Massenet; et il en souriait, étant bon prince. C'est Mademoiselle Musset qu'il aurait fallu dire, et il n'eût pas protesté. Ces deux poètes de l'amour, ces deux chantres des grandes amoureuses, appartenaient à la même famille. Et

leurs ombres doivent fraterniser dans le séjour des âmes bienheureuses, sur les bords d'un Léthé qui ne serait pas le fleuve de l'oubli, mais le sinueux ruisseau d'une nouvelle carte du Tendre.

Ajoutons qu'à l'étranger le concert des éloges funèbres fut unanime. En Allemagne, les journaux rendirent hommage au musicien français. A Vienne, la presse parla avec respect du vieux maître disparu. La *Nouvelle Presse*, notamment, rappela le triomphal succès qui accueillit *Manon* à l'Opéra impérial. Le *Tageblatt* rapprocha le nom de Massenet de celui de Brahms et de Verdi. Les journaux anglais rappelèrent que Massenet est, parmi les musiciens français, celui dont les œuvres sont le plus populaires en Angleterre. Le *Times* conclut en disant : « Les ouvrages de Massenet garderont toujours leur parfum original... Arriver à la perfection dans un genre, cela compte, et il n'y a pas de doute que Massenet — son succès mondial l'atteste — a atteint la perfection dans le genre qu'il avait choisi et qu'il n'a jamais tenté de dépasser. » Enfin les principaux représentants de la musique italienne louangèrent la mémoire de Massenet. Umberto Giordano dit : « Massenet était le plus grand représentant d'une école musicale qui voulait s'imposer par sa grâce et son élégance. Sa mort est une très grosse perte pour l'art musical et pour la France. » Et Puccini : « L'œuvre de Massenet est gigantesque. Tous les dilettanti pleurent la mort d'un si grand maître, dont le charme captivait même les moins artistes, » avec cette curieuse appréciation : « La jeune école musicale italienne plaçait le *Roi de Lahore* à la tête des œuvres de Massenet. »

L'œuvre de Massenet.

La Grand'Tante, Opéra-Comique, 1867.

Le 3 avril 1867, Massenet entrait à la salle Favart avec la *Grand'Tante*, opéra-comique en un acte, paroles de MM. J. Adenis et Ch. Grandmougin. C'était l'un des trois levers de rideau commandés en 1866 par M. de Leuven pour satisfaire l'opinion, qui protestait contre l'injuste oubli où le théâtre laissait les lauréats académiques, Conte, Samuel David et Massenet; celui-ci, l'homme exact et actif par excellence, arriva bon premier, en vertu du principe qui a toujours été la réglé de sa vie artistique : travailler, travailler sans cesse, et ne jamais remettre au lendemain ce qu'on peut faire le jour même.

Le libretto de la *Grand'Tante*, annoncé d'abord sous le nom d'*Alice*, n'était pas une merveille d'invention. La scène se passe en Bretagne, dans un vieux château que le jeune de Kerdrel prétend faire vendre, après la mort de son grand-oncle; il vient d'en hériter, parce que le vieillard n'a pas eu le temps de signer le testament qu'il voulait faire en faveur de la marquise sa femme. Mauvais sujet, le jeune homme a quitté sa famille; il croit donc avoir affaire à une grand'tante laide et vieille. Tout au contraire, c'est une jeune fille charmante et pauvre que le marquis avait recueillie, et qui a consolé les dernières années de son existence. Le jeune homme la voit, l'aime et finit par l'épouser, après les petites péripéties qu'amène l'histoire d'un testament tour à tour signé faussement, puis déchiré. Le compositeur avait vingt-deux ans, et il faisait ainsi ses premiers pas dans un théâtre où il devait compter par la suite un nombre considérable de représentations avec *Manon*, *Esclarmonde* et *Werther*, tandis qu'il n'en obtenait alors que dix-sept; mais déjà l'on rendait justice à ses qualités scéniques et à l'adresse de sa facture. La *Revue et Gazette des théâtres* écrivait notamment que cette partition « vive, charmante, spirituelle, révèle un compositeur habile et bien doué : on y sent déjà la personnalité du musicien. Elle a de la distinction et de la grâce. La pièce est légère, et M. Massenet a bien écrit la musique qui convenait à cet agréable poème. Un maître expérimenté n'aurait pas fait preuve de plus de tact et de goût. » Cette petite pièce, dans laquelle un rôle, confié d'abord à Prilleux, avait été coupé pendant les représentations, était d'ailleurs finement interprétée par Capoul, Mlle Girard et une débutante, une élève de Duprez, appelée plus tard à faire parler d'elle, Mlle Heilbronn. « Une toute jeune, toute frêle, toute mignonne et très adorable personne; dix-sept ans, une physionomie fine et douce, une vraie vignette, une voix facile et agréable, de l'intelligence, de l'acquis déjà; de la distinction, de l'aisance! » Voilà le portrait-carte, « l'instantané », dirait-on aujourd'hui, que certain journal traçait alors de la débutante.

Don César de Bazan, à l'Opéra-Comique, 1872.

Cinq ans plus tard, Massenet revenait salle Favart, mais non plus avec un lever de rideau. Cette fois, trois actes écrits par M. Chantepie lui avaient été confiés, et *Don César de Bazan* fut représenté le 30 novembre 1872.

On sait quel succès Frédérick avait obtenu jadis dans ce drame où Dupenty et d'Ennery avaient si originalement complété la figure du personnage inventé par Victor Hugo; on se rappelle comment, à la veille d'être fusillé pour s'être battu en duel, le bohème grand d'Espagne épouse une femme voilée à laquelle il laissera son nom, la bohémienne Maritana, qui a touché le cœur du roi, et comment, sauvé de la mort par le dévouement d'un serviteur, il retrouve, avec la clémence royale, la fortune et la possession de l'inconnue.

L'action ne manquait pas d'intérêt dramatique, et Massenet, sans donner là encore toute la mesure de ses moyens, avait su déjà conquérir l'estime des connaisseurs et même la faveur du public par quelques morceaux de choix, comme la jolie berceuse de Mme Galli-Marié et l'entr'acte « Sevillana ». La critique, généralement favorable, sut gré au compositeur de n'avoir pas « sacrifié le moins du monde aux fétiches d'outre-Rhin ». Pour s'être soi-disant rapproché de Wagner, *Djamileh* n'avait eu que *onze* représentations; pour s'en écarter ostensiblement, *Don César de Bazan* en recueillait *treize*. L'écart demeurait peu sensible, et l'on pouvait, semble-t-il, espérer mieux avec une partition intéressante en somme, et confiée à de bons interprètes : Mme Galli-Marié (Lazarille), Priola (Maritana), MM. Bouhy (Don César), Lhérie (le roi) et Neveu (don José). Dès la seconde représentation, on avait allégé l'ouvrage de deux chœurs, dont celui des juges, et sans doute, en cherchant bien, on aurait distingué çà et là quelques traces de la hâte avec laquelle il avait été écrit; mais le compositeur aurait pu répondre qu'après tout mieux valait se presser pour arriver au jour de la représentation, que de s'endormir dans de douces rêveries comme Duprato, auquel on avait confié d'abord le même livret en vue de l'Opéra, et qui, chemin faisant, l'avait abandonné.

L'Adorable Belle-Poule, au Cercle des Mirlitons, en 1874.

Signalons à la date du 17 avril 1874 *l'Adorable Belle-Poule*, opérette en un acte de Louis Gallet, musique de Jules Massenet. (Il signait encore Jules.)

Cette aimable bluette, simple amusement d'une soirée et dont quelques spectateurs seulement ont gardé le souvenir, avait pour interprètes deux amateurs, MM. Boussenot et Dreyfus, et Mmes Dartaux, Wertheimberg et Granier.

La « petite Granier » était alors absolument inconnue du public. Engagée à la Gaîté, elle s'était heurtée à l'antipathie peu motivée d'Offenbach, alors directeur de ce théâtre, et n'avait obtenu qu'à grand'peine un bout de rôle dans une reprise du *Mariage aux Lanternes*. Sa gentillesse et sa jolie voix n'en firent que plus d'impression le soir de la première de l'*Adorable Belle-Poule*.

Qui se doutait cependant, parmi ceux qui l'applaudirent ce soir-là, que treize ans plus tard Massenet songerait à elle pour reprendre un des rôles les plus difficiles de son théâtre? On sait qu'au moment de l'incendie de la salle Favart il était fortement question de remonter *Manon* avec Jeanne Granier.

Il y a tant d'artistes qui ne tiennent pas les promesses de leur début, qu'on aime à signaler les noms de ceux qui les remplissent et les dépassent.

Le Roi de Lahore, à l'Opéra de Paris, en 1877.

Le Roi de Lahore, la première grande œuvre de Massenet, celle qui popularisa le nom du jeune maître auprès du grand public, fut représenté pour la première fois le 27 avril 1877 à l'Opéra, direction Halanzier. Le livret est un des meilleurs poèmes de Louis Gallet.

Le décor du premier tableau représente l'entrée du temple d'Indra à Lahore. Les Musulmans ont envahi l'Hindoustan; le peuple vient implorer les dieux. Il est accueilli par le grand prêtre Timour. Scindia, le ministre du roi Alim, aime Sita, une des prêtresses, et demande à Timour de la relever de ses vœux. Comme Timour refuse, Scindia accuse Sita de recevoir un inconnu. Cette accusation, il la renouvellera publiquement au deuxième tableau, dans le sanctuaire d'Indra, devant les prêtres. Chaque soir l'inconnu paraît quand Sita entonne la prière du soir. En effet, le mystérieux personnage apparaît : c'est le roi Alim qui chaque soir commet ce sacrilège. Timour lui impose comme pénitence de réunir son armée et d'aller combattre les envahisseurs.

Alim obéit, mais Sita le suivra, et au deuxième acte, qui se passe dans le désert de Thol, nous voyons sa tente dressée près de celle du roi. La bataille est engagée; on rapporte le roi mortellement blessé. Le traître Scindia, qui a fait tomber son souverain dans un piège, dénonce le châtiment du sacrilège et se proclame lui-même roi de Lahore. Alim expire. Les soldats de Scindia s'emparent de Sita.

L'acte suivant nous conduit dans le paradis d'Indra, où l'âme d'Alim est accueillie par les danses des célestes Apsaras. Mais les splendeurs paradisiaques ne dissipent pas la tristesse du spectre royal. Il regrette la terre, et se désespère d'avoir perdu l'existence sans avoir connu la tendresse de Sita. Indra apitoyé consent à lui rendre la vie, mais il devra renoncer à la grandeur souveraine; il ne renaîtra que sous la forme d'un homme du peuple.

Les deux derniers actes nous ramènent à Lahore. Alim se réveille sur les marches de son propre palais; il voit passer le cortège du couronnement de Scindia. Brusquement il interpelle Scindia; on le prend pour un fou; il périrait, si le grand prêtre ne s'interposait et ne faisait conduire dans le temple celui qui est peut-être l'envoyé des dieux. Sita, fuyant la chambre nuptiale, vient le rejoindre au cinquième acte dans le sanctuaire d'Indra. Scindia arrive à son tour et menace les deux amants. Mais Sita ira au-devant du supplice en se frappant d'un poignard. Or, en ressuscitant Alim, Indra avait décrété que cette survie serait liée à la durée de l'existence de Sita. Les deux amants expirent donc en même temps, et Scindia, vaincu, s'incline devant la toute-puissante volonté divine, tandis que résonnent les voix du chœur céleste recevant Alim et Sita au seuil du paradis.

Ce scénario à la fois passionnel et féerique devait inspirer à Massenet une partition où l'on trouve non seulement en germe, mais déjà en plein développement, les qualités qui allaient affirmer dans la suite de ses œuvres une personnalité si séduisante. Ni Alim ni Sita ne sont devenus des figures populaires comme Desgrieux et Manon, mais le musicien a déjà évoqué dans la mise au point dramatique de ce couple d'amants toutes les ardeurs, toutes les ferveurs, toutes les joies et toutes les souffrances inhérentes aux grandes passions.

A ce point de vue, si le *Roi de Lahore* n'est pas une œuvre définitive, c'est une œuvre type à laquelle devront toujours se reporter les analystes du génie si original de l'amour-passion s'y révèle tout entier. Mais il convient de signaler aussi de grandes pages scéniques, telles que le passage où Sita résiste aux menaces du prêtre et se refuse à chanter l'hymne qui fera tomber le mystérieux visiteur dans le piège tendu par Scindia, le tableau du paradis et le réveil d'Alim à la porte du palais. L'ouverture et les airs de ballet sont demeurés au répertoire des concerts dominicaux.

Hérodiade, au Théâtre de la Monnaie de Bruxelles, en 1881.

Les premières représentations d'Hérodiade ont eu lieu le 19 décembre 1881 à Bruxelles, au théâtre de la Monnaie (direction Stroumon et Calabresi), le 1er février 1884 à Paris, en italien, au Théâtre Italien (direction Victor Maurel), le 2 octobre 1903 à Paris, au théâtre de la Gaîté (direction Isola frères). Le livret et la partition ont subi des modifications assez profondes à travers ces avatars.

La Judée est en feu, le joug romain lui pèse, elle attend le Messie; de tous côtés circulent les prophètes, chaldéens, précurseurs, etc., baptisant, prêchant, attisant la flamme qui couve. Un de ces prophètes, appelé Jean, fils de Zacharie, va portant la parole sainte et menant le peuple à sa suite. Jean s'occupe peu de Rome, d'Hérode et des petites passions de la politique; ce qu'il annonce, c'est Dieu, pour qui le superbe empire romain n'est qu'un grain de poussière. L'œil fixé sur l'avenir, il marche, écrasant sous ses pas amour, puissances, reines et princes, et sur sa route il flagelle du nom de Jézabel Hérodiade, la femme du tétrarque Hérode; celle-ci, pour se venger, a juré sa mort.

Hérode, de son côté, fomente des complots contre Rome et pense se faire un allié de Jean; mais, au milieu de ses intrigues politiques, l'amour s'est emparé de lui; il aime Salomé sans savoir que la jeune fille, subjuguée par la parole de Jean, adore éperdument le prophète : elle est sa disciple et son amante; véritable Magdeleine, elle essuie de ses cheveux les pieds de celui qui, pour elle, est un dieu.

Le peuple, abandonnant Hérode et ses projets, a cédé sans combat devant le proconsul Vitellius. Le tétrarque est perdu, si Jean ne vient à son secours; aussi le défend-il contre les pharisiens, contre les prêtres, contre sa femme Hérodiade même, qui, toujours acharnée à sa vengeance, adjure son époux, au nom de l'enfant qu'elle a abandonné pour le suivre, de sacrifier le prophète. Jean passe en jugement et refuse de s'associer aux projets d'Hérode; celui-ci cherche encore à le sauver, espérant enrôler dans son parti un auxiliaire si utile, lorsqu'il s'aperçoit de l'amour de Salomé pour Jean. Il condamne son rival à mort.

Jean est jeté en prison; son âme s'épure et s'exalte à l'approche du martyre, lorsque paraît à ses côtés Salomé, qui vient mourir avec lui; il ne repousse plus son amour, la mort la sanctifiera. Mais les gardes viennent l'arracher des mains du prophète pour la conduire au milieu de l'orgie dans laquelle les Romains célèbrent les dernières victoires de Rome. Salomé se jette aux pieds d'Hérode et d'Hérodiade, et, implorant la grâce de Jean, elle les supplie par les prières et par les larmes; ils sont inflexibles. Elle cherche à réveiller chez Hérodiade le souvenir d'une fille qu'elle a perdue, et, au milieu de ses sanglots, révèle le secret de sa propre naissance. Hérodiade reconnaît en elle sa fille; toute palpitante, elle demande aussi la grâce du prophète; mais il est trop tard, le bourreau passe, un cimeterre ensanglanté à la main. La tête de Jean est tombée; Salomé se tue sous les yeux de sa mère.

Suivant la remarque de Henri Lavoix, nous n'avons pas à discuter dans ce compte rendu rapide le poème de M. Zanardini, d'où est tiré le livret d'*Hérodiade*, ni à examiner en quoi il diffère de la légende consacrée de Jean, d'Hérode, d'Hérodiade et de Salomé. Jean, le fanatique et rude mangeur de sauterelles, est bien un peu défiguré, mais, d'une façon manifeste, dans l'idée de MM. Crement et P. Milliet, comme dans celle du musicien, le nom de Jean est substitué à celui du Christ, comme celui de Salomé au nom de l'ardente Madeleine. En somme, il y a cinq personnages : Jean, le prophète au regard rêveur, à l'âme enivrée de mysticisme; Salomé, toute embrasée d'amour; Hérode, amoureux, mais sombre, tortueux et faux; Hérodiade, violente et vindicative; enfin Phanuel, le Juif conspirateur, acharné contre les Romains. Le compositeur a tracé de main de maître les deux premières figures, laissant dans l'ombre Hérode et Hérodiade, dont les figures mélodramatiques convenaient peu à son talent plus mystique et sensuel que vigoureux.

On ne saurait nier que la partition de Massenet se ressente de ces transformations successives au point de vue de l'enchaînement dramatique. En revanche, elle marque une date décisive dans la formation musicale du compositeur. Louis Gallet en faisait la remarque au lendemain de la première, et saluait en termes qu'il convient de rappeler l'éclosion d' « une personnalité bien nette, bien accentuée et désormais incontestable ».

« Si j'avais, ajoutait-il, à rechercher les affinités qui s'accusent, à l'heure actuelle, dans l'œuvre de

Massenet, c'est à Berlioz et à Verdi que je songerais tout d'abord.

« Comme Berlioz, il va jusqu'à l'extrême délicatesse pour sauter brusquement aux effets violents; c'est le même amour des oppositions, des sonorités imprévues ou piquantes; la même façon de manier la phrase, de la présenter, tantôt simple et nue, tantôt dans la pourpre et l'or de l'enveloppe instrumentale; de la renvoyer d'un bout à l'autre de l'orchestre comme un oiseau léger, puis de la perdre un instant pour la faire éclater tout à coup dans quelque formidable ensemble. Moins romantique que l'auteur des *Troyens*, plus moderne, je veux dire plus précis, il donne pourtant comme lui parfois l'impression d'une vive tension nerveuse, et pousse jusqu'au paroxysme l'intensité de l'expression.

« De Verdi il tient un amour particulier de la note passionnée; il voudrait, à son exemple, donner au chant des ailes de flamme et cet emportement rythmique qui transporte les foules.

« Il y réussit parfois; mais là où il triomphe absolument, c'est quand il s'abandonne à lui-même, à ce naturel, à cette jeunesse heureuse qui lui apportent des formes d'une simplicité, d'une richesse et d'une fraicheur délicieuses et font de lui un incomparable charmeur. »

Revenons au catalogue de Henri Lavoix. Après une introduction pittoresque où les clochettes de chameaux mêlent leur bruit à un chœur animé de marchands, l'adagio de Salomé : « Il est doux, il est bon, » en *mi bémol*, que soutiennent les enlacements d'orchestre particuliers au style de Massenet. Après le trio de la malédiction entre Hérode, Hérodiade et Jean, morceau vigoureux et dramatique, nous retrouvons encore la note chaude et tendre du début dans le duo entre Jean et Salomé; avec son accompagnement de violon obligé, avec sa vibrante progression d'orchestre; le mysticisme exalté de Jean, répondant à la passion brûlante de Salomé, fait explosion dans le finale en *la bémol* : « Non, l'amour n'est pas un blasphème. »

Le finale du second tableau, qui nous montre la révolte des Juifs et l'entrée du proconsul Vitellius, est d'une sonorité trop éclatante; mais il a pour péroraison un adorable Hosanna d'un rythme élégant et pur, chanté par les femmes et dont les harpes font ressortir encore le charme pénétrant.

A l'acte suivant, l'andantino en *mi* : « Charme des jours passés, » coloré par les doux appels du violoncelle et de la clarinette, est interrompu par les fureurs d'Hérode, et là le duo de rage et de jalousie est vraiment dramatique et puissant. Signalons encore dans cet acte la *marche sainte* en *si bémol* et la grande page où Salomé proclame, avec son amour, la divinité du prophète. Au troisième acte, la phrase d'amour de Salomé, servant de prélude, et les stances de Jean, au dernier tableau, les airs de ballet, danses des Egyptiennes, des Gauloises et des Phéniciennes.

Manon, à l'Opéra-Comique, en 1884.

Le 19 janvier 1884, l'Opéra-Comique donnait la première représentation de *Manon*, opéra-comique en cinq actes et six tableaux, paroles de Meilhac et Ph. Gille, musique de Jules Massenet.

A ce propos, il n'est pas inutile de rappeler que *Werther* avait failli être représenté alors et prendre le pas sur *Manon*. *Werther* ne devait venir au monde

qu'à Vienne, en 1892, et cependant, dès 1880, les préparations de la pièce étaient assez avancées pour que la presse en annonçât la réception à l'Opéra-Comique, et en désignât même comme interprètes Mme Bilbaut-Vauchelet, MM. Capoul et Tascin. Quant à *Manon*, les rôles avaient été distribués d'une façon plus que satisfaisante alors : Talazac, un Desgrieux plein de tendresse émue et de passion fiévreuse; Tascin, dessinant d'un trait original, mais non caricatural, la curieuse physionomie de Lescaut; Cobalet, donnant du relief au personnage effacé du comte; Grivot, amusant comme toujours, sous les traits du financier libertin Guillot de Morfontaine; Collin, un élégant Brétigny; Mmes Molé-Truffier, Chevalier, Rémy, tenant avec entrain les petits rôles de Poussette, Javotte, Rosette; enfin, par-dessus tout et tous, Mlle Heilbronn, reparaissant à la salle Favart après une longue absence, et personnifiant l'héroïne principale avec une souplesse vocale, une énergie dramatique, une intensité d'expression, on ne sait quel charme troublant, un ensemble de mérites, enfin, qui touchait à la perfection.

Manon Lescaut est un chef-d'œuvre qui, depuis un siècle, a attaché, étonné, attendri tous ceux qui l'ont lu. Ce n'était pas la première fois, comme l'a observé M. Edmond Stoullig, que le célèbre roman était travesti dramatiquement. Une *Manon Lescaut*, de Théodore Barrière et Marc Fournier, qui n'avait obtenu en 1851, au Gymnase, qu'un succès relatif, malgré Bressant et Rose Chéri, fut reprise au Vaudeville avant la *Manon* de Massenet. Mlle Bartet jouait Manon, M. Delannoy donnait un relief assez caractéristique à son ignoble frère. *Manon Lescaut*, paroles de Scribe et musique d'Auber, fut représentée à l'Opéra-Comique en 1856. Faure y chantait avec succès le rôle du marquis d'Hérigny. Mme Marie Cabel y débutait dans Manon. La *Bourbonnaise* et le duo final, extraordinairement réussi, sont les seuls morceaux qui aient survécu.

Il n'y a pas lieu de renouveler ici les observations d'ordre historique, littéraire et théâtral que suggère, une fois de plus, le choix d'un pareil sujet. L'héroïne originale apporte sans doute dans l'accomplissement des actes les plus blâmables une ingénuité, une inconscience même qui désarment; elle n'en est pas moins profondément coupable, grandement immorale, et une telle figure est toujours sinon impossible, du moins dangereuse à la scène. L'habileté des adaptateurs consiste donc à louvoyer entre deux écueils : la fadeur et la crudité. C'est ce qu'ont fait avec une réelle adresse Meilhac et Philippe Gille, mêlant à propos dans les parties de leur livret la note reveuse et sombre aux touches légères de l'insouciante gaieté, dramatisant à point les aventures de leurs héros, sauvegardant la morale bourgeoise, comme l'avait imaginé déjà Scribe, en faisant de Lescaut le cousin au lieu du frère de l'héroïne, supprimant avec prudence le personnage de Tiberge, comme pour se conformer à l'avis de Musset, lorsqu'il écrivait à propos de Manon :

> Tu m'amuses autant que Tiberge m'ennuie;

enfin se préoccupant surtout de mettre en relief les qualités distinctives de leur collaborateur.

Cet effort n'a pas été vain, car on doit reconnaître que jamais peut-être Massenet ne fut mieux inspiré. Il a pu, en d'autres ouvrages, frapper plus fort et se montrer plus grand; nulle part il n'a déployé plus d'élégance, de variété pittoresque et dramatique, d'enjouement gracieux et d'émotion vraie. Toute question de métier à part, il avait trouvé des accents personnels, il avait eu le rare mérite d'être *lui*. La partition dans son ensemble était même conçue d'après un système assez nouveau, puisque la musique ne s'interrompait plus sous le dialogue *parlé*, puisque la parole se mêlait ainsi au chant et que le rappel de certains motifs donnait plus de solidité à la trame symphonique. Et cette œuvre avait été jouée exactement comme elle avait été écrite, disons plus, comme elle avait été gravée, car, pour éviter les demandes de changements auxquelles les auteurs ne sont que trop exposés pendant les répétitions Massenet avait fait éditer d'avance, non seulement la partition, mais encore les parties d'orchestre. C'était une digue opposée aux réclamations inopportunes, un *ne varietur* qui ne manquait point de hardiesse, car il dénotait chez le musicien une sûreté de plume dont les annales de l'Opéra-Comique n'avaient point eu encore à enregistrer l'équivalent. Cependant une modification se produisit, mais plus tard, vers la fin de l'année, lorsque Mme Marie Roze, chantant l'ouvrage à Londres, demanda pour le dernier acte le retour du thème principal de Desgrieux, qui amena la version nouvelle, universellement adoptée aujourd'hui. La presse, comme le public, accueillit l'ouvrage avec faveur, et les journaux publièrent en général des articles très élogieux. Les créateurs furent : Marie Heilbronn, Talazac, Taskin, M. Cobalet, M. Colin, Mlle Molé-Truffier, M. Grivot; plus tard, les interprètes seront : Mme Emilie Ambre, Mlle Marignan, M. Dupuy, Mme V. Veveyden, Mlle Marthe Caux, Mlle Marie Boyer, M. Van Dyck, Mlle Marie Renard, Mlle Marie Roze, Mlle Arnaud, Mlle Alda, Mlle Sibyl Sanderson, M. Delmas (ténor), M. Fugère, Mme Melba, Mme Bréjean-Silver, Mlle Alice Verlet, Mme Marie Thiéry, Mme Marguerite Carré, Mlle Mary Garden, Mme Vallandri, Mlle Lucy Vauthrin, Mlle Edvina, Mme Donalda, Mlle Vix, Mlle Berthe César, Mlle Nelly Martyl, Mlle Brozia, M. Salignac, M. Leprestre, M. Maréchal, M. Ed. Clément, M. Beyle, Mlle Courtenay, Mlle Vuillaume, Mlle Buhl, M. Bouvet, M. Jean Périer, M. Soulacroix, M. Alvarez, M. Sens, M. Francell, M. Allard, M. Delvoye, M. Ghasne, M. Fournets, M. Vieuille, etc. En Italie, ce sont principalement : Mlle Lise Frandin, M. Caruso, Mme Bellincioni. M. Isnardon fut, en ce pays, le premier Lescaut; c'est sur la volonté expresse du maitre qu'il alla, à Milan, créer le rôle du cousin de Manon, qu'il devait reprendre plus tard, avec un grand succès, à l'Opéra-Comique.

Le Cid : 1re représentation à l'Opéra, 30 novembre 1885.

Les adaptations musicales de la tragédie de Corneille sont nombreuses. On en avait compté quinze tout d'abord; on en a trouvé onze de plus; on en découvrira sans doute d'autres encore. Nous n'en mentionnerons que deux, la première représentée à Weimar en 1865, parce qu'elle est l'œuvre d'un compositeur que son nom semblait prédestiner à traduire musicalement Pierre Corneille, *Peter Cornélius;* la seconde, celle de Sacchini, parce qu'elle est la seule qui, jusqu'ici, avait été exécutée en France, et que la lecture en est encore aujourd'hui très intéressante.

Les librettistes français ont semblé assumer la tâche d'accuser les oppositions et de rendre plus difficile le travail de leur collaborateur. Il y avait deux partis à prendre : ou adopter franchement le texte de Corneille, y toucher le moins possible et seulement dans la stricte mesure du nécessaire, maintenir à l'œuvre sa rigoureuse unité et donner à Massenet l'occasion de faire, à l'exemple de Lulli et de Gluck, une *tragédie lyrique;* ou rejeter le cadre de Corneille, prendre pour guide unique Guilhem de Castro et chercher dans une adaptation du drame beaucoup trop vanté, par parenthèse, du poète espagnol, le cadre d'un opéra romanesque et à demi légendaire.

D'Ennery, Gallet et Blau ont pris un moyen terme. Il en résulte que le compositeur est gêné, on le sent, pour trouver des mélodies sur des vers qui portent en eux-mêmes, suivant l'expression de Lamartine, toute leur musique, et que, de son côté, le public est troublé quand il reconnaît au passage des fragments de vers, *disjecti membra poetæ*, des phrases coupées, allongées, déplacées, modifiées, lorsqu'il entend, par exemple, « Rodrigue, qui l'eût cru? » qu'il s'attend par conséquent à « Chimène, qui l'eût dit? », et que les paroliers lui servent : « Qui nous l'eût dit, Chimène? »

Quant au développement scénique, les paroliers ont suivi d'assez près la pièce française, sauf à mettre en action ce qui était simplement raconté et à supprimer le personnage de don Sanche; ils n'ont emprunté à Guilhem de Castro que trois épisodes négligés par notre grand tragique : la scène où Rodrigue reçoit l'ordre de chevalerie des mains du roi en présence de Chimène, celle du duel et celle de la vision. Ajoutons qu'étant donnée la tâche délicate, ingrate même, qu'ils avaient délibérément entreprise, ils ont fait preuve, en s'en acquittant, d'une certaine adresse et d'un assez constant souci de la forme.

Après une ouverture assez mouvementée et développée dans le style classique, la toile se lève sur un décor représentant la grande salle du palais du comte de Gormas. Le comte se félicite du prochain mariage de Chimène et de Rodrigue, et son court dialogue avec sa fille, auquel une phrase expressive de l'orchestre, est encadré dans une fanfare sonore, rythmée comme celle d'*Aida*. Restée seule un moment, Chimène voit bientôt entrer l'infante, et toutes deux chantent un gracieux duetto que termine un trait vocal en tierces, le seul de ce genre que nous rencontrerons dans la partition.

Le décor change et représente une galerie conduisant du palais à l'une des entrées de la cathédrale.

Nous assistons à la cérémonie de l'admission de Rodrigue dans l'ordre de la chevalerie, cérémonie qui sert de prétexte d'abord à une bruyante sonnerie de cloches qui s'interrompt peu vraisemblablement toutes les deux mesures, attendant la réponse de l'orchestre, à un petit ensemble où certaine mesure finale semble encore un emprunt à *Aida*, et surtout au brillant choral de l'épée : « O noble lame étincelante. » Soutenu, comme l'hymne triomphal du *Prophète*, par de longs accords arpégés, coupé en deux parties par une cantilène déjà entendue dans l'ouverture et empreinte d'une poétique mélancolie, *leitmotiv* de « l'amour de Rodrigue », diraient les wagnériens, ce chant martial a vraiment fière allure, et l'on y sent passer un souffle héroïque.

A ce début pompeux succèdent l'explication orageuse et le duel malheureux de Don Diègue et de Don Gormas; un petit chœur d'amis de Don Cormas qui se moquent peu généreusement de la faiblesse de Don Diègue; enfin la scène célèbre : « Rodrigue, as-tu du cœur? » traduite musicalement par un simple récitatif et un largo à l'italienne, et terminée, lorsque apparait Chimène sortant de l'église, par un rappel du thème caractéristique.

Le second acte est, comme le premier, partagé en deux tableaux qui nous transportent, l'un dans une rue de Burgos, l'autre sur la grande place de la ville.

Une sorte de déclamation mesurée, tel est le procédé auquel a eu assez adroitement recours le compositeur, pour soutenir musicalement les stances célèbres de Rodrigue que couronne par deux fois une délicieuse cadence sur le mot « Chimène ». Ce monologue est suivi de la provocation de Rodrigue au comte, provocation rondement menée où ressort le motif d'abord heurté, puis d'une rondeur assez martiale, autour duquel a pivoté toute l'ouverture.

Le comte est tué sur la scène, et, comme après la mort de Valentin dans *Faust*, la foule se presse autour du cadavre que des valets emportent bientôt dans le palais. A ce moment paraît sur le seuil Chimène : « Qui l'a tué ? » s'écrie-t-elle en apostrophant successivement chacun des assistants ; mais à la vue de Rodrigue pâle, accablé, elle comprend toute la vérité et pousse un cri d'horreur et de désespoir, à l'effet duquel l'imagination du compositeur a peut-être moins contribué que le talent de l'interprète.

Le deuxième tableau débute par un petit chœur sur un rythme de danse et par de frais et suaves couplets de l'infante saluant le réveil du printemps. La cadence « alleluia » est simplement exquise. Voici le moment du ballet où, à l'exemple des librettistes qui, sans aucune hésitation, ont avancé de quatre cents ans la prise de Grenade, les costumiers ont, de propos délibéré, habillé danseurs et danseuses sans aucun souci de la vraisemblance historique. Une gracieuse « castillane », une rêveuse « andalouse » et une « aubade » assez piquante, telles sont les meilleures pages de ce divertissement où Massenet s'est trop modestement contenté d'arranger et d'orchestrer des airs populaires.

Les danses ont cessé, et Chimène entre, demandant justice au roi. Ses supplications s'exhalent en une mélopée soulignée et animée par le constant *agitato* de l'orchestre. Don Diègue adresse à son tour au roi sa prière, sorte de *lamento* dont la déclamation large et sobre appartient au meilleur style dramatique. Alors se développe un grand ensemble en douze-huit, taillé sur le patron traditionnel des morceaux de ce genre et d'où ne se détache qu'une phrase touchante : « O tourment de la voir, » qui servira de coda au duo d'amour de l'acte suivant. Tout à coup une fanfare se fait entendre : c'est un envoyé maure qui vient, au nom du roi son maître, déclarer la guerre aux Espagnols. Ceux-ci acceptent le défi, et Rodrigue remplacera Don Gormas à la tête des troupes.

L'intermède symphonique qui sert de prélude au troisième acte reproduit par anticipation la plaintive mélodie soupirée par Chimène au lever du rideau. Nous touchons au point culminant de l'opéra, au duo d'amour, dans lequel les librettistes ont fondu la scène iv de l'acte III et la scène i de l'acte V de Corneille.

Des trois parties dont se compose ce duo, la première est, sans contredit, la plus remarquable. Massenet n'a rien écrit de plus pur, de plus pénétrant, que la phrase : « O jours de première tendresse, » dont Chimène répète chaque fin de son rêve distraitement, comme en un rêve, et qui s'épanouit avec ces paroles : « Comme on reste ébloui de rayons disparus, » pour retomber, après une suite de modulations, subitement brisée dans son vol.

Un charme ineffable se détache aussi du motif douloureux : « Hélas! si d'un autre que toi... » Mais le rêve a fait place à la réalité. « Cours au combat, » s'écrie Chimène dans un allegro un peu banal, heureusement coupé par une phrase tendrement expansive : « Si jamais je t'aimai, cher Rodrigue, » et suivi, comme nous l'avons dit, de la reprise du motif final de l'ensemble du second acte.

Resté seul, Rodrigue défie « Navarrais, Maures et Castillans » dans un court chant de guerre où l'on ne trouve pas la franchise et la vigueur d'accent de celui qu'avait écrit jadis Sacchini. Le rideau tombe et se relève bientôt. Nous sommes au camp des Espagnols, qui refusent de se battre et entonnent un chœur assez faible dont le premier motif a une langueur tout orientale. Le décor change encore une fois. Retiré dans sa tente, Rodrigue va peut-être céder au découragement, lorsque saint Jacques lui apparaît, lui promettant la victoire. Enflammé par cette promesse, le héros ranime l'ardeur de ses soldats et remporte sur les Maures un succès décisif.

Cette scène a inspiré au compositeur une des pages les plus émues, les plus largement écrites de sa partition. Il est regrettable que l'auditeur ne reste pas sur cette impression. Un seul morceau, l'arrivée de Don Diègue, ressort sur le fond un peu gris des deux derniers tableaux du *Cid*, remplis, le premier par les plaintes de Chimène, de l'infante et de Don Diègue qui croient Rodrigue mort, le second par l'entrée triomphale du héros dans l'Alhambra. Si le compositeur n'a qu'à demi réussi dans cette dernière partie de sa tâche, la faute en est encore aux librettistes, qui ont prodigué chœurs, marches et défilés, quand quelques mots d'explication, un simple cri parti du chœur, suffisaient.

Telle se présente en son ensemble cette partition remarquable, où, tout en s'inspirant des maîtres alors les plus en faveur, tout en tenant même peut-être trop compte des habitudes du public, le compositeur a su faire œuvre personnelle par son touchant souci de la justesse de la prosodie, son dédain des fioritures et des points d'orgue, montrer qu'il est des concessions au mauvais goût qu'un véritable artiste ne veut jamais consentir.

Prologue : à Byzance, l'intérieur d'une basilique. Au fond, l'Iconostase dont les portes d'or sont fermées. Phocas, empereur d'Orient, est assis sur son trône. Il explique au peuple assemblé les volontés du ciel. Pour avoir approfondi les mystères de la magie, il se voit contraint de se retirer dans une solitude ignorée de tous, et d'abdiquer entre les mains de sa fille Esclarmonde. Celle-ci a été instruite par Phocas dans l'art de commander aux esprits; mais son pouvoir magique ne peut s'exercer que sous condition :

> Elle devra, jusqu'à vingt ans,
> Dérober aux regards des hommes son visage.
> Toujours couvert de longs voiles flottants.
> Au jour prescrit, un tournoi, dans Byzance,
> Rassemblera les chevaliers au vaillant cœur;
> Et la main d'Esclarmonde à la toute-puissance
> Appartiendront au preux Vainqueur.

Acte premier : une terrasse du palais d'Esclarmonde à Byzance. La vierge reine est plongée dans une mélancolique rêverie. Un nom, celui de Roland, revient sans cesse sur ses lèvres. Sa jeune sœur Parséis l'interroge sur sa tristesse. Esclarmonde avoue son amour pour un chevalier français, le comte Roland de Blois. Jadis il traversa Byzance, et depuis lors son souvenir n'a plus quitté le cœur d'Esclarmonde.

Arrivée du chevalier Enéas, le fiancé de Parséis. Il vient de parcourir le monde en quête d'aventures. Reçu par l'impératrice qui a repris son voile et par sa fiancée, il leur raconte ses campagnes. En France, il s'est lié d'amitié avec Roland de Blois, ce glorieux chevalier qui, dit-on, va bientôt épouser la fille du roi Cléomer.

A cette révélation, Esclarmonde, frémissante, invoque les esprits de l'air, de l'onde et du feu. Ils font apparaître dans la lune, comme dans un miroir, Roland qui, en ce moment, chasse avec Cléomer dans la forêt des Ardennes.

Au milieu de la chasse, un cerf blanc entraîne à sa poursuite le preux. Bientôt Roland se trouve au bord de la mer. Un navire paraît, sans équipage. Le héros y monte, et, sur l'ordre d'Esclarmonde, le vaisseau va le conduire dans une île enchantée.

Acte II : premier tableau. L'île enchantée. Jardins féeriques. Sous un arbre, un banc de gazon et des fleurs. Des esprits dansent au bord de la mer. Ils désignent Roland qu'on ne voit pas encore, l'attirent du geste, puis s'éloignent à la vue du héros. Roland endormi s'éveille sous les baisers d'Esclarmonde, qui lui avoue son amour, mais refuse de lui appartenir s'il ne jure de ne jamais chercher à savoir qui elle est.

Roland accepte le pacte proposé. Un arbre gigantesque abaisse ses rameaux et les déroule pour la nuit nuptiale autour des amants.

Deuxième tableau. Une chambre dans un palais magique.

La nuit d'amour est résolue. Esclarmonde rappelle à Roland le serment qu'il lui a fait de garder à jamais le silence sur leur mystérieux hymen. Puis elle lui enjoint de le quitter, il faut qu'il aille au secours de son peuple et de son roi, le vieux Cléomer, qu'assiège en ce moment, dans la ville de Blois, le cruel Sarwégur, chef des Sarrasins. Qu'il parte, et chaque nuit, quel que soit le lieu du monde où il se trouvera, sa bien-aimée ira l'y rejoindre.

A ce moment s'avance une théorie de vierges ailées, fantastiques. Elles portent l'épée avec laquelle saint Georges tua le dragon. Ce glaive assure la victoire au chevalier loyal qui tient ses serments, mais il se briserait entre les mains d'un parjure. Esclarmonde le remet à Roland, et les deux amants se séparent.

Acte III : premier tableau. A Blois, une place publique; au loin, des remparts écroulés. Un Sarrasin vient, au nom de son maître, sommer la ville de se rendre. Qui pourrait vaincre Sarwégur? « Moi! » s'écrie Roland, qui sort de la foule. Il entraîne les guerriers au combat, tandis que l'évêque, entouré des femmes et des enfants, invoque le Dieu des batailles.

Roland revient vainqueur, à peu près aussi vite que le Rhadamès d'*Aïda*, et comme à Rhadamès, on lui offre pour souveraine récompense la main de la fille du roi. Roland refuse, sans vouloir donner les raisons de son refus. Cléomer se retire, irrité, mais l'évêque est plus persistant ou plus curieux : « Je saurai, murmure-t-il, ce que Roland ne veut point dire. »

Second tableau. Une chambre dans le palais du roi Cléomer; au fond, une alcôve fermée par des rideaux de brocart d'or; la nuit vient progressivement, la nuit invoquée par Roland. Brusque arrivée de l'évêque, qui vient interroger Roland sur les motifs de son refus. Roland persiste dans son silence; il a

juré de se taire. « Soit, répond l'évêque, tu ne dois rien dire, pas même à ton prince, pas même à moi. Mais il est quelqu'un à qui tu dois tout avouer : c'est à Dieu. Confesse-toi, parle : sinon, renonce au salut éternel! » Effrayé, fasciné, Roland laisse échapper son secret. Une femme inconnue s'est donnée à lui, elle est son épouse; cette nuit même, en ce palais, il l'attend!

L'évêque se retire sous prétexte d'aller prier pour Roland, mais en ajournant l'absolution.

La nuit est venue. Une voix surnaturelle se fait entendre au loin. Esclarmonde apparaît et se précipite dans les bras de Roland. Mais les portes s'ouvrent, et l'évêque, suivi de moines, fait tonner une formule d'exorcisme. Il marche vers Esclarmonde, lui arrache son voile, ordonne aux moines de s'emparer de la sorcière. Roland veut la défendre; il saisit l'épée de saint Georges : elle se brise dans sa main. Esclarmonde lui jette une malédiction et disparaît, enlevée par les Esprits du feu.

Acte IV : la forêt des Ardennes. C'est là que Phocas s'est retiré après son abdication. Il n'a confié le lieu de sa retraite qu'à sa seconde fille, Parséis. Le jour est proche où aura lieu dans Byzance le tournoi annoncé, dont le vainqueur doit devenir l'époux de l'impératrice et le maître de l'Orient. Ce tournoi, des hérauts le proclament; l'un d'eux a tout à l'heure traversé la forêt.

Esclarmonde, qu'est-elle devenue? Naguère, chaque nuit, des esprits l'emportaient vers son chevalier, et chaque aurore la ramenait auprès de sa sœur. Un jour, elle n'a plus reparu. Epouvantée, Parséis s'est mise en route, avec son fiancé Enéas; elle vient implorer le secours de son père. Phocas ordonne aux esprits de ramener Esclarmonde en sa présence. Le tonnerre gronde, une nuit subite vient, puis se dissipe, et la jeune femme apparaît, aussi désespérée que Psyché après la faute, errant à travers les rochers de l'île déserte.

Elle implore son pardon. Phocas reste inflexible. Le destin exige un châtiment. Des voix se font entendre; Roland va mourir : il faut qu'il meure de la main de Phocas, à moins qu'Esclarmonde ne renonce à sa passion et ne lui déclare à lui-même qu'elle ne l'aime plus.

Pour sauver les jours de son amant, elle se décide au sacrifice; mais la tentation est bien forte, quand apparaît le bien-aimé. Ici se place un duo d'amour qui fait penser aux beaux vers de Victor Hugo : « Si tu veux, faisons un rêve : montons sur deux palefrois... »

> Le bonheur que rien n'achève,
> Nous l'aurons, si tu le veux!
> Viens! hâtons-nous, l'heure est brève,
> Nous aimons, partons tous deux!
> Moi, vaillant, — toi, frêle et souple,
> Enlacés languissamment,
> Nous serons l'éternel couple,
> Toi l'Amante, et moi l'Amant!

Eperdue, Esclarmonde s'arrache à l'étreinte de son amant :

> ... Je ne veux plus t'aimer.

Roland est resté seul. On entend au loin la sonnerie de trompettes des hérauts byzantins qui proclament le tournoi. A ces accents, Roland se redresse :

> ... La mort digne de moi, la mort... O délivrance!
> O mort, je t'appelais, et tu m'as répondu.

Epilogue : la basilique; même décor qu'au premier tableau.

Phocas est revenu à Byzance pour le tournoi. Entouré des dignitaires, des guerriers, du peuple, il ordonne qu'on amène devant lui et devant l'impératrice Esclarmonde, assise, voilée, sur son trône, le vainqueur qui doit être son époux.

On amène un chevalier vêtu d'une armure noire. C'est Roland. La mort a trompé son espérance. Mais il refuse le prix de son triomphe! Que lui importe Esclarmonde? Il garde au cœur un amour que rien ne pourra détruire.

« Ne veux-tu pas, au moins, connaître l'objet de ton refus ? » lui dit Phocas.

Esclarmonde lève son voile : Roland, purifié lui aussi par l'épreuve, reconnaît celle qu'il aime :

Chère épouse, ô chère maîtresse,
Toi qu'en nos nuits d'amour sur mon cœur je tenais,
Tu n'as point révélé ton nom à ma tendresse...

« Et maintenant, lui répond Esclarmonde, ce nom, tu me connais :

« Je m'appelle l'Adorée!
Je m'appelle le bonheur! »

On le voit, le livret d'*Esclarmonde*, inspiré d'un roman du XIIIe siècle, *Partonopeus, comte de Blois*, ne manque ni d'intérêt ni même d'originalité, malgré les ressemblances inévitables avec *Psyché*, *Lohengrin*, et tant d'autres poèmes où la curiosité est élevée au rang d'agent dramatique. On le voit aussi, cette originalité et cet intérêt sont répartis sur l'ensemble de l'œuvre sans qu'aucun personnage en bénéficie directement. Roland est l'amoureux naïf et transi de tous les poèmes de la séduction, l'amant qui joue les amantes, le séducteur qu'on séduit. Esclarmonde et ses élans passionnels nous laissent souvent aussi indifférents que la passivité de son élu. Quant à Parséis et au chevalier Enéas, au roi Cléomer et à sa fille Bathilde, à l'empereur Phocas et à l'évêque, ce sont tous fantoches et comparses sans caractère tracé, sans personnalité réelle.

D'autre part, dans la partition il ne faut plus chercher le thème musical dans les voix, mais dans l'orchestre; les chanteurs sont toujours sacrifiés aux instrumentistes; parfois ils disparaissent, souvent même il leur arrive de gêner, de troubler, de dérouter l'auditeur. Mais, ces réserves faites, il faut rendre justice à l'habileté surprenante avec laquelle le compositeur est parvenu à varier les manifestations successives d'un parti pris si périlleux. Les thèmes principaux, les affirmations du système de *leitmotiv*, sont généralement assez caractéristiques et d'un réel intérêt; le thème de l'hymen magique, confié aux cors, un motif sarrasin de jalousie, une fanfare spéciale à Roland, le motif d'incantation : « Esprits de l'air, esprits de l'onde, » le motif d'exorcisme attribué à l'évêque, enfin le motif d'Esclarmonde : « Invisibilité, amour, fatalité, » qui traverse la partition depuis le prologue jusqu'à l'apothéose finale.

Signalons encore le duo du second acte entre Roland et Esclarmonde; l'entr'acte symphonique, — la page maîtresse de l'œuvre, — page unique où le compositeur, vraiment inspiré cette fois, a fait entendre le frémissement de la forêt, les soupirs de la brise, le cri maternel de la nature associé tout entière aux amours d'Esclarmonde pendant la tendre sieste sous le rideau de fleurs; la prière de l'évêque : *Dieu de miséricorde;* l'air : « Regarde-moi pour la dernière fois, » la danse des sylvains et des nymphes, et enfin le duo : « Le bonheur que rien n'achève, » et aussi dans le genre opéra-comique la

note modérée qu'on retrouve avec plaisir à travers le déchaînement des cuivres, le rôle presque entier de Parséis avec son adorable récitatif : « Parmi ces rois régnant sur les peuples divers. »

Le Mage, à l'Opéra de Paris, en 1891.

Le Mage, opéra en 5 actes et 6 tableaux, fut représenté pour la première fois à l'Opéra le 16 mars 1891 (direction Ritt et Gailhard).

Le poème, dont nous empruntons l'excellent résumé aux *Annales du théâtre*, est de M. Jean Richepin.

« L'action nous transporte deux mille cinq ans avant la venue du Sauveur, au temps des guerres meurtrières qui désolèrent la Bactriane. Le rideau se lève au premier acte, sur le camp des Iraniens, vainqueurs des Touraniens, dont les prisonniers enchaînés errent à travers les tentes, sous les cèdres brûlants, en murmurant de leurs voix plaintives les chansons de leur pays. Poussés par le grand prêtre Amron, ils s'étaient révoltés. Abandonnés par lui, ils gémissent maintenant sous le fouet du vainqueur. Zarastra est victorieux. C'est en vain que Varhéda, la fille du grand prêtre, éprise de ce valeureux guerrier, s'avance vers lui le cœur plein d'admiration et d'espoir. Il la repousse. Il n'a d'yeux que pour une autre image.

« Son âme s'est donnée tout entière à sa belle captive, la reine Anahita, qui s'approche tremblante de celui qu'elle sent aimer à son tour. Dévorée de jalousie, Varhéda veut ensevelir sa honte dans les souterrains du temple de la Djahi. C'est là, dans cet antre effrayant, sous ces voûtes taillées en plein roc, tandis que des chants de joie retentissent au-dessus d'elle, que la fille d'Amron a résolu de mourir pour se soustraire à la rage qui la dévore. Elle est rappelée à elle-même par la voix de son père, qui lui fait entrevoir l'espoir de jeter dans ses bras l'homme qui la dédaigne pour Anahita. Et tandis que Zarastra, acclamé par le peuple de Bakdi qu'il a délivré, présente au roi ses légions triomphantes, tandis que celles-ci défilent à travers les palais ensoleillés, les temples à colonnes, les édifices somptueux, traînans à leur suite les trésors conquis et les soldats prisonniers, Amren prépare sa vengeance. Dans une litière, enveloppée de voiles légers, passe la reine des Touraniens, la belle et fière Anahita. C'est elle que Zarastra réclame pour prix de ses glorieux services, et c'est elle que le roi va accorder comme suprême récompense au glorieux soutien de son empire.

« Soudain, Amron s'avance et déclare cet hymen impossible. Zarastra a depuis longtemps engagé sa foi à Varhéda, et le grand prêtre invoque le témoignage des Dévas. L'indignation de Zarastra est à son comble. Il proteste. Anahita, blessée au cœur, s'éloigne, et il est contraint d'épouser Varhéda. Le héros se redresse de toute sa grandeur, maudit ceux qui le calomnient. Il rejette au loin les ornements du triomphe, et s'enfuit, pour se vouer à tout jamais, oubliant les gloires de la terre, au culte du dieu Mazda.

« Nous retrouvons, au quatrième tableau, Zarastra sur la montagne sainte, où il prêche la vérité à ses disciples, au milieu des éclats de la foudre. C'est là que vient le relancer Varhéda. Elle lui rappelle les joies du triomphe, elle cherche à lui persuader qu'il ne tient qu'à lui de partager avec elle le trône de l'Iran. Le cœur du mage reste ferme devant cet assaut. C'est alors que, voyant l'inutilité de ses tentations, la perfide Varehda apprend à Zarastra que la fière reine du *Touran* est prête à s'unir au roi de Bakdi. L'âme du mage est pleine d'angoisse à cette révélation. Il commande à sa douleur et chasse la tentatrice, qui disparait en jetant dans l'air un cri de colère et de haine sauvage.

« Tout est en effet préparé pour le mariage d'Anahita et du roi. Dans ce temple aux voûtes d'or, de jeunes prêtresses y préludent par des danses symboliques, au pied de la gigantesque statue de la Djahi, sous les lumières indécises qui ajoutent au mystère de la cérémonie. En dépit de la volonté d'Anahita, que trouble soudainement le souvenir de Zarastra, l'hymen est prononcé, lorsque les Touraniens, de nouveau révoltés, envahissent le temple. La royale cité est au pouvoir des rebelles, qui portent partout la désolation et la mort. Zarastra apparait sur les ruines du temple qui forment le sixième et dernier tableau. Il a appris dans sa retraite le soulèvement des Touraniens. Il revient, poussé à la fois par le désir d'apporter à son pays le secours de son bras et de retrouver sa chère Anahita. Il la retrouve en effet. Les deux amants s'abandonnent au bonheur de se revoir dans un duo plein de tendresse passionnée. C'est en vain que l'ombre de Varehda expirante surgit entre eux au milieu de cadavres et de débris enflammés. Elle est désormais impuissante à les séparer. A la voix du mage, les flammes s'écartent pour le laisser passer. La perversité est vaincue. L'amour vrai est le plus fort. »

On voit d'après cette analyse les qualités et les défauts du livret de M. Jean Richepin. C'est un beau poème dramatique, complexe d'action, comme on l'a remarqué, mais où ne se dessinent pas en somme des caractères de puissante coloration. Les péripéties sont multiples comme dans une pièce historique ; les sentiments n'ont pour ainsi dire pas le temps d'avoir beaucoup de profondeur, et le caractère passionnel de la muse de Massenet n'y trouve pas grande prise. En revanche, le compositeur a pu développer les ressources de son inépuisable faculté d'invention dans toute la partie pittoresque du drame ; l'opposition des deux religions, l'une brutale, l'autre toute de simplicité et de pureté, lui fournissait aussi des contrastes saisissants dont il a tiré parti, notamment dans le quatuor du deuxième acte. La musique du ballet est aussi d'un coloris charmant.

Werther, à l'Opéra de Vienne, en 1892.

Comme tant d'autres œuvres de Massenet, *Werther* nous est revenu de l'étranger. Exécutée le 16 février 1892 à l'Opéra de Vienne, l'œuvre paraissait à l'Opéra-Comique le 16 janvier 1893.

Massenet raconte dans ses *Mémoires* comment et dans quelles circonstances il décida d'écrire un drame lyrique sur ce sujet de *Werther* :

« J'eus à peine livre entre les mains que, avides de le parcourir, nous entrâmes dans une de ces immenses brasseries comme on en voit partout en Allemagne. Nous nous y attablâmes en commandant des bocks aussi énormes que ceux de nos voisins. On distinguait, parmi les nombreux groupes, des étudiants, reconnaissables à leurs casquettes scolaires, jouant aux cartes, à différents jeux, et tenant presque tous une longue pipe en porcelaine à la bouche. En revanche, très peu de femmes.

« Inutile d'ajouter ce que je dus subir dans cette épaisse et méphitique atmosphère imprégnée de l'o-

deur âcre de la bière. Mais je ne pouvais m'arracher à la lecture de ces lettres brûlantes, d'où jaillissaient les sentiments de la plus intense passion. Quoi de plus suggestif, en effet, que les lignes suivantes, qu'entre tant d'autres nous retenons de ces lettres fameuses, et dont le trouble amer, douloureux et profond jettera Werther et Charlotte, en pâmoison, dans les bras l'un de l'autre, après cette lecture palpitante des vers d'Ossian :

« Pourquoi m'éveilles-tu, souffle du printemps !
« Tu me caresses et dis : Je suis chargé de la rosée
« du ciel ; mais le temps approche où je dois me flé-
« trir ; l'orage qui doit abattre mes feuilles est pro-
« che. Demain viendra le voyageur ; son œil me cher-
« chera partout, et il ne me trouvera plus... »

« Et Gœthe d'ajouter :

« Le malheureux Werther se sentit accablé de toute
« la force de ces mots : il se renversa devant Char-
« lotte, dans le dernier désespoir.

« Il sembla à Charlotte qu'il lui passait dans l'âme
« un pressentiment du projet affreux qu'il avait
« formé. Ses sens se troublèrent, elle lui serra les
« mains, les pressa contre son sein ; elle se pencha
« vers lui avec attendrissement, et leurs joues brû-
« lantes se touchèrent. »

« Tant de passion délirante et extatique me fit monter des larmes aux yeux. »

Les paroliers, Ed. Blau, Paul Milliet et Hartmann, ont eu la sagesse de respecter le sens intime du roman, de lui conserver son caractère d'idylle bourgeoise, unie et simple, sans surcharges d'ornements parasites.

Le rideau se lève sur la maison du bailli de Walheim, petit village de la banlieue de Francfort. Le bailli, costumé à la mode de la fin du xviii° siècle, tient sur ses genoux le plus jeune de ses six enfants. Les autres chantent un Noël :

> Noël ! Jésus vient de naître,
> Voici notre divin maître...

Ils braillent, et le bailli les gronde avec indignation :

> Osez-vous chanter de la sorte
> Quand votre sœur Charlotte est là !
> Elle doit tout entendre au travers de la porte.

Les enfants s'apaisent et le bailli leur donne congé. C'est l'heure du goûter que doit leur servir la grande sœur Charlotte, la seconde maman, avant de partir pour un bal champêtre où la conduiront quelques amis de la maison. Voici les plus respectables mais non les moins gais de ces amis, un couple de bons vivants qui chantent à tue-tête Bacchus et ses bienfaits. L'air : *Bacchus vivat, semper vivat !* est d'ailleurs d'une bonne venue et d'une intéressante couleur locale. Werther s'arrête, ému, à l'aspect de la maison du bailli :

> O nature pleine de grâce,
> Reine du temps et de l'espace,
> Daigne accueillir celui qui passe,
> Et te salue, humble mortel.
> Mystérieux silence... O calme solennel.
> Tout m'attire et me plaît, ce mur et ce coin sombre,
> Cette source limpide et la fraîcheur de l'ombre.
> Il n'est pas une haie, il n'est pas un buisson
> Où n'éclose une fleur, où ne passe un frisson.

Ainsi préparé pour le coup de foudre, Werther ne résiste pas à la mise en scène, du reste ingénieuse et même émouvante, de l'épisode de Charlotte en robe blanche à rubans roses avec écharpe de dentelles noires, prenant un grand pain rond sur le buffet et distribuant des tartines aux enfants. Le beau ténébreux contemple ce spectacle avec extase. Quand Charlotte l'aperçoit, elle s'excuse par une phrase musicalement exquise :

Pardonnez-moi, monsieur, de m'être fait attendre,
Mais je suis, en effet, une maman très tendre.

Werther reste muet pendant que Charlotte s'apprête à suivre les autres invités de la fête ; mais quand la jeune fille se tourne vers la glace pour mettre son écharpe, il saisit le plus jeune des enfants et le couvre de baisers : « Embrasse ton cousin, » dit Charlotte au baby effrayé. — Cousin, s'écrie Werther, suis-je bien digne de ce nom? — En effet, réplique Charlotte en souriant, c'est un honneur insigne :

Mais nous en avons tant qu'il serait bien fâcheux
Que vous fussiez le plus méchant d'entre eux. »

Nous voyons Charlotte revenir, à la nuit close, au bras de Werther (après un épisode rempli par le retour d'Albert, le fiancé, qui chante, pour prendre patience, une « prière de reconnaissance et d'amour »). Ici se place une des plus belles pages de la partition, le grand duo de Charlotte et de Werther :

Il faut nous séparer. Voici notre maison.
C'est l'heure du sommeil. — Ah! pourvu que je voie
Ces yeux toujours ouverts, ces yeux, mon horizon,
Ces doux yeux, mon espoir et mon unique joie,
Que m'importe à moi le sommeil?

la phrase délicieuse : « Mon âme a reconnu votre âme, » et l'explosion finale : « Charlotte, je vous aime! » Mais brusquement le couple est tiré d'extase par un appel du bailli : « Charlotte, Albert est de retour! » La jeune fille se ressaisit, bien qu'aux trois quarts conquise. « J'allais oublier mon serment. J'ai juré à ma mère mourante d'épouser Albert... — Restez fidèle à votre serment, répond Werther, moi, j'en mourrai. »
Après cette exposition très complète et d'un charme toujours vainqueur, surtout dans le développement passionnel de la partition, le rideau se relève sur la place de Walheim. Au fond, le temple ; à gauche, le presbytère ; à droite, l'auberge ; bref, le bon petit tableau à musique des anciens intérieurs bourgeois. Un motif d'une sonorité très franche, la phrase de Schmidt attablé pendant qu'on célèbre la cinquantaine du pasteur par une après-midi de dimanche :

Allez, chantez l'office et que l'orgue résonne.
De bénir le Seigneur il est bien des façons.
Moi, je le glorifie en exaltant ses dons...

Charlotte paraît au bras de son mari; elle s'assoit sous les tilleuls avec Albert enivré de sa félicité conjugale : « Trois mois, voilà trois mois que nous sommes unis, » mais qui se demande, avec une vague inquiétude, si de la jeune fille souriante il a fait une femme heureuse et sans regrets. « Que regretterais-je? » répond Charlotte, qui croit avoir oublié. Et elle se dirige vers le temple, la démarche tranquille, la conscience calme. Or, voici Werther qui vient, répétant le mot qui a déjà servi de finale au premier tableau : « Un autre, son époux! » Sa déception le torture, et en vain jure-t-il à Albert, qui a deviné son secret, que Charlotte lui est devenue indifférente.
A peine est-il seul avec Charlotte qu'il éclate en reproches et en protestations passionnées. « Je ne suis plus libre, répond Charlotte, pourquoi m'aimer? — Demande-t-on aux fous pourquoi leur raison s'égare? — Partez donc. Eloignez-vous pour quelques mois. Ne revenez qu'à Noël. Je le veux. — A Noël, murmure ironiquement Werther, qui

sait si j'y serai?... » L'idée du suicide s'est emparée de son cerveau et il invoque à l'avance le céleste pardon dans une prière admirable que la salle tout entière a soulignée d'acclamations sans fin :

Lorsque l'enfant revient de voyage avant l'heure,
Bien loin de lui garder quelque ressentiment,
Au seul bruit de ses pas tressaille la demeure,
Et le père joyeux l'embrasse longuement.
O Dieu qui m'as créé, serais-tu moins clément?...

Le troisième acte comprend deux tableaux. Le premier se passe dans le salon d'Albert, intéressante restitution d'un intérieur de bon bourgeois allemand : grand poêle de faïence verte, secrétaire, table à jeu, tout ce qu'il faudrait pour jouer de l'Ibsen, en ajoutant quelques détails scandinaves. Charlotte se désole. Werther reviendra-t-il? Elle relit la Bible que lui a envoyée l'absent : « Si je ne reparais pas au jour fixé, ne m'accuse pas, pleure-moi. » Elle appelle Dieu à son secours, et vainement Sophie, sa sœur cadette, essaye de la consoler par un hymne à la gaieté, d'une envolée lumineuse : « Ah! le rire est béni, joyeux, léger, sonore!... » La femme d'Albert, restée seule, gémit en appelant l'exilé. Or le voici qui paraît dans l'encadrement de la porte : « Oui, c'est moi, je reviens, et pourtant loin de vous je n'ai pas laissé passer un instant sans dire : Que je meure plutôt que de le revoir! » C'est le piège éternel, l'embûche de la pitié; l'aveu jaillit en même temps des deux poitrines :

Pourquoi donc essayer de nous tromper encore?
Va, nous mentions tous deux en nous disant vainqueurs
De l'immortel amour qui tressaille en nos cœurs.

Mais, le baiser donné, Charlotte se ressaisit pour la seconde fois; elle s'enferme dans sa chambre, et Werther s'enfuit après d'inutiles supplications. Cependant Albert revient, et on apporte une lettre. C'est Werther qui, prétextant un nouveau voyage, demande à Albert ses pistolets. Charlotte se tait épouvantée. « N'avez-vous pas compris? lui demande son mari d'un ton menaçant. Remettez ces pistolets au messager. » Elle obéit, mais dès qu'Albert l'a laissée seule, elle s'enveloppe d'un châle et se précipite au dehors.
Un rideau tombe, représentant la ville de Walheim, par une nuit de Noël, avec ses maisons couvertes de neige, pendant que l'orchestre joue un prélude très applaudi et qui ne tarda pas à prendre place dans le répertoire des concerts symphoniques. Enfin se découvre le cabinet de travail de Werther. Le sombre amoureux gît à terre, mortellement blessé. Charlotte se jette sur le mourant et s'accuse de son suicide. Werther proteste : « Non! tu n'as fait que de juste et bon; mon âme te bénit pour cette mort

Qui te garde innocente et t'épargne un remords.

— Que ton âme en mon âme éperdument se fonde! » s'écrie Charlotte. Werther lui donne le dernier baiser et expire, pendant qu'au loin le chœur des enfants chante le motif du premier acte : « Noël! Jésus vient de naître... »
Au demeurant, la partition tout entière est d'une remarquable tenue; suivant l'observation de M. Louis Schneider, chaque note est expressive, bien en place. « Tout est également loin de la pauvreté et de l'emphase. Massenet n'a même pas voulu se laisser aller aux longues effusions sensuelles qu'on rencontre souvent dans ses autres œuvres, mais que les caractères de Charlotte et de Werther ne comportaient pas le moins du monde. » D'ailleurs le charme amoureux persiste. « Seulement ici ce charme est d'une essence plus concentrée; il s'y mêle un je ne sais quoi d'amer

et de profond par où *Werther* constitue un chapitre très caractéristique de ce grand livre d'amour qui est l'œuvre entier de Massenet. »

Le Carillon, à l'Opéra de Vienne, en 1892.

Le *Carillon*, légende mimée et dansée en 1 acte, livret de MM. Ernest Van Dyck et Camille de Roddaz, a été représenté pour la première fois le 21 février 1892 sur la scène de l'Opéra de Vienne. Le célèbre ténor Van Dyck en avait établi le plan, en collaboration avec Roddaz, pendant qu'il répétait le rôle de Werther pour le créer à Vienne. Et en effet le *Carillon* fut joué huit jours après *Werther* dans la capitale autrichienne.

La scène se passe au XVe siècle, à Courtrai. Il s'agit d'une rivalité d'amour. Le brasseur Rombalt refuse sa fille à l'horloger Karl dont elle est éprise; il veut la donner soit à Pit, le syndic de la corporation des ramoneurs, soit à Jef, le syndic des boulangers. Pour se débarrasser de Karl, ses deux rivaux détraquent le mécanisme du carillon qui doit saluer l'entrée solennelle du duc de Bourgogne, cas de prison pour l'horloger. Mais celui-ci a su mettre le ciel dans ses intérêts; saint Martin intervient en sa faveur; les anges descendent du ciel pour mettre le carillon en mouvement. Pit et Jef, qui ont voulu recommencer leur subterfuge, sont transformés en jacquemarts. Ils sonneront l'heure jusqu'à la consommation des siècles; ils sonneront même le carillon annonciateur du mariage de Karl et de Bertha.

La fantaisie du compositeur s'est donné libre carrière dans le commentaire musical de ce ballet, qui semble une miniature des *Maîtres chanteurs*, et le lyrisme de l'apparition des anges y fait un séduisant contraste avec les danses pesantes des corporations.

Thaïs : première représentation à l'Opéra, 16 mars 1894.

L'œuvre du compositeur se rattache directement à la grande filiation des *Manon* et des *Hérodiade;* elle est empreinte d'une volupté mystique du charme le plus pénétrant. C'était d'ailleurs, en 1894, une simple comédie lyrique, accompagnée d'un ballet. Pour remplir toute une soirée, l'ensemble comportait certains remaniements qui ont été opérés avec beaucoup de discrétion et d'adresse, et la pièce porte maintenant sur l'affiche le titre d'opéra.

Au point de vue de l'histoire des livrets, *Thaïs*, tiré d'un roman d'Anatole France, offrait au début une particularité très originale pour le temps : elle fut écrite en prose poétique, autrement dit en « vers méliques », par feu Gallet et son inspirateur Gevaert. Toutes les explications du monde ne valant pas un exemple, voici l'air monologué au début du premier acte :

« O mon miroir fidèle, — rassure-moi, dis-moi que je suis toujours belle, — que je serai belle éternellement; — que rien ne flétrira les roses de mes lèvres, —que rien ne ternira l'or pur de mes cheveux; — dis-moi que je suis belle et que je serai belle — éternellement, éternellement! »

Plus caractéristique encore l'apostrophe câline de Thaïs à l'ascète Athanaël, qui vient de lui prêcher le mépris de la chair, l'austère pénitence, l'amour de la douleur :

« Qui te fait si sévère — et pourquoi démens-tu la flamme de tes yeux? — Quelle triste folie te fait man-

quer à ton destin? — Homme fait pour aimer, quelle erreur est la tienne! — Homme fait pour savoir, qui t'aveugle à ce point! — Tu n'as pas effleuré la coupe de la vie! — Tu n'as pas épelé l'amoureuse sagesse! — Assieds-toi près de nous, couronne-toi de roses, — rien n'est vrai que d'aimer, tends les bras à l'amour. »

Un certain nombre de vers blancs sont mêlés à cette prose; on y rencontre même des alexandrins sonores; ils rendent mousseuse et légère. En somme, la formule me semble préférable à la matière de livrets modernes traités par des paroliers qui n'ont pas le sentiment du rythme; et comme beaucoup de précurseurs, l'excellent Louis Gallet pourrait bien avoir donné, dès le premier jour, le terme moyen qui restera la combinaison définitive. Il est juste de rappeler, comme il le faisait lui-même dans la préface de 1894, que le non moins excellent Gevaert lui avait fourni les éléments de cette réforme, en déclarant qu'il fallait abandonner, à la suite de Wagner, la mélodie carrée, symétrique : « Quoi de plus absurde que de maintenir dans le texte une répercussion rythmique qui n'a plus de correspondance dans la mélodie?... Ce que le drame musical de notre époque exige, c'est une prose poétique, nombreuse, évitant l'hiatus, ou, si l'on veut, une poésie sans rimes, excepté aux endroits où le compositeur veut reprendre la forme de la mélodie périodique suivie. Ainsi, pour en donner un exemple, deux passages seulement dans la *Walkyrie* devraient être rimés, selon moi : au premier acte, la Chanson du printemps; au troisième, la dernière phrase des adieux de Wotan, lorsque le dieu ferme les yeux de sa fille. »

On remarquera que le pseudo-poème de *Thaïs* contient, en effet, suivant le conseil de Gevaert, quelques passages régulièrement rimés et rythmés, par exemple l'adieu de Nicias à Thaïs, qui a une allure mürgerienne :

> Nous nous sommes aimés une longue semaine;
> C'est beaucoup de constance, et je ne m'en plains pas;
> Et tu vas t'en aller, libre, loin de mes bras...

Les transformations du livret ne sont pas moins curieuses à étudier. Dans le texte primitif, la toile se lève sur un coin de la Thébaïde, les cabanes des cénobites au bord du Nil. Le solitaire Athanaël, l'élu de Dieu qui se révèle à lui dans les songes, vient s'asseoir au milieu des ascètes qui prennent leur repas à la nuit tombante. Un bon vieillard, Palémon, — décalque assez faible du Balthazar de la *Favorite,* autrement campé et musclé, — préside ces frugales agapes. Athanaël a le cœur plein d'amertume. Un souvenir l'obsède, celui de Thaïs, une courtisane, une comédienne, une prêtresse infâme du culte de Vénus, qu'il a rencontrée jadis à Alexandrie, au temps de sa folle jeunesse (car c'est un saint Augustin, sans Monique), et qui remplit la ville de scandale. Il brûle de la ramener dans les voies droites : « Je la sauverai, Seigneur! Donne-la-moi, et je te la rendrai pour la vie éternelle! »

Une hallucination qui lui montre Thaïs mimant les amours d'Aphrodite sur la scène du théâtre d'Alexandrie, lui révèle sa mission. Dieu défend que la comédienne s'enfonce davantage dans le gouffre du mal, et c'est l'ascète qu'il choisit pour la lui ramener. Il part donc malgré les conseils que lui prodigue le révérendissime Palémon : « Ne nous mêlons jamais, mon fils, aux gens du siècle; — craignons les pièges de l'esprit; — voilà ce que nous dit la sagesse éternelle. »

Le deuxième tableau, toujours d'après le numérotage primitif, représente la terrasse d'un palais d'Alexandrie. Athanael vient demander à Nicias, un de ses compagnons de jeunesse, de l'aider à convertir Thaïs. « Crains d'offenser Vénus, la puissante déesse, elle se vengera! » lui répond Nicias, non moins avisé que Palémon, à sa manière. Cependant, mis en gaieté par l'arrivée de son ancien camarade d'orgie devenu cénobite et « plus semblable à la bête qu'à l'homme », il se prête à l'aventure et met Athanael en présence de Thaïs, qui vient justement souper dans sa garçonnière. La courtisane raille le philosophe à l'âme rude, dont nulle faiblesse humaine ne saurait amollir le cœur : « J'irai dans ton palais te porter le salut! s'écrie Athanael. — Ose venir, toi qui braves Vénus! »

Au deuxième acte, Thaïs, rentrée dans son palais, se lamente au pied de l'autel de la déesse. Le cénobite a éveillé l'essaim des idées noires; la courtisane, fatiguée à mourir, supplie Vénus de lui conserver l'éternelle jeunesse et l'éternelle beauté, tandis qu'une voix lui crie : « Thaïs, tu vieilliras! » C'est le moment psychologique de la conversion des Marie-Madeleine passées, présentes et futures! Athanael, qui ne s'était pas vanté en jurant de poursuivre son apostolat, en profite pour prêcher à Thaïs les joies austères du renoncement. Il la domine, il la terrerise; elle s'humilie, défaillante : « Ne me fais pas de mal; je sais que les saints du désert détestent celles qui s'asservissent aux hommes, mais ce n'est pas ma faute si je suis belle. Ne me fais pas mourir, je crains tant la mort. »

Elle va céder et le suivre au couvent des Filles-Blanches, quand les chants de fête de Nicias et de ses amis la font hésiter devant le sacrifice suprême, mais Athanael sent que la grâce opérera bientôt; il donne rendez-vous à Thaïs au seuil de sa maison, et voici qu'en effet la courtisane se glisse dans la rue aux premières lueurs de l'aube. Elle est prête à aller s'enfermer dans l'étroite cellule jusqu'au jour où le céleste amant posera sur ses yeux des doigts de lumière. Avant de l'emmener au désert, Athanael lui ordonne de détruire ses richesses; il brise même une statue d'Eros, présent de Nicias, pour laquelle Thaïs demandait grâce, et, à la lueur de l'incendie du palais, il l'entraîne à travers la foule menaçante.

Le dernier acte se passe dans la Thébaïde. Athanael a sauvé Thaïs, mais son image le hante; il est amoureux de la courtisane, devenue une des filles blanches dans le monastère d'Albine; la vision le poursuit, elle prend corps; et cette hallucination ne se dissipe que pour lui laisser voir Thaïs mourante à l'ombre d'un figuier. Il se met en route vers le couvent, et le dénouement nous montre l'interversion habituelle dans ce genre de scénario : la courtisane moribonde, prêchant à son tour l'éternel renoncement à l'ascète, qui a sur les lèvres des paroles d'amour terrestre. Tandis qu'il s'écrie : « Rien n'existe, rien n'est vrai que la vie et l'amour des êtres... Je t'aime! » elle expire en saluant l'aurore mystique et les roses de l'éternel matin.

Dans la version actuelle, le premier changement est le nouveau ballet placé au second acte, pendant le duo d'Athanael et de Thaïs, pendant que la courtisane livre au feu ses richesses coupables. Adjonction plus importante : l'acte supplémentaire de l'oasis. Athanael et Thaïs, en marche vers le monastère des Filles-Blanches, font halte sous les palmiers. La courtisane repentante est accablée par la longueur du chemin et l'ardeur du soleil; ses pieds saignent,

et, pour la première fois, le cénobite sent dans son âme une forme de la compassion qui ressemble à l'amour. Ce tableau est assez court, mais d'une suggestive mise en scène. Il se termine par l'arrivée d'Albine et des religieuses. Le cénobite leur remet en dépôt la pécheresse qu'il vient d'arracher au monde, et c'est avec un désespoir d'amant, une « navrance » de Desgrieux arraché à sa Manon, qu'il la regarde s'éloigner au milieu des robes blanches.

Ainsi transformée, Thaïs n'a rien perdu de son action sur le public. On applaudit encore comme au premier soir l'arrivée d'Athanael et l'évocation de la courtisane dans l'intérieur du théâtre parmi les acclamations de la foule; au second tableau, le grand air de l'ascète : « Voilà donc la terrible cité, — Alexandrie où je suis né dans le péché, » une des plus belles pages de l'œuvre, et la jolie phrase d'un rythme berceur : « Assieds-toi près de nous, couronne-toi de roses, — rien n'est vrai que d'aimer, tends les bras à l'amour, » le monologue, l'invocation à Vénus soutenue par un délicieux accompagnement orchestral; la romance du tableau suivant : « Cette image divine, cet enfant d'un travail ancien et merveilleux, c'est Eros, c'est l'amour; » enfin la plus robuste écriture de l'œuvre, les élans passionnels du cénobite jusqu'au cri de la chair au dernier tableau : « Je ne vois que Thaïs, ou mieux ce n'est pas elle, — c'est Hélène et Phryné, c'est Vénus Astarté! »

Le Portrait de Manon, à l'Opéra-Comique, en 1894.

Dans le livret de ce petit ouvrage, dont le succès fut très vif salle Favart, avec le concours de Fugère, Grivot, Mmes Eloen et Lainé, M. Georges Boyer, le délicat poète des « enfants », nous montre un Desgrieux très assagi. L'ancien fêtard, devenu bon bourgeois provincial, n'a pas oublié Manon, dont il contemple en secret la miniature, mais il veut épargner à autrui les maux qu'il a soufferts lui-même à la fleur de son âge, et ce ne sont pas les prouesses du Roy Galant, c'est la continence de Scipion l'Africain qu'il raconte à son pupille le vicomte de Morcerf. Justement le gentil garçon s'est épris d'une fille de Lescaut, Aurore, recueillie naguère par Tiberge, et l'enfant le paye de retour. L'idylle serait arrêtée court si Tiberge ne s'avisait d'un moyen de théâtre. Il déguise Aurore en Manon. Elle apparaît à Desgrieux telle que jadis l'adorable petite voyageuse de l'Hostellerie des Tournelles. Et cette fois le chevalier rend les armes...

Cet ingénieux livret est, en somme, un scénario évocateur des principaux motifs de Manon. Ils paraissent en effet dans la partition, à la fois persistants et effacés, lointains et ici présents, notamment la phrase d'entrée de Manon qui sert de leitmotiv à cette exquise bluette musicale.

La Navarraise, à Londres, 1894.

Le poème de la Navarraise, tiré par M. Henri Cain d'une nouvelle de Jules Claretie, la Cigarette, — ainsi s'appelle la version originelle, — a pour milieu une des nombreuses insurrections carlistes, et pour cadre Hernani, la ville chère à Victor Hugo, la cité « aux maisons mornes, avec des armoiries anciennes sculptées dans le grès des murailles ». Zucarraga, un chef d'insurgés, dont on dit dans la montagne : « C'est Thomas Zucaralacarregui qui renaît, » assiège Bilbao sans que le général Garrido, campé à Hernani, parvienne à le déloger : « Ah! ce misérable Zucarraga, s'écrie le vieux soldat, je donnerais ma peau pour la sienne, et à qui le tuerait, une fortune! » L'offre est relevée par Juan Araquil, un beau gars, un enfant du pays, à qui le riche fermier Tiburcio refuse de donner sa fille Pepa tant qu'il n'apportera pas une dot de deux mille douros. Cet argent, Garrido le promet, et Juan tue le redoutable cabecilla par traîtrise, en versant sur la plaie du chef carliste, blessé à la jambe, le poison contenu dans le chaton d'une bague.

Zucarraga a eu confiance en ce garçon au regard loyal qui se présentait comme un rebouteur ; il lui a même donné, pour le remercier, tout ce que peut offrir le soldat espagnol à un camarade, le papelito, la cigarette. Ce papelito, c'est tout ce qui restera de Juan Araquil quand sa fiancée le reniera comme un lâche, quand le vieux Garrido, après lui avoir loyalement payé les deux mille douros, le livrera au pelotou d'exécution : « Araquil, on ne tue pas un soldat par le poison! » Il demande, comme grâce suprême, de fumer une dernière cigarette, celle du chef carliste dont les cloches sonnent le glas au bas de la colline de Santa-Barbara. La fumée monte dans le soleil, au-dessus des têtes, dans le scintillement des baïonnettes ; et, après la décharge foudroyante, quand le sergent s'approche pour donner le coup de grâce, un filet bleuâtre s'échappe encore du papelito...!

Au point de vue musical, la *Navarraise*, représentée d'abord à Covent-Garden, en 1894, puis à la Monnaie, la même année, avant de passer à l'Opéra-Comique et de, là, au Lyrique-Isola, est du Massenet de grande marque, expressif et passionné, mais toujours élégant et clair, mélodique et chantant. Le compositeur a taillé en plein drame, sans confondre la force avec la brutalité. Un mélange à doses presque égales d'énergie et de tendresse, voilà le caractère de l'œuvre. Au lamento de Garrido succèdent la prière d'Anita, le duo d'amour, la sinistre conclusion du pacte. Quant au deuxième acte, ce n'est à proprement parler qu'une scène, le tableau du brusque affolement d'Anita, d'abord hypnotisée par la vue de l'argent rouge, puis délirant sur le cadavre d'Araquil ; mais elle est conduite avec une extraordinaire véhémence, et l'intermède symphonique qui la précède en fait ressortir la furia dramatique.

La *Navarraise* avait été créée à Covent-Garden, par Alvarez, Plançon, Gilibert, Bonnard, Dufriche, M⁽ᵐᵉ⁾ Calvé ; à la Monnaie, par Bonnard, Seguin, Gilibert, Izouard, Fournets et M⁽ᵐᵉ⁾ Leblanc ; à l'Opéra-Comique par Jérôme, Bouvet, Mondaud, Belhomme et M⁽ᵐᵉ⁾ Calvé. A la Gaîté-Lyrique, elle a trouvé un bon ensemble d'interprètes : Dufriche, dramatique Araquil, Blancard, Guillamat, Cazeneuve, Dupouy et M⁽ᵐᵉ⁾ Ratti.

Sapho, à l'Opéra-Comique, en 1897.

Le 27 novembre 1897, l'Opéra-Comique représentait *Sapho*, pièce lyrique tirée d'Alphonse Daudet, par MM. H. Cain et Bernède, musique de Massenet. Si célèbre que soit la *Sapho* d'Alphonse Daudet, il est nécessaire d'en résumer la donnée avant d'apprécier sa seconde adaptation dramatique. Adolphe Belot en avait déjà tiré, pour le Gymnase, cinq actes repris en 1892 au Grand-Théâtre.

Jean Gaussin, jeune Provençal, aspirant consul, venu à Paris pour passer les examens spéciaux au ministère des affaires étrangères, rencontre dans un bal déguisé une femme fellah, nommée Fanny Legrand et surnommée Sapho, parce qu'elle a beaucoup de cordes à sa lyre voluptueuse. Coup de foudre réciproque. Gaussin est fasciné par l'étrange fille. Il garde d'abord Sapho deux jours, puis huit jours, puis toujours. Le collage tourne au ménage. Gaussin, nature passive et molle, se laisse prendre au piège de l'intimité réchauffante, caressante, et l'idylle naturaliste dure jusqu'au moment où le sculpteur Caoudal, un hystérique du ciseau, fait au petit Méridional de cruelles révélations sur l'âge, les mœurs et même les aptitudes variées de Fanny Legrand : « ... Ce qu'il y avait dans cette chair à plaisir, ce qu'on tirait de cette pierre à feu, de ce clavier, où ne manquait pas une note! *Toute la* lyre. »

Gaussin apprend que Sapho a aimé tour à tour Caoudal, le poète La Borderie, le romancier Dejoie, l'ingénieur Déchelette, un certain Flamant, graveur, condamné à dix ans de réclusion pour confection de faux billets de banque, mais toujours en possession d'un petit coin du grand cœur de son ancienne maîtresse. A dater de cette révélation commence entre Gaussin et Sapho une existence fiévreuse : reproches, aveux, confessions, ruptures, raccommodements. Il s'épuise ; elle finit par se lasser. Et c'est elle qui repousse un dernier retour offensif de son amant. Flamant en enfin sorti de prison ; elle le reprend et avise Gaussin par correspondance (la lettre de Manon... et de la Périchole) : « Mon cher enfant, j'ai trop aimé, je suis rompue. A présent, j'ai besoin qu'on m'aime à mon tour. Celui-là sera à mes genoux, ne me verra jamais de rides, et s'il m'épouse, comme il en a l'intention, c'est moi qui lui ferai une grâce. »

MM. Henri Cain et Bernède, librettistes fort experts, ont adroitement simplifié et réduit à une demi-douzaine de grandes scènes passionnelles (à cinq, pour faire un relevé plus exact) le mouvement de lacet des amours de Sapho et de Gaussin. Au premier tableau (le bal costumé), la femme fellah enlève le petit Provençal ; au deuxième tableau, elle vient le retrouver dans le petit appartement de la rue d'Amsterdam installé par tante Divonne (devenue une maman) et l'excellent Césaire promu au grade de père noble ; au troisième, le couple rencontre, à Ville-d'Avray, où il est venu cacher son bonheur, Caoudal et sa bande joyeuse ; Gaussin apprend le passé de Sapho ; il s'enfuit, et Sapho crache son mépris à la face de ses anciens amants ; au quatrième, elle relance Gaussin jusqu'à « en Avignon », chez ses parents, où il essayait déjà de convoler avec sa cousine Irène, ranime l'étincelle amoureuse, et part après avoir chanté le grand air de la *Favorite;* au cinquième, Gaussin vient la rejoindre à Ville-d'Avray, et pendant que la neige tombe au dehors, l'antique passion recommence à flamber dans le vieux nid. Mais Sapho se sent brisée et profite du sommeil de Gaussin pour aller rejoindre Flamant.

Sur ce livret, Massenet a écrit une partition vraiment magistrale et qui a pris place au premier rang dans l'œuvre du chef reconnu de notre école de musique dramatique. Ce n'est pas une nouvelle *Manon*, comme on l'a dit avec quelque arrière-pensée, c'est une *Sapho*, c'est la *Sapho* définitive et complète, une œuvre de la plus saisissante originalité et du plus puissant enchaînement, le poème de la chair, traduit en pages ardentes et sublimes.

On ne trouverait rien de supérieur, dans la production pourtant si abondante et si variée de Massenet, à l'explosion passionnée du quatrième tableau, au cri des deux êtres, toute jeunesse, toute ardeur, qui se rejoignent et s'étreignent. Peut-être même n'y trouverait-on rien d'aussi parfait comme simplicité de moyens et comme puissance de rendu que le dernier acte, une merveille musicale, presque un miracle! Mais la partition forme un tout compact, si bien cimenté qu'on commettrait un crime de lèse-esthétique en lui appliquant l'habituel procédé d'analyse. Il faut n'en distraire aucune partie et saluer l'ensemble monumental.

Cendrillon, Opéra-Comique, 24 mai 1879.

Ce n'est pas seulement la Cendrillon de Perrault, la douce victime prédestinée à de fastueuses revanches, qu'y évoque le bon poète Henri Cain et que le compositeur y couronne d'un nimbe musical aux rayons flottants. Le compositeur et le librettiste nous montrent toute une galerie de Cendrillons. Dans la cuisine du manoir de la Haltière, c'est le grillon du foyer, la petite Cendrille; chez le roi, aux côtés du Prince Charmant, c'est Cendrillon à la pantoufle; dans la forêt enchantée, près du chêne de la fée secourable, Cendrillon au rêve éveillé. Sur la chaise longue où son père la berce, après les longues journées de fièvre, voici une Cendrillon toute nouvelle, d'un charme suggestif dans ses voiles frileux, Cendrillon aux camélias. Salut enfin à la souveraine de l'apothéose, à Sa Majesté Cendrillonnette qui va régner sur les pays bleus.

Quatre actes et six tableaux. Le premier acte se passe au manoir de la Haltière, dans une vaste chambre rappelant la cuisine classique, avec grande cheminée et âtre profond. Des coups de sonnette répétés appellent les domestiques ahuris, qui en profitent pour médire de leur maîtresse : « O mon cher, ô ma chère, — c'est une mégère! » Arrivée du bon Pandolphe, qui s'enquiert des causes de ce remue-ménage.

Monsieur, chacun proclame
Que monsieur est gentil, très gentil, très gentil!
Mais c'est madame! ah! madame! ah! madame!

Le pauvre homme baisse la tête. Il aurait bien quelques velléités de révolte, ne fût-ce que pour défendre sa fille Lucette, tyrannisée par une marâtre et insultée par ses pécores de demi-sœurs. Mais vouloir n'est pas pouvoir, et docilement il emboîte le pas à sa femme qui emmène à la cour Noémie et Dorothée. Lucette, restée seule, a le cœur gros; mais elle se résigne :

Reste au foyer, petit grillon,
Car ce n'est pas pour toi que brille
Ce superbe et joyeux rayon...
Ne vas-tu pas porter envie au papillon!
A quoi penses-tu, pauvre fille?
Travaille, Cendrillon,
Résigne-toi, Cendrille.

Elle s'endort; la fée, sa marraine, en profite pour l'équiper en princesse et commander son carrosse. Il ne lui reste plus qu'à se rendre au bal avec les pantoufles fourrées, les pantoufles de vair qui ont une vertu magique et empêcheront Mᵐᵉ de la Haltière de la reconnaître.

Le deuxième acte commence par la scène du Prince Charmant, des courtisans et des médecins qui veulent le forcer à réagir contre sa langueur. Il reste immobile et muet, pendant qu'évolue le divertissement des filles de noblesse, des fiancés et des

mandores; mais l'apparition de Cendrillon le réveille, et l'acte se termine par un duo d'amour qu'interrompent brusquement les douze coups de minuit.

Le troisième acte se divise en deux tableaux : le premier comprend le retour exaspéré de Mᵐᵉ de la Haltière et de ses filles, la syncope de Cendrillon, accablée par cette avalanche de méchantes paroles, la révolte de Pandolphe qui chasse les péronnelles. Il propose à Cendrillon d'aller vivre aux champs, et elle sourit avec une douceur mélancolique; mais elle ne veut pas faire le malheur de son père, et elle a résolu d'aller mourir sous l'arbre de la fée. Ici se place le second tableau, d'une invention délicate, qui fait grand honneur au librettiste. Le prince Charmant, parti à la recherche de l'inconnue, et Lucette se rencontrent au pied du chêne enchanté, dont la maîtresse branche s'abaisse pour les séparer, pendant que la fée et les femmes-fleurs reçoivent leurs serments :

Aimez-vous, l'heure est brève :
Vous croirez, tous les deux, n'avoir fait qu'un beau rêve.

Au lever du rideau du dernier acte, Lucette, qu'on a rapportée mourante, se ranime, après de longs mois de maladie, sur la terrasse ensoleillée du manoir. Elle chante avec Pandolphe un hymne au printemps :

Printemps revient en ses habits de fête.
Allons cueillir la pâquerette
Et les muguets au fond des bois.

Mais une pensée l'obsède. Le bal, le prince, l'arbre de la fée, a-t-elle rêvé toutes ces splendeurs? Or, voici qu'un héraut passe sous les murs du manoir. Le prince va recevoir en personne, dans la grande cour du palais, les princesses qui viennent essayer la pantoufle de vair perdue par la femme inconnue dont le départ a déchiré le cœur du fils du roi. Ceci n'était pas un rêve. La bonne fée conduit au palais Cendrillon, qui tombe dans les bras du bien-aimé. Et tous les acteurs viennent saluer le public :

La pièce est terminée. On a fait de son mieux
Pour vous faire envoler par les beaux pays bleus.

La partition, qui adhère au livret comme le tissu magiquement soyeux de la robe de Cendrillon, occupe une place à part dans l'œuvre du compositeur. C'est vraiment une région féerique où le musicien n'a cessé d'affirmer sa rare et précieuse maîtrise, la toute-puissance du charme et de la poésie. La muse de la légende y fait l'office de récitante, tandis que des formes passent, vagues et souriantes, dans l'atmosphère translucide du bleu pays. Des mélodies s'y déroulent, exquises et lentes. Les *leitmotiv* s'y harmonisent avec les tonalités apaisées du décor, et de l'ensemble se dégage un parfum subtil aux ondes caressantes.

Le public commence à se sentir sous le charme dès les premières mesures de l'introduction; et tout le premier acte, depuis la déclamation soutenue du monologue de Pandolphe jusqu'au thème de Cendrillon, d'une mélancolie pénétrante : « Reste au foyer, petit grillon, résigne-toi, Cendrillon, » est d'une admirable tenue. Au second acte, il convient de noter toute une suite de musique de scène qui est du pur Massenet, et du meilleur : l'entrée des cortèges, les filles de noblesse, les fiancés, l'entrée des mandores, toute en arpèges, la Florentine, le Rigodon du roy, autant de morceaux qui sont devenus rapidement populaires. Mentionnons encore, sur l'entrée de Cendrillon, le chœur bouffe : « La surprenante aventure, » d'un rythme amusant et discret sans surcharge; la déclaration d'amour; la réponse de Cendrillon : « Pour vous je serai l'inconnu, » où passe un lointain souvenir d'Esclarmonde. Viennent ensuite un délicieux thème en *leitmotiv*, qui reparaîtra à plusieurs reprises dans la suite de l'ouvrage : « Vous êtes mon prince charmant, » et l'ensemble, d'un beau caractère passionnel.

Le début du premier tableau du troisième acte est marqué par la scène de Pandolphe et de Cendrillon : « Va, repose ton cœur douloureux sur le mien, » pour arriver à un chœur à deux voix : « Viens, nous quitterons cette ville, où j'ai vu s'envoler la gaieté d'autrefois, » repris ensuite en duo et dont l'effet a été considérable. Signalons aussi les adieux de Cendrillon à la maison qu'elle quitte pour aller mourir sous le chêne de la fée. Au deuxième tableau, après le thème des femmes-fleurs, gracieuse réminiscence des filles-fleurs de *Parsifal*, apparition de la fée dans l'arbre lumineux, invocation aux esprits, avec traits et vocalises brillantes (contre-*ré* et contre-*mi*); arrivée de Cendrillon et du prince, que sépare la branche abaissée du chêne, et qui s'appellent sans se voir; retour acclamé du motif du Prince Charmant, reconnaissance et duo couronné par la phrase exquise des esprits : « Dormez, rêvez! »

Le premier tableau du quatrième acte, la terrasse du manoir de la Haltière, avec Cendrillon convalescente, étendue sous les arbustes en fleur, — Cendrillon aux camélias, — contient encore une des pages musicales les plus délicieuses, la chanson du printemps, à trois-huit, reprise en stances alternées par le baryton. Le dernier tableau est surtout décoratif; il renferme cependant un passage très curieusement caractéristique, la Marche des princesses, et une phrase exquise du Prince Charmant.

Grisélidis, à l'Opéra-Comique, en 1901.

Grisélidis, qui fut exécutée pour la première fois à l'Opéra-Comique le 20 novembre 1901, sous la direction de M. Albert Carré, est une réédition de la pièce jouée dix ans plus tôt à la Comédie française et qui marqua un des triomphes de Mme Bartet. On sait qu'Armand Silvestre et M. Eugène Morand s'étaient inspirés d'une légende provençale, très populaire au moyen âge et qui fut même représentée à Paris en 1395 devant Charles VI, « l'Estoire de Griselidis, la marquise de Saluce, et de sa merveilleuse constance, le miroir des dames mariées ». On peut consulter aussi sur le même sujet une des nouvelles du *Décaméron* ainsi qu'un poème de Perrault : « la Marquise de Salusse ou la patience de Grisélidis ».

. Dans la légende c'est le marquis lui-même qui impose à sa femme les plus rudes épreuves pour s'assurer de sa fidélité, la sépare de ses enfants, la met en servage chez une maîtresse tyrannique, etc., etc. Dans le scénario lyrique comme dans la comédie, les deux collaborateurs ont ménagé la susceptibilité du public en remplaçant ce mari cruel par le diable, — un Méphisto goguenard qui a fait un pari avec le marquis de Saluces et a pris pour gage son amour. Il y a donc une partie comique intimement liée à la partie dramatique et sentimentale et qui parfois l'alourdit. Comme décors : au prologue, la lisière d'une forêt, en Provence; au premier acte, l'oratoire de Grisélidis; au deuxième, une terrasse plantée d'orangers devant le château; au troisième, l'oratoire

de Grisélidis. Au prologue : la gageure et le départ du marquis; à travers les tableaux suivants se déroule la série des tentations. Grisélidis les subit toutes victorieusement. Le diable dépité se venge en emportant le petit Loys, mais sainte Agnès, la patronne de Grisélidis, veille sur l'enfant, qu'on retrouve endormi sur l'autel aux pieds de la sainte.

Si la partition de *Grisélidis*, dont le succès fut considérable, ne se recommande pas par un très rigoureux enchaînement et si les caractères ne s'y dessinent pas avec une extrême précision, en revanche c'est peut-être l'œuvre de Massenet qui contient le plus grand nombre de morceaux détachés — ou plutôt à détacher — devenus immédiatement populaires : la cantilène : « Voir Grisélidis, c'est l'aimer! » les adieux du marquis à Loys : « Avant la vie apprends les larmes; » les stances : « Il partit au printemps, voici l'automne, » et le duo du dernier acte : « L'oiselet est tombé du nid, » sur une tenue de violons et de harpes.

Le Jongleur de Notre-Dame, Monte-Carlo, 1904; Opéra-Comique, 1904.

Quand le *Jongleur de Notre-Dame*, de Massenet, fut exécuté à l'Opéra-Comique, il revenait de Monte-Carlo — où l'œuvre fut entendue pour la première fois le 18 février 1902, sous la direction de M. Gunsbourg — et de nombreuses villes d'Allemagne, dont les théâtres l'ont inscrit à leur répertoire. La partition était absolument inédite pour le public parisien, qui eut la délicate surprise d'un « grand spectacle » de caractère particulier.

Le très curieux poème de M. Maurice Léna n'est intitulé ni drame lyrique ni opéra-comique, mais « miracle en trois actes ». La scène se passe à Paris, au XVIe siècle. Le premier décor représente la place de Cluny; au milieu, l'orme traditionnel; au fond, la porte de l'abbaye, que surmonte une statue de la Madone. C'est le premier jour du mois de Marie et jour de marché; la bourgeoisie, les clercs et les chevaliers piétinent; des enfants dansent la bergerette. Un son de viole annonce la foule l'arrivée d'un baladin. C'est Jean, un Gringoire de piètre mine et de pauvre équipage. Il a beau crier : « Place au roi des jongleurs! » la canaille conspue le triste sire. En vain propose-t-il de jongler avec des écuelles et des boules, de danser la danse des cerceaux, de chanter les cantilènes les plus neuves : Roland, Berthe aux grands pieds, Renaud de Montauban; la plèbe réclame une chanson à boire : le Credo de l'ivrogne, l'Alléluia du vin.

Jean se décide, et la foule répond au refrain jusqu'à l'arrivée du prieur qui, ouvrant brusquement la porte de l'abbaye, met en fuite les mécréants. Le jongleur, interdit, est resté sur la place. Le moine s'amuse de sa terreur et lui prédit qu'il ne tardera pas à rôtir en enfer. Cependant il s'humanise en voyant la maigreur du pauvre diable. Baladin, triste métier! Que le jongleur se fasse novice. Au moins sera-t-il assuré du lendemain. Jean hésite. Renoncer à sa liberté, à la rieuse amie qui le conduit par la main, au hasard de l'heure et de la route. « Belle maîtresse, en vérité! riposte le moine. Elle reste jeune, mais bientôt sera vieux son amant le jongleur. » D'ailleurs, voici un argument irrésistible à l'adresse du fin gourmet que recèle tout poète famélique. Frère Boniface, le cuisinier du couvent, ramène l'âne chargé de provisions. Jean n'hésite plus : le parfum des victuailles l'a tout à fait convaincu. Il suit le prieur.

110

Second tableau : la salle d'études de l'abbaye de Cluny. Le moine musicien fait répéter un hymne à la Vierge ; le cuisinier, le moine poète, le moine peintre, le moine sculpteur, sont parmi les exécutants. Jean se tient à l'écart, un peu dépité de ne savoir pas « chanter latin ». Après la répétition les moines reprennent chacun leur travail ; quelques-uns plaisantent le jongleur sur son ventre qui pousse et son teint qui fleurit. Ces compliments le mortifient. Il souffre d'être à la charge de la communauté et de ne savoir que se gaver de nourriture au réfectoire. « Deviens sculpteur, » lui dit le moine statuaire. « Apprends plutôt la peinture, » interrompt le moine enlumineur. « Le grand art, c'est la poésie ! » s'écrie le moine poète. Et il n'est pas jusqu'à Boniface qui ne vante la gloire du cuisinier. Un chapon cuit à point vaut seul mille poèmes, et c'est plaire au Ciel que tirer parti de ses dons. Jésus, dans la crèche de Bethléem, a reçu aussi favorablement des mages l'or, l'encens et la myrrhe,

Et du pauvre berger un air de chalumeau.

Cette réflexion de Boniface est un trait de lumière pour Jean, qui tient toujours à payer son écot. Si l'enfant Jésus s'est contenté d'un air de chalumeau, pourquoi la Madone n'accepterait-elle pas en hommage tout ce qu'un pauvre jongleur peut lui offrir : le fond de son sac, les tours de passe-passe ? Ce projet mirifique germe dans la cervelle anémiée du baladin et, au troisième tableau, nous le voyons se glisser dans la chapelle de l'abbaye encore vêtu de sa robe de moine, mais portant sa viole et sa besace de jongleur. Alors se déroule devant l'image de la Madone une pantomime précédée du boniment traditionnel et que coupent la chanson des hommes d'armes, la pastourelle de Robin et Marion, jusqu'au finale vertigineux de la bourrée, dansée avec appels de pied et cris gutturaux.

Les moines accourent, indignés, pour châtier le sacrilège ; mais voici que le visage de la Madone s'illumine ; sa main bénit le jongleur ; des voix célestes résonnent sous la voûte de la chapelle. Seul, Jean ne voit pas le miracle et proteste avec humilité, quand le prieur vient s'agenouiller devant le saint du monastère, le prodige « de candide vertu » que vient de consacrer le geste de la Vierge. D'ailleurs, l'épreuve est trop forte pour le jongleur ; il expire de saisissement.

Tel était le feuillet de Légende dorée, le « dessous » d'un mysticime savamment naïf avec des échappées funambulesques à la Banville offert à l'inspiration de Massenet. Le poème est bien coupé au point de vue scénique et aussi varié que le permettait la donnée, détails de fête populaire et cris de la rue, grosse gaieté monacale et discussions pédantesques ; des éléments d'opéra-comique proprement dits y sont ménagés avec adresse et préparent l'envolée lyrique du dénouement. Comme grandes pages musicales : le tableau de la fête, l'arrivée du roi des jongleurs, l'Alléluia du vin, l'air de Boniface, la leçon de chant, la dispute des moines artistes, la légende de la sauge, la romance d'amour, l'hosanna et l'apothéose, bref une partition éminemment française par la simplicité et la sûreté des procédés musicaux, la belle tenue et la clarté de l'ensemble, le charme des détails mélodiques.

La Cigale, à l'Opéra-Comique, en 1904.

La Cigale, dont la première représentation eut lieu à l'Opéra-Comique le 4 février 1904, est un divertissement-ballet en deux actes sur un scénario de M. Henri Cain, donné au bénéfice du petit personnel de l'Opéra-Comique.

Le premier acte se passe au printemps. La Cigale accueille charitablement « la Pauvrette » qui vient lui conter ses peines de cœur ; elle lui donne sa mante, son pain, son lait (sic) et de bonnes paroles. Elle fait même cadeau de ses provisions à Mme Fourmi, qui exploite la gaspilleuse tout en se moquant d'elle. Et vous pensez bien qu'elle ne se montrera pas plus économe de sa beauté envers « le Petit Ami » qui est venu la retrouver dans sa solitude. A l'acte suivant, c'est l'hiver. La Cigale qui meurt de faim et de froid implorera vainement Mme Fourmi, retour de la messe de minuit. « Vous chantiez, j'en suis fort aise. Eh bien, dansez maintenant. » Sur la route passent le Petit Ami et la Pauvrette, couple idyllique. La Cigale désespérée expire sous la neige, mais les anges l'entourent, et un chœur céleste résonne dans le lointain.

Massenet a délicieusement orchestré le commentaire de cette poétique fantaisie, où furent surtout remarqués la scène de la Cigale et du Petit Ami, l'interlude sur un vieux Noël et les variations sur Au clair de la lune.

Chérubin, Monte-Carlo, février 1904 ; Opéra-Comique, mai 1905.

Chérubin est immortel, étant le symbole des premières ardeurs, des premiers frissons de l'adolescent que l'éveil des sens va précipiter en plein torrent de la vie universelle. On le retrouve dans toutes les littératures. C'est le berger hellène traînant son angoisse par les prés fleuris d'asphodèles ; c'est le page énamouré des romans de chevalerie, le seul personnage scénique qui n'ait pas le droit de mûrir, qui doive apparaître à la fleur de l'âge, dans l'éclat et avec tout le prestige de la prime jeunesse.

Alfred de Musset l'avait bien compris quand il usa de son droit d'écrivain et de son génie de poète pour ressusciter Chérubin sous le nom de Fortunio. Le rival du matamore Clavaroche, l'amant de la perfide Jacqueline, est aussi jeune que Léon d'Astorga, aussi naïf, aussi récemment né à l'émoi voluptueux. Et le Chérubin de MM. Francis de Croisset et Henri Cain que le compositeur a auréolé d'un nimbe musical, n'est pas moins rayonnant de juvénilité. Ingénu à peine formé, demi-garçon, demi-fille, Daphnis qui serait encore un peu Chloé, tel il apparaît au début de la pièce, et celle-ci n'est que la mise en scène des efforts de l'éphèbe pour devenir un homme.

Il est charmant, ce premier acte qui a pour cadre la terrasse d'un château des environs de Séville, architectures légères que centre une sorte de temple de l'Amour. Là (comme dans l'ancien décor de la Comédie française), Chérubin se démène et bavarde, flambant, flambard, emballé et naïf, un cadet de Gascogne, un Cyrano à peine sorti de pages, avec en moins vingt-cinq ans et deux aunes de nez. Il a des théories vagues et truculentes. Sera-t-il un apprenti don Juan, un jeune animal de plaisir et de proie, un petit compagnon familier des belles marraines ou des blondes baronnes, tenant le milieu entre la perruche d'appartement et le carlin favori ? Il l'ignore ; mais ce qu'il sait, c'est qu'il se meurt d'amour, sans but précis, sans choix définitif. « Depuis quelque temps, soupire le Chérubin de Beaumarchais, je sens ma poitrine agitée, mon cœur palpite au seul aspect d'une femme, les mots d'amour et de volupté le font tressaillir. » De même le Chérubin de l'Opéra-Comique frissonne et pleure sans savoir pourquoi. « Dis-moi, demande-t-il au philosophe, son indulgent précepteur,

> « Dis-moi pourquoi je suis troublé
> Et deviens tout pâle
> Quand je vois le vent soulever
> Les franges d'un châle...

— Petit, répond le philosophe avec une affectueuse tristesse, aime ton mal, c'est la jeunesse qui s'éveille.

> « Petit, le mal qui te dévore,
> Je l'ai connu, voilà longtemps.
> Je voudrais en souffrir encore,
> Car on n'en souffre qu'à vingt ans. »

C'est une révélation pour Chérubin, mais aussi embarrassante qu'agréable, car le voilà épris en même temps de sa cousine Nina, de sa marraine la comtesse, d'une baronne qui a de beaux restes, d'une ballerine célèbre, l'Ensoleillad. Il risque, d'ailleurs, de n'avoir pas longtemps à choisir, car le comte, mari jaloux et bretteur dangereux, a surpris une lettre adressée à sa femme, et l'apprenti cornette passerait un mauvais quart d'heure si Nina, qui a reçu la même déclaration, ne revendiquait la missive galante, qu'elle récite au jaloux.

Au deuxième acte, situation de vaudeville, — trois femmes pour un Chérubin, — mais adroitement et galamment traitée. Dans une posada des environs de Madrid, Chérubin a un duel — pas méchant, un duel-gavotte, autrement, mais aussi délicieux que le duel rythmique de *Cyrano* — avec un officier dont il a luliné la maitresse, une double intrigue avec la baronne et la comtesse, une promenade au clair de lune avec l'Ensoleillad, une poursuite à travers les jardins que termine la classique entrée comique des alguazils, ces clowns du répertoire picaresque.

Au troisième acte, d'assez maussades réalités ont fait évanouir le rêve et la féerie. Certaines d'avoir été dupées, la baronne et la comtesse s'éloignent majestueusement. L'Ensoleillad elle-même, mandée à la cour par le roi de toutes les Espagnes qui veut la proclamer favorite, s'éloigne en chantant l'oubli des caprices passagers. Nina reste à Chérubin. Elle sera la femme pleine de douceur qui console dans l'infortune. Il l'épousera par compassion... égoïste, car — le pauvret l'adore naïvement — jamais il n'a tant désiré « une épaule pour y pleurer » et un bras qui le soutienne. Mais pendant que les larmes de Nina tombent comme une petite rosée sur ce dénouement sentimental, la situation dramatico-psychologique fait sur place une spirituelle pirouette. Un bout de satin sort du pourpoint de Chérubin. C'est le ruban de marraine. « Jette-le, » murmure le philosophe. Mais Chérubin, souriant, renfonce le chiffon soyeux : « C'est don Juan! » s'exclame son ami Ricardo. « C'est Elvire! » soupire le philosophe en regardant Nina.

La partition est d'un charme exquis et pénétrant, d'une orchestration délicieuse, sur cette ode à la jeunesse. D'un bout à l'autre de ces trois actes de comédie chantée (que terminent en ironique réminiscence les premières mesures de la sérénade de *Don Juan*), elle est d'une grâce tour à tour attendrie et rieuse, d'une souplesse infinie, d'une abondance mélodique laissée en pleine valeur par l'accompagnement orchestral de la plus étonnante légèreté. Parmi les morceaux les plus applaudis citons l'ouverture, le divertissement pastoral, les préludes pittoresques. Au point de vue vocal, on a fêté et bissé dans les airs de Nina l'aimable chanson :

> Il plaît, on ne sait pas pourquoi,
> Il plaît dès qu'il dit quelque chose;
> Et quand, timide, il se tient coi,
> Il plaît parce qu'il devient rose!...

et la lettre reçue en double exemplaire par la cousine et la marraine :

> Afin que, dans mon cœur morose,
> L'hiver fasse place au printemps,
> Je demande bien peu de chose :
> Un sourire de temps en temps.
> Et, si c'est trop, un regard même
> Suffira pour me transformer,
> Car, sans rien dire, je vous aime
> Autant qu'un être peut aimer.

Cette chanson de Chérubin est devenue le pendant populaire de la chanson de Fortunio.

Ariane, première représentation à l'Opéra, en 1906.

Le premier décor d'*Ariane*, représentée sur la scène de l'Opéra le 31 octobre 1906, évoque une grève de la Crète, au pied du mont Ida. Sur la pente de la montagne s'espace le labyrinthe dédalien. Les sirènes chantent autour d'une galère à l'ancre; Pirithoüs et une troupe de soldats montent la faction devant la porte de bronze du labyrinthe. Dans l'abîme de verdure, Thésée est aux prises avec le Minotaure, qui s'apprête à dévorer les sept jeunes garçons et les sept vierges du tribut vivant :

> ... Le royal Thésée ignorant de la crainte
> Les a suivis parmi l'erreur du Labyrinthe
> Pour les sauver du monstre ou mourir avec eux.

Ariane, qui a donné au héros le fil conducteur, attend aussi le retour de l'aimé et adresse une fervente prière à Cypris. Phèdre vient la rejoindre, sa sœur Phèdre, la rude amazone insensible jusqu'à présent aux séductions des « beaux jeunes hommes ». C'est elle qu'Ariane défaillante charge de suivre du haut d'une roche le combat de Thésée et du Minotaure. Phèdre assiste à la victoire du héros, et ce spectacle la pénètre, à son insu, d'une émotion amoureuse. Quand Thésée reparaît, quand il emmène Ariane dans sa galère, loin du sombre palais de Minos et de Pasiphaé, elle implore la grâce de le suivre :

> Ma sœur! ma sœur! Ariane chérie!
> Me laissez-vous sur les bords désertés
> De ce pays qui n'est plus ma patrie
> Puisque vous le quittez?

Le héros consent, et Phèdre baise sa main avec une ardeur passionnée. Le geste est assez significatif pour qu'au deuxième acte (la galère en pleine mer) nous ne soyons pas surpris de voir Phèdre se lamenter à la poupe du vaisseau, tandis que Thésée et Ariane reposent, tendrement enlacés, sous les rideaux de leur tente. Le héros et sa compagne échangent des serments de fidélité éternelle. Cependant, Ariane s'inquiète, car « son héros n'a qu'à choisir » :

> Ne dis pas que tu m'aimeras, dis que tu m'aimes.

Thésée répond par un madrigal :

> Quand Hercule eut conquis,
> Sur le thalame exquis
> De Cassiopée,
> La rose d'une bouche et le lis frais d'un cœur,
> Il marcha désormais de son grand pas vainqueur,
> Un lis à la Massue, une rose à l'Epée!

Pendant ce temps, Phèdre appelle la mort; la tempête se déchaîne, pour s'apaiser bientôt et coucher mollement la galère sur le sable fin de la plage de Naxos. C'est là, dans l'île des lauriers-roses, aux écueils sans courroux (troisième acte), que s'engage le duel passionnel des deux sœurs. Duel inégal, car Ariane est une résignée. Nous la voyons, au lever du rideau, gémir sur la froideur de Thésée, et le chœur des vierges murmure sous les bosquets fleuris :

> Très pâle, en pleurs, le cou baissé
> Comme une tige brisée,
> Elle semble un grand lis blessé
> Qui pleurerait sa rosée.

Ariane ne sait pas encore avec qui Thésée s'apprête à la trahir, et Phèdre elle-même ignore toujours qu'elle est aimée. Mais, à la première rencontre, la tendresse incestueuse du héros se déclare; Phèdre cède à la fatalité, et Ariane la surprend dans les bras de son beau-frère. Tableau; syncope. Phèdre s'enfuit; les vierges se groupent autour de la reine évanouie. Ariane ne se ranime que pour apprendre la fin tragique de sa sœur, qui vient de blasphémer la déesse de Naxos en brisant la statue d'Adonis et qu'a punie la chute du marbre. On rapporte le cadavre de Phèdre, et les pleureuses mènent le deuil.

Logiquement, le drame est terminé. Il y a divorce moral entre Ariane et Thésée, qui s'est enfui dans la montagne. Le héros n'a plus qu'à s'embarquer avec le fidèle Pirithoüs, laissant dans son palais la dolente abandonnée. L'action repart cependant sur nouveaux frais et va remplir encore deux actes. Ariane — qui est décidément l'ange du sacrifice — veut ressusciter Phèdre et recommencer le miracle d'Orphée. Elle implore Cypris qui l'a trop bien vengée; la déesse s'attendrit (voilà qui est bien peu conforme à la mentalité des Olympiens!) et lui prête les trois Grâces pour l'accompagner dans sa descente aux enfers.

Quatrième acte : le Tartare. Un paysage « fuligineux », — je cite l'indication du livret, — le mur de bronze des enfers, la rive du Styx, le champ des pleurs, « sous un plafond qui est l'envers de la Terre ». Le dieu Hadès, couronné de rubis sombres, occupe un trône qu'entourent des spectres. Au premier plan est assise, dans une gaine de marbre, Perséphone, un lis noir à la main droite. Elle rêve à la Terre, et voici justement qu'une lueur terrestre pointe au fond du tableau. C'est Ariane qui arrive avec le groupe des trois Grâces, accompagnées des Iris et des Jeux, comme dans les ballets du XVIIᵉ siècle. Les Furies reculent devant la lumière, et la reine peut implorer Perséphone. La compagne d'Hadès se montre d'abord inflexible : « Il n'est point de retour pour les Ombres vers le jour; » mais Ariane dévoile une corbeille de roses, et Perséphone n'a plus rien à lui refuser :

> Emmène ta sœur! emmène ta sœur!
> Des roses! des roses! des roses!

Cinquième et dernier acte : le palais pélasgien de Naxos. Athènes, menacée par les amazones, appelle Thésée; le « chef des nefs guerrières » est venu chercher le héros, mais il refuse de partir. Il erre comme un insensé parmi les roches, appelant tour à tour Ariane et Phèdre : « Si l'une revenait? demande Pirithoüs. — J'attendrais l'autre. »

Elles reviennent toutes les deux. Thésée les accueille avec transport. Ariane, rassurée, va faire un bout de toilette devant la porte du palais. Et, en effet, au premier moment, l'héroïque beau-frère et la belle-sœur ressuscitée, ne parlent que de « faire leur devoir », comme des personnages cornéliens. C'est que Phèdre ne s'est pas encore dévoilée. Elle se montre en pleine lumière, et Thésée reçoit un nouveau coup de foudre;

il emporte la jeune fille, comme une proie, dans la galère, qui lève l'ancre. Ariane pleure et pardonne :

> C'est d'aimer en pleurant que l'âme est mieux charmée!

D'ailleurs, ayant été tour à tour Alceste et Orphée, il ne lui reste plus qu'à mourir comme Ophélie. Et elle descend lentement vers la grève, à l'appel des sirènes.

Massenet a tablé sur la mosaïque de ce scénario, moins grec que byzantin, une œuvre de la plus saisissante unité. Comme on l'a dit très justement, le dessin mélodique a, partout, cette qualité rare d'être absolument personnel; l'harmonie qui le souligne est d'une recherche et d'une distinction constantes; l'orchestration, enfin, a la richesse, la fermeté, la couleur et l'accent. « Le premier, le troisième — un chef-d'œuvre acclamé d'un bout à l'autre! — et le cinquième acte sont de pur drame, le second et le quatrième presque exclusivement symphoniques. L'un se compose d'un long développement musical qui accompagne le voyage nocturne de la trirème sur la mer; c'est un tableau d'une pénétrante poésie. Dans l'autre, le poète et le musicien ont voulu évoquer l'Enfer, non l'Enfer grimaçant du moyen âge, avec ses diables crochus et sinistres, avec les ricanements obstinés de ses démons et les hurlements de ses damnés, mais l'Enfer grec, lugubre, désolé, monotone et serein : la reine Perséphone pleure, un triste lis entre les doigts, sa funèbre destinée. Un seul épisode éclaire cet impressionnant tableau : l'arrivée d'Ariane venant arracher Phèdre à l'empire des morts. Et cette idée de poète, admirablement traitée par le musicien, donne à la scène une couleur d'une exquise pureté..

Thérèse, à l'Opéra de Monte-Carlo, en 1907.

Thérèse, qui devait revenir à l'Opéra-Comique en 1911, fut représentée pour la première fois le 7 février 1907 sur le théâtre de Monte-Carlo, sous la direction de M. Raoul Gunsbourg. C'est toujours la coupe en deux tableaux telle que l'indique le livret de Jules Claretie. Premier décor : un coin du parc de Clagny, près de Versailles, à l'automne. Un bataillon en marche vers la frontière (l'action s'engage en octobre 1792) fait halte près du château, que le girondin André-Thorel, le fils de l'intendant du marquis de Clairval, a racheté avec l'intention de le rendre un jour au légitime propriétaire, le marquis Armand. Celui-ci a été son camarade d'enfance et aussi le compagnon de jeux de sa femme Thérèse, une orpheline recueillie par les Clairval et qu'il a prise sous sa protection pendant la tourmente révolutionnaire.

Thérèse est reconnaissante à son mari; elle le chérit, elle le vénère, mais elle ne l'aime pas d'amour. C'est au marquis Armand qu'elle a gardé son cœur; aussi est-elle profondément troublée quand le jeune royaliste se présente à la porte du château, à la nuit close. Avant d'aller rejoindre les Vendéens, il a voulu revoir celle qu'il aime toujours, il est tendre et pressant. Mais voici que Thorel paraît; il tend les bras à l'ami d'autrefois, il lui offre un asile et répond de lui à l'officier municipal de ronde qui le dévisage avec insistance : « C'est mon compagnon, mon frère. »

Au second acte, huit mois ont passé. Nous sommes à Paris, en juin 1793, dans l'appartement de Thorel. Pour décor un salon de bourgeois aisés, dont les fenêtres donnent sur le quai. Armand est toujours l'hôte du girondin, qui le cache dans la grande ville comme il le cachait à Clagny. Mais il est devenu l'amant de *Thérèse*. Celle-ci a des remords et aussi du vague à l'âme. Elle aspire aux délices de la campagne, où les bleuets doivent fleurir parmi les blés jaunis. Elle voudrait suivre les hirondelles qui passent en jetant leurs cris de joie au ciel clair. Quant à *Thorel*, bien entendu, il ne sait rien, il a d'autres préoccupations en tête : la République d'abord, que lui paraît compromettre l'intransigeance de la Montagne, puis le salut d'Armand, dont le séjour à Paris ne pourrait se prolonger indéfiniment. Il a d'ailleurs travaillé en faveur du proscrit. Il a obtenu un sauf-conduit au nom d'un fournisseur des guerres; il va le lui remettre, quand on vient l'appeler en hâte à la Convention. L'assemblée est enfiévrée; une journée terrible s'apprête.

Il s'arrache des bras de *Thérèse*, la laissant seule avec Armand, et son départ prêterait aux interprétations comiques en d'autres circonstances. Mais l'heure n'est pas propice à la bagatelle, et la jeune femme conjure son amant de profiter du sauf-conduit. Le danger s'aggrave ; demain il ne serait plus temps de partir. Le marquis ne consent à fuir la tempête que si l'aimée l'accompagne. Et c'est alors le classique couplet de l'amour et du devoir. *Thérèse* est déterminée à ne pas abandonner *Thorel*, mais elle veut d'abord sauver Armand, et elle n'y parviendra qu'au moyen d'un suprême mensonge.

« Ah! viens, partons, viens!... Fuyons vers une terre inconnue... Il est des pays où l'on aime. Il est des cieux plus doux, allons vers eux. » C'est le grand duo de la *Favorite;* c'est aussi le lamento passionné de *Salammbô :* « Qui me donnera comme à la colombe — des ailes pour fuir dans le soir qui tombe? — Qui m'emportera libre de tourments, — de chaines mortelles, — vers des cieux plus doux, des dieux plus cléments?... » Mais *Thérèse* n'a voulu que décider Armand'à la fuite, en lui promettant d'aller le rejoindre quand il aura passé la frontière. Elle a deviné qu'André était perdu; elle a préparé son sacrifice, et, quand la charrette des condamnés passe sous ses fenêtres, elle crie à la meute rugissante : « Foule stupide, réunis les époux. André, je veux mourir! André, vive le roi! » La chambre est envahie par les révolutionnaires, les gens du peuple et les femmes qui crient : « A mort, à l'Abbaye, au *Tribunal!*

La partition de Massenet est l'éloquent et admirable commentaire de ce livret dramatique. Aussi bien, toutes ses grandes pages sont populaires, le chœur des soldats « sellé, paqueté, bridé, le cheval part pour la guerre, — le fantassin marche à terre », la scène d'Armand, « le parc... et le perron!... le vieux banc »; le duo avec *Thérèse;* l'émouvante mélodie du deuxième tableau : « Jour de juin, jour d'été! les hirondelles passent, » le départ d'Armand et aussi ces délicieuses « impressions ·musicales » : la chute des feuilles, le menuet d'amour.

C'est un spectacle scénique extrêmement curieux que le ballet de M. René Maugars, représenté au théâtre de Monte-Carlo, et la partition s'inscrit en belle place dans l'œuvre du maitre. L'action, courte et concentrée, se ramasse pour ainsi dire dans la cour d'une posada, voisine de la plaza de toros où va travailler la célèbre corrida d'Alvear qui n'a pas de rival parmi les *espadors* les plus renommés. La bohémienne Manoëla, qu'acclame la foule dans ce théâtre improvisé, aime Alvear et s'avance vers lui,

en mordant une fleur de grenade moins pourprée que ses lèvres.

Si le beau toréador paraît d'abord insensible au manège de la gitane, elle ne tarde pas à exercer sur lui un charme pour ainsi dire professionnel; sa danse le fascine; il se décide à mimer la scène de la corrida. Mais en consultant les cartes, Manoëla pousse un cri de terreur. Un danger terrible menace Alvear s'il pénètre dans l'enceinte où l'appellent les fanfares de la corrida. Elle essaye de le retenir, mais ses compagnons le réclament, et d'autre part le public de la posada n'admet pas que sa danseuse favorite se dérobe plus longtemps. La gitane reprend ses exercices, tandis qu'Alvear se dirige vers le cirque. Ses camarades le rapportent tué par le taureau; on l'étend sur un tréteau, mais la foule enfiévrée ne veut pas que la ballerine interrompe le divertissement pour aller embrasser le cadavre. Elle continue donc à danser, elle tourbillonne, emportée par une furia macabre, et finit par tomber morte près du cadavre de l'amant d'une heure.

Massenet a également enveloppé d'un tourbillon musical ce fait-divers tragique, du plus violent raccourci. La vigueur et la couleur surabondent dans cette petite partition d'une extraordinaire richesse, où nous retrouvons toutes les variations de la madrilène, du fandango, du boléro, de la sévillane, entraînées, précipitées, confondues dans la même sarabande, sans rien perdre, cependant, de leur individualité propre.

Bacchus : première représentation à l'Opéra, en 1910.

La rédemption de l'humanité est le *leitmotiv* philosophique de *Bacchus*. C'était déjà celui de la *Furie* jouée auparavant. Il y a ainsi des courants et des coïncidences. Dans la belle tragédie de M. Jules Bois, Héraklès proclamait la loi nouvelle, après avoir refusé de célébrer le sacrifice sanglant préparé pour fêter son retour par les mêmes nécromanciens sacrés qui pactisaient avec Lykkos.

Je vous remets à vous la science parfaite.
Pour la première fois qu'on célèbre la fête
Du bonheur sans remords, du triomphe sans fin.
Je proscris la douleur, la cruauté, la faim!
Plus d'esclavage, plus de tyran, plus de haine...

De même, dans le plus remarquable passage du livret, le symbolique Dionysos, en blanche robe dorée, beau comme une femme, oppose à la doctrine débilitante des bonzes la joie de vivre épanouie sous le soleil. Ils disent que rien n'existe, ni la terre aux belles fleurs, ni le soleil diamanté d'étoiles, que seule la souffrance est vraie. Le Messie couronné de pampre leur oppose le ·spectacle des énergies sans cesse renouvelées, du débordement, du ruissellement des forces naturelles.

Mortels, la vie est dans le monde!
Le blé mùrit au champ et la vigne au ravin.
Par Cérès et Bacchus, par le pain et le vin
Mûrit l'humanité féconde.
Mortels, la vie est dans le monde!

Vivants! la joie est dans le monde!
J'ai massacré la nuit et j'ai tué la mort;
Du meurtre de la nuit c'est le matin qui sort;
Hors du tombeau la vie abonde.
Vivants! la joie est dans le monde!

Le poème est couronné par le triomphe de la vie et de la joie. Quand le feu du ciel a frappé Amahelli et quand Ariane est remontée au ciel, où sa chevelure formera une constellation, le panorama de la

Grèce civilisatrice, resplendissante à travers les âges, se dessine derrière le Bacchus triomphant.

Voilà pour le sens symbolique et mythique du scénario de Catulle Mendès. Le premier acte fait office de prologue. Dans le palais infernal, où elle n'a jamais engendré que là mélancolie et qui paraît très sommairement meublé (l'Hadès-style est inconfortable), Perséphone tient une petite jardinière en forme d'urne funéraire où reposent les cendres des roses apportées jadis par Ariane. Vit-elle encore, la compatissante mortelle qui voulut fleurir la crypte des prestiges et des épouvantes? « Ariane n'est point chez les morts douloureux, » répondent les compagnes de la princesse exilée. Elle n'est pas davantage chez les morts bienheureux. La Parque Clotho, la doyenne des sibyllines dévideuses, celle qui tient la quenouille de fer, annonce que la sœur de Phèdre a cru retrouver Thésée dans les traits du Bacchus errant, porteur de la grappe savoureuse et de la bonne parole. Le géant Antéros montre le sublime amoureux voguant sur la nef d'or vers le martyre qui rachètera l'humanité, et le rideau baisse sur ces deux vers, d'une harmonie toute racinienne :

> Regarde au loin, si chère à la mélancolie,
> L'épouse au cœur charmant qui t'apporte des fleurs.

Deuxième acte : dans l'Inde, au pays des Sacias. Devant une fruste image de Bouddha méditent sur la vanité de la nature admirable qui les entoure, sur le néant des lotus bleus et des roses nymphées qui émaillent un paysage de rêve, le révérend Ramavacou, très vieux vilain bonze, et ses compagnons tondus jusqu'à l'ivoire de leurs crânes pyriformes. Un faux frère, un sous-diacre à qui le cortège de Bacchus, triomphalement descendu sur la rive hindoue, a fait boire le jus de la vigne, vient troubler leur recueillement en célébrant le dieu nouveau :

> Tout s'envermeille et rit, arbres, ciel, bêtes, choses,
> Au rouge et clair miroir bordé d'écume rose.

Puis c'est la reine Amahelli, la féroce sauvagesse dont le despotisme s'appuie sur la caste des bonzes, qui implore leur secours contre l'armée impie des bacchantes et des corybantes. Ramavacou lui promet l'assistance des singes hurleurs, hôtes de la forêt prochaine. Ces monstres, maniers de gourdins et déracineurs de roches, sont la vieille garde qu'on fait donner dans les grandes occasions. En effet, après la féerique entrée de Bacchus, dont le thyrse d'or luit comme un sceptre de feu et vers qui monte en spirale légère l'encens des adorations d'Ariane, Silène, titubant, s'effondre aux pieds du fils de Zeus :

> Roi! par fauves troupeaux, d'affreux géants camards
> Hurlent, roulent des rocs que la pente charrie...

Bacchus, souriant et divin, prend la ceinture d'Ariane pour fustiger le peuple des hurleurs, mais quand le rideau se relève après un tumultueux interlude symphonique (c'est dans l'orchestre « la bataille horrible », suivant l'indication du poème, l'Amant et l'Amante gisent sous les débris du char. Les bonzes qui rôdent sur le champ de bataille voudraient égorger le vaincu, mais Amahelli, troublée, permet seulement qu'on l'enchaîne. Il se laisse emmener par les soldats, après avoir embrassé sur le front Ariane évanouie, qui se ranime un instant sous le regard haineux de la reine barbare. Amahelli la repousse brutalement :

> Vous êtes son épouse et vous êtes très belle.
> Mourez donc! Oui, le mieux pour vous, c'est de mourir.

Troisième acte : la terrasse du palais d'Amahelli,

en marbre blanc friable comme l'albâtre. Bacchus, qui répond ironiquement à l'interrogatoire des bonzes et oppose à leurs sombres dogmes son Credo d'espérance et d'amour (« Je vous délivrerai de la mort pour la vie »), serait jugé et exécuté si la reine, violemment éprise, ne chassait les bourreaux et ne tombait aux pieds du divin : « Et maintenant, qu'ordonnes-tu, — Maître, à ta royale servante? » La voyant à sa merci, sous le « geste auroral », Bacchus lui ordonne d'accueillir comme une sœur Ariane qui n'est pas morte. Amahelli se soumet, la rage au cœur. Le deuxième tableau montre dans un sous-bois la célébration des mystères dionysiaques où doivent fusionner l'antique barbarie et la civilisation nouvelle.

Le dernier acte apporte le dénouement nécessaire et mystique. Si Ariane n'a pas succombé à ses blessures, c'est qu'une fin plus noble l'attend : le martyre volontaire. Elle ne sera l'Amour pur, la grande passion dont le reflet transfigurera l'humanité, que si elle a cette joie vraiment divine de se sacrifier pour l'élu. Aussi quand la haineuse Amahelli lui annonce qu'un oracle a condamné Bacchus et qu'au retour de sa campagne contre les singes hurleurs il périra sur le bûcher dressé par les prêtres si une autre tête sacrée ne se substitue pas à l'Epoux-Roi, ne cherche-t-elle pas à discuter cette fable grossière? Elle a hâte de s'offrir, elle monte sur le bûcher et se frappe d'un coup de poignard. La foudre gronde, Amahelli expire, Ariane est irradiée, tandis que les jeunes religieuses entonnent ce chœur d'une préciosité bizarre :

> Ariane au ciel! Chevelure qui voile
> D'illusion encor l'espoir peut-être vain,
> Verse à jamais du miel d'étoile
> Dans la coupe humaine du vin.

S'il y a quelques obscurités dans le scénario, la partition est chargée d'éléments, pétrie de substance, mais toujours accessible et claire. Les pages caractéristiques et les développements savoureux y alternent avec une souple abondance. La collaboration du poète et du musicien y apparaît assez intime pour qu'on puisse évoquer l'image de Sully Prudhomme :

> La note est comme une aile au pied du vers posée,

à propos de cette œuvre où le musicien garde sa triple maîtrise de dramatiste, de mélodiste et de symphoniste.

Les deux premières s'affirment en même temps dans le relief des personnages très nettement précisé par les dessins mélodiques comme par la tenue orchestrale, sans que le leitmotiv prédomine à la façon wagnérienne. Il n'est pas absent, mais il a l'heureux parti de garder son indépendance et de ne pas faire d'implacables réapparitions à chaque tournant de scène. Beaucoup de mélodies restent isolées ou ne sont reliées à la trame que par un fil ténu. Je citerai la glorieuse cantilène de Bacchus : « Vierges, l'amour est dans le monde;... » la phrase d'Ariane : « Lorsque la voix enchante, est-il besoin d'y croire? » le motif d'Amahelli : « Je t'appartiens, vainqueur des nuits, » et les airs de ballet, d'un charme vraiment aérien.

Voilà pour le mélodiste. Quant au symphoniste, il est de grande allure et aussi de la plus méritoire sobriété pittoresque, malgré le texte un peu trop tumultueux qu'il commente dans l'intermède où se trouve musicalement figurée la lutte des corybantes et des singes déracineurs de roches.

Don Quichotte, à la Gaîté, en 1910.

Le héros de Cervantès a tenté bon nombre d'auteurs dramatiques. Dès le XVIIᵉ siècle on vit apparaitre sur la scène des *Don Quixot* ou *Don Quijote*. Nous connaissons un *Don Quichotte* de Ferdinand Laloue et Anicet, un *Don Quichotte aux noces de Gamache*, de Dupin et Sauvage; un *Don Quichotte de Noisyle-Sec*, de Désaugiers et Gentil; un *Don Quichotte et Sancho*, opéra-comique d'Hervé; un *Don Quichotte* de Sardou (Gymnase, 25 juillet 1863), remonté luxueusement au Châtelet, où il n'eut que quarante-trois représentations, malgré l'excellente interprétation de Barral et d'Emile Albert; un *Don Quichotte*, opéra-comique en trois actes de Michel Carré, Barbier, Tanuit et Boulanger; même un vaudeville, le *Don Quichotte des maris*, de Frantz Beauvallet; trois *Noces de Gamache*, de Dupin, Sauvage et Guénée, de Planard et Bochsa, de Milon et Lefebvre; *Sancho Pança dans l'île de Barataria*, de Dreuilt, Cuvelier et Franconi: *l'Ile de Barataria*, d'Oscar; enfin la *Dernière Dulcinée*, d'Albert du Bois, un noble poème idéaliste que Catulle Mendès tenait avec raison pour l'un des plus admirables de ce temps; le *Don Quichotte* de Jean Richepin, remarquablement créé par le regretté Leloir, et le *Chevalier de la Longue-Figure*, du poète-savetier Jacques Le Lorrain, créé par Bour au Théâtre Victor-Hugo, et d'où Henri Cain tira pour Massenet le livret du *Don Quichotte* créé à Monte-Carlo en février 1910 et repris triomphalement à la Gaîté-Lyrique.

Comme dans les plus récentes œuvres qu'il inspira, Don Quichotte y devient, non plus une caricature du chevalier errant, mais la personnification du champion de l'Idéal, du Rêveur humanitaire.

Au premier acte, on boit, on rit, on chante, on danse, sous les balcons de l'enchanteresse Dulcinée. Bientôt Don Quichotte qui l'amuse est bafoué par Don Juan, l'amant de la belle. Celle-ci, pour se débarrasser d'un soupirant devenu gênant, l'envoie reprendre aux bandits de la Sierra un collier de perles dérobé sur sa table de toilette. Pour décider le bon hidalgo à courir cette aventure, elle ne lui ménage ni les promesses ni les roueries savantes. Il part, sûr d'être aimé, et nous le retrouvons, cheminant sur Rossinante, et rimant des vers en l'honneur de la dame de ses pensées, tandis que Sancho anathématise les femelles, « dont la meilleure ne vaut rien ». Voici le combat contre les moulins à vent, rajouté pour la mise en scène, et la lutte avec les brigands. Vaincu, Don Quichotte se prépare à la mort et prie pour ses bourreaux :

> Seigneur, reçois mon âme, elle n'est pas méchante,
> Et mon cœur est le cœur d'un fidèle chrétien.
> Que ton œil me soit doux et ta face indulgente.
> Etant le chevalier du droit, je suis le tien!

Et il ajoute :

> J'adore les enfants qui rient lorsque je passe;
> Je suis fou de soleil ardent, d'air pur, d'espace,
> Et ne déteste point les bandits quand ils ont
> De la force au jarret et de l'orgueil au front

Les bons larrons, convertis, saluent l'apôtre et lui rendent le collier. Don Quichotte les bénit en faisant honte à Sancho, le sceptique :

> Les sans-logis, les gueux aux rires menaçants,
> Ont deviné mon but, en ont saisi le sens!
> Courbés sous l'âpre vent qui vient des cimes hautes,
> Tremblant d'un grand frisson, regarde-les, mes hôtes,

> Les élus de mon cœur, mes fils prédestinés,
> Vois-les comme ils sont beaux, dociles, fascinés!

Don Quichotte revient triomphant vers Dulcinée, mais celle-ci est si surprise qu'il pousse ce beau cri : « Elle a douté de moi! » Et, sentant qu'il ne sera jamais compris, il s'en va expirer dans la forêt amie, en léguant à Sancho tout ce qu'il possède : l'île des Rêves.

Il meurt debout au clair de lune, au pied d'un chêne, dans une sorte d'apothéose mystique, demandant qu'on l'enterre là, en terre très chrétienne.

La partition de Massenet commente avec émotion cette comédie héroïque. Le maître y a prodigué ses qualités enveloppantes, ses tendresses voluptueuses, ses subtilités souples, ses richesses fluides... De la gaieté, de la couleur, de la grandeur, de la grâce et de la noblesse. A signaler la sérénade du premier acte, l'air épique : « Géant monstrueux, » la fête chez Dulcinée, l'ouverture du quatrième acte, qui, le soir de la première, fut bissée d'acclamation par une salle enthousiaste.

Roma, à l'Opéra, en 1912.

Il n'y a pas lieu d'insister sur la donnée de *Roma*, adaptation lyrique de la *Rome vaincue* d'Alexandre Parodi. Annibal vient d'écraser l'armée romaine à Cannes. Quel sacrilège a provoqué la colère des dieux? On apprend qu'une des vestales, Fausta, a transgressé son vœu de chasteté; elle sera enterrée vive; son aïeule Posthumia la poignarde pour lui épargner les affres de l'agonie dans le caveau souterrain.

Sur ce scénario, d'où la volupté est absente, Massenet écrivit une partition dont le sobre caractère, le coloris volontairement atténué, furent salués par tous les admirateurs du Maître comme un hommage à la beauté pure du style classique. Mais certains critiques en parurent inconsolés, et nous citerons, à titre documentaire, ce curieux commentaire de M. Henry Gauthier-Villars :

« La souplesse d'un métier éprouvé, le sens des habitudes théâtrales, ne suffisent pas à créer un style. En vain Massenet a banni de cette *Roma* les séductions qui assurèrent la fortune de ses autres partitions; en vain il s'est condamné à une sécheresse mélodique qui, pour lui, touchait à l'héroïsme, et à une transparence d'écriture qui croyait atteindre la grande sobriété gluckiste : il ne suffit pas de multiplier les récitatifs, d'accompagner à deux, voire à une seule partie, des mélopées volontairement desséchées, d'éteindre toute flamme lyrique, d'imiter avec une fidélité touchante tel austère motet de Victoria, de renoncer à l'accent orchestral et de mettre un crêpe à un violoncelle-solo, pour devenir un parfait citoyen romain.

« Les modestes outrées de fugue au prélude du quatrième acte ne font pas illusion, et l'on sent bien que les seules pages écrites avec sincérité sont la virginale confidence de Junie, le chœur du cinquième acte avec ses arpèges qui font rage et l'effusion de Fabius : « Ma fille, c'est toi que je revois ici. »

Panurge, à la Gaîté-Lyrique, en 1913.

La genèse de cette œuvre posthume a été racontée avec une discrète émotion par notre confrère Adelphe Aderer. Il y a quatre ans environ, comme l'on discutait au ministère des affaires étrangères le traité franco-russe sur la propriété artistique, M. Heugel, le célèbre éditeur, prit à part M. Maurice Boukay et lui demanda pourquoi, lui qui avait tant fait de poésies et de chansons, il n'avait jamais rien donné à Massenet pour être mis en musique. « Parce que Massenet ne m'a jamais rien demandé, repartit M. Bonkay. — Eh bien, voulez-vous faire une comédie lyrique avec lui? »

M. Boukay accepta, d'enthousiasme, comme bien on pense. « Massenet, poursuivit M. Heugel, voudrait achever son œuvre lyrique en traitant un sujet national et gai. Voyez-vous cela? » Et M. Boukay pense aussitôt qu'il n'y avait chez nous rien de plus national et de plus gai que Rabelais, et dans Rabelais, que Panurge. Panurge fut donc proposé. Massenet en fut enchanté. On se mit sur-le-champ à l'œuvre. Mais le rapporteur du budget des beaux-arts et le sénateur qui sont en M. Couyba ne permettant à M. Bonkay d'être poète qu'à certaines heures, c'est-à-dire pendant les vacances parlementaires, celui-ci demanda l'active collaboration de son compatriote M. Georges Spitzmuller. L'ouvrage avança; Massenet y travaillait de son côté avec ivresse, — et le maître de Marie-Magdeleine et de Manon se réjouissait de voir bientôt mettre en scène sa nouvelle œuvre lyrique, lorsqu'il disparut, pour le plus grand regret de tous. Panurge, qui devait passer en octobre, fut remis, par égard pour le deuil qui frappait la musique française, et ce fut au printemps que Panurge fit ses premiers pas sur la scène du Théâtre-Lyrique de la Gaîté.

L'action (nous en empruntons le récit à l'excellent « argument » résumé par M. Robert Catteau) se passe successivement à Paris, à l'abbaye de Thélème et dans l'île des Lanternois, en l'an 1520.

Nous sommes d'abord aux Halles, le jour du mardi gras. Une foule en liesse attend Carnaval qui va passer au Marché. Pantagruel fait son entrée, suivi de ses quatre écuyers : Malicorne, Carpalim, Gymnaste et Epistémon. Et le cortège défile au milieu du charivari que font les marchands.

Voici seigneur de Joie et général d'Enfance !
Abbé de Plate-Bourse et varlet Mausecret !
Là, sotte Occasion ; ici, sotte Fiance !
Le sire de la Lune avec Gueulard Doublet
Et sa femme Doublette, accorte et gente mère.
Enfin, les deux joyeux compagnons : Dire et Faire.

Et Panurge paraît à son tour, minable et affamé. On sait que ce n'est pas aux Halles que Pantagruel rencontra pour la première fois Panurge, mais hors la ville, un jour qu'il se promenait vers l'abbaye Saint-Antoine, « devisant et philosophant avec ses gens et aucuns escholiers », ainsi qu'il est dit au chapitre IX du livre II. MM. Spitzmuller et Bonkay pouvaient se permettre cette inoffensive licence.

Pantagruel invite à sa table Panurge, qui se nomme et chante son pays natal :

Touraine est un pays charmant,
Au ciel bleu comme un regard tendre.

Pantagruel aussi connaît la Touraine et y habita un endroit merveilleux et doux comme Hypocras, l'accueillante abbaye du nom de Thélème ! Panurge devient aussitôt l'ami du fils de Gargantua. Alcofribas, le patron de l'hostellerie du Coq et de l'Asne, emplit les pots. Pourtant, quoiqu'il aime grande beuverie, Panurge porte

Nez long d'une aulne et front d'enterrement.

Il a perdu sa gente femme Colombe et ne sait s'il

doit rire ou pleurer... Panurge marié, c'est encore une invention des librettistes. Pantagruel l'invite à s'esbaubir sans vergogne.

Mieux vaut induire en les ris qu'en les pleurs,
Pour ce que rire est le propre de l'homme !

Colombe a feint sournoisement d'être trépassée, afin de connaître si vraiment son mari l'aime. De se voir délaissée, elle conçoit une vive irritation et vient réclamer Panurge à ses compagnons de beuverie. Le mari proteste :

Vous êtes feue, madame !
Le bon Dieu ait vostre âme !

Pour soustraire son ami aux persécutions d'une épouse courroucée, Pantagruel emmène Panurge à l'abbaye de Thélème. Dans cette retraite heureuse, Panurge s'éprend d'une avenante thélémite, dame Ribaude. Mais celle-ci entend se faire épouser :

Toujours le mariage en toute confrérie !

Panurge peut-il se considérer comme démarié et doit-il épouser Ribaude? Il est perplexe et interroge Pantagruel, lequel décide de consulter sur ce point les sommités qui ont fait la renommée de l'abbaye : Bridoye, le légiste jugeant les procès par les dés; Trouillogan, le philosophe trismégiste ; Raminagrobis, le poète; enfin le médecin Rondibilis... La consultation, faut-il le dire? ne donne aucun résultat. Mais Colombe est dans la place, plus décidée que jamais à reprendre son mari, et Ribaude a promis de lui prêter main-forte. Frère Jean trouve Colombe charmante et ne serait pas mécontent de retenir au monastère « une beauté quasiment digne de Cythère ». D'accord avec Pantagruel, il imagine de donner jalousie au mari et décide Colombe à se confesser à Panurge. Suivant l'avis de frère Jean des Entommeures, « moyne moynant fort peu de moynerie », Colombe s'accuse mensongèrement d'avoir trompé son mari jusqu'à trois fois, avec un galant abbé, un jeune bachelier et un superbe officier. Fureur de Panurge, qui prend la résolution de se réfugier en l'île des Lanternois.

Colombe le devance, arrive la première dans l'île et fait de la reine Baguenaude sa complice. Nous voyons atterrir un Panurge transfiguré, jaloux de sa femme. Il a compris qu'elle était digne de renommée, « à ce signe certain que d'autres l'ont aimée! » Qui lui dira où est Colombe?

Baguenaude renvoie Panurge à l'oracle de Bacbuc, l'oracle de Bouteille!... L'oracle est rendu par Colombe elle-même qui, pour la circonstance, joue la Sibylle. Elle exige de Panurge, pour que sa femme lui soit rendue, qu'il révère également l'amour et le vin, et surtout qu'il laisse Martin-Bâton sommeiller dans son coin!... Panurge promet d'obéir aux arrêts de l'oracle. Un vaisseau, signalé au large, qui porte Frère Jean, Pantagruel et ses écuyers, aborde l'île juste à temps pour que les gais meneurs de la farce assistent à la réconciliation des époux.

En ce qui concerne la partition, ce scénario adroit, ainsi que l'a constaté M. Alfred Bruneau, « adapte à l'exacte mesure du délicat et alerte génie de Massenet l'énorme et magnifique sujet qu'il effleure prudemment. La musique qui l'accompagne est vive, spirituelle, légère, séduisante. Elle amuse, charme et touche aussi. L'auteur de Manon et de Thaïs s'y révèle, y évoque même un lointain souvenir de ces deux ouvrages-là, quoique en y pastichant parfois de plaisante façon le style des compositeurs de la Renaissance et en y parodiant les vieux contrepoints. » Mais, suivant l'observation d'un autre critique, M. Henri Quittard, c'est une surprise assez singulière que de voir avec quelle aisance cette musique suit partout l'action et la commente avec une verve qui ne se dément jamais. Une surprise, assurément, puisque rien, dans l'œuvre antérieur de Massenet, ne laissait pressentir qu'il pût aussi aisément entrer dans l'esprit de la musique bouffe.

« Au reste, ajoute le même critique, si *Panurge* doit tenir dans l'œuvre de Massenet une place à part, si la pièce nous révèle — et brillamment — une face de son talent que nous ne connaissions point, ce n'est pas à dire qu'on n'y reconnaisse, et partout, la marque habituelle du maître. Si savoureux qu'il soit, ce style bouffe garde les caractères habituels de son art. Il n'a ni la fougue tumultueuse et violente d'un Chabrier, ni la verve sans façon, un peu débraillée, d'un Offenbach. Encore moins rappellerait-il l'élégance artificielle des Italiens, de Rossini, par exemple, chez qui le comique est bien plus .dans le geste et les effets de l'acteur que dans la musique qu'il chante. C'est toujours cet art fait de grâce et de mesure, si clair et parfait dans sa simplicité. Simplicité si constamment ingénieuse qu'elle enlève, si l'on peut dire, toute idée que de complexité fût désirable et qui, se raffinant encore dans *Panurge*, arrive parfois à un point dont il serait, à tout autre qu'à un Massenet, périlleux d'approcher. »

Drames profanes et sacrés.

Les Érinnyes.

Les *Érinnyes* sont intitulées « intermède pour la tragédie antique de Leconte de Lisle ». La première exécution eut lieu le 6 janvier 1873 à l'Odéon (chef d'orchestre : Edouard Colonne). L'œuvre fut reprise au Théâtre-Lyrique de la Gaîté le 15 mai 1876 (chef d'orchestre : Jules Danbé).

Au début, la musique de scène écrite par Massenet ne comprenait que les pages instrumentales de la partition actuelle; la partition ne fut exécutée dans son entier, avec des chœurs et un orchestre complet, qu'en 1876. C'est le commentaire successif et minutieux du sombre drame de Leconte de Lisle qui, loin de tempérer l'horreur du drame antique, l'a plutôt exagérée, mais un commentaire très adouci. L'horreur, a dit M. Camille Bellaigue, est absente de l'œuvre de Massenet, mais non pas la mélancolie, qui la voile tout entière :

. « Partout, dans cette partition, la tristesse; mais nulle part l'épouvante; des pleurs, mais pas de sang. Entre les deux parties du drame, quand va revenir Oreste, roulant d'horribles desseins dans sa tête aux yeux fous, quelle musique l'annonce! Une phrase de violons superbe, mais chargée d'une douleur plus amère que farouche, pleine de souvenirs et de regrets plutôt que de ressentiment et de haine.

« Ailleurs encore, écoutez la marche mélancolique des choéphores, semant de pâles glycines la tombe du maître. Quelle suavité, quelle tendresse! De quelle douceur enfin l'adorable mélodie du violoncelle enveloppe la prière d'Electre, de la pieuse orpheline qui la première ose ici parler de pardon et de miséricorde, et supplie seulement les dieux de la garder plus chaste et moins audacieuse que sa mère! En vérité, de la sauvage tragédie, Massenet a tout adouci. Il a fait son miel dans la gueule du lion, et sa délicate partition ressemble à quelque gracieuse guirlande

que la main d'un artiste moderne, de Chapu par exemple, aurait sculptée sur les blocs cyclopéens de la vieille Argos. »

Marie-Magdeleine.

Le 11 avril 1873, Massenet faisait exécuter à l'Odéon, sous la direction Duquesnel, *Marie-Magdeleine*, drame sacré en 3 actes et 4 tableaux, avec le concours de l'orchestre Colonne. — Solistes : Bosquel, Petit et Mᵐᵉ Viardot.

L'éditeur Hartmann avait loué la salle à ses frais, à la suite d'une visite infructueuse de Massenet à Pasdeloup. M. Duquesnel a raconté d'une façon bien plaisante cette visite, en date du 13 mai 1872. Massenet, en se rendant au 18 du boulevard Bonne-Nouvelle, où demeurait Pasdeloup, ne pouvait s'empêcher de songer à ce que ce chiffre fatidique, 13, comportait de fâcheux présages. Il s'était fait accompagner d'Hartmann :

« Il y avait dans la cheminée une de ces bûches de chêne qui résistent à toutes les attaques de la flamme, aimant mieux fumer que brûler. Elle fuma si bien, en effet, qu'un nuage âcre envahit le salon, saturé bientôt d'oxyde de carbone. Pasdeloup se leva, courut à la fenêtre, qu'il ouvrit brutalement. L'air pénétra, fit tourbillonner la fumée et répandit dans le salon un froid glacial. Le pauvre Massenet, qui sentait sa voix se prendre, voulut interrompre. « Continuez, continuez, je vous entends! » fit Pasdeloup, les yeux fixés sur la pendule. La fumée ayant été faire son tour de boulevard, il se leva et courut fermer la fenêtre. La bûche ne se tint pas pour battue et se reprit à fumer de plus belle. Il rebondit à la fenêtre et l'ouvrit. Le manège de l'ouverture et de la fermeture dura ainsi deux heures d'horloge, temps nécessaire pour l'audition. Pasdeloup n'avait d'ailleurs pas soufflé mot. Il n'avait pas eu un cri, pas un geste, pas une parole d'encouragement. Il n'y eut pas même une expression fugitive sur sa face pileuse. Massenet était pâle, les yeux rougis de fatigue, les tempes ruisselantes de sueur, au moment où, après les émotions du Golgotha, il frappa la dernière note. « Alors, c'est fini? dit Pasdeloup indifférent. — « C'est fini! » répondit Massenet accablé, désespéré; et réunissant péniblement les feuillets épars de sa partition, il se leva donc, salua, et la partition remise sous son bras, il se disposa à partir. Arrivé sur le pas de la porte, il revint, dolent, humilié, et, prenant son courage à deux mains : « Eh bien! vous entendez- « sez ma partition, dit-il d'une voix étranglée, me « jouerez-vous le vendredi saint? — Vous jouer... « jamais de la vie! répondit Pasdeloup, dont la voix « plus stridente siffla à travers les broussailles de sa « barbe. Vous jouer! Mais, mon cher, il y a un endroit « où vous faites dire, en parlant du Christ : J'entends « ses pas... Mais, mon cher, on n'entend pas les pas du « Christ... J'entends ses pas... les pas du Christ!!! » Et il le poussa doucement dehors, grommelant entre « ses pas... J'entends ses pas... J'entends ses pas!... » C'est tout ce qu'il avait retenu de la partition. Massenet, le sang à la tête, énervé, désespéré, fit quelques pas, et tomba accablé sur un des bancs du boulevard, la serviette bourrée de papiers roulant à ses pieds, dans la boue, car la pluie tombait fine et drue. « C'est fini! disait-il, c'est bien fini; je croyais avoir « fait quelque chose, et ce que j'ai fait n'est rien! J'ai « mis quatre ans à écrire une partition informe... « sans valeur... puisqu'on la repousse. » Et, se prenant le visage entre les mains, il pleura à chaudes larmes. « Venez-vous dîner? lui dit Hartmann, très ému lui-« même; il est neuf heures passées. » Massenet ne dîna pas ce jour-là; il avait, comme disent les bonnes gens, la barre sur l'estomac. Il rentra dans sa chambre, s'enferma et pleura toute la nuit. »

Massenet devait avoir une belle revanche quand la première exécution publique eut lieu le vendredi saint, 18 avril 1873, dans la salle de l'Odéon; plus belle encore quatorze ans plus tard, quand Colonne reprit *Marie-Magdeleine* au Châtelet. Louis Gallet écrivait alors : « *Marie-Magdeleine* m'apparaît comme l'ouvrage dans lequel Massenet se montre, non le plus personnel, car tout le rôle de Judas est traité dans une forme archaïque, mais le plus dégagé de préoccupations à l'égard du public. Il a écrit cet ouvrage dans la parfaite sincérité de son âme, ne sachant pas, ne voulant pas savoir quel accueil lui réserveraient les auditeurs. »

Et Ernest Reyer, rappelant ses impressions de jadis, écrivait les lignes suivantes dans son feuilleton des *Débats* du 18 décembre 1880 : « Je me souviens encore des délicieuses émotions de cette soirée, de mon admiration, de mon enthousiasme éveillant en moi une si vive sympathie pour le jeune maître, que ses ouvrages antérieurs ne nous avaient point fait pressentir. D'obscur qu'il était la veille, il s'élevait au premier rang, et tous nos vœux étaient qu'il pût s'y maintenir. C'était une véritable joie dans le camp des musiciens sincères... Cette partition de *Marie-Mag-deleine* est un bijou; je dirai même un chef-d'œuvre, sans la moindre crainte d'exagérer. Je l'aime d'un bout à l'autre, cette œuvre exquise, même avec ses inégalités de style que je n'ose pas, que je ne veux pas m'avouer. Je l'aime toute parfumée qu'elle est de jeunesse et de poésie. Plus amoureuse que chré-tienne, elle n'en a pas moins le terme onctueux et pénétrant de ces saints cantiques qui se chantent quand les cierges sont allumés et que l'encens fume... »

La supériorité de l'œuvre s'affirma définitivement lors de la reprise à l'Opéra-Comique, trente-trois ans après la première présentation, et le public salua avec un enthousiasme sans cesse renouvelé le chœur des Magdaléennes, l'air de Miryem, le double phrase de Jésus : « Vous qui flétrissez les erreurs des autres, » le chœur des servantes, le duo de Miryem et de Jésus, la prière, le chœur du supplice et le chœur des saintes femmes.

Mentionnons encore *Ève*, mystère en trois parties sur un poème de Louis Gallet, exécuté pour la première fois le 18 mars 1875 au Cirque d'Été pour la Société l'Harmonie Sacrée (direction Charles Lamoureux), œuvre mixte, intéressante, un peu « voulue » et dont le librettiste a dit lui-même, en se dédoublant comme critique : « *Ève*, moins égale que *Marie-Magdeleine*, laisse voir le musicien plus inquiet des appréciations courantes. Il a vu le feu une première fois; il a compris que les goûts du public ne s'accommodaient pas toujours des inspirations les plus hautes; il fait quelque concession, et on lui paye en applaudissements ce qu'on lui devait pour *Marie-Magdeleine*. » — *Narcisse*, idylle antique, paroles de Paul Collin, pour solo et chœur, composition écrite en 1877; de l'André Chénier musical. — *La Vierge*, légende sacrée en quatre scènes sur un poème de M. Ch. Grandmougin, dont la première représentation eut lieu le 22 mars 1880 aux concerts historiques de l'Opéra, sous la direction Vaucorbeil, et dont a survécu

le prélude instrumental du quatrième tableau, le dernier sommeil de la Vierge. — *La Terre promise*, oratorio en 3 parties, dont la première exécution eut lieu le 15 mars 1900 à l'église Saint-Eustache, sous la direction de M. Eugène d'Harcourt. Massenet avait pris son texte dans la Vulgate, le Deutéronome pour la première partie de l'oratorio, *Moab* (l'alliance) : « Gardez les préceptes du Seigneur, afin que vous possédiez cet excellent pays où vous entrerez ainsi que Dieu l'a juré à vos pères ;... » pour la seconde, *Jéricho* (la Victoire), ce verset du livre de Josué : « Le peuple ayant jeté de grands cris, les murailles de Jéricho tombèrent jusqu'au fondement, et chacun entra dans la ville; » pour la troisième, *Chanaan ou la Terre promise*, cet autre verset : « Il renvoya ensuite le peuple chacun dans ses terres. » On a remarqué avec raison que dans la *Terre promise* la femme n'intervient pas et que le compositeur, dégagé de toute préoccupation théâtrale, est directement aux prises avec l'idéal religieux.

Relevons parmi les œuvres diverses six volumes de mélodies, parmi lesquelles la sérénade du *Passant, les Enfants, le Sonnet du Noël païen, l'Ave Maria; le Poème du Souvenir* sur des vers d'Armand Silvestre; *le Poème d'Avril* et *le Poème d'Hiver* sur des vers du même poète; *le Poème d'octobre*, paroles de Paul Collin; *le Poème d'Amour*, vers de Robiquet; *le Poème d'un soir, le Poème pastoral, Lui et Elle, les Chansons des bois d'Amaranthe, les Chansons mauves, les Poèmes chastes;* deux scènes chorales pour deux voix de femmes et solo avec accompagnement de piano : *Noël* et *la Chevrière*.

L'œuvre pianistique n'est pas considérable. M. Louis Schneider a cependant fait cet intéressant relevé : *Scènes de bal* pour piano à quatre mains; morceaux divers : *Impromptu, Eau dormante, Eau courante; les Sept Improvisations*, d'une exécution très difficile; *l'Improvisateur*, scène italienne; une *Parade militaire; le Roman d'Arlequin*, pantomime enfantine; dix pièces de genre (op. 10); la réduction pour piano seul du *Divertissement* pour orchestre de Lalo; trois pièces pour piano à quatre mains dédiées à Saint-Saëns; un grand concerto pour piano et orchestre, divisé en trois parties, où Massenet a employé des thèmes populaires de la Hongrie; deux badinages, *Papillons noirs* et *Papillons blancs*.

Rappelons enfin les *Scènes napolitaines* et la *Première Suite d'orchestre*, composées à la Villa Médicis, les *Scènes pittoresques* (Châtelet), les *Scènes dramatiques* (Conservatoire), les *Scènes alsaciennes* (concerts Colonne); l'ouverture de *Phèdre* (concerts Colonne); la musique de scène et les entr'actes également pour *Phèdre* (Odéon, 1900); le *Lamento* pour orchestre (concerts Colonne); la *Marche de Szabady* (1879); l'ouverture pour le *Brumaire* d'Édouard Noël (1899), la grande fantaisie de concert sur le *Pardon de Ploermel;* divers morceaux de musique religieuse et plusieurs chœurs orphéoniques.

Nous donnerons pour conclusion à ces analyses la remarquable étude de M. Albert Soubies sur « Massenet historien », où se trouve établie la véritable unité de l'inspiration du compositeur. Lorsqu'on parcourt, suivant la remarque de notre éminent confrère, la liste des ouvrages de Massenet, on est frappé de l'extrême variété soit des époques, soit des pays (contrées réelles ou de rêve) que sa fantaisie a tour à tour évoqués, au théâtre comme au concert, dans le lied aussi bien que dans la brève pièce instrumentale.

A l'antiquité classique il emprunte tout d'abord les sujets de *Narcisse,* de *Biblis,* des *Erinnyes,* qui, par l'énergie du rythme et l'intensité du coloris, ont marqué une date, et d'*Ariane* avec l'opéra de *Bacchus* qui lui fait suite, d'*Ariane* où, pour la troisième fois, l'image de Phèdre s'était imposée à sa vision d'artiste. Qui n'a présente à l'esprit la brillante ouverture entendue jadis chez Pasdeloup, et à laquelle devait s'ajouter longtemps après la musique de scène écrite pour une reprise à l'Odéon de la tragédie de Racine?

Le Massenet « biblique » nous fournirait des titres non moins célèbres, ceux d'*Ève,* de la *Terre promise,* d'*Hérodiade,* de la *Vierge,* de *Marie-Magdeleine.* Après l'Asie sacrée, l'Asie profane, à laquelle se joignent l'Égypte avant et après l'époque impériale, d'autres parties du monde romain et Rome elle-même. Voici *le Mage* et son héros fabuleux, Zoroastre; le drame inédit de *Cléopâtre,* la séduisante *Thaïs,* et, dans le même groupe, *Pompéia,* la suite d'orchestre non éditée, mais jouée lors du retour de Rome aux concerts Arban; *Roma* enfin, à qui Massenet consacrait, le 4 juillet, l'avant-dernier chapitre de ses *Souvenirs;* on sait que le dernier, paru huit jours plus tard, presque à la veille de la mort du maître, avait ce titre douloureusement prophétique : *Pensées posthumes.*

On a parfois reproché à l'école musicale romantique de s'être, au moins en France, attachée avec une préférence trop marquée aux sujets strictement historiques. Le domaine plus étendu de Massenet comprend certaines terres et certaines périodes appartenant beaucoup moins à l'histoire proprement dite qu'à la légende, qui se joue librement de la chronologie et de la géographie. Le compositeur a abordé la mystérieuse Thulé, qu'on ne trouverait pas aisément sur une carte, et si la *Coupe du roi de Thulé,* écrite en vue d'un concours, n'a pas été publiée, du moins son deuxième acte est-il devenu le troisième acte du *Roi de Lahore.* Ce dernier et remarquable ouvrage est, sans doute, en quelque manière, « daté », puisqu'il y est question des musulmans; mais l'acte dont nous venons de parler confine à la féerie.

La féerie se retrouve, et jusque par le titre, dans les *Scènes de féerie* jouées d'origine à Londres; dans le poème des *Visions,* dans la musique de scène du *Manteau du Roi* et de *Perce-Neige et les Sept Gnomes,* et dans l'aimable *Cendrillon.*

Nous continuons à nous trouver sur un terrain principalement légendaire avec le *Jongleur de Notre-Dame,* de délicieuse mémoire; *Amadis de Gaule,* partition terminée depuis 1891, sur un poème de J. Claretie, et *Grisélidis.* Que dire d'*Esclarmonde?* Ici, à l'Orient byzantin (on se souvient de ce prologue où apparaissait dans la splendeur quasi hiératique d'une basilique Sibyl Sanderson) succédaient pittoresquement le siège de Blois et la forêt des Ardennes, la forêt enchantée où se sont tour à tour égarés les héros de l'Arioste, de Cervantès et de Shakespeare.

Nouvelle escale à Byzance avec les pages sobres et pleines d'accent composées pour *Theodora.* Dans la section du moyen âge se placent *le Cid* et le joli ballet du *Carillon.* Aux temps modernes appartiennent la cantate de *David Rizzio,* les scènes dramatiques sur des données shakespeariennes, la Sarabande pour *Un Drame sous Philippe II,* la musique de scène de l'*Hetman,* la marche funèbre de *Marion Delorme, Don César de Bazan, Don Quichotte* et *Panurge.*

Signalons encore les trois curieuses mesures écrites par Massenet pour une scène de l'*Etoile de Séville* de Lope de Vega (traduction de MM. Camille Le Senne et Guillot de Saix, couronnée par l'Académie française) : le chant de l'écuyer Clarindo dans la prison où il tient compagnie à son maitre Sancho Ortez.

Voici le texte de cette *copla* mise en musique par Massenet à la date du 28 mars 1912 :

> La vie est mon plus grand remords,
> La mort est ma plus douce envie,
> Et je trouverai dans la mort
> Ce que tu cherches dans la vie.
>
> La vie a mal guidé mes pas.
> Vienne la mort à mon instance.
> Pour qui la vie est un trépas
> La mort est la seule existence.

Le xvIIIᵉ siècle a heureusement inspiré Massenet avec *Manon, le Portrait de Manon, Werther, Chérubin,* et, comme opposition à « ces pages d'amour », avec la sombre ouverture de *Brumaire* et le dramatique épisode de *Thérèse.*

Le xIxᵉ siècle entre en ligne avec la *Navarraise* et les divertissements du *Nana Sahib* de M. Richepin. Ce n'est pas non plus à une époque ancienne que nous reportent la *Grand'Tante,* le premier essai théâtral du musicien, le *Grillon,* le ballet de la *Cigale,* les opérettes non imprimées de *Bérengère et Anatole* et de l'*Adorable Bel Boul,* les pages écrites pour le *Crocodile* de Victorien Sardou, surtout la valse si fraiche et si pimpante, *la Vision de Loti,* sur les paroles de M. Ed. Noël, la *Sapho* tirée du roman d'Alphonse Daudet, et la musique de scène déjà publiée de la pièce inédite de M. Rivollet, *Jérusalem.*

Dans tous les genres complémentaires, les deux divisions de l'époque et du pays pourraient encore nous servir de guides. Ainsi la Hongrie a visiblement attiré, de façon particulière, l'attention de Massenet. Il faut voir là, d'ailleurs, au moins en partie, un effet de l'influence qu'exerça sur lui Franz Liszt pendant son séjour à la villa Médicis, et aussi du voyage d'études qu'il accomplit ensuite. Les rythmes hongrois sont utilisés non seulement dans les *Scènes hongroises* et dans la *Marche de Szabady,* mais dans l'intermezzo et la marche de la première suite d'orchestre, dans le concerto pour piano, etc. A la Bohème se rattache la « fête bohème » des *Scènes pittoresques;* de l'Italie sont tributaires les *Scènes napolitaines,* la chanson du *Passant,* le *Roman d'Arlequin;* de l'Alsace, les *Scènes alsaciennes,* d'où se dégage une si discrète et si communicative émotion. Et la nature toute simple n'a-t-elle pas été l'inspiratrice du *Poème pastoral,* des *Poèmes d'avril, d'octobre, d'hiver, des fleurs,* du divertissement des *Rosati,* de la *Chevrière,* de l'*Eau courante,* du charmant recueil pour piano à quatre mains l'*Année passée,* etc., etc.?

Cette étonnante variété, conclut M. Albert Soubies, n'exclut pas l'unité. D'où vient cette unité? Très heureusement il rappelle la phrase de La Bruyère : « Oserai-je dire que le cœur seul concilie les choses extrêmes et admet les incompatibles? » Or, — demande-t-il, — sans parler d'une facture, d'une coupe mélodique très personnelles, le cœur ne « concilie »-t-il pas ici ces « choses » si diverses? « Il faut relire en ce sens les *Enfants* et les *Mères,* le *Poème du souvenir,* et aussi cette touchante mélodie — également du *Souvenir* — écrite, particularité ignorée, sur des paroles dont l'auteur, qui les avait modestement adressées par la poste, ne s'est jamais fait connaître. Mais la forme culminante de la sensibilité, c'est l'amour, et l'amour, chez Massenet, est à la base non seulement du *Poème de l'amour,* mais de la plupart des œuvres que nous avons citées. Massenet a été avant tout le chantre de la femme. On a maintes fois remarqué que le plus grand nombre de ses œuvres capitales sont désignées par un nom féminin : Marie-Magdeleine, Eve, Hérodiade, Manon, Esclarmonde, Thaïs, Sapho, Cendrillon, Grisélidis, Ariane, Thérèse ; *la Terre promise* est la seule dans la liste des personnages de laquelle ne figure aucune femme. »

Au demeurant, historien musical de l'antiquité et du moyen âge, de la Renaissance ou de l'époque contemporaine, Massenet a constamment peint ce que Gœthe a appelé d'une formule réservée à une si étonnante fortune : « l'éternel féminin », et c'est l'éternel féminin qui perpétuera sa renommée à travers les âges.

REBER (1807-1880)

Napoléon-Henri Reber, né à Mulhouse le 21 octobre 1807, mort à Paris le 24 novembre 1880, est le compositeur dont Henri Blaze de Bury a pu dire : « *Domi mansit, lanam fecit.* En d'autres termes, il cacha son existence et composa de la musique. Écrire sagement et correctement des symphonies bien pondérées que le Conservatoire joue une fois en quarante ans, et que Pasdeloup délaisse pour courir après les comètes échevelées, la belle avance ! C'était un maître pourtant, mais attardé, dépaysé ; les dieux qu'il servait exclusivement n'étaient plus les seuls que nous adorions aujourd'hui ; le siècle va s'élargissant et veut des Panthéons ; il n'avait, lui, qu'une chapelle et ne s'y trouvait jamais assez à l'étroit. Haydn, Mozart ! En dehors de ce doux et silencieux commerce, il ne demandait rien. » Et encore, à propos de sa musique théâtrale : « Cela ne ressemble ni à du Boïeldieu ni à de l'Hérold ; vous n'y trouverez ni l'insolation rossinienne ni la coloration de Weber. C'est de la musique française, bien française, du bon vieux vin de notre cru, quelque chose de sentiment et de grivois, de narquois et d'austère, l'éclat de rire de Méhul dans l'*Irato*. »

Reber, en effet, semblait, à quelques égards, un contemporain de Grétry, un Français du xviiie siècle, ayant passé par Vienne, et ayant reçu les conseils d'Haydn. Avec son apparence un peu arriérée, il n'en demeure pas moins une figure séduisante ; il a la sérénité des anciens, leur élégance aristocratique, leur allure de bonne compagnie, ainsi que leur dédain pour l'emphase et le galimatias.

Le 9 février 1849, Basset, le directeur de l'Opéra-Comique, donnait un nouvel ouvrage, *la Nuit de Noël*, opéra-comique en trois actes, paroles de Scribe, musique de Henri Reber. Ce dernier était un nouveau venu au théâtre et devait s'estimer tout heureux d'avoir obtenu la collaboration du grand maître du *commandeur* des librettistes ; on pouvait le nommer ainsi, puisque, quelques jours auparavant, il avait reçu de l'avancement dans l'ordre de la Légion d'honneur, et que, suivant l'amusante formule inventée par Cham, « sa croix lui était sautée au cou ». Mais Scribe se trompait quelquefois ; malgré son habileté à faire accepter les invraisemblances et à jouer avec les difficultés comme un prestidigitateur avec les muscades, il lui arrivait d'écrire des livrets médiocres, et celui de la *Nuit de Noël* fut du nombre.

La partition, au contraire, fut appréciée, sinon du public, au moins des connaisseurs. Souvent les critiques émettent, à la première heure, des jugements qui, plus tard, font sourire ; parfois aussi ils deviennent juste, comme le prouve un article paru sous la signature de Henri Blanchard : « Sa mélodie est plus grave, plus sérieuse que légère, et gracieuse comme il le faut aux habitués du théâtre Favart. L'instrumentation est claire ; le style rappelle celui des maîtres tels que Haendel et Mozart, et la déclamation imitative la manière vraie et bien observée des ouvrages de Grétry. C'est peut-être aussi ce désir, en Reber, de bien dire, de bien déclamer, qui ôte à sa mélodie l'inspiration, la franchise, avec laquelle cette partie de l'art doit se développer sur la scène. Certainement Reber plaira plus aux hommes sérieux et de goût qu'aux masses qui, en musique, veulent être remuées par la puissance du rythme, quelque uniforme qu'il soit. »

Toutes ces remarques sont fort justes, car Reber, dont le talent était, si l'on peut dire, trop *intime* pour le théâtre, et qui a surtout donné sa mesure dans la musique de chambre, ne connut jamais les succès bruyants. Admirateur passionné des maîtres classiques, il cherchait à reproduire la pureté de leurs lignes, et s'efforçait de cacher sa science sous les dehors de la simplicité. C'était un délicat qui travaillait pour les délicats, un modeste qui avait conscience de sa valeur, mais ne prétendait point l'imposer par les manœuvres de la réclame. Théophile Gautier le connaissait bien, lui qui a tracé de ce maître ce joli croquis : « Nous nous le figurons volontiers sous l'apparence d'un de ces maîtres de chapelle, vêtus d'un grand habit marron à boutons d'acier, en veste de taffetas gris, en bas de soie de même couleur, bien tendus sur une jambe fine et nerveuse, et en larges souliers à boucles d'argent, qui, dans une chambre boisée de blanc ou garnie d'une tapisserie de Flandre, exécutent, devant un pupitre de bois de merisier, une partie de contrebasse, ou, les doigts enfoncés dans les touches du clavecin, jouent un morceau de Couperin. A côté d'eux sont posés le tricorne bien brossé, la tabatière et le mouchoir à carreaux des Indes ; un léger nuage de poudre s'exhale de la petite perruque à trois rouleaux agitée par le battement de la mesure. Chardin ou Meissonier ont fait cent fois ce portrait.

« Cette ressemblance n'empêche pas M. Reber d'être très fort sur le contrepoint et la fugue et de connaître à fond toutes les ressources de l'instrumentation moderne. C'est une grâce, et non un défaut, et, pour se promener dans l'habit de son grand-père, il n'en est pas moins rempli d'idées fraîches et délicates. »

Jusqu'à sa mort, Reber a porté cet habit de coupe ancienne dont parle Gautier. Pour nous, qui n'avons connu Reber qu'à la fin de sa vie, nous le retrouvons tout entier dans ces quelques lignes. Nous le voyons encore à l'Institut, certain jour où l'on exécutait les cantates pour le prix de Rome. Avec sa redingote marron foncé, son visage rasé et ses cheveux blancs, que l'âge seul avait poudrés, il réalisait le type crayonné par Gautier ; il semblait un artiste de l'autre siècle égaré dans le nôtre, un homme des jours passés.

En 1852, salle Favart, nouvel opéra-comique en 3 actes, de Sauvage pour les paroles, de Reber pour la musique, intitulé *le Père Gaillard*, et représenté le 7 septembre. C'est un petit drame intime où Francine, l'honnête femme, doit se justifier des soupçons que fait naître en son mari un héritage brusquement tombé dans la maison; le désappointement des parents qui convoitaient la somme et se prétendent frustrés, forme un puissant contraste avec l'émotion de Gaillard, cabaretier-poète, menant de front le commerce et les vers, ami fidèle et protecteur des amoureux, comme un autre Hans Sachs. Cet heureux mélange de situations touchantes et honnêtement gaies donnait à l'œuvre l'allure d'un véritable opéra-comique, tel qu'on l'eût compris au temps de Dalayrac et de Grétry. La partition de Reber pouvait entretenir encore cette illusion; supérieure au précédent ouvrage des mêmes auteurs, *la Nuit de Noël*, elle contenait plus d'une page expressive et bien venue; le charme de la mélodie, le souci de la facture, la délicatesse des harmonies, la sobriété des effets, la simplicité des moyens employés, voilà quelques-unes des qualités dont le compositeur ne manquait jamais de faire preuve dans sa musique de chambre ou de théâtre. Et cependant le *Père Gaillard* n'a jamais été repris! Bien chantée par Bataille, auquel succéda Bussine, et par Mˡˡᵉ Andréa Favel remplaçant hâtivement au dernier moment Mᵐᵉ Darcier, qui voulut renncneer alors non seulement au rôle, mais au théâtre de l'Opéra-Comique, où sa réapparition n'avait pas duré une année, la pièce eut contre elle cette mauvaise chance de venir après *Si j'étais roi*, un des plus grands succès du *Théâtre-Lyrique*, et disparut des affiches après y avoir figuré 75 fois en trois années.

A ce même théâtre, l'année musicale 1853 finit par un succès, sinon très grand, du moins plus qu'honorable, *les Papillotes de M. Benoist* (28 décembre). Sous ce titre bizarre, MM. Jules Barbier et Michel Carré avaient mis en scène les suites romanesques d'une déclaration d'amour adressée par écrit à une ingrate qui s'en était fait prosaïquement des papillotes. Ce petit acte servait de canevas à une action dramatique peu compliquée, mais fournissant au compositeur quelques situations où la sensibilité, la tendresse, la grâce, se mélangeaient heureusement : on y retrouvait comme un souvenir de *Rodolphe* et du *Bonhomme Jadis*. De même, la partition gardait une saveur archaïque, marque distinctive de Reber, ce compositeur fin, délicat, savant sous l'apparence voulue de la simplicité, ennemi du bruit dans la musique, comme il le fut de toute réclame dans sa carrière. Curieux rapprochement: le même sujet, ou du moins un sujet très analogue, devait être traité l'hiver suivant par un musicien d'un tout autre tempérament, Ernest Reyer. Ici, comme là, on voyait l'amour jeune triompher de l'amour plus âgé. Or, *Maître Wolfram* est revenu quelque vingt ans plus tard à la salle Favart. Pourquoi n'en est-il pas de même des *Papillotes de M. Benoist*, qui ont obtenu en somme 60 représentations réparties en quatre années? Peut-être parce qu'on n'a pas trouvé de vrais successeurs à Mᵐᵉ Carvalho, à Couderc et à Sainte-Foy surtout, comédien à qui tous les genres sont accessibles, écrivait un critique; car dans ce rôle « il se tient sur la limite du sentiment et du ridicule avec infiniment de tact; aussi s'y fait-il aimer, autant qu'il s'y fait applaudir ».

Le 3 juin 1857, l'Opéra-Comique donnait, sous le titre des *Dames Capitaines*, un ouvrage en trois actes répété d'abord sous celui de *Gaston*. L'action se déroulait au temps de la Fronde, à cette époque troublée où les femmes s'occupaient avec autant d'activité que de caprice des affaires de l'Etat, où l'amour nouait et dénouait au gré de sa fantaisie les intrigues politiques, où Gaston, duc d'Orléans, adressait ainsi

une de ses lettres : « A Mesdames les Comtesses, Maréchales de Camp dans l'armée de ma lille contre le Mazarin! » On y voyait une duchesse s'introduire dans un camp, y remarquer un bel officier, puis pénétrer dans la ville assiégée, et finalement la livrer au chef des assiégeants qui se trouvait être ledit officier, ce qui permettait aux adversaires de s'unir en politique, comme en amour. Toute cette intrigue ne tenait guère debout et faisait médiocrement honneur au librettiste Mélesville. Quant à la musique, un critique, Wilhelm, pouvait écrire : « La partition de M. Reber vaut cent fois mieux que ce livret, et pourtant ce n'est pas un chef-d'œuvre. Le style en est constamment clair, élégant; on y rencontre des morceaux qui plaisent à l'oreille, notamment l'ouverture, le chœur d'introduction, le duo du second acte, dont on a redemandé le dernier mouvement : *Ah! croyez-moi, prenez-y garde*. Il y a encore un autre duo et un quatuor dans lequel est intercalé un vieil air allemand; il y a de jolis couplets, de gracieuses romances, mais il n'y a rien de ce qui remue, enlève, rien de ce qui marque une partition et la tire de la foule : tout y est calme, égal et doux, pour ne pas dire monotone. Les *Dames Capitaines* ne dureront pas plus que la *Nuit de Noël*, ou que le *Père Gaillard*, si peu gaillard de sa nature : elles iront grossir le nombre de ces succès d'estime dont un compositeur, parvenu au point où en est M. Reber, un membre de l'Institut, ne saurait se contenter, car ils n'ajoutent rien à sa renommée et ne profitent guère à sa fortune. »

Vainement Reber s'était mis en frais d'imagination et d'habileté; il vit disparaître son œuvre après *onze* représentations, et le chagrin qu'il en ressentit l'éloigna définitivement de la scène. L'opéra qu'il écrivit depuis n'a pas vu le jour, et l'on ne sait trop si c'est parce que l'auteur ne l'a pas voulu ou parce que les directeurs n'en ont pas voulu. Mais voici le point curieux de cette affaire. On avait jugé le livret absurde, détestable, et ce même livret détestable, absurde, a fait la fortune d'une opérette de Strauss, intitulée *la Guerre joyeuse*, comme plus tard la *Circassienne* d'Auber a fait celle de *Fatinitza* de Suppé. D'où l'on doit évidemment conclure que l'opérette et l'opéra-comique diffèrent, que ce qui répugne à l'un peut convenir à l'autre, et qu'enfin le succès d'une œuvre dépend souvent du cadre dans lequel elle s'est produite.

Reber a encore écrit le *Diable amoureux* (ballet), représenté en 1840. L'opéra-comique le *Ménétrier* et un grand opéra *Naïm* ne furent pas représentés. Seules les ouvertures ont été gravées.

La musique vocale de Reber comprend : 33 mélodies avec accompagnement de piano, un *Chœur de pirates* pour trois voix d'hommes et piano; le *Soir*, pour chœur d'hommes à quatre voix et piano; un *Ave Maria* et un *Agnus Dei* pour deux sopranos, alto, basse, orgue; des vocalises pour soprano et ténor. Dans la musique instrumentale il a produit quatre symphonies, une ouverture et une suite pour orchestre, trois quatuors pour instruments à archet, un quintette pour instruments à archet, un quatuor avec piano, sept trios avec piano, des morceaux pour violon et piano, des morceaux à deux et quatre mains pour piano seul. Quant à son *Traité d'harmonie* (1862), il fait autorité.

Reber fut nommé professeur d'harmonie au Conservatoire en 1851, élu à l'Académie des Beaux-Arts en 1853, successeur d'Halévy comme professeur de composition en 1862; enfin inspecteur des succursales du Conservatoire.

_____

CLAPISSON (1808-1866)

Ce musicien, aujourd'hui bien délaissé, a tenu en son temps une assez belle place. Dédaigné maintenant par les raffinés, les esthètes, les partisans d'un ésotérisme plus ou moins obscur, Clapisson appartient en somme, authentiquement, au groupe des musiciens populaires, ceux qui ont su fournir un aliment aux besoins musicaux des foules dont le goût n'a rien d'affecté ni d'artificiel.

C'est à ce titre qu'il a obtenu de grands succès comme compositeur de chœurs orphéoniques, autrefois fréquemment chantés, et parmi lesquels on peut signaler : les *Harmonies de la nuit, la Parole de Dieu, le Bronze, Paris, les Enfants du désert.*

Au théâtre, la carrière de Clapisson fut accidentée; en 1841 il n'obtint salle Favart que 13 représentations avec le *Pendu*, opéra-comique en un acte, paroles de Coucy et de Carmouche. On avait commandé cette partition au compositeur à condition qu'elle fût terminée en quinze jours. Clapisson avait une facilité qui lui permettait de tenir parole. A l'époque fixée il apporta son œuvre, qui devait soi-disant être montée tout de suite; elle ne le fut qu'un an plus tard, et vécut en somme à peu près autant de jours qu'on en avait mis à l'écrire; elle n'eut que 13 représentations. C'était le cas de répéter avec le poète :

> Le temps n'épargne pas ce qu'on a fait sans lui.

En revanche, la même année il remporta un réel succès avec *Frère et Mari* de Th. Polack et Humbert. Les librettistes étaient de nouveaux venus, d'autant mieux accueillis que l'un d'eux, Humbert, était cousin du directeur, et du premier coup ils réussirent à faire agréer du public pour 60 représentations ce petit ouvrage, dont la conclusion était que les artistes ne doivent pas se marier trop jeunes. Qu'il nous soit permis d'y relever deux vers curieux, non sans doute pour leur mérite poétique, mais, suivant un terme à la mode, pour leur valeur documentaire. Certaine comtesse, afin de montrer le degré d'amour qu'elle a inspiré au peintre Eugène Melcourt, s'écrie fièrement :

> Avec d'autres femmes il danse;
> Mais il ne valse qu'avec moi ! ·

La différence aujourd'hui nous paraîtrait peu sensible; mais elle prouve l'idée qu'on se formait de la valse et l'importance qu'on y attachait à cette époque, où, conformément à l'origine allemande de ce mot, on écrivait *walse!* C'était la danse capricieuse, libre d'allure et de mouvement, rompant avec les traditions du banal quadrille ou du menuet cérémonieux. Aussi l'interdisait-on aux jeunes filles. On se rappelle la romance longtemps fameuse de Bazin :

> Ah! ne valse pas, car la valse inspire
> Un aveu souvent au cœur incertain,

qui nous renseigne sur ce point délicat, et Victor Hugo lui-même se faisait l'écho de son temps lorsqu'il écrivait dans ses *Feuilles d'automne* :

> Si vous n'avez jamais vu d'un œil de colère
> La Valse impure, au vol lascif et circulaire
> Effeuiller en courant les femmes et les fleurs...

Plus récemment encore nous retrouvons sous la plume du docteur Grégoire (Decourcelle) cette amusante définition de la valse : « Accouplement inconvenant, qui cesse de l'être quand il a lieu devant témoins. »

En 1842, au même théâtre on jouait le *Code noir,* paroles de Scribe, musique de Clapisson. Plus d'habileté dans la facture que d'originalité dans les idées, voilà comment pouvait se résumer cet ouvrage en trois actes, dont les trente-deux représentations n'ajoutèrent rien au mérite du librettiste et du compositeur. La pièce était de circonstance, si l'on veut, en ce sens que les questions relatives aux colonies préoccupaient assez vivement l'opinion; on discutait pour et contre les nègres, et certain livre de M. Schœlcher, relatif à la traite et au droit de visite, faisait l'objet des commentaires de la presse. On ne pouvait donc transporter plus à propos sur la scène une aventure dont les héros avaient dû se barbouiller le visage, sous prétexte de couleur locale. De là ce titre étrange, et, soit dit sans jeu de mots, dépourvu de clarté : *le Code noir!* Comme on le fit observer, *le Code des noirs* aurait mieux convenu à ce drame, dont la donnée provenait d'une nouvelle de Mᵐᵉ Reybaud publiée dans la *Revue de Paris*, et intitulée *l'Epave :* c'est ainsi qu'on désignait « l'esclave qui, n'étant réclamé par aucun maître, revenait de droit au gouvernement, et pouvait être vendu par décision des membres du conseil colonial ». Scribe, au reste, n'y avait pas mis tant de malice; il lui avait suffi d'exciter « la terreur et la pitié » dans une action qui, par l'absence d'éléments gais, détonnait un peu à l'Opéra-Comique et se serait mieux accommodée d'un *Théâtre-Lyrique*, s'il avait existé.

La première nouveauté de l'année 1845 s'appelait *les Bergers Trumeau,* et parut le 10 février. Ce titre bizarre était celui d'une pièce qu'on jouait dans la pièce, comme on l'a vu de notre temps pour l'*Amour africain.* Une société de grands seigneurs se proposait de représenter un opéra; mais, pour éviter les froissements d'amour-propre, on laissait au sort le soin de fixer la distribution des rôles. Or, le sort faisait des siennes en attribuant à un vieux baron le rôle du jeune berger, à la vieille baronne celui de la jeune bergère; le jeune comte Ernest se changeait en président à mortier, et Antonia, sa fiancée, en père noble. Chacun allait s'habiller; le rideau tombait et se relevait bientôt sur une ouverture, la seconde de la pièce; on exécutait une sorte de pastorale, et tout était dit. Tel était, ou à peu près, le compte rendu fait par les journaux de cet opéra-comique en un acte. On trouva que Clapisson avait écrit un agréable pastiche, et que les librettistes, Dupeuty et de Courcy, avaient fait preuve d'ingéniosité. Mais nul ne s'avisa que la donnée première procédait directement d'une comédie en un acte représentée au *Théâtre-Français* le 14 octobre 1736 : *les Acteurs déplacés ou l'Amant comédien.*

Le dernier ouvrage de la saison de 1846 fut un opéra-comique en trois actes, paroles de Brunswick et de Leuven, musique de Clapisson, *Gibby la Cornemuse :* titre bizarre, soit dit en passant, et tout juste grammatical, auquel il eût été évidemment plus correct de substituer celui de *Gibby, le joueur de cornemuse.* Le sujet, une conspiration contre Jacques Iᵉʳ, découverte et empêchée par un berger, ne pouvait donner matière à développements bien originaux; on y prit quelque intérêt cependant, grâce à certains détails assez amusants, dont, à tort ou à raison, on se plut à attribuer la paternité à Brunswick seul, ainsi qu'en fait foi ce quatrain satirique improvisé lors de la première représentation, qui eut lieu le 19 novembre :

Si de Gibby la cornemuse
Attire et charme le public,
On ne le devra qu'à la muse
De Clapisson et de Brunswick.

Des mélodies assez heureuses contribuèrent en outre à la réussite de cet ouvrage, qui, sans être un grand succès, rapporta quelque argent. Le compositeur en fut tout heureux, et dut enrichir de quelque instrument nouveau la belle collection qu'il a léguée par testament au Conservatoire. Le souvenir de ces joies est consigné à la première page des Mémoires de Roger, sous le titre de *Carnet d'un ténor* :

« Jeudi, 4 mars 1847. — Dîné chez Clapisson. Quel homme heureux ! Grâce à son succès de *Gibby*, le voilà arrivé à une aisance qu'il était loin de connaitre. Comme il jouit de tout avec délices ! Il se fait un immense bonheur avec les mille riens dont se compose le confort de la vie : il a enfin des tapis, un calorifère dans sa salle à manger; il a chaud; ses amis ont chaud et regardent avec admiration ses curiosités et ses vieux instruments. Il a été chez le duc de Nemours ! Il laisse arrondir son ventre, sans craindre que son ventre soit en contradiction avec sa fortune : c'est vraiment plaisir de voir une fois par hasard le bonheur niché dans une famille qui sait en jouir et qui l'a mérité. »

En 1852, l'Opéra-Comique représentait les *Mystères d'Udolf*, trois actes de Scribe, Germain Delavigne et Clapisson, qui furent donnés pour la première fois le 4 novembre. Le poème, assez obscur, avait une couleur sombre qui s'accordait mal avec les procédés clairs et limpides du musicien; bref, les *Mystères d'Udolf* sombrèrent à la sixième soirée. En 1855, mentionnons le *Sylphe*, opéra-comique en deux actes, paroles de Saint-Georges, ouvrage insignifiant, joué cependant 23 fois.

Le 1ᵉʳ mai 1856 avait lieu au Théâtre-Lyrique, direction Carvalho, la première représentation de la *Fanchonnette*.

En se reportant par la pensée à l'époque où fut donnée la *Fanchonnette*, en tenant compte du goût alors régnant, on s'explique sans peine l'éclatante réussite qu'obtint l'ouvrage de Clapisson. L'œuvre, au reste, du moins pour la foule, conserve la saveur et figura presque constamment au programme des entreprises plus ou moins lyriques que l'on vit se produire au Château-d'Eau. Il faut dire que naguère on félicitait couramment Clapisson pour l'élégance, la recherche savante de son orchestration.

De plus, indépendamment de son relatif mérite musical, la *Fanchonnette* offrait l'attrait d'un livret agréable; le tableau populaire du premier acte avait paru amusant, pittoresque; ces scènes où il y a de l'entrain, une couleur franche, se trouvaient bien à leur place au boulevard du Temple. C'était là, toute proportion gardée, une sorte de *Fille de Madame Angot*. Enfin et surtout la pièce bénéficiait de la présence de Mᵐᵉ Carvalho, alors dans toute la fleur de son jeune talent.

A mentionner ce passage du compte rendu de la *Fanchonnette* par Gustave Héguet : « Le style mélodique de M. Clapisson est devenu plus clair, son harmonie est *moins recherchée*; son instrumentation n'est plus chargée de ces ornements parasites qui étouffent la pensée principale. »

On fait souvent des remarques analogues à propos de nos jeunes compositeurs. Paraîtront-elles plus fondées dans cinquante ans qu'elles ne le paraissent aujourd'hui à propos de ce pauvre Clapisson?

FRANÇOIS BAZIN (1816-1878)

Le 15 mai 1846, l'Opéra-Comique représentait un petit opéra-comique en un acte, le *Trompette de M. le Prince*, répété sous le titre de *la Chambre*, et dû à la collaboration de Mélesville et de François Bazin. Vingt-deux représentations dans l'année, avec le maintien de la pièce au répertoire pendant un assez long temps, marquèrent le favorable accueil fait au début du jeune compositeur. Lauréat de l'Institut, où il obtenait en 1839 le second prix, tandis que le premier était remporté par Charles Gounod, il avait mérité en 1840 la plus haute récompense, avait séjourné à Rome le temps réglementaire et revenait à Paris, plein d'une ambition légitime, que l'avenir devait satisfaire largement; car il connut la fortune, le succès, les honneurs.

Cependant il ne fut qu'à moitié heureux en 1847. Le goût de l'époque ne poussait point l'art vers les complications musicales; aussi on est surpris de voir reprocher à Bazin « la coquetterie et la maniérée de l'école actuelle » à propos de son opéra-comique représenté le 18 mai, le *Malheur d'être jolie*. Pour expliquer l'insuccès, il suffisait de s'en prendre à l'absurdité du livret. Le librettiste s'appelait Charles Desnoyers, alors secrétaire du Théâtre-Français; ce qui fit dire à un plaisant critique : « On voudrait que cette place lui donnât plus d'occupation ! » Un autre ajouta : « Ce petit opéra... ne fera pas résonner longtemps, pour M. Bazin, la trompette de la renommée; celle de M. le Prince aura pour lui plus de retentissement. » En effet, le *Malheur d'être jolie*, répété sous le nom d'*Isolier*, ne fut joué que *cinq* fois.

Madelon, qui s'appelait d'abord *les Barreaux Verts*, fut représentée le 26 mars 1852. Grâce à quelques coupures, *Madelon*, que personnifiait d'abord avec beaucoup de charme et d'entrain Mˡˡᵉ Lefebvre, remplacée peu après, pour cause de maladie, par Mˡˡᵉ Talmon, fut trouvée une cabaretière accorte, ayant le sourire aux lèvres et chantant de joyeux refrains; on lui fit bon accueil, et la pièce, qu'on avait jouée 48 fois la première année, dura jusqu'en 1858, où elle atteignit sa 76ᵉ et dernière représentation.

Une seule pièce de François Bazin s'est maintenue assez longtemps au répertoire : le *Voyage en Chine*, joué en 1855 à l'Opéra-Comique. Il s'agit de l'entêtement féroce de deux Bretons dont l'un refuse sa fille à l'autre, qui l'attire sur son navire, lui fait croire qu'on est en route pour Pékin tandis qu'on navigue en vue de Cherbourg, et finalement lui arrache son consentement, comme rançon de délivrance, comme prix du retour à terre. Cette fantaisie, taillée quelque peu sur le modèle du *Voyage à Dieppe*, était pour Labiche et Delacour leur début de collaboration à l'Opéra-Comique. Dès le 5 mai, ils avaient lu aux artistes leur comédie, qui devait prendre rang après *Fior d'Aliza*. Victor Massé ayant tardé à livrer sa partition, le *Voyage en Chine* passa le premier et remporta dès le premier soir un éclatant succès. Le livret surtout réunit tous les suffrages : presse et public furent d'accord pour applaudir à la gaieté des situations et à l'esprit du dialogue. La musique ne déplut pas, si l'on en juge par le succès populaire qu'obtinrent les couplets des cailloux, la marche, le duo des Bretons : « La Chine est un pays charmant, » et le chœur du cidre de Normandie. Peut-être se montra-t-on moins sévère qu'on ne le serait aujourd'hui; dans son compte rendu, pourtant, M. Auguste Durand qualifiait cette musique avec autant de justesse que d'esprit, en écrivant qu' « elle ne gênait aucunement la pièce ». Il laissait entendre ainsi que les mots l'emportaient sur les notes; on en eut la preuve le jour où la partition parut chez Lemoine : par une exception flatteuse pour les librettistes, mais contraire aux usages, *tout le texte parlé y avait été gravé !*

Une grosse part de la réussite revint d'ailleurs aux interprètes, qui, dans cette pièce, se passant de nos jours, avec des costumes modernes, trouvèrent, tous, des rôles appropriés à leur talent. Du côté des femmes, Mmes Cico, Révilly et Camille Gontié, une débutante dont le rôle de Berthe était la première création; du côté des hommes, Montaubry, toujours élégant chanteur; Couderc, excellent et trop tôt remplacé par Potel, le 13 janvier, à la quatorzième représentation. Prilleux, notaire prud'hommesque qui vantait si plaisamment le mérite de ses filles, « deux bonnes natures »; enfin Sainte-Foy, de qui MM. Yveling Rambaud et E. Coulon ont pu justement dire dans leurs *Théâtres en robe de chambre :* « Il faut lui rendre cette justice que, dans ces derniers temps, il a laissé de côté les traditions de la vieille école comique à laquelle il appartient de cœur, pour chercher des effets à la manière de la génération nouvelle. L'Opéra-Comique sans Sainte-Foy est un diner sans vin. » Quant à Ponchard, il avait dû céder le 9 janvier le rôle du jeune Fréval à cause de la mort de son père, le vieux Ponchard, décédé à Paris le 6 janvier, à l'âge de soixante-dix-neuf ans.

Interrompu seulement au mois de juin pendant le temps des vacances, le *Voyage en Chine* reparut, le 20 octobre, avec sa distribution originelle, sauf Mlle Marie Roze, qui remplaçait Mlle Cico et fut elle-même remplacée, le 25, par Mlle Dupuy. Le souvenir de tous les artistes qui avaient concouru au succès de l'œuvre est d'ailleurs consigné dans le toast « poétique » que porta. Prilleux dans le banquet offert par les auteurs à l'occasion de la centième représentation :

Déjà plus de cent fois, à bord de la *Pintade*,
Nous avons cru longer vers l'empire chinois;
Plus de cent fois déjà, *Sainte-Foy* fut *malade*,
Et *Montaubry* nous a *jugés* plus de cent fois.
    Notre excellente camarade
Révilly répéta plus de cent fois déjà :
« Je n'avais jamais vu Auguste comme ça! »
Cico, Roze, Dupuy, trois charmantes *Mariés,*
Ont été tour à tour, toutes trois, applaudies;
Et *Couderc,* puis *Potel,* chacun en vrai Breton,
Aux oui de *Montaubry* ripostèrent les non !...
Nous voilà tous rentrés sains et saufs dans le port;
Mais le repos sied mal à des âmes vaillantes,
Car de l'oisiveté les heures sont trop lentes,
    Et je suis sûr que quelque jour
Nous nous retrouverons sur la plage à Cherbourg.
    Oui, j'en conçois l'agréable présage,
Sur la *Pintade* encor, passagers, équipage,
    S'embarqueront plus de cent fois.
    En attendant, messieurs, je bois
    A mes compagnons de *voyage.*

Les vœux du « poète » ne furent pas pleinement exaucés. L'ouvrage était « bien parti », malgré une indisposition de Montaubry, qui, pendant la seconde représentation, forçait d'interrompre le spectacle et de rendre l'argent, — un peu plus qu'on n'en avait reçu, comme il arrive toujours en pareil cas. Dès la quatrième, le *Voyage en Chine* dépassait le chiffre de 2.000 et, les recettes se maintenant au beau fixe,

on atteignait la centième le 9 décembre 1866, c'est-à-dire, presque jour pour jour, un an après. Mais à partir de ce moment, l'élan se ralentit; en 1868 il s'arrêta brusquement. Une reprise organisée neuf ans après, en 1876, ne fournit que *dix-sept* soirées, et, après avoir obtenu 132 représentations à l'Opéra-Comique, l'œuvre de Bazin ne fut plus jouée qu'en province et au Château-d'Eau.

Cependant il serait injuste d'oublier que l'année 1856 finit à l'Opéra-Comique par le grand succès d'une petite pièce, *Maître Pathelin;* paroles de Leuven et Ferdinand Langlé, musique de Bazin (12 décembre). Tout le monde connaît la farce de maître Pathelin, ce chef-d'œuvre de la scène française au moyen âge, et son adaptation pour la Comédie française par Brueys et Palaprat. Ce qu'on sait moins, c'est que l'aventure avait fourni déjà la matière d'un opéra-comique en deux actes, joué le 21 janvier 1792 au théâtre Montansier, l'*Avocat Pathelin,* paroles de Patrat, musique de Chartrain. L'ouvrage eut du succès, et pourtant ne fut pas imprimé; peut-être les préoccupations politiques du moment contribuèrent-elles à cet oubli; ce qu'il y a de certain, c'est que le souvenir en disparut à ce point que Fétis, dans sa Biographie, ne l'a pas mentionnée parmi les œuvres dramatiques de Chartrain, lequel cependant fut loin d'en écrire un grand nombre. Plus heureuse, la partition de Bazin fut jouée et gravée; nul biographe ne l'oubliera, car elle compte parmi les plus gaies de son auteur, et elle se maintint pendant quatorze ans au répertoire de la salle Favart, où elle faillit même être reprise pour les débuts de M. Boyer, fournissant un total de 235 représentations. *Maître Pathelin* a reparu au théâtre du Château-d'Eau, mais, hélas! sans la distribution primitive; on n'avait retrouvé ni Couderc, qui dans le rôle de Pathelin atteignait la perfection, ni Berthelier, qui devait devenir un des plus célèbres comédiens de notre temps, et qui débutait alors sous les traits d'Aignelet, déjà plein de gaieté communicative, de verve malicieuse et de fantaisie originale.

VICTOR MASSÉ (1822-1884)

Victor Massé est un des maîtres qui ont inauguré la période de transition que notre musique française a traversée pendant longtemps et dont Gounod fut le grand promoteur. Comme l'a constaté Henri Lavoix, son talent n'avait pas la puissance, le haut vol de l'idée, mais, avec un style délicat, fin, élégant, sa mélodie, sans être abondante, est poétique, point vulgaire et souvent vivifiée par une émotion sincère.

Ce fut, du reste, un fécond producteur. Ce Breton qui avait gardé la foi du pays natal, né à Lorient en 1822, entra au Conservatoire en 1833 et n'en sortit qu'avec le titre de premier grand prix de l'Institut, en 1844. Depuis les études élémentaires, depuis le piano qu'il étudia sous Zimmermann, jusqu'à la haute composition, dans laquelle il eut Halévy pour maître, il apprit tout dans notre école et se hâta de mettre son éducation à profit. Le tableau de son œuvre est instructif: *la Chanteuse voilée* (1850); *Galathée* (1852); *les Noces de Jeannette* (1853); *les Saisons* (1855); *la Reine Topaze* (1856); *les Chaises à porteurs* (1858); *la Fée Carabosse* (1859); la *Mule de Pedro* (1863); *Fior d'Aliza* (1866); *le Fils du brigadier* (1867); enfin, après un long repos, *Paul et Virginie* (1876); *Une Nuit de Cléopâtre* (1885).

Paul et Virginie fut repris à la Calté-Lyrique en 1908. Cet hommage était bien dû à la mémoire de Victor Massé. Mais, dans certains milieux, on se montra sévère pour l'auteur de *Galathée* et des *Noces de Jeannette*. On lui reprocha amèrement les qualités de grâce, de légèreté, d'improvisation rapide qui firent son durable et légitime succès auprès des contemporains. On l'acensa d'avoir fait encore, et toujours, et partout, de l'opéra-comique, quand sa situation personnelle et l'indépendance relative dont il jouissait lui aurait permis d'aborder le grand art...

Cette hostilité posthume se trompait d'objet. Si Victor Massé est resté opérateur-comique jusque dans les affres de la maladie qui l'a torturé pendant dix ans, c'est qu'il ne pouvait faire autre chose, c'est que, comme tous les compositeurs de sa génération, il était condamné aux travaux forcés de la musique aimable à perpétuité. M. Henri Maréchal l'a très spirituellement rappelé dans le chapitre de son intéressaut *Paris*, souvenirs d'un musicien, consacré à Victor Massé, qui fut un de ses premiers maîtres et auquel il a gardé un affectueux souvenir. Quand Victor Massé commença sa carrière, si enviée et cependant douloureuse, car pendant dix ans il dut lutter contre la maladie, nous avions, comme aujourd'hui, deux théâtres : l'Opéra et l'Opéra-Comique. Le premier, pas plus que maintenant, n'admettait les inconnus; quant aux autres, ils prenaient la place que Meyerbeer n'occupait pas. Du côté des concerts, seule la Société du Conservatoire régnait de par les vieux maîtres, et ce n'est pas elle qui eût risqué vingt-cinq mesures d'un simple prix de Rome, retour du Pincio. En dehors de l'Opéra-Comique, il n'y avait rien à espérer; l'arène était là, et aussi la mangeoire; on y faisait des repas assez maigres, mais à peu près assurés :

« L'Opéra-Comique différait beaucoup de ce qu'il est aujourd'hui. Pauvre de subvention, ayant un gros loyer, sans le droit de fermer l'été, il jouait, à cette époque, de douze à quinze actes nouveaux par an, d'après les statistiques. Aussi grand empressement il accueillait cependant les « jeunes » en leur confiant d'abord un acte, pour leur faire la main, puis deux, si le premier s'était bien comporté, trois, enfin, si l'on était très sage, ou mieux, si Auber et Halévy n'avaient ou fence de prêt dans le moment. En somme, à ces procédés tout le monde trouvait son compte : les maîtres consacrés gardaient leurs prérogatives, les nouveaux·venus quelque espoir de se produire, et le directeur beaucoup de chances de faire fortune... Le turf, la piste, le champ de bataille, étaient rue Favart. »

Victor Massé suivit l'exemple des camarades, et ce fut à l'Opéra-Comique qu'il se classa « compositeur à recettes », comme on disait alors. Sa première œuvre fut jouée en 1850. La direction avait reçu, et la faveur était grande qu'un inconnu, un petit acte de Scribe et de Leuven intitulé d'abord *Lazarilla*, puis *la Chanteuse voilée;* dix années auparavant, un autre prix de Rome, Monfort, avait obtenu le même honneur avec *Polichinelle*, et, coïncidence bizarre, les deux pièces se ressemblaient au fond. Sans faire absolument prévoir la carrière glorieuse que devait parcourir son auteur, la *Chanteuse voilée* fut jugée favorablement ; le manque d'expérience était largement compensé par le charme des idées mélodiques, l'élégance de la forme et la bonne tenue de l'orchestre. C'était un succès, qui se maintint du reste, et l'ouvrage figurait encore au répertoire en

1863; depuis il s'est retiré... au Conservatoire, où les concours de chant ramènent assez fréquemment un air demeuré fameux par les vocalises dont il est émaillé : de cette charmante partition voilà maintenant tout ce qu'il reste.

Galathée, donnée en 1852 au même théâtre, réussit brillamment. Ce n'était pas que le libretto de J. Barbier et Michel Carré fût jugé de qualité supérieure : on lui reprochait d'être en désaccord avec la tradition et d'avoir ainsi perdu tout ou partie de sa poésie. Comme le Pygmalion de l'antiquité, celui de Jean-Jacques Rousseau s'était écrié : « Que l'âme faite pour animer un tel corps doit être belle ! » Et les librettistes tendaient à démontrer que cette enveloppe charmante recouvrait tous les vices, et qu'ainsi la beauté n'était que mensonge. Mais la musique avait assez de grâce par elle-même pour triompher de cette opposition faite au nom de la philosophie. Victor Massé, c'était un tempérament musical où fondaient, en un ensemble heureux, la sensibilité vraie, l'émotion communicative, la pensée sobre et juste, la gaieté saine et franche. C'était *une nature,* comme on dit volontiers aujourd'hui; beaucoup d'*effets* lui appartiennent qu'on a depuis attribués à tel ou tel maître, à Ch. Gounod, pour ne citer qu'un nom ! On s'en aperçut clairement à l'époque où il donna *Galathée;* il semblait emprunter, alors qu'il reprenait simplement son bien !

Par un singulier hasard, il arriva que sur les quatre rôles de la pièce, trois faillirent changer ou changèrent de titulaires presque au lendemain de la première. D'abord, Mme Ugalde dut interrompre ses représentations pour raison de santé ; puis, Mocker, quittant le théâtre, laissa son rôle de Ganymède à Delaunay-Riequier, et les fonctions de régisseur général de l'Opéra-Comique à son camarade Duvernoy (15 mai); enfin Mlle Werlheimber, qui avait créé le personnage de Pygmalion, primitivement confié à Battaille, se vit remplacée à son tour par un débutant dont le nom suffit à rappeler la fortune, Faure; seul, le banquier Midas, représenté par Sainte-Foy, était resté, comme toujours, fidèle à son poste, et pendant bien des années il a continué de venir acheter au sculpteur amoureux sa belle statue, car *Galathée* n'a presque jamais quitté le répertoire; on l'a revue encore à la place du Châtelet, et nous avons constaté qu'à la salle Favart le chiffre de trois cent cinquante représentations avait été dépassé.

Malgré sa valeur et son succès, l'œuvre eut dès l'origine ses détracteurs, et, vu la signature de ses auteurs, il est piquant de se rappeler aujourd'hui certaine appréciation extraite des *Mystères des théâtres en 1852,* ouvrage devenu fort rare et publié par les frères de Goncourt et Cornélius Wolff. Voici le passage, dans toute sa naïveté : « Notre collaborateur Cornélius Wolff est malade en sortant de la première représentation de *Galathée.* La contraction musculaire qu'il s'était imposée pour ne pas bâiller lui a donné une névralgie qui le fait beaucoup souffrir. » Et c'est tout !

Massé écrivit, en 1853, les *Noces de Jeannette,* paysannerie charmante, émue, à laquelle on ne peut reprocher qu'un peu trop de préciosité et d'élégance. C'est de par cette élégance même, qui avait fait le succès des *Noces de Jeannette,* que les *Saisons* furent condamnées. La première représentation fut donnée le 22 décembre 1855 avec Mlle Duprez et

Battaille (bientôt remplacés par Mlle Rey et Nathan), Mlle Révilly et Delaunay-Ricquier. Massé rêvait toujours d'une reprise possible, et c'est avec cet espoir qu'il avait remanié plus tard les trois actes de Michel Carré et Jules Barbier, répétés d'abord sous le nom de *Simone*. Cependant le premier accueil n'avait pas été favorable; pourquoi? c'est ce qu'à distance on ne saurait démêler; car le livret, qui nous montre une sorte de *Mireille* avant la lettre, ne semble pas dénué d'intérêt, et la musique, à coup sûr, contient des pages charmantes. Il y a peut-être là, qui sait? un procès perdu en instance et qui sera quelque jour gagné en appel.

La *Reine Topaze* fut beaucoup mieux accueillie au Théâtre-Lyrique, et même y triompha. Peut-être Victor Massé aurait-il pu, à cette date, tenir sa partie dans le mouvement de rénovation musicale qui commençait à se dessiner. Mais, ainsi que le fait trop justement observer M. Henri Maréchal, le compositeur, dont la tête bretonne renfermait de solides qualités, manquait un peu de souplesse. Il lui semblait dur de renoncer aux procédés musicaux qui avaient fait sa popularité. « Lui qui avait remporté de si belles victoires avec la formule de l'opéra-comique proprement dit; lui qui, d'un bond, avait pris rang à côté d'Hérold et d'Auber, pouvait-il admettre *ex abrupto* qu'on pût triompher autrement que par les moyens qui lui avaient si bien réussi? Il ne crut qu'à une mode passagère, en rit beaucoup, et, *bretonnant* sur le tout, ne s'en raffermit que plus solidement dans ses convictions premières. »

Aussi bien était-il prisonnier de ses premiers succès. Les indifférents, les imbéciles et les bons petits camarades ne manquaient pas de répéter : « Eh bien, à quand donc un pendant à cette perle des *Noces?* » C'était son cauchemar. Il en eût donné cinquante représentations pour dix de cette *Fior d'Aliza* tombée en 1866. Le contre-coup sur l'état nerveux de Victor Massé eut pour résultat un silence de neuf ans, pendant lesquels se produisit la grande « coupure » de l'Année terrible. Quand le compositeur voulut faire représenter *Paul et Virginie*, écrit dans l'intervalle, il se heurta à de sérieuses difficultés d'interprétation; les pourparlers durèrent de 1871 à 1876, jusqu'à la soirée du 15 novembre au Lyrique-Vizentini, que suivirent cent vingt représentations successives.

Il faut bien l'avouer : à distance, on est un peu surpris de l'enthousiasme du public, qui faillit porter en triomphe Capoul et Cécile Ritter, Virginie de seize ans, remplacée par Marie Heilbronn, qui avait moins de jeunesse et plus de voix. Le scénario paraît cruellement romanesque et creux, privé de ce charme descriptif qui fait le principal mérite de l'œuvre du romancier. Premier acte divisé en deux tableaux. Marguerite, la mère de Paul, et Mme de La Tour, la mère de Virginie, sont assises dans une cabane de bambous — nous dirions une ciosque rustique — « ouverte sur un paysage de l'île de France ». Elles s'entretiennent de leurs « peines amères » et aussi de leurs projets d'avenir pour ces enfants fraternellement élevés. En cause des amours naissantes de Paul et Virginie; on projette d'envoyer le jeune homme aux grandes Indes pour le distraire; mais le bon nègre Domingue déclare que « les flots le garderaient peut-être », et ce fâcheux présage fait pénétrer le même effroi dans les « cœurs incertains » des deux mères. La pluie tombe à flots; Paul et Vir-

ginie arrivent, abrités sous la feuille de bananier (qui, d'ailleurs, ne figure pas dans le roman de Bernardin de Saint-Pierre, où Virginie abrite Paul avec un pan de sa jupe, mais est une invention de dessinateur).

Derrière eux se précipite la négresse Méala, l'esclave du redoutable Sainte-Croix, tyran de la Rivière Noire. Les bras meurtris, les vêtements déchirés, elle s'est enfuie de la plantation et implore le secours des bons blancs. Paul et Virginie promettent d'aller intercéder pour elle, et, en effet, au second tableau, le planteur, ébloui par la beauté de Virginie, accorde la grâce de la négresse. Les deux jeunes gens, après cette marque de courtoisie, ne peuvent refuser de s'asseoir à sa table, tandis que les esclaves dansent la bamboula. Mais Méala les avertit des secrets desseins de Sainte-Croix, qui veut enivrer Paul pour s'emparer de la belle créole. Ils s'enfuient, et le vindicatif satyre fait bâtonner l'esclave.

Au second acte, Mme de La Tour apprend à Virginie que son départ pour la France est devenu nécessaire. Les nobles parents de sa mère, qui lui tiennent rigueur d'une mésalliance, pardonneront à l'enfant fait le voyage de Versailles. Leur héritage est à ce prix. Virginie pleure; Mme de La Tour fond en larmes; Domingue se frotte les yeux; Paul se désespère, et Méala, à peine remise d'une cuisante bastonnade, partage la désolation générale. Quatrième tableau : le vaisseau qui emmène Virginie va lever l'ancre, elle pleure en dormant; mais le réveille, et la scène s'achève au milieu des sanglots. La première moitié du dernier acte nous montre Paul resté seul et triste jusqu'à la mort. Il relit une lettre trempée des larmes de Virginie, et, par un phénomène de télépathie, il évoque l'adorée. Elle lui apparaît dans le salon des « nobles parents » déjà nommés, qui veulent lui faire épouser un certain Sainte-Croix. Noblement, elle refuse, après avoir répété le serment d'amour, leitmotiv de la partition. Sa tante la chasse. Le don de seconde vue de son fiancé la lui montre sur le pont du *Saint-Géran*, qu'assaille la tempête; il court vers le rivage, où la mer ne rejettera plus qu'un cadavre. En effet, au dernier tableau la jeune fille gît inanimée sur le sable. Paul s'agenouille; Marguerite, Mme de La Tour, Méala et Domingue font entendre des lamentations : « Mon pauvre enfant! — Ma fille! — O mort cruelle! » Rideau.

Ce poème paraît médiocre. Mais la partition de Victor Massé gagne à rester presque jeune à ce fait d'avoir été un peu vieillotte dès le début. Lors de la reprise de 1894 à l'Opéra-Comique, Victorin Joncières, excellent juge, constatait la bonne tenue élégiaque, la solide continuité du commentaire musical des principales situations du drame. Il avouait que la forme de la romance à couplets y domine un peu trop; mais, ajoutait-il, « la mélodie y est toujours pleine de grâce et de sentiment, et, pour être coulée dans un moule un peu uniforme, elle n'est pas moins expressive et originale ».

Le 25 avril 1885, l'Opéra-Comique représentait une œuvre posthume de Victor Massé : *Une Nuit de Cléopâtre*, opéra-comique en trois actes. C'était une revanche du dédain de l'Opéra, car c'est l'Opéra que Massé avait visé en écrivant sa partition. M. Émile Blavet a raconté que lorsque Vaucorbeil recueillit l'héritage d'Halanzier, Massé présenta son œuvre à son ancien camarade du Conservatoire. Il pouvait se prévaloir auprès de lui de sa haute situation artistique; il aima mieux faire appel aux souvenirs de leuvieille amitié. Or, Vaucorbeil, qui, étant commissaire du gouvernement, avait, en de nombreux rapports, démontré combien il serait préjudiciable à l'art national d'introduire *Aida* sur notre première scène lyrique, était précisément en train, pour son entrée de jeu, de monter la pièce de Verdi. Il accueillit un peu fraîchement son ancien camarade.

« *Aida,* lui dit-il, est un sujet égyptien... Vous comprenez, mon cher, qu'il m'est impossible d'en prendre un second à l'Opéra!

— Mais moi, je suis un sujet français, » répondit avec un sourire amer l'auteur de la *Nuit de Cléopâtre.*

Carvalho devait être plus hospitalier. Cependant, malgré l'intérêt dramatique du poème, — un homme payant de sa vie une nuit de bonheur, — malgré l'accueil fait aux grandes pages de la partition : le prélude, l'introduction composée d'un chœur à Isis qu'entrecoupe la plainte de Namouhna : « Hélas! mon fils ne revient pas!... » la jolie chanson du muletier entendue à distance, le cantabile de Charmion, l'air de ténor : « Sous un rayon tombé des cieux; » au deuxième acte, l'air de Cléopâtre : « Vivre ou mourir, qu'importe! » la chanson mélancolique de Charmion; enfin, au dernier acte, le duo d'amour, sans oublier les airs de ballet (celui des Mimes très réussi dans sa brièveté; celui des Heures blanches et des Heures noires), malgré Taskin, Talazac et Mᴵˡᵉ Heilbronn, l'ouvrage ne devait pas se maintenir au répertoire.

Massé était mort l'année précédente, en juillet 1884, laissant à l'Académie des Beaux-Arts une place vacante qui devait être occupée par Léo Delibes.

LÉO DELIBES (1836-1891)

Figure déjà lointaine et comme effacée, mais intéressante, ce compositeur fécond qui courut pendant toute sa vie après le succès, l'atteignit sans l'étreindre complètement, et ne cessa de recommencer la poursuite jusqu'à sa mort, survenue au moment où il allait passer doyen du « genre éminemment français ».

Ce futur membre de l'Institut fit de solides humanités musicales; on ne saurait dire de lui ce qu'écrivait un contemporain de Marie-Joseph Chénier : « Pour n'avoir pas voulu être écolier au collège, il le resta toute sa vie. » Adam le compta parmi ses élèves réguliers et laborieux. Cependant il s'offrit cette originalité de ne pas concourir pour le prix de Rome et de débuter par les petits théâtres, alors mis à l'index par tous les compositeurs sérieux. Il leur donna des opérettes qui portaient ces titres peu académiques : *Deux Sous de charbon, le Bœuf Apis, Six Demoiselles à marier, le Sergent à plumes, l'Omelette à la Follembuche, Deux Vieilles Gardes, Mon Ami Pierrot, Malbrouck s'en va-t-en guerre, les Musiciens de l'orchestre* (en collaboration avec l'infortuné Hignard, le compositeur de cet *Hamlet* qui eut la déveine d'être écrit en même temps que celui du « bon *Thomas* »).

Il était gai, très gai, avec un peu d'effort; les critiques perspicaces ou simplement avertis devinaient sous ce chanteur de flons-flons un Chérubin roucouleur de romances. Il commença à se dégager, après l'*Ecossais de Chatou* et la *Cour du roi Pétaud,* qui datent de 1869, avec *Coppélia ou la Fille aux yeux d'émail* (25 mai 1870). On loua, malgré quelques

résistances de la part des champions de l'ancienne musique de danse, le coloris si franc de ce charmant ballet, sa grâce voltigeante, sa vivacité spirituelle : toutes qualités qui devaient survivre aux outrages du temps et même s'affirmer plus victorieusement à mesure que s'éloignait le souvenir de la première représentation donnée si peu de temps avant la guerre.

En 1873, Léo Delibes fit jouer *le Roi l'a dit,* scénario d'un des futurs librettistes de *Jean de Nivelle,* Gondinet, sur une donnée amusante. Le marquis de Moncontour est présenté au roi : « Vous avez un fils, lui dit Louis XIV, je veux le voir. » Grand embarras du hobereau, qui n'a pas eu le courage de démentir à temps son auguste interlocuteur. Il n'a que quatre filles! Où trouver en vingt-quatre heures un présomptif présentable? C'est Benoit, l'amoureux de la servante Javotte, qu'on formera aux grandes manières. Le rustre se débrouillera très vite, le prendra de haut avec son père improvisé, bouleversera le château, aura même un duel où, prudemment, il fera le mort à la première passe. Décès fictif, mais officiel, dont la cour est avertie. Moncontour reçoit les condoléances du monarque. « Il avait un fils; il n'en a plus; cette fois encore le roi l'a dit. »

Cette historiette ne pèche pas par l'excès de vraisemblance, mais sa fantaisie a un agrément archaïque. Elle fait penser aux vers de Théophile Gautier sur un vieux pastel :

> J'aime à vous voir dans vos cadres ovales,
> Portraits vieillis des belles du vieux temps,
> Tenant en main des roses un peu pâles,
> Comme il convient à des fleurs de cent ans...

Quant à la musique, on a pu dire avec une préciosité bien en situation qu'elle était écrite du bout des doigts pour être chantée du bout des lèvres. Mais la pièce ne resta pas au répertoire.

En 1876, Delibes revenait au ballet avec son œuvre maîtresse, *Sylvia ou la Nymphe de Diane.* C'est une des bons scénarios de Jules Barbier : donnée claire, coupe franche. Au premier acte, nous voyons le berger Aminte épris de Sylvia, la belle chasseresse, se cacher dans un buisson de la clairière où viennent se reposer les nymphes de Diane. Le nouvel Actéon est surpris, condamné et exécuté par Sylvia, qui lui décoche en plein cœur un trait meurtrier. Il expire, et Sylvia, blessée à son tour par un ricochet moral, se lamente sur le cadavre. Orion, le chasseur noir, la surprend et l'emporte dans son antre; mais elle grise son terrible amoureux et s'échappe de la caverne. Le troisième tableau nous conduit au bord de la mer, devant le temple de Diane. Aminte, guéri par une sorcière qui était tout simplement Eros déguisé, retrouve Sylvia. Diane foudroie le chasseur noir qui s'était mis à la poursuite de la nymphe, et celle-ci, renonçant à l'immortalité, devient la compagne du berger.

On n'accusa pas Léo Delibes de se traîner dans l'ornière des motifs connus; on lui reprocha au contraire un excès d'originalité, une surabondance de richesse. « La musique de M. Delibes, s'écriait un des juges d'alors, pèche par trop de zèle et d'éclat. Les musiciens d'aujourd'hui ont la rage d'écrire à tout sujet des partitions; une cantate, un vaudeville, tout leur devient prétexte à grand opéra, et quand ils composent un ballet, leur musique, au lieu d'être là pour soutenir la pantomime et servir d'accompagnement à la danse, prend tout de suite les devants. La partition de *Sylvia* ne désarme jamais; ses élégances, ses curiosités, ses préciosités, ne vous laissent pas respirer. »

Ce critique d'haleine un peu courte allait jusqu'à démarquer les *Femmes savantes* pour appliquer à Léo Delibes une variante de trois vers du bonhomme Chrysale :

Nos pères sur ce point étaient gens fort sensés,
Qui disaient qu'un orchestre en fait toujours assez
Quand la capacité de son esprit se hausse...

à servir d'éloquent et fidèle accompagnateur à l'action. Mais le reproche portait à faux. L'orchestration de Léo Delibes n'est pas encombrante ni surchargée; quant à son inspiration, elle flotte à fleur de sujet. Dans *Jean de Nivelle*, qui suivit *Sylvia*, elle reste légère et superficielle, même quand elle s'efforce d'atteindre au grand style. Dans *Lakmé*, qui couronna la production du compositeur, la pagode, Vichnou, Brahma, Siva, les lotus, l'eau sacrée, les bambous, la cabane sous les grands mimosas, tout cet orientalisme est subtil, délicat, habile.

Un officier anglais pénétrant par hasard dans la demeure d'un brahmine sort la fille se présente à lui, si délicieuse qu'il en oublie aussitôt sa propre fiancée; le père de celle-ci usant de stratagème pour retrouver l'homme qui a profané sa maison, se déguisant en mendiant, et faisant de son enfant une chanteuse des rues, avec l'espoir qu'attiré par ses chants, l'impie se trahira; Gérald, tombant dans le piège et frappé d'un coup de poignard, puis guéri par les soins de Lakmé au fond d'une forêt où se terminent leurs amours, lui, partant par esprit de devoir afin de rejoindre son régiment dont les sonneries l'appellent au combat, elle s'empoisonnant par esprit de sacrifice, afin d'échapper à l'abandon et de mourir dans les bras de celui qu'elle a aimé; telle est en quelques lignes cette idylle hindoue dont Gondinet et Philippe Gille avaient tracé les fins contours et ciselé les vers délicats.

On disait d'avance qu'ils s'étaient inspirés du *Mariage de Loti*, et le grand retentissement qu'avait eu naguère la publication de ce roman autorisait une telle hypothèse. En réalité, tout au plus restait-il un point de ressemblance : les amours libres dans une forêt vierge d'une sauvagesse et d'un Européen, et encore, par le choix du cadre, par l'association de deux races en présence, est-il plutôt celui du *Premier Jour de bonheur*. On pourrait aussi trouver là quelque analogie avec l'*Africaine*. Il est vrai que l'action se passe de nos jours et que l'amoureux est, non plus un navigateur illustre, mais un simple officier de l'armée anglaise; en revanche, Gérald, comme Vasco, abandonne celle qui lui a sauvé la vie; Lakmé, comme Sélica, se sacrifie par amour et s'empoisonne, substituant simplement au parfum du mancenillier la feuille du *datura stramonium*, et la scène est aux Indes, comme dans la seconde partie de l'œuvre de Meyerbeer, dont l'héroïne, en dépit d'un titre choisi par inadvertance, paraîtra toujours plus Indienne qu'Africaine, à moins toutefois qu'elle ne soit Malgache, ce qu'autoriserait à supposer certaine mention de « la grande île ».

Quoi qu'il en soit de ces rapprochements, Léo Delibes avait rencontré un sujet qui convenait à son tempérament artistique, et comme Gérald s'éprend de Lakmé, il s'en était épris aussitôt, au point d'abandonner le *Jacques Callot* qu'il avait alors sur le chantier, au point même d'oublier pour un temps ces hésitations, cette incertitude, ce doute de soi-même qui, vers la fin de sa carrière, paralysaient sa volonté et faisaient le tourment de son esprit. Il avait alors retrouvé sa jeunesse et son énergie, et l'on peut dire que toute la partition fut écrite en peu de temps, puisque sur le manuscrit original on lit au bas du premier morceau cette date, juillet 1881, et au bas du dernier cette autre, 5 juin 1882.

Parisien dans l'âme, le compositeur avait tout au plus indiqué la couleur orientale de son sujet par quelques indécisions voulues de mode et de tonalité, auxquelles on pourrait reprocher leur impersonnalité et donner l'étiquette générale de « procédé »; mais ce qui lui appartenait en propre, ce qui constituait son originalité réelle, c'était la distinction, l'élégance, l'ingéniosité des contours mélodiques et des rythmes, la fraîcheur de l'instrumentation, la finesse des accompagnements.

N'oublions pas *Jean de Nivelle* (opéra-comique, 1880), livret de Gondinet et Philippe Gille. L'histoire de ce Jean de Nivelle, à qui son père, le duc de Montmorency, avait donné une marâtre et qui, pour protester, s'enfuit avec ses cadets à la cour du comte de Flandre, — fugue dont le dynaste abandonné ne put tirer vengeance qu'en traitant de « chiens » cette nichée ingrate, — est une anecdote bien gauloise. Gondinet et Gille, travaillant pour la Porte-Saint-Martin avant de se rabattre sur les scènes lyriques, en ont tiré un mélo romantique. Si leur Jean de Nivelle s'évade de la cour de France, c'est que Louis XI, grand marieur comme tous les souverains, veut lui faire épouser une héritière qui a le sac, mais qui a aussi une bosse. Il se réfugie en Bourgogne, s'y fait berger et tombe amoureux de la jolie villageoise Arlette.

Ce début florianesque est dans la donnée de l'ancien opéra-comique, mais nous versons aussitôt en plein Walter Scott. Jean de Nivelle croit avoir pour rival le seigneur Saladin, le transperce de part en part en combat régulier et, pour éviter la potence qui attend tout vilain convaincu d'avoir « navré » un noble homme, il révèle le secret de sa naissance. Le comte de Charollais l'enrôle alors dans ses troupes, mais le grand vassal est en guerre avec les siens; la vue de la bannière de France sur le champ de bataille de Montlhéry réveille le patriotisme de Montmorency. Pour ne pas forfaire à l'honneur, il prend un parti à la Gribouille : se suicider définitivement en tant que féal du roi, redevenir Jean de Nivelle et ne plus sortir du bois d'Armançon, où l'attend la fidèle Arlette.

La partie comique se réduit à ce dialogue, d'ailleurs mémorable, entre Mme de Beautreillis, qui, elle aussi, avait jeté son dévolu sur l'irrésistible berger, et le noble auteur de ses jours : « Maintenant, mon père, j'épouserai qui vous voudrez, je n'aimerai personne. — Ce fut le cri de ta mère en m'épousant, mon enfant! » C'est gentil, mais insuffisant. Et ce livret, qui ne fut jamais jeune, a encore trouvé moyen de vieillir. Heureusement, nous avons la partition. S'il y avait quelque témérité à prétendre qu'elle a rajeuni, du moins garde-t-elle de la grâce et même de la fraîcheur. Nous pouvons répéter ce qu'écrivait Henri Blaze, sous le pseudonyme de Lagenevais, dans la *Revue des Deux Mondes* d'octobre 1880 :

« L'Opéra-Comique tient un succès avec *Jean de Nivelle*. L'auteur, M. Léo Delibes, avant de frapper son coup d'éclat, comptait déjà parmi les meilleurs d'entre les *jeunes*. Vous sentiez en lui un de ces talents mesurés, délicats, dont le développement s'accomplit sûrement : ni systématiques ni prime-sautiers, mais tendant à pas discrets vers le but qu'ils finissent toujours par atteindre. Ses pièces d'orchestre le signalèrent, puis ses ballets, *Coppélia; Sylvia,* deux partitions d'un goût exquis, deux arabesques galamment enlevées de main d'artiste. *Le Roi l'a dit,* son début à l'Opéra-Comique, fut un échec; *Jean de Nivelle* est la revanche. »

Tout cela, du reste, très juste, avec le correctif indispensable du passage où le critique de la vieille revue dénonçait le chauvinisme exubérant des pages dans lesquelles le talent de Delibes, plutôt sentimental de sa nature, force la note : « Déchaîner les masses harmoniques, faire grand, il semble que plus la nature vous a doué de qualités aimables, plus vous avez en vous l'émotion douce, la grâce, la distinction, plus ce furieux désir vous enfièvre : tant de cris de guerre à la Roland, tant de vacarmes héroïques, les étendards de France et de Bourgogne déployés à cette place où n'avait encore flotté que la bannière des chevaliers d'Avenel, vous en êtes parfois ahuri, et volontiers s'écrierait-on : Ramenez-nous aux carrières du *Domino noir* et du *Postillon de Longjumeau.* »

Les stances chevaleresques de Jean et le tumultueux finale du second acte sont en effet très inférieurs à la phrase : « Un pauvre duc, Arlette!... » et au duo de la Mandragore, pages de réelle valeur.

ERNEST GUIRAUD (1837-1892)

La mort subite d'Ernest Guiraud, survenue en 1892 dans le cabinet d'Emile Réty, le chef du secrétariat du Conservatoire, causa une profonde émotion dans le monde musical. Le délicat opérateur-comique, l'auteur de *Mme Turlupin,* de *Piccolino* et de *Galante Aventure* fut foudroyé au Conservatoire, dans la maison dont il avait été un des plus brillants élèves, à quelques pas des classes où il avait reçu l'enseignement de Marmontel, de Barbereau et d'Halévy, et où lui-même avait succédé à Edouard Batiste comme professeur d'harmonie, puis à Victor Massé comme professeur de composition.

Né à la Nouvelle-Orléans en 1837, prix de Rome de 1859, fils lui-même d'un ancien prix de Rome de 1827, Jean-Baptiste-Louis Guiraud, il s'était trouvé de bonne heure aux prises avec les difficultés de l'existence, et le lauréat de l'Institut n'avait pas dédaigné le poste de timbalier à l'orchestre de l'Opéra-Comique. Il s'était décidé à aborder le théâtre en 1864, avec *Sylvie,* un acte, à l'Opéra-Comique, suivi de *En prison,* un acte, au Lyrique, en 1869; mais déjà s'accusait la déveine. Elle fut particulièrement marquée l'année suivante.

La date fait pressentir de quelle oreille distraite fut écouté le *Kobold* lorsque le musicien eut le courage de le présenter au public le 26 juillet 1870. Tout en lui est curieux du reste et mérite d'être conté, la naissance et la mort de cet ouvrage malchanceux.

On se proposait de monter à l'Opéra-Comique le *Timbre d'argent,* comédie-ballet de Saint-Saëns, jouée depuis, mais à la Gaîté. On avait engagé à cet effet une danseuse italienne assez réputée, Mlle Trevisan, (Trevisani, au delà des Alpes), et, en vue de la produire, on la fit débuter le 13 juin dans un divertissement composé pour *Lallà Roukh,* reprise alors avec

Capoul, Gaïlhard, Mlles Zina-Dalti et Bélia. *Le Timbre d'argent* étant retardé, et *Lalla Roukh* ne suffisant pas à l'activité d'une ballerine, de Leuven convoqua un soir Ernest Guiraud, Nuitter et Louis Gallet, afin de leur commander un opéra-ballet en un acte; une légende fournit le scénario, qu'on ébaucha sur-le-champ, et chacun de son côté se mit à l'œuvre; quotidiennement, les librettistes envoyaient un morceau au musicien, qui le renvoyait non moins régulièrement composé, à la copie, d'où il partait pour aller dans les mains des artistes; en *dix-huit* jours, la partition fut ainsi écrite, orchestrée, copiée et répétée.

Le Kobold est, dans le scénario de la légende, un génie domestique, une servante invisible qui fait la besogne à sa guise, range tout lorsqu'elle est contente et met tout en désordre lorsqu'elle se fâche. Amoureux de son maître, le Kobold féminin lui fait manquer son mariage au moment même de la cérémonie, et lui donne un anneau magique qui lie leurs deux destinées jusqu'à l'heure fatale où la fiancée du jeune homme, revenue de sa jalousie, rompt le charme et cause ainsi involontairement la mort du pauvre Kobold, qui s'éteint au milieu des flammes fantastiques du foyer. La musique légère improvisée par Ernest Guiraud permit d'applaudir la gracieuse Trevisan, Mlle Heilbronn, et le ténor Leroy, révélant alors des qualités de danseur qu'on ne lui connaissait pas; il faisait le grand écart, enlevait sa danseuse à la force du poignet, et la soutenait à demi renversée, tout comme s'il eût pris des leçons d'un Saint-Léon ou d'un Mérante. Forcément interrompu, le *Kobold* faillit reparaître après la guerre; Mlle Fonta, de l'Opéra, devait remplacer Mlle Trevisan, qui avait quitté Paris pour retourner dans son pays; mais l'Assemblée nationale ayant jugé bon de retrancher 150.000 francs à la subvention de l'Opéra-Comique, des économies s'imposaient, et la première fut la suppression du corps de ballet; plus de danseuses et plus de *Kobold!* Détail curieux : la partition réduite au piano par Soumis, accompagnateur du théâtre, fut gravée; le compositeur corrigea les épreuves, et jamais l'éditeur Hartmann ne la fit paraître! Autre aventure : un jour, l'ouverture fut exécutée, après la guerre, dans un concert donné par la Société nationale, lors de sa fondation; Ernest Guiraud, qui avait prêté pour la circonstance la partition autographe de son morceau, ne la revit jamais; il était écrit, mort ou vivant, le Kobold aurait toutes les malchances.

Madame Turlupin fut, au contraire, un des grands succès de l'Athénée, en 1872. *Gretna-Green,* ballet-vaudeville donné à l'Opéra en 1873, compta parmi les meilleures créations de Mme Beaugrand. *Piccolino.* (11 avril 1876), à l'Opéra-Comique, sur un livret dont l'idée première se trouve dans la *Claudine* de Florian, parut impressionner favorablement le public et la presse le soir de la première; on bissa notamment la charmante Sorrentine, que son auteur avait improvisée au cours d'une répétition. Cependant *Piccolino* quitta l'affiche après 53 représentations; il n'y reparut jamais. En 1882, *Galante Aventure,* au même théâtre, ne réussit qu'à demi.

Le compositeur inscrivait aussi au répertoire de nos concerts symphoniques une suite d'orchestre dont la quatrième partie, *le Carnaval* (intercalé dans *Piccolino),* a conquis une popularité justifiée; une seconde suite d'orchestre, une ouverture de concert, l'ouverture d'*Arteveld,* un ballet : *Danse persane;* caprice pour violon et orchestre, *Chasse fantastique.* Il publiait un *Traité d'orchestration,* et en 1891 l'Académie des beaux-arts couronnait sa carrière en l'appelant au fauteuil de Léo Delibes.

CH. LENEPVEU (1840-1910)

Par décret en date du 3 août 1867, pour satisfaire l'opinion et répondre à un besoin de protection artistique dont les journaux s'étaient faits les porte-voix, le ministère des Beaux-Arts avait organisé d'un seul coup trois concours de musique dramatique : l'un à l'Opéra, avec libretto mis, lui aussi, au concours; l'autre au Théâtre-Lyrique, avec libretto choisi par les concurrents; le dernier à l'Opéra-Comique, avec libretto imposé.

Le premier concours donna la *Coupe du Roi de Thulé* de Louis Gallet et Édouard Blau, et quatre lauréats furent nommés dans l'ordre suivant : Eugène Diaz, J. Massenet, Ernest Guiraud, Barthe; un simple amateur l'avait emporté sur trois prix de Rome, et même sur quatre, car Bizet n'avait pas même obtenu l'honneur d'une mention. Le deuxième donna le *Magnifique*, de Philippot, puis la *Coupe et les Lèvres*, de Canoby, et la *Conjuration de Fiesque*, d'Édouard Lalo. Le troisième, pour lequel de Saint-Georges avait apporté le *Florentin*, devait être ouvert le 30 août 1869 et fermé le 30 avril 1868. La livraison du poème ayant subi quelques retards, la clôture définitive fut reportée au 30 juillet, et *cinquante-trois* partitions arrivèrent au ministère, parmi lesquelles une de Bizet. Le vainqueur fut Ch. Lenepveu, élève d'Ambroise Thomas, prix de Rome en 1865 et nouveau venu dans la carrière dramatique; mais, la guerre et la Commune aidant, il dut s'armer de patience et attendre son tour. Dans ses *Soirées parisiennes*, Arnold Mortier nous l'a montré faisant les navette entre les deux directeurs maltres de sa destinée, allant de Caïphe à Pilate, demandant des nouvelles de son opéra à du Locle, qui lui répondait : « Allez voir de Leuven ! » Le compositeur s'empressait alors de suivre ce bon conseil, et de Leuven le recevait en disant : « Allez voir du Locle! » De Leuven à du Locle et de du Locle à Leuven, le *Florentin* annoncé, remis, distribué, retardé, tournait à l'état légendaire. Cette situation prit fin le 25 février, et l'on connut ce livret médiocre, bien qu'imposé, ce poème de concours qui mettait précisément en scène un concours... de peinture à la cour des Médicis. Le vieux et célèbre Galeotti y disputait à son jeune et inconnu élève non seulement la palme, mais encore le cœur de sa pupille Paola. Grâce à l'insigne maladresse d'un subalterne, le tableau d'un des concurrents était détruit, et le vieillard se trouvait recevoir la récompense pour le tableau que le jeune avait peint. Le dénouement amenait la découverte et le pardon de ce quiproquo, avec l'union obligée de l'élève et de la pupille, ce qui faisait dire à la sortie par un plaisant que la pièce finissait bien, car on y voyait à la fin *Paola mariée!* La toile, objet du débat, constituait un accessoire de luxe; elle avait été peinte par Carolus Duran et représentait une Hébé, fort décolletée, debout sur un aigle et versant le nectar. Volontiers le public lui aurait prêté plus d'attention qu'à la partition primée. Non que ces trois actes parussent une trop lourde charge pour les épaules du débutant; au contraire, on rendit hommage à son sentiment dramatique et à sa connaissance du métier. De toute façon,

il y avait là un effort que les directeurs n'ont pas encouragé depuis; car, si Lenepveu eut l'honneur de voir un soir, à l'Opéra de Londres, le principal rôle de sa *Velléda* créé par la Patti, il n'eut jamais la chance de revoir, depuis le *Florentin*, son nom sur les affiches d'un théâtre parisien.

D'après l'intéressante biographie due à M. Raoul de Saint-Arroman, Charles-Ferdinand Lenepveu, qui devait mourir en 1910, naquit à Rouen, rue de l'Ecole, n° 34, le 4 octobre 1840. Il fit son droit à Paris, mais en même temps prit des leçons de Savard et de Chauvet. En 1862 il faisait couronner par la Société des beaux-arts de Caen une cantate exécutée à l'hôtel de ville, sous les auspices et par les soins de la municipalité. Il terminait son droit sans enthousiasme et entrait au Conservatoire, dans la classe d'Ambroise Thomas. En 1866 il remportait le grand prix de Rome avec une cantate sur *Renaud dans les jardins d'Armide.*

On lui doit, en outre du *Florentin*, *Velléda*, une *Méditation*, *Jeanne d'Arc*, une *Ode triomphale*, *Iphigénie*, une *Hymne funèbre et triomphal.*

Lenepveu a été successivement professeur d'harmonie, classe de femmes, et professeur de composition, au Conservatoire. En 1896 il entrait à l'Institut.

CAMILLE SAINT-SAENS

Contrairement au parti pris généralement adopté dans cet ouvrage, de ne parler que des musiciens qui ont parachevé leur carrière, nous ne pouvons nous dispenser de présenter ici une courte monographie des membres actuels de la section de musique de l'Institut « entrés vivants dans l'immortalité », selon l'expression de M. Albert Lavignac.

M. Camille Saint-Saëns, qui occupe une situation exceptionnelle devant l'opinion, ou plutôt devant l'admiration mondiale, en qui tous saluent le musicien par excellence, par essence, non pas cantonné dans telle ou telle spécialité, mais vraiment universel, est né à Paris le 9 octobre 1835. Il était dès 1842 l'élève de Stamaty, pianiste ordinaire, professeur consciencieux, fournisseur breveté des établissements scolaires. Ce très petit maitre prépara bien le maître futur : celui-ci mordait d'ailleurs au piano et à l'orgue — que l'ombre de Scudo nous pardonne cette métaphore! — avec un égal appétit. Il dévorait Bach, Haendel et Scarlatti. Puis ce fut le tour de l'harmonie, avec Malden, de la fugue et de la composition avec Halévy.

Un des maitres de la critique musicale, M. de Fourcaud, a rappelé l'enfance de l'enfant prodige que fut Camille Saint-Saëns, dans une page émue : « Je ne me rappelle pas sans attendrissement, écrit-il, le récit de son enfance que me fit, un soir, dans son salon, son admirable mère. Elle avait discerné en lui le don d'avenir presque dès le berceau. *Tous les bruits* qu'il entendait le préoccupaient, et les comparait. On le voyait attentif aux sons des pendules, dont il savait, immédiatement, indiquer sur le clavier les rapports exacts et la juste note. A cinq ans, une partition de Grétry n'avait rien qui l'embarrassât. A sept, sa mémoire était si exercée qu'on se divertissait à lui faire reproduire; en l'harmonisant, tout air fredonné devant lui. Déjà il composait des petits morceaux bien accentués du commencement à la fin, exempts de redites et curieux de rythmes. »

Ici se placerait une anecdote assez bouffonne qu'a fort joliment contée M. Augé de Lassus.

« Sa mère et lui étaient allés au théâtre pour s'amuser. On ne va pas toujours au théâtre pour s'amuser, à présent. L'opéra-comique, en ce temps-là, n'était pas comique par antiphrase; en réalité, il était extrêmement joyeux. On donnait une pièce très amusante, c'est le *Sourd ou l'Auberge pleine*, paroles de Desforges, musique d'Adam. Un des morceaux principaux de cet ouvrage est celui-ci :

> Si vous connaissiez Joséphine,
> Vous vous laisseriez charmer;
> Son doux regard vous assassine.
> Il faut l'aimer! il faut l'aimer! »

Saint-Saëns et sa mère rentrent, fredonnant :

> Si vous connaissiez Joséphine...

Vers minuit, une heure du matin, telle est la rengaine de :

> Si vous connaissiez Joséphine...

que Saint-Saëns se met au piano, et on chante :

> Si vous connaissiez Joséphine...

Après quoi, cependant, on va se coucher, et on rêve de Joséphine.

Le matin, quelqu'un sonne. On va ouvrir : une femme se présente, dans un costume à demi champêtre, une brave femme qu'on ne connaît pas du tout. On s'étonne, la bonne appelle son maître, appelle sa maîtresse; la visiteuse, qui avait un panier, probablement avec des œufs frais et des volailles excellentes, se nomme :

« Je suis Joséphine! »

Alors, c'est un éclat de rire épouvantable, tel que cette pauvre femme redégringole les escaliers, se disant :

« Mon Dieu! j'ai dû me tromper, je ne suis pas à Paris, je suis à Charenton. »

Elle disparut. On ne la revit jamais.

C'était, paraît-il, une parente éloignée du maître; et c'est ainsi que, par les éclats de rire qu'avait provoqués la musique d'Adam, « Si vous connaissiez Joséphine, » il perdit les œufs, le beurre et peut-être l'héritage de Joséphine! »

En 1846, rapporte encore M. de Fourcaud, le professeur de Camille Saint-Saëns, Stamaty, proposa tout d'un coup de le produire en public. Mᵐᵉ Saint-Saëns, un peu effrayée, exigea une expérience préliminaire. Les amis de la famille furent, un soir, réunis avec quelques amateurs. Le petit Camille joua, pour eux, secondé par Stamaty, une sonate de Mozart à quatre mains; ensuite il exécuta seul plusieurs fugues de Bach et, accompagné d'un double quatuor, un concerto de Hummel et le concerto de Beethoven en *mi bémol*. Le succès fut si vif que Camille Pleyel offrit d'organiser, en faveur de l'enfant, une séance particulière dans sa salle de concert. « Avec quel charme la mère de l'artiste, dès longtemps hors de pair, évoquait ces intimes souvenirs! C'était comme la récompense de son humble et vaillante vie, toute consacrée au devoir. »

La séance eut lieu salle Pleyel. Camille Saint-Saëns joua de mémoire le concerto en *si bémol* de Mozart et le concerto en *mi bémol* de Beethoven, une fugue et un air varié d'Haendel, un prélude et une fugue de Bach, une toccata de Kalkbrenner, hardi programme quand on pense au ramassis de pauvretés qui composait les menus musicaux d'alors. « Le

18 novembre 1852, Camille Saint-Saëns se produisit pour la première fois comme compositeur. Il y avait, en ce temps reculé, une société d'orchestre dirigée par Seghers, qu'on nommait la société de Sainte-Cécile et qui la première fois fit l'essai des concerts populaires. Seghers avait admis dans un de ces programmes une symphonie en *la mineur*, inédite, d'un musicien inconnu. Elle fut bien accueillie. Les artistes remarquèrent l'ordre et la suite des développements, l'abondance des harmonies, la clarté du style et la finesse de l'instrumentation. De la première partie à la quatrième, rien ne dénotait l'inexpérience ou l'incertitude. De qui donc était cet ouvrage? — D'un vieux compositeur sans doute, rompu à toutes les pratiques de son art et, peut-être, de race allemande. — Point du tout : il était d'un Français de seize ans, d'un adolescent déjà réputé comme pianiste de grand talent. La vérité se fit jour. On apprit même que la partition attendait son tour depuis près d'une année. Naturellement, les appréciations devinrent plus réservées. Par un illogisme éternel, les hommes se défient de la jeunesse. »

Les commencements furent assez durs. N'ayant qu'à moitié réussi au concours du prix de Rome, Camille Saint-Saëns laissait là l'Institut et repartait en avant pour se frayer une route personnelle. Les étapes de cette marche à l'étoile disparaissent devant le résultat obtenu. Rappelons seulement que le 2 juin 1906 on célébrait salle Pleyel le cinquantenaire de cette mémorable soirée de 1846 où le futur auteur de *Samson et Dalila* avait fait ses premiers débuts. Le maître, se tournant vers les amis qu'avait groupés, dans la salle Pleyel, le désir de fêter son cinquantenaire artistique, leur lisait ces vers charmants :

> Cinquante ans ont passé depuis qu'un garçonnet
> De dix ans, délicat, frêle, le teint jaune,
> Mais confiant, naïf, plein d'ardeur et de joie,
> Pour la première fois, sur cette estrade, en proie
> Au démon séduisant et dangereux de l'art,
> Se mesurait avec Beethoven et Mozart.
> . . . . Je n'étais qu'un enfant
> A mes débuts; trop jeune alors, et maintenant,
> Trop... non! N'insistons pas. La neige des années
> Est venue, et les fleurs sont à jamais fanées,
> Naguère si légers, mes pauvres doigts sont lourds :
> Mais qui sait? Au foyer le feu couve toujours;
> Si vous m'encouragez, peut-être une étincelle,
> Sous un rameau un peu la cendre, luira-t-elle.

Les encouragements se manifestèrent sous forme de frénétiques bravos; quelques instants après, ces « doigts lourds » exécutaient, avec une souplesse et un brio merveilleux, un concerto nouveau (le 5º op. 103). L'étincelle de l'inspiration devait luire assez encore pour permettre au compositeur de donner à la scène *Déjanire*, l'élégante fantaisie espagnole par *Lola*, *Parysatis* (partition tantôt amoureuse, tantôt guerrière, tour à tour pleine de charme et d'exquise fraîcheur ou de force et de coloris), *Andromaque*, les *Barbares*, dans l'étude desquels Larroumet (c'est à lui, rappelons-le en passant, que le compositeur a dédié ses intéressants *Portraits et Souvenirs*) opposait aux musiciens « cosmopolites ou septentrionaux M. Saint-Saëns, Français parce *qu'il est Latin* », puis *Hélène, l'Ancêtre* enfin, applaudi à Monte-Carlo. N'omettons pas deux pièces sans musique, le *Roi Apépi* et *Botriocéphale*, curieuse fantaisie lyrique écrite antérieurement, mais jouée seulement en 1902 à l'Odéon.

L'œuvre de M. Saint-Saëns est considérable et complexe. Voici l'énumération de ses principaux ouvrages classés par catégories d'après le catalogue de M. Croze, son collaborateur pour le joli ballet de

Javotte, catalogue nécessairement incomplet et qu'il convient de laisser à jour, puisqu'il s'agit d'un auteur vivant.

Œuvres lyriques et dramatiques. — *Les Noces de Prométhée*, cantate couronnée au concours international de Paris (cirque des Champs-Elysées, 1er septembre 1867); *la Princesse Jaune*, opéra-comique, un acte de L. Gallet (Opéra-Comique, 18 juin 1872); *le Déluge*, poème biblique, de Louis Gallet (Concerts du Châtelet, 5 mars 1876); *le Timbre d'argent*, drame lyrique, 4 actes, de J. Barbier et M. Carré (Théâtre-Lyrique, 23 février 1877); *Samson et Dalila*, opéra, 4 actes, de F. Lemaire (Weimar, Théâtre Grand-Ducal, 2 décembre 1877; Rouen, Théâtre des Arts, 3 mars 1890; Paris, Opéra, 23 novembre 1892); *Etienne Marcel*, opéra, 4 actes, de L. Gallet (Lyon, Grand Théâtre, 8 février 1879; Paris, Opéra Populaire, 24 octobre 1884); *la Lyre et la Harpe*, ode commandée pour le festival triennal de Birmingham (Birmingham, 28 août 1879; Paris, Concerts Populaires, 11 janvier 1880; *Antigone*, de M. Paul Meurice et d'Auguste Vacquerie, musique de scène (Comédie française); *Henry VIII*, opéra, 4 actes, de Detroyat et A. Silvestre (Opéra, 5 mars 1883); *Proserpine*, drame lyrique, 4 actes, de Vacquerie et L. Gallet (Opéra-Comique, 16 mars 1887); *Ascanio*, opéra, 5 actes, de L. Gallet (Opéra, 21 mars 1890); *Phryné*, opéra-comique, 2 actes, d'Augé de Lassus (Opéra-Comique, 24 mai 1893); *Frédégonde*, drame lyrique, 5 actes, de L. Gallet, partition laissée inachevée par Guiraud (Opéra, 18 décembre 1895); *Scène d'Horace*, d'après Corneille; *Javotte*, ballet, 2 actes, de J.-L. Croze (Lyon, Grand Théâtre, et Bruxelles, Monnaie, novembre 1896), et représenté depuis à Toulouse, Marseille, Royan, Rouen, Milan et Barcelone; *Déjanire*, drame antique, de Louis Gallet, musique de scène (Théâtre des Arènes, Béziers, et Théâtre de l'Odéon, Paris).

Œuvres symphoniques. — Première symphonie en *mi* bémol : *Occident et Orient* (marche exécutée à la distribution des récompenses de l'Exposition universelle de 1878); *le Rouet d'Omphale, la Danse macabre, Phaéton, la Jeunesse d'Hercule*, poèmes symphoniques; *Suite* pour orchestre; *Marche héroïque; Deuxième Symphonie en la mineur; Suite algérienne; Une Nuit à Lisbonne; la Jota aragonese; Troisième Symphonie en ut mineur*, avec orgue et piano à 4 mains; *Hymne à Victor Hugo.*

Œuvres mystiques. — *Messe* (soli, chœur, orchestre et orgue); *Oratorio de Noël; Psaume VIII*; motets au saint sacrement : *Ave verum*, en *si m.*, en *ré* et en *mi ♭*; *O salutaris*, en *la*, en *si ♭*, et en *la ♭*; *Tantum ergo* en *mi ♭*; *Veni Creator*, pour 4 voix d'hommes, en *ut*; Motets à la Vierge : *Ave Maria*, en *la*, en *sol*, en *mi* et en *si ♭; Inviolata*, en *ré* et en *fa; Sub tuum*, en *fa m.; Messe* (soli, chœur et orchestre); *Messe de Requiem, Psaume XVIII*, etc.

Œuvres pour soli et orchestre. — *Tarentelle* (flûte et clarinette); *Introduction et Rondo* (violon); 5 concertos pour piano : *ré majeur, sol mineur, mi bémol, ut mineur, fa majeur*; 3 concertos pour violon : *ut majeur, la majeur, si mineur*; concerto pour violoncelle, *la mineur*; plusieurs *pièces* pour violoncelle, 2 *Romances* pour cor; 2 *Romances* pour violon, *si bémol* et *ut majeur; havanaise* pour violon, *Morceau de Concert* pour violon, *Africa, Rapsodie d'Auvergne; Caprice héroïque*, exécuté pour la première fois aux Concerts Colonne, par MM. Louis Diémer et Alfred Cortot, le 21 novembre 1898, etc.

Mélodies, duos, trios pour chant avec accompagnement de piano. — *Rêverie; Alla riva del Tibro; l'Attente; Au cimetière; la Brise; Clair de lune; la Cloche; Etoile du matin; le Lac; la Mort d'Ophélie; le Matin; Soirée en mer; Sérénade; le Sommeil des fleurs; Tristesse; Vogue, vogue la galère; Mélodies persanes, Làbas; Peut-être; Pourquoi rester seulette?* etc.

Morceaux divers. — *Méditation, Prière, Barcarolle* (harmonium); *Mélodies persanes; les Soldats de Gédéon* (double chœur à 4 voix hommes); *Rêverie du soir; les Marins de Kermor* (chœur).

M. Saint-Saëns a composé en outre un nombre considérable de *Gavottes, Mazurkas, Romances, Menuets, Valses, Berceuses*, etc., et surtout des morceaux de piano, notamment : *Souvenirs d'Ismaïlia, Souvenirs d'Italie*, plus des études, thèmes, concertos, préludes, sonates, etc., à deux et à quatre mains, pour deux pianos, pour piano et violon, etc., etc. Il a transcrit pour piano un grand nombre de compositions de Bach, trois fragments des quatuors de Beethoven, la valse et kermesse de *Faust*, le menuet d'*Orphée*, la marche religieuse de *Lohengrin* (piano, violon et orgue), etc. Il a restauré la partition du *Malade imaginaire*, de A. Charpentier. Continuateur du travail de Mlle Pelletau, il a présidé à la revision et à une édition nouvelle des œuvres de Gluck, ainsi qu'à celles de Rameau, en collaboration avec Jacques Durand et M. Charles Malherbe (MM. A. Durand et fils, éditeurs).

Mentionnons encore de la musique pour orgue : trois rapsodies sur des cantiques bretons, *Bénédiction nuptiale, Elévation, Fantaisie*, et trois morceaux pour harmonium. N'oublions pas des paraphases (caprice sur des airs de ballet de l'*Alceste* de Gluck), des transcriptions pour piano d'œuvres de Bach.

D'autre part, M. Saint-Saëns a exposé et défendu ses théories musicales dans divers écrits. Protestant contre l'assimilation faite de ses idées avec celles de Wagner, il a combattu les tendances wagnériennes de ses confrères de la presse musicale, et, à cet effet, il a publié une étude d'esthétique : *Matérialisme et Musique* (1882). Il a écrit en outre : *Harmonie et Mélodie* (1885); *Charles Gounod et le Don Juan de Mozart; Notes sur les décors de théâtre dans l'Antiquité romaine* (1886); *Rimes familières, Problèmes et Mystères, l'Ecole buissonnière*. De passage à Alger en 1892, il y a fait représenter une petite comédie en un acte : *la Crampe des Ecrivains.*

Elu membre de l'Académie des Beaux-Arts en remplacement de Reber en 1881, M. Camille Saint-Saëns est aussi membre de l'Académie des Beaux-Arts de Bruxelles, de l'Académie des Beaux-Arts de Stockholm et docteur en musique de l'Université de Cambridge.

L'éminent musicien est grand-croix de la Légion d'honneur.

Il serait malséant de porter un jugement détaillé sur la production d'un compositeur pour lequel la postérité n'a pas commencé. Rappelons seulement que l'œuvre du symphoniste est considérable par le nombre et aussi par la nature des sujets traités; les titres de ses grandes fantaisies : *le Rouet d'Omphale, la Danse macabre, le Char de Phaéton*, montrent à quelle hauteur plane l'inspiration du maître; maniant l'orchestre avec une aisance incomparable, ayant sur sa palette la gamme entière du coloris musical, les nuances infinies du timbre, il était prédestiné à la musique imitative, descriptive et pittoresque, à laquelle il a superposé la grande et solide ordonnance des ensembles; mais le dramatiste lyrique, le seul dont nous voulions parler ici avec quelque insistance, n'est pas inférieur au symphoniste.

Un des commentateurs du maitre, M. Émile Baumann, a dit avec un remarquable bonheur d'expression : « On pouvait écrire, il y a vingt ans : « La « France n'a pas eu de symphoniste. » Sa symphonie en *ut* mineur est le plus solennel monument symphonique que l'on ait osé depuis Beethoven. Mais la raison discipline tout dans son art, cette raison française flexible, déliée, aristocratique, et tout ensemble solidement appuyée sur la vie. Ce qui est admirable en lui, c'est la domination sur sa force, l'équilibre des moyens et du résultat. Emerson écrivait de Platon : « De même que le riche ne porte pas plus de « vêtements, ne monte pas plus de chevaux, n'occupe « pas plus de chambres que le pauvre, mais a préci- « sément le vêtement, l'équipage ou l'instrument qui « convient à l'heure et au besoin; ainsi Platon, dans « son abondance, a le mot propre. » De même Saint-Saëns, adaptant à une fin toujours précise la richesse de ses dons, s'exprime par les plus sobres et les plus courts moyens. Il voit dans les êtres une hiérarchie terminée, non la prolixité de l'effort vital. Il perçoit ce qui les distingue, et moins ce qui les identifie. Par là surtout il est un Gallo-Romain.

« Les formes se posent devant lui, distinctes, organisées. Leurs éléments se limitent les uns les autres en se déterminant. Rien d'excessif. Tout est lié par une loi d'intelligence et d'amour. Chacune de ses œuvres est quelque chose de pleinement existant; elle repose dans la clarté de ses linéaments, exemplaire sans tache de ce qui ne meurt pas. »

Le dramatiste lyrique n'est pas inférieur au symphoniste. Ses adversaires personnels (il s'en est assuré un nombre raisonnable par la verdeur de ses reparties comme par l'originalité de son tempérament) doivent s'incliner devant son magistral maniement de l'orchestre et le prestigieuse variété de son instrumentation; mais ils lui reprochent amèrement de n'avoir voulu s'inféoder à aucune formule. C'est ce qu'ils appellent son « indécision de principes »... Louons cette indécision, puisque nous lui devons la prestigieuse variété du répertoire de M. Camille Saint-Saëns, le fantastique du *Timbre d'argent*, la belle tenue tragique d'*Henry VIII*, la savoureuse sensualité d'*Ascanio*, le délicieux archaïsme de *Proserpine*, la ferveur voluptueuse de *Samson et Dalila*, l'ampleur lyrique de *Déjanire*, la spirituelle fantaisie de *Phryné*.

Aussi bien est-il certain que l'auteur de ces partitions si vivantes et si personnelles manque de principes? Il en a, au contraire, et beaucoup plus que ceux qui l'accusent ne pas se laisser asservir au parti pris d'école, et il a pris soin de les énoncer dans une profession de foi sans solennité, mais non sans portée, une causerie musicale de la *Nouvelle Revue*, où il répondait à la niaiserie courante en ce temps-là, l'accusation de wagnérisme. Il y déclarait n'appartenir à aucune école, pour cette excellente raison qu'il considère la musique comme un art en pleine formation et en même temps comme un art tout à fait à part, tenant à la fois de la littérature et des arts plastiques, un langage pour des idées qui ne sauraient trouver autrement leur expression. Quant à la théorie théâtrale, il adoptait et faisait siens trois préceptes de César Cui, le célèbre critique pétersbourgeois :

« La musique dramatique doit être en parfaite concordance avec les paroles. »

« Elle doit avoir toujours une valeur intrinsèque, abstraction faite du texte.

« La structure des scènes composant un opéra doit dépendre entièrement de la situation réciproque des personnages ainsi que du mouvement général de la pièce. »

Ces principes se rapprochent de ceux de Wagner; ils ne sont pas identiques, ne comportant aucun exclusivisme. Dans la pratique, Camille Saint-Saëns refuse de s'enrégimenter soit parmi ceux qui prêchent avant tout la mélodie, soit parmi ceux qui recherchent avant tout la distinction.

« La mélodie n'est pas un but; c'est un des moyens que l'artiste met à sa disposition, indispensable dans certains cas, inutile, quelquefois nuisible dans d'autres... Quant à la distinction prude et intolérante, c'est celle qui gêne la musique à notre époque. L'art n'a pas à être commun ni distingué, mais à être artistique, ce qui est tout différent. »

Voilà de l'éclectisme hautement avoué, et, en effet, éclectique le compositeur dramatique l'est au suprême degré chez M. Camille Saint-Saëns. Il n'entend se priver d'aucune des ressources de la musique; pour lui, mélodie, déclamation, symphonie, sont des éléments qu'il estime à le droit d'employer comme il l'entend et qu'il a tout avantage à maintenir dans le plus parfait équilibre possible.

« C'est la Trimourti sacrée,.le dieu en trois personnes, créateur du drame lyrique. Et si l'un des éléments devait l'emporter sur les autres, il n'y aurait pas à hésiter : l'élément vocal devrait prédominer. Ce n'est pas dans l'orchestre, ce n'est pas dans la parole qu'est le verbe du drame lyrique, c'est dans le chant. »

Cette théorie, qui condamne toutes les théories, Camille Saint-Saëns l'a résolument appliquée dans toutes ses œuvres dramatiques, dans *Henry VIII*, dans *Samson et Dalila*, dans *Déjanire*. Et sans doute elle a sa valeur, puisque la popularité sans cesse grandissante du musicien nous permet de lui appliquer ce qu'il disait de son ami Charles Gounod, avec la plus affectueuse confraternité : « On l'a accusé d'italianismes, on l'a accusé de germanismes. Immuable au milieu de ces vicissitudes, il n'a jamais été autre chose qu'un artiste français, et le plus français qui se puisse voir. »

PALADILHE

« Paladilhe! un joli nom de musicien, ailé comme une chanson de printemps, comme ce refrain de mandoline, rayon du soleil italien, que le *Passant* rapporta de là-bas avec sa vingtième année. En 1872, M. Paladilhe ajouta de la musique à l'harmonieuse idylle de M. Coppée. Fleur sur fleur, ainsi que dit la reine Gertrude, semant de roses le cercueil d'Ophélie. C'était bien une double fleur, cette rêverie aux étoiles du ciel toscan, dialogue sentimental entre la belle donneuse d'amour et le gai chanteur d'avril. Il y avait çà et là dans le *Passant* de charmantes choses, entre autres une vue lointaine et vaporeuse de Florence endormie au clair de lune; partout la grâce de l'adolescence. Cette musique était la fille encore très jeune d'une autre musique illustre et féconde : déjà la terrasse de Silvia touchait au balcon de Marguerite et de Juliette. »

Ainsi parlait M. Camille Bellaigue, évoquant à propos de *Patrie* la première pièce portée au théâtre par l'auteur de *Mandolinata*. A vrai dire, si le *Passant* écrit par M. Paladilhe à 22 ans (il est né en 1844 près de Montpellier) est une œuvre où le compositeur a nettement marqué sa filiation, — en effet, comme le dit encore M. Bellaigue, « jamais depuis le *Passant*, ni dans l'*Amour africain*, tué par un livret extraordinaire, ni dans le mélodieux opéra-comique de *Suzanne*, une fine gravure anglaise; ni dans ses *lieder* les plus délicats ou les plus pathétiques : *le Rouet, la Chanson du Pêcheur, les Papillons,* jamais M. Paladilhe n'a perdu de vue les grands maîtres, surtout le dernier de tous, son maître à lui, Gounod », — l'Opéra-Comique ne le présenta pas dans d'excellentes conditions. On avait, comme date de la première représentation, choisi le 24 avril, jour où se donnait une représentation au bénéfice de Chollet. En l'honneur du vieil artiste, Roger revenait chanter la *Dame blanche;* la Comédie française jouait *Un Caprice,* le Gymnase la *Cravate blanche* de Gondinet; Montaubry, Ismaël, Mᵐᵉˢ Rosine Bloch et Judic, le violoncelliste Sighicelli et le pianiste Th. Ritter se faisaient entendre dans divers intermèdes et apportaient leur concours amical au créateur de *Zampa* qui, malgré son âge, reparut sur la scène qu'il avait illustrée et, avec Mˡˡᵉ Ducasse, joua plus qu'il ne chanta le *Maître de chapelle*. La soirée, qui produisit une recette de 13.119 francs, n'était pas heureusement choisie pour lancer une œuvre nouvelle.

L'*Amour africain* (1874) fut victime du livret. *Suzanne* (1878) devait être mieux accueillie. Cependant le poème n'est pas sans défaut; Cormon, l'un des librettistes, n'avait pu assister, pour cause de maladie, aux répétitions de son ouvrage. Quand il vint à la première, il ne fut pas peu surpris de voir les modifications que la pièce avait subies; il en conçut un tel dépit qu'il renonça désormais à travailler pour la salle Favart, et que *Suzanne* se trouva ainsi le dernier opéra-comique de l'homme d'esprit qui comptait à son actif les *Dragons de Villars,* le *Chien du jardinier* et le *Premier Jour de bonheur.* Ce détail de coulisses donne l'explication de bien des lacunes ou défaillances de ce livret qui, sans rien perdre de son caractère sentimental, avait peut-être, en son originale version, plus de mouvement et d'intérêt.

Une jeune Anglaise, intelligente, studieuse, mais romanesque, s'échappe du domicile de sa tante et s'aventure sur les grandes routes, où elle rencontre un jeune étudiant de Cambridge qui lui propose de le suivre, d'endosser l'habit masculin et d'entrer à l'Université. Elle accepte, et tout va bien jusqu'au jour où les étudiants découvrent le sexe de leur camarade et font scandale. Par dépit, Suzanne se lance dans la vie de théâtre et devient une actrice célèbre; par dépit aussi, Richard s'engage dans la marine et devient officier. Au bout de longues années, l'un revient des Indes à temps pour empêcher l'autre d'épouser un noble lord, et le roman d'amour ébauché jadis se termine le plus moralement du monde par un mariage.

Avec *Suzanne*, M. Paladilhe prenait sa revanche du *Passant* et de l'*Amour africain*. De gracieuses mélodies, telles que la romance dite par Nicot au premier acte : « Comme un oiseau, » et bissée par acclamation, des chœurs et ensembles bien sonnants, un caractère général de sensibilité fine et distinguée, recommandaient la partition à l'estime des connaisseurs. Parmi les ouvrages du compositeur, c'est peut-être celui-là qui supporterait le plus heureuse-

ment l'épreuve d'une reprise. Il faudrait seulement retrouver l'équivalent de Mˡˡᵉ Bilbaut-Vauchelet, dont le rôle de Suzanne était la première création, et qui s'y montra charmante en tout point, à côté de Barré (Dalton), Maris (Peperley), Mˡˡᵉ Ducasse (Eva), Mˡˡᵉ Feitlinger et la petite Riché qui débutaient, la première dans le menu rôle de Ketty, la seconde sous les traits de Bob, un petit groom comique; il faudrait probablement retoucher quelque peu les trois actes de Lockroy et Cormon, et peut-être revenir à la version primitive; il faudrait encore diminuer la part de virtuosité faite à la chanteuse; il faudrait enfin ne plus mettre, dans un premier acte qui se passe aux environs de Londres, un décor de *Cinq-Mars* où se percevait distinctement à l'horizon le château de Saint-Germain, de sorte qu'au moment où le ciel s'obscurcit et le tonnerre éclate, un mauvais plaisant pouvait faire rire ses voisins en s'écriant : « Tiens! l'orage est sur le Vésinet! »

Diana, également représentée à l'Opéra-Comique, en 1885, eut une moins brillante fortune. MM. J. Normand et Regnier, les librettistes, avaient imaginé une histoire de complot contre Jacques Iᵉʳ qui eût peut-être plu au public vers 1843, à l'époque où les conspirations étaient fort à la mode à l'Opéra-Comique, mais qui constituait un livret assez touffu que la musique du compositeur ne réussit pas à éclaircir. Il y avait pourtant quelques jolies pages dans cette partition, telles que le duo du second acte, chanté par Talazac (Ramsay) et Mˡˡᵉ Mézeray (Diana); l'arioso du troisième, dit par Taskin (Melvil), et quelques chœurs ou ensembles d'une belle sonorité; mais l'action, en ses lignes générales, laissa le public indifférent. Il faut le supposer du moins, si l'on songe que le nom d'un compositeur aussi estimé que M. Paladilhe ne put assurer à *Diana* plus de quatre représentations. Notons à ce propos que Henri Lavoix, dans son analyse du *Télégraphe,* publiée le lendemain de la première, s'exprimait sur le compte du compositeur à peu près comme devait le faire M. Camille Bellaigue un an plus tard au sujet de *Patrie :*

« Le musicien, M. Paladilhe, est un homme de talent et de réel talent, non point parce qu'il a été prix de Rome à l'âge où nous étudions encore le solfège, non point parce qu'il a rapporté d'Italie la *Mandolinata,* qu'il a rendu populaire au point que les orgues le fatiguaient lui-même de sa mélodie, mais parce qu'il n'est pas une de ses œuvres où le talent ne se manifeste, et d'une manière éclatante. Le duo de l'*Amour africain,* l'adorable premier acte de *Suzanne,* sont des pages dont le public ne se souvient peut-être pas, mais qu'un musicien n'a pas le droit d'oublier. Dans *Diana,* M. Paladilhe s'est retrouvé plus d'une fois, surtout au second acte; cependant cette musique, écrite avec habileté, souvent mélodique et distinguée, n'a pas toujours suffi pour soutenir les défaillances du poème. Son grand défaut est de ne point être nouvelle, tout en étant moderne; le compositeur aime les formules, et la formule, même à la mode, qu'elle vienne de Massenet, de Gounod, de Saint-Saëns ou d'Apollon, manque toujours de nouveauté et de spontanéité. De plus, M. Paladilhe, tout en étant un des écrivains de musique les plus ingénieux de notre époque, a pour certaines formes d'instrumentation, comme les prédominances du petit orchestre, des préférences qui le font retomber fréquemment dans les mêmes effets; de là un peu de monotonie dans le style. »

Patrie! devait brillamment réussir à l'Opéra en 1886.

Le poème était de Victorien Sardou et Louis Gallet. On ne trouverait peut-être pas un autre exemple d'un auteur tirant un livret d'opéra d'un drame dont la vogue dure toujours. *Patrie!* d'ailleurs, comme certaines œuvres de Victor Hugo, offre à la musique un cadre varié et brillant. Victor Hugo pensait que la sonorité de ses vers et même de sa prose n'avait pas besoin d'être relevée par la musique. Sardou, plus modeste, était d'un autre avis. Il peut se faire qu'il eût raison. Peut-être aussi avait-il voulu défendre son œuvre de prédilection contre les atteintes des librettistes de l'avenir. On saurait d'autant moins l'en blâmer, que, bien secondé par Gallet, il s'acquitta de sa tâche avec une rare adresse.

Nous ne raconterons pas le livret de *Patrie!* qui suit de très près le drame original, et dont, par conséquent, tous les lecteurs connaissent les émouvantes péripéties, nous contentant d'indiquer les différenees qui existent entre la seconde version et la première, différences peu importantes et dont une seule, l'apparition inattendue et injustifiable de Rafaële à l'hôtel de ville, constitue une regrettable concession à de prétendues exigences scéniques. Après l'impression foudroyante causée par la mort de Jonas, toute addition fait longueur.

Par contre, l'intervention de Rafaële au premier acte en faveur des prisonniers enfermés dans le marché de la Vieille-Boucherie est d'un heureux effet; celle de Karloo ne l'est pas moins, lorsque, à l'acte suivant, les Flamands refusent, en invités bien discourtois, ce me semble, d'escorter la fille du duc d'Albe. La suppression du tableau de la porte de Louvain était tout indiquée à l'Opéra. Le quatrième acte a disparu en entier, et Karloo apprend à Dolorès la mort de Rysoor, et l'on n'assiste pas au défilé des condamnés se rendant au supplice. Une scène analogue avait inspiré à Verdi une des plus belles pages de son *Don Carlos;* M. Paladilhe a sagement résisté à la tentation d'écrire, lui aussi, sa marche funèbre, quitte à sacrifier l'épisode théâtral du duc d'Albe, se découvrant, sans savoir quelle est la morte qu'on pleure, devant le cadavre de sa fille.

L'action, ainsi resserrée et condensée, est peut-être plus saisissante et soulève moins de critiques à l'Opéra qu'à la Porte-Saint-Martin. Certaines invraisemblances, certaines « ficelles », échappent à l'attention. Le marquis de Trémouille ou de la Trémoïlle, — suivant l'orthographe adoptée à l'Opéra, — dont quelques-uns jugeaient les rodomontades agaçantes, gagne à se montrer moins loquace et ne mériterait plus d'être qualifié, comme il l'était jadis par Jules Claretie, de « l'inévitable Parisien, qui à Magdala ou à Tombouctou dit si bien leur fait aux étrangers ». Bref, malgré sa couleur uniformément sombre et son absence de scène d'amour entre personnages sympathiques, le livret de *Patrie!* encore rehaussé par une admirable mise en scène, est un des plus beaux que depuis longtemps un compositeur ait eu à traiter.

C'était pour M. Paladilhe tout à la fois une singulière bonne fortune et un redoutable honneur d'être désigné comme le traducteur musical de *Patrie!* Sa partition, sans être la seule cause déterminante du succès, y contribua largement et, à travers certaines influences, révéla un homme de théâtre que l'on ne soupçonnait pas.

Tempérament essentiellement éclectique, M. Paladilhe est porté d'instinct à profiter de tous les éléments de culture à sa disposition; mais s'il s'inspire de Meyerbeer et de Gounod, ses maîtres favoris, il ne les « pastiche » pas, ce qui est tout différent. Pour n'être pas découpé en « scènes » selon la mode actuelle et n'avoir pas la dénomination de « drame lyrique », son opéra n'en dénote pas moins une observance très appréciable de quelques-uns des principes mis ou, si l'on veut, remis en lumière par les nouvelles écoles musicales; celui-ci, par exemple, que le compositeur dramatique doit avant tout s'appliquer, au besoin se borner, à accentuer par les sons musicaux la parole qui traduit la pensée, et que, pour atteindre ce but, il convient, en mainte circonstance, de substituer le récitatif déclamé à l'air traditionnel.

La partition de M. Paladilhe témoigne, en outre, d'un soin constant de la forme, d'une grande habileté dans le maniement de l'orchestre. Un souffle généreux circule enfin dans certaines scènes capitales. Que manque-t-il donc à *Patrie?* Un caractère d'individualité plus prononcé. Idées et style n'appartiennent pas assez à l'auteur. *Patrie!* est l'œuvre consciencieuse, remarquable, puissante même, d'un homme de conciliation, de transition.

Le premier acte s'ouvre par un chœur de soldats espagnols d'une gaieté farouche et brutale. Une ritournelle très élégante, mais peu originale, relie ce chœur au récit du marquis de La Trémoïlle, récit développé à la matière de Gounod. A la sombre entrée du tribunal succède un joli ensemble : « Jonas ne tremble pas, » qui encadre la chanson très franche d'allure du sonneur. L'entretien de Rysoor et de La Trémoïlle, l'arrivée de Rafaële, les dernières recommandations du comte à son nouvel ami, la déposition du capitaine Rincon, l'explosion de douleur de Rysoor : « O torture! » toute cette suite de scènes assez courtes et bien agencées fait, musicalement, grand honneur à M. Paladilhe.

Le tableau suivant, qui se passe chez le comte de Rysoor, est plus terne. On ne s'intéresse nullement à Dolorès, à qui « Dieu n'a pas répondu », lorsqu'elle lui demandait de « la garder d'elle-même » et la conduite de Karloo n'est guère plus excusable que celle de sa maîtresse. Aussi leurs élans passionnés nous touchent-ils peu. L'épisode de la conspiration est bien traité, et l'explication de Rysoor et de Dolorès a du mouvement et du caractère.

Le décor change et représente la grande salle du palais du duc. Un joli passe-pied et l'entrée gracieuse de Rafaële servent de prélude à un grand divertissement où défilent, sous les costumes les plus charmants, les nations et les fêtes soumises par les Espagnols. Une valse très élégante, que créa Mlle Subra, est la meilleure page de ce ballet, que couronnent un madrigal soupiré de La Trémoïlle et une pavane avec chœur d'une heureuse teinte archaïque. Ici se place la scène de l'insulte des Flamands, scène qui donne lieu à l'intervention de Karloo dont la mélodie : « Pardonnez-leur, madame, » est très expressive.

Le troisième acte nous transporte chez le duc d'Albe, qui, dans un touchant cantabile, essaye de calmer et de consoler sa fille. Bientôt paraît Karloo. Le duc lui demande son épée, pour la lui rendre, du reste, presque immédiatement après, sur les instances de Rafaële, à condition qu'il la mettra au service de l'Espagne. Le refus de Karloo est souligné par un chant martial un peu pauvre d'invention tout d'abord, mais dont la dernière partie est très chaleureuse. Glissons sur les épisodes qui préparent la scène capitale de la dénonciation. Venue, dans un moment d'affolement, pour sauver Karloo, Dolorès se voit soumise à un interrogatoire auquel elle ne s'attendait pas, et obligée, sous menaces de mort, de livrer un à un les noms des principaux conjurés. La situation est d'un grand effet dramatique, et M. Paladilhe a trouvé pour la rendre des accents sinon bien neufs, du moins très justes et très énergiques. Une large phrase à la Verdi traverse et éclaire par moments cette scène magistrale, maintenue jusqu'au bout dans une tonalité sombre et conduite avec une remarquable sûreté de main.

Mais le point culminant de l'opéra de *Patrie!* est le quatrième acte, l'acte de l'Hôtel de ville. Le comte de Rysoor y est constamment en scène. C'est incontestablement la plus figure du théâtre de V. Sardou, et l'on ne peut nier que M. Paladilhe ne lui ait prêté à son tour un puissant relief. La patriotique allocution du comte aux conjurés, ses reproches touchants à Karloo : « Ah! malheureux que j'aimais tant! » son invocation solennelle : « Dieu juste, sauve le prince! » et ses adieux émus au sonneur sont de larges pages musicales, dont la dernière a été bissée par acclamation.

Après le dénouement de Jonas, après l'arrestation des conjurés et la mort de Rysoor, l'intérêt languit forcément. Le spectateur écoute d'une oreille distraite les doléances de Dolorès : « Quand je t'implore, quand je tremble, pourquoi tarde-t-il ainsi? » et ses plaintes : « Ton cœur s'est donc glacé, » lorsque Karloo hésite à fuir avec elle. Ce dernier acte est d'une bonne facture musicale, mais froide. Les deux seuls personnages en scène échangent des protestation d'amour, mais cet amour ne touche personne.

Rappelons que l'interprétation de *Patrie!* était de premier ordre, avec M. Lassalle, dont le succès fut immense; Mᴵˡᵉ Krauss, admirable dans la scène de la dénonciation; E. de Reszké, superbe duc d'Albe, et Mᴵˡᵉ Bosman, une touchante Rafaële.

M. Paladilhe a remplacé Ernest Guiraud à l'Institut en 1892.

THÉODORE DUBOIS

La biographie de M. *Théodore Dubois*, dont l'existence a toujours été discrète et familiale, peut tenir en quelques lignes. Né dans l'Ile-de-France, en 1837, de parents campagnards qui eurent le rare mérite de ne pas contrarier sa vocation, mais ne lui donnèrent aucun secours d'atavisme artistique, a commencé ses études à Reims, est venu à Paris en 1854, où il obtint successivement les premiers prix d'harmonie, d'accompagnement, de contrepoint et fugue, d'orgue, et enfin le premier grand prix de Rome en 1864.

A été organiste accompagnateur de la chapelle des Invalides de 1855 à 1858; organiste accompagnateur à Sainte-Clotilde de 1858 à 1861, avec César Francʳ comme maître de chapelle; maître de chapelle de la même église de 1863 à 1869, avec César Francʳ comme organiste du grand orgue; maître de chapelle de la Madeleine de 1869 à 1877; organiste du grand orgue de la même église (succédant à Saint-Saëns) de 1878 à 1886.

Professeur d'harmonie au Conservatoire de 1871 à 1890; professeur de composition (succédant à Léo Delibes) de 1890 à 1896. Avait été nommé inspecteur de l'enseignement musical en 1883, et en a rempli les fonctions jusqu'en 1896. Directeur du Conservatoire de 1896 à 1905.

A été élu membre de l'Institut en 1894, en remplacement de Charles Gounod.

Dans la production du compositeur il convient de mettre à part un certain nombre de grandes compositions pour orchestre, d'une belle tenue technique et en même temps d'une noble inspiration, telles que l'ouverture de *Frithiof*, la marche héroïque de *Jeanne d'Arc*, la fantaisie triomphale pour orchestre et orgue, les poèmes lyriques et dramatiques, chœurs, cantates, *le Pas d'armes*, *les Voix de la Nature*, *l'Enlèvement de Proserpine*, *le Drapeau français*, *Délivrance*, *Hylas*, *Notre-Dame de la Mer*, *Zybelé*, *Adonis*.

Au théâtre, un des ouvrages les plus remarqués de M. *Théodore Dubois*, après la *Guzla de l'émir* (1873), le *Pain bis* (1879) et *Aben-Hamet* (1884), fut le ballet de la *Farandole*, sur un livret de Philippe Gille et d'Arnold Mortier, tout pénétré de poésie rustique. Louis Gallet en appréciait ainsi la partition : « Cet habit galant du ballet, uniforme destiné aux musiciens de toute taille, ne saurait convenir également à tous; il est des robustes auxquels il semble étriqué et écourté comme une veste; MM. Massenet et Saint-Saëns n'ont jamais voulu l'essayer; M. Lalo s'y est empêtré, M. César Francʳ le ferait craquer par toutes les coutures. Mais il va à ravir à certaines natures chez qui la finesse, l'élégance, le charme poétique ou l'ingéniosité de l'esprit l'emportent sur l'invention et la puissance dramatiques.

« M. Léo Delibes, musicien très complet d'ailleurs, reste à notre époque le maître incontesté du genre; M. Widor s'y est révélé de la façon la plus heureuse; M. Théodore Dubois, le nouveau venu, y fait montre de précieuses qualités...

« Le caractère dominant de la musique de M. Théodore Dubois est un composé d'élégante finesse, de poésie voilée, de grâce ingénieuse; la recherche des effets y est d'une réserve poussée parfois jusqu'à la timidité. Il y a, comme on le verra au courant de la partition de la *Farandole*, d'heureuses exceptions à cette sorte de parti de tonalité discrète; mais ayant à classer tout d'abord le compositeur dans une certaine catégorie artistique, il faut reconnaître qu'en général la touche délicate de la peinture en camaïeu semble lui convenir mieux que les grands coups de brosse en pleine toile. »

Le poème de *Xavière* (1896) a été tiré par Louis Gallet d'un roman de Ferdinand Fabre. Sujet très simple, surtout dans la réduction faite pour l'Opéra-Comique, et sans autre complication que la tentative d'assassinat du deuxième acte.

La Xavière de la salle Favart est une demi-orpheline qui a perdu son père Xavier et est restée seule avec une marâtre, Benoîte Ouradou. Benoîte s'est éprise de l'instituteur Landrini, un vilain personnage, dur à tout le monde et en particulier à son fils Landry. Mais Benoîte n'a rien; la terre de Foujoux, l'héritage de Xavier, doit revenir à Xavière. Benoîte prend en haine l'enfant qui l'empêche d'épouser le maître; elle la maltraite, et Xavière se suiciderait de désespoir si elle n'avait pour se consoler, avec l'amour de Landry, l'affection du curé Fuleran et l'amitié du berger Galibert, un bon vivant, grand embrasseur de filles, mais protecteur par vocation et par habitude de toutes celles qui ont la sagesse de lui résister.

Après un premier tableau, consacré à l'exposition, vient un acte de drame, à la châtaigneraie, pendant la cueillette. Fulcran, pour soustraire Xavière à la haine de sa marâtre, lui propose d'entrer au couvent de la Croix, mais la fillette refuse; elle aimerait mieux mourir que renoncer à Landry. Et peu s'en faut qu'elle ne meure, Landrinier ayant méchamment fait ployer la branche sur laquelle se hasarde Xavière pour cueillir des châtaignes. Elle est sauvée par Galibert, et nous la retrouvons, au troisième acte, au presbytère, où le doyen Fulcran fait entendre raison à Landrinier en le menaçant des gendarmes. Xavière intercède pour sa mère, et l'idylle se termine par ses fiançailles avec Landry.

L'âme exquise et rare de Ferdinand Fabre, cette âme de François d'Assise laïque, amoureux de la libre nature, a vraiment passé dans la partition de M. Théodore Dubois, sincère, inspirée, passionnée.

Il arrive au compositeur de parler trop discrètement (c'a toujours été le défaut de son talent, ou si l'on préfère, l'excès de sa probité artistique : la réserve poussée jusqu'au scrupule, la crainte des effets faciles), il ne parle jamais pour ne rien dire; sa pensée se dessine partout nette et précise, soulignée de touches délicates.

L'entrée de Fulcran : « Ah! mes enfants, au milieu de l'orage, — j'avais bien peur pour notre cher village; » la légende de saint François, l'air de Landry au deuxième acte : « Au clair matin, la montagne rayonne, — la source chante au creux des frais gazons; » la phrase de Xavière : « Quelle fraicheur me parfume!... » sont des mélodies d'une grâce charmante, et aussi des morceaux brillants dans toute la force du terme. Mais c'est surtout la partie pittoresque de l'idylle cévenole qui a permis au compositeur de donner la grande mesure de son talent. Nous signalerons la marche des batteurs, le chant du châtaignier, et surtout l'adorable détail des deux rôles de Mélie et du berger Galibert; la phrase du premier tableau : « Les baisers, d'ailleurs, c'est comme le pain, — j'en ai toujours faim; » l'air des grives : « C'est tout parfumé de genièvre; — blanc comme du caillé de chèvre; » enfin, au dernier acte, après un exquis duo, la chanson d'allure si mélodique :

> Grive, grivette, grivoisette,
> Tu t'en vas par le vert coteau,
> Tu t'en vas croquer la noisette,
> Là-bas, là-bas, le long de l'eau...

En dehors du théâtre, M. Théodore Dubois devait être particulièrement attiré par cette formule exquise de la mélodie qui permet au compositeur de recréer pour ainsi dire les poèmes versifiés. Ses deux premiers recueils de mélodies contiennent une série d'œuvres demeurées au répertoire des chanteurs, la *Menteuse*, une amusante traduction de la poésie de Henri Murger, la *Madrigal* sur une poésie d'Armand Silvestre, le délicieux rondel sur une poésie du grand paysagiste Jules Breton, le *Poème de mai*, la *Chanson de printemps*, le *Galop* où résonnent les sauvages harmonies d'une des plus remarquables poésies de Sully Prudhomme : « Agite, bon cheval, ta crinière fumeuse... » et qui donne l'impressionnante sensation de la course à l'abime, *A Douarnenez*, *Par le sentier*, *Près d'un ruisseau*, *Trimazo ou la chanson de mai* et un très curieux emprunt au folk-lore de Provence, *Bergerette*, mélodie pour chœur et solo exécutée avec le plus vif succès au Conservatoire en 1888.

L'œuvre de piano comprend des numéros d'une grande importance, le concerto capriccioso, le scherzo et choral, le scherzo en *fa* dièse mineur, un concerto, une sonate, douze études de concerts; mais, en dehors de ces compositions magistrales, nous rencontrons

un grand nombre de morceaux auxquels notre regretté confrère Hugues Imbert a appliqué le qualificatif de pièces humoristiques. Elles sont généralement de dimension restreinte, lestement enlevées et précédées d'un titre qui en résume l'esprit et le caractère : *esquisse, badinage, scherzetto, andantino, rêverie*, faisant partie d'un recueil de douze pièces dédiées à Mme Théodore Dubois, *Air à danser, Chanson d'Orient, Histoire bizarre, Stella matutina*, la *Petite Valse* et aussi la charmante tarentelle *Sorrente* dédiée à Jules Lefebvre. Mentionnons aussi les poèmes virgiliens et les poèmes silvestres qui portent ces titres : *l'Allée solitaire, les Myrtilles, les Bûcherons, la Source enchantée, les Danses rustiques*.

La musique religieuse a joué un rôle considérable dans l'œuvre du compositeur, qui, avant d'obtenir le prix de Rome, était déjà organiste à Sainte-Clotilde. Son premier envoi d'Italie fut une messe solennelle que l'auteur avait fait entendre à Liszt pendant son séjour à la Villa Médicis et qui a été exécutée à la Madeleine. Elle présageait l'oratorio des *Sept Paroles du Christ* au sujet duquel Ernest Reyer écrivit en 1867 dans son feuilleton du *Journal des Débats* ce jugement flatteur et définitif :

« Le style des *Sept Paroles* n'est pas sans analogie avec celui des maîtres italiens de la fin du xvie siècle, rajeuni cependant par des harmonies modernes et des rythmes plus variés. La cinquième parole, qui est peut-être la plus belle, est aussi la plus dramatique, bien que le sentiment religieux y soit conservé d'un bout à l'autre; le chant de ténor de la parole suivante, accompagné par un contre-sujet de flûte, repris ensuite par les premiers violons et la harpe, m'a charmé par la douceur et la simplicité de son expression; la septième parole renferme un orage d'une excellente facture. A des qualités mélodiques très personnelles M. Théodore Dubois joint un talent réel dans l'art de grouper les voix et de combiner les différentes sonorités de l'orchestre. »

Ces qualités que Reyer saluait chez le jeune compositeur des *Sept Paroles du Christ* devaient s'accentuer et s'affirmer dans le drame oratorio le *Paradis perdu* (1878), la *Messe pontificale* (1896), la *Messe de Saint-Remy* (1900), sans oublier le *Baptême de Clovis*, composé sur un poème du pape Léon XIII dont voici la donnée : « Le maître des nations, c'est Dieu. Soudain il abat les puissants, il exalte les humbles, il tient dans sa main les événements, il les gouverne au gré de sa justice. » Comme conclusion, ce cri : « Vive le Christ qui aime les Francs ! »

M. Théodore Dubois a encore composé une sonate pour piano et violon, des notes et études d'harmonie, complément du traité Reber, quatre-vingt-sept leçons d'harmonie, un traité de fugue et contrepoint.

GABRIEL FAURÉ

Entre les nombreuses caractéristiques de la personnalité si curieuse et si fine de M. Gabriel Fauré, le fait que le directeur actuel du Conservatoire n'a jamais passé par l'Ecole du faubourg Poissonnière n'est pas une des particularités les moins originales. Il naquit en 1845 à Pamiers, où son père dirigeait l'école normale. De lourdes charges pesaient sur le budget du ménage; la famille était nombreuse; aussi M. Fauré voulut-il éprouver sérieusement les aptitudes du jeune Gabriel quand celui-ci se découvrit, vers seize ans, une vocation musicale. On l'envoya à Paris étudier dans l'établissement très spécial où Niedermeyer formait gratuitement des élèves mis au régime de la musique religieuse et destinés, en principe, à devenir organistes.

Ce fut à Rennes que Gabriel Fauré fut envoyé après avoir conquis tous ses diplômes. Il fit un stage de plusieurs années, revint à Paris, y tint l'orgue dans quelques paroisses secondaires, puis à la Madeleine, et finit par entrer au Conservatoire,... mais, cette fois, comme professeur de composition.

Au cours de ses études musicales, il s'était lié avec M. Camille Saint-Saëns, qui paracheva son éducation et qui, au moment de la nomination de M. Gabriel Fauré au poste de directeur du Conservatoire laissé vacant par la démission de M. Théodore Dubois, qu'avaient rebuté certaines difficultés administratives, communiqua à notre confrère Raoul Aubry cet intéressant portrait de son élève :

« Enfant des Pyrénées, fils du chef respecté et sympathique entre tous d'une école normale, élève brillant de cette école Niedermeyer qui a fourni tant d'excellents organistes et maîtres de chapelle, actuellement et depuis quinze ans chef de la maîtrise de la Madeleine, Gabriel Fauré est un de nos musiciens les plus délicats et les plus profonds. Raffiné à l'excès, subtil et recherché, mais toujours essentiellement musical, son merveilleux talent se détache comme une escarboucle sur le tissu de la musique contemporaine.

« Le physique trahit à première vue son origine méridionale ; petit, trapu, la peau brune et les yeux noirs, avec des cheveux blancs qu'il avait à vingt-cinq ans et des manières extraordinairement juvéniles, Gabriel Fauré n'a jamais eu d'âge et n'en aura jamais ; en réalité, il est né en 1845.

« Sa conversation imagée et prime-sautière est d'un attrait tout spécial, et les étincelles dont elle pétille ont d'autant plus d'effet qu'elles paraissent involontaires. L'orchestre l'attire peu ; une suite, une symphonie, la musique de scène, si remarquée de l'Odéon, de *Caligula* et de *Shylock,* voilà à peu près le bilan de ses œuvres orchestrales. La musique de chambre vocale et instrumentale est, jusqu'à présent, son principal domaine, et sa supériorité, en ce genre, lui a valu le prix Chartier, décerné par l'Institut.

« Cinquante mélodies, des chœurs, des cantates, une géniale sonate pour piano et violon, deux quatuors pour piano et instruments à cordes, diverses pièces pour violon et violoncelle, toute une collection de morceaux pour le piano, impromptus, barcarolles, nocturnes, valses, caprices, mazurcas, scherzos, lui assignent une place à part dans l'art musical.

« Avec un admirable et très original *Requiem,* il a récemment abordé la musique d'église, de façon à faire désirer qu'il persiste dans cette voie, si peu ou si mal fréquentée à notre époque. De plus, quand il le veut, Gabriel Fauré est un organiste et un pianiste de premier ordre.

« Camille Saint-Saens. »

Depuis 1805 l'œuvre de M. Gabriel Fauré s'est beaucoup augmentée, mais sans que ses caractères essentiels aient été modifiés. Parmi les compositeurs contemporains, il est le maître mélodiste, le poète du piano. Ses *barcarolles,* ses *nocturnes,* ses *impromptus,* thème et variations, la *Ballade* pour piano et orchestre, les trois *romances sans paroles,* les *huit pièces brèves, Dolly,* « scènes d'enfant » pour piano à quatre mains (qu'on a assez fâcheusement arrangé ou dérangé pour ballet dans un récent spectacle du théâtre des Arts), jouissent d'une popularité mondiale.

Suivant le subtil mais exact commentaire de M. J. Saint-Jean, presque toutes ces pièces traduisent une impression d'ordre sentimental ou d'ordre pittoresque, impression simple qui doit se développer librement, au gré de l'inspiration et du rêve, sans souci des anciennes divisions conventionnelles ni des anciennes barrières des tonalités.

« Les pièces de Chopin ont en général une destination analogue ; aussi est-ce un peu le plan du nocturne de ce génial maître du piano que Fauré a fait sien : une phrase unique, suivie ou non de thèmes accessoires ou d'une partie intermédiaire contrastant avec elle, après lesquels reparaît la phrase initiale. C'est, si l'on veut, la forme *lied.* Quelques pièces ont une composition plus complexe et mettent en œuvre trois et même quatre thèmes ; mais on peut, malgré tout, les ramener elles-mêmes à ce schéma. Longue, pure, flexible, tantôt rêveuse, attendrie ou rieuse, tantôt grave et noble, pensive, ou exhalant une volupté indicible, la phrase mélodique de Fauré a une expression très particulière qui ne peut s'oublier. Toujours marquée du sceau d'une personnalité caractéristique, elle possède sa valeur propre, et, dans la longue série des œuvres du maître, on ne saurait en trouver une seule qui soit banale ou sans intérêt. Fauré tient beaucoup à la qualité de ses idées, et il n'y a que lui pour trouver de ces linéaments mélodiques tout gonflés de musique et de beauté. Son imagination est inépuisable, et il n'a nul besoin d'aller chercher, comme d'autres, dans des recueils de chants populaires le thème d'un laborieux travail. Dans ses développements, Fauré ne procède ni par amplification, comme parfois Chopin, ni par répétition, comme Schumann, et ses pièces ne sont pas composées, comme celles du maître de Zwickau, d'un certain nombre de morceaux juxtaposés. Il échappe ainsi à la fois au ressassement et à la paraphrase. Ses développements consistent, en quelque sorte, en des variations — ou des variantes — harmoniques du thème, et toute la sève de celui-ci s'y exprime sans se diluer. »

Ainsi que l'observe le même critique, sous ses formes onduleuses se cache souvent une force robuste, et d'ardentes poussées lyriques soulèvent parfois leur trame délicate. « Fauré possède au suprême degré l'art de les préparer ; il se complaît dans de vastes et puissantes progressions sonores qui sont d'un pathétique très proprement musical. Mais sa fougue se maîtrise ; avec un pudique souci d'eurythmie et de noblesse, il modère l'élan passionné de son lyrisme ; il l'assouplit dans la grâce et l'achève en un sourire plein de tendresse et de charme discret. »

Prométhée, créé à Béziers en 1901, est une œuvre de haute et pure beauté, qui s'harmonise noblement avec le poème où Jean Lorrain et M. Hérold ont fusionné les deux mythes de Prométhée et de Pandore. Prométhée a ravie le feu du ciel pour en faire don à l'humanité qui se traîne dans les glaciales ténèbres ; il a forgé, pour elle, un instrument d'émancipation ; mais les dieux considèrent ce présent comme un vol fait à leur céleste essence ; ils châtient le Titan en le clouant sur un roc, où « le chien ailé de Zeus », le vautour, viendra dévorer son foie sans cesse renaissant. Dans sa misère, il n'a gardé qu'une consolatrice, Pandore, en qui se résument toutes les grandeurs et toutes les faiblesses du genre humain. L'amante symbolique lui annonce qu'un jour il sera délivré; en effet, Zeus cède à un pouvoir plus fort que le sien, qui est — peut-être — la justice immanente. « Le dieu lui-même obéit au destin, » comme dit le Wotan de la *Walkyrie*. Hermès apporte sa délivrance à l'immortel sacrifié.

Sur la solide assise de ce poème, M. Gabriel Fauré a édifié une partition d'un beau caractère mythique et lyrique, admirablement instrumentée et cependant sans surenchère orchestrale. On a pu constater la limpidité et la noblesse de son inspiration pendant la séance de l'Hippodrome de Paris, à laquelle ne concoururent pas moins de six cents exécutants. Du seul côté des instrumentistes, on avait affaire, non seulement au groupe central dirigé par Gabriel Fauré et qui comprenait l'élite des classes du Conservatoire, mais à la musique de la garde républicaine (chef, M. Parès), à celle du 1er régiment du génie (chef, M. Verbregghe), et à celle du 89e régiment d'infanterie (chef, M. Giroux). Aucun manque de cohésion ne se produisit, malgré cet assemblage d'éléments plus ou moins homogènes, et le robuste ensemble des instrumentistes confirma victorieusement la magistrale unité de la partition.

M. Gabriel Fauré avait déjà composé de remarquables musiques pour *Pelléas et Mélisande*. Mais au point de vue théâtral son œuvre maîtresse est *Pénélope*, poème lyrique en trois actes de M. René Fauchois, représentée d'abord à Monte-Carlo, puis ramenée à Paris où elle trouva une brillante hospitalité et un succès considérable au *Théâtre des Champs-Elysées* (1re représentation le 10 mai 1913), avec Mmes Lucienne Bréval, Cécile Thévenet, MM. Muratore, Blanchard, Tirmont, Danger, Mlles Myriem, Barthèze, Lucy Vuillemin.

C'est un noble spectacle, où le musicien délicat, raffiné et si personnel a montré une nouvelle face de son beau talent, une composition d'une simplicité de lignes admirable et d'une poésie pénétrante. Le théâtre n'y est pas oublié, et M. Fauré a fait tous les sacrifices exigés par ces contingences, mais c'est le lyrisme qui l'emporte, — un lyrisme ému, subtil, d'une grâce pénétrante, donnant à l'œuvre le caractère très spécial d'une sorte de vaste harmonie jouée, chantée, rêvée.

Aux prises avec le texte homérique, dont il semble que rien ne puisse être négligé, mais dont les éléments débordent le cadre d'un seul poème dramatique, M. René Fauchois a résolument simplifié. Il a même supprimé un personnage qui, sans doute, lui a paru voué à l'opérette depuis les laborieuses et fastidieuses parodies de certains universitaires dévoyés par le bel esprit de collège : le jeune Télémaque. Les seuls protagonistes sont Ulysse et Pénélope; au second plan, le porcher Eumée, que M. Fauchois appelle trop académiquement « gardien des troupeaux », et la vieille nourrice Euryclée.

Au lever du rideau nous entendons les jeunes Ithaciennes, que la reine renferme dans le gynécée, se lamenter en chœur, ainsi qu'il convient dans un scénario lyrique.

> Les fuseaux sont lourds, le palais est sombre,
> Mille obscurs désirs chuchotent dans l'ombre;
> Mais, pour nous
> Qu'un destin cruel fît naître servantes,
> Les songes jaillis des choses mouvantes
> Sont des fous.

Nous assistons ensuite aux manœuvres des prétendants, qui mettent Pénélope en demeure de choisir un époux : Ulysse ne reviendra plus; depuis dix ans, les nefs de Troie ont ramené tous les Grecs et leurs chefs, sauf le roi d'Ithaque. Pénélope se défend tour à tour avec des ruses souriantes et avec une gravité hiératique. Ne doit-elle pas, avant de songer à des noces nouvelles, tisser en paix un suaire digne du vieux père d'Ulysse? En réalité, elle attend toujours le seigneur, le prince; elle est certaine que les dieux veillent sur lui. Cependant elle ne le reconnaît pas quand il se présente sous les haillons d'un mendiant. Si elle le protège contre la brutalité des prétendants, c'est que tout inconnu peut être un Olympien déguisé.

Euryclée est plus perspicace; d'ailleurs un sûr indice la renseigne; la cicatrice d'une blessure identifie pour elle le maître espéré, le bertillonise préhistoriquement. Cependant, comme il menace de l'étrangler si elle ne met pas « un bœuf sur sa langue », elle se tait, et Ulysse, qui a repris son humble attitude, s'endort sur la terrasse du palais, dans le manteau que vient de lui apporter la charitable Pénélope.

Au deuxième acte, nous retrouvons la reine et le mendiant au sommet d'une colline dominant la mer, où paissent les troupeaux d'Eumée. Ulysse, gardant toujours son tragique anonymat, lui raconte ses prétendues aventures; il se vante d'avoir accueilli naguère sous son toit le roi d'Ithaque errant. Il donne des détails circonstanciés qui convainquent la reine. Et c'est alors une sorte de duo mystérieux, où Pénélope évoque l'absent. Où est-il? Ne trahit-il pas ses serments aux pieds d'une fille étrangère? « Celui dont les yeux ont connu tes yeux pourrait-il t'oublier? » murmure Ulysse, prêt à se trahir. Elle répond qu'il est d'autres yeux sous les cieux immenses, et s'éloigne en méditant de recourir au poison, si les prétendants, qui ont pénétré toutes ses ruses, veulent forcer son consentement.

Après son départ, Ulysse se fait connaître par Eumée et par les bergers. Il châtiera le crime, dès l'aube prochaine, avec leur aide et celle des dieux. Le troisième acte est, en effet, le tableau de la vengeance. Décor : la grande salle du palais. Sur le conseil du mendiant, Pénélope a institué une épreuve héroïque. Elle s'est promise au celui des prétendants qui pourrait tendre l'arc du Maître. Tous échouent, car leur force juvénile est annihilée par de funestes présages. Ulysse se dresse alors, tend la corde, fait passer la flèche à travers les anneaux, brandit un glaive qu'il avait caché sous le trône de Pénélope, et donne aux bergers, conduits par Eumée, le signal du massacre. Tous les prétendants périssent, et le peuple d'Ithaque salue le vainqueur de Troie.

M. Gabriel Fauré a voulu rester maître de son inspiration sans l'asservir à aucune méthode stricte; il n'a pas employé le leitmotiv proprement dit; on ne peut même pas dire que la partition contienne des thèmes lyriques réellement formulés. Si quelques notes reconnaissables soulignent la mélancolie amoureuse de Pénélope ou l'héroïque fierté d'Ulysse, les indications restent volontairement imprécises, et leur rappel ne prend pas le caractère d'une obsession. La musique s'exhale du livret scène par scène, et le fil qui relie les morceaux reste invisible. A vrai dire, ils n'ont d'autre cohésion que celle de l'ambiance, mais c'est un lien suffisant. Quant à la marque du compositeur, — ce qu'on pourrait appeler sa firme musicale, — on la retrouvera, délicieusement reconnaissable, dans le prélude où soupire la tristesse de la reine, dans le mystérieux et aérien chœur des fileuses, dans la bergerie d'Eumée, le voluptueux lamento de la reine, la gracieuse entrée des flûtistes. Et l'âpreté des décors — qui furent discutés — mettait en relief, par un contraste, le charme ondoyant de ce dialogue mélodique.

M. Gabriel Fauré a remplacé Ernest Reyer à l'Institut en 1909.

M. CHARLES-MARIE WIDOR

M. Charles-Marie-Jean-Albert Widor est né à Lyon le 21 février 1844. A onze ans il était l'organiste attitré du lycée de Lyon. Fétis, l'auteur du *Dictionnaire des musiciens*, fut son professeur. Pendant la guerre il devint organiste à Saint-Sulpice, puis professeur d'orgue au Conservatoire en remplacement de César Franck, enfin professeur de composition quand M. *Théodore Dubois* prit possession du fauteuil directorial. Ses œuvres principales sont : *la Korrigane, Maître Ambros, Conte d'Avril, Jeanne d'Arc, les Pêcheurs de Saint-Jean, Ouverture espagnole* pour orchestre, *Choral et Variations*, harpe et orchestre.

Au lendemain de la *Korrigane*, La Genevais, le critique musical de la *Revue des Deux Mondes*, écrivait :

« En fait d'écoles, M. Widor les a parcourues toutes; son champ d'activité s'étend de Bach à Richard Wagner : érudit comme Gevaert, pianiste comme Saint-Saëns, il a l'*intensivité* curieuse et patiente de l'artiste contemporain, résolu à ne rien laisser en dehors de son exploration. Montez à la tribune de l'orgue, un dimanche, à Saint-Sulpice, pendant la grand'messe, et regardez l'exécutant; sous ses doigts les préludes fugués se déroulent; Bach et Couperin sont là qui dictent, et l'improvisateur attentif obéit à leur souffle; vous diriez le maître Wolfram de l'estampe de Lémud; mais n'ayez crainte, les extases du sanctuaire feront place bientôt à d'autres élancements, à d'autres flammes ; le diable n'y perdra rien, et quand il s'agira de s'émouvoir pour ou contre les tendances et les hommes, vous trouverez à qui parler. Ce que j'aime chez M. Widor, c'est le rayonnement de son esprit et cette large faculté qu'il a d'admirer. Un jour, comme je m'étonnais de le voir louer *Aida* : « J'en conviens, dit-il, c'est contre tous mes principes; mais que voulez-vous? j'ai dû me rendre. » Bizet, lui aussi, avait eu au sujet de Verdi de ces scrupules, déjà bien surmontés d'ailleurs lorsque je le connus. Il y a des voix intérieures contre lesquelles les préjugés d'école ne sauraient prévaloir, et l'on ne se figure pas l'homme qui a écrit *Carmen* reniant l'auteur de *Rigoletto*.»

La *Korrigane* fut d'ailleurs un des plus grands succès de l'Opéra. On trouva la fable dramatique de François Coppée d'une poésie charmante et d'un intérêt réel, et la partition parut une œuvre symphonique remarquable et d'une inspiration délicieuse. Mlle Rosita Mauri triompha dans le rôle d'Yvonnette, et le pas de la Sabotière lui valut des ovations enthousiastes.

En 1886, l'Opéra-Comique représentait *Maître Ambros*, drame lyrique en quatre actes, paroles de MM. Coppée et Dorchain, musique de M. Ch.-M. Widor.

S'il est des pièces qui inspirent des tableaux, il est aussi des tableaux qui inspirent des pièces, et *Maître Ambros* pourrait, semble-t-il, en fournir un exemple. Tous les voyageurs qui ont visité Amsterdam avant l'installation de la nouvelle galerie de peinture se rappellent avec émotion leur première visite à la salle principale de l'ancien musée, salle basse, noirâtre, mal éclairée, où se trouvaient exposés, face à face, la *Ronde de nuit* (qui d'ailleurs est une ronde de jour) de Rembrandt, et le *Banquet des gardes civiques* de Van der Helst. La pensée de mettre plus ou moins exactement en scène ces deux toiles célèbres avait dû déterminer les librettistes, non pas dans le choix de leur sujet, mais dans le choix du cadre où l'action pouvait se passer. C'est le temps où Guillaume II d'Orange, aspirant au pouvoir suprême, et mécontent d'une réduction opérée par les Etats-Généraux dans l'effectif de l'armée hollandaise, essaye de s'emparer d'Amsterdam; on sait qu'il dut se retirer devant la résistance morale et matérielle de la population, laquelle, tenant à maintenir intactes les franchises municipales, n'avait pas hésité à rompre une digue protectrice afin de noyer tout ou partie des assiégeants.

Une jeune orpheline, Nella, a deux amoureux, Ambros, ancien corsaire, qui l'a recueillie jadis et élevée, et un officier de la garde civique, le capitaine Hendrick. De ces deux prétendants, le second a rendu service au premier en payant un jour ses dettes de jeu. Par un sacrifice que lui dicte la reconnaissance, Ambros s'efface devant son rival, et pour que Nella renonce d'elle-même à lui, il se remet à boire comme autrefois. La jeune fille, voyant l'ivresse de son protecteur, se retourne vers Hendrick et jure d'épouser celui qui délivrera la ville. Mais à quelque chose le vin est bon. Grâce à cette ivresse simulée, Ambros a découvert un complot qui menaçait de livrer les assiégés au stathouder; il donne à temps le signal de la rupture des digues; Amsterdam est sauvée, et la jeune fille épouse, ainsi qu'il convient, le patriote libérateur.

On le voit, il y avait bien un peu de *Patrie* dans *Maître Ambros*, qui s'était d'ailleurs répété sous ce titre : *les Patriotes*. Il y avait, et plus encore, d'*Haydée*. Quant à la musique, que la couleur générale de sa partition fût un peu grise, que l'inspiration mélodique fût mieux soutenue dans les scènes en demi-teinte que dans les passages de force, il n'en restait pas moins nombre de morceaux dignes d'être signalés au cours de ces cinq tableaux, notamment l'air exquis : « J'ai deux amoureux. »

Les pages musicales de *Maître Ambros* sont peut-être un peu trop nombreuses, mais il n'en est pas une qui ne dénote un véritable tempérament théâtral, un sentiment scénique se faisant jour malgré les développements symphoniques parfois excessifs. Un double *leitmotiv* domine la partition : le chant des patriotes hollandais et la phrase d'amour de maître Ambros :

Vous partirez, gentille hôtesse,

D'autres morceaux d'une belle allure : la ballade de Nella au premier acte, le trio de la scène VII entre Ambros, Nella et Hendrick, le joli lied de Nella au deuxième acte. « J'ai deux amoureux — l'un parle, mais l'autre est silencieux, » qui fut acclamé; le chœur du troisième acte : « Voici la kermesse, — c'est jour d'allégresse, » et la chanson du mousse : « A l'heure vermeille du soleil levant; » enfin, au quatrième acte, la scène tout entière de la révolte.

Conte d'Avril (Odéon, 1885) avait été tiré par M. Auguste Dorchain de la *Soirée des rois* de Shakespeare, empruntée par Shakespeare au conteur italien Bandello. Viola et Silvio, une sœur et un frère jumeaux qui se ressemblent comme les Ménechmes, s'embarquent pour aller retrouver un oncle de Moravie. Viola s'habille en homme pour n'être pas séparée de Silvio, mais le hasard et la tempête rendent ce déguisement aussi dangereux qu'inutile : la tartane sombre, l'équipage périt, à l'exception de Viola et de Silvio, qui sont sauvés, mais séparément, et abordent sur deux points différents du duché d'Illyrie, où règne un certain duc Orsino, mélomane et monomane. Viola, ayant quitté les habits de son sexe, ne tarde pas à soupirer sans espoir pour Orsino, qui met beaucoup de temps à découvrir la vérité, aimant lui-même une certaine comtesse Olivia, de son côté amoureuse de Silvio. Finalement, tout se découvre et tout s'arrange. Le duc épouse Viola, Olivia épouse Silvio, et divers personnages secondaires, d'un comique énorme, mais parfois saisissant, s'appareillent entre eux pour qu'il ne reste plus personne à marier.

L'adaptation de M. Auguste Dorchain fut assez froidement accueillie. En revanche, on fit un vif succès à la musique de M. Widor.

Les *Pêcheurs de Saint-Jean*, scènes de la vie maritime en quatre actes, poème de M. Henri Cain, devaient avoir un bon départ à l'Opéra-Comique en 1905. L'action se passe de nos jours à Saint-Jean-de-Luz. Le premier décor (que nous retrouverons au 2e et au 4e acte) représente le port. Un bateau de pêche est encore sur ses étais. Le patron, Jean-Pierre, s'attable avec les marins ; c'est lui qui régale, car il y aura tout à l'heure baptême de la coque neuve. Jean-Pierre choque son verre contre celui de Jacques, le jeune pilote qui plus d'une fois a sauvé l'équipage en détresse. On chante le vieil hymne des pêcheurs basques. On trinque de tout cœur ; mais pendant la cérémonie du baptême Jean-Pierre s'aperçoit que le pilote soupire pour sa fille. Donner Marie-Anne à un gars sans le sou ! Cette pensée le révolte, et, quand le rideau se relève, nous apprenons que le patron a chassé son meilleur matelot. Il erre, seul et déprimé, le long du quai. Marie-Anne vient le rejoindre, car les deux jeunes gens se sont loyalement promis l'un à l'autre.

Jean-Pierre surprend les amoureux ; il les sépare avec violence en apostrophant le pilote : « Ah ! tu mènes bien ta barque, mon garçon ! En vrai pêcheur tu sais où tendre tes filets !... » Jacques s'éloigne la rage au cœur, mais les deux hommes ne tardent pas à se retrouver au cabaret. On s'invective, on se prend au collet, et la mère du pilote finit par emmener son enfant qui sanglote.

Au troisième acte, c'est la nuit de Noël dans la maison de Jean-Pierre. Depuis deux jours le patron est en mer ; la tempête se déchaîne ; Marie-Anne prie et pleure : « Hélas ! mon âme à pleine voile est là peine est entrée ! » Jacques vient l'adjurer de le suivre.

Au quatrième acte, la tempête ébranle la jetée, la barque de Jean-Pierre est en perdition ; Jacques met le canot de sauvetage à la mer... Bien entendu, il ramène Jean-Pierre sain et sauf, quoique un peu trempé. Le vieux pêcheur a du reste laissé sa méchante humeur dans la saumure, et il unit les deux jeunes gens séance tenante. L'amour est plus fort que la mort, surtout quand il l'a comme auxiliaire.

Ce poème est simple, clair et convient à la quantité moyenne de situations émouvantes. M. Widor en a traité le commentaire musical avec une maîtrise qui s'imposa au public. Le développement orchestral de la tempête, compris suivant les procédés classiques, est d'une méritoire sobriété jusque dans l'inévitable charivari, et les scènes du drame ont permis au compositeur d'affirmer une fois de plus sa parfaite entente du théâtre lyrique ; le public s'intéressa particulièrement aux échantillons du folk-lore local, aux thèmes populaires encadrés, incrustés dans la partition. On goûta aussi toute la partie épisodique et décorative, notamment le baptême de la barque, la danse des sardinières et les vigoureux finales des deux premiers actes.

M. Widor a remplacé Lenepveu à l'Institut en 1910.

GUSTAVE CHARPENTIER

M. Gustave Charpentier est né à Dieuze (Alsace-Lorraine), le 24 juin 1860. Il a fait ses études musicales au conservatoire de Tourcoing, puis à celui de Lille, et enfin à celui de Paris, où il a eu pour professeurs M. Emile Pessard et Massenet. Il obtint le premier grand prix de Rome en 1887. Il est chevalier de la Légion d'honneur. Il a fondé l'œuvre de « Mimi Pinson » et du Conservatoire populaire; il a aussi fondé et il préside le syndicat parisien et la fédération des artistes musiciens.

Voici la nomenclature de ses ouvrages : trois *Préludes*, pour orchestre (1885); *les Fleurs du mal*, mélodies sur les poèmes de Baudelaire (1886); *Didon*, scène lyrique, poème d'Augé de Lassus (1887); *Poèmes chantés*, sur des poésies de Paul Verlaine, Camille Mauclair, Blémont, Georges Vanor (1887-1897); *Impressions d'Italie*, suite d'orchestre en cinq parties, exécutée aux concerts Lamoureux et aux concerts Colonne (1891-1892); *la Vie du Poète*, symphonie dramatique en quatre parties, pour chœurs et orchestre (1892); *Sérénade à Watteau*, scène lyrique d'après le poème de Paul-Verlaine; *le Couronnement de la Muse*, apothéose musicale en six parties pour les fêtes de la Muse du Peuple; *Impressions fausses*, chant, chœur et orchestre, sur deux poèmes de Paul Verlaine; *Louise*, roman musical qui fut joué pour la première fois à l'Opéra-Comique en 1900; *le Centenaire de Victor Hugo*, cantate sur le mode antique: *Julien*, drame lyrique et féerique en quatre actes, un prologue et huit tableaux, joué d'abord à l'Opéra de Monte-Carlo, puis à l'Opéra-Comique, en 1913. Comme œuvres inédites, le compositeur annonce : une « épopée populaire en trois soirées » : *l'Amour au faubourg*, *Comediante* et *Tragediante; Munich*, symphonie synthétique.

M. Gustave Charpentier avait vingt-sept ans quand il fut lauréat de l'Institut, mais un de ses biographes a rappelé avec raison que ce ne fut pas le prix de Rome qui le fit connaître : « Charpentier avait déjà une jeune réputation. N'est-ce pas lui qui, à l'âge de quinze ans, employé dans une filature de Tourcoing, et consacrant ses heures libres de la soirée à prendre des leçons de clarinette chez le professeur Bailly, et de violon chez le professeur Stappen, fondait avec son patron, M. Lorthiois, propriétaire de la filature, une société musicale composée des jeunes gens de la ville? N'est-ce pas lui qui apprenait le violon à M. Lorthiois, qui, en échange de ce zèle du jeune néophyte de la musique, soldait de ses deniers les premières études d'harmonie de

Gustave Charpentier au Conservatoire de Lille? Puis ce fut la ville de Tourcoing elle-même qui, à la suite des succès de son enfant adoptif (car Charpentier était né à Dieuze, en Lorraine, et avait émigré avec ses parents en 1871, après la guerre), lui vota une pension de douze cents francs pour qu'il pût suivre les cours du Conservatoire à Paris et vivre. Vivre! C'était un problème pour ce jeune homme lancé tout à coup dans la capitale et qui avait dit à sa mère, en la quittant : « Maman, la ville de Tourcoing nous a voté six cents francs à chacun. »

Le problème, déjà ardu par lui-même, se trouvait compliqué par un parti pris que M. Saint-Georges de Bouhelier a caractérisé en excellents termes : « M. Charpentier aime à être appelé un artiste social : C'est-à-dire qu'il veut contribuer dans la mesure de ses moyens au bonheur des pauvres hommes que nous sommes tous, qui que nous soyons. Il souhaite que son art serve à quelque chose. Ce n'est pas à écrire des petites pièces pour piano qu'il saurait jamais se satisfaire un instant. Il n'a jamais fait ce que l'on appelle de la musique de chambre. En somme, il considère celle-ci comme stérile, égoïste et parasite. On ne trouverait ni une sonate ni un quatuor sur la liste de ses œuvres... Selon Charpentier, la musique est un moyen d'entrer en communication avec plus d'êtres que cela n'est possible dans la petite vie ordinaire que nous menons. « Je voudrais être aimé! » a-t-il dit une fois à Alfred Bruneau. Il est indubitable que son grand ressort intérieur est un désir de sympathie qui le pousse à souhaiter la communion des hommes dans la vue de la beauté. Quand, devant cinquante mille personnes, comme à Saint-Étienne, à Lens, à Bordeaux ou à Alger, il dirige le *Couronnement de la Muse*, par exemple, il a la satisfaction supérieure de voir palpiter d'une même émotion profonde la foule qu'il a su unir durant un moment. Ce prodige de concorde que son art accomplit, il aime à le renouveler. »

En 1891, les *Impressions d'Italie* valaient au musicien une première notoriété. En 1892, fut encore plus frappé par l'originalité de la *Vie du Poète*. La donnée est cependant très simple. La première partie, *Enthousiasme*, montrait le poète dans l'ivresse des premiers enchantements, à l'heure bénie où l'on croit tout atteindre, où l'on se demande seulement si l'on sera Musset, Hugo, Paul Verlaine (au choix et suivant le tempérament). Mais ces fumées généreuses ne tardent pas à se dissiper; la vie se révèle avec toutes ses âpretés, et les éditeurs se dérobent avec un ensemble navrant; le poète commence par maudire l'humanité et finit par douter de son propre génie. Il y met le temps, mais il y arrive; et c'est la deuxième partie du drame symphonique : *Doute*, à laquelle succède le tableau de l'*Impuissance*.

En vain le poète essaye-t-il de réagir contre son accablement physique et moral, il est brouillé avec la muse, les idées le fuient; il va chercher une diversion dans l'orgie. Mais cette orgie n'avait rien de romantique, de byronien, de « déjà vu ». Elle se passait à Montmartre. M. Charpentier faisait même grimper son héros jusqu'aux cimes escarpées, mais peu sauvages, du Moulin de la Galette, et il le fait redescendre au Moulin-Rouge, et nous entendons la parade des saltimbanques, les coups de piston des orchestres forains, l'orgue des chevaux de bois, les cris de la foule en gaieté...

Déjà Montmartre hantait la pensée de M. Gustave Charpentier. En 1898 il dotait la butte d'une Muse; on la couronnait, la veille du 14 juillet, sur la place de l'Hôtel-de-Ville, avec deux cents musiciens, quatre cents chanteurs, le concours de la musique de la Garde républicaine, des danses exécutées par Mlle Cléo de Mérode et vingt ballerines de l'Opéra.

De cette cérémonie de la Muse, le compositeur devait tirer le second acte de *Louise*, représentée pour la première fois en 1900, à l'Opéra-Comique, et dont M. Charpentier avait écrit le poème et la partition : « *Louise*, Gustave Charpentier lui-même l'a dit, c'est le poème de notre jeunesse à tous, poètes et artistes; il a voulu peindre les désirs et les enthousiasmes de nos vingt ans, quand nous rêvons de conquérir la ville immense et le cœur de la fillette voisine dont les rideaux s'entr'ouvrent parfois pour laisser passer un sourire. *Louise*, c'est le petit monde des humbles, des souffrants, des laborieux, vus en passant; c'est le regard d'envie des miséreux attentifs au bruit de la ville en joie... »

Le vieux mont des Martyrs y apparaît toujours paternel, carnavalesque, épique; il fait partie intégrante de l'action, suivant un procédé renouvelé d'*Une Page d'amour* d'Émile Zola; il pourrait figurer dans la distribution avec un autre personnage symbolique : Plaisir de Paris, fantastique noctambule, tentateur mystérieux, incarnation des effluves subtils qui sortent d'entre les pavés et livrent les pauvresses à l'assaut des séductions. C'est Plaisir qui appelle Louise et l'exhorte à déserter, pour une école buissonnière au pays bleu, le taudis déjà menacé par la pioche des démolisseurs; Paris qui la joint au troupeau des fillettes en quête de luxe et d'aventure; Paris qui lui promet la courte et radieuse souveraineté d'une Muse populaire. Quand Julien, un Gringoire de Montmartre, vient chanter sous la fenêtre de la midinette : « Partons, la belle, pour le pays d'ivresse éternelle! » son cœur chavire; elle va rejoindre l'aimé. Et, devant le panorama de Paris au crépuscule où vient mourir la symphonie des cris de la rue, quand Louise traînera sa « flemme » voluptueuse au bras du bohème, confit en sentimentalités langoureuses,

Depuis le jour où je me suis donnée,
Toute fleurie semble ma destinée...

à peine songera-t-elle aux vieux parents qu'elle a laissés dans les larmes. D'ailleurs, Julien, pour calmer ses très vagues remords, lui fera la paraphrase musicale de la célèbre théorie d'Ibsen : « Tout être a le droit d'être libre; tout cœur a le devoir d'aimer. Aveugle celui qui voudrait garrotter l'originale et fière volonté d'une âme qui s'éveille et qui réclame sa part de soleil, sa part d'amour. »

Le triomphe fut énorme dès le premier soir pour tous les morceaux à effet de la partition; au premier acte, la scène muette où Louise se jette dans les bras de son père, la phrase du vieil ouvrier : « Le bonheur, vois-tu, c'est d'être comme nous sommes, » et le dialogue : « Ces poupées-là... » coupé par le chant ironique de la mère; puis, à travers les tableaux, qui se succèdent rapidement dans la prestigieuse mise en scène de la salle Favart, la chanson de la bohème, le chœur des modistes, l'évocation de Paris, la romance de Louise, la suprême et meurtrière rencontre du père et de l'enfant.

Le critique musical du *Siècle* écrivait à cette date : « M. Charpentier a remporté une victoire complète sur ce terrain spécial; parmi les compositeurs de la jeune école, aucun ne manie les ressources orchestrales avec une égale maëstria. Il a en mains un instrument merveilleux qui lui permettra peut-être de nous donner un jour la formule définitive de la polyphonie française, d'une rénovation décisive du drame lyrique au sens où l'entendent presque tous les jeunes compositeurs. En attendant, *Louise* est une manifestation d'art toujours remarquable, souvent admirable, qui suscitera bien des controverses, qui rompt avec toutes les traditions de la salle Favart, mais qui doit attirer le grand public et le retenir en lui ouvrant des horizons nouveaux. »

Ce nouvel effort, M. Gustave Charpentier devait le tenter récemment : après douze années de production intermittente remplies par les triomphales reprises de *Louise*, le compositeur faisait représenter, le 4 juin 1913, *Julien*, poème lyrique en 4 actes et 8 tableaux, dont il a résumé ainsi la construction morale et intellectuelle :

« *Julien* met en scène la vie d'un poète, c'est-à-dire que l'action est à la fois vivante et féerique. Tantôt l'enthousiasme de ses rêves transporte le poète et l'envole vers des pays enchantés, peuplés des visions de la Beauté. Tantôt, revenu dans la vie, il ira, apôtre d'universel amour, chanter, prêcher son rêve au peuple du faubourg. Puis, lassé de son effort, en proie au doute et au découragement, il viendra chercher la paix féconde et l'oubli au sein de la bonne Nature, parmi les travailleurs de la terre, qui ne le comprendront pas. De plus en plus désemparé, fantôme à la recherche de son âme d'autrefois, il ne pourra plus trouver l'oubli que dans l'ivresse, à moins qu'il n'y retrouve une jeunesse nouvelle et qu'il n'y puise encore l'enthousiasme qui l'envola jadis au pays du Rêve... »

C'est, en effet, un voyage, et même, d'après les confidences de M. Gustave Charpentier, une autobiographie en musique. Nous le voyons d'abord dans sa chambre de la Villa Médicis. C'est le prologue : enthousiasme, chants de fête, personnages réels; puis nous plongeons dans le rêve : vision idéaliste de la montagne sacrée, panorama terrifiant de la Vallée maudite, Hurle-aux-Loups des mauvais poètes, finalement Temple de la Beauté où cette déesse esthétique ne prononce qu'un commandement : « Aime! » Application pratique, car Julien n'a qu'à choisir entre six Chimères et six filles de Rêve.

Après le songe, la Vie, les misères de l'apostolat, le Doute au pays slovaque, l'Impuissance au pays breton, où Julien hésite entre l'Amour et la Foi, enfin l'échouement à Montmartre en pleine fête foraine, où le Faust de M. Charpentier, ou plutôt M. Faust Charpentier, trouve sa nuit du Walpurgis. Louise, qu'il avait déjà revue en paysanne et en fantôme, lui réapparait en gigolette. Celle en qui se résumaient toutes ses illusions n'est plus qu'une fille qui le bafoue. La Bête triomphe; le poète expire, tandis qu'un lamento traîne au bord de l'horizon.

Cette donnée est bizarre, mais intéressante. Quant à la partition, elle a suscité des commentaires discordants. En attendant que le temps fasse son œuvre et mette les choses au point, nous nous bornerons à reproduire l'appréciation de M. Arthur Pongin.

« Ce qui parait manquer le plus dans cette musique, c'est la fraicheur et la fleur de nouveauté de l'inspiration. On ne rencontre pas là-dessus une de ces idées caressantes et neuves, un de ces motifs *di prima intenzione*, comme disent les Italiens, qui frappent aussitôt l'auditeur, l'enveloppent et s'emparent de lui par leur grâce souriante et leur générosité.

C'est de la mélodie que vous voudriez, me dira-t-on. Eh! sans doute, et je ne vois pas pourquoi je m'en défendrais, bien que la pauvre soit aujourd'hui bien dédaignée par nos chercheurs de midi à quatorze heures. Et, au point de vue dramatique, on ne trouve pas non plus, en ce qui touche l'émotion, l'équivalent de ce que nous donnait *Louise* dans les belles scènes, si pathétiques et si touchantes, de son premier et de son cinquième acte. Tout ceci ne veut pas dire qu'il n'y ait, dans la nouvelle partition de M. Charpentier, des pages intéressantes, voire remarquables et utiles à signaler; mais elles se trouvent comme noyées dans la phraséologie toujours un peu pleurarde du rôle de Julien, qui tient toujours la scène et qui ne cesse de se lamenter dans un langage qui malheureusement ne varie guère. Je citerai, entre autres, l'invocation de Julien dans le Temple de la Beauté, le sermon de l'Hiérophante avec sa déclamation vigoureuse, et un beau chœur construit à l'italienne, mais dont les parties de soprano sont écrites sur une échelle qui, pour être moins haute que celle de Jacob, n'en est pas moins meurtrière pour les voix; puis, dans le tableau de la Hongrie, la jolie page symphonique, pleine d'émotion et de poésie, qui souligne le départ mélancolique de Julien; et encore, la scène touchante du pèlerinage de la Bretagne, — sans compter le reste. »

Rappelons, pour terminer, ce fait caractéristique que M. Gustave Charpentier est entré à l'Institut en 1912 pour remplacer Massenet, comme Massenet lui-même y était entré, c'est-à-dire par le suffrage des « incompétents ». Il n'avait pas la majorité dans la section de musique, où M. Saint-Saëns s'était résolument déclaré contre lui. Cependant au scrutin la victoire se dessinait dès le premier tour par 13 voix accordées à M. Charpentier, alors que M. Charles Lefebvre en obtenait 10, M. André Messager 6, M. Henri Maréchal 4, MM. Georges Huë et Pierné 2. Au second tour de scrutin, M. Charpentier obtenait 21 voix sur 37 votants, 21 voix très largement suffisantes pour lui assurer l'élection, puisque la majorité était 19. Les autres voix se répartissaient ainsi : 6 à M. Pierné, 5 à M. Messager, 4 à M. Charles Lefebvre, 1 à M. Maréchal.

« Le premier mouvement, écrivait à ce propos M. Jean Chantavoine, est de protester contre un règlement qui, dans ces questions touchant l'art le plus fermé de tous, — la musique, — donne le dernier mot aux peintres, sculpteurs, etc. Dans le cas présent, pourtant, l'exclusion de M. Charpentier par la section musicale semblait indiquer chez les musiciens de l'Institut, envers l'auteur de *Louise*, une hostilité bien singulière, et qui pouvait à juste titre prendre les apparences de la partialité, du procès de tendances. La spécialisation, avec les avantages de la compétence, présente parfois les inconvénients de l'étroitesse... Les « incompétents » semblent avoir soupçonné chez certains de leurs collègues l'existence (assurément inconsciente!) de pareils sentiments. Dans l'espèce, le gros public leur donnera cette fois raison : sans rabaisser aucun des candidats qui briguaient la succession de Massenet, on peut dire que nul d'entre eux n'a donné une œuvre aussi indépendante et significative que *Louise*. Si les « incompétents », après avoir imposé M. Charpentier, en font autant, dans l'avenir, pour MM. d'Indy et Debussy, on ne les en applaudira pas moins. »

XAVIER BOISSELOT (1811-1873)

Et maintenant, après avoir fait aux membres de l'Institut la place d'honneur qui leur était due, nous reprenons l'ordre chronologique.

Fils d'un facteur de pianos, le jeune Boisselot avait, en la personne de son père, non seulement un protecteur et un ami, mais un agent de réclames qui ne perdait aucune occasion d'allécher le public et de prédisposer ainsi les autres à aimer ce qui lui était cher. Voilà pourquoi on lisait alors dans les journaux : « C'est au numéro 9020 qu'est échu, dans la loterie au profit de la Caisse de l'Association des Artistes musiciens, le magnifique piano à queue *donné* par M. Boisselot, de Marseille. Cet instrument, *tant apprécié des artistes* par sa brillante et belle qualité de son, confirme la haute réputation de M. Boisselot, qui, depuis quelques années, partage avec Erard, Pleyel et Pape, l'honneur de marcher à la tête de la fabrique française. » Un peu plus tard, au mois de novembre 1846, on annonçait l'arrivée à Paris de M. Boisselot père, « le célèbre facteur de pianos de Marseille, *si connu par la constante protection qu'il a généreusement accordée à l'art et aux artistes*. Il vient assister à la première représentation de l'ouvrage de son fils. » C'était s'y prendre d'avance, puisque cette première n'eut lieu que le 16 janvier 1847; mais l'excellent homme avait raison de se hâter. La victoire de son fils devait être sa dernière joie : quatre mois plus tard, il mourait subitement.

Singulière destinée d'ailleurs que celle de ce fils chéri. Né en 1811, gendre de Lesueur, prix de Rome en 1836, Xavier Boisselot attend *onze ans* la faveur d'être joué, donne pour son début *Ne touchez pas à la Reine*, qui est un succès, attend quatre années encore pour voir monter son second ouvrage, *Mosquita la Sorcière*, au Théâtre-Lyrique, lors de l'inauguration (27 septembre 1851), puis, délaissé par les directeurs, revient définitivement à ses fagots, ou plutôt à ses pianos. Vainement, dans la cave de l'Athénée, on tente en 1871 une malheureuse reprise de *Ne touchez pas à la Reine*, le nom du compositeur disparaît alors de l'affiche et retombe dans l'oubli.

Elle n'était point d'ailleurs sans mérite, cette pièce appelée *Un Secret*, puis *Ne touchez pas à la hache*, titre lugubre et peu propre au cadre aimable de l'Opéra-Comique. L'affabulation manquait de vraisemblance, bien que le point de départ ne fût pas sans quelque analogie avec celui d'un drame en cinq actes, d'Octave Feuillet et Bocage, intitulé *Echec et mat*; cependant les scènes étaient adroitement présentées, et la partition, sans révéler une personnalité musicale, dénotait une certaine habileté dans le maniement des voix et de l'orchestre. « Ne touchez pas à la Reine, écrivait un chroniqueur, mais... venez la voir! » Et l'on vint, en effet, avec un tel empressement, que l'ouvrage fut joué 67 fois la première année et atteignit en trois ans 175 représentations. La province et l'étranger l'accueillirent avec faveur, puis l'oublièrent à leur tour. C'est le temps qui avait touché à la Reine, et c'est lui qui l'avait tuée.

ERNEST BOULANGER (1815-1900)

Le 17 janvier 1842 on jouait salle Favart un petit opéra-comique, qualifié par les auteurs *légende* en un acte, et ayant pour titre *le Diable à l'école*, pour librettiste Scribe, pour compositeur un débutant, Ernest Boulanger, fils d'une bonne chanteuse de l'Opéra-Comique, où elle joua longtemps et où elle tenait alors l'emploi des duègnes. Elève du Conservatoire, où il avait travaillé avec Lesueur et Halévy, prix de Rome en 1835, Ernest Boulanger n'avait donc pas attendu plus de sept ans pour voir s'ouvrir devant lui les portes d'un théâtre : il pouvait se dire favorisé.

Le *Diable à l'école* obtint un vif succès, puisqu'il fut joué vingt-sept fois en 1842 et resta plusieurs années au répertoire. La presse l'accueillit avec bienveillance, et de divers côtés furent prodigués au jeune musicien les encouragements les plus flatteurs. « Il y a de l'amour, de la terreur, de la grâce et de l'énergie dans cette musique, disait l'un; et celui qui l'a écrite porte en lui un avenir de compositeur. » « Voici, disait l'autre, un écolier qui pourrait devenir un maître. » Le libretto, lui aussi, n'avait pas été trop désapprouvé, en dépit d'une certaine naïveté qui nous ferait sourire aujourd'hui. Ainsi que l'observait un critique d'alors, c'est « une émanation, une suite, une imitation, une sorte de rognure enfin de *Robert le Diable*. C'est encore un *Faust*, un *Freischütz* qui se vend corps et âme à messire Satan, parce qu'il a tout perdu au jeu. Cette pensée dramatique n'est pas neuve, comme dit l'illustre Bilboquet, car il résulte de la pièce qu'il se trouve toujours là une femme religieuse et dévouée pour faire annuler le satanique marché. »

On devine que le diable venait parmi les hommes pour faire son apprentissage, et que la terre était son école. Il voulait à son tour donner des leçons. et une simple jeune fille finissait par lui en remontrer. Cette conclusion suffisait à satisfaire les bonnes âmes. « Le diable, écrivait un humoriste, exerce depuis si longtemps son métier de bourreau, qu'on n'est pas fâché de le voir une fois victime. » Et puis, la mode était aux diableries. Pour n'en citer qu'un exemple, on jouait en même temps à l'Opéra le *Diable amoureux*, et l'on a justement constaté que Satan avait souvent favorisé ceux qui le transportaient à la scène.

Le 3 février 1843, au même théâtre, on donna les *Deux Bergères*, opéra-comique en un acte, paroles de Planard. Vingt et une représentations mesurèrent la courte existence de cette petite pièce, qui aurait pu s'appeler *la Suite d'un bal masqué*, comme la comédie de Mme de Bawr, à laquelle elle ressemblait d'ailleurs. L'histoire de ce jeune militaire, *intrigué* par deux bergères dont l'une est sa fiancée, l'autre une espiègle amie, fournissait la matière d'un agréable quiproquo; Planard l'avait traitée avec esprit, Boulanger avec grâce et mesure; quant au rôle de la marquise, il avait trouvé une interprète dont le dévouement se devine : c'était la mère du compositeur!

En 1843, vint un petit opéra-comique en un acte de Bayard et Potron pour paroles, de Boulanger pour la musique, représenté le 28 mai. La pièce fut jugée « assez amusante », la partition « assez bien faite ». Ces « assez » n'étaient point suffisants pour prolonger le succès au delà de neuf représentations.

Dans la *Cachette*, de Planard, représentée le 10 août 1847, il s'agissait encore d'une de ces restaurations mises à la mode par Scribe, où l'on voit le sort des têtes couronnées dépendre du caprice d'un humble paysan; le librettiste y avait joint les accès de folie d'une mère et son retour à la raison, et tout cet arsenal de sensibleries qui transformaient alors l'opéra-comique en mélodrame. Le composi-—

teur avait fait de son mieux pour éclaircir cette sombre donnée; mais son talent, joint à celui des interprètes, Hermann-Léon, Audran, Ricquier, Sainte-Foy, Mlles Révilly, Grimm et Marie Lavoye, ne put sauver l'ouvrage; il tomba pour ne plus se relever après huit représentations.

En 1854, Boulanger donna un pendant à son premier succès, le *Diable à l'école*, avec les *Sabots de la marquise*, livret de Michel Carré et Jules Barbier. Cet acte fut joué le 29 septembre, se maintint au répertoire pendant dix années consécutives, et fut repris en 1867. Il n'obtint pas en tout moins de cent dix représentations, et de nos jours il est plus d'une ville en province où résonne encore l'aimable rondeau que disait si finement Mlle Lemercier :

> Aimons qui nous aime!
> C'est le bon système
> A suivre ici-bas;
> Si Nicolas m'aime,
> Va pour Nicolas !

Dans cette petite pièce, le rôle de la marquise était tenu par Mlle Boulard, qui avait obtenu en 1853 les premiers prix de chant et d'opéra-comique au Conservatoire.

AIMÉ MAILLART (1817-1871)

Le 9 novembre 1849, le *Moulin des Tilleuls* obtenait un vif succès salle Favart. La mode était aux titres fleuris; on se souvenait des roses et des tilleuls au lendemain de la guerre civile, en cette année qu'avait encore secouée le bruit des émeutes, dans cette ville où venait de sévir un fléau terrible, le choléra. Mais c'est presque une loi que le temps a consacrée : aux époques de troubles et de révolutions correspondent les œuvres aimables et douces, marquées au coin de la bouffonnerie ou simplement touchantes; 1793 a vu jouer les *Plaisirs de l'hospitalité*, l'*Erreur d'un bon Père*, la *Piété filiale*; de même 1848 et 1849 devaient produire des pasquinades comme *Gilles ravisseur*, le *Caïd* et le *Toréador*, des sentimentalités comme le *Val d'Andorre*, ou des bergeries comme le *Moulin des Tilleuls*. Ce petit acte, qui obtint en trois années quarante-sept représentations, avait pour auteurs, d'une part, Maillan et Cormon, de l'autre Maillart.

Ces derniers débutaient à la salle Favart, tous deux ayant fait jouer *Gastibelza* à l'Opéra national, tous deux destinés à tenir une place importante à l'Opéra-Comique. Eugène Cormon, qui, jusque-là, avait dirigé un moment l'Ambigu et, comme auteur, avait écrit seul ou en collaboration des drames et des vaudevilles à succès, abordait un genre nouveau où il passa maître, puisqu'il signa, entre autres livrets, ces pièces célèbres, les *Dragons de Villars* et le *Premier Jour de bonheur*. Maillart, lui aussi, devait asseoir sa réputation avec ces mêmes *Dragons de Villars*, et peut-être se serait-il élevé plus haut sans l'incroyable mollesse qui l'éloignait du travail et le faisait hésiter à traduire ses pensées sur le papier à musique. L'un de ses collaborateurs nous a raconté qu'il lui était arrivé de l'inviter par surprise à la campagne, et de le mettre sous clef, pour ainsi dire, de se refuser à le laisser partir avant qu'il n'eût achevé telle ou telle besogne désignée. Maillart, alors confus et résigné, se laissait enfermer, et, comme il était doué d'une grande facilité d'écriture

et d'improvisation, il avait vite fait de noircir les pages pour reconquérir sa liberté.

Mentionnons encore la *Croix de Marie*, opéra-comique en trois actes, paroles de Lockroy et Dennery, représentée le 19 juillet. On ne savait trop comment baptiser l'œuvre, puisqu'on l'appela tour à tour, aux répétitions, le *Baiser de la Vierge* et la *Vierge de Kerno*; on ne sut jamais mieux en définir le caractère littéraire et musical ; le poème semblait empreint d'un mysticisme assez sombre, qui seyait mal au cadre de l'Opéra-Comique; la musique reflétait des influences diverses en compromettaient l'ordonnance générale et en faisaient paraître le style « tourmenté », nous apprend un contemporain. Dans le doute, le public s'abstint, et son indifférence ne permit pas aux représentations de dépasser le chiffre de 28.

Une des meilleures œuvres de Maillart est *Lara* (Lara-Tatouille, comme l'annonçait Berlioz, avec son obligeance habituelle). Sous ce même titre on avait donné à Naples, en 1835, un opéra du comte de Ruolz, noble amateur qui menait de front la découverte de l'argenture et la confection de la musique, un homme étrange qui parvint à faire jouer sa *Vendetta* à l'Opéra en 1839, et dont la plume amie de M. Alfred Prost a retracé la carrière artistique. En ce qui concerne l'œuvre de Maillart, les librettistes Eugène Cormon et Michel Carré s'étaient heureusement inspirés de Byron et avaient adroitement mis en œuvre, combiné et complété ses deux célèbres poèmes le *Corsaire* et *Lara*. Le héros revient après dix ans d'absence au château de ses pères, fidèlement gardé par un vieux serviteur. Kaled, une jeune esclave qu'il ramenait avec lui, le trahit par jalousie et confie à un rival le terrible secret de sa vie passée. Insulté dans sa demeure et accusé de voler un nom qui ne lui appartient pas, Lara n'a plus qu'à défendre son honneur les armes à la main. Mais dans la nuit qui précède le combat, il se revoit en rêve tel qu'il était naguère, Conrad le forban. Il rougit en lisant le testament de son père, qui lui léguait son épée à condition de la briser plutôt que de la tirer pour une cause injuste ou pour soutenir un mensonge. Alors, au lieu de se battre il renonce à sa fortune, cède la place à son rival, se désigne volontairement comme un usurpateur, et, appuyé sur l'épaule de Kaled, dont il a reçu l'aveu et pardonné la faute, il reprend tristement le chemin de l'exil. La scène ne manquait pas de grandeur, et Maillart l'avait traitée avec une réelle noblesse. L'ouvrage contient, en somme, un grand nombre de pages remarquables, et l'on peut s'étonner que depuis la première soirée du 21 mars 1864, jamais la pensée d'une reprise ne soit venue à l'esprit des directeurs de la salle Favart. Quelques retouches seraient peut-être nécessaires; on pourrait changer le dialogue parlé en récitatifs musicaux, on pourrait surtout faire mieux comprendre le tableau du rêve en recourant à des trucs mieux perfectionnés, en usant, par exemple, des toiles métalliques qui, de nos jours, contribuent tant à l'illusion scénique, et la pièce, à peine modifiée, et qui d'ailleurs est demeurée au répertoire des théâtres de province, produirait sans doute une impression favorable.

A dire vrai, il faudrait encore un brillant ténor comme Montaubry pour lancer au second acte la phrase énergique : « Quand un Lara partait en guerre; » il faudrait un excellent baryton pour enlever, comme Gourdin, les couplets du vieil intendant;

il faudrait surtout une interprète hors ligne comme Mme Galli-Marié pour porter le travesti, chanter la célèbre chanson arabe et jouer tout son rôle avec ce mélange de grâce féline et d'énergie farouche. Quel éclair brillait en ses yeux lorsque, se trahissant elle-même, sous ses vêtements masculins, elle regardait la comtesse, sa rivale, de telle sorte que celle-ci s'écriait : « C'est une femme! » La création de Kaled est égale en effet à celle de Mignon, presque supérieure à celle de Carmen; et ces trois figures, évoquées d'un passé déjà lointain, disent assez haut quelle grande et belle place a tenue dans l'histoire du théâtre Mme Calli-Marié, cette véritable artiste dont la succession n'a jamais été recueillie qu'en partie.

Au demeurant, ce qui subsistera le plus longtemps de l'œuvre de Maillart, ce sont les *Dragons de Villars*, dont la première représentation eut lieu au Lyrique du Châtelet le 19 septembre 1856 et dont la vogue n'a pas été épuisée par de nombreuses reprises. Ils n'ont pas encore trop vieilli. Evidemment le livret de Lockroy et de Cormon contient de véritables *rébus*, par exemple la célèbre romance :

Ne parle pas, Rose, je t'en supplie,
Car me trahir serait un grand péché!
Nul ne connaît le devoir qui me lie,
Ni le secret en mon âme caché.
Mais quand l'hiver, brisant le nid fragile (?),
Chasse l'oiseau vers de lointains climats,
Si ton cœur pense au malheur qui s'exile (*sic*),
Ne parle pas, Rose, ne parle pas!...

Dieu nous a dit : Dans ton humble demeure
Garde une place au pauvre, à l'orphelin;
Donne au vieillard, à la veuve qui pleure,
Avec amour (!) la moitié de ton pain.
Si tu l'as fait, lorsque la cloche tinte,
A l'Angélus ta voix *répond tout bas*,
Et si tu crois à la parole sainte,
Ne parle pas, Rose, ne parle pas?

Cette excellente Rose, suppliée de ne pas parler pendant que sa voix répond « tout bas » à l'Angélus est la cousine du soldat de *Michel et Christine*, résigné à se taire sans murmurer. Mais les paroliers nous en ont fait entendre bien d'autres depuis un demi-siècle. Quant à la partition d'Aimé Maillart, elle ne paraît plus ni moins précieuse, ou pour mieux dire, préciosée, mignardisante, caressante, susurrante, qu'au début. Elle a toujours été à prendre ou à laisser, avec ses réminiscences des albums d'Henrion et son abus des cuivres. On la prend, et, somme toute, on ne se repent guère d'avoir cédé à ses séductions.

Sans rappeler tant de morceaux devenus promptement célèbres, tels que la romance fameuse : « Ne parle pas, » et le grand air de la fin, le « Moi jolie » du deuxième acte, si délicat, si candidement ingénu, avec son rayon de poésie douce et vraie, suffirait seul pour désigner l'auteur comme un musicien de mérite. Détail plaisant : Maillart, installé à Bougival, et pressé par Carvalho d'envoyer son orchestration qu'il ne se hâtait pas de finir, en confiait les fragments à un de ses amis, chasseur d'Afrique, dont l'arrivée à cheval au théâtre faisait régulièrement sensation. On sait, d'autre part, que la pièce avait été refusée à l'Opéra-Comique parce que le sujet avait paru « trop noir ».

Maillart conçut un vif chagrin de la chute de *Lara* et mourut sept années plus tard sans avoir pu représenter un nouvel ouvrage. Il laissait la réputation d'un original, mais d'un ami très sûr et serviable. Il redoutait les importuns et n'aimait pas que le monde abusât de son talent. M. Albert Soubies rapporte à ce sujet une anecdote assez plaisante. Maillart est un jour invité à passer la soirée chez un fabricant de poêles qu'il connaissait à peine et qui n'avait pas manqué de mettre au bas de sa lettre d'invitation : « On fera de la musique. » Il arrive à l'heure indiquée, se montre très aimable, occupe le piano pendant de longs instants et laisse son hôte enchanté de lui. Quelque temps après, celui-ci recevait à son tour une invitation de l'auteur de Lara avec cette simple indication de l'emploi de la soirée : « On fera des poêles. »

DELDEVEZ (1817-1897)

Deldevez, né à Paris en 1817, mort en 1897, fut élève de Habeneck, Halévy et Berton, et second prix de Rome. La masse du public ne le connut que comme chef d'orchestre; ce fut aussi un compositeur très distingué qui, après avoir fait son éducation au Conservatoire et remporté le second prix de Rome, a publié un grand nombre d'œuvres pour musique de chambre, des ouvertures et des symphonies pour orchestre, un *Requiem*, des ouvrages de théorie, etc. Parmi les œuvres qu'il a écrites pour le théâtre, quatre ballets ont été joués à l'Opéra.

En 1873 seulement il fut choisi comme chef d'orchestre par la Société des Concerts; suivant la très juste observation de J. Weber, il aurait dû l'être plus tôt.

« Il suffit de lire les *Curiosités musicales* de M. Deldevez pour voir quel soin minutieux il met à étudier les ouvrages dont il doit diriger l'exécution; il suffit de bien l'observer dans ses fonctions pour se convaincre qu'il sait parfaitement ce qu'il veut et qu'il sait l'obtenir de l'orchestre, sans montrer jamais ni mollesse ni défaillance. C'est si vrai qu'on lui en a fait un reproche. Voici ses propres paroles : « Si le chef d'orchestre ne suit pas la route tracée par ses prédécesseurs, s'il pénètre plus avant dans la pensée des auteurs, s'il observe minutieusement des intentions jusque-là négligées ou ignorées, en un mot, s'il change les habitudes contractées, oh! alors on dit qu'il cherche la petite bête. *Chercher la petite bête*, tel est l'exécution, est un grief que l'on saura toujours alléguer contre toute nouveauté ou tout progrès. »

Deldevez se retira en 1885 pour raisons de santé.

LACOMBE (1818-1884)

Né à Bourges en 1818, mort à Saint-Vaast, Lacombe fut élève de Zimmermann au Conservatoire de Paris, d'où il sortit à l'âge de treize ans avec le premier prix de piano. Il s'est partagé entre la composition, la virtuosité et le professorat. Ses principales œuvres sont *Manfred* et *Arva*, deux symphonies dramatiques avec soli et chœurs exécutées au Conservatoire, la première en 1847, la seconde en 1850; *Sapho*, symphonie (avec chœurs) couronnée à l'Exposition universelle de 1878, exécutée au Conservatoire et aux Concerts Colonne; *la Madone* (opéra-comique, 1861); *Winkelried*, opéra posthume, représenté à Genève, en 1892; *la Reine des Eaux*, drame lyrique posthume représenté en 1901, à Sondershausen. Lacombe a écrit de la musique de chambre, quelques compositions religieuses, des chœurs dont *Cimbres et Teutons*, lequel fut exécuté en 1855 au Palais de l'Industrie par 5.000 orphéonistes, puis au Palais de Cristal, à Londres; des mélodies vocales, parmi lesquelles le *Quia pulvis es* et *Aime celui qui t'aime*, et de la musique de piano.

LITOLFF (1818-1891)

Le 29 avril 1897, la Gaîté donnait une matinée au bénéfice de la souscription organisée sur l'initiative de Massenet dans le but d'élever un monument à Henry Litolff. Le programme était ainsi composé : 1° Ouverture des *Girondins* (Henry Litolff); 2° *A Henry Litolff*, poésie dite par M. Silvain, de la Comédie française (Armand Silvestre); 3° Concerto en *fa mineur*, exécuté par M. Paderewski (Chopin); 4° Scherzo du concerto en *ré*, exécuté par M. Paderewski (Henry Litolff); 5° *Le Roi Lear*, ouverture inédite (Henry Litolff); 6° Concerto en *mi* bémol, dédié à Henry Litolff, exécuté par M. Paderewski (Liszt).

C'était un excellent choix. On avait seulement oublié l'œuvre maîtresse de Litolff : *les Templiers*, opéra en 5 actes de Jules Adenis, Armand Silvestre et Lionel Bonnemère.

Le poème est excellent, très lyrique et en même temps très scénique. Nous sommes à Paris, sous le roi faux monnayeur Philippe le Bel. Enguerrand de Marigny, le favori du prince, a voué une haine mortelle aux *Templiers*, une sorcière lui ayant prédit que son fils René serait victime de la croix rouge, insigne de l'ordre. Or ce fils unique, qui « revient de la guerre » comme le troubadour chantant de la *Petite marquise*, sauve la princesse Isabelle, fille de Philippe le Bel, dans une émeute populaire. Coup de foudre, échange de serments, toutes les herbes du feu de la Saint-Jean amoureuse.

René de Marigny n'a pas compté avec son redoutable futur beau-père. Au moment où il se flatte d'épouser la jeune fille arrachée à la fureur populaire, Philippe le Bel la fiance au roi d'Angleterre. Désespéré, René renonce au monde et se fait Templier, sans même prévenir son père. Mais, avant qu'il ait prononcé ses vœux, Isabelle, qui ne peut se résoudre à quitter la France sans lui dire un éternel adieu, le fait mander par une suivante. Il pénètre de nuit dans le palais, un peu comme Éginhard dans le burg de Charlemagne. Mais Philippe le Bel, instruit d'une façon moins détaillée que l'empereur d'Occident, se montre, en revanche, plus féroce. Un Templier s'est enfui, au matin, d'une fenêtre de l'hôtel Saint-Paul. Donc les *Templiers* ont prémédité de faire assassiner le roi...

C'est Enguerrand de Marigny qui raconte au roi cette légende pour perdre Jacques Molay et son ordre. Il en est la première victime, René de Marigny, en tant que novice, étant compris dans la grande fournée, c'est bien le mot, puisque tous les Templiers sont condamnés au bûcher. Cependant, grâce à Isabelle, René a pu s'évader. Mais il refuse de profiter de cette grâce involontaire; il veut mourir avec ses compagnons; et quand Jacques Molay, passant la revue de ses compagnons au pied du bûcher, s'écrie : « Un seul manque à l'appel, » René s'écrie : « Vous vous trompez, me voici... » Philippe

le Bel, apprenant que le jeune audacieux n'a pas craint de se faire aimer d'Isabelle, ordonne qu'on exécute la sentence...

Sur ce livret, Litolff a écrit une partition de grande allure, encore qu'un peu trop mêlée de réminiscences. Dans les parties sentimentales, le compositeur penche visiblement vers l'opéra-comique : il fait de l'Auber des bons jours et de l'Ambroise Thomas des meilleurs, mais ce n'est pas là qu'il faut chercher sa véritable originalité. Il a traité avec beaucoup plus de largeur et aussi de personnalité le chœur du début, où grondent déjà les rumeurs du mécontentement populaire, l'office des *Templiers*, l'anathème lancé par Enguerrand de Marigny au couvent de Jacques Molay. Nous signalerons encore l'acte du *Temple*, assurément le meilleur de la partition; la réception de René, acte de foi. La marche au supplice est même une fort belle page. Quant au ballet, il vaut surtout par de curieuses recherches d'instrumentation.

Il convient d'ajouter ce correctif que le musicien, souvent inspiré, paraît toujours un peu gêné par la mise en œuvre et la mise au point de l'inspiration. Au demeurant, les *Templiers* prouvent qu'il y avait en Litolff l'étoffe d'un compositeur de grand opéra.

Litolff a abordé presque tous les genres de composition. Il a écrit pour la scène une assez grande quantité d'opéras ou d'opérettes, parmi lesquels il faut citer *Héloïse et Abélard* (opéra-bouffe, Paris, 1872) et *les Templiers* (gr. opéra, Bruxelles, 1886). On lui doit, en outre, *Ruth et Booz*, petit oratorio, un trio avec piano, des ouvertures d'orchestre dont celle des *Guelfes*, citée avec *Marche funèbre* à la mémoire de Meyerbeer, un concerto de violon, les cinq concertos-symphonies (ou symphoniques) pour piano et orchestre, des mélodies vocales en grand nombre, et son œuvre pour piano seul.

Armand Silvestre, également disparu, a rappelé avec émotion les éclatants débuts de Litolff presque enfant encore, à Londres, dès 1844; le triomphe qui lui valut en Allemagne l'ouverture de *Catherine Howard*, en 1846; la période vraiment éclatante de sa vie où, contemporain de Liszt et de Wagner, dont il était, en même temps, l'ami, il semble qu'il dût partager, avec eux, la gloire de la grande réforme attendue. « Comment il se sépara de l'un et de l'autre, au seul détriment de sa propre fortune artistique, c'est au généreux imprévu de sa vie passionnelle, aux élans de cœur qui troublèrent si continuellement sa vie, ne lui permettant pas la tranquille méthode où ses deux illustres compagnons surent discipliner leur génie, qu'il en faut surtout demander compte. Mais il fut de la grande famille, et, pour tous ceux qui sont justes, il n'en a pas déchu. Et comme, en cela seulement, la morale humaine se rapproche fort de la morale biblique, il souffrit surtout d'avoir été l'ouvrier de la première heure, toujours le plus mal payé de tous. Du temps où il figurait dans cette trinité noblement révolutionnaire, il ne fut donné de contempler comme un reflet et une évocation lointaine, quand, il y a quelques années seulement, à Bruxelles on jouait ses *Templiers* avec un vif succès, Litolff se retrouva avec Liszt qu'il n'avait pas revu depuis trente ans.

« Je ne crois pas qu'entrevue fut jamais plus touchante. Liszt était le vieillard superbe à cheveux blancs que l'image a popularisé, et Litolff, dont le temps avait ravagé le visage, n'avait néanmoins rien perdu de l'aquiline énergie de ses traits et du feu de son regard. Tous deux, pleurant à chaudes larmes, se tinrent longtemps embrassés. « Que nous sommes changés! » fit Litolff avec mélancolie. Et Listz, dont l'humeur sceptique ne désarmait jamais, lui répondit, en souriant à travers ses pleurs : « Tu as raison, nous sommes plus beaux ! »

EDMOND MEMBRÉE (1820-1882)

Edmond Membrée, né à Valenciennes en 1820, mort à Paris en 1882, élève d'Alkan et de Zimmermann pour le piano, de Carafa pour la composition, était appelé l'homme des pièces reçues, car, dès qu'un théâtre ouvrait ses portes, il s'y précipitait pour faire agréer une des nombreuses œuvres qui dormaient dans ses cartons! Il rêvait de triomphes qu'on lui décernait volontiers le jour de la répétition et qu'on lui retirait brutalement le jour de la première, ou le lendemain. *François Villon* à l'Opéra (1857), *l'Esclave* à Ventadour (1874), *les Parias* au Châtelet (1874), marquaient les pénibles étapes d'une carrière où le compositeur trébuchait régulièrement et laissait chaque fois un peu de cette popularité conquise par sa romance, célèbre autrefois, *Page, écuyer, capitaine*.

François Villon, opéra en un acte, paroles de Got, fut représenté à l'Opéra de Paris le 20 avril 1857. Le scénario n'est pas sans rapport avec le *Gringoire* de Banville, bien que le dénouement diffère. Louis XI a fait grâce de la potence à Villon. Le bohème, dans sa prison, a été consolé par une bohémienne, la petite Aïxa. Elle l'aime et lui propose de partager sa vie d'aventures; mais il a cinquante ans et ne veut pas sacrifier la fillette. Partition d'un caractère pittoresque où furent surtout applaudis la ballade des neiges d'antan et le chœur de l'orgie. Interprètes : Obin, Boulo, Nich, Delisle.

L'Esclave, opéra en 4 actes et 5 tableaux, poème de Foussier et Got, fut représenté à l'Opéra le 15 juillet 1874 et chanté par Sylva, Gailbard, Bataille, Lasalle, Nich, Mauduit, Mme Gaismar. Le livret — une sombre intrigue « russo-caucasienne » — parut un peu laborieux, mais on applaudit la scène religieuse du premier acte, traitée avec ampleur par le musicien, le chœur dansé du deuxième acte : *C'est la mort des roses*, la romance de Vassili au troisième acte, le duo dramatique du quatrième tableau. La critique principale adressée à l'œuvre, qui ne se maintint sur l'affiche, fut d'être trop exclusivement vocale.

Les Parias, opéra en 3 actes, livret d'Hippolyte Lucas, furent représentés à l'Opéra-Populaire du Châtelet un vendredi 13, — 13 novembre 1874, — et cependant ne réussirent pas, malgré la superstition à rebours en honneur dans les coulisses. (Sujet tiré de la *Chaumière indienne* de Bernardin de Saint-Pierre.)

Membrée ne devait pas être plus heureux avec *la Courte Echelle*, représentée salle Favart le 10 mars 1879 (et déjà reçue au Lyrique, où Vizentini l'avait même répétée généralement avec Engel, Lepers, Grivot, etc.). Carvalho avait sans doute recueilli cette épave pour utiliser les costumes de *Cinq-Mars*. Le scénario était tiré d'une nouvelle parue jadis dans

un volume intitulé *la Comédie de l'amour*. Puisant dans son propre bien, Charles de La Ronnat avait combiné trois actes avec une dextérité suffisante, avec cette expérience que lui donnaient la longue direction de l'Odéon et un bon nombre d'ouvrages représentés aux Variétés, au Palais-Royal, au Gymnase, au Vaudeville, voire même à l'Opéra-Comique, si l'on se souvient de *Pâquerette*, dont Duprato avait écrit la musique. On remarqua dans le finale du second acte l'effet comique qui termine le second acte des *Maîtres Chanteurs;* après la bagarre du guet et des ravisseurs qui venait d'emplir la scène de mouvement et de bruit, le veilleur de nuit entrait tranquillement, comme un homme qui n'a rien entendu, et, par la loi du contraste, produisait un effet comique en psalmodiant son ordinaire refrain : « Il est minuit, tout est tranquille! » L'imitation s'arrêtait d'ailleurs à la musique exclusivement; Membrée n'avait rien de Wagner, et sa *Courte Echelle*, qui, au dire de plusieurs, ne l'était pas encore assez, n'eut de court que sa durée.

ARMAND SAINTIS (1820-1894)

Né à Montauban en 1820, Saintis a eu une carrière très active et très remplie. Sa *Messe brève*, ses romances, ses pièces pour piano, le recommandent à l'attention. Mais c'est principalement comme auteur de chœurs qu'il a marqué sa place et donné sa mesure. Cet homme appliqué, modeste et réservé, « gai d'une gaieté tranquille », a écrit, en particulier, un chœur, *les Paysans*, exécuté un peu partout, et dans lequel il a ingénieusement introduit une chanson rustique très populaire dans son pays natal. Il importe, dans le même genre, de mentionner, parmi ses productions : *les Pèlerins, les Esclaves, Sur les Remparts, Pastorale, Beau Jour d'été, les Braconniers, les Quatre Saisons, les Mineurs, les Enfants du Peuple, les Maçons, Gaule et France,* etc.

En tous ces chœurs, le rythme est très franc; les parties sont bien agencées et bien en équilibre. L'effet de sonorité est fort heureux.

Dans les portions où la mélodie est plus en relief, lorsqu'elle est confiée à une partie et que les autres accompagnent, la phrase musicale, simple et toujours claire, a de la grâce et de la fraîcheur.

Musicien accompli, Saintis, comme organiste, comme professeur, comme organisateur de concerts, a rendu des services multipliés. Il jouait avec distinction de plusieurs instruments, connaissait parfaitement la technique des instruments en cuivre, et possédait, sur le cornet à pistons, une virtuosité remarquable.

J.-B. WECKERLIN (1821-1910)

Jean-Baptiste Weckerlin était né à Guebwiller (Haute-Alsace) le 9 novembre 1821. Il appartenait à une famille d'industriels qui s'occupaient de teinturerie et ne destinaient guère leur enfant à la musique. Un beau jour, raconte Charles Malherbe, il s'enfuit de la maison paternelle, et, moitié à pied, moitié en diligence, il prenait le chemin de la capitale pour y arriver le 25 juin 1843. Il ignorait, ou à

peu près, les règles de l'harmonie et du contrepoint : ce qui ne l'empêcha pas, lorsqu'il voulut
entrer au Conservatoire, de présenter fièrement aux
examinateurs une ouverture de sa composition, et,
si ridicule qu'elle pût être, disait-il depuis, elle lui
valut son admission dans la classe d'Elwart en 1844.
Dès 1849 il se faisait professeur de piano, puis les
recherches sur la musique du passé l'absorbaient.
Appelé par Auber au Conservatoire, en 1869, comme
préposé à la bibliothèque, il devint sous-bibliothécaire en 1872, et bibliothécaire en 1876, à la mort de
Félicien David.

Weckerlin a donné des notices intéressantes sur
l'histoire de la contrebasse, sur les chants et chansons de France, sur l'impression de la musique ou
typographie musicale. En 1875, il obtint un prix de
mille francs, à l'Institut, pour une Histoire de l'Instrumentation depuis le xvı⁰ siècle jusqu'à nos jours.
La Chanson populaire, qui, toute sa vie, a été l'objet
de ses prédilections, lui inspira deux volumes. Enfin
trois volumes de Musiciana, parus de 1877 à 1899,
lui ont permis de consigner le résumé d'innombrables lectures.

Ses ouvrages représentés se bornent à deux petits
actes : l'Organiste (Théâtre-Lyrique, 17 mai 1853) et
Après Fontenoy (Théâtre-Lyrique, 28 mai 1877). Les
salons lui furent plus hospitaliers, car il fit applaudir
plusieurs petites pièces, à deux et à trois personna-
gⁱs, les Revenants bretons, Monsieur Favart, Tout est
bien qui finit bien (joué aux Tuileries, devant la Cour
impériale, le 28 février 1856), la Laitière de Trianon
(jouée chez Rossini le 18 décembre 1858). N'oublions
pas deux opéras en dialecte alsacien, représentés à
Colmar, l'un en trois actes, les Trois Noces dans la
vallée des Balais, l'autre en quatre actes, la Vendange
ensorcelée; le Ménétrier de Meudon, la Première Barbe
de Figaro, etc., etc., sans parler de ballets comme
Mignon et Madame Malborough! Il parut pour la
dernière fois à l'Opéra-Comique le 22 février 1900,
avec une adaptation musicale de la Chercheuse d'esprit, pour laquelle il avait instrumenté les vieux airs
de Favart.

Ses grands ouvrages pour chœur et orchestre sont :
Roland (Conservatoire, 5 décembre 1848), les Poèmes de
la mer (Théâtre-Italien, 19 décembre 1860), œuvre qui
lui valut les chaleureuses félicitations de Rossini,
l'Inde (concert du Grand-Hôtel, 1873), le Juif errant
(Conservatoire, 1898). Mentionnons une symphonie (la
Forêt), une messe, quelques spécimens de musique
de chambre, concerto, quatuor, sonate; des chœurs à
quatre parties, pour les pensionnats de jeunes filles,
des chœurs pour voix mixtes, les Soirées parisiennes,
et des quatuors de salon, également pour voix mixtes.
Les morceaux de piano, soit pour deux, soit pour
quatre mains, se chiffrent par centaines et comportent des danses, des fantaisies, des marches, des
laendler, des pièces de tout genre, pittoresques ou
humoristiques. Quant aux mélodies séparées, on en
compte environ trois cents, chansons et chansonnettes,
romances et lieder, tyroliennes et bergeries.

ARISTIDE HIGNARD (1822-1898)

Jean-Louis-Aritisde Higuard, deuxième prix de
Rome de 1850, auteur du Visionnaire, de Colin-Mail-
lard, des Compagnons de la Marjolaine, de l'Auberge

des Ardennes, de Monsieur de Chinpanzé, du Nouveau
Pourceaugnac, des Musiciens de l'orchestre, fut un compositeur heureusemeñt doué, mais, comme tant d'autres, victime de la mauvaise chance.

Il avait déjà donné, soit au Théâtre-Lyrique, soit
aux Bouffes, un certain nombre d'opéras-comiques et
d'opérettes, généralement bien accueillis, et fait paraître plusieurs recueils de musique vocale et instrumentale, entre autres une originale suite de « valses
concertantes » pour piano à quatre mains, lorsqu'il
entreprit la composition d'une tragédie lyrique
d'Hamlet, dont le succès devait être le couronnement
de sa carrière d'artiste. Malheureusement, Ambroise
Thomas travaillait à un Hamlet. Hignard dut s'effacer devant un concurrent aussi redoutable et n'eut
d'autre ressource que de publier son œuvre transcrite pour piano et chant.

Cette transcription est précédée d'un court avant-
propos où le compositeur appelle l'attention du public
sur une innovation à laquelle il attache une grande
importance, « l'intercalation dans le chant d'une
déclamation soutenue par des mouvements d'orchestre ». Or ce procédé ressemble fort à celui auquel eut
recours l'auteur de Manon, qui, en soutenant également certaines phrases de « dialogue parlé » par des
mouvements d'orchestre, crut, de très bonne foi,
faire une innovation quand il s'appropriait, sans
s'en douter, celle d'Hignard.

Né à Nantes en 1822, le compositeur mourut à Vernon en 1898.

EDOUARD LALO (1823-1892)

Edouard Lalo était né à Lille en 1823, d'une famille
d'origine espagnole. M. Louis de Fourcaud rapporte
que sa vocation dut se manifester de bonne heure,
car, très jeune, il composa et joua du violon. De ses
productions de jeunesse, rien n'est resté. « Jamais
artiste ne fut plus sévère à soi-même et plus amoureux de son art, jusqu'à l'obsession du scrupule. Ce
fut son bonheur de rencontrer, dans sa ville natale,
un musicien instruit, de tempérament rude, nommé
Baumann, fort comme les vieux contrapuntistes et
pénétré, pour les derniers quatuors de Beethoven,
d'enthousiaste amour. L'élève eut sur son talent cette
mâle empreinte. Mais le caractère de l'homme, à
pareille école, se forma du même coup que son
talent. Jamais il ne devait faire aucune concession
aux modes frivoles. Heureux ou malheureux, il fut
lui-même en toute circonstance et domina exem-
plairement sa destinée. »

Si Lalo avait fait ses premières études au Conservatoire de Lille avec Baumann, il devint élève de
Habeneck au Conservatoire de Paris. Ses premières
compositions, qu'il a fait disparaître, mélodies vocales et musique de chambre, s'étaient répandues dans
le monde musical. Suivant le témoignage de M. Georges Servières, en 1859, « bien qu'ignoré du grand
public, le nom de Lalo était déjà très connu des
artistes. Ceux qui venaient de l'étranger ne manquaient pas de se faire présenter aux soirées intimes
dans lesquelles Lalo réunissait l'élite du monde musical. C'est ce qui a fait que certaines œuvres de Lalo
furent jouées en Allemagne avant de l'être en France. »
Lalo devait penser assez tardivement au théâtre.
Il avait quarante-deux ans quand il présenta à un
concours ouvert au théâtre lyrique de Carvalho, la

partition d'un opéra en trois actes, un *Fiesque*, déclaré par le jury « d'une grande hauteur d'idées et traité de main de maître » et qui ne fut pas représenté.

Découragé par l'échec de ce *Fiesque*, que Perrin avait failli monter, puis qui fut mis en répétition à Bruxelles au théâtre de la Monnaie et retiré à la suite d'un changement de direction, Lalo se livra entièrement à la musique instrumentale pendant une assez longue période et se fit connaître par les concerts symphoniques. Tout à coup il ébaucha un *Savonarole*, mais la légende du roi d'Ys le tenta, et vers 1875 la partition était assez avancée pour que Vizentini, alors directeur de la Gaîté, pût en prendre connaissance. En réalité les obstacles se multiplièrent, et l'ouverture du *Roi d'Ys* fut jouée dans les concerts bien avant la représentation de l'opéra, qui n'eut lieu qu'en mai 1888.

Entre temps le compositeur avait fait jouer à l'Opéra le ballet de *Namouna*. Le cas de *Namouna* est vraiment un des phénomènes les plus attristants de l'histoire de la composition musicale. L'œuvre d'Edouard Lalo ne put être donnée pour la première fois à l'Opéra qu'à la suite de grandes difficultés de mise au point et de présentation. Lalo était cependant déjà, à cette époque, l'auteur du *Roi d'Ys*, sinon pour le grand public, à qui l'œuvre n'avait pas encore été offerte, du moins pour les musiciens qui la connaissaient, et notamment pour Vaucorbeil, qui témoignait une vive indignation contre les mauvais vouloirs directoriaux rencontrés par cette partition. Placé à la tête de l'Opéra, où il devait d'ailleurs jouer de malheur, malgré les meilleures intentions du monde, Vaucorbeil commanda un ballet au compositeur méconnu, en lui « fournissant » un livret de Nuitter, hélas! d'une incurable médiocrité. Lalo, qui n'avait pas le goût des besognes à courte échéance, ne pouvait cependant refuser une pareille occasion de prendre directement contact avec la foule; il se mit dans les brancards de cette lourde charrette, les tira à pleins bras, tomba malade, dut faire appel à l'excellente camaraderie de Gounod pour terminer l'orchestration, s'aheurta, au théâtre même, à la rivalité de Mlle Mauri et de Rita Sangalli, à des compétitions de ballerines et de chorégraphes, bref aux obstacles qui se dressent devant tout producteur.

Namouna fut enfin jouée le 6 mars 1882, avec un mois d'intervalle entre la répétition générale et la première, et tomba dans le vide, après une douzaine de représentations. La partition n'eut pas seulement à subir l'hostilité de ceux qui la trouvaient trop compliquée et trop peu dansante; les critiques qui luttaient alors pour Wagner ne la jugèrent pas assez avancée; et, en effet, sauf la facture remarquable et l'inspiration souvent heureuse, elle n'a absolument rien de wagnérien. Mais le public était aheurté, et voici comment M. Marcel Girette rendait compte, le 14 mars 1882, dans sa chronique musicale du *Télégraphe*, des incidents de la soirée :

« Le ballet de M. Edouard Lalo, l'éminent compositeur que les étrangers admirent et que les Français ignorent, a été joué lundi soir devant une salle manifestement hostile et qui avait son opinion faite avant le lever du rideau. Depuis plusieurs mois, des bruits de coulisses accueillis favorablement représentaient l'œuvre comme injouable. La maladie du compositeur et le bobo de la danseuse ayant amené des retards successifs, la malveillance les avait naturellement attribués aux difficultés insurmontables de la

musique. Aussi le public de la première, prévenu contre les tendances du compositeur, a-t-il reculé devant l'effort de l'attention. Il a bavardé pendant l'introduction du premier tableau, tourné le dos pendant le prélude du second; il a seulement guetté les occasions de prendre le compositeur en faute, et quand le char, le fameux char de musique foraine, a fait irruption dans la fête, cette cuivrerie a été la bienvenue, comme un prétexte à gaieté railleuse. On a ironiquement marqué le rythme et chantonné le motif, on a même chuté; et j'ai pu démêler, à travers les conversations de couloirs, les deux griefs qui inspiraient toutes ces cruautés : la musique de *Namouna* n'est pas dansante, et elle cherche à révolutionner le genre du ballet!

« Je proteste contre la première assertion : la musique de *Namouna* est dansante. Sans doute, elle ne marque pas grossièrement les temps forts de la mesure comme les orchestres villageois, mais elle abonde en rythmes francs, qui interdisent l'hésitation aux jambes les moins musiciennes.

« Le second grief est, au contraire, fondé. M. Lalo a évidemment voulu élever le ballet, dans la mesure du possible, au niveau de la symphonie. Même dans les passages dansants de sa partition, le symphoniste se trahit par le développement, par l'unité scénique. A plus forte raison secoue-t-il, dans les passages de pantomime et d'action, l'humiliante tyrannie de la danse et de la pesanteur. Sa musique prend alors son vol en liberté.

« Est-ce un crime, cela? »

Il convient d'ajouter qu'une part de l'insuccès de 1882 fut imputable au déplorable scénario de Nuitter et de Petipa. C'est une anecdote de toute essentielle absurdité, pour ne pas écrire de toute absolue ineptie. L'action se passe à Corfou, au début du XVIIe siècle, si nous en jugeons d'après le costume Louis XIII du jeune premier de l'historiette. Le premier acte a pour décoration « un casino à Corfou », d'après l'indication du programme. Dans ce casino paradoxal, on joue aux dés; le corsaire Adriani perd sa tartane, ses trésors et jusqu'à sa maîtresse Namouna. Le gagnant, le noble et généreux don Ottavio, rend la liberté à la séduisante esclave, en lui laissant comme frais de premier établissement l'argent qu'il a gagné au pirate. Il y ajoute le cadeau utile de la tartane, qui va jouer un rôle capital dans la suite du livret. En effet, c'est à l'aide de ce poétique moyen de transport qu'à la fin du tableau suivant Namouna pourra soustraire celui qu'elle aime secrètement aux lâches entreprises du sournois Adriani.

Troisième tableau : une île de la mer Ionienne, où le vieil Ali fait ouvertement, avec brevet et patente, la traite des blanches. Il a un stock considérable d'esclaves enlevées tout le long de la côte. Namouna, accompagnée d'Ottavio, et montée sur la fameuse tartane, vient racheter ses anciennes compagnes avec « les trésors » d'Adriani. Elle prend tout le lot et va l'embarquer, quand le pirate survient, conduisant une troupe de sbires qui veulent mettre à mort le noble Ottavio, ténor muet. Les captives se chargent de désarmer ces brigands d'opéra-comique, tandis qu'un jeune Grec poignarde Adriani. La tartane reprend la mer...

Edouard Lalo n'avait pas eu un faible mérite à écrire une partition cohérente et de solide trame sur ce déliquescent scénario. Il faut rendre justice à l'élégance et à la souplesse de la ligne générale, à la pureté du détail, au coloris persistant, à la fantaisie souvent ailée et aussi au caractère passionné du style. Le public de la reprise 1908 devait d'ailleurs témoigner plus d'intelligence et de culture musicale que celui de 1882; il salua au passage les deux thèmes typiques du rôle de Namouna, qui traversent l'œuvre avec des transformations successives; il ne bissa pas seulement le pas des gitanes, il témoigna une attention admirative aux airs marocains, à la danse des esclaves, à la sérénade, aux détails pittoresques de la fête foraine, à la sieste des odalisques, à la chanson de la flûte, à l'orgie des brigands.

Le *Roi d'Ys* devait triompher à l'Opéra-Comique en 1888, sous la direction Paravey, et cela malgré un poème assez médiocre bâti sur une admirable donnée. Voici, d'après les remarquables « notes sur la légende d'Ys » de M. Paul Sébillot, le résumé de la légende, qu'Emile Souvestre a racontée en dix pages.

La ville d'Ys, qui s'élevait à la place où l'on voit la baie de Douarnenez, était bâtie plus bas que la mer et défendue par des digues dont on ouvrait les portes à certains moments pour faire entrer et sortir le flot. La princesse Dahut, fille de Grallon, portait sans cesse suspendues à son cou les clefs d'argent de ces portes. Comme c'était une grande magicienne, elle avait embelli la ville d'ouvrages que l'on ne peut demander à la main des hommes. *Tous les korigans du pays de Vannes étaient venus y travailler sur son ordre.* Tous les bourgeois étaient si opulents qu'ils mesuraient le grain avec des hanaps d'argent. Mais la richesse les avait rendus vicieux et durs; les mendiants étaient chassés de la ville comme des bêtes fauves; la seule église qu'il y eût dans la cité était si délaissée que le bedeau en avait perdu la clef; les habitants passaient les journées et les nuits dans les auberges, les salles de spectacle, uniquement occupés à perdre leur âme. Dahut donnait l'exemple; c'était jour et nuit des fêtes qui attiraient beaucoup de monde. Si quelque jeune homme lui plaisait, elle lui donnait un masque magique avec lequel il pouvait la rejoindre secrètement dans une tour bâtie près des écluses; le lendemain, quand il prenait congé d'elle, le masque se resserrait de lui-même et l'étranglait. Un homme noir ramassait alors le corps mort, le plaçait sur son cheval et allait le jeter au fond d'un précipice entre Huelgoat et Poul-Dahut. Un soir qu'il y avait fête chez Dahut, un étranger se présenta, accompagné d'un petit sonneur qui joua un passe-pied infernal si puissant que Dahut et ses gens se mirent à danser comme les tourbillons de la mer; l'inconnu en profita pour enlever à la princesse les clefs d'argent des écluses et pour s'échapper.

C'est alors que saint Corentin vint trouver Grallon dans le palais où il était isolé, et lui dit que la ville allait être livrée au démon. Le roi appela ses serviteurs, prit son trésor, monta sur son cheval noir et marcha à la suite du saint. Au moment où ils passaient devant la digue, on entendit un sourd mugissement : l'étranger, qui avait repris sa forme de démon, était occupé à ouvrir toutes les écluses, et la mer descendait déjà en cascade sur la ville. Saint Corentin dit à Grallon de fuir, et il s'élança vers le rivage; son cheval traversa ainsi les rues, poursuivi par les flots et toujours les pieds de derrière dans la vague. Quand il passa devant le palais de Dahut, celle-ci s'élança derrière son père; le cheval s'arrêta subitement, et l'eau monta jusqu'aux genoux du roi; il appela à son secours Corentin, qui lui dit :

« Secouez le péché que vous portez derrière vous, et par le secours de Dieu vous serez sauvé. » Comme Grallon hésitait, le saint toucha de sa crosse d'évêque l'épaule de la princesse, qui glissa dans la mer et disparut au fond du gouffre, appelé depuis le gouffre d'Abès. Le cheval délivré s'élança en avant et atteignit le rocher de Garrec, où l'on voit encore la marque d'un de ses fers. Le roi tomba à genoux pour remercier Dieu; mais quand il se retourna, à la place de l'opulente cité on ne voyait plus qu'une baie profonde qui reflétait les étoiles.

Dans l'opéra, comme l'a observé M. René de Récy, la donnée a perdu son sauvage parfum de terroir. Dahut a nom Margared ; promise au vainqueur comme rançon de la paix, dédaignée, pour sa sœur Rozenu, par Mylio qu'elle aime, elle livre à l'ennemi, dans un accès de rage, le secret fatal; puis, succombant au remords, elle se jette du haut d'un rocher pour apaiser le flot qui monte avec la colère céleste. Mais la partition est très supérieure au poème. « Prenez-y garde, écrivait M. Camille Bellaigue au lendemain de la première, le *Roi d'Ys* pourrait bien être ce que l'école française, depuis *Carmen*, a donné au théâtre de plus remarquable et de plus achevé. L'année avait été stérile; mais la voilà fleurie; elle n'avait point perdu son printemps. La partition de M. Lalo n'est pas honorable, elle est beaucoup plus : très charmante et très belle, presque toute charmante et toute belle, sans un trou, sans une tache. Il est honteux d'en faire gloire aussi tard au musicien qu'elle vient de placer au premier rang. Ne demandez pas selon quel système est conçue l'œuvre de M. Lalo; nous ne nous en inquiétons guère. Il se pourrait qu'elle fût conçue selon ce système, à la fois le plus simple et le plus difficile de tous, qui consiste à faire avec un bon poème de très bonne musique. Il y a de tout dans le *Roi d'Ys* : des airs, oui, des airs, des chœurs, et des duos mélodiques et concertants, et de naïves chansons, et une ouverture faite des principaux motifs. »

Et Ernest Reyer donnait à l'œuvre, dans son feuilleton des *Débats*, cette consécration suprême : « Il est à craindre que M. Lalo, après comme avant le *Roi d'Ys*, ne reste un artiste modeste, indifférent à la réclame, absorbé dans son art et se donnant à lui sans arrière-pensée. C'est ce qui, depuis bien des années déjà, me l'a fait aimer, c'est aussi ce qui a conservé à son talent ce cachet de distinction, d'élévation et de sincérité où le caractère de l'artiste se reflète tout entier. Il y a des pages légères dans la partition du *Roi d'Ys;* je défie qui que ce soit d'y signaler une vulgarité. Et, si le chanteur y trouve maintes occasions de briller et de se faire applaudir, ce n'est pas que tel ou tel morceau, même orné d'un point d'orgue à la tendance finale, ait été écrit en vue de sa virtuosité. »

Lalo mourut en 1892. Malgré le triomphe du *Roi d'Ys,* l'injustice du public avait provoqué chez lui une dépression matérielle et morale si profonde qu'il ne se présenta pas à l'Académie des beaux-arts lorsqu'une vacance s'y produisit pour la seconde fois en deux ans. Notre érudit confrère Albert Soubies, à qui Lalo voulut bien, en diverses circonstances, témoigner une vive sympathie, nous communique une lettre que le compositeur lui adressait il y a seize ans, et où il aborde cette question délicate. Nous la donnons intégralement, car les détails qui précèdent le passage relatif à la non-candidature académique jettent un jour attristant sur l'état d'esprit d'Édouard Lalo, comme sur les difficultés contre lesquelles il ne cessa de lutter pendant une carrière prématurément interrompue.

« Paris, 29 février 92.

« Monsieur, je reçois votre lettre avec un grand retard, parce qu'elle était adressée à mon ancien domicile. Je tiens tout d'abord à vous remercier de l'aimable article que vous avez fait pour la reprise du *Roi d'Ys*. Quant à la partition de *Fiesque*, j'aurais été heureux de vous l'envoyer si j'en possédais un seul exemplaire. Mais cette œuvre a été gravée à mes frais; je n'en avais fait qu'un très faible tirage, et je n'ai chez moi qu'une épreuve dont je ne puis me séparer.

« Pourquoi je ne me suis pas présenté à l'Institut?

« 1° C'est un genre de démarches qui me déplaît.

« 2° Je n'avais aucune chance d'être élu, me présentant contre un prix de Rome comptant de nombreux amis parmi les membres de l'Institut.

« Je viens d'être très souffrant et suis obligé de me servir en ce moment d'un secrétaire.

« Je vous envoie, monsieur, l'expression de mes meilleurs sentiments.

« E. LALO. »

L'Institut n'aura pas manqué à la gloire d'Edouard Lalo, mais la réciproque serait inexacte.

Il nous reste à parler de la *Jacquerie*. Edouard Blau n'avait pas terminé le poème quand Lalo mourut, après avoir écrit la musique du premier acte. Arthur Coquard, acceptant l'héritage, posa pour condition que le livret serait mis au point par Mlle Simone Arnaud; les deux collaborations, l'une posthume, l'autre entre auteurs très vivants, marchèrent de front; et, en mars 1895, la *Jacquerie* fut représentée à Monte-Carlo par les soins de M. Gunsbourg, le très actif impresario à qui nous devons, avec la révélation de la *Hulda* de César Franck, la mise en scène — ou à la scène — de la *Damnation de Faust*.

L'œuvre avant obtenu un vif succès, la direction de l'Opéra-Comique la réclama et lui donna, avec une bonne moyenne d'interprétation, l'appoint décisif d'une incomparable tragédienne lyrique, la Marie Laurent et même la Rachel du drame chanté, la Charlotte de *Werther*, la Marion de la *Vivandière*, la triomphante Delna.

Le poème appartient au genre historique; c'est du Scribe avec plus de littérature, bien qu'on y trouve ce vers fâcheux : « Je voulais t'épargner, mais tu ne veux pas l'être, » et des situations dramatiques un peu banales, dont nous ne saurions trouver un résumé plus succinct que celui des *Annales du Théâtre et de la musique*. L'action se passe en 1358, deux ans après la bataille de Poitiers perdue par le roi Jean, qui s'y conduisit en vaillant soldat, mais en imprudent chef d'armée. Le lieu de la scène est en Beauvoisis, sur les terres du comte Gauthier de Sainte-Croix, dont la noble fille, Blanche, aimera Robert, le chef de la révolte. Robert, chevaleresque et désintéressé, représente le peuple au service d'une idée généreuse, l'intelligence dirigeant la révolte des masses contre l'oppression des rois féodaux. Guillaume incarne la force brutale, dont les instincts mal dirigés ne savent qu'obéir à la violence, abattant sa hache puissants et misérables. Entre ces deux forces, Jeanne, la mère de Robert. C'est l'âme du peuple, la tendresse pour les petits, l'éternelle résignée aspirant au bonheur pour tous, sans le rencontrer jamais.

Au point de vue musical, le premier acte a bien la marque caractéristique de Lalo dans la phrase de Jeanne : « L'enfant rêvait de s'instruire, » l'allegro « Jacques Bonhomme » et la cantilène de Blanche, au son de l'Angélus.

Comme musique symphonique de Lalo nous relevons dans le répertoire de Mme Hortense Parent : *Divertissement* pour orchestre (1872); *Allegro symphonique*, d'après l'*allegro* pour piano et violoncelle, op. 16 (1876); *Scherzo* (extrait du trio en *la* min., op. 26, et orchestré par l'aut., 1re audition à l'Exposition de 1889, et 2e audition le 18 nov. 1906 aux concerts Chevillard); la *Rhapsodie norvégienne*, écrite primitivement pour violon et orchestre sous le titre de *Fantaisie norvégienne* (première audition aux concerts Colonne, le 26 octobre 1879). Comme l'a très bien dit M. Georges Servières, « la *Rhapsodie norvégienne* a donné à la réputation du compositeur cette touche magique de célébrité que la *Danse macabre* a value à la renommée de Camille Saint-Saëns ». *Symphonie en sol min.* (exécutée en 1re audition aux concerts Lamourenx, le 13 janvier 1882, puis au Conservatoire, le 28 novembre 1890). Des morceaux pour violon et orchestre : *Fantaisie-Ballet*, « une de ses œuvres les plus remarquables, d'un style très moderne et d'une suprême élégance. » 1er concerto pour violon, op. 20 (joué par Sarasate, en 1874); 2e concerto, op. 21, appelé *Symphonie espagnole* (jouée aussi par Sarasate en 1875); et 3e concerto russe (joué par Marsick aux concerts Pasdeloup en 1881; une *Romance-Sérénade* (jouée par P. Viardot, en 1878) : un concerto de violoncelle (joué par Fischer aux concerts Pasdeloup en 1877) et un concerto de piano (exécuté par Diémer en 1889). De la musique de chambre : quatuor en *mi* ♭, op. 45; trois trios avec piano; sonates et morceaux caractéristiques pour piano et violon, pour piano et violoncelle, etc.; enfin de la musique vocale, des chœurs religieux, des mélodies : *Marine, la Fenaison, l'Esclave, Guitare*.

THÉODORE DE LAJARTE (1826-1890)

Théodore de Lajarte, né à Bordeaux en 1826, mort à Paris en 1890, musicographe érudit et bibliothécaire de l'Opéra, a laissé des réductions pour piano et chant d'anciens opéras et ballets français (62 ouvrages en neuf séries sous ce titre : *Chefs-d'œuvre classiques de l'opéra français*.

Il a aussi abordé le théâtre. A l'Opéra-Comique il a fait jouer en 1880 *Monsieur de Floridor*, un acte en deux tableaux, paroles de Nuitter et Tréfeu, musique de Th. de Lajarte. Il est difficile de résumer l'action en moins de mots que ne l'a fait jadis Henri Lavoix; aussi lui empruntons-nons son récit : « Mathurin veut donner sa nièce Germaine à Lucas, un bon compagnon, ami comme lui de la dive bouteille; Germaine, de son côté, veut épouser M. Floridor, qui conduit en province des troupes de comédiens. Avec la complicité de sa tante, Germaine et Floridor organisent une représentation funèbre, frappent de terreur Mathurin et Lucas, si bien que l'un renonce à Germaine et que l'autre promet de renoncer à la bouteille. » Un tel sujet n'était pas nouveau, si l'on se rappelle que La Fontaine l'avait traité dans sa fable *l'Ivrogne et sa*

Femme. Anseaume s'en était emparé depuis, et son opéra-comique, mis en musique par Laruette, fut représenté en 1759 à la foire Saint-Laurent, sous le titre de *l'Ivrogne corrigé ou le Mariage du Diable.* Les librettistes n'avaient eu, comme on le voit, qu'à puiser dans le passé pour disposer leur lever de rideau, qu'ils avaient tour à tour appelé *Serments d'ivrogne, Germaine, Floridor* et finalement *Monsieur de Floridor.* Seize représentations payèrent le bibliothécaire de l'Opéra de la verve aimable qu'il avait dépensée en faveur de cette fantaisie, où l'on applaudit la voix solide de Belhomme (Mathurin), la gaieté de Grivot (Floridor), la belle humeur de Mlle Ducasse (Thérèse).

L'Opéra a donné en 1886, avec le concours de Mlle Subra, *les Jumeaux de Bergame,* ballet-panto-mime en un acte, d'après Florian, par Charles Nuitter et Louis Mérante, musique de Théodore de Lajarte, dont la première représentation avait eu lieu l'été précédent à Paramé et qui fut très favorablement accueilli.

DUPRATO (1827-1892)

Jules-Laurent Duprato, né à Nîmes le 20 août 1827, mort à Paris le 20 mai 1892, grand prix de Rome de 1848, nommé professeur d'harmonie au Conservatoire en 1891, composa des lieder, des cantates et des opéras. Sa meilleure œuvre fut *la Déesse et le Berger,* appelée d'abord *Ariane,* puis *l'Age d'or,* représentée salle Favart en 1863 et dont on n'aurait pu prévoir l'échec. Le librettiste, du Locle, était un élégant poète, Duprato un musicien qui avait fait ses preuves; la pièce sortait de l'ornière bourgeoise de l'ancien opéra-comique; elle s'animait au souffle d'une mythologie un peu fantaisiste, mais spirituelle et gracieuse. La déesse, en effet, est la simple fille d'un prêtre de Bacchus, proche parent de certain Brahmine entrevu déjà en 1859, à l'Opéra-Comique, dans la *Pagode,* de Fauconier. Ce Polémon ressemble à un vil exploiteur, et Maïa n'est là que pour attirer les hommages et les offrandes dans son temple, c'est-à-dire dans sa boutique. Les amours de la jeune fille avec le berger Batylle, qu'à la fin Bacchus lui-même reconnaît pour son fils, forment le sujet de cette idylle, tout entière écrite en vers harmonieux, délicatement soupirés par Capoul et Mlle Baretti.

La partition se recommandait par des qualités peu communes, et pourtant dès l'abord elle ne trouva pas d'éditeur. A qui venait la demander, les marchands répondaient : « Elle n'a pas paru! » et, les jours succédant aux jours : « Elle ne paraîtra pas! » Cette réponse ayant été faite, un matin, à une dame qui se montrait désolée de n'avoir pas la musique réclamée : « M. Duprato, dit-elle, consentirait-il à me vendre la propriété de son manuscrit? — Ma foi, lui fut-il répondu, je crois que cette proposition ne pourrait que lui être agréable, et que, moyennant mille écus... — Mille écus! s'écria la dame, ce ne serait pas assez. Veuillez faire savoir à M. Duprato que je lui en offre six mille francs! » Le soir même le marché était conclu, et ce fut elle qui fit graver la partition, revenue depuis, mais longtemps après, entre les mains d'un éditeur. Chose curieuse! la dame n'avait cru faire qu'une bonne action, elle fit peut-être une bonne affaire; car, si l'ouvrage n'avait pas réussi au théâtre, bien des morceaux détachés

réussirent dans les salons, et l'on joue encore aujourd'hui l'ouverture, avec son motif à cinq temps qui ne manque pas d'originalité.

FERDINAND POISE (1830-1892)

Ferdinand Poise a laissé une des plus aimables renommées de compositeur. Ce fut un délicieux résurrecteur des anciennes formules. Comme l'a dit Henri Lavoix, à mesure qu'il a vu l'opéra-comique se développer et abandonner les anciennes traditions, pour s'élever jusqu'aux proportions du drame lyrique, il a juré de revenir à l'ancienne comédie à ariettes, au vaudeville chanté. Les *Surprises de l'amour,* l'*Amour médecin,* sont d'adorables aquarelles d'une finesse de traits exquise, d'où restent exclues les couleurs vives et violentes, les lignes accentuées et trop hardies; cette musique, qui a son originalité, par l'élégance de la forme, par le fini de ce style petit et précieux, mais délicat, semble être écrite pour de petits marquis invraisemblables, pour des paysans coquettement enrubannés ; le madrigal musiqué s'y marie à la chanson naïve.

Signalons dans la plus ancienne production de Poise *Bonsoir voisin* (1853), *les Charmeurs* (1855), puis un opéra-comique en trois tableaux, *le Roi Don Pèdre,* joué en 1864 salle Favart, appelé successivement aux répétitions *Don Pèdre le Cruel* et *Don Pèdre le Justicier.* Tels étaient bien les deux surnoms donnés par l'histoire à ce roi d'Espagne qui n'a certainement jamais fait en réalité ce qu'on lui faisait faire au théâtre, à savoir : rendre un arrêt contre le duel, puis courir les rues de Tolède comme un simple bachelier, se heurter la nuit à un amoureux qui roucoule sous le balcon d'une belle et lui administrer un coup d'épée, solution fâcheuse qui embarrasse au moment les deux adversaires épris de la même jeune fille, tandis que dans l'ombre se profile la figure d'un juif équivoque, surprenant les secrets pour en battre monnaie.

Ferdinand Poise n'avait pas encore été joué à l'Opéra-Comique ; il avait passé par les Bouffes et le Théâtre-Lyrique; son coup d'essai sur une nouvelle scène réussit assez pour qu'il survécu de cette partition une charmante sérénade. On goûta cette manière spirituelle et fine, cette orchestration minuscule, cette délicatesse de touche qui réveillait le souvenir des petits-maîtres du XVIIIe siècle.

En octobre 1877, au même théâtre, parut la *Surprise de l'amour.* On s'attendait à une chute, et l'on fut agréablement surpris. Poise, dont la veine mélodique semblait épuisée depuis les *Absents,* le *Corricolo* et les *Trois Souhaits,* avait retrouvé un nouveau filon et ciselé le plus charmant bijou Louis XV. Les personnages conservaient l'élégance et la sveltesse des figures de Watteau : Lélio avec son indolence, et la comtesse avec sa grâce aimable que traduisaient bien Nicot et Mme Irma-Marié; Arlequin et Colombine avec leur verve et leur entrain, où se dépensaient à l'envi Morlet et Mme Galli-Marié. Ce fut donc un succès de poème, de musique, d'interprétation, même de mise en scène et de costumes.

Marivaux a écrit deux *Surprises de l'amour.* La première, destinée aux comédiens italiens, n'est qu'une esquisse dans laquelle il s'essayait, avec quelque gaucherie, mais non sans grâce et sans esprit, à ses délicates et ingénieuses études du cœur humain. La seconde, refaite quelques années plus tard pour le Théâtre-Français, est une comédie très profonde, très étudiée, à laquelle Meilhac et Halévy ont certainement pensé en écrivant leur jolie pièce de la *Veuve*, et qui devrait figurer au répertoire de la Comédie française entre les *Fausses Confidences* et le *Jeu de l'amour et du hasard*. C'est de la première de ces deux *Surprises* que Charles Mouselet avait tiré son livret.

L'*Amour médecin* (1880) devait être aussi un grand succès, et encore *Joli Gilles*, emprunté à d'Allainval par Monselet. Ce Joli Gilles, ainsi qu'on l'a observé, est très cousin germain du savetier de La Fontaine. Il a reçu d'un financier une assez grosse somme pour ne plus rire, pour ne plus jacasser, pour ne plus chanter, enfin pour ne plus troubler de sa bruyante satisfaction de vivre le repos et le sommeil de son voisin, l'homme aux écus.

Gilles, soudainement enrichi, perd aussitôt le boire et le manger et la gaieté. — Abandonnant la douce Violette, sa fiancée, il fait les yeux doux à une riche héritière, Sylvia, qui, à son tour, délaisse son amoureux, le Léandre classique. — Voilà donc Léandre et Violette forcés de se liguer pour ramener, l'une l'ambitieux Gilles, l'autre la volage Sylvia. — Petite comédie d'amour et de jalousie, qui se joue très lestement et se termine par la conversion complète de Joli Gilles. — Il rend au financier la cassette corruptrice et se jette aux pieds de Violette.

Une pimpante mise en scène, une agréable interprétation, une gracieuse musique, dont plusieurs numéros furent bissés, amenèrent le succès dès le premier soir; on applaudit fort l'ouverture et l'entr'acte, l'air de Gilles: « Voici le matin, » le pas des Pierrots et Pierrettes, le duo final et la chanson de Violette; mais ce succès fut le dernier remporté à l'Opéra-Comique par le pauvre Poise. Il est mort en 1892, sans avoir eu la joie de voir représenter une *Carmosine* en trois actes, gravée d'ailleurs, souvent annoncée et sans cesse ajournée. On aurait mauvaise grâce à reprocher ce dédain suprême au musicien qui, dans un espace de trente années, avait compté parmi les fournisseurs les plus heureux de la maison.

Madame DE GRANDVAL (1830-1906)

Mme de Grandval est du très petit nombre des femmes compositeurs qui méritent une mention sérieuse. D'après les indications biographiques de J. Weber, elle naquit au château de la Cour-des-Bois (Sarthe), propriété de la famille de Reiset, le 21 janvier 1830. Dès l'âge de six ans elle étudiait la musique, et quelques années plus tard elle s'exerçait déjà à la composition, sous la direction de M. de Flotow, qui était un des amis de la famille. L'auteur de *Martha* n'était certes pas un professeur de contrepoint très rigide; d'ailleurs, en quittant la France il laissa fort incomplète l'éducation de son élève. Plus tard seulement celle-ci comprit quelles notions indispensables lui manquaient.

Devenue vicomtesse de Grandval, Mlle Reiset ne cessa pas de cultiver ses aptitudes musicales, et, pour se donner une instruction solide, elle se mit sous la direction de Saint-Saëns. Elle travailla ainsi pendant plusieurs années, jusqu'à ce qu'elle eut

atteint le résultat demandé. Elle a composé beaucoup, pour musique de chambre, pour orchestre, pour l'église ou pour le théâtre.

Voici la liste des principaux ouvrages dramatiques de Mme Grandval :

Le Sou de Lise (un acte, Bouffes-Parisiens, 1859); *les Fiancés de Rosa* (un acte, Théâtre-Lyrique, 1863); *la Comtesse Eva* (un acte, théâtre de Bade, 1864) ; *la Pénitente* (un acte, Opéra-Comique, 1868); *Piccolino* (3 actes, Théâtre Italien, 1869). *La Forêt*, poème lyrique en 3 parties pour soli, chœurs et orchestre a été également exécutée à la salle Ventadour en 1875. *Mazeppa* a été représenté à Bordeaux en avril 1892.

Elle a laissé aussi une *Messe*, un *Stabat* et un oratorio.

JULES COHEN (1830-1901)

Jules-Emile-David Cohen naquit à Marseille (Bouches-du-Rhône) en 1830, mourut à Paris en 1901. — Suivant l'excellente notice de Mme Hortense Parent, pianiste, organiste et compositeur, élève de Marmontel, Benoist et Halévy, Jules Cohen fit de très brillantes études au Conservatoire de Paris. Accompagnateur à la chapelle impériale sous le second Empire, il fut nommé, en 1870, professeur de la classe d'ensemble vocal au Conservatoire, puis chef des chœurs à l'Opéra. Cohen a écrit de la musique symphonique, religieuse, dramatique, vocale et instrumentale. Citons, pour le piano : *Etude de concert*, 6 *Lieder sans paroles*, *Elégie* (avec ornements ajoutés par Mme Pleyel); *les Regrets*, op. 56; *Marche funèbre* (transcr. de l'orchestre), exécutée aux obsèques du compositeur, et spécialement écrite par lui dans cette intention.

Au théâtre Jules Cohen débuta en 1861 à l'Opéra-Comique avec *Maître Claude*, un des plus curieux exemples d'anachronisme (et d'anachronisme inutile) qu'on puisse citer. La mise en scène se rapportait en effet au XVIIIe siècle, et l'on constatait d'ailleurs la présence du Royal-Lorraine, régiment créé à la fin du XVIIe. Or l'action se passait en réalité au commencement du XVIIe siècle, et maître Claude n'était autre que le grand paysagiste Claude Lorrain. Présenté comme un mari jaloux, il était forcé de recevoir en passant certain colonel dangereux qui, s'il dédaignait les jeunes filles, poursuivait volontiers les jeunes femmes. Remarquons en passant que ce médiocre livret de *Maître Claude* avait été jadis accepté, comme celui de la *Pagode*, par le directeur de l'Opéra, M. Crosnier, et que la musique en avait été alors écrite par Wilfrid d'Indy, l'oncle de M. Vincent d'Indy, l'auteur applaudi de *Wallenstein* et du *Chant de la cloche*.

Jules Cohen, qu'avait déjà signalé à l'attention du public la musique des chœurs d'*Athalie*, vit trois des morceaux de sa partition bissés le soir de la première; aussi la critique ne manqua-t-elle pas d'écrire ; « C'est une musique fleurie d'idées, de motifs, de mélodies. » La pièce eut, du reste, une carrière assez honorable pour justifier ce *satisfecit*.

Quand on représenta, quelques années plus tard, au même théâtre, *José-Maria*, opéra-comique en 3 actes, paroles de Cormon et Meilhac, le musicien eut ce compte rendu... mitigé de Théophile Gautier : « M. Jules Cohen est l'auteur de *Maître Claude*, des chœurs d'*Esther* et d'*Athalie;* ce n'est donc pas un novice et un débutant. Cependant il a profité, dans

José-Maria, avec une ardeur toute juvénile, des occasions de déployer toute sa science et de faire de
grands morceaux que le sujet ne demandait peut-
être pas.

« Cette exubérance n'empêche pas l'ouvrage d'avoir
parfaitement réussi. M. J. Cohen procède d'Auber et
d'Halévy. Il cherche à faire voltiger la mélodie ailée
de l'un sur l'harmonie laborieuse de l'autre, et il y
parvient quelquefois. »

L'augure était en somme peu favorable. Les échecs
successifs du compositeur devaient le confirmer.

La Déa, de Jules Cohen, paroles de Cormon et Michel Carré, représentée à l'Opéra-Comique le 30 avril
1870, fut cependant presque un succès.

ADRIEN BARTHE (1830-1875)

On a souvent retracé le tableau des difficultés de
tout genre que rencontrent les jeunes compositeurs
avant d'obtenir seulement auprès des directeurs la faveur
d'une audition, au piano, de leurs œuvres.

« On a calculé, écrivait Fétis en 1827, que le nombre d'opéras *reçus* depuis 1740, dont la musique est
faite et qui n'ont pas été joués, s'élève à plus de
douze cents. »

Quel total n'atteindrait-on pas si l'on pouvait donner la liste complète de tous ceux qui n'ont pas
même été reçus et sont éternellement restés en portefeuille!

C'est pour atténuer les obstacles, hélas ! trop réels,
qu'une note du ministère des beaux-arts introduisit,
en 1863, dans le cahier des charges du Théâtre-
Lyrique une clause entraînant, pour le directeur, l'o-
bligation de monter chaque année au moins une pièce
en trois actes dont la musique aurait été composée
par des pensionnaires ou anciens pensionnaires de
Rome n'ayant encore eu aucun ouvrage joué à Paris.

Le premier livret au concours avait été tiré
par M. Adenis d'un poème de lord Byron, combiné
avec un acte de *Roméo et Juliette,* et la commission
d'examen, présidée par Auber, décerna à l'unanimité le prix à la partition de M. Barthe, lauréat de
Rome de 1854.

Il n'est pas sans intérêt de rappeler que cinq morceaux seulement avaient été désignés aux concurrents
pour être mis en musique. Ce fut d'après ces cinq morceaux écrits simplement pour piano et chant que la
commission rendit son verdict.

L'œuvre couronnée obtint un succès d'estime, justifié par une inspiration facile, agréable, mais peu
personnelle; puis, comme si un accord tacite fût
intervenu entre l'administration des beaux-arts et
la direction du Théâtre-Lyrique pour ne pas tenir
compte de la clause tutélaire du cahier des charges
de 1863, aucun nouveau concours ne fut ouvert. Les
pauvres prix de Rome étaient encore une fois privés d'une occasion de se produire. Or, ainsi que
le dit M. F. Lefranc dans ses *Études sur le théâtre
contemporain,* les grands écrivains et les artistes,
comme les grands généraux, se révèlent à l'improviste. Peu importe si, comme il l'ajoute plaisamment,
il arrive qu'ils ne viennent pas quand on les attend.

Quatre jeunes artistes avaient concouru en même
temps que Barthe, dont la *Fiancée d'Abydos* est restée
le premier et l'unique ouvrage.

Ces quatre artistes étaient : M. Conte, qui a donné,

en 1874, un petit opéra-comique, *Beppo;* M. Samuel
David, l'auteur de *Mademoiselle Sylvia* et de la *Fée
des Bruyères;* enfin M. Théodore Dubois et M. Paladilhe, qui, l'un avec *Aben Hamet,* l'autre avec *Patrie,*
ont pris place parmi les représentants les plus autorisés de l'école française actuelle. On voit que Barthe
avait affaire à forte partie.

Il convient de rappeler que le compositeur appartint au corps enseignant du Conservatoire.

THÉOPHILE SEMET (1831-1880)

Semet compte parmi les auteurs relativement heureux. Nombreuses sont celles de ses œuvres qui ont
vu le feu de la rampe : *les Nuits d'Espagne, la Demoiselle d'honneur, Gil Blas, l'Ondine,* enfin la *Petite Fadette,* donnée le 11 septembre 1869. L'histoire de ce
dernier ouvrage est assez singulière, si l'on songe
qu'une pièce de ce nom, et tirée elle-même du célèbre roman de George Sand, avait été jouée aux Variétés, en 1850; ses auteurs s'appelaient Anicet Bourgeois et Charles Lafont, et dans cette églogue dialoguée
ils avaient intercalé quelques mélodies dont la composition était échue à un jeune musicien fort inconnu
alors, M. Th. Semet. Cette paysannerie réussit et fut
l'objet de plusieurs reprises. Ce succès donna sans
doute l'idée de transformer le vaudeville en opéra-
comique. Lorsque, en 1868, on annonça cette *Petite Fadette* avec musique de Semet, M. Martinet, directeur
des Fantaisies-Parisiennes, protesta par lettre, disant
qu'elle appartenait à son théâtre depuis six mois. On
passa outre, et, lors des représentations, on reconnut que George Sand avait repris son bien et retra-
vaillé d'après son propre roman ces trois actes et
cinq tableaux; seulement elle s'était adjoint Michel
Carré, lequel ne fut pas nommé. Quant à Semet, il
avait complètement récrit son œuvre. Les applaudissements ne manquèrent pas le premier soir, car on
bissa même la ronde campagnarde de Mlle Bélia
(bientôt remplacée par Mlle Moisset dans le rôle de
Madeleine), l'ariette de Mme Révilly (la mère Fadet),
les couplets de Barré (Landry) et la charmante
romance de Potel (Cadet-Caillaux). De plus, Mme Galli-
Marié s'y montrait une protagoniste remarquable,
malgré le malaise ou l'émotion qui, ce même premier soir, la fit s'évanouir pendant un entr'acte; mais
la critique regardait au delà de l'interprétation; elle
découvrit des points de ressemblance avec les *Dragons de Villars* et autres œuvres connues; elle observa
ainsi que l'illustre romancier avait été souvent obligé
de passer à côté de son œuvre même, pour ne pas
paraître le plagiaire de ses imitateurs; elle trouva la
pièce trop longue, pour un sujet assez monotone *in se;*
enfin elle remarqua, non sans raison, que le groupement des voix choisies nuisait à l'effet de la partition, puisque, le soprano, Mlle Guillot (Sylvinet),
n'ayant qu'une partie secondaire, on n'entendait
d'un bout à l'autre que deux mezzo, un baryton, une
basse et un trial pour tout ténor.

Semet ne revit pas la *Petite Fadette* à la salle Favart; elle a été reprise en 1886, il est vrai, mais au
Château-d'Eau, refuge suprême des oubliés et des
dédaignés.

PFEIFFER (1835-1907)

Georges Pfeiffer, né à Versailles en 1835, élève de sa mère Clara Pfeiffer, puis de Damke pour la composition, fut un des principaux collaborateurs de la maison Pleyel-Wolff. Il a laissé un oratorio, *Hugàr;* une opérette, *le Capitaine Roche* (1862); un opéra, *l'Enclume* (1884); un poème symphonique, *Jeanne d'Arc;* une symphonie, l'ouverture du *Cid,* plusieurs concertos pour piano, un quintette, un ballet en quatre tableaux, *Cléopâtre.* Son œuvre la plus remarquée fut le *Légataire universel,* opéra-bouffe en trois actes, d'après Regnard, joué à l'Opéra-Comique.

GEORGES BIZET (1838-1875)

L'homme.

Bizet (Alexandre-César-Léopold, dit Georges) naquit à Paris, le 25 octobre 1838, dans un milieu essentiellement artistique : son père, excellent professeur de chant, avait épousé une sœur de Mme Delsarte, pianiste de talent, premier prix du Conservatoire. L'oncle de Bizet, A. Delsarte, un des amis d'enfance d'Antoine Marmontel, était, au dire de celui-ci, un musicien de goût, mais d'une érudition mal équilibrée. Il avait entrepris de relier à la science vocale des connaissances multiples, qui semblaient à des juges sans parti pris très distinctes de cette branche de l'art. « Apôtre ardent, utopiste convaincu, il voulait faire précéder les études vocales de connaissances physiologiques, anatomiques, phrénologiques, etc.; avant les premiers essais d'émission du son, ses élèves devaient faire des études raisonnées de l'acoustique, du regard, du geste. La partie vraiment solide de l'enseignement de Delsarte avait, en revanche, un vif intérêt. L'étude du son dans ses nuances, ses variétés, la gamme de son coloris, étaient le thème de démonstrations intéressantes; la lecture, la récitation à haute voix, la déclamation parlée et chantée, formaient un corps de doctrine qui effrayait souvent les élèves timides, mais fanatisait les tempéraments bien trempés. »

Ce fut Delsarte qui envoya à Marmontel son jeune neveu. Georges Bizet avait neuf ans et, sans être bien avancé, jouait avec goût et naturel les sonatines de Mozart. « Dès le premier jour, écrivait encore le vieux maître, je pus connaître en lui une individualité accusée et m'efforçai de la lui conserver. Il ne cherchait pas l'éclat, mais le « bien dire »; il avait ses auteurs préférés, et je prenais plaisir à connaître les causes de ses préférences. C'est ainsi, je crois, que l'on peut, en éveillant l'intelligence et le raisonnement des élèves, guider et former leur goût. »

Bizet passa successivement dans les classes de Benoist pour l'orgue et de F. Halévy pour la fugue et la composition idéale. Il conquit, lentement et sûrement, tous ses grades, sans se laisser jamais décourager par un concours moins heureux. Aussi bien a-t-on créé très faussement la légende romantique d'un Georges Bizet victime de l'injustice des foules et martyr de la chute de *Carmen* (qui eut au début près de quarante représentations consécutives). En réalité, Bizet a succombé à une crise cardiaque, et sa carrière avait été fort paisible. Voici sa fiche du répertoire officiel du Conservatoire :

« Bizet (Alexandre-César-Léopold), dit Georges, né à Paris, 25 octobre 1838. *Solfège:* premier prix 1849; *Piano :* deuxième prix 1851; premier prix 1852; *Orgue :* premier accessit 1853; deuxième prix 1854; premier prix 1855; *Contrepoint et fugue :* deuxième prix 1854; *Rome :* deuxième grand prix 1856; premier grand prix 1857. Chevalier de la Légion d'honneur en 1875. Œuvres : *le Docteur Miracle* (Bouffes, 1857); *les Pécheurs de Perles,* trois actes (Théâtre-Lyrique, 1863); *la Jolie Fille de Perth,* quatre actes (Théâtre-Lyrique, 1867); *Djamileh* (Opéra-Comique, 1872); *Roma, Patrie, l'Arlésienne, Carmen,* quatre actes (Opéra-Comique, 1875); mélodies, transcriptions, etc. »

On voit la progression, très régulière. Bizet conquit tous ses grades lentement, normalement, et peu s'en fallut qu'il ne se trouvât enlisé dans la pédagogie pure. Par bonheur, il avait le tempérament de l'auteur dramatique et sut se dégager à temps. Rien de plus significatif, à ce point de vue spécial, qu'une des lettres qu'il adressait de Rome à son maître Marmontel : « Chez vous, on apprend autre chose que le piano, on devient musicien. Plus je vais, et plus je comprends la grande part qui vous revient du peu que je sais. Votre mode d'enseignement me suggère bien des réflexions que je vous développerai à mon retour. De même que vous faites jouer les premières sonates d'Haydn aux élèves de moindre force, ne pourrait-on pas employer pour le solfège les œuvres faciles des grands maîtres au lieu de l'A B C de M. X... que j'aime beaucoup... et que je serais bien désolé de voir à l'Institut. Je fais en ce moment un petit cours de musique pour un sculpteur et un peintre de l'Académie. Je leur fais solfier des fragments de *Don Juan,* des *Nozze,* etc. Je vous assure qu'ils ne s'en plaignent pas. Si j'avais le courage d'entreprendre quelque chose pour l'enseignement, je tâcherais de tirer parti de cette idée; mais je ne vaux pas assez, je suis trop égoïste. Ceci n'est ni une plaisanterie ni un paradoxe; je l'avoue à ma honte.

« J'ai peu de choses à vous dire de moi; je savoure à longs traits les délices de Rome, qui valent mieux maintenant que celles de Capone. Quelle vie! et penser que dans deux ans ce sera fini! Cela me désole; mais je reviendrai, je le jure; nous y reviendrons peut-être ensemble...

« Je travaille beaucoup en ce moment; je termine un opéra bouffe italien, je ne suis pas trop mécontent, et j'espère que l'Académie trouvera beaucoup de progrès dans mon style. Sur des paroles italiennes, il faut faire italien. J'ai fait tous mes efforts pour être compris et distingué : espérons que j'aurai réussi.

« J'enverrai pour la deuxième année *la Esméralda,* opéra de Victor Hugo, et pour la troisième une symphonie. Je n'élude point les difficultés; je veux mesurer mes forces pendant que le public n'a rien à y voir. Je ne vous cacherai pas que je m'attends à beaucoup d'ennuis à mon retour à Paris. Les prix de Rome ne sont pas gâtés, mais j'ai une petite volonté qui surmontera bien des obstacles, et c'est sur elle que je compte.

« *Faust* va bientôt passer. Dites-moi ce que vous pensez et *ce qui est.* Ce sera un chef-d'œuvre, j'en suis certain. Sera-ce un succès?... »

« 17 janvier 1860.

« ... Je vois avec regret s'approcher le terme de mon séjour en Italie. Aurai-je fait en ces trois années assez de progrès pour prendre dans l'art musical la place que je voudrais y tenir? C'est ce que je n'ose encore espérer...

« Il y a longtemps que je désirais écrire une symphonie sur la *Lusiade* de Camoëns; j'avais fait le plan de l'ouvrage, il me restait à trouver un poète. J'ai mis la main sur un certain D..., Français, très savant, mais dépourvu de goût. Je suis obligé de refaire une partie de ses vers, ce qui ne m'amuse pas, d'autant plus que je m'aperçois avec terreur que ma poésie est infiniment supérieure à la sienne...

« J'attends Guiraud de jour en jour; j'aurai d'autant plus de plaisir à le voir qu'il y a deux ans que je n'ai causé avec un musicien intelligent. Mon collègue Z... est prétentieux et ennuyeux... Nos conversations musicales finissent toujours par m'irriter. Il me parle Donizetti, Fesoa, et je lui réponds Mozart, Mendelssohn, Gounod... »

« 26 juillet 1860.

« Je vais donc quitter Rome: quand la reverrai-je? C'est la vraie patrie des artistes...

« La classe se distingue; et vous avez parmi vos *petits* de la bonne graine de prix de Rome, Fissot, Diemer, Lavignac, etc. J'ai appris avec peine la mort de ce pauvre Goria... Quoi de nouveau dans Parismusique? Pas de chefs-d'œuvre, n'est-ce pas? Des reprises, et quelles reprises? Des vieux vaudevilles ridicules, adaptés à une musique plus ridicule encore. J'ai horreur de cette petite musiquette; au diable tous ces gens qui n'ont vu dans notre art sublime qu'un innocent divertissement pour l'oreille. La sottise aura toujours de nombreux adorateurs; après tout, je ne m'en plains pas, et je vous assure que j'aurais grand plaisir à n'être apprécié que par de pures intelligences. Je ne fais pas grand cas de cette popularité à laquelle on sacrifie aujourd'hui honneur, génie et fortune... »

D'autres lettres récemment publiées témoignent de la même bonne humeur. Suivant la remarque de M. Camille Bellaigue, Bizet entre dans l'avenir avec assurance, avec une allègre et généreuse bravoure. C'est bien un peu quelquefois aux dépens du passé. « Quant à Haydn, il y a longtemps qu'il m'endort, ainsi que le vieux Grétry. Je ne parle pas de Boïeldieu, de Nicolo, qui n'existent plus pour moi. » Dès à présent, il honore Beethoven et Mozart, Rossini et Meyerbeer. Il trouve chez Verdi, celui d'alors, plus de passion que de style. Mais Gounod, au sens magique du mot, l'a tout de suite et pour jamais enchanté. « Il m'a toujours été impossible de le juger. Dominé par le fluide sympathique de cet homme si supérieur à moi par l'âge et le degré de développement actuel, j'ai subi son influence complète... C'est le musicien le plus extraordinaire que nous ayons maintenant (excepté Rossini et Meyerbeer). »

Dès lors, Bizet saura rendre justice à Wagner. Après 1870 il écrira : « Wagner, le grand, l'immense musicien que vous adoreriez si vous connaissiez sa musique, est tellement en dehors et au-dessus de tous les vivants qu'il n'y a pas à s'en préoccuper... »

Il reviendra souvent sur l'art puissant du maitre de Bayreuth, il plaidera pour Wagner contre ceux qui le comprennent encore mal; il déclarera : « Je ne prononcerai pas le nom de Beethoven à côté de celui de Wagner. Beethoven n'est pas un homme, c'est un dieu ! — comme Shacespeare, comme Homère, comme Michel-Ange ! — Eh bien, prenez le

public le plus intelligent, faites-lui entendre la plus grande page que possède notre art, la *Symphonie avec chœurs*, il n'y comprendra rien, absolument rien. L'expérience a été faite, ou la refait tous les ans avec le même résultat. Seulement, Beethoven est mort depuis cinquante ans, et la mode est de trouver cela beau. » Dans la dernière de ses lettres, il y revenait : « L'artiste n'est à son plan que *cent ans* après sa mort ! Est-ce triste? Non ! Ce n'est que bête. Au fond, allez, nous sommes presque d'accord, et si vous connaissiez bien Wagner, nous le serions tout à fait. »

Revenons aux lendemains de la Villa Médicis. Le regretté Pierre Berton, qui avait beaucoup fréquenté Bizet à cette date, en a laissé ce portrait suggestif :

« Large d'épaules, un peu replet, il avait l'apparence de la vigueur physique. Sous un casque épais de cheveux fortement ondulés, son front large et bien développé, son nez long et droit, ses petits yeux bleus, au regard perçant et sincère, toujours abrités sous le lorgnon inamovible, s'encadraient d'une barbe frisée d'un blond plus clair que la chevelure. Il avait l'air habituellement sérieux, et un détail de toilette ajoutait de la gravité à son extérieur en le vieillissant un peu. A une époque où nos chemisiers nous laissaient, de par la mode, le cou très découvert, il porta de bonne heure, par mesure d'hygiène et pour préserver sa gorge délicate, des cols montants et de hautes cravates à la façon des vieux messieurs de la génération précédente. Mais il était gai de nature, riait volontiers, et s'amusait d'enfantillages comme tous les grands travailleurs. Dans la gaieté, ses yeux brillaient de malice; son sourire était aimable et charmant. »

La gaieté, voire même la gaminerie, restaient alors son caractère distinctif. Ne lui a-t-on pas attribué le brusque réveil du pauvre Clapisson par une nuit d'été? L'auteur de la *Fanchonnette* ayant donné à l'État sa collection d'instruments anciens, noyau du musée actuel, avait été logé dans les bâtiments de l'École pour veiller de plus près sur les rebecs et les violes d'amour. Une nuit, entre deux et trois heures, des cris effrayants déchirent le silence, un chœur de voix stridentes appelle désespérément : « Clapisson ! Clapisson ! » Celui-ci se réveille en sursaut, et, croyant à un incendie qui menace les « bois » précieux dont il a la garde, saute à bas du lit et se précipite à la fenêtre, où apparait bientôt sa tête effarée émergeant d'une chemise de nuit. Alors, au milieu d'un profond silence, une voix s'élève et lui crie : « Tu fais de la fichue musique! » Puis, dans un grand éclat de rire, la bande s'envole, laissant Clapisson ahuri.

Il n'est pas impossible que Bizet ait eu sa petite part de responsabilité dans cette plaisanterie un peu cruelle. Il était jeune, et cet âge est sans pitié. Cependant il convient d'observer que le musicien n'avait pas beaucoup de temps à perdre. Il travaillait à la *Guzla de l'émir*, reçue d'avance à l'Opéra-Comique. A peine fut-elle entrée en répétitions que Carvalho, alors directeur du Lyrique, commandait à Bizet la partition des *Pêcheurs de perles*, — trois actes! Sans hésiter, le jeune compositeur restituait son livret en un acte aux librettistes (c'est la *Guzla* représentée dix ans plus tard, avec la musique de M. Théodore Dubois), et les *Pêcheurs* étaient joués en 1863. Bizet écrivait ensuite un *Jean le Terrible* (cinq actes de Louis Gallet et Edouard Blau), qui ne fut jamais exécuté et dont le manuscrit même a disparu. Il passait à la *Jolie Fille de Perth*, apportée cette fois encore par Carvalho, finie en 1876, représentée en 1877, à la suite de retards uniquement imputables au remplacement de Mlle Jane Devriès (substituée à la Nellson tardivement récalcitrante) par Mme Carvalho, procédé peu élégant et qui d'ailleurs ne sauva pas la pièce.

Malgré tout, les commandes continuaient à pleuvoir, — car, si Bizet eut à se plaindre du public ou de la critique, il fut l'enfant gâté des directeurs. On lui offrait un poème pour l'Opéra, on lui confiait le soin de terminer le *Noé* d'Halévy, il s'attachait à trois partitions pour l'Opéra-Comique : *Calendal* de M. Paul Ferrier, *Clarisse Harlowe* de Philippe Gille, *Grisélidis* de Sardou ; il concourait pour la *Coupe du Roi de Thulé* à l'Opéra, pour le *Florentin* à l'Opéra-Comique ; il rendait à Bagier, le directeur des Italiens, un poème qui ne l'inspirait pas, il commençait avec Halévy cinq actes sur les *Templiers*. « Si l'on veut bien remarquer, observe spirituellement M. Henry Gauthier-Villars, que ce fut précisément dans cette courte période, déjà si bien remplie, que se place la composition et l'exécution de deux opérettes, *Sol-si-ré-pif-pan* aux Menus-Plaisirs et *Malbrough s'en va-t-en guerre* (en collaboration avec Delibes, Jonas et Legouix) ; si l'on note le ton du jeune auteur parlant des directeurs qui implorent ses partitions : « J'ai « envoyé promener l'Athénée ! Mais ils sont venus « pleurer chez moi, et je leur ai bâclé le premier acte ! » (6e lettre à Lacombe), on pourra difficilement s'apitoyer sur le sort des prix de Rome de cette époque et sur la tristesse des fameux « cartons » où dorment leurs chefs-d'œuvre dédaignés. »

Après l'insuccès de la fantaisie symphonique *les Souvenirs de Rome* aux concerts Pasdeloup (28 février 1869), le compositeur revenait au théâtre avec *Djamileh* (Opéra-Comique, 1872), qui ne dépassa pas onze représentations. Carvalho, devenu directeur du Vaudeville, commandait à Bizet la partition de musique de scène de l'*Arlésienne*. La pièce ne se maintenait pas sur l'affiche, mais la musique passait aux concerts Pasdeloup et y remportait un tel triomphe que Colonne l'inscrivait dès l'année suivante au programme du Châtelet, et qu'en 1875 elle était réclamée par la Société du Conservatoire.

D'ailleurs Bizet, dont les insuccès mêmes semblaient consolider la situation musicale et à qui son mariage avec la seconde fille d'Halévy avait assuré des collaborations précieuses, n'avait pas eu le temps de « se frapper » de la rapide disparition de *Djamileh*. Il travaillait à *Carmen* commandée par la direction de l'Opéra-Comique avant que *Djamileh* eût quitté l'affiche. Et quand *Carmen* eut été représentée, avant même qu'on pût être fixé sur le sort de l'œuvre, la mort sournoise, la mort, survenue comme un voleur, suivant la parole de l'Écriture, frappait Bizet, à Bougival, le 3 juin 1875, le soir de la trente-troisième représentation de son opéra-comique et pendant qu'il travaillait à une nouvelle commande de du Locle !

L'œuvre.

D'après l'excellent catalogue dressé par M. Henri de Curzon, les œuvres lyriques de Bizet comprendraient plus de vingt numéros. Mais il en est qui sont restés inédits, et tout d'abord les cantates du 2e prix de Rome (1856), *David*, et du grand prix (1857), *Clovis et Clotilde*. De même, c'est grâce à l'initiative de M. Raoul Gunzbourg qu'on a pu représenter en 1906, à Monte-Carlo, *Don Procopio*, qui date de 1859.

En ce temps-là, Bizet était à Rome le pensionnaire de la Villa Médicis, où il écrivait à sa mère : « Tu sais ou tu ne sais pas que l'académie, outre son rapport imprimé, fait un rapport écrit qui nous est adressé. Ce rapport contient ordinairement des conseils et des critiques qui ne sont pas dans l'autre. Nous venons de recevoir ce manuscrit. L'article me concernant est encore plus flatteur que ce que tu connais, mais il est précédé d'un petit *suif* ainsi conçu : « Nous devons blâmer M. Bizet d'avoir fait un opéra-« bouffe quand le règlement demandait une messe. « Nous lui rappellerons que les natures les plus « enjouées trouvent dans la méditation et l'interpré-« tation des choses sublimes un style indispensable « même dans les productions « légères, et sans lequel « une œuvre ne saurait être durable. »

Étouffé sous les fleurs et sous le *suif* (auteur Ambroise Thomas), *Don Procopio* resta dans le poussiéreux amas des paperasses du Conservatoire jusqu'au jour où la famille Bizet chargea notre regretté confrère Charles Malherbe de mettre la partition au point scénique et y intercalant des récitatifs. De leur côté, MM. Paul Collin et Paul Bérel (pseudonyme de l'éditeur Choudens) ont adroitement remanié le livret de Gambiaggio, depuis longtemps dans le domaine public quand Bizet s'en était emparé et que l'auteur lui-même avait emprunté au vieux fonds de la *Commedia dell' arte* du XVIIe siècle.

La donnée rappelle *Don Pasquale*. C'est la traditionnelle histoire du barbon épris d'une forte dot. L'Harpagon italien, don Procopio, s'est entendu avec son compère Andronico, le tuteur de donna Bettina, pour épouser l'ingénue et surtout son héritage. Mais une petite conspiration se forme contre le malgracieux prétendant entre Eufemia, la femme d'Andronico, personne sentimentale, ayant, comme nous dirions aujourd'hui, du vague à l'âme, Bettina, son frère Ernesto et son amant, le bel officier Odoardo.

Il s'agit de jouer au vieil avare un tour de Scapin. Ernesto raconte mystérieusement à Procopio que sa sœur est pauvre et qu'on fait miroiter son prétendu héritage pour s'en débarrasser au compte d'un naïf preneur. De son côté, la jeune fille affole le soupirant cacochyme en lui exprimant avec une fausse étourderie la joie qu'elle éprouve à faire sauter ses écus. Procopio prend alors le parti de se dénigrer lui-même :

> Mon humeur est triste et sauvage,
> J'ai des rides plein le visage...

Il s'accuse encore d'être jaloux jusqu'à la frénésie et d'avoir la main leste. « Tant mieux, répond Bettina, je suis moi-même fort bien manier le bâton... » Procopio ne songe plus qu'à se dérober. Pour sauver sa précieuse sacoche, il se fait chasser comme un ladre, comme un fesse-mathieu, et Andronico est trop heureux de fiancer à Odoardo une jeune fille irrémédiablement compromise.

Cette anecdote sans fraîcheur, mais qui conserve quelque agrément au point de vue de l'imbroglio vaudevillesque, rappelle directement *Don Pasquale*, comme nous le disions tout à l'heure. C'est aussi, un peu, la donnée du *Barbier de Séville*. C'est surtout, d'une façon générale, le genre exquis et désuet de l'opéra-bouffe. Bizet, d'un naturel éclectique, plus assimilateur que personnel, n'y répugnait pas. (Il avait débuté aux Bouffes-Parisiens, en 1857, avec le *Docteur Miracle*, un poème de Ludovic Halévy, couronné en même temps que la partition de Charles Lecocq par le jury du concours Offenbach.) *Don Pro-*

copio regorge d'italianismes dès le chœur d'entrée du premier acte :

C'est charmant, nouveau ménage
Quand tous deux on a même âge ;
Mais quand une jeune fille épouse un vieux,
C'est bien scabreux,
C'est peu sage, très peu sage
Et périlleux...

Traduction d'ailleurs moins savoureuse que le texte italien : *Gran piacer songli sponsali — quando i sposi sono uguali; — ma un vecchiuccio a una ragazza — maritare e crudeltà!*

Italianismes également le trio de Bettina, d'Odoardo et d'Ernesto, la cavatine, la sérénade... Mais, sous cet habit d'emprunt, l'inspiration du futur auteur de *Carmen* a déjà sa grâce personnelle, son intime originalité.

Après *Vasco de Gama*, ode symphonique, deuxième envoi de Rome, et la *Guzla de l'émir* (1862), quatrième envoi, resté inédit, se placent les *Pêcheurs de perles*.

La première représentation eut lieu au Théâtre-Lyrique le 23 septembre 1863, avec Léontine de Maësen, le baryton Ismaël et le ténor Morini. L'opéra quitta l'affiche après dix-huit soirées. Il devait s'inscrire au répertoire italien et reparaître sur l'affiche de la Gaîté (I *Pescatori di perle*, 19 avril 1889), puis M. Carvalho le reprenait.

Le livret est une mauvaise contrefaçon. L'histoire de la rivalité amoureuse de Nadir, chasseur de tigres, et de Zurga, roi des pêcheurs de perles, tous deux épris de *Léïla*, la prêtresse immaculée, la vestale de race jaune, la classique intervention du grand prêtre Nourabad, le dévouement de Zurga, autant de poncifs sans action sur le public. Quant à la partition, il y aurait injustice à reprocher au jeune compositeur de 1863 d'avoir subi la triple influence de Félicien David, de Gounod, de Berlioz; les *Pêcheurs de perles* ont, par malheur, un défaut plus grave : la disproportion ou plutôt la diminution d'intérêt, de l'exposition au dénouement.

De réelles beautés marquent le premier acte : l'introduction, le chœur dansé, le duo de la rencontre de Nadir et de Zurga et son motif principal souvent ramené à travers la partition, la romance de Nadir, le finale lui-même, d'une solide écriture, malgré son rythme peu nouveau; mais le deuxième acte ne contient plus que deux morceaux, d'ailleurs célèbres, la sérénade et l'air : « Me voilà seule dans la nuit. » Au troisième acte, il n'y a plus rien... rien qu'un adroit emploi des réminiscences et la pleine possession de toutes les ressources orchestrales, ce qui est déjà quelque chose.

Au demeurant, les *Pêcheurs de perles* sont à conserver en marge du répertoire et à essayer de temps en temps quand on a sous la main un tempérament de cantatrice original et vibrant.

Malbrough s'en va-t-en guerre (Siraudin et Busnach, 4 actes, 1867, à l'Athénée; premier acte seul; les autres par Legouix, Jouas et Delibes) s'encadre entre les *Pêcheurs de perles* et la *Jolie Fille de Perth*. Celle-ci fut jouée pour la première fois au Théâtre-Lyrique le 26 décembre 1867. L'œuvre avait pour interprètes Lutz, Barré, Massy, Wartel, Mlles Devriès et Ducasse. Le succès fut médiocre. Et, en effet, ni le « poète » ni le musicien n'avaient été extraordinairement inspirés. On connaît la donnée du roman de Walter Scott d'où sortit le livret de la *Jolie Fille de Perth*. Il s'agit d'une combinaison dramatique contenant peu ou point d'inédit pour le spectateur d'au-

jourd'hui, car elle lui rappelle à la fois *Mademoiselle de Belle-Isle* et le *Pardon de Ploërmel*. Catherine, la fille du gantier Simon Gloverc (c'est en personne naturelle, teint rose et tresses blondes, la plus jolie fille de Perth), est fiancée à l'armurier Henri Smith, son voisin; mais elle se laisse compromettre par le gouverneur de la ville, le duc de Rothsay, grand détrousseur de vertus bourgeoises. On l'accuse même de s'être laissé enlever dans la classique litière à porteurs en manteaux couleur de muraille, et d'avoir passé toute une nuit chez le gouverneur. Son père la maudit, son fiancé l'outrage; elle devient folle. Mais tout s'arrange grâce à la bohémienne Mab, qui s'était substituée, pour les meilleurs motifs du monde, à la fille du gantier dans le rendez-vous suspect et qui avoue ingénument le subterfuge. On se pardonne, on s'embrasse, on s'épouse.

Sur ce thème vieux jeu, Georges Bizet avait écrit une partition point du tout nouvelle école, quelque chose comme une bonne cantate de prix de Rome, confectionnée avec des réminiscences, des formules courantes, la desserte de la table d'Auber et d'Hérold (sans parler d'une orchestration insignifiante et dont la correction prudente confine trop souvent à la platitude). Il faut cependant repêcher dans cette œuvre longuette quelques morceaux d'agréable facture, sinon d'inspiration très personnelle : le chœur des Forgerons, le duo des Fiançailles, la chanson à boire de l'ouvrier Ralph, le trio des Marteaux.

De « Djamileh » à « Carmen ».

Lorsqu'on relit les jugements portés alors par la presse, on ne peut s'empêcher de sourire en voyant surgir la critique qui atteindra désormais toute œuvre nouvelle, en entendant accuser de wagnérisme des auteurs et des ouvrages qui sont si peu wagnériens! « Presque tous nos musiciens, écrivait Paul Bernard, ambitionnent le baiser de la muse germanique moderne, et cette muse-là me semble bien peu fille d'Apollon, et beaucoup trop parente de MM. Wagner et consorts. Il en résulte ce que j'appellerai l'école du *Labyrinthe musical*. » Aujourd'hui, nous nous demandons quels étaient ces « consorts », mais le critique ne s'attardait pas à nous l'expliquer et préférait offrir à sa victime une gerbe de conseils (gerbe est le mot, car ces conseils sont tout enguirlandés de fleurs de rhétorique), et naïvement il s'écriait : « Pourquoi briser la pensée dans son germe plutôt que de la laisser s'élancer, fleurir et fructifier? etc. »

Les mêmes questions s'agitèrent le 22 mai 1872, à propos d'une *Djamileh* de Bizet, jouée salle Favart, et le compositeur était représenté comme « voulant étonner le public plutôt que passer inaperçu, se posant en novateur et rêvant dans son sommeil fiévreux d'arracher quelques rayons à la couronne du prophète Richard Wagner. M. Georges Bizet s'est au risque d'y laisser ses ailes de néophyte, et surtout jeté à corps perdu dans ce Maelstrom sonore (?!), les oreilles de ses auditeurs. » Et, pour appuyer son dire, le même chroniqueur signalait l'indignation du lecteur aux mesures 11 et 12 de la page 20, et beaucoup d'autres du même genre, qui lui paraissaient, « bien qu'il eût, disait-il, progressé dans l'art d'écouter des dissonances et de manger du piment sans sourciller », l'abomination de la désolation. M. Louis Gallet a raconté lui-même l'histoire de cet acte, qui marquait son second début sur la scène de l'Opéra-Comique. Par lui, nous savons que la pièce, appelée alors *Namouna*, avait été primitivement confiée à M. Duprato et qu'elle lui avait été retirée parce que le paresseux ne se décidait pas à terminer sa partition. Défendue par une jolie femme, Mme Prelly, et par un solide ténor, Duchesne, *Djamileh*, malgré les qualités qui aujourd'hui nous apparaissent incontestables, ne vécut que onze soirées.

En 1872 était exécutée au Vaudeville l'*Arlésienne*, musique de scène pour le drame d'Alphonse Daudet. On sait que la pièce tomba; quant à la partition, — qui devait prendre une si belle revanche et même communiquer au drame une sorte d'immortalité, — M. Henry Gauthier-Villars rappelle qu'elle passa presque inaperçue : la *Gazette musicale*, alors importante, constata que le musicien s'était volontairement « effacé derrière le poète ». Par convenance pour le compositeur, on imprima des appréciations de ce genre : « M. Bizet a écrit pour cette pièce une ouverture et des entr'actes qui m'ont paru mériter d'être écoutés avec plus d'attention qu'on ne leur en a donné. Les chœurs, où je n'ai rien distingué de très saillant, ralentissent encore la marche d'une œuvre si languissante par elle-même. » Ce fut le ton adopté par tous les critiques à la Vitu. Seul, Reyer dans son article des *Débats* rendit pleine justice à l'effort du musicien et loua pertinemment « les fines harmonies, les phrases au contour élégant et les jolis détails d'orchestre » de cette « gracieuse » partition où lui, du moins, avait su découvrir autre chose que le traditionnel « trémolo à l'orchestre » avec lequel les spectateurs du Vaudeville ne furent pas éloignés de la confondre.

Arrivons à *Carmen* et à sa légende. On a raconté que la « chute » de la pièce avait causé la mort de Bizet. Or Bizet succomba à une crise cardiaque trois mois, jour pour jour, après la représentation de son opéra-comique. Et il n'y avait pas eu de chute proprement dite. Ce qu'il faut rappeler, c'est que l'ouvrage fut présenté salle Favart dans des conditions assez fâcheuses. Aussi bien, les époques de transition sont-elles rarement favorables aux intérêts matériels de ceux qui dirigent le mouvement ou qui s'y trouvent engagés. Du Locle traversait alors une de ces heures critiques, et voyait de jour en jour s'affirmer dans son théâtre la lutte entre l'ancien et le nouveau répertoire. Associé avec de Leuven, il avait dû subir l'ancien; resté seul, il préconisait le nouveau; mais, comme l'écrivait Arnold Mortier, « le directeur propose et le public dispose », et, traitant alors ce sujet dans ses *Soirées parisiennes*, le spirituel « Monsieur de l'orchestre » ajoutait : « Aussitôt que M. du Locle monte quelque chose d'inédit, les vieux habitués paraissent indignés, les vieux huissiers de l'orchestre haussent les épaules, les vieux choristes murmurent, et le vieux Nathan s'écrie : « C'est scandaleux! » Le vieux souffleur devient mélancolique, le vieux régisseur perd la tête, et les vieux machinistes s'enlèvent qu'en reclignant les vieux décors qu'il faut faire rafistoler. Cependant, l'œuvre nouvelle est présentée au public. Eh bien, le public reste froid, quand il s'agit de musique un peu sérieuse, et dit : « Ce n'est pas le genre de l'Opéra-Comique! » Au contraire, si l'on a affaire à de vraies ariettes et à de bonnes et franches mélodies, ce qui est bien rare, on s'écrie : « Mon Dieu, que ce genre de l'opéra-comique a donc vieilli! »

De ces deux opinions, la première est celle qui se fit jour dans la presse et dans le monde, le soir mémorable où parut *Carmen*. On fut un peu surpris, légèrement déconcerté et presque scandalisé. On n'admira pas comme il convenait le tact et la mesure avec lesquels Meilhac et Ludovic Halévy avaient adapté aux nécessités du théâtre la nouvelle sombre et macabre de Mérimée (en y ajoutant d'ailleurs un élément ridicule, le rôle de Micaëla); on se déclara choqué d'un réalisme que les librettistes auraient volontiers atténué, mais que le compositeur avait « férocement » maintenu; on trouva l'action bien noire, les couleurs de la *posada* bien crues au second acte, et les amours de la Carmencita bien vulgaires pour le temple classique des entrevues matrimoniales. On n'apprécia guère davantage la partition, dont un seul numéro, la chanson du Toréador, obtint les honneurs du *bis;* les plus indulgents et les mieux disposés qualifièrent cette première audition de « laborieuse » et, tout en concédant au musicien qu'il savait son métier, jugèrent la mélodie « brumeuse », la coupe des morceaux « peu claire », les chœurs « tourmentés et ambitieux », l'ouvrage en somme « long et diffus ».

En revanche, on distingua les costumes qu'avaient dessinés Detaille pour les dragons espagnols, et Clairin pour l'héroïne de la pièce; on approuva la mise en scène et les décors; surtout on applaudit les interprètes, Bouy et Mlle Chapuy, parfaits tous deux comme toréador et Micaëla, Lhérie, un José dont la voix laissait à désirer, mais qui jouait avec chaleur; enfin Mme Galli-Marié, à laquelle les auteurs n'avaient pas songé tout d'abord (car ils avaient eu un moment l'idée de faire engager Mme Zulma Bouffar) et qui, par son allure, ses mines, sa grâce féline, sa hardiesse provocante et ses inflexions de voix, réalisant le type de Carmen, fit du rôle une des créations les plus complètes de sa carrière dramatique. Mais, il faut bien le reconnaître, nui parmi les spectateurs n'eut alors la sensation qu'il venait d'assister à l'audition d'une œuvre de premier ordre, et que cette soirée du 3 mars 1875 marquerait dans les annales du théâtre et de la musique, puisque *Carmen* est, avec *Mignon*, le succès le plus grand, le plus universel et le plus durable auquel la seconde salle Favart ait donné naissance. On sortait du théâtre avec moins d'illusions qu'on n'y entrait, et l'on n'était pas éloigné d'approuver cette boutade d'un spectateur, qui apprenant la nomination de Georges Bizet comme chevalier de la Légion d'honneur, le jour même de la première représentation, disait avec aplomb : « On l'a décoré le matin parce qu'on savait qu'on ne pourrait plus le décorer le soir! »

En revanche, il n'y eut ni accueil brutal ni flagrante injustice. Ainsi qu'en a témoigné Galli-Marié dans une interview publiée un peu avant sa mort : « *Carmen* n'est pas tombée au bout de quelques représentations, mais on la joua une quarantaine de fois, et le public fut toujours chaleureux, bien que partiellement choqué de voir l'action se dénouer d'une façon si tragique dans un théâtre où, de tradition immémoriale, le ténor et la première chanteuse se mariaient obligatoirement au dernier acte... Or, nous savons combien, depuis, il s'est commis des meurtres passionnels sur notre deuxième scène lyrique subventionnée. »

La première série de payants, espacée pendant un peu plus de trois mois, n'alla jamais jusqu'à l'enthousiasme, et cela pour des raisons tout à fait étrangères au musicien, sinon aux librettistes. Le poème, malgré ses mérites littéraires, fut longtemps un poids mort traîné par la partition, et rien de plus naturel si l'on se reporte à la chronologie. Les auditeurs de 1875 avaient un état d'âme — pour employer la locution prétentieuse que lancèrent dix ans plus tard nos romanciers psychologues — commun à tous les survivants de l'Année terrible, une esthétique grave et qui confinait à la morosité, par réaction contre la fameuse « note gaie » de la fin du second Empire; ils témoignaient un malaise instinctif et persistant devant toute mise en scène tapageuse. On peut sourire aujourd'hui des naïfs scrupules de cette période intermédiaire, qui nous semble un point dans l'espace après tant de chemin parcouru. Il n'en est pas moins certain qu'à ces dilettantes ingénus la Carmencita, avec son exubérance passionnelle de gitane, ses allures provocantes de fille à soldats, son entourage de contrebandiers, de déserteurs et de toreros, parut inquiétante et déplacée dans la maison de la *Dame blanche*.

Cette disposition spéciale au premier public français de *Carmen* se trouvait forcément localisée, et le public cosmopolite n'en subit aucune contagion. L'œuvre de Bizet triompha dans l'Europe entière après avoir connu en France les langueurs, je ne dirai pas du succès d'estime, mais du succès d'attente. Quand elle nous revint, en août 1883, la génération nouvelle se dégageait du souvenir de nos désastres; le puritanisme des salles d'antan n'était plus qu'un souvenir; les détails les plus troublants, le corps de garde, le patio d'auberge suspecte, le campement de bohémiens, furent délibérément rangés sous la rubrique innocente de « mise en scène pittoresque ». Rien n'empêchait plus la partition de s'épanouir librement au feu de la rampe, et, à défaut du musicien si prématurément disparu, sa principale interprète put goûter l'ivresse d'une glorieuse revanche. Carmen et Galli-Marié allèrent aux étoiles.

En nous reportant à l'*Almanach des spectacles*, nous voyons qu'exactement *Carmen* fut jouée trente-cinq fois de suite dans sa première nouveauté, chiffre très honorable pour l'époque. Bizet n'éprouva aucune amertume; il était habitué à ces demi-succès et, bien doué, bien renté, bien apparenté surtout, il se sentait de taille à prendre sa revanche. Bizet n'est pas mort de *Carmen*, et Carmen est mieux portante que jamais. Depuis son retour de l'étranger, elle a réalisé plus de deux millions de recettes. C'est un beau chiffre. On la jouera encore trente, quarante ans (salle Favart et aussi dans le monument Garnier, où elle émigrera tôt ou tard, après remplacement du dialogue par des récitatifs), comme on a joué pendant plus d'un demi-siècle les œuvres de Meyerbeer; puis quand le public aura adopté une œuvre du même genre et l'aura popularisée, elle disparaîtra, laissant le souvenir sinon d'un chef-d'œuvre, au sens absolu du mot, du moins d'une composition théâtrale vraiment française par ses défauts comme par ses qualités.

Les œuvres lyriques de Bizet contiennent encore, toujours d'après le catalogue dressé par M. de Curzon : *Sainte Geneviève de Paris* (L. Gallet), oratorio, 1875 (inachevé et inédit). — *Feuilles d'Album* (6 mélodies : Heugel). — *Vingt mélodies* (recueil factice, t. I : Choudens). — *Seize mélodies* (recueil, t. II). — *Duos* (quatre : Choudens). — *Saint Jean de Pathmos* (chœur d'orphéon : Choudens). — *Agnus Dei.* — *Ave Maria.* — *Regina cœli;* — *L'Esprit Saint* (motets et hymnes : Choudens).

Aux œuvres instrumentales : orchestre : *Scherzo et*

andante, 1861 (3e envoi de Rome). *Souvenirs de Rome,* fantaisie symphonique, 1869 (Roma). *L'Arlésienne,* 2 suites, réorchestrées, 1872. Petite suite d'orchestre (arrangement de cinq des *Jeux d'enfants*), 1873. *Patrie,* ouverture, 1894. — Piano : *Les Chants du Rhin,* six lieder. *La Chasse fantastique* (Heugel). *Jeux d'enfants,* 12 pièces pour piano 4 mains (Durand). Variations chromatiques de concert. Danse bohémienne. *Venise.* Cinq chansons-mélodies. *Nocturne. Romance sans paroles* (Choudens). Transcriptions pour piano à deux et quatre mains : 6 transcriptions sur *Mignon.* 6 transcriptions sur *Don Juan.* 9 transcriptions sur *Hamlet* (Heugel). *Le Pianiste-chanteur,* 6 séries (150 morceaux de toutes les écoles). Transcriptions d'œuvres religieuses de Roques (120 morceaux, 30 cantiques). 12 transcriptions simplifiées de l'*Art du chant* de Thalberg. Transcriptions et réductions de partitions diverses de Grétry, Mozart, Rossini, Gounod, Thomas, Saint-Saëns, Massenet et de nombre de ses propres œuvres.

JONCIÈRES (FÉLIX-LUDGER ROSSIGNOL, dit VICTORIN DE), 1839-1903.

L'ensemble de ses œuvres comprend la musique d'*Hamlet*, trois opéras représentés au Théâtre-Lyrique, *Sardanapale* (1867), *le Dernier Jour de Pompéi* (1869), *Dimitri* (1876), un représenté à l'Opéra, *la Reine Berthe* (1878). A l'Opéra-Comique, *le Chevalier Jean* (1885). A mentionner aussi une *Symphonie romantique*, une ode-symphonie, *la Mer*, une suite d'orchestre, les *Nubiennes*, une marche slave, etc.

Victorin de Joncières se destina d'abord à la peinture et fréquenta l'atelier de Picot, mais, au témoignage de M. Adolphe Jullien, son biographe et son ami, sans négliger la musique, dont il avait appris les premiers principes avec une de ses tantes. « Il écrivit alors pour s'amuser la musique d'un petit opéra-comique qu'un de ses amis avait découpé dans *le Sicilien* de Molière, et fit exécuter cet ouvrage à la salle lyrique de la rue de la Tour-d'Auvergne par des élèves du Conservatoire, en 1859. Un critique musical du temps, Franck-Marie, lui ayant conseillé, sur cette audition, d'abandonner la peinture pour la musique, Joncières quitta l'atelier de Picot, se mit à étudier l'harmonie avec Elwart, puis entra au Conservatoire dans la classe de fugue et de contrepoint de Leborne; il en sortit brusquement à la suite d'une discussion qu'il eut avec son professeur au sujet de Richard Wagner, qui venait de donner son premier concert à Paris, et compta, de ce jour, parmi les plus ardents défenseurs du novateur allemand. Joncières se livra alors avec ardeur à la composition, sans plus se soucier du Conservatoire; il fit exécuter aux concerts Musard une ouverture, une marche et différents morceaux d'orchestre, puis composa de la musique pour la traduction de l'*Hamlet* de Shakespeare faite par Alexandre Dumas et M. Paul Meurice. Il fit entendre cette partition dans un concert organisé à ses frais à l'hôtel du Louvre en 1863; quatre années plus tard, il en dirigea l'exécution à Nantes dans une représentation donnée au Grand-Théâtre avec Mme Judith, de la Comédie française, dans le rôle principal, et l'année suivante cet *Hamlet* se rejouait à Paris au théâtre de la Gaîté, avec la même tragédienne et toujours accompagné de la musique de Joncières. »

Le grand opéra *Sardanapale*, écrit sur un très médiocre livret de Henri Becque qui a eu la singulière idée de le comprendre dans ses œuvres complètes, fut mal accueilli au Théâtre-Lyrique en 1867. Le *Dernier Jour de Pompéi* ne réussit pas beaucoup mieux en 1869.

Après un long temps d'arrêt, le compositeur parvenait à faire jouer son grand opéra de *Dimitri* en mai 1877 pour l'ouverture du Lyrique-Vizentini, à la Gaîté. Constatons encore avec M. Jullien que « cet ouvrage, sans attirer le grand public, permettait d'apprécier chez Joncières un véritable tempérament scénique, une inspiration parfois peu originale, mais assez puissante, et une orchestration sonore et brillante. Cette œuvre indiquait donc un notable progrès sur ses productions précédentes et faisait concevoir des espérances qui ne se sont réalisées ni avec la *Reine Berthe* (27 décembre 1878), jouée à l'Opéra seulement quatre fois, ni avec le *Chevalier Jean* (Opéra-Comique, 11 mars 1885), qui n'eut pas de succès à Paris et se joua cependant, par la suite, en différentes villes d'Allemagne, ni, finalement, avec ce *Lancelot* où Joncières avait mis son suprême espoir et qui disparut de l'affiche de l'Académie de Musique après huit ou dix représentations : c'était en 1900. »

Joncières ne survécut pas longtemps à cette défaite et à son échec à l'Institut, où l'auteur du *Florentin* avait été préféré à celui de *Dimitri* pour occuper le fauteuil d'Ambroise Thomas. Il mourut en 1903, laissant une réputation au-dessous de son mérite réel, car il avait le sentiment théâtral et possédait toutes les ressources de l'harmonie et de la composition musicale. Mais, comme M. Paul Milliet l'a dit sur sa tombe, au nom de la Commission des auteurs : « De quoi dépend-il qu'une œuvre se répande au loin et contente l'ambition de son auteur? Trop souvent, pour l'artiste, la récompense n'est pas proportionnée à la probité et au mérite. Rien n'est plus capricieux que la Renommée, rien n'est plus fragile que son éclat. Et Marc-Aurèle avait cent fois raison de s'étonner qu'on attachât quelque prix à sa possession : « C'est, disait-il, comme si l'on se prenait d'amour pour les oiseaux qui passent dans le ciel en volant ! »

EMMANUEL CHABRIER (1841-1894)

La ville d'Ambert, un des chefs-lieux d'arrondissement du Puy-de-Dôme, a inauguré en juillet 1912 le monument d'Emmanuel Chabrier : un buste du musicien par Constantin Meunier. L'auteur de *Gwendoline* était en effet un enfant de l'Auvergne. Fils d'un avoué d'Ambert, où il naquit le 18 janvier 1841, il commença une éducation où la musique ne tint pas de place particulière dans sa petite ville natale, puis sa famille l'envoya à Paris terminer ses études et suivre les cours de la Faculté de droit. En 1862 il entrait au ministère de l'intérieur. Sa vocation s'était déjà déclarée. « Quel employé put être Chabrier, a dit un de ses biographes posthumes, il est facile de le deviner quand on saura qu'il consacrait la majeure partie de son temps à étudier le piano passionnément et à suivre, partout où il s'en trouvait, le jour ou le soir, les auditions musicales. Il remplaçait la paperasserie administrative par des essais de composition ; car il s'était lié avec le musicien Semet, qui, comprenant l'originalité de l'esprit de son jeune ami, devinant son inclination, l'encouragea à étudier les principes de l'harmonie et de la fugue. Au surplus, Chabrier n'eut rien de plus pressé que d'abandonner son emploi officiel pour se lancer résolument dans le monde de la musique, auquel appartenaient toutes les relations qu'il avait su se faire. »

Il habitait alors la rue Mosnier (actuellement rue de Berne), et chez lui se réunissaient Saint-Saëns, Massenet, Gremer, Cooper, Capoul. On faisait de la musique sérieuse ou gaie, classique ou moderne ; on organisait des représentations où Saint-Saëns jouait alternativement Calchas de la *Belle Hélène* et Marguerite de *Faust*. L'entresol de la rue Mosnier avait pour meuble principal un orgue qui imitait le bruit de la crécelle, du tambour; dès que les belles soirées de juin arrivaient, les concerts avaient lieu toutes fenêtres ouvertes. Le public du quartier assistait en foule dans la rue à ces auditions et applaudissait à outrance; et l'on raconte qu'un beau soir un monsieur se détacha de l'assistance pour faire un discours aux jeunes artistes, et ce discours se termina ainsi : « Moi, messieurs, si j'étais votre propriétaire, je vous encouragerais; mieux encore, je ne vous ferais jamais payer votre terme. »

Avant cette période de demi-bohème artistique Chabrier avait appris le piano avec Edouard Wolff, l'harmonie, le contrepoint et la fugue avec Semet et Aristide Hignard. Et ses essais furent des ébauches d'opérette sur des textes de ,Verlaine, *Vaucochard et fils Ier* et *Fisch-ton-Kan*. En 1877, il fit représenter aux Bouffes *l'Etoile*, sur un livret de Van Loo et Leterrier. Les interprètes étaient Daubray, Jolly, Paola Marié; Grévin et Robida avaient dessiné les costumes. En 1879, le Cercle de la Presse jouait une opérette des mêmes auteurs, *l'Education manquée*, jouée par Mᵐᵉ Jane Hading.

Après son départ du ministère, en 1879, il se livre uniquement à la composition. Il fait de la musique pour un opéra de Jules Claretie, *les Muscadins*, et pour un opéra-comique d'Armand Silvestre, *le Sabbat*. En 1881, Lamoureux le prend pour chef des chœurs et lui confie spécialement les études de *Lohengrin* et de *Tristan*. Et voici la nomenclature des œuvres qui suivirent, d'après la substantielle étude de M. Robert Brunel sur *Emmanuel Chabrier et le Rire musical* :

Il publie : les *dix Pièces pittoresques*, les *trois Valses romantiques*, et fait jouer en décembre 1883, aux Concerts Lamoureux, *España*.

En novembre 1884, Mᵐᵉ Montalba chante la légende du premier acte de *Gwendoline*, et en mars 1885, Mᵐᵉ Brunet-Lafleur chante la *Sulamite*, scène lyrique, sur un poème de M. Jean Richepin.

Le 10 avril 1886, la Monnaie de Bruxelles donne la première représentation de *Gwendoline*, sur un livret de Catulle Mendès; *Gwendoline* a été joué à Karlsruhe (30 mai 1889), à Leipzig (14 février 1890), à Dresde (5 juillet 1890), à Munich (20 novembre 1890) et à Dusseldorf.

Vers cette époque, il publie le *Credo d'amour* et la *Chanson pour Jeanne*.

Le 21 mai 1887, l'Opéra-Comique donne la première représentation du *Roi malgré lui*, trois actes de MM. Najac et Burani.

Le *Roi malgré lui* fut représenté à Karlsruhe (2 mars 1890), à Dresde (26 avril 1890), à Munich (1890) et à Cologne (1891). Le 4 novembre 1888, l'Association des concerts artistiques d'Angers joue la *Suite pastorale* (tirée des *Pièces pittoresques* et jouée plus tard, en 1898, aux concerts Colonne) et une *Habanera* pour orchestre.

Le 16 février 1890, M. Lamoureux fait entendre la *Joyeuse Marche* (tirée de *Prélude et Marche française* jouée à Angers .en 1888). Chabrier publie alors : *la Bourrée fantasque*, *l'Ile heureuse*, *Toutes les Fleurs*, *les Cigales*, *la Villanelle des petits Canards*, *la Ballade des gros dindons* et la *Pastorale des Cochons roses*. Mᵐᵉ Leroux-Ribeyre chante aux concerts Colonne, en mars 1891, pour la première fois, *A la musique*, sur un poème de M. Rostand, que chanta en 1893 Mᴵᴵᵉ Blanc au Conservatoire. Le 27 décembre 1893, l'Opéra donnait la première représentation de *Gwendoline*, et quelques mois après, le 13 septembre 1894, le maître mourait.

En 1895, on publiait cinq pièces posthumes pour piano, un lied et un air de ballet.

En janvier 1897, M. Lamoureux donnait des auditions intégrales du premier acte de *Briséis*, drame lyrique d'Ephraïm Mikaël et de Catulle Mendès, œuvre inachevée. L'Opéra le jouait en 1911.

En mars 1898, on entendait aux concerts Lamoureux une orchestration de la *Bourrée fantasque* par M. Félix Mottl, et, le 8 mai 1899, l'Opéra donnait la première représentation de *Briséis*.

M. Robert Brunel constate à la suite de ce relevé que les années de production florissante chez Chabrier furent celles où il écrivit de la musique bouffe ou pittoresque, et il en conclut que sa vocation était là. C'est également l'avis de M. Pierre Lalo, pour qui Chabrier était destiné à mettre en musique *Gargantua* ou *Pantagruel*.

« S'il y eut jamais un musicien de qui ni l'esprit ni le tempérament n'étaient mystiques, ce fut l'auteur de *Briséis*. Ce petit homme tout rond avait pour qualité dominante la verve comique, une verve jaillissante, débordante, dont l'ample et naturelle bouffonnerie avait une force de joie irrésistible. Dès ses premières œuvres, comme l'opérette de *l'Etoile*, ce caractère de gaieté savoureuse apparaît et frappe d'abord. Des pièces d'orchestre, comme *España*, comme la *Marche joyeuse*, le montrent dans tout son jour, accusé, fortifié par l'instrumentation la plus réjouissante, la plus féconde en trouvailles imprévues et burlesques. Toutes les fantaisies, tous les petits morceaux dispersés çà et là gardent cette marque d'exubérante gaieté. Je sais tel duetto inédit, écrit par lui pour une comédie de salon, dont l'extraordinaire drôlerie est vraiment unique et merveilleuse... C'est cet homme-là que l'on égara dans des aventures héroïques ou religieuses. »

En effet, d'après l'intéressante biographie de M. Georges Servières qui résume le témoignage de tous les contemporains, ce petit homme court, rond, pansu, doué d'un tempérament de robuste Anvergnat, mais qui en abusa, ne fait-il pas songer, par son physique même, à un personnage de Rabelais? « Sensuel, il aimait la vie, la table, le plaisir; familier, tutoyeur, fertile en expressions imagées, en mots de terroir : « Ah! pauvres, ah! bonnes gens! » il dilatait la rate de ses interlocuteurs par ses saillies, ses calembours, la jovialité de sa nature et de ses récits. Et sa réputation de gaieté dépassant les cénacles d'artistes, il ne fut pas moins recherché dans le monde pour sa verve spirituelle et blagueuse que pour son talent de pianiste. On lui prête ce mot : « Dans mon pays, il n'y a que des imbéciles et des gens d'esprit... J'ai choisi! »

Il était doué pour la comédie musicale, mais enfin,

ces grandes aventures héroïques ou religieuses dont parle M. Pierre Lalo, ce fut lui qui tint à les courir. Son passage dans la Société des concerts Lamoureux l'avait dégoûté des œuvres légères; il était converti à la poésie transcendantale du drame musical wagnérien, et les incursions qu'il fit dans le domaine du « plus grand théâtre » ne sont pas entièrement négligeables.

Signalons tout d'abord le *Roi malgré lui*, la dernière nouveauté donnée à l'Opéra-Comique (18 mai 1887) avant l'incendie du 25 mai.

Le livret du *Roi malgré lui* avait été tiré, par MM. de Najac et Burani, d'un vaudeville d'Ancelot représenté au Palais-Royal le 19 septembre 1836. Cette pièce, dont il serait malaisé de se procurer aujourd'hui un exemplaire, eut du succès le premier soir, mais, comme la plupart de ses pareilles, ne se maintint pas longtemps sur l'affiche. On ne se figure pas la consommation de vaudevilles que l'on faisait alors: ainsi s'expliquent le médiocre empressement des critiques du temps à en rendre compte et les fameuses invectives de Théophile Gautier contre Olivier Basselin, le prétendu créateur du genre.

Le sujet tient tout entier dans ce fait historique du jeune roi Henri III, dégoûté de la couronne de Pologne, s'esquivant de ses Etats et regagnant la France sans même laisser un petit discours d'adieu à ses sujets. Le vainqueur de Jarnac et de Moncontour, élu à vingt-trois ans roi de Pologne, s'ennuya fort vite à Cracovie, déplut aux Polonais par ses mœurs efféminées et son isolement tout oriental dans un petit cercle de mignons d'importation franco-italienne, et finalement revint en France pour s'y faire couronner roi, après la mort de Charles IX. Le départ n'eut pas lieu aisément, car, si les Polonais détestaient leur souverain, ils le surveillaient et n'entendaient s'en séparer qu'après avoir pourvu à son remplacement. Il serait aussi difficile que peu intéressant de raconter par le menu les trois actes, un peu obscurs d'ailleurs, que MM. de Najac et Burani, en compagnie d'un troisième collaborateur anonyme, M. Richepin, ont échafaudés sur cette pièce, promenant le spectateur dans les palais et dans les faubourgs de Cracovie, et cherchant à l'effrayer avec les rodomontades du féroce Laski, un palatin qui redoute l'arrivée de Henri III et imagine de le tuer. Il nous suffira de dire que le roi échappe au danger, grâce à l'appui de deux charmantes femmes : l'une, Minka, petite serve remarquée par un gentilhomme français, Nangis, croit travailler pour son amoureux; l'autre, Alexina, nièce du comte Laski et épouse du grotesque duc de Fritelli, chambellan du roi, a retrouvé dans Henri III un soupirant entrevu autrefois à Venise.

Après un prélude assez court, la toile se lève sur un chœur dont la phrase initiale est légèrement teintée d'archaïsme; ce genre, que Chabrier a répandu dans son œuvre avec un rare bonheur, est traité, disons-le tout d'abord, avec autant d'adresse que de goût.

Le récit de Nangis est accentué par un dessin d'orchestre d'une rare finesse. Le chœur des soldats, qui suit, a beaucoup de couleur et se développe sur un contre-chant d'orchestre très ingénieux. L'ensemble : « Vive le roi charmant, » est brillant et sonore et couronne avec éclat cette magistrale introduction. Les fringants couplets de Fritelli étaient bissés chaque soir. L'arrivée de Minka est soulignée par une très expressive phrase d'orchestre. Rien de plus frais que la romance : « Hélas! à l'esclavage, » qu'enveloppe une exquise ritournelle.

L'entrée du roi, très heureusement soupirée par l'alto *consordini*, se relie à une romance plaintive, d'un tour archaïque et d'un sentiment très pénétrant. On supprima, à la seconde représentation, un air à fioritures d'Alexina, qui faisait longueur. Le duo entre Minça et Henri de Valois pivote autour d'une mélodie très bien venue et d'une jolie couleur. Le finale, curieusement écrit pour les voix, a une forme particulière. Après la reprise du chœur du début : « Vive le roi ! » vient un trio spirituel et léger, puis le voile tombe sur une ronde de nuit au-dessus de laquelle voltigent les gracieuses vocalises qu'égrenait dans la coulisse Mᴵˡᵉ Isaac avec la virtuosité que l'on sait.

Le second acte commence par une valse endiablée, traitée à l'allemande, habilement développée, où l'auteur d'*España* a déployé toutes les ressources de sa riche palette instrumentale. Citons ensuite les couplets moqueurs de « l'amitié », et le délicat sextuor des serves qui encadre une ravissante chanson tzigane. L'idée du duo barcarolle entre Alexina et le roi n'est pas très neuve, mais elle est relevée par un pittoresque dessin d'orchestre. L'ensemble de la conjuration est remarquable de brio et de franchise, traité de main de maître d'un effet réellement puissant. La chanson française : « Je suis le roi, » se distingue par sa piquante division rythmique en phrases de trois mesures. Le finale, très travaillé et d'une exécution difficile, se termine par la reprise du chœur de la conjuration.

Le troisième acte, comme le second, débute par une danse; mais cette fois c'est une mazurca au mouvement non moins entraînant que celui de la valse et que coupe en deux parties un élégant aparté entre Fritelli et le cabaretier Basile. Mais la page maîtresse de la partition est le duo d'amour qui s'ouvre par la phrase haletante, éperdue, de Minça : « Quoi! c'est lui! » Invention mélodique, originalité des rythmes, justesse et intensité de l'expression, distinction, vigueur, tout se trouve réuni dans cet adorable duo, qu'anime un souffle vraiment lyrique, et qui valait chaque soir à Mᴵˡᵉ Isaac et à M. Delaquerrière d'unanimes applaudissements.

Au demeurant, cette belle partition du *Roi malgré lui* soulevait à peine de légères critiques, abus des rythmes de danse, des cuivres, etc., et témoignait de la part de son auteur d'une souplesse singulière, car tous les sentiments y sont exprimés avec un égal bonheur, et ce fut, en résumé, une des manifestations artistiques les plus intéressantes du répertoire de la seconde salle Favart.

Gwendoline, qui procède d'une autre inspiration, avait été représentée quelques années auparavant. Suivant la remarque de M. Paul Souday, on considéra généralement, en 1873, soit pour en louer, soit pour en blâmer les auteurs, que *Gwendoline* était un drame lyrique wagnérien. Il y a du wagnérisme dans *Gwendoline*, mais assez superficiel et limité. Le poème de Catulle Mendès est fort éloigné du symbolisme de Wagner : c'est un livret qui en vaut un autre, mais qui est pareil à bien d'autres. Un conquérant aime la fille d'un vaincu et l'épouse. Les compatriotes de la jeune femme se révoltent. Son père la somme de tuer son mari. Mais elle aime cet époux barbare. Et ils meurent tous deux ensemble, éperdument enlacés. C'est tout. Une anecdote assez pathétique, comme nous en avons vu cent fois au théâtre. Scribe, avec quelques ballets ou cortèges et quelques péripéties en plus, eût traité ce sujet

pour Meyerbeer ou Donizetti. Et, comme le dit encore M. Paul Souday, la musique n'est pas plus agressive ni plus austère. « On y trouve des morceaux qui se peuvent détacher. Chabrier n'est pas l'ennemi de la carrure ni de la symétrie. Il y a des manières de couplets dans sa *Gwendoline*. Il y a aussi des airs guerriers comme dans *Sigurd*, des duos d'amour, des chœurs très développés, de grands ensembles! Et cela nous est bien égal, car ce qui nous importe, c'est Chabrier lui-même, dont l'âme tendrement poétique et la brillante imagination s'affirment dans cette partition sans dogmatisme. »

Il faut reconnaître cependant que lorsque l'œuvre fut reprise à l'Opéra en 1911, un certain nombre de grandes pages de la partition d'Emmanuel Chabrier se sont assez mal défendues contre l'envieillissement progressif. D'autres ont mieux résisté. Au premier acte, après l'ouverture popularisée depuis longtemps par les grands concerts, le premier chœur d'introduction fait le plus délicat contraste avec les bruyantes sonorités du prélude. Vient ensuite la ballade de Gwendoline et son refrain sauvage : « Eheyo! les entendez-vous, les barbares aux cheveux roux? » La scène dernière des Danois et les premiers vers déclamés par Harold ont une réelle grandeur décorative. Il y a aussi beaucoup de saveur dans l'explication violente du pirate et du vieil Armel, terminée par l'intervention de Gwendoline. La fin de l'acte n'est qu'un duo entre la Saxonne et le Danois, mais les oppositions sont très habilement marquées, depuis la phrase d'Harold : « Peut-être l'heure était venue... » jusqu'à la chanson du rouet, dont le motif est emprunté aux *Irish Melodies*, réunies par Thomas Moore.

Un prélude instrumental habilement développé, mais de proportions trop considérables pour l'Opéra, précède le second acte. Le chœur d'épithalame chanté par les Saxonnes est d'un grand charme mélodique. Quant à la bénédiction d'Armel, c'est la scène maîtresse du tableau, un ensemble vocal, et, détail curieux dans une œuvre d'inspiration wagnérienne, un ensemble à l'italienne.

Le duo d'Harold et de Gwendoline laissés seuls dans la chambre nuptiale porte moins sur le public. En revanche, on applaudit sans réserves le pittoresque chœur des pirates vidant à la cantonade les cornes pleines d'hydromel. Le dernier tableau débute par les sonorités bruyantes et très justifiées qui peignent la scène de la bataille. Enfin, viennent le duo extatique et la très belle phrase des époux réunis dans la mort :

Je meurs! Suis-moi! L'heure est venue
De prendre vers le beau Walhalla notre essor!
Sur un fier cheval blanc je serai, dans la nue,
La Walkyrie au casque d'or.

Le sujet de *Briséis*, dont le premier acte fut exécuté après la mort de Chabrier, d'abord chez Lamoureux, puis à l'Opéra, est très simple, très émouvant, avec une fleur de grâce lyrique qui s'épanouit trop rarement aux feux du lustre de notre Académie nationale de musique (Ephraïm Miçaël et Catulle Mendès).

La scène se passe à Corinthe, au temps de l'empereur Adrien. Décor : un jardin de lauriers et de lis devant la maison des champs où vivent Thanasto et sa fille Briséïs. Le marin Hylas vient dire adieu à sa fiancée. Pour l'obtenir, il veut conquérir « les richesses de Syrie »; les deux amants se prêtent sous le ciel étoilé un serment d'éternelle fidélité :

> Par l'auguste Kypris, reine des destinées,
> Et par les hyménées
> Je jure de t'aimer jusqu'au suprême jour
> D'un immuable amour.

Hylas part tranquille. Mais il laisse derrière lui une ennemie qu'il ne soupçonne guère, Thanasto, la mère de Briséïs. Thanasto, une chrétienne égarée dans cette cité de païens où Briséïs elle-même célèbre le culte d'Apollon, est dévorée par un mal mystérieux. Innocemment, imprudemment aussi, la jeune fille offre sa vie pour soustraire Thanasto à l'*Hadès* abhorré, et Thanasto la prend à peu près au mot. Elle profite de l'arrivée d'un catéchiste errant pour consacrer Briséïs au dieu nouveau :

> Pour que Christ donne à tous la vie,
> Je te consacre à lui d'un solennel serment;
> Jeune fille, aux péchés de ce monde ravie,
> Sois l'épouse de Dieu, vierge éternellement.

Briséïs, le cœur déchiré, s'éloigne avec le catéchiste, pendant que Thanasto entonne un hymne triomphal en l'honneur du Dieu auquel elle vient de livrer l'offrande expiatoire du meilleur de son sang.

Sur ce livret, qui forme un ensemble complet, Chabrier a écrit une partition très développée, d'une inspiration si haute que, même dépouillée de l'appareil scénique, *Briséïs* devait produire et a produit une impression puissante sur le public entassé dans la salle du Cirque d'été. On écouta avec un curieux mélange de recueillement profond et d'émotion toujours prête à se faire jour, le chant des matelots, les serments d'Hylas et de Briséïs, le récit de Thanasto suppliant le Seigneur de lui rendre la santé, le chant extatique : « Pour qu'au jour des moissons superbes,... » le prêche de l'apôtre : « Rédempteur des péchés du monde, — lis sacré des divins vergers, » le cri de révolte de Briséïs, et le finale de Thanasto se réjouissant d'avoir sacrifié au Christ le meilleur de son sang. Et l'impression fut encore très grande à l'Opéra, malgré quelques défaillances dans l'exécution.

Cependant ni *Gwendoline* ni *Briséïs* ne devaient se maintenir au répertoire. Et pas davantage le ballet tiré d'*España* par Mᵐᵉ Jane Catulle Mendès, en 1911, avec l'aide de Mˡˡᵉ Rosita Mauri et de M. Léo Staats pour la chorégraphie et aussi, dit-on, de M. Albert Wolff, le chef d'orchestre de l'Opéra-Comique. Mais l'étincelante rapsodie fera pendant longtemps encore les délices du public des grands concerts.

M. Georges Servières a fait observer que, d'après la notice même imprimée à l'origine sur les programmes des concerts Lamoureux, — et qui a dû être inspirée ou rédigée par Chabrier, — le compositeur a formé la substance mélodique de sa rapsodie des deux essences de la musique espagnole : l'une hardie et fougueuse, la « jota », l'autre rêveuse, sensuelle, alanguie, la « malaguena », en lesquelles se reflètent et s'opposent les Espagnes du Nord et du Midi; et cette condensation s'est faite dans son œuvre, après audition, dans les *bailes* de toutes les villes qu'il a visitées en son voyage de 1882, de rythmes, de danses et de chansons populaires ibériques, recueillies par douzaines sous la dictée des *flamencas*.

« Des lettres de « haute gresse » et de coloris flamboyant, publiées par la *Revue S. I. M.* en 1909 et en avril 1911 ne laissent aucun doute à cet égard, remarque encore l'excellent commentateur. De plus, l'un de ses amis m'a affirmé que l'*España* gravée ne représente qu'une sélection parmi les deux ou trois autres versions de ses souvenirs d'Espagne dont cet improvisateur plein de verve régalait ses intimes... »

Quoi qu'il en soit, la rapsodie d'*España* et ses détails pittoresques, suite pastorale, joyeuse marche, bourrée-fantasque, scherzo-valse, est universellement connue, et c'est vraisemblablement à ce morceau d'une durée d'un quart d'heure que le nom d'Emmanuel Chabrier devra sa plus longue survie.

ARTHUR COQUARD (1846-1910)

Né en 1846, Arthur Coquard est mort en 1910. Son biographe, Boisrouvray, rapporte qu'il était entré tard dans la carrière. Obligé de travailler pour vivre, il avait songé au barreau; il y apportait son intelligence très cultivée, sa puissance remarquable de travail, sa conscience scrupuleuse. Mais le démon de l'art était plus fort. Vers trente-quatre ou trente-cinq ans, il rangea définitivement le Code au fond de sa bibliothèque et s'adonna tout entier à la musique.

Musique dramatique, scènes symphoniques, musique religieuse, mélodies, voire morceaux pour piano et violon ou violoncelle, il a écrit dans tous les genres, et, dans tous, il laisse des œuvres dignes de lui survivre.

Ses quelques compositions religieuses se distinguent par la noblesse et la gravité du style, jointes à une grande douceur d'expression. Gracieuses et expressives sont ses compositions symphoniques ou pour piano et violon. Quelques-unes de ses nombreuses mélodies sont devenues célèbres et resteront au répertoire des concerts. On n'exécutera jamais le petit poème de *Joies et Douleurs*, dont les paroles sont dues à sa fille, Mᵐᵉ Félix Fournery, ni *Haï-Luli*, ni la *Plainte d'Ariane*, ni *Ossian*, ni tant d'autres, sans provoquer des applaudissements allant parfois jusqu'à l'enthousiasme.

A l'Opéra-Comique, Coquard avait eu un mauvais début en 1886 avec le *Mari d'un jour*, mais l'insuccès ne lui était guère imputable. L'alliance de trois âges représentés, pour le livret par un vieillard, d'Ennery, et un homme mûr, Armand Silvestre, pour la musique par un jeune, aboutit qu'à un malentendu, un mauvais ménage, dont l'insuccès marqua la rupture. Le sujet d'ailleurs ne manquait pas d'invraisemblance si l'on songe que, revenu d'Amérique avec des dettes au lieu de l'héritage qu'il pensait recueillir, Raoul, marquis de la Roche-Ferté, se voit proposer par son ami Hector, comte de la Gardette, un marché pour le moins singulier. « Ne pouvant, déclare celui-ci, de par la volonté de mon père, épouser une jeune fille que j'adore, parce qu'elle n'est point noble, vous l'épouserez, elle deviendra marquise, et je payerai vos dettes, sauvant ainsi votre honneur. Aussitôt après la célébration de ce mariage d'un jour, vous disparaîtrez, et j'épouserai votre veuve. » La jeune fille, objet de ce pacte qu'elle ignore, se laisse marier, parce qu'elle a reconnu en son mari un protecteur inconnu qui jadis l'avait tirée d'un guet-apens. Mais au lieu de se noyer, comme il était convenu, en passant sur un vieux pont vermoulu dont la rupture devait le précipiter dans le lac et faire croire à une mort accidentelle, Raoul traverse sain et sauf ce pont qu'on avait réparé par mégarde. « C'est à recommencer, s'écrie le faux noyé. — Non, » répond le faux époux; et, présentant son ami à la jeune femme : « C'est vous qu'elle aime, dit Hector, et je vous relève de votre serment. »

Un tel imbroglio pouvait fournir la matière d'une opérette, à condition d'incliner vers la charge, mais il n'avait aucune chance d'être goûté à la salle Favart, surtout à un moment où, par suite de la disparition du *Théâtre-Lyrique*, l'opéra de demi-caractère tendait à y élire définitivement domicile. Les librettistes s'étaient trompés de cadre, et ils avaient entraîné dans leur erreur Arthur Coquard, dont l'embarras, au cours de la composition, avait dû être extrême. Devait-il, en effet, considérer l'ouvrage comme sérieux ou comme bouffe, le traiter en opérette ou en opéra? Il n'avait pas osé prendre un parti, et de cette incertitude résultait un dangereux désaccord entre la pièce et la musique. Cependant, l'inspiration ne manquait ni de grâce ni d'élégance, et l'on pourrait citer, particulièrement dans le genre expressif et doux, plus d'une page où le jeune compositeur, connu seulement alors par un ouvrage représenté à Angers, l'*Epée du roi*, affirmait sa distinction harmonique, son souci du style, et préludait ainsi aux succès que lui réservaient plus tard les concerts Colonne et Lamoureux.

La *Troupe Jolicœur* devait être d'ailleurs, salle Favart, une revanche pour le compositeur. Le livret, tiré d'une nouvelle de M. Henri Cain, fut sympathiquement accueilli. Coquard avait écrit une partition qui offrait cette originalité d'être en parfaite concordance avec le scénario, de ne jamais l'étouffer sous l'ampleur débordante d'un développement symphonique, de l'entourer, au contraire, de le soutenir et de le mettre en relief, ainsi qu'il convient à un commentaire musical. C'était la règle de l'ancien Opéra-Comique; elle avait du bon. Aussi bien, en l'appliquant ou en la ressuscitant, Coquard était resté fidèle à son tempérament musical, lequel fut un « génie » de petit-maître, comme on disait au XVIIIe siècle, plus fin qu'abondant, plus spirituel que lyrique, plus coloré qu'inspiré.

Rappelons encore la *Jacquerie*, dont Lalo avait écrit un acte, dont Arthur Coquard écrivait les trois autres, et les *Fils de Japhet*, livret de Mme Simone Arnaud.

AUGUSTA HOLMÈS (1847-1903)

Si dans la musique contemporaine les femmes n'ont pas été inférieures aux hommes au point de vue de l'interprétation (on a pu compter parmi elles de nombreuses virtuoses ou artistes du chant et de la déclamation), par contre l'invention leur a beaucoup moins réussi. Le nombre des femmes compositeurs demeure très restreint. Dans ce petit groupe, Augusta Holmès a tenu incontestablement le premier rang, et l'on a pu dire que dans toutes ses œuvres elle avait révélé une nature d'artiste ardente et enthousiaste, pleine de foi, de conviction et de sincérité.

Son histoire même eut un début féerique. Comme l'écrivait, au lendemain de sa mort, M. Henri Barbusse, pieux biographe, « le 16 décembre 1847 naquit à Versailles une enfant dont les ancêtres avaient été rois en Irlande. Cette enfant était, comme celles des contes de fées, merveilleusement belle, et, lorsqu'elle grandit, on put contempler en elle le chef-d'œuvre de la race, la plus géniale image du type national.

Sur sa figure régnait la blancheur un peu céleste, et ses cheveux étaient de la couleur du soleil; elle était vraiment belle comme le jour. De cette royale famille des O'Brien dont elle avait le sang, la petite fille gardait dans ses gestes une hauteur radieuse, une grâce souveraine. Encore tout enfant, ayant rencontré l'impératrice dans les allées du parc de Versailles, elle lui donna sa main à baiser.

« Mais elle était plus précieuse et plus importante encore qu'elle ne le semblait aux regards. Elle avait dans son âme de la poésie et de la musique. Le don divin de penser des harmonies et de les parler se révéla en elle à un âge où, d'ordinaire, les enfants ne sont que des enfants, et s'épanouit malgré l'opposition à demi effarée des siens. Ses intimes connaissent le petit poignard avec lequel elle se blessa, à neuf ans, parce qu'on ne voulait pas la laisser exhaler sa musique. »

Si violente que fût la vocation, elle ne laissa pas d'être dirigée. Augusta Holmès eut pour maîtres l'organiste Henri Lambert, le chef de musique Klosé, mais c'est bien au groupe de César Franck qu'elle appartient; c'est après avoir subi la domination intellectuelle de l'auteur des *Béatitudes* qu'elle prit une part active et quasi virile aux concours de la Ville de Paris : en 1878 avec la symphonie *Lutèce*, qui la fit classer en seconde ligne, après Théodore Dubois et Benjamin Godard; en 1881 avec les *Argonautes*, auxquels le jury préféra la *Tempête* de M. Alphonse Duvernoy, mais qui obtinrent un succès triomphal au Cirque d'hiver, sous la direction du bon Pasdeloup, chef d'orchestre si médiocre, novateur et convaincu.

L'élève de Franck était sortie de la foule. Le poème symphonique *Irlande*, exécuté en 1882, les *Sept Ivresses*, le *Ludus pro patria*, commentaire musical de la grande composition de Puvis de Chavannes avec récits en vers dits par Monnet-Sully (1888), la mirent en évidence et marquèrent en même temps l'apogée de sa réputation. Le public et les dilettantes étaient d'accord pour constater la saveur bien personnelle de cette musique d'une sensualité pénétrante, d'une écriture robuste, d'une remarquable tenue harmonique. L'Ode du *Triomphe de la République* en l'honneur du centenaire de 1789 fut exécutée au Palais de l'Industrie par 300 musiciens et 500 choristes, mais le succès ne fut pas en rapport avec ce déploiement instrumental et vocal.

Augusta Holmès rêvait une revanche, et il y eut un petit frémissement d'attente tout à fait flatteur quand on apprit que la vaillante artiste allait faire exécuter à l'Académie nationale de musique un opéra en quatre actes : *la Montagne Noire*. Dégagée de la symphonie, de ses pompes lentes et de ses œuvres majestueusement traînées en longueur, aux prises directes avec un livret sorti tout entier de son cerveau, enfin elle pourrait donner sa mesure. Vainement faisait-on observer que la partition datait de 1883 et qu'en douze ans la formule avait pu vieillir. On continuait à tabler sur une révélation lyricodramatique.

La partition — poème et musique de Mme Augusta Holmès — fut exécutée le 5 février 1895 sur la scène de l'Opéra. Le livret parut une réminiscence un peu trop marquée du scénario de l'*Africaine*. Quant à la musique, voici le jugement très détaillé et nullement suspect de Joncières, qui, loin d'être hostile au féminisme musical, témoigna toujours les plus vives sympathies à l'auteur des *Argonautes* :

« On ne peut nier que la conception du drame imaginé par Mlle Holmès n'ait une certaine grandeur. La lutte entre le devoir et le plaisir, entre l'honneur et la volupté, pouvait donner lieu à de belles situations, bien que le thème d'un semblable conflit ne soit pas très nouveau. Malheureusement Mlle Holmès, dans son inexpérience du théâtre, a sans cesse recommencé la même scène, où ce malheureux Mirço, tiraillé d'un côté par son amitié pour Aslar, de l'autre par son amour pour Yamina, va de l'un à l'autre, indécis, pour ne se décider franchement qu'au IVe acte, où nous le retrouvons tout à coup menant la vie de pacha, en Turquie. »

« Il y a un singulier mélange d'héroïsme et d'érotisme dans l'œuvre de Mlle Holmès. Après les accents patriotiques, les hymnes guerrières, les grands mots d'honneur et de liberté, voici les exaltations de la passion la plus sensuelle, la plus perversement raffinée. C'est cette singulière dualité qui caractérise la nature très curieuse de l'auteur de l'*Ode triomphale* et des *Griffes d'or*. C'est par là aussi qu'en dépit de ses viriles aspirations, elle reste femme, n'en déplaise à ceux qui faussent ses véritables aptitudes, en lui répétant sans cesse qu'elle a le tempérament d'un homme.

« Quelles sont d'ailleurs les parties les mieux venues de son opéra? Ne sont-ce pas celles où le charme et la volupté dominent? Je les préfère de beaucoup aux bruyants chœurs orphéoniques qui encombrent l'ouvrage, au début, et à la solennelle et emphatique scène où le pope consacre la fraternité de Mirço et d'Aslar.

« La vérité, — et j'ai trop d'estime et de sympathie pour Mlle Holmès pour la lui cacher, — la vérité, c'est que depuis douze ans il s'est opéré une transformation dans le goût du public, qui ne lui permet plus de goûter un ouvrage conçu dans la forme de celui de la *Montagne Noire*. Bien que l'affiche qualifie cet ouvrage de « drame lyrique », c'est un « opéra » suivant l'ancienne formule.

« Je sais bien que certains motifs reviennent, quand la situation le commande; mais je ne saurais voir, dans ces simples rappels, le système wagnérien du *leitmotiv*, se développant parallèlement avec le drame, formant, par ses multiples combinaisons, la trame même de l'harmonie, servant constamment de commentaire à l'action.

« Il y a certainement une grande distance entre l'œuvre rêvée par Mlle Holmès et celle qu'elle a réalisée; mais c'est déjà beaucoup que de l'avoir conçue et d'avoir souvent atteint à l'idéal entrevu. »

Augusta Holmès devait survivre quelques années à peine à cette déconvenue, dont elle devait souffrir cruellement. En 1903 elle s'éteignait, jeune encore, « blanche et blonde, comme l'a dit encore M. Henri Barbusse, les mains diaphanes croisées sur sa poitrine, posée légèrement comme un oiseau au milieu des palmes et des fleurs, — si belle qu'elle rendait la mort plus belle ».

BENJAMIN GODARD (1849-1895)

Benjamin Godard était né en 1849, à Paris. Il fut d'abord pour le violon l'élève de Richard Hammer. Il entra ensuite au Conservatoire, dans la classe de Reber, et y apprit la composition. Bientôt, tout en faisant partie, comme alto, de diverses sociétés de

musique de chambre, il fit paraître un certain nombre de mélodies, des morceaux pour piano, des trios, des concertos, voire des valses de concert. A dix-huit ans, il publiait sa *Légende et Scherzo*. Puis sa symphonie dramatique *Le Tasse* obtint le premier prix de la Ville de Paris. Au témoignage de sa sœur dévouée, Mlle Madeleine Godard, pendant le concours, Benjamin Godard avait si peu foi en lui-même qu'il avait par avance cédé tous ses droits à un éditeur. L'exécution du Châtelet fut pourtant triomphale. M. Colonne traîna sur la scène le jeune maître. Gounod, Massenet, Saint-Saëns, Ambroise Thomas, applaudissaient. La mère de Godard, assise près de Gounod, ne put se tenir de le remercier et lui apprit qui elle était. Alors le glorieux compositeur de *Faust* : « Madame, veuillez transmettre ceci à votre fils de ma part. » Et il l'embrassa.

« Jusqu'alors, dit encore Mlle Godard, la situation de fortune de nos parents avait été très brillante. Un beau matin, de brusques revers les contraignirent à vendre leur somptueux hôtel de la rue Pigalle et à s'installer dans un petit appartement de la rue Condorcet. Aiguillonné par la gêne, le génie de Benjamin s'exalta.

En effet il multiplie la production, d'abord avec équilibre et sagesse. Au *Tasse* succéda une œuvre de moindre importance, mais qui était aussi bien intéressante et bien personnelle. Un tableau de M. Jules Lefebvre, très remarqué à l'une de nos anciennes expositions, lui en avait donné l'idée. C'était *Diane surprise au bain par Actéon*. Et d'après l'affirmation d'Ernest Reyer, à qui l'auteur avait fait hommage du manuscrit autographe, il y a dans cette œuvre poétique, mais un peu écourtée, trois morceaux qui sont de premier ordre.

Son *Concerto romantique* retint l'attention des musiciens, mais sa renommée data du 24 février 1884, jour où il dirigea lui-même, aux concerts Pasdeloup, sa *Symphonie orientale*, composée de cinq parties, sur des poèmes de Leconte de Lisle, de Victor Hugo et de Godard lui-même (les *Éléphants, Chinoiseries, Sarah la Baigneuse, le Rêve de Nika, Marche turque*).

Le catalogue de Godard comprend des sonates de violon, un trio, des quatuors pour instruments à archet (prix Chartier), un nombre considérable de morceaux pour piano, des études, plus de cent mélodies, un *concerto romantique* pour violon, un concerto pour piano, une suite d'orchestre intitulée *Scènes poétiques*, une *Symphonie-Ballet* (1882), une *Ouverture dramatique* (1883), la *Symphonie gothique* (1883), la *Symphonie orientale* (1884), la *Symphonie légendaire* (avec solo et chœurs, 1886), pour orchestre; une scène lyrique, *Diane et Actéon, Le Tasse* (symphonie dramatique avec soli et chœurs, 1878, couronné par la Ville de Paris), ainsi que les opéras : *Pedro de Zalamea* (Anvers, 1884), *Jocelyn* (Bruxelles, 1888), la *Vivandière* (Paris, 1895, peu après la mort de l'auteur) et la musique pour *Beaucoup de bruit pour rien* (Paris, 1887); plus les *Guelfes* et *Ruy-Blas, Le Dante* (1890), à l'Opéra-Comique, dont les exécutions intégrales ou partielles furent toutes posthumes. Telle est du moins la nomenclature de Hugo Riemann, qui doit contenir quelques lacunes.

Godard avait doublé les fatigues du surmenage par l'isolement même où le confinait la « sensivité » de sa nature; la maladie le trouva presque désarmé quand il prit froid au cours d'une promenade à bicyclette dans la nuit du 24 juin 1894. Le mal traîna pendant quelques mois, et à Cannes, devant le panorama de la Côte d'Azur, le compositeur, chez qui l'inspiration veillait plus juvénile, plus ardente que jamais, put se faire illusion jusqu'à la dernière minute sur la gravité de son état. Une nuit de janvier 1895, il s'éteignait doucement, sans souffrance, comme un enfant s'endort, près du fauteuil où sommeillait sa sœur, réveillée par un pressentiment angoissé plutôt que par le hoquet suprême, à peine perceptible.

Quelques années plus tard on inaugurait dans le square Lamartine, à Passy, un monument à Benjamin Godard. Ce monument se compose d'une stèle en pierre dont les plans sont dus à l'architecte Jaumin et que surmonte le buste en marbre de l'auteur de *Jocelyn*, du *Tasse*, de la *Vivandière*, par le sculpteur J.-B. Champeil, ancien prix de Rome, auteur du monument consacré, à Aurillac, aux Enfants du Cantal.

A gauche de la stèle, un grand motif en bronze figure Eléonore d'Este s'efforçant de consoler le Tasse et lui montrant, dans un geste harmonieux, le buste du compositeur.

Pour toute inscription ceci :

A BENJAMIN GODARD
1849-1895

L'œuvre est d'une fort belle venue dans sa simplicité. Elle est proche du monument Lamartine.

Cet hommage était bien dû au compositeur; mais celui qui dut être le plus doux à ses mânes fut le grand succès posthume de la *Vivandière*, représentée à l'Opéra-Comique en août 1895. Le livret intéressa. La vivandière, c'est Marion, et aussi la fée bienfaisante, toujours prête à se dévouer. Son bataillon vient camper sous les murailles du château de Rieul où habite le *ci-devant* comte de Rieul avec ses deux fils et une orpheline, Jeanne, léguée au comte de Rieul par son frère en mourant. A la vue de la vivandière et de ses soldats, un des deux fils du comte, Georges, renie tout son passé royaliste pour s'enrôler dans les rangs républicains. Il y sera suivi par Jeanne, qu'il aime en secret depuis longtemps, et les deux fugitifs deviendront les enfants adoptifs de la vivandière, à qui Georges rappelle le souvenir de son propre fils le sergent Thémistocle, un fier luron mort à l'ennemi.

Un an après, nous retrouvons le couple en Vendée. Georges est devenu sergent. La guerre touche à sa fin. Cependant Marion a appris qu'à la tête des Blancs qui défendent encore un village se trouve le père du jeune homme. Elle obtient que Georges ne prenne point part à l'assaut et soit envoyé en mission.

Quand le rideau se lève sur le troisième acte, les Bleus célèbrent leur victoire. Mais voici qu'on amène un prisonnier; c'est le marquis de Rieul. La vivandière, n'écoutant que son cœur, le fait évader. L'alarme est donnée. Marion, qui se dénonce elle-même, serait fusillée si le général Hoche n'envoyait, juste à point, un message de paix et d'amnistie.

M. Henri Cain aurait pu finir de façon moins gentille et douceâtre : la mort de Marion, victime de son dévouement à ses deux enfants d'adoption, aurait produit plus d'effet que cette conclusion d'ailleurs antihistorique, car les documents publiés au cours de ces dernières années nous montrent en Hoche un « pacificateur » par les grands moyens plutôt qu'un amnistieur à la douzaine. Le livret de la *Vivandière* n'en a pas moins un grand mérite : l'emploi raisonné du pittoresque associé à l'élément dramatique, la meilleure combinaison que puisse rêver un opérateur lyrique.

Ainsi l'a compris et interprété Benjamin Godard. Cette dernière partition du maître regretté n'est pas une œuvre de grand style ni même de style uni; il y a entre un peu de tout, avec des assaisonnements divers, et elle donne ainsi la vraie caractéristique du compositeur. Mais la déclamation musicale garde un accent toujours juste et en parfaite concordance avec le milieu où se meuvent les personnages. L'œuvre est pleine de menues habiletés, de concessions au public, voire de formules mélodiques, mais sans banalité, et avec cette belle tenue scénique qui laisse à l'auditeur une impression ineffaçable.

Seul le dernier acte comporte d'expresses réserves. Il est faible et presque vide : dans les tableaux précédents, il est facile de reconnaître les intervalles volontairement ménagés par le compositeur pour permettre au public de reprendre haleine et d'applaudir. Ici, les « espaces » deviennent des lacunes, que M. Paul Vidal, le collaborateur posthume de Godard, aura hésité à remplir.

Il convient d'ajouter qu'une grande part de ce succès incontesté et à peine affaibli par les défaillances du troisième acte revint aux vaillants interprètes de l'œuvre de Benjamin Godard. En tête la vivandière : Mme Delna, si belle, si captivante, si bien en voix et en chair; plastique opulente, organe robuste, l'accent et le geste dramatiques, un art libre et souple, essentiellement personnel, sachant se plier sans effort apparent à la discipline du rythme et de la déclamation lyrique. Son triomphe fut complet. M. Fugère prêta au sergent La Balafre, sur qui reposent tous les épisodes pittoresques, sa verve et sa gaieté contagieuse : il dut bisser la chanson du deuxième acte et l'air de la charge, qui ne tarda pas à devenir populaire. M. Clément et Mme Laisné, bonne chanteuse d'étude, soupirèrent agréablement les duos d'amour.

En janvier 1902, le Théâtre des Arts de Rouen jouait les *Guelfes*, auxquels Benjamin Godard se préoccupait de faire un sort dès 1883 et qu'avaient refusé tous nos directeurs. Le librettiste Louis Gallet avait traité un épisode de querelle des Guelfes et des Gibelins. Manfield, roi de Sicile, a promis de marier son fils, Henri, à la fille de Salembeni, chef des Gibelins, mais le prince aime une jeune patricienne, Jeanne Torriani et, malgré les supplications de la reine, enlève la jeune fille. Furieux, le roi, aidé des Gibelins, fait rechercher Jeanne Torriani et s'en empare au milieu d'une fête de villageois. Pour se venger, le prince Henri s'allie aux Guelfes; mais la fortune des armes lui est contraire, il est fait prisonnier par son père et condamné à mourir avec la jeune fille. Devant les supplications de Jeanne Torriani, qui demande à être la seule victime, Manfield consent à pardonner à son fils. Mais Jeanne, croyant qu'on demande sa vie en échange de celle de son fiancé, absorbe le poison renfermé dans le chaton d'une bague et meurt dans les bras du jeune prince, qui, désespéré, ira finir ses jours dans un cloître. [1]

On applaudit l'ouverture, la phrase mélodique du ténor au premier acte, les duos d'amour du deuxième, le ballet et le chant des Guelfes qui termine le troisième acte. A l'acte suivant, l'air de Manfield pleurant le fils qu'il vient de condamner et le duo où Jeanne s'offre en sacrifice, page d'une puissante émotion, coupée au lointain par les crieurs proclamant la condamnation du jeune prince, puis par les voix de la foule demandant la grâce du condamné. Mais l'œuvre ne devait pas s'inscrire au répertoire parisien. La revanche était moins complète qu'avec la *Vivandière*, et peut-être le jugement de la postérité sur Godard, compositeur dramatique, sera-t-il conforme à celui que formulait M. Louis de Fourcaud au lendemain de la première représentation où venait de triompher Mlle Delna : « Godard était un musicien des mieux doués, d'une belle imagination mélodique, surtout dans le mode élégiaque, et d'un sens harmonique délicat. Son malheur vint d'une facilité excessive à laquelle il s'abandonna et qui l'induisit souvent en stérile abondance. Le théâtre le tenta pour le renom qu'il donne, encore qu'il ne parût pas avoir reçu le don théâtral. Je lui ai entendu soutenir un jour, avec grand sérieux, qu'un compositeur n'a pas à demander beaucoup à son poème et que toute situation lui doit être bonne. Il ne prouva que trop la sincérité de son indifférence en matière de pièces lyriques en mettant en musique deux fois le même sujet, ou à peu près, avec les *Guelfes* et *Dante*, et en acceptant des livrets aussi médiocres que *Pedro de Zalaméa* et *Jocelyn*. Ses ouvrages dramatiques sont faits, en grande partie, de morceaux de concert, faciles à détacher, dont quelques-uns sont beaux et plusieurs comme improvisés. J'ignore ce qu'il eût écrit par la suite, instruit par l'expérience et ramené à des notions plus justes des actuelles nécessités de l'art. »

SAMUEL ROUSSEAU (1853-1904)

Né à Neuvemann, dans l'Aisne, en 1853, Samuel Rousseau était emporté en 1904 par un mal foudroyant. M. Henry Marcel, alors directeur des Beaux-Arts, a rappelé éloquemment devant la tombe du compositeur que, dans sa trop courte existence, il a entassé les œuvres et les services. Entré à dix-sept ans au Conservatoire, en 1871, il y remportait à vingt-quatre ans le premier prix d'orgue, et le prix de Rome à vingt-cinq. « Ces deux succès parallèles ont imprimé à sa carrière une double direction : la musique sacrée le disputa toute sa vie dans son cœur à la musique profane ; je ne sais même pas si, en dépit de la mâle vigueur et du sentiment dramatique qu'il déploya dans ses deux grandes œuvres théâtrales, l'art religieux ne garda pas ses secrètes prédilections : la *Fille de Jephté*, la *Messe solennelle de Pâques*, son recueil de *Chants sacrés*, ses nombreuses pièces pour orgue, attestent la persistance d'un goût suscité, sans doute, par le milieu où s'écoula sa première jeunesse, chez son père, le distingué facteur d'harmoniums dont on n'a pas oublié le nom. Il apporta dans ces ouvrages un sentiment de la tradition vivifié par les recherches harmoniques modernes, et une dignité de style en rapport avec la grandeur des sujets qu'il traitait.

« Mais le maitre de chapelle de Sainte-Clotilde céda, lui aussi, aux séductions du théâtre, qui, par la variété des sentiments qu'il met en œuvre, la couleur et le mouvement qu'il comporte, a toujours été, dans ce pays, la forme musicale préférée. Les concours publics auxquels il prit part lui furent uniformément favorables. La science de l'harmonie, la pureté de son écriture, donnaient à toutes ses compositions une tenue et une autorité particulières. Après *Dianorah*, qui remporta le prix Cressent, *Merowig*, couronné par la Ville de Paris en 1891, et qui ne fut exécuté qu'au concert, eût mérité de prendre place sur une grande scène lyrique où sa belle déclamation,

ses riches développements, son gracieux divertissement, le puissant finale du deuxième acte, eussent produit tout leur effet.

« Il manqua à Rousseau, pour imposer cet ouvrage, un peu de cet entregent, de ce don d'importunité qui tiennent parfois lieu de titres plus sérieux. Il fut plus heureux en 1898 avec la *Cloche du Rhin*, qui fournit à l'Opéra une carrière moins longue que le succès de la première représentation ne le faisait présager, et qui met de nouveau à la scène cette civilisation franque pour laquelle Rousseau éprouvait la même attirance qu'Augustin Thierry. »

On reconnut en effet dans la partition de Samuel Rousseau une œuvre absolument remarquable, de superbe envolée lyrique, usant de leitmotiv et abusant parfois des procédés wagnériens, mais accusant parfois la forte personnalité de l'auteur.

L'Opéra-Comique a représenté en 1911 une œuvre posthume de Samuel Rousseau, *Léone*, un drame corse, tiré d'une nouvelle d'Emmanuel Arène, le *Dernier Bandit*, émouvante histoire de « vendetta ».

ERNEST CHAUSSON (1855-1899)

Ce compositeur, né à Paris en 1855, mort à Limay en 1899, à la suite d'un accident de bicyclette, fut ce qu'on peut appeler un polygraphe musical. Il s'était essayé dans tous les genres. Ernest Chausson, rapporte M. Paul Dukas, avait fait des études de droit ; quittant le barreau, pour lequel il ne sentait guère de vocation, il s'était adonné à l'étude de la musique. Son premier maître fut Massenet ; il devint ensuite l'élève de César Franck, pour lequel il eut un véritable culte. Ce fut à cette époque qu'il se lia avec Vincent d'Indy, et l'on trouve, dans sa manière de composer, ce « métier » impeccable, cette virtuosité, cette pondération des diverses parties d'une œuvre qui est commune à ces trois maitres modernes. Wagner exerça cependant sur Chausson une influence prépondérante, et le génie du musicien allemand l'a inspiré maintes fois.

Son catalogue comprend : *Hélène*, drame lyrique d'après Leconte de Lisle ; le *Roi Arthus* (paroles et musique), drame lyrique représenté à Bruxelles en 1903 ; la *Légende de sainte Cécile*, musique de scène ; la *Tempête*, id. ; *Viviane*, poème symphonique ; entr'acte symphonique pour les *Caprices de Marianne* ; symphonie en *si* ♭ ; *Soir de fête* ; *Hymne védique* (avec chœurs) ; *Poème de l'Amour et de la Mer* (chant et orchestre) ; la *Chanson perpétuelle*, poème, pour violon et quatuor à cordes ; 1 trio ; 2 quatuors ; des mélodies : les *Heures*, les *Couronnes*, etc. ; des *Lieder* dont le cycle sur les *Serres chaudes* de Maeterlinck ; enfin quelques pièces originales pour le piano.

Le *Roi Arthus*, représenté à Bruxelles, au théâtre de la Monnaie, le 3 décembre 1903, est son œuvre principale. Il en avait composé non seulement la musique, mais le poème, dont nous empruntons le résumé à M. Paul Solvay :

« Le roi Arthus, entouré de ses chevaliers, célèbre la victoire qu'il remporta sur les Saxons, grâce au vaillant Lancelot. La gloire de celui-ci porte ombrage à quelques seigneurs jaloux, qui cherchent une vengeance et la trouvent aisément : Lancelot, en effet, aime en secret la reine Guinèvre. Mordred, son rival humilié, découvre cette passion et surprend les deux

amants enlacés dans « l'enivrement profond et doux
« de leurs âmes confondues ». Lancelot provoque
Mordred et le frappe ; par malheur pour les amoureux, celui-ci n'est que blessé ; il dénonce au roi la
trahison de son favori. Et le roi, tout à la mélancolie
du forfait auquel il se refuse de croire, désespéré des
prophéties de l'enchanteur Merlin qui lui prédit la
fin prochaine de son œuvre, navré des misères ter-
restres qui l'entourent, s'abandonne au sort qui le
frappe et laisse agir seul le Destin vengeur. Tandis
que Lancelot, plutôt que de couronner sa félonie,
périt dans la bataille que ses partisans révoltés ont
livrée à Arthus, et que Guinèvre, abandonnée, s'é-
trangle plutôt que de se soumettre à l'humiliation
du pardon, le roi s'en va vers ce quelque chose de
vague et de lointain qui est l'oubli, l'espérance et
l'immortalité, consolation des poètes qui souffrent.
Et la pièce, commencée en pleine réalité, finit en
plein symbole. On dirait d'abord l'amour de Tristan
et d'Yseult, l'amour irrésistible et forcené qui animait
les vieilles légendes de ce temps et exaltait l'adultère, par une curieuse transposition du sentiment
et du devoir; mais cet amour-là ne respirait que
la mort : et celui-ci ne respire que la vie, — la vie
mauvaise, poison des cœurs loyaux. — Chez Tristan,
il était le but ; chez Lancelot, il est l'obstacle. Le
sentiment le domine, c'est celui de l'honneur chevaleresque, essentiellement traditionnel du caractère
français : il domine les actions de Lancelot ; il
rend sublime l'indifférence d'Arthus en face de l'af-
front. »

Quant à la partition, M. Solvay constatait au lendemain de la première que, loin d'avoir essayé de se
dérober à la fascination wagnérienne, dans sa partition plus encore que dans son poème, Ernest Chausson semble, au contraire, s'y être livré avec tout
l'enthousiasme d'un adepte convaincu, un peu
inconscient. « Et cependant, — comme dans une
œuvre très similaire par plus d'un point, *Fervaal*, où
cette fascination n'a pas été moins dominatrice, —
le caractère d'un génie bien français intervient avec
force. Il semble que les deux œuvres, sœurs, furent
conçues dans la même fièvre. Il n'y a pas jusqu'au
symbolisme du dénouement qui ne les rapproche :
Fervaal et Arthus disparaissent tous deux dans l'i-
déale lumière. Et la belle clarté française, la distinction harmonique, l'horreur de la prolixité, même au
milieu des complications les plus voulues, les plus
inutiles souvent, leur donnent un égal éclat. Mais
déjà, d'autre part, dans le *Roi Arthus*, s'affirme un
don précieux que Chausson, seul peut-être de son
école, possédait en partage, celui d'une sensibilité
charmante et profonde. »

D'autre part, pour M. Alfred Bruneau, Chausson
fut un symphoniste, et c'est dans la musique de
chambre que se manifesta surtout son talent. Ce
talent essentiellement expressif était plein de gravité et aussi — mariage rare — de fougue. Une
certaine tristesse y régnait, assombrissant les idées
en apparence les plus joyeuses!

Au témoignage de ses amis, Ernest Chausson avait
en outre en portefeuille quantité de projets plus ou
moins avancés: une esquisse de drame, *la Vie est un
Rêve*, dont le lyrisme intense aurait bien convenu à
la nature de son talent; des *Ouvertures* pour orchestre, une *Sonate* pour piano et violon, et une seconde
Symphonie, à laquelle il paraissait vouloir d'abord se
consacrer. Il mettait enfin la dernière main à un *Quatuor* à cordes, dont les deux premiers morceaux, seuls

complètement achevés, sont extrêmement remarquables. Le troisième était même assez avancé pour que
M. d'Indy ait pu, après la catastrophe, le compléter
d'après des notes retrouvées, en lui donnant l'allure
d'un finale.

GEORGES MARTY (1860-1908)

Georges Marty fut brusquement frappé, en plein
talent, en pleine force de production. Il mourut à
quarante-huit ans, sans avoir pu donner toute sa
mesure. Il avait fait des complètes humanités musicales au Conservatoire, dans les classes de Théodore
Dubois, César Franck, Massenet. Et, en 1882, il
avait obtenu le prix de Rome, suivi à brève échéance
d'une floraison d'envois : *Merlin, Balthazar, les Saisons*. Mais les nécessités de l'existence absorbèrent
très vite le compositeur. Chef du chant à l'Opéra,
chef d'orchestre à l'Opéra-Comique, il ne séjourna
guère dans ce dernier théâtre : nommé en 1900, il
partit en 1902, après avoir été élu, l'année précédente, chef d'orchestre de l'antique et vénérable
Société du Conservatoire, poste où il succédait à la
lignée de Habeneck, Girard, Tilmant, Georges Hainl,
Deldevez, Garcin, — sans oublier Taffanel, qui survécut à son successeur.

La direction de l'illustre Société n'est pas une
sinécure, et d'ailleurs Georges Marty dut adjoindre
à ses fonctions normales la tâche méritoire, mais
écrasante, de renouveler les programmes et de
secouer le conservatisme essentiel des abonnés. Il
y réussit, au détriment de sa renommée de compositeur. Si dignes d'intérêt qu'aient pu être le *Duc de
Ferrare* ou *Daria*, le musicien valait mieux que son
œuvre et l'aurait prouvé.

Mentionnons encore **Bourgault-Ducoudray** (*Tha-
mara* et les nombreux essais de reconstitution de la
musique grecque), **Samuel David** (*la Marquise*), **Deffès**
(*le Café du Roi*), **Adolphe Deslandes** (*Dimanche et
Lundi*), **Eugène Diaz** (*la Coupe du roi de Thulé*),
Alphonse Duvernoy (*Hellé, Bacchus, la Tempête*), **Gevaert** (*le Capitaine Henriot*), **Mermet** (*Roland à Roncevaux* et *Jeanne d'Arc*), **Missa** (*l'Hôte, le Chevalier
timide, le Signal*), **Rosenhain** (*le Démon de la nuit*),
Francis Thomé (*Djemmah, Mademoiselle Pygmalion, la
Belle au bois dormant*), **Vaucorbeil** (*Bataille d'amour*).

COMPOSITEURS D'OPÉRETTES

JACQUES OFFENBACH (1819-1880)

Bien qu'à la fin de sa carrière il se soit distingué
dans le genre de l'opéra-comique, c'est ici que doit
prendre place la curieuse figure d'Offenbach, le roi
de l'opérette.

Jacques Offenbach, né à Cologne le 21 juin 1819,
mort à Paris le 5 octobre 1880, fils d'un chantre
de la paroisse israélite de Cologne, Juda Eberscht, a
fait en réalité une carrière purement française. Il
entra très jeune au Conservatoire dans la classe de
violoncelle, devint violoncelliste à l'Opéra-Comique,
fut en 1849 chef d'orchestre du Théâtre-Français, où

il remporta son premier succès avec la musique de la *Chanson de Fortunio*, écrite pour le *Chandelier*, ouvrit en 1865 une scène d'opérette, les Bouffes, d'abord salle Lacaze aux Champs-Elysées, puis au Théâtre-Comte du passage Choiseul, abandonna cette direction en 1866, prit celle de la Gaîté en 1872 et mourut à Paris le 5 octobre 1880, après avoir composé 102 ouvrages.

Entre tant d'opérettes, fruits de la verve intarissable d'Offenbach, nous citerons d'abord *Pepito*, opéra-comique en 1 acte, paroles de Léon Battu et Jules Moinaux, joué aux Variétés le 28 octobre 1853, malgré les proportions minuscules de cette œuvrette, parce qu'elle est la première que son auteur ait réussi à faire entendre sur un théâtre de Paris.

Nous disons « sur un théâtre », car d'autres saynètes d'Offenbach avaient auparavant été exécutées à Paris, dans des concerts : l'*Alcôve*, notamment, avec Grignon, Barbot, Jacotot et Mⁱˡˡᵉ Bouillé pour interprètes, et *le Trésor à Mathurin*, devenu plus tard le *Mariage aux lanternes*, avec Sainte-Foy, Mᵐᵉˢ Meillet et Lemercier.

On a raconté maintes fois l'histoire des pénibles débuts d'Offenbach, violoncelliste de talent, compositeur de romances applaudies, s'échouant, faute d'autres ressources, devant un pupitre de chef d'orchestre de la Comédie française, et écrivant pendant les entr'actes des « mélodrames » pour le théâtre, ou des opéras-comiques dont le directeur de la salle Favart ne voulait pas.

L'auteur de la *Chanson de Fortunio* cherchait péniblement sa voie. L'accueil sympathique fait à *Pepito* la lui traça sans doute, car toutes les premières opérettes données plus tard aux Bouffes, par Offenbach, sont coulées dans le moule de celle-ci, qui contenait, par parenthèse, un charmant trio et dont Pradeau reprit plus tard, aux Bouffes, le principal rôle, excellemment créé par Leclerc.

Mentionnons encore, à la date du 31 juillet 1856, aux Bouffes-Parisiens, *Le 66*, opérette en un acte, paroles de Deforges et Laurençon, musique d'Offenbach.

Dans son humoristique ouvrage sur les Bouffes-Parisiens, M. Albert de Lasalle a partagé en six époques l'histoire de ce petit théâtre.

Première époque : saynètes ne comportant pas plus de deux personnages. Pièce d'inauguration : *la Nuit Blanche* (5 juillet 1855).

Deuxième époque : opérette en un acte à quatre personnages au plus (*Ba-ta-clan*, 29 décembre de la même année).

Troisième époque : figuration par un certain nombre d'artistes sans rôles, mais pouvant chanter chacun un morceau (*les Petits-Prodiges*, 19 novembre 1857).

Quatrième époque : ouvrages en un acte et deux tableaux pouvant mettre en scène jusqu'à cinq personnages (*Bruschino*, 28 décembre 1857).

Cinquième époque : pièces en un acte avec chœurs et nombre illimité de personnages (*Mesdames de la Halle*, 3 mars 1858).

Sixième époque : opérettes en un nombre illimité de tableaux (*Orphée aux Enfers*).

De concessions en concessions, Offenbach était arrivé en trois ans à ses fins : il était aussi complètement libre sur son petit théâtre que n'importe quel directeur l'est aujourd'hui sur le sien.

Eh bien, ces courtes saynètes qu'Offenbach a écrites au début de sa carrière, gêné par des entraves de toute sorte, ne constituent pas la partie la moins agréable de son œuvre, et bon nombre de ses grandes opérettes seront depuis longtemps oubliées, qu'on se souviendra avec plaisir des spirituelles pochades musicales qui ont pour titre *les Deux Aveugles*, *le Violoneux* et *Le 66*.

Le premier ouvrage d'une importance réelle donné par Offenbach aux Bouffes fut *Orphée aux Enfers*, « opéra-bouffon en deux actes et quatre tableaux, 21 octobre 1858 », dont le succès fut si considérable que Clément, dans son vertueux et traditionaliste dictionnaire, s'écrie : « L'opéra-bouffon d'*Orphée aux Enfers* a inauguré dans l'histoire de la musique une ère nouvelle. C'est une date. C'est le point de départ de toute une génération de compositeurs. Presque tous à l'envi ont gravité et gravitent autour de cet astre lumineux, qui, à nos yeux, n'est qu'un lampion fumeux répandant une lueur blafarde et exhalant une odeur malsaine (*sic*). » *Orphée* était joué par Léonce, Désiré, Tayan, Bache, Mⁱˡˡᵉˢ Tautin, Garnier, Macé, Enjalbert, Geoffroy, Chabert, Cico, et le même Clément se voit forcé de reconnaître le succès remporté par les morceaux mis en valeur par ces excellents artistes, en ajoutant : « Plusieurs de ces mélodies ne manqueraient pas de charme et d'originalité si elles n'étaient associées au souvenir des scènes les plus grotesques et les plus indécentes. »

La *Belle Hélène*, paroles de Henri Meilhac et Ludovic Halévy, fut jouée pour la première fois aux Variétés, le 17 décembre 1864. Cette fois, le prudhommesque Vapereau s'avoua converti et daigna écrire : « On se fâche de voir l'*Iliade* et l'*Enéide* travesties; on crie au scandale... Comme si on témoignait plus de respect aux chefs-d'œuvre en les oubliant qu'en les parodiant! Comme si le rire et le sarcasme des gens d'esprit n'étaient pas pour les œuvres sublimes encore une façon d'hommage... » Les créateurs étaient Dupuis, Kopp, Grenier, Couder, Guyon, Hamburger, Mᵐᵉˢ Schneider et Silly.

Rappelons, à l'occasion de cette œuvre initiale, — et ce commentaire pourra s'appliquer à toutes les autres opérettes de la même époque, dont l'analyse serait fastidieuse, — qu'il y a dans notre littérature des deux derniers siècles une succession presque ininterrompue d'œuvres burlesques, satiriques ou dramatiques, dont l'antiquité fait les frais, succession qui commence au *Virgile travesti* de Scarron, pour aboutir aux opérettes contemporaines, en passant par la *Lucrèce* de Regnard, l'*Alceste* de Dominique, l'*Homère travesti* de Marivaux, les *Rêveries renouvelées des Grecs* de Favart, et les *Petites Danaïdes* de Désaugiers.

Depuis le père Vavasseur, dont le traité *De ludicra dictione*, publié en 1658, est une fougueuse excommunication du burlesque, jusqu'à Léo Lespès, déclarant sans rire, au lendemain de la représentation d'*Orphée aux Enfers*, qu'il aura dû, pour chasser le fameux souvenir de cette représentation, prendre, en rentrant chez lui, « son vieil Homère », il s'est toujours trouvé des pédants ou des prudhommes pour stigmatiser ce genre littéraire.

Mais les défenseurs n'ont pas manqué non plus, et parmi les plaidoyers les plus spirituels figure celui du père d'un des auteurs de la *Belle Hélène*, Léon Halévy, qui, fidèle adorateur de la muse antique, crut cependant devoir excuser les irrévérences de son fils.

On l'eût bien étonné en lui disant alors que ce fils couronnerait un jour, à l'Académie, les traducteurs d'Homère.

Le *Carnaval des Revues*, paroles de Philippe Gilles et Grangé, musique d'Offenbach, représenté aux Bouffes le 10 février 1860, comporte aussi de curieux souvenirs.

Lorsque fut représenté le *Carnaval des Revues*, Wagner occupait déjà l'attention du public.

Après mille difficultés matérielles surmontées pour donner des concerts à Paris, choix et aménagement d'un local, recrutement d'un personnel, questions pécuniaires, il était parvenu à s'installer au Théâtre Italien avec son armée d'instrumentistes et de choristes, et pendant les trois soirées du 25 janvier, du 1er et du 8 février 1860, il livra positivement bataille, dans une salle comble, où toutes les opinions musicales d'alors étaient représentées, toutes les curiosités éveillées, toutes les passions en jeu.

La presse, comme le public, s'enflamma pour la question d'art, et, naturellement, les auteurs de revues de fin d'année firent leur profit du différend qui partageait en deux camps le monde musical. Ainsi, certaine *tyrolienne de l'avenir*, intercalée à la dernière minute dans le *Carnaval des Revues* et chantée par Bonnet avec des éternuements grotesques, obtint le premier soir un succès fou et fut, comme on dirait aujourd'hui, un des *clous* de cette joyeuse folie de carnaval.

Le plus curieux, c'est que, tout en parodiant la musique de l'avenir, l'auteur de cette exquise partition qui a nom la *Chanson de Fortunio* était, au fond du cœur, acquis à toutes les idées larges et neuves en matière musicale.

Certains articles publiés par Offenbach dans l'*Artiste*, en 1855, et signalés par M. Adolphe Jullien, en font foi.

« Les partitions de beaucoup de nos compositeurs du jour, écrit-il, ressemblent aux élégantes du boulevard, elles portent trop de crinoline. A la lumière, elles forment un ensemble d'un beau coloris. De près, en déshabillé, au piano, ce sont des fantômes gonflés de vent et de son... La musique lilliputienne, la musique mercantile n'a pour nous aucune espèce de charme. L'art n'a rien à démêler avec ces marchands d'idées qui composent au mètre et à la toise; ces messieurs seraient probablement eux-mêmes tout étonnés si on les comparait à des compositeurs sérieux!... »

Que de trouvailles non moins piquantes ferait un chercheur en parcourant les anciens articles publiés par les critiques qu'on pourrait appeler « intermittents », Emile Perrin, Bizet, Saint-Saëns et tant d'autres!

Il suffira de rappeler les titres des autres opérettes d'Offenbach, *Orphée aux Enfers*, *Barbe-Bleue*, *la Vie Parisienne*, *la Grande Duchesse de Gerolstein*, *Madame Favart*, *la Diva*, *les Brigands*, *la Princesse de Trébizonde*, *Geneviève de Brabant*, *la Fille du Tambour-Major*.

Quant à sa carrière d'opérateur-comique, elle date de 1860. En décembre de cette année, à peine la direction de l'Opéra-Comique avait-elle marqué le terme des succès de Clapisson à la salle Favart en reprenant la *Perruche*, qu'elle passait à *Barkouf*. C'était se maintenir en pleine ménagerie, puisque *Barkouf* était un chien; on ne le voyait pas, mais on l'entendait aboyer contre ses sujets, car il avait des sujets et gouvernait Lahore. Aux grenouilles qui lui demandaient un roi, Jupiter envoyait une grue; aux Romains qu'il dédaignait, Caligula donnait son cheval pour consul; à ses sujets révoltés le grand Mogol

impose comme seigneur et maitre un simple chien; la femme qui le soigne devient aussi puissante que le grand vizir, et profite de la situation pour se faire octroyer, aux frais du gouvernement, le double trésor auquel aspirent tous les héros du vieil opéra-comique, un cœur et une dot. Scribe et H. Boisseaux avaient eu raison d'appeler leur pièce en trois actes *opéra-bouffe*; l'excentricité même du sujet avait dû conseiller aux auteurs de confier leur livret au compositeur que l'immense succès d'*Orphée aux Enfers* venait de rendre populaire, Jacques Offenbach. Ce dernier avait alors la vogue, et la foule se pressait aux portes de son petit théâtre des Bouffes-Parisiens; on applaudissait à sa gaieté, voire même à sa grâce et à son charme, comme l'avait prouvé un mois auparavant, avec ses quarante-deux représentations à l'Opéra, le ballet du *Papillon*, comme devait le prouver la même année, avec ses centaines de représentations un peu partout, ce petit 'chef-d'œuvre en son genre qui s'appelle la *Chanson de Fortunio*. Plus tard, Hervé a poussé la bouffonnerie jusqu'à la caricature; Lecoq a tâché de relever l'opérette au niveau de l'ancien opéra-comique, et dans cette voie toute une troupe d'imitateurs s'est engagée après lui, Audran, Vasseur, Serpette, Messager, Lacome, etc. Offenbach seul n'a pas eu de maitre et n'a pas laissé de successeur. Il a donné sa note dans le concert de son temps; il occupe donc une place à part; sa personnalité existe. C'est de la charge et de la fantaisie si l'on veut, mais souvent musicales et toujours scéniques.

De telles qualités ne paraissaient pas suffisantes aux Aristarques d'alors pour justifier leur bienveillance, et l'ouvrage, qu'on avait d'abord appelé *Révolte dans l'Inde*, puis le *Roi Barkouf*, déchaîna toutes les colères des journaux. Scudo le qualifia brutalement de « chiennerie », et la *Presse* ajoutait : « Ce n'est pas le chant du cygne, c'est le chant de l'oie! » Dès le début, la malchance s'était acharnée sur cette œuvre, dont le principal rôle avait été écrit pour Mme Ugalde; il fallut décliner cet honneur pour cause d'un mal « aussi légitime que flatteur », disait un M. Prudhomme de l'époque. Mlle Saint-Urbain apprit le rôle pour y faire ses débuts, et le joua même à la répétition générale, le 27 novembre; une indisposition la força d'y renoncer, et ce fut Mlle Marimon qui le créa finalement, presque un mois après, le 24 décembre. A la seconde représentation, Laget avait dû « lire » le rôle de Warot, tombé malade à son tour. Pour comble de disgrâce, les auteurs s'avisèrent de défendre avec une maladresse rare leur pauvre pièce, Offenbach dans le *Figaro*, Henry Boisseaux dans la *Revue et Gazette des Théâtres*. Ce dernier écrivait, par exemple : « Le reproche le plus grave qu'on nous ait adressé, c'est d'avoir commis un libretto où l'esprit ne brillait guère que par son absence. S'il fallait m'excuser, je dirais que j'ai fait quant à moi tous mes efforts pour me mettre : on me croirait sans peine. *Mais la vérité c'est que j'ai craint constamment d'en mettre trop;* cette nuance expliquera l'erreur où je suis tombé. »

La pièce tomba, elle aussi, et lourdement. Scudo, déjà nommé, put donc s'écrier avec ironie : « Je ne serais pas étonné qu'il se trouvât un éditeur assez hardi pour faire graver la partition de *Barkouf*. » Il se trouva, en effet, cet éditeur, mais beaucoup plus tard, lorsque *Barkouf*, remanié par MM. Nuitter et Tréfen, reparut aux Bouffes sous le titre de *Boule de neige*. Livret et musique demeuraient les mêmes, à quelques variantes près, dont la principale était le changement de cadre. L'action fut transportée du Midi au Nord, de l'équateur aux environs du pôle, ce qui la rendait plus conforme à son origine, puisque cette bizarre histoire était tirée d'une légende norwégienne, rapportée par Xavier Marmier dans ses *Lettres sur le Nord*. Sous cette nouvelle forme l'œuvre fut accueillie sans protestations, sinon avec ferveur. C'était une première satisfaction; mais la véritable revanche de *Barkouf* ne fut prise à l'Opéra-Comique qu'en 1881 avec les *Contes d'Hoffmann*, la première pièce qui eût atteint alors la centième à ce théâtre depuis la guerre de 1870. Seulement le compositeur ne vivait plus pour assister à son triomphe, et une main étrangère avait prêté à la partition un secours que ses devancières ne connurent jamais.

A la date du 23 novembre 1867, première de *Robinson Crusoé*, opéra-comique en trois actes, paroles de Cormon et Crémieux, musique d'Offenbach. L'auteur de cette *Grande Duchesse* qui atteignait alors sa *deux centième*, était hanté par le désir d'obtenir un vrai succès dans un théâtre plus sérieux que ceux où il fréquentait d'ordinaire. Dès 1862, il avait été vaguement question pour lui d'un ouvrage avec Meilhac et Halévy; puis, quand on eut reçu *Robinson Crusoé*, il eut soin de se défendre par avance auprès de la presse et du public d'avoir écrit un « opéra bouffon ». Il n'en est pas moins vrai que les auteurs avaient d'abord songé aux Bouffes-Parisiens pour y apporter leur pièce, et il est non moins certain que les morceaux les plus réussis de la partition furent les couplets, les ariettes qui auraient convenu à un petit théâtre. Le premier soir, la salle contenait bien des amis, car presque tous les interprètes eurent leur *bis*. Mᴵᴵᵉ Cico (Edwige) avec sa ronde : « Debout, c'est aujourd'hui dimanche, » et son arioso : « Si c'est aimer; » Mᴵᴵᵉ Galli-Marié, un charmant Vendredi, avec sa berceuse; Mᴵᴵᵉ Girard (Suzanne) avec ses couplets : « C'est un beau brun; » Sainte-Foy (Jim Coks) avec sa chanson du « Pot-au-feu »; n'oublions pas Mᵐᵉˢ Revilly, Ponchard et Crosti, qui, ayant eu le malheur de perdre une petite fille, quelques jours après, fut remplacé par Melchissédec; tous furent chaleureusement accueillis, sauf le protagoniste Montaubry, dont la décadence apparut assez visiblement pour causer un désappointement voisin de la consternation. *Robinson* mourut au bout de trente-deux représentations.

Vert-Vert, d'Offenbach, joué le 10 mars 1869, eut 58 représentations; il y avait là un progrès réel, puisque *Barkouf* n'en avait eu que 7, et *Robinson* 32. Pour ces trois actes, tirés d'un vaudeville de Desforges et de Leuven joué jadis avec succès par Déjazet en 1832, Meilhac et Nuitter touchèrent des droits et furent nommés; de Leuven et Desforges en touchèrent aussi, mais ne le furent point. Seul, Gresset ne toucha rien, quoiqu'il eût au moins fourni le titre de la pièce; c'est d'ailleurs à peu près tout ce qui subsistait de son poème. Vert-Vert était, non plus un perroquet, mais un jeune et naïf adolescent, devenu la coqueluche des demoiselles dans un singulier pensionnat où la sous-directrice flirte avec le maître de danse, où les jeunes filles ont des amoureux parmi les garnisaires d'une ville voisine et finissent par se faire enlever, aubaine dont profite Vert-Vert, qui, entre le premier et le troisième acte, a trouvé moyen de s'émanciper auprès d'une cantatrice de province, à côté de laquelle le hasard des circonstances l'a forcé de chanter un soir. La partition

valait mieux que ses aînées, parues sur le même théâtre; quelques jolis passages en demi-teinte méritaient l'attention. Et puis, Capoul chantait à ravir; il avait bien fait le sacrifice de ses moustaches, au grand désespoir des dames d'alors; mais il demenrait séduisant quand même, faisant bisser au premier acte sa romance : « Et l'oiseau reviendra dans sa cage, » et au deuxième acte son « alleluia »; le quatuor du troisième acte recueillait aussi des applaudissement mérités, et l'on redemanda sa romance à Gailhard, dont le talent et la voix se développaient de jour en jour, car il avait, le 5 août précédent, joué le *Toréador* avec une pleine réussite, et il devenait peu à peu l'un des plus solides piliers de la maison. A côté des deux Toulousains, citons Mᴵᴵᵉ Cico, bientôt remplacée par Mᴵᴵᵉ Ducasse; enfin Mᴵᴵᵉˢ Moisset, Girard, Révilly, Tual, MM. Sainte-Foy, Potel, Leroy et Ponchard, qui jouait au naturel un rôle de ténor sans voix. Le grand succès de l'ouvrage fut, au troisième acte, la leçon de danse, exécutée, chantée et mimée par Coudenc, le vieux Coudenc, toujours jeune, ingambe et spirituel comédien. Les critiques cependant ne manquèrent pas, et une reprise de *Vert-Vert*, le 16 mai 1870, où Capoul était remplacé par Mᴵᴵᵉ Girard, Mᴵᴵᵉ Girard par Mᴵᴵᵉ Bélia, Mᴵᴵᵉ Cico par Mᴵᴵᵉ Fogliari, et Sainte-Foy par Lignel, n'aboutit qu'à *trois* représentations, donnant ainsi raison aux détracteurs.

En 1872 on joua *Fantasio* salle Favart. L'entreprise était téméraire, et d'avance on pouvait craindre qu'un ne fût ni compris ni goûté. Tout le monde connaît les courses vagabondes du prince de Mantoue avec l'étudiant Fantasio, et l'humoristique imbroglio qu'en a tiré Alfred de Musset. Dans cet ouvrage plein de saillies curieuses et de raffinements délicieux, le poète a dépensé une bonne part de sa verve et de son esprit; c'est un régal exquis pour le lettré qui, livre en main, jouit du « spectacle dans un fauteuil ». Mais la scène grossit les personnages en les amplifiant; elle exige une logique assez précise dans l'action, une marche régulière souvent convenue, qui s'accommodent mal avec l'excès d'originalité. *Fantasio* avait traversé la Comédie française sans succès; Offenbach semblait bien hardi de lui vouloir faire un sort à l'Opéra-Comique. Il est vrai qu'on avait eu recours au talent d'Alexandre Dumas pour retoucher un peu le livret dont Alfred de Musset était désigné sur l'affiche comme seul auteur. Enfin, l'on « passa » le 18 janvier, près de deux ans après avoir répété pour la première fois! car on s'occupait de l'ouvrage au printemps de 1870, et les personnages étaient alors distribués ainsi : Capoul (Fantasio), Couderc (le Prince), Potel (Marionni), Gailhard (Sparc), Mᴵᴵᵉˢ Dalti (Elsbeth), Moisset (le Page). Cette dernière et Potel avaient seuls gardé leurs rôles; celui de Capoul était passé à Mᵐᵉ Galli-Marié, celui de Couderc à Ismaël, celui de Gailhard à Melchissédec, celui de Mᴵᴵᵉ Dalti à Mᴵᴵᵉ Priola. Sauf le premier acte, la partition parut d'une assez faible inspiration, et l'on dut s'arrêter avec la dixième représentation.

Dès 1848, la *Revue et Gazette Musicale* annonçait les *Contes fantastiques d'Hoffmann* avec musique de Mᴵᴵᵉ Juliette Godilon. Le 31 mars 1851, l'Odéon, dirigé alors par Altaroche, donnait, sous ce même titre, un drame en cinq actes de Jules Barbier et Michel Carré. Les auteurs, jeunes alors, avaient eu l'idée d'identifier leur héros avec les personnages sortis de son imagination, et de souder ainsi entre elles trois de ses histoires les plus connues : l'*Homme au sable, le Reflet perdu* et le *Violon de Crémone*.

Tout d'abord, Hoffmann raconte aux étudiants attablés dans un cabaret les passions qui ont troublé sa vie. Le récit prend un corps, et chacune des femmes adorées devient le titre et le prétexte d'un tableau. Voici l'automate Olympia, qu'a fabriquée Coppélius, et dont une main vengeresse brise le mécanisme, brisant du même coup le cœur du poète amoureux. Voici la poitrinaire Antonia, qui ne doit pas chanter, sous peine de mourir, et qui succombe dans les bras de son compositeur aimé, pour avoir enfreint cet ordre. Voici enfin la courtisane Giulietta, qui, pour prix de ses baisers menteurs, a acheté le reflet de son amant et périt en buvant par mégarde le breuvage empoisonné qu'elle lui destinait. Le dernier acte ramène à la réalité. Hoffmann voit venir à lui une nouvelle femme qui voudrait l'entraîner, Stella, la cantatrice à la mode; il la repousse durement et la laisse s'éloigner au bras du conseiller Lindorff, représentant le diable, auquel, pour morale, la courtisane est censée se donner. De plus, comme dans toute féerie, deux génies traversent la pièce et tiennent pour ainsi dire les fils : l'un, le bon génie, Friedrich; l'autre, le mauvais, s'incarnant successivement dans la personne de Coppélius, qui brise sa poupée, du docteur Miracle, qui force Antonia à chanter, du capitaine Dapertutto, qui apporte la coupe de poison.

Le véritable Hoffmann, celui qui a écrit les *Frères de Sérapion*, les *Contes nocturnes* et les *Fantaisies à la manière de Callot*, mais dans les œuvres allemandes duquel on chercherait vainement les *Contes fantastiques*, car ce titre fut imaginé par l'éditeur, qui en publia vers 1830 la première traduction française, Hoffmann est un personnage bizarre dont les aventures pouvaient être directement transportées à la scène. Tour à tour ou tout ensemble chef d'orchestre, journaliste, traducteur, directeur de théâtre, juge, peintre, chantre d'église, compositeur, romancier, poète, il représente par certains côtés le type du « bohème » auquel s'est arrêté Walter Scott, oubliant d'ailleurs que l'inscription gravée sur sa tombe aurait pu mentionner, à côté de tous ses titres et qualités, ceux de père affectueux et de tendre mari. Mais, au milieu de toutes ses idées étranges, Hoffmann n'aurait jamais eu à lui celle de prendre quelques-unes de ses histoires, de les juxtaposer et d'en faire, à l'usage du public, une sorte de faisceau retenu par le lien d'une intrigue assez mince. Jules Barbier et Michel Carré pouvaient, il est vrai, invoquer pour leur défense, non seulement le droit concédé de tout temps aux poètes d'en user librement avec l'histoire, mais encore les légendes accréditées dans la patrie de leur héros, s'il est vrai qu'Hoffmann se plaisait dans la conception du surnaturel et mêlait communément le diable à toutes choses, se figurant volontiers qu'il jouait son rôle dans chacun des actes de notre vie. Pendant les nuits qu'il consacrait parfois à l'étude, il faisait veiller sa femme et la forçait, dit-on, à venir s'asseoir près de lui, pour le protéger, par sa présence, contre les fantômes que son imagination évoquait sans cesse. Et même Hoffmann n'avait-il pas, au fond de sa conscience, le sentiment de son désordre mental, quand il écrivait dans son journal : « Pourquoi, durant mon sommeil, comme pendant mes rêves, mes pensées se portent-elles si souvent, malgré moi, sur le triste sujet de la démence? Il me semble, en donnant carrière aux idées désordonnées qui s'élèvent dans mon esprit, qu'elles s'échappent comme si le sang coulait d'une de mes veines qui viendrait à se rompre. »

Quelle que fût la différence du modèle et de la copie, le type, il faut croire, ne déplut pas trop aux spectateurs de 1851. L'ouvrage était d'ailleurs bien joué par Tisserant, Pierron, Mᵐᵉ Marie Laurent, et l'emploi, rare alors, de la lumière électrique ajoutait encore à l'attraction du spectacle. Cependant les années s'écoulèrent, et le silence sembla se faire autour de cette pièce, dont le dialogue, passant de la prose à la poésie quand la situation devenait pathétique, laissait deviner dès l'origine la possibilité d'une adaptation musicale. Dans un feuilleton théâtral de l'époque nous avons même retrouvé cette phrase prophétique : « Ce drame donne simplement pour résultat un opéra-comique. »

Un compositeur s'occupa en effet d'en écrire la musique; c'était Hector Salomon, et un important fragment de son opéra romantique, avec les paroles de Barbier et Michel Carré, fut exécuté au Trocadéro pendant l'Exposition universelle de 1878. Or, vers le même temps, rencontre singulière, Offenbach s'éprenait du sujet; il le mettait sur le chantier et devançait son jeune confrère, en ce sens qu'il faisait recevoir la pièce au Théâtre-Lyrique. Mais avec M. Vizeutini le Théâtre-Lyrique disparut; Offenbach traita alors avec M. Jauner, directeur de l'Opéra impérial de Vienne; toutefois, avant de laisser sa partition partir en exil, il voulut la présenter à ses amis de France, et, invitant dans ses salons le *Tout-Paris* d'alors, il en donna au piano une audition fragmentaire avec le concours d'un chœur d'amateurs et du quatuor vocal de MM. Anguez et Tascin, Mᵐᵉˢ Franck-Duvernoy et Lhéritier.

Cette audition obtint un succès retentissant, dont le premier résultat fut de mettre obstacle à la prise de possession de l'ouvrage par l'Allemagne. M. Carvalho se trouvait parmi les auditeurs; il avait applaudi, et il retint l'œuvre au passage. La série des aventures me touche pas encore à son terme. Le 5 octobre 1880, Offenbach meurt, âgé de soixante et un ans, en laissant sa partition achevée, si l'on veut, à quelques raccords près, mais non orchestrée. Ernest Guiraud accepte alors de compléter ce travail, et d'ailleurs s'en acquitte avec un savoir et une délicatesse extrême. Pour la seconde fois avant la représentation dans la salle Favart, un fragment est exécuté le 18 novembre, dans l'après-midi. Il s'agissait d'une matinée organisée aux Variétés par le *Figaro* en l'honneur d'Offenbach et pour l'inauguration de son buste; au programme figurait une barcarolle à deux voix, chantée par Mˡˡᵉˢ Isaac et Marguerite Ugalde, non seulement applaudie, mais bissée avec transport.

Dès cette époque les rôles sont distribués, et l'on cite MM. Talazac (Hoffmann), Tascin (Liudorf, Coppélius, le docteur Miracle), Grivot (Andrès, Cochenille, Frantz), Belhomme (Crespel), Gourdon (Spallanzini), Troy (maître Luther), Teste (Hermann), Collin (Wilhem) et Mˡˡᵉ Isaac (Stella, Olympia, Antonia). Davoust et Fontenay étaient désignés pour les rôles qui passèrent définitivement à Piccaluga (Wolfram) et à Chenevière (Nathaniel), de même que Mˡˡᵉ Ducasse fit place à Mˡˡᵉ Marguerite Ugalde pour le travesti de Nicklauss. Bernard devait figurer le personnage de Schlemyl, qui disparut à ses répétitions; la muse fut personnifiée par Mˡˡᵉ Molé, et Mˡˡᵉ Vidal, chargée d'« une voix » dans la coulisse, fut remplacée par Mˡˡᵉ Dupuis, laquelle fut à son tour remplacée par Mˡˡᵉ Perrouze (encore élève du Conservatoire), jusqu'au jour où ce bout de rôle revint à sa première titulaire, Mlle Vidal.

Les répétitions suivent leur cours, lorsque, le 1er février 1881, au lieu de donner le *Chalet* et *Fra Diavolo*, annoncés sur l'affiche, on fait relâche pour répéter généralement les *Contes d'Hoffmann* devant la famille du compositeur et quelques amis de la presse, prévenus à la dernière heure. On écoute avec intérêt ces cinq actes; mais l'ouvrage semble long, et, le rideau baissé, un conciliabule est tenu où Joncières, entre autres, voyant juste et découvrant le point faible, décide la direction à couper le quatrième acte; le décor seul est resté — comme image — sur le frontispice du quadrille publié par l'éditeur de la partition. En quelques jours, on taille, on rogne, on supprime certain quatuor avec chœur, applaudi jadis chez Offenbach : « On est grand par l'amour, et plus grand par les pleurs; » quelques épaves de l'acte disparu sont recueillies ailleurs; la fameuse barcarolle à deux voix est intercalée au troisième acte, tandis qu'une romance pour ténor et un duo prennent place au dernier.

Enfin, tout est prêt, et le 10 février a lieu la première représentation devant une salle comble et, faut-il ajouter, des plus sympathiques. On l'a dit : « Les auteurs morts ont ce triste privilège de n'avoir pas d'ennemis à leurs premières, » et encore mentionnerait-on quelques exceptions à cette règle, comme l'acharnement d'Azevedo contre l'*Africaine*, où il ne trouvait à louer qu'une phrase enlevée, prétendait-il, au *Barbier* de Paisiello. Cette fois, du moins, tout le monde applaudit au vigoureux effort tenté par le compositeur pour donner à son inspiration l'ampleur, la couleur et l'accent nécessaires afin de se mouvoir sans contrainte dans ce monde inconnu de la passion et du rêve. Sans doute, le vieil homme reparaissait par instants, et c'est à lui que le diable, dont il est tant parlé dans la pièce, soufflait quelques « flonflons » dignes de l'opérette; mais on pouvait applaudir de gracieuses et pénétrantes mélodies : « Elle a fui, la tourterelle, » ou : « C'est une chanson d'amour, » et même un morceau vraiment dramatique, le trio d'hommes du troisième acte, où semblait avoir été donnée une forme scénique et musicale à cette obsession étrange et douloureuse que cause le cauchemar. La mise en scène et l'interprétation ajoutaient encore à l'impression produite : rien de plus amusant et plus émouvant tour à tour que Mlle Isaac figurant la poupée articulée et la malheureuse Antonia; rien de plus effrayant et de plus fantastique que Tas̀in sous les traits du docteur Miracle.

On raconte que peu de temps avant sa mort, caressant un grand lévrier auquel il avait donné le nom d'un des personnages dont la légende figurait parmi des morceaux de sa partition, Offenbach murmurait tristement : « Pauvre Kleinsach! je donnerais tout ce que j'ai pour être à la première! » Il pressentait la victoire, et cette soirée, si brillante en effet, fut suivie de bien d'autres, puisqu'on joua l'ouvrage 101 fois en 1881, 12 fois en 1882, et toujours avec les mêmes interprètes, sauf Grivot et Gourdon, suppléés quelquefois par Barnolt et Davoust, ainsi que Mlle Ugalde, retirée de l'Opéra-Comique à la réouverture de septembre et définitivement remplacée par Mlle Chevalier. Le 24 décembre 1883 on reprit les *Contes d'Hoffmann*, et la distribution, cette fois encore, subit à peine quelques changements : Lubert au lieu de Talazac (Hoffmann), Manguière et Sujol au lieu de Chenevière et Piccaluga (Nathaniel et Wolfram); enfin

Mlle Blanche Deschamps, par la minuscule partie d'« une voix », préludait modestement aux grands emplois qu'elle devait remplir plus tard. Si l'on joint les trois représentations de 1884 et les quinze de 1886 aux cent treize obtenues précédemment, on arrive au chiffre de cent trente et une, qui résume la carrière des *Contes d'Hoffmann* à la salle Favart.

HERVÉ (1821-1892).

Immédiatement après Offenbach il faut citer Florimond Ronger, dit *Hervé*, né à Houdain en 1821, mort à Paris en 1892, et que nous pouvons considérer comme le père de l'opérette française.

12 octobre 1867, première de l'*Œil crevé*. Une date! Interrogeons les chroniques du temps. Nous sommes moins gais et nous avons été un peu plus blasés sur les charmes de l'opérette. Pourtant, l'œuvre d'Hervé a bien gardé sa valeur personnelle, son intérêt, sa fleur d'insenséisme point complètement desséchée. La coupe poétique se distingue par son indépendance :

> Il m'a promis l'hymen ; à quelque autre il doit s'unir,
> Je n'aurai plus qu'à mourir.

Et encore la chanson de Gérôme :

> Les gens qui sont dans le commerce
> Ne comprennent pas tout ça;
> Quand ils nous voient avec leurs bonn', ça les vexe,
> Ils font un pif qu'est long comme ça.

Quant à la prose (peu différenciée comme rythme), elle contient des modèles d'insanité soigneusement travaillés, par exemple le grand récit de Gérômé : « A la bataille de Moule-en-Suif, je m'étais engagé dans le régiment des patineurs irlandais. Je force la porte d'une maison déserte. Un laboureur qui se trouvait là par hasard me demande le chemin de Versailles. Je lui fends la tête d'un revers de ma latte, et du même coup j'abats trois arbres qui se trouvaient derrière lui. Le lendemain j'étais nommé inspecteur du gaz chez une riche famille parisienne. » C'est de l'ineptie voulue, d'un effet toujours considérable sur les auditeurs les plus rétifs.

Chilpéric remonte à 1868, une année qui compte, au point de vue de la production théâtrale : l'année du *Premier Jour de bonheur*, de *Paul Forestier*, du *Monde où l'on s'amuse*, de la *Périchole*, de *Geneviève de Brabant*, de *Cadio*, de *Miss Multon*, de la *Madone des Roses*, etc., etc.

Le scénario est inénarrable, et il serait matériellement impossible d'analyser la suite très incohérente des scènes juxtaposées où le roi Chilpéric enlève au paysan Landry sa femme Frédégonde pour l'emmener à la cour et en faire sa première lingère; congédie ladite Frédégonde quand survient sa fiancée Galswinthe, après lui avoir loué un petit entresol dans la banlieue de Soissons; et voit sa nuit de noces troublée par la vengeance de la maîtresse délaissée, dont le sympathique Alfred — le plus beau page de l'histoire de France, déclare le livret — déjoue les projets infernaux.

Plusieurs de ces bouffonneries sont restées populaires : le récit de la grande découverte de Ricin, le médecin du roi : « C'est moi qui ai trouvé le moyen d'arrondir les billes de billard. Avant moi, elles étaient carrées; le carambolage était très difficile; il n'était même que l'effet du hasard, » les doléances du grand légendaire Grégoire de Tours, réduit à compter les faux cols de Chilpéric; le compliment d'arrivée de Galswinthe, qui ne manque ni de rimes ni de saveur :

> Pour arriver chez vous, ô le plus doux des maîtres,
> Il nous fallut franchir pas mal de kilomètres;
> Mais, sitôt que l'on voit votre abord distingué,
> On oublie aisément que l'on est fatigué...

Quant à la partition, disons avec M. Edouard Stoullig que le « compositeur toqué » d'une fantaisie déjà remarquée dans l'*Œil crevé* se montre compositeur sérieux dans *Chilpéric*. Les druides grotesques du premier acte chantent un chœur qui réveille les échos de la forêt de *Sigurd*, comme tout à l'heure nous allons songer à *Lohengrin* : Hervé avait pressenti le dieu Wagner. Rappelons encore la célébre légende de « Monsieur » Chilpéric; la chanson du Jambon; le quatuor « Divine Frédégonde »; le finale des ombrelles, la chanson du Papillon bleu; le duo de Chilpéric et de Frédégonde; l'entrée de la Cour, la valse du divertissement, suivie d'un galop si enlevant; le verveux finale (accompagné par la batterie de cuisine de Mᵐᵉ Frédégonde), toujours redemandé d'enthousiasme.

Le *Petit Faust*, opéra-bouffe en trois actes et quinze tableaux, paroles de Hector Crémieux et Jaime fils (Folies Dramatiques), date de 1869. L'auteur joua lui-même le rôle de Faust; les autres rôles principaux furent chantés par Mulher, Vavasseur, Mᵐᵉˢ Van Ghel et Blanche d'Antigny.

Hervé, se souvenant de ses débuts aux Folies-Nouvelles, des joyeuses fantaisies qui avaient nom *la Belle Espagnole*, *la Perle de l'Andalousie* et le *Drame en 1789*, avait rêvé d'étendre son genre, et, comme l'a dit Raoul Toché, témoin de ces splendeurs éteintes, « d'élever l'insanité à la hauteur d'une institution », en portant à la scène cet *Œil crevé*, de folle mémoire, où un bailli épique donnait cette consultation sous forme de poésie :

> Monsieur tire-t-il de l'arc? — Non.
> — Monsieur ne a-t-il un? — Non.
> — Monsieur a-t-il le temps
> D'en acheter un et d'apprendre à en jouer?
> — Non, non, non !
> — Eh bien ! c'que j'vois d'plus clair,
> C'est que Monsieur aille se faire lanlaire.

Comme disait encore Toché, ce n'est pas tout à fait du Victor Hugo, mais ça exprime bien ce que ça veut exprimer. Cependant, l'insanité de l'*Œil crevé* est trop méthodique, trop rationnelle en quelque sorte; on sent la mystification travaillée. De même les plaisanteries de *Chilpéric* ont été pastichées par des générations de vaudevillistes. Le *Petit Faust* a gardé cette supériorité d'un livret amusant, suffisamment raisonnable et toujours attaché comme un satellite à l'évolution du grand « Faust ».

Hector Crémieux et Jaime fils, les deux paroliers, gens de théâtre, hostiles aux pures charentonnades, avaient voulu mettre sur pied une parodie solide de l'œuvre de Gounod, et nous voyons qu'ils y avaient réussi. Les effets comiques sont d'une pitrerie assez basse et malheureusement incurable, mais la pièce se tient encore debout, et la musique — du seul compositeur qu'ait jamais redouté Offenbach — reste délicieuse.

Jonas a fait applaudir le *Canard à trois becs*, un des grands succès des Folies-Dramatiques. — De **Gaston Serpette**, qui avait été lauréat du concours de Rome et que des succès rapides avaient attiré sur la musique légère, il faut citer le *Royaume des femmes*, le *Gamin de Paris*, *Adam et Eve*, le *Songe d'une nuit d'été*, le *Carnet du diable*, le *Château de Tire-Larigot*, *Cousin-Cousine*, *Carillon*, le *Capitole*. — De **Vasseur**, la *Timbale d'argent*, cette fameuse timbale qu'il avait enlevée du premier coup et qu'il manqua au second essai, la *Petite Reine*. — D'**Audran**, la *Dormeuse éveillée*, *Gillette de Narbonne*, la *Reine des Reines*, *Pervenche*, la *Duchesse de Ferrare*, l'*Enlèvement de la Toledad*, la *Poupée*, *Madame Serpette*, *Miss Helyett*, dont le succès fut considérable, le *Grand Mogol*. — De **Victor Roger**, *Joséphine vendue par ses sœurs*, les *Femmes de Japhet*, les *Vingt-huit Jours de Clairette*. — De **Louis Varney**, les *Mousquetaires au couvent*, *Fanfan la Tulipe*, les *Petits Mousquetaires*, l'*Amour mouillé*, la *Femme de Narcisse*, les *Petites Brebis*, le *Fiancé de Thylda*, les *Petites Barnett*, le *Papa de Francine* et *Mademoiselle Georges*, qui fut sa dernière pièce importante. — Enfin, et surtout, de **Robert Planquette**, les *Cloches de Corneville*, *Rip*, le *Talisman*, la *Princesse Colombine*, la *Cantinière*, *Surcouf*, etc.

CAMILLE LE SENNE, 1914.

COMPOSITEURS DE MUSIQUE INSTRUMENTALE, PROFESSEURS ET EXÉCUTANTS CÉLÈBRES

L'école française a été si brillamment représentée dans la période contemporaine au point de vue de la composition instrumentale, de l'enseignement et de la musicographie, que nous sommes contraints de nous borner à de simples mentions biographiques, en suivant l'ordre de l'alphabet.

Charles-Valentin ALKAN (1813-1888), élève de Dourlen et de Zimmermann; premier prix de piano au Conservatoire de Paris en 1823. Il a laissé des *Chants* et des *Préludes* qui l'ont fait appeler par César Franck le « poète du piano », des *Etudes* d'un beau caractère et le *Festin d'Esope*.

BARBEDETTE (1827-1902), pianiste, compositeur et musicographe.

Emile BERNARD (1843-1902), élève de Benoist, Clapisson et Reber, organiste à Notre-Dame-des-Champs; a laissé des cantates, deux suites d'orchestre; *Béatrice*, ouverture symphonique, deux concertos avec orchestre pour violon et pour violoncelle; hymne pour orgue, harpe et orchestre; de la musique de chambre, trio avec piano, deux sonates piano et violon et piano et violoncelle; suite piano et violon; divertissement pour instruments à vent; de la musique de piano.

Paul BERNARD (1827-1879), auteur de morceaux de salon pour piano, *la Feuillée*, l'*Hirondelle du clocher*, etc.

Adolphe BLANC (1828-1885), « l'un des derniers fidèles du genre purement classique », suivant la définition de M. Albert Lavignac. Sonates, duos, trios, quatuors, un beau septuor.

Frédéric BRISSON (1821-1890), auteur de nombreuses compositions pour l'harmonium, l'orgue et le piano; le premier, dit M. Arthur Pongin, qui ait eu l'idée d'écrire de la musique avec deux sortes de grosseurs de notes.

Édouard BROUSTET (1836-1901), auteur de musique de chambre et de musique de piano.

CASTILLON (1838-1873), classé par Hugues Imbert comme le « précurseur de la musique de chambre sérieuse en France », et qui a laissé de nombreuses compositions pour piano.

Adolphe DAVID (1847-1897), pianiste et compositeur.

Léon DELAHAYE (1844-1896), professeur d'accompagnement au Conservatoire, pianiste et compositeur.

Victor DOLMETSCH (1852-1904), pianiste et compositeur.

Alfred ERNST (1860-1895), musicographe distingué, auteur d'études sur Berlioz et Wagner.

Henry FISSOT (1843-1896), pianiste, organiste et compositeur. Professeur au Conservatoire.

Octave FOUQUE (1844-1883), organiste, compositeur et musicographe.

Achille LEMOINE (1813-1895), pianiste, compositeur et éditeur de musique.

LEFEBURE-WELY (1817-1870), pianiste, organiste et compositeur, a laissé trois symphonies exécutées aux concerts Pasdeloup; une cantate : *Après la Victoire*; un opéra-comique : les *Recruteurs* (1861); de la musique d'orgue et de chant pour l'église; une sonate concertante pour piano et orgue, un quatuor, un quintette; des morceaux de piano au nombre de deux cents environ, notamment : les *Cloches du Monastère*, la *Retraite militaire*, les *Papillons d'or*, les *Veilleurs de nuit*, la *Chasse à courre*, les *Lagunes*, les *Binious de Naples.*

Alexandre LUIGINI (1850-1906), violoniste, compositeur et chef d'orchestre.

Charles MALHERBE (1863-1912), musicographe, compositeur, collectionneur, archiviste de l'Opéra.

Olivier MÉTRA (1830-1889), compositeur de valses, a fait jouer en 1879 le ballet de *Yedda* à l'Opéra..

Alfred MUTEL (1820-1892), compositeur et violoniste.

Théodore NISARD (1812-1887), auteur d'ouvrages sur le plain-chant.

Eugène NOLLET (1828-1904), harpiste, pianiste et auteur de nombreux morceaux de salon.

Joseph O'KELLY (1829-1885), pianiste et compositeur.

Théodore RITTER (1836-1886), virtuose et compositeur.

Théodore THURNER (1840-1893), virtuose, compositeur et professeur.

Renaud de VILBAC (1829-1884), pianiste, organiste et compositeur (musique religieuse; morceaux de piano pour salon).

Parmi les grands professeurs il convient de citer :

BARBEREAU (1799-1879), grand prix de Rome de 1824, nommé en 1872 professeur de composition au Conservatoire de Paris, puis professeur d'histoire de la musique.

CHEVÉ (1804-1864), fonda une école de musique où il appliqua ses principes sur la notation musicale.

DANCLA (1818-1857), professeur de violon au Conservatoire.

DELABORDE (1839-1913), élève d'Alkan et de Moskelès, mort doyen des professeurs du Conservatoire.

ELWART (1808-1877), professeur titulaire pendant trente ans d'une classe d'harmonie au Conservatoire.

Félix LE COUPPEY (1811-1887), élève de Pradher et de Dourlen, suppléant de Henri Herz, en 1848, comme professeur de piano, professeur de la classe de piano-femmes de 1854-1885; il a laissé de nombreux traités d'enseignement et formé Caroline Rémaury, Mme Hermann, Mme Wable, Mlle Taravant, Mme Chêné, Mme Marchand, Mme Billa-Manotte, Mme Pène-Bordes, etc.

Antoine MARMONTEL (1816-1898), successeur de Zimmermann en 1848, resté titulaire de la classe de piano (hommes) jusqu'en 1887, a laissé les *Classiques de piano*, édités par la maison Heugel, édition revue, doigtée et accentuée de 220 morceaux des maîtres classiques, ainsi que les traités : *Vade-mecum du professeur de piano; Conseils d'un professeur sur l'enseignement technique et l'esthétique du piano; les Pianistes célèbres; Symphonistes et Virtuoses; Virtuoses contemporains; Éléments d'esthétique musicale et Considérations sur le beau dans les Arts.*

Comme élèves il a formé : Francis Planté, J. Cohen, Deschamps, Lestouquoy, Bizet, Mangin, Chys, Alph. Duvernoy, Fissot, Diémer, Paladilhe, Th. Dubois, Guiraud, Colomer, Lavignac, Emmanuel, Delahaye, Martin, Lack, Cervantès, Antonin Marmontel, son fils adoptif, qui devait aussi marquer dans l'enseignement du piano, Berthemet, Bonnet, Thomé, E. Bourgeois, Wormser, A. Thibaud, Ismenèz, Bellaigue, C. Pierné, Charles-René, Mesquita, Braud, Chansarel, P. Courras, Galeotti, Jemain, Bondon, Reitlinger, Berny et Delafosse.

Lambert-Joseph MASSART (1811-1892), professeur de violon, maître de Wieniowski, Marsick, etc.

Georges MATHIAS (1826-1910), professeur de piano et compositeur.

RAVINA (1818-1906), premier prix de piano au Conservatoire, en 1831, virtuose célèbre, auteur de nombreuses compositions pour son instrument favori et des *Classiques du pianiste.*

SAVARD (1814-1881), professeur d'harmonie au Conservatoire; a publié un cours complet d'harmonie théorique et pratique.

Adolphe SAX (1814-1894), facteur célèbre et professeur de saxophone au Conservatoire.

Les principaux chefs d'orchestre appartenant à la période dont nous nous sommes occupés sont :

Jules-Étienne PASDELOUP (1819-1887), élève de Laurent et de Zimmermann, au Conservatoire de Paris, créa en 1851 la *Société des jeunes artistes du Conservatoire*, qui donna des concerts symphoniques classiques dans la salle Herz, loua en 1861 le Cirque d'hiver pour y organiser les *Concerts populaires* de musique classique, qui en réalité firent une large part à la jeune école française (Saint-Saëns, Massenet, Bizet, Lalo, etc.). L'entreprise, d'abord très florissante, devait souffrir de la concurrence de Colonne et de Lamoureux et prit fin en 1884. De même une autre entreprise de concerts avec chœurs, tentée en 1866 dans la nouvelle salle de l'Athénée, avait échoué. Un essai de résurrection des *Concerts populaires* ne réussit pas davantage en 1886.

Charles LAMOUREUX (1834-1899), élève de Girard pour le violon, de Leborne pour le contrepoint et la fugue, créa une association de musique de chambre avec Colonne, Adam et Rignault; fonda, en 1873, la Société de l'harmonie sacrée (première exécution à Paris des œuvres de Bach et de Haendel), succéda à Deldevez, en 1878, comme premier chef d'orchestre de l'Opéra, où, après un départ assez rapide, il rentra sous la direction Ritt et Gailhard. Il avait été auparavant premier chef à l'Opéra-Comique et, de 1872 à 1878, second chef de la Société des concerts. Enfin, en 1881, il créa les concerts Lamoureux (nouveaux concerts), qui devaient avoir une fortune si brillante et devenir un des principaux centres du wagnérisme.

Edouard COLONNE (1838-1910), né à Bordeaux en 1838, élève, au Conservatoire de Paris, de Girard et Sausay (violon), Elwart et Ambroise Thomas (composition), fonda en 1873 le *Concert national,* qui se transforma plus tard en *Association catholique* et dont les concerts eurent lieu à l'Odéon, puis au Châtelet. Il devait donner à Paris, en province et à l'étranger une suite de plus de 1.500 concerts, où le public lui dut surtout des créations complètes des grandes œuvres de Berlioz (*Requiem, Roméo et Juliette, Damnation de Faust, l'Enfance du Christ,* etc.), et des principales compositions de César Franck.

Ernest ALTÈS (1830-1899), second chef d'orchestre à l'Opéra de 1880 à 1887.

Jules DANBÉ (1840-1905), fonda en 1871 les concerts Danbé au Grand-Hôtel.

DELDEVEZ (1817-1897), en 1872 premier chef de la Société des Concerts du Conservatoire; en 1873, premier chef de l'Opéra.

François-George HAINL (1807-1873), premier chef d'orchestre de l'Opéra en 1863, dirigea pendant quelque temps les Concerts du Conservatoire.

C[lle] **L. S.**

BELGIQUE

HISTOIRE DE LA MUSIQUE ET DES MUSICIENS BELGES

(ÉCOLE FLAMANDE. — ÉCOLE WALLONNE.)

Par René LYR

RÉDACTEUR EN CHEF POUR LA BELGIQUE DE *S. I. M.*

et Paul GILSON

INSPECTEUR GÉNÉRAL DE L'ENSEIGNEMENT MUSICAL EN BELGIQUE

Sous sa physionomie politique actuelle, la Belgique existe depuis 1830 seulement; mais les provinces belgiques, mentionnées par Jules César, gardèrent, sous les dominations, à travers l'histoire, une existence intrinsèque. Cette force originale a permis à des historiens comme M. H. Pirenne d'établir que la *nation* belge se manifesta, de toujours, latente. Toutefois, son expression intellectuelle résulte d'un double courant: germanique d'une part, gallo-latin d'autre part.

Il semble qu'à l'origine les occupants de notre territoire étaient Celtes-Gaulois. Les Wallons descendent, en ligne directe, de ces aïeux. Les Flamands, venus avec l'envahisseur, sont, au contraire, de souche germanique. Tantôt réunis, tantôt séparés, selon les caprices de la conquête ou de la politique, ces deux éléments ethniques n'ont cessé de garder les caractères primitifs. Jamais ils ne se sont confondus, et, quoiqu'une sorte de nécessité géographique ait plusieurs fois uni leurs efforts, ils sont restés foncièrement antagonistes. Observons encore que, bien qu'appartenant à la famille gallo-latine, le Wallon diffère quelque peu du Français, par exemple, de même que le Flamand, fils du Nord, n'a que des accointances lointaines avec l'Allemand d'aujourd'hui. Quoi qu'il en soit, l'histoire musicale de nos provinces s'est confondue et se confond avec celle des races voisines auxquelles Flamands et Wallons appartiennent par atavisme, auxquelles ils furent incorporés au gré des événements. Nous en retracerons brièvement l'évolution, se traduisant sous deux aspects : populaire et savant, dans un ordre chronologique, dégageant les caractéristiques de chaque période et celles des personnalités qui les représentèrent.

Les documents, certes, nous manquent pour conjecturer ici de ce que fut l'art musical(?) au temps des Gaulois : les *Bardes* n'ont laissé souvenir qu'aux pages des auteurs latins. Nous savons que leurs chants entraînaient les guerriers aux farouches combats, qu'ils accompagnaient les druides blancs, « coupant le gui sacré au tronc noueux des chênes ». La civilisation romaine marqua la pénétration, chez les peuplades barbares des Gaules, de l'Eglise chrétienne et de ses rites. Les monastères du moyen âge achevèrent l'éducation, qui ne fut point aisée, si l'on s'en rapporte aux édits de Pépin le Bref et de Charlemagne. Ce dernier, d'après Eginhard, cultivait la musique; il fit venir des chanteurs romains, qui fondèrent des écoles à Metz, à Soissons, à Orléans, à Lyon, à Sens, à Paris, à Dijon, à Cambrai. Celle-ci exerça sans doute une influence sur le développement de l'art musical dans les contrées riveraines d'Escaut et de Meuse. Nous n'en avons point de preuves tangibles. Aussi bien commencerons-nous cette histoire de la musique en Belgique au premier musicien qu'elle puisse revendiquer : *Hucbald*. Né vers 840, Hucbald acquit une grande renommée. Il dirigea et fonda de nombreuses écoles, forma des musiciens qui, à leur tour, professèrent partout leur enseignement. Le premier, il codifia chez nous les lois de la musique vagabonde. Il indique un système de notation imité des Grecs, dans son principal ouvrage, *Musica Enchiriades*. — Un autre Belge, contemporain du moine de Saint-Amand, et qui vécut à Liège, *Francon*, écrivit la plus ancienne méthode de musique mesurée : *Ars cantus mensurabilis*. — A la fin du moyen âge apparaissent les ménétriers ou ménestrels (aussi nommés *trouvères*). Nos pays en comptèrent beaucoup qui eurent grande renommée : *Adenez*, entre autres, né en Brabant vers 1240. La Bibliothèque nationale de Paris possède un recueil de ses chansons, avec texte musical. — *Adam de le Hale* let non de la Halle), surnommé le Bossu d'Arras, né en 1240 également, à qui l'on doit, en plus d'un nombre considérable de chansons et de fabliaux, le *Jeu de Robin et Marion* qui passe pour le premier essai de comédie pastorale en musique. Le succès du *Jeu de Robin et Marion* fut énorme, il se prolongea, et l'on pourrait à peine le comparer à celui qu'obtiennent les plus célèbres opérettes de nos jours. Adam de la Hale emploie déjà les *ornements*, dont la mode fut probablement rapportée d'Orient par les croisés. — La musique « savante » de l'époque ne quitte pas les monastères. Les chefs ecclésiastiques de nos provinces contribuèrent à enrichir le répertoire de l'Eglise. *Olbert, Estienne, Hériger, Ingobrand, Damien*, abbés ou moines, y ont laissé un nom.

Ceci nous conduit au seuil du xvᵉ siècle, à la naissance de *Guillaume Dufay*, fondateur de la fameuse *école* dite du *contrepoint néerlandais*. On a longtemps discuté sur le lieu natal de ce musicien, généralement considéré comme le plus habile de son temps, et qui dota effectivement la musique de formes neuves. « Les quelque cent cinquante compositions que l'on garde de lui, écrit M. E. Closson, montrent un progrès considérable dans la figuration harmonique : le perfectionnement de la notation, une expression relative. » Fétis a cru pouvoir conclure que Dufay naquit à Chimay, villette du Hainaut, patrie de Froissart. Mais le nom, Dufay, tend plutôt à faire croire qu'il est né à Fay-la-Ville, ou Fay-le-Château (Hainaut). Attaché vers 1248 à la maîtrise de Saint-Quentin, à Cambrai, Dufay y reçut son éducation musicale. Il fut ordonné prêtre à Paris, puis vécut à la cour de Bourgogne, à Rome, où il dirigea la chapelle papale ; en Savoie enfin, où il est mort en 1471. On a de ce compositeur plusieurs messes intitulées : *Ecce ancilla Domini*, *l'Homme armé*, *Se la face ay pale*, *Tant me déduis*. Il a écrit aussi des chansons, d'une grande pureté harmonique. — Guillaume Dufay, dans ses *Messes*, suivit la coutume instaurée par les musiciens savants du moyen âge, lesquels, pour animer leurs monuments austères, empruntaient volontiers les fleurs de sève populaire. Telle mélodie répandue, profane ou mondaine, servit mainte fois de thème à la musique religieuse. C'est ainsi que la mélodie de *l'Homme armé*, le plus « en vogue » sans doute, fut longtemps pour ainsi dire imposée aux compositeurs désireux d'affirmer leur « maîtrise » par la confection obligée d'une messe. Celle de Dufay est la plus ancienne, mais on connaît plus de quarante compositions sur ce même *Cantus firmus*. M. Julien Tiersot, dans son livre *la Chanson populaire en France* (Plon-Heugel, 1889), a étudié ce procédé, et particulièrement *l'Homme armé*. Il a tenté de reconstituer la mélodie, qui serait, d'après lui :

Ockeghem, dans sa messe de 7 tons (Kyrie, Et in terra pax, Miserere, Pater omnipotens Deus, Et resurrexit. Et vitam venturi, Sanctus, Pleni, Hosan *, Agnus Dei), *Hobrecht*, *Busnois*, *Josquin de Prés* (deux messes), *Pipelaere*, *Régis*, *Caron*, *Tinctoris*, etc., de même que plusieurs Italiens et Français, utilisèrent ce motif. Voici le *Kyrie* de la messe de *l'Homme armé* de Dufay :

Citons aussi, du même :

Nous venons de parler de la *mélodie populaire*. C'est la forme première, instinctive et directe, la force vive de la musique. Nietsche l'appelle l'élément *prépondérant, essentiel et nécessaire*. — La mélodie populaire est naturellement, spontanément vocale, *monodique* (quoiqu'il y ait des mélodies instrumentales dans le caractère populaire : rondes, danses). Elle fut et restera la source abondante de l'art musical. — La Belgique, terre sonore où les rythmes naissent et fleurissent sans cesse au cœur d'un peuple ardent et laborieux, possède une tradition musicale populaire exceptionnellement riche, où se reflète, on le verra plus loin, l'âme de ses deux races. Les investigations, à vrai dire, n'ont point encore inventorié tous les trésors de ce patrimoine. Le folk-lore wallon, particulièrement, reste assez ignoré. Les Flandres nous ont révélé, par contre, le merveilleux écrin de leurs vieilles chansons. Les ouvrages de Florimond van Duise en constituent à eux seuls un répertoire imposant. C'est à lui que les compositeurs flamands doivent la grande part de leur originalité.

Dès le xv⁵ siècle, nous pouvons croire que nos contrées bourdonnaient, comme à présent, de rires et de chants. Ceux-ci inspirèrent les musiciens religieux et savants; ils constituèrent la *trame* même des compositions polyphoniques, l'ossature soutenant l'ouvrage. Le thème y est confié au ténor, les autres parties le développent et l'ornementent, au moyen des ressources variées de l'*imitation*, du *canon*. — Avec Dufay, Ockeghem, Josquin de Prés, Pipelaere, Hobrecht, déjà cités, *Clemens non papa, Pierre de la Rue, Gascoing, Sampson, Claude Petit, Jean Delattre, Henricus de Zeelandia, Gaspard van Weerbeke*, musiciens de l'École néerlandaise, empruntent des mélodies populaires flamandes et wallonnes. Certaines se rencontrent encore dans l'art polyphonique allemand et dans les œuvres des compositeurs de France et d'Italie. *Henricus de Zeelandia* en cite dans son *Tractatus de Cantu* (vers 1450).

Notre matière musicale populaire s'est, du reste, répandue : on la retrouve dans toute l'Europe, tout comme on retrouve, sous des affabulations différentes, les données de nos *romans* de chevalerie dans toutes les littératures. Les Belges ont prouvé leur génie inventif à toutes les époques; en musique, plus qu'en autres domaines, leur apport fut considérable.

Le caractère *double* que nous avons posé est, dans nos chants populaires, mieux marqué encore que dans la musique savante. Le lied flamand diffère profondément de la chanson wallonne. En général, le premier ressemble au lied allemand; la seconde est française d'esprit et d'allure. Naïve, simple, légère, d'une ligne aisée, franche et libre, d'un sentiment prime-sautier, alerte, le plus souvent « amoureuse » (la plupart des maîtres néerlandais cultivent, presque indécemment, la « gauloiserie »). (Voir les Écrits

des *musiciens* [Roland de Lattre] publiés au *Mercure de France* par M. Prod'homme). Elle a la gaucherie et le « comique » populaire. Elle est purement *monodique*. L'autre est plus riche de nombre et de rythme, plus pur, plus vigoureux, plus âpre, d'une musicalité à la fois plus expressive et raffinée, plus *harmonique*. Dans ses intentions les plus « lestes », il n'a pas la crudité, par exemple, de certaines scènes de Rubens, Jordaens ou Téniers. Il semble que l'art savant proprement dit l'ait élevé en l'interprétant, tandis que la chanson wallonne restait semblable à elle-même, vivant et se perpétuant dans la seule mémoire du peuple. On trouvera à la suite de notre étude un choix de mélodies flamandes et wallonnes, recueillies et commentées par Paul Gilson.

L'on possède des centaines de recueils sur le folk-lore flamand-néerlandais. Le folk-lore wallon en compte peu. Cette lacune semble devoir être bientôt comblée, du reste; nombreuses sont les recherches entreprises depuis quelque dix ans par des musicologues ou des littérateurs wallons (MM. Closson, professeur au Conservatoire Royal de Bruxelles, et Colson, directeur de la revue *Wallonia*, spécialement).

⁂

La mélodie, dont on peut dire, comme du Verbe, qu'*elle était au commencement*, resta donc en faveur, cependant que se développaient l'harmonie et la polyphonie qui en naquirent. Dès le ix⁵ siècle, la science polyphonique était apparue dans les essais de l'*organum* (diaphonie : suite de quintes et de quartes auxquelles on est revenu de nos jours[1]). Elle se développa dans le motet et le déchant médiévaux, jusqu'au *faux bourdon* (xiv⁵ siècle), où prit naissance le contrepoint néerlandais qui va nous occuper.

Au xv⁵ siècle déjà, nous l'avons vu, les contrées hennuyères étaient un centre intense de culture musicale. Hucbald d'abord, Dufay, Binchois, leurs disciples, ensuite, exercèrent une influence prépondérante sur la musique en général. Presque tous les maîtres de l'école, composée en majorité de Wallons et de Picards, occupèrent en Italie les plus hautes fonctions. De 1450 à 1600, ils gardent une véritable *hégémonie*. Messes, motets, chansons polyphoniques, inspirées généralement du répertoire profane populaire et de la cantilène liturgique : telles sont les formes qu'ils cultivent. Leur art est scientifique, religieux par l'esprit, par les formules, par les affinités avec les modes grégoriens. Néanmoins, on

---

1. A ce propos, remarquons que l'instinct « physiologiste » des anciens ne manquait pas d'intelligence. Fétis, dans la préface de la première édition de sa *Biographie universelle des musiciens*, écrit qu'*il était interdit de faire entendre ces symphonies ou « doux concerts », en dehors des dimanches et jours de fête*. Sans doute pour que l'oreille ne s'y accoutumât point?...

reconnaît les uns et les autres à des différences personnelles de sentiment et même de style.

Le fondateur de l'*école néerlandaise* (la première école musicale proprement dite), nommée ainsi du fait que provinces wallonnes et flamandes se trouvaient réunies sous le sceptre de la maison de Bourgogne, et en vertu d'une coutume, qui n'a pas encore disparu, de considérer comme « flamand » tout le pays belge, la Wallonie comprise, est donc *Guillaume Dufay*. *Egide de Binche*, dit *Binchois*, né à Binche vers 1400, chapelain de Philippe le Bon, mort en 1460 à Lille, fut le théoricien et le pédagogue des innovations que Dufay apportait. La plupart des musiciens de l'école sont ses élèves. *Régis, Caron, Busnois, Fauque, Ockeghem* lui-même qui forma les *Loyset Compère, Pierre de la Rue, Josquin de Prés*, etc. Au début du XIVe siècle, un Belge encore, qui passa longtemps pour l'inventeur de l'imprimerie musicale : *Van Waelbeke*, né à Waelbeke, en Brabant, sous le règne du duc Jean II, perfectionna l'orgue, en inventant les *pédales*. Sous Charles le Téméraire, la chapelle bourguignonne compta un musicien renommé : *Busnois*, dont l'origine n'est pas déterminée précisément, mais que l'on croit natif de nos provinces.

Les archives pontificales ont conservé de lui une messe, sur l'*Homme armé*, entre autres œuvres, et des chansons que publia *Petrucci de Fossombrone*, inventeur de l'impression musicale au moyen des caractères mobiles, dans son recueil des 150 pièces célèbres, publié en 1503. Dans le même temps, *Ockeghem*, surnommé *le Grand* par les musicologues, vécut à la cour de Charles VII. A en conclure d'après une lettre de Jean Lemaire de Belges, Ockeghem était né à Bavay (*Belgium* en latin) en 1430. Il exerça les fonc-

tions de chapelain à la cour royale. Cet artiste de génie est en quelque sorte l'inventeur de l'*art contrapuntique* resté jusqu'à lui assez barbare, comme en témoigne l'organum. Il composa les premiers *canons*. On appela Ockeghem le pilier de la musique; sa mort fut pleurée par les poètes et par les musiciens. — Vers 1435, la petite ville wallonne Nivelles donna le jour à *Tinctoris* (quelques auteurs supposèrent toutefois qu'il était natif de Poperinghe, Flandre), Jean le Teinturier, théoricien et compositeur, qui fonda à Naples la première école de musique qui ait existé en Italie. Il y fut secondé par Guillaume Garnier (Guarnerius) et Bernard. Hycart, musiciens belges. Tinctoris a laissé un Dictionnaire des termes musicaux usités au XVe siècle : *Terminorum musicae definitionum*. Avec lui, d'autres Belges encore furent en Italie; on a retenu les noms de *Jean de Namur*, *Guillaume Guinand, Jean de Roi*.

Le plus illustre, le « Prince » des musiciens du XVe siècle, célèbre dans toute l'Europe, fut *Josquin de Prés*, que Lavoix compte parmi les Français. Josquin, né dans le Hainaut ou dans le Nord (la question reste posée) vers 1450, étudia à la maîtrise de Saint-Quentin avec Ockeghem, ainsi que nous l'avons dit. Il fut maître de chapelle à Cambrai, chantre pontifical à Rome, maître de chapelle à Ferrare, puis à la cour de France. Il mourut à Condé en 1521. Il a composé des messes (dont une sur l'*Homme armé*), des motets, des chansons, où il libère l'imitation de ses règles trop inflexibles; son contrepoint est plus souple, grâce à des modulations. Il excella dans la chanson légère. Reproduisons le *Chant de Déploration* qu'il composa à la mort de son maître *Ockeghem*.

Josquin eut de nombreux élèves, au nombre desquels *Richafort*, né en Belgique au xvᵉ siècle, maître de chapelle à Bruges, *Petit Coclius*, *Jannequin*, auteur de chansons imitatives, dont la *Bataille de Marignan*, souvent encore exécutée de nos jours; *Gombert, Mouton, Adrien Willaert*, qui fonda l'école de Venise. Né à Bruges, en 1490, ce dernier vécut à Paris, auprès de Jean Mouton, musicien de la chapelle de François Iᵉʳ, qui acheva son éducation, puis en Italie, où il forma des disciples : tels *Cyprien de Rore*, né à Malines en 1516, qui lui succéda à la direction de l'école vénitienne et à Saint-Marc; *François Viola*, qui fut maître de chapelle à Ferrare; *Constant Porta, Zarlino*, le plus savant théoricien de l'Italie. Willaert mourut en 1563. On a de lui des chœurs, des motets, des chansons françaises. Il inspira à Zarlino son célèbre traité *Institutions harmoniques*, dont la portée, on le sait, fut immense. Un autre grand maître belge, *Philippe de Mons*, né à Mons vers 1521 et mort en 1606, en Italie, a mis en musique des poésies de Ronsard. Comme on le voit, les représentants de notre école étaient nombreux dans les différentes cités italiennes[1].

La chapelle du pape posséda encore, à la fin du xvᵉ siècle, *Jacques Arcadelt*, qui finit sa carrière au service du duc de Guise. Les musiciens des Pays-Bas sont alors les préférés. « On se les arrache, » écrit Lavoix. Ils restèrent, jusqu'à Palestrina, les maîtres de la musique. Plus tard, nous les verrons reprendre avec usure, hélas! à leur pupille, les leçons qu'ils lui avaient données.

Les glorieux siècles que nous venons de parcourir, étonnamment féconds et non encore égalés, sinon, peut-être, de cette ère, tant au point de vue de la production que de la virtuosité et de l'enseignement, virent encore maints artistes de renom et de valeur; *Jean de Castro,* né à Châtelet en 1512, auteur de chansons polyphoniques; *Jean Guyot,* « *Castileti* », né à Châtelet vers 1512, dont on a des motets, des psau-

mes, des chansons; *Jean Saunier,* né en 1542, à Ath, auteur d'ouvrages didactiques; *Nicolas Payen,* de Soignies; *Pierre de la Rue,* né à la fin du xvᵉ siècle; *Louis Compère,* déjà cité, dont on conserve un motet; *Jean Crespel,* connu par des motets et une déploration sur la mort d'Ockeghem; *Brumel, Pipelaere, Isaac, Agricola Massenus.*

Mais tandis que l'Italie achevait son éducation à l'enseignement des contrapuntistes belges, un puissant génie était apparu sur notre sol, qui allait résumer les conquêtes de l'art musical et clore magnifiquement le règne de l'école néerlandaise. *Roland de Lattre* ou Orlando di Lassus, comme il aimait à s'appeler lui-même, naquit à Mons en 1532. Il fut enfant de chœur à l'église Saint-Nicolas (ses origines sont encore peu précises). Il suivit Ferdinand de Gonzague en Sicile, puis à Milan, voyagea vers 1550 en France et en Angleterre, séjourna à Anvers en 1556, fut appelé à Munich par Albert V, dont il fut maître de chapelle et chez qui il mourut en 1594. Contemporain de *Palestrina,* Roland de Lattre eut une gloire semblable à celle qu'avait connue Josquin. Il fut appelé aussi le *Prince des musiciens* de son temps. Sa célébrité fut universelle : tous les poètes de l'époque lui consacrèrent des pièces enthousiastes, les papes et les souverains l'attirèrent et l'anoblirent. On possède deux mille compositions signées de son nom, dans tous les genres, de toutes les formes usitées avant lui : messes, psaumes, motets, chansons polyphoniques françaises, allemandes, italiennes, villanelles, madrigaux. Magistralement, avec une verve endiablée, une aisance, une perfection merveilleuse, il aborde tous les styles. Curieux mélange de légèreté et de profondeur, de spontanéité, d'inspiration naïve et de science, de fantaisie et de formalisme, Roland de Lattre nous représente le type accompli du Wallon, exubérant, joyeux, rieur et frondeur, aimant la grosse plaisanterie, mais sujet aux accès de mélancolie, épris de rêve et d'abstraction. Donnons ici, prise au hasard, l'une de ses chansons françaises à 4 voix, sur un texte de Clément Marot :

1. Aujourd'hui déchues, les villes de *Naples,* de *Florence,* de *Venise* et de *Rome* restèrent longtemps des foyers qui attiraient les artistes de tous pays : cela explique les migrations de nos musiciens.

Nous citerons encore les Hennuyers *Jean de Fosses*, né à Gosselies; *Georges de la Hèle*, né en 1545, maître de chapelle de Philippe II, le dernier des polyphonistes néerlandais; *Verdelot, Hollander, Canis, H. Van der Ryst, Verdonck* (Cornélius), né à Turhout. Ce compositeur a joui d'une grande célébrité; un monument lui a été élevé dans l'église des Carmé-lites à Anvers. On possède ses livres de madrigaux à 6 et à 9 voix, des chansons françaises, un *Magnificat* à 5 voix, etc. Un madrigal de Verdonck harmonisé par Paul Gilson fut publié à l'occasion de l'Exposition 1910, en commémoration d'Albert et Isabelle (siècle de Rubens), par le *Soir-Noël*.

Madrigal de H. Waelrant (1597).

Vinden-Hubert Waelrant, né à Ath ou à Arras, dont nous avons des chansons françaises et italiennes, des cantiques sacrés, et la *Symphonie angélique* (*symphonia angelica*), recueil de 66 madrigaux de Verdonck, V. Ruffo, Angelini, et autres.

Sous Marie de Hongrie : *Jean Gossins, B. Appelzelders, Jacques Bucquet, Sigismond Yver, Roger Pathie,* etc. — Le rôle de la musique devient de plus en plus secondaire à partir de ce moment. Sous *Charles-Quint, Jacques Clemens* (*Clemens* dit *non papa* pour le

distinguer du pape Clément, musicien aussi), *N. Gombert,* auteur de motets et de messes, *Thomas Créquillon,* dont les ouvrages religieux nous parvinrent, les fils de Roland *de Lattre :* Ferdinand et Rodolphe, *Jacque de Kerle, Jean de Mucque, Jean Martelart, A. Thiebauld, Philippe le Duc, Renaut del Melle, Florent Canalis, Laurent de Vos,* tous vécurent en Italie. Sous Philippe II, le chanoine *Chastelain, M Bonmarché, A. Pévernage, Baston, de Paep, Louis Brooman...*

Résumons ce xvie siècle : il marqua le développement et l'épanouissement premier de la musique polyphonique. Celle-ci était surtout religieuse et disposée en vue des exécutions dans les églises (messes, motets). Les compositions profanes (madrigaux, chansons, etc.) reflétaient le même style, tout en étant plus carrément rythmées. Ce style était tout en *imitation*. (Voir exemples cités.)

Sur ces entrefaites, l'opéra était né en Italie (fin du XVI⁰ siècle).

Euridice de *Peri Caccini* (1600), exécuté au Palais Pitti, à Florence, aux noces de Marie de Médicis et de Henri IV; *Orfeo* (1607), de Monteverdi (1570 à 1649). Ce dernier, que l'on considère comme l'inventeur des dissonances de septième prises *ex abrupto*, bouleversa le style musical.

Dès cette époque, le rôle des musiciens belges, porté à son apogée par les maîtres néerlandais, pâlit et s'efface pour une longue durée. Leur style disparait, grâce à l'abandon du concept de l'équivalence des parties, à l'invention de la basse continue, au développement de la pratique instrumentale, à la stylisation du chant monodique[1]. Le centre du mouvement musical se déplace définitivement, les Italiens vont prendre la suprématie, et la garderont jusqu'à nous.

..

L'apparition du *drame lyrique* et la réforme palestrinienne de la musique religieuse, épurée de la chanson profane, populaire et mondaine, semblent avoir influencé la production de nos compositeurs, c'est-à-dire que la faveur de l'art théâtral à ses débuts ne les toucha point, et maints musicologues ou historiens ont cru pouvoir en arguer pour préjuger de nos facultés dramatiques. Fétis, qui le mieux sans doute étudia le passé musical des provinces belges, après s'être étonné de ce qu'un *de Lassus*, témoin des premiers essais italiens, n'ait pas compris les ressources qu'offrait le genre nouveau à son génie, remarque que la forme théâtrale est celle dont les littérateurs et artistes belges se sont le moins préoccupés, celle qu'ils ont appliquée avec le moins de succès. Ils n'ont pas, dit-il, le « *génie* des *conceptions*

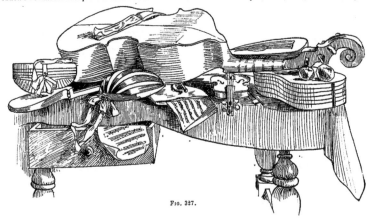

Fig. 327.

dramatiques ». Cette assertion, reprise par toute la critique, a peut-être le plus lourdement pesé sur le développement de notre production lyrique, en faveur de laquelle nous poursuivons précisément une lutte active. Depuis quelques générations, nos compositeurs n'ont pu affirmer leurs possibilités dans cette branche de l'art, où de plus en plus la musique veut chercher le contact avec les masses populaires. Ils durent se complaire dans la *symphonie*, où ils acquièrent une incontestable maîtrise. Mais, en passant, nous tenons à détruire tel préjugé dont les savants sont responsables, et Fétis en particulier. Grétry à lui seul leur a donné un éclatant démenti, et la production moderne, exceptionnellement féconde en partitions pour le théâtre, démontre que, là aussi, peut s'exercer notre talent. Les écrivains belges : Maeterlinck, Van Lerberghe, Lemonnier, Verhaeren, Van Zype, pour ne citer que ceux-là, ont donné des chefs-d'œuvre à la scène. Les rares ouvrages musicaux qui furent, malgré l'indifférence et l'hostilité générales, montés au théâtre, obtinrent, tant en Belgique qu'à l'étranger, le plus encourageant accueil.

Et nous pensons que ce n'est point parce~qu'ils n'en étaient pas capables que les musiciens flamands et wallons du XVII⁰ siècle ne suivirent pas la mode venue de l'Italie; mais les conditions politiques et sociales ne permirent pas, d'une façon générale, à la musique de prendre la grande extension qu'elle venait de connaître. L'art a fleuri surtout aux époques de paix et de richesse; encore qu'il ne soit pas un luxe, — nous le considérons au contraire comme une force première, — il a besoin, pour s'affirmer pleinement et pour synthétiser les vœux unanimes d'une génération, d'une race, du recueillement que seule permet une ère de bien-être et de magnificence économiques. Aux stades chaotiques, il participe de l'action. — Il ne faut chercher d'autres causes à la pénurie de talents « définitifs », d'œuvres « consacrées » dans la période tourmentée qui marqua les règnes de Charles-Quint, et surtout de Philippe II.

Nous nous bornerons à mentionner les noms des compositeurs que la postérité n'a pas dédaignés. Anvers, à qui la « trêve » du gouvernement d'*Albert et Isabelle* valut une effervescence artistique dont la splendeur ne fut jamais encore éclipsée, à côté des Rubens, Van Dyck, Jordaens, Teniers, Van Thulden, etc.; des savants illustres : Mercator, Juste-Lipse, Vésale, Van Helmont, Simon Stevin, connut quelques musiciens : *Emmanuel Adriaensens,* le premier luthiste du temps. Remarquons que le luth était l'instrument de prédilection, et qu'il figurait au premier rang dans les ensembles instrumentaux, voire vocaux. Les autres instruments sont les mêmes que ceux que l'on employait dans tous les pays. Nous croyons donc superflu de nous y arrêter : ils seront étudiés dans le présent ouvrage. Reproduisons toutefois, à titre de document curieux, quelques fragments de toiles du musée ancien de Bruxelles, représentant des instruments de musique en usage aux Pays-Bas. (Voir figures ci-contre.)

Adriaensens (Hadrianus) a composé des recueils de pièces pour un, deux, trois et même quatre luths, à quatre ou cinq parties; *Noé Fraignient; Mathieu Tholman,* dont on a des messes; J. *Magghiels,* auteur de chansons; J. *de Brouck;* *Balthazar Richard,* de Mons, qui fut au service de l'Infante et publia en 1631, chez Pierre Phalèse, ses litanies à grand chœur. De même Anvers fut le siège principal de l'industrie musicale. C'est là que s'imprimaient les ouvrages de nos musiciens; il s'y trouvait des facteurs d'orgue

FIG. 328.

renommés, des luthiers, des facteurs de clavecin. Rappelons que le *Carillon,* qui revient en honneur dans les Flandres et dans certaines villes de Wallonie, après avoir, au cours des siècles, fait l'orgueil des beffrois et des tours érigés dans la brume, apparut chez nous vers le milieu du xiv° siècle[1]. Les *Ruckers,*

N.B. Les nuances ne sont pas indiquées. La clé de 𝄞 correspond au clavier manuel, la clé de 𝄢 au pédalier.

---

1. Il y a eu en Belgique des carillonneurs renommés. Le plus célèbre fut, au xviii° siècle, *Matthias Van den Gheyn.* Il était en même temps organiste. Il a laissé de nombreuses œuvres pour carillons. Van Elewyk, musicologue belge mort il y a peu d'années, a publié une trentaine de pièces pour orgue de Van den Gheyn. Les pièces pour carillon n'ont pas été éditées (nous en donnons une ici). Elles sont d'une telle difficulté qu'aucun carillonneur de nos jours ne serait à même de les exécuter, estime le chroniqueur. Nous assistons, depuis quatre ou cinq ans, à un réveil de l'engouement du peuple pour les carillons. Des tournois annuels ont lieu à *Malines* principalement, où *Jef Denyn,* le spécialiste restaurateur des instruments et de l'art en Belgique et à l'étranger, connaît de véritables triomphes.

_tent en trilles ou en sons répétés :

André et Hans, ont perfectionné le clavecin. Citons encore : *Pierre Maillart*, chanoine et chantre de la cathédrale de Tournay; il a écrit surtout des ouvrages théoriques, dont les *Tons, ou discours sur les modes de musique et les tons de l'église et la distinction en iceux; Dromal*, chantre de Sainte-Croix, à Liège, auteur d'un recueil : *Convivium musicale; Georges Messans; Léonard Nervius; François Tiburce; Jean Van der Elst; Jean Loisel; Florent; Kempis; Mathieu Pottier; J.-B. Loeillet*, le musicien gantois dont feu M. Alexandre Béon ressuscita plusieurs pages gracieuses; le Liégeois *Henri Dumont*, né en 1610, qui occupa les hautes fonctions de maître de musique de Louis XIV, et dont il reste des messes de plain-chant (messes royales), des motets, des cantiques, des chansons et préludes d'orgue; *Charles Hackart*, de Huy, né en 1649, qui s'établit en Hollande. Hackart, virtuose réputé sur la basse de viole, a écrit des sonates pour cet instrument; *Hilaire Verloge* (l'Opéra français joua son *Ballet à la Jeunesse*); *Léonard Boutmy*, claveciniste né à Bruxelles, ayant séjourné à Lisbonne; *Bertezen; Nicolas Maiscocque*, dont on publia à Anvers, entre autres œuvres, *Harmonia sacra* (1688); *Cupis*, père de la *Cannargo; Louis Bourgeois*, né à Fontaine-l'Évêque en 1686, mort à Paris en 1850, auteur de plusieurs ballets avec chant et de nombreuses cantates. (M. A. Wotquenne, préfet des études et bibliothécaire du Conservatoire royal de Bruxelles, a publié deux airs de *Bourgeois* dans son *Répertoire classique du chant français* [Lemoine, Paris].)

Paris commence à devenir la capitale de l'art musical, pour la Wallonie tout au moins.

Dans la seconde moitié du XVIII siècle, la faveur de la musique renaît dans nos régions, mais, tandis que nous l'avons vue localisée en quelque sorte dans le Hainaut et la Picardie antérieurement, c'est à Liège, désormais, que nous verrons naître ses meilleurs et plus illustres servants.

Pierre Thorette, bénéficiaire de la cathédrale de Liège, mort vers 1680, auteur d'une symphonie : *la Chasse de Saint-Hubert*, que l'on exécute encore à l'église Sainte-Croix; *Hubert Renotte*, organiste à la même cathédrale, compositeur de motets et de sonates, mort en 1747; *Lambert Pietkin*, chanoine de Saint-Materne, qui publia en 1688 un recueil de motets : *Sacri Concertus*, et ses disciples, dont *Henri-Guillaume Hamal*, père de *Jean-Noël Hamal*, né en 1709, mort en 1778, maître de chapelle de Saint-Lambert à Liège, auteur de symphonies, d'oratorios, dans le genre italien, et des opéras-comiques wallons : *li Voëdge di Chaudfontaine, li Lidgoë ègadgi, li Fiesse di Houte si plout*, les *Ypocontes; Raik*, né en 1626, mort en 1664, organiste de la cathédrale d'Anvers; *François Delange* (1616 à 1781), compositeur d'opéras, de symphonies, d'ouvertures, de musique de chambre et d'église, inventeur du *Toton harmonique* « permettant à toute personne de composer »; *H. Framar; Kennis*, l'un des plus remarquables violonistes du XVIII siècle,

l'ancêtre de la brillante école du violon qui fait encore la gloire de Liège, dont on possède des concertos et des symphonies, — tous nés en la *Cité Ardente*, tandis que Bruxelles compte, avec une pléiade de chanteurs et d'acteurs : *Van Malderen* (1724 à 1768), un symphoniste; *Adrien Van Helmont; Pauwels*, compositeur d'opéras; *Simon*, qui perfectionna la harpe; *Jacque-Antoine Godecharle* et son fils Eugène, violonistes; — Anvers : *Vanderhaegen*, chef de la musique impériale; *Vandenbroek*; le facteur d'orgues *Louis Hey*; — Gand : le carillonneur *P.-J. Le Blan*, qui a laissé un livre de clavecin très remarquable. — Liège encore : *Chartrain*, compositeur-violoniste (1740-1798); *Delleplanque* (1746-1773); *Picltain* (1754 à 1833), auteur de quatuors à cordes et de concertos de violon; *Dumont* (Barthélemy) (1756 à 1841), *Gresnick* (1752-1799), compositeur d'opéras « italiens »; *Coclet*, flûtiste-compositeur; *Coppeneur* (1780-1851). Mentionnons encore : *Sébastien Robson*, de Thuin (1734), frère du claveciniste *Robson; Schindlöcher*, né à Mons en 1753, virtuose violoniste auteur de compositions restées inédites; *J.-J. de Momigny*, né à Philippeville (1762), organiste; *Lambillotte*, de Charleroi (1797), *Duval*, d'Enghien, etc., etc.

Nous devons réserver une place spéciale à *Gossec*, né à Vergnies en 1734, mort à Passy en 1829. Ami et protégé de Rameau, il vécut à Paris et y occupa les plus hautes charges, fut le musicien de la *Révolution*, fonda les *Concerts spirituels*, fut codirecteur de l'Opéra et fondateur de l'*Ecole royale de chant* devenue le *Conservatoire de Paris*. Gossec a écrit des opéras, des cantates, des pièces de musique de chambre et d'église, des symphonies qui offrent un intérêt documentaire. Ces ouvrages sont conservés à la Bibliothèque nationale et à celle du Conservatoire de Paris. Plusieurs furent édités.

.
. .

Ces musiciens, quoiqu'ils aient attesté d'un réel talent, et tenu, tel *Gossec*, de prépondérantes fonctions, n'avaient pu rendre à l'art musical belge le lustre que lui avaient donné les maîtres du XVI siècle. — C'est à *Grétry* que la gloire en fut réservée. Grétry naquit à Liège, en 1741. Il fit sa première éducation à Rome, puis revint se fixer à Paris, où il conquit tous les succès que peut ambitionner compositeur. Son ouvrage de début, *les Vendangeuses*, avait été représenté à Rome et avait trouvé bon accueil. Le second, *les Mariages samnites*, fut écouté sans enthousiasme par le public de l'Opéra. Bientôt après, néanmoins, Grétry connut un triomphe avec *le Huron* (à la *Comédie Italienne*, 1768). Il donna successivement ensuite : *le Tableau Parlant* (1769), *Sylvain* (1770), *l'Amitié à l'épreuve* (1771), *Zémir et Azor* (1771), *la Fausse Magie* (1775), *l'Amant jaloux* (1778), dont nous donnerons la *sérénade* :

GRÉTRY. — Sérénade de l'*Amant Jaloux*.

I. Tan _ dis que tout som _ meil _ le Dans l'om _ bre de la nuit, L'A _ mour qui me con _ duit, L'A _ mour qui tou _ jours veil _ le,

II. De l'a. _ mant le plus ten _ dre Ah! cou _ ron _ ne l'es _ poir; S'il ne peut pas vous voir Qu'il puis _ se vous _ en _ ten _ dre!

Me dit tout bas: viens, suis mes pas
Un mot de vous, un mot bien doux,

Où____ la beau _ té t'ap _ pel _ le
Doit____ confir _ mer en _ co _ re.

Voi _ ci l'ins _ tant du ren _ dez - vous Pro _ fi _ te
Cet es _ poir heu _ reux et flat _ teur Qui, ce ma _

d'un bon _ heur_ si doux! Moi pour é _ car _ ter les ja _
_tin com _ blait_ mon cœur Et d'où dé _ pend tout mon bon _

_loux Je fe _ rai
_heur, Char _ man

Les Événements imprévus (1779), *Aucassin et Nicolette* (1780), *la Caravane du Caire* (1783), *Théodore et Paulin* (1784), enfin son chef-d'œuvre, *Richard Cœur de lion* (1785). Cette date marque l'apogée et la fin de la production vraiment originale et de la suprématie de Grétry sur l'opéra-comique français.

Les partitions qu'il donna ensuite, *Guillaume Tell*, *Basile*, *Callinas*, *Denys le Tyran*, *Delphis et Mopsa*, etc., accommodées au goût nouveau qu'apportaient les Méhul (que certains musicographes rangent au nombre des musiciens wallons; né à Givet, dans l'enclave mosane, si semblable par la configuration, les mœurs, le langage, le caractère, à nos marches d'Ardennes, Méhul pourrait, en effet, à titres égaux, figurer dans notre aperçu) et Cherubini, d'une harmonie plus savante, d'une instrumentation plus riche et plus puissante, d'un sentiment plus vigoureux, ne sont point dignes de l'art qui l'avait illustré. Elles n'eurent plus le succès des premières, dont la vogue toutefois subsistante assura la vieillesse fatiguée du grand artiste. Napoléon le fit chevalier de la Légion d'honneur. Il fut membre de l'Institut et inspecteur du Conservatoire de Paris. Retiré à l'*Ermitage* de J.-J. Rousseau, Grétry y mourut en 1813. Il consacra ses dernières années à des écrits littéraires d'un intérêt et d'une valeur très remarquables : *Essais sur la Musique, Mémoires* (en 3 volumes), *Réflexions d'un solitaire*, etc. Bien qu'ayant passé sa vie presque complètement en France et qu'il ait, par l'influence et le caractère de son œuvre, plus que tout autre, mérité la qualité de Français, Grétry n'oublia jamais sa ville natale. Celle-ci, qui avait obtenu de garder le « cœur » de son glorieux enfant, vient de commémorer son centenaire avec éclat. Elle a transformé sa maisonnette natale en un musée où désormais vivra sa mémoire parmi des souvenirs pieusement assemblés.

Grétry, peut-être, fut plus inspiré que savant, mais sa mélodie, pure, simple, naturellement marquante, adéquate toujours au sentiment exprimé, a le caractère « vrai » (je n'ose écrire *vériste*, ce terme ayant perdu sa signification) de la mélodie gluckienne; mais son art, fait de légèreté, de sensibilité nuancée, de verve et d'esprit, a toutes les qualités qui font le charme du *génie* français. Son théâtre reste le type de l'opéra-comique, auquel il donna l'élan définitif.

A la fin du XVIIIᵉ siècle ou au début du XIXᵉ, naissent encore, dans les parties wallonnes principalement, plusieurs musiciens dont l'un surtout eut une influence considérable : François *Fétis* (Mons, 1784–Bruxelles, 1861). Après avoir étudié l'orgue et la composition dans la cité de Saint-Wandru, Fétis se rendit à Paris, où il suivit les cours du Conservatoire. Il y professa dans la suite la composition, fut bibliothécaire de l'établissement en même temps qu'il écrivait dans différents journaux, fondait et dirigeait la *Revue musicale*, organisait des conférences et des concerts historiques. Après la révolution de 1830, il fut appelé à prendre la direction du Conservatoire de Bruxelles, qu'il garda jusqu'à sa mort. Fétis a composé une foule d'œuvres lyriques et dramatiques, des symphonies, de la musique de chambre, remarquables par une facture toute classique, mais qui manquent de réelle valeur artistique. Ses ouvrages musicologiques restent par contre un admirable monument. Sa *Biographie universelle des musiciens*, écrite à une époque où la science musicologique n'existait pour ainsi dire pas dans les pays de langue française, malgré ses inévitables erreurs, est aujourd'hui encore hautement considérée. Il a publié, en outre de cela, d'innombrables articles et études. Il avait commencé une *Histoire générale de la musique*. En qualité de directeur du Conservatoire, d'éducateur, Fétis a donné à l'enseignement de la musique en Belgique une impulsion décisive. — L'un de ses fils, *Édouard*, fut directeur de la Bibliothèque Royale et critique musical de l'*Indépendance belge* durant près de 50 ans. Il a écrit une *Histoire des musiciens belges* jusqu'à 1829. A part les Fétis, citons encore : *Jules Dencfve* (1814), directeur de l'Ecole de musique de Mons, dont les chœurs ont survécu; *Benoît Fauconier*, de Fontaine-l'Evêque (1816), auteur de l'opéra-comique : *la Pagode*; *Théodore et Léon Jouret*, nés à Ath, compositeurs de mélodies, de chœurs, d'ouvrages lyriques; *Simonin*, pianiste renommé (Schumann lui dédia son *Carnaval de Vienne*) ; les frères *Tolbecque*, les frères *Godefroid*, de Namur, harpistes célèbres ; *Stacs*, *Suremont*, *Aelster*, *Borremans*, *Van Campenhont* (l'auteur de la *Brabançonne*, hymne révolutionnaire devenu chant national), *Terby*, *Ansiaux*, *Jaspar*, dont le solfège est encore en usage dans certaines provinces, *Henrard*. Ces deux derniers dirigèrent à Liège une école de musique qui fut, en 1826, remplacée par l'*Ecole Royale de musique instrumentale et vocale* (depuis le *Conservatoire royal*). En cette même année 1826 fut fondée l'*Ecole de musique et de chant* de Bruxelles, qui devint aussi notre Conservatoire royal[1] ; *d'Archambeau*; *Conrardy*, auteur d'un solfège encore en usage; *Janssens*, qui écrivit les *Trois Principes du chant grégorien*; *Lemmens*, premier directeur de l'école de musique religieuse de Malines. Ce dernier a laissé de remarquables compositions pour orgue. Ses œuvres complètes ont été éditées par la maison Breitkopff sous la direction d'un musicologue ostendais, M. *Duclos*. Lemmens a essayé de *rythmer* la musique la plus usitée à l'église (messes, vêpres, etc.) avec une harmonisation à l'orgue; sa tentative intéressante n'a pas réussi; *Riga*, enfin, auteur de nombreuses œuvres chorales restées au répertoire de nos orphéons.

* *

C'est en 1830, nous le disions en commençant cet aperçu synoptique, que la Belgique se sépara violemment de la Hollande et proclama son *indépendance*. L'unité qu'avait rêvée la maison de Bourgogne, dans la conception même de Philippe le Bon, fut alors instaurée, sous la garantie des puissances européennes. Provinces flamandes et wallonnes, au nom d'un idéal de liberté mal défini peut-être, mais commun, au nom d'une sympathie « politique » inspirée par la haine de l'oppresseur, s'unirent pour chasser l'étranger. Cet étranger, à dire vrai, l'était surtout pour les Wallons, qui les premiers, à la voix du Liégeois Charles Rogier, coururent aux armes. Pendant quatre-vingts ans, l'union a régné entre les races : une ère de prospérité réelle, aux points de vue économique, intellectuel et artistique, en a résulté. Mais des vexations ont surgi, dont nous n'avons pas à stigmatiser ici les responsables ou fauteurs intéressés. Flamands, Wallons, frères par le travail et par l'art, encore que leurs terres revêtent, du sud au nord, des aspects différents, encore qu'ils soient de tendances et de culture opposées, auraient pu s'entr'aider et — pourquoi non ? — s'aimer. Les peuples, au labeur, à la communion de souffrance et d'espoir, pouvaient participer d'un idéal humain. Hélas! depuis quelques années nous assistons à une explosion de colères : les haines, les rancœurs ancestrales se réveillent. La fusion des deux races ne s'est pas accomplie. La ligne de forêts qui protégea, naguère, les Ménapiens de la domination romaine, les soustrayant ainsi à l'emprise de la culture latine, marque toujours une frontière de langue, une barrière ethnique presque absolue. Les forces instinctives et ataviques, les rivalités brutales, travaillent obscurément la nation. Le grand conflit des civilisations ennemies — nos songes d'internationalisme doivent bien en connaître — qui se dessine et se prépare,

dès à présent, atteint nos populations. Nous nous réjouirions d'une émulation dans un sens de nationalisme *esthétique*..., mais les Flamands tressaillirent à l'appel guerrier de Germanie. Les Wallons se rapprochent de leur patrie élective, sinon réelle : la France. Ce n'est pas ici l'endroit d'épiloguer au sujet de ces dissensions. Constatons-les simplement et voyons-y le signe de la dualité que nous avons définie au long de cette histoire...

En réalité, la Wallonie nous a requis le plus souvent. Elle fut le premier foyer musical, non seulement pour la Belgique, mais, nous pouvons dire, pour la France : Hucbald, Josquin de Prés, Dufay, Roland de Lattre, Grétry, marquèrent les étapes de l'art français. Nous allons voir encore un Liégeois, *César Franck*, y déterminer la Renaissance moderne. Sans l'apport de nos musiciens, certes, la musique française ne serait pas ce qu'elle est. « Il n'est aucun domaine — nous le proclamions au premier *Congrès des Amitiés françaises* — dans lequel la Wallonie ait autant magnifié la France. » C'est dans cette expression, la plus vivante, la plus directe, la plus haute, c'est dans les rythmes de sa musique que son génie, ardent, prime-santier, naïf, clair, précieux d'une part, épris d'abstraction, de forme pure et subtile de l'autre, est resté : chanson, cœur de la vieille Gaule, harmonie, esprit de la latinité.

Les Flamands, coloristes et peintres, aimant architecture solide et pâte puissante, vastes décors rutilants, lumineux et sonores, se réclament, musicalement, de l'*art germanique*. N'est-ce pas de leur sol que s'en furent vers l'Allemagne les parents mêmes du grand Beethoven ? (Il existe encore, près de Louvain, un village de ce nom : Beethoven, « jardin de betteraves ». L'orthographe van Beethoven est rigoureusement flamande.) Wagner, dont la formidable et despotique étreinte ne brisa que les formules de la musique, pour les pays franco-wallons, a révolutionné profondément et la pensée et la technique des modernes Flamands. Ils subissent immédiatement et se soustraient, en vertu d'une logique correspondance et d'évidentes affinités, tous les mouvements venus du Nord. Il ne serait pas malaisé de démontrer, par exemple, le *slavisme* de certaines œuvres de Paul Gilson. En dehors de la volonté d'être et de rester eux-mêmes, et malgré leur originalité, les Flamands nous décèlent ainsi leur ascendance et leurs sympathies.

Mais reprenons notre exposé chronologique. Nous le verrons, aux approches de 1885, se diviser de plus en plus nettement selon ces directions sporadiques. Dans la période 1830 à 1870, au théâtre, se produisent : *Pellaert* (1834) avec *Agnès Sorel* et un *Faust* arrangé en opéra-comique, qui eut un énorme succès; *Buschop*, le premier en date *prix de Rome*, auteur de l'opéra la *Toison d'or*; *Ermel*, pianiste de Léopold Ier; *Vivier*, qui écrivit un opéra en un acte, *Padillo le Tavernier*; on lui doit aussi un *Traité d'harmonie*; *Aimé-Ambroise-Simon Le Borne*, père de *Fernand Le Borne*, musicien et critique, naturalisé Français, auteur de *Mudarrah, le Temps de Guerre*, etc., etc. Le père *Le Borne*, prix de Rome en 1820, écrivit aussi plusieurs opéras; *Hanssens*, qui fut chef d'orchestre au théâtre de la *Monnaie*[2]. On lui doit le

<hr>

1. Il y a en Belgique 4 *Conservatoires royaux* : Bruxelles, Gand, Anvers, Liège; des *écoles de musique* dans les principales villes : chefs-lieux de province et de canton. Il serait oiseux de les citer toutes; mentionnons : Mons, Louvain, Verviers, Tournai, Charleroi, Bruges, Courtrai, Ostende, Malines, Arlon et les faubourgs de Bruxelles: Ixelles, Saint-Josse de Noode, Scaarbeeck, Saint-Gilles, Etterbeeck, Auderlecht.

2. Le Théâtre de la *Monnaie* fut bâti sur l'ordre de l'électeur de Bavière en 1695. Son existence fut assez précaire jusqu'à la fin du

Siège de Calais, représenté à la Monnaie, sans succès. Les musiciens de l'époque en parlent comme d'une œuvre de grande valeur. Hanssens était un orchestrateur très habile. On a de lui des *Fantaisies* et des *Ouvertures* qui dénotent un réel talent de compositeur; les périodes de développement de ces œuvres sont notamment des plus intéressantes et même ingénieuses; *Grisar*, né à Anvers en 1808, a laissé des ouvrages gracieux, restés au répertoire, surtout *Bonsoir, Monsieur Pantalon; Limmander de Nieuwenhoven*, qui vit ses *Monténégrins* applaudis en 1869, à Paris; *Balthazar Florence*. Ce musicien est encore en vie. Ses pièces de théâtre sont oubliées. On joue encore sa *Messe*, son *concerto de violon*, son *Sanctus* pour chœur d'hommes, œuvre de mérite. Il s'est voué à la facture des pianos et harmoniums. *Stoumon*, ancien directeur de la Monnaie. De toutes ses œuvres théâtrales, l'on n'a retenu que la *Nuit de Noël*, dont la valse fait encore les délices des petits pianistes; *Léon Jouret*, déjà cité, auteur d'une opérette, *le Tricorne enchanté; Etienne Soubre*, père de *Léon Soubre*, qui vient de mourir, et qui fut professeur au conservatoire de Bruxelles et de l'école de musique de Saint-Gilles. Léon Soubre — achevons d'en parler ici — a publié des solfèges et différents recueils de mélodies.

Avec ces compositeurs, Bruxelles connut les chanteurs : *De Glimes :* il a laissé réputation de bon professeur de chant; *Begrez*, dont le succès fut prodigieux (on rappelle que le concert organisé à Londres par *Weber* mourant se donna devant une salle vide parce que Begrez chantait ce soir-là ailleurs); *Masset, Warot; Wicart, Sylva, Carman* (trio belge); *Georges Bonheur*, longtemps professeur aux conservatoires de Liège et de Gand, auteur d'une méthode, et qui forma d'illustres élèves; *Marie Sasse*, créatrice de l'*Africaine*, etc.

C'est alors qu'apparaissent les maîtres violonistes *Snel, Servais, Charles de Bériot*, fondateur de l'*Ecole belge* du violon, développée par *Vieuxtemps*. De Bériot (né à Louvain) publia sa méthode chez Schott frères. *Vieuxtemps*, né à Verviers en 1820, mort à Mustapha (Algérie) en 1881, fut élève de Lecloux et de Bériot. Il eut une renommée universelle. Il a laissé des œuvres autrement intéressantes, enrichissant le répertoire de son instrument. Il professa au conservatoire de Bruxelles et fut chef d'orchestre des Concerts Populaires fondés par Adolphe Samuel; *Hubert Léonard*, de Bellaire (près de Liège), 1819-1890, compositeur distingué, un des premiers wagnériens; *Massart, Jacques Dupuis, Colyns, Leenders*, qui dirigea l'Académie de musique de Tournai, les frères *Singelée, Jehin Prume* (Spa, 1839-Montréal, 1899). Citons encore les violoncellistes *Decortis, Tolbecque, François-André Servais*, père de *Joseph Servais* (qui fut le maître de *M. Edouard Jacobs*); F. de *Munck, Ernest de Munck*, qui fit partie du quatuor Maurin à Paris; *Jules de Swert, Paque, Adolphe Fischer;* les harpistes *Félix Godefroid*, né à Namur, *Hasselmans*, mort récemment, professeur au Conservatoire de Paris; les clarinettistes *Blaes*, compositeur de mélodies qui lui valurent le surnom de *Schubert belge;* les flûtistes *Demeur, Aerts, Dumont, Adolphe Léonard;* le corniste *Toussaint Radoux*, frère de feu

Théodore Radoux; les chefs d'orchestre *Léonard Terry;* compositeur et musicographe; *Joseph Dupont* (Ensival, 1838-Bruxelles, 1899), qui fut chef d'orchestre des *Concerts Populaires* pendant vingt-six ans, dirigea l'orchestre de *la Monnaie* et fut codirecteur du théâtre, avec Lapissida. Il y conduisit à la victoire les partitions wagnériennes. L'influence de ce grand et généreux artiste fut des plus fécondes dans ce pays (si *Joseph Dupont* avait vécu, bien des talents restés dans une pénombre auraient connu l'affirmation rayonnante). — On ne l'a point encore remplacée. — *Charles-Louis Hanssens* déjà cité, *Seghers, Mengal*, J. *Hasselmans*, père du harpiste; J.-B. *Singelée, Lemaire*, etc.; les chefs de musiques militaires : *Staps, Panne, Labory, Van Kalk, Simar et ses fils, Clément Waucampt, Van Herzele, Steenbruggen, Turine, Mâhy, Lecail, Walpot*, dont les derniers, encore vivants, connus par de brillantes transcriptions et de bonnes compositions originales de musique militaire, etc., etc.

Le chant choral est très en faveur en Belgique. Les orphéons s'y comptent par *milliers*. Des tournois fort suivis y sont régulièrement organisés. Les grandes phalanges de Gand, Anvers, Malines, Liège et Verviers, celles du Borinage, nombreuses et disciplinées, sont célèbres. Mentionnons les compositeurs *Denefve, Lintermans, Van Muldeghem*, J.-B. *Rongé, Riga, Radoux, Gevaert*... Notre école de piano, moins brillante que notre école de violon, fut représentée, dans la génération précédente, par : *Messemaekers, Angelot, Jacques de Coninck, Du Bois de Fiennes, Ledent, Solvay*, père de l'écrivain et critique musical, *Lucien Solvay, Grégoir*, dont le frère fut compositeur et musicologue. Il a écrit une *Histoire de la musique flamande; Steveniers; Meynne; Auguste Dupont*, frère de Joseph Dupont, auteur d'une *Méthode élémentaire* de piano; *Mme Pleyel, Van Cromphout, Brassin* (bien que né à Aix-la-Chapelle, ce dernier, qui professa au Conservatoire de Bruxelles, a eu une telle action dans notre pays qu'il en acquiert peut-être la qualité de Belge, et en tout cas doit être cité ici). Brassin a formé la plupart de nos virtuoses, avec *Zaremsky*, un Polonais, brillant élève de Liszt, prédécesseur de M. A. *De Greef* à la classe de piano de Bruxelles, mort jeune, mais qui a laissé des œuvres prestigieuses, d'une originalité puissante, d'un caractère «chevaleresque » et d'une écriture exceptionnellement raffinée. Zaremsky fut, en ce sens, un précurseur. Les facteurs d'instruments : *Loret, Van Peteghem, De Volder, Van Bever, Schryven* (orgues); les frères *Sax* (Adolphe est l'inventeur des *saxhorns, saxotrombas, saxophones); Mahillon*, constructeur, auteur de monographies techniques et d'un catalogue du musée instrumental du Conservatoire de Bruxelles. Citons aussi les écrivains et critiques : *Delmoth* (études sur *Roland de Lattre), De Vroye* (travaux sur l'*Art religieux), De Burbure de Wesembeck, Adolphe Mathieu* (monographie de *Roland de Lattre*), le chevalier *Van Elewyk; Van des Straeten* (histoire de la *Musique aux Pays-Bas), Van Lamperen, Snœck;* enfin, *Gevaert*.

Auguste Gevaert (né en 1828, mort en 1908), après avoir voyagé en Italie, en Allemagne, en Espagne, vécut à Paris de 1853 à 1871. Il y fit jouer ses premières œuvres : *Georgette, le Billet de Marguerite, Les*

---

xviiie siècle. Il connut, de nos jours, des époques brillantes, sous la direction Verdure tout d'abord, Dupont et Lapissida ensuite. Accueillant toujours à l'*Art étranger*, et gardant la réputation de « deuxième scène lyrique du monde » que lui valurent les directions précitées, il n'a pas rempli, au point de vue *national*, le rôle qu'on eût voulu lui faire tenir. — Le Vlaamsche *Lyrisch Tooneel* (Théâtre

lyrique flamand) d'Anvers, on le verra plus loin, a pris une place importante depuis vingt ans, grâce à la création d'une soixantaine d'œuvres belges (flamandes et wallonnes). Les théâtres de Liège et de Gand, avec des moyens infiniment plus modestes, ont aussi quelque action. Les autres (Mons, Namur, Tournai, etc.) sont peu dignes d'attention.

Lavandières de Santharen, Quentin-Durward, le Château Trompette, le Capitaine Henriot, que nous citons pour mémoire. En 1871, Léopold II lui confia le Conservatoire de Bruxelles. Il a écrit nombre d'œuvres : une *Messe funèbre,* des cantates, dont *Belgïe, Van Artevelde,* etc. Mais c'est le musicologue qui passera à la postérité. Ses *Traités d'instrumentation* sont classiques, de même que son *Cours méthodique d'orchestration.* Gevaert a publié en outre des recueils de compositions des vieux maîtres, une *Histoire de la musique dans l'antiquité,* qui donna la clef des modes grecs, et des études sur les origines du *chant ecclésiastique.*

· ·

Aux premières années du XIXᵉ siècle, l'*individualisme* se manifesta en Belgique. Les musiciens *flamands,* dès lors, résolurent d'échapper aux emprises étrangères, de libérer leur propre instinct des tutelles et des entraves. Ils demandèrent à leur *Folklore* et à la *Littérature flamande* l'inspiration originale qui leur manquait encore. *Van der Ghinst,* en 1810, composa un opéra sur des paroles *flamandes.* Un groupe se constitua bientôt qui proclama cette volonté de l'art musical flamand d'être enfin lui-même. *Miry,* en 1847, écrit des vaudevilles flamands; *Van der Aeker,* directeur de l'*Opéra flamand, Mertens* ensuite, suivent cet exemple. L'idéal entrevu par ces humbles fut repris et formulé pleinement par *Peter Benoît,* né en 1834, dont la puissante figure incarne l'esprit, les tendances, les revendications « nationalistes », sinon purement germanophiles, de la race. *Peter Benoît,* il est intéressant de le noter, fut au début de sa carrière, chef d'orchestre au Théâtre des Bouffes Parisiens. Il a composé de nombreuses œuvres : oratorios, cantates, chœurs, opéras, mélodies, le tout sur texte flamand, et de la musique sacrée. Citons : *Te Deum, Requiem, Concerto pour piano, Concerto pour flûte, Lucifer,* oratorio, *Het Dorp in't gebergte, Isa, De Schelde* (l'Escaut), *Drama Christi,* drame religieux pour soli, chœurs, orgue, violoncelles, contrebasses, trompettes et trombones; *De Oorlog* (la Guerre), cantate pour

double chœur, soli et grand orchestre; *De Maaiers* (les Faucheurs), symphonie avec chœur, *Charlotte Corday, Wilhem de Zwijger*, musique pour drame, *Rubenscantate, Antwerpen, Jongfrou Kathelyne, Hucbald, de Rhyn, Het Meilief* (3 actes), *les Derniers Jours de Pompéi, Sagen en Balladen,* pour piano; *Liefde in 'tleven* (lieder), *Liefdedrama* (lieder), des motets, une messe, etc. Il a écrit en outre des articles de critique, des ouvrages d'esthétique en flamand.

Peter Benoît, dans ses vastes fresques orchestrales et chorales, traduit l'aspect *extérieur* du tempérament flamand, fait de force, d'exubérance, de splendeur décorative et matérielle. Il a dans ses larges compositions ces coups d'ébauche, cette puissance grandiloquente, cette opulence et cette franchise de tonalités et de rythmes que l'on aime dans les chefs-d'œuvre hauts en couleur des maîtres de la peinture flamande. Richesse des combinaisons, puissance de la conception et de la pensée, masse robuste et carrée, abondance et verve, spontanéité, vigueur d'inspiration populaire, tels sont les caractères de ces esquisses, géniales en vérité. Les dernières œuvres de Benoît furent des tentatives de drame lyrique parlé et accompagné par un commentaire traité dans une façon quasi wagnérienne. Le maître disait que la mélodie, depuis Wagner, se rapprochant de plus en plus de la déclamation, autant valait *parler* que « chanter » dans le drame lyrique. Des deux œuvres qu'il écrivit dans cette pensée, une seule, *Karel Van Gelderland,* a vu, sans succès, les feux de la rampe. La seconde, *Pompéi,* reste inédite. Un autre musicien flamand, *Henry Waelput,* né à Gand en 1845, s'inspira de poèmes de son terroir. Il fut professeur au Conservatoire d'Anvers, que dirigeait Peter Benoît, puis directeur de l'Académie musicale de Bruges. On lui doit quatre *symphonies,* des *cantates* (de *Zegen des Wapens, Memling*), un drame lyrique, *Stella,* un *Concerto pour flûte,* des chœurs et surtout des *mélodies* d'une admirable tenue, d'une sublime profondeur. Ce sont peut-être les plus beaux *lieder* que l'on ait écrits en Belgique. — En voici un, des plus poignants :

Signalons ici *G. Huberti*, qui, bien que né à Liège, fut à ses débuts disciple de Benoît. Il dirigea l'École de musique de Mons et celle de Saint-Josse-ten-Nooden. Il a écrit des oratorios, des mélodies, des chœurs, — flamands et français, — des pièces pour instruments, des mélodies, et publia une *Histoire de la musique religieuse*. *Edgar Tinel*, né à Sinay (près de Saint-Nicolas) en 1854, mort en 1912, qui succéda à Gevaert comme directeur du Conservatoire de Bruxelles, après avoir remplacé Lenmens à l'École de musique religieuse de Malines, était aussi Flamand. Son œuvre, toutefois, délibérément et volontairement classique, fille de Haendel et de Bach, vouée à la réforme liturgique, manque d'un caractère original. Il a écrit des mélodies, des chœurs, de la musique religieuse, trois oratorios dramatiques (Tinel a réformé le style de l'oratorio), *Saint Franciscus*, *Sainte Godelieve*, *Sainte Catherine*, œuvres de foi haûtaine et de noble tenue. La dernière fut représentée non sans succès au théâtre de la Monnaie. — On lui doit encore un ouvrage théorique : *le Chant grégorien*. — Nombreux furent les disciples de *Peter Benoît* qui restèrent fidèles à sa religion. *Leenaerts*, né en 1852, qui fut chef d'orchestre des *Concerts Populaires* — fondés en 1890 — et de la *Grande Harmonie* d'Anvers ; *Keurvels*, chef d'orchestre et fondateur, avec *M. Henry Fontaine*, du *Théâtre lyrique flamand*[1] d'Anvers, où il resta jusqu'en 1897. Il est aujourd'hui, ayant gardé une singulière jeunesse d'enthousiasme et de ferveur, directeur des *Concerts de la Zoologie*. *Jan Blockx*, mort il y a deux ans, le plus brillant élève de Benoît, le remplaça au Conservatoire d'Anvers et fut considéré comme chef, après lui, du mouvement flamand. Né à Anvers en 1851, Jan Blockx a surtout écrit pour le théâtre, en collaboration avec MM. *N. de Tière* et *L. Solvay* : *Iets Vergeten*, *Princesse d'Auberge*, *la Fiancée de la Mer*, l'une des meilleures partitions théâtrales produites en Belgique, représentée avec succès, de même que la précédente, au théâtre de la Monnaie et sur les principales scènes de l'étranger, *Thyl Uylenspiegel*, *De Kapel*, *Liefdelied*, 3 actes dont les destinées, malgré de très réelles qualités, restent incertaines. Citons encore *F. Van Duyse*, qui fit représenter quelques œuvres musicales à Gand et à Anvers avant de se consacrer à la musicologie. On lui doit, nous l'avons dit plus haut, le monument de l'*Histoire de la chanson populaire flamande*, qui, avec les travaux de *Böhme*, constitue l'un des plus importants recueils de *folk-lore*.

De son côté, la Wallonie avait vu naître, en 1822, *César Franck*. Liégeois de naissance, il a passé sa vie en France et s'est fait naturaliser *Français*. Des découvertes récentes ont établi que Franck est d'origine germanique. Mais qu'importe? C'est bien un fils de la terre wallonne. Latin par la subtilité, par la délicatesse, par l'affinement des sens, Latin par l'équilibre et la lucidité de l'esprit, Latin par le style, le génial auteur des *Béatitudes* exprime suprêmement les facultés de notre race. Il a gardé son ravissement panthéiste, son mysticisme ardent et païen ;

son chant serein enclôt la caresse berceuse, le rêve enveloppant qui plane au large de nos horizons nuancés. Son œuvre : *Trio* en *fa dièse* (innovant la « forme cyclique »), *Ruth* (oratorio), *Six pièces d'orgue*, *Rédemption*, les *Béatitudes* (1880), les *Éolides*, *Quintette en fa mineur*, *Variations symphoniques*, *Prélude*, *Choral et Fugue*, *Symphonie*, *Sonate pour violon et piano* (1896), dédiée à Eugène Ysaye, *Prélude*, *Aria et Final*, trois *Chorals d'orgue*, *mélodies*, est toute d'inspiration spirituelle et religieuse, mais elle s'anime d'un immense amour panthéiste dont les élans rejoignent l'infini.

Elle a marqué, musicalement, une rénovation dans le style harmonique et polyphonique et déterminé l'essor de la génération franco-wallonne actuelle.

Contemporains de César Franck : *Adolphe Samuel*, né comme lui à Liège et comme lui d'ascendance étrangère, joua un rôle considérable en Belgique, fonda les *Concerts Populaires de Bruxelles*, dirigea le Conservatoire de Gand. Ami de Berlioz, de Liszt et de Wagner, Samuel a composé sept *Symphonies*, des opéras, des cantates, l'oratorio *Christus*, où il pressent les innovations modernes (remarquons que cette œuvre imposante fut écrite par un vieillard de 74 ans ; Franck, de même, composa ses plus belles pages vers la soixantième année), des ouvrages didactiques, dont un *Traité d'harmonie*, que Paul Gilson a complété. — *Théodore Radoux* (1835-1911) fut directeur du Conservatoire de Liège, où il avait été préféré à César Franck postulant ces fonctions ; auteur de plusieurs opéras, cantates, pièces pour instruments, de *chœurs d'hommes* qui restent des modèles du genre.

Nous devons parler ici de deux musiciens qui appartiennent à notre génération, mais qu'une mort prématurée empêcha d'accomplir leur destinée : *Frans Servais*, l'auteur de l'*Apollonide* (1889), sur le poème de Leconte de Lisle, œuvre majestueuse et grave ; *Guillaume Lekeu*, élève de Franck (né à Heusy, près Verviers, en 1870, mort à Angers en 1894). Lekeu, en qui M. Vincent d'Indy reconnaît une nature « quasi géniale », a laissé quantité d'ouvrages, dont la personnalité, la profondeur et la beauté révèlent étonnent chez un adolescent. Citons : *Sonate pour violon et piano* (dédiée à Eugène Ysaye), *Études symphoniques*, *Adagio pour violoncelle et quatuor d'orchestre*, *Fantaisie sur des airs angevins*, *Poème pour violon et orchestre*, *Andromède*, *Barberine*, comédies lyriques, les *Burgraves*, drame lyrique, *Quintette* à cordes, *Épithalame* pour quintette à cordes, trombones et orgue, etc., etc.

– –

Le caractère de l'Encyclopédie où paraîtront ces pages ne nous permet pas d'exprimer un sentiment personnel sur les musiciens vivants. Nous serons donc bref dans l'énumération des personnalités qui se sont affirmées.

Au groupe flamand appartiennent : *Jean Van den Eeden*, directeur du Conservatoire de Mons (Académie de musique). Né à Gand en 1841, Van den Eeden a publié des cantates, des œuvres orchestrales et vocales, deux opéras : *Numance*, représenté à Anvers en 1898, et *Rhéna*, dont le succès fut grand au théâtre

---

[1]. Le *Nederlandsch Lyrisch Tooneel* fut créé en vue de favoriser l'art dramatique musical flamand. Les premières représentations furent consacrées à des traductions d'œuvres étrangères : allemandes, scandinaves, tchèques, etc. Puis, successivement, et comme pour justifier les paroles de Keurvels, qui répondait aux édiles anversois niant la production lyrique flamande : « Les œuvres naîtront dès

que nous aurons *notre* théâtre. » Jan Blockx, Wambach, De Boeck, Gilson, Schrey et une vingtaine d'autres s'y firent connaître et applaudir. L'entreprise est devenue officielle ; l'administration d'Anvers, après lui avoir fait construire un magnifique édifice en l'une des principales avenues de la ville, la soutient et l'encourage par tous moyens.

de la Monnaie en 1912; *Léon Du Bois*, directeur du Conservatoire de Bruxelles depuis la mort d'Edgar Tinel. Il a révélé ses qualités de dramaturge dans de nombreuses partitions, parmi lesquelles : *le Mort* (d'après Camille Lemonnier), *Edénie* (livret de C. Lemonnier), conte lyrique représenté au *Théâtre lyrique flamand* d'Anvers, et dont on admira les vastes et nobles proportions; *Paul Gilson*, inspecteur de l'Enseignement musical en Belgique, que consacrèrent ces œuvres orchestrales et lyriques puissamment conçues et réalisées. Sa science polyphonique le fait l'égal des Strauss, des d'Indy. L'œuvre de P. Gilson est dès à présent innombrable : citons douze compositions d'orchestre, *la Mer*, esquisse symphonique, *Elégie*, pour instruments à cordes; *le Démon*, drame lyrique; *Alvar*, musique de scène; *Francesca da Rimini*, pour soli, chœur et orchestre; *Cantates inaugurales* (dont *la Lumière*, cantates des Expositions 1899 et 1910), des chœurs, pièces pour piano, orgue et divers instruments, morceaux d'harmonie et de fanfare, *Variations symphoniques*, *la Captive*, ballet sur un scénario de Lucien Solvay (bâti sur des motifs orientaux), *Princes Zonneschyn* (Princesse Rayon de Soleil), conte en 3 actes, qui dans la traduction française fut donné à la Monnaie, en 1907; *Zeevolk* (Gens de Mer), drame en 2 actes; *Rooversliefde*, drame lyrique en 1 acte, tous trois représentés au *Lyrisch Tooneel* d'Anvers, etc., etc. Il vient de publier un ouvrage, *le Tutti orchestral*, véritable étude anatomique de l'orchestre. — *Karel Mestdagh*, directeur du Conservatoire de Bruges (Académie); — *Martin Lunssens*, directeur de l'Ecole de musique de Courtrai; *Auguste de Boek*, professeur au Conservatoire d'Anvers, à qui l'on doit, entre autres ouvrages : *Théroigne de Méricourt*, *Songe d'une nuit d'hiver*, *le Roi des gnômes*, *Reinaert de Vos*, opéras représentés au *Théâtre Lyrique flamand* d'Anvers avec succès, *Flamma*, *Cendrillon* (ballet), *La Phalène*, créé à la Monnaie en janvier 1914. — *Emile Wambach*, directeur du Conservatoire d'Anvers; *Paul Lebrun*, directeur de l'Ecole de musique de Louvain; *L. Mortelmans*, « prince du lied flamand »; *Joseph Ryelandt*, compositeur de musique symphonique et religieuse, etc., etc.

Au groupe wallon : *Emile Mathieu*, né à Lille en 1840, directeur du Conservatoire de Gand, auteur des opéras : *Richilde*, *l'Enfance de Roland*, créé par Rose Caron à la Monnaie; *la Reine Vasthi*, tragédie inédite. M. Mathieu a composé aussi des cantates descriptives; *Le Houyoux*, *Freyr*, charmants tableaux très spontanés, dénotant un sens profond du pittoresque de nos paysages. *Erasme Raway*, dont l'œuvre *parnasienne* a de fervents admirateurs. *Sylvain Rupuis*, directeur du Conservatoire de Liège, qui dirigea l'orchestre de la Monnaie et des Concerts Populaires, où il succédait à Joseph Dupont; directeur de la chorale renommée *la Légia*. *Joseph Jongen*, professeur au Conservatoire de Liège, *Victor Vreuls*, directeur du Conservatoire de Luxembourg (grand-duché), les plus représentatifs du groupe issu de César Franck. *Théo Ysaye*, frère du célèbre violoniste, pianiste de talent lui-même, est l'auteur de quelques pages orchestrales de grande envergure, d'une nuance « debussyste », représentée aussi par certains des plus jeunes musiciens wallons. Je citerai encore : *Désiré Pâque*; *N. Daneau*, directeur du Conservatoire de Tournai; *H. Thiébaut*, auteur du *Juré*, directeur de l'Ecole de musique d'Ixelles; *A. Dupuis*, directeur de l'Ecole de musique de Verviers, dont la Monnaie a donné *Jean Michel*, *Martille*; *A. Biarent*, prix de Rome, de l'Académie de Charleroi; *F. Rasse*, directeur de l'Ecole de musique de Saint-Joess-ten-Noode-Schaarbeek; *P. Lagye*, auteur de 3 opéras dont il a aussi écrit les livrets, etc.

Et enfin, *Eugène Samuel-Holemann*, fils d'Adolphe Samuel; il occupe une situation spéciale dans notre mouvement musical. Agé de 50 ans, ce musicien, dont l'œuvre a subi la plus amère et injuste destinée, découvrit, il y a quelque trente ans, la voie des conquêtes modernes. Il employait, dès 1887, en effet, de façon systématique, et à son dire *essentielle*, les gammes par tons entiers. Il exposa ses théories, qui relient le stade actuel aux lointaines trouvailles de la diaphonie et de l'enharmonisme, dans un opuscule, devenu introuvable, édité par le *Guide musical* (1895). De ses quatre partitions lyriques, la seule connue est la *Jeune Fille à la Fenêtre* (poème de Camille Lemonnier). Donnons un exemple de son écriture originale :

nel. le et les mêmes é : clats des vains

Retenez Retenez

ri res bles.sants.

Il nous reste à mentionner les virtuoses, chanteurs, chefs d'orchestre et écrivains musicaux. Et tout d'abord les maîtres du violon, continuateurs des De Bériot et Vieuxtemps : *Eugène Ysaye, César Thomson,* illustres tous deux mondialement. Ysaye est compositeur. Il a fondé et dirige les *Concerts Ysaye,* où furent produits la plupart des compositeurs et virtuoses franco-wallons modernes. *César Thomson* a publié de nombreux arrangements des classiques. *Marsick, Parent, Chaumont, Zimmer,* etc. Les violoncellistes : *Joseph Jacobs* (mort à Gand en 1910) et *Edouard Jacobs* (né à Hal); les chanteurs *Van Dyck, Mme Héglon, Séguin, Jean Noté, Dufrane,* etc., etc.; l'organiste *A. Mailly,* le pianiste *De Greef,* le hautboïste *G. Guidé,* codirecteur de la *Monnaie,* le corniste *Mahy;* les chefs d'orchestre *Ruhlmann* (Opéra-Comique de Paris), *L. Jehin* (Monte-Carlo), *Flon* (Lyon), *Verbruggen* (Londres), etc., etc.; les musicologues et publicistes *Maurice Kufferath,* directeur du *Guide musical* et de la *Monnaie,* qui a publié de nombreux ouvrages : *le Théâtre de Wagner de Tannhäuser à Parsifal* (6 vol.), *l'Art de diriger l'orchestre,* des Etudes sur *Fidelio, Salomé,* des traductions, etc., etc.; *Octave Maus,* directeur de *l'Art moderne* et de la *Libre Esthétique; Ernest Closson,* professeur au Conservatoire de Bruxelles, musicologue et folk-loriste averti, *Bergmans, Vanden Borren, Divelshauwers,* archéologues, etc.

* *

Cette nomenclature pourrait, certes, s'allonger, car la Belgique est restée féconde en musiciens. Mais, participant de leur labeur et de leur lutte, nous sommes tenus, redisons-le, à la plus grande réserve en ce qui concerne les compositeurs du moment. Beaucoup n'ont point donné encore la mesure de leur talent. — On sait que nous avons voué notre effort d'autre part à l'affirmation de nos « jeunes »

forces musiciennes, qui restent, mieux que l'essor économique, industriel et commercial qui fit notre réputation, l'expression du Rythme dont notre peuple marche aux utiles combats. Le simple aperçu que nous achevons (nous le développerons sous peu) a situé notre musique et ses maîtres à leur vraie place, dans l'histoire. — La pléiade actuelle, dans la dualité de ses tendances, rivales à la recherche d'un génie que les clartés lointaines ont si splendidement affirmé, émules pour la conquête de la Beauté, souveraine au-dessus des individus et des races, nous présage un épanouissement digne sans doute de ce grand passé

———

LE CHANT POPULAIRE BELGE

Les deux races du pays ont leurs chants populaires assez nettement caractérisés. Ces chants sont-ils autochtones? Viennent-ils de la souche primitive, du pays voisin? Nul ne pourrait le dire. A première vue, il semble logique que les chants des régions flamandes aient une origine germanique, tandis que ceux de Wallonie soient de provenance française. Il n'en est pas toujours ainsi.

(Par France nous entendons les provinces immédiatement voisines de la Belgique, auxquelles celle-ci fut souvent réunie. Les plus proches sont l'*Artois* et la *Picardie*. Beaucoup de folk-loristes prétendent que c'est de l'Artois que viennent les principales chansons flamandes. On pourrait, à vrai dire, renverser la proposition. Il y a eu, sans doute, pénétration réciproque. L'infiltration flamande s'est étendue jusqu'au delà de Dunkerque, dont le nom signifie d'ailleurs *Eglise des dunes,* en flamand. La délimitation actuelle des frontières n'est pas exacte au point de vue « folk-lore », bien que la Flandre française ait été tout à fait francisée. On y parle néanmoins encore le flamand à plus d'un endroit. De nombreux chants populaires de la Flandre française ont des paroles néerlandaises[1].)

Des chants d'origine germanique sont chantés en Wallonie aussi bien qu'en Flandre. Seulement, tout ce qui est devenu commun aux deux races acquiert une physionomie spéciale, qui les *nationalise*, en quelque sorte. Ils ont un caractère probablement très différent de celui qu'ils apportèrent du pays d'origine. Pour le *localiser*, en quelque sorte, c'est la poésie qui s'est adaptée aux phrases musicales. Pour ce faire, l'auteur, ou les auteurs, car il fallut souvent la collaboration de plusieurs poètes pour édifier un texte poétique, ont dû plus ou moins déformer la mélodie originale. De là des variantes, des changements souvent si radicaux qu'il est très difficile de reconnaître le chant primitif. D'ailleurs, qui pourrait reconnaître ou reconstituer le chant originaire? On en est réduit aux conjectures.

Quoi qu'il en soit, voici quelques spécimens de chants populaires des provinces belges, ayant un caractère bien spécial.

Généralement on classe les chants populaires en :
a) Chansons enfantines, jeux d'enfants, berceuses;
b) Chansons de fête (religieuses et autres, noëls, etc.);
c) Chansons d'amour, de noces;
d) Chansons de conscrits, militaires et de guerre;
e) Chansons de travail ou de métier;
f) Chansons à boire : comiques, satiriques, politiques, légères, « scies »;
g) Chansons à danser (rondes, etc.)';
h) Chansons funèbres, de deuil, etc.

Il faudrait y ajouter les chants narratifs, légendes, etc., qui ont généralement beaucoup de couplets.

Il ne nous est pas possible de donner ici un exemple de tous ces genres. L'important nous paraît de choisir des *types*. On reconnaîtra dans la chanson des Flandres le souvenir des cités héroïques, dont l'histoire est toute d'orgueil, d'indépendance et de révolte. De même, les chants wallons ont la saveur du terroir : la Wallonie est un centre industriel très intense.

PREMIÈRE PARTIE
CHANSON DE FLANDRE

Voici d'abord les *Lieder* flamands :

RUZELIED. — Chant du Géant.

1. Tous ceux qui disent : Il vient, le géant,
Il vient, le géant,
en ont menti.

REFRAIN
Tourne toujours, géant, géant,
Tourne toujours,
Géant [gentil][2].

2. Çà, mère, mets le pot au feu,
Mets le pot au feu,
Le géant est ici.

3. Çà, mère, coupe une tartine,
Coupe une tartine,
Le géant est fâché.

4. Çà, mère, donne la meilleure bière,
Donne la meilleure bière,
Le géant est ici.

5. Çà, mère, ferme à présent le tonneau,
Ferme à présent le tonneau,
Le géant est soûl.

De Coussemaker attribue une origine scandinave à cette chanson : aux luttes des Ases contre les Géants. En réalité, elle sert à accompagner le défilé des géants, dans les cortèges appelés, en Flandre, *ommeganck* (les plus anciens sont ceux d'Anvers et de Wetteren; les autres, de Bruxelles, Courtrai, etc., en sont des imitations). Ces géants sont au nombre de trois ou quatre; à Anvers, c'est Druon Antigen, son épouse et leur fils. Dr. Antigon passe pour avoir été un tyran qui exigeait comme tribut, des passants, leur main, d'où *Ant-werpen*, main jetée (dans les armes de la ville d'Anvers figurent en effet une tour flanquée de deux gantelets). Cette légende est fantaisiste. *Antwerpen* semble plutôt provenir de *port*.

La mélodie est le *Conditor alme siderum* légèrement modifié; cette mélopée date, d'après Gevaert (*la Mélopée antique*), du XIII⁰ siècle et semble même remonter aux temps ambrosiens.

1. Voir le recueil de De Coussemaker, *Chants des Flamands de France.* | 2. Il y a *gom*, qui rime avec *weeröm*.

d'hand   Ziet _ ze rij_den   't zijn de schoon_ste van ons   land!

Ros Beayerd. Le cheval Bayard.

1. Le cheval Bayard fait sa ronde
   Dans la ville de Termonde.
   Ceux d'Alost sont bien marris
   Parce que c'est ici que trotte le cheval
   [Bayard.

2. Les quatre fils d'Aymon chevauchent,
   Le glaive blanc en main, —
   Voyez-les chevaucher : ce sont les plus
   [beaux du pays.

3. Le cheval Bayard
   est resté dans le feu.
   Voyez le cheval Bayard réjoui
   — très charmant.

Ce chant est aussi un accompagnement pour le personnage de l'Ommegang (ici plus spécialement de Termonde), qui représente le cheval Bayard[1] sur lequel sont juchés les quatre fils Aymon : Equus beyardos; equus quatuor filiorum Haymonis, — tempore Caroli Magni (d'après Kiliaan), c'est-à-dire que l'origine semble remonter au XIVe siècle (Charlemagne??).

La chanson est, d'après Van Duyse (oud Nederl. Lied), la propriété de la corporation, encore existante, des *Pynders* — hommes de peine — de Termonde, qui ont le privilège de porter le cheval de l'Ommegang. Le carillon de Termonde joue cet air journellement.

La mélodie est composée de deux parties. Le $\frac{6}{4}$ (2e partie) semble avoir été ajouté lors du célèbre Ommegang de 1754, organisé à l'occasion du 900e anniversaire de la translation des ossements des saints Hilduardus (Edouard) et Christiana (Chrétienne), patron et patronnesse de la ville.

Moderato
1er CHŒUR

Alles wat immermeer't Leven zag vandenHeer, Is tot dienste van den mensch, Tot zijn vreugd en herte wensch. Al't gediert, dat er leeft't Zij het de aar de of zee doorzweeft Aan hem

2me CHŒUR

nut en duizend vreugden geeft. 't Hert ont-sluit door het kruid; Wat uit de aar de jeugdig spruit, Geeft in den koe len meizyn zoete geuren uit; Het her-leeft en het groeit, Het schiet op en het bloeit, 't Maakt dat vreugdin al.le herten

1er CHŒUR   2me CHŒUR   ENSEMBLE

gloeit. O aange naa-me tijd! O zoe-te vroo-lijk-heid! Als wij

rit.

Tempo

al-le de werken Des heeren bemerken; En daar-om dient ge-zeit: Glo - rie zij lof en eer Duizend maal en nog meer Aan den goedentieren Op-per-heer!

Chanson hasseltoise.

1. Tout ce qui, en tout temps,
   reçut du Seigneur la vie,
   est au service de l'homme [son cœur.
   pour son contentement et les vœux de
   Tout le règne animal, qui vit
   sur la terre, ou qui fend la mer,
   lui donne mille choses utiles ou agréa-
   [bles.

2. Le cœur s'épanouit par la verdure.
   Ce qui de la terre germine
   donne au frais mai ses doux parfums,
   [Tout] revit et grandit,
   et croît et s'épanouit,
   et fait que de tous les cœurs la joie res-
   [plendit (arde).

O temps agréable,
O douce joie,
Quand nous remarquons (voyons)
tous les travaux du Seigneur!
Et pour cela, qu'il soit dit :
Gloire à lui, loué et honoré
Mille fois et encore plus
Soit le clément Seigneur suprême.

1. Beyard, bayart, signifie *brun (bai)*.

Il y a trois autres strophes dans le même goût.

On a attribué la poésie de cette mélodie à Vondel, qui l'aurait écrite en l'honneur de Gillis van Vinckenron, — bourgmestre, « empereur de la noble gilde des Arbalétriers », de Hasselt, — vers 1637, quand le célèbre écrivain néerlandais séjourna en cette ville. D'autre part, selon le chevalier A. de Corswaven, cette chanson aurait été composée par Herman Van de Reyst, qui étudia douze années, sous la direction de Roland de Lassus, à la cour de Bavière, et qui en 1536 dirigea le collège de Sainte-Cécile de Hasselt.

Les folc-loristes sont d'accord que cette mélodie n'est pas si ancienne, et qu'elle doit dater de la fin du XVII⁰ ou du commencement du XVIII⁰ siècle. Il n'est pas douteux non plus que les paroles sont surajoutées à la musique; la prosodie, défectueuse, l'indique suffisamment.

Ce chant a trait au mois de mai (le renouveau), sur lequel beaucoup de musique a été composée pour les fêtes alors en honneur et dont un des épisodes les plus caractéristiques est la plantation d'un *mai*, un arbre de mai (symbole de la fécondation?).

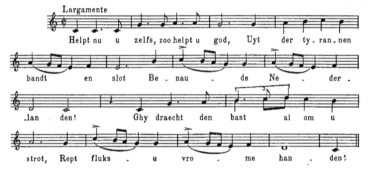

Largamente

Helpt nu u zelfs, zoo helpt u god, Uyt der ty_ran_nen bandt en slot Be_nau_de Ne_der_.lan den! Ghy draecht den bast al om u strot, Rept fluks_u vro_me han_den!

Help(t) nu u self, soo help(t) u Godt. (Aidez-Vous, Vous-mêmes, et Dieu Vous aidera.)

1. Aidez-Vous Vous-même,ainsi Dieu aidera
   hors des liens de la tyrannie,
   Néerlandais timides,
   pour porter le harnais à votre col
   Élevez promptement vos nobles mains!

2. L'orgueil espagnol faux et brutal
   vous envoya un bourreau sans Dieu
   pour Vous faire athées
   et pour Vous ravir Votre argent.

Et ainsi de suite pendant neuf strophes. C'est un pamphlet musical très violent (on remarquera le caractère sombre et fanatique du chant).

Il a trait au 10ᵉ denier d'impôt dont le duc d'Albe frappa les Flamands, et auquel ils furent si hostiles.

La strophe 8 enjoint aux Flamands de choisir entre servir l'odieux tyran ou pour le combattre suivre le prince d'Orange. (Ceux qui suivirent le prince d'Orange étaient connus sous le nom de Gueux de Mer).

Le chant se retrouve dans le vieux Psautier de 1540 (*Souterliedekens*, n° 13).

Allᵒ Maestoso

Helpt nu u zelfs, zoo helpt u god, Uit der ti_ran_nen band en slot, Be_nauw_de Ne_der_lan_de, Be_nauw_de Ne_der_.lan_den! Gij draagt den bast al om uw strot

Più lento

Rept fluk uw vro_me han_den. Mÿn schild en mijn be_trouwen Zijt gij, o God, mÿn heer! Op u zoo wil houwen, Ver laat mij nimmermeer. Dat ic doch vroom mag blijven, Uw die_____ naar 't al_ler

stond, De ti-ran-nij ver-drij-ven,die mij her-te door-wondt!

Autre version de la même chanson. Elle est com-binée avec la mélodie *Wilhelmus van Nassouwe* (*sol* majeur), Guillaume de Nassau, surnommé le *Taci-turne*, — qui joua un si grand rôle dans l'histoire des provinces flamandes. Cet hymne est devenu un des chants nationaux des Hollandais.

Slaet op den tromme-le, van dir-re dom-dey-ne! Slaet op den tromme-le van dir-re-dom-does. Slaet op den tromme-le van dir-re dom-dey-ne, Vi-ve le Geus, is nu de leus.

Slaet... Batlez...

1. Battez lo tambour, la dire don daine
— — don don.
— — don daine
Vive le Gueux est à présent le mot d'ordre.

Les six autres couplets màltraitent violemment les Espagnols, *Pope et Papistes*.

Les deux derniers couplets sont des invocations au cardinal Granvelle et *au Prince* (Nassau, probable-ment).

La mélodie, qui date de 1556, se retrouve dans des chants antérieurs, notamment dans l'ouvrage *Ilet prieel der gheestel melodie* Bruges, 1609 (le berceau de la mélodie religieuse), où elle figure, en un rythme très alangui, comme chanson d'amour divin :

Les cœurs attristés amasseront de la joie
En voyant combien est beau le reflet du Ciel.

Dans le chant politique, l'accent est devenu d'une rudesse extraordinaire, et le rythme martelé du tam-bour y résonne avec un réalisme saisissant.

Het da-ghet in den Oos-ten Het lich-tet o-ver al,
Hoe luttel weet myn lief-ken, Waer dat ic he-nen-sall

Het daghet...

1. « Le jour point à l'orient,
tout s'éclaire,
combien peu sait mon aimée,
ah ! où je m'en irai !

2. « Ah! s'ils étaient tous mes amis
ceux qui sont mes ennemis,
je vous conduirais hors du pays,
mon amour, mon amie.

3. « Où me conduirais-tu,
hardi chevalier bien intentionné?
Je repose dans des bras chéris
toute grande.

4. « Tu reposes dans des bras chéris,
Tilo, ce n'est pas vrai.
Va sous le vert tilleul,
là il gît, frappé (terrassé). »

5. La fillette prit son manteau
et alla d'une traite

au vert tilleul,
où elle trouva le mort.

6. « Oh! tu gis ici, frappé,
noyé dans ton sang!
Voilà ce que t'a fait la gloire
et ta fierté (orgueil).

7. « Oh! tu gis ici, frappé,
(toi) qui me donnas la consolation!
Que me laisses-tu,
Sinon maint triste jour? »

8. La fillette prit son manteau
en s'en alla d'une traite
à l'huis de [chez] son père
qu'elle trouva clos.

9. « Ah! y a-t-il ici quelque seigneur,
ou quelque noble homme,
qui à enterrer mon mort
Voudra m'aider? »

10. Les seigneurs se turent silencieux,
et ne firent pas de bruit.
La fille s'en retourna,
elle s'en alla en pleurant.

11. Elle le prit dans ses bras,
Elle le baisa sur la bouche.

12. Avec sa blanche épée,
elle creusa le sol [neige,
et le coucha, de ses bras blancs comme
dans la tombe.

13. « Maintenant, je veux me consacrer
à quelque cloitre
et porter de noirs vêtements,
et devenir une nonnette. »

14. Avec sa claire voix,
la messe elle chanta;
avec ses mains blanches comme neige
elle sonna les clochettes.

Date du xvᵉ siècle. Il en existe de nombreuses variantes, desquelles nous avons choisi la présente, qui nous a paru la plus parfaite. La notation usuelle (phrases coupées en mesures) nous a semblé s'adapter très mal à ce beau chant, auquel nous avons laissé sa coupe irrégulière, d'une expression si poignante.

Van 2 Plaings.

1. C'étaient deux enfants de rois,
    ils s'aimaient l'un l'autre,
    ils ne savaient point se rejoindre.

L'eau était beaucoup trop profonde.
Que fit-elle? Elle alluma trois chandelles
Quand [le soir] le crépuscule tomba :

« O cher, viens, traverse à la nage. »
Ainsi fit le fils de roi, [encore] jeunet.

Dans les strophes 2 à 6, nous assistons à la noyade de l'amant; la fille du roi supplie sa mère de pouvoir aller se promener le long de l'eau, où elle rencontre un pêcheur qui repêche le cadavre de l'amant. Pour sa peine le pêcheur reçoit l'anneau d'or rouge que la fille a au doigt.

7. Elle prit son aimé dans ses bras,
    et le baisa sur sa bouche :
    « O bouche, si tu pouvais parler!
    O cœur, si tu étais bien portant. »

8. Elle prit son amant dans ses bras,
    et s'élança avec lui dans la mer :
    « Adieu, dit-elle, belle terre,
    Vous ne me verrez plus jamais ;

Adieu, ô mon père et ma mère
et toutes mes amies,
Adieu, ma sœur et mon frère,
Je m'en vais au royaume des cieux. »

C'est évidemment une variante du chant précédent. Elle comporte également de nombreuses mélodies qui diffèrent fort l'une de l'autre. Celui-ci est relative-ment moderne, xviiiᵉ ou même xixᵉ siècle.

Jan Blockx a utilisé cette mélodie dans son opéra *la Fiancée de la mer.*

Daer war...

1. Il y avait un oiseau blanc comme neige,
    sur le hallier épineux,
    din, don, dáine,
    sur le hallier épineux,
    din, don, don.

2. Voulez-vous, monsieur, être le messager?
    Monsieur, le messager je veux bien être,
    din, don, etc.

3. il prit la lettre dans son bec
    et vola avec elle au-dessus des halliers,
    din, don, etc.

4. Il vola avec elle jusqu'à la porte de l'amant :
    « Dors-tu, veilles-tu, ou es-tu mort? »

5. — Je ne dors, ni ne veille, ni suis mort,
    Je suis marié depuis une demi-année.

6. — Es-tu marié depuis une demi-année?
    Ce me semblait bien mille années. »

Ce chant date du xviᵉ ou xviiᵉ siècle. Il en existe de nombreuses variantes, même en langue française (*le Messager d'amour*).

Naer oostland...

1. [Aux pays] d'Orient nous voulons aller ·
Par les vertes bruyères.
Là, il y a une meilleure cité.

2. Quand nous arrivons en Orient
Sous les belles hautes maisons,

Là on me laisse entrer,
On me souhaite la bienvenue.

3. Oui, nous serons les bienvenus,
Là, soir et matin,

Nous boirons le vin frais.

4. Nous buvons le vin dans des coupes
Et la bière aussi, tout notre soûl.
Là habite ma douce amante.

Selon Willems (le premier en date des archéologues musicaux belges), cette chanson aurait trait aux émigrations à l'Est — c'est-à-dire au nord de l'Allemagne — des populations du Brabant et des Flandres, où ils établirent des colonies agricoles dès le XIIᵉ siècle. Le chant cité date du XVIIIᵉ siècle.

Oostland, den Oost, — l'Est, le pays de l'Est, — est aussi appelé Rozeland, le pays des Roses.

Schoon lief...

1. «Belle amante, comment dors-tu ici
Dans les premiers songes?
Veuille t'éveiller et recevoir le mai
qui se dresse ici si beau.

2. — Je ne voudrais pas me lever pour un
ouvrir ma petite fenêtre, [mai,

plante ton mai où il te plait
—   là-bas, dehors.

3. — Où pourrais-je le planter ou faire?
La nuit hivernale est froide et longue,
il laisserait de grandir (s'épanouir).

4. — Belle amante, s'il laisse de s'épanouir,
nous l'enterrerons

dans le cimetière près de l'églantier.
Sa tombe portera des roses.

5. Belle amante, et sur ces roses
le rossignol sautera (sic),
et, par nous, à chaque mai,
chantera ses douces chansons.

Nous avons dit précédemment que le 1ᵉʳ mai donne lieu, en pays flamand, à des fêtes symboliques (peut-être d'origine païenne), dont la plantation d'un mai, ou arbre symbolisant le renouveau, la croissance, la germination.

Des folk-loristes ont vu dans le texte de cette mélodie une intention... leste. Il se peut. En tout cas, le symbole du Renouveau — la Nature se réveillant après le sommeil d'hiver quand *Mai* s'annonce — est plus conforme à la tradition et plus poétique. Comme toutes les chansons populaires, celle-ci compte des variantes dont nous citerons, à titre de renseignement :

Forme de Choral; se retrouve dans le *Nieuwen verbeterden husthof*, 1603, p. 68, sous le titre de « De mey die ons de groente geet», sur l'air de « Och leghd y nu en slaapt, etc. » (le Mai nous donne la verdure [les légumes], sur l'air de « Ol te voici gisante, endormie).

Recueilli à Wambèce, Brabant, par M. Pol de Mont, conservateur du musée de peinture d'Anvers.

Autre chanson de mai d'un tour mélodique très gracieux, originaire de Bailleul (Flandre française), et publiée par de Coussemaker (*Chants populaires des Flamands de France*).

Voici ce que de Coussemaker dit au sujet du singulier air qui suit :

« Ce curieux chant populaire était encore en usage à Bailleul vers 1840. Lorsqu'une jeune fille mourait, son corps était porté à l'église, puis au cimetière, par ses *anciennes* compagnes. La cérémonie religieuse terminée et le cercueil descendu en terre , toutes les jeunes filles, tenant d'une main le drap mortuaire, retournaient à l'église en chantant la *Danse des Vierges* avec une ferveur, un élan et un accent rythmique dont on peut difficilement se faire une idée. Le poêle qu'on rapportait à l'église était de soie couleur bleu de ciel ; au milieu était une croix en soie blanche, sur laquelle étaient posées trois couronnes d'argent. Pareil poêle sert encore à l'enterrement des jeunes filles, mais le chant a cessé.

« Est-ce une coutume druidique ? La coutume fut très répandue du temps de Charlemagne de danser sur les cimetières ; le clergé a peut-être détourné les fidèles de ce jeu réprouvé, en lui donnant le caractère religieux. »

L'archéologue musical Böhme (*Geschichte des Tanzes in Deutschland*, 1886, I, p. 10) consacre quelques mots à la vieille coutume des Germains de danser et de chanter la nuit sur les tombes des morts, croyant par là éloigner les mauvais esprits. C'est à Léon IV (commencement du IXe siècle) qu'il faut attribuer l'interdiction de cette coutume.

1. Dans le monde il y a une danse ;
  Alleluia !
  Là dansent les pucellettes.
  Benedicamus Domino,
  Alleluia, alleluia.

2. C'est pour Amelia,
  Alleluia !
  Nous dansons après (*sic*) les pucellettes.
  Benedicamus Domino,
  Alleluia, alleluia.

Le refrain « Alleluia » prend son origine dans un refrain religieux qui, tout comme le « Kyrie eleison », devint rapidement populaire (Docteur Knuttel, *la Chanson religieuse chez les Néerlandais avant la Réforme*, Rotterdam, 1906).

Vrouwt_jes, geeft het   Gods   -   deel   God   help'   ye!

1. Donnez quelque peu aù rommelpot[1],   petites femmes, Dieu l'aide[4]! donnez la   Que mes moutons sont tondus,
C'est si bon pour l'hutspott[2]!   [part de Dieu[5]!   Van de liere, etc.
Van de liere, van de laere
—   liere omla[3],   2. Dieu m'a si longtemps aidé,   3. Dieu m'a si longtemps...
                          Que mes vaches sont traites,   Que je porte une barbe grise
                                                  Van de liere, etc.

p Scherzando

Des win ters als het re - ghent, Dan sijn de paet_jes diep, ja diep; Dan

comt dat lo - se vi - schertjen vis - chen al in dat riet, jariet. Met sijnen

rijfstok met sijnen strijcstok Met sijnen lap_sac, met sijnen cnapsac Met sijne

lee - re van dir - re dom dee - re Met sijne lee - re laers_jes aan.

Des winters... L'hiver...

1. L'hiver quand il pleut,   2. Cette rusée (petite) meunière   Que je ne peux passer paisiblement
Les sentiers sont profonds.   S'en alla se poster sur sa porte   devant votre porte
Alors vient le rusé (petit) pêcheur   Pour ce que curieux (joli) (petit) pêcheur   avec mon bâton, etc.
Pêcher dans les roseaux   Pût passer devant elle,
avec son bâton[6]....   avec son bâton, etc.   4. — Tu ne m'as rien mal fait,
avec son sac,.....   Mais tu dois me baiser trois fois,
avec ses souliers de cuir.   3. « Que vous ai-je fait?   Avant que d'ici tu puisses t'en aller
                          Que vous ai-je mal fait?   avec ton bâton, etc. »

La mélodie date de 1840; elle fut composée par le poète Prudens Van Duyse, père de Fl. Van Duyse, auteur du considérable ouvrage *la Mélodie flamande*, auquel nous avons fait plus d'un emprunt. Elle devint rapidement très populaire. — Cette mélodie remplaça une plus ancienne encore très connue, et qui, d'après nous, doit être d'origine allemande.

Zeg kwezelke, wil_de gij dan _ sen? Ik zal u ge_ven eén

ei.   "Wel neen ik, zei dat kwe_zel_ken, Van dan _ sen ben _ ik

---

1. Le rommelpot est un instrument populaire, aujourd'hui désuet, mais très répandu en Flandre autrefois. C'est un pot rempli d'eau, sur lequel est fixée une membrane percée d'un trou, dans lequel est passée une baguette. Le joueur de rommelpot tire, en va-et-vient, cette baguette, qui fait vibrer la membrane, d'où le nom onomatopique de *rommelpot*, pot qui roule, qui grommelle. C'était surtout un instrument de carnaval.

2. Hutspott : pot-au-feu, méli-mélo de légumes et de viandes bouillies.
3. Mots sans signification, quelque chose comme tralala.
4. Dieu t'aide! Ceci est crié à pleine voix.
5. La part de Dieu, c'est-à-dire la part du pauvre, une aumône.
6. Ce refrain intraduisible est tout en allitérations.

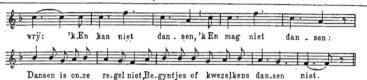

vrÿ: 'k En kan niet   dan - sen, 'k En mag niet   dan - sen :

Dansen is on-ze   re-gel niet, Be-gyntjes of kwezelkens dan-sen   niet.

Zeg kwezelke… Dis, petite béguine…

1. « Dis, petite béguine, veux-tu danser?   Je ne tiens pas à la danse;   Danser n'est pas notre règle,
Je te donnerai un œuf.   Je ne sais pas danser,   béguinettes et nonnettes ne dansent point.»
— Mais non, dit la béguinette,   Je ne peux — .

2 et 3. Il est offert successivement à la béguine une vache et un cheval ; elle répond toujours négativement.

4. « Dis, petite béguine, veux-tu danser?   Je ferai tout ce que je pourrai.   Danser est bien notre règle,
Je te donnerai un homme (un mari).   Je danse bien,   béguinettes et nonnettes dansent bien!
— Mais oui, dit la béguinette,   Je peux bien danser.

Est-ce une chanson satirique, ou simplement une | Van Duyse range cette chanson dans la catégorie
ronde dansée ? Les folk-loristes sont muets à ce sujet. | des *Airs à danser*.

Allo marcato

Te Kieldrecht, te Kieldrecht, daer zijn de meisjes koe - ne; Zij

vrij - en tot den mid-der-nacht, en sla-pen tot ‥ den   noe - ne   Ik

maei: is dat   niet   fraei? En slapen tot den   noe   - ne!

Te Kieldrecht.

A Kieldrecht[1] (*bis*), là les filles sont har-   Elles regardent les nuages;   3. — L'heure qui vient de sonner,
[dies;   Elles disent : « Quelle heure est-il?   Vous pouvez bien le remarquer,
Elles courtisent jusqu'à minuit et dor-   Ma vache est là non traite. »   la grand'messe est de longtemps finie,
[ment jusqu'au midi.   2. Quand elles sortent (*bis*),   et le monde s'en revient de l'église.
Je fauche, n'est-ce pas gentil[2], et dor-   Le sacristain les rencontre :   4. Et quand il (le monde) arrive au pré,
[ment jusqu'au midi.   « Eh bien, sacristain, quelle heure est-il[3]?   Ils disent : « Vache Blare[4],
1. Quand elles se lèvent (*bis*),   Quelle heure vient de sonner?   Me voici avec mon amoureux.
Cela ne va-t-il pas vous sembler étrange?»

Cette chanson est classée par F. Van Duyse sous la rubrique « chanson ménagère ou touchant la vie
publique ».
De trois versions, celle-ci est la plus répandue.

Daer ging een   pa - ter langs - het   land; Daer ging een

pa ter langs - het   land   Hÿ had een nonne-ken bÿ der hand;

Hei l 'twas in - de   Mei zoo zeï,   hei 'twas in   de   Mei l

1. Un père s'en allait par les champs (*bis*),   que ta sainte nonne la foule (*aux pieds*).   6. Çà, père, vous devez vous séparer (*bis*),
il prit la nonnette par la main,   4. Çà, père, donne à la nonne un baiser (*bis*),   Mais (la) nonnette doit rester debout.
hei ! c'était *dans le* mai si doux   Tu peux le faire encore trois fois (*bis*).   7. Çà, nonnette, veux-tu, à présent, choi-
hei ! c'était en mai.   5. Çà, père, soulève ta nonnette (*bis*)   [sir (*bis*),
2. Çà, père, tu dois l'agenouiller (*bis*),   et danse de nouveau gaiement avec ta   Et prendre un autre père?
Mais toi, nonnette, reste debout.   [poupée.   8. Çà, nonnette, tu dois t'agenouiller (*bis*),
3. Çà, père, étends ta noire chape (*bis*),   etc.

1. Kieldrecht, localité de la province d'Anvers, frontière flamande   3. Combien tard est-il?
hollandaise, en deçà de l'Escaut.   4. Blare, Blare moie, surnom donné aux vaches, quelque chose
2. Assonances : fraiei, — maei.   comme la Roussette, la Blanchette.

La chanson reprend. C'est une ronde dont les paroles indiquent clairement la « mise en scène ».

Le romancier Conscience a placé ce chant dans la bouche des iconoclastes furieux, lorsque, sur la grand'place d'Anvers, ils firent un feu de joie des icônes religieuses qu'ils y avaient entassées (*l'Année des merveilles* [1566]).

Peu de chansons ont eu autant de popularité que celle-ci. De nos jours encore, toute la Flandre la connaît. Elle paraît même sous la forme d'un crâmignon (ronde) liégeois, avec ces paroles :

Me promenant le long du bois (*bis*),

J'ai rencontré 'n femm' qui donnait,
Le long de la rivière (*bis, en chœur*).

Cette conclusion altère et dénature la mélodie originale.

On la rencontre encore dans plus d'un air populaire français ou allemand, avec des variantes.

Les origines de ce chant sont très anciennes, elles se perdent dans la nuit du temps.

La rythmique curieuse de ce chant (6/8 et 9/8 alternés) a donné lieu à des controverses nombreuses. Quelle est l'exacte mesure? Est-ce un 9/8 contracté ou, ce qui est plus vraisemblable, un *6/8 allongé* aux chutes du vers?

Non troppo allegro

Klein, klein kleuterken, wat doe de gy in den hof? Gy plukt er al de bloem kens af gy maakt het veel te grof Ma _ _ma_ _ken die zal kÿ ven, pa _ pa _ ken die zal slaen; Klein, klein kleuter_ _ken, maek a maer gauw van däen.

Klein, klein kleuterken. Petit, petit bambin[1].

Petit, petit drôle! Que fais-tu dans le jardin?
Tu cueilles toutes les fleurettes, tu dévastes tout ici.

(petite) Maman[2] va gronder, petit père frappera,
Petit, petit drôle, dépêche-toi de t'en aller.

Ce chant est assez récent, il est du XVII⁰-XVIII⁰ siècle. A remarquer que la seconde partie de la mélodie | a plus d'une analogie avec la chanson dansée (n⁰ 11 de cette collection) *Sa Paterken…*

Is er iemant uyt Oost _ In_ dien geco _ men Die er wat van weet, Heeft hÿ niet van den toeback ver_no _ men? segget my be _ scheet. Oft hÿ is goet voor 't men schen bloet en oft hy haer oock deugt doet, segt my dat vroet'!

Tabak.

1. Y a-t-il quelqu'un venu de l'Orient
  Qui sache quelque chose? [indien
  N'a-t-il rien appris [au sujet] du tabac?
  Dites-moi :
  Est-il bon pour le sang humain de
  et s'il lui fait aussi *du bien*, [l'Homme
  Dites-le-moi.

2. Les petites femmes sont vilainement[3]
  Contre le tabac;
  Elles apprécient très peu ses vertus,
  et le blâment;
  Et prétendent que l'homme

peut en dessécher,
Y a-t-il quelque chose [de vrai] de cela?

3. Est-ce que le tabac dessécherait ainsi
  La nature de l'homme?
  Les petites femmes indiennes l'ont bien
    [toléré, etc.

4. Réprouveriez-vous [ainsi] le tabac?
  non, femme, non!
  Par lui, tout est arome,
  ainsi je le crois, etc.

5. Humer le tabac est médecine,
  Croyez-le!

La cendre en est bonne pour le mal aux
    frottez-l'en! [dents,
Ainsi la fumée, pour l'homme, de même,
  en est meilleure que l'ail[4],
Quoique ce ne soit que de la fumée.

6. Toutes choses sont bien mesurées
  Selon l'ordonnance de la femme!
  Mieux vaut ne pas trop boire,
  Nous le savons,
  Mais fumez seulement pour le plaisir
  Une petite pipe, ou trois, ou quatre,
  Avec (en buvant) vin ou bière !

---

1. *Kleuter* signifie, à propos d'un enfant, petit éveillé, petit drôle.
2. La désinence *ke* est un diminutif familier en flamand : Mama = maman; Mamake = petite maman.

3. Veleynich.
4. Ou plutôt *herba salax* (Ovide).

« En 1622, des soldats anglais et néerlandais importèrent, dans les pays du Rhin et du Mein, l'habitude de fumer le tabac, qui, de là, se répandit dans les autres contrées de l'Allemagne. En 1626, le tabac fut, pour la première fois, implanté en Néerlande, un peu plus tard en Angleterre. » (Winkler Prins, *Encyclopédie*.)

Cette critique sur l'usage du tabac est adaptée sur une mélodie d'origine française, que l'on retrouve dans le recueil intitulé *Airs de différents autheurs mis en tablature de luth* par Gabriel Bataille, livre IV, Paris, chez Pierre Ballard, 1613, où elle est indiquée sous le titre de *Ballet pour madame*.

Est-ce Mars le grand Dieu des alarmes, que je voy:
Si l'on doit le juger par ses armes, je le croy:

toute fois j'apprends en ses regards que c'est plutôst Amour que Mars

Les folkloristes (Tiersot et autres) indiquent encore d'autres versions du même air.

Ce chant acquit en Belgique une grande popularité à la suite de l'emploi qu'en fit F.-A. Gevaert dans sa cantate *Jacob van Artevelde* (1863); il devint en quelque sorte le chant communal officiel de Bruxelles. (F.-A. Gevaert en fit encore le chœur final de son opéra *le roi d'Yvetot*, et plus récemment le motif principal de son *Chant vers l'Avenir*.)

DEUXIÈME PARTIE

CHANSON DE WALLONIE

Les pays wallons comprennent le pays de *Liège* (Hesbaye, Herve, pays frontières), le pays de *Namur*, le *Borinage* (Mons), le pays de Charleroi et les contrées limitrophes, comme le Tournaisis, le Brabant wallon, etc.

On y parle un vieux patois français (langue d'oïl), qui varie d'un pays à l'autre; le langage du pays de Herve est très différent des patois borains ou namurois.

Les spécimens des mélodies que nous donnons ci-après sont d'allure vive et légère, d'autres de caractère tout à fait humoristique.

Ce n'est pas qu'il n'existe aussi, parmi les chants populaires wallons, des chants sentimentaux ou tristes. Mais, outre qu'ils sont peu nombreux, tous ont gardé fidèlement la physionomie de leur pays d'origine, qui est le plus souvent la France, parfois l'Allemagne ou la Belgique flamande. Il n'en est pas de même des crâmignons cités, qui ont bien acquis une « saveur de terroir ».

A l'Es - cou - vion!   A l'Es - cou - vion!

Por - te pugn's,   Por - te poir's,   Port(e)cheri - ses tou - tes noir(es),
Por - te pugn's,   comm(e)des boulets,   Por - te poir(es)plein des ca - toir(es),

Poi - riers!   Pu - niers!   Si t'es biè quer - quée   De't vi - rai vol -

-tiers,   Si   ton n'baill's riè,   De t'a - bat - tra   De't

des - scom p'rai   In gros - bas-tons   Pou' l'Es - couvi - oni

Chanson de l'Escouvion (La fête des Arbres).

A l'Escouvion! (*bis*)!
Portez prunes, portez poires,
portez prunes comme des boulets,
portez cerises toutes noires!
portez poires plein des paniers!

Poiriers, pruniers!
Si vous êtes bien « fruités »,
je vous verrai volontiers.
Si vous ne donnez rien,

je vous abattrai,
je vous découperai
en gros bâtons
pour l'Escouvion !

Des folk-loristes attribuent à ce chant d'invocation une origine très lointaine, peut-être druidique. Il a trait aux fêtes de l'*Alion*. (Voir ci-après.)

Chant du pays borain (Mons).

Chanson de l'Alion.

Les folk-loristes prétendent que *Alion* viendrait de *Hélios*, soleil. Les fêtes de l'*Alion* consistent surtout en feux de joie (feux de la Saint-Jean; « bures » ou « brandons » du premier dimanche de Carême).

A l'examen, la texture de cette mélodie semble d'origine assez récente, française probablement. *Pays borain* (Mons).

Les 3 Boreings. Les 3 Borains.

C'est peut-être la plus populaire de toutes les chansons du Borinage. Les autres couplets peuvent se résumer ainsi :

2. L'empereur, enfin,
   Fit entrer les trois Borains,
   Dedans un grand salon,
   Demandant mille questions.
   Ils ont annoncé à Sa Majesté
   Que tous les Borains
   Etaient pour leur souverain,
   Qu'ils sont d'une vive ardeur
   Pour soutenir leur empereur.
   Toutes les dames d'honneur,
   Sa Majesté, les seigneurs,
   On(t) fait venir du vin, —
   Bonne liqueur pour ces Borains, —
   Biscuits, macarons,
   Oranges et citrons.
   Ma foi, ils ont mangé
   A (la) table de Sa Majesté,

   Buvant d'une vive ardeur,
   A l'empereur.
4. L'un des trois a dit
   Qu'il fallait savoir ceci,
   Que sans faire d'embarras,
   Les Borains sont bons soldats,
   Frameries et Hautrages,
   Cuesmes et Paturages,
   Jemappes et Quaregnon[1],
   Tous villages de grand renom,
   Ils sont capables de faire feu
   Sur tous les audacieux.
5. L'empereur, enfin,
   Leur a fait beaucoup d'honneur,
   Devisant avec eux
   Assis au coin d'un bon feu.

   L'un des trois Borains,
   Ayant sa pipe en main,
   Ma foi, il a fumé
   Présent (en présence) de Sa Majesté,
   Offrant une pipe de tabac
   A l'empereur le (et) roi.
5. L'empereur l'a prise;
   Ma foi, il a souri!
   Ma foi, il a fumé,
   Trois Borains à ses côtés!
   Voilà quel honneur
   De voir un empereur,
   Un de nos souverains
   Au milieu des trois Borains;
   Puis, il leur a accordé
   Ce qu'ils ont demandé.

L'empereur dont il est question dans cette chanson si bon enfant semble être Joseph II d'Autriche.

On sait que ce souverain eut maille avec les Belges, que ses réformes, incomprises, avaient révoltés.

1. Localités du pays borain.

Le siège de Landrecies (chant du pays borain).

DEUXIÈME STROPHE	Dix mille hommes	Ils ont bien fait la guerre,
	Furent tués, blessés,	S'ayant défendu,
Dix mille hommes [taille.	Ah! quelle cruausité (cruauté)!	Sans jamais s'avoir battu.
Furent tués, blessés, dans cette terrible ba-	La campagne entière	Ah! quel gai honneur, etc.

C'est là toute une cantate, qui rappelle les chœurs descriptifs si naïvement savoureux de Cl. Jannequin (*la Bataille de Marignan*).

Landrecies est une ville française du département du Nord; elle fut assiégée en 1794 par les alliés, qui s'en rendirent maitres le 30 avril. Le 17 juillet suivant, les Autrichiens, assiégés à leur tour par le général français Jacob et effrayés par une terrible sommation qui leur fut faite, se rendirent sans combattre. C'est probablement à cette circonstance que fait allusion le vers malicieux qui termine la deuxième strophe.

Ce chant est certainement d'origine française; le fait que le texte est français l'indique péremptoirement, la plupart des chants borains étant en dialecte wallon.

La Vache égarée (chanson du pays d'Ath).

Les chants du pays d'Ath[1] ont été recueillis par feu L. Jouret, professeur au Conservatoire de Bruxelles, et originaire de cette localité.

Cloches, sonnez! (*bis*)
Vous voyez mes larmes!
Cloches, sonnez! (*bis*)

Mon Dieu, quel(les) alarmes!
Ma mère est morte, mon père parti,
Et devant ma porte,

Mon ami va mourir...
Cloches, sonnez! (*bis*)
Cloches, sonnez toujours.

2. Je prenderai mon cher amant,
Ma foi, pour compagnie,
Ah! ah!

Comment passer dedans ce bois?
Quand nous fûm's au milieu des bois
Il commence à me dire :
Ah! ah!

REFRAIN
J'ai mon amant, etc.

Les autres couplets sont, délestés de leurs répétitions et du refrain :

3. Laissez-moi prendre un doux baiser,
Sur votre bouch', ma mie!

4. Prenez-en un, prenez-en deux,
Mais ne l'allez pas dire!

5. Car si mon papa le savait,
Il m'en ferait mourire.

6. Mais pour maman, je le sais bien,
Ell' ne ferait qu'en rire.

7. Elle sait bien ce qu'ell' faisait,
Quand elle était jeun' fille,

8. Avec mon papa Nicolas,
En haut de la prairie.

9. Comment passer dedans ce bois
Moi qui est (*sic*) si jolie!

VARIANTE :
Elle allait trouver les garçons
Sur l'herbette fleurie.

Ce chant, d'allure si décidée et si folâtrement sautillant, nonobstant sa tonalité mineure, est un *crâmignon*, c'est-à-dire une ronde dansée : les chanteurs se tiennent par la main et forment une sorte de farandole. C'est généralement un seul chanteur qui entonne le couplet, le refrain est repris en chœur.

Parfois, pendant le *solo*, le chœur s'arrête de danser (ou plutôt de marcher en sautant) et repart au refrain.

Ce chant est cité par les folkloristes Gothier[2], de Puymaigre[3] et Rolland[4]. Il paraît être d'origine lorraine, mais ce n'est pas certain.

1. Ath, petite ville du Hainaut (12,000 habitants).
2. Gothier, *Recueil de crâmignons français et wallons* (Liège, 1882).
3. Puymaigre, *Chansons recueillies dans le pays messin* (Metz, 1858)
4. E. Rolland, *Recueil de chants populaires* (Paris, 1883-86-87. 5 vol.)

Sau - tez tout' mes de _ moi _ sel _ les, Sau _ tez!

A Paris.

Voici les autres couplets, allégés des répétitions et du refrain :

2. Il y a trois jeunes filles,	5. — Conservez bien votre honneur.	10. — Il m'a donné cinq cent mille.
Sautez,	6. — Il est trop tard, répond-elle.	11. Puis un grand sac de farine. »
L'une coud et l'autre file.	7. — A qui l'donnas-tu, ma fille?	11. A Paris, la noble ville, etc.
3. La troisième fait la cuisine.	8. — Au plus rich' meunier d'la ville!	Cité par GOTHIER et POY-
4. Son père dit un jour : « Ma fille,	9. — Que t'a-t-il donné, ma fille?	MAIGRE (Lorraine).

C'est, comme le précédent, un crâmignon.

Harbouya.

Crâmignon humoristique. Les alternances de *soli* et de *tutti* se font avec une emphase comique et une voix pleurarde, avec des *portamenti* lamentables (indiqués dans la musique par une *appogiature* aiguë liée à un *ré* grave).

C'est un crâmignon connu dans tous les pays wallons, avec quelques variantes locales. Il y a cinq autres couplets dans lesquels Harbouya est affligé des maux les plus horribles.

Harbouya est synonyme de pauvre hère sans feu ni lieu. Ce serait, en somme, un chant de mendiant mystificateur.

Noste âgne.

Notre âne (*bis*)
Qu'avait si froid aux pieds,
Mon père lui a fait faire
Des souliers, par le cordonnier,

Doublés de gris papier
Solidri,
Doublés de gris papier.

Encore un crâmignon humoristique. Il y a d'autres couplets dans lesquels on affuble l'âne de pièces d'habillement diverses.

Pauvre mouche.

Pauvre mouche, pourquoi ne te sauves-tu ?
. . . .
Voici venir l'araignée,

Pour (venir) manger la mouche,
Pauvre mouche, etc.

Les six autres couplets font dévorer l'araignée par l'oiseau, l'oiseau par le chat, qui est battu par le chien, lequel est battu par la femme, qui enfin est battue par l'homme. En sorte que le sixième couplet se « dévide » comme suit :

Voici (al) viniou in homm'
Po v'ni batte la feumme;
L'homme so l'feumme,

La feumme so l'chin,
L'chin so l'chat,
Li chet so l'airchi,

L'airchi so l'aregne,
L'aregne so l'mohe...

Voici une variante de ce crâmignon, connu de toute la Wallonie :

L'chasseu mogni l'rinaud,
L'rinaud lu poll,
Li poll l'ballô,
L'ballô l'arégn,

L'aregn li mohe...
Pauveve mohe! qui ni te sauveve-tu?
(Le chasseur mangea le renard ;
le renard, la poule;

la poule, le hanneton;
le hanneton, l'araignée;
l'araignée, la mouche;
Pauvre mouche! que ne te sauvas-tu!)

RENÉ LYR, PAUL GILSON, 1914.

ANGLETERRE

PÉRIODE ANCIENNE

Par Camille LE SENNE

PRÉSIDENT DE L'ASSOCIATION DE LA CRITIQUE
DRAMATIQUE ET MUSICALE

Pour trouver les premières traces de la vie musicale dans la Grande-Bretagne, il faut remonter à un passé légendaire et presque le rattacher à la tradition préhistorique. En tout cas, on ne saurait mettre en doute que les premiers musiciens anglais aient été les bardes bretons ; le goût et les aptitudes des Celtes pour la musique ont d'ailleurs été reconnus de toute antiquité, et parmi les groupes ethniques destinés à peupler la Grande-Bretagne, celui-ci mérite de figurer au premier plan en ce qui concerne les origines musicales.

Il convient d'observer, en faisant complète abstraction de toutes les idées modernes sur l'exercice professionnel des arts libéraux et leur spécialisation, que que le barde breton, membre d'une tribu belliqueuse, restait un soldat comme tous ses frères d'armes. Ces artistes primitifs, à la fois poètes compositeurs et interprètes pour leurs propres œuvres, jouaient un rôle militant. Chargés d'exalter les combattants au moyen de préludes à la façon de Tyrtée, d'un effet infaillible sur ces âmes sauvages, ils suivaient sur le champ de bataille. Nous savons que les bardes dont *Aneurin Gwandrydd* fut le chorège et le chef au début du VIᵉ siècle tenaient alternativement la harpe et la hache. Tantôt, debout sur une éminence, ils faisaient entendre les chants de guerre aux mâles résonances qui, conformément à l'esprit celtique, avaient pour leitmotif le sacrifice de l'homme à la tribu, de l'individu à la communauté ; tantôt les *Gododiniens* — c'était leur nom — entraient dans la mêlée et n'y portaient pas les coups les moins redoutables. Ainsi se vérifiait à l'avance la loi formulée de nos jours d'après laquelle les mots *artiste* et *héros* sont synonymes. Dans le clan celtique, les artistes étaient des héros, les héros étaient des artistes.

Le rôle joué par Aneurin Gwandrydd n'a d'ailleurs rien de fabuleux. Frère de Gilbas Albanius, le plus ancien des annalistes bretons connus, il chanta le *sursum corda* pendant la période critique de la défense du pays contre l'invasion anglo-saxonne. Il prit part au combat de Crattach, de néfaste mémoire, où périt l'élite des guerriers celtes, et en fut un des rares survivants. Le poème qu'il composa sur ce tragique sujet et que, parvenu à la vieillesse, il exécutait en s'accompagnant de la harpe, ne manque ni de

lyrisme farouche ni de grandeur barbare. Il tient une place très honorable parmi ces monuments de l'art primitif trop méprisés au XVIIᵉ siècle, mais que la science a remis en honneur et qui, à défaut de raffinement psychologique, évoquent d'impressionnants états d'âme.

Dans ce même domaine de l'inspiration belliqueuse la tradition nous a transmis un certain nombre de chants populaires gallois qui semblent remonter au VIIIᵉ siècle, entre autres un poème qui se rapporterait à la bataille de Ruttland. Quant aux dispositions artistiques des Saxons envahisseurs, elles sont hors de doute. Moins sombres, moins dépendants de l'ambiance locale que les Celtes d'une mentalité mystique et superstitieuse, les Saxons étaient une race brillamment douée, apte à franchir rapidement toutes les étapes de la civilisation, et qui témoigna sans retard une prédilection pour la musique. Nous trouvons mentionnées dès le commencement du VIIIᵉ siècle des compositions d'un caractère spécial, les *Cantiones Saxonicæ*. Elles avaient été écrites — ou peut-être tirées d'un folc-lore imprécis — par un ecclésiastique, Aldehlm, de race royale, qui, élevé dans un monastère augustinien, devint abbé, puis évêque.

Au siècle qui devait suivre, mais toujours à l'influence saxonne, se rapporte le progrès musical accompli sous le règne d'*Alfred le Grand,* sixième prince régnant de la dynastie nouvelle, né en 849, monté sur le trône à vingt-trois ans. La légende rapporte que, défait par les Danois, il se cacha sous l'habit d'un barde et s'introduisit dans leur camp « pour apprendre à les connaître et à les vaincre ». Ce subterfuge lui réussit ; à la faveur des renseignements ainsi obtenus, il prit la ville de Londres, qui était encore au pouvoir de l'ennemi, et rétablit sa domination sur toute l'Angleterre, où il joua, pendant un règne glorieux, un rôle civilisateur comparable à celui de Charlemagne sur le continent. Il n'avait pas renoncé, malgré les soucis du pouvoir, aux arts libéraux ni, en particulier, à celui qui lui avait permis de mettre l'envahisseur en déroute. Il faisait des vers, excellait à manier la harpe. Sans doute on doit mettre au rang des fables la prétendue création par les soins d'Alfred le Grand d'une chaire de musique à Oxford, mais il écrivit une traduction de l'*Histoire ecclésias-*

tique de *Bède le Vénérable,* et ceci encore est une contribution au développement musical de la nationalité saxonne.

Bède, né en 672 dans le comté de Durham, mort en 735 et qui passa sa vie dans le monastère de Jarrow, malgré les offres du pape Sergius l'appelant à Rome, figure en effet en tête de ce clergé régulier auquel l'Angleterre dut la diffusion de tous les genres de savoir. Son labeur encyclopédique, embrassant tous les sujets, ne négligea point les questions musicales. L'ensemble de ses œuvres ne comporte pas moins de huit volumes in-folio; dans le nombre figurent deux traités de musique : *Musica quadrata seu mensurata* et *Musica theoretica.* L'attribution du premier de ces écrits a été contestée; ce qui est indubitablement authentique, c'est le passage de l'*Histoire ecclésiastique,* traduite, comme nous le rappelions tout à l'heure, par Alfred le Grand et publiée en 1644 à Cambridge, où il est fait mention d'une harmonie consonante à deux parties. Signalons aussi le curieux opuscule relatif à l'interprétation musicale des psaumes.

On pourrait relever les noms de toute une suite de religieux auteurs de traités musicaux. Bède eut pour élève Alcuin, — *Flaccus Albinus Alcuinus,* — né dans le Yorkshire en 726, mort en 804, d'abord abbé de Canterbury, puis attiré en France par Charlemagne, qui composa un catéchisme de musique conservé dans un manuscrit de Vienne. D'ailleurs, à cette époque lointaine, beaucoup d'insulaires passaient la mer et s'établissaient sur le continent. *Aaron,* qui, au xɪᵉ siècle, fut investi de l'abbaye de Saint-Martin de Cologne, était né en Écosse. On sait que parmi ses œuvres figurait un traité *de Utilitate cantus vocalis et de modo cantandi atque psallendi.*

Rappelons encore un nom glorieux, celui de *Roger Bacon,* le célèbre moine anglais surnommé *le Docteur admirable* en raison de sa science prodigieuse, né en 1214 à Ilchester dans le Somerset, mort vers 1294, entré dans l'ordre des Franciscains après avoir étudié à Oxford et à Paris, et qui, accusé de sorcellerie par des confrères jaloux, passa dans les cachots une partie de sa longue existence. Cerveau puissant qui absorba toute la science un peu confuse de cette époque de vif éveil et de haute tension, ce fut surtout en savant, en physicien, qu'il s'intéressa à la musique. Signalons, avec M. Davey et M. Albert Soubies, des traités plus pratiques : celui de *John Cotton* (l'auteur en est encore à la diaphonie; quant à la musique mesurée, elle lui est inconnue); — puis le traité anonyme *de Mensuris et Discantu,* très en avance sur le précédent, où il est question de la musique mesurée, et où il est fait mention du personnage, unique ou double, que l'on désigne sous le nom de *Franco;* — puis l'œuvre de *Johannes de Garlandia,* confondu parfois à tort avec Gerlandus de Besançon et à qui ne doit pas être sans doute attribué l'autre bref, traité en deux chapitres, conservé sous son nom à Einsielden.

Une mention plus détaillée est due au bénédictin *Walter Oddington,* qui, astronome et mathématicien, a laissé un ouvrage étendu et important, où il touche à une foule de questions musicales. On y trouve même des considérations sur les instruments à cordes, sur les proportions des tuyaux d'orgues, sur l'accord des cloches. Ce livre démontre quelle était l'érudition de l'auteur en tout ce qui se rapporte à l'antiquité, au chant des églises d'Orient et d'Occident. Il n'était pas moins au fait des éléments de

l'harmonie, de la pratique du rythme et de la mesure. On rencontre dans son traité de curieuses indications sur le *mouvement contraire,* décrit dans des termes qui mériteraient d'être commentés, et sur la manière de composer les rondels.

Nommons encore, d'après la nomenclature de M. Albert Soubies, *Robert de Handlo,* de l'œuvre duquel il existe au British Museum une copie faite par Pepurt. Le traité *de Quatuor Principalibus* ne doit pas être oublié. Signalons aussi Olbred *Theinred,* et rappelons que Hawkins revendiquait pour *Jean de Muris* la nationalité anglaise. D'autres traités ont été malheureusement perdus : le *de Tonorum harmonia* de *Wolstan,* moine saxon de Winchester (vers l'an 1000); le *de Re musica* d'*Osbern* de Cantorbéry (vers 1070); les *Rudimenta musices* d'*Adamus Dorensis;* plus tard le traité d'un auteur né en Écosse, Simon *Tailler* (vers 1240); le *de Musica* d'*Alfredus Anglicus,* homme d'église, aussi appelé Alfred le Philosophe, quelque temps fixé à Rome, où sa réputation fut grande, et qui ne retourna définitivement dans sa patrie qu'en 1268, à la suite d'un légat du pape, le cardinal Ottoboni. Au xɪɪᵉ siècle appartiennent *Salubury,* qui, dans un passage de son *Polycraticus,* se montre opposé à la musique d'église trop savante; Alexandre *Neckam,* le frère de lait de Richard Iᵉʳ, qui fait allusion à la musique dans son poème *de Laudibus divinæ sapientiæ;* au xɪɪɪᵉ, *Grégoire de Bridlington,* prieur dans un monastère du comté d'York, auteur d'un écrit sur la technique, et *Guillaume de la Mare,* cordelier, qui professa à Oxford et dont on conserve un manuscrit, *de Arte musicali;* au xɪvᵉ, *Bartholomæus de Glautselle,* issu de la famille des Suffolc, dont un ouvrage renferme des données intéressantes sur la flûte, le chalumeau, le psaltérion, les cymbales, la lyre, le sistre.

L'auteur d'un traité publié par Coussemaker et qui date à peu près de 1180 nomme plusieurs chanteurs anglais; l'un d'eux notamment aurait été attaché à la cour royale. Le même ouvrage contient des observations sur les tons majeurs et mineurs et sur diverses particularités du jeu des organistes de la partie occidentale de la Grande-Bretagne. Ceci nous amène à l'intéressante question du développement de la musique instrumentale dans les Iles Britanniques. D'une façon générale, on peut constater que le goût pour les instruments musicaux était très prononcé en Écosse et en Irlande. Plus spécialement la harpe, en usage dans les deux branches de la race celtique, paraît bien avoir été jouée primitivement avec les doigts, ou plutôt avec les ongles, sans *plectrum* ni archet. *Venantius Fortunatus* la cite sous le nom de *chrotta,* d'où sont dérivées les formes *crut, crwth, crowd,* Quand l'instrument eut six cordes, sa structure varia d'une façon sensible jusqu'à l'époque relativement tardive où la harpe proprement dite acquiert la colonne qui a subsisté dans sa construction moderne. L'ancienne harpe double irlandaise, armée de quarante-trois cordes, devait être en vogue dans toute l'Italie au xvɪᵉ siècle, car, suivant l'observation de Henri Lavoix, on la retrouve souvent représentée et elle a sa place dans les premiers orchestres dramatiques.

Différents auteurs anglais citent parmi les instruments usités la cithare, le timpan, une sorte de trompette, une flûte de quatre pieds de long à embouchure, une cornemuse, des cors. Un édit d'Édouard Iᵉʳ nous révèle l'existence d'un hautbois employé à Londres par les hommes du guet comme instrument de signal. L'orgue est déjà mentionné dans le poème d'*Aldlem*, *de Laude virginitatis;* le manuscrit célèbre qui contient le *Credo* de saint Athanase et qui, depuis le XVIIIe siècle, est sorti d'Angleterre, renferme la représentation d'un orgue joué par deux moines. Saint Dunstan, l'archevêque de Cantorbéry, grand réformateur des couvents britanniques au Xe siècle, passe pour avoir construit un orgue avec des tuyaux de cuivre. Au même siècle appartient l'orgue de l'évêque Elphège, lequel comportait, paraît-il, quatre cents tuyaux et n'exigeait pas moins de soixante-dix servants pour la soufflerie.

Les renseignements relatifs à la partie technique sont rares et souvent controuvés. Pratiquement on ne saurait douter que les Gallois et les habitants de l'Angleterre du Nord aient chanté leurs airs populaires en harmonie, au lieu de procéder à l'unisson, suivant la coutume presque universellement adoptée par les autres peuples. Mais la théorie semble avoir été médiocre aux premiers siècles, si nous en jugeons d'après les documents frustes et barbares. L'hymne *Virtute numinis non natura* présente des suites d'octaves et de quintes. Mais voici une énigme vraiment extraordinaire : l'existence d'un double canon pour six voix, pièce profane découverte au milieu de la musique ecclésiastique destinée à l'usage d'un monastère et dont l'examen paléographique permet de faire remonter l'origine au début du XIIIe siècle.

La notation de ce morceau, dont les paroles et la musique paraissent être du même auteur, *John de Forniete*, et qui chante l'éternel hymne au printemps, est celle de Franco dans son traité *de Mensurabili musica* et la portée à six lignes. Or, en Angleterre, il faut descendre jusqu'à 1433 pour rencontrer un petit morceau de forme canonique composé en l'honneur du lord maire John Norman.

Quant à la musique populaire de la Grande-Bretagne pendant toute la durée du moyen âge, on est également réduit à des notions sommaires. Les bardes étaient surtout des poètes, d'un ordre relevé, d'un caractère héroïque, et la musique n'intervenait que d'une façon très secondaire dans l'exercice de leur art. Les ménestrels ‒ qui remontent à la conquête normande — étaient plus rapprochés du peuple, sous cette réserve qu'une partie d'entre eux, comme *Taillefer*, le contemporain du duc Guillaume, comme *Rahere*, qui fut attaché à Henri Ier, s'étaient constitués en hiérarchie et ne chantaient qu'à la cour ou dans les châteaux. Chaque province avait un *roi*, et en 1306, à Whitsuntide, six de ces rois tinrent une cour plénière.

En ce qui concerne la forte individualité écossaise, connexe à celle de l'Angleterre, mais ayant son caractère propre dès le début de l'histoire musicale de la Grande-Bretagne, on rencontre des indications précieuses dans le vingt-neuvième chapitre de la chronique générale de *Jean de Fordan*, qui a conduit les annales de son pays jusqu'en 1360.

L'Ecosse fournit encore à l'histoire de la musique, dans le XVe siècle, la figure originale et attrayante du roi Jacques Ier, qui employa à orner son esprit les loisirs de sa longue captivité à la *Tour de Londres*, qui fut un habile musicien, composa des mélodies demeurées populaires, d'un caractère suave et mélancolique, et favorisa dans ses Etats le développement de la musique, dans laquelle il voyait un précieux élément de culture civilisatrice.

Le siècle du roi Jacques, le XVe siècle, — auquel appartient le théoricien *Chilston*, — vit naître pareil-

lement, en Ecosse, un véritable maître, *Dunstable*, dont l'importance musicale peut presque être égalée à celle de Dufay et de Binchois, en Flandre, et qui eut une part décisive et capitale dans la métamorphose de l'art d'écrire et la formation du contrepoint. A dater de ce moment, nous allons avoir affaire, non plus à des théoriciens plus ou moins indécis, verbeux et diffus, mais à des praticiens parfois passés maîtres dans les artifices les plus ardus et les plus secrets de la composition. Telle fut, un instant, la réputation des Anglais, que Tinctoris, vers la fin du XVe siècle, leur attribuait, en signalant Dunstable pour leur chef, la décisive invention de *l'art nouveau* du contrepoint.

Il n'y a certainement pas lieu d'ôter aux Flamands l'honneur d'avoir marqué cette étape, d'une importance capitale, dans l'évolution de l'art, mais il est juste de reconnaître que Dunstable, si on lui enlève la renommée de l'initiateur, prit néanmoins, par une contribution fort effective, une part considérable au mouvement qui s'accomplit alors. Il concourut, avec les Flamands de la haute époque, à émonder l'har-, monie, à la rendre tonale, à lui prêter plus de plénitude et de diversité en rectifiant et en assouplissant le mécanisme et la disposition des voix. Le premier, sans doute, il sut donner de l'indépendance et de l'individualité à chaque partie, faire un usage rationnel et systématique de procédés inventés par d'autres, l'imitation, la disposition ingénieuse de la phrase et de la période, etc. Son œuvre la plus caractéristique est peut-être sa composition sur ces paroles : O *rosa bella*. C'est un chant d'amour, à trois voix, où est habilement traitée une mélodie que, selon toute apparence, il avait trouvée tout existante, à l'état de chant populaire. Cet ouvrage a été découvert à Rome, et ensuite, dans une version comportant quelques variantes, à Dijon. Les œuvres de Dunstable, et celles de sept autres auteurs anglais, furent, durant son existence, copiées dans un livre de chœur pour l'usage de la cathédrale de Trente, en Tyrol. Ce manuscrit de Trente est actuellement à Vienne. La commission des Monuments autrichiens en a déjà plusieurs exemplaires imprimés, aussi le traité de Lionel Power, qui avait également une grande réputation. D'autres manuscrits ont été trouvés à Bologne, à Plaisance, à Modène. Ce dernier est le plus important. Avec des œuvres flamandes, il comprend quarante-huit compositions dues à des Anglais ; parmi elles figurent un *Magnificat* et trente motets de Dunstable. Quatre de ces ouvrages sont écrits pour quatre voix, et tous les autres pour trois voix. Barclay Squire, l'un des éminents conservateurs du British Museum, venu à Modène en 1892, a exécuté une copie complète (maintenant au British Museum) de ces trente et une œuvres de Dunstable.

L'on ne possède, biographiquement, aucun document sur Dunstable, en dehors des deux épitaphes latines dont l'une le qualifie de mathématicien et d'astronome. Un de ces textes nous dit de lui :

> ... Melior vir de muliere
> Nunquam natus erat.

La seconde moitié du XVe siècle vit paraître des compositeurs anglais habiles, comme ce *Lambert de Beanon* qui fut chantre de la chapelle pontificale vers 1460 ; comme *Hamboys*, qui le premier ou l'un des premiers fut investi du grade de docteur en musique ; comme ce *Thomas Ashwell* qui composa pour l'Eglise. Les bibliothèques britanniques conservent aussi en manuscrit des pages, intéressantes à plus d'un égard, de *Dygon*, *d'Ashton*, qui fit partie de la chapelle royale, de *Fairfax*, organiste et chantre, qui composa des chansons anglaises à deux et trois parties, d'un style harmonique d'ailleurs non exempt de lourdeur et de gaucherie. *Cornish*, poète en même temps que musicien, fut l'auteur de chansons de table. Quant à *Cutell*, il mérite surtout d'être mentionné pour avoir formulé avec assez de netteté quelques-unes des règles qui commençaient alors à se dégager de la pratique.

. Cette étude des origines nous a conduit insensiblement au XVIe siècle, qui, en Angleterre comme par toute l'Europe, fut, pour ce qui concerne les arts, une époque si florissante. Déjà les musiciens anglais se distinguaient par une facture plus ingénieuse, comme en témoignent le canon savamment écrit qui subsiste d'*Ambrosus* et le motet : *O gloriosa stella maris*, du docteur *Cooper*. *Abington*, dans les premières années de ce siècle, jouit d'une brillante renommée d'organiste et de chanteur.

Nous voyons ici apparaître la figure complexe, énigmatique, d'un souverain anglais qui, à un double point de vue, mérite une place dans l'histoire musicale. Nous voulons parler de *Henri VIII*. Tout d'abord on doit observer que, fort instruit, d'intelligence très souple et très ornée, n'étant demeuré étranger à aucune science et à aucun art, il ne saurait être omis sur la liste des bons musiciens de son siècle. Chanteur exercé, il excellait en outre sur la flûte et le clavecin. Les ambassadeurs vénitiens, venus en 1515, ont rapporté qu'il savait jouer de presque tous les instruments. D'après Pasqualigo, il avait un réel talent sur le luth et la virginale, chantait bien, et était un excellent lecteur de première vue. Il a composé, pour la chapelle royale, deux offices complets. Le motet imprimé par Bawkins est bien connu. Quant à l'antienne : *O Lord, the Maker of all things!* c'est par erreur qu'on lui en a attribué la musique, mais le texte est de lui. Compositeur, il écrivait dans la manière alors régnante, et, si l'on ne peut, dans les motets qui ont subsisté, reconnaître une bien frappante originalité d'inventeur, il est du moins impossible de ne pas lui concéder la pureté de goût et une certaine sûreté de main qui ne décèle point l'amateur.

Indirectement, en rompant avec Rome et en posant par là le point de départ d'une profonde modification du rituel, de la liturgie, de tout le cérémonial, Henri VIII exerça une influence considérable sur le développement de la musique religieuse dans la Grande-Bretagne. C'est à partir de ce moment que commença à se former la musique *religieuse anglicane*, qui devait peu à peu acquérir un aspect si caractéristique. Dans les cathédrales, collèges et chapelles de haute marque, on chante tous les jours un « Service » (*Te Deum* et *Jubilate* ou *Benedictus* le matin, *Magnificat* et *Nunc dimittis* le soir), aussi deux *Anthems* (antiennes ou motets). Les églises moins importantes en font autant le dimanche et les jours de fête seulement.

En Angleterre, un des premiers ouvriers de la Réforme, dans ce qui se rapporte à la musique, fut *Marbeck*, à qui son adhésion aux idées de Luther avait d'abord valu de violentes persécutions. Il est l'auteur du premier livre de chant qui ait été publié pour l'usage de l'Église nationale. Par là, il est l'authentique prédécesseur des *Tye* et des *Tallis*.

Attaché à la chapelle royale sous les règnes de Henri VIII, d'Edouard VI, des reines Marie et Elisa-beth, organiste de haute valeur pour son temps, Tallis atteignit à la célébrité par ses compositions, dont la polyphonie est parfois très nourrie et révèle une vaste puissance de combinaisons. Citons ses *Cantiones sacræ*, et son beau motet à quarante voix[1] : *In spem alium non habui*. Dans le service anglican, l'on exécute journellement encore sa musique. Son *Hymne du soir* est cher, a dit un écrivain britannique, à « toute la race qui parle anglais ». Il était d'une habileté consommée dans tous les artifices les plus difficiles du contrepoint. Ce n'était là pour lui, a-t-on dit, qu'un « jeu d'enfant ». Selon la piquante expression d'un critique de sa nation, il était moins chez lui, *less at home*, dans le style instrumental, mais on peut signaler comme le chef-d'œuvre probable de la musique religieuse vocale de l'Angleterre son motet très développé, remarquable par les dessins, les entrées, la perfection de l'écriture, pour huit chœurs à cinq voix. Cette œuvre compte parmi les spécimens les plus caractéristiques de la polyphonie. Son élève *Byrd* lui fut associé comme organiste en 1575. Celui-ci perfectionna l'art avec l'ampleur et la dextérité des plus fameux maîtres étrangers de son temps. On lui a donné parfois le titre de « Père de la musique », et il est certain que, le premier peut-être en son pays, il fut en possession d'un art complet, normal, ne comportant ni insuffisance ni faiblesse. Constamment brillant par le poli et l'aisance du style, il manie le genre figuré avec une connaissance exacte de toutes ses ressources. Dans l'harmonie, il a la capacité compréhensive d'un Palestrina ou d'un Roland de Lassus. Par-dessus tout, il est excellemment régulier, et les plus minutieux censeurs auraient peine à relever chez lui, pour tout ce qui touche à l'exécution méthodique, rationnelle et consciencieuse, la plus légère défaillance.

Musicien tour à tour sacré ou profane, Byrd se recommande autant par la correction que par la variété. Ses *Cantiones sacræ* sont d'un sentiment élevé, d'une facture savante. Elles sont écrites à cinq voix, disposition difficile, qu'il a volontiers pratiquée. Il ne réussit pas moins à prendre le ton convenable quand il compose des chansons « joyeuses », selon le titre que lui-même lui donne. Huit pièces instrumentales comparées par lui et de rare élégance, deux préludes, deux pavanes, quatre gaillardes, figurent dans la *Parthénie*, le premier recueil que l'on ait imprimé en Angleterre. Son talent particulier à cet égard avait d'ailleurs trouvé d'autres occasions, fort nombreuses, de s'exercer. Au point de vue technique, notons des particularités harmoniques curieuses, l'emploi, dès 1589, de la septième de dominante non préparée, l'usage de l'accord de quarte et sixte, etc. Son *Diliges Dominum* est un bon modèle de canon *recte* et *retro* pour huit voix. Mais, ce qui est le plus important, c'est sa musique pour virginale, où, sans négliger le contrepoint, il traite des airs populaires, sur lesquels il construit d'ingénieuses et brillantes variations. D'ailleurs on a pu considérer Byrd comme l'inventeur de la *variation*, et peut-être aussi de la pièce instrumentale à programme.

Byrd eut un élève, *Thomas Morley*, qui, moins richement doué, et assez loin de l'égaler pour l'imagination comme pour le fini du détail, tint néanmoins dans l'histoire artistique une place considérable. Son existence, au reste, assombrie vers sa fin par des maux physiques presque continuels, fut assez courte.

---

1. Voir *Moyen Age*, page 599.

Il mourut en 1604. Il avait pour caractéristiques la facilité et la grâce, et l'on peut démêler dans certaines de ses œuvres les traces d'une étude intelligente des procédés de Palestrina. Les madrigaux, les *canzonettes*, furent les genres où il se produisit de préférence. On lui doit aussi des *Ballets,* compositions madrigalesques d'un rythme marqué, d'un mouvement vif, purement vocales d'ailleurs, traitées à quatre ou cinq voix et aux accents desquelles on exécutait parfois des danses. Cette mode, comme bien d'autres, venait d'Italie. Fort actif, Morley fut l'éditeur de morceaux écrits à l'usage d'un orchestre sommaire, formé par le luth, la pandore, la guitare, la flûte, la basse et le dessus de viole. On commençait alors à se plaire à cet embryon de symphonie. C'est lui pareillement qui publia le recueil si connu des *Triomphes d'Oriana.* Oriana, on le sait, avait été, dans la poésie épique du moyen âge, l'incomparable dame du noble Amadis de Gaule. Merveille de beauté, de pureté, on glorifiait sous son nom la reine Elisabeth. Les *Triomphes* sont une collection de chants à cinq et à six voix, dus non seulement à Morley, mais à vingt autres musiciens de cette période.

Un excellent livre didactique, embrassant l'ensemble des notions musicales, et particulièrement intéressant sur tout ce qui a trait à la composition, constitue également un des titres sérieux de Morley à l'attention de la postérité.

Sans évoquer tous les musiciens, tombés pour la plupart dans l'oubli, dont Morley intercala les œuvres dans la suite des *Triomphes d'Oriana,* citons du moins *Michel Est,* qui fut maître des enfants de chœur de la cathédrale de Lichfield, et qui se distingua dans la composition des psaumes à plusieurs voix. Il était probablement le fils de Thomas Est, à qui Byrd vendit le privilège de publier la musique, et qui, comme éditeur, tint, par son application et son activité, un rôle d'une certaine importance. Parmi les collaborateurs des *Triomphes d'Oriana,* l'on peut aussi mentionner *Farmer,* qui, dans la préface de ses madrigaux, se vante, assez gratuitement du reste, d'avoir surpassé les Italiens dans l'expression, l'accord de la musique avec le texte littéraire. Le plus grand de tous les madrigalistes d'Angleterre est *John Wilbye.*

Au règne d'Elisabeth, de celle que Shakespeare appelait « la belle vierge assise sur le trône de l'Occident », se rattachent pareillement les travaux d'*Allison,* qui se fit connaître comme professeur et comme auteur de compositions sacrées; de *Farrant,* dont le style a de la hauteur et de la gravité, et de l'Irlandais *Bathe,* qui, ayant abjuré le protestantisme, quitta l'Angleterre et passa en Espagne. *Ferrabosco,* qui était né de parents italiens, fut l'ami de Ben Jonson et mit en musique ses *Masques.* C'étaient, on le sait, des sortes d'intermèdes, des divertissements dramatiques, prêtant à un fastueux déploiement décoratif. On affectionnait ce genre à la cour d'Angleterre. Citons la *Reine de beauté, Obéron, prince des fées,* le *Retour de l'âge d'or,* le *Masque des fleurs,* le *Masque nuptial,* composé pour le mariage de lord Haddington.

En ce qui concerne la *reine Elisabeth,* rappelons la rare habileté avec laquelle cette souveraine jouait de la virginal; on a été jusqu'à prétendre que ce fut en son honneur que ce nom avait été donné à l'instrument, mais Virdung dit le nom en 1511. Elle jouait aussi du poliphant, instrument dont les cordes étaient formées de fils de cuivre. Il est possible qu'elle ait elle-même composé, mais on manque à cet égard d'une certitude positive.

On sait moins en général que sa sœur *Marie,* à qui elle succéda sur le trône, avait également de grandes aptitudes musicales, aptitudes qui, dit-on, s'étaient révélées dès sa plus tendre enfance. Alors qu'elle avait onze ans, les ambassadeurs français l'entendirent jouer avec talent de l'épinette. Dès le commencement du xvie siècle, d'ailleurs, le goût et l'usage des instruments à clavier s'étaient généralisés, et la culture de ce genre de musique faisait très habituellement partie de l'éducation féminine. Quelques ouvrages dignes encore d'être joués restent de *Hugh Aston.*

En Angleterre comme dans le reste de l'Europe, l'histoire de l'orgue, à partir du xvie siècle, constitue l'un des chapitres les plus curieux et les plus importants dans les annales de la musique. De *Taverner,* un des plus anciens maîtres de cet âge, il a subsisté un nom et des œuvres manuscrites. Nous avons cité Tye avec Tallis : il fut remarquable surtout par sa qualité d'organiste.

Dans le même laps de temps, on rencontre, parmi les organistes de réputation, *Damon, Parsons, Hooper, Inglott,* qui jouit d'une autorité considérable, et *Gibbs.* *White* a laissé quelques antiennes de grande beauté.

Remarquons encore que, dans le siècle de la Renaissance, la diffusion de la musique dut beaucoup aux travaux des éditeurs de différents pays. Pour l'Angleterre, le nom de *John Day* ne doit point être mis en oubli.

Musique vocale et orgue, tels étaient jusque-là les principaux éléments de l'art. Mais les instruments à cordes, nous en avons noté au passage, tendaient à se faire une place de plus en plus considérable. Le luth et la basse de viole étaient spécialement en faveur. On relève alors la trace de plusieurs luthistes distingués, tels que *Pilkington.* *Dowland,* dont le souvenir se retrouve dans les œuvres de Shakespeare, atteignit en ce sens, à la lisière du xvie siècle, la véritable gloire. Il franchit la mer à la suite de sa renommée, et reçut d'abord en France, puis en Allemagne, l'accueil flatteur dû à ses talents. Applaudi ensuite dans les plus cultivées et les plus florissantes des cités italiennes, il fut plus tard comblé d'attentions et de présents à la cour du roi de Danemark. Ce fut à la reine Anne, sœur de ce monarque (Christian IV), qu'il dédia le recueil, un moment fameux, dont le titre, riche en particularités significatives et documentaires, mérite d'être intégralement transcrit : *Lachrymæ figurées par sept pavanes passionnées, avec d'autres pavanes, gaillardes et allemandes, arrangées pour le luth, les violes ou violons, à cinq parties.* Il semble, au reste, que sa valeur de compositeur fut assez loin d'égaler son talent d'exécutant. Traducteur de l'ouvrage théorique d'Ornithopareus, il fit en outre paraître des observations et instructions techniques où il avait condensé les principes et les leçons de son expérience de virtuose.

Bien qu'il ne s'agisse pas d'un Anglais, il est difficile de ne pas évoquer ici le souvenir d'un autre luthiste de ce siècle, lequel se trouva mêlé à l'histoire des Iles Britanniques. Nous voulons parler de *Rizzio;* à la cour de Marie Stuart, il excita, par sa grâce et ses succès, la jalousie du mari de cette princesse, qui le fit assassiner. Ainsi se termina d'une façon tragique cette étrange et romanesque destinée.

On peut dire qu'à la limite du xvie siècle la culture musicale, depuis longtemps existante, se trouvait fortement constituée en Angleterre. Le xviie siècle, malgré le grand ébranlement provoqué par la guerre civile, les orgues ayant été proscrites, brisées ou vendues et la musique d'Église radicalement interdite, va nous présenter le riche développement de cet état de choses. En sa dernière partie apparaît une grande figure, celle de *Henri Purcell*, qui, dans une vie malheureusement trop brève, s'adonne à tous les genres, porte dans la plupart une supériorité réelle, en rassemblant dans sa manière tous les progrès, toutes les acquisitions de cette période de cent ans.

Un des faits considérables du siècle est l'extension du théâtre, originairement issu des essais encore timides de Ferrabosco. Mais c'est seulement à l'âge suivant, à partir de *Haendel*, que la scène musicale anglaise commencera de prendre une importance décisive et de jeter un éclat continu.

Dans la première partie de cette période nous voyons se poursuivre paisiblement, sans phénomènes nouveaux, l'évolution précédemment décrite. Le genre madrigalesque est pratiqué, parfois avec talent, presque toujours d'une façon savante et sérieuse, par des musiciens comme *Weelkes* ou comme *Philips*, qui, à Anvers, fut quelque temps au service de l'archiduc Albert. Devant nos yeux se représentent quelques-uns des auteurs qui avaient collaboré au recueil des *Triomphes d'Oriana : Bennet*, qui écrit bien, qui fait preuve de tact dans le sentiment harmonique et qui excelle dans l'imitation ; — *Hilton*, qui cultive parallèlement le genre, si caractéristique en Angleterre, de la chanson mélodiquement puisée dans la tradition de l'instinct national ; — *Holmes*, qui eut aussi de la réputation comme organiste ; — *Hunt*, qui manie adroitement l'épineuse combinaison de cinq voix ; — *Norcum*, musicien instruit et solide. A ce groupe il convient de joindre un artiste un peu postérieur, *Porter*, dont « les airs et madrigaux » à une, deux, trois, quatre et cinq voix furent publiés « avec basse continue pour l'orgue ou le théorbe, dans la manière italienne ».

Une mention un peu plus détaillée est due à *John Bull*. Il paraît être le véritable auteur du beau choral *God save the King* (associé depuis à tant de grands souvenirs historiques) et, pour ce seul fait, mériterait de n'être pas mis en oubli. Habile organiste, il fut, en cette qualité, très apprécié dans divers pays du continent. Il termina sa carrière en tenant les orgues de la cathédrale d'Anvers. Polyphoniste savant, il s'est exercé avec succès en divers ordres de composition. Ses œuvres sont d'une difficulté remarquable.

Dans la musique sacrée comme dans la musique profane, c'étaient, somme toute, les mêmes idées, la même technique, qui prévalaient alors. Parmi les compositeurs religieux, nous nous bornerons à citer *Leighton*, puis, en suivant le cours du siècle, *Guillaume Lawes* et ses psaumes à trois voix, pour lesquels son frère Henri fut son collaborateur ; — *Cooke*, qui, ayant pris du service, fut souvent appelé « le capitaine Cooke », et auquel on doit quelques antiennes d'un style un peu sec ; — *Creighton*, plus puissant, plus habile, digne, à quelques égards, de la renommée d'un grand artiste. Plusieurs œuvres de lui figurent dans le beau recueil du docteur Boyce, la *Cathedral Music*, où se trouvent aussi des pièces intéressantes de *Blow*, harmoniste parfois hardi, enclin aux nouveautés en matière de modulation ; — de *Bryne*, musicien d'une véritable valeur ; — de *Brian* ; — de *Humphry*, élève, comme Blow, du « capitaine Cooke » ; — de *Molle*, dont les historiens citent les deux services du soir, à quatre voix, en *ré* et en *fa*.

Signalons, en passant, les services rendus à l'historiographie musicale par les publications de quelques travailleurs appliqués qui, au XVIIe siècle, ont réuni en des recueils spéciaux les principales pages religieuses de différents auteurs. Une de ces collections précieuses fut donnée par le chanoine Barnard. Une autre fut éditée par *Clifford*, qui y a joint des détails curieux sur la musique ecclésiastique en Angleterre. On doit ranger auprès d'eux *Tudway*, qui avait écrit pour l'usage du comte d'Oxford un recueil analogue, dont les six volumes in-quarto sont déposés au *British Museum*.

En examinant la production musicale anglaise dès le début du XVIIe siècle, on ne peut méconnaître la tendance qui portait certains auteurs vers un genre libre et mondain, s'inspirant parfois de la mélodie populaire (laquelle se perpétua constamment en regard de la musique savante) et se dégageant petit à petit des entraves, des pédantesques formules scolastiques d'autrefois. Désignons, en cet ordre, *Greans* et ses « airs à chanter avec le luth et la basse de viole », ainsi que ses « chansons mélancoliques pour les violes et la voix ». *Ravenscroft*, d'une façon plus caractérisée encore, s'applique à traiter des chansons « de la ville et de la campagne ». A côté de lui, nous placerons *Danyel, Dowland* et son *Musical Banquet, Pierson* et *Ives*. C'est peut-être en cette section que pour les « airs de cour » insérés dans la collection de Playford, il serait à propos de faire figurer *Benjamin Roger*, qui montra d'ailleurs dans ses hymnes, avec son habileté d'écriture, une rare entente du style religieux. Nous n'omettrons point non plus l'Écossais *Forbes*, avec ses *Chansons et Caprices*.

Ce serait aussi le cas de mentionner *Thomas d'Urfey* qui, sous Charles II, s'acquit la renommée d'un brillant et gai chanteur de table, exécutant à pleine voix ses compositions, sorties parfois des refrains de la rue, dans les tavernes de Londres. Le recueil de ces élucubrations colorées, souvent bizarres, a paru sous ce titre singulier : *Esprit et Gaieté, ou Pilules pour guérir la mélancolie, consistant en une collection des meilleures ballades et chansons joyeuses, anciennes et modernes*.

Même dans notre temps de culture intensive, d'excessif raffinement, rendu plus aisé par la diffusion et la vulgarisation des moyens d'étude, on n'a pas égalé peut-être, à l'égard de la polyphonie vocale, la richesse de combinaisons familières aux hautes époques, tandis que rien alors n'annonçait l'évolution prodigieuse qui devait, par l'effort combiné des luthiers, des virtuoses et des compositeurs, aboutir à rendre possibles les merveilleuses productions orchestrales de notre siècle. Ce goût moderne pour la sonorité des instruments, pour les virtuosités instrumentales, nous le voyons, toutefois, dès le courant du XVIIe siècle anglais, se manifester et s'accroître. Nous avons d'abord affaire au groupe des violistes, tels que *Brade*, qui finit par aller se fixer dans une des forteresses du savoir musical, à Hambourg ; — *Thomas Simpson*, qui se fit apprécier aussi dans les chapelles allemandes ; — *Brewer*, qui composa pour son instrument ; — *Christophe Simpson*, recommandable également comme théoricien. La basse de viole peut revendiquer *Hume*, qui, compositeur, dédia l'un de ses ouvrages à la reine Anne, et *Jenkins*, qui atteignit à la célébrité au moins locale. La lyra-viole, variété du type dont nous venons de parler, fut magistralement maniée par François *North*. Quant au luth, toujours en faveur, il faut, parmi ceux qui excellèrent dans sa technique, nommer, du début à la limite du siècle, *Robert Jones, Maynard, Wilson* et *Abell* ; ce dernier, exilé comme papiste, fut, à Varsovie, exposé à une périlleuse aventure : on le contraignit à chanter devant le roi sous la menace, en cas de refus, d'être livré aux ours.

En même temps, on composait beaucoup pour cet instrument si apprécié : citons en ce sens, dès le commencement du XVIIe siècle, *Attey, Bartlett*, plus tard *Blackwell*. On établissait la théorie ; un ouvrage de *Thomas Robinson* déduisait avec exactitude et minutie les règles du doigter. Ultérieurement, la seconde partie du livre de *Mace*, le *Monument de musique*, constituait une véritable méthode pour le luth et le théorbe.

Il n'y a peut-être pas de pays d'Europe où l'institution des concerts ait reçu, à un certain moment, plus de développement qu'en Angleterre, où ils aient été plus nombreux et plus suivis. Dès le temps de Cromwell, *Hingston,* son premier musicien, donnait chez lui d'intéressantes séances d'amateurs, où l'on entendait, notamment, des pièces instrumentales désignées sous le nom de fantaisies ou *fancies*.

Les instruments que nous venons de citer appartiennent aux temps anciens. Mais le roi des instruments modernes, le violon, faisait dès lors une apparition triomphante. L'amour-propre national était, à cette époque, déjà fort en éveil sur ce qui touche à la musique, car nous voyons que *Banister,* violoniste de la chapelle de Charles II, perdit sa situation pour avoir osé dire devant ce prince que les Français, en ce qui concerne le violon, l'emportaient décidément sur les virtuoses d'Angleterre. Banister, qui avait ainsi la franchise, toujours dangereuse, d'être modeste non seulement pour son compte, mais pour celui des autres, était d'ailleurs lui-même un exécutant de force estimable. Exclu de la cour, il fonda chez lui des soirées musicales périodiques, genre d'entreprises privées qui depuis s'est tellement multiplié dans la plupart des villes de la Grande-Bretagne. Parmi les violonistes qui brillèrent à Londres vers le même temps, il faut encore comprendre : l'Italien *Mattheis*, qui forma beaucoup d'élèves dans les familles de l'aristocratie ; — et *Salomon Eccles*, qui, devenu quaker, brûla tous ses instruments et écrivit un *Dialogue sur la vanité de la musique*.

Nous verrons par la suite quel rôle joua le piano en Angleterre, où d'illustres pianistes comme *Clémenti* furent en quelque sorte naturalisés par l'enthousiasme britannique. Le goût de la virtuosité sur le clavier se révèle dès le XVIIe siècle. Nous nommerons à ce propos *Farnaby*, qui se servait avec art d'instruments encore bien peu perfectionnés, les épinettes, virginales, etc. — En ce qui regarde les instruments à vent, nous n'avons provisoirement qu'un nom à relever, celui du hautboïste *Farmer*.

Nous avons déjà observé que pour la culture de la virtuosité spéciale à l'orgue et du genre d'écrire qui s'y rattache, l'Angleterre n'était pas restée en retard sur le reste de l'Europe. Le XVIIe siècle anglais, à la suite des guerres religieuses, vit naître une longue et aigre polémique sur cette question : si l'orgue doit ou ne doit pas être admis, pour l'ornement du culte, dans les assemblées pieuses. Des écrits anonymes, relatifs à ce dissentiment, furent publiés en foule : *les Funérailles de l'orgue*, *l'Echo de l'orgue*, *l'Harmonie sacrée ou Plaidoyer pour l'abolition de l'orgue*. Quelques auteurs intervinrent à visage décou-

vert. De ce nombre fut *Brookbank* avec son *Orgue bien accordé*. Un révérend, *Mathieu Poole,* publia le sermon qu'il avait prononcé, non seulement contre l'abus, mais même contre l'usage de l'orgue et de tout autre instrument à l'église.

Louée par ceux-ci, blâmée par ceux-là, l'étude de l'orgue continuait, sous la main de praticiens éminents, son évolution toujours intéressante. A l'aube du siècle, on avait dans ce genre reconnu les sérieux mérites de *Batison* et d'*Amner*. *Orlando Gibbons,* qui se distingua comme organiste, fut en même temps un remarquable compositeur de musique sacrée. Telle de ses antiennes est un chef-d'œuvre, et son *Hosanna* demeura célèbre. Ses madrigaux sont également importants et toujours chantés. Il eut un frère, Edouard, qui tint l'orgue de la cathédrale de Bristol, qui entra ensuite à la chapelle royale et qui, lors des troubles, ayant offert au roi une contribution volontaire de mille livres sterling, expia ce loyalisme, sous le Protecteur, en étant banni d'Angleterre à l'âge de vingt-quatre ans. Un autre frère, Ellis, a été appelé par un contemporain « l'admirable organiste de Cantorbéry ». L'histoire doit encore enregistrer les noms de *Nicholson*, de *Richard*, de *Deering*, qui mourut catholique, de *Low*, de *Batten*, qui fut un excellent harmoniste. Sur la même liste, *Roger North* doit figurer comme amateur. Pour son usage particulier, il s'était fait, dans sa demeure de Norfolc, construire un orgue par Schmidt, facteur allemand, dont nous aurons à parler ci-dessous. Il a laissé un manuscrit curieux qui se rapporte à la biographie des artistes et dilettantes les plus fameux en son temps.

Nous n'insisterons pas davantage sur les organistes anglais du XVIIe siècle, nous bornant à joindre aux noms que nous venons de grouper ceux de *Child*, auteur d'antiennes d'un style grave et simple, de *Hall*, de *King* (qui mit en musique le poème de Cowley : *la Maîtresse*), de *O'Isham*, de *Jérémie Clarke,* qui composa de la musique religieuse longtemps estimée et qui, destinée sans doute assez rare parmi les organistes, se donna la mort par amour.

A la Restauration, en 1660, la musique d'église était aussitôt rétablie, et les orgues reconstruites. Le roi envoya le jeune *Pelham Humfrey* à Paris pour étudier les dernières innovations, qui étaient incorporées dans les antiennes et « services ». Il est d'ailleurs à remarquer que deux étrangers, un Français, *Harris*, et un Allemand, *Schmidt*, furent, en Angleterre, les principaux facteurs d'orgue de l'époque. Harris était un constructeur fort habile, mais on ne lui rendit pas toujours justice, et il eut plusieurs fois à souffrir de la concurrence de son émule germanique. Celui-ci édifia l'orgue de la chapelle royale à Whitehall et se fit connaître encore par d'autres travaux assez nombreux. Auprès de ces deux artisans d'origine exotique, une place est occupée par un Anglais, *Dallam*, dont la réputation fut grande.

Au rebours de ce que l'on peut observer en Allemagne et en Italie, on ne trouve pas que, jusqu'à ces temps-là, la facture des autres instruments, en Angleterre, ait acquis beaucoup d'éclat. Nous ne voyons guère à citer, vers le milieu du siècle, qu'un seul luthier, *Raymann*, qui fabriqua de bonnes violes et paraît s'être aussi livré avec succès à la construction des violons.

Enregistrons enfin, pour ne rien négliger de ce qui, dans le développement de la culture musicale en Angleterre, constitue l'enchaînement méthodique des faits, le nom de l'éditeur *Playford,* qui améliora notablement l'impression de la musique et modifia heureusement le style des types et les détails de l'exécution matérielle, en y apportant toutes les recherches d'un goût pur et correct. Son fils, en devenant son successeur, ne laissa point péricliter cette excellente tradition.

Pays érudit, saturé de savoir, ouvert à tous les genres de curiosités intellectuelles, l'Angleterre devait naturellement s'appliquer à creuser les diverses questions qui, de près ou de loin, se rattachent à la théorie musicale, à l'élaboration et à l'exposition de la doctrine, aux origines et à l'histoire de l'art. Une littérature fort copieuse se constitua, à cet égard, dans le xviiᵉ siècle. Les écrivains didactiques sont nombreux, généralement compétents et instruits. Nous citerons les traités de *Campion,* de *Butler.* La *Courte Introduction à l'art de la musique,* de *Bevin,* est un ouvrage de rare mérite. Ce qui concerne les canons y est, en particulier, déduit et expliqué avec beaucoup de clarté. Quant à l'étrange écrit de *Fludd,* qui mêle la musique à beaucoup de spéculations extravagantes, et qui eut l'honneur d'être partiellement critiqué et réfuté par Kepler, il ne mérite guère d'être signalé que comme un monument de bizarrerie et d'excentricité. Il est intitulé *Templum musices,* titre fort naturel en un temps où le latin demeurait presque à l'état de langue vivante.

Nulle part plus qu'en Angleterre les études sur l'antiquité n'ont été florissantes, et, aujourd'hui encore, il n'y a plus guère qu'à Oxford et à Cambridge que l'on s'occupe à confectionner des vers grecs de tous les mètres. Dans ce qui se réfère à la musique, de tels goûts, déjà très développés à l'époque qui nous occupe, ont produit la diatribe *de Musica antica Græca* de *Fell,* les dissertations de *Chilmead,* les publications de textes, avec commentaires, de *Wallis.* Les mêmes aptitudes, appliquées à l'antiquité hébraïque, se marquent dans les travaux de *Hammond.*

A la littérature musicale se rattachent pareillement la traduction du traité de musique de *Descartes,* le *Musicæ Compendium,* par *Brouncker;* — le curieux livre théorique de *Holder;* — la dissertation musicale publiée par *Barnes* à la suite de son édition d'Euripide; — la *Periodica Exegesis,* etc., du médecin *Dickinson;* — le bizarre traité latin sur la musique, de *Douth;* — l'essai de l'orientaliste *Lightfoot,* où il est parlé des magnificences vocales et instrumentales du culte dans le temple de Salomon. — C'est à l'ordre des savants plutôt qu'à celui des lettrés qu'appartiennent le mathématicien *Oughtred* avec ses *Musicæ elementes,* et le physicien *Hawksbee,* qui fit avancer en certaines de ses parties la théorie de l'acoustique.

Nous indiquerons, sans nous y arrêter, le nom de *Jean Newton;* celui de son illustre homonyme Isaac doit pareillement être mentionné, ce génie profond ayant touché, d'une façon incidente, aux fondements scientifiques de l'art, notamment en ce qui regarde l'analogie entre la gradation des couleurs du prisme et celle des sons de la gamme. Nous nous bornerons enfin à signaler rapidement : le neveu de Milton, *Jean Phillips,* pour son pamphlet intitulé *Nellum musicum;* — les laborieuses recherches d'*Aldrich* qui, malheureusement, n'exercèrent point d'influence parce qu'elles demeurèrent en manuscrit; — les paradoxes de *Salmon* sur la réforme de la notation; — le *Musæ Musicæque Enconium,* de *Balthazar de Hue;* — certains mémoires ingénieux de *Hook;* — les écrits

philosophiques ou polémiques de *Marlow* et de Narcissus *Marsh,* évêque de Ferns et de Leighlin, en Irlande. Nous n'omettrons point l'intéressant travail de *Molyneux* sur la lyre des Grecs et des Romains, et nous remarquerons que le livre de *Wood, Athenæ Oxonienses,* consacré à l'histoire de cette « Université d'Oxford », où un personnage de l'*Eclair* se félicite d'avoir « fait sa philosophie », fournit, d'une façon plus ou moins directe, une contribution importante à la biographie de beaucoup de musiciens anglais.

Pour ce qui regarde le théâtre, les premiers essais d'adaptation de la musique à la forme dramatique furent, en Angleterre comme partout ailleurs, timides, incohérents, empreints d'indécision. Ils émanèrent de musiciens qui avaient subi les influences de l'âge antérieur, comme *Ferrabosco;* ses *Masques* datent des toutes premières années du siècle dont nous traitons. Un contemporain de Ferrabosco, *Coperario* (cette « italianisation », pratiquée par déférence pour la mode, cache le nom, si répandu en Angleterre, de Cooper), se livra à la composition du même genre d'ouvrages. Il ne s'agissait guère encore que de divertissements et d'intermèdes. Tel de ces masques était, musicalement, le produit d'une collaboration entre plusieurs des artistes d'alors. Ce fut plutôt, d'ailleurs, en d'autres genres, et notamment en ses fantaisies pour l'orgue, que Coperario fit preuve d'un sérieux mérite. Son élève, *Henri Lawes,* qui, comme nous l'avons indiqué, avait écrit avec son frère une collection de musiques, fut l'ami de Milton et mit en musique son *Comus,* représenté en 1634 dans le château d'un grand seigneur. Lawes tenait lui-même un rôle dans son ouvrage, qui n'a jamais été édité. C'est à un genre tendant à l'expression et confinant, en somme, au style dramatique, qu'appartient sa complainte d'*Ariane,* laquelle fut longtemps considérée comme un chef-d'œuvre. Notons qu'il composa également la musique d'un « masque » représenté devant le roi et la reine en 1632, et qui ne lui rapporta pas moins de cent livres sterling. Constatons, en passant, que les récompenses « temporelles », en Angleterre, n'ont jamais manqué au mérite réel ou supposé. On se souvient, peut-être, que Rossini, vers 1825, devenu, à Londres, un des « lions » de la saison, recevait, à titre de compensation et d'encouragement, une cinquantaine de mille francs, fournis par la libre cotisation de quelques lords. Auprès de Lawes on peut nommer *Ives,* qui fut son collaborateur occasionnel pour les airs et les chansons des ballets exécutés devant la cour.

C'est à *Lanière* que, conjointement avec Coperario, l'on attribue d'ordinaire le mérite d'avoir introduit en Grande-Bretagne le style *récitatif,* inauguré en Italie par les Peri et les Caccini, et porté depuis à un degré supérieur de perfection par Monteverde. Lanière était né en Italie, de parents probablement français ou belges. Comme il arriva à tant d'autres musiciens dans la suite, il devint Anglais par adoption. Il était fort cultivé, amateur de plusieurs arts après en avoir approfondi la technique jusqu'au point de devenir un peintre et un graveur de talent. Il avait la réputation d'admirer en connaisseur l'antiquité classique. Avec Coperario et divers autres compositeurs, il collabora à ce « Masque » des *Fleurs,* exécuté aux noces du comte de Somerset et de lady Howard, divorcée du comte d'Essex. Les rôles étaient dévolus à des acteurs de qualité peu commune, puisque dans cette distribution figuraient les Pembroce et les Salisbury, les Montgomery et les Lennox et différents personnages titrés porteurs de noms pareillement anciens et illustres. Une autre œuvre de Lanière, le « masque » appelé *Luminalis or the Festival of Light*, fut exécutée, une nuit de carnaval, par la reine elle-même et par les dames de son palais.

Imiter l'Italie, s'inspirer des tentatives retentissantes de Florence et de Venise, tel était alors le mot d'ordre. Le poète Davenant conçut l'idée d'un intermède anglais traité dans cette manière. Depuis 1642 les théâtres étaient fermés par les puritains; en 1656 *Davenant* crut tourner ingénieusement la loi en composant des morceaux de musique de cette forme spéciale. La réalisation poétique de ce plan fut son ouvrage auquel, musicalement, coopérèrent, outre Henri Lawes et le « capitaine » Cooke, précédemment cités, *George Hudson* et *Coleman*. Ces divertissements, à mesure que l'usage s'en répandait, mettaient en mouvement, comme étant trop mondains et frivoles, la bile de certains censeurs moroses. Dès 1633, le sévère Prynne, dans son *Histrio mastix*, avait attaqué avec violence la musique qui se présente sous l'aspect théâtral. Avec *Purcell* l'étude du développement de l'opéra anglais au xviie siècle commence réellement la période moderne.

LA MUSIQUE ANGLAISE AU DIX-HUITIÈME SIÈCLE

Contrée hospitalière, l'Angleterre a dû, en grande partie, l'éclat de sa civilisation à l'accueil empressé que, de tout temps, elle a su faire aux idées, aux influences, aux talents venus de l'étranger. Particulièrement au xviiie siècle, cette tendance, pour ce qui concerne l'art musical, s'est affirmée avec énergie. Dès 1710, nous trouvons Haendel à Londres, où il devait rencontrer une seconde patrie. A la limite du siècle, nous verrons bientôt quelle réception le public anglais réservait au vieil et illustre Haydn.

C'est parmi les maîtres germaniques que Haendel, incontestablement, tient l'une des premières places. Mais, adopté par l'Angleterre, il occupe aussi un rang tout à fait à part dans l'histoire artistique de ce pays. Un grand changement fut opéré dans la musique anglaise par la venue de l'artiste supérieur qui devait résider pendant près d'un demi-siècle en Angleterre, celui qu'en 1710, à Londres, on désignait ainsi : « Signor Haendel, famous Italian composer. » Beaucoup de ses plus célèbres ouvrages furent écrits sur des textes anglais, et un musicien appartient toujours un peu à la nation dont il s'est ainsi approprié la langue. C'est à ce titre que, dans une certaine mesure, nous pourrions revendiquer l'œuvre de Gluck et de Meyerbeer.

Haendel, alors attaché à la maison de l'Electeur de Hanovre, était en congé régulier lorsqu'il fit à Londres, en 1710, un premier séjour qui ne fut point de longue durée. Ce fut pour le théâtre de Hay-Market qu'il écrivit, en quatorze jours, son opéra de *Rinaldo*, représenté le 24 février 1711. Le succès se traduisit surtout dans la forte vente des morceaux détachés de cet ouvrage. On rapporte que l'éditeur Walsh y gagna quinze cents livres sterling. A ce propos, Haendel, dont le bénéfice avait été sensiblement moindre, dit au marchand : «Tout doit être égal entre nous : la prochaine fois vous ferez l'opéra, et moi je le vendrai. »

Haendel revint à Londres en 1712. Son peu de scrupule, cette fois, à respecter l'engagement qui le liait à la cour de Hanovre lui valut tout d'abord une certaine défaveur, lorsque, en 1714, un acte du Parlement appela l'Electeur à régner sur la Grande-Bretagne, sous le nom de George Ier. Vainement, tout d'abord, le chambellan du roi, le baron de Kilmansegge, ami de Haendel, tenta de rapprocher l'artiste et le monarque, lors d'une fête sur la Tamise, quand Haendel composa la *Water-Music*, pour l'exécution de laquelle il dirigeait lui-même l'orchestre, placé dans une barque qui suivait celle du roi. Mais une occasion plus favorable se présenta bientôt. Geminiani, appelé à jouer du violon devant le souverain, ayant témoigné le désir d'être accompagné au clavecin par Haendel, le compositeur put, ce jour-là, faire agréer ses excuses. Il rentra en faveur, et spontanément George Ier doubla le traitement antérieurement accordé par la reine Anne.

Haendel eut, par la suite, des démêlés avec l'aristocratie britannique, mais tout d'abord il reçut d'elle, avec l'appui matériel, des encouragements de toute nature. Plein d'admiration pour son génie, le comte de Burlington le logea dans sa maison; au cours d'un séjour de trois années, il y composa, entre autres œuvres, son opéra d'*Amadis*. Dès lors, fêté partout, Haendel était l'objet de marques extraordinaires de déférence. L'enthousiasme et le respect se manifestaient quand il assistait à l'exécution de quelqu'un de ses ouvrages. C'est vers ce temps-là qu'il faisait apprécier à Saint-Paul son grand talent d'organiste.

Une période où sa verve de producteur, favorisée par des circonstances heureuses, atteignit les plus admirables résultats, en particulier dans la musique religieuse, fut celle qu'il passa à Cannons-Castle, superbe résidence du duc de Chandos, qui, pour l'avoir à son service, avait souscrit sans discussion à toutes ses exigences.

Quelques nobles anglais réunirent leurs capitaux en vue de la fondation de la *Royal Academy of Music*, laquelle avait pour objet la représentation, au théâtre de Hay-Market, d'opéras en langue italienne. Le roi lui-même donna des fonds pour cette entreprise, sur laquelle Haendel avait la haute main. Ce fut alors qu'il se rendit à Dresde pour engager Senesino et Marguerite Durastanti. Son *Radamisto*, fini en 1720, obtint un succès considérable et établit avec éclat sa renommée de compositeur dramatique. De 1720 à 1728, il produisit quatorze opéras qui, la plupart, réussirent, et pour l'un desquels, *Alessandro*, il engagea la Faustina, dont la rivalité avec la Cuzzoni occupa un moment le public. Ce fut dans le même temps qu'on essaya de lui opposer des hommes d'un mérite bien inférieur au sien, Ariosti et Bononcini (en collaboration desquels il écrivit néanmoins un acte de *Muzio Scevola*). Protégé par la duchesse de Marlborough, Bononcini, attiré en Angleterre comme le furent alors tant d'autres étrangers connus, avait du savoir et du talent; mais, imitateur adroit de Scarlatti, il n'était pas en état de lutter avec le génie original et puissant dont on prétendait le poser en émule.

Le caractère difficile de Haendel lui fit du tort dans l'esprit de ceux qui s'étaient d'abord intéressés à lui. Un théâtre rival fut monté en 1733 à Lincoln's Inn Field. La production de Haendel ne tarissait pas. Excitée même par cette concurrence, elle n'était pas entravée par les multiples soucis de la direction. Il alla lui-même en Italie pour y recruter des chanteurs, et il en ramena la Strada. Plus tard, il y retourna dans le même but et eut d'ailleurs le tort, en cette circonstance, de préférer Carestini à Farinelli. Celui-ci fut engagé par l'entreprise rivale, qui acquit également, en Porpora, un excellent chef d'études. En même temps, il avait remis la main sur le théâtre de Hay-Market, et Haendel avait dû émigrer au local, moins favorable à tous les égards, de Lincoln's Field, et un peu plus tard à Covent Garden. Les deux entreprises parallèles avaient commencé, malgré l'activité et le talent déployés, par perdre de l'argent. Mais, par la réunion de Farinelli et de Senesino, le succès se dessina en faveur des adversaires de Haendel, qui, las de tant d'efforts et de soucis, voyant sa santé minée et sa renommée elle-même atteinte, renonça au théâtre pour se vouer plus spécialement à l'oratorio.

Le compositeur écrivit cependant plus tard un *Alceste* qui, d'ailleurs, ne fut point représenté, et dont la musique, pour la plus grande partie, est devenue celle de *Choice of Hercules*. Il composa aussi pour Covent Garden les opéras de *Justin* et de *Bérénice*, puis, postérieurement, *Pharamond*, *Xerxès*, et, en 1739, *Deidamie* et *Imeneo*. *Xerxès* commence avec le morceau « Ombra mai fu », que tout le monde connaît comme « Largo de Haendel ».

En somme, c'est surtout par sa musique religieuse que Haendel est devenu une sorte d'artiste national pour l'Angleterre, où l'*Alleluia* de son *Messie* n'est guère moins populaire que le *Rule Britannia* et le *God save the King*.

Il subit profondément l'empreinte du goût et du caractère anglais; on s'en rend compte en parcourant des partitions comme celles de *Déborah*, d'*Esther*, de *Samson*, de *Jephtha*, d'*Athalie*, d'*Israël en Egypte* et, avant tout, du *Messie*.

Musicien officiel, Haendel a célébré des dates demeurées insignes dans l'histoire d'Angleterre. Citons l'*Occasional oratorio*, composé pour la victoire de Culloden; — le *Te Deum* et le *Jubilate* de la paix d'Utrecht; — les grandes antiennes et les autres compositions qui consacrent le souvenir du couronnement de George II, des funérailles de la reine Caroline, du mariage du prince de Galles, de la bataille de Dettingen, etc., etc. On avait, à Londres, en dépit de toutes les critiques, le sentiment de sa supériorité « écrasante ». Nous en donnerons pour témoignage ce vers du *Jules César* de Shakespeare, où le maître, à qui il est appliqué, est représenté comme un « Colosse » de Rhodes, « enjambant » le bas et petit monde qu'il domine.

Parmi les hommages rendus à sa mémoire, il faut signaler l'édition monumentale de ses œuvres, entreprise, sur l'ordre de George III, par Arnold, et qui, d'ailleurs, le cède, pour la correction, aux partitions publiées par Walsh. La belle édition de 1835 qui, parmi les souscripteurs, comprenait, à côté d'Anglais comme Brenet, Macfarren et Rimbault, des Allemands comme Mendelssohn et Moscheles, est malheureusement demeurée inachevée. Mais Chrysander en Allemagne enfin a réussi à faire imprimer une édition complète.

Il existe en Angleterre toute une littérature relative à Haendel, depuis les *Mémoires* rédigés par Mainwaring jusqu'aux études copieuses de Hawkins et de Burney. Nous mentionnerons aussi l'excellente introduction mise par John Bishop en tête de sa sélection des ouvrages du maître, et la notice écrite en anglais par un de nos compatriotes, Victor Schœlcher.

Parmi les personnalités artistiques qui furent mêlées à la vie de Haendel en Angleterre, nous signalerons Smith, d'après les souvenirs duquel Mainwaring compila ses *Mémoires* et qui, lorsque le grand compositeur fut devenu aveugle, écrivait sa musique sous sa dictée. Brown, l'un des intimes de Haendel, eut l'honneur de se voir confier ordinairement par lui la direction de ses oratorios. — Citons, en passant, Broocer, qui prononça un discours sur la musique d'église à l'occasion de la première exécution d'*Athalie*. N'omettons point non plus Greene, artiste fécond, mais médiocre, d'un caractère équivoque, qui jouait un rôle double auprès de Haendel et de Bononcini, et, finalement démasqué, fut accablé du mépris des deux compositeurs.

Dans un pays tel que l'Angleterre, où la liberté d'esprit et d'opinion est extrême, Haendel devait avoir et eut en effet des détracteurs, par exemple Avison, qui le déprécia au profit de Marcellot et même de Geminiani; mais il eut aussi des fanatiques poussant l'exclusivisme jusqu'à l'intempérance. De ce nombre fut Arbuthnot, auteur d'un opuscule pseudonyme, l'*Harmonie en révolte*, relatif aux démêlés de Haendel avec Senesino, ainsi que du piquant écrit polémique dont le titre vaut d'être intégralement transcrit : *le Diable est déchaîné à Saint-James, ou relation détaillée et véritable d'un combat terrible et sanglant entre Mme Faustina et Mme Cuzzoni, ainsi que d'un combat opiniâtre entre M. Broschi (Farinelli) et M. Palmerini, et enfin de la façon dont M. Senesino s'est enrhumé, a quitté l'Opéra, et chanté dans la chapelle de Henley.*

Indiquons encore aux curieux le luxueux in-quarto, devenu rare, de Coxe, les *Anecdotes sur Haendel et Smith*, — l'ode de Robinson Pollingrove, *le Génie de Haendel*, — et celle de Daniel Prat, chapelain du roi, destinées à vanter Haendel et son talent d'organiste.

L'énumération serait longue de tous les compositeurs étrangers qui, comme Haendel, furent, au XVIIIe siècle, les hôtes de l'Angleterre; auprès de Bononcini et d'Ariosti, il convient de nommer Dominique Scarlatti, au *Narcisso* duquel collabora un de ses amis anglais, Roseingrave. Porpora, un moment antagoniste de Haendel, joua un grand rôle à Londres, principalement dans la culture de l'enseignement du chant. Enfin, la réputation d'Haydn en Allemagne grandit beaucoup à la suite de ses deux séjours en Angleterre, en 1791 et 1793. Magnifiquement rémunéré par Salomon, organisateur des concerts de Hanover Square, Haydn écrivit pour orchestre ses douze grandes symphonies. L'enthousiasme anglais prit, sous des aspects divers, les formes les plus flatteuses. Tandis que le prince de Galles faisait peindre le portrait du compositeur par Reynolds, un marchand de musique lui payait dix mille francs pour mettre des accompagnements à deux recueils d'airs écossais.

Haydn, comme beaucoup d'autres artistes, ne fut pour l'Angleterre qu'un hôte de passage. Parmi les étrangers qui s'y fixèrent et y trouvèrent une véritable patrie, il faut citer Pepusch, né à Berlin, compositeur religieux et dramatique, théoricien, qui tint à Londres pendant cinquante ans une place considérable. Dans la première partie de sa longue et laborieuse carrière, sa renommée eût été peut-être plus brillante s'il ne se fût trouvé en compétition avec Haendel.

Revenons aux musiciens authentiquement anglais.

Dans la musique religieuse, nous citerons, au début du siècle, Eifort, Golding, Finch, Reading, Barrett, Henstridge. Croft a une importance plus grande et s'exerça dans plus d'un genre. Babell, Robinson, Weldon, furent d'excellents organistes. Plus tard, nous rencontrons Green, King, Kent et William Hayes. Boyce composa de la musique religieuse qui demeure en faveur; un morceau de sa composition ou de celle de Weldon est presque tous les jours chanté dans l'une ou l'autre cathédrale.

Nous avons encore Hudson, James, Hart, qui avait plus de savoir que de goût, Gawthorn, Riley, Prelleur, d'origine française, Worgan, qui, ayant approfondi Palestrina et Haendel, se distingua dans les fugues pour l'orgue. Nares, en composant peu, atteignit à une réputation enviable. Madin fit sa carrière en France. L'histoire musicale doit pareillement enregistrer Keeble, Langdon, Alcock, Johnson, Clark, Altemps, qui vécut à Rome, Bishop, Felton, Thomas Bennet, Barbant, Dupuis, Guest, Marsh, William Bennet, Levelt, Ebdon, Blewit, Davenport, Beckwith, Chilcott, Dixon, Cooke, Ayrton, Benjamin Cook, Ross, John Clarke, dont l'activité fut très soutenue et très féconde; Hook, dont la production fut colossale; Philippe Hayes, aussi fameux par son embonpoint que par son talent; Hill, Hempel et Harris, imitateur heureux du style de Haendel.

Presque tous ces artistes furent simultanément compositeurs religieux et exécutants sur l'orgue. Cet instrument, si fort amélioré précédemment par Dallam, reçut au XVIII° siècle de grands perfectionnements grâce aux travaux du facteur Samuel Green et de son collaborateur Byfield le Jeune.

Vers 1760 se forma une nouvelle espèce de composition, le glee, qui garda sa vogue pendant un siècle. Dans les premiers et meilleurs temps, le glee était une composition pour trois ou plus de trois voix d'hommes. Plus tard on l'écrivit une harmonie très simple. Le plus grand des vrais compositeurs de glees était Samuel Webbe. En même temps fleurit le Catch, une espèce de canon dans laquelle les mots sont arrangés de façon à produire des quiproquos étonnants. Beaucoup sont plus rabelaisiens que Rabelais.

Les succès de Haendel au théâtre devaient naturellement faire marcher sur ses traces nombre d'imitateurs. Il y a cependant, çà et là, une marque assez personnelle dans la musique dramatique de Thomas-Augustin Arne. Son Comus (1738) a joui d'une grande réputation. Signalons aussi l'Opéra des Opéras, la Chute de Phaéton, Don Saverio, Artaxerce, le Conte de Fées et le Cymon, de son fils Michel Arne, qui peuvent aussi être honorablement cités. C'est à un genre intermédiaire, confinant à la musique légère, qu'appartiennent, pour la majeure partie, les œuvres de Dibdin, qui, durant sa laborieuse carrière, cumula les fonctions de chanteur, de compositeur, d'impresario et d'éditeur. Un air de sa composition, Pauvre Jacques, qui pénétra en France, eut tant de vogue à Londres qu'on l'y vendit, en quelques semaines, à dix-sept mille exemplaires.

Il suffit de nommer Fisher. Il y a de la grâce dans les ouvrages de Thomas Linley, qui peuvent être classés comme opéras-comiques. Les pantomimes et les opéras-comiques de Shield témoignent d'un certain goût et de quelque élégance. Moorhead fut apprécié comme auteur de ballets. Citons de lui La Pérouse et le Volcan ou le Rival d'Arlequin. Très fécond, Reeve, aujourd'hui fort oublié, jouit en son

temps d'une véritable renommée. Il fit un ballet d'Orphée et Eurydice, une pantomime d'Hercule et Omphale. Signalons encore de lui Arlequin et Obéron. Raymond et Agnès, « ballet sérieux », Jeanne d'Arc, « ballet historique », et son opéra-bouffe intitulé la Rixe. Attwood écrivit beaucoup pour le théâtre. Il alimenta les scènes de Hay-Market, de Drury Lane et de Covent Garden. Il s'exerça avec une facilité égale dans l'opéra, l'intermède, le ballet et la farce.

A Londres, plus peut-être que partout ailleurs, les chanteurs ont été souvent des étrangers. Au commencement du siècle, nous avons rencontré la Faustina, la Crizzoni. Tout le long de la même période, nous retrouverions en Angleterre la trace de cantatrices italiennes comme Régine Mingotti ou Marianne Sessi. Mais des succès marqués furent également obtenus par des chanteurs de naissance anglaise. Quelques opéras de Haendel furent créés par Anastasie Robinson, qui, en vertu de son union avec lord Peterborough, devint pairesse d'Angleterre. Haendel lui préférait Suzanne Cibber, artiste au style expressif et pathétique, pour qui il composa l'un des airs du Messie. Plus tard, nous signalerons Anne Catley, renommée pour son style sobre et délicat; Mme Abrams, qui brilla aux fameux concerts commémoratifs de Haendel; Cécile Davies, que les Italiens désignèrent sous le gracieux surnom de l'Inglesina, et Mme Crouch, qui conserva longtemps la faveur des dilettantes.

Du côté masculin nous trouvons en Angleterre, au XVIII° siècle, Leveridge, à la voix puissante, homme d'esprit, mais grossier, qui composa des airs d'opéra, et qui, en 1726, finit par ouvrir un café où il faisait entendre des chansons originales de façon. Holcombe fut un grand chanteur dramatique. Harrison, l'un des ornements du fameux concert de Salomon, avait une voix de ténor embrassant deux octaves.

Norris, excellent musicien, connu d'abord par son superbe soprano d'enfant de chœur, devint un ténor applaudi dans les oratorios. Incledon, qui avait commencé par être matelot, se fit une place au théâtre, mais excella surtout à rendre avec intelligence et sentiment les naïves et caractéristiques mélodies de l'Ecosse et de l'Irlande.

Pratiqué avec un certain éclat en Angleterre, l'art du chant y fut enseigné et mis en théorie par des hommes d'une véritable valeur : on peut citer les traités de Gilson, de Carnaby, d'Adcock, de Peck. Jean-Jacques Ashley fut un professeur très habile.

La prédilection du public anglais pour la musique instrumentale s'était affirmée de bonne heure par la création de nombreux concerts. C'est ici le lieu d'appeler l'attention sur la figure originale, curieuse, foncièrement britannique, de Thomas Britton, un charbonnier qui, au-dessus de son magasin, dans une salle étroite et pauvre, au plafond bas, accessible par un escalier extérieur, organisa des auditions où l'on entendit Pepusch, Haendel, Banister et Mathieu Dubourg, encore enfant. Les comtes d'Oxford, de Pembroke et de Sunderland ne dédaignèrent point de fréquenter cet artistique repaire, dont l'entrée fut d'abord gratuite. L'excentrique propriétaire perçut ensuite de ses abonnés une rétribution annuelle de dix shellings, laquelle assurait le privilège supplémentaire de prendre du café à un sou la tasse.

De même que les chanteurs, les représentants de la virtuosité instrumentale en Angleterre furent souvent des étrangers comme Geminiani, qui tient un rang élevé dans l'histoire du violon, et qui venait d'Italie ainsi que Nicolas Mattheis et Pasquali. C'est d'Allemagne que, plus tard, arriva Guillaume Cramer, que le roi, pour le retenir à Londres, fit nommer directeur de ses concerts et chef d'orchestre de l'Opéra.

Comme violonistes véritablement anglais, au xviiie siècle, nous signalerons Banister le Jeune; Dean, qui le premier fit entendre à ses concitoyens une sonate de Corelli; Henri Eccles, qui, pour la virtuosité, fut en avance sur son temps; Corbett, qui fut célèbre et rassembla une belle collection instrumentale : il la légua au collège de Gresham en instituant une rente pour rémunérer la personne qui serait chargée d'en faire les honneurs au public. Les sonates de Corelli avaient été acclimatées à Londres par Dean; ce fut Needler qui y introduisit ses concertos. Mathieu Dubourg acquit la renommée d'un grand artiste. Clegg, qui avait au plus haut point la beauté du son et la légèreté de l'archet, fut son élève. Nommons aussi Schuttleworth, Sherard, Barthélemon, né sous ce nom à Bordeaux, mais devenu pour les Anglais Bartleman; Général Ashley, son élève; Blace, sans oublier Festing, qui composa de bons solos pour son instrument.

L'art du violoncelle fut représenté à Londres d'une manière brillante par des Italiens comme les deux Cervetto et comme Caporale. Jacques Herschel, à une date postérieure, vint d'Allemagne. Mais nous avons le devoir de grouper les noms de violoncellistes anglais d'un vrai mérite : Crouch, Crosdill, Gunn, virtuose de talent et théoricien de valeur, et Paxton, auquel on doit quelques compositions.

Nous rangerons ici les contrebassistes Sharp et Thomas Billington.

Remarquons, en quittant les instruments à cordes, que quelques luthiers anglais de ce siècle se distinguèrent dans leur fabrication, par exemple la famille des Benks, Arriton, et surtout Duce, dont les ouvrages furent très réputés.

En passant aux instruments à vent, nous rencontrons, pour ce qui regarde la flûte, Wragg, Ashe, qui, l'un des premiers, se servit avec adresse des clefs additionnelles; Flath et Abingdon. Un instrument délaissé depuis, la flûte à bec, avait été précédemment cultivé et matériellement amélioré par Louis Mercy.

Parmi les hautboïstes anglais, figurent Jean Parce, qui brilla aux concerts du Ranelagh et auquel son talent permit d'amasser une fortune; — Jean Ashley, qui fut attaché à la musique de la garde royale, qui succéda à Bates comme directeur des oratorios; enfin William Parce, frère de Jean, pendant quarante ans premier hautbois à Covent Garden. — Nous joindrons à ces noms celui d'un bassoniste hors ligne, Holmes, dont le jeu était particulièrement remarquable par l'autorité et la précision, — et nous appellerons en passant l'attention sur les ingénieux travaux de Clagget qui, notamment, tenta un perfectionnement intéressant dans la construction des cors.

Pour le clavecin et le piano, nous trouvons aussi à Londres des étrangers tels que ce Sandoni, le mari de la Cruzzoni, que l'on comparait à Haendel pour son habileté dans l'improvisation, ou comme Keller, d'origine germanique. Il y eut d'ailleurs en Angleterre une école nationale du clavecin, habile, mais peu originale : Kelway, Burton, miss Davies, Cogan, Latrobe, qui reçut les encouragements de Haydn, Griffin, Guest, Haight, Benson, Butler, Krifft. A la fin du siècle, l'illustre Clementi séjourna longtemps en Angleterre, où lui furent décernés des honneurs extraordinaires et où il acquit des richesses considérables.

Un mécanicien anglais, Hopcinson, imagina divers moyens d'améliorer les instruments à clavier, dans la fabrication desquels Broadwood obtint une véritable célébrité. De 1771 à 1856, il n'est pas sorti de ses ateliers moins de cent vingt-trois mille sept cent cinquante pianos.

Dans les trois royaumes, il a, depuis les temps les plus anciens, existé, de façon permanente, extérieurement, en quelque sorte, à l'art d'importation, une musique populaire, d'essence colorée, aisément distincte et reconnaissable par ses formes et ses rythmes, et non dépourvue de saveur. Le pays de Galles, au xviiie siècle, avait encore des « bardes », par lesquels, d'une manière ininterrompue, se maintenaient vivants de vieux souvenirs. John Morgan, l'un d'eux, jouait du primitif instrument à archet crouth ou crwth, connu dans ces régions écartées de l'Europe depuis le vie siècle. Barde pareillement et harpiste, Edward Jones, né quarante ans plus tard que le précédent, sortait d'une famille où s'était perpétuée une culture traditionnelle analogue. Jones fut officiellement le « barde » du prince de Galles, depuis George IV. On doit à Jones la publication d'airs gallois dont quelques-uns semblent remonter très haut. Il s'efforça aussi de remettre en faveur la vieille harpe à deux rangées de cordes, et il rétablit dans sa province les concours de ménestrels. On lui doit en outre des publications intéressantes où il a historiquement reconstitué et réuni tout ce qui se rapporte à la poésie, à l'art vocal et instrumental des populations celtiques. Walcer s'occupa de travaux du même genre, et écrivit un savant ouvrage sur là musique des Irlandais. Une monographie de Nevil, insérée dans les *Transactions philosophiques*, a trait à un détail archéologique de cette musique : la trompette funèbre usitée aux premiers temps du christianisme, d'après un spécimen que l'on avait trouvé dans des fouilles. Sur la vieille musique irlandaise, on rencontre aussi des renseignements rassemblés et présentés avec goût dans un livre donné par Eastcott en 1793. Le même sujet fut consciencieusement traité par Ledwich, Barrington et Pennant.

Il est un instrument caractéristique inconnu en dehors de la Grande-Bretagne et qui figure encore dans la musique militaire des régiments écossais : la cornemuse. Un artiste anglais du xviiie siècle, Rawenscroft, connu d'autre part comme violoniste, se signala par le talent avec lequel il s'en servait. Courtney en améliora le timbre sans lui rien faire perdre de son coloris.

Parmi les compositeurs anglais qui se sont inspirés de thèmes populaires, pour écrire des chansons, des ballades, souvent remarquables par la naïveté du sentiment, citons Samuel Webbe et son fils; Ritson, qui recueillit des chants datant du règne de Henri III jusqu'à la révolution de 1688 et rassembla aussi certains airs écossais. Nous mentionnerons encore les ballades de Carey, de Jackson, de Howard, de Holder et Carter; les rondes et chansonnettes de Hague; les mélodies de Campbell, de Harrington; les chansons écossaises recueillies par Corfe; les productions de Battishil, de Fisin, de Baildon, de Danby, de Miss Anna Lindsey, enfin d'Anderson, qui mourut en 1801, à Inverness.

La littérature musicale fut très abondante en Angleterre au xviiie siècle. Parmi les auteurs d'ouvrages didactiques, après de La Fond, qui était d'origine française et qui donna son *Nouveau Système*, etc., en 1725, nous rencontrons Tansur, Malcolm, Bremner, Holden, Overend, Maxwel, William Jones,

Miller, qui ne put terminer sa traduction du *Dictionnaire de musique* de Rousseau, Callcott, dont la *Grammaire musicale* a de l'intérêt, et Brewster.

C'est à la philosophie, à la science et à l'esthétique qu'appartiennent les travaux de Derham, de Hales, de Jones, de Harris, de Mason, noms auxquels on peut joindre ceux de Browne et de Brokelsby, d'E-merson, acousticien compétent, de Davy, de Daniel Webb, de Beattie, de Mitford, de Robertson. Divers points de l'histoire musicale antique furent traités par Jortin, par Bedford, qui étudia la musique des Grecs et des Hébreux; par Ellys, qui s'occupa de l'usage des instruments à percussion dans les fêtes païennes et les solennités juives, par Nas, auquel on doit un bon livre latin sur les rythmes des Grecs. Gibson, évêque de Londres, mort en 1748, qui a publié, avec des notes savantes, la *Cantilena rustica* de Jacques V, roi d'Ecosse; William Mason donna un *Essai historique et critique sur la musique d'église;* Pierre Mortimer publia en allemand, à Berlin, un livre excellent, malheureusement demeuré longtemps ignoré, sur le chant choral au temps de la Réformation.

Indiquons enfin l'importante contribution d'Arnot aux annales de la musique dans sa très bonne *Histoire d'Edimbourg;* les *Lettres sur la poésie et la musique de l'opéra italien,* de Brown, et les curieux renseignements recueillis par Guthrie sur les mélodies populaires de la Russie. Hamilton Bird s'occupa des airs de l'Hindoustan, ainsi que le fameux orientaliste William Jones, qui fut juge à la cour suprème de Calcutta. Ouseley se distingua dans le même ordre de recherches. Quant à Bruce, ses voyages en Afrique lui fournirent l'occasion de s'intéresser à la musique, antique et moderne, de l'Égypte, et à celle des Abyssins.

Dès 1740, Grassineau, né à Londres de parents français, donna le premier dictionnaire de musique qui ait paru en langue française. C'était, avec des additions, une adaptation de celui de Brossard. Robson, postérieurement, en publia une édition nouvelle, avec un supplément tiré du *Dictionnaire* de Rousseau. Hoyle, en 1770, fit imprimer un *Dictionnaire portatif de musique.* Nous placerons également ici l'*Histoire du théâtre anglais de 1771 à 1795,* par Oulton (une seconde édition résume les annales dramatiques jusqu'en 1817), et nous mentionnerons l'importante et longue collaboration, pour la critique et l'histoire musicale, de Thomas Busby, au *Monthly Magasine.* Enfin nous signalerons Bicknell, qui, sous le pseudonyme de « Joël Collier », licencié en musique, fit paraître une sorte de parodie des voyages de Burney.

Nous avons réservé une mention spéciale aux deux importants historiens anglais de la musique, Hawkins et Burney. Il est à remarquer que tous deux, imbus des préjugés de leur temps, dédaignaient le moyen âge et le regardaient comme barbare, alors qu'en Allemagne il se trouvait quelqu'un de plus clairvoyant et de mieux informé, Venzky, pour proposer de célébrer le troisième centenaire de « l'invention de la composition par Dunstable ». Hawkins, par malheur, était peu musicien. Son insuffisance technique, les lacunes de sa culture préalable, sont trop souvent sensibles dans son vaste travail, qui parfois a moins l'aspect d'un véritable livre que d'un recueil de matériaux, d'ailleurs réunis avec une application fort méritoire. Le sens critique de Hawkins n'est pas toujours bien ferme ni bien fin, mais,

sur beaucoup de points, son érudition est incontestable. Son ouvrage, d'abord assez mal accueilli, sacrifié, avec un injuste exclusivisme, à celui de Burney, a pris, depuis, un rang assez élevé dans l'estime des connaisseurs.

Le premier volume du livre de Burney parut presque en même temps que l'œuvre de Hawkins. Le quatrième et dernier volume fut publié en 1788. Cet ouvrage, qui avait coûté, pour sa préparation, vingt années, et quatorze ans pour son exécution, obtint une réussite brillante, dont il n'est pas indigne. Burney était plus musicien que Hawkins. Il procède d'après un plan meilleur; il est plus clair et plus ordonné; il écrit mieux. Dans quelques parties, cependant, il est peut-être inférieur à son émule pour l'étendue et la profondeur de la documentation.

LA MUSIQUE ANGLAISE AU DIX-NEUVIÈME SIÈCLE

Les divisions chronologiques répondent assez rarement à la vérité historique dans le domaine de l'art; il y a beaucoup d'arbitraire ou, pour mieux dire, de parti pris pédagogique dans les périodes séculaires indiquées par tous les manuels. On ne sera donc pas surpris que le rôle joué par l'Angleterre au XIXᵉ siècle, en tout ce qui concerne la musique, n'offre pas de très grandes différences avec celui qu'elle avait déjà joué pendant toute la durée du siècle précédent. C'est plutôt une continuation régulière et méthodique, ainsi qu'il convient au tempérament de la race, qu'un effort particulier d'originalité et d'invention. Mais le développement apparaît considérable et d'un réel intérêt si l'on étudie le détail du travail accumulé pendant cent ans.

Tout d'abord il convient de signaler une abondante floraison d'artistes. Les compositeurs sont nombreux; ils ont fait d'importantes humanités musicales; ils ont le sens national de l'application, et c'est également au travail commun, à l'essor de la vie de la nation, qu'ils rapportent l'effort de leur production. Ils ne s'abandonnent pas à la fantaisie, ou du moins ils ne la cultivent que dans les proportions où elle concourt à l'ensemble général; ils ont le goût des études fortes et sérieuses; ils s'adonnent aux genres sévères avec autant de patience et, l'on pourrait dire, d'application passionnée que leurs ancêtres des époques classiques. Ils ont le caractère traditionaliste beaucoup plus que leurs confrères de France; ils suivent le sillon tracé, parfois même ils le remontent. Très peu autodidactes, ils aiment à s'appuyer sur des autorités consacrées; ils invoquent volontiers les maîtres et travaillent à consolider une doctrine, sans être d'ailleurs réfractaires aux nouveautés qu'ils considèrent comme un accroissement du patrimoine déjà existant.

Si nous reconnaissons le « génie » anglais, opposé aux brusques sursauts des procédés révolutionnaires, dans le travail de ces musiciens du XIXᵉ siècle dont les plus audacieux se sont contentés d'être des évolutionnistes tablant toujours sur la tradition, nous devons ajouter qu'ils ont eu pendant toute cette période, pour corroborer leurs efforts, un centre précieux entre tous : cette ville de Londres qui est le creuset de l'univers. En maintenant leur cadre, ils y ont admis tout ce qui venait du dehors et leur paraissait assimilable; ils ont fait preuve du plus large éclectisme et non seulement accepté, mais adopté et naturalisé les étrangers de marque, tirant ainsi de leur hospitalité un bénéfice matériel et moral qui n'est pas négligeable.

Au point de vue du développement des genres, qui ont tous rencontré en Angleterre le même bienveillant accueil, la musique de théâtre doit occuper le premier plan dans notre panorama historique. Le simple catalogue des pièces jouées à Londres depuis formerait à lui seul toute une bibliothèque, rien qu'en nous bornant à la musique. Il y a d'ailleurs dans cette pléthore de production beaucoup de redites et de doubles emplois.

Dès le début du siècle, les compositeurs dramatiques sont nombreux. *Thomas Attwood* (1765-1838), sans abandonner la tradition de la musique instrumentale et de la musique d'église, compose une vingtaine d'opéras. Tempérament plus personnel, *John Davy*, qui marquera sa trace dans l'opéra-comique et la pantomime, arrivera à la composition d'une façon détournée; l'anecdote de la crise d'affolement où le plongea la première audition d'un violoncelle, celle de la façon primitive dont il a reconstitué l'octave en fabriquant à six ans un petit carillon avec un jeu de fers à cheval, lui vaudront une popularité légendaire, et s'il n'en tire pas parti pour écrire des œuvres d'une valeur extraordinaire, du moins comptera-t-il parmi les producteurs abondants et en vogue. L'opéra — c'est-à-dire, le plus souvent, quelque chose qui ne répond guère à la définition actuelle, une formule apparentée à celle de notre vaudeville dans laquelle sont plus ou moins artificiellement introduits des morceaux de musique — a d'ailleurs beaucoup d'autres adeptes venus d'aussi loin. William .Shield voudra d'abord être constructeur de navires, puis charpentera des compositions musicales pour le théâtre. Au même groupe se rattachent les deux Linley : William, qui écrivit le *Pavillon*, et Georges, l'auteur de la *Poupée de Nuremberg*, sans oublier Horn, qui a laissé un *Charles le Téméraire* et une *Lalla-Roukh*.

Il convient d'isoler Bishop, cadet glorieux (du moins en Angleterre, mais sans rayonnement à l'étranger) de ces aînés, dont la vogue survécut peu à leur disparition. Il eut une situation personnelle en vue : la direction de la musique de la reine Victoria, qui lui conféra la noblesse. Son bagage est énorme; ajoutons qu'il composa de véritables opéras en faisant divers emprunts au répertoire de Shakespeare. Bishop prit également très au sérieux une habitude anglaise qui a été diversement appréciée : l'adaptation des opéras étrangers. La liste est longue des œuvres qu'il a ainsi retravaillées pour le public de Londres, depuis *Don Juan* jusqu'au *Faust* de Spohr.

Quelques figures secondaires méritent de retenir un instant l'attention : Addison, qui transposa sur un autre scénario le *Petit Chaperon rouge* de Boïeldieu et fit preuve d'invention dans ses fantaisies personnelles; Isaac Nathan (l'auteur des *Mélodies hébraïques*), maître de chant, fournisseur de Drury Lane, chanteur à Covent Garden, etc.; King, qui marque parmi les producteurs d'opéras-comiques; Ketchener, dont l'*Amour parmi les roses* fut populaire; Ellerton, qui écrivit plusieurs opéras sur des scénarios de diverses provenances et eut cette originalité digne de remarque d'être joué hors de l'Angleterre; Lavenu, les frères Elvey, le prolifique Isha Barnett, qui donna à dix-sept ans, en 1825, sa première opérette intitulée *Avant le déjeuner* et vécut jusqu'en 1890, après avoir abordé tous les genres dramatiques.

Julius Benedict représente un des principaux facteurs de l'évolution musicale britannique : l'apport venu de l'étranger. De race juive, né à Stuttgard, il avait été l'élève et l'ami de Weber; c'était même à son patronage qu'il avait dû le poste de directeur de musique de l'opéra de Vienne. Il passa ensuite à Naples comme chef d'orchestre, mais ce fut à Londres qu'il trouva l'accueil le plus empressé en 1858, au cours d'un premier séjour où le professeur de piano et le capell-meister furent également appréciés. Il revint s'y établir après 1852 et devint un hôte définitif comme Haendel, comme Mendelssohn. Sa vogue fut immense dans cette nouvelle patrie, et il inscrivit au répertoire des exécutions courantes la *Prédiction de la bohémienne*, qui devait être jouée en Allemagne avec un succès persistant; la *Fiancée de Venise*, les *Croisés*, le *Lis de Killarney* (alias la Rose d'Erin, pour le continent). On ne saurait qualifier Julius Benedict de grand compositeur; son inspiration était courte, et son tempérament sans ampleur; du moins ne manquait-il ni d'invention ni de sens dramatique, et, au point de vue technique, il accusait une réelle supériorité sur tous ses prédécesseurs.

Les nationaux d'une originalité absolue ont toujours été rares en Angleterre : ce type caractéristique a trouvé sa formule complète de l'autre côté de la Manche chez Balfe (1808-1870). Balfe, Irlandais, n'a d'ailleurs rien d'un grand homme; c'est, au contraire, ce qu'on appelait chez nous, au XVIIIᵉ siècle « un génie facile », forme supérieure des talents moyens qui ne dépassent jamais une sorte de substantielle médiocrité. Ses dons étaient brillants; il les gaspilla sans compter au cours de multiples pérégrinations.

Nous le trouvons d'abord en Italie, où il modifie son nom pour se naturaliser auprès du public, fait une carrière de chanteur assez peu éclatante et ne prend qu'une demi-revanche comme compositeur d'opéras. C'est une espèce de Castil-Blaze international; il introduit sans vergogne dans le *Crociato* de Meyerbeer des morceaux de Rossini, de Donizetti, des pages tirées de ses propres cartons, et se fait conspuer par le public. Le parterre anglais lui sera plus favorable; l'*Assedio de la Rochelle* recevra un accueil excellent à Londres en 1835, et il y aura une suite de belles soirées chez Balfe, où *The Maid of Artois*, une valse de Strauss, intercalée avec modifications pour morceau vocal, vaudra un triomphe à la Malibran; *Jeanne Gray*, *Falstaff*, *Jeanne d'Arc*, *Cléolanthe*.

Balfe devait encore extérioriser son talent avec des fortunes diverses, applaudi en Allemagne, notamment à Hambourg et à Vienne, avec la *Bohémienne* (qui devait figurer sur l'affiche du Châtelet en 1869), moins bien reçu à Paris avec l'*Etoile de Séville*, que défendirent vainement Cardoni et Mᵐᵉ Stoltz, *Blanche de Nevers*, *Rose de Castille*, etc. En somme, ce Meyerbeer au petit pied, qui ne manquait ni d'invention, ni d'instinct théâtral, ni de qualités d'orchestrateur, se perdit en délayant ces dons originels dans une production hâtive et bousculée. Il importe de noter que cette conscience artistique absente de ses compositions, Balfe la retrouva dans la carrière qui lui valut en Angleterre le plus durable renom, celle de chef d'orchestre. A ce point de vue spécial, il a laissé la réputation d'un artiste du goût le plus sûr.

Classons encore parmi les nationaux, et même avec un caractère local plus marqué, Alexandre Macfarren, qui travailla sur place en employant des matériaux indigènes, car son opéra le plus célèbre, *Robin-Hood*, est un véritable album de folk-lore où le compositeur a réuni une suite de mélodies empruntées aux traditions populaires. Ses qualités de notateur patient, d'érudit scrupuleux et aussi d'excellent technicien se retrouvent également dans son *Don Quichotte* et son *Charles* II. Il y a eu une sorte de dynastie de Macfarren; son frère Walter Cecil fut un compositeur d'œuvres religieuses, et son beau-fils, W. Davenport, a écrit de la musique de chambre et de piano ainsi que des traités d'enseignement. Mentionnons encore un compositeur popularisé par sa carrière aventureuse autant que par sa production, Wallace, l'auteur de *Lurline, Haritana, Mathilde de Hongrie, le Triomphe de l'Amour, la Fleur du Désert,* et le successeur de Macfarren dans sa chaire de l'Université de Cambridge, Ch. Stanford, très longtemps apprécié pour ses oratorios, ses symphonies, sa musique de chambre.

Une série différente, qui nous ramènera à Balfe et à ses tentatives cosmopolites, comprend Pierson (de son vrai nom Pearson), qui séjourna longtemps en Allemagne; le Maltais Shira, élève du Conservatoire de Milan, ville où fut joué son premier opéra *Elena,* auteur de *Il Fanatico per la musica* et de *i Cavalieri di Valenza,* représentés à Lisbonne; l'Italien Mazzinghi, qui collabora plusieurs fois avec Reeve, Ratton, compositeur nomade, qu'illustrèrent un moment l'opéra de *Rose* et le drame biblique d'*Hezekiah.*

Deux Bache (Fred et Walter) connurent l'un et l'autre la grande notoriété, celui-ci comme capell-meister, celui-là comme auteur de musique de chambre et de lieder pour piano. Covons fit jouer plusieurs opéras, *Pauline, Thorgrim, Garibaldi* et *Signa.*

Sir Arthur Sullivan, dont la réputation fut considérable et qui mourut en 1900, correspond au type du compositeur qui s'adonne à des spécialités variées et ne se cantonne pas dans le genre grave. Mélodiste d'une valeur exceptionnelle, il a écrit une grande quantité de musique sérieuse et laissé un bagage important, entre autres un oratorio, *la Lumière du monde,* et aussi plusieurs opérettes dont le succès fut éclatant. Les livrets, de Gilbert, satirisent les institutions anglaises, et autre part on ne les comprend pas; excepté le *Mikado,* qui a eu un succès remarquable, surtout en Allemagne. *Pinafore* et *Patience* sont les plus populaires en Angleterre. Remarquons d'ailleurs, avec M. Albert Soubies, à propos de ce genre de l'opérette dont quelques spécimens nous ont été présentés à Paris, la *Geisha* de Sydney Jones, *The Shop Girl* de Caryll, *Florodora* de Le Stuart, que la plupart des compositeurs d'opérettes ont, à la différence de leurs confrères français, écrit des œuvres d'un caractère tout différent, opéras, ouvertures, musique de chambre, oratorios même, et qu'il en résulte pour l'historiographe une difficulté d'ordre tout spécial dans le classement des productions musicales.

A titre d'exemples, parmi les artistes qui se sont plus spécialement adonnés à l'opérette, Lutz a écrit entre temps de la musique religieuse; Alfred Cellier a donné un grand opéra, *Pandore,* en Amérique, où il a passé de longues années; Frédéric Clay a composé des opéras, de la musique pour drames et des cantates, une *Lalla Rookh* entre autres. Déjà Reed, particularité curieuse, avait donné ses premières petites pièces, à deux ou trois personnages seulement, au moment précis où Offenbach faisait une tentative analogue à Paris, on sait avec quel succès.

Mme Sophie Gay, qui a répété beaucoup de lieux communs sans les contrôler, a prétendu dans ses *Salons de Paris* que l'Angleterre est le pays le moins musical de l'Europe. Il y a autant de ridicule que d'iniquité dans ce jugement sommaire, qu'a réfuté une très intéressante étude sur la musique anglaise (M. Valetta, *Revue musicale italienne*). L'opinion d'après laquelle tout Anglais a nécessairement la voix et l'oreille fausses est un risible préjugé. Il faut toujours se souvenir que Londres n'est point l'Angleterre; dans les villes du Nord, les ouvriers ont de grandes sociétés chorales d'une habileté étonnante. Londres n'a rien de pareil. Nombre de chanteurs et de chanteuses nés en Angleterre ont laissé dans l'art une trace profonde. Les témoignages relatifs aux époques antérieures sont abondants et concluants. On peut le prouver aussi aisément pour le XIXe siècle, où ne manquent pas les célébrités de ce genre.

Elisabeth Billington fut un nom longtemps en vedette et reste une physionomie légendaire. Son existence aventureuse occupa les journaux qui étaient déjà friands de ce genre. De retour en Angleterre après un orageux voyage à Naples, elle y fit la plus brillante fortune et recruta un public enthousiaste tant à Drury Lane qu'à Covent Garden. Beaucoup d'autres noms se sont inscrits au livre d'or des cantatrices britanniques : Mme Dic(sons, qui fut mise en parallèle avec Elisabeth Billington; Mme Wood, qui fut tour à tour la Suzanne applaudie des *Noces de Figaro* et la Rezia acclamée d'*Obéron;* Mme Bishop, célèbre dans le continent entier, et qui compte parmi les plus admirées Desdémones de l'*Otello* de Rossini; Adélaïde Kemble, Clara Novello, Miss Wilson, Miss Romer, la créatrice des *Croisés* de Bénédict; Catherine Mayer, une des notoires Lucies de Lamermoor; Louisa Aynes, Katharine Stephens, qui mourut comtesse d'Esler; Anna Thillon, qui créa à Paris les *Diamants de la couronne* et la *Paix du diable.*

A mentionner de nombreux chanteurs célèbres dans des genres variés, Kelly, Wiloh, Templeton, Braham, aussi applaudi dans l'interprétation de la musique de Haendel que dans le répertoire théâtral; William Knyvett, Ed. Lloyd, chanteur de musique religieuse ; Heather, Thomas Cooke, Phillips, interprète magistral des oratorios de Haendel et de Haydn; Bartleman, Sims Reeves, un ténor formé à l'école italienne et qui rapporta en Angleterre la méthode vocale de Mazzucato; William Cummings, May, réputé pour sa contribution dévouée à l'enseignement populaire. Vers 1870-80, des oratorios furent chantés avec une perfection incomparable par Helen Lemmens Sherringtons, Janet Patey, Sims Reeves et Santley. En ce qui concerne les professeurs de chant, André Costa est resté célèbre parmi les maîtres venus du dehors, moins pour la qualité d'ailleurs réelle de son enseignement que pour avoir inauguré la série, qui jamais plus ne sera clôturée, des procès entre élèves et professeurs.

Groupons également les compositeurs de musique de chambre et de symphonies, nombreux en Angleterre pendant le dernier siècle : Kawling, Foy, Stephen, Elvey, un des champions les plus saillants et les plus autorisés du fonds classique; George Osborne, qui a écrit d'excellents quatuors, mais qu'on surtout popularisé ses morceaux de salon d'une facture élégante, sinon très personnelle; le capell-meister Loder, dont les symphonies furent exécutées en Allemagne; Stephens, l'auteur d'une remarquable symphonie en *sol* mineur; Cowen, déjà marqué sur la liste des producteurs dramatiques; Sterndale Bennet, qui connut les honneurs décernés en Angleterre aux grands musiciens, reçut le titre de chevalier, octroyé par la reine Victoria, le même jour que Benedict et Stephen Elwey, eut la consécration suprême des funérailles à Westminster et reste classé par la critique anglaise comme auteur d'une symphonie en *sol* mineur. A défaut de relief des idées originales, elle se recommande par une certaine élégance de forme et aussi par de solides qualités de technique. Il y a aussi de la grâce avec d'heureux détails mélodiques dans la cantate *The May Queen* du même compositeur et dans sa musique de piano.

Un élève de Sterndale Bennet, Harmston, mérite encore d'être signalé, ainsi que Wale, Potter, Gadsby, Villiers Stanford, William Shakespeare, Swinnerton Heap, Percy, Pitt, Hubert Parry, Mackenzie. M. Edward Elgar, qui a écrit non seulement de la musique instrumentale, mais les oratorios célèbres du *Songe de Gérontius* et des *Apôtres*, a été anobli, ainsi que MM. Mackenzie, Stanford et Hubert Parry.

Le chef d'orchestre « pris en soi » est un produit tantôt national, tantôt naturalisé de l'autre côté de la Manche, mais cette différence d'origines s'efface vite, et nous parlons d'artistes vraiment anglais les uns et les autres, quel qu'ait pu être leur état civil, quand nous citons Sanderson, François Cramer, représentant d'une dynastie célèbre, lui-même spécialisé dans la direction des festivals; Th. Smart, qui mourut presque centenaire après avoir fait entendre dans ses concerts Jenny Lind et la Malibran. Michel Costa mélangea le profane et le sacré avec la même maîtrise, tour à tour « conducteur » éminent de concerts symphoniques, d'auditions d'oratorios et d'exécutions théâtrales. A John Ella revient l'honneur d'une invention qui devait être bientôt pastichée dans le monde entier, celle des programmes analytiques.

Le lot des virtuoses est fourni par les violonistes Mori, né de parents italiens et élève de Viotti Holmes, Carrodus; parmi les violoncellistes, Powel, Lindley, Reinagle, célèbre pour la justesse de son jeu et ses qualités de son; parmi les flûtistes, Garden, Nicholson, James, Towsend, Lindlay; parmi les hautboïstes, Fisch et Barrett; parmi les trompettistes, Harper et Morrow. Dans la fabrication instrumentale, un Français établi à Londres, Fréchot, exerça une grande influence sur le perfectionnement des cuivres, et George Hart sur la lutherie. La méthode de Mac-Farlane pour le cor à clefs est devenue classique.

Les pianistes de premier ordre ont formé une véritable légion en Angleterre pendant toute la durée du siècle. En tête vient Latour, un Français, qui s'attacha au service du prince de Galles (George IV); Cramer, qui devait faire un très long séjour dans la Grande-Bretagne, où il mourut en 1858, à l'âge de quatre-vingt-sept ans, et son élève Bacer. Goodban, Coqqius, Clifton, se partagèrent entre la virtuosité et l'enseignement; Salaman, excellent technicien et exécutant renommé, fut un puissant vulgarisateur dans la série de ses conférences sur l'histoire de la musique, et la méthode de piano de Chalonner eut un tirage considérable. Signalons aussi Sidney Smith parmi les auteurs de morceaux de salon.

L'Irlandais John Field est une des plus intéressantes figures de cette galerie de virtuoses. Il s'était formé à une élégante et substantielle mais dure école, celle de Clémenti. La légende raconte que le vieux maître,

l'ayant emmené en Russie, le laissait, par avarice, confiné dans sa chambre, faute d'une pelisse lui permettant de braver les frimas, tandis que lui-même gardait le monopole des leçons à vingt-cinq roubles le cachet. Field devait prendre plus tard une brillante revanche et devenir le professeur le plus recherché comme l'exécutant le plus applaudi à Pétersbourg et à Moscou.

La même nomenclature doit encore comprendre un grand nombre d'artistes qui connurent une vogue durable : Bottomby, Mme Dussek et sa fille Olivia; Meves, qui reçut les encouragements de Hummel; Neat, mort en 1877, qui, dans sa première jeunesse, avait connu Beethoven et qui perpétua la tradition de Field; Winter et Woolff, Cudmore, qu'on pourrait traiter de virtuose protéiforme, car dans la même séance, à Liverpool, il joua successivement trois concertos de Kalckbrenner, de Rode et de Cervette sur le piano, le violon et le violoncelle; Joseph Hart, un des bons élèves de Cramer, en compagnie duquel Jean Beale exécuta, dans une circonstance solennelle, un morceau à deux pianos. Henri Bertini a surtout marqué parmi les artistes établis à Paris, où il a laissé surtout une réputation d'excellent éducateur formé à l'école de Hummel, mais il était né à Londres ainsi que Pio Cianchittini, le « Mozart anglais », fils de Véronique Dussek.

On formerait un autre groupe avec Fanny Davies, Lialmark, d'origine scandinave, Clarc, Ed. Kinght, Mavins, Mme Gunn, qui marquèrent tous dans l'enseignement. A la série des enfants prodiges se rattacha Aspull, qui, à huit ans, interprétait sans effort les compositions les plus ardues; Sterndale Bennett, qui se fit applaudir au Gewandhaus; Richards, formé par Chopin et qui fut un technicien remarquable; le compositeur Ch.-Ed. Horsby, qui avait eu Moscheles pour maître; Harris, exécutant et professeur.

A la série moderne appartiennent Dora Schirmacher, Léonard Berwich, Fanny Davies, Donald Tovey. Parmi les harpistes il convient de citer miss Dibdier, Chatterton et surtout Paris-Alvar, qui fut un des premiers à utiliser les ressources de la harpe à pédales. L'influence d'un séjour en Allemagne étendit et agrandit sa manière; il mourut à Vienne, harpiste de la Chambre impériale, laissant un ensemble d'œuvres intéressantes.

La fabrication instrumentale ne pouvait manquer de prendre une importance considérable dans un pays aussi industrieux que l'Angleterre. Parmi les facteurs de pianos se trouvait au premier rang la maison Bradwood and Sons, fondée en 1702, et la fabrique Collard, actuellement dirigée par Charles Lucey. Gilces et John Betts comptent parmi les grands luthiers. Quant aux facteurs d'orgues, ils se sont fait généralement remarquer par leur goût pour la construction monumentale. Elliott et Hill établirent le grand orgue de la cathédrale d'York, qui coûte environ cent cinquante mille francs; composé de trois claviers à la main et d'un clavier de pédales, il contient environ huit mille tuyaux, dont trois jeux de trente-deux pieds ouverts, un bourdon et une bombarde de trente-deux pieds. Hill construisit le grand orgue de Birmingham (trombone de trente-deux pieds, bourdon, deux bombardes, quatre trompettes). On doit à Flight et Robson un autre monstre instrumental, l'Appollonion construit à Londres. Plusieurs Anglais ont collaboré à la facture française d'une façon qui a daté. La manufacture Abbey, établie à Paris, a produit d'excellents instruments et introduit dans notre fabrication le mécanisme anglais, et le levier pneumatique, destiné à remédier à la dureté excessive des claviers dans les orgues de dimensions gigantesques, a été inventé par Barcer.

La liste des organistes comprend une grande quantité de noms. En tête et au début vient l'improvisateur Samuel Wesley, qui traitait la fugue à la manière de Haendel et qui a abordé tous les genres de composition. L'organiste de la chapelle royale, C. F. Horn, eut un fils, Charles-Edward, qui écrivit des oratorios et des opéras-comiques. Guillaume Horsley se distingua également comme organiste et comme compositeur de glas et de musique instrumentale et religieuse.

Mentionnons encore François Linley, aveugle de naissance; Charles Kuyvett, réputé à la fois comme exécutant sur l'orgue, directeur de concerts de musique ancienne et accompagnateur; Russell, George Cooper, Mather, Coombe, Nathaniel Cooce, Pratt, Chipp, Daceley, Henry Smart et son oncle George Smart, qui introduisit en Angleterre plusieurs ouvrages de Beethoven; Jacob, auteur de psaumes et de glas, qui alterna avec Samuel Werley et Crotel l'exécution des fugues et des préludes de Bach et Haendel devant des auditoires de plusieurs milliers de personnes.

Crotch restera, dans cette suite d'organistes, le prototype du virtuose doué d'une excessive et dangereuse facilité; dans son bagage considérable l'oratorio de la *Palestine* est le seul qui paraisse mériter quelque survie. A Vincent Novello, organiste de style qui fut aussi éditeur de musique religieuse et publia de 1829 à 1832 toute la musique de Purcell alors connue, il faut ajouter Kemp, qui illustra musicalement Shacespeare, Ford, Abraham et Thomas Adams, ce dernier compositeur et improvisateur également réputé; John Goss, Cutler, Logier, l'inventeur d'un « chiroplaste »; Howgill, Paddon, Jonathan Blevitt, G.-L. Lambert, l'aveugle Samuel Chappell, le Camidge, le traducteur des œuvres didactiques d'Albrechtsberger Merricc, Joseph et J.-J. Harris, Hamerton, Head, Peace, Attwood Walmisley, l'auteur du célèbre madrigal *Sweet Flowers,* qui connut un instant la vogue du conférencier avec les causeries « illustrées » sur l'histoire de la musique; Hopcins, qui ne fut pas seulement un exécutant remarquable, mais qui a laissé un livre sur l'orgue consciencieux et substantiel; J.-A. Bacer, Fawett, Marshall, Gavoler, Edw. Gladstone, qui marqua dans la composition de musique d'église; les trois Turle (James, Robert et William), Roggors, Steggal, Stewart, chargé de représenter l'Irlande, en 1872, à la grande fête de la paix; Elisabeth Stirling, Edm. Turpin, Wingham, Garrett, Best, le plus célèbre organiste de la Grande-Bretagne.

Vers 1840 s'affirma le perfectionnement de la musique d'église; après quelques résistances aussi, les petites chapelles des sectes ont beaucoup amélioré leur répertoire. Chaque jour de l'année on chante des morceaux de Tye, Tallis, Byrd, Gibbons, Morley, Child, Humfrey, Purcell, Weldon, Croft, Clarc, Boyce, Battishill, Wesley, Attwood, Walmisley, Goss, Stamer, Sullivan et d'auteurs plus récents. Vers 1840 également commença l'expansion des grandes sociétés chorales qui existent dans chaque ville, et qui remplacent la musique du théâtre. Mais cette vogue a eu une contre-partie : le peu d'expansion au dehors des productions les plus significatives des compositeurs anglais, plus estimés en Europe pour ainsi dire sur parole et d'après leur réputation, que réellement

connus. Leur valeur n'en est pas moins réelle, et des œuvres religieuses telles que les compositions de J. Warren, à qui l'on doit également une nouvelle édition de la *Cathedral music* de Boyce, méritent d'être hautement estimées. La réputation des oratorios de Henry Leslie (1822-1896), le fondateur de la célèbre société chorale pour l'exécution des motets de Bach et des madrigaux, aurait dû aussi gagner des sympathies effectives à ce remarquable compositeur de l'autre côté du détroit. En Grande-Bretagne on met sur le même plan les oratorios d'Ouseley, qui s'apparente à Bach et à Haendel dans *Saint Polycarpe* et dans *Hagar.*

Arrivons au folc-lore. Bunting a ressuscité les anciens airs irlandais en y touchant d'une main légère et en les harmonisant avec autant de délicatesse que de sûreté. Stevenson eut au contraire le tort, peu apparent quand il accomplit son œuvre de vulgarisation, beaucoup plus grave aujourd'hui où nous voulons que l'on remonte aux sources sans les altérer par des modernisations intempestives, de dénaturer certaines cantilènes de la verte Erin au moyen d'arrangements d'un goût douteux. Il n'en obtint pas moins le prix de la coupe d'argent de l'*Hibernian-Catch-Club*. L'ancienne musique galloise, d'une saveur si prononcée et qui porte le nom courant de musique cambrienne, a eu pour résurrecteur John Parry, qui, à l'exemple de tant d'autres compositeurs anglais, emprunta à Walter Scott la donnée dramatique d'*Ivanhoë* pour écrire une partition d'opéra. On lui doit l'intéressante collection du *Harpiste gallois* et aussi la vulgarisation de mélodies écossalses triées par les assemblées de « bardes » ou de « ménestrels » qu'il présidait. Observons ici qu'un artiste homonyme, pour le nom et pour le prénom, un autre John Parry, s'était, au xviii° siècle, livré à des travaux analogues. C'était aussi un « barde » appartenant à une famille vouée traditionnellement à la culture de la harpe galloise et du style musical des aïeux.

Le docteur Jebb a publié une collection considérable et d'un réel intérêt documentaire de morceaux liturgiques des xvi° et xvii° siècles, et Sandys a recueilli une grand nombre de noëls dans l'ouest de l'Angleterre. Dans la même série doivent être rangées les publications de Clarc, le secrétaire du *Glee-Club.* William Beale donne un grand nombre de *glees*. N'oublions pas dans cet ordre de compositions J.-H. Cletton, Th. Forbes, Walmisley, Stafford Smith, Stevens. William Beale s'essaya aussi dans le madrigal à la façon anglaise, qui n'a guère qu'un rapport onomastique avec le madrigal des anciennes époques. Il existe encore une société des madrigaux, fondée en 1741.

A côté du véritable folc-lore, dont la valeur ne saurait être contestée et qui reste original toutes les fois qu'on n'en a pas soumis les échantillons à un travail de modernisation maladroite, un genre mixte et composite, beaucoup moins savoureux, bien qu'il comporte souvent l'emploi du thème expressif, a eu une vogue considérable : nous voulons parler des ballades et des romances de Georges Linley, de Saint-Glover, de Klose, de J.-P. Knight, de lady John Scott, de Thomas Moore. Ces pages d'album ont eu une vogue mondaine considérable, et, malgré les imperfections, le flottement, l'imprécision d'une forme souvent peu artistique, on peut supposer que certains motifs conservés par la mémoire populaire prendront un jour le caractère de folc-lore, quand le nom de l'auteur aura été oublié depuis longtemps. Ce mode de cristallisation fut, on n'en saurait douter, l'origine de plusieurs mélodies auxquelles est attribuée généralement une floraison spontanée.

L'Angleterre a toujours eu une spécialité intéressante, celle des dilettantes de grande race appartenant au milieu aristocratique, qui ne se détache jamais du grand mouvement d'art. Une des figures les plus caractéristiques en ce genre fut celle du comte de Westmoreland, le promoteur de la création de la *Royal Academy of music*. Artiste et soldat, il prit à Vienne les leçons de Mayseder avant de prendre part aux campagnes de Portugal et d'Espagne, où il joua un rôle apprécié. Son grade de lieutenant général et les missions diplomatiques dont il avait été investi ne l'empêchèrent pas de poursuivre sa carrière musicale, d'écrire sept opéras, des messes et des pièces instrumentales.

Les matières qui constituent les diverses parties de la science, de là théorie, de l'histoire et de la littérature musicale ne pouvaient laisser indifférent l'esprit anglo-saxon, d'une vitalité si intense. Dans le traité sur la construction des théâtres de l'architecte Saunders sont résumées des expériences d'un vif intérêt. La lettre de Robertson à notre savant compatriote Millin sur la manière de rendre les sons perceptibles aux sourds, un mémoire de Faraday sur la production du son par la flamme dans les tubes et la dissertation du fils de Herschel sur le son comptent aussi parmi les documents qui méritent d'être retenus. Si la cantate de Rossini exécutée en 1861 a véritablement naturalisé le canon dans la famille des instruments de musique, on peut ranger dans la même série de contributions à l'étude de l'acoustique musicale les expériences d'un major du génie de l'armée des Indes, Goldringham, qui utilisa l'artillerie des forts de Madras pour expérimenter la vitesse du son. On doit à Home deux mémoires sur le tympan et la structure de l'oreille, à Campbell l'article *Acoustic* de l'Encyclopédie d'Edimbourg; à Mullinger Riggins, un mémoire substantiel de la même science; au physicien Cooper, des *memoranda;* à John Ellis, des travaux sur la détermination de la hauteur des sons; au docteur Buchanal, des analyses physiologiques; à G. Field, des *Aperçus de philosophie analogique;* à John Tyndull, un livre célèbre sur le son, et à W. Reminyton l'ingénieuse invention du *Colour organ.*

L'harmonie a inspiré un certain nombre de traités didactiques : ceux de Relfe (dont le *Lucidus ordo* reproduit les données générales de l'abbé Vogler), de Burrowe, du Français Jouves qui traduisit Albrechtsberger et publia les curieux *Arcana musicæ,* et reprit une conception singulière du professeur Morgan : la *Harmonie Cards,* jeu de cartes destiné à l'apprentissage de l'harmonie. R.-M. Bacon avait projeté une encyclopédie musicale dont John Bishop devait être un des principaux collaborateurs; il dut s'en tenir à l'établissement du plan. Bishop a rendu de grands services comme éditeur de musique classique, principalement pour le compte de la maison Rol. Sa connaissance du français, de l'allemand et de l'italien lui permit d'introduire en Grande-Bretagne la traduction de nombreux ouvrages théoriques de Fêtes, Czerny, Spohr et Baillot. Le même groupement d'écrivains spéciaux comprend le lieutenant-colonel Macdonald, l'abbé d'Ouseley, Goss, Hamilton, Heweth, Greffith Jones, Danneley, auteur d'une trop sommaire encyclopédie et d'une grammaire musicale : Alfred

Day, Crome et Dulwary, qui se sont occupés de l'art du violon, l'un au point de vue théorique, l'autre dans le sens historique. L'enseignement et la diffusion de la musique furent également très redevables à Jonh Curwen, à H.-Ch. Banister, auteur du *Text-Book of music,* et à Hullah.

L'histoire musicale proprement dite forme une copieuse bibliothèque rien que pour la proportion afférente au xixᵉ siècle, au début duquel se place la consciencieuse *Biographie musicale* du révérend William Bingley. Ces deux volumes, qui ne manquent pas de substance, seraient d'un emploi plus pratique si l'auteur n'avait cru devoir remplacer l'alphabétisme par l'ordre chronologique, peu favorable aux recherches. Comme il était facile de le prévoir, la plupart des historiens portèrent leur effort sur les manifestations propres du génie anglais. Hawes réunit de substantielles compilations, réimpressions et textes, notamment la collection nationale des *Triomphes d'Oriana.* William Chapel s'assigna pour tâche de détruire le préjugé, très répandu de l'autre côté de la Manche comme jadis chez nous, d'après lequel la race serait inapte à la production musicale, foncièrement et préventivement destituée de toute originalité. Son œuvre est considérable : une grande part lui revient, comme travail et comme honneur, de la luxueuse édition où revivent les Bad, les Morleys, les Gibbons, les Dowland et autres maîtres de la grande époque.

M. Rimbault peut être regardé comme le véritable chef, le maître autorisé et écouté et, en certaines parties, l'initiateur de ce qui se rapporte aux études musicales historiques en Angleterre. Il a enrichi de notes excellentes les œuvres, publiées à nouveau, des vieux compositeurs, de Byrd à Purcell. Son édition du *Messie,* de Haendel, au texte duquel il a joint l'instrumentation ajoutée par Mozart, est un modèle du genre. On lui doit aussi l'arrangement pour piano de beaucoup de partitions de Spohr, de Macfarren, de Balfe, de Wallace. Il est mort en 1876.

Une quantité de monographies mériteraient d'être étudiées séparément : études de Dewar sur la poésie et la musique irlandaises; de Dauney sur les mélodies écossaises; d'Evaux sur la musique hébraïque; de Bowles sur quelques instruments notés dans le Roman de la Rose; de Jackson, la traduction du traité arabe de musique d'Abdallah ben Khaledune; de Villar, d'un traité sur la musique de l'Hindoustan; de Fowkes, un opuscule sur la « lyre indienne »; de Gardiner, des essais sur l'esthétique musicale; de Roc, des études d'analyse du rythme; de John Walker, de curieux essais de notation de la parole; de Belfour, la traduction du poème de Yriarte sur la musique; de Stafford, une histoire abrégée de la musique (traduite par Mᵐᵉ Fétés).

Les anecdotes de Burgh sont d'une fantaisie assez amusante. Le célèbre ouvrage sur les révolutions du théâtre musical en Italie, écrit en italien par l'Espagnol Artraga, a été traduit en anglais, dès le début du xixᵉ siècle, par un de nos compatriotes, le baron de Ronoron, maréchal de camp dans l'armée royale, émigré avant la *Terreur.* Nous avons également une histoire de l'opéra italien à Londres pendant une période septennale par Ebbert, qui s'était remis à diriger ce spectacle. George Hogarth, le beau-père de Charles Dickens, polygraphe abondant et critique influent du *Times,* publia en 1838 une histoire appréciée de l'Opéra en Italie, en Allemagne, en France et en Angleterre. L'*Excursion chez les musiciens de l'Allemagne* d'Edouard Holmes et la vie de Mozart sont aussi des ouvrages à consulter, ainsi que les travaux de John Hiles. On peut enfin classer parmi les bons essayistes Chorley, qui a laissé une suite d'appréciations piquantes sur *la musique et les mœurs en France et en Allemagne,* composition originale rééditée sous un autre titre.

Cataloguons enfin les livres de M. Stewart Chamberlain, qui sont un bon appoint de la bibliothèque wagnérienne; le *British musical Biography* de J.-B. Brown; l'*History of english Music* de C. Willeby; *Masters of french Music* d'Arthur Hervey; la *Musique d'opéra au dix-neuvième siècle* de R.-A. Streatfeild; la remarquable vie d'Alexandre Scarlatti de E.-J. Dent; la vie de Johannès Brahms de Florence May; le grand et précieux Dictionnaire de Grove, dont J. Hipkine fut un des principaux collaborateurs et dont M. Fuller-Maillard a donné une nouvelle édition très enrichie. M. Arkwight a popularisé, grâce à sa *Old english Edition,* les vestiges rarissimes, jusque-là inédits, de la musique anglaise primitive. Citons aussi quelques musicographes amateurs : MM. Beatty Kingston, Morthon Latham, W.-H. Hadow, rédacteur en chef de la nouvelle *Oxford History of music,* M. Barclay Squire, M. Wooldridge.

A l'importance de la musique religieuse devait logiquement correspondre toute une littérature s'y rapportant. Elle contient entre autres œuvres remarquables les travaux de Gauntlett sur la réforme du chant ecclésiastique et ceux de Flemeng visant le rétablissement de l'orgue dans les églises d'Ecosse.

Une étude sur la musique anglaise au XIXᵉ siècle serait incomplète si elle négligeait la presse périodique, qui a tant d'influence en Angleterre, et les journaux, si nombreux, dont la musicographie est une rubrique appréciée. *Tout au début du siècle, nous mentionnerons pour mémoire le journal italien pu*blié à Londres par Pananti et qui contient quelques morceaux de critique musicale. Quant aux modernes, il convient de citer avec éloge les critiques musicaux du *Times,* Huciffer et Martland; Davison, dont l'autorité fut appréciée dans le même grand quotidien et qui dirigea l'excellent organe spécial intitulé *Musical World* ainsi que le *Musical Examiner,* le critique du *Morning Post,* Glover, en même temps compositeur, chanteur et virtuose; Joseph Bennett, du *Daily Telegraph;* Praeger, du *Musical Standard;* Percy Betts, du *Daily News;* Mᵐᵉ Wyld, du *Standard;* Hersee, de l'*Observer* et du *Globe,* et la plupart des critiques qui collaborent au *Musical Times,* au *Musical Trade Review,* au *Magazine of Music,* au *Piano,* au *Musical review,* au *Monthly Musical Record,* au *Musical Herald,* au *New-musical Spiccion,* au *Standard.*

De nombreuses sociétés musicales ont prospéré à Londres au XIXᵉ siècle. A celles que nous avons déjà citées il convient d'ajouter : *Musical Union, Sacred Harmonic Society, Royal Albert Hall, Choral Society, London Symphony Orchestra, Popular Concerts,* Société philharmonique, *Queen's hall Orchestre,* la société chorale *The Bach Choir,* le *Magpie Madrigal Society* (sans compter les associations qui ont un but spécial, telles que le *Purcell Society,* qui n'existe que pour éditer les ouvrages de Purcell). Quant aux maisons d'édition, si la plus justement célèbre est celle qu'a fondée Vincent Novello, Chappell, Bossey, Cramer, Wecter, Morley, Enoch, Williams, Metzler, Angener, Francis Day, Ascherberg, Curwen, Donajowsky, Forsyth, Hopwod, Paterson, Vincent, Reynolds, viennent aussi en bon rang. L'histoire de la musique anglaise au XIXᵉ siècle n'est donc pas négligeable, comme on l'a trop souvent prétendu, mais représente au contraire une suite d'efforts tenaces et souvent heureux.

CAMILLE LE SENNE, 1914.

L'OPÉRA ANGLAIS AU XVIIᵉ SIÈCLE[1]

Par Romain ROLLAND

Les Masques. — Henry Lawes.
Matthew Locke. — La chapelle du capitaine Cook.
Henry Purcell.

Depuis l'époque des Moralités, des airs chantés étaient introduits au cours de toutes les représentations dramatiques, en Angleterre; et c'était un usage constant, au XVIᵉ siècle, d'avoir des intermèdes musicaux entre les actes. Les pièces de Shakespeare, de Ben Jonson, de Beaumont et Fletcher, font un abondant emploi de la musique. On sait quelle place elle tient particulièrement dans le théâtre de Shakespeare, qui en parle souvent, avec un amour profond; ses œuvres offrent de nombreux prétextes à des chants, des dialogues lyriques, des cortèges, des chœurs, des marches, des danses; et certaines de ses pièces semblent presque des drames lyriques. Nombre des airs qu'il employa nous ont été conservés dans des recueils du temps, et réédités depuis[2].

Mais il y avait en Angleterre un genre de théâtre qui offrait un large champ à la musique et qui donna naissance à l'opéra anglais : c'étaient les *Masques*. Spectacles de cour, ils se rapprochaient plus du Ballet français que de l'opéra. Ils étaient venus d'Italie, au commencement du XVIᵉ siècle[3], très pro-

bablement en passant par la France[4]. Fort en faveur sous les Tudors, ils restèrent, de l'avènement de Jacques Iᵉʳ à la Révolution de 1648, la plus importante des fêtes à la cour d'Angleterre. Ils avaient un caractère mythologique et allégorique, plutôt que dramatique. Un luxe effréné s'y déployait[5]; et les plus grands artistes du temps, depuis Holbein jusqu'à Inigo Jones, furent chargés de la mise en scène et des costumes. Tous les genres de spectacles s'y étaient associés : lyrisme, dialogue dramatique, intermèdes comiques, allégories païennes, actualité satirique, danses, travestissements, chants, musique instrumentale, décors et machines, tout le pouvoir d'illusion d'une mise en scène merveilleuse[6]. Tant de richesses diverses risquaient de compromettre l'équilibre de l'œuvre. A vrai dire, le seul artiste qui réussit à le maintenir fut Ben Jonson qui, de 1604 à 1631, composa les poèmes de presque tous les Masques et ballets de la cour[7]. Par la puissance de son génie, à la fois érudit, plein de verve vigoureuse et de grandeur morale, il fit de ce spectacle un magnifique genre littéraire et théâtral. Il joignit au *Masque* lyrique *l'Antimasque* comique, et fondit ainsi en une seule toutes les formes dramatiques. Il était secondé par un artiste de sa taille, le fameux architecte Inigo Jones, qui fit la mise en scène de plus de vingt-cinq

1. BIBLIOGRAPHIE : Dʳ WILIBALD NAGEL, *Geschichte der Musik in England*, 1897, Strasbourg, 2 vol. — C. HUBERT H. PARRY, *The Oxford History of Music*, t. III : *The Music of the seventeenth Century*, 1902, Oxford. — ALBERT SOUBIES, *Histoire de la Musique : Iles Britanniques*, 1904, Flammarion. — WILLIAM CHAPPEL, *Popular Music of the olden Time*, 2 vol., Wooldrige. — EDWARD NAYLOR, *Shakespeare et la musique*, 1896, Londres, Dent. — HUGO JOH. CONRAT, *La musica in Shakespeare* (*Rivista Musica Italiana*, 1903). — Dʳ OSCAR ALFRED SCÆRGEL, *Die englischen Maskenspiele*, 1882, Halle. — HERBERT ARTHUR EVANS, *English Masques*, 1897, Londres. — PAUL REYHER, *Les Masques anglais : étude sur les ballets et la vie de cour en Angleterre, de 1512 à 1640*, 1909, Hachette. — EUTERPE, *a Collection of Madrigals and other English Vocal Music of the 16th and 17th Centuries, edited by Ch. Kennedy Scott, published by the Oriana Madrigal Society* (12 Volumes parus). — HENRY PURCELL, *Œuvres complètes* (édition de la Société Purcell; 18 Volumes parus). — ARNOLD DOLMETSCH, *Select english Songs and Dialogues of the 16th and 17th Centuries*. — W. BARCLAY SQUIRE, *Purcell's Dramatic Music* (*Sammelbände der Internat. Musik-Gesellschaft*, juillet-sept. 1904). — *Purcell as Theorist* (*Ibid.*, juillet-sept. 1905). — ROMAIN ROLLAND, *La vie musicale en Angleterre, au temps de la Restauration, d'après le journal de Peppys* (*Riemann-Festschrift*, 1909).

2. On trouvera dans la brochure de Hugo Conrat : *La musica in Shakespeare*, quelques chansons du *Soir des Rois*, de *Comme il*

vous plaira*, et de *Mesure pour mesure*, conservées par des recueils de Morley et du Dʳ John Wilson, contemporain de Shakespeare. Le plus beau de ces airs shakespeariens est la chanson du Saule d'*Othello*, qu'on a retrouvée dans le *Lutebook* de Th. Dallis, professeur de musique à Cambridge, à la date de 1583 (*Othello* est de 1602), et que Chappel a rééditée. — Ces mélodies ont en général les caractères de la chanson populaire anglaise : joie ou mélancolie tranquilles, affectueuses, saines, un peu monotones.

3. La première mention qu'on en connaisse est de 1512. Le soir de l'Épiphanie, Henri VIII fit l'essai d'un divertissement « à la manière d'Italie, appelée *Maske*, chose que l'on n'avait pas encore vue en Angleterre ».

4. Voir Brotanek : *Die englischen Maskenspiele*, 1902, Vienne.

5. *Le Triomphe de la Paix* de Shirley, en 1631, coûta 21 000 livres, — environ 2 millions 520 000 francs d'aujourd'hui.

6. L'odorat même n'était pas oublié dans cet enchantement de tous les sens. Aux nuages de certains ballets étaient mêlées des Vapeurs parfumées.

On trouvera, dans le pittoresque et abondant ouvrage de M. Paul Reyher sur *les Masques anglais*, de nombreuses descriptions de ces spectacles, en particulier le récit détaillé d'une représentation de 1618, où l'on donna, à la cour, un Masque de Ben Jonson et de Inigo Jones : *La Réconciliation du Plaisir et de la Vertu*

7. On en possède Vingt-six.

Masques [1]. Malheureusement, ces deux puissantes personnalités devaient finir fatalement par entrer en conflit; et ce fut l'architecte qui l'emporta, en 1631.

« La peinture et la charpenterie sont devenues l'âme du Masque, écrivait amèrement Ben Jonson. Jusqu'où ira-t-il, ce costumier? Demain, il sera le *Dominus-fait-tout*, le *Dominus factotum* du Masque. »

La beauté poétique du Masque disparut, à partir de ce moment, sacrifiée à la mise en scène. Mais, par une heureuse compensation, la musique prit sa place.

D'abord, la musique des Masques ne consista guère dans quelques airs détachés et des danses; les grands compositeurs Elizabéthains, avant tout polyphonistes, ne collaborèrent point à ce genre d'œuvres, qui leur paraissait inférieur; ils l'abandonnaient à l'amusement des dilettantes. Mais, vers le commencement du XVIIe siècle, quand se fit sentir dans presque tout l'Occident la révolution musicale, dont les Florentins furent les champions les plus marquants, et qui devait aboutir au triomphe de la mélodie, du chant *solo*, le genre secondaire du *Masque* se trouva être naturellement un champ d'expériences pour le nouveau style.

La tendance vers le chant *solo* se dessinait alors dans toute la musique anglaise, même dans la musique d'église de W. Byrd, de Thomas Morley, de John Bull, de Orlando Gibbons [2]. Le luth fut ici, comme dans les autres pays, un des principaux agents du style nouveau, que préparaient inconsciemment Thomas Morley et John Dowland. En 1601, un an avant la publication en Italie des *Nuove Musiche* de Caccini, qui passent pour le point de départ du nouvel art du chant, paraissaient en Angleterre deux recueils d'*Ayres*, qui offrent des analogies avec les monodies de Caccini : l'un de Robert Jones, l'autre de Campion et de Rosseter. Il y avait toutefois cette différence essentielle entre les chants anglais et les chants florentins que ceux-ci cherchaient à suivre les rythmes et les nuances de la déclamation parlée, tandis que ceux-là étaient franchement mélodiques : cette différence persista, au cours de presque tout le siècle.

Les premiers compositeurs célèbres de *Masques* furent Alfonso Ferrabosco et Thomas Campion. Le premier était fils d'un musicien italien établi en Angleterre, au milieu du XVIe siècle, et ami de Byrd. Il était joueur de viole, gentilhomme de la chambre de Jacques Ier, et publia en 1609 un livre d'*Ayres*, où se trouvent un certain nombre de chansons écrites pour des *Masques* de Ben Jonson, qui avait pour lui une affectueuse estime. — Thomas Campion fut une personnalité de haute valeur : à la fois musicien, poète, auteur dramatique, critique littéraire, critique musical, et médecin. Il joua un peu en Angleterre le rôle d'un Vincenzo Galilei à Florence. Comme le

remarque justement Davey, « un homme d'une aussi vaste culture était mieux fait qu'un musicien spécialisé dans son art, pour adopter le style nouveau. » Il en fut le champion déclaré, aussi bien dans ses écrits littéraires que dans ses compositions musicales. Son traité musical de 1618 manifeste, en même temps qu'une aspiration décidée vers la tonalité moderne, une franche antipathie pour la polyphonie savante; il veut que la mélodie soit simple et s'attache à l'exacte expression des paroles. Il appliqua ses principes dans ses nombreux volumes d'*Ayres* et dans ses *Masques*, dont le plus célèbre fut exécuté à Whitehall, le jour des Rois 1607 [3]. Les airs, conservés jusqu'à nous, ont un agréable caractère populaire. L'orchestre, assez nombreux, était divisé en plusieurs groupes : d'un côté de la scène, cinq luths, une bandore, une sacquebute, un clavecin, et deux violons; de l'autre, neuf violons et trois luths; au milieu, sur un endroit élevé, « à cause du son perçant des cuivres », six cornets; et des hautbois, dans la coulisse [4].

Robert Johnson, qui écrivit des airs pour des pièces de Middleton, de Ben Jonson, et de Beaumont et Fletcher, fut aussi très en faveur comme compositeur de *Masques*.

Campion avait, dans le *Ballet des Lords*, en 1613, fait un curieux essai de déclamation poétique sur un accompagnement musical. Mais le premier qui introduisit dans les *Masques* le style récitatif à l'italienne fut un Français d'origine, établi en Angleterre, Nicolas Lanier, né en 1588 à Greenwich, musicien, acteur et peintre, que Charles Ier envoya en Italie pour y négocier, en 1627, l'achat de la collection du duc de Mantoue, et qui devint maître de la musique du roi, plus tard *Marshal* de la corporation des musiciens (1636). Il mourut en 1666. La musique qu'il écrivit pour un *Masque* de Ben Jonson, représenté en 1617 chez lord Hay [5], offre le premier exemple connu en Angleterre de *stilo recitativo*. On trouvera dans le livre de M. H. Parry, un fragment d'un autre *Masque* de 1637, qui est tout à fait une déclamation musicale à la façon de Monteverdi. Lanier connaissait bien aussi la manière française, comme on le voit dans tel de ses *Dialogues Pastoraux* [6], qui semblent d'un Ballet de la cour des Valois, attardé.

Le succès de Lanier et sa situation prépondérante sur les musiciens anglais préparèrent la conquête de l'art anglais par l'art italien. Charles Ier ne ménageait pas ses faveurs à la musique nouvelle. L'ancien art madrigalesque disparaissait [7]. Les *Masques* atteignirent, sous son règne, à l'apogée de leur splendeur; et l'on a pu dire que les spectacles de Whitehall ont servi de modèles à la cour de France [8]. Le roi, la reine et la jeune noblesse dansaient dans les intermèdes. La plus célèbre de ces représentations

---

1. Inigo Jones, après avoir voyagé en Italie et en Danemark, devint surintendant des bâtiments du prince Henri, puis du roi (à partir de 1615). Il mourut en 1652, pendant la guerre civile, qui l'avait ruiné.

2. M. Hubert Parry a bien montré cette évolution, dans le troisième volume de l'*Oxford History* (chapitre V : *Signs of Change in England*).

3. Voir, dans l'ouvrage de M. Reyher, la description de ce *Ballet pour les noces de lord Hay*. C'est, de tous les *libretti* de Masques, celui qui présente le plus d'indications précises sur le rôle de la musique.

4. Les comptes du règne de Jacques Ier montrent qu'on avait des orchestres de 60 à 80 musiciens.

Les airs de Campion pour le *Masque* de 1607 ont été souvent réédités. On en trouvera quelques fragments dans le livre de Parry.

5. *Le Ballet des amants redevenus hommes*. On lit sur le *libretto* : « Tout le Masque fut chanté, à la manière italienne, *stylo recitativo* ».

6. Le genre du *Dialogue*, qui apparaît déjà dans le *Ballet pour les noces de lord Hay* (1607), ne fut nulle part plus cultivé qu'en Angleterre. C'était une sorte de scène dramatique de chambre, accompagné d'un ou de deux luths.

7. Les grands madrigalistes moururent au commencement du règne de Charles Ier : Byrd, en 1623; Gibbons, en 1625; Dowland, en 1626; Bull, en 1628. La dernière publication d'une collection de madrigaux en Angleterre est de 1639.

8. L'influence des deux cours était réciproque. Les musiciens français étaient en grande faveur auprès de Charles Ier. Ainsi le violoniste Bocan, que Charles Ier, prétend Sauval, consulta toujours pour ses Ballets.

fut *le Triomphe de la Paix* de Shirley, en 1634. La même année, le jeune Milton donnait, au château de Ludlow, son magnifique *Comus*, avec musique de Henry Lawes [1].

Henry Lawes et son frère William furent les chefs de la nouvelle école récitative anglaise. William, qui était l'aîné de dix ans, fut tué, pendant la Révolution, au siège de Chester, en 1645. Henry, né en 1595, fut chanteur et instrumentiste à la chapelle royale. Les meilleurs poètes du temps, Milton, Herrick, Waller, Cartwright, Killigrew, étaient ses amis, et le célébrèrent à l'envi. Il était poète lui-même, homme d'esprit et de sens critique. Pendant la Révolution, il fut privé de ses emplois; il les recouvra, à la Restauration, et mourut en 1662. Il publia plusieurs volumes d'*Ayres and Dialogues* (1653, 1655), et fut surtout fameux comme auteur et acteur de *Masques*. Malgré son italianisme, il était patriote anglais; dans une longue préface à ses *Ayres* de 1653, il combat l'engouement de ses compatriotes pour les Italiens et l'ardeur qu'ils mettaient à se rabaisser eux-mêmes. Il n'en était pas moins un disciple des Italiens, — et non pas des Italiens de son temps, mais de ceux de 1600, des premiers créateurs de l'opéra florentin. Comme il l'expose lui-même dans la préface du son deuxième livre d'*Ayres*, il voulait que la musique fût la servante de la poésie et suivit fidèlement les rythmes et les accents des mots et de la phrase. Il employait une sorte d'*Aria parlante*, ou de *Parlando arioso*, d'une exactitude littérale et un peu froide : il faisait de la maigreur des harmonies, d'autant plus une vertu qu'il n'était guère capable d'écrire autrement. Sa scène célèbre d'*Ariane, assise sur un rocher, dans l'île de Naxos, et se lamentant sur l'abandon de Thésée* (premier livre d'*Ayres*, 1653) rappelle la manière de Monteverdi, dans son *Arianna* de 1608, avec moins de génie, mais avec une déclamation vraie, pathétique sans exagération; le défaut est le même que celui du morceau de Monteverdi : la longueur excessive du morceau finit par le faire paraître d'une monotonie accablante. Lawes écrivit un grand nombre de *Dialogues* (*Vénus et Adonis, Caron et Philomèle, le Temps et un Pèlerin*); certains touchent au drame. Ainsi, cette scène qui semble une illustration musicale de *Paul et Virginie* : *Une Tempête, Cloris en mer, près de la terre, est surprise par l'ouragan; Amintor, sur le rivage, attend son arrivée.*

Mais on n'y trouve aucun essai dramatique ou pittoresque; c'est le ton habituel des airs-récitatifs, calqués sur les inflexions de voix d'un diseur de salon. Tout cela n'aurait pour nous qu'un intérêt historique, sans la grâce mélodique que montre Lawes, dans quelques airs. On y sent parfois, à son insu peut-être, un reflet des chants populaires où s'exprime l'âme anglaise, avec une bonhomie aimable et ingénue. Il y a dans ces petites œuvres peu de prétention artistique, mais une sincérité et un charme innocents; on s'explique la faveur dont elles ont joui parmi les amateurs anglais du temps, qui s'adonnaient au chant avec passion [2].

La guerre civile, la victoire des puritains, le *Common Wealth* (1647-1656), furent pour la musique une époque d'épreuves. Depuis longtemps déjà, l'orage s'annonçait; les puritains proscrivaient la musique corruptrice; et un de leurs premiers actes, pendant la guerre, fut de détruire les orgues et les compositions musicales, sur lesquelles ils purent mettre la main [3]. Les musiciens, dépouillés de leurs charges, souffrirent cruellement, à part un petit nombre qui trouvèrent un refuge dans de riches familles; plusieurs moururent de misère [4].

Cependant, l'évolution musicale ne fut pas arrêtée; et, par un phénomène curieux, paradoxal en apparence, les puritains eux-mêmes en furent inconsciemment les agents les plus efficaces. Comme le montre finement M. H. Parry, les Anglais, très conservateurs d'esprit, n'avaient pu se décider encore entre les traditions de l'ancien art, où avait sa forteresse dans la musique d'église, et le nouveau style à l'italienne. Les puritains leur épargnèrent la peine de choisir. Ils abattirent brutalement, à coups de hache, l'ancien art religieux. La tradition fut tranchée. Impossible de revenir en arrière. La musique religieuse se trouvant supprimée, toute la sève musicale se porta dans l'autre rameau de l'arbre, qui demeurait intact : la musique profane. Celle-ci bénéficia aussitôt d'une vogue incroyable; tout le monde s'y livra : elle était le seul passe-temps toléré.

Bien plus; ce que la frivolité de la cour de Charles I⁰ʳ n'avait pu faire, l'intolérance maladroite des puritains l'accomplit : ils provoquèrent la création de l'opéra anglais. L'opéra, le plus licencieux des genres de la musique profane!... En effet, les puritains avaient interdit le théâtre parlé : on inventa des spec-

---

[1]. Ce poème admirable, qui est une sorte de Triomphe de la Chasteté, a peu de traits communs avec les autres Masques anglais. Sans parler de son parfum moral, et presque religieux, il rétablit nettement la suprématie de l'œuvre poétique. La musique n'en est qu'un accessoire. Certains airs du *Comus* ont été réédités dans toutes les grandes histoires de la musique anglaise. (Voir H. Parry.)

Milton était fils d'un excellent compositeur-amateur, dont on a conservé plusieurs madrigaux. Lui-même chantait bien, jouait de l'orgue et du luth. Il alla en Italie et y assista, en 1639, à de fameuses représentations d'opéra, au théâtre Barberini de Rome. Son *Tractate on Education* reste la musique une place importante dans l'éducation et dans l'hygiène. Avec un sens pratique, qui est bien de sa race, il conseille, après les exercices athlétiques, « pendant qu'on se sèche et qu'on se repose avant le repas, de recréer et calmer les esprits fatigués, par les solennelles et divines harmonies de la musique », et — mieux encore — après le repas, « pour assister et aider la nature dans la première digestion, et pour renvoyer au travail l'esprit satisfait ».

[2]. M. A. Dolmetsch a publié de charmants airs de Lawes dans sa collection de *Select english Songs of the 17th Centurie.* — M. H. Parry donne, dans son histoire, quelques fragments du récitatif d'*Ariadne*, et du *Dialogue de Caron et de Philomele.* — L'éditeur Novello a publié un très joli madrigal à cinq voix, d'un caractère tout à fait mélodique : *Cupid detected* (1653).

[3]. Une ordonnance du Parlement, le 9 mai 1644, confirma expressément ces destructions qui, d'ailleurs, étaient alors presque entièrement accomplies.

[4]. En 1656, les musiciens anglais signèrent une pétition, rédigée par Hingston, où ils imploraient le secours de l'État, et annonçaient la disparition totale de la musique anglaise, si on ne venait pas à leur secours.

Pendant cette période, Oxford fut le principal foyer de la vie musicale. On y donnait des concerts hebdomadaires dans les collèges. Wilson contribua beaucoup à cette activité. C'était une oasis, en dehors des troubles du reste de l'Angleterre; et Oxford garda sa suprématie artistique, jusqu'au retour du roi à Londres, en 1660.

(colonne de droite des notes)

Cependant, les Puritains n'étaient pas ennemis de la musique, mais de ses abus; et les plus grands d'entre eux l'aimaient profondément. Un ennemi comparait Cromwell à « Saül qui, lorsque l'Esprit du mal le saisissait, cherchait à le calmer par le charme harmonieux des sons ». Cromwell prit à son service John Hingston, qui avait été au service de Charles I⁰ʳ, et le chargea d'enseigner la musique à ses filles. Il assistait aux concerts, organisés par Hingston dans sa propre maison, et où se rencontraient parfois avec le Protecteur des dilettantis du parti royaliste. Il montra la largeur de son intelligence dans son attitude à l'égard de John Wilson, luthiste et chanteur préféré de Charles I⁰ʳ. Wilson avait suivi le roi à la guerre, et n'avait jamais renié ses convictions. Cromwell ne l'en chargea pas moins, en 1650, du professorat de la musique à Oxford. Bien plus : Wilson osa publier, en 1657, le *Psalterium Carolinum : The Devotions of his Sacred Majestie in his Solitudes and Sufferings*; et il ne fut pas inquiété.

taeles chantés, — des conversations avec musique. Pour éviter la comédie, on créa l'opéra.

Ce fut le 23 mai 1656 que William Davenant [1] fit à Rutland House le premier essai d'opéra anglais, sous le titre : *The First Days Entertainment (Le Divertissement du premier jour)*, « déclamations et musique à la façon des anciens ». Le corps de l'œuvre consistait en deux discussions en prose, l'une entre Diogène et Aristophane sur les inconvénients et les avantages de l'opéra, l'autre entre un Parisien et un Londonien sur les beautés comparées de leurs villes, — le tout entremêlé de musique vocale et instrumentale, par Henry Lawes, Dr Colman, captain Cooc, et George Hudson. — Trois mois après, Davenant et les quatre musiciens précédents, auxquels se joignit Matthew Locc, donnèrent une pièce entièrement chantée : *The Siege of Rhodes* [2], dont ils étaient les acteurs. Vinrent ensuite, en 1658, *The Cruelty of the Spaniards in Peru*; en 1659, *The History of sir Francis Drake* et *Marriage of Ocean and Britannia*. Les Anglais, on le voit, étaient attirés par les sujets d'opéras historiques, voire d'histoire contemporaine, et spécialement navale. — La musique de ces œuvres a disparu [3].

Le retour des Stuarts ne fit que consacrer officiellement le changement qui s'était produit dans la musique. Ils recueillirent les fruits de ce qui avait été semé pendant la République. Ce fut l'âge d'or de la musique anglaise, une sorte de printemps, qui n'eut point d'été : car après, ce fut fini [4]. Charles II avait ramené de France des musiciens français, et le goût du style pompeux et théâtral; il introduisit ce style, même à l'église [5], fit former un orchestre à cordes sur le modèle des 24 violons, et fit appel aux artistes étrangers. Dès 1660, une compagnie d'opéras italien donna des représentations à la cour, sous la direction de Giulio Gentileschi [6]. Dans les années qui suivirent, s'établirent à Londres, en 1666, les frères Vincenzo et Bartolommeo Albricci, compositeurs d'opéras et élèves de Carissimi; à la même époque, Giovanni Battista Draghi, parent du maitre de chapelle de la cour de Vienne et plus tard (1677-84) organiste de la chapelle privée de la reine Catherine de Bragance; le grand violoniste Niccolò Matteis, qui révéla à l'Angleterre, en 1677, les œuvres de G. B. Vitali et de Bassani; le célèbre chanteur Francesco Grossi, dit *Siface*, qui vint en 1687, et Pietro Reggio de Gènes, qui fut le premier grand professeur de chant italien à Londres, et y mourut en 1685. En même temps, le Français Louis Grabu, installé à la cour de Charles II, en 1666 ou 1667, y reçut la direction de la musique du roi, et, malgré l'opposition des musiciens anglais, resta en faveur jusqu'à la Révolution de 1688. La musique française avait trouvé une ardente protectrice dans la maitresse de Charles II, Hortensia Mancini, qui organisa dans son palais de Chelsea des exécutions dramatiques et musicales sur le modèle français. Charles II essaya de faire venir Lully [7]; mais il n'y réussit pas. Il dut se contenter de Cambert, qui s'installa à Londres, en 1673, y devint, dit-on, surintendant de la musique du roi, et y mourut en 1677, après avoir fait représenter sa *Pomone* et ses *Peines et Plaisirs de l'amour*. Grabu, de son côté, donna à Londres plusieurs opéras, dont le plus connu est l'*Albion and Albanius* de 1685, qui est du plus pur style Lullyste [8]. Enfin, non content d'attirer les musiciens italiens et français en Angleterre, Charles II donnait à quelques jeunes artistes de sa chapelle des bourses de voyage pour aller étudier l'art étranger sur le continent. Ce fut ainsi que Pelham Humphrey, de 1664 à 1667, se forma à Paris, sous la direction de Lully.

Malgré toutes ces influences, la musique anglaise réussit à dégager et maintenir sa personnalité, jusqu'à la fin du XVIIe siècle; et elle produisit alors les deux principaux maitres du théâtre lyrique en Angleterre [9] : Matthew Locce et Henry Purcell.

. -.

Matthew Locce était de la génération formée pendant la République, qui arriva à son plein développement dans les dix premières années du règne de Charles II [10]. Né vers 1630, à Exeter, et élève d'Edward Gibbons, il écrivit d'abord de la musique pour des

---

1. Davenant, après avoir été au service du roi, s'était réfugié en France, où il vit sans doute les représentations d'opéra italien à Paris (l'*Orfeo* de 1647). Puis, il avait voulu passer en Amérique, fut capturé par les Vaisseaux du Parlement, et finalement relâché, grâce à Milton.

2. L'œuvre était intitulée : « représentation selon les règles de l'art de la perspective dans le décor, avec des paroles chantées en récitatif. » (On avait voulu éviter le nom d'opéra). C'était une « pièce héroïque », écrite par Davenant, « pour célébrer le courage et l'amour conjugal ».

3. Un passage de Davenant définit le récitatif musical « un style tragique plus élevé que le parler ordinaire », et où « la musique prête ses ailes aux envolées de la poésie ». C'était bien le principe de l'opéra florentin. Dans la *Cruauté des Espagnols au Pérou*, Davenant avait tâché de faire aussi rentrer dans les formes théâtrales nouvelles les pantomimes et les danses burlesques de l'ancien Antimasque.

Le seul type de représentation musicale qui ait été conservé du temps de la République, est un Masque de Shirley : *Cupid and Death*, dont la musique était de Christopher Gibbons et de Matthew Lock. Parry en donne des extraits dans son histoire. Il y a là quelques morceaux instrumentaux intéressants. — Pour la date, on hésite entre 1653 et 1659.

4. Rien ne donne une idée plus riante de la vie musicale dans les premières années de la Restauration que le Journal de Samuel Peppys (1632-1703), noté jour par jour, de 1659 à 1669. — Il faut y joindre quelques renseignements du Journal d'Evelyn, contemporain et ami de Peppys.

5. On ne doit pas dire pourtant, comme on l'a fait, même en Angleterre, que Charles II suivait l'exemple de Versailles, quand il établissait dans sa chapelle l'usage d'un orchestre à cordes exécutant des Sinfonie et des Ritornelle entre les diverses parties de l'Antienne, qui était dramatisée et devenait une suite de soli, duos, trios et chœurs. En 1662, la chapelle de Versailles n'existait pas encore, et l'on en était resté à l'ancienne tradition du chant polyphonique, sans accompagnement instrumental. Ce n'est qu'à partir de 1679 qu'on trouve à la chapelle royale de France quelque chose d'analogue à la chapelle d'Angleterre. Ici encore, il y a eu sans doute influence de la cour anglaise sur la cour de France, en échange de tout ce que la France, d'autre part, lui donnait.

6. Un nouvel essai d'opéra italien eut lieu à Londres, en 1674.

7. L'acteur Thomas Betterton fut envoyé en France dans cette intention.

8. La partition d'*Albion and Albanius, an Opera, or Representation in Musick*, poème de Dryden, se trouve à la bibliothèque du Conservatoire de Paris. C'était un opéra politique. Albion représentait le roi Charles II. Albanius le duc d'York. On voyait Augusta (Londres), Démocratie et Zélota, séducteurs d'Augusta, Archon (Monk) qui ramenait Albion. On mettait en scène, sous une forme allégorique, la conjuration papiste de Titus Oates, la rébellion de Monmouth. La fin, triomphait Albion, avec sa compagne Acacia ou l'Innocence. — La musique a été trop sévèrement jugée par les critiques anglais et allemands. Grabu n'avait sans doute aucune originalité; mais il était un bon musicien, très au courant de l'art français; et il est curieux que ce musicien, venu étudier la musique à la cour du roi d'Angleterre, après vingt ans de séjour en Angleterre, soit resté si irréductiblement français qu'on peut se demander, après avoir lu son opéra, s'il avait jamais entendu une page de musique anglaise.

9. Sous la Restauration, Londres eut deux théâtres d'opéra établis par ordonnance royale : le *Kings Theater*, ouvert au Drury Lane, en 1663, et le *Duke's Theater*, celui de Davenant. En 1682, les compagnies se fondirent sous le nom de Royale compagnie de comédiens.

10. Voir William H. Cummings : *Matthew Locke, composer for the Church and Theatre* (I. M. G., octobre-décembre 1911).

Masques, comme le *Cupid and Death* de Shirley, en 1653. Il fut un des auteurs du premier opéra de Davenant, *le Siège de Rhodes* (1656). Au retour de Charles II, il écrivit, en 1661, la marche du couronnement, collabora à nombre de représentations dramatiques (dont plusieurs arrangements de Shakespeare), publia de la musique religieuse, de la musique instrumentale, des écrits polémiques, qui lui firent beaucoup d'ennemis, et, en 1675, la musique de la *Psyché* de Shadwell et de *la Tempête* de Shakespeare (arrangée par Dryden), sous le titre : *The English Opera*. Il était le premier à publier de la musique dramatique anglaise sous ce nom d' « opéra ». Locke passa au catholicisme ; il fut organiste de la reine Catherine de Bragance, et il mourut en 1677.

Il était plein d'admiration pour ses œuvres, si l'on en juge par la préface de *The English Opera*, où il vante la souplesse et la variété de son talent, ainsi que la hardiesse de ses modulations. Son intérêt principal au théâtre tient peut-être à ce qu'il y fut aussi un compositeur de musique instrumentale. Non seulement il est un des musiciens anglais qui ont le plus contribué à former le genre de la Suite [1] ; mais avec lui, la symphonie commence à jouer un rôle dans le drame. *La Tempête*, écrite en 1667, est précédée d'une ouverture qui, avec une hardiesse prématurée, mais intéressante, s'efforce d'illustrer l'action. Cet « air de rideau » (*Curtain tune*) commence lentement et doucement, monte, s'anime, se déchaîne, puis retombe, s'évanouit peu à peu, et s'éteint [2]. Dans sa musique vocale, Locke s'efforce de bien dessiner les contours du récitatif, d'en varier la monotonie, en l'entremêlant de petites symphonies et de petits chœurs, simples, rythmiques, qui alternent avec les soli. En somme, on n'est pas encore bien loin des *Masques*, avec lesquels une pièce comme *Psyché* a de la parenté. Mais on sent chez Locke un instinct scénique, un pressentiment des destinées de la musique et des puissances cachées de la symphonie dramatique ; il avait la curiosité de ce qui pourrait être fait, de ce qui devait être fait après lui. Locke n'était qu'un précurseur. Mais il vit, avant de mourir, les débuts de Purcell, qu'il contribua à faire connaître, et qui lui consacra plus tard une Ode Funèbre [3].

Henry Purcell, le plus grand compositeur anglais du XVIIᵉ siècle, naquit probablement en 1658. Son père, chanteur à la chapelle royale, mourut en 1664, laissant une veuve et quatre enfants dans le besoin. Le petit Purcell avait, par bonheur, un oncle qui s'occupa de lui avec beaucoup d'affection. Locke, ami du père, le protégea aussi. A six ans, l'enfant entra à la chapelle royale, alors dirigée par le capitaine Cook. Cook, sur lequel on trouvera des détails pittoresques dans le Journal de Peppys, était un excellent musicien, compositeur, chanteur, et surtout éduca-

teur de premier ordre. Il forma tous les grands compositeurs anglais du temps : Pelham Humphrey, Michel Wise, John Blow et Purcell. Tous apprirent de lui, dans la musique d'église, une déclamation expressive et mélodique ; sa chapelle fut une école de style dramatique, où Purcell se forma à l'opéra [4]. L'état matériel de la chapelle n'était pas brillant. Le roi s'en occupait peu. Les enfants souffraient de disette, ils étaient misérablement vêtus. Mais l'enthousiasme de Cook les soutenait et les surexcitait. Il y avait là un foyer d'art intense et brûlant, moins favorable à la formation du goût que du génie ; et en vérité, la musique qui est sortie de cette école est pleine de génie, fiévreux, mal équilibré, peu sûr de ses moyens d'expression, mais d'une sincérité et d'une hardiesse que la musique anglaise a rarement connues. Cook encourageait chez ses élèves l'audace créatrice. Presque tous furent d'une précocité surprenante. Pelham Humphrey, Blow, Purcell composaient et faisaient exécuter de la musique, à douze ans. — En 1672, après la mort de Cook, Purcell passa sous la direction de son ancien condisciple, Pelham Humphrey, artiste remarquable, parfois génial, qui n'eut pas le temps de donner sa mesure [5], mais dont quelques œuvres vivent encore par leur beauté et leur force d'expression. Pelham Humphrey était un champion du style français, qu'il avait appris à Paris même ; et il l'enseigna à Purcell. — Après lui, en 1674, John Blow compléta l'éducation de Purcell. C'était un musicien savant et expérimenté, sinon d'une personnalité égale à celle de Humphrey. Il aida Purcell à réagir contre l'influence française. Très bon et très dévoué, il le vint aussi en aide, dans ses difficultés matérielles. Grâce à lui, sans doute, Purcell fut nommé copiste à Westminster Abbey, en 1676 [6], et, avec l'aide de Locke, il entra en relations avec les notabilités littéraires du temps : Dryden, Shadwell, Aphra Behn. Il écrivit alors ses premières compositions dramatiques, de la musique de scène pour des pièces de ces poètes. Il fut entraîné, semble-t-il, par ses nouveaux amis dans une vie brillante et passablement scandaleuse. En 1678, il composa la musique pour *Timon d'Athènes*. Bien que l'ensemble de l'œuvre paraisse un peu bâclé, certains airs, comme celui de Georg : *The caress of lovers*, sont d'une beauté admirable, surchargés de vocalises à la façon de Stradella ; mais ces vocalises ont un charme berceur et voluptueux [7].

En 1680, Blow céda à Purcell sa place d'organiste à Westminster Abbey. Purcell s'y distingua si bien que, deux ans plus tard, il fut nommé organiste à la chapelle royale. Ce fut pour lui le début d'une production musicale, riche et variée. L'œuvre capitale de cette époque fut *Dido and Æneas*.

Dido and Æneas, composé pour un pensionnat de jeunes filles, à Chelsea, et probablement joué par

1. Il publia en 1656 un *Little Consort* (Petit concert à 3 parties pour violes et Violon). Ce sont des suites, dont chacune se compose d'une Pavane, d'un *Ayre*, d'une Courante et d'une Sarabande.

2. M. H. Parry en donne des extraits.

Il y a aussi des danses dans la *Tempête*, et des « Symphonies de machines » dans *Psyché*.

3. On a réédité chez Novello la musique de *Macbeth*, attribuée à Locke. Cette attribution n'est pas exacte. Le style en est plus avancé, sans montrer d'ailleurs la curiosité de recherches pittoresques, qui caractérise Locke. Il est possible que Purcell y ait participé, tout à fait à ses débuts. Nul sens du mystérieux. Une absence totale de fantastique. Mais de la bonne humeur et une simplicité humoristique.

4. Cette musique religieuse de l'école de Cook consiste, pour la partie vocale, presque exclusivement en *soli*, duos, trios, quartettes.

Les chœurs sont extrêmement réduits et, d'ordinaire, relégués à la fin. Parry donne quelques exemples d'admirable et émouvante déclamation, extraits d'Antiennes de Pelham Humphrey et de Blow. Il y a là d'étonnantes hardiesses harmoniques, qui choqueront, au XVIIIᵉ siècle. Burney sera très sévère pour ce qu'il nommera *Les Crudités du Dr Blow* (*Dr Blows Crudities*).

5. Né en 1647, Pelham Humphrey mourut en 1674, à vingt-sept ans. Il écrivit peu de musique pour le théâtre (de la musique de scène pour *la Tempête*), mais de belles Antiennes, dont plusieurs sont encore chantées aujourd'hui. Elles sont rééditées chez Novello.

6. Il s'agissait de restaurer les œuvres classiques, après les destructions puritaines. Nul doute que ce n'ait été une excellente école pour Purcell. Il garda cette place, de 1676 à 1678.

7. La *Purcell Society* a réédité la partition de *Timon*.

elles, est non seulement le plus pathétique et le plus touchant des opéras anglais, mais à peu près le seul opéra complet, où tout soit mis en musique d'un bout à l'autre, sans dialogues parlés[1]. — L'orchestre est naturellement très restreint : il consistait en deux violons, viole, basse et clavecin. La pièce, que M. Cummings a pu reconstituer complétement, est divisée en trois actes; et l'action n'est pas trop mauvaise, en dépit de vers peu élégants. La musique

a un charme singulier. Elle est d'un art très délicat, beaucoup plus aristocratique que celui de Lully. Tout y est d'une extrême finesse, qui n'a rien d'appris, qui est toujours spontanée, juvénile; la vie matérielle manque un peu : on dirait un Van Dyck élégant et pâle. — Les récitatifs sont beaux. Celui de la sorcière, au premier acte : *Wayward sisters*, est un des premiers exemples connus de *recitativo strumentato*[2]; et la diction musicale est digne de Cavalli.

Lento.   **LA SORCIÈRE.**

Wayward sis_ters, you that fright The lone_ly tra_vel_ler by night, Who, like dis _ mal ra _ vens cry_ing, Beat the windows of the dying, Ap_pear! appear at my call, and share in the fa_me Of a mischief shall make all _

Con 8ª bassa.

pp

---

1. L'Angleterre n'admit jamais, en somme, la forme de l'opéra entièrement chanté. Comme le dit plus tard Addison, dans *le Spectateur*, elle trouvait ridicule « d'entendre des généraux commander en musique, et des dames donner des messages en chantant ». Son idéal lyrique n'était pas très différent de celui de Molière : la comédie-ballet.

2. Dans les scènes précédentes, Purcell n'emploie que la basse chiffrée, avec clavecin. Ici, la situation devenant plus intense, il fait appel aux faibles ressources de coloris instrumental, dont il pouvait disposer avec son petit orchestre de pensionnat.

Car _ thage flame. Appear! ap _ pear! appear! ap _ pear!

Con 8e bassa.

La scène des adieux et la mort de Didon suffi-
raient à rendre l'œuvre immortelle. Le récitatif a
l'expression brisée, à bout de souffle, qui rend si
poignant le monologue de l'héroïne de Berlioz, dans
la même situation. L'air, construit sur une basse
chromatique descendante continue, est certainement
issu de l'art italien; il a quelque chose de classique
et il est d'une émotion admirable, surtout dans le
passage : « *Remember me!* » et dans la conclusion.

DIDON
pp

Thy hand, Belin _ da; dark _ _ sha_desme: On thy

bo _ som let me rest: More I would, but Death in _

pp

_ va_desme: Death is now a wel _ come guest.

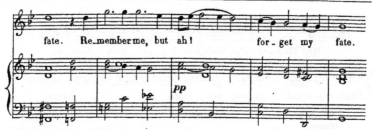

L'opéra se termine par un petit chœur, en canon, d'une poésie exquise, qui a la finesse de touche des maîtres madrigalistes de la fin du XVIe siècle; il laisse l'auditeur sous une impression de mélancolie voluptueuse et sereine[1]. — L'œuvre n'est pas sans défauts : trop d'ornements vocaux, une maigreur de développement, des chœurs homophones et pauvres, à la façon de Lully, comme dit Nagel, ces cadences abruptes, qui sont un vieil héritage de la musique anglaise. Mais tous ces défauts n'empêchent point que la *Didon* ne soit l'œuvre d'un compositeur de race et d'un vrai poète.

Purcell était alors sous le charme de l'art italien, et en réaction contre la musique française, dont il parle avec un superbe dédain dans la préface de ses *12 Sonates pour deux violons et basse*, de 1683[2]. Il devait, par la suite, revenir sur ce jugement trop sévère[3], quand la Révolution de 1688, en expulsant les Stuarts, livrés à l'influence française, permit de rendre justice à des voisins qui dès lors n'étaient plus dangereux[4].

La musique du Masque de Betterton, pour le *Dioclesian* de Beaumont et Fletcher, en 1690, rappelle, en maints endroits, l'art de Lully, mais elle est plus gracile. Purcell a une prédilection pour les harmonies délicates, les dissonances caressantes, les froissements de septièmes et de secondes, le mélange subtil du majeur et du mineur, les nuances fines et changeantes; il se complaît dans une lumière pâle, enve-loppée, qui sourit comme un soleil de printemps au travers du brouillard léger. *Dioclesian* est un véritable petit opéra-ballet, dont les morceaux forment une suite qui se tient du commencement à la fin; il montre, malgré quelque monotonie de sentiment et de rythmes, une maîtrise de forme. Le trio et le chœur final, sur un mouvement de Passacaille : *Triumph victorious Love*, a une ampleur de développement toute hændélienne. L'orchestre est composé de flûtes, hautbois, trompettes et cordes.

Cependant Dryden, qui, suivant la mode du jour, après avoir été francophile, était devenu ardemment nationaliste, avait entrepris d'écrire avec Purcell un opéra britannique. Ce fut le *Roi Arthur*, le chef-d'œuvre dramatique de Purcell[3] (1691). Le poème, en vers blancs, a parfois une forte couleur barbare; et la musique exhale un délicieux arôme du sol natal. L'action se déroule au temps de la lutte des Bretons, sous Arthur, contre les envahisseurs Saxons, établis dans le Kent. La musique, presque tout épisodique, est réservée aux scènes féeriques ou pastorales; elle accompagne aussi un sacrifice religieux et barbare. Elle est imprégnée de la poésie des chansons populaires anglaises. Tel, le chant de victoire du premier acte : « *Come, if you dare* », *our trumpets sound*, le charmant air des bergers au second acte : *How blest are shepherds*, et l'air de Comus, au cinquième acte : *Your hay it ismow'd and your corn is reap'd*, qui est purement populaire.

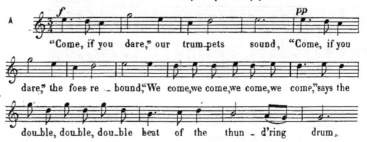

1. La *Didon* a été rééditée dans la collection de la Société Purcell, par Cummings. (Partition réduite, chez Novello.)

2. « Il est temps, dit-il, que l'Angleterre se dégoûte de la sécheresse et de la Vulgarité musicale de nos Voisins Français. »

3. Dans la préface du *Dioclesian* de 1690, il conseille de joindre à l'imitation italienne l'étude « de la manière française, qui donnera au style un peu plus de galeté et d'esprit ».

4. Les troubles politiques firent, pour un temps, retomber Purcell dans des soucis matériels. Il dut momentanément reprendre son poste de copiste à Westminster. Puis, la situation s'éclaircit; et, pour l'entrée de Guillaume d'Orange et de la reine Marie, Purcell mit en musique une Ode de d'Urfey : *The Yorkshire Feast Song* (1689), une de ses plus grandes œuVres chorales. (Rééditée par la Société Purcell.)

5. *King Arthur, or the British Worthy, a dramatick opera*. — La musique ne fut pas imprimée du viVant de Purcell. Trois ans après sa mort, quelques airs furent publiés dans une anthologie de ses œuVres : l'*Orpheus Britannicus*, puis d'autres un peu plus tard. Nulle partition complète n'a été conservée. M. Cummings en a publié une reconstitution dans l'édition de la Société Purcell. (Partition réduite, chez Novello.) Les exemples suivants lui sont empruntés.

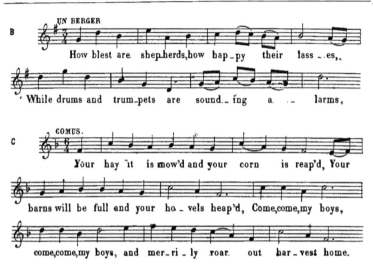

La fameuse scène du Génie du Froid, au troisième acte (*The Frost Scene*), a la gravité sombre et la hardiesse d'harmonies de certains *Adagio* de sonates de Vivaldi, dont J. S. Bach s'inspira.

L'acte V, qui est une apothéose de la Grande Bretagne, contient plusieurs des airs les plus parfaits de
Purcell : ainsi, le célèbre chant de Vénus : *Fairest
Isle*, et la magnifique scène de Saint-Georges. Hændel
n'a rien trouvé de plus héroïque que le mouvement
initial de cet air grandiose et la montée triomphale
de ce rythme, qui ferait marcher une armée.

La marche et le chœur qui suivent ne sont pas moins dignes de l'auteur de *Judas Macchabée*. Enfin l'œuvre se termine par une *Grand Dance*, une Chaconne monumentale, avec variations, dans le style de Lalande et Hændel.

La production dramatique de Purcell, déjà si abondante, s'accrut encore, à partir de cette date jusqu'à sa mort. En 1691, en même temps que *King Arthur*, il écrivit la musique de trois autres pièces; en 1692, de sept pièces (dont *The Indian Queen* de Dryden), et de la célèbre *Ode à Sainte-Cécile*; en 1693, de quatre pièces; en 1694, de six pièces (dont les deux premières parties du *Don Quixote* de D'Urfey), et d'un grand *Te Deum*, qui resta longtemps célèbre en Angleterre; en 1695, l'année de sa mort, il mit en musique sept pièces (entre autres, *Bonduca*, une de ses meilleures œuvres, et la troisième partie de *Don Quixote*), sans parler de beaucoup de musique religieuse [1].

Le malheureux Purcell dépensait son génie avec lièvre dans une quantité d'œuvres où la musique jouait un rôle secondaire. Il était hanté par l'idée de sa mort prochaine. Il avait perdu son père encore jeune; il avait vu mourir plusieurs de ses enfants [2]; il s'attendait à disparaître d'une façon subite, et il était plein d'angoisse pour le sort de sa femme et de trois enfants en bas âge. Aussi saisissait-il toutes les occasions de gagner sa vie possible, afin d'assurer l'avenir des siens. Il se consuma à la tâche. Il mourut, le 21 novembre 1695. On l'enterra à Westminster. C'était la musique anglaise, qu'on enterrait avec lui.

L'œuvre de cet homme, qui mourut à trente-six ans, est plus étendue que celle d'aucun autre compositeur du siècle. Dans toutes les branches de l'art : musique dramatique, musique religieuse, musique instrumentale [3], il excella. Il eut un esprit cosmopolite, connaissant bien Lully, Carissimi, probablement Monteverdi et les Vénitiens, très certainement les sonates de violon italiennes. En même temps, il resta très anglais et ne perdit jamais contact avec le génie de sa race. Ce fut un grand malheur pour l'art de l'Angleterre qu'il disparut prématurément, comme étaient morts la pleine jeunesse Orlando Gibbons et Pelham Humphrey. Peut-être, d'ailleurs, n'eût-il pas eu la force, s'il eût vécu davantage, d'empêcher l'abdication de la musique anglaise. Son génie avait quelque chose d'un peu féminin, de frêle, de peu résistant. Sa charmante modestie, qui s'humiliait devant la beauté des œuvres étrangères, l'eût peut-être amené à se laisser noyer, lui aussi, par le flot de l'art italien; il manquait de ce rude orgueil national, qui est souvent une cause d'étroitesse pour l'esprit,

mais qui est aussi une sauvegarde dans la lutte pour la vie, dont l'histoire de l'art, comme l'histoire politique, offre le spectacle constant. — Puis, cette même débilité, cette langueur féminine, qui le rend si attrayant, l'ont empêché de poursuivre son progrès artistique avec l'âpre ténacité qu'un Hændel a mise au service d'un génie qui n'était pas supérieur à celui de Purcell. Presque partout, il resta incomplet; il ne chercha pas à briser les dernières barrières qui le séparaient de la perfection. Presque partout, ce sont des esquisses de génie, avec d'étranges faiblesses : beaucoup de choses bâclées, des gaucheries singulières, des cadences maladroites, une rythmique monotone, un tissu harmonique souvent grêle; surtout, dans ses grands morceaux, un manque de souffle, qui l'empêche de faire surgir de ses inventions toute la force cachée, de les amener à leur plein et puissant développement. Le maladif artiste n'est parvenu à donner que, par lueurs, l'intuition de sa grandeur. — Du moins, il n'a rien de vulgaire. C'est un Mozart, plus aristocratique; il lui a manqué la robuste et joviale enfance du maître de Salzbourg; mais, comme lui, malgré la maladie et la misère, son art reste toujours sain. Il est une des figures les plus poétiques de la musique. De son être charmant, qui dura si peu, nous restent un flot de mélodies, fraîches, sorties du cœur, qui sont un des miroirs les plus purs de l'âme anglaise.

Après lui, John Blow fut le dernier survivant de la grande époque [4]. Ce bon et sérieux musicien, d'inspiration moyenne, d'un génie un peu froid, n'avait pas la flamme nécessaire pour ranimer l'art qui s'éteignait. Quand il mourut, en 1708, au milieu de l'admiration unanime de ses concitoyens, l'opéra italien s'était implanté en Angleterre. Un musicien de la chapelle royale, Thomas Clayton, l'avait rapporté d'Italie, en 1705 [5]. En vain, Addison essaya d'opposer aux œuvres italiennes un opéra national anglais. Son unique essai, *Rosamunde*, échoua piteusement, en 1707; et l'opéra italien, grandi encore par cette victoire, reprit sa marche triomphale au Drury Lane, et bientôt au Haymarcet. En janvier 1710, il y avait à Londres tant d'Italiens et d'Anglais italianisés qu'on osa jouer des opéras entiers en langue italienne. Les plus célèbres chanteurs italiens se trouvaient réunis en Angleterre.

A ce moment, parut Hændel. Il arriva à Londres, en décembre 1710, et y donna *Rinaldo*, le 24 février 1711. Geminiani devait s'y installer en 1715, G. B. Bononcini en 1716, Ariosti en 1720, Porpora en 1730, Galuppi en 1741. — L'Angleterre était conquise.

---

1. Il y a lieu de rattacher à la musique dramatique de Purcell un certain nombre de ses compositions religieuses, qui ont un caractère théâtral. Ainsi, la fameuse scène de *Saül et la Sorcière d'Endor*, dont l'effet mystérieux et tragique est saisissant. Bien d'autres scènes sont comme des fragments d'oratorios.

2. En 1682, 1686, 1687.

3. Peut-être même est-il permis de trouver Purcell surtout supérieur dans la sonate instrumentale, que nous n'avons pas à examiner ici.

4. Blow reprit en 1695 sa place d'organiste à Westminster Abbey. Il était en même temps occupé à la chapelle royale. Ses meilleures œuvres se trouvent réunies dans son *Amphion Anglicus*, publié en 1700. Comme musique dramatique, il n'écrivit guère que la

musique d'un Masque : *Vénus et Adonis*. Il se renferma, à la fin de sa vie, dans la musique religieuse.

5. L'*Arsinoé, reine de Chypre*, jouée en 1705 au Drury Lane, fut, d'après Clayton, « le premier drame musical, en Angleterre, qui eût été entièrement composé et exécuté à la façon italienne ». La musique était de Clayton. — Vint ensuite *Camilla regina de' Volsci*, de Marc Antonio Bononcini, qui eut un succès formidable, en 1706, 1707, 1708, 1709. — On trouvera au Conservatoire de Paris une collection d'éditions anglaises de 1706 à 1710, contenant les principaux airs des opéras italiens joués à Londres.

Voir sur cette époque et sur celle qui suit, en Angleterre, Romain Rolland : *Hændel*, 1910.

ROMAIN ROLLAND, 1912.

LA MUSIQUE ANGLAISE

DE 1870 A NOS JOURS

Par Charles MACLEAN, M. A., Mus. Doc.

Introduction. — Mon article s'occupe approximativement de l'histoire de la musique durant ces cinquante dernières années; mais vu les difficultés inhérentes au sujet, si l'article précédent et l'article actuel s'entre-croisent un peu, ce sera une chose pardonnable. Trois explications générales suffiront comme introduction à mon étude.

A. Il est paru en 1902 un ouvrage d'une importance et d'une influence considérables, consacré expressément à l'histoire de la musique anglaise : *Avant la Renaissance* (1801-1851) et *la Renaissance* (1851-1900). Ce dernier titre comporte toutefois des sous-titres : *la Transition, les Maîtres de la Renaissance, les Successeurs de la Renaissance,* etc. Ces termes sont devenus depuis lors monnaie courante dans la littérature musicale anglaise. Le lecteur peut en conclure que, de l'avis unanime, un certain groupe de cinq compositeurs, indiqués par l'auteur, inaugura véritablement vers 1870 une « Renaissance » de la musique anglaise. Mais, tandis qu'à la fin du XVIᵉ siècle la coterie Bardi se constitua de propos délibéré pour faire revivre les traditions de l'intonation ancienne grecque; tandis qu'en Russie le mystique Mily Alexejevitch Balakirev (1837-1900) fonda avec ses disciples une « Ecole nouvelle russe », en faisant un clair appel aux éléments vraiment nationaux de la musique russe; il n'existait au contraire en Angleterre, à l'époque qui nous occupe, aucun mouvement collectif réfléchi. Les cinq compositeurs dont il s'agit sont seulement nés vers la même époque. Et encore l'un d'entre eux n'était-il, loin d'être un maître, qu'un très petit compositeur. D'ailleurs l'ouvrage susdit exclut de cette liste des « maîtres de la Renaissance » le compositeur le plus populaire que l'Angleterre ait jamais connu, le mieux doué de tous ses contemporains pour la mélodie et leur égal comme habileté : j'ai nommé Sullivan. On y dit en effet qu'il n'a pas le moindrement participé à l'œuvre de cette « Renaissance » : si l'emploi de ce dernier terme est vraiment indispensable, on pourrait plutôt dire que Sullivan fut lui-même la Renaissance. En définitive, cette classification est loin d'avoir été revendiquée par les compositeurs intéressés eux-mêmes : elle est le fait d'un esprit de parti vraiment trop étroit, qui n'a que trop éloigné l'attention de la vraie histoire. Un tel classement peut être désavoué. Mon opinion est plutôt que les mêmes ferments nationaux qui ont produit les Révolutions de 1848, la Révolution italienne de 1859, l'abolition du servage en Russie en 1861, etc., ont eu une action similaire sur l'art musical anglais, qu'ils ont stimulé et dont il a profité. Si nombreux que soient les noms cités dans les paragraphes suivants, le *Credo* général, l'affirmation essentielle que cette étude met en évidence, est que les grands mouvements de l'art procèdent inconsciemment, que la musique est le produit de la race, des circonstances et de l'époque, et que ce sont ces influences qui s'expriment par le moyen de l'individu.

B. En deuxième lieu, il faut rejeter une idée avancée par la même autorité, et presque aussi généralement agréée, que, sous la domination de la mode, les compositeurs anglais ont délibérément renoncé à leur propre individualité, afin de gagner leur pain, en copiant tel ou tel compositeur étranger, qui était par hasard en vogue en Angleterre, par exemple Haendel, Mendelssohn, Gounod. Cette idée analyse imparfaitement le fonctionnement de l'esprit artistique, et il n'est pas croyable qu'une telle manière d'agir puisse être consciemment adoptée. Le compositeur, si réellement il existe, disant que pour gagner sa vie il s'abaisse jusqu'à tel ou tel niveau, mais que si les circonstances le permettaient il donnerait des productions supérieures, est à peine une personne sincère; et l'on serait porté à lui dire, comme à ce personnage vantard de la fable grecque : « Imaginons-nous donc que Rhode est ici. » A l'historien prétendant qu'il en est ainsi, on demanderait comment il se fait que, si toute cette imitation est une limitation et une renonciation que l'homme s'impose à soi-même, pas une seule copie n'existe d'une œuvre originale écrite par les mêmes compositeurs pour leur propre plaisir. En vérité, les forces indéfinies de l'émulation et de l'amour-propre sont trop grandes pour comporter une telle manière de procéder chez une individualité artistique. Un mouton suit l'autre, non parce qu'il croit que telle est la meilleure manière d'agir, mais parce qu'il ne possède pas assez de pouvoir de volonté pour aller dans un sens contraire. A un moment déterminé, l'artiste donne toujours ce qu'il a de meilleur en soi. Si Wagner, en 1839, écrivit *Rienzi* et pas *Lohengrin*, ce n'était pas qu'il ait copié de propos délibéré le style de Meyerbeer, mais parce que cette imitation marquait en 1839 la limite de sa puissance artistique. Les centaines de compositeurs anglais qui ont écrit de la musique haendelienne ou mendelssohnienne ont agi ainsi, il faut franchement le reconnaître, parce que leur talent n'était en soi qu'imitatif.

C. La troisième remarque découle de la première : il ne faut pas tenir compte trop exclusivement des seuls compositeurs : il faut aussi mettre en ligne l'interprétation, qui incombe aux exécutants; la partie administrative, qui dépend des institutions; et enfin le public. Ce point de vue ne soulèvera certes pas d'objection.

Oratorio. — L'oratorio anglais est la spécialité musicale typique de l'Angleterre, et il n'en existe pas d'équivalent dans d'autres pays. Sa lignée définitive est pour les trois quarts italienne et pour un quart allemande. C'est un drame sacré sans action, à l'usage du concert, ordinairement sur un texte biblique, avec ou sans récitant, ayant des airs, morceaux concertants et chœurs discontinus, mais çà et là joints par des récitatifs simples, ayant son intérêt prédominant dans le chœur. Il s'est maintenu exactement dans la même forme pendant deux cents ans presque jusqu'à nos jours. Donc pour bien comprendre l'état de l'oratorio dans ces cinquante dernières années, il est indispensable de donner une courte esquisse de son histoire entière.

Les premiers « oratorios » étaient les hymnes non liturgiques qu'on chantait aux réunions tenues dans l'oratoire de l'église Santa Maria in Vallicella de S. Filippo Neri à Rome, à la fin du xvie siècle. On en trouve une seconde forme dans l'allégorie *la Rappresentatione dell' anima e del corpo* d'Emilio del Cavalieri (vers 1550-1602), représentée dans le susdit oratoire en février 1600, et publiée dans la même année, telle qu'elle existe aujourd'hui. Celle-ci avait quatre-vingt-dix numéros sous forme de récitatif, air, chœur et danse. Les premières tentatives de l'opéra moderne se produisirent justement à la même époque à Florence (l'*Euridice* de Peri en 1600). Il y eut la plus intime liaison entre les deux mouvements. Cavalieri fut suivi dans le même genre par Giacomo Carissimi (vers 1604-1674), qui a introduit le Récitant, Giovanni Paolo Colonna (1640-1695), Alessandro Stradella (vers 1645-1681), Alessandro Scarlatti (1659-1725),'Antonio Caldara (1678-1763). L'oratorium allemand parut un peu plus tard, commençant en 1623 à Dresde avec *Die Auferstehung Christi* de Heinrich Schütz (1585-1672). Ceci n'avait point de rapport avec l'opéra et était simplement de la musique pour la Passion, à l'usage religieux de l'église, sans action ni effets de scène. Parmi les successeurs de Schütz dans le même genre on compte Johann Sebastiani (1622-1683), Reinhard Keiser (1673-1739), Johann Sebastian Bach (1685-1750).

George Frederick Haendel (1685-1759) vint en Angleterre en 1710, et écrivit des opéras à textes italiens jusqu'à 1741. En 1720 il écrit une espèce de masque religieux dramatique, *Esther*, pour être représenté dans la chapelle de son patron le duc de Chandos à Cannons, Edgware. On donna une représentation particulière de ce masque douze ans plus tard à Londres, avec des effets de scène. Haendel a donc conçu l'idée de faire un compromis, et le 2 mai 1732 il fit représenter *Esther*, sans costume ni effets de scène, au King's Theatre, Londres. *Ce fut le premier oratorio anglais*, et il s'approcha beaucoup plus du modèle italien que du modèle allemand. Quant au style musical inséré ces moule, la musique profane et la musique sacrée de Haendel étaient presque tout à fait identiques, et il en fut de même de son contemporain J.-S. Bach, — malgré les efforts récemment faits pour trouver une signification personnelle et subjective aux œuvres des compositeurs du xviiie siècle. Haendel, en effet, faisait souvent une deuxième fois usage de sa musique d'opéra en y adaptant des paroles d'oratorio. Le développement de la musique profane en Europe engendra un divorce inévitable entre le style musical de l'opéra et celui de l'oratorio, mais la séparation se produisit très lentement en Angleterre, où il n'y avait point de style d'opéra réel anglais qui fît véritablement contraste. D'un autre côté, la musique de cathédrale anglaise était pratiquement trop spéciale pour exercer une influence réelle et novatrice. Haendel écrivit des oratorios jusqu'en 1751, et pendant un siècle entier les compositeurs anglais qui se succédèrent produisirent des oratorios, en suivant exactement l'idiome haendelien. Entre autres : Maurice Greene (1696-1755), *Jephthah* (1737), *Force of Truth* (1744); William Boyce (1710-1799), *David's Lamentation* (1736); *Thomas Augustine Arne* (1710-1778), *Abel* (1755), *Judith* (1764); Charles John Stanley (1714-1786), *Jephthah* (1757), *Zimri* (1760), *Fall of Egypt* (1774); John Worgan (1724-1790), *Hannah* (1764), *Manasseh* (1766); Samuel Arnold (1740-1802), *Cure of Saul* (1767), *Abimelech* (1768), *Prodigal Son* (1773), *Resurrection* (1777), *Elijah* (1795); John Clarke-Whitfield (1770-1836), *Crucifixion* (1828); Matthew Peter King (1773-1823), *Intercession* (1817); William Crotch (1775-1847), *Palestine* (1812), *Captivity of Judah* (1834). Parmi ceux-ci Arne et Crotch ont fait preuve du plus grand talent.

Tout juste au tournant du siècle, en 1798, Franz Joseph Haydn (1732-1809) fit une incursion dans le domaine de l'oratorio anglais avec *The Creation*, sur un texte originairement écrit pour Haendel; mais le style viennois, basé sur des formes instrumentales, était trop étranger à l'Angleterre pour y être imité. Louis Spohr (1784-1859) s'est servi du même modèle avec son *Last Judgment* (1826), *Calvary* (1835) et *Fall of Babylon* (1841); ceux-ci furent adoptés tout de suite en Angleterre, et quelques compositeurs anglais contemporains acquirent un petit nombre des particularités du style de Spohr. Puis Félix Mendelssohn-Bartholdy (1809-1847) adapta l'originalité de son génie à la forme haendelienne avec *Saint Paul* (1836), et *Elijah* (1846). Il faut conclure que son style prêtait à l'imitation, car des compositeurs anglais sans nombre se sont mis tout de suite à le copier. Parmi eux on peut citer : George Alexander Macfarren (1813-1887), *Saint John the Baptist* (1873), *Resurrection* (1876), *Joseph* (1877), *King David* (1883); *Edmund T. Chipp* (1823-1886), *Job* (1860); Frederick Arthur Gore Ousley (1825-1889), *Saint Polycarp* (1854), *Hagar* (1873); John Francis Barnett (1837-), *Raising of Lazarus* (1873), *Good Shepherd* (1876); Philip Armes (1836-1908), *Hezekiah* (1877); Joseph Barnby (1838-1896), *Rebekah* (1870); John Stainer (1840-1901), *Gideon* (1865), *Crucifixion* (1887); Joseph Parry (1841-1903), *Saul of Tarsus* (1892), *Emmanuel* (1880); John Frederick Bridge (1844), *Mount Moriah* (1874), *Nineveh* (1890). Bien que très sèche, la musique de Macfarren présente un certain caractère d'indépendance résolue.

Deux hommes méritent une mention spéciale, parce que tous deux avaient, dans d'autres sphères, un génie très personnel : William Sterndale Bennett (1816-1875), *Woman of Samaria* (1867); Arthur Seymour Sullivan (1842-1900), *Prodigal Son* (1869), *Light of the World* (1873), *Martyr of Antioch* (1880). Mais ni l'un ni l'autre de ceux-ci, pas même Sullivan, n'a tout à fait évité l'influence mendelssohnienne.

Le premier oratorio anglais qui a eu un style personnel et toujours fidèle à lui-même fut la *Rose of Sharon* en 1883, dû à Alexander Campbell Mackenzie (1847-); cette œuvre fut composée à Florence, loin des influences locales anglaises. Mackenzie a aussi écrit *Bethlehem* en 1894. Avec une forme moins pessonnelle, mais chacun cependant avec son mérite propre et caractérisé, il faut citer encore : Charles Hubert Hastings Parry (1848-), avec *Judith* (1888), *Job* (1892), *King Saul* (1894), etc.; Charles Villiers Stanford (1852-), *Resurrection* (1875), *Holy Children* (1885), *Eden* (1891); Frederic Hymen Cowen (1852-), *Deluge* (1878), *Ruth* (1887). Parmi ceux-ci, l'ouvrage de Parry, quoique un peu entaché d'anachronisme par son manque de modernité, est d'une puissance brutale et a reçu l'accueil le plus populaire.

Edward Elgar (1857-) représente la première révolte formelle contre la technique Haendel-Mendelssohn. Ses oratorios ont été *Gerontius* (1900), *The Apostles* (1903), *The Kingdom* (1906). En réalité ceux-ci sont des rapsodies mystiques religieuses, dans sa manière spéciale. Granville Bantock (1868-) représente aussi l'orientation nouvelle, avec *Christ in the Wilderness* (1907), *Gethsemane* (1910).

Depuis le jour où Haendel trouva qu'en Angleterre l'opéra est un placement ruineux, et l'oratorio (tel qu'il l'a inventé) un placement de tout repos, tous les livres donnent pour raison de ce fait le sérieux de l'esprit anglais. Il est probable que ce trait de caractère national joue son rôle. Mais c'est le chœur qui donne la clef de la situation. La passion des Anglais pour l'action individuelle leur fait préférer un divertissement auquel ils participent à un divertissement dont ils ne sont que les spectateurs. Depuis l'aube de l'histoire, les Anglais se sont adonnés au chant choral, un fait qui est en rapport direct avec la question de l'origine de la polyphonie. Les chœurs simples diatoniques et à grand effet de Haendel ont cet avantage qu'ils donnent à un individu ayant peu de science technique de la musique, le moyen de prendre part à une fonction publique importante. Il en est de même pour les compositeurs suivants. Les sociétés chorales d'oratorio anglais sont devenues des clubs de chant, et chacun de ces clubs entraîne une partie notable du grand public à assister aux concerts. Telles sont les raisons qui font la popularité de ce mode musical. Elgar, par exemple, est un compositeur qui possède une grande faculté d'émotion, avec une science spéciale de l'orchestre, mais qui use peu du chœur dans l'ensemble de ses ouvrages : il a, pour cette raison, moins de prise sur le véritable public d'oratorio que n'en a Parry.

Il y a eu des marques évidentes dans les quinze dernières années, qui montrent que l'oratorio de Haendel et de Mendelssohn est mort comme forme d'art. Le développement des rapports de l'art anglais avec la musique étrangère, la connaissance plus approfondie de la musique profane et l'accroissement de l'habileté technique des chanteurs se sont unies pour achever ce résultat. Des œuvres plus brèves, plus continues et plus profanes sont en train de remplacer l'oratorio. Cependant, pour que de telles œuvres deviennent populaires, la façon de traiter le chœur comptera beaucoup.

Musique d'église. — Aucun domaine ne présente moins de faits simples traduits en un langage clair et intelligible pour le lecteur non préparé que celui de la musique des offices des églises anglaises. La terminologie technique de la liturgie catholique, répartie entre le latin et la langue vulgaire, est très diverse et incompréhensible pour les non-catholiques. Les membres de l'Eglise réformée (Eglise anglicane) se servent d'un *Book of Common Prayer* (Livre de la Prière commune) qui forme jusqu'à un certain point un lien commun; mais, en fait, cette Eglise contient

en elle toutes les variétés de croyances et de pratiques. Puis, en dehors de l'Eglise anglicane, il existe d'autres dénominations non catholiques innombrables. Les termes musicaux qui se rattachent aux offices des églises sont également divers, souvent ambigus, et dans certains cas foncièrement obscurs. Toute une philosophie pratique, par exemple, réside dans les mots anglais *Chant, Plain-chant, Tone, Mode,* mais combien de musiciens pourraient en donner aujourd'hui une explication philosophique? En présence d'un sujet aussi complexe, il faut ici se borner à donner une esquisse légère.

Le premier office chrétien a été la célébration de l'Eucharistie, que l'on solennisa par le moyen de cérémonies et d'oraisons plus ou moins improvisées, en y entremêlant des psaumes de David ou des hymnes. La musique dont on se servait pour la prière, le psaume ou l'hymne se composait de formules courtes de chant à l'unisson, hébraïque ou grec. La célébration de l'Eucharistie s'est développée en des formes fixes, qui ont été publiées plus tard dans la liturgie romaine par le livre du Missel; l'autorité ecclésiastique centrale les a finalement réglementées trois fois en 1570, 1604 et 1634. Le mot *Messe* est le dernier mot de la célébration, la phrase de renvoi, *Ite, Missa est.* L'*Ordinaire* de la Messe est cette partie qui ne varie jamais. Le *Propre* de la Messe est la partie qui varie selon le jour, la saison, etc. *Pari passu,* simultanément et parallèlement avec la consolidation des formes liturgiques pour la célébration de l'Eucharistie, les formules musicales à l'unisson qui s'y rattachaient étaient consolidées par itération, prolongement, variation, combinaison, etc.; de sorte que le Missel final a été un texte dans lequel chaque mot avait une note musicale prescrite et à lui personnelle. La musique du *Propre* de la Messe fut réglée la première. Voilà ce qui est le plain-chant. De la matière fournie par la prière, le psaume, etc., distincte de la célébration de l'Eucharistie, ont été formées les 7 *Horæ Canonicæ* ou offices monastiques pour les 7 heures spéciales du jour; et celles-ci, après compilation, ont donné le *Bréviaire.* Le plain-chant a été adapté de la même façon au Bréviaire, par autorité ecclésiastique, mais avec moins de rigueur. De la vaste masse de mélodie du plain-chant à l'unisson ainsi construite, 8 formules courtes sont demeurées plus ou moins familières jusqu'à nos jours, c'est-à-dire les 8 *Psalm-tones* avec terminaisons variables, attachés aux psaumes de David et aux demi-psaumes qui se nomment *Canticles.* On appelle ces « Psalm-tones » en Angleterre les « Gregorian Tones », sans raison bien précise.

L'Eglise réformée anglaise a compilé des parties du Missel et du Bréviaire, surtout celui-ci; elle a traduit cette matière du latin en anglais; et a fait ainsi le « Book of Common Prayer » de 1549. Il y eut à cette époque au moins 5 Bréviaires différents en Angleterre, à Salisbury (Sarum), York, Lincoln, Bangor et Hereford; on a adopté celui de Salisbury comme étant le meilleur. Le *Communion Service* est venu de la célébration de l'Eucharistie; *Morning Prayer,* des Matines, Laudes et Prime; *Evening Prayer,* des Vêpres et du Complîne. Déjà avant la Réforme les *Heures* monastiques s'étaient condensées en Angleterre en trois divisions analogues pour l'office divin public. John Merbecke (1523-vers 1585), organiste de la chapelle royale à Windsor, publia en 1550, sous l'autorité ecclésiastique, une édition musicale du Book of Common Prayer; à savoir, en ajoutant au texte liturgique l'ancien plain-chant, tel qu'on le trouvait à Salisbury, simplifié et revu. Parmi une foule d'autres mélodies, les « Gregorian Tones » y ont été introduits. L'édition Merbecke est intéressante surtout en ce qu'elle montre combien peu fut troublé le mouvement musical en Angleterre aux jours de crise de la Réforme. Réserve faite pour le changement de la langue, les fidèles qui n'étaient pas d'esprit trop critique s'aperçurent à peine des modifications introduites. Mais cette publication s'est effacée à son tour devant de nouvelles simplifications du plain-chant ou devant des ouvrages contenant des morceaux harmonisés.

Il n'est pas nécessaire de montrer ici comment l'on eut d'abord le plain-chant à l'unisson non accompagné, puis d'accompagnement vocal ou instrumental, ensuite la musique polyphonique sans plain-chant. Qu'il suffise de dire qu'à la Réforme tous ces éléments coexistèrent dans l'office de l'Eglise anglaise. Voici approximativement ce qui se passait dans l'Eglise réformée : le prêtre entonnait le plain-chant, bientôt réduit à une intonation monotone avec quelques inflexions légères çà et là pour les exhortations, orasions et collectes. Le chœur chantait les « Canticles », d'une polyphonie simple, note contre note, plus tard appelée en anglais un Service. Le chœur chantait une Anthem sur le modèle des Motetti italiens (celle-là aussi en latin avait précédé la Réforme), à titre d'accessoire à l'office, mais avec une polyphonie plus soignée. Plus tard les « Gregorian Tones » furent réduits et simplifiés, pour être employés dans les Psaumes et Canticles. Encore plus tard on imita ceux-ci librement, en omettant la première section ou Intonation; ainsi naquit l'Anglican Chant court moderne, seule molécule qui ait subsisté de la masse immense du plain-chant original. Depuis environ 1700 on a rétabli une très vieille coutume, interrompue à la Réforme, en admettant de nouveau dans l'office des hymnes non bibliques, pour remplacer l'Antienne ou y suppléer. La combinaison ainsi formée constitue le Full Choral Service actuel de l'Eglise anglicane.

Il y a environ 50 cathédrales et chapelles collégiales dans le Royaume-Uni, où le « Full Choral Service » de l'Eglise anglicane est chanté chaque jour le matin et le soir. Les grandes cathédrales de Saint-Paul et de Westminster Abbey à Londres et les chapelles collégiales telles que Magdalen College et New College à Oxford, et Trinity College à Cambridge, maintiennent le niveau musical à un degré aussi élevé que possible. Il y a des chapelles et des églises paroissiales où le « Full Choral Service » est chanté les dimanches, non les jours ouvrables. Dans toutes celles-ci l'usage est à peu près uniforme. Mais, d'autre part, la grande majorité des églises anglicanes ne prennent du Choral Service que ce qui convient à leurs doctrines ou à leurs capacités, de sorte que la variété y est très grande. L'emploi de la musique dans le Communion Service, qui représente la Messe catholique, fut abandonné lors de la Réforme; le parti de la Haute Eglise l'a remis en vigueur il y a environ 50 ans, et on le trouve maintenant en quelques endroits.

La production de compositions de « Services », « Antiennes » et « Chants » pendant les 330 dernières années a été énorme, et au point de vue de la quantité seule elle est aujourd'hui plus remarquable que jamais. Dès que l'on n'exige pas l'originalité, et étant donnée la facilité de la forme, cette production ne connaît plus de frein. A ceux qui sont d'avis que

l'âge d'or de la musique de l'Eglise anglaise a été le siècle et demi qui suivit Thomas Tallis (1520-1585), ce monotone déluge actuel des œuvres paraît une décadence. Dans les 150 dernières années on n'a pas composé moins de 10,000 hymnes ; l'hymnodie anglaise moderne a un certain charme et n'a rien à craindre si on la compare à l'hymnodie d'Allemagne ou des autres pays; d'un autre côté, il est regrettable que, dans la pratique, le conflit entre l'hymnodie congrégatoriale et l'hymnodie vicariale soit très confus.

L'Eglise catholique concerne l'Eglise des cinq sixièmes de la population d'Irlande, mais elle est trop pauvre pour avoir de la musique ornée. En Angleterre cette Eglise ne concerne qu'une petite fraction, peut-être un trentième de la population; mais l'oratoire de South Kensington (bâtiment en style de la Renaissance inauguré en 1884) et la cathédrale catholique de Westminster (bâtiment en style byzantin, inauguré en 1903) donnent des modèles de la musique liturgique catholique. Celle-là utilise toutes les ressources, y compris la meilleure musique de messe ancienne et moderne; celle-ci s'adonne au plain-chant et à des œuvres a capella polyphoniques de l'âge d'or, surtout à des œuvres de l'école anglaise.

Les Eglises dissidentes ou non-conformistes, qui se sont autrefois bornées à l'hymnodie, copient maintenant de plus en plus les formes les plus simples de la musique de l'Eglise anglicane. La grande Synagogue de Londres maintient une liturgie musicale très soignée, avec psalmodie et hymnodie, pour sabbat et jours de fête; un manuel publié par son Kazzan possède 267 compositions.

Opéra. — Cet article s'occupe exclusivement de la musique anglaise, et non de la musique étrangère exécutée en Angleterre. Néanmoins, en ce qui concerne l'opéra, il faut indiquer ses rapports avec la musique étrangère, car cette question touche essentiellement au sujet.

Depuis deux siècles environ, l'histoire de l'opéra en Angleterre montre que deux courants existaient et se côtoyaient. L'un, le plus puissant, constitué par les opéras étrangers exécutés en langue étrangère; l'autre, beaucoup plus étroit, précéda d'abord celui-ci : puis suivit un cours parallèle; ce fut le véritable « English opera ». Sa définition sera donnée plus loin. Il est regrettable que la littérature critique musicale, au lieu de s'en tenir au style objectif, ait adopté dans ces derniers temps le ton agressif et grandeur : on reproche sans cesse au public de négliger l'art indigène. L'on s'adresse aux patrons et aux gouvernements avec des arguments patriotiques : attitude bien inutile en esthétique, tout d'abord, et tout à fait vaine vis-à-vis du public qui sait ce qu'il aime et ne tolère pas d'être dirigé en ce domaine. Londres peut se dire avec raison un grand bureau de liquidation pour l'art général de l'Europe. Le public anglais peut se dire à juste titre un bon commissaire-priseur. Mais si celui-ci juge correctement la musique exotique, pourquoi ne fait-il de même pour la musique indigène? Une attitude qui se prolonge durant deux siècles ne peut exister sans une raison solide. A vrai dire, l'opéra étranger a été préféré ici, parce qu'il est le meilleur; et de ce fait, sans compter des causes moins directes, il y a une raison fondamentale qui appartient en partie à la phonétique et s'explique en partie par l'emploi conventionnel de la parole.

L'étude de la phonétique physiologique dans ses

rapports avec la géographie et l'histoire nationales est à peine commencée jusqu'ici. On verra un jour que les caractéristiques phonétiques des langues dépendent beaucoup d'éléments tels que le climat et la conformation du territoire, ainsi que des habitudes que ces premières conditions déterminent dans la nation même. Pour l'instant il suffit de dire que les qualités phonétiques de la langue ou des dialectes des Iles Britanniques sont radicalement distinctes de celles de toutes les autres nations européennes importantes. Dans le chant, l'appareil vocal exerce simultanément deux fonctions tout à fait séparées et en effet contradictoires : celle de faire de la mélodie comme instrument musical, et celle de produire de la parole articulée. Le chant avec mots est un compromis artificiel. La présence de choses telles qu'une multiplicité de sons de voyelle, la prépondérance de mots qui se terminent par une consonne, etc., augmente beaucoup la difficulté de ce compromis. Quelques langues européennes sont supérieures aux autres à cet égard. La langue anglaise est la plus mauvaise de toutes. Elle a 15 voyelles simples, et peut-être une demi-centaine de voyelles complexes, et la grande majorité des mots se terminent phonétiquement, sinon orthographiquement, par une consonne. Faire disparaitre cette incompatibilité entre la mélodie et l'articulation exige beaucoup d'art de la part du compositeur ou du chanteur anglais. Le traducteur de textes étrangers vocaux se trouve en présence d'une presque impossibilité. — Il intervient encore une considération. Chez presque toutes les nations européennes il existe, dans le parler ordinaire, une inflexion demi-musicale du haut en bas de la voix. Un Italien, un Français, un Allemand, un Espagnol, etc., ne fait guère de remarque sans se servir inconsciemment de cette élévation et de cet abaissement de la voix, de cette courbe vocale. En anglais, au contraire, la parole naturelle, sauf quelques cas dans l'interrogation, la surprise, etc., est absolument sans inflexion, et maintient par suite une monotonie perpétuelle. La déclamation musicale (ou récitatif) est la base idéale de l'opéra, et, pour les raisons que je viens d'énumérer, elle est beaucoup plus difficile aux pays étrangers. Malgré la masse énorme de matière instrumentale qui s'y superpose, la partie vocale d'un opéra de Wagner n'est en plus grande partie qu'un étalage des inflexions naturelles du parler allemand; de là vient son caractère distinctif. — En troisième lieu, et à l'égard du langage employé, la parole anglaise ordinaire abonde en phrases courtes conventionnelles; le chant exige une certaine idéalisation, et chanter de telles phrases produit très souvent un effet ridicule.

Il résulte de ces considérations ceci notamment, qu'en Angleterre les gens instruits non seulement reconnaissent la supériorité de l'opéra étranger, comme forme d'art, mais aussi le préfèrent chanté dans sa propre langue. C'est que le phonétisme étranger a utilisé beaucoup mieux des inflexions vocales qui s'accordent naturellement avec les flexions des paroles; ainsi se trouve maintenue une atmosphère nécessaire d'illusion poétique, tout en évitant des absurdités dans la vocalisation de phrases familières. On s'est efforcé dernièrement de montrer que le public anglais ordinaire préfère les opéras étrangers traduits en anglais. Mais ce n'est là vraiment qu'une thèse, exprimant seulement une tendance où l'on verrait un acheminement vers l'avènement de l'opéra indigène. Le public ordinaire, pourvu qu'on lui donne en mains l'intrigue de l'opéra, se montre tout à fait indifférent quant à la question de la langue employée. Ceci est encore plus vrai pour les opéras modernes, qui sont tellement accablés d'accompagnements symphoniques qu'il est impossible de savoir en quelle langue on chante. Les opéras de Wagner ont été parfois exécutés à Londres avec des textes anglais; mais dans un acte entier on n'entendait pas six mots du texte. Les opéras russes ont été exécutés à Londres avec le texte russe, sans que personne s'en aperçût. L'on argumente donc ici bien inutilement sur une question qui n'existe pas. Ce qui est vrai, c'est que les troupes théâtrales indigènes sont beaucoup moins dispendieuses que les troupes importées; de sorte qu'on peut baisser les prix des places, et représenter des chefs-d'œuvre devant un plus grand auditoire. En ce sens, et en ce sens seulement, le mouvement est très judicieux.

Je reviens à ce que j'ai indiqué plus haut comme le courant étroit, le mince filet de l'opéra anglais proprement dit, de l'« English Opera ». Je le définirai de façon suffisante pour l'objet de mon étude, comme étant un drame anglais idéalisé par l'association avec la musique; qui doit : *a*) être composée expressément; *b*) être au moins d'un intérêt prédominant, si elle est occasionnelle; *c*) être de préférence continue; *d*) avoir un caractère anglais.

Contrairement à des suppositions vulgaires, la ligne d'évolution de l'English Opera n'a été jamais interrompue. Elle fut originairement un sous-produit du Masque anglais. Déjà dans le Masque *Lovers made men* (1617) de Ben Jonson (vers 1573-1637), musique par Nicolas Lanier (1588-1666), les morceaux musicaux étaient liés par des récitatifs « d'après la mode italienne »; ceci se passait un siècle avant l'introduction régulière de l'opéra italien en Angleterre. Le *Siege of Rhodes* (1657), avec musique de plusieurs compositeurs, semble répondre à la définition complète; mais la musique ne subsiste pas. Quelques œuvres entre celle-là et Purcell correspondraient assez à la définition, quoique la musique n'était pas continue. Cependant ce système a été celui du « Singspiel » allemand contemporain, qui commença à Hambourg en 1678 avec l'*Adam und Eva* de Johann Theile (1646-1724); et cela a été la note dominante de l'English Opera pendant au moins les deux siècles suivants. Enfin la définition trouve son application complète avec le *Dido and Acneas* (1688) de Henry Purcell (1658-1695). Dans la demi-centaine de « Ballad Operas », qui commencèrent avec la « Beggar's Opera » (1728), et durèrent pendant 30 ans, la musique généralement n'était pas continue; à peine jouait-elle un rôle prédominant; mais les ballades et les airs entremêlés étaient foncièrement anglais. Entre Purcell et Bishop les œuvres étaient plus ou moins purement anglaises de caractère, et dans un petit nombre de celles-ci — comme par exemple l'*Artaxerxes* (1762) de Thomas Augustine Arne (1710-1778) — intervenait le récitatif, qui faisait la musique continue. Dans les opéras de Henry Rowley Bishop (1786-1855), la musique était franchement occasionnelle, mais son génie essentiellement anglais. Michael William Balfe (1808-1870) et William Vincent Wallace (1814-1865) ont prolongé cette lignée après Bishop, avec des œuvres dont la mélodie anglaise, excellente, les rend vivantes encore de nos jours. Edward James Loder (1813-1865) et George Alexander Macfarren (1813-1887) ont continué l'évolution avec moins de don naturel.

Une diversion de cette ligne, non sans une certaine

importance, se produisit avec la *Mountain Sylph*
(1834) de John Barnett (1802-1890, réellement juif
allemand nommé Beer) : il a fait la musique continue, mais il a emprunté à l'Allemagne la moitié de
son style. Dans la plupart des livres on a appelé la
Mountain Sylph le premier opéra anglais moderne,
exclusivement en raison de la continuité de la musique; mais l'on faisait abstraction de ce fait que l'œuvre même était évidemment un amalgame entre le
style de Bishop et le style de Carl Maria von Weber
(1786-1826), dont le *Freischütz*, l'*Oberon* et l'*Euryan-
the* avaient paru à Londres en 1824, 1826 et 1833.
Julius Benedict (1804-1885, également juif allemand
naturalisé, originairement élève de Weber) a écrit
des opéras analogues, demi-anglais et demi-webe-
riens, en finissant avec la *Lily of Killarney* (1862). Il
ne semble pas que ces deux auteurs aient fait aucun
bien à la cause de l'opéra anglais, si excellent d'ailleurs que soit le style de Weber. Il serait ennuyeux
et difficile d'appliquer mon criterium en détail à tous
les compositeurs anglais suivants; mais on peut dire
qu'ils ont produit l'ouvrage le plus durable quand ils
se sont le moins possible écartés du type du « Singspiel » et quand ils se sont abstenus résolument d'i-
miter des compositeurs étrangers.

L'œuvre d'opéra d'Alexander Campbell Mackensie
(1847-), surtout avec *Colomba* (1883), *Troubadour*
(1886) et *Cricket on the Hearth* (1902), a maintenu
uniformément ces traits caractéristiques de mélodie
fraîche, d'individualité complète et de dégagement
à l'égard de modèles étrangers; en ce sens-là il est,
après Sullivan, le plus typique de tous les compositeurs d'opéras modernes anglais. Arthur Goring Thomas (1851-1892) a été classé comme compositeur d'o-
péra anglais, mais son style était saturé de la manière
française. Charles Villiers Stanford (1852-) a fait de
constants et grands efforts pour acclimater l'opéra
sérieux en Angleterre, avec ses *Veiled Prophet* (1881),
Canterbury Pilgrims (1884), *Savonarola* (1884) et *Much
Ado about Nothing* (1901); il a commencé par trop se
soumettre à l'influence de compositeurs tels que Peter
Cornelius (1824-1874) et Hermann Goetz (1840-1876),
mais dans son dernier opéra il a atteint une véritable
individualité. Les *Morte d'Arthur* (1878) et *Nordisa*
(1886) de Frederic Corder (1852-) étaient un peu
weberiens. Les *Pauline* (1876), *Thorgrim* (1889), *Signa*
(1893) et *Harold* (1895) de Frederic Hymen Cowen
(1852-) étaient, malgré leur élégance, non exempts
d'influence étrangère. Le seul opéra sérieux de Sullivan, *Ivanhoe* (1891), fut joué quotidiennement pendant quelques mois, grâce au prestige de son nom.
Mais Sullivan avait déjà créé un style, et il ne fallait
pas s'attendre à ce qu'il réussît à en créer un second.
Une œuvre d'art dont l'entreprise passe les forces de
son auteur montre sur-le-champ un manque d'homogénéité et se désagrège d'elle-même. L'insuccès
artistique d'*Ivanhoe* est la clef de toute la situation
en ce qui touche l'opéra anglais. Les lauréats des
seuls trois prix publics jusqu'ici donnés en Angleterre,
— le prix Manners, 2,500 fr. en 1893, Alice Maclean
(1872-); idem, 6,250 fr. en 1903, Colin McAlpin (1880-);
et le prix Ricordi, 12,500 fr. en 1909, Edmund Wood-
all Naylor (1867-), méritent une mention. Les opéras d'Ethel Mary Smyth (1858-) sont, au point de vue
du métier, la musique la plus remarquable qui ait
été jusqu'ici écrite par une femme, mais ne comportent absolument aucune originalité créatrice. Les
Children of Don (1912), par Josef Holbrooke (1878-),
une œuvre wagnérienne par son importance et les

types qu'elle présente, témoignent d'une assez réelle
originalité; mais brosser une toile aussi vaste est une
tâche singulièrement au-dessus des capacités de la
génération actuelle des compositeurs anglais.

Il faut donner au genre « English Comic Opera[1] »
une mention spéciale; il est surtout représenté par
l'œuvre du compositeur Arthur Seymour Sullivan
(1842-1900). Irlandais par son père, mais de sang
mêlé par sa mère, dont le père était d'origine italienne
et la mère juive, Sullivan, comme « Chapel Royal
Chorister » et étudiant à l'Académie royale de musique, s'instruisit des traditions anglaises; comme premier titulaire de la bourse appelée « Mendelssohn
Scholarship », et par conséquent étudiant pour 4 ans
à Leipzig, il acquit la tradition allemande. Ce mélange de races (celtique, italienne et juive) et cette
double éducation lui donnaient un équipement idéal.
De l'élément juif il tint un remarquable pouvoir
d'assimilation. L'hommage le plus pénétrant et en
même temps le plus généreux et sympathique qui
lui ait été rendu fut celui de son confrère le compositeur Alexander Campbell Mackenzie (1847-) dans
des conférences faites à la « Royal Institution » en
mai 1901. Sullivan fut le compositeur anglais le plus
heureux de tout temps. Ayant débuté dans la vie
comme fils d'un musicien militaire pauvre, il a légué
par son testament presque un million; et cette fortune eût été quadruplée, s'il s'était montré de son
vivant moins prodigue à l'égard d'autrui. Il fit d'abord
preuve de la souplesse de compositeur en écrivant
pour orchestre, pour chœur, etc., et témoignant d'un
style véritablement anglais d'une originalité toujours
plus marquée; d'après deux essais préliminaires dans
ce genre spécial, il se décida, en 1871, à créer avec
l'humoriste William Schenck Gilbert (1836-1911)
une longue série de « Comic Opéras ». Gilbert tenait
le rôle de Scribe, et lui celui d'Auber. Dans le *Sor-
cerer* (1877) il a atteint la perfection du point de vue
du métier; le *Mikado* (1885) marqua l'apogée de son
succès. Mais il ne cessait de travailler à développer
sa manière, la perfectionnant au point de vue artistique. Le résultat de cette discipline fut une collection
d'œuvres véritablement unique. En comptant les œuvres écrites en collaboration avec d'autres librettistes
que Gilbert, il donna au total exactement 21 « Comic
Operas » en 21 ans. Pendant toute sa carrière, Sullivan avait dû lutter contre un fétiche d'une puissance
extraordinaire, chéri par la société anglaise, le fétiche
du « Classique ». Ceci revient à dire que l'opinion
publique plaçait quelques compositeurs importants
dans une sorte d'enceinte sacrée, et ne considérait
plus rien au delà des limites de ce temple. En Angleterre, voici 50 ans, le nom et l'idée du classicisme
étaient plus fortement enracinés qu'en aucun autre
pays d'Europe. Indubitablement, parmi les gens instruits de cette époque, 19 sur 20 personnes tenaient
une sonatine de Kuhlan, parce qu'elle était sonatine,
comme une œuvre d'art supérieure à un opéra de
Bellini ou d'Auber, et ne manquaient jamais de se défendre s'ils étaient contraints d'avouer que ce dernier
leur avait donné quelque plaisir. Cette opinion est
d'ailleurs encore répandue aujourd'hui. Je dispose
de trop peu d'espace ici pour combattre cette absurdité; mais un paragraphe sur le « Comic Opera »
anglais, si superficiel soit-il, ne peut pas omettre de
mentionner ces deux oracles opposés de Delphes et

---

[1]. Ne pas confondre avec l'opéra-comique français, qui est tout à
fait différent.

Dodone, de cette rivalité entre le dogme académique et la voix populaire. Même les meilleurs amis de Sullivan allaient jusqu'à dire qu'il « abusait de son talent ». Si le sentiment national n'eût été aussi malsain, Sullivan aurait pu négliger de semblables opinions. De fait, il y a été profondément sensible, et il conserva la marque de cette blessure jusqu'à sa mort. Même sept ans après, et dans une histoire de la musique anglaise qui ne manque point d'ambition, on trouve de véritables injures contre des chansons de Sullivan qui pourtant font les délices de millions de spectateurs. Il faut ajouter que les « Comic Operas » de Sullivan étaient de beaucoup la moindre partie de ses occupations et qu'il a écrit abondamment, et presque toujours dans sa manière individuelle et anglaise, en d'autres domaines.

La *Shamus O'Brien* (1896) de Charles Villiers Stanford (1852-) mérite d'être considérée à part à plusieurs titres. On y trouve le dialogue parlé. La musique se tient à mi-chemin entre le sérieux et le comique. C'est la seule œuvre de cette catégorie, écrite par un homme qui est maître de toutes manières. Elle est pénétrée d'un bout à l'autre par le sentiment du « Folk-tune » irlandais, tandis que la *Lily of Killarney* de Benedict n'en donne que l'imitation. La *Shamus O'Brien* fournira encore une verte carrière.

Edward German (1862-) a continué l'œuvre de Sullivan au point de vue du « Comic Opera »; la charpente générale reste la même, mais la musique a une fraîcheur très personnelle, et la technique est un peu plus moderne, conformément à l'esprit du temps.

Dans le genre appelé « Musical Comedy », genre qui n'a point de pareilles prétentions artistiques, nous avons actuellement un certain nombre de compositeurs, mais on ne peut pas dire qu'ils fassent concurrence avec succès aux compositeurs étrangers, français, allemands, autrichiens ou italiens.

Les « English Opera Companies », qui ont introduit la plupart des opéras anglais de ces derniers 50 ans, à l'exception de celles de Sullivan, ont été : — Pyne-Harrison (1856-1868) à Londres; Carl Rosa (1875 à ce jour), qui fait des tournées en province et joue par occasion à Londres à titre de réclame; Moody-Manners (1897 à nos jours), idem. Un très riche industriel, Joseph Beecham, a dernièrement prodigué de l'argent pour défendre la cause de l'opéra en Angleterre et a fait chanter du Wagner en anglais. Il n'existe aucune subvention gouvernementale pour l'opéra. Il n'y a aucun théâtre spécialement destiné à ce but, quoique Covent Garden soit principalement utilisé à cet effet. Encore l' « English Opera » est-il très rare à Covent Garden.

Pour récapituler, l'Angleterre reste encore, pour les visées dramatiques de l'opéra, bien loin en arrière de pays continentaux tels que l'Italie, la France, l'Allemagne, la Russie. Les opéras étrangers, chantés en des langues étrangères, demeurent le divertissement favori. L' « English Opera » proprement dit est continué au mieux de la tradition anglaise, qui tend vers le « Singspiel ». Les efforts les plus réussis des 50 dernières années ont été : en opéra sérieux, la *Colomba* de Maczenzie; en opéra plus léger, les œuvres de Sullivan et German et la *Shamus O'Brien* de Stanford.

Ballet. — La définition du Ballet est une représentation dramatique, où l'on combine la danse, la pantomime muette, le décor et la musique. Dans le ballet d'action, la signification de la pantomime est spécialement développée. Le ballet est venu à l'Angleterre de la France. Sans compter les demoi-

selles Pélissier, de Subligny et Sallé, qui vinrent de Paris en 1734 dans les premiers jours de l'importation de l'opéra italien, la vraie introduction du ballet en Angleterre eut lieu en 1821, à la venue des demoiselles Noblet et Mercandotti. Ensuite arrive le règne de grandes danseuses telles que l'Italienne Maria Taglioni (1804-1884) et la Viennoise Fanny Essler (1810-1884); sans parler de *Thérèse Essler*, de Carlotta Grisi, de Fanny Cerito, de Lucile Grahn, de Carolina Rosati et d'autres. Cette vogue n'a duré qu'environ 30 ans. Le ballet, en effet, n'a jamais été aussi populaire à Londres qu'à Paris, Vienne et Pétersbourg; et depuis 1870 on l'a très rarement vu à Londres joué avec le grand opéra. Dans ces derniers temps cependant on l'a rétabli comme spectacle pur et simple dans les Music Halls (Alhambra, Empire, Coliseum, etc.), avec de la musique quelquefois étrangère, quelquefois indigène. Parmi les ballets avec musique indigène on peut citer : *Faust* (1895), par Ernest Ford (1858-); *la Danse* (1896), idem; *Victoria and Merrie England* (1897), par Arthur Sullivan (1842-1900); *Crown of India* (1912), par Edward Elgar (1857-). Chacun de ceux-ci a été joué chaque jour pendant fort longtemps. Commencées en 1910, les représentations de ballet russe ont eu un grand succès.

Mais de même qu'auprès du grand opéra exotique il y a eu aussi pendant toute l'histoire un mince courant d' « English Opera » du type Singspiel (cf. page 1899), de même l'histoire du ballet indépendant d'importation étrangère est côtoyée par l'histoire de la danse indigène plus ou moins importante et liée incidemment au drame. Ces danses ont été fondées sur un type autochtone. A certaines cours, comme par exemple à la cour de la reine Elisabeth, les danses importées ont été dans la proportion de dix à une par rapport aux danses anglaises. Mais il en a été autrement sur les planches. Voici une liste des danses anglaises. Comme danses primitives anglo-saxonnes : « Egg-dance », c'est-à-dire Egging-on-dance, danse frénétique; « Margot », danse fantastique; « Carole », danse joyeuse de Noël. Comme danses subséquentes anglaises : « Morrice », originairement une danse à épée; « Round », ou « Roundelay », danse en cercle; « Country Dance », danse en deux rangées parallèles. Comme danses anglaises plus tardives : « Hornpipe », nommée ainsi d'après une cornemuse avec pavillon en corne de vache, danse de la Cornouailles d'où les matelots l'ont prise; « Sibel », danse du pays de Galles; « Rant », espèce de Hornpipe en Northumberland; « Reel », danse tournoyante écossaise; « Strathspey », espèce de Reel particulièrement vigoureuse; « Fling », Reel pour un danseur seul; « Jig », danse rapide irlandaise. Toutes celles-ci ont des rythmes spéciaux traditionnels. Si l'on étudie la musique de danse de tous les compositeurs typiques anglais jusqu'à aujourd'hui, on verra que ce sont les rythmes ci-dessus, et non pas les rythmes des danses de cour ou de bal, qui leur ont servi d'inspiration. La mesure triple ternaire existe à peine. La forme sautillante de 6/8 est plus commune. Pour la plupart, la mesure est simplement à 2/4 ou 4/4.

Cantates. — On a remarqué (cf. page 1897) que l'oratorio anglais est une forme à son déclin. Il est en cours d'être remplacé par les « Cantates », dans une forme plus libre, soit sacrées, soit séculières, et souvent très brèves. On leur donne aussi le nom d'Odes, de Ballades, de Poèmes, etc. Elles sont innombrables. Chaque ville a sa société chorale. Chaque maitre de chapelle local a la possibilité de faire chanter et de publier ses propres compositions, qu'il ait du talent ou non. Une seule maison publie environ 500 cantates de 185 compositeurs vivants anglais. Et dans ce genre chaque compositeur éminent a écrit quelque chose de son propre style. Un compte rendu des cantates des 50 dernières années donnerait un tableau complet de l'orientation du sentiment anglais vers le cosmopolitisme. Comme types de ce changement on pourrait citer : *May Queen* (1858), de William Sterndale Bennett (1816-1875) toute anglaise et très belle; *Golden Legend* (1886), d'Arthur Seymour Sullivan (1842-1900), également anglaise, mais modernisée; *Omar Khayyam* (1906), de Granville Bantock (1868-), à l'orientale.

Musique de chambre. — La période du Madrigal indigène, c'est-à-dire la période qui s'étend de 1590 environ jusqu'à 1630, ou des dernières années du règne d'Elisabeth et du règne entier de James Ier, a placé l'Angleterre très haut parmi les pays musicaux de l'Europe. Le style du Madrigal était né dans les Pays-Bas plus d'un siècle avant, et s'était répandu en Italie, d'où il est venu en Angleterre. Il s'est développé donc de façon indépendante sous l'influence des maîtres anglais. Avec ceux-ci cette manière a marqué son achèvement, car on constate sa disparition vers 1630 environ dans toute l'Europe. Le Madrigal était une musique de chambre ayant un caractère fortement polyphonique, exécutée sans accompagnement par plusieurs chanteurs à chaque partie. On le chantait après le souper, en s'asseyant, les parties dans la main, autour de la table. Le « Glee » anglais s'est développé presque un siècle plus tard; il florissait dans le xviiie siècle et au commencement du xixe; à cette époque sa production naturelle s'arrêta. Le « Glee » était aussi une musique de chambre sans accompagnement, mais plus homophonique, plus moderne, plus allié au Folk-song anglais que le Madrigal. Il était pour solistes, et on l'exécutait avec un seul chanteur à chaque partie. La « Part-song », basée essentiellement sur des modèles allemands, et consistant en effet de mélodie avec l'accompagnement d'autres voix, a supplanté le Glee; on l'exécute quelquefois avec un grand nombre de chanteurs; mais, comme la Part-song a été transportée tout à fait dans les concerts, elle ne concerne pas le présent paragraphe. Si l'on compose des Madrigaux et des Glees actuellement, ce ne sont que des imitations artificielles de l'antique. L'exécution de ce genre d'œuvres est limitée maintenant à un petit nombre de cercles sociaux : à la « Madrigal Society » (fondée en 1741) et à certains Glee-clubs plus récents, indiqués ci-dessous dans le *Tableau des Institutions*. On exécute des Madrigaux quelquefois dans les salles de concert, et même à des concerts orchestraux; mais ils y sont foncièrement déplacés et ne produisent point d'effet. La chanson peut être comprise sous le titre de musique de chambre, quoique comme Folk-song elle appartienne à la vie champêtre, et quoique dans son emploi moderne elle soit répartie entre le concert et le salon. Les rossignols de l'Angleterre ont chanté de temps immémorial, et la mélodie est dans ce pays au moins autant chez elle qu'elle peut l'être en tout autre. Les premiers maîtres ont écrit des « Ayres » avec accompagnement instrumental exprès pour la chambre. De même chaque compositeur éminent, jusqu'à nos jours, a donné le meilleur de soi à la chanson, en la regardant comme forme artistique. Nommer ceux-ci

ne serait que récapituler toute la liste des noms éminents déjà donnée. Pendant la première moitié de la période de 50 années dont on s'occupe spécialement ici, la « Drawing-room Ballad » florissait beaucoup. Elle n'était point parfois sans platitudes, mais elle était d'une émotion sincère, et ne mérite pas le mépris dont bien des gens la couvrent aujourd'hui. Elle était meilleure que les chansons décadentes et parfois « futuristes » que nous donnent de petits écrivains et dont ils nous inondent de façon abusive.

Si l'histoire de la musique de chambre vocale montre une filiation discontinue par rapport aux origines locales, il n'en est pas de même pour la musique de chambre instrumentale. Au contraire, on peut saisir comment la floraison d'aujourd'hui se rattache sans interruption aux racines indigènes qui germèrent voici 350 ans. On a déjà vu plus haut (page 1897) comment la musique d'église moderne anglaise procède par dérivation continue du « Book of Common Prayer » de la Réforme (1549), et, naturellement, de plusieurs siècles avant cette date, si l'on tient compte de la musique catholique. A la page 1899 ci-dessus on a aussi vu comment l' « English Opera » moderne remonte sans débrider au Masque anglais, qui était la spécialité des fonctions de la cour (1617 et antérieurement). Exactement de même, la musique de chambre instrumentale moderne anglaise se présente comme l'aboutissement d'un long héritage dont l'origine remonte directement à ce qu'on pourrait appeler l'âge de la Musique de Famille, au xvie siècle, mettons aux environs de 1580. Ce genre d'œuvres a une triple origine : le simple redoublement des parties de la musique séculière vocale, l'exploitation indépendante des airs de danse et l'exercice indépendant du contrepoint mi-ecclésiastique. Par des compositions de cette nature non moins que par ses Madrigaux, l'Angleterre a occupé une position assez dominante dans la musique européenne, pendant une période qu'on pourrait délimiter à environ 50 ans, commençant à l'époque de Thomas Morley (1557-1604). Si les historiens anglais avaient consacré moins de temps à l'histoire musicale universelle et plus de temps à l'histoire musicale de leur propre pays, les spécialistes ignoreraient moins les antécédents de leurs sujets, et il serait moins nécessaire de faire allusion à ces faits historiques élémentaires. Dans les premiers jours, la musique de chambre instrumentale, de même que les Madrigaux, était seulement en usage dans les maisons des riches. Vers la fin du xviie siècle on commença à la jouer en public. Les Concerts de John Banister (1630-1679) à Londres continuèrent de 1672 jusqu'à 1679, et ils comportaient de la musique de chambre instrumentale. Un amateur de musique à Londres, nommé Thomas Britton (1651-1714), a établi un Club de musique de chambre demi-public, qui dura de 1678 jusqu'à 1714. L' « Academy of Ancient Music » (1710-1749), l' « Anacreontic Society » (1770-1778) et les « Ancient Concerts » (1776-1848) ont tous exécuté de la musique de chambre instrumentale. L' « Oxford Music Room » fut bâtie en 1748 et reste encore aujourd'hui la Salle de Concert la plus ancienne en Europe; la musique de chambre avait une demeure ici. La « Philharmonic Society » de Londres fut fondée en 1813, et de cette époque jusqu'à 1861 a exécuté presque autant de musique de chambre que de musique orchestrale. Les premiers Concerts à quatuor en Angleterre furent exécutés de 1836 à 1842; on les donnait dans les Hanover Square Rooms, à Londres, avec les musiciens Henry Gamble Blagrove (1811-1872), Henry Gattie (-1853), Joseph Haydon Bourne Dando (1806-1894) et Charles Lucas (1808-1869). Les concerts suivants se donnèrent, de 1842 à 1853, à Crosby Hall dans la Cité, avec les musiciens Dando, Gattie, John Fawcett Loder (1812-1853) et Lucas. L'institution importante que l'on appelle la « Musical Union » a été fondée par le violiniste John Ella (1802-1888), et fonctionna de 1844 à 1880; son nom est anglo-saxon, et non continental; on y exécutait des quatuors, etc., avec 8 concerts par an. Ella a inauguré le Programme analytique et a placé les musiciens dans le centre de la salle. La « Quartett Association » était un quatuor *pionnier* (1852-1854), se composant des exécutants Prosper Philippe Catherine Sainton (1813-1890), Henry Christopher Cooper (1819-1881), Thomas Henry Weist Hill (1828-1891), et Carlo Alfredo Piatti (1822-1901). Les célèbres « Monday Popular Concerts », inaugurés par la Maison Chappell, étaient vraiment des concerts de musique de chambre; ils continuèrent de 1859 à 1898. Dès lors, une multiplicité d'institutions ont été inaugurées et existent encore. Par exemple : la « People's Concert Society » (1878), le « South Place Institute » (1896), les « Broadwood Concerts » (1902). De plus, sans compter des visites de quatuors étrangers, il y a beaucoup de quatuors indigènes. Le plus représentatif d'entre eux, à l'heure qu'il est, est celui que dirige Hans Wessely (1862-). Les trois séries de concerts de musique de chambre qui portent les noms de Dunhill, Holbrooce et Tovey, ont duré quelques années. Au contraire donc de l'avis général, on voit que la musique de chambre instrumentale n'a pas cessé d'être exécutée en Angleterre pendant ces trois derniers siècles et demi. D'ailleurs il y a eu une abondance continue de compositeurs indigènes qui répond à ces circonstances. A tout prendre, il semble que celle-ci est la forme de production instrumentale qui est la mieux adaptée au tempérament anglais en son état actuel. Dans ces 50 ans derniers, chacun des compositeurs principaux dont on a déjà fait mention dans cet article, a produit de la musique de chambre, et il y a au moins 100 compositeurs anglais moins connus qui sont dans le même cas. Un petit nombre se consacrent entièrement à ce genre. Un amateur de musique, Walter Willson Cobbett, a, depuis 1905, soit avec la coopération de la « Worshipful Company of Musicians » (fondée en 1604), soit tout seul, offert plusieurs prix pour des œuvres représentant une forme de musique de chambre abrégée, en prenant comme analogie, mais non comme modèle formel, le « Fancy » anglais, qui prévalait dans le xvi⁰ et le xvii⁰ siècle, jusqu'à ce que le violon eût remplacé la viole. Ce « Fancy » était le devancier anglais de la « Suite » ultérieurement importée. Pour différents prix, on a soumis environ 300 œuvres en des formes extrêmement diverses. Tout bien considéré, les lauréats principaux furent Franc Bridge (1879-) et James Friscin (1886-); mais environ 20 autres candidats ont obtenu des prix.

Musique d'orchestre. — Le développement de l'orchestre se présente trait dans l'évolution musicale d'une nation quelconque, comme le résultat de plusieurs raisons. En premier lieu, l'orchestre est la suite en fait, sinon par essence, de l'opéra d'un côté et de la musique de chambre de l'autre, et dans la plupart des pays la musique traverse ces deux phases avant de parvenir à cette dernière phase. En second lieu, tandis que l'opéra fait appel à l'œil, à l'oreille et à divers intérêts d'association mentale ayant trait au drame, la représentation orchestrale fait appel à l'oreille seule, et par conséquent compte beaucoup plus sur l'intelligence de l'auditeur. Puis, tandis que la musique de chambre instrumentale implique seulement la participation d'un cercle de famille, la représentation orchestrale a besoin d'un grand nombre d'exécutants, et, sauf dans les cas où elle est encouragée par des subventions royales et princières, ne peut être entreprise que dans des centres populeux et opulents. En quatrième lieu, l'orchestre dépend du développement technique des instruments. En outre, en Angleterre du moins, il faut considérer que le public anglais, comme il est dit plus haut (p. 1897), s'intéresse à des choses auxquelles il peut prendre une part directe ou indirecte, et ici ce n'est point le cas. Enfin, la position insulaire de l'Angleterre l'a empêchée dans le passé de suivre rapidement la marche du développement de la musique sur le continent.

Cette dernière question mérite plus d'attention qu'on n'y donne ordinairement. Même au temps que Ludwig Spohr (1784-1859) fit sa visite à l'Angleterre en 1820, on ne pouvait faire le trajet de la Manche que par navires à voiles, et la durée de la traversée variait de 3 heures à 24 heures. Les premiers bateaux à vapeur mettaient 4 heures pour faire le trajet le plus rapide de Calais à Douvres. Ils étaient d'ailleurs très primitifs, et les terreurs de cette mer orageuse et la crainte du mal de mer formaient en ce temps-là et longtemps après encore une barrière pratique entre le continent et l'Angleterre. Les Anglais mêmes sont par nature casaniers, et ce n'est que dans ces derniers temps que l'habitude de voyager ou d'étudier dans les pays étrangers s'est développée parmi eux. William Sterndale Bennett (1816-1875) a passé deux ans au Conservatoire de Leipzig, en 1837 et en 1841, grâce à la générosité de la maison Broadwood. En 1857-1861, John Francis Barnett (1837-), Arthur Seymour Sullivan (1842-1900) et Franclin Taylor (1843-) ont tous trois étudié au Conservatoire de Leipzig. Mais cela fut tout à fait exceptionnel, et ce n'est guère que 20 ans environ après que les musiciens anglais prirent l'habitude générale d'aller étudier à l'étranger. La Manche, qui sépare l'Angleterre du continent, a exercé beaucoup d'influence sur la musique anglaise, et le vrai « Leader of the Renaissance » n'est pas tel ou tel compositeur, mais le bateau à vapeur rapide qui transporte maintenant les passagers à travers la Manche très commodément en 80 minutes.

Dans la première partie du règne (1837-1901) de la reine Victoria (1819-1901), les compositeurs dont les noms suivent, faisant de leur mieux pour se tenir quelque peu au courant des développements orchestraux de Vienne et de Leipzig, ont écrit des symphonies, des concertos et des ouvertures, surtout de ces dernières : William Crotch (1775-1847), Philip Cipriani Hambly Potter (1792-1871), Henry Westrop (1812-1879), George Alexander Macfarren (1813-1887), Charles Edward Stephens (1821-1892), Walter Cecil Macfarren (1826-1905), Henry Charles Banister (1831-1897), Ebenezer Prout (1835-1909), John Francis Barnett (1837-), Francis William Davenport (1847-). On ne peut pas dire que ces œuvres aient aucune originalité. William Sterndale Bennett (1816-1875) appartiendrait au point de vue chronologique à ce groupe, mais son talent individuel l'a mis tout à fait à part. Avant l'âge de 21 ans il avait écrit 3 concertos de piano et 2 ouvertures. L'éclat de ceux-là lui était personnel. Le charme romantique de celles-ci était dans la manière intermédiaire entre le style de Mendelssohn (1809-1847) et celui de Schumann (1810-1856), sans devoir rien cependant à l'un ou à l'autre. Là technique orchestrale était claire comme cristal et d'un excellent effet. Schumann a appelé Bennett « une belle âme poétique » et « un ange-musicien ». Si l'on considère que l'Angleterre à cette époque n'était pas comparable à l'Allemagne au point de vue du développement musical, on peut dire que ces œuvres de jeunesse de Bennett étaient aussi remarquables en elles-mêmes que l'étaient les œuvres données par Mendelssohn au même âge et seulement quelque sept ans plus tôt. Vers la fin de sa carrière Bennett fit de petites expériences en introduisant des passages de transition entre les mouvements symphoniques et en écrivant de la musique à programme; mais ces essais échouèrent, et il ne réussit jamais mieux que quand il était lui-même. Les compositeurs orchestraux postérieurs à Bennett peuvent être considérés au mieux après qu'on a énuméré les institutions qu'ils avaient comme moyen d'action.

On ne mentionnera ici aucune institution, à moins que l'orchestre dont il s'agit ne soit vraiment un grand orchestre symphonique, c'est-à-dire à moins qu'il ne puisse jouer une partition de Beethoven ordinairement, et une partition de Liszt si on s'arrange. Considérées au point de vue de l'influence qu'elles exercent sur la vie publique, ces institutions peuvent être divisées en 4 classes : a) sociétés qui donnent un nombre fixe de concerts par an; — b) orchestres organisés, qui non seulement donnent un nombre déterminé de concerts par an par eux-mêmes, mais aussi louent leurs services, si on le désire; — c) orchestres qui s'associent pour jouer ensemble quotidiennement ou même deux ou trois fois par jour, pendant une saison déterminée de l'année; — d) orchestres permanents, organisés pour fonctionner comme ceux de la dernière catégorie, mais pendant toute l'année.

L'organisation traditionnelle en Angleterre est celle qu'on a indiquée en premier lieu, et il existe maintenant, ou il a existé dans les 50 dernières années, les institutions qui sont énumérées ci-dessous. Presque toutes les institutions de cette sorte fonctionnent à perte et sur le système de la garantie; un certain nombre de personnes garantissent chacune une certaine somme, et à la fin de la saison elles payent 10 p. 100, 15 p. 100, 20 p. 100, etc., de leur garantie, selon l'appel. Liverpool (population 746,000, la plus grande ville provinciale de l'Angleterre) a sa « Liverpool Philharmonic Society » (1840-), qui donne 12 concerts par an; chefs d'orchestre, Alfred Mellon (1821-1867), pendant deux ans jusqu'à 1867; Julius Benedict (1804-1885), jusqu'à 1880; Max Bruch (1838-), jusqu'à 1882; Charles Hallé (1819-1895), jusqu'en 1896; Frederick Hymen Cowen (1852-), jusqu'aujourd'hui. Newcastle-on-Tyne (population 266,000) avait un orchestre et des concerts réguliers de 1867 à 1876, chef d'orchestre William Rea (1827-1903). Bradford (population 288,000) a eu un orchestre et des concerts depuis 1892, Leeds (445,000) depuis 1903, Hull (275,000) depuis 1906. Les grandes Fêtes provinciales (voir le Tableau des Institutions ci-dessous) sont en premier lieu pour des œuvres chorales, mais dernièrement elles ont aussi admis des morceaux de musique instrumentale. Londres a une population de 7,253,000. Son institution principale est la « Royal Philharmonic Society » (établie en 1813), qui donne 7 concerts par an; cette Société s'est développée des

concerts d'orchestre donnés de temps à autre, après 1786, par le violiniste Johann Peter Salomon (1745-1815); pendant cent ans elle a réfléchi l'intelligence musicale anglaise moyenne, de même que l'a fait le Times depuis 1785 pour le journalisme; ses concerts ont été dirigés par presque tous les compositeurs célèbres du monde, de Cherubini à Strauss (Mendelssohn a fait une demi-saison, et Wagner une saison entière), et elle a eu une noble carrière; ses joueurs d'instruments à cordes sont considérés comme les meilleurs en Europe. De 1834 à 1865 la « Society of British Musicians » a encouragé la composition indigène. De 1852 à 1882 la « New Philharmonic Society » s'est spécialisée dans l'exécution des nouveautés; Hector Berlioz (1803-1869) en a dirigé la première et la quatrième saison. De 1858 à 1867 il y eut la « Musical Society of London »; de 1879 à 1904, les « Richter Concerts », dirigés par Hans Richter (1843-); de 1886 à 1897, les « Henschel Concerts », dirigés par Isidor Georg Henschel (1850-); la « Royal Amateur Orchestral Society » (1872), la « Stock Exchange Orchestral Society » (1882) et la « Strolling Players Orchestra » (1882) furent trois institutions mi-professionnelles. Depuis 1903 le « Royal College of Music » a eu à sa disposition les intérêts produits par la somme énorme de 675,000 fr. donnée par un bienfaiteur afin de faire entendre les œuvres orchestrales de compositeurs anglais et de venir en aide à ceux-ci; cette caisse s'appelle « Patron's Fund », parce que le roi en est le protecteur. H. Balfour Gardiner (1877-) a, pendant ces trois dernières années, donné quatre concerts par an pour l'encouragement de la composition indigène.

Les organisations orchestrales, qui donnent leurs propres concerts, mais s'engagent aussi au service d'autres entrepreneurs, eurent leur origine à Manchester voici 50 ans; à l'exception de cette ville, elles ne datent que d'il y a 20 ans. Manchester (population 714,000, et presque aussi grande que Liverpool) a son « Hallé Concert Orchestra » (1857-), dirigé jusqu'à sa mort par Charles Hallé (1819-1895), et depuis cette date par Hans Richter (1843-) et d'autres. Glasgow (population 1,000,000, la plus grande ville en dehors de Londres) inaugura le « Scottish Orchestra » en 1891; chefs d'orchestre divers et éminents. A Londres, en 1893, Henry J. Wood (1870-) comme chef d'orchestre et Robert Newman comme régisseur, inaugurèrent le « Queen's Hall Orchestra »; Wood avait débuté comme chef d'orchestre dans les compagnies Rousby, Carl Rosa, Lago, etc.; il dirige constamment cet orchestre, qui réfléchit ses grands dons interprétatifs; il a introduit la musique étrangère de toutes les écoles, surtout la musique russe, et a fait beaucoup pour encourager les compositeurs indigènes; cet orchestre a compté par moments jusqu'à 200 exécutants; pour son propre compte il donne des « Symphony Concerts » occasionnels l'après-midi, pendant l'hiver, des « Promenade Concerts » quotidiens, le soir, pendant l'automne, et des concerts le dimanche pendant une grande partie de l'année. Par scission avec cet orchestre se forma en 1902 le « London Symphony Orchestra », qui possède le matériel le plus fin possible; il forme une société rigoureusement coopérative, et, tandis qu'ailleurs le chef d'orchestre nomme les membres de l'orchestre, ici l'orchestre nomme de temps à autre le chef d'orchestre. Un arrangement de cette nature était inusité en Angleterre jusqu'alors; quels que soient les avantages du système, il n'a pas eu d'heureux résultats pour les compositeurs indigènes, l'administration de cet orchestre ayant franchement annoncé que le but n'en était que commercial, et que les programmes ne comporteraient que des morceaux favoris et familiers. En 1908 se forma le « New Symphony Orchestra », dirigé à l'heure présente par Landon Ronald (1873-). En 1909 Thomas Beecham (1879-) a fondé le « Beecham Orchestra ».

Quant aux orchestres consacrés à des concerts quotidiens pendant une saison spéciale de l'année, on vient de signaler les « Promenades » du « Queen's Hall Orchestra » ; d'autres compagnies du même genre ont été récemment formées pour stations balnéaires, etc., telles que celles de Blackpool (58,000 habitants), Brighton (131,000), Buxton (10,000), Harrogate (33,000), Llandudno (10,000), New Brighton (11,000), Scarborough (37,000), Torquay (38,000).

Les orchestres permanents, qui jouent tous les jours durant toute l'année, ont, en ce qui touche les programmes et l'exécution, de sérieux avantages sur toutes les autres organisations. Le « Crystal Palace Orchestra » à Sydenham, faubourg de Londres, a eu, pendant presque toute sa carrière (1855-1901), le monopole de cette situation. Il a été fondé et constamment dirigé par August Manns (1825-1907), qui, à l'instigation de George Grove (1820-1900), secrétaire du « Crystal Palace », fin lettré et auteur du *Grove's Dictionary of Music,* a élevé les concerts à un niveau tout à fait supérieur. Manns et Grove ont fait plus que personne de leur temps pour aider la production indigène. Les « Saturday Concerts », pendant toute la période d'hiver, étaient renommés. Manns a dirigé au total environ 14,000 concerts. — *Bournemouth* (78,000 hab.), est, après Brighton (131,000), la plus grande station balnéaire du Royaume-Uni. Le « Bournemouth Municipal Orchestra » (1893) a pris la place du « Crystal Palace Orchestra » en ce qu'il a le monopole de la situation signalée ci-dessus. Il a été fondé par Dan Godfrey (1868-), membre éminent d'une famille de chefs de musique militaire bien connue, qui l'a dirigé toujours. Il a dirigé environ 10,000 concerts, dont 1,500 appartenaient à la classe de concerts symphoniques. Plus du tiers des œuvres données à ceux-ci ont été des œuvres indigènes. En aucune autre institution on n'a jamais rencontré, même de façon approximative, une proportion aussi élevée. De 1906 à 1910, le duc de Devonshire avait un orchestre symphonique permanent à Eastbourne (52,000 hab.), dont les concerts étaient ouverts au public. — Les excellents orchestres de certains théâtres (His Majesty's, Haymarket et, Drury Lane, etc.) et des Music Halls (Alhambra, Palace, Coliseum, Empire, etc.) appartiennent à cette classe, puisqu'ils jouent pendant toute l'année ; ils sont utilisés pour la musique occasionnelle, le ballet et le théâtre.

Pour récapituler, les quatre influences principales des 50 dernières années qui ont encouragé la musique orchestrale anglaise ont été la « Royal Philharmonic Society », le « Crystal Palace », le « Queen's Hall Orchestra » et le « Bournemouth Municipal Orchestra » ; mais plusieurs autres sociétés y ont apporté un utile concours. — Sur des détails techniques dans les orchestres anglais on peut signaler : — que les « bois » sont maintenant ordinairement à disposition par groupes de trois ; que le cor anglais et la clarinette-basse sont en tout cas à disposition ; qu'on ne se sert pas des saxophones ; que les trompettes utilisées sont des trompettes en *fa,* avec un seul corps de rechange en *mi,* jamais des trompettes en *si♭* haut ; que les cors sont maintenant pour la plupart exclusivement en *fa,* même sans corps de rechange en *mi ;* que la fondamentale du trombone-basse est *sol,* et celle du bass-tuba est *mi♭.*

Signaler les compositeurs indigènes qui ont profité de cette situation serait citer encore une fois chacun des principaux noms déjà indiqués, et ajouter que 70 ou 80 compositeurs plus jeunes ou moins connus montrent un rendement énorme de la musique orchestrale. Sullivan écrivait des morceaux franchement mélodieux et vifs. Mackenzie a excellé en des Rapsodies et des Concertos conçus dans une manière celtique. Parry et Stanford ont donné des œuvres symphoniques heureuses, chacun selon son propre style. Elgar a étonné ceux qui le croyaient seulement capable d'écrire des mystères religieux, en révélant un grand savoir-faire dans le domaine orchestral en un sens à la fois traditionnel et moderne. La génération plus jeune de compositeurs d'orchestre s'est occupée presque exclusivement de Poèmes symphoniques et de musique à programme. Sous l'enseignement de Frederick Corder (1852-) à la Royal Academy of Music, et de Stanford lui-même au Royal College of Music, nos jeunes compositeurs ont constaté qu'au point de vue technique ils pouvaient faire concurrence avec succès aux écoles russe et française. Dans l'instrumentation, la chimie du son, ils se sont montrés des élèves habiles. Seulement l'âme est absente, et le successeur d'Elgar est encore à trouver. — On demande maintenant beaucoup plus de chefs d'orchestre qu'autrefois, et ceux qui savent la partition presque par cœur ont la préférence. Cette sûreté de connaissance, une rapide obéissance des bras au cerveau, une grande expérience pratique, de la sympathie avec les exécutants et une gesticulation judicieuse et naturelle, voilà les attributs nécessaires d'un chef d'orchestre. Il faut admettre qu'il y a eu dernièrement une invasion très considérable de chefs d'orchestre étrangers, qui se sont spécialisés dans cette profession. Les répétitions sont réduites au minimum en Angleterre ; les instrumentistes anglais n'ont notoirement pas de rivaux pour la lecture à première vue, et sous la direction d'un chef d'orchestre compétent ils jouent une œuvre nouvelle presque aussi bien la première fois que les suivantes.

Diapason. — Le diapason d'église ancien en Angleterre au XVIe siècle était le même que celui usité dans l'Allemagne du Nord, ou A=567 (567 vibrations doubles par seconde), environ une tierce majeure plus haut qu'aucun diapason connu de nos jours. Toute la musique d'église de cette époque-là doit donc, pour bien faire, être transposée, dans l'exécution, une tierce majeure au-dessus. On a récemment publié une ou deux œuvres de ce genre, en les transposant timidement d'un ton majeur au-dessus ; mais même cette élévation ne porte pas l'étendue soprano plus haut que *ré,* ou l'étendue de ténor plus haut que *mi,* ce qui est tout à fait insuffisant. Les compositions familières d'église de Thomas Tallis (environ 1520-1585) et d'Orlando Gibbons (1583-1625) ne sont mises en valeur naturelle et de façon brillante que si on les transpose de deux tons entiers, c'est-à-dire une tierce majeure plus haut. Le diapason de musique de chambre ancien en Angleterre pour violes, etc., descendait au contraire jusqu'à environ A=400, et si nous désirons le reproduire avec exactitude, nous devons transposer cette musique aussi bas. Le diapason à branches de Haendel en 1751 s'appelait à l'époque « Mean Pitch », et il donnait A=422.5. Ceci a été le « Concert Pitch » anglais jusqu'à 1828. Les orchestres viennois ont forcé la hauteur du diapason. A la « Philharmonic » de Londres en 1884 il formait A = 433.2. Donc l'opéra italien, à Covent Garden, l'a forcé plus haut, et en 1850 la « Philharmonic » fut à A = 452.5. L'orgue de l'Albert Hall en 1871 alla même à A = 455. En 1859 le diapason A = 435.4 à 59° Fahrenheit fut adopté en France. En 1896, par une convention générale, le type fut adopté pour les orchestres anglais, ou, ce qui est la même chose, A = 439 à 68° Fahrenheit (supposé comme la chaleur d'une salle de concert). Les musiques militaires restent encore à A = 452. Par conséquent, lorsque les musiciens à vent jouent et en orchestre et en musique militaire, ce qui arrive très souvent, il faut qu'ils se servent dans la plupart des cas de deux instruments différents.

Musique militaire. — La fanfare s'appelle en anglais « Brass Band ». La Batterie s'appelle « Percussion ». L'Harmonie s'appelle « Military Band », ce qui signifie la combinaison de tout ; ou on l'appelle plutôt en terme de métier « Reed Band ». Les « Brass Bands » simples sans aucune batterie sont innombrables chez les ouvriers du Lancashire et d'autres comtés du Nord ; elles eurent leur origine au commencement du règne (1837-1901) de la reine Victoria (1819-1901), après l'invention du Cornopean », plus tard appelé Cornet à pistons. Ces « Brass Bands », comme moyen de récréation et comme base de concours incessants, ont pénétré dans la vie de la nation. Cependant il y a des combinaisons de toute espèce ; des fanfares de 12 unités, jusqu'à « Full Military Band », ou même jusqu'à la « Royal Artillery Band » de 91 unités. Cette dernière se constitua en 1762, et les chiffres suivants indiquent son accroissement : 1762 (9), 1802 (25), 1812 (38), 1839 (48), 1857 (80), 1887 (91). La rapidité a été presque parallèle dans d'autres régiments. Comme les officiers eux-mêmes ont payé et administré leurs musiques militaires, et comme il n'y avait aucun règlement général dans ce domaine, il en est résulté fort peu d'uniformité d'instrumentation jusqu'à 1847 ; à ce moment trois chefs de musique militaire, Carl Boosé (Scots Guards), Charles Godfrey (Coldstreams) et A. J. Schott (Grenadiers), publièrent presque simultanément trois « Journaux » rivaux contenant de la musique en feuilles ; à partir de cette date l'existence des parties imprimées entraîna une plus grande uniformité d'instrumentation, qui alla en s'accentuant rapidement. En 1857 la « Military School of Music » de Kneller Hall, destinée à l'éducation des musiciens et chefs de musique militaire, fut inaugurée sous la direction du gouvernement ; quelque peu après cette institution fut adaptée au modèle du Gymnase de musique militaire français (1836), mais ici sur une base tout à fait volontaire. La constitution des musiques dans l'armée britannique a pris bientôt la forme qui domine aujourd'hui. En 1852 le gouvernement reconnut la « Duke of York's School » à Chelsea et la « Royal Hibernian School » à Dublin, deux orphelinats militaires en étroit rapport avec la musique militaire. En 1863 il reconnut les musiques militaires des « Line Regiments », destinés à se déplacer çà et là ; mais le ministère alla seulement au point de leur accorder des sergents chefs de musique. En 1872 le gouvernement donna une subvention à Kneller Hall, et en 1875 il fit sienne cette institution maintenant reconnue officielle. En 1903 le gouvernement ouvrit une « Royal Naval School of Music » à Eastney, près de Portsmouth, dont le rôle à l'égard des musiques militaires de la « Royal Marine Artillery » et de la

« Royal Marine Light Infantry » est analogue à celui de Kneller Hall à l'égard du reste de l'armée.

Les musiques militaires, désignées en terme de métier « Staff Bands », sont les suivantes : *a*) la musique de la « Household Cavalry », c'est-à-dire celle des deux régiments de « Life Guards » et du régiment de « Royal Horse Guards » ; — *b*) la musique des quatre régiments de « Foot Guards », savoir les « Grenadier Guards », les « Coldstream Guards », les « Scots Guards » et les « Irish Guards » ; — *c*) la musique de la « Royal Artillery » ; — *d*) celle des « Marines ». Les autres régiments s'appellent « Line Regiments » ou « Regiments of the Line ». Les « Royal Engineers » sont désignés comme un « Corps », non comme un « Regiment ». — Naturellement la cavalerie n'a que des fanfares modifiées. Les plus belles musiques militaires sont celles des « Grenadier Guards » et des « Coldstream Guards », régiments d'infanterie. La « Royal Artillery » et les « Royal Engineers » ont tous deux des musiques militaires très importantes ; la première date de 1762, et l'autre de 1856. L'armée britannique compte au total 203 chefs de musique militaire.

Voici une comparaison de la constitution des musiques instrumentales qui vous sera utile. (A) Une petite musique militaire de 25 exécutants : Flûte petite ou grande, 1 ; Clarinette en $mi\flat$, 1 ; Clarinettes en $si\flat$ (trois parties), 7 ; Bassons, 2 ; Cornets à pistons, 2 ; Cors, 2 ; Trompettes, 2 ; Trombones, 3 ; Bugle-baryton en $si\flat$, 1 ; Bombardon en $mi\flat$, 1 ; Caisse claire, 1 ; Grosse caisse, 1 ; =25. — (B) Musique militaire des « Grenadier Guards », de 57 exécutants : petite Flûte, 1 ; grandes Flûtes, 2 ; Hautbois, 2 ; Clarinettes en $mi\flat$, 4 ; Clarinettes en $si\flat$, 14 ; Clarinette en $mi\flat$ ténor, 1 ; Clarinette-basse, 1 ; Bassons, 2 ; Contrebasson, 1 ; Cornets à pistons, 6 ; Trompettes, 2 ; Cors, 4 ; Bugle-alto, 1 ; Trombones, 3 ; Bugles-barytons, 4 ; Bombardons, 6 ; Caisses, etc., 3 ; = 57. — (C) Musique militaire de la « Royal Artillery », de 91 exécutants : petites Flûtes, 2 ; grandes Flûtes, 2 ; Hautbois, 4 ; Clarinettes en $mi\flat$, 4 ; Clarinettes en $si\flat$, 29 ; Bassons, 4 ; Cornets à pistons, 13 ; Cors, 7 ; Bugles-sopranos, 2 ; Bugles-altos, 3 ; Trombones, 5 ; Bugles-barytons, 4 ; Bombardons, 9 ; Caisses, etc., 3 ; = 91. — Il faut toutefois noter que l'on introduit maintenant peu à peu le Saxophone. Une bonne musique militaire d'un « Line Regiment » est comprise entre la première et la seconde des catégories ci-dessus et comporte environ quarante exécutants.

Quelques régiments se piquent d'avoir des « String Bands ». Cela veut dire que plusieurs des musiciens (dans l'artillerie les deux tiers du total) sont « double-handed » et jouent aussi des instruments à cordes, tandis que le reste des exécutants ne jouent à jouer leurs propres instruments à vent ; de sorte que l'organisation entière peut se transformer à l'occasion en orchestre symphonique. Celui-ci s'appelle en langage militaire « String Band ». La « Royal Artillery » et les « Royal Engineers » ont été « double-handed » depuis leur formation, les « Portsmouth Marines » depuis 1853, et les « Chatham Marines » depuis 1861.

Tableau des institutions musicales actuelles. — On peut donner ici un tableau général des différentes institutions musicales qui subsistent aujourd'hui en Grande-Bretagne et Irlande. Elles sont classées en cinq rubriques, et puis énumérées d'après la date de leur fondation. On terminera l'article par quelques remarques qu'a suggérées ce tableau.

Institutions d'éducation.

	FONDÉE.
Royal School for Indigent Blind (aveugles)	1799
Royal Academy of Music...........................	1822
London Society for teaching the Blind (pour l'enseigne-	
ment des aveugles).............................	1838
Royal Irish Academy of Music	1856
Royal Military School of Music....................	1857
London Academy of Music.........................	1861
Tonic-Sol-Fa College.............................	1863
Royal College of Organists........................	1864
South London Institute of Music...................	1869
Trinity College of Music, London	1872
Royal Normal College for the Blind	1872
Kyrle Society, Music Branch.......................	1877
Cork Municipal School of Music....................	1878
Guildhall School of Music ....:..........	1880
Blackheath Conservatoire of Music	1881
Royal College of Music ....\..	1882
Brighton School of Music..........................	1883
Croydon Conservatoire of Music....................	1883
Metropolitan Academy of Music....................	1885
Birmingham and Midland School of Music...........	1887
London College of Music	1887
Associated Board of the Roy. Acad. of Music and Roy.	
College of Music (examens)	1889
College of Violinists	1890
London College for Choristers (enfants de chœur)......	1892
Royal Manchester College of Music	1893
Leeds School of Music	1898
Royal Naval School of Music......	1903
London School of Pianoforte accompaniment	1904
Leinster School of Music	1904
Tobias Matthay Pianoforte School	1905
Huddersfield College of Music, and Northern Tobias Mat-	
thay Branch....................................	1908
Woodford Conservatoire of Music...................	1910
Upper Tooting College of Music....................	1911

Institutions coopératives et sociales.

Eisteddfodau (gallois)	1450
Worshipful Company of Musicians	1604
Madrigal Society	1741
Noblemen and Gentlemen's Catch Club	1761
Abbey Glee Club	1841
Round, Catch and Canon Club	1843
City Glee Club	1853
London Church Choir Association (chœurs)..........	1870
Oxford University Musical Club....................	1872
Music Publishers Association (éditeurs)	1881
Incorporated Society of Musicians ...:.............	1882
Oxford University Musical Union	1884
Music Trades' Association (commerce)	1886
Pianoforte Manufacturers' Association (fabric. de pianos).	1887
Cambridge University Club........................	1889
Oxford and Cambridge Musical Club, London	1889
Union of Graduates in Music (diplômés)	1893
Orchestral Association	1893
Amalgamated Musicians' Union	1893
English Ladies' Orchestral Society (dames)	1893
Incorporated Staff-Sight-Singing College (portée)	1896
Union of Directors of Music in secondary Schools	1900
Concert Goers' Club, now Music Club (amateurs de con-	
certs)...	1903
Society of British Composers (compositeurs anglais)	1905
Schola Cantorum Londinensis	1906
Croydon String-Players' Club (instr. à cordes)	1906
Federation of Scottish Professional Musicians	1907
Music Teachers' Association (professeurs)	1908
Home Music Study Union (musique en famille)	1908
Munster Association of Professional Musicians........	1909

Institutions de bienfaisance.

Royal Society of Musicians of Great Britain..........	1738
Irish Musical Fund	1787
Royal Ear Hospital (hôpital pour les oreilles)........	1816
Professional Musicians' Sick and Pension Fund (caisse	
de retraite)....................................	1822
Metropolitan Ear and Throat Hospital (oreilles et gorge).	1838
Mendelssohn Scholarship	1847
Choir Benevolent Fund (chœurs)	1851
Music Trades Assistants' Dividing Society (employés de	
commerce)	1861
Incorporated Society of Musicians' Orphanage (orphelinat).	1875
Organists' Benevolent League	1900
British Musicians' Pension Society (caisse de retraite) ..	1900

Institutions de concerts.

Sons of the Clergy Festival (fils du clergé)...........	1655
Three Choirs Festival (Gloucester, Worcester, Hereford).	1724
Birmingham Festival	1768
Chester Festival.................................	1772
Royal Philharmonic Society	1813
Norwich Festival.................................	1824
Dublin University Choral Society..................	1837
Liverpool Philharmonic Society	1840
Cambridge University Musical Society..............	1843
Diocesan Choral Festival..........................	1856
Handel Festival..................................	1856
Hallé Orchestra, Manchester	1857
Leeds Festival...................................	1858
Edinburgh University Musical Society..............	1866
Royal Choral Society	1872
Royal Amateur Orchestral Society.................	1872
Bristol Festival	1873
Crystal Palace Choir	1874
Bach Choir......................................	1876
Highbury Philharmonic	1878
Peoples' Concert Society (populaire)	1878
Manchester Philharmonic Choral Society	1880
Handel Society..................................	1882
Stock Exchange Orchestral and Choral Society (Bourse).	1882
Strolling Players' Orchestral Society (coméd. ambulants).	1882
Westminster Orchestral Society....................	1885
South Place Institute............................	1887
Mozart Society	1890
Scottish Orchestra...............................	1891
Bradford Orchestra	1892
Cardiff Festival	1892
Queen's Hall Orchestra...........................	1893
Bournemouth Municipal Orchestra	1893
English Ladies' Orchestral Society (dames)	1893
Church Orchestral Society (église)	1894
Sheffield Festival................................	1895
Alexandra Palace Choral and Orchestral Society......	1895
Dulwich Philharmonic	1895
Feis Ceoil (Irish)...............................	1897
Liverpool Church Choir Association (chœurs d'église)...	1899
Crystal Palace Orchestral Society..................	1900
London Symphony Orchestra......................	1902
London Choral Society...........................	1903
Leeds Municipal Orchestra........................	1903
Patron's Fund	1903
University of London Musical Society	1905
Hull Symphony Orchestra.........................	1906
New Symphony Orchestra.........................	1908
Beecham Orchestra	1909

Institutions savantes et littéraires.

Gresham Lectures (conférences).....................	1581
Royal Society of London	1660
Royal Dublin Society	1731
Honourable Society of Cymmrodorion	1751
British Museum..................................	1753
Royal Society of Arts............................	1754
Royal Institution................................	1799
Gregorian Association	1870
London Church Choir Association (chœurs d'église)...	1870
Musical Association	1874
Purcell Society	1876
Cremona Society.................................	1886
Elizabethan Madrigal Society......................	1886
Plainsong and Mediaeval Music Society (plain-chant) ...	1887
Folk-Song Society................................	1898
International Musical Society (quartier général Leipzig).	1899
Irish Folk-Song Society...........................	1904
Church Music Society............................	1906
Welsh Folk-Song Society..........................	1908

Éducation. — L'éducation obligatoire existe depuis environ un siècle en France, en Allemagne, en Hollande, en Suisse, etc. Elle a commencé en Angleterre en 1870. Depuis cette date, chaque jeune Anglais doit être instruit jusqu'à l'âge de 15 ans, soit chez ses parents dans des cas déterminés, soit à une des écoles supérieures et indépendantes, soit à une école élémentaire. L'État donne actuellement environ un demi-milliard de francs par an pour l'instruction publique. Environ 10 millions d'élèves reçoivent maintenant celle-ci dans les écoles élémentaires de l'État. Depuis 1872 le chant y est obligatoire; l'on donne des leçons de chant en classe de deux à cinq fois par semaine. Il y a 80 Ecoles Normales pour l'enseignement des instituteurs, et la musique vocale et instrumentale y est également obligatoire pour tous. Ces dispositions, dans leur ensemble, exercent peu à peu une influence sérieuse sur le goût public. — Dans les écoles élémentaires, la lecture à vue, la dictée musicale et le chant choral sont les trois matières principales d'enseignement; et la notation dont ou se sert dans 80 p. 100 des cours est celle appelée « Tonic Sol Fa ». La notation Tonic Sol Fa est basée sur le principe qu'a préconisé Jean-Jacques Rousseau (1712-1778), et qui s'est développé depuis 1850 en France dans le système Galin-Paris-Chevé. Dans ce système la portée est provisoirement mise de côté, la suprématie du sentiment de la tonalité chez le chanteur est reconnue, et le symbole écrit qui représente un son n'est autre que le numéro du son dans l'échelle ordinaire en calculant de la tonique, quel que soit le diapason de celle-ci. Le système « Tonic Sol Fa » anglais fait un pas de plus. Il regarde le principe même de notes contiguës rangées en échelles, comme moins primordial que le principe des intervalles, et il préfère que les symboles écrits et chantés soient symboles d'intervalle, et non pas des symboles d'échelle. Le système anglais revient donc aux syllabes miguidoniennes Do, Re, Mi, Fa, etc. Cette invention est due, en 1812, à Sarah Ann Glover (1785-1867); elle fut perfectionnée en 1842 par John Curwen (1816-1880). On a emprunté la notation pour la mesure depuis lors à la notation d'Aimé Paris (1798-1866). Le « Tonic Sol Fa College » fut fondé en 1863. Pendant 30 ans il y eut une guerre à outrance dans toute l'Angleterre entre ce système et le système ordinaire de la portée; mais on admet maintenant d'une façon générale que le premier est le meilleur pour le chant élémentaire, et que le véritable étudiant en musique passe sans peine de cette méthode à l'emploi de la portée. Sir John Stainer (1840-1901), lui-même professeur de musique à l'Université d'Oxford, organiste de Saint-Paul's Cathedral », etc., a, d'une manière marquée, pris le parti de la tolérance et du sens commun dans cette affaire. Pour des raisons que la physiologie n'a pas encore expliquées, le sentiment de tonalité est un fait en musique, de même que la logique en est un pour le raisonnement, que la loi et l'ordre en sont d'autres pour l'Etat. L'Hindou a développé le système de la mélodie le plus élaboré et le plus remarquable du monde, mais il l'exerce dans les limites d'une seule tonalité données par une basse de bourdon perpétuelle. La musique d'église de l'école « polyphonique », quoique harmonisée, dépassait de très peu les limites d'une seule tonalité. La musique moderne instrumentale, de Mozart à Strauss, se base définitivement sur des rapports fondamentaux entre tonalités. Le système Tonic Sol Fa éduque l'esprit de l'enfant dans ce qui est essentiel, en le laissant libre de passer à volonté au système plus compliqué de la portée. En tous cas, le fait qu'au moins 8 millions d'enfants reçoivent constamment un enseignement conforme à cette méthode dans les écoles anglaises mérite de retenir l'attention.

L'enseignement musical dans les écoles supérieures, appelées en anglais « Secondary », est facultatif et d'une nature très variable. Environ 75 grandes écoles ont des chapelles, et l'organiste de la chapelle est l'instructeur en chef de musique dans chaque école. Dans les grandes « Public Schools », telles que Winchester (1387), Eton (1440), Shrewsbury (1551), Rugby (1567), et Harrow (1571), la musique s'est développée pendant les 40 dernières années comme une branche d'enseignement tout à fait importante. — Les Universités anciennes sont Oxford (1249), Cambridge (1257), Saint Andrews (1411), Glasgow (1450), Aberdeen (1404), Edinburgh (1582), Dublin (1591). Les Universités modernes sont Durham (1831), Londres (1836), Manchester (1850), Pays de Galles (1894), Birmingham (1900), Liverpool (1903), Leeds (1904), Sheffield (1905), Bristol (1909). Aucune de celles-ci ne donne l'enseignement musical direct; mais Oxford, Cambridge, Edinburgh, Dublin, Durham, Londres et Birmingham ont des chaires de musique (« Professorships ») pour conférences. Quelques-unes donnent les diplômes de Musicae Baccalaureus et Musicae Doctor, surtout Oxford et Cambridge. Le critérium à ces deux Universités est très rigoureux, et le cours ne dure pas moins de 7 années. On conserve dans les bibliothèques des Universités les partitions des compositions qui sont couronnées. L' « Union of Musical Graduates » (1893) est un corps coopératif, qui comprend tous ces diplômés et exerce une assez grande influence en bien des occasions; Président Sir Edward Elgar (1857-). Les Universités du continent ne donnent pas de diplômes musicaux.

Les institutions d'éducation spécialement consacrées à la musique sont indiquées dans le Tableau ci-dessus. Plus ces institutions touchent le côté artistique de la musique, plus chacune dérive son caractère du proviseur qui la dirige. — La « Royal Academy of Music » fut fondée en 1822. Dr. William Crotch (1775-1847) fut le « Principal » de 1822 jusqu'à 1832; Philip Cipriani Hambly Potter (1792-1871), de 1832 jusqu'à 1859; Charles Lucas (1808-1869), de 1859 jusqu'à 1866; Sir William Sterndale Bennett (1816-1875), de 1866 jusqu'à 1875; Sir George Alexander Macfarren (1813-1887), de 1875 jusqu'à 1887. Depuis cette date, Sir Alexander Mackenzie (1847-) a été « Principal », et Frederick Corder (1852-) a été « Curator » et professeur en chef pour la composition. La « Royal Academy » compte presque 100 professeurs, et 23 sous-professeurs pour aider ceux-ci, plus de 650 élèves, et 57 bourses. Elle a été le centre de l'enseignement musical pour les gens du métier pendant ces 90 dernières années, et dans ces 25 dernières années elle a augmenté de beaucoup son prestige, grâce à l'excellence de son enseignement. — La « National Training School of Music » à South Kensington fut fondée en 1873. Sir Arthur Sullivan (1842-1900) en fut le directeur de 1873 jusqu'à 1881; Sir John Stainer (1840-1901), en 1881 et en 1882. Cette école instruisait gratis 82 étudiants, grâce à des fonds de plusieurs cotisations, garanties de temps en temps pour de courtes périodes. En 1882 l'institution fut remplacée par le « Royal College of Music ». Celle-ci possède un fonds social récolté dans toute l'Angleterre et placé en titres permanents; l'intérêt de ce fonds a suffi pour établir un grand nombre de bourses, quelques-unes avec entretien de l'étudiant. En même temps on a ouvert l'enseignement à tout venant. Sir George Grove (1820-1900), ci-devant secrétaire du « Crystal Palace », avait fait preuve d'une activité extraordinaire en formulant le projet et en ramassant les fonds nécessaires; quoique lui-même ne fût pas musicien, il fut nommé directeur, ce qui n'était jamais arrivé en Angleterre jusqu'alors. Depuis 1894 Sir Hubert Parry (1848-) a été directeur, et Sir Charles Stanford (1852-) a été professeur en chef pour la composition. Le « Royal College » a environ 70 professeurs, environ

450 élèves, et 79 bourses. Il a concouru d'une façon brillante avec la « Royal Academy ». — L'enseignement donné à ces deux écoles est égal à celui que l'on peut recevoir dans n'importe quel conservatoire de l'Europe, et la méthode est la même qu'ailleurs. Il y a 3 trimestres dans l'année, chacun de 12 semaines. Le cours minimum est d'un an; le cours ordinaire est de 3 ans, mais il est souvent prolongé. Le prix des cours est de 320 francs par trimestre. Moyennant cette rétribution l'élève obtient : *a*) « Principal Study », en tout 12 heures; *b*) « Second Study », environ 12 heures; — *c*) plusieurs cours en classe; — *d*) plusieurs avantages personnels. Chaque école a un orchestre d'école, un cours dramatique, etc. — La « Corporation » (municipalité) de Londres fonda sa propre « Guildhall School of Music » en 1880. Le violiniste Thomas Henry Weist Hill (1828-1891) en fut « Principal » de 1880 à 1891 ; Sir Joseph Barnby (1838-1896), de 1891 à 1896; William Hayman Cummings, de 1896 à 1910. Depuis 1910 le proviseur est Landon Ronald (1873-). L'éducation y est plus populaire que dans les deux écoles déjà signalées. Elle compte plus de 2,000 élèves, dont les 9 dixièmes de jeunes filles, et 97 bourses. Aucune période n'est prescrite, et un élève peut prendre seulement quelques leçons. Le « Royal Manchester College of Music » fut fondé en 1893 et sert d'école pour l'Angleterre du Nord; son « Principal » est Adolf Brodscy (1851-). D'autres écoles ont été fondées dernièrement dans tout le pays, comme le montre le Tableau.

Examens et titres. — Comme conséquence de l'effervescence générale musicale, il s'est développé, voici environ 30 ans, une véritable fièvre pour les diplômes, non seulement parmi les musiciens de métier, mais aussi parmi les amateurs de musique. Quelques institutions d'éducation ont été obligées de s'accommoder au mouvement comme devoir à leurs élèves, d'autres par désir de soutenir la position de telle ou telle spécialité professionnelle, d'autres par profit seulement, à raison du revenu considérable que donnent les honoraires. De là, dans les 30 dernières années, le développement d'un vaste système d'examen, qui n'a point de parallèle dans aucun autre pays. Les institutions principales qui font des examens et donnent des diplômes, soit à leurs propres élèves, soit au public en général, sont : Royal Academy of Music (1822); Tonic Sol Fa College (1863); Royal College of Organists (1864); Trinity College, London (1872); Guildhall School of Music (1880); Royal College of Music (1882); Incorporated Society of Musicians (1882); Birmingham School of Music (1887); Associated Board (1889); Incorporated Staff-Sight-Singing College (1896). Ces dates sont celles de la fondation de chaque institution, mais le mouvement se marque surtout dans ces 30 dernières années. La plus importante parmi ces institutions est l' « Associated Board », un conseil d'administration institué en 1889 par la « Royal Academy » et le « Royal College », pour s'occuper conjointement du grand public, de façon analogue à ce qu'antérieurement avait entrepris celle-là seule. Ce « Board » examine au moins 30.000 aspirants par an, tant dans le Royaume-Uni que dans les colonies.

Quant aux titres honorifiques, les Universités qui donnent le doctorat après examen se réservent le droit de le donner *honoris causâ* à des musiciens distingués. En 1791 Oxford donna le doctorat à Franz Joseph Haydn (1732-1809), et ce dernier semble avoir tenu beaucoup à cette distinction. En 1892 Cam-

bridge donna le doctorat à Camille Saint-Saens (1835-). Ceux qui laissent plus à désirer sont les doctorats donnés par l'archevêque de Canterbury (vestige du temps où le titulaire de ce siège était légat du pape) à des musiciens ordinaires sans examen et en s'appuyant sur des recommandations. Le titre le plus haut qu'un musicien anglais peut obtenir est celui de « Knighthood ». Le « Knight Bachelor », un degré plus haut qu' « Esquire » ou « Bachelor » (bas chevalier), mais n'appartenant à aucun ordre, est une particularité de l'Angleterre. Les titres de chevalerie pour la musique appartiennent presque universellement à cette classe. Le « Knighthood » (tout au contraire du « Baronetcy ») est personnel et ne peut pas passer aux héritiers. Voici une liste complète des titres de chevalerie donnés à des musiciens jusqu'à nos jours. Créés chevaliers par le « Lord Lieutenant of Ireland » : William Parsons (1746-1817) en 1795; John Andrew Stevenson (1761-1833), en 1803; George Thomas Smart (1776-1867), en 1811; Robert Prescott Stewart (1825-1894), en 1872. Créés chevaliers par le souverain : Henry Rowley Bishop (1786-1855), en 1842; Michael Costa (1810-1884), en 1869; Julius Benedict (1804-1885), en 1871; William Sterndale Bennett (1816-1875), en 1871; George Job Elvey (1816-1893), en 1871; John Goss (1800-1880), en 1872; Herbert Stanley Oakeley (1830-1903), en 1876; George Alexander Macfarren (1813-1887), en 1883; Arthur Seymour Sullivan (1842-1900), en 1883; George Grove (1820-1900), en 1883; Charles Hallé (1819-1895), en 1888; John Stainer (1840-1901), en 1888; Joseph Barnby (1838-1896), en 1892; Alexander Campbell Mackenzie (1847-), en 1895; John Frederick Bridge (1844-), en 1897; George Clement Martin (1844-), en 1897; Charles Hubert Hastings Parry (1848-), en 1898, depuis lors créé Baronet en 1902; Charles Villiers Stanford (1852-), en 1902; August Manns (1825-1907), en 1903; Edward William Elgar (1857-), en 1904; Charles Santley (1834-), en 1907; Francesco Paolo Tosti (1846-), en 1908; Francis J. Campbell (1832-), en 1909; Frederic Hymen Cowen (1852-), en 1911. Naturellement les prétentions ont été de façon multiple; mais les titres ont été accordés approximativement pour les causes suivantes : 9 pour la composition, 7 à des organistes, 6 à des personnages influents, 6 à des chefs d'orchestre, 6 à des chanteurs. Presque tous ces titres ont été accordés pendant les 50 dernières années.

Festivals et concours. — Les différents « Festivals » ont été signalés, dans l'ordre de leur institution, dans le « Tableau général », sous la rubrique « Institution de Concerts ». Un Festival anglais a été jusqu'à ces derniers temps une affaire mi-ecclésiastique. Un chœur d'église s'est adjoint un plus grand nombre de membres, ou bien plusieurs chœurs d'église se sont réunis, pour exécuter une série de concerts spéciaux, dont le produit soit affecté à quelque institution de charité locale. L'élément séculier s'est peu à peu introduit, surtout dans les 50 dernières années; mais le but charitable reste encore un principe directeur. Le « Sons of the Clergy Festival » (1655) n'est qu'une dénomination différente appliquée à une représentation donnée tous les ans par le chœur de Saint Paul's Cathedral, Londres, avec l'appui d'une charte royale ancienne. Tous les autres Festivals signalés dans le Tableau sont des festivals provinciaux, et pour la plupart triennaux dans chaque localité. Le plus important est le « Birmingham Festival » (1768); les détails de celui-ci peuvent être pris comme typiques. Birmingham est dans le Warwickshire, juste au centre de l'Angleterre. Au commencement, les chanteurs venaient de chœurs d'église des deux comtés voisins, du Worcestershire et du Staffordshire; les chanteuses venaient de sociétés chorales du comté de Lancashire, à 160 kilomètres de distance; l'orchestre venait de Londres, également à 160 kilomètres. Pendant 60 ans les représcutations se donnèrent dans une église, et on ne les transféra dans une salle de concert qu'en 1834. Maintenant le chœur est local, et spécialement entraîné pour ce seul objet; il n'y a qu'une partie de l'orchestre qui vienne de Londres; et le Festival entier est tout autant séculier que sacré. Les festivals de Leeds (1858) et Sheffield (1895) n'ont point de liaison avec l'église, et ont eu leur origine dans l'excellence des chanteurs du comté de Yorcshire. Les Festivals restent encore importants et ils ont un prestige indubitable, mais il est maintenant plus difficile qu'auparavant d'établir une balance satisfaisante; ils sont garantis par certaines individualités contre les pertes, mais les institutions charitables en reçoivent, à l'heure qu'il est, très peu. — Les « Eisteddfodau » annuels du Pays de Galles — le nom veut dire « séances des savants » — datent, selon des documents, du « Grand Eisteddfod » de Carmarthen en 1450, mais la tradition les fait remonter à bien des siècles avant cette date. Il consiste en un festival national, avec concours musicaux, surtout pour le chant, le chœur et le jeu de la harpe. — Les « Brass Band », concours des 75 dernières années dans le Lancashire'et dans certains autres comtés du Nord, ont été déjà signalés. — En commençant en 1885 avec les efforts d'Augusta Mary Wakefield (1853-1910), plusieurs « Competition Festivals » ont pris naissance dans les comtés du Nord, surtout dans le Westmoreland et le Lancashire. Divers chœurs locaux, quelquefois au nombre de 50, s'assemblent en quelque centre; puis aux « Open Days » ils concourent pour des prix, en chantant des morceaux prescrits d'avance; les autres jours ils se réunissent pour exécuter de grandes œuvres qu'ils ont déjà étudiées séparément. En 1904, une Association fut fondée pour administrer et développer ce mouvement, et elle tient un Congrès annuel à Londres. Plusieurs « Competition Festivals » ont lieu maintenant en différents centres, mais le principal est celui de Morecambe, en Lancashire. Pas moins de 40,000 personnes concourent chaque année.

Institutions coopératives. — La société anglo-saxonne n'était pas d'une nature aussi barbare qu'on se l'imagine ordinairement; au contraire, elle était strictement organisée. Les corporations anglo-saxonnes appelées « Craft-Guilds » étaient analogues aux confraternités de l'Europe du Sud et avaient de toute antiquité. Une relique de ces Craft-Guilds a été la « Musicians' Guild », qui en 1469 exerçait sa juridiction sur les affaires des musiciens de tous rangs et dans tout le pays. En 1604 la Worshipful Company of Musicians » reçut une charte pour Londres, et a continué depuis lors jusqu'ici. Dans les douze dernières années, après un long sommeil, elle s'est réveillée avec une activité surprenante pour patronner la musique. En 1604 elle obtint le Cygne d'Apollon comme blason; au Cygne on pourrait maintenant joindre sur l'écusson le Phénix d'Osiris. L'« Incorporated Society of Musicians » (1882) fut inaugurée dans les provinces du Nord, par opposition aux actes du « Royal College », à cette époque-là tenus

pour trop peu démocratiques. Bientôt Londres a fourni un quart des membres, et l'administration centrale, par suite, fut en 1892 transférée des provinces à Londres. Il y a 23 sections locales, qui comprennent toute l'étendue du Royaume-Uni. La Société tient un Congrès annuel en quelque grande ville. Les membres, des deux sexes, comprennent environ un cinquième de la profession entière. Ayant entrepris d'instituer des examens pour en tirer profit, elle s'est mise en lutte avec les chefs de la profession, et par suite elle manque de guides distingués; mais elle a en soi de grands pouvoirs potentiels comme exemple de la maxime : « Aide-toi toi-même. » — Le « Royal College of Organists » (1864) est une institution très importante, étant une fédération de tous les organistes du pays. Les organistes sont comme l'épine dorsale de la profession en Angleterre; ce qui montre encore une fois la grande influence qu'exercent les affaires d'église dans ce pays. — L'« Union of Musical Graduates » (1893) a été déjà signalée. — L'« Orchestral Association » (1893) est une espèce de « Trades Union », comprenant plus de 1,000 musiciens d'orchestre de Londres, et administrée d'une façon très prudente. — La « Society of British Composers » (1905) se charge de protéger les intérêts de compositeurs, de publier les listes de leurs œuvres, etc. La Société a plus de 200 membres, dont environ 70 sont des amateurs de musique qui donnent leur appui, et les autres sont les compositeurs eux-mêmes.

Institutions de bienfaisance. — La plus remarquable de celles-ci est la « Royal Society of Musicians » (1738). Elle obtient ses fonds à l'aide des dons de bienfaiteurs, et des cotisations de ses membres. Il faut que les membres soient musiciens de métier. Les premiers de ceux-ci furent Haendel, Boyce, Arne, etc. Haendel a laissé à l'institution, en 1759, un legs de 25,000 francs. Un seul « Handel Commemoration Festival » en 1784 lui a rapporté un bénéfice de 150,000 francs. Sa propriété en fonds social vaut en ce moment 2 millions et demi de francs. Elle dépense plus de 75,000 francs par an en secours à ses membres indigents. — La « Mendelssohn Scholarship » (1848), donnée pour le talent en composition, est un peu analogue au Grand Prix de Rome (1803), en France; mais la « Mendelssohn Scholarship » est sur une plus petite échelle, et il y a quelques différences entre les deux. La valeur de la bourse est pour cette institution de 2,500 francs par an, et la pension peut être de 4 ans; mais les fonds ne permettent que d'entretenir un seul lauréat à la fois, et dans les 66 dernières années il n'y en a eu que treize, ou un lauréat pour chaque période de 5 ans. La résidence à l'étranger peut être imposée au lauréat, mais ce n'est pas toujours le cas, ou bien pas toujours pour toute la durée de la pension. Les aspirants (entre les âges de 16 et 22 ans) choisissent eux-mêmes le texte ou le sujet de leurs œuvres et soumettent trois compositions; puis on leur fait subir un examen oral en la présence du comité directeur, et le comité fait son choix. Aucune composition n'est exécutée, et les partitions ne sont pas conservées, comme on le fait pour le Grand Prix de Rome. Les 13 lauréats jusqu'ici ont été les suivants : Arthur Seymour Sullivan (1842-1900), en 1856; Charles-Swinnerton Heap (1847-1900), en 1865; William Shacespeare (1849-), en 1871; Frederick Corder (1852-), en 1875; Maude Valérie White (1855-), en 1879; Eugène François Charles d'Albert (1864-), en 1881; Marie Wurm (1860-), en 1884; Sidney Peine Waddington (1869-), en 1891; Christopher Wilson (1876-), en 1895 ; Percy Hilder Miles (1878-), en 1899 ; George Dyson (1884-), en 1904 ; Eric William Gritton (1889-), en 1909 ; Joseph Alan Taffs (1892-), en 1912. La création récente d'un grand nombre de bourses d'une valeur considérable dans les écoles de musique a jeté un peu d'ombre sur la « Mendelssohn Scholarship », malgré son ancienne renommée.

Institutions savantes. — Sir Thomas Gresham (1519-1579), banquier et orfèvre riche de Londres, fonda par testament les « Gresham Lectures », en Théologie, Astronomie, Géométrie, Musique, Loi, Rhétorique et Médecine. Des conférences de musique, au nombre de 12 par an, ont été données pendant 333 ans et sont, à ce titre, intéressantes. Mais elles montrent avec quelle grande négligence la « City of London », jusqu'à ces 40 dernières années, a traité les questions musicales ; car, quoique le salaire soit bien suffisant, il n'y a guère qu'un tiers des 18 « Gresham Professors » jusqu'à nos jours qui méritent le nom de musiciens, et il y a eu même quelques cas scandaleux de manque de capacité. Le premier « Gresham Professor » fut Dr. John Bull (1562-1628). Le professeur depuis 1890 a été Sir Frederic< Bridge (1844-). — La « Musical Association » (1874) est la seule société savante en Angleterre qui soit exclusivement consacrée à la musique. Elle fut fondée par Sir John Stainer (1840-1901), organiste de Saint Paul's Cathedral. Elle donne 8 séances par an à Londres. A chaque séance l'on donne une conférence suivie d'une discussion. A la fin de chaque année on imprime les conférences et les discussions *in extenso* dans un volume de « Proceedings ». La moitié des sujets sont historiques, et l'autre moitié s'occupe des affaires en cours. On exécute à l'occasion de la musique. Les présidents ont été : Sir Frederic< Arthur Gore Ouseley, Bart. (1825-1889), en 1874 ; Sir John Stainer (1840-1901), en 1889 ; Sir Hubert Parry, Bart (1848-), en 1901 ; Dr. W. H. Cummings (1831-), en 1909. La « Musical Association » fut la première institution de ce genre fondée en Europe. Cependant les mêmes fonctions qu'elle a exercées pour l'Angleterre depuis 1874 ont été exercées depuis 1899 pour un grand nombre de pays par la Société Internationale de musique (quartier général Leipzig). Par conséquent, afin d'éviter des démarches rivales, on a considéré les conférences de la « Musical Association » comme représentant celles de la Société Internationale de musique à Londres, et l'on a réglé les affaires des deux sociétés en conformité de ce principe. A d'autres égards, et en ce qui concerne les publications, les deux organisations demeurent distinctes. — La « Foli< Lore Society » fut fondée en 1874 ; son objet est de réunir en archives les coutumes traditionnelles, ainsi que des contes, des textes de ballades, etc. Elle a déjà publié environ 70 volumes. En 1898 se fonda la « Foli< Song Society », dont le rôle était analogue à l'égard des mélodies traditionnelles ; l'on y utilise parfois le phonographe. Dans ces deux domaines, des individus avaient déjà travaillé beaucoup et avec des résultats abondants. La « Foli< Song Society » a commencé sans définition géographique. Depuis lors, une Société irlandaise a été inaugurée en 1904, et une Société galloise en 1908. De ce fait la « Foli< Song Society » a été obligée de limiter sa sphère d'activité à l'Angleterre et à l'Écosse. Cette société publie soit un volume, soit deux volumes par an. Les mélodies anglaises n'ont pas la saveur romantique des mélodies celtiques et cymriques. Les mélodies irlandaises sont les plus belles de toutes.

La profession. — Il y a environ 10,000 musiciens de métier dans le Royaume-Uni, dont 3,000 sont organistes. La moitié de ce nombre réside à Londres ; de ceux-ci environ 1,500 sont chanteurs, 1,500 jouent du piano ou de l'orgue, et 2,000 jouent des autres instruments ou occupent des emplois divers. Les organistes d'Angleterre ont une grande habileté, soit pour le concert, soit pour le service d'église.

Le public. — Quant au nombre de ceux qui assistent aux concerts et à d'autres divertissements musicaux, les circonstances qui existent à Londres méritent une mention spéciale. La population de Londres est de 7 millions un quart, et les habitations sont répandues sur une surface de 1,100 <ilomètres carrés. Mais, pour remplir ses fonctions professionnelles, le septième de cette population, soit un million de personnes, s'enfonce en foule chaque jour dans la Cité, qui n'a qu'une superficie d'un <ilomètre carré et demi. En nombre toujours croissant, ces travailleurs restent à la fin de chaque journée pour chercher quelque amusement dans le quartier voisin du West End, avant de rentrer chez eux, et un nombre toujours plus grand désire que cet amusement soit musical. Il résulte de ces faits que le public musical de Londres est devenu en réalité inépuisable, si l'on s'accommode seulement au goût dominant, et cette situation devient chaque année de plus en plus évidente aux entrepreneurs. Par exemple, il ne faut que 4 sur 1000 des habitants de Londres pour remplir le « Queen's Hall », plus grande salle de concert du West End. Dans d'autres grandes villes, telles que Glasgow, Liverpool, Manchester, on peut quelque peu s'attendre à ce que de pareilles circonstances se réalisent à l'avenir ; mais on n'y retrouve nullement ce phénomène d'un million de personnes concentrées pendant la journée dans un sept-centième de l'espace habituel, puis se répandant le soir au dehors. Cette systole et cette diastole extraordinaires sont uniques sur une telle échelle parmi les cités du monde. — Quant à l'état du goût musical dans le public, les généralisations suivantes peuvent être prises comme approximativement justes. Ce goût est : *a*) pour la musique d'église, rétrograde ; *b*) pour la musique de chambre, stationnaire, mais bon ; *c*) pour l'opéra, quelque peu progressif ; *d*) pour la musique chorale, progressif ; *e*) pour la musique militaire, très progressif ; *f*) pour la musique d'orchestre, énormément progressif.

Journalisme et littérature. — Il n'y a rien d'exagéré à dire que dans le même cas ou un journal quotidien anglais d'il y a 50 ans consacrait 6 lignes à la musique, il consacre maintenant très souvent la valeur de 4 à 6 pages de cette encyclopédie. Il en est ainsi dans le journal très prospère le *Daily Telegraph* (1855). Le *Times* (1785) a sans doute, dans les 10 dernières années, multiplié par 10 l'espace accordé à la musique, et dans l'année maintenant écoulée il a commencé à consacrer à des sujets de ce genre un de ses trois articles de fond quotidiens. Il y avait à Londres, voici 50 ans, tout au plus deux ou trois journalistes dévoués exclusivement à la critique musicale, il y en a maintenant environ 70. Certains journaux, dans des villes de province telles que Birmingham, Manchester, Leeds, Glasgow, consacrent des colonnes entières à des sujets musicaux, et le travail pour un journal de ce genre occupe tout le temps d'un critique musical. Par contre, cet épanouissement de matière va au delà des capacités d'un sujet esthétique tel que la musique. Le critique musical d'il y a 50 ans n'avait que quelques lignes à sa disposition, et nécessairement il était fort et concis. Maintenant il est entraîné à un verbiage excessif afin de remplir l'espace voulu. En outre, il y a eu dernièrement dans quelques quartiers une disposition à remplacer les journalistes de Fleet Street par des jeunes gens sortant des Universités, d'Oxford et de Cambridge. L'avantage est douteux. Ceux-ci ont souvent reçu une éducation générale supérieure, mais c'est le grand monde extérieur, et non pas la vie d'Université, qui est la nourrice d'un sentiment esthétique sain. En effet, les écrits les plus brillants, en distinguant ce terme de la simple préciosité, viennent encore de l' « Institut des Journalistes ». — Il n'y a que deux histoires générales de la musique anglaise, écrites en anglais, l'une par Henry Davey (1853-), publiée en 1895, et l'autre par Ernest Walter (1870-), publiée en 1907. Ce sont des ouvrages habiles, surtout celle de Davey; mais ils traitent très brièvement de la période dont il s'agit ici, et on n'en a pas fait usage dans la préparation de cette étude. Un *Dictionary of British musical Biography*, par James Duff Brown (1862-) et Stephen Samuel Stratton (1840-1906), a été publié en 1897; il est le seul ouvrage de ce genre et est d'un intérêt inestimable; mais, n'ayant pas été tenu à jour depuis 17 ans, il est maintenant suranné. — Il existe un très grand nombre de livres habilement écrits par des auteurs anglais sur la musique en général; mais, comme ils ne concernent pas spécialement l'étude actuelle, je n'en donnerai pas ici la bibliographie. Il faut faire une exception pour *Grove's Dictionary of music and musicians*, ouvrage superbe, à disposition pour être consulté sur toute espèce de sujets, et indispensable pour n'importe quel musicien littéraire que ce soit. George Grove (1820-1900) a fait paraître l'ouvrage original en 4 volumes, avec environ 120 collaborateurs, durant la période 1878-1884. John Alexander Fuller Maitland (1856-) a publié un volume supplémentaire (*Appendix*) en 1889. Mme Edmund Wodehouse a fait paraître une table alphabétique étendue et très utile en 1901. L'ouvrage a été tenu à jour (en 5 volumes) par J. A. Fuller Maitland dans la période 1904-1910. Mais cette nouvelle édition n'a pas encore de table alphabétique. — Il existe environ 70 bibliothèques musicales de quelque renommée dans le Royaume-Uni. Depuis 1842 la loi exige qu'un exemplaire de tous les livres publiés dans l'empire, ainsi que de toute la musique, soit envoyé : *a*) au Musée Britannique; *b*) à la « Bodleian Library », Oxford; *c*) à la Bibliothèque de l'Université, Cambridge; *d*) à l' « Advocates' Library », Edinburgh; et *e*) à Trinity College, Dublin. De beaucoup la plus belle collection de musique et de livres musicaux, est celle du Musée Britannique, dont un savant bien connu, William Barclay Squire (1855-), a actuellement la garde.

Les publications périodiques spécialement consacrées à la musique sont assez nombreuses. — Les publications suivantes ont paru et puis cessé d'exister : *Musical Magazine and Review* (trimestriel), 1818-1829; *Harmonicon* (mensuel), 1823-1833; *Musical World* (hebdomadaire), 1832-1891; *Musical Magazine* (m.), 1835-1836; *Musical Examiner* (h.), 1842-1844; *Dramatic and Musical Review* (h.), 1842-1852; *Choir* (h.), 1863-1878; *Orchestra* (h.), 1863-1887; *Concordia* (h.), 1875-1876; *Lute* (m.), 1883-1899; *Magazine*

of Music (m.), 1884-1897; *Manchester Musical Review* (t.), 1885-1888; *Yorkshire Musician* (m.), 1887-1889; *Meister* (t.), 1888-1895; *Violin-Magazine* (m.), 1890-1894; *New Musical Review* (t.), 1893-1896; *Musician* (h.), 1897; *Chord* (t.), 1899-1900; *Musical Gazette* (m.), 1899-1902; *Irish Musical Review* (m.), 1902-1903; *Musical Antiquary* (t.), 1909-1913. Parmi ceux-ci le *Musical World* était de beaucoup le plus important, et durant une carrière de 59 ans (1832-97), il a joui d'une assez grande influence comme journal hebdomadaire. Pour avoir du succès en Angleterre, il faut qu'une publication périodique musicale se rattache à une maison commerciale puissante, ou représente spécialement une classe très étendue de la profession musicale. Dernièrement le *Musical World* n'a fait ni l'un ni l'autre, et il est tombé. — Les publications suivantes continuent encore: *Musical Times* (mensuel), fondé en 1844; *Musical Herald* (m.), 1853; *Musical Standard* (hebdomadaire), 1862; *Musical Record* (m.), 1871; *Music Trades Review* (m.), 1877; *Musical Opinion* (m.), 1877; *British Bands man* (m.), 1887; *Journal of Incorporated Society of Musicians* (m.), 1887; *Strad* (m.), 1890; *Musical News* (h.), 1891; *Violin Times* (m.), 1893; *Orchestral Times* (m.), 1893; *Organist and Choirmaster* (m.), 1894; *Journal of International Musical Society* (m., polyglotte), 1899; *Magazine of ditto* (t., polyglotte), 1899; *Music Student* (m.), 1908. Parmi ceux-ci, le *Musical Times* (mensuel, fondé en 1844) prend la première place; il s'est rattaché pendant toute cette période de 70 ans à la Maison Novello. Le *Musical News* (hebdomadaire, fondé en 1891) est particulièrement destiné au monde organiste; il est la propriété d'un syndicat et a pris la place du *Musical World*.

Conclusion. — Le développement de la musique en Angleterre depuis 50 ans, et surtout dans ces 25 dernières années, a été extraordinaire. Suivant toute apparence, l'Angleterre a pris de la Russie le flambeau du progrès musical. Si même, dans la sphère créatrice, les 25 dernières années ne semblent avoir produit aucun talent très original, elles ont montré en tous cas une grande augmentation de l'habileté technique de toute espèce, et une fécondité surprenante. L'éducation du goût public a passé au delà de tout calcul. Enfin, cet état des choses a été, beaucoup plus qu'on ne le suppose ordinairement, le résultat des lignes préalables d'effort continu mentionnées dans cet article. Au point de vue de son propre développement musical, l'Angleterre a sans doute perdu beaucoup à cause de son isolement; mais, pour la même raison, elle a été très insuffisamment comprise par le monde musical général de l'Europe.

Table alphabétique. — On pourra consulter aux pages indiquées ci-dessous les différents sujets dont il s'agit dans cet article : Ballet, page 1901; Bibliothèques, 1912; Bienfaisance (institutions de); 1910; Cantates, 1901; Chambre (musique de), 1902; Comic opera, 1900; Concours, 1910 ; Coopératives (institutions); Danses, 1901; Diapason, 1905; Ecoles, 1908; Education, 1908; Eglise (musique d'), 1897; *English Opera*, 1899; Examens, 1909; Fêtes, 1910; Institutions (tableau des), 1907; Journalisme, 1911; Littérature, 1912; Musique militaire, 1906; Notation, 1908; Opéra, 1808 ; Oratorio, 1906; Orchestre (musique d'), 1903; Périodiques (publications), 1912; Profession (la, 1911; Public (le), 1911; Publications savantes, 1911; Tableau des institutions, 1907; Titres, 1909.

CHARLES MACLEAN, 1914.

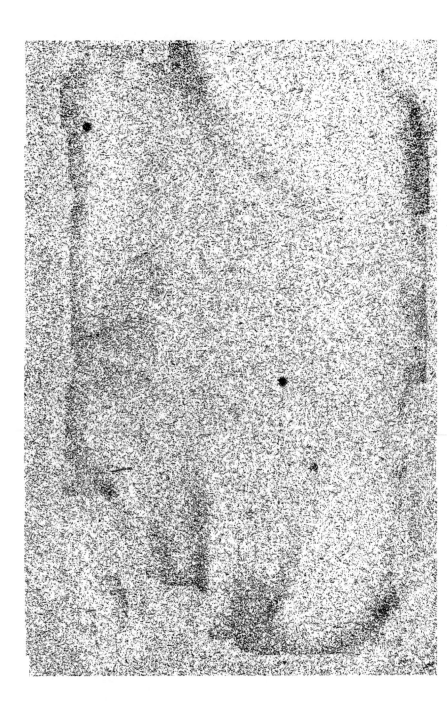